MICHAEL KLOEPFER

UMWELTRECHT

UMWELTRECHT

von

DR. MICHAEL KLOEPFER
o. Professor an der Universität Trier

Direktor des Instituts für Umwelt- und Technikrecht
der Universität Trier

Richter am Oberverwaltungsgericht
Rheinland-Pfalz

unter Mitarbeit von

DR. KLAUS MESSERSCHMIDT
Hochschulassistent an der
Universität Trier

C. H. BECK'SCHE VERLAGSBUCHHANDLUNG
MÜNCHEN 1989

CIP-Titelaufnahme der Deutschen Bibliothek

Kloepfer, Michael:
Umweltrecht / von Michael Kloepfer. Unter Mitarb. von Klaus Meßerschmidt. – München : Beck, 1989
ISBN 3 406 33349 4

ISBN 3 406 33349 4

Satz und Druck: C. H. Beck'sche Buchdruckerei, Nördlingen

Vorwort

Als ich mich vor 19 Jahren mit dem Umweltrecht zu beschäftigen begann, war noch kaum erkennbar, welche immense Bedeutung diese Materie in relativ kurzer Zeit gewinnen würde. Damals konnte man auch noch nicht von einem selbständigen, durchformten und konturierten Rechtsgebiet sprechen. Durch diesen Umstand sah ich mich trotz mancher an mich herangetragener Wünsche lange daran gehindert, eine systematische Darstellung des Umweltrechts in Angriff zu nehmen. Unterdessen hat sich das Umweltrecht aber zu einem eigenständigen Rechtsgebiet entwickelt, dessen spezifische Konturen langsam auch für die breitere Öffentlichkeit erkennbar werden. Auch wenn (oder weil?) dieses junge Rechtsgebiet bisher nur unvollkommen systematisiert ist und noch mancher inneren Harmonisierung bedarf, sind wissenschaftliche Vorarbeiten für eine umfassende Umweltrechtskodifikation, ein Bundesumweltgesetzbuch, bereits angelaufen.

Angesichts der zunehmenden Durchbildung des Umweltrechts scheint es mir an der Zeit, meine bisherige Zurückhaltung aufzugeben und den Versuch einer umfassenden – wenn auch gewiß nicht erschöpfenden – Gesamtdarstellung des Umweltrechts der Bundesrepublik Deutschland zu wagen. Allerdings war auch jetzt noch keine *abschließende* systematische Darstellung des Umweltrechts möglich, weil dessen dogmatische Konstruktion und Durchformung weiterhin im Werden ist. Die in § 6 enthaltene Darstellung des europäischen, internationalen und ausländischen Umweltrechts kann nur Einführungscharakter haben. Insbesondere die Umweltrechtsvergleichung bleibt eine wichtige Aufgabe der Zukunft.

Das Buch hätte ohne die Mitwirkung meiner Mitarbeiter in absehbarer Zeit nicht abgeschlossen werden können. An herausragender Stelle ist hier mein Hochschulassistent, Herr Dr. Klaus Meßerschmidt, zu nennen, der mit großer geistiger Kraft, Präzision und Geduld an diesem Buch von Anfang an mitgearbeitet hat. Ihm schulde ich tiefen Dank. Zu danken habe ich auch meinen Assistenten, den Herren Dr. Thilo Brandner, Kilian Delbrück, Dr. Werner Follmann und Günther Veit, für wertvolle Hilfe. Dank möchte ich weiter meinen wissenschaftlichen Hilfskräften, namentlich Herrn Martin Schulte und Frau Anne Walter sowie Frau Kathrin Blank und den Herren Dr. Manfred Grüter, Klaus Hüttermann, Torsten Schubert und Christian Wagner, für ihre umsichtigen Unterstützungsarbeiten sagen. Schließlich bin ich meinen Sekretärinnen, besonders Frau Rita Knopp sowie Frau Marianne Hoffmann, für die verläßliche und mühevolle Erledigung der Schreibarbeiten zu Dank verpflichtet.

Die Rechtsetzung, Rechtsprechung und Literatur sind – wo immer möglich – bis Ende 1988 und in Einzelfällen auch darüber hinaus berücksichtigt.

Möge das Buch dazu beitragen, mit den Mitteln des Rechts die Umwelt in unserem Lande zu erhalten und zu verbessern. Auf diese Weise könnte die Umweltrechtswissenschaft mithelfen, die natürlichen Lebensgrundlagen und den heute auch umweltabhängigen Verfassungskonsens als unentbehrliche Fundamente unseres Gemeinwesens jetzt und in Zukunft zu sichern.

Trier, im April 1989 M. Kloepfer

Der Hinweis (Kloepfer Nr. ...) bei der Angabe bundesrechtlicher Vorschriften bezieht sich auf das Loseblattwerk Kloepfer, Umweltschutz, Textsammlung des Umweltrechts der Bundesrepublik Deutschland, erschienen im Verlag C. H. Beck, München

Inhaltsübersicht

Inhaltsverzeichnis

Zweites Buch: Besonderes Umweltrecht

Inhalt

Abkürzungsverzeichnis

a.A.	anderer Ansicht
aaO.	am angegebenen Ort
AbfBefV	Abfallbeförderungs-Verordnung
AbfEinfV	Abfalleinfuhr-Verordnung
AbfG	Abfallgesetz; Abfallbeseitigungsgesetz
AbfKlärV	(Abfall-)Klärschlammverordnung
AbfNachwV	Abfallnachweisverordnung
AbfVerbG NW	Gesetz über die Gründung des Abfallentsorgungs- und Altlastensanierungsverbandes Nordrhein-Westfalen
AbfVerbrV	Abfallverbringungs-Verordnung
ABGB	Allgemeines Bürgerliches Gesetzbuch (Österreich)
ABl.	Amtsblatt der EG
ABl. C	Amtsblatt der EG für Bekanntmachungen und Mitteilungen
ABl. L	Amtsblatt der EG für Rechtssachen
ABS	Ausschuß für die Biologische Sicherheit
Abs.	Absatz
Abt.	Abteilung
AbwAG	Abwasserabgabengesetz
AbwasserVwV	Allgemeine Verwaltungsvorschrift über Mindestanforderungen an das Einleiten von Abwasser in Gewässer
AbwHerkV	Abwasserherkunftsverordnung
AcetV	Acetylenverordnung
ACGM	Advisory Committee on Genetic Manipulation
AcP	Archiv für die civilistische Praxis
ADN	Accord européen relatif au transport international des marchandises dangereuses par voie de navigation intérieure = Europäisches Übereinkommen über die internationale Beförderung gefährlicher Güter auf Binnenwasserstraßen
ADNR	Accord européen conçernant le transport international des marchandises dangereuses par navigation du Rhin = Europäisches Übereinkommen über die internationale Beförderung gefährlicher Güter auf dem Rhein
ADR	Accord européen relatif au transport des marchandises dangereuses par route = Europäisches Übereinkommen über die internationale Beförderung gefährlicher Güter auf der Straße
AEG	Allgemeines Eisenbahngesetz
ÄndG	Änderungsgesetz
AETR	Accord européen relatif au travail des équipages des véhicules effectuant des transports internationaux par route = Europäisches Übereinkommen über die Arbeit der im internationalen Straßenverkehr beschäftigten Fahrzeugbesatzungen
a.F.	alte Fassung
AFDI	Annuaire français de droit international
AFZ	Allgemeine Forstzeitschrift
AGB	Allgemeine Geschäftsbedingungen
AGBG	Gesetz zur Regelung des Rechts der Allgemeinen Geschäftsbedingungen
AgrarR	Agrarrecht
AGVwGO BW	Gesetz zur Ausführung der Verwaltungsgerichtsordnung – Baden-Württemberg
AGVwGO Rh.-Pf.	Landesgesetz zur Ausführung der Verwaltungsgerichtsordnung Rheinland-Pfalz

Abkürzungen

AGVwGO SH . . . . . Gesetz zur Ausführung der Verwaltungsgerichtsordnung – Schleswig-Holstein
AJCL . . . . American Journal of Comparative Law
AKUR . . . . Arbeitskreis für Umweltrecht
AllGewO . . . . Preußische Allgemeine Gewerbeordnung
Alt. . . . . Alternative
AltölG . . . . Altölgesetz
AltölV . . . . Altölverordnung
amtl. . . . . amtlich
Amtsbl. . . . . Amtsblatt
Anh. . . . . Anhang
Anm. . . . . Anmerkung(en)
AO . . . . Abgabenordnung
AöR . . . . Archiv des öffentlichen Rechts
AOX . . . . adsorbierbare organisch gebundene Halogene
ArbStättV . . . . Arbeitsstättenverordnung
ArchVR . . . . Archiv des Völkerrechts
arg. . . . . argumentum
ARSP . . . . Archiv für Rechts- und Sozialphilosophie
Art. . . . . Artikel
ASU . . . . Abgassonderuntersuchung
AtAnlV . . . . Atomanlagenverordnung
AtDeckV . . . . Atomrechtliche Deckungsvorsorge-Verordnung
AtG . . . . Atomgesetz
AtKostV . . . . Kostenverordnung zum Atomgesetz
ATV . . . . Abwassertechnische Vereinigung
AtVfV . . . . Atomrechtliche Verfahrensverordnung
atw . . . . Atomwirtschaft – Atomtechnik
Aufl. . . . . Auflage
Ausg. . . . . Ausgabe
AVB . . . . Allgemeine Versorgungsbedingungen
AVwV . . . . Allgemeine Verwaltungsvorschrift

BAnz. . . . . Bundesanzeiger
BArbBl. . . . . Bundesarbeitsblatt
BArtSchV . . . . Bundesartenschutzverordnung
BAT . . . . Biologischer Arbeitstoleranzwert
BauGB . . . . Baugesetzbuch
BauNVO . . . . Baunutzungsverordnung
BauR . . . . Baurecht
BayAbfG . . . . Bayerisches Abfallgesetz
BayAGChemG. . . . . Bayerisches Ausführungsgesetz zum Chemikaliengesetz
BayAGVwGO . . . . . Bayerisches Ausführungsgesetz zur Verwaltungsgerichtsordnung
BayBO . . . . Bayerische Bauordnung
BayGO . . . . Bayerische Gemeindeordnung
BayGVBl. . . . . Bayerisches Gesetz- und Verordnungsblatt
BayImSchG . . . . Bayerisches Immissionsschutzgesetz
BayLplG . . . . Bayerisches Landesplanungsgesetz
Bay LT-Drs. . . . . . . Drucksache des Bayerischen Landtags
BayNatSchG . . . . . . Bayerisches Naturschutzgesetz
BayObLG . . . . Bayerisches Oberstes Landesgericht
BayObLGSt . . . . . . Entscheidungen des Bayerischen Obersten Landesgerichts in Strafsachen
BayRS . . . . Fortführungsnachweis zur Bayerischen Rechtssammlung
BayVBl. . . . . Bayerische Verwaltungsblätter
BayVerfGH . . . . Bayerischer Verfassungsgerichtshof

BayVGH . . . . Bayerischer Verwaltungsgerichtshof; Sammlung von Entscheidungen des Bayerischen Verwaltungsgerichtshofes
BayWaldG . . . . Bayerisches Waldgesetz
BayWG . . . . Bayerisches Wassergesetz
BB . . . . Der Betriebs-Berater
BBahnG . . . . Bundesbahngesetz
BBauG . . . . Bundesbaugesetz
BBergG . . . . Bundesberggesetz
BBS . . . . Beauftragte(r) für Biologische Sicherheit
BBU . . . . Bundesverband Bürgerinitiativen Umweltschutz
Bd. . . . . Band
Bearb. . . . . Bearbeiter
Begr. . . . . Begründung
Bek. . . . . Bekanntmachung
ber. . . . . berichtigt
Beschl. . . . . Beschluß
betr. . . . . betreffend
BetrVG . . . . Betriebsverfassungsgesetz
BewG . . . . Bewertungsgesetz
BFHE . . . . Sammlung der Entscheidungen und Gutachten des Bundesfinanzhofs
BGB . . . . Bürgerliches Gesetzbuch
BGBl. I . . . . Bundesgesetzblatt, Teil 1
BGBl. II . . . . Bundesgesetzblatt, Teil 2
BGBl. III . . . . Bundesgesetzblatt, Teil 3
BGH . . . . Bundesgerichtshof
BGH LM . . . . Nachschlagewerk des Bundesgerichtshofs, hrsg. v. Lindenmaier/Möhring u. a.
BGHZ . . . . Entscheidungen des BGH in Zivilsachen
BHO . . . . Bundeshaushaltsordnung
BImSchG . . . . Bundes-Immissionsschutzgesetz
BImSchGZustVO HE Verordnung zur Regelung von Zuständigkeiten nach dem Bundes-Immissionsschutzgesetz Hessen
BImSchGZuVO BW Zuständigkeitsverordnung nach dem Bundes-Immissionsschutzgesetz Baden-Württemberg
BImSchV . . . . Verordnung zur Durchführung des Bundes-Immissionsschutzgesetzes
BinSchAufgG . . . . . Binnenschiffahrtsaufgabengesetz
BinSchStrO . . . . Binnenschiffahrtsstraßen-Ordnung
BJagdG . . . . Bundesjagdgesetz
BK . . . . Bonner Kommentar zum Grundgesetz
BLG . . . . Bundesleistungsgesetz
Bln. . . . . Berlin
BMA . . . . Bundesminister für Arbeit und Sozialordnung
BMFT . . . . Bundesminister für Forschung und Technologie
BMI . . . . Bundesminister des Innern
BMU . . . . Bundesminister für Umwelt, Naturschutz und Reaktorsicherheit
BMUJF . . . . Bundesministerium für Umwelt, Jugend und Familie (Österreich)
BMVg . . . . Bundesminister der Verteidigung
BNatSchG . . . . Bundesnaturschutzgesetz
BR-Drs. . . . . Bundesratsdrucksache
BReg. . . . . Bundesregierung
BremAGVwGO . . . . Gesetz zur Ausführung der Verwaltungsgerichtsordnung – Bremen
BremNatSchG . . . . . Bremisches Naturschutzgesetz
BremVerf. . . . . Landesverfassung der Freien und Hansestadt Bremen
BRWG . . . . Bremisches Wassergesetz
BT-Drs. . . . . Bundestagsdrucksache
BTO Elt . . . . Bundestarifordnung Elektrizität
BTO Gas . . . . Bundestarifordnung Gas

Abkürzungen

BT-Prot. . . . . Bundestagsprotokolle
Bull. . . . . Bulletin
BUS . . . . Bundesamt für Umweltschutz (Schweiz)
BV . . . . Verfassung des Freistaates Bayern; Bundesverfassung (Schweiz)
BVerfG . . . . Bundesverfassungsgericht
BVerfGE . . . . Entscheidungen des Bundesverfassungsgerichts
BVerfGG . . . . Gesetz über das Bundesverfassungsgericht
BVerwG . . . . Bundesverwaltungsgericht
BVerwGE . . . . Entscheidungen des Bundesverwaltungsgerichts
B-VG . . . . Bundes-Verfassungsgesetz (Österreich)
BW . . . . Baden-Württemberg
BWaldG . . . . Bundeswaldgesetz
BWG . . . . Berliner Wassergesetz
BWildSchV . . . . Bundeswildschutzverordnung
BWVPr. . . . . Baden-Württembergische Verwaltungspraxis
BzBlG . . . . Benzinbleigesetz
BzV . . . . Benzinqualitätsverordnung
bzw. . . . . beziehungsweise

C.E.D.E. . . . . European Council of Environmental Law
CEN . . . . Comité Européen de Normalisation
CEQ . . . . Council on Environmental Quality
CERCLA . . . . Comprehensive Environmental Response, Compensation and Liability Act
ChemG . . . . Chemikaliengesetz
ChemG AltstoffV . . . Chemikalien-Altstoffverordnung
ChemG Anmelde- u. PrüfnachweisV . . . Verordnung über Anmeldeunterlagen und Prüfnachweise nach dem Chemikaliengesetz
ChemG Gefährlichkeitsmerkmale V . . Verordnung über die Gefährlichkeitsmerkmale von Stoffen und Zubereitungen nach dem Chemikaliengesetz
ChemG ZuVO . . . . . Zuständigkeitsverordnung nach dem Chemikaliengesetz (Baden-Württemberg)
CIM . . . . Convention international conçernant le transport des marchandises par chemins de fer
COMECON . . . . . . Council for Mutual Economic Assistance
COTIF . . . . Convention relative aux transports internationaux ferroviaires
CSB . . . . chemischer Sauerstoffbedarf

DB . . . . Der Betrieb
dB(A) . . . . Dezibel (mit der Frequenzbewertungskurve A nach DIN 45633 bewertet)
DBBwChemG . . . . . Durchführungsbestimmungen des Bundesministers der Verteidigung zum Gesetz zum Schutz vor gefährlichen Stoffen im Bereich der Bundeswehr
DDR . . . . Deutsche Demokratische Republik
DDT . . . . Dichlordiphenyltrichloräthan
DDTG . . . . Gesetz über den Verkehr mit DDT
dens. . . . . denselben
ders. . . . . derselbe
d.h. . . . . das heißt
d.i. . . . . dies/das ist
dies. . . . . dieselbe(n)
DIHT . . . . Deutscher Industrie- und Handelstag
DIN . . . . Deutsches Institut für Normung
Diss. . . . . Dissertation

DJT	Deutscher Juristentag
DMG	Düngemittelgesetz
DMVO	Düngemittelverordnung
DNA/DNS	Desoxyribonukleinsäure
DÖV	Die Öffentliche Verwaltung
DRiZ	Deutsche Richterzeitung
DruckbehV	Druckbehälterverordnung
DSB	Deutscher Sportbund
DStR	Deutsches Steuerrecht
Dt.	Deutsche, -er, -es
DVBl.	Deutsches Verwaltungsblatt
DVO	Durchführungsverordnung
DVP	Deutsche Verwaltungspraxis
DWW	Deutsche Wohnungswirtschaft
EA	Europa-Archiv
EAG	Europäische Atomgemeinschaft – s. auch EURATOM
EAGV	Vertrag zur Gründung der Europäischen Atomgemeinschaft
ebd.	ebenda
EC	Environmental Canada
ECE	Economic Commission for Europe
ECOIN	European Core Inventory
ECOSOC	Economic and Social Council
EDI	Eidgenössisches Departement des Innern (Schweiz)
EDV	Elektronische Datenverarbeitung
EG	Europäische Gemeinschaften
EGKS	Europäische Gemeinschaft für Kohle und Stahl
EGKSV	Vertrag über die Gründung der Europäischen Gemeinschaft für Kohle und Stahl
EinbrG	Hohe-See-Einbringungsgesetz
EINECS	European Inventory of Existing Chemical Substances
Einf.	Einführung
ElexV	Verordnung über elektrische Anlagen in explosionsgefährdeten Räumen
EMRK	Europäische Menschenrechtskonvention
Entsch.	Entscheidung
EnWG	Energiewirtschaftsgesetz
EPA	Environmental Protection Agency (USA)
EPZ	Europäische Politische Zusammenarbeit
ERFTVG	Gesetz über den Erftverband
Erl.	Erläuterung(en); Erlaß
ERP	European Recovery Program
EStDV	Einkommensteuer-Durchführungsverordnung
EStG	Einkommensteuergesetz
ESVGH	Entscheidungen des hessischen Verwaltungsgerichtshofs; Entscheidungen des Verwaltungsgerichtshofs Baden-Württemberg
et	Energiewirtschaftliche Tagesfragen
etc.	et cetera
EuGH	Gerichtshof der Europäischen Gemeinschaften
EuGHMR	Europäischer Gerichtshof für Menschenrechte
EuGRZ	Europäische Grundrechte-Zeitschrift
EuGVÜ	Übereinkommen über die gerichtliche Zuständigkeit und die Vollstreckung gerichtlicher Entscheidungen in Zivil- und Handelssachen
EuR	Europarecht
EURATOM	Europäische Atomgemeinschaft – s. auch EAG
EurUM	Europäische Umwelt
e.V.	eingetragener Verein

Abkürzungen

EvStL . . . . Evangelisches Staatslexikon
EVwPO . . . . Entwurf zu einer Verwaltungsprozeßordnung
EWG . . . . Europäische Wirtschaftsgemeinschaft
EWGV . . . . Vertrag zur Gründung der Europäischen Wirtschaftsgemeinschaft
EWR . . . . Schriftenreihe zum europäischen Weinrecht

f. . . . . folgende (Seite)
FAO . . . . Food and Agriculture Organization of the United Nations
FAZ . . . . Frankfurter Allgemeine Zeitung
FCKW . . . . Fluorchlorkohlenwasserstoff
FEI . . . . Forschungs- und Entwicklungsinstitut für Industrie- und Siedlungswirtschaft sowie Abfallwirtschaft e. V.
ff. . . . . folgende (Seiten)
FG . . . . Festgabe
FluglG . . . . Fluglärmschutzgesetz
FlurbG . . . . Flurbereinigungsgesetz
FN . . . . Fußnote
ForstG NW . . . . Forstgesetz Nordrhein-Westfalen
FS . . . . Festschrift
FSHG . . . . Gesetz über den Feuerschutz und die Hilfeleistung bei Unglücksfällen und öffentlichen Notständen – Nordrhein-Westfalen
FStrG . . . . Bundesfernstraßengesetz

GA . . . . Goltdammer's Archiv für Strafrecht
GasleitVO . . . . Verordnung über Gashochdruckleitungen
GATT . . . . General Agreement on Tariffs and Trade
GaU . . . . Größter anzunehmender Unfall bzw. Auslegungsstörfall
GBefGG . . . . Gesetz über die Beförderung gefährlicher Güter
GBl. . . . . Gesetzblatt
geänd. . . . . geändert
GefStoffV . . . . Gefahrstoffverordnung
GemAgrG . . . . Gesetz über die Gemeinschaftsaufgabe „Verbesserung der Agrarstruktur und des Küstenschutzes“
Ges. . . . . Gesetz
GewArch. . . . . Gewerbearchiv
GewO . . . . Gewerbeordnung
GG . . . . Grundgesetz
ggf. . . . . gegebenenfalls
GGO . . . . Gemeinsame Geschäftsordnung der Bundesministerien
GGVBinSch . . . . . . Gefahrgutverordnung – Binnenschiffahrt
GGVE . . . . Gefahrgutverordnung – Eisenbahn
GGVL . . . . Gefahrgutverordnung – Luftfahrt (geplant)
GGVS . . . . Gefahrgutverordnung – Straße
GGVSee . . . . Gefahrgutverordnung – See
GjS . . . . Gesetz über die Verbreitung jugendgefährdender Schriften
GmbH . . . . Gesellschaft mit beschränkter Haftung
GMBl. . . . . Gemeinsames Ministerialblatt
GO . . . . Gemeindeordnung
Großfeuerungs-
anlagenVO . . . . . . Großfeuerungsanlagenverordnung
GSchG . . . . Bundesgesetz über den Schutz der Gewässer gegen Verunreinigung (Schweiz)
GüKG . . . . Güterkraftverkehrsgesetz
GVBl. . . . . Gesetz- und Verordnungsblatt
GVG . . . . Gerichtsverfassungsgesetz
GV NW . . . . Gesetz- und Verordnungsblatt für das Land Nordrhein-Westfalen
GVOBl. . . . . Gesetz- und Verordnungsblatt für das Land Schleswig-Holstein

GWB . . . . Gesetz gegen Wettbewerbsbeschränkungen (Kartellgesetz)
gwf . . . . Das Gas- und Wasserfach

H. . . . . Heft
HAAbfG. . . . . Hamburg. Ausführungsgesetz zum Abfallbeseitigungsgesetz
HAbfG . . . . Hessisches Abfallgesetz
HAbwAG . . . . Hessisches Ausführungsgesetz zum Abwasserabgabengesetz
HaftpflichtG . . . . . . Haftpflichtgesetz
Halbbd. . . . . Halbband
HandwO . . . . Handwerksordnung
HBauO . . . . Hamburgische Bauordnung
HBO . . . . Hessische Bauordnung
HdUR . . . . Handwörterbuch des Umweltrechts
HdWW. . . . . Handwörterbuch der Wirtschaftswissenschaft
HEForstG . . . . Hessisches Forstgesetz
HELR . . . . Harvard Environmental Law Review
HENatG . . . . Hessisches Naturschutzgesetz
Hess. AGVwGO . . . Hessisches Ausführungsgesetz zur Verwaltungsgerichtsordnung
Hess. LplG . . . . Hessisches Landesplanungsgesetz
Hess. StGH . . . . Hessischer Staatsgerichtshof
Hess. Verf. . . . . Hessische Verfassung
HEW . . . . Hamburgische Electricitäts-Werke
Hg. . . . . Herausgeber
HGrG . . . . Haushaltsgrundsätzegesetz
h.L. . . . . herrschende Lehre
HLR . . . . Harvard Law Review
h.M. . . . . herrschende Meinung
Hmb. . . . . Hamburg/hamburgisch
HmbNatSchG . . . . . Hamburgisches Naturschutzgesetz
HmbWG. . . . . Hamburgisches Wassergesetz
hrsg. . . . . herausgegeben
Hs. . . . . Halbsatz
HWG . . . . Hessisches Wassergesetz

i.A. . . . . in Auszügen
IAEA . . . . International Atomic Energy Agency
IAEO . . . . Internationale Atomenergie-Organisation
IATA . . . . International Air Transport Association
IATA-DGR . . . . Dangerous Goods Regulations der IATA
IATA-RAR . . . . IATA-Regulations relating to the carriage of restricted articles by air
ICAO . . . . International Civil Aviation Organization
ICAO-TI . . . . Technical Instructions for the Safe Transport of Dangerous Goods by Air (der ICAO)
I.C.E.L. . . . . International Council of Environmental Law
ICJ . . . . International Court of Justice; International Commission of Jurists
i.d.F. . . . . in der Fassung
i.e.. . . . . im einzelnen
IGH . . . . Internationaler Gerichtshof
IIUG . . . . Internationales Institut für Umwelt und Gesellschaft
ILC . . . . International Law Commission
ILO . . . . International Labour Organization
IMCO . . . . Inter-Governmental Maritime Consultative Organization
IMDG-Code . . . . . . International Maritime Dangerous Goods Code
IMO . . . . International Maritime Organization
ImSchG Rh.-Pf. . . . . Immissionsschutzgesetz Rheinland-Pfalz
insbes. . . . . insbesondere
InvZulG . . . . Investitionszulagengesetz

Abkürzungen

IRAS	International Review of Administrative Sciences
IPR	Internationales Privatrecht
i.S.	im Sinne
i.U.	im Unterschied
IUCN	International Union for Conservation of Nature and Natural Resources
i.ü.	im übrigen
i.V.m.	in Verbindung mit
IWL	Institut für gewerbliche Wasserwirtschaft und Luftreinhaltung
i. w. S.	im weiteren Sinne
J.	Jahr
JA	Juristische Arbeitsblätter
JAG	Juristenausbildungsgesetz
JAG NW	Juristenausbildungsgesetz Nordrhein-Westfalen
JAO Bln.	Ausbildungs- und Prüfungsordnung für Juristen (Berlin)
JAO Hmb.	Juristenausbildungsordnung Hamburg
JAO Saar	Ausbildungsverordnung für Juristen (Saarland)
JAO SH	Schleswig-Holsteinische Landesverordnung über die Ausbildung der Juristen
JAPG	Gesetz über die erste juristische Staatsprüfung und den juristischen Vorbereitungsdienst (Bremen)
JAPO BW	Verordnung der Landesregierung von Baden-Württemberg über die Ausbildung und Prüfung der Juristen
JAPO Rh.-Pf.	Juristische Ausbildungs- und Prüfungsordnung (Rheinland-Pfalz)
Jb.	Jahrbuch
JBl	Juristische Blätter
JbRSoz.	Jahrbuch für Rechtssoziologie und Rechtstheorie
JbSozWiss	Jahrbuch für Sozialwissenschaft
Jura	Juristische Ausbildung
JuS	Juristische Schulung
JZ	Juristenzeitung
KAG	Kommunalabgabengesetz
KG	Kammergericht
KJ	Kritische Justiz
KKW	Kernkraftwerk
Kloepfer	Umweltschutz-Textsammlung des Umweltrechts der Bundesrepublik Deutschland
km	Kilometer
KNK	Kompakte Natriumgekühlte Kernreaktoranlage
Kor.Abw.	Korrespondenz Abwasser
KraftStG	Kraftfahrzeugsteuergesetz
KriegswaffenG	Gesetz über die Kontrolle von Kriegswaffen
KTA	Kerntechnischer Ausschuß
LAbfG NW	Landesabfallgesetz Nordrhein-Westfalen
LAbfG Rh.-Pf.	Landesabfallgesetz Rheinland-Pfalz
LAbwAG	Landesabwasserabgabengesetz
LAGA	Landesarbeitsgemeinschaft Abfall
LArtSchVO	Landesartenschutzverordnung
LBauO NW	Landesbauordnung Nordrhein-Westfalen
LBG	Landbeschaffungsgesetz
LBKG Rh.-Pf.	Brand- und Katastrophenschutzgesetz Rheinland-Pfalz
LBO BW	Landesbauordnung Baden-Württemberg
LBO Rh.-Pf.	Landesbauordnung Rheinland-Pfalz
LdR	Ergänzbares Lexikon des Rechts

Lfg. . . . . Lieferung
LForstG Rh.-Pf. . . . . Landesforstgesetz Rheinland-Pfalz
LG . . . . Landgericht
LG NW . . . . Landschaftsgesetz Nordrhein-Westfalen
LImSchG . . . . Landes-Immissionsschutzgesetz
LINEG . . . . Entwässerungsgesetz für das linksrheinische Industriegebiet
lit. . . . . littera
LKG . . . . Landeskulturgesetz (DDR)
LPfleG SH . . . . Landschaftspflegegesetz Schleswig-Holstein
LPflG Rh.-Pf. . . . . . Landespflegegesetz Rheinland-Pfalz
LplG BW . . . . Baden-Württembergisches Landesplanungsgesetz
LPlG NW . . . . Nordrhein-Westfälisches Landesplanungsgesetz
LPlG Rh.-Pf. . . . . . . Rheinland-pfälzisches Landesgesetz für Raumordnung und Landesplanung
LRG-K . . . . Luftreinhaltegesetz für Kesselanlagen (Österreich)
LStrG BW . . . . Straßengesetz für Baden-Württemberg
LStrG Rh.-Pf. . . . . . Landesstraßengesetz für Rheinland-Pfalz
LT-Drs. . . . . Drucksache des Landtages
LTWS . . . . Lagerung und Transport wassergefährdender Stoffe
LuftBauO . . . . Bauordnung für Luftfahrtgerät
LuftVG . . . . Luftverkehrsgesetz
LuftVO . . . . Luftverkehrs-Ordnung
LuftVZO . . . . Luftverkehrs-Zulassungs-Ordnung
LVO . . . . Landesverordnung
LWaldG Bln. . . . . . . Landeswaldgesetz Berlin
LWaldG BW . . . . . . Landeswaldgesetz Baden-Württemberg
LWaldG Hmb. . . . . . Landeswaldgesetz Hamburg
LWaldG Saar . . . . . . Landeswaldgesetz Saarland
LwFöG . . . . Bayerisches Gesetz zur Förderung der bayerischen Landwirtschaft
LWG NW . . . . Wassergesetz für das Land Nordrhein-Westfalen
LWG Rh.-Pf. . . . . . . Landeswassergesetz für Rheinland-Pfalz

MAK . . . . Maximale Arbeitsplatzkonzentration
MARPOL . . . . International Convention for the Prevention of Pollution from Ships, 1973 = Übereinkommen zur Verhütung der Meeresverschmutzung durch Schiffe vom 2. 11. 1973
MBl. . . . . Ministerialblatt
MBO . . . . Musterentwurf einer Bauordnung
MDR . . . . Monatsschrift für Deutsches Recht
ME . . . . Musterentwurf
MedR . . . . Medizinrecht
MEPolG . . . . Musterentwurf eines einheitlichen Polizeigesetzes
Min. . . . . Minister
MinöStG . . . . Mineralölsteuergesetz
MSchrKrim. . . . . . . Monatsschrift für Kriminologie und Strafrechtsreform
MuA . . . . Müll und Abfall
m.w.N. . . . . mit weiteren Nachweisen
m. zahlr. Bsp. . . . . . mit zahlreichen Beispielen

Nachw. . . . . Nachweis(e)
NATO . . . . North Atlantic Treaty Organization
NatSchG Bln. . . . . . Berliner Naturschutzgesetz
NatSchG BW . . . . . . Naturschutzgesetz Baden-Württemberg
Nds AGAbfG. . . . . . Niedersächsisches Ausführungsgesetz zum Abfallbeseitigungsgesetz
Nds AGVwGO . . . . Niedersächsisches Ausführungsgesetz zur Verwaltungsgerichtsordnung
Nds FFOG . . . . Niedersächsisches Feld- und Forstordnungsgesetz

Abkürzungen

Nds GVBl.	Niedersächsisches Gesetz- und Verordnungsblatt
Nds LWaldG	Niedersächsisches Landeswaldgesetz
Nds MBl.	Niedersächsisches Ministerialblatt
Nds NatSchG	Niedersächsisches Naturschutzgesetz
NEPA	National Environmental Policy Act (USA)
n. F.	neue Fassung
NF	Neue Folge
NHG	Bundesgesetz über den Natur- und Heimatschutz (Schweiz)
NIH	National Institute of Health
NJ	Neue Justiz (DDR)
NJAO	Niedersächsische Ausbildungsordnung für Juristen
NJW	Neue Juristische Wochenschrift
NRC	Nuclear Regulatory Commission
NROG	Niedersächsisches Gesetz über Raumordnung und Landesplanung
NRW	Nordrhein-Westfalen
NSGBefG	Naturschutzgebietsbefahrensverordnung
NStZ	Neue Zeitschrift für Strafrecht
NTS	NATO-Truppenstatut
NuL	Natur und Landschaft
NuR	Natur und Recht
NVwZ	Neue Zeitschrift für Verwaltungsrecht
NWG	Niedersächsisches Wassergesetz
NWVBl	Nordrhein-westfälische Verwaltungsblätter
NW Verf.	Verfassung für das Land Nordrhein-Westfalen
NYIL	Netherlands Yearbook of International Law
o.	oben
OECD	Organization for Economic Cooperation and Development
ÖJT	Österreichischer Juristentag
ÖJZ	Österreichische Juristen-Zeitung
ÖlSG	Ölschadengesetz
Österr. ZöRV	Österreichische Zeitschrift für öffentliches Recht und Völkerrecht
ÖZW	Österreichische Zeitschrift für Wirtschaftsrecht
o.g.	oben genannt
OILPOL	International Convention for the Prevention of Pollution of the Sea by Oil = Internationales Übereinkommen zur Verhütung der Verschmutzung der See durch Öl vom 12. 5. 1954
o.J.	ohne Jahresangabe
OLG	Oberlandesgericht
op.cit.	opus citatus
OSHA	Occupational Safety and Health Administration
OVG	Oberverwaltungsgericht
OVGE	Amtliche Sammlung der Entscheidungen der Oberverwaltungsgerichte Lüneburg und Münster
OWiG	Ordnungswidrigkeitengesetz
p.A.	per annum
PBefG	Personenbeförderungsgesetz
PCB	Polychlorierte Biphenyle
PCT	Polychlorierte Tetrakohlenwasserstoffe
PET	Polyethylenterephthalat
Pflanzenschutz-AnwendungsVO	Pflanzenschutz-Anwendungsverordnung
PflSchG	Pflanzenschutzgesetz
PHmV	Pflanzenschutz-Höchstmengen-Verordnung
Phosphathöchst-mengenVO	Phosphathöchstmengenverordnung

PrGS . . . . Preußische Gesetzsammlung
PrOVG . . . . Entscheidungen des Preußischen Oberverwaltungsgerichts
PVC . . . . Polyvenylchlorid
PVG Rh.-Pf. . . . . . . Polizeiverwaltungsgesetz Rheinland-Pfalz
PVS . . . . Politische Vierteljahresschrift

RabelsZ . . . . Rabels Zeitschrift für ausländisches und internationales Privatrecht
RasenmäherlärmVO . Rasenmäherlärmverordnung
RBMK . . . . heterogener, wassergekühlter und graphitmoderierter Druckröhrenreaktor
RdC . . . . Recueil des Cours de l'Académie de Droit International
RdE . . . . Recht der Elektrizitätswirtschaft
RdL . . . . Recht der Landwirtschaft
RdWWi. . . . . Recht der Wasserwirtschaft
RegE . . . . Regierungsentwurf
resp. . . . . respektive
Rev.int.dr.comp. . . . Revue Internationale de Droit Comparé
RGBl. . . . . Reichsgesetzblatt
RGW . . . . Rat für Gegenseitige Wirtschaftshilfe
Rh.-Pf. . . . . Rheinland-Pfalz
RIAA . . . . Reports of International Arbitral Awards
RID . . . . Règlement conçernant le transport international ferroviaire des marchandises dangereuses
RIW . . . . Recht der internationalen Wirtschaft
RJE . . . . Revue Juridique de l'Environnement
RL . . . . Richtlinie (EG)
Rn. . . . . Randnummer
RöV . . . . Röntgenverordnung
ROG . . . . Raumordnungsgesetz
RSK . . . . Reaktorsicherheitskommission
Rspr. . . . . Rechtsprechung
RuP . . . . Recht und Politik
Rz. . . . . Randziffer

S. . . . . Seite; Satz
s. . . . . siehe
SAbfG . . . . Saarländisches Abfallgesetz
SAG . . . . Sonderabfallgesetz (Österreich)
SchallschutzV . . . . . Verordnung über bauliche Schallschutzanforderungen nach dem Gesetz zum Schutz gegen Fluglärm
SchutzBerG . . . . . . Schutzbereichgesetz
SchwJIR . . . . Schweizerisches Jahrbuch für internationales Recht
SeuchenG . . . . Bundes-Seuchengesetz
SGVNW . . . . Sammlung des bereinigten Gesetz- und Verordnungsblattes für das Land Nordrhein-Westfalen
SH . . . . Schleswig-Holstein
SJZ . . . . Schweizerische Juristen-Zeitung
SKBS . . . . Schweizer Kommission für Biologische Sicherheit
Slg. . . . . Sammlung
SLPG . . . . Saarländisches Landesplanungsgesetz
Smog-VO . . . . Smog-Verordnung
SNG . . . . Saarländisches Naturschutzgesetz
s.o. . . . . siehe oben
SO_2 . . . . Schwefeldioxid
sog. . . . . sogenannte(s)
SOLAS . . . . Final Act of Conference with Annexes including the International Convention for the Safety of Life at Sea = Internationales Übereinkommen zum Schutz des menschlichen Lebens auf See

Abkürzungen

Sp. .... Spalte
SprengG .... Sprengstoffgesetz
SR .... Schriftenreihe
SSK .... Strahlenschutzkommission
StGB .... Strafgesetzbuch
StGR .... Städte- und Gemeinderat
StörfallVO .... Störfallverordnung
str. .... streitig
StRG .... Stadtreinigungsgesetz Berlin
StrlSchV .... Strahlenschutzverordnung
st. Rspr. .... ständige Rechtsprechung
StrVG .... Strahlenschutzvorsorgegesetz
StT .... Städtetag
StuW .... Steuer und Wirtschaft
StVG .... Straßenverkehrsgesetz
StVO .... Straßenverkehrsordnung
StVZO .... Straßenverkehrs-Zulassungsordnung
StWG .... Gesetz zur Förderung der Stabilität und des Wachstums der Wirtschaft
s.u. .... siehe unten
SVerf .... Verfassung des Saarlandes
SWG .... Saarländisches Wassergesetz

t .... Tonnen
TA Abfall .... Technische Anleitung Abfall (geplant)
TA Lärm .... Technische Anleitung zum Schutz gegen Lärm
TA Luft .... Technische Anleitung zur Reinhaltung der Luft
TCDD .... Tetrachlordibenzo-p-dioxin
Teilbd. .... Teilband
TelwegG .... Telegraphenwegegesetz
TierKBG .... Tierkörperbeseitigungsgesetz
TierSchG .... Tierschutzgesetz
TierSG .... Tierseuchengesetz
TOSCA .... Toxic Substances Control Act
TranspR .... Transportrecht
TRbF .... Technische Regeln für brennbare Flüssigkeiten
TRGS .... Technische Regeln für Gefahrstoffe
TrinkwV .... Trinkwasserverordnung
TRK .... Technische Richtkonzentration
TÜV .... Technischer Überwachungsverein
Tz. .... Teilziffer

u.a. .... unter anderem
UBA .... Umweltbundesamt
UBAG .... Gesetz über die Errichtung eines Umweltbundesamtes
UdSSR .... Union der Sozialistischen Sowjetrepubliken
UFOKAT .... Umweltforschungskatalog
UMPLIS .... Informations- und Dokumentationssystem zur Umweltplanung
umstr. .... umstritten
Umwelt (BMI) ..... Informationen des Bundesministers des Inneren
Umwelt (BMU) .... Informationen des Bundesministers für Umwelt, Naturschutz und Reaktorsicherheit
Umwelt (VDI) ..... Zeitschrift des Vereins Deutscher Ingenieure für Immissionsschutz – Abfall – Gewässerschutz
UN .... United Nations
UN-Doc. .... United Nations Document
UNEP .... United Nations Environmental Programme
UNO .... United Nations Organization

Unterabs. . . . . Unterabsatz
UPR . . . . Umwelt- und Planungsrecht
Urt. . . . . Urteil
USA . . . . Vereinigte Staaten von Amerika
U.S.C. . . . . United States Code
USG . . . . Bundesgesetz über den Umweltschutz/Umweltschutzgesetz (Schweiz)
UStatG. . . . . Gesetz über Umweltstatistiken
UTR . . . . Schriftenreihe (der Forschungsstelle) des Instituts für Umwelt- und Technikrecht (an) der Universität Trier
u.U. . . . . unter Umständen
UVP . . . . Umweltverträglichkeitsprüfung
UVPG . . . . Gesetz über die Umweltverträglichkeitsprüfung (geplant)
UVPGE . . . . Gesetzentwurf über die Umweltverträglichkeitsprüfung
UVP-RL. . . . . EG-Richtlinie über die Umweltverträglichkeitsprüfung
UWG. . . . . Gesetz gegen den unlauteren Wettbewerb

v.a. . . . . vor allem
VAwS . . . . Anlagenverordnung
VAwSF . . . . Anlagen- und Fachbetriebsverordnung Bayern
VbF . . . . Verordnung über brennbare Flüssigkeiten
VBlBW . . . . Verwaltungsblätter für Baden-Württemberg
VDI . . . . Verein Deutscher Ingenieure
Verf. Rh.-Pf. . . . . . . Verfassung für Rheinland-Pfalz
VersR. . . . . Versicherungsrecht
VerwArch. . . . . Verwaltungsarchiv
VerwRspr. . . . . Verwaltungsrechtsprechung in Deutschland
VG . . . . Verwaltungsgericht
VGH . . . . Verwaltungsgerichtshof
VGHE . . . . Entscheidungen des Verwaltungsgerichtshofes
vgl. . . . . vergleiche
v.H. . . . . vom Hundert
VkBl. . . . . Verkehrsblatt
VMBl. . . . . Ministerialblatt des Bundesministers für Verteidigung
VN . . . . Vereinte Nationen (Zeitschrift)
VO . . . . Verordnung
vol. . . . . volume
vr . . . . Verwaltungsrundschau
vs. . . . . versus
VStG . . . . Vermögenssteuergesetz
VVDStRL . . . . Veröffentlichungen der Vereinigung der Deutschen Staatsrechtslehrer
VwGO . . . . Verwaltungsgerichtsordnung
VwVfG . . . . Verwaltungsverfahrensgesetz

WABM . . . . Wet Algemene Bepalingen Milieuhygiene (Niederlande)
WaffG . . . . Waffengesetz
WaldEAVO. . . . . . . Walderhaltungsabgabe-Verordnung
WasSG . . . . Wassersicherstellungsgesetz
WaStrG . . . . Bundeswasserstraßengesetz
WG BW . . . . Wassergesetz für Baden-Württemberg
WHG. . . . . Wasserhaushaltsgesetz
WHO. . . . . World Health Organization
WIPO . . . . World International Property Organization
WiR. . . . . Wirtschaftsrecht
WiSt . . . . Wirtschaftswissenschaftliche Studien
wista . . . . Wirtschaft und Statistik
wistra. . . . . Zeitschrift für Wirtschaft, Steuer, Strafrecht

Abkürzungen

WiVerw. . . . . Wirtschaft und Verwaltung
wlb . . . . wasser, luft und betrieb (Zeitschrift für Umwelttechnik)
WMO . . . . World Meteorological Organization
WRMG . . . . Wasch- und Reinigungsmittelgesetz
WRV . . . . Verfassung des Deutschen Reichs vom 11. 8. 1919 (Weimarer Reichsverfassung)
WSI . . . . Wirtschafts- und Sozialwissenschaftliches Institut des Deutschen Gewerkschaftsbundes
WuB . . . . Wasser und Boden
WuR . . . . Wirtschaft und Recht

zahlr. . . . . zahlreich
ZA-NTS. . . . . Zusatzabkommen zum NATO-Truppenstatut
ZaöRV . . . . Zeitschrift für ausländisches öffentliches Recht und Völkerrecht
ZAU . . . . Zeitschrift für angewandte Umweltforschung
z.B. . . . . zum Beispiel
ZBinnSch. . . . . Zeitschrift für Binnenschiffahrt und Wasserstraßen
ZfBR . . . . Zeitschrift für deutsches und internationales Baurecht
ZfRV . . . . Zeitschrift für Rechtsvergleichung
ZfU . . . . Zeitschrift für Umweltpolitik und Umweltrecht
ZfV . . . . Zeitschrift für Verwaltung
ZfW. . . . . Zeitschrift für Wasserrecht
ZfWirtschSozWiss. . . Zeitschrift für Wirtschafts- und Sozialwissenschaften
ZG . . . . Zeitschrift für Gesetzgebung
Ziff. . . . . Ziffer
ZKBS . . . . Zentrale Kommission für die Biologische Sicherheit
ZLbmR . . . . Zeitschrift für das gesamte Lebensmittelrecht
ZLW . . . . Zeitschrift für Luft- und Weltraumrecht
ZRP. . . . . Zeitschrift für Rechtspolitik
Zs. . . . . Zeitschrift
Zs. f. Nationalökonomie. . . . . . . Zeitschrift für Nationalökonomie
ZSR NF . . . . Zeitschrift für Schweizerisches Recht (neue Folge)
ZStW . . . . Zeitschrift für die gesamte Strafrechtswissenschaft
z. T. . . . . zum Teil
zust. . . . . zustimmend
ZuStVO AItG NW . . Verordnung zur Regelung von Zuständigkeiten auf dem Gebiet des Arbeits-, Immissions- und technischen Gefahrenschutzes Nordrhein-Westfalen
ZuStVO Rh.-Pf. . . . . Landesverordnung über die Zuständigkeiten nach dem Bundes-Immissionsschutzgesetz Rheinland-Pfalz
zutr. . . . . zutreffend
ZVglRWiss. . . . . . . Zeitschrift für vergleichende Rechtswissenschaft
ZZP. . . . . Zeitschrift für Zivilprozeß

Erstes Buch

Allgemeines Umweltrecht

§ 1 Umweltschutz und Umweltrecht

Schrifttum: I. Juristisch – *Backherms,* Zur Einführung: Recht und Technik, JuS 1980, 9ff.; *Bender/Sparwasser,* Umweltrecht, 1988; *Berg,* Die Verwaltung des Mangels, Der Staat 15 (1976), 1ff.; *ders.,* Vom Wettlauf zwischen Recht und Technik, JZ 1985, 401ff.; *ders.,* Recht des Umweltschutzes, in: Maunz/Obermayer/Berg/Knemeyer, Staats- und Verwaltungsrecht in Bayern, 5. Aufl., 1988, S. 477ff.; *Börner* (Hg.), Umwelt, Verfassung, Verwaltung, 1982; *Bosselmann,* Eigene Rechte für die Natur?, KJ 1986, 1ff.; *Bothe,* Umweltschutz als Aufgabe der Rechtswissenschaft, ZaöRV 32 (1972), 483ff.; *ders.,* Ausländisches Umweltrecht (5 Bde.), 1972–1977; *ders.* (Hg.), Trends in Environmental Policy and Law, 1980; *ders.,* Umweltpolitik, Umweltrecht und Umweltverwaltung, in: Faber/Schneider (Hg.), Niedersächsisches Staats- und Verwaltungsrecht, 1985, S. 198ff.; *ders./Gündling,* Tendenzen des Umweltrechts im internationalen Vergleich, 1978; *Breuer,* Wirksamer Umweltschutz durch Reform des Verwaltungs-, Verfahrens- und Verwaltungsprozeßrechts?, NJW 1978, 1558ff.; *ders.,* Die Entwicklung des Umweltschutzrechts seit 1977, NJW 1979, 1862ff.; *ders.,* Strukturen und Tendenzen des Umweltschutzrechts, Der Staat 20 (1981), 393ff.; *ders.,* Der Umweltschutz im System der Rechtsordnung, in: Börner (Hg.), Umwelt, Verfassung, Verwaltung, 1982, S. 37ff.; *ders.,* Umweltschutzrecht, in: v. Münch (Hg.), Besonderes Verwaltungsrecht, 6. Aufl., 1982, S. 633ff., 8. Aufl., 1988, S. 601ff.; *ders.,* Umweltschutz und Gefahrenabwehr bei Anscheins- und Verdachtslagen, in: Gedächtnisschrift für Wolfgang Martens, 1987, S. 317ff.; *ders.,* Grundprobleme des Umweltschutzes aus juristischer Sicht, in: Wenz/Issing/Hasso Hofmann (Hg.), Ökologie, Ökonomie und Jurisprudenz, 1987, S. 21ff.; *Brohm,* Rechtliche Möglichkeiten zur Rohstoffsicherung, NJW 1980, 857ff.; *Degenhart,* Umweltschutzrecht, in: Grimm/Papier (Hg.), Nordrhein-westfälisches Staats- und Verwaltungsrecht, 1986, S. 533ff.; *Dempfle/Müggenborg,* Die „Umwelt", ein Rechtsbegriff?, NuR 1987, 301ff.; *Denninger,* Die Herausforderung der Technik an das Recht in der technologischen Gesellschaft, Universitas 52 (1970), 2. Halbbd., 1135ff.; *Deutsche Richterakademie* (Hg.), Wirtschaft und Umweltschutz, 1986; *Doran/Hinz/Mayer-Tasch,* Umweltschutz – Politik des peripheren Eingriffs, 1974; *Engelhardt,* Bürger und Umwelt, 1985; *Erbguth,* Raumbedeutsames Umweltrecht, 1986; *ders.,* Rechtssystematische Grundfragen des Umweltrechts, 1987; *Eser,* Ökologisches Recht, in: Markl (Hg.), Natur und Geschichte, 1983, S. 349ff.; *Feldhaus,* Konturen eines modernen Umweltschutzrechts, DÖV 1974, 613ff.; *Forsthoff,* Der Staat der Industriegesellschaft, 1971; *Genscher,* Umweltpolitik und Verfassung, in: Festschrift für Friedrich Schäfer, 1980, S. 113ff.; *Götz/Rauschning/Zieger* (Hg.), Umweltschutz und Internationale Wirtschaft, 1975; *Grawert,* Technischer Fortschritt in staatlicher Verantwortung, in: Festschrift für Johannes Broermann, 1982, S. 457ff.; *Gutzler* (Hg.), Umweltpolitik und Wettbewerb, 1981; *Hartkopf/Bohne,* Umweltpolitik, Bd. 1, 1983; *Heigl,* Fragen des Umweltschutzes in der Rechtsprechung des Bundesverwaltungsgerichts, in: Festgabe aus Anlaß des 25jährigen Bestehens des Bundesverwaltungsgerichts, 1978, S. 261ff.; *E. v. Hippel,* Grundfragen der Lebensqualität, BB 1984, Beilage 23; *Hasso Hofmann,* Nachweltschutz als Verfassungsfrage, ZRP 1986, 87ff.; *Hoppe,* Staatsaufgabe Umweltschutz, VVDStRL 38 (1980), S. 211ff.; *ders./Beckmann,* Umweltschutzrecht, 1989 (i. Vorb.); *H. Huber,* Das Recht im technischen Zeitalter (1960), in: ders., Rechtstheorie, Verfassungsrecht, Völkerrecht, 1971, S. 57ff.; *ders.,* Umwelt und Umweltschutz als Rechtsbegriff, in: Festschrift für Hans R. Klecatsky zum 60. Lebensjahr, Teilbd. 1, Wien 1980, S. 353ff.; *Isensee,* Widerstand gegen den technischen Fortschritt, DÖV 1983, 565ff.; *Jarass,* Aktuelle Probleme des Umweltschutzes und des Umweltrechts, in: Forschungsstelle für Umwelt- und Technikrecht (Hg.), Jahrbuch des Umwelt- und Technikrechts 1988 (UTR 5), 1988, S. 91ff.; *Jarre* (Hg.), Umweltrecht in der Bundesrepublik Deutschland, 1984; *Ketteler/Kippels,* Umweltrecht, 1988; *Kimminich,* Das Recht des Umweltschutzes, 2. Aufl., o.J. (1974); *ders.,* Verwaltung und Verwaltungsrecht im Dienste des Umweltschutzes, BayVBl. 1979, 523ff.; *ders.,* Umweltschutz – Prüfstein der Rechtsstaatlichkeit, Linz 1987; *ders.,* Zur „Ethik-Konjunktur" im Umwelt- und Technikrecht, in: Forschungsstelle für Umwelt- und Technikrecht (Hg.), Jahrbuch des Umwelt- und Technikrechts 1988 (UTR 5), 1988, S. 3ff.; *ders./v. Lersner/Storm* (Hg.), Handwörterbuch des Umweltrechts (HdUR), Bd. I, 1986, Bd. II, 1988; *P. Kirchhof,* Kontrolle der Technik als staatliche und private Aufgabe, in: Forschungsstelle für Umwelt- und Technikrecht (Hg.), Technische Überwachung im Umwelt- und Technikrecht (UTR 4), 1988, S. 1ff.; *Klinger,* Energieversorgung und Umweltschutz, WiVerw. 1985, 147ff.; *Kloepfer,* Zum Umweltschutzrecht in der Bundesrepublik Deutschland, 1972; *ders.,* Systematisierung des Umweltrechts, 1978; *ders.,* Umweltschutz und Recht, BB 1978, 1729ff.; *ders.,* Kodifikation des deutschen Umweltschutzrechts, ZfU 1979, 145ff.; *ders.,* Staatsaufgabe Umweltschutz, DVBl. 1979, 639ff.; *ders.,* Kartellrecht und Umweltrecht, in: Gutzler (Hg.), Umweltpolitik und Wettbewerb, 1981, S. 57ff.; *ders.,* Umweltschutz und Wettbewerb, UPR 1981, 41ff.; *ders.,* Artikel „Technik", in: Evangelisches Staatslexikon, 3. Aufl., 1987, Sp. 3587ff.; *ders.,* Artikel „Umweltschutz, II. Juristisch", in: Evangelisches Staatslexikon, 3. Aufl., 1987, Sp. 3642ff.; *ders.,* Artikel „Umweltfinanzrecht", in: Kimminich/v. Lersner/Storm (Hg.), Handwörterbuch des Umweltrechts (HdUR), Bd. II, 1988, Sp. 583ff.; *ders.,* Chance und Risiko als rechtliche Dimensionen, in: Forschungsstelle für Umwelt- und Technikrecht (Hg.), Jahrbuch des Umwelt- und Technikrechts 1988 (UTR 5), 1988, S. 31ff.; *Kloepfer/Meßerschmidt,* Innere Harmonisierung des Umweltrechts, 1987; *Kölble*, Staat und Umwelt, DÖV 1977, 1ff.; *ders.*, Staatsaufgabe Umweltschutz: Reformen und Umrisse eines neuen Politikbereichs, DÖV 1979, 470ff.; *ders.*, Umweltschutz, in: Jeserich/Pohl/v. Unruh (Hg.), Deutsche Verwaltungsgeschichte, Bd. 5, Die Bundesrepublik Deutschland, 1987, S. 844ff.; *Kölz/Müller-Stahel* (Hg.), Kommentar zum Umweltschutzgesetz, Zürich 1985ff.; *Ladeur*, Jenseits von Regulierung und Ökonomisierung der Umwelt, ZfU 1987, 1ff.; *ders.*, Umweltrecht und technologische Innovation, in: Forschungsstelle für Umwelt- und Technikrecht (Hg.), Jahrbuch des Umwelt- und Technikrechts 1988 (UTR 5), 1988, S. 305ff.; *Lammich*, Grundzüge des Umweltschutzrechts in der DDR unter besonderer Berücksichtigung der rechtlichen Sanktionen, Recht in Ost und West 1987, 15ff.; *Langeder/Schmidl*, Wissenschaft und Technik im Umweltschutzrecht, Linz 1982; *Leidig*, Ökologisch-ökonomische Rechtswissenschaft, 1984; *Leisner*, Umweltschutz durch Eigentümer, 1987; *v. Lersner*, Administrativer Umweltschutz, Umwelt 1972, 10ff.; *ders.*, Das dritte Medium, NuR 1982, 201ff.; *ders.*, Die scheinbar irrelevanten Mengen im Umweltrecht, in: Festgabe zum 10jährigen Jubiläum der Gesellschaft für Rechtspolitik, 1984, S. 257ff.; *ders.*, Gibt es Eigenrechte der Natur, NVwZ 1988, 988ff.; *Lohse*, Neue Literatur zum Umweltrecht (Veröffentlichungen im Zeitraum vom 1. 1. 1979 bis zum 30. 6. 1981), 1981, (Veröffentlichungen im Zeitraum vom 1. 7. 1981 bis zum 30. 6. 1984), 1984, (Veröffentlichungen im Zeitraum vom 1. 7. 1984 bis zum 30. 6. 1986), 1986; *Marburger*, Die Regeln der Technik im Recht, 1979; *ders.*, Ausbau des Individualschutzes gegen Umweltbelastungen als Aufgabe des bürgerlichen und des öffentlichen Rechts, Gutachten C zum 56. Deutschen Juristentag Berlin 1986, in: Verhandlungen des 56. Deutschen Juristentages, Bd. I, 1986; *Mayer-Tasch*, Umweltrecht im Wandel, 1978; *Meßerschmidt*, Gesetzgebungsseminar im Umweltrecht, Jura 1985, 218ff.; *Müller-Stahel*, Environmental Law: Umweltschutzrecht – eine neue Disziplin im Recht der USA, SJZ 1972, 49ff.; *ders.* (Hg.), Schweizerisches Umweltschutzrecht, Zürich 1973; *Murswiek*, Die staatliche Verantwortung für die Risiken der Technik, 1985; *Nicklisch*, Technologierecht und Rechtsfortbildung, in: Festschrift der Juristischen Fakultät zur 600-Jahr-Feier der Ruprecht-Karls-Universität Heidelberg, 1986, S. 231ff.; *Ossenbühl*, Die Bewertung technischer Risiken bei der Rechtsetzung, DÖV 1982, 833ff.; *ders.*, Umweltschutz und Gemeinwohl in der Rechtsordnung, in: Bitburger Gespräche Jb. 1983, S. 5ff.; *ders.*, Umweltschutz und Gemeinwohl in der Rechtsordnung, vr 1983, 301ff.; *Plischka*, Technisches Sicherheitsrecht, 1969; *Ramsauer*, Umweltschutz, in: Hoffmann-Riem/Koch (Hg.), Hamburgisches Staats- und Verwaltungsrecht, 1988, S. 379ff.; *Raschauer*, Umweltschutzrecht, Wien 1986; *Rauball*, Aktuelle Dokumente – Umweltschutz, 1972; *Rausch*, Die Umweltschutz-Gesetzgebung, Zürich 1977; *Rauschning*, Staatsaufgabe Umweltschutz, VVDStRL 38 (1980), S. 167ff.; *E. Rehbinder*, Grundfragen des Umweltrechts, ZRP 1970, 250ff.; *ders.*, Umweltschutz, Umwelt 1971, 23ff.; *ders.*, Umweltrecht, RabelsZ 40 (1976), 363ff.; *ders.*, Allgemeines Umweltrecht, in: Salzwedel (Hg.), Grundzüge des Umweltrechts, 1982, S. 81ff.; *Ritter*, Umweltpolitik und Rechtsentwicklung, NVwZ 1987, 929ff.; *Salzwedel* (Hg.), Grundzüge des Umweltrechts, 1982; *ders.*, Probleme einer inneren Harmonisierung des deutschen Umweltrechts – Überschneidungen zwischen gewerbe-, bewirtschaftungs- und planungsrechtlichen Komponenten, in: Dokumentation zur 5. wissenschaftlichen Fachtagung der Gesellschaft für Umweltrecht e. V., Berlin, 6. und 7. 11. 1981, 1982, S. 33ff.; *ders./Preusker*, Umweltschutzrecht und -verwaltung in der Bundesrepublik Deutschland, 1983; *Reiner Schmidt/Helmut Müller*, Einführung in das Umweltrecht, 1987; *R. Scholz*, Technik und Recht, in: Festschrift zum 125jährigen Bestehen der Juristischen Gesellschaft zu Berlin, 1984, S. 691ff.; *G. Schulze/Lotz* (Hg.), Polizei und Umwelt, Teil 1, 1986; *Sendler*, Ist das Umweltrecht normierbar?, UPR 1981, 1ff.; *ders.*, Grundprobleme des Umweltrechts, JuS 1983, 255ff.; *Soell*, Rechtsfragen des Umweltrechts, WiR 1973, 72ff.; *Steiger*, Umweltschutz durch planende Gestaltung. Grundfragen des verwaltungsrechtlichen Umweltschutzes, ZRP 1971, 133ff.; *ders.*, Mensch und Umwelt, 1975; *ders.*, Begriff und Geltungsebene des Umweltrechts, in: Salzwedel (Hg.), Grundzüge des Umweltrechts, 1982, S. 1ff.; *ders./Kimminich*, Umweltschutzrecht und -verwaltung in der Bundesrepublik Deutschland, 1976; *Stone*, Umwelt vor Gericht. Die Eigenrechte der Natur, 1987; *Storm*, Umweltrecht, AgrarR 1974, 181ff.; *ders.*, Bodenschutzrecht, AgrarR 1983, 233ff.; *ders.*, Umweltrecht wohin?, ZRP 1985, 18ff.; *ders.*, Umweltrecht, 3. Aufl., 1988; *ders.*, Bundes-Umweltgesetzbuch (BUG), in: Forschungsstelle für Umwelt- und Technikrecht (Hg.), Jahrbuch des Umwelt- und Technikrechts 1988 (UTR 5), 1988, S. 49ff.; *Stutzin*, Die Natur der Rechte und die Rechte der Natur, Rechtstheorie 11 (1980), 344ff.; *v. Thaden*, Umweltschutz/Umweltpolitik, 1988; *Thieme* (Hg.), Umweltschutz im Recht, 1988; *Ule*, Unbestimmte Begriffe und Ermessen im Umweltschutzrecht, DVBl. 1973, 756ff.; *ders.*, Gewerberecht oder Umweltschutzrecht, in: Festschrift für Ludwig Fröhler zum 60. Geb., 1980, S. 349ff.; *Umweltbundesamt* (Hg.), UMPLIS, Bibliographie Umweltrecht (Bearbeiter: Kloepfer), 1981; *Wälde*, Recht und Umweltschutz, AöR 99 (1974), 585ff.; *Wagner/Pschera* (Hg.), Aktuelle Fragen des Umweltschutzes, 1981; *W. Weber*, Umweltschutz im Verfassungs- und Verwaltungsrecht, DVBl. 1971, 806ff.; *Weimar*, Ökonomisch-ökologische Jurisprudenz – Der nächste Schritt?, Rechtstheorie 15 (1984), 313ff.; *Weise*, Betriebliche Risikokompetenzen als Voraussetzung für unternehmerische Tätigkeit in der Chemischen Industrie, in: Forschungsstelle für Umwelt- und Technikrecht (Hg.), Jahrbuch des Umwelt- und Technikrechts 1988 (UTR 5), 1988, S. 17ff.; *Wenz/Issing/Hasso Hofmann* (Hg.), Ökologie, Ökonomie und Jurisprudenz, 1987; *Wildhaber*, Staatsaufgabe Umweltschutz in der Schweiz, VVDStRL 38 (1980), S. 325ff.; *G. Winter* (Hg.), Grenzwerte, 1986; *Zuleeg*, Umweltschutzrecht, in: Meyer/Stolleis (Hg.), Hessisches Staats- und Verwaltungsrecht, 1983, S. 281ff.

II. Nichtjuristisch – *Ahlhaus/Boldt/Klein*, Taschenlexikon Umweltschutz, 1979; *Altner*, Umwelt – Mitwelt – Nachwelt, Umweltethik als Voraussetzung individuellen und gesellschaftlichen Handelns, in:

Jänicke/Simonis/Weigmann (Hg.), Wissen für die Umwelt, 1985, S. 279ff.; *Beck*, Risikogesellschaft, 1986; *Binswanger/Bonus/Timmermann*, Wirtschaft und Umwelt, 1981; *Birnbacher* (Hg.), Ökologie und Ethik, 1980; *Buchwald/Engelhardt* (Hg.), Handbuch für Planung, Gestaltung und Schutz der Umwelt, 1978; *Bundesminister für Umwelt, Naturschutz und Reaktorsicherheit* (Hg.), Leitlinien zur Umweltpolitik, 1986; *Cansier*, Grundprobleme der Umweltpolitik, 1975; *Dahlhoff* (Hg.), Funk-Kolleg Mensch und Umwelt (3 Bde.), 1983; *Dierkes/Hansmeyer*, Umwelt und Gesellschaft, ZfU 1985, 1ff.; *Endres*, Umwelt- und Ressourcenökonomie, 1985; *B. S. Frey*, Umweltökonomie, 2. Aufl., 1985; *Giersch* (Hg.), Das Umweltproblem in ökonomischer Sicht, 1974; *Glagow* (Hg.), Umweltgefährdung und Gesellschaftssystem, 1972; Global zweitausend. Der Bericht an den Präsidenten, 52. Aufl., 1986; *Hardin*, Die Tragik der Allmende, in: Lohmann (Hg.), Gefährdete Zukunft, 1970, S. 30ff.; *Hauff/M. Müller*, Umweltpolitik am Scheideweg, 1985; *Helms*, Öffentliche Güter, vr 1983, 69f.; *Hermann* (Hg.), Mensch und Umwelt im Mittelalter, 1986; *Höffe*, Umweltschutz als Staatsaufgabe – Umrisse einer rechtsphilosophischen Begründung, in: L'homme dans son environnement – Mensch und Umwelt, Festgabe der Rechts-, Wirtschafts- und Sozialwissenschaftlichen Fakultät der Universität Freiburg zum Schweizerischen Juristentag Freiburg 12.–14. 9. 1980, Fribourg 1980, S. 307ff.; *Hucke/Ueberhorst* (Hg.), Kommunale Umweltpolitik, 1983; *Institut für Umweltschutz der Universität Dortmund* (Hg.), Umweltschutz der achtziger Jahre, 1981; *Issing* (Hg.), Ökonomische Probleme der Umweltschutzpolitik, 1976; *Jonas*, Das Prinzip Verantwortung, 1979; *Jänicke/Simonis/Weigmann* (Hg.), Wissen für die Umwelt, 1985; *Kapp*, Volkswirtschaftliche Kosten der Privatwirtschaft, 1958; *Katalyse-Umweltgruppe* (Hg.), Umwelt-Lexikon, 1985; *Kessel/Tischler*, Umweltbewußtsein, 1984; *A. Krämer*, Ökologie und politische Öffentlichkeit, 1986; *E. R. Koch*, Die Lage der Nation 85/86 (Umwelt-Atlas), 1985; *Koch/Vahrenholt*, Die Lage der Nation (Umwelt-Atlas), 1983; *Küppers/Lundgreen/Weingart*, Umweltforschung – die gesteuerte Wissenschaft?, 1978; *Lenk*, Herausforderung der Ethik durch technologische Macht, in: Bitburger Gespräche Jb. 1981, S. 5ff.; *Leonhard*, Umweltverbände, 1986; *Löw*, Hat die Natur einen Rechtsanspruch an den Menschen?, FAZ Nr. 252 v. 30. 10. 1985, S. 35; *Lohmann* (Hg.), Gefährdete Zukunft, 1970; *Lübbe/Ströker* (Hg.), Ökologische Probleme im kulturellen Wandel, 1986; *Luhmann*, Ökologische Kommunikation, 1986; *Meadows u. a.*, Die Grenzen des Wachstums. Bericht des Club of Rome zur Lage der Menschheit, 1972; *Meißner/Hödl*, Umweltschutz in Konjunktur- und Wachstumsprogrammen, 1983; *Meyer-Abich*, Wege zum Frieden mit der Natur, 1984; *Mieck*, Umweltschutz in Preußen zur Zeit der Frühindustrialisierung, in: Büsch/Neugebauer (Hg.), Moderne preußische Geschichte 1648–1947, 1981, S. 1141ff.; *Möller/Osterkamp/Schneider*, Umweltökonomik, 1981; *v. Moltke*, Umweltschutzpolitik, in: Jahrbuch der Europäischen Integration 1983, 1984, S. 172ff.; *E. Müller*, Innenwelt der Umweltpolitik, 1986; *OECD*, Wirtschaft und Umwelt, 1983; *Olschowy* (Hg.), Natur- und Umweltschutz in der Bundesrepublik Deutschland, 1978; *Projektgruppe „Aktionsprogramm Ökologie"*, Abschlußbericht, 1983; *Rat von Sachverständigen für Umweltfragen*, Umweltgutachten 1974; *ders.*, Umweltgutachten 1978; *ders.*, Umweltgutachten 1987; *Recktenwald* (Hg.), Das Umweltproblem aus ökonomischer und juristischer Sicht, 1975; *Schramm* (Hg.), Ökologie-Lesebuch, 1984; *Schürmann*, Ökonomische Ansätze zu einer rationalen Umweltpolitik und wirtschaftliche Konsequenzen, 2. Aufl., 1978; *Siebert*, Ökonomische Theorie der Umwelt, 1978; *ders.* (Hg.), Umwelt und wirtschaftliche Entwicklung, 1979; *Simonis* (Hg.), Ökonomie und Ökologie, 2. Aufl., 1983; *ders.*, Ökologische Orientierungen, 1988; *Spaemann*, Technische Eingriffe in die Natur als Problem der politischen Ethik, in: Birnbacher (Hg.), Ökologie und Ethik, 1980, S. 180ff.; *Strickrodt*, Stichwort „Umweltschutz", in: ders. u. a. (Hg.), Handwörterbuch des Steuerrechts, Bd. 2, 2. Aufl., 1981, S. 1448ff.; *Studenten-Comitee für Umwelt-Oekonomik (SCO) St. Gallen* (Hg.), Ökologie zwischen wirtschaftlicher und sozialer Verantwortung, Bern 1978; *Terhart*, Die Befolgung von Umweltschutzauflagen als betriebswirtschaftliches Entscheidungsproblem, 1986; *Teutsch*, Lexikon der Umweltethik, 1985; *Töpfer*, Umweltschutz im Spannungsfeld zur Wirtschaftspolitik, in: Duwendag/Siebert (Hg.), Politik und Markt, 1980, S. 433ff.; *Troitzsch*, Historische Umweltforschung, Technikgeschichte 48 (1981), 177ff.; *Umweltbundesamt*, Jahresbericht (erscheint jährlich); *Wegehenkel* (Hg.), Marktwirtschaft und Umwelt, 1981; *Wegner*, Umweltschutz oder: Die Krise der freien Marktwirtschaft, ZRP 1973, 34ff.; *Wey*, Umweltpolitik in Deutschland, 1982; *Wicke*, Umweltökonomie, 1982; *K. Zimmermann*, Umweltpolitik und Verteilung, 1985.

A. Umweltschutz

I. Ausgangslage

1. Erscheinungsformen der Umweltbelastung

Der Umweltschutz hat Zukunft, weil es ohne Umweltschutz keine Zukunft geben 1
wird. Der Schutz der natürlichen Umwelt ist längst zu einer erstrangigen staatlichen und gesellschaftlichen Aufgabe, wenn nicht gar zur **Schicksalsfrage** der kommenden

Jahrzehnte geworden. Hierüber besteht im Grundsatz Einigkeit.[1] In ihrer politischen Brisanz kann die Umweltschutzproblematik durchaus mit der sozialen Frage vergangener Zeiten verglichen werden, zumal der Umweltschutz im Kern auch eine Verteilungsproblematik (bezüglich der natürlichen Ressourcen) darstellt. Die Lösung der ökologischen Frage[2] wird wie die der sozialen Frage nur mit erheblichen Veränderungen in Staat und Gesellschaft möglich sein.

2 Der enorme **Bedeutungsanstieg des Umweltschutzes** hat seine entscheidende Ursache in einem starken Umweltbewußtsein der Bevölkerung, das insoweit ein verändertes und verschlechtertes Sein im Naturhaushalt reflektiert: Die Belastungen der Umwelt haben in den letzten Jahren und Jahrzehnten ein besorgniserregendes Ausmaß angenommen. Die **natürlichen Lebensgrundlagen** des Menschen, Boden, Luft und Wasser, weisen erhebliche künstlich verursachte Verunreinigungen und sonstige nachteilige Veränderungen ihrer Eigenschaften (z. B. Strahlenbelastung, Überwärmung) auf. Flora und Fauna sind durch Krankheitsbefall (z. B. Waldschäden) und krassen Artenrückgang bedroht. Da die Natur ein komplexes Wirkungsgefüge mit zahlreichen Wechselbeziehungen bildet, bleiben Umweltbelastungen auch nicht auf einzelne ,,Medien" oder ,,Umweltelemente" beschränkt, sondern schlagen über Schadstoffinteraktionen auf andere durch (z. B. Grundwasserverunreinigung – Bodenverseuchung). Man spricht daher insoweit auch zutreffend von einem **ökologischen System**[3] bzw. einem Kreislauf der Natur oder Naturhaushalt. Da dieses System weltweit vernetzt ist, können schwerwiegende Eingriffe (z. B. Meeresverunreinigung, Zerstörung der tropischen Regenwälder) zu Störungen des globalen ökologischen Gleichgewichts führen.

2. Wirkungen auf den Menschen

3 Die Belastungen der natürlichen Umwelt wirken sich auch auf vielfache Weise auf den Menschen aus (z. B. über die Nahrungsmittelkette und die Atmung) und können Gesundheitsschädigungen und Beeinträchtigungen seines psychischen Wohlbefindens verursachen. Hierbei spielt auch das ästhetische Empfinden eine nicht zu unterschätzende Rolle, das etwa durch den Anblick verunstalteter Landschaften verletzt wird. Der Mensch ist insofern ein Teil seiner Umwelt und mit ihr schicksalhaft verbunden. Aufgrund der ,,Selbstheilungskräfte" der Natur werden zwar zahlreiche

---

[1] Von dieser Feststellung nimmt folglich auch eine Vielzahl umweltrechtlicher Darstellungen ihren Ausgang, vgl. etwa *Benda,* UPR 1982, 241ff., 241; *Breuer,* Der Staat 20 (1981), 393ff., 393; *P. Marburger,* Gutachten C zum 56. Deutschen Juristentag Berlin 1986, in: Verhandlungen des 56. DJT, Bd. I, 1986, C 9; *Reiner Schmidt/Helmut Müller,* JuS 1985, 694ff., 694.

[2] Vgl. zum Begriff der Ökologie statt vieler prägnant *H. Sachsse,* Ökologische Philosophie, 1984, S. VIIff. Die Verwendungszusammenhänge des ursprünglich eng auf die biologischen Beziehungen von Lebensgemeinschaften zu ihrer Umgebung begrenzten Begriffes reichen heute in die unterschiedlichsten Bereiche, wie weithin akzeptierte Wortverbindungen wie ,,ökologische Wirtschaft" oder ,,ökologische Philosophie" bis hin zu Projektionen einer ,,ökologischen Kommunikation" (vgl. *Luhmann,* Ökologische Kommunikation, 1986) oder einer ,,ökologischen Rechtswissenschaft" – was immer das sei (vgl. etwa *Leidig,* Ökologisch-ökonomische Rechtswissenschaft, 1984, und *Weimar,* Rechtstheorie 15 (1984), 313ff.) – belegen. In nicht wenigen Fällen wird dabei allerdings die Grenzlinie zwischen zeitnaher Begriffsbildung und modischer Sprachanbiederung (wie etwa bei der Umbenennung der traditionsreichen Naturlyrik in ,,Ökolyrik", vgl. die gleichnamige Anthologie von *Mayer-Tasch,* Im Gewitter der Geraden. Deutsche Ökolyrik 1950–1980, 1981) überschritten.

[3] Vgl. nur etwa *Ahlhaus/Boldt/Klein,* Taschenlexikon Umweltschutz, 1979, S. 161f.

Umweltbelastungen fortlaufend abgebaut, die Regenerationsfähigkeit der Natur ist aber nicht unerschöpflich, ökologische Kreisläufe sind vielfach bereits erheblich gestört, in Einzelfällen sogar zerstört (Standardbeispiel: der „umgekippte" See). Die Artenvernichtungen zeigen, wie irreparabel Umweltschäden sein können.

Allerdings können auch Umweltschutzmaßnahmen ihrerseits zu neuen Umweltbelastungen führen. Es handelt sich insoweit um einen Ausschnitt umweltschutzinterner Konflikte, bei dem es zum **„Umweltschutz kontra Umweltschutz"** kommen kann. Häufig genannt wird folgendes Beispiel: Je intensiver Schwermetalle dem Abwasser in Kläranlagen entzogen werden, desto mehr belasten sie die Klärschlämme. Die Verbesserung der Abwasserreinigung führt somit zu erhöhten Problemen für die Abfallentsorgung. Notwendig ist daher, den Schadstoffanfall bereits an der Verschmutzungsquelle zu vermeiden. Ein anderes Beispiel sind etwa die zwar immissionsschützenden, aber nicht selten landschaftsverunstaltenden Lärmschutzwände an Straßen. Nicht zielharmonisiert ist auch die Einführung von Umweltschutztechniken, die zu einem erhöhten Energieverbrauch führen. 4

Das Szenarium wird weiter dadurch verdüstert, daß viele Umweltgefahren sich derzeit nicht mit hinreichender Sicherheit einschätzen lassen. Dies gilt insbesondere auch für etwaige Spätfolgen. Neben (unzulänglichem) Tatsachenwissen besetzen daher (und auch aus anderen Gründen) Vermutungen und Ängste das Feld, die das Lebensgefühl einer **„neuen Unübersichtlichkeit"** *(Habermas)* entstehen lassen und sich im Extrem bis hin zu Untergangs- und Endzeitstimmungen steigern. Auf dem bisherigen Höchststand der technischen Entwicklung scheint durch die zum überwiegenden Teil unvorhergesehenen Umweltprobleme das seit Jahrhunderten im abendländischen Kulturkreis gewachsene Selbstverständnis des Menschen als Naturbeherrscher tiefgreifend erschüttert.[4] In den Umweltschutzgedanken mischen sich auf diese Weise auch allgemeine kulturkritische Motive und ein auf den unausformulierten Begriff der **Lebensqualität**[5] gestütztes Unbehagen an den fast ausschließlich materiellen Zielsetzungen der modernen Gesellschaft. Insoweit ist ein Teil der Umweltschutzanliegen auch die rationale Gewandung einer irrationalen Sehnsucht nach verinnerlichtem Glück durch Ursprünglichkeit („Zurück zur Natur"). Ein solcher weltanschaulich übersteigerter oder sogar mißbrauchter Umweltschutzgedanke birgt die Gefahr der Einseitigkeit und der Verdrängung anderer staatlicher und gesellschaftlicher Aufgaben durch einen Umweltschutzmonismus, der letztlich die wirtschaftlichen und technologischen Voraussetzungen eines effektiven Umweltschutzes zerstören würde. Es darf auch nicht übersehen werden, daß eine breite Umweltschutzdiskussion regelmäßig erst in solchen Gesellschaften stattfinden wird, in denen weder Hunger noch Obdachlosigkeit Massenprobleme sind. Erst ein Leben ohne materielle Not in einem gesicherten Frieden wird Umweltschutz zum gesellschaftlichen Spitzenthema machen können. 5

Nach wie vor besteht allerdings auch die umgekehrte Gefahr, daß das seit Jahren ausgeprägte Interesse für Umweltfragen in der Öffentlichkeit („Umweltbewußt- 6

[4] Vgl. zur geistigen Dimension der Umweltfrage die knappe, aber instruktive Darstellung bei *M. Kilian,* Umweltschutz durch Internationale Organisationen, 1987, S. 29ff. m. w. N., sowie aus soziologischer Sicht *Beck,* Risikogesellschaft, 1986. Vgl. zur Gegenposition, die „Fortschritts-Phobie" und „Angst als politische Grundstimmung" pointiert kritisiert, etwa *Isensee,* DÖV 1983, 565ff., 567ff. m. w. N. Differenzierter *Hartkopf/Bohne,* Umweltpolitik, Bd. 1, 1983, S. 69f., die im Anschluß an *Jonas* (s. FN 55) Furcht auch als „Element der Verantwortung", wenngleich nicht als einzigen Ratgeber, würdigen.

[5] Vgl. jedoch *E. v. Hippel,* BB 1984 Beilage 23.

sein")[6] in Themenüberdruß und Umweltfatalismus umschlagen könnte. Die Aufgabe einer verantwortungsbewußten Umweltpolitik besteht demgegenüber darin, Umweltschutz nach sachlichen Gesichtspunkten und nicht primär aus Rücksicht auf Publikumswirksamkeit und augenblickliche Stärke oder Schwäche der **Umweltschutz-„Lobby"** zu betreiben.[7] Ungeachtet der einen oder anderen modischen Verirrung und Übersteigerung ist Umweltschutz eine Daueraufgabe von fundamentaler Bedeutung. Daran kann auch ein politischer Mißbrauch des Umweltschutzgedankens nichts ändern.

7 Wegen einer ins Einzelne gehenden **Bestandsaufnahme** der Umweltsituation muß auf das in großer Zahl vorliegende Fachschrifttum verwiesen werden. Wer sich zuverlässig informieren will, ist gut beraten, wenn er nicht nur auf populäre Aufbereitungen des Themas zurückgreift, sondern das eine oder andere Standardwerk zu Rate zieht.

Zu nennen sind insbesondere:
- die drei (Haupt-)Umweltgutachten des Rates von Sachverständigen für Umweltfragen von 1974 (BT-Drs. 7/2802), 1978 (BT-Drs. 8/1938) und 1987 (BT-Drs. 11/1568),[8] die neben einer faktenreichen Situationsanalyse („Anamnese") auch bereits „Therapie"vorschläge enthalten,
- die vom Umweltbundesamt herausgegebenen Berichte „Daten zur Umwelt 1984" und „Daten zur Umwelt 1986/87",[9]
- der amerikanische Bericht Global 2000,[10] der – wie bereits sein Titel signalisiert – die weltweite Umweltsituation behandelt,
- das vierbändige Handbuch für Planung, Gestaltung und Schutz der Umwelt (Hg. *Buchwald/Engelhardt*), insbesondere Bd. 1 und 2,[11]
- das (auf zwei Bände konzipierte) Werk von *Hartkopf/Bohne,* Umweltpolitik,[12] das einen Situationsbericht mit einer umweltpolitischen, zum Teil auch juristischen Analyse verknüpft,
- das zweibändige Handwörterbuch des Umweltrechts (HdUR), hrsg. von *Kimminich/v. Lersner/Storm,* das innerhalb umweltrechtlicher Artikel bzw. daneben auch Grundinformationen über tatsächliche Umweltbedingungen vermittelt.[13]

Als Einstieg nützlich ist schließlich der Sammelband „Wissen für die Umwelt" (Hg. *Jänicke/Simonis/Weigmann*),[14] der die verschiedenen Facetten der Umweltproblematik aus unterschiedlichen wissenschaftlichen und politischen Blickrichtungen (knapp) beleuchtet. Als Verständnishilfen in Anbetracht der v. a. naturwissenschaftlichen Fachterminologie können neben einer Vielzahl von populärwissenschaftlichen (freilich nicht immer seriösen) Veröffentlichungen spezielle Nachschlagewerke zu Rate gezogen werden.[15] Datenwissen allein – zumal wenn es naturwissenschaftlichem Laienhorizont verhaftet bleibt – öffnet freilich noch kein Verständnis für die Grundfragen der Umweltpolitik, sondern will eingeordnet und bewertet sein.

---

[6] Vgl. hierzu etwa die empirischen Befunde bei *Kessel/Tischler,* Umweltbewußtsein. Ökologische Wertvorstellungen in westlichen Industrienationen, 1984.

[7] Die Sorge, daß der Umweltschutz „keinen gesellschaftlichen Patron finden könne" (vgl. *Breuer,* NJW 1978, 1558ff., 1559, im Anschluß an *Forsthoff*), scheint durch die tatsächliche Entwicklung widerlegt. Neben einer primär politischen, vielleicht sogar „altruistischen" (und insofern atypischen) Umweltschutz-Lobby bildet sich inzwischen aus den Kreisen der durch Umweltschäden finanziell Geschädigten (insbes. der Waldeigentümer) auch eine wirtschaftliche pressure group im Sinne des klassischen Lobby-Begriffs. Entsprechendes gilt für die Vertreter der Umweltschutzindustrie.

[8] Die Gutachten sind auch als selbständige Veröffentlichungen beim Kohlhammer Verlag erschienen.

[9] 1984 und 1986.

[10] The Global Two Thousand Report to the President, in deutscher Übersetzung: Global 2000. Der Bericht an den Präsidenten, 52. Aufl., 1986.

[11] 1978.

[12] 1983, Bd. 2 angekündigt.

[13] 1986 (Bd. I) und 1988 (Bd. II). Die einzelnen Artikel (insgesamt fast 300) werden hier i. d. R. in den Schrifttumsverzeichnissen nicht nachgewiesen.

[14] 1985.

[15] Z. B. *Bibliographisches Institut* (Hg.), Wie funktioniert das? Die Umwelt des Menschen, 2. Aufl., 1981, und *Ahlhaus/Boldt/Klein,* Taschenlexikon Umweltschutz, 1979.

3. Ursachen der Umweltbelastung

Die Ursachen der derzeitigen starken Belastung, wenn nicht Überlastung der Umwelt sind vielfältig und nicht immer hinreichend erforscht. Bei genereller Betrachtung, welche die konkreten Ursachen freilich nicht überdecken darf, lassen sie sich grundsätzlich auf eine erhebliche und dauerhafte **Überbeanspruchung** der „Umwelt" (einzelner **Umweltgüter** wie auch der **Entsorgungskapazität** und **Regenerationsfähigkeit** der Umwelt insgesamt) durch den Menschen zurückführen. Umweltbelastungen gibt es zwar seit alters her (bis hin zu ökologischen Katastrophen wie der Veränderung des Mittelmeerraumes durch übermäßigen Baumeinschlag seit der Antike),[16] erst in diesem Jahrhundert haben aber insbesondere das explosionsartige Bevölkerungswachstum, das kaum begrenzte Vordringen der Technik, enormes Wirtschaftswachstum mit entsprechenden Konsumansprüchen sowie die zunehmende räumliche Agglomeration (Verstädterung) der Bevölkerung das Ausmaß der damit einhergehenden Umweltbelastungen zu einer umfassenden Gefährdung der natürlichen Lebensgrundlagen des Menschen werden lassen. In der „anthropogenen", vom Menschen beinahe beherrschten Welt droht das „sekundäre System" der vom Menschen gesetzten Umweltbedingungen erstmals das „primäre System" der Natur zu überwältigen.[17] Die – bisweilen im doppelten Wortsinne – ungeheuren Möglichkeiten der modernen Technik geben dem Menschen im **„Zeitalter der technischen Realisation"**[18] ein nie dagewesenes Gestaltungs-, aber auch Zerstörungspotential. 8

Im Vordergrund der öffentlichen Diskussion stehen gewöhnlicherweise folgende **Umweltbelastungen:** Luftverschmutzung, Wasserverunreinigung und -überwärmung, Grundwasserverbrauch, Bodenverseuchung und -erosion, radioaktive Strahlung, Landschaftszersiedelung und -versiegelung, Artengefährdung oder -vernichtung, Lebensmittelvergiftung, Abfall und Lärm. Schließlich sind Veränderungen von Großklimalagen aufgrund von Umweltschäden, insbesondere infolge der fortschreitenden Zerstörung der Ozonschicht, zu befürchten. Neuartige, gegenwärtig noch kaum abschätzbare Umweltbelastungen, insbesondere der belebten Natur, können schließlich von der modernen Gentechnologie mit ihrer Manipulation des genetischen Materials von Menschen, Tieren und Pflanzen ausgehen. 9

Umweltbelastungen sind insofern ein scheinbar unvermeidbarer Preis der **technischen Zivilisation,** der bislang von allen Industrienationen – gleich welcher Wirtschaftsordnung – zu entrichten war. Demgegenüber führen in den geringer entwikkelten Ländern v. a. der südlichen Hemisphäre Überbevölkerung, Rückständigkeit und (auch) Mißwirtschaft zu „klassischen" Methoden eines groben Raubbaus an der Natur (mit Folgeerscheinungen wie dem Vordringen der Wüste in der Sahel-Zone), von dem langfristig ebenfalls globale Auswirkungen zu erwarten sind. Die zunehmend schlechter werdende Umweltsituation in der Dritten Welt kann zu deren weite- 10

---

[16] Vgl. den zutreffenden Hinweis von *Bothe,* ZaöRV 32 (1972), 483ff., 483. Die modernen Phänomene der Luftverunreinigung zeigten sich demgegenüber erstmals im 19. Jahrhundert, auf das die heute geläufigen Begriffe Smog und acid rain (saurer Regen) zurückgehen, vgl. zu letzterem *J. Hofmann,* ZRP 1985, 164ff., 164f. m. w. N.

[17] Vgl. *Steiger,* in: Salzwedel (Hg.), Grundzüge des Umweltrechts, 1982, S. 1ff., 5f. m. w. N. Vgl. zur Unterscheidung von „primärem" und „sekundärem" System auch *Freyer,* Theorie des gegenwärtigen Zeitalters, 1955, S. 79ff.

[18] *Forsthoff,* Der Staat der Industriegesellschaft, 1971, S. 30.

ren Benachteiligung führen, wenn und weil dort die Mittel für Umweltschutzinvestitionen fehlen.

11 Nicht selten wird auch das **Wirtschaftssystem** und der moderne konsumorientierte Lebensstil als tiefere Ursache für die Umweltbelastungen verantwortlich gemacht. Soweit sich die Kritik speziell auf die westliche privatwirtschaftliche („kapitalistische") Wirtschaftsordnung bezieht,[19] wird sie durch das – zum Teil noch weitaus stärkere – Auftreten von Umweltproblemen in Staaten mit sozialistischer Wirtschaftsordnung[20] widerlegt. Erforderlich sind gleichwohl systemspezifische Umweltschutzstrategien.

Richtig an der ökonomischen Analyse der Umweltbelastungen ist jedoch, daß die Möglichkeit der kostenlosen Inanspruchnahme und Belastung der als **öffentliches** („freies") **Gut** (dazu näher § 4 Rn. 191) behandelten Umwelt nicht unwesentlich zu den Umweltbelastungen beiträgt.[21] In der Wirtschaftswissenschaft wird dieser Vorgang mit der historischen „Tragik der Allmende" (des gemeinsamen Weidelandes) verglichen.[22] Die Privatisierung („Internalisierung") der bislang überwiegend der Allgemeinheit aufgebürdeten sozialen („externen") Kosten der Umweltverschmutzung stellt daher eine denkbare Umweltschutzstrategie dar.[23] Es ist Aufgabe des Staates, die Konzeption der Umweltgüter als „freie Güter" – jedenfalls partiell – zu beseitigen, indem er den Zugriff auf sie rechtlich ordnet, etwa dadurch, daß er Erlaubnis- bzw. Verbotsverfahren, Belastungsgrenzen oder aber zivilrechtliche Abwehr- oder Schadensersatzansprüche bezüglich Umweltbelastungen schafft, Produkt- und Verwendungsgenehmigungen einführt oder indem er notfalls weitere Umweltgüter verstaatlicht.

II. Aufgabenstellung des Umweltschutzes

12 Auch wenn sich in der technischen Zivilisation viele umweltbelastende Verhaltens- und Verfahrensweisen verfestigt haben (z. B. ressourcenaufwendige Werbe- und Verpackungswettbewerbe, Strategien schneller physischer oder psychischer Produktveraltung, Neukauf statt Reparatur wegen der Preisvorteile der Serienfertigung bei hohen Lohnkosten usw.) und ganze umweltfeindliche Strukturen bestehen (z. B. Siedlungsformen wie die autogerechte Stadt und „suburbia"), stellt die seit Jahren beschworene „Umweltkrise" keine unentrinnbare oder unumkehrbare Entwicklung dar. Es bezeichnet vielmehr die komplexe Aufgabe des Umweltschutzes, die natürliche und menschlich gestaltete Umwelt vor den schädlichen Auswirkungen der Zivilisation durch gestaltende, planende, eingreifende und fördernde Maßnahmen soweit als möglich zu bewahren. Dabei muß sich der Umweltschutz selbst technischer Mittel bedienen. Ein kollektives „Zurück zur Natur" ist in der Massengesellschaft des 20. Jahrhunderts eine irreführende Utopie.

---

19 Vgl. beispielhaft *Kade,* Wirtschaftswoche Nr. 40 v. 1. 10. 1971, S. 39ff. Gegen eine Ideologisierung der Umweltschutzfrage bereits *Kloepfer,* Zum Umweltschutzrecht in der Bundesrepublik Deutschland, 1972, S. 13f.

20 Vgl. etwa *Füllenbach,* Umweltschutz zwischen Ost und West. Umweltpolitik in Osteuropa und gesamteuropäische Zusammenarbeit, 1977, und *Höhmann/Seidenstecher/Vajna,* Umweltschutz und ökonomisches System in Osteuropa, 1973.

21 Vgl. zu dieser grundlegenden Feststellung der Umweltökonomie statt vieler *B. S. Frey,* Umweltökonomie, 2. Aufl., 1985, und *Siebert,* Das produzierte Chaos, 1973, S. 197.

22 *Hardin,* The Tragedy of the Commons, in deutscher Übersetzung abgedruckt bei: Lohmann (Hg.), Gefährdete Zukunft. Prognosen angloamerikanischer Wissenschaftler, 1970, S. 30ff.

23 Hierzu näher *Meßerschmidt,* Umweltabgaben als Rechtsproblem, 1986, S. 55ff. m. w. N. und hier § 4 Rn. 191ff.

1. Entwicklung des Umweltschutzes

Der **Begriff** des Umweltschutzes ist – soweit ersichtlich – noch nicht einmal zwei Jahrzehnte alt, auch wenn in der Sache Umweltschutz schon sehr viel länger, freilich eher punktuell, betrieben wird.[24] Zu nennen sind insbesondere die Gewässerreinhaltung, die auf das 19. Jahrhundert zurückgehenden Naturschutzbestrebungen[25] und die – zunächst jedoch nur im Sinne einer großräumigen Verteilung der Belastungen – begonnene Luftreinhaltepolitik (,,Blauer Himmel über der Ruhr")[26]. 13

Erste Immissionsschutzregelungen wurden bereits seit der ersten Hälfte des 19. Jahrhunderts erlassen (z. B. das englische Gesetz von 1847 zur Bekämpfung der Rauchverschmutzung v. a. im Hinblick auf die große Smogkatastrophe von London oder die Preußische Gewerbeordnung von 1845, wobei sich letztere allerdings auch als Einschränkung des Eigentumsschutzes der Nachbarn gegenüber Immissionen auffassen läßt). Die Beispiele ließen sich vermehren. So war etwa das noch heute akute Problem der Salzbelastung von Werra und Weser durch die thüringischen Kalibergwerke bereits im Jahr 1913 Gegenstand eines Staatsvertrages zwischen den Ländern Preußen und Thüringen.[27]

Dennoch bezeichnet ,,Umweltschutz" nicht allein einen terminologischen Neuanfang. Die nach 1960 zunächst vereinzelt in Wissenschaft und Literatur einsetzende ökologische Neubesinnung hat vielmehr erstmals das zuvor nicht geahnte Ausmaß der Gefährdungslage und den Charakter des Umweltschutzes als eine zusammenhängende Aufgabe (und nicht als bloße Addition von Gewässerschutz, Naturschutz und anderen Teilpolitiken) erkennen lassen.[28]

Als wesentlicher **Ausgangspunkt des Umweltschutzgedankens** gilt das 1962 erschienene populärwissenschaftliche Buch der amerikanischen Biologin *Rachel Carson* ,,The Silent Spring"[29] mit seiner Warnung vor der chemischen Bedrohung der uns umgebenden Lebensgemeinschaften. Zuvor hatte die *Ökologie* – als Wissenschaft von den Beziehungen des Organismus zur ihn umgebenden Außenwelt *(Haeckel)* (eigentlich Lehre vom Haus – aus dem griechischen oikos) – in ihrer mehr als hundertjährigen Geschichte eine wenig beachtete und wegen ihres ,,ganzheitlichen" Ansatzes sogar mit Skepsis betrachtete Randexistenz neben den traditionellen Naturwissenschaften geführt.[30] Nachdem *Boulding* 1966 das Bild vom ,,Raumschiff 14

---

[24] Vgl. zur Geschichte des Umweltschutzes *Troitzsch,* Technikgeschichte 48 (1981), 177ff.; *Ebel,* Artikel ,,Umweltrechtsgeschichte", in: Kimminich/v. Lersner/Storm (Hg.), Handwörterbuch des Umweltrechts (HdUR), Bd. II, 1988, Sp. 773ff.; *Hermann* (Hg.), Mensch und Umwelt im Mittelalter, 1986, sowie (freilich zu spät einsetzend) *Wey,* Umweltpolitik in Deutschland. Kurze Geschichte des Umweltschutzes in Deutschland seit 1900, 1982. Der Naturschutz (vor allem i. S. des Schutzes von Naturdenkmälern) war Ausdruck der Pflege der Landeskultur und ressortierte dementsprechend so. In der DDR – häufig konservativer als die Bundesrepublik Deutschland – heißt dementsprechend das dortige maßgebliche Umweltschutzgesetz noch Landeskulturgesetz, vgl. § 6 Rn. 187ff.

[25] Vgl. hierzu etwa *Küppers/Lundgreen/Weingart,* Umweltforschung – die gesteuerte Wissenschaft?, 1978, S. 22ff. m. w. N.

[26] Vgl. zu dieser Wahlkampfparole der SPD von 1961, die seinerzeit eher erfolglos blieb, *Küppers/Lundgreen/Weingart* (FN 25), S. 103f.

[27] Vgl. zum Immissionsschutzrecht etwa *Karl,* Technikgeschichte 47 (1980), 20ff.; *Mieck,* in: Büsch/Neugebauer (Hg.), Moderne Preußische Geschichte 1648–1947, 1981, S. 1141ff., und *Spelsberg,* Rauchplage. Hundert Jahre Saurer Regen, 1984; zum Werra/Weser-Vertrag von 1913 FAZ Nr. 40 v. 17. 2. 1988, S. 29f.

[28] Vgl. zur Notwendigkeit einer ,,gesamtökologischen Betrachtungs- und Verfahrensweise des Umweltschutzes" auch *Hoppe,* VVDStRL 38 (1980), S. 211ff., 219.

[29] In deutscher Übersetzung: Der stumme Frühling, 1971. Vgl. zur Entwicklung des Umweltschutzgedankens auch *Hoppe* (FN 28), S. 218 m. w. N.

[30] Vgl. zur Entwicklung der Ökologie *Küppers/Lundgreen/Weingart* (FN 25), S. 50ff. m. w. N. Repräsentative Texte ökologischen Denkens vereinigt der Sammelband von *Schramm* (Hg.), Ökologie-Lesebuch, 1984.

Erde" mit seinen begrenzten Vorräten geprägt hatte,[31] war es vor allem der Aufsehen erregende und umstrittene Meadows-Bericht für den Club of Rome,[32] der nach seiner Veröffentlichung im Jahre 1971 der Umweltschutz- und (zunächst mehr noch) Ressourcendiskussion endgültig zum Durchbruch verhalf und bereits im Titel („Die Grenzen des Wachstums") eine bestimmte Abhilfestrategie („Nullwachstum") propagierte. Ein „Nachzügler" dieser Literatur ist das 1975 erschienene Buch des ehemaligen CDU-Bundestagsabgeordneten *Gruhl* „Ein Planet wird geplündert",[33] das auf die politische Stimmung erheblichen Einfluß ausgeübt hat. Demgegenüber fanden frühe, auch rechtswissenschaftliche Beiträge, wie etwa die bereits 1958 erschienene, in mancher Hinsicht visionäre Studie von *Harry Westermann* zum Luftreinhalterecht[34] bis heute nicht die ihnen gebührende Beachtung.

15 Den ersten bedeutenden rechtlichen Durchbruch erzielte der Umweltschutzgedanke in den USA, die den Vorreiter einer **modernen Umweltgesetzgebung** (z. B. Clean Air Act von 1963, Motor Vehicle Air Pollution Control Act von 1963) bildeten,[35] auch wenn in der Folgezeit viele Anliegen des richtungsweisenden Umweltschutz-Programms des amerikanischen Präsidenten von 1971[36] nicht mehr verwirklicht wurden (vgl. i. ü. § 6 Rn. 107ff.).

16 Das **Umweltprogramm der Bundesregierung von 1971,**[37] von dem der moderne Umweltschutz in der Bundesrepublik Deutschland im wesentlichen seinen Ausgang nahm, stellt als **Definition** voran:

„Umweltpolitik ist die Gesamtheit aller Maßnahmen, die notwendig sind,
- um dem Menschen eine Umwelt zu sichern, wie er sie für seine Gesundheit und für ein menschenwürdiges Dasein braucht,
- um Boden, Luft und Wasser, Pflanzen- und Tierwelt vor nachteiligen Wirkungen menschlicher Eingriffe zu schützen und
- um Schäden oder Nachteile aus menschlichen Eingriffen zu beseitigen."

Der Umweltschutz vereinigt demnach präventiv-vorsorgende, repressiv-zurückdrängende und reparativ-wiederherstellende Funktionen: Er muß künftigen Umweltbelastungen vorbeugen, gegenwärtige Umweltbelastungen begrenzen und bereits eingetretene Umweltschäden beseitigen (Sanierung, Rekultivierung), wobei das letztgenannte Aufgabenfeld, wie insbesondere die sog. Altlasten im Bereich der Abfallbeseitigung gezeigt haben (s. § 12 Rn. 132ff.), weitaus größere Anstrengungen erfordert als zunächst üblicherweise angenommen wurde.

2. Umweltschutz und Umweltpflege

17 Wegen der umfassenden Aufgabenstellung des Umweltschutzes, der sich mit typischerweise punktueller Gefahrenabwehr nicht begnügen kann, sondern auch struktur- und entwicklungspolitische Maßnahmen einschließt, ist vorgeschlagen worden,

---

[31] *Boulding,* The Economics of the Coming Spaceship Earth, in: Jarrett (Hg.), Environmental Quality in a Growing Economy, 1966, S. 3ff. Die Grundgedanken geben *Hartkopf/Bohne* (FN 4), S. 1f., wieder.

[32] *Meadows* u. a., Die Grenzen des Wachstums. Bericht des Club of Rome zur Lage der Menschheit, 1973.

[33] 1975.

[34] *Harry Westermann,* Welche gesetzlichen Maßnahmen zur Luftreinhaltung und zur Verbesserung des Nachbarrechts sind erforderlich?, 1958.

[35] Beide sind in deutscher Übersetzung abgedruckt bei *Bothe,* Ausländisches Umweltrecht, 1972ff. Vgl. zur Aufbauphase der Umweltgesetzgebung in den USA auch *Müller-Stahel,* SJZ 1972, 49ff.

[36] In deutscher Übersetzung erschienen als Heft A 1 der Beiträge zur Umweltgestaltung, 1971. Auszugsweise ist es auch bei *R. Rauball,* Aktuelle Dokumente Umweltschutz, 1972, S. 254ff., abgedruckt.

[37] BT-Drs. VI/2710. Vgl. davor bereits das Sofortprogramm der Bundesregierung v. 25. 9. 1970 (BT-Drs. VI/1519, S. 9ff.), das freilich nicht, wie man aufgrund seiner Bezeichnung annehmen könnte, unmittelbare Umweltschutzmaßnahmen einleitete, sondern im wesentlichen ein erstes Gesetzgebungsprogramm darstellte. Vgl. dazu auch *E. Rehbinder,* ZRP 1970, 250ff., 251, und *Wey* (FN 24), S. 201f.

bevorzugt von **„Umweltpflege"** oder **„Umweltvorsorge"** zu sprechen.[38] Auch wenn diese Begriffe gegenüber dem eher „defensiven" Begriff „Umweltschutz" einen positiv-gestalterischen Akzent setzen und die Reichweite der Umweltpolitik vielleicht besser beschreiben, haben sie sich nicht durchsetzen können. Für die Beibehaltung des Begriffes „Umweltschutz" als Oberbegriff spricht außer seiner allgemeinen Vertrautheit und Popularität sowie seiner internationalen Verwendung (environmental protection, protection de l'environnement usw.)[39] wohl auch ein sprachpsychologisches Moment: Umwelt*schutz* appelliert an das übermächtige Sicherheitsbedürfnis der Gesellschaft und akzentuiert vor allem den Ernst der Situation und damit die Dringlichkeit der Aufgabe einer umfassenden Umweltsicherung besser als der – entgegen seiner Intention – verharmlosend wirkende Begriff der Umweltpflege.

III. Umweltbegriffe

Von Umweltschutz ist oft die Rede, ohne daß dabei – in aller Regel – näher ausgeführt würde, was eigentlich genau als „Umwelt" geschützt werden soll. In Betracht kommen ein weiter (extensiver) und ein enger (restriktiver) Umweltbegriff mit entsprechend abgestuftem Schutzradius. 18

1. Extensiver Umweltbegriff

Nach dem weitesten Umweltbegriff ist Umwelt unsere **gesamte Umgebung** einschließlich unserer Mitmenschen und aller sozialen, kulturellen und politischen Einrichtungen. In diesem Sinne ist der Umweltbegriff sowohl in einen Teil des fachwissenschaftlichen (insbesondere soziologischen) als auch in den allgemeinen Sprachgebrauch eingegangen.[40] Auf höherer Abstraktionsstufe bezeichnet Umwelt den „Komplex von Beziehungen einer Lebenseinheit (also auch z. B. eines Tieres oder einer Pflanze) zu ihrer spezifischen Umgebung".[41] Ein solcher „Allerweltsbegriff" ist jedoch kaum in der Lage, die spezifische Aufgabenstellung des Umweltschutzes im Kreise der übrigen öffentlichen Aufgaben deutlich genug zu konturieren.[42] 19

2. Restriktiver Umweltbegriff

Im juristischen Raum vorherrschend ist deshalb ein restriktives Begriffsverständnis, das Umwelt auf die sogenannte **natürliche Umwelt** beschränkt.[43] „Umwelt" 20

---

[38] *Storm,* Umweltrecht, 3. Aufl., 1988, Tz. 3, S. 11ff.; in der Tendenz ähnlich *Hoppe* (FN 28), S. 215, und *Ossenbühl,* vr 1983, 301ff., 303f.

[39] Vgl. ferner etwa den Sprachgebrauch im schweizerischen Bundesgesetz über den Umweltschutz v. 7. 10. 1983 oder die französische Wendung „défense de l'environnement". Eine „gewisse Würde durch sein Alter" billigt auch *Steiger* (FN 17), S. 8, dem Umweltschutzbegriff zu.

[40] Hierzu näher *Meßerschmidt* (FN 23), S. 29 m. w. N. Vgl. zu den unterschiedlichen Facetten des Umweltbegriffs auch *H. Huber,* FS Klecatsky, 1. Teilbd., 1980, S. 353ff., der den Umweltbegriff allerdings als „Kunsterzeugnis" und modischen „Sammelnamen" verwirft. Ähnliche Vorbehalte gegenüber dem Umweltschutzbegriff äußert auch *Kimminich,* Das Recht des Umweltschutzes, 2. Aufl., o.J. (1974), S. 10.

[41] *Rat von Sachverständigen für Umweltfragen,* Umweltgutachten 1987, BT-Drs. 11/1568, Tz. 4, S. 15.

[42] So bereits zutreffend *Soell,* WiR 1973, 72ff., 83. Vgl. auch *Sendler,* JuS 1983, 255ff., 255, der von einem Zerfließen des Umweltrechts zu einem „Allerweltsrecht" warnt.

[43] Vgl. etwa *Badura/Denninger* u. a., Staatszielbestimmungen/Gesetzgebungsaufträge. Bericht der Sachverständigenkommission, 1983, S. 92f. (Rn. 144); *Soell,* WiR 1973, 72ff., 83; *Stern,* Staatsrecht I, 2. Aufl., 1984, § 21 II 3, S. 908, und *Storm* (FN 38), Tz. 12, S. 17.

sind danach nur die natürlichen (elementaren) Lebensgrundlagen des Menschen, namentlich die Umweltmedien Boden, Luft und Wasser, die Biosphäre und deren Beziehungen untereinander sowie zu den Menschen.

3. Normative Umweltbegriffe

21 Der restriktive Umweltbegriff ist auch in die erste (allerdings gegenstandsspezifisch begrenzte) **Legaldefinition** des Umweltbegriffs eingegangen. § 1 Abs. 1 Nr. 15 der Verordnung über die Gefährlichkeitsmerkmale von Stoffen und Zubereitungen nach dem Chemikaliengesetz vom 18. 12. 1981[44] (Kloepfer Nr. 418) definiert „Umwelt" (im Rahmen der Umschreibung des vom Chemikaliengesetz selbst nicht verwendeten Begriffs der Umweltgefährlichkeit[45]) durch den Zusatz: „d. h. für Wasser, Luft und Boden sowie die Beziehungen unter ihnen einerseits und zu allen Lebewesen andererseits". Unmittelbar verbindlich ist diese Definition freilich nur im Geltungsbereich des Chemikaliengesetzes. In anderen Sektoren geht der Gesetzgeber von einem weiteren Umweltbegriff aus, so etwa in § 1 Nr. 1 BWaldG[46] (Kloepfer Nr. 140), wo „Umwelt" (wenngleich in keiner echten Legaldefinition) durch die Begriffsreihe: dauernde Leistungsfähigkeit des Naturhaushalts, Klima, Wasserhaushalt, Reinhaltung der Luft, Bodenfruchtbarkeit, Landschaftsbild, Agrar- und Infrastruktur sowie Erholung der Bevölkerung exemplifiziert wird. In einem scheinbar noch weiteren Sinn fordert § 1 Abs. 5 BauGB[47] (Kloepfer Nr. 100) von der Bauleitplanung die Gestaltung einer „menschenwürdigen Umwelt", obwohl konkrete Umweltschutzforderungen weit vor der Schwelle der Menschenunwürdigkeit ansetzen können.

Die (gegenüber § 1 Abs. 5 BBauG neu aufgenommene) Verpflichtung auch auf den Schutz der natürlichen Lebensgrundlagen bewirkt insofern eine notwendige Klarstellung.

Die – allerdings nur eingeschränkt rechtsverbindlichen – „Grundsätze für die Prüfung der Umweltverträglichkeit öffentlicher Maßnahmen des Bundes"[48] (Kloepfer Nr. 25) nennen als Schutzgut zusätzlich „schutzwürdige Sachgüter" (Art. II Abs. 1), worunter man wohl insbesondere Bauwerke und Kulturdenkmäler zu verstehen haben wird. Verschiedene Rechtsakte der Europäischen Gemeinschaften beziehen ebenfalls Sachgüter und das „kulturelle Erbe" in den Umweltschutz ein.[49]

---

[44] BGBl. I S. 1487.

[45] Vgl. § 3 Nr. 3 lit. n. Die zweite dort aufgeführte Gruppe von Gefährlichkeitsmerkmalen entspricht jedoch sinngemäß der von der EG-Richtlinie 79/831/EWG vorgegebenen und in der Rechtsverordnung übernommenen Kategorie „umweltgefährlich". Zu den Gründen der mißlungenen Verzahnung *E. Rehbinder/Kayser/Klein,* Chemikaliengesetz, 1985, § 3 Rn. 80. Eine zusätzliche, speziellere Definition des Gefährlichkeitsmerkmals „umweltgefährlich" enthält § 1 Abs. 5 der genannten Verordnung.

[46] Gesetz zur Erhaltung des Waldes und zur Förderung der Forstwirtschaft (Bundeswaldgesetz) v. 2. 5. 1975 (BGBl. I S. 1037), geänd. durch Ges. v. 27. 7. 1984 (BGBl. I S. 1034).

[47] Baugesetzbuch (BauGB) i. d. F. der Bek. v. 8. 12. 1986 (BGBl. I S. 2253) – Kloepfer Nr. 100. Ebenso zuvor bereits § 1 Abs. 6 S. 1 BBauG v. 18. 8. 1976 (BGBl. I S. 2257, ber. S. 3617, zuletzt geänd. durch Ges. v. 18. 2. 1986, BGBl. I S. 265).

[48] Bek. d. BMI v. 12. 9. 1975 – U I 1-500 110/9 (GMBl. S. 717).

[49] Vgl. zuletzt die Richtlinie 85/337/EWG des Rates der Europäischen Gemeinschaften v. 27. 6. 1985 über die Umweltverträglichkeitsprüfung bei bestimmten öffentlichen und privaten Projekten (ABl. L 175 v. 5. 7. 1985, S. 40ff.) – Kloepfer Nr. 18.

4. Notwendigkeit einer Modifikation des restriktiven Umweltbegriffs

Die Gleichsetzung von „Umwelt" mit „natürlicher Umwelt" im Sinne des restriktiven Umweltbegriffs ist insoweit zumindest mißverständlich und in einer modernen Gesellschaft unrealistisch, weil es dort nur selten um den Schutz natürlicher Urzustände, sondern regelmäßig um menschlich gestaltete Räume (Kulturlandschaften und Siedlungsbereiche) – wie die Rheinlandschaft oder den Almenbereich – geht. Umweltgefährdungen beschränken sich nicht auf die Bedrohung einer (in unseren Breiten) weitgehend zur Fiktion gewordenen „natürlichen Umwelt" oder naturnaher Enklaven, sondern beziehen sich ebenso, wenn nicht vorrangig, auf die **menschlich gestaltete und bebaute Umwelt.**[50] Wer aufgrund dieses weiteren Umweltbegriffs ein Ausufern der Umweltschutzaufgaben befürchtet, übersieht, daß Umweltgesetze auch eine weit definierte Umwelt nicht in beliebiger Hinsicht, sondern nur vor spezifischen Gefährdungen schützen. Den zentralen Gegenstand des Umweltschutzes bilden – so viel ist am restriktiven Begriffsverständnis richtig – stets (wenngleich unabhängig vom Raumcharakter) die Wirkungen einer Maßnahme auf die natürlichen Lebensgrundlagen (und ihre etwaigen Rückwirkungen auf den Menschen).[51] 22

IV. Schutzzweck

Die Ausrichtung des Umweltschutzes auf die natürlichen Lebensgrundlagen des Menschen bezeichnet die Grundposition des sogenannten **anthropozentrischen Umweltschutzes,** der auch der Grundentscheidung des Art. 1 GG entspricht. Um den Schutzzweck des Umweltschutzes dreht sich indessen ein zunehmend heftiger werdender, teilweise bereits ideologischer Streit. Dabei steht dem anthropozentrischen Umweltschutz, der die Umwelt um des Menschen willen schützen will,[52] die Auffassung eines sogenannten **ökozentrischen Umweltschutzes** gegenüber, die Umweltschutz als Wert an sich (Selbstzweck) versteht[53] oder sogar „Rechte der Natur" annimmt.[54] Dabei begründet der ökozentrische Umweltschutz sich letztlich aus sich selbst heraus und verschließt sich tendenziell notwendigen Relativierungen des Umweltschutzes durch andere gesellschaftliche Teilziele. 23

Von dieser – auch in philosophisch-theologische Bereiche[55] hineinreichenden – Schutzzweckdiskussion des Umweltschutzes ist die Frage nach den jeweiligen 24

---

[50] Vgl. auch schon *Kloepfer,* Artikel „Umweltschutz, II. Juristisch", in: Evangelisches Staatslexikon, 2. Aufl., 1975, Sp. 2651ff., 2652, und *Steiger,* FS Scupin, 1973, S. 343ff., 344, und *dens.* (FN 17), S. 6f.

[51] Hierzu auch *Meßerschmidt* (FN 23), S. 32.

[52] I. d. S. etwa *Kimminich,* BayVBl. 1979, 523ff., 526f., und *Storm,* AgrarR 1974, 181ff., 182.

[53] Dafür etwa *Hasso Hofmann,* Rechtsfragen der atomaren Entsorgung, 1981, S. 280; *v. Lersner,* in: Jänicke/Simonis/Weigmann (Hg.), Wissen für die Umwelt, 1985, S. 195ff., 206f.; *E. Rehbinder,* RabelsZ 40 (1976), 363ff., 369f. (mit einer pragmatischen, eher anthropozentrischen Begründung); *Steiger* (FN 17), S. 8f.

[54] So etwa *Bosselmann,* KJ 1986, 1ff. m. w. N. namentlich zu der bislang v. a. im angelsächsischen Raum geführten Diskussion. Vgl. i. ü. statt vieler *Stone,* Umwelt vor Gericht. Die Eigenrechte der Natur, 1987, und *Stutzin,* Rechtstheorie 11 (1980), 344ff. Die Einrichtung von Vormund- bzw. Treuhandschaften für Umweltobjekte schlagen *Eser,* in: Markl (Hg.), Natur und Geschichte, 1983, S. 349ff., 385, und *Gassner,* Treuhandklage zugunsten von Natur und Landschaft, 1984, S. 40ff., vor. Vgl. zuletzt auch *v. Lersner,* NVwZ 1988, 988ff., sowie VG Hamburg, NVwZ 1988, 1058ff.

[55] Vgl. zur philosophischen und theologischen Dimension u. a. *Jonas,* Das Prinzip Verantwortung, 1979, insbes. S. 245ff.; *Lenk,* in: Bitburger Gespräche Jb. 1981, S. 5ff., 10ff.; *Löw,* FAZ Nr. 252 v. 30. 10.

Schutzzwecken der **einzelnen Umweltgesetze** zu unterscheiden, auch wenn beide Probleme ineinandergreifen. Die Frage nach dem konkreten Gesetzeszweck wird von den meisten Umweltgesetzen ausdrücklich, wenn vielleicht bisweilen auch unzulänglich beantwortet. Die Verwendung von **gesetzlichen Ziel- und Zweckbestimmungen,** die den Einzelregelungen vorangestellt werden, ist geradezu ein Charakteristikum der Umweltgesetzgebung (vgl. z. B. § 1 BImSchG, § 1 AtG, § 1 Abs. 1 BNatSchG, § 1 ChemG, nicht jedoch z. B. WHG). Sie wollen den (oder die) Grundgedanken des Gesetzes verdeutlichen, sind also gleichsam eine Positivierung der Gesetzgebungsmotive, nähern sich gelegentlich aber auch einer (legistisch recht zweifelhaften, weil überflüssigen) Kurzinhaltsangabe des Gesetzes (z. B. § 1 ChemG). Als Schutzgüter werden dort in wechselnden Formulierungen ,,Menschen sowie Tiere, Pflanzen und andere Sachen" (§ 1 BImSchG), ,,Leben, Gesundheit und Sachgüter" (§ 1 Nr. 2 AtG) oder schlicht ,,der Mensch und die Umwelt" (§ 1 ChemG) genannt. Dabei lassen fast alle Zweckbestimmungen ein anthropozentrisches Verständnis des Umweltschutzes erkennen.[56] Die Erwartung, daß sich die deutsche Gesetzgebung ökozentrischen Vorstellungen öffnen könnte, hat sich bislang jedenfalls nicht bestätigt.

So ist die im Regierungsentwurf eines Ersten Gesetzes zur Änderung des Bundesnaturschutzgesetzes vorgesehene Erweiterung der Zielnorm des § 1 Abs. 1 BNatSchG auf eine Sicherung von Natur und Landschaft ,,an sich" (und nicht mehr allein als ,,Lebensgrundlagen des Menschen")[57] vorerst nicht Gesetz geworden.[58]

25 Vielfach besteht die Vorstellung, als sei ein ökozentrisch orientierter Umweltschutz weitreichender, weil er nicht nach dem Nutzen für den Menschen frage und die Natur somit vorbehaltlos schütze. Dies ist freilich zweifelhaft. Zunächst ist grundsätzlich fraglich, ob Menschen überhaupt in ihrem Erkenntnisvermögen vom ,,anthropozentrischen" Standpunkt abstrahieren und wirklich ,,ökozentrisch" denken können. Die Abkehr von anthropozentrischen Begründungen bezeichnet aber auch die **Durchsetzungsschwäche** eines so verstandenen Umweltschutzes: Im Zweifel wird sich für eine Umweltschutzmaßnahme eher Unterstützung finden lassen, wenn ihr Nutzen für den Menschen plausibel gemacht werden kann. Zudem scheint der Rückgriff auf einen ökozentrischen Schutzzweck häufig voreilig. Vieles, wofür eine solche altruistische Begründung bemüht wird (z. B. Erhaltung der Artenvielfalt einer unberührten Natur), läßt sich aus einer richtig verstandenen (d. h. nicht auf unmittelbaren und kurzfristigen Nutzen beschränkten) anthropozentrischen Sicht ebenfalls legitimieren (z. B. Artenvielfalt als Genreserve, unberührte Natur als menschliches Bedürfnis).[59]

1985, S. 35; *Meyer-Abich* (Hg.), Frieden mit der Natur, 1979; *dens.*, Wege zum Frieden mit der Natur, 1984, sowie die in dem Sammelband von *Birnbacher* (Hg.), Ökologie und Ethik, 1980, vereinigten Beiträge, dort insbes. *Spaemann*, S. 180 ff.

[56] Am zivilrechtlichen Sachenbegriff (§ 90 BGB) orientiert und daher ,,anthropozentrisch" ausgewiesen ist insbes. § 1 BImSchG. Demgegenüber mag § 1 ChemG für unterschiedliche Auslegungen Raum lassen, vgl. *Kloepfer*, Chemikaliengesetz, 1982, S. 48 f.

[57] BT-Drs. 10/5064, S. 1 (mit Begründung auf S. 16). Vgl. zur Kritik an der anthropozentrischen Ausrichtung des Bundesnaturschutzgesetzes zuvor bereits *Soell*, in: Salzwedel (Hg.), Grundzüge des Umweltrechts, 1982, S. 481 ff., 494 f.

[58] Vgl. Erstes Gesetz zur Änderung des Bundesnaturschutzgesetzes v. 10. 12. 1986 (BGBl. I S. 2349).

[59] Vgl. *Rauschning*, VVDStRL 38 (1980), S. 167 ff., 169, der gleichwohl eine utilitaristische Begründung nicht für ausreichend hält, sowie *Eser* (FN 54), S. 356 ff. m. w. N.

26 Mit wachsender Einsicht in die Komplexität des Naturhaushalts verliert der theoretische Gegensatz von anthropozentrischem und ökozentrischem Umweltschutz demnach an praktischer Bedeutung.[60] Dies gilt erst recht für die angeblich selbständige dritte, **ressourcenökonomische Sicht** des Umweltschutzes.[61] Die Schonung der natürlichen, insbesondere der nichterneuerbaren Ressourcen (Rohstoffe) ist ein genuin anthropozentrisches Anliegen, wenn man hierunter – was sich von selbst verstehen sollte – nicht nur die aktuellen Bedürfnisse der heute lebenden, sondern auch die Wahrung der Interessen zukünftiger Generationen (sogenannter **Nachweltschutz**[62]) und damit die Überlebenssicherung der Gattung versteht (vgl. auch § 8 Rn. 64). Zumindest auf der Ebene der juristischen Rezeption handelt es sich bei der Schutzzweckdiskussion weitgehend um ein Scheinproblem. Verfehlte Konstruktionen wie die Herleitung einer Rechtssubjektivität von Tieren und Pflanzen, in die ein ökozentrisches Umweltverständnis zu münden scheint,[63] dürften ohnehin primär auf die Interessen der selbsternannten „Vormünder" zugeschnitten sein. Das Wohl des Menschen ist nun einmal das „Urmeter" unserer Rechtsordnung.

V. Zusammenfassung

27 Zusammenfassend bedeutet Umweltschutz demnach die Gesamtheit der Maßnahmen, welche die Umwelt des Menschen vor schädlichen Auswirkungen der Zivilisation schützen, wobei Umweltschutz als „Bündelungsbegriff"[64] nach den hauptsächlichen **Umweltschutzaktivitäten** typisierend untergliedert werden kann[65] in
- Naturschutz- und Landschaftspflege
- Gewässerschutz
- Immissionsschutz (Luftreinhaltung, Lärmbekämpfung)
- Strahlenschutz
- Abfallvermeidung und -entsorgung
- Kontrolle von chemischen Stoffen
- Bodenschutz
- sowie – in Zukunft möglicherweise – Klimaschutz (s. Rn. 38).

---

[60] Ähnlich *Erbguth,* Raumbedeutsames Umweltrecht, 1986, S. 29. Von einem eher konfliktfreien Nebeneinander von anthropozentrischem und ökologischem „Interessenschutz" scheint auch *Breuer,* in: v. Münch (Hg.), Besonderes Verwaltungsrecht, 8. Aufl., 1988, S. 601ff., 609f., auszugehen.

[61] Vgl. *E. Rehbinder,* RabelsZ 40 (1976), 363ff., 365ff.

[62] Vgl. hierzu insbes. *Hasso Hofmann* (FN 53), S. 224ff., 258ff.; *dens.,* ZRP 1986, 87ff., und *Murswiek,* Die staatliche Verantwortung für die Risiken der Technik, 1985, S. 206ff. m. w. N. Daß sich ressourcenökonomischer und anthropozentrischer Umweltschutz nicht anhand des Zeithorizontes abgrenzen lassen, betont auch *Erbguth* (FN 60), S. 29. Vgl. i. ü. auch *Evers,* Gedächtnisschrift Tammelo, 1984, S. 587ff.

[63] Vgl. die Nachw. in FN 54.

[64] *Ossenbühl,* in: Bitburger Gespräche Jb. 1983, S. 5ff., 9.

[65] Vgl. *Kloepfer,* Systematisierung des Umweltrechts, 1978, S. 132ff.

B. Umweltrecht

I. Allgemeines

28 In einem Rechtsstaat bedeutet Umweltschutz notwendigerweise auch eine entsprechende Rechtsetzung und Rechtsanwendung. So ist in den letzten knapp zwei Jahrzehnten in der Bundesrepublik Deutschland eine **umfangreiche,** ja fast flächendekkende **Umweltgesetzgebung** geschaffen worden, die einschließlich der sie begleitenden Rechtsverordnungen, Verwaltungsvorschriften und technischen Regelwerke der privaten Normungsverbände freilich kaum noch überschaubar ist.

Allerdings wäre es falsch, Umweltschutz nur vom **Staat** und von staatlichen Anordnungen zu erwarten, was aufgrund der deutschen etatistischen Tradition freilich nicht ganz fernliegt. Wirksamer Umweltschutz ist ohne freiwillige Anstrengungen der Bürger und ohne einen Bewußtseinswandel in der **Gesellschaft,** der durch Recht nur bedingt steuerbar ist, auf Dauer unmöglich. Dies ist jenen zuzugeben, die unserer Gesellschaft einen Wertewandel und eine neue ökologische Ethik („Hegerverantwortung") oder auch nur die Wiederentdeckung traditioneller Wertorientierungen empfehlen.[66]

Erfolgreicher Umweltschutz ist daher auch nicht allein und nicht stets vorrangig das Ergebnis einer guten Umweltgesetzgebung. Immerhin gibt es Staaten (nicht nur in der Dritten Welt) mit bestechenden Umweltgesetzen und dürftigem Umweltschutz. Wohl aber dürfte in einem effektiven Rechtsstaat eine **gelungene Umweltgesetzgebung notwendige Voraussetzung einer erfolgreichen Umweltsicherung** sein.

1. Aufgaben der Umweltgesetzgebung

29 Die Umweltgesetzgebung steht grundsätzlich vor einer doppelten Aufgabe: Zum einen muß sie den normativen Rahmen für eine effiziente Bewältigung der vielfältigen Umweltprobleme bereitstellen **(Umweltschutzermöglichung).** Zum anderen muß sie aber auch einen grundsätzlichen Ausgleich zwischen konkurrierenden und konfligierenden Umweltnutzungsinteressen wie auch gegenüber sonstigen öffentlichen Belangen (z. B. wirtschaftliche Entwicklung und Stabilität, hohes Beschäftigungsniveau, technologischer Fortschritt, soziale Sicherheit) schaffen **(Umweltschutzausgleich).** Dies schließt Interessenkonflikte wie diejenigen zwischen Wasserverbrauchern und Abwassereinleitern, Erholungssuchenden und Naturschützern, Betreibern von schadstoffemittierenden Anlagen und Forsteigentümern, Autofahrern und Wohnbevölkerung, kurzum – was zunächst paradox erscheinen mag – einen Interessenausgleich zwischen Schädigern und Geschädigten der Umwelt ein.

Festzuhalten bleibt dabei, daß Schädiger und Geschädigte nicht immer scharf abgrenzbare Gruppen bilden, sondern – wie im Beispiel Autofahrer/Wohnbevölkerung – lediglich unterschiedliche – prinzipiell austauschbare – Rollen bezeichnen können. Auf die eine oder andere Weise ist jeder im weiteren Sinne sowohl Umweltschädiger wie Opfer von Umweltschädigun-

---

[66] Vgl. statt vieler *Altner,* in: Jänicke/Simonis/Weigmann (Hg.), Wissen für die Umwelt, 1985, S. 279ff.; *Jonas* (FN 55), insbes. S. 25ff.; *Lenk* (FN 55), S. 16ff., und *Spaemann* (FN 55), S. 195ff.

gen. Würde dies stärker beherzigt, könnten manche selbstgerecht-missionarischen Überzeichnungen im politischen Raum vermieden werden.

Beide Grundaufgaben der Umweltgesetzgebung lassen sich nicht immer spannungsfrei nebeneinander verwirklichen und fordern wechselseitige Kompromisse. Auch wenn man dem Schutzzweck hierbei Priorität einräumt, bilden die klassische rechtliche Aufgabe des **Interessenausgleichs**[67] ein mögliches Korrektiv und die hierbei einzustellenden Rechtswerte (z. B. Grundrechte, Vertrauensschutz, Verhältnismäßigkeitsgebot – aber auch: Sozialstaat, gesamtwirtschaftliches Gleichgewicht, Bundesstaat etc.) eine Grenze für die Durchsetzung umweltpolitischer Zielvorstellungen.[68] Bei alledem geht es schließlich insbesondere auch darum, „das Postulat der größtmöglichen Handlungs- und Entfaltungsfreiheit des Individuums auch mit den Erfordernissen des Schutzes der natürlichen Lebensgrundlagen aller im Angesicht knapper Ressourcen und begrenzter Räume in Einklang zu bringen".[69] 30

2. Unterschiedliche Grundverständnisse des Umweltrechts

Von erheblichem Gewicht ist hierbei, ob man das Umweltrecht primär in liberal- 31
rechtsstaatlicher Tradition unter dem Blickwinkel der Einschränkung von Freiheitsrechten von Umweltbelastern (z. B. Emissionsbegrenzung als Inhalts- und Schrankenbestimmung des Eigentums der Anlagenbetreiber), also als **Begrenzungsrecht** betrachtet oder ob man das Umweltrecht stärker als **Bewirtschaftungsrecht**[70] im Sinne einer Verteilung von (provisorischen) Nutzungsbefugnissen an dem öffentlichen Gut „Umwelt"[71] interpretiert und entsprechend normativ ausgestaltet. Die Entscheidung dieser Frage hat erhebliche Auswirkungen, da viele Umweltschutzmaßnahmen zugleich Wirtschaftsinterventionen sind.[72] In diesem Zusammenhang wurde bereits – vielleicht etwas überzeichnend – von einer „kopernikanischen Wende der grundrechtlichen Ordnung" gewarnt.[73] Freilich darf nicht übersehen werden, daß zwischen beiden Ansätzen wesentliche Überschneidungsbereiche bestehen.

Allein und absolut gesetzt dürfte keiner dieser Ansätze der komplexen normativen Problematik des Umweltschutzes gerecht werden: Im Extrem führt die erste Position zu einem bedenklichen Umweltschutzminimalismus, während nach der zweiten Konzeption der Umweltschutzgedanke zur Keimzelle einer neuartigen Zwangswirt-

---

[67] Vgl. dazu etwa *Rausch,* Die Umweltschutz-Gesetzgebung, Zürich 1977, S. 12f., sowie *Feldhaus* und *Friauf,* in: Börner (Hg.), Umwelt, Verfassung, Verwaltung, 1982, S. 87ff., 105ff.

[68] Ähnlich *E. Rehbinder,* RabelsZ 40 (1976), 363ff., 367.

[69] *Kölble,* in: Dokumentation zur 9. wissenschaftlichen Fachtagung der Gesellschaft für Umweltrecht e. V. Berlin 1985, 1986, S. 5f.

[70] Vgl. zu dieser Konzeption etwa *Kloepfer,* Zum Grundrecht auf Umweltschutz, 1978, S. 15; *E. Rehbinder,* in: Salzwedel (Hg.), Grundzüge des Umweltrechts, 1982, S. 81ff., 82; *Sendler,* JuS 1983, 255ff., 255; zu ihren Risiken *Ossenbühl,* vr 1983, 301ff., 305f.; zwischen bewirtschaftungsrechtlichen Komponenten in den Teilgebieten des Umweltrechts differenzierend *Salzwedel,* in: Dokumentation zur 5. wissenschaftlichen Fachtagung der Gesellschaft für Umweltrecht e. V. Berlin 1981, 1982, S. 33ff.

[71] So für Luft, Wasser, Boden, Natur und Landschaft *Soell,* WiVerw. 1986, 205ff., 205; vgl. auch bereits *Harry Westermann* (FN 34), S. 14 („Allgemeingut Luft"). Von der bislang wenig konturenscharfen juristischen Konzeption des öffentlichen Gutes ist die elaborierte wirtschafts- und finanzwissenschaftliche Theorie der öffentlichen Güter zu unterscheiden, vgl. zu letzterer etwa *Helms,* vr 1983, 69f., was Berührungspunkte zwischen beiden Begriffsebenen nicht ausschließt. Vgl. dazu auch *Meßerschmidt* (FN 23), S. 56.

[72] Vgl. zu den daraus resultierenden Wettbewerbswirkungen *Kloepfer,* UPR 1981, 41ff., sowie die Beiträge in dem Sammelband von *Gutzler* (Hg.), Umweltpolitik und Wettbewerb, 1981.

[73] *Ossenbühl,* vr 1983, 301ff., 306.

schaft ökologischer Provenienz zu werden droht.[74] Beide zusammen bilden vielmehr den Rahmen, innerhalb dessen das Umweltrecht, insbesondere auch Rechtsprechung und Lehre, ihre Orientierung zum Teil noch finden müssen. Differenzierungen zwischen einzelnen Teilmaterien, wie sie heute etwa zwischen dem gewerberechtlich geprägten Immissionsschutzrecht und dem bewirtschaftungsrechtlich fundierten Gewässerschutzrecht bestehen, mögen sich hierbei auf Dauer abschleifen.[75]

3. Externe und interne Zielkonflikte

32 Neben der Aufgabe, Konflikte zwischen Umweltschutz und anderen politischen Zielen (insbesondere wirtschafts- und strukturpolitischer Art)[76] zu lösen, wobei sich die Gesetzgebung nicht nur auf die Verwendung von Abwägungsklauseln beschränken, sondern selbst Prioritäten setzen sollte,[77] stellen sich auch **umweltschutzinterne Zielkonflikte** ein. Eine Interessenkollision „Umweltschutz kontra Umweltschutz"[78] (s. o. Rn. 4) besteht etwa zwischen Naturschutz und Naturgenuß (Betretungsrechte), zwischen Tiererhaltung und Pflanzenerhaltung (Jagdbeschränkungen), Immissionsschutz und Strahlenschutz (Kohle- oder Kernkraftwerke) sowie regelmäßig dort, wo es um die räumliche Verteilung von Umweltbelastungen geht. Häufig müssen Umweltbelastungen an einem Ort oder einer bestimmten Art in Kauf genommen werden, um größere Umweltbelastungen insgesamt zu vermeiden.

Um einen solchen Konflikt geht es beispielsweise bei der Entscheidung über die Einführung von Schnellbahnsystemen. Ihre Einrichtung bedeutet zunächst zwar einen tiefen Eingriff in Umweltbelange (Landschaftsverbrauch, Lärmimmissionen, Eingriffe in das Landschaftsbild), läßt für den Umweltschutz per saldo jedoch eine günstige Bilanz erwarten, wenn und soweit sie zu einer Verringerung des wesentlich umweltschädlicheren Individualverkehrs wie auch des Luftverkehrs beitragen.

Schließlich ist innerhalb gewisser Grenzen auch an eine **Regionalisierung,** d. h. eine räumliche Differenzierung der Umweltqualitätsziele, zu denken (hierzu näher § 3 Rn. 13, 20).

Nicht jede Forderung, die im Namen des Umweltschutzes erhoben wird, aktualisiert daher bereits zwangsläufig das **Gemeinwohl.** Auch Umweltschutzanliegen kön-

---

[74] Zu dieser Gefahr *Kloepfer,* DVBl. 1979, 639ff., 644.

[75] Hierzu näher *Kloepfer/Meßerschmidt,* Innere Harmonisierung des Umweltrechts, 1987, S. 125. Eine Parallele zwischen dem bewirtschaftungsrechtlich geprägten Wasserrecht und dem – eine Luftbewirtschaftung bislang nur in Ansätzen verwirklichenden – Immissionsschutzrecht hat insbes. *Sendler,* UPR 1983, 33ff., 37ff., gezogen.

[76] Neben Konflikten um umweltschutzbedingte wirtschaftliche Zielverzichte sind freilich auch positive Impulse des Umweltschutzes für die Wirtschaft (Umweltschutzinvestitionen) zu erkennen. Dem Konfliktmodell wird zunehmend die Vorstellung einer „Versöhnung" von Ökonomie und Ökologie gegenübergestellt. Ein solcher konstruktiver Ansatz ist grundsätzlich zu befürworten, auch wenn manche Erwartungen – etwa eines „ökologischen Wirtschaftswunders" (so *Brunowsky/Wicke,* Der Öko-Plan, 1984) – überzogen scheinen.

[77] Hierzu auch *Kloepfer/Meßerschmidt* (FN 75), S. 64. Das Umsichgreifen von Abwägungsklauseln im Recht beobachtet aus einer gegenüber der „Rechtsform" kritisch distanzierten Sicht und daher – wie es scheint – nicht ohne Genugtuung *Ladeur,* ARSP 69 (1983), 463ff. Diese überspitzte Diagnose mag als Warnung gegenüber einer allzu unbekümmerten Verwendung von Abwägungsklauseln dienen. Die Möglichkeiten abstrakt-genereller Konfliktentscheidung sind in einer so komplexen Materie wie dem Umweltrecht allerdings begrenzt. Vgl. zum Normierungsproblem statt vieler *Sendler,* UPR 1981, 1ff., und *Ossenbühl,* DÖV 1982, 833ff., der die Umweltpolitik (gemeint ist aber wohl der Umweltschutz überhaupt) daher auch als „Domäne der Exekutive" bezeichnet (*ders.,* vr 1983, 301ff., 305).

[78] Hierzu auch *Kloepfer,* BB 1978, 1729ff., 1729.

nen – durchaus legitim – **partikuläre Interessen** zugrunde liegen.[79] Sie zu aggregieren, ist Aufgabe des Staates und der Rechtsordnung, die hierfür geeignete und möglichst konsensbildende Maßstäbe und Verfahren bereitzustellen hat.

4. *Umweltrecht als technisches Recht*

In der modernen, technisch-industriellen Zivilisation hat der Umweltschutz in starkem Maße mit technischen Sachverhalten zu tun. Der vielfältige Einsatz der **Technik** ist einerseits Ursache zahlreicher Umweltbelastungen (z. B. Luftverunreinigungen durch Industrie und Autoverkehr, Gewässer- und Bodenverunreinigung durch übermäßigen Einsatz „künstlich", sprich: technisch hergestellter und verwendeter Dünger usw.), andererseits kann wirksamer Umweltschutz in der Mehrzahl der Problembereiche aber auch nur durch Entwicklung und Anwendung entsprechender Umweltschutz-Techniken erreicht werden. Dieser doppelte – kausale wie instrumentale – Technikbezug prägt auch das Umweltrecht. Es überschneidet sich in weiten Bereichen mit dem Technikrecht (s. Rn. 52), auch wenn es sich nicht um deckungsgleiche, sondern nur um teilidentische Rechtsmaterien handelt. 33

Eine zentrale Aufgabe des Umweltrechts, insbesondere der Rechtsetzung, besteht daher auch darin, den Normadressaten und vor allem auch den für den Vollzug des Umweltrechts spezifisch Verantwortlichen (sowohl auf seiten der Verwaltung als auch auf seiten der Wirtschaft sind dies in hohem Maße Techniker, Ingenieure und Naturwissenschaftler) den technischen Sachverhalten adäquate Maßstäbe zur Hand zu geben. Allgemeingehaltene Gebote, die Umwelt nicht zu schädigen, zu schonen oder den Stand der Technik einzuhalten usw., genügen hierfür allein (auch unter dem Blickwinkel des Bestimmtheitsgebotes, s. § 2 Rn. 41ff.) nicht, wenngleich umgekehrt die Umweltrechtsetzung nicht gut beraten und überfordert wäre, wenn sie Umweltschutzmaßnahmen stets bis in die technischen Details vorschreiben würde. Gerade in den schwierigsten Bereichen des Umweltschutzes sind in vielen Fällen die Normadressaten (z. B. die Betreiber von Anlagen oder die Hersteller von Stoffen) weitaus besser als der staatliche Normsetzer oder die Verwaltung in der Lage, die geeigneten Umweltschutzmaßnahmen zu bestimmen. Dieser Aspekt ist bei der umweltpolitischen Instrumentenauswahl (s. § 4 Rn. 145ff.) zu berücksichtigen.

Hervorgehobene Bedeutung kommt unter diesen Umständen einer möglichst präzisen Vorgabe von konkreten Umweltschutzzielen bzw. **Umweltstandards** zu. Diese finden ihren Ausdruck vorzugsweise in **Grenz- und Richtwerten**[80] (z. B. für Emis- 34

---

[79] Vgl. zum Verhältnis von „Gemeinwohl" und „Partikularinteressen" *W. Schmidt,* VVDStRL 33 (1974), S. 183ff., 194ff. m. w. N., der daneben freilich auch „latent öffentliche Interessen", d. h. Partikularinteressen in einer Art Anwärterstellung auf Gemeinwohlapprobation, annimmt. Dies ist hier nicht gemeint.

[80] Vgl. zum Ganzen vor allem *Rat von Sachverständigen für Umweltfragen,* Umweltgutachten 1987, BT-Drs. 11/1568, insbes. Tz. 9ff. (S. 16ff.) und Tz. 103 (S. 30); *Feldhaus,* Entwicklung und Rechtsnatur von Umweltstandards, UPR 1982, 137ff.; *Jarass,* Der rechtliche Stellenwert wissenschaftlicher und technischer Standards – Probleme und Lösungen am Beispiel der Umweltstandards, NJW 1987, 1225ff.; *ders.,* Artikel „Umweltstandard", in: Kimminich/v. Lersner/Storm (Hg.), Handwörterbuch des Umweltrechts (HdUR), Bd. II, 1988, Sp. 817ff.; *A. Rittstieg,* Die Konkretisierung technischer Standards im Anlagenrecht, 1982; *Salzwedel,* Risiko im Umweltrecht – Zuständigkeit, Verfahren und Maßstäbe der Bewertung, NVwZ 1987, 276ff.; *G. Winter* (Hg.), Grenzwerte, 1986; zu speziellen Problemen u. a. *Papier,* Gewässerverunreinigung, Grenzwertfestsetzung und Strafbarkeit, 1984; *ders.,* Die allgemeinen Emissionsgrenzwerte der TA Luft und ihre Bedeutung für den Betrieb von Feuerungsanlagen, UPR 1987, 292ff.; und (zur Problematik der Zugrundelegung von Grenzwerten bei der Bemessung von Umweltabgaben) *Meßerschmidt,* Umweltabgaben als Rechtsproblem, 1986, S. 283ff. m. w. N.

sionen und Immissionen), die zwar nicht durchgängig in den Umweltgesetzen selbst bereits enthalten sein müssen, aber doch in *staatlichen* Normen (Rechtsverordnungen oder zumindest Verwaltungsvorschriften) niedergelegt oder zumindest verbindlich aus den technischen Regelwerken Privater rezipiert werden sollten (s. dazu i. e. § 2 Rn. 41 ff.).

Der Erfolg der Umweltpolitik hängt maßgeblich von der sachrichtigen (primär außerjuristisch geprägten) Konkretisierung der (in den Umweltgesetzen zumeist nur in Form unbestimmter Gesetzesbegriffe „angedeuteten") Umweltstandards ab. Diese kann sich allerdings nicht an der regelmäßig unerfüllbaren und nur in Ausnahmefällen realistischen Forderung nach völliger Beseitigung der Umweltbelastung („Null-Emission") orientieren, sondern muß innerhalb des rechtlich (und verfassungsrechtlich) jeweils vorgegebenen Rahmens (s. auch § 2 Rn. 9 ff.) einen angemessenen Ausgleich zwischen ökologischen Belangen und den technischen und wirtschaftlichen Realisierungsmöglichkeiten finden.

Begrifflich lassen sich zwei Stufen bei der Entwicklung von Umweltstandards unterscheiden: Die Formulierung von *Schutzwürdigkeitsprofilen* für die zu schützenden Umweltgüter (aber auch z. B. die Gesundheit der Menschen) und – in einem zweiten Schritt – von *Gefährdungsprofilen,* welche die Verbindung zwischen Schutzobjekt und konkreten Gefährdungen (insbesondere durch bestimmte Schadstoffe oder Nutzungsweisen) herstellen.

Dabei spiegelt freilich – wie es im Umweltgutachten 1987 zutreffend heißt – „die jeweilige Höhe der Grenzwerte die Ernsthaftigkeit wider, mit der eine Gesellschaft die Ziele der Gefahrenabwehr und der Risikominderung verfolgt" (s. dazu auch § 2 Rn. 17 ff.).

35 Die Minderung von Risiken, denen die Umwelt durch die Technikanwendung ausgesetzt ist, ist auch Ziel der **Technikfolgenabschätzung.** Unter Technikfolgenabschätzung versteht man Untersuchungen, welche die Bedingungen und die potentiellen Auswirkungen der Einführung und der Anwendung insbesondere neuer Technologien analysieren und bewerten.[81] Es handelt sich dabei bisher vor allem um ein

[81] Vgl. aus der nahezu unübersehbaren Literatur etwa: *Dierkes,* Technikfolgen-Abschätzung, in: Kimminich/v. Lersner/Storm (Hg.), Handwörterbuch des Umweltrechts (HdUR), Bd. II, 1988, Sp. 470ff.; *Alemann/Schatz,* Mensch und Technik, Grundlagen und Perspektiven einer sozialverträglichen Technikgestaltung, 2. Aufl., 1987; *Bartelt u. a.,* Forschungspolitik, Technologiefolgenabschätzung und öffentlicher Dialog, in: Aus Politik und Zeitgeschichte, Beilage 28/1980, 22ff.; *Bauer,* Technik-Folgeabschätzung – jetzt amtlich?, WuV 1980, 4ff.; *Bechmann u. a.,* Frühwarnung vor Technologiefolgen, et 1985, 153ff.; *ders./Franz,* Technologiefolgenabschätzung – institutionelle Voraussetzungen und Probleme der Umsetzung, in: Sozialwissenschaften und Berufspraxis 2/1986, 16ff.; *Böhret/Franz,* Technologiefolgenabschätzung. Institutionelle und verfahrensmäßige Lösungsansätze, 1982; *dies.,* Die Technologiefolgenabschätzung (technology assessment) als Instrument der politischen Steuerung des technischen Wandels?, Speyerer Arbeitsheft 60, 1985; *Boroush/Chen/Christakis,* Technology Assessment: Creative Futures, New York/Oxford 1980; *Bruckmann,* Zur Problematik der Institutionalisierung von Technology Assessment, in: Zeitschrift für Betriebswirtschaft 1981, 813ff.; *Bull,* Wie können Juristen zur Technikfolgenabschätzung beitragen?, RuP 1987, 131ff.; *Coates,* Technology Assessment: Somes Aspects Related to Information Technology, in: Szyperski u. a. (Hg.), Assessing the Impacts of Information Technology, Wiesbaden/Braunschweig 1983; *Conrad/Paschen,* Technology Assessment (TA) – Entscheidungshilfe der Technologiepolitik, in: Technische Mitteilungen 1980, 5ff.; *Dierkes/Petermann/v. Thienen* (Hg.), Technik und Parlament, Technikfolgenabschätzung: Konzepte, Erfahrungen, Chancen, 1986; *Enquete-Kommission „Technikfolgen-Abschätzung",* Bericht, BT-Drs. 10/5844, 10/6801; *Enquete-Kommission „Chancen und Risiken der Gentechnologie",* Bericht, BT-Drs. 10/6775; *Enquete-Kommission „Zukünftige Nutzung der Kernenergie",* Berichte, BT-Drs. 8/4341, 9/2001, 9/2438, 9/2439; *Enquete-Kommission „Neue Informations- und Kommunikationstechniken",* Bericht, BT-Drs. 9/2442; *Gizycki,* Technologiefolgenabschätzung und -bewertung, in: ÖKO-Mitteilungen 1987, 25ff.; *Helle,* Technology Assessment – Ein Instrument der Tech-

Instrument der Politikberatung (insbesondere des Parlaments) sowie der Vermittlung zwischen Wissenschaft und Politik; die Technikfolgenabschätzung kann indessen die politische Entscheidung nicht ersetzen, sondern nur sachverständig vorbereiten und absichern. Das Instrument der Technikfolgenabschätzung ist in den USA entwickelt worden („Technology Assessment") und wird dort in institutionalisierter Form seit Anfang der 70er Jahre praktiziert (s. § 6 Rn. 109).

Die Technikfolgenabschätzung kann sich etwa auf die politischen, ökonomischen, sozialen und gerade auch auf die ökologischen Folgen neuer Techniken beziehen. Soweit die Auswirkungen von Technologien auf die Umwelt zum Gegenstand der Technikfolgenabschätzung gemacht (und hieran dann Rechtsfolgen geknüpft) werden, handelt es sich bei der Technikfolgenabschätzung auch um einen Gegenstand bzw. ein Instrument des Umweltrechts.

Im Recht der Bundesrepublik Deutschland ist die Technikfolgenabschätzung bisher allerdings über erste Ansätze einer Institutionalisierung nicht hinausgekommen. Die Bildung einer eigenen Institution, etwa innerhalb des Bundestages, ist derzeit auch nicht geplant, gedacht ist jedoch an eine intensivere Zusammenarbeit zwischen politischen Gremien und wissenschaftlichen Einrichtungen im Bereich der Technikfolgenabschätzung.

---

nologiepolitik, in: Zeitschrift für Politik 1981, 396ff.; *Henseler,* Verfassungsrechtliche Aspekte zukunftsbelastender Parlamentsentscheidungen, AöR 108 (1983), 489ff.; *Huisinga,* Technologiefolgen-Bewertung. Bestandsaufnahme, Kritik, Perspektiven, 1985; *Klatt,* Technologiefolgenabschätzung im Bereich des Bundestages. Ein Modell zur Optimierung der parlamentarischen Kontrolle, ZParl., 1984, 510ff.; *v. Kruedener/Schubert* (Hg.), Technikfolgen und sozialer Wandel. Zur politischen Steuerbarkeit der Technik, 1981; *Lohmeyer,* Technology Assessment: Anspruch, Möglichkeiten und Grenzen, Diss. Phil. Bonn 1984; *ders.,* Abschätzung von Technikfolgen in den USA, Universitas 1986, 780ff.; *Lompe* (Hg.), Techniktheorie, Technikforschung, Technikgestaltung, 1987; *Lutz,* Kann man Technikfolgen abschätzen?, Gewerkschaftliche Monatshefte 1986, 561ff.; *Meier,* Technikfolgen: Abschätzung und Bewertung. Ordnungspolitische Kritik an ihrer Institutionalisierung. Beiträge zur Wirtschafts- und Sozialpolitik 151, 1987; *Metze,* Grundlagen einer allgemeinen Theorie und Methodik der Technologiebewertung, 1980; *Müller-Brandeck,* Technologiefolgenabschätzung am Beispiel der friedlichen Nutzung der Kernenergie in der Bundesrepublik Deutschland, 1986; *Müller-Reißmann,* Technikfolgenabschätzung oder eine andere Technik? Voraussicht oder Vorsicht als Kennzeichen einer neuen Ethik technischen Handelns, in: Technik und Gesellschaft, Jahrbuch 4 (1987), 200ff.; *Münch/Renn/Roser,* Technik auf dem Prüfstand, 1982; *Organization for Economic Cooperation and Development* (OECD), Assessing the impacts of technology on society, Paris 1983; *Paschen/Gresser/Conrad,* Technology Assessment: Technologiefolgenabschätzung. Ziele, methodische und organisatorische Probleme, Anwendungen, 1978; *Paschen u.a.,* Zur Umsetzungsproblematik bei Technikfolgenabschätzung (TA). Gutachten im Auftrag der Enquete-Kommission „Technologiefolgen-Abschätzung" des Deutschen Bundestages (Kommissions-Drs. 83), 1986; *Paul,* Technikfolgen-Abschätzung als Aufgabe für Staat und Unternehmen, 1987; *Porter u.a.,* A Guidebook for Technology Assessment and Impact Analysis, New York/Oxford 1980; *Quick,* Organisationsformen der wissenschaftlichen Beratung des Parlaments. Eine Untersuchung zur institutionellen Verankerung der Technologiebewertungseinrichtung beim Deutschen Bundestag, 1976; *Ropohl* (Hg.), Interdisziplinäre Technikforschung. Beiträge zur Bewertung und Steuerung der technischen Entwicklung, 1981; *v. Thienen,* Technikfolgenabschätzung und sozialwissenschaftliche Technikforschung. Eine Bibliographie, 1983; *ders.,* Technischer Wandel und parlamentarische Gestaltungskompetenz – das Beispiel der Enquete-Kommission, in: Technik und Gesellschaft, Jahrbuch 4, 1987, 84ff.; *ders.,* Konzept, Attraktivität und Nutzen des Technology Assessment oder: Ein Beratungsinstrument vor dem Hintergrund ungelöster Probleme des technisch-gesellschaftlichen Wandels, Wissenschaftszentrum Berlin für Sozialforschung, P 86–10, 1986; *ders.,* Künftig ein technikgestaltendes Parlament? Zu den Empfehlungen der Enquete-Kommission „Technologiefolgen-Abschätzung", ZParl. 1986, 548ff.; *Umweltbundesamt Berlin* (Hg.), Technologien auf dem Prüfstand. Die Rolle der Technologiefolgenabschätzung im Entscheidungsprozeß, 1983; *v. Westphalen u.a.* (Hg.), Technikfolgenabschätzung, 1988; *Wood,* The Status of Technology Assessment. A View from the Congressional Office of Technology Assessment, Technological forecasting and Social Change 22/1982, 211ff.; *Zimmerli,* Forecast, value and the recent phenomenon of nonacceptance: The Limits of a philosophy of technology assessment, in: Durbin/Rapp (ed.), Philosophy and Technology, Dordrecht 1983.

Vom Deutschen Bundestag wurde 1985 eine **Enquete-Kommission „Technikfolgen-Abschätzung“** eingesetzt, die aber, eher im Vorfeld der Technikfolgenabschätzung, zunächst nur Gegenstände einer parlamentarischen Technikfolgenabschätzung ermitteln sowie Vorschläge über Formen einer Technikfolgenabschätzung beim Deutschen Bundestag machen sollte. Daneben kann die Arbeit der Enquete-Kommissionen auf den Gebieten Kernenergietechnik, Informations- und Kommunikationstechnik und Gentechnik (s. § 13 Rn. 188ff., 192) auch als Ansatz konkreter Technikfolgenabschätzung gesehen werden.

Beim Bundesminister für Forschung und Technologie wurde 1982 eine spezielle Arbeitseinheit für Technikfolgenabschätzung eingerichtet, deren Aufgabe neben der Durchführung eigener Forschungsprojekte vor allem in der Förderung von Technikfolgenabschätzungsprojekten liegt.

Schließlich kann die Umweltverträglichkeitsprüfung (s. § 4 Rn. 81ff.) als gegenständlich beschränkte Technikfolgenabschätzung aufgefaßt werden, wenngleich hier nicht Techniken bzw. Verfahren als solche, sondern konkrete Vorhaben den Prüfungsgegenstand bilden. Entsprechendes gilt auch für andere Instrumente des geltenden Umweltrechts, wie etwa Genehmigungs- und Zulassungserfordernisse, welche materiell auch die Abschätzung und Bewertung von Technikfolgen – in konkreten Fällen – umfassen.

In allen genannten Fällen kann die Technikfolgenabschätzung (auch) ein Instrument der Umweltvorsorge (s. § 3 Rn. 5ff.) sein, wobei es sich bei der Technikfolgenabschätzung weitgehend um Risikovorsorge handelt, da sie gerade auch auf das Erkennen neuer, bisher noch unbekannter Risiken abzielt.

II. Entwicklung des Umweltrechts

1. Bisherige Gesetzgebung

36 In der Bundesrepublik Deutschland wurde in relativ kurzer Zeit ein wenn auch keineswegs perfektes, aber insgesamt im internationalen Vergleich doch beachtliches Gesetzes- und Normgebungswerk zum Schutze der Umwelt geschaffen. Die wichtigsten **Etappen** und **Elemente** der Bildung des Umweltrechtes des Bundes, das nur in einigen Bereichen an ältere Gesetze anknüpfen konnte,[82] zum überwiegenden Teil aber eine Erstnormierung darstellt, bilden folgende Gesetze (in zeitlicher, nicht in systematischer oder nach Bedeutung gewichteter Reihenfolge):

- Gesetz zum Schutz gegen Fluglärm **(Fluglärmgesetz)** vom 30. 3. 1971 (Kloepfer Nr. 820)
- Gesetz zur Verminderung von Luftverunreinigungen durch Bleiverbindungen in Ottokraftstoffen für Kraftfahrzeugmotore (**Benzinbleigesetz** – BzBlG) vom 5. 8. 1971 (Kloepfer Nr. 710)
- Gesetz über die Beseitigung von Abfällen (**Abfallbeseitigungsgesetz** – AbfG) vom 7. 6. 1972, heute: Gesetz über die Vermeidung und Entsorgung von Abfällen – **Abfallgesetz** vom 27. 8. 1986 (Kloepfer Nr. 300)
- Gesetz über den Verkehr mit DDT **(DDT-Gesetz)** vom 7. 8. 1972 (Kloepfer Nr. 475)
- Gesetz über den Schutz vor schädlichen Umwelteinwirkungen durch Luftverunreinigungen, Geräusche, Erschütterungen und ähnliche Vorgänge (**Bundes-Immissionsschutzgesetz** – BImSchG) vom 15. 3. 1974 (Kloepfer Nr. 600)
- Gesetz zur Erhaltung des Waldes und zur Förderung der Forstwirtschaft **(Bundeswaldgesetz)** vom 2. 5. 1975 (Kloepfer Nr. 140)

[82] Ausbaufähige Rechtsgrundlagen bestanden u. a. in den Bereichen des Natur- und Gewässerschutzes, der Betriebssicherheit und der Gesundheitsvorsorge, vgl. hier Rn. 36 sowie die Darstellungen der rechtlichen Ausgangslage vor Beginn der neuen Umweltgesetzgebung bei *Kimminich* (FN 40), S. 29ff., *Kloepfer* (FN 19), S. 17ff., und *E. Rehbinder,* ZRP 1970, 250ff., 250f.

- **Gesetz über die Beförderung gefährlicher Güter** vom 6. 8. 1975 (Kloepfer 570)[82a]
- Gesetz über die Umweltverträglichkeit von Wasch- und Reinigungsmitteln **(Waschmittelgesetz)** vom 20. 8. 1975, heute: **Wasch- und Reinigungsmittelgesetz** vom 5. 3. 1987 (Kloepfer Nr. 230)
- Neufassung: Gesetz über die friedliche Verwendung der Kernenergie und den Schutz gegen ihre Gefahren **(Atomgesetz)** vom 31. 10. 1976 (Kloepfer Nr. 900)
- Neufassung: Gesetz zur Ordnung des Wasserhaushalts (**Wasserhaushaltsgesetz** – WHG) vom 16. 10. 1976 (Kloepfer Nr. 200)
- Gesetz über Abgaben für das Einleiten von Abwasser in Gewässer (**Abwasserabgabengesetz** – AbwAG) vom 13. 9. 1976 (Kloepfer Nr. 245)
- Gesetz über Naturschutz- und Landschaftspflege (**Bundesnaturschutzgesetz** – BNatSchG) vom 20. 12. 1976 (Kloepfer Nr. 150)
- Gesetz zum Schutz vor gefährlichen Stoffen (**Chemikaliengesetz** – ChemG) vom 16. 9. 1980 (Kloepfer Nr. 400).

In ihren Grundzügen ist diese Gesetzgebung bereits im **Umweltprogramm der Bundesregierung von 1971** (s. o. Rn. 16) skizziert, was einerseits Respekt gegenüber der vorausschauenden Kreativität der zuständigen Ministerialbürokratie[83] abnötigen, andererseits aber verfassungspolitische Bedenken gegenüber der Dominanz der Exekutive bei der Gesetzgebungsplanung hervorrufen kann. Die geschilderte Umweltgesetzgebung des Bundes entstand zum größeren Teil noch vor dem teilweise politikprägenden Erstarken der „Umweltschutzbewegung" auf Initiative vor allem der Exekutive und nicht etwa von vornherein unter dem Druck der öffentlichen Meinung und politischer Bewegungen. Der Gesetzgeber in der Bundesrepublik Deutschland kann daher – was vielfach vergessen wird – das Verdienst für sich in Anspruch nehmen, sich vergleichsweise frühzeitig des Umweltschutzes angenommen zu haben, selbst wenn man die **Vorgänger der heutigen Umweltgesetze** (die freilich noch nicht unter diesem Obertitel geführt wurden) ausklammert – wie die Wassergesetze bis hin zum Wasserhaushaltsgesetz von 1957[84], das Reichsnaturschutzgesetz von 1935[85], die (1959 verschärften) Regelungen über die gefährlichen Anlagen in der Gewerbeordnung (§§ 16ff. GewO a. F.)[86], das Atomgesetz vom 23. 12. 1959[87], das Detergentiengesetz[88], das 1961 als Reaktion auf die sichtbare Verunreinigung der Gewässer verabschiedet wurde, die noch auf die Gewerbeordnung gestützte TA Luft 1964[89], das Gesetz zum 37

[82a] Vgl. davor die Verordnung über den Schutz vor Schäden durch die Beförderung gefährlicher Güter auf der Straße v. 23. 7. 1970 (BGBl. I S. 1133).

[83] Vgl. *Küppers/Lundgreen/Weingart* (FN 25), S. 98ff. mit Hinweisen zur langfristigen, wenn auch zunächst subkutanen Vorbereitung der ,,Politisierung des Umweltproblems". Die aktive Rolle der Ministerialbürokratie hat sogar zu der Behauptung geführt, Ministerialbeamte hätten bei der Gründung des ,,Bundesverbands Bürgerinitiativen Umweltschutz (BBU)" 1972 Geburtshilfe geleistet, vgl. die diesbezügliche parlamentarische Anfrage und die Antwort der Bundesregierung in BT-Drs. 10/5082, S. 7f.

[84] Gesetz zur Ordnung des Wasserhaushalts (Wasserhaushaltsgesetz) v. 27. 7. 1957 (BGBl. I S. 1110).

[85] Vom 26. 6. 1935 (RGBl. I S. 821).

[86] Gewerbeordnung für das Deutsche Reich v. 21. 6. 1869 – zuletzt i. d. F. der Bek. v. 26. 7. 1900 (RGBl. S. 871) i. d. F. des Gesetzes zur Änderung der Gewerbeordnung und Ergänzung des Bürgerlichen Gesetzbuches v. 22. 12. 1959 (BGBl. I S. 781). Vgl. auch die dazugehörige Verordnung über genehmigungsbedürftige Anlagen nach § 16 der Gewerbeordnung v. 4. 8. 1960 (BGBl. I S. 690). Die §§ 16–23 GewO und die VO wurden durch das BImSchG bzw. die 4. DVO zum BImSchG abgelöst.

[87] Gesetz über die friedliche Verwendung der Kernenergie und den Schutz gegen ihre Gefahren v. 23. 12. 1959 (BGBl. I S. 814).

[88] Gesetz über Detergentien in Wasch- und Reinigungsmitteln v. 5. 9. 1961 (BGBl. I S. 1653). Heute Wasch- und Reinigungsmittelgesetz i. d. F. der Bek. v. 5. 3. 1987 (BGBl. I S. 875) – Kloepfer Nr. 230.

[89] Allgemeine Verwaltungsvorschrift über genehmigungsbedürftige Anlagen nach § 16 der Gewerbeordnung (Technische Anleitung zur Reinhaltung der Luft) v. 8. 9. 1964 (GMBl. S. 433). Heute TA Luft 1986 (Kloepfer Nr. 601).

Schutz gegen Baulärm von 1965[90], die TA Lärm 1968[91] und das Altölgesetz von 1968[92]. Dem Gesetzgeber (bzw. der gesetzesinitiierenden Exekutive) – und nicht der Umweltschutzbewegung – kommt mithin das Erstgeburtsrecht an der Umweltpolitik zu. Das Verdienst der **Umweltschutzbewegung** bestand und besteht demgegenüber eher in der Verstärkung und Verbreitung des Umweltschutzgedankens, insbesondere nach dem zeitweiligen Nachlassen des umweltpolitischen Elans des Gesetzgebers nach 1978. Aus ihrem Selbstverständnis und ihrer Struktur heraus ist diese Bewegung aber kaum in der Lage, die Konflikte des Umweltschutzes mit anderen gesellschaftlichen Zielen zu lösen. Dieser Zielausgleich – insbesondere die Gewährleistung der Sozialverträglichkeit des Umweltschutzes – bleibt deshalb vor allem eine Aufgabe der demokratisch legitimierten Staatsorgane.

2. *Zukünftige Aufgaben der Umweltgesetzgebung*

38 Die erste legislative Aufbauphase,[93] die dem Umweltschutz in der Bundesrepublik Deutschland das notwendige normative Fundament gegeben hat, ist inzwischen abgeschlossen. In mancher Hinsicht handelt es sich allerdings eher um einen ,,Rohbau", bei dem die ,,Feinarbeiten" von dem Verordnungsgeber, der Verwaltung und privaten Normungsverbänden – im Prinzip jedenfalls zum Teil legitimerweise – übernommen wurden und bei dem noch einige Bauteile fehlen. Freiflächen in der Umweltgesetzgebung (im Unterschied zu einzelnen Regelungslücken, die man vielfach finden und – je nach Standort – unterschiedlich bewerten wird) bilden vor allem der bislang stark durch Richterrecht geprägte **Verkehrslärmschutz**[94] (nachdem weder das geplante Verkehrslärmschutzgesetz[95] noch eine an sich ebenfalls denkbare, auf das Bundes-Immissionsschutzgesetz gestützte Rechtsverordnung[96] zustande gekommen sind) und der zersplitterte und partiell unzulänglich geregelte **Bodenschutz**[97].

Als weiteres Aufgabenfeld der Umweltgesetzgebung zeichnet sich der **Klimaschutz** ab. Ansätze zu einem Schutz des Klimas gegenüber Umweltbelastungen sind im Umweltrecht bereits seit geraumer Zeit enthalten: So nennt Art. II Abs. 2 der Grundsätze für die Prüfung der Umweltverträglichkeit öffentlicher Maßnahmen des

[90] Gesetz v. 9. 9. 1965 (BGBl. I S. 1214), aufgehoben durch § 72 Nr. 2 BImSchG. Die zugehörige Allgemeine Verwaltungsvorschrift zum Schutz gegen Baulärm v. 19. 8. 1970 (Beilage zum BAnz. Nr. 160) – Kloepfer Nr. 690 – gilt nach Überleitung durch § 66 Abs. 2 BImSchG fort.

[91] Allgemeine Verwaltungsvorschrift über genehmigungsbedürftige Anlagen nach § 16 der Gewerbeordnung. Technische Anleitung zum Schutz gegen Lärm (TA Lärm) v. 16. 7. 1968 (BAnz. Nr. 137) – gilt nach Überleitung durch § 66 Abs. 2 BImSchG fort.

[92] Gesetz über Maßnahmen zur Sicherung der Altölbeseitigung (Altölgesetz) v. 23. 12. 1968 (BGBl. I S. 1419), 1979 neugefaßt (Kloepfer Nr. 340), durch § 30 Abs. 1 i. V. m. Abs. 2 AbfG 1986 aufgehoben.

[93] *Storm* (FN 38), Tz. 22ff., S. 20ff., unterscheidet vier Entwicklungsphasen des Umweltrechts: die ,,Vorphase" bis 1970, die ,,erste legislative Phase" von 1970 bis 1980, die ,,administrative Phase" nach 1980 und die – inzwischen eingetretene – ,,zweite legislative Phase" des Umweltschutzes, der er neben der Fortschreibung der Umweltgesetzgebung die Aufgabe einer Vereinheitlichung des Umweltrechts zuweist.

[94] Vgl. zuletzt BVerwG, DÖV 1987, 913ff., wo die bei Straßenneubauten in Wohngebieten einzuhaltenden Lärmgrenzwerte mit 55 Dezibel (Außenpegel) am Tage und 45 dB(A) in der Nacht unterhalb jener Grenzwerte festgelegt werden, die der gescheiterte Entwurf eines Verkehrslärmschutzgesetzes vorgesehen hatte [62 bzw. 55 dB(A)]. Vgl. i. ü. auch BVerwGE 51, 15 (29ff.); 61, 295 (298f.), und 71, 150 (154f.).

[95] Vgl. BT-Drs. 8/1671; zu den Gründen des Scheiterns *Hartkopf/Bohne* (FN 4), S. 148f. Vgl. zum damaligen Gesetzgebungs- und Diskussionsstand *Fickert,* DVBl. 1979, 645ff.

[96] Vgl. § 38 Abs. 2 BImSchG.

[97] Vgl. hierzu etwa die Bodenschutzkonzeption der Bundesregierung v. 6. 2. 1985 (BT-Drs. 10/2977).

Bundes vom 12. 9. 1975 (Kloepfer Nr. 25, s. § 4 Rn. 81) ausdrücklich Einwirkungen auf das Klima als zu vermeidende schädliche Umwelteinwirkung. Im gleichen Sinne nennt Art. 3 der UVP-Richtlinie der EG (Kloepfer Nr. 18, s. § 4 Rn. 83) das Klima als Bewertungsfaktor der Umweltverträglichkeitsprüfung (vgl. außerdem Art. 5 Abs. 1 i. V. m. Anhang III der Richtlinie). Eine entsprechende Aussage ist auch für das neue UVP-Gesetz des Bundes vorgesehen (§ 2 Abs. 1 UVPGE, s. § 4 Rn. 91). Daneben rechnet § 2 Abs. 1 Nr. 8 BNatSchG die Vermeidung bzw. den Ausgleich von Beeinträchtigungen des Klimas, insbesondere des örtlichen Klimas, zu den Grundsätzen des Naturschutzes und der Landschaftspflege (s. § 10 Rn. 11 ff.). Auch § 1 Nr. 1 BWaldG nennt das Klima ausdrücklich im Rahmen der Zweckbestimmung des Bundeswaldgesetzes (s. § 10 Rn. 105). Eine wichtige Grundlage für den örtlichen Klimaschutz bildet zudem § 1 Abs. 5 S. 2 Nr. 7 BauGB, wonach zu den bei der Aufstellung der Bauleitpläne insbesondere zu berücksichtigenden Belangen das Klima gehört (s. § 9 Rn. 29). So können Bebauungspläne z. B. die Freihaltung sog. Klimaschneisen vorsehen. Schließlich leisten andere Gesetze, wie insbesondere das Bundes-Immissionsschutzgesetz durch das Gebot der Luftreinhaltung, einen mittelbaren Beitrag zum Klimaschutz, auch wenn sie das Klima bislang nicht ausdrücklich als Schutzgut ansprechen. Diese Regelungsansätze, die entweder primär auf den örtlichen Klimaschutz abstellen (Baurecht, Naturschutzrecht) oder den Klimaschutz nur mittelbar behandeln (Immissionsschutzrecht) haben sich indes als unzureichend erwiesen im Hinblick auf den inzwischen erforderlichen **globalen** Klimaschutz und den Schutz der Erdatmosphäre. Globale Klimaveränderungen, insbesondere eine Erwärmung der Atmosphäre, drohen vor allem von Immissionen – so wird die Verwendung von Fluorchlorkohlenwasserstoffen (FCKW) für die Schädigung der Ozonschicht verantwortlich gemacht – sowie von der Zerstörung der tropischen Regenwälder. Als Folgeerscheinungen werden bereits eine weitere Ausbreitung der Wüstenregionen sowie in fernerer Zukunft ein Abschmelzen des Polareises mit der einhergehenden Überschwemmung von Küstenregionen diskutiert. Der Klimaschutz erfordert von daher international koordinierte Maßnahmen, die teilweise bereits – wie beim Schutz der Ozonschicht – eingeleitet wurden (s. § 7 Rn. 14). Daneben werden aber auch zusätzliche nationale Regelungen erwogen (z. B. Beschränkungen beim Import von Tropenhölzern als inidirekte Maßnahme zum Klimaschutz, Verbot FCKW-haltiger Treibgase usw.).

Die künftige Aufgabe der Umweltgesetzgebung liegt daher einerseits in der Schließung derartiger **Lücken** und der partiellen **„Nachbesserung" und Modernisierung des schnell alternden Umweltrechts,** wie dies auch schon im Rahmen der – im Falle einzelner Umweltgesetze bereits mehrfachen – Novellierungen geschehen ist.[98] Andererseits muß sie versuchen, das nicht auf dem einheitlichen Entwurf (sieht man einmal von der Gesetzgebungsskizze im Umweltprogramm 1971 ab) eines „Architekten" beruhende, sondern von vielen „Baumeistern" in verschiedenen Stilen (und in wechselnden politischen Umfeldern) gezimmerte Gesetzeskonglomerat stärker zu vereinheitlichen. Unterschiedliche normative Vorbilder (am deutlichsten im Vergleich von gewerberechtlich orientiertem Immissionsschutzrecht und bewirtschaftungsrechtlichem Gewässerschutzrecht) und Entstehungszeitpunkte (und somit auch

[98] Vgl. etwa BImSchG (über 10 Änderungen seit 1974), AbfG (4 Änderungen seit 1977, Neufassung 1986), WHG (5 Änderungen seit 1957, Neufassung 1986).

politische Ausgangsbedingungen) sowie die zahlreich eingeflossenen (und in der Demokratie notwendigen) politischen Kompromisse führen zu erheblichen normativen Disharmonien.[99] Aber auch überflüssige Doppelregelungen – wie bis vor kurzem im Verhältnis von (früherem) Abfallbeseitigungsgesetz und Verwaltungsverfahrensgesetz[100] – sind zu beklagen.

39 Die seit langem geforderte und jetzt auch aus dem politischen Raum angekündigte **Binnenharmonisierung** und Vereinfachung des deutschen Umweltrechts[101] muß hier ansetzen. Vordringlich geht es dabei um Abstimmungsmängel innerhalb der Bundesgesetzgebung, während normative Divergenzen zwischen Bund und Ländern und unterhalb der Länder, soweit sie sich im Rahmen der jeweiligen Gesetzgebungskompetenzen halten,[102] im Bundesstaat weitgehend hinzunehmen sind, zumindest aber rechtlich nicht beanstandet werden können. Aufgrund der zunehmenden ,,Einrahmung" des deutschen Umweltrechts durch das europäische Gemeinschaftsrecht tritt zur Aufgabe der Binnenharmonisierung noch die der ständigen Außenharmonisierung hinzu.[103] Endziel der Binnenharmonisierung könnte die **Kodifikation des Umweltrechts**[104] in einem einheitlichen Bundesumweltgesetzbuch (BUG) sein, das sich zunächst auf einen ,,Allgemeinen Teil" des Umweltrechts beschränken und später um die besonderen Fachteile ergänzt werden könnte. Wesentliches wäre schon durch ein ,,Vor-die-Klammer-Ziehen" von verallgemeinerungsfähigen Regelungen in den verschiedenen Umweltgesetzen erreicht. Ein solches Vorhaben setzt allerdings eine hinreichende Abgrenzbarkeit des Umweltrechts als Rechtsgebiet voraus.

III. Aufbau und Abgrenzung des Rechtsgebiets und seine Nachbargebiete

40 Die Abgrenzung des Umweltrechts ist deshalb schwierig, weil Umweltschutz eine **,,problembezogene Querschnittaufgabe"**[105] darstellt und umweltschutzbezogene Regelungen fast über die gesamte Rechtsordnung verstreut sind und dabei nahezu alle traditionellen rechtssystematischen Klassifizierungen überspringen. Umweltrelevante Regelungen finden sich nicht nur in weiten Teilen des öffentlichen Rechts (einschließlich des Abgabenrechts), sondern auch im Privatrecht (einschließlich des Ar-

---

[99] Vgl. hierzu mit vielen Beispielen *Kloepfer/Meßerschmidt* (FN 75), durchgängig; zum Begriff der Harmonisierung, aaO., S. 6f. m.w.N.

[100] §§ 20–29 AbfG a.F., aufgehoben durch Ges. v. 27. 8. 1986 (BGBl. I S. 1410, ber. S. 1501).

[101] Vgl. zu dieser Zielsetzung der Regierungskoalition erstmals FAZ Nr. 29 v. 4. 2. 1987, S. 2; zuvor im Schrifttum insbes. *Storm*, Umweltrecht, 1. Aufl., 1980, Tz. 29 (S. 23 = S. 22 der 3. Aufl.), und *Kloepfer* (FN 65), S. 86ff.

[102] Vgl. zu einem Negativbeispiel *Meßerschmidt*, NVwZ 1984, 565ff.

[103] Vgl. hierzu am Beispiel der Umsetzung der Richtlinie 85/337/EWG des Rates der Europäischen Gemeinschaften v. 27. 6. 1985 über die Umweltverträglichkeitsprüfung bei bestimmten öffentlichen und privaten Projekten (ABl. L 175 v. 5. 7. 1985, S. 40) *Kloepfer/Meßerschmidt* (FN 75), S. 2ff.

[104] Hierzu eingehend *Kloepfer*, ZfU 1979, 145ff., und *Storm*, in: Forschungsstelle für Umwelt- und Technikrecht (Hg.), Jahrbuch des Umwelt- und Technikrechts 1988 (UTR 5), 1988, S. 49ff. Vgl. zum Gedanken einer Kodifizierung des Umweltrechts in einem Umweltgesetzbuch bereits Umweltbericht '76 der Bundesregierung (BT-Drs. 7/5684, S. 23 = Tz. 109) und *Storm*, AgrarR 1974, 181ff., 186. Einen didaktischen Versuch, ein solches Umweltgesetzbuch von Studenten (der Universität Trier) erarbeiten zu lassen, schildert *Meßerschmidt*, Jura 1985, 218ff. Bedenken gegenüber einer Kodifizierung des Umweltrechts äußern u.a. *Breuer*, Der Staat 20 (1981), 393ff., 401; *ders.*, in: Börner (Hg.), Umwelt, Verfassung, Verwaltung, 1982, S. 37ff., 38f., und *Sendler*, UPR 1981, 1ff., 3.

[105] *Breuer* (FN 60), S. 622. Von Umweltpolitik als ,,politischer Querschnittsaufgabe" spricht schon der Umweltbericht '76 (BT-Drs. 7/5684, S. 29).

beitsrechts) und im Strafrecht. Nicht wenige Gesetze, die ursprünglich primär andere Zielsetzungen verfolgen, nehmen allmählich eine ,,ökologische Tönung" an[106] – wie etwa in Teilen des Agrarrechts, des Baurechts, des technischen Sicherheitsrechts oder des Abgabenrechts. Endziel ist eine hinreichende ,,Umweltverträglichkeit" der Rechtsordnung im ganzen, womit freilich nicht die Verdrängung anderer Regelungsaufgaben oder eine doktrinäre ,,Ökologisierung" des Rechts, wohl aber der weitere Abbau oftmals unbedachter und unnötiger umweltfeindlicher Effekte einzelner Regelungen (etwa im Steuer-, Verkehrs-, Agrar- oder Energierecht) gemeint ist.[107]

Vor der legislativen und normativen Verdichtung des Umweltrechts hat *Kimminich* **41**
das einprägsame Bild vom Umweltrecht als Raster verwendet, der die gesamte Rechtsordnung überdeckt (nicht verdeckt!) und das Umweltrecht an verschiedenen Punkten bald stärker, bald weniger stark hervortreten läßt.[108] Die breite Verteilung **umweltrelevanter Regelungen** bedeutet freilich nicht, daß auf eine Abgrenzung und Systematisierung des Umweltrechts verzichtet werden müßte.[109] **Rechtsgebietscharakter** hat allerdings nur das Umweltrecht i. e. S., das sich auf **umweltspezifisches Recht,** insbesondere das Sonderrecht der staatlichen Umweltschutzaktivitäten, beschränkt.[110]

1. Umweltrecht i. e. S.

a) Rechtliche Konturen

Zu diesem **Kernbereich** gehören – wie allgemein anerkannt ist – das **Naturschutz-** **42**
und Landschaftspflegerecht, das **Gewässerschutzrecht,** das **Immissionsschutzrecht,** das **Strahlenschutzrecht,** das **Abfallrecht** und das **Gefahrstoffrecht.**[111] Als weiteres Teilgebiet des Umweltrechts wird inzwischen auch das **Bodenschutzrecht** genannt,[112] dessen lückenhafte Rechtsgrundlagen sich bislang vor allem auf das Gewässerschutzrecht, das Abfallrecht und das Gefahrstoffrecht verteilen (s. § 14 Rn. 17 ff.).

Ein eigenständiges Bodenschutzgesetz ist entgegen zeitweiligen Erwartungen nicht vorgesehen, nach der Bodenschutzkonzeption der Bundesregierung[113] soll jedoch den Belangen des

---

[106] Begriffsprägend *Storm,* AgrarR 1974, 181ff., 182, in bewußter Parallele zur ,,ökonomischen Tönung" des Rechts, jener Charakterisierung, mit der *Hedemann* vor mehr als einem halben Jahrhundert das Vordringen des Wirtschaftsrechts versah (vgl. *dens.,* Grundzüge des Wirtschaftsrechts, 1922, S. 7).

[107] Vgl. zu dieser Forderung an das Steuerrecht bereits das Umweltprogramm 1971 der Bundesregierung, BT-Drs. VI/2710, S. 14.

[108] *Kimminich* (FN 40), S. 12.

[109] Hierzu eingehend *Kloepfer* (FN 65), durchgängig, insbes. S. 70ff. Ähnlich jetzt *Erbguth* (FN 60), S. 52ff. Der Rechtsgebietscharakter des Umweltrechts wird inzwischen ganz überwiegend bejaht, vgl. insbes. *Breuer* (FN 60), S. 622; *Feldhaus,* DÖV 1974, 613ff., 614; *E. Rehbinder,* RabelsZ 40 (1976), 363ff., 365f., und *Steiger* (FN 17), S. 9f. Es handelt sich freilich um eine sukzessive normative Verdichtung, woraus sich das anfängliche Überwiegen skeptischer Stimmen, vgl. nur *Kimminich* (FN 40), S. 13, erklärt. Die etwa auch von *W. Weber,* DVBl. 1971, 806ff., 806, beschriebene Situation, daß das (von ihm bereits bejahte) ,,Recht des Umweltschutzes" aus ,,viele(n) zerstreute(n) Details, vor allem des Verwaltungsrechts, zusammenzusuchen" sei, trifft heute so – trotz der außerordentlichen Breite des Rechtsstoffes – nicht mehr zu.

[110] Hierzu näher *Kloepfer* (FN 65), S. 74ff.

[111] Vgl. statt vieler *Breuer* (FN 60), S. 622ff.; *Sendler,* JuS 1983, 255ff., 255; *Storm* (FN 38), Tz. 34, S. 24; eher noch weitergehend *Salzwedel/Preusker,* Umweltschutzrecht und -verwaltung in der Bundesrepublik Deutschland, 1983, S. 5.

[112] Vgl. etwa *v. Lersner,* NuR 1982, 201ff., und *Storm,* AgrarR 1983, 233ff.

[113] BT-Drs. 10/2977.

Bodenschutzes im bestehenden Gesetz- und Verordnungswerk verstärkt Rechnung getragen werden.

Ob sich neben dem Immissionsschutzrecht und dem Naturschutzrecht noch ein eigenständiges **Klimaschutzrecht** (s. o. Rn. 38) etablieren wird, wird die Zukunft erweisen.

43 Am allmählichen Werden des Bodenschutzrechts wird zugleich deutlich, daß die **Abgrenzung** des Umweltrechts als Rechtsgebiet und seine innere Gliederung **nicht abschließend** oder mit Endgültigkeitsanspruch erfolgen können. Die besondere **Dynamik der Rechtsentwicklung** im Umweltrecht hält die Konturen zwangsläufig im Fluß: Umweltrecht ist ein offenes, kein geschlossenes Rechtsgebiet, wie es (annähernd) die eine oder andere traditionelle Rechtsmaterie darstellen mag.

Die Voraussetzungen, unter denen es sinnvoll ist, Gesetze einem **Rechtsgebiet** zuzuordnen, sind indessen nach wie vor nicht hinreichend geklärt.[114] Ausgesprochen dürftig ist der Beitrag der neueren Rechtstheorie zu dieser Frage. Die häufig eher unfruchtbare Diskussion über das Wesen eines Rechtsgebiets wird ergiebiger, wenn die Zwecke der Qualifikation einer Vorschriftenzahl als Rechtsgebiet verdeutlicht werden. Am eingängigsten ist die Frage nach einem Rechtsgebiet und seinen Grenzen dort, wo Vorschriften – etwa im Bereich der Rechtswege-, Verwaltungs- und Gesetzgebungszuständigkeiten – an die Antwort normative Konsequenzen knüpfen, vor allem also, wenn die Zugehörigkeit oder Zuordnung zu einem Rechtsgebiet rechtsfolgenbestimmend (z. B. kompetenzbegründend für ein Gericht oder eine Behörde) ist. Daneben werden Rechtsgebiete auch ohne gesetzgeberische Anerkennung aufgrund der Zuordnung von Normen zu bestimmten sozialen Lebensbereichen (z. B. Schulrecht, Familienrecht) oder typischen Lebensvorgängen (z. B. Reisevertragsrecht) angenommen. Der Zweck der Konstituierung von Rechtsgebieten kann aber auch primär akademisch-didaktischer Art sein (wozu auch die Notwendigkeit der Stoffabgrenzung in einem Lehrbuch gehört) oder in rechtssystematischer Ausrichtung erfolgen. Wissenschaftlicher Zweck der Rechtssystematisierung ist es vor allem, erkenntnisfördernd Grundgedanken und -strukturen in verschiedenen Rechtsvorschriften zu verdeutlichen und so zu einer harmonischen Rechtsentwicklung beizutragen.

Mustert man die erwähnten Umweltgesetze i. e. S. unter diesem Blickwinkel, stellt man fest, daß ihnen ähnliche Regelungsaufgaben (Einschränkung von Umweltbelastungen, Interessenausgleich bei der Zuteilung von Nutzungsrechten), Prinzipien (s. § 3) und Regelungstechniken bzw. Instrumente (s. § 4 Rn. 1 ff.) zugrunde liegen. Außerdem sind sie normativ bereits vielfach miteinander verknüpft.

b) Stellung des Umweltrechts in Forschung und Lehre

44 Daß das Umweltrecht nicht nur theoretisch, sondern zunehmend auch praktisch als eigenständiges Rechtsgebiet anerkannt wird, äußert sich nicht zuletzt in seiner wachsenden institutionellen Verankerung und Absicherung. Wichtige Indikatoren sind die Gründung öffentlicher und privater wissenschaftlicher Einrichtungen im Umweltrecht,[115] die Existenz gemeinsamer Foren, wie insbesondere in Gestalt der Gesell-

---

[114] Zum eigenen Ansatz *Kloepfer* (FN 65), S. 68 ff.

[115] Ohne Anspruch auf Vollständigkeit seien genannt: Institut für Umwelt- und Technikrecht der Universität Trier (bis 1988: Forschungsstelle), Forschungsstelle für Umweltrecht (Frankfurt a. M.), Forschungsstelle für Agrar- und Umweltrecht (Hohenheim), Institut für Europäische Umweltpolitik (Bonn), Institut für das Recht der Wasserwirtschaft an der Universität Bonn, Institut für Umweltschutz-, Steuer- und Wirtschaftsstrafrecht (Kiel), Ludwig-Boltzmann-Institut für Boden- und Planungsrecht (Linz/Österreich), Zentralinstitut für Raumplanung an der Universität Münster. Stärker rechtspolitisch orientiert: Arbeitskreis für Umweltrecht (AKUR) des International Council of Environmental Law (I. C. E. L.), Bonn. Ebenfalls international arbeitend: Environmental Law Centre der International Union for Conservation of Nature and Natural Resources (IUCN), Bonn, European Council of Environmental Law

schaft für Umweltrecht e. V. und der von ihr ausgerichteten Fachtagungen[116], aber auch in Form von Schriftenreihen und Fachzeitschriften.

Als (überwiegend oder ausschließlich) umweltrechtliche **Schriftenreihen** sind zu nennen die ,,Beiträge zur Umweltgestaltung" (im Erich Schmidt Verlag), die Schriftenreihe ,,Recht-Technik-Wirtschaft" (bei Heymanns), die ,,Schriften zum Umweltrecht" (bei Duncker und Humblot) und die Schriftenreihe ,,Umwelt- und Technikrecht" der Forschungsstelle für Umwelt- und Technikrecht an der Universität Trier sowie als jüngste Reihe die ,,Umweltrechtlichen Studien" (beide im Werner-Verlag). Auch andere Schriftenreihen wie z. B. ,,Recht & Technik" (im Verlag Recht und Wirtschaft) oder die Veröffentlichungen des Instituts für Energierecht an der Universität zu Köln (Nomos) enthalten teilweise umweltrechtsrelevante Veröffentlichungen.

Als wichtigste **Zeitschriften** mit Schwerpunkt im Umweltrecht (oder Teilen davon) sind zu nennen: ,,Umwelt- und Planungsrecht", ,,Natur + Recht", ,,Zeitschrift für Wasserrecht". Eine Sonderstellung nimmt das vom Bundesminister für Umwelt, Naturschutz und Reaktorsicherheit (früher vom Bundesminister des Innern) herausgegebene Informationsblatt ,,Umwelt" ein. Ökonomische und politikwissenschaftliche Ansätze berücksichtigt verstärkt die ,,Zeitschrift für Umweltpolitik und Umweltrecht" (ZfU). Über Umweltschutzaktivitäten im europäischen Maßstab berichtet die Zeitschrift ,,EurUm – Europäische Umwelt". Umweltrechtlichen Themen widmen sich schließlich häufig auch die Vierteljahreszeitschrift ,,Wirtschaft und Verwaltung" (Beilage zum Gewerbearchiv) sowie die neue, interdisziplinäre ,,Zeitschrift für angewandte Umweltforschung" (ZAU).

Doch bedeutet dies keine wissenschaftliche Nischenbildung, wie umweltrechtlich ausgerichtete **Tagungen** bzw. Abteilungen namhafter Institutionen (insbesondere Deutscher Juristentag[117], Vereinigung der Deutschen Staatsrechtslehrer Deutschlands[118], Verwaltungsrichtertag[119]) und die breite Berücksichtigung des Umweltrechts auch außerhalb seiner speziellen publizistischen Organe belegen.[120]

(C. E. D. E.), Straßburg. Wichtige Beiträge zum Umweltrecht leisten aber auch nicht speziell hierauf zugeschnittene rechtswissenschaftliche Forschungsstätten wie z. B. das Institut für Energierecht an der Universität zu Köln (mit eigener Schriftenreihe), das Institut für Landwirtschaftsrecht der Universität Göttingen oder das Institut für Völkerrecht der Universität Göttingen (Reihe: ,,Studien zum Internationalen Wirtschaftsrecht und Atomenergierecht"). Wichtige Anstöße gehen schließlich auch von primär nicht rechtswissenschaftlich orientierten Institutionen aus, wie insbes. dem Institut für gewerbliche Wasserwirtschaft und Luftreinhaltung (Köln) – v. a. für Rechtspolitik und -praxis wichtig: Berichte über die IWL-Kolloquien in der Reihe ,,IWL-Forum" – und dem Kernforschungszentrum Karlsruhe. Zu erwähnen sind auch die Aktivitäten der Deutschen Gesellschaft für Agrarrecht – Vereinigung für Agrar- und Umweltrecht e. V. Weniger stark treten bislang im Umweltrecht (in ihrer Aufgabenstellung auch anders definierte) Institutionen wie das Internationale Institut für Umwelt und Gesellschaft (IIUG) des Wissenschaftszentrums Berlin und das Öko-Institut Freiburg hervor. Dem unterdessen in dieser Form nicht mehr fortbestehenden IIUG entstammen jedoch wichtige (v. a. wirtschafts-, verwaltungs- und politikwissenschaftliche) Beiträge zur Umweltpolitik und zum Umweltschutzvollzug. Erfolgt sind inzwischen die Gründung eines Instituts für ökologisches Recht in Bremen sowie weiterer Institute für Umweltrecht an den Universitäten Bielefeld und Hamburg.

[116] Die von ihr herausgegebenen jährlichen Tagungsbände geben wertvolle Einblicke in die Entwicklung des Umweltrechts und decken wichtige Problemfelder ab.

[117] Hervorzuheben sind die Verhandlungen des 52. und des 56. Deutschen Juristentages. Auch auf dem 57. Deutschen Juristentag im Herbst 1988 stand im Rahmen der strafrechtlichen Abteilung erneut ein umweltschutzbezogenes Thema (,,Empfehlen sich Änderungen im strafrechtlichen Umweltschutz, insbesondere in Verbindung mit dem Verwaltungsrecht?") zur Verhandlung.

[118] Vgl. die Jahrestagung 1979 (Zweiter Beratungsgegenstand: ,,Staatsaufgabe Umweltschutz") = VVDStRL 38 (1980).

[119] Vgl. *Bund deutscher Verwaltungsrichter* (Hg.), Dokumentation zum Sechsten Deutschen Verwaltungsrichtertag 1980, 1981 (Arbeitskreis I).

[120] Wichtige Beiträge zum Umweltrecht finden sich sowohl in den allgemeinen juristischen (z. B. JZ, NJW) als auch in den öffentlich-rechtlichen Fachzeitschriften (insbes. DVBl., DÖV, NVwZ, VerwArch., Gewerbearchiv, Die Verwaltung, AöR und Der Staat), ferner (meist mit besonderer Praxisnähe) u. a. in folgenden Periodika: Agrarrecht, Allgemeine Forstzeitschrift (AFZ), atomwirtschaft-atomtechnik, (atw), Energiewirtschaftliche Tagesfragen (et), Entsorga-Magazin, Das Gas- und Wasserfach (gwf), Korrespondenz Abwasser, Müll und Abfall, Recht der Elektrizitätswirtschaft (RdE), Wasser + Boden (wub), Wasser, Luft und Betrieb (wlb), Umwelt (VDI).

45 An den rechtswissenschaftlichen Fakultäten werden vermehrt **Lehrveranstaltungen zum Umweltrecht** angeboten. Die Prüfungsordnungen für die Erste Juristische Staatsprüfung, die das Umweltrecht anfänglich ignoriert haben, beziehen dieses inzwischen überwiegend in die Wahlfachgruppen, z. T. auch in den Pflichtfächerkanon ein.

Zu den **Pflichtfächern** der Ersten Juristischen Staatsprüfung zählen die „Grundzüge des Umweltrechts" (gemeinsam mit Grundzügen des Wirtschaftsverwaltungsrechts) in *Hamburg* (§ 5 Abs. 2 Nr. 5d JAO)[121] und *Schleswig-Holstein* (§ 3 Abs. 2 Nr. 3c JAO)[122]. Innerhalb der **Wahlfachgruppen** sind das Umweltrecht bzw. Grundzüge des Umweltrechts in den Prüfungsordnungen folgender Bundesländer – bei wechselnden Fächerkombinationen – vorgesehen: *Berlin* (§ 6 Abs. 1 Nr. 9 JAO: „Grundzüge des Umweltschutzrechts" gemeinsam mit Verwaltungslehre, Baurecht sowie den Grundzügen des Wirtschaftsverwaltungsrechts, des Straßenrechts und des Beamtenrechts)[123], *Hessen* (§ 7 Abs. 3 Nr. 6 JAG: „Grundzüge des Umweltschutzrechts" gemeinsam mit Verwaltungsorganisationsrecht und Verwaltungslehre, Wirtschaftsverwaltungsrecht sowie den Grundzügen des Planungsrechts, des Straßenrechts und des Rechts des öffentlichen Dienstes)[124], *Niedersachsen* (§ 9 Nr. 8 NJAO: „Grundzüge des Umweltschutzrechts" gemeinsam mit Verwaltungslehre, Wirtschaftsverwaltungsrecht sowie Grundzügen des Straßenrechts und des Rechts des öffentlichen Dienstes)[125], *Nordrhein-Westfalen* (§ 3 Abs. 4 Nr. 2 lit. e JAG: „Umweltrecht" gemeinsam mit Wirtschaftsverwaltungsrecht sowie den Grundzügen des Europarechts und der Verwaltungslehre)[126], *Rheinland-Pfalz* (§ 1 Abs. 5 Nr. 6 JAPO: „Grundzüge des Umweltschutzrechts" gemeinsam mit Beamtenrecht, Raumordnungs- und Landesplanungsrecht sowie Grundzügen des Wirtschaftsverwaltungsrechts und der Verwaltungslehre)[127], *Saarland* (§ 11 Abs. 3 Nr. 4 JAO: „Umweltschutzrecht" gemeinsam mit Beamten- und Personalvertretungsrecht, Raumordnungs- und Baurecht sowie Straßenrecht)[128] und *Baden-Württemberg,* welches den Prüfungsstoff „aus dem Umweltschutzrecht" allerdings auf die „Grundzüge des Naturschutzrechts, des Immissionsschutzrechts und des Wasserrechts" beschränkt (§ 5 Abs. 4 Nr. 3a JAPO, gemeinsam mit Grundzügen der Verwaltungslehre, des Gewerberechts, Ausländerrechts, öffentlichen Finanz- und Haushaltsrechts sowie des allgemeinen Sozialrechts)[129]. In *Bremen* ist das Umweltschutzrecht als „Schwerpunktbereich" (d. h. Wahlfach) Gegenstand der Ersten juristischen Staatsprüfung. Eine entsprechende Schwerpunktbereichsverordnung gemäß § 14 Abs. 4 JAPG[130] wurde im Oktober 1988 erlassen.

An verschiedenen Universitäten sind besondere **Schwerpunkte** im Umweltrecht entstanden,[131] obgleich die Zahl der umweltrechtlich ausgewiesenen Professuren immer noch gering

---

[121] Juristenausbildungsordnung (JAO) v. 10. 7. 1972 (GVBl. S. 133, 148, 151), zuletzt geänd. durch Ges. v. 12. 3. 1986 (GVBl. S. 49).

[122] Landesverordnung über die Ausbildung der Juristen (JAO) i. d. F. v. 2. 8. 1985 (GVBl. S. 237).

[123] Ausbildungs- und Prüfungsordnung für Juristen (JAO) v. 26. 11. 1984 (GVBl. S. 1688), zuletzt geänd. durch VO v. 11. 7. 1987 (GVBl. S. 1882).

[124] Gesetz über die juristische Ausbildung (JuristenausbildungsG – JAG) i. d. F. v. 7. 11. 1985 (GVBl. I S. 212).

[125] Niedersächsische Ausbildungsordnung für Juristen (NJAO) v. 24. 7. 1985 (GVBl. S. 215).

[126] Gesetz über die juristischen Staatsprüfungen und den juristischen Vorbereitungsdienst (Juristenausbildungsgesetz – JAG –) i. d. F. der Bek. v. 16. 7. 1985 (GV NW S. 522).

[127] Landesverordnung zur Durchführung des Landesgesetzes über die juristische Ausbildung (Juristische Ausbildungs- und Prüfungsordnung – JAPO –) v. 16. 10. 1985 (GVBl. S. 227, geänd. durch LVO v. 15. 1. 1986, GVBl. S. 41). Bereits zuvor hatte Rheinland-Pfalz mit der Änderungsverordnung v. 30. 12. 1981 (GVBl. 1982 S. 27) „Wirtschaftsverwaltungsrecht einschließlich Immissionsschutzrecht" in den Wahlfächerkanon aufgenommen (§ 1 Abs. 3 Nr. 3 JAPO a. F.) und damit als erstes Bundesland einen Teilbereich des Umweltrechts zum Gegenstand des Referendarexamens gemacht.

[128] Ausbildungs- und Prüfungsordnung zur Erlangung der Befähigung zum Richteramt und zum höheren Verwaltungsdienst (Ausbildungsordnung für Juristen – JAO –) v. 28. 3. 1960 (Amtsbl. S. 241, zuletzt geänd. durch Ges. v. 23. 4. 1986, Amtsbl. S. 494).

[129] Verordnung der Landesregierung über die Ausbildung und Prüfung der Juristen (JAPO) v. 9. 7. 1984 (GBl. S. 480), zuletzt geänd. durch VO v. 12. 10. 1987 (GBl. S. 497).

[130] Gesetz über die erste juristische Staatsprüfung und den juristischen Vorbereitungsdienst (JAPG) v. 24. 9. 1985 (GBl. S. 161).

[131] Z. B. Bonn (bes. Wasserrecht), Frankfurt, Göttingen (bes. Landwirtschafts- und Atomrecht), Heidelberg (bes. Technologierecht), Kiel (bes. Umweltstrafrecht), Münster (bes. Umweltplanungs- und Technik-

ist.[132] Außerdem fließt Umweltrecht in einige nicht-juristische (umweltbezogene) Studiengänge ein.[133]

2. Gliederung des Umweltrechts i. e. S.

Mit der „additiven" Bestimmung des Umweltrechts aus **Teilgebieten,** die der heterogenen Herkunft seiner (erst allmählich zusammenwachsenden) Regelungen Rechnung trägt, ist gleichzeitig ein mögliches Gliederungsmodell des Umweltrechts i. e. S. vorgegeben. Neben einer solchen, um die Hauptgesetze des Umweltrechts zentrierten Gliederung (BNatSchG – Naturschutz- und Landschaftspflegerecht, WHG – Gewässerschutzrecht, BImSchG – Immissionsschutzrecht, AtG – Strahlenschutzrecht, AbfG – Abfallrecht, ChemG – Gefahrstoffrecht), in die sich die übrigen Gesetze gleichsam als Satelliten der Zentralgesetze einordnen, werden im Schrifttum z. T. auch eigenständige Systematisierungen entwickelt. 46

Eine Systematisierung kann sich außer nach normativen Vorbildern grundsätzlich nach **Lebenssachverhalten** (beim Umweltrecht allerdings wegen seines Querschnittcharakters schwierig), nach **Gefahrenquellen** (z. B. Bauwesen, Verkehr, Produktion, Schädlingsbekämpfung, Energieerzeugung, Entsorgung) oder konkreten **Gefahrenarten** (z. B. Luftverunreinigung, Lärm, radioaktive Strahlung, Gewässerverunreinigung und -überwärmung, Bodenverseuchung, Artenvernichtung, Lebensmittelvergiftung) sowie nach **Schutzgütern** (z. B. Raum, Landschaft, Natur einschließlich Fauna und Flora, Luft, Gewässer, giftfreie Lebensmittel, Gesundheit, Ruhe, Erholung) richten. Die Bedeutung solcher Systematisierungen dürfte allerdings – wenn sie nicht gerade in legistischer Absicht erfolgen – über die einer gewissen Erkenntnishilfe nicht hinausreichen. Auch kann ihre Eigenständigkeit gegenüber dem positiven Recht zur Folge haben, daß Regelungszusammenhänge zerrissen werden, was eine solche Systematisierung, mag sie in sich auch stimmig sein, als Grundlage für eine gesetzesnahe Vermittlung des Rechtsstoffes disqualifiziert. 47

Eine bemerkenswerte Systematisierung hat *Breuer* vorgelegt – er unterscheidet zwischen **medialem, kausalem, vitalem** und **integriertem Umweltschutz** –,[134] die allerdings in der Gesetzespraxis nicht immer durchgehalten wird. Diese Gliederung nimmt auf die unterschiedlichen Regelungsansätze der verschiedenen Umweltgesetze Bezug: Während der „mediale Umweltschutz" die Umweltmedien Boden, Wasser und Luft zum Gegenstand habe, setze der „kausale Umweltschutz" bei bestimmten gefährlichen Stoffen oder sonstigen Gefährdungen an. Der „vitale Umweltschutz" sei dadurch gekennzeichnet, daß er unmittelbar auf den Schutz von Tieren und Pflanzen als Elementen der Umwelt gerichtet sei. Zum „integrierten Umweltschutz" zählt *Breuer* schließlich diejenigen Regelungen, die in eine übergreifende Aufgabenstellung eingebunden sind und in diesem Rahmen auch mit gegenläufigen Belangen konkurrieren. „Integrierter Umweltschutz" in diesem Verständnis meint demnach die Verzahnung mit benachbarten Rechtsgebieten bzw. die Außenintegration in die nicht-umweltspezifische Gesetzgebung (wie z. B. das Raumplanungsrecht) und nicht, woran ebenfalls zu denken wäre, eine Binnenintegration der unterschiedlichen Regelungsansätze des Umweltrechts etwa durch Verknüpfung von medialem und kausalem Umweltschutz.

Allerdings ermöglicht auch die **gesetzesnahe Gliederung** nach normativ geregelten Umweltschutzaktivitäten keine strikte Systematisierung des Umweltrechts und 48

---

recht), Trier. An weiteren Fakultäten lehren namhafte „Umweltrechtler" und im übrigen beschäftigen sich immer mehr angesehene „allgemeine" Öffentlichrechtler, Zivilrechtler und Strafrechtler mit Fragen des Umweltrechts.

[132] Z. B. gibt es in Frankfurt, Trier und jetzt auch in Berlin Professuren (auch) für Umweltrecht.

[133] Man denke an die Studiengänge für Umwelttechnik und Umweltwissenschaften in Berlin. Vgl. auch die Beispiele bei *Küppers/Lundgreen/Weingart* (FN 25), S. 274ff., sowie zur Übersicht *Umweltbundesamt* (Hg.), Studienführer Umweltschutz, 4. Aufl., 1988.

[134] *Breuer,* Der Staat 20 (1981), 393ff., 396ff.; *ders.* (FN 60), S. 622ff.

schließt wegen der unterschiedlichen, sich teilweise überlappenden Regelungszugriffe des Gesetzgebers Mehrfachzuordnungen einzelner Gesetze keineswegs aus.

Die geltenden Umweltgesetze sind primär entweder auf bestimmte Umweltgüter oder auf bestimmte Gefahrenquellen ausgerichtet. Daneben gibt es aber viele Mischformen. Zu unterscheiden sind im wesentlichen drei **Regelungsmodelle:**

1. Ein Umweltgesetz schützt *ein* Umweltgut (z. B. das Umweltmedium Wasser oder Luft) sektoral gegenüber prinzipiell *allen* Gefahrenquellen.
2. Ein Umweltgesetz schützt prinzipiell *alle* Umweltgüter, jedoch nur gegenüber *bestimmten* Gefahrenquellen (z. B. Umweltchemikalien, Abfallentsorgung).
3. Ein Umweltgesetz schützt *einzelne* Umweltgüter vor *einzelnen* Gefahrenquellen (z. B. Wasser nur vor Wasch- und Reinigungsmitteln).

49 Das Nebeneinander von medienbezogenen und gefahrenquellenbezogenen Regelungen führt zwangsläufig zu **Überschneidungen.** So läßt sich etwa das zugleich stoffrechtliche und medienbezogene Wasch- und Reinigungsmittelgesetz sowohl dem Gefahrstoffrecht als auch dem Gewässerschutzrecht zurechnen. Das Altölgesetz ist ebenfalls einerseits als Gefahrstoffregelung klassifizierbar, andererseits wegen seiner spezifischen Entsorgungsfunktion aber auch dem Abfallrecht zuzuordnen (in dem es nach § 30 AbfG aufgeht). Auch die Grenzen des im Sinne der *Breuerschen* Klassifikation (s. o. Rn. 47) primär medialen Bundes-Immissionsschutzgesetzes und des primär kausalen Abfallgesetzes zum Gefahrstoffrecht sind fließend. Komplizierte Abgrenzungsfragen hinsichtlich des Anwendungsbereiches der Gesetze (vgl. nur § 2 ChemG oder § 1 Abs. 3 AbfG) sind die Folge. Schließlich sind auch viele Einzelregelungen innerhalb von – auf den ersten Blick eindeutig zu lokalisierenden – Gesetzen hinsichtlich ihres Schutzzweckes multifunktional. Dies gilt etwa für Regelungen des Wasserhaushaltsgesetzes, die neben dem Gewässerschutz (Grundwasserschutz) zugleich (und in Zukunft verstärkt) dem Bodenschutz dienen (z. B. §§ 19a ff. WHG).

Es wäre indes voreilig, in derartigen Überschneidungen nur eine Schwäche der Systematisierung des Umweltrechts und der ihr zugrundeliegenden Gesetzgebung zu sehen. Wechselseitige Verschränkungen können auch zu einer Verstärkung des Umweltschutzes führen, wenngleich einzuräumen ist, daß das gegenwärtige Nebeneinander systematisch nicht immer überzeugend zugeschnittener Umweltgesetze das geltende Umweltrecht im einzelnen unüberschaubar, wenn nicht gar in manchen Bereichen zu einem vollzugsfeindlichen normativen Irrgarten werden läßt.

3. Umweltrecht i. w. S.

50 Konzentration auf die Kernbereiche des Umweltrechts (wofür sich auch die vorliegende Darstellung entschieden hat) bedeutet nicht, daß **umweltrelevante Regelungen** außerhalb der umweltrechtlichen ,,Verdichtungszone"[135] vernachlässigt werden dürften (wenngleich in diesem Buch nur Teilbereiche behandelt und im übrigen

---

[135] Vgl. zur Unterscheidung von umweltspezifischem und umweltrelevantem Recht *Kloepfer* (FN 65), S. 75ff. Eine Gliederung der ,,Rechtsmasse" nach abgestufter ,,Umweltspezifik" nimmt auch *Sendler,* JuS 1983, 255ff., 255, vor, der insgesamt fünf Dichtegrade vom ,,harten Kern des Umweltrechts" bis hin zu ,,Normen, denen man die Umweltrelevanz kaum ansieht", unterscheidet. Als Beispiele für letztere nennt er u. a. das allgemeine Polizeirecht sowie das Steuer- und sonstige Abgabenrecht (vgl. zu letzterem auch schon oben bei FN 107).

lediglich exemplarische Hinweise gegeben werden können). Auch kann die Systematisierung des Umweltrechts keine absolut trennscharfe Abgrenzung gegenüber anderen Rechtsgebieten bedeuten.

Zum Umweltrecht im rechtsgebietsübergreifenden Sinn gehören neben dem 51 Umweltverfassungs- (s. § 2) und Umweltverwaltungsrecht (s. § 4) unzweifelhaft auch das Umweltprivatrecht (s. § 4 Rn. 292ff.) und das Umweltstrafrecht (s. § 4 Rn. 332ff.) sowie als weitere Bereiche das Umweltfinanzrecht[136], das Umweltprozeßrecht[137] (s. § 5), ferner das europäische und das internationale Umweltrecht (Umweltgemeinschaftsrecht und Umweltvölkerrecht, s. § 6). Hiervon nochmals zu unterscheiden ist das an seinen Rändern unscharfe Umweltrecht i. w. S., das sämtliche umweltrelevanten Normen unabhängig von ihrem gesetzessystematischen Standort oder umweltspezifischen Aussagegehalt umfaßt.

Von einem weiten Begriff des Umweltrechts gehen etwa die Gesetzessammlungen von *Burhenne,* Umweltrecht – Raum und Natur, Loseblattsammlung, 5 Bde., Berlin 1962ff. (Bundes- und Landesrecht), und *Kloepfer,* Umweltschutz, 1 Bd., München 1981ff. (Bundesrecht), aus, während die Taschenbuchausgabe von *Storm,* Umwelt-Recht, 4. Aufl., München 1987, sich im wesentlichen auf eine begrenzte Auswahl der wichtigsten Bundesgesetze und Rechtsverordnungen des Umweltrechts i. e. S. beschränkt.

Überschneidungen (mit der Folge der Mehrfachzuordnung einer Norm) ergeben sich insbesondere gegenüber dem Technikrecht, Arbeitssicherheitsrecht, Raumordnungsrecht, Baurecht, Energierecht, Bergrecht, Verkehrsrecht, Landwirtschafts- und Forstrecht, Jagd- und Fischereirecht, Tierschutzrecht sowie dem Gesundheitsrecht einschließlich dem Arznei- und Lebensmittelrecht.

4. *Nachbargebiete*

a) Technikrecht

Das Technikrecht,[138] namentlich das **technische Sicherheitsrecht,** bezeichnet we- 52 gen der technischen Ursachen vieler Umweltbelastungen und der ebenfalls technischen Abhilfemöglichkeiten vielfach die Gegenstände des Umweltrechts lediglich aus einem anderen Blickwinkel. Das technische Sicherheitsrecht, umfaßt die Gesamtheit der Normen, die primär den Schutz von Leben, Gesundheit, Sachgütern und Umwelt vor Gefahren der Technik bezwecken. Im Bereich technisch bedingter Umweltbelastungen sind Umweltschutz und Technikkontrolle zwei Seiten derselben Medaille (s. o. Rn. 33ff.). Im außerordentlich breiten Überschneidungsbereich beider Rechtsgebiete geht es um den Schutz der Umwelt vor der Technik. Nicht zum Überschneidungsbereich gehören regelmäßig etwa das Naturschutzrecht auf der umweltrechtlichen Seite und das Gerätesicherheitsrecht im Technikrecht.

---

[136] Vgl. hierzu *Kloepfer,* Artikel „Umweltfinanzrecht", in: Kimminich/v. Lersner/Storm (Hg.), Handwörterbuch des Umweltrechts (HdUR), Bd. II, 1988, Sp. 583ff.

[137] Von einem eigenständigen „Umweltprozeßrecht" kann freilich trotz gewisser Besonderheiten des „Rechtsschutzes im Umweltschutz" keine Rede sein. Es handelt sich vielmehr um Problemstellungen (z. B. Klagebefugnis, gerichtliche Kontrolldichte), die im Rahmen des geltenden (Verwaltungs-)Prozeßrechts zu bewältigen sind, auch wenn sie auf dieses in Gestalt von Rechtsprechung und Prozeßrechtslehre zurückwirken. Sonderregelungen hat der Gesetzgeber nur vereinzelt geschaffen, s. u. § 5 Rn. 7ff.

[138] Vgl. zum Technikrecht insgesamt *Kloepfer,* Artikel „Technik", in: Evangelisches Staatslexikon, 3. Aufl., 1987, Sp. 2059ff., 2060ff.; speziell zur Normsetzung im Technikrecht die grundlegende Untersuchung von *P. Marburger,* Die Regeln der Technik im Recht, 1979; zur Teilmaterie des technischen Sicherheitsrechts *Plischka,* Technisches Sicherheitsrecht, 1969.

Als spezifisches Gefahrenabwehrrecht gehört das technische Sicherheitsrecht zum überwiegenden Teil dem besonderen Verwaltungsrecht an. Seine Ursprünge liegen im Bau- und Gewerberecht und dort insbesondere in der Dampfkesselgesetzgebung seit der ersten Hälfte des 19. Jahrhunderts.[139] Seine wichtigsten Teilkomplexe bilden das Recht der überwachungsbedürftigen Anlagen nach der Gewerbeordnung, die hieraus hervorgegangenen Regelungen des Immissionsschutzrechts, das Atom- und Strahlenschutzrecht, das Gefahrstoffrecht, sicherheitstechnisch bedeutsame Regelungen des Bauordnungs-, Verkehrs- und Energierechts, das technische Arbeitsschutzrecht und die von der gesetzlichen Unfallversicherung erlassenen Unfallverhütungsvorschriften. Auch wenn Umwelt- und Technikrecht demnach nicht deckungsgleich sind, ist der Überschneidungsbereich beträchtlich.

b) Arbeitssicherheitsrecht

53 Das Arbeitssicherheitsrecht,[140] d. h. das Recht des **technischen Arbeitsschutzes** (im Unterschied zum sozialen Arbeitsschutz) ist bereits weitgehend normativ in das technische Sicherheitsrecht und das Umweltrecht integriert.

Vgl. einerseits das aus dem Maschinenschutzgesetz hervorgegangene Gerätesicherheitsgesetz, andererseits das Chemikaliengesetz, das arbeitsschutzrechtliche Regelungen einbezieht (§§ 1, 19 ChemG).

Es dient primär dem Schutz von Betriebsangehörigen, aber auch von Betriebsbesuchern und zum Teil der Nachbarschaft vor Betriebsgefahren (wozu sowohl Gefahren, die von technischen Einrichtungen herrühren als auch solche, die von Arbeitsstoffen ausgehen, gehören), unmittelbar also dem Schutz der „Arbeits-Umwelt", damit mittelbar aber auch dem Umweltschutz im Größeren.

Den Arbeitnehmern wird allerdings nicht selten durch das Arbeitssicherheitsrecht im Ergebnis mehr zugemutet als der Allgemeinheit durch das Umweltrecht. Gleichwohl wird bei umweltrechtlichen Entscheidungen nicht selten auf arbeitssicherheitsrechtliche Festlegungen verwiesen, z. B. auf die MAK-Werte bei Kernkraftgenehmigungen.[141]

c) Raumordnungs- und Baurecht

54 Starke Affinität zum Umweltrecht besitzt das Raumordnungsrecht, in dem wesentliche Vorentscheidungen hinsichtlich der Umweltnutzung getroffen werden. Da es jedoch nicht ausschließlich oder auch nur vorrangig dem Umweltschutz dient, sondern konkurrierende Ansprüche an die Raumnutzung zum Ausgleich bringen soll, kann es nicht zur Gänze dem Umweltrecht zugerechnet werden. Enge Verbindungen zum Umweltrecht bestehen auch im Bauplanungs- und (abgeschwächt) im Bauordnungsrecht. Wegen ihrer erheblichen Bedeutung für den Umweltschutz werden die einschlägigen Regelungen noch gesondert behandelt (s. § 9).

d) Bergrecht, Energierecht

55 Eher als Gegenspieler des Umweltrechts erscheinen bislang das Bergrecht[142] und das Energierecht[143], wenngleich auch hier eine Annäherung an – gerade im Bereich

---

[139] Hierzu näher *Marburger* (FN 138), S. 151 ff.

[140] Hierzu näher *Schaub,* Arbeitsrechts-Handbuch, 6. Aufl., 1987, S. 1015 ff.; *Spinnarke,* Sicherheitstechnik, Arbeitsmedizin und Arbeitsplatzgestaltung, 1981, sowie kurzgefaßt *Kloepfer* (FN 138), Sp. 2062.

[141] Maximale Arbeitsplatzkonzentrationen/Biologische Arbeitsstofftoleranzwerte (MAK-Werte), Bek. des BMA v. 10. 9. 1987 (BArbBl. 10/1987, S. 28) = Nipperdey II Nr. 432.

[142] Vgl. nur den gleichnamigen Artikel von *Graf Vitzthum,* in: Kimminich/v. Lersner/Storm (Hg.), Handwörterbuch des Umweltrechts (HdUR), Bd. I, 1986, Sp. 213 ff. m. w. N.

[143] Vgl. insbes. *Büdenbender,* Energierecht, 1982.

des Energierechts jedoch kontrovers interpretierte – Umweltschutzbelange erfolgt (s. § 8 Rn. 72ff.).

e) *Verkehrsrecht*

Ähnlich verhält es sich mit dem Verkehrsrecht, in dessen Teilbereichen – insbesondere Straßenverkehrsrecht mit Straßenverkehrsgesetz (Kloepfer Nr. 765), Straßenverkehrs-Ordnung (Kloepfer Nr. 770) und Straßenverkehrs-Zulassungs-Ordnung (Kloepfer Nr. 768), Straßenrecht (Bundesfernstraßengesetz – Kloepfer Nr. 760), Eisenbahn-, Luftfahrt- und Binnenschiffahrtsrecht – Umweltschutzbelange verstärkt, namentlich im Rahmen der Verkehrswegeplanung, der technischen Beschaffenheitsanforderungen an Fahrzeuge und der Verkehrsregelungen normativ verankert werden (s. § 7 Rn. 134ff.). **56**

f) *Forstrecht, Jagd- und Fischereirecht, Landwirtschaftsrecht*

In die Nachbarschaft des Naturschutzrechts sind unterdessen das Forstrecht[144] (vgl. vorrangig § 1 BWaldG, s. § 10 Rn. 104ff.) sowie das Jagd-[145] und Fischereirecht[146] hineingewachsen, während das Verhältnis von Landwirtschaftsrecht und Umweltrecht,[147] wie sich insbesondere am Streit um das Agrarprivileg im Bundesnaturschutzgesetz (s. § 10 Rn. 9) zeigt, noch stark konfliktgeladen ist. **57**

g) *Tierschutzrecht*

Demgegenüber wird das Tierschutzrecht vielfach bereits dem Umweltrecht zugerechnet.[148] Vorhandene (nicht zuletzt politische) Parallelen sollten indes seinen eigenständigen, nicht ökologischen, sondern ethologischen[149] Charakter konturieren. Die gesetzgeberische Grenzziehung zwischen **Artenschutz** (vgl. §§ 20ff. BNatSchG und die auf § 22 Abs. 4 BNatSchG gestützte Artenschutzverordnung, s. § 10 Rn. 70ff.) und Tierschutz bildet zugleich die Gebietsgrenze des Umweltrechts. **58**

h) *Gesundheitsrecht*

Teilweise konvergierend sind Umwelt- und Gesundheitsrecht. Auf der einen Seite ist das Umweltrecht selbst **mittelbares Gesundheitsrecht** im Sinne eines Gesundheitsvoraussetzungsschutzes,[150] auch wenn es nicht ausschließlich dem Schutz der menschlichen Gesundheit dient. **59**

Dies wird besonders deutlich im Immissionsschutz- und Gefahrstoffrecht, während beispielsweise zwischen Naturschutzrecht und Gesundheitsschutz der Bezug weniger direkt ist.

---

[144] Vgl. u. a. *Klose/Orf,* Forstrecht, 1982.
[145] Vgl. u. a. *Lorz,* Bundesjagdgesetz, 1980.
[146] *Lorz,* NuR 1982, 4ff., 147ff.
[147] Vgl. zum Agrarumweltrecht den gleichnamigen Artikel von *Storm,* in: Kimminich/v. Lersner/Storm (Hg.), Handwörterbuch des Umweltrechts (HdUR), Bd. I, 1986, Sp. 72ff., und *Kloepfer,* AgrarR 1986, Beilage I.
[148] Vgl. etwa *Breuer* (FN 60), S. 627f.
[149] Ethologisch = die Verhaltensweise der Tiere betreffend. Vgl. zum Tierschutzrecht u. a. *Lorz,* Tierschutzgesetz, 3. Aufl., 1987, und *Kloepfer,* JZ 1986, 205ff. m. w. N.
[150] Ebenso *Ossenbühl,* NVwZ 1986, 160ff., 161; vgl. auch die über FN 36 zitierte Definition der Umweltpolitik im Umweltprogramm 1971 der Bundesregierung (BT-Drs. VI/2710, S. 1). Vgl. zum Gesundheitsrecht *Jung,* Das Recht auf Gesundheit, 1982, und *Seewald,* Zum Verfassungsrecht auf Gesundheit, 1981; zum Verhältnis von Umwelt- und Gesundheitsrecht *Seewald,* Die Bedeutung der Gesundheit im Umweltrecht, NuR 1988, 161ff.

Umgekehrt weisen Teile des Gesundheitsrechts unterschiedlich starke Berührungspunkte mit dem Umweltrecht auf.

Das **Arzneimittelrecht**[151] als Unterzweig des Gesundheitsrechts hat Bezüge zum Gefahrstoffrecht. Daneben spielen freilich Aspekte der Marktbeeinflussung und des Verbraucherschutzes eine große Rolle. Dies ist im Lebensmittel-, Genußmittel- und Bedarfsgegenständerecht[152] noch deutlicher, wo der Schutz vor unverfälschten Lebensmitteln Gesichtspunkte primär des Gesundheitsschutzes und Verbraucherschutzes zusammenführt. Beziehungen zum Umweltschutz bestehen nur punktuell oder allenfalls partiell, soweit man nicht unverfälschte Lebensmittel als solche als Umweltgut anerkennen will. Die unmittelbaren Verbindungen zum Umweltrecht sind vor allem dort, wo das Lebensmittelrecht Abwehrfunktionen gegenüber gefährlichen Stoffen entfaltet, also insbesondere die Veräußerung von Lebensmitteln mit bestimmten Mengen an Rückständen von Umweltchemikalien, Pflanzenschutzmitteln usw. verbietet. Dadurch wird mittelbar auf die Verwendung von Umweltchemikalien Einfluß genommen (vgl. Höchstmengenverordnung[153] – Kloepfer Nr. 476, Trinkwasserverordnung[154] – Kloepfer Nr. 527). Von diesem Ansatz produktbezogener Gefahrstoffbekämpfung ergeben sich beispielsweise auch der Umweltschutzbezug des Futtermittelrechts[155] oder des Pflanzenschutzrechts (s. § 13 Rn. 99ff.).

j) Lärmschutzrecht als Teil des Umweltrechts

60 Geteilter Ansicht könnte man an sich hinsichtlich der Zuordnung des Lärmschutzes zum Umweltrecht sein. Da Lärm zwar die menschliche Gesundheit, im Unterschied zu anderen Umweltbelastungen aber nicht (allenfalls im Extremfall) die ökologischen Lebensgrundlagen berührt, wäre es an sich wohl (noch) vertretbar, den Lärmschutz nicht dem Umwelt-, sondern dem Gesundheitsrecht zuzuordnen.[156] Umweltbelastung ist Lärm zunächst nur in dem sehr allgemeinen Sinn einer aus der „Umgebung" herrührenden Belastung und Belästigung bzw. insofern, als akustische Schwingungen sich in einem Umweltmedium verbreiten. Im Verständnis der Allgemeinheit gehört aber der Schutz vor Umgebungslärm zum Umweltschutz. Der Gesetzgeber hat die Zugehörigkeit des Lärmschutzes zum Umweltrecht – deshalb im Ergebnis zutreffend – positiv entschieden, indem das Bundes-Immissionsschutzgesetz Geräusche ausdrücklich bereits in der Gesetzesbezeichnung sowie aufgrund von § 3 Abs. 2 als „schädliche Umwelteinwirkung" gelten läßt. Der Lärmschutz ist demnach kraft positivrechtlicher Entscheidung Teil des Umweltrechts i. e. S.

---

[151] Gesetz über den Verkehr mit Arzneimitteln v. 24. 8. 1976 (BGBl. I S. 2445, 2448, zuletzt geänd. durch VO v. 26. 11. 1986, BGBl. I S. 2089) – Kloepfer Nr. 530. Vgl. zum Verhältnis Arzneimittelrecht/Umweltrecht *Kloepfer* (FN 65), S. 22, 45f.

[152] Insbes. Gesetz über den Verkehr mit Lebensmitteln, Tabakerzeugnissen, kosmetischen Mitteln und sonstigen Bedarfsgegenständen v. 15. 8. 1974 (BGBl. I S. 1945, 1946, ber. BGBl. 1975 I S. 2652), zuletzt geänd. durch Ges. v. 19. 12. 1986 (BGBl. I S. 2610) – Kloepfer Nr. 500. Hierzu näher *Kloepfer* (FN 65), S. 22ff., 45ff.

[153] Verordnung über Höchstmengen an Pflanzenschutz- und sonstigen Mitteln sowie anderen Schädlingsbekämpfungsmitteln in oder auf Lebensmitteln und Tabakerzeugnissen (Pflanzenschutzmittel-Höchstmengenverordnung – PHmV) v. 24. 6. 1982 (BGBl. I S. 745, zuletzt geänd. durch VO v. 25. 4. 1988, BGBl. I S. 563, ber. S. 601).

[154] Verordnung über Trinkwasser und über Wasser für Lebensmittelbetriebe (Trinkwasserverordnung – TrinkwV) v. 22. 5. 1986 (BGBl. I S. 760).

[155] Futtermittelgesetz v. 2. 7. 1975 (BGBl. I S. 1745, geänd. durch Ges. v. 12. 1. 1987, BGBl. I S. 138) – Kloepfer Nr. 490. Hierzu näher *Kloepfer* (FN 65), S. 18, 42ff.

[156] Vgl. *Kimminich* (FN 40), S. 17, und *Steiger* (FN 17), S. 8.

§ 2 Umweltverfassung und Umweltverwaltung

Schrifttum: I. Umweltverfassung – *Badura u.a.*, Staatszielbestimmungen/Gesetzgebungsaufträge, Bericht der Sachverständigenkommission, 1983; *Bartlsperger*, Das Grundrecht auf Naturgenuß in naturschutzrechtlichen Bezügen, in: Festschrift für Klaus Obermayer zum 70. Geb., 1986, S. 3ff.; *Benda*, Verfassungsrechtliche Aspekte des Umweltschutzes, UPR 1982, 241ff.; *Bender*, Zur staatshaftungsrechtlichen Problematik der Waldschäden, in: Forschungsstelle für Umwelt- und Technikrecht (Hg.), Waldschäden als Rechtsproblem, UTR 2, 1986, S. 83ff.; *Blümel/Wagner* (Hg.), Technische Risiken und Recht, 1981; *Bothe*, Rechtliche Spielräume für die Abfallpolitik der Länder nach Inkrafttreten des Bundesgesetzes über die Vermeidung und Entsorgung von Abfällen vom 27. 8. 1986, NVwZ 1987, 938ff.; *Breuer*, Direkte und indirekte Rezeption technischer Regeln durch die Rechtsordnung, AöR 101 (1976), 46ff.; *ders.*, Die rechtliche Bedeutung der Verwaltungsvorschriften nach § 48 BImSchG im Genehmigungsverfahren, DVBl. 1978, 28ff.; *ders.*, Die Verfassungsmäßigkeit der wasserwirtschaftsrechtlichen Benutzungsordnung, ZfW 1979, 78ff.; *ders.*, Schutz von Betriebs- und Geschäftsgeheimnissen im Umweltrecht, NVwZ 1986, 171ff.; *ders.*, Artikel „Stand der Technik", in: Kimminich/v. Lersner/Storm (Hg.), Handwörterbuch des Umweltrechts (HdUR), Bd. II, 1988, Sp. 383ff.; *Bugiel/H. Meyer*, Umweltschutz und Handlungsdefizite des Gesetzgebers – nur begrenzt ein Thema für die Verfassungsgerichtsbarkeit, NJW 1985, 778ff.; *Degenhart*, Technischer Fortschritt und Grundgesetz: Friedliche Nutzung der Kernenergie, DVBl. 1983, 926ff.; *Dellmann*, Zur Problematik eines „Grundrechts auf menschenwürdige Umwelt", DÖV 1975, 588ff.; *Duschanek*, Wege einer verfassungsrechtlichen Umweltschutzgarantie, in: Festschrift für Karl Wenger zum 60. Geb., Wien 1983, S. 279ff.; *Ebersbach*, Ausgleichspflicht des Staates bei neuartigen immissionsbedingten Waldschäden, NuR 1985, 165ff.; *Friauf*, Zum gegenwärtigen Stand der Bestandsschutz-Problematik, WiVerw. 1986, 87ff.; *Götz/Lukes*, Zur Rechtsstruktur der Technischen Überwachungs-Vereine, 2. Aufl., 1980; *Gusy*, Wertungen und Interessen in der technischen Normung, UPR 1986, 241ff.; *E. v. Hippel*, Staatshaftung für Waldsterben?, NJW 1985, 30ff.; *Hasso Hofmann*, Nachweltschutz als Verfassungsfrage, ZRP 1986, 87ff.; *Hoppe*, Staatsaufgabe Umweltschutz, VVDStRL 38 (1980), S. 211ff.; *Hosemann* (Hg.), Risiko – Schnittstelle zwischen Recht und Technik, 1982; *Isensee*, Das Grundrecht auf Sicherheit, 1983; *Jarass*, Reichweite des Bestandsschutzes industrieller Anlagen gegenüber umweltrechtlichen Maßnahmen, DVBl. 1986, 314ff.; *ders.*, Der rechtliche Stellenwert technischer und wissenschaftlicher Standards, NJW 1987, 1225ff.; *Jaxt*, Kompetenzen der Länder für ein Tempolimit, NJW 1986, 2228ff.; *Karpen*, Zu einem Grundrecht auf Umweltschutz, in: Thieme (Hg.), Umweltschutz im Recht, 1988, S. 9ff.; *Kimminich*, Eigentum und private Naturgüternutzung, NuR 1983, 1ff.; *ders.*, Verfassungsrechtliche Probleme der Grundstücksbenutzung für Zwecke der örtlichen Energieversorgung, NJW 1983, 2785ff.; *ders.*, Umweltschutz – Prüfstein der Rechtsstaatlichkeit, Linz 1987; *P. Kirchhof*, Grundrecht auf Umweltschutz?, et 1980, 500ff.; *H. H. Klein*, Ein Grundrecht auf saubere Umwelt?, in: Festschrift für Werner Weber zum 70. Geb., 1974, S. 643ff.; *Kloepfer*, Zum Grundrecht auf Umweltschutz, 1978; *ders.*, Gewerbemüllbeseitigung durch Private, VerwArch. 70 (1979), 195ff.; *ders.*, Staatsaufgabe Umweltschutz, DVBl. 1979, 639ff.; *ders.*, Tierversuchsbeschränkungen und Verfassungsrecht, JZ 1986, 205ff.; *ders.*, Umweltschutz und Verfassungsrecht – Zum Umweltschutz als Staatspflicht, DVBl. 1988, 305ff.; *Knauber*, Die jüngere Entschädigungsrechtsprechung des BGH nach dem Naßauskiesungsbeschluß des BVerfG, NVwZ 1984, 753ff.; *Krüger*, Rechtsetzung und technische Entwicklung, NJW 1966, 617ff.; *Ladeur*, Entschädigung für Waldsterben?, DÖV 1986, 445ff.; *Leisner*, Waldsterben, 1983; *Lücke*, Das Grundrecht des einzelnen gegenüber dem Staat auf Umweltschutz, DÖV 1976, 289ff.; *ders.*, Umweltschutz und Verfassung in der DDR – Zugleich ein Beitrag zur Diskussion über die Verankerung des Umweltschutzes im Grundgesetz, in: Gedächtnisschrift für Wolfgang Martens, 1987, S. 153ff.; *Lukes* (Hg.), Gefahren und Gefahrenbeurteilungen im Recht, 3 Bde., 1980; *Marburger*, Rechtliche Grenzen technischer Sicherheitspflichten, WiVerw. 1981, 241ff.; *ders.*, Das technische Risiko als Rechtsproblem, in: Bitburger Gespräche Jb. 1981, S. 39ff.; *ders.*, Die gleitende Verweisung aus der Sicht der Wissenschaft, in: DIN (Hg.), Verweisung auf technische Normen in Rechtsvorschriften, 1982, S. 27ff.; *ders.*, Rechtliche Bedeutung sicherheitstechnischer Normen, in: Hosemann (Hg.), Risiko – Schnittstelle zwischen Recht und Technik, 1982, S. 119ff.; *ders.*, Artikel „Technische Regeln", in: Kimminich/v. Lersner/Storm (Hg.), Handwörterbuch des Umweltrechts (HdUR), Bd. II, 1988, Sp. 496ff.; *Maus*, Individualrecht oder Staatsziel. Zum Grundrecht auf Umweltschutz, JA 1979, 287ff.; *Meßerschmidt*, Nachträgliche Entscheidungen nach Landesabfallrecht – ein Kompetenzproblem, NVwZ 1984, 565ff.; *ders.*, Umweltabgaben im Gefüge der Finanzverfassung, in: Jahrbuch des Umwelt- und Technikrechts 1987, UTR 3, 1987, S. 83ff.; *Meyer-Abich*, Grundrechtsschutz heute – Die rechtspolitische Tragweite der Konfliktträchtigkeit technischer Entwicklungen für Staat und Wissenschaft, ZRP 1984, 40ff.; *Michel*, Staatszwecke, Staatsziele und Grundrechtsinterpretation unter besonderer Berücksichtigung der Positivierung des Umweltschutzes im Grundgesetz, 1986; *Murswiek*, Die staatliche Verantwortung für die Risiken der Technik, 1985; *ders.*, Entschädigung für immissionsbedingte Waldschäden, NVwZ 1986, 611ff.; *ders.*, Zur Bedeutung der grundrechtlichen Schutzpflichten für den Umweltschutz, WiVerw. 1986, 179ff.; *ders.*, Umweltschutz – Staatszielbestimmung oder Grundsatznorm?, ZRP 1988, 14ff.; *v. Mutius*, Bestandsschutz bei Altanlagen, in: Börner (Hg.), Umwelt, Verfassung, Verwaltung, 1982, S. 203ff.; *ders.*, Staatszielbestimmung „Umweltschutz" – Voraussetzungen und Folgen, WiVerw. 1987, 51ff.; *Nicklisch*, Technische Regelwerke – Sachverständigengutachten im Rechtssinne?, NJW 1983, 841ff.; *Nickusch*, § 330 StGB als Beispiel für eine unzulässige Verweisung auf die Regeln der Technik, NJW 1967, 811ff.; *Ossenbühl*, Die Bewertung technischer Risiken bei der Rechtsetzung, DÖV 1982, 833ff.; *Parodi*, Eigentumsbindung und Enteignung im Natur- und Denkmalschutz, 1984; *Graf Pestalozza*, Zur Gesetzgebungszuständigkeit des Bundes im Umweltschutz, WiVerw. 1984, 245ff.; *Rauschning*, Staatsaufgabe Umweltschutz, VVDStRL 38 (1980), S. 167ff.; *ders.*, Aufnahme einer Staatszielbestimmung über Umweltschutz in das Grundgesetz?, DÖV 1986, 489ff.; *Rittstieg*, Die Konkretisierung technischer Standards im Anlagenrecht, 1982; *Ronellenfitsch*, Die Durchsetzung staatlicher Entscheidungen als Verfassungsproblem, in: Börner (Hg.), Umwelt, Verfassung, Verwaltung, 1982, S. 13ff.; *Roßnagel*, Radioaktiver Zerfall der Grundrechte?, 1984; *ders.*, Plutonium und der Wandel der Grundrechte, ZRP 1985, 81ff.; *ders.*, Die rechtliche Fassung technischer Risiken, UPR 1986, 46ff.; *Roth-Stielow*, Luftverschmutzung und Waldsterben – kein Thema für das Bundesverfassungsgericht?, NJW 1984, 1942f.; *Rupp*, Die verfassungsrechtliche Seite des Umweltschutzes, JZ 1971, 401ff.; *ders.*, Ergänzung des Grundgesetzes um eine Vorschrift über den Umweltschutz?, DVBl. 1985, 990ff.; *Salzwedel*, Zur Reichweite des Beschlusses des Ersten Senates des BVerfG vom 15. 7. 1981 – 1 BvL 77/78 – für die wasserrechtliche Praxis, ZfW 1983, 13ff.; *ders.*, Risiko im Umweltrecht, NVwZ 1987, 276ff.; *Schenke*, Verfassungsrechtliche Probleme eines Einschreitens gegen Immissionen verursachende Anlagen nach dem BImSchG, DVBl. 1976, 740ff.; *Schmidt-Aßmann*, Anwendungsprobleme des Art. 2 Abs. 2 GG im Immissionsschutzrecht, AöR 106 (1981), 205ff.; *M. Schröder*, Der Schutz von Betriebs- und Geschäftsgeheimnissen im Umweltschutzrecht, UPR 1985, 394ff.; *Schwabe*, Grundrechtlich begründete Pflichten des Staates zum Schutz gegen staatliche Bau- und Anlagengenehmigungen?, NVwZ 1983, 523ff.; *Schwerdtfeger*, Eigentumsgarantie, Inhaltsbestimmung und Enteignung – BVerfGE 58, 300 („Naßauskiesung"), JuS 1983, 104ff.; *Sendler*, Wer gefährdet wen: Eigentum und Bestandsschutz den Umweltschutz – oder umgekehrt?, UPR 1983, 33ff., 73ff.; *Sening*, Zum Umweltgrundrecht des Bürgers, BayVBl. 1978, 205ff.; *Soell*, Die Bedeutung der Sozialpflichtigkeit des Grundeigentums bei der Landschaftspflege und dem Naturschutz, DVBl. 1983, 241ff.; *ders.*, Landschaftsschutz, Kiesabbauverbot und Enteignung, NuR 1984, 185ff.; *ders.*, Umweltschutz, ein Grundrecht?, NuR 1985, 205ff.; *ders.*, Der mediale Umweltschutz im geltenden Verfassungsrecht, WiVerw. 1986, 205ff.; *Steiger*, Mensch und Umwelt. Zur Frage der Einführung eines Umweltgrundrechts, 1975; *ders.*, Verfassungsrechtliche Grundlagen, in: Salzwedel (Hg.), Grundzüge des Umweltrechts, 1982, S. 21ff.; *Steinberg*, Grenzüberschreitende Informationsansprüche im Bundesstaat – untersucht am Beispiel des innerstaatlichen atomrechtlichen Nachbarrechts, NJW 1987, 2345ff.; *Stern*, Zur Aufnahme eines Umweltschutz-Staatszieles in das Grundgesetz, NWVBL 1988, 1ff.; *Stober*, Umweltschutzprinzip und Umweltgrundrecht, JZ 1988, 426ff.; *Ule*, Umweltschutz im Verfassungs- und Verwaltungsrecht, DVBl. 1972, 437ff.; *W. Weber*, Umweltschutz im Verfassungs- und Verwaltungsrecht, DVBl. 1971, 806ff.; *Wienholtz*, Arbeit, Kultur und Umwelt als Gegenstände verfassungsrechtlicher Staatszielbestimmungen, AöR 109 (1984), 532ff.; *R. Wolf*, Das Bundesverfassungsgericht – Hüter der Umwelt?, KJ 1984, 239ff.

II. Umweltverwaltung – *Bothe*, Verwaltungsorganisation im Umweltschutz, 1986; *Czychowski*, Wasserrecht, Wasserwirtschaft, Abwasserbeseitigung, in: Püttner (Hg.), Handbuch der kommunalen Wissenschaft und Praxis, Bd. 4, 2. Aufl., 1983, S. 468ff.; *Dittmann*, Artikel „Organisation der Umweltverwaltung", in: Kimminich/v. Lersner/Storm (Hg.), Handwörterbuch des Umweltrechts (HdUR), Bd. II, 1988, Sp. 115ff.; *Doose*, Abfallbeseitigung, in: Püttner (Hg.), Handbuch der kommunalen Wissenschaft und Praxis, Bd. 4, 2. Aufl., 1983, S. 490ff.; *Eckert*, Umweltschutz und Exekutive, in: Jäger/Mühleisen (Hg.), Umweltschutz als politischer Prozeß, 1976, S. 75ff.; *D. Engelhardt*, Natur- und Landschaftsschutz, in: Püttner (Hg.), Handbuch der kommunalen Wissenschaft und Praxis, Bd. 4, 2. Aufl., 1983, S. 455ff.; *K. v. d. Groeben*, Forstwirtschaft, in: Püttner (Hg.), Handbuch der kommunalen Wissenschaft und Praxis, Bd. 4, 2. Aufl., 1983, S. 519ff.; *Hartkopf/Krause/v. Lersner/Salzwedel/Töpfer/Zimmermann*, Umweltschutz und Verwaltung, 1986; *Herschel*, Rechtsfragen der Technischen Überwachung, 2. Aufl., 1972; *Hill*, Optimierung der Organisation kommunaler Verwaltung im Hinblick auf die Sachaufgabe Umweltschutz, Die Verwaltung 21 (1988), 175ff.; *Hucke*, Umweltpolitik, in: v. Beyme u. a. (Hg.), Politikwissenschaft, Bd. II, 1987, S. 246ff.; *Hucke/A. Müller/Wassen*, Implementation kommunaler Umweltpolitik, 1980; *Institut für Umweltschutz der Universität Dortmund* (Hg.), Möglichkeiten und Grenzen kommunalen Umweltschutzes, 1978; *Kessler*, Der staatliche Umweltschutz als organisatorisches Problem, DÖV 1984, 283ff.; *Kommunale Gemeinschaftsstelle für Verwaltungsvereinfachung*, Organisation des Umweltschutzes, 1985; *Kopp*, Organisatorische Probleme des Umweltschutzes im Bereich der öffentlichen Verwaltung, JBl 1976, 247ff., 296ff.; *Küpper/Reiberg*, Umweltplanung und Umweltschutz in der Gemeinde, 1977; *Kunz*, Umweltministerium – ja oder nein?, 1979; *Mayntz u.a.*, Vollzugsprobleme der Umweltpolitik, 1979; *Mertes/G. Müller*, Der Aufbau des Bundesumweltministeriums, VerwArch. 78 (1987), 459ff.; *E. Müller*, Innenwelt der Umweltpolitik, 1986; *Nicklisch*, Technische Überwachungsorganisationen und öffentlich bestellte Sachverständige, 1983; *Pehle*, Das Bundesumweltministerium: Neue Chancen für den Umweltschutz?, VerwArch. 79 (1988), 185ff.; *Salzwedel*, Gemeindekompetenz im Umweltschutz, WiVerw. 1987, 1ff.; *Schlögel*, Grenzüberschreitende interkommunale Zusammenarbeit, 1982; *Schmidt-Aßmann*, Der Umweltschutz im Spannungsfeld zwischen Staat und Selbstverwaltung, NVwZ 1987, 265ff.; *O. Scholz,* Organisation von Umweltschutzaufgaben: Hilft ein Umweltschutzamt weiter?, Landkreis 1985, 374ff.; *Schulze/Lotz* (Hg.), Polizei und Umwelt, Teil 1, 1986; *Seele,* Die Kreise im System des Umweltschutzes, in: Verein für die Geschichte der Deutschen Landkreise (Hg.), Der Landkreis, Bd. 4a, 1986, S. 143ff.; *Steiner,* Staatliche Gefahrenvorsorge und Technische Überwachung, 1985; *Stich,* Personale Probleme des Vollzugsdefizits in der Umweltschutzverwaltung, in: Festschrift für Carl Hermann Ule zum 70. Geb., 1977, S. 215ff.; *Umweltbundesamt* (Hg.), Behördenführer – Zuständigkeiten im Umweltschutz, 1983; *Uppenbrink,* Artikel „Umweltbundesamt", in: Kimminich/v. Lersner/Storm (Hg.), Handwörterbuch des Umweltrechts (HdUR), Bd. II, 1988, Sp. 565ff.; *Zeh,* Wille und Wirkung der Gesetze. Verwaltungswissenschaftliche Untersuchung am Beispiel des Städtebauförderungsgesetzes, Bundesimmissionsschutzgesetzes, Fluglärmgesetzes und Bundesausbildungsförderungsgesetzes, 1984.

A. Problematik

I. Umweltspezifische Verfassungsregelungen

Die an (häufig unerfüllten) Programmsätzen reiche **Weimarer Verfassung**[1] forderte in ihrem Art. 150 Abs. 1 staatlichen Schutz und Pflege nicht nur für die Denkmäler der Kunst und Geschichte, sondern auch für die Naturdenkmäler und die Landschaft, worin der alte Zusammenhang des Naturschutzes mit dem Kulturauftrag des Staates deutlich wird. Dieser Satz hat noch stark programmatischen, nicht aber unmittelbar rechtsgestaltenden Gehalt. Im **Verfassungsrecht der Bundesrepublik Deutschland** und der Länder taucht der Begriff des Umweltschutzes bisher – trotz einiger einschlägiger rechtspolitischer Bemühungen[2] – nicht auf. Daraus kann allerdings nicht gefolgert werden, daß es keine verfassungsrechtlichen Aussagen zum Umweltschutz gäbe. Immerhin werden u. a. die natürlichen Lebensgrundlagen von den Verfassungen Baden-Württembergs (Art. 86)[3], Bayerns (Art. 3 S. 2, 141 BV)[4], des Saarlandes (Art. 59a)[5] sowie der Länder Bremen (Art. 11a, 26 Nr. 5, 65)[6], Hamburg (Präambel)[7], Nordrhein-Westfalen (Art. 29a)[8] und Rheinland-Pfalz (Art. 73a)[9] geschützt, wobei 1

[1] Verfassung des Deutschen Reiches v. 11. 8. 1919 (RGBl. S. 1383), nachgedruckt u. a. bei *Hildebrandt* (Hg.), Die deutschen Verfassungen des 19. und 20. Jahrhunderts, 13. Aufl., 1985, S. 69ff.

[2] Vgl. insbes. BT-Drs. 8/1502, BR-Drs. 247/84 (Gesetzesantrag Hessens); BR-Drs. 307/84 (Gesetzesantrag Schleswig-Holsteins); BT-Drs. 10/990 und 11/663 (Gesetzentwürfe der Bundestagsfraktion DIE GRÜNEN); BT-Drs. 10/1502 und 11/10 (Gesetzentwürfe der SPD-Bundestagsfraktion); BT-Drs. 11/885 (Gesetzentwurf des Bundesrates).

[3] Durch Verfassungsänderung v. 10. 2. 1976 (GBl. S. 98) wurden die Schutzgüter um die „natürlichen Lebensgrundlagen" ergänzt.

[4] Verfassung des Freistaates Bayern v. 2. 12. 1946 (BayRS 100-1-S). Wesentliche Erweiterungen der bereits in der ursprünglichen Fassung enthaltenen Schutzgehalte (Art. 141 BV a. F.) gehen auf die Verfassungsänderung v. 20. 6. 1984 (GVBl. S. 223) zurück (Art. 3 Abs. 2, Art. 131 Abs. 2 und Art. 141 BV n. F.). Vgl. hierzu näher *Soell,* WiVerw. 1986, 205ff., 208ff.

[5] Verfassung des Saarlandes (SVerf) v. 15. 12. 1947 (Amtsbl. S. 1077), zuletzt geänd. durch Ges. Nr. 1183 v. 25. 1. 1985 (Amtsbl. S. 106). Der neue Art. 59a SVerf, der einen eigenen Abschnitt der saarländischen Verfassung bildet, tritt neben den älteren Art. 34 Abs. 2 SVerf, der Naturdenkmäler und Landschaft neben die Kulturdenkmäler stellt und dem Schutz und der Pflege des Staates anempfiehlt. Art. 59a SVerf enthält neben Umweltschutzaufgaben i. e. S. auch ein Energiespargebot und nennt ausdrücklich den Schutz des Waldes als „erstrangige Aufgabe des Staates".

[6] Landesverfassung der Freien Hansestadt Bremen v. 21. 10. 1947 (BremGBl. S. 251), zuletzt geänd. durch Ges. v. 9. 12. 1986 (Aufnahme des Umweltschutzes), GBl. 1986, S. 283.

[7] Verfassung der Freien und Hansestadt Hamburg v. 6. 6. 1952 (BL I 100-a), Präambel geänd. 27. 6. 1986 (GVBl. S. 167).

[8] Verfassung des Landes Nordrhein-Westfalen v. 18. 6. 1950 (GV NW S. 127), zuletzt geänd. durch Ges. v. 19. 3. 1985 (GV NW S. 255) = Einfügung von Art. 29a.

[9] Verfassung für Rheinland-Pfalz v. 18. 5. 1947 (VOBl. S. 209), zuletzt geänd. durch Landesgesetz zur Änderung der Landesverfassung (Schutz der natürlichen Lebensgrundlagen) v. 19. 11. 1985 (GVBl. S. 260).

insbesondere die Bayerische, die Bremische und die Saarländische Verfassung noch detailliertere Aussagen treffen (vgl. auch Art. 31 BV). Weitere Landesverfassungen bekennen sich in der Weimarer Tradition zum Denkmal- und Landschaftsschutz (vgl. Art. 62 Hess.Verf.[10], Art. 18 Abs. 2 NW Verf., Art. 40 Abs. 3 Verf. Rh.-Pf.). Einen eigenen Akzent setzt die Verfassung Bremens, deren Aussage, der Mensch stehe „höher als Technik und Maschine" (Art. 12 BremVerf.), – ursprünglich wohl primär auf die Arbeitswelt verweisend – heute auch auf den Umweltschutz bezogen werden kann.

2 Das **Grundgesetz** enthält umweltschutzspezifische Aussagen bislang[11] lediglich bei der Zuweisung von Gesetzgebungskompetenzen an den Bund, und zwar bezüglich der Abfallbeseitigung, Luftreinhaltung und Lärmbekämpfung (Art. 74 Nr. 24 GG – seit 1972)[12] sowie zum Naturschutz (Art. 75 Nr. 3 GG) und Wasserhaushalt (Art. 75 Nr. 4 GG). Eine Fülle weiterer Kompetenzvorschriften (s. Rn. 53ff.) sowie verschiedene Grundrechte sind zwar nicht umweltspezifisch, wohl aber umweltrelevant (s. u. Rn. 10ff.).

II. Problemaspekte

3 Das Verfassungsrecht nähert sich dem Phänomen des Umweltschutzes auf unterschiedliche Weise. Dabei ist keine umfassende Umweltverfassung im Sinne einer Sub-Verfassung (etwa wie die Finanzverfassung) zu erwarten. Das Verfassungsrecht kann zunächst Aussagen darüber enthalten, ob und inwieweit der Staat Umweltschutzaufgaben wahrnehmen muß oder darf. Grundrechtlich wird diese Problematik von den Fragen aufgenommen, ob sich aus den Grundrechten ein Anspruch auf umweltschützendes staatliches Handeln ableiten läßt (wobei hier aber auch die grundrechtliche Frage des Anspruches auf Unterlassen umweltbelastenden staatlichen Handelns aufkommt), jedoch auch, ob sich aus den Grundrechten Grenzen für staatliche Umweltschutzaktivitäten ergeben. Solche grundrechtlichen Limitierungen können sich einerseits aus Grundrechtsverbürgungen privater Umweltbelaster, andererseits aus Grundrechten der Belastungsopfer sowie privater Umweltschützer ergeben. Insgesamt stellt sich unter grundrechtlichem Aspekt also die Frage nach den grundrechtlichen Positionen des privaten Umweltbelasteten, des privaten Umweltbelasters sowie des privaten Umweltschützers. Die allgemeinen verfassungsrechtlichen (insbesondere rechtsstaatlichen und bundesstaatlichen) Grenzen staatlicher Macht (z.B. Vorbehalt des Gesetzes, Kompetenzordnung) begrenzen selbstverständlich auch die umweltschützenden Aktivitäten des Staates. Dementsprechend soll im folgenden vor allem nach den verfassungsrechtlichen Pflichten zum Umweltschutz sowie nach Möglichkeiten und Grenzen des (vor allem staatlichen)[13] Umweltschutzes gefragt werden.

---

[10] Verfassung des Landes Hessen v. 1. 12. 1946 (GVBl. 1946 S. 229), zuletzt geänd. durch verfassungsänderndes Ges. v. 23. 3. 1970 (GVBl. I S. 281).

[11] Zur geplanten Aufnahme einer Umweltschutzbestimmung in das Grundgesetz s. u. Rn. 20ff.

[12] 30. ÄndG v. 12. 4. 1972 (BGBl. I S. 593).

[13] Vgl. zum *privaten* Umweltschutz zuletzt *Leisner,* Umweltschutz durch Eigentümer, 1987.

B. Staatspflicht zum Umweltschutz

I. Grundsätzliches

Aus dem geltenden Verfassungsrecht des Bundes läßt sich keine Rechtspflicht zum 4
Umweltschutz insgesamt, möglicherweise aber in einigen Bereichen, ableiten. Solange es die vorgeschlagene Staatszielbestimmung Umweltschutz (oder gar ein Umweltgrundrecht)[14] nicht gibt, ist eine verfassungsstarke objektiv-rechtliche Verpflichtung des Staates zum Umweltschutz in seiner ganzen Breite nicht anzuerkennen. Eine solche folgt insbesondere auch nicht aus dem Sozialstaatsprinzip,[15] das mit seinem Auftrag zur Daseinsvorsorge umfassende Umweltaktivitäten zwar grundsätzlich legitimiert, konkrete Aktionen insoweit aber nur ganz ausnahmsweise fordert. Das staatliche Dürfen ist keinesfalls mit staatlichem Müssen gleichzusetzen, wie sich auch an den genannten umweltspezifischen Grundgesetzkompetenzen zeigt, die Gesetzgebungsbefugnisse, aber grundsätzlich keine Gesetzgebungspflichten begründen.[16] Dies gilt im Prinzip auch für umweltschützende Befugnisse der Exekutive, wobei hier allerdings der ermächtigende Gesetzgeber entsprechende Handlungspflichten vorsehen kann bzw. bei Ermessensermächtigungen sich ausnahmsweise Ermessensreduzierungen auf Null ergeben können.

Wenn überhaupt, können sich aus dem geltenden Verfassungsrecht also nur **punktuelle Umweltpflichten** des Staates ergeben. Dabei sind staatliche Unterlassungs- und Handlungspflichten voneinander zu unterscheiden.

II. Unterlassungspflichten

1. *Tatsächliche Beeinträchtigungen*

Die grundrechtliche Abwehr umweltbelastender Aktivitäten des Staates scheint der 5
klassischen grundrechtlichen Abwehrfunktion am ehesten zu entsprechen. Hierbei ist allerdings näher zu differenzieren. Klassische Grundrechtseinschränkungen im Sinne rechtlicher Gebote und Verbote unmittelbar gegenüber dem Belasteten (z. B. Duldungsgebote gegenüber umweltbelastenden Staatsaktivitäten) sind selten. Grundrechtliche Abwehrgehalte aktualisieren sich vielmehr typischerweise gegenüber faktischen Eingriffen des hoheitlich handelnden Staates (z. B. tieffliegende Bundeswehrflugzeuge, Bundeswehr-Schießplatz, lautes Paketpostamt). Nicht selten wird freilich auch versucht, derartige Konflikte durch das – insoweit nur bedingt funktionsadäquate – zivilrechtliche Nachbarrecht zu lösen (s. § 4 Rn. 292ff.).[17]

---

[14] s. unten FN 54ff.

[15] So jedoch *W. Weber,* DVBl. 1971, 806ff., 806. Zustimmend *H. H. Klein,* FS Werner Weber, 1974, S. 643ff., 644.

[16] Ebenso u. a. *Rauschning,* VVDStRL 38 (1980), S. 167ff., 177. Vgl. allgemein auch *Maunz,* in: Maunz/Dürig, Grundgesetz, Kommentar, 1958ff., Art. 73 Rn. 5. A. A. jedoch *W. Weber,* DVBl. 1971, 806ff., 806; *H. H. Klein* (FN 15), S. 644, und *Steiger,* in: Salzwedel (Hg.), Grundzüge des Umweltrechts, 1982, S. 21ff., 26.

[17] Vgl. zur Rolle des Zivilrechts im Umweltschutz insbes. *P. Marburger,* Gutachten C zum 56. Deutschen Juristentag Berlin 1986, in: Verhandlungen des 56. DJT, Bd. I, 1986, C 101ff., und *Kloepfer,* VerwArch. 76 (1985), 371ff., 379ff.

2. bei Genehmigungen

6 Der weitaus wichtigere Fall der grundrechtlichen Abwehr von Umweltbeeinträchtigungen ist jedoch das Vorgehen gegen den Staat als Genehmigungs- und Aufsichtsbehörde bezüglich der **Umweltbelastungen Dritter** (z. B. eines Anlagenbetreibers). Bei diesen vielfach in öffentlich-rechtlichen Nachbarklagen[18] (s. § 5 Rn. 15ff.) sich entladenden Konflikten werden von den Anliegern juristische ,,Stellvertreterkriege" gegen den genehmigenden bzw. nicht einschreitenden Staat geführt, wo doch eigentlich der Betreiber als Umweltbelaster der primäre Konfliktgegner sein sollte (dies in der Realität freilich nicht ist, wenn es dem Kläger weniger um Umweltschutz als um Staatsschwächung geht). Indem ein Großteil der Umweltgesetze staatlichen Genehmigungsentscheidungen privatrechtsgestaltende Wirkung beilegt (vgl. z. B. § 14 BImSchG, s. dazu i. e. § 4 Rn. 52), machen sie allerdings das ,,Austauschen" des Gegners im juristischen Dreiecksverhältnis von Umweltbelaster, Belastetem und Behörde unvermeidbar.

7 In Einzelbereichen wie etwa der **Energieversorgung** können zwischen dem Staat als Träger der Energieaufsicht und dem Anlagenbetreiber auch enge politische und wirtschaftliche Beziehungen bestehen.[19] Soweit privatrechtlich organisierte Unternehmen ganz oder zum größten Teil von Staat und Kommunen als Anteilseignern beherrscht werden – wie dies in der Energieversorgungswirtschaft überwiegend der Fall ist – wird sogar bestritten, daß sie sich als Anlagenbetreiber bzw. Antragsteller überhaupt auf Grundrechte berufen können.[20] Körperschaften des öffentlichen Rechts sind grundsätzlich nicht grundrechtsfähig.[21] Daran dürfte auch die Wahl einer privatrechtlichen Organisationsform nichts ändern. Mit Rücksicht auf die regelmäßig mitbeteiligten privaten Anteilseigner wird man gleichwohl auch derartigen Anlagenbetreibern den Grundrechtsschutz nicht absprechen können.

8 Soweit sich die Anlieger bei ihren Nachbarklagen auf Grundrechte (vornehmlich Art. 14 GG und Art. 2 Abs. 2 GG) berufen und der Staat deswegen gegen den Betreiber bzw. Umweltbelaster vorgeht, handelt es sich um eine durch staatliche Aktion vermittelte ,,Drittwirkung". Demgegenüber kann sich der Belastete gegenüber dem Umweltbelaster nicht auf Grundrechte berufen, da die Grundrechte keine unmittelbare Drittwirkung haben.[22] Staatliche Spielräume zur ausgleichenden Konfliktlösung ergeben sich vor allem im Bereich der grundrechtlichen Inhaltsausgestaltung und Schrankenziehung.

---

[18] Vgl. zu dieser seit jeher aus dem Baurecht bekannten Konstellation insbes. *Berger,* Grundfragen umweltrechtlicher Nachbarklagen, 1982; *Jarass,* NJW 1983, 2844ff., und *Marburger* (FN 17), C 16ff. m. w. N.

[19] Hierzu näher *Degenhart,* Kernenergierecht, 2. Aufl., 1982, S. 186, und *Erbguth,* Raumbedeutsames Umweltrecht, 1986, S. 155ff.

[20] So z. B. von *Erbguth* (FN 19), S. 156ff., 160 m. w. N.

[21] Vgl. zur dahingehenden Auslegung des Art. 19 Abs. 3 GG BVerfGE 15, 256 (262); 21, 362 (369f.), die allerdings (sinnvolle) Ausnahmen für dem Staat gegenüber verselbständigte Körperschaften wie Kirchen, Universitäten und Rundfunkanstalten gelten läßt, vgl. BVerfGE 15, 256 (262); 31, 314 (321f.); 42, 312 (321); 45, 63 (79); 59, 231 (255); 61, 82 (102).

[22] Vgl. zu dieser in der Staatsrechtslehre inzwischen wohl weitgehend ,,ausdiskutierten" Frage statt aller *Bleckmann,* Allgemeine Grundrechtslehren, 1979, S. 137ff. m. w. N.; *Dürig,* in: Maunz/Dürig (FN 16), Art. 1 Rn. 127ff., und *Hesse,* Grundzüge des Verfassungsrechts der Bundesrepublik Deutschland, 14. Aufl., 1984, Tz. 351ff., S. 139ff. Entsprechend in bezug auf den Umweltschutz *Kloepfer,* Zum Grundrecht auf Umweltschutz, 1978, S. 28; *Lücke,* DÖV 1976, 289ff., 291, und *Steiger,* Mensch und Umwelt. Zur Frage der Einführung eines Umweltgrundrechts, 1975, S. 64f.

III. Leistungspflichten

9 Mit diesem Dreiecksverhältnis eng (aber nicht allein) ist das derzeit schwierigste Grundrechtsproblem im Umweltbereich verbunden, nämlich die Frage, ob es einen **grundrechtlichen Anspruch** gegen den Staat **auf umweltschützendes staatliches Handeln** gibt. Dies führt zu der großen, hier nicht im einzelnen darstellbaren Frage nach den Grundrechten als Leistungsrechten,[23] auf die es stets nur eine differenzierte Antwort geben kann. Während etwa ein umweltfreundliches, grundrechtsförderndes Handeln (z. B. durch Umweltschutzsubventionen) schwerlich als Verfassungspflicht konstruierbar sein dürfte, ist ein grundrechtssicherndes Handeln des Staates[24] gegenüber umweltschädigenden und gesundheits- bzw. eigentumsschädigenden Verhaltensweisen Dritter **(Schutzpflicht)** u. U. eher verfassungsrechtlich ableitbar.

10 Einzelne Grundrechte wie insbesondere Art. 2 Abs. 2 GG, Art. 14 GG und Art. 2 Abs. 1 GG enthalten zwar keine umweltspezifischen Verfassungsaussagen, wohl aber mittelbar umweltschützende **Teilgewährleistungen.**

11 So schützt z. B. **Art. 2 Abs. 2 GG** nicht nur das Leben und die körperliche Unversehrtheit, sondern auch ein **„ökologisches Existenzminimum"** i. S. eines Grundrechtsvoraussetzungsschutzes.[25]

Nach ständiger Rechtsprechung des BVerfG gewährt Art. 2 Abs. 2 GG nicht nur als subjektives Abwehrrecht Schutz vor staatlichen Eingriffen. Vielmehr folgt darüber hinaus aus seinem objektivrechtlichen Gehalt die Pflicht der staatlichen Organe, sich schützend und fördernd vor die darin genannten Rechtsgüter zu stellen und sie insbesondere vor rechtswidrigen Eingriffen von seiten anderer zu bewahren.[26] Diesen zunächst im Fristenlösungs-Urteil[27] und im Schleyer-Beschluß[28] entwickelten Grundsatz hat die Rechtsprechung seither mehrfach auf Fallkonstellationen im Überschneidungsbereich von Gesundheits- und Umweltschutz bezogen (Kernkraftwerke Kalkar[29] und Mülheim-Kärlich[30], Flughafen Düsseldorf-Lohausen[31], Waldschäden[32]). Mit der – allerdings nicht zu überziehenden – Ausdehnung des verfassungsrechtlichen Gesund-

---

[23] Vgl. dazu unter den zahlreichen Schrifttumsäußerungen insbes. *Badura,* Der Staat 19 (1975), 17ff.; *E. W. Böckenförde,* NJW 1974, 1529ff., 1535ff.; *Breuer,* FG 25 J. BVerwG, 1978, S. 77ff.; *Brunner,* Die Problematik der sozialen Grundrechte, 1971; *Hesse,* EuGRZ 1978, 427ff., 433f.; *H. H. Klein,* Die Grundrechte im demokratischen Staat, 1974, S. 35ff., 54ff., 58ff.; *Kloepfer* (FN 22), S. 22ff.; *Martens* und *Häberle,* VVDStRL 30 (1971), S. 7ff. und 43ff.; *Rupp,* AöR 101 (1976), 161ff., 176ff.; *Schambeck,* Grundrechte und Sozialordnung, 1969; *Tomandl,* Der Einbau sozialer Grundrechte in das positive Recht, 1967, sowie zuletzt *Alexy,* Theorie der Grundrechte, 1985, S. 395ff.; speziell im Hinblick auf den Umweltschutz *H. H. Klein* (FN 15), S. 646ff.

[24] Vgl. allgemein zu Grundrechten als Schutzrechten *Alexy* (FN 23), S. 410ff.; *Isensee,* Das Grundrecht auf Sicherheit, 1983, S. 27ff., sowie speziell im Hinblick auf den Schutz vor den Folgen von Umweltschädigungen *Rupp,* JZ 1971, 401ff., 402; *Schmidt-Aßmann,* AöR 106 (1981), 205ff., sowie zuletzt *Murswiek,* WiVerw. 1986, 179ff. Die Unterscheidung zwischen Grundrechten als Schutzrechten und klassischen Abwehrrechten wird von *Schwabe,* Probleme der Grundrechtsdogmatik, 1977, S. 213ff., zu Unrecht in Frage gestellt. Vgl. auch *dens.,* NVwZ 1983, 523ff.

[25] Hierzu näher *Kloepfer* (FN 22), S. 22, 27ff. m. w. N. Von Art. 2 Abs. 2 GG als „Eckpfeiler des Immissionsschutzes" spricht im wesentlichen sinngleich *Schmidt-Aßmann,* AöR 106 (1981), 205ff., 207. Zum „ökologischen Existenzminimum" begriffsprägend *R. Scholz,* JuS 1976, 232ff., 234.

[26] BVerfGE 39, 1 (42); ähnlich zu Art. 1 Abs. 1 GG bereits BVerfGE 1, 97, (104).

[27] BVerfGE 39, 1 (41ff.).

[28] BVerfGE 46, 160 (164f.).

[29] BVerfGE 49, 89 (140ff.).

[30] BVerfGE 53, 30 (57ff.).

[31] BVerfGE 56, 54 (73ff.).

[32] BVerfG (Vorprüfungsausschuß), NJW 1983, 2931ff.

heitsbegriffes, insbesondere der Einbeziehung auch des psychischen Wohlbefindens[33], könnten zunehmend mehr Umweltschädigungen mittelbar abwehrbar werden.

12 Über **Art. 14 GG** können Umweltbelange reflexartig und punktuell in den Eigentumsschutz einbezogen werden.

Die teilweise Übereinstimmung zwischen den Belangen des Eigentums- und des Umweltschutzes wird vor allem bei der Waldschadensproblematik sichtbar, die allerdings auch die Schwierigkeiten juristischer Abhilfe verdeutlicht. Die derzeit vornehmlich (kontrovers) diskutierten Entschädigungsansprüche der geschädigten Waldeigentümer gegenüber Staat und Schadstoffemittenten[34] könnten zum Umweltschutz freilich nur einen mittelbaren Beitrag leisten, indem sie die Kosten versäumten Umweltschutzes spürbar machen. Auch wenn die Durchsetzung derartiger Ansprüche auf erhebliche Schwierigkeiten stößt und sowohl der Vorprüfungsausschuß des BVerfG als auch der BGH eine pflichtwidrige Verletzung der gesetzgeberischen Schutzpflicht verneint haben,[35] scheint die weitere rechtliche und rechtspolitische Entwicklung noch durchaus offen (s. auch § 4 Rn. 318).

13 Schließlich wird argumentiert, **Art. 2 Abs. 1 GG** schütze als Hauptfreiheitsrecht bzw. Auffanggrundrecht zumindest in Verbindung mit Art. 1 Abs. 1 GG die Existenz einer menschenwürdigen Umwelt.[36] Diese Vorstellung ist jedoch so allgemein, daß sich hieraus keine individuellen Schutzansprüche ergeben können.[37]

14 Von unmittelbarer rechtlicher Bedeutung nur für *Bayern* ist Art. 141 Abs. 3 S. 1 der **Bayerischen Verfassung,** der jedermann den Genuß der Naturschönheiten und die Erholung in der freien Natur, insbesondere das Betreten von Wald und Bergweide, das Befahren der Gewässer und die Aneignung wildwachsender Waldfrüchte gestattet. Seine Auslegung wirft jedoch Fragen von grundsätzlicher verfassungsdogmatischer Bedeutung auf. Unstreitig ist, daß die Landesverfassung damit ein Grundrecht auf Erholung in der freien Natur geschaffen hat.[38] Ob das Grundrecht auf Naturgenuß, das zunächst nur im Sinne eines Betätigungs- und Teilhaberechtes auf bestehende Naturgüter bezogen ist, darüber hinaus zu einem Grundrecht auf Naturschutz (Bestandsschutz der Natur) erstarken kann, ist hingegen umstritten.[39] In dieser Interpretationsproblematik überschneidet sich die allgemeine Frage nach Geltung und Reichweite staatlichen Grundrechtsvoraussetzungsschutzes[40] mit derjenigen nach dem Verhältnis von – unbestrittener – staatlicher Pflicht und individuellem Recht.[41] Der Bayerische Verfassungsgerichtshof hat ein solches Recht des einzelnen auf Naturschutz zwar nicht samt und sonders verneint, erachtet es aber für nicht verletzt, ,,solange . . ., als alle Bürger noch in zumutbarer Weise ihr Grundrecht

---

[33] BVerfGE 56, 54 (73ff.).

[34] Vgl. hierzu insbes. *Leisner,* Waldsterben. Öffentlichrechtliche Ersatzansprüche, 1983, und die Beiträge von *Bender* und *Marburger* in dem Tagungsband der Forschungsstelle für Umwelt- und Technikrecht, ‚Waldschäden als Rechtsproblem' (UTR 2), 1987; ferner u. a. *E. v. Hippel,* NJW 1985, 30ff.; *Ladeur,* DÖV 1986, 445ff.; *Murswiek,* NVwZ 1986, 611ff.; *Ebersbach,* NuR 1985, 165ff. Vgl. auch § 4 Rn. 331 mit FN 596.

[35] BVerfG (Vorprüfungsausschuß), NJW 1983, 2931ff., 2932; BGH, NJW 1988, 478ff., 479ff.

[36] *Lücke,* DÖV 1976, 289ff., 290; *Rupp,* JZ 1971, 401ff., 402; *W. Weber,* DVBl. 1971, 806ff., 806. Vgl. auch *Steiger* (FN 16), S. 46f.

[37] Dagegen auch *Rauschning* (FN 16), S. 181; ähnlich *Maus,* JA 1979, 287ff., 288. *Ule,* DVBl. 1972, 437ff., 438, bestreitet sogar einen Zusammenhang zwischen Art. 1 und 2 GG und dem Umweltschutz. Zu einem menschenwürdigen Leben dürfte indes auch ein ,,Mindestmaß an immateriellen Umweltschutzverhältnissen" gehören, so zutreffend etwa *Lücke,* DÖV 1976, 289ff., 290.

[38] Vgl. BayVerfGHE (N.F.) 3 II, 2 (3); 4, 206 (208f.); 19, 35 (37f.); 30, 152 (159); 32, 130 (137). BayVerfGH, BayVBl. 1977, 208ff., 208f.; 1980, 589ff., 591; 1981, 622ff., 624; 1982, 144f., 145; 1985, 683ff., 684.

[39] Vgl. hierzu speziell *Bartlsperger,* FS Obermayer, 1986, S. 3ff., 7ff. m. w. N., und *Bettermann,* DVBl. 1975, 548ff., einerseits, *Sening,* BayVBl. 1976, 72ff., und *Soell,* WiVerw. 1986, 205ff., 212ff., andererseits. BayVerfGH, BayVBl. 1985, 683ff., 684, will aus Art. 141 Abs. 1 und 2 BV n. F. jedenfalls kein ,,Grundrecht auf Umweltschutz" herleiten.

[40] Hierzu allgemein *Kloepfer,* Grundrechte als Entstehenssicherung und Bestandsschutz, 1970, S. 15ff.

[41] Hierzu allgemein statt vieler *Rauschning* (FN 16), S. 183. Die staatliche Schutzpflicht wird ausdrücklich in Art. 141 Abs. 1 BV statuiert.

auf Genuß der Natur und auf Erholung in der freien Natur ausüben können"[42]. Ein Individualanspruch auf Erhaltung bestimmter Teile der Natur besteht hiernach nicht.

Im Vordergrund der verfassungsrechtlichen Teilgewährleistungen des Umweltschutzes steht daher das durch Art. 2 Abs. 2 S. 1 GG verbürgte Grundrecht auf Leben und körperliche Unversehrtheit (s. o. Rn. 11). 15

Die staatliche Schutzpflicht aktualisiert sich nicht nur in strengen materiell-rechtlichen Zulassungsvoraussetzungen für risikobehaftete Vorhaben, sondern schlägt sich auch in **verfahrensrechtlichen Sicherungen** nieder.[43] 16

Wie das BVerfG im Mülheim-Kärlich-Beschluß (vgl. auch § 8 Rn. 43) ausgeführt hat, ist davon auszugehen, „daß Grundrechtsschutz weitgehend auch durch die Gestaltung von Verfahren zu bewirken ist und daß die Grundrechte demgemäß nicht nur das gesamte materielle, sondern auch das Verfahrensrecht beeinflussen, soweit dieses für einen effektiven Grundrechtsschutz von Bedeutung ist."[44]

Das BVerfG gibt damit für die förmlichen und durch breite Verfahrensteilhabe gekennzeichneten Genehmigungsverfahren bei großtechnischen Anlagen eine grundsätzliche „Bestandsgarantie". Sie können durch den Gesetzgeber modifiziert, nicht aber völlig abgebaut werden.

Aus dem prozeduralen Grundrechtsschutz folgt allerdings nicht, daß entgegen § 46 VwVfG allein wegen eines Verfahrensfehlers die Aufhebung einer formell rechtswidrigen Verwaltungsentscheidung verlangt werden könnte.[45] Soweit in der Sache auch eine andere Entscheidung hätte getroffen werden können, sind Verfahrensmängel hingegen – insbesondere, wenn sie die Verfahrensbeteiligung betreffen – wegen daraus möglicherweise resultierender Abwägungsfehler regelmäßig rechtserheblich.

Im einzelnen ist zwischen Schutzpflichten i. S. der **Gefahrenabwehr** und der **Risikovorsorge** zu unterscheiden (s. hierzu auch § 3 Rn. 9ff.). 17

„Risiko" bezeichnet einen theoretisch möglichen Schadenseintritt, der jedoch so unwahrscheinlich ist, daß die Gefahrenschwelle nicht erreicht wird.[46] Die Gefahrenschwelle bezeichnet dabei eine normative Dezision dessen, was die Rechtsgemeinschaft ohne behördliche Einschreitensmöglichkeit hinzunehmen bereit ist. Bei dem so hingenommenen Risiko kann es sich sowohl um ein bekanntes als auch um ein bloß denkbares, i. ü. aber unbekanntes Risiko handeln.

Grundrechtlich ableitbare Schutzpflichten des Staates bestehen grundsätzlich zwar auch im Risikobereich, sind dort jedoch nicht zu weit zu spannen. Die Hinnahme eines sozialadäquaten **Restrisikos** ist verfassungsrechtlich nicht nur zulässig, die Forderung nach einem völligen Risikoausschluß wäre u. U. sogar unverhältnismäßig,

---

[42] BayVerfGH, BayVBl. 1977, 208ff., 210.

[43] BVerfGE 53, 30 (65f.), vgl. zuvor bereits zum Verfahrensgedanken (außerhalb des Umweltschutzes) BVerfGE 37, 132 (141, 148); 39, 276 (294); 44, 105 (119ff.); 45, 422 (430ff.); 46, 325 (334); 49, 220 (225); 51, 324 (346ff.); 52, 214 (219), sowie im Schrifttum statt vieler *Lerche/Schmitt Glaeser/Schmidt-Aßmann*, Verfahren als staats- und verwaltungsrechtliche Kategorie, 1984. Vgl. zuletzt auch BVerfGE 77, 381 (405f.) – Gorleben; BVerfG, DVBl. 1988, 784ff., 784f.

[44] BVerfGE 53, 30 (65).

[45] BVerfGE 53, 30 (65).

[46] Vgl. zu dem – im Unterschied zum Gefahrenbegriff außergesetzlichen – Risikobegriff *Marburger*, in: Bitburger Gespräche Jb. 1981, S. 39ff., 39f. m. w. N.; *Birkhofer*, ebd., S. 61ff., sowie die Sammelbände: *Blümel/Wagner* (Hg.), Technische Risiken und Recht, 1981 (mit Beiträgen u. a. von *Benda* und *Ossenbühl*), und *Hosemann* (Hg.), Risiko – Schnittstelle zwischen Recht und Technik, 1982 (mit Beiträgen u. a. von *Marburger, Ossenbühl* und *Sellner*); zuletzt *Roßnagel*, UPR 1986, 46ff., und *Salzwedel*, NVwZ 1987, 276ff.

da absolute technische Sicherheit in einer hochindustrialisierten Gesellschaft nicht zu realisieren ist.[47] Es reicht eine – risikospezifisch abgestufte – Vorsorge nach dem Maßstab der ,,praktischen Vernunft"[48] (s. dazu auch § 8 Rn. 15f.). Die Grundrechte unterliegen insofern einer zivilisationsspezifischen ,,Situationsprägung".[49] Die friedliche Nutzung der Atomenergie ist daher mit dem Grundgesetz – bei Einsatz aller erforderlichen Sicherheitsvorkehrungen – grundsätzlich vereinbar.[50] Allerdings steht dieses Judikat gleichsam unter einer auflösenden Bedingung:

,,Hat der Gesetzgeber eine Entscheidung getroffen, deren Grundlage durch neue, im Zeitpunkt des Gesetzeserlasses noch nicht abzusehende Entwicklungen entscheidend in Frage gestellt wird, dann kann er von Verfassungs wegen gehalten sein zu überprüfen, ob die ursprüngliche Entscheidung auch unter den veränderten Umständen aufrechtzuerhalten ist."[51] Dieser Fall ist bislang – auch mit dem Reaktorunfall von Tschernobyl, der sich (soweit erkennbar) im Rahmen des bekannten Risikos hielt – nicht eingetreten.

18 Schließlich begründet auch das **Sozialstaatsprinzip** regelmäßig keine umweltschützenden Leistungspflichten des Staates. Mit seinem Auftrag zur Daseinsvorsorge *legitimiert* es zwar grundsätzlich umfassende staatliche Umweltaktivitäten, konkrete Maßnahmen *erfordert* es aber nur ausnahmsweise, etwa im Überlappungsbereich von Umweltschutz und technischer Arbeitssicherheit.

19 Insgesamt sind daher lediglich **punktuell justitiable Schutzpflichten** des Staates, etwa bei Gefährdung des ökologischen Existenzminimums, zu erwarten. Weder aus dem Sozialstaatsprinzip noch aus Art. 2 Abs. 2 GG (oder Art. 2 Abs. 1 GG) können sich umfassende Umweltschutzansprüche oder gar ein (über die Schutzgüter der einzelnen Grundrechte hinausreichendes) Grundrecht auf Umweltschutz ergeben,[52] das aus dem geltenden Verfassungsrecht ebensowenig ableitbar ist wie eine Staatszielbestimmung Umweltschutz. Es bleiben daher erhebliche **verfassungsrechtliche ,,Schutzlücken"** (namentlich hinsichtlich des Lebens- und Gesundheitsschutzes der Nachwelt, des Schutzes von öffentlichem Land, öffentlichen Gewässern, komplexen Ökosystemen, der Artenvielfalt, des Klimas, der Ressourcensicherung, der Erholung und ästhetischer Werte).[53] Allerdings sind diese Verfassungslücken nicht ihrerseits verfassungswidrig.

---

[47] So selbst *Roßnagel,* UPR 1986, 46ff., 47. Tiefgreifende soziale, kulturelle und politische Konsequenzen werden hieraus abgeleitet von *Beck,* Risikogesellschaft, 1986.

[48] Vgl. zum Ganzen, insbes. zum Begriff des Restrisikos und zum Maßstab der ,,praktischen Vernunft" BVerfGE 49, 89 (137ff., 143). Zu letzterem im Schrifttum insbes. *Breuer,* DVBl. 1978, 829ff., 835f., und *Ossenbühl,* DÖV 1982, 833ff. Eine Gegenposition vertritt u. a. *Ladeur,* UPR 1986, 361ff., 368ff., der sich gegen die Annahme einer ,,Quasi-Sicherheit" wendet und für die Akzeptanz des Entscheidens unter Ungewißheitsbedingungen eintritt, wobei die (wohl intendierten) rechtlichen Konsequenzen allerdings im Dunkeln bleiben.

[49] Vgl. zu diesem – allerdings vorsichtig zu verwendenden – Gedanken *Degenhart* (FN 19), S. 148ff. Ähnlich zuvor etwa *Lücke,* DÖV 1976, 289ff., 294, der von ,,Sozialpflichtigkeit" spricht und sich auf die Rspr. zur ,,Gemeinschaftsbezogenheit" bzw. ,,-gebundenheit" der Grundrechte beruft.

[50] BVerfGE 49, 89 (142).

[51] BVerfGE 49, 89 (130).

[52] Ebenso im Ergebnis BVerwG, DÖV 1975, 605; BVerwGE 54, 211 (219ff.); vgl. zum Meinungsbild im Schrifttum *Breuer,* in: v. Münch (Hg.), Besonderes Verwaltungsrecht, 8. Aufl., 1988, S. 601ff., 617; *Kloepfer* (FN 22), S. 11 Anm. 21 m. w. N., sowie seither etwa *Isensee* (FN 24), S. 33f. (,,chiffre für politische Hoffnungen").

[53] *Der Bundesminister des Innern/Der Bundesminister der Justiz* (Hg.), Staatszielbestimmungen/Gesetzgebungsaufträge, Bericht der Sachverständigenkommission, 1983, Tz. 142 (= S. 91). Der im Herbst 1981 eingesetzten Kommission gehörten die Professoren *Badura, Denninger, J. P. Müller, Oppermann, Ramm, E. Rehbinder* und *W. Schmidt* an.

IV. Rechtspolitische Vorstöße

Ein umfassender verfassungsrechtlicher Schutz der Umwelt wäre nur dann zu erreichen, wenn der verfassungsändernde Gesetzgeber den Umweltschutz im Grundgesetz verankern würde. Denkbar ist ein Umweltgrundrecht[54], eine objektive Umweltpflicht[55] oder – wofür sich die CDU/CSU-FDP-Koalitionsvereinbarung vom März 1987 ausspricht[56] – eine Staatszielbestimmung[57]. 20

Die wohl stärkste Verfassungsposition erhielte der Umweltschutz bei Verankerung eines **Umweltgrundrechtes** (das freilich nur bei Verbürgung seiner unmittelbaren Drittwirkung volle Effektivität haben würde), weil hierdurch nicht nur eine objektive Umweltpflicht des Staates begründet würde, sondern zugleich eine individuelle, insbesondere verfassungsrechtliche Rechtserzwingungsmacht zur Einhaltung der Pflicht, was notwendigerweise auch die Klagebefugnis ausdehnen würde. 21

Den entscheidenden (allerdings relativierungsbedürftigen) Einwand gegen ein umfassendes Umweltgrundrecht hat *E. Rehbinder* bereits vor mehr als 15 Jahren formuliert:[58] „Ein Anspruch des Bürgers gegenüber dem Staat (. . .) auf reine Luft usw. ist mit einem politischen System nicht vereinbar, in dem Parlament und Regierung – und nicht die Gerichte – Prioritäten setzen und setzen müssen." Dieser Gedanke findet sich auch in der Rechtsprechung des BVerfG wieder. 22

Sowohl in der Fluglärm-Entscheidung[59] als auch im Beschluß des Vorprüfungsausschusses zur Verfassungsbeschwerde wegen des Waldsterbens[60] äußert es Vorbehalte bereits gegenüber der Zulässigkeit von Verfassungsbeschwerden, mit denen ein gesetzgeberisches Unterlassen gerügt wird: „Denn gerade hier [d. h. bei der Verwirklichung der Schutzpflicht] hängt die Entscheidung, ob und mit welchem Inhalt ein Gesetz zu erlassen ist, von vielen wirtschaftlichen, politischen und haushaltsrechtlichen Gegebenheiten ab, die sich richterlicher Nachprüfung im allgemeinen entziehen."[61] Die für das BVerfG hieraus jedenfalls folgende Begrenzung

---

[54] Dahingehende Forderungen werden seit Beginn der Umweltgesetzgebung erhoben. Bereits im Umweltprogramm der Bundesregierung von 1971 wird die Überprüfung des Projekts eines Umweltgrundrechts angekündigt (BT-Drs. VI/2710, S. 9f.). Vgl. wegen weiterer früherer Beispiele und zu deren Würdigung *Dellmann*, DÖV 1975, 588ff., 588f. Zur kontroversen Diskussion im rechtswissenschaftlichen Schrifttum seither insbes. *Benda*, UPR 1982, 241ff., 242ff.; *H. Huber*, FS Klecatsky, 1. Teilbd., 1980, S. 353ff., 367ff.; *H. H. Klein* (FN 15), S. 643ff.; *Kloepfer* (FN 22), S. 9f., 31ff. (mit umfassendem Nachweis); *Lücke*, DÖV 1976, 289ff.; *Maus*, JA 1979, 287ff.; *Steiger* (FN 22), insbes. S. 73ff., sowie neuerlich etwa *Karpen*, in: Thieme (Hg.), Umweltschutz im Recht, 1988, S. 9ff.; *Kloepfer*, DVBl. 1988, 305ff.; *Murswiek*, ZRP 1988, 14ff.; *Soell*, NuR 1985, 205ff.

[55] Hierzu *Kloepfer* (FN 22), S. 39; vgl. auch Art. 141 Abs. 3 S. 2 BV.

[56] Vgl. FAZ Nr. 63 v. 16. 3. 1987, S. 7.

[57] Dafür bereits Umweltbericht '76 der Bundesregierung (BT-Drs. 7/5684), Tz. 110; Bericht der Sachverständigenkommission Staatszielbestimmungen/Gesetzgebungsaufträge (FN 53), Tz. 130 (= S. 84). Zu dessen Resonanz *Wienholtz*, AöR 109 (1984), 532ff. Vgl. zur Frage der Aufnahme einer entsprechenden Staatszielbestimmung auch die öffentliche Sachverständigenanhörung des Rechtsausschusses und des Ausschusses für Innere Angelegenheiten des Bundesrates am 10. 6. 1985. Darauf fußend u. a. *Rauschning*, DÖV 1986, 489ff.; *Rupp*, DVBl. 1985, 990ff.; zuletzt *v. Mutius*, WiVerw. 1987, 51ff.; umfassend *Michel*, Staatszwecke, Staatsziele und Grundrechtsinterpretation unter besonderer Berücksichtigung der Positivierung des Umweltschutzes im Grundgesetz, 1986.

[58] *E. Rehbinder*, ZRP 1970, 250ff., 252. Vgl. relativierend *Lücke*, DÖV 1976, 289ff., 294, der zu Recht u. a. darauf hinweist, daß die Anerkennung eines Grundrechts nicht die gesetzgeberische Gestaltungsbefugnis ausschließt. Weitere Argumente gegen die Aufnahme eines Umweltschutzgrundrechts sind bei *Rauschning* (FN 16), S. 178 Anm. 31 zusammengestellt.

[59] BVerfGE 56, 54 (70ff.).

[60] BVerfG (Vorprüfungsausschuß), NJW 1983, 2931ff.

[61] BVerfGE 56, 54 (71); BVerfG, NJW 1983, 2931ff., 2932.

der verfassungsrechtlichen Nachprüfung begründet es nicht nur mit der Komplexität der jeweiligen Materie, sondern auch mit dem staatstheoretischen Argument: ,,Die Entscheidung [über gesetzgeberische Maßnahmen], die häufig Kompromisse erfordert, gehört nach dem Grundsatz der Gewaltenteilung und dem demokratischen Prinzip in die Verantwortung des vom Volk unmittelbar legitimierten Gesetzgebers und kann vom Bundesverfassungsgericht in der Regel nur begrenzt nachgeprüft werden, sofern nicht Rechtsgüter von höchster Bedeutung auf dem Spiele stehen.''[62]

Demnach könnte auch ein selbständiges Umweltgrundrecht nur gegenüber evidentem und schwerwiegendem gesetzgeberischen Versagen (Unterlassen oder fehlerhaften Entscheidungen) helfen.[63] Es wäre kein Garant einer optimalen Umweltpolitik oder gar Wegweiser für jeden Einzelfall.

De constitutione lata wurde bislang erst in einem einzigen Fall in der obergerichtlichen Rechtsprechung ein individueller Umweltanspruch gegenüber dem Staat bejaht. Das OVG Berlin[64] sah in der Rodung von 50000 Bäumen für einen Kraftwerksbau einen Eingriff in durch Art. 2 Abs. 1 GG i. V. m. § 1 BNatSchG geschützte rechtliche Interessen und billigte den klagenden Bürgern einen Abwehranspruch zu. Auch wenn die Begründung die durch die Insellage West-Berlins bedingte besondere Bedeutung von Natur- und Erholungsflächen für die Einwohner der Stadt hervorhebt, hat die Entscheidung weit über den Einzelfall (welcher sie geblieben ist) hinausgehende Bedeutung.

23 Bei Verankerung einer **objektiven Umweltpflicht** des Staates fehlt – jedenfalls unmittelbar – diese individuelle Rechtserzwingungsmacht. Bei einer Staatszielbestimmung wäre darüber hinaus hingegen unklar, ob und inwieweit überhaupt eine echte Umweltpflicht des Staates begründet würde. Die Vorteile aller dieser Verfassungsänderungen werden vor allem in der (nuancierten) Sicherung des Umweltschutzes – etwa durch eine entsprechende Impulswirkung und verfassungsrechtliche Aufwertung – sowie in der politischen Integrationswirkung gesehen,[65] wobei es in Zeiten politischer Zerrissenheit auch einen gewissen Selbstwert der Integration darstellen mag, einen seltener werdenden Grundkonsens in die Verfassung hineinzuschreiben. Gewichtige Bedenken gegen die erörterten Verfassungsänderungsprojekte gehen dagegen primär in die Richtung fehlender Effektivität, d. h. letztlich mangelnder Normierbarkeit derartiger Verfassungsänderungen,[66] und einer so vorprogrammierten Verfassungsenttäuschung. Außerdem befürchten andere (heute freilich nur noch selten laut werdende) Stimmen eine einseitige Überbetonung des Umweltschutzes[67] zu Lasten der Grundrechte wie auch der anderen Staatsaufgaben.

24 Auch wenn nicht zu erwarten ist, daß die entscheidende Konfliktlösung zwischen dem Umweltschutz und anderen wesentlichen staatlichen und gesellschaftlichen Zielen wirklich durch neue verfassungsrechtliche Bestimmungen beigelegt werden

---

62 BVerfGE 56, 54 (81); ähnlich BVerfG (Vorprüfungsausschuß), NJW 1983, 2931ff., 2932.

63 Weitergehend wohl *Roth-Stielow,* NJW 1984, 1942f. Vgl. dazu aber die instruktive Gegenkritik von *Bugiel/Meyer,* NJW 1985, 778ff.

64 OVG Berlin, NJW 1977, 2283ff., 2285.

65 Hierzu näher *Kloepfer* (FN 22), S. 32ff. m. w. N., und *Soell,* NuR 1985, 205ff., 212. Zum erwarteten ,,Impulseffekt'' insbes. *Dellmann,* DÖV 1975, 588ff., 592.

66 Vgl. *Kloepfer* (FN 22), S. 35ff. m. w. N.; *H. H. Klein* (FN 15), S. 660, warnt vor der Gefahr, daß ,,die Aufnahme einer solchen Vorschrift in das GG die Illusion hervorrufen könnte, es sei zum Schutz unserer Umwelt bereits Wesentliches geleistet''. Von einer ,,Flucht in die Staatszielbestimmung'' spricht *Steiger* (FN 22), S. 71. Grundsätzlich kritisch zum ,,Verankerungsunwesen'' *Forsthoff,* FS E. R. Huber, 1973, S. 3ff., 7f. Vor einer ,,Überanstrengung des Rechts'' warnt auch *H. Huber* (FN 54), S. 369.

67 I. d. S. etwa *Rupp,* DVBl. 1985, 990ff., 991.

könnte, käme einer **Staatsziel-** oder besser **Staatsaufgabenbestimmung** im Sinne des Umweltschutzes doch auslegungsleitende und ermessensausrichtende Wirkung zu. Wie sich eine Umweltschutzbestimmung im einzelnen insbesondere auf die Rechtsprechung des BVerfG auswirken würde, ist wegen des „Phantasievorbehaltes", dem die Verfassung insoweit faktisch unterliegt, im voraus kaum abschätzbar. Wie auch immer sich der (verfassungsändernde) Gesetzgeber entscheiden wird – die Verankerung eines Individualgrundrechts ist inzwischen allerdings unwahrscheinlich –, sollte Klarheit darüber bestehen, daß die eigentliche Konfliktlösung „nicht in den Höhen des Verfassungsrechts, sondern in den ‚Niederungen' der einfachen Gesetzgebung (und – wie zu ergänzen ist – eines effektiven Gesetzesvollzuges[68]) zu suchen ist"[69].

Im Falle einer Verfassungsergänzung wäre auf eine **prägnante Formulierung** und **sinnvolle Plazierung** – etwa im Anschluß an Art. 20 GG (Art. 20a GG) oder als Ergänzung des Art. 20 GG – zu achten, was manche Vorschläge[70] (z. B. die Einfügung eines Art. 37a GG) vermissen lassen. Politische Prosa im Verfassungstext oder normative Verlegenheitslösungen wären sowohl der Verfassung als auch dem Umweltschutz abträglich.

C. Staatsbefugnis zum Umweltschutz

Da nach bislang geltendem Verfassungsrecht somit nicht von einer umfassenden Umweltpflicht des Staates ausgegangen werden kann, hat die Frage nach den verfassungsrechtlichen Möglichkeiten und Grenzen des Umweltschutzes durch den Staat derzeit ein erheblich höheres praktisches Gewicht. Die prinzipielle verfassungsrechtliche Zulässigkeit (eines freilich notwendig begrenzten) staatlichen Umweltschutzes sollte dabei an sich außer Frage stehen. Für zentrale Bereiche des Umweltschutzes ergibt sich dies bereits aus den einschlägigen Gesetzgebungszuständigkeiten des Bundes (insbesondere Art. 74 Nr. 24, 75 Nr. 3, 75 Nr. 4 GG).[71] Die Legitimation für einen umfassenden (aber nicht unbegrenzten), gerade auch zukunftsgerichteten Umweltschutz ergibt sich jedoch vor allem aus dem Sozialstaatsprinzip.[72] Die somit zu konstatierende prinzipielle verfassungsrechtliche Zulässigkeit staatlichen Umweltschutzes entbindet indes nicht von den vielfältigen verfassungsrechtlichen Begrenzungen kompetenzieller und grundrechtlicher Art, die sogleich zu erörtern sein werden. 25

Die Zulässigkeit umfassenden (nicht unbegrenzten) staatlichen Umweltschutzes sagt auch nichts oder wenig über die Frage, ob es sinnvoll und wünschenswert wäre, 26

---

[68] Vgl. zum Gesetzesvollzug und zum oft beklagten „Vollzugsdefizit" unten § 4 FN 207 und darüber.

[69] So (wenn auch nicht für den Umweltschutz, sondern für die Sozialpolitik) *Brunner* (FN 23), S. 37.

[70] Vgl. BT-Drs. 11/10 (Entwurf der SPD-Fraktion); 11/663 (Entwurf der Fraktion der GRÜNEN); 11/885 (Bundesratsentwurf). Vgl. zum systematischen Standort auch *v. Mutius,* WiVerw. 1987, 51ff., 56ff.; zu den einzelnen Vorschlägen *Kloepfer,* DVBl. 1988, 305ff., 311ff.

[71] Ähnlich etwa *Kölble,* DÖV 1977, 1ff., 4 Anm. 19.

[72] So auch u. a. *Breuer,* Der Staat 20 (1981), 393ff., 394; *Bullinger,* in: Bullinger/Rincke/Oberhauser/Schmidt, Das Verursacherprinzip und seine Instrumente, 1974, S. 69ff., 78; *E. Rehbinder,* ZRP 1970, 250ff., 250; *Soell,* WiVerw. 1986, 205ff., 205f. (ausführlicher); *Stern,* Das Staatsrecht der Bundesrepublik Deutschland, Bd. I, 2. Aufl., 1984, § 21 II 3, S. 908f. Die Gegenauffassung, vgl. *Rauschning* (FN 16), S. 185f., und *Ule,* DVBl. 1972, 437ff., 438, will das Sozialstaatsprinzip zu Unrecht auf den Ausgleich sozialer Spannungen und die Sorge für eine gerechte soziale Ordnung beschränken.

den Umweltschutz nahezu insgesamt oder doch ganz überwiegend in staatliche Regie zu übernehmen.[73] So richtig es ist, wegen der Wichtigkeit umweltpolitischer Probleme und der starken widerläufigen Interessen dem Staat mit seiner Gemeinwohlverpflichtung, seinem Sachverstand sowie seinem mächtigen Durchsetzungs- und Kontrollpotential eine zentrale Rolle einzuräumen, so falsch (und rechtlich problematisch) wäre es, die hohe Bereitschaft und Fähigkeit der Privaten zur Erkundung und Lösung umweltpolitischer Probleme durch monopolähnliche Ausweitung staatlichen Umweltschutzes zu be- oder verhindern. Dies ist letztlich auch die Ansicht der offiziellen Umweltpolitik, die mit dem **Kooperationsprinzip** (s. § 3 Rn. 44ff.) in einer spezifischen Weise staatliche und gesellschaftliche Umweltverantwortung miteinander verknüpft. Durch die Abwehr eines staatlichen Quasi-Monopols für Umweltschutz lassen sich auch erdrutschartige Machtverschiebungen zwischen Staat und Gesellschaft verhindern, die für das politische System der Bundesrepublik Deutschland bedenklich wären. Auch der umweltschützende Staat ist Staatsmacht, deren Begrenzung und Kontrolle eine Kernaufgabe der rechtsstaatlichen Demokratie bleibt.

D. Grundrechtsschranken für staatlichen Umweltschutz

I. Grundrechtsschutz für privaten Umweltschutz

27 Grundrechtlich wird die Problematik: staatlicher statt privater Umweltschutz durch die Frage nach dem grundrechtlichen Schutz für private Umweltschutzaktivitäten aufgenommen. In Betracht kommen bei **nicht gewerblichen Umweltschützern** vor allem Art. 2 Abs. 1 GG und bei **Umweltschutzvereinigungen** Art. 9 Abs. 1 GG (und bei den Umweltdemonstranten Art. 8 GG).

28 Wegen des weiten Gesetzesvorbehaltes in Art. 2 Abs. 1 GG bzw. der Tatsache, daß die Vereinigungsfreiheit als solche keine die üblichen Grundrechte übersteigende Betätigungsgarantie einschließt, werden gegenüber einer gesetzlichen **Zuweisung von Umweltaufgaben an den Staat** keine absoluten grundrechtlichen Hindernisse auszumachen sein. Eher sind partielle Abhilfen vom Übermaßverbot zu erwarten, wenn der Staat in nicht erforderlicher Weise Private von eigenen Umweltschutzaktivitäten abhält.

29 Auf schwieriger zu überwindende grundrechtliche Belange stößt der Staat dann, wenn der Private ein **gewerblicher Umweltschützer** ist und sich gegenüber einschlägigen konkurrierenden oder verdrängenden Umweltaktivitäten des Staates auf Art. 12 GG (hinsichtlich seiner Tätigkeit) und auf Art. 14 GG (hinsichtlich eines eingerichteten und ausgeübten Gewerbebetriebes) berufen kann. Der Streit um die Monopolisierung der Abfallbeseitigung mit der Verdrängung bisheriger privater Abfallentsorgungsunternehmen hat aber gezeigt, daß Art. 12, 14 GG im Ergebnis das staatliche Vordringen im Umweltschutzbereich nicht verhindern können.[74] Auch

[73] Zur Notwendigkeit einer Aufgabenteilung von Staat und Gesellschaft beim Umweltschutz *Hoppe,* VVDStRL 38 (1980), S. 211ff., 310, und *Kloepfer,* DVBl. 1979, 639ff., 640ff. Vgl. auch die Darstellung des Kooperationsprinzips in § 3 Rn. 44ff.

[74] Vgl. am Beispiel der Entsorgung *Kloepfer,* VerwArch. 70 (1979), 195ff.

hier bleibt im wesentlichen nur ein möglicher Rückgriff auf das Verhältnismäßigkeitsprinzip, das durch die verfassungsgerichtliche Stufentheorie[75] im Bereich von Art. 12 GG typisierend noch geschärft wird. Nur in besonders gelagerten Ausnahmefällen (etwa Vertrauensschutz) werden Entschädigungsansprüche anzuerkennen sein.

II. Grundrechtsschutz für private Umweltbelaster

1. Grundrechtstatbestände und Grundrechtsschranken

Die grundrechtliche Zentralproblematik im Umweltschutzbereich ist aber erst dort 30 berührt, wo es um eine Kollision zwischen staatlichem Umweltschutz und privatem Umweltbelaster geht, soweit dieser sich bei seinen Aktivitäten (z. B. Anlagenbetreibung, Stoffproduktion und -verwendung etc.) im Prinzip auf Grundrechte berufen kann (im gewerblichen Bereich zuvörderst wieder auf Art. 12 und 14 GG). Normierende und exekutierende Umweltschutzaktivitäten des Staates sind regelmäßig auch Freiheitseingriffe, was mit dem Hinweis auf den freiheitsermöglichenden bzw. -verbessernden Effekt von staatlichen Umweltschutzmaßnahmen relativiert, aber nicht wegdiskutiert werden kann. Auch die Umverteilung von Freiheit führt zu Freiheitsverlusten.

Der auch grundrechtlich reflektierte Konflikt zwischen privater Umweltbelastung 31 und staatlichem Umweltschutz läßt sich – auch wenn dies manchem verlockend erscheinen mag – nicht dadurch lösen, daß ein Grundrechtsschutz für umweltbelastendes Handeln von vornherein abgelehnt wird. Schon entsprechende Vorstellungen bezüglich einer allgemeinen **Polizeipflichtigkeit** von Grundrechten[76] sind nicht überzeugend. Erst recht kann eine allgemeine (bereits unter der Gefahrenschwelle ansetzende) **Umweltpflichtigkeit** der Grundrechte[77] unter geltendem Verfassungsrecht nicht anerkannt werden: Eine allgemeine Begrenzung des Grundrechtstatbestandes durch eine Umweltpflichtigkeit – was etwa das Übermaßverbot insoweit völlig leerlaufen lassen würde – scheidet von vornherein aus. Aber auch als allgemeine Grundrechtsschranke ist die Umweltpflichtigkeit unbrauchbar, weil dadurch die differenzierte Schrankenarchitektur des Grundgesetzes zerstört würde. Vielmehr tut (hier wie bei anderen Verfassungsfragen) Differenzierung Not, z. B. nach Umweltgütern, nach der Abwehr von Umweltschäden, -gefahren, -verdächten oder -restrisiken.

---

[75] Grundlegend BVerfGE 7, 377 (378f., Leits. Nr. 6 a–d, 402ff.).

[76] Vgl. zur Notwendigkeit einer Einpassung des alten Gedankens der materiellen Polizeipflicht in die vorrangige allgemeine Verfassungsordnung *Kloepfer,* in: Forschungsstelle für Umwelt- und Technikrecht (Hg.), Altlasten und Umweltrecht (UTR 1) 1986, S. 17ff., 27 m. w. N. Der Gedanke der „Polizeipflichtigkeit" der Grundrechte klingt insbes. bei der Annahme *immanenter Nichtstörungsschranken* der Grundrechte an, dafür etwa *Dürig* (FN 22), Art. 2 I Rn. 79ff.; ähnlich *Bettermann,* Grenzen der Grundrechte, 1968, S. 15ff., und BVerfGE 39, 334 (367); dagegen unter Berufung auf die differenzierte Schrankenarchitektur des Grundgesetzes *W. Martens,* in: Drews/Wacke/Vogel/Martens, Gefahrenabwehr, 9. Aufl., 1986, S. 267f.; vgl. ferner *Erler,* Maßnahmen der Gefahrenabwehr und verfassungsrechtliche Eigentumsgarantie, 1973, S. 29ff., mit einer ausführlichen Darstellung der historischen Entwicklung des Grundsatzes der Entschädigungslosigkeit „störenden Eigentums".

[77] In diese Richtung deutet beispielsweise das Diktum von *Rupp,* JZ 1971, 401ff., 403, der Umweltschutz bedeute eine bisher „wahrscheinlich noch unbekannte Sozialpflichtigkeit aller Grundrechte".

32 So kann es etwa nach verfassungsgerichtlicher Auffassung[78] beim Schutz des Wassers möglich sein, daß es zu a limine-Begrenzungen des Grundrechtstatbestandes kommt, etwa wenn in der **Naßauskiesungs-Entscheidung** des BVerfG gesagt wird, daß die Grundwassernutzung nicht Gegenstand des **Eigentums** ist (vgl. auch § 11 Rn. 48).

Aus der Gewährleistung des Privateigentums als Rechtseinrichtung folgt für das BVerfG nicht, daß jedes Rechtsgut von Verfassungs wegen einer privatrechtlichen Herrschaft unterworfen sein müsse. Das Rechtsinstitut werde nicht angetastet, wenn für die Allgemeinheit lebensnotwendige Güter zur Sicherung überragender Gemeinwohlbelange und zur Abwehr von Gefahren nicht der Privatrechtsordnung, sondern einer öffentlich-rechtlichen Ordnung unterstellt werden.[79] Um ein solches Gut handele es sich beim Grundwasser, das daher zu Recht durch das Wasserhaushaltsgesetz einer vom Oberflächeneigentum getrennten öffentlich-rechtlichen Ordnung unterstellt werde. Das BVerfG bezeichnet es darüber hinaus sogar als nicht vertretbar, die Nutzung des Grundwassers dem freien Belieben des Einzelnen zu überlassen oder die Nutzung nur mehr durch den – für frühere Verhältnisse ausreichenden – Rechtsgrundsatz der ,,Gemeinverträglichkeit" zu begrenzen.[80]

33 Auch bei gemeingefährlichen Umweltschädigungen ist eventuell daran zu denken, von vornherein einen Grundrechtsschutz zu verneinen. Schließlich bietet die in der Eigentumsrechtsprechung entwickelte Denkfigur der **Situationsgebundenheit** des Grundeigentums[81] (s. auch § 10 Rn. 54) einen gewissen Ansatzpunkt für eine Konfliktlösung durch Reduzierung des Grundrechtstatbestandes.

Hiernach ist insbesondere zu differenzieren zwischen der Untersagung einer bisher nicht verwirklichten, der Grundstückssituation nicht angemessenen Verwendungsart und der Untersagung oder Einschränkung einer Nutzungsmöglichkeit, ,,die sich nach Lage oder Beschaffenheit des Grundstückes objektiv anbietet"[82] oder sogar aufdrängt.[83]

34 Indessen werden dies doch Ausnahmen sein, weil sonst die wirtschaftlich relevanten Grundrechte leicht zu umweltpolitisch reduzierten verfassungsrechtlichen Restbeständen degenerieren könnten. Hauptsächlich werden sich die Konflikte zwischen staatlichem Umweltschutz und Betreibergrundrechten über die vor allem gesetzlich zu konkretisierenden **Grundrechtsschranken** lösen lassen. Umweltschützende Eingriffe werden sich im **Eigentumsgrundrecht** vor allem im Bereich der (entschädigungsfreien) Sozialbindung i. S. des Art. 14 Abs. 2 GG bewegen, möglich ist aber auch, daß umweltschutzinduzierte Maßnahmen im Falle einer die allgemeine Um-

---

[78] BVerfGE 58, 300 (338ff.). Dazu insbes. *Kimminich,* NuR 1983, 1ff., und *Salzwedel,* ZfW 1981, 13ff. Der BGH hat seine frühere gegenteilige Rspr. (BGHZ 60, 126; BGH NJW 1978, 2290) inzwischen zwar revidiert, interpretiert die Position des BVerfG dabei aber restriktiv, vgl. BGHZ 84, 223 (226ff.); 230 (233); 90, 4 (9ff.); hierzu kritisch *Soell,* NuR 1984, 185ff., und *Knauber,* NVwZ 1984, 753ff. Vgl. zum demnach weiterschwelenden Streitstoff zuvor insbes. *Breuer,* ZfW 1979, 78ff.; *Czychowski,* FG 25 J. BVerwG, 1978, S. 121ff., und *Sendler,* ZfW 1975, 1ff.

[79] BVerfGE 58, 300 (339) unter Hinweis auf BVerfGE 24, 367 (389f.).

[80] BVerfGE 58, 300 (344).

[81] Insbes. BGHZ 23, 30 (32ff.) – Grünflächenurteil; BGH LM Nr. 60 zu Art. 14 = DÖV 1957, 669f. – Buchendom; BGHZ 48, 193 (195ff.); BGH, NJW 1984, 1172ff.; BVerwGE 49, 365 (368); 60, 126 (131); weitere Nachweise bei *Breuer,* Die Bodennutzung im Konflikt zwischen Städtebau und Eigentumsgarantie, 1976, S. 134ff. Vgl. zum Ganzen auch *Weyreuther,* Die Situationsgebundenheit des Grundeigentums, 1983. Der Gedanke der Situationsgebundenheit trägt auch die meisten Eigentumsbeschränkungen im Zeichen des Natur- und Landschaftsschutzes, vgl. BVerwGE 49, 365 (368) m. w. N.; im Schrifttum etwa *Soell,* DVBl. 1983, 241ff., 244ff.

[82] BGHZ 60, 126 (131).

[83] BVerwG, Buchholz 406.11 § 35 BBauG Nr. 113, S. 101f.

weltpflicht überschreitenden Sonderlast eine (entschädigungspflichtige) Enteignung nach Art. 14 Abs. 3 GG darstellen (z. B. Entziehung vorhandener Bebaubarkeit).

Im Rahmen der **Berufsfreiheit** dürften sich die meisten umweltbezogenen Begrenzungen beruflicher Tätigkeit als bloße Berufsausübungsregelungen darstellen, die im Grunde bei vernünftigen, willkürfreien Erwägungen verfassungslegal sind. Soweit ausnahmsweise Berufswahlbeschränkungen vorliegen (z. B. bei Monopolisierung bestimmter Umwelttätigkeiten durch den Staat), müssen die hinter der Regelung stehenden Umweltbelange den Charakter überragender Gemeinwohlbelange aufweisen. Dabei ist auf den Einzelfall abzustellen, nicht jedem Umweltbelang kann jedenfalls eine derartige übergeordnete Gemeinwohlqualität zugebilligt werden. 35

Mit Rücksicht auf das Übermaßverbot wäre schließlich eine umfassende **ökologische Investitionslenkung**[84] nicht verfassungskonform. 36

Grundrechte werden allerdings nicht nur durch Verbote und Beschränkungen bestimmter Tätigkeiten, sondern auch durch die im Umweltschutz zahlreichen **Überwachungsmaßnahmen** (s. § 4 Rn. 113ff. und 135ff.) und produktbezogene Kontrollen berührt (insbesondere Art. 12, 13, 14, 2 Abs. 1 GG). Die sich abzeichnende Konfliktlage **„Datenschutz kontra Umweltschutz"** bringt zwei Aufgabenstellungen (beinahe) zur Kollision, die in der öffentlichen Diskussion gerne absolut gesetzt werden.[85] Der Zeitgeist erleidet hier eine Konfusion, wenn er auf Einseitigkeiten baut. Die Notwendigkeit, ein unfruchtbares Gegeneinanderausspielen der jeweils betroffenen Rechtsgüter zu vermeiden, verdeutlicht den Zwang zu differenzierter, ausgewogener Gestaltung sowohl des Umwelt- als auch des Datenschutzes. Da der Staat auf eine Informationsgewinnung im Umweltschutz nicht verzichten kann, kommt den Geheimhaltungsvorschriften und ihrer Wahrung besondere Bedeutung zu. Der Schutz von **Betriebs- und Geschäftsgeheimnissen** im Umweltrecht[86] (vgl. auch § 7 Rn. 70 und § 13 Rn. 65 f.) dient schließlich auch der Vermeidung von Wettbewerbsverzerrungen, die aus der Preisgabe entsprechender Informationen an wirtschaftliche Konkurrenten[87] erwachsen könnten (Art. 12 Abs. 1 i. V. mit Art. 3 GG, Art. 2 Abs. 1 GG). 37

2. Umweltschutz und Bestandsschutz

Obwohl weder Umweltprobleme noch Umweltaktivitäten eine Entdeckung der letzten 15 Jahre sind, kann nicht bestritten werden, daß seit dieser Zeit das Umweltbewußtsein (nicht ohne Grund) enorm gestiegen ist und damit auch die Anforderungen an die Umweltsicherung. Dies führt bei früher genehmigten Anlagen zu der sog. Bestandsschutzproblematik (vgl. auch Rn. 39), d. h. zu der Frage, ob bzw. inwieweit alte Genehmigungen mit Erfolg neuen staatlichen Umweltanforderungen entgegen- 38

---

[84] Vgl. *Hoppe* (FN 73), S. 254ff. („Globalsteuerung"), und *Kloepfer,* DVBl. 1969, 639ff., 640ff.

[85] Vgl. zu entsprechenden Tendenzen im Datenschutz *Kloepfer,* Datenschutz als Grundrecht, 1980.

[86] Vgl. insbes. *Bullinger,* NJW 1978, 2121ff.; *dens.,* NJW 1978, 2173ff.; *Breuer,* NVwZ 1986, 171ff.; *Kloepfer/Meßerschmidt,* Innere Harmonisierung des Umweltrechts, 1987, S. 161f.; *M. Schröder,* Geheimhaltungsschutz im Recht der Umweltchemikalien, 1980/1982; *dens.,* UPR 1985, 394ff.

[87] Vgl. *Scholz,* Konkurrenzprobleme bei behördlichen Produktkontrollen, 1983, und *Zuleeg/Schefold,* Die Zweitanmelderproblematik, 1983.

gehalten werden können.[88] *Grundrechtlich* ist vor allem daran zu denken (und regelmäßig zu verneinen), daß derartige Genehmigungen Eigentumspositionen enthalten, welche nachträgliche Maßnahmen staatlichen Umweltschutzes dauerhaft verhindern könnten.

Dies könnte jedoch der Fall sein, wenn mit *Friauf* das ,,Recht zur genehmigungskonformen ‚Luftbenutzung'" als ,,notwendige(r) Bestandteil des Eigentums an einer genehmigten Anlage" zu verstehen wäre.[89]

E. Rechtsstaatsprobleme

I. Vertrauensschutz

39 Bei nachträglich eingeführten oder verschärften staatlichen Umweltschutzmaßnahmen stellt sich aus der Sicht des Rechtsstaatsprinzips vor allem das rechtsstaatliche Problem des Vertrauensschutzes für den Bürger bzw. der **Kontinuität** staatlichen Handelns. Im Sinne der Rückwirkungslehre[90] handelt es sich bei derartigen Fällen von in der Vergangenheit begründeten Genehmigungspositionen, die in der Gegenwart und in die Zukunft hinein weiterwirken, regelmäßig um eine sog. unechte Rückwirkung, die bei überwiegenden Gründen des Gemeinwohls gerechtfertigt ist.

II. Vorbehalt des Gesetzes

40 Staatliche Umweltpolitik ist wie jede andere Politik an den rechtsstaatlichen und demokratischen Vorbehalt des Gesetzes gebunden. Dies ist namentlich wichtig für umweltpolitische Gebote und Verbote im Sinne klassischer Eingriffe. Nach der **Wesentlichkeitsrechtsprechung** des BVerfG[91] sind aber auch wesentliche umweltrelevante Entscheidungen (wie z. B. Einführung der zivilen Kernkraftnutzung), die keine (unmittelbaren) Eingriffe darstellen, an die gesetzgeberische Entscheidung gebunden.

Wie das BVerfG im Kalkar-Beschluß[92] festgestellt hat, ist die ,,normative Grundsatzentscheidung für oder gegen die rechtliche Zulässigkeit der friedlichen Nutzung der Kernenergie (...) wegen ihrer weitreichenden Auswirkungen auf die Bürger, insbesondere auf ihren Freiheits- und Gleichheitsbereich, auf die allgemeinen Lebensverhältnisse und wegen der notwendiger-

---

[88] Vgl. hierzu insbes. *Friauf,* WiVerw. 1986, 87ff.; *Jarass,* Die Anwendung neuen Umweltrechts auf bestehende Anlagen, 1987; *dens.,* DVBl. 1986, 314ff.; *v. Mutius,* in: Börner (Hg.), Umwelt, Verfassung, Verwaltung, 1982, S. 203ff., und *Sendler,* UPR 1983, 33ff., 73ff.; aus der Rspr. insbes. BVerwGE 49, 365 (368f.), und BVerwG, NVwZ 1985, 41. Zur Legalisierungswirkung behördlicher Genehmigungen und ihren Grenzen *Kloepfer* (FN 76), S. 33ff. m. w. N., einerseits und *Papier,* Altlasten und polizeirechtliche Störerhaftung, 1985, S. 24ff., andererseits.

[89] *Friauf,* WiVerw. 1986, 87ff., 102.

[90] Vgl. hierzu umfassend *Pieroth,* Rückwirkung und Übergangsrecht, 1981, S. 25ff., und *Kloepfer,* Vorwirkung von Gesetzen, 1974, S. 95ff., jeweils m. w. N. auch zur Rspr. des BVerfG. Vgl. zu letzterer speziell *Götz,* FG 25J. BVerfG, 2. Bd., 1976, S. 421ff., 423ff.

[91] Neben den Vorläufern – BVerfGE 33, 1 (10); 125 (157); 303 (346) – insbes. BVerfGE 34, 165 (192); 40, 237 (240ff.); 41, 251 (259); 45, 400 (417); 47, 46 (78); 48, 210 (221); 49, 89 (126f.); 57, 295 (326f.); 58, 257 (268ff.); 64, 261 (268); 68, 1 (108ff.). Vgl. dazu im Schrifttum statt vieler (teilweise kritisch) *Eberle,* DÖV 1984, 485ff., 487ff.; *Erichsen,* FS 125J. Juristische Gesellschaft zu Berlin, 1984, S. 113ff., und *Kloepfer,* JZ 1984, 687ff., 689ff.; *Staupe,* Parlamentsvorbehalt und Delegationsbefugnis, 1986.

[92] BVerfGE 49, 89 (127).

weise damit verbundenen Art und Intensität der Regelung eine grundlegende und wesentliche Entscheidung im Sinne des Vorbehaltes des Gesetzes. Sie zu treffen ist allein der [parlamentarische] Gesetzgeber berufen". Dies ist durch das Atomgesetz geschehen. Zugleich stellt das BVerfG jedoch fest, daß aus dem demokratisch-parlamentarischen Prinzip des Grundgesetzes kein allgemeiner Parlamentsvorrang im Sinne eines alle konkreten Kompetenzzuordnungen überspielenden Gewaltenmonismus hergeleitet werden kann.[93]

III. Bestimmtheit

1. Fragestellung

Eines der zentralen rechtsstaatlichen Probleme des Umweltschutzes liegt in der 41
Bestimmtheit umweltrechtlicher Normen. Dabei spielt die Vagheit der im Umweltrecht häufig verwandten **unbestimmten Rechtsbegriffe** eine wichtige Rolle.[94] Im Vordergrund stehen dort neben allgemein-typischen unbestimmten Rechtsbegriffen, wie sie in der gesamten Gesetzgebung Verwendung finden (z. B. „erheblich" – § 1 BImSchG, „erforderlich" – § 7 Abs. 2 Nr. 3 AtG, „Zuverlässigkeit" – § 7 Abs. 2 Nr. 1 AtG, „vermeidbar" – § 1a Abs. 1 WHG) insbesondere die sog. **Technikklauseln**[95], die sich im wesentlichen in einer Verweisung auf außerrechtliche Standards erschöpfen (s. i. e. Rn. 45ff.). Auch einzelne Legaldefinitionen (z. B. § 3 Abs. 6 BImSchG: „Stand der Technik") vermögen die Unbestimmtheit im allgemeinen nicht zu beseitigen (s. auch u. Rn. 46ff.). In Anbetracht der (zumindest bis vor kurzem) von der h. M. vertretenen gerichtlichen Letztentscheidungsbefugnis über die Interpretation unbestimmter Rechtsbegriffe bedeutet dies die Verlagerung von Entscheidungsmacht von der Legislative auf die Judikative. Eine neuere Auffassung, der sich zuletzt das BVerwG angeschlossen hat, nimmt hingegen insoweit eine gerichtlich nur mehr partiell nachprüfbare **Entscheidungsverantwortung der Verwaltung** an[96] (s. § 5 Rn. 40ff.). Unabhängig davon, wem von beiden das letzte Wort gehört, sieht das BVerfG in der normativen Weite und Flexibilität, d. h. letztlich in der Anpassungsfähigkeit des § 7 Abs. 2 Nr. 3 AtG (vgl. § 8 Rn. 29), eine Möglichkeit zu einem „dynamischen Grundrechtsschutz".[97]

In Anbetracht der ständigen Fortschritte der Sicherheitstechnik gewährleiste der Verweis auf einen variablen technischen Standard normative Zukunftsoffenheit und einen effektiveren

---

[93] BVerfGE 49, 89 (124ff.); 68, 1 (109).

[94] Vgl. hierzu bereits *Ule*, DVBl. 1973, 756ff.

[95] Vgl. hierzu, insbes. auch zur Rezeption außerrechtlicher technischer Normen v. a. *Breuer*, AöR 101 (1976), 46ff.; *Marburger*, Die Regeln der Technik im Recht, 1979, S. 121ff., und *Scholz*, FS 125 J. Juristische Gesellschaft zu Berlin, 1984, S. 691ff., 694ff. Eine vergleichende Übersicht der verschiedenen Regelungen findet sich bei *Kloepfer/Meßerschmidt* (FN 86), S. 37ff.

[96] Im Wyhl-Urteil (BVerwGE 72, 300, 316f.) hat das BVerwG seine frühere st. Rspr., die kontrollfreien Beurteilungsspielräume im wesentlichen nur im Bereich des Prüfungs- und Beurteilungswesens (BVerwGE 12, 359; 21, 26; 26, 65; 38, 105) sowie unter engen Voraussetzungen bei Prognose-, Gremien- und Planungsentscheidungen (BVerwGE 34, 301, 304; 39, 197, 203ff.; 40, 56, 59; 62, 330, 338ff.), nicht aber darüber hinausgehend im Umweltrecht anerkannte (ablehnend zuletzt im Immissionsschutzrecht BVerwGE 55, 250, 253), stillschweigend aufgegeben und ordnet Risikoermittlung und Risikobewertung i. S. v. § 7 Abs. 2 AtG dem Kompetenzbereich der Exekutive zu, ohne allerdings ausdrücklich von einem gerichtsfreien Beurteilungsspielraum zu sprechen. Von der Verfassungsjudikatur ist diese Entwicklung wohl gedeckt, vgl. BVerfGE 61, 82 (114f.). Vgl. zum Meinungsstand bezüglich der gerichtlichen Kontrolldichte zuvor *Kloepfer*, VerwArch. 76 (1985), 371ff., 390ff. m. w. N.

[97] BVerfGE 49, 89 (137). Vgl. zur Problematik der Rechtsetzung in Anbetracht schnellebiger technischer Entwicklungen allgemein *H. Huber*, in: ders., Rechtstheorie, Verfassungsrecht, Völkerrecht, 1971, S. 57ff., 59; ferner u. a. *W. Berg*, JZ 1985, 401ff.; *Krüger*, NJW 1966, 617ff., und *Scholz* (FN 95), S. 699f.

(„dynamischen") Grundrechtsschutz als die detaillierte Fortschreibung bestehender – und damit potentiell bereits veralteter – technischer Einzelanforderungen.

Mit diesem Schlagwort sind allerdings keineswegs alle Bestimmtheitsprobleme durchgängig beseitigt.

Zwar kann vom Gesetzgeber eine fortlaufende, tempogleiche **Anpassung** der Umweltgesetze an den technischen Fortschritt realistischerweise nicht erwartet werden. Eine höhere Normierungsdichte könnte allerdings durch eine Reaktivierung der von Hause aus eher anpassungsfähigen Verordnungsgebung erreicht werden. Utopischen Charakter haben demgegenüber gelegentliche Vorschläge einer neuartigen Gesetzgebung durch Fachparlamente oder Parlamentsausschüsse.[98]

42 In der umweltpolitischen Praxis erfolgt eine stärkere **Konkretisierung** von Umweltgesetzen durch Rechtsverordnungen, Verwaltungsvorschriften und technische Normen. Hieraus läßt sich für den Betroffenen regelmäßig erst konkret ersehen, welche umweltbelastenden Verhaltensweisen zu vermeiden bzw. welche Emissionswerte etc. einzuhalten sind. Sie fixieren die eigentlichen „Umweltstandards"[99]. Die Stellung der Legislative im Umweltrecht ist insofern nur „scheinbar stark".[100]

2. Rechtsverordnungen

43 Soweit dabei die Bestimmungen des Art. 80 GG eingehalten werden – was bisweilen allerdings zweifelhaft sein kann –, sollte eine Konkretisierung durch umweltrechtliche Rechtsverordnungen an sich unproblematisch sein. Da das BVerfG mit seiner – insoweit wenig überzeugenden – Wesentlichkeitsrechtsprechung[101] jedoch bei wesentlichen Entscheidungen ein Handeln des parlamentarischen Gesetzgebers selbst fordert (**Parlamentsvorbehalt**), können nach dieser Auffassung wesentliche, insbesondere grundrechtsbelastende Maßnahmen in ihren Grundzügen allein durch den parlamentarischen Gesetzgeber selbst und nicht durch Rechtsverordnung geregelt werden, auch wenn eine hinreichende Ermächtigung nach Art. 80 GG vorliegt.

3. Verwaltungsvorschriften

44 Bei umweltrechtlichen Verwaltungsvorschriften ohne Außenwirkung stellt sich das Vorbehaltsproblem in seiner klassischen Form, weil Verwaltungsvorschriften keine Rechtsnormen sind. Nach traditioneller Lehre[102] sind sie also dort unzulässig bzw. unbeachtlich, wo sie zu Eingriffen in Individualrechte ermächtigen; nach der Wesentlichkeitsrechtsprechung dürfen Verwaltungsvorschriften jedenfalls dann nicht ergehen, wenn sie „wesentliche" Fragen regeln. Auch sonst vermögen die Verwaltungsvorschriften als bloße **Binnenrechtssätze** außerhalb der staatlichen Verwaltung stehende Dritte oder die Gerichte an sich rechtlich nicht zu binden.[103] Dieser Konse-

---

[98] Vgl. etwa *Krüger,* NJW 1966, 617ff., 618ff.; *Nickusch,* NJW 1967, 811ff., 813; zuletzt etwa *Backherms,* JuS 1980, 9ff., 14.

[99] Zu diesem Begriff *Salzwedel,* NVwZ 1987, 276ff.

[100] *Erbguth* (FN 19), S. 436.

[101] s. oben FN 91.

[102] Vgl. *Forsthoff,* Lehrbuch des Verwaltungsrechts, 10. Aufl., 1973, S. 139f.; *Wolff/Bachof,* Verwaltungsrecht I, 9. Aufl., 1974, § 24 II d (S. 118); umfassend *Ossenbühl,* Verwaltungsvorschriften und Grundgesetz, 1968.

[103] Die bisherige h. M. begegnete dem mit der regelmäßigen Herleitung ihrer mittelbaren Außenwirkung über die Verwaltungspraxis und den Gleichheitssatz, vgl. dazu statt aller *Maurer,* Allgemeines Verwaltungsrecht, 5. Aufl., 1986, § 24 Tz. 21 (S. 497).

quenz ist die Rechtsprechung bislang weitgehend ausgewichen, indem sie Verwaltungsvorschriften mit vorwiegend technischem Inhalt (wie sie z. B. die TA Luft und die ,,Mindestanforderungen" i. S. von § 7a Abs. 1 S. 2 WHG darstellen) zunächst als **antizipierte Sachverständigengutachten**[104] und inzwischen als **,,normkonkretisierende" Verwaltungsvorschriften** gelten läßt, welchen sie – im Unterschied zu den ,,norminterpretierenden" Verwaltungsvorschriften im herkömmlichen Sinn – Außenwirkung ,,innerhalb der von der Norm gesetzten Grenzen" zuspricht.[105]

„Antizipierte (bzw. auch antezipierte) **Sachverständigengutachten"** sollten als solche Eingang in das Verwaltungsverfahren und Berücksichtigung im Verwaltungsprozeß finden, soweit als gesichert gelten konnte, daß sie zuverlässig und nicht durch neue Erkenntnisse überholt sind und daß im Entscheidungsfall kein atypischer Sachverhalt vorliegt. Über eine solche **„präsumtive Verbindlichkeit"**[106] dürfen auch normkonkretisierende Verwaltungsvorschriften im Sinne der neuen Rechtsprechung des BVerwG nicht hinausgehen, da sonst die Frage ihrer Unterscheidbarkeit von Rechtsverordnungen nach Art. 80 GG gestellt werden müßte. Die Sicht der Verwaltungsvorschriften als antezipierte Sachverständigengutachten vernachlässigt den auch dezisionistischen kompromißhaften Charakter der Verwaltungsvorschriften, die nicht nur auf ein wissenschaftlich-technisches Erkenntnisinteresse hin orientiert sind.

4. Regeln der Technik

Eine für das Umweltrecht und seine Regelungsstruktur besonders wichtige Fragestellung ist die nach dem rechtlichen Status **technischer Normen.**[107] Ihre normative Rezeption durch staatliches Recht erfolgt grundsätzlich über die in der Umweltgesetzgebung zahlreichen Technikklauseln, wodurch auch bei einer dichteren staatlichen Normierung der Notwendigkeit Rechnung getragen wird, auf den Sachverstand der gesellschaftlichen Fachkreise zurückzugreifen. 45

a) Gesetzliche Technikklauseln

Die Gesetzgebung differenziert innerhalb der Technikklauseln im wesentlichen zwischen den ,,allgemein anerkannten Regeln der Technik" (z. B. § 3 Abs. 1 GSG, § 7a WHG, Verordnungen nach § 24 GewO, ähnlich § 3 ArbeitsstättenVO), dem ,,Stand der Technik" (z. B. §§ 3 Abs. 6, 5 Nr. 2 BImSchG) und dem ,,Stand von Wissenschaft und Technik" (z. B. § 7 Abs. 2 Nr. 3 AtG, § 1 Abs. 2 Nr. 5 E-ProdHaftG), weicht von dieser Abschichtung gelegentlich aber auch in unsystematischer Weise ab (insbesondere im Chemikaliengesetz, vgl. § 13 Rn. 36). 46

Als **allgemein anerkannte Regeln der Technik** gelten diejenigen Regeln, die in der Fachpraxis erprobt und bewährt sind und nach vorherrschender Meinung der Fachleute den sicherheitstechnischen Anforderungen entsprechen.[108] Von den allgemein

---

[104] BVerwGE 55, 250 (256) – Voerde-Urteil; vgl. i. ü. v. a. *Breuer,* NJW 1977, 1025 ff., 1029, im Anschl. v. a. an *Schäfer,* Diss. jur. Köln 1965, S. 121, und *Klingmüller,* FG Oftinger, 1969, S. 121 ff., 126. Vgl. zu den Bedenken gegenüber dieser Konstruktion zusammenfassend *Kloepfer,* VerwArch. 76 (1985), 321 ff., 396 m. w. N.

[105] BVerwGE 72, 300 (320 f.) – Wyhl.

[106] Vgl. zu dieser Bezeichnung für die v. a. von *W. Schmidt,* Gesetzesvollziehung durch Rechtsetzung, 1968, begründete Theorie, wonach Verwaltungsvorschriften Rechtsnormen ohne zwingenden Vorrang vor abweichenden, sachlich begründeten Einzelentscheidungen darstellen, *J. Martens,* in: Tipke (Hg.), Grenzen der Rechtsfortbildung durch Rechtsprechung und Verwaltungsvorschriften im Steuerrecht, 1982, S. 165 ff., 183. Von einem ,,Vorrang des Individualvollzugs" spricht auch *Brohm,* in: ders. (Hg.), Drittes deutsch-polnisches Verwaltungssymposion, 1983, S. 12 ff., 34.

[107] Hierzu umfassend *Marburger* (FN 95), S. 279 ff. Vgl. ferner das in FN 95 nachgewiesene Schrifttum.

[108] *Breuer,* Öffentliches und privates Wasserrecht, 1. Aufl., 1976, Nachtrag 1978, S. 9 (Tz. 13). Vgl. auch BVerfGE 49, 89 (135).

anerkannten Regeln der Technik darf abgewichen werden, „soweit die gleiche Sicherheit auf andere Weise gewährleistet ist" (§ 3 Abs. 1 S. 2 GSG).

Als **Stand der Technik** definiert § 3 Abs. 6 BImSchG verallgemeinerungsfähig den „Entwicklungsstand fortschrittlicher Verfahren, Einrichtungen und Betriebsweisen, der die praktische Eignung einer Maßnahme (scil. zur Gefahrenabwehr bzw. Risikovorsorge) gesichert erscheinen läßt".

Der **Stand von Wissenschaft und Technik** fordert darüber hinaus, die neuesten wissenschaftlichen Erkenntnisse auch dann zu berücksichtigen, wenn sie noch keinen Eingang in die Praxis gefunden haben. Die sicherheitstechnischen Anforderungen i. S. dieses Standards sind daher nicht unbedingt auf das gegenwärtig technisch Machbare begrenzt.[109]

Die Technikklauseln variieren demnach zwischen einem eher konventionalen und einem maximalen Standard;[110] ihre Unterschiede sind jedoch nicht zu verabsolutieren: Die rechtlich gebotene Sicherheitstechnik richtet sich nicht allein nach der gesetzlichen Formulierung des heranzuziehenden technischen Standards, sondern auch nach Wahrscheinlichkeit und Ausmaß der abzuwehrenden Gefahr (sog. je-desto-Formel).[111] Hierbei können im Rahmen des Übermaßverbots innerhalb gewisser Grenzen auch Wirtschaftlichkeitserwägungen zur Abwehr wirtschaftlich kraß unangemessener Standards bedeutsam werden.

b) Rechtsnatur technischer Normen

47 Soweit die technischen Normen **Verwaltungsvorschriften** darstellen, führen sie zunächst unter dem Aspekt der Rechtsquellenlehre zu keinen erheblichen Sonderproblemen, weil sie letztlich auf der staatlichen Rezeptionsentscheidung der demokratisch legitimierten und kontrollierten Exekutive beruhen. Größere einschlägige Probleme setzen erst ein, wenn es sich um technische Normen handelt, die in privater Verantwortung erarbeitet werden (z. B. DIN-Normen, VDE-Normen) und in staatliche Entscheidungen i. S. antezipierter Sachverständigengutachten oder kraft gesetzlicher **Verweisung** einfließen.[112]

Hierbei ist zwischen sog. statischen und sog. dynamischen Verweisungen zu unterscheiden.[113] Eine (verfassungsrechtlich hinnehmbare – s. u. Rn. 50) **statische Verweisung** nimmt auf eine technische Norm in einer bestimmten Fassung Bezug, während mit der (verfassungsrechtlich grundsätzlich unzulässigen – s. u. Rn. 50) **dynamischen Verweisung** auf technische Normen in ihrer jeweiligen, auch zukünftigen Fassung verwiesen wird.

aa) Normungsorganisationen

48 Mit der – in weiten Teilen umweltschutzrelevanten – technischen Normung sind in der Bundesrepublik über 200 meist **privatrechtlich verfaßte Organisationen** (teil-

---

[109] BVerfGE 49, 89 (136).

[110] *Salzwedel,* in: Dokumentation zur 5. wissenschaftlichen Fachtagung der Gesellschaft für Umweltrecht e.V. Berlin 1981, 1982, S. 33ff., 46, 51f. Vgl. zu ihrer Abschichtung auch BVerfGE 49, 89 (135ff.), sowie im Schrifttum *Marburger* (FN 95), S. 158ff.; *Plagemann/Tietzsch,* „Stand der Wissenschaft" und „Stand der Technik" als unbestimmte Rechtsbegriffe, 1980, S. 19ff. m.w.N., sowie *Kloepfer/Meßerschmidt* (FN 86), S. 37ff.

[111] Vgl. BVerwGE 45, 51 (61); 47, 31 (40); im Schrifttum statt vieler *Schenke,* in: Steiner (Hg.), Besonderes Verwaltungsrecht, 2. Aufl., 1986, S. 143ff., 167 (Tz. 34).

[112] Zu letzterem näher *Marburger,* in: DIN (Hg.), Verweisung auf technische Normen in Rechtsvorschriften, 1982, S. 27ff.

[113] Vgl. insbes. *Karpen,* Die Verweisung als Mittel der Gesetzgebungstechnik, 1970, S. 38ff., und *Ossenbühl,* DVBl. 1967, 401ff.

weise mit erheblichen staatlichen Einflüssen im personellen, finanziellen und sachlichen Bereich) befaßt.[114] Die bedeutendsten sind der Deutsche Normenausschuß (DIN-Normen),[115] der Verband Deutscher Elektrotechniker (VDE-Vorschriftenwerk mit VDE-Bestimmungen), der Deutsche Verein des Gas- und Wasserfaches (DVGW-Regelwerk mit „Technischen Regeln" und „Technischen Mitteilungen") und der Verein Deutscher Ingenieure (VDI-Richtlinien), vgl. ferner etwa den Germanischen Lloyd (Seeschiffahrtstechnik) und den insbesondere durch die Vergabe von Gütezeichen (darunter auch das Umweltzeichen, s. § 4 Rn. 152) bekannten RAL-Ausschuß für Lieferbedingungen und Gerätesicherung. Privatrechtlicher Natur sind auch die – allerdings überwiegend nicht mit Normungs-, sondern mit Überwachungsaufgaben befaßten und insoweit teilweise als Beliehene auftretenden – Technischen Überwachungsvereine (TÜV).[116]

Öffentlich-rechtlichen Status besitzen u. a. die technischen Ausschüsse nach § 24 GewO[117] und die im Kernenergierecht tätigen Beratungsgremien: Reaktor-Sicherheitskommission[118] (RSK-Leitlinien und Empfehlungen), Strahlenschutzkommission[119] (SSK-Empfehlungen) und Kerntechnischer Ausschuß[120] (KTA-Regeln).

Von zunehmender Bedeutung ist schließlich das Normungswesen auf internationaler, insbesondere auch auf EG-rechtlicher Ebene,[121] wobei es auch hier regelmäßig um die Arbeit **privatrechtlicher (internationaler) Organisationen** geht[122] – wie z. B. ISO (International Organization for Standardization) oder CEN (Comité Européen de Normalisation) und CENELEC (Comité Européen de Normalisation Electrotechnique) als Zusammenschlüsse der Normungsorganisationen der meisten westeuropäischen Länder.

bb) Delegation und Rezeption von technischen Normen

Eine Normgebungsdelegation auf außerstaatliche Stellen mag allgemein aus Grün- 49
den des Kooperationsprinzips (s. § 3 Rn. 44ff.) und im besonderen wegen des häufig nur so nutzbaren (und vorhandenen Sachverstandes) sachlich sinnvoll sein.

Um ein **eigenes Normsetzungsrecht** kann es sich allenfalls im Binnenbereich von Verbänden handeln. Eine selbständige Rechtsetzungsmacht nach außen scheidet wegen des staatlichen Rechtsetzungsmonopols aus.[123] Insofern kann von einer „Privatisierung" der Normgebung rechtlich nur in einem eingeschränkten Sinn die Rede sein.

---

[114] Hierzu und zum folgenden eingehend *Marburger* (FN 95), S. 195ff. Vgl. außerdem *A. Rittstieg,* Die Konkretisierung technischer Standards im Anlagenrecht, 1982.

[115] Vgl. zu Struktur und Tätigkeit des DIN zuletzt den Übersichtsaufsatz von *Gusy,* UPR 1986, 241ff.

[116] Vgl. zum technischen Überwachungswesen *Herschel,* Rechtsfragen der Technischen Überwachung, 2. Aufl., 1972; *Götz/Lukes,* Zur Rechtsstruktur der Technischen Überwachungs-Vereine, 2. Aufl., 1980; *Nicklisch,* Technische Überwachungsorganisationen und öffentlich bestellte Sachverständige, 1983, *Steiner,* Staatliche Gefahrenvorsorge und Technische Überwachung, 1984.

[117] Vgl. *Bachof,* AöR 83 (1958), 208ff., und *Marburger* (FN 95), S. 62ff. m. w. N.

[118] Satzung der Reaktor-Sicherheitskommission und der Strahlenschutzkommission (Neufassung) v. 8. 12. 1987 (BAnz. Nr. 239) – Kloepfer Nr. 902.

[119] Vgl. FN 118.

[120] Bekanntmachung über die Übernahme des Kerntechnischen Ausschusses in die Zuständigkeit des Bundesministers für Umwelt, Naturschutz und Reaktorsicherheit v. 1. 9. 1986 (BAnz. Nr. 183, geänd. durch Bek. v. 23. 12. 1986, BAnz. 1987 Nr. 18) – Kloepfer Nr. 904. Vgl. zu dessen Tätigkeit i. e. *Vieweg,* Atomrecht und technische Normung, 1982, S. 23ff.

[121] Hierzu näher *Marburger* (FN 95), S. 236ff., und *M. Seidel,* NJW 1981, 1120ff.

[122] Vgl. i. e. *Marburger* (FN 95), S. 236ff.

[123] Vgl. statt vieler *Krüger,* Allgemeine Staatslehre, 1966, § 34, S. 769f. m. w. N., und *Kloepfer,* VVDStRL 40 (1982), S. 63ff., 77f.; teilweise a. A. *Leisner,* DVBl. 1981, 849ff., 855, der für eine „Theorie der Privatisierung des Gesetzes" wirbt.

50 Die demokratische Verantwortungskette fordert aber eine ausdrückliche **staatliche Rezeptionsentscheidung,** die nicht nur formaler Art sein darf. Vielmehr muß der Staat nach inhaltlicher Prüfung auch die volle inhaltliche Verantwortung für den rezipierten Standard übernehmen.[124] Diese Verantwortungsübernahme muß im konkreten Fall und darf nicht pauschal erfolgen. Deshalb und aus allgemein rechtsstaatlichen Bestimmtheitsgründen ist eine **dynamische Verweisung** auf technische Normen (s. o. Rn. 47) verfassungswidrig.[125] Die somit verfassungsrechtlich allein verbleibende Möglichkeit einer **statischen Verweisung** (s. o. Rn. 47) ist jedoch als Gesetzgebungstechnik wegen des schnellen Wandels technischer Anforderungen und der damit gegebenen Gefahr des Veraltens der Verweisung weniger attraktiv.

51 Wichtiger als ein bloßes Umgießen von technischen Regelwerken in staatliche Rechtsnormen ist indes – gewissermaßen als prozedurale Sicherung einer sachgerechten Entscheidung – die Gewährleistung einer ausgewogenen **Zusammensetzung** der Normungsgremien und ausreichender **Mitwirkungsmöglichkeiten** der Fachöffentlichkeit.[126] Aus allgemeinen Gründen rechtsstaatsgebotener Rechtssicherheit müssen die verschiedenen Normen bei ihrer Einbeziehung in staatliche Entscheidungen zudem in jedermann zugänglicher Form bekanntgemacht werden.[127]

Dies muß allerdings nicht im jeweiligen Gesetzblatt geschehen.[128] Es genügt vielmehr die Veröffentlichung in einem sonstigen Publikationsorgan (z. B. Gemeinsames Ministerialblatt des Bundes bei Verwaltungsvorschriften des Bundes, Vorschriftensammlungen privater Normungsverbände).

52 Da es bei der Mehrzahl der technischen Regelwerke an einer förmlichen Inbezugnahme fehlt (problematische Ausnahmen: Verweisung in § 1 Abs. 1 der 2. DVO zum EnWG, § 1 der 4. DVO zum EnWG), erlangen sie keine Rechtsverbindlichkeit. Es spricht allerdings eine (widerlegbare) Vermutung dafür, daß die **Regelwerke sachverständiger Gremien** jeweils den vom Gesetzgeber vorausgesetzten technischen Standard ausfüllen.[129] Daher darf auch bei der richterlichen Rechtskontrolle nicht ohne Grund ein anderer Maßstab zugrunde gelegt werden (s. auch § 7 Rn. 36).[130]

Ob darüber hinaus ein **gerichtsfreier Beurteilungsspielraum** der Behörden hinsichtlich der Technikklauseln besteht, ist nach wie vor umstritten (vgl. auch § 5 Rn. 40ff.).[131] Das BVerwG scheint dieser Auffassung inzwischen zuzuneigen, auch wenn es den Terminus „Beurteilungsspielraum" meidet.[132] Eine partielle Einschränkung der Justitiabilität technischer Sachverhalte könnte jedenfalls gesetzlich angeordnet werden.[133]

---

[124] Vgl. jedoch *Schwierz,* Die Privatisierung des Staates am Beispiel der Verweisungen auf die Regelwerke privater Regelgeber im technischen Sicherheitsrecht, 1986.

[125] Vgl. nur *Karpen* (FN 113), S. 114ff.; *Sachs,* NJW 1981, 1651ff., 1652, und *Schenke,* FS Fröhler, 1980, S. 87ff., 103ff. I. d. S. dürfte auch BVerfGE 47, 285 (312), zu verstehen sein. A. A. wohl *Salzwedel,* NVwZ 1987, 276ff., 278.

[126] Dafür insbes. *Marburger,* in: Hosemann (FN 46), S. 119ff., 135ff. Für mehr Transparenz und staatliche Verfahrenskontrolle bei der Standardsetzung auch *Salzwedel,* NVwZ 1987, 276ff., 278f.

[127] Vgl. *Breuer,* AöR 101 (1976), 46ff., 62, und *Marburger* (FN 95), S. 408ff.

[128] So aber noch *Ossenbühl,* DVBl. 1967, 401ff., 405ff., und *Karpen* (FN 113), S. 154ff.

[129] *Scholz* (FN 95), S. 705.

[130] Vgl. zur näheren Begründung *Kloepfer,* VerwArch. 76 (1985), 371ff., 396f.; s. jetzt BVerwG, DVBl. 1988, 967ff., 970f. („Richtwerte als Indizien").

[131] Vgl. nur *Scholz* (FN 95), S. 706ff., und *K. H. Weber,* Regelungs- und Kontrolldichte im Atomrecht, 1984, S. 207ff., jeweils m. w. N.

[132] BVerwGE 72, 300 (316f.).

[133] Zu den gesetzgeberischen Gestaltungsmöglichkeiten näher *Kloepfer,* VerwArch. 76 (1985), 371ff., 395. Ebenso zuvor u. a. *Ossenbühl,* DVBl. 1978, 1ff., 9; *Schmidt-Aßmann,* NVwZ 1983, 1ff., 6, und *Scholz* (FN 95), S. 712.

F. Zuständigkeitsordnung

I. Grundsätzliches

Staatliche Umweltschutzaktivitäten in der Bundesrepublik Deutschland können sich nur im Rahmen insbesondere der bundesstaatlichen Kompetenzordnung entfalten. Ähnlich wie im gesamten bundesstaatlichen Kompetenzgefüge liegt auch beim Umweltschutz der Schwerpunkt der Gesetzgebungskompetenzen faktisch beim Bund (s. Rn. 54) und derjenige der Verwaltungszuständigkeiten bei den Ländern (s. Rn. 60). Damit sind nicht nur finanzielle Belastungen der Länder verbunden (s. u. Rn. 61), sondern vor allem auch strukturelle politische Benachteiligungen der Länder gegenüber dem Bund vorprogrammiert. Während dem Bund die politisch attraktive Aufgabe der Gesetzgebung zukommt, bleibt den Ländern die meist mühselige Aufgabe des Gesetzesvollzugs, die eher bei Vollzugsdefiziten die öffentliche Aufmerksamkeit erregt. Überspitzt gesagt: Mit dem Erlaß von Gesetzen kann man Wahlen gewinnen, mit Vollzugsfehlern Wahlen verlieren. **53**

II. Gesetzgebungskompetenzen

Bezüglich der Gesetzgebungskompetenzen[134] kann (und muß sich nach Art. 70 Abs. 1 GG) der Bund bei der Schaffung von Umweltrecht nicht auf einen umfassenden Zuständigkeitstitel für Umweltschutz, sondern u. a. auf folgende **Einzelzuständigkeiten** berufen: **54**

Im Bereich der **konkurrierenden Gesetzgebung** des Art. 74 GG:

Nr. 1	(u. a. zivilrechtliches Nachbarrecht und Umweltstrafrecht)
Nr. 11	(Wirtschaftskontrolle, einschließlich u. a. Energierecht, wohl auch z. T. Stoffrecht)[135]
Nr. 11a	(Strahlenschutz)
Nr. 12	(Arbeitsschutz)
Nr. 17	(Ernährungssicherung, Hochseefischerei, Küstenschutz)
Nr. 18	(Bodenrecht)
Nr. 19	(Gesundheitsrecht, Verkehr mit besonders gefährlichen Stoffen)
Nr. 20	(Lebens- und Futtermittelrecht, Tierschutz)
Nr. 21–23	(Schiffs-, Straßen- und Schienenverkehr)
Nr. 24	(Abfallbeseitigung, Luftreinhaltung, Lärmbekämpfung)

Innerhalb dieser – zum überwiegenden Teil nicht umweltschutzspezifischen – Rechtsbereiche (z. B. des Rechts der Wirtschaft) ist der Bund zu umfassenden, d. h. auch die Auswirkungen auf die Umwelt betreffenden Regelungen befugt.

Im Bereich der **Rahmengesetzgebung** (Art. 75 GG) sind zu nennen:

Nr. 3	(Jagdwesen, Naturschutz, Landschaftspflege)
Nr. 4	(Bodenverteilung, Raumordnung, Wasserhaushalt)

[134] Vgl. hierzu auch *Pestalozza,* WiVerw. 1984, 245 ff., und *Kloepfer/Meßerschmidt* (FN 86), S. 7 f.

[135] Art. 74 Nr. 11 GG erstreckt sich insoweit auch auf den Schutz vor Umweltgefahren, als diese von der Herstellung und dem Vertrieb von Wirtschaftsgütern herrühren. Daher läßt sich z. B. das Chemikaliengesetz auf Art. 74 Nr. 11 GG stützen.

Die Rahmenkompetenz des Bundes läßt die Gesetzgebungskompetenz der Länder in modifizierter Form fortbestehen, da der zu regelnde Bereich vom Bundesgesetzgeber nicht in allen Einzelheiten geordnet werden darf.[136] Den Ländern müssen vielmehr Regelungsmöglichkeiten von substantiellem Gewicht verbleiben. Das Rahmengesetz des Bundes muß der landesrechtlichen Ergänzung fähig und bedürftig sein und darf erst mit dieser zusammen eine geschlossene und vollziehbare Regelung bilden. Die Rahmenkompetenz wird vom Bund jedoch vielfach relativ weit gehandelt (so etwa im Abwasserabgabengesetz) und schließt das Recht zu punktuellen Vollregelungen ein.

Bei der **ausschließlichen Gesetzgebungskompetenz** kann insbesondere die akzessorische Zuständigkeit des Art. 73 Nr. 11 GG (Statistik für Bundeszwecke, z. B. Gesetz über Umweltstatistiken – Kloepfer Nr. 30) im Zusammenhang mit den oben angeführten Bundeskompetenzen einschlägig werden. Außerdem ist Art. 73 Nr. 6 GG (Bundeseisenbahn und Luftverkehr) zu erwähnen.

55 Angesichts dieses noch ergänzbaren Katalogs wird das **Übergewicht des Bundes** im Bereich der Umweltgesetzgebung leicht erkennbar. Im Hinblick auf die scheinbare Neuartigkeit des Umweltschutzes wäre an sich zu erwarten gewesen, daß angesichts der Regel- und Auffangzuständigkeit des Art. 70 Abs. 1 GG den Ländern hier die neuen Gesetzgebungszuständigkeiten gewissermaßen automatisch zuwachsen würden. Daß dem nicht so war, hängt zunächst damit zusammen, daß der Bund sich durch eine entsprechende Verfassungsänderung die zentralen Kompetenzen in Art. 74 Nr. 24 GG geschaffen hat,[137] was ihm bei der Umwandlung der Rahmenkompetenzen im Naturschutz und Wasserhaushalt in Vollkompetenzen allerdings mißlang.[138] Ein anderer, vielleicht sogar wichtigerer Grund liegt darin, daß der Umweltschutz eben keineswegs so neu ist, wie es manchem scheint, sondern sich zu einem wesentlichen Teil in und aus alten gesetzlichen Regelungsbereichen entwickelt hat, die dem Bund bereits zustehen (vgl. o. § 1 Rn. 35, 36).

56 Angesichts der bestehenden vielfältigen umweltspezifischen bzw. umweltrelevanten Gesetzgebungskompetenzen des Bundes wird für **ungeschriebene Zuständigkeiten** des Bundes nur ganz ausnahmsweise eine sachliche Rechtfertigung und verfassungsrechtliche Ableitbarkeit bestehen (z. B. für bundesweite Umweltgesamtplanung).[139] Daß bestimmte Umweltprobleme die Grenzen von Bundesländern überschreiten (z. B. bei Kraftwerken an Bundesländer-Grenzen), begründet noch keine Bundeszuständigkeit (kraft Natur der Sache), wohl aber eine Möglichkeit und u. U. eine Pflicht zur **Kooperation** zwischen Ländern.[140]

Einer freiwilligen Kooperation zwischen den Ländern evtl. unter Einschluß des Bundes ist grundsätzlich auch der Vorrang vor einem weiteren Ausbau der Bundeskompetenzen im Umweltschutz zu geben. Der politische Ruf nach dem Bundesgesetzgeber, der bei Umweltproblemen regelmäßig laut wird, beruht z. T. nur scheinbar auf Sachnotwendigkeiten des Umweltschutzes, sondern auf einem antiföderalistischen, dumpf-unitarischen Denken, das den Bundesorganen – wohl zu Unrecht – prinzipiell mehr zutraut als den Ländern.

---

[136] Hierzu und zum folgenden BVerfGE 4, 115 (129f.); 25, 142 (152); 43, 291 (342) – st. Rspr. Vgl. zur Rahmenkompetenz etwa *Stern,* Das Staatsrecht der Bundesrepublik Deutschland, Bd. II, 1980, § 37 II 3, S. 596f.

[137] 30. Ges. zur Änd. des Grundgesetzes v. 12. 4. 1972 (BGBl. I S. 593).

[138] Vgl. BT-Drs. V/3515; VI/1298; 7/885 und 887.

[139] Insofern ist es irreführend, wenn *Pestalozza,* WiVerw. 1984, 245ff., 245, den Umweltschutz als „typische Annexkompetenz" anspricht.

[140] Vgl. hierzu und zum bislang nicht genügend beachteten Problem der Umweltbelastungen zwischen nationalen Gebietskörperschaften *Kloepfer,* DVBl. 1984, 245ff., 251f.

57 Den **Ländern** bleiben im Bereich ihrer alleinigen Gesetzgebung vor allem das Landesplanungsrecht, das (subsidiäre) Ordnungsrecht und das Fischereirecht sowie – im Bundesrahmen – das Naturschutz- und Jagdrecht sowie das Wasserrecht. Auch im übrigen Umweltrecht spielen Landesgesetze insoweit eine Rolle, als der Bundesgesetzgeber seine vorrangige konkurrierende Gesetzgebungskompetenz nicht völlig ausgeschöpft hat (Art. 72 Abs. 1 GG, vgl. etwa die Immissionsschutz- oder Abfallgesetze der Länder).

Demgegenüber haben die Länder in der Anfangsphase des Umweltschutzes, insbesondere im Bereich der Immissionsschutzgesetzgebung zwischen 1964 und 1970, wichtige Pionierarbeit geleistet.[141] Teilweise wurden dabei – einen spezifischen Vorteil bundesstaatlicher Normsetzung nutzend – Normen zunächst auf Landesebene erprobt, bevor sie bundesweit eingeführt wurden.

Nicht zuletzt kompetenzrechtliche Probleme werden durch die Bemühungen einzelner Bundesländer aufgeworfen, etwa in der Energiepolitik[142] oder bei der Einführung von Geschwindigkeitsbegrenzungen[143], eigene Wege zu gehen.

58 Das Gesetzgebungsübergewicht des Bundes wird durch Mitwirkungsmöglichkeiten der Länder über den **Bundesrat** (nur) teilweise kompensiert, die in der Umweltgesetzgebung intensiv genutzt wurden.

Eine große Rolle spielt hier – wie überall – Art. 84 Abs. 1 GG, der Bundesgesetze, welche (auch) die Einrichtung der Behörden und das Verwaltungsverfahren regeln, zustimmungspflichtig macht. Aus diesem Grunde bedurfte z. B. das Bundes-Immissionsschutzgesetz der Zustimmung des Bundesrates.

59 Im einzelnen können sich bei der **Kompetenzprüfung** im Bereich der Umweltgesetzgebung diffizile Abgrenzungsprobleme ergeben, da sich die einzelnen Kompetenztitel nicht immer eindeutig bestimmten Umweltschutzmaterien zuordnen lassen (wenigstens bei den nicht-umweltschutzspezifischen Kompetenzen) und die Kompetenzen im Hinblick auf verschiedene Nutzungen eines Umweltgutes auseinanderfallen können (z. B. Wasserstraßenrecht – Art. 74 Nr. 21 GG, Gewässerschutz – Art. 75 Nr. 4 GG).

Für die kompetenzrechtliche Zuordnung eines Gesetzes, das mehrere Sachbereiche berührt, kommt es vor allem auf den Normzweck an: Ist ein Sachbereich unmittelbarer oder nur mittelbarer Regelungsgegenstand? Betrifft das Kompetenzthema Haupt- oder Nebenzwecke einer Regelung? Handelt es sich kompetenzthematisch um eine spezielle oder spezifische Regelung („Sonderrecht") oder nur um einen „Reflex" allgemeinen Rechts?[144] Die Überschneidungsproblematik stellt sich sowohl innerhalb des Zuständigkeitsbereiches eines Kompetenzträgers (Bund oder Land) als auch zwischen verschiedenen Kompetenzträgern (Bund und Ländern). Wirkliche, auch politisch relevante Schärfe entfaltet sie nur im zweiten Fall,[145] doch stellt sie sich auch im ersten Fall, insbesondere dann, wenn unterschiedliche Kompetenztatbestände entweder eine Voll- oder nur eine Rahmenregelung erlauben. Hiervon zu unterscheiden ist der im Grunde unproblematische Fall, daß sich ein Gesetz auf mehrere Kompetenztitel stützt, weil es Regelungen vereinigt, die in verschiedene Kompetenzbereiche der gleichen Gesetzgebungs-

---

[141] Vgl. *Kloepfer,* Zum Umweltschutzrecht in der Bundesrepublik Deutschland, 1972, S. 18 mit Gesetzesübersicht.
[142] Vgl. *Friauf,* in: Börner (Hg.), Beharren und Wandel im Energierecht, 1986, S. 11 ff.
[143] Vgl. *Jaxt,* NJW 1986, 2228 ff., und *R. Schmidt/H. Müller,* Einführung in das Umweltrecht, 1987, S. 26 ff., die jedenfalls die Kompetenz der Landesgesetzgeber zur Einführung genereller Tempolimits verneinen.
[144] Vgl. zum Ganzen näher *Scholz,* FG 25 J. BVerfG, 2. Bd., 1976, S. 252 ff., 267 ff. m. w. N.
[145] Vgl. *Stern* (FN 136), § 37 II 40, S. 607 f.

art fallen. Dies gilt etwa für das Bundes-Immissionsschutzgesetz, das sich außer auf Art. 74 Nr. 24 GG (Luftreinhaltung und Lärmbekämpfung) wegen der hiervon nicht erfaßten Bekämpfung anderer schädlicher Umwelteinwirkungen (Erschütterungen, Wärme oder Strahlen) auch auf Art. 74 Nr. 11, 21 und 22 GG stützt. (Hieraus erklärt sich im übrigen, weshalb z. B. § 22 Abs. 1 S. 2 BImSchG den Schutz vor solchen Einwirkungen auf Anlagen beschränkt, die gewerblichen Zwecken dienen oder in wirtschaftlichen Unternehmungen Verwendung finden.)

III. Verwaltungskompetenzen

1. *Kompetenzverteilung*

a) Gesetzesvollzug

60 Der Schwerpunkt der Umweltzuständigkeiten der Länder liegt im Bereich der Verwaltung. Angesichts der zentralen Bedeutung des Umweltrechtsvollzugs tragen die Länder für den Umweltschutz somit eminente Verantwortung. Die Länder (einschließlich der im Umweltschutz so wichtigen Gemeinden, die für örtliche Umweltangelegenheiten einen Verfassungstitel in Art. 28 Abs. 2 GG haben, aber im bundesstaatlichen Kompetenzverteilungssystem als Teil der Länder gelten) vollziehen hierbei nicht nur ihre eigenen Gesetze, sondern vor allem auch die Bundesgesetze. Der **Landesvollzug von** umweltbezogenem **Bundesrecht** geschieht regelmäßig nach Art. 84 GG unter Bundesaufsicht, die – eng verstanden – eine Rechtsaufsicht ermöglicht (Art. 84 Abs. 3 GG), aber – weiter verstanden – auch andere Einwirkungsmöglichkeiten des Bundes vorsieht.

Der Bund nutzt häufig (z. B. im Bundes-Immissionsschutzgesetz) die – an die Bundesratszustimmung gebundene – Befugnis zur Regelung des Verwaltungsverfahrens (Art. 84 Abs. 1 GG) bzw. zum Erlaß von Verwaltungsvorschriften (Art. 84 Abs. 2 GG). Ausnahmsweise vollziehen die Länder das Umweltrecht des Bundes, insbesondere im Kernenergie-, Luftverkehrs- und Bundeswasserstraßenrecht (Art. 87c, 87d, 89 Abs. 2 S. 2 GG), in Form der **Auftragsverwaltung** für den Bund, wo die Länder nicht nur der Rechtsaufsicht, sondern auch der Zweckaufsicht des Bundes nach Art. 85 GG und umfassenden Weisungsbefugnissen unterliegen.

Nur ausnahmsweise vollzieht der Bund seine Gesetze in Form der **bundeseigenen Verwaltung** selbst (z. B. Art. 89 Abs. 2 S. 1 GG). Wichtig im umweltrelevanten Bereich sind vor allem die nach Art. 87 Abs. 3 S. 1 GG geschaffenen selbständigen Bundesoberbehörden (ohne Mittel- und Unterbau), die sich mit Fragen des Umweltschutzes befassen (Umweltbundesamt, ferner: Bundesgesundheitsamt, Physikalisch-Technische Bundesanstalt, Bundesanstalt für Arbeitsschutz, Bundesanstalt für Gewässerkunde, Bundesforschungsanstalt für Naturschutz und Landschaftsökologie, s. i. e. Rn. 68).

b) Finanzierungslast

61 Da der Vollzug des Umweltschutzes ganz überwiegend Ländersache ist, tragen diese nach dem Finanzverfassungsgrundsatz der **Konnexität von Aufgaben- und Ausgabenverantwortung** (Art. 104a Abs. 1 GG) auch die Hauptfinanzierungslast für den Umweltschutz. Dies gilt nicht allein für den Vollzug von Landesgesetzen. Nur soweit die Länder Umweltgesetze des Bundes in Form der Auftragsverwaltung vollziehen – insbesondere im Kernenergie-, Luftverkehrs- und Bundeswasserstraßenrecht (Art. 87c, 87d, 89 Abs. 2 S. 2 GG) – oder eine Umweltschutzaufgabe aus-

nahmsweise in den Bereich der bundeseigenen Verwaltung fällt (Art. 86ff. GG), wie z.B. die Tätigkeit des Umweltbundesamtes, trägt der Bund die Kosten (Art. 104a Abs. 1 und 2 GG). Im Bereich der Bundesauftragsverwaltung gilt dies allerdings nur für die sog. Zweckausgaben, während die Verwaltungsausgaben für Unterhaltung und Betrieb des administrativen Apparates (Personalkosten, allgemeine Sachkosten) von den Ländern getragen werden müssen (Art. 104a Abs. 5 GG). Eine Sonderregelung für etwaige Geldleistungsgesetze des Bundes trifft Art. 104a Abs. 3 GG.

Das **Prinzip der gesonderten Ausgabentragung** von Bund und Ländern beinhaltet zugleich das grundsätzliche Verbot, Finanzierungsaufgaben der (bundesstaatlich) anderen Seite zu übernehmen. Dieser Grundsatz wird nur in einzelnen, im Grundgesetz vorgesehenen Fällen durchbrochen (Art. 91a, 91b, 104a Abs. 2–4, 120 Abs. 1 GG). Zwar werden in keinem dieser Fälle Umweltschutzaufgaben als Gegenstand von **Mischfinanzierungen** ausdrücklich genannt (etwa als Gemeinschaftsaufgabe i.S. von Art. 91a GG oder als legitimer Zweck für Finanzhilfen des Bundes i.S. von Art. 104a Abs. 4 GG), die dort genannten Förderungsaufgaben können sich aber teilweise mit Umweltschutzagenden überschneiden. 62

So kann über die **Gemeinschaftsaufgabe „Verbesserung der regionalen Wirtschaftsstruktur“** (Art. 91a Abs. 1 Nr. 2 GG) etwa die Errichtung von Entsorgungsanlagen durch den Bund mitfinanziert werden (§ 1 Abs. 1 Nr. 2b Gesetz über die Gemeinschaftsaufgabe „Verbesserung der regionalen Wirtschaftsstruktur“[146] – Kloepfer Nr. 123). Auch im Rahmen der **„Verbesserung der Agrarstruktur und des Küstenschutzes“** (Art. 91a Abs. 1 Nr. 3 GG) sind umweltschutzbezogene Finanzierungsbeteiligungen (hier sogar mit 60 bzw. 70 v.H. i.U. zur sonst hälftigen Beteiligung, vgl. § 10 des Gesetzes über die Gemeinschaftsaufgabe „Verbesserung der Agrarstruktur und des Küstenschutzes“[147] – Kloepfer Nr. 127) möglich, insbesondere bei wasserwirtschaftlichen und kulturbautechnischen Maßnahmen i.S. von § 1 Abs. 1 Nr. 2 des Gesetzes, z.B. Finanzierung von Abwasserbeseitigungsanlagen in ländlichen Gemeinden.

Auch die gesetzlich bzw. durch Verwaltungsvereinbarungen aufgrund des Bundeshaushaltsgesetzes geregelten **Finanzhilfen** für (besonders bedeutsame) Investitionen der Länder und Gemeinden nach Art. 104a Abs. 4 GG sind wirtschafts- und strukturpolitisch geprägt und kommen daher Umweltschutzmaßnahmen nur zugute, soweit diese im Zusammenhang mit einem der drei Förderungsziele – Abwehr einer Störung des gesamtwirtschaftlichen Gleichgewichts, Ausgleich unterschiedlicher Wirtschaftskraft im Bundesgebiet, Förderung des wirtschaftlichen Wachstums – stehen. Da eine solche sog. **Fondsverwaltung** insbesondere wegen der mit den Finanzhilfen verbundenen Zweckbindungen und sog. Dotationsauflagen nicht unbedenklich im Hinblick auf die bundesstaatliche Eigenständigkeit der Länder ist, dürfen diese im Grundgesetz genannten Förderungszwecke zudem nicht extensiv interpretiert werden.[148] Eine stärkere Ausrichtung dieser vor der Umweltgesetzgebung entstandenen Verfassungs- und Gesetzesregelungen (Finanzreform 1969) auf den Umweltschutz wäre eventuell rechtspolitisch erwägenswert.

2. *Organisation der Umweltverwaltung in Bund und Ländern*

Als Hauptproblem der administrativen Bewältigung des Umweltschutzes galt bis vor kurzem seine möglichst zielkonfliktfreie **Ressortierung** und besonders die Bewältigung der Zerrissenheit der exekutiven Umweltschutzzuständigkeiten,[149] die insbesondere im Bereich des Bundes an die verschiedensten Ressorts angebunden waren. Eigenständige **Umweltministerien,** die freilich nirgends sämtliche Umwelt- 63

---

[146] Ges. v. 6. 10. 1969 (BGBl. I S. 1861, zuletzt geänd. durch Ges. v. 23. 12. 1971, BGBl. I S. 2140).
[147] Ges. v. 3. 9. 1969 (BGBl. I S. 1573, geänd. durch Ges. v. 23. 12. 1971, BGBl. I S. 2140).
[148] BVerfGE 39, 96 (107ff.); 41, 291 (310ff.).
[149] Vgl. zur früheren Ressortstruktur auf Bundesebene *Hartkopf/Bohne,* Umweltpolitik, Bd. 1, 1983, S. 144f.

schutzkompetenzen umfassen, bestanden zunächst nur in einem Teil der Bundesländer.

Inzwischen bestehen Umweltministerien in allen **Bundesländern,** die jedoch vielfach mit anderen Ressorts (insbesondere Landwirtschaft, Landesentwicklung, Städtebau, Gesundheit) vereinigt sind und daher z. T. einen etwas janusköpfigen Charakter aufweisen.[150]

64 Erst Mitte 1986 wurde ein **Bundesministerium für Umwelt, Naturschutz und Reaktorsicherheit** errichtet (Organogramm als Anhang abgedruckt), dem folgende Zuständigkeiten übertragen wurden:[151] Umweltschutz, Sicherheit kerntechnischer Anlagen und Strahlenschutz (aus dem Geschäftsbereich des bislang federführenden Innenministeriums), Umwelt und Naturschutz (aus dem Geschäftsbereich des Bundesministers für Ernährung, Landwirtschaft und Forsten) sowie gesundheitliche Belange des Umweltschutzes, Strahlenhygiene, Rückstände von Schadstoffen in Lebensmitteln, Chemikalien (aus dem Geschäftsbereich des Bundesministers für Jugend, Familie und Gesundheit). Eine Allzuständigkeit für den Umweltschutz kommt auch dem neuen Ministerium indessen nicht zu, da wichtige Umweltschutzkompetenzen nicht bei diesem, sondern weiterhin bei den Ministerien für Arbeit und Sozialordnung (Arbeitssicherheit), für Jugend, Familie, Frauen und Gesundheit (gesundheitspolitische Aspekte des Umweltschutzes), für Forschung und Technologie (Forschungs- und Technologiepolitik einschließlich der Entwicklung und Förderung umweltfreundlicher Technologien), für Städtebau und Wohnungswesen (Raumordnung und Städtebau, Bauwesen), für Verkehr (Berücksichtigung umweltpolitischer Belange beim Verkehrswegebau, Verkehrslärmbekämpfung) und für Wirtschaft (insbesondere Energie- und Rohstoffpolitik, sektorale und regionale Strukturpolitik und Wettbewerbsfragen) liegen.

Mit der Zusammenfassung von wichtigen Umweltschutzkompetenzen in einem Ministerium wurde einer weitverbreiteten politischen Forderung Rechnung getragen. Für die Bildung eines eigenen Umweltministeriums sprachen daher nicht nur organisatorische, sondern auch umweltpolitische Gründe (wobei im konkreten Fall erkennbar auch – kaum legitime, aber erfolgreiche – wahltaktische Gründe des Bundeskanzlers hinzukamen). In Fachkreisen wurde demgegenüber lange Zeit argumentiert, daß die Umweltschutzaufgaben zwar konzentriert werden, aber in einem der klassischen „starken" Ministerien verbleiben sollten.[152] Nach dieser Auffassung wäre das bis dahin federführende Bundesinnenministerium (mit seiner bereits sehr effizienten Abteilung „U") prädestiniert gewesen, durch Zuordnung weiterer Umweltkompetenzen zu einem vollwertigen Umweltressort arrondiert zu werden. Es bleibt abzuwarten, inwieweit die (inzwischen etwas verstummten) skeptischen Stimmen wegen der angeblichen Durchsetzungsschwäche eines selbständigen Umweltressorts durch die tatsächliche Entwicklung bestätigt oder widerlegt werden.

65 Die im politischen Raum gelegentlich erhobene Forderung, den Umweltminister mit einem **Vetorecht** gegenüber allen umweltrelevanten Gesetzesvorlagen der Bundesregierung auszu-

---

[150] „Reine" Umweltministerien bestanden Ende 1988 in Baden-Württemberg, Hamburg („Umweltbehörde"), Niedersachsen, Saarland und (zuletzt errichtet) Schleswig-Holstein, ebenfalls vergleichsweise interessenhomogene Ministerien für „Umwelt und Energie" bzw. „Umwelt und Gesundheit" in Hessen und Rheinland-Pfalz. Bayern, Berlin und Bremen verbinden den Umweltschutz mit der Landes- bzw. Stadtentwicklung. In Bremen ist jedoch eine Aufteilung geplant. Die Verbindung mit dem Landwirtschaftsressort findet sich noch in Nordrhein-Westfalen.

[151] Organisationserlaß des Bundeskanzlers v. 5. 6. 1986, BGBl. I S. 864 – abgedruckt bei Kloepfer Nr. 3. Beachte auch die Vertretungsordnung des BMU v. 27. 1. 1987 (Kloepfer Nr. 4). Vgl. zum Aufbau des Ministeriums aus der subjektiven Perspektive daran Beteiligter *Mertes/Müller,* VerwArch. 78 (1987), 459ff.

[152] Vgl. zur früheren Ressortdiskussion *Kloepfer* (FN 141), S. 33ff. m. w. N., und *Hartkopf/Bohne* (FN 149), S. 150f.

statten, besitzt derzeit keine ernsthafte Realisierungschance. Auch wäre eine solche Aufwertung eines einzelnen Kabinettsmitgliedes zu einer Art „Superminister" weder mit der Richtlinienkompetenz des Bundeskanzlers noch mit dem Kollegialprinzip (Art. 65 GG) vereinbar. Ohne Verfassungsänderung zulässig wäre wohl nur ein eingeschränktes, im wesentlichen lediglich „devolutives", durch Mehrheitsbeschluß überwindbares Widerspruchsrecht, wie es derzeit gemäß § 26 GeschOBReg in bestimmten Fragen der Finanz- und der Justizminister besitzen.

Im Bundestag entspricht dem „Umweltministerium" im wesentlichen der neu gebildete Ausschuß für Umwelt, Naturschutz und Reaktorsicherheit (**„Umweltausschuß"**, 21. Ausschuß).[153] 66

Die Errichtung des Bundesumweltministeriums macht die bereits bestehenden Koordinationsgremien nicht entbehrlich (aber verringert wohl ihre Bedeutung): Der **Kabinettsausschuß für Umweltfragen** („Umweltkabinett") unter dem Vorsitz des Bundeskanzlers ist für die Vorbereitung von Kabinettsentscheidungen in grundlegenden Fragen der Umweltpolitik zuständig. Den Großteil der Koordination zwischen den beteiligten Bundesressorts (Ministerien und Bundeskanzleramt) leistet jedoch der **„Ständige Abteilungsleiterausschuß für Umweltfragen/Bund" (StALA/Bund),** in dem umweltpolitische Entscheidungen auf Abteilungsleiterebene vorbereitet werden. 67

Speziell der umweltpolitischen Koordination zwischen Bund und Ländern sowie der Länder untereinander dienen regelmäßige Konferenzen der Umweltminister von Bund und Ländern (**Umweltministerkonferenz**), die Ausdruck des kooperativen Föderalismus sind. Außerdem bestehen ein ständiger Abteilungsleiterausschuß, in dem Ministerialbeamte aus Bund und Ländern zusammenarbeiten **(StALA Bund/Länder)** sowie Arbeitsgemeinschaften für einzelne Umweltbereiche (z. B. Wasserwirtschaft, Immissionsschutz).

Daneben nehmen verschiedene **Bundesoberbehörden** i. S. von Art. 87 Abs. 3 GG und **weitere Bundesbehörden** Aufgaben des Umweltschutzes wahr, unter denen das Umweltbundesamt in Berlin eine herausragende Bedeutung hat. Die Schwerpunkte ihrer Tätigkeit liegen bei der Beratung und Unterstützung der Ministerien durch Datenerfassung und Dokumentation, der Umweltforschung und der umweltbezogenen Öffentlichkeitsarbeit. In den Vordergrund treten die Forschungsaufgaben bei den verschiedenen Forschungseinrichtungen des Bundes (z. B. Bundesforschungsanstalt für Naturschutz und Landschaftsökologie, Bundesanstalt für Gewässerkunde). 68

Im Unterschied zu anderen Bundesbehörden, wie Bundesgesundheitsamt[154], biologische Bundesanstalt[155], physikalisch-technische Bundesanstalt[156], Bundesanstalt für Gewässerkunde[157] oder Bundesanstalt für Arbeitsschutz[158], ist das 1974 errichtete **Umweltbundesamt**[159] ausschließlich mit Aufgaben des Umweltschutzes befaßt. Es besitzt zwar keine Vollzugskompetenzen, erfüllt aber wichtige Funktionen u. a. bei der

[153] Vgl. BT-Drs. 10/5786.
[154] Vgl. Gesetz über die Errichtung eines Bundesgesundheitsamtes v. 27. 2. 1952 (BGBl. I S. 121, zuletzt geänd. durch Ges. v. 23. 6. 1970, BGBl. I S. 805).
[155] Errichtet durch VO v. 8. 9. 1950 (BGBl. I S. 678); erwähnt auch in § 18 PflSchG.
[156] Errichtet durch VO v. 8. 9. 1950 (BGBl. I S. 678), spezielle Zuständigkeiten nach § 23 AtG.
[157] Durch VO v. 4. 9. 1951 (BGBl. I S. 826) in die Verwaltung des Bundes übernommen, vgl. auch § 45 Abs. 3 WaStrG.
[158] Vgl. VO v. 2. 12. 1981 (BGBl. S. 1238); zuvor: Bundesanstalt für Arbeitsschutz und Unfallforschung.
[159] § 1 Abs. 1 Gesetz über die Errichtung eines Umweltbundesamtes v. 22. 7. 1974 (BGBl. I S. 1505, geänd. durch VO v. 26. 11. 1986, BGBl. I S. 2089) – Kloepfer Nr. 5.

- wissenschaftlichen Unterstützung des Bundesumweltministeriums in allen Angelegenheiten, insbesondere bei der Erarbeitung von Rechts- und Verwaltungsvorschriften,
- Entwicklung von Planungshilfen und ökologischen Bewertungsmaßstäben,
- Umweltdokumentation und -information, insbesondere durch Aufbau und Führung eines Umweltplanungs- und Informationssystems (UMPLIS),
- Aufklärung der Öffentlichkeit in Umweltfragen,
- Bereitstellung zentraler Dienste und Hilfen für Ressortforschung und die Koordinierung der Umweltforschung des Bundes,
- Prüfung der Umweltverträglichkeit von Maßnahmen des Bundes.

Neben diesen durch § 2 Abs. 2 UBAG (Kloepfer Nr. 5) zugewiesenen Zentralaufgaben erledigt das Umweltbundesamt Aufgaben kraft spezieller gesetzlicher Zuweisung (§ 2 Abs. 1 S. 1, 2. Alt. UBAG) insbesondere nach dem Waschmittelgesetz (§ 9 WRMG) sowie nach internationalen Vereinbarungen über die Einbringung von Abfällen auf hoher See. Weitere Verwaltungsaufgaben des Bundes können ihm im Rahmen des § 2 Abs. 2 UBAG übertragen werden. Hierzu gehört auch die Unterhaltung eines Meßstellennetzes zur Überwachung der Luftqualität.

Als weitere Bundesoberbehörde im Geschäftsbereich des Umweltministeriums soll das **Bundesamt für Strahlenschutz** bisher auf verschiedene Institutionen verteilte Kompetenzen (insbesondere auch der atomrechtlichen Aufsicht) vereinigen.

69 Als unabhängiges Beratungsgremium außerhalb der Bundesverwaltung wurde 1971 durch Erlaß des Bundesministers des Innern (Kloepfer Nr. 8) der **Rat von Sachverständigen für Umweltfragen** (SRU) errichtet.[160] Ihm gehören Wissenschaftler verschiedener Fachgebiete an. Er soll durch (periodische) Begutachtung der Umweltsituation, wozu auch das Aufzeigen von Fehlentwicklungen und Möglichkeiten zu deren Vermeidung oder Beseitigung gehört, die Urteilsbildung bei allen umweltpolitisch verantwortlichen Instanzen sowie in der Öffentlichkeit erleichtern (vgl. §§ 1 und 2 des Organisationserlasses). Zu diesem Zweck erstattet der – prinzipiell dem Sachverständigenrat zur Begutachtung der gesamtwirtschaftlichen Entwicklung vergleichbare, aber politisch bisher weniger beachtete – Sachverständigenrat umfassende Umweltgutachten und Sondergutachten (s. o. § 1 Rn. 7 und § 4 Rn. 17). Dem Gremium gehören 12 Wissenschaftler an, darunter die Juristen *Hoppe* (Aufgabe im Rat: Bau- und Planungsrecht, Raumplanung) und *E. Rehbinder* (Aufgabe: Umweltrecht).

Außerdem bestehen spezielle Beiräte und Kommissionen mit enger umrissenen Aufgabenstellungen wie der Beirat für Naturschutz und Landschaftspflege, der Bundesbeauftragte für Naturschutz, die Reaktorsicherheitskommission (RSK) und die Strahlenschutzkommission (SSK). Die beiden letzteren sind v. a. mit der Erarbeitung kerntechnischer Standards befaßt und sind insofern Normsetzungsorgane besonderer Art (s. o. Rn. 48).

70 Die Zusammenführung wichtiger Kompetenzen an der Exekutivspitze des Bundes bedeutet keine entsprechende Konzentration des **Verwaltungsvollzuges,** der ganz überwiegend Angelegenheit der Länder bzw. der Kommunen ist. Eine bundeseigene Umweltverwaltung unterhalb der Zentralinstanzen existiert im Regelfall nicht (zu den Gründen s. o. Rn. 60, Ausnahme z. B. Bundeswasserstraßenverwaltung). Auch besitzt die Bundesregierung – abgesehen von der Auftragsverwaltung (s. o. Rn. 60) im wesentlichen nur auf den Gebieten des Strahlenschutzes und des Luftverkehrsrechts – keine Weisungsbefugnisse gegenüber den Landesregierungen.

Die **Verwaltungsorganisation des Umweltschutzes** in den **Bundesländern** und **Kommunen** ist äußerst vielgestaltig; sie ist nicht nur innerhalb der Länder und Kommunen durch eine starke (Zer-)Gliederung gekennzeichnet, sondern divergiert (wie im Bundesstaat freilich kaum anders zu erwarten) auch stark zwischen den Bundesländern. Dabei schließt es die Aufgaben- und Organisationsvielfalt aus, an dieser

[160] Erlaß über die Errichtung eines Rates von Sachverständigen für Umweltfragen bei dem Bundesminister des Innern v. 28. 12. 1971 (BAnz. 1972 Nr. 8) – Kloepfer Nr. 8.

Stelle eine detaillierte Darstellung der „Umweltschutzverwaltung" zu geben.[161] Hinweise zur Organisation der Umweltschutzverwaltung bleiben der späteren Darstellung der Einzelbereiche des Umweltschutzes vorbehalten (s. § 7 Rn. 173ff., § 8 Rn. 65f., § 9 Rn. 2ff., § 10 Rn. 69, § 11 Rn. 186, § 12 Rn. 167, § 13 Rn. 96).

Die nachfolgenden Anmerkungen müssen sich auf einige grundsätzliche Beobach- 71
tungen beschränken: In die Umweltschutzverwaltung **unterhalb der Bundesebene** teilen sich Behörden der allgemeinen Landesverwaltung, Sonderbehörden der Länder, Städte und Gemeinden sowie Landkreise – jeweils in der doppelten Funktion als Selbstverwaltungsträger und als Träger der staatlichen Auftragsverwaltung –, kommunale Zweckverbände[162] wie auch andere Selbstverwaltungsträger (z. B. Wasser- und Bodenverbände), wobei an den Rändern die Grenzen zu den verschiedenen Organisationsformen gesellschaftlicher bzw. privater Umweltschutzverantwortung offen sind (z. B. Technische Überwachungsvereine). Ein gewisses Aufgabenübergewicht liegt hierbei bei der – meist dreistufig gegliederten – Landesverwaltung i. e. S.

Oberste Umweltschutzbehörde in den Ländern sind grundsätzlich jeweils die Umweltministerien (s. o. Rn. 63). In deren Geschäftsbereich bestehen verschiedentlich **obere Landesbehörden** mit spezifischem Umweltschutzauftrag, die für das gesamte Landesgebiet zuständig sind (z. B. Landesamt für Wasser und Abfall Nordrhein-Westfalen, Landesamt für Umweltschutz und Gewerbeaufsicht Rheinland-Pfalz, Landesamt für Wasserwirtschaft Rheinland-Pfalz). Um Dienststellen der obersten Landesbehörden ohne hoheitliche Befugnisse handelt es sich bei den im Umweltschutz zahlreichen **Einrichtungen** mit vorwiegend technischen und wissenschaftlichen Aufgaben (z. B. Hessische Landesanstalt für Umwelt, Landesanstalt für Immissionsschutz des Landes Nordrhein-Westfalen, Landesanstalt für Ökologie, Landschaftsentwicklung und Forstplanung Nordrhein-Westfalen). Die **Mittelstufe** der Umweltschutzverwaltung bilden in den Flächenstaaten (mit Ausnahme des Saarlands und Schleswig-Holsteins, die keine Mittelinstanz kennen) einerseits die **Regierungspräsidenten** bzw. „Regierungen" oder „Bezirksregierungen", die als Mittelbehörde alle Aufgaben der Landesverwaltung, die nicht ausdrücklich anderen Behörden übertragen sind, bündeln (allgemeine Landesverwaltung). Ihre Stellung in der Umweltschutzverwaltung ist – nicht zuletzt auch wegen der von ihnen ausgeübten Aufsichtsbefugnisse – von ganz erheblichem Gewicht. Andererseits bestehen Mittelbehörden der **Sonderverwaltung,** die jedoch bislang nicht von vergleichbarer Bedeutung für den Umweltschutz sind (z. B. Direktor der Landwirtschaftskammer). Am deutlichsten untergliedert sind die Umweltschutzzuständigkeiten auf der **unteren Ebene.** Grundsätzlich ist auch hier zwischen allgemeiner Verwaltung und Sonderverwaltung zu unterscheiden. Dabei obliegen z. B. die Aufgaben der Luftreinhaltung und Lärmbekämpfung regelmäßig den **Gewerbeaufsichtsämtern.** Im übrigen ist die Erfüllung der örtlichen Umweltschutzaufgaben grundsätzlich Sache der Kreise und kreisfreien Städte, die teils als untere Behörde der allgemeinen Landesverwaltung (z. B. untere Wasserbehörde, Naturschutzbehörde), teils als Träger kommunaler Selbstverwaltung agieren (s. u. Rn. 72). Generalisierende Aussagen sind in diesem Bereich wegen der zahllosen organisatorischen Unterschiede zwischen den Bundesländern kaum möglich.

---

[161] Vgl. zur Übersicht *Bothe,* Verwaltungsorganisation im Umweltschutz, 1986, und *Dittmann,* in: Kimminich/v. Lersner/Storm (Hg.), Handwörterbuch des Umweltrechts (HdUR), Bd. II, 1988, Sp. 115ff., 124ff.

Pragmatische Erwägungen, insbesondere die der Konzentration der im Umweltschutz notwendigerweise zunehmend spezialisierten sachlichen und personellen Kapazitäten, sprechen dabei grundsätzlich für die Einrichtung bzw. den Ausbau von (für das Gesamtgebiet eines Landes zuständigen) **Sonderbehörden.** Auch innerhalb der allgemeinen Verwaltung wird in der Praxis zunehmend von der Möglichkeit Gebrauch gemacht, Umweltschutzaufgaben in eigenen Umweltreferaten zusammenzufassen. Die (gleichwohl fortbestehende) Zuständigkeits- und Aufgabenzersplitterung an der ,,Vollzugsfront", in der sich z. T. noch **ältere Amtsstrukturen** (z. B. Gewerbeaufsicht, Gesundheitsämter, Wasserschutzbehörde, staatliche Forstämter usw.) erhalten haben,[163] lastet u. U. mehr auf der Effektivität des Umweltschutzes als die – inzwischen teilweise überwundene – Dichotomie an der Spitze.

Die kaum allgemeinverbindlich einschätzbare Aufgabe einer sachgerechten Organisation der Umweltschutzverwaltung ist primär keine rechtliche, sondern eine verwaltungstechnische Frage. Zwar sind nach der Rechtsprechung des BVerfG die Länder ,,von Verfassungs wegen gehalten, ihre Verwaltung nach Art, Umfang und Leistungsvermögen entsprechend den Anforderungen sachgerechter Erledigung des sich aus der Bundesgesetzgebung ergebenden Aufgabenbestandes einzurichten"[164]. Hieraus läßt sich aber keine bestimmte Verwaltungsstruktur als allein verfassungsgeboten herleiten.

72 Die Schwerpunkte der **kommunalen Selbstverwaltung** im Umweltschutz[165] liegen vor allem bei der lokalen Flächendisposition durch die Bauleitplanung (s. auch § 9 Rn. 27ff.) sowie bei den kommunalen Einrichtungen, doch haben die Kommunen auch im Bereich der Auftragsverwaltung als Unterbehörden der Landesverwaltung erhebliches Gewicht und aufgrund der beträchtlichen Konkretisierungsspielräume des Umweltrechts auch dort vielfache eigenständige Gestaltungsmöglichkeiten.

Obwohl der lokale Umweltschutz zweifellos auch zum genuinen Aufgabenkreis der örtlichen Gemeinschaft gehört, wird dem Beitrag der Kommunen für den Umweltschutz erst neuerdings wieder stärkere Aufmerksamkeit zuteil. Die langjährige Tendenz zur entkommunalisierenden ,,Verstaatlichung" des Umweltschutzes,[166] die sich in der teilweisen Unterschätzung der kommunalen Beiträge zum Umweltschutz niederschlug, hat ihren Grund einerseits sicherlich in der Komplexität und Großräumigkeit der Umweltprobleme, wodurch kommunale Handlungsmöglichkeiten vielfach überfordert sind; andererseits haben aber auch zahlreiche umweltbelastende Fehlentscheidungen der Kommunen in der Vergangenheit (z. B. Straßenführung i. S. der ,,autogerechten Stadt", Anlage von Trabantenstädten, Zerstörung gewachsener Stadtviertel usw.) diese vielfach weniger in der Rolle der Umweltschützer, denn auf ,,Täterseite" erscheinen lassen.[167] Hier bahnt sich in Theorie und Praxis ein – wenn auch teilweise noch immer zögerlicher – Wandel zum Besseren an, der teilweise bereits in einen nicht immer rationalen, vielfach freilich auch nur symbolisch geführten Umweltschutz-Profilierungswettbewerb zwischen Kommunen umschlägt.

---

[162] Hierzu näher *Oebbecke,* Zweckverbandsbildung und Selbstverwaltungsgarantie, 1982.

[163] Vgl. dazu etwa *Kaufhold,* in: Jeserich/Pohl/v. Unruh (Hg.), Deutsche Verwaltungsgeschichte, Bd. 3, 1984, S. 207ff., 243ff., und *W. Hofmann,* aaO., S. 578ff., 589ff.

[164] BVerfGE 55, 274 (318).

[165] Vgl. zu den sich nicht im Gesetzesvollzug erschöpfenden Aufgaben der Gemeinden im Umweltschutz *Salzwedel,* WiVerw. 1987, 1ff., und *Schmidt-Aßmann,* NVwZ 1987, 265ff.

[166] *Salzwedel,* WiVerw. 1987, 1ff., 1f.

[167] *Salzwedel,* WiVerw. 1987, 1ff., 1f.

§ 3 Grundprinzipien des Umweltschutzes

Schrifttum: *Arbeitsgemeinschaft für Umweltfragen* (Hg.), Überlegungen zur Anwendung des Verursacherprinzips (Das Umweltgespräch), 1975; *v. Arnim,* Alternativen wirtschaftspolitischer Steuerung: Anreize oder Gebote, in: Hansmeyer (Hg.), Staatsfinanzierung im Wandel, 1983, S. 725ff.; *Bea,* Die Verteilung der Lasten des Umweltschutzes nach dem Verursacherprinzip, WiSt 1973, 453ff.; *Behrens,* Umweltschutzsubventionen, Verursacherprinzip und Europäisches Gemeinschaftsrecht, EuR 1977, 240ff.; *Benkert,* Die Bedeutung des Gemeinlastprinzips in der Umweltpolitik, ZfU 1986, 213ff.; *D. Birk,* Das Leistungsfähigkeitsprinzip als Maßstab der Steuernormen, 1983; *Bohne,* Privatisierung des Staates, JbRSoz. 8 (1982), S. 266ff.; *Bonus,* Der Schutz des Schwächeren in der Umweltökonomie, RabelsZ 40 (1976), 409ff.; *Breuer,* Gefahrenabwehr und Risikovorsorge im Atomrecht, DVBl. 1978, 829ff.; *ders.,* Die Bedeutung des § 8 BNatSchG für Planfeststellungen und qualifizierte Genehmigungen nach anderen Fachgesetzen, NuR 1980, 89ff.; *ders.,* Die Selbstverwaltung der Wasser- und Bodenverbände, in: Festgabe zum 70. Geburtstag von Georg Christoph v. Unruh, 1983, S. 855ff.; *Bullinger,* Rechtsfragen des Verursacherprinzips beim Umweltschutz, in: ders./Rincke/Oberhauser/R.-B. Schmidt, Das Verursacherprinzip und seine Instrumente, 1974, S. 69ff.; *ders.,* Umweltrechtliches Verursacherprinzip und Raumordnung, in: Festschrift für Werner Weber zum 70. Geburtstag, 1974, S. 663ff.; *ders./Rincke/Oberhauser/R.-B. Schmidt,* Das Verursacherprinzip und seine Instrumente, 1974; *Bundesministerium des Innern* (Hg.), Das Verursacherprinzip. Möglichkeiten und Empfehlungen zur Durchsetzung, 1973; *Buxbaum,* Solidarische Schadenshaftung bei ungeklärter Verursachung im deutschen, französischen und angloamerikanischen Recht, 1965; *Cansier,* Die Förderung des umweltfreundlichen technischen Fortschritts durch die Anwendung des Verursacherprinzips, JbSozWiss. 29 (1978), S. 145ff.; *R. Coase,* Das Problem der sozialen Kosten, in: Assmann/Kirchner/Schanze (Hg.), Ökonomische Analyse des Rechts, 1978, S. 146ff.; *Crone-Erdmann,* Verursacherprinzip und Abgabewesen, DB 1974, 1877ff.; *Darnstädt,* Gefahrenabwehr und Gefahrenvorsorge, 1983; *Diederichsen/Scholz,* Kausalitäts- und Beweisprobleme im zivilrechtlichen Umweltschutz, WiVerw. 1984, 23ff.; *Drews/Wacke/Vogel/Martens,* Gefahrenabwehr, 9. Aufl., 1986; *Erbel,* Forum: Zur Polizeipflichtigkeit des sog. ,,Zweckveranlassers", JuS 1985, 257ff.; *Ewringmann,* Artikel ,,Verursacherprinzip", in: Kimminich/v. Lersner/Storm (Hg.), Handwörterbuch des Umweltrechts (HdUR), Bd. II, 1988, Sp. 1049ff.; *Feldhaus,* Zumutbarkeitsgrenzen als Wege der Konfliktlösung am Beispiel des Immissionsschutzrechtes, DVBl. 1979, 301ff.; *ders.,* Der Vorsorgegrundsatz des Bundes-Immissionsschutzgesetzes, DVBl. 1980, 133ff.; *ders.,* Zum Inhalt und zur Anwendung des Standes der Technik im Immissionsschutzrecht, DVBl. 1981, 165ff.; *ders.,* Der Kompromiß bei der Harmonisierung von Zielen als Rechtsgebot, in: Börner (Hg.), Umwelt, Verfassung, Verwaltung, 1982, S. 87ff.; *ders./O. A. Schmitt,* Kausalitätsprobleme im öffentlich-rechtlichen Umweltschutz – Luftreinhaltung, WiVerw. 1984, 1ff.; *Franke,* Umweltschutz, Verursacherprinzip und Bestandsschutz im Wasserrecht, ZfW 1976, 1ff.; *Friauf,* Zur Problematik des Rechtsgrundes und der Grenzen der polizeilichen Zustandshaftung, in: Festschrift für Gerhard Wacke zum 70. Geburtstag, 1972, S. 293ff.; *ders.,* Der Kompromiß bei der Harmonisierung von Zielen als Rechtsgebot, in: Börner (Hg.), Umwelt, Verfassung, Verwaltung, 1982, S. 105ff.; *ders.,* Polizei- und Ordnungsrecht, in: v. Münch (Hg.), Besonderes Verwaltungsrecht, 8. Aufl., 1988, S. 201ff.; *Gäfgen,* Ökonomische Implikationen ethischer Prinzipien, in: Duwendag/Siebert (Hg.), Politik und Markt, 1980, S. 191ff.; *Glatz/Meißner,* Verteilungswirkungen der Umweltpolitik, Wirtschaft und Gesellschaft (Wien) 8 (1982), 785ff.; *Götz,* Allgemeines Polizei- und Ordnungsrecht, 8. Aufl., 1985; *Grabitz,* Zweck und Maß der Vorsorge nach dem Bundes-Immissionsschutzgesetz, WiVerw. 1984, 232ff.; *Hansen-Dix,* Die Gefahr im Polizeirecht, im Ordnungsrecht und im Technischen Sicherheitsrecht, 1980; *Hansmeyer* (Hg.), Staatsfinanzierung im Wandel, 1983; *Hartkopf,* Über Verantwortung im Umweltschutz, NuR 1981, 113ff.; *Hoppe,* Die ,,Zusammenstellung des Abwägungsmaterials" und die ,,Einstellung der Belange" in die Abwägung ,,nach Lage der Dinge", DVBl. 1977, 136ff.; *Kernforschungszentrum Karlsruhe* (Hg.), Durchsetzung des Verursacherprinzips im Gewässerschutz, 1972; *F. Kirchhof,* Die Höhe der Gebühr, 1981; *P. Kirchhof,* Verfassungsrecht und öffentliches Einnahmesystem, in: Hansmeyer (Hg.), Staatsfinanzierung im Wandel, 1983, S. 33ff.; *Kloepfer,* Umweltschutz durch Abgaben, DÖV 1975, 593ff.; *ders./Meßerschmidt,* Innere Harmonisierung des Umweltrechts, 1987; *H.-J. Koch,* Das Abwägungsgebot im Planungsrecht, DVBl. 1983, 1125ff.; *Kormann,* Lastenverteilung bei Mehrheit von Umweltstörern, UPR 1983, 281ff.; *Ladeur,* ,,Abwägung" – Ein neues Rechtsparadigma?, ARSP 69 (1983), 463ff.; *v. Lersner,* Das Verursacherprinzip im deutschen Wasserrecht, Kor.Abw. 1972, 268ff.; *ders.,* Artikel ,,Vorsorgeprinzip", in: Kimminich/v. Lersner/Storm (Hg.), Handwörterbuch des Umweltrechts (HdUR), Bd. II, 1988, Sp. 1086ff.; *Lukes* (Hg.), Gefahren und Gefahrenbeurteilungen im Recht, 3 Bde., 1980; *W. Martens,* Wandlungen im Recht der Gefahrenabwehr, DÖV 1982, 89ff.; *Meßerschmidt,* Umweltabgaben als Rechtsproblem, 1986; *Murswiek,* Die staatliche Verantwortung für die Risiken der Technik, 1986; *Nicklisch* (Hg.), Prävention im Umweltrecht, 1988; *Ossenbühl,* Vorsorge als Rechtsprinzip im Gesundheits-, Arbeits- und Umweltschutz, NVwZ 1986, 161ff.; *Pietzcker,* Mitverantwortung des Staates. Verantwortung des Bürgers, JZ 1985, 209ff.; *Pigou,* Divergenzen zwischen dem sozialen Nettogrenzprodukt und dem privaten Nettogrenzprodukt, in: Siebert (Hg.),

Umwelt und wirtschaftliche Entwicklung, 1979, S. 23ff.; *Poppe,* Verursacherprinzip und Umweltschutz, Diss. jur. Marburg 1975; *Rabeneick,* Das Verursacherprinzip im Umweltschutz, DVBl. 1971, 260f.; *E. Rehbinder,* Politische und rechtliche Probleme des Verursacherprinzips, 1973; *ders.,* Umweltrecht. Rechtsvergleichendes Generalreferat, RabelsZ 40 (1976), 363ff.; *ders.,* Allgemeines Umweltrecht, in: Salzwedel (Hg.), Grundzüge des Umweltrechts, 1982, S. 81ff.; *Rengeling,* Die immissionsschutzrechtliche Vorsorge, 1982; *ders.,* Die immissionsschutzrechtliche Vorsorge als Genehmigungsvoraussetzung, in: Börner (Hg.), Umwelt, Verfassung, Verwaltung, 1982, S. 181ff.; *ders.,* Das Kooperationsprinzip im Umweltrecht, 1988; *Rid,* Die Vorsorgepflicht bei genehmigungsbedürftigen Anlagen im Bundes-Immissionsschutzgesetz, Diss. jur. Tübigen 1985; *Rubel,* Planungsermessen. Norm- und Begründungsstruktur, 1982; *Schäfer,* Das Verursacherprinzip in der Umweltschutzpolitik, Umwelt (VDI) 1972, 4ff.; *Schlink,* Abwägung im Verfassungsrecht, 1976; *J. Schmidt,* Verursacherprinzip und Sozialkosten, AcP 175 (1975), 222ff.; *Schmöller/Mäder,* Zum Vorsorgeanspruch des Bundes-Immissionsschutzgesetzes, GewArch. 1980, 47ff.; *W. Schneider,* Verursacherprinzip oder die Belastung aller?, in: Festschrift für Hans Raupach, 1973, S. 457ff.; *Schnur,* Probleme um den Störerbegriff im Polizeirecht, DVBl. 1962, 1ff.; *Schottelius,* Das Verursacherprinzip, Irrungen Wirrungen, in: Festgabe für Hermann Weitnauer zum 70. Geb., 1980, S. 397ff.; *Chr. Schröder,* Vorsorge als Prinzip des Immissionsschutzrechts, 1987; *Schwerdtfeger,* Das System der Vorsorge im BImSchG, WiVerw. 1984, 217ff.; *Seibert,* Zum Zusammenhang von Ordnungs- und Kostentragungspflicht, DVBl. 1985, 328f.; *Sellner,* Zum Vorsorgegrundsatz im Bundes-Immissionsschutzgesetz, NJW 1980, 1255ff.; *Sendler,* Grundprobleme des Umweltrechts, JuS 1983, 255ff.; *Thoss,* Verursacherprinzip – Kompensation oder Verhinderung von Umweltschäden, in: Schultze (Hg.), Umwelt-Report, 1972, S. 21ff.; *Thürer,* Das Störerprinzip im Polizeirecht, ZSR NF 102 (1983), 2. Halbbd., 463ff.; *Umweltbundesamt* (Hg.), Symposium „Das Vorsorgeprinzip im Umweltschutz", 1985; *Vallendar,* Grundzüge des Kausalabgabenrechts, Bern 1976; *Voigt,* Das Verursacherprinzip im Umweltrecht, WiVerw. 1983, 142ff.; *Wegener,* Rechtliche Aspekte des Verursacherprinzips und Konsequenzen für die Planung, DVBl. 1975, 176ff.; *Wegscheider,* Kausalitätsfragen im Umweltstrafrecht, ÖJZ 1983, 90ff.; *Wilke,* Gebührenrecht und Grundgesetz, 1973; *Windisch,* Coase-Paradigma versus Pigou-Paradigma: Über Informationen und Motivation als Grundlagen dezentralisierter Umweltkontrolle, Zs. f. Nationalökonomie 35 (1975), 345ff.; *Würtenberger,* Erstattung von Polizeikosten, NVwZ 1983, 192ff.

A. Allgemeine Bedeutung

1 Prinzipiell hat das deutsche Umweltrecht einiges zu bieten: Es wird herkömmlicherweise auf bestimmte umweltpolitische Prinzipien zurückgeführt, die teilweise bereits im Umweltprogramm der Bundesregierung von 1971[1] (s. o. § 1 Rn. 37) und vor allem in dessen Fortschreibung im Umweltbericht '76[2] niedergelegt sind: das Vorsorgeprinzip, das Verursacherprinzip und das Kooperationsprinzip. Neben dieser fundamentalen **Prinzipientrias** werden weitere umweltpolitische Prinzipien genannt, die teils Konkretisierungen, teils Ausnahmen zu den Hauptprinzipien bilden oder aber nur gebietsspezifische Bedeutung haben:

- das Gemeinlastprinzip
- das Prinzip der Status-quo-Erhaltung bzw. Bestandsschutzprinzip oder auch Verschlechterungsverbot
- das Vorsichtsprinzip („in dubio pro securitate")
- das Schutzprinzip
- der Grundsatz der Nachhaltigkeit
- das ökologische Abwägungsgebot
- das Prinzip der kontrollierten Eigenverantwortlichkeit
- das Cradle-to-grave-Prinzip.

Im Unterschied zum Vorsorge-, Verursacher- und Kooperationsprinzip handelt es sich jedoch – mit Ausnahme des Gemeinlastprinzips und bedingt des Grundsatzes der

---

[1] BT-Drs. VI/2710, S. 9ff.
[2] BT-Drs. 7/5684, S. 8f. (Tz. 4–9).

Nachhaltigkeit – um keine „offiziellen" Prinzipien der Umweltpolitik, die als solche in Umweltprogramme und Gesetzesbegründungen eingeflossen sind, sondern um Begriffsprägungen des Schrifttums.

Tragende Bedeutung haben bislang wohl nur das Vorsorge-, Verursacher- und Kooperationsprinzip, und nur von diesen ausgehend läßt sich die Funktion der sonstigen Prinzipien überhaupt erschließen. Auch bei diesen schon als klassisch geltenden Säulen des Umweltschutzes ist allerdings fraglich, ob es sich um lediglich **rechtspolitische Handlungsmaximen** oder um echte Rechtsprinzipien handelt. 2

Im Schrifttum wird diese Frage meist ohne nähere Begründung konkludent entschieden, indem entweder von „umweltpolitischen Zielen"[3] bzw. „allgemeinen Prinzipien des Umweltschutzes"[4] oder aber von „Prinzipien des Umweltrechts"[5] die Rede ist.

Versteht man unter **Rechtsprinzipien** konkretisierungsbedürftige allgemeine Rechtsgedanken, die zwar keine unmittelbar anwendbaren Rechtsregeln enthalten, wohl aber systembildende und auslegungsleitende Kraft besitzen,[6] könnte es sich bereits um solche handeln. Dann müssen sie allerdings ein Mindestmaß an Rationalität und Klarheit der Aussage aufweisen[7] und dürfen sich nicht in „politischer Prosa" oder gar Leerformeln erschöpfen. Dies ist für jedes der Prinzipien gesondert zu betrachten. Unmittelbare Rechtsverbindlichkeit haben sie jedenfalls nur dort, wo ihre Geltung (ausnahmsweise) gesetzlich fixiert ist (z. B. § 5 Abs. 1 Nr. 2 BImSchG für das Vorsorgeprinzip). Keinesfalls erlaubt ist, geltendes Gesetzesrecht unter Berufung auf das eine oder andere Prinzip zu derogieren oder gesetzlich nicht vorgesehene Eingriffe vorzunehmen.[8]

Wenn es sich um keine Rechtsprinzipien im eigentlichen Sinne handeln sollte, ist immerhin daran zu denken, daß die drei Prinzipien (oder einzelne von ihnen) zu einer **Selbstbindung** des Gesetzgebers geführt haben könnten. Zumindest könnte dies für die Gesetzgebungsarbeit der Bundesregierung gelten, die in diesem Sinn einmal das Verursacherprinzip interpretiert hat.[9] Auch wenn das Bekenntnis zu den grundlegenden Prinzipien der Umweltpolitik mehrfach erneuert wurde,[10] kann sich eine etwaige in der Vergangenheit existierende Bindung jedoch aus verfassungsrechtlichen Gründen – insbesondere Demokratieprinzip – grundsätzlich nicht auch auf künftige Bundesregierungen oder gar auf die eigentlichen Gesetzgebungsorgane (einschließlich des Verhaltens von Regierungsmitgliedern als Abgeordnete) erstrecken.[11] Eine verfassungsrechtlich verpflichtende Selbstbindung der Gesetzgebung liegt daher nicht vor. 3

Selbst wenn also die rechtliche Substanz der Umweltprinzipien bisher eher dünn ist, darf dies nicht zu einer Unterschätzung ihrer politischen Bedeutung und Bindungskraft führen. Anzuerkennen bleibt im übrigen, daß der Gesetzgeber hier wenigstens eine grundsätzliche konzeptionelle Ausrichtung seines Normenwerks versucht hat.

---

[3] So z. B. *Storm,* Umweltrecht, 3. Aufl., 1988, S. 12f. (Tz. 4ff.).
[4] So z. B. *Breuer,* in: v. Münch (Hg.), Besonderes Verwaltungsrecht, 8. Aufl., 1988, S. 601ff., 610.
[5] So z. B. *R. Schmidt/H. Müller,* JuS 1985, 694ff., 695.
[6] Vgl. *Larenz,* Methodenlehre der Rechtswissenschaft, 4. Aufl., 1979, S. 458ff.
[7] I. d. S. etwa *Ossenbühl,* NVwZ 1986, 161ff., 164.
[8] Ähnlich *Breuer,* in: v. Münch (Hg.), Besonderes Verwaltungsrecht, 6. Aufl., 1982, S. 633ff., 648 (hier wie z. T. im folgenden wird aus der ausführlicheren Vorauflage zitiert).
[9] BMI, Das Verursacherprinzip – Möglichkeiten und Empfehlungen zur Durchsetzung (Umweltbrief Nr. 1), 1973, S. 2ff., 2.
[10] Vgl. nur BT-Drs. 8/3713, S. 2, sowie zuletzt u. a. BT-Drs. 10/1280, S. 4.
[11] Vgl. hierzu *P. Kirchhof,* Verwalten und Zeit, 1975, S. 39f. Anm. 115.

4 Auch wenn alle drei Prinzipien meist in einem Zusammenhang genannt werden, unterscheiden sie sich nicht nur inhaltlich, sondern liegen in der Sache teilweise „auf verschiedenen Ebenen".[12] Während das Vorsorgeprinzip mit seiner Grundaussage, Umweltgefahren bereits im Vorfeld ihrer Entstehung zu vermeiden, eine angestrebte Umweltqualität (möglichst gefahrenfreie Umwelt) und somit (auch) ein inhaltliches Ziel bzw. **Primärziel** bezeichnet, beziehen sich das Verursacher- und das Kooperationsprinzip vorwiegend auf **Sekundärziele** (Verteilung der Lasten des Umweltschutzes) und instrumentelle Aspekte.[13] Namentlich das Verursacherprinzip und das Kooperationsprinzip stehen dabei in einem potentiellen Spannungsverhältnis zueinander, dessen Auflösung im Einzelfall Aufgabe des Gesetzgebers ist. Daneben hat auch das Vorsorgeprinzip insofern eine instrumentelle Dimension, als das Postulat einer weitgehend vorverlegten Risiko- bzw. Gefahrenprävention Maßnahmen eines bestimmten Typus, insbesondere Planungsinstrumente und frühzeitige Produktkontrollen nahelegt.

B. Die Prinzipien im einzelnen

I. Vorsorgeprinzip

1. Allgemeine Beurteilung

5 Zum Vorsorgeprinzip heißt es im Umweltbericht '76 der Bundesregierung unter modifizierender Anknüpfung an die eingangs (§ 1 Rn. 16) zitierte Umweltpolitik-Definition im Umweltprogramm von 1971:[14] „Umweltpolitik erschöpft sich nicht in der Abwehr drohender Gefahren und der Beseitigung eingetretener Schäden. Vorsorgende Umweltpolitik verlangt darüber hinaus, daß die Naturgrundlagen geschützt und schonend in Anspruch genommen werden".[15] Hinsichtlich der instrumentellen Umsetzung des Vorsorgeprinzips werden „vorausschauende und gestaltende planerische Maßnahmen" herausgestellt.[16]

6 Über den Inhalt des Vorsorgeprinzips, der mit dieser politischen Absichtserklärung erst grob angedeutet, aber nicht fest umrissen wird, besteht bis heute keine annähernde Klarheit, sondern lediglich ein **Minimalkonsens**, der die Bedeutung dieses Prinzips möglicherweise nicht ausschöpft und in mehrfacher Hinsicht vage bleibt. Das Vorsorgeprinzip besagt danach im wesentlichen, daß Umweltgefahren und -schäden so weit als möglich vermieden werden und gar nicht erst zum Entstehen

---

[12] So zutreffend *Breuer* (FN 8), S. 698.

[13] Vgl. zur Unterscheidung von Primär- und Sekundärzielen bereits *E. Rehbinder*, RabelsZ 40 (1976), 363ff., 369, 380. Ähnlich im Ergebnis *Chr. Schröder*, Vorsorge als Prinzip des Immissionsschutzrechts, 1987, S. 42, der dem Vorsorgeprinzip als Definition inhaltlicher Anforderungen an die Umweltpolitik das Verursacher- und Kooperationsprinzip als Umschreibungen ihrer „Rahmenbedingungen" gegenüberstellt.

[14] Das Vorsorgeprinzip wird dort zwar nicht expressis verbis erwähnt, es läßt sich jedoch aus der Hervorhebung der Umweltplanung (BT-Drs. VI/2710, S. 9f.) herleiten. So mit Recht *Hoppe*, VVDStRL 38 (1980), S. 211ff., 228 Anm. 36.

[15] BT-Drs. 7/5684, S. 6.

[16] BT-Drs. 7/5684, S. 6.

kommen sollen.[17] Damit bewirkt es jedenfalls eine bedeutende Erweiterung weg von der bloß reaktiven, repressiven Schadensbeseitigung hin zu einer präventiven (vorbeugenden bzw. ,,vorsorgenden") Umweltpolitik.

Hieraus ergibt sich folgerichtig eine **Rangfolge** mit der Emissionsvermeidung an erster und der Emissionsminderung an der Quelle an zweiter Stelle (entsprechend für andere Umweltbelastungen). Erst danach werden der früher stärker als heute übliche **passive Umweltschutz** (d. h. Schutz vor bereits entstandenen Umweltschäden – insbesondere Emissionen – durch belastungslindernde Maßnahmen – insbesondere Immissionsverminderungen –, u. U. sogar erst in der Sphäre des Geschädigten wie z. B. beim Einbau von Lärmschutzfenstern) oder die bloße Verteilung der Umweltbelastung (,,Politik der hohen Schornsteine") und sog. end-of-the-pipe-Technologien als Instrumente der ultima ratio bzw. als Übergangslösungen in Betracht kommen. Typisch für die Umweltvorsorge sind daher vor allem auch Planungsmaßnahmen[18] und – beim produktbezogenen Umweltschutz – seine Vorverlagerung in die Konstruktionsphase (vgl. z. B. §§ 32–35 BImSchG).[19] Das Vorsorgeprinzip verdeutlicht demnach sowohl die Zeitdimension (Zukunftsbezug)[20] als auch die Tiefendimension des Umweltschutzes, dem eine Politik bloß ,,peripherer Eingriffe" nicht genügen kann.[21] 7

Auf eine Kurzformel gebracht handelt es sich bei dieser ,,sicherheitsrechtlichen" Interpretation des Vorsorgeprinzips um **Risiko-** bzw. **Gefahrenvorsorge.** Daneben (bzw. alternativ) wird von einer starken Minderheit im Schrifttum das Vorsorgeprinzip bewirtschaftungsrechtlich im Sinne einer **Ressourcenvorsorge** interpretiert.[22] 8

Beide Varianten werden kontrovers diskutiert, wobei sich die Auseinandersetzungen vor allem auf die Auslegung konkreter Vorschriften (insbesondere § 5 Abs. 1 Nr. 2 BImSchG) beziehen. Da das Vorsorgeprinzip indes nicht mit § 5 Abs. 1 Nr. 2 BImSchG zusammenfällt, schließt die überwiegende Annahme ihrer Alternativität im Hinblick auf § 5 Abs. 1 Nr. 2 BImSchG eine Koexistenz unterschiedlicher Ausprägungen des Vorsorgeprinzips im gesetzesübergreifenden Maßstab keineswegs aus.

2. Gefahrenvorsorge

Da Prävention auch schon eine klassische Aufgabe der Gefahren*abwehr* ist,[23] erschließt sich der spezifische Bedeutungsgehalt der Gefahren*vorsorge* erst in der Ab- 9

---

[17] Vgl. etwa *Breuer* (FN 4), S. 610f.; *Hoppe* (FN 14), S. 228ff.; *Kloepfer,* Systematisierung des Umweltrechts, 1978, S. 105f.; *Ossenbühl,* NVwZ 1986, 161ff., 162, und *E. Rehbinder,* RabelsZ 40 (1976), 363ff., 372. Vgl. i. ü. auch *Umweltbundesamt* (Hg.), Das Vorsorgeprinzip im Umweltschutz. Symposion am 12. 10. 1985 in Berlin, UBA Texte 25/84, mit Beiträgen u. a. von *Benda* und *Kroppenstedt.* Ähnlich zu § 5 Nr. 2 BImSchG a. F. (heute § 5 Abs. 1 Nr. 2 BImSchG) BVerwGE 69, 37 (42).

[18] Die Bedeutung der ,,Planung als Ausdruck des Vorsorgeprinzips" würdigt insbes. *Hoppe* (FN 14), S. 228ff.

[19] Hierzu näher *Kloepfer* (FN 17), S. 106, und *E. Rehbinder,* RabelsZ 40 (1976), 363ff., 372 m. w. N.

[20] Vgl. zu diesem Aspekt u. a. *Breuer* (FN 8), S. 649f.; *H. Hofmann,* Rechtsfragen der atomaren Entsorgung, 1981, S. 224ff.; *Kloepfer,* DVBl. 1979, 639ff., 642.

[21] Vgl. zu diesem Vorwurf *Doran/Hinz/Mayer-Tasch,* Umweltschutz – Politik des peripheren Eingriffs, 1974, durchgängig.

[22] Vgl. zu den einzelnen Varianten des Vorsorgeprinzips die folgende Darstellung. Teilweise abweichend von der hier getroffenen Unterscheidung differenziert *Breuer* (FN 4), S. 610f., zwischen einer ,,planerischen" und einer ,,klassisch-gesetzlichen" Systemvariante des Vorsorgeprinzips. Bei dieser Unterscheidung steht allerdings weniger der materielle Gehalt des Prinzips als seine normative und instrumentelle Ausprägung im Vordergrund. Speziell zur Gefahrenvorsorge *Darnstädt,* Gefahrenabwehr und Gefahrenvorsorge, 1983.

[23] So auch *Schwerdtfeger,* WiVerw. 1984, 217ff., 220, unter Hinweis auf BVerwG, NVwZ 1984, 371.

grenzung beider Bereiche (s. auch bereits o. § 2 Rn. 17). Nach dem klassischen, im Kern auf eine Formulierung des preußischen OVG zurückgehenden bis heute maßgeblichen **Gefahrenbegriff**[24] bezeichnet Gefahr eine Sachlage, die bei ungehindertem Geschehensablauf erkennbar zu einem Schaden, d. h. zu einer Rechtsverletzung bzw. einer Minderung von Rechtsgütern führen würde, bzw. – nach einer Definition aus der polizeirechtlichen Lehrbuchliteratur – die „erkennbare, objektive, nicht entfernte Möglichkeit des Schadenseintritts".[25] Dabei muß der Schadenseintritt nur wahrscheinlich sein, wobei sich die im Einzelfall zu fordernde Wahrscheinlichkeit flexibel nach der Bedeutung des betroffenen Schutzgutes und dem drohenden Schadensumfang richtet.[26]

10 Daß „Vorsorge" nicht etwa mit Gefahrenabwehr zusammenfällt, verdeutlicht der Gesetzgeber im **Bundes-Immissionsschutzgesetz,** das beide Bereiche ausdrücklich unterscheidet (insbesondere in §§ 1 und 5 Abs. 1 Nr. 1 und 2 BImSchG).

§ 1 BImSchG nennt neben dem Schutz vor schädlichen Umwelteinwirkungen und (diesen unter bestimmten Umständen gleichgestellten) sonstigen Gefahren als zweiten Gesetzeszweck, „dem Entstehen schädlicher Umwelteinwirkungen vorzubeugen".

§ 5 Abs. 1 BImSchG gibt den Betreibern genehmigungsbedürftiger Anlagen unter anderem auf, diese so zu errichten und zu betreiben, daß

1. Schädliche Umwelteinwirkungen und sonstige Gefahren, erhebliche Nachteile und erhebliche Belästigungen für die Allgemeinheit und die Nachbarschaft nicht hervorgerufen werden können (und)
2. Vorsorge gegen schädliche Umwelteinwirkungen getroffen wird, insbesondere durch die dem Stand der Technik entsprechenden Maßnahmen zur Emissionsbegrenzung.

Demgegenüber kann das vor Etablierung des Vorsorgeprinzips entstandene Atomgesetz nur bedingt zu seiner Konturierung herangezogen werden, da es zwar auch den Begriff der Vorsorge verwendet, dabei aber von „Vorsorge gegen Schäden" spricht (§ 7 Abs. 2 Nr. 3 AtG), was an sich ohne weiteres mit „Gefahrenabwehr" übersetzt werden könnte. Nach h. M. (unter Führung des BVerfG) wird jedoch auch die atomrechtliche Schadensvorsorge in Gefahrenabwehr und Vorsorge (Risikovorsorge) unterteilt (s. auch § 8 Rn. 31 ff.).[27]

11 Vorbehaltlich abweichender Begriffsverwendungen in einzelnen Umweltgesetzen bleibt daher nur die Möglichkeit, das Vorsorgeprinzip gegenüber der Gefahrenabwehr bzw. dem damit identischen, gelegentlich zitierten „Schutzprinzip"[28] (s. u. Rn. 22) dadurch abzuschichten, daß man die Voraussetzungen der Vorsorge *unter die Gefahrenschwelle absenkt.*[29] Zum Teil wird auch von „gefahrenunabhängiger Vorsor-

---

[24] Hierzu näher *W. Martens,* in: Drews/Wacke/Vogel/Martens, Gefahrenabwehr, 9. Aufl., 1986, S. 220 ff., und *Friauf,* in: v. Münch (Hg.), Besonderes Verwaltungsrecht, 8. Aufl., 1988, S. 201 ff., 221 f., jeweils m. w. N.

[25] *Götz,* Allgemeines Polizei- und Ordnungsrecht, 9. Aufl., 1988, S. 65 (Rn. 115). Ähnlich die in FN 24 Genannten aaO. sowie auch *Knemeyer,* Polizei- und Ordnungsrecht, 2. Aufl., 1985, S. 36, und *Schenke,* in: Steiner (Hg.), Besonderes Verwaltungsrecht, 2. Aufl., 1986, S. 143 ff., 165 ff. (Tz. 28 ff.).

[26] So die Rspr. (vgl. nur BVerfGE 49, 89, 138 – Kalkar; BVerwGE 45, 51, 61; 47, 31, 40) und die gesamte polizeirechtliche Literatur, vgl. statt aller *W. Martens* (FN 24), S. 224 m. w. N. Zum Ganzen auch näher *Hansen-Dix,* Die Gefahr im Polizeirecht, im Ordnungsrecht und im Technischen Sicherheitsrecht, 1982, S. 39 ff.

[27] BVerfGE 49, 89 (138) – Kalkar.

[28] V. a. in Anlehnung an den sog. Schutzgrundsatz in § 5 Abs. 1 Nr. 1 BImSchG, vgl. *Rid,* Die Vorsorgepflicht bei genehmigungsbedürftigen Anlagen im Bundesimmissionsschutzgesetz, Diss. jur. Tübingen 1985, S. 39 ff.

[29] So auch *Breuer,* DVBl. 1978, 829 ff., 830, 836; *ders.,* Der Staat 20 (1981), 393 ff., 413 f.; *Sendler,* JuS 1983, 255 ff., 256.

ge" gesprochen,[30] was indes nicht zu dem Mißverständnis führen darf, Gefahrenvorsorge könne völlig losgelöst von Gefahrenabwehr verstanden werden.[31] Gegenstand der Gefahrenvorsorge, die wie die Gefahrenabwehr eine Prognose voraussetzt,[32] ist vielmehr – grob gesprochen – die **„Noch-nicht-Gefahr"**. Gefahrenvorsorge läuft auf die Steuerung von (noch nicht „gefährlichen") Risiken hinaus.

Im einzelnen bedeutet dies: Vom Vorsorgeprinzip erfaßt werden insbesondere
1. auch (zeitlich und räumlich) entfernte Gefahren[33] (a),
2. Fälle geringer Eintrittswahrscheinlichkeit bis hin zum bloßen Gefahrenverdacht bzw. zur bloßen Risikovorsorge[34] (b),
3. Umweltbelastungen, die für sich genommen ungefährlich, aber insgesamt (inkremental) schädlich[35] und technisch vermeidbar sind (c).

a) Zeitlich und räumlich entfernte Gefahren

Die frühzeitige Vorsorge auch gegenüber zukünftigen, u. U. erst spätere Generationen betreffende Gefahren verdeutlicht die notwendig gerade auch **langfristige Perspektive** des Umweltschutzes. Dieser darf sich keineswegs nach der Devise „nach uns die Sintflut" auf die Abwehr unmittelbar bzw. kurzfristig drohender Gefahren beschränken. Vielmehr muß er dem Umstand Rechnung tragen, daß bestimmte Umweltschädigungen – namentlich zerstörte Ökosysteme – nur langfristig oder überhaupt nicht mehr wiederhergestellt werden können. Vorsorge bedeutet daher „vorsorgend-planende Risikosteuerung" durch den Staat.[36] **12**

Mit der Aufgabe einer langfristigen Risikosteuerung eng verbunden ist eine notwendig **weiträumige Vorsorgeperspektive.** Wie das BVerwG[37] im Hinblick auf § 5 Nr. 2 BImSchG a. F. (heute: § 5 Abs. 1 Nr. 2 BImSchG) festgestellt hat, muß Vorsorge „auch und gerade mit einer weiträumigen Verteilung von Emissionen verbundenen Folgen entgegenwirken, wenn diese zu einem allgemeinen Anstieg der Luftverunreinigung in weiter von den Emissionsquellen entfernten Räumen führen können und damit regional bestehende Umweltgüterstandards zum Nachteil für besonders immissionsempfindliche Nutzungen oder Naturgüter einzuebnen beginnen". Die Umweltverträglichkeitsprüfung (vgl. hierzu i. e. S. § 4 Rn. 81 ff.) darf sich daher nicht auf den engeren Einwirkungsbereich einer Emissionsquelle beschränken. Vorsorge schließt die Vorbeugung gegenüber dem **Ferntransport** von Schadstoffen ein. Für eine sog. Regionalisierung des Umweltschutzes (s. § 1 Rn. 32 sowie u. Rn. 20) besteht daher *insoweit* wenig Spielraum. **13**

b) Niedrige Eintrittswahrscheinlichkeit

Auch an die Eintrittswahrscheinlichkeit von Schäden sind unter dem Aspekt von Gefahrenvorsorge geringere Anforderungen als im Bereich der Gefahrenabwehr zu **14**

---

[30] *Breuer,* Der Staat 20 (1981), 393 ff., 412 f. (im Hinblick auf § 5 Nr. 2 BImSchG a. F.); verallgemeinernd *ders.* (FN 4), S. 611.
[31] Dagegen auch *Ossenbühl,* NVwZ 1986, 161 ff., 164.
[32] Vgl. zum Prognosecharakter von Gefahren- bzw. Risikobeurteilungen *Darnstädt* (FN 22), S. 8 ff., und *Murswiek,* Die staatliche Verantwortung für die Risiken der Technik, 1986, S. 378 ff., jeweils m. w. N.
[33] Vgl. etwa *Lukes,* Gefahren und Gefahrenbeurteilungen im Recht, Teil II, 1980, S. 155.
[34] Vgl. hierzu etwa *Rengeling,* in: Börner (Hg.), Umwelt, Verfassung, Verwaltung, 1982, S. 181 ff., 193 f. m. w. N.
[35] Vgl. hierzu *Lübbe-Wolf,* in: Dreier/Hofmann (Hg.), Parlamentarische Souveränität und technische Entwicklung, 1986, S. 167 ff.
[36] *Marburger,* Die Regeln der Technik im Recht, 1979, S. 125.
[37] BVerwGE 69, 37 (42 f.).

stellen. Unter Umständen genügt bereits ein noch nicht verifizierter **Gefahrenverdacht.** Ein solcher besteht, wenn eine Schadensmöglichkeit vermutet wird oder auch nur denkbar ist, ohne daß ein Wahrscheinlichkeitsnachweis geführt werden kann.[38] Ein Handeln schon bei Gefahrenverdacht ist zwar auch dem sonstigen Gefahrenabwehrrecht nicht gänzlich fremd,[39] besondere Bedeutung gewinnt es aber im Umweltschutz wegen der dort typischerweise häufigen Kenntnislücken und Unsicherheiten der naturwissenschaftlichen Wirkungs- und Kausalanalyse. Das Vorsorgeprinzip bringt insoweit zum Ausdruck, daß staatliches Handeln auch unter **Ungewißheit**[40] grundsätzlich legitim ist, im Sinne der staatlichen Schutzpflicht u. U. sogar verfassungsgeboten sein kann (s. o. § 2 Rn. 9).

15 Das Vorsorgeprinzip nähert sich damit teilweise dem **„Vorsichtsprinzip"** (in dubio pro securitate),[41] wonach eine potentiell umweltbelastende Verhaltensweise (z. B. das Inverkehrbringen eines Stoffes) schon dann unterbunden werden soll, wenn ihre Umweltschädlichkeit nicht erwiesen, sondern nur „nicht unwahrscheinlich"[42] oder bloß „denkbar" ist. Das Vorsichtsprinzip gilt allerdings nicht absolut, sondern wird durch die grundsätzliche **Akzeptanz von Restrisiken** begrenzt (s. o. § 2 Rn. 17).[43] Im Hinblick auf ein zwar theoretisch denkbares, praktisch aber ausgeschlossenes Risiko bleibt es daher bei der vom BVerfG umschriebenen Limitierung der staatlichen Schutzpflicht.[44] Unter Umständen kann der Staat jedoch von sich aus über das verfassungsrechtlich gebotene Maß an Sicherheit hinausgehen und sich eine noch strengere Version des Vorsichtsprinzips zu eigen machen. Allerdings sind hier auch verfassungsrechtliche und -politische Einwände zu bedenken, die spätestens dann einsetzen müssen, wenn der Staat sich mit eigener Gefahrenphantasie die Eingriffsvoraussetzungen für sein Handeln praktisch selbst schaffen würde. Die Forderung nach einem völligen Risikoausschluß wäre jedenfalls unverhältnismäßig, da sie zwangsläufig im praktischen Ergebnis zu einem nahezu unbegrenzten Technikverbot führen müßte.

16 Allgemein gilt, daß mit sinkenden Anforderungen an den Gefahrenverdacht nicht nur die Unkalkulierbarkeit des Vorsorgeprinzips zunimmt, sondern auch die Gefahr einer auf **Vermutungen** gestützten „Vorsorge-aufs-Geratewohl" sich abzeichnet, die

---

[38] Vgl. *E. Rehbinder/Kayser/Klein,* Chemikaliengesetz, 1985, Einf. Rn. 48 (S. 33); zur Relation der einzelnen Kategorien eingehender *Darnstädt* (FN 22), S. 22ff.; *Ossenbühl,* NVwZ 1986, 161ff., 162ff., und *Rid* (FN 28), S. 63ff.; allgemein zum Gefahrenverdacht auch *Wolff/Bachof,* Verwaltungsrecht III, 4. Aufl., 1978, § 125 Rn. 22; vgl. ferner *Hofmann-Riem,* FS Wacke, 1972, S. 327ff. Von einer „schillernden Rechtsfigur" spricht *Breuer,* DVBl. 1986, 849ff., 855, da der Gefahrenverdacht z. T. auch schon dem Gefahrenbegriff zugeordnet wird. Vgl. indes BVerwGE 61, 251 (267), 69, 37 (43) und 72, 300 (315), die den Gefahrenverdacht der Vorsorge zurechnen. Richtig erscheint eine einzelfallbezogene Betrachtung, wonach sich ein Gefahrenverdacht auch soweit verdichten kann, daß er der Gefahr gleichzustellen ist.

[39] Vgl. *Götz* (FN 25), S. 69ff. (Rn. 128ff.) m. w. N. Positivierungen finden sich insbes. im Seuchenrecht, vgl. etwa § 10 Abs. 1 BSeuchenG und §§ 19ff. ViehSeuchenG.

[40] Hierzu grundlegend *W. Berg,* Die verwaltungsrechtliche Entscheidung bei ungewissem Sachverhalt, 1980; speziell im Hinblick auf das Vorsorgeprinzip *Ossenbühl,* NVwZ 1986, 161ff., 165ff. A. A. – zumindest für § 5 Nr. 2 BImSchG a.F. (= § 5 Abs. 1 Nr. 2 BImSchG n. F.) – *Feldhaus,* DVBl. 1980, 133ff., 136 („kein Auffangbecken für ungeklärte Fragen der Wirkungsforschung").

[41] Hierzu näher *E. Rehbinder,* RabelsZ 40 (1976), 363ff., 377, und *Kloepfer/Meßerschmidt,* Innere Harmonisierung des Umweltrechts, 1987, S. 90f. Als Ausprägung der Vorsorge begreift das „Vorsichtsprinzip" auch *Erbguth,* Raumbedeutsames Umweltrecht, 1986, S. 82.

[42] So etwa *Sendler,* JuS 1983, 255ff., 256.

[43] Vgl. BVerfGE 49, 89 (137, 149); im Schrifttum u. a. die Beiträge von *Benda* und *Ossenbühl* in dem Sammelband von Blümel/Wagner (Hg.), Technische Risiken und Recht, 1981.

[44] s. § 2 Rn. 9ff. und insbes. die Nachw. dort in FN 26–32.

zu erheblichen rechtlichen (und politischen) Problemen führen kann.[45] Allerdings ist bei der rechtlichen Beurteilung nach den **Modalitäten der staatlichen Vorsorge** sorgfältig zu differenzieren. Unterscheidungen kommen insbesondere danach in Betracht, ob sich die staatliche Vorsorge des Mittels der Planung oder der staatlichen Leistung bedient, die auch im Hinblick auf bloß vermutete Risiken rechtlich grundsätzlich weitgehend bedenkenfrei erfolgen können, oder ob es sich um formelle oder auch informelle[46] Eingriffe in Individualrechte handelt. Derartige belastende Maßnahmen sind nur unter engeren Voraussetzungen zulässig, insbesondere von einer gewissen Risikoverdichtung an sowie bei Betroffensein hochrangiger Rechtsgüter in beträchtlichem Umfang. Dabei ist nochmals zu betonen, daß nicht das Vorsorgeprinzip selbst, sondern nur seine jeweilige gesetzliche Umsetzung die Ermächtigungsgrundlage für formelle staatliche Eingriffe bilden kann.

c) Belastungsminimierung

Das Vorsorgeprinzip besagt schließlich im Grundsatz, daß Umweltbelastungen 17
auch unterhalb der Gefährlichkeitsschwelle im Sinne einer Belastungs- oder Risikominimierung zu reduzieren sind. Diese Aussage findet ihre rechtliche Stütze vor allem in § 5 Abs. 1 Nr. 2 BImSchG, wonach Vorsorge gegen schädliche Umwelteinwirkungen „insbesondere durch die dem Stand der Technik entsprechenden Maßnahmen zur Emissionsbegrenzung" getroffen werden soll. Hierbei kommt es nicht darauf an, ob durch die einzelne Emission eine gefährliche Immissionslage geschaffen wird. Vielmehr soll sichergestellt sein, daß zulässige Immissionswerte nur in dem Maße ausgeschöpft werden, wie dies nach dem Stand der Technik erforderlich ist.[47] Das Gebot der **Emissionsminimierung** wird allerdings – wie jede staatliche Belastung – durch das die gesamte Rechtsordnung überwölbende Übermaßverbot begrenzt. Zunächst darf die Emissionsbegrenzung nicht um ihrer selbst willen erfolgen,[48] sondern muß als Beitrag zum Immissionsschutz sinnvoll sein. Auch dürfen nicht unverhältnismäßige Vermeidungsanstrengungen verlangt werden, die geforderte Vorsorge muß vielmehr nach Umfang und Ausmaß dem Risikopotential der Umwelteinwirkungen, die sie verhindern soll, proportional sein.[49] Das schließt jedenfalls solche Vorsorgemaßnahmen aus, bei denen die dem Bürger zugemuteten Einbußen in krassem Mißverhältnis zu dem zu erwartenden Effekt stehen.

3. Ressourcenvorsorge

Einen grundsätzlich anderen Ansatz als den der Gefahrenvorsorge verfolgt die 18
bewirtschaftungsrechtliche Interpretation des Vorsorgeprinzips, die sich insbesonde-

---

[45] Hiervor warnt auch *Ossenbühl,* NVwZ 1986, 161ff., 166 („Vorsorge ins Blaue").

[46] Etwa durch behördliche Warnungen, vgl. dazu eingehend *Ossenbühl,* Umweltpflege durch behördliche Warnungen und Empfehlungen, 1986, sowie *dens.,* in: Forschungsstelle für Umwelt- und Technikrecht (Hg.), Jb. des Umwelt- und Technikrechts 1987 (UTR 3), 1987, S. 27ff.

[47] Ebenso z. B. *R. Schmidt/H. Müller,* JuS 1985, 694ff., 696. Vgl. zum Verständnis des Vorsorgeprinzips als (Emissions-)Minimierungsgebot (in Anlehnung an das strahlenschutzrechtliche Minimierungsgebot) u. a. OVG Lüneburg, GewArch. 1980, 203ff., 204ff.; OVG Berlin, DVBl. 1979, 159f., 159, sowie im Schrifttum *Feldhaus,* DVBl. 1981, 165ff., 170f.; *J. Ipsen,* AöR 107 (1982), 259ff., 262; *Schmölling/Mäder,* GewArch. 1980, 47ff., 50; eher kritisch: *Darnstädt* (FN 22), S. 127ff.; *Ossenbühl,* NVwZ 1986, 161ff., 165, 168; *Papier,* DVBl. 1979, 162f., 162, und *Rengeling* (FN 34), S. 190f.

[48] *Rengeling* (FN 34), S. 191. Ebenso *Papier,* DVBl. 1979, 162f., 162, und *Sellner,* NJW 1980, 1255ff., 1255.

[49] Vgl. BVerwG, UPR 1984, 202ff., 204.

re mit der zu § 5 Abs. 1 Nr. 2 BImSchG entwickelten **Freiraum-These** verbindet[50] (s. auch § 7 Rn. 53). Diese betrachtet das Vorsorgeprinzip als Ausdruck einer umweltplanerischen Grundentscheidung des Gesetzgebers, Umweltressourcen im Interesse künftiger Nutzungen zu schonen. Bei den hierdurch geschaffenen „Freiräumen" kann es sich sowohl um „künftige Lebensräume", d. h. „Räume für Besiedelung und Erholung, je nach Bedarf auch Land- und Forstwirtschaft, für Naturschutz und Landschaftspflege", aber auch (im Rahmen von § 5 Abs. 1 Nr. 2 BImSchG sogar vorrangig) um Belastungsreserven (genauer: Belastbarkeitsreserven) für zukünftige Industrieansiedlungen handeln.[51]

Die Freiraumthese kann sich sowohl allgemein auf Aussagen im Umweltprogramm der Bundesregierung von 1971 als auch insbesondere auf die Gesetzesbegründung zum Bundes-Immissionsschutzgesetz stützen. Dort[52] heißt es u. a.: „Die Forderung nach ausreichender Vorsorge ist angesichts der zunehmenden Verdichtung unserer Lebensräume unabdingbar. Sie ist aber ebenso im Interesse der Industrie selbst notwendig, um rechtzeitig zu verhindern, daß später die Errichtung neuer Industrieunternehmen wegen vorhandener bedenklicher Immissionsbelastung untersagt wird."

19 Bezüglich des Effekts von Umweltschutzmaßnahmen kann kaum bestritten werden, daß die Begrenzung von Umweltbelastungen grundsätzlich auch eine solche Funktion der Freiraumerhaltung erfüllen kann. Eine andere Frage ist jedoch, ob unter Berufung auf mutmaßliche **zukünftige,** gegenwärtig nicht rechtlich (etwa über das Bauplanungsrecht) konkretisierte **Nutzungsinteressen** eine ungefährliche Umweltnutzung in der Gegenwart untersagt werden darf. Kann es wirklich angehen, einem u. U. bestandsgeschützten Industriebetrieb Auflagen zu machen und Beschränkungen zuzumuten, nur um eine – derzeit oder in naher Zukunft faktisch nicht gebrauchte – „Belastungsreserve" für andere zu schaffen? Der Eigentumsschutz scheint zunächst dagegen zu sprechen.[53] Unter dem Gesichtspunkt einer gerechten Lastenverteilung zwischen Altanlagen und „Newcomern" mag u. U. aber auch eine solche Entscheidung einmal gerechtfertigt sein, wenn ein anderweitiger Umweltbedarf sich schon hinreichend konkretisiert hat.

Auf die rechtsdogmatischen Konsequenzen der Freiraumthese für die immissionsschutzrechtliche Anlagengenehmigung wird im Kapitel „Immissionsschutzrecht" näher eingegangen (s. § 7 Rn. 53).

20 Die Problematik dürfte sich in Wirklichkeit indes nur selten in dieser zugespitzten Weise stellen, da Gefahrenvorsorge und Freiraumtheorie in der praktischen Anwendung überwiegend zu ähnlichen Ergebnissen führen dürften.[54] Dies gilt zumindest dann, wenn man mit der h. M. die Gefahrenvorsorge im Sinne eines emissionsbezogenen Minimierungsgebotes versteht.[55] Es beginnt sich daher die Auffassung durch-

---

[50] Vgl. insbes. *Feldhaus,* DVBl. 1980, 133ff., 135; *Kutscheidt,* in: Salzwedel (Hg.), Grundzüge des Umweltrechts, 1982, S. 237ff., 251f.; *Sellner,* NJW 1980, 1255ff., 1257. Diesen Gedanken verallgemeinernd *E. Rehbinder,* in: Salzwedel (Hg.), Grundzüge des Umweltrechts, 1982, S. 81ff., 88.

[51] *Feldhaus,* DVBl. 1981, 165ff., 170.

[52] BT-Drs. 7/179, S. 32.

[53] Vgl. *Grabitz,* WiVerw. 1984, 232ff., 241. Vgl. wegen weiterer, z. T. jedoch speziell auf § 5 BImSchG bezogener Bedenken insbes. *Breuer,* Der Staat 20 (1981), 393ff., 412f., und *Rengeling* (FN 34), S. 186ff.

[54] So auch *Sendler,* UPR 1983, 33ff., 43, und *Marburger,* Gutachten C zum 56. Deutschen Juristentag, 1986, C 59f.

[55] Vgl. außer den in FN 47 zunächst Genannten etwa *Breuer,* Der Staat 20 (1981), 393ff., 413f., und *Erbguth* (FN 41), S. 81.

zusetzen, daß Vorsorge ein **„mehrfunktionales Gebot“** darstellt, das *sowohl* der Risikosteuerung unterhalb der Gefahrenschwelle *als auch* der Schaffung und Erhaltung von Freiräumen dient.[56] Je weiter Vorsorge sich von Gefahrenabwehr entfernt, desto stärker kommt freilich auch die limitierende Funktion des Verhältnismäßigkeitsgebotes zum Tragen, wobei neben einer Abwägung von ökologischem Nutzen und ökonomischen Kosten auch der Gesichtspunkt der wirtschaftlichen Zumutbarkeit eine Rolle spielen kann.[57] **Insoweit** bestehen auch für das rechtspolitische Konzept einer **Regionalisierung des Umweltschutzes** i. S. einer räumlichen Differenzierung der Umweltqualitätsziele (s. auch § 1 Rn. 32 und o. Rn. 13), das in die Umweltgesetzgebung bislang erst ansatzweise Eingang gefunden hat (z. B. § 36b WHG und grundsätzlich alle Schutzgebietsfestsetzungen), vorsichtige Realisierungschancen.[58]

4. Nachbarprinzipien

Neben dem bereits behandelten Vorsichtsprinzip (Rn. 15) gehören zu den umwelt- 21
politischen und (bedingt) umweltrechtlichen Maximen im Umkreis des Vorsorgeprinzips im weiteren Sinne auch das Schutzprinzip, der Grundsatz der Nachhaltigkeit und das sog. Cradle-to-grave-Prinzip sowie das Bestandsschutzprinzip bzw. Verschlechterungsverbot.

a) Schutzprinzip

Das Schutzprinzip, demzufolge Umweltgefahren i. e. S. abzuwehren sind, bildet 22
gleichsam den Sockel des Vorsorgeprinzips und drückt eine Selbstverständlichkeit für das gesamte Gefahrenabwehrrecht aus, weshalb es in den meisten Fällen auch nicht als eigenes umweltschutzspezifisches Prinzip genannt wird. Daß auch an die **Gefahrenabwehr** (s. o. Rn. 9) im Umweltrecht besondere Anforderungen gestellt werden, bringt allein schon ihre Ergänzung durch das Prinzip der Gefahrenvorsorge zum Ausdruck, weshalb es einer besonderen Formulierung des sog. Schutzprinzips nicht wirklich bedarf.

b) Grundsatz der Nachhaltigkeit

Der in § 1 Nr. 1 BWaldG und § 1 Abs. 1 BNatSchG ausdrücklich positivierte 23
Grundsatz der Nachhaltigkeit besagt, daß natürliche Ressourcen nur in dem Umfang in Anspruch genommen werden dürfen und nur so zu bewirtschaften sind, daß ihre langfristige Erhaltung und Nutzbarkeit auch durch künftige Generationen gewährleistet sind.[59] Versteht man das Vorsorgeprinzip auch im Sinne einer **Ressourcenvorsorge,** so handelt es sich beim Grundsatz der Nachhaltigkeit um kein hiervon selbständiges zusätzliches Prinzip, sondern vielmehr um eine Bekräftigung der ressourcenökonomischen (Teil-)Interpretation des Vorsorgeprinzips.

---

[56] *P. Marburger* (FN 54), C 59 m. w. N. (Anm. 252).

[57] Vgl. hierzu insbes. *Ossenbühl,* NVwZ 1986, 161 ff., 167 f.; *Rengeling* (FN 34), S. 196 ff., und *Sellner,* NJW 1980, 1255 ff., 1259, sowie – allerdings auf der Grundlage einer anderen Interpretation des Vorsorgeprinzips – *Feldhaus,* DVBl. 1979, 301 ff. Demgegenüber darf im Kernbereich der grundgesetzlichen Schutzpflicht die für die Grenzbestimmung des Schutzes notwendige Abwägung „nicht den Weg der Kosten/Nutzen-Analyse beschreiten“ (*Rauschning,* VVDStRL 38 (1980), S. 167 ff., 193 f.).

[58] Vgl. hierzu u. a. *E. Rehbinder,* Artikel „Regionalisierung“, in: Kimminich/v. Lersner/Storm (Hg.), Handwörterbuch des Umweltrechts (HdUR), Bd. II, 1988, Sp. 254 ff. m. w. N.

[59] Vgl. *E. Rehbinder* (FN 50), S. 89 m. w. N.

c) Cradle-to-grave-Prinzip

24 Eine gebietsspezifische Modifikation und nicht ohne weiteres auf das gesamte Umweltrecht übertragbare Steigerung des Vorsorgeprinzips stellt das aus dem amerikanischen Recht (vgl. § 6 Rn. 115) übernommene sog. Cradle-to-grave-Prinzip (sinngemäß: ,,Von der Wiege bis zur Bahre") dar.[60] Dieses Prinzip beinhaltet die Kontrolle bestimmter Problemstoffe während ihres gesamten Produktions-, Verwendungs- und Beseitigungsprozesses und hat im deutschen Recht einen partiellen Niederschlag vor allem in §§ 4 Abs. 3 und 12 Abs. 1 AbfG gefunden (s. § 12 Rn. 49 und 154ff.). Der Gesetzgeber hat sich bislang zu keiner Umsetzung dieses sehr anspruchsvollen Prinzips in einer geschlossenen Form verstanden. Das Chemikaliengesetz macht allerdings insofern einen Anfang, als es Gefahrstoffe, wenn auch nicht durch eine Zulassungskontrolle, sondern durch ein Anmeldeverfahren bereits erfaßt, bevor sie in den Verkehr gelangen. Einer umfassenden (faktisch bislang freilich lückenhaften) Überwachung unterliegen nach dem Willen des Gesetzgebers vor allem auch Kernbrennstoffe, insbesondere hinsichtlich ihrer Ein- und Ausfuhr (§ 3 AtG), Beförderung (§ 4 AtG), Verwahrung (§ 5 AtG) und Aufbewahrung (§ 6 AtG) sowie hinsichtlich ihrer Erzeugung, Bearbeitung, Verarbeitung, sonstigen Verwendung, Verwertung und Beseitigung (§§ 7ff. AtG, vgl. hierzu auch § 8 Rn. 20ff.). Berücksichtigt man außerdem das Arbeitsschutzrecht und die Regelungen über die Beförderung gefährlicher Güter (s. § 13 Rn. 137ff.),[61] so dürften im Recht der gefährlichen Stoffe bereits beachtliche Ansätze zu einer permanenten Kontrolle im Sinne des Cradle-to-grave-Prinzips verwirklicht sein. Der stark reglementierende Charakter und der hohe Verwaltungsaufwand einer solchen **Dauerkontrolle** gebieten es allerdings, bei der Umsetzung dieses Prinzips Vorsicht walten zu lassen und es auf die Abwehr erheblicher stoffbezogener Gefahren zu begrenzen.

d) Verschlechterungsverbot

25 Als verwandtes Prinzip, häufig auch als Teilprinzip der Vorsorge wird das sog. Verschlechterungsverbot bzw. **Bestandsschutzprinzip** genannt.[62] Es soll ein weiteres Anwachsen von Umweltbelastungen ausschließen und will zumindest die vorhandene Umweltqualität in ihrem ,,Bestand" (status quo) garantieren (deshalb ,,Bestandsschutz"; auf keinen Fall darf dies mit dem eigentumsrechtlichen Bestandsschutz – s. § 2 Rn. 38 – verwechselt werden, der im Einzelfall sogar gegenteilige Wirkungen erzeugen kann). Das Bestandsschutzprinzip scheint gegenüber dem Vorsorgeprinzip, das auf eine Verbesserung der Umweltsituation zielt, gleichsam die Untergrenze des Umweltschutzes zu markieren. Dennoch gilt es nur in einem eingeschränkten Sinn: Bei striktem Verständnis müßte das Bestandsschutzprinzip jedwede Verschlechterung einer Umweltsituation ausschließen und beispielsweise Errichtung und Betrieb einer Anlage bereits deshalb verbieten, weil sie zu zusätzlichen Emissionen führt, auch wenn die Immissionsgrenzwerte noch nicht erreicht, eine optimale Emissions-

---

[60] Vgl. dazu *Hösel/v. Lersner,* Recht der Abfallbeseitigung des Bundes und der Länder, 1972ff., § 12 Rn. 4.

[61] Gesetz über die Beförderung gefährlicher Güter v. 6. 8. 1975 (BGBl. I S. 2121, zuletzt geänd. durch Ges. v. 18. 9. 1980, BGBl. I S. 1729) und die dazu ergangenen Gefahrgutverordnungen (Kloepfer Nr. 570ff.).

[62] So ausdrücklich *R. Schmidt/H. Müller,* JuS 1985, 694ff., 695, und *Sendler,* JuS 1983, 255ff., 256. Von einem selbständigen Prinzip gehen aus *Breuer* (FN 4), S. 611 (,,Bestandsschutzprinzip"), und *E. Rehbinder,* RabelsZ 40 (1976), 363ff., 373 (,,Prinzip der Status-quo-Erhaltung"); *ders.* (FN 50), S. 91 (,,Verschlechterungsverbot").

begrenzung gewährleistet und auch die übrigen gesetzlichen Genehmigungsvoraussetzungen erfüllt sind. Ein solches auf konkrete Einzelfälle anwendbares rigides Verschlechterungsverbot ist mit geltendem Recht, sofern es nicht ausdrücklich angeordnet wird, unvereinbar. Das Verschlechterungsverbot kann daher Geltung nur in dem allgemeinen Sinn beanspruchen, daß der Zustand der Umwelt insgesamt nicht gemindert werden darf. Soll dieses generelle Verschlechterungsverbot nicht lediglich eine Leerformel darstellen, muß es allerdings nach Problemfeldern und Regionen aufgeschlüsselt werden, um überprüfbare ,,Kontrollbereiche" zu erhalten.

Eine partielle Positivierung hat das Verschlechterungsverbot bislang vor allem in 26
§ 8 BNatSchG gefunden.

Danach sind vermeidbare Eingriffe in Natur und Landschaft zu unterlassen, unvermeidbare Eingriffe auszugleichen und unvermeidbare, nicht hinreichend ausgleichbare Eingriffe zu untersagen, wenn die Belange des Naturschutzes und der Landschaftspflege bei Abwägung aller Anforderungen an Natur und Landschaft im Rang vorgehen.

Eine gewisse normative Bestätigung für das Verschlechterungsverbot bilden auch die neuen Kompensationsregelungen im Immissionsschutzrecht, die ebenfalls im Mindestmaß den status quo garantieren (s. § 7 Rn. 64). Hingegen wurde ein Verschlechterungsverbot in das Wasserhaushaltsgesetz nicht aufgenommen, obwohl dies im Rahmen der vierten Änderungsnovelle vorgesehen war.[63] Beim Bestandsschutzprinzip handelt es sich daher primär um ein umweltpolitisches, rechtlich nur unvollkommen umgesetztes Prinzip. In Verbindung mit dem sich herausschälenden **Kompensationsprinzip** kann es das Vorsorgeprinzip wirksam flankieren und gleichsam von unten her absichern. Nach dem Vorbild der Stufenregelung im § 8 BNatSchG sollte man das Prinzip der ,,Kompensation" allerdings als subsidiär gegenüber dem primären Gebot der Vermeidung von Belastungen auffassen. Dies entspricht auch dem Vorsorgeprinzip, mit dem das so verstandene Verschlechterungsverbot verbunden, aber nicht (teil-)identisch ist.

II. Verursacherprinzip

1. Allgemeiner Inhalt

Fast ebenso vielschichtig wie das Vorsorgeprinzip ist – auch vielleicht entgegen 27
dem ersten Eindruck – das Verursacherprinzip. Dieses greift zunächst auf ganz allgemeine Gerechtigkeitserwägungen (z. B. des Schadensersatz- oder des Polizeirechts) zurück, hat aber gerade in seinen Konkretisierungen zunehmend umweltspezifische Ausprägungen erfahren. Das Umweltprogramm der Bundesregierung von 1971 definiert es noch – im Anschluß an amerikanische Vorbilder – recht lapidar: ,,Jeder, der die Umwelt belastet oder sie schädigt, soll für die Kosten dieser Belastung oder Schädigung aufkommen."[64]

Dabei ist die Festsetzung der konkreten Kosten z. B. bei multikausalen Umweltschäden sehr schwierig und bei manchen Umweltgütern nahezu unmöglich: Was kostet die Landschaftsschönheit?

[63] Vgl. BT-Drs. 7/888, S. 6f. und S. 19 zu § 26a Abs. 1 S. 1 WHG-E. Hierzu näher *Kloepfer/Meßerschmidt* (FN 41), S. 89f. m. w. N.
[64] BT-Drs. VI/2710, S. 6 und 10.

28 Inzwischen ist allerdings weitgehend anerkannt, daß das Verursacherprinzip **kein reines Kostenzurechnungsprinzip** darstellt.[65] Es besagt vielmehr allgemein, daß der Verursacher grundsätzlich sachliche und finanzielle Verantwortung für den Umweltschutz trägt, der er, sei es durch partielle Vermeidung, Beseitigung oder finanziellen Ausgleich der Umweltbelastung, nachzukommen habe.[66] Maßnahmen im Sinne des Verursacherprinzips sind daher – entgegen früher weitverbreiteter Auffassung – nicht etwa nur nachträgliche Kostenerstattungspflichten und Abgaben (insbesondere die nach ihrem Erfinder, dem englischen Wirtschaftswissenschaftler *Arthur Cecil Pigou* benannten sog. **Pigou-Steuern** zur Internalisierung sozialer Kosten)[67], sondern ebenso andere Mittel, insbesondere Verbote und Auflagen, aber auch zivilrechtliche Unterlassungs- und Haftungsansprüche. Auch die Definition des Umweltprogramms schließt solche Maßnahmen ja keineswegs aus: Schließlich führen auch materielle Leistungspflichten im Sinne des klassischen ordnungsrechtlichen Instrumentariums bzw. Produkt- und Verfahrensnormen, wenn auch auf anderem Wege als Geldleistungspflichten, zur Kostentragung durch den Verursacher, sofern nicht ausnahmsweise eine Subventionierung vorgesehen ist. Unter dem Gesichtspunkt der Kostenzurechnung ist es gleichgültig, ob diese indirekt durch Begründung von Vermeidungs-, Verminderungs- und Beseitigungspflichten oder direkt durch Heranziehung zu einer Abgabe, Kostenersatz oder einer sonstigen Kostentragungspflicht (z. B. im Rahmen der staatlichen Überwachung) erfolgt. Allen Ausprägungen des Verursacherprinzips gemeinsam ist, daß die Umwelt hiernach nicht länger als *freies Gut* (s. § 1 Rn. 11 und § 4 Rn. 191 f.) behandelt bzw. sanktionslos geschädigt werden kann.

29 Im Schrifttum werden daher mehrere **„Systemvarianten"** des Verursacherprinzips unterschieden.[68] Nach der sog. ersten Systemvariante sollen Umweltbelastungen primär vermieden bzw. vermindert, zumindest aber vom Verursacher beseitigt werden. Bei pflichtwidrigem Unterlassen sollen die „ersparten" Kosten (Soll-Kosten) dem Verursacher auferlegt werden. Die sog. zweite Systemvariante sieht darüber hinaus vor, daß der Verursacher auch die verbleibenden (von der Rechtsordnung hingenommenen) Umweltbelastungen finanziell auszugleichen habe. Statt nach vermiedenem Kostenaufwand oder dem entstandenen Schaden könne sich die Kostenbelastung aber auch nach einem politisch festgesetztem Knappheitspreis für Umweltnutzungen richten (sog. dritte Systemvariante). Jede dieser Varianten geht mit dem Verursacherprinzip konform. Dies bedeutet freilich nicht, daß das Verursacherprinzip erst „verwirklicht" wäre, wenn alle Möglichkeiten ausgeschöpft sind. Seine verschiedenen Formen können vielmehr nach gesetzgeberischem Ermessen sowohl alternativ als auch kumulativ (zumindest im Sinne einer Kombination der ersten mit der zweiten bzw. dritten „Systemvariante") eingesetzt werden.

30 Mit der ursprünglich zu engen Sicht des Verursacherprinzips hängt die Auffassung zusammen, dem Verursacherprinzip müsse ein vorrangiges „Nichtverursachungsprinzip" gegenübergestellt werden.[69] Das Verursacherprinzip postuliert indes nicht eine Umweltpolitik des „dulde und liquidiere", sondern setzt den – für das Umwelt-

---

[65] Vgl. *Breuer* (FN 4), S. 612f.; *Meßerschmidt,* Umweltabgaben als Rechtsproblem, 1986, S. 86ff.; *R. Schmidt/H. Müller,* JuS 1985, 694ff., 696; a. A. noch *BMI,* Vorbemerkungen zu den „Verbindlichen Erläuterungen", in: Das Verursacherprinzip (FN 9), S. 2; Umweltbericht '76, BT-Drs. 7/5684, S. 8; *Bullinger,* in: ders./Rincke/Oberhauser/Schmidt, Das Verursacherprinzip und seine Instrumente, 1974, S. 69ff., 71f., sowie zuletzt *Sendler,* JuS 1983, 255ff., 257, und *Erbguth* (FN 41), S. 84.

[66] So bereits zutreffend *E. Rehbinder,* Politische und rechtliche Probleme des Verursacherprinzips, 1973, S. 36. Vgl. auch *Meßerschmidt* (FN 65), S. 87f. m. w. N.

[67] Vgl. *Pigou,* in: Siebert (Hg.), Umwelt und wirtschaftliche Entwicklung, 1979, S. 23ff.

[68] Vgl. *Bullinger* (FN 65), S. 70, und *Breuer* (FN 4), S. 612f.

[69] I. d. S. etwa *Thoss,* in: Schultze (Hg.), Umwelt-Report, 1972, S. 21ff., 24ff.

recht schlechthin konstitutiven – Vorrang der Vermeidung von Umweltbelastungen voraus. Als Sekundärziel sagt es aber nur etwas über die **Verteilung der (tatsächlichen und/oder finanziellen) Vermeidungs- bzw. subsidiären Beseitigungslast** aus.

Daß Verursachereigenschaft und Vermeidungslast denknotwendig zusammenfallen, bedarf keiner weiteren Erklärung. Demgegenüber muß der Verursacher nicht unbedingt auch der Beseitigungspflichtige sein. Das Verursacherprinzip legt dies zwar nahe, die Umweltgesetzgebung sieht aber gelegentlich – aus Gründen der Umweltschutzeffektivität – auch eine Übernahme dieser Aufgabe durch den Staat oder Körperschaften des öffentlichen Rechts vor. Wichtigstes Beispiel ist die Abfallentsorgung, die – allerdings primär aus umwelthygienischen und Zweckmäßigkeitsgründen und nicht, um die Verursacher zu entlasten – nur in Ausnahmefällen eine Entsorgung durch den Besitzer (s. § 12 Rn. 82ff.) zuläßt bzw. vorschreibt (§ 3 AbfG).

Allgemein bemerkenswert (wenn vielleicht auch nur begrenzt geglückt) ist die Regelung des § 8 BNatSchG, da dort die verschiedenen Ausprägungen des Verursacherprinzips von der – dem Verursacherprinzip eigentlich vorgelagerten – Vermeidungspflicht über den Naturalausgleich bis hin zur finanziellen Ausgleichspflicht in einer Norm zusammengefaßt sind, wobei sich die Naturschutzausgleichsabgaben allerdings erst aus den einzelnen Landesnaturschutzgesetzen ergeben (vgl. § 10 Rn. 37ff.).[70]

2. *Bedeutungsvarianten des Verursacherprinzips*

31 Die (noch längst nicht überwundene) Mehrdeutigkeit des Verursacherprinzips beruht zu einem wesentlichen Teil auf seiner Entstehungsgeschichte und seiner Verankerung in verschiedenen wissenschaftlichen Disziplinen: Wichtige **Wurzeln** des Verursacherprinzips liegen einerseits in der Wirtschaftswissenschaft, andererseits im Polizeirecht. Im ganzen lassen sich sogar vier Dimensionen des Verursacherprinzips unterscheiden: Eine ökonomisch-zweckrationale, eine normativ-sozialethische, eine umweltpolitische und (bedingt) eine normativ-rechtliche. Das Verursacherprinzip ist damit einerseits dazu prädestiniert, als eine Art „Brückenprinzip" für den gerade im Umweltschutz notwendigen interdisziplinären Dialog (insbesondere zwischen Rechts- und Wirtschaftswissenschaft) zu wirken, andererseits birgt es aber auch die Gefahr der Begriffsverwirrung und des Konturenverlusts.

a) Ökonomisch-zweckrationale Deutung des Verursacherprinzips

32 In der **Wirtschaftswissenschaft,** die den – auf den ersten Blick durchaus juristisch klingenden – Begriff des „Verursacherprinzips" kreiert hat, besagt dieses, daß Umweltbelastungen am zweckmäßigsten und am günstigsten durch die Verursacher selbst bekämpft werden.[71] Hierbei geht es primär nicht einmal um die Kostenverteilung, sondern um die Anreizwirkungen bzw. den Präventiv-Effekt des Verursacherprinzips.[72] Hieraus – und weniger aus fiskalischen Erwägungen – leitet sich auch seine ursprüngliche Interpretation als Subventionsverbot ab.[73]

---

[70] Insbes. § 11 Abs. 3 und 5 NatSchG BW. Nicht bei allen Ausgleichsregelungen, die von den Bundesländern mit Ausnahme Bayerns getroffen wurden, handelt es sich um Abgaben im Rechtssinne. Vgl. zur Rechtsnatur der einzelnen Entgelte *Breuer,* NuR 1980, 89ff., 97ff.; *Meßerschmidt* (FN 65), S. 24ff., sowie zuletzt *Bettermann,* in: Jb. des Umwelt- und Technikrechts 1987 (UTR 3), 1987, S. 113ff., und *Meßerschmidt,* DVBl. 1987, 925ff., 928ff.

[71] Vgl. aus wirtschaftswissenschaftlicher Sicht statt vieler *Rat von Sachverständigen für Umweltfragen,* Umweltgutachten 1978 (BT-Drs. 8/1938), Tz. 1755ff. (S. 534ff.).

[72] So zutreffend *E. Rehbinder,* RabelsZ 40 (1976), 363ff., 383.

[73] Vgl. etwa *Arbeitsgemeinschaft für Umweltfragen* (Hg.), Überlegungen zur Anwendung des Verursacherprinzips (Das Umweltgespräch), 1975, S. 15.

Das Verursacherprinzip steht im Gegensatz zum sog. **Coase-Theorem,** das die prinzipielle Gleichwertigkeit von negativen und positiven Anreizen als Mittel der Umweltpolitik behauptet.[74] Danach soll es – unter idealen Bedingungen – keine Rolle spielen, ob die Verursacher finanziell belastet oder für die Einstellung ihrer umweltbelastenden Tätigkeit durch Subventionen oder Ausgleichszahlungen der Geschädigten (!) belohnt werden (sog. bribes vs. charges-Kontroverse).[75] Zumindest die zuletzt angesprochene sog. **Verhandlungslösung** scheitert überwiegend an ihrer mangelnden Praktikabilität (z. B. unzureichende Organisationsfähigkeit der Geschädigten v. a. infolge des sog. ,,Trittbrettfahrerverhaltens"[76]; wegen des faktisch ,,öffentlichen" Charakters von Umweltgütern – sog. Nichtausschließungsbedingung – wäre der Kreis der Nutznießer stets größer als der Kreis der Zahlungswilligen) und wohl auch aus rechtlichen Gründen. Zumindest dem ,,Gerechtigkeitsgefühl" steht der wissenschaftlich-werturteilsfreie Gedanke einer Entschädigung der ,,Schädiger" durch die ,,Opfer" diametral entgegen. Dies ist auch bezüglich des – insoweit freilich nicht völlig vergleichbaren – baden-württembergischen Wasserpfennigs (s. § 11 Rn. 163f.) zu bedenken.[77]

b) Normativ-sozialethische Deutung des Verursacherprinzips

33 Mit dem Stichwort ,,Gerechtigkeit" (besser: Umweltschutz-Gerechtigkeit) bzw. präziser: **Lasten- und Verteilungsgerechtigkeit** im Umweltschutz ist die bislang weniger beleuchtete normativ-sozialethische Variante des Verursacherprinzips angesprochen. Der unter diesem Aspekt zunächst einleuchtende Grundsatz möglichst voller Kosteninternalisierung – die Kosten von Umweltbelastungen erscheinen in der Kostenrechnung des Verursachers – kann indes in Widerspruch zum sozialstaatlichen Verständnis von Verteilungsgerechtigkeit geraten, insofern als hierbei die unterschiedliche wirtschaftliche Leistungsfähigkeit der Verursacher vernachlässigt wird.[78] Einseitig gehandhabt, kann das Verursacherprinzip also gerade hinsichtlich seines Gerechtigkeitsgehaltes leicht vordergründig wirken.

So würde etwa eine breitflächige Ablösung der Steuerfinanzierung von Staatsausgaben durch sog. Kausalabgaben[79] zu Lasten des durch das steuerrechtliche **Leistungsfähigkeitsprinzip**[80] gewährleisteten sozialen Ausgleichs gehen. Die nur begrenzt erwünschten sozialen Folgen des Verursacherprinzips treten vor allem zu Tage, wenn man es nicht nur auf Großverursacher, sondern in vollem Umfang auf alle Umweltnutzer anwendet. Dennoch wäre es falsch, das Verursacherprinzip nun etwa als ,,Schuld-und-Sühne-Schema"[81] abzuwerten – ganz abgesehen davon, daß diese Kritik nur eine Variante dieses Prinzips betrifft.

c) Umweltpolitische Funktion des Verursacherprinzips

34 In der umweltpolitischen Ausprägung des Verursacherprinzips vermischen sich ökonomisch-zweckrationale und normative Komponenten,[82] wobei bald die eine,

---

[74] Vgl. hierzu *Meßerschmidt* (FN 65), S. 89 m. w. N., und *J. Schmidt,* AcP 175 (1975), 222ff., 243ff., der dem Verursacherprinzip im wesentlichen mit wirtschaftswissenschaftlichen, dem Coase-Theorem verpflichteten Argumenten entgegentritt.

[75] Vgl. hierzu außerdem *Windisch,* Zs. f. Nationalökonomie 35 (1975), 345ff., 396ff. m. w. N.

[76] Vgl. hierzu etwa *Bonus,* RabelsZ 40 (1976), 409ff., 413ff.

[77] §§ 17a–f WG BW, eingefügt durch Gesetz zur Änderung des Wassergesetzes für Baden-Württemberg (Entgelt für Wasserentnahmen) v. 27. 7. 1987 (GBl. S. 224).

[78] Vgl. *K. Zimmermann,* Hamburger Jb. für Wirtschafts- und Gesellschaftspolitik 22 (1977), 93ff.; aus rechtlicher Sicht *Kloepfer,* DÖV 1975, 593ff.

[79] Vgl. zu dieser Kategorie *Vallendar,* Grundzüge des Kausalabgabenrechts, 1976.

[80] Hierzu umfassend *D. Birk,* Das Leistungsfähigkeitsprinzip als Maßstab der Steuernormen, 1983, S. 43ff. sowie durchgängig.

[81] So ausdrücklich *Kade,* in: Glagow (Hg.), Umweltgefährdung und Gesellschaftssystem, 1972, S. 124ff., 136.

[82] Vgl. etwa auch die auf das Verursacherprinzip rekurrierende Gesetzesbegründung zum Abwasserabgabengesetz in BT-Drs. 7/2272, S. 21f.

bald die andere Seite in den Vordergrund tritt. Auch wenn demnach umweltökonomische Erwägungen über das Verursacherprinzip in die Umweltpolitik eingehen, darf es doch nicht mit einer wirtschaftswissenschaftlichen Theorie gleichgesetzt werden.[83] Wegen seines wenig präzisen Gehaltes hat der Rat von Sachverständigen für Umweltfragen das umweltpolitische Verursacherprinzip sogar einen „allgemeinen Alibibegriff" mit „Leerformelcharakter" gescholten.[84] Auch wenn diese Kritik überzogen ist, bezeichnet sie doch eine – letztlich allen umweltpolitischen Prinzipien – anhaftende Gefahr. Zutreffend an der Kritik am Verursacherprinzip ist jedenfalls die häufig recht schwierige Bestimmung und Auswahl des „richtigen" Verursachers, wenn Kausalketten und viele Verursacher vorhanden sind. Nur zu leicht sind in der täglichen umweltpolitischen Diskussion „die Verursacher" immer die anderen.

d) Normativ-rechtliche Deutung des Verursacherprinzips

Die Bedeutung des – zum Teil auch als Störerprinzip bezeichneten[85] – Verursacherprinzips **polizeirechtlicher Provenienz** liegt vor allem darin, daß es die juristische Rezeption erleichtert hat, es ist aber auch für erhebliche Mißverständnisse verantwortlich. 35

Im Zusammenhang hiermit steht die zunehmende Interpretation des Verursacherprinzips als **materielles Zurechnungsprinzip.**[86] Damit wird im allgemeinen zwar nicht behauptet, daß das Verursacherprinzip aus sich heraus Haftungsansprüche (zusätzlich zu den bereits bestehenden) begründen könnte. Soweit hingegen gemeint sein soll, daß das Verursacherprinzip eine Inanspruchnahme nur nach Maßgabe der materiellen Verantwortlichkeit erlaube – was in Anbetracht vielfach unklarer Verursacherbeziehungen oder Kausalanteile (summierte Immissionen, synergetische Wirkungen, Überdosis-Problem, Langzeitwirkungen)[87] zu einschneidenden Konsequenzen führen könnte –, wird seine Bedeutung jedoch ebenfalls überschätzt. Als rechtspolitische Maxime vermag es nicht, geltende Zurechnungsregeln des Ordnungs- oder Abgabenrechts zu verdrängen. Es modifiziert weder die – in den Grundzügen gesetzlich bestimmten – Voraussetzungen polizeirechtlicher Störerhaftung einerseits noch etwa die Grundsätze der Abgabenerhebung andererseits, die verbindlich bestimmen, ob jemand zu einer Steuer, einer Gebühr, einem Beitrag oder einer Sonderabgabe herangezogen werden darf.[88]

Dies bedeutet etwa, daß zumindest eine steuerliche Inanspruchnahme auch bei nicht eindeutig geklärten Kausalbeziehungen möglich ist (bei Sonderabgaben könnte es sich allerdings, wenn man die Rechtsprechung des BVerfG zugrunde legt, anders verhalten[89]), während ein ordnungsrechtlicher Zugriff nur zulässig ist, wenn dem Störer die (rechtswidrige!) Umweltbelastung gemäß der polizeirechtlichen Kausalitätstheorie im Sinne unmittelbarer Verursachung zuzurechnen ist.[90]

---

[83] Vgl. *Kloepfer,* DÖV 1975, 593ff., 594.
[84] Umweltgutachten 1978 (FN 71), Tz. 1703 (S. 523).
[85] Vgl. *Steiger/Kimminich,* Umweltschutzrecht und -verwaltung in der Bundesrepublik Deutschland, 1976, S. 62, sowie allgemein *Thürer,* ZSR NF 102 (1983), 2. Halbbd., 463ff. Ähnlich *H. Engelhardt,* Bürger und Umwelt, 1985, S. 37f.
[86] Vgl. etwa *Breuer* (FN 4), S. 612.
[87] Vgl. hierzu statt vieler *Diederichsen/Scholz,* WiVerw. 1984, 23ff., 24ff., und *Wegscheider,* ÖJZ 1983, 90ff., jeweils m. w. N.
[88] Hierzu ausführlicher *Meßerschmidt* (FN 65), S. 94f.
[89] Vgl. BVerfGE 55, 274; 57, 139; 67, 256. Dies leitet jedenfalls *P. Kirchhof,* in: Hansmeyer (Hg.), Staatsfinanzierung im Wandel, 1983, S. 33ff., 48, aus der Sonderabgabenjudikatur her.
[90] Vgl. hierzu allgemein *Schenke* (FN 25), S. 158ff. (Tz. 88ff.) m. w. N.

Auch die zivilrechtlichen Zurechnungsprinzipien für Schadensersatz (s. § 4 Rn. 292ff.) werden durch das Verursacherprinzip nicht überlagert.

36 Angesichts der Vieldeutigkeit des Verursacherprinzips werden im Schrifttum unterschiedliche **Verursacherbegriffe** identifiziert, die sämtlich mit dem Verursacherprinzip vereinbar sind.[91]

Im engeren Sinn ist danach Verursacher nur derjenige, in dessen Einflußbereich die Umweltbelastung auftritt. An Stelle des unmittelbar kausalen Verwenders (Konsument) können aber auch bereits die Hersteller oder alle konsekutiv Beteiligten als Verursacher angesehen werden. Nach einer weiteren pragmatisch final orientierten Definition gilt als Verursacher derjenige, der die Umweltbelastung (mit)verursacht hat und (am besten) in der Lage ist, sie entsprechend den staatlichen Zielvorstellungen abzustellen.[92] Je nach Rechtslage wird eher der eine oder der andere Verursacherbegriff angemessen sein.

37 Das Verursacherprinzip besagt auch nicht, daß jeder materiell Verantwortliche in die Pflicht genommen werden *müßte*.[93] Sein **rechtspolitischer Vorrang** gegenüber dem Gemeinlastprinzip[94] (s. u. Rn. 39ff.) bedeutet nicht etwa, daß jede Umweltbelastung finanziell vom Verursacher auszugleichen wäre. Auch insoweit gelten abgabenrechtliche Normen und Grundsätze, die zwar im Fall der Inanspruchnahme einer öffentlichen Leistung die Erhebung von kostendeckenden und vorteilsäquivalenten Gebühren nahelegen, aber nicht ausnahmslos und zwingend vorschreiben.[95] Im übrigen läßt sich nur der geringste Teil der Umweltbelastungen – z. B. das Ableiten von Abwasser über die Kanalisation, bereits aber nicht mehr die Direkteinleitung in ein Gewässer – als Inanspruchnahme einer öffentlichen Leistung auffassen.[96] Ökonomische Überlegungen und außerjuristische Gerechtigkeitserwägungen mögen allerdings auch in solchen Fällen einen finanziellen Ausgleich für die Umweltnutzung ratsam erscheinen lassen.

So ist wohl *v. Arnim* zu verstehen, der in bezug auf gruppennützige Abgaben und Abgaben „zum Ausgleich von Gemeinschaftsschädigungen" ausführt: „In den genannten (...) Fällen mag die Gerechtigkeit eine Abgabenbelastung der Verursacher oder der gruppenmäßig Begünstigten sogar *erfordern,* d.h. es wäre *un*gerecht, wenn ihnen die Kosten *nicht* angelastet würden".[97]

38 Gegenüber einer solchen Zuspitzung des Verursacherprinzips ist jedoch auf seiner grundsätzlichen **Offenheit** zu beharren. Das Verursacherprinzip bezeichnet eine breite Skala von Reaktionsmöglichkeiten, ohne eine einzelne Variante oder einen bestimmten Verwirklichungsgrad zwingend vorzuschreiben.[98] Über Art und Ausmaß seiner Umsetzung entscheidet vielmehr der Gesetzgeber.

Das Verursacherprinzip genießt nach der bisherigen Umweltpolitik allerdings grundsätzlichen (politischen) Vorrang gegenüber dem **Gemeinlastprinzip** (hierzu

---

[91] Vgl. insbes. *E. Rehbinder* (FN 66), S. 30f.
[92] *E. Rehbinder* (FN 66), S. 30f.
[93] Vgl. hierzu auch *Meßerschmidt* (FN 65), S. 148f.
[94] Vgl. insbes. *Breuer* (FN 4), S. 614, und *Hartkopf/Bohne,* Umweltpolitik, Bd. 1, 1983, S. 112f. m.w.N.
[95] Vgl. BVerwGE 13, 214 (221), sowie im Schrifttum insbes. *F. Kirchhof,* Die Höhe der Gebühr, 1981, S. 57ff., und *Wilke,* Gebührenrecht und Grundgesetz, 1973, S. 155ff.
[96] Vgl. zum Leistungsbegriff näher *Meßerschmidt,* in: Forschungsstelle für Umwelt- und Technikrecht (Hg.), Jb. des Umwelt- und Technikrechts 1987 (UTR 3), 1987, S. 83ff., 97ff.
[97] *v. Arnim,* in: Hansmeyer (Hg.), Staatsfinanzierung im Wandel, 1983, S. 725ff., 737.
[98] So nachdrücklich bereits *E. Rehbinder* (FN 66), S. 28ff.; vgl. zu den verschiedenen Bedeutungsgehalten des Verursacherprinzips i.ü. etwa auch *Breuer* (FN 4), S. 612f., und *Schottelius,* FS Weitnauer, 1980, S. 397ff.

näher Rn. 39ff.). Nach herrschender Auffassung handelt es sich um keine gleichwertigen Alternativen, sondern um ein Regel-Ausnahme-Verhältnis,[99] auch wenn sich aus dieser Präferenzregel nur ein äußerst vager Kontrollmaßstab ergibt. Das – sogleich zu behandelnde – Gemeinlastprinzip ist jedoch nicht nur ein lückenfüllendes Hilfsprinzip beim Fehlfunktionieren des Verursacherprinzips, sondern legitimiert sich eigenständig aus der Verantwortung des Staates für den Umweltschutz.

III. Gemeinlastprinzip

1. *Gemeinlastprinzip und Verursacherprinzip*

Das Gemeinlastprinzip bildet das Gegenstück zum Verursacherprinzip. Es besagt zunächst (als Kostenzurechnungsprinzip), daß die Kosten des Umweltschutzes über den Staatshaushalt finanziert und primär über das Steuersystem verteilt werden.[100] **Maßnahmen im Sinne des Gemeinlastprinzips** sind sowohl die staatliche Eigenvornahme im Umweltschutz (soweit nicht deren Kosten auf Private abgewälzt werden) als auch – direkte und indirekte – Subventionen (Finanzhilfen, Darlehen, staatliche Bürgschaften, Steuerbegünstigungen). In einem weiteren Sinne wird dem Gemeinlastprinzip gelegentlich auch der unterlassene Umweltschutz zugerechnet, weil im konkreten Fall Umweltschäden aufgetreten sind, die der Verursacher nicht vermieden hat, wodurch dieser Kosten ersparen konnte. Daran ist soviel richtig, daß auch in diesem Fall der Verursacher nicht zu den Umweltschutzkosten herangezogen wird und die Folgekosten von der Gemeinschaft zu tragen sind.[101] Insofern ist das Gemeinlastprinzip vielfach ein nicht oder nur unvollkommen realisiertes Verursacherprinzip (und umgekehrt). 39

Daher können Umweltschutzinstrumente auch *zwischen* dem Verursacher- und Gemeinlastprinzip angesiedelt sein (z. B. teilweise Vermeidungspflichten, nicht-kostendeckende Verursacherabgaben), falls dies nicht sogar die Regel ist. Eine *schematische* Unterteilung von Umweltschutzinstrumenten nach dem zugrundeliegenden Prinzip würde diesen Zwischenformen nicht gerecht.

Nach dem allgemein vorherrschenden Verständnis bezeichnet das Gemeinlastprinzip lediglich **Ausnahmen vom Verursacherprinzip,** die jeweils begründungsbedürftig sind.[102] Diese Sichtweise ist rechtlich nicht begründet und überzeugt auch umweltpolitisch nicht vollends, denn sie trifft von vornherein nicht auf Maßnahmen im Rahmen der staatlichen Umweltvorsorge zu, die weder durch einzelne Verursacher veranlaßt noch primär einzelnen, sondern der Allgemeinheit zugute kommen und daher auch von dieser zu finanzieren sind. Legitime Ausnahmen vom Verursacherprinzip werden im Umweltbericht '76 der Bundesregierung angenommen, wenn der Verursacher nicht festgestellt werden kann oder akute Notstände zu beseitigen sind 40

---

[99] *Hartkopf/Bohne* (FN 94), S. 112f. Ähnlich u. a. *Breuer* (FN 4), S. 614, einschränkend *E. Rehbinder* (FN 50), S. 97.

[100] Vgl. nur *Breuer* (FN 4), S. 614; *Hartkopf/Bohne* (FN 94), S. 112, und *E. Rehbinder* (FN 50), S. 95f.

[101] *Sendler,* JuS 1983, 255ff., 257, weist allerdings zu Recht darauf hin, daß in diesem Fall aber auch oft „konkret ausmachbare einzelne Bürger" die Folgen und Kosten der Umweltbelastungen zu tragen haben.

[102] Vgl. nur *Hartkopf/Bohne* (FN 94), S. 112.

und dies unter Heranziehung des Verursachers nicht rasch genug erreicht werden kann.[103]

Der erstgenannte Grund nimmt auf die im Umweltschutz häufigen Feststellungs-, Zurechnungs- und Quantifizierungsprobleme Bezug und spielt etwa bei der Altlastensanierung (s. § 12 Rn. 132ff.) und der Waldschadensproblematik (s. § 4 Rn. 304ff. und § 7 Rn. 3) eine prägende Rolle. Die zweite genannte Ausnahme ist hingegen zu relativieren: „Gefahr im Verzug" erfordert zwar sofortiges staatliches Handeln, schließt aber eine Reaktion im Sinne des Verursacherprinzips nicht völlig aus, da eine nachträgliche Kostenanlastung – u. U. sogar mit dem klassischen Mittel der polizeirechtlichen Kostenersatzpflicht – in vielen Fällen möglich bleibt. Soweit eine finanzielle Verursacherhaftung ausscheidet, hat dies jedenfalls nichts mit der Eilbedürftigkeit der Gefahrenabwehr zu tun.

41 Das Gemeinlastprinzip ist aber ebensowenig wie der Verursachergrundsatz kein reines Kostendeckungsprinzip, sondern bezeichnet zugleich eine Maxime der Verantwortlichkeit des Gemeinwesens im Umweltschutz. Zwar gibt es kein staatliches Umweltschutzmonopol, aber gleichwohl ist die Rolle des Staates (und damit der Allgemeinheit) von außerordentlichem Gewicht (s. § 2 Rn. 26). In dieser **ökologischen Verantwortung der Allgemeinheit** – und nicht in Realisierungsschwächen des Verursacherprinzips – liegt der entscheidende Geltungsgrund des Gemeinlastprinzips.

Die verbindliche Einbindung des Umweltschutzes (insbesondere die Abwägung mit anderen Gemeinschaftszielen) ist dem Staat vorbehalten. Dieser Bereich des Ausgleichs bzw. der Prioritätsbestimmung von Gemeinschaftszielen ist deshalb eine Domäne des Gemeinlastprinzips. Insbesondere können auch wirtschafts- und strukturpolitische sowie verteilungspolitische Gründe (z. B. Sicherung von Arbeitsplätzen und Wettbewerbsfähigkeit, aber auch der Schutz sozial Schwächerer) für eine Finanzierung nach dem Gemeinlastprinzip sprechen.[104] Insofern wird dem Gemeinlastprinzip von vielen häufig jedoch nur eine **Übergangsaufgabe** zugebilligt.

So hebt der Umweltbericht '76 der Bundesregierung als Mittel im Sinne des Gemeinlastprinzips die zeitliche Streckung der Anwendung und Durchsetzung des Verursacherprinzips (z. B. schrittweise Annäherung an Umweltqualitätsstandards, Anpassungsfristen) hervor.[105] Ähnlich betont die EG, daß Ausnahmen vom Verursacherprinzip insbesondere noch während einer Übergangsperiode in Betracht kämen.[106]

Soweit dahinter die Vorstellung steht, man könne das Gemeinlastprinzip ganz aus dem Umweltrecht zurückdrängen, wird dies der komplexen und differenzierten Verantwortungsüberlagerung und Verantwortungsteilung zwischen Staat, Gesellschaft und einzelnen Bürgern für den Umweltschutz nicht gerecht. Das Interesse an einem ausgewogenen Verhältnis von staatlicher und gesellschaftlicher Verantwortung in der politischen Ordnung der Bundesrepublik Deutschland spricht für eine grundsätzliche Beibehaltung des Gemeinlastprinzips, was freilich – je nach der verfolgten Umweltpolitik – eine Forcierung des Verursacherprinzips in geeigneten Umweltschutzteilbereichen keineswegs ausschließt.

---

[103] BT-Drs. 7/5684, S. 8f.

[104] Zu beiden Gesichtspunkten ausführlicher *E. Rehbinder* (FN 66), S. 66ff., 82f. Ähnlich im Ergebnis etwa *Breuer* (FN 4), S. 614, und *Steiger,* ZRP 1971, 133ff., 136. *Soell,* WiR 1973, 72ff., 78, warnt zu Recht, daß das Verursacherprinzip nicht als Alibi für mangelndes (finanzielles) Engagement des Staates im Umweltschutz fungieren dürfe.

[105] BT-Drs. 7/5684, S.9.

[106] Aktionsprogramm 1973, ABl. 1973 Nr. C 112, S. 6.

2. Gemeinlastprinzip und Geschädigtenprinzip

Überdies wird man dem Gemeinlastprinzip auch aus einem anderen Grunde nicht hinreichend gerecht, wenn man es ausschließlich in Bezug zum Verursacherprinzip setzt. Denn nicht nur mit diesem konkurriert das Gemeinlastprinzip, sondern auch mit einer bisher eher unausgesprochenen, aber gleichwohl verbreiteten Kostentragungsregel, dem Geschädigtenprinzip. Danach müssen die Schäden durch Umweltbelastungen von den Opfern von Umweltschädigungen getragen werden *(casum sentit dominus)*. Damit steht das **Individuallastprinzip** – das man besser als Geschädigtenprinzip bezeichnen könnte – auch im deutlichen Gegensatz zum Verursacherprinzip. Die Nichtrealisierbarkeit des Verursacherprinzips führt aber – entgegen einer verbreiteten Ansicht – nicht automatisch zum Gemeinlastprinzip, sondern ebenso häufig zum Geschädigtenprinzip. Das Geschädigtenprinzip ist allerdings regelmäßig keine Verantwortlichkeitsmaxime, sondern ein reiner Kostentragungsgrundsatz. Von der Kostentragung her kann somit zwischen dem Verursacher-, dem Geschädigten- und dem Gemeinlastprinzip differenziert werden. Unter diesem Aspekt erscheinen sowohl das Verursacher- wie auch das Geschädigtenprinzip als Unterfälle des Individuallastprinzips, das dem Gemeinlastprinzip eigentlich gegenübersteht. 42

Typischerweise kommt das Gemeinlastprinzip trotz seiner eigenständigen Legitimation immer (auch) dann zum Tragen, wenn das Verursacherprinzip oder das Geschädigtenprinzip nicht angewandt werden kann oder soll, wobei auch zusätzliche Verschränkungen zwischen dem Verursacher- und dem Geschädigtenprinzip als Aspekte des Individuallastprinzips möglich sind. Insbesondere soweit Schadensrückverlagerungen im Sinne des Verursacherprinzips versagen, vermehren sich Forderungen (z. B. anläßlich der sog. neuartigen Waldschäden – s. § 4 Rn. 318 – und der Reaktorkatastrophe von Tschernobyl), das bislang faktisch geltende Geschädigtenprinzip mit Hilfe staatlicher Entschädigungen und Schadensersatzleistungen zurückzudrängen und letztlich durch das Gemeinlastprinzip abzulösen. Inwieweit das Gemeinlastprinzip auch in dieser Ausprägung rechtlich gerechtfertigt oder gar gefordert ist, kann nur differenziert beantwortet werden. Die rechtlichen Bewertungen sind hier in jüngster Zeit stark in Fluß geraten, wobei manche Vorstellungen allerdings einer inakzeptablen **Sozialisierung allgemeiner Lebens- und Geschäftsrisiken** nahekommen und sich in einen allgemeinen Trend der modernen Sicherheitsgesellschaft einordnen, der „Schicksal als einklagbaren Rechtsverlust“ *(Fritz Werner)* begreift. 43

IV. Kooperationsprinzip

1. Inhalt

Das bisher nur recht unzureichend geklärte Kooperationsprinzip bringt grundsätzlich zum Ausdruck, daß Umweltschutz nicht alleinige Aufgabe des Staates ist und von diesem auch nicht (durchgängig) einseitig gegen Wirtschaft und Gesellschaft durchgesetzt werden kann (oder besser: soll), sondern die Zusammenarbeit aller betroffenen Kräfte erfordert.[107] 44

Im Grunde ist damit zunächst nur eine an sich selbstverständliche allgemeine (also nicht: umweltspezifische) Leitmaxime der Aufgabenverteilung und des Führungsstils im demokratischen Rechtsstaat angesprochen. Umweltspezifisch können eher Einzelausprägungen des Kooperationsprinzips sein.

---

[107] Ähnlich u. a. *Breuer* (FN 4), S. 614; *v. Lersner*, Verwaltungsrechtliche Instrumente des Umweltschutzes, 1983, S. 10f.; *Sendler*, JuS 1983, 255ff., 257; *Storm* (FN 3), S. 14 (Tz. 11).

Da der Umweltschutz grundsätzlich eine öffentliche Aufgabe ist, können **Staat und Gesellschaft** sich nicht gegenseitig aus der **Umweltverantwortung** hinausdrängen. Gleichwohl kommt dem Staat aufgrund der ihm überantworteten Sicherung des Gemeinwohls (einschließlich der im Gruppenpluralismus unterrepräsentierten Interessen) und der ihm vorbehaltenen Führungsaufgabe innerstaatlicher Prioritätenbildung sowie aufgrund seiner Machtmittel ein deutliches Übergewicht bei der Durchsetzung von Umweltschutzzielen zu. Der im Kooperationsprinzip auf seinen Begriff gebrachte Wandel vom normierenden zum paktierenden Staat (s. auch § 4 Rn. 234) ist demnach nicht unbeschränkt. Auch setzt das rechtsstaatliche Interesse an Rechtssicherheit und Rechtsklarheit dem Kooperationsprinzip Grenzen,[108] jedenfalls soweit es seinen Niederschlag gerade in ,,informellen“[109] Handlungsweisen findet (vgl. § 4 Rn. 235).

Der Umweltbericht ’76 der Bundesregierung kommentiert das Kooperationsprinzip mit den Worten:

,,Nur aus der Mitverantwortlichkeit und der Mitwirkung der Betroffenen kann sich ein ausgewogenes Verhältnis zwischen individuellen Freiheiten und gesellschaftlichen Bedürfnissen ergeben. Eine frühzeitige Beteiligung der gesellschaftlichen Kräfte am umweltpolitischen Willensbildungs- und Entscheidungsprozeß ist deshalb von der Bundesregierung vorangetrieben worden, ohne jedoch den Grundsatz der Regierungsverantwortlichkeit in Frage zu stellen.“[110]

Damit ist wiederum keine umweltspezifische, sondern eine allgemeine Handlungsmaxime für Politiker im demokratischen Gruppenstaat angesprochen.

45 Sinn einer solchen Kooperation nicht zuletzt mit der Wirtschaft ist neben der **Vollzugserleichterung durch Konsens** vor allem auch, daß der Staat sich durch die Kooperation den **Sachverstand** aus dem gesellschaftlich-privaten Bereich nutzbar machen kann. Namentlich dort, wo es für den Umweltschutz auf den Einsatz moderner Techniken ankommt, benötigt der regulierende Staat zur adäquaten Bestimmung des Standes der Technik bzw. der analogen Standards Kenntnisse, über die im Regelfall nicht er, sondern die zu regulierende Wirtschaft verfügt. Die zu Kontrollierenden werden also zur Kontrollermöglichung gebeten. Ein ,,Schweigekartell der Oberingenieure“[111] würde in dieser Situation die Effizienz des Umweltschutzes wesentlich herabsetzen.

46 Das Kooperationsprinzip hat daher eine **doppelte Wirkrichtung,** indem es nicht nur den Staat, sondern auch die Gesellschaft, d. h. also im wesentlichen: Behörden und Unternehmen zur Kooperation verpflichtet. Dabei kann es als rechtspolitisches Prinzip freilich nur ein Richtungsweiser für den Gesetzgeber und u. U. eine Auslegungsmaxime für die Rechtsprechung sein, vermag aber im Verhältnis zum Bürger konkrete Eingriffsermächtigungen nicht zu ersetzen. Wichtig für einen kooperativen Umweltschutz durch Private ist zunächst gerade auch die Klarlegung privater Verantwortung für den Umweltschutz, wie das etwa durch die gesetzliche Einrichtung der verschiedenen **Umweltschutzbeauftragten** (hierzu näher § 4 Rn. 128ff.) institutionell abgesichert wird. Dabei kann allerdings nicht verkannt werden, daß die Einführung derartiger betrieblicher Umweltschutzbeauftragter nicht kooperativ zwi-

---

[108] Ebenso z. B. *v. Lersner* (FN 107), S. 11.

[109] Sinngleich wird im Schrifttum auch das Attribut ,,informal“ verwendet, vgl. dazu jedoch die ebenso scharfsinnige wie scharfzüngige Sprachkritik von *Isensee,* DVBl. 1986, 955ff., 955.

[110] BT-Drs. 7/5684, S. 9.

[111] *Dreyhaupt,* zitiert nach *Bonus,* List Forum 12 (1983/84), 323ff., 337.

schen Staat und Gesellschaft vereinbart, sondern vom Staat einseitig verbindlich in Form betriebsinterner Organisationspflichten angeordnet wird.

Im einzelnen handelt es sich um die Betriebsbeauftragten für Gewässerschutz (§§ 21a–g WHG), für Immissionsschutz (§§ 53–58 BImSchG), für Abfall (§§ 11a–11f AbfG) sowie den Strahlenschutzbeauftragten (§§ 29 Abs. 2–31 StrlSchV). Sämtliche Umweltschutzbeauftragten werden von den jeweiligen Unternehmen bestellt und sind diesen gegenüber verantwortlich, nicht etwa Vertreter des Staates im Betrieb oder „Beliehene".[112] Ihnen obliegt die betriebsinterne Selbstüberwachung, besondere Offenbarungspflichten gegenüber dem Staat bestehen darüber hinaus nicht. Eine Ausnahme bildet insofern nur der Strahlenschutzbeauftragte (§ 30 Abs. 1 S. 3 StrlSchV).

Weitere Ausprägungen des Kooperationsprinzips zeigen sich bei den **Beteiligungsvorschriften** im Umweltverwaltungsverfahren (z. B. nach § 10 Abs. 3–9 BImSchG, § 9b Abs. 4 AtG, §§ 72–78, insbes. § 73 VwVfG), bei den zum Teil informellen **Umweltschutzabsprachen** (z. B. den rechtlich nicht immer unproblematischen „Arrangements" im Verwaltungsverfahren einerseits, den von manchen begrüßten staatlich inspirierten Selbstbeschränkungsabkommen zwischen Unternehmen andererseits – s. § 4 Rn. 232ff.), der Anhörung der beteiligten Kreise bei der untergesetzlichen **Normsetzung,** insbesondere vor Erlaß von Rechtsverordnungen und Verwaltungsvorschriften (z. B. nach § 51 BImSchG i. V. m. §§ 4 Abs. 1 S. 3, 7 Abs. 1, 23, 32–35, 38, 48, 53 Abs. 1 S. 2 BImSchG, § 6 WRMG, §§ 6 und 7 BWaldG, § 29 BNatSchG, §§ 4 Abs. 6, 10 Abs. 3 ChemG) sowie vor allem auch bei der bereits erörterten Tätigkeit der Normgebungsausschüsse und Beratungsgremien (s. o. § 2 Rn. 48). Bei dieser kooperativen Normierung handelt es sich freilich nur um die Beteiligung einer vor allem verbandsmäßig mediatisierten Gesellschaft. 47

Einen besonders deutlichen gesetzlichen Ausdruck hat das Kooperationsprinzip in § 14 Abs. 2 AbfG gefunden, wonach der Erlaß von Rechtsverordnungen nicht nur an die Anhörung der beteiligten Kreise geknüpft ist, sondern als subsidiäres Mittel gegenüber (von der Wirtschaft „freiwillig" zu befolgenden) Zielfestlegungen charakterisiert wird (s. auch § 12 Rn. 61ff.).

Gerade im Hinblick auf diesen wichtigen Bereich einer **kooperativen Normsetzung** wäre es im übrigen verfehlt, im Kooperationsprinzip lediglich einen Verfahrensgrundsatz zu sehen.[113] Wegen seiner Verwurzelung in der Staatsaufgabenlehre ist es auch mehr als ein bloßes „Leitbild für die Ausgestaltung umweltpolitischer Entscheidungsprozesse"[114], wenngleich hierin eine seiner wesentlichen Funktionen liegt.

Eine besondere Facette des Kooperationsprinzips tritt im Bundesnaturschutzgesetz hervor. 48
Während das Kooperationsprinzip im Bereich des Immissionsschutzrechts etwa v. a. auf die Kooperation zwischen Staat und betroffener Wirtschaft bezogen wird, stellt das Bundesnaturschutzgesetz die Kooperation mit den **Umweltschutzverbänden** in den Vordergrund. § 29 BNatSchG versteht unter der Beteiligung von Umweltschutzverbänden die Beteiligung privatrechtlicher rechtsfähiger Vereine – für welche die Voraussetzungen des § 29 Abs. 2 BNatSchG vorliegen müssen – am Rechtsetzungsverfahren bezüglich untergesetzlichen Rechts und an der Vorbereitung von Programmen und Plänen sowie an bestimmten Genehmigungs- und Planfeststellungsverfahren nach dem Bundesnaturschutzgesetz (s. § 10 Rn. 101ff.). Dies entspricht dem Verständnis des Kooperationsprinzips im Sinne einer frühzeitigen Beteiligung der gesellschaftlichen Kräfte am umweltpolitischen Willensbildungsprozeß, wie es im Umweltbericht

---

[112] s. hierzu und zum folgenden Näheres in § 4 Rn. 128ff.
[113] So aber wohl *E. Rehbinder* (FN 66), S. 87.
[114] So etwa *Chr. Schröder* (FN 13), S. 41.

'76 der Bundesregierung dargelegt ist. Eine Teilhabe an der Entscheidung selbst ist allerdings ausgeschlossen.[115]

49 Das Kooperationsprinzip als Maxime staatlicher Umweltpolitik bedarf freilich stets der ergänzenden **Absicherung** durch einen handlungsfähigen und -bereiten Staat. Die Bereitschaft des Staates, seine Zielvorstellungen notfalls auch gegen den Willen der Betroffenen durchzusetzen, ist für den Umweltschutz wie für das grundgesetzlich geformte politische System unverzichtbar. Andernfalls droht die Hinnahme ernster Umweltbelastungen sowie ein auf Dauer schwerwiegender Autoritätsverlust des Staates. Umgekehrt ist jedoch auch eine kooperationsunwillige Umweltpolitik nach der Devise „Viel Feind', viel Ehr'" letztlich zum Scheitern verurteilt.[116]

50 Eigenständige Gestalt hat das Kooperationsprinzip in der Wasserverbandsverordnung[117] und den Wasserverbands-Sondergesetzen[118] gefunden (s. § 11 Rn. 14f.), die eine weitgehende (freilich erzwungene) **Selbstverwaltung** der Abwassereinleiter begründen, die allerdings im wesentlichen räumlich auf das nordrhein-westfälische Industriegebiet beschränkt ist.

An diesen Vorbildern knüpfen wohl auch neue umweltpolitische Vorschläge an, **Umweltgenossenschaften** zu gründen. Richtig daran ist, daß es zwischen der Umweltverantwortlichkeit des einzelnen und der Allgemeinheit auch spezifische **Gruppenverantwortlichkeit**[119] für den Umweltschutz gibt.

51 In einem weiteren Sinn kann das Kooperationsprinzip auch als Kostenzurechnungsgrundsatz verstanden werden, der – für bestimmte Bereiche – eine **gemeinschaftliche Kostentragung** durch Staat und Gesellschaft für Umweltschutzmaßnahmen vorsieht. Insoweit steht es zwischen dem Verursacherprinzip (bzw. dem Geschädigtenprinzip) und dem Gemeinlastprinzip.

In einem tieferen Sinn ist das Kooperationsprinzip schließlich auch Ausdruck eines allgemeinen **Kompromißprinzips,** welches die gesamte Rechtsordnung durchzieht und auch im Umweltschutz einen vertretbaren Ausgleich gegenläufiger Belange fordert.[120] Insofern berührt es sich mit dem – sogleich zu behandelnden – sog. Abwägungsprinzip.[121]

2. Nachbarprinzipien

a) Abwägungsprinzip

52 Das durch den Kompromißgedanken geprägte (ökologische) Abwägungsgebot[122] beinhaltet insbesondere die Pflicht zur Berücksichtigung der Umweltauswirkungen

---

[115] Vgl. allgemein *W. Schmidt,* VVDStRL 33 (1975), S. 183ff., 199ff.

[116] *Bohne,* JbRSoz. 8 (1982), S. 266ff., 274.

[117] Erste Verordnung über Wasser- und Bodenverbände (Erste Wasserverbandverordnung) v. 3. 9. 1937 (RGBl. I S. 933), zuletzt geänd. durch VO v. 18. 4. 1975 (BGBl. I S. 967).

[118] Vgl. die Zusammenstellung bei *Dornheim,* Das Recht der Wasser- und Bodenverbände, 2. Aufl., 1980, S. 14ff., 87ff.

[119] Vgl. zur Kategorie der Gruppenverantwortung, die bislang v. a. im finanzverfassungsrechtlichen Kontext der Rechtfertigung von Sonderabgaben schärfere Konturen und eine rechtliche Funktion angenommen hat, BVerfGE 55, 274 (306f.); 57, 139 (167f.); 67, 256 (276) und hierzu *Meßerschmidt* (FN 65), S. 244ff. m. w. N.; allgemein auch *Pietzcker,* JZ 1985, 209ff.

[120] Hierzu näher insbes. *Feldhaus* und *Friauf,* in: Börner (Hg.), Umwelt, Verfassung, Verwaltung, 1982, S. 87ff., 105ff.

[121] Ebenso *Sendler,* JuS 1983, 255ff., 257.

[122] Hierzu näher *E. Rehbinder* (FN 50), S. 93f.

von umweltbelastenden Anlagen und sonstigen raumbedeutsamen Maßnahmen. Das ökologische Abwägungsgebot ist im Kern nur eine umweltbezogene Konkretisierung des **allgemeinen rechtsstaatlichen Abwägungsgebots,** wonach vor allem bei Planungsentscheidungen alle von der Planung berührten öffentlichen und privaten Belange zu berücksichtigen und gegeneinander abzuwägen sind (s. § 9 Rn. 31 ff.).[123] Es kann insoweit – in konkreten Fällen – dem Umweltschutz auch tendenziell entgegenwirken. Das Einbringen umweltschützender Ziele in Planungsentscheidungen i. w. S. kann sich inzwischen weitgehend auf umweltspezifische Abwägungsklauseln wie z. B. § 50 BImSchG oder § 1 Abs. 2 BNatSchG stützen. Nach der Rechtsprechung des BVerwG[124] ist eine entsprechende Abwägung aber auch unabhängig von einer gesetzlichen Positivierung vorzunehmen. Der Umweltschutz bildet daher im gesamten Fachplanungsrecht einen gewichtigen abwägungserheblichen Belang, dessen fehlerhafte Berücksichtigung – im Abwägungsvorgang oder im Abwägungsergebnis – zu einem relevanten Abwägungsfehler führt.[125]

Nach ständiger Rechtsprechung des BVerwG[126] verlangt das Abwägungsgebot, daß
1. eine Abwägung überhaupt stattfindet,
2. in die Abwägung an Belangen eingestellt wird, was nach Lage der Dinge in sie eingestellt werden muß und
3. weder die Bedeutung der betroffenen öffentlichen und privaten Belange verkannt noch der Ausgleich in einer Weise vorgenommen wird, die zur objektiven Gewichtigkeit einzelner Belange außer Verhältnis steht.

Im engeren Bereich der Umweltgesetzgebung spielen Abwägungsgebote insbesondere dort eine Rolle, wo der Gesetzgeber mehrere Ziele verfolgt und Umweltschutzziele mit anderen Belangen (etwa der Wirtschafts-, Arbeitsmarkt- und Strukturpolitik) konkurrieren (vgl. § 1 Abs. 2 BNatSchG, § 2 Abs. 1 AbfG, § 1 BWaldG). Die Einschätzung der Funktion von **Abwägungsklauseln** in diesem Bereich ist im Schrifttum geteilt. Während eine Gruppe einen relativen Vorrang der Umweltbelange bis hin zu **Abwägungssperren** befürwortet,[127] sieht eine andere Gruppe das Abwägungsprinzip im Umweltrecht bereits nicht mehr hinreichend gewahrt und durch „einäugige", einseitig umweltschutzbezogene Zielformulierungen in Frage gestellt.[128] Gegenüber der Annahme eines allgemeinen und undifferenzierten, nach allen 53

[123] BVerwGE 34, 301 (307) bezeichnet das Abwägungsgebot als einen „dem Wesen rechtsstaatlicher Planung innewohnenden Grundsatz". Vgl. zum Abwägungsgebot auch *Hoppe,* DVBl. 1977, 136ff., und *Weyreuther,* DÖV 1977, 419ff.; ferner etwa *H.-J. Koch,* DVBl. 1983, 1125ff.; *Pfaff,* Planungsrechtsprechung und ihre Funktionen, 1980, S. 127ff., und *Rubel,* Planungsermessen. Norm- und Begründungsstruktur, 1982, S. 63ff.; außerhalb des Planungsrechts insbes. *Schlink,* Abwägung im Verfassungsrecht, 1976. *Ladeur,* ARSP 69 (1983), 463ff., sieht in der Abwägung gar ein neues Paradigma des Rechts, was wegen der vielfachen Bezüge auf die traditionelle Rechtsfigur des Ermessens nicht zutreffen dürfte.

[124] Vgl. BVerwGE 34, 301 (309); 37, 132 (140); 41, 67 (71); 45, 309 (315); 47, 144 (146ff.); 48, 56 (63ff.); 51, 15 (25ff.); 56, 110 (117); 64, 33 (35f.).

[125] Vgl. zur Unterscheidung zwischen Abwägungsvorgang und Abwägungsergebnis BVerwGE 41, 67 (71f.); 45, 309 (315), zum Verhältnis Vorgangs-, insbes. Verfahrens-, und Ergebniskontrolle u. a. *H.-J. Koch,* DVBl. 1983, 1125ff., und *Schulze-Fielitz,* Sozialplanung im Städtebaurecht, 1979, S. 301. Beachte in diesem Zusammenhang auch die Einschränkung der Verfahrenskontrolle durch §§ 214, 215 BauGB und zuvor § 155b Abs. 2 S. 2 BBauG und allgemein §§ 45, 46 VwVfG.

[126] s. BVerwGE 48, 56 (63f.).

[127] Vgl. insbes. *Hoppe,* FS Scupin, 1983, S. 737ff., 738, und den Abschlußbericht der Projektgruppe „Aktionsprogramm Ökologie", Umweltbrief 29, 1983, S. 94 (Tz. 381f.). Ähnlich zunächst auch *Feldhaus,* DÖV 1974, 613ff., 617.

[128] So ausdrücklich *Friauf* (FN 120), S. 111.

Seiten hin offenen Abwägungsprinzips ist indes Vorsicht angebracht, da es leicht zu einer Leerformel degenerieren kann, mit der sich alles und nichts begründen läßt.

Das vom BVerwG[129] verfassungsunmittelbar („aus dem Wesen einer rechtsstaatlichen Planung") entwickelte gesetzesübergreifende Abwägungsgebot ist demgegenüber von vorneherein auf den Planungsbereich beschränkt.

Dessen bedarf es jedoch auch nicht, da bereits die in den einzelnen Umweltgesetzen verwendeten unbestimmten Gesetzesbegriffe, namentlich die Erheblichkeitskriterien (vgl. nur § 1 BImSchG), ausreichende Möglichkeiten für die abwägende Gewichtung konfligierender Belange bieten.

Das Abwägungsprinzip mit seinen Auswirkungen kann vorsichtig auch außerhalb des eigentlichen Planungsbereichs dort angewandt werden, wo komplexe staatliche Verwaltungsentscheidungen eine gestaltende Abwägung verlangen.

b) Prinzip der kontrollierten Eigenverantwortlichkeit

54 Eine starke Abwandlung des Kooperationsprinzips, bei der nicht das Mitwirkungsrecht, sondern die **Mitwirkungslast** im Vordergrund steht, stellt das im Chemikaliengesetz verwirklichte Prinzip der kontrollierten Eigenverantwortlichkeit dar (s. auch § 13 Rn. 21).[130] Es äußert sich vor allem in der in § 13 Abs. 1 S. 2 ChemG niedergelegten Pflicht des Herstellers oder Einführers zur eigenen Einstufung eines gefährlichen Stoffes nach den Gefährlichkeitsmerkmalen des § 3 ChemG und den hieran anknüpfenden Prüfungs-, Verpackungs- und Kennzeichnungspflichten. Es kann grundsätzlich auch in anderen Umweltbereichen wirksam sein, findet sich dort bislang jedoch erst in Ansätzen (etwa bei der **Eigenüberwachung** im Gewässerschutzrecht, der allerdings die vorrangige Fremdüberwachung gegenübergestellt ist). In einem weiteren Sinn ist es aber eine fundamentale gedanklich-politische Regelungsgrundlage der meisten Umweltgesetze.

---

[129] BVerwGE 34, 301 (307).
[130] Hierzu näher *Kloepfer,* Chemikaliengesetz, 1982, S. 98f.

§ 4 Instrumente des Umweltrechts

Schrifttum: *Badura,* Wirtschaftsverwaltungsrecht, in: v. Münch (Hg.), Besonderes Verwaltungsrecht, 8. Aufl., 1988, S. 283ff.; *Bohne,* Der informale Rechtsstaat, 1981; *Brohm,* Strukturen der Wirtschaftsverwaltung, 1969; *Endres,* Instrumente der Umweltpolitik, ZRP 1985, 197ff.; *Gutzler* (Hg.), Umweltpolitik und Wettbewerb, 1981; *E. R. Huber,* Wirtschaftsverwaltungsrecht (2 Bde.), 2. Aufl., 1953, 1954; *Jarass,* Wirtschaftsverwaltungsrecht und Wirtschaftsverfassungsrecht, 2. Aufl., 1984; *Kabelitz,* Flexible Steuerungsinstrumente im Umweltschutz, 1984; *Keune,* Wirtschaftslenkung durch Umweltschutzmaßnahmen, WiR 1973, 377ff.; *P. Kirchhof,* Verwalten durch „mittelbares" Einwirken, 1976; *Kloepfer,* Umweltschutz und Wettbewerb – zu den Wettbewerbswirkungen von umweltrechtlichen Instrumenten, UPR 1981, 41ff.; *ders.,* Instrumente des staatlichen Umweltschutzes in der Bundesrepublik Deutschland, in: Jahrbuch des Umwelt- und Technikrechts 1987 (UTR 3), 1987, S. 3ff.; *Kölble,* Staat und Umwelt. Zur Grundstruktur des rechtlichen Instrumentariums der Umweltsicherung, DÖV 1977, 1ff.; *Kotzorek,* Zur Kontroverse über die Wettbewerbsbedingungen umweltpolitischer Instrumente, ZfWirtschSozwiss. 1984, 75ff.; *P. Krause,* Rechtsformen des Verwaltungshandelns, 1974; *Kübler* (Hg.), Verrechtlichung von Wirtschaft, Arbeit und sozialer Solidarität, 1984; *Ladeur,* Verrechtlichung der Ökonomie – Ökonomisierung des Rechts?, JbRSoz. 8 (1982), 74ff.; *v. Lersner,* Verwaltungsrechtliche Instrumente des Umweltschutzes, 1983; *ders.,* Rechtliche Instrumente der Umweltpolitik, in: Jänicke/Simonis/Weigmann (Hg.), Wissen für die Umwelt, 1985, S. 195ff.; *Malunat,* Die Vermarktung der Umwelt, NuR 1984, 1ff.; *Mayntz u.a.,* Vollzugsprobleme der Umweltpolitik, 1978; *Müller-Graff,* Unternehmensinvestitionen und Investitionssteuerung im Marktrecht, 1984; *v. Mutius,* Die Steuerung des Verwaltungshandelns durch Haushaltsrecht und Haushaltskontrolle, VVDStRL 42 (1984), S. 147ff.; *Nagel,* Standards versus Steuern in der Umweltpolitik, 1980; *Neumark,* Wirtschafts- und Finanzprobleme des Interventionsstaates, 1961; *Ossenbühl,* Informelles Hoheitshandeln im Gesundheits- und Umweltschutz, in: Jahrbuch des Umwelt- und Technikrechts 1987 (UTR 3), 1987, S. 27ff.; *Papier,* Grundgesetz und Wirtschaftsordnung, in: Benda/Maihofer/Vogel (Hg.), Handbuch des Verfassungsrechts, 1983, S. 609ff.; *Quaritsch,* Über formelle und informelle Wege der Entscheidung, in: Festschrift für Carl Hermann Ule zum 70. Geb., 1977, S. 135ff.; *Randelzhofer/Wilke,* Die Duldung als Form flexiblen Verwaltungshandelns, 1981; *E. Rehbinder,* Wirtschaftsordnung und Instrumente des Umweltschutzes, in: Festschrift für Franz Böhm zum 80. Geb., 1975, S. 499ff.; *Schachel,* Instrumente des Umweltschutzes, NuR 1982, 206ff.; *Scheuner* (Hg.), Die staatliche Einwirkung auf die Wirtschaft, 1971; *Schneider/Sprenger* (Hg.), Mehr Umweltschutz für weniger Geld – Einsatzmöglichkeiten und Erfolgschancen ökonomischer Anreizsysteme in der Umweltpolitik, 1984; *Siebert,* Instrumente der Umweltpolitik, in: Institut für Umweltschutz der Universität Dortmund (Hg.), Umweltschutz der achtziger Jahre, 1981, S. 97ff.; *Stich,* Instrumente der Umweltpolitik – Umweltrecht, in: Buchwald/Engelhardt (Hg.), Handbuch für Planung, Gestaltung und Schutz der Umwelt, Bd. 4, Umweltpolitik, 1980, S. 109ff.; *Voigt,* Das Verursacherprinzip im Umweltschutz – Indirekte Steuerung anstelle regulativer Politik?, WiVerw. 1983, 142ff.; *Wicke,* Umweltökonomie, 1982; *G. Winter,* Das Vollzugsdefizit im Wasserrecht, 1975; *Zeh,* Wille und Wirkung der Gesetze, 1984. Vgl. auch die weiteren Schrifttumsnachweise vor den einzelnen Unterabschnitten.

A. Allgemeine Merkmale

Das rechtliche Instrumentarium zum Schutz der Umwelt unterscheidet sich zum 1
überwiegenden Teil im Ansatz nicht grundlegend von allgemein verwendeten Regelungstechniken. Diese weitgehend **fehlende Instrumentenoriginalität** des Umweltschutzes ergibt sich teilweise auch aus seiner notwendigen Einfügung in das politische und verfassungsrechtliche System der Bundesrepublik Deutschland sowie aus den historischen Wurzeln des Umweltrechts (s. § 1 Rn. 36). Das Umweltrecht entwickelt dabei jedoch zunehmend charakteristische Besonderheiten und bringt Instrumente verstärkt zum Einsatz, die in anderen Bereichen keine oder nur eine untergeordnete Rolle spielen. Hierzu gehören vor allem vielfältige Techniken des **Influenzierens** (d.h. der indirekten Verhaltensbeeinflussung im Unterschied zur direkten Verhaltensvorgabe – s. Rn. 142ff.), die zwar weder eine Entdeckung noch eine ausschließliche Erscheinung des Umweltrechts sind, dort aber gesteigerte Bedeutung gewinnen

(z. B. Verhaltensempfehlungen, Benutzungsvorteile, Subventionen, Umweltabgaben). Hinzu kommen die – hiervon zu unterscheidenden – ansatzweise allein im Umweltrecht in Erprobung gegangenen sogenannten neuen ökonomischen Instrumente (s. Rn. 218ff.). Unter diesem Aspekt kann man seit einigen Jahren einen Wandel im Umweltschutzinstrumentarium beobachten, in dessen Verlauf Planungs- und Verteilungsinstrumente vermehrt neben die – aus dem Polizei- und Gewerberecht überkommenen – punktuellen Eingriffe treten.[1] Diese Entwicklung entspricht nicht zuletzt dem Vorsorgeprinzip, welches das Umweltrecht aus dessen ursprünglich rein gefahrenabwehrender Funktion hinausführt (s. § 3 Rn. 5ff.), aber auch dem Kooperationsprinzip, dem das bloße Influenzieren oder die „hoheitlich inspirierte Verhaltensabrede"[2] im Prinzip näher liegen als der einseitige Verhaltensbefehl der klassischen Eingriffsverwaltung (s. § 3 Rn. 44ff.). Das dabei anzustrebende (bisher aber nicht immer erreichte) Ziel ist freilich kein beziehungsloses Nebeneinander oder gar Gegeneinander der verschiedenen Instrumente, sondern ihre Koordination und sinnvolle Verzahnung.

2 Bei der gesetzgeberischen Auswahlentscheidung der teilweise substituierbaren Instrumente dürften folgende **Kriterien** eine besondere Rolle spielen:

- ökologische Wirksamkeit (Reduzierung von Umweltbelastungen auf die Mindestgrenze der Unschädlichkeit und der Regenerationsfähigkeit; Fähigkeit zur präventiven Umweltsicherung bzw. zur Wiederherstellung einer intakten Umwelt)
- ökonomische Effizienz (maximaler Umweltnutzen bei bestimmtem Mitteleinsatz bzw. Erreichung bestimmter Umweltstandards bei minimalem Mitteleinsatz); optimale Allokation
- geringstmögliche Beeinträchtigungen anderer wirtschaftspolitischer Ziele, d. h. größtmögliche Reduzierung schädlicher Nebenwirkungen (für Arbeitsplätze, Wirtschaftskraft etc.)
- Praktikabilität, Vollziehbarkeit, Durchsetzbarkeit, Akzeptanz
- Wettbewerbskonformität
- Verteilungs-, Belastungs- und Kostengerechtigkeit (insbesondere Fähigkeit zur Rückverlagerung volkswirtschaftlicher Kosten auf den Verursacher nach dem Verursacherprinzip, Gleichmäßigkeit der Belastung)
- Reversibilität und Flexibilität.

3 Für die Untergliederung der verschiedenen Regelungsinstrumente bieten sich unterschiedliche Raster an, die sich sowohl nach der Rechtsqualität als auch nach der praktischen Funktion richten können.[3]

Bei einer Systematisierung nach **Rechtsformen** kann zwischen Normen (Gesetz, Rechtsverordnung, Satzung, Verwaltungsvorschrift, technische Regelwerke) und Einzelakten (Verwaltungsakte, Realakte, öffentlich-rechtliche Verträge usw.) unterschieden werden.[4] Nach dem **Regelungsgehalt** lassen sich eingreifende, leistende und planende Maßnahmen unterscheiden und jeweils weiter differenzieren.[5]

---

[1] Programmatisch i. d. S. Umweltbericht '76 der Bundesregierung, BT-Drs. 7/5684, S. 6ff. Ähnlich beurteilen die Entwicklung der Umweltschutzinstrumente im Schrifttum etwa *Breuer,* in: v. Münch (Hg.), Besonderes Verwaltungsrecht, 8. Aufl., 1988, S. 601ff., 630f.; *Hoppe,* VVDStRL 38 (1980), S. 211ff., 228ff., und *Storm,* Umweltrecht, 3. Aufl., 1988, Tz. 35ff. (S. 25ff.). Zurückhaltender urteilt – v. a. im Hinblick auf das Zurückbleiben der Planungspraxis gegenüber den z. T. euphorischen gesetzgeberischen Vorstellungen – *v. Lersner,* Verwaltungsrechtliche Instrumente des Umweltschutzes, 1983, S. 12.

[2] *Hoppe* (FN 1), S. 309, im Anschluß an *Kaiser,* NJW 1971, 585ff., 586.

[3] Vgl. hierzu auch *E. Rehbinder,* in: Salzwedel (Hg.), Grundzüge des Umweltrechts, 1982, S. 81ff., 105f.

[4] Vgl. allgemein etwa *Wolff/Bachof,* Verwaltungsrecht I, 9. Aufl., 1974, § 45 (S. 362ff.); *Achterberg,* Allgemeines Verwaltungsrecht, 2. Aufl., 1986, § 21 (S. 397ff.), und *Bull,* Allgemeines Verwaltungsrecht, 2. Aufl., 1986, § 9 Rn. 593 (S. 184f.).

[5] Vgl. etwa *Storm* (FN 1), Tz. 106ff. (S. 46ff.).

Bei einer Systematisierung nach **funktionalen Gesichtspunkten** könnte man z. B. nach sog. Maßnahmeansätzen[6] oder der jeweils verfolgten ,,Umweltschutzstrategie"[7] unterscheiden.

Beide Kriterien sind für das Verständnis des Umweltrechts hilfreich: Die Klassifikation nach **,,Maßnahmeansätzen"** verdeutlicht, daß Umweltverwaltungsmaßnahmen sich in den meisten Fällen entweder auf Anlagen (Errichtung, Beschaffenheit, Betrieb, Unterhaltung, Schließung, Beseitigung), Stoffe (Herstellung, Inverkehrbringen, Beförderung, Verwendung) oder Grundflächen (Nutzung) beziehen. Mit Hilfe dieses Kriteriums lassen sich daher weite Bereiche des Umweltrechts systematisieren und gesetzesübergreifend vergleichen.

Nach der zugrundeliegenden **,,Umweltschutzstrategie"** lassen sich struktur-, niveau- und wirkungsbezogene Maßnahmen unterscheiden. *E. Rehbinder,* auf den dieses – ohne Ausschließlichkeitsanspruch entwickelte – Schema zurückgeht, definiert die verschiedenen Strategien wie folgt:

,,Strukturbezogene Strategien versuchen, die Struktur (z. B. Art und Lage) umweltbelastender Aktivitäten zu verändern. Niveaubezogene Strategien zielen darauf ab, das Belastungsniveau bei gegebenen umweltbelastenden Aktivitäten zu beeinflussen. Wirkungsbezogene Strategien versuchen, die Auswirkungen von Umweltbelastungen beim Rezeptor (Opfer) zu steuern".[8]

Innerhalb der ,,niveaubezogenen" Maßnahmen lassen sich vor allem emissions-, qualitäts-, immissions- und personenbezogene (z. B. Zuverlässigkeitsanforderungen) Typen unterscheiden.

Eine weitere Differenzierungsmöglichkeit ergibt sich aus dem **Zielbezug**[9] des Umweltschutzinstrumentariums. Instrumente können Umweltqualitätszielen (z. B. Einhalten bzw. Unterschreiten von Immissionswerten für bestimmte Schadstoffe, z. B. § 5 Abs. 1 Nr. 1 BImSchG), emissionsbezogenen Zielen (Einhaltung von Emissionsgrenzwerten, z. B. § 5 Abs. 1 Nr. 2 BImSchG, § 7a Abs. 1 WHG), ressourcenbezogenen Zielen (Schonung von Umweltgütern, z. B. § 1a Abs. 2 WHG, § 5 Abs. 1 Nr. 3 BImSchG, § 9 BWaldG), produktionsbezogenen Zielen (z. B. § 32 BImSchG), produktbezogenen Zielen (z. B. § 1 Abs. 1, 3, § 4 WRMG i. V. mit der PhosphathöchstmengenVO, §§ 34, 38 BImSchG) und konsumbezogenen Zielen (z. B. § 1 Abs. 2 WRMG, Regelungen zur Begünstigung umweltfreundlicher Konsumgüter, z. B. RasenmäherlärmVO, §§ 3b–d KraftStG, § 2 Abs. 4 MinöStG) dienen.

Durchgesetzt hat sich vor allem eine nach der **Wirkungsweise gegenüber den Adressaten** differenzierte Gliederung.[10] Unter einer Vielzahl ähnlicher Aufteilungen hat sich folgendes Schema als brauchbar erwiesen: 4

- Planungsinstrumente
- Instrumente direkter Verhaltenssteuerung
- Instrumente indirekter Verhaltenssteuerung
- staatliche Eigenvornahme
- privatrechtliche Instrumente
- straf- und ordnungswidrigkeitenrechtliche Sanktionen.

B. Planungsinstrumente

Schrifttum: *Akademie für Raumforschung und Landesplanung* (Hg.), Umweltplanungen und ihre Weiterentwicklung, 1983; *Arbeitsgemeinschaft für Umweltfragen e. V.* (Hg.), Möglichkeiten und Grenzen der Standortvorsorge, 1978; *Arbeitskreis für Umweltrecht (AKUR),* Standortplanung für technische Großanlagen, 1980; *Badura,* Die Standortentscheidung bei der Unternehmergenehmigung mit planungsrechtlichem Einschlag,

[6] So *Storm* (FN 1), Tz. 94f. (S. 43f.).
[7] So *E. Rehbinder* (FN 3), S. 99ff.
[8] *E. Rehbinder* (FN 3), S. 101.
[9] *Hartkopf/Bohne,* Umweltpolitik, Bd. 1, 1983, S. 173f.
[10] Vgl. *E. Rehbinder* (FN 3), S. 106. Ähnlich *Breuer* (FN 1), S. 630f.; *Hartkopf/Bohne* (FN 9), S. 175ff.; *Schachel,* NuR 1982, 208ff.

BayVBl. 1976, 515ff.; *ders.*, Das Planungsermessen und die rechtsstaatliche Funktion des Allgemeinen Verwaltungsrechts, in: Festschrift zum 25jährigen Bestehen des Bayerischen Verfassungsgerichtshofs, 1982, S. 157ff.; *Bartlsperger*, Leitlinien zur Regelung der gemeinschaftsrechtlichen Umweltverträglichkeitsprüfung unter Berücksichtigung der Straßenplanung, DVBl. 1987, 1ff.; *Battis*, Standortplanung für Kernkraftwerke – OVG Münster, NJW 1976, 2360, JuS 1977, 162ff.; *Blümel*, Die Standortvorsorgeplanung für Kernkraftwerke und andere umweltrelevante Großvorhaben in der Bundesrepublik Deutschland, DVBl. 1977, 301ff.; *ders.* (Hg.), Frühzeitige Bürgerbeteiligung bei Planungen, 1982; *ders.* (Hg.), Teilbarkeit von Planungsentscheidungen, 1984; *Börner*, Planungsrecht für Energieanlagen, 1973; *Book*, Bodenschutz durch räumliche Planung, 1986; *Breuer*, Die hoheitliche raumgestaltende Planung, 1968; *Brohm*, Struktur der planenden Verwaltung, JuS 1977, 500ff.; *Buchwald*, Aufgabenstellung ökologisch-gestalterischer Planung im Rahmen der Umweltplanung, in: ders./Engelhardt (Hg.), Handbuch für Planung und Gestaltung der Umwelt, Bd. 3, 1980, S. 1ff.; *Depenbrock*, Standortvorsorge für Kraftwerke und flächenintensive Großvorhaben in Nordrhein-Westfalen, DVBl. 1978, 17ff.; *Döllekes*, Planung der Energie- und Umweltpolitik, 1976; *Erbguth*, Die Koordination raumbedeutsamer Fachplanungen, BayVBl. 1981, 577ff.; *ders.*, Integrierter Umweltschutz – Verfassungsrechtliche Fragen eines umfassenden Planungsmodells, DÖV 1984, 699ff.; *ders.*, Raumbedeutsames Umweltrecht, 1986; *ders.*, Neue Aspekte zur planerischen Abwägungsfehlerlehre?, DVBl. 1986, 1230ff.; *ders./Benz/Püchel*, Weiterentwicklung raumbezogener Umweltplanungen, 1984; *Feuchte*, Prognose, Vorsorge und Planung bei der Genehmigung industrieller Anlagen, Die Verwaltung 10 (1977), 291ff.; *Fiebig/Hinzen*, Umweltschutz und Industriestandorte. Planungskonzeptionen und Rechtsinstrumente, 1980; *Flickinger/Summerer*, Voraussetzungen erfolgreicher Umweltplanung in Recht und Verwaltung, 1975; *Friauf*, Das Standortplanfeststellungsverfahren als Rechtsproblem, in: Burmeister/Ossenbühl/Friauf/Papier, Rechtsfragen des Genehmigungsverfahrens von Kraftwerken, 1978, S. 63ff.; *Funke*, Die Lenkbarkeit von Abwägungsvorgang und Abwägungsergebnis zugunsten des Umweltschutzes, DVBl. 1987, 511ff.; *Henle*, Errichtungsgesetze für Großvorhaben?, UPR 1982, 215ff.; *Henneke*, Raumplanerische Verfahren und Umweltschutz, 1977; *Holzhauser*, Probleme der Standortvorsorge für umweltbelastende Großvorhaben aus bundesrechtlicher Sicht, 1983; *Hoppe*, Planung und Pläne in der verfassungsgerichtlichen Kontrolle, in: Bundesverfassungsgericht und Grundgesetz. Festgabe aus Anlaß des 25jährigen Bestehens des Bundesverfassungsgerichts, Bd. 1, 1976, S. 663ff.; *ders.*, Rechtsgrundlagen für den Umweltschutz im Planungssystem, in: Akademie für Raumforschung und Landesplanung (Hg.), Umweltplanungen und ihre Weiterentwicklung, 1983, S. 5ff.; *ders.*, Umweltschutz durch Raumordnung und Landesplanung, in: Festschrift für Hans Ulrich Scupin zum 80. Geb., 1983, S. 737ff.; *Imboden*, Der Plan als verwaltungsrechtliches Institut, VVDStRL 18 (1960), S. 113ff.; *Institut für Umweltschutz der Universität Dortmund* (Hg.), Umweltindikatoren als Planungsinstrumente, 1977; *H. P. Ipsen*, Rechtsfragen der Wirtschaftsplanung, in: Kaiser (Hg.), Planung II, 1966, S. 63ff.; *Kaiser* (Hg.), Planung I–VI, 1965–1972; *ders.*, Welche normativen Anforderungen stellt der Verfassungsgrundsatz des demokratischen Rechtsstaates an die planende staatliche Tätigkeit, dargestellt am Beispiel der Entwicklungsplanung?, in: Verhandlungen des 50. DJT, Bd. II, 1974, I 9ff.; *H.-J. Koch*, Das Abwägungsgebot im Planungsrecht, DVBl. 1983, 1125ff.; *Kölble*, Reichen die raumbezogenen Instrumente des Umweltschutzrechts aus?, in: Festschrift für Werner Ernst zum 70. Geb., 1980, S. 263ff.; *Ladeur*, „Abwägung" – Ein neues Paradigma des Verwaltungsrechts, 1984; *ders.*, Die Schutznormtheorie – Hindernis auf dem Weg zu einer modernen Dogmatik der planerischen Abwägung, UPR 1984, 1ff.; *Luhmann*, Politische Planung, JbSozWiss. 17 (1966), 271ff.; *Malz*, Umweltplanung und Grundgesetz, 1982; *Naschold*, Zur Politik und Ökonomie von Planungssystemen, PVS Sonderheft 4/1972, 13ff.; *Obermayer*, Der Plan als verwaltungsrechtliches Institut, VVDStRL 18 (1960), S. 144ff.; *Ossenbühl*, Welche normativen Anforderungen stellt der Verfassungsgrundsatz des demokratischen Rechtsstaates an die planende staatliche Tätigkeit?, Gutachten B zum 50. Deutschen Juristentag Hamburg 1974, in: Verhandlungen des 50. DJT, Bd. I, Teil B, 1974; *Pfaff*, Planungsrechtsprechung und ihre Funktionen, 1980; *Püchel*, Umweltplanungen und ihre Weiterentwicklung, DVBl. 1983, 740ff.; *Ronellenfitsch*, Einführung in das Planungsrecht, 1986; *Rubel*, Planungsermessen, 1982; *Salzwedel*, Umweltverträglichkeitsuntersuchungen bei Verkehrsplanungen, in: Bundesminister für Verkehr (Hg.), Forschung, Straßenbau und Straßenverkehrstechnik, H. 351, 1981; *ders.*, Umweltschutz- und Planungsrecht – Regelungslücken oder lückenlose Regelung im Energiebereich?, in: Börner (Hg.), Beharren und Wandel im Energierecht, 1985, S. 83ff.; *Scharpf*, Planung als politischer Prozeß, Die Verwaltung 4 (1971), 1ff.; *Schlarmann*, Das Verhältnis der privilegierten Fachplanungen zur kommunalen Bauleitplanung, 1980; *ders./Erbguth*, Zur Durchsetzung von Umweltbelangen im Bereich der räumlichen Planung, 1982; *Schlichter*, Immissionsschutz und Planung, NuR 1982, 121ff.; *H. Schmidt*, Informationsinstrumente zur Umweltplanung, 1985; *Schmidt-Aßmann*, Planung unter dem Grundgesetz, DÖV 1974, 541ff.; *ders.*, Umweltschutz in der Raumplanung, DÖV 1979, 1ff.; *ders.*, Umweltschutz im Recht der Raumplanung, in: Salzwedel (Hg.), Grundzüge des Umweltrechts, 1982, S. 117ff.; *Schulze-Fielitz*, Sozialplanung im Städtebaurecht, 1979; *Sendler*, Industrieansiedlung, Umweltschutz, Planungs- und Nachbarrecht, WiR 1972, 453ff.; *Steiger*, Umweltschutz durch planende Gestaltung, ZRP 1971, 133ff.; *Steinberg*, Standortplanung umweltbelastender Großvorhaben durch Volksbegehren und Volksentscheid?, ZRP 1982, 113ff.; *Stich*, Probleme komplexer Genehmigungsverfahren, insbesondere im Hinblick auf die Standorte größerer Industrieanlagen, WiVerw. 1979, 111ff.; *Thiele*, Industrieplanung und Umweltschutz, GewArch. 1979, 313ff.; *Graf Vitzthum*, Parlament und Planung, 1978; *H. Wagner*, Neue Formen administrativer Entscheidungen bei umweltrelevanten Großanlagen?, ZRP 1982, 103ff.; *Wegener*, Umweltgüteplanung – Überlegungen zu einem Konzept, UPR 1984, 48ff.; *Weyreuther,* Umweltschutz und öffentliche Planung, UPR 1981, 33ff.; *Würtenberger,* Staatsrechtliche Probleme politischer Planung, 1979; *Zentralinstitut für Raumplanung an der Universität Münster* (Hg.), Fragen des öffentlichen Umweltrechts aus planungsrechtlicher Sicht, 1984.

I. Stellenwert

Der vorausschauenden und -denkenden Umweltgestaltung kommt im Umweltschutz eine vorrangige Bedeutung zu. Wichtigstes Element der vorsorgenden Umweltgestaltung ist die Umweltplanung.[11] Die Komplexität der Umweltprobleme gestattet keine ausschließlich punktuellen, aus der Situation heraus geborenen Reaktionen, sondern verlangt nach einem systematischen und rationalen Entwurf, der das jeweils gewünschte Ziel und dessen Verwirklichung gedanklich vorwegnimmt, statt sein Eintreffen dem Zufall oder seine Herbeiführung der Intuition zu überlassen.[12] Der Umweltschutz besitzt, so gesehen, einen ausgesprochenen **Planungshorizont.** In einer (freilich real unerreichbaren) Idealvorstellung bildet eine gleichermaßen flächendeckende wie differenzierte Umweltplanung die Grundlage aller einzelnen Umweltschutzaktivitäten des Staates. 5

Unbestreitbar ist Umweltschutz auch eine – vom **Vorsorgeprinzip** (s. o. § 3 Rn. 5ff.) deutlich akzentuierte[13] – **„Planungsaufgabe des Staates".**[14] Zu einer Planungseuphorie, wie sie sich in früheren Jahren abgezeichnet hat, besteht indes kein Anlaß: Dem Rationalitätsgewinn als – noch nicht einmal sicherem – Planungsvorteil stehen die aus der allgemeinen Planungsdiskussion[15] bekannten **Risiken und Nachteile** gegenüber, die auch vor der Umweltschutzplanung nicht halt machen, wie: Schwerfälligkeit, mangelnde Operationalisierbarkeit und Durchsetzbarkeit der Planung sowie Einengung und Lähmung privater Initiativen. Hinzu kommt grundsätzlich die schwierige Prognostizierbarkeit von Umweltentwicklungen, was die Umweltplanung immanent erschwert und teilweise (bei Langzeitplanungen) unmöglich oder doch recht problematisch macht. 6

Das vor allem früher verschiedentlich vorgeschlagene Modell einer umweltpolitischen **Globalsteuerung**[16] mit der vorstellbaren Konsequenz einer ökologisch moti- 7

---

[11] Vgl. dazu v. a. *Hoppe* (FN 1), S. 252ff.; *Schlarmann/Erbguth,* Zur Durchsetzung von Umweltbelangen im Bereich der räumlichen Planung, 1982; *Schmidt-Aßmann,* DÖV 1979, 1ff.; *dens.,* in: Salzwedel (Hg.), Grundzüge des Umweltrechts, 1982, S. 117ff., sowie zur Rechtslage vor der eigentlichen Umweltplanungsdiskussion (die aber bereits eine Vielzahl von Umweltplanungsinstrumenten bereithielt) *Breuer,* Die hoheitliche raumgestaltende Planung, 1968. Demgegenüber wenig einschlägig (trotz der im Titel geweckten Erwartungen) *Malz,* Umweltplanung und Grundgesetz, 1982.

[12] Vgl. zum Planungsbegriff (auch aus entscheidungstheoretischer Sicht) *Hartkopf/Bohne* (FN 9), S. 178ff.

[13] Vgl. § 3 Rn. 5 sowie *Hoppe* (FN 1), S. 228.

[14] *Hoppe* (FN 1), S. 231.

[15] Vgl. im rechtswissenschaftlichen Schrifttum insbes. *Hoppe,* FG 25 J. BVerfG, 1. Bd., 1976, S. 663ff.; *Ossenbühl,* Gutachten B zum 50. Deutschen Juristentag Hamburg 1974, in: Verhandlungen des 50. DJT, Bd. I, 1974; *Kaiser,* 50. DJT, Bd. II, I 9ff.; *Schmidt-Aßmann,* DÖV 1974, 541ff.; *Würtenberger,* Staatsrechtliche Probleme politischer Planung, 1979, sowie die von *Kaiser* herausgegebene Reihe „Planung" (I bis VII, seit 1965) u. a. mit Beiträgen von *Forsthoff, H. P. Ipsen* und *Scheuner.* Speziell zur rechtssystematischen Einordnung des Plans (jedoch teilweise überholt) *Imboden* und *Obermayer,* VVDStRL 18 (1960), S. 113ff. und 144ff. Vgl. stellvertretend für die v. a. in den sechziger Jahren stark angewachsene politologische, ökonomische und verwaltungswissenschaftliche Planungsliteratur *Luhmann,* in: Jb. f. Sozialwissenschaft 17 (1966), 271ff., wieder abgedruckt in: ders., Politische Planung, 2. Aufl., 1975, S. 66ff.; *Naschold,* PVS Sonderheft 4/1972, 13ff., und *Scharpf,* Die Verwaltung 4 (1971), 1ff.

[16] I. d. S. wohl noch *Baum,* Umwelt (BMI) Nr. 70 v. 29. 6. 1979, S. 1. Vgl. wegen weiterer Nachw. *Hoppe* (FN 1), S. 236f., 254ff.

vierten (?) Investitionslenkung stößt daher auf berechtigte, auch verfassungsrechtlich fundierte Skepsis.[17] Andere Modelle einer **Gesamtplanung des Umweltschutzes** – im Sinne einer ,,Zusammenfassung sämtlicher umweltschützender Aspekte planerischer Art"[18] (nicht zu verwechseln mit der bereits vorhandenen, aber nicht umweltschutzspezifischen räumlichen Gesamtplanung, vgl. § 9 Rn. 2ff.) – sind zwar rechtlich grundsätzlich unproblematisch, in ihrer Praktikabilität aber ebenfalls zweifelhaft.

Mit der Einrichtung von Umweltministerien bei Bund und Ländern hat allerdings das früher hervorgehobene Problem der Ressortierung einer solchen integrierten Umweltplanung an Schärfe verloren und erscheint heute prinzipiell lösbar.

8 Das geltende Umweltrecht ist zwar von derartigen ,,holistischen" Vorstellungen unberührt geblieben, räumt aber der Umweltplanung gleichwohl großen Raum ein. Sie beruht im wesentlichen auf spezialgesetzlich geregelten **Einzelfachplanungen.** Das so geschaffene System einer auf verschiedenen Fachplanungen basierenden ,,additiven" Umweltplanung braucht der rechtspolitisch geforderten **,,integrierten Umweltplanung"**[19] nicht unterlegen zu sein, wenn und soweit zwischen den Einzelplanungen ausreichende Abstimmungsmechanismen eingebaut sind **(,,Vernetzung").**[20] Wechselseitige Planberücksichtigungspflichten und die Verknüpfung der einzelnen Umweltfachplanungen mit der allgemeinen Raumplanung (§§ 1, 2 ROG, § 50 BImSchG, § 5 Abs. 2 BNatSchG) ermöglichen jedenfalls ein Mindestmaß an Koordination. Von deren Gelingen oder Mißlingen hängt es ab, ob die Grundsatzdiskussion über das System der Umweltplanung wiederauflebt oder ob die geforderte (institutionalisierte) ,,Umweltgesamtplanung" lediglich ein Fernziel bleibt. Ein weiterer Ausbau horizontaler Verknüpfungen zwischen den einzelnen Fachplanungen ist freilich wünschenswert.

II. Planungsarten (allgemein)

1. Gemeinsame Merkmale

9 Unter dem Gesamtbegriff ,,Planung" verbirgt sich eine Vielzahl unterschiedlicher Instrumente. Allen Plänen gemeinsam ist im wesentlichen nur, daß sie eine Aussage über einen vorhandenen Zustand (Ist-Zustand), den angestrebten Zustand (Soll-Zustand) und die erforderlichen Maßnahmen enthalten (vgl. etwa § 6 Abs. 2 BNatSchG), doch können hierbei die Schwerpunkte variieren. Obwohl Planungen demnach regelmäßig **Prognosen** (Trendbeobachtung und -auswertung) voraussetzen, sind gesetzliche Prognose-Aufträge wie in § 47 BImSchG im Bereich der Umweltplanung bislang die Ausnahme geblieben. Konstitutives Merkmal aller Planungen ist schließlich das ihnen zugrunde liegende **Planungsermessen,**[21] das sich vom gewöhnlichen Verwaltungsermessen u. a. durch eine gesteigerte Gestaltungsfreiheit

[17] Ebenso im Ergebnis etwa *Breuer* (FN 1), S. 631f.; vgl. auch *Kloepfer,* DÖV 1979, 639ff., 643ff. Allgemein von einer ,,Planernüchterung" spricht *Ossenbühl* (FN 15), B 21.
[18] *Erbguth,* DÖV 1984, 699ff., 700.
[19] Dafür insbes. *Hoppe* (FN 1), S. 259ff.
[20] Vgl. wegen diesbezüglicher Defizite *Hoppe* (FN 1), S. 289ff., und *Erbguth,* Raumbedeutsames Umweltrecht, 1986, S. 117ff. mit zahlreichen Beispielen.
[21] Vgl. die bekannte Sentenz des BVerwG, wonach ,,Planung ohne Gestaltungsfreiheit ein Widerspruch in sich wäre" (E 34, 301, 304). Vgl. zum Ganzen auch *Badura,* FS 25 J. BayVerfGH, 1972, S. 157ff., sowie statt vieler *Rubel,* Planungsermessen, 1982, m. w. N.

unterscheidet und rechtlich vor allem durch das (in § 3 Rn. 52, 53) bereits behandelte Abwägungsgebot gebunden wird.

Wichtige Unterschiede ergeben sich demgegenüber vor allem aus Rechtsform und Rechtswirkungen der Planung. Im folgenden sollen diese Kriterien zunächst allgemein in Erinnerung gebracht werden, um einen Bezugsrahmen für die (anschließend unter IV behandelten) Umweltplanungen zu gewinnen.

2. Rechtsformen

Ihrer Rechtsform – und damit ihrer rechtlichen Verbindlichkeit – nach sind Pläne in **10**
den unterschiedlichsten Erscheinungsarten denkbar und feststellbar, insbesondere als staatsleitender Gesamtakt, als Gesetz, als Rechtsverordnung, als Satzung, als Verwaltungsvorschrift, als Verwaltungsakt oder als offizielle, aber rechtlich unverbindliche Vorausschau (s. i. e. unter Rn. 11).[22]

3. Rechtswirkungen

Hinsichtlich der Wirkungsweise ist zwischen informativen, influenzierenden und **11**
imperativen Planungen zu unterscheiden.[23]

Informative bzw. nur indikative oder perspektivische **Planungen** sind rechtlich unverbindlich. Ihre Aussage beschränkt sich allerdings nicht auf eine bloße Datensammlung oder Prognose, sondern ist mit (verwaltungsinternen oder auch -externen) Lenkungserwartungen verknüpft.

Beispiele sind hier die Umweltberichte verschiedener Institutionen, insbesondere von Bundesregierung und Landesregierungen und einzelnen Ministerien (s. Rn. 19).

Influenzierende Planungen versuchen durch die Formulierung von Zielen und Prioritäten bzw. Empfehlungen – über die (Selbst-)Programmierung der Verwaltung hinaus – das Verhalten Privater zu beeinflussen, ohne jedoch rechtsverbindlich ein Handeln des Bürgers vorzuschreiben (z. B. Programme zur Förderung von Umweltschutzinvestitionen). Sie gehören somit zugleich zu den Instrumenten indirekter Verhaltenssteuerung (s. Rn. 142ff.).

Imperative bzw. normative **Pläne** sind demgegenüber rechtsverbindlich und verpflichten die Adressaten (innerhalb oder außerhalb der Verwaltung) zu einem bestimmten Tun, Dulden oder Unterlassen.

Dazu gehören regelmäßig die umweltrechtlichen Fachplanungen (s. u. Rn. 20, 22).

Einer weiteren Präzisierung dient die mit den geschilderten Differenzierungen sich teilweise überschneidende Unterscheidung von allgemeinverbindlicher (extern wirksamer) Planung (sog. **qualifizierte Pläne**) und innenverbindlicher (intern wirkender) Planung (sog. **einfache Pläne**).[24] Eine Zwischenform bilden innenverbindliche Planungen mit allgemeinverbindlicher Neben- bzw. Reflexwirkung sowie Planungen mit Wirkung auf andere Hoheitsträger, sog. planbindende Pläne. Innerhalb der allge-

---

[22] Hierzu näher etwa *Hoppe* (FN 15), S. 671; *Ossenbühl* (FN 15), B 45ff.; *Schmidt-Aßmann,* DÖV 1974, 541ff., 543ff. Zu eng demgegenüber der von *Imboden* und *Obermayer* (FN 15) gesteckte Rahmen („Der Plan als verwaltungsrechtliches Institut").

[23] Vgl. etwa *H. P. Ipsen,* in: Kaiser (Hg.), Planung II, 1966, S. 63ff., 81ff., und zuletzt *Maurer,* Allgemeines Verwaltungsrecht, 6. Aufl., 1988, § 16 Rn. 15ff. (S. 349ff.).

[24] Vgl. etwa *Püttner,* Allgemeines Verwaltungsrecht, 6. Aufl., 1983, S. 125ff.

meinverbindlichen lassen sich nochmals prohibitive Planungen, die lediglich ein planwidriges Verhalten verbieten, und imperative Planungen i. e. S. unterscheiden, die darüber hinaus ein positives Tun vorschreiben.

4. Weitere Unterscheidungskriterien

12 Weitere Differenzierungen der Planungsarten können sich nach folgenden Einteilungsgesichtspunkten ergeben:[25]

- Planungsträger (politische Planung, Verwaltungsplanung)
- Verhältnis zur Gesetzgebung (gesetzesvorbereitend, -hervorbringend, -vollziehend, -verwirklichend)
- Planungsintensität (rahmensetzende Anpassungs- oder Ordnungsplanung, konzeptionelle Entwicklungsplanung)
- Konkretisierungsgrad (Programm- bzw. Aufgabenplanung, Detailplanung, Gesamtplanung)
- Gegenstand der Planung (Fachplanung, z. B. Wirtschaftsplanung, Infrastrukturplanung, oder integrierte Planung)
- Regelungsgegenstand (verhaltens-, sach- oder ablauforientiert)
- Zeitraum (kurz-, mittel- oder langfristig)
- Anzahl der Planungsebenen (ein-, zwei- und dreistufige Planungen).

III. Planungsphasen

13 Betrachtet man Planung als Prozeß,[26] so sind als wesentliche Planungsphasen Planvorbereitung, Planentscheidung und Plandurchführung zu unterscheiden.

Im Stadium der **Planvorbereitung** muß der Schwerpunkt der beabsichtigten Aktivitäten festgesetzt und das Entscheidungs- und Abwägungsmaterial beschafft werden. Dies bedingt eine möglichst umfangreiche Informationsbeschaffung, eine Analyse des Ist-Zustandes und eine Darstellung der verfügbaren Mittel im Hinblick auf den zu verfolgenden Zweck. Daneben müssen Entwicklungsprognosen erstellt und allgemeine Prioritäten festgesetzt werden. Im Rahmen der **Planentscheidung** sind vertiefte Analysen zu erstellen, Entscheidungsalternativen aufzuzeigen, Kosten-Nutzen-Analysen durchzuführen und konkrete Prioritäten festzusetzen. Außerdem müssen die Finanzierung gesichert, eine Abstimmung mit anderen Planentscheidungen vorgenommen und Plankorrekturen vorbereitet werden. Zentraler Bestandteil der Planentscheidung ist die möglichst vollständige (und richtig gewichtete) Abwägung aller planungserheblichen Belange. In der Phase der **Plandurchführung** sind Erfolgskontrollen und mögliche Ziel- und Programmkorrekturen vorzunehmen.

Bei rechtsverbindlichen Plänen sind häufig formelle Planfeststellungsverfahren vorgesehen, nicht zuletzt um eine gewisse Kompensation für geminderte Rechtsschutzmöglichkeiten im Hinblick auf die Planungsentwicklung zu geben.

IV. Umweltplanung

1. Aufgaben der Umweltplanung

14 Die Aufgaben der Umweltplanung sind vielgestaltig. Dies ergibt sich nicht nur aus der Verschiedenartigkeit der Sachgegenstände innerhalb des Umweltschutzes (z. B. Gewässerschutzplanung, Luftreinhalteplanung usw.), sondern auch aus der Vielzahl von Planungsfunktionen, wie sie (unter Rn. 11 und 12) allgemein dargestellt wurden.

---

[25] Vgl. wegen dieser und ähnlicher Kriterien *Hoppe* (FN 15), S. 669ff., und *Ossenbühl* (FN 15), B 25ff.

[26] Dafür nachdrücklich *Pfaff,* Planungsrechtsprechung und ihre Funktionen, 1980, S. 14ff., im Anschluß v. a. an *Schmidt-Aßmann,* DÖV 1974, 541ff., 544ff. Vgl. auch BVerfGE 45, 297 (327).

Wesentliche Aufgabe der Umweltplanung ist es, den Einsatz der Einzelinstrumente des Umweltschutzes zu steuern.[27] Grundsätzlich ist daher nach h. M. von jeder Planung zu verlangen, daß sie das im Planungsrecht vorgegebene Potential zur Lösung von Umweltkonflikten auch ausschöpft **(„Gebot der planerischen Konfliktbewältigung")**[28] und nicht alles Wesentliche administrativen Einzelentscheidungen überläßt (s. § 9 Rn. 36). Eine Planung ohne echte Selektion von Alternativen wäre rechtlich funktionslos und letztlich eine Scheinplanung. Diese vor allem auch verwaltungswissenschaftlich fundierte Forderung darf allerdings nicht zur Annahme eines umfassenden, mit einer freiheitlichen Gesellschaftsordnung letztlich unvereinbaren Planvorbehaltes führen.

Dabei gilt es auch, die unterschiedlichen Planungskategorien zu berücksichtigen. Zu verlangen ist nur, daß jeder Planungstyp seinen spezifischen Möglichkeiten gerecht wird. So braucht z. B. eine indikative Planung noch nicht so präzise Festlegungen zu enthalten, wie sie ein imperativer, normativer Plan erfordert.

2. *Planungshilfen*

Die Grundlagen der Umweltplanung ergeben sich einmal zunächst aus außerrechtlichen Bereichen, insbesondere mit Hilfe von zeitnahen Informationen aus den (Natur- und Sozial-)Wissenschaften, der Wirtschaft und der Verwaltung. Um diesen Unterbau der Umweltplanung zu gewährleisten, sieht das Umweltrecht insbesondere die Erstellung von Umweltstatistiken und die ständige wissenschaftliche Beratung der Bundesregierung in Umweltfragen vor. 15

a) Statistik

Nach dem **Gesetz über Umweltstatistiken** i. d. F. der Bek. vom 14. 3. 1980[29] (Kloepfer Nr. 30) werden für die Zwecke der Umweltplanung Bundesstatistiken durchgeführt. Sie erstrecken sich auf Daten über Umweltbelastungen und Umweltschutzmaßnahmen (§ 1 UStatG). Die nach einzelnen Sachbereichen differenzierenden Erhebungen müssen alle zwei bis vier Jahre, in besonders sensiblen oder für die Entwicklung des Umweltschutzes aussagekräftigen Bereichen sogar jährlich (z. B. Statistik über Unfälle bei Lagerung und Transport wassergefährdender Stoffe einerseits, Statistik der Investitionen für Umweltschutz im Produzierenden Gewerbe andererseits) erfolgen (§§ 3–11 UStatG). 16

Die Datensammlung setzt entsprechende **Auskunftspflichten** voraus, die je nach Sachgebiet nicht nur für Dienststellen der öffentlichen Verwaltung, sondern auch für Inhaber und Leiter von Unternehmen und Betrieben, in einem Fall sogar für Dritte (§ 4 Abs. 2 UStatG) gelten. Die Weiterleitung von Einzelangaben unterliegt einer partiellen Anonymisierungspflicht (Geheimhaltung, § 13 UStatG). Soweit mit zunehmender Datenschutzsensibilität vor allem infolge des Volkszählungsurteils des BVerfG[30] das Verhältnis von **Datenschutz**[31] und Umweltschutz dennoch zum Pro-

---

[27] Ähnlich etwa *Hartkopf/Bohne* (FN 9), S. 205.

[28] Vgl. dazu *Hoppe,* FS Scupin, 1973, S. 737ff., 747f.; *dens.* (FN 1), S. 285, und *Weyreuther,* BauR 1975, 1ff., 5f.

[29] BGBl. I S. 311, geänd. durch VO v. 26. 11. 1986, BGBl. I S. 2089.

[30] BVerfGE 65, 1 (38ff.).

[31] Vgl. dazu statt vieler *Kloepfer,* Datenschutz als Grundrecht, 1980, zuletzt insbes. *Scholz/Pitschas,* Informationelle Selbstbestimmung und staatliche Informationsverantwortung, 1984.

blem werden könnte, dürfte hiervon zwar nicht das Umweltstatistikengesetz in seiner geltenden Fassung, potentiell aber seine Weiterentwicklung betroffen sein. Das neue Konfliktfeld ,,Datenschutz kontra Umweltschutz" (s. o. § 2 Rn. 37) könnte aber auch zu vorsichtigeren Bewertungen des Datenschutzes und – als delikate Begleiterscheinung – zu veränderten oder gar vertauschten rechtspolitischen ,,Fronten" führen.

Um den Datenfluß übersichtlicher zu gestalten und zu koordinieren, wurde das Informations- und Dokumentationssystem zur Umweltplanung (UMPLIS) entwickelt.[32] Die Datei wird vom Umweltbundesamt geführt (§ 2 Abs. 1 Nr. 2 des Gesetzes über die Errichtung eines Umweltbundesamtes vom 22. 7. 1974[33] – Kloepfer Nr. 5). Einen – gerade für den Juristen interessanten – Tätigkeitsschwerpunkt von UMPLIS bildet die EDV-gestützte Dokumentation von Rechtsvorschriften und Gerichtsurteilen sowie die Forschungs- und Literaturdokumentation. Hieraus sind als Veröffentlichungen u. a. die Umweltforschungskataloge (UFOKAT) und die Bibliographie Umweltrecht[34] hervorgegangen.

b) Wissenschaftliche Begutachtung und Beratung

17 Planungserheblich ist auch die Tätigkeit des **Rates von Sachverständigen für Umweltfragen,** der 1971 durch Erlaß des Bundesministers des Innern[35] (Kloepfer Nr. 8) errichtet wurde. Ihm obliegt – neben Beratern und Einzelsachverständigen aus Wissenschaft und Wirtschaft – die ständige wissenschaftliche Beratung der Bundesregierung und die regelmäßige Begutachtung der Umweltsituation in der Bundesrepublik Deutschland.

Er erstattet periodisch umfassende (meist sehr lesenswerte) Gutachten zur Lage der Umwelt (Umweltgutachten 1974[36], 1978 und 1987[37]), kann auf Anforderung aber auch zu Einzelthemen Stellung nehmen, wie z. B. mit den Sondergutachten ,,Auto und Umwelt" (1973),[38] ,,Die Abwasserabgabe" (1974),[39] ,,Umweltprobleme des Rheins" (1976),[40] ,,Nordseegutachten" (1980),[41] ,,Energie und Umwelt" (1981),[42] ,,Waldschäden und Luftverunreinigungen" (1983),[43] ,,Umweltprobleme der Landwirtschaft" (1985)[44] und ,,Luftverunreinigungen in Innenräumen" (1987).

18 Über die derzeitigen Formen der Umweltinformation hinaus greift der Vorschlag einer umfassenden **Umweltberichterstattung,** die ebenso der Planung wie der Vollzugskontrolle dienen soll.[45] Ein solcher Vorschlag würde in den breiten Strom von schon vorhandenen Berichtspflichten der Regierung münden, mit denen das Parlament seine Exekutivkontrolle ermöglichen und instrumentalisieren will. Wichtiges

---

[32] Hierzu näher *Hartkopf/Bohne* (FN 9), S. 209ff.
[33] BGBl. I S. 1505, geänd. durch VO v. 26. 11. 1986 (BGBl. I S. 2089).
[34] Umweltbundesamt (Hg.), UMPLIS. Bibliographie Umweltrecht (Bearbeiter: Kloepfer), 1981; Fortsetzungsbände: *Lohse* (Hg.), Neue Literatur zum Umweltrecht, 1981, 1984, 1986.
[35] Erlaß über die Errichtung eines Rates von Sachverständigen für Umweltfragen bei dem Bundesminister des Innern vom 28. 12. 1971 (BAnz. 1972 Nr. 8).
[36] BT-Drs. 7/2802, auch als selbständige Veröffentlichung, 1974.
[37] BT-Drs. 8/1938, BT-Drs. 11/1568, auch als selbständige Veröffentlichungen.
[38] Selbständige Veröffentlichung, 1973.
[39] Selbständige Veröffentlichung, 1974.
[40] BT-Drs. 7/5014.
[41] BT-Drs. 9/692.
[42] BT-Drs. 9/872.
[43] BT-Drs. 10/113.
[44] Selbständige Veröffentlichung, 1985. Vgl. wegen weiterer Sondergutachten die Nachweise in: *Umweltbundesamt* (Hg.), Daten zur Umwelt 1986/87, 1986, S. 532.
[45] Vgl. hierzu etwa WZB-Mitteilungen 29 (1985), 34ff. m. w. N.

Beispiel hierfür sind die nach § 61 BImSchG in jeder Legislaturperiode des Deutschen Bundestages zu erstattenden Immissionsschutzberichte der Bundesregierung (s. § 7 Rn. 1).

3. Formen der Umweltplanung

Die allgemeinste und höchste Ebene der Umweltplanung bilden die **Umweltprogramme** von Bundesregierung und einzelnen Landesregierungen.[46] Es handelt sich um eine politische, z.T. gesetzesvorbereitende (besonders ausgeprägt im Umweltprogramm der Bundesregierung von 1971) Programmplanung, die weiterer Konkretisierung – zunächst etwa durch Fachprogramme (z.B. Abfallwirtschaftsprogramm 1975 der Bundesregierung, Aktionsprogramm Lärmbekämpfung 1978 des Bundesministers des Innern) sowie durch die gesetzlich geregelte (vor allem auf Landesebene, z.T. auch auf kommunaler Ebene angesiedelte) eigentliche Fachplanung – bedarf. 19

So wertvoll sich viele dieser Umweltprogramme für die Entwicklung des deutschen Umweltrechts auch erwiesen haben, so sind sie doch für das politische System der Bundesrepublik Deutschland deshalb nicht ganz unbedenklich, weil die Exekutive so faktisch das Handeln der Legislative weitgehend programmiert (s. § 1 Rn. 37).

Die umweltschutzspezifischen **Fachplanungen** bilden die **Umweltplanung i.e.S.** (s. anschließend unter Rn. 22). Um *Fachplanung* handelt es sich, wenn ein bestimmter Sachzweck im Vordergrund steht und andere Belange nur im Rahmen des planerischen Abwägungsprozesses (mit)berücksichtigt werden. Um eine *umweltschutzspezifische* Fachplanung handelt es sich, wenn dieser planungsprägende Sachzweck dem Umweltschutz entstammt. Hiervon sind nicht umweltschutzspezifische, aber dennoch umweltrelevante Fachplanungen zu unterscheiden, die andere, mit dem Umweltschutz möglicherweise rivalisierende und konfligierende fachliche Ziele verfolgen **(Umweltplanung i.w.S.).** Dort sind Gesichtspunkte des Umweltschutzes immerhin als abwägungserhebliche Belange zu berücksichtigen, z.B. bei der Fernstraßenplanung (§§ 17ff. FStrG), Flughafenplanung (§§ 6ff. LuftVG), Trassenplanung für Eisenbahnen (§ 36 BBahnG), vgl. ferner etwa §§ 28ff. PBefG, §§ 7ff. TelwegG, §§ 14ff. WaStrG, § 41 FlurbG. Ein Berücksichtigungsgebot schließt freilich Nachrang im Einzelfall keineswegs aus. Von beiden Typen der Fachplanung unterscheidet sich wiederum die raumbezogene Gesamtplanung (s. dazu § 9 Rn. 3ff.). Von vielen wird sie als Keimzelle einer „integrierten Umweltplanung" angesehen.[47] 20

In diesem Zusammenhang ist auch die **Umweltverträglichkeitsprüfung** zu berücksichtigen, die einerseits selbst ein Planungsinstrument darstellt und andererseits ausdrücklich auch auf Pläne anzuwenden ist (vgl. Art. I Abs. 2 Nr. 3 der Grundsätze für die Prüfung der Umweltverträglichkeit öffentlicher Maßnahmen des Bundes[48] – 21

---

[46] Z.B. auf Bundesebene: Umweltprogramm der Bundesregierung vom 29. 9. 1971, BT-Drs. VI/2710; Umweltbericht '76 – Fortschreibung des Umweltprogramms der Bundesregierung vom 14. 7. 1976, BT-Drs. 7/5684; Abfallwirtschaftsprogramm 1975, BT-Drs. 7/4826, Aktionsprogramm Lärmbekämpfung vom 2. 10. 1978 (BMI), 1978, und Bodenschutzprogramm, BT-Drs. 10/2977. Vgl. zu den verschiedenen Umweltberichten und -programmen der Länder (z.B. zuletzt 2. Umweltqualitätsbericht für Baden-Württemberg [1985], Umweltpolitik in Bayern – Ein Programm [1986], Umweltbericht der Hessischen Landesregierung [1985], Umweltprogramm NRW [1983], Umweltprogramm Rh.-Pf. [1985]) die Nachweise in *UBA* (FN 44), S. 533ff.

[47] *Hoppe* (FN 1), S. 259.

[48] Bek. d. BMI v. 12. 9. 1975 – U I 1 – 500 110/9 (GMBl. S. 717).

Kloepfer Nr. 25). Es wäre allerdings unzutreffend, sie pauschal als Planungsinstrument zu verstehen. Echten planerischen Charakter kann eine Umweltverträglichkeitsprüfung (zur UVP-Richtlinie der EG s. u. Rn. 83ff.) nur insoweit haben, als sie sich nicht nur auf Einzelvorhaben, sondern auf übergreifende Planungen, etwa auf staatliche Investitions- und Subventionsprogramme und die Rechtsetzung bezieht. Dort vor allem stellt sie ein ,,selbständiges und qualitativ neuartiges Entscheidungsinstrument" dar.[49]

4. Umweltplanung i. e. S.

22 Zu den umweltplanerischen Instrumenten i. e. S. *(Fachplanung)* zählen namentlich:

- im Naturschutz- und Landschaftspflegerecht: Landschaftsplanung (§§ 5ff. BNatSchG) und Schutzgebietsausweisungen (§§ 12ff. BNatSchG),
- im Gewässerschutzrecht: die Festsetzung von Wasser- und Heilquellenschutzgebieten (§ 19 WHG), Reinhalteordnungen (§ 27 WHG), wasserwirtschaftliche Rahmenpläne (§ 36 WHG) und Bewirtschaftungspläne (§ 36b WHG), Abwasserbeseitigungspläne (§ 18a WHG) und Planfeststellungen für Gewässerausbauten (§ 31 WHG),
- im Immissionsschutzrecht: die Festsetzung von Belastungsgebieten (§ 44 BImSchG), Emissionskataster (§ 46 BImSchG), Luftreinhaltepläne (§ 47 BImSchG), Schutzgebietsfestsetzung (§ 49 BImSchG) und der allgemeine Planungsgrundsatz des § 50 BImSchG,
- im Atom- und Strahlenschutzrecht: (nur) das Planfeststellungsverfahren für die Errichtung von Endlagerungsstätten des Bundes (§ 9b AtG),
- im Abfallrecht: Abfallentsorgungspläne (§ 6 AbfG) und Planfeststellungen für Abfallentsorgungsanlagen (§§ 7ff. AbfG).

23 Demgegenüber verzichtet das Stoffrecht auf Planungsregelungen, was von seinem stoff-, nicht raumbezogenen Ansatzpunkt her verständlich ist. Doch ist auch dort die Entwicklung planungsrechtlicher Elemente nicht grundsätzlich ausgeschlossen. Teilweise vermißt werden eine eigenständige Boden-, Klima-, Energie-, Strahlenschutz- und Rohstoffplanung. Zwar können im Rahmen anderer Fachplanungen oder der räumlichen Gesamtplanung auch insoweit gewisse Planungen durchgeführt werden, die Planer sind hierbei jedoch gezwungen, sich die Planungsgrundlagen – wie etwa im Bereich der Bodenschutzplanung – ,,zusammenzusuchen" (vgl. auch § 14 Rn. 17ff.).

Auf den materiellen Inhalt einzelner Planungen wird im zweiten Teil im Zusammenhang mit den jeweiligen Fachgesetzen näher eingegangen.

24 Nach einem Vorschlag des Schrifttums[50] lassen sich die Umweltplanungen i. e. S. nochmals in Umweltschutzplanungen **umweltbeanspruchender Art** und **nicht umweltbeanspruchende** Umweltschutzplanungen untergliedern. Zur ersten Gruppe werden etwa die Abfallentsorgungsplanung und die wasserhaushaltsrechtlichen Planungen, zur zweiten Gruppe u. a. die Landschaftsplanung und die Luftreinhalteplanung gezählt. Diese etwas überspitzte Differenzierung verdeutlicht immerhin, daß die meisten Umweltplanungen nicht monofinal und pauschal Umweltschutz bewerkstelligen können, sondern selbst in den grundlegenden Konflikt ,,Umweltschutz contra Umweltschutz" (s. o. § 1 Rn. 4) eingespannt sind, also Verbesserungen der

---

[49] *Hartkopf/Bohne* (FN 9), S. 214. Vgl. i. ü. zu der – inzwischen v. a. unter dem Aspekt eines EG-rechtlichen Umsetzungsbedarfes geführten – Diskussion um die Umweltverträglichkeitsprüfung *Erbguth* (FN 20), S. 417, und *Kloepfer/Meßerschmidt,* Innere Harmonisierung des Umweltrechts, 1987, S. 2ff., jeweils m. w. N., sowie ausführlicher unten Rn. 83ff.

[50] *Erbguth/Schlarmann,* Zur Durchsetzung von Umweltbelangen im Bereich der räumlichen Planung, 1982, S. 67ff.

Umweltsituation nur unter Inkaufnahme neuer, wenngleich geringerer Umweltbelastungen anderer Art oder an anderer Stelle projektieren können. Umweltplanung zielt damit zwar stets auf eine Verbesserung der Umweltsituation, schließt aber vielfach eine **Umverteilung der Umweltbelastungen** (auf allerdings insgesamt niedrigerem Niveau) ein.

Die einzelnen Planungen unterscheiden sich indes nicht nur nach ihrem Gegenstand, sondern unter anderem nach Rechtsformen (s. o. Rn. 10), Planungserfordernis (Planfreiwilligkeit oder Planungspflicht, vgl. etwa § 49 BImSchG einerseits, § 44 BImSchG andererseits), Planungsraum (nur Teilgebiete oder Gesamtgebiet eines Landes, vgl. etwa § 44 BImSchG oder § 36 WHG einerseits, § 5 Abs. 1 BNatSchG und § 6 AbfG andererseits), Anzahl der Planungsebenen (vgl. etwa die dreistufige naturschutzrechtliche Landschaftsplanung einerseits und die einstufigen Planungen nach BImSchG, AbfG und WHG andererseits)[51] und Rechtswirkungen (s. o. Rn. 11) der Planung. Insofern reicht die **Typenskala** von *vorbereitenden* Plänen mit vorwiegend verwaltungsinternem Dokumentationszweck (Belastungskataster, z. B. § 46 BImSchG) über herkömmliche *einfache* (nur verwaltungsintern verbindliche) Pläne bis hin zu unmittelbar außenwirksamen, d. h. auch für den Bürger verbindlichen sog. *qualifizierten* Plänen. Zur letzten Gruppe gehören insbesondere die naturschutzrechtlichen und wasserrechtlichen Schutzgebietsausweisungen (§§ 12ff. BNatSchG, § 19 WHG), doch können auch einfache Pläne durch eine gesonderte sog. Verbindlicherklärung außenwirksam werden (z. B. § 18a Abs. 3 S. 3 WHG). 25

Belastungskataster sind als solche streng genommen noch nicht einmal Pläne, sondern erhalten Planqualität erst durch ihre Einbindung z. B. in die darauf aufbauenden Luftreinhaltepläne. Sie sind gleichsam ein verselbständigter Planbestandteil bzw. eine Planungshilfe, da sie von den – einen vollständigen Plan kennzeichnenden – Planbestandteilen: Ist-Analyse, Soll-Vorschlag und Maßnahmenkatalog nur die Ist-Analyse enthalten.

Die **Rechtsformen** der Umweltplanung i. e. S. variieren zwischen Verwaltungsakten (namentlich bei projektbezogenen Planfeststellungen) und Satzung sowie Rechtsverordnung, wie insbesondere bei der Schutzgebietsfestsetzung (wobei sich deren Rechtsnatur zum Teil erst aus Landesrecht ergibt)[52], mit den bekannten Folgen für den Rechtsschutz (Anfechtungs- und Verpflichtungsklage bei Verwaltungsakten, sonst nur Normenkontrolle nach § 47 VwGO nach Maßgabe landesgesetzlicher Zulassung oder Verfassungsbeschwerde als alleiniger Rechtsbehelf, s. § 5 Rn. 31). 26

5. Planfeststellung

Im **Übergangsbereich zwischen Planung und administrativer Kontrolle** ist das Instrument der Planfeststellung angesiedelt. Gesetzliche Bezeichnung wie auch faktische Bedeutung rücken sie einerseits in den Bereich der Planung. Ihr punktuelles Ziel der Beurteilung der Zulässigkeit eines einzelnen Vorhabens weist sie andererseits als Instrument der allgemeinen administrativen Eröffnungskontrolle und damit der direkten Verhaltenssteuerung aus. In dieser Funktion konkurriert die Planfeststellung mit anderen Zulassungsinstrumenten, insbesondere dem herkömmlichen Genehmigungsverfahren (s. Rn. 37ff.). Der changierende Sprachgebrauch in den verschiedenen Umweltgesetzen, die ähnliche Verfahren teils als Planfeststellung (z. B. § 7 27

[51] Hierzu näher *Erbguth* (FN 20), S. 120ff.
[52] Vgl. i. e. *Kloepfer/Meßerschmidt* (FN 49), S. 109.

AbfG), teils als Genehmigungsverfahren (z. B. §§ 4ff. BImSchG, § 7 AtG) bezeichnen, trägt nicht eben zur Klärung bei. Eine Abschichtung nach Wichtigkeit des Vorhabens[53] läßt sich nicht durchgängig vornehmen, da einzelne Genehmigungsverfahren für komplexe Vorhaben (z. B. § 7 AtG, § 10 BImSchG) stark dem angenähert sind, was das Verwaltungsverfahrensgesetz als Planfeststellungsverfahren definiert (§§ 72ff. VwVfG).[54] Auch der Umstand, daß Planfeststellungsverfahren meist der Bewältigung und Entscheidung von Vorhaben dienen, die in administrativer Regie entstanden sind, erlaubt keine trennscharfe Abgrenzung gegenüber den verschiedenen „Unternehmergenehmigungen", die meist – aber ebenfalls nicht zwingend – auf Vorhaben privater Antragsteller bezogen sind.[55] Die weitgehende **funktionale Äquivalenz** von Planfeststellungs- und Genehmigungsverfahren spricht jedenfalls dafür, beide grundsätzlich als Instrumente der Eröffnungskontrolle zu behandeln,[56] ohne daß damit der Planungscharakter der Planfeststellung („Maßnahmeplanung")[57] und ihr spezifisches Gepräge, das sie von *einfachen* Genehmigungsverfahren unterscheidet, bestritten werden soll.

28 Die Rechtsprechung hat Planfeststellungen wiederholt dem Bereich der Planung zugeordnet – mit der rechtlich erheblichen Folge, daß es sich dann nicht mehr um gebundene, sondern um Ermessensentscheidungen (mit weitem Entscheidungsraum) handelt. Dabei hat das BVerwG für Planfeststellungsverfahren die Bedeutung **planerischer Gestaltungsfreiheit** hervorgehoben, „weil Planung ohne Planungsfreiheit ein Widerspruch in sich wäre".[58] Im übrigen ist zwischen einzelnen Arten von Planfeststellungen (etwa zwischen privatnütziger und gemeinnütziger Planfeststellung)[59] zu differenzieren.

Das Beispiel der Planfeststellung verdeutlicht zudem, daß eine trennscharfe begriffliche Unterscheidung zwischen Planungen und Zulassungsentscheidungen nicht immer möglich ist.[60] Daher wird man allein aus dem Planungsbegriff auch nicht ein *allgemeines* Verbot eines „Aufgabentransfers" von der Planung auf die Ebene der Einzelentscheidungen und umgekehrt[61] herleiten können. Wieweit Planungen einzelverbindlich sind oder Einzelentscheidungen planerische Elemente aufnehmen können, entscheidet vielmehr jeweils der Gesetzgeber, indem er der Planung oder dem Zulassungsakt entsprechende Wirkungen beilegt.

6. Standortplanung

29 Im Überschneidungsbereich von Planung und administrativer Kontrolle ist schließlich auch die **rechtspolitische Forderung** nach einer „Standortplanung" angesiedelt, die zur „Entkoppelung der Anlagengenehmigungsverfahren von planeri-

---

[53] I. d. S. etwa *Storm* (FN 1), Tz. 149 (S. 57).
[54] Vgl. i. e. *Kloepfer/Meßerschmidt* (FN 49), S. 126f.
[55] Vgl. jedoch zu einer v. a. auf diesen Aspekt gestützten Abschichtung *Wahl,* DVBl. 1982, 51ff., 53ff. m. w. N., und im Anschluß daran *Erbguth* (FN 20), S. 153f., die freilich die Existenz von Mischformen einräumen.
[56] Ebenso etwa *Hartkopf/Bohne* (FN 9), S. 180.
[57] Vgl. wegen dieses Begriffs *E. Rehbinder* (FN 3), S. 113.
[58] BVerwGE 34, 301 (304); 48, 56 (59); 55, 220 (226).
[59] Vgl. BVerwGE 55, 220 (226ff.); 56, 110 (118ff.); 59, 253 (257), sowie dazu *Breuer* (FN 1), S. 636.
[60] Zutreffend *Badura,* BayVBl. 1976, 515ff., 515, im Hinblick auf das Luftverkehrs- und Atomrecht sowie bedingt das Immissionsschutzrecht: „Die Gestattung der Anlage ist hier zugleich Unternehmergenehmigung und Planungsentscheidung".
[61] So jedoch *Erbguth* (FN 20), S. 432.

schen Fragen der Standortwahl" führen[62] und zugleich eine Auswahl optimaler Standortalternativen ermöglichen soll. Plangebundene Zulassungsentscheidungen sind außerhalb des Bauplanungsrechts bislang die Ausnahme.[63] Nach geltendem Recht sind die Genehmigungsbehörden im Regelfall an die Standortentscheidung des Antragstellers gebunden und haben lediglich zu prüfen, ob bei dem gewählten Standort die Genehmigungsvoraussetzungen erfüllt sind. Der Eignung der Standortes wird dabei zwar durchaus die gebührende Beachtung beigemessen (vgl. beispielhaft § 7 Abs. 2 Nr. 6 AtG), das Vorhandensein günstigerer Alternativstandorte spielt aber keine Rolle (vgl. auch § 8 Rn. 40),[64] so daß das bisherige Genehmigungsinstrumentarium hinsichtlich der Standortfrage nur eine starre ,,alles-oder-nichts"-Entscheidung zuläßt.

Eine **planerische Standortvorsorge** ist allerdings partiell auch schon heute möglich. Zunächst können die raumplanerischen Instrumente im Sinne einer Grobsteuerung der Standortentscheidungen genützt werden (vgl. § 9 Rn. 5ff., 27ff.). In Teilbereichen ist aber auch eine echte – über allgemeine Vorgaben in der Raumplanung hinausreichende – Standortplanung möglich (z. B. für Abwasserbehandlungsanlagen durch § 18a Abs. 3 WHG und für Abfallentsorgungsanlagen durch § 6 Abs. 1 AbfG). Während es sich hier jedoch um öffentliche Einrichtungen handelt, erhält die Forderung nach einer selbständigen Standortplanung ihre Brisanz gerade dadurch, daß sie sich auch auf private Vorhaben bezieht, die so – zusätzlich zu den bestehenden Zulassungsvoraussetzungen – einem Planungsvorbehalt unterworfen würden. Unter dem Gesichtspunkt individueller Freiheitsverluste kommt eine verfeinerte Standortplanung daher nur im Rahmen der Verhältnismäßigkeit in Betracht. In jedem Fall müßte eine Standortplanung etwa für private Industrieansiedlungen hinreichende Alternativen ausweisen. 30

Inzwischen obsolet ist der noch weitergehende Vorschlag einer **parlamentsgesetzlichen Standortentscheidung,** der speziell oder doch primär auf Kernenergieanlagen bezogen wurde.[65] Er ist problematisch nicht nur wegen seiner Begründung, die den Parlamentsvorbehalt (,,Wesentlichkeitstheorie")[66] recht extensiv interpretiert, sondern auch wegen seiner nachteiligen (aber von den Verfechtern dieser Idee wohl erwünschten) Folgen für den Rechtsschutz.[67] Zum Scheitern verurteilt war schließlich der Versuch einer plebiszitären – negativen – Standortplanung (hessisches Volksbegehren ,,keine Startbahn West").[68]

C. Instrumente direkter Verhaltenssteuerung

Schrifttum: *Achterberg,* Allgemeines Verwaltungsrecht, 2. Aufl., 1986; *Backherms,* Die Rechtsstellung des Strahlenschutzbeauftragten, BB 1978, 1697ff.; *Badura,* Das Verwaltungsverfahren, in: Erichsen/Martens (Hg.), Allgemeines Verwaltungsrecht, 8. Aufl., 1988, S. 373ff.; *Bambey,* Massenverfahren und Individual-

---

[62] *Hoppe* (FN 1), S. 295. Vgl. auch *Blümel,* DVBl. 1977, 301ff., 306ff., und *Friauf,* in: Börner (Hg.), Rechtsfragen des Genehmigungsverfahrens von Kraftwerken, 1978, S. 63ff. Vgl. allgemein zur Problematik der Standortvorsorge auch *Holzhauser,* Probleme der Standortvorsorge für umweltbelastende Großvorhaben aus bundesrechtlicher Sicht, 1983.
[63] Vgl. die Beispiele bei *Erbguth* (FN 20), S. 122ff.
[64] Vgl. *Schmitt Glaeser/Meins,* Recht des Immissionsschutzes, 1982, S. 39f. m. w. N.
[65] Vgl. aus dem politischen Raum etwa *Baum,* Umwelt (BMI) Nr. 52 (1977), 4ff., 5, und *Vogel* laut FAZ v. 28. 3. 1977, S. 4, sowie zum Ganzen *Henle,* UPR 1982, 215ff.
[66] Hierzu etwa *Kloepfer,* JZ 1984, 685ff. m. w. N.
[67] Dagegen nachdrücklich *Blümel,* DVBl. 1977, 301ff., 321 Anm. 493.
[68] Vgl. HessStGH, NJW 1982, 1141, und dazu *Steinberg,* ZRP 1982, 113ff.

zustellung, DVBl. 1984, 374ff.; *Bartlsperger,* Leitlinien zur Regelung der gemeinschaftsrechtlichen Umweltverträglichkeitsprüfung unter Berücksichtigung der Straßenplanung, DVBl. 1987, 1ff.; *Bechmann* (Hg.), Die Umweltverträglichkeitsprüfung – ein Planungsinstrument ohne politische Relevanz?, 1982; *Beckmann,* Die Umweltverträglichkeitsprüfung und das rechtssystematische Verhältnis von Planfeststellungsbeschlüssen und Genehmigungsentscheidungen, DÖV 1987, 944ff.; *Bender,* Empfehlen sich unter dem Gesichtspunkt der Gewährleistung notwendigen Umweltschutzes ergänzende Regelungen im Verwaltungsverfahrens- und Verwaltungsprozeßrecht?, Referat auf dem 52. Deutschen Juristentag Wiesbaden 1978, in: Verhandlungen des 52. DJT, Bd. II (Sitzungsberichte), 1978; *Chr. Bickel,* Das Elend der Grenzwerte im Wasserrecht, NuR 1982, 214ff.; *Bleckmann,* Die Umweltverträglichkeitsprüfung von Großvorhaben im Europäischen Gemeinschaftsrecht, WiVerw. 1985, 86ff.; *Blümel/Lang,* Artikel „Standortvorsorge", in: Kimminich/ v. Lersner/Storm (Hg.), Handwörterbuch des Umweltrechts (HdUR), Bd. II, 1988, Sp. 393ff.; *Boisserée,* Örtliche Umweltstandards?, UPR 1983, 368ff.; *Breuer,* Wirksamer Umweltschutz durch Reform des Verwaltungsverfahrens- und Verwaltungsprozeßrechts?, NJW 1978, 1558ff.; *ders.,* Die Bedeutung des § 8 BNatSchG für Planfeststellungen und qualifizierte Genehmigungen nach anderen Fachgesetzen, NuR 1980, 89ff.; *ders.,* Schutz von Betriebs- und Geschäftsgeheimnissen im Umweltrecht, NVwZ 1986, 171ff.; *Brohm,* Die Dogmatik des Verwaltungsrechts vor den Gegenwartsaufgaben der Verwaltung, VVDStRL 30 (1972), S. 245ff.; *Bückmann,* Die Richtlinie des Rates der EG über die Umweltverträglichkeitsprüfung, UPR 1988, 361ff.; *Büdenbender/Mutschler,* Bindungs- und Präklusionswirkung von Teilentscheidungen nach BImSchG und AtG, 1979; *Bull,* Allgemeines Verwaltungsrecht, 2. Aufl., 1986; *Bunge,* Die Umweltverträglichkeitsprüfung im Verwaltungsverfahren, 1986; *ders.,* Die Umweltverträglichkeitsprüfung von Projekten: verfahrensrechtliche Erfordernisse auf der Basis der EG-Richtlinie, DVBl. 1987, 819ff.; *Burmeister,* Grundgesetzliche Verfahrensstrukturierungsgebote komplexer Verwaltungsentscheidungen, in: Forschungsstelle für Umwelt- und Technikrecht (Hg.), Jahrbuch des Umwelt- und Technikrechts 1988 (UTR 5), 1988, S. 121ff.; *Cupei,* Die Richtlinie des Rates über die Umweltverträglichkeitsprüfung (UVP) bei bestimmten öffentlichen und privaten Projekten, NuR 1985, 297ff.; *ders.,* Die Richtlinien der EG zur Umweltverträglichkeitsprüfung. Entwicklung und Stand der Verhandlungen, WiVerw. 1985, 63ff.; *ders.,* Umweltverträglichkeitsprüfung (UVP), DVBl. 1985, 813ff.; *ders.,* Umweltverträglichkeitsprüfung (UVP), 1986; *Delogu,* Die Umweltverträglichkeitserklärung – Die Regelung in den USA als mögliches Modell, 1974; *Dörschuk,* Typen- und Tarifgenehmigungen im Verwaltungsrecht, 1988; *Dolde,* Bestandsschutz im Immissionsschutzrecht, in: Festschrift für Otto Bachof zum 70. Geb., 1984, S. 191ff.; *Drews/Wacke/Vogel/Martens,* Gefahrenabwehr. Allgemeines Polizeirecht des Bundes und der Länder, 9. Aufl., 1986; *Ebersbach,* Öffentliche Leistungspflichten als Instrumente der Umweltgestaltung, in: Festschrift für Werner Weber zum 70. Geb., 1974, S. 703ff.; *Erbguth,* Die Notwendigkeit von Untersuchungen zur Umweltverträglichkeitsprüfung, DVBl. 1983, 258ff.; *ders.,* Umweltverträglichkeitsprüfungen im Rechtssystem, BayVBl. 1983, 123ff.; *ders./Schoeneberg,* Die Umsetzung der EG-Richtlinie über die Umweltverträglichkeitsprüfung vor dem Hintergrund rechtssystematischer Grundlagen der raumbezogenen Zulassungsverfahren in der Bundesrepublik Deutschland, WiVerw. 1985, 102ff.; *Feldhaus,* Entwicklung und Rechtsnatur von Umweltstandards, UPR 1982, 137ff.; *ders.,* Bestandsschutz immissionsschutzrechtlich genehmigter Anlagen im Wandel, WiVerw. 1986, 67ff.; *Fiedler,* Funktion und Bedeutung öffentlich-rechtlicher Zusagen im Verwaltungsrecht, 1977; *B. Fischer,* Divergierende Selbstbelastungspflichten nach geltendem Recht, 1979; *Forsthoff,* Lehrbuch des Verwaltungsrechts, 10. Aufl., 1973; *Friauf,* Zum gegenwärtigen Stand der Bestandsschutz-Problematik, WiVerw. 1986, 87ff.; *Gaentzsch,* Konkurrenz paralleler Anlagengenehmigungen, NJW 1986, 2787ff.; *Gassner,* Behördliche Interessenwahrnehmung in der Planfeststellung, NuR 1982, 81ff.; *Gerhardt/Jackobs,* Die ungeliebte Öffentlichkeit, DÖV 1986, 256ff.; *Goerlich,* Nachbarschutz durch Verfahrensrechte, DÖV 1982, 631ff.; *Hahn,* Offenbarungspflichten im Umweltschutzrecht, 1984; *Hauck,* Neuregelung des Nachanmeldeproblems – ein rechtliches Gebot?, DB 1985, 1927ff.; *Henseler,* Kompetenzkonflikte paralleler Gestattungsverfahren am Beispiel der Genehmigung von Atomanlagen, DVBl. 1982, 390ff.; *H. Hofmann,* Der Einfluß der Großtechnik auf Verwaltungs- und Prozeßrecht, UPR 1984, 73ff.; *Hoppe,* Zum Begriff der wirtschaftlichen Vertretbarkeit im Umweltschutzrecht, DVBl. 1983, 20ff.; *ders.,* Die Umweltverträglichkeitsprüfung im Planfeststellungs- und Anlagengenehmigungsverfahren, in: Dokumentation zur 11. wissenschaftlichen Fachtagung der Gesellschaft für Umweltrecht e. V. Berlin 1987, 1988, S. 39ff.; *ders./Kromarek/Bleicher,* Die wirtschaftliche Vertretbarkeit im Umweltschutzrecht, 1984; *Institut für gewerbliche Wasserwirtschaft und Luftreinhaltung* (Hg.), Betriebsbeauftragte im Umweltschutz, 1982; *J. Ipsen,* Einwendungsbefugnis und Einwendungsausschluß im atomrechtlichen Genehmigungsverfahren, DVBl. 1980, 146ff.; *ders.,* Die Genehmigung technischer Großanlagen, AöR 107 (1982), 259ff.; *Jäkel,* Voraussetzungen und Grenzen der Zwangsmitgliedschaft in öffentlich-rechtlichen Körperschaften, DVBl. 1983, 1133ff.; *Jarass,* Die Abgrenzung parallel erforderlicher Anlagengenehmigungen, DÖV 1978, 21ff.; *ders.,* Bindungs- und Präklusionswirkung von Teilgenehmigung und Vorbescheid, UPR 1983, 241ff.; *ders.,* Konkurrenz, Konzentration und Bindungswirkung von Genehmigungen, 1984; *ders.,* Effektuierung des Umweltschutzes gegenüber bestehenden Anlagen, DVBl. 1985, 193ff.; *ders.,* Reichweite des Bestandsschutzes industrieller Anlagen gegenüber umweltrechtlichen Maßnahmen, DVBl. 1986, 314ff.; *ders.,* Umweltverträglichkeitsprüfung bei Industrievorhaben, 1987; *Jung,* Rechtsfragen der Mitgliedschaft in öffentlich-rechtlichen Zwangsverbänden, JA 1984, 467ff.; *Kahl,* Die neuen Aufgaben und Befugnisse des Betriebsbeauftragten nach Wasser-, Immissionsschutz- und Abfallrecht, 1978; *Kloepfer,* Der Auflagenvorbehalt bei Verwaltungsakten, Die Verwaltung 8 (1975), 295ff.; *Kne-*

bel, Prüfung der Umweltverträglichkeit, in: Bundesakademie für öffentliche Verwaltung (Hg.), Praxis der Gesetzgebung, 1984, S. 141ff.; *Kopp,* Verfassungsrecht und Verwaltungsverfahrensrecht, 1971; *ders.,* Verwaltungsverfahrensgesetz, Kommentar, 4. Aufl., 1986; *Krüger,* Die Auflage als Instrument der Wirtschaftsverwaltung, DVBl. 1955, 38ff., 450ff., 518ff.; *Laubinger,* Der Umfang der Konzentrationswirkung der Planfeststellung, VerwArch. 77 (1986), 77ff.; *Lerche/Schmitt Glaeser/Schmidt-Aßmann,* Verfahren als staats- und verwaltungsrechtliche Kategorie, 1984; *Loretan,* Die Umweltverträglichkeitsprüfung: ihre Ausgestaltung im Bundesgesetz über den Umweltschutz, Zürich 1986; *Luhmann,* Legitimation durch Verfahren, 3. Aufl., 1978; *Maurer,* Allgemeines Verwaltungsrecht, 6. Aufl., 1988; *Mayer-Tasch,* Die Bürgerinitiativbewegung, 2. Aufl., 1986; *Meßerschmidt,* Nachträgliche Entscheidungen nach Landesabfallrecht – ein Kompetenzproblem, NVwZ 1984, 565ff.; *Meyer/Borgs-Maciejewski,* Verwaltungsverfahrensgesetz, 2. Aufl., 1982; *Michler,* Aktuelle Probleme des Planfeststellungsrechts, DVBl. 1986, 278ff.; *Mösbauer,* Immissionsschutzrecht und Staatsaufsicht, VerwArch. 72 (1981), 17ff.; *v. Mutius,* Akteneinsicht im atom- und immissionsschutzrechtlichen Genehmigungsverfahren, DVBl. 1978, 665ff.; *ders./Schoch,* Die atomrechtliche ,,Konzeptgenehmigung", DVBl. 1983, 149ff.; *Mutschler,* Nebenbestimmungen zur Atomanlagengenehmigung und die Zulässigkeit ihrer Verwendung zur Ausräumung von Versagungsgründen, 1974; *ders.,* Zur Präklusion im atomrechtlichen und immissionsschutzrechtlichen Genehmigungsverfahren, et 1980, 164ff.; *Nicklisch,* Konkretisierung wissenschaftlich-technischer Standards bei der Genehmigung komplexer Großanlagen, BB 1981, 501ff.; *ders./Schottelius/Wagner* (Hg.), Die Rolle des wissenschaftlich-technischen Sachverstandes bei der Genehmigung chemischer und kerntechnischer Anlagen, 1982; *Ossenbühl,* Regelungsgehalt und Bindungswirkung der 1. Teilgenehmigung im Atomrecht, NJW 1980, 1353ff.; *ders.,* Verwaltungsverfahren zwischen Verwaltungseffizienz und Rechtsschutzauftrag, NVwZ 1982, 465ff.; *ders.,* Rechtsanspruch auf Erteilung atomrechtlicher Genehmigungen und Versagungsermessen, et 1983, 665ff.; *Papier,* Einwendungen Dritter im Verwaltungsverfahren, NJW 1980, 313ff.; *ders.,* Altlasten und polizeirechtliche Störerhaftung, 1985; *Pauger,* Partizipation im Umweltschutzrecht, in: Festschrift zur 200-Jahr-Feier der Rechtswissenschaftlichen Fakultät der Universität Graz, 1979, S. 969ff.; *ders.,* Umweltverträglichkeitsprüfung und ihre Einbindung in das bestehende Rechtssystem, ÖJZ 1984, 505ff.; *Pietzcker,* Verwaltungsverfahren zwischen Verwaltungseffizienz und Rechtsschutzauftrag, VVDStRL 41 (1983), S. 193ff.; *Rebentisch,* Technische Kontrolle in staatlicher Verantwortung, in: Forschungsstelle für Umwelt- und Technikrecht (Hg.), Technische Überwachung im Umwelt- und Technikrecht (UTR 4), 1988, S. 41ff.; *Redeker,* Grundgesetzliche Rechte auf Verfahrensteilhabe, NJW 1980, 1593ff.; *E. Rehbinder/Burgbacher/Knieper,* Ein Betriebsbeauftragter für Umweltschutz?, 1972; *Rengeling,* Die Konzeptgenehmigung und das vorläufige positive Gesamturteil in der ersten atomrechtlichen Teilgenehmigung, NVwZ 1982, 217ff.; *Ronellenfitsch,* Der Einwendungsausschluß im Wasserrecht, VerwArch. 74 (1983), 369ff.; *ders.,* Gemeindliches Eigentum und materielle Präklusion, JuS 1983, 594ff.; *ders.,* Vorüberlegungen zur Bereinigung des luftrechtlichen Verfahrensrechts, DVBl. 1984, 501ff.; *Rumpel,* Abschied von der „modifizierenden Auflage" im Umweltverwaltungs- und Umweltstrafrecht, NVwZ 1988, 502ff.; *H. P. Sander,* Artikel „Eigenüberwachung", in: Kimminich/v. Lersner/Storm (Hg.), Handwörterbuch des Umweltrechts (HdUR), Bd. I, 1986, Sp. 398ff.; *Schaible,* Die Rechtsnatur der Typengenehmigung: unter besonderer Berücksichtigung der überwachungsbedürftigen Anlagen des § 24 GewO, Diss. jur. Würzburg 1971; *Schenke,* Verfassungsrechtliche Probleme eines Einschreitens gegen Immissionen verursachende Anlagen nach dem BImSchG, DVBl. 1976, 740ff.; *Schmel,* Massenverfahren vor den Verwaltungsbehörden und den Verwaltungsgerichten, 1982; *W. Schmidt,* Organisierte Einwirkungen auf die Verwaltung, VVDStRL 33 (1975), S. 183ff.; *ders.,* Bürgerinitiativen – politische Willensbildung – Staatsgewalt, JZ 1978, 293ff.; *ders.,* Einführung in die Probleme des Verwaltungsrechts, 1982; *Schmidt-Aßmann,* Institute gestufter Verwaltungsverfahren: Vorbescheid und Teilgenehmigung, in: Festgabe aus Anlaß des 25jährigen Bestehens des Bundesverwaltungsgerichts, 1978, S. 569ff.; *ders.,* Das allgemeine Verwaltungsrecht als Ordnungsidee und System, 1982; *ders.,* Der Verfahrensgedanke in der Dogmatik des öffentlichen Rechts, in: Lerche/Schmitt Glaeser/Schmidt-Aßmann, Verfahren als staats- und verwaltungsrechtliche Kategorie, 1984, S. 1ff.; *Schmitt Glaeser,* Partizipation an Verwaltungsentscheidungen, VVDStRL 31 (1973), S. 179ff.; *ders.,* Die Position der Bürger als Beteiligte im Entscheidungsverfahren gestaltender Verwaltung, in: Lerche/Schmitt Glaeser/Schmidt-Aßmann, Verfahren als staats- und verwaltungsrechtliche Kategorie, 1984, S. 35ff.; *Schoeneberg,* Umweltverträglichkeitsprüfung und Raumordnungsverfahren, 1984; *ders.,* Verfahrensrechtliche Entwicklungslinien der Umweltverträglichkeitsprüfung bei raumbezogenen Projekten, DVBl. 1984, 929ff.; *Schröder,* Der Schutz von Betriebs- und Geschäftsgeheimnissen im Umweltschutzrecht, UPR 1985, 394ff.; *Seeliger,* Eine europäische Umweltverträglichkeitsprüfung, UPR 1982, 177ff.; *Selmer,* Vorbescheid und Teilgenehmigung im Immissionsschutzrecht, 1979; *ders./Schulze-Osterloh,* Der Vorbescheid im verwaltungsrechtlichen Genehmigungsverfahren, JuS 1981, 393ff.; *Sendler,* Wer gefährdet wen: Eigentum und Bestandsschutz den Umweltschutz – oder umgekehrt?, UPR 1983, 33ff., 73ff.; *Spindler,* Umweltverträglichkeitsprüfung in der Raumplanung. Ansätze und Perspektiven zur Umweltgüteplanung, 1983; *Steinberg,* Die Einfügung einer Umweltverträglichkeitsprüfung in das deutsche Planungs- und Anlagengenehmigungsrecht, NuR 1983, 169ff.; *ders.,* Bemerkungen zum Entwurf eines Bundesgesetzes über die Umweltverträglichkeitsprüfung, DVBl. 1988, 995ff.; *Steiner,* Technische Kontrolle im privaten Bereich – insbesondere Eigenüberwachung und Betriebsbeauftragte, DVBl. 1987, 1133ff.; *Steinmark,* ,,Betriebsbeauftragte" im Umwelt- und Sozialbereich, BB 1983, 667ff.; *Stich,* Der Betriebsbeauftragte im Immissionsschutz, Gewässerschutz und Abfall, GewArch. 1976, 145ff.; *Stober,* Zur

Bedeutung des Einwendungsausschlusses im atom- und immissionsschutzrechtlichen Genehmigungsverfahren, AöR 106 (1981), 41 ff.; *Stüer,* Aktuelle Probleme des Planfeststellungsrechts, DÖV 1986, 65 ff.; *Szelinski,* Der Umweltschutzbeauftragte, WiVerw. 1980, 266 ff.; *Tettinger,* Der Immissionsschutzbeauftragte – ein Beliehener?, DVBl. 1976, S. 752 ff.; *Ule/Laubinger,* Empfehlen sich unter dem Gesichtspunkt der Gewährleistung notwendigen Umweltschutzes ergänzende Regelungen im Verwaltungsverfahrens- und Verwaltungsprozeßrecht?, Gutachten B für den 52. Deutschen Juristentag Wiesbaden 1978, in: Verhandlungen des 52. DJT, Bd. I, 1978; *dies.,* Verwaltungsverfahrensrecht, 3. Aufl., 1986; *Umweltbundesamt,* Umweltverträglichkeitsstudien, 1982; *Uppenbrink,* Umweltverträglichkeitsprüfung für raumbezogene Planungen und Vorhaben, 1985; *ders.,* Stoffliche Umweltverträglichkeitsprüfungen im Recht der Bundesrepublik Deutschland, WiVerw. 1985, 131 ff.; *H. Wagner,* Rechtliche Relevanz der Aussagen wissenschaftlich-technischer Sachverständiger bei der Genehmigung großtechnischer Anlagen, BB 1982, 210 ff.; *M. Wagner,* Die Genehmigung umweltrelevanter Vorhaben in parallelen und konzentrierten Verfahren, 1987; *Wahl,* Der Regelungsgehalt von Teilentscheidungen in mehrstufigen Planungsverfahren, DÖV 1975, 373 ff.; *ders.,* Genehmigung und Planungsentscheidung, DVBl. 1982, 51 ff.; *ders.,* Verwaltungsverfahren zwischen Verwaltungseffizienz und Rechtsschutzauftrag, VVDStRL 41 (1983), S. 151 ff.; *ders.,* Artikel „Erlaubnis", in: Kimminich/v. Lersner/Storm (Hg.), Handwörterbuch des Umweltrechts (HdUR), Bd. I, 1986, Sp. 433 ff.; *ders.,* Artikel „Planfeststellung", in: Kimminich/v. Lersner/Storm (Hg.), Handwörterbuch des Umweltrechts (HdUR), Bd. II, 1988, Sp. 167 ff.; *R. Weber,* Der Betriebsbeauftragte, 1988; *Wegener,* Umweltverträglichkeitsprüfung im Rechtssystem, DVBl. 1974, 327 ff.; *Weyreuther,* Verwaltungskontrolle durch Verbände?, 1975; *Wolff/Bachof,* Verwaltungsrecht I, 9. Aufl., 1974; *Wolfrum,* Der Ausschluß von Einwendungen im Anhörungsverfahren und sein Einfluß auf den Verwaltungsrechtsschutz, DÖV 1979, 497 ff.

31 Als **Instrumente direkter Verhaltenssteuerung** können administrative Kontrollinstrumente,[69] unmittelbare (generelle und abstrakte) gesetzliche Gebote und Verbote sowie individuelle Umweltpflichten bezeichnet werden, weil sie ihren Adressaten ein bestimmtes Verhalten (Handeln, Dulden oder Unterlassen) *zwingend* (ohne Umweg, also direkt) vorgeben. Sie entsprechen grundsätzlich dem Modus des „Befehls".[70] Die indirekten Steuerungsmittel (s. u. Rn. 142 ff.) nähern sich dem staatlichen Lenkungsziel demgegenüber gleichsam „auf Umwegen", also indirekt, indem sie ausschließlich auf die Motivation der Adressaten Einfluß zu nehmen suchen und diesen einen entsprechend (mehr oder weniger) weiten Entscheidungsspielraum belassen. Der Staat formuliert dort gegenüber dem Bürger lediglich eine Verhaltenserwartung, wobei das erwartungswidrige Verhalten aber rechtmäßig (jedoch unerwünscht) bleibt. Anders ist dies bei der direkten Verhaltenssteuerung, bei der das befehlswidrige Verhalten des Adressaten rechtswidrig ist. Im Falle des Einsatzes von Instrumenten direkter Verhaltenssteuerung haben die Adressaten dementsprechend nur die Möglichkeit, sich der staatlichen Verhaltensforderung zu beugen oder ihre pflichtenauslösende Absicht oder Tätigkeit aufzugeben und sich – was freilich auch nicht immer möglich ist (z. B. wenn die Umweltpflicht bereits entstanden ist) – ganz „zurückzuziehen". Die Erfüllung der direkten Verhaltensvorgaben kann folgerichtig (im Unterschied zu indirekten Verhaltenserwartungen) grundsätzlich mit Zwangsmitteln durchgesetzt und die Nichterfüllung mit Sanktionen geahndet werden.

32 Gegenüber den indirekten Steuerungsformen hat die direkte Verhaltenssteuerung einerseits den Nachteil einer gewissen Starrheit und Schroffheit, andererseits aber den **Vorteil rechtsstaatlicher Klarheit.** Die flexible und weiche indirekte Verhaltenssteuerung relativiert demgegenüber diese rechtsstaatliche Klarheit, weil sie die Gren-

---

[69] Diesen eher deskriptiven, verwaltungsrechtsdogmatisch „unvorbelasteten" Begriff verwendet etwa auch *Breuer* (FN 1), S. 637. Die Unterscheidung von direkter und indirekter Verhaltenssteuerung hat zuvor insbes. *E. Rehbinder* (FN 3), S. 106 ff., auf das Umweltrecht bezogen. Vgl. zur allgemeinen Unterscheidung zwischen direkter und indirekter Lenkung etwa *Müller-Graff,* Unternehmensinvestitionen und Investitionssteuerung im Marktrecht, 1984, S. 31 f. m. w. N.

[70] Vgl. dazu auch *Hartkopf/Bohne* (FN 9), S. 176.

ze zwischen Rechtmäßigkeit und Rechtswidrigkeit durch weniger konturenscharfe Zwischenkategorien (des unerwünschten, aber nicht verbotenen bzw. des gewünschten, aber nicht gebotenen Verhaltens) zwar nicht aufhebt, aber doch relativiert. Hinzu kommt, daß der verfassungsgebotene Rechtsschutz traditionellerweise auf die direkte Verhaltenssteuerung (z. B. durch einen gebietenden Verwaltungsakt) zugeschnitten ist, während er gegenüber den „bloßen" Verhaltenserwartungen indirekter Steuerungsformen (etwa durch Subventionen) nur ganz unvollkommen greift. Nur in extremen Randbereichen der eingriffsgleichen (verbots- oder gebotsgleich wirkenden) indirekten Verhaltenssteuerung kann entsprechend herkömmlichen Rechtsschutzformen vorgegangen werden.

Freilich handelt es sich bei der Gegenüberstellung von direkten und indirekten Steuerungsinstrumenten um keine randscharfe Abgrenzung, sondern um eine idealtypische Unterscheidung. Es existieren zahlreiche Zwischenformen: So kann die indirekte Steuerung (etwa durch Lenkungsabgaben) bei entsprechender Intensität verbotsgleich wirken. Umgekehrt gehen dem klassisch ordnungsrechtlichen Instrumentarium der direkten Verhaltenssteuerung zunehmend Abstimmungsprozesse mit den Gebotsadressaten voran (s. Rn. 233), die typischerweise Merkmal einer indirekten Steuerung sind.

I. Administrative Kontrollinstrumente

Als administrative Instrumente zur Gewährleistung des Gesetzes- und Planvollzu- 33
ges kennt das Umweltrecht folgende auch im übrigen Ordnungsrecht verwendete **Grundtypen:**

- Anzeige- bzw. Anmeldepflichten
- Erlaubnisvorbehalte (Erlaubnispflichten)
  - in Form des präventiven Verbots mit Erlaubnisvorbehalt
  - in Form des repressiven Verbots mit Befreiungsvorbehalt
- Untersagungsermächtigungen
- Überwachungsbefugnisse.

Ihre **Ursprünge** liegen einerseits im **Gewerberecht,** andererseits aber auch im **allgemeinen Polizeirecht,** das die ordnungsrechtlichen Partien des Umweltrechts nach wie vor beeinflußt und im Umweltschutz auch heute noch ergänzend Anwendung findet.[71]

Das Verhältnis von allgemeinem Polizei- und Ordnungsrecht und umweltrechtlichen Sonderregelungen kann im Einzelfall erhebliche Probleme aufwerfen, wie sich insbesondere in der kontroversen Diskussion um die Rückgriffsmöglichkeit auf die polizeirechtliche Störerhaftung bei der (abfallrechtlichen) Altlastensanierung zeigt (vgl. auch § 12 Rn. 132ff.).[72]

1. Anzeigepflichten

Anzeige- und Anmeldepflichten bestehen im Umweltrecht in grundsätzlich zwei 34
Varianten: zum einen als Instrument der Eröffnungskontrolle, das als Alternative

[71] Vgl. dazu allgemein *Drews/Wacke/Vogel/Martens,* Gefahrenabwehr. Allgemeines Polizeirecht (Ordnungsrecht) des Bundes und der Länder, 9. Aufl., 1986, § 11, S. 160ff.

[72] Vgl. dazu insbes. *Kloepfer,* in: Forschungsstelle für Umwelt- und Technikrecht (Hg.), Altlasten und Umweltrecht (UTR 1), 1986, S. 17ff., 20ff., und *Papier,* Altlasten und polizeirechtliche Störerhaftung, 1985, S. 13ff.

zum Erlaubnisvorbehalt dient (genehmigungsersetzende Anzeige), zum anderen als Instrument der Befolgungskontrolle, das (auch) einen bestehenden Erlaubnisvorbehalt ergänzen kann (genehmigungsergänzende Anzeige).[73]

a) Genehmigungsersetzende Anzeige

35 Als Instrument der **Eröffnungskontrolle** stellt die Anzeigepflicht grundsätzlich das mildeste Mittel dar.[74] Das geltende Umweltrecht sieht sie vor allem in drei Bereichen vor: im Gefahrstoffrecht (§§ 4ff. ChemG, weniger bei den stoffrechtlichen Spezialgesetzen wie z. B. dem Arzneimittelgesetz, jedoch als Zweitinstrument neben der Zulassungspflicht auch dort, vgl. etwa § 14 Abs. 1 PflSchG), bei Altanlagen und Altrechten (§ 9 Abs. 1 AbfG, §§ 16 Abs. 2, 19e Abs. 2 WHG, § 7 Abs. 2 und 3 BImSchG) sowie bei privilegierten, ausnahmsweise erlaubnisfreien Umweltbelastungen (z. B. § 17a WHG, §§ 4 Abs. 2, 12, 17 StrlSchV, § 4 Abs. 3 und 4 RöV i. V. m. § 11 Abs. 1 Nr. 1 und 2 AtG).

Durch die Anzeigepflicht soll die Verwaltung grundsätzlich diejenigen Informationen erhalten, die sie benötigt, um im Bedarfsfall einschreiten zu können. Ausmaß und Intensität der Informationspflicht sind in den einzelnen Gesetzen recht unterschiedlich geregelt, wobei das Chemikaliengesetz die höchsten Anforderungen stellt, indem es die Anzeigepflicht mit anspruchsvollen Prüf- und Nachweispflichten der Anmelder verknüpft (§§ 4ff., 7ff. ChemG). Eine solche „qualifizierte" Anzeigepflicht kann im Einzelfall zu Wirkungen führen, deren **Eingriffsintensität** einem Erlaubnisvorbehalt kaum nachsteht.

Die Gründe, weshalb die Umweltgesetzgebung in einigen Bereichen von der Statuierung einer Erlaubnispflicht absieht und sich auf eine Anzeigepflicht beschränkt, sind vielfältig. Neben rechtlichen spielen auch pragmatische Erwägungen eine Rolle: So wurde etwa das Anzeigeverfahren im Chemikaliengesetz nicht zuletzt mit der Unmöglichkeit begründet, die zahllosen Stoffe und Zubereitungen, die permanent in den Verkehr gebracht werden, in Anbetracht begrenzter staatlicher Prüfungskapazitäten einem Genehmigungsverfahren zu unterziehen.[75] Daneben spielten allerdings auch die Vorgaben der EG-Richtlinie vom 18. 9. 1979 (79/831/EWG)[76] (sog. Sechste Änderungsrichtlinie) und Verhältnismäßigkeitserwägungen eine Rolle, die für sich genommen bereits Grund genug dafür waren, von einem „Produktionsverbot mit Erlaubnisvorbehalt" Abstand zu nehmen.[77] Bei Altanlagen mag außer Gesichtspunkten der (nicht immer vorliegenden) Bestandskraft früherer Genehmigungen und der Übergangsgerechtigkeit, die einer über die Anzeigepflicht hinausgehenden administrativen Kontrolle entgegenstehen (eine Eröffnungskontrolle scheidet hier bereits rein begrifflich aus), auch der Gedanke eine Rolle spielen, daß sie nicht nachträglich legalisiert werden sollen. In anderen Fällen kann die Beschränkung auf eine Anzeigepflicht schlicht der Verfahrensvereinfachung bei typischerweise rechtmäßigen Umweltbelastungen dienen.

b) Genehmigungsergänzende Anzeige

36 Anzeigepflichten im Rahmen der **Befolgungskontrolle** dienen der fortlaufenden Überwachung von umweltbelastenden Aktivitäten. Sie bestehen insbesondere bei eingetretenen (aber noch nicht genehmigungspflichtigen) Veränderungen gegenüber der Ausgangslage zum Zeitpunkt der Eröffnungskontrolle – einschließlich z. T. der

---

[73] Vgl. zu dieser Unterscheidung auch *Breuer* (FN 1), S. 637.
[74] So auch die – bei näherem Hinsehen allerdings differenzierungsbedürftige – Einschätzung *Breuers* (FN 1), S. 637.
[75] Vgl. BT-Drs. 8/3319, S. 17.
[76] ABl. L 259/1979.
[77] Vgl. auch die Amtl. Begründung in BT-Drs. 8/3319, S. 17.

Anlagenstillegung (§ 16 BImSchG, § 10 AbfG, § 16 ChemG) –, aber auch in einer Vielzahl anderer Fälle (vgl. nur § 11 AbfG, §§ 36, 47 RöV, §§ 66, 78, 79 StrlSchV) und sind dort regelmäßig mit weiteren überwachungsdienlichen Pflichten[78] wie Auskunfts-, Mitteilungs- bzw. Erklärungspflichten, Unterstützungs-, Duldungs-, Eigenüberwachungs- und sonstigen Mitwirkungspflichten verknüpft (s. u. Rn. 135ff.).

2. *Erlaubnisvorbehalte*

Im Mittelpunkt des Umweltrechts steht nach wie vor das seinen gewerbe- und polizeirechtlichen Ursprüngen entsprechende klassische ordnungsrechtliche Instrument des Erlaubnisvorbehaltes. 37

Erlaubnisvorbehalte bzw. Erlaubnispflichten dienen der präventiven Gefahrenabwehr und verbieten deshalb bestimmte Tätigkeiten (z. B. das Betreiben einer gewerblichen Anlage) vor der behördlichen Prüfung und Erlaubnis. Die gegensätzliche formale Konstruktion ist die Erlaubnis mit Verbotsvorbehalt (Untersagungsermächtigung), die lediglich eine nachträgliche Verwaltungskontrolle mit etwaigem Verbot ermöglicht (s. i. e. Rn. 45ff.).

a) Erlaubnisgegenstände

Trotz zahlloser Unterschiede zwischen den einzelnen Umweltgesetzen haben sich insoweit bestimmte – fast allen Gesetzen gemeinsame – Strukturen herausgebildet: Danach unterliegen umwelterhebliche Verhaltensweisen wie etwa das Betreiben einer emittierenden Anlage oder das Einleiten von Abwasser regelmäßig einer als Genehmigungs- oder Planfeststellungsverfahren ausgestalteten Eröffnungskontrolle (z. B. §§ 4ff. BImSchG, § 7 AtG, §§ 7ff. WHG, § 7 AbfG, wichtigste Ausnahme: das Inverkehrbringen von Gefahrstoffen, das nach dem Chemikaliengesetz im Grundsatz lediglich einer Anmeldepflicht unterliegt). Dabei wird im Hinblick auf Anlagen sinngemäß (insbesondere von § 5 Abs. 1 Nr. 1 und 2 BImSchG) verlangt, daß sie so errichtet und betrieben werden, daß schädliche Umwelteinwirkungen, sonstige Gefahren oder erhebliche Nachteile bzw. Belästigungen für die Allgemeinheit und die Nachbarschaft nicht hervorgerufen, zumindest aber nach dem Stand der Technik (bzw. dem jeweils einschlägigen modifizierten Standard, s. o. § 2 Rn. 46) vermindert werden. 38

In der Praxis genügt insbesondere bei größeren Vorhaben (wie z. B. dem Bau einer Fabrik oder eines Kraftwerks) selten eine einzige Zulassungsentscheidung, vielmehr bedarf es in der Regel einer **Vielzahl von Zulassungsakten** und entsprechend zahlreicher Zulassungsverfahren. Dabei kann es sich sowohl um Entscheidungen bzw. Verfahren handeln, die sich nach *einem* Gesetz richten (z. B. mehrere immissionsschutzrechtliche Genehmigungen für verschiedene von dem Vorhaben umfaßte Anlagen) – in diesem Fall kann man von *gleichartiger Konkurrenz* sprechen[79] –, als auch um Zulassungserfordernisse nach verschiedenen Gesetzen (z. B. Baugenehmigung + immissionsschutzrechtliche Genehmigung(en) + wasserrechtliche Erlaubnis) – hier spricht man von *ungleichartiger Konkurrenz*. Nur mit der zweiten Fallgestaltung beschäftigen sich die Konzentrationsbestimmungen (s. Rn. 54f.).

Anlagenbezogene Genehmigungen sind regelmäßig als **Realkonzessionen** ausgestaltet, d. h. sie sind auf die Anlage und nicht auf die Person des Antragstellers 39

---

[78] Vgl. zur Terminologie auch *Storm* (FN 1), Tz. 113 (S. 47f.).

bezogen und werden daher in ihrer Wirksamkeit durch einen Wechsel in der Person des Betreibers nicht berührt (vgl. §§ 4ff. BImSchG, §§ 7, 8 WHG). Demgegenüber ist die **Personalerlaubnis** eine individuelle Erlaubnis, die an persönliche Eigenschaften (insbesondere Zuverlässigkeit), Fähigkeiten und Kenntnisse des Antragstellers anknüpft. Sie kommt im Gewerberecht häufig vor und begegnet im Umweltrecht z. B. in Gestalt der abfallrechtlichen Einsammlungs- und Beförderungsgenehmigung (§ 12 AbfG). Reine Personalkonzessionen sind im Umweltrecht allerdings selten. In der Praxis sind **Kombinationen** beider Formen häufig (insbesondere als raum- und sachgebundene Personalerlaubnis).

So stellt etwa die atomrechtliche Anlagengenehmigung nach § 7 AtG außer auf objektive auch auf subjektive Voraussetzungen (Zuverlässigkeit des Antragstellers und des verantwortlichen Personals, § 7 Abs. 2 Nr. 1 AtG, Kenntnisse des Personals, § 7 Abs. 2 Nr. 2 AtG) ab. Die Verknüpfung von Elementen der Personalkonzession mit solchen der Sachkonzession hat zur Folge, daß sowohl ein Wechsel in der Person des Anlagebetreibers als auch ein Wechsel bzw. eine wesentliche Änderung der Anlage eine erneute Erlaubnispflichtigkeit begründen.[80]

40 Außer „anlagenbezogenen“ Genehmigungen (die auch als raum- und sachgebundene Personalerlaubnis ausgestaltet sein können) lassen sich im Umweltrecht nach dem Genehmigungsinhalt unter anderem noch produkt- (z. B. § 33 BImSchG, § 7 PflSchG), verfahrens- (z. B. § 12 AbfG), züchtungs- (z. B. § 3 Nr. 5 PflSchG) und verwendungsbezogene (z. B. § 6 AbfG) Genehmigungen unterscheiden. Produktbezogene Genehmigungen können unter Umständen – zum Zwecke kostensparender Genehmigungsstandardisierung – als **Bauart- und Typenzulassung** (z. B. § 33 BImSchG, § 19h WHG) für ganze Serien erteilt werden.

b) „Gebrochene Erlaubnisse“

41 Genehmigungen können regelmäßig mit **Nebenbestimmungen** verknüpft werden. Diese geben der Verwaltung zusätzliche, differenzierte, „gebrochene“ Handlungsmöglichkeiten, die über die groben und „reinen“ Handlungsalternativen (Erteilung oder Versagung der Genehmigung) hinausgehen. Hinsichtlich der grundsätzlichen Befugnis zur Beifügung von Nebenbestimmungen unterscheidet sich das Umweltrecht damit nicht von anderen Bereichen des Ordnungsrechts, wohl aber in der Ausgestaltung im einzelnen. Wenn durch Nebenbestimmungen (Befristung, Bedingung, Widerrufsvorbehalt, Auflage und Auflagenvorbehalt i. S. von § 36 VwVfG) erst die Genehmigungsfähigkeit herbeigeführt werden kann,[81] ist ihre Beifügung nach dem rechtsstaatlichen Grundsatz der Verhältnismäßigkeit u. U. sogar geboten, wenn und weil sie gegenüber der Versagung das mildere Mittel darstellt.

Dies gilt zumindest, soweit es sich bei der erlaubnispflichtigen Tätigkeit um die Ausübung eines individuellen Freiheitsrechts handelt. Gesetzestechnisch bemerkenswert (wenngleich nicht singulär) ist insofern § 8 AbfG, der – abweichend vom üblichen Regelungsaufbau – den Vorrang der Erteilung von Nebenbestimmungen vor der Versagung durch die Regelungsreihenfolge „Nebenbestimmungen, Sicherheitsleistung, Versagung“ zum Ausdruck bringt.

---

[79] *Jarass,* Umweltverträglichkeitsprüfung bei Industrievorhaben, 1987, S. 36.

[80] Vgl. allgemein *Badura,* in: v. Münch (Hg.), Besonderes Verwaltungsrecht, 8. Aufl., 1988, S. 283ff., 354f.; speziell zum Atomrecht *Fischerhof,* Deutsches Atomrecht und Strahlenschutzrecht, Bd. I, 2. Aufl., 1978, § 7 Rn. 14.

[81] Vgl. *Fischerhof* (FN 80), § 17 Rn. 5; einschränkend *Mutschler,* Nebenbestimmungen zur Atomanlagengenehmigung und die Zulässigkeit ihrer Verwendung zur Ausräumung von Versagungsgründen, 1974, S. 108.

Die **Aufnahme von Nebenbestimmungen** in eine Genehmigungsentscheidung setzt nicht voraus, daß das einschlägige Gesetz Nebenbestimmungen ausdrücklich für zulässig erklärt (wie z. B. § 12 BImSchG, § 17 Abs. 1 S. 2–4 AtG, § 8 AbfG, § 4 WHG), sondern kann regelmäßig auch in anderen Fällen erfolgen, soweit sie nicht umgekehrt durch Gesetz ausgeschlossen werden. Zu beachten ist hierbei, daß noch nicht alle Umweltgesetze terminologisch den **Legaldefinitionen** der Nebenbestimmungen in § 36 VwVfG angepaßt sind. So sprechen das Wasserhaushaltsgesetz und das Atomgesetz als Gesetze älteren Ursprungs noch von „Benutzungsbedingungen und Auflagen" (§ 4 WHG) bzw. von „inhaltlichen Beschränkungen und Auflagen" (§ 17 Abs. 1 AtG), wobei aber „Benutzungsbedingungen" bzw. „inhaltliche Beschränkungen" nicht ohne weiteres mit Bedingungen i. S. von § 36 Abs. 2 Nr. 2 VwVfG gleichgesetzt werden können. 42

Von der Beifügung von Nebenbestimmungen zu unterscheiden ist die **modifizierte Genehmigung** bzw. schlichte Genehmigungsinhaltsbestimmung. Soweit die Behörde hierbei hinter dem Antragsinhalt zurückbleibt, handelt es sich zwar auch um eine „gebrochene Erlaubnis"; ihre Rechtsmäßigkeit beurteilt sich aber nicht nach § 36 VwVfG, sondern ausschließlich danach, ob nach der einschlägigen Sachnorm eine vollständige oder nur teilweise Stattgabe des Zulassungsantrages in Betracht kommt. Die Verwaltungsrechtsdogmatik spricht in diesem Zusammenhang meist von „**modifizierender Auflage**".[82] Da auch bei dieser Sichtweise gerade keine Nebenbestimmung, sondern lediglich eine modifizierte Genehmigung vorliegt, scheint diese Rechtsfigur allerdings entbehrlich.

c) Erlaubnisarten

Grundsätzlich ist es unerheblich, ob der erforderliche Zulassungsakt vom Gesetz als „Erlaubnis", „Genehmigung", „Bewilligung" oder „Zulassung" bezeichnet wird. Die Unterscheidungen spielen zwar innerhalb einzelner Umweltgesetze eine Rolle (so z. B. der Unterschied zwischen „Erlaubnis" und „Bewilligung" im Wasserhaushaltsgesetz – §§ 7 und 8 WHG – s. i. e. § 11 Rn. 73 ff.), der **Sprachgebrauch** insgesamt ist jedoch schwankend, häufig werden die Begriffe nahezu synonym verwendet und es können daher keine gesetzesübergreifend gültigen Unterscheidungskriterien ausgemacht werden. Sogar zu der – insbesondere durch das Verwaltungsverfahrensgesetz als eigenständiges Instrument konturierten – Planfeststellung und dem sie abschließenden Planfeststellungsbeschluß sind die Grenzen im Umweltrecht fließend geworden (s. o. Rn. 27). Vor allem die immissionsschutzrechtliche Anlagengenehmigung hat sich sowohl hinsichtlich des Verfahrens (im Falle des förmlichen Verfahrens nach § 10 BImSchG) als auch hinsichtlich der Rechtswirkungen einer Planfeststellung so weit angenähert, daß eine Unterscheidung nur noch anhand von (eine grundlegende Differenzierung möglicherweise nicht mehr tragenden) Details möglich ist. 43

Die changierende – dringend harmonisierungs- und abschichtungsbedürftige – Terminologie bedeutet indes nicht, daß auch in der Sache keine **Unterschiede** zwischen einzelnen Zulassungsakten (unabhängig von ihrer gesetzlichen Bezeichnung) 44

---

[82] Vgl. BVerwGE 36, 145 (154); 55, 135 (136 ff.); 65, 139 (140 ff.); aus dem Schrifttum statt vieler *Wolff/ Bachof* (FN 4), § 49 I f (S. 411). Vgl. zur zunehmenden Kritik an dieser Rechtsfigur *Erichsen/Martens,* in: dies. (Hg.), Allgemeines Verwaltungsrecht, 8. Aufl., 1988, § 15 II 3 (S. 240), sowie zuletzt etwa *Rumpel,* NVwZ 1988, 502 ff., 504 f.

bestünden. Die feststellbaren, z. T. erheblichen Unterschiede betreffen insbesondere prinzipielle Entscheidungsinhalte, Entscheidungswirkungen, Entscheidungsvoraussetzungen und Entscheidungsverfahren. Von zentraler Bedeutung ist insoweit zunächst die eingangs (Rn. 33) bereits erwähnte Unterscheidung von präventivem und repressivem Verbot.

aa) Präventives Verbot mit Erlaubnisvorbehalt

45 Das präventive Verbot mit Erlaubnisvorbehalt soll die vorherige Kontrolle der Rechtmäßigkeit eines beabsichtigten Verhaltens ermöglichen; es ist nicht Ausdruck der generellen gesetzlichen Mißbilligung der erlaubnispflichtigen Tätigkeit und insofern zunächst nur ein **„formelles" Verbot.** Ergeben sich im Erlaubnisverfahren keine Versagungsgründe, so ist die Erlaubnis zu erteilen. Es handelt sich um eine **gebundene Erlaubnis,** die bei Vorliegen der gesetzlichen Voraussetzungen erteilt werden muß und auf die ein subjektiver Rechtsanspruch besteht.[83] Der Bürger erhält so eine rechtlich (evtl. auch grundrechtlich) gefestigte Stellung. Letztlich stellt die erteilte Erlaubnis in diesem Fall grundsätzlich nur eine „Unbedenklichkeitsbescheinigung" dar,[84] wobei die Behörde bestätigt, daß dem Verhalten geltendes Recht nicht entgegensteht. Allein wenn die Genehmigungsvoraussetzungen nicht vorliegen, erweist sich das formelle Verbot als materielles Verbot.

Derartige präventive Verbote mit Erlaubnisvorbehalt sind im gewerberechtlich (mit)geprägten Umweltrecht nach wie vor in der Überzahl, obwohl im Umweltrecht künftig bei zunehmender Knappheit natürlicher Ressourcen die repressiven Verbote zunehmen dürften. Im Umweltrecht besonders wichtige präventive Verbote mit Erlaubnisvorbehalt liegen etwa der immissionsschutzrechtlichen Anlagengenehmigung nach §§ 4ff. BImSchG oder der Einsammlungs- und Beförderungsgenehmigung nach § 12 AbfG zugrunde.

Hingegen ist z. B. zweifelhaft, ob auch § 13 AbfG, der die Genehmigungspflicht für grenzüberschreitende Abfalltransporte regelt, ebenfalls (ganz oder teilweise) lediglich ein präventives Verbot statuiert. § 13 Abs. 2 S. 1 AbfG a. F. hatte einen Genehmigungsanspruch noch ausdrücklich ausgeschlossen (vgl. § 12 Rn. 162).[85]

bb) Repressives Verbot mit Befreiungsvorbehalt

46 Das repressive Verbot mit Befreiungsvorbehalt bezieht sich – anders als das nur präventive Verbot – nach herkömmlicher Ansicht auf gesetzlich **generell mißbilligte** und daher zu unterdrückende **Verhaltensweisen** (daher auch repressives Verbot, obwohl es äußerlich ebenfalls – wie das präventive Verbot – „präventiv" wirkt). Soweit im Einzelfall eine „Erlaubnis" erteilt wird, handelt es sich um eine Ausnahme vom generellen Verbot, wobei die Entscheidung regelmäßig im pflichtgemäßen **Ermessen** der Verwaltung steht.[86] Das verschafft dem Bürger keinen Anspruch auf eine derartige Erlaubnis, sondern nach h. M. nur einen Anspruch auf ermessensfehlerfreie Ermessensausübung.

---

[83] Vgl. statt aller *E. R. Huber,* Wirtschaftsverwaltungsrecht, 2. Aufl., Bd. 1, 1953, S. 696ff.; *Wolff/Bachof* (FN 4), § 48 IIc (S. 404), und *Maurer* (FN 23), § 9 Rn. 51 (S. 175).

[84] Vgl. hierzu auch *Kloepfer/Malorny,* Öffentliches Recht, 3. Aufl., 1984, S. 176; ebenso *Breuer* (FN 1), S. 637.

[85] Vgl. zur früheren Rechtslage etwa *Franßen,* in: Salzwedel (Hg.), Grundzüge des Umweltrechts, 1982, S. 399ff., 447.

[86] Vgl. nur *Wolff/Bachof* (FN 4), § 48 IIc (S. 406).

Im Hinblick auf die dogmatische Konstruktion des repressiven Verbots mit Befreiungsvorbehalt müßte man eigentlich statt von „Erlaubnis" an sich stets von „Befreiung" oder „Dispens" sprechen. So unterscheidet man im Baurecht durchgängig zwischen plankonformen Genehmigungen (§ 29 BauGB) und planabweichenden Ausnahmen und Befreiungen (§ 31 BauGB). Dieser Sprachgebrauch findet sich in der Umweltgesetzgebung jedoch nur vereinzelt (z. B. § 31 BNatSchG) und sollte nicht von außen an sie herangetragen werden. Wenn das Wasserhaushaltsgesetz beispielsweise von Erlaubnis und Bewilligung spricht, muß sich auch der Interpret sprachlich danach richten.

Dem repressiven Verbot mit Befreiungsvorbehalt lassen sich in der Umweltgesetzgebung insbesondere die wasserrechtliche Erlaubnis (§ 7 WHG) und Bewilligung (§ 8 WHG) zuordnen. In beiden Fällen ist der Verwaltung ein Versagungsermessen eingeräumt, welches durch den staatlichen Bewirtschaftungsauftrag in Anbetracht des knappen Wasserdargebots nicht nur legitimiert, sondern nach Auffassung des BVerfG[87] sogar gefordert ist. Als weitere Beispiele für repressive Verbote im Umweltrecht seien das grundsätzliche Waldrodungs- und Umwandlungsverbot des § 9 BWaldG und die Gebote und Verbote der aufgrund des Bundesnaturschutzgesetzes erlassenen Rechtsvorschriften genannt, von welchen § 31 BNatSchG ausdrücklich nur Befreiungen zuläßt.

Im Gewerberecht bildet das repressive Verbot mit Befreiungsvorbehalt gegenüber dem präventiven Verbot mit Erlaubnisvorbehalt die Ausnahme (z. B. §§ 33h und 56 Abs. 2 GewO). Es findet sich aber z. B. durchgängig im Waffengesetz niedergelegt (u. a. §§ 7, 21ff., 30, 36 WaffG).

cc) Mischformen

Einen Grenzfall bildet die **atomrechtliche Anlagengenehmigung** nach § 7 AtG 47
(s. auch § 8 Rn. 23ff.). Nach Wort und Sinn des § 7 Abs. 2 AtG ist der Genehmigungsbehörde einerseits ein Versagungsermessen eingeräumt. Andererseits steht der Förderungszweck des § 1 Nr. 1 AtG der Annahme eines repressiven Verbotes entgegen (vgl. § 8 Rn. 24). Die in Rechtsprechung und Schrifttum herrschende Meinung löst dieses Spannungsverhältnis, indem sie das Versagungsermessen thematisch begrenzt.

Die **dogmatisch ungewöhnliche Koppelung eines präventiven Verbots mit Erlaubnisvorbehalt mit einer Ermessensregelung** rechtfertigt das BVerfG im Kalkar-Beschluß[88] aus der Sonderstellung des Atomrechts. Für den Ermessensgebrauch folgt hieraus eine wesentliche Begrenzung: Die Versagung einer Genehmigung trotz Vorliegens der Genehmigungsvoraussetzungen kommt nur in Ausnahmefällen und nur aus Gründen in Betracht, die mit den in § 1 Nr. 2–4 AtG normierten Schutzzwecken im Zusammenhang stehen.[89] Wegen der gesetzgeberischen Grundsatzentscheidung zugunsten der friedlichen Nutzung der Kernenergie scheidet eine Versagung aus generellen, insbesondere etwa energiepolitischen Erwägungen aus.[90]

dd) Tragfähigkeit der Unterscheidung zwischen präventivem und repressivem Verbot

Die Gegenüberstellung von präventiven und repressiven Verboten stößt im Um- 48
weltrecht gelegentlich auf Kritik, da es schwerfällt, sozial erwünschte Umweltbelastungen anzunehmen bzw. insoweit (etwa zwischen einer generell akzeptierten Luft-

[87] BVerfGE 58, 300 (347); vgl. zum Ganzen ausführlicher § 11 Rn. 47ff.
[88] BVerfGE 49, 89 (146f.).
[89] Vgl. vorerst nur *Breuer* (FN 1), S. 686, und *Ossenbühl*, et 1983, 665ff., 669.
[90] Vgl. statt vieler *Breuer* (FN 1), S. 686.

verschmutzung und einer generell mißbilligten Wasserverunreinigung) zu differenzieren.[91] Tatsächlich wirkt die dogmatische Konstruktion, insbesondere die Gleichsetzung von gebundener Entscheidung mit sozialer Akzeptanz und Ermessen mit grundsätzlicher Mißbilligung wenigstens im Hinblick auf die Umweltgesetzgebung kaum noch wirklich überzeugend. Reduziert man die Unterscheidung von präventivem und repressivem Verbot hier auf ihren praktischen Kern, so geht es auch weniger um die soziale Akzeptanz des erlaubnispflichtigen Vorhabens, sondern primär um das **Ausmaß der gewünschten Gesetzesbindung** mit ihren zahlreichen möglichen Varianten. Damit wird jedoch eine andere Argumentationsebene betreten, da auch die grundsätzliche Mißbilligung von Umweltbelastungen (bei gleichzeitiger Notwendigkeit ihrer partiellen Inkaufnahme) nicht ausschließt, daß es Gründe geben kann, die für eine erhöhte Gesetzesbindung (d.h. Ausschluß von Ermessen oder Beurteilungsspielräumen der Verwaltung) sprechen. Hierzu mag beispielsweise der Gedanke der Rechtssicherheit (und somit mittelbar der Investitionssicherheit) gehören, der bei einem Gesetz wie dem Bundes-Immissionsschutzgesetz, dessen Regelungen weite Teile der gewerblichen Wirtschaft betreffen, von besonderem Gewicht ist.

49 Ob derartige Überlegungen auch dazu beitragen können, die insoweit bestehende **normative Diskrepanz zwischen Gewässerschutzrecht und Luftreinhalterecht** zu legitimieren oder ob es andere Differenzierungsgründe gibt, ist bislang ungeklärt. Einiges spricht dafür, daß die Unterschiede durch eine wechselseitige interpretative Annäherung geglättet werden könnten, indem einerseits die Rechtsmaßstäbe des pflichtgemäßen Ermessens verdichtet und andererseits die Rechtskontrolle gebundener Entscheidungen vorsichtig gelockert wird (etwa im Hinblick auf die Technikklauseln). Zu einer Annäherung der Ausgangspositionen beider (Teil-)Rechtsgebiete würde auch die – allerdings nur von einer Mindermeinung vertretene und äußerst umstrittene – bewirtschaftungsrechtliche Interpretation der von § 5 Abs. 1 Nr. 2 BImSchG geforderten Vorsorge führen (s.o. § 3 Rn. 18, 19 und § 7 Rn. 53).

d) Entscheidungswirkungen

50 Eine Genehmigung zeichnet sich immer durch ihre **Gestattungswirkung** aus (sonst würde es sich um keine Genehmigung handeln). Ein (formell und/oder materiell) verbotenes Verhalten wird hierdurch erlaubt. Darüber hinaus kann ihr kraft gesetzlicher Anordnung Gestaltungswirkung, Ausschlußwirkung und Konzentrationswirkung zukommen.

aa) Gestaltungswirkung

51 Unter Gestaltungswirkung versteht man zunächst die Eigenschaft bestimmter Verwaltungsakte („gestaltende Verwaltungsakte"), eine konkrete Rechtslage oder ein konkretes Rechtsverhältnis zu begründen, abzuändern oder aufzuheben.[92] Diese Art von Gestaltungswirkung wohnt freilich jeder Genehmigung inne.

52 Über die öffentlich-rechtliche Gestaltungswirkung hinaus kann eine Genehmigung aufgrund gesetzlicher Bestimmung (z.B. § 14 BImSchG, § 7 Abs. 6 AtG, § 11 WHG, nicht dagegen im Falle des § 7 WHG) auch **privatrechtsgestaltende Wirkung** (sogenannte Ausschlußwirkung)[93] entfalten. In diesem Falle werden durch die bestandskräftige (unanfechtbar gewordene) Genehmigung auch privatrechtliche Abwehran-

---

[91] I.d.S. etwa *Hartkopf/Bohne* (FN 9), S. 191.
[92] Vgl. allgemein *Forsthoff,* Lehrbuch des Verwaltungsrechts, 10. Aufl., 1973, S. 209.
[93] Vgl. allgemein *Ule/Laubinger,* Verwaltungsverfahrensrecht, 3. Aufl., 1986, § 40 IV 2d, S. 262.

sprüche Drittbetroffener präkludiert – zumindest soweit die Ansprüche auf allgemeinem Nachbarrecht oder Deliktsrecht und nicht auf besonderen privatrechtlichen Titeln[94] beruhen (vgl. auch Rn. 72).

Hierdurch werden Drittbetroffene gezwungen, bereits gegen die Genehmigung vorzugehen, wenn sie nicht ihre negatorischen Ansprüche verlieren wollen. Bei einer Genehmigung dieser Art handelt es sich demnach insoweit um einen **Verwaltungsakt mit Doppelwirkung** bzw. **Drittwirkung.**

Regelungen wie § 14 BImSchG tangieren den Eigentumsschutz der Nachbarn. Im Regelfall halten sie sich jedoch im Rahmen einer zulässigen Inhalts- und Schrankenbestimmung gemäß Art. 14 Abs. 1 S. 2 GG, da Abwehr- und Ersatzansprüche in der modifizierten Form eines Belastungsminderungs- und subsidiären Schadensersatzanspruches fortbestehen (vgl. § 14 S. 1, 2. Hs., S. 2 BImSchG).[95]

Von der materiellrechtlichen Gestaltungswirkung wird die sog. **formellrechtliche Gestaltungswirkung** unterschieden,[96] wie sie etwa der Baugenehmigung zukommt, welche ausdrücklich „unbeschadet privater Rechte Dritter" erteilt wird[97] und daher auch privatrechtliche Abwehransprüche unberührt läßt. 53

bb) Konzentrationswirkung

Keine rechtsgestaltende Wirkung hat die allein der Verfahrenskonzentration dienende, vor allem im Planfeststellungsrecht entwickelte Konzentrations- bzw. **Ersetzungswirkung.**[98] Die Komplexität der meisten im Umweltrecht zu beurteilenden Vorhaben bringt es mit sich, daß mehrere Erlaubnisse nach verschiedenen Gesetzen für ein- und dasselbe Vorhaben erforderlich werden können, die aufgrund der differenzierten Verwaltungsorganisation (den Umweltministerien als Exekutivspitze entspricht vielfach noch kein einheitlicher Verwaltungsunterbau, s. o. § 2 Rn. 70) überdies von verschiedenen Behörden erteilt werden müßten. Im Extremfall könnte eine – nicht mehr hinnehmbare – **Genehmigungskonkurrenz** eintreten, dergestalt daß verschiedene Behörden zur verbindlichen Regelung ein und derselben Frage nebeneinander zuständig sind.[98a] Hier schafft die in vielen, aber keineswegs in allen Umweltgesetzen angeordnete Konzentrationswirkung (z. B. § 13 BImSchG, § 7 Abs. 3 AbfG; fehlend oder nur rudimentär entwickelt hingegen bei der atomrechtlichen Anlagengenehmigung sowie bei der wasserrechtlichen Erlaubnis und Bewilligung, vgl. § 14 WHG) Abhilfe. Sie bestimmt, daß die Genehmigung einer Behörde die nach anderen Rechtsvorschriften erforderlichen behördlichen Entscheidungen, insbesondere Genehmigungen, ersetzt. Parallele Gestattungsverfahren erübrigen sich damit in vielen Fällen, wenngleich sich die Umweltgesetze – auch dort, wo sie einer Genehmi- 54

---

[94] Hierzu etwa näher *Schmitt Glaeser/Meins* (FN 64), S. 53.

[95] Vgl. zum Ganzen etwa *F. Baur,* in: Dokumentation zur wissenschaftlichen Fachtagung 1978 der Gesellschaft für Umweltrecht e. V., 1979, S. 29ff., 43f.; *P. Marburger,* Gutachten C zum 56. Deutschen Juristentag Berlin 1986, in: Verhandlungen des 56. DJT, Bd. I, 1986, C 38ff.

[96] Vgl. *Breuer* (FN 1), S. 649f.

[97] So z. B. § 96 Abs. 6 S. 1 HBO; § 88 Abs. 6 S. 1 BauONW; § 68 Abs. 1 S. 2 LBauO Rh.-Pf.

[98] Vgl. zum Ganzen insbes. *Jarass,* Konkurrenz, Konzentration und Bindungswirkung von Genehmigungen, 1984; *Henseler,* DVBl. 1982, 390ff., und *Laubinger,* VerwArch. 77 (1986), 77ff. Die Thematik war auch Gegenstand des 8. Deutschen Verwaltungsrichtertages 1986 in Saarbrücken (Arbeitskreis IV) und des Referates von *Gaentzsch,* NJW 1986, 2787ff.

[98a] BVerwGE 74, 315 (325f.); vgl. jedoch auch BVerwG, DVBl. 1988, 489f., zur Differenzierung von Genehmigungsgegenständen.

gung Konzentrationswirkung beilegen – nur zu einer partiellen und keiner vollen Entscheidungskonzentration verstehen (vgl. etwa die Ausnahmen in § 13 BImSchG).

In diesen Fällen bedarf es einer sorgfältigen Abgrenzung nach dem **Regelungsgehalt** der jeweiligen Behördenentscheidung. Die tragenden Gründe eines Verwaltungsaktes erzeugen demgegenüber grundsätzlich keine Bindungswirkung.[99]

Eine umfassende Konzentrationswirkung kommt allein Planfeststellungsbeschlüssen zu, die ihrerseits durch andere Genehmigungen nicht verdrängt werden können (vgl. abermals § 13 BImSchG sowie § 75 Abs. 1 VwVfG).

55 Keinesfalls bedeutet die **verfahrens- und organisationsrechtliche Konzentrationswirkung** eine ,,Konzentration" oder gar Reduktion der materiellrechtlichen Prüfungsmaßstäbe (etwa im Sinne einer vorrangigen Berücksichtigung des Immissionsschutzrechts durch die Immissionsschutzbehörde usw.). Diese bleiben von der Konzentrationswirkung vielmehr unberührt.

Letztlich ist die Anordnung der Konzentrationswirkung die sachgerechte Folge der in den meisten Umweltgesetzen ohnehin angeordneten **Berücksichtigung nicht nur der gesetzesspezifischen Belange,** sondern auch der übrigen Umweltgesetze (und nicht nur dieser) durch die entscheidende Behörde (vgl. etwa § 6 Nr. 2 BImSchG, § 7 Abs. 2 Nr. 6 AtG, § 8 Abs. 3 Nr. 4 AbfG). Einer allgemeinen Beschränkung ihrer Prüfungskompetenz auf fachgesetzliche Belange[100] dürfte in vielen Fällen der eindeutige Gesetzeswortlaut entgegenstehen, der gerade auch ,,ressortfremde" öffentliche Belange einbezieht (vgl. z. B. § 7 Abs. 2 Nr. 6 AtG, § 6 Nr. 2 BImSchG). Dies allein genügt freilich nicht, einer Entscheidung Konzentrationswirkung auch bei Fehlen einer ausdrücklichen gesetzlichen Anordnung beizulegen.

56 Der weitere Ausbau der Konzentrationswirkung ist ein wichtiger Schritt zur Vereinheitlichung und **Harmonisierung** des Umweltrechts(-vollzugs). Anstelle einer vollen *materiellen* Konzentration könnte in einigen Bereichen auch eine schwächere *formelle* Konzentration in Betracht gezogen werden, die sich auf Zuständigkeit und Verfahren beschränkt, die Parallelität mehrerer selbständiger Genehmigungserfordernisse aber fortbestehen läßt. Eine entsprechende Zusammenfassung von Fachkompetenzen in der Verwaltungsorganisation ist dabei allerdings vorauszusetzen.

e) Entscheidungsverfahren

57 Zulassungsverfahren im Rahmen umweltrechtlicher Eröffnungskontrollen lassen sich aufgrund ihres formell-prozeduralen Charakters grundsätzlich drei **Varianten** zuordnen: *erstens* dem einfachen Genehmigungsverfahren, *zweitens* dem förmlichen Genehmigungsverfahren und *drittens* dem Planfeststellungsverfahren, wobei – in dieser Reihenfolge – mit der Verfahrenskomplexität auch die Rechtswirkungen (s. zuvor Rn. 50ff.) der im jeweiligen Verfahren getroffenen Entscheidungen prinzipiell zunehmen. Im Grundsatz entsprechen die verschiedenen Verfahren zugleich dem unterschiedlichen Gewicht der den jeweiligen Verfahrensgegenstand bildenden Umweltbelastungen, wobei allerdings die Übergänge zwischen förmlichem Genehmigungsverfahren und Planfeststellungsverfahren auch insoweit fließend sind.

58 **Förmliche Genehmigungs- und Planfeststellungsverfahren** sind – so ist im Schrifttum zu lesen – vor allem für ,,Fälle gedacht, in denen durch einen beabsichtigten Verwaltungsakt oder durch die Ablehnung einer beantragten Verwaltungsent-

[99] Vgl. *Gaentzsch,* NJW 1986, 2787ff., 2790ff.
[100] So jedoch wohl *Erbguth* (FN 20), S. 177.

scheidung tief in den Existenzbereich der Beteiligten eingegriffen wird".[101] Für die gesetzliche Anordnung förmlicher Genehmigungsverfahren dürfte indes schon genügen, wenn in einem Sachbereich von den zu beurteilenden Vorhaben typischerweise die Rechte und Interessen mehrerer berührt sind.[102] Das oftmals aufwendige und schwerfällige förmliche Zulassungsverfahren kann in solchen Fällen – unter spezifischen noch zu erörternden Gesichtspunkten – weitaus leistungsfähiger sein als ein auf den ersten Blick effektiv wirkendes „unbürokratisches" einfaches Genehmigungsverfahren.

Besonders deutlich wird die **Verfahrensdifferenzierung nach Bedeutung der Sache** bei der immissionsschutzrechtlichen Zweiteilung von förmlichem und vereinfachtem Verfahren (vgl. i. e. § 7 Rn. 67ff., 75f.). Nach § 19 BImSchG i. V. mit der darauf gestützten Rechtsverordnung (4. Verordnung zur Durchführung des Bundes-Immissionsschutzgesetzes vom 24. 7. 1985[103] – Kloepfer Nr. 630) kann anstelle des förmlichen Regelverfahrens die Genehmigung von Anlagen bestimmter Art oder bestimmten Umfangs in einem vereinfachten Verfahren erteilt werden, „sofern dies nach Art, Ausmaß und Dauer der von diesen Anlagen hervorgerufenen schädlichen Umwelteinwirkungen und sonstigen Gefahren, erheblichen Nachteilen und erheblichen Belästigungen mit dem Schutz der Allgemeinheit und der Nachbarschaft vereinbar ist". Auch im Verhältnis von wasserrechtlicher Erlaubnis und Bewilligung findet sich eine ähnliche Differenzierung, da § 9 WHG ein förmliches Verfahren nur für die in ihren Rechtswirkungen weitergehende Bewilligung vorschreibt (vgl. i. e. § 11 Rn. 83).

Der tiefere Grund für **Verfahrensförmlichkeit** ist darin zu sehen, daß in komple- 59
xen Entscheidungssituationen, wenn der Gesetzgeber die Verwaltungsentscheidung nur schwach „programmiert" und die Verwaltung umfangreiche sowie schwierige Sachverhalte zu ermitteln und zu bewerten hat, das Verfahren der Entscheidungsfindung die Aufgabe der **Richtigkeitsgewähr** mitübernehmen muß.[104] Die Formvorschriften sollen ein objektives, faires Verfahren und eine angemessene Interessenberücksichtigung gewährleisten und damit auch zur Legitimation des Verfahrensergebnisses beitragen.[105] Umgekehrt kann eine extensive Gestaltung und Handhabung von Verfahrensregeln aber auch zu dem bislang zu wenig beachteten Phänomen der **Rechtsverhinderung durch Verfahren** führen. Prozedurales bzw. Prozeßrecht und materielles Recht müssen daher in einem ausgewogenen Verhältnis zueinander stehen.

aa) Einfache Genehmigungsverfahren

Während das Verwaltungsverfahrensgesetz als Regel das nichtförmliche Verwal- 60
tungsverfahren vorsieht (§ 10 S. 1 VwVfG), bilden einfache oder – wie es bezeichnenderweise in § 19 BImSchG heißt – „vereinfachte" Genehmigungsverfahren im Umweltrecht die Ausnahme. **Vereinfachte Genehmigungsverfahren** sind über-

---

[101] *Borgs-Maciejewski,* in: Meyer/Borgs, Verwaltungsverfahrensgesetz, 2. Aufl., 1982, § 63 Rn. 3.

[102] So auch *Badura,* in: Erichsen/Martens (Hg.), Allgemeines Verwaltungsrecht, 8. Aufl., 1988, S. 373ff., 387 (§ 37 III).

[103] BGBl. I S. 1586, geänd. durch VO v. 19. 5. 1988 (BGBl. I S. 608).

[104] Vgl. hierzu etwa *Kopp,* Verfassungsrecht und Verwaltungsverfahrensrecht, 1971, S. 62ff.; *Ossenbühl,* NVwZ 1982, 465ff., 466, und *Wahl,* VVDStRL 41 (1983), S. 151ff., 153ff.

[105] Vgl. zum Verfahrensgedanken als „zeitgerechte Ordnungsidee" zuletzt etwa *Schmidt-Aßmann,* in: Lerche/Schmitt Glaeser/Schmidt-Aßmann, Verfahren als staats- und verwaltungsrechtliche Kategorie, 1984, S. 1ff., 6ff. Dieser ist nicht gleichzusetzen mit der *Luhmannschen* Modellvariante einer „Legitimation durch Verfahren", die – auch als Strategie zur „Absorption von Protesten" umschrieben (vgl. *Luhmann,* Legitimation durch Verfahren, 3. Aufl., 1978, S. 116) – den normativen Gehalt der „Verfahrensgerechtigkeit" nicht adäquat erfaßt, wenn nicht sogar diskreditiert.

haupt nur nach einem Teil der Umweltgesetze möglich (insbesondere im Immissionsschutzrecht, nicht oder nur ganz eingeschränkt dagegen nach dem Atomgesetz oder dem Abfallgesetz).

Umgekehrt liegen die Dinge nur im Gewässerschutzrecht, welches das den Regelfall bildende Erlaubnisverfahren für Gewässerbenutzungen weder im Wasserhaushaltsgesetz noch in der Mehrzahl der Landeswassergesetze näher regelt, woraus entnommen werden kann, daß dort keine besonderen Verfahrensanforderungen gelten.

61 Als **nichtförmliches Genehmigungsverfahren** charakterisiert § 10 VwVfG ein nicht an bestimmte Formen gebundenes, einfach und zweckmäßig durchzuführendes Genehmigungsverfahren. Es ist, grob gesagt, das „gewöhnliche" Genehmigungsverfahren vor „Entdeckung" der „Legitimation durch Verfahren"[106] und des polygonalen bzw. mehrpoligen Verwaltungsrechtsverhältnisses[107]. Ein nicht zu unterschätzender Vorteil gegenüber förmlichen Verfahren ist seine prinzipiell mögliche (relativ größere) Schnelligkeit. Demgegenüber definiert § 19 BImSchG das „vereinfachte Genehmigungsverfahren" fast ausschließlich negativ (gegenüber dem förmlichen Genehmigungsverfahren) durch Nennung der im Falle vereinfachter Verfahren nicht anwendbaren Vorschriften (§ 19 Abs. 2 BImSchG).

Danach entfallen insbesondere Auslegung, öffentliche Bekanntmachung und förmliches Einwendungsverfahren; dafür besteht aber auch kein Einwendungsausschluß und keine nachbarrechtsgestaltende Wirkung der Genehmigung.

Tatsächlich erschließt sich die volle Bedeutung einfacher Genehmigungsverfahren im Umweltrecht erst aus einem Vergleich mit förmlichen Verfahrensvarianten.

bb) Förmliches Genehmigungsverfahren

62 Bei förmlichen Genehmigungsverfahren, wie sie von den meisten Umweltgesetzen als **Regelverfahren,** wenn nicht sogar ausschließliche Genehmigungsverfahren vorgesehen sind, handelt es sich im Prinzip um „besondere Verfahrensarten" im Sinne der §§ 63ff. VwVfG. Die förmlichen Genehmigungsverfahren des Umweltrechts sind allerdings Gegenstand eigener Regelungen, die sich zwar nicht so sehr in den Grundzügen, wohl aber in wichtigen Details von der Normierung des Verwaltungsverfahrensgesetzes unterscheiden (vgl. § 10 BImSchG, § 7 Abs. 4 AtG i. V. mit der atomrechtlichen Verfahrensverordnung [AtVfV]).

Die **Regelungen der §§ 63ff. VwVfG** sind auch nicht subsidiär dort anwendbar, wo das Umweltrecht zwar ein förmliches Verfahren vorsieht, sich einer näheren Verfahrensregelung aber enthält (§ 9 WHG i. V. mit einem Teil der Landeswassergesetze). Die Anwendung der §§ 63ff. VwVfG setzt (anders als im Falle der §§ 72ff. VwVfG – s. u. Rn. 77) eine ausdrückliche Anordnung durch Rechtsvorschrift voraus (§ 63 Abs. 1 VwVfG), woran es in diesen Fällen fehlt. Allenfalls ist ihre analoge Anwendung denkbar.[108]

α) Verfahrensablauf

63 Jedes förmliche Genehmigungsverfahren gliedert sich in mehrere aufeinander abgestimmte Verfahrensabschnitte. Es setzt einen schriftlichen, durch prüfungsfähige Un-

---

[106] Vgl. den gleichnamigen Buchtitel von *Luhmann* (FN 105).

[107] Vgl. *Brohm,* VVDStRL 30 (1972), S. 245ff., 273f.; zuletzt etwa *Schmidt-Aßmann,* Das allgemeine Verwaltungsrecht als Ordnungsidee und System, 1982, S. 23.

[108] So *Borgs* (FN 101), § 63 Rn. 6; a. A. *Obermayer,* Kommentar zum Verwaltungsverfahrensgesetz, 1983, § 63 Rn. 14.

terlagen untermauerten **Antrag** voraus (§ 10 Abs. 1 BImSchG, §§ 2, 3 AtVfV) und erfordert eine öffentliche **Bekanntmachung** des Vorhabens (§ 10 Abs. 3 S. 1 BImSchG, §§ 4, 5 AtVfV). Darauf folgt die **Auslegung** von Antrag und Unterlagen zur Einsicht für jedermann (§ 10 Abs. 3 S. 2 BImSchG, § 6 AtVfV) – mit gewissen Einschränkungen zum Schutz von Geschäfts- oder Betriebsgeheimnissen (§ 10 Abs. 2 BImSchG, § 3 Abs. 2 AtVfV, s. i. e. § 7 Rn. 70). Während der **Auslegungsfrist** (s. dazu u. Rn. 80) besteht die Möglichkeit für *Drittbetroffene* (z. B. gemäß § 73 Abs. 4 S. 1 VwVfG, § 9 WHG, § 18 Abs. 4 FStrG), nach manchen Umweltgesetzen sogar für *jedermann* (z. B. nach § 10 Abs. 3 S. 2, 2. Hs. BImSchG, § 7 Abs. 1 S. 1 AtVfV),[109] **Einwendungen** zu erheben, die dann in einem Erörterungstermin zu behandeln sind (§ 10 Abs. 6 BImSchG, §§ 8ff. AtVfV). Erst danach erfolgt eine Entscheidung über die beantragte Genehmigung.

Neben dieses „offizielle" Verfahrensmodell treten freilich vermehrt informelle Praktiken des **Aushandelns** von Verwaltungshandeln, die überwiegend als Ausdruck des Kooperationsprinzips (s. § 3 Rn. 44ff.) durchaus legal sind, in Einzelfällen die Grenzen des Zulässigen jedoch überschreiten. Nicht zu verwechseln sind die informell ausgehandelten Verwaltungsakte mit den klassisch verwaltungsrechtlichen **mitwirkungsbedürftigen Verwaltungsakten.** Hierzu zählen zunächst alle Verwaltungsakte, die einen Antrag des Adressaten voraussetzen (so z. B. die meisten begünstigenden Verwaltungsakte, insbesondere Erlaubnisse), aber auch sonstige Verwaltungsakte, welche die Zustimmung eines Privaten voraussetzen.

β) Verfahrensbeteiligung

Die unterschiedliche Ausgestaltung der **Beteiligungsrechte** in den einzelnen Umweltgesetzen (qualifiziert Betroffene oder jedermann? – s. dazu i. e. noch Rn. 80) 64 beruht nur zum Teil auf sachgebietsspezifischen Besonderheiten, sondern auch auf einem unausgetragenen Grundkonflikt zwischen zwei unterschiedlichen Konzeptionen förmlicher Verwaltungsverfahren.[110] Nach der ersten, herkömmlichen Position kann die Verfahrensbeteiligung nur aus Individualinteressen **(Betroffenenbeteiligung),** nach der engsten Auffassung sogar nur aus rechtlichen Interessen hergeleitet werden; einwendungsbefugt sind dann im Grunde nur Beteiligte i. S. von § 13 VwVfG. Die zweite Position favorisiert demgegenüber eine **Popularbeteiligung,** wobei die Einwender auch als Sachwalter (latent) öffentlicher Interessen auftreten können.[111]

Das **Verwaltungsverfahrensgesetz** hat für seinen Geltungsbereich der zweiten Position eine 65 grundsätzliche Absage erteilt. Es sieht bei förmlichen Verwaltungsverfahren lediglich eine Teilhabe von Beteiligten i. S. von § 13 VwVfG vor. Beteiligter kann neben den Beteiligten

---

[109] Beide o. g. Normen sprechen zwar nur davon, daß ,,Einwendungen erhoben werden können", aus der fehlenden Eingrenzung der Einwendungsbefugten wird jedoch die Jedermannsbeteiligung gefolgert; so ausdrücklich für die Vorläufernorm des § 10 BImSchG – § 16 GewO – BVerwGE 28, 131 (132f.); vgl. i. ü. etwa *Breuer,* NJW 1978, 1558ff., 1564; *Jarass,* Bundes-Immissionsschutzgesetz, 1983, § 10 Rn. 44, und *Ule/Laubinger,* Gutachten B für den 52. Deutschen Juristentag Wiesbaden 1978, in: Verhandlungen des 52. DJT, Bd. I, 1978, B 38ff.

[110] Vgl. zum folgenden u. a. *Blümel* (Hg.), Frühzeitige Bürgerbeteiligung bei Planungen, 1982; *J. Ipsen,* DVBl. 1980, 146ff.; *Papier,* NJW 1980, 313ff.; *Redeker,* NJW 1980, 1593ff.; *Schmitt Glaeser,* VVDStRL 31 (1973), S. 179ff., sowie zuletzt etwa *Schmidt-Aßmann* (FN 107), S. 46ff.; speziell im Hinblick auf umweltrechtliche Anlagengenehmigungen *J. Ipsen,* AöR 107 (1982), 259ff., 278.

[111] Rechtspolitisch dafür etwa auch *Ule/Laubinger* (FN 109), B 80. Speziell zum Gedanken der Aggregation ,,latent öffentlicher" Interessen *W. Schmidt,* VVDStRL 33 (1975), S. 183ff., 196ff.

kraft Gesetzes (§ 13 Abs. 1 Nr. 1–4 VwVfG) nur sein, wer durch den Ausgang des Verfahrens in rechtlichen Interessen berührt werden kann (§ 13 Abs. 2 VwVfG). Demgegenüber genügt in Planfeststellungsverfahren, daß „Belange durch das Vorhaben berührt werden" (§ 73 Abs. 4 VwVfG). Hierbei braucht es sich nicht um rechtliche Belange zu handeln, es reicht jedes sachliche, etwa wirtschaftliche oder ideelle Interesse.[112] Es muß sich allerdings um eigene Belange handeln, weshalb das Einwendungsrecht nach § 73 Abs. 4 VwVfG keiner Popularbeteiligung gleichkommt. Die Regelungen in einem Teil der Umweltgesetze gehen daher über die allgemeinen Bestimmungen des Verwaltungsverfahrensgesetzes hinaus, auch wenn man als Vergleichsmaßstab das Planfeststellungsverfahren und nicht das förmliche Verwaltungsverfahren im Sinne des Verwaltungsverfahrensgesetzes wählt.

66 Da die Verfahrensbeteiligung nicht nur der Rechtswahrung potentiell Betroffener, sondern auch der Unterrichtung und besseren Entscheidungsfindung der Behörde dient,[113] ist es rechtssystematisch durchaus vertretbar (wenn auch nicht zwingend), den **Kreis** der Verfahrensbeteiligten **weit zu fassen.** Verwaltungsverfahren sind **keine vorverlagerten Rechtsschutzverfahren** – dies allenfalls in zweiter Linie –[114] und werden daher durch die gesetzgeberische Entscheidung für den Individualrechtsschutz[115] (s. i. e. § 5 Rn. 13) nicht determiniert. Freilich ist es wenig sinnvoll, die Schere zwischen Einwendungsbefugnissen im Verwaltungsverfahren und Klagebefugnissen im Verwaltungsprozeß allzu weit zu öffnen. Der Betroffenenbeteiligung ist daher rechtspolitisch der Vorzug vor einer reinen Popularbeteiligung zu geben, wobei indes bei Großprojekten der praktische Unterschied regelmäßig nur gering ist, und eine Betroffenenbeteiligung faktisch einer regionalen Popularbeteiligung im Einwirkungsbereich der Anlage nahezu gleichkommt.[116]

In einem extremen Fall (Wackersdorf) näherte sich die Zahl der Einwender bereits der Millionengrenze.

Sachgerecht dürfte die – von einigen Umweltgesetzen vorgesehene – **trichterförmige Verengung des Öffentlichkeitsbezuges** vom Auslegungsverfahren zum eigentlichen Beteiligungsverfahren sein. Überdies sind alle Behörden und Körperschaften (z. B. Gemeinden) zu beteiligen bzw. zu hören, deren Zuständigkeitsbereich durch das zur Genehmigung anstehende Vorhaben berührt wird (§ 10 Abs. 5 BImSchG, § 7 Abs. 4 AtG).

γ) Verbandsbeteiligung

67 **Umweltschutzverbände** können sich am Verwaltungsverfahren nur beteiligen, soweit dies gesetzlich zugelassen ist. Als bislang einzige umweltrechtliche Vorschrift des Bundes sieht **§ 29 BNatSchG** ausdrücklich eine Beteiligung von Verbänden vor (s. dazu auch § 10 Rn. 101 ff.).

Die dort vorgesehene Verbandsbeteiligung bezieht sich sowohl auf die Vorbereitung von untergesetzlichen naturschutzrechtlichen Rechtsvorschriften, naturschutzrechtlichen Planun-

---

[112] Vgl. nur *Meyer,* in: Meyer/Borgs (FN 101), § 73 Rn. 38.

[113] BVerfGE 53, 30 (63 ff.) m. w. N. Vgl. aus dem Schrifttum statt vieler *Wahl* und *Pietzcker,* VVDStRL 41 (1983), S. 151 ff. und 193 ff.

[114] Dagegen nachdrücklich *Erbguth* (FN 20), S. 247 ff.

[115] Vgl. hierzu statt vieler zuletzt etwa *Krebs,* FS Menger, 1985, S. 191 ff. m. w. N.; speziell im Hinblick auf das Umweltrecht *Kloepfer,* VerwArch. 76 (1985), 371 ff., 381 ff. Vgl. jedoch auch die Hinweise auf einen partiellen Funktionswandel der Verwaltungsgerichtsbarkeit, so zuletzt wieder *Brohm,* NJW 1984, 8 ff., 8 f.

[116] Ähnlich in Bezug auf den Verwaltungsrechtsschutz *Lerche,* Kernkraft und rechtlicher Wandel, 1981, S. 30 („übertünchte Popularklage"), und *W. Schmidt,* NJW 1978, 1769 ff., 1774 („regional begrenzte Popularklage").

gen und Einzelakten sowie auf (außernaturschutzrechtliche!) Planfeststellungsverfahren über Vorhaben, die mit Eingriffen in Natur und Landschaft i. S. des § 8 BNatSchG verbunden sind (§ 29 Abs. 1 Nr. 1–4 BNatSchG). Kraft Bundesrechts besteht die Mitwirkung mindestens in einem Äußerungsrecht und dem Recht auf Einsicht in einschlägige Sachverständigengutachten (§ 29 Abs. 1 BNatSchG). Ein Teil der Landesgesetze geht hierüber legitimerweise (vgl. § 29 Abs. 1 BNatSchG: „... soweit nicht in anderen Rechtsvorschriften eine ... weitergehende Form der Mitwirkung vorgesehen ist") wesentlich hinaus (vgl. insbesondere § 51 NatSchG BW, § 40 HmbNatSchG). Vielfach bestehen Beiräte, die sich u. a. aus Behörden- und Verbandsvertretern zusammensetzen (vgl. z. B. § 34 HENatG, § 11 LG NW, § 33 LPflG Rh.-Pf.).

Die allgemeine rechtspolitische Forderung nach einer Verbandsbeteiligung wie auch die **68**
umfassendere Forderung nach einer **Verbandsklage** (vgl. § 5 Rn. 28ff.) geht einerseits auf die allgemeinen partizipatorischen Bestrebungen der späten 60er und frühen 70er Jahre zurück, die gegenüber der damals nicht selten als unzulänglich empfundenen repräsentativen Demokratie des Grundgesetzes ein Stück „direkte Demokratie" in Gestalt von Bürgerinitiativen zur Geltung bringen[117] oder auch die „Ohnmacht" des Individuums durch Verbandsmacht kompensieren wollten.[118] Andererseits wird in der „organisierten Einwirkung auf die Verwaltung" eine Möglichkeit gesehen, das spezifische Vollzugsdefizit im Umweltschutz auszugleichen.[119] Umweltschutzverbände sollen in dieser Sicht als (zusätzliche) Sachwalter des Gemeinwohls wenn nicht an der Entscheidungsverantwortung, so doch an der **Entscheidungsvorbereitung** beteiligt werden.[120] Mit Rücksicht auf das Kooperationsprinzip (s. § 3 Rn. 44ff.) kann dem kein Ausschließlichkeitsanspruch des Staates hinsichtlich der Gemeinwohlformulierung entgegengehalten werden. Eine Verbandsbeteiligung im Verwaltungsverfahren kann rechtspolitisch trotz mancher Bedenken[121] bei einer behutsamen Ausgestaltung u. U. erwägenswert sein. Die nähere Normierung der Verbandsbeteiligung wirft allerdings Probleme auf, die grundsätzliche Sympathie in Skepsis umschlagen lassen können. Zu einem Dilemma führt insbesondere die Frage, ob grundsätzlich alle beteiligungswilligen Verbände teilhaben sollen oder ob (wie es § 29 BNatSchG vorsieht) eine Auswahl durch ein staatliches Anerkennungsverfahren erfolgen soll. Ein unbegrenztes Beteiligungsrecht beliebiger Verbände beschwört die Gefahr einer Verfahrensausuferung oder gar Verfahrenssabotage bei behördlichen Genehmigungsverfahren herauf. Umgekehrt weckt eine staatliche **Verbands„lizensierung"**[122] (etwa mit einer Unterscheidung von „seriösen" und „unseriösen" Verbänden) – auch wenn sie nur zu einem bestimmten Zweck erfolgt – Besorgnisse im Hinblick auf die Vereinigungsfreiheit des Art. 9 Abs. 1 GG. Noch am wenigsten problematisch wäre eine Differenzierung nach Verbandsstärke (wie grundsätzlich im Parteien- und Wahlrecht), wobei allerdings der Stellung lokal oder regional begrenzter und daher mitgliederschwächerer Verbände Rechnung getragen werden müßte. Rechts- oder gar verfassungsfeindlichen Organisationen ist (bzw. wäre) die Anerkennung auf jeden Fall zu versagen, weil die Verbandsbeteiligung die Verfassungs- und Rechtsordnung in umweltschutzspezifischen Bereichen zusätzlich sichern, aber nicht gefährden soll.

Ob das geltende Umweltverfahrensrecht noch **in anderen Fällen** als bei § 29 **69**
BNatSchG eine **Verbandsbeteiligung** zuläßt, ist zweifelhaft.[123]

Soweit die Einwendungsbefugnis die Betroffenheit in eigenen rechtlichen Interessen oder wenigstens in eigenen Belangen voraussetzt (§ 73 Abs. 4 VwVfG), scheidet

---

[117] Vgl. dazu etwa *Mayer-Tasch,* Die Bürgerinitiativbewegung, 2. Aufl., 1986, und *W. Schmidt,* JZ 1978, 293ff.

[118] Vgl. zum Gedanken der „Partizipation als Kompensation" *Schmitt Glaeser,* in: Lerche/Schmitt Glaeser/Schmidt-Aßmann (FN 105), S. 35ff., 42ff.

[119] I. d. S. etwa *E. Rehbinder,* RabelsZ 40 (1976), 363ff., 406ff.

[120] Dafür erneut *W. Schmidt,* Einführung in die Probleme des Verwaltungsrechts, 1982, Tz. 152 (S. 101). Ähnlich u. a. *Bender,* in: Verhandlungen des 52. DJT, Bd. II, 1978, K 9ff., 20ff.

[121] Vgl. statt vieler *Burmeister,* in: Verhandlungen des 52. DJT, Bd. II, 1978, K 81ff., und *Weyreuther,* Verwaltungskontrolle durch Verbände?, 1975.

[122] Vgl. etwa die Vorschläge von *Bender* (FN 120), K 21f., 33f. Zu den Voraussetzungen einer Anerkennung nach § 29 BNatSchG BVerwGE 72, 277 (278ff.)

[123] Eher positiv *Ule/Laubinger* (FN 109), B 96f.

eine Verbandsbeteiligung regelmäßig aus. Umweltschutzverbände vertreten typischerweise nicht reine Verbandsinteressen, sondern Drittinteressen.[124] Daß der Verband die Wahrung derartiger Belange zu seinen satzungsmäßigen Aufgaben erkoren hat, macht sie nicht zum Eigeninteresse im Rechtssinne.[125]

Als Ausweg bietet sich unter diesen Umständen für einen an eigener Verfahrensbeteiligung interessierten Verband der Erwerb eines Grundstücks im Umkreis des strittigen Vorhabens an. Daneben ist es möglich, daß der Verband einen einwendungsbefugten Dritten (z. B. ein Mitglied) – quasi für sich – agieren läßt, wobei der Verband diesen Dritten dann vielfältig unterstützen kann.

Demgegenüber deckt die in anderen Umweltgesetzen vorgesehene Popularbeteiligung (insbesondere § 10 Abs. 3 S. 2 BImSchG, § 7 Abs. 1 S. 1 AtG) grundsätzlich auch die Verbandsbeteiligung ab.[126] Auf die Betroffenheit in eigenen Belangen kommt es hier gerade nicht an.

Dieses Kunterbunt von **unterschiedlichen Verbandsbeteiligungsrechten** im Umweltrecht ist alles andere als befriedigend, der Versuch einer angleichenden Auslegung wäre jedoch de lege lata (zumindest wegen § 29 BNatSchG) zum Scheitern verurteilt.

Eindeutiger ist die Rechtslage bei der meist gemeinsam mit der Verbandsbeteiligung geforderten **Verbandsklage,** die nur in den Naturschutzgesetzen weniger Bundesländer vorgesehen ist (s. u. § 5 Rn. 28ff.).

δ) Verfahrensabschluß

70 Das Genehmigungsverfahren endet regelmäßig mit einer Genehmigung oder einem Ablehnungsbescheid (vgl. § 20 der 9. BImSchV). Bei einer Genehmigungserteilung trotz rechtzeitig erhobener Einwendungen können – nach Widerspruch – die Betroffenen, soweit sie klagebefugt sind (Einwendungsbefugnis und Klagebefugnis sind nicht notwendig deckungsgleich, s. o. Rn. 66), die Genehmigung anfechten.

Die Genehmigung ist daher auch den Einwendern **zuzustellen** (§ 10 Abs. 7 BImSchG, § 15 Abs. 3 AtVfV). Bei **Massenverfahren** (mehr als 300 Einwender), wie sie bei der Zulassung großtechnischer Anlagen heute fast üblich sind,[127] genügt jedoch vielfach eine öffentliche Bekanntmachung (§ 10 Abs. 8 BImSchG, § 17 AtVfV, § 18a Abs. 5 FStrG).

71 Auf eine knappe Formel gebracht, zeichnet sich das förmliche Genehmigungsverfahren demnach durch „Förmlichkeit, Publizität und [tendenzielle] Popularbeteiligung" aus.[128]

ε) Präklusionsregelungen

72 Kehrseite der breiten Verfahrensteilhabe ist der **Einwendungsausschluß** (vgl. § 10 Abs. 3 S. 3 BImSchG, Vorläufer: § 17 Abs. 2 S. 1 GewO a. F., § 7 Abs. 4 AtG i. V. mit § 7 Abs. 1 S. 2 AtVfV, § 17 Abs. 3 WaStrG). Danach werden mit Ablauf der

---

[124] Vgl. *Borgs* (FN 101), § 13 Rn. 9.
[125] *Bender* (FN 120), K 20.
[126] Ebenso etwa *Breuer,* NJW 1978, 1558ff., 1567; und *Jarass* (FN 109), § 10 Rn. 44.
[127] Vgl. zum Ganzen ausführlich *Blümel,* FS Werner Weber, 1974, S. 539ff.; *Schmel,* Massenverfahren vor den Verwaltungsbehörden und den Verwaltungsgerichten, 1982, sowie zuletzt *Kloepfer,* VerwArch. 77 (1986), 30ff., 37f. m. w. N.
[128] So für das Genehmigungsverfahren nach § 10 BImSchG *Breuer* (FN 1), S. 672 (Klammerzusatz hinzugefügt).

Einwendungsfrist alle nicht rechtzeitig vorgebrachten Einwendungen (aus dem weiteren Genehmigungsverfahren) ausgeschlossen, die nicht auf **besonderen privatrechtlichen Titeln** beruhen.

Besondere privatrechtliche Titel sind insbesondere vertragliche und dingliche Ansprüche, nicht dagegen Ansprüche, die ihre Grundlage im allgemeinen Nachbarrecht oder im Deliktsrecht haben (vgl. auch § 14 BImSchG, s. o. Rn. 52).

Dies bedeutet zunächst – im Sinne einer **formellen** (verfahrensbezogenen) **Präklusion** –, daß die nicht rechtzeitig vorgebrachten Einwendungen im Erörterungstermin nicht erörtert werden müssen (wohl aber im Rahmen der umfassenden Untersuchungspflicht der Behörde zu berücksichtigen sind).[129] Die vorhandenen einschlägigen Vorschriften lassen indessen offen, ob der Einwendungsausschluß sich auch auf einen anschließenden Verwaltungsrechtsstreit erstreckt und damit zur **materiellen** (rechtsvernichtenden) **Präklusion** wird.[130] 73

Die materielle Präklusion schließt mit Ablauf der Einwendungsfrist die Möglichkeit aus, Einwendungen im weiteren Verwaltungsverfahren oder im Rechtsbehelfsverfahren zu erheben. Widerspruch und Klage sind insoweit wegen fehlender Widerspruchs- bzw. Klagebefugnis unzulässig, zumindest jedoch unbegründet.

Die herrschende Meinung in Rechtsprechung und Schrifttum bejaht dies,[131] weil sonst der mit dem Einwendungsausschluß verfolgte Konzentrations- und Beschleunigungszweck wie auch die Sicherung der Rechtsstellung des Antragstellers verloren gingen.

Der Einwendungsausschluß erfüllt auf diese Weise eine spezifische **Ausgleichsfunktion in mehrpoligen Rechtsverhältnissen.**[132] Den Drittbetroffenen ist eine frühzeitige Geltendmachung ihrer Einwendungen auch zumutbar. Letztlich beruht die – auch materielle – Präklusion auf dem Gedanken der Verwirkung.[133]

Im Gesetzeswortlaut findet diese v. a. teleologische Auslegung allerdings nur eine relativ schwache Stütze. Überwiegend wird argumentiert, indem die jeweiligen Gesetze nicht nur wie § 73 Abs. 4 VwVfG eine Einwendungsfrist festlegten, sondern daneben ausdrücklich den Ausschluß nicht fristgerecht vorgebrachter Einwendungen anordneten, gingen sie über die im allgemeinen Verwaltungsverfahrensrecht geregelte formelle, rein auf das Verwaltungsverfahren bezogene Präklusion hinaus. Überall dort, wo in einem Gesetz ohne Einschränkung von Einwendungsausschluß die Rede sei, handele es sich um endgültige, materielle Präklusion.[134]

---

[129] Vgl. BVerwGE 26, 302 (303). Daß die Behörde auch verspätet erhobene Einwendungen berücksichtigen kann, wird in § 73 Abs. 6 S. 1, 2. Hs. VwVfG sogar ausdrücklich bestimmt, vgl. dazu auch BT-Drs. 7/910, S. 88.

[130] Vgl. zur Unterscheidung zwischen formeller und materieller Präklusion statt vieler *Papier,* NJW 1980, 313ff., und *Ronellenfitsch,* VerwArch. 74 (1983), 369ff.

[131] BVerfGE 61, 82 (109ff.) – für das atomrechtliche Genehmigungsverfahren; BVerwGE 60, 297 (301ff.); BVerwG, et 1982, 431f.; ZfW 1983, 33ff.; OVG Koblenz, DÖV 1979, 525ff.; im Schrifttum: *Breuer* (FN 1), S. 672; *Feldhaus,* Bundesimmissionsschutzrecht, 2. Aufl., 1974ff., § 6 Anm. 15; *Mutschler,* et 1980, 164ff.; *Redeker,* NJW 1980, 1593ff., 1597f.; *Sellner,* Immissionsschutzrecht und Industrieanlagen, 1978, Rn. 365ff.; *Stober,* AöR 106 (1981), 41ff., 69ff.; *Ule/Laubinger,* Bundes-Immissionsschutzgesetz, 1978ff., § 10 Rn. 9, jeweils m. w. N.; a. A. zuvor u. a. *Papier,* NJW 1980, 313ff.; *Ule,* BB 1979, 1009ff.; *Wolfrum,* DÖV 1979, 497ff.; dagegen weiterhin mit z. T. beachtlichen Argumenten *Erbguth* (FN 20), S. 272ff.

[132] Vgl. BVerwGE 60, 297 (306f.).

[133] So auch schon *Sellner,* BauR 1980, 391ff., 397f.; ebenso etwa *Berger,* Grundfragen umweltrechtlicher Nachbarklagen, 1982, S. 224ff.

[134] Vgl. BVerwGE 60, 297 (301ff.); BVerwG, ZfW 1983, 33ff., 35f., und *Ronellenfitsch,* VerwArch. 74 (1983), 369ff., 376ff.

74 Im Hinblick auf das atomrechtliche Genehmigungsverfahren hat das BVerfG[135] eine entsprechende Auslegung des § 3 Abs. 1 AtAnlV, der im wesentlichen dem heutigen § 7 Abs. 1 AtVfV entspricht, zutreffend für **verfassungsrechtlich unbedenklich** gehalten und in einer Verfahrensausgestaltung, die zum Verlust materieller Rechte führen kann, weder einen Verstoß gegen Art. 19 Abs. 4 S. 1 GG noch eine materielle Grundrechtsverletzung gesehen. Eine eindeutige gesetzliche Regelung wäre jedoch wünschenswert.

Von der in § 10 Abs. 3 S. 3 BImSchG und in § 7 Abs. 4 AtG i. V. mit § 7 Abs. 1 S. 2 AtVfV enthaltenen **„Verwirkungs"-Präklusion** ist die für gestufte Verwaltungsverfahren vorgesehene **„Bestandskraft"-Präklusion** (§ 11 BImSchG, § 7b AtG) zu unterscheiden (s. zu letzterer u. Rn. 93).

75 Förmliche Genehmigungsverfahren zeichnen sich demnach also auch dadurch aus, daß sie einen insbesondere gegenüber privatrechtlichen Unterlassungsansprüchen weitgehend abgesicherten Bestandsschutz vermitteln (vgl. auch § 14 BImSchG). Außerdem wird ihnen gesetzlich regelmäßig eine hohe Konzentrationswirkung beigelegt (vgl. § 13 BImSchG, s. auch o. Rn. 54). All dies fehlt beim vereinfachten Genehmigungsverfahren (s. o. Rn. 60ff.). Gewisse Möglichkeiten einer Verfahrensvereinfachung *innerhalb* des förmlichen Genehmigungsverfahrens – nicht zu verwechseln mit einem einfachen Genehmigungsverfahren – sind für **Änderungsgenehmigungen** vorgesehen (§ 15 Abs. 2 BImSchG, vgl. auch § 4 Abs. 2 AtVfV).

cc) Planfeststellungsverfahren

76 Das Planfeststellungsverfahren gilt als spezielles Genehmigungsverfahren für **raumbeanspruchende und raumbeeinflussende Vorhaben.**[136] Es ist beispielsweise bei der Fernstraßenplanung (§ 17 FStrG) oder bei Errichtung von Abfallentsorgungsanlagen (§ 7 AbfG), aber auch in einer Vielzahl anderer Fälle vorgesehen (z. B. § 7 TelwegG, § 36 BundesbahnG, § 14 WaStrG, §§ 28, 41 PersBefG, § 8 LuftVG, § 41 FlurbG, § 2 Gesetz über den Bau und Betrieb von Versuchsanlagen zur Erprobung von Techniken für den spurgeführten Verkehr vom 29. 1. 1976[137]). Wie die Betrachtung des förmlichen Genehmigungsverfahrens und der Fälle, in denen ein solches vorgesehen ist, gezeigt hat (s. o. Rn. 43), ist das Planfeststellungsverfahren jedoch weit davon entfernt, für alle (wichtigen) raumbeanspruchenden oder raumbeeinflussenden Vorhaben zu gelten. Wegen der **weitgehenden Annäherung** der für entsprechende Vorhaben vorgesehenen **förmlichen Genehmigungsverfahren an das Erscheinungsbild eines Planfeststellungsverfahrens** ist dies aber auch kein schwerwiegendes Defizit (wenn auch vielleicht rechtssystematisch unbefriedigend). In beiden Fällen handelt es sich um förmliche Verwaltungsverfahren.[138]

77 Das Planfeststellungsverfahren ist außer in (älteren) Spezialgesetzen heute in **§§ 72ff. VwVfG** und den entsprechenden Vorschriften in den Verwaltungsverfahrensgesetzen der Länder geregelt. Die Bedeutung dieser Normierung besteht darin, für die vorhandenen Planfeststellungsverfahren eine **subsidiäre, vereinheitlichende Rechtsquelle** zu schaffen und zukünftige Regelungen über Planfeststellungsverfahren

[135] BVerfGE 61, 82 (109ff.). Vgl. dazu auch *Ronellenfitsch,* JuS 1983, 594ff., 596ff.
[136] Vgl. statt vieler *W. Schmidt* (FN 120), Tz. 136 (S. 89).
[137] BGBl. I S. 241.
[138] *Badura* (FN 102), § 37 III, S. 387.

normativ zu entlasten.[139] Im Unterschied zu den Regelungen des Verwaltungsverfahrensgesetzes über das förmliche Genehmigungsverfahren gelten die §§ 72ff. VwVfG daher auch nicht erst kraft spezialgesetzlicher Anordnung (vgl. o. Rn. 62), sondern immer schon dann, wenn ein Planfeststellungsverfahren durch Rechtsvorschrift vorgesehen ist und sich aus dieser nichts Abweichendes ergibt (§ 72 Abs. 1 VwVfG). Die Regelungen zum Planfeststellungsverfahren in den (inhaltlich weitgehend identischen) Verwaltungsverfahrensgesetzen von Bund und Ländern sind daher auch für das Umweltrecht von Bedeutung. Dies gilt insbesondere, nachdem durch das Erste Gesetz zur Bereinigung des Verwaltungsverfahrensrechts vom 18. 2. 1986[140] die speziellen Regelungen des früheren Abfallbeseitigungsgesetzes zum Planfeststellungsverfahren (§§ 20–29 AbfG a. F.) ersatzlos gestrichen und auch das atomrechtliche Planfeststellungsverfahren nach § 9b AtG – mit einigen Modifikationen – auf die allgemeine Regelung des Verwaltungsverfahrensgesetzes „umgestellt" wurde (§ 9b Abs. 4 AtG n. F.).

In seinem **Ablauf** entspricht das Planfeststellungsverfahren gemäß §§ 72ff. VwVfG (auf spezielle Planfeststellungsverfahren wird in Teil II gesondert eingegangen) grundsätzlich dem bereits geschilderten förmlichen Genehmigungsverfahren, wie es insbesondere im Bundes-Immissionsschutzgesetz und der Atomrechtlichen Verfahrensverordnung ausgebildet ist: Planeinreichung (zusätzlich zum Antrag), Einholung behördlicher Stellungnahmen, Planauslegung, Gelegenheit zur Erhebung von Einwendungen, Erörterungstermin und förmlicher Abschluß des Verfahrens bezeichnen die wesentlichen Etappen und Elemente des **Anhörungsverfahrens** nach § 73 VwVfG. 78

Demgegenüber vermeidet das Verwaltungsverfahrensgesetz bei förmlichen Genehmigungsverfahren diesen Begriff, obwohl auch dort eine „Verpflichtung zur Anhörung von Beteiligten" (§ 66 VwVfG) besteht.

Grundsätzlich ist das Planfeststellungsverfahren durch eine Intensivierung und weitere Formalisierung der bereits im förmlichen Genehmigungsverfahren entwickelten Ansätze gekennzeichnet, die sich in einer Vielzahl hier nicht darstellbarer Details niederschlägt.[141] Der anschließende **Planfeststellungsbeschluß** (§ 74 VwVfG) besitzt im Unterschied zur förmlichen Genehmigung eine *umfassende* **Konzentrations- und Gestaltungswirkung** (§ 75 VwVfG). Gegenüber anderen behördlichen Zuständigkeiten, Verfahren und Entscheidungen besteht ein „absoluter Vorrang" der Planfeststellung.[142] 79

Ob allerdings die Formulierungsunterschiede zwischen § 75 Abs. 1 S. 1 VwVfG („... neben der Planfeststellung sind andere behördliche Entscheidungen ... nicht erforderlich") und z. B. § 13 S. 1 BImSchG („Die Genehmigung schließt andere ... behördliche Entscheidungen ein ...") wirklich sachliche oder gar grundsätzliche Bedeutung haben, wie gelegentlich angenommen wird,[143] ist eher zweifelhaft.

Zivilrechtliche Abwehransprüche werden dagegen – nicht grundsätzlich anders als bei einer förmlichen Genehmigung – nur im Falle der Unanfechtbarkeit der be-

---

139 *Meyer* (FN 112), § 72 Rn. 1.
140 BGBl. I S. 265, dort Art. 7 und 9.
141 Vgl. dazu etwa *Ule/Laubinger* (FN 93), § 39, S. 241ff.
142 *Meyer* (FN 112), § 75 Rn. 2.
143 Ebd.

hördlichen Entscheidung und nicht vollständig ausgeschlossen (§ 75 Abs. 2 S. 1 VwVfG, vgl. etwa auch § 14 BImSchG).

dd) In-sich-Stimmigkeit des Verfahrensrechts

80 Eine prägnante Unterscheidung von förmlichen Genehmigungsverfahren und Planfeststellungsverfahren fällt auch deshalb schwer, weil Genehmigungs- und Planfeststellungsregelungen *in sich* stark divergieren. Besonders auffällige Beispiele hierfür sind die **unterschiedlichen Ausgestaltungen** der **Einwendungsbefugnisse** wie auch die unterschiedlichen Fristenregelungen in den Vorschriften zur Öffentlichkeitsbeteiligung in Planfeststellungs- und sonstigen Zulassungsverfahren.

So sind beispielsweise nach § 73 Abs. 4 S. 1 VwVfG, § 9 WHG oder § 17 Abs. 4 FStrG nur „Betroffene" bzw. „derjenige, dessen Belange durch das Vorhaben berührt werden", einwendungsbefugt, während z. B. nach § 10 Abs. 3 S. 2, 2. Hs. BImSchG und § 7 AtG bzw. § 9b Abs. 4 Nr. 1 AtG i. V. mit § 7 Abs. 1 S. 1 AtVfV sinngemäß jedermann Einwendungen erheben kann (s. bereits o. Rn. 64ff.).

Mögen die unterschiedlichen Abgrenzungen der Einwendungsbefugnis noch durch konzeptionelle Widersprüche zwischen der sogenannten Betroffenenpartizipation und der sogenannten Popularpartizipation erklärbar (wenn auch kaum legitimierbar) sein (s. o. Rn. 64), wirken die Unterschiede in der Dauer der **Auslegungs- und Einwendungsfristen** vollends zufällig. Die divergierenden Fristenregelungen

(einmonatige Auslegung und anschließende zweiwöchige Einwendungsfrist gemäß § 73 Abs. 3 S. 1 und Abs. 4 S. 1 VwVfG, gemeinsame Auslegungs- und Einwendungsfrist von 2 Monaten gemäß § 10 Abs. 3 S. 2 BImSchG und §§ 6 Abs. 1, 7 Abs. 1 AtVfV, 2 + 2 Wochen gemäß § 10 Abs. 3 und 4 LuftVG)

lassen sich insbesondere nicht als Differenzierungen gemäß Bedeutung und Komplexität der (typischerweise) betroffenen Vorhaben interpretieren, zumal das Neben- oder Nacheinander von Auslegungs- und Einwendungsfristen hierdurch keine Erklärung finden könnte.

Derartige Erscheinungen unterstreichen vielmehr die allgemeine Forderung nach einer **Harmonisierung** des Umweltrechts (s. o. § 1 Rn. 38).[144] Im Bereich des Umweltverfahrensrechts kann diese Aufgabe partiell durch Anpassung an das Verwaltungsverfahrensgesetz bewältigt werden (wie im Fall des Abfall[beseitigungs]gesetzes bereits geschehen), doch sollte allzuviel von einer solchen „Außenanpassung" nicht erwartet werden. Keineswegs darf sie auf Kosten der inneren Harmonisierung des Umweltrechts erfolgen.

Allerdings könnte man sich in einem ersten Schritt darauf beschränken, besonders eklatante, sachlich nicht begründete Divergenzen abzubauen, wie es der Regierungsentwurf eines Gesetzes zur Umsetzung der EG-UVP-Richtlinie vom 29. 6. 1988 (s. Rn. 91) hinsichtlich der meisten Auslegungs- und Einwendungsfristen vorsieht.

ee) Umweltverträglichkeitsprüfung

81 Um kaum eine andere umweltrechtliche Kategorie ranken sich bisher so viele Mißverständnisse wie um die der Umweltverträglichkeitsprüfung. Der Begriff ent-

---

[144] Hierzu näher *Kloepfer/Meßerschmidt* (FN 49), insbes. S. 155ff., und *Erbguth* (FN 20), S. 6ff., jeweils m. w. N.

stammt dem US-amerikanischen Recht und ist eine sinngemäße Übersetzung des „environmental impact statement" bzw. „environmental impact assessment".[145]

Grundsätzlich sind zu unterscheiden *erstens* die (rein staatsinterne) Umweltverträglichkeitsprüfung im Sinne der **Grundsätze für die Prüfung der Umweltverträglichkeit öffentlicher Maßnahmen des Bundes vom 12. 9. 1975**[146] (Kloepfer Nr. 25), bei der es sich um eine **verwaltungsinterne (Vor-)Prüfung öffentlicher Projekte** i. w. S. handelt, und *zweitens* die Forderung nach einer **weitergehenden (auch staatsexternen) Umweltverträglichkeitsprüfung,** wonach grundsätzlich Planungen und Einzelprojekte *aller Art* (frühzeitig) auf ihre Umwelteinwirkungen hin untersucht und u. U. einem spezifischen Genehmigungserfordernis unterworfen werden sollen.[147] Eine Zwischenstellung nimmt der Entwurf eines Bundesgesetzes über die Umweltverträglichkeitsprüfung (BT-Drs. 11/3919) ein. Maßgeblich wird in Zukunft das im UVP-Gesetz verkörperte *vorhabenbezogene* Verständnis einer *medienübergreifenden* und *frühzeitigen* Umweltverträglichkeitsprüfung sein (§ 1 UVPGE, s. i. ü. Rn. 91).

Die (rein staatsintern wirkenden) **UVP-Grundsätze** gelten für alle öffentlichen Maßnahmen 82
der Behörden (im funktionalen Sinn), die öffentliche Aufgaben des Bundes wahrnehmen.[148] Zu den öffentlichen Maßnahmen zählen Entwürfe zu Rechtsvorschriften und Allgemeinen Verwaltungsvorschriften, Verwaltungsakte, Verträge und sonstige nach außen wirksame Handlungen für öffentliche Aufgaben (Art. I Abs. 2). Die Umweltverträglichkeitsprüfung nach diesen Grundsätzen ist jedoch gegenüber bestehenden Verfahren, in denen bereits bestimmte Umweltauswirkungen behördlicher Entscheidungen geprüft werden, nur subsidiär (Art. I Abs. 4). Der Zweck der Umweltverträglichkeitsprüfung besteht nach Art. II darin, „bei öffentlichen Maßnahmen des Bundes Menschen sowie Tiere, Pflanzen und schutzwürdige Sachgüter vor schädlichen Umwelteinwirkungen zu schützen und darauf hinzuwirken, daß dem Entstehen schädlicher Umwelteinwirkungen vorgebeugt wird". Das Leitbild für die Umweltverträglichkeitsprüfung ist damit eng an die in § 1 BImSchG verankerten Grundsätze des Umweltschutzes und der Umweltvorsorge angelehnt. Nach der Begründung zu Art. II Abs. 2 handelt es sich nicht um eine erschöpfende Aufzählung der schädlichen Umwelteinwirkungen. Zu ihnen gehören jedoch insbesondere diejenigen „Einwirkungen des Menschen auf den Naturhaushalt und die Naturgüter Boden, Wasser, Luft und Klima, die nach Art, Ausmaß und Dauer geeignet sind, erhebliche Nachteile für die Allgemeinheit herbeizuführen". Nach Art. II Abs. 3 müssen Umweltbelange sowie andere öffentliche und private Belange gegeneinander und untereinander im Sinne eines ausgewogenen Interessenausgleichs abgestimmt werden. Dabei sind Umweltbelange mit anderen Staatszielen und Staatsaufgaben gleichrangig zu behandeln (Begründung zu Art. III). Die Prüfung der Umweltverträglichkeit zerfällt in zwei Teile: die Prüfung der Umwelterheblichkeit – eine Prüfung mit einfachen Hilfsmitteln, ob schädliche Umwelteinwirkungen ausgeschlossen sind – und in die Umweltverträglichkeitsuntersuchung i. e. S. Letztere umfaßt drei Prüfungsvorgänge, das „Ermitteln" der Auswirkungen von Maßnahmen auf die Umwelt (naturwissenschaftliche, ggf. quantitative Feststellungen der Ursachen- bzw. Wirkungsbeziehungen), das „Bewerten" dieser Auswirkungen (Beurteilung der Schädlichkeit) sowie die „Suche" nach umweltfreundlicheren „Abhilfen" und „Alternativen"

---

[145] Vgl. *Kloepfer,* Systematisierung des Umweltrechts, 1978, S. 120; speziell zum amerikanischen Recht *Delogu,* Die Umweltverträglichkeitserklärung – Die Regelung in den USA als mögliches Modell, 1974. Zu weiteren synonymen und ähnlichen Begriffen *Cupei,* Umweltverträglichkeitsprüfung (UVP), 1986, S. 3ff.

[146] GMBl. S. 717.

[147] Vgl. hierzu etwa *Umweltbundesamt,* Umweltverträglichkeitsstudien, 1982, S. 4; in der juristischen Literatur u. a. *Erbguth* (FN 20), S. 417ff.; *Schoeneberg,* DVBl. 1984, 929ff., und *Steinberg,* NuR 1983, 169ff., jeweils m. w. N. Aus der Fülle des außerjuristischen, insbes. planungswissenschaftlichen Schrifttums nur *Schemel,* Die Umweltverträglichkeitsprüfung (UVP) von Großprojekten. Grundlagen und Methoden sowie deren Anwendung am Beispiel der Fernstraßenplanung, 1985, und *Spindler,* Umweltverträglichkeitsprüfung in der Raumplanung. Ansätze und Perspektiven zur Umweltgüteplanung, 1983.

[148] Vgl. Begründung zu Art. I, abgedruckt im Anschluß an die Grundsätze.

im Rahmen von Zustandsanalysen, Zustandsprognosen (mit oder ohne Maßnahmen) und nachfolgendem Prognosevergleich. Nach Art. IV wird bei der Prüfung bei Bedarf der Bundesminister des Innern (jetzt der Umweltminister) beteiligt. Für die Zusammenarbeit der Bundesministerien ist § 70 Abs. 3 GGO II zu beachten, der zur Sicherstellung ausgewogener Entscheidungen eine rechtzeitige und umfassende Fühlungnahme des federführenden Ministeriums mit den beteiligten Ressorts vorsieht. Zusätzlich ist in Art. IV eine Beteiligung des Umweltbundesamtes vorgesehen. Festzuhalten bleibt jedoch, daß es sich lediglich um eine behördeninterne Erfolgskontrolle ohne Außenwirkung und damit ohne Verfügbarkeit von Sanktionen bei der Verletzung von Prüfungs- und Beteiligungspflichten handelt.

83 Die Forderung nach einer weitergehenden Umweltverträglichkeitsprüfung hat inzwischen in Gestalt der **EG-Richtlinie vom 27. 6. 1985 über die Umweltverträglichkeitsprüfung bei bestimmten öffentlichen und privaten Projekten (85/337/EWG)**[149] (Kloepfer Nr. 18) eine entscheidende normative Stütze gefunden.

Die seit Jahren vorbereitete Richtlinie (vgl. § 6 Rn. 25ff.) stellt zur „Ergänzung und Koordinierung der Genehmigungsverfahren für öffentliche und private Projekte, die möglicherweise erhebliche Auswirkungen auf die Umwelt haben", allgemeine Grundsätze auf, die zwar nicht neben oder an die Stelle der nationalen Rechtsvorschriften treten, die Mitgliedstaaten aber verpflichten, ihr Recht an die Bestimmungen der Richtlinie anzupassen. Diese sog. **Umsetzung** hat gemäß Art. 12 Abs. 1 der Richtlinie innerhalb von 3 Jahren nach ihrer (am 3. 7. 1985 erfolgten) Bekanntgabe zu erfolgen.

Sie hätte an sich also bereits Mitte 1988 erfolgt sein müssen. Zu diesem Zeitpunkt lag in der Bundesrepublik Deutschland erst der Regierungsentwurf eines „Gesetzes zur Umsetzung der Richtlinie über die Umweltverträglichkeitsprüfung bei bestimmten öffentlichen und privaten Projekten" vor (s. Rn. 91). Die Überschreitung der Anpassungsfrist wird jedoch innerhalb gewisser Grenzen von den europäischen Institutionen hingenommen.

Adressat der Richtlinie sind die Mitgliedstaaten (Art. 14), also nicht einzelne Bürger, für die sich aus der Richtlinie daher auch weder unmittelbare Berechtigungen oder Verpflichtungen ergeben. Lediglich im Falle einer nicht fristgerechten Umsetzung mag sich der Gemeinschaftsbürger ausnahmsweise auf durch die Richtlinie gewährleistete Rechtspositionen berufen.[150]

84 Die Umweltverträglichkeitsprüfung identifiziert, beschreibt und bewertet die unmittelbaren und mittelbaren Auswirkungen eines Projekts unter einem umweltspezifischen Blickwinkel. Als **„Bewertungsfaktoren"** nennt Art. 3 der Richtlinie
- Mensch, Fauna und Flora,
- Boden, Wasser, Luft, Klima und Landschaft,
- deren Wechselwirkungen,
- Sachgüter und das kulturelle Erbe.

Die Richtlinie beschränkt sich im wesentlichen auf die Formulierung **grundlegender Verfahrensregeln** und verzichtet auf die Vorgabe materieller Umweltstandards. Ihre Vorgaben beziehen sich im einzelnen auf Informationspflichten des sog. Projektträgers (Art. 3 und 5 i. V. mit Anhang III), die Anhörung bzw. Beteiligung nationaler Behörden (Art. 6 Abs. 1), die Information und Konsultation von Behörden anderer Mitgliedstaaten bei erheblichen grenzüberschreitenden Auswirkungen des Projekts

---

149 ABl. L 175 v. 5. 7. 1985, S. 40. Vgl. zu deren Entstehung und Inhalt *Cupei*, WiVerw. 1985, 63ff., sowie umfassend *ders.* (FN 145), S. 72ff.

150 Vgl. *Beutler/Bieber/Pipkorn/Streil*, Die Europäische Gemeinschaft – Rechtsordnung und Politik, 3. Aufl., 1987, S. 184f. m. w. N.

(Art. 7, Art. 9 letzter S., Art. 10 Abs. 2), die Information der Öffentlichkeit und Konsultation der betroffenen Öffentlichkeit (Art. 6 Abs. 2 und 3) und die Unterrichtung der betroffenen Öffentlichkeit über die getroffene Entscheidung einschließlich etwaiger Nebenbestimmungen und ggf. der Begründung (Art. 9).

Art. 1 der Richtlinie bestimmt zunächst den **Anwendungsbereich** der Richtlinie. Danach ist Gegenstand dieser Richtlinie die Umweltverträglichkeitsprüfung bei bestimmten öffentlichen und (!) privaten Projekten, die möglicherweise erhebliche Auswirkungen auf die Umwelt haben. Sie gilt jedoch nicht für Projekte, die militärischen Zwecken dienen (Art. 1 Abs. 4), und solche, die im einzelnen durch einen besonderen einzelstaatlichen Gesetzgebungsakt genehmigt werden. Darüber hinaus enthält Art. 1 der Richtlinie Begriffsbestimmungen für die grundlegenden Kategorien **Projekt** („die Errichtung von baulichen oder sonstigen Anlagen" sowie „sonstige Eingriffe in Natur und Landschaft einschließlich derjenigen zum Abbau von Bodenschätzen"), **Projektträger** und **Genehmigung** (Art. 1 Abs. 2). Hinsichtlich des Begriffs der zuständigen Behörde(n) verweist Art. 1 Abs. 3 auf die einzelstaatlichen Zuständigkeitsordnungen der EG-Mitgliedstaaten. 85

Gemäß Art. 2 Abs. 1 der Richtlinie treffen die Mitgliedstaaten die erforderlichen Maßnahmen, damit vor Erteilung der Genehmigung die Projekte, bei denen insbesondere aufgrund ihrer Art, ihrer Größe oder ihres Standortes mit erheblichen Auswirkungen auf die Umwelt zu rechnen ist, einer Prüfung in bezug auf ihre Auswirkungen unterzogen werden. Diese Projekte werden durch Art. 4 i. V. mit Anhang I und II enumerativ definiert.

Zwingend ist eine Umweltverträglichkeitsprüfung allerdings nur für den kleineren Kreis der in **Anhang I** genannten Projekte (z. B. Erdölraffinerien und Wärmekraftwerke ab einer gewissen Größe, Anlagen zur Endlagerung radioaktiver Abfälle, integrierte Hüttenwerke und integrierte chemische Anlagen, Bau von Autobahnen, Flugplätzen usw.) vorgeschrieben. Für die weitaus größere Gruppe der Projekte nach **Anhang II,** wozu nicht nur die meisten industriellen Anlagen, Bergbau und Energiewirtschaft, sondern z. B. auch (ebenfalls im einzelnen benannte) landwirtschaftliche Maßnahmen und Infrastrukturprojekte gehören, ist die Einführung einer Umweltverträglichkeitsprüfung demgegenüber den Mitgliedstaaten anheimgestellt (Art. 4 Abs. 2: „... wenn ihre Merkmale nach Auffassung der Mitgliedstaaten dies erfordern").

Art. 2 Abs. 2 stellt klar, daß die Umweltverträglichkeitsprüfung sowohl **im Rahmen bereits bestehender als auch in** andernfalls **neu zu schaffenden Verfahren** durchgeführt werden kann. Unter den in Art. 2 Abs. 3 näher bezeichneten Umständen können die Mitgliedstaaten in Ausnahmefällen auch ein einzelnes Projekt ganz oder teilweise von den Bestimmungen dieser Richtlinie ausnehmen. Hiervon zu unterscheiden ist die – an keine vergleichbaren Kautelen geknüpfte – Möglichkeit, daß Mitgliedstaaten ganze Klassen von Projekten des Anhanges II zu Art. 4 von vornherein nicht in die Umweltverträglichkeitsprüfung einbeziehen.

Die bei Durchführung einer Umweltverträglichkeitsprüfung vorzulegenden **Angaben des Projektträgers** müssen gemäß Art. 5 Abs. 2 mindestens umfassen: 86

1. eine Beschreibung des Projekts nach Standort, Art und Umfang,
2. eine Beschreibung der Maßnahmen, mit denen bedeutende nachteilige Auswirkungen vermieden, eingeschränkt und soweit möglich ausgeglichen werden sollen,
3. die notwendigen Angaben zur Feststellung und Beurteilung der Hauptwirkungen, die das Projekt voraussichtlich für die Umwelt haben wird, sowie
4. eine nichttechnische Zusammenfassung der Angaben zu 2 und 3.

Einzelheiten und mögliche Erweiterungen der Angaben ergeben sich aus Anhang III i. V. mit Art. 5 Abs. 1 der Richtlinie.

Im Hinblick auf die neben der **Behördenbeteiligung** (Art. 6 Abs. 1) vorgesehene **Öffentlichkeitsbeteiligung** gibt Art. 6 Abs. 2 den Mitgliedstaaten auf, dafür Sorge zu tragen, 87

1. daß der Öffentlichkeit jeder Genehmigungsantrag sowie die nach Art. 5 eingeholten Informationen zugänglich gemacht werden;
2. daß der betroffenen Öffentlichkeit Gelegenheit gegeben wird, sich vor Durchführung des Projekts dazu zu äußern.

Die Mitgliedstaaten können insbesondere
- den betroffenen Personenkreis bestimmen,
- bestimmen, wo die Informationen eingesehen werden können,

– präzisieren, wie die Öffentlichkeit unterrichtet werden kann,
– bestimmen, in welcher Weise die Öffentlichkeit angehört werden soll, z. B. Aufforderung zur schriftlichen Stellungnahme und durch öffentliche Umfrage,
– geeignete Fristen für die verschiedenen Phasen des Verfahrens festsetzen, damit gewährleistet ist, daß binnen angemessener Fristen ein Beschluß gefaßt wird.

88 Art. 7 der Richtlinie verpflichtet die Mitgliedstaaten der EG zur **grenzüberschreitenden Information und Konsultation** bei Projekten, die erhebliche Auswirkungen auf die Umwelt eines anderen Mitgliedstaates haben können (wobei die Möglichkeit entsprechender Auswirkungen genügt). Die Unterrichtung erfolgt ,,von Amts wegen" oder auf Antrag des Nachbarstaates und *gleichzeitig* mit der binnenstaatlichen Unterrichtung der eigenen Staatsangehörigen. Die Informationen ,,dienen als Grundlage für notwendige Konsultationen im Rahmen der bilateralen Beziehungen beider Mitgliedstaaten auf der Basis von Gegenseitigkeit und Gleichwertigkeit" (vgl. auch § 6 Rn. 65).

89 Art. 9 der Richtlinie verpflichtet die zuständigen Behörden zur **Information der Öffentlichkeit** über getroffene Entscheidungen, wobei neben der Entscheidung selbst auch die Entscheidungsbegründung mitzuteilen ist, letzteres aber nur, soweit die nationalen Rechtsvorschriften dies vorsehen. Nach Art. 10 der Richtlinie bleiben überdies die einzelstaatlichen Geheimhaltungsbestimmungen von den Unterrichtungspflichten unberührt.

Art. 11 regelt den Erfahrungsaustausch der Mitgliedstaaten hinsichtlich der Anwendung der Richtlinie, Art. 12 ihre Umsetzung. Letztere steht gemäß Art. 13 ausdrücklich unter dem **Vorbehalt** (der Zulässigkeit) **strengeren Rechts**: Die Richtlinie ,,hindert die Mitgliedstaaten nicht daran, gegebenenfalls strengere Regeln für Anwendungsbereich und Verfahren der Umweltverträglichkeitsprüfung festzulegen."

90 Bei **Umsetzung** der UVP-Richtlinie in der Bundesrepublik Deutschland ist im einzelnen sorgfältig zu prüfen, inwieweit überhaupt ein spezifischer **Umsetzungsbedarf** im deutschen Umweltrecht besteht. Für den juristischen Laien verbindet sich mit der Forderung nach einer Umweltverträglichkeitsprüfung demgegenüber vielfach sogar die Fehlvorstellung, es mangele bislang im Recht der Bundesrepublik Deutschland überhaupt an einem Instrumentarium, um die Umweltverträglichkeit von Vorhaben zu gewährleisten. Tatsächlich kann eine zusätzliche Umweltverträglichkeitsprüfung im schon relativ gut ausgebauten System des deutschen Umweltrechts nur eine lückenschließende Funktion haben, d. h. sie müßte für Bereiche konzipiert werden, in die das geltende deutsche Umweltrecht noch nicht wirksam hineinreicht.

In anderen Mitgliedstaaten der EG dürfte die Richtlinie eine andere Funktion haben und Schrittmacherdienste für den Aufbau des Umweltrechts (und nicht lediglich für seine Verfeinerung und ,,Komplettierung") in diesen Staaten leisten.

Verfehlt wäre es jedoch, in der Bundesrepublik Deutschland eine zusätzliche Umweltverträglichkeitsprüfung in Bereichen einzuführen, in denen bereits die bestehende Umweltgesetzgebung der Sache nach eine vielgestaltige ,,Umweltverträglichkeitsprüfung" gewährleistet. Ein auf das bestehende Umweltrecht ,,aufgepfropftes", u. U. institutionell verselbständigtes zweites Prüfungsverfahren würde nur zu einer überflüssigen und letztlich **kontraproduktiven Verfahrensverdoppelung** führen und wäre mit dem grundsätzlichen Ziel, parallele Gestattungsverfahren soweit als möglich zu vermeiden (s. o. Rn. 54), unvereinbar. Solches wird indes von der UVP-Richtlinie nicht verlangt[151] und ist auch nicht geplant.

---

[151] Ebenso z. B. *Bleckmann,* WiVerw. 1985, 86ff., 95ff., und *Cupei,* DVBl. 1986, 813ff., 816. Vgl. zur Umsetzung der UVP-Richtlinie außerdem etwa *Bunge,* Die Umweltverträglichkeitsprüfung im Verwaltungsverfahren, 1986, und *Erbguth/Schoeneberg,* WiVerw. 1985, 102ff.

Die UVP-Richtlinie schreibt den Mitgliedstaaten *keine bestimmte Form* einer Umweltverträglichkeitsprüfung vor, sondern beläßt ihnen einen breiten umweltpolitischen **Beurteilungs- und Ermessensspielraum.**[152] Dafür sorgen zahlreiche **Ausgestaltungsvorbehalte zugunsten der** einzelnen **Mitgliedstaaten** (Art. 6 Abs. 3, Art. 9 S. 1 letzter Halbs. und S. 2, Art. 10 S. 1 und 2) sowie ihre insgesamt flexible Formulierung. Sie legt weder ihren Anwendungsbereich noch Einzelanforderungen abschließend fest. Lediglich für die in Anhang I der Richtlinie aufgeführten Projekte nach Art. 4 Abs. 1 ist die Durchführung einer Umweltverträglichkeitsprüfung – vorbehaltlich einzelfallbezogener Ausnahmen (Art. 2 Abs. 3) – zwingend vorgeschrieben. Für die wesentlich zahlreicheren Projekte der Klassen des Anhanges II behalten nach Art. 4 Abs. 2 der Richtlinie die Mitgliedstaaten eine **Entscheidungsprärogative,** wenn auch kein ungebundenes Umsetzungsermessen[153] darüber, für welche Vorhaben im einzelnen sie eine Umweltverträglichkeitsprüfung vorsehen. Die nähere Ausgestaltung der Umweltverträglichkeitsprüfung wird – in grundsätzlicher Übereinstimmung mit Art. 189 Abs. 3 EWGV, wonach Richtlinien zwar hinsichtlich des zu erreichenden Zieles verbindlich sind, den innerstaatlichen Stellen jedoch die Wahl der Form und der Mittel überlassen – ebenfalls in relativ großzügiger Weise den Mitgliedstaaten überantwortet. Art. 2 Abs. 2 der Richtlinie stellt ausdrücklich klar, daß die Umweltverträglichkeitsprüfung im Rahmen der bestehenden Verfahren zur Genehmigung der Projekte durchgeführt werden kann. Eine Pflicht zur Einführung einer selbständigen, neben den vorhandenen Verfahren herlaufenden Umweltverträglichkeitsprüfung besteht demnach nicht.

Der stärkste **Umsetzungsbedarf** dürfte daher auch weniger im Kernbereich der Umweltgesetzgebung als an ihrer Peripherie bestehen, die zum Teil von älteren, durch den Umweltschutzgedanken wie auch durch den Verfahrensgedanken noch weniger geprägten Regelungen gebildet wird. Hierzu gehören namentlich Teile des Verkehrsplanungsrechts.[154]

Im Schrifttum wird mehrheitlich die Auffassung vertreten, daß die Verfahrensbestimmungen der UVP-Richtlinie formal bereits weitgehend von den deutschen Zulassungsvorschriften erfüllt werden bzw. ohne größere Probleme transformiert werden können.[155] Allerdings enthalten die bereits im geltenden Recht vielfach vorgeschriebenen „Umweltverträglichkeitsprüfungen" nicht sämtliche Verfahrenselemente, die eine *medienübergreifende* Umweltverträglichkeitsprüfung i. S. der EG-Richtlinie kennzeichnen. Von daher besteht auch insoweit ein begrenzter Umsetzungsbedarf. Die Umsetzung der UVP-Richtlinie sollte zudem zu einer gleichzeitigen Bereinigung des innerstaatlichen Verfahrensrechts genutzt werden. Von vornherein nicht betroffen ist der wichtige Bereich stoffbezogener Umweltverträglichkeitsprüfungen (vgl. nur das „Gesetz über die *Umweltverträglichkeit* von Wasch- und Reinigungsmitteln").[156]

Der Regierungsentwurf vom 26. 1. 1989 eines „Gesetzes zur Umsetzung der Richtlinie des Rates vom 27. Juni 1985 über die Umweltverträglichkeitsprüfung bei bestimmten öffentlichen und privaten Projekten (85/337/EWG)"[156a] sieht ein Artikelgesetz vor, das neben einem „Stammgesetz", das die allgemeinen (Mindest-)Anforderungen an die Umweltverträglichkeitsprüfung übergreifend formuliert, Begleitänderungen zu den bestehenden Umweltgesetzen enthält. Ein eigenständiges „UVP-Verfahren" oder die Errichtung besonderer „UVP-Behörden" ist darin nicht vorgesehen. Die wichtigsten Regelungen betreffen 91

– die Erörterung des Untersuchungsrahmens mit dem Vorhabenträger (§ 5 UVPG),

---

[152] Vgl. auch *Bleckmann,* WiVerw. 1985, 86ff., und *Cupei,* NuR 1985, 297ff., 299, sowie allgemein zur Wirkung von EG-Richtlinien unten § 6 Rn. 25ff.

[153] Dagegen zu Recht *Cupei,* DVBl. 1985, 813ff., 816.

[154] Vgl. hierzu insbes. *Salzwedel,* Umweltverträglichkeitsuntersuchungen bei Verkehrsplanungen, in: Bundesminister für Verkehr (Hg.): Forschung, Straßenbau und Straßenverkehrstechnik H. 351, 1981, und *Kennedy/Lummert,* Umweltverträglichkeitsprüfung in der Fernstraßenplanung, 1981.

[155] Vgl. insbes. *Bleckmann,* WiVerw. 1985, 86ff.; ähnlich im Vorfeld *Schoeneberg,* DVBl. 1984, 929ff., 931. Zum Ganzen ausführlicher *Kloepfer/Meßerschmidt* (FN 49), S. 2ff.

[156] Vgl. dazu jedoch *Uppenbrink,* WiVerw. 1985, 131ff.

[156a] BT-Drs. 11/3919. Vgl. zuvor *Steinberg,* DVBl. 1988, 995ff.

- die Pflicht des Vorhabenträgers, der Behörde Unterlagen über die zu erwartenden Umweltauswirkungen des Vorhabens vorzulegen (§ 6 UVPG),
- die Öffentlichkeitsbeteiligung (§ 9 UPVG),
- die Beteiligung anderer Behörden (§ 7 UVPG) einschließlich der grenzüberschreitenden Behördenbeteiligung (§ 8 UVPG),
- die Pflicht der Behörde zur zusammenfassenden Darstellung (§ 11 UVPG), Bewertung und Berücksichtigung der Umweltauswirkungen bei ihrer Entscheidung (§ 12 UVPG).

Der Entwurf lehnt sich im übrigen relativ eng an die EG-Vorlage an, versteht sich aber auch als „erster Schritt zur inneren Harmonisierung des Umweltrechts". Eine abermalige Novellierung, bei der auch über die „Veränderung materieller, gesetzlicher Entscheidungsgrundlagen und über die Einführung neuer konzentrierter Verfahren entschieden werden" sollte, ist damit jedoch vorgezeichnet.

f) Entscheidungsformen

92 Als Entscheidungsformen sind in einem Teil der Umweltgesetze neben der **Vollgenehmigung** auch – in Anlehnung insbesondere an das Bauordnungsrecht – **Teilgenehmigungen** (§ 8 BImSchG, § 7b AtG i. V. mit § 18 AtVfV) – nicht zu verwechseln mit der nur teilweisen Stattgabe eines auf Vollgenehmigung gerichteten Antrages – und **Vorbescheide** (§ 9 BImSchG, § 7a AtG und § 19 AtVfV) vorgesehen (vgl. auch § 7 Rn. 84ff. und § 8 Rn. 47ff.). Darüber hinaus wird der Erlaß verbindlicher Zwischenentscheidungen auch ohne ausdrückliche gesetzliche Ermächtigung für zulässig gehalten (z. B. im Wasserrecht), sofern die Behörde zur Endentscheidung befugt ist.[156b] Von einem Vorbescheid oder einer Teilgenehmigung im Rechtssinne wird man dort allerdings nicht ausgehen dürfen, da spezifische, die Rechtswirkungen der Zwischenentscheidungen stabilisierende, vor allem in mehrpoligen Rechtsverhältnissen (vgl. Rn. 93) erforderliche Regelungen fehlen. In Betracht kommen jedoch Zusicherungen i. S. von § 38 VwVfG.

Durch **Vorbescheid** wird über einzelne Genehmigungsvoraussetzungen (z. B. den Standort) verbindlich vorweg entschieden[157] (im Unterschied zur Zusicherung i. S. von § 38 VwVfG, die lediglich einen zukünftigen Verwaltungsakt – wenn auch mit Bindungswirkung – in Aussicht stellt, oder zur unverbindlichen Auskunft i. S. von § 25 VwVfG). Bescheidungsgegenstand ist hier eine abteilbare gedankliche Frage der Gesamtgenehmigung.

Die **Teilgenehmigung** hat als abschließende Entscheidung über einen Teilbereich darüber hinaus Gestattungswirkung (z. B. als Errichtungsgenehmigung oder Betriebs- und Abschnittsgenehmigung). Bescheidungsgegenstand ist hier die Genehmigung realer Teile der Anlage oder abgrenzbarer Phasen der Projektrealisierung.

93 **Mehrstufige Verwaltungsverfahren,** wie sie durch solche Zwischenentscheidungen konstituiert werden, sind bei der Zulassung großtechnischer Anlagen sogar die Regel. Sie ermöglichen eine phasenspezifische Selektion von Entscheidungsproblemen und ihre ,,abschnittsweise Bewältigung".[158] An die Stelle eines singulären Zulassungsaktes tritt ein sukzessiver abschichtender Zulassungsprozeß.[159] Dort ist es

[156b] *Kopp,* Verwaltungsverfahrensgesetz, 4. Aufl., 1986, § 9 Rn. 37ff., 43; *Wernicke,* DVBl. 1977, 914ff. Offengelassen von *Schmidt-Aßmann,* FG 25 J. BVerwG, 1978, S. 569ff., 574.

[157] BVerwGE 55, 250 (270); vgl. zuvor BVerwGE 24, 23 (27). Demgegenüber hält BVerwGE 48, 242 (244) auch einen ,,Vorbescheid" mit der Rechtsqualität einer bloßen Zusicherung für möglich.

[158] BVerwGE 72, 300 (307). Vgl. zum mehrstufigen Verwaltungsverfahren allgemein *Schmidt-Aßmann,* FG 25 J. BVerwG, 1978, S. 569ff.

[159] *H. Hofmann,* UPR 1984, 73ff., 75.

vielfach zweckmäßig, den komplexen Verfahrensstoff aufzugliedern und über bestimmte Teilfragen (aus Gründen insbesondere auch der Vermeidung überflüssiger Planungskosten) vorweg und für alle Beteiligten (auch die Einwender) verbindlich durch einen der Bestandskraft fähigen Verwaltungsakt zu entscheiden. Wesentliches Element der Verfahrensstufung ist daher die gesetzlich angeordnete **Präklusionswirkung** der Teilentscheidungen (§ 11 BImSchG, § 7b AtG), die zur schrittweisen Verfestigung der Rechtslage und damit auch zur Investitionssicherheit des Antragstellers beiträgt.[160] Spätere Einwendungen des Antragstellers wie auch von Drittbetroffenen gegen die *bestandskräftig* entschiedenen **Teilfragen** werden hierdurch ausgeschlossen.

Diese sog. **„Bestandskraft"-Präklusion** ist nicht zu verwechseln mit dem zuvor behandelten (o. Rn. 72ff.) Einwendungsausschluß nach § 10 Abs. 3 BImSchG und § 7 Abs. 4 AtG i. V. mit § 7 Abs. 1 S. 2 AtVfV („Verwirkungs"-Präklusion), der lediglich die nicht rechtzeitige Erhebung von Einwendungen und nicht eine unanfechtbar gewordene (Teil-)Entscheidung voraussetzt.

Da Vorbescheid und Teilgenehmigung nicht isoliert erfolgen, sondern seitens der Genehmigungsbehörde ein **vorläufiges positives Gesamturteil**[161] über das Vorhaben im ganzen voraussetzen, entfalten sie darüber hinaus eine gewisse, im einzelnen freilich äußerst strittige Selbstbindung der Behörde für das weitere Genehmigungsverfahren. 94

Entsprechend dem Doppelgehalt von Vorbescheid und Teilgenehmigung, der sich aus der unmittelbar entscheidungsgegenständlichen sog. **Definitivaussage** und der (häufig, jedoch wenig glücklich so bezeichneten) **„Zusageregelung"** zusammensetzt, kann zwischen einer Primär- und Sekundärbindung von Teilentscheidungen unterschieden werden.

Wie das BVerwG[162] im Hinblick auf das atomrechtliche Genehmigungsverfahren festgestellt hat, handelt es sich bei Teilgenehmigungen, Standort- oder Konzeptvorbescheiden (vgl. auch § 8 Rn. 47ff.) jedenfalls nicht lediglich um bloße „Vorprüfverfahren". Das bei Erteilung einer atomrechtlichen Genehmigung zu bildende vorläufige positive Gesamturteil gehört vielmehr zum „Regelungsgehalt einer Teilgenehmigung und entfaltet damit eine nach Maßgabe seiner Vorläufigkeit **eingeschränkte Bindungswirkung** für weitere Teilgenehmigungsverfahren". Dieser Befund ist auf andere Teilgenehmigungsverfahren übertragbar.

Vorläufig ist das Gesamturteil deshalb, „weil es nur auf vorläufigen, wenn auch hinreichend aussagekräftigen Aussagen zu beruhen braucht". Nicht etwa ist es durch eine mindere Intensität der Prüfung – etwa im Sinne einer bloßen Evidenzkontrolle – gekennzeichnet. Die an das vorläufige positive Gesamturteil anknüpfende **Bindungswirkung** steht unter zwei Einschränkungen, die sich aus der Vorläufigkeit der dem Urteil zugrundeliegenden Prüfung ergeben: Sie **entfällt,**

1. wenn die spätere Detailprüfung eines noch zu genehmigenden Anlagenteils ergibt, daß dieser so, wie ursprünglich geplant, nicht ausgeführt werden kann,

---

[160] Vgl. zum Ganzen statt vieler *Büdenbender/Mutschler,* Bindungs- und Präklusionswirkung von Teilentscheidungen nach BImSchG und AtG, 1979; *Schmidt-Aßmann* (FN 158), passim, und *Selmer,* Vorbescheid und Teilgenehmigung im Immissionsschutzrecht, 1979.

[161] Vgl. BVerwGE 72, 300 (306), im Schrifttum insbes. *v. Mutius/Schoch,* DVBl. 1983, 149ff., 152ff.; *Ossenbühl,* NJW 1980, 1353ff., 1356ff.; *Rengeling,* NVwZ 1982, 217ff.; *Selmer/Osterloh,* JuS 1981, 393ff., 397ff.; vgl. ferner allgemein *Wahl,* DÖV 1975, 373ff.

[162] Hierzu und zum folgenden BVerwGE 72, 300 (306f.). Vgl. zuvor BVerwG, DVBl. 1982, 960ff.

2. wenn infolge einer Änderung der Sach- oder Rechtslage an die noch nicht genehmigten Anlagenteile nunmehr neue Anforderungen gestellt werden müssen.

95 Die charakteristische innere Spannung aller dieser Zwischenentscheidungen liegt in dem Widerstreit von **Kontinuitätsinteressen** (primär des Antragstellers) und **Flexibilitätsinteressen** (primär der Genehmigungsbehörden). Einerseits soll der Antragsteller eine relative Planungs- bzw. Investitionssicherheit durch die Zwischenentscheidung (auch im Sinne einer Zukunftsbindung der Behörde) erhalten, andererseits kann (und darf) sich die Genehmigungsbehörde zum Zeitpunkt der Zwischenentscheidung nicht umfassend binden, weil die Einzelheiten der Projektrealisierung noch gar nicht feststehen. Was von der Behörde aber auf jeden Fall verlangt werden kann, ist eine gewisse Richtungstreue und -konsequenz bei Erlaß ihrer weiteren Entscheidungen, die aus den getroffenen Zwischenentscheidungen heraus zu entwickeln sind. Erhebliche Richtungsänderungen dürften (ohne Beseitigung der früheren Entscheidung) bei den späteren Entscheidungen nur aufgrund solcher Umstände zulässig sein, die z. Zt. der Zwischenentscheidung noch nicht hinreichend erkennbar waren oder erkennbar von der Behörde noch nicht geprüft wurden (vgl. auch § 8 Rn. 53). Es wäre im übrigen zu einseitig, wollte man die Praxis der Zwischenentscheidungen nur vom Interesse des Antragstellers her begreifen. Den Behörden bietet diese Praxis faktisch auch die Möglichkeit einer während der genannten Projektrealisierung mitlaufenden Verwaltungskontrolle, wobei insbesondere auch die Möglichkeit zur informellen behördlichen Einflußnahme auf weitere Realisierungsschritte wichtig ist. Dies kann sich dann bis zu einer faktischen behördlichen Teilhabe an der privaten Anlagenplanung und -realisierung steigern.

96 Da es bei Großanlagen häufig zu einer sehr erheblichen Zahl von **Zwischenentscheidungen** kommt, die jeweils **selbständig angefochten** werden können (s. § 5 Rn. 33), führt dies nicht nur zu einem übermäßigen Anstieg des Rechtsprechungskonsums (vgl. u. § 5 Rn. 5), sondern nicht selten auch zu einem für den Bürger nur noch schwer überschaubaren Rechtsschutzwirrwarr mit voneinander abhängigen Entscheidungen mit unterschiedlichsten juristischen Überlebenschancen.

97 Auf eigenes Risiko des Antragstellers kann schließlich nach einem Teil der Umweltgesetze unter bestimmten Voraussetzungen noch vor der Genehmigungserteilung die **Zulassung vorzeitigen Beginns** (der beantragten Benutzung, der Ausführung usw.) ausgesprochen werden (z. B. § 9a WHG, § 7a AbfG, nicht dagegen im Immissionsschutzrecht und im Atomrecht).

Diese in das Ermessen der Verwaltung gestellte Entscheidung steht unter den kumulativen Voraussetzungen, daß

1. in der Sache mit einer Entscheidung zugunsten des Unternehmers bzw. Trägers des Vorhabens gerechnet werden kann,
2. an dem vorzeitigen Beginn ein öffentliches Interesse oder ein berechtigtes Interesse des Unternehmers besteht (allein auf das öffentliche Interesse stellt jedoch § 7a Abs. 1 Nr. 2 AbfG ab),
3. der Unternehmer bzw. Träger des Vorhabens sich verpflichtet, alle bis zur späteren Entscheidung in der Hauptsache durch die Ausführung verursachten Schäden zu ersetzen und, falls das Vorhaben nicht zugelassen wird, den früheren Zustand wiederherzustellen.

Die Zulassung vorzeitigen Beginns ist jederzeit widerruflich (§ 9a Abs. 1 WHG, § 7a Abs. 1 AbfG) und kann befristet, mit Benutzungsbedingungen oder Auflagen verbunden (§ 9a Abs. 2 WHG) bzw. von einer Sicherheitsleistung abhängig gemacht werden (§ 7a Abs. 2 AbfG).

g) Zulassungseinschränkungen und Zulassungsbeseitigungen

98 Das Gegenstück zu den Zulassungsakten bilden die in der Umweltgesetzgebung in besonderer – d. h. verstärkte Flexibilität ermöglichender – Weise ausgestalteten und gegenüber anderen Bereichen des Verwaltungsrechts beträchtlich erweiterten Zulassungsbeseitigungen und -einschränkungen. Zu unterscheiden sind die **Aufhebung**

der Zulassungsentscheidung durch Rücknahme oder durch Widerruf einerseits und **nachträgliche Anordnungen** andererseits.

99 Die Sonderregelungen des Umweltrechts betreffen vor allem Widerrufsfälle, d.h. die Beseitigung rechtmäßiger Verwaltungsakte (§ 49 VwVfG), und die – im Verwaltungsverfahrensgesetz so nicht (wohl aber in der Gewerbeordnung) vorgesehenen – nachträglichen Anordnungen. Bei der Rücknahme von Anfang an rechtswidriger Zulassungsakte gilt demgegenüber weitgehend die allgemeine Regelung des § 48 VwVfG (Ausnahmen § 17 Abs. 2 AtG, § 12 WHG). Ihrem Inhalt nach stellen die **spezialgesetzlichen Widerrufsregelungen** (z.B. § 21 BImSchG, § 17 Abs. 3–5 AtG, § 12 Abs. 2 Nr. 2–4 WHG) im wesentlichen Konkretisierungen der allgemeinen Widerrufsgrundsätze und nicht etwa – wenigstens hinsichtlich der Voraussetzungen des Widerrufs – grundsätzlich abweichende Normierungen dar. Im Unterschied zu den im allgemeinen als Ermessensvorschriften formulierten Widerrufsregelungen (§ 49 VwVfG, aber etwa auch § 21 BImSchG) sehen allerdings Umweltgesetze in einigen Fällen sogar **Widerrufsverpflichtungen** vor (z.B. § 17 Abs. 4 und 5 AtG). Doch darf dies wiederum nicht – im Sinne völliger Unvereinbarkeit – überschätzt werden, da auch ohne ausdrückliche gesetzliche Bestimmung in Fällen von „Ermessensreduzierung auf Null" ebenfalls Widerrufspflichten bestehen können.

100 Die eigentliche normative Besonderheit des Umweltrechts im Bereich der nachträglichen Entscheidungen bilden die zahlreichen Regelungen über **nachträgliche Anordnungen** (z.B. § 17 BImSchG, §§ 9b Abs. 2 S. 2, 17 AtG, §§ 5 Abs. 1 S. 1, 10 Abs. 2, 19b Abs. 1 S. 3, 19c Abs. 3, 19e Abs. 2 S. 4 WHG, §§ 8 Abs. 1 S. 3, 9 S. 1 AbfG). Die Terminologie ist hierbei uneinheitlich („nachträgliche Auflagen", „inhaltliche Beschränkungen", „Vorbehalt" usw.). In der Sache handelt es sich jedoch stets um die Einschränkung der Zulassung durch spätere Beifügung von Nebenbestimmungen.

Hin und wieder können sich Abgrenzungsprobleme zwischen nachträglichen Anordnungen und (partiellen) Zulassungsbeseitigungen ergeben, da Rücknahme und Widerruf auch in Form einer Teilaufhebung erfolgen können.

101 Dieser **„gesetzliche Auflagenvorbehalt"** unterscheidet sich vom herkömmlichen Auflagenvorbehalt i.S. von § 36 Abs. 2 Nr. 5 VwVfG (der im Umweltrecht nur begrenzt vorgesehen ist, vgl. z.B. § 10 Abs. 1 WHG, § 12 Abs. 3 BImSchG) im wesentlichen dadurch, daß die nachträglichen Anordnungen unmittelbar aufgrund des Gesetzes ergehen und keines vorhergehenden behördlichen Vorbehaltes (der seinerseits eine gesetzliche Grundlage voraussetzt) bedürfen.[163]

Die Umweltgesetze tragen mit diesen Regelungen, welche die (materielle) Bestandskraft der Zulassungsakte erheblich einschränken,[164] dem Umstand Rechnung, daß die genehmigungsrelevanten Betreiberpflichten **Dauerpflichten** sind[165] und ein effektiver Umweltschutz in Anbetracht von veränderlichen Umweltbedingungen, Erkenntniszuwächsen über Umweltbelastungen und fortschreitenden technischen Standards sich nicht auf die „Momentaufnahme" der Eröffnungskontrolle beschrän-

---

[163] Vgl. allgemein *Kloepfer*, Die Verwaltung 8 (1975), 295ff., 301.
[164] Vgl. zur Bestandskraft von Verwaltungsakten allgemein etwa *Maurer* (FN 23), § 11 Rn. 4ff. (S. 227ff.).
[165] Vgl. auch *Dolde*, FS Bachof, 1984, S. 191ff., 203, sowie *Meßerschmidt*, NVwZ 1984, 565ff., 567.

ken darf, sondern – in belastungsadäquater Abstufung – eine fortlaufende Kontrolle verlangt.

Das Wasserrecht kennt von vornherein nur die widerrufliche Erlaubnis (§ 7 Abs. 1 WHG) sowie die befristete Bewilligung (§ 8 Abs. 5 WHG). Auch § 16 Abs. 1 PflSchG z. B. sieht überhaupt nur eine befristete Zulassung von Pflanzenschutzmitteln vor.

Das herkömmliche Rücknahme- und Widerrufsinstrumentarium des allgemeinen Verwaltungsrechts ist demgegenüber nicht selten zu schwerfällig, um eine flexible und schnelle Anpassung von Umweltnutzungen an veränderliche ökologische und technologische Bedingungen zu ermöglichen.

Im Widerspruch hierzu stand das Vorhaben des Gesetzgebers, den gesetzlichen Auflagenvorbehalt in § 8 Abs. 1 S. 3 AbfG unter dem Gesichtspunkt der Vereinheitlichung des Verwaltungsverfahrensrechts ersatzlos zu streichen.[166] Möglicherweise mit Rücksicht auf die hiergegen geäußerten Bedenken[167] wurde hiervon Abstand genommen und die Rechtsbereinigung auf die Streichung des tatsächlich entbehrlichen, weil bereits im Verwaltungsverfahrensgesetz vorgesehenen (§ 36 Abs. 2 Nr. 3 VwVfG) Widerrufsvorbehalts in § 8 Abs. 1 S. 4 AbfG a. F. beschränkt.[168]

102 Unter Umständen können nachträgliche Entscheidungen auch durch **Drittbetroffene** erwirkt werden. § 10 Abs. 2 WHG sieht dies sogar ausdrücklich vor. Demgegenüber faßt § 14 BImSchG (nachträgliche) Schutzvorkehrungen als Gegenstand privatrechtlicher Abwehransprüche auf. Dies schließt freilich eine auf den Erlaß oder die Erweiterung einer nachträglichen Anordnung i. S. von § 17 BImSchG oder auf eine andere nachträgliche Auflage gerichtete öffentlich-rechtliche Verpflichtungsklage eines klagebefugten Dritten nicht aus.[169]

103 Die erhöhte Abänderbarkeit umweltrechtlicher Zulassungsakte steht in einem Spannungsverhältnis zum eigentumsrechtlichen Bestandsschutz[170] und zum Vertrauensschutzprinzip (s. o. § 2 Rn. 38, 39). Die Problematik wird dadurch noch verschärft, daß nachträgliche Entscheidungen und insbesondere nachträgliche Anordnungen im Umweltrecht weitgehend **entschädigungslos** erfolgen.

Den Regelungen in den verschiedenen Umweltgesetzen liegt allerdings bisher im wesentlichen kein gemeinsames System zugrunde. Während das Bundes-Immissionsschutzgesetz eine Entschädigung nur im Widerrufsfalle vorsieht (§ 21 Abs. 4 BImSchG), ordnet § 18 AtG eine Entschädigung auch bei Rücknahme eines rechtswidrigen Zulassungsaktes unter ähnlichen Voraussetzungen wie § 48 VwVfG an. Auch das Bundes-Immissionsschutzgesetz ist jedoch insofern entschädigungsfreundlich, als § 21 Abs. 1 Nr. 5, Abs. 4 BImSchG (wie i. ü. auch schon § 51 GewO) eine Entschädigungspflicht bei Genehmigungswiderruf selbst dann vorsieht, wenn der Widerruf zur Verhütung oder Beseitigung schwerer Nachteile für das Gemeinwohl erfolgt. Als Ausnahme vom Prinzip entschädigungsloser Untersagbarkeit störender (polizeipflichtiger) Anlagen muß diese Vorschrift allerdings eng ausgelegt werden. § 12 WHG sieht darüber hinaus eine Entschädigung auch bei einer Beschränkung vor – freilich nur im Falle der Bewilligung und nicht, soweit es sich um nachträgliche Anforderungen und Maßnahmen handelt, die bereits dem Änderungsvorbehalt des § 5 WHG unterfallen.

---

166 BT-Drs. 10/1232, S. 13.

167 Vgl. *Kloepfer/Meßerschmidt* (FN 49), S. 137.

168 Erstes Gesetz zur Bereinigung des Verwaltungsverfahrensrechts v. 18. 2. 1986 (BGBl. I S. 265), Art. 7 Nr. 4.

169 Vgl. *Jarass* (FN 109), § 17 Rn. 47.

170 Vgl. hierzu *Schenke*, DVBl. 1976, 740ff., sowie zuletzt *Feldhaus*, WiVerw. 1986, 67ff., und *Friauf*, WiVerw. 1986, 87ff., sowie die weiteren Nachw. in FN 88 zu § 2.

Die bisher nach altem Recht für den wichtigsten, d. h. immissionsschutzrechtlichen Teil der nachträglichen Anordnungen geltende **Eingriffsschranke** der fehlenden „wirtschaftlichen Unvertretbarkeit" ist mit der Novellierung des § 17 BImSchG[171] durch den (im wesentlichen deklaratorischen, weil ohnehin verfassungsrechtlich vorgegebenen) **Maßstab der „Unverhältnismäßigkeit"** ersetzt worden, dem in § 17 Abs. 2 S. 1, 2. Halbs. BImSchG allerdings einige Beurteilungskriterien beigefügt wurden. Der Gesetzgeber will damit erklärtermaßen die Eingriffsschwelle gegenüber Altanlagen niedriger anlegen und den Bestandsschutz für Altanlagen auf das verfassungsrechtlich unbedingt gebotene Mindestmaß reduzieren[172] (und wohl auch den langwährenden Streit um die Auslegung des Vertretbarkeitsmaßstabes beenden – s. § 7 Rn. 96). Wie sich die Gesetzesänderung praktisch auswirkt, bleibt indessen abzuwarten. 104

Diese Rechtsentwicklung, die auf die spezifische Problematik der Altanlagensanierung zielt, darf indes nicht undifferenziert als Vorbild für alle übrigen Vorschriften dienen, die **Vertretbarkeitsklauseln** enthalten (z. B. § 14 S. 2 BImSchG, § 9a Abs. 1 Nr. 2 AtG). Es wäre eine folgenschwere Simplifikation, in der Ausschöpfung sämtlicher staatlicher Eingriffsmöglichkeiten bei gleichzeitiger Reduzierung umweltrelevanter Individualrechte auf ihren Grundrechtskern die zukünftige Aufgabe der Umweltgesetzgebung zu sehen. In einigen Fällen (außerhalb der nachträglichen Anordnungen) hat der Gesetzgeber frühere Vertretbarkeitsklauseln durch (subjektivierende) Zumutbarkeitsklauseln ersetzt (z. B. § 5 Abs. 1 Nr. 3 BImSchG i. U. zu § 5 Nr. 3 BImSchG a. F., § 11b Abs. 1 Nr. 4 lit. c AbfG). 105

In anderen Regelungen über nachträgliche Anordnungen fehlt überhaupt ein Hinweis auf Zulässigkeitsschranken (z. B. § 8 Abs. 1 S. 3 AbfG). In diesen Fällen erfolgt eine Begrenzung allein durch die Verfassung. 106

So ist etwa nach allgemeinem Verfassungsrecht eine enteignend wirkende nachträgliche Anordnung dann unzulässig, wenn der Anordnungsgrund nicht in der Sphäre des Genehmigungsadressaten liegt.[173] In solchen Fällen kann die Verwaltung gehalten sein, statt der nachträglichen Anordnung die Rücknahme oder den Widerruf der Zulassung auszusprechen, sofern für diesen Fall eine Entschädigungsregelung besteht.

Der beträchtlichen rechtlichen Bedeutung des Instrumentes der nachträglichen Anordnung steht bislang allerdings insgesamt wohl keine vergleichbare sichtbare **praktische Relevanz** gegenüber. Von dem Instrumentarium wird nur selten direkter Gebrauch gemacht. Dies schließt jedoch nicht aus, daß es als Druckmittel im Hintergrund bei Absprachen und Arrangements (s. u. Rn. 232ff.) eine Rolle spielt, deren sich die Verwaltung insbesondere im Bereich der (Alt-)Anlagensanierung zunehmend bedient. 107

Ein spezielles, praktisch ebenfalls nur selten gebrauchtes[174] Korrektiv bestehender Rechte und Befugnisse stellt das **Ausgleichsverfahren** nach § 18 WHG dar, das bei einem – im Hinblick auf konkurrierende Benutzungsansprüche – unzureichenden Wasserdargebot eingeleitet werden kann. Eine entsprechende Regelung findet sich in keinem anderen Umweltgesetz, obgleich sich auch bei der Nutzung anderer Umweltmedien ähnliche Probleme einstellen können. § 18 WHG dient allerdings nur dem Ausgleich unter *bestehenden* Rechten und Befugnissen.[175] Die Vorschrift leistet somit keinen Beitrag zur Bewältigung der „newcomer"-Problematik, die heute vor allem im Immissionsschutzrecht besondere Aufmerksamkeit auf sich zieht (Nicht-„Besit- 108

---

[171] Zweites Gesetz zur Änderung des BImSchG v. 4. 10. 1985 (BGBl. I S. 1950).
[172] BT-Drs. 10/1862, S. 6, 9 und 11.
[173] Vgl. *Breuer* (FN 1), S. 642 m. w. N.
[174] Vgl. *Salzwedel,* in: v. Münch (Hg.), Besonderes Verwaltungsrecht, 8. Aufl., 1988, S. 737ff., 760.
[175] *Gieseke/Wiedemann/Czychowski,* Wasserhaushaltsgesetz, 4. Aufl., 1985, § 18 Rn. 2.

zer" von immissionsschutzrechtlichen Genehmigungen contra alteingesessene „Besitzer" derartiger Genehmigungen).

Dem Schutz von „newcomern" dienen jedoch die Regelungen über das **Erlöschen** von Genehmigungen bzw. sonstigen Zulassungsakten (z. B. § 18 BImSchG, § 16 Abs. 2 S. 2 WHG) sowie entsprechende Widerrufsregelungen (z. B. § 12 Abs. 2 Nr. 1 WHG). Indem sie primär auf die Nichtausnutzung der Genehmigung innerhalb eines bestimmten Zeitraums abstellen, ziehen sie nicht lediglich nicht „benötigte" Genehmigungen wieder ein, sondern wirken einem Horten von „Belastungslizenzen" entgegen.

h) Untersagungsermächtigungen

109 Untersagungsermächtigungen gehören zu den schärfsten Waffen des (repressiven) Umweltschutzes. Ein erfolgreicher – präventiver – Umweltschutz zeichnet sich allerdings dadurch aus, daß er nur selten zu diesem zwar wirkungsvollen und im Einzelfall notwendigen, als primäres Instrument aber ungeeigneten **Repressionsmittel** greifen muß. Das Umweltrecht zielt darauf ab, Situationen, die den Rückgriff auf Untersagungsermächtigungen erfordern, nach Möglichkeit gar nicht erst entstehen zu lassen. Da eine perfekte Prävention freilich unerreichbar ist, wird dieses traditionelle, dem Polizei- und Gewerberecht entstammende Instrument auch in Zukunft seine Bedeutung behalten.

110 Untersagungsermächtigungen können sowohl in Verbindung mit dem Instrumentarium der Eröffnungskontrolle auftreten als auch selbständig Verwendung finden. Im ersten Fall kann von ihnen nur Gebrauch gemacht werden, wenn zuvor der Zulassungsakt und die daraus folgende Berechtigung durch Rücknahme oder Widerruf beseitigt wurden. Erst danach kommen Beseitigungs-, Stillegungs- oder Unterlassungsverfügungen (z. B. § 20 BImSchG, § 19 Abs. 3 S. 2 Nr. 3 AtG) in Betracht. Man könnte daher in diesen Fällen auch von **quasi-akzessorischen Untersagungsermächtigungen** sprechen, die dazu dienen, ein Verhalten von Bürgern zu verhindern, das ohne die erforderliche Genehmigung vorgenommen wird.

111 Streitig ist, ob von einer solchen quasi-akzessorischen Untersagungsermächtigung auch gegenüber *bloß formell illegalen* Handlungen oder Anlagen Gebrauch gemacht werden darf. Sollte hierbei die Analogie zum Baurecht tragen, wo eine Beseitigungsverfügung nicht allein auf die **formelle Illegalität** einer baulichen Anlage gestützt werden kann,[176] wäre dies zu verneinen. Nach h. M. in Rechtsprechung und Schrifttum gilt dieses Privileg der Rechtsfolgenmilderung bloß formeller Rechtswidrigkeit außerhalb des Baurechts und namentlich im Umweltrecht jedoch nicht.[177] Grund hierfür sind vor allem die besondere Sozialrelevanz des Umweltschutzes und die Gefahr irreversibler Umweltschädigungen,[178] die eine Aufweichung der Präventivkontrolle, wie sie bei einem Untersagungsverbot wegen formeller Illegalität unweigerlich eintreten würde, nicht zulassen. Einen gewissen Schutz gegenüber unnötigen oder schikanösen Untersagungsverfügungen gewährt der Verhältnismäßigkeitsgrundsatz.[179]

---

[176] Vgl. statt vieler *Oldiges,* in: Steiner (Hg.), Besonderes Verwaltungsrecht, 2. Aufl., 1986, S. 399ff., 517 (Tz. 258) unter Hinweis auf den Grundsatz der Verhältnismäßigkeit m. w. N.

[177] Vgl. insbes. BVerwG, NJW 1978, 2311ff. (m. Anm. v. *Schwabe*), und VGH Mannheim, DÖV 1977, 332.

[178] *Breuer,* (FN 1), S. 640f.

[179] Vgl. allgemein *Lerche,* Übermaß und Verfassungsrecht, 1961; ferner etwa *Grabitz,* AöR 98 (1973), 568ff.; *Hirschberg,* Der Grundsatz der Verhältnismäßigkeit, 1981; *M. Jakobs,* Der Grundsatz der Verhältnismäßigkeit, 1985, und *Wendt,* AöR 104 (1979), 414ff.

Selbständige Untersagungsermächtigungen (also solche, die nicht an das Fehlen etc. von erforderlichen Genehmigungen anknüpfen) bilden neben speziellen gesetzlichen Verboten und Beschränkungen (z. B. §§ 8, 13 Abs. 2 S. 1, 20d, 20f BNatSchG, §§ 24, 25 BImSchG, §§ 19 Abs. 2, 26 Abs. 2 WHG, §§ 9, 14, 15 Abs. 2 AbfG, §§ 17ff., 23 ChemG), die vor allem in solchen Gesetzen besonders häufig vertreten sind, die auf Zulassungsverfahren weitgehend verzichten (Bundesnaturschutzgesetz – Ausnahme § 24 BNatSchG – und Chemikaliengesetz) auch die subsidiär anwendbaren polizeirechtlichen Generalklauseln. 112

Hiervon zu unterscheiden ist die Frage der Zuständigkeit für derartige Eingriffe. Grundsätzlich wird man der allgemeinen Polizei- bzw. Ordnungsbehörde neben der zuständigen Fachbehörde nur eine ,,Eilkompetenz" bei Gefahr im Verzug zubilligen können (vgl. z. B. § 7 Abs. 3 LImSchG Rh.-Pf.).

j) Überwachungsbefugnisse

Staatliche Überwachung erfüllt im Umweltschutz eine doppelte Aufgabe: Zum einen dient sie der Einzelkontrolle, ob die Verhaltensforderungen des Umweltrechts, insbesondere die behördlichen Vorgaben im Rahmen von Zulassungsentscheidungen und Verbotsverfügungen, vom Bürger auch befolgt werden (**Befolgungskontrolle** bzw. staatliche Aufsicht i. e. S.). Zum anderen hat sie die umfassendere Funktion einer **Umweltbeobachtung,** d. h. die Entwicklung der Umweltsituation sektoral fortlaufend zu registrieren (z. B. §§ 44ff. BImSchG). In diesem Fall dient sie der Vorbereitung konkreter Maßnahmen der Verwaltung, die in einem späteren Stadium wiederum weitere Befolgungskontrollen auslösen können. Auf diese Weise kann ein regelrechter Überwachungskreislauf entstehen. Ein Instrument der Verhaltenssteuerung i. e. S. stellt nur die Befolgungskontrolle dar. Beide Überwachungsaufgaben lassen sich indes nicht wirklich randscharf voneinander trennen, sondern ergänzen einander (z. B. anlagenbezogene und gebietsbezogene Überwachung, §§ 26ff. und §§ 44ff. BImSchG) und obliegen im Prinzip derselben Fachbehörde (vgl. zur Verteilung der Behördenzuständigkeit jedoch jeweils die einschlägigen Landesgesetze). 113

Mit der Formulierung: ,,Die zuständigen Behörden haben die Durchführung dieses Gesetzes und der auf dieses Gesetz gestützten Rechtsverordnungen zu überwachen" (§ 52 Abs. 1 BImSchG) werden daher auch beide Dimensionen der Überwachung angesprochen.[180]

Die staatliche Überwachung wird in den einzelnen Umweltgesetzen jeweils sektoral geregelt (z. B. § 21 WHG, §§ 26–31, 44–47, 52 BImSchG, § 19 AtG, § 11 AbfG, § 21 ChemG, §§ 33ff. PflSchG). Als Handlungsinstrumente stehen ihr neben schlicht-hoheitlichen Mitteln (z. B. Informationssammlung, Einrichtung von Meßstellen, vgl. § 45 BImSchG) sehr weitgehende **Eingriffsbefugnisse** im Rahmen der Befolgungskontrolle zu. Die in fast allen Umweltgesetzen enthaltenen Eingriffsermächtigungen umfassen insbesondere behördliche Betretungs- und Besichtigungsrechte, Rechte auf Einsicht in Akten und Unterlagen, auf Entnahme von Stichproben, eigene Messungen und Prüfungen, Herausgabeverlangen sowie die Befugnis, von den Adressaten der Kontrollmaßnahme (z. B. Anlagenbetreiber, Eigentümer, Besitzer, Hersteller, Einführer, Vertreiber und Verwender von Stoffen), in Ausnahmefällen sogar von Dritten (vgl. § 21 Abs. 2 ChemG, § 19 Abs. 2 S. 2 AtG) Auskünfte und aktive Unterstützung zu verlangen (z. B. § 52 BImSchG, § 19 Abs. 2 AtG, 114

---

[180] Vgl. auch *Jarass* (FN 109), § 52 Rn. 1–3, und *Mösbauer,* VerwArch. 72 (1981), 17ff.

§ 21 WHG, § 10 WRMG, § 11 AbfG, § 21 ChemG). Gesetzestechnisch sind sie teils direkt als Eingriffsbefugnisse, teils – im Ergebnis sinngleich – über die korrespondierenden (allerdings nicht unbegrenzten) Duldungs- und Mitwirkungspflichten der Überwachungsadressaten formuliert. Letztere bilden einen Teilausschnitt aus dem umfassenderen Bereich der individuellen Umweltpflichten (s. u. Rn. 120ff.) und werden insbesondere durch bestimmte, die Überwachung vorbereitende sog. überwachungsdienliche Pflichten,[181] z. B. Anzeige-, Mitteilungs-, Eigenüberwachungs- und Dokumentationspflichten, ergänzt. Die Regelungen in den einzelnen Gesetzen weisen einerseits ausgeprägte Gemeinsamkeiten (Regelung der Auskunftspflicht, des Auskunftsverweigerungsrechts, der Vorlagepflicht, Datenschutz gegenüber dem Finanzstrafverfahren usw.), andererseits erhebliche Unterschiede auf (insbesondere Umfang des Betretungsrechts, besondere Dokumentationspflichten, Mitwirkungspflichten Dritter, s. dazu i. e. Rn. 135ff.).

115 Die staatliche Überwachung kann durch Einschaltung privater staatlich zugelassener **Überwachungsorganisationen,** wozu in Einzelfällen eine Rechtspflicht besteht (z. B. § 19i Abs. 2 S. 1 WHG – Überwachungsvertrag), sowie durch Eigenüberwachungsmaßnahmen (s. o. § 3 Rn. 54 sowie u. Rn. 127) – ggf. in Verbindung mit der Bestellung eines Umweltschutzbeauftragten (s. dazu i. e. Rn. 128ff.), aber auch unabhängig hiervon – ergänzt werden.

Bei einem zuverlässigen Ineinandergreifen dieser Überwachungssysteme könnte sich die staatliche Überwachung in weiten Bereichen auf eine ,,Kontrolle der innerbetrieblichen Kontrolleure" konzentrieren.

Auf eine Entlastung der staatlichen Überwachung zielt auch das rechtspolitische Modell eines **,,Umwelt-TÜV",** der die behördliche Überwachung durch eine betreiberunabhängige Überwachung mittels regelmäßiger (von den Überwachungsadressaten zu bezahlender) Sachverständigenprüfungen ergänzen soll.

II. Gesetzliche Verbote und Gebote

1. Gesetzliche Verbote

116 Eine Verhaltenssteuerung durch unmittelbar wirkende gesetzliche Verbote bietet sich an, wenn der Gesetzgeber eine Umweltbelastung *ausnahmslos* unterbinden will und es nicht auf eine konkretisierende Rechtsanwendung durch die Verwaltung ankommt. Regelungen dieser Art tragen meist der besonderen Schwere einer Umweltbelastung und/oder eindeutigen, in sich nicht differenzierungsbedürftigen Sachlagen Rechnung, bei denen es einer einzelfallbezogenen, u. U. abwägenden Entscheidung nicht bedarf. Ausnahmsweise ist aber auch dort ein **Dispens** möglich (vgl. z. B. § 31 BNatSchG).

Soweit ein solcher Dispens vorgesehen ist, handelt es sich um ein repressives Verbot mit Befreiungsvorbehalt (s. o. Rn. 46).

117 Beispiele dieser Regelungsgattung bilden im reichhaltigen, überwiegend aber mit einem administrativen Filter verbundenen Verbotsarsenal des Umweltrechts unter anderem die **Schädigungsverbote** in Schutzgebieten (z. B. §§ 13 Abs. 2, 15 Abs. 2,

---

[181] Vgl. zu dieser Kategorie *Storm* (FN 1), Tz. 113 (S. 47).

18 Abs. 2 BNatSchG) und die artenschützenden Verbote (§§ 20d, 20f, 21 Abs. 5 BNatSchG) im Naturschutzrecht.

118 Außer durch Gesetz können Verbote und Beschränkungen auch durch eine auf ein Gesetz gestützte **Rechtsverordnung** verhängt werden, sofern die Ermächtigungsgrundlage hinreichend bestimmt ist. Von dieser zweiten Möglichkeit hat in besonders ausgeprägter und nicht unbedenklicher Weise das Chemikaliengesetz mit einer Fülle von Verbotsermächtigungen (s. § 13 Rn. 84f.) Gebrauch gemacht (§ 17 ChemG).[182] Doch findet sich diese Regelungstechnik auch in anderen Umweltgesetzen. Sie scheint vorzugsweise in Bereichen eingesetzt zu werden, wo sich der parlamentarische Gesetzgeber selbst noch zu keinem gesetzlichen Verbot oder zu einer unmittelbaren Verbotsermächtigung durchringen konnte, den Weg zum Verbot aber grundsätzlich öffnen und allein schon durch das Vorhandensein der Ermächtigung Druck auf die (indirekten, potentiellen) Normadressaten ausüben will. Dies gilt beispielsweise für die Verordnungsermächtigung des § 14 AbfG, die dem Verordnungsgeber eine breite Palette von Eingriffsmöglichkeiten gegenüber den Herstellern und Verwendern von Verpackungen und Behältnissen bietet (s. § 12 Rn. 55ff.). Ihre bisherige Bedeutung bestand vor allem in der Funktion eines „Drohgesetzes", das konkrete Verordnungsregelungen aber auf Dauer wohl doch nicht erübrigt.

Insgesamt stellen generelle gesetzliche (oder aufgrund eines Gesetzes durch Rechtsverordnung ergehende) Verbote das wohl härteste Instrument des Umweltrechts dar.

2. *Gesetzliche Gebote*

119 Demgegenüber sind direkte gesetzliche Gebote, wie zum Beispiel das der umweltverträglichen Produktverwendung (z.B. § 1 Abs. 2 WRMG), soweit sie nicht sanktionsbewehrt sind, kein besonders wirkungsvolles Instrument der Umweltpolitik, sondern haben im wesentlichen nur **Appellcharakter.**

III. Umweltpflichten des Bürgers

120 Das Umweltrecht der Bundesrepublik Deutschland enthält eine breite Palette individueller Umweltpflichten. Dabei ist im wesentlichen zwischen materiellen und formellen (verfahrensbezogenen) Ausprägungen einerseits sowie zwischen originären (primären) und derivativen (sekundären) Umweltpflichten andererseits zu unterscheiden.[183]

121 **Materielle Umweltpflichten** kommen der Umwelt unmittelbar zugute, indem sie den Bürgern ein bestimmtes umweltschonendes oder umweltförderndes tatsächliches Verhalten aufgeben. Sie sind meist als Leistungs- oder Unterlassungspflichten ausgestaltet. Einen Unterfall der Leistungspflichten bilden die besonders wichtigen Vorsorge-, Überwachungs- und Sicherungspflichten sowie die damit teilweise sich überschneidenden Organisationspflichten.

---

[182] Hierzu näher *Kloepfer,* Chemikaliengesetz, 1982, S. 104ff.

[183] Vgl. zur Systematisierung *Kloepfer* (FN 145), S. 110; ähnlich *Storm* (FN 1), Tz. 108ff. (S. 46ff.).

122 Um **„formelle"**, primär verfahrensbezogene **Pflichten** handelt es sich bei den Anzeige-, Auskunfts-, Mitwirkungs- und Duldungspflichten im Rahmen der staatlichen Überwachung (s. o. Rn. 113ff.), wozu auch bestimmte vorbereitende „überwachungsdienliche" Pflichten (s. o. Rn. 114) gehören. Sie bilden meist Nebenpflichten zu einer primär bestehenden materiellen Umweltpflicht. Anzeigepflichten können aber auch Hauptpflichten sein (z. B. die Anmeldepflicht nach § 4 ChemG). Von den Duldungspflichten im Rahmen der Überwachung zu unterscheiden sind sonstige Duldungspflichten, die sowohl auf die Duldung eines umweltpflegerischen Tuns durch andere als auch auf die Duldung von Umweltbelastungen bezogen sein können (s. u. Rn. 137, 138).

123 Mit der Unterscheidung von **originären** und **derivativen Umweltpflichten** wird darauf abgestellt, ob es sich um eine ursprüngliche Pflicht handelt oder um eine Pflicht, die durch ein vorangegangenes umweltbelastendes Tun (Ingerenz i. w. S.) ausgelöst wird. Abgeleitete Umweltpflichten kommen vor allem in Gestalt von – naturalen oder finanziellen – Ausgleichspflichten vor.

1. Schonungspflichten

124 An der Spitze aller individuellen Umweltpflichten steht die – allerdings nicht absolute, sondern nach Maßgabe der Gesetze relative – Pflicht, Umweltschädigungen zu unterlassen. Hierbei sind die Grenzen zwischen **Unterlassungs- und Leistungspflichten** letztlich fließend. Das Gebot, Umweltschädigungen zu unterlassen, läßt sich nicht nur als Unterlassungspflicht, sondern gleichwertig positiv auch als Leistungspflicht formulieren.

So heißt es etwa in § 1a Abs. 2 WHG: „Jedermann ist verpflichtet, bei Maßnahmen, mit denen Einwirkungen auf ein Gewässer verbunden sein können, die nach den Umständen erforderliche Sorgfalt anzuwenden, um eine Verunreinigung des Wassers oder eine sonstige nachteilige Veränderung seiner Eigenschaften zu verhüten und um eine mit Rücksicht auf den Wasserhaushalt gebotene sparsame Verwendung des Wassers zu erzielen."

Man mag auch ohne nennenswerte praktische Relevanz darüber streiten, ob beispielsweise ein Anlagenbetreiber das Unterlassen von Emissionen oder die Vornahme von „Reinigungs"-leistungen schuldet. Das erstere dürfte richtig sein, da die entsprechenden Rechtssätze als Vermeidungsgebote formuliert sind (vgl. §§ 5, 22 BImSchG) und es dem Anlagenbetreiber überlassen bleibt, ob er das Gebot durch Stillegung oder Sanierung der Anlage erfüllt.

2. Förderungs- und Leistungspflichten

125 Darüber hinaus gehen spezifische **Pflege-, Erhaltungs- und Bewirtschaftungspflichten** (z. B. nach § 11 BNatSchG, §§ 9 und 11 BWaldG, §§ 28ff. WHG), die vor allem an Grundstücks- und Gewässereigentum bzw. -besitz anknüpfen.

Eine umfassende Umweltpflicht begründet die Gewässerunterhaltungslast nach § 29 WHG, die – soweit sie nicht Aufgabe von Gebietskörperschaften, von Wasser- und Bodenverbänden oder gemeindlichen Zweckverbänden ist – den Eigentümern der Gewässer, den Anliegern und denjenigen Eigentümern von Grundstücken und Anlagen obliegt, die aus der Unterhaltung Vorteile haben oder die die Unterhaltung erschweren. Bewirtschaftungs- und Pflegepflichten in anderen Bereichen bleiben dahinter zurück. Der Pflegepflicht im Siedlungsbereich (§ 11 BNatSchG) steht keine entsprechende Instandhaltungspflicht für Grundstücke im Außenbereich zur Seite. Auch eine Bewirtschaftungspflicht gibt es nur für Wald im Sinne von § 2 BWaldG. Eine allgemeine Handhabe gegen die sog. Sozialbrache besteht nicht. Sie wäre unter Umweltschutzaspekten wohl auch nur in Grenzen sinnvoll, da sich landwirtschaftlich nicht mehr genutzte Flächen u. U. zu ökologisch nützlichen naturnahen Flächen zurückentwickeln können (nicht müssen!).

Eine weitere Unterart der Leistungspflichten bilden gesetzlich begründete **„Abnahme"pflichten** der (nur zum geringeren Teil privaten) Betreiber von Entsorgungsanlagen (z. B. § 18a Abs. 2 WHG, § 3 Abs. 2, 3 und 5 AbfG, § 5b AbfG) und die zum Teil korrespondierenden **Überlassungs-** bzw. **Ablieferungspflichten** der Abfallbesitzer (§ 3 Abs. 1 AbfG, § 47 StrlSchV). **Eigenentsorgungspflichten** sind aus umwelthygienischen Gründen und wegen der Schwierigkeit einer effektiven Überwachung eine eng begrenzte Ausnahme (§ 3 Abs. 4 AbfG, s. auch § 12 Rn. 82ff.). 126

Eine weitere Variante bilden **Rücknahmepflichten** der Hersteller und/oder Verkäufer umweltbelastender Güter. Hierdurch soll nicht nur eine Entlastung der primär öffentlichen Entsorgungsaufgaben, sondern überhaupt eine Verminderung umweltbelastender Produkte erreicht werden. Grundsätzlich entspricht dieses Instrument dem Verursacherprinzip (s. § 3 Rn. 27ff.). Hierdurch unterscheidet es sich konzeptionell grundlegend von den meisten zuvor erörterten Abnahme- und Überlassungspflichten, die im wesentlichen das Gemeinlastprinzip (vgl. § 3 Rn. 39ff.) realisieren. Eine derartige Rücknahmepflicht statuiert § 5b AbfG (mit gewissen Modifikationen) für die gewerbsmäßigen Anbieter von Verbrennungsmotoren- und Getriebeölen (s. § 12 Rn. 172) im Interesse der Altölentsorgung.

Das Instrument der Rücknahmepflicht kann durch finanzielle Anreize (sog. **Zwangspfand**) flankiert werden, die bewirken sollen, daß die Verbraucher von der Rückgabemöglichkeit auch Gebrauch machen. Insofern bildet das Pfandmodell ein **Instrument indirekter Verhaltenssteuerung** (vgl. allgemein Rn. 142ff.). Im Einzelfall könnte es allerdings auch einmal verbotsgleiche Wirkungen entfalten. Wenn und soweit die hierbei vereinnahmten Gelder keiner öffentlich-rechtlichen Körperschaft zufließen, handelt es sich jedoch um keine Abgabe (vgl. § 4 Rn. 178ff.), sondern um ein eigenständiges Anreiz- und Kostenverteilungsinstrument. Diesen Weg beschreitet die neue Verordnung über die Rücknahme und Pfanderhebung von Getränkeverpackungen aus Kunststoffen (s. § 12 Rn. 65). Eine Übertragung dieses Modells auf andere schwierig zu entsorgende Konsumgüter (z. B. Batterien, Kühlschränke usw.) wäre denkbar.

Eine neuartige Umweltleistungspflicht verkörpert schließlich der rechtspolitische Vorschlag zur Einführung einer **Sortimentspflicht**, wonach der Einzelhandel gehalten wäre, bestimmte umweltfreundliche Produkte anzubieten. Die Sortimentspflicht stellt eine u. U. mildere Alternative insbesondere gegenüber Produktverboten dar. Anstatt das umweltpolitisch unerwünschte Produkt (z. B. Einweggetränkeverpackung) zu verbieten, erzwingt der Gesetzgeber nach diesem Modell eine wirksame Angebotskonkurrenz umweltfreundlicher Güter (vgl. zur vorerst gescheiterten Einführung einer Sortimentspflicht im Abfallrecht § 12 Rn. 60 mit FN 96).

3. Vorsorge-, Überwachungs- und Sicherungspflichten

a) Einzelne Pflichten

Zu den vielfältigen Pflichten, die an zulässige bzw. zugelassene, aber potentiell gefährliche Umweltnutzungen anknüpfen (insofern handelt es sich um akzessorische 127

Pflichten), gehören insbesondere die nur in Einzelfällen ausdrücklich normierten **Eigenüberwachungspflichten** (z. B. § 7 Abs. 1 Nr. 3 BImSchG, §§ 19i, 19k WHG).

Von der allgemeinen, grundsätzlich bereits aus der zivilrechtlichen Verkehrssicherungspflicht folgenden autonomen Eigenüberwachungspflicht zu unterscheiden ist die **substituierende Eigenüberwachung,** welche die staatliche oder staatlich autorisierte Überwachung (s. o. Rn. 113ff.) partiell ersetzt. Diese bildet noch die Ausnahme.[185a] Soweit aus Rechtsvorschriften sich nichts Gegenteiliges ergibt, meint Überwachung stets primär (staatliche bzw. staatlich autorisierte) **Fremdüberwachung** (vgl. etwa auch § 24c Abs. 1 S. 1 GewO).

Ferner gehören hierzu bereichsspezifische Pflichten wie **Störfallvorsorgepflichten** (z. B. §§ 3ff. StörfallVO – Kloepfer Nr. 654), die (nicht nur) stoffrechtlichen **Kennzeichnungs- und Verpackungspflichten** (§§ 13ff. ChemG, § 20 PflSchG, § 3 DMG i. V. mit §§ 2ff. DMVO, § 7 WRMG, § 2 RasenmäherlärmVO – Kloepfer Nr. 644), Warnpflichten (§ 35 StrlSchV, Strahlenwarnzeichen)[184] und **finanzielle „Vorsorge"-pflichten.** Letztere kommen in Risikobereichen in drei Formen vor: *erstens* als Pflicht zur Sicherheitsleistung (§ 8 Abs. 2 AbfG), *zweitens* als gesetzlich vorgeschriebene Deckungsvorsorge im Hinblick auf mögliche Schadensfälle (§§ 13ff. AtG) sowie *drittens* als behördliche Auflage (z. B. im Rahmen der abfallrechtlichen Beförderungsgenehmigung nach § 12 AbfG), eine Haftpflichtversicherung abzuschließen.[185]

Die gesetzliche Einführung einer **Versicherungspflicht** für bestimmte Emittentengruppen wird gegenwärtig diskutiert (vgl. auch Rn. 292ff.).[186]

b) Bestellung von Umweltschutzbeauftragten

128 Einen qualifizierten Fall der Selbstüberwachungspflicht bildet die alle (bedeutenderen) umweltbelastenden Betriebe treffende **Organisationspflicht** zur Bestellung von Umweltschutzbeauftragten.[187] Betriebsbeauftragte für Umweltschutz sind gesetzlich vorgesehen insbesondere in §§ 21a–f WHG als Gewässerschutzbeauftragter, in §§ 11a–f AbfG als Betriebsbeauftragter für Abfall, in §§ 53–58 BImSchG als Immissionsschutzbeauftragter und in §§ 29ff. StrlSchV als Strahlenschutzbeauftragter. Die einzelnen gesetzlichen Regelungen weisen ein hohes Maß an inhaltlicher Übereinstimmung auf. Eine teilweise Sonderstellung nimmt allein der Strahlenschutzbeauftragte ein, die sich aus der besonderen Risikoqualität ionisierender Strahlen ergibt. Erwogen wird die Einführung besonderer Störfallbeauftragter (s. § 7 Rn. 123).

129 Der Gesetzgeber hat mit den Umweltschutzbeauftragten eine prinzipiell neuartige Institution im Sinne des Kooperationsprinzips (s. § 3 Rn. 44ff.) geschaffen, für die gewisse Vorbilder im Arbeitsschutzrecht und Bergrecht bestanden.[188] Grundsätzliche **Funktion** der Betriebsbeauftragten ist es einerseits, innerhalb des Betriebes auf die Einhaltung der Umweltgesetze hinzuwirken (vgl. § 54 Abs. 1 Nr. 3 BImSchG), andererseits aber auch allgemein den Umweltschutz als eigenständiges „Unternehmensziel" in die „Firmenpolitik" einzubringen (vgl. § 54 Abs. 1 Nr. 1 und 2

[184] Vgl. nur *Diederichsen,* 56. DJT, 1986, L 48ff., L 65ff. m. w. N., und BGHZ 92, 143 (151).
[185] Vgl. *Storm* (FN 1), Tz. 114 (S. 48).
[185a] Vgl. BR-Drs. 155/89, S. 35.
[186] s. FAZ Nr. 31 v. 6. 2. 1987, S. 2.
[187] Vgl. dazu auch *Institut für gewerbliche Wasserwirtschaft und Luftreinhaltung* (Hg.), Betriebsbeauftragte im Umweltschutz, 1982; *Kahl,* Die neuen Aufgaben und Befugnisse des Betriebsbeauftragten nach Wasser-, Immissionsschutz- und Abfallrecht, 1978; *Szelinski,* WiVerw. 1980, 266ff., sowie die in den nachfolgenden FN Genannten. Im rechtspolitischen Vorfeld *E. Rehbinder/Burgbacher/Knieper,* Ein Betriebsbeauftragter für Umweltschutz?, 1972.
[188] Vgl. *Stich,* GewArch. 1976, 145ff.

BImSchG) sowie die Betriebsangehörigen im Sinne des Umweltschutzes „aufzuklären" (vgl. § 54 Abs. 1 Nr. 4 BImSchG). Von daher kann die Einrichtung des Betriebsbeauftragten auch nur zum Teil dem Instrumentarium direkter Verhaltenssteuerung zugerechnet werden. Durch Zwischenschaltung eines besonderen Umweltschutz„organs" innerhalb der betrieblichen Sphäre bedient sich der Staat auch und vor allem des Mittels indirekter, influenzierender Steuerung (s. § 4 Rn. 142ff.). Die Betriebsbeauftragten sind folgerichtig keine Glieder der staatlichen Verwaltungsorganisation, sondern ausschließlich **Beauftragte des Betriebes** und stehen auch in keinem Beleihungs- oder Auftragsverhältnis zum Staat.[189] Mit Ausnahme des Strahlenschutzbeauftragten unterliegen sie keiner doppelten Pflichtenbindung.

Ihre allgemeine Rechtspflicht als Staatsbürger, Gesetz und Recht zu achten und insbesondere keine Straftaten zu begehen, besteht selbstverständlich weiter. Insofern kann es freilich keine echte Pflichtenkollision geben.

Dies birgt vordergründig Nachteile für den Gesetzesvollzug, da die Verwaltung die Betriebsbeauftragten nicht als ihren „verlängerten Arm" benutzen kann. Eine engere behördliche Anbindung der Betriebsbeauftragten durch Übertragung öffentlich-rechtlicher Funktionen[190] (z.B. Auskunfts- und Berichtspflicht, Recht zur „Divergenzvorlage") würde jedoch wahrscheinlich ihren innerbetrieblichen Einfluß schwächen und die erwünschte Integration in die Betriebsleitung erheblich erschweren, wenn nicht ausschließen. Im Vergleich hierzu ist die gesetzliche Lösung im Prinzip vorzugswürdig. Überdies wäre die Installation staatlicher „Aufpasser" innerhalb der Betriebe verfassungsrechtlich bedenklich.

Im einzelnen ergibt sich aus den Gesetzen in etwa folgendes **„Tätigkeitsprofil"** der 130
Umweltschutzbeauftragten:

Die Betriebsbeauftragten haben in regelmäßigen Abständen die einzelnen Betriebsstätten zu kontrollieren, Mängel aufzuspüren, festgestellte Mängel der Betriebsleitung mitzuteilen und Maßnahmen zu deren Beseitigung vorzuschlagen. Ferner obliegt ihnen die Aufklärung der Betriebsangehörigen über die von den verschiedenen Anlagen ausgehenden schädlichen Umwelteinwirkungen. Darüber hinaus sind die Betriebsbeauftragten berechtigt und verpflichtet, bei der Entwicklung und Einführung „umweltfreundlicher" Verfahren und Produkte sowie bei deren schadloser Entsorgung insbesondere durch Begutachtung mitzuwirken. Richtschnur ihres Handelns ist – verallgemeinernd gesprochen – der Gesichtspunkt der „Umweltfreundlichkeit" (§ 54 Abs. 1 Nr. 2 BImSchG). Bei Investitionsentscheidungen, die für den Umweltschutz bedeutsam sein können, ist rechtzeitig eine Stellungnahme des jeweils zuständigen Betriebsbeauftragten einzuholen (§ 56 BImSchG, § 21d WHG, § 11d AbfG). Nach der Strahlenschutzverordnung obliegt dem Strahlenschutzbeauftragten eine Unterrichtungspflicht des Anlagenbetreibers und bei Verlangen desselben auch eine Beratungspflicht (§ 30 Abs. 2 StrlSchV). In der Erfüllung ihrer Pflichten dürfen die Betriebsbeauftragten nicht behindert und wegen ihrer Tätigkeit nicht benachteiligt werden – Benachteiligungsverbot (§ 58 BImSchG, § 21f WHG, § 11f AbfG, § 30 Abs. 3 StrlSchV). Die Betriebsbeauftragten sind zur jährlichen Berichterstattung verpflichtet (so z.B. § 54 Abs. 2 BImSchG, § 21b Abs. 2 WHG).

Der Status des **Strahlenschutzbeauftragten**[191] (vgl. § 8 Rn. 61) unterscheidet sich in mehrfacher Hinsicht von demjenigen anderer Umweltschutzbeauftragter. Insbesondere ist er stärker

---

[189] Vgl. *Tettinger,* DVBl. 1976, S. 752ff.; bejahend *G. Scholz,* Gewerberecht und Bundesimmissionsschutzgesetz, 1. Aufl., 1975, S. 117f.; *Ule* hat die von ihm früher vertretene Beleihungskonstruktion inzwischen ausdrücklich aufgegeben, vgl. *Ule/Laubinger* (FN 131), § 55 Rn. 2. Gegen eine „janusköpfige" Konstruktion des Betriebsbeauftragten zuletzt nachdrücklich *Keune,* Artikel „Betriebsbeauftragter", in: Kimminich/v. Lersner/Storm (Hg.), Handwörterbuch des Umweltrechts (HdUR), Bd. I, 1986, Sp. 249ff.

[190] Vgl. *BM Töpfer,* in: Umwelt (BMU) Nr. 3/87, S. 102.

[191] Vgl. zu diesem speziell *Backherms,* BB 1978, 1697ff. m.w.N., der eine Beleihung auch dort verneint.

gegenüber dem Auftraggeber verselbständigt und steht in einer Rechtspflicht auch gegenüber der Behörde (vgl. die Mitteilungspflicht nach § 30 Abs. 1 S. 3 StrlSchV). Ein Verstoß gegen diese, wenn auch subsidiäre Pflicht kann folgerichtig als Ordnungswidrigkeit geahndet werden (§ 81 Abs. 2 Nr. 1 StrlSchV).

An die Person des Betriebsbeauftragten werden bestimmte Voraussetzungen gestellt. Er muß vor allem über eine für sein Gebiet einschlägige Fachkunde verfügen und hat zuverlässig zu sein. Einzelheiten hierzu regeln Durchführungsverordnungen wie z. B. die 5. BImSchV[192] (Kloepfer Nr. 634).

In der Praxis werden je nach Bedeutung und Umfang der ökologischen und sicherheitstechnischen Aufgaben ein einzelner Betriebsbeauftragter, mehrere, u. U. auch nicht betriebsangehörige Betriebsbeauftragte oder speziell ein Betriebsbeauftragter für Konzerne bestellt. In Betracht kommt auch die Bestellung eines einzigen Betriebsbeauftragten, der die Aufgaben des Immissionsschutzbeauftragten, Gewässerschutzbeauftragten und Betriebsbeauftragten für Abfall (oder zwei dieser Funktionen) vereinigt (sog. **Mehrfachbeauftragter**); doch bedarf es hierzu des Einverständnisses der Behörde (vgl. § 11c Abs. 3 S. 3 AbfG). Von einem **gemeinsamen** Betriebsbeauftragten spricht man demgegenüber dann, wenn ein Betriebsbeauftragter für mehrere Anlagen (z. B. Abfallentsorgungsanlagen) bestellt wird (vgl. § 3 AbfBetrBV, § 3 5. BImSchV). Voraussetzung der Bestellung eines gemeinsamen, eines Mehrfach- oder auch eines nicht betriebsangehörigen Betriebsbeauftragten ist stets, daß hierdurch die sachgemäße Erfüllung der gesetzlichen Aufgaben nicht gefährdet wird (vgl. nur §§ 3, 4 AbfBetrBV). Entsprechend den Umständen des Einzelfalles reicht die Bandbreite der Umweltschutzbeauftragten von dem Betriebsbeauftragten in einer kleineren Anlage, der neben der Beauftragtenfunktion eine weitere Hauptaufgabe im Betrieb wahrnimmt, bis hin zum „hauptberuflichen" Konzernbeauftragten auf der Ebene der Unternehmensleitung.

Die derzeit diskutierten **Reformvorstellungen** zielen vor allem auf eine Stärkung der Stellung der Umweltschutzbeauftragten *innerhalb* des Betriebes bzw. Unternehmens, etwa durch Einräumung zusätzlicher Kompetenzen (z. B. Zuweisung innerbetrieblicher Entscheidungs- und Eingriffsbefugnisse) oder eines obligatorischen Sitzes im Unternehmensvorstand und/oder durch Einführung der Unkündbarkeit nach dem Vorbild des Kündigungsschutzes für Betriebsräte gemäß § 15 KSchG, § 103 BetrVG. Das Bestreben, die Position der Betriebsbeauftragten weiter zu festigen, kann rechtspolitisch sicherlich mit Sympathien rechnen. Doch sollten die Erwartungen hinsichtlich des praktischen Ertrages derartiger Normierungen nicht zu hoch sein: Einfluß und Autorität der Umweltschutzbeauftragten in Betrieb und Unternehmen lassen sich kaum dekretieren. Ein Betriebsbeauftragter, der nicht das Vertrauen der Betriebsleitung genießt, wird auch eine gestärkte rechtliche Stellung kaum in tatsächlichen Einfluß auf die Firmenentscheidungen umsetzen können. Eine starre Übernormierung der Rechte und Pflichten der Betriebsbeauftragten gefährdet u. U. sogar seine eher ,,informellen" Handlungsmöglichkeiten, schwächt die für einen dynamischen Umweltschutz notwendige Eigeninitiative der Wirtschaft und wirft die Bemühungen um kooperative Lösungen zurück auf das (Anti)Modell eines widerstrebend und zögerlich betriebenen ,,Umweltschutzes nach Vorschrift". Einem ,,Umweltschutz-Streik" von Betrieben müßte freilich ohnedies mit staatlichen Zwangsmitteln und nicht mit Betriebsbeauftragten entgegengetreten werden.

4. Sonstige Organisationspflichten

131 Neben der Bestellung von Umweltschutzbeauftragten als einer internen Organisationspflicht dienen dem Umweltschutz auch einige vorwiegend ,,externe" Organisationspflichten wie z. B. Anschluß- und Benutzungszwang bei öffentlichen Entsorgungseinrichtungen einerseits und Zwangsmitgliedschaft in Wasser- und Bodenverbänden andererseits.

---

[192] Fünfte Verordnung zur Durchführung des Bundes-Immissionsschutzgesetzes (Verordnung über Immissionsschutzbeauftragte – 5. BImSchV) v. 14. 2. 1975 (BGBl. I S. 504, ber. S. 727, zuletzt geänd. durch VO v. 19. 5. 1988, BGBl. I S. 608).

a) Anschluß- und Benutzungszwang

Für die **Abwasserbeseitigung** über die Kanalisation und weitgehend auch für die **Hausmüllabfuhr** besteht ein nahezu lückenloser Anschluß- und Benutzungszwang aufgrund kommunalrechtlicher Bestimmungen (vgl. z. B. § 26 GemO Rh.-Pf. i. V. mit Satzungsrecht). Daneben ermöglichen die Umweltgesetze die Begründung eines Benutzungszwanges für Entsorgungseinrichtungen in weiteren Fällen (z. B. § 18a Abs. 3 S. 3 WHG, § 6 Abs. 1 S. 5 und 6 AbfG). 132

Die Gemeindeordnungen der Länder ermöglichen inzwischen darüber hinaus die Einführung des Anschluß- und Benutzungszwanges für Einrichtungen der **Fernwärmeversorgung** (s. § 7 Rn. 44) bzw. andere dem Gemeinwohl dienende Einrichtungen (vgl. statt aller § 26 GemO Rh.-Pf.). Das hierfür erforderliche öffentliche Bedürfnis kann sich insbesondere aus den Gesichtspunkten des Gesundheitsschutzes und des damit eng verwobenen Immissionsschutzes ergeben (vgl. ausdrücklich § 24 Abs. 1 Nr. 3 BayGO: ,,um Gefahren, erhebliche Belästigungen oder sonstige erhebliche Nachteile durch Luftverunreinigungen zu vermeiden"), doch können etwa auch energiewirtschaftliche Gründe eine Rolle spielen.[193] Diese Gründe müssen allerdings hinreichend triftig sein, um die doch empfindliche Freiheitsbeschränkung zu rechtfertigen, wobei freilich nicht nur die den Anschluß- und Benutzungszwang motivierenden Gesichtspunkte, sondern auch der Freiheitsverlust regelmäßig nach den Umständen des Einzelfalls und nicht abstrakt zu beurteilen sind. 133

So ist etwa die zwangsweise Einführung der Fernwärmeversorgung in einem (erst zu errichtenden) Neubaugebiet anders zu bewerten als ihre nachträgliche Einführung in einem bereits bestehenden Wohngebiet. Weiterhin wiegen die Gründe der Luftreinhaltung bei der Einführung der Fernwärmeversorgung in einem Belastungsgebiet schwerer als bei Gebieten mit durchschnittlicher oder unterdurchschnittlicher Immissionssituation.

b) Zwangszusammenschluß

Die Rechtsgrundlagen für den zwangsweisen Zusammenschluß von Abwassereinleitern zu **Wasserverbänden** ergeben sich aus dem Wasserverbandgesetz und der Ersten Wasserverbandverordnung von 1937 (Kloepfer Nr. 215, 216) sowie den Sondergesetzen für die Wasserverbände im rheinisch-westfälischen Industriegebiet[194] (s. § 11 Rn. 14f.). 134

Die Zwangseingliederung stellt zwar einen Grundrechtseingriff dar (nach h. M. in Art. 2 Abs. 1 GG und nicht in Art. 9 Abs. 1 GG, was wegen des weitaus engeren Gesetzesvorbehaltes in Art. 9 Abs. 2 GG von Bedeutung ist). Dieser ist aber durch die Übertragung einer legitimen öffentlichen Aufgabe – Reinhaltung der Gewässer – gerechtfertigt.[195] Auch die durch Gesetz erfolgende Aufgaben*übertragung* im besonderen hält, wie das BVerfG inzwischen zusätzlich verlangt,[196] verfassungsrechtlicher

---

[193] Vgl. dazu etwa *Ackermann,* DVBl. 1974, 332ff.; *Börner,* Einführung eines Anschluß- und Benutzungszwanges für Fernwärme durch kommunale Satzung, 1978; *Frotscher,* HdUR I, 1986, Sp. 96ff., 98f.; *Haase,* BB 1984, 1268ff.; *Wichardt,* DVBl. 1980, 31ff.

[194] Vgl. die Zusammenstellungen bei *Dornheim,* Das Recht der Wasser- und Bodenverbände, 2. Aufl., 1980, S. 14ff., 87ff., und *Kloepfer,* VerwArch. 74 (1983), 201ff., 202 Anm. 2, sowie unten § 11 Rn. 15.

[195] Vgl. allgemein BVerfGE 10, 89 (102); ferner BVerfGE 10, 354 (363); 15, 235 (241); zum Ganzen auch *Brohm,* Strukturen der Wirtschaftsverwaltung, 1969, S. 243ff.; *Jäkel,* DVBl. 1983, 1133ff.; *Jung,* JA 1984, 467ff., und *Mronz,* Körperschaften und Zwangsmitgliedschaft, 1973.

[196] Vgl. BVerfGE 38, 281 (310).

Überprüfung stand. Sowohl das umweltrechtliche Kooperationsprinzip (s. o. § 3 Rn. 44ff.) als auch der Selbstverwaltungsgedanke[197] rechtfertigen es, eine Verursachergemeinschaft zu einem Verband zusammenzuschließen, der seinen Mitgliedern nicht nur Pflichten auferlegt, sondern auch Rechte einräumt. Die damit gewonnenen Mitgestaltungsmöglichkeiten der Umweltnutzer überwiegen die zunächst dominierend wirkenden Nachteile des Zwangszusammenschlusses. Daher ist auch durchaus vorstellbar, das **Verbandsmodell** auf andere Bereiche des Umweltschutzes zu übertragen – wie dies mit der Gründung des Abfallentsorgungs- und Altlastensanierungsverbandes Nordrhein-Westfalen inzwischen geschehen ist (s. § 12 Rn. 151) –, soweit dort an bestehende ökologische Gruppenverantwortung angeknüpft werden kann und der Zusammenschluß nicht lediglich der Erschließung zusätzlicher Finanzierungsquellen dient.

In gewisser Hinsicht eine Vorstufe zu einer Verbandslösung hierzu stellen Branchenabkommen dar, die freilich auf keiner Umweltpflicht, sondern auf freiwilliger, wenngleich staatlich inspirierter Vereinbarung beruhen (s. dazu unten Rn. 232ff.).

Auf grundsätzlich ähnlichen Erwägungen beruht das rechtspolitische Modell umweltschutzspezifischer **Berufsgenossenschaften,** die Überwachungsfunktionen und u. U. auch Haftungspflichten übernehmen könnten,[198] das insofern auch eine Alternative zum sog. Versicherungsmodell (s. o. Rn. 127) bildet.

5. Mitwirkungs- und Duldungspflichten im Rahmen der staatlichen Überwachung

135 Neben der – nur ausnahmsweise ausdrücklich normierten – Eigenüberwachung[199] (s. § 3 Rn. 54 sowie o. Rn. 127) regeln die Umweltgesetze vergleichsweise eingehend Mitwirkungs- und Duldungspflichten im Hinblick auf die staatliche Überwachung (s. o. Rn. 113ff.). Diese lassen sich im wesentlichen zweierlei Situationen bzw. Phasen zuordnen:

- Permanent bestehende Offenbarungs- und Mitwirkungspflichten sowie überwachungsdienliche Dokumentationspflichten,
- Duldungs- und Mitwirkungspflichten während konkreter Überwachungsmaßnahmen.

a) Permanente Offenbarungs- und Mitwirkungspflichten

136 Permanente Offenbarungspflichten[200] bestehen vor allem in Form *erstens* der (in § 4 Rn. 34ff.) bereits angesprochenen **Anzeige-, Melde- und Mitteilungspflichten** (z. B. §§ 16, 31 BImSchG, §§ 10, 11 AbfG, § 16 ChemG), *zweitens* der darüber hinausgehenden qualifizierten **Erklärungspflichten** (z. B. Emissionserklärung nach § 27 BImSchG, Mitteilung der Rahmenrezeptur nach § 9 WRMG), *drittens* der **Auskunftspflichten** (z. B. § 21 Abs. 2 ChemG) und *viertens* der besonderen **Dokumentationspflichten** (Einbehalten und Aufbewahren von Belegen, Führen von Nachweisbüchern z. B. nach § 11 Abs. 2 AbfG, § 12 Nr. 5 AtG, Aufbewahren von Meßaufzeichnungen nach § 31 BImSchG, Anfertigung, Fortschreibung und Bereithaltung der

---

[197] Zu letzterem speziell im Hinblick auf das Wasserverbandswesen *Breuer,* FG v. Unruh, 1983, S. 855ff.
[198] Vgl. zu diesem rheinland-pfälzischen Vorschlag FAZ Nr. 60 v. 12. 3. 1987, S. 13.
[199] Hierzu näher am Beispiel des Abwasserrechts *Meßerschmidt,* Umweltabgaben als Rechtsproblem, 1986, S. 297ff.
[200] Vgl. zu den verschiedenen Offenbarungspflichten eingehend *W. Hahn,* Offenbarungspflichten im Umweltschutzrecht, 1984.

sogenannten Sicherheitsanalyse nach §§ 7ff. StörfallVO). In einigen Fällen können Anlagenbetreiber sogar dazu verpflichtet werden, durch Dritte (von der Verwaltung „bekanntgegebene" bzw. zugelassene Stellen oder Sachverständige) Messungen und Prüfungen vornehmen bzw. Gutachten erstellen zu lassen (§§ 26, 28ff. BImSchG, § 11 Abs. 4 S. 5 AbfG, § 19i WHG, § 21 Abs. 6 ChemG) oder andere Überwachungs- und Untersuchungsmaßnahmen zu ergreifen (z. B. § 3 Abs. 1 Nr. 2 PflSchG). Die **Kosten** derartiger überwachungsdienlicher Maßnahmen trägt überwiegend der Umweltpflichtige (vgl. § 30 BImSchG, § 11 Abs. 4 S. 5 AbfG, § 21 Abs. 4 ChemG), wobei jedoch teilweise nach dem Überwachungsergebnis (Legalität oder Illegalität des Verhaltens) differenziert wird (vgl. § 30 S. 2 BImSchG, § 21 Abs. 4 ChemG).

b) Duldungs- und Mitwirkungspflichten während konkreter Überwachungsmaßnahmen

Während die o. g. Dauerpflichten in den einzelnen Umweltgesetzen stark differenziert und keineswegs durchgängig geregelt sind, besteht hinsichtlich der Duldungs- und Mitwirkungspflichten während konkreter Überwachungsmaßnahmen eine in den Grundzügen übereinstimmende normative Basis (vgl. § 24b GewO), die in den einzelnen Umweltgesetzen problemspezifisch ausgebaut wird. Freilich läßt sich aus dem Gesichtspunkt sachgerechter Differenzierung nicht jede Abweichung im (zum Teil folgenreichen) normativen Detail erklären.[201] 137

Im einzelnen haben die Betroffenen (im Regelfall: Anlagenbetreiber und Grundstückseigentümer) eine behördliche Überwachung und in diesem Rahmen ein Betreten von Betriebsgrundstücken und -räumen sowie u. U. (meist bei dringender Gefahr) auch von Wohnräumen nicht nur zu dulden, sie haben auch Anlagen und Einrichtungen zugänglich zu machen, Auskünfte zu erteilen, Arbeitskräfte, Unterlagen und Werkzeug zur Verfügung zu stellen, technische Ermittlungen und Prüfungen zu ermöglichen sowie ggf. Probeentnahmen zu gestatten (z. B. § 52 Abs. 2 BImSchG, § 19 Abs. 2 AtG, § 21 Abs. 1 WHG, § 10 Abs. 2–5 WRMG, § 11 Abs. 4 AbfG, § 21 Abs. 3 ChemG). Hinsichtlich der damit verbundenen Einschränkung des Art. 13 GG ist das Zitiergebot des Art. 19 Abs. 1 S. 2 GG in den Überwachungsregelungen durchweg beachtet (vgl. nur § 52 Abs. 2 S. 2 BImSchG, § 21 Abs. 1 S. 2, 2. Hs. WHG, § 10 Abs. 5 WRMG, § 11 Abs. 4 S. 3, 2. Hs. AbfG). Die Auskunftspflicht findet ihre Grenze erst im Verbot des Selbstbelastungszwanges (§ 52 Abs. 5 BImSchG, § 21 Abs. 2a WHG, § 10 Abs. 6 WRMG, § 11 Abs. 5 AbfG, § 21 Abs. 5 ChemG). Das Atomgesetz und – durch eine noch weitergehende Formulierung – das Chemikaliengesetz dehnen die Auskunftspflicht auf Betriebsangehörige aus (§ 19 Abs. 2 S. 2 AtG, § 21 Abs. 2 ChemG). Die Weitergabe der gewonnenen Daten an die Finanzbehörde wird beschränkt (z. B. §§ 27 Abs. 2, 52 Abs. 7 BImSchG, § 21 Abs. 3 WHG). Ein weitergehender Geheimnisschutz wird nicht gewährt.[202] Die Erfüllung der überwachungsdienlichen Mitwirkungs- und Duldungspflichten ist bußgeldbewehrt (z. B. § 62 Abs. 2 BImSchG, § 41 Abs. 1 Nr. 7 WHG, § 18 Abs. 1 Nr. 6–8 AbfG, § 43 BWaldG, § 26 Abs. 1 Nr. 6 und 9 ChemG).

6. Duldungspflichten

Neben den soeben (Rn. 137) erörterten Duldungspflichten im Rahmen von Überwachungsmaßnahmen (z. B. § 52 Abs. 2 S. 1 BImSchG, § 21 Abs. 1 WHG, § 10 Abs. 3 WRMG, § 11 Abs. 4 S. 2 AbfG, § 21 Abs. 3 S. 3 ChemG, § 8 Abs. 3 S. 2 138

[201] Die Divergenzen betreffen v. a. den Umfang des Betretungsrechts, besondere Dokumentationspflichten und Mitwirkungspflichten Dritter, vgl. hierzu näher *Kloepfer/Meßerschmidt* (FN 49), S. 142ff., 163.

[202] Vgl. *W. Hahn* (FN 200), S. 149ff. m. w. N.; allgemein *B. Fischer*, Divergierende Selbstbelastungspflichten nach geltendem Recht, 1979, S. 15ff. m. w. N.; am Beispiel der Gewässerüberwachung *Meßerschmidt* (FN 199), S. 254f. Vgl. auch BVerfGE 56, 37 (42ff.).

DMG) kennt das Umweltrecht zwei weitere grundsätzlich konträre Typen von Duldungspflichten: solche, die sich auf Umweltbelastungen und andere, die sich auf Umweltschutzmaßnahmen beziehen.

a) Belastungs-Duldungspflichten

139 Belastungs-Duldungspflichten ergeben sich grundsätzlich daraus, daß die Umweltgesetzgebung die Umwelt nicht unbegrenzt schützt, sondern unterschiedlichen Ansprüchen an die Umwelt Rechnung trägt und somit den Bürgern ein bestimmtes **Belastungsniveau zumutet.** Insoweit können auch privatrechtliche Unterlassungsansprüche gegenüber legal handelnden Umweltbelastern nicht durchgreifen (s. dazu auch u. Rn. 301, 305ff.). Eine weitere Variante der Duldungspflicht ergibt sich aus der Anspruchspräklusion, wenn die gebotenen Rechtsbehelfe versäumt wurden (s. o. Rn. 52).

b) Umweltschutz-Duldungspflichten

140 Umweltschutz-Duldungspflichten bestehen demgegenüber dort, wo ein einzelner ein **umweltpflegerisches Tun durch andere** zu dulden hat.[203] Sie kommen in erster Linie im Landschaftspflegerecht (vgl. z. B. § 10 BNatSchG), aber auch allgemein bei Schutzgebietsfestsetzungen (z. B. § 19 Abs. 2 Nr. 2 WHG) und einer Anzahl weiterer Fälle (z. B. § 30 WHG) vor.

7. *Ausgleichspflichten*

141 Umwelt-Ausgleichspflichten setzen ein vorangegangenes umweltbelastendes Tun voraus. Insofern handelt es sich um derivative Pflichten. Sie können entweder in einer **Naturalleistungspflicht,** z. B. als Wiederherstellungs- (§ 8 Abs. 2 S. 4, 1. Alt. BNatSchG), Rekultivierungs- (z. B. § 10 Abs. 2 AbfG, § 8 Abs. 2 S. 4, 2. Alt. BNatSchG, § 11 S. 2 BWaldG) und Sanierungspflicht, oder in einer **Geldleistungspflicht** (vgl. z. B. §§ 8, 9, 12 FluglärmG, u. U. auch in Form einer Umweltabgabe, s. dazu u. Rn. 177ff.) bestehen.

Mehrere Varianten der Ausgleichspflicht vereinigt **§ 8 BNatSchG.** Danach sind unvermeidbare Eingriffe im Regelfall auszugleichen (§ 8 Abs. 2 S. 1 BNatSchG), wobei folgendes Begriffsverständnis zugrunde gelegt wird: ,,Ausgeglichen ist ein Eingriff, wenn nach seiner Beendigung keine erhebliche oder nachteilige Beeinträchtigung des Naturhaushaltes zurückbleibt und das Landschaftsbild landschaftsgerecht wiederhergestellt oder neu gestaltet ist" (§ 8 Abs. 2 S. 4 BNatSchG). Hiervon unterscheidet § 8 Abs. 9 BNatSchG die nach Landesrecht einführbaren Ersatzmaßnahmen der Verursacher bei nicht ausgleichbaren, aber vorrangigen Eingriffen. Neben naturalen Ersatzmaßnahmen, deren Abgrenzung zu Ausgleichsmaßnahmen im Einzelfall Schwierigkeiten bereiten mag, sehen fast alle Landesgesetze auch finanzielle ,,Ersatzmaßnahmen" in Form von sog. Naturschutzausgleichsabgaben oder sonstigen Geldleistungen vor (s. Rn. 181 und § 10 Rn. 37ff.).

Nach § 12 Abs. 1 FluglärmG ist der Flugplatzhalter zahlungspflichtig, wenn bei Bauverboten im Lärmschutzbereich Entschädigung zu leisten ist (§ 8 FluglärmG) oder die Aufwendungen für bauliche Schallschutzmaßnahmen zu erstatten sind (§ 9 FluglärmG).

Schließlich sind zu den Ausgleichspflichten auch die allgemeinen zivilrechtlichen und die spezialgesetzlichen **Haftungspflichten** (insbesondere § 22 WHG, §§ 25ff. AtG) zu zählen (s. dazu u. Rn. 292ff.).

---

[203] Vgl. auch *Storm* (FN 1), Tz. 109, S. 47.

D. Instrumente indirekter Verhaltenssteuerung

Schrifttum: *J. Becker,* Handlungsformen der Verwaltung gegenüber der Wirtschaft, JA 1986, 359ff.; *Bohne,* Der informale Rechtsstaat, 1981; *Hill,* Rechtsstaatliche Bestimmtheit oder situationsgerechte Flexibilität des Verwaltungshandelns, DÖV 1987, 885ff.; *Isay,* Die juristische Technik der Wirtschaftslenkung, in: Festschrift zum 70. Geb. von Walter Schmidt-Rimpler, 1957, S. 403ff.; *P. Kirchhof,* Verwalten durch „mittelbares" Einwirken, 1977; *ders.,* Unterschiedliche Rechtswidrigkeiten in einer einheitlichen Rechtsordnung, 1978; *Kloepfer,* Umweltschutz und Wettbewerb, UPR 1981, 41ff.; *ders.* Artikel „Umweltfinanzrecht", in Kimminich/v. Lersner/Storm (Hg.), Handwörterbuch des Umweltrechts (HdUR), Bd. II, 1988, Sp. 583ff.; *Pestalozza,* „Formenmißbrauch" des Staates, 1973; *Randelzhofer,* Artikel „Duldung", in: Kimminich/v. Lersner/Storm (Hg.), Handwörterbuch des Umweltrechts (HdUR), Bd. I, 1986, Sp. 360ff.; *Schatz,* Administrative und marktwirtschaftliche Maßnahmen zur Lösung des Umweltschutzproblems, in: Giersch (Hg.), Das Umweltproblem in ökonomischer Sicht, 1974, S. 125ff.; *Schulze-Fielitz,* Der informale Verfassungsstaat, 1984; *Siebert,* Analyse der Instrumente der Umweltpolitik, 1976; *Terhart,* Die Befolgung von Umweltschutzauflagen als betriebswirtschaftliches Entscheidungsproblem, 1986; *v. Wallenberg,* Umweltschutz und Wettbewerb, 1980; *Harry Westermann,* Welche gesetzlichen Maßnahmen zur Luftreinhaltung und zur Verbesserung des Nachbarrechts sind erforderlich?, 1958; *v. Zezschwitz,* Wirtschaftsrechtliche Lenkungstechniken, JA 1978, 497ff. Vgl. auch die weiteren Schrifttumsnachweise in den folgenden einzelnen Unterabschnitten.

I. Allgemeine Merkmale

Außer durch die direkte Verhaltenssteuerung, d. h. durch verbindliche gesetzliche 142
und administrative Verhaltensvorgaben, letztlich also durch gebietenden oder verbietenden „Befehl" und „Zwang" kann Umweltschutz auch im Wege indirekter, **mittelbarer Einwirkung** des Staates[204] betrieben werden. Diese verzichtet auf (den Versuch einer) strikte(n) Determination des Verhaltens der Normadressaten und bemüht sich statt dessen, influenzierend und motivierend auf deren Entscheidungen Einfluß zu nehmen. Wie bereits ausgeführt (Rn. 31), ist für die indirekte Verhaltenssteuerung typisch, daß der Staat dabei entweder bestimmte Verhaltensformen seiner Bürger herbeiwünscht und darauf *hinwirkt,* diese jedoch nicht gebietet oder aber diese für *unerwünscht* hält und gegen sie wirkt, sie aber nicht verbietet. Der so (anscheinend oder scheinbar?) moderate Staat verzichtet also bei der indirekten Verhaltenssteuerung auf das rigide Steuerungsmittel der Illegalisierung von bestimmten Verhaltensweisen des Bürgers. Die indirekte Verhaltenssteuerung bezieht sich somit ausschließlich auf **gleichermaßen rechtmäßige Verhaltensformen** und sucht nur, beim Betroffenen eine bestimmte Verhaltensform anzureizen. Insbesondere soll das Eigeninteresse für den Umweltschutz mobilisiert werden.

Diese Eigenschaft verbindet mehrere im übrigen sehr unterschiedliche Instrumente 143
des Umweltschutzes:
- Information, Appell und Warnung,
- Gewährung von Benutzungsvorteilen,
- direkte und indirekte Subventionen,
- Umweltabgaben,
- Zertifikatlösungen und verwandte Instrumente,
- Umweltabsprachen einschließlich vertraglicher Vereinbarungen,
- Haftungsregelungen.

Bei einem Teil dieser Instrumente, insbesondere bei Umweltabgaben, Subventionen und Haftungsregelungen (letztere werden gesondert in § 4 Rn. 292ff. behandelt),

[204] Hierzu grundlegend *P. Kirchhof,* Verwalten durch „mittelbares" Einwirken, 1977.

spielen **neben dem Lenkungszweck weitere Funktionen** eine Rolle, die im Einzelfall sogar dominieren können: So sind Umweltabgaben (je nach Ausgestaltung mehr oder weniger) auch ein Finanzierungsinstrument; Subventionen bzw. Steuervergünstigungen stellen zugleich, vielfach sogar vorrangig eine Anpassungshilfe dar. Haftungsregelungen sollen nach ihrem Grundgedanken einen angemessenen Schadensausgleich gewährleisten und haben nur in zweiter Linie präventiv-erzieherischen Charakter.

144 Allen Instrumenten ist neben ihrer spezifisch influenzierenden Wirkungsweise im wesentlichen gemeinsam, daß sie (wenigstens hinsichtlich ihres Lenkungszieles) ihren Adressaten prinzipiell das Letztentscheidungsrecht belassen, ob sie der staatlichen **„Verhaltensempfehlung"**, die von einem positiven Anreiz bis hin zur Androhung empfindlicher, vor allem finanzieller Nachteile reichen kann, folgen wollen oder nicht.

Dem Bürger im permissiven Staat, mit seiner brüchig gewordenen Rechtsmoral, mögen Gebote und Verbote der direkten Verhaltenssteuerung zwar häufig auch nur wie staatliche Handlungsangebote erscheinen, deren Ausschlagung gewisse Nachteile (z. B. Geldbußen) mit sich bringen kann. Gleichwohl ist diese „Wahl" zwischen verbotenem bzw. gebotenem Verhalten oder Verbotssanktionen bzw. Gebotswidrigkeitssanktionen rechtlich deswegen etwas entscheidend anderes, weil dabei der Rubikon der Rechtswidrigkeit überschritten wird und das rechtswidrige Verhalten stets auch eine Unrechts-Vorstellung (nicht notwendigerweise: Vorwurf) in sich birgt. In aller Regel darf der Staat rechtswidriges Verhalten zwangsweise unterdrücken bzw. rechtmäßiges Verhalten erzwingen.

145 Die Vorzüge und Nachteile der indirekten Steuerungsinstrumente liegen dicht beieinander: Im Positiven vermögen sie, indem sie auf die Motivation der Normadressaten einwirken, in gewisser Hinsicht mehr zu erreichen als Instrumente direkter Verhaltenssteuerung: Sie können zunächst die Normbefolgungsbereitschaft erhöhen – der Bürger kann sich ja selbst für umweltfreundliches Verhalten entscheiden – **(Verstärkerwirkung)** und langwierige gesetzliche Auseinandersetzungen vermeiden. Darüber hinaus können die indirekten Steuerungsmaßnahmen auch Umweltschutzanstrengungen über das gesetzlich gebotene Maß hinaus anregen **(dynamische Anreizwirkung)** und dem Umweltschutz u. U. Bereiche erschließen, in denen das herkömmliche gesetzliche Instrumentarium versagt.

146 Instrumente *direkter* Verhaltenssteuerung haben demgegenüber unterschiedliche Schwächen, welche die indirekte Steuerung zu vermeiden trachtet: Eine liegt vor allem darin, daß die Maßnahmen je nach ihrem Typus regelmäßig einen sehr hohen Informationsstand erfordern, den die Verwaltung häufig mangels ausreichender Ausstattung, wissenschaftlich-technischen Sachverstands und Einblicks in die Betriebsabläufe nicht hat und auch nicht erwerben kann.[205] Eine weitere erhebliche Schwäche liegt darin, daß Maßnahmen der direkten Verhaltenssteuerung die individuelle Kostenstruktur des Verursachers nicht berücksichtigen.[206] Schließlich stoßen direkte Steuerungsinstrumente auf Durchsetzungsgrenzen, die sich in **Vollzugsdefiziten**[207] niederschlagen. Wie die politik- und verwaltungswissenschaftliche Implementationsfor-

---

[205] So z. B. *E. Rehbinder* (FN 3), S. 108.

[206] Vgl. zu diesem umweltökonomischen Einwand etwa *Wicke,* Umweltökonomie, 1982, S. 98ff., und *Meßerschmidt* (FN 199), S. 58f. m. w. N.

[207] Vgl. insbes. die grundlegende Studie von *Mayntz u. a.,* Vollzugsprobleme der Umweltpolitik, 1978, sowie die entsprechenden Befunde in den Umweltgutachten 1974 und 1978 *des Rates von Sachverständigen für Umweltfragen,* BT-Drs. 7/2802, Tz. 660ff., und BT-Drs. 8/1938, Tz. 1521ff. Zu spezielleren Aspekten *Hucke u. a.,* Implementation kommunaler Umweltpolitik, 1980; *Zeh,* Wille und Wirkung der Gesetze, 1984, S. 10f., und *G. Winter,* Das Vollzugsdefizit im Wasserrecht, 1975. Zur notwendigen Relativierung mancher Vorwürfe *Ule/Laubinger* (FN 109), B 14ff.

schung ergeben hat, handelt es sich hierbei nur zum Teil um vermeidbare Unzulänglichkeiten der Gesetzesvollziehung („Implementation"), sondern primär um ein Dauerproblem des zwischen pluralistischen Interessenkonflikten und zunehmend komplizierter werdenden Regelungsaufgaben eingezwängten modernen Sozialstaates. Diese Schwächen sollen durch indirekte Steuerungsmittel, insbesondere durch ökonomisch wirkende Instrumente wie Umweltabgaben, aber auch Kooperationslösungen, aufgefangen werden.

Indirekte Steuerungsmittel können demgegenüber zu einer gewissen **Entlastung** 147 der staatlichen Steuerungsaufgaben führen und ermöglichen – vielfach erwünschte – **differenzierte Reaktionen** der Normadressaten. Diese Adressaten können sich – im vorgegeben gesetzlichen Rahmen – selbst entscheiden, wie sie sich verhalten wollen. Dies kann freiheits- und demokratienäher wirken, wobei freilich nicht verborgen bleiben darf, daß der Verhaltensdruck durch die indirekte Verhaltenssteuerung ebenfalls freiheitsmindernd wirken kann. Da diese Freiheitsminderung allerdings regelmäßig verdeckt wird, ist die indirekte Steuerung häufig politisch leichter durchzusetzen als die direkte Steuerung.

Die Verwendung der Instrumente indirekter Verhaltenssteuerung im Umweltschutz kann auf entsprechende Erfahrungen im Wirtschaftsverwaltungsrecht aufbauen: 1957 hatte bereits *Rudolf Isay* in einem richtungsweisenden Aufsatz über die juristischen Techniken der Wirtschaftslenkung darauf hingewiesen, „daß die Kraft wirtschaftsrechtlicher Gebote und Verbote selten ausreicht, um die ihnen entgegenwirkende Strömung des Eigeninteresses zu überwinden. Wo es irgend möglich ist, sollte das Gesetz es vermeiden ‚Konflikte zwischen dem Eigeninteresse und der schuldigen Rücksicht auf das Allgemeininteresse' und damit ‚Differentialrenten für eigennützig-gemeinschädliches Verhalten' zu schaffen".[208]

Auf der Negativseite der indirekten Steuerung ist neben dem oben (Rn. 32) er- 148 wähnten **Verlust rechtsstaatlicher Klarheit** zu verbuchen, daß indirekte Steuerungsmittel wegen ihres bloß influenzierenden Charakters keine bestimmten Ergebnisse mit Sicherheit gewährleisten können **(Lenkungsunschärfe).** Es sind bei ihnen lediglich Prognosen über die wahrscheinliche Reaktion der Normadressaten möglich. Vor allem kann ein erwünschtes Verhalten nicht im Einzelfall mit den Mitteln des Verwaltungszwanges durchgesetzt werden. Der Einsatz indirekter Steuerungsmittel muß daher überall dort ausscheiden, wo es auf die durchgängige Einhaltung eines bestimmten Umweltschutzstandards, insbesondere unter Sicherheitsaspekten ankommt.[209]

Hieraus ergibt sich: Indirekte Steuerungsmittel können direkt wirkende Umwelt- 149 schutzinstrumente lediglich ergänzen, niemals aber völlig ersetzen. Sie sind Teil eines pluralistischen **Instrumentenverbundes.** Das erforderliche „Umweltschutzminimum" (vgl. auch § 2 Rn. 9ff.) muß weiterhin mit herkömmlichen gesetzlichen und administrativen Mitteln gewährleistet werden. Indirekte Steuerungsmittel können jedoch zur Erreichung eines „Umweltschutzoptimums" beitragen bzw. in Bereichen eingesetzt werden, wo sich striktere Instrumente vor allem auch aus praktischen Gründen nicht empfehlen.

Das mit der indirekten Verhaltenssteuerung häufig verbundene Leitziel nach „weniger Staat" bzw. Bürokratieabbau ist häufig eher trügerisch. Die Praxis lehrt, daß die indirekte Steuerung zum direkten Ordnungsrecht hinzutritt und so im Ergebnis nicht selten „mehr Staat" und einen Bürokratiezuwachs beschert.

---

[208] *R. Isay*, FS Schmidt-Rimpler, 1957, S. 403ff., 424.
[209] Vgl. dazu auch *Meßerschmidt* (FN 199), S. 83ff. m. w. N.

II. Information, Appell und Warnung

Schrifttum: *Beyerlin,* Schutzpflicht der Verwaltung gegenüber dem Bürger außerhalb des formellen Verwaltungsverfahrens?, NJW 1987, 2713 ff.; *Brinkmann,* Gewerbekritik zwischen freier Meinungsäußerung und Warentest, NJW 1987, 2721 ff.; *Herzog,* Allgemeine Staatslehre, 1971; *Kloepfer,* Information als Intervention in der Wettbewerbsaufsicht, 1973; *Leisner,* Öffentlichkeitsarbeit der Regierung, 1966; *v. Lersner,* Das Umweltbundesamt im Vollzug der Umweltpolitik des Bundes, in: Bitburger Gespräche, Jb. 1983, S. 37 ff.; *Lübbe-Wolff,* Rechtsprobleme der behördlichen Umweltberatung, NJW 1987, 2705 ff.; *E. Müller,* Artikel „Umweltzeichen", in: Kimminich/v. Lersner/Storm (Hg.), Handwörterbuch des Umweltrechts (HdUR), Bd. II, 1988, Sp. 941 ff.; *Nicklisch,* Das Gütezeichen, 1969; *Ossenbühl,* Umweltpflege durch behördliche Warnungen und Empfehlungen, 1986; *Scholz,* Informationspolitik des Bundeskartellamts und Informationsrecht der Öffentlichkeit, NJW 1973, 481 ff.; *ders./Pitschas,* Informationelle Selbstbestimmung und staatliche Informationsverantwortung, 1984; *M. Schulte,* Informales Verwaltungshandeln als Mittel staatlicher Umwelt- und Gesundheitspflege, in: Heckmann/Meßerschmidt (Hg.), Gegenwartsfragen des Öffentlichen Rechts, 1988, S. 213 ff.; *Sening,* Umweltzerstörung, Recht und Information, NuR 1985, 125 ff.; *Sodan,* Gesundheitsbehördliche Informationstätigkeit und Grundrechtsschutz, DÖV 1987, 858 ff.; *Steinberg,* Grenzüberschreitende Informationsansprüche im Bundesstaat, NJW 1987, 2345 ff.; *Tietmann,* Artikel „Aufklärung der Öffentlichkeit in Umweltfragen", in: Kimminich/v. Lersner/Storm (Hg.), Handwörterbuch des Umweltrechts (HdUR), Bd. I, 1986, Sp. 154 ff.; *Vieweg,* Verbraucherschutz durch technische Normen und vergleichende Warentests, NJW 1987, 2726 f.

150 Die gesetzlich weitgehend ungeregelten, auch als ,,informell" oder ,,informal"[210] bezeichneten, nach traditioneller Betrachtungsweise ,,schlicht-hoheitlichen"[211] Instrumente der **influenzierenden Umweltinformation** (vgl. auch Rn. 235) galten lange Zeit als mildestes, aber auch wirkungsschwächstes Mittel der Umweltpolitik. Die staatliche Informationspolitik der letzten Jahre, etwa im Zusammenhang mit der Reaktorkatastrophe von Tschernobyl und – außerhalb des Umweltrechts – beispielsweise bezüglich der „Glykolwein"-Skandale, führt inzwischen allerdings zu teilweise veränderten Einschätzungen[212] und unterstreicht die Notwendigkeit einer intensiveren rechtlichen Durchdringung derartiger Instrumente.

Beim beherrschenden Einfluß der **öffentlichen Meinung** auf den politischen Willensbildungsprozeß in der modernen Massendemokratie nimmt es nicht wunder, wenn die Regierung die öffentliche Meinung für mehr Umweltschutz bzw. für die Umweltpolitik zu mobilisieren sucht. In einer Demokratie mit der Willensbildung von unten nach oben ist dies gleichwohl nicht unproblematisch und nicht unbegrenzt zulässig. Von daher erscheint auch das systematische Schüren von Umweltbewußtsein durch die Bundesregierung in den siebziger Jahren nicht ausschließlich im positiven Licht (s. § 1 Rn. 37). Bedenklich sind insbesondere staatlich inspirierte Bürgerinitiativen wegen Umkehrung des demokratischen Prinzips (Willensbildung von oben nach unten).

1. *Öffentlichkeitswirksame Maßnahmen*

151 Die Information der Öffentlichkeit über Umweltfragen gehört grundsätzlich zu den unbestreitbaren Aufgaben des Staates.[213] Sie erschöpft sich nicht in Rechenschaftsberichten über die betriebene Umweltpolitik bzw. werbewirksame **Öffent-**

---

[210] Vgl. die begriffsprägende Dissertation von *Bohne,* Der informale Rechtsstaat, 1981; daran anknüpfend *ders.,* VerwArch. 75 (1984), 343 ff. Vgl. jedoch zuvor bereits *Quaritsch,* FS Ule, 1977, S. 135 ff. Inzwischen ist sogar schon die Rede von einem ,,informalen Verfassungsstaat", vgl. die gleichnamige Studie von *Schulze-Fielitz,* 1984.

[211] Vgl. *Ossenbühl,* NVwZ 1986, 161 ff., 170, sowie allgemein *Wolff/Bachof* (FN 4), § 23 V b (S. 111).

[212] Vgl. insbes. *Ossenbühl,* Umweltpflege durch behördliche Warnungen und Empfehlungen, 1986, und *dens.,* UTR 3, 1987, S. 27 ff.

[213] Vgl. etwa *Storm* (FN 1), Tz. 131 (S. 52), sowie allgemein zum ,,Wissens- und Wissensvermittlungspotential" des Staates *P. Kirchhof* (FN 204), S. 116 ff.

lichkeitsarbeit, sondern wird ergänzt durch eine allgemeine **Beratung** des Bürgers, die sich auch auf praktische Einzelfragen bezieht (z. B. umweltverträgliche Fahrweisen, Lärmschutz- und Wärmeisoliermaßnahmen, energiesparendes Heizen usw.) und Verhaltensempfehlungen einschließen kann (z. B. Benutzung öffentlicher Verkehrsmittel, Verwendung umweltschonender Waschmittel usw.). Sie ist eingebettet in eine früh (z. B. in der Schule) einsetzende „Umwelterziehung". Die Spannweite der „Überzeugungsarbeit" des Staates reicht dabei von Sympathiewerbung für den Umweltschutz bis hin zur – eher problematischen – Stigmatisierung von Umweltbelastern. Sie findet ihren Niederschlag in vielfältigen öffentlichen „Aktionen" und Symbolen (z. B. Tag der Umwelt). Insofern handelt es sich *zunächst* um eine leistende Maßnahme des Staates.[214]

Die Übergänge zwischen Information und Appell („moral suasion")[215] können dabei fließend sein. Meist hat bereits die Informationsauswahl und -gewichtung meinungsbildenden Charakter.[216] Aufklärungsmittel sind beispielsweise auch öffentliche **Belobigungen** für umweltfreundliches Verhalten oder Auszeichnungen für umweltfreundliche Produkte. 152

Bekanntestes Beispiel ist das **Umweltzeichen,**[217] mit dem umweltfreundliche Produkte, insbesondere Konsumgüter, ausgezeichnet werden (in bislang fast 2000 Fällen). Bei der Vergabe wirken eine unabhängige Jury, das Deutsche Institut für Gütesicherung und Kennzeichnung (RAL) und das Umweltbundesamt zusammen. Das Zeichen besteht aus dem Umweltemblem der Vereinten Nationen („Blauer Engel") und kann zur Werbung für die ausgezeichneten Produkte verwendet werden. Ob § 2 Abs. 1 S. 2 Nr. 2 UBAG als Rechtsgrundlage für diese wettbewerbsbeeinflussende Maßnahme ausreicht, ist allerdings zweifelhaft.

Daneben spielt der direkte **moralisch-politische Appell** zu umweltfreundlichen Verhaltensweisen eine beschränkte Rolle als Instrument der Umweltpolitik. Er hat sich bislang weitgehend als wenig wirksam erwiesen (vgl. etwa die geringe freiwillige Bereitschaft zum Kauf von katalysator-bestückten Personenkraftwagen). Trotz mehrheitlich bekundeten Umweltbewußtseins scheint in der Bevölkerung eine Bereitschaft zu umweltfreundlichem Verhalten überwiegend nur insoweit zu bestehen, als mit der umweltfreundlichen Alternative keine oder nur geringfügige Nachteile (in den Kosten oder an Bequemlichkeit) verbunden sind. Etwas erfolgreicher waren bislang politisch-moralische Appelle an die Wirtschaft. Dort bilden sie aber häufig nur die Ouvertüre zur Einleitung gesetzgeberischer Maßnahmen bzw. zur Herbeiführung von (selbstbeschränkenden) Umweltabsprachen (s. u. Rn. 232ff.).

Die „Aufklärung der Öffentlichkeit in Umweltfragen" gehört namentlich zu den gesetzlichen Aufgaben des **Umweltbundesamtes** (§ 2 Abs. 1 S. 2 Nr. 2 UBAG, s. auch o. § 2 Rn. 68). Dies schließt jedoch Aktivitäten anderer staatlicher und kommunaler Stellen keineswegs aus. 153

---

[214] Vgl. die (im Ganzen jedoch zu einseitige) Zuordnung bei *Storm* (FN 1), Tz. 131 (S. 52) und *Hartkopf/Bohne* (FN 9), S. 185.

[215] Vgl. dazu etwa *Schachel,* NuR 1982, 206ff., 206, und *Wicke* (FN 206), S. 139ff.

[216] Vgl. *Kloepfer,* Information als Intervention in der Wettbewerbsaufsicht, 1973, S. 7.

[217] Vgl. dazu Umweltzeichen-Richtlinien, Ausgabe März 1979, Beuth-Verlag GmbH Berlin, und die Sonderausgabe der Zs. Umwelt (BMI) „Das Umweltzeichen, Symbol für umweltfreundliche Produkte", 1984, sowie die Bekanntmachung zu § 4 des Warenzeichengesetzes v. 25. 7. 1973 (BGBl. I S. 912) – Kloepfer Nr. 89. Allgemein zur rechtlichen Problematik von Gütezeichen *Nicklisch,* Das Gütezeichen, 1969.

Die Unterrichtung der Öffentlichkeit über die Umweltverträglichkeit von Waren gehört inzwischen auch zum satzungsgemäßen Aufgabenkreis der von der Bundesrepublik Deutschland getragenen Stiftung „Warentest".[218]

2. Individuelle Beratung

154 Von den Formen breitenwirksamer influenzierender Information der Öffentlichkeit und moralisch-politischen Appellen ist die konkrete Beratung Einzelner zu unterscheiden, wie sie beispielweise § 2 der Neunten Verordnung zur Durchführung des Bundes-Immissionsschutzgesetzes (Grundsätze des Genehmigungsverfahrens) vom 18. 2. 1977[219] (Kloepfer Nr. 646) der Genehmigungsbehörde im Hinblick auf den Antragsteller aufgibt. Aufgrund ihrer umweltschutzspezifischen Zielsetzung geht die **Antragsberatung** über die allgemeine in § 25 VwVfG geregelte Beratungs- und Betreuungspflicht hinaus.

3. Leistung oder Eingriff?

155 Mit der Einstufung der influenzierenden Information (zunächst) als Leistungsdargebot des Staates gegenüber der Öffentlichkeit und ihrer Einordnung als Realakt ist ihr rechtlicher Charakter jedoch erst zum Teil erfaßt. Zumindest bei **produktbezogenen Verbraucherinformationen** tritt leicht eine eingriffsgleiche Wirkung[220] gegenüber Anbietern bzw. **Wettbewerbern** ein, sei es, daß ein Produkt durch Belobigung gegenüber anderen begünstigt oder durch Hinweis auf mangelnde Umweltverträglichkeit benachteiligt wird.

Ein staatlicher Umweltverträglichkeitstest kann dabei nicht ohne weiteres einem durch die Meinungsfreiheit geschützten privaten Warentest[221] gleichgesetzt werden.

Noch gravierender ist der Eingriff in das Marktgeschehen im Falle der **Warnung** (z. B. wegen Strahlenexposition bestimmte Freilandgemüse nicht zu kaufen oder auf den Kauf bestimmter Reinigungsmittel zu verzichten). Die Wirkungen derartiger Äußerungen stehen nicht selten direkten Eingriffen, etwa Produktions- oder Verkaufsbeschränkungen, kaum nach.

Freilich dürfen einzelne spektakuläre Fälle „erfolgreicher" Warnungen nicht vorschnell generalisiert werden. In den bisherigen Fällen spielte die Furcht der Bevölkerung vor Gesundheitsschädigungen die beherrschende Rolle. Ein ähnlicher Befolgungsgrad dürfte sich bei anderen, primär aus reinen Umweltschutzgesichtspunkten begründeten Warnungen kaum einstellen. Schon bei langjährigen Anti-Zigaretten-Kampagnen ist die Wirkung geringer. Damit verliert die Thematik indes nicht ihre rechtliche Brisanz.

Das BVerwG[222] hat bereits in der Vergabe von Qualitätssicherungskennzeichen und der Veröffentlichung von Arzneimittel-Transparenzlisten durch die vom Bundesminister für Jugend, Familie und Gesundheit berufene sog. Transparenzkommis-

---

[218] Neufassung v. 28. 5. 1985, genehmigt durch den Senator für Justiz und Bundesangelegenheiten Berlin am 1. 7. 1985.
[219] BGBl. I S. 274, zuletzt geänd. durch VO v. 19. 5. 1988, BGBl. I S. 608. Vgl. zu Rechtsproblemen behördlicher Umweltinformation jetzt *Lübbe-Wolff*, NJW 1987, 2705ff.
[220] Vgl. hierzu v. a. *Ossenbühl* (FN 212), S. 14ff., und *dens.*, UTR 3, 1987, S. 27ff.
[221] BGHZ 65, 325 (331); BVerwGE 71, 183 (195f.) bejahen dies auch für die Stiftung Warentest. Dazu kritisch wegen deren staatlicher Trägerschaft *Ossenbühl* (FN 212), S. 34ff. Vgl. zur Gewerbekritik zuletzt etwa *Brinkmann*, NJW 1987, 2721ff.; zur Produktkritik im Fernsehen BGH, NJW 1987, 2746f.
[222] BVerwGE 71, 183 (189ff.). Vgl. dazu auch *Sodan*, DÖV 1987, 858ff.

sion einen **Grundrechtseingriff** (in die unternehmerische Betätigungsfreiheit des Arzneimittelherstellers) gesehen, der einer gesetzlichen Grundlage bedarf.

Zwar stelle die Veröffentlichung der Transparenzliste keine obrigkeitliche Regelung, sondern zunächst nur eine „Entscheidungshilfe“ dar, auch die tatsächliche, nur mittelbare Betroffenheit des Grundrechtsträgers durch eine staatliche Maßnahme könne aber nach der Rechtsprechung des BVerfG einen Grundrechtseingriff bedeuten, wenn ein enger Zusammenhang mit der Berufsausübung und eine deutlich erkennbare objektiv berufsregelnde Tendenz bestehe.

Selbst wenn man ein allgemeines Mandat des Staates zu influenzierender Informa- 156
tion und „Herrschaftsausübung durch geistigen Einfluß“[223] annimmt und **eingriffsgleiche Informationsakte** nicht bereits am Fehlen einer konkreten **Rechtsgrundlage** scheitern läßt, müssen diese zumindest hinsichtlich ihres Inhaltes einer Rechtskontrolle unterliegen, wenn „informales“ Verwaltungshandeln nicht zu einer Entledigung von Rechtsbindungen führen soll. Von vornherein unbedenklich sind freilich Warnungen vor **gesetzeswidrigen Produkten.** Bei erwiesener Umwelt- oder Gesundheitsschädlichkeit eines (gleichwohl nicht verbotenen) Produkts sind Verhaltensempfehlungen und Warnungen als (mildere) Alternativen zu an sich ebenfalls möglichen gesetzlichen Beschränkungen oder Verboten rechtlich nicht zu beanstanden. Problematisch ist hingegen, wenn der Staat sich auf influenzierende Informationspolitik beschränkt, weil er sich seiner Sache nicht sicher weiß und den möglichen (Entschädigungs-)Folgen eines (rechtswidrigen) Verbotes ausweichen will.

III. Gewährung von Benutzungsvorteilen

Schrifttum: *Hansmann,* Rechtsprobleme der neuen Smogverordnungen, NVwZ 1987, 89ff.; *Hartkopf/Bohne,* Umweltpoltik, Bd. I, 1983, S. 196; *Soell,* Schutz gegen Fluglärm, in: Salzwedel (Hg.), Grundzüge des Umweltrechts, 1982, S. 329ff.

Ein zwar ebenfalls nicht wettbewerbsneutrales, im ganzen aber weniger problema- 157
tisches Instrument indirekter Verhaltenssteuerung bildet die Einräumung von Benutzungsvorteilen für die **Verwender umweltfreundlicher Produkte.**

Im Unterschied zur influenzierenden Information ist der Einsatz des Instruments der Benutzungsvorteile überwiegend rechtlich – insbesondere durch ermächtigungskonforme Rechtsverordnungen, zum Teil auch kommunalrechtlich – geregelt und bezieht sich aufgrund abstraktgenereller Merkmale nur auf Produktklassen und nicht, wie dies bei influenzierender Information prinzipiell möglich ist, auf einzelne Produkte eines bestimmten Herstellers.

Der Ausdruck „Benutzungsvorteil“ bezeichnet Regelungen, die allgemein angeordnete **Beschränkungen** hinsichtlich der Verwendung umweltbelastender Produkte für solche Produkte **lockern** oder aufheben, die bestimmten gesetzlich zwar nicht zwingend vorgeschriebenen, aber als wünschenswert deklarierten Beschaffenheitsanforderungen entsprechen und damit ein höheres Maß an Umweltverträglichkeit aufweisen als andere Produkte derselben Gattung. Die freiwillige „Übererfüllung“ eines Umweltschutzstandards wird auf diese Weise belohnt. Im Prinzip entspricht dieses Regelungsmodell wirtschaftlichen Anreizen (wie Umweltsubventionen und [Minderung von] Umweltabgaben), nur wird kein finanzieller, sondern ein naturaler, u. U. aber ebenfalls geldwerter Vorteil gewährt. Mittel- bis langfristig erwartet man sich hiervon über ein verändertes Kaufverhalten auch eine Verdrängung der stärker um-

[223] *Herzog,* Allgemeine Staatslehre, 1971, S. 167.

weltbelastenden Produkte vom Markt. Insofern handelt es sich letztlich um eine Strategie des Umweltschutzes durch **Einräumen von Wettbewerbsvorteilen.**

158 Dieses reizvolle (wenn auch nicht ganz risikolose) Regelungsmodell ist in der Bundesrepublik Deutschland bislang erst in einigen Bereichen verwirklicht. Im Vordergrund steht dabei die **Bekämpfung des Nachbarschafts-, Freizeit- und Verkehrslärms.**

So gewährt die auf das Bundes-Immissionsschutzgesetz gestützte Rasenmäherlärmverordnung vom 23. 7. 1987[224] (Kloepfer Nr. 644) den Benutzern von Rasenmähern, welche einen festgesetzten niedrigeren Emissionswert unterschreiten, eine partielle Befreiung von zeitlichen Betriebsbeschränkungen (§ 3 Abs. 2 der 8. BImSchV).

Eine ähnliche Regelung trifft die aufgrund des Luftverkehrsgesetzes ergangene Verordnung über die zeitliche Einschränkung des Flugbetriebs mit Leichtflugzeugen und Motorseglern an Landeplätzen vom 16. 8. 1976[225] (Kloepfer Nr. 808). Danach gelten für Leichtflugzeuge und Motorsegler, die erhöhten (allgemein festgesetzten) Schallschutzanforderungen entsprechen, keine der sonst geltenden zeitlichen Einschränkungen mit Ausnahme des Nachtflugverbotes (§ 4 VO).

Für Verkehrsflugzeuge besteht keine entsprechende Regelung; im Rahmen der behördlichen Flugplatzgenehmigung nach § 6 LuftVG kann jedoch die Einräumung von Benutzungsvorteilen nach Lärmschutzgesichtspunkten vorgesehen werden. Danach gelten für Flugzeuge, welche die Grenzwerte des Annex 16 zum ICAO-Abkommen überschreiten, räumliche Beschränkungen zur Tagzeit und ein Flugverbot zur Nachtzeit.[226] Für die übrigen, weniger lärmintensiven Flugzeuge bestehen lediglich räumliche Nachtflugbeschränkungen.

Im Bereich des Verkehrslärmschutzes befindet sich das Konzept nur vereinzelt auf lokaler Ebene in Erprobung, vor allem in Form von differenzierten Streckensperrungen nach § 45 Abs. 1 Nr. 3 StVO für lärmarme und lärmintensive Lastkraftwagen (z. B. Modellversuch Bad Reichenhall).[227]

Die Einräumung von Benutzungsvorteilen wurde im politischen Raum auch als Anreiz zur beschleunigten Ausrüstung von Personenkraftwagen mit Katalysatoren vorgeschlagen. Danach sollte im Rahmen einer allgemeinen Geschwindigkeitsbegrenzung das sonst geforderte Tempolimit für schadstoffarm fahrende Wagen ganz oder teilweise entfallen. Bereits heute sehen die Smog-Verordnungen der Länder Benutzungsvorteile für schadstoffarme Fahrzeuge bei austauscharmen Wetterlagen vor.[228]

---

[224] Achte Verordnung zur Durchführung des Bundes-Immissionsschutzgesetzes (Rasenmäherlärm-Verordnung – 8. BImSchV) – v. 23. 7. 1987 (BGBl. I S. 1687) = Neufassung der VO v. 28. 7. 1976.

[225] Verordnung über die zeitliche Einschränkung des Flugbetriebs mit Leichtflugzeugen und Motorseglern an Landeplätzen v. 16. 8. 1976 (BGBl. I S. 2216).

[226] Hierzu näher *Soell*, in: Salzwedel (Hg.), Grundzüge des Umweltrechts, 1982, S. 329ff., 340ff. m. w. N. Vgl. auch Umwelt (BMI) Nr. 90 v. 5. 8. 1982, S. 81, und den Dritten Immissionsschutzbericht der Bundesregierung, BT-Drs. 10/1354, S. 46.

[227] Vgl. zu diesem Modellversuch den 3. Immissionsschutzbericht, BT-Drs. 10/1354, S. 48, und *A. O. Vogel*, Zs. f. Lärmbekämpfung 29 (1982), 188ff., 189f.

[228] Vgl. z. B. § 7 SmogVO BW v. 27. 6. 1988 (GBl. S. 214); § 7 SmogVO Bayern v. 23. 9. 1985 (BayGVBl. S. 615, geänd. durch VO v. 11. 10. 1988, GVBl. S. 323, ber. S. 327); § 6 Abs. 1 SmogVO Berlin v. 25. 10. 1985 (GVBl. S. 2282, geänd. durch VO v. 13. 11. 1987, GVBl. S. 2637); § 6 Nr. 2 SmogVO Hamburg v. 22. 12. 1987 (GVBl. S. 247); § 7 Nr. 2 SmogVO Hessen v. 22. 8. 1988 (GVBl. I S. 319); § 7 Abs. 1 Nr. 5 SmogVO Niedersachsen v. 19. 12. 1985 (GVBl. S. 616); § 7 Nr. 2 SmogVO NW v. 29. 10. 1974 (GV NW S. 1432, zuletzt geänd. durch VO v. 23. 8. 1988, GV NW S. 357 – i. U. zu den übrigen Bundesländern nur bei geregeltem Dreiweg-Katalysator); § 7 Nr. 2 SmogVO Rheinland-Pfalz v. 1. 9. 1988 (GVBl. S. 201); § 7 Nr. 2 SmogVO Saarland v. 14. 6. 1988 (Amtsbl. S. 493). Einen Benutzungsvorteil für Kraftfahrzeuge, „die mit einer katalytischen Nachverbrennungseinrichtung ausgerüstet sind" sah bereits die nordrhein-westfälische SmogVO v. 29. 10. 1974 in ihrem ursprünglichen § 7 lit. b a. F. vor. Vgl. zu den Regelungen der Länder i. e. und den dabei bestehenden z. T. erheblichen Unterschieden (u. a. bezüglich der Voraussetzungen des Fahrverbotes, der Kennzeichnung der vom Fahrverbot befreiten Fahrzeuge) *Hansmann*, NVwZ 1987, 89ff., 92, 94, und *Kniep*, GewArch. 1986, 260ff. Hieraus resultieren gravierende Vollzugsprobleme u. a. in Ländergrenzen übergreifenden Ballungsräumen (wie z. B. Hamburg). Eine Rechtsvereinheitlichung auf der Grundlage des Musterentwurfs 1987 einer Smog-Verordnung (Kloepfer Nr. 680) ist daher geplant.

159 Einer breiten oder gar flächendeckenden Verwendung des Benutzungsvorteils-Modells im Umweltrecht steht jedoch seine relative **Überwachungsaufwendigkeit** entgegen.

Besonders deutlich wird dies in Anbetracht des Vorschlages differenzierter Geschwindigkeitsbegrenzungen im Straßenverkehr. In den Bereichen, in denen Benutzungsvorteile bislang gewährt wurden, stellt sich das Kontrollproblem weniger, da entweder eine Überwachung bereits aus anderen Gründen stattfindet (Flugbetrieb) oder mit ausreichender gesellschaftlicher Selbstkontrolle gerechnet werden kann (Rasenmäherlärm). Die gesellschaftlichen Kontrollmechanismen sind indes nicht (mehr) so stark entwickelt, daß sie derzeit auf breiterer Ebene staatliche Kontrolle ersetzen könnten. Überdies würden sie in Anbetracht der technischen Komplexität der Kontrollaufgaben in den meisten Fällen versagen. Eine Ausnahme bildet insofern der Lärmschutz, in dem auch künftig der Schwerpunkt dieses Instrumentes liegen dürfte. Gedacht ist insbesondere an die Einführung von Benutzungsvorteilen im Baumaschinensektor und bei Leichtkrafträdern.[229]

Bedenken können sich schließlich vom europäischen Gemeinschaftsrecht her ergeben, wenn und soweit Benutzungsvorteile sich als Quasi-Handelsbeschränkungen darstellen (vgl. allgemein § 6 Rn. 6ff.).

IV. Direkte und indirekte Subventionen

Schrifttum: *Aschfalk,* Besteuerung und Abfallwirtschaft, 1983; *Benkert,* Staatliche Finanzhilfen zur Förderung des Umweltschutzes, NuR 1984, 132ff.; *D. Birk,* Steuerrecht als Mittel des Umweltschutzes, NuR 1985, 90ff.; *Bleckmann,* Subventionsrecht, 1978; *ders.,* Ordnungsrahmen für das Recht der Subventionen, Gutachten D für den 55. Deutschen Juristentag, in: Verhandlungen des 55. DJT Hamburg 1984, Bd. I, 1984; *Bundesminister des Innern* (Hg.), Umweltbrief: Steuerliche Begünstigungen bei umweltschützenden Maßnahmen, 1975; *Götz,* Recht der Wirtschaftssubventionen, 1966; *Heigl,* Abschreibungen der Investitionen für den Umweltschutz, StuW 1976, 240ff.; *Henke,* Das Recht der Wirtschaftssubventionen als öffentliches Vertragsrecht, 1979; *Henseler,* Wirtschaftslenkung durch Subventionen zwischen Förderung und Gefährdung unternehmerischer Freiheit, in: Makswit/Schoch (Hg.), Aktuelle Fragen der Finanzordnung im internationalen und nationalen Recht/Vom Gewerbepolizeirecht zum Wirtschaftsverwaltungsrecht, 1986, S. 203ff.; *H. P. Ipsen,* Öffentliche Subventionierung Privater, 1956; *ders.,* Verwaltung durch Subventionen, VVDStRL 25 (1967), S. 257ff.; *Kabelitz,* Förderfibel Umweltschutz, 1978; *Kapp,* Staatliche Förderung „umweltfreundlicher" Technologien, 1976; *Kieschke,* Zur Abschreibungsvergünstigung für Umweltschutzinvestitionen, DB 1982, 192ff.; *Kötzle,* Die Eignung von Subventionen für die Umweltpolitik, 1980; *Pauker,* Das ERP-Sondervermögen, 1987; *Rasenack,* Steuersubventionen oder direkte Finanzhilfen, Der Staat 20 (1981), 1ff.; *E. Schmidt,* Sonderabschreibungen für Umweltschutzinvestitionen bei der Vermögenssteuer, BB 1981, 1888f.; *Soell,* Subvention oder Sonderabschreibung?, Überlegungen zur staatlichen Anpassungsförderung im Umweltschutz, 1975; *ders.,* Subventionen oder Sonderabschreibung für Anlagen zur Abwasserbehandlung, Wasserwirtschaft 1975, 93ff.; *ders.,* Finanz- und steuerrechtliche Fragen des Umweltschutzes, in: Salzwedel (Hg.), Grundzüge des Umweltrechts, 1982, S. 635ff.; *Strauch,* Nationale Umweltschutzsubventionen als wettbewerbspolitisches Störpotential, in: Gutzler (Hg.), Umweltpolitik und Wettbewerb, 1981, S. 125ff.; *Weiße,* Steuererleichterungen für Umweltschutz verbessert, DStR 1980, 533ff.; *Zacher,* Verwaltung durch Subventionen, VVDStRL 25 (1967), S. 308ff.

1. Allgemeine Stellung

160 Im Kern auf dem gleichen Gedanken wie die Gewährung von Benutzungsvorteilen beruht die Gewährung von Subventionen[230] als Mittel des Umweltschutzes.

---

[229] Vgl. den 3. Immissionsschutzbericht, BT-Drs. 10/1354, S. 47f.

[230] Hierzu grundlegend *Götz,* Recht der Wirtschaftssubentionen, 1966; *H. P. Ipsen* und *Zacher,* VVDStRL 25 (1967), S. 257ff., 308ff.; vgl. ferner insbes. *Bleckmann,* Subventionsrecht, 1978, und *Henke,* Das Recht der Wirtschaftssubventionen als öffentliches Vertragsrecht, 1979. Speziell zu Umweltschutzsubentionen u. a. *Benkert,* NuR 1984, 132ff.; *Kabelitz,* Förderfibel Umweltschutz, 1978; *Kapp,* Staatliche Förderung „umweltfreundlicher" Technologien, 1976; *Kötzle,* Die Eignung von Subventionen für die Umweltpolitik, 1980.

Unter **Subventionen** sind vermögenswerte Leistungen des Staates an Private zu verstehen, die zur Erreichung eines bestimmten im öffentlichen Interesse liegenden Zweckes ohne oder gegen geringere (unmittelbare) Gegenleistung gewährt werden.

An die Stelle des naturalen – oftmals aber durchaus geldwerten – Benutzungsvorteils tritt hier die Gewährung eines finanziellen Vorteils.

Die Geldwirtschaft ersetzt, wenn man so will, den konkreten Austausch von Naturalien. Subventionen erscheinen insofern eigentlich als das modernere Instrument. Tatsächlich sind sie jedoch das ältere Mittel im Arsenal des Umweltschutzes, Benutzungsvorteile demgegenüber die jüngere Entdeckung.

161 Im Vergleich zu den nur sehr punktuell einsetzbaren Benutzungsvorteilen finden (direkte und indirekte) Subventionen, die sich des Geldes als allgemeinstem Äquivalent der Wirtschaftsgesellschaft bedienen, eine relativ breite Verwendung. Sie bilden zugleich das **Gegenstück zu Umweltabgaben** (s. u. Rn. 177ff.). Während Umweltabgaben Umweltbelaster finanziell in Anspruch nehmen und somit dem Verursacherprinzip (s. § 3 Rn. 27ff.) entsprechen, belohnen Subventionen potentielle Umweltschädiger für den Verzicht auf bestimmte Umweltbelastungen durch Gewährung finanzieller Vorteile.

Dies kann durch direkte Finanzhilfen **(Leistungssubventionen),** aber auch indirekt durch sog. **Verschonungssubventionen,**[231] insbesondere durch Steuervergünstigungen und Gebührenentlastungen bei Vornahme von Umweltschutzinvestitionen geschehen. In einem weiteren Sinn gehört hierzu auch die **Bereitstellung öffentlicher Umweltschutzeinrichtungen** (z. B. Klärwerke), soweit deren Benutzung ohne bzw. zu nicht-kostendeckenden Gebühren erfolgen darf. Sowohl im Falle der Leistungs- als auch der Verschonungssubvention wird der Umweltschutz aus dem Staatshaushalt finanziert – im ersten Fall durch Transferzahlungen, im zweiten Fall durch Steuermindereinnahmen, es gilt also das Gemeinlastprinzip (s. § 3 Rn. 39ff.).

Der sachlichen Nähe von Leistungs- und Verschonungssubventionen trägt auch § 12 Abs. 3 StWG Rechnung, demzufolge Steuervergünstigungen in den Subventionsbericht aufzunehmen sind. Hinsichtlich der Lenkungsmöglichkeiten (und erst recht hinsichtlich der verfassungsrechtlichen Rahmenbedingungen) bestehen jedoch zwischen beiden Subventionsarten nicht unerhebliche Unterschiede.

162 Beide Arten der Subventionierung spielen im Umweltschutz eine wesentlich größere Rolle als es die verbreiteten Bekenntnisse zum Vorrang des Verursacherprinzips eigentlich erwarten lassen.

Anknüpfungspunkt bzw. **Gegenstand der Förderung** können sowohl der Verzicht auf Umweltbelastungen, die Einführung umweltfreundlicher Produktionsverfahren, Produkte und Einsatzstoffe als auch technologische Innovationen (Forschungs- und Entwicklungsaktivitäten) im Umweltschutz sein.[232] In Betracht als umweltpolitisches Lenkungsinstrument kommen vor allem **Anpassungssubventionen,** in Ausnahmefällen aber auch (potentiell dem Umweltschutz eher abträgliche) Erhaltungssubventionen.[233]

---

[231] Vgl. zur Verschonungssubvention allgemein *Zacher* (FN 230), S. 327ff., sowie übersichtsweise *Babrowski,* Die Steuerbefreiung als Rechtsform der Subvention, Diss. jur. Tübingen 1976.
[232] Vgl. etwa *Wicke* (FN 206), S. 184ff.
[233] Vgl. auch *Kloepfer,* UPR 1981, 41ff., 47.

Ein wesentlicher Vorteil von Subventionen ist zunächst ihre relativ hohe Vollzugseffektivität, insoweit als sie von den Empfängern naturgemäß begrüßt werden und von daher kaum Probleme der **Maßnahme-Akzeptanz** kennen. 163

Die Gefahr der Freiheitsverkürzung durch faktisch unverzichtbare Subventionen[234] ist allerdings nicht zu verkennen. Solche Subventionen liegen dann vor, wenn Unternehmen sich aus Wettbewerbsgründen einen Subventionsverzicht nicht leisten können und so ökonomisch gezwungen sind, die begünstigten Verhaltensformen (insbesondere die gewünschten Investitionen) vorzunehmen.

Da Finanzierungshilfen freilich niemals die Investitionskosten vollkommen abdekken, sind sie im Grunde nur **in Verbindung mit anderen** – ordnungs- und abgabenrechtlichen – **Instrumenten** sinnvoll.[235] Da die Subventionsempfänger stets noch erhebliche Eigenmittel aufbringen müssen, wäre die Lenkungswirkung von isolierten Anpassungssubventionen für sich genommen (zu) gering. Als eigenständiges Umweltschutzinstrument sind sie zudem nicht nur wegen ihrer finanziellen Aufwendigkeit für den Staat, sondern auch wegen der Gefahr der Heranzüchtung einer letztlich unökonomischen „Subventionsmentalität" untauglich: Mehr Ökonomie im Umweltschutz darf nicht zu weniger Ökonomie insgesamt führen.

Im Unterschied zu Umweltabgaben erzeugen Subventionen kein echtes Eigeninteresse an der Vornahme von Umweltschutzinvestitionen. Der Subventionsempfänger hat auch keinen Anlaß, über die Erfüllung des „Zuwendungstatbestandes" hinaus weitere Anstrengungen zu unternehmen.[236]

So notwendig Umweltschutzinvestitionen sein mögen, so sehr teilen sie doch auch die **grundsätzlichen Schwächen** dieses Instrumentariums. Die Subventionierung des Umweltschutzes darf daher nicht – etwa nach dem „Vorbild" der Agrarpolitik – zu einem neuen „Faß ohne Boden" werden. Hinzu kommen die wettbewerbsverzerrenden Wirkungen von Subventionen.[237] 164

Hinsichtlich der Wirkungsweise ist allerdings zwischen **direkten Finanzhilfen** und **steuerlichen Vergünstigungen** zu differenzieren. Letztere sind finanzpolitisch regelmäßig günstiger,[238] dafür ermöglichen direkte Finanzhilfen in Verbindung mit entsprechenden Auflagen eine stärkere Feinsteuerung und können im Sinne von Erhaltungssubventionen auch besonders bedürftigen, noch förderungswürdigen Unternehmen zugute kommen, während Steuervergünstigungen nur bei entsprechender Ertragskraft wirksam werden. Aus diesen Unterschieden erklärt sich auch die kontroverse Diskussion zwischen grundsätzlichen Befürwortern von Steuersubventionen und Anhängern direkter Finanzhilfen.[239] Die Förderungspraxis hat sich hiervon je- 165

---

[234] Hierzu zuletzt etwa *Henseler,* in: Makswit/Schoch (Hg.), Aktuelle Fragen der Finanzordnung im internationalen und nationalen Recht. Vom Gewerbepolizeirecht zum Wirtschaftsverwaltungsrecht, 1986, S. 203ff. m.w.N.

[235] Ebenso u.a. *Hartkopf/Bohne* (FN 9), S. 204.

[236] Der amerikanische Umweltökonom *Schelling* formuliert die daraus resultierende Schwäche der Subventionslösungen im Umweltschutz mit besonderer Prägnanz: „... rewarding good behaviour ... would be open-ended" (Incentives for Environmental Protection, Cambridge/Mass. 1983, S. 34).

[237] Vgl. dazu *Kloepfer,* UPR 1981, 41ff., 47; zur EG-rechtlichen Problematik *Strauch,* in: Gutzler (Hg.), Umweltpolitik und Wettbewerb, 1981, S. 125ff.

[238] Zu den Gründen *Soell,* in: Salzwedel (Hg.), Grundzüge des Umweltrechts, 1982, S. 635ff., 642ff., 651.

[239] Vgl. *Soell,* Subvention oder Sonderabschreibung?, Überlegungen zur staatlichen Anpassungsförderung im Umweltschutz, 1975, sowie *dens.* (FN 238), S. 650ff. m.w.N.; zur entsprechenden allgemeinen auch außerhalb der Umweltpolitik geführten Diskussion insbes. *Rasenack,* Der Staat 20 (1981), 1ff.

doch nicht nachhaltig beeinflussen lassen und kombiniert – prinzipiell wohl zu Recht – beide Förderungsformen, wobei Steuersubventionen häufig gleichsam die Sockelförderung und direkte Finanzhilfen eine vor allem schwerpunktmäßig erfolgende Sonderförderung darstellen.

2. Direkte Subventionen

166 Direkte Subventionen werden aus Haushaltsmitteln finanziert und erfolgen vor allem in Form von Zuschüssen, Zuwendungen und rückzahlbaren Darlehen.

Zuschüsse werden in der Regel als verlorene Zuschüsse bei prozentualer Eigenbeteiligung des Zuschußempfängers gewährt.

Sog. **Zuwendungen** sind bedingt rückzahlbar bei prozentualer Eigenbeteiligung des Zuwendungsempfängers.

Bei **rückzahlbaren Darlehen** besteht die Finanzleistung des Staates im wesentlichen in der Liquiditätshilfe sowie in der Zinsvergünstigung gegenüber den üblichen Konditionen auf dem Kapitalmarkt. Die Kredithilfe kann auch in der Form erfolgen, daß der Staat einen Teil der zu zahlenden Zinsen einer privaten Kreditgewährung übernimmt.[240]

In Betracht kommen ferner z. B. die Übernahme einer **Bürgschaft, Refinanzierungszusagen** sowie vielfältige **Realförderungen.**

Z. B. verbilligte Veräußerungen und Vermietungen staatlicher Grundstücke oder kostenlose bzw. nichtkostendeckende Gewährung von Leistungen durch öffentliche Einrichtungen, aber auch gesteigerte Ankäufe bzw. Auftragsvergaben durch die öffentliche Hand selbst zu überhöhten Preisen des Privatunternehmers usw. Hingegen zählen staatlich gebotene Zuwendungen aus einem horizontalen Ausgleich innerhalb der Wirtschaft (z. B. Zahlungen der aus nichtfiskalischen Abgaben gespeisten Ausgleichsfonds) regelmäßig nicht zu den staatlichen Subventionen, sondern sind gewissermaßen obligatorische Selbsthilfen der Wirtschaft. Demgegenüber stellen jedoch die aus dem Aufkommen der Abwasserabgabe gewährten Finanzhilfen Subventionen dar, da die Mittel vom Staat (den Ländern) verwaltet werden (§§ 1 S. 2, 13 AbwAG).

167 Finanzhilfen mit Umweltschutzbezug werden vorrangig von Bund und Ländern, aber auch von Gemeinden sowie von den Europäischen Gemeinschaften gewährt. Sie bestehen aus einem umfangreichen und – nicht zuletzt wegen des weitgehenden **Fehlens einer gesetzlichen Normierung**[241] – schwer überschaubaren Konglomerat unterschiedlicher Förderungsmaßnahmen,[242] die von verschiedenen Trägern zu den unterschiedlichsten Zwecken (innerhalb des Umweltschutzes, oftmals aber auch verknüpft mit anderen, z. B. energiepolitischen Zielsetzungen) „aufgelegt" werden. Unter dem Deckmantel des Umweltschutzes dürfen allerdings **keine wettbewerbsverfälschenden Beihilfen** im Sinne der Art. 92ff. EWGV gewährt werden.[243]

Bei der Bewertung der Umweltschutzsubventionen in der Bundesrepublik Deutschland ist jedoch zu berücksichtigen, daß sie auf der Basis von im europäischen Vergleich relativ hohen Umweltschutzanforderungen gewährt werden und so auch als Wiederherstellung einer (durch die vergleichsweise scharfe deutsche Umweltgesetzgebung beeinträchtigten) Wettbewerbs-

---

[240] Vgl. *Benkert,* NuR 1984, 132ff., 132.

[241] Vgl. zu dahingehenden, nicht zuletzt aus dem rechtsstaatlichen Gesetzesvorbehalt herbeigeleiteten Forderungen zuletzt insbes. *Bleckmann,* Gutachten D für den 55. Deutschen Juristentag, in: Verhandlungen des 55. DJT Hamburg 1984, Bd. I, 1984, m. w. N.

[242] Aufschlußreich, wenn auch nicht auf neuestem Stand *Kabelitz* (FN 230), sowie die Zusammenstellung in Umwelt (BMI) Nr. 90 v. 5. 8. 1983, S. 79.

[243] Vgl. etwa *Strauch* (FN 237), S. 128ff., sowie allgemein *Beutler/Bieber/Pipkorn/Streil* (FN 150), S. 356ff. m. w. N.

gleichheit zwischen den Mitgliedstaaten gewertet werden könnten. Gleichwohl mehren sich die Konflikte der Bundesrepublik mit der EG-Kommission.[244] Zu beachten ist dabei, daß der Umweltschutzbezug einer Beihilfe als solcher keine Ausnahme vom grundsätzlichen Subventionsverbot des Art. 92 Abs. 1 EWGV begründet. Umweltschutzbelange werden in den Ausnahmetatbeständen der mit dem Gemeinsamen Markt vereinbarten Beihilfen in Art. 92 Abs. 2 und 3 EWGV jedenfalls nicht ausdrücklich angesprochen. Die Anforderungen an die Genehmigung von Umweltschutzsubventionen im Rahmen des Art. 92 Abs. 3 lit. b EWGV (Beihilfen zur Förderung wichtiger Vorhaben von gemeinsamem europäischen Interesse oder zur Behebung einer beträchtlichen Störung im Wirtschaftsleben eines Mitgliedstaates) sind in einer Mitteilung der EG-Kommission vom 6. 11. 1974 über den Gemeinschaftsrahmen für staatliche Umweltschutzbeihilfen konkretisiert, die inzwischen zweimal verlängert wurde und – mit gewissen Einschränkungen – vorerst bis 1992 gilt. Grundsätzlich stellen sich Umweltschutzsubventionen aus EG-rechtlicher Sicht nur als während einer Übergangszeit zulässige Hilfen dar.

Subventionen können rechtlich auf verschiedenen **Grundlagen** beruhen. Einmal ist denkbar, daß sie eine ausdrückliche, entweder detaillierte oder globale gesetzliche Grundlage haben. Zum anderen kann für sie gerade keine derartige gesetzliche Grundlage bestehen, sondern – und diese Form kommt in der Praxis am häufigsten vor – nur eine Bereitstellung entsprechender Mittel im (gesetzlich festgestellten) Haushaltsplan. Dies ist möglich, weil nach überkommener h. M. bei Leistungssubventionen der Vorbehalt des Gesetzes nicht gilt,[245] wodurch die Verwaltung (auch bei der Kombination von Subventionen mit belastenden Auflagen) eine erhöhte Beweglichkeit erhält. Im Gegensatz hierzu ist für Verschonungssubventionen regelmäßig eine gesetzliche Grundlage erforderlich, da die Verwaltung hier im Bereich staatlicher gesetzesgebundener Belastungen handelt und sich nicht aus eigener Machtvollkommenheit aus ihrer Bindung an Gesetz und Recht (Art. 20 Abs. 3 GG) lösen kann. Der Gesetzgeber, der ohnehin mittelbar über die Bewilligung der Subventionsmittel im Haushaltsgesetz an der Entscheidung über die grundsätzliche Leistungsvergabe beteiligt ist, kann allerdings auch bei Leistungssubventionen stets ausdrückliche Subventionsgesetze, insbesondere zur verstärkten Gewährleistung von Rechtssicherheit, schaffen. Von dieser Möglichkeit hat der Bundesgesetzgeber im Bereich des Umweltschutzes bisher allerdings kaum Gebrauch gemacht (Ausnahme etwa § 4 InvZulG, s. u. Rn. 170). Maßgeblich sind daher bei den direkten Subventionen regelmäßig nur die jeweiligen Vergaberichtlinien, also interne Verwaltungsvorschriften. 168

Der Verzicht auf eine gesetzliche Regelung kann insofern – unbeschadet der nicht ganz auszuräumenden rechtlichen Bedenken – sogar von Vorteil sein, als danach eine offene innovative Subventionspraxis möglich ist (falls dieser Spielraum nicht wieder durch normersetzende Verwaltungsvorschriften – Vergaberichtlinien – verlorengeht).

Unter den **umweltschutzbezogenen Subventionsprogrammen** auf Bundesebene sind am bedeutendsten und haben das größte Volumen (teilweise mehrere 100 Mio. DM jährlich):[246] 169

– die ERP-Umweltschutzprogramme,
– das Programm zur Förderung von Investitionen auf dem Gebiet der Luftreinhaltung bei Altanlagen,

---

[244] So auch die Feststellung im BMI-Referentenpapier „Steuerliche Anreize und Investitionshilfen im Umweltschutz" v. November 1984, S. 3.
[245] Vgl. die Nachw. bei *Bleckmann* (FN 241), D 71ff., und *Kloepfer/Malorny* (FN 84), S. 32ff.
[246] Quelle: 3. Immissionsschutzbericht der Bundesregierung, BT-Drs. 10/1354, S. 30f.

– das (inzwischen ausgelaufene) Rhein-Bodensee-Sanierungsprogramm,
– die Forschungs- und Entwicklungsförderung vor allem durch das Bundesministerium für Forschung und Technologie (Förderbereich „Umweltforschung").

Daneben sind im Bundeshaushalt z. B. spezielle Förderungsmittel für ökologische Demonstrations- und Modellvorhaben ausgewiesen.

Hierbei beschränkt sich die Förderung aus ERP-Mitteln (European Recovery Program, bekannt auch als Marshall-Plan,[247] dessen auf die Bundesrepublik Deutschland entfallender Teil heute als stiftungsähnliches Sondervermögen vom Bund verwaltet wird) auf die Vergabe zinsvergünstigter Kredite an Kommunen und Industrie. Im Rahmen des ERP-Programmes bestehen spezielle Umweltschutzprogramme für Maßnahmen der Abwasserreinigung, der Reinhaltung der Luft und der Abfallentsorgung. Die ERP-Umweltschutzkredite werden durch Kreditprogramme der Kreditanstalt für Wiederaufbau und der Lastenausgleichsbank ergänzt.[248]

170 Darüber hinaus kommen dem Umweltschutz Subventionen aus nicht umweltschutzspezifischen Förderungsprogrammen (z. B. Programm zur Förderung heizenergiesparender Investitionen in bestehenden Gebäuden) sowie Investitionszulagen nach dem **Investitionszulagengesetz 1986** i. d. F. der Bek. vom 28. 1. 1986[249] (Kloepfer Nr. 70) zugute.

Investitionszulagen werden für volkswirtschaftlich besonders förderungswürdige Investitionen in Form einer steuerlich nicht anzusetzenden Zulage in Höhe von 7½, 10 bzw. 20% des Investitionsvolumens gewährt. In Betracht kommen insbesondere Investitionszulagen für Forschungs- und Entwicklungsinvestitionen (§ 4 InvZulG) sowie für bestimmte Investitionen im Bereich der Energieerzeugung und -verteilung (§ 4a InvZulG, z. B. für Wärmepumpanlagen). Eine spezifische Umweltinvestitionszulage fehlt bislang.[250]

Speziell Kommunen und Wirtschaft in ländlichen und strukturschwachen Regionen kommen in den Genuß von Förderungsmitteln aus den Bund-Länder-Gemeinschaftsprogrammen „Verbesserung der Agrarstruktur und des Küstenschutzes", „Verbesserung der regionalen Wirtschaftsstruktur" sowie der Zonenrandhilfe. Das **Gesetz über die Gemeinschaftsaufgabe „Verbesserung der Agrarstruktur und des Küstenschutzes"** i. d. F. der Bek. vom 21. 7. 1988[251] (Kloepfer Nr. 127) verlangt hierfür in § 2 Abs. 1 S. 2 auch die Beachtung des Umweltschutzes.

Die Bundesländer gewähren eine Vielzahl unterschiedlicher Finanzhilfen insbesondere in den Förderungsbereichen öffentlicher Nahverkehr (Lärmschutz, energiesparende und emissionsarme Antriebe), Fluglärmbekämpfung, Landwirtschaft (Emissionsminderung und Energieeinsparung, Abfallentsorgung, umweltfreundliche Tierhaltung, alternative Landbaumethoden), Naturschutz, Gewässerschutz und Abfallentsorgung, Industrie und Gewerbe (Immissionsschutz, Förderung neuer Technologien, Energieeinsparung), bei Gebäuden, Verbesserung der kommunalen Infrastruktur, Informationsveranstaltungen, Demonstrationsvorhaben, Modellprojekte und Fortbildung.[252]

Unter den zahlreichen Subventionsprogrammen der EG kann u. a. das Programm zur Förderung der Landwirtschaft in Berggebieten und in bestimmten benachteiligten Gebieten nach der Richtlinie (75/268/EWG) vom 19. 5. 1975[253] auch dem Umweltschutz zugute kommen.

171 Die Gewährung von Finanzhilfen kann nicht nur als Lenkungsinstrument, sondern auch als **Anpassungshilfe** in Verbindung mit ordnungsrechtlichen Vorgaben dienen. Von nicht zu unterschätzender Bedeutung ist schließlich ihre vollzugserleichternde Funktion, da das Subventionsverhältnis immer auch ein Kooperationsverhältnis ist

---

[247] BT-Drs. 10/1354, S. 30f. Vgl. allgemein auch *Pauker,* Das ERP-Sondervermögen, 1987.
[248] Vgl. Umwelt (BMI) Nr. 106 v. 25. 10. 1984, S. 6, und Nr. 5/85 v. 23. 8. 1985, S. 4.
[249] BGBl. I S. 231, geänd. durch Ges. v. 25. 7. 1988, BGBl. I S. 1093.
[250] Vgl. aber den dahingehenden Vorschlag im Referentenpapier des BMI (FN 244), S. 22ff.
[251] BGBl. I S. 1055, vgl. zuvor *Hartkopf/Bohne* (FN 9), S. 203f.
[252] Vgl. die Zusammenstellung in Umwelt (BMI) Nr. 90 v. 5. 8. 1982, S. 79ff.
[253] ABl. L 128/197, geänd. durch RL v. 24. 6. 1980, ABl. L 180/1.

und die Akzeptanz von Umweltschutzanforderungen unter den Betroffenen erhöht. Um bloße Mitnahmeeffekte[254] auszuschließen und um eine sachgerechte Verwendung der Mittel zu gewährleisten, müssen allerdings den Subventionsempfängern entsprechende **Auflagen** im Subventionsbescheid oder in einem statt dessen ebenfalls möglichen Vertrag (vgl. u. Rn. 236ff.) gemacht werden.

Die typische **Rechtsform** der Subventionierung ist zwar der als Verwaltungsakt ergehende Subventionsbescheid. Nicht selten werden Subventionen aber auch in vertraglicher Form gewährt. Öffentlich-rechtliche Verträge (§§ 54ff. VwVfG) kommen dabei ebenso vor wie privatrechtliche Verträge (s. u. Rn. 236ff.). Typisch sind auch Mischformen, wobei etwa die Verwaltung unter Vermittlung eines Kreditinstituts subventionierende Darlehen oder Bürgschaften gewährt. Es erfolgt dann eine Subventionierung durch eine 2-stufige Hintereinanderschaltung[255] von öffentlich-rechtlichem Verwaltungsakt und privatrechtlichem Abwicklungsvertrag: Der öffentlich-rechtliche Bewilligungsbescheid mit der Entscheidung darüber, ob, wer, wie und unter welchen Voraussetzungen subventioniert wird, läßt das Subventionsverhältnis zwischen Staat und Subventionsempfänger entstehen. Der hieran anschließende privatrechtliche Abwicklungsvertrag begründet Rechtsbeziehungen zwischen der Bank und dem Subventionsempfänger, wobei zwischen Staat und Bank notwendigerweise ein privat- oder öffentlich-rechtliches Deckungsverhältnis besteht.

3. *Steuervergünstigungen*

Das Steuerrecht gewährt umweltschutzbezogene Steuervergünstigungen[256] insbesondere nach folgenden Vorschriften: §§ 7d, 10b EStG, § 51 EStG i. V. mit § 82a EStDV, § 3a Nr. 1 VStG, § 117 Abs. 1 Nr. 2 BewG, §§ 3 Nr. 4, 3b, 3c, 3d, 9 KraftStG, §§ 2 Abs. 4, 15b Abs. 5 MinöStG. Daneben werden im Rahmen der Besteuerungsverfahren Investitionszulagen nach dem Investitionszulagengesetz gewährt (s. o. Rn. 170), die in der Sache jedoch eine selbständige Finanzhilfe darstellen und von der Steuerschuld prinzipiell unabhängig sind. 172

Auch Steuervergünstigungen für Umweltschutzinvestitionen müssen sich **im Rahmen des Europäischen Gemeinschaftsrechts** halten. Soweit keine wettbewerbsverletzende Steuervergünstigung im Sinne der Art. 95ff. EWGV vorliegt, wäre es allerdings verfehlt, eine Steuervergünstigung in eine Beihilfe umzudeuten und zusätzlich an Art. 92ff. EWGV zu messen.[257] 173

a) § 7d EStG

Die größte Bedeutung von allen Steuervergünstigungen haben die in § 7d des Einkommensteuergesetzes[258] (Kloepfer Nr. 72) vorgesehenen **erhöhten Absetzungen** für (abnutzbare) Wirtschaftsgüter, die dem Umweltschutz dienen. Seit der Einführung des § 7d EStG im Jahre 1975 (seine Vorläufer reichen in die 50er Jahre 174

---

[254] Dazu *Benkert,* NuR 1984, 132ff., 136, und *Töpfer,* in: Deutsche Stiftung für Umweltpolitik (Hg.), Umweltpolitisches Gespräch: Ökonomische Instrumente der Umweltpolitik – Neuer Weg oder Sackgasse?, 1984, S. 40ff.; *v. Arnim,* VVDStRL 39 (1981), S. 286ff., 328, spricht sinngleich von „Übergunstquote".

[255] Sog. Zweistufentheorie, dazu grundlegend *H. P. Ipsen,* Öffentliche Subventionierung Privater, 1956, S. 59ff.

[256] Vgl. zur Übersicht auch *D. Birk,* NuR 1985, 90ff.; *Heigl,* StuW 1976, 240ff.; *Weiße,* DStR 1980, 553ff.; v. a. wegen seiner programmatischen Aussage, heute noch von Interesse *BMI* (Hg.), Umweltbrief: Steuerliche Begünstigungen bei umweltschützenden Maßnahmen, 1975.

[257] Hierzu eingehender *Soell* (FN 238), S. 652f.

[258] EStG 1987 i. d. F. der Bek. v. 27. 2. 1987 (BGBl. I S. 657), zuletzt geänd. durch Ges. v. 25. 7. 1988, BGBl. I S. 1093.

zurück) kamen bis 1984 Umweltschutzinvestitionen in Höhe von insgesamt 15,2 Mrd. DM in den Genuß der Steuervergünstigung. 1984 lag der Wert der begünstigten Maßnahmen bereits bei 3,6 Mrd. DM im Jahr.[259]

Erhöhte Absetzungen bzw. Abschreibungen bedeuten, daß im einzelnen Steuerjahr (vorgezogen) anteilig mehr der entstandenen Kosten vom zu versteuernden Einkommen abgesetzt werden dürfen (nicht etwa, daß insgesamt mehr als die Gesamtkosten abzuschreiben wären). Sie wirken also im Zeitraum unmittelbar nach den begünstigten Aufwendungen verstärkt gewinn-, d. h. steuermindernd und durchbrechen so die steuerrechtliche Grundregel, daß Anschaffungs- und Herstellungskosten von Wirtschaftsgütern steuerlich gleichmäßig auf die Gesamtdauer ihrer Verwendung oder Nutzung zu verteilen sind (§ 7 Abs. 1 EStG). So können nach § 7d Abs. 1 EStG unabhängig von der tatsächlichen Nutzungsdauer bereits im Wirtschaftsjahr der Anschaffung oder Herstellung bis zu 60 v. H. und in den folgenden Wirtschaftsjahren bis zur vollen Absetzung jeweils bis zu 10 v. H. der Anschaffungs- oder Herstellungskosten abgesetzt werden. Erhöhte Absetzungen sind das klassische Instrument des deutschen Steuerrechts zur Vermeidung finanzieller Engpässe während ausgabeintensiver Investitionsphasen. Dabei bewirken die erhöhten Absetzungen wegen des Progressionseffekts letztlich nicht lediglich eine Steuerstundung[260] (mit dem sich hieraus ergebenden Zinsvorteil), sondern potentiell auch eine nicht nur auf das einzelne Jahr bezogene Steuerminderung insgesamt.

175 Steuerlich begünstigt werden nach § 7d Abs. 3 EStG **Wirtschaftsgüter,** die dazu verwendet werden,
a) den Anfall von Abwasser oder
b) Schädigungen durch Abwasser oder
c) Verunreinigungen der Gewässer durch andere Stoffe als Abwasser oder
d) Verunreinigungen der Luft oder
e) Lärm oder Erschütterungen
zu verhindern, zu beseitigen oder zu verringern oder Abfälle nach den Grundsätzen des Abfall(beseitigungs)gesetzes zu entsorgen.

Voraussetzung für die Inanspruchnahme der erhöhten Absetzungen ist im einzelnen, daß die Wirtschaftsgüter in einem im Inland gelegenen Betrieb des Steuerpflichtigen unmittelbar und zu mehr als 70% dem Umweltschutz dienen und die zuständige Behörde ihre Bestimmung und Eignung sowie die Erforderlichkeit ihrer Anschaffung bzw. Herstellung als im öffentlichen Interesse liegend bescheinigt (§ 7d Abs. 2 EStG). Wann Wirtschaftsgüter dem Umweltschutz dienen, ergibt sich dabei grundsätzlich aus § 7d Abs. 3 EStG (s. o.). Zu einer Begrenzung des Kreises der Begünstigten führen vor allem die gesetzlichen Anforderungen, wonach die Aufwendungen im **Inland** sowie im **Betrieb** des Steuerpflichtigen erfolgen (Vermietung und Verpachtung an Dritte genügen daher nicht)[261] und **unmittelbar** dem Umweltschutz dienen müssen. Das BVerwG sieht einen solchen unmittelbaren Bezug eines Wirtschaftsgutes zum Umweltschutz dann als gegeben, „wenn es allein schon durch seine Verwendung, also ohne das Hinzutreten von Maßnahmen Dritter, die in Absatz 3 (...) genannten Wirkungen erzielt".[262] Demgegenüber schadet es nicht, wenn das Wirtschaftsgut außer dem Umweltschutz auch wirtschaftlichen Zwecken dient,[263] solange diese von untergeordneter Bedeutung sind. Das Gesetz bringt dies durch die eigentümliche 70%-Klausel zum Ausdruck, welche die Forderung in der ursprünglichen

[259] Quelle: *BMI* (Hg.), Umweltpolitik der Bundesregierung. Bilanz und Perspektiven, 2. Aufl., 1986, S. 14.
[260] So jedoch das Referentenpapier (FN 244), S. 6.
[261] Vgl. *D. Birk,* NuR 1985, 90ff., 93 m. w. N.
[262] BVerwG, DVBl. 1984, 1074f., 1075.
[263] So bereits vor der entsprechenden gesetzlichen Klarstellung BVerwG, DVBl. 1984, 1074f., 1075.

Gesetzesfassung abgelöst hat, wonach das Wirtschaftsgut ausschließlich oder fast ausschließlich dem Umweltschutz dienen mußte (§ 7d Abs. 2 Nr. 1 EStG a. F.). Ferner stellt § 7d Abs. 3 S. 2 EStG klar, daß die Steuervergünstigung nicht dadurch ausgeschlossen wird, daß die Wirtschaftsgüter zugleich für Zwecke des innerbetrieblichen Umweltschutzes (gemeint ist wohl primär der Arbeitsschutz) verwendet werden. Ein Manko wird jedoch darin gesehen, daß § 7d EStG auch in der Neufassung vornehmlich ,,konventionelle, den eigentlichen Quellen der Verschmutzung bzw. Produktionsverfahren nachgeschaltete Anlagen, wie z. B. Kläranlagen oder Filter" berücksichtigt,[264] während die (für den Umweltschutz günstigeren) integrierten Umweltschutzmaßnahmen, die das Entstehen bereits im Produktionsprozeß vermeiden, nach wie vor nicht eindeutig einbezogen werden. Der Regelung wird daher gelegentlich sogar eine fortschrittshemmende Wirkung nachgesagt.[265] Die Regelung des § 7d EStG gilt bis zum 1. 1. 1991.

b) Weitere Regelungen

aa) Nach § 10b EStG i. V. mit § 48 EStDV sind Ausgaben für als besonders förderungswürdig anerkannte gemeinnützige Zwecke (Dritter, nicht eigene!), wozu auch der Umweltschutz zählt, bis zur Höhe von insgesamt 5% der gesamten Einkünfte oder 2% des gesamten Umsatzes und der im Kalenderjahr aufgewendeten Löhne und Gehälter als Sonderausgaben abzugsfähig. **176**

bb) Nach § 51 EStG i. V. mit § 82a EStDV werden Maßnahmen, die ausschließlich zum Zwecke des Wärme- und Lärmschutzes vorgenommen werden und die zu einer verbesserten Energieausnutzung führen, durch erhöhte Absetzungen für Abnutzung (10% jährlich) begünstigt (falls keine direkten Finanzhilfen in Anspruch genommen wurden).

cc) Auf einen speziellen Kreis von Begünstigten sind Regelungen wie § 3a Nr. 1 VStG, § 117 Abs. 1 Nr. 2 BewG und § 3 KraftStG zugeschnitten. Nach § 3a Nr. 1 VStG sind Verkehrsbetriebe in öffentlicher oder privater Hand von der Vermögensteuer, nach § 3 Nr. 6 KraftStG auch von der Kraftfahrzeugsteuer befreit. Ebenso begünstigt werden Fahrzeuge, die zur Straßenreinigung und Abfallbeseitigung eingesetzt werden (§ 3 Nr. 4 KraftStG).[266] Nach § 117 Abs. 1 Nr. 2 BewG wird das Betriebsvermögen von Versorgungsunternehmen, soweit es der öffentlichen Wasserversorgung dient, bei der Veranlagung zur Vermögens- und Gewerbekapitalsteuer im Regelfall außer Ansatz gelassen.

dd) Mit der steuerlichen Begünstigung schadstoffarmer sowie bedingt schadstoffarmer Personenkraftwagen durch das (novellierte) Kraftfahrzeugsteuergesetz und bleifreien Kraftstoffes durch das Mineralölsteuergesetz wird bereits das Grundmotiv von Umweltabgaben berührt (s. dazu näher Rn. 183). Zuvor schon wurden Elektrofahrzeuge durch § 9 Abs. 2 KraftStG (jetzt außerdem durch § 3e KraftStG) steuerlich begünstigt.

V. Umweltabgaben

Schrifttum: *v. Arnim,* Besteuerung und Eigentum, VVDStRL 39 (1981), S. 286ff.; *Baumol/Oates,* The Use of Standards and Prices for Protection of Environment, Swedish Journal of Economics 73 (1971), 42ff., in deutscher Übersetzung u. a. abgedruckt bei: Siebert (Hg.), Umwelt und wirtschaftliche Entwicklung, 1979, S. 169ff.; *Berendes/Winters,* Das neue Abwasserabgabengesetz, 1981; *D. Birk,* Das Leistungsfähigkeitsprinzip als Maßstab der Steuernormen, 1983; *Brandt,* Bundesverfassungsgericht und Sonderabgaben, NJW 1981, 2103ff.; *Bundesminister des Innern* (Hg.), Bericht über Ausgleichsabgaben auf Verbrauchsgüter und die Förderung umweltfreundlicher Produktionsprozesse, 1974; *Cansier,* Steuer und Umwelt: Zur Effizienz von Emissionsabgaben, in: Hansmeyer (Hg.), Staatsfinanzierung im Wandel, 1983, S. 765ff.; *ders.,* Öffentliche Finanzen im Dienst der Umweltpolitik, in: K. Schmidt (Hg.), Öffentliche Finanzen und Umweltpolitik I,

---

[264] Vgl. die Kritik im Referentenpapier (FN 244), S. 5.
[265] So *Wicke* (FN 206), S. 190.
[266] Hierzu ausführlicher *Aschfalk,* Besteuerung und Abfallwirtschaft, 1983.

1988, S. 11ff.; *Dickertmann,* Maßnahmen für den Umweltschutz im Rahmen des bestehenden Steuersystems, in: K. Schmidt (Hg.), Öffentliche Finanzen und Umweltpolitik I, 1988, S. 11ff.; *Ewringmann,* Zum Wirkungspotential und zur Wirkungsweise von Umweltabgaben, in: Schneider/Sprenger (Hg.), Mehr Umweltschutz für weniger Geld – Einsatzmöglichkeiten und Erfolgschancen ökonomischer Anreizsysteme in der Umweltpolitik, 1984, S. 247ff.; *ders./Schafhausen,* Abgaben als ökonomischer Hebel in der Umweltpolitik, 1985; *Friauf,* Verfassungsrechtliche Grenzen der Wirtschaftslenkung und Sozialgestaltung durch Steuergesetze, 1966; *ders.,* Öffentliche Sonderlasten und Gleichheit der Steuerbürger, in: Festschrift für Hermann Jahrreiß zum 80. Geb., 1972, S. 45ff.; *ders.,* Zur Zulässigkeit von außersteuerlichen Sonderabgaben, in: Festschrift für Willy Haubrichs zum 65. Geb., 2. Aufl., 1977, S. 103ff.; *Frohwein,* Emissionsabgaben und Verschmutzungsrechte als Instrumente der Umweltpolitik, Diss. rer. pol. Freiburg 1976; *Henseler,* Begriffsmerkmale und Legitimation von Sonderabgaben, 1984; *M. Herzog,* Verfassungsrechtliche Probleme des Entwurfes eines Schwefelabgabengesetzes, UPR 1983, 291ff.; *Kabelitz/Köhler,* Abgaben als Instrument der Umweltschutzpolitik, 1977; *F. Kirchhof,* Die Höhe der Gebühr, 1981; *ders.,* Die Verleihungsgebühr als dritter Gebührentyp – zugleich ein Beitrag zu ihrer Eignung als Umweltabgabe, DVBl. 1987, 554ff.; *P. Kirchhof,* Rechtsmaßstäbe finanzstaatlichen Handelns, JZ 1979, 153ff.; *ders.,* Besteuerung und Eigentum, VVDStRL 39 (1981), S. 213ff.; *ders.,* Verfassungsrechtliche Beurteilung der Abwasserabgabe des Bundes, 1983; *ders.,* Die Finanzierung des Leistungsstaates, Jura 1983, 505ff.; *Kloepfer,* Das Geeignetheitsgebot bei wirtschaftslenkenden Steuergesetzen, NJW 1971, 1585ff.; *ders.,* Die lenkende Gebühr, AöR 97 (1972), 232ff.; *ders.,* Umweltschutz durch Abgaben, DÖV 1975, 593ff.; *ders.,* Belastungskumulationen durch Normenüberlagerungen im Abwasserrecht, VerwArch. 74 (1983), 201ff.; *ders.,* Zur aufschiebenden Wirkung von Rechtsbehelfen gegen Abwasserabgabenbescheide. Zugleich ein Beitrag zur Rechtsnatur der Abwasserabgabe, JZ 1983, 742ff.; *ders.,* Artikel „Umweltfinanzrecht", in: Kimminich/v. Lersner/Storm (Hg.), Handwörterbuch des Umweltrechts (HdUR), Bd. II, 1988, Sp. 583ff.; *ders./Follmann,* Lizenzentgelt und Verfassungsrecht, DÖV 1988, 573ff.; *Knebel/Bobek,* Artikel „Umweltfonds", in: Kimminich/v. Lersner/Storm (Hg.), Handwörterbuch des Umweltrechts (HdUR), Bd. II, 1988, Sp. 598ff.; *Knies,* Steuerzweck und Steuerbegriff, 1976; *H.-J. Koch,* Bodensanierung nach dem Verursacherprinzip, 1985; *Leisner,* Verwaltungspreis – Verwaltungssteuer, in: Gedächtnisschrift für Hans Peters, 1967, S. 730ff.; *Malle/Faber/Niemes,* Sind Abgaben ein geeignetes Instrument der Umweltpolitik?, Umwelt 1972, 35ff.; *Meßerschmidt,* Umweltabgaben als Rechtsproblem, 1986; *ders.,* Umweltabgaben im Gefüge der Finanzverfassung, in: Jahrbuch des Umwelt- und Technikrechts 1987 (UTR 3), S. 83ff.; *ders.,* Sonderabgaben und Bundesverwaltungsgericht, DVBl. 1987, 925ff.; *Mohr,* Die Lenkungssteuer – ein Instrument zur Induzierung sozialorientierten Verhaltens im Wohlfahrtsstaat, Zürich 1976; *OECD,* Pollution Charges: An Assessment (Report by the Secretariat), 1976; *Papier,* Die finanzrechtlichen Gesetzesvorbehalte und das grundgesetzliche Demokratieprinzip, 1973; *Patzig,* Steuern – Gebühren – Beiträge und „Sonderabgaben", DÖV 1981, 729ff.; *Pethig,* Umweltökonomische Allokation mit Emissionssteuern, 1979; *W. Richter,* Zur Verfassungsmäßigkeit von Sonderabgaben, 1977; *Ruppe,* Umweltschutzfinanzierung aus rechtlicher Sicht, in: Brünner (Hg.), Zehn Begegnungen – ein Zeichen gutnachbarlicher Beziehungen, 1985, S. 124ff.; *H. P. Sander,* Zu Fonds-Überlegungen im Umweltrecht, in: Forschungsstelle für Umwelt- und Technikrecht (Hg.), Jahrbuch des Umwelt- und Technikrechts 1988 (UTR 5), 1988, S. 281ff.; *Selmer,* Steuerinterventionismus und Verfassungsrecht, 1972; *ders.,* Finanzordnung und Grundgesetz, AöR 101 (1976), 238ff.; *ders.,* Finanzierung des Umweltschutzes und Umweltschutz durch Finanzierung, in: Thieme (Hg.), Umweltschutz im Recht, 1988, S. 25ff.; *D. Schmidt,* Nichtfiskalische Zwecke der Besteuerung, 1926; *K. Schmidt* (Hg.), Öffentliche Finanzen und Umweltpolitik I, 1988; *M. Schröder,* Lenkungsabgaben im Umweltschutzrecht am Beispiel der Abwasserabgabe, DÖV 1983, 667ff.; *Soell,* Finanz- und steuerrechtliche Fragen des Umweltschutzes, in: Salzwedel (Hg.), Grundzüge des Umweltrechts, 1982, S. 635ff.; *Teufel,* Öko-Steuern als marktwirtschaftliches Instrument im Umweltschutz, ZRP 1988, 373ff.; *Voigt,* Umweltabgaben im Spannungsfeld zwischen Wirtschaftslenkung und Kostenzurechnung, DVBl. 1980, 985ff.; *Wegmann,* Naturschutzlasten und Transferverfassung, NuR 1988, 361ff.; *Wendt,* Die Gebühr als Lenkungsmittel, 1975; *Weyreuther,* Das Abgabenrecht als Mittel des Umweltschutzes, UPR 1988, 161ff.; *Wicke,* Die Bedeutung von Lärmabgaben als Instrument der Lärmschutzpolitik, ZfU 1979, 1ff.; *Wilke,* Gebührenrecht und Grundgesetz, 1973.

177 Als wichtigstes Mittel indirekter Verhaltenssteuerung gelten die zu den Umweltsubventionen gleichsam das Gegenstück bildenden Umweltabgaben, auch wenn sie als Umweltschutzinstrument mittlerweile stark **umstritten** sind und ihre weitere Entwicklung primär von politischen Entscheidungen abhängt. Es ist jedoch in der Zukunft weder mit einer völligen Verdrängung der Umweltabgaben zu rechnen, insbesondere nachdem sie in Gestalt der Abwasserabgabe einen festen Platz im deutschen Umweltrecht erobert haben, noch mit einem allgemeinen „Siegeszug",[267] wie ihn sich wohl viele ihrer Verfechter wünschen.

---

[267] So auch z. B. *Schachel,* NuR 1982, 206ff., 207.

1. Funktionen

178 Umweltabgaben können sowohl zur Finanzierung von Umweltschutzaufgaben erhoben werden als auch selbst Mittel umweltpolitischer Steuerung sein. Außerdem können durch Umweltabgaben die Inanspruchnahme von Umweltgütern und Umweltmedien abgegolten bzw. die Kosten eingetretener oder eintretender Umweltschäden einem Verursacher angelastet werden.[268] Im Schrifttum werden Umweltabgaben vielfach mit **Lenkungsabgaben** gleichgesetzt, obwohl es sich hierbei nur um eine, wenn auch die anspruchsvollste Variante der Abgabenerhebung handelt (Umweltabgabe i. e. S.). Daneben können aber auch Abgaben, bei denen der Finanzierungszweck im Vordergrund steht, als Umweltabgaben gelten. In allen Fällen (mit Ausnahme einer theoretisch denkbaren reinen Umweltfinanzierungsabgabe, deren Umweltbezug sich in der Zweckbindung des Abgabenaufkommens erschöpfen würde) knüpfen Umweltabgaben an eine Umweltnutzung bzw. -belastung an und verwirklichen insofern das Verursacherprinzip. Sie sind freilich nur eines unter mehreren möglichen Instrumenten im Sinne dieses Prinzips (s. § 3 Rn. 27ff.) und genießen keinen grundsätzlichen Vorrang vor anderen verursacherorientierten Instrumenten. Erst recht begründet das Verursacherprinzip keine Pflicht zur Erhebung von Umweltabgaben.[269] Wegen ihrer Orientierung am Verursacherprinzip sind Umweltabgaben allerdings aus der Sicht des **europäischen Gemeinschaftsrechts,** das sich gleichfalls zum Verursacherprinzip bekennt (so jetzt ausdrücklich Art. 130 r Abs. 2 S. 1 EWGV), gundsätzlich positiver zu beurteilen als Umweltschutzsubventionen (s. o. Rn. 168). Gemeinschaftsrecht steht Umweltabgaben im wesentlichen nur dort entgegen, wo es sich um einseitig auf Importwaren erhobene ,,Umweltzölle" oder um zollgleiche Abgaben handelt oder die Abgabenverwendung wettbewerbsverfälschend wirkt (vgl. Art. 9, 12, 92ff. EWGV).

2. Vorhandene Umweltabgaben

179 Für das Einleiten von Abwasser in Gewässer wird aufgrund des Abwasserabgabengesetzes i. d. F. der Bek. vom 5. 3. 1987[270] (Kloepfer Nr. 245) eine Abgabe erhoben (s. § 11 Rn. 200ff.). Außer der **Abwasserabgabe** bestehen derzeit folgende Umweltabgaben: **Altölabgabe** (noch),[271] **Naturschutzausgleichsabgaben** in einigen Bundesländern (vorrangig in Baden-Württemberg),[272] einzelne landesrechtliche **Waldabgaben,**[273] der baden-württembergische sog. **Wasserpfennig** sowie die vorübergehend

[268] Vgl. zur Systematisierung *Meßerschmidt,* Umweltabgaben als Rechtsproblem, 1986, S. 35ff.

[269] Vgl. i. e. *Meßerschmidt* (FN 268), S. 86ff., 148ff.

[270] Gesetz über Abgaben für das Einleiten von Abwasser in Gewässer (Abwasserabgabengesetz – AbwAG) i. d. F. der Bek. vom 5. 3. 1987 (BGBl. I S. 880).

[271] Durch § 30 AbfG wird das Altölgesetz aufgehoben, der Ausgleichsbetrag wird aber noch bis zum Auslaufen der Kostenzuschüsse am 31. 12. 1989 weiter erhoben (§ 30 Abs. 2 AbfG).

[272] § 11 Abs. 3, 5 und 6 NatSchG BW. Ähnlich seit 1987 §§ 5 Abs. 3, 5a LPflG Rh.-Pf. Die Rechtsnatur der übrigen Ausgleichsbeträge (§ 14 Abs. 6 und 7 NatSchG Bln; § 11 Abs. 5 Nr. 2 und Abs. 7 BremNatSchG; § 9 Abs. 6 S. 3, Abs. 7 und 8 HmbNatSchG; § 6 Abs. 3 HENatG; § 12 Abs. 2 NdsNatSchG; § 5 LG NW; § 11 Abs. 4 und 5 SNG; § 8 Abs. 4 LPfleG SH) ist umstritten, vgl. *Breuer,* NuR 1980, 89ff., 97ff.; *Soell,* in: Salzwedel (Hg.), Grundzüge des Umweltrechts, 1982, S. 481ff., 531f., sowie zuletzt *Bettermann,* UTR 3, 1987, S. 113ff. Zur näheren abgabenrechtlichen Qualifizierung der baden-württembergischen Naturschutzausgleichsabgabe BVerwGE 74, 308 und (dazu kritisch) *Meßerschmidt,* DVBl. 1987, 925ff., 928ff.

[273] § 9 Abs. 4 LWaldG BW; § 11 Abs. 5 HessForstG. Vgl. dazu näher *Meßerschmidt* (FN 268), S. 16.

erhobene **Benzinbleiabgabe.**[274] Um keine Umweltabgabe handelt es sich demgegenüber bei dem neuen, nach § 14 Abs. 1 Nr. 3 und Abs. 2 S. 2 Nr. 3 AbfG im Verordnungswege eingeführten **Zwangspfand** (s. o. Rn. 126 und § 12 Rn. 57ff.), da dessen Aufkommen keiner öffentlich-rechtlichen Körperschaft, sondern der Wirtschaft zufließt.

180 Die **Ausgleichsabgabe nach dem** – inzwischen aufgehobenen – **Altölgesetz** i. d. F. vom 11. 12. 1979[275] (Kloepfer Nr. 340) wird seit 1968 (und noch bis Ende 1989) auf bestimmte Schmier- und Gasöle gemeinsam mit der Mineralölsteuer erhoben (§ 4 AltölG). Ihr Aufkommen speist einen Rückstellungsfonds (§ 1 AltölG) zur Unterstützung der (gewerblichen, sonstigen wirtschaftlichen und öffentlich-rechtlichen) Altölbeseitiger (§ 2 AltölG), die sich dafür zur kostenlosen Abnahme der Altöle verpflichten (§ 3 AltölG, s. dazu i. e. § 12 Rn. 168ff.).

181 Die **Ausgleichsabgaben nach den Landesnaturschutzgesetzen** stützen sich auf § 8 Abs. 9 BNatSchG. Der zeitweilige Streit zwischen Bund und Ländern darüber, ob Abgabenregelungen noch durch die bundesgesetzliche Ermächtigung gedeckt sind, hat sich inzwischen aufgrund der Rechtsprechung des BVerwG praktisch erledigt.[276] Mit Ausnahme Bayerns sehen zwar alle Bundesländer Geldzahlungen bei nicht ausgleichbaren, aber vorrangigen Eingriffen vor, nur zum Teil handelt es sich jedoch um Abgaben im Rechtssinne (insbesondere Baden-Württemberg,[277] inzwischen auch Rheinland-Pfalz). In anderen Fällen (insbesondere Niedersachsen) entspricht die Geldleistungspflicht dem Kostenersatz im Rahmen einer Ersatzvornahme (vgl. auch § 10 Rn. 37ff.).

182 Eine weitere Umweltabgabe sieht das **Benzinbleigesetz** vom 5. 8. 1971[278] (Kloepfer Nr. 710) vor. Das Gesetz begrenzt den Gehalt an Blei- und anderen Metallverbindungen in Ottokraftstoffen, läßt hiervon jedoch Ausnahmen zu (§ 3 BzBlG). Für Ausnahmebewilligungen war im Zeitraum vom 1. 1. 1976 bis 31. 12. 1977 eine Ausgleichsabgabe zur Kompensation hierdurch entstehender Wettbewerbsvorteile von der Mineralölwirtschaft zu entrichten (§ 3a BzBlG). Durch Zeitablauf ist diese Vorschrift praktisch bedeutungslos geworden bis auf die Fälle, in denen die Abgabe nicht ordnungsgemäß entrichtet wurde.

183 Eine **Teilumwandlung herkömmlicher Abgaben** in Umweltabgaben zeichnet sich bei der **Kraftfahrzeug-** und der **Mineralölsteuer** ab.

Durch eine differenzierte Besteuerung von schadstoffarm, bedingt schadstoffarm fahrenden und konventionellen Kraftfahrzeugen (§§ 3b–d KraftStG)[279] bzw. von bleifreiem und bleihaltigem Kraftstoff (§ 2 Abs. 4 MinöStG)[280] versuchen beide Gesetze zu einer Umstellung bzw. Umrüstung der Automobilflotte auf umweltverträglichere Wagentypen beizutragen. Mit Rücksicht auf einen EG-Kompromiß (Brüsseler Beschlüsse vom 20./21. 3. 1985) braucht es sich hierbei allerdings nicht um katalysator-bestückte Fahrzeuge zu handeln (vgl. auch § 7 Rn. 138).[281]

Die Kraftfahrzeugsteuerersparnis bei schadstoffarmen bzw. bedingt schadstoffarmen Personenkraftwagen liegt derzeit je nach Steuerklasse bei mehreren hundert DM jährlich bis hin zu einer Steuerbefreiung in den ersten Jahren. Das recht kompliziert gefaßte, nach Schadstoffstu-

---

[274] Näheres zum Wasserpfennig Rn. 184 sowie § 11 Rn. 164, zur Benzinbleiabgabe nachfolgend Rn. 182.

[275] BGBl. I S. 2113.

[276] Vgl. BVerwGE 74, 308 (313f.). Zuvor schon hat die Bundesregierung ihre kompetenzrechtlichen Vorbehalte gegenüber den Länderregelungen aufgegeben, s. BT-Drs. 10/2915, S. 30. Vgl. zum früheren Meinungsstreit nur *Breuer,* NuR 1980, 89ff., 96f., einerseits, *Schroeter,* DVBl. 1979, 14ff., 18, andererseits.

[277] Vgl. jetzt BVerwGE 74, 308 (309ff.): „Sonderabgabe“.

[278] BGBl. I S. 1234, zuletzt geänd. durch Ges. v. 18. 12. 1987, BGBl. I S. 2810.

[279] Eingefügt durch Art. 1 Nr. 3 des Gesetzes über steuerliche Maßnahmen zur Förderung des schadstoffarmen Personenkraftwagens v. 22. 5. 1985 (BGBl. I S. 784).

[280] Angefügt durch Art. 1 Nr. 1b des Dritten Gesetzes zur Änderung des Mineralölsteuergesetzes v. 26. 3. 1985 (BGBl. I S. 578), inzwischen geänd. durch Art. 1 Nr. 1a des Vierten Gesetzes zur Änderung des Mineralölsteuergesetzes v. 6. 12. 1985 (BGBl. I S. 2142).

[281] Bull. EG 3-1985, S. 41f.

fen und Anerkennungsterminen differenzierende Gesetz sieht – vereinfacht dargestellt – im wesentlichen folgende Regelungen vor:
- Schadstoffarme Pkw ab 1,4 l werden zeitlich befristet von der Steuer befreit (maximal 2.200,– DM),
- bedingt schadstoffarme Pkw unter 1,4 l werden zeitlich befristet von der Steuer befreit (maximal 750,– DM),
- die Steuerbefreiung wird für die Jahrgänge 1987 (75%) und 1988 (50%) reduziert im Verhältnis zum Jahrgang 1986 gewährt,
- nach Ablauf der Steuerbefreiung gilt für die beiden genannten Kategorien der Steuersatz von 13,20 DM je 100 ccm,
- für bedingt schadstoffarme Pkw gilt der Steuersatz von 13,20 DM je nach Stufe entweder auf 3 Jahre oder unbefristet.

Der Differenzbetrag bei Kraftstoff beträgt zunächst 7 Pf. pro Liter, sinkt jedoch – vorbehaltlich einer erneuten Gesetzesänderung – in den folgenden Jahren, um nach 1991 wieder einem einheitlichen Steuersatz zu weichen (§ 2 Abs. 4 MinöStG). Der Gesetzgeber hat es freilich versäumt sicherzustellen, daß die steuerliche Entlastung von der Mineralölwirtschaft an die Verbraucher in vollem Umfang weitergegeben wird.

An der Lenkungstauglichkeit der **Bonus-Malus-Regelung** im Kraftfahrzeugsteuergesetz bestehen Zweifel, da sie auch, wenngleich in geringerem Maße, sog. bedingt schadstoffarmen Fahrzeugen zugute kommt, die keine Katalysatortechnik oder eine vergleichbar effektive Reinigungstechnologie aufweisen. Möglicherweise stellt der weitgefaßte Kreis der steuerprivilegierten Fahrzeuge sogar ein Hemmnis für eine konsequentere Schadstoffminderung dar.

Als weitere Umweltabgabe wird in Baden-Württemberg ein – vor allem unter dem **184**
Namen **„Wasserpfennig"** bekannt gewordenes – Entgelt für die Entnahme von Grundwasser primär von der Wasserwirtschaft (und damit mittelbar von den Verbrauchern) erhoben (s. § 11 Rn. 163).[282]

Eine zusätzliche landesrechtliche Umweltabgabe sieht das Nordrhein-Westfalen-Modell „Sonderabfallentsorgung und Altlastensanierung" vor. Danach wird für die „Nutzung" einer neben den bundesgesetzlichen Genehmigungserfordernissen landesrechtlich verlangten Lizenz von den privaten Abfalleigen- oder -fremdentsorgern ein „Lizenzentgelt" erhoben (§ 11 LAbfG NW; s. zu dieser problematischen Regelung i. e. § 12 Rn. 151).

3. *Vorgeschlagene Umweltabgaben*

Der Katalog rechtspolitischer Abgabenvorschläge ist immens. Gefordert wurden bzw. wer- **185**
den – um nur die wichtigsten und die aktuellsten Beispiele[283] zu nennen: die sog. Verpackungssteuer,[284] eine Schwefel(dioxid)abgabe[285], eine Waldabgabe,[286] eine Grundwasserabgabe,[287] eine Stickstoffabgabe (auch Nitrat- oder Kunstdüngerabgabe genannt),[288] eine Altlastenabgabe[289] sowie mit ähnlicher Zielsetzung eine Chemikalienabgabe,[290] eine Chlorsteuer[291] und eine Son-

---

[282] Gesetz zur Änderung des Wassergesetzes für Baden-Württemberg (Entgelt für Wasserentnahmen) v. 27. 7. 1987 (GBl. S. 224) = §§ 17a–f, 82b, 119 LWG BW.
[283] Vgl. wegen weiterer Nachw. *Meßerschmidt* (FN 268), S. 46ff.
[284] Vgl. erstmals BT-Drs. VI/2710, S. 31, seither wiederholt gefordert (vgl. nur *Baum*, Umwelt [BMI] Nr. 89 v. 8. 6. 1982, 1ff., 2) und verworfen.
[285] Vgl. BR-Drs. 43/83 (hessischer Entwurf).
[286] BR-Drs. 563/83 (Gesetzesantrag Nordrhein-Westfalen).
[287] Vgl. BT-Drs. 10/1823, S. 4.
[288] Dafür z. B. *Rat von Sachverständigen für Umweltfragen,* Sondergutachten „Umweltprobleme der Landwirtschaft", 1985, S. 362ff. (Tz. 1389ff.).
[289] Vgl. etwa *H.-J. Koch,* Bodensanierung nach dem Verursacherprinzip, 1985, S. 102ff., und die weiteren Nachw. bei *Meßerschmidt* (FN 268), S. 37 Anm. 136. Speziell zum nordrhein-westfälischen Modell eines Lizenzentgelts *Kloepfer/Follmann,* DÖV 1988, 573ff.
[290] Vgl. dazu etwa *Zeschmar/Darimont/Lahl,* wlb 1986, 105ff., 110.
[291] BT-Drs. 10/5530 (Gesetzentwurf der GRÜNEN).

dermüllabgabe.[292] Der weitestgehende Vorschlag zielt auf eine allgemeine Schadstoffabgabe,[293] die potentiell auf jeden umweltbelastenden Stoff erhoben werden soll. Schließlich wird im Schrifttum auch bereits ein umfassendes Umweltabgabengesetz erwogen, das mehrere Abgabenregelungen vereinigen soll.[294]

4. *Umweltabgaben i.w.S.*

186 Zu Umweltabgaben i. w. S. gehören vor allem die seit langem erhobenen **Benutzungs- und Entsorgungsgebühren** (Wasser-, Entwässerungs-, Müllabfuhrgebühren) sowie Erschließungsbeiträge. Dabei steht regelmäßig die Finanzierungsfunktion im Vordergrund. Die Übergänge zwischen den einzelnen Abgabenfunktionen sind allerdings fließend. So wird auch bei den herkömmlichen kommunalen Entsorgungsgebühren der Einbau lenkender Elemente (z. B. Gebührenprogression statt der zum Teil noch anzutreffenden degressiven Tarife, Starkverschmutzerzuschläge usw.) erwogen.[295]

187 Begrenzten Steuerungscharakter haben auch die (privatrechtlichen) **Luftlande„gebühren“**, die von den deutschen Verkehrsflughäfen danach gestaffelt werden, ob die Lärmgrenzwerte des ICAO Annex 16 eingehalten sind oder nicht.[296]

So erhalten etwa auf den Flughäfen Düsseldorf und Köln-Bonn Flugzeuge, welche die Lärmgrenzwerte unterschreiten, 13 bzw. 16,1% „Rabatt“ auf die Landegebühr. Ähnliche Regelungen bestehen auch auf anderen Flughäfen.[297]

5. *Umweltabgaben i.e.S.*

a) Typen

188 Ein umweltrechtliches Steuerungsinstrument bilden vor allem die unter Lenkungs- und nicht unter Finanzierungsaspekten konstruierten **Umweltlenkungsabgaben.** Ihr primäres Ziel ist nicht die Erzielung eines möglichst hohen Aufkommens, sondern außerfiskalischer Natur. Sie werden folgerichtig typischerweise so ausgestaltet, daß dem Abgabetatbestand (ganz oder teilweise) ausgewichen werden kann.

Ist die Abgabenbelastung so hoch, daß ein wirtschaftlich rational handelnder Bürger bzw. Unternehmer faktisch gar keine andere Wahl als die Abgabenvermeidung hat, handelt es sich um eine problematische Erdrosselungsabgabe, auf die noch einzugehen sein wird (s. u. Rn. 208ff.).

Nach ihrem Selbstverständnis ist bei dieser Umweltabgabe das Abgabeaufkommen regelmäßig nur eine ungewollte, allenfalls während einer Übergangsphase hingenommene Nebenfolge der Abgabenlenkung.[298] Unter den vorhandenen Umweltabgaben kommt diesem Typus die Abwasserabgabe am nächsten. Sie wird deshalb zuweilen auch als erste „echte“ Umweltabgabe bezeichnet.[299]

189 Mit wachsender Ertragsstärke können Umweltlenkungsabgaben allerdings zu speziellen **Finanzierungsabgaben** „mutieren“. Möglich sind auch gemischte Lenkungs-

---

[292] BT-Drs. 10/5531 (Gesetzentwurf der GRÜNEN).
[293] Vgl. FAZ Nr. 9 v. 11. 1. 1984, S. 12.
[294] Vgl. zuletzt etwa *Wicke*, in: Pohl (Hg.), Saubere Luft als Marktprodukt, 1983, S. 13ff., 24.
[295] Vgl. *Meßerschmidt* (FN 268), S. 42 m. w. N.
[296] *Meßerschmidt* (FN 268), S. 115f.
[297] Vgl. Umwelt (BMI) Nr. 90 v. 5. 8. 1982, S. 81.
[298] Vgl. die Gesetzesmaterialien zur Abwasserabgabe, BT-Drs. 7/2272, S. 1f., 21ff.
[299] So etwa *Berendes/Winters*, Das neue Abwasserabgabengesetz, 1981, S. 8.

und Finanzierungsabgaben, wobei jedoch beide Funktionen in einem Spannungsverhältnis stehen. Grundsätzlich gilt: Je intensiver die Lenkungswirkung, desto geringer der Abgabenertrag. Umgekehrt indiziert ein hoher Ertrag einen von vornherein weniger ausgeprägten Lenkungszweck oder ein (partielles) Versagen der Lenkungsabgabe aufgrund von Konstruktionsmängeln. Die Wirkungsschwäche einer Lenkungsabgabe ist allerdings nicht automatisch gleichbedeutend mit einer den Fortbestand der Regelung gefährdenden Zweckuntauglichkeit im verfassungsrechtlichen Sinn.[300]

b) Grundlagen

Daß Abgaben zu Lenkungszwecken eingesetzt werden können, ist eine alte, nicht erst durch die moderne **Finanzwissenschaft** gewonnene Erkenntnis. Spätestens seit dem 17. Jahrhundert, insbesondere also seit dem Zeitalter des Merkantilismus und Kameralismus, haben Steuern auch mit Steuerung zu tun. Echte (oder vorgebliche) Lenkungsabgaben besitzen daher Tradition (von der Bartsteuer Peter des Großen bis hin zu den Schutzzöllen des ausgehenden 19. Jahrhunderts),[301] auch wenn ihr systematischer Einsatz im wesentlichen eine Erscheinung dieses Jahrhunderts ist. Umweltabgaben sind insofern eine Ausprägung des allgemeinen – verfassungsrechtlich grundsätzlich nicht zu beanstandenden – Abgabeninterventionismus.[302] 190

Bei Umweltabgaben tritt eine spezifische, umweltökonomische Begründung hinzu. Die **Umweltökonomie**[303] als eigentliche Erfinderin der Umweltabgaben begreift Umweltprobleme als Knappheitsprobleme und die gegenwärtige übermäßige Umweltbelastung als Überbeanspruchung knapper Ressourcen (Luft, Wasser, Boden) bzw. als mangelhafte Koordination konkurrierender Verwendungen (z. B. Industrieansiedlung/Wohnen, Landwirtschaft/Grundwasserförderung). In einer Marktwirtschaft erfüllen normalerweise Markt und Preis die Funktion, Knappheitsverhältnisse auszudrücken und Angebot und Nachfrage zum Ausgleich zu bringen. Der Marktmechanismus versagt[304] jedoch weitgehend bei Umweltressourcen, weil diese herkömmlich überwiegend als „freie Güter“ behandelt und somit kostenlos in Anspruch genommen werden können (vgl. auch § 1 Rn. 11). 191

Die Wirtschaftswissenschaft spricht hier von „freien“ bzw. **„öffentlichen Gütern“**, wenn Güter und Dienstleistungen prinzipiell unbeschränkt vielen Individuen zur Verfügung stehen 192

---

[300] Hierzu näher *Meßerschmidt* (FN 268), S. 139ff. m. w. N. insbes. zur Rspr. des BVerfG. Zu deren Bewertung *Kloepfer,* NJW 1971, 1585ff.

[301] Vgl. zur Entwicklungsgeschichte der Abgabenlenkung etwa *Mohr,* Die Lenkungssteuer – ein Instrument zur Induzierung sozialorientierten Verhaltens im Wohlfahrtsstaat, 1976, S. 64ff., und die grundlegende Studie von *Dora Schmidt,* Nichtfiskalische Zwecke der Besteuerung, 1926.

[302] Vgl. dazu statt vieler *v. Arnim,* VVDStRL 39 (1981), S. 286ff., 293ff.; *Friauf,* Verfassungsrechtliche Grenzen der Wirtschaftslenkung und Sozialgestaltung durch Steuergesetze, 1966; *Selmer,* Steuerinterventionismus und Verfassungsrecht, 1982; aus finanzwissenschaftlicher Sicht *Neumark,* Wirtschafts- und Finanzprobleme des Interventionsstaates, 1961, jeweils m. w. N.

[303] Vgl. aus dem zahlreichen Schrifttum die Gesamtdarstellungen von *Endres,* Umwelt- und Ressourcenökonomie, 1985; *B. S. Frey,* Umweltökonomie, 2. Aufl., 1985, und *Wicke* (FN 206), sowie die Sammelbände von *Issing* (Hg.), Ökonomische Probleme der Umweltschutzpolitik, 1976; *Möller/Osterkamp/Schneider* (Hg.), Umweltökonomik, 1982, und *Siebert* (Hg.), Umwelt und wirtschaftliche Entwicklung, 1979. Vgl. zur Rezeption in der Rechtswissenschaft insbes. *E. Rehbinder,* Politische und rechtliche Probleme des Verursacherprinzips, 1973, und *Bullinger/Rincke/Oberhauser/Schmidt,* Das Verursacherprinzip und seine Instrumente, 1974; ferner etwa *Wälde,* AöR 99 (1974), 585ff. Eine gedrängte Darstellung und weitere Nachw. finden sich bei *Meßerschmidt* (FN 268), S. 55ff.

[304] Vgl. zur – z. T. ideologisch gefärbten – Kontroverse um Markt – oder Politikversagen zuletzt *Donges* und *Watrin,* Zs. f. Wirtschaftspolitik 1985, 121ff. und 131ff.

und niemand vom Konsum ausgeschlossen werden kann.[305] Damit ist nichts darüber gesagt, ob solche Güter auch aus Rechtsgründen als jedermann frei und kostenlos zugängliche Güter behandelt werden sollen bzw. wo die rechtliche Grenze zwischen Gemeingebrauch und Sondernutzung verläuft.

193 Das **„Marktversagen“** ist dabei weniger dem Markt selbst anzulasten als vielmehr Ausdruck eines Politikversagens: Da Umweltgüter bisher im wesentlichen Güter der Allgemeinheit waren, wäre es Aufgabe des Staates gewesen, diese Umweltgüter als knappe Güter zu verrechtlichen, ihre kostenlose Inanspruchnahme zu verhindern, Kostenrückverlagerungen (z. B. durch Umweltabgaben) vorzunehmen und entsprechende Schutzsysteme zu schaffen. Geschieht dies, könnte der Marktmechanismus auch im Umweltbereich greifen, soweit eine freie Preisbildung möglich ist. Es entspricht allgemeiner Erfahrung, daß mit Ressourcen, für die der einzelne wenig oder nichts zu bezahlen braucht, sorgloser umgegangen wird als mit Gütern, für die ein Preis entrichtet werden muß. Die kostenlose Inanspruchnahme natürlicher Ressourcen läßt den tatsächlichen Werteverzehr in der Kostenrechnung der Verursacher nicht auftauchen. Dies führt zu gesteigerten Umweltschädigungen durch Fehlsteuerungen *(Fehlallokation)* im wirtschaftlichen Lenkungs- und Einsatzprozeß von Produktionsfaktoren.

194 Die Wirtschaftswissenschaft sieht daher den Schlüssel zur Lösung des Umweltproblems darin, die knappen Umweltgüter (wozu auch die Assimilationsfähigkeit und Entsorgungskapazität der Umwelt gehört) zu verteuern **(Entgeltmodell der Umweltnutzung).** Dies kann durch Erhebung von Abgaben im Sinne staatlich administrierter Preise, prinzipiell auch durch eine Privatisierung von Umweltgütern oder andere ökonomische Instrumente geschehen (s. u. Rn. 218ff.).

195 Die Herkunft des Instrumentes „Umweltabgabe“ aus der Wirtschaftswissenschaft bedeutet freilich nicht, daß der Gesetzgeber bei der Regelung von Umweltabgaben einem vorgegebenen Modell verpflichtet und in seinem **Gestaltungsermessen** spezifisch eingeschränkt wäre. Ein Umweltabgabengesetz ist stets etwas anderes als eine umweltökonomische Theorie mit Gesetzeskraft und auch das Gebot abgabenrechtlicher Systemgerechtigkeit verlangt über ein Mindestmaß an normativer In-sich-Konsequenz hinaus keine Treue zu einer wirtschaftswissenschaftlichen Theorie.[306]

196 Bei richtiger Ausgestaltung und unter günstigen Bedingungen können von Umweltabgaben[307] erhebliche **Vorteile,** insbesondere das Ingangkommen eines wirtschaftlichen Nachfrage- und Strukturwandels, erwartet werden: Indem sie Umweltnutzungen mit einem Preis belegen, tragen sie zu einer **Rückverlagerung (Internalisierung) der sozialen (externen) Kosten** der Umweltnutzung bei, die bislang nicht in der betriebswirtschaftlichen Kostenrechnung erschienen, da Umwelt als freies Gut behandelt wurde. Damit geben sie zugleich einen **Anreiz** zu umweltverträglichen Verhaltensweisen und schaffen einen finanziellen **Ausgleich** zwischen Umweltnutzern, die Vermeidungsmaßnahmen ergreifen und solchen, die ihre umweltbelastende Tätigkeit uneingeschränkt fortsetzen. Auch die „Wahlfreiheit“, die Umweltabgaben im Unterschied zu strikten ordnungsrechtlichen Vorgaben eröffnen, hat ihren wirtschaftlichen Sinn, da hiernach die (ökonomisch) effizientesten Vermeidungsmaßnahmen zunächst ergriffen werden können. Die Kosten des Umweltschutzes werden

---

[305] Vgl. *Donges,* Zs. f. Wirtschaftspolitik 1985, 121ff., 122; wegen weiterer Nachw. *Meßerschmidt* (FN 268), S. 56f.

[306] Dagegen bereits *Kloepfer,* DÖV 1975, 593ff., 594.

[307] Vgl. zum folgenden auch *Soell* (FN 238), S. 642ff., sowie aus wirtschaftswissenschaftlicher Sicht *Ewringmann,* in: Schneider/Sprenger (Hg.), Mehr Umweltschutz für weniger Geld – Einsatzmöglichkeiten und Erfolgschancen ökonomischer Anreizsysteme in der Umweltpolitik, 1984, S. 247ff.

hierdurch bei gleichbleibendem Niveau gesenkt. Schließlich sind Umweltabgaben im Unterschied zu direkten Steuerungsmitteln nicht auf einen bestimmten Gütestandard fixiert, sondern stimulieren auch **überobligatorische Anstrengungen.** Sie haben eine dynamischere Wirkung als direkte Instrumente und tragen somit zu einer Weiterentwicklung des Umweltschutzes bei. Im günstigsten Falle sind sie nicht nur ein Transmissionsriemen zur Durchführung staatlicher Umweltpolitik, sondern Scharnier zwischen Ökonomie und Ökologie, das auch ökonomische Belange innerhalb eines bestimmten Rahmens zur Geltung kommen läßt.

Von ihren Anhängern werden Umweltabgaben deshalb auch als „marktkonformes" Instrument gepriesen.[308] Auf den hierüber in der umweltpolitischen Diskussion ausgebrochenen Streit braucht hier nicht näher eingegangen zu werden, da **Marktkonformität** für sich genommen regelmäßig kein rechtliches, zumindest kein verfassungsrechtliches Kriterium darstellt. Die vom BVerfG betonte wirtschaftspolitische Neutralität des Grundgesetzes[309] ist zwar nicht schrankenlos und nicht mit „wirtschaftsverfassungsrechtlicher Inhalts- und Entscheidungslosigkeit" gleichzusetzen,[310] eine rechtliche Bewertung staatlicher Maßnahmen nach wirtschafts- und ordnungspolitischen Gesichtspunkten ist hiernach jedoch ausgeschlossen. Im übrigen darf mit dem Epitheton „marktkonform" nicht der Eingriffscharakter der Abgabenlenkung überdeckt werden.

Den Vorzügen von Umweltabgaben stehen indes erhebliche **Nachteile** gegenüber.[311] Ein grundlegendes Problem tritt bereits bei der Bestimmung der Abgabehöhe auf. Eine falsche – zu hohe oder zu niedrige – Abgabebemessung führt (mehr oder weniger) zum Verfehlen des Lenkungsziels und muß daher nach Möglichkeit vermieden werden. Nach der ursprünglichen Vorstellung der Umweltökonomie sollten Umweltabgaben die sozialen Kosten der Umweltnutzung in voller Höhe internalisieren. Die hierzu erforderliche **Quantifizierung** der Umweltschäden stößt jedoch auf erhebliche Schwierigkeiten, da zum einen das Ausmaß vieler Umweltschäden nicht hinreichend bekannt ist und zum anderen für bestimmte Umweltschäden wie etwa für Verluste an Landschaftsschönheit oder für Dauerschäden an ökologischen Subsystemen kaum ein hinreichend genau bezifferbarer monetärer Ausdruck gefunden werden kann.[312] 197

Zudem sind, was gelegentlich übersehen wird, soziale Kosten der Umweltnutzung nicht mit dem ziffernmäßigen Ausdruck der Umweltschäden identisch, sondern ergeben sich erst aus der Saldierung der entstandenen Schäden und Verluste mit den Vorteilen der Umweltnutzung. Nur soweit eine solche Kosten-Nutzen-Analyse der Abgabebemessung zugrunde gelegt wird, kann eine Umweltabgabe eine optimale Faktorallokation i. S. der Wohlfahrtsökonomie bewirken.[313]

Weiterhin hat das **Internalisierungsmodell** größte Schwierigkeiten bei der Bestimmung der Verursacher multikausaler Umweltbelastungen (s. dazu auch o. § 3 Rn. 35 und § 4 Rn. 317ff.).

---

[308] Vgl. nur *E. Rehbinder,* FS Franz Böhm, 1975, S. 499ff., 514f., sowie aus wirtschaftswissenschaftlicher Sicht *Rat von Sachverständigen für Umweltfragen,* Sondergutachten „Umweltprobleme des Rheins", BT-Drs. 7/5014, S. 93.

[309] BVerfGE 4, 7 (17f.) – Investitionshilfeurteil; 7, 377 (400); 50, 290 (336ff.) – Mitbestimmungsurteil (st. Rspr.). Vgl. zum Ganzen statt vieler *Papier,* in: Benda/Maihofer/Vogel (Hg.), Handbuch des Verfassungsrechts, 1983, S. 609ff. m. w. N.

[310] *Wendt,* Eigentum und Gesetzgebung, 1985, S. 261.

[311] Vgl. dazu insbes. *Cansier,* Ökonomische Grundprobleme der Umweltpolitik, 1975, S. 70ff., und *Kabelitz/Köhler,* Abgaben als Instrument der Umweltschutzpolitik, 1977.

[312] Vgl. zu diesen Problemen *Meßerschmidt* (FN 268), S. 63 m. w. N.

[313] *Meßerschmidt* (FN 268) S. 62 m. w. N.

198 Die meisten Befürworter von Umweltabgaben weichen diesen (zumindest auf absehbare Zeit) kaum lösbaren Problemen aus, indem sie als Richtmaß der Abgabebemessung statt dessen die **Vermeidungskosten** der Umweltschädigung angeben. Die Abschätzung der (durchschnittlichen) Vermeidungskosten setzt die Bestimmung eines Umweltstandards voraus, der mit Hilfe der Abgabenlenkung erreicht werden soll.

Aus ökonomischer Sicht handelt es sich hierbei um eine Einschränkung des abgabenpolitischen Steuerungsmodells, da in diesem Fall nur noch ein politisch ausgewähltes Umweltschutzziel und nicht mehr der ursprünglich angestrebte volkswirtschaftlich „optimale Verschmutzungsgrad"[314] erreichbar ist. Aus rechtspolitischer Sicht liegt aber gerade hierin ein Vorteil.

Dieser sog. **Standard-Preis-Ansatz**[315] bietet grundsätzlich bessere Möglichkeiten einer Verknüpfung mit dem ordnungsrechtlichen Instrumentarium des Umweltschutzes, da er wie dieses auf der rechtspolitischen Vorgabe eines angestrebten Umweltzustandes beruht. Um lenkend zu wirken, sollten Abgaben im Sinne dieses Modells allerdings leicht oberhalb der Vermeidungskosten liegen.

199 Die Beibehaltung eines qualitativen Umweltzieles entkräftet weitgehend die Fundamentalkritik, Umweltabgaben bedeuteten eine **Kommerzialisierung** und letztlich einen „Ausverkauf" der Umwelt.[316] Dieser Vorwurf wäre nur berechtigt, wenn der bisherige ordnungsrechtliche Umweltschutz aufgegeben und durch niedrig bemessene Umweltabgaben ersetzt würde. Tatsächlich treten die Umweltabgaben zu den bisherigen Regelungen ergänzend und modifizierend, vor allem auch verschärfend hinzu. Es handelt sich nicht im negativen Sinne um eine Kommerzialisierung, sondern um eine begrenzte Ökonomisierung des Umweltrechts im Verbund mit einer gleichzeitig fortschreitenden weiteren Verrechtlichung des Wirtschaftslebens.[317] Der Kritik ist jedoch zuzugeben, daß Umweltabgaben wie auch andere ökonomisch wirkende Instrumente behutsam eingesetzt werden müssen, wenn ihre Verwendung nicht zur Aushöhlung jener nicht-monetär vermittelten Normbefolgungsbereitschaft führen soll, auf die jede Rechtsordnung angewiesen ist.

200 Weitere Einwände bestehen indes fort: Nachteilig auch bei einer nach Vermeidungskosten bemessenen Umweltabgabe ist zunächst, daß sie den Abgabepflichtigen die für Vermeidungsinvestitionen benötigten Geldmittel (Liquidität) entzieht und einen verwaltungsaufwendigen **Abgabekreislauf** in Gang setzt.

Das Abwasserabgabengesetz trägt diesem Problem jedoch teilweise Rechnung, indem es eine Abgabenbefreiung bereits bei der Einleitung bestimmter Umweltschutzmaßnahmen – und nicht erst bei ihrem Wirksamwerden – vorsieht (§ 10 Abs. 3 AbwAG).

201 Eine weitere Schwäche der Abgabenlenkung ist ihre typische **Wirkungsunschärfe,** die sie prinzipiell mit den anderen Instrumenten indirekter Verhaltenssteuerung teilt

---

[314] *B. S. Fey*, Artikel „Umweltökonomik", in: Albers u. a. (Hg.), Handwörterbuch der Wirtschaftswissenschaft (HdWW), Bd. 8, 1980, S. 47ff., 50.

[315] Grundlegend *Baumol/Oates*, Swedish Journal of Economics 73 (1971), 42ff., in deutscher Übersetzung u. a. abgedruckt bei: Siebert (Hg.), Umwelt und wirtschaftliche Entwicklung, 1979, S. 169ff. Vgl. dazu auch *Meßerschmidt* (FN 268), S. 64 f. m. w. N.

[316] I. d. S. etwa *Malunat*, NuR 1984, 1ff.

[317] Vgl. zu dieser Doppelentwicklung etwa *Assmann*, Wirtschaftsrecht in der Mixed Economy, 1980, S. 230, einerseits, *Kübler* (Hg.), Verrechtlichung von Wirtschaft, Arbeit und sozialer Solidarität, 1984, andererseits.

(s. o. Rn. 148). Selbst bei einer unter Lenkungsgesichtspunkten optimalen Abgabegestaltung bietet eine Umweltabgabe keine Gewähr, daß sich alle (oder auch nur die meisten) Adressaten lenkungszielkonform verhalten. Durch die regelmäßig bestehende **Zeitlücke** zwischen Einsatz und Erfolg von Umweltabgaben wird das Problem noch verschärft. Dies disqualifiziert Umweltabgaben als Lenkungsinstrument in Bereichen, in denen es auf ,,Feinsteuerung" und/oder eine möglichst strikte Einhaltung umweltrechtlicher Standards ankommt. Insbesondere als Instrument der Gefahrenabwehr kommen Umweltabgaben wegen mangelnder Lenkungssicherheit nicht in Betracht. Zur Gewährleistung des ,,ökologischen Existenzminimums" sind ordnungsrechtliche Regelungen unabdingbar.

Die **Unschärfe** der Abgabenlenkung ist primär eine Frage der **Geeignetheit** und nicht – wie anfänglich angenommen wurde – der Gesetzesbestimmtheit.[318] Die letztlich unberechenbare Streuwirkung der Abgaben tritt ein, auch wenn die Abgabenorm für den einzelnen Abgabepflichtigen hinreichend bestimmt ist (vorausgesetzt der Abgabetatbestand bzw. das Vermeidungsverhalten und die Abgabehöhe sind angemessen normiert). Ein ,,Bestimmtheitsproblem" besteht daher regelmäßig nur aus der Sicht des Normgebers bzw. der Verwaltung. Eine für sich genommen hinreichend bestimmte Vorschrift verliert ihren bestimmten Charakter jedoch nicht durch mangelnde Vorhersehbarkeit der Reaktion der Normadressaten.

Die Umweltpolitik hat hieraus die richtige Konsequenz gezogen, Umweltabgaben vorzugsweise in einem **Instrumentenverbund** mit ordnungsrechtlichen Regelungen zu verwenden (besonders deutlich im Verhältnis von Abwasserabgaben- und Wasserhaushaltsgesetz, s. dazu unten § 11 Rn. 204). Das ordnungsrechtliche Instrumentarium übernimmt dabei die Funktion, bestimmte umweltrechtliche Minimalstandards zu gewährleisten, während die Abgabe flankierend wirkt (horizontaler Instrumentenverbund) und u. U. weitergehende Vermeidungsanreize vermittelt (vertikaler Instrumentenverbund). 202

Die Umweltökonomie hatte demgegenüber ursprünglich Umweltabgaben als eine verdrängende Alternative schlechthin zum klassischen Ordnungsrecht propagiert.[319] Dies hat sich unterdessen aber als ganz unrealistisch erwiesen.

Allerdings müssen Umweltabgaben nicht immer in einem Instrumentenverbund stehen. Inwieweit Abgaben einer ordnungsrechtlichen Flankierung bedürfen, richtet sich vielmehr nach den Umständen des Sachgebietes, in dem sie zum Einsatz gelangen, und – im Zusammenhang hiermit – nach dem Umfang der staatlichen Schutzpflicht (s. § 2 Rn. 9ff.). Eine rein abgabenrechtliche Lösung des abfallrechtlichen Problems der Eindämmung des ,,Verpackungsmülls" wäre daher kaum zu beanstanden, während es neben der Abwasserabgabe unbezweifelbar der ergänzenden Regelung des Wasserhaushaltsgesetzes bedarf.

Der Instrumentenverbund verschärft indes die mit Umweltabgaben regelmäßig verbundene **Doppelbelastung.** Die Kombination von Abgabeforderung und Verhaltensgebot begründet meist doppelte Pflichten der Normadressaten, da eine strikte Alternativität von Abgaben- und Lenkungstatbestand in der Praxis regelmäßig nur selten besteht. Nur wenn die realistische Möglichkeit gegeben ist, durch eine Verhaltensänderung die Abgabepflicht voll abzuwenden, kann von einer echten ,,gesetzli- 203

[318] So jedoch *Friauf* (FN 302), S. 33ff. Dagegen mit Recht BVerfGE 38, 61 (82) im Anschluß an *Selmer* (FN 302), S. 213 f. Vgl. zum Ganzen in bezug auf Umweltabgaben *Meßerschmidt* (FN 268), S. 79ff.
[319] Dagegen z. B. schon *E. Rehbinder,* Umwelt (VDI) 1971, 23ff., 25.

chen Wahlschuld" gesprochen werden.[320] Soweit die Abgabepflicht auch ordnungsrechtlich legale Verhaltensweisen betrifft, besteht jedenfalls insoweit eine Pflichtenkumulation aus Abgaben- und Ordnungsrecht. Diese ist rechtlich zwar nicht grundsätzlich zu beanstanden, relativiert aber die früher gängige Einschätzung, bei (Umwelt-)Lenkungsabgaben handele es sich um das im Vergleich zum Ordnungsrecht durchweg mildere Mittel.[321]

Gegenüber Instrumentenvergleichen ist ohnehin Skepsis angebracht, soweit sie abstrakte Modelle und keine konkreten gesetzlichen Regelungen zum Gegenstand haben. Ein Verhältnismäßigkeitsurteil im Rechtssinne ist unter solchen Umständen nicht möglich. Unter diesem Vorbehalt sei hinzugefügt, daß auch die Umweltabgaben typischerweise anhaftende ,,Sanktionsautomatik"[322] nicht dazu beiträgt, sie als besonders schonendes Instrument erscheinen zu lassen.

c) Abgabegegenstände

204 Umweltabgaben werden derzeit in Gestalt von **Emissionsabgaben** und **Produktabgaben** erhoben. Im Schrifttum[323] wird grundsätzlich zwischen Abgaben auf umweltbelastende Aktivitäten und Abgaben auf umweltbelastende Produkte unterschieden, wobei innerhalb dieser Gruppen nochmals differenziert wird: In den Bereich der Abgaben auf umweltbelastende Aktivitäten fallen insbesondere produktionsbezogene Abgaben, primär Emissionsabgaben, doch sind auch Abgaben auf Konsum- und Freizeitverhalten denkbar. Innerhalb der Gruppe der Produktabgaben kann zwischen Abgaben auf umweltbelastende Einsatzstoffe (sog. input- oder Rohstoffabgaben) und Abgaben auf Endprodukte (sog. output- oder Güterabgaben) unterschieden werden. Ein Beispiel für eine Emissionsabgabe bildet unter den gegenwärtig verwirklichten Abgabenlösungen die Abwasserabgabe, demgegenüber stellt die Altölabgabe (wie auch die frühere Benzinbleiabgabe) eine Produktabgabe dar. Auf umweltbelastende Tätigkeiten stellen die Naturschutzausgleichsabgaben ab.

205 Die Entscheidung, welche Aktivität oder welches Produkt einer Abgabenregelung unterworfen wird, ist weitgehend politischer Natur und nur in Grenzfällen rechtlich überprüfbar. Unter **Zweckmäßigkeitsgesichtspunkten** versprechen produktionsbezogene Abgaben und Emissionsabgaben einen stärkeren Steuerungseffekt und sind deshalb gegenüber Produktabgaben im Regelfall vorzuziehen. Bei letzteren können sich zudem, soweit sie auch Importgüter erfassen, Friktionen mit dem Europäischen Gemeinschaftsrecht ergeben.

d) Rechtsformen

206 Umweltabgaben können grundsätzlich in jeder Abgabeart, d. h. als Steuern, Gebühren, Beiträge oder Sonderabgaben, erhoben werden.[324]

Steuern sind nach der Legaldefinition in § 3 Abs. 1 AO Geldleistungen, die nicht eine Gegenleistung für eine besondere Leistung darstellen und von einem öffentlich-rechtlichen Gemeinwesen zur Erzielung von Einnahmen allen auferlegt werden, bei denen der Tatbestand zutrifft, an den das Gesetz die Leistungspflicht knüpft.

---

[320] Vgl. zum Bild der Wahlschuld *P. Kirchhof,* JZ 1979, 153ff., 157.
[321] Vgl. zum Ganzen eingehender *Meßerschmidt* (FN 268), S. 102ff. m. w. N.
[322] *E. Rehbinder,* RabelsZ 40 (1976), 363ff., 397.
[323] Vgl. insbes. *Cansier* (FN 311), S. 63ff., 76ff., und *E. Rehbinder* (FN 303), S. 137ff.
[324] Vgl. zum folgenden ausführlicher *Meßerschmidt,* in : Forschungsstelle für Umwelt- und Technikrecht (Hg.), Jahrbuch des Umwelt- und Technikrechts 1987 (UTR 3), 1987, S. 83ff.

Gebühren sind Geldleistungen, die als Gegenleistung für eine besondere Leistung – Amtshandlung oder sonstige Tätigkeit der Verwaltung – (Verwaltungsgebühr), für die Inanspruchnahme öffentlicher Einrichtungen und Anlagen (Benutzungsgebühr)[325] oder für eine (privilegierende) Rechtsübertragung (Verleihungsgebühr) erhoben werden.[326]

Beiträge werden als Vorzugslasten von den *möglichen* Nutznießern öffentlicher Einrichtungen zur Deckung von deren Aufwand (Herstellung, Erweiterung und Unterhaltung) erhoben. Als sog. Verbandslasten können Beiträge auch an die Mitgliedschaft in einer öffentlich-rechtlichen Körperschaft geknüpft sein und zur Deckung von deren Kosten dienen.

Die – im Unterschied zu den anderen Abgabearten weder im Grundgesetz (wie insbesondere die Steuern in Art. 105ff. GG) noch einfachgesetzlich geregelten – **Sonderabgaben** bilden ein eigenständiges, primär außerfiskalisches Abgabeninstrument des Staates, das erst durch die Rechtsprechung des BVerfG Konturen gewonnen hat. Insbesondere gegenüber den Steuern hat es die seltene Ausnahme zu sein, wenn die bundesstaatliche Finanzverfassung nicht Schaden nehmen soll. Nach der Rechtsprechung[327] ist die Erhebung einer Sonderabgabe nur zulässig, wenn

a) eine gesellschaftliche Gruppe belastet wird, die durch eine gemeinsame, vorgegebene Interessenlage oder durch besondere gemeinsame Gegebenheiten abgrenzbar ist **(Gruppenhomogenität),**
b) die belastete Gruppe dem mit der Abgabeerhebung verfolgten Zweck evident näher steht als jede andere Gruppe oder die Gesamtheit der Steuerzahler **(Sachnähe),**
c) die zu finanzierende Aufgabe aufgrund dieser Sachnähe ganz überwiegend in die Sachverantwortung der belasteten Gruppe fällt **(Gruppenverantwortung),**
d) das Abgabeaufkommen im Interesse der Gruppe der Abgabepflichtigen verwendet wird **(Gruppennützigkeit)** und
e) diese Erhebungsgründe fortbestehen **(periodische Legitimation der Abgabeerhebung).**

Lenkenden Umweltabgaben steht grundsätzlich das gesamte Abgabenspektrum zu Gebote, nachdem neben Lenkungssteuern[328] inzwischen auch lenkende Gebühren[329] als grundsätzlich zulässig anerkannt sind und die Einführung lenkender Elemente im Beitragsrecht ebenfalls denkbar ist.[330] Außer Zweifel steht schließlich die Zulässigkeit lenkender Sonderabgaben, da die Verfolgung rein fiskalischer Zwecke im Sonderabgabensektor sogar ausgeschlossen ist.[331] 207

Allerdings divergieren Umfang und Intensität der zulässigen Lenkung zwischen den einzelnen Abgabearten: Eine weitreichende Abgabenlenkung ermöglichen nicht nur die von Hause aus außerfiskalischen Sonderabgaben, sondern auch das **Steuerrecht,** spätestens seitdem in § 3 Abs. 1 S. 1, 2. Hs. AO klargestellt wurde, daß die Erzielung von Einnahmen Nebenzweck der Steuererhebung sein kann. Zweifelhaft ist allein die Zulässigkeit **erdrosselnder Steuern,** die so ausgestaltet sind, daß sie das der Abgabepflicht unterworfene Verhalten unterdrücken und das Entstehen eines Abgabeaufkommens somit regelmäßig ausschließen.[332] 208

---

[325] Vgl. etwa § 4 Abs. 2 KAG NW.
[326] Zum eigenständigen Charakter der Verleihungsgebühr zutreffend *F. Kirchhof,* DVBl. 1987, 554ff.
[327] BVerfGE 55, 274; 57, 139; 67, 256. Kritische Würdigungen dieser Rspr. finden sich u.a. bei *Henseler,* Begriffsmerkmale und Legitimation von Sonderabgaben, 1984, und *Meßerschmidt* (FN 268), S. 222ff., sowie UTR 3, 1987, S. 83ff., 89ff.
[328] Vgl. zuletzt BVerfGE 55, 274 (299); 67, 256 (282) – st. Rspr.; im Schrifttum statt aller *v. Arnim* (FN 302), S. 286ff., 324ff. m.w.N.
[329] BVerfGE 50, 217 (226); zuvor bereits *Kloepfer,* AöR 97 (1972), 232ff.; *Wilke,* Gebührenrecht und Grundgesetz, 1973, S. 304; ähnlich zuletzt *F. Kirchhof,* Die Höhe der Gebühr, 1981, S. 131ff.; etwas enger *Wendt,* Die Gebühr als Lenkungsmittel, 1975.
[330] Dazu näher *Meßerschmidt* (FN 268), S. 119ff.
[331] Vgl. zuletzt BVerfGE 67, 256 (275ff.) m.w.N.
[332] Ihre Zulässigkeit wird überwiegend verneint, vgl. nur BVerfGE 8, 222 (228); 30, 250 (272); 38, 61 (81); im Schrifttum statt vieler *Friauf* (FN 302), S. 17, und *Knies,* Steuerzweck und Steuerbegriff, 1976, S. 129.

Im Ausgangspunkt könnte man erdrosselnde Abgaben – vorbehaltlich spezifisch abgabenrechtlicher Limitierungen – an sich wohl dann für zulässig halten, wenn die durch die Abgabebelastung inhibierten Handlungen von Verfassungs wegen untersagt werden dürfen und wenn die Abgabehöhe – unabhängig von der Abschreckungswirkung – nicht gegen das Übermaßverbot verstößt.[333] Erdrosselnde Abgaben stellen auch nicht von vornherein einen verfassungswidrigen **Formenmißbrauch** des Staates dar.[334] Mit der vom BVerfG[335] neuerlich angesprochenen „Formenstrenge" der Finanzverfassung könnte sich allerdings gegenüber einer reinen Sachregelung (i. S. der Art. 73ff. GG) in der „Verpackung" einer (erdrosselnden) Abgabe eine zusätzliche Hürde ergeben. Erdrosselnde Steuern sind zumindest mit dem einfachgesetzlichen Steuerbegriff unvereinbar. Umstritten ist allerdings, ob sie damit auch verfassungsrechtlich ausgeschlossen sind.[336] Einiges mag dafür sprechen, daß die neue Steuerdefinition der Abgabenordnung mit dem verfassungsrechtlichen Steuerbegriff weitgehend deckungsgleich ist. Zwingend erscheint dies jedoch nicht.

209 Erhebliche Unklarheiten bestehen allerdings nach wie vor darüber, *wann* eine **Erdrosselungswirkung** bei einer Abgabe angenommen werden kann.[337]

Die Meinungsverschiedenheiten betreffen sowohl die anzulegenden Maßstäbe (ist vom Gesetzgebungsmotiv oder von der objektiven Wirkung auszugehen?) als auch die Bezugspunkte: Ist es einmal der abgabepflichtige Tatbestand, auf den die erdrosselnde Wirkung bezogen wird, so wird ein anderes Mal sehr viel allgemeiner auf den betroffenen Wirtschaftszweig abgestellt. Schließlich rivalisieren typisierende (am Durchschnittsfall orientierte) und individualisierende (am Einzelfall orientierte) Betrachtungsweisen.

Das „mangelnde Fertigwerden Einzelner mit den allgemeinen rechtlichen Umweltbedingungen"[338] kann jedenfalls noch keiner Abgabe den Charakter einer Erdrosselungssteuer beilegen. Bei einer generell verbotsgleichen Wirkung einer Umweltabgabe ist demgegenüber sorgfältig zu prüfen, ob die Verknüpfung der Abgabeerhebung mit dem Lenkungszweck noch sachgerecht ist oder ob nicht vielmehr das direkte Verbot den verfassungsrechtlich gebotenen geringeren Eingriff bedeuten würde. Soweit die Abgabenlenkung bewußt als flexibles Instrument gewählt wird, das den Adressaten eine differenzierte individuelle Anpassungsreaktion ermöglichen soll, bestehen derartige Bedenken nicht. Die Auferlegung eines Vermögensopfers ist in diesem Fall nicht nur als Hemmung bzw. Abschreckungsmittel erforderlich, sondern notwendig und gerechtfertigt, um im Sinne der Ausgleichsfunktion der Abgabe den Vorteil derjenigen abzuschöpfen, die sich dem Lenkungszweck der Abgabe versagen.

210 Der **Gebührenlenkung** wird vom BVerfG allerdings von vornherein nur die Funktion einer „begrenzten Verhaltenssteuerung in bestimmten Tätigkeitsbereichen" zugestanden.[339] Gegenüber der früher in Rechtsprechung und Schrifttum herrschenden Meinung, die aus den (weitgehend unterverfassungsrechtlichen) Gebührengrundsätzen ein Lenkungsverbot für Gebühren herleitete,[340] stellt die neue Judikatur zwar eine

---

[333] Hierzu näher für den Parallelfall im Gebührenrecht *Kloepfer,* AöR 97 (1972), 232ff., 255f.

[334] Vgl. dazu allgemein *Pestalozza,* „Formenmißbrauch" des Staates, 1973; speziell im Hinblick auf Umweltlenkungsabgaben *Meßerschmidt* (FN 268), S. 76ff.

[335] BVerfGE 67, 256 (288f.).

[336] Vgl. zum Verhältnis von einfachrechtlichem und verfassungsrechtlichem Steuerbegriff zuletzt BVerfGE 67, 256 (282) m. w. N.

[337] Vgl. zum folgenden *Meßerschmidt* (FN 268), S. 113 f. m. w. N.

[338] *Selmer,* AöR 101 (1976), 238ff., 399ff., 436.

[339] BVerfGE 50, 217 (226).

[340] Vgl. insbes. *Leisner,* Gedächtnisschrift Hans Peters, 1967, S. 730ff., sowie wegen weiterer Nachw. *Wendt* (FN 329), S. 7.

Wende dar, erdrosselnde (nicht jedoch abschreckende) Gebühren bleiben aber auch hiernach ausgeschlossen.

Gleiches gilt für **lenkende Beiträge** mit Ausnahme der Verbandslasten, deren Lenkungspotential seine Grenze bereits darin findet, daß nur dem Verband tatsächlich entstandene Kosten verteilt werden dürfen[341] (während die Kostendeckungsgrenze im Gebührenrecht weniger strikt gelten soll).[342] Innerhalb dieses Kostenrahmens ist jedoch eine nach Lenkungsgesichtspunkten differenzierende Beitragsgestaltung zulässig.[343]

Nicht zu den Umweltabgaben zählen **sonstige öffentliche Lasten,**[344] insbesondere 211
Geldleistungspflichten wie Geldstrafen und -bußen, Kostenersatz und Zwangsgelder sowie privatrechtliche Entgelte. Dies schließt nicht aus, daß sich auch hiermit Lenkungswirkungen erzielen lassen. Zu Recht wird jedoch davor gewarnt, beispielsweise in Geldstrafenregelungen ein ,,Superinstrument der Sozial- und Wirtschaftspolitik" zu sehen.[345]

e) Abgabebemessung

Die – innerhalb gewisser Grenzen durch Ausgestaltung der Abgabenregelung 212
durch den Gesetzgeber bestimmbare – Rechtsnatur der Abgabe (unerheblich ist hingegen ihre Bezeichnung)[346] ist auch für die zu beachtenden Abgabebemessungsgrundsätze von Bedeutung. Dabei werden aufgrund der prinzipiellen Anerkennung lenkender Abgaben die herkömmlichen Prinzipien modifiziert und partiell verdrängt. So dürfte bei einer Umwelt(lenkungs)steuer der steuertypische Maßstab der Leistungsfähigkeit[347] einer – unter dem Lenkungsgesichtspunkt sachgerechteren – Orientierung an den **Vermeidungskosten** weichen. Die Abgabebemessung muß auch nicht absolut verursachergerecht erfolgen. Die strengsten Bindungen legt insofern noch das Gebührenrecht dem Abgabengesetzgeber auf, doch kann auch dort der (im Rahmen der Gebührenbemessung nach dem Kostendeckungs- oder dem Äquivalenzprinzip heranzuziehende) sog. Wirklichkeitsmaßstab unter bestimmten Voraussetzungen durch einen Wahrscheinlichkeitsmaßstab ersetzt werden.[348]

Nach dem **Wirklichkeitsmaßstab** bestimmt die konkret ermittelte oder gemessene Inanspruchnahme eines Leistungsangebotes oder einer Nutzungsmöglichkeit die Gebührenerhebung. Der vergröbernde und pauschalierende **Wahrscheinlichkeitsmaßstab** stellt demgegenüber auf den Durchschnitts- oder Regelfall ab und schließt von bestimmten Indikatoren auf eine wahrscheinliche Inanspruchnahme. Ein Wechsel vom ersten zum zweiten Maßstab darf erfolgen, wenn eine exakte Leistungsermittlung technisch schwierig oder wirtschaftlich unvertretbar ist.

Typisierungen in weiterem Umfang läßt das sonstige Abgabenrecht, insbesondere 213
das Steuerrecht zu.[349]

---

[341] Vgl. *Meßerschmidt* (FN 268), S. 121.
[342] Vgl. insbes. BVerfGE 50, 217 (226), sowie *Wilke* (FN 329), S. 271ff.
[343] Vgl. BVerwG, NVwZ 1985, 271ff., 272.
[344] Vgl. zur Abgrenzung *Wilke* (FN 329), S. 9ff.
[345] *Naucke,* Tendenzen der Strafrechtsentwicklung, 1975, S. 13.
[346] Vgl. BVerfGE 7, 244 (251f.); 55, 274 (305); 67, 256 (276) – st. Rspr.
[347] Dazu eingehend *D. Birk,* Das Leistungsfähigkeitsprinzip als Maßstab der Steuernormen, 1983.
[348] Vgl. zu beiden *F. Kirchhof* (FN 329), S. 154f.
[349] Vgl. dazu insbes. BVerfGE 9, 3 (13); 17, 1 (23); 21, 12 (27), und *P. Kirchhof,* VVDStRL 39 (1981), 213ff., 264ff. m.w.N. auch zur Rspr. Von der Typisierungsmacht des Gesetzgebers ist diejenige der Verwaltung zu unterscheiden, vgl. zur letzteren *Isensee,* Die typisierende Verwaltung, 1976.

Der steuerrechtliche Typisierungsgrundsatz bezieht sich auf Durchbrechungen eines – im Rahmen der weitgehenden Gestaltungsfreiheit des Steuergesetzgebers selbst gesetzten – Differenzierungskonzepts. Typisierungen sind danach zulässig, wenn die damit verbundenen administrativen Vorteile in einem vertretbaren Verhältnis zu der typisierungsbedingten Lastenungleichheit stehen.[350] Von derartigen – auch im Hinblick auf das verfassungsrechtliche Gebot der Systemgerechtigkeit[351] rechtfertigungsbedürftigen – Typisierungen sind gesetzgeberische Abstraktionen zu unterscheiden, die von vornherein einem durchgängigen Typisierungsmodell entsprechen.

Die Typisierungslehre ist vor allem in bezug auf herkömmliche Finanzsteuern entwickelt worden. Bei ihrer Übertragung auf Lenkungssteuern ist den besonderen Bedingungen der Ordnungsfinanz und dem jeweiligen Lenkungsziel Rechnung zu tragen. Hier sind Typisierungen zusätzlich danach zu bewerten, ob sie die Zwecktauglichkeit des Lenkungsgesetzes nicht prinzipiell in Frage stellen.

Im Grundsatz nichts anderes dürfte für Sonderabgaben gelten, da diese an die Gruppenverantwortung und nicht an einen exakt zu bestimmenden Kausalbeitrag der einzelnen Abgabepflichtigen anknüpfen.

Wegen der durchgängig bestehenden, wenn auch abgabeartspezifisch abgestuften Typisierungsmacht des Abgabengesetzgebers sind im übrigen auch die bei Emissionsabgaben möglicherweise in die Abgabebemessung einfließenden **technischen Meßungenauigkeiten** abgabenrechtlich weitgehend irrelevant.[352]

Der Gestaltungsspielraum des Umweltabgabengesetzgebers ist demnach relativ weit.

214 Ein Sonderproblem ergibt sich allerdings bei Emissionsabgaben. Dort stellt sich – nicht zuletzt aufgrund der Abgabegestaltung im Abwasserabgabengesetz – die Frage, ob Emissionen unterhalb einer gewissen Schädlichkeitsschwelle abgabenfrei bleiben sollen oder gar müssen. Bei der Diskussion um **„Freibeträge“** bzw. ,,Verschmutzungsfreigrenzen“[353] ist indes zu differenzieren:

Zunächst kann der Abgabeerhebung nicht die ordnungsrechtliche Legalität des abgabepflichtigen Vorganges entgegengehalten werden. Es ist dem Gesetzgeber verfassungsrechtlich unbenommen, Umweltbelastungen für unerwünscht zu halten und mit den Mitteln indirekter Lenkung zu bekämpfen, ohne sie deshalb bereits mit einem Verbot belegen zu müssen.[354] Im Unterschied zu strafrechtlichen oder ordnungswidrigkeitenrechtlichen Sanktionen (Geldstrafe, Geldbuße) setzt eine Abgabe gerade nicht die Rechtswidrigkeit der Tatbestandsverwirklichung voraus. Eine andere Frage ist es, ob Abgaben auch dann noch erhoben werden sollten, wenn von Umweltnutzern optimale Vermeidungstechnologien verwendet werden. Unter dem Lenkungsgesichtspunkt ist eine Abgabe in diesem Fall kaum noch gerechtfertigt. Doch kann das ,,Entgeltmodell“ der Umweltnutzung weiterhin für eine Abgabeerhebung sprechen. Welchem Gesichtspunkt der Vorrang zukommt, ist eine grundsätzlich vom Gesetzgeber zu entscheidende Frage. Im Hinblick auf den Liquiditäts-

---

[350] BVerfGE 13, 331 (341); 31, 119 (130f.) – st. Rspr.

[351] Vgl. insbes. BVerfGE 13, 331 (338f.); 18, 315 (334); 34, 103 (115); eingrenzend jedoch BVerfGE 30, 250 (270). Eher zurückhaltend auch das Schrifttum, vgl. *Degenhart,* Systemgerechtigkeit und Selbstbindung des Gesetzgebers als Verfassungspostulat, 1976; *Battis,* FS Ipsen, 1977, S. 11ff.; *Kloepfer,* VerwArch. 74 (1983), 201ff., 218ff.; *K. Lange,* Die Verwaltung 1971, 259ff., jeweils m. w. N.

[352] Hierzu näher *Meßerschmidt* (FN 268), S. 283ff.; a. A. wohl *Schröder,* DÖV 1983, 667ff., 674.

[353] Hierzu näher *Meßerschmidt* (FN 268), S. 165ff. m. w. N.

[354] Vgl. zu Existenz und Reichweite differenzierter Rechtswidrigkeitsurteile in der Rechtsordnung *P. Kirchhof,* Unterschiedliche Rechtswidrigkeiten in einer einheitlichen Rechtsordnung, 1978.

entzug für Umweltschutzinvestitionen ist eine nicht mehr lenkungswirksame Abgabebelastung rechtspolitisch freilich problematisch.

Rechtsstaatlich bedenklich, aber auch kaum eine realistische Perspektive, ist schließlich die von Umweltökonomen geforderte fortlaufende **Variation** der Abgabesätze.[355] Umweltabgaben können zwar veränderten Bedingungen und Zielsetzungen angepaßt werden, doch muß dies schonend und kontinuitätswahrend geschehen, um im Vertrauen auf die (bisherige) Abgabenlenkung getätigte Umweltschutzinvestitionen nicht zu entwerten. 215

Eine fortlaufende Anpassung wäre im übrigen rechtstechnisch allenfalls mit den Mitteln von Rechtsverordnungen möglich. Dies wiederum könnte mit einem denkbaren Vorbehalt des Parlamentsgesetzes im Steuerrecht[356] kollidieren. In jedem Falle unzulässig bzw. außenrechtlich unwirksam wäre eine Regelung durch Verwaltungsvorschriften.

f) Überwälzungsverbote

Rechtsstaatlich bedenklich sind auch die aus umweltökonomischen Gründen erwogenen Überwälzungsverbote, da sie, wenn sie nicht bloß auf dem Papier stehen sollen, u. a. eine intensive Überwachung der Preiskalkulation der abgabepflichtigen Unternehmen mit entsprechend weitgehenden Kontrollbefugnissen voraussetzen. 216

Ein Überwälzungsverbot hatte der vom Land Hessen im Bundesrat erfolglos eingebrachte Entwurf eines Schwefelabgabengesetzes vorgesehen.[357]

g) Abgabeverwendung

Zum Erscheinungsbild von Umweltabgaben gehören regelmäßig **Zweckbindungsklauseln,** die eine Verwendung des Abgabeaufkommens für Umweltschutzmaßnahmen sicherstellen sollen (z. B. § 13 AbwAG, § 1 Abs. 3 AltölG, §§ 11 Abs. 5 S. 3, 50 NatSchG BW, § 5a Abs. 2 LPflG Rh.-Pf.). Diese auf den ersten Blick wegen des hohen Investitionsbedarfs im Umweltschutz einleuchtende und auf jeden Fall finanzpsychologisch zweckmäßige Praxis begegnet insofern Bedenken, als sie auf längere Sicht zu einer Aushöhlung des haushaltsrechtlichen – allerdings nicht verfassungsstarken – **Gesamtdeckungsprinzips**[358] führen kann. 217

Nach dem in § 7 HGrG und § 8 BHO für die Haushaltswirtschaft des Bundes und der Länder festgelegten, allerdings nicht verfassungsstarken und gesetzliche Ausnahmen zulassenden Grundsatz der Gesamtdeckung (bzw. Non-Affektationsprinzip) dienen alle Einnahmen des Staates als Deckungsmittel für sämtliche Ausgaben.

Soweit Umweltabgaben als **Sonderabgaben** erhoben werden (wie z. B. die Abwasserabgabe, s. u. § 11 Rn. 242), verwendet der Gesetzgeber die Zweckbindungsklausel auch dazu, um der Sonderabgabenjudikatur des BVerfG[359] (s. o. Rn. 206) durch Anordnung einer gruppennützigen Verwendung gerecht zu werden.

---

355 Vgl. etwa *Baumol/Oates* (FN 315), S. 174; weitere Nachw. und eingehendere Würdigung bei *Meßerschmidt* (FN 268), S. 170ff.

356 Hierzu eingehend *Papier,* Die finanzrechtlichen Gesetzesvorbehalte und das grundgesetzliche Demokratieprinzip, 1973, S. 117ff.

357 BR-Drs. 43/83, S. 4 (§ 9 E).

358 Vgl. dazu nur *v. Mutius,* VVDStRL 42 (1984), S. 147ff., 174f. m. w. N.

359 Vgl. BVerfGE 55, 274 (307f.); 67, 256 (276f.).

VI. Zertifikatlösungen und verwandte ökonomische Instrumente

Schrifttum: *Blankenagel,* Umweltzertifikate – Die rechtliche Problematik, in: Wenz/Issing/Hasso Hofmann (Hg.), Ökologie, Ökonomie und Jurisprudenz, 1987, S. 71ff.; *Bonus,* Emissionsrechte als Mittel der Privatisierung öffentlicher Ressourcen aus der Umwelt, in: Wegehenkel (Hg.), Marktwirtschaft und Umwelt, 1981, S. 54ff.; *Cansier,* Artikel „Umweltzertifikat", in: Kimminich/v. Lersner/Storm (Hg.), Handwörterbuch des Umweltrechts (HdUR), Bd. II, 1988, Sp. 943ff.; *Deutsche Stiftung für Umweltpolitik* (Hg.), Umweltpolitisches Gespräch: Ökonomische Instrumente der Umweltpolitik – Neuer Weg oder Sackgasse?, 1984; *DIHT* (Hg.), Mehr Markt im Umweltschutz, 1985; *Feldhaus,* Marktwirtschaft und Luftreinhaltung, DVBl. 1984, 552ff.; *Hoffmann-Riem,* Umweltschutz zwischen staatlicher Regulierungsverantwortung und unternehmerischer Eigeninitiative – Zur amerikanischen Diskussion um die Reform der Umweltschutzinstrumente, WiVerw. 1983, 120ff.; *Institut für gewerbliche Wasserwirtschaft und Luftreinhaltung* (Hg.), Neue Instrumente der Luftreinhaltepoltik (IWL-Forum 83/IV); *Kabelitz,* Nutzungslizenzen als Instrument der Luftreinhaltepolitik, ZfU 1983, 153ff.; *Kothe,* Einführung ökonomischer Instrumente in die Luftreinhaltepolitik, ZRP 1985, 145ff.; *Magerl,* Marktwirtschaftliche Instrumente im Umweltschutz, RdE (Sonderdruck) 1984, 28ff.; *Müller-Witt,* Der „Pollution-Rights-Ansatz" und seine Auswirkungen auf die amerikanische Luftreinheit, ZfU 1981, 371ff.; *Nießlein,* Marktwirtschaftliche Instrumente – eine politische Vorgabe für das Umweltrecht, in: Forschungsstelle für Umwelt- und Technikrecht (Hg.), Jahrbuch des Umwelt- und Technikrechts 1988 (UTR 5), 1988, S. 71ff.; *Pohl* (Hg.), Saubere Luft als Marktprodukt, 1983; *Praml,* Ökonomische Instrumente im Umweltschutz, RdE (Sonderdruck) 1984, 24ff.; *E. Rehbinder,* Rechtliche Möglichkeiten zur Übertragung der amerikanischen Konzepte in die bundesdeutsche Luftreinhaltepolitik, in: Pohl (Hg.), Saubere Luft als Marktprodukt, 1983, S. 113ff.; *ders.,* Artikel „Kompensation", in: Kimminich/v. Lersner/Storm (Hg.), Handwörterbuch des Umweltrechts (HdUR), Bd. I, 1986, Sp. 930ff.; *ders./Sprenger,* Möglichkeiten und Grenzen der Übertragbarkeit neuer Konzepte der US-amerikanischen Luftreinhaltepolitik in den Bereich der deutschen Umweltpolitik, 1985; *Schärer,* Ökonomische Wege zur Bekämpfung der Luftverschmutzung in den Vereinigten Staaten, ZfU 1982, 237ff.; *ders.,* Wohin führen die „neuen Wege zu guter Luft"? Zur Diskussion der Emissionszertifikate und ihrer Abkömmlinge, ZfU 1984, 279ff.; *Siebert,* Ökonomische Anreize in der TA Luft?, Wirtschaftsdienst 1982, 560ff.; *ders.,* Emissionslizenzen, Monopson und räumliche Abschottung von Arbeitsmärkten. Eine Anmerkung, ZfWirtschSozWiss. 102 (1982), 279ff.; *Töpfer,* Diskussionsbeitrag, in: Deutsche Stiftung für Umweltpolitik (Hg.), Ökonomische Instrumente der Umweltpolitik, 1984, S. 40ff.; *Wegehenkel* (Hg.), Marktwirtschaft und Umwelt, 1981.

218 Umweltabgaben und -subventionen sind längst nicht mehr die einzige Antwort auf tatsächliche oder vermeintliche Unzulänglichkeiten des direkten ordnungsrechtlichen Steuerungsinstrumentariums. Zum rechtspolitischen Forderungskatalog der sog. **neuen ökonomischen Instrumente** der Umweltpolitik[360] gehören insbesondere

- Zertifikatlösungen,
- Kompensationslösungen,
- Privatisierung von Umweltgütern,
- Schaffung individueller Verfügungsrechte an öffentlichen Umweltgütern,
- Stärkung umweltrelevanter Eigentumsrechte,
- Steigerung des wirtschaftlichen Risikos von Umweltbelastungen durch strengere Haftungsvorschriften (wobei die beiden letztgenannten Vorschläge im Rahmen des Kapitels „Umweltprivatrecht" [Rn. 292ff.] gesondert behandelt werden sollen).

Ihre Zielsetzung ist primär nicht, dem ohnehin bereits übernormierten und überinstrumentierten Umweltrecht weitere Regelungen (dauerhaft) hinzuzufügen. Soweit dies zu geschehen hätte, soll es sich vielmehr nur um einen Zwischenschritt zu einer stärkeren Privatisierung und partiellen Deregulation des Umweltschutzes[361] handeln.

---

[360] Vgl. außer der umfassenden Studie von *E. Rehbinder/Sprenger,* Möglichkeiten und Grenzen der Übertragbarkeit neuer Konzepte der US-amerikanischen Luftreinhaltepolitik in den Bereich der deutschen Umweltpolitik, 1985, aus der Vielzahl einschlägiger Veröffentlichungen insbes. *Deutsche Stiftung für Umweltpolitik* (Hg.), Umweltpolitisches Gespräch (FN 254); *DIHT* (Hg.), Mehr Markt im Umweltschutz, 1985; *Institut für gewerbliche Wasserwirtschaft und Luftreinhaltung* (Hg.), Neue Instrumente der Luftreinhaltepolitik (IWL-Forum 83/IV); als kürzere Darstellung insbes. *Feldhaus,* DVBl. 1984, 552ff.

[361] Vgl. *Hoffmann-Riem,* WiVerw. 1983, 120ff. m.w.N.

Die gemeinsame Devise der verschiedenen rechtspolitischen Modelle könnte lauten: „Mehr Umweltschutz durch weniger Staat".[362] Insofern bestehen auch Parallelen zu den – im folgenden (Rn. 232ff.) gesondert behandelten – Umweltabsprachen.

1. *Zertifikatlösungen*

Im geltenden Recht an keiner Stelle verankert und auch rechtspolitisch realistischerweise nicht mehr aktuell scheinen die in den USA entwickelten (aber auch dort kaum praktizierten) sog. Zertifikatlösungen.[363] Dennoch verdienen sie weiterhin Aufmerksamkeit, weil sie die **modelltheoretische Grundlage** der im Umweltrecht auf dem Vormarsch befindlichen Kompensationslösungen (s. dazu sogleich Rn. 223ff.) bilden. 219

Zertifikatlösungen werden vor allem in der Wirtschaftswissenschaft als Alternative zu Umweltabgaben diskutiert. Wie diese entstammen sie dem Ideenlabor der Umweltökonomie und wollen die ordnungsrechtliche ge- oder verbietende Feinsteuerung durch **ökonomische Anreize** ersetzen. Dies soll dadurch geschehen, daß in Höhe der zulässigen Umweltbelastungen sog. Zertifikate bzw. **Umweltlizenzen** oder „Emissionsrechte" vergeben werden. 220

Im einzelnen hat man sich etwa vorzustellen, daß eine staatliche Behörde die Gesamtbelastungsfähigkeit eines Ökosystems (etwa eines Flusses) festlegt und die so bestimmte Gesamtmenge möglicher Umweltbelastungen in Teilmengen aufteilt. Für diese Teilmengen sollen übertragbare Belastungszertifikate ausgegeben werden, die auf einer Börse gehandelt werden sollen, und deren Preis sich dort nach Angebot und Nachfrage bilden könnte.

Von herkömmlichen Genehmigungen unterscheiden sie sich vor allem dadurch, daß sie übertragbar (transferierbar) sind, d.h. vom Inhaber der Lizenz an andere Interessenten verkauft werden können. Damit wird die Erwartung verbunden, daß sich auf diese Weise für Umweltbelastungen ein Preis bildet, der Umweltschutzinvestitionen wirtschaftlich lohnend machen soll. Im Unterschied zu Umweltabgaben, die als künstliche, staatlich festgesetzte Preise gedeutet werden (können), erhofft man sich durch die Umweltzertifikate die Herausbildung echter Knappheitspreise über den Markt. Auch würde der unökonomische Abgabe-Subventions-Kreislauf vermieden.

Dieses Grundmodell ist inzwischen mehrfach abgewandelt und ergänzt worden. So sollten die Zertifikate anfänglich unentgeltlich vergeben (in diesem Fall würden im Grunde genommen nur die bestehenden Genehmigungen in transferierbare Lizenzen umgewandelt) oder aber auch durch den Staat verkauft bzw. im ursprünglichen Modell „versteigert" werden.[364] Beide **Varianten** sind indes mit erheblichen Nachteilen verbunden: Im ersten Fall würden den bisherigen Genehmigungsinhabern zu- 221

---

362 Ähnlich *Storm*, ZRP 1985, 18ff., 20.

363 Vgl. die im Ergebnis ablehnende Stellungnahme im Dritten Immissionsschutzbericht der Bundesregierung, BT-Drs. 10/1354, S. 55ff. Vgl. zum Inhalt der Zertifikat- oder Lizenzlösungen, der dort prägnant wiedergegeben wird, außer dem in FN 360 genannten Schrifttum auch *Benkert*, NuR 1983, 295ff.; *Bonus*, in: Wegehenkel (Hg.), Marktwirtschaft und Umwelt, 1981, S. 54ff.; *Kabelitz*, ZfU 1983, 153ff.; *Kothe*, ZRP 1985, 145ff.

364 Vgl. dazu nur *Kabelitz*, ZfU 1983, 153ff., 177ff., einerseits, *Bonus*, RabelsZ 40 (1976), 409ff., 422, andererseits.

sätzliche (potentielle) Vermögensvorteile verschafft, im zweiten Fall würde u. U. der Bestandsschutz verletzt.[365]

Eine entscheidende Ergänzung des Zertifikatmodells bedeutet der Vorschlag, die Zertifikate in zeitlichen Abständen „abzuwerten" und somit die Emissionsrechte zu reduzieren.[366] Erst durch diesen staatlichen Eingriff kann die Zertifikatlösung zu einer Verbesserung der Umweltsituation insgesamt beitragen, während ein Zertifikathandel bei gleichbleibendem Gesamtvolumen von „Emissionsrechten" bestenfalls zu höherer ökonomischer Effizienz im Umweltschutz, nicht aber aus sich heraus zu mehr Umweltschutz führen würde.

Im Fall der gestuften Abwertung hat der Unternehmer die Wahl, entweder die Emissionen seiner Anlage zu reduzieren oder die fehlenden Emissionsrechte hinzuzukaufen.

Weitere Facetten ergeben sich aus dem Vorschlag einer Befristung aller Emissionsrechte sowie durch ausschmückende Konstruktionen von sog. Umweltbörsen, Umweltmaklern, Umweltkartellbehörden oder einer etwa der Bundesbank nachempfundenen Umweltbank.[367]

222 In der umweltpolitischen Diskussion überwiegen die **Zweifel an der Funktionsfähigkeit** sowie an der politischen und rechtlichen Durchführbarkeit des Zertifikatmodells.[368] Fraglich ist insbesondere, wie in der kleinräumigen Bundesrepublik Deutschland sich einerseits ausreichend große „Märkte" bilden können, ohne andererseits durch örtliche Belastungskonzentrationen Belange des Umweltschutzes zu verletzen. Außerdem wird befürchtet, daß der Zertifikathandel zu spekulativen und wettbewerbswidrigen Zwecken (z. B. Marktzugangssperren durch Zertifikathortung) mißbraucht werden könnte.[369] Auch im Dritten Immissionsschutzbericht der Bundesregierung von 1984[370] wird auf die „modellimmanenten Probleme" und „ökologischen Risiken" der Zertifikatlösung hingewiesen und ihre Umsetzung in das Umweltrecht abgelehnt.

2. Kompensationslösungen

223 In Betracht kommen statt dessen jedoch gemäßigte Kompensationslösungen, wie sie gerade in jüngster Zeit insbesondere im Bereich des Immissionsschutzes in § 7 Abs. 3 BImSchG und in die TA Luft Eingang gefunden haben (s. § 7 Rn. 64ff.).[371] Sie teilen mit dem Zertifikatmodell den legitimierenden ökonomischen Grundgedanken, doch geht es ihnen nur darum, den Unternehmen *innerhalb* des ordnungsrechtlichen Rahmens nach marktwirtschaftlichen Kriterien Entscheidungsspielräume für Umweltschutzmaßnahmen zu eröffnen.[372] Ihr **Schwerpunkt** liegt dabei bislang im Bereich der **Luftreinhaltepolitik,** wo sie vor allem eine ökologisch und ökonomisch vertretbare Koordination von Altanlagensanierung mit wirtschaftlichen Bedürfnissen der Betriebserweiterung bzw. industrieller Neuansiedlung durch sog. newcomer gewährleisten sollen.

---

[365] Vgl. etwa den Einwand von *Feldhaus,* DVBl. 1984, 552ff., 554, gegenüber einer status-quo-orientierten Lizenzvergabe; ferner *Meßerschmidt* (FN 268), S. 99 m. w. N.
[366] Vgl. *Bonus,* in: Gutzler (Hg.), Umweltpolitik und Wettbewerb, 1981, S. 103ff., 116ff.
[367] Vgl. die Darstellung in BT-Drs. 10/1354, S. 57.
[368] Vgl. BT-Drs. 10/1354, S. 55ff., sowie zuvor bereits etwa *Schärer,* ZfU 1984, 279ff. m. w. N.
[369] *Siebert,* ZfWirtschSozWiss. 102 (1982), 279ff.
[370] BT-Drs. 10/1354, S. 56f.
[371] Vgl. dazu bereits BT-Drs. 10/1354, S. 57, sowie zuvor *Siebert,* Wirtschaftsdienst 1982, 560ff., und *Wicke* (FN 206), S. 120.
[372] So auch BT-Drs. 10/1354, S. 57.

a) Vorbilder und Grundsätze

Die Vorbilder der sog. flexiblen Kompensationslösung finden sich in der Luftreinhaltepolitik der Vereinigten Staaten (s. § 6 Rn. 113). Die oberste amerikanische Umweltbehörde EPA (Environmental Protection Agency) betreibt dort vor dem Hintergrund einer ursprünglich ebenfalls klassisch ordnungsrechtlich orientierten Luftreinhaltegesetzgebung (Clean Air Act) seit 1975 – und verstärkt seit 1977 – eine Politik des ,,kontrollierten Umwelthandels" (controlled trading).[373] Diese beruht im wesentlichen auf drei Elementen: 224

- Bubble Policy (Glockenprinzip, wörtlich: [Luft-]Blasen-Politik)
- Offset Policy (Ausgleichs-Politik)
- Emissions Banking (Emissionsguthaben)

aa) Nach dem **Glockenprinzip** ist in einem abgegrenzten Luftraum (,,Glocke" bzw. ,,bubble") ein staatlich vorgegebener Immissionswert einzuhalten. Innerhalb dieser Gocke dürfen Emittenten bestehende Emissionsgrenzwerte überschreiten, wenn sie zugleich Emissionssenkungen bei anderen Betrieben (Betriebsteilen) desselben Unternehmens veranlassen.

bb) Die **„offset policy"** ermöglicht darüber hinaus Austauschlösungen auch zwischen verschiedenen Unternehmen (insbesondere zwischen Altanlagen und Neuansiedlungen). Sie ist insofern jedoch strenger als die ,,bubble policy", als hier eine Senkung der Gesamtemission verlangt wird.

cc) Das **„emissions banking"** dient im wesentlichen der erleichterten Handhabung der vorgenannten Instrumente. Anstelle eines unmittelbaren Austausches von ,,Emissionsrechten" können freigewordene Emissionspotentiale auch in Form von Guthaben (Emission Reduction Credits) ,,deponiert" und zu einem späteren Zeitpunkt für eigene Zwecke verwendet oder an andere Emittenten verkauft werden.

Zwar läßt die deutsche TA Luft bereits in ihrer Ursprungsfassung von 1974 zaghafte Ansätze in ähnlicher Richtung erkennen[374] (so daß auch hier – ähnlich wie bei den Umweltabgaben – ein deutsches ,,Erstgeburtsrecht" reklamiert werden könnte),[375] die Bedeutung von Kompensationslösungen ist aber unbestreitbar erst aufgrund der amerikanischen Erfahrungen voll erkannt worden. Dort wie in anderen Bereichen der Umweltpolitik (z. B. auch bei der Umweltverträglichkeitsprüfung) scheint zu gelten, daß erst der Re-Import von Gedanken diesen hierzulande die nötige Attraktivität sichert.

Allgemein müssen flexible Kompensationsregelungen folgenden von der Bundesregierung formulierten **Kriterien** standhalten: 225

,,– Eine Mehrzahl von Anlagenbetreibern erhält die Befugnis, Verpflichtungen, die nach Immissionsschutzrecht jedem einzelnen obliegen, dadurch zu erfüllen, daß einer oder mehrere der Beteiligten überobligationsmäßige Leistungen erbringen und diese Leistungen den anderen Beteiligten gutgebracht werden.
- Derartige Austauschvorgänge werden zwischen Anlagen zugelassen, deren Einwirkungsbereich sich im wesentlichen deckt.
- Gegenstand des Ausgleichs können nur in der Wirkung vergleichbare Schadstoffe sein.
- Die Immissionssituation im Einwirkungsbereich der beteiligten Anlagen muß stärker verbessert werden, als dies bei Erfüllung der individuellen ordnungsrechtlichen Verpflichtungen der Fall wäre."[376]

b) Geltendes Recht

Die Kompensationslösung hat in das geltende Recht der Bundesrepublik Deutschland vor allem in Form der flexiblen Sanierungsregelung für Altanlagen in der **TA Luft** vom 27. 2. 1986[377] (Kloepfer Nr. 601) – dort insbesondere Ziff. 2.2.1.1 lit. b, 226

---

[373] Vgl. hierzu und zum folgenden insbes. *E. Rehbinder/Sprenger* (FN 360), S. 6ff.; ferner etwa *Benkert,* NuR 1983, 295ff., und *Wicke* (FN 206), S. 108ff.

[374] Vgl. hierzu etwa *Hoffmann-Riem,* WiVerw. 1983, 120ff., 136f.

[375] *Töpfer* (FN 254), S. 29, ebenso *E. Rehbinder,* in: Pohl (Hg.), Saubere Luft als Marktprodukt, 1983, S. 113ff., 114.

[376] BT-Drs. 10/1354, S. 58.

[377] GMBl. S. 95, ber. S. 202.

2.2.3.2, 4.2.10 – Eingang gefunden, die auch im Bundes-Immissionsschutzgesetz verankert wurde (§ 7 Abs. 3 BImSchG). Im Prinzip werden danach mehrere Emittenten unter einer „Emissionsglocke" zusammengefaßt. Innerhalb dieser Gebiete dürfen Altanlagen von ordnungsrechtlichen Vorgaben im Vorsorgebereich (nicht im Gefahrenbereich!) abweichen, sofern durch technische Maßnahmen an anderen Anlagen des Betreibers oder Dritter in diesen Gebieten insgesamt eine weitergehende Minderung von Emissionen derselben oder in ihrer Wirkung gleicher Stoffe erreicht wird, als dies sonst bei Beachtung der ordnungsrechtlichen Anforderungen der Fall wäre.

227 Durch diese Regelung (s. dazu i. e. auch § 7 Rn. 64) wird der **Entscheidungsspielraum** der Umweltbehörden wie auch der Anlagenbetreiber erweitert. Insbesondere werden kleinere Betriebe mit vergleichsweise ungünstiger Kostensituation in die Lage versetzt, Investitionsausgaben zu vermeiden, wenn es ihnen gelingt, größere Emittenten als Kompensations-Partner zu finden, die zu relativ günstigeren Kosten (sog. Größendegression) Sanierungsmaßnahmen einleiten. Die Kosten des Umweltschutzes werden hierdurch insgesamt gesenkt, während das Umweltschutzniveau sich gleichzeitig erhöht.

228 Kompensationslösungen sind nicht nur bei der **Altanlagensanierung** im Rahmen der Luftreinhaltung verwendbar, auch wenn hier auf absehbare Zeit ihr Hauptgewicht liegen dürfte. So lassen sich Kompensationslösungen auf pragmatische Weise etwa im Wasserverbandswesen bereits heute verwirklichen. Eine bemerkenswerte Variante der Kompensationslösung bildet schließlich der in den USA gegenüber der Automobilindustrie statuierte **„fleet-mileage standard"**.[378] Dieser schreibt den Herstellern einen Durchschnittsbenzinverbrauch aller von einem Werk angebotenen Autotypen bzw. eine Senkung der Gesamtverbrauchsmenge vor, überläßt ihnen jedoch, wie sie dies im einzelnen erreichen. So kann z. B. die Weiterproduktion verbrauchsintensiver Fahrzeuge durch einen verstärkten Verkauf benzinsparender und somit auch schadstoffarmer Wagen kompensiert werden.

3. Privatisierung von Umweltgütern

229 Der Gedanke einer Privatisierung von Umweltgütern hat bisher eher theoretische Bedeutung.[379] Er beruht auf der Erwartung, daß private Eigentümer ein ausgeprägtes Eigeninteresse an der Erhaltung bzw. der schonenden Nutzung ihres Eigentums haben und sich daher bemühen, Schädigungen durch Dritte abzuwehren. Das Eigentümerverhalten von Grund- oder Gewässereigentümern bestätigt diese Annahme häufig jedoch nur bedingt: Insbesondere können kurzfristige (und kurzsichtige) Eigentümerinteressen mit Umweltschutzbelangen kollidieren, auch wenn es daneben zahlreiche positive Beispiele für eine Konvergenz von Eigentums- und Umweltinteressen gibt. Eine mehr als nur punktuelle Erweiterung privaten Eigentums, etwa im Sinne einer Einbeziehung bislang freier Güter in Privateigentum (vgl. den utopischen Vorschlag einer Privatisierung der Luft), scheidet indes auch aus verfassungsrechtlichen Gründen aus (s. auch § 2 Rn. 32). Der Staat trägt eine **grundsätzliche Verantwortung für die Verteilung knapper Gemeinschaftsgüter**[380] und die Gewährleistung des „ökologischen Existenzminimums". Dies führt tendenziell zu einer Ein-

---

[378] Vgl. hierzu *Kloepfer*, JZ 1980, 781 ff., 783, und *Meßerschmidt* (FN 268), S. 97 m. w. N.
[379] Vgl. jedoch *Wicke* (FN 206), S. 122 ff.
[380] Vgl. allgemein *Berg*, Der Staat 15 (1975), 1 ff.

schränkung privater Rechte an umweltrelevanten Gütern und nicht zu ihrer Erweiterung. In bezug auf das Gewässereigentum hat das BVerfG wiederholt – zuletzt und besonders nachdrücklich im Naßauskiesungsbeschluß[381] – festgestellt, daß die Institutsgarantie des Eigentums nicht angetastet werde, „wenn für die Allgemeinheit lebensnotwendige Güter zur Sicherung überragender Gemeinwohlbelange und zur Abwehr von Gefahren nicht der Privatrechtsordnung, sondern einer öffentlich-rechtlichen Ordnung unterstellt werden". Dies ist mutatis mutandis auf andere Umweltgüter, insbesondere auf die seit jeher eigentumsrechtsfreien Umweltmedien (z. B. Luft[382] und den vom Grundstückseigentum nicht umfaßten Boden unter der Erdoberfläche), übertragbar.

4. *Schaffung indivdueller Verfügungsrechte an öffentlichen Umweltgütern*

Auch diese – abgeschwächte – **Variante des Privatisierungsmodells,** die grundsätzlich am öffentlichen Charakter der bislang privateigentumsfreien Umweltgüter festhält,[383] aber die Verfügungsbefugnis hierüber individualisiert, ist letztlich aus denselben Gründen zum Scheitern verurteilt. Mit der staatlichen Verantwortung für den Umweltschutz ist eine verstärkte Einräumung privater Verfügungsrechte an Gemeinschaftsgütern nur in engen Grenzen vereinbar, oder aber sie müßte einer so intensiven staatlichen Kontrolle unterliegen, daß die Vorteile, die sich die Theoretiker von diesem Modell versprechen, wieder weitgehend entfielen. 230

Hiervon unberührt bleibt selbstverständlich die Möglichkeit, einzelne Umweltgüter wie etwa Wald- oder Seegrundstücke an Private zu verpachten oder zu verkaufen. Ist der Pächter oder neue Eigentümer etwa ein Naturschutzverein, so kann hierin durchaus ein positiver Beitrag zum Umweltschutz liegen. In anderen Fällen können die Belange der Erholungssicherung der Bevölkerung der Einräumung „exklusiver Rechte" zumindest politisch entgegenstehen. Die dahinterstehende umweltökonomische Utopie des „Sonntagsausflugs nur gegen Eintrittsgeld" ist – abgesehen von einzelnen Naturparks – auch aus sozialen Gründen kein gangbarer Weg der Umweltpolitik.

5. *Resümee*

Die **Einsatzmöglichkeiten** der sog. neuen ökonomischen Instrumente der Umweltpolitik sind demnach im wesentlichen auf Kompensationslösungen **beschränkt,** die in einem Ergänzungsverhältnis zum ordnungsrechtlichen Instrumentarium stehen, während von den weiterreichenden Instrumenten nur vorsichtig und punktuell Gebrauch zu machen ist. Insgesamt könnten sich die Kompensationslösungen als wichtiger Einstieg in eine makrojuristische Methode erweisen, die eine gerade (aber nicht nur) im Umweltrecht notwendige Ergänzung der traditionellen mikrojuristischen Betrachtungsweise darstellt. 231

---

[381] BVerfGE 58, 300 (339), und dazu *Salzwedel,* ZfW 22 (1983), 13 ff.
[382] Vgl. indes *Friauf,* WiVerw. 1986, 87 ff., 102.
[383] Vgl. *Wicke* (FN 206), S. 124 ff.

VII. Umweltabsprachen

Schrifttum: *Achterberg,* Der öffentlich-rechtliche Vertrag, JA 1979, 356ff.; *Arnold,* Die Arbeit mit öffentlich-rechtlichen Verträgen im Umweltschutz beim Regierungspräsidium Stuttgart, VerwArch. 80 (1989), 125ff.; *Baudenbacher,* Kartellrechtliche und verfassungsrechtliche Aspekte gesetzesersetzender Vereinbarungen zwischen Staat und Wirtschaft, JZ 1988, 689ff.; *Bahntje,* Gentlemen's Agreement und abgestimmtes Verhalten, 1982; *H. Bauer,* Informelles Verwaltungshandeln im öffentlichen Wirtschaftsrecht, VerwArch. 78 (1987), 241ff.; *J. Becker,* Informales Verwaltungshandeln zur Steuerung wirtschaftlicher Prozesse im Zeichen der Deregulierung, DÖV 1985, 1003ff.; *Beyer,* Der öffentlich-rechtliche Vertrag, informales Handeln der Behörden und Selbstverpflichtungen Privater als Instrumente des Umweltschutzes, Diss. jur. Köln 1986; *Blankenagel,* Folgenlose Rechtswidrigkeit öffentlich-rechtlicher Verträge?, VerwArch. 76 (1985), 276ff.; *Bohne,* Der informale Rechtsstaat, 1981; *ders.,* Privatisierung des Staates. Absprachen zwischen Industrie und Regierung in der Umweltpolitik, in: JbRSoz. Bd. 8 (1982), 266ff.; *ders.,* „Informales" Staatshandeln als Instrument des Umweltschutzes, in: Dokumentation zur 7. wissenschaftlichen Fachtagung der Gesellschaft für Umweltrecht e. V. Berlin 1983, 1984, S. 97ff.; *ders.,* Informales Verwaltungs- und Regierungshandeln als Instrument des Umweltschutzes, VerwArch. 75 (1984), 343ff.; *Bullinger,* Vertrag und Verwaltungsakt, 1962; *ders.,* Leistungsstörungen beim öffentlich-rechtlichen Vertrag, DÖV 1977, 812ff.; *Burianek,* Die sogenannte Vorabzustimmung im atomrechtlichen Genehmigungsverfahren – ein zulässiges Instrument der Verwaltung?, NJW 1987, 2727ff.; *Eberle,* Arrangements im Verwaltungsverfahren, Die Verwaltung 17 (1984), 439ff.; *Ehlers,* Rechtsstaatliche und prozessuale Probleme des Verwaltungsprivatrechts, DVBl. 1983, 422ff.; *Engelhardt,* Umweltverzicht gegen Entschädigung, NuR 1981, 145ff.; *Friedrich,* Möglichkeiten und kartellrechtliche Grenzen umweltschutzfördernder Kooperation zwischen Unternehmen, Diss. jur. Bochum 1977; *Henke,* Praktische Fragen des öffentlichen Vertragsrechts – Kooperationsverträge, DÖV 1985, 41ff.; *Himmelmann,* Öffentliche Bindung durch neokorporatistische Verhandlungssysteme?, in: Öffentliche Bindung von Unternehmen. Beiträge zur Regulierungsdebatte. Gert von Eynern zum 80. Geb. gewidmet, 1983, S. 55ff.; *Hoffmann-Riem,* Selbstbindungen der Verwaltung, VVDStRL 40 (1982), S. 187ff.; *Jarass,* Effektuierung des Umweltschutzes gegenüber bestehenden Anlagen – Nachträgliche Maßnahmen, Drittklagen, Absprachen und Kompensation, DVBl. 1985, 193ff.; *ders.,* Reichweite des Bestandsschutzes industrieller Anlagen gegenüber umweltrechtlichen Maßnahmen, DVBl. 1986, 314ff.; *Kaiser,* Industrielle Absprachen im öffentlichen Interesse, NJW 1971, 585ff.; *Kloepfer,* Umweltschutz als Kartellprivileg?, JZ 1980, 781ff.; *ders.,* Kartellrecht und Umweltrecht, in: Gutzler (Hg.), Umweltpolitik und Wettbewerb, 1981, S. 57ff.; *Krebs,* Höchstrichterliche Rechtsprechung zum Verwaltungsrecht. Zulässigkeit und Wirksamkeit vertraglicher Bindungen kommunaler Bauleitplanung, VerwArch. 72 (1981), 49ff.; *Ladeur,* Jenseits von Regulierung und Ökonomisierung der Umwelt, ZfU 1987, 1ff.; *Oldiges,* Staatlich inspirierte Selbstbeschränkungsabkommen der Privatwirtschaft, WiR 1973, 1ff.; *Püttner,* Wider den öffentlich-rechtlichen Vertrag zwischen Staat und Bürger, DVBl. 1982, 122ff.; *Randelzhofer/Wilke,* Die Duldung als Form flexiblen Verwaltungshandelns, 1981; *Ritter,* Der kooperative Staat, AöR 109 (1979), 389ff.; *Robbers,* Schlichtes Verwaltungshandeln, DÖV 1987, 272ff.; *Sachs,* Die normsetzende Vereinbarung im Verwaltungsrecht, VerwArch. 74 (1983), 25ff.; *H. P. Sander,* Artikel „Selbstbeschränkung", in: Kimminich/v. Lersner/Storm (Hg.), Handwörterbuch des Umweltrechts (HdUR), Bd. II, 1988, Sp. 344ff.; *Schafhausen,* „Branchenverträge" als umweltpolitische Strategie in der Bundesrepublik, in: Schneider/Sprenger (Hg.), Mehr Umweltschutz für weniger Geld – Einsatzmöglichkeiten und Erfolgschancen ökonomischer Anreizsysteme in der Umweltpolitik, 1984, S. 527ff.; *Schuppert,* Selbstverwaltung als Beteiligung Privater an der Staatsverwaltung, in: Festgabe zum 70. Geb. von G. C. v. Unruh, 1983, S. 183ff.; *Voigt* (Hg.), Abschied vom Recht, 1983; *Willoweit,* Abgrenzung und rechtliche Relevanz nicht rechtsgeschäftlicher Vereinbarungen, 1969.

1. Allgemeines

232 Für ein breites Spektrum konsensual vereinbarter, auf dem Kooperationsprinzip (s. § 3 Rn. 44ff.) beruhender Umweltschutzmaßnahmen hat sich im Schrifttum der Begriff der Umweltabsprachen eingebürgert.[384] Hierunter verbirgt sich eine Vielzahl

[384] Vgl. aus der mittlerweile umfangreichen Literatur v. a. *Bohne,* JbRSoz. 8 (1982), 266ff.; *dens.,* VerwArch. 75 (1984), 343ff.; *dens.* (FN 210), S. 71ff. sowie durchgängig; *Görgens/Troge,* Die Einsatzmöglichkeiten und Probleme von Branchenabkommen und Verbandslösungen als umweltpolitisches Instrument in der Bundesrepublik Deutschland, 1982 (Gutachten); *Hartkopf/Bohne* (FN 9), S. 220ff.; *Kloepfer,* JZ 1980, 781ff., 782ff.; *Schafhausen,* in: Schneider/Sprenger (FN 307), S. 527ff., sowie *Beyer,* Der öffentlich-rechtliche Vertrag, informales Handeln der Behörden und Selbstverpflichtungen Privater als Instrumente des Umweltschutzes, Diss. jur. Köln 1986, und zuletzt *Bulling,* DÖV 1989, 277ff.

rechtlich unterschiedlicher Handlungsformen, deren Gemeinsamkeit im wesentlichen in dem **Verzicht auf einseitigen staatlichen Zwang** und der **Aktivierung privater Initiative** besteht, die sowohl bei der näheren Bestimmung der Umweltschutzaufgabe als auch bei deren Vollzug eine gegenüber anderen Umweltschutzinstrumenten gesteigerte Bedeutung erhält. Solche Handlungstypen haben in der Umweltpolitik in den vergangenen Jahren beträchtlich an Bedeutung gewonnen (s. i. e. Rn. 246 und 256ff.).

Instrument staatlicher Umweltpolitik sind sie insofern, als der Staat – auch dort, wo er nicht selbst unmittelbar beteiligt ist – zumindest als **Initiator** im Hintergrund wirkt. Auch als „hoheitlich inspirierte" Absprachen[385] bleiben sie freilich Ausdruck des Kooperationsprinzips, weil und soweit sie auf Konsultationen zwischen Staat und Privaten beruhen und im Ergebnis regelmäßig einen Kompromiß bzw. „Tausch" im Sinne einer Verknüpfung von Leistungen und Gegenleistungen[386] zwischen Staat und Privaten darstellen. 233

Dabei kann das Mischungsverhältnis von Kooperation und „sanftem Druck" variieren und sich in Einzelfällen zur Quasi-Nötigung bzw. zu kaum verschleiertem staatlichen Zwang verschieben. Dies ist jedoch nicht die Regel. Grundsätzlich tritt an die Stelle einseitiger Anordnung oder Normierung durch den Staat ein Verhandlungsprozeß (bargaining). Zur Kompromißfindung können auch staatliche Zusatzleistungen wie etwa die Gewährung finanzieller Förderung oder ein Entgegenkommen in anderen Fragen gehören. Dabei zeigt die gerade in der Praxis – vor allem bei Großanlagen – verbreitete Form der quasi „ausgehandelten" Verwaltungsakte, wie durchlässig die Grenze zwischen direkter und indirekter Steuerung (nicht nur) im Umweltschutz eigentlich wird (s. auch Rn. 242, 264ff.). Auch im Rahmen des klassisch ordnungsrechtlichen Verwaltungshandelns bestehen zahlreiche **individuelle Einwirkungsmöglichkeiten** auf den Erlaß oder den Inhalt eines Verwaltungsakts (man denke nur an die Rechtsfigur des mitwirkungsbedürftigen Verwaltungsakts). Als Beispiele für besondere individuelle Einwirkungsbefugnisse im Umweltrecht genannt seien etwa die Erklärung nach § 20 Abs. 6 GroßfeuerungsanlagenVO über die Beschränkung der Feuerungswärmeleistung und der Restnutzung bei Altanlagen und die Verminderungserklärung nach § 4 Abs. 5 AbwAG (s. § 11 Rn. 240).

Dieser – keineswegs auf den Umweltschutz beschränkte – partielle **Wandel vom normierenden zum paktierenden Staat**[387] ist nicht unbeanstandet geblieben. Die Kritiker sprechen von der Gefahr eines „Verkaufes von Hoheitsakten"[388] und einer Ablösung „staatlichen Ordnungswillens" durch eine „Händlermentalität".[389] In Anbetracht bestehender und auf absehbare Zeit kaum abbaubarer (exogener wie endogener) Durchsetzungsschwächen von Staat und Verwaltung gibt es allerdings zu einer konsensualen Lösung derzeit vielfach keine realistische Alternative. Gegenüber (rein) direkten Lenkungsmitteln haben derartige Absprachen zudem den Vorzug der Flexibilität, der Verwaltungsvereinfachung wie auch des schnellen Wirksamwerdens. 234

[385] *Kaiser,* NJW 1971, 585ff., 588.

[386] Vgl. zu staatlichen „Tauschstrategien" *Himmelmann,* FS v. Eynern, 1983, S. 55ff., 65, und *Hartkopf/Bohne* (FN 9), S. 176.

[387] Vgl. zu früheren Beispielen außerhalb des Umweltrechts *Kaiser,* NJW 1971, 585ff.; *Oldiges,* WiR 1973, 1ff., und *v. Zezschwitz,* JA 1978, 497ff.; zuletzt etwa *Becker,* DÖV 1985, 1003ff., und *Eberle,* Die Verwaltung 17 (1984), 439ff. Vgl. allgemein zum Paradigma des Informalen bereits Rn. 150 mit FN 210. Zum Aushandeln auch im Gesetzgebungsverfahren *Kloepfer,* VVDStRL 40 (1982), S. 63ff., 89f.; zum staatstheoretischen Hintergrund des Paktierens *Ritter,* AöR 104 (1979), 389ff. m. w. N. Kritisch gegenüber dieser Entwicklung *Forsthoff,* Der Staat der Industriegesellschaft, 2. Aufl., 1971, S. 21ff. Zu weitgehend *Voigt* (Hg.), Abschied vom Recht?, 1983, und die Mehrzahl der dort versammelten Autoren, die z. T. bereits eine Selbstauflösung des Rechtssystems beobachten zu können vermeinen.

[388] So bereits *Krüger,* DVBl. 1955, 380ff., 450ff., 518ff., 520.

[389] *Oldiges,* WiR 1973, 1ff., 19.

Dies gilt freilich nicht, wenn sich die Verhandlungen über mehrere Jahre hinziehen,[390] da in dieser Zeit auch ein sonst vielleicht erforderliches Gesetzgebungsverfahren oder eine Verordnungsgebung zum Abschluß gebracht werden könnte. Verschleppungsstrategien sind allerdings schwer nachweisbar und liegen langfristig auch nicht im recht verstandenen Eigeninteresse der Wirtschaft, da hierdurch das Kooperationsmodell insgesamt Schaden nimmt.

235 Umweltabsprachen sind **als solche gesetzlich nicht normiert.** Zu unterscheiden sind je nach Rechtswirkungen der Absprachen einerseits und Gegenstand und Beteiligten der Absprachen andererseits:
– öffentlich-rechtliche Verträge,
– privatrechtliche Verträge,
– sonstige Absprachen ohne Verbindlichkeit im Rechtssinne.

Während Abschluß und Rechtswirkungen öffentlich-rechtlicher und privatrechtlicher Verträge in den Grundzügen gesetzlich geregelt sind, fallen sonstige Umweltabsprachen in den in den vergangenen Jahren breiter gewordenen Sektor **„informellen Staats- bzw. Verwaltungshandelns".** Als „informell" oder „informal" werden von Teilen der Rechtswissenschaft in Anlehnung an einen organisationstheoretischen bzw. -soziologischen Sprachgebrauch Handlungsweisen bezeichnet, die rechtlich nicht geregelt sind, ohne deshalb bereits zwangsläufig und stets rechtswidrig zu sein (s. auch o. Rn. 150 sowie Rn. 250ff.).[391]

Die Rechtswissenschaft darf allerdings bei dieser eher oberflächlichen Etikettierung nicht stehenbleiben, sondern muß, wenn sie ihrer rechtssystematischen und letztlich rechtsstaatlichen Aufgabe gerecht werden will, sich darum bemühen, auch diese modernen, „unkonventionellen" Handlungsformen nach Rechtskriterien zu strukturieren. Einen ersten Schritt hierzu bildet die oben vorgenommene **Differenzierung** von vertraglichen und nichtvertraglichen Absprachen, die unter dem Pauschaltitel „Umweltabsprachen" mitunter vernachlässigt wird.

Als weiterer Typus von Umweltabsprachen treten neuerdings auch **tarifvertragliche Vereinbarungen** auf.

So hat die Gewerkschaft Gartenbau, Land- und Forstwirtschaft Mitte 1988 mit der Tarifgemeinschaft deutscher Länder vereinbart, nur noch solches Motorsägen-Kettenöl zu verwenden, das mit dem Umweltzeichen „Blauer Engel" (s. o. Rn. 152) gekennzeichnet ist.[392]

Derartige umweltbezogene Vereinbarungen müssen sich allerdings im Rahmen des durch Tarifvertrag rechtlich Regelbaren halten, d. h. es muß sich um die Regelung einer *betrieblichen* Frage i. S. von § 1 Abs. 1 TVG handeln. Dies dürfte vor allem im Überschneidungsbereich von Umwelt- und Arbeitsschutz (s. § 1 Rn. 53) der Fall sein. Dagegen steht den Tarifvertragsparteien eine allgemeine umweltpolitische Regelungskompetenz ebensowenig zu wie ein allgemeinpolitisches Mandat.

2. Rechtsgeschäftliche Absprachen

a) Öffentlich-rechtlicher Vertrag

236 Statt durch Verwaltungsakt oder eine andere einseitige hoheitliche Maßnahme können Rechtsverhältnisse auf dem Gebiet des öffentlichen Rechts grundsätzlich auch

---

[390] Wie im Falle der Getränkeverpackungen, vgl. dazu etwa *Bohne*, JbRSoz. 8 (1982), 266ff., 269ff.
[391] Vgl. nur *H. Bauer*, VerwArch. 78 (1987), 241ff.; *Becker*, DÖV 1985, 1003ff., 1003, und *Bohne* (FN 210), S. 127ff.
[392] FAZ Nr. 157 v. 9. 7. 1988, S. 11. Vgl. allgemein *Preußner*, FS v. Simson, 1983, S. 161ff.

durch Vertrag begründet, geändert oder aufgehoben werden. Insbesondere kann die Behörde, anstatt einen Verwaltungsakt zu erlassen, einen öffentlich-rechtlichen Vertrag mit demjenigen schließen, an den sie sonst den Verwaltungsakt richten würde.

Das Schrifttum spricht in diesem Fall von einem **subordinationsrechtlichen Vertrag,** weil die Vertragsparteien im übrigen (wie regelmäßig Verwaltung und Bürger) in einem Über-Unterordnungsverhältnis stehen.[393] Vom **mitwirkungsbedürftigen Verwaltungsakt** unterscheidet er sich vor allem dadurch, daß der Bürger nicht nur auf den Bestand, sondern auch auf den Inhalt der Regelung Einfluß hat, also wirklich übereinstimmende Willenserklärungen einander gegenüberstehen.[394] Demgegenüber werden als **koordinationsrechtlich** solche Verträge bezeichnet, die zwischen grundsätzlich gleichgeordneten Vertragspartnern (wie z. B. verschiedenen rechtsfähigen Trägern öffentlicher Verwaltung) abgeschlossen werden.[395] Durch die (in Teilen des Umweltrechtsvollzuges nicht unübliche) Praxis ausgehandelter Verwaltungsakte werden diese rechtlichen Unterschiede allerdings faktisch teilweise nivelliert.

Diese durch § 54 VwVfG der Verwaltung ausdrücklich eröffnete Handlungs- 237
form[396] steht allerdings unter dem Vorbehalt, daß Rechtsvorschriften ihr nicht entgegenstehen, sowie unter weiteren, in den §§ 54ff. VwVfG geregelten Kautelen, weshalb die Verwaltung beim Abschluß eines öffentlich-rechtlichen Vertrages sich nicht in der Stellung eines Vertragsfreiheit genießenden Privaten befindet, sondern weiterhin der – nach Art. 20 Abs. 3 GG rechtsstaatlich gebotenen – gesteigerten **öffentlich-rechtlichen Pflichtenbindung** unterliegt. Die Verwaltung darf daher durch öffentlich-rechtlichen Vertrag nicht etwas vereinbaren, was nicht auch Inhalt eines Verwaltungsaktes sein könnte. Im übrigen finden aber gemäß § 62 VwVfG auf öffentlich-rechtliche Verträge die Vorschriften des Bürgerlichen Gesetzbuches ergänzend entsprechende Anwendung.

Als besondere **Vertragstypen** hervorgehoben werden vom Verwaltungsverfah- 238
rensgesetz der Vergleichsvertrag (§ 55 VwVfG) und der Austauschvertrag (§ 56 VwVfG).

Ein **Vergleichsvertrag** beseitigt eine bei verständiger Würdigung des Sachverhalts oder der Rechtslage bestehende Ungewißheit durch gegenseitiges Nachgeben und steht im pflichtgemäßen Ermessen der Behörde.

Im **Austauschvertrag** verpflichtet sich der Vertragspartner der Behörde zu einer Gegenleistung. Er kann geschlossen werden, wenn die Gegenleistung
- für einen bestimmten Zweck vereinbart ist,
- der Erfüllung öffentlicher Aufgaben dient,
- angemessen ist und
- in sachlichem Zusammenhang mit der Behördenleistung steht (Verbot unsachlicher Koppelung).

Dem **Vergleich** bzw. Kompromiß dürfte im Umweltschutz in Anbetracht vielfach 239
ungewisser Rechts- und mehr noch Sachlagen (z. B. nicht hinreichend bestimmbare Kausalbeziehungen, Schadensanteile, mangelnde Bezifferbarkeit eines Schadens, s. o. § 3 Rn. 35 sowie u. Rn. 317ff.) in Zukunft zunehmende Bedeutung zukommen, ohne daß hierbei jedoch jeweils ein öffentlich-rechtlicher Vergleichsvertrag geschlossen werden müßte.

---

[393] Vgl. u. a. *Achterberg* (FN 4), § 21 Rn. 246 (S. 487); *Erichsen/Martens,* in: dies. (Hg.), Allgemeines Verwaltungsrecht, 8. Aufl., 1988, S. 137ff., 312 (§ 24); *Maurer* (FN 23), § 14 Rn. 12 (S. 301f.), und *Wolff/Bachof* (FN 4), § 44 II c (S. 346f.).

[394] Vgl. statt aller *Achterberg,* JA 1979, 356ff., 358.

[395] Vgl. statt aller *Wolff/Bachof* (FN 4), § 44 II b (S. 345f.).

[396] Ihre Zulässigkeit war zuvor umstritten, vgl. statt vieler *Bullinger,* Vertrag und Verwaltungsakt, 1962.

So haben sich z. B. vier Chemieunternehmen in einer Vereinbarung mit der Freien und Hansestadt Hamburg Ende 1986 bereit erklärt, einen Sanierungsbeitrag von 18 Mio. DM für die Sanierung der Deponie Georgswerder zu leisten. Die Stadt bezeichnete diese Vereinbarung als ,,angemessenen Interessenausgleich", weil die Erfolgsaussichten einer höheren Inanspruchnahme der betroffenen Industrie ungewiß seien.[397]

240 **Austauschverträge** finden ihren legitimen Anwendungsbereich vor allem dort, wo der Verwaltung ein Ermessen eingeräumt ist. Die Zulässigkeitsvoraussetzungen des § 56 Abs. 1 VwVfG verhindern dabei einen sachwidrigen ,,Ausverkauf von Hoheitsrechten"[398]. Soweit auf die Leistung der Behörde ein Anspruch besteht, d. h. im Bereich der gebundenen Verwaltung, kann gemäß § 56 Abs. 2 VwVfG nur eine solche Gegenleistung vereinbart werden, die bei Erlaß eines Verwaltungsaktes Inhalt einer Nebenbestimmung sein könnte.

In Anbetracht dessen, daß die meist komplexen umweltrechtlichen Sachverhalte vielfach keine ungeteilte Beurteilung i. S. eines uneingeschränkten ,,ja" oder ,,nein" der Genehmigungsbehörde ermöglichen, sondern ,,gebrochene Entscheidungen" bzw. gemischte begünstigend-belastende Verwaltungsakte nach sich ziehen (s. o. Rn. 41), könnten daher im Umweltrecht öffentlich-rechtliche Verträge auch außerhalb der Ermessensverwaltung eine breitere Verwendung finden.

241 Dennoch ist der Abschluß öffentlich-rechtlicher Verträge in der Praxis des Umweltrechts eher die Ausnahme geblieben.[399] Zwar finden sich im Umweltrecht keine ausdrücklichen **Vertragsformverbote,** solche lassen sich aber im Wege der Auslegung erschließen. Nach einer restriktiven Auffassung sind sämtliche Bestimmungen, in denen ordnungsbehördliche Verfügungen geregelt werden, als einer vertraglichen Regelung entgegenstehende Rechtsvorschriften zu verstehen.[400] Danach wären die in den Umweltgesetzen vorgesehenen und als Verwaltungsakt ausgestalteten Genehmigungsentscheidungen durchweg nicht durch vertragliche Vereinbarungen zu ersetzen. Da § 54 S. 2 VwVfG den Abschluß eines öffentlich-rechtlichen Vertrages ausdrücklich als Surrogat eines möglichen Verwaltungsaktes hervorhebt, geht diese Auffassung jedoch zu weit. Die Einsatzmöglichkeiten des öffentlich-rechtlichen Vertrages sind insbesondere nicht auf den Bereich der Leistungsverwaltung beschränkt.[401]

242 Der Abschluß eines öffentlich-rechtlichen Vertrages zwischen Verwaltung und Bürgern ist indes stets dort problematisch und u. U. rechtswidrig, wo ein Gesetz behördliche Entscheidungen an ein besonderes, namentlich an ein förmliches **Verwaltungsverfahren** knüpft (wie dies bei den meisten umweltrechtlichen Anlagengenehmigungen der Fall ist, s. o. Rn. 57ff.). Rechtswidrig ist z. B. ein vor Beendigung des förmlichen Genehmigungsverfahrens geschlossener Vertrag zwischen Behörde und Antragsteller über den Verfahrensgegenstand.[402] Gegenüber Dritten ist ein diese belastender öffentlich-rechtlicher Vertrag gemäß § 58 Abs. 1 VwVfG ohnehin schwebend unwirksam, solange die Zustimmung des Dritten aussteht.

---

[397] FAZ Nr. 263 v. 12. 11. 1986, S. 13.

[398] BT-Drs. 7/910, S. 79.

[399] Vgl. den (allerdings unvollständigen) Befund bei *Beyer* (FN 384), S. 140f. Wichtige Beispielsfälle schildert *Arnold*, VerwArch. 80 (1989), 125ff.

[400] *Achterberg*, JA 1979, 356ff., 359; *Kopp*, Verwaltungsverfahrensgesetz, 4. Aufl., 1986, § 54 Rn. 22ff.

[401] *Achterberg*, JA 1979, 356ff., 363.

[402] Vgl. etwa *Beyer* (FN 384), S. 93, und *Jarass* (FN 109), § 10 Rn. 10.

Wohl nicht zuletzt wegen der geschilderten, noch in starkem Maße klärungsbedürftigen Zweifelsfragen hat der öffentlich-rechtliche Vertrag im Umweltrecht bislang noch nicht die Bedeutung erlangt, die man aufgrund seiner durch das Verwaltungsverfahrensgesetz vorgenommenen annähernden Gleichstellung mit dem Verwaltungsakt[403] im allgemeinen und seiner Affinität zum Kooperationsprinzip im besonderen (s. § 3 Rn. 44ff.) erwarten könnte. Gerade bei komplexen Sachverhalten nehmen seinen Platz oftmals informell **„ausgehandelte Verwaltungsakte"** ein (s. u. Rn. 264ff.), die wegen des fehlenden vertraglichen Bindungswillens nicht als öffentlich-rechtlicher Vertrag gedeutet werden können. Trotz weitgehend fehlender Rechtsverbindlichkeit können freilich auch solche Absprachen im Einzelfall rechtlichen Bedenken – insbesondere im Hinblick auf die Rechtswahrung Dritter – unterliegen, wenn und soweit sie die Funktion eines vorgeschriebenen förmlichen Verwaltungsverfahrens aushöhlen.

Die **praktische Bedeutung** öffentlich-rechtlicher Verträge im Umweltschutz dürf- 243
te gleichwohl erheblich größer sein, als es umgekehrt ihre seltene und überwiegend schmale Würdigung im umweltrechtlichen Schrifttum erscheinen läßt (vgl. hierzu Rn. 245ff.). Ihre geringe rechtswissenschaftliche Präsenz dürfte vor allem mit den beiden Umständen zusammenhängen, daß erstens Vertragstexte in den seltensten Fällen publiziert werden und zweitens die (meist sorgfältig vorbereiteten) konsensualen Lösungen selten zum Bruch kommen bzw. im Konfliktfall in erneuten Verhandlungen wiederhergestellt werden, so daß Umweltschutzverträge bislang auch kaum die Gerichte beschäftigen. Diese Unauffälligkeit bestätigt einerseits ihren Erfolg, droht ihn andererseits aber auch zu verbergen.

b) Privatrechtlicher Vertrag

Neben dem Eingehen öffentlich-rechtlicher Verträge kommt auch der Abschluß 244
privatrechtlicher Verträge durch die Verwaltung in Betracht. Dies ist einerseits möglich im Bereich der sog. **fiskalischen Tätigkeit** der Verwaltung, namentlich bei privatrechtlichen Hilfsgeschäften der Verwaltung und im Rahmen einer erwerbswirtschaftlichen Betätigung der Verwaltung.[404] Ein Bezug zum Umweltschutz stellt sich dort z. B. ein, wenn die Verwaltung im Rahmen des Beschaffungswesens[405] bevorzugt umweltfreundliche Produkte wie schadstoffarme Dienstfahrzeuge, „Umweltschutzpapier" oder andere mit dem „Umweltzeichen" (s. o. Rn. 152) versehene Erzeugnisse erwirbt (s. Rn. 279).

Andererseits kann die Verwaltung innerhalb gewisser Grenzen auch unmittelbare **Verwaltungsaufgaben in der Form des Privatrechts** erledigen und hierbei privatrechtliche Verträge schließen. Die Bedeutung eines solchen Rechtskreiswechsels darf allerdings nicht überschätzt werden, da die Verwaltung sich hierbei zwar privatrechtlicher Rechtsformen bedienen kann, nicht aber die Freiheiten und Möglichkeiten der Privatautonomie für sich erringt. Das sog. Verwaltungsprivatrecht ist öffentlichrechtlich gebundenes, überlagertes und vielfach modifiziertes Privatrecht.[406] Insoweit

---

[403] I. d. S. etwa *Meyer* (FN 112), § 54 Rn. 3; den „Ausnahmecharakter" des verwaltungsrechtlichen Vertrages betont demgegenüber etwa *Püttner*, DVBl. 1982, 122ff., 125.
[404] Vgl. *Maurer* (FN 23), § 3 Rn. 7 u. 8 (S. 24f.).
[405] Vgl. dazu *Hucke u. a.*, Umweltschutz in der öffentlichen Vergabepolitik, 1981.
[406] *Ehlers*, DVBl. 1983, 422ff., 423.

unterscheidet es sich – entgegen der früher herrschenden Auffassung – nicht grundsätzlich, sondern nur graduell vom sog. fiskalischen Verwaltungshandeln, das wegen Art. 1 Abs. 3 GG ebenfalls der Grundrechtsbindung unterliegt[407] und darüber hinaus öffentlich-rechtlicher, z. B. grundsätzlich haushaltsrechtlicher Kontrolle, unterliegt.

Die Verwaltung ist daher auch bei fiskalischer Hilfstätigkeit, z. B. im Beschaffungswesen, nicht wie ein Privater in der Entscheidung völlig frei, von wem sie bestimmte Waren bezieht, sondern an das – freilich nicht strikte oder schematische, sondern nur als Willkürverbot wirkende – Gleichbehandlungsgebot gebunden.

c) Abgrenzung

245 Die – schwierige Abgrenzungsprobleme aufwerfende – Unterscheidung zwischen öffentlich-rechtlichen und privatrechtlichen Verträgen der Verwaltung ist nicht nur wegen der **unterschiedlichen Wirksamkeitsvoraussetzungen** (z. B. obligatorische Schriftform nur bei öffentlich-rechtlichen Verträgen nach § 57 VwVfG) und verschiedenen Fehlerfolgen (vgl. § 59 VwVfG),[408] sondern auch wegen der **unterschiedlichen Rechtswege** im Streitfall (§ 40 Abs. 2 S. 1 VwGO einerseits, § 13 GVG andererseits) von Bedeutung.

Die gängige **Abgrenzungsregel,** wonach ein von der Verwaltung geschlossener Vertrag öffentlich-rechtlich dann ist, wenn er sich auf einen Gegenstand bezieht, der von der gesetzlichen Ordnung öffentlich-rechtlich geregelt ist,[409] versagt naturgemäß bei gesetzlich nicht normierten Vertragsgegenständen. Die für diesen Fall vorgeschlagene hypothetische Betrachtungsweise, wonach eine vertragliche Vereinbarung dann dem öffentlichen Recht zugeordnet werden soll, wenn eine entsprechende normative Regelung dem öffentlichen Recht zugehören würde,[410] verweist auf die allgemeinen Abgrenzungslehren zwischen öffentlichem und privatem Recht,[411] greift aber möglicherweise zu weit, da der Staat hier auf eine Regelung – und damit auf eine einseitig hoheitliche Ordnung des Sachbereiches – bewußt verzichtet hat und somit auch kein Sonderrecht für sich in Anspruch nimmt. Zu bedenken ist allerdings auch, daß die Figur des öffentlich-rechtlichen Vertrages und die damit verbundenen Regelungen dem Schutz der Bürger und der Disziplinierung der Verwaltung dienen,[412] weshalb eine restriktive Bestimmung seines Anwendungsbereiches von vornherein ausscheidet. Es spricht vielmehr einiges für eine ,,Vermutung zugunsten des öffentlich-rechtlichen Vertrages",[413] wodurch eine sachliche Begründung für das Vorliegen eines öffentlich-rechtlichen Vertrages im Einzelfall sich freilich nicht erübrigt.

d) Einzelbeispiele

246 Die **Einsatzmöglichkeiten** der (nach dem Vorstehenden überwiegend öffentlich-rechtlichen) ,,Umweltschutzverträge" der Verwaltung sind breit gestreut. Hierzu gehören Subventionsverträge, die mit dem Ziel der Förderung von Umweltschutzmaßnahmen abgeschlossen werden, ebenso wie etwa Industrieansiedlungsverträge, die bestimmte umweltschützende Vorkehrungen vereinbaren. Der Umweltschutzbe-

---

[407] *Ehlers,* DVBl. 1983, 422ff., 424, bei zutreffender weiter Auslegung des Begriffs ,,vollziehende Gewalt".
[408] Hierzu speziell etwa *Blankenagel,* VerwArch. 76 (1985), 276ff.
[409] BGHZ 56, 365 (368); BVerwG, DVBl. 1973, 800f., 801; vgl. zur sog. Gegenstandstheorie auch *Erichsen/Martens* (FN 393), S. 313ff. (§ 25 II) m. w. N.
[410] Vgl. *Wolff/Bachof* (FN 4), § 44 IIa (S. 345) m. w. N.
[411] Vgl. dazu statt aller *Maurer* (FN 23), § 3 Rn. 12ff. (S. 28ff.).
[412] *Erichsen/Martens* (FN 393), S. 318 (§ 25 II).
[413] Vgl. *Henke,* DÖV 1985, 41ff., 44.

zug kann dominant sein oder auch nur einen Aspekt unter mehreren bilden. Vertragsparteien können sowohl Verwaltung und Bürger als auch unterschiedliche Träger öffentlicher Verwaltung sein.

Um einen öffentlich-rechtlichen Vertrag handelt es sich auch bei dem bislang wohl markantesten Vertragswerk zum Umweltschutz, dem Ende 1986 zwischen dem Land Rheinland-Pfalz, den kommunalen Spitzenverbänden im Land, der Industrie- und Handwerkskammer Ludwigshafen und der Landesvereinigung Rheinland-Pfälzischer Unternehmerverbände geschlossenen „Grundvertrag" über die Aufgabenerweiterung der Gesellschaft zur Beseitigung von Sonderabfällen in Rheinland-Pfalz und über die Förderung dieser Aufgabe durch die Industrie.[414] 247

Hierbei verpflichten sich die Vertragsparteien allgemein zur Kooperation bei der Lösung der Altlastenproblematik (s. § 12 Rn. 132ff.) in Rheinland-Pfalz und insbesondere zu einer anteiligen Finanzierung der Sanierung. Über die Durchführung und Finanzierung von Sanierungsmaßnahmen entscheidet eine Sanierungskommission als besonderes Beschlußorgan, in dem Vertreter von Staat, Kommunen und Wirtschaft zusammenwirken. Der öffentlich-rechtliche Charakter des Vertrages ergibt sich sowohl aus seinem Gegenstand als auch insbesondere aus der (nicht unproblematischen) Vereinbarung in § 10, die eine partielle Freistellung der Zahlungsleistenden von der polizeirechtlichen Verantwortlichkeit intendiert.

Der rheinland-pfälzische Grundvertrag gehört zum Typus der mittlerweile recht zahlreichen (ganz oder überwiegend als öffentlich-rechtlich zu qualifizierenden) **Kooperationsverträge,** die zwischen Trägern öffentlicher Verwaltung und Wirtschaftsunternehmen oder privaten Organisationen zwecks gemeinsamer Erfüllung öffentlicher Aufgaben geschlossen werden.[415] Hierdurch versichert sich die Verwaltung privater Hilfe insbesondere in Bereichen, wo es einer weitergehenden „Verwaltungshilfe" i. S. der (hoheitliche Eingriffsbefugnisse delegierenden) Beleihung nicht bedarf. (Freilich ist auch die vertragliche Ausgestaltung der Modalitäten einer durch Verwaltungsakt erfolgenden Beleihung nicht ausgeschlossen.) Im Zeichen des Kooperationsprinzips (s. § 3 Rn. 44ff.) spielen solche Verträge gerade im Umweltschutz eine zunehmende Rolle. 248

Im einzelnen ist hierbei allerdings zu unterscheiden zwischen der einfachen Einschaltung Dritter gleichsam als Erfüllungsgehilfen im Rahmen der Wahrnehmung einer uneingeschränkt staatlichen bzw. kommunalen Aufgabe (vgl. die Beispiele in § 12 Rn. 87ff.) und der Erfüllung *gemeinsamer* öffentlicher Aufgaben i. e. S. Weiterhin ist zu differenzieren zwischen der Heranziehung von (mehr oder weniger) materiell Verantwortlichen zur Aufgabenerfüllung i. S. des Verursacherprinzips (s. o. § 3 Rn. 27ff.) und der Einschaltung sonstiger Privater, die in keiner spezifischen vorgeprägten Beziehung zum Vertragsgegenstand stehen. Im einen wie im anderen Fall können die Übergänge freilich fließend sein.

Quantitativ im Vordergrund stehen bisher Verträge über die *Abfallentsorgung*. Vor dem Hintergrund von § 3 Abs. 2 S. 2 AbfG können private Unternehmen von den entsorgungspflichtigen Kommunen mit der Entsorgung beauftragt werden. 249

In einem solchen Vertrag[416] verpflichtet sich beispielsweise der Unternehmer, in einem bestimmten Gebiet den Hausmüll und Sperrmüll einzusammeln und nach Maßgabe der Bestim-

[414] Vertrag v. 3. 11. 1986 (bislang wohl unveröffentlichter Vertragstext).
[415] Vgl. dazu insbes. *Henke,* DÖV 1985, 41ff.; zuvor *Bullinger,* DÖV 1977, 812ff., 819f.
[416] Bsp. bei *Henke,* DÖV 1985, 41ff., 43.

mungen des Vertrages sowie von Einzelweisungen ordnungsgemäß zu beseitigen. Hierfür erhält er ein bestimmtes Entgelt, trägt aber auch alle Kosten.

Ähnliche Verträge beziehen sich auf die Tierkörperbeseitigung,[417] nachdem § 4 Abs. 1 S. 2 TierKBG ebenfalls die Möglichkeit der Einschaltung Dritter eröffnet.

Im Bereich der Altölbeseitigung wurden nach früherer Rechtslage zwischen dem Bundesamt für gewerbliche Wirtschaft und privaten Unternehmen Verträge über die Abholung von Altölen abgeschlossen.[418] Das inzwischen durch § 30 AbfG aufgehobene Altölgesetz ließ derartige Verträge nicht nur zu, sondern sah sie ausdrücklich vor (vgl. zur neuen Rechtslage § 12 Rn. 168ff.). Die bestehenden Verträge gelten gemäß § 30 Abs. 4 AbfG bis zum 31. 12. 1989 als Einsammlungs- und Beförderungsgenehmigung i. S. von § 12 AbfG.

Dem Umweltschutz dienen schließlich auch die beiden Verträge des Bundes mit den Tankschiffreedereien und den Schlepperreedereien über die Hilfeleistung bei *Tankerunfällen.*[419] In den Verträgen verpflichten sich die Unternehmen, im Fall eines Tankerunfalls die ihnen verfügbaren Tankschiffe bzw. Schlepper dem zuständigen Wasser- und Schiffahrtsamt zur Schadensbekämpfung zur Verfügung zu stellen.

3. Informelle Absprachen

a) Rechtliche Stellung

250 Von den rechtsgeschäftlichen bzw. vertraglichen Absprachen sind die sog. informellen Absprachen zu unterscheiden.[420] Als ,,informell" oder ,,informal" lassen sie sich bezeichnen, weil ihr **Zustandekommen weder an bestimmte rechtliche Voraussetzungen gebunden** ist **noch** – nach bisher allgemeiner Auffassung – **unmittelbare Rechtswirkungen von ihnen ausgehen** (s. auch o. Rn. 235).

Ihr Abschluß ist an keine Form gebunden. Bei Absprachen zwischen staatlichen Stellen und Privaten erfolgt jedoch eine schriftliche Fixierung häufig durch Protokoll, das von der Gegenseite bestätigt wird.

Sie enthalten keine rechtlich verbindlichen Verhaltenszusagen (sonst wären sie als Vertrag zu interpretieren), sondern beschränken sich auf letztlich unverbindliche Absichtserklärungen, wobei wegen der in der Praxis vorkommenden zahlreichen Abstufungen in einer ,,Grauzone zwischen rechtlichen und faktischen Bindungen"[421] allerdings sorgfältige Abgrenzungen vorzunehmen sind. Vorherrschend ist die Abredeform des **„gentlemen's agreement"**, welche die Beteiligten moralisch oder politisch, nicht jedoch aus Rechtsgründen verpflichtet.[422] Ihr Bruch kann allerdings faktische Sanktionen heraufbeschwören.

251 Die Absprachen lassen sich dem Gesamtbereich des informalen Verwaltungshandelns zuordnen, wozu beispielsweise auch behördliche Informationen (s. o. Rn. 150ff.), das Instrument der **Duldung**[423] und der größte Teil des sonstigen sog. **schlichten Verwaltungshandelns**[424] gehören; es wäre allerdings verfehlt, sie unter

---

[417] Bsp. bei *Henke,* DÖV 1985, 41ff., 44.
[418] Vgl. auch den Mustervertrag in BT-Drs. 9/288 (Anlagen).
[419] Hierzu ausführlicher *Henke,* DÖV 1985, 41ff., 41f. m. w. N.
[420] Vgl. dazu auch allgemein – und vor der aktuellen ,,informellen" Debatte – *Willoweit,* Abgrenzung und rechtliche Relevanz nicht rechtsgeschäftlicher Vereinbarungen, 1969.
[421] *Hoffmann-Riem,* VVDStRL 40 (1982), S. 187ff., 234. Die Problematik ist stark diskutiert im Kartellrecht und Gegenstand des § 25 GWB.
[422] Ebenso etwa *Bohne,* in: Dokumentation zur 7. wissenschaftlichen Fachtagung der Gesellschaft für Umweltrecht e. V. Berlin 1983, 1984, S. 97ff., 128. Vgl. dazu allgemein auch *Bahntje,* Gentlemen's Agreement und abgestimmtes Verhalten, 1982.
[423] *Randelzhofer/Wilke,* Die Duldung als Form flexiblen Verwaltungshandelns, 1981.
[424] Vgl. zuletzt *Robbers,* DÖV 1987, 272ff.

dem Eindruck der gegenwärtig zahlreich und heftig geführten Diskussion um dieses Paradigma des Verwaltungshandelns als völlig neuartiges Phänomen aufzufassen.[425] Trotz ihres informellen Charakters müssen auch solche Umweltabsprachen natürlich die **Schranken der allgemeinen Rechtsordnung** (z. B. im Kartellrecht) und insbesondere verfassungsrechtliche Vorgaben einhalten, soweit diese auch informelle Verhaltensformen erfassen.

Vielfach entsprechen Umweltabsprachen im Grundsatz den auch aus anderen Be- 252
reichen (vor allem des Wirtschaftsrechts) bekannten **Selbstbeschränkungsabsprachen** bzw. **Branchenabkommen.**[426] Zum Inhalt haben sie dann regelmäßig eine Verminderung von Umweltbelastungen bzw. die Einführung umweltschonender Maßnahmen (z. B. verbesserte Produktionsverfahren, Einstellung von Produktionen, Verzicht auf die Vermarktung umweltschädlicher Produkte), doch können sich Umweltabsprachen auch auf ein einzelnes Verwaltungsverfahren beziehen.

Zu unterscheiden ist schließlich nach den **Beteiligten** der Absprache. Dies können 253
Staat und Private, insbesondere Wirtschaftsverbände und einzelne Wirtschaftsunternehmen, aber – häufiger – auch **nur Private** sein (wobei der Staat indirekt beteiligt sein kann oder auch nicht). Bei genauerer Betrachtung wird man vielfach sogar zwei nebeneinandergeschaltete Absprachen ausmachen können: eine Absprache in der Vertikalen zwischen Staat und betroffenem Wirtschaftszweig und ein Abkommen in horizontaler Richtung zwischen den Branchenangehörigen.[427] Auf seiten des Staates können – je nach Gegenstand der Absprache – ein oder mehrere Ministerien oder Umweltschutzbehörden beteiligt sein.

Neben den vorherrschenden staatlich inspirierten Selbstbeschränkungsabkommen können entsprechende Absprachen auch auf den Druck der öffentlichen Meinung hin oder freiwillig (sei es aus besserer Einsicht, sei es privatnützig zum Zwecke der Wettbewerbsbeschränkung) zustande kommen.

b) Funktion

Eine grundlegende Unterscheidung ergibt sich aus der Funktion der Umweltab- 254
sprachen. Es werden im wesentlichen sowohl **regulative** („normvertretende" bzw. „normabwendende") als auch **projektbezogene** („normvollziehende") **Umweltabsprachen** getroffen,[428] wobei zur zweiten Kategorie insbesondere „Arrangements" innerhalb von konkreten Verwaltungsverfahren gehören[429] (s. u. Rn. 264). Die Vielfalt umweltpolitischer Absprachemöglichkeiten erschöpft sich hierin freilich nicht. Eine weitere Variante (und gleichsam das Gegenmodell zur normabwendenden Absprache) bilden etwa Vereinbarungen über finanzielle Hilfen bei Einführung strengerer Umweltstandards oder komplexe Absprachen wie sie etwa in Baden-Württemberg 1984 zwischen Landesregierung und Energieversorgungsunternehmen im Hinblick auf die Anlegung strengerer Grenzwerte für Stickoxydemissionen getroffen wurden.[430]

---

425 Vgl. zuvor bereits etwa *Bullinger* (FN 396), S. 251.
426 Vgl. die Bsp. bei den in FN 387 genannten Autoren.
427 Vgl. *Oldiges,* WiR 1973, 1ff., 10.
428 Vgl. *Hartkopf/Bohne* (FN 9), S. 222; zu ersterem auch *Sachs,* VerwArch. 74 (1983), 25ff.
429 Hierzu insbes. *Eberle,* Die Verwaltung 17 (1984), 439ff.
430 FAZ Nr. 24 v. 28. 1. 1984, S. 4.

aa) Regulative Umweltabsprachen

255 Regulative Umweltabsprachen werden zwischen Staat und privaten Unternehmen bzw. Wirtschaftsverbänden getroffen, um eine (meist bereits für den Fall des Scheiterns der Verhandlungen in Aussicht gestellte) schärfere Gesetzgebung oder Rechtsverordnung zu erübrigen. Hierum geht es regelmäßig bei den sog. Selbstbeschränkungsabkommen, wobei es sich – wie erwähnt – häufig um Absprachen zwischen Unternehmen handelt, nachdem es zu einer grundsätzlichen Verständigung zwischen dem Wirtschaftszweig und den betreffenden staatlichen Stellen gekommen ist.

256 Gegenstand von **Selbstbeschränkungsabkommen**[431] oder von entsprechenden Zusagen waren in der Umweltpolitik auf Bundesebene bislang u. a.:
- die Begrenzung der Verpackungsabfälle im Bereich des Getränkemarkts, insbesondere durch Verzicht auf eine weitere Expansion von Einwegbehältnissen (Einwegflaschen und Dosen) zu Lasten bestehender Mehrweg- bzw. Pfandsysteme (1977),
- die Verminderung der Verwendung von Fluorchlorkohlenwasserstoffen in Spraydosen (1977),
- Beschränkungen bei der Verwendung bestimmter Inhaltsstoffe in Waschmitteln und Haushaltsreinigern (u. a. 1980, 1985, 1986),
- die Verminderung des Cadmiumgehaltes in bestimmten Produkten,
- die Reduzierung von Kraftstoffverbrauch und Lärmemissionen bei Personenkraftwagen,
- die Verminderung des Asbestgehalts in Asbestzementprodukten (1982),
- der Verzicht auf den Einsatz eines neuen (ebenfalls schädlichen) Phosphatersatzstoffes (1983),
- die Verringerung des Anteiles von Lösemitteln in Lacken (1985),[432]
- der Verzicht auf den Einsatz von Fluorchlorkohlenwasserstoffen in Spraydosen ab 1990 (1987),[433]
- die Verminderung der Verwendung von Fluorchlorkohlenwasserstoffen als Kühlmittel und als Aufschäummittel für Dämmstoffe in Kühlschränken (1988).

Dabei stehen Erfolgen (z. B. Reduzierung von Fluorchlorkohlenwasserstoffen in Spraydosen, Asbest- und Cadmiumgehalt in bestimmten Produkten) auch Fehlschläge gegenüber, wie insbesondere die Absprachen mit Getränke- und Verpackungsindustrie sowie Getränkehandel, deren Hauptziel – die Stabilisierung des Verhältnisses von Einweg- und Mehrwegpackungen – nicht erreicht wurde. Das anschließende Tauziehen und die offensichtlich als wenig ernst empfundenen Drohungen des Staates („lex Aldi", Zwangspfand usw.) waren dem Ansehen der Umweltpolitik kaum zuträglich. In wenigstens einem Fall wurden erfolglose Verhandlungen mit einer Verordnungsgebung beantwortet (Phosphathöchstmengenverordnung – Kloepfer Nr. 236).[434] Auch der neuen Verordnung über die Rücknahme und Pfanderhebung von Getränkeverpackungen aus Kunststoffen (s. § 12 Rn. 65) sind langwierige Verhandlungen mit den Getränkeherstellern vorangegangen.

257 Die Absprachen dienten durchweg der Abwendung von Rechtsverordnungen des Bundes (insbesondere im Bereich der §§ 14 AbfG, 17 ChemG, 35 BImSchG, 4 und 5 WaschmG bzw. – heute – WRMG), wobei in einem Fall (Reduzierung von Asbestanteilen) die Absprache ohne Beteiligung der Bundesregierung als „einseitige Selbstverpflichtung" zustande gekommen sein soll.[435]

258 Eine gewisse Bedeutung haben daneben Absprachen, mit denen die durch Rechtsverordnung der Landesregierung erfolgende förmliche Festsetzung eines Belastungsgebietes nach § 44 BImSchG abgewendet wird.[436] Als Gegenleistung versprechen die

---

[431] Vgl. wegen der nachfolgenden Bsp. auch *Bohne*, JbRSoz. 8 (1982), 266ff., 268f.; *Hartkopf/Bohne* (FN 9), S. 224; *v. Lersner* (FN 1), S. 23.
[432] FAZ Nr. 109 v. 12. 5. 1987, S. 14.
[433] FAZ Nr. 189 v. 12. 8. 1987, S. 9.
[434] Vgl. *Bohne*, JbRSoz. 8 (1982), 266ff., 268.
[435] *v. Lersner* (FN 1), S. 23.
[436] Vgl. *Hartkopf/Bohne* (FN 9), S. 224f.

im jeweiligen Gebiet gelegenen Unternehmen die freiwillige Abgabe von Emissionserklärungen entsprechend § 27 BImSchG.

Denkbar sind aber auch „gesetzesersetzende" Absprachen (auf Bundes- wie Landesebene) sowie Absprachen zwischen Kommunen und Wirtschaft als Alternative zu kommunalrechtlichen Satzungen. 259

Gesetzessubstituierende Absprachen, die seitens der Exekutive geschlossen werden (im Umweltschutz ist ein solcher Fall bislang nicht bekannt geworden), werden zum Teil als Verstoß gegen das Gewaltenteilungsprinzip betrachtet und für unzulässig gehalten.[437] Da die Parlamente durch derartige Absprachen nicht gebunden werden können, bleibt ihr Gesetzgebungsrecht indes unberührt. Ein Verfassungsverstoß dürfte daher insoweit nicht vorliegen.

Regulative Absprachen in der bislang praktizierten Form sind grundsätzlich zulässig, wenn man mit den traditionellen juristischen Denkkategorien auf die **fehlende Rechtsverbindlichkeit** derartiger Absprachen abstellt. Da es sich um keine öffentlich-rechtlichen Normsetzungsverträge, sondern um rechtlich keine Seite verpflichtende Verhaltensabstimmungen handelt, stellt sich jedenfalls die Frage, inwieweit die Befugnis zur Normgebung durch Vereinbarungen mit Dritten gebunden werden kann, nicht in voller Schärfe. 260

Die h. M. geht inzwischen wohl dahin, sog. **echte Normsetzungsverträge,** welche die Verpflichtung zum Erlaß oder zur Änderung, Ergänzung oder Aufhebung einer Norm begründen, für schlechthin unzulässig zu halten, während sog. unechte Normsetzungsverträge, welche die Beibehaltung einer bestehenden Rechtslage versprechen, unter der Voraussetzung zulässig sein sollen, daß sie auf einem entsprechenden Beschluß des zur Normsetzung befugten Organes beruhen.[438]

Die grundsätzliche rechtliche Unverbindlichkeit „norm(er)setzender" Absprachen folgt demnach nicht allein aus dem fehlenden „Rechtsfolgewillen" der Beteiligten,[439] sondern regelmäßig auch aus der begrenzten Zulässigkeit von Normsetzungsverträgen. Umweltbezogene „normersetzende" Absprachen sind deshalb im Zweifel so auszulegen, daß sie nicht rechtsverbindlich sein sollen. Soweit die Auslegung dagegen einen Rechtsbindungswillen ergibt, handelt es sich um einen unzulässigen öffentlich-rechtlichen Vertrag.

Der **umweltpolitische Nachteil** derartiger Absprachen besteht nicht selten darin, daß sie durch ein Minus an projektiertem Umweltschutz erkauft werden. Andernfalls wäre ein Selbstbeschränkungsabkommen für die beteiligte Wirtschaft häufig kaum lohnend. Dies wird aber – vom Umweltschutz her gesehen – vielfach dadurch aufgewogen, daß derartige Selbstbeschränkungsabkommen auf dem Konsens der Beteiligten beruhen und deshalb weniger Vollzugsprobleme aufwerfen. Dies kann zu erhöhter ökologischer Wirksamkeit dieses Instruments führen, das im übrigen grundsätzlich auch ökonomisch effizient, praktikabel und flexibel erscheint. 261

Zu beachten ist freilich, daß derartige Selbstbeschränkungsabkommen regelmäßig zugleich **wettbewerbsbeschränkende Vereinbarungen** darstellen: Sie gefährden oder beseitigen partiell den Wettbewerb zwischen Unternehmen, weshalb sie im 262

---

[437] *Becker,* DÖV 1985, 1003ff., 1010.

[438] Vgl. *Meyer* (FN 112), § 54 Rn. 54ff. m. w. N. Differenzierend für die kommunale Bauleitplanung *Krebs,* VerwArch. 72 (1981), 49ff. m. w. N.

[439] So jedoch wohl *Hartkopf/Bohne* (FN 9), S. 226.

Prinzip durch das Kartellverbot erfaßt werden und regelmäßig nur im Rahmen einer kartellrechtlichen Sondererlaubnis legalisiert werden können.[440]

Gemäß § 1 Abs. 1 GWB sind Verträge, die Unternehmen oder Unternehmensvereinigungen zu einem gemeinsamen Zweck schließen, und Beschlüsse von Unternehmensvereinigungen unwirksam, soweit sie geeignet sind, die Erzeugung oder die Marktverhältnisse für den Verkehr mit Waren oder gewerblichen Leistungen durch Beschränkungen des Wettbewerbs zu beeinflussen. Ein aufeinander abgestimmtes Verhalten von Unternehmen oder Vereinigungen von Unternehmen, das nach diesem Gesetz nicht zum Gegenstand einer vertraglichen Bindung gemacht werden darf, ist gemäß § 25 Abs. 1 GWB ebenfalls verboten. Je nach Ausgestaltung des Selbstbeschränkungsabkommens ist jedenfalls in der horizontalen Wirkrichtung der Umweltabsprache einer der beiden Tatbestände verwirklicht. Gemäß § 8 GWB kann jedoch der Bundesminister für Wirtschaft eine Sondererlaubnis erteilen, wenn ausnahmsweise die Beschränkung des Wettbewerbs aus überwiegenden Gründen der Gesamtwirtschaft und des Gemeinwohls notwendig ist.

In Teilen des Schrifttums wird das Umweltschutzziel demgegenüber pauschal als ,,Kartellprivileg" behandelt. Entweder werden die §§ 1 und 25 GWB bereits tatbestandsmäßig wegen des öffentlichen Interesses an der Absprache als nicht erfüllt angesehen[441] oder es wird ein außergesetzlicher Rechtfertigungsgrund des öffentlichen Interesses angenommen.[442] Beide Konstruktionen werden durch die Existenz des § 8 GWB widerlegt, der auch bei bestehendem öffentlichen Interesse (,,Gesamtwirtschaft", ,,Gemeinwohl") die Legalisierungswirkung nicht automatisch eintreten läßt, sondern von der Ministererlaubnis abhängig macht. Unzutreffend ist schließlich die Argumentation, bei den Selbstbeschränkungsabkommen handele es sich um öffentlich-rechtliche Absprachen, auf die das Kartellrecht ohnehin nicht anwendbar sei.[443] Die öffentlich-rechtlichen Beziehungen zwischen Staat und Unternehmen (Vertikale) lassen den privatrechtlichen Charakter der Binnenbeziehungen zwischen den Teilnehmern des Selbstbeschränkungsabkommens auf Unternehmensseite (Horizontale) grundsätzlich unberührt.

263 Angesichts des dem Abschluß von Selbstbeschränkungsabkommen vorangehenden ,,sanften Drucks" des Staates (Drohung mit Normerlaß etc.) darf auch der Verlust rechtsschutzbezogener **Eingriffsklarheit** nicht gering veranschlagt werden. Im übrigen sind Schwächen der Selbstbeschränkungsabkommen bezüglich ihrer faktischen Durchsetzbarkeit und der Befolgungskontrolle unverkennbar. Schließlich kann der Erfolg freiwilliger Beschränkungen, insbesondere der Verzicht auf die Herstellung eines umweltschädlichen Produkts, dadurch in Frage gestellt werden, daß Dritte, insbesondere auch ausländische Hersteller, in die entstandene ,,Lücke" vorstoßen. Flankierende Importbeschränkungen sind, soweit es Einfuhren aus dem EG-Bereich betrifft, rechtlich problematisch (vgl. § 6 Rn. 6ff.) und bieten daher im Regelfall auch keine wirksame Abhilfe.

bb) Projektbezogene Umweltabsprachen

264 Auf Einzelvorhaben innerhalb eines grundsätzlich durchnormierten Bereiches bezogene Absprachen **(,,Arrangements")** zwischen Verwaltung und privaten Projektbetreibern kommen vor allem in Gestalt von Vorverhandlungen vor Antragstellung, Vorabzustellungen von Bescheidentwürfen und Sanierungsabsprachen vor.[444] Typi-

---

[440] Hierzu näher *Kloepfer*, JZ 1980, 781ff. Vgl. zur Übersicht und wegen weiterer Nachw. auch die Dissertationen von *Friedrich*, Möglichkeiten und kartellrechtliche Grenzen umweltschutzfördernder Kooperation zwischen Unternehmen, Diss. jur. Bochum 1977; *v. Wallenberg*, Umweltschutz und Wettbewerb, 1980, S. 91ff.

[441] *Kaiser*, NJW 1971, 585ff., 588; *Hartkopf/Bohne* (FN 9), S. 271.

[442] *Oldiges*, WiR 1973, 1ff., 15 m. w. N.

[443] So jedoch *Hartkopf/Bohne* (FN 9), S. 231f.

[444] Vgl. hierzu und zum folgenden insbes. *Bohne* (FN 422), S. 105ff.

sches Merkmal dieser ,,informalen" Absprachen ist, daß sie von dem ,,eigentlichen" im Gesetz vorgegebenen Verfahrensmuster häufig abweichen und die gesetzlichen Instrumente in der Praxis weitgehend überlagern, wenn nicht sogar z. T. verdrängen. **Vorverhandlungen** gehen insbesondere Vorbescheiden und Teilgenehmigungen sowie den (problematischen, weil ihrerseits informalen) sog. Vorabzustimmungen im Atomrecht (s. § 8 Rn. 59) voran (die damit nicht mehr primär der Unterrichtung der Antragsteller, sondern vor allem der Rechtsverfestigung dienen), **Sanierungsabsprachen** nehmen weitestgehend die Stelle von Sanierungsgeboten ein.

Über die bisherige gesetzliche Umsetzung der immissionsschutzrechtlichen Kompensationslösung (s. o. Rn. 226) bzw. diese antizipierend wurden bzw. werden auf diese Weise auch Fragen der Sanierung von Altanlagen mit der Genehmigung neuer Anlagen verknüpft.

Im Hinblick auf das den Behörden sowohl bei der Verfahrensgestaltung als auch bei Sanierungsentscheidungen eingeräumte **Ermessen** (z. B. §§ 10, 22 Abs. 1 VwVfG, § 17 BImSchG, § 5 WHG) sind diese Vorgehensweisen nicht schlechthin rechtswidrig. Umgekehrt sind sie deshalb jedoch noch nicht ohne weiteres rechtlich geboten. So gehen etwa Vorverhandlungen sachlich regelmäßig weit über die durch § 25 VwVfG oder § 2 Abs. 2 der immissionsschutzrechtlichen Genehmigungsverfahrensverordnung (Kloepfer Nr. 646) vorgeschriebene Beratung der Antragsteller (s. o. Rn. 154) hinaus.[445] Daß sie nur einen Inhalt haben dürfen, der auch Gegenstand eines rechtmäßigen Verwaltungsaktes hätte sein können,[446] versteht sich von selbst (fraglich ist dies vor allem bei der sachwidrigen Koppelung verschiedener Verwaltungszwecke). 265

Unter Umweltschutzgesichtspunkten sind derartige Absprachen einerseits vorteilhaft: Durch Führung von Vorverhandlungen erhält die Behörde Gelegenheit, frühzeitig auf die Projektplanung Einfluß zu nehmen und Umweltbelange zur Geltung zu bringen sowie spätere Rechtsstreitigkeiten weitgehend auszuschließen. Der Konsens wird auch nicht in jedem Falle durch ein Minus an Umweltschutz erkauft. Eine Absprache kann gelegentlich sogar mehr als den ordnungsrechtlich durchsetzbaren Umweltschutz bewirken, insbesondere dann, wenn die Sach- oder Rechtslage so kompliziert ist, daß die Behörde die Erfolgsaussichten eines harten Vorgehens nicht hinreichend sicher einschätzen kann.[447] Ähnlich kann es sich bei Sanierungsmöglichkeiten verhalten, wo die überlegene Sachkompetenz regelmäßig bei der Wirtschaft liegt. 266

Den Absprachen steht jedoch der Nachteil gegenüber, daß sie eine **Asymmetrie** gegenüber anderen Verfahrensbeteiligten schaffen (die bei Vorverhandlungen regelmäßig ausgeschlossen sind) und Behörde und Projektträger in dem anschließenden förmlichen Verfahren als *eine* Partei erscheinen lassen.[448] Durch eine unparteiische Verhandlungs- und Verfahrensführung ist dem nach Kräften vorzubeugen. Noch bedenklicher wäre, wenn dem äußeren Eindruck von ,,Befangenheit" ein tatsächli- 267

---

[445] Hierzu näher *Eberle,* Die Verwaltung 17 (1984), 439ff., 446f.
[446] *Hartkopf/Bohne* (FN 9), S. 232.
[447] Vgl. *Eberle,* Die Verwaltung 17 (1984), 439ff., 441.
[448] Vgl. zu dieser Problematik insbes. *Bohne* (FN 422), S. 111f., und *Eberle,* Die Verwaltung 17 (1984), 439ff., 456ff.

cher Distanzverlust durch Kooperation oder eine Vernachlässigung der Untersuchungspflicht (§ 24 VwVfG) entspräche.[449]

268 Obwohl informale Absprachen grundsätzlich keine Rechtsbindung erzeugen und die Behörde prinzipiell für neue Erkenntnisse offenbleiben muß, können sie bewirken, daß Entscheidungen in den von den Umweltgesetzen hierfür vorgesehenen (überwiegend förmlichen Zulassungsverfahren, s. o. Rn. 57 ff.) nicht *hergestellt,* sondern nur mehr *dargestellt* werden.[450] Eine solche Entwicklung würde zu einer **Entleerung** des als „zeitgerechte Ordnungsidee"[451] in die Umweltgesetzgebung eingegangenen **Verfahrensgedankens** führen und die erhoffte Befriedungs- und Legitimationswirkung von förmlichen Verfahren zerstören. Das Instrument des „Arrangements" ist daher im Rahmen des rechtlich Zulässigen behutsam zu handhaben. Entscheidend ist, daß die Bereitschaft erhalten bleibt, Absprachen nötigenfalls im förmlichen Verwaltungsverfahren zu korrigieren. Insbesondere gilt dies für Vorverhandlungen, da andernfalls die auf das förmliche Verfahren beschränkten Beteiligungsrechte zur leeren Hülse würden.

Eine Vorverlagerung von Beteiligungsrechten in das Vorverhandlungsstadium[452] dürfte demgegenüber kein wirklich praktikabler Weg sein.

Dies schließt nicht aus, daß vorweggenommene Entscheidungsergebnisse in vielen Fällen sachlich gerechtfertigt sein können.[453] Dann wäre auch ein unmotiviertes Abweichen der Behörde von der Absprache rechtswidrig. Wegen der fehlenden Rechtsverbindlichkeit von Absprachen besteht in solchen Fällen allerdings kein „Erfüllungsanspruch", sondern allenfalls ein Schadensersatzanspruch wegen Amtspflichtverletzung.[454]

269 Schließlich können projektbezogene Umweltabsprachen auch zwischen Verwaltung und **Dritten** geschlossen werden. Sie können z. B. darauf zielen, daß die von einem umweltbeanspruchenden Vorhaben Betroffenen auf Rechtsmittel für den Fall verzichten, daß durch den Staat zusätzliche Mittel für den Umweltschutz, insbesondere für Kompensationsmaßnahmen, zur Verfügung gestellt werden.[455] Bei entsprechender Sachlage kann hier auch ein Vergleichsvertrag nach § 55 VwVfG geschlossen werden. Bei derartigen Fallgestaltungen ist freilich peinlich darauf zu achten, daß die Leistungen der Verwaltung sachgerecht und gemeinwohlorientiert erfolgen, um nicht den Eindruck einer Erpreßbarkeit des Staates aufkommen zu lassen. Zudem bedarf es besonderer rechtfertigender Gründe, wenn sich die Verwaltung in solcher Weise für die Durchführung eines *privaten* Vorhabens verwendet.

---

[449] Hierzu näher *Eberle,* Die Verwaltung 17 (1984), 439ff., 451ff.
[450] Zu dieser Unterscheidung *Luhmann,* Recht und Automation in der öffentlichen Verwaltung, 1966, S. 51ff.
[451] *Schmidt-Aßmann* (FN 105), S. 6.
[452] Dafür u. a. *Bohne* (FN 422), S. 112ff.; dagegen *Eberle,* Die Verwaltung 17 (1984), 456ff. m. w. N.
[453] Vgl. insbes. BVerwGE 45, 309 (320f.).
[454] Zutreffend *Eberle,* Die Verwaltung 17 (1984), 439ff., 449.
[455] Wie im Hinblick auf die Ansiedlung einer Automobilfabrik in Rastatt vereinbart, vgl. FAZ Nr. 209 v. 14. 9. 1987, S. 4.

VIII. Umweltpolitische Instrumentalisierung gesellschaftsrechtlicher Mitwirkungsrechte

Schrifttum: *H. P. Ipsen,* Der Stadtstaat als Unternehmer und Träger der Fachaufsicht, in: Festschrift zum 125jährigen Bestehen der Juristischen Gesellschaft zu Berlin, 1984, S. 265ff.; *Jarass,* Formen staatlicher Einwirkung auf die Energiewirtschaft, Der Staat 17 (1978), 507ff.; *Papier,* Staatliche Einwirkungen auf die Energiewirtschaft, in: Festschrift zum 125jährigen Bestehen der Juristischen Gesellschaft zu Berlin, 1984, S. 529ff.

Zu den indirekten Steuerungsinstrumenten läßt sich schließlich der Sonderfall der staatlichen Einwirkungen durch Wahrnehmung **gesellschaftsrechtlicher Mitwirkungsrechte** bei privatrechtlichen Unternehmen zählen, die ganz oder zum Teil der öffentlichen Hand gehören.[456] Diese atypische Steuerung (vor allem in der Energiewirtschaft) hat auch Bezüge zur Eigenvornahme: Sie kann Umweltbelastungen reduzieren, die von (auch) staatlichen Organisationen i. w. S. verursacht wurden. 270

Hierzu zählte etwa der – inzwischen unter veränderten politischen Ausgangsbedingungen aufgegebene – Versuch der Freien und Hansestadt Hamburg, ihre Mehrheitsbeteiligung an den Hamburgischen Electricitäts-Werken (HEW) dazu zu benutzen, dieses Unternehmen auf einen Ausstieg aus der Kernenergie festzulegen.[457]

E. Staatliche Eigenvornahme und Umweltpflichtigkeit von Hoheitsträgern

Schrifttum: *Abée,* Der negatorische Rechtsschutz gegen Immissionen von lebenswichtigen Privatbetrieben und Einrichtungen der öffentlichen Verwaltung, Diss. jur. Kiel 1973; *Blumenwitz,* Typische Konflikte zwischen Verwaltungsträgern und ihre Regelung im deutschen Verwaltungsrecht, AöR 96 (1971), 161ff.; *Bundesministerium der Verteidigung* (Hg.), Bundeswehr und Umweltschutz, 4. Aufl., 1985; *Doose,* Entsorgung und Umweltschutz, Auftrag und Aufgabe öffentlich-rechtlicher Körperschaften, StT 1983, 585ff.; *Folz,* Polizeiliche Zuständigkeiten und kollidierende Kompetenzen anderer Hoheitsträger, JuS 1965, 41ff.; *Gallas/Eisenbarth,* Immissionsschutz und Landesverteidigung, UPR 1986, 417ff.; *Gebhard,* Polizeipflichtigkeit der Hoheitsträger, DÖV 1986, 545ff.; *Gutermuth,* Aufgabenverteilung zwischen Staat und Industrie im deutschen Recht der Beseitigung radioaktiver Abfälle, et 1983, 923ff.; *Hoffmann,* Lärmprobleme der Bundeswehr, 1969; *Hucke u. a.,* Umweltschutz in der öffentlichen Vergabepolitik, 1981; *Hüttenbrink,* Rechtliche Möglichkeiten der Beschränkung militärischen Tieffluglärms in den sieben deutschen Tieffluggebieten, UPR 1988, 411ff.; *H. P. Ipsen,* Panzer im Naturschutzpark, 1975; *Kloepfer,* Gewerbemüllbeseitigung durch Private. Zulässigkeit und Grenzen der Beseitigung von Gewerbeabfällen durch private Unternehmen, VerwArch. 70 (1979), 195ff.; *anonym,* Kommunale Umweltaktionen – Ein Wegweiser und Ratgeber zum kommunalen Umweltschutz, NVwZ 1986, 627ff.; *Papier,* Immissionen durch Betriebe der öffentlichen Hand, NJW 1974, 1797ff.; *Pelzer,* Zur rechtlichen Problematik der Beseitigung radioaktiver Abfälle, et 1975, 102ff.; *Ronellenfitsch,* Zum Rechtsschutz bei Baumaßnahmen der Stationierungsstreitkräfte, VerwArch. 76 (1985), 317ff.; *Rudolf,* Polizei gegen Hoheitsträger, 1965; *Sachs,* Unterlassungsansprüche gegen hoheitliche Immissionen aus § 22 BImSchG, NVwZ 1988, 127ff.; *Salzwedel,* Bundesbehörden und Naturschutzrecht, NuR 1984, 165ff.; *R. Scholz,* Zur Polizeipflicht von Hoheitsträgern, DVBl. 1968, 732ff.; *Schröer,* Zur Anwendung deutscher ordnungs- und sicherheitsrechtlicher Vorschriften auf Truppen der Stationierungsstreitkräfte, DVBl. 1972, 484ff.; *Sennekamp,* Die völkerrechtliche Stellung der ausländischen Streitkräfte in der Bundesrepublik Deutschland, NJW 1983, 2731ff.; *W. Wagner,* Die Polizeipflicht von Hoheitsträgern, 1971; *Wollersheim,* Tiefflüge der Alliierten: Rechtsgrundlagen und Praxis ihrer Anwendung, DÖV 1988, 1047ff.; *Zellentin,* Militarisierung und Umweltzerstörung in der Bundesrepublik, in: Jänicke/Simonis/Weigmann (Hg.), Wissen für die Umwelt, 1985, S. 155ff.

---

[456] Vgl. *Büdenbender,* Energierecht, 1982, Rn. 1314ff., 1362; *Degenhart,* Kernenergierecht, 2. Aufl., 1982, S. 186; *Jarass,* Der Staat 17 (1979), 520ff.

[457] Vgl. FAZ Nr. 215 v. 17. 9. 1986, S. 6, und Nr. 139 v. 20. 6. 1987, S. 3, sowie zuvor aus rechtlicher Sicht zu Funktionsüberlagerungen des Staates als Unternehmer und Träger der Fachaufsicht *H. P. Ipsen,* FS 125 J. Juristische Gesellschaft zu Berlin, 1984, S. 265ff.

I. Staatliche Eigenvornahme

271 Umweltschutz kann sich nicht auf die direkte und indirekte Steuerung des Handelns Privater beschränken, sondern erfordert daneben unmittelbare Umweltschutzaktivitäten des Staates durch eigene Umweltschutzmaßnahmen. Hierzu besteht eine Vielzahl von staatlichen und kommunalen Einrichtungen (s. § 2 Rn. 70f.), die soweit auszubauen sind, daß sie prinzipiell in jedem Umweltschutzbereich das unerläßliche Maß staatlicher Eigenvornahme, insbesondere bei **Gefahr im Verzug,** ermöglichen.

272 Von dieser prinzipiell flächendeckenden, aber subsidiären Eigenvornahme im Sinne einer Notzuständigkeit unterscheiden sich einige Sektoren des Umweltschutzes, in denen die staatliche Eigenvornahme in Verbindung mit entsprechenden Verboten privater Umweltschutzmaßnahmen dominiert. Derartige (nur in Ausnahmefällen durchbrochene) **Umweltschutzmonopole** des Staates (s. § 2 Rn. 26) bestehen vor allem im Entsorgungsbereich, namentlich bei der Abfallentsorgung (§ 3 Abs. 2 AbfG, vgl. § 12 Rn. 82ff.) und der nuklearen Entsorgung (§ 9a Abs. 3 AtG, vgl. § 8 Rn. 62ff.).

273 Die rechtliche Monopolisierung bedeutet freilich nicht in jedem Fall zugleich eine Eigenvornahme im unmittelbaren Sinn, da sich die zuständigen Körperschaften zur Erfüllung ihrer Pflichten auch **Dritter** bedienen können (§ 3 Abs. 2 S. 2 AbfG, § 9a Abs. 3 S. 2 AtG). So kann z. B. die kommunale Müllabfuhr von einem privaten Unternehmen betrieben werden (s. § 2 Rn. 27ff.). Dabei behält die weiterhin zuständige und verantwortliche Körperschaft allerdings die Aufsicht gegenüber dem weisungsgebundenen Dritten, so daß die staatliche bzw. kommunale Eigenvornahme in mittelbarer Form bestehenbleibt.[458]

274 Auch die **Abwasserbeseitigung** (s. § 11 Rn. 95ff.) gehört regelmäßig zum Aufgabenbereich von Körperschaften des öffentlichen Rechts (§ 18a Abs. 2 S. 1 WHG), nach Landesrecht sind dies überwiegend die Gemeinden (z. B. § 53 Abs. 1 LWG NW, § 52 Abs. 1 S. 1 LWG Rh.-Pf.), doch bestehen hiervon erhebliche Ausnahmen. Insbesondere kann die Abwasserbeseitigungspflicht von den Gemeinden auf die Abwasserproduzenten übertragen werden (z. B. § 53 Abs. 4 LWG NW, § 45b Abs. 3 HWG). Dies geschieht relativ häufiger als bei der **Abfallentsorgung** (s. § 12 Rn. 66ff.), wo eine Eigenbeseitigung durch die Abfallbesitzer (§ 3 Abs. 4 AbfG) im wesentlichen nur möglich ist, wenn die primär entsorgungspflichtige (und -berechtigte) Körperschaft Abfälle (in der Regel Gewerbemüll bzw. „Sonderabfälle") von der Entsorgung ausschließt (§ 3 Abs. 3 AbfG).[459]

275 Eine Ausnahme vom Primat der staatlichen Eigenvornahme im Abfallsektor bestand bislang bei der **Altölentsorgung.** Das Altölgesetz ging von der Existenz leistungsfähiger privater Altölbeseitiger aus und stellte diese öffentlich-rechtlichen Abfallentsorgern im wesentlichen gleich. Das Abfallgesetz ordnet die Altölentsorgung inzwischen neu und statuiert durch § 5b AbfG insbesondere eine Rücknahmepflicht der gewerbsmäßigen Vertreiber von Motoren- und Getriebeölen (vgl. § 12 Rn. 168ff.).

---

[458] Vgl. *Breuer* (FN 1), S. 653 („mittelbare öffentliche Eigenregie").
[459] Hierzu näher *Kloepfer,* VerwArch. 70 (1979), 195ff.

Ein Umweltschutzmonopol (zwar nicht des Staates i. e. S., aber der Kommunen bzw. der Energieversorgungsunternehmen) besteht auch bei der **Fernwärmeversorgung** (s. o. Rn. 133), sofern diese mit dem Verbot anderer Heizquellen einhergeht.[460] 276

Wegen der häufigen **Verknüpfung mit Pflichten** (Anschluß- und Benutzungszwang) **und Verboten für Private** ist die staatliche Eigenvornahme zu einem der umstrittensten Bereiche des Umweltschutzes geworden. Dabei kommt es nicht nur zu Konflikten mit privaten Umweltschutzbetreibern,[461] die durch staatliche oder kommunale Umweltschutzmonopole verdrängt werden, sondern auch mit Privaten, die sich dem Anschluß- und Benutzungszwang (regelmäßig erfolglos) widersetzen. Hierfür werden in Einzelfällen sogar umweltschützende Motive geltend gemacht. 277

Ein Beispiel ist der Streit um Mülltonnengrößen, der zwischen kommunalen Abfallentsorgern und Privaten ausgetragen wird, die ihren Hausmüllanfall auf ein Minimum reduzieren und daher differenziert behandelt werden wollen.

In der Mehrzahl der Fälle ist eine Entsorgungssicherung durch Eigenvornahme des Staates (einschließlich der flankierenden Ge- und Verbote) jedoch erforderlich, um erhebliche Umweltgefährdungen von der Bevölkerung abzuwenden bzw. um einen **Mindeststandard umweltschützender Daseinsvorsorge** in sozialstaatlich vertretbarer Form zu gewährleisten. Als Ausdruck der besonderen Bedingungen der Entsorgungssicherung ist das Primat der staatlichen Eigenvornahme allerdings auf andere Umweltschutzbereiche nicht ohne weiteres übertragbar.

Von der staatlichen Eigenvornahme i. e. S. ist die tatsächliche **Reduzierung** vom Staat ausgehender, vor allem **behördlicher Umweltbelastungen** (z. B. bei Streitkräften, Post, Bahn, kommunalen Einrichtungen) zu unterscheiden.[462] Bei der staatlichen Eigenvornahme geht es typischerweise um staatliches Handeln, während die Reduzierung staatlicher Umweltbelastungen regelmäßig auf einem partiellen oder völligen Unterlassen des Staates beruht. Folglich zielt verfassungsrechtlich die staatliche Eigenvornahme eher auf die Frage nach umweltbezogenen Leistungspflichten des Staates (s. § 2 Rn. 9), während der Reduzierungsaspekt zum Problem umweltbezogener Unterlassungspflichten des Staates führt (s. § 2 Rn. 5). 278

Generell kommt neben der Einhaltung der umweltrechtlichen Normen durch Hoheitsträger im Rahmen der Umweltpflichtigkeit des Staates (s. Rn. 280ff.) der **Vorbildwirkung freiwilliger Mehr- und Pionierleistungen** durch Staat und Kommunen besondere Bedeutung zu. Hierzu gehören etwa eine umweltschonende und -fördernde (Auftrags-)Vergabepolitik,[463] die Beschaffung umweltfreundlicher Produkte 279

---

[460] Vgl. zum Anschluß- und Benutzungszwang bei der Fernwärmeversorgung *Frotscher,* Artikel ,,Anschluß- und Benutzungszwang" in: Kimminich/v. Lersner/Storm (Hg.), Handwörterbuch des Umweltrechts, (HdUR), Bd. I, 1986, Sp. 96ff., 98f. m. w. N.

[461] Vgl. *Kloepfer,* VerwArch. 70 (1979), 195ff.

[462] Vgl. zur Problematik unmittelbarer Umweltbelastungen durch staatliche Stellen u. a. *Hoffmann,* Lärmprobleme der Bundeswehr, 1969; *Gallas/Eisenbarth,* UPR 1986, 417ff. (Immissionsschutz und Landesverteidigung); *Papier,* NJW 1974, 1797ff. (allg.); BVerwGE 59, 253ff. (Bundesbahn); HessVGH, UPR 1985, 382f. (Schienenverkehr); VGH Mannheim, DVBl. 1984, 881f. (Bundespost); BGH, DVBl. 1969, 623f. (Paketpostamt); zum allgemeinen Hintergrund *Rudolf,* Polizei gegen Hoheitsträger, 1965; *W. Wagner,* Die Polizeipflicht von Hoheitsträgern, 1971, sowie zuletzt praxisnah *Gebhard,* DÖV 1986, 545ff.

[463] Vgl. *Hucke u. a.,* Umweltschutz in der öffentlichen Vergabepolitik, 1984.

durch die Verwaltung (z. B. Recycling-Papier, Fahrzeuge mit geregeltem 3-Wege-Katalysator), u. U. aber auch der Verzicht auf umweltbelastende Vorhaben selbst dort, wo sie rechtlich zulässig wären.

II. Umweltpflichtigkeit des Staates

1. Allgemeines

280 Grundsätzlich unterliegen auch staatliche Organe und andere Rechtsträger öffentlicher Verwaltung den Verhaltensgeboten des Umweltrechts. Es gibt keinen Grundsatz der generellen umweltrechtlichen „Immunität" des Staates. Entsprechend dem allgemeinen ordnungsrechtlichen Prinzip der **materiellrechtlichen Verantwortlichkeit von Hoheitsträgern**[464] differenziert die Umweltgesetzgebung im Ansatz nicht zwischen Privaten und Trägern öffentlicher Gewalt als Verursachern von Umweltbelastungen. Für letztere gelten vielmehr – neben spezifischen, aus ihrer öffentlich-rechtlichen Aufgabenstellung sich ergebenden Pflichten – im wesentlichen die allgemeinen umweltrechtlichen Verhaltensgebote.

So bestehen etwa die immissionsschutzrechtlichen Emissionsbegrenzungen gleichermaßen z. B. für das private wie für das kommunale Heizkraftwerk. Auch das Wasserhaushaltsgesetz unterscheidet bei der Pflicht zur schadlosen Abwasserbeseitigung nicht zwischen öffentlichen oder privaten Betreibern von Abwasseranlagen (vgl. §§ 18a, 18b WHG). Die Abgabepflicht nach dem Abwasserabgabengesetz besteht sowohl für kommunale als auch für private Einleiter: Abgabepflichtig sind gemäß § 1 AbwAG schlechthin die Einleiter. Allerdings findet sich auf der Ebene der Verwaltungsvorschriften dann doch eine sachspezifische Differenzierung nach Einleitergruppen (vgl. insbesondere die Erste Allgemeine Verwaltungsvorschrift über Mindestanforderungen an das Einleiten von Abwasser in Gewässer [Gemeinden][465] – Kloepfer Nr. 200/1, s. § 11 Rn. 98). Diese Liste ließe sich fortsetzen.

Dabei beanspruchen die Normen des Umweltrechts nicht etwa nur Geltung im Bereich der fiskalischen oder privatrechtlich organisierten Staatstätigkeit, sondern auch gegenüber der hoheitlichen Aufgabenerfüllung. Wie das BVerwG in dem nach wie vor als Leitentscheidung zur „Polizeipflichtigkeit von Hoheitsträgern" anerkannten „Forstpolizeiurteil" vom 16. 1. 1968[466] ausgeführt hat (dort ging es um die Anwendung forstrechtlicher Bestimmungen auf eine in einem Wald gelegene Munitionsanstalt der Bundeswehr), sind die Träger öffentlicher Aufgaben und ihre Organe „bei hoheitlicher Betätigung nicht von der Beachtung solcher Gesetze freigestellt, die speziell für andere als die jeweils von ihnen betreuten einzelnen Lebens- oder Rechtsgebiete erlassen sind". Diese Gesetzesbindung besteht, wie inzwischen allgemein anerkannt ist, auch im Verhältnis der Hoheitsverwaltung des Bundes zum Landesrecht.[467] Allerdings mag es faktisch für Hoheitsträger wegen ihrer Eingliederung in den Staatsapparat häufig leichter sein, Milderungen im Rahmen des geltenden Umweltrechts zu erreichen.

---

[464] Vgl. hierzu allgemein *Martens,* in: Drews/Wacke/Vogel/Martens, Gefahrenabwehr, 9. Aufl., 1986, S. 294f.; *Rudolf,* Polizei gegen Hoheitsträger, 1965; *W. Wagner,* Die Polizeipflicht von Hoheitsträgern, 1971, letztere jeweils m. w. N.

[465] GMBl. S. 744, ber. GMBl. 1983 S. 37.

[466] BVerwGE 29, 52 (56); vgl. zuletzt BVerwG, DVBl. 1988, 967ff., 968.

[467] BVerwGE 29, 52 (57ff.); 31, 263 (271); 44, 351 (357f.); vgl. zur früheren Kontroverse statt vieler nur *Reigl,* DÖV 1967, 397ff., und *Salzwedel,* NuR 1984, 165ff., jeweils m. w. N.

Eine allgemeine **Ausnahmeermächtigung,** wie sie § 37 Abs. 1 BauGB für bauliche Maßnahmen des Bundes und der Länder im Hinblick auf deren besondere öffentliche Zweckbestimmung vorsieht, ist in den Umweltgesetzen überwiegend nicht enthalten (vgl. jedoch § 8 Abs. 1 Nr. 5 ME Smog-VO, § 38 Abs. 1 BNatSchG, § 17a WHG). 281

Primär auf den Ausgleich divergierender Bundes- und Landesinteressen zielt § 9 BNatSchG, wonach bei Eingriffen in Natur und Landschaft, denen Entscheidungen von Behörden des Bundes vorausgehen oder die von Behörden des Bundes durchgeführt werden, regelmäßig die fachlich zuständige Behörde des Bundes im Benehmen mit der obersten Landesbehörde für Naturschutz und Landschaftspflege darüber entscheidet, ob von der Stellungnahme der für Naturschutz und Landschaftspflege zuständigen Behörde abgewichen werden soll. Mittelbar dürfte diese Kompetenzverteilung jedoch auch eine faktische Milderung der Umweltpflichten bei Vorhaben des Bundes bewirken.

Hiervon zu unterscheiden sind Regelungen, die sich – namentlich im Bereich staatlicher Umweltschutzmonopole (s. o. Rn. 272ff.) – ganz oder überwiegend auf Projekte staatlicher oder anderer öffentlicher Träger beziehen (z. B. im Abfallrecht).

§ 7 AbfG gilt freilich auch für private Abfallentsorgungsanlagen, soweit solche im Rahmen des § 3 AbfG zulässig sind (vgl. § 12 Rn. 83ff.).

Die prinzipielle Gleichbehandlung privater und öffentlicher Vorhaben durch den Umweltgesetzgeber schließt indes sachbezogene **Differenzierungen** in der Umweltrechtsgestaltung wie in der -anwendung keineswegs aus. Allerdings richten sich diese primär nach dem (öffentlichen) Zweck und nicht bzw. nur mittelbar nach dem (öffentlichen) Träger eines Vorhabens: Insbesondere kann die öffentliche Zweckbestimmung einer umweltbelastenden Anlage oder Maßnahme im Rahmen des Ermessens sowie bei der Konkretisierung der in den Kontrollnormen verwendeten unbestimmten Rechtsbegriffe im Einzelfall Berücksichtigung finden.[468] 282

So sind z. B. Lärmbelästigungen durch ein Paketpostamt oder eine Alarmsirene der Feuerwehr[469] innerhalb gewisser Grenzen eher hinzunehmen als Gaststättenlärm, der Hubschrauberlandeplatz eines Verkehrsrettungsdienstes anders zu beurteilen als ein privates Flugfeld.

Umstritten ist, ob dem primär handelnden Hoheitsträger (z. B. der Polizei oder der Bundeswehr) hinsichtlich des fachfremden Rechts eine spezifische **Abwägungskompetenz** eingeräumt ist,[470] sowie das Bestehen eines **Eingriffsverbotes** der „Fremdbehörde".[471] In der Kompetenzfrage geht die traditionell herrschende Auffassung dahin, daß „eine Hoheitsverwaltung nicht mit Anordnungen oder gar mit Zwang in die hoheitliche Tätigkeit einer anderen Hoheitsverwaltung, sei es derselben, sei es einer anderen Körperschaft, eingreifen darf".[472] Dieser Konflikt spielt insbesondere im 283

---

[468] Vgl. zur erforderlichen Abwägung auch BVerwGE 29, 52 (57) und BVerwG, DVBl. 1988, 967ff., 969, sowie im Schrifttum statt aller *Blumenwitz,* AöR 96 (1971), 161ff., 169ff. m. w. N.

[469] OVG Lüneburg, OVGE 12, 340ff. („Hannoverscher Lärmprozeß"); vgl. dazu *Götz,* Allgemeines Polizei- und Ordnungsrecht, 9. Aufl., 1988, Rn. 226. Zum zweiten Beispiel BVerwG, DVBl. 1988, 967ff.

[470] Dafür u. a. *Martens* (FN 464), S. 295; *W. Wagner* (FN 464), S. 76; *W. Weber,* APF 1958, 65ff.; zuletzt *Gebhard,* DÖV 1986, 545ff., 546f. m. w. N.; dagegen u. a. *Brohm,* Landeshoheit und Bundesverwaltung, 1968, S. 41; *Menger/Erichsen,* VerwArch. 60 (1969), 92ff., 95; differenzierend *Reigl,* DÖV 1967, 397ff., 400, und *Salzwedel,* NuR 1984, 165ff., 168 (kein Abwägungsrecht im Hinblick auf ein vorgeschriebenes Genehmigungsverfahren).

[471] Dafür u. a. *Götz* (FN 469), S. 112 (Rn. 224); *W. Weber,* APF 1958, 65ff., 67; dagegen v. a. *Rudolf* (FN 464), S. 26; differenzierend *R. Scholz,* DVBl. 1986, 732ff., 733ff.

[472] BVerwGE 29, 52 (59).

Verhältnis von Vollzugspolizei und Fachverwaltung eine Rolle.[473] Auf das spezialgesetzlich geregelte Umweltrecht sind diese allgemeinen Grundsätze jedoch nur bedingt übertragbar, da sich bereits der Gesetzgeber der Problematik weitgehend angenommen hat.

284 Um dem Gewicht der von den Verwaltungen verfolgten öffentlichen Zwecke Rechnung zu tragen und teilweise auch zur Vermeidung von Kompetenzkonflikten (s. o. Rn. 283) treffen Umweltgesetze Sonderregelungen für bestimmte Hoheitsträger (z. B. Polizei, Bundeswehr – s. Rn. 285ff., Zivilschutz, Bundesgrenzschutz, Feuerwehr, Bundespost, Bundesbahn etc.). Dieses **Umweltsonderrecht** führt jedoch keineswegs zu einer vollständigen Freizeichnung der öffentlichen Gewalt von umweltrechtlichen Pflichten. Die Sonderregelungen sind vielmehr auf spezifische Sachlagen begrenzt und aus den Funktionserfordernissen der jeweiligen Aufgabenstellungen meist ohne weiteres einsichtig:

So gilt das Fahrverbot bei austauscharmen Wetterlagen z. B. nicht für Dienstkraftfahrzeuge der Bundeswehr, der Stationierungsstreitkräfte, der Polizei, des Bundesgrenzschutzes, der Bundespost, des Zolldienstes, der Feuerwehr und der anderen Einheiten und Einrichtungen des Katastrophenschutzes im dienstlichen Einsatz, wenn die Fahrten zur Aufgabenerfüllung erforderlich und unaufschiebbar sind (§ 8 Abs. 1 Nr. 5 ME Smog-VO), ferner etwa nicht für Krankenkraftwagen (§ 8 Abs. 1 Nr. 6 ME Smog-VO) und – unter den gleichen Bedingungen – nicht für Einsatz-, Hilfs- und Versorgungsfahrzeuge des öffentlichen Personennahverkehrs und der Eisenbahnen, der öffentlichen Energie- und Wasserversorgung, der Hausmüllentsorgung und der für die Verkehrssicherheit auf öffentlichen Verkehrsflächen zuständigen Stellen (§ 8 Abs. 1 Nr. 8 ME Smog-VO).

Neben materiellrechtlichen Modifikationen des Umweltrechts zugunsten bestimmter Vorhaben bzw. Vorhabenträger gewährt der Gesetzgeber zum Teil auch formelle Erleichterungen, indem er besondere Zuständigkeiten schafft oder in bestimmten Fällen auf sonst bestehende Verfahrenserfordernisse verzichtet (vgl. exemplarisch Rn. 287f.). Unter Durchbrechung der allgemeinen umweltrechtlichen Zuständigkeitsordnung kann er dabei umweltbelastende Aktivitäten von Hoheitsträgern deren **Selbstkontrolle** unterstellen, wie dies etwa bei der Bundeswehr (s. Rn. 287) oder der Bundesbahn (§ 36 Abs. 4 BBahnG) der Fall ist. Einer **Identität von Vorhabenträger und Planfeststellungsbehörde,** wie sie § 36 Abs. 3, 2. Hs. BBahnG a. F. vorsah und § 36 Abs. 4 BBahnG n. F. weiterhin vorsieht, steht nach Auffassung des BVerwG weder das Rechtsstaatsprinzip noch der „Grundsatz des fairen Verfahrens" entgegen.[474] Zu Recht betont das BVerwG jedoch im gleichen Zusammenhang, daß die im Fachplanungsrecht sonst übliche Trennung beider Funktionen zumindest rechtspolitisch befriedigender ist. Damit wird im Regelfall eine „verfahrensrechtliche Distanz" gewährleistet, welche der Ausgewogenheit der Entscheidung zugute

[473] Vgl. etwa *Folz,* JuS 1965, 41ff., und *R. Scholz,* DVBl. 1968, 732ff.

[474] BVerwG, UPR 1987, 356. Ähnlich zuvor im Ergebnis BayVGH, UPR 1986, 147ff., 148. Im Vergleich beider Entscheidungen ist jedoch nicht zu verkennen, daß das BVerwG den Bedenken stärkeres Gewicht beimißt. Entgegen der Auffassung des BayVGH unterscheidet sich die Rechtslage auch von den zuvor vom BVerwG entschiedenen Fällen einer Identität zwischen Anhörungs- und Planfeststellungsbehörde (vgl. BVerwGE 58, 344, 346ff. zum luftverkehrsrechtlichen Planfeststellungsverfahren; BVerwG Buchholz 407.4 § 17 FStrG Nr. 36 zur fernstraßenrechtlichen Planfeststellung). Vgl. i. ü. zum Verhältnis: Umweltrecht – Bundesbahn *Kühlwetter,* Artikel ,,Schienenverkehr", in: Kimminich/v. Lersner/Storm (Hg.), Handwörterbuch des Umweltrechts (HdUR), Bd. II, 1988, Sp. 288ff.; zum Naturschutz *Kunz,* vr 1985, 337ff.; zur allgemeinen Rechtsstellung der Bundesbahn *Schmidt-Aßmann/Fromm,* Aufgaben und Organisation der Deutschen Bundesbahn in verfassungsrechtlicher Sicht, 1988.

kommt und den äußeren Anschein fehlender Neutralität vermeidet. Eine verfahrensrechtliche Trennung könnte allerdings auch schon durch innerorganisatorische Maßnahmen herbeigeführt werden und verlangt keine völlige Auslagerung der Entscheidungsbefugnisse auf eine fremde Behörde.

Eine gewisse Außenkontrolle bewirkt bei Planfeststellungsverfahren der Deutschen Bundesbahn die Pflicht nach § 36 Abs. 3 BBahnG, Pläne für den Bau neuer oder die Änderung bestehender Betriebsanlagen der höheren Verwaltungsbehörde des Landes, in dem die Anlagen liegen, zur Stellungnahme zuzuleiten, wenn die Pläne nicht nur den Geschäftsbereich der Deutschen Bundesbahn berühren.

Im Vordergrund stehen Sonderregelungen zugunsten
- der *Polizei* (z. B. § 8 Abs. 1 Nr. 5 ME Smog-VO, § 30 Abs. 1 LuftVG, § 17a S. 1 Nr. 2 WHG, § 6 Abs. 2 NSGBefV, § 3 Abs. 5 GBefGG, § 5 Abs. 5 GGVS, § 5 Abs. 5 GGVE in materiellrechtlicher Hinsicht),
- des *Bundesgrenzschutzes* (z. B. § 8 Abs. 1 Nr. 5 ME Smog-VO, § 30 Abs. 1 LuftVG, § 38 Abs. 1 Nr. 2 BNatSchG, § 45 Abs. 1 Nr. 2 BWaldG, § 6 Abs. 2 NSGBefV, § 3 Abs. 5 GBefGG, § 5 Abs. 5 GGVS in materiellrechtlicher Hinsicht, §§ 7 Abs. 1, 16 Abs. 1 Nr. 6 VbF in kompetenz- und verfahrensrechtlicher Hinsicht),
- des *Zivilschutzes und des Katastrophenschutzes* (z. B. § 8 Abs. 1 Nr. 5 ME Smog-VO, § 38 Abs. 1 Nr. 1 BNatSchG, § 45 Abs. 1 Nr. 1 BWaldG, § 17a S. 1 Nr. 1 WHG, § 3 Abs. 5 GBefGG in materiellrechtlicher Hinsicht),
- der *Feuerwehr* (§ 8 Abs. 1 Nr. 5 ME Smog-VO, § 17a S. 1 Nr. 2 WHG, § 5 Abs. 5 GGVS in materiellrechtlicher Hinsicht),
- der *Bundespost* (z. B. § 8 Abs. 1 Nr. 5 ME Smog-VO, § 38 Abs. 1 Nr. 7 BNatSchG in materiellrechtlicher Hinsicht, § 26 Abs. 6 Nr. 1 DruckbehV, § 16 S. 1 ElexV, § 7 Abs. 6 Nr. 1 AcetV, §§ 7 Abs. 1, 24 VbF in kompetenz- und verfahrensrechtlicher Hinsicht),
- der *Bundesbahn* (insbesondere §§ 36, 38 BBahnG, § 3 Abs. 1 S. 1 lit. e AEG, allgemein auf den Schienenverkehr beziehen sich §§ 38, 41–43 BImSchG, vgl. auch § 7 Rn. 154) sowie
- der *Bundeswehr* und der *Stationierungsstreitkräfte* (hierzu näher Rn. 285 ff.).

2. Umweltpflichtigkeit und Landesverteidigung

Gegenstand umweltrechtlicher Sonderregelungen ist vor allem die **Landesverteidigung,** die hier exemplarisch behandelt werden soll. Da die Streitkräfte (insbesondere durch Tiefflüge der Luftwaffe, Manöver, Landschaftsverbrauch, Kampfmitteldepots, aber auch durch nicht-militärspezifische Umweltbeanspruchungen) in nicht geringem Maße zur Umweltbelastung beitragen, kommt diesen Vorschriften erhebliche Bedeutung zu. Sie dürften in Zukunft auch zunehmend die Rechtsprechung beschäftigen,[475] nachdem die Akzeptanz militärischer Umweltbelastungen – aus welchen Gründen auch immer – in großen Teilen der Bevölkerung zusehends abnimmt. 285

Das verteidigungsbezogene Umweltsonderrecht erklärt sich vor allem aus dem hohen politischen und rechtlichen Rang der militärischen Sicherheit der Bundesrepublik Deutschland und damit verbunden aus Geheimhaltungsüberlegungen sowie dem Bestreben, Kompetenzkonflikte zwischen zivilen und (i. w. S.) militärischen Stellen zu vermeiden.

Der Gesetzgeber bedient sich dabei im wesentlichen dreier Regelungstechniken, die er teilweise kombiniert: materiellrechtliche Erleichterungen, Zuständigkeitsänderun-

[475] Z. B. bei Klagen gegen Tiefflüge, vgl. vorerst nur VG Darmstadt, NJW 1988, 3170 ff., zur Unzulässigkeit von Tiefflügen unter 300 Metern.

gen und Verfahrensvereinfachungen. Freilich gelten diese Regelungen unmittelbar im wesentlichen nur gegenüber der **Bundeswehr.**

Umweltbelastungen durch die auf dem Gebiet der Bundesrepublik Deutschland stationierten *fremden Truppen* sind bislang nur begrenzt Gegenstand des deutschen Rechts (vgl. z. B. § 60 Abs. 2 S. 2 BImSchG) und unterliegen einem besonderen völkerrechtlichen Rechtsstatut (s. u. Rn. 290).

286 **Materiellrechtliche Erleichterungen** werden teils generell (z. B. § 60 Abs. 2 BImSchG, § 8 Abs. 1 Nr. 5 ME Smog-VO, § 8 BzBlG, § 30 Abs. 1 LuftVG, § 7 Abs. 2 VbF, § 38 Abs. 1 Nr. 1 BNatSchG, § 45 Abs. 1 Nr. 1 BWaldG, § 17a S. 1 Nr. 1 WHG, § 3 GBefGG), teils nur in Ausnahmefällen (z. B. § 60 Abs. 1 BImSchG, § 29a Abs. 1 AbfG, § 24 Abs. 2 ChemG) gewährt. Eine Abweichung von allgemeinen umweltrechtlichen Anforderungen setzt dabei jedoch stets „zwingende Gründe der Verteidigung oder die Erfüllung zwischenstaatlicher Verpflichtungen" (§ 60 Abs. 1 BImSchG, § 29a Abs. 2 AbfG) bzw. zwingende aufgabenspezifische Gründe (§ 60 Abs. 2 BImSchG, § 30 Abs. 1 LuftVG) voraus. Außerdem beschränkt z. B. § 60 Abs. 2 S. 1 BImSchG die Zulassungserleichterungen auf Anlagen, die ihrer Bauart nach ausschließlich zur Verwendung im Bereich der Bundeswehr bestimmt sind.

Im einzelnen bestehen insbesondere folgende materiellrechtliche Sonderregelungen:

Für die *immissionsschutzrechtliche Anlagenzulassung* bestimmt § 60 Abs. 1 S. 1 BImSchG, daß der Bundesminister der Verteidigung für Anlagen nach § 3 Abs. 5 Nr. 1 und 3 BImSchG (Betriebsstätten und sonstige ortsfeste Einrichtungen sowie Grundstücke, auf denen Stoffe gelagert oder abgelagert oder Arbeiten durchgeführt werden, die Emissionen verursachen können, vgl. § 7 Rn. 38ff.) in Einzelfällen oder für bestimmte Arten von Anlagen Ausnahmen von den Bestimmungen des Bundes-Immissionsschutzgesetzes und von den darauf gestützten Rechtsverordnungen zulassen kann, soweit dies zwingende Gründe der Verteidigung oder die Erfüllung zwischenstaatlicher Verpflichtungen erfordern. Gemäß § 60 Abs. 1 S. 2 BImSchG ist dabei der Schutz vor schädlichen Umwelteinwirkungen zu berücksichtigen. Unmittelbar gestattet § 60 Abs. 2 BImSchG der Bundeswehr und den Stationierungsstreitkräften Abweichungen bei Anlagen nach § 3 Abs. 5 Nr. 2 BImSchG (Maschinen, Geräte und sonstige ortsveränderliche technische Einrichtungen sowie Fahrzeuge, soweit letztere nicht der Vorschrift des § 38 BImSchG unterliegen, vgl. § 7 Rn. 39). Noch wesentlich weiter geht § 8 BzBlG, wonach das Benzinbleigesetz (vgl. § 7 Rn. 134ff.) keine Anwendung auf die Einfuhr von Ottokraftstoffen findet, wenn die Einfuhr auf Grund entsprechender internationaler Vereinbarungen der Bundesrepublik Deutschland zu Verteidigungszwecken erforderlich ist.

Für den *Luftverkehr* erlaubt § 30 Abs. 1 LuftVG Abweichungen von zahlreichen Anforderungen des Luftverkehrsgesetzes (Kloepfer Nr. 800) und der zu seiner Durchführung erlassenen Vorschriften zugunsten der Bundeswehr, des Bundesgrenzschutzes, der Polizei sowie der Stationierungsstreitkräfte. Für Anlage und Änderung *militärischer Flugplätze* entfällt gemäß § 30 Abs. 1 S. 2 LuftVG das in § 8 LuftVG vorgesehene Planfeststellungsverfahren (vgl. allgemein § 7 Rn. 158ff.). Wohl aber gilt für Militärflughäfen nach der Erkenntnis des BVerwG grundsätzlich das Genehmigungserfordernis des § 6 LuftVG.[475a] Lediglich soweit dies zur Erfüllung der besonderen Aufgabe der Streitkräfte unter Berücksichtigung der öffentlichen Sicherheit und Ordnung erforderlich ist, darf von bestimmten Vorschriften des Gesetzes, darunter auch § 6 LuftVG, abgewichen werden. Uneingeschränkt gelten hingegen die §§ 12, 13, 15–19 LuftVG (§ 30 Abs. 1 S. 1 LuftVG). Spezielle materiellrechtliche Maßstäbe und Verfahrensregeln für die Anlage und wesentliche Änderung militärischer Flugplätze auf Gelände, das nicht durch Maßnahmen auf Grund des Landbeschaffungsgesetzes (s. Rn. 289) beschafft zu werden braucht, formuliert § 30 Abs. 3 LuftVG: Danach sind die Erfordernisse der Raumordnung, insbesondere des zivilen Luftverkehrs, nach Anhörung der Regierungen der betroffenen Länder angemessen

---

[475a] BVerwG, UPR 1988, 440ff.

zu berücksichtigen. Der Bundesminister der Verteidigung kann von der Stellungnahme der Länder nur im Einvernehmen mit dem Bundesminister für Verkehr abweichen; er unterrichtet die Regierungen der betroffenen Länder von seiner Entscheidung. Wird Gelände für die Anlegung und wesentliche Änderung militärischer Flugplätze nach den Vorschriften des Landbeschaffungsgesetzes beschafft, findet allein das Anhörungsverfahren nach § 1 Abs. 2 LBG statt; hierbei sind insbesondere die Erfordernisse des zivilen Luftverkehrs angemessen zu berücksichtigen. Ist bei der Landbeschaffung das Anhörungsverfahren nicht auf den Flugplatz erstreckt worden, so ist es im Genehmigungsverfahren nachzuholen. Die Anwendung des § 30 Abs. 3 LuftVG spielte zuletzt insbesondere bei dem Rechtsstreit um die geplante Stationierung von Hubschraubereinheiten auf dem US-Militärflugplatz Wiesbaden-Erbenheim eine Rolle.[476]

Von den Vorschriften über das *Verhalten im Luftraum* darf nur abgewichen werden, soweit dies zur Erfüllung hoheitlicher Aufgaben zwingend erforderlich ist (§ 30 Abs. 1 S. 3 LuftVG). An diesem Grundsatz müssen sich auch militärische Flugschauen mit Kunstflugvorführungen (wie die Veranstaltung auf dem US-Militärflugplatz im pfälzischen Ramstein, die im August 1988 70 Todesopfer forderte) messen lassen.[477] Sowohl für Verkehrsflughäfen als auch für militärische Flugplätze, die dem Betrieb von Flugzeugen mit Strahltriebwerken zu dienen bestimmt sind, gilt das *Fluglärmschutzgesetz* (Kloepfer Nr. 820, vgl. § 7 Rn. 163ff.). Während bei der Errichtung militärischer Flugplätze nach dem Luftverkehrsgesetz auch die betroffenen Gemeinden nur geringe Einflußmöglichkeiten haben, hat vor Erlaß einer Lärmschutzverordnung für Militärflugplätze eine Anhörung der Gemeinde(n) stattzufinden, die zu einer umfassenden Interessenabwägung unter Berücksichtigung der gemeindlichen Belange führen muß[478] (s. § 7 Rn. 164).

Eine weitgehende Exemtion von den Anforderungen des *Naturschutzes* nimmt § 38 Abs. 1 BNatSchG u. a. hinsichtlich solcher Flächen vor, die bei Inkrafttreten des Bundesnaturschutzgesetzes ausschließlich oder überwiegend Zwecken der Landesverteidigung dienten oder planungsrechtlich entsprechend ausgewiesen waren (Nr. 1): Durch Naturschutz und Landschaftspflege dürfen diese (aber auch z. B. wichtige öffentliche Verkehrswege und Versorgungsflächen) in ihrer bestimmungsgemäßen Nutzung nicht beeinträchtigt werden. Allerdings handelt es sich expressis verbis um eine Übergangsvorschrift, die einen Vorrang des Naturschutzes gegenüber der Umwidmung *neuer* Flächen nicht ausschließt. Die „eigentliche Bedeutung" des § 38 BNatSchG wird daher im Schrifttum in dem möglichen Umkehrschluß gesehen, daß Flächen, die zugunsten bestimmter hoheitlicher Nutzungen *nach* dem Inkrafttreten des Bundesnaturschutzgesetzes in Anspruch genommen werden, dem Gesetz in vollem Umfang unterliegen.[479] Eine vergleichbare Bestimmung enthält im *Forstrecht* § 45 Abs. 1 BWaldG. Von seiten des Bundesverteidigungsministeriums liegen Richtlinien zur Durchführung des Bundesnaturschutzgesetzes und des Bundeswaldgesetzes in Liegenschaften der Bundeswehr und NATO (Wald- und Naturschutzrichtlinien) vor.[480]

Im *Gewässerschutzrecht* zählt § 17a S. 1 WHG Gewässerbenutzungen bei Übungen und Erprobungen für Zwecke der Verteidigung (wie auch der Gefahrenabwehr) unter bestimmten Voraussetzungen zu den erlaubnisfreien Benutzungen (vgl. § 11 Rn. 62ff.). Es besteht jedoch eine Anzeigepflicht (§ 17a S. 2 WHG).

Für den Bereich der *Abfallentsorgung* findet sich in § 29a Abs. 2 AbfG eine § 60 Abs. 1 BImSchG weitgehend entsprechende Ausnahmeermächtigung, allerdings ohne den ausdrücklichen Hinweis auf die Belange des Umweltschutzes. Einzelheiten ergeben sich aus den vom Bundesminister der Verteidigung am 1. 10. 1987 erlassenen Grundsätzen für Ausnahmeregelungen nach § 29a Abfallgesetz.[481]

---

[476] Vgl. zu dem durch einen Vergleich beendeten Rechtsstreit vor dem BVerwG *Ronellenfitsch*, VerwArch. 76 (1985), 317ff., 319; zu neuerlichen Auseinandersetzungen FAZ Nr. 198 v. 26. 8. 1988, S. 4.

[477] Vgl. zur Kontroverse um die „Genehmigung" des Flugtages durch das Bundesministerium der Verteidigung und die Kompetenzabgrenzung zwischen deutschen und amerikanischen Stellen FAZ Nr. 202 v. 31. 5. 1988, S. 5.

[478] BVerfG, DVBl. 1981, 535ff., 537f.

[479] *Salzwedel*, NuR 1984, 165ff., 173 unter Berufung auf die Gesetzesbegründung in BT-Drs. 7/3879, S. 31.

[480] Erlaß v. 17. 8. 1978, VMBl. S. 269. Vgl. auch *Lang*, NuR 1981, 158ff.

[481] VMBl. 1987 S. 335, auch abgedruckt in: *Bundesministerium der Verteidigung* (Hg.), Bundeswehr und Umweltschutz, 5. Aufl., 1988, S. 100ff.

Eine entsprechende Aussage trifft § 24 Abs. 2 ChemG für das *Gefahrstoffrecht*. Einzelheiten regeln die Durchführungsbestimmungen des Bundesministers der Verteidigung zum Gesetz zum Schutz vor gefährlichen Stoffen (Chemikaliengesetz – ChemG) im Bereich der Bundeswehr (DBBwChemG) vom 29. 4. 1983.[482] Für die *Gefahrgutbeförderung* bestimmt § 3 Abs. 5 GBefGG, daß in den einzelnen Gefahrgutverordnungen (vgl. § 13 Rn. 161 ff.) Ausnahmen für die Streitkräfte, den Bundesgrenzschutz und die Polizeien sowie die Kampfmittelräumdienste der Länder zuzulassen sind, soweit dies Gründe der Verteidigung, polizeiliche Aufgaben oder die Aufgaben der Kampfmittelräumung erfordern. Entsprechende Regelungen sind in § 5 Abs. 5 GGVS und § 5 Abs. 5 GGVE erfolgt. Einzelheiten ergeben sich wiederum aus bundeswehrinternen Vorschriften.[483]

287 In verfahrensrechtlicher Hinsicht begründen die meisten Umweltgesetze zunächst die **Vollzugszuständigkeit des Bundesministers der Verteidigung** (vgl. § 30 Abs. 2 LuftVG, § 16 S. 1 ElexV, § 7 Abs. 6 Nr. 3 AcetV, § 7 Abs. 1 VbF, § 29a Abs. 1 AbfG, § 24 Abs. 1 ChemG, partiell § 60 Abs. 1 S. 1 BImSchG) oder enthalten entsprechende Verordnungsermächtigungen (§ 21 Abs. 4 WHG, allgemeiner § 59 Abs. 1 BImSchG und § 5 Abs. 5 GBefGG: „Bundesbehörden"). Für den Bereich des Immissionsschutzrechts wird die Zuständigkeit des Verteidigungsministeriums durch die **Vierzehnte Verordnung zur Durchführung des Bundes-Immissionsschutzgesetzes (Verordnung über Anlagen der Landesverteidigung – 14. BImSchV)** vom 9. 4. 1986[484] (Kloepfer Nr. 664, vgl. § 7 Rn. 5) bestimmt. Über die Zulassung genehmigungsbedürftiger Anlagen i. S. des Bundes-Immissionsschutzgesetzes im Bereich der Bundeswehr entscheidet daher weitgehend der Bundesverteidigungsminister. An die Stelle der Fremdkontrolle durch die Immissionsschutzbehörde tritt demnach eine Eigenkontrolle. Dem liegen vor allem pragmatische, auf die militärische Sicherheit und den Geheimhaltungsschutz bezogene Erwägungen zugrunde, ohne daß auf klassisch-ordnungsrechtliche Vorstellungen zur „Polizeipflichtigkeit von Hoheitsträgern" zurückgegriffen werden müßte, die einen In-sich-Konflikt der „Hoheitsgewalt gegen Hoheitsgewalt" u. a. durch Exemtion von der Polizeipflicht ausschließen wollten.[485] Die Wahrnehmung dieser Aufgabe stellt hohe Anforderungen und erfordert insbesondere auch eine gewisse Distanz gegenüber primären Ressortinteressen. Insofern verdient Beachtung, daß auch nach Auffassung der Bundeswehr der Vorrang der Landesverteidigung „nicht a priori" gilt.[486]

So heißt es in den Richtlinien des Bundesministers der Verteidigung zur Durchführung des Bundesnaturschutzgesetzes und des Bundeswaldgesetzes in Liegenschaften der Bundeswehr und NATO: „Bei der Abwägung sind sowohl die Belange der Verteidigung als auch die Belange des Naturschutzes und der Landschaftspflege zu berücksichtigen. Die Belange der Verteidigung haben gegenüber denen des Naturschutzes und der Landschaftspflege nur dann Vorrang, wenn sie anderweitig nicht oder nur unter unverhältnismäßigem Aufwand zu verwirklichen wären".[487]

288 Die Zuständigkeitsregelungen werden teilweise durch spezielle **Verfahrensregelungen** ergänzt. Diese sehen entweder vereinfachte Zulassungsverfahren für Anlagen

---

[482] VMBl. 1983 S. 110, auch abgedruckt in: Bundeswehr und Umweltschutz (FN 481), S. 97 ff.
[483] Beförderung gefährlicher Güter auf der Straße mit Fahrzeugen der Bundeswehr – Neufassung, VMBl. 1986 S. 245.
[484] BGBl. I S. 380. Vgl. dazu auch den Erlaß (Bestimmungen des BMVG zur „Vierzehnten Verordnung zur Durchführung des Bundes-Immissionsschutzgesetzes") v. 12. 1. 1987 – S I 4-Az. 63-10-06/4 (zitiert nach Bundeswehr und Umweltschutz, FN 481, S. 104).
[485] Vgl. insbes. PrOVG, OVGE 2, 399 ff. (408 f.), und die Darstellung von *Rudolf* (FN 464), S. 9 ff. m. w. N.
[486] Bundeswehr und Umweltschutz (FN 481), S. 7.
[487] VMBl. 1978 S. 269, 271 (Ziff. 14).

der Landesverteidigung (§ 10 Abs. 11 BImSchG mit § 2 der 14. BImSchV) oder sogar deren völligen Wegfall (§ 17a S. 1 WHG, § 26 Abs. 6 Nr. 3 DruckbehV) vor.

Grundsätzlich richtet sich jedoch auch das immissionsschutzrechtliche Genehmigungsverfahren für Anlagen der Bundeswehr, die der Landesverteidigung dienen, nach § 10 BImSchG und den Bestimmungen der immissionsschutzrechtlichen Genehmigungsverfahrensordnung (9. BImSchV – Kloepfer Nr. 646, s. § 7 Rn. 76). Die in § 2 der 14. BImSchV vorgesehenen Abweichungen betreffen vor allem die Geheimhaltung geheimhaltungsbedürftiger militärischer Unterlagen im – auch bei Anlagen der Landesverteidigung stattfindenden – Verfahren der Öffentlichkeitsbeteiligung.

Ferner wird die Bundeswehr von einzelnen Anzeigepflichten dispensiert (vgl. z. B. § 23 Abs. 2 VbF). Schließlich gelten die (künftigen) Vorschriften über die Durchführung einer Umweltverträglichkeitsprüfung nicht für Anlagen der Landesverteidigung (§ 3 Abs. 2 UVPG, s. o. Rn. 91; zur entsprechenden Klausel in Art. 1 Abs. 4 der UVP-Richtlinie der EG s. o. Rn. 85).

Neben den materiellrechtlichen und verfahrensrechtlichen Erleichterungen, welche **289** die Umweltgesetze den Streitkräften gewähren, sind aber auch umweltrelevante Eingriffsbefugnisse zu beachten, die den deutschen und Stationierungsstreitkräften in anderen Gesetzen eingeräumt werden. Zu nennen sind in diesem Zusammenhang insbesondere das Gesetz über die Landbeschaffung für Aufgaben der Verteidigung **(Landbeschaffungsgesetz)** vom 23. 2. 1957[488] (Sartorius Nr. 690), das **Bundesleistungsgesetz** i. d. F. vom 27. 9. 1961[489] (Sartorius Nr. 665) und das Gesetz über die Beschränkung von Grundeigentum für die militärische Verteidigung **(Schutzbereichgesetz)** vom 7. 12. 1956[490] (Sartorius Nr. 695), wonach die Streitkräfte u. a. Land für ihre Zwecke beschaffen (§§ 1ff. LBG), auf angrenzenden Grundstücken z. B. Wald und sonstigen Aufwuchs beseitigen (§ 6 Abs. 1 Nr. 2 SchutzBerG) sowie jede Art von Grundstücken überqueren, vorübergehend besetzen oder zeitweilig sperren können (§§ 68 Abs. 1 und 2, 83 BLG). Die Stationierungsstreitkräfte (s. u. Rn. 290) stehen bei Manövern der Bundeswehr insoweit gleich. Darüber hinaus dürfen sie Naturschutzgebiete in Anspruch nehmen, ohne daß es hierzu der sonst nach § 68 Abs. 2 BLG erforderlichen Einwilligung der Berechtigten bedürfte (Art. 45 Abs. 3 ZA-NTS).

Ein Sonderproblem wirft die Rechtsstellung der in der Bundesrepublik Deutsch- **290** land **stationierten ausländischen Streitkräfte** auf.[491] Von einer uneingeschränkten Geltung des deutschen Umweltrechts insoweit kann nicht ohne weiteres ausgegangen werden. Verfehlt wäre aber auch die pauschale Vorstellung eines die deutsche Rechtsordnung überwölbenden und verdrängenden Besatzungsstatuts. Nach Art. II des NATO-Truppenstatuts[492] (NTS, Sartorius II Nr. 66b) haben sich die Entsendestaaten verpflichtet, das Recht des Aufnahmestaates zu achten. Nach Art. 53 Abs. 1

---

[488] BGBl. I S. 134, zuletzt geänd. durch Ges. v. 20. 12. 1976, BGBl. I S. 3574, ber. BGBl. 1977 I S. 650.
[489] BGBl. I S. 1769, zuletzt geänd. durch Ges. v. 18. 2. 1986, BGBl. I S. 265.
[490] BGBl. I S. 899, zuletzt geänd. durch Ges. v. 20. 12. 1976, BGBl. I S. 3574.
[491] Vgl. hierzu v. a. im Hinblick auf ihre Bindung an deutsches Ordnungsrecht VGH Kassel, NJW 1984, 2055f.; *Ronellenfitsch*, VerwArch. 76 (1985), 317ff.; *Sennekamp*, NJW 1983, 2731ff.; *Schröer*, DVBl. 1972, 484ff. Vgl. ferner etwa *Lübbe-Wolff*, NJW 1983, 2222ff., und *Batstone/Stiebritz*, NJW 1984, 770ff.
[492] BGBl. 1961 II S. 1190.

S. 2 des Zusatzabkommens zum NATO-Truppenstatut[493] (ZA-NTS, Sartorius II Nr. 66c) kann eine Truppe jedoch innerhalb der ihr zur ausschließlichen Nutzung überlassenen Liegenschaften auf dem Gebiet der öffentlichen Sicherheit und Ordnung ihre eigenen Vorschriften anwenden, soweit diese gleichwertige oder höhere Anforderungen stellen als das deutsche Recht. In den übrigen Fällen ist deutsches Recht anwendbar, wenn auch – mit Rücksicht auf die den Entsendestaaten völkerrechtlich zustehende Staatenimmunität – nicht durchsetzbar: An der Staatenimmunität haben auch die Stationierungsstreitkräfte teil; sie sind weder der Gerichtsbarkeit und Zwangsvollstreckung noch sonstigen Hoheitsakten der Bundesrepublik Deutschland unterworfen.[494] Die Entsendestaaten lehnen bereits eine Bindung an das deutsche Recht ab, wobei sie die Formulierung des Art. II NTS („to respect the law of the receiving state" bzw. „respecter les lois en vigueur dans l'Etat de séjour") restriktiv interpretieren.[495] Doch läßt auch die nicht rechtsverbindliche deutsche Übersetzung („das Recht des Aufnahmestaates zu achten") den Formelkompromiß-Charakter des Art. II NTS erkennen: „Achten" bedeutet nicht zwingend „beachten"; der gebotene „Respekt" wird möglicherweise schon dadurch bezeugt, daß das deutsche Recht zur Kenntnis genommen und im Rahmen eines Abwägungsvorganges berücksichtigt wird. Es bleibt daher – neben einer Verdeutlichung der Umweltschutzbelange auf politischer Ebene – letztlich wohl nur der Weg über die in Art. 3 und 53 Abs. 4 ZA-NTS vorgesehene enge und vertrauensvolle Zusammenarbeit der deutschen Behörden mit den Stationierungsstreitkräften (und umgekehrt, woran es gelegentlich zu mangeln scheint).[496] Dabei ist es möglich, daß die deutschen Behörden die Stationierungskräfte ersuchen, sich an deutsches Umweltrecht zu halten, wobei auch entsprechende einzelfallbezogene Konkretisierungen vorgenommen werden können, die aber im Rahmen der völkerrechtlichen Vorbehalte rechtlich unverbindlich und nicht erzwingbar sind.[497]

291 Den gesetzlich normierten Ausnahmen von den Anforderungen des Umweltrechts stehen im Bereich der Bundeswehr **freiwillige Umweltschutzbemühungen**[498] und der teilweise Verzicht auf umweltbelastende Aktivitäten (etwa die Verlagerung von Schulungsflügen ins Ausland) gegenüber. Darüber hinaus ist insbesondere in Katastrophenfällen ein Einsatz der Bundeswehr für Umweltschutzmaßnahmen außerhalb ihres eigenen Bereiches vorgesehen.[499]

---

[493] BGBl. 1961 II S. 1183, 1218 m.W. v. 18. 1. 1974, BGBl. II S. 143, geänd. durch Abk. v. 21. 10. 1971, BGBl. 1973 II S. 1022.

[494] VGH Kassel, NJW 1984, 2055f., 2056. Vgl. zum Rechtsschutz bei Baumaßnahmen der in der Bundesrepublik stationierten ausländischen Truppen VGH Kassel, NJW 1980, 2660f.

[495] Vgl. *Batstone/Stiebritz,* NJW 1984, 770ff., 772.

[496] Ebenso etwa VGH Kassel, NJW 1984, 2055f., 2056.

[497] Ähnlich *Ronellenfitsch,* VerwArch. 76 (1985), 317ff., 334; nicht gefolgt werden kann ihm jedoch darin, daß der Ausschluß von Hoheitsakten gegenüber den Stationierungsstreitkräften dem Erlaß von Verwaltungsakten nicht entgegenstehe. Überdies dürfte es sich bei einer bloßen Bekanntgabe bzw. Klarstellung der Rechtslage, worauf *Ronellenfitsch* primär abzustellen scheint, um keinen Verwaltungsakt i. S. des § 35 VwVfG handeln.

[498] Vgl. z.B. Erlaß über die Verwendung von Recyclingpapier durch die Bundeswehr v. 4. 12. 1986, abgedruckt in: Bundeswehr und Umweltschutz (FN 481), S. 111; Erlaß über die Beschränkung des Kraftfahrzeugverkehrs der Bundeswehr in Smog-Gebieten bei austauscharmen Wetterlagen (Smog) – Erstfassung – v. 23. 1. 1986, VMBl. 1986 S. 73, auch abgedruckt in: Bundeswehr und Umweltschutz (FN 481), S. 112ff.

[499] Erlaß über den Einsatz der Bundeswehr für Umweltschutzmaßnahmen außerhalb des eigenen Bereichs – Neufassung – v. 20. 11. 1984, VMBl. 1985 S. 10, auch abgedruckt in: Bundeswehr und Umweltschutz (FN 481), S. 109f.

F. Privatrechtliche Instrumente

Schrifttum: *Adams,* Ökonomische Analyse der Gefährdungs- und Verschuldenshaftung, 1985; *ders.,* Zur Aufgabe des Haftungsrechts im Umweltschutz, ZZP 99 (1986), 129ff.; *v. Bar,* Verkehrspflichten, 1980; *Baumgärtel,* Die Beweislastverteilung für nachbarrechtliche Ansprüche wegen unzulässiger Immissionen, Keio law review 1983, 151ff.; *F. Baur,* Die privatrechtlichen Auswirkungen des Bundesimmissionsschutzgesetzes, JZ 1974, 657ff.; *ders.,* Die gegenseitige Durchdringung von privatem und öffentlichem Recht im Bereich des Bodeneigentums, in: Festgabe für Johannes Sontis, 1977, S. 181ff.; *ders.,* Umweltschutz und Bürgerliches Recht, in: Dokumentation zur wissenschaftlichen Fachtagung 1978 der Gesellschaft für Umweltrecht e.V., 1979, S. 29ff.; *ders.,* Zur Entstehung des Umweltschutzrechts aus dem Sachenrecht des BGB, JZ 1987, 317ff.; *J. F. Baur,* Das Verhältnis von verwaltungs- und zivilrechtlichem Rechtsschutz gegenüber Immissionen aus der Sicht eines Zivilisten, in: Gedächtnisschrift für Wolfgang Martens, 1987, S. 545ff.; *Bender/Dohle,* Nachbarschutz im Zivil- und Verwaltungsrecht, 1972; *Bernat,* Umweltschutz und österreichisches Privatrecht, in: Bruenner (Hg.), Zehn Begegnungen – ein Zeichen gutnachbarlicher Beziehungen, Graz 1985, S. 178ff.; *H. J. Birk,* Gesetz über das Nachbarrecht Baden-Württemberg, 2. Aufl., 1987; *Bischoff,* Zivilrechtliche Schadensersatz- und Unterlassungsklagen – gerichtliche Zuständigkeit und Verfahrensfragen (Frankreich), in: Gesellschaft für Umweltrecht (Hg.), Rechtsfragen grenzüberschreitender Umweltbelastungen, 1983, S. 173ff.; *Boecker,* Zur Lösung von Umweltkonflikten durch Grunddienstbarkeiten und Baulasten, BauR 1985, 149ff.; *Börner,* Die Beweislast als Hebel der Rechtspolitik, insbesondere im Immissionsschutzrecht, in: ders. (Mitverf.), Umwelt, Verfassung, Verwaltung, 1982, S. 117ff.; *Brox,* Zur Lösung nachbarrechtlicher Interessenkollisionen, JA 1984, 182ff.; *Bullinger,* Haftungsprobleme des Umweltschutzes aus der Sicht des Verwaltungsrechts, VersR 1972, 599ff.; *Deutsch,* Gefährdungshaftung: Tatbestand und Schutzbereich, JuS 1981, 317ff.; *Diederichsen,* Die Haftung für Umweltschäden, BB 1973, 485ff.; *ders.,* Fortentwicklung des Haftungsrechts auf dem Gebiet des Immissionsschutzes (Rechtsgutachten MS), 1975; *ders.,* Zivilrechtliche Probleme des Umweltschutzes, in: Festschrift für Reimer Schmidt, 1976, S. 1ff.; *ders.,* Gefährdungshaftung im Umweltrecht (Rechtsgutachten MS), 1978; *ders.,* Stand und Entwicklungstendenzen des Umwelthaftungsrechts – Gefährdungshaftung und Umweltschutz, in: Forschungsstelle für Umwelt- und Technikrecht (Hg.), Jahrbuch des Umwelt- und Technikrechts 1988 (UTR 5), 1988, S. 189ff.; *ders./A. Scholz,* Kausalitäts- und Beweisprobleme im zivilrechtlichen Umweltschutz, WiVerw. 1984, 23ff.; *Einem,* Zivilrechtliche Ansätze für die Umweltpolitik, Kriminalsoziologische Studien 1987, H. 55, 73ff.; *Engelhardt,* Umweltverzicht gegen Entschädigung, NuR 1981, 145ff.; *Feldhaus/O. A. Schmitt,* Kausalitätsprobleme im öffentlichrechtlichen Umweltschutz – Luftreinhaltung, WiVerw. 1984, 1ff.; *Forkel,* Immissionsschutz und Persönlichkeitsrecht, 1968; *Forschungsstelle für Umwelt- und Technikrecht* (Hg.), Waldschäden als Rechtsproblem (UTR 2), 1987; *Gaentzsch,* Ausbau des Individualschutzes gegen Umweltbelastungen als Aufgabe des bürgerlichen und des öffentlichen Rechts, NVwZ 1986, 601ff.; *Gehrmann,* Die Rechtsprechung des Bundesgerichtshofes zu § 906 BGB, GewArch. 1979, 287ff.; *Gerlach,* Die Grundstrukturen des privaten Umweltrechts im Spannungsverhältnis zum öffentlichen Recht, JZ 1988, 161ff.; *ders.,* Privatrecht und Umweltschutz, 1989; *Hagen,* Aktuelle Fragen aus der höchstrichterlichen Rechtsprechung zum Nachbarrecht, 2. Aufl., 1983; *Hager,* Umweltschäden – ein Prüfstein für die Wandlungs- und Leistungsfähigkeit des Deliktsrecht, NJW 1986, 1961ff.; *Henseler,* Grundfragen einer Umweltgefährdungshaftung, in: Forschungsstelle für Umwelt- und Technikrecht (Hg.), Jahrbuch des Umwelt- und Technikrechts 1988 (UTR 5), 1988, S. 205ff.; *E. v. Hippel,* Reform des Ausgleichs von Umweltschäden, ZRP 1986, 233ff.; *Hötzel,* Entschädigungs- und Ausgleichsansprüche im Natur- und Gewässerschutz, AgrarR 1987, 298f.; *Hübner,* Haftungsprobleme der technischen Kontrolle, in: Forschungsstelle für Umwelt- und Technikrecht (Hg.), Technische Überwachung im Umwelt- und Technikrecht (UTR 4), 1988, S. 121ff.; *Jabornegg,* Privates Nachbarrecht und Umweltschutz, ÖJZ 1983, 365ff.; *ders.,* Bürgerliches Recht und Umweltschutz, Gutachten für den 9. ÖJT, Wien 1985; *Jauernig,* Zivilrechtlicher Schutz des Grundeigentums in der neueren Rechtsentwicklung, JZ 1986, 605ff.; *Johlen,* Bauplanungsrecht und privatrechtlicher Immissionsschutz, BauR 1984, 134ff.; *Kleindienst,* Der privatrechtliche Immissionsschutz nach § 906 BGB, 1964; *Kleinlein,* Neues zum Verhältnis von öffentlichem und privatem Nachbarrecht, NVwZ 1982, 668ff.; *Knebel,* Überlegungen zur Fortentwicklung des Umwelthaftungsrechts, in: Forschungsstelle für Umwelt- und Technikrecht (Hg.), Jahrbuch des Umwelt- und Technikrechts 1988 (UTR 5), 1988, S. 261ff.; *W. Koch,* Der Schadensersatzanspruch bei Zerstörung von Straßenbäumen, VersR 1985, 213ff.; *Köndgen,* Überlegungen zur Fortbildung des Umwelthaftpflichtrechts, UPR 1983, 345ff.; *Kohler,* Unterlassungs- und Schadensersatzklagen wegen grenzüberschreitenden Umweltbeeinträchtigungen im internationalen Privat- und Verfahrensrecht, in: v. Moltke/Schmölling/Kloepfer/Kohler, Grenzüberschreitender Umweltschutz in Europa, 1984, S. 69ff.; *Kormann,* Lastenverteilung bei Mehrheit von Umweltstörern, UPR 1983, 281ff.; *Küppers,* Grenzüberschreitende Immissionen und internationales Nachbarrecht, ZRP 1976, 260ff.; *Ladeur,* Entschädigung für Waldsterben?, DÖV 1986, 445ff.; *Lang,* Grundfragen des privatrechtlichen Immissionsschutzes in rechtsvergleichender Sicht, AcP 174 (1974), 381ff.; *Leisner,* Waldsterben, 1983; *Littbarski,* Zivilrechtliche Probleme des Umweltschutzes im Spiegel der höchstrichterlichen Rechtsprechung, 1984; *Lorentz,* Das

Verhältnis von Bundes-Immissionsschutzgesetz und privatem Nachbarrecht, Diss. jur. Mainz 1978; *Lummert,* Zur Frage des anwendbaren Rechts bei zivilrechtlichen Schadensersatz- und Unterlassungsklagen wegen grenzüberschreitender Umweltbeeinträchtigungen, NuR 1982, 241 ff.; *ders.,* Zivilrechtliche Schadensersatz- und Unterlassungsklagen – Anwendbares Recht (Bundesrepublik Deutschland), in: Gesellschaft für Umweltrecht (Hg.), Rechtsfragen grenzüberschreitender Umweltbelastungen, 1983, 183 ff.; *ders./Thiem,* Rechte des Bürgers zur Verhütung und zum Ersatz von Umweltschäden, 1980; *Lutz,* Eigentumsschutz bei störender Nutzung gewerblicher Anlagen, 1983; *Marburger,* Ausbau des Individualschutzes gegen Umweltbelastungen als Aufgabe des bürgerlichen und des öffentlichen Rechts (Gutachten C für den 56. Deutschen Juristentag), 1986; *ders.,* Grundstückserwerb und Altlastenhaftung in zivilrechtlicher Sicht, in: Jahrbuch des Umwelt- und Technikrechts 1987 (UTR 3), 1987, S. 169 ff.; *ders.,* Zur zivilrechtlichen Haftung für Waldschäden, in: Forschungsstelle für Umwelt- und Technikrecht (Hg.), Waldschäden als Rechtsproblem (UTR 2), 1987, S. 109 ff.; *ders./Herrmann,* Zur Verteilung der Darlegungs- und Beweislast bei der Haftung für Umweltschäden – BGHZ 92, 143, JuS 1986, 354 ff.; *Mayer-Hayoz,* Technische Entwicklung und Fortbildung des privatrechtlichen Immissionsschutzes, in: Festschrift für den Schweizerischen Juristenverein, 1961, S. 35 ff.; *Medicus,* Zivilrecht und Umweltschutz, JZ 1986, 778 ff.; *Meisner/Stern/Hodes/Dehner,* Nachbarrecht im Bundesgebiet (ohne Bayern), 6. Aufl., 1982; *Mittenzwei,* Umweltverträglichkeit statt Ortsüblichkeit als Tatbestandsvoraussetzung des privatrechtlichen Immissionsschutzes, MDR 1977, 99 ff.; *Motsch,* Schadensersatz als Erziehungsmittel, JZ 1984, 211 ff.; *Mühl,* Die Ausgestaltung des Nachbarrechtsverhältnisses in privatrechtlicher und öffentlichrechtlicher Sicht, in: Festschrift für Ludwig Raiser zum 70. Geb., 1974, S. 159 ff.; *ders.,* Das Gebot der Rücksichtnahme im Baurecht und die Verbindungslinien zum privaten Nachbarrecht, in: Festschrift für Fritz Baur, 1981, S. 83 ff.; *Nawrath,* Die Haftung für Schäden durch Umweltchemikalien, 1982; *ders.,* Die Haftung in Fällen der Unaufklärbarkeit der Verursachungsanteile bei summierten Immissionen, NJW 1982, 236 f.; *Nick,* Die Beweislastverteilung im zivilrechtlichen Umweltschutz, AgrarR 1985, 343 ff.; *Palmer,* Die Entwicklung des deutschen privatrechtlichen Immissionsschutzrechts im 19. Jahrhundert verglichen mit dem französischen Recht, Diss. jur. Bochum 1979; *Pikart,* Bürgerlich-rechtliche Rechtsfragen bei Lärmbelästigungen durch den Betrieb von Sportanlagen im Wohnbereich, in: Pikart/Gelzer/Papier, Umwelteinwirkungen durch Sportanlagen, 1984, S. 30 ff.; *Redeker,* Nachbarklage – öffentlich-rechtlich oder zivilrechtlich?, NJW 1959, 749 ff.; *E. Rehbinder,* Politische und rechtliche Probleme des Verursacherprinzips, 1973; *ders.,* Ersatz ökologischer Schäden – Begriff, Anspruchsberechtigung und Umfang des Ersatzes unter Berücksichtigung rechtsvergleichender Erfahrungen, NuR 1988, 105 ff.; *ders.,* Fortentwicklung des Umwelthaftungsrechts in der Bundesrepublik Deutschland, in: Dokumentation zur 12. wissenschaftlichen Fachtagung der Gesellschaft für Umweltrecht e. V. Berlin, 4. und 5. 11. 1988 (im Erscheinen); *Rest,* Fortentwicklung des Umwelthaftungsrechts. Völkerrechtliche und international-privatrechtliche Aspekte, in: Dokumentation zur 12. wissenschaftlichen Fachtagung der Gesellschaft für Umweltrecht e. V. Berlin, 4. und 5. 11. 1988 (im Erscheinen); *Ronellenfitsch/Wolf,* Ausbau des Individualschutzes gegen Umweltbelastungen als Aufgabe des bürgerlichen und öffentlichen Rechts?, NJW 1986, 1955 ff.; *Roth,* Materiellrechtliche und prozessuale Aspekte eines privatrechtlichen Umweltschutzes, NJW 1972, 921 ff.; *Ruhwedel,* Fluglärm und Schadensausgleich im Zivilrecht, NJW 1971, 641 ff.; *Rummel,* Ersatzansprüche bei summierten Immissionen, 1969; *Salje,* Reform des Umwelthaftungsrechts, ZRP 1988, 153 ff.; *Schacht,* Die Rechtsprechung des BGH zur Haftung für Schäden bei der Anwendung von Pflanzenschutzmitteln, AgrarR 1981, 334 ff.; *Schapp,* Das Verhältnis von privatem und öffentlichem Nachbarrecht, 1978; *Schünemann,* Kausalität in der Gefährdungshaftung, NJW 1981, 2796 ff.; *Schwabe,* Lastenverteilung bei einer Mehrheit von Störern, UPR 1984, 7 ff.; *ders.,* Ausgleich für Waldschäden, in: Thieme (Hg.), Umweltschutz im Recht, 1988, S. 67 ff.; *Simitis,* Haftungsprobleme beim Umweltschutz, VersR 1972, 1087 ff.; *Spiller,* Umweltproblem und Versicherung, 1981; *Stich,* Immissionsschutz im bürgerlichen Recht, in: Salzwedel (Hg.), Grundzüge des Umweltrechts, 1982, 289 ff.; *Strasser* (Hg.), Privatrecht und Umweltschutz, 1976; *Tiedemann,* Vom Mythos der negativen Immissionen, MDR 1978, 272 ff.; *Töpfer,* Die politische Verantwortung der Umweltpolitik für das Umwelthaftungsrecht, Versicherungswirtschaft 1988, 466 ff.; *Weidner,* Umweltschäden und Zivilrecht: Beispiele aus der Bundesrepublik Deutschland und Japan, Kriminalsoziologische Bibliographie 1987, H. 55, 51 ff.; *Harry Westermann,* Welche gesetzlichen Maßnahmen zur Luftreinhaltung und zur Verbesserung des Nachbarrechts sind erforderlich?, 1958; *ders.,* Die Funktion des Nachbarrechts, in: Festschrift für Karl Larenz zum 70. Geb., 1973, S. 1003 ff.

I. Allgemeine Bedeutung für den Umweltschutz

292 Ein **Umweltprivatrecht**[500] im Sinne eines eigenständigen (Teil-)Rechtsgebietes existiert bisher nicht, es besteht vielmehr ganz überwiegend aus allgemeinen zivilrechtlichen Normen, die *auch* auf Umweltprobleme Anwendung finden können. Sie

[500] Vgl. wegen dieses Begriffes *Storm* (FN 1), Tz. 160, S. 61. Zur gesamten Materie jetzt umfassend *Gerlach,* Privatrecht und Umweltschutz, 1989.

dienen dem Umweltschutz zudem nur mittelbar, da (nach bisher geltendem Recht) regelmäßig nicht Umweltgüter als solche, sondern nur private Rechte mit zivilrechtlichen Instrumenten verteidigt werden können. Lediglich soweit ausnahmsweise eine Koinzidenz zwischen Umweltgütern und privaten Rechtspositionen besteht, insbesondere also, wenn Umweltgüter sich in Privateigentum befinden (z. B. Waldeigentum), kann das Zivilrecht einen wesentlichen Beitrag zum Umweltschutz leisten.

Insofern ist zutreffend gesagt worden, zivilrechtlichen Umweltschutz gebe es bislang nur gegen Belastungen ,,aus der Umwelt", nicht aber unmittelbar gegen Belastungen ,,der Umwelt".[501]

Der größte Teil der Umweltschäden, insbesondere die allgemein ökologischen Schäden, entziehen sich daher mangels individueller Zuordenbarkeit einer privatrechtlichen Bewältigung.[502] Daneben existieren **spezialgesetzliche Haftungsregelungen** in einzelnen Umweltgesetzen, namentlich im Atomgesetz (§§ 13ff., 25ff. AtG), Wasserhaushaltsgesetz (§ 22 WHG) und Luftverkehrsgesetz (§ 33 LuftVG) (s. dazu i. e. § 8 Rn. 67ff. und § 11 Rn. 189ff.), über deren überkommene systematische Zuordnung zum Umweltprivatrecht man wegen ihrer Verankerung in öffentlich-rechtlichen Gesetzen zwar geteilter Auffassung sein mag, die aber jedenfalls funktionale Äquivalente zu den sonst geltenden allgemeinen zivilrechtlichen Haftungsregelungen bilden. Im Unterschied zur allgemeinen verschuldensabhängigen Haftung statuieren sie jedoch eine verschuldensunabhängige Gefährdungshaftung.

Privatrechtsnormen sollen grundsätzlich die **Selbstregulierung** eines Lebensbereiches ermöglichen.[503] Da die gesetzliche Rahmensetzung wie auch die Rechtskontrolle Sache des Staates sind, bilden sie jedoch **zugleich** ein **Instrument indirekter staatlicher Steuerung.** Insbesondere die Verschärfung des Haftungsrechts wird demzufolge als eigenständiges Umweltschutzinstrument diskutiert.[504] Die Schadensersatzpflichten sind nicht nur ein Instrument des Ausgleichs bereits eingetretener Schädigungen; indem sie das Risiko bei umweltgefährdenden Verhaltensweisen verschärfen, sind sie zugleich ein ,,Erziehungsmittel" des Staates und ein Beitrag zur Schadensprophylaxe.[505] Korrespondierende Versicherungssysteme könnten den Wohlverhaltensdruck noch verstärken und Überwachungsaufgaben übernehmen.[506] Allerdings können Versicherungen die Steuerungsintensität von Haftungsnormen auch relativieren. Eine stärkere Aktivierung des Zivilrechts entspräche auch den Vorstellungen der Anhänger von sog. **Verhandlungslösungen,**[507] d. h. direkten Vereinbarungen zwischen 293

---

[501] *Medicus,* JZ 1986, 778ff., 780.

[502] Hierüber besteht weitgehende Einigkeit, vgl. nur *Marburger,* Gutachten C zum 56. Deutschen Juristentag Berlin 1986, in: Verhandlungen des 56. DJT, Bd. I, 1986, C 14f.; *Diederichsen,* 56. DJT, Bd. II, 1986, L 48ff., und *Hager,* NJW 1986, 1961ff., 1962. Vgl. zum folgenden auch *Diederichsen,* FS Reimer Schmidt, 1976, S. 1ff., und *Harry Westermann,* FS Larenz, 1973, S. 1003ff.

[503] Vgl. statt aller *Breuer* (FN 1), S. 648.

[504] Vgl. dazu bereits *E. Rehbinder* (FN 303), S. 163ff. m. w. N., sowie zuletzt *Marburger* (FN 502), C 119ff., und *E. Rehbinder,* NuR 1988, 105ff. Die Fortentwicklung des Umwelthaftungsrechts war auch Gegenstand der 12. Jahrestagung der Gesellschaft für Umweltrecht im November 1988 (mit Beiträgen von *Rehbinder* und *Rest*).

[505] Vgl. schon *Bullinger,* VersR 1972, 599ff., 599, und *Simitis,* VersR 1972, 1087ff., 1093; zuletzt *Adams,* ZZP 99 (1986), 129ff., sowie allgemein statt vieler *Motsch,* JZ 1984, 211ff., 217ff. m. w. N.

[506] Vgl. z. B. *Hager,* NJW 1986, 1961ff., 1967.

[507] Vgl. *Wicke* (FN 206), S. 144ff.

(potentiellen) Schädigern und Geschädigten im Umweltschutz (s. § 3 Rn. 32). Wegen des Massencharakters von Umweltschäden scheitert eine solche Umweltschutzstrategie freilich vielfach bereits an organisatorischen Problemen der Interessenaggregation.

294 Des weiteren hängt der Umweltschutzertrag des Zivilrechts von der Bereitschaft und Fähigkeit der Bürger ab, sich seiner Möglichkeiten zu bedienen. Dabei hat der Staat aus rechts- wie aus sozialstaatlichen Gründen dafür zu sorgen, daß weder durch Gerichtskosten noch durch Anwaltskosten faktische Gerichtszugangssperren entstehen. Aber auch wenn solche Sperren nicht bestehen, kann freilich nicht übersehen werden, daß ein zivilrechtlicher Umweltschutz seine Realisierung entscheidend in die Hand von Individuen legt. Diese können aber möglicherweise (aus persönlichen Gründen wie auch zur Vermeidung von Risiken und Unbequemlichkeiten eines Prozesses) bereit sein, Umweltschädigungen durch Dritte hinzunehmen, obwohl solche Schädigungen im Interesse der Allgemeinheit verhindert werden sollten. Im Hinblick auf die das Zivilrecht prägende **Privatautonomie** ist auch grundsätzlich hinzunehmen, wenn Private, statt Abwehrmöglichkeiten auszuschöpfen, sog. **Abfindungsverträge** schließen. Diese können auch den Verzicht auf öffentlich-rechtliche Rechtsbehelfe zum Inhalt haben.[508]

Problematisch ist jedoch, wenn sich Kommunen an einer solchen ,,Verhandlungslösung" (evtl. mit einem Millionenbetrag) beteiligen. Der BGH hat in der Bergkamen-Entscheidung den Vertragsschluß gleichwohl für wirksam gehalten.[509] Die Frage, ob die Gemeinde hierbei gegen öffentlich-rechtliche (z. B. haushaltsrechtliche) Pflichten verstoßen hat, wird vom BGH nur punktuell angesprochen, brauchte von ihm aber auch nicht entschieden zu werden, da der Nichtigkeitsgrund des § 134 BGB einen Verstoß gegen ein zweiseitiges Verbot voraussetzt.

Ein wirksamer Verzicht auf öffentliche Belange ist demgegenüber durch privatrechtliche Vereinbarung nicht möglich.[510]

295 Die zunehmend dichtere öffentlich-rechtliche Normierung der Umweltbeziehungen läßt schließlich die Frage aufkommen, inwieweit für zivilrechtliche Regulierungen überhaupt noch Raum ist. Wegen der teilweise bestehenden Möglichkeiten, Umweltbelastungen sowohl im Verwaltungs- als auch im Zivilrechtsweg abzuwehren, wird zum Teil bereits von einer ,,Hypertrophie der Rechtsschutzgewährung" gesprochen.[511] Dies mag hier auf sich beruhen (vgl. § 5 Rn. 5). Rechtsdogmatisch vordringlich ist die **Harmonisierung von öffentlich-rechtlichem und zivilrechtlichem Umweltschutz**[512] (s. auch u. Rn. 302, vgl. allgemein zur Harmonisierungsaufgabe § 1 Rn. 38), wobei – trotz erheblicher Meinungsverschiedenheiten – freilich Einigkeit darüber bestehen dürfte, daß diese nicht zu einer völligen Egalisierung des Umweltschutzbeitrages beider Rechtsgebiete führen darf, sondern das spezifische Potential des Zivilrechts gewahrt und weiterentwickelt werden muß. Daß eine wichtige Funktion des privatrechtlichen Immissionsschutzes darin gesehen wird, ,,strukturelle Schwächen im System des öffentlich-rechtlichen Individualschutzes auszuglei-

---

[508] BGH, NJW 1981, 811ff., 811. Vgl. dazu auch *Engelhardt,* NuR 1981, 145ff.
[509] BGH, NJW 1981, 811ff., 811.
[510] BVerwG, BauR 1978, 385ff., 386. Vgl. dazu wie auch zur Vereinbarkeit mit der vorgenannten BGH-Entscheidung *Stich,* in: Salzwedel (Hg.), Grundzüge des Umweltrechts, 1982, S. 289ff., 296ff.
[511] *Sellner,* 56. DJT, Bd. II, 1986, L 8ff., 25.
[512] *Diederichsen* (FN 502), L 57ff.

chen",[513] kann indes nicht bedeuten, daß Grundentscheidungen der Umweltgesetzgebung mit den Mitteln des Zivilrechts korrigiert werden dürften. Deshalb hat der Gesetzgeber etwa auch Regelungen getroffen, die ein Mindestmaß an „Rechtfertigungsparallelität" zwischen öffentlichem und zivilistischem Umweltrecht gewährleisten (s. u. Rn. 305).

II. Umweltschützende Normen im BGB

Die Bestimmungen des Bürgerlichen Gesetzbuches interessieren aus der Sicht des Umweltschutzes vor allem unter dem Blickwinkel, inwieweit sie individuelle Rechte des Bürgers zur **Abwehr und** zum **Ersatz von Umweltschäden** vermitteln. Weniger beachtet wird daneben bislang, daß in den Rechtsformen des Privatrechts auch **positiv gestaltende Beiträge** zum Umweltschutz geleistet werden können. Beispiele hierfür sind der Kauf von „Sperrgrundstücken" durch private „Umweltschützer" oder die Bestellung von Grunddienstbarkeiten (§§ 1018ff. BGB) mit umweltschützendem Inhalt (z. B. bezüglich Bebauung, Baugestaltung, Bepflanzung, Energieversorgung).[514] Umweltprivatrecht erschöpft sich jedenfalls nicht im Umwelthaftungsrecht. 296

Die **zentralen Rechtsgrundlagen** für zivilrechtliche Abwehr-, vor allem Unterlassungs- und Ausgleichs-, insbesondere Schadensersatzansprüche, finden sich im Sachenrecht, insbesondere im privaten Nachbarrecht, einerseits (§§ 906ff., 1004 BGB, Nachbarrechtsgesetze der Länder) und im Deliktsrecht (§§ 823ff. BGB) andererseits. Dabei setzt der Begriff der Nachbarschaft nicht notwendig Grenznachbarschaft voraus. Nachbar ist vielmehr jeder, der vom Einwirkungskreis einer Anlage erfaßt wird.[515] 297

Die elementaren Unterschiede zwischen beiden Anspruchsgruppen bestehen in folgendem:

Privates Nachbarrecht schützt im wesentlichen nur den Grundstückseigentümer (und in engen Grenzen Gleichgestellte)[516] speziell vor (von anderen Grundstücken ausgehenden) Immissionen, ohne daß es an sich[517] auf die Rechtswidrigkeit der Immission oder ein Verschulden des Emittenten ankommt **(Immobiliarbezogenheit).** Demgegenüber schützt das **Deliktsrecht** die Rechtsgüter von jedermann (insbesondere bei Körper- und Sachschäden), setzt aber ihre **rechtswidrige und schuldhafte Verletzung** voraus. Eine verschuldensunabhängige Gefährdungs- bzw. Verursacherhaftung[518] (s. auch u. Rn. 330) sehen bisher nur spezialgesetzliche Haftungsregelun- 298

---

[513] *Diederichsen* (FN 502), L 63 m. w. N.

[514] Vgl. *F. Baur,* in: Dokumentation zur wissenschaftlichen Fachtagung der Gesellschaft für Umweltrecht e. V. Berlin 1978, 1979, S. 29ff., 33ff.

[515] Vgl. *Simitis,* VersR 1972, 1087ff., 1091, sowie zuletzt m. w. N. *Diederichsen* (FN 502), L 55; zu den notwendigen Differenzierungen im öffentlich-rechtlichen Umwelt-Nachbarrecht *Breuer,* DVBl. 1986, 849ff., 853ff.; zu dem – diesem im wesentlichen zugrundeliegenden – baurechtlichen Nachbarschutz zuletzt *Marburger* (FN 502), C 16ff. m. w. N.

[516] Vgl. *Marburger* (FN 502), C 115, 118f. m. w. N.

[517] s. jedoch u. Rn. 302, 312.

[518] Vgl. hierzu das Kolloquium über Umweltgefährdungshaftung, das Mitte 1987 von der Forschungsstelle für Umwelt- und Technikrecht an der Universität Trier in Bonn veranstaltet wurde (Tagungsbericht u. a. von *Meßerschmidt,* UPR 1988, 47f.), und die hieraus hervorgegangenen Beiträge von *Diederichsen, Henseler, Knebel* und *H. P. Sander* im Jahresband 1988 der Forschungsstelle für Umwelt- und Technikrecht (UTR 5).

gen, insbesondere des Atomgesetzes und des Wasserhaushaltsgesetzes vor. Der Verschuldensmaßstab kann allerdings durch **Verkehrssicherungspflichten** erweitert und im Hinblick auf typische Gefahrenabläufe tendenziell objektiviert und damit faktisch erheblich reduziert werden.[519]

299 Ein weiterer wesentlicher Unterschied besteht in folgendem: Während die §§ 906ff. und 1004 BGB **Beseitigungs-** und **Unterlassungs-** (§§ 907, 1004 BGB) sowie **Ausgleichsansprüche** (§ 906 Abs. 2 S. 2 BGB) begründen, helfen die §§ 823ff. BGB als reine **Haftungsnormen** erst nach Schadenseintritt. Dabei geht allerdings auch von derartigen Restitutionsvorschriften regelmäßig ein gewichtiger präventiver Effekt der Schadensvermeidung (zwecks Schadensersatzvermeidung) aus. Gegenüber rechtswidrigen (nicht notwendig schuldhaften) Eigentumsstörungen gibt jedoch (der allgemein eigentumsschützende und nicht immobiliarspezifische) § 1004 BGB einen negatorischen Beseitigungs- und Unterlassungsanspruch, der gewohnheitsrechtlich als sog. quasi-negatorischer Anspruch auch auf sonstige absolute Rechte und Rechtsgüter im Sinne von § 823 Abs. 1 BGB sowie auf schutzgesetzlich gesicherte Rechtspositionen im Sinne von § 823 Abs. 2 BGB erweitert wird.[520]

300 Bedeutung für den Umweltschutz können darüber hinaus u. U. auch **vertragliche Gewährleistungspflichten** bei Lieferung fehlerhafter Ware haben, soweit durch die Fehlerhaftigkeit Umweltschäden verursacht werden. Nach deliktsrechtlichen Grundsätzen kann unter engen Voraussetzungen auch eine Produzentenhaftung gegenüber Dritten eintreten.[521]

301 Das Ausmaß der Umweltschäden, die Privaten nach Schätzungen jährlich in Milliardenhöhe entstehen,[522] ließe an sich erwarten, daß das Zivilrecht als Konfliktlösungsinstrument eine erhebliche Rolle spielt. Dies war bislang aber nicht der Fall.[523] Erst in neuerer Zeit bahnt sich ein **Bedeutungswandel** an, dessen mögliches Ausmaß aber noch nicht abzuschätzen ist. Die Ursachen für die bislang relativ geringe Bedeutung des Zivilrechts für den Umweltschutz sind nicht in erster Linie in restriktiven materiellen Anspruchsvoraussetzungen zu suchen. Sie sind vor allem begründet zum einen in der partiellen Verdrängung bzw. Vernichtung zivilrechtlicher Ansprüche durch die öffentlich-rechtliche Umweltnutzungsordnung[524] und zum anderen in häufig auftretenden gravierenden Beweisschwierigkeiten beim Kausalitätsnachweis, wie ihn die erfolgreiche Geltendmachung zivilrechtlicher Abwehr- und Ausgleichsansprüche voraussetzt (s. dazu u. Rn. 317ff.). Entsprechendes gilt für den Beweis (u. U.) anspruchbegründenden Verschuldens.

302 Darüber hinaus besteht eine materiell-rechtliche **Dominanz des öffentlichen Rechts** vor allem auch im Sinne einer partiellen Interpretationsherrschaft über die verbleibenden zivilrechtlichen Ansprüche. Ob eine Immission wesentlich oder orts-

---

[519] Vgl. insbes. *Kötz,* Deliktsrecht, 3. Aufl., 1983, S. 121ff. Zu ihrer zunehmenden Bedeutung für den Umweltschutz *Diederichsen* (FN 502), L 76ff.
[520] Vgl. *Marburger* (FN 502), C 119.
[521] Vgl. *Kötz* (FN 519), S. 190ff. m. w. N.
[522] Neben Waldschäden in Höhe von jährlich knapp 2 Mrd. DM v. a. Gebäudeschäden, die auf 1,5 Mrd. DM im Jahr geschätzt werden; vgl. zur Schadensschätzung Umwelt (BMI) Nr. 93 v. 21. 12. 1982, S. 4.
[523] Vgl. nur *Diederichsen/Scholz,* WiVerw. 1984, 23ff., 23 m. w. N.
[524] Vgl. grundlegend *Schapp,* Das Verhältnis von privatem und öffentlichem Nachbarrecht, 1978.

üblich im Sinne von § 906 BGB ist oder ob eine unerlaubte Handlung nach § 823 BGB vorliegt, bestimmt sich regelmäßig primär nach bau- und umweltrechtlichen Normen und nicht mehr wie früher ausschließlich nach allgemeinen Rechtsprechungsgrundsätzen.

Der BGH beurteilt die Voraussetzungen des Ausgleichsanspruches nach § 906 Abs. 2 S. 2 BGB erklärtermaßen im Lichte der Wertentscheidungen des Bundes-Immissionsschutzgesetzes.[525] Durch die Berücksichtigung öffentlich-rechtlicher Planungen bei der Bestimmung der Ortsüblichkeit kann zudem der bei einer Anknüpfung an die bloße Faktizität bestehenden Gefahr einer „schleichenden Immissionsverdichtung" entgegengewirkt werden,[526] während umgekehrt eine Antizipation von immissionsschutzverringernden Planungen ausscheiden dürfte.

Freilich bleibt die Zivilrechtsprechung in Umweltsachen weiterhin auf eine gewisse **Eigenständigkeit des Zivilrechts** bedacht.

So hält der BGH daran fest, daß sich die Ortsüblichkeit einer Nutzung in erster Linie nach den tatsächlichen Verhältnissen im jeweiligen Beurteilungsgebiet bemißt. Daher kann im Einzelfall auch eine allgemein plankonforme Nutzung ortsunüblich sein.[527]

Hierin liegen sowohl Chancen als auch Risiken für das Umweltrecht. Einerseits kann dadurch der zivilrechtliche Umweltschutz in die Lage versetzt werden, die öffentlich-rechtlichen Regelungen vor allem fallbezogen individualisierend zu ergänzen und damit den Umweltschutz insgesamt zu effektivieren, andererseits besteht langfristig aber auch die Gefahr, daß hieraus Wertungswidersprüche in der Rechtsordnung und damit Destabilisierungen des Umweltrechts insgesamt erwachsen könnten. Eine fortlaufende **Harmonisierung** von öffentlich-rechtlichem und zivilrechtlichem Umweltschutz ist daher geboten (s. o. Rn. 295) und insbesondere auch der Rechtsprechung aufgegeben.

1. §§ 906ff. BGB

Obwohl vor der systematischen Herausbildung des Umweltrechts entstanden, ist 303
§ 906 BGB bislang die einzige umweltschutz*spezifische* Norm im Bürgerlichen Gesetzbuch. Sie bestimmt die Rechte von Grundstückseigentümern gegenüber der „Zuführung von Gasen, Dämpfen, Gerüchen, Rauch, Ruß, Wärme, Geräusch, Erschütterungen und ähnliche(n) von einem anderen Grundstück ausgehenden Einwirkungen" und bildet somit das **zivilrechtliche Korrelat zum öffentlich-rechtlichen Immissionsschutz,** der zu einem guten Teil aus dem zivilrechtlichen Nachbarrecht hervorgegangen ist.[528]

Als **Immissionen** i. S. von § 906 Abs. 1 BGB („Zuführung unwägbarer Stoffe") wurden im 304
einzelnen von der Rechtsprechung bislang etwa anerkannt:[529] chemische Gase, Teerdämpfe, die von einer Schweinemästerei ausgehenden Gerüche, Staub, Feuerwerksfunken, verschiedene Erschütterungen – Baurammarbeiten und der Betrieb einer Rotationspresse, u. U. aber beispielsweise auch schon der Betrieb einer Waschmaschine oder einer Kegelbahn – sowie die

[525] BGHZ 64, 220 (223f.). Für eine einheitliche Auslegung der Kriterien der Wesentlichkeit in § 906 Abs. 1 BGB und der Erheblichkeit in § 3 Abs. 1 BImSchG BVerwG, DVBl. 1988, 967ff., 968.

[526] *Hager,* NJW 1986, 1961ff., 1963. Vgl. zum Einfluß der öffentlichen Bauleitplanung auf das private Immissionsschutzrecht *Marburger* (FN 502), C 102ff. m. w. N. Ablehnend *Diederichsen* (FN 502), L 58ff.

[527] BGH, NJW 1983, 751f., 752 (Tennisplatz) m. w. N.

[528] Vgl. *F. Baur,* JZ 1987, 317ff.

[529] Nachw. etwa bei *Bassenge,* in: Palandt, Bürgerliches Gesetzbuch, 48. Aufl., 1989, § 906 Anm. 2.

vielfältigsten Erscheinungsformen von Lärm: Baulärm, Handwerkerlärm, Gaststättenlärm, Freizeit- und Sportlärm (z. B. Schießplätze, Tennisanlagen[530]), Schul- und Kinderlärm, Tierlärm, doch z. B. auch das Geräusch einer Fontäne und Kirchengeläut. Unter dem Begriff der ähnlichen Einwirkungen wurden beispielsweise Belästigungen durch Taubenhaltung und Bienenflug, pflanzliche Immissionen (Laub-, Nadel-, Blüten- und Samenflug) und Lichteinwirkungen (z. B. Leuchtreklame, grelle Lichtreflexe) als Immissionen erfaßt.

Demgegenüber hat sich eine Ausdehnung des zivilrechtlichen Immissionsbegriffes auf wichtige weitere, insbesondere sog. **negative Einwirkungen**[531] (z. B. Entzug von Licht, Sonne, Luft, Wind, Abschattung von Funkwellen[532]) oder ästhetische und ideelle „Immissionen" (Verletzung des ästhetischen und moralischen Empfindens) bislang nicht durchsetzen können.[533]

Der im öffentlichen Immissionsschutzrecht mit § 906 BGB korrespondierende § 3 Abs. 2 BImSchG definiert als Immissionen: „auf Menschen sowie Tiere, Pflanzen und andere Sachen einwirkende Luftverunreinigungen, Geräusche, Erschütterungen, Licht, Wärme, Strahlen und ähnliche Umwelteinwirkungen".

305 Das in dieser weitgehenden Tatbestandsüberschneidung angelegte **Konkurrenzverhältnis** zwischen zivilen und öffentlichen Umweltrechtsnormen entscheidet § 14 BImSchG grundsätzlich zugunsten des öffentlichen Umweltrechts, indem diese Vorschrift der unanfechtbar gewordenen Anlagengenehmigung **Ausschlußwirkung** gegenüber privatrechtlichen, nicht auf besonderen Titeln beruhenden Abwehransprüchen beilegt (s. dazu i. e. o. Rn. 52). Hierdurch wird auch ein an sich gegebener Ausgleichsanspruch nach § 906 Abs. 2 S. 2 BGB abgeschnitten. Als Surrogat erhält der Nachbar einen Anspruch auf Schutzvorkehrungen, soweit solche technisch möglich und wirtschaftlich vertretbar sind, andernfalls auf Schadensersatz (§ 14 BImSchG). Auf diese Weise wird weitgehend verhindert, daß öffentlich-rechtlich eingeräumte Rechtspositionen durch zivilrechtliche Angriffsmöglichkeiten entwertet werden.

306 Allerdings wird in der Umweltgesetzgebung nicht jeder Zulassungsentscheidung **privatrechtsgestaltende Wirkung** beigelegt: So verleiht die wasserrechtliche Erlaubnis nach § 7 WHG ausschließlich eine öffentlich-rechtliche Befugnis zur Gewässerbenutzung und läßt private Rechte unberührt. „Unbeschadet privater Rechte Dritter" werden auch Baugenehmigungen erteilt (vgl. z. B. § 68 Abs. 1 S. 2 LBauO Rh.-Pf.), wobei jedoch aufgrund deren formeller Bestandskraft spätere privatrechtliche Abwehransprüche kanalisiert werden.[534]

Dies betrifft etwa die nach dem Bundes-Immissionsschutzgesetz nicht genehmigungsbedürftigen Anlagen im Sinne von § 22 BImSchG, die regelmäßig einer Baugenehmigung bedürfen.

Demgegenüber modifiziert eine wasserrechtliche Bewilligung gemäß § 8 Abs. 3 und 4 WHG auch das private wasserrechtliche Nachbarrecht[535] und schließt spätere Ansprüche weitestgehend aus (§ 11 WHG). Ähnlich gestaltet wie § 14 BImSchG sind die Regelungen in § 7 Abs. 6 AtG, § 11 LuftVG und § 17 Abs. 6 FStrG sowie § 75 Abs. 2 S. 1 VwVfG.

---

530 BGH, NJW 1983, 751 f.
531 Vgl. *Diederichsen* (FN 502), L 52 m. w. N.
532 BGHZ 88, 344 (347).
533 BGHZ 95, 307 (309 f.), sowie zum Ganzen *Marburger* (FN 502), C 101 f. m. w. N. Für eine Einbeziehung ästhetischer Immissionen in § 906 BGB etwa *Diederichsen* (FN 502), L 54.
534 Hierzu näher *Breuer* (FN 1), S. 650.
535 Vgl. *Gieseke/Wiedemann/Czychowski,* Wasserhaushaltsgesetz, 4. Aufl., 1985, § 8 Rn. 57.

Die Bedeutung des Abwehr- und Ausgleichsanspruches aus § 906 BGB besteht daher vor allem gegenüber Emissionen, die entweder einer Genehmigung nicht bedürfen oder sich nicht im Rahmen einer bestehenden Genehmigung halten. 307

Zur ersten Gruppe gehören vor allem Lärmemissionen, die daher auch relativ häufig Gegenstand privatrechtlicher Abwehrklagen sind.[536]

Auch hier konkurrieren öffentliches Recht und Zivilrecht insofern, als die betroffenen Nachbarn regelmäßig die Wahlmöglichkeit haben, ob sie sich unmittelbar mit zivilrechtlichen Mitteln gegen den Emittenten wenden oder die Behörde (Fachbehörde, ggf. auch allgemeine Polizeibehörde) einschalten wollen und erforderlichenfalls zum Einschreiten veranlassen.[537]

Die relativ weite Fassung des Immissionsbegriffs in § 906 Abs. 1 BGB erfordert ein einschränkendes Korrektiv, das der Gesetzgeber in Gestalt der zusätzlichen Erfordernisse der Wesentlichkeit und Ortsüblichkeit der Immission bereitgestellt hat. Das in § 906 Abs. 1 BGB angelegte Verbietensrecht wird daher durch spezifische **Duldungspflichten** ausgeschlossen, wenn 308

- die Einwirkung die Benutzung des Grundstücks nicht oder nur unwesentlich beeinträchtigt (§ 906 Abs. 1 BGB),
- die Beeinträchtigung zwar wesentlich ist, aber durch eine ortsübliche Benutzung herbeigeführt wird und nicht durch Maßnahmen verhindert werden kann, die Benutzern dieser Art wirtschaftlich zumutbar sind (§ 906 Abs. 2 S. 1 BGB).

Das Erfordernis einer **wesentlichen** Beeinträchtigung entspricht dem für das gesamte Umweltrecht gültigen Gedanken der grundsätzlichen Unerheblichkeit von Bagatelleingriffen (s. § 7 Rn. 29), wie er etwa auch in § 3 Abs. 1 BImSchG und der dortigen Beschränkung des Begriffs der schädlichen Umwelteinwirkungen auf Gefahren, *erhebliche* Nachteile oder *erhebliche* Belästigungen zum Ausdruck gelangt. Maßgeblich für die Wesentlichkeit einer Beeinträchtigung ist neben objektiven Gesichtspunkten das Empfinden eines „normalen Durchschnittsmenschen“, nicht das subjektive Empfinden des im Einzelfall konkret Betroffenen. 309

Das Kriterium der **Ortsüblichkeit** stellt auf ein häufiges tatsächliches Vorkommen der (inkriminierten bzw. der beeinträchtigten) Grundstücksbenutzung in dem (abzugrenzenden) Gebiet ab: Wird die Mehrheit der dort gelegenen Grundstücke so genutzt, daß sie in annähernd gleicher Weise wie das Grundstück des Emittenten fremde Grundstücke beeinträchtigen, so ist die Ortsüblichkeit in der Regel jedenfalls zu bejahen. Dies gilt auch für Einzelgrundstücke, soweit diese – wie etwa ein Flugplatz oder sonstige Großanlagen – die gesamte Umgebung prägen.[538] Als (wesentlich und) nicht ortsüblich können sich aber z. B. die Geräuschimmissionen einer Tennisanlage in einem Mischgebiet darstellen.[539] 310

Das Kriterium der Ortsüblichkeit ist grundsätzlich geeignet, der weiteren Verschlechterung einer Grundstückssituation entgegenzuwirken (vgl. zum Verschlechterungsverbot § 3 Rn. 25ff.), ermöglicht aber kaum die Durchsetzung umweltverbessernder Maßnahmen. Der mögliche Umweltschutzzugewinn durch eine – sich andeutende – engere Interpretation der Ortsüblichkeit von Umweltbelastungen ist gleichwohl nicht zu verkennen.

---

[536] Vgl. *Johlen,* in: Dokumentation zur 7. wissenschaftlichen Fachtagung der Gesellschaft für Umweltrecht e. V. Berlin 1983, 1984, S. 92ff., 93.

[537] Hierzu näher *Stich* (FN 510), S. 301ff. Zu dem unter bestimmten Voraussetzungen, insbes. bei Ermessensreduzierung gegebenen Rechtsanspruch auf polizeiliches oder ordnungsbehördliches Einschreiten auch *Götz,* (FN 469), S. 135ff. (Rn. 272ff.) m. w. N.

[538] BGHZ 59, 378 (381f.).

[539] BGH, NJW 1983, 751f., 751.

311 An die Stelle des Abwehranspruchs tritt im Falle einer zwar wesentlichen, aber ortsüblichen und wirtschaftlich unvermeidbaren Beeinträchtigung ein **Ausgleichsanspruch,** wenn die Einwirkung eine ortsübliche Benutzung des betroffenen Grundstücks oder dessen Ertrag über das zumutbare Maß hinaus beeinträchtigt (§ 906 Abs. 2 S. 2 BGB).

Der Anspruch richtet sich freilich nur auf angemessenen Ausgleich, nicht auf vollen Schadensersatz. Der BGH zieht dabei die Grundsätze des Enteignungsrechts heran,[540] was insbesondere Ersatzansprüche wegen allgemeiner Wertminderung erschwert. Bei Lärmimmissionen besteht die zu leistende Entschädigung z. B. grundsätzlich in Geldausgleich für notwendige Schallschutzeinrichtungen.[541]

Im übrigen gehen die aus dem **nachbarschaftlichen Gemeinschaftsverhältnis** resultierenden Pflichten gegenüber dem Grundstücksnachbarn (d. h. dem benachbarten Grundstückseigentümer, nicht gegenüber bloßen Grundstücksbenutzern) grundsätzlich über die allgemeine deliktsrechtliche Verkehrssicherungspflicht hinaus.[542] Die (begrenzte) Emissionsminderungspflicht in § 906 Abs. 2 S. 1 BGB wie auch die finanzielle Ausgleichspflicht gemäß § 906 Abs. 2 S. 2 BGB wurden allerdings erst 1959 eingeführt. Zuvor wirkte sich der Duldungsgrund der Ortsüblichkeit weitgehend als Umweltschutzbremse aus.[543]

312 Die Interpretationen der in § 906 BGB verwendeten Kriterien gleichen sich vielfach, wenn auch nicht durchgängig **umweltrechtlichen Maßstäben** an: So werden etwa die in der TA Luft festgesetzten Grenzwerte vom BGH als Indikatoren für die Wesentlichkeit bzw. die Hinnehmbarkeit einer Beeinträchtigung aufgefaßt,[544] auch wenn es daneben weiterhin auf die Umstände des Einzelfalles ankommt.[545] Überschreiten die Immissionen die in der TA Luft festgelegten Grenzwerte, sind sie jedenfalls regelmäßig als wesentlich einzustufen. Unterschreiten sie diese, können sie gleichwohl noch wesentlich sein.[546]

Ob die Novellierung des § 17 BImSchG (s. § 7 Rn. 26ff.) auf die Auslegung der wirtschaftlichen Zumutbarkeit in § 906 BGB ausstrahlt,[547] bleibt abzuwarten. Die Verwendung von drei verschiedenen Kriterien in ähnlichem Kontext (Verhältnismäßigkeit in § 17 Abs. 2 BImSchG, wirtschaftliche Vertretbarkeit in § 14 BImSchG und wirtschaftliche Zumutbarkeit in § 906 Abs. 2 S. 1 BGB) ist jedenfalls keine gesetzgeberische Ruhmestat.

Darüber hinaus bestehen ungeschriebene Duldungspflichten wegen der Erfüllung lebenswichtiger öffentlicher Aufgaben[548] (z. B. Entsorgungseinrichtungen, Stromversorgung, Eisenbahnen und Busbetrieb) sowie kraft Vereinbarung.[549]

313 Einen **speziellen Beseitigungsanspruch** gegenüber gefahrdrohenden Anlagen auf Nachbargrundstücken gewährt § 907 BGB.[550]

---

540 BGHZ 49, 148 (155); 64, 220 (225); 85, 375 (386); 90, 255 (263) – st. Rspr.
541 BGHZ 64, 220 (225). Vgl. zum Ganzen eingehend *Hartung,* Entschädigung für Straßenverkehrslärmimmissionen in der Rechtsprechung des Bundesgerichtshofs, 1987.
542 BGHZ 92, 143 (148).
543 Hierzu *F. Baur* (FN 477), S. 36f. Zum Vorwurf der Ökologiefeindlichkeit an die Adresse der früheren Rspr. *Diederichsen* (FN 502), L 101.
544 BGHZ 70, 102 (105ff.); 92, 143 (151). *Ronellenfitsch/Wolf,* NJW 1986, 1955ff., 1960, sprechen deshalb von einem ,,publizistischen Einschlag" des § 906 BGB.
545 BGHZ 92, 143 (152).
546 BGHZ 70, 102 (109f.), vgl. dazu auch *Marburger* (FN 502), C 106ff. m. w. N.
547 Zu dieser Erwartung *Hager,* NJW 1986, 1961ff., 1964.
548 Vgl. *Säcker,* in: Münchener Kommentar zum Bürgerlichen Gesetzbuch, Bd. 4, 2. Aufl., 1986, § 906 Rn. 106ff., und *Stich* (FN 510), S. 299, jeweils m. w. N.
549 *Stich* (FN 510), S. 296ff.
550 Hierzu etwa *Bassenge* (FN 529), § 907.

2. §§ 823ff. BGB

314 § 823 Abs. 1 BGB als grundlegende Norm des Privathaftungsrechts setzt im haftungsbegründenden Tatbestand die kausale, rechtswidrige und schuldhafte Verletzung eines Schutzgutes, § 823 Abs. 2 BGB die schuldhafte Verletzung eines Schutzgesetzes voraus.

Schutzgüter des § 823 Abs. 1 BGB sind Leben, Körper, Gesundheit, Freiheit (im Sinne von Fortbewegungsfreiheit), Eigentum sowie sonstige (im Rang vergleichbare) Rechte.

Die Gesundheit als Schutzgut des § 823 Abs. 1 BGB kann etwa schon verletzt sein, wenn infolge von Lärmeinwirkungen Schlafstörungen eintreten.[551]

Als sonstige Rechte erkennt die Rechtsprechung neben eigentumsähnlichen Rechten (z. B. beschränkte Sachenrechte, berechtigter Besitz, Recht am eingerichteten und ausgeübten Gewerbebetrieb) das sog. allgemeine Persönlichkeitsrecht an, nicht jedoch ein Recht auf gesunde Umwelt oder einzelne Umweltgüter[552] (Ausnahme: Grundwasserförderung).[553]

315 § 823 Abs. 2 BGB läßt die Ersatzpflicht auch bei einem (schuldhaften) Verstoß gegen ein den Schutz eines anderen bezweckendes Gesetz (sog. **Schutzgesetz**) eintreten, wobei die Qualifikation als Schutzgesetz Gegenstand einer umfangreichen Kasuistik ist. Die Tendenz geht dabei verstärkt dahin, umweltrechtliche, insbesondere immissionsschutzrechtliche Vorschriften, soweit sie nachbarschützend sind, auch als Schutzgesetze im Sinne von § 823 Abs. 2 BGB anzuerkennen.[554] Das Bestehen einer Duldungspflicht gemäß § 906 BGB schließt auch deliktische Ansprüche aus.[555]

Die nachbarrechtlichen Bestimmungen sind nach Auffassung des BGH dafür maßgebend, ob eine Immission rechtswidrig im Sinne des § 823 BGB ist oder nicht.[556]

316 Nach § 831 BGB haftet der Geschäftsherr auch für eine widerrechtliche Schadenszufügung durch **Verrichtungsgehilfen** (neben diesen wegen eigenen Verschuldens bei der Personalauswahl, daher mit Entlastungsmöglichkeit gemäß § 831 Abs. 1 S. 2 BGB). Außerdem haftet er ggf. wegen **„Organisationsverschuldens"** aus § 823 BGB unmittelbar.[557]

Die Haftung wegen Organisationsverschuldens ergibt sich aus der allgemeinen Sorgfaltspflicht des Unternehmers, die technischen Abläufe im Betrieb so zu organisieren und zu überwachen bzw. überwachen zu lassen, daß im Rahmen des Zumutbaren und nach dem Stand der Technik eine Gefährdung für Dritte durch diese Betriebsabläufe minimiert wird.[558] Diese Sorgfaltspflicht geht über die aus dem Verhältnis von Geschäftsherrn und Gehilfen resultierende Haftung nach § 831 BGB partiell hinaus.

---

[551] BGH, MDR 1971, 37f.
[552] Vgl. *Diederichsen,* BB 1973, 485ff., 487f.; *Marburger* (FN 502), C 120f.; a. A. *Köndgen,* UPR 1983, 345ff., 348ff. m. w. N. Nicht durchzusetzen vermochte sich auch der Vorschlag von *Forkel,* Immissionsschutz und Persönlichkeitsrecht, 1968, S. 24ff. und 47ff., Umweltschädigungen als Verletzungen des allgemeinen Persönlichkeitsrechts aufzufassen.
[553] BGH, NJW 1976, 46ff.
[554] So jetzt BGHZ 86, 356 (362). Dafür z. B. auch *Marburger* (FN 502), C 122f., und *Mertens,* in: Münchener Kommentar zum Bürgerlichen Gesetzbuch, Bd. 3, 2. Aufl., 1986, § 823 Rn. 154, 154a m. w. N.
[555] BGHZ 90, 255 (258); 92, 143 (148).
[556] BGHZ 92, 143 (147).
[557] Vgl. *Kötz* (FN 519), S. 134ff.
[558] Vgl. *Marburger,* Die Regeln der Technik im Recht, 1979, S. 429ff., und *dens.,* VersR 1983, 600ff.

III. Kausalitäts- und Beweisprobleme

317 Die verbleibenden zivilrechtlichen Abwehr- und Ausgleichsansprüche scheitern – soweit ersichtlich – bisher mehrheitlich in der Beweisstation. Die entscheidende Hürde bildet in den meisten Fällen (sowohl nachbarrechtlicher wie deliktsrechtlicher Ansprüche) bereits der Kausalitätsnachweis, der nach der klassischen zivilprozessualen **Beweislastregel** vom Geschädigten zu führen ist. Das bei Umweltbelastungen bislang besonders hohe Unaufklärbarkeitsrisiko liegt prinzipiell bei ihm. Vergleichbare (wenn nicht sogar verschärfte) Beweisschwierigkeiten stellen sich für Verschuldensnachweise bei deliktsrechtlichen Ansprüchen.

Grundsätzlich trägt im Zivilprozeß jede Partei die Darlegungs- und Beweislast für die tatsächlichen Vorausetzungen der ihr günstigen Norm, d. h. der Anspruchsteller (Kläger) muß die anspruchsbegründenden Tatsachen darlegen und beweisen, der in Anspruch Genommene (Beklagte) dagegen das Eingreifen eines Ausnahmetatbestandes bzw. das Vorliegen rechtsvernichtender Tatsachen.[559] Hieraus erklärt sich auch die Beweislastverteilung bei § 906 BGB. Danach trägt der beeinträchtigte Grundstückseigentümer die Darlegungs- und Beweislast für die Emission, die Beeinträchtigung seines Grundstücks und den Kausalzusammenhang zwischen beidem. Dem Emittenten obliegt es, die Unwesentlichkeit der Beeinträchtigung bzw. ihre Ortsüblichkeit und Unvermeidbarkeit nachzuweisen. Hiervon abweichend muß nach der Rechtsprechung des BGH der geschädigte „Sacheigentümer", der durch § 906 BGB nicht direkt geschützt wird, auch die Wesentlichkeit der Beeinträchtigung nachweisen.[560]

318 Der für die Begründung eines Anspruchs nach § 906 BGB grundsätzlich erforderliche **Kausalitätsnachweis** ist erst erbracht, wenn der Geschädigte nachweist,

- daß der in Anspruch Genommene überhaupt auf die Umwelt eingewirkt hat,
- diese Einwirkung für den Schadenseintritt zumindest mitursächlich war und
- sich der Anteil des Schädigers an dem entstandenen Schaden bestimmen läßt.[561]

Auf jeder dieser Stufen können erhebliche Schwierigkeiten des Nachweises auftreten, auch wenn die Rechtsprechung den Geschädigten inzwischen mit einigen **Beweiserleichterungen** hilft[562] (s. auch u. Rn. 320ff.).

Als Beweiserleichterungen kommen insbesondere die Zulassung des (freilich vom Gegner erschütterbaren) Anscheinsbeweises und die Anordnung einer Beweislastumkehr in Betracht.

Eine wesentliche Erleichterung brächte eine umfassende **Umweltüberwachung,** wenn und soweit deren Ergebnisse auch Privaten zugänglich gemacht werden dürften („Umweltdatenbank"),[563] was unter Datenschutzgesichtspunkten freilich zweifelhaft sein kann. Oftmals sind aber bereits dem eigentlichen Kausalnachweis vorgelagerte Fragen wie die der grundsätzlichen Kausalitätseignung zweifelhaft;[564] eine zivilrechtliche Haftung scheidet dann von vornherein aus.

Im übrigen ist hinsichtlich der Beweismöglichkeiten zwischen den beiden Grundkonstellationen der – eher individuell zurechenbaren – **Unfall-** bzw. **Störfallschäden** (z. B. Verseuchung des Erdreiches durch einen verunglückten Tanklastwagen) und

[559] Vgl. etwa *Grunsky,* Grundlagen des Verfahrensrechts, 2. Aufl., 1974, S. 425ff.
[560] BGHZ 92, 143 (149).
[561] Vgl. etwa *Lummert/Thiem,* Rechte des Bürgers zur Verhütung und zum Ersatz von Umweltschäden, 1980, S. 182f.
[562] Vgl. zum Ganzen *Diederichsen* (FN 502), L 83ff. m. w. N.
[563] Dafür anfänglich *Bullinger,* VersR 1972, 600ff., 608. Ein allgemeines Akteneinsichtsrecht für „Umweltakten" sieht ein Gesetzentwurf der Bundestagsfraktion der GRÜNEN vor, vgl. BT-Drs. 10/5884.
[564] Hierzu *Diederichsen* (FN 502), L 80f.

den komplexen sog. **Langzeitschäden** bzw. **emittentenfernen Schäden** (z. B. Waldschäden durch Schadstoffemissionen) zu unterscheiden,[565] bei denen die Nachweisschwierigkeiten kulminieren. Vollends versagen die Nachweismöglichkeiten bei diffusen Schadens- und Krankheitsbildern (z. B. Zunahme von Allergien, Hautkrebs, Pseudokrupp), da hier bislang allenfalls – den zivilrechtlichen Haftungsmaßstäben entschieden nicht genügende – Wahrscheinlichkeitsannahmen bestehen.[566]

Insbesondere in Industrieregionen steht der Geschädigte bei komplexen Umweltschäden vor dem zusätzlichen, selten überwindbaren Problem, nachweisen zu müssen, daß unter mehreren Emittenten gerade der von ihm in Anspruch genommene Emittent für den Schaden zumindest mitverantwortlich ist. Die Mehrzahl der Umweltschäden ist nicht (wie insbesondere bei den Störfallschäden) auf eine einzelne Schadensursache zurückzuführen, sondern (regelmäßig beim Normalbetrieb von Anlagen) das Ergebnis **summierter Immissionen,**[567] vielfach über einen längeren Zeitraum hinweg. Aufgrund der weiträumigen Verteilung von Emissionen bzw. des Ferntransports von Schadstoffen sind zudem Emittenten aus einem weiten Umkreis zu berücksichtigen. 319

Summierte Immissionen können auf eine Mehrzahl von Emissionen mit antagonistischen, additiven, potenzierenden und synergetischen Wirkungen zurückgehen. Es braucht sich also nicht nur um eine Addition bzw. Kumulation gleichartiger Emissionen zu handeln. Aufgrund der chemischen Eigenschaften von Stoffen kann auch das Zusammenwirken (Synergie) von für sich genommen harmlosen Stoffen neue gefährliche Stoffe entstehen lassen.

Unter diesen Umständen fällt die Feststellung schwer, ob eine Emission bereits für sich allein zur Schädigung geführt hat oder ob erst das Zusammenwirken mehrerer Emissionen kausal war.

Relativ häufig sind sog. inkremental summierte Gefahren,[568] die aus Handlungsbeiträgen bestehen, die für sich genommen weit unterhalb rechtlich erheblicher Schwellen liegen, die jedoch in der Summe schließlich ,,das Faß zum Überlaufen bringen".

Die Rechtsprechung hilft den Geschädigten neuerdings mit **Beweiserleichterungen** (bis hin zu einer partiellen **Beweislastumkehr,** s. auch o. Rn. 318), wenn der in Anspruch genommene Emittent die in der TA Luft festgelegten Emissions- und Imissionswerte überschritten hat.[569] In diesem Fall muß jener den Entlastungsbeweis für die fehlende Ursächlichkeit der Emission erbringen. Auf der Grundlage dieser Judikatur könnte sich eine für das Umweltprivatrecht allgemein geltende Beweislastregel herausbilden, wonach jeder Beklagte, der gegen behördliche Auflagen verstößt, die Unschädlichkeit seines Verhaltens nachzuweisen hätte.[570] Die weitreichenden Konsequenzen einer solchen Beweislastumkehr für den künftigen Ausgleich von 320

---

[565] Vgl. *Diederichsen* (FN 502), L 51, sowie zuletzt BGH, DVBl. 1988, 232ff.

[566] *Diederichsen* (FN 502), L 105.

[567] Vgl. hierzu bereits *Harry Westermann,* Welche gesetzlichen Maßnahmen zur Luftreinhaltung und zur Verbesserung des Nachbarrechts sind erforderlich?, 1958, S. 62ff.; ferner etwa *Diederichsen/Scholz,* WiVerw. 1984, 23ff., 36ff., und *Wegscheider,* ÖJZ 1983, 90ff., 94ff.

[568] Vgl. hierzu *Lübbe-Wolf,* in: Dreier/Hofmann (Hg.), Parlamentarische Souveränität und technische Entwicklung, 1986, S. 167ff.

[569] BGHZ 92, 143 (147). – Kupolofen. Vgl. dazu auch *Marburger/Herrmann,* JuS 1986, 354ff., 357, sowie zuvor BGHZ 70, 102 (112). Kritisch gegenüber einer ,,Instrumentalisierung" der Beweislastregeln insbes. *Börner,* in: ders. (Hg.), Umwelt, Verfassung, Verwaltung, 1982, S. 117ff.

[570] Dafür z. B. *Diederichsen/Scholz,* WiVerw. 1984, 23ff., 36.

Umweltschäden und für die umweltschützende Lenkungswirkung eines so praktizierten Haftungsrechts liegen auf der Hand.

321 Der BGH scheint über die skizzierte Beweislastumkehr noch einen Schritt hinauszugehen, indem er dem Emittenten aufgibt, darzulegen und nachzuweisen, daß er die erforderlichen Maßnahmen zur Eindämmung der Emission ergriffen hat.[571] Im Regelfall bedeutet dies eine **Darlegungs- und Beweislast für die Einhaltung der Grenzwerte** der TA Luft.[572] Für eine solche Beweislastumkehr spricht der Gesichtspunkt der Schadensnähe und der unterschiedlichen Aufklärungsmöglichkeiten, die der BGH[573] bereits im Bereich der Produzentenhaftung zugrundegelegt hat:

> Den „Geschädigten (ist) die Einsicht in die Verhältnisse, unter denen der Emittent sein emittierendes Unternehmen betrieben hat, entzogen. Andererseits gehört es zur Verkehrssicherungspflicht des Emittenten, die erforderliche Kontrolle zur Einhaltung unschädlicher Emissionen zu schaffen. ... Er ist eher als der Geschädigte, der den emissionsträchtigen Vorgängen regelmäßig fernsteht, in der Lage, diese Vorgänge aufzuklären".[574]

Nimmt man beide Beweiserleichterungen für den Geschädigten zusammen, so müßte der Emittent erstens die Einhaltung seiner immissionsschutzrechtlichen Pflichten beweisen und zweitens, wenn ihm dies nicht gelingt, die Nichtursächlichkeit seines Verhaltens für den eingetretenen Schaden. Dies käme einer weitgehenden Beweislastumkehr in der Kausalitätsfrage gleich. Soweit will der BGH jedoch wohl nicht gehen, da er den Entlastungsbeweis nur fordert, „wenn eine wesentliche Imissionsbeeinträchtigung – etwa wie hier eine Sachbeschädigung – durch seine (d. h. des Beklagten) Emission feststeht".[575] Die Beweislastumkehr scheint somit vorauszusetzen, daß der Kausalzusammenhang als solcher nachgewiesen ist, und nur für die Frage der u. U. auch im Rahmen der deliktischen Haftung maßgeblichen Duldungspflicht bzw. des Verschuldens[576] eine Rolle spielen zu sollen. Die künftige Rechtsprechung muß hierüber Klarheit erbringen. Konsequenter (aber auch rigider und nicht unbegrenzt zulässig) wäre sicherlich eine umfassende Umkehr der Beweislast in der Kausalitätsfrage.

322 Die Summation von Emissionen macht schließlich den Nachweis des Schadens*anteils* der in Anspruch genommenen Schädiger weitgehend unmöglich.[577] Eine **gesamtschuldnerische Haftung** nach § 830 Abs. 1 S. 1 BGB (jeder von mehreren Beteiligten haftet für den vollen Schaden) kommt nach h. M. nur bei einem **bewußten und gewollten Zusammenwirken** mehrerer Störer und nicht beim bloßen Zusammentreffen von Emissionen in Betracht.[578] Eine entsprechende Haftung gemäß § 830 Abs. 1 S. 2 BGB im Falle der Unaufklärbarkeit des Kausalverlaufs bei mehreren Beteiligten scheitert ebenfalls regelmäßig, da die Inanspruchnahme als Gesamtschuldner immerhin die Gewißheit voraussetzt, daß der Schaden alternativ von einem der

---

[571] BGHZ 92, 143 (150f.).
[572] Vgl. auch *Marburger/Herrmann,* JuS 1986, 354ff., 358.
[573] Vgl. BGHZ 51, 91 (106f.); 80, 186 (196ff.).
[574] BGHZ 92, 143 (150f.).
[575] BGHZ 92, 143 (150).
[576] Vgl. BGHZ 92, 143 (151).
[577] Vgl. zum Problemkreis insbes. *Diederichsen/Scholz,* WiVerw. 1984, 23ff., 36ff.; *Hager,* NJW 1986, 1961ff., 1966ff.; *Ladeur,* DÖV 1986, 445f.; *Nawrath,* NJW 1982, 2361f., sowie – nach wie vor richtungsweisend – *Harry Westermann* (FN 567), S. 62ff.
[578] Vgl. *Mertens* (FN 554), § 830 Rn. 7.

Beteiligten (der den Schaden auch alleine hätte verursachen können) und nicht von Dritten herrührt.[579] Gerade an dieser Gewißheit fehlt es im Umweltrecht häufig. Bei komplexen Schädigungen wie etwa den Waldschäden steht vielmehr praktisch außer Frage, daß ein Großteil der Schädiger, insbesondere die Kleinemittenten (Autofahrer, Hausbrand usw.), nicht in Anspruch genommen werden. Beweiserleichterungen oder eine **Schadensschätzung** durch das Gericht nach § 287 ZPO (die nur für die haftungsausfüllende, nicht für die haftungsbegründende Kausalität gilt) können daher nur bedingt weiterhelfen.

Eine Schätzung des ,,Ursachenbeitrags" nach § 287 ZPO (also keine bloße Schadens-, sondern eine Kausalitätsschätzung) hat der BGH allerdings auch in einem Fall vorgenommen, bei dem gleichartige Immissionen (im gegebenen Fall zu Gebäudeschäden führende Sprengungen) zusammentrafen, ohne daß festzustellen war, welche Schäden durch einen Verursacher allein oder im Zusammenhang mit den Einwirkungen des anderen Verursachers herbeigeführt wurden.[580]

An diesen Umständen dürfte regelmäßig auch eine gesamtschuldnerische Haftung nach § 840 BGB von mehreren **nebeneinander verantwortlichen Verursachern** scheitern. Einer Ausdehnung der Außenhaftung dürfte überdies entgegenstehen, daß in Anbetracht der bekannten Beweisschwierigkeiten die – eine gesamtschuldnerische Haftung rechtfertigende und auch in § 840 BGB vorausgesetzte – Möglichkeit des Binnenausgleichs kaum gegeben ist. Es wäre rechtlich unvertretbar, unter den gegebenen Umständen einen (u. U. ,,kleinen") Teilverursacher auf den gesamten Schaden haften zu lassen.[581] **323**

Die Bereitschaft der Gerichte, den Opfern schädlicher Umwelteinwirkungen über Beweisschwierigkeiten wenigstens im Rahmen des de lege lata Zulässigen hinwegzuhelfen, zeigt sich noch in einer Anzahl anderer Konstellationen. Beispielhaft erwähnt seien hier nur die Anerkennung des **Anscheinsbeweises,**[582] der den Kläger bei Vorliegen eines typischen Geschehensablaufes der Notwendigkeit enthebt, letzte Verursachungszweifel auszuräumen (im entschiedenen Fall handelte es sich um die Kausalität der Verwendung von Pflanzenschutzmitteln für die Schädigung von Baumkulturen auf einem Nachbargrundstück), und die Akzeptanz des **epidemiologischen Kausalitätsnachweises** bei spezifischen Krankheitsbildern.[583] **324**

In diesem Falle gilt der Kausalnachweis bereits dann als erbracht, wenn statistische, in der Regel aufgrund epidemiologischer Untersuchungen (Epidemiologie = Seuchenkunde) gewonnene Erkenntnisse einen Zusammenhang zwischen bestimmten Schäden (Krankheiten) und bestimmten Schadstoffvorkommen plausibel erscheinen lassen.

Derartige Beweiserleichterungen sind geeignet, manche beweisrechtliche Hürde des Umwelthaftpflichtrechts zu entschärfen; zu dessen ,,Befreiung" aus den Fesseln des Beweisrechts führen sie indessen nicht.

Ein verstärktes Abrücken vom Grundsatz des ,,Vollbeweises" oder Modifikationen der klassischen Kausalitätstheorie nach ausländischen Rechtsvorbildern (etwa **325**

[579] Vgl. etwa *Medicus,* in: Beuthien/Hadding u. a., Studienkommentar zum BGB, 2. Aufl., 1979, § 820 Anm. 3.
[580] BGHZ 66, 70 (76f.); dazu kritisch *Diederichsen* (FN 502), L 84f.
[581] *Diederichsen* (FN 502), L 92.
[582] OLG Celle, VersR 1981, 66f. Allgemein zu den Voraussetzungen des Anscheins- bzw. prima-facie-Beweises statt aller *Grunsky* (FN 559), S. 451ff.
[583] *Diederichsen* (FN 502), L 84 m. w. N.

i. S. eines probabilistischen oder statistischen Kausalitätsbegriffes)[584] oder der Gedanke einer **Solidarhaftung** im Sinne der in den USA entwickelten *pollution share liability*[585] sind ohne tiefe Einschnitte in die geltende Zivilrechtsordnung der Bundesrepublik Deutschland auch nicht realisierbar. Eine funktionalistische Umdeutung der Kausalhaftung im Sinne der ökonomischen Theorie des Rechts, wonach derjenige den Schaden ausgleichen sollte, der ihn am günstigsten vermeiden kann („cheapest cost avoider"),[586] dürfte selbst dem Gesetzgeber verwehrt sein.

326 Schließlich muß der Schädiger dem Geschädigten grundsätzlich das **Verschulden** – Vorsatz oder Fahrlässigkeit – **nachweisen.** Bei Verstößen gegen ein Schutzgesetz oder gegen Verkehrssicherungspflichten wird dieses indes vermutet.[587]

327 In mehrfacher Hinsicht eine Sonderregelung stellt die **Gefährdungshaftung** nach **§ 22 WHG** dar (zu §§ 25ff. AtG s. u. § 8 Rn. 67ff.). Danach haftet für nachteilige Änderungen der Beschaffenheit des Wassers der bloße Verursacher, auch wenn ihn kein Verschulden trifft. Haben mehrere die Einwirkungen vorgenommen, haften sie als Gesamtschuldner (§ 22 Abs. 1 S. 2 WHG). Dies gilt nach Auffassung des BGH auch dann, wenn der volle Nachweis für die Kausalität des einzelnen schädigenden Beitrages sich nicht erbringen läßt. Damit trage die Regelung insbesondere dem Umstand Rechnung, „daß Schmutzstoffe, die in das Wasser gelangen, sich darin in der Regel sogleich mit anderen bereits im Wasser befindlichen schädlichen Stoffen vermischen und sich alsdann nicht mehr von anderen Schadensbeiträgen unterscheiden lassen".[588]

IV. Fazit

328 Die Problemlösungskapazität des Zivilrechts ist demnach im großen und ganzen auf weniger komplexe Umweltschäden mit überschaubaren Kausalzusammenhängen beschränkt. In diesem Rahmen sind die „Leistungsgrenzen" des Privatrechts für den Umweltschutz sicherlich noch nicht erreicht.[589] Auch Beweiserleichterungen und nicht überspannte Verschuldensmaßstäbe (im deliktischen Bereich) können indes nicht die Diskrepanz überbrücken zwischen den „auf den individualisierbaren Konflikt zugeschnittene(n)" Privatrechtsnormen[590] und den hochkomplexen Umweltproblemen, die durch das Aufeinandertreffen einer Vielzahl von Gefahrenquellen und das Zusammenwirken unterschiedlichster Schadstoffe geprägt sind und sich daher nur bedingt und nicht exakt einzelnen Schädigern zuordnen lassen. Daher erweist sich auch die in Teilen des wirtschaftswissenschaftlichen Schrifttums favorisierte sog. Verhandlungslösung[591] (s. o. Rn. 293) als unpraktikabel, sofern sie mehr bedeuten soll als einen flankierenden Beitrag zur Bewältigung der Umweltprobleme. Jeder Ausbau des Umweltprivatrechts wird die inhaltliche Verschränkung dieses Normen-

---

[584] Dafür etwa *Köndgen,* UPR 1983, 345ff., 346ff.
[585] Vgl. insbes. *Hager,* NJW 1986, 1961ff., 1966ff. m. w. N.
[586] *Hager,* NJW 1986, 1961ff., 1970. Ähnlich *E. Rehbinder* (FN 303), S. 30f.
[587] BGHZ 92, 143 (151f.).
[588] BGHZ 57, 257 (262).
[589] Optimistisch z. B. *Köndgen,* UPR 1983, 345ff., 355f. Vorsichtiger, in der Tendenz aber ebenfalls positiv *Marburger* (FN 502), C 101ff.
[590] So bereits *Simitis,* VersR 1972, 1087ff., 1089.
[591] Nachw. bei *Wicke* (FN 206), S. 144ff.

bereiches mit dem das Umweltrecht dirigierenden öffentlichen Recht noch drängender machen. Im Interesse der inneren Harmonisierung des Umweltrechts wäre es zu begrüßen, das Umweltprivatrecht primär als **akzessorisches Rechtsfolgenrecht** auszugestalten, das an die Verletzung des öffentlichen Umweltrechts anknüpft.

Rechtspolitisch diskutiert werden derzeit insbesondere sektorale Lösungen für bestimmte Schadstoffe[592] und **Entschädigungsfonds** nach ausländischem Muster,[593] welche die Unzulänglichkeiten einer an individueller Verursacherschaft und Verschulden orientierten Haftung ausgleichen sollen. 329

Als problematisch dürfte sich dabei vor allem das Verhältnis von individueller und kollektiver („solidarischer") Haftung erweisen.[594]

Der Hauptteil der Umweltschäden geht schließlich auf legale Aktivitäten zurück, die wegen der auch in das Privatrecht hineinreichenden Legalisierungswirkung der Umweltgesetzgebung (s. o. Rn. 305) mit zivilrechtlichen Mitteln weder abzuwehren noch ausgleichspflichtig zu machen sind.

Die derzeit diskutierte **allgemeine Umweltgefährdungshaftung**[595] (etwa nach dem Vorbild von § 22 WHG) könnte zwar Beweisprobleme im Verschuldensbereich (z. B. bei der Beteiligung von Großunternehmen), nicht aber im Kausalitätsbereich beseitigen. Eine allgemeine Umweltgefährdungshaftung sollte erst dann erwogen werden, wenn die Lücken des bisherigen Umwelthaftungsrechts klar aufgezeigt und anders nicht beseitigt werden können. Während eine Umweltgefährdungshaftung für Störfälle immerhin diskutabel erscheinen könnte, ist dies bei einer Umweltgefährdungshaftung für den legalen „Normalbetrieb" von Anlagen anders. Eine so weite Gefährdungshaftung (etwa für langfristige Summationsschäden) würde völlig unkalkulierbare (und wahrscheinlich auch nicht mehr versicherbare) finanzielle Risiken begründen. Angesichts der teilweise unabsehbaren Zahl von möglichen Verursachern der Umweltschäden, d. h. von Schuldnern einer Umweltgefährdungshaftung (bezüglich SO_2-Schäden die Mehrheit der Bevölkerung), dürften Zweifel an der Funktionstüchtigkeit zivilrechtlicher Ausgleichsinstrumentarien in derartigen Fallgestaltungen kaum ausräumbar sein. 330

Die inzwischen vor allem aus Anlaß der Waldschäden gestellte Frage nach der **Staatshaftung** i. w. S. ist daher unvermeidlich[596] (vgl. auch § 7 Rn. 11). Die Umweltgesetzgebung schließt die Inkaufnahme von weiteren Umweltschäden und korrespondierenden bedeutenden Vermögensopfern und – meist allerdings nur statistisch ausweisbaren – Gesundheitseinbußen ein. Nachdem das BVerfG (Vorprüfungsaus- 331

[592] Vgl. etwa *Diederichsen* (FN 502), L 90.

[593] Vgl. in der Nachfolge von *Harry Westermann* (FN 567), S. 67ff., des noch immer zu wenig beachteten Pioniers des Fondsgedankens, *Lummert/Thiem* (FN 561), S. 195ff. m. w. N., sowie zuletzt *v. Hippel,* ZRP 1986, 233ff. Weitere Nachw. bei *Meßerschmidt* (FN 268), S. 37f.

[594] Vgl. dazu bereits *Bullinger,* in: Bullinger/Rincke/Oberhauser/Schmidt (FN 303), S. 69ff., 90f.

[595] Vgl. dazu auch das Kolloquium der Forschungsstelle für Umwelt- und Technikrecht an der Universität Trier (s. o. FN 518).

[596] Vgl. zu dieser Diskussion insbes. *Leisner,* Waldsterben. Öffentlich-rechtliche Ersatzansprüche, 1983; *Forschungsstelle für Umwelt- und Technikrecht* (Hg.), Waldschäden als Rechtsproblem (UTR 2), 1987; *Bender,* VerwArch. 77 (1986), 335ff.; *Ebersbach,* NuR 1985, 165ff.; *v. Hippel,* NJW 1985, 30ff.; *J. Hofmann,* ZRP 1985, 164ff.; *Ladeur,* DÖV 1984, 445ff., 448ff.; *Murswiek,* NVwZ 1986, 611ff. Vgl. auch § 2 Rn. 12 mit FN 34.

schuß) dem Gesetzgeber bescheinigt hat, bisher alles Erforderliche getan zu haben, um die Bürger vor gesundheitsgefährdender und eigentumsbeeinträchtigender Luftverschmutzung zu schützen[597], und auch der BGH eine Staatshaftung (sowohl in Gestalt eines Amtshaftungsanspruchs als auch eines auf Art. 14 GG gestützten Entschädigungsanspruchs) ablehnt,[598] erscheinen die *rechtlichen* Durchsetzungschancen einer staatlichen ,,Garantiehaftung" jedoch gering.

Der BGH hält die Waldschäden zwar ,,dem Grunde nach für entschädigungswürdig und entschädigungsbedürftig", scheut jedoch eine richterrechtliche Lösung der politisch komplexen Waldschadensproblematik.

Gefordert ist daher in erster Linie der Gesetzgeber, wenn es in diesem Bereich nicht bei dem überwiegend als unbefriedigend empfundenen Individuallastprinzip bzw. Geschädigtenprinzip (s. § 3 Rn. 42) bleiben soll.

G. Straf- und ordnungswidrigkeitenrechtliche Sanktionen

Schrifttum: *Albrecht,* Probleme der Implementierung des Umweltstrafrechts, MSchrKrim. 1983, 278ff.; *ders.,* Umweltstrafrecht und Verwaltungsakzessorietät, Kriminalsoziologische Bibliografie 1987, H. 55, 1ff.; *ders./Heine/Meinberg,* Umweltschutz durch Strafrecht?, Empirische und rechtsvergleichende Untersuchungsvorhaben zum Umweltstrafrecht und zur Umweltkriminalität, ZStW 1984, 943ff.; *Arnhold,* Die Strafbewehrung rechtswidriger Verwaltungsakte, 1978; *Backes,* Fehlstart im Umweltstrafrecht, ZRP 1975, 229ff.; *Baumann,* Umweltschmutzung ist kein Kavaliersdelikt, Umwelt 1972, 36ff.; *Bothke,* Das zukünftige Umweltschutzstrafrecht, JuS 1980, 539ff.; *Breuer,* Konflikte zwischen Verwaltung und Strafverfolgung, DÖV 1987, 169ff.; *ders.,* Empfehlen sich Änderungen des strafrechtlichen Umweltschutzes insbesondere in Verbindung mit dem Verwaltungsrecht?, NJW 1988, 2072ff.; *Buckenberger,* Strafrecht und Umweltschutz, 1975; *Geulen,* Grundlegende Neuregelung des Umweltstrafrechts, ZRP 1988, 323ff.; *Heine/Meinberg,* Empfehlen sich Änderungen im strafrechtlichen Umweltschutz, insbesondere in Verbindung mit dem Verwaltungsrecht? (Gutachten D für den 57. Deutschen Juristentag), 1988. *Herrmann,* Die Rolle des Strafrechts beim Umweltschutz in der Bundesrepublik Deutschland, ZStW 91 (1979), 281ff.; *Horn,* Kommentierung (vor § 324 – § 330d), in: Rudolphi/Horn/Samson, Systematischer Kommentar zum Strafgesetzbuch, Bd. II, Besonderer Teil (§§ 80 – 358), 1976ff.; *ders.,* Strafbares Fehlverhalten von Genehmigungs- und Aufsichtsbehörden?, NJW 1981, 1ff.; *ders.,* Umweltschutz-Strafrecht: eine After-Disziplin?, UPR 1983, 362ff.; *ders.,* Umweltschutz durch Strafrecht, NuR 1988, 63ff.; *Hümbs-Krusche/Krusche,* Die strafrechtliche Erfassung von Umweltbelastungen, 1983; *Jescheck* (Hg.), Die Rolle des Strafrechts beim Umweltschutz, Kongreßakten über den XII. Internationalen Strafrechtskongreß, 1980, S. 151ff.; *Just-Dahlmann,* Stiefkind des Strafrechts: Umweltschutz, in: Festschrift für Werner Sarstedt zum 70. Geb., 1981, S. 81ff.; *Kohlhaas,* Die Strafbestimmungen des deutschen Atomgesetzes, atw 1961, 453ff.; *Laufhütte/Möhrenschlager,* Umweltstrafrecht in neuer Gestalt, ZStW 92 (1980), 912ff.; *Leibinger,* Der strafrechtliche Schutz der Umwelt, ZStW 90 (1978), Beiheft S. 69ff.; *v. Lersner,* Kriminalisierung der Umweltschädigung als Aufgabe des Gesetzgebers, in: Kurzrock (Hg.), Kriminalität, 1976, S. 97ff.; *Mattern,* Zur Notwendigkeit strafrechtsunabhängiger Handlungsstrategien im Umweltschutz, Kriminalsoziologische Bibliografie 1987, H. 55, 41ff.; *Meinberg,* Strafrechtlicher Umweltschutz in der Bundesrepublik Deutschland, NuR 1986, 52ff.; *Meurer,* Umweltschutz durch Umweltstrafrecht?, NJW 1988, 2066ff.; *Möhrenschlager,* Umweltstrafrecht, in: Wagner/Pschera (Hg.), Aktuelle Fragen des Umweltschutzes, 1981, S. 39ff.; *ders.,* Neue Entwicklungen im Umweltstrafrecht des Strafgesetzbuches, NuR 1983, 209ff.; *ders.,* Kausalitätsprobleme im Umweltstrafrecht des Strafgesetzbuches, WiVerw. 1984, 47ff.; *Naucke,* Tendenzen der Strafrechtsentwicklung, 1975; *Nehring,* Strafnormen im Atomenergierecht, 1965; *Noll,* Strafrechtlicher Umweltschutz, in: Müller-Stahel (Hg.), Schweizerisches Umweltschutzrecht, 1973, S. 393ff.; *Oehler,* Die internationalstrafrechtlichen Bestimmungen des künftigen Umweltstrafrechts, GA 1980, 241ff.; *Otto,* Das Gesetz zur Bekämpfung der Umweltkriminalität, DVP 1980, 241ff.; *Papier,* Gewässerverunreinigung, Grenzwertfestsetzung und Strafbarkeit, 1984; *ders.,* Zur Disharmonie zwischen verwaltungs- und strafrechtlichen Bewertungsmaßstäben im Gewässerstraf-

[597] BVerfG (Vorprüfungsausschuß), NJW 1983, 2931.

[598] BGH, DVBl. 1988, 232ff. Im Ergebnis ähnlich zuvor etwa OLG Köln, NJW 1986, 589f. Vgl. zur weiteren, überwiegend nicht veröffentlichten Rspr. die Nachw. bei *Breuer,* DVBl. 1986, 849ff., 850 Anm. 5.

recht, NuR 1986, 1ff.; *ders.*, Umweltschutz durch Strafrecht? Problematisiert am Beispiel des Gewässerschutzes, in: Jahrbuch des Umwelt- und Technikrechts 1987 (UTR 3), 1987, S. 65ff.; *Rudolphi*, Primat des Strafrechts im Umweltschutz?, NStZ 1984, 193ff., 248ff.; *Sack*, Umweltstrafrecht (Kommentar), 1978ff.; *ders.*, Das Gesetz zur Bekämpfung der Umweltkriminalität, NJW 1980, 1424ff.; *Samson*, Konflikte zwischen öffentlichem und strafrechtlichem Umweltschutz, JZ 1988, 800ff.; *H. P. Sander*, Umweltstraf- und Ordnungswidrigkeitenrecht, 1981; *Scheu*, Anzeigepflicht von Verwaltungsbediensteten bei Umweltverstößen, NJW 1983, 1707ff.; *Schild*, Probleme des Umweltstrafrechts, Jura 1979, 421ff.; *Schwind/Steinhilper* (Hg.), Umweltschutz und Umweltkriminalität, 1986; *Seier*, Probleme des Umweltstrafrechts, dargestellt anhand von Fallbeispielen, JA 1985, 23ff.; *Steindorf*, Kommentierung §§ 311d, e, 324 – 330d StGB, in: Jescheck/Ruß/Willms (Hg.), Strafgesetzbuch (Leipziger Kommentar), 10. Aufl., 1986 (41. Lieferung); *Steinke*, Umweltkriminalität, Kriminalistik 1982, 521ff.; *Tiedemann*, Die Neuordnung des Umweltstrafrechts, 1980; *Triffterer*, Die Rolle des Strafrechts beim Umweltschutz in der Bundesrepublik Deutschland, ZStW 91 (1979), 309ff.; *ders.*, Umweltstrafrecht, 1980; *Wegscheider*, Probleme grenzüberschreitender Umweltkriminalität, DRiZ 1983, 56ff.; *ders.*, Kausalitätsfragen im Umweltstrafrecht, ÖJZ 1983, 90ff.; *Winkelbauer*, Zur Verwaltungsakzessorietät des Umweltstrafrechts, 1985; *ders.*, Atomrechtliches Genehmigungsverfahren und Strafrecht – LG Hanau, NJW 1988, 571, JuS 1988, 651ff.; *de With*, Das neue Umweltstrafrecht, RuP 1980, 33ff.; *Zeitler*, Die strafrechtliche Haftung für Verwaltungsentscheidungen nach dem neuen Umweltstrafrecht, dargestellt an dem § 324 StGB, Diss. jur. Tübingen 1982.

Ein weithin als unverzichtbar geltendes, wenn auch grundsätzlich **subsidiäres Instrument** des Umweltschutzes bilden schließlich straf- und ordnungswidrigkeitenrechtliche Sanktionen. Daß schuldhafte Gesetzesverstöße zum Nachteil der Umwelt prinzipiell keine „Kavaliersdelikte“ sind, ist im öffentlichen Bewußtsein inzwischen breit verankert. 332

Die Selbsteinschätzungen der Täter weichen hiervon gelegentlich noch ab. Dies und das nicht typisch kriminogene Tätermilieu (aus den USA wird allerdings bereits von einer Verwicklung des organisierten Verbrechens insbesondere in Giftmüllskandale berichtet) dürfen nicht darüber hinwegtäuschen, daß manches Umweltdelikt erhebliche kriminelle Energie voraussetzt. Dies gilt jedenfalls für vorsätzlich begangene Umweltstraftaten, während die Bestrafung für fahrlässige Umweltbeeinträchtigungen trotz des strafrechtlich unverzichtbaren Elements der Vorwerfbarkeit bisweilen problematische Züge einer Kriminalisierung von im Kern technischem Versagen birgt.

Es wäre von vornherein verfehlt, strafbaren oder ordnungswidrigen Handlungen die Hauptverantwortung für die Umweltprobleme zuzuschreiben. Trotz ihrer möglichen gravierenden Folgen in Einzelfällen handelt es sich doch überwiegend eher um Randerscheinungen. In der Mehrzahl der Fälle genügen zur Durchsetzung der umweltrechtlichen Verbotsnormen spätestens die Androhung und ggf. der Einsatz von Verwaltungszwangsmitteln. Straf- und Ordnungswidrigkeitenrecht haben daher nur die Bedeutung eines flankierenden (was nicht heißen darf: vernachlässigbaren) Instrumentes des Umweltschutzes. Dabei sollen nicht nur eingetretene Verstöße geahndet, sondern auch und vor allem soll den gesetzlichen Verboten des Umweltrechts durch die Sanktionsdrohung Nachdruck verliehen werden.

Die straf- und ordnungswidrigkeitenrechtlichen Vorschriften verhalten sich regelmäßig, aber keineswegs ausnahmslos **akzessorisch** zu den Bestimmungen des **Umweltverwaltungsrechts.**[599] Dabei werden keineswegs sämtliche Verstöße gegen umweltrechtliche Ge- und Verbote – strafrechtlich oder als Ordnungswidrigkeit – ge- 333

---

[599] Vgl. zum Problem der Verwaltungsakzessorietät *Breuer*, DÖV 1987, 169ff.; *Horn*, UPR 1983, 362ff.; *Kühl*, FS Lackner, 1987, S. 815ff.; *Laufhütte/Möhrenschlager*, ZStW 92 (1980), 912ff., 918ff.; *Papier*, NuR 1986, 1ff.; *dens.*, UTR 3, 1987, S. 65ff.; *Rudolphi*, NStZ 1984, 193ff., 248ff.; *dens.*, FS Lackner, S. 863ff.; *Tiedemann*, Die Neuordnung des Umweltstrafrechts, 1980, S. 25ff.; *Winkelbauer*, Zur Verwaltungsakzessorietät des Umweltstrafrechts, 1985; allgemein auch *Arnhold*, Die Strafbewehrung rechtswidriger Verwaltungsakte, 1978.

ahndet. Das Ordnungswidrigkeitenrecht (s. Rn. 344) greift nur gegenüber enumerativ in den einzelnen Umweltgesetzen genannten Regelverstößen ein; das als ultima ratio geltende Strafrecht beschränkt sich grundsätzlich auf die Bekämpfung schwerer Gesetzesverletzungen mit überwiegend beträchtlichen Rechtsgutbeeinträchtigungen.

I. Umweltstrafrecht

334 Im Unterschied zum „Umweltprivatrecht" bildet das Umweltstrafrecht eine normativ weitgehend abgegrenzte Materie.[600] Es besitzt unter der Bezeichnung „Straftaten gegen die Umwelt" einen **eigenen Abschnitt im Strafgesetzbuch,** der zentrale, wenn auch nicht sämtliche Tatbestände des Umweltstrafrechts zusammenfaßt. Weitere umweltspezifische Strafvorschriften finden sich im vorangehenden Abschnitt „Gemeingefährliche Straftaten" (insbesondere §§ 310b–311e, 319 StGB).

Sämtliche Strafvorschriften waren zunächst in den verschiedenen Umweltgesetzen enthalten und wurden erst durch das 18. Strafrechtsänderungsgesetz vom 28. 3. 1980[601] in das Strafgesetzbuch – inhaltlich modifiziert und um einzelne Tatbestände ergänzt – eingefügt. Die Aufnahme früheren Nebenstrafrechts in das Strafgesetzbuch sollte nicht zuletzt die **Strafwürdigkeit** der Umweltdelikte verdeutlichen.[602]

Einige Straftatbestände sind auch weiterhin **außerhalb des Strafgesetzbuches** in einzelnen Umweltgesetzen geregelt (insbesondere § 30a i. V. mit § 30 BNatSchG, § 39 PflSchG, § 7 DDTG, §§ 59–62 LuftVG, § 148 GewO). Das Ziel einer normativen Konzentration oder gar Kodifikation des deutschen Umweltstrafrechts ist daher nur zum Teil verwirklicht. Wenig schlüssig ist auch die Aufteilung der Umweltstraftaten zwischen zwei Abschnitten des Strafgesetzbuches. Ein grundsätzlicher Nachteil der Einstellung der Umweltstraftaten in das Strafgesetzbuch liegt darin, daß hierdurch der normative Zusammenhang mit den einzelnen Umweltgesetzen wie auch das Ineinandergreifen von Ordnungswidrigkeitenrecht und Strafrecht gesetzestechnisch verdeckt wird. Durch die partielle Zusammenfassung wichtiger Umweltstraftatbestände um den Preis des Zerreißens von Strafrecht und materiellem Umweltrecht sind nicht nur erhebliche (und sogleich zu erörternde) Probleme der **Verzahnung** beider Rechtsgebiete entstanden und das Fernziel einer Gesamtharmonisierung des Umweltrechts (s. § 1 Rn. 38) erschwert worden. Vor allem ist auch einer der wesentlichsten Zwecke des Umweltstrafrechts – die Erzwingung der umweltrechtlichen Pflichten und Verbote – normativ weitgehend aus dem Blickfeld gerückt worden.

Dabei ist gerade die **Umweltrechtserzwingung** als Zentralfunktion des Umweltstrafrechts ein wesentlicher Maßstab für seine adäquate funktionale normative Ausgestaltung. In seiner umweltrechtserzwingenden Funktion konkurriert das Umweltstrafrecht im übrigen mit anderen Normierungen, insbesondere des Verwaltungsvollstreckungs- und u. U. des Zwangsvoll-

---

[600] Folgerichtig gibt es zum Umweltstrafrecht sowohl lehrbuchartige Darstellungen – vgl. insbes. *Triffterer,* Umweltstrafrecht, 1980, und *H. P. Sander,* Umweltstraf- und Ordnungswidrigkeitenrecht, 1981 –, als auch eigene Kommentare – *Sack,* Umweltschutz-Strafrecht, 3. Aufl., 1986ff.; *J. Steindorf,* Umwelt-Strafrecht, 1986 (Sonderausgabe der 10. Aufl. des Leipziger Kommentars) –, auf die hier neben den allgemeinen Kommentaren zum Strafgesetzbuch (insbes. Dreher/Tröndle, Lackner, Leipziger Kommentar, Schönke/Schröder, Systematischer Kommentar) generell verwiesen sei.

[601] BGBl. I S. 373.

[602] Zu den gesetzgeberischen Zielen *Tiedemann* (FN 599), S. 13ff., insbes. S. 18; zur Vorgeschichte *Kloepfer* (FN 145), S. 97ff. m. w. N.

streckungsrechts, aber auch mit anderen Implementationsinstrumentarien wie vor allem den Umweltabgaben, aber auch den Schadensersatzansprüchen. Von hier aus könnten wesentliche verfassungsrechtliche Maßstäbe für etwaige (am Übermaßverbot zu messende) Eingriffskumulationen entwickelt und partielle Relativierungen der angeblichen absoluten Unentbehrlichkeit des Umweltstrafrechts entwickelt werden.

Die Straftatbestände des 28. Abschnitts (§§ 324ff. StGB) sind wegen ihrer Tren- **335** nung vom materiellen Umweltrecht überwiegend nicht aus sich selbst heraus verständlich; ihre näheren Voraussetzungen ergeben sich weiterhin aus den umweltrechtlichen Fachgesetzen, an die sie sich weitgehend anlehnen. Dabei korrespondieren einige Straftatbestände jeweils in etwa mit dem Schutzbereich eines Umweltrechtsteilgebietes:

- **Verunreinigung eines Gewässers**
  (§ 324 StGB) – Gewässerschutzrecht
  z. B. durch Austretenlassen von Schadstoffen aus einem Tank,[603] Einleiten von Schiffsabwässern,[604] von Altöl in die Kanalisation,[605] Herbeiführen einer Schiffskollision mit anschließendem Austritt von Schadstoffen[606]
- **Luftverunreinigung und Lärm**
  (§ 325 StGB) – Immissionsschutzrecht
  z. B. durch Verbrennen einer Kabelummantelung,[607] Unterlassen des Einbaus eines Schmutzfilters oder eines Schalldämpfers,[608] Lärmbelästigung durch Tonwiedergabegeräte[609]
- **umweltgefährdende Abfallbeseitigung**
  (§ 326 StGB) – Abfallrecht
  z. B. durch Auffüllen einer Grube mit Altölfässern und Altreifen,[610] ungeordnetes Ablagern von Chemikalien oder Dünger[611]
- **unerlaubter Umgang mit Kernbrennstoffen**
  (§ 328 StGB) – Atom- und Strahlenschutzrecht
  z. B. durch jeweils ungenehmigte Verwendung von Kernbrennstoffen außerhalb kerntechnischer Anlagen, wesentliche Änderung der Betriebsstätte, Beförderung oder Aufbewahrung von Kernbrennstoffen.
  Die Mehrzahl der Strafvorschriften mit atomrechtlichem Einschlag findet sich allerdings außerhalb dieses Abschnitts (§§ 310b, 311a – 311e StGB), so daß der frühere (im Atomgesetz noch gewahrte) normative Zusammenhang zerrissen ist.

An mehrere Gesetze – z. B. Atomgesetz, Bundes-Immissionsschutzgesetz, Abfallgesetz – knüpft das Delikt des **unerlaubten Betreibens von Anlagen** (§ 327 StGB) an. Gesetzesübergreifend ausgestaltet sind auch die Tatbestände der **Gefährdung schutzbedürftiger Gebiete** (§ 329 StGB) und der **schweren Gefährdung durch Freisetzung von Giften** (§ 330a StGB) (z. B. durch unzulässige Immissionen, Einleiten

---

603 Vgl. *J. Steindorf* (FN 600), § 324 Rn. 38 m. w. N.
604 BayObLGSt 1982, 7ff.
605 LG Ellwangen, NStZ 1982, 468ff.
606 OLG Hamburg, ZfW 1983, 112.
607 BayObLGSt 1978, 53ff.
608 Vgl. *J. Steindorf* (FN 600), § 325 Rn. 3ff.
609 OLG Koblenz, GewArch. 1976, 309f.; vgl. allgemein auch *Moench,* Lärm als kriminelle Umweltgefährdung, 1980.
610 BayObLGSt 1983, 44ff.
611 OLG Saarbrücken, MDR 1977, 865f.

giftiger Abwässer, Vergraben von Giftfässern)[612] sowie der Tatbestand der **schweren Umweltgefährdung** (§ 330 StGB), der teils selbständige Grunddelikte, teils Qualifizierungen zu den §§ 324–329 StGB enthält.[613] **Strafmilderung oder Straffreiheit** wegen tätiger Reue (§ 330b StGB) können bei einem Teil der Tatbestände gewährt werden (§ 330 Abs. 1 und 5 i. V. mit Abs. 1, § 330a StGB). Ebenso kommt eine **Einziehung** (§ 330c StGB) nur in einigen Fällen in Betracht. Den Abschnitt beschließen **Begriffsbestimmungen** (§ 330d StGB), die jedoch keineswegs einen annähernd vollständigen Definitionskatalog der im Strafgesetzbuch verwendeten umweltspezifischen Termini darstellen.

336 Bei den Umweltstraftaten handelt es sich überwiegend um **abstrakte** (§§ 326–329 StGB) oder **konkrete Gefährdungsdelikte** (§§ 325, 330, 330a StGB). Unter Strafe gestellt sind danach bereits typische (schädigungsgeeignete) oder konkrete Gefährdungshandlungen, ohne daß es für die Deliktsvollendung auf den Eintritt eines Verletzungserfolges ankäme. Der Gesetzgeber hat mit dieser Vorverlagerung der Strafbarkeit in den Bereich potentieller Schädigungen die Konsequenz aus der Schwierigkeit eines Kausalitätsnachweises bei Umweltschäden (s. o. Rn. 317ff.) gezogen.[614] Treten zusätzlich konkrete Gefahren oder Schäden ein, so wird wegen dieser qualifizierten Folge u. U. nach § 330 StGB höher gestraft. Um ein reines Erfolgsdelikt handelt es sich dagegen bei § 324 StGB (Verunreinigung eines Gewässers).[615]

337 Komplexe, vielfach ungelöste Probleme wirft die grundsätzliche, nicht jedoch ausnahmslos geltende **Verwaltungsrechtsakzessorietät** des Umweltstrafrechts zum Umweltverwaltungsrecht auf.[616]

Hierbei sollte unterschieden werden zwischen Verwaltungs*rechts*- und Verwaltungs*akts*akzessorietät des Strafrechts,[617] auch wenn beide aufgrund der dem Verwaltungsakt innewohnenden Funktion der Rechtskonkretisierung im Einzelfall häufig in eins fallen. Primär ist die Verwaltungsrechtsakzessorietät; die Verwaltungsaktsakzessorietät ist hieraus lediglich abgeleitet und sichert die grundsätzliche Legalisierungswirkung der umweltrechtlichen Erlaubnisse auch für das Umweltstrafrecht. Demgegenüber wäre eine bare Verwaltungsakzessorietät des Umweltstrafrechts problematisch, da es sich dann um eine Pönalisierung reinen Verwaltungsungehorsams handeln würde.[618]

Prinzipiell kann nur umweltrechtlich verbotenes Verhalten unter Strafe gestellt werden. Das Postulat der „Einheit der Rechtsordnung" schließt zwar differenzierte Rechtswidrigkeitsmaßstäbe in verschiedenen Rechtsgebieten nicht aus.[619] Wegen des ultima-ratio-Charakters des Strafrechts kann dies aber nur in der Weise gelten, daß nicht jeder Verstoß gegen Umweltrechtsnormen zugleich auch strafrechtlich sanktioniert wird. In umgekehrter Richtung gilt rechtspolitisch, aber in der Regel auch nach geltendem Recht ein prinzipielles Primat des Umweltverwaltungsrechts. Die Umweltgesetzgebung darf nicht vom Strafrecht her „aufgerollt" werden.[620]

---

[612] Vgl. *Dreher/Tröndle*, Strafgesetzbuch, 43. Aufl., 1986, § 330a Rn. 3.
[613] Hierzu näher *Sack*, NJW 1980, 1424ff., 1428f.
[614] *Möhrenschlager*, in: Wagner/Pschera (Hg.), Aktuelle Rechtsfragen des Umweltschutzes, 1981, S. 39ff., 45.
[615] Vgl. *Horn*, in: Systematischer Kommentar zum Strafgesetzbuch, Bd. II, 2. Aufl., 1981ff., § 324 Rn. 2.
[616] Vgl. dazu das in FN 599 nachgewiesene Schrifttum.
[617] *Breuer*, DÖV 1987, 169ff., 179.
[618] Vgl. dazu auch *Papier* (FN 599), S. 66.
[619] Vgl. allgemein *P. Kirchhof*, Unterschiedliche Rechtswidrigkeiten in einer einheitlichen Rechtsordnung, 1978.
[620] So auch z. B. *Rudolphi*, NStZ 1984, 193ff., 248ff., 253.

Folgende Schrifttumsäußerung gibt wohl einen weitgehenden Konsensus (jedenfalls unter den Öffentlichrechtlern und Verwaltungsbeamten etc.) wieder:

„Es dürfte problematisch sein, wenn das Verwaltungsrecht vom Strafrecht her in einem weiten Umfang überlagert würde und die Strafverfolgungsbehörden ihre eigenen Standards entwickeln müßten, eine Aufgabe, die sie überfordern muß, die Verwaltungsbehörden wie die betroffenen Anlagenbetreiber verunsichern würde und auch geeignet wäre, das differenzierte System des Verwaltungsrechts für die Abgrenzung unzulässige/zulässige Belastungen insgesamt in Frage zu stellen."[621]

Im einzelnen hängen **Art und Ausmaß der Verwaltungsakzessorietät** von der Ausgestaltung des jeweiligen Straftatbestandes ab. Zu unterscheiden sind im wesentlichen drei Regelungsmodelle: 338

1. Der Straftatbestand ist abschließend formuliert, umweltverwaltungsrechtliche Wertungen und Entscheidungen sind jedoch als Rechtfertigungsgrund zu berücksichtigen (z. B. §§ 324, 326 StGB: „unbefugt").[622]
2. Die Strafvorschrift macht die Tatbestandsmäßigkeit des von ihr umschriebenen Verhaltens davon abhängig, daß dieses Verhalten zugleich einer verwaltungsrechtlichen Pflicht zuwiderläuft (z. B. §§ 325, 327–329, 330 Abs. 1 S. 1 Nr. 3 und 4 StGB).
3. Das Strafgesetzbuch beschränkt sich auf einen Blankettatbestand,[623] der den Verstoß gegen ein verwaltungsrechtliches Ge- und Verbot unter Strafe stellt (z. B. § 330 Abs. 1 S. 1 Nr. 2 StGB, tendenziell auch § 327 StGB).[624]

Im einzelnen ist manches umstritten, so z. B. die Bedeutung umweltverwaltungsrechtlicher **Grenzwerte** für das Strafrecht[625] oder die strafrechtliche Erheblichkeit einer schlichten **Duldung,**[626] während das Fehlen einer Genehmigung *allein* bei gegebener **Erlaubnisfähigkeit** im Regelfall nicht zur Strafbarkeit führen wird.[627] Allerdings stellt z. B. § 327 StGB schon das „unerlaubte Betreiben von Anlagen" unter Strafe und ist insoweit als **„Ungehorsamsstrafe"** ausgestaltet. Schwierigkeiten bereitet vor allem die als unangemessen empfundene Konsequenz einer strikten Verwaltungsaktsakzessorietät des Umweltstrafrechts, wonach fast jedes erlaubniswidrige Verhalten, z. B. im Rahmen der §§ 324 und 327 StGB, bereits zur Strafbarkeit führen könnte. Dieses Ergebnis scheint unverhältnismäßig und ist uneingeschränkt wohl auch so nicht vertretbar, doch vermögen die bisherigen Bemühungen um eine eingrenzende Auslegung der einschlägigen Straftatbestände rechtsdogmatisch nicht restlos zu überzeugen.[628] Zudem darf nicht übersehen werden, daß ein Äquivalent zur eingrenzenden Definition des strafrechtlichen Pflichtenmaßstabes, wie ihn § 325 Abs. 4 StGB (grobe Pflichtwidrigkeit bzw. Verstoß gegen Auflage oder Untersagung) kennt, bei § 324 StGB, aber auch bei den übrigen Umweltstraftatbeständen gerade, also wohl bewußt fehlt. 339

---

[621] *Möhrenschlager* (FN 614), S. 50.

[622] *Horn* (FN 615), vor § 324 Rn. 6; nach a. A. handelt es sich um ein normatives Tatbestandsmerkmal.

[623] Zur hierdurch aufgeworfenen verfassungsrechtlichen Problematik *Jescheck,* Lehrbuch des Strafrechts. Allgemeiner Teil, 3. Aufl., 1979, S. 86f. m. w. N.; *Krey,* Studien zum Gesetzesvorbehalt im Strafrecht, 1977. Exemplarisch *ders.,* EWR 1981, 109ff., sowie der Vorlagebeschluß des AG Nördlingen, NStZ 1986, 315ff. m. Anm. von *Meinberg.*

[624] Vgl. *Papier* (FN 599), S. 67.

[625] Hierzu eingehend *Papier,* Gewässerverunreinigung, Grenzwertfestsetzung und Strafbarkeit, 1984; zuletzt *H. P. Sander,* RdE 47 (1986), 90ff. m. w. N.

[626] Vgl. *Rudolphi,* NStZ 1984, 193ff., 198.

[627] Dazu *Papier* (FN 599), S. 72, und *Rudolphi,* NStZ 1984, 193ff., 197f. m. w. N.

[628] Vgl. exemplarisch *Papier* (FN 599), S. 68ff.

340 In einem weiteren Sinn stellt sich die Akzessorietätsfrage bei der **Auslegung** der zahlreichen unbestimmten Rechtsbegriffe in den §§ 324ff. StGB,[629] die durch die zum Teil präziseren Begriffsbildungen und Definitionen in den einzelnen Umweltgesetzen und sonstigen Umweltrechtsnormen zumindest limitiert wird.

341 Der bisherige **praktische Ertrag** des Strafrechts für den Umweltschutz ist umstritten. Einerseits wird der Strafverfolgung mangelnde Effektivität und eine Konzentration auf Bagatellverstöße vorgeworfen.[630] Überdies bedeutet Umweltstrafrecht in der Praxis nach wie vor zu über 80% Gewässerstrafrecht.[631] Andererseits ist bereits ein unfruchtbares Gegeneinander von Umweltschutzbehörden und Strafverfolgungsbehörden zu beobachten.[632]

Umweltverwaltungsrechtliche Streitfragen werden zunehmend unmittelbar vor der Strafgerichtsbarkeit ausgetragen, obwohl (oder gar weil?) diese von Hause aus fachlich hierfür weniger gerüstet ist als die Verwaltungsgerichtsbarkeit. Die Ursachen sind vordergründig etwa in dem Kostenvorteil zu sehen, den die Erstattung einer Strafanzeige gegenüber einer Klage vor dem Verwaltungsgericht birgt, entscheidend aber dürften der zu Recht erwartete Publizitätsgewinn einer solchen ,,Kriminalisierung" wie auch die Neigung mancher Staatsanwaltschaften sein, sich als oberste Umweltbehörde zu gerieren.[633]

342 Kaum Abhilfe verspricht die Einführung einer allgemeinen behördlichen **Strafanzeigepflicht** in Fällen schwerer Umweltgefährdung, wie sie anläßlich der Reform des Umweltstrafrechts vorgeschlagen wurde,[634] da hierdurch eine umweltdienliche Kooperation zwischen Überwachungsbehörden und Anlagenbetreibern unnötig erschwert würde.[635] Sachgerechte Kontrolle der Kontrolleure (sprich: Umweltbehörden) tut freilich not. Auch **Amtsträger** können in Umweltdelikte verstrickt sein.[636]

Allerdings dürfte dies seltener auf bewußte Kollusion zwischen Umweltschädigern und Behörden als auf Rechtsunsicherheit und praktische Überforderung der Umweltschutzverwaltung im Einzelfall zurückzuführen sein. Unbefriedigend ist insoweit das Fehlen einer einheitlichen Regelung der strafrechtlichen Amtsträgerverantwortlichkeit, wie sie zunächst erwogen wurde.[637] Nach geltender Gesetzeslage hängt die Strafbarkeit von Amtsträgern von der Formulierung des jeweiligen Deliktstatbestandes ab.[638] Soweit ein Delikt hiernach nur vom Bürger und nicht vom Amtsträger begehbar ist (z. B. § 325 StGB im Unterschied zu § 324 StGB), kann der Amtsträger allenfalls wegen Teilnahme bestraft werden.

---

[629] Vgl. hierzu *Albrecht/Heine/Meinberg,* ZStW 96 (1984), 943ff., 953ff.

[630] Vgl. etwa *Hümbs-Krusche/Krusche,* Die strafrechtliche Erfassung von Umweltbelastungen, 1983; in nuce: *Krusche,* ZRP 1985, 303ff. Zur empirischen Forschung im Bereich des Umweltstrafrechts umfassend *Albrecht/Heine/Meinberg,* ZStW 96 (1984), 943ff., 960ff. m. w. N.

[631] Vgl. *Papier* (FN 599), S. 67 m. w. N.

[632] Beispiele bei *Breuer,* DÖV 1987, 169ff., 170ff. Vgl. auch *Papier* (FN 599), S. 80.

[633] *Schünemann,* Wistra 1986, 235ff., 236, spricht sarkastisch sogar von einer ,,bürgerkriegsähnlichen" Auseinandersetzung zwischen den Staatsgewalten.

[634] Hierzu näher *Möhrenschlager,* ZRP 1979, 97ff., 101 m. w. N. Vgl. dazu auch *Papier* (FN 599), S. 79.

[635] So auch BT-Drs. 8/3633, S. 21.

[636] Verfehlt ist der rechtspolitische Vorschlag *Papiers* (FN 599), S. 80f., der auf ein (wenn auch wohl begrenztes) Strafverfolgungsprivileg von Amtsträgern – analog deren Haftungsprivilegien – zielt. Dieser Gedanke ist mit der Konzeption des Strafgesetzbuches, das den ,,Straftaten im Amt" sogar einen eigenen Abschnitt widmet (§§ 331ff. StGB), der die Strafbarkeit der Amtsträger nach den übrigen allgemein geltenden Bestimmungen nicht etwa ersetzt, sondern ergänzt und erweitert, unvereinbar. Die wünschenswerte ,,Entscheidungsbereitschaft der Beamten" schließt nicht die Freiheit zum Unrecht ein. Das Strafgesetzbuch ist insofern auch eine Barriere gegenüber Wucherungserscheinungen eines (allzu) ,,informellen" Verwaltungshandelns.

[637] Hierzu und zu den Gründen des Scheiterns *Triffterer* (FN 600), S. 133ff. m. w. N.

[638] Vgl. i. e. *Horn,* NJW 1982, 1ff.; *Rudolphi,* NStZ 1984, 193ff., 198f.; *Zeitler,* Die strafrechtliche Haftung für Verwaltungsentscheidungen nach dem neuen Umweltstrafrecht, dargestellt an dem § 324 StGB, Diss. jur. Tübingen 1982. Für weitgehende Straffreiheit plädiert *Geisler,* NJW 1982, 11ff.

343 Die Aufgabe des Umweltstrafrechts wird zusätzlich dadurch erschwert, daß es sich häufig **gegensätzlichen Forderungen** ausgesetzt sieht. Der umweltspezifische Ruf nach verschärften strafrechtlichen Sanktionen trifft auf einen prinzipiell gegenläufigen allgemeinen Reformtrend im Strafrecht, der auf Entkriminalisierung und „Humanisierung" der Strafe (wenn nicht gar in seiner radikalreformerischen Speerspitze auf eine weitgehende Auflösung des Strafrechts) hinzielt.

In der Zurückdrängung der Freiheitsstrafe hat diese Entwicklung ihren sichtbarsten Niederschlag gefunden. Nun ist die Verhängung selbst hoher Geldstrafen kein allzu wirksames Instrument, wenn sie auf finanzkräftige Täter oder gar auf Firmen trifft, die bereit sind, gegenüber Betriebsangehörigen verhängte Geldstrafen intern zu kompensieren, selbst wenn es sich hierbei um Strafvereitelung im Sinne von § 258 Abs. 2 StGB handeln dürfte.[639]

Die Möglichkeit einer **Verschärfung des Umweltstrafrechts** (nicht allein hinsichtlich der gesetzlichen Regelungen, sondern auch hinsichtlich Strafzumessung und Strafvollstreckung) wird durch diese allgemeine „Ambiance" begrenzt, auch wenn unterschiedliche Entwicklungen in Teilbereichen der Strafrechtspflege,[640] soweit sie auf der veränderten Einschätzung der Strafwürdigkeit bestimmter Tatgruppen und nicht auf gegensätzlichen Prämissen beruhen, nicht ganz auszuschließen sind.

II. Umwelt-Ordnungswidrigkeitenrecht

344 Die Tatbestände des Umwelt-Ordnungswidrigkeitenrechts sind weiterhin in den umweltrechtlichen **Einzelgesetzen** geregelt (u. a. § 62 BImSchG, § 46 AtG, § 51 WHG, § 15 AbwAG, § 18 AbfG, § 30 BNatSchG, § 26 ChemG, § 10 GBefGG). Sie sind in den Grundzügen zwar ähnlich wie Strafnormen aufgebaut (Tatbestandsmäßigkeit – Rechtswidrigkeit – Schuld), schließen im Unterschied zu diesen jedoch wegen des fehlenden kriminellen Gehaltes der Regelverstöße (früheres **„Verwaltungsunrecht"**) kein „sozialethisches Unwerturteil" ein und sehen ausschließlich die Verhängung von Geldbußen vor.[641] Eine deutliche Erhöhung des Bußgeldrahmens für Umwelt-Ordnungswidrigkeiten soll die Effektivität des Ordnungswidrigkeitenrechts steigern.[642] Eine Besonderheit des Ordnungswidrigkeitenrechts bildet die – nicht zuletzt für den Umweltschutz interessante – Möglichkeit, Geldbußen auch gegen juristische Personen und Personenvereinigungen zu verhängen (§ 30 OWiG). Eine Haftung juristischer Personen wurde darüber hinaus auch für den strafrechtlichen Umweltschutz vorgeschlagen,[643] ist aber dort vom Gesetzgeber nicht berücksichtigt worden und wäre wohl auch systemwidrig.

---

639 Vgl. zur strittigen Frage der Vollstreckungsvereitelung durch Zahlung fremder Geldstrafen statt vieler *Samson*, in: Systematischer Kommentar (FN 615), § 258 Rn. 34f. m. w. N., und *H. P. Sander* (FN 600), S. 49ff.

640 Vgl. zu den vielfältigen, wenn nicht disparaten Facetten des modernen Strafrechts *Naucke*, Tendenzen in der Strafrechtsentwicklung, 1975, S. 14ff.

641 Zur Abgrenzung eingehender *Amelung*, Rechtsgüterschutz und Schutz der Gesellschaft, 1972, S. 286ff. m. w. N. Zum Umwelt-Ordnungswidrigkeitenrecht speziell *H. P. Sander* (FN 600) und *Engelhardt*, BayVBl. 1974, 575ff.

642 Vgl. Umwelt (BMU) Nr. 3/87, S. 103.

643 Vgl. *Triffterer* (FN 600), S. 119ff. m. w. N.

§ 5 Rechtsschutz im Umweltschutz

Schrifttum: *Abee,* Der negatorische Rechtsschutz gegen Immissionen von lebenswichtigen Privatbetrieben und Einrichtungen der öffentlichen Verwaltung, Diss. jur. Kiel 1973; *Albers,* Verwaltungsgerichte – Hindernisse bei der Errichtung technischer Großanlagen – eine exemplarische Untersuchung am Beispiel des Atomrechts, DVBl. 1983, 1039ff.; *ders.,* Die Krise der Verwaltungsgerichte und der Grundrechtsschutz im Atomrecht, in: Festschrift für Helmut Simon, 1987, S. 519ff.; *Arbeitskreis für Umweltrecht (AKUR)* (Hg.), Contra und Pro Verbandsklage. Anhörung des Arbeitskreises für Umweltrecht, 1976; *Badura,* Das Planungsermessen und die rechtsstaatliche Funktion des Allgemeinen Verwaltungsrechts, in: Festschrift zum 25jährigen Bestehen des Bayerischen Verfassungsgerichtshofes, 1972, S. 157ff.; *ders.,* Eigentumsschutz der drittbetroffenen Gemeinde im atomrechtlichen Genehmigungsverfahren – BVerfGE 61, 82, JZ 1984, 14ff.; *ders.,* Gestaltungsfreiheit und Beurteilungsspielraum der Verwaltung, bestehend aufgrund und nach Maßgabe des Gesetzes, in: Festschrift für Otto Bachof zum 70. Geb., 1984, S. 169ff.; *ders.,* Grenzen und Alternativen des gerichtlichen Rechtsschutzes in Verwaltungsstreitsachen, JA 1984, 83ff.; *Bäumler,* Rechtsschutz gegen Flughafenplanungen, DÖV 1981, 43ff.; *Bambey,* Massenverfahren und Individualzustellung, DVBl. 1984, 374ff.; *Bartlsperger,* Subjektive öffentliche Rechte und störungspräventive Baunachbarklage, DVBl. 1971, 723ff.; *H. Bauer,* Die Schutznormtheorie im Wandel, in: Heckmann/Meßerschmidt (Hg.), Gegenwartsfragen des öffentlichen Rechts, 1988, S. 113ff.; *M. Bauer,* Ein originäres Klagerecht zugunsten des Naturschutzes für den Landesanwalt?, NuR 1987, 255ff.; *W. Baumann,* Betroffensein durch Großvorhaben – Überlegungen zum Rechtsschutz im Atomrecht, BayVBl. 1982, 257ff.; *Beckmann,* Verwaltungsgerichtlicher Rechtsschutz im raumbedeutsamen Umweltrecht, 1987; *Bender,* Die Verbandsklage, DVBl. 1977, 169ff.; *ders.,* Empfehlen sich unter dem Gesichtspunkt der Gewährleistung notwendigen Umweltschutzes ergänzende Regelungen im Verwaltungsverfahrens- und Verwaltungsprozeßrecht? (Referat), in: Verhandlungen des 52. Deutschen Juristentages Wiesbaden 1978, Bd. II, 1978, K 9ff.; *ders.,* Der Verwaltungsrichter im Spannungsfeld zwischen Rechtsschutzauftrag und technischem Fortschritt, NJW 1978, 1945ff.; *ders./Dohle,* Nachbarschutz im Zivil- und Verwaltungsrecht, 1972; *Berg,* Allgemein anerkannte Regeln der Technik im Verwaltungsprozeß, GewArch. 1978, 281ff.; *Berger,* Grundfragen umweltrechtlicher Nachbarklagen, 1982; *D. Birk,* Rechtsschutz gegen (vorgreifliche) Planungsmaßnahmen – BVerwGE 54, 211 und OVG Berlin, NJW 1972, 2283, JuS 1979, 412ff.; *Bleckmann,* Die Klagebefugnis im verwaltungsgerichtlichen Anfechtungsverfahren – Entwicklung der Theorie des subjektiv-öffentlichen Rechts, VBlBW 1985, 361ff.; *Breuer,* Wirksamer Umweltschutz durch Reform des Verwaltungsverfahrens- und Verwaltungsprozeßrechts?, NJW 1978, 1558ff.; *ders.,* „Mitlaufende Verwaltungskontrolle" – prozessuale Entwicklungen und Irrwege, NJW 1980, 1832ff.; *ders.,* Der maßgebliche Zeitpunkt für die gerichtliche Kontrolle atom- und immissionsschutzrechtlicher Genehmigungen, DVBl. 1981, 300ff.; *ders.,* Ausbau des Individualschutzes gegen Umweltbelastungen als Aufgabe des öffentlichen Rechts, DVBl. 1986, 849ff.; *ders.,* Gerichtliche Kontrolle der Technik als Gegenpol zu privater Option und administrativer Standardisierung, in: Forschungsstelle für Umwelt- und Technikrecht (Hg.), Technische Überwachung im Umwelt- und Technikrecht (UTR 4), 1988, S. 91ff.; *Brohm,* Zum Funktionswandel der Verwaltungsgerichtsbarkeit, NJW 1984, 8ff.; *ders.,* Die staatliche Verwaltung als eigenständige Gewalt und die Grenzen der Verwaltungsgerichtsbarkeit, DVBl. 1986, 321ff.; *van Buiren/Ballerstedt/Grimm,* Richterliches Handeln und technisches Risiko, 1982; *Cloosters,* Rechtsschutz Dritter gegen Verfahrensfehler im immissionsschutzrechtlichen Genehmigungsverfahren, 1986; *Czajka,* Inhalt und Umfang der richterlichen Kontrolle im technischen Sicherheitsrecht, et 1981, 537ff.; *ders.,* Der Stand von Wissenschaft und Technik als Gegenstand richterlicher Sachaufklärung, DÖV 1982, 99ff.; *ders.,* Richterliche Kontrollmacht im Atomprozeß, in: Roßnagel (Hg.), Recht und Technik im Spannungsfeld der Kernenergiekontroverse, 1984; *Degenhart,* Gerichtliche Kontrollbefugnisse und Drittklage im Kernenergierecht, et 1981, 203ff.; *Deppe,* Die verwaltungsgerichtliche Kontrolldichte der atomrechtlichen Genehmigung, Diss. jur. Göttingen 1981; *Dürr,* Probleme der Nachbarklage gegen einen Kinderspielplatz, NVwZ 1982, 296ff.; *Eyermann/Fröhler,* Verwaltungsgerichtsordnung, 9. Aufl., 1988; *Fingerhut,* Zur Kontrolldichte richterlicher Entscheidungen bei planungsrechtlichen Gemeindenachbarklagen, 1976; *Finkelnburg,* Das Gebot der Effektivität des Rechtsschutzes in der Rechtsprechung des Bundesverwaltungsgerichts, in: Festgabe aus Anlaß des 25jährigen Bestehens des Bundesverwaltungsgerichts, 1978, S. 169ff.; *ders./Jank,* Vorläufiger Rechtsschutz im Verwaltungsstreitverfahren, 3. Aufl., 1986; *Friauf,* „Latente Störung", Rechtswirkungen der Bauerlaubnis und vorbeugende Nachbarklage, DVBl. 1971, 713ff.; *Fröhler,* Effektiver Rechtsschutz bei der Genehmigung technischer Anlagen, in: Festschrift für Carl Hermann Ule zum 80. Geb., 1987, S. 55ff.; *Fröhlinger,* Zum vorläufigen Rechtsschutz in verwaltungsgerichtlichen Massenverfahren, DÖV 1983, 363ff.; *Fromm,* Verwaltungsakte mit Doppelwirkung, VerwArch. 56 (1965), 26ff.; *Führen,* Rechtsschutz gegenüber Immissionen von öffentlichen Einrichtungen, vr 1986, 5ff.; *Gaentzsch,* Ausbau des Individualschutzes gegen Umweltbelastungen als Aufgabe des bürgerlichen und des öffentlichen Rechts, NVwZ 1986, 601ff.; *Gassner,* Treuhandklage zugunsten von Natur und Landschaft, 1985; *Gerhardt/Jacob,* Massenverfahren und Musterprozeß vor den Verwaltungsgerichten, DÖV 1982, 345ff.; *dies.*, Die ungeliebte Öffentlichkeit – Drittbeteiligung im Atomrecht zwischen Verfassungsgebot und Farce, DÖV 1986, 258ff.; *Goerlich*, Nachbarschutz durch Verfahrensrecht, DÖV 1982, 631ff.; *Hansmann*, Empfehlen sich unter dem Gesichtspunkt der Gewährleistung notwendigen Umweltschutzes ergänzende Regelungen im Verwaltungsverfahren- und Verwaltungsprozeßrecht? (Referat), in: Verhandlungen des 52. Deutschen Juristentages Wiesbaden 1978, Bd. II, 1978, K 38ff.; *Hennecke*, Umweltschutzverbände und öffentliche Planungen – Probleme der Verbandsbeteiligungen und Verbandsklage im Umweltbereich nach geltendem und künftigem Recht, in: Festschrift für Franz Schad zum 70. Geb., 1978, S. 254ff.; *H. Hofmann*, Der Einfluß der Großtechnik auf Verwaltungs- und Prozeßrecht, UPR 1984, 73ff.; *Hoppe*, Planung und Pläne in der verwaltungsgerichtlichen Kontrolle, in: Festschrift für Christian-Friedrich Menger zum 70. Geb., 1985, S. 747ff.; *Igl*, Neue Klageformen im Umweltschutzrecht, BWVPr. 1976, 98ff.; *J. Ipsen*, Einwendungsbefugnis und Einwendungsausschluß im atomrechtlichen Genehmigungsverfahren, DVBl. 1980, 146ff.; *ders.*, Die Genehmigung technischer Großanlagen, AöR 107 (1982), 259ff.; *Jarass*, Die Gemeinde als „Drittbetroffener" – Probleme der Klagebefugnis, insbesondere bei der Anfechtung einer atomrechtlichen Genehmigung, DVBl. 1976, 732ff.; *ders.*, Bindungs- und Präklusionswirkung von Teilgenehmigung und Vorbescheid, UPR 1983, 241ff.; *ders.*, Der Rechtsschutz Dritter bei der Genehmigung von Anlagen, NJW 1983, 2844ff.; *Jasper*, Verbandsklage, MDR 1985, 639ff.; *P. Kirchhof*, Der Auftrag des Grundgesetzes an die rechtsprechende Gewalt, in: Festschrift der Juristischen Fakultät zur 600-Jahr-Feier der Ruprecht-Karls-Universität Heidelberg, 1986, S. 11ff.; *Kleinlein*, Das System des Nachbarrechts. Eine Darstellung anhand des BBauG, des privaten Nachbarrechts und des BImSchG, 1987; *Kloepfer*, Verfahrensdauer und Verfassungsrecht, JZ 1979, 209ff.; *ders.*, Rechtsschutz im Umweltrecht, in: Gesellschaft für Umweltrecht (Hg.), Dokumentation zur 8. wissenschaftlichen Fachtagung der Gesellschaft für Umweltrecht e.V., 1985, S. 98ff.; *ders.*, Rechtsschutz im Umweltschutz, VerwArch. 76 (1985), 371ff., 77 (1986), 30ff.; *Konrad*, Verwaltungsrechtsschutz im Nachbarschaftsverhältnis, BayVBl. 1984, 83ff.; *Kopp*, Verwaltungsgerichtsordnung, 8. Aufl., 1989; *Krebs*, Subjektiver Rechtsschutz und objektive Rechtskontrolle, in: Festschrift für Christian-Friedrich Menger zum 70. Geb., 1985, S. 191ff.; *Krieger*, Vorläufiger Rechtsschutz gegen Gesamtplanungen, NuR 1983, 257ff.; *Kutscheidt*, Rechtsschutz bei nicht genehmigungsbedürftigen Anlagen, NVwZ 1983, 65ff.; *Ladeur*, Die Schutznormtheorie – Hindernis auf dem Weg zu einer modernen Dogmatik der planerischen Abwägung?, UPR 1984, 1ff.; *ders.*, Recht auf Abwägung als Verfahrensrecht, UPR 1985, 149ff.; *ders.*, Die rechtliche Kontrolle planerischer Prognosen, NuR 1985, 81ff.; *Lau*, Rechtsschutz bei der Planung von Flughäfen, Diss. jur. Münster 1977; *Liebing/Hoyer*, Zum vorläufigen Rechtsschutz bei Nachbarschaftsklagen gegen nach § 4 BImSchG genehmigte Anlagen, UPR 1985, 49f.; *Limberger*, Probleme des vorläufigen Rechtsschutzes bei Großprojekten, 1985; *Lummert/Thiem*, Rechte des Bürgers zur Verhütung und zum Ersatz von Umweltschäden, 1980; *P. Marburger*, Ausbau des Individualschutzes gegen Umweltbelastungen als Aufgabe des bürgerlichen und des öffentlichen Rechts (Gutachten), in: Verhandlungen des 56. Deutschen Juristentages Berlin 1986, Bd. I, 1986, C 1ff.; *J. Martens*, Der verwaltungsrechtliche Nachbarschutz – eine unendliche Geschichte?, NJW 1985, 2302ff.; *W. Martens*, Öffentlich-rechtliche Probleme des negatorischen Rechtsschutzes gegen Immissionen, in: Festschrift für Friedrich Schack zum 80. Geb., 1966, S. 85ff.; *ders.*, Suspensiveffekt, Sofortvollzug und vorläufiger gerichtlicher Rechtsschutz bei atomrechtlichen Genehmigungen, 1983; *ders.*, Tendenzen der Rechtsprechung zum Sofortvollzug der Zulassung von großtechnischen Anlagen, DVBl. 1985, 541ff.; *Matter*, Das ideelle Verbandsbeschwerderecht im schweizerischen Umweltrecht, UPR 1982, 370ff.; *D. Merten* (Hg.), Die Vereinheitlichung der Verwaltungsgerichtsgesetze zu einer Verwaltungsprozeßordnung, 1978; *Meyer-Ladewig*, Massenverfahren in der Verwaltungsgerichtsbarkeit, NVwZ 1982, 349ff.; *Müller-Glöge*, Die verwaltungsgerichtliche Kontrolle administrativer Immissionsprognosen, 1982; *v. Mutius*, Verbandsklage im Natur- und Landschaftsschutzrecht – richtiger Weg zur Verbesserung des Umweltschutzes?, AgrarR 1982, Beilage I, S. 10ff.; *ders.*, Der Mülheim-Kärlich-Beschluß des BVerfG: Grundrechtsschutz durch Verfahren, Jura 1984, 529ff.; *Neumeyer*, Erfahrungen mit der Verbandsklage aus der Sicht der Verwaltungsgerichte, UPR 1987, 327ff.; *Nicklisch*, Technologierecht und Rechtsfortbildung, in: Festschrift der Juristischen Fakultät zur 600-Jahr-Feier der Ruprecht-Karls-Universität Heidelberg, 1986, S. 231ff.; *Ossenbühl*, Die gerichtliche Überprüfung der Behandlung technischer und wirtschaftlicher Fragen in Genehmigungen des Baus von Kraftwerken, DVBl. 1978, 1ff.; *ders.*, Zur Bedeutung von Verfahrensfehlern im Atomrecht, NJW 1981, 375ff.; *ders.*, Die richterliche Kontrolle von Prognoseentscheidungen der Verwaltung, in: Festschrift für Christian-Friedrich Menger, 1985, S. 731ff.; *Paetow*, Die gerichtliche Überprüfbarkeit der Entscheidung über die Zulassung von Eingriffen in Natur und Landschaft, NuR 1986, 144ff.; *Papier*, Die Stellung der Verwaltungsgerichtsbarkeit im demokratischen Rechtsstaat, 1979; *ders.*, Rechtskontrolle technischer Großprojekte, in: Bitburger Gespräche Jb. 1981, S. 81ff.; *ders.*, Zur verwaltungsgerichtlichen Kontrolldichte, DÖV 1986, 621ff.; *Peschau*, Die Beweislast im Verwaltungsrecht. Zur Verteilung des Aufklärungsrisikos im Verwaltungsprozeß, 1983; *Pfaff*, Planungsrechtsprechung und ihre Funktionen, 1980; *Pfeiffer*, Knappe Ressource Recht, ZRP 1981, 121ff.; *Quaritsch*, Eigentum und Polizei, DVBl. 1959, 455ff.; *Redeker*, Verfahrensrechtliche Bedenken gegen die Verbandsklage, ZRP 1976, 163ff.; *ders./v. Oertzen*, Verwaltungsgerichtsordnung, 9. Aufl., 1988; *E. Rehbinder*, Argumente für die Verbandsklage im Umweltrecht, ZRP 1976, 157ff.; *ders.*, Die hessische Verbandsklage auf dem Prüfstand der Verwaltungsgerichtsbarkeit, NVwZ 1982, 666ff.; *ders.*, Artikel „Verbandsklage", in: Kimminich/v. Lersner/Storm (Hg.), Handwörterbuch des Umweltrechts (HdUR), Bd. II, 1988, Sp. 967ff.; *ders./Burgbacher/Knieper*, Bürgerklage im Umweltrecht, 1972; *Rengeling*, Aktuelle verwaltungsrechtliche und verwaltungsgerichtliche Fragen bei der Errichtung von Kernkraftwerken, JZ 1977, 542ff.; *ders.*, Perspektiven zur Zulässigkeit atomrechtlicher Anfechtungsklagen, DVBl. 1981, 323ff.; *Ronellenfitsch/Wolf*, Ausbau des Individualschutzes gegen Umweltbelastungen als Aufgabe des bürgerlichen und des öffentlichen Rechts?, NJW 1986, 1955ff.; *Rudolph*, Möglichkeiten und Grenzen einer sachkundigen Besetzung der Richterbank, JZ 1975, 316ff.; *Sailer*, Subjektives Recht und Umweltschutz, DVBl. 1976, 521ff.; *ders.*, Zum Klagerecht der Gemeinden gegen Kernkraftwerke, BayVBl. 1978, 33ff.; *Salzwedel*, Der Spielraum wasserbehördlichen Ermessens für Entscheidungen im Rheineinzugsgebiet nach dem neuen Recht – Umfang der verwaltungsgerichtlichen Überprüfung beim Vollzug von Gewässerstandards und Einleitungsstandards im Einzelfall, RdWWi. 22 (1979), 53ff.; *H. Sander*, Nochmals: Verbandsklage. Gegen die Eignung der Gerichtsbarkeit zur Umweltrettung, MDR 1986, 12ff.; *Schenke*, Neues zum Schweinemästerfall, JuS 1977, 789ff.; *ders.*, Baurechtlicher Nachbarschutz, NuR 1983, 81ff.; *Schlichter*, Die Verbandsklage im Naturschutzrecht, UPR 1982, 209ff.; *ders.*, Baurechtlicher Nachbarschutz, NVwZ 1983, 641ff.; *Schmel*, Massenverfahren vor den Verwaltungsbehörden und den Verwaltungsgerichten, 1982; *J. Schmidt*, Technische Berater für die Gerichte der Verwaltungsgerichtsbarkeit?, in: Festschrift für Theodor Maunz zum 80. Geb., 1982, S. 297ff.; *ders.*, Die Bewältigung von verwaltungsgerichtlichen Massenverfahren, DVBl. 1982, 148ff.; *W. Schmidt*, Die Verwaltungsgerichtsbarkeit an den Grenzen des Verwaltungsrechtsschutzes, NJW 1978, 1769ff.; *Schmidt-Aßmann*, Verwaltungsverantwortung und Verwaltungsgerichtsbarkeit, VVDStRL 34 (1976), S. 221ff.; *ders.*, Konzentrierter oder phasenspezifischer Rechtsschutz?, DVBl. 1981, 334ff.; *ders.*, Art. 19 IV GG als Teil des Rechtsstaatsprinzips, NVwZ 1983, 1ff.; *ders.*, Funktionen der Verwaltungsgerichtsbarkeit, in: Festschrift für Christian-Friedrich Menger zum 70. Geb., 1985, S. 107ff.; *Schmitt Glaeser*, Massenverfahren vor den Verwaltungsgerichten, DRiZ 1980, 289ff.; *Scholz*, Verwaltungsverantwortung und Verwaltungsgerichtsbarkeit, VVDStRL 34 (1976), S. 145ff.; *ders.*, Technik und Recht, in: Festschrift zum 125jährigen Bestehen der juristischen Gesellschaft zu Berlin, 1984, S. 691ff.; *Schuy*, Vorläufiger Rechtsschutz im atomrechtlichen Genehmigungsverfahren, 1986; *Schwab*, Möglichkeiten der Kontrollrestriktion im Umweltschutzrecht, DVBl. 1986, 170ff.; *Schwerdtfeger*, Grundrechtlicher Drittschutz im Baurecht, NVwZ 1982, 5ff.; *ders.*, Die Verbandsklage, Gefahr oder Chance?, VBlBW 1983, 321ff.; *Sellner*, Kontrolle immissionsschutzrechtlicher und atomrechtlicher Entscheidungen im Verwaltungsgerichtsprozeß, BauR 1980, 391ff.; *ders.*, Gestuftes Genehmigungsverfahren, Schadensvorsorge, verwaltungsgerichtliche Kontrolldichte, NVwZ 1986, 616ff.; *ders.*, Ausbau des Individualschutzes gegen Umweltbelastungen als Aufgabe des bürgerlichen und des öffentlichen Rechts (Referat), in: Verhandlungen des 56. Deutschen Juristentages Berlin 1986, Bd. II, 1986, L 8ff.; *ders.*, Artikel „Umweltprozeßrecht", in: Kimminich/v. Lersner/Storm (Hg.), Handwörterbuch des Umweltrechts (HdUR), Bd. II, 1988, Sp. 717ff.; *Sendler*, Zum Instanzenzug in der Verwaltungsgerichtsbarkeit, DVBl. 1982, 157ff.; *ders.*, Richter und Sachverständige, NJW 1986, 2907ff.; *Sening*, Abschied von der Schutznormtheorie im Naturschutzrecht, NuR 1980, 102ff.; *ders.*, Rettung der Umwelt durch Aufgabe der Schutznormtheorie?, BayVBl. 1982, 428ff.; *Skouris*, Verletztenklagen und Interessentenklagen im Verwaltungsprozeß, 1979; *ders.*, Landesrechtliche Einführung der Verbandsklage?, NVwZ 1982, 233ff.; *ders.*, Über die Verbandsklage im Verwaltungsprozeß – BVerwG, NJW 1981, 362, JuS 1982, 100ff.; *Starck*, Übermaß an Rechtsstaat?, ZRP 1979, 209ff.; *Steinberg*, Rechtsschutz gegen die Trassenentscheidung nach § 16 FStrG, NVwZ 1983, 209ff.; *ders.*, Grundfragen des öffentlichen Nachbarrechts, NJW 1984, 457ff.; *ders.*, Verwaltungsgerichtlicher Umweltschutz – Voraussetzungen und Reichweite der egoistischen Umweltschutzklage, UPR 1984, 350ff.; *Stubbe*, Sofortvollzug bei kerntechnischen Anlagen, et 1986, 244ff.; *Suhr*, Immissionsschäden vor Gericht, 1986; *Tettinger*, Überlegungen zu einem administrativen ,,Prognosespielraum", DVBl. 1982, 421ff.; *Theuerkaufer*, Die Klagebefugnis privater Dritter bei atomrechtlichen Anlagegenehmigungen, Diss. jur. Würzburg 1987; *Thieme*, Die Zulässigkeit von Umweltschutzklagen, NJW 1976, 705f.; *Ule*, Zur rechtlichen Bedeutung von Ausschlußfristen im Verwaltungsverfahren für den Verwaltungsprozeß, BB 1979, 1009ff.; *ders.*, Effektiver Rechtsschutz in einer funktionsfähigen Rechtspflege?, DVBl. 1982, 821ff.; *ders.*, Verwaltungsprozeßrecht, 9. Aufl., 1987; *ders./Laubinger*, Empfehlen sich unter dem Gesichtspunkt der Gewährleistung des notwendigen Umweltschutzes ergänzende Regelungen im Verwaltungsverfahrens- und Verwaltungsprozeßrecht? (Gutachten), in: Verhandlungen des 52. Deutschen Juristentages Wiesbaden 1978, Bd. I, 1978, B 1ff.; *Wahl*, Der Nachbarschutz im Baurecht, JuS 1984, 577ff.; *K. H. Weber*, Regelungs- und Kontrolldichte im Atomrecht, 1984; *Weitzel*, Beschränkte Kontrolle durch die Verbandsklage?, NVwZ 1982, 548ff.; *Weyreuther*, Verwaltungskontrolle durch Verbände? Argumente gegen die verwaltungsgerichtliche Verbandsklage im Umweltrecht, 1975; *Winter*, Bevölkerungsrisiko und subjektives Recht im Atomrecht, NJW 1979, 393ff.; *ders.*, Rechtsschutz gegen Weisungen in der atomrechtlichen Bundesauftragsverwaltung, DVBl. 1985, 993ff.; *ders.*, Die Angst des Richters bei der Technikbewertung, ZRP 1987, 425ff.; *Zeiler*, Die Klagebefugnis der Gemeinden bei der Errichtung von Kernkraftwerken, GewArch. 1978, 114ff.; *Zuleeg*, Hat das subjektive öffentliche Recht noch eine Daseinsberechtigung?, DVBl. 1976, 509ff.; vgl. zum grenzüberschreitenden Umweltrechtsschutz Schrifttum zu § 6 D.

A. Allgemeines

Das Umweltrecht ist zu einem beträchtlichen (wenn auch nicht dominierenden) Teil **Richterrecht.**[1] Dem Umweltschutz ist vielfach gerichtlicher Rechtsschutz vor- oder nachgeschaltet. Auch unter den Bedingungen seiner inzwischen weitreichenden gesetzlichen Normierung nehmen die Gerichte eine im Vergleich zu vielen anderen Rechtsgebieten **exponierte,** wenn auch keineswegs einzigartige **Stellung** (man denke nur an das nahezu gänzlich unkodifizierte Arbeitskampfrecht) bei der Rechtsanwendung, Rechtskonkretisierung und Rechtsfortbildung ein. Die **Gründe** hierfür sind mannigfaltig. Zu nennen sind einerseits auf seiten der staatlichen Normgeber insbesondere:[2] 1

1. der häufige, vielfach sogar sachgebotene Verzicht des Gesetzgebers auf vollständige ,,Programmierung" in Anbetracht einer hyperkomplexen und dynamischen Materie (vgl. die weitverbreitete Verwendung von unbestimmten Gesetzesbegriffen und Abwägungsklauseln und die reziprok ansteigende Bedeutung unter- oder außergesetzlicher Normen, s. § 2 Rn. 41 ff.);
2. gesetzgeberische Scheu vor klaren Entscheidungen (Zuflucht zu Formelkompromissen und normativen Inkonsequenzen);
3. Verzahnungsdefizite zwischen funktional interdependenten Vorschriften und Gesetzen.

Dem stehen auf seiten der Normadressaten vor allem folgende Faktoren gegenüber:

1. eine häufig über das allgemeine Maß hinaus gesteigerte Rechtsschutznachfrage, aber auch
2. Bestrebungen, den Rechtsschutz politisch zu instrumentalisieren.

Im zweiten Fall wird das (oftmals nur als Verzögerungs- und Blockadestrategie ergriffene) Rechtsschutzbegehren zur Fortsetzung der Politik mit anderen Mitteln. Tiefere Ursachen hierfür sind u. a. ein schwindendes Vertrauen in staatliche Institutionen (wovon die Gerichte noch am ehesten ausgenommen zu sein scheinen) und eine – bei Teilen der Bevölkerung deutlich feststellbare – verminderte Akzeptanz demokratisch legitimierter Entscheidungen.

Den Gerichten wird damit eine **politische Befriedungsfunktion aufgedrängt,** der sie nicht nachkommen können, ohne daß ihre eigentliche Aufgabe der Rechtsschutzgewährung Schaden nimmt. Die Gerichte geraten hierbei etwa in Versuchung, zusätzlich und zu Lasten ihrer (klassischen) **kassatorischen und revisorischen Kontrollfunktion** eine stärker reformatorische Funktion zu übernehmen[3] und Gestaltungsaufgaben der Verwaltung zu usurpieren.[4] 2

---

[1] Vgl. zu Voraussetzungen, Bedeutung und Grenzen von Richterrecht allgemein statt vieler *Larenz,* Methodenlehre der Rechtswissenschaft, 4. Aufl., 1978, S. 421 ff. m. w. N., sowie zuletzt *P. Kirchhof,* FS der Juristischen Fakultät Heidelberg, 1986, S. 11 ff.; speziell zur Rechtsfortbildung im Technikrecht resp. Umweltrecht *Nicklisch,* FS der Juristischen Fakultät Heidelberg, 1986, S. 231 ff.

[2] Vgl. wegen weiterer Gründe *Kloepfer,* VerwArch. 76 (1985), 371 ff., 375 ff.

[3] Vgl. *Bettermann,* in: D. Merten (Hg.), Die Vereinheitlichung der Verwaltungsgerichtsgesetze zu einer Verwaltungsprozeßordnung, 1978, S. 91 ff., 109 f. Positiver beurteilt den ,,Funktionswandel der Verwaltungsgerichtsbarkeit" demgegenüber *Brohm,* NJW 1984, 8 ff., 10 ff.

[4] Vgl. etwa *Papier,* Die Stellung der Verwaltungsgerichtsbarkeit im demokratischen Rechtsstaat, 1979, S. 31.

Diese – freilich insgesamt eher die Ausnahme bildende – Haltung der Rechtsprechung äußert sich beispielsweise darin, daß bei der Überprüfung unbestimmter Rechtsbegriffe manche Gerichte (aufgrund eines bisweilen eher rührend anmutenden technischen Laienwissens) die eigene fachliche Wertung von Umweltschutzmaßnahmen letztlich an die Stelle der Einschätzung der Verwaltung setzen. Nicht wenige Verwaltungsrichter neigen im übrigen auch dazu, im Rahmen des vorläufigen Rechtsschutzes mit dem Mittel der Teilsuspension und durch flankierende Anordnungen in Wirklichkeit den Inhalt des Verwaltungsakts zu ändern und damit Verwaltungsfunktionen einzunehmen.[5] Die Verwaltungsrichter haben in unserem Verfassungssystem aber weder ein administratives noch ein politisches Mandat.

3 Mit der primär rechtspolitischen Instrumentalisierung des Umweltrechtsschutzes in gewissem Zusammenhang steht die selbst im Fachschrifttum zu beobachtende Tendenz, Rechtsschutz *im* Umweltschutz von vornherein mit Rechtsschutz *für* den Umweltschutz gleichzusetzen. Soweit Umweltschutz Gegenstand des materiellen Rechts ist, dient Rechtsschutz gewiß zugleich dem Umweltschutz i. S. einer **Durchsetzung von Umweltrecht.** Rechtsschutz im Umweltschutz kann freilich ebenso Rechtsschutz *vor* Umweltschutz bedeuten, soweit Bürger sich mit ihrem Rechtsschutzbegehren gegen (für rechtswidrig gehaltene) Umweltschutzmaßnahmen wenden. Rechtsschutz im Umweltschutz bedeutet demnach sowohl Rechtsschutz gegenüber einem rechtswidrigen Zuwenig als auch gegenüber einem rechtswidrigen Zuviel an Umweltschutz (gemessen jeweils an den rechtlichen, v. a. gesetzlichen Vorgaben, nicht etwa an einem nicht positivierten Umweltschutzideal). Rechtsschutz als solcher verhält sich, so gesehen, zum Umweltschutz neutral.

4 Rechtsschutzfragen erfahren in dieser spannungsreichen Situation und unter dem Druck widersprüchlicher Erwartungen eine Zuspitzung, die den Rechtsschutz im Umweltschutz über einen bloßen **Anwendungsfall bestehenden Prozeßrechts** hinaushebt und auf dieses intensiv zurückwirkt.

Zentrale allgemeine Probleme des Verwaltungsprozeßrechts (insbesondere der Klagebefugnis und der gerichtlichen Kontrolldichte), aber auch des Zivilprozeßrechts (dort v. a. der Beweislast) sind heute in umweltrechtliche Rechtsstreitigkeiten „eingekleidet" und sind dort einer (nicht nur für das Umweltrecht bedeutsamen) Klärung zuzuführen. Verfehlt wäre es demgegenüber, den Rechtsschutz im Umweltschutz aus dem allgemeinen Prozeßrecht herauszulösen und zu einem **Sonderprozeßrecht** zu entwickeln. Dahingehenden Tendenzen zu einem eigenständigen Umweltprozeßrecht, gleich welcher Provenienz, ist mit Vorsicht zu begegnen, was nicht ausschließt, daß in Teilbereichen gebietsspezifischen Besonderheiten Rechnung getragen werden darf.

Die hiesige Behandlung des Rechtsschutzes im Umweltschutz im Rahmen einer Gesamtdarstellung des Umweltrechts will daher auch nicht in Konkurrenz zu systematischen Darstellungen des Prozeßrechts treten oder diese gar ersetzen. Auf die einschlägigen Lehrbücher und Kommentare[6] sei vielmehr ausdrücklich verwiesen.

[5] Dazu näher *Breuer,* NJW 1980, 1832ff.

[6] Vgl. zum Verwaltungsprozeßrecht insbes. *Eyermann/Fröhler,* Verwaltungsgerichtsordnung. Kommentar, 9. Aufl., 1988; *Kopp,* Verwaltungsgerichtsordnung. Kommentar, 8. Aufl., 1989; *Redeker/v. Oertzen,* Verwaltungsgerichtsordnung. Kommentar, 9. Aufl., 1988; *Tschira/Schmitt Glaeser,* Verwaltungsprozeßrecht. Kurzlehrbuch, 9. Aufl., 1988; *Ule,* Verwaltungsprozeßrecht. Kurzlehrbuch, 9. Aufl., 1987; zum Zivilprozeßrecht statt vieler *Baumbach/Lauterbach/Albers/Hartmann,* Zivilprozeßordnung. Kurzkommentar, 46. Aufl., 1988; *Rosenberg/Schwab,* Zivilprozeßrecht. Lehrbuch, 14. Aufl., 1986; *Stein/Jonas,* Kommentar zur Zivilprozeßordnung, 20. Aufl., 1977ff.; *Thomas/Putzo,* Zivilprozeßordnung, 15. Aufl., 1987; *Wieczorek,* Zivilprozeßordnung und Nebengesetze. Großkommentar, 2. Aufl., 1975ff.

In der aktuellen Diskussion stehen Klagen über eine **Rechtsschutzhypertrophie** im Umweltschutz,[7] die sich an Wucherungserscheinungen einer quantitativen und qualitativen Rechtsschutzexpansion vor allem bei umweltrelevanten Großvorhaben entzünden. 5

- Z. B. jahrelange, regelmäßig über mehrere Instanzen hinweg geführte Gerichtsverfahren mit manchmal Tausenden von Klägern und zahlreichen Sachverständigen,[8]
- teilweise überaus aufwendige und wegen der Einbeziehung technisch-naturwissenschaftlicher Fragen in Einzelfällen sogar Buchumfang erreichende Urteilsbegründungen.[9]

Demgegenüber werden aber auch Forderungen nach einem weiteren **Ausbau** des Rechtsschutzes gegen Umweltbelastungen erhoben.[10] Hinter derartigen Ausbauforderungen steht nicht nur der Wunsch, (tatsächliche oder vermeintliche) Defizite des Individualschutzes gegenüber Umweltbelastungen abzubauen, sondern oftmals auch die Vorstellung, durch Zuteilung weiterer Rechtsbehelfe ein ,,riesige(s) Potential an möglichen Umweltschutzwächtern" zu mobilisieren.[11] Indessen wird bereits das Gefahrenparadox des ,,zuwenig durch zuviel Rechtsschutz"[12] deutlich. In den typischerweise mehrpoligen Rechtsverhältnissen, wie sie vielen Umweltrechtsstreitigkeiten, insbesondere Nachbarklagen (s. u. Rn. 15ff.), zugrunde liegen, kann es typischerweise kaum eine Erweiterung des Rechtsschutzes geben, ohne die nicht zugleich der Rechtsschutz der jeweils anderen Seite vermindert, wenn nicht sogar verkürzt würde. Die Aufgabenstellung der Rechtsprechung und ggf. des Gesetzgebers ist daher vielschichtiger, als einseitige Ausbauparolen zu erkennen geben: Zu gewährleisten ist ein insgesamt **ausgewogener**,[13] für alle Prozeßparteien **effektiver**,[14] insbesondere auch **zeitgerechter**[15] **Rechtsschutz.** 6

Dies ist nicht zuletzt deshalb wichtig, weil Rechtsstreitigkeiten, die in anderen Lebensbereichen doch eher den Ausnahmefall bilden, in Teilen des Umweltrechts beinahe zum Normalfall geworden sind. Der administrative Genehmigungsvorbehalt für umweltrelevante Anlagen wird damit faktisch mehr und mehr auch zum ,,Justizvorbehalt".[16] Ob im übrigen überlange Gerichtsverfahren unabhängig von ihrer rechtlichen Beurteilung dem Umweltschutz im Gesamtergebnis faktisch dienlich sind oder nicht, steht dahin. Einerseits erschweren überlange

---

[7] Vgl. dazu statt vieler *Sendler,* DVBl. 1982, 157ff., 164; *Starck,* ZRP 1979, 209ff.; wegen weiterer Nachw. *Papier* (FN 4), S. 7.

[8] Vgl. etwa das Verfahren gegen den Planfeststellungsbeschluß für den Flughafen München II vor dem VG München (5724 Kläger), dazu näher *J. Schmidt,* DVBl. 1982, 148ff., oder den Rechtsstreit um das Kernkraftwerk Wyhl vor dem VG Freiburg (53 Sachverständige), dazu näher *van Buiren/Ballerstedt/Grimm,* Richterliches Handeln und technisches Risiko, 1982, S. 78.

[9] Zum Umfang der Urteilsbegründungen insbes. in früheren atomrechtlichen Verfahren *Albers,* DVBl. 1983, 1039ff., 1043 (VG Freiburg – Wyhl – 500 Seiten, VG Oldenburg – Esenshamm – 250 Seiten).

[10] Vgl. etwa *Roth-Stielow,* NJW 1984, 1942f., 1942 (,,neuere Dimension von Rechtsnot"), und *Sening,* BayVBl. 1982, 428ff. Dagegen differenzierend *Breuer,* DVBl. 1986, 849ff., und *Marburger,* Gutachten C zum 56. DJT, 1986, C 51ff.

[11] *Jabornegg,* Bürgerliches Recht und Umweltschutz, Gutachten für den 9. ÖJT, 1985, S. 94f.

[12] Vgl. den gleichnamigen Aufsatz von *Sendler,* FS 10 Jahre Dt. Richterakademie, 1983, S. 175ff.

[13] Vgl. nur *Schmidt-Aßmann,* NVwZ 1983, 1ff.

[14] Vgl. nur BVerfGE 35, 263 (274); 40, 272 (275); 55, 349 (369); 57, 9 (21f.); 65, 76 (90f.) – st. Rspr.; im Schrifttum statt vieler *Finkelnburg,* FS 25 J. BVerwG, 1978, S. 169ff.; *Ule,* DVBl. 1982, 821ff., 821; eher skeptisch *Lorenz,* AöR 105 (1980), 623ff.

[15] Dazu *Kloepfer,* JZ 1979, 209ff. m.w.N. Vgl. zum Verbot überlanger Gerichtsverfahren EuGHMR, EuGRZ 1978, 406ff. (Fall König), und nun auch BVerfGE 55, 349 (369). Das BVerfG (Vorprüfungsausschuß), NJW 1984, 967f., hält es sogar für möglich, daß überlange Verfahrensdauer in extrem gelagerten Fällen zu einem Verfahrenshindernis führt.

[16] Vgl. *Ossenbühl,* DVBl. 1978, 1ff.

Verfahren generell die Errichtung umweltbelastender Anlagen. Andererseits führen überlange Verfahren häufig zur Realisierung von Anlagen, die zum Zeitpunkt der Inbetriebnahme längst nicht mehr auf dem neuesten Stand der Technik, insbesondere der Umwelttechnik sind.

Nicht nur die Umwelt, sondern auch der Rechtsschutz erscheint demnach zunehmend als „knappe Ressource".[17]

7 Der Gesetzgeber ist dem Problem der quantitativen Rechtsschutzüberlastung im Umweltschutz bisher vor allem mit einer **Straffung des Instanzenzuges** entgegengetreten.[18] Weitere Schritte zur Vereinfachung und Beschleunigung verwaltungsgerichtlicher Verfahren wie die geplante Möglichkeit der Zurückweisung verspäteten Vorbringens[19] (was es bisher in dem vom Untersuchungsgrundsatz geprägten Verwaltungsprozeß i. U. zum Zivilprozeß nicht gibt) und Sondervorschriften für sog. Massenverfahren (Musterverfahren, Bestellung gemeinsamer Vertreter),[20] die zwar nicht auf Umweltprozesse beschränkt sein sollten, sich aber dort besonders ausgewirkt hätten, wurden bislang nicht realisiert.

8 Nach Art. 2 § 9 des (vorerst begrenzt bis zum 31. 12. 1990 geltenden) Gesetzes zur Entlastung der Gerichte in der Verwaltungs- und Finanzgerichtsbarkeit vom 31. 3. 1978[21] (Kloepfer Nr. 55) ist seit dem Änderungsgesetz vom 4. 7. 1985[22] für Streitigkeiten über bestimmte, vor allem umweltrelevante Vorhaben das OVG in erster Instanz zuständig; dies bedeutet gegenüber dem allgemein dreistufigen Instanzenzug den **Verlust einer Tatsacheninstanz.**

Hiervon betroffen sind u. a. Streitigkeiten über die Errichtung und den Betrieb von kerntechnischen Anlagen und größeren Kraftwerken, die Errichtung von Freileitungen, die Anlage, Erweiterung, Änderung und der Betrieb von Verkehrsflughäfen sowie die Planfeststellungsverfahren bezüglich (bestimmter) Abfallbeseitigungsanlagen, Trassenführungen, Bundesautobahnen und Binnenwasserstraßen, nicht jedoch – nach Auffassung des BVerwG – Streitigkeiten über den Abbau stillgelegter Kernkraftwerke.[22a]

Die Gesetzesänderung ist vor folgendem Hintergrund zu sehen: Der bisherige grundsätzlich dreistufige Verwaltungsrechtsschutz brachte es, wenn man den zweistufigen vorläufigen Rechtsschutz und die Möglichkeit der Verfassungsbeschwerde hinzunimmt, auf insgesamt sechs „Instanzen". Berücksichtigt man dazu noch das teilweise gerichtsähnliche Verwaltungsverfahren mit dem Widerspruchsverfahren, so war es möglich – und im Umweltrecht sogar nicht gänzlich unwahrscheinlich –, daß über eine Anlagengenehmigung achtmal nacheinander entschieden wurde. Hinzu kommen die Möglichkeiten von Verfassungsrechtsbehelfen vor den Staatsgerichtshöfen der Länder (und u. U. Rechtsschutzmöglichkeiten vor dem EuGH bzw. EMRGH). Da für großtechnische Anlagen selten eine einzige Genehmigung ausreicht (wofür sowohl parallele Genehmigungserfordernisse als auch die – an sich begrüßenswerte – Verfahrensstufung verantwortlich sind), so ist die Zahl der Entscheidungen noch entsprechend zu multiplizieren. „Instanzenseligkeit"[23] kennzeichnet den deutschen Verwaltungsprozeß zwar allgemein, kaum sonst wird sie aber so zielstrebig ausgenutzt wie in Umweltverfahren.

---

[17] Vgl. *Benda,* DRiZ 1979, 357ff., 362, und *Pfeiffer,* ZRP 1981, 121ff., 121.
[18] Gesetz zur Beschleunigung verwaltungsgerichtlicher und finanzgerichtlicher Verfahren v. 4. 7. 1985 (BGBl. I S. 1274).
[19] Vgl. §§ 90, 148, 83 Abs. 2, 88 S. 2 EVwPO, BT-Drs. 10/3437. Dazu *Kloepfer,* VerwArch. 77 (1986), 30ff., 33f.
[20] Vgl. §§ 51, 60 Abs. 5, 97 Abs. 3 und 4 EVwPO, BT-Drs. 10/3437. Dazu *Kloepfer,* VerwArch. 77 (1986), 30ff., 37f., und *Kopp,* DVBl. 1982, 613ff., 618f.
[21] BGBl. I S. 446.
[22] Vgl. FN 18.
[22a] BVerwG, DVBl. 1988, 970ff.
[23] *Sendler,* DVBl. 1982, 157ff., 164.

Gegen den Wegfall einer Tatsacheninstanz im deutschen Verwaltungsverfahrensrecht bestehen keine durchschlagenden verfassungsrechtlichen Bedenken, da weder Art. 19 Abs. 4 GG noch das allgemeine Rechtsstaatsprinzip einen Instanzenzug gewährleisten.[24] Dennoch handelt es sich um eine schwerwiegende gesetzgeberische Maßnahme, weil das **Instanzenmodell** nicht nur eine lange Tradition im deutschen Prozeßrecht besitzt,[25] sondern auch den Gedanken der Entscheidungsoptimierung durch wechselseitige Kontrolle auf seiner Seite hat. Insofern ist es aus allgemeinen justizpolitischen Erwägungen sehr bedeutsam, daß die Revisionsinstanz erhalten bleibt. Der Wegfall einer zweiten Tatsacheninstanz ist demgegenüber grundsätzlich vertretbar, weil hiervon typischerweise gerade solche Rechtsstreitigkeiten betroffen sind, die durch ein vorangehendes förmliches Verwaltungsverfahren und eine besonders intensive Sachaufklärung durch die Gerichte geprägt werden. Zudem kommt die Zuständigkeitskonzentration bei einem Gericht in gewisser Hinsicht der älteren Forderung nach Fachgerichten oder Fachkammern bzw. -senaten für umwelt- und technikrechtliche Verfahren[26] in pragmatischer Weise entgegen (ohne sie freilich voll zu übernehmen).

Noch weitergehende, gerade auch auf umweltrechtliche Verfahren sich auswirkende Entlastungsmaßnahmen sieht die **geplante Verwaltungsprozeßordnung** vor.[27] 9

So ermöglicht § 97 EVwPO als Antwort auf die **Massenverfahren** bei Klagen gegen die Genehmigung großtechnischer Anlagen und ähnliche Planungsentscheidungen die Führung von Musterverfahren. Als Massenverfahren sollen Verfahren mit mehr als 50 Beteiligten gelten; aus der Praxis sind sogar Verfahren mit mehr als 5000 parallelen Klagen bekannt (Flughafen München II).[28] Auch über die ausgesetzten Verfahren muß allerdings – wenngleich nur durch Beschluß – entschieden werden; das Musterverfahren mündet also nicht in ein Musterurteil, wenngleich der Ausgang des Musterverfahrens alle weiteren Entscheidungen – vorbehaltlich zu berücksichtigender Besonderheiten – faktisch beträchtlich präjudizieren dürfte. Unzulässig wäre eine Zwangskollektivierung des Individualrechtsschutzes. Der Regelungsvorschlag ist der vom BVerfG[29] nachträglich gebilligten Vorgehensweise des VG München[30] im Verfahrenskomplex „Flughafen München II" nachgebildet. Daneben sehen § 63 EVwPO die Bestellung eines gemeinsamen Vertreters (freilich mit rechtsstaatlich gebotener Kündigungsmöglichkeit durch den einzelnen Kläger)[31] sowie § 51 EVwPO eine vereinfachte Zustellung vor. Ein Gesetzgeber, der die Verbandsklage ablehnt – die ja immerhin von freiwilligen Zusammenschlüssen betrieben würde – muß sich freilich davor hüten, einen Zwangsverband der Kläger zu schaffen.

Den Rechtsschutz im Umweltschutz nur mehr unter Entlastungsgesichtspunkten zu betrachten, wäre allerdings nicht weniger verfehlt als das unermüdliche Fahnden 10

---

[24] BVerfGE 4, 74 (94f.); 11, 232 (233); 40, 272 (274); 49, 329 (340); 63, 76 (90) – st. Rspr.; im Schrifttum statt aller *Schenke,* BK (Zweitbearb.), 1982, Art. 19 Abs. 4 Rn. 54ff., und *Schmidt-Aßmann,* in: Maunz/Dürig, Grundgesetz, Art. 19 Abs. IV Anm. 179, jeweils m. w. N.

[25] Auch Befürworter einer Straffung des Instanzenzuges wie *Zeidler,* in: Deutscher Richterbund (Hg.), Grenzen der Rechtsgewährung, 1983, S. 23ff., 44ff., sprechen vom Instanzenmodell als einem „Herzstück deutscher Prozeßrechtsgeschichte".

[26] Vgl. zur Übersicht etwa *Rudolph,* JZ 1975, 316ff. Daß derartige Vorstellungen aus der Anfangsphase der Diskussion um den Rechtsschutz im Umweltrecht kaum noch Anhänger haben, zeigten bereits Verhandlungen und Beschlußfassung der verfahrensrechtlichen Abteilung des 52. DJT 1978 (vgl. Sitzungsberichte K 217). Vgl. im übrigen etwa *Kuhnt,* Bitburger Gespräche Jb. 1981, S. 101ff., 109.

[27] Vgl. BT-Drs. 9/1851, 10/3437 mit Berichtigung in BT-Drs. 10/3477; BR-Drs. 138/83.

[28] Vgl. *Schmel,* Massenverfahren vor den Verwaltungsbehörden und den Verwaltungsgerichten, 1982.

[29] BVerfGE 54, 30 (41f.).

[30] Vgl. die Schilderung bei *Gerhardt/Jacob,* DÖV 1982, 345ff., 345, und *J. Schmidt,* DVBl. 1982, 148ff.

[31] Vgl. *Meyer-Ladewig,* NVwZ 1980, 349ff., 352; *Schmitt Glaeser,* DRiZ 1980, 225ff.; stärkere Bedenken bei *Kopp,* Gutachten B zum 54. DJT, 1982, B 118ff.

nach umweltrelevanten **Rechtsschutzdefiziten.** Auf diese Weise würde nur eine modische Übersteigerung die andere ablösen.

In Anbetracht der Diskussion um Übersteigerungen des Rechtsschutzes im Umweltschutz ist es bemerkenswert, daß sich der 56. Deutsche Juristentag dem „Ausbau des Individualschutzes gegen Umweltbelastungen" zugewandt hat.[32] Dies impliziert notwendig den Rechtsschutz. Auch wenn die verabschiedeten Empfehlungen insgesamt von Zurückhaltung getragen sind, verdeutlicht der Vorgang die Vielschichtigkeit und Offenheit der Entwicklung des Rechtsschutzes im Umweltschutz.

Eine behutsame Entwicklung des Rechtsschutzes im Umweltschutz schließt daher auch einen wenigstens punktuellen Ausbau des Rechtsschutzes gegen Umweltbelastungen keineswegs aus.

11 Über die – freilich nicht allein im Umweltschutzbereich auftretenden – Rechtsschutzprobleme darf nicht die bisherige **Erfolgsbilanz** des (weltweit in seiner Extension wie in seiner Intensität wohl einzigartigen) Umweltrechtsschutzes in der Bundesrepublik Deutschland übersehen werden. Trotz der ungünstigen Ausgangsbedingungen ist es den Gerichten bisher überwiegend gelungen, einen erheblichen Beitrag zur Deutung, Verfestigung, Systematisierung und Fortbildung des jungen, teilweise etwas überhastet entstandenen Rechtsgebiets zu leisten. Die Umweltrechtsjudikatur hat insgesamt beachtlich zur weitgehenden Wahrung des Rechtsfriedens im Umweltschutz beigetragen. Insofern scheint im zweiten Jahrzehnt der Umweltrechtsprechung sogar eine gewisse Konsolidierung eingetreten zu sein. Manches, was an der früheren Rechtsprechung kritikwürdig war, erscheint heute als überwundene Anfangsschwierigkeit.

Vor allem wurde durch die inzwischen vorliegende Kasuistik zu vielen Fragen des Umweltrechts die anfänglich erhebliche **Rechtsunsicherheit begrenzt.**[33] Dies gilt insbesondere für die Genehmigungsvoraussetzungen der Anlagenerrichtung nach dem BImSchG und dem AtG, wo wichtigste Fragen – vom Inhalt des immissionsschutzrechtlichen Vorsorgeprinzips bis hin zur Bedeutung des atomrechtlichen Versagungsermessens – vom Gesetz nicht ausreichend beantwortet werden (s. § 7 Rn. 52ff. und § 8 Rn. 23ff.).

Allerdings sind manche Gebiete des Umweltrechts bisher wenig von der Judikatur erfaßt worden (z. B. das Gefahrstoffrecht). Umweltrechtsprechung ist bisher **schwerpunktmäßig** eine **Judikatur über Anlagen,** vorzugsweise über Großanlagen nach dem BImSchG oder dem AtG. Auf diese Weise wird das Umweltrecht leicht zum Recht der gefährlichen Anlagen: Die Gerichte stellen so häufig vom Ursprung her gewerberechtsähnliche Frage- und Frontstellungen als Zentralfragen des Umweltrechts heraus, obwohl sich dieses Rechtsgebiet längst zum ökologischen Bewirtschaftungsrecht zu wandeln begonnen hat. Die Rechtsprechung nimmt diesen Wandel bislang noch am ehesten im Bereich des Abfall- und des Wasserrechts auf.

Daß die Rechtsprechung in ihren bisherigen Bemühungen um die Lösung umweltrechtlicher Probleme neben vielen positiven Leistungen auch einige Ungereimtheiten beschert hat, ist keine Besonderheit dieses Rechtsgebiets. Sie sind im einzelfallbezogenen, suchenden und keineswegs gradlinigen Prozeß der Ausbildung einer Dogma-

---

[32] Verhandlungen des 56. DJT Berlin 1986, 1986.
[33] Vgl. zu dieser Einschätzung auch *J. Ipsen,* AöR 107 (1982), 259ff., 260.

tik eines jungen Rechtsgebiets unvermeidlich. Allerdings sind derartige Ungereimtheiten auf Dauer von der Rechtsprechung im Wege der **Selbstkorrektur** auszuräumen, wobei die Rechtsprechungskritik der Wissenschaft eine wesentliche Hilfe sein kann.

Die nachfolgenden Ausführungen beschränken sich auf den **Verwaltungsrechtsschutz** (vgl. zum Zivilrechtsschutz zuvor § 4 Rn. 292ff.) und dort wiederum auf die wichtigsten Fragen des 12
1. Zuganges zum Umweltrechtsschutz, insbesondere der Klagebefugnis,
2. der Kontrollmaßstäbe im Umweltrechtsschutz, insbesondere der Kontrolldichte, sowie
3. des vorläufigen Rechtsschutzes.

Weitere Einzelheiten werden im 2. Teil jeweils im Zusammenhang mit den umweltrechtlichen Teilmaterien dargestellt (s. insbes. § 7 Rn. 176ff., § 8 Rn. 76ff., § 9 Rn. 53ff., 69ff., § 10 Rn. 103, § 11 Rn. 198f.). Die Sonderproblematik des grenzüberschreitenden Rechtsschutzes wird in § 6 Rn. 76ff. im Zusammenhang mit den materiell-rechtlichen Fragen des transnationalen Umweltschutzes behandelt.

B. Zugangsfragen des Umweltrechtsschutzes

Gemäß Art. 19 Abs. 4 GG steht demjenigen, der durch die öffentliche Gewalt in seinen Rechten verletzt wird, der Rechtsweg offen. Der damit verfassungsrechtlich garantierte **Individualrechtsschutz**[34] gegen den Staat hat vor allem in der Verwaltungsgerichtsordnung seine nähere Ausgestaltung erfahren. Für die Eröffnung des Verwaltungsrechtsweges bedeutet dies, daß es regelmäßig nicht genügt, die objektive Rechtswidrigkeit staatlichen Handelns zu rügen, der Kläger muß vielmehr dartun (oder wenigstens behaupten können), hierdurch in seinen, d.h. eigenen Rechten verletzt zu sein (§§ 42 Abs. 2, 113 Abs. 1 S. 1 und Abs. 4 S. 1 VwGO, sog. **Verletztenklage**). Das deutsche Rechtsschutzsystem gibt dem einzelnen Bürger hingegen keine Rechtsmacht, im Wege der sog. **Popularklage** beliebige Staatsakte auf ihre Rechtmäßigkeit hin überprüfen zu lassen, oder einen allgemeinen Gesetzesbefolgungsanspruch gegenüber Behörden,[35] um sich damit zum Sachwalter der Allgemeinheit zu machen. 13

Das Erfordernis der Klagebefugnis nach § 42 Abs. 2 VwGO – als Zulässigkeits- bzw. Sachurteilsvoraussetzung – erfüllt eine wichtige Filterfunktion, indem es zulässige Verletztenklagen von unzulässigen bloßen Interessenten-, Betroffenen- oder Popularklagen scheidet.[36] Der Gesetzgeber wäre durch Art. 19 Abs. 4 GG allerdings nicht gehindert, den Kreis der Klagebefugten zu erweitern.[37] Hierfür wird rechtspolitisch u. a. deshalb geworben, weil Umweltschutzbelange sich nur unvollkommen in Individualinteressen fassen lassen, zugleich aber auch als

---

[34] Vgl. nur *Krebs,* Kontrolle in staatlichen Entscheidungsprozessen, 1984, S. 59ff.; *Schmidt-Aßmann,* FS Menger, 1985, S. 107ff., 109ff.; zu den historischen Hintergründen *Ule,* Verwaltungsprozeßrecht, 9. Aufl., 1987, S. 1ff.

[35] Vgl. nur zuletzt *Marburger* (FN 10), C 36 m. w. N.

[36] Vgl. insbes. *Skouris,* Verletztentenklagen und Interessentenklagen im Verwaltungsprozeßrecht, 1979.

[37] Vgl. nur etwa BVerfGE 22, 106 (110), und *Skouris,* NVwZ 1982, 233ff., 233f. A. A. wohl *Burmeister,* in: Börner (Hg.), Rechtsfragen des Genehmigungsverfahrens von Kraftwerken, 1978, S. 7ff., 24ff., und *Scholz,* DVBl. 1982, 605ff., 609.

vorwiegend Langzeitinteressen im demokratisch-politischen System mit seinen kurzen Wahlperioden nur unvollkommen repräsentiert werden.

Bevor Verwaltungsrechtsschutz im (über individuelle Bezüge regelmäßig hinausreichenden, oftmals nationale, wenn nicht globale Dimensionen erreichenden) Umweltschutz[38] gewährt werden kann, muß daher – nach geltendem Recht – stets geprüft werden, ob sich ein ausreichender Individualbezug feststellen läßt. Eine bloß allgemeine Betroffenheit durch Umweltbedingungen genügt hierfür jedenfalls nicht. Umgekehrt steht außer Frage, daß den Rechtsweg beschreiten kann, wer als Adressat eines Verwaltungsakts,[39] sei es durch die Verhängung eines belastenden Verwaltungsaktes (z. B. das Verbot, einen umweltgefährlichen Stoff in Verkehr zu bringen, ein Sanierungsgebot usw.) oder die Versagung eines begünstigenden Verwaltungsaktes (z. B. einer Anlagengenehmigung) unmittelbar betroffen ist. Erhebliche Abgrenzungsbedürfnisse bestehen jedoch in der breiten, diffusen Mischzone, die sich zwischen diesen beiden eindeutigen Konstellationen erstreckt.

14 Vor allem mit folgenden **Problemfeldern** des Zugangs zum Rechtsschutz mußte und muß sich die Rechtsprechung in Umweltfragen befassen:
- Drittklagen gegen Genehmigungsakte (s. Rn. 15 ff.),
- Rechtsschutz gegenüber Planungen (s. Rn. 31),
- Rechtsschutz *vor* abschließenden Verwaltungsentscheidungen (s. Rn. 32 ff.).

Im Vordergrund steht dabei im ersten Bereich das Problem der Klagebefugnis (§ 42 Abs. 2 VwGO), während der Rechtsschutz in den letztgenannten Bereichen vor allem Fragen nach der Rechtsnatur der angegriffenen Maßnahmen und nach dem Rechtsschutzbedürfnis aufwirft.

I. Drittklagen gegen Genehmigungsakte

15 Die **Klagebefugnis** wird regelmäßig dort zum Problem, wo nicht der Adressat eines Verwaltungsaktes, sondern ein Drittbetroffener Rechtsschutz begehrt. Dies ist im Umweltrecht vor allem bei **Nachbarklagen** gegen die Genehmigung umweltbelastender Anlagen der Fall.

Einen (hier nicht zu behandelnden) Sonderfall bildet die recht mißverständlich bezeichnete „störungspräventive Nachbarklage", mit der sich der Betreiber einer umweltbelastenden, aber (bislang) zulässigen Anlage etwa gegen eine heranrückende Wohnbebauung wendet, die ihn nachträglich – wie in der bekannten Konstellation der sog. Schweinemästerfälle (s. § 7 Rn. 44, § 9 Rn. 44, 55) – zum Störer werden ließe bzw. eine latente Störeigenschaft aktualisieren würde.[40]

Die Grundkonstellation ist hierbei die gleiche wie im Baunachbarrecht,[41] weshalb sich auch die juristische Lösung der Drittschutzfrage im Umweltnachbarrecht weitgehend an die dort entwickelten Grundsätze anlehnt.

---

[38] Vgl. zu den daraus resultierenden „sachstrukturellen Grenzen des Individualschutzes gegen Umweltbelastungen" *Breuer,* DVBl. 1986, 849ff., 851f.

[39] Vgl. zur sog. Adressatentheorie statt vieler *Achterberg,* DVBl. 1981, 278ff. m. w. N.

[40] Vgl. hierzu etwa BVerwG, DVBl. 1971, 746ff., 748; begriffsbildend *Bartlsperger,* DVBl. 1971, 723ff.; vgl. ferner insbes. *Friauf,* DVBl. 1971, 713ff., und *Schenke,* JuS 1977, 789ff.; zu den sog. Schweinemästerfällen *ders.,* in: Steiner (Hg.), Besonderes Verwaltungsrecht, 2. Aufl., 1986, S. 143ff., 211f. (Tz. 92) m. w. N.; aus der älteren Diskussion *Quaritsch,* DVBl. 1959, 455ff.

[41] Hierzu eingehend *Breuer,* DVBl. 1983, 431ff., und *Wahl,* JuS 1984, 577ff., sowie zuletzt *Marburger* (FN 10), C 16ff. m. umfangr. Nachw.

Unmittelbar gelten die Regeln des baurechtlichen Nachbarschutzes gegenüber Vorhaben, die (wie z. B. nicht genehmigungsbedürftige Anlagen i. S. von § 22 BImSchG) keinem spezifisch umweltrechtlichen Zulassungsverfahren, wohl aber u. U. dem Baugenehmigungsverfahren unterliegen (s. auch § 7 Rn. 107 ff.).

Freilich wirft insbesondere die Weiträumigkeit vieler Umweltbelastungen Probleme auf, die eine Weiterentwicklung der baunachbarrechtlichen Grundsätze erforderlich machen.

1. *Schutznormverletzung*

Für die Klagebefugnis genügt nach ganz h. M. keine bloß faktische Betroffenheit oder Interessenberührung,[42] der Kläger muß vielmehr geltend machen, in seinen Rechten verletzt zu sein (§ 42 Abs. 2 VwGO). Dies ist dann der Fall, wenn aus dem Klagevortrag zumindest die Möglichkeit einer Verletzung eigener Rechte hervorgeht.[43] Ob eigene – subjektive bzw. subjektiv-öffentliche – Rechte in Frage stehen, bemißt sich in erster Linie nach der bisher praktisch uneingeschränkt geltenden (allerdings nicht unangefochtenen) sog. **Schutznormtheorie.**[44] 16

Hiernach ist auch ein Dritter klagebefugt, wenn die Vorschrift, deren Verletzung gerügt wird, nicht nur im Allgemeininteresse besteht, sondern zumindest auch den Schutz individueller Interessen bezweckt und der Kläger dem vom Schutzgehalt erfaßten Personenkreis angehört. Diese Theorie hat sich trotz der ihr erkennbar innewohnenden Gefahr eines Zirkelschlusses im wesentlichen als tragfähig erwiesen und weist zutreffend letztlich dem Gesetzgeber die Entscheidung über den Kreis der Klagebefugten zu.

In Ermangelung eindeutiger gesetzlicher Aussagen ist der jeweilige Schutzgehalt einer Norm mit Hilfe der üblichen juristischen **Auslegungsmethoden** zu ermitteln.[45] Innerhalb dieses Rahmens kommt dem objektiven Regelungsgehalt der Norm besondere Bedeutung zu. Nach der von *Breuer* vorgeschlagenen Faustregel sind subjektiv-öffentliche Nachbarrechte ,,solchen Vorschriften des öffentlichen Umweltrechts (wie auch des öffentlichen Baurechts) zu entnehmen, die den nachbarlichen Interessenkonflikt durch Postulate der Zuordnung, Verträglichkeit und Abstimmung aufeinandertreffender Nutzungen und Einwirkungen regeln und zu einem Ausgleich bringen."[46] Die ausdrückliche Erwähnung der Nachbarschaft in einer Norm (wie z. B. in § 5 17

[42] Vgl. statt aller *Badura,* JA 1984, 83ff., 91. A. A. jedoch z. B. *Lorenz,* Der Rechtsschutz des Bürgers und die Rechtsweggarantie, 1973, S. 63ff., und *Sailer,* DVBl. 1976, 521ff. Vgl. zum Meinungsstand auch *Erbguth,* Raumbedeutsames Umweltrecht, 1986, S. 319ff. m. w. N.

[43] Sog. Möglichkeitstheorie, vgl. BVerwGE 18, 154 (157); 36, 192 (199f.); 54, 99 (100) – st. Rspr. Eine starke Mindermeinung im Schrifttum will es im Rahmen der Zulässigkeitsprüfung genügen lassen, wenn der Kläger erkennbar eigene Rechte verfolgen will, vgl. etwa *Neumeyer,* Die Klagebefugnis im Verwaltungsprozeß, S. 82ff., 111ff., und *Breuer,* DVBl. 1983, 431ff., 439.

[44] Vgl. hierzu nur BVerwGE 1, 83; 27, 297 (307); 55, 280 (285); 66, 307 (308ff.) – st. Rspr. – sowie den umfassenden Rspr.- und Schrifttumsnachweis bei *Marburger* (FN 10), C 19 Anm. 47. Grundlegend *Bühler,* Die subjektiven öffentlichen Rechte und ihr Schutz in der deutschen Verwaltungsrechtsprechung, 1914; kritisch u. a. *Zuleeg,* DVBl. 1976, 509ff.; zuletzt eingehend *H. Bauer,* Geschichtliche Grundlagen der Lehre vom subjektiven öffentlichen Recht, 1986, und *ders.,* in: Heckmann/Meßerschmidt (Hg.), Gegenwartsfragen des öffentlichen Rechts, 1988, S. 113ff.

[45] Vgl. *Marburger* (FN 10), C 20f.; enger *Breuer,* DVBl. 1983, 431ff., 432ff., und DVBl. 1986, 849ff., 854, der sich gegen den ,,finale(n) und subjektive(n), weithin spekulative(n) Ansatz" der Schutznormtheorie wendet und deshalb eine strikt objektive Auslegung favorisiert.

[46] *Breuer,* DVBl. 1986, 849ff., 854; zuvor *ders.,* DVBl. 1983, 431ff., 437.

Abs. 1 Nr. 1 BImSchG) ist hierbei ein starkes Indiz, aber keine notwendige (wohl aber eine hinreichende) Bedingung für das Vorliegen einer drittschützenden Norm. Im übrigen kann der drittschützende Charakter einer Vorschrift stets dann bejaht werden, wenn ihr das geschützte Privatinteresse, die Art der Verletzung und der geschützte Personenkreis mit hinreichender Deutlichkeit zu entnehmen sind.[47]

18 Im **Baunachbarrecht** engte die Rechtsprechung die Klagebefugnis früher dadurch weiter ein, indem sie einer Baurechtsnorm drittschützende Wirkung nur zuerkannte, „wenn sie einen bestimmten und abgrenzbaren, d. h. individualisierbaren und nicht übermäßig weiten Kreis der hierdurch Berechtigten erkennen läßt".[48] An dieser Forderung scheiterte z. B. die Annahme einer Drittschutzwirkung bei § 34 Abs. 1 BBauG (heute: § 34 Abs. 1 BauGB)[49] und bei § 35 Abs. 2 BBauG (heute: § 35 Abs. 2 BauGB).[50] Unbillige Härten wurden von ihr dadurch korrigiert, daß sie in Ausnahmefällen die Klagebefugnis auch bei Fehlen einer drittschützenden Gesetzesnorm aus dem richterrechtlichen Gebot der Rücksichtnahme[51] oder unmittelbar aus den Grundrechten, namentlich aus Art. 14 Abs. 1 GG[52], herleitete (s. § 9 Rn. 55). Hiergegen richtete sich zunehmend berechtigte Kritik, die das BVerwG veranlaßt hat, von seiner Forderung nach einer eindeutigen räumlichen Abgrenzung der Normbegünstigten Abstand zu nehmen.[53] Für die Einstufung als Schutznorm dürfte es ausreichen, wenn eine Rechtsnorm „erkennbar (auch) den Schutz eines nach *sachlichen* Zugehörigkeitskriterien abgrenzbaren, von der Allgemeinheit verschiedenen Personenkreises bezweckt".[54]

19 Soweit einem Drittkläger eine Schutznorm zur Seite steht, kann seiner Genehmigungsabwehrklage nicht etwa entgegengehalten werden, er werde durch die Genehmigung selbst noch nicht belastet, sondern erst durch deren Ausnutzung. Dies ist schon wegen der mit den meisten Genehmigungen verbundenen Gestaltungs- und Präklusionswirkung unrichtig (vgl. o. § 4 Rn. 51 ff.). Die neuere Verwaltungsrechtsdogmatik erkennt die komplexen Rechtswirkungen von begünstigenden Verwaltungsakten in mehrseitigen („polygonalen") Verwaltungsrechtsverhältnissen einhellig an und hat hierfür auch den zutreffenden Begriff des **Verwaltungsakts mit Doppelwirkung** bzw. Drittwirkung geprägt.[55]

20 Auf der Grundlage der Schutznormtheorie hat die Rechtsprechung inzwischen auch im Umweltnachbarrecht in einem teilweise mühevollen Prozeß eine umfassende **Kasuistik** geschaffen, die sich trotz mancher Kritik im wesentlichen bewährt hat.

So sind im Bereich des **Immissionsschutzrechts** unter den Genehmigungsvoraussetzungen des § 6 BImSchG der Schutzgrundsatz des § 5 Abs. 1 Nr. 1 BImSchG[56] (nicht dagegen der

---

[47] Vgl. *Berger,* Grundfragen umweltrechtlicher Nachbarklagen, 1982, S. 154 m. w. N.

[48] BVerwGE 52, 122 (129); vgl. u. a. auch BVerwGE 27, 29 (33); 66, 307 (308); 67, 334 (339) – st. Rspr.

[49] BVerwGE 32, 173 (174ff.); 50, 282 (285) – st. Rspr.

[50] BVerwGE 28, 268 (273f.); 58, 282 (285) – st. Rspr.

[51] BVerwGE 52, 122 (125ff.); ebenso etwa BVerwG, NVwZ 1983, 609 – st. Rspr. Im Schrifttum wegweisend *Weyreuther,* BauR 1975, 1ff.; befürwortend auch etwa *Schlichter,* NVwZ 1983, 641ff.; ablehnend *Breuer,* DVBl. 1982, 1065ff.

[52] BVerwGE 27, 29 (33); 32, 173 (178f.); 44, 235 (243) – Wasserrecht; 44, 244 (276); 50, 282 (286); 68, 58 (61) – st. Rspr.

[53] BVerwG, DVBl. 1987, 476ff.; vgl. dazu die Urteilsanmerkung von *Goerlich,* JZ 1988, 406f.; zur Kritik an der früheren Rspr. insbes. *Breuer,* DVBl. 1986, 849ff., 854; *Marburger* (FN 10), C 32ff., und *Steinberg,* NJW 1984, 457ff., 460.

[54] *Marburger* (FN 10), C 50.

[55] Vgl. insbes. *Laubinger,* Der Verwaltungsakt mit Doppelwirkung, 1967, und *Fromm,* VerwArch. 56 (1965), 26ff.

[56] Vgl. nur BVerwGE 65, 313 (320); 68, 58 (59), sowie im Schrifttum *Jarass,* Bundes-Immissionsschutzgesetz, 1983, § 5 Rn. 45 m. w. N.

Vorsorgegrundsatz des § 5 Abs. 1 Nr. 2 BImSchG)[57] und die Regelung der nachträglichen Anordnungen in § 17 BImSchG als drittschützende Normen anerkannt.[58] Als drittschützend gelten im Schrifttum weiterhin die §§ 22 Abs. 1 Nr. 1 und 2,[59] 24 und 25 Abs. 2 BImSchG[60] (letztere allerdings nur i. S. eines Anspruchs auf fehlerfreie Ermessensausübung), während die Beurteilung der §§ 26 ff. BImSchG umstritten ist[61] (vgl. zum Ganzen auch § 7 Rn. 176 ff.).

Namentlich die Unterscheidung zwischen **Drittschutz vermittelnder Gefahrenabwehr** und **nicht drittschützenden Vorsorgenormen** bildet dabei ein im gesamten Umweltrecht durchgängiges Prinzip.

Dies gilt prinzipiell auch für die jene Grundsätze konkretisierenden **Grenzwerte** in Rechtsverordnungen (z. B. StörfallVO, GroßfeuerungsanlagenVO) und Verwaltungsvorschriften (z. B. TA Luft). In letzter Zeit sind allerdings Zweifel hinsichtlich der systematischen Zuordnung einzelner Grenzwerte laut geworden. So ist unter dem Eindruck der – zur Verhinderung der Waldschäden wahrscheinlich nicht ausreichenden – Emissionsgrenzwerte der Großfeuerungsanlagenverordnung deren bisherige ausschließliche Zuordnung zur immissionsschutzrechtlichen Vorsorge in Frage gestellt worden.[62] In der „Grauzone zwischen Schutz- und Vorsorgegrundsatz" soll sich hiernach ein Drittbetroffener u. U. auch auf solche Emissionsgrenzwerte berufen und deren Einhaltung verlangen können, die herkömmlich dem Vorsorgebereich zugerechnet werden.[63]

Im **Atom- und Strahlenschutzrecht** wird die Unterscheidung von Gefahrenabwehr und Risikovorsorge gleichgesetzt mit der Gegenüberstellung von – Rechtsschutz eröffnendem – besonderem **Individualrisiko** und dem – im Klageweg nicht geltend zu machenden – **allgemeinen Bevölkerungsrisiko.**[64] Diese Gleichstellung ist unter der Voraussetzung, daß sich das allgemeine Bevölkerungsrisiko im Bereich des verfassungsrechtlich hinnehmbaren Restrisikos hält (s. o. § 2 Rn. 18), auch gerechtfertigt. Unter den Genehmigungsvoraussetzungen für kerntechnische Anlagen gelten als **drittschützend** allein § 7 Abs. 2 Nr. 3 (soweit es dort um Gefahrenabwehr geht, nicht jedoch im Bereich der Risikovorsorge)[65] und Nr. 5 AtG.[66] Dementsprechend gelten als drittschützend die auf das Individualrisiko bezogenen Dosisgrenzwerte gemäß § 45 StrlSchV[67] (für den Normalbetrieb) bzw. gemäß § 28 Abs. 3 StrlSchV[68] (für den Störfall), nicht jedoch das weitergehende Strahlenminimierungsgebot nach den §§ 28 Abs. 1 Nr. 2 und 46 Abs. 1 Nr. 2 StrlSchV.[69] Nicht drittschützend ist schließlich das der Genehmigungsbehörde in § 7 Abs. 2 AtG eingeräumte Versagungsermessen.[70] Eine Nachbarklage kann sich daher auch nicht etwa auf (die Notwendigkeit der Anlage in Frage stellende) Energiebedarfsprognosen[71]

---

[57] Vgl. nur BVerwGE 65, 313 (320), sowie zuletzt *Marburger* (FN 10), C 61 m. w. N. (Anm. 269).

[58] Vgl. nur *Ule/Laubinger*, Bundes-Immissionsschutzgesetz, 1978ff., § 17 Rn. 9, sowie zuletzt *Marburger* (FN 10), C 67 mit Anm. 294, jeweils m. w. N.

[59] Vgl. BVerwGE 72, 300 (331); im Schrifttum statt aller *Marburger* (FN 10), C 70 m. w. N. (Anm. 309); a. A. noch *Sellner*, NJW 1976, 265ff., 267ff., und *Sellner/Löwer*, WiVerw. 1980, 221ff., 241ff.

[60] Vgl. OVG Lüneburg, GewArch. 1979, 345ff., und *Marburger* (FN 10), C 70 einerseits, *Sellner/Löwer*, WiVerw. 1980, 240ff. andererseits; differenzierend *Jarass* (FN 56), § 6 Rn. 27.

[61] Hierzu näher *Jarass*, NJW 1983, 2844ff., 2846, und *Marburger* (FN 10), C 71f. m. w. N.

[62] *Breuer*, DVBl. 1986, 849ff., 855.

[63] *Breuer*, DVBl. 1986, 849ff., 855.

[64] Vgl. BVerwGE 61, 256 (264ff.) – Stade; 72, 300 (319) – Wyhl; im Schrifttum statt vieler *Degenhart*, et 1981, 203ff., 208; *Lukes/Richter*, NJW 1981, 1401ff., 1407ff.; *Marburger*, Atomrechtliche Schadensvorsorge, 2. Aufl., 1985, S. 108 m. w. N.; a. A. u. a. *Bender*, NJW 1979, 1425ff., 1432f., und *Winter*, NJW 1979, 393ff., 397ff.

[65] Vgl. *Breuer*, DVBl. 1986, 849ff., 856, und *Marburger* (FN 10), C 77, jeweils m. w. N.

[66] BVerwG, DÖV 1982, 820ff., 821.

[67] BVerwGE 61, 256 (264ff.); 72, 300 (318f.).

[68] BVerwGE 70, 365 (368f.); VGH Mannheim, et 1982, 849ff., 865f.; zustimmend *Breuer*, DVBl. 1986, 849ff., 856 m. w. N.

[69] BVerwGE 61, 256 (267f.).

[70] BVerwGE 72, 300 (318); ebenso zuvor etwa *Breuer*, VerwArch. 72 (1981), 261ff., 286, und *Steinberg*, UPR 1984, 350ff., 354.

[71] BVerwGE 72, 300 (318).

oder auf Mängel der anlagenexternen Entsorgungsvorsorge (§ 9a AtG)[72] berufen (vgl. i. ü. auch § 8 Rn. 78f.).

Eine etwas weniger diffizile Kasuistik liegt im Bereich des **Gewässerschutzrechts** vor. Dort tritt die Grundlegung der Drittklagen in konkurrierenden Nutzungsansprüchen an einem Umweltmedium bisher auch am greifbarsten hervor. Drittschutz genießen hiernach vor allem die Inhaber von wasserrechtlichen Bewilligungen gemäß § 8 Abs. 3 und 4 WHG sowie nach neuerer Rechtsprechung auch die Inhaber von Erlaubnissen i. S. von § 7 WHG,[73] während im übrigen der das Wasserhaushaltsrecht beherrschende Gedanke einer öffentlichen Bewirtschaftung individuelle Klagemöglichkeiten (etwa unter Berufung auf die §§ 6 oder 7a WHG) weitgehend zurückdrängt[74] (vgl. i. ü. auch § 11 Rn. 198f.).

Als völlig unergiebig für Nachbarklagen gelten schließlich die Normen des **Naturschutz- und Landschaftspflegerechts.**[75] Zur Kompensation der fehlenden Individualschutzmöglichkeiten wird von einzelnen Bundesländern dort indes die Verbandsklage zugelassen (s. u. Rn. 29ff.).

21 Soweit die Rechtsprechung daneben in Ausnahmefällen die Klagebefugnis unmittelbar aus **Grundrechten** herleitet (in Betracht kommt außer Art. 14 GG gegenüber Umweltbelastungen als mittelbaren Gesundheitsgefährdungen vor allem Art. 2 Abs. 2 GG),[76] ist darauf zu achten, daß hierdurch nicht die Grundlagen der Schutznormtheorie unterspült werden.[77] Sonst würden die einschlägigen Entscheidungen des Gesetzgebers zu leichthändig negiert. Umgekehrt darf aber auch nicht die hohe Bedeutung der Grundrechte verkannt werden.

Diese Schwierigkeit hat sich vor allem bei der Entscheidung des BVerwG im sog. **Krabbenfischer-** bzw. **Dünnsäurefall** gezeigt.[78] Zu beurteilen war die Klage eines Berufsfischers gegen die Unternehmererlaubnis, Dünnsäure in die Nordsee einzuleiten bzw. zu „verklappen“. Die Entscheidung ist deshalb bemerkenswert, weil das BVerwG unter den gegebenen Umständen eine Klagebefugnis bejaht, obwohl es der einschlägigen einfachgesetzlichen Regelung – Art. 2 Abs. 2 und 4 EinbrG[79] – drittschützende Wirkung abspricht. Außerdem hält es daran fest, daß es sich bei den von der Verklappung gefährdeten Fanggründen grundsätzlich um eigentumsrechtlich nicht geschützte bloße Erwerbsmöglichkeiten, also um bloße Chancen handele. Dennoch will es aus dem Zusammentreffen von objektiv-rechtlichem Schutz der Erwerbschancen einerseits und der schweren und unerträglichen Betroffenheit bzw. der Bestandsgefährdung des eingerichteten und ausgeübten Gewerbebetriebs andererseits im konkreten Fall ausnahmsweise Drittschutz herleiten.[80] Wie sich juristisch gewissermaßen aus Minus und Minus Plus ergeben soll, wird hierbei freilich nicht erklärt.

Die Aufwertung einer für sich genommen nicht verfassungsstarken subjektiven Rechtsposition durch einen Rechtssatz, der von Hause aus keinen drittschützenden Charakter besitzt, sondern auf „zwingende öffentliche Interessen“ abstellt, dürfte im allgemeinen nicht überzeu-

---

[72] Nicht abschließend entschieden in BVerwGE 61, 256 (274f.). Eindeutig verneinen eine drittschützende Wirkung VGH Mannheim, NJW 1979, 2528, und OVG Lüneburg, DVBl. 1983, 187f. Ebenso *Marburger* (FN 10), C 79 m. w. N.

[73] Vgl. BVerwGE 78, 40 (43ff.); insoweit teilweise überholt *Breuer,* Öffentliches und privates Wasserrecht, 2. Aufl., 1987, Rn. 443ff. (S. 279ff.), und *Marburger* (FN 10), C 82.

[74] Vgl. *Breuer,* DVBl. 1986, 849ff., 857 m. w. N.

[75] Ebenso *Marburger* (FN 10), C 84f.

[76] Zu letzterem BVerwGE 54, 211 (221ff.) – Geretsried; vgl. auch *Schwerdtfeger,* NVwZ 1982, 5ff., 9f., und *Schmidt-Aßmann,* AöR 106 (1981), 205ff. Zu Art. 14 GG vgl. FN 52.

[77] Vgl. auch *Breuer,* DVBl. 1986, 849ff., 854, der zu Recht darauf hinweist, daß die Aufgabe, Nachbarrechte zu konstituieren, primär dem Gesetzgeber obliegt.

[78] BVerwGE 66, 307.

[79] Gesetz zu den Übereinkommen v. 15. Februar 1972 und 29. Dezember 1972 zur Verhütung der Meeresverschmutzung durch das Einbringen von Abfällen durch Schiffe und Luftfahrzeuge – Einbringungsgesetz – v. 11. 2. 1977 (BGBl. II S. 165).

[80] BVerwGE 66, 307 (309). Hierzu kritisch *Kloepfer,* VerwArch. 76 (1985), 371ff., 383f.; vgl. aber auch die Gegenkritik von *Breuer,* DVBl. 1986, 849ff., 854 Anm. 59.

gen. Im konkreten Krabbenfischer-Fall könnte die entsprechende Positionsaufwertung jedoch noch der besonderen Struktur der Eigentumsgarantie entsprechen, die im Zeichen des verfassungsrechtlichen Ausgestaltungsvorbehaltes wesentlich erst durch Unterverfassungsrecht konturiert wird. Aber auch das scheint zweifelhaft. Auf andere Grundrechtsdurchgriffe läßt sich die Krabbenfischer-Entscheidung jedenfalls nicht übertragen. Zwar können Wechselwirkungen zwischen Grundrechten und einfachem Gesetzesrecht bestehen, doch bliebe vom Filter der Schutznormtheorie wenig übrig, würden sich bloße Grundrechtsberührung und gemeinwohlbezogene Normen regelmäßig zum Drittschutz addieren können. Damit soll die Möglichkeit grundrechtsabgeleiteter Klagebefugnisse zwar nicht völlig negiert werden. Grundrechtseinflüsse werden im Umweltrechtsschutz aber regelmäßig über konkretisierende einfache Gesetze einfließen. Soweit diese Gesetze die entsprechenden Grundrechtsgehalte nicht respektieren, sind sie verfassungswidrig. Insoweit bedarf die Schutznormtheorie gewiß einer grundrechtlichen Begrenzung und Steuerung.

Eine Klagebefugnis kann sich schließlich aus der Verletzung von **Verfahrensvorschriften** ergeben. Auch insoweit gilt allerdings die Schutznormtheorie. Dementsprechend ist der Rechtsweg nur bei Verletzung solcher Verfahrensvorschriften eröffnet, die zugleich im Individualinteresse ergangen sind. Dies jedoch bedeutet im wesentlichen eine Rückkoppelung an das materielle Recht. Die dahingehende Rechtsprechung[81] steht nicht im Widerspruch zum Mülheim-Kärlich-Beschluß des BVerfG.[82] Diese verfassungsgerichtliche Entscheidung (vgl. auch § 2 Rn. 16) betont zwar stark die (auch grundrechtliche) Bedeutung des Verfahrensrechts. Dort wird aber keineswegs behauptet, daß Verfahrensverstöße die Klagebefugnis automatisch nach sich zögen. Eine überzeugende Antwort auf Beteiligungsdefizite bei Planfeststellungsverfahren und den ihnen angenäherten Genehmigungsverfahren hat das BVerwG mit dem Grundsatz gefunden, wonach sich die Substantiierungslast des Klägers nach dem Umfang der offengelegten Unterlagen richtet (s. auch § 7 Rn. 180).[83] 22

2. Nachbarbegriff

Der Drittkläger muß selbst zu dem durch die drittschützende Norm, auf die er sich beruft, begünstigten Personenkreis gehören. Er muß allgemein (im Sinne vornehmlich räumlich vermittelter Betroffenheit) „Nachbar" sein. Dies ist in Anbetracht des vielfach weiten Einwirkungsbereiches umweltbelastender Anlagen allerdings von vornherein **nicht** im engen Sinn **unmittelbarer Grenznachbarschaft** zu verstehen. Wie bereits im Baunachbarrecht anerkannt ist, kommt es vielmehr darauf an, ob der Kläger von dem beanstandeten Vorhaben (hinreichend) betroffen ist; maßgeblich ist dort beispielsweise der Planbereich (§ 30 BauGB).[84] 23

Betroffenheit ist dabei i. S. tatsächlicher Betroffenheit zu verstehen, was freilich nicht mit einer bloßen „Betroffenenklage" im o. g. Sinn verwechselt werden darf: Die tatsächliche Betroffenheit tritt hier zur prinzipiellen rechtlichen Betroffenheit i. S. der Schutznormtheorie hinzu und füllt diese im konkreten Fallbezug aus, sie ersetzt nicht etwa die subjektive *Rechts*betroffenheit.

---

[81] Vgl. BVerwG, DVBl. 1973, 217ff., 219; BVerwGE 61, 256 (275); BVerwG, DVBl. 1983, 183f., 184, sowie im Schrifttum zuletzt *Marburger* (FN 10), C 66 m. w. N.

[82] BVerfGE 53, 30 (65f.).

[83] BVerwG, DVBl. 1983, 183f., 184 (unter Hinweis auf BVerwGE 61, 256, 275).

[84] Vgl. BVerwG, NJW 1981, 1973. Zur Bedeutung des Planverbundes für den Nachbarschutz bereits *Sendler*, BauR 1970, 4ff., 6.

Um den Kreis der Klagebefugten vor allem gegenüber Großanlagen nicht ausufern zu lassen, verlangt das BVerwG ein **„qualifiziertes Betroffensein“.**[85] Dieses muß sich „deutlich abheb(en) von den Auswirkungen, die den einzelnen als Teil der Allgemeinheit treffen können“. Nachbarschaft „setzt im Interesse der Rechtssicherheit ein besonderes Verhältnis zur Anlage i. S. einer (...) engeren räumlichen und zeitlichen Beziehung des Bürgers zum Genehmigungsgegenstand voraus“.

a) Enge räumliche Beziehung

24 Die notwendige engere räumliche Beziehung richtet sich nach dem **Einwirkungsbereich der Anlage** und ist daher flexibel und letztlich einzelfallbezogen zu bestimmen. Dabei kann sich bei großtechnischen Anlagen (wie auch bei Verkehrsplanungen) das Erscheinungsbild einer „regional begrenzten Popularklage“[86] einstellen. Wegen der Masse der Klagebefugten von einer „übertünchten Popularklage“[87] zu sprechen, ist demgegenüber wohl nur gerechtfertigt, wo diese Massierung nicht aus der Natur der Sache folgt, sondern auf einer extensiven Auslegung der Klagebefugnis beruht.

Einwirkungsbereich einer Anlage ist das Gebiet, in das die von der Anlage emittierten Stoffe in solcher Menge und Konzentration gelangen, daß sie – ggf. auch erst nach längerer Zeit und im Zusammenwirken mit anderen Stoffen – schädliche Wirkungen erzeugen.[88] Im einzelnen ist nach den Auswirkungen bei Normalbetrieb, Störfällen und Unfällen zu differenzieren. Um die in tatsächlicher Hinsicht schwierigen Abgrenzungsprobleme besser bewältigen zu können, suchen Rechtsprechung und Schrifttum hierbei vielfach Anknüpfungspunkte in einschlägigen technischen Regelwerken.

So wird z. B. zur räumlichen Abgrenzung der Nachbarschaft von nach dem BImSchG genehmigungsbedürftigen Anlagen v. a. auf das Beurteilungsgebiet nach Nr. 2.6.2.2 TA Luft abgestellt.[89]

Besondere Probleme werfen (oder warfen zumindest) insofern Drittklagen gegen **Kernkraftwerke** auf (vgl. § 8 Rn. 77). Die Gerichte stritten lange Zeit darüber, ob als Einzugsbereich ein Radius von 4, 10, 25, 50, 100 oder 250 km anzunehmen sei.[90] Hierbei handelt es sich nur noch bedingt um eine Herleitung aus naturwissenschaftlichen Erkenntnissen, dafür in starkem Maße um Dezision. Anhaltspunkte können die Meßgebiete nach der Strahlenschutzverordnung liefern.[91] An die Stelle einer primär räumlichen Festlegung eines Einwirkungsbereiches tritt inzwischen eine primär qualitative Bestimmung: Klagebefugt ist hiernach nur, wer (substantiiert) geltend macht, Dosisgrenzwerte gemäß § 45 StrlSchV bzw. Störfallgrenzwerte nach § 28 Abs. 3 StrlSchV würden an seinem Wohn- oder Aufenthaltsort überschritten.[92]

Nach wie vor problematisch bleibt die Abgrenzung des Einwirkungsbereiches von großtechnischen, insbesondere kerntechnischen Anlagen im Hinblick auf das Störfallrisiko (vgl. auch § 7 Rn. 177), da dort die „Weiträumigkeit eventueller Schadensfolgen das Vorstellungsbild eines überschaubaren Einwirkungsbereiches sprengt“.[93]

---

85 BVerwG, NJW 1983, 1507f., 1508.
86 *W. Schmidt,* NJW 1978, 1769ff., 1774.
87 *Lerche,* Kernkraft und rechtlicher Wandel, 1981, S. 30.
88 OVG Lüneburg, GewArch. 1980, 203ff., 206. Vgl. dazu auch *Marburger* (FN 10), C 87.
89 Vgl. *Marburger* (FN 10), C 87, und *Jarass,* NJW 1983, 2844ff., 2847.
90 Vgl. zur stark divergierenden Festlegung der Einwirkungsbereiche durch die Rspr. *K.-P. Winters,* DÖV 1978, 265ff., 268 f. m. zahlr. Bsp. Zur Kritik auch *Lerche* (FN 87), S. 29f.
91 Vgl. *Jarass,* NJW 1983, 2844ff., 2847.
92 So auch z. B. *Marburger* (FN 10), C 87.
93 *Breuer,* DVBl. 1986, 849ff., 857.

b) Enge zeitliche Beziehung

25 Im Unterschied zur Rechtsprechung zum öffentlichen Baunachbarrecht, die nach wie vor vor allem auf quasi-sachenrechtliche Beziehungen abstellt[94] – Nachbarn sind danach grundsätzlich neben dem Grundeigentümer (fast) nur ihnen gleichstehende dingliche Berechtigte, nicht aber z. B. Mieter, Pächter oder Arbeitnehmer –, wählt das Umweltnachbarrecht zu Recht einen weiteren Maßstab. Ausschlaggebend ist hier, ob der Kläger den schädlichen Auswirkungen der von ihm angegriffenen Anlage auf eine gewisse **Dauer** hin ausgesetzt ist und somit ein über das allgemeine Lebensrisiko hinausgehendes Opfer zu erbringen hat. Dies ist der Fall nicht nur bei Grundstückseigentümern und diesen Gleichgestellten, sondern bei allen Personen, die, sei es als Mieter, Arbeitnehmer oder Besucher einer Ausbildungsstätte, ihren **ständigen Aufenthalt** oder sonstigen engen Lebensbereich im Einwirkungsraum der Anlage haben und sich deren Auswirkungen deshalb nicht nachhaltig entziehen können.[95] Kein Nachbar ist demgegenüber, wer sich nur gelegentlich – etwa während der Freizeit – in der Nähe der Anlage aufhält.[96]

3. Grenzüberschreitende Nachbarklage

26 Ein Sonderproblem stellt sich mit der Frage nach der Klagebefugnis nicht gebietsansässiger **ausländischer Nachbarn** im deutschen Verwaltungsrechtsstreit. Sie bildet einen Teilaspekt der übergreifenden Thematik des grenzüberschreitenden Umweltschutzes und ist insofern erst in zweiter Linie prozeßrechtlicher Natur (s. §6 Rn. 76 ff.).

4. Gemeindenachbarklage

27 Auch die umstrittene Frage nach der Klagebefugnis **kommunaler Gebietskörperschaften** im Umweltschutz beantwortet sich nicht primär aus dem Verwaltungsprozeßrecht. Wesentliche Klärungen sind vielmehr vom Kommunalrecht und der grundgesetzlichen Selbstverwaltungsgarantie (Art. 28 Abs. 2 GG) her zu erwarten. Eine Rolle spielen sowohl Klagen der Standortgemeinden als auch der Nachbargemeinden gegen umweltrelevante Großvorhaben. Die Rechtsprechung hat deren Klagebefugnis im Prinzip zutreffend strikt auf die Geltendmachung spezifisch kommunaler Rechte begrenzt.[97] Dabei hat sie sich – im wesentlichen überzeugend – Versuchen widersetzt, die Gemeindeklage als Surrogat der gesetzlich nicht vorgesehenen Verbandsklage (s. u. Rn. 28 ff.) einzusetzen (wofür sich schon der Begriff der **Kommunalverbandsklage** eingebürgert hatte).[98] Die Gemeindeklage wäre kein legitimes Instrument, allgemein-kollektive Umweltinteressen rechtlich wehrfähig zu machen. Klagen der Gemeinden können sich lediglich auf Rechte dieser juristischen Personen des öffent-

---

[94] Vgl. BVerwG, NJW 1983, 1626, sowie *Marburger* (FN 10), C 27ff. m. w. N.

[95] Vgl. BVerwG, NJW 1983, 1507f., 1508, sowie hierzu auch *Marburger* (FN 10), C 86ff.

[96] BVerwG, NJW 1983, 1507f., 1508.

[97] Vgl. BVerfGE 61, 82 (103) – Sasbach. Zu den kommunalen Rechten gehört jedoch insbes. auch der Anspruch auf Beachtung der aus der gemeindlichen Planungshoheit folgenden interkommunalen Abstimmungspflicht bei „grenzüberschreitenden Planungen", i. d. S. grundlegend BVerwGE 40, 323 (328ff.) – Krappenkamp. Vgl. dazu etwa *Hoppe,* FS H. J. Wolff, 1973, S. 307ff. m. w. N.

[98] Vgl. *Bender,* FS 25 J. BVerwG, 1978, S. 37ff., 50 m. w. N. Dafür z. B. *Blümel,* VVDStRL 36 (1978), S. 171ff., 268f.; *Schmidt-Aßmann,* VVDStRL 34 (1976), S. 221ff., 251; dagegen *Ule/Laubinger,* Gutachten B zum 52. DJT, 1978, B 95f.

lichen Rechts selbst stützen. Demnach können Gemeinden Eingriffe in Selbstverwaltungsangelegenheiten,[99] insbesondere Verletzungen ihrer **Planungshoheit**, geltend machen. Verwehrt ist es ihnen dagegen, sachwalterisch die Belange von Gemeindebürgern durch Klagen zu vertreten.[100] Eine Berufung auf die gemeindliche Planungshoheit kommt überdies nur in Betracht, wenn bereits konkrete Planungen vorliegen.[101] Entgegen einer weitverbreiteten Ansicht[102] ergibt sich die Klagebefugnis der Gemeinden aber grundsätzlich auch aus der möglichen Beeinträchtigung **gemeindlichen Eigentums.** Die dem scheinbar widersprechende Entscheidung des BVerfG,[103] auf die in diesem Zusammenhang regelmäßig verwiesen wird, bezieht sich zunächst nur auf die Geltendmachung gemeindlichen Eigentums im Wege der Verfassungsbeschwerde.[104] Wenn das BVerfG den Gemeinden insoweit die Grundrechtsträgerschaft abspricht, heißt dies nicht ohne weiteres, daß ihnen deshalb auch die Klagebefugnis im Verwaltungsprozeß fehlen muß. Ausgeschlossen wird damit zwar der Grundrechtsdurchgriff, die Gemeinde sollte sich aber weiterhin auf bestehende drittschützende (eigentumsschützende) Normen auf Gesetzesebene berufen dürfen.

II. Verbandsklage

1. Vorhandene Regelungen

28 Die Verbandsklage – als die große und kontroverse rechtspolitische Forderung im ersten Jahrzehnt der Umweltgesetzgebung[105] – ist auf wenige landesrechtlich vorgesehene Fälle der **naturschutzrechtlichen Verbandsklage** (§ 39a NatSchGBln, § 44 BremNatSchG, § 41 HmbNatSchG, § 36 HENatG) beschränkt geblieben (s. auch § 10 Rn. 103).

Das Bundesnaturschutzgesetz selbst sieht sie nicht vor, verwehrt sie nach h. M. indes auch nicht.[106] Zwar ist der Entstehungsgeschichte des § 29 BNatSchG zu entnehmen, daß der Bundesgesetzgeber sich nicht zur Einführung der Verbandsklage durchringen konnte,[107] hieraus allein folgt aber noch keine Sperre gegenüber ihrer landesgesetzlichen Einführung. Die Gründe für die Verankerung der Verbandsklage gerade im Naturschutzrecht dürften einmal darin liegen, daß sich dieses Gebiet den (teilweise funktionsnahen) Drittklagen der Nachbarn weitgehend entzieht, und andererseits darin, daß die traditionellen Naturschutzverbände häufig als verläßlichere (aber auch staatsnähere) Partner gelten als etwa ad hoc entstehende Bürgerinitiativen.

---

[99] Vgl. BVerwG, DVBl. 1984, 88 (i. U. zum übertragenen Wirkungsbereich), und BVerwG, UPR 1984, 378.

[100] BVerfGE 61, 82 (103) – Sasbach. Dagegen auch z. B. *Lerche* (FN 87), S. 34.

[101] *Steinberg*, DVBl. 1982, 13ff., 18.

[102] Vgl. etwa *Jarass*, NJW 1983, 2844ff., 2849.

[103] BVerfGE 61, 82 – Sasbach. Vgl. auch BVerwG, NJW 1982, 2173ff., 2174f.

[104] So auch OVG Lüneburg, DVBl. 1984, 895f.

[105] Dafür u. a. *E. Rehbinder/Burgbacher/Knieper*, Bürgerklage im Umweltrecht, 1972; *E. Rehbinder*, ZRP 1976, 157ff.; *Faber*, Die Verbandsklage im Verwaltungsprozeß, 1972; vorsichtig zustimmend etwa auch *Bender*, FS 25 J. BVerwG, 1978, S. 37ff. Dagegen nachdrücklich neben vielen anderen *Weyreuther*, Verwaltungskontrolle durch Verbände?, 1975, sowie – als kritische Zwischenbilanz – *Breuer*, NJW 1978, 1558ff., 1561ff.; *Ule/Laubinger* (FN 98), B 99ff. Vgl. auch die Anhörung des *Arbeitskreises für Umweltrecht* (Hg.), Contra und Pro Verbandsklage, 1976. Weitere Nachw. etwa bei *Scholz*, VVDStRL 34 (1976), S. 145ff., 208ff.

[106] So z. B. *Soell*, in: Salzwedel (Hg.), Grundzüge des Umweltrechts, 1983, S. 481ff., 564; teilweise a. A. *Skouris*, NVwZ 1982, 233ff., 235f. So jetzt auch BVerwG, NVwZ 1988, 527ff.

[107] Vgl. auch BT-Drs. 7/5251, S. 13, und 7/5171.

Auch dort, wo sie eingeführt wurde, scheint sie bislang aber keine herausragende Rolle zu spielen und die anfänglich in sie gesetzten Erwartungen (insbesondere Abbau von Vollzugs- und Rechtsschutzdefiziten, verstärkte Partizipation)[108] nur bedingt zu erfüllen. Nicht zuletzt wegen dieser bisher eher bescheidenen tatsächlichen Wirkung der vorhandenen Verbandsklagemöglichkeiten haben sich umgekehrt bisher auch nicht die an die Einführung einer Verbandsklage geknüpften allgemeinen Befürchtungen bewahrheitet.

Die **Klagemöglichkeiten** der Verbände halten sich notwendigerweise in dem durch ihre vorausgehenden Mitwirkungsbefugnisse im Verwaltungsverfahren abgesteckten Rahmen – sie sind insofern **akzessorisch**[109] – und werden durch die Landesnaturschutzgesetze entsprechend, eher aber noch enger gefaßt.

§ 44 BremNatSchG und § 39a NatSchGBln räumen den anerkannten Verbänden das Recht ein, Anfechtungs- oder Verpflichtungsklage zu erheben aufgrund der Behauptung, daß der Erlaß, die Ablehnung oder die Unterlassung eines Verwaltungsaktes naturschutzrechtlichen Vorschriften widerspreche. § 36 HENatG bezieht die Verbandsklagebefugnis demgegenüber einschränkend auf Entscheidungen, die Befreiungen von naturschutzrechtlichen Geboten oder Verboten zum Gegenstand haben oder die in Planfeststellungsverfahren über Vorhaben ergehen, deren Ausführung mit einem Eingriff in Natur und Landschaft i. S. von § 8 BNatSchG verbunden ist. § 41 HmbNatSchG gibt den (anerkannten) Naturschutzverbänden eine Klagebefugnis überhaupt nur gegen naturschutzrechtliche Befreiungen.

Eine eher restriktive Rechtsprechung insbesondere (bis vor kurzem) des VGH Kassel[110] gewährleistet, daß sich Verbandsklagen in den gesetzlich vorgesehenen vergleichsweise engen Grenzen halten, und hat wesentliche interpretatorische Gebietsgewinne zugunsten der Verbandsklage bislang verhindert. Hier bahnt sich jedoch ein Wandel an (s. § 10 Rn. 103).

Nach dem System der §§ 42 Abs. 2, 113 Abs. 1 VwGO führt die Einschränkung der Beanstandungsbefugnis auf die in den Landesnaturschutzgesetzen enumerativ aufgeführten Gegenstände zugleich zu einer entsprechenden Beschränkung der gerichtlichen Nachprüfbarkeit des jeweils inkriminierten Staatshandelns.[111]

Jenseits dieser wenigen gesetzlich geregelten Fälle lassen sich Verbandsklagebefugnisse im geltenden Verwaltungsprozeßrecht nicht etwa im Wege der Interpretation begründen,[112] wohl aber könnten sie durch Gesetz eingeführt werden.

Von der Verbandsklage im Rechtssinne zu unterscheiden ist die „unechte Verbandsklage". In dieser durchaus nicht seltenen Konstellation wird ein klagebefugter Einzelner von einem Verband vorgeschoben und verficht mit der materiellen und ideellen Unterstützung des Verbandes ein gemeinsames Umweltschutzanliegen. Durch diesen sich häufig bietenden Ausweg wird der Streit um die Verbandsklage praktisch entschärft. Freilich gelingt es Umweltschutzverbänden nicht immer, einen geeigneten Kläger zu finden.

---

[108] Vgl. insbes. *E. Rehbinder,* ZRP 1976, 157ff., 159f.; zur partizipatorischen Interpretation der Verbandsklage auch *Faber* (FN 105), S. 59, und *Wälde,* ZRP 1975, 105ff.

[109] Ebenso *Soell* (FN 106), S. 565f.; a. A. *E. Rehbinder,* NVwZ 1982, 666ff., 668.

[110] VGH Kassel, NVwZ 1982, 689ff. Hierzu kritisch *E. Rehbinder,* NVwZ 1982, 666ff. Vgl. jedoch jetzt den Rechtsprechungswandel in VGH Kassel, NVwZ 1988, 1040ff.

[111] *E. Rehbinder,* NVwZ 1982, 666ff., 667. Zur Zulässigkeit dieser Prüfungsbeschränkung BVerwG, NVwZ 1988, 527ff.

[112] Zur Unzulässigkeit einer Verbandsklage im Atomrecht BVerwG, NJW 1981, 362ff.

2. Allgemeine Konzeption

29 Die Verbandsklage ist grundsätzlich als **„altruistischer“** („uneigennütziger“ bzw. „treuhänderischer“) **Rechtsbehelf** sowie als Mittel objektiver Rechtskontrolle konzipiert und in den Landesnaturschutzgesetzen auch entsprechend ausgestaltet.[113] Das Gegenmodell einer **„egoistischen“ Verbandsklage,** die ausschließlich der Durchsetzung verbandseigener Interessen dient,[114] spielt in der umweltpolitischen Diskussion kaum noch eine Rolle. Nach Auffassung fast aller ihrer (neueren) Befürworter soll die Verbandsklage zudem *neben* und nicht an die Stelle individueller Rechtsbehelfe treten.[115] Der Vorwurf einer Mediatisierung von Individualrechten durch Kollektive[116] trifft sie daher nur bedingt. Im übrigen wird die Verbandsklage gerade dort empfohlen, wo individuelle Klagemöglichkeiten fehlen.[117] Hier scheint sie auch am ehesten diskussionsfähig zu sein. Dies erklärt zugleich, weshalb sie bislang nur im (sonst rechtsschutzarmen) Naturschutzrecht (teilweise) eingeführt wurde. Auch der neueste Vorschlag zur Einführung einer Verbandsklage ist gegenstandsspezifisch auf eine (echte oder vermeintliche) **„Rechtsschutzlücke“** hin konzipiert: Hiernach soll die Verbandsklage speziell zur Durchsetzung des (individuell nicht einklagbaren) immissionsschutzrechtlichen Vorsorgegebots eröffnet werden.[118]

30 Auch thematisch beschränkte Verbandsklagen begegnen indes **Bedenken**: 1. Die Einführung jeder Verbandsklage bedeutet eine gravierende, wenn auch verfassungsrechtlich zulässige Veränderung der grundsätzlich **individualschützenden Konzeption** des Verwaltungsprozesses. 2. Die bereits bei der Verbandsbeteiligung im Verwaltungsverfahren bestehende Problematik der **Verbandslizensierung** (s. o. § 4 Rn. 68) stellt sich verschärft: Welche Verbände dürfen klagen? Darf und soll dies staatlicher Entscheidung überlassen bleiben? Eine rechtliche Polarisierung des Verbandswesens in mächtige, partizipations- und klageberechtigte Verbände und ohnmächtige (weil hiervon ausgeschlossene) Verbände wäre vor dem Hintergrund der Vereinigungsfreiheit des Art. 9 GG nicht unbedenklich. 3. Letztlich geht es bei der Forderung nach der Verbandsklage daher auch weniger um Rechtsschutzprobleme als um die staatstheoretische Frage, ob es neben der – ihrerseits bereits auf Rechtmäßigkeit des Handelns und Verwirklichung des Gemeinwohls verpflichteten – öffentlichen Verwaltung noch einer weiteren (verrechtlichten) Instanz bedarf. Kann es nicht beim politischen Einfluß der Verbände sein Bewenden haben? Der Vergleich mit den Verbandsklagen im Privat- und Wirtschaftsverwaltungsrecht (§ 13 UWG, § 35

[113] Vgl. zur Unterscheidung von altruistischer und egoistischer Verbandsklage statt aller *Skouris,* JuS 1982, 100ff., 101ff., und *Weyreuther* (FN 105), S. 11ff., jeweils m. w. N.; zur altruistischen Verbandsklage zuletzt *Gassner,* Treuhandklage zugunsten von Natur und Landschaft, 1984.

[114] Vgl. allgemein *M. Wolf,* Die Klagebefugnis der Verbände, 1971, und *Bettermann,* ZZP 85 (1972), 133ff.; speziell zur egoistischen Verbandsklage im Umweltrecht *Faber* (FN 105), S. 10, und *Skouris,* JuS 1982, 100ff. m. w. N.

[115] Vgl. nur *E. Rehbinder,* ZRP 1976, 157ff., 158. Anders z. B. noch *Bender,* FS 25 J. BVerwG, 1978, S. 37ff., 52; *E. Rehbinder,* in: Umweltforum 1974 (Reihe: Das Umweltgespräch), S. 62.

[116] Vgl. insbes. *Weyreuther* (FN 105), S. 23ff. Die Mahnung in BVerfGE 61, 82 (103f.) gegenüber der öffentlichen Gewalt, daß „die grundrechtlich verbürgten Freiheiten der Menschen ... prinzipiell nicht von der Vernunfthoheit öffentlicher Einrichtungen verwaltet werden“ dürfen, gilt mutatis mutandis auch für private Verbände (vgl. auch *Badura,* JZ 1984, 14ff., 16).

[117] Vgl. nur die Begründungen für eine Verbandsklage im Naturschutzrecht, z. B. *Schlichter,* UPR 1982, 209ff., 209.

[118] *Jarass,* NJW 1983, 2844ff., 2848.

Abs. 3 GWB, § 8 Abs. 4 HandwO, § 13 AGBG) spricht eben gerade nicht allgemein für die Verbandsklage, da es in diesen spezialgesetzlich geregelten Fällen an einem anderen Sachwalter des öffentlichen Interesses fehlt.[119] Auch wer die Verbandsklage hiernach nicht befürwortet, muß dahingehende Forderungen als Anzeichen eines Unbehagens an der Wahrnehmung öffentlicher Aufgaben durch den Staat freilich (politisch) ernst nehmen. Doch sollten kollektive Interessen primär mit politischen Mitteln durchgesetzt und nicht letztlich erfolglosen Verrechtlichungsversuchen unterworfen werden. Überhaupt droht ja mit einem grenzenlos werdenden Rechtsschutz die eigenständige Bedeutung der Durchsetzung bzw. ausgleichenden Befriedigung von Interessen im **politischen System** in Vergessenheit zu geraten. Der Ausgleich konfligierender Interessen ist aber zunächst einmal ein politisches Problem.

III. Rechtsschutz gegenüber Planungen

Besondere (und hier nur anreißbare) Probleme wirft der Rechtsschutz gegenüber Umweltplanungen (vgl. i. e. § 4 Rn. 5 ff.) auf. Zum einen kann Rechtsschutz von vornherein nicht eröffnet sein, wenn und soweit es sich lediglich um behördeninterne, nicht außenwirksame Planungen handelt (z. B. Landschaftspläne nach den §§ 5 ff. BNatSchG, Luftreinhaltepläne nach § 47 BImSchG, wasserwirtschaftliche Pläne nach §§ 36, 36b WHG, § 16 FStrG). Zum anderen ist bei außenwirksamen – und von daher auch mit Rechtsbehelfen angreifbaren – qualifizierten Planungen wegen deren stark **variierender Rechtsnatur** (s. § 4 Rn. 10 f.) der Rechtsschutz stark aufgefächert: Soweit es sich um Verwaltungsakte handelt (v. a. projektbezogene Planfeststellungen, z. B. § 17 FStrG, §§ 8 ff. LuftVG), kommen **Anfechtungs- und Verpflichtungsklagen** (§ 42 VwGO) – mit den erörterten Problemen der Klagebefugnis – in Betracht. Soweit dagegen untergesetzliche Rechtsnormen (z. B. Satzungen, Rechtsverordnungen) vorliegen, ist unter den Voraussetzungen des § 47 VwGO ein **Normenkontrollantrag** möglich. Allerdings ist bundeseinheitlich das Normenkontrollverfahren nur für Satzungen, die nach den Vorschriften des Baugesetzbuches (bzw. früher des Bundesbaugesetzes und des Städtebauförderungsgesetzes) erlassen wurden, sowie für Rechtsvorschriften nach § 246 Abs. 2 BauGB (bzw. § 188 Abs. 2 BBauG und § 92 Abs. 2 StBFG) vorgeschrieben (§ 47 Abs. 1 Nr. 1 VwGO). Von der Möglichkeit, auch für andere im Range unter dem Landesgesetz stehende Rechtsvorschriften das Normenkontrollverfahren zu eröffnen (§ 47 Abs. 1 Nr. 2 VwGO), hat nur ein Teil der Bundesländer Gebrauch gemacht (vgl. § 5 AGVwGO BW, Art. 5 BayAGVwGO, Art. 7 BremAGVwGO, § 11 HessAGVwGO, § 6a AGVwGO Nds., § 4 AGVwGO Rh.-Pf., § 5a AGVwGO SH). In den übrigen Bundesländern bleibt im wesentlichen nur die Möglichkeit der **Inzidentkontrolle** derartiger untergesetzlicher Planungsnormen (d. h. die Überprüfung dieser Normen im Rahmen der Anfechtung des darauf gestützten Verwaltungsaktes, u. U. auch im Rahmen einer Feststellungsklage).[120] 31

Ob der Antragsteller im Normkontrollverfahren – wie bei der Klagebefugnis – die Verletzung eigener Rechte behaupten muß, oder für die Geltendmachung eines

[119] So auch *Breuer,* NJW 1978, 1558ff., 1563. Speziell zur Wahrnehmung öffentlicher Interessen durch die AGB-Verbandsklage *Lindacher,* FS 10 J. Dt. Richterakademie, 1983, S. 209ff., 214f.

[120] Vgl. *Erbguth* (FN 42), S. 309ff.

„Nachteils" (§ 47 Abs. 2 S. 1 VwGO) weniger (z. B. ein bloßes Interesse) genügt, ist umstritten.[121]

IV. Rechtsschutz vor abschließenden Verwaltungsentscheidungen

32 Vielen (insbesondere komplexen) Verwaltungsentscheidungen im Umweltschutz gehen häufig längere Verwaltungsverfahren voraus. Typischerweise kristallisiert sich mit dem zunehmenden Fortgang eines Verfahrens die endgültige Verwaltungsentscheidung immer klarer heraus. Dementsprechend fallen in einem solchen Verfahren verschiedene (meistens informelle, aber auch formalisierte) **Vorentscheidungen,** die (jedenfalls faktisch) stark präjudizierend wirken. Hier stellt sich dann die Frage, ob bereits vor der abschließenden Endentscheidung der Verwaltung Rechtsschutz einsetzen soll und kann, obwohl ein **präventiver Verwaltungsrechtsschutz** (de lege lata) nach h. M. im Regelfall[122] ausscheidet.

Ein präventiver bzw. vorbeugender Rechtsschutz würde sich gegen noch nicht erfolgte, erst bevorstehende Rechtsbeeinträchtigungen richten. Er ist nicht zu verwechseln mit Klagen, die sich gegen eine bereits erfolgte Rechtsbeeinträchtigung mit der Zielsetzung wenden, weitere entsprechende Rechtsbeeinträchtigungen zu verhindern, oder mit Verpflichtungsklagen, mit denen die Vornahme eines (künftigen) rechtmäßigen Verwaltungshandelns begehrt wird. Daß die Verwaltungsgerichtsordnung keine ausdrückliche Regelung des präventiven Rechtsschutzes enthält, steht seiner grundsätzlichen Zulässigkeit nicht entgegen, da unter der Geltung der verwaltungsgerichtlichen Generalklausel des § 40 VwGO und der Rechtsweggarantie des Art. 19 Abs. 4 GG das frühere Enumerationsprinzip, wonach nur bestimmte, in den Prozeßordnungen vorgesehene Klagearten zulässig waren, überwunden ist. In Betracht kommen daher als präventive Rechtsbehelfe sowohl die sog. **vorbeugende Unterlassungsklage** als auch die sog. **vorbeugende Feststellungsklage.**

Im Regelfall fehlt es allerdings am besonderen („qualifizierten") **Rechtsschutzbedürfnis** für eine vorbeugende Klage. Nach der Verwaltungsgerichtsordnung ist der nachträgliche Rechtsschutz die grundsätzlich angemessene und ausreichende Form des Rechtsschutzes. Soweit sich z. B. ein Kläger gegen einen bevorstehenden Verwaltungsakt wendet, ist es ihm in aller Regel zuzumuten, diesen abzuwarten und sich dann mit einer Anfechtungsklage zur Wehr zu setzen, zumal wenn ihm außerdem die Möglichkeiten des vorläufigen Rechtsschutzes zur Verfügung stehen. Der Suspensiveffekt von Widerspruch und Anfechtungsklage (§ 80 VwGO) bietet dort fast immer ausreichenden Schutz vor Rechtsbeeinträchtigungen (s. hierzu auch Rn. 53 ff.). Allerdings gibt es Fälle, wo es dem Kläger unzumutbar ist, „abzuwarten, ob und bis es zur Rechtsverletzung kommt" *(Bettermann).* Dies gilt insbesondere bei einem mit Strafe bewehrten Verwaltungsakt, bei Verwaltungsakten, die sich kurzfristig erledigen, verzögerten Verwaltungsakten sowie bei Gefahr, daß der Verwaltungsakt **vollendete Tatsachen** schafft. Gerade gegenüber dem letzten, im Umweltschutz oft bemühten Topos ist allerdings Vorsicht angebracht, da auch sog. vollendete Tatsachen im Rechtssinne nicht präjudizierend wirken (dürfen). (Die Rechtsprechung zum Abriß von Schwarzbauten im öffentlichen Baurecht bildet insofern eine begrenzte Ausnahme.) Im übrigen ist der Kläger auch hier auf die – im Ergebnis ähnlich wirkenden – Möglichkeiten des vorläufigen Rechtsschutzes zu verweisen (s. Rn. 53ff.).

---

[121] Vgl. statt aller *Pietzner/Ronellenfitsch,* Das Assessorexamen im Öffentlichen Recht, 6. Aufl., 1987, § 9 Rn. 41ff. (S. 107ff.) m. w. N.

[122] Vgl. in der Rspr. BVerwG, DVBl. 1973, 448ff.; im Einzelfall bejahend BVerwGE 26, 23 (24f.); BVerwG, DVBl. 1971, 746f.; BVerwGE 40, 323 (326f.); aus dem zahlreichen Schrifttum insbes. *Bettermann,* in: 10 J. Verwaltungsgerichtsordnung, 1970, S. 184ff.; weitergehend *ders.,* in: Bettermann/Nipperdey/Scheuner, Die Grundrechte, Bd. III/2, 1959, S. 779ff., 814; *Maetzel,* DVBl. 1974, 335ff.; *Naumann,* Gedächtnisschrift W. Jellinek, 1955, S. 391ff.; *Ruckdäschel,* DÖV 1961, 675ff.; *Schenke,* AöR 95 (1970), 223ff.; *Schmidt-Aßmann,* in: Maunz/Dürig, Grundgesetz, Art. 19 Abs. IV Anm. 278f.; *Ule,* VerwArch. 65 (1974), 291ff.; zuletzt *S. Langer,* DÖV 1987, 418ff.

Vorbeugender Rechtsschutz kommt daher am ehesten in Betracht, wo Verwaltungshandlungen ohne Verwaltungsaktqualität anstehen und das herkömmliche Rechtsschutzsystem nicht recht greift, also insbesondere etwa im Bereich des sog. informellen Staatshandelns (s. § 4 Rn. 235).

Verwaltungsrechtsschutz vor Erlaß der endgültigen Verwaltungsentscheidung wird bislang im wesentlichen nur in formalisiert **gestuften Verwaltungsverfahren** (wozu in einem weiteren Sinn ja auch die Abfolge von Planung und darauf gestützten Einzelentscheidungen gerechnet werden kann) gewährt, jedenfalls soweit das jeweilige Verwaltungshandeln vor der Endentscheidung einen eigenen Regelungsgehalt besitzt (z. B. Vorbescheid und Teilgenehmigung, s. § 4 Rn. 92 ff.) und nicht lediglich behördenintern vorbereitenden Charakter hat.[123] Damit wird formal kein präventiver Rechtsschutz gegenüber den künftigen Verwaltungsentscheidungen, sondern repressiver Rechtsschutz gegen die bereits getroffenen Vorentscheidungen zugelassen. Freilich verblaßt dieser Gegensatz deshalb etwas, weil die administrativen Vorentscheidungen präjudizierend wirken und insoweit Rechtsschutz gegen sie tatsächlich auch einen vorbeugenden Effekt hat. Im Ergebnis wird unter dem Gesichtspunkt zeitgerechten und effektiven Rechtsschutzes eine wichtige **Vorverlagerung des Rechtsschutzes** ermöglicht.[124] Der Rechtsschutz braucht (insbesondere gegenüber immissionsschutz- und atomrechtlichen) Genehmigungsverfahren nicht mehr auf die abschließende Behördenentscheidung konzentriert zu werden und ist insofern (potentiell) zeitiger. 33

Hierüber geht der rechtspolitische Gedanke einer **mitlaufenden Verwaltungskontrolle** noch hinaus, wonach die Gerichte als Kontrollinstanz bereits in den laufenden Entscheidungsprozeß der Verwaltung oder in einzelne Phasen einbezogen werden sollen.[125] 34

So hat sich der 56. Deutsche Juristentag dafür ausgesprochen, § 44a VwGO (der Rechtsbehelfe gegen behördliche Verfahrenshandlungen nur gleichzeitig mit den gegen die Sachentscheidung zulässigen Rechtsbehelfen zuläßt) dahin zu ändern, daß rechtzeitiger Rechtsschutz gegen behördliche Verfahrensverstöße gewährleistet wird.[126] Denkbar wäre auch, der Verwaltung das Recht zur Vorlage einzelner Rechtsfragen an das zuständige Verwaltungsgericht zur gerichtlichen Vorabentscheidung einzuräumen.

Durch den aufgrund der mitlaufenden Verwaltungskontrolle ermöglichten frühzeitigen Rechtsschutz könnten insbesondere Verfahrensfehler vermieden werden, an denen Planfeststellungsbeschlüsse und Genehmigungen für Großvorhaben unverhältnismäßig oft scheitern. Gegenüber ihrer Einführung, die durch den Gesetzgeber erfolgen müßte, da die Gerichte ihre Kompetenzen nur begrenzt ausweiten können, bestehen jedoch – je nach konkreter Vorschlagsausgestaltung unterschiedlich starke – Bedenken.

Bei einer solchen sog. **ursprünglichen Verwaltungsrechtskontrolle**[127] droht vor allem – im Unterschied zum geltenden Modell der nachträglichen Verwaltungskontrolle – ein rechtsstaat-

---

[123] Vgl. auch *Erbguth* (FN 42), S. 290ff.

[124] Hierzu ausführlicher *Kloepfer,* VerwArch. 77 (1986), 30ff., 35f. m. w. N.

[125] Vgl. insbes. *Bickel/Meyer,* FG zum 10jährigen Jubiläum der Gesellschaft für Rechtspolitik, 1984, S. 67ff.; zuvor bereits *Bischoff,* in: D. Merten (Hg.), Die Vereinheitlichung der Verwaltungsgerichtsgesetze zu einer Verwaltungsprozeßordnung, 1978, S. 88; zustimmend *Bettermann* (FN 3), S. 93f.; *Ossenbühl,* DVBl. 1978, 1ff., 8, und *Papier* (FN 4), S. 14f.

[126] Empfehlung der Abt. Umweltrecht, B I 9, auch abgedruckt in: NJW 1986, 3063ff., 3071.

[127] Vgl. *Bettermann* (FN 3), 93f.

lich bedenklicher **Distanzverlust**[128] der Verwaltungsgerichtsbarkeit gegenüber der Verwaltung.[129] Einerseits steht zu befürchten, daß die Gerichte durch Einbindung in das Verwaltungsverfahren sich nicht nur mitverantwortlich für sein Gelingen fühlen, sondern auch die Ergebnisse nicht mehr unabhängig und unbefangen beurteilen. Insofern wird aus dem „einbezogen" leicht ein „hineingezogen".[130] Andererseits könnte die Verwaltung die mitlaufende Rechtskontrolle als verkappte Verfahrensherrschaft der Gerichte empfinden. Im einen wie im anderen Fall droht der Unterschied zwischen Verwalten und Rechtskontrolle infolge der engen Synchronisation beider Aufgaben verwischt zu werden. Es kann so leicht zu einem intransparenten Verantwortungsgemenge kommen. Dies gilt insbesondere im Falle einer „unmittelbar mitgestaltenden" Kontrolle, der von daher auch verfassungsrechtliche Bedenken unter dem Blickwinkel der Gewaltenteilung entgegengehalten werden.[131] Im übrigen ist zweifelhaft, inwieweit eine mitlaufende Verwaltungskontrolle wirklich zu einer erheblichen Entlastung der Gerichte führen würde. Erwogen werden sollte eine mitlaufende Verwaltungskontrolle rechtspolitisch daher nur in einem begrenzten Rahmen etwa i. S. einer Überprüfung bestimmter, rechtlich isolierbarer Verfahrenshandlungen.

C. Kontrollmaßstäbe des Umweltrechtsschutzes

I. Objektive Rechtswidrigkeit oder subjektive Rechtsverletzung?

35 Die Frage nach dem subjektiven Recht bestimmt im Bereich des Drittschutzes nicht nur die Klagebefugnis, sondern maßgeblich auch den **Prüfungsmaßstab** der Gerichte. Eine Kassation nach § 113 Abs. 1 VwGO kommt nur in Betracht, wenn mit der objektiven Rechtswidrigkeit des Verwaltungsakts zugleich die Verletzung subjektiver Rechte des Klägers gegeben ist.

Objektive Rechtswidrigkeit und subjektive Rechtsverletzung können freilich im wesentlichen nur im Bereich der Drittanfechtungsklage auseinanderfallen. Gegenüber dem Adressaten eines belastenden Verwaltungsakts kommt es auf den spezifischen Schutzgehalt der verletzten Norm nicht an: Hier werden beide Ebenen durch den erlittenen direkten Eingriff – und das verfassungsmäßige Recht auf Freiheit von ungesetzlichem Zwang[132] – verschmolzen.

36 Eine umfassende, nicht auf subjektive Anfechtungsgründe beschränkte **objektive Rechtmäßigkeitskontrolle** erfolgt ferner im Rahmen der **Normenkontrolle** nach § 47 VwGO, die – unbeschadet des individuellen Antragsrechts und ihrer Rechtsschutzfunktion – als objektives Rechtsbeanstandungsverfahren ausgestaltet ist.[133] Dies ist angesichts der Vielzahl der mit einer Norm verbundenen Rechtsbelastungen auch legitim. Der umfassenden objektiven Plankontrolle im Rahmen des § 47 VwGO unterliegen insbesondere baurechtliche Planungen (s. o. Rn. 31), nicht dagegen beispielsweise die fernstraßenrechtliche Planung, soweit sie aufgrund eines Planfeststel-

---

[128] Zum Rechtsstaat als Staatsform der Distanz *Kloepfer,* VVDStRL 40 (1982), S. 63ff., 65ff. m. w. N.
[129] So auch *Badura,* JA 1984, 83ff., 87; *Lerche,* BayVBl. 1980, 257ff., 261; *Schmidt-Aßmann,* NVwZ 1983, 1ff., 2.
[130] So die Wortwahl von *Bettermann* (FN 3), S. 93.
[131] Vgl. *Bickel/Meyer* (FN 125), S. 72.
[132] Vgl. insbes. BVerfGE 6, 32 (41); 9, 3 (11); 29, 402 (408) – st. Rspr.; im Schrifttum v. a. *Scholz,* AöR 100 (1975), 80ff., 95ff., und *W. Schmidt,* AöR 91 (1966), 42ff., 49ff., sowie – allerdings einschränkend – *Pietzcker,* FS Bachof, 1984, S. 131ff., 148f.
[133] Vgl. statt aller *Kopp* (FN 6), § 47 Rn. 3 m. w. N.

lungsbeschlusses nach § 17 FStrG und nicht aufgrund eines – alternativ ausdrücklich zugelassenen – Bebauungsplanes erfolgt (§ 17 Abs. 3 FStrG). Im Fall der **Anfechtung** eines Planfeststellungsbeschlusses gilt der Grundsatz des B-42-Urteils des BVerwG,[134] wonach der von der Planung Betroffene (nach richtiger Lesart: der Drittbetroffene)[135] unter Berufung auf eine Verletzung des Abwägungsgebotes eine gerichtliche Planprüfung nur im Hinblick auf die Berührung seiner eigenen Belange erlangen kann. Eine umfassende Planprüfung kommt nicht in Betracht. Diese Beschränkung der Anfechtungs- und Prüfungsbefugnisse steht im Einklang mit der übrigen Rechtsprechung: Eine – wenn auch etwas fernere – Parallele bildet die Unterscheidung von Individual- und Kollektivrisiko im Atomrecht und die daraus folgende klägerspezifische Gefahrenprüfung (s. o. Rn. 20).[136] Als unbefriedigend muß jedoch empfunden werden, daß auf diese Weise weitgehend die Rechtsform der Planung über den Umfang der gerichtlichen Planungskontrolle entscheidet. Die Forderung, wenigstens innerhalb des Fernstraßenrechts die Kontrollmaßstäbe zu vereinheitlichen, steht seit Jahren im Raum.[137] Funktionsnahe oder -gleiche Instrumente sollten jedenfalls dem gleichen Rechtsschutz unterliegen.

II. Zeitpunkt der maßgeblichen Sach- und Rechtslage

Im Umweltrechtsschutz spielt der zeitliche Aspekt eine besondere Rolle. Wegen 37 des Zusammentreffens von langer Verfahrensdauer und starker Änderungsdynamik der Rechtsmaterie, insbesondere auch der schnellen Veränderung von Wissenschaft und Technik, ist der genaue Zeitpunkt der maßgeblichen Sach- und Rechtslage von ganz erheblicher Bedeutung. Dies führt zu der bekannten allgemeinen Frage, ob von den Gerichten die Sach- und Rechtslage zum Zeitpunkt der **letzten Verwaltungsentscheidung** oder im Zeitpunkt der **letzten mündlichen Verhandlung** zugrunde zu legen ist.[138] Umweltpolitisch scheint es zunächst wünschenswert oder doch wenigstens plausibel, daß die Gerichte jeweils nach dem allerneuesten Rechts- und Erkenntnisstand urteilen sollten. Damit macht man es sich freilich doch ein wenig zu einfach.

Die Rechtsprechung geht im allgemeinen überwiegend davon aus, daß bei Anfech- 38 tungsklagen und insbesondere bei Drittanfechtungsklagen auf den Zeitpunkt der letzten Verwaltungsentscheidung (also regelmäßig des Widerspruchsbescheides) abzustellen ist. An diesem im Baurecht entwickelten Grundsatz hält sie auch im Umweltrecht zu Recht fest.[139] Die Beurteilung nach **ursprünglicher Sach- und Rechtsla-**

---

[134] BVerwGE 48, 56ff. (66). Vgl. auch die differenziert auflockernde Weiterentwicklung in BVerwG, UPR 1983, 309f.; VGH Mannheim, UPR 1984, 390f. Zur Rezeptionsgeschichte *Ladeur,* UPR 1984, 1ff. m. w. N.; allgemein zur Problematik des Prüfungsumfangs bei der Anfechtung von Planfeststellungsbeschlüssen *Steinberg,* UPR 1984, 350ff.,356ff.

[135] I. U. zum potentiell Enteignungsbetroffenen, der Anspruch auf uneingeschränkte Kontrolle hat, vgl. *Papier,* NJW 1977, 1714ff., 1719, und *Löwer,* DVBl. 1981, 528ff., 530.

[136] Dazu jedoch kritisch *Papier,* in: Bitburger Gespräche Jb. 1981, S. 81ff., 94.

[137] Vgl. nur *Papier* (FN 136), S. 95.

[138] Vgl. insbes. *Bachof,* JZ 1954, 416ff.; *J. Martens,* DVBl. 1970, 260ff.; *Menger,* System des verwaltungsgerichtlichen Rechtsschutzes, 1954, S. 210ff.; *Ule/Sellmann,* JuS 1967, 308ff.; zusammenfassend *Kopp* (FN 6), § 113 Rn. 23; allgemein zum Zeitfaktor bei Kernkraftwerk-Prozessen *Lerche* (FN 87), S. 8ff., insbes. S. 12ff. (mit Erörterung des „dynamischen Grundrechtsschutzes").

[139] BVerwG, DVBl. 1972, 678ff., 680 (Würgassen); BVerwGE 60, 297 (315); BVerwG, DVBl. 1982, 960ff., 962 (Krümmel); BVerwGE 72, 300 (312) (Wyhl); abweichend BVerwGE 65, 313 (316).

ge entspricht zum einen grundsätzlich der Aufgabenverteilung zwischen Gerichten und Verwaltung. Aufgabe der Gerichte ist die Rechtmäßigkeitskontrolle der behördlichen Entscheidung – und diese kann sich im Regelfall nur nach der Sach- und Rechtslage im Zeitpunkt dieser Entscheidung richten.[140] Ihre Aufgabe ist nicht die einer optimalen, nachbessernden Sozialgestaltung. Die Berücksichtigung nachträglicher Änderungen der Sach- und Rechtslage ist primär Aufgabe der Verwaltung, die hierfür über ein geeignetes – wenn auch u. U. verbesserungsfähiges – Instrumentarium verfügt (z. B. §§ 17, 21 BImSchG, § 18 Abs. 1 S. 3, Abs. 3 und 4 AtG). Nur ausnahmsweise ist die Berücksichtigung nachträglicher Änderungen Sache der Gerichte, falls besondere Vorschriften, insbesondere des Übergangsrechtes, dies ausdrücklich vorsehen. Die im Würgassen-Urteil des BVerwG[141] angedeutete Einschränkung für den Fall, daß **neuere Erkenntnisse** die Sicherheit eines genehmigten Kernkraftwerkes in Frage stellen, scheint das Gericht nicht mehr aufrechterhalten zu wollen. In diese Richtung deutet zumindest ein obiter dictum in seinem Urteil zum Kernkraftwerk Krümmel aus dem Jahre 1982.[142] Auch die Prozeßökonomie rechtfertigt es im Regelfall nicht, unter stillschweigender Änderung des Streitgegenstandes nachträglich Entscheidungen der Behörde an sich zu ziehen und an der Verwaltung vorbei zu agieren.[143]

39 Die Beschränkung auf die ursprüngliche Sach- und Rechtslage entspricht außerdem regelmäßig **nachbarrechtlicher Billigkeit.**[144] Der Inhaber einer – zum Zeitpunkt ihrer Erteilung rechtmäßigen, aber durch Rechtsmittel (des Nachbarn) suspendierten – Genehmigung oder sonstigen Zulassung leidet bereits unter dem Zeitaufschub. Würde er darüber hinaus seiner Rechtsposition verlustig gehen, wäre dies nicht nur eine höchst einseitige Risikoverteilung, sondern geradezu eine rechtliche Prämie auf Blockadestrategien. Die Unberechenbarkeit des Prüfungsmaßstabes könnte – auch angesichts häufig geringer Gerichtskosten – dazu animieren, zunächst aussichtslos erscheinende Rechtsmittel „auf Verdacht" zu ergreifen, in der Hoffnung, daß bei genügend langer Verfahrensdauer die passende Änderung der Sach- oder Rechtslage schon eintreten werde. Eine solche Spekulation erhielte gleichsam die höheren rechtlichen Weihen, wenn man die – ohnehin nicht ganz statisch zu haltenden – Prüfungsmaßstäbe vollständig dynamisiert. Daß es den Gerichten nicht immer leicht fallen kann, behördliche Entscheidungen nachzuvollziehen, die durch einen sich dynamisch fortentwickelnden Stand der Technik obsolet geworden sind, soll damit keineswegs geleugnet werden. Sie sind nicht gehindert, entstandene Diskrepanzen aufzuzeigen. Nur sollten sie administrativen Maßnahmen nicht vorgreifen, zumal die Betroffenen ja nicht wehrlos sind. Sie können auf nachträgliche Schutzmaßnahmen oder auf Aufhebung der Genehmigung klagen, wenn die Verwaltung die erforderlichen anpassenden Schritte unterläßt.

---

[140] So auch *Breuer,* DVBl. 1981, 300ff., 305. Zu Differenzierungen *Kloepfer,* Vorwirkung von Gesetzen, 1974, S. 63 (Anm. 248) m. w. N.

[141] BVerwG, DVBl. 1972, 678ff., 680. Zustimmend *Bender,* NJW 1979, 1425ff., 1431f.

[142] BVerwG, DVBl. 1982, 960ff., 962; ebenso BVerwGE 72, 300 (312).

[143] So jedoch *Jarass,* NJW 1983, 2844ff., 2849.

[144] *Breuer,* DVBl. 1981, 300ff., 305.

III. Gerichtliche Kontrolldichte

Die Abgrenzung der Aufgaben von Verwaltung und Verwaltungsgerichtsbarkeit steht auch im Mittelpunkt der vieldiskutierten Frage nach der gerichtlichen Kontrolldichte im Umweltrecht. Als grundsätzliches Postulat steht außer Zweifel, daß die Gerichte die ,,multidisziplinären"[145] Entscheidungen der Verwaltung im Umweltschutzbereich nur auf ihre **Rechtmäßigkeit** hin überprüfen und nicht schlechthin durch eigene Entscheidungen ersetzen dürfen. Handelt es sich hierbei aber nur um einen Appell an den ,,judicial self-restraint" oder können verläßliche Kriterien angegeben werden, wo die rechtliche Nachprüfung endet und die Usurpation genuiner **Verwaltungsverantwortung**[146] beginnt? Die besondere Dringlichkeit dieser Fragestellung im Umweltrecht erwächst vor allem aus der Diskrepanz zwischen den dort häufig vagen Gesetzesformulierungen einerseits und den vom Gesetz zu regelnden hochkomplizierten, komplexen technischen Sachverhalten andererseits. 40

Das BVerwG hat 1985 erstmals im Bereich des Umweltrechts im Hinblick auf das Kriterium der ,,nach dem Stand von Wissenschaft und Technik erforderliche(n) Vorsorge gegen Schäden" i. S. des § 7 Abs. 2 Nr. 3 AtG die Existenz einer spezifischen, der verwaltungsgerichtlichen Kontrolle entzogenen Wertungs- und Entscheidungskompetenz der Exekutive bejaht. Im **Wyhl-Urteil**[147] führt es im Hinblick auf dieses Kriterium aus, daß es ,,nicht Sache der nachträglichen verwaltungsgerichtlichen Kontrolle sein (könne), die der Exekutive zugewiesene Wertung wissenschaftlicher Streitfragen einschließlich der daraus folgenden Risikoabschätzung durch eine eigene Bewertung zu ersetzen". 41

Zur Begründung verweist das BVerwG auf die ,,Normstruktur des § 7 Abs. 2 Nr. 3 AtG", wonach die Verantwortung für die Risikoermittlung und -bewertung die Exekutive trage. Hierbei habe sie die Wissenschaft zu Rate zu ziehen. ,,Normstruktur" meint in diesem Zusammenhang die unbestimmte, stark konkretisierungsbedürftige Gesetzesformulierung des § 7 Abs. 2 Nr. 3 AtG. Indem – so meint das BVerwG – das BVerfG die Norm dennoch aufrecht erhielt, habe es sie ,,auch im Hinblick auf die dort vorgenommene Abgrenzung der Handlungsbereiche von Gesetzgeber und Exekutive verfassungsrechtlich gebilligt. Diese Abgrenzung (könne) ... nicht ohne Einfluß auf den Umfang der rechtlichen Kontrolle gegenüber Entscheidungen der Genehmigungsbehörde bleiben".[148]

Weiter heißt es im Wyhl-Urteil u. a.:,,Die Exekutive verfügt nicht nur gegenüber der Legislative, sondern auch im Verhältnis zu den Verwaltungsgerichten über rechtliche Handlungsformen, die sie für die Verwirklichung des Grundsatzes bestmöglicher Gefahrenabwehr und Risikovorsorge sehr viel besser ausrüsten. ... Wo daher ein der Exekutive zugewiesener Vorbehalt vor der verfassungsrechtlichen Kompetenzordnung Bestand hat, kann er nicht durch eine mit

---

[145] *Scholz,* FS 125 J. Jurist. Gesellschaft Berlin, 1984, S. 691ff., 707.

[146] Zum Verhältnis von ,,Verwaltungsverantwortung und Verwaltungsgerichtsbarkeit" vgl. insbes. die gleichnamigen Referate von *Scholz* und *Schmidt-Aßmann,* in: VVDStRL 34 (1976), S. 145ff., 221ff., sowie zuletzt *Brohm,* DVBl. 1986, 321ff. Zum noch weitergehenden Gedanken eines verfassungsrechtlichen ,,Verwaltungsvorbehalts" *Maurer* und *Schnapp,* VVDStRL 43 (1985), S. 135ff., 172ff., sowie die Begleitaufsätze von *Stettner,* DÖV 1984, 611ff.; *W. Schmidt,* NVwZ 1984, 545ff., und *M. Schröder,* DVBl. 1984, 814ff.; zuvor schon *Kloepfer,* VVDStRL 40 (1982), S. 63ff., 74.

[147] BVerwGE 72, 300 (316) unter ausdrücklicher Berufung auf VG Schleswig, NJW 1980, 1296ff. Vgl. dazu auch *Ladeur,* UPR 1987, 253ff. Ebenso jetzt BVerwG, DVBl. 1988, 148ff., 149.

[148] BVerwGE 72, 300 (317).

ihm unvereinbare Ausweitung der gerichtlichen Kontrollbefugnisse wieder in Frage gestellt werden."[149]

42 Auch wenn das BVerwG in seiner Entscheidung auf die „Besonderheit des Regelungsgegenstandes" hinweist, treffen seine Aussagen doch nicht allein für die atomrechtliche Anlagengenehmigung zu, sondern sind **auch auf andere Bereiche des Umweltrechts anwendbar,** zumindest soweit es dort ebenfalls um komplexe Risikoabschätzungen geht (so etwa z. T. im Immissionsschutzrecht, Gewässerschutzrecht und Stoffrecht). So hat das BVerwG zuletzt eine entsprechende Einschränkung der gerichtlichen Überprüfung im Hinblick auf die TA Luft angedeutet.[150]

Zugleich betont es jedoch, daß mit dem Erlaß der TA Luft als Verwaltungsvorschrift über den Umfang der gerichtlichen Kontrolle im einzelnen noch nichts gesagt sei. Die TA Luft sei von den Gerichten nicht „originär" wie ein Gesetz ohne Rücksicht auf Erkenntnisfortschritte anzuwenden. Als Gegenstände der gerichtlichen Kontrolle hebt es hervor:

„Eindeutig ist, daß die TA Luft die im Gesetz getroffenen Wertungen beachten muß und daß dies der gerichtlichen Kontrolle unterliegt, ebenso daß es zu den von den Gerichten zu prüfenden Rechtmäßigkeitsvoraussetzungen der in der TA Luft festgelegten Immissions- und Emissionswerte und der Verfahren zu ihrer Ermittlung gehört, daß diese nicht durch Erkenntnisfortschritte in Wissenschaft und Technik überholt sind und sie damit den gesetzlichen Anforderungen jedenfalls jetzt nicht mehr gerecht werden."

Unter Umständen werden in Zukunft auch noch weitere **Verwaltungsvorbehalte** mit entsprechenden Restriktionen der gerichtlichen Kontrolldichte von Rechtsprechung und Schrifttum entwickelt. Vorstellbar ist dies z. B. bei Normen, die der Verwaltung eine besondere planerische, politische oder wirtschaftliche Entscheidungsverantwortung zuweisen (s. auch u. Rn. 43ff.). Die Rechtsprechung darf jedoch nicht bei der Öffnung kontrollfreier oder richtiger: kontrollreduzierter Räume stehen bleiben, sondern wird auch deren Grenzen präzisieren müssen. Orientierungshilfe bietet hierfür die wesentlich weiter fortgeschrittene Ermessenslehre.[151] Einigkeit besteht schließlich darüber, daß auch im Rahmen einer reinen Rechtskontrolle richterliche Korrekturen der behördlichen Wertungen möglich bleiben, sofern gesicherte neuere Erkenntnisse ihre Unrichtigkeit erweisen.[152]

43 Auch wenn das BVerwG eine terminologische Feststellung vermeidet, handelt es sich in der Sache um eine (zumindest sektorale) Anerkennung des im Schrifttum seit Jahrzehnten verfochtenen sog. **gerichtsfreien Beurteilungsspielraumes** der Verwaltung bei der Konkretisierung unbestimmter Rechtsbegriffe.[153] In seiner langjährigen

---

[149] BVerwGE 72, 300 (317) unter Hinweis auf *Krebs* (FN 34), S. 92ff., und *K.-H. Weber,* Regelungs- und Kontrolldichte im Atomrecht, 1984, S. 207ff.

[150] BVerwG, DVBl. 1988, 539f.

[151] Vgl. aus der überreichen Literatur nur *Ehmke,* Ermessen und „unbestimmter Rechtsbegriff" im Verwaltungsrecht, 1960; *Lerche,* Art. Ermessen, in: Staatslexikon, 6. Aufl., 3. Bd., 1959, Sp. 12ff.; *Soell,* Das Ermessen der Eingriffsverwaltung, 1973; *Tettinger,* Rechtsanwendung und gerichtliche Kontrolle im Wirtschaftsverwaltungsrecht, 1980, S. 67ff., sowie zuletzt etwa *Bullinger,* JZ 1984, 1001ff., und – v. a. unter prozeduralen Aspekten – *Hufen,* Fehler im Verwaltungsverfahren, 1986, S. 29ff.

[152] Vgl. zuletzt BVerwG, DVBl. 1986, 539f., 539, sowie *Marburger* (FN 10), C 91 m. w. N.

[153] Vgl. (ohne das ältere Schrifttum) *Badura,* FS Bachof, 1984, S. 169ff., 184ff.; *Grimm,* in: van Buiren u. a. (FN 8), S. 25ff., 44ff.; *Ossenbühl,* DÖV 1972, 401ff.; *dens.,* DVBl. 1974, 309ff.; *Redeker,* DÖV 1971, 757ff.; *W. Schmidt,* NJW 1975, 1753ff.; *Scholz* (FN 145), S. 706ff.; *Sellner,* in: Dokumentation zum 6. Deutschen Verwaltungsrichtertag, 1980, S. 35ff., 36; *Ule,* DVBl. 1973, 756ff.; *dens.,* WiVerw. 1977, 80ff. Dagegen u. a. noch *Breuer,* AöR 101 (1976), 46ff., 69ff.; *J. Ipsen,* AöR 107 (1982), 259ff., 290f.; *Papier* (FN 136), S. 89ff., sowie die Beschlüsse der verfahrensrechtlichen Abteilung des 52. DJT (Sitzungsberichte K 216). Zur unterschiedlichen Terminologie vgl. die Aufstellung bei *Hoppe,* FS 25 J. BVerwG, 1978, S. 295ff., 296.

früheren Rechtsprechung hatte das BVerwG demgegenüber stets den Grundsatz der vollen gerichtlichen Nachprüfbarkeit von unbestimmten Rechtsbegriffen vertreten und damit die Letztentscheidungskompetenz über deren Auslegung beansprucht.[154] Diesen Grundsatz hat es im sog. Voerde-Urteil[155] auch auf unbestimmte Rechtsbegriffe des Umweltrechts bezogen, indem es die (dem § 7 AtG *vergleichbaren*) Genehmigungsvoraussetzungen des § 6 BImSchG und die dort in Bezug genommenen vagen Normen (insbesondere § 5 Nr. 1 BImSchG a. F., heute: § 5 Abs. 1 Nr. 1 BImSchG) einer „uneingeschränkte(n) verwaltungsgerichtliche(n) Überprüfung" für zugänglich erklärte.

Diese Rechtsprechung wurde jedoch im Ergebnis dadurch entschärft, daß sie zugleich technische Verwaltungsvorschriften wie die TA Luft als **„antizipierte Sachverständigengutachten"** verwertete und damit generalisierte Verwaltungsentscheidungen als weitgehend verbindlich behandelte[156] (s. § 2 Rn. 44).

Ausnahmen vom Prinzip der Vollkontrolle machte das BVerwG zuvor lediglich in den Bereichen des Prüfungs- und Beurteilungswesens,[157] der Planungsentscheidungen,[158] der Prognoseentscheidungen[159] und der Gremienentscheidungen (dazu sogleich).[160] An diese Ausnahmen innerhalb seiner früheren Rechtsprechung knüpft das BVerwG im Wyhl-Urteil jedoch nicht an, obwohl Querverbindungen zum Urteilsgegenstand und weiteren umweltrechtlichen Konstellationen durchaus erkennbar sind. Dem Urteil ist freilich auch nicht zu entnehmen, ob es damit generell von dieser früheren Rechtsprechung abweichen wollte. Es ist daher nicht auszuschließen, daß neben den Grundsätzen des Wyhl-Urteils auch diese älteren Ansätze für die Bestimmung der gerichtlichen Kontrolldichte im Umweltrecht künftig noch etwas hergeben. 44

Die Annahme eines **planerischen Beurteilungsspielraums**[161] im Bereich umweltrechtlicher Genehmigungen scheitert allerdings weitestgehend an der gesetzlichen Ausgestaltung der einschlägigen umweltrechtlichen Planfeststellungs- und Genehmigungsregelungen. Denn diese sind überwiegend weniger an planungsrechtlichen als an gewerberechtlichen Vorbildern orientiert (s. § 1 Rn. 37). Für das Atomrecht wurde deshalb der schöne Satz geprägt, gesetzestechnisch werde zwischen dem Kernkraftwerk und der Schankwirtschaft kein Unterschied gemacht.[162] Die traditionelle Gesetzesauslegung tut ein übriges und weist mögliche planungs- und bewirtschaftungsrechtliche Interpretationen bisher überwiegend zurück (s. § 3 Rn. 18ff. und § 7 Rn. 53). Eine Umstellung der Genehmigungsverfahren für technische Großprojekte auf die Gestaltungsformen des Planungsrechts, wie sie im Blick auf die gewünschte Reduzierung der gerichtlichen Kontrolldichte im Schrifttum teilweise befürwortet wird,[163] birgt auch manche Risiken. Dies gilt insbesondere für die Rechtssicherheit der Anlagenbetreiber, da damit zugleich die strenge Gesetzesbindung der Verwaltung aufgegeben würde. 45

Zu einer nachhaltigen Veränderung des Rechtsschutzes im Umweltrecht könnte die Annahme einer Einschätzungsprärogative wegen des **Prognosecharakters** von Entscheidungen füh- 46

---

[154] BVerwGE 16, 116 (129f.); 17, 5 (8); 18, 247 (250ff.); 21, 184 (185ff.); 28, 223 (226); 40, 359 (361); 45, 162 (164); 46, 175 (177); 55, 250 (253); 56, 71 (73f.).
[155] BVerwGE 55, 250 (253f.).
[156] BVerwGE 55, 250 (256).
[157] U.a. BVerwGE 8, 272 (273f.); 12, 359 (369); 14, 31 (35); 21, 127 (129ff.); 26, 65 (66f.); 38, 105 (110).
[158] Vgl. BVerwGE 34, 301 (304); 48, 56 (59).
[159] BVerwGE 39, 197 (203).
[160] BVerwGE 39, 197 (203f.); 62, 330 (338ff.).
[161] Vgl. dazu allgemein *Badura,* FS 25 J. BayVerfGH, 1972, S. 157ff., und *Hoppe,* FS 25 J. BVerwG, 1978, S. 295ff.
[162] *Ossenbühl,* DVBl. 1978, 1ff., 7.
[163] *Scholz* (FN 145), S. 713.

ren. Gefahrenprognosen und Risikoabschätzungen spielen im Umweltrecht bekanntlich eine außerordentlich bedeutsame Rolle. Ohne auf frühere eigene Aussagen im sog. Indizierungsurteil[164] über die Unvertretbarkeit von Prognoseentscheidungen einzugehen, vertritt das BVerwG im Wyhl-Urteil im Grunde diese Position. Die dort anerkannte administrative Prärogative bei der Risikoermittlung und Abschätzung entspricht dem Prognosespielraum. Im Schrifttum wurden Kontrollrestriktionen allein wegen des Prognosecharakters einer Entscheidung bislang eher abgelehnt.[165] Allerdings darf die Bedeutung dieser Frage für den Rechtsschutz auch nicht überschätzt werden, da Prognoseunsicherheiten typischerweise erst in Grenzbereichen auftreten. Damit liegen sie aber im Regelfall jenseits der Gefahrenbeurteilung im Bereich des Restrisikos. Dessen Beurteilung ist den Gerichten ja ohnehin schon aus anderen Gründen – des Klagezugangs und des begrenzten Prüfungsmaßstabes bei Drittanfechtungsklagen – weitgehend entzogen (s. o. Rn. 20).

Zu beachten ist freilich, daß unter dem Begriff der Prognosekontrolle auch Sachverhalte erfaßt werden, bei welchen gar nicht der Prognosegehalt, sondern in Wirklichkeit politische Entscheidungen im Vordergrund stehen.[166] Dies gilt im Prinzip insbesondere für die Energiebedarfsprognosen der Verwaltung, die von Verwaltungsgerichten im Rahmen des Eilverfahrens bei Kraftwerksgenehmigungen früher wiederholt mit sog. Gegenprognosen konfrontiert wurden.[167] Dabei handelt es sich jedoch weniger um eine Überprüfung der Prognose, sondern um eine – problematische, wenn nicht sogar unzulässige – Ersetzung der wirtschafts- und strukturpolitischen Vorgaben der Verwaltung durch Wertungen der Gerichte.[168] Soweit die Verwaltung in legitimer Weise politisch gestaltend handelt, stößt die gerichtliche Nachprüfung bereits auf die immanente Beschränkung des bloßen Rechtskontrollauftrags der Rechtsprechung. Diesen darf sie ohnehin nicht überschreiten.

47 Nicht unmittelbar für den Rechtsschutz im Umweltschutz ergiebig ist schließlich die Rechtsprechung des BVerwG zur beschränkten gerichtlichen Kontrolle von **Gremienentscheidungen.**[169] Sachverständige und Fachausschüsse spielen im Umwelt- und Technikrecht zwar eine sehr große Rolle, sind aber regelmäßig nicht formell in die Entscheidungsverantwortung eingebunden. Umweltrechtliche Genehmigungen z. B. sind Entscheidungen der Verwaltung und nicht solche unabhängiger Spruchkörper (wie die Indizierungsentscheidungen der Bundesprüfstelle im GjS-Urteil)[170] oder durch fachkundige Kollegialorgane innerhalb der Verwaltung ergangen (was das BVerwG in einer späteren Entscheidung genügen läßt).[171]

48 Die Herabsenkung der gerichtlichen Kontrolldichte in Teilen des Umweltrechts hat grundsätzlich auch vor der Verfassung Bestand. Bereits vor der Rechtsprechungsänderung des BVerwG hatte das BVerfG zu erkennen gegeben, daß es **Kontrollreduzierungen** unter bestimmten Voraussetzungen für **verfassungskonform** hält.

Im Kalkar-Beschluß[172] hatte es das BVerfG zwar noch offen gelassen, ,,wo im Hinblick auf Art. 19 Abs. 4 GG bei der Bewertung technischer Normen und Standards für die Einschätzung künftiger Schadensmöglichkeiten die Grenzen richterlicher Nachprüfungspflicht liegen, und ob sich die Gerichte nicht etwa darauf beschränken dürfen, zu prüfen, ob bei Kenntnislücken und Unsicherheiten im Bereich der naturwissenschaftlichen und technischen Feststellungen die Grenzen der sich dar-

---

164 BVerwGE 39, 197 (203), auch als GjS- bzw. als Bundesprüfstellenurteil bekannt.

165 *Breuer,* Der Staat 16 (1977), 21 ff., 35; *Tettinger,* DVBl. 1982, 421 ff., 424 m. w. N.; a. A. u. a. *Benda,* in: Blümel/Wagner (Hg.), Technische Risiken und Recht, 1981, S. 10; *Scholz* (FN 145), S. 711 f.

166 Vgl. dazu *Badura,* FS Bachof, 1984, S. 169 ff., 181 f.; *Papier* (FN 136), S. 85, und die Beisp. bei *Tettinger,* DVBl. 1982, 421 ff., 426 f.

167 Vgl. etwa VG Freiburg, DVBl. 1975, 343 ff., 346 (Wyhl); BayVGH, DVBl. 1975, 199 ff., 205 f.

168 So auch *Papier* (FN 4), S. 41.

169 BVerwGE 39, 197 (203 f.); 62, 330 (338 ff.).

170 BVerwGE 39, 197 (204).

171 BVerwGE 62, 330 (339).

172 BVerfGE 49, 89 (136).

aus ergebenden ,Bandbreite' eingehalten worden sind". Daß das BVerfG dieser Auffassung zuneigt, war freilich bereits hier unverkennbar.

In der Sasbach-Entscheidung des BVerfG,[173] die dem BVerwG im Wyhl-Urteil als Hauptstütze diente, heißt es dann ebenfalls im Hinblick auf ein atomrechtliches Genehmigungsverfahren:

> ,,Dabei hat die Genehmigungsbehörde im Rahmen normativer Vorgaben und willkürfreier Ermittlungen auch Bewertungen, zum Beispiel am Maßstab des Standes von Wissenschaft und Technik, der Erforderlichkeit der Vorsorge gegen Schäden (§ 7 Abs. 2 Nr. 3 AtomG) oder des Schutzes gegen Störmaßnahmen oder sonstige Einwirkungen zu treffen. *Die Gerichte haben solche Feststellungen und Bewertungen nur auf ihre Rechtmäßigkeit hin zu überprüfen, nicht aber ihre eigenen Bewertungen an deren Stelle zu setzen.*"[174]

Die damit zunächst angesprochene Abschichtung von richterlicher Kontrollaufgabe und verwaltungseigener Bewertungsverantwortung ist allerdings nicht gleichbedeutend mit einer generellen Verminderung gerichtlicher Kontrolldichte oder einer pauschalen Bejahung administrativer Beurteilungsspielräume. Das BVerfG entnimmt der verfassungsrechtlichen **Rechtsschutzgarantie** in Art. 19 Abs. 4 S. 1 GG, in der es eine Verbürgung auch der Wirksamkeit des gerichtlichen Rechtsschutzes sieht, vielmehr das Gebot, 49

> ,,daß der Richter – bezogen auf das als verletzt behauptete Recht – eine hinreichende Prüfungsbefugnis über die tatsächliche und rechtliche Seite des Rechtsschutzbegehrens hat sowie über eine zureichende Entscheidungsmacht verfügt, um einer erfolgten oder drohenden Rechtsverletzung wirksam abzuhelfen. *Unbeschadet normativ eröffneter Gestaltungs-, Ermessens- und Beurteilungsspielräume* sowie der Tatbestandswirkung von Hoheitsakten schließt dies grundsätzlich eine Bindung der rechtsprechenden Gewalt an tatsächliche oder rechtliche Feststellungen seitens anderer Gewalten hinsichtlich dessen, was im Einzelfall Rechtens ist, aus."[175]

Dieser Passus dürfte dahin zu verstehen sein, daß

1. **administrative Gestaltungs-, Ermessens- und Beurteilungsspielräume** nur als **Ausnahme** vom Grundsatz der vollen gerichtlichen Sachverhalts- und Rechtsprüfung bestehen können und
2. **normativ eröffnet** sein müssen.

Letzteres setzt eine gesetzliche Entscheidung voraus, die wegen der Rechtsklarheit hinreichend deutlich, aber nicht unbedingt explizit erfolgen muß. Nicht genügend für die Begründung von Beurteilungsspielräumen sind hingegen allgemeine theoretische Herleitungen aus rechtsmethodologischen Theorien oder aus der ,,Natur der Sache", wie sie bislang üblich waren. Erforderlich ist vielmehr eine konkrete und sorgfältige Auslegung des Gesetzes, aus dem sich die Einschränkung der grundsätzlich gebotenen **richterlichen Letztentscheidungsmöglichkeit** ergeben soll.

Freilich sind auch mit der Sasbach-Entscheidung des BVerfG keineswegs alle **Zweifelsfragen** gelöst. In dem Judikat selbst besteht möglicherweise ein Spannungsverhältnis zwischen dem recht allgemein formulierten (und sicherlich künftig noch weitaus allgemeiner rezipierten) Gebot an die Gerichte, ihre Bewertungen nicht an die Stelle derjenigen der Verwaltung zu setzen, einerseits und dem Vorbehalt normativer Eröffnung von administrativen Beurteilungsspielräumen andererseits. Letztlich 50

[173] BVerfGE 61, 82 (115).
[174] BVerfGE 61, 82 (115), Hervorhebung hinzugefügt.
[175] BVerfGE 61, 82 (111), Hervorhebung hinzugefügt.

bleibt offen, ob das vom BVerfG formulierte Verbot einer Bewertungssurrogation durch die Gerichte nur für solche Bereiche gilt, in denen der Verwaltung ein Gestaltungs-, Ermessens- und Beurteilungsspielraum normativ eröffnet ist, oder ob es eine allgemein bestehende immanente Beschränkung richterlicher Prüfungsmacht bezeichnet. In diesem Feld bedarf es noch erheblicher verfassungsrechtlicher Präzisierung.

51 Verfassungsrechtlich bleibt es dem Gesetzgeber schließlich unbenommen, gerichtsfreie Beurteilungsspielräume auf direktem Wege einzuführen, wenn er nur den verfassungsrechtlich garantierten gerichtlichen Rechtsschutz nicht in seinem Wesen in Frage stellt. So wurde etwa **rechtspolitisch** vorgeschlagen, in Anlehnung an die Formulierung des § 70 Abs. 5 S. 2 GWB („die Würdigung der gesamtwirtschaftlichen Lage und Entwicklung durch die Kartellbehörden ist der Nachprüfung des Gerichts entzogen") eine ausdrückliche Kontrollbeschränkung bezüglich der Gerichte in das Atomgesetz aufzunehmen.[176] Als weitere – die Rechtsprechung weniger beengende – Möglichkeit bietet sich das Aufstellen von gesetzlichen Vermutungsklauseln (etwa zum Stand der Technik) an. Bei alledem darf nur nicht das Ob der richterlichen Gesamtprüfung in Frage gestellt werden.

Eindeutige **gesetzliche Regelungen der Kontrollbeschränkung** würden nicht nur zahllose Auslegungsprobleme und die daraus resultierende Rechtsunsicherheit vermeiden. Sie werden bestmöglich auch der Bedeutung gerecht, welche diese Frage im Hinblick auf die Rechtsschutzgarantie, aber auch für die Gewaltenteilung, besitzt.

52 Rechtspolitisch wird die Diskussion um Kontrollbeschränkungen im Umweltrechtsschutz vielfach von der Vorstellung überschattet, daß eine hohe gerichtliche Kontrolldichte per se mehr Umweltschutz bedeute, während ihre Reduktion automatisch den Interessen der Anlagenbetreiber entspräche. Ein solcher **Zusammenhang zwischen Umweltschutz und gerichtlicher Kontrolldichte** besteht jedoch nicht oder allenfalls dann, wenn man unterstellt, daß die Gerichte von Hause aus stärker ökologisch orientiert seien als die Verwaltung.[177] Auch wenn Einzelfälle diesen Anschein erwecken konnten, ist dies jedoch insgesamt mehr als zweifelhaft. Allenfalls insoweit mag ein allgemeines Interesse der Anlagenbetreiber an dem Letztentscheidungsrecht der Verwaltung anzunehmen sein, als dies verfahrensverkürzend wirken kann.

D. Vorläufiger Rechtsschutz

I. Faktischer Funktionswandel

53 Mit am krassesten zeigen sich die auch (aber keineswegs nur) im Umwelt(rechts)-schutz erkennbaren Überlastungs- und Überforderungsprobleme der Rechtsprechung im vorläufigen Rechtsschutz. Der Verfahrensstau in den Hauptsacheverfahren und deren außerordentliche Dauer hat hier zu einer **Expansion,** aber auch zu einer

---

[176] *Ossenbühl,* DVBl. 1978, 1ff., 9; *Scholz* (FN 145), S. 712. Ähnlich *J. Martens,* 54. DJT, Bd. II, 1982, L 10ff., 18. *Schmidt-Aßmann,* NVwZ 1983, 1ff., 6, spricht sogar von der „Befugnis und Pflicht" des Gesetzgebers, „die unterschiedlichen Beiträge der Exekutive und der Gerichte zur Gesetzeskonkretisierung gegebenenfalls deutlicher herauszustellen". Vgl. ferner die Beispiele bei *Kopp* (FN 6), § 114 Rn. 24.

[177] In der Vergangenheit mag dies z.T. zugetroffen haben, vgl. *Hartkopf/Bohne,* Umweltpolitik, Bd. 1, 1983, S. 136.

inhaltlichen **Veränderung des einstweiligen Rechtsschutzes** geführt. Im Ergebnis wächst der vorläufige Rechtsschutz zunehmend aus seiner dienenden, abschirmenden Funktion gegenüber den Hauptsacheverfahren heraus und wandelt sich zu einem faktisch entscheidenden Verfahrensteil. Der wichtigste Grund hierfür ist zeitlicher Art. Nach Auffassung der Betroffenen scheint vielfach nur noch im Rahmen des vorläufigen Rechtsschutzes eine verwaltungsgerichtliche Klärung drängender Umweltrechtsfragen möglich zu sein.

Es gibt kaum noch ein relevantes Hauptverfahren im Umweltbereich, dem nicht ein oder mehrere Eilverfahren vorgeschaltet wären. Hierbei kommt es insbesondere bei Anlagengenehmigungen zu einer Spiralbewegung: Anlagengenehmigungen werden regelmäßig mit Widerspruch und Anfechtungsklage angegangen. Deshalb werden sie vorsorglich von den Behörden für sofort vollziehbar erklärt[178] und dies wird vom Betroffenen wiederum regelmäßig mit einem Aussetzungsantrag nach § 80 Abs. 5 VwGO beantwortet. Damit schlägt die intendierte Wirkung um: Die Eilverfahren selbst dauern immer länger und schieben ihrerseits das Hauptsacheverfahren hinaus. Zudem verflüchtigt sich der konzeptionelle Gegensatz zwischen vorgelagertem und nachgelagertem vorläufigem Rechtsschutz (d.h. zwischen § 80 und § 123 VwGO).[179]

II. Rechtsmaßstäbe

Noch gravierender ist das sich abzeichnende prinzipielle Entscheidungspatt zwischen **Vollzugs- und Suspensionsinteressen.** Einerseits besteht in Anbetracht der häufig fast prohibitiven Verfahrensdauer ein starkes Vollzugsinteresse, wobei private Betreiberinteressen und öffentliche Interessen bei technischen Großvorhaben häufig parallel gehen (z. B. Energieversorgung,[180] Arbeitsplatzsicherung). Andererseits betont die Rechtsprechung bis hin zum BVerfG die Gefahr der Entstehung **vollendeter Tatsachen** beim Sofortvollzug.[181] Zwar handelt es sich bei der Errichtung einer Anlage nicht wirklich um eine irreversible oder irreparable Tatsache, solange keine rechtskräftige Entscheidung in der Hauptsache ergangen ist. Vielmehr geht der Anlagenbetreiber an sich ein sehr erhebliches Risiko ein,[182] wenn er ohne bestandskräftige Genehmigung baut. Die Rechtsprechung neigt aber wohl dazu, solche Fälle ab einer gewissen Anlagengröße wegen der angeblich präjudiziellen Wirkung des geschaffenen Bestandes echten vollendeten Tatsachen gleichzustellen. 54

Bei dieser Argumentation handelt es sich letztlich um ein Mißtrauensvotum in eigener Sache.[183] Es liegt auf der Hand, daß sich die Gewichte bei der Abwägung zwischen Vollzugs- und

[178] Insbes. atomrechtliche Anlagengenehmigungen werden durchgängig nach § 80 Abs. 2 Nr. 4 VwGO für sofort vollziehbar erklärt, vgl. *W. Martens*, Suspensiveffekt, Sofortvollzug und vorläufiger gerichtlicher Rechtsschutz bei atomrechtlichen Genehmigungen, 1983, S. 21f., und *Limberger*, Probleme des vorläufigen Rechtsschutzes bei Großprojekten, 1985, S. 36ff., 84ff. Vgl. jetzt umfassend *Schach*, Vorläufiger Rechtsschutz und Risikoverteilung im Verwaltungsrecht, 1988, S. 197ff.

[179] Vgl. *Kahrst*, et 1982, 495ff., 500f.

[180] BayVGH, DVBl. 1975, 199ff., 205f.; DVBl. 1982, 33ff., 37; VGH Mannheim, NJW 1979, 2528ff., 2529. Bei Streitfragen um Anlagen der Energieversorgung handelt es sich zudem häufig faktisch um In-sich-Prozesse. Vgl. allgemein zur Gewichtung öffentlicher Interessen beim Sofortvollzug auch *Limberger* (FN 178), S. 100ff. m. w. N.

[181] BVerfGE 53, 30 (68) – Mülheim-Kärlich; BVerfG (Vorprüfungsausschuß), NVwZ 1982, 32; OVG Lüneburg, DVBl. 1975, 190, 194. Vgl. auch *Limberger* (FN 178), S. 30ff.

[182] So der nachdrückliche Hinweis *Ules*, GewArch. 1978, 73ff., und DVBl. 1982, 821ff., 830, auf die Gesetzeslage.

[183] Anders u. a. VGH Mannheim, DVBl. 1976, 538ff., 548, und OVG Koblenz, DVBl. 1977, 730ff., 732. Daß effektiver Rechtsschutz nach Fertigstellung einer Anlage nicht mehr erreichbar sei, meint freilich auch *Degenhart*, AöR 103 (1978), 164ff., 172. *Gelzer*, BauR 1977, 1ff., 2, spricht von einer „normativen Kraft des Faktischen".

Aussetzungsinteresse (bei Errichtungs-, nicht Betriebsgenehmigungen) erheblich verschieben würden, wenn die Gerichte ihre – je nach Blickwinkel – großzügige oder kleinmütige Interpretation der vollendeten Tatsachen aufgäben. Es könnte ein Akt gerichtlicher Selbstbefreiung sein, würde sich das Risiko der Anlagenerrichtung bei angefochtener Errichtungsgenehmigung einmal in nachhaltiger Weise realisieren. Es entstünde dann zwar möglicherweise in Einzelfällen ein erheblicher volks- und betriebswirtschaftlicher Schaden, die allgemeine Versuchung, mit vollendeten Tatsachen den Rechtsschutz zu unterlaufen, könnte aber allgemein und dauerhaft gebremst werden. Die Funktionsüberfrachtung des vorläufigen Rechtsschutzes könnte so verringert oder gar beseitigt werden.

55 Angesichts der häufigen Unklarheit der an sich vorgegebenen Interessenabwägung zwischen Vollzugs- und Aussetzungsinteressen ist es verständlich, wenn auch nicht zwingend, daß die Gerichte auf die **Erfolgsaussichten in der Hauptsache** als Entscheidungsmaßstab zurückgreifen.[184] Das Interesse des Klägers an der Wiederherstellung der aufschiebenden Wirkung der Klage ist danach besonders hoch zu veranschlagen, wenn sie voraussichtlich erfolgreich sein wird. Damit bürdet sich die Rechtsprechung nicht nur einen erheblichen Prüfungsaufwand auf. Sie zieht zudem auch den Vorwurf auf sich, den vorläufigen Rechtsschutz in Richtung auf ein vorweggenommenes Hauptsacheverfahren zu denaturieren.[185] Es ist deshalb erwägenswert, ob die Gerichte insoweit nicht mehr Zurückhaltung üben und beispielsweise auf Beweiserhebungen zum Gegenstand der Hauptsache[186] verzichten sollten. Wie eine Begrenzung der Prüfungsintensität in rechtlicher Hinsicht aussehen sollte, bleibt in den bisherigen Vorschlägen jedoch unklar. Die Methode einer Evidenzkontrolle oder der summarischen Prüfung[187] konnte bislang nicht wirklich brauchbar definiert werden. Patentformeln werden auch schwer zu finden sein. Abzulehnen ist jedenfalls der Vorschlag, auf eine Erfolgsprognose ganz zu verzichten,[188] da eine „reine" Interessenabwägung zu unverhältnismäßigen Ergebnissen führen könnte.

56 Die Bedeutung der aufschiebenen Wirkung als wesentliches Element der Rechtsschutzgarantie[189] stellt sich zudem im **polygonalen Rechtsverhältnis** anders dar als gegenüber einseitigen Maßnahmen der Eingriffsverwaltung. Die Rechtsordnung muß bei solchen polygonalen Rechtsverhältnissen einen Ausgleich zwischen gegensätzlichen Rechtsschutzansprüchen finden und darf nicht etwa den Rechtsschutz einer Seite zu Lasten der anderen maximieren; inwieweit dies gelingt, hängt freilich nicht allein vom Gesetzgeber, sondern auch von der Rechtsprechung ab. Abzulehnen sind

---

[184] Dabei gehen die meisten Gerichte zunehmend zu einer fast vollständigen Rechtskontrolle über, vgl. nur OVG Lüneburg, DVBl. 1973, 190ff.; BayVGH, BayVBl. 1981, 402. Vgl. zur Übersicht *Redeker/v. Oertzen* (FN 6), § 80 Rn. 15. Wenn man eine Erfolgsprognose für erforderlich hält, ist diese Vorgehensweise auch kaum zu beanstanden, da die Methodik einer Evidenzkontrolle oder einer summarischen (rechtlichen) Prüfung unklar ist. Für eine Berücksichtigung der Erfolgsaussichten in der Hauptsache im Rahmen des nach § 80 Abs. 2 Nr. 4, 1. Alt. VwGO vorläufigen Rechtsschutzes im Schrifttum u. a. *Bettermann,* DVBl. 1976, 64ff., 65; *Kopp* (FN 6), § 80 Rn. 54; *Papier,* JA 1979, 561ff., 564; dafür jetzt auch u. a. *Finkelnburg/Jank,* Vorläufiger Rechtsschutz im Verwaltungsstreitverfahren, 3. Aufl., 1986, Rn. 625, 647ff. Teilw. anders noch die Voraufl., vgl. dort Rn. 400.

[185] Vgl. zur Kritik insbes. *Ule,* GewArch. 1978, 73ff., 78ff.; *dens.,* DVBl. 1982, 821ff., 830.

[186] Dafür etwa *Blümel,* DVBl. 1975, 695ff., 702.

[187] Vgl. hierzu allgemein *Finkelnburg/Jank,* Vorläufiger Rechtsschutz im Verwaltungsstreitverfahren, 3. Aufl., 1986, Rn. 293ff. m. w. N.

[188] Dafür *Ule,* DVBl. 1982, 821ff., 832.

[189] BVerwGE 1, 11 (11f.); 16, 289 (292); BVerwG, DVBl. 1974, 566. Hierzu kritisch *W. Martens* (FN 178), S. 15f.

Radikallösungen, die den Suspensiveffekt in solchen Fällen ganz entfallen lassen wollen.[190]

Stärkere Zurückhaltung üben sollten die Gerichte auch bei der Praxis der **Teilsuspension** und der **flankierenden Anordnungen** im Rahmen des Aussetzungsverfahrens, da sie sonst zusätzlich in Konkurrenz zur Verwaltung treten könnten.[191] Rechtsschutz ist auch im Eilverfahren Nachprüfung, nicht Nachbesserung des Verwaltungshandelns (vgl. o. Rn. 2 und 38). 57

---

[190] So etwa noch der Kommissionsentwurf 1978 zur VwPO, vgl. dazu *Meyer-Ladewig,* in: D. Merten (Hg.), Die Vereinheitlichung der Verwaltungsgerichtsgesetze zu einer Verwaltungsprozeßordnung, 1978, S. 51ff., 60. Vgl. allgemein zur Drittwirkungsproblematik beim vorläufigen Rechtsschutz *Finkelnburg,* DVBl. 1977, 677ff.; *Limberger* (FN 178), S. 89ff. m. w. N.; *Lüke,* NJW 1978, 81ff.

[191] Ähnlich etwa *Breuer,* NJW 1980, 1832ff.

§ 6 Europäisches, internationales und ausländisches Umweltrecht

A. Internationale Bedeutung des Umweltschutzes

Schrifttum: *Bischof,* Rechtsgutachten zur Rechtmäßigkeit der Errichtung und des Betriebs der französischen Kernenergiezentrale Cattenom, 1986; *Bothe,* Rechtsprobleme grenzüberschreitender Planung, AöR 102 (1977), 68ff.; *ders.,* Trends in Environmental Policy and Law, 1980; *ders./Prieur/Ress* (Hg.), Rechtsfragen grenzüberschreitender Umweltbelastungen, 1984; *Bryde,* Völker- und Europarecht als Alibi für Umweltschutzdefizite?, in: Gedächtnisschrift für Wolfgang Martens, 1987, S. 769ff.; *Diez,* Probleme des internationalen Nachbarrechts, SchwJIR 1979, 9ff.; *Dupuy,* Limites matérielles des pollutions tolérés, in: Bothe/Prieur/Ress (Hg.), Rechtsfragen grenzüberschreitender Umweltbelastungen, 1984, S. 27ff.; *Fröhler/Oberndorfer/Zehetner,* Rechtsprobleme grenzüberschreitender Raumplanung, Linz 1977; *ders./Zehetner,* Rechtsschutzprobleme bei grenzüberschreitenden Umweltbeeinträchtigungen (3 Bde.), Linz 1979–1981; *Götz/Rauschning/Zieger* (Hg.), Umweltschutz und Internationale Wirtschaft, 1975; *Gündling,* Völkerrechtliche und europarechtliche Aspekte der Luftreinhaltung, UPR 1985, 403ff.; *ders.,* Zwischenstaatliches Recht – Hemmschuh oder Promotor von Schutzmaßnahmen zugunsten des Waldes?, in: W. Baumann (Hg.), Rechtsschutz für den Wald, 1986, S. 85ff.; *G. Hoffmann,* Internationales Verwaltungsrecht, in: v. Münch (Hg.), Besonderes Verwaltungsrecht, 7. Aufl., 1985, S. 851ff.; *Kloepfer,* Grenzüberschreitende Umweltbelastungen als Rechtsproblem, DVBl. 1984, 245ff.; *ders.,* Aspekte der internationalen Harmonisierung des Umweltrechts, UPR 1984, 281ff.; *ders.,* Internationalrechtliche Probleme grenznaher Kraftwerke, ArchVR 25 (1987), 277ff.; *ders./Kohler,* Kernkraftwerk und Staatsgrenze, 1981; *Kriech,* Grenzüberschreitender Umweltschutz im schweizerischen Recht, Zürich 1986; *Lang,* Luftreinhaltung in Europa, in: Dokumentation zur 9. wissenschaftlichen Fachtagung der Gesellschaft für Umweltrecht, 1985, S. 105ff.; *Matscher,* Gibt es ein internationales Verwaltungsrecht?, in: Festschrift für Günther Beitzke zum 70. Geb., 1979, S. 641ff.; *Mayer-Tasch,* Die internationale Umweltpolitik als Herausforderung für die Nationalstaatlichkeit, in: Aus Politik und Zeitgeschichte, 1985, B 20, S. 3ff.; *ders.* (Hg.), Die Luft hat keine Grenzen, 1986; *ders.,* Die verseuchte Landkarte, 1987; *v. Moltke/Schmölling/Kloepfer/Kohler,* Grenzüberschreitender Umweltschutz in Europa, 1984; *Murswiek,* Die Haftung der Bundesrepublik Deutschland für die Folgen ausländischer Nuklearunfälle, UPR 1986, 370ff.; *Oppermann/Kilian,* Grenzüberschreitende Umweltbelastung, in: Kimminich/v. Lersner/Storm (Hg.), Handwörterbuch des Umweltrechts (HdUR), Bd. I, 1986, Sp. 683ff.; *Pätzold,* Grenzüberschreitende Zusammenarbeit im Umweltbereich, in: Festschrift für Werner von Simson zum 75. Geb., 1983, S. 277ff.; *Pelzer* (Hg.), Friedliche Kernenergienutzung und Staatsgrenzen in Mitteleuropa, 1987; *Pindur,* Trends eines zwischenstaatlichen Umweltrechts in Europa, UPR 1982, 1ff.; *Prittwitz,* Umweltaußenpolitik. Grenzüberschreitende Luftverschmutzung in Europa, 1984; *Randelzhofer/Simma,* Das Kernkraftwerk an der Grenze, in: Festschrift für Friedrich Berber zum 75. Geb., 1973, S. 389ff.; *E. Rehbinder,* Umweltrecht. Rechtsvergleichendes Generalreferat, RabelsZ 40 (1976), 363ff.; *ders./Stewart,* Environmental Protection Policy, 1985, in: Cappelletti/Seccombe/Weiler (Hg.), Integration Through Law, vol. 2, 1985; *Rengeling,* Grenznahe Kernanlagen, WiVerw. 1987, 27ff.; *Rest,* Internationaler Umweltschutz und Haftung, 1978; *ders.,* Berücksichtigung grenzüberschreitender Umweltgesetze im Recht der Bundesrepublik Deutschland?, Österr. ZöRV 32 (1981), 59ff.; *M. Schröder,* Waldschäden als Problem des internationalen und des europäischen Rechts, DVBl. 1986, 1173ff., auch veröffentlicht in: Forschungsstelle für Umwelt- und Technikrecht (Hg.), Waldschäden als Rechtsproblem (UTR 2), 1987, S. 41ff.; *Soell,* Environmental Policy: A Comparison of German and United States Efforts, Rusk Center Newsletter, 1985, vol. 2, No. 2; *Steiger,* Welt und Umwelt, in: Festschrift für Hans Ulrich Scupin zum 70. Geb., 1973, S. 343ff.; *Szelinski,* Nationale, internationale und EG-rechtliche Regelungen der „grenzüberschreitenden Abfallbeseitigung", UPR 1984, 364ff.; *Templeton/Taubenfeld* (Hg.), World Environmental Law Bibliography, Littleton, Conn. 1987; *Töpfer,* Umweltschutz in der Staatspraxis, in: Bitburger Gespräche, Jb. 1983, S. 25ff.; *Tsuru/Weidner,* Ein Modell für uns: Die erfolgreiche japanische Umweltpolitik, 1985; *Vitt,* Die Gefahren der Weltraum-Trümmer, ZLW 1987, 249ff.; *K. Vogel,* Der räumliche Anwendungsbereich der Verwaltungsrechtsnorm, 1965; *A. Weber,* Rechtsfragen der grenzüberschreitenden Luftverschmutzung, in: Professoren des Fachbereichs Rechtswissenschaft der Universität Osnabrück (Hg.), Recht und Wirtschaft, 1985, S. 55ff.; *Zieger,* Rechtsfragen grenznaher kerntechnischer Einrichtungen, in: Institut für Völkerrecht der Universität Göttingen/Bundesministerium des Innern (Hg.), Siebtes Deutsches Atomrechts-Symposium, 1983, S. 213ff.

I. Räumliche Internationalität der Umweltprobleme

Das Umweltproblem ist grenzenlos: Viele Umweltbelastungen überschreiten direkt oder indirekt durch ihre Folgewirkungen die nationalen Grenzen des Verursacher- bzw. Emissionsstaates. 1

Diese heute[1] zunehmend deutlich werdenden internationalen Umweltprobleme können auf nationalstaatlicher Ebene allein nicht bewältigt werden. Viele Auswirkungen umweltbelastender Aktivitäten in den Nationalstaaten können an den nationalen Grenzen weder von dem Emissionsstaat aufgehalten noch von dem betroffenen Immissionsstaat (Wirkungsstaat) zurückgewiesen werden. Die Umweltmedien **Luft** und **grenzüberschreitende Gewässer** (einschließlich Grundwasser) sind naturgemäß grenzenlos und transportieren Schadstoffe in die Nachbarstaaten ebenso wie in souveränitätsfreie Räume wie z. B. die Hohe See.[2] Internationale Umweltprobleme werden zusätzlich durch den **grenzüberschreitenden Transport** von gefährlichen Stoffen und Abfällen durch Menschenhand verursacht, insbesondere durch den sog. Mülltourismus (Seveso-Affäre, sog. Verklappung von Abfällen auf See), aber auch durch die Begründung von Risiken durch umweltgefährliche Transporte (Gefahr der Wasser-/Bodenverschmutzung bei Unfällen, z. B. Tankerunfällen) und durch umweltbelastende und -gefährdende Transportmittel (Luftverschmutzung und Lärm durch internationalen Flugverkehr, Risiken durch atomgetriebene Schiffe und U-Boote). Schließlich entstehen Umweltprobleme durch **Folgewirkungen an sich nicht unmittelbar fernwirkender Aktivitäten.** So kann die Abholzung tropischer Regenwälder, die auf Überweidung beruhende Versteppung oder die (insbesondere in Sibirien ursprünglich geplante) Umleitung großer Ströme zu weltweiten Klimaveränderungen führen.[3] Eine neuartige Umweltschutzproblematik ergibt sich schließlich aus der zunehmenden Belastung des **Weltraumes** durch sog. Weltraumtrümmer, die bei Aktivitäten im Weltraum (Raumfahrt, Satellitenprogramme, Raketentests usw.) in beträchtlicher Zahl anfallen. Soweit die Objekte nicht in der Atmosphäre verglühen, ergeben sich darüber hinaus handgreifliche Gefahren aus dem Absturz von Satelliten auf die Erde. In den verschiedenen Weltraumübereinkommen ist der Umweltschutzgedanke bislang erst unzulänglich berücksichtigt.[3a]

Die Bewältigung dieser internationalen Umweltprobleme ist mit Mitteln des nationalen **innerstaatlichen Umweltrechts** allein nicht möglich.[4] Die Reduzierung der Ursachen von Umweltbelastungen mit Mitteln des innerstaatlichen Umweltrechts wird zwar regelmäßig auch den grenzüberschreitenden ,,Export" von Umweltbelastungen dieses Staates vermindern. Jedoch ist jeder Staat gleichzeitig als Immissions- und Wirkungsstaat praktisch stets auch ,,Importeur" von Umweltbelastungen aus anderen Staaten, die er mit seiner grundsätzlich staatsgebietsbezogenen Hoheitsgewalt[5] meist nicht verhindern kann.[6] Effektiver Umweltschutz bedarf daher auch 2

[1] Zu ,,historischen" grenzüberschreitenden Umweltproblemen und deren internationaler rechtlicher Regelung vgl. *Bothe,* AöR 102 (1977), 68ff., 69.

[2] Als Nachbarstaat ist hier nicht nur der unmittelbare Grenznachbar, sondern jeder von einer grenzüberschreitenden Emission betroffene Staat zu sehen. Zu den souveränitätsfreien Räumen s. *Verdross/Simma,* Universelles Völkerrecht, 3. Aufl., 1984, § 1124ff. (Hohe See), § 1150ff. (Weltraum).

[3] s. dazu *Bothe,* ZaöRV 32 (1972), 483ff., 485.

[3a] Vgl. *Vitt,* ZLW 1987, 249ff., und den Bericht in NVwZ 1988, 1009f. über das Internationale Kolloquium „Umweltaspekte von Weltraumaktivitäten – Rechtslage und Schutzmaßnahmen", das vom 16.–19. 5. 1988 unter der Leitung von *Böckstiegel* in Köln stattfand.

[4] Zur begrenzten, insoweit aber effektiven Eignung nationalen Rechts zur Bewältigung grenzüberschreitender Umweltprobleme s. *Kloepfer,* DVBl. 1984, 245ff.

[5] Zu Ausnahmen s. *Verdross/Simma* (FN 2), § 1022; *Kloepfer,* DVBl. 1984, 245ff., 247.

[6] Möglich ist ein solches ,,Importverbot" innerstaatlich beim Transport von Umweltbelastungen durch Menschenhand, z. B. Überflug- und Landeverbot für Überschallflugzeuge, Transportverbot für bestimmte gefährliche Stoffe, Hafenverbot für atomgetriebene Schiffe.

internationaler Aktionsebenen, wobei bilaterale Abstimmungen zwischen Nachbarstaaten oftmals nicht ausreichen, da bei bestimmten Umweltbelastungen weitgreifende Fernwirkungen entstehen, Verursacher auch nach Staaten nur schwer feststellbar sind bzw. erst die Summierung der Verschmutzung zu ernsthaften Umweltschäden führt.

3 Die Feststellung der Notwendigkeit eines internationalen Umweltrechts belegt allerdings nicht schon seine tatsächliche Existenz. Obwohl hier (auch im völkerrechtlichen Schrifttum) der Wunsch leicht zum Vater des Gedankens wird, ist zwischen den Ebenen des geltenden Rechts und bloßer rechtspolitischer Desiderate sorgsam zu differenzieren. Als Kern der internationalen Umweltproblematik bleibt zunächst die **fehlende Koinzidenz** von örtlicher Reichweite des Sachproblems und räumlicher Regelungskompetenz festzuhalten.[7]

II. Wirtschaftliche Internationalität des Umweltschutzes

4 Umweltschutz verursacht **Kosten.** Deshalb führen national unterschiedliche Umweltschutzstandards außer zu den genannten physikalischen grenzüberschreitenden Umweltbelastungen auch zu internationalen wirtschafts- und handelspolitischen Auswirkungen. Häufig werden insbesondere von Entwicklungs- und sog. Schwellenländern (aber nicht nur von diesen) einschneidende Umweltauflagen und die damit regelmäßig verbundenen Kosten als Hemmnis für das wirtschaftliche Wachstum und die Konkurrenzfähigkeit eigener Produkte auf dem Weltmarkt betrachtet.[8] Auf sehr unterschiedliche Resonanz stoßen Umweltschutzaspekte aber auch in den Industriestaaten; häufig stark vernachlässigt werden sie derzeit noch trotz einer dort anzutreffenden entgegengesetzten Polit-Rhetorik (auch in Gesetzesform) in den Planwirtschaften sozialistischer Staaten. Die Vernachlässigung kostenintensiver Umweltschutzauflagen in der nationalen Politik kann daher zu erheblichen **Wettbewerbsverzerrungen** im internationalen Handel führen.[9] Neben der Verbilligung der eigenen Produktion externalisieren solche Staaten die Kosten der Beseitigung von Umweltschäden auf Nachbarstaaten bzw. als soziale Zusatzkosten auf die Weltgemeinschaft.[10] Der Interessengegensatz zwischen Wirtschaft und Umweltschutz erscheint jedoch – auch in internationaler Dimension – nicht als unauflösbar, soweit für die Zukunft (noch schwierig zu erstellende und erst in geringem Umfang verfügbare) Kosten-Nutzen-Analysen den Nachweis erbringen, daß langfristig auch international die Durchführung von Umweltschutzmaßnahmen kostengünstiger ist als deren Nichtdurchführung.[11]

---

[7] *Bothe,* AöR 102 (1977), 68ff., 68; *Kloepfer,* DVBl. 1984, 245ff., 252.

[8] *Dicke,* VN 1985, 59ff., 59; *Kloepfer,* UPR 1984, 281ff., 281f.; *Bothe,* ZaöRV 32 (1972), 483ff., 489. Bei der generalisierenden Einstufung soll nicht verschwiegen werden, daß eine Reihe wertvoller und weitgehender Initiativen im internationalen Umweltrecht gerade von Entwicklungsländern ausgehen; so ist z. B. die Anregung zur UN-Weltcharta für die Natur (s. dazu u. Rn. 73) von Zaire ausgegangen. Vgl. dazu und generell zur Einstellung der Entwicklungsländer zu dieser Charta: *Skupnik,* VN 1983, 12ff.

[9] *Gündling,* UPR 1985, 403ff.; *Zehetner,* in: Bothe/Prieur/Ress (Hg.), Rechtsfragen grenzüberschreitender Umweltbelastungen, 1984, S. 43ff., 44; *Kloepfer,* UPR 1984, 281ff., 282.

[10] *Kloepfer,* DVBl. 1984, 245ff., 245.

[11] *Kommission der Europäischen Gemeinschaften* (Hg.), Zehn Jahre Umweltpolitik der Europäischen Gemeinschaften, 1984, S. 85, dort auch zu struktur- und beschäftigungspolitisch positiven Auswirkungen des Umweltschutzes.

III. Aktionsebenen

5 Ebenso wie im innerstaatlichen Umweltrecht ist auch im internationalen Bereich das Regelungsbedürfnis bei den einzelnen Umweltproblemen unterschiedlich. Die verstärkte Konsensbedürftigkeit internationalen (Umwelt-)Rechts erzwingt, die Vielgestaltigkeit internationaler Regelungsmöglichkeiten erlaubt aber auch die Anpassung von Reichweite und Intensität internationaler Regelungen an die spezifischen Erfordernisse einzelner Umweltprobleme. Ermöglichen **bi- und multilaterale Abkommen** (bisher) noch die Bewältigung physikalisch grenzüberschreitender Umweltbelastungen, so erfordert die wirtschaftliche Internationalität häufig bereits komplexere internationale Systeme, wie sie zur Zeit in Gestalt von **inter- und supranationalen Organisationen** auch auf dem Gebiet des Umweltschutzes entstehen oder bereits funktionieren (s. i. e. Rn. 70ff.).

Wegen seiner Besonderheiten gegenüber dem allgemeinen Völkerrecht (und seiner weitaus stärkeren Bedeutung für die [Umwelt-]Rechtspraxis der Bundesrepublik Deutschland) soll im folgenden zunächst ein Überblick über das Umweltrecht der Europäischen Gemeinschaften gegeben werden. Der anschließende Überblick zum Umweltvölkerrecht beschränkt sich auf allgemeine Grundsätze. Obwohl sich internationales Umweltrecht als eigenständiger Regelungsbereich im wesentlichen erst seit ca. 1972 entwickelt, erlaubt die Fülle des Materials im Rahmen dieses Lehrbuchs nur eine grobe Übersicht. Auf einzelne Regelungen wird im Rahmen des Besonderen Teils verwiesen.

B. Das Umweltrecht der Europäischen Gemeinschaften

Schrifttum: *Behrens,* Rechtsgrundlagen der Umweltpolitik der Europäischen Gemeinschaften, 1976; *ders.,* Umweltschutzsubventionen, Verursacherprinzip und Europäisches Gemeinschaftsrecht, EuR 1977, 240ff.; *Berger,* Europäisches Übereinkommen über die internationale Beförderung gefährlicher Güter auf der Straße (ADR) mit Anlagen A und B, 1981; *Beutler/Bieber/Pipkorn/Streil,* Die Europäische Gemeinschaft, 3. Aufl., 1987; *Bianchi/Cordini,* Comunità europea e protezione dell'ambiente, Padova 1983; *Boisserée,* Perspektiven für das Europäische Umweltrecht im Vierten Aktionsprogramm für den Umweltschutz, in: Forschungsstelle für Umwelt- und Technikrecht (Hg.), Jahrbuch des Umwelt- und Technikrechts 1988 (UTR 5), 1988, S. 385ff.; *Bothe,* ,,Soft law" in den Europäischen Gemeinschaften?, in: Festschrift für Hans-Jürgen Schlochauer zum 75. Geb., 1981, S. 761ff.; *Bungarten,* Die Umweltpolitik der Europäischen Gemeinschaft, 1976; *Deutsche Stiftung für Umweltpolitik* (Hg.), Viertes Umweltpolitisches Gespräch: Keine deutsche Umweltpolitik mehr? – Zur Verteilung der Landes-, Bundes- und Europa-Kompetenzen, 1986; *Emonds,* Gesetz zur Durchführung der EG-Verordnung zum Washingtoner Artenschutzübereinkommen, NuR 1984, 93ff.; *Ercman,* Europäisches Umweltschutzrecht, ZfRV 19 (1978), 266ff.; *Eriskat/v. Pander,* Die neuen Euratom-Strahlenschutz-Richtlinien und ihre Anwendung in den Mitgliedstaaten der Europäischen Gemeinschaften, DVBl. 1984, 69ff.; *Everling,* Zum Vorrang des EG-Rechts vor nationalem Recht, DVBl. 1985, 1201ff.; *ders.,* Auf dem Wege zu einem europäischen Verwaltungsrecht, NVwZ 1987, 1ff.; *Glaesner,* Die Einheitliche Europäische Akte, EuR 1986, 119ff.; *Grabitz* (Hg.), Kommentar zum EWG-Vertrag, 1984ff.; *ders./Sasse,* Umweltkompetenz der Europäischen Gemeinschaften, 1977; *v.d. Groeben/Boeckh/Thiesing/Ehlermann,* Kommentar zum EWG-Vertrag, 3. Aufl., 1983; *Gündling/Weber* (Hg.), Dicke Luft in Europa, 1988; *F. Hennecke,* Aufgabenverflechtung zwischen Europäischer Gemeinschaft, Bund und Ländern, dargestellt am Beispiel des Umweltschutzes, in: Magiera/Merten (Hg.), Bundesländer und Europäische Gemeinschaft, 1988, 217ff.; *Hrbek/Läufer,* Die Einheitliche Europäische Akte, EA 1986, 108ff.; *H. P. Ipsen,* Europäisches Gemeinschaftsrecht, 1972; *Kaiser,* Grenzen der EG-Zuständigkeit, EuR 1980, 97ff.; *Kloepfer,* Europäischer Umweltschutz ohne Kompetenz, UPR 1986, 321ff.; *ders./Meßerschmidt,* Innere Harmonisierung des Umweltrechts, 1987; *Kommission der Europäischen Gemeinschaften* (Hg.), Zehn Jahre Umweltpolitik der Europäischen Gemeinschaften, 1984; *Krämer,* Umweltpolitik, in: v.d. Groeben/Boeckh/Thiesing/Ehlermann, Kommentar zum EWG-Vertrag, Bd. 2, 3. Aufl., 1983, S. 1609ff.; *ders.,* Aufgabenverflechtung zwischen Europäischer Gemeinschaft, Bund und Ländern, dargestellt am Beispiel des Umweltschutzes, in: Magiera/Merten (Hg.), Bundesländer und Europäische Gemeinschaft, 1988, 189ff.; *ders.,* Grundrecht auf Umwelt und Gemeinschaftsrecht, EuGRZ 1988, 285ff.; *Kreutzberger,* Der Umweltschutz als Aufgabe der Europäischen Gemeinschaften, ZfU 1986, 169ff.; *Krier,* Comparative Environmental Policy in Federal Systems, The Harvard Environmental Law Review 11 (1987), 593ff.; *Möbs,* Die Richtlinienpolitik der Europäischen Gemeinschaften im Gewässerschutz, RdWWi 1978, 13ff.; *v. Moltke,* Grenzüberschreitende Umweltbelastungen im Europäischen Gemeinschaftsrecht, in: ders./Schmölling/Kloepfer/Kohler, Grenzüberschreitender Umweltschutz in Europa, 1984, S. 11ff.; *Nicolaysen,* Europäisches Gemeinschaftsrecht, 1979; *ders.,* Umweltschutz im Europäischen Gemeinschaftsrecht, in: Thieme (Hg.), Umweltschutz im Recht, 1988, S. 197ff.; *Offermann-Clas,* Das Abfallrecht der Europäischen Gemeinschaften, DVBl. 1981, 1125ff.; *dies.,* Die Kompetenzen der Europäischen Gemeinschaften im Umweltschutz, ZfU 1983, 47ff.; *dies.,* Das Luftreinhalterecht der Europäischen Gemeinschaften, NJW 1986, 1388ff.; *Pescatore,* Die ,,Einheitliche Europäische Akte", EuR 1986, 153ff.; *E. Rehbinder,* Umweltschutz in der Rechtsordnung der Europäischen Gemeinschaften, in: Bitburger Gespräche, Jb. 1983, S. 51ff.; *ders./Stewart,* Legal Integration in Federal Systems: European Community Environmental Law, AJCL 33 (1985), 371ff.; *Rengeling,* Umweltgefährdende Anlagen im EWG-Recht, in: Festschrift für Karl Carstens zum 70. Geb., Bd. I, 1984, S. 247ff.; *ders.* (Hg.), Europäisches Umweltrecht und europäische Umweltpolitik, 1988; *Ress,* Luftreinhaltung als Problem des Verhältnisses zwischen Europäischem Gemeinschaftsrecht und nationalem Recht, in: 150 Jahre Landgericht Saarbrücken, Festschrift, 1985, S. 355ff.; *Rest,* Luftverschmutzung und Haftung in Europa, 1986; *Riegel,* Die Kompetenzen der Europäischen Gemeinschaften im Umweltschutz, BayVBl. 1979, 97ff.; *Sasse,* Zur auswärtigen Gewalt der Europäischen Wirtschaftsgemeinschaft, EuR 1971, 208ff.; *Scheuer,* Aktuelle Probleme der Durchführung der EG-Gewässerschutzrichtlinie in den Mitgliedstaaten der Gemeinschaft, ZfU 1982, 65ff.; *ders.,* Umweltpolitik, in: Grabitz (Hg.), Kommentar zum EWG-Vertrag, 1984ff.; *Seidel,* Regeln der Technik und Europäisches Gemeinschaftsrecht, NJW 1981, 1120ff.; *Steiger,* Umweltkompetenz des Europäischen Parlaments, 1977; *ders.,* Europarechtliche Grundlagen, in: Salzwedel (Hg.), Grundzüge des Umweltrechts, 1982, S. 65ff.; *Steindorff,* Umweltschutz in Gemeinschaftshand?, RIW 1984, 767ff.; *Graf Vitzthum,* Die Europäische Gemeinschaft und das Internationale Seerecht, AöR 111 (1986), 33ff.; *Zuleeg,* Vorbehaltene Kompetenzen der Mitgliedstaaten der Europäischen Gemeinschaft auf dem Gebiet des Umweltschutzes, NVwZ 1987, 280ff.

6 Das Recht der Europäischen Gemeinschaften, d. h. sowohl das primäre, von den Mitgliedstaaten gesetzte Europarecht (EWGV, EGKSV und EAGV)[12], als auch vor allem das sekundäre, von den Gemeinschaftsorganen gesetzte Europarecht, ist mit herkömmlichen völkerrechtlichen Theorien nicht mehr hinreichend zu erfassen: Durch die (nach Art. 24 Abs. 1 GG zulässige) Übertragung von Souveränitätsrechten für bestimmte Einzelbereiche (Prinzip der begrenzten Einzelermächtigung) wird den Organen der Gemeinschaften eine autonome Rechtsetzungsbefugnis eingeräumt, wobei das Gemeinschaftsrecht nicht nur *für* die Mitgliedstaaten, sondern auch *in* den Mitgliedstaaten teils mittelbar, teils sogar unmittelbar gilt.[13] Es genießt grundsätzlichen Vorrang vor dem Recht der einzelnen Mitgliedstaaten.[14] Das EG-Recht wird daher zu Recht überwiegend als eine neue eigenständige (autonome) **Rechtsordnung** betrachtet.[15] Zunehmend läßt sich dementsprechend eine nationale Instrumentalisierung der Rechtsetzung auf EG-Ebene beobachten, bei der die Änderung (bzw. Nicht-Änderung) des nationalen Umweltrechts auf dem Umweg über Brüssel erzwungen werden soll. Trotz seines prinzipiellen Vorranganspruches beeinflußt das sekundäre EG-Umweltrecht in der Praxis allerdings nicht einbahnstraßenartig das nationale Recht, vielmehr kommt es nicht selten – auch wegen starker Einflüsse der Mitgliedstaaten auf die EG-Organe – zu einer ,,Quasi-Anpassung" von EG-Recht an nationales Recht.

[12] Vertrag über die Gründung der Europäischen Gemeinschaft für Kohle und Stahl vom 18. 4. 1951 (BGBl. 1952 II S. 447); Vertrag zur Gründung der Europäischen Wirtschaftsgemeinschaft vom 25. 3. 1957 (BGBl. II S. 766); Vertrag zur Gründung der Europäischen Atomgemeinschaft (Euratom/EAG) vom 25. 3. 1957 (BGBl. II S. 1014).

[13] Hierzu näher etwa *Geiger,* Grundgesetz und Völkerrecht, 1985, § 52 II, S. 243ff.

[14] Vgl. zusammenfassend *Everling,* DVBl. 1985, 1201ff., sowie zuletzt BVerfGE 75, 223 (233ff.).

[15] *H.P. Ipsen,* Europäisches Gemeinschaftsrecht, 1972, Rn. 2/30; *Beutler,* in: Beutler/Bieber/Pipkorn/Streil, Die Europäische Gemeinschaft, 3. Aufl., 1987, S. 65; EuGH Slg. d. Rspr. 1963, S. 1; BVerfGE 22, 293 (296).

I. Umweltkompetenz der Europäischen Gemeinschaften

1. Rechtslage nach früherem Recht

Entsprechend dem **Prinzip der enumerativen Einzelermächtigung** sind die Kompetenzen der EG durch die Gemeinschaftsverträge grundsätzlich abschließend bestimmt. Eine ausdrückliche generelle Befugnis für eine umfassende Umweltrechtsetzung durch die Gemeinschaft enthielten die Verträge bisher nicht. Lediglich einzelne Vorschriften gestatteten in begrenztem Rahmen umweltrelevante Gemeinschaftsregelungen für Spezialgebiete.[16] Daneben erlaubt der Querschnittcharakter des Umweltrechts eine partielle Subsumierbarkeit unter andere, in den Verträgen genannte Gemeinschaftspolitiken.[17] Meist wurde die Regelungskompetenz dabei aus der wirtschaftlichen Relevanz von Umweltschutzvorschriften für den freien Warenverkehr hergeleitet. Versuche, darüber hinaus Umweltkompetenzen der Gemeinschaften über die Rechtsharmonisierungszuständigkeit von Art. 100 EWGV als „implied powers" über Art. 235 EWGV oder als Kompetenz kraft Natur der Sache zu konstruieren, vermochten im Ergebnis nicht zu befriedigen.[18] Die in der Praxis bis hinein in den Bereich der verbindlichen Rechtsetzung bereits sehr umfassende und weitreichende Umweltpolitik der EG konnte sich angesichts der kompetentiellen Bedenken weitgehend nur auf die konsensuale Duldung durch die Mitgliedstaaten stützen, wodurch eine Kompetenz zwar nicht begründet, wohl aber auf die Geltendmachung einer Kompetenzrüge – jedenfalls temporär – verzichtet wurde.[19] 7

2. Umweltkompetenz nach der „Einheitlichen Europäischen Akte"

Die (bereits früh aufgeworfene)[20] Forderung nach einer Absicherung der EG-Umweltpolitik durch Einbeziehung des Umweltschutzes in das Europäische Gemeinschaftsrecht im Wege der Vertragsänderung wird nunmehr durch die „Einheitliche Europäische Akte" verwirklicht. Für den Bereich der EWG schafft die „Einheitliche Europäische Akte"[21] mit der Einfügung der Art. 130r bis 130t in den EWG-Vertrag (Kloepfer Nr. 0) eine **ausdrückliche** und umfassende **Rechtsgrundlage** für eine gemeinschaftliche Umweltpolitik und ermöglicht die Berücksichtigung des Umwelt- 8

---

[16] So z. B. Art. 46 Abs. 3 Nr. 5 EGKSV (Lebens- und Arbeitsbedingungen der Arbeiterschaft); Art. 55 § 1 EGKSV (Betriebssicherheit); Art. 30 bis 39 EAGV (Gesundheitsschutz gegen ionisierende Strahlungen); verstreut finden sich auch Ansatzpunkte im EWGV; im einzelnen s. *Behrens,* Rechtsgrundlagen der Umweltpolitik der Europäischen Gemeinschaften, 1976, S. 71ff.; *Grabitz/Sasse,* Umweltkompetenz der Europäischen Gemeinschaften, 1977, S. 90ff.; *Steiger,* in: Salzwedel (Hg.), Grundzüge des Umweltrechts, 1982, S. 65ff.

[17] *Kloepfer,* UPR 1986, 321ff., 323.

[18] Zu den einzelnen Konstruktionen *Behrens* (FN 16), aaO.; *Offermann-Clas,* ZfU 1983, 47ff.; *E. Rehbinder/Stewart,* in: Integration Through Law, Bd. 2.2, 1985, S. 18 m. w. N.; *Kloepfer,* UPR 1986, 321ff., 321; *Scheuer,* in: Grabitz (Hg.), Kommentar zum EWG-Vertrag, 1984ff., Anhang II Rn. 18ff.; *Steiger* (FN 16), S. 69ff.

[19] *Kloepfer,* UPR 1986, 321ff., 321.

[20] *Grabitz/Sasse* (FN 16), S. 77ff. mit entsprechendem Vorschlag zur Vertragsänderung; *Offermann-Clas,* ZfU 1983, 47ff., 53.

[21] s. Art. 25 der „Einheitlichen Europäischen Akte", Text in: EuR 1986, 176ff.; hier abgedruckt als Anhang. Vgl. dazu *Glaesner,* in: Rengeling (Hg.), Europäisches Umweltrecht und europäische Umweltpolitik, 1988, S. 1ff.; *Krämer,* ebd., S. 137ff.; *Lietzmann,* ebd., S. 163ff.

schutzes im Rahmen der Rechtsharmonisierung in den ebenfalls neu eingefügten Art. 100a und 100b EWGV. Nach ihrer Ratifikation durch alle Mitgliedstaaten ist die Akte am 1. Juli 1987 in Kraft getreten.

9 Gemäß Art. 130r Abs. 1 EWGV hat die Umweltpolitik der Gemeinschaft zum Ziel,
- ,,die Umwelt zu erhalten, zu schützen und ihre Qualität zu verbessern,
- zum Schutz der menschlichen Gesundheit beizutragen,
- eine umsichtige und rationelle Verwendung der natürlichen Ressourcen zu gewährleisten."

Art. 130r Abs. 2 EWGV statuiert das Vorsorgeprinzip (umschrieben als ,,Grundsatz, Umweltbelastungen vorzubeugen und sie nach Möglichkeit an ihrem Ursprung zu bekämpfen") und das Verursacherprinzip als Grundsätze der EG-Umweltpolitik und erklärt die Erfordernisse des Umweltschutzes zu Bestandteilen auch der anderen Politiken der Gemeinschaft.

Art. 130r Abs. 3 EWGV nennt als Kriterien, die bei der Erarbeitung von Umweltmaßnahmen zu berücksichtigen sind:
- die verfügbaren wissenschaftlichen und technischen Daten,
- die Umweltbedingungen in den einzelnen Regionen der Gemeinschaft,
- die Vorteile und die Belastung aufgrund der Maßnahmen bzw. ihrer Unterlassung,
- die wirtschaftliche und soziale Entwicklung der Gemeinschaft insgesamt sowie die ausgewogene Entwicklung ihrer Regionen.

10 Das **Quasi-Subsidiaritätsprinzip** in Art. 130r Abs. 4 EWGV beschränkt die gemeinschaftliche Umweltpolitik allerdings auf Bereiche, in denen die genannten Ziele auf Gemeinschaftsebene besser erreicht werden können als auf der Ebene der Mitgliedstaaten. Konkret hängt das Tätigwerden der Gemeinschaft gemäß Art. 130s EWGV von einem einstimmigen Ratsbeschluß ab, in dem auch festzulegen ist, ob und inwieweit in dem konsentierten Tätigkeitsbereich Beschlüsse mit qualifizierter Mehrheit zulässig sind. Schließlich erklärt Art. 130t EWGV verschärfte einzelstaatliche Schutzmaßnahmen für zulässig, soweit sie mit dem EWGV vereinbar sind. Abweichende einzelstaatliche Vorschriften im Interesse des Umweltschutzes gestatten im Rahmen der Rechtsangleichung zur Schaffung des (durch den neuen Art. 8a EWGV angestrebten) Binnenmarktes auch die neu eingefügten Art. 100a Abs. 4 und 100b Abs. 2 EWGV.[22]

11 Die Vertragsänderung beseitigt (für die Zukunft) größtenteils die bisherigen Zweifel an der Umweltkompetenz der EG. Ob sie jedoch die bisherigen Aktivitäten der EG im Bereich des Umweltschutzes in vollem Umfang abdeckt bzw. für die Zukunft verstärkte Aktivitäten in größerem Ausmaß als bisher ermöglicht, kann (zumindest rechtlich) bezweifelt werden,[23] da eine Reihe von **Unklarheiten** bestehen bleiben bzw. neu geschaffen wurden.

Die Relativierung der zunächst umfassend statuierten Gemeinschaftskompetenz für die Umweltpolitik durch das Subsidiaritätsprinzip wird noch forciert durch die in der Schlußakte der ,,Einheitlichen Europäischen Akte" von der Konferenz der Regierungsvertreter angenommene ,,Erklärung zu Artikel 130r des EWG-Vertrages", in der die Konferenz feststellt, ,,daß die Tätigkeit der Gemeinschaft auf dem Gebiet des Umweltschutzes sich nicht störend auf die einzelstaatliche Politik der Nutzung der Energieressourcen auswirken darf".[24] Die Subsidiari-

---

[22] s. Art. 18 der ,,Einheitlichen Europäischen Akte".

[23] Vgl. bereits die Kritik des Europäischen Parlaments an dem ,,verschwommenen und ungenügenden Charakter der Definition einer EG-Umweltpolitik, wie sie in der Einheitlichen Europäischen Akte enthalten ist", in ,,Entschließung zur Verankerung des Umweltschutzes im EWG-Vertrag", ABl. C 68 v. 24. 3. 1986, S. 46, 47.

[24] Zur Problematik dieser Erklärungen allgemein *Pescatore,* EuR 1986, 153ff., 167f.

tätsklausel im Zusammenklang mit dem genannten Vorbehalt ungestörter einzelstaatlicher Energieressourcennutzung kann gegenüber der bisherigen Praxis möglicherweise sogar zu einer Einschränkung des Handlungs- und Ermessensspielraums der Gemeinschaft führen, da die bisherige und nunmehr wegen der speziellen Regelung nicht mehr anwendbare Rechtsgrundlage des Art. 235 EWGV eine solche Unterordnung der Gemeinschaftspolitik nicht vorsah.[25]

Praktische Auswirkungen der Subsidiaritätsregel dürften aber wesentlich vom politischen Willen der Mitgliedstaaten abhängen, denn ob eine gemeinschaftliche Umweltpolitik im Einzelfall sinnvoller als einzelstaatliche Maßnahmen ist, muß gemäß Art. 130s Abs. 1 EWGV der Rat einstimmig beschließen. Durch die grundsätzliche Beibehaltung des Einstimmigkeitserfordernisses (im Gegensatz zu sonstigen Tendenzen zur Einführung von Mehrheitsbeschlüssen)[26] wird die Beschlußfassung nicht erleichtert, selbst im einmal konsentierten Tätigkeitsbereich bleibt die Zulässigkeit von Mehrheitsbeschlüssen in das Ermessen des Rates gestellt (Art. 130s Abs. 2 EWGV).

Anders wäre die Rechtslage zu beurteilen, wenn man Art. 130s Abs. 1 EWGV nicht als Subsidiaritäts-, sondern vielmehr im Zusammenhang mit Art. 130r Abs. 4 EWGV als Optimierungsklausel versteht.[27] In diesem Sinne wäre ein gemeinschaftliches Vorgehen nicht in das Ermessen des Rates gestellt, sondern immer dann obligatorisch, wenn die umweltpolitischen Ziele auf Gemeinschaftsebene besser erreicht werden können als auf der Ebene der einzelnen Mitgliedstaaten. Die Feststellung der geeigneten Ebene obläge aber auch bei dieser Interpretation in erster Linie dem Rat, dem bei seiner Entscheidung sicherlich ein gewisser Beurteilungsspielraum zuzubilligen ist. Der politische Wille bleibt dann auch insoweit – eingeschränkt – relevant.

Weitgehend ungeklärt bleibt zudem auch das – gerade auch in EG-rechtlicher Dimension – problematische Spannungsverhältnis zwischen **Umweltschutz und Wettbewerb.**[28] Da eine Berücksichtigung des Umweltschutzes in den Aufgaben- und Tätigkeitskatalogen der Art. 2 und 3 EWGV vermieden wurde,[29] ist nach wie vor zweifelhaft, welchen Stellenwert der Umweltschutz gegenüber den sonstigen Gemeinschaftspolitiken, insbesondere gegenüber dem Ziel des gemeinsamen Marktes bzw. Binnenmarktes, beanspruchen kann. Die durch Art. 130r Abs. 2 S. 2 EWGV nunmehr vorgegebene obligatorische Berücksichtigung der Umweltschutzerfordernisse als Bestandteil der anderen Gemeinschaftspolitiken vermag die Rangfolge ebenfalls nicht endgültig zu lösen. Zwar wird der Umweltschutz gegenüber seiner bisherigen (rechtlich zweifelhaften) Wertung als Nebenaspekt anderer Politiken eindeutig aufgewertet, ob ihm aber gegenüber den anderen Politiken (rechtlich) damit eine „gewisse Priorität"[30] zukommt, muß angesichts der weiterhin vorrangig wirtschaftspolitischen Zielsetzung des EWG-Vertrages bezweifelt werden. Der Vertragswortlaut dürfte im Rahmen der bei solchen Zielkonflikten erforderlichen Güterabwägung eine Bevorzugung wirtschaftlicher Aspekte rechtfertigen. Auch insoweit bleibt also der politische Wille der Mitgliedstaaten entscheidender Motor gemeinschaftlicher Umweltpolitik. 12

---

[25] *Glaesner*, EuR 1986, 119ff., 140f.; *Zuleeg*, NVwZ 1987, 280ff., 281.

[26] Vgl. z. B. Art. 16 der „Einheitlichen Europäischen Akte"; für Mehrheitsbeschlüsse im Bereich der Umweltpolitik der Vorschlag von *Grabitz/Sasse* (FN 16), S. 80, und der Änderungsvorschlag des Europäischen Parlaments (FN 23), der das Einstimmigkeitserfordernis nicht aufstellt, weshalb der allgemeine Grundsatz des Mehrheitsbeschlusses gemäß Art. 148 Abs. 1 EWGV dort eingreifen würde.

[27] Zu dieser Interpretation *Pernice*, Kompetenzordnung und Handlungsbefugnisse der Europäischen Gemeinschaft auf dem Gebiet des Umwelt- und Technikrechts, Vortrag zum 4. Trierer Kolloquium zum Umwelt- und Technikrecht, zur Veröffentlichung vorgesehen in UTR.

[28] *Pescatore*, EuR 1986, 153ff., 164.

[29] Anders wiederum die Vorschläge von *Grabitz/Sasse* (FN 16), S. 79, und des Europäischen Parlaments (FN 23), S. 47.

[30] So *Glaesner*, EuR 1986, 119ff., 140.

Ob Art. 100a Abs. 1 i.V. mit Abs. 3 EWGV eine andere Beurteilung zuläßt, wird die Praxis erst erweisen müssen. Art. 100a Abs. 1 EWGV erleichtert die Rechtsangleichung erheblich, soweit diese sich auf die Errichtung und das Funktionieren des Binnenmarktes bezieht. Die Integration des Umweltschutzes in die anderen Gemeinschaftspolitiken (Art. 130r Abs. 2 Satz 2 EWGV) fordert dessen Berücksichtigung auch bei der binnenmarktbezogenen Rechtsangleichung, wobei Art. 100a Abs. 3 EWGV die Kommission verpflichtet, bei ihren Rechtsangleichungsvorschlägen von einem hohen Umweltschutzniveau auszugehen. Da Umweltschutz in weiten Bereichen das (binnenmarktrelevante) Wirtschaftsrecht beeinflußt, könnte die vereinfachte Rechtsangleichung auch zu einer verstärkten gemeinschaftlichen Umweltgesetzgebung führen, soweit das Umweltrecht auch binnenmarktrelevant ist. Auf diese Weise würde die umweltrechtliche Gemeinschaftskompetenz mit zunehmender wirtschaftlicher Binnenmarktrelevanz verstärkt. Auch insoweit bleibt die Gemeinschaftspolitik von Zielkonflikten jedoch nicht verschont.

13 Zielkonflikte zwischen Umweltschutz und dem Bestreben der Gemeinschaft zur Rechtsangleichung sind schließlich auch durch die neuen Art. 130t, 100a Abs. 3, 4 und Art. 100b Abs. 2 EWGV vorprogrammiert. Die Intention der Zulassung verschärfter einzelstaatlicher Umweltschutzmaßnahmen in Art. 130t EWGV, nämlich der Gefahr einer Nivellierung fortschrittlicher einzelstaatlicher Umweltschutzvorschriften auf dem kleinsten gemeinschaftlichen Nenner und einer Erstarrung des Rechts auf diesem Niveau[31] entgegenzuwirken, ist zwar unter ökologischen Gesichtspunkten begrüßenswert. Sie kann aber zu einer bedenkenlosen Konzipierung gemeinschaftsrechtlicher Umweltvorschriften als Mindestnormen[32] auf geringem Niveau führen, da ja den an einem höheren Schutzniveau interessierten Staaten verschärfte einzelstaatliche Maßnahmen vorbehalten bleiben. Dies kann zu erheblichen **Normdifferenzen** zwischen dem Gemeinschaftsrecht und dem (verschärften) einzelstaatlichen Recht führen.

14 Bezieht man daneben die Möglichkeit weiterer **faktischer Vollzugsunterschiede** in den einzelnen Mitgliedstaaten ein, so kann – bei vordergründig gemeinschaftseinheitlichem Umweltrecht – ein erhebliches reales Rechtsgefälle innerhalb der Gemeinschaft entstehen bzw. fortbestehen.[33] Negative Auswirkungen auf den gemeinsamen Markt dürften deshalb trotz der Vertragsvereinbarkeitsklausel in Art. 130t EWGV nicht ohne weiteres auszuschließen sein.

15 Potentielle Gefahren i. S. einer **Rechtszersplitterung** innerhalb der Gemeinschaft enthält auch Art. 100a Abs. 4 EWGV.

Die dort unter eingeschränkten Voraussetzungen zugelassene einzelstaatliche Abweichung von Rechtsangleichungsmaßnahmen der Gemeinschaft dürfte, soweit sie durch Umweltschutzerfordernisse gerechtfertigt sein soll, nur verschärfte abweichende Umweltschutzvorschriften zulassen, wogegen die bereits bezüglich des Art. 130t EWGV erwähnten Bedenken bestehen. Systematisch in gewissem Maße widersprüchlich ist diese Regelung auch im Hinblick auf die Forderung des Art. 100a Abs. 3 EWGV, wonach die Kommission bei ihren Harmonisierungsvorschlägen bereits von einem hohen Schutzniveau (u. a.) im Bereich des Umweltschutzes

---

[31] Zu dieser Gefahr *Kloepfer,* UPR 1986, 321 ff., 324.
[32] Vgl. die entsprechende Auslegung bei *Glaesner,* EuR 1986, 119 ff., 142.
[33] s. dazu für den Bereich der Rechtsharmonisierung *Kloepfer,* UPR 1986, 321 ff., 324 f.

auszugehen hat. Erfolgt die Harmonisierung tatsächlich auf einem (optimal) hohen Schutzniveau, so besteht an sich kein Bedarf für verschärfte einzelstaatliche Bestimmungen.[34]

Vorstellbar bleibt schließlich aber auch die Möglichkeit einzelstaatlicher Abweichung unter das im Rahmen der Harmonisierungsmaßnahmen (zumindest postulierte) hohe Umweltschutzniveau, wenn nämlich ein Mitgliedstaat die Abweichung von harmonisiertem Gemeinschaftsumweltrecht durch die in Art. 100a Abs. 4 EWGV ebenfalls genannten wichtigen Erfordernisse im Sinne des Art. 36 EWGV oder in bezug auf den Schutz der Arbeitsumwelt rechtfertigt. Danach könnten etwa beschäftigungs- und arbeitsmarktpolitische Aspekte die Beibehaltung abweichender Umweltrechtsvorschriften auf niedrigerem Niveau begründen.[35] Das durch Art. 100a EWGV primär angestrebte Ziel, die Rechtsharmonisierung im Interesse der Verwirklichung des Binnenmarktes durch Zulassung von Mehrheitsbeschlüssen zu beschleunigen, wird durch die gleichzeitige Absicherung abweichender nationaler Schutzniveaus trotz der dafür vorgesehenen Einschränkungen letztlich in gewissem Maße konterkariert.[36] Insgesamt verdeutlichen die erwähnten Vorschriften die Schwierigkeiten, im Rahmen des Gemeinschaftsrechts ambivalente Ziele wie Wirtschaft und Umwelt unter Berücksichtigung partikularer Interessen der Mitgliedstaaten befriedigend zu regeln.[37]

3. Umweltbezogene auswärtige Zuständigkeiten der Europäischen Gemeinschaften

Die Internationalität der Umweltprobleme beschränkt sich nicht auf den Bereich der Europäischen Gemeinschaften, sondern erfordert neben gemeinschaftsinternen Maßnahmen darüber hinaus überregionale Umweltschutzmaßnahmen (unter Einschluß der Europäischen Gemeinschaften). Grundsätzlich treten die Europäischen Gemeinschaften als eigenständige Völkerrechtssubjekte auf (vgl. sinngemäß Art. 210 EWGV, Art. 184 EAGV, Art. 6 Abs. 3 EGKSV). Für die **Beteiligung an internationalen Abkommen** und die **Mitarbeit in internationalen Organisationen** und Gremien stellt sich daher die Frage, ob den Europäischen Gemeinschaften insoweit auch eine *umweltbezogene* auswärtige Kompetenz zukommt oder ob diese bei den Mitgliedstaaten (eventuell mit der Auflage einer gemeinschaftsfreundlichen Koordinierungspflicht) verblieben ist. 16

a) Rechtslage nach früherem Recht

Die Gemeinschaften entfalteten bereits bisher zahlreiche Umweltaktivitäten auf internationaler Ebene.[38] Entsprechend der weitgehend fehlenden expliziten gemeinschaftsinternen Umweltkompetenz enthielten die Verträge bisher auch keine solche ausdrückliche Zuständigkeit für die auswärtige Umweltpolitik. Die Tätigkeit der Gemeinschaften in diesem Bereich war daher auf bestehende auswärtige Kompetenzzuweisungen im Rahmen der erwähnten doppeltqualifizierten Maßnahmen (insbesondere der Handelspolitik)[39] und auf die allgemeinen Vorschriften über auswärtige Beziehungen angewiesen.[40] Daneben bestanden und bestehen Koordinationsmög- 17

[34] Zur weitaus realeren Gefahr des Abbaus eines einzelstaatlich hohen Schutzniveaus *Glaesner,* EuR 1986, 119ff., 131. Zum Mißbrauch von Völker- und Europarecht als „Alibi für Umweltschutzdefizite" *Bryde,* Gedächtnisschrift W. Martens, 1987, S. 769ff.

[35] Kritisch zum Begriff der Arbeitsumwelt *Pescatore,* EuR 1986, 153ff., 160.

[36] Zu konkreten Auswirkungen der neuen Rechtslage vgl. die Befürchtungen der Automobilindustrie im Bericht: Europäische Akte und technische Anforderungen, in: Europäische Zeitung, Januar 1987, S. 18.

[37] Vgl. auch *Hrbek/Läufer,* EA 1986, 108ff., 111.

[38] s. dazu u. Rn. 29.

[39] Insbes. Art. 116 EWGV.

[40] Vgl. Art. 228–234, 238 EWGV, Art. 101–106 EAGV; nur speziell für die Handelspolitik Art. 71–75 EGKSV; zu den Außenbeziehungen der EG allgemein *Pipkorn,* in: Beutler/Bieber/Pipkorn/Streil (FN 15), S. 504ff. m. w. N.; für den Bereich des Umweltrechts *Behrens* (FN 16), S. 188ff.

lichkeiten für ein gemeinsames außenpolitisches Vorgehen im Rahmen der Europäischen Politischen Zusammenarbeit (EPZ).[41]

18 Entscheidend erweitert wurden die auswärtigen Zuständigkeiten der Gemeinschaften durch ausdehnende Auslegung der Vertragsbestimmungen in der Rechtsprechung des EuGH. Im **AETR-Urteil**[42] bejaht der Gerichtshof die Zuständigkeit der EWG zum Abschluß internationaler Verträge im gesamten Bereich der vom Vertrag aufgestellten Ziele. Soweit die Gemeinschaft ihre Zuständigkeit wahrgenommen hat, sind die Mitgliedstaaten weder einzeln noch gemeinsam handelnd berechtigt, mit dritten Staaten Verpflichtungen einzugehen, welche diese gemeinschaftsrechtlichen Normen beeinträchtigen würden.[43] Diese Regeln gelten auch, soweit Gemeinschaftsziele, wie häufig im Bereich des Umweltrechts, über Art. 235 EWGV begründet werden.[44] Mit der Fortentwicklung des internen Gemeinschaftsumweltrechts erweiterte sich daher auch die auswärtige Zuständigkeit der Gemeinschaft in diesem Rechtsbereich.

b) Umweltbezogene auswärtige Zuständigkeit nach der „Einheitlichen Europäischen Akte"

19 Der durch die „Einheitliche Europäische Akte" eingefügte Art. 130r Abs. 5 EWGV begründet nunmehr für die Umweltpolitik auch eine **ausdrückliche auswärtige Kompetenz:**

Hiernach arbeiten die Gemeinschaft und die Mitgliedstaaten im Rahmen ihrer jeweiligen Befugnisse mit dritten Ländern und zuständigen internationalen Organisationen zusammen. Dabei ist die Gemeinschaft selbst zum Aushandeln und zum Abschluß von Abkommen gemäß Art. 228 EWGV berechtigt. Diese Befugnis der Gemeinschaft soll nach Art. 130r Abs. 5 Unterabs. 2 EWGV jedoch nicht die Zuständigkeit der Mitgliedstaaten berühren, in internationalen Gremien zu verhandeln und internationale Abkommen zu schließen.

20 Die **Reichweite dieser auswärtigen Kompetenz** dürfte im einzelnen allerdings nicht leicht abzugrenzen sein.

Eine Abgrenzung der umweltrechtlichen auswärtigen Gemeinschaftskompetenz gegenüber den verbleibenden Kompetenzen der Mitgliedstaaten auf diesem Gebiet erscheint zunächst möglich aufgrund der Verweisung auf den „Rahmen der jeweiligen Befugnisse", die sich unter Berücksichtigung des Subsidiaritätsprinzips und des nach Art. 130s Abs. 1 EWGV festzulegenden Tätigkeitsbereichs der Gemeinschaft feststellen lassen. Soweit also die Gemeinschaft im Rahmen dieser Befugnisse bleibt, müßte ihr nach den bisherigen Grundsätzen eine ausschließliche auswärtige Umweltkompetenz zukommen. Dem widerspricht jedoch der Vorbehalt des Art. 130r Abs. 5 Unterabs. 2 EWGV, wonach Unterabsatz 1 nicht die auswärtigen Kompetenzen der Mitgliedstaaten berührt. Nach dem Wortlaut dieser Regelung bliebe die mitgliedstaatliche Kompetenz kumulativ auch im Rahmen der Gemeinschaftskompetenz erhalten. Die „Erklärung zu Art. 130r des EWG-Vertrages" in der Schlußakte der „Einheitlichen Europäischen Akte" betont jedoch die Ansicht der Konferenz (der Regierungsvertreter), „daß Art. 130r Abs. 5 Unterabs. 2 die sich aus dem AETR-Urteil des Gerichtshofs ergebenden Grundsätze nicht berührt". Vorbehaltlich der äußerst problematischen rechtlichen Einordnung dieser in der

---

[41] Vgl. dazu jetzt Titel III Art. 30 der „Einheitlichen Europäischen Akte", der die EPZ als eigenständigen völkerrechtlichen Vertrag institutionalisiert, aber nicht in die Gründungsverträge übernimmt; hierzu *Hrbek/Läufer*, EA 1986, 108ff., 114; *Glaesner*, EuR 1986, 119ff., 123ff.

[42] Slg. d. Rspr. 1971, S. 263 (275); zu den Bedenken gegen die Auslegung des Gerichtshofs anschaulich die Schlußanträge des Generalanwalts ebd., S. 284ff., 291ff.; Besprechung des Urteils: *Sasse*, EuR 1971, 208ff.

[43] Ebenso das Urteil „Kramer", EuGH Slg. d. Rspr. 1976, S. 1279; ähnlich für die EAG: EuGH Beschluß nach Art. 103 Abs. 3 EAGV, Slg. d. Rspr. 1978, S. 2151.

[44] *Pipkorn* (FN 40), S. 514ff.

Schlußakte enthaltenen Erklärungen[45] dürften deshalb Kollisionsfälle zwischen (internem) EG-Recht bzw. auswärtiger EG-Umweltkompetenz und auswärtiger Umweltkompetenz der Mitgliedstaaten zugunsten der Gemeinschaft zu entscheiden sein. Auch im Interesse der Funktionsfähigkeit der Gemeinschaften sind einzelstaatliche Alleingänge der Mitgliedstaaten bei internationalen Verpflichtungen jedenfalls insoweit als gemeinschaftsrechtswidrig anzusehen, als sie gemeinschaftsrechtliche Regelungen (im Sinne des AETR-Urteils) ,,beeinträchtigen oder in ihrer Tragweite ändern können".[46]

II. Umweltaktivitäten der Europäischen Gemeinschaften

1. *Instrumentarium*

Einzelne umweltrelevante Normen sind, soweit sie auf den wenigen ausdrücklichen Ermächtigungen der Gründungsverträge beruhen, seit den ersten Jahren des Bestehens der Gemeinschaften Bestandteil des Gemeinschaftsrechts. Im Zuge der allgemeinen Entwicklung eines verstärkten Umweltbewußtseins und einsetzender weltweiter Bemühungen um eine politische und rechtliche Bewältigung der immer deutlicher werdenden Umweltprobleme entstand auch in den Europäischen Gemeinschaften das Bedürfnis für eine eigenständige, umfassende Umweltpolitik. Die Tätigkeit der Europäischen Gemeinschaften läßt sich nach dem Instrumentarium in politisch-programmatische Aktionen, unverbindliche und verbindliche Rechtsakte und internationale Aktivitäten unterscheiden. 21

a) Umweltprogramme

Angestrebte Ziele und Schwerpunkte des EG-Umweltrechts finden sich in den **„Aktionsprogrammen der Europäischen Gemeinschaften für den Umweltschutz".** 22

Erste Vorbereitungen für die umfassende EG-Umweltpolitik begannen zeitlich parallel zu der ersten UN-Umweltkonferenz 1972 in Stockholm (s. Rn. 71) und konkretisierten sich in der Schlußerklärung der zweiten Pariser Gipfelkonferenz der Staats- und Regierungschefs der Mitgliedstaaten vom Oktober 1972 zu der Aufforderung an die Gemeinschaftsorgane, ein Aktionsprogramm zu erarbeiten.

Das erste ,,Aktionsprogramm der Europäischen Gemeinschaften für den Umweltschutz" wurde im November 1973 vom Rat verabschiedet und in weiteren Entschließungen des Rates 1977, 1983 und 1987 fortgeschrieben und ergänzt (s. i. e. Rn. 32ff.).[47]

---

[45] *Glaesner,* EuR 1986, 119ff., 122f.; *Pescatore,* EuR 1986, 153ff., 167f.

[46] EuGH (FN 42), S. 275. Da völkerrechtliche Verpflichtungen der Mitgliedstaaten das Gemeinschaftsrecht (juristisch) nicht modifizieren, ist diese Formulierung dahin zu verstehen, daß die Gemeinschaft durch abweichende völkerrechtliche Verpflichtungen der Mitgliedstaaten nicht (politisch) zur entsprechenden Anpassung des Gemeinschaftsrechts veranlaßt werden darf, vgl. *Sasse,* EuR 1971, 208ff., 229f.

[47] Erklärung des Rates der Europäischen Gemeinschaften und der im Rat vereinigten Vertreter der Regierungen der Mitgliedstaaten vom 22. 11. 1973 über ein Aktionsprogramm der Europäischen Gemeinschaften für den Umweltschutz, ABl. C 112 v. 20. 12. 1973, S. 1; Entschließung des Rates der Europäischen Gemeinschaften und der im Rat vereinigten Vertreter der Regierungen der Mitgliedstaaten vom 17. 5. 1977 zur Fortschreibung und Durchführung der Umweltpolitik und des Aktionsprogramms der Europäischen Gemeinschaften für den Umweltschutz, ABl. C 139 v. 13. 6. 1977, S. 1; Entschließung des Rates der Europäischen Gemeinschaften und der im Rat vereinigten Vertreter der Regierungen der Mitgliedstaaten vom 7. 2. 1983 zur Fortschreibung und Durchführung einer Umweltpolitik und eines *Aktionsprogramms* der Europäischen Gemeinschaften für den Umweltschutz (1982–1986), ABl. C 46 v. 17. 2. 1983, S. 1; das vierte Aktionsprogramm für den Zeitraum 1987–1992 ist in Vorbereitung, vgl. Bull. EG 9 – 1986, S. 7ff., 52.

23 Die Aktionsprogramme zählen zum Bereich des **sekundären** (abgeleiteten) **Gemeinschaftsrechts** und stehen außerhalb der in den Katalogen der Art. 189 EWGV, 161 EAGV, 14 EGKSV genannten Rechtshandlungen. Sie unterfallen ebenfalls nicht den vertraglich ausdrücklich vorgesehenen und hinsichtlich des Planungsinhalts für die Gemeinschaftsorgane verbindlichen Programmen (z.B. nach Art. 54 Abs. 1, Art. 63 Abs. 1 EWGV). Vielmehr werden die Aktionsprogramme als „Erklärungen" (Aktionsprogramm 1973) bzw. „Entschließungen" (s.u. Rn. 29) des Rates verabschiedet und sind als rechtlich unverbindliche, politische Absichtserklärungen der Gemeinschaftsorgane zu werten.[48]

24 Da die Aktionsprogramme jeweils nicht allein vom „Rat" als Gemeinschaftsorgan, sondern gleichzeitig auch von den (personengleichen) „im Rat vereinigten Vertretern der Regierungen der Mitgliedstaaten"[49] verabschiedet werden, sind diese Absichtserklärungen auch den Mitgliedstaaten direkt zuzurechnen. Trotz der **rechtlichen Unverbindlichkeit**[50] sind die Programme Indikator für die Konsensfähigkeit bestimmter Umweltpolitiken, sie begründen Erwartungen, setzen Akzente und bilden schließlich Rahmen und Grundlage für weitere Aktivitäten einschließlich rechtsverbindlicher Normierung durch die Gemeinschaften.[51] Ihre praktische Relevanz ist daher nicht zu unterschätzen. Sie sind wesentliche Instrumente der politischen Steuerung und könnten zukünftig auch (sofern die notwendigen Formalien eingehalten werden) rechtliche Grundlage für das Tätigwerden der Gemeinschaft im Sinne des Art. 130s EWGV sein.

b) Richtlinien

25 Die im Bereich des gemeinschaftlichen Umweltrechts weitaus häufigste Rechtsform ist die Richtlinie.[52] Sie gehört zu den vertraglich in den Katalogen ausdrücklich vorgesehenen Rechtshandlungen (Art. 189 Abs. 3 EWGV, Art. 161 Abs. 3 EAGV, abweichend davon in Art. 14 Abs. 3 EGKSV als Empfehlung bezeichnet), richtet sich an alle oder bestimmte Mitgliedstaaten[53] und ist hinsichtlich des zu erreichenden Zieles für die Staaten verbindlich, überläßt jedoch den innerstaatlichen Stellen die Wahl der Form und der Mittel. Richtlinien bedürfen also innerstaatlicher Ausführung („Umsetzung") – regelmäßig, jedoch nicht ausschließlich durch eine richtlinienkonforme Gesetzgebung des Bundes bzw. der Länder(!)[54] –, sie erlauben so regelmäßig die Berücksichtigung nationaler Kompetenzordnungen und ermöglichen hinreichende Flexibilität in der Anpassung an die besonderen Verhältnisse nationaler Rechtssysteme.

Die Definition der Richtlinie ist jedoch nicht zwingend dahin zu verstehen, daß dem nationalen Normgeber stets ein sachlicher Gestaltungsfreiraum überlassen bleiben muß. Im Einzelfall können die mit der Richtlinie vorgegebenen Zielbestimmungen auch Detailfragen regeln und

---

48 Zur regelmäßigen Deutung der „Entschließung" als rechtlich unverbindlich im Gegensatz zum verbindlichen „Beschluß" *Pipkorn* (FN 40), S. 188.

49 s. dazu *H. P. Ipsen* (FN 15), Rn. 13/7; *Bieber,* in: Beutler/Bieber/Pipkorn/Streil (FN 15), S. 129.

50 Zur Qualifizierung der Programme ausführlich *Bothe,* FS Schlochauer, 1981, S. 761 ff.

51 *Bothe* (FN 50), S. 769, hält die Bezeichnung „soft law" für irreführend und spricht insoweit von „politischer Bindungswirkung".

52 Allgemein zur Richtlinie *H. P. Ipsen* (FN 15), Rn. 21/21–30; *Pipkorn* (FN 40), S. 182; zur Richtlinie speziell als Instrument des EG-Umweltrechts *E. Rehbinder/Stewart* (FN 18), S. 33 ff.

53 Die EGKS-Empfehlung kann auch an bestimmte Personen adressiert sein.

54 Vgl. etwa *Zuleeg,* NVwZ 1987, 280 ff., 281 f.

so die nationale Ausführung sachlich in Einzelheiten festlegen.[55] Eine ebenfalls praktizierte Technik besteht im Erlaß einer allgemeinen ,,Rahmen-"Richtlinie, die später durch weitere Einzelrichtlinien ausgefüllt und spezifiziert werden kann.[56] Zunehmend lassen sich auch Tendenzen zum unmittelbaren Rückgriff auf die Richtlinien bei der Gestaltung der Rechtssphäre des Gemeinschaftsbürgers beobachten.

Beispiele umweltrelevanter Richtlinien sind insbesondere: 26
- die Richtlinie 79/831/EWG des Rates vom 18. September 1979 zur sechsten Änderung der Richtlinie 67/548/EWG zur Angleichung der Rechts- und Verwaltungsvorschriften für die Einstufung, Verpackung und Kennzeichnung gefährlicher Stoffe,[57] welche in weiten Teilen die Vorlage für das Chemikaliengesetz bildete;[58]
- die Richtlinie 83/351/EWG des Rates vom 16. Juni 1983 zur Änderung der Richtlinie 70/220/EWG über die Angleichung der Rechtsvorschriften der Mitgliedstaaten über Maßnahmen gegen die Verunreinigung der Luft durch Abgase von Kraftfahrzeugmotoren mit Fremdzündung;[59]
- die Richtlinie 85/210/EWG des Rates vom 20. März 1985 zur Angleichung der Rechtsvorschriften der Mitgliedstaaten über den Bleigehalt von Benzin,[60] welche den Streit um steuerliche Anreize für die Anschaffung schadstoffarmer PKWs halbwegs beilegte;
- die Richtlinie 85/337/EWG des Rates vom 27. Juni 1985 über die Umweltverträglichkeitsprüfung bei bestimmten öffentlichen und privaten Projekten,[61] deren Umsetzung noch bevorsteht (s. § 4 Rn. 83ff.).[62]

Die **Verwirklichung** des Richtlinienziels muß innerstaatlich innerhalb vorgegebener Fristen erfolgen, die Richtlinie verbietet entgegenstehende einzelstaatliche Vorschriften und entfaltet eine Sperrwirkung hinsichtlich der einzelstaatlichen Befugnis zur zukünftigen (richtlinienwidrigen) Abänderung der angepaßten Vorschriften. 27

Wird bei der Anwendung des nationalen richtlinienausführenden Rechts die Auslegung der Richtlinien selbst relevant, so ist im Falle eines Rechtsstreits im Wege der Vorabentscheidung (Art. 177 EWGV, 150 EAGV, 41 EGKSV) die Auslegungsfrage dem EuGH vorzulegen.[63] Verletzt ein Mitgliedstaat seine Verpflichtung zur fristgemäßen Ausführung der Richtlinie, so kann sich ein rechtsschutzsuchender Bürger ausnahmsweise gegenüber den Mitgliedstaaten auf unmittelbare Wirkungen der Richtlinie berufen, soweit die Richtlinie hinreichend konkrete Regelungen enthält.[64]

c) Sonstige Rechtsformen

Zum weiteren (jedoch bisher seltener eingesetzten) Instrumentarium des EG-Umweltrechts gehören in erster Linie die sonstigen vertraglich vorgesehenen Rechtsformen (Art. 189 EWGV, 161 EAGV, 14 EGKSV): 28
- **Verordnungen** (EGKS = allgemeine Entscheidungen) richten sich an alle Mitgliedstaaten und sind in allen Teilen verbindlich;

---

[55] EuGH Slg. d. Rspr. 1976, S. 497; *Pipkorn* (FN 40), S. 183; *E. Rehbinder/Stewart* (FN 18), S. 138, bezeichnen solche Richtlinien als ,,Regulation-Type Directives".

[56] Eine solche Rahmenrichtlinie ist z. B. die Richtlinie 76/464/EWG des Rates vom 4. 5. 1976 betreffend die Verschmutzung infolge der Ableitung bestimmter gefährlicher Stoffe in die Gewässer der Gemeinschaft (ABl. L 129 v. 18. 5. 1976, S. 23); vgl. dazu *E. Rehbinder/Stewart* (FN 18), S. 63.

[57] ABl. L 259 v. 15. 10. 1979, S. 10.

[58] Vgl. § 13 Rn. 14.

[59] ABl. L 197 v. 20. 7. 1983, S. 1.

[60] ABl. L 96 v. 3. 4. 1985, S. 25.

[61] ABl. L 175 v. 5. 7. 1985, S. 40.

[62] Vgl. zum differenziert zu beurteilenden Umsetzungsbedarf *Kloepfer/Meßerschmidt,* Innere Harmonisierung des Umweltrechts, 1987, S. 2ff.

[63] EuGH Slg. d. Rspr. 1974, S. 1201; BGH, DB 1976, 1280.

[64] EuGH Slg. d. Rspr. 1979, S. 1629 (st. Rspr.); BVerwG DVBl. 1987, 94; abweichend BFHE 143, 383, und die französische Rspr. des Conseil d'Etat (Nachweise bei *Beutler,* FN 15, S. 184). Die Rechtsprechung des BFH wurde nunmehr korrigiert durch BVerfGE 75, 223 (233ff.); vgl. dazu auch *Rupp,* JZ 1988, 194ff.; *Hilf,* EuR 1988, 1ff.

– **Entscheidungen** (EGKS = individuelle Entscheidungen) richten sich an bestimmte Mitgliedstaaten oder Personen und sind ebenfalls in allen Teilen verbindlich;
– **Empfehlungen** (EGKS = Stellungnahmen) sind unverbindlich und können an alle oder einzelne Mitgliedstaaten ausnahmsweise auch an ein anderes Gemeinschaftsorgan oder an Einzelpersonen gerichtet sein;
– **Stellungnahmen** (EGKS = Stellungnahmen) sind ebenfalls unverbindliche Rechtsakte an ein anderes Gemeinschaftsorgan, bestimmte Mitgliedstaaten oder einen unbestimmten Adressatenkreis.

29 Neben diesen vertraglich katalogisierten Rechtsakten bleiben im Rahmen der Europäischen Gemeinschaften aber auch andere Handlungsformen zulässig, die z. T. in Einzelvorschriften der Verträge ausdrücklich vorgesehen sind,[65] z. T. außerhalb der Verträge in der Praxis entwickelt werden. Letztere haben am EG-Umweltrecht relativ großen Anteil, hierunter insbesondere die im Rahmen der Aktionsprogramme bereits erörterten „*Entschließungen*“ (s. o. Rn. 22), daneben aber auch (verbindliche) „*Beschlüsse*“, die häufig innerorganisatorische Regelungen[66] oder den Abschluß bzw. die Ergänzung internationaler Abkommen[67] zum Gegenstand haben.

Ob in Zukunft, bedingt durch das Inkrafttreten der „Einheitlichen Europäischen Akte“ und die dadurch geschaffene eindeutige umweltrechtliche Kompetenz der EWG, die Zahl der unmittelbar verbindlichen Rechtsakte (insbesondere der Verordnungen) zunehmen und auch die Qualität der Gemeinschaftsaktionen steigen wird, dürfte im wesentlichen auch weiterhin vom politischen Wollen der Mitgliedstaaten abhängen. Die rechtlichen Grundlagen für eine zunehmende Ausweitung und Intensivierung des EG-Umweltrechts sind jetzt jedenfalls vorhanden.

d) Internationale Aktivitäten

30 Die Europäischen Gemeinschaften sind darüber hinaus auf der Grundlage ihrer auswärtigen Kompetenz (s. o. Rn. 16ff.) Vertragspartei mehrerer **völkerrechtlicher Abkommen** zum Umweltschutz. Ihre Vertragspartner sind teils andere internationale Organisationen (z. B. OECD), teils Einzelstaaten.

Schwerpunkte der internationalen Zusammenarbeit bilden insbesondere:
– die Bekämpfung der *Meeresverschmutzung* – z. B. Übereinkommen von Paris zur Verhütung der Meeresverschmutzung vom Lande aus vom 4. 6. 1974 (ABl. L 194 v. 25. 7. 75, S. 5; Änderung ABl. L 24 v. 27. 1. 87, S. 47); Übereinkommen von Barcelona zum Schutz des Mittelmeeres vor Verschmutzung vom 16. 12. 1977 (ABl. L 240 v. 19. 9. 77, S. 3); Übereinkommen von Bonn zur Zusammenarbeit bei der Bekämpfung der Verschmutzung der Nordsee durch Öl und andere Schadstoffe vom 13. 9. 1983 (ABl. L 188 v. 6. 7. 84, S. 9);
– der Schutz der *Binnengewässer* – z. B. Übereinkommen von Bonn zum Schutz des Rheins gegen chemische Verunreinigung vom 3. 12. 1976 (ABl. L 240 v. 19. 9. 77, S. 37; Änderung ABl. L 175 v. 5. 7. 85, S. 36) nebst Zusatzvereinbarung zur Berner Konvention vom 29. 4. 1963 über die Internationale Kommission zum Schutz des Rheins gegen Verunreinigung (ABl. L 240 v. 19. 9. 77, S. 48);

---

[65] Vgl. die Übersicht bei *H. P. Ipsen* (FN 15), Rn. 20/12.

[66] Z. B. zur Einsetzung von beratenden Ausschüssen: Beschluß 80/686/EWG der Kommission vom 25. 6. 1980 zur Einsetzung eines beratenden Ausschusses auf dem Gebiet der Überwachung und der Verringerung der Ölverschmutzung des Meeres (ABl. L 188 v. 22. 7. 1980, S. 11; letzte Änderung ABl. L 57 v. 27. 2. 1987, S. 57); Beschluß 78/436/EWG der Kommission vom 21. 4. 1978 zur Einsetzung eines wissenschaftlichen Ausschusses für Schädlingsbekämpfungsmittel, ABl. L 124 v. 12. 5. 1978, S. 16.

[67] Z. B. Beschluß 81/462/EWG des Rates vom 11. 6. 1981 über den Abschluß des Übereinkommens über weiträumige grenzüberschreitende Luftverunreinigung (ABl. L 171 v. 27. 6. 1981, S. 11); Beschluß 82/460/EWG des Rates vom 24. 6. 1982 über eine Ergänzung zu Anhang IV des Übereinkommens zum Schutz des Rheins gegen chemische Verunreinigung, ABl. L 210 v. 19. 7. 1982, S. 8.

- die Bekämpfung der großräumigen *Luftverunreinigung* – z. B. Übereinkommen über weiträumige grenzüberschreitende Luftverunreinigung vom 13. 11. 1979 (ABl. L 171 v. 27. 6. 81, S. 13; Änderung ABl. L 181 v. 4. 7. 86, S. 1); Wiener Übereinkommen zum Schutz der Ozonschicht vom 22. 3. 1985 (ABl. L 297 v. 31. 10. 88, S. 10); Montrealer Protokoll über Stoffe, die zu einem Abbau der Ozonschicht führen vom 16. 9. 1987 (ABl. L 297 v. 31. 10. 88, S. 21);
- sowie der *Naturschutz* – z. B. Übereinkommen von Canberra über die Erhaltung der lebenden Meeresschätze der Antarktis vom 20. 5. 1980 (ABl. L 252 v. 5. 9. 81, S. 27); Übereinkommen über die Erhaltung der europäischen wildlebenden Pflanzen und Tiere und ihrer natürlichen Lebensräume (ABl. L 38 v. 10. 2. 82, S. 3); Übereinkommen zur Erhaltung der wandernden wildlebenden Tierarten vom 23. 6. 1979 (ABl. L 210 v. 19. 7. 82, S. 11); Übereinkommen über den nationalen Handel mit gefährdeten Arten freilebender Tiere und Pflanzen vom 3. 3. 1973 (Washingtoner Artenschutzübereinkommen, vgl. § 10 Rn. 3, ABl. L 384 v. 31. 12. 82); ferner verschiedene Fischereiabkommen.

2. *Tätigkeitsfelder*

Eine lückenlose inhaltliche Darstellung des materiellen EG-Umweltrechts müßte den Rahmen dieses Lehrbuchs sprengen;[68] zudem konkretisiert sich ein großer Teil des Gemeinschaftsrechts in der richtlinienausführenden nationalen Umweltgesetzgebung (auch) der Bundesrepublik Deutschland, die hier im einzelnen dargestellt werden soll, so daß im vorliegenden Abschnitt ein grober Aufriß der gemeinschaftsrechtlichen Aktionsbereiche genügen soll, während auf einzelne Rechtsvorschriften des sekundären EG-Umweltrechts im Rahmen des Besonderen Teils zu verweisen ist. 31

a) Programmformulierung

Die **Aktionsprogramme der Europäischen Gemeinschaften für den Umweltschutz** beschränken sich weder allein auf grenzüberschreitende Umweltbeeinträchtigungen (wie dies bei internationalen Aktivitäten ansonsten an sich nahe liegt) noch begnügen sie sich (zumindest vom Anspruch her) allein mit der Kontrolle und Bekämpfung der Umweltverschmutzung. Sie enthalten Leitlinien einer komplexen, integrierten Umweltpolitik. 32

Bereits das **erste Aktionsprogramm von 1973**[69] benennt als zusätzliche Ziele die Erhaltung des ökologischen Gleichgewichts und den Schutz der Biosphäre, die rationelle Bewirtschaftung der natürlichen Hilfsquellen, die Verbesserung der Arbeits- und Lebensbedingungen und die Berücksichtigung der Umweltaspekte bei der Strukturplanung und der Raumordnung. Zu den Grundsätzen der Umweltpolitik der Gemeinschaften zählen dort auch bereits – neben Vorsorge- (s. § 3 Rn. 5ff.) und Verursacherprinzip (s. § 3 Rn. 27ff.) – die Berücksichtigung der Umweltverträglichkeit bei fachlichen Planungs- und Entscheidungsprozessen, die Intensivierung der Forschung auf dem Gebiet des Umweltschutzes und die Koordinierung und Harmonisierung der nationalen Umweltpolitiken. Unter Berufung auf die Deklaration der Stockholmer UN-Umweltkonferenz bestätigt das Programm das Verbot erheblicher grenzüberschreitender Umweltschädigungen und sieht eine Intensivierung der regionalen und weltweiten internationalen Zusammenarbeit auch durch gemeinsame Haltung der Gemeinschaften und der Mitgliedstaaten innerhalb einschlägiger internationaler Organisationen vor. Generell soll die Aktions- 33

---

[68] Einen Überblick ermöglichen: *Kommission der Europäischen Gemeinschaften* (Hg.), Fundstellennachweis des geltenden Gemeinschaftsrechts, Bd. I, 11. Ausgabe, Stand 1. 6. 1988, S. 627ff.; *dies.* (FN 11); daneben die jährlichen Gesamtberichte über die Tätigkeit der Gemeinschaften, das monatliche Bulletin der Europäischen Gemeinschaften; die Jahresregister zum Amtsblatt der EG sowie *E. Rehbinder/Stewart* (FN 18), S. 57ff.

[69] ABl. C 112 v. 20. 12. 1973, S. 1; vgl. hierzu und zum folgenden auch *E. Rehbinder/Stewart* (FN 18), S. 57ff.; *Scheuer* (FN 18), Rn. 3ff.; *Krämer,* in: v. d. Groeben/Boeckh/Thiesing/Ehlermann, Kommentar zum EWG-Vertrag Art. 137–248, 3. Aufl., 1983, S. 1609ff., Rn. 10ff.

ebene (örtlich, regional, national, gemeinschaftsweit, international) der Art der Umweltbelastung optimal angepaßt werden. Einschränkend betonen die Grundsätze jedoch durchgängig auch das Erfordernis der Vereinbarkeit der Umweltpolitik mit der wirtschaftlichen und sozialen Entwicklung, dem technischen. Fortschritt, den internationalen Handelsbeziehungen, der Interdependenz der Weltwirtschaft und dem einwandfreien Funktionieren des gemeinsamen Marktes.

Im weiteren enthält das Programm eine detaillierte Beschreibung der auf Gemeinschaftsebene in (damals) nächster Zukunft zu unternehmenden Aktionen. Vorrangig wurden eine gemeinschaftsweite Standardisierung der Faktenbeurteilung, der Schadstoffmessung und der Qualitätsziele sowie ein Informationsaustausch zwischen Überwachungs- und Kontrollnetzen angestrebt. Spezifische Aktionen schlägt das Programm für bestimmte Erzeugnisse und Industriesektoren, gegen die Meeresverschmutzung, für die Gewässerreinhaltung im Rheineinzugsgebiet, für Umweltschutz in Grenzgebieten sowie für die Abfallbeseitigung (einschließlich radioaktiver Abfälle) vor.

34 Das **zweite Aktionsprogramm (1977–1981)**[70] bestätigt die Ziele des vorhergehenden Programms und setzt neue Akzente auf präventive Maßnahmen zur Bekämpfung der Gewässer- und Luftverschmutzung sowie des Lärms. Im Bereich der Energieerzeugung werden spezielle Probleme der Abwärme von Kraftwerken und internationale Probleme bei Kernkraftwerken behandelt. Zwecks Schutz und rationeller Nutzung des Raumes, der Umweltmedien und der natürlichen Ressourcen soll eine Methode der ökologischen Kartierung entwickelt werden. Spezielle Maßnahmen sind für besonders betroffene Gebiete, zum Schutz von Fauna und Flora sowie zur Erhaltung und Bewirtschaftung der Wasserressourcen vorgesehen. Sprach das erste Programm noch von Abfallbeseitigung, so wird dieser Abschnitt nunmehr überschrieben „Abfallwirtschaft im Rahmen einer umfassenden Politik der Verhinderung des Entstehens, der Verwertung und Wiederverwendung und der Beseitigung von Abfällen". Neben Forschungsaktionen widmet sich das Programm wiederum der Zusammenarbeit mit internationalen Organisationen und Drittländern und strebt dabei auch eine Zusammenarbeit mit den Entwicklungsländern auf dem Gebiet des Umweltschutzes an.

35 Das **dritte Aktionsprogramm (1982–1986)**[71] definiert als „Endziel" der Umweltpolitik den „Schutz der menschlichen Gesundheit, die dauerhafte Verfügbarkeit aller Ressourcen, die für den Lebensrahmen ausschlaggebend sind, in ausreichender Menge und Qualität: Wasser, Luft, Raum (Boden und Landschaft), Klima, Rohstoffe, bebaute Flächen, natürliches und kulturelles Erbe sowie Erhaltung und (wo möglich) Wiedergewinnung der natürlichen Umwelt und entsprechender Freiräume für Tiere und Pflanzen". Für die rationelle Bewirtschaftung der natürlichen Ressourcen soll im Einklang mit der vom Umweltprogramm der Vereinten Nationen (UNEP) lancierten „Weltstrategie" (s. Rn. 71 ff.) eine umfassende Strategie entwickelt werden. Deshalb soll die Umweltpolitik zunehmend auch im Rahmen anderer Politiken (Agrar-, Energie-, Industrie- und Verkehrspolitik) berücksichtigt werden. Die bereits bisher postulierten Prinzipien werden um das Prinzip der Wiederherstellung ergänzt. Verstärkte Aktionen sollen Belastungen der Umweltmedien Binnengewässer, Meere und Luft sowie Beeinträchtigungen durch Chemikalien, Lärm und Abfälle verhüten und verringern und neue schadstoffarme Technologien schaffen. Erneut wird die Notwendigkeit einer rationellen Nutzung des Raumes, der Erhaltung von Fauna und Flora, einer rationellen Wasserwirtschaft, der Abfallwirtschaft und des Einsatzes ressourcensparender Technologien betont. Im internationalen Bereich gilt besondere Aufmerksamkeit dem Seerecht (insbesondere dem Tiefseebergbau), dem Mittelmeerraum sowie der Integration des Umweltschutzes in die Entwicklungspolitik.

Im Unterschied zu den vorhergehenden Programmen greift der Rat bei der Verabschiedung des Programms eine Reihe sehr konkreter Maßnahmen heraus, deren Verwirklichung im Rahmen von Gemeinschaftsaktionen er vorab als vorrangig erklärt. Hierin könnte eine verstärkte, über den (nur) programmatischen Gehalt des (von der Kommission vorgeschlagenen) Aktionsprogramms hinausgehende (politische) Selbstbindung und -verpflichtung des Rates und der Mitgliedstaaten zu erkennen sein.[72]

---

[70] ABl. C 139 v. 13. 6. 1977, S. 1.
[71] ABl. C 46 v. 17. 2. 1983, S. 1.
[72] So *E. Rehbinder/Stewart* (FN 18), S. 60.

Die Entschließung des Rates zum **vierten Aktionsprogramm (1987–1992)**[73] beruft sich erstmals auf die nach der Einheitlichen Europäischen Akte durchzuführende gemeinschaftliche Umweltpolitik und zieht wiederum besonders vorrangige Bereiche (Bekämpfung der Luft- und Gewässerverschmutzung, Bodenschutz, Abfallpolitik, medien- und grenzüberschreitender Umweltschutz usw.) vor die Klammer. Neue Schwerpunkte der gemeinschaftlichen Umweltpolitik setzt das Programm insbesondere in den wirtschaftlichen und beschäftigungspolitischen Aspekten der Umweltstrategien und -aktionen, indem es die Ermittlung und Berücksichtigung der (insbesondere längerfristigen) Vorteile des Umweltschutzes gegenüber möglichen kurzfristigen (Kosten- und Wettbewerbs-)Nachteilen fordert. Einen weiteren Schwerpunkt bildet die Aufforderung zur Entwicklung und Vereinheitlichung wirtschaftlicher Instrumente des Umweltschutzes (wie Steuern, Abgaben, staatliche Beihilfen, handelbare Deponiegenehmigungen). In der Zusammenarbeit mit den Entwicklungsländern in Fragen der Umwelt soll den Problemen der Desertifikation, der Wasserversorgung, der tropischen Wälder, der Herstellung und Verwendung gefährlicher Erzeugnisse und Stoffe und der technologischen Zusammenarbeit erhöhte Aufmerksamkeit geschenkt werden. 36

Neben den grundlegenden Aktionsprogrammen für den Umweltschutz haben die Gemeinschaftsorgane zu weiteren allgemeinen umweltbezogenen (nicht primär umwelt*medien*bezogenen) Fragen in den folgenden **unverbindlichen Empfehlungen und Entschließungen** Stellung genommen (in zeitlicher Reihenfolge): 37

- Empfehlung 75/65/EWG der Kommission vom 20. Dezember 1974 an die Mitgliedstaaten zum *Schutz des baulichen Kulturerbes und des natürlichen Lebensraumes* (ABl. L 21 v. 28. 1. 75, S. 22);
- Entschließung des Rates vom 3. März 1975 über *Energie und Umweltschutz* (ABl. C 168 v. 25. 7. 75, S. 2);
- Entschließung des Rates vom 15. Juli 1975 über die *Anpassung* der Richtlinien oder anderen gemeinschaftlichen Regelungen zum Schutz und zur Verbesserung der Umwelt *an den technischen Fortschritt* (ABl. C 168 v. 25. 7. 75, S. 5);
- Empfehlung 75/436/Euratom, EGKS, EWG des Rates vom 3. März 1975 über die *Kostenzurechnung und die Intervention der öffentlichen Hand bei Umweltschutzmaßnahmen* (ABl. L 194 v. 25. 7. 75, S. 1);
- Empfehlung 79/3/EWG des Rates vom 19. Dezember 1978 an die Mitgliedstaaten betreffend *Verfahren zur Berechnung der Umweltschutzkosten der Industrie* (ABl. L 5 v. 9. 1. 79, S. 28);
- Entschließung des beratenden Ausschusses der EGKS zur *Umweltschutzpolitik der Gemeinschaft* (ABl. C 114 v. 28. 4. 84, S. 2);
- Entschließung des Rates und der im Rat vereinigten Vertreter der Regierungen der Mitgliedstaaten der Europäischen Gemeinschaften vom 3. Oktober 1984 betreffend den *Zusammenhang zwischen Umwelt und Entwicklung* (ABl. C 272 v. 12. 10. 84, S. 1);
- Entschließung des Rates vom 6. März 1986 über ein *Aktionsprogramm für das Europäische Umweltjahr (1987)* (ABl. C 63 v. 18. 3. 86, S. 1);
- Entschließung des Rates vom 16. Dezember 1986 zur *Verstärkung der gemeinschaftlichen Maßnahmen zum Schutz der Umwelt* (ABl. C 3 v. 7. 1. 87, S. 3).

b) Standardisierung

Die Schaffung gemeinschaftsweiten und die Angleichung unterschiedlichen nationalen Umweltrechts auf Gemeinschaftsebene setzen in vielen Bereichen zunächst einheitliche Methoden zur Faktenermittlung, zur Messung und Beurteilung von Umweltbelastungen sowie die Einigung über grundlegende Erfordernisse, Ziele und Standards in der gemeinschaftlichen Umweltpolitik voraus. Die Europäischen Gemeinschaften sind verstärkt auf Informationen der Mitgliedstaaten angewiesen, um zunächst Grundlagen für die **Vergleichbarkeit des nationalen Umweltrechts** zu erhalten. 38

---

[73] ABl. C 328 v. 7. 12. 1987, S. 1.

Eine Reihe umweltrechtlicher Vorschriften der Europäischen Gemeinschaften sind deshalb auf eine solche organisatorische Standardisierung gerichtet. Hierzu sollen auch Regelungen zur Einsetzung von beratenden Ausschüssen, über gemeinschaftliche Forschungsprojekte und organisatorische Maßnahmen zur internationalen Zusammenarbeit (Standardisierung auf internationaler Ebene) gerechnet werden:

- Vereinbarung der im Rat vereinigten Vertreter der Regierungen der Mitgliedstaaten vom 5. März 1973 über die Unterrichtung der Kommission und der Mitgliedstaaten im Hinblick auf die etwaige *Harmonisierung von Dringlichkeitsmaßnahmen* im Bereich des Umweltschutzes für das gesamte Gebiet der Gemeinschaft (ABl. C 9 v. 15. 3. 73, S. 1; Durchführungsvorschrift ABl. C 86 v. 20. 7. 74, S. 2);
- Entscheidung 76/161/EWG des Rates vom 8. Dezember 1975 zur Einführung eines gemeinsamen Verfahrens für die Anlage und Fortschreibung eines *Bestandsverzeichnisses der Informationsquellen* auf dem Gebiet des Umweltschutzes in der Gemeinschaft (ABl. L 31 v. 5. 2. 76, S. 8);
- Briefwechsel zwischen der Kommission und dem *Umweltprogramm der Vereinten Nationen* zur Festigung der *Zusammenarbeit* zwischen den beiden Institutionen (ABl. C 248 v. 16. 9. 83, S. 2);
- Richtlinie 85/337/EWG des Rates vom 27. Juni 1985 über die *Umweltverträglichkeitsprüfung bei bestimmten öffentlichen und privaten Projekten* (ABl. L 175 v. 5. 7. 85, S. 40);
- Entscheidung 85/338/EWG des Rates vom 27. Juni 1985 über die Annahme des Arbeitsprogramms der Kommission für ein *Versuchsvorhaben für die Zusammenstellung, Koordinierung und Abstimmung der Informationen über den Zustand der Umwelt und der natürlichen Ressourcen* in der Gemeinschaft (ABl. L 176 v. 6. 7. 85, S. 14);
- Beschluß 86/234/EWG des Rates vom 10. Juni 1986 zur Annahme von *mehrjährigen Forschungs- und Entwicklungsprogrammen auf dem Gebiet der Umwelt* (1986–1990) (ABl. L 159 v. 14. 6. 86, S. 31).

39 Neben diesen allgemeinen querschnittartigen Vorkehrungen bemühen sich die Gemeinschaften auch um **medienspezifische Standardisierungsmaßnahmen,** z. B. im Gewässerschutz:

- Entscheidung 77/795/EWG des Rates vom 12. Dezember 1977 zur Einführung eines gemeinsamen Verfahrens zum *Informationsaustausch über die Qualität des Oberflächensüßwassers* in der Gemeinschaft (ABl. L 334 v. 24. 12. 77, S. 29; letzte Änderung ABl. L 335 v. 28. 11. 86, S. 44);
- Beschluß 80/686/EWG der Kommission vom 25. Juni 1980 zur Einsetzung eines *beratenden Ausschusses auf dem Gebiet der Überwachung und der Verringerung der Ölverschmutzung des Meeres* (ABl. L 188 v. 22. 7. 80, S. 11; Änderung ABl. L 57 v. 27. 2. 87, S. 57);
- Entscheidung 81/971/EWG des Rates vom 3. Dezember 1981 zur Errichtung eines gemeinschaftlichen *Informationssystems zur Überwachung und Verringerung der Ölverschmutzung des Meeres* (ABl. L 355 v. 10. 12. 81, S. 52);
- Entscheidung 86/85/EWG des Rates vom 6. März 1986 zur Errichtung eines gemeinschaftlichen *Informationssystems zur Überwachung und Verringerung der Meeresverschmutzung durch Öl und andere gefährliche Stoffe* (ABl. L 77 v. 22. 3. 86, S. 33);
- Beschluß 86/479/EWG der Kommission vom 18. September 1986 zur Einsetzung eines *beratenden Ausschusses für den Umweltschutz in besonders gefährdeten Gebieten (Mittelmeerbecken)* (ABl. L 282 v. 3. 10. 86, S. 23);

Abfallrecht:

- Beschluß 76/431/EWG der Kommission vom 21. April 1976 zur Einsetzung eines *Ausschusses für Abfallwirtschaft* (ABl. L 115 v. 1. 5. 76, S. 73);
- Entschließung des Rates vom 26. Juni 1975 zur Ausdehnung der *Zuständigkeit des beratenden Programmausschusses* für das Programm *„Behandlung und Lagerung radioaktiver Abfälle“* (direkte Aktion) auf das Programm „Bewirtschaftung und Lagerung radioaktiver Abfälle“ (indirekte Aktion) (ABl. C 153 v. 9. 7. 75, S. 10);
- Entschließung des Rates vom 18. Februar 1980 betreffend den beratenden Programmausschuß im Bereich der Forschung *„Bewirtschaftung und Lagerung radioaktiver Abfälle“* (ABl. C 51 v. 29. 2. 80, S. 4);

Stoffrecht:
- Beschluß 78/436/EWG der Kommission vom 21. April 1978 zur Einsetzung eines *wissenschaftlichen Ausschusses für Schädlingsbekämpfungsmittel* (ABl. L 124 v. 12. 5. 78, S. 16);
- Beschluß 78/618/EWG der Kommission vom 28. Juni 1978 zur Einsetzung eines *beratenden Ausschusses für die Prüfung der Toxizität und Ökotoxizität chemischer Verbindungen* (ABl. L 198 v. 22. 7. 78, S. 17; letzte Änderung ABl. L 105 v. 26. 4. 88, S. 29);
- Entscheidung 81/437/EWG der Kommission vom 11. Mai 1981 zur Festlegung der Kriterien, nach denen die Mitgliedstaaten der Kommission die *Auskünfte für das Verzeichnis der chemischen Stoffe* erteilen (ABl. L 167 v. 24. 6. 81, S. 31);
- Richtlinie 87/18/EWG des Rates vom 18. Dezember 1986 zur Angleichung der Rechts- und Verwaltungsvorschriften für die Anwendung der *Grundsätze der Guten Laborpraxis* und zur Kontrolle ihrer Anwendung bei Versuchen mit chemischen Stoffen (ABl. L 15 v. 17. 1. 87, S. 29).

c) Medienspezifisches Umweltrecht

Im Gegensatz zu den genannten umfassenden Perspektiven und Strategien, wie sie regelmäßig in den erwähnten rechtlich unverbindlichen Aktionsprogrammen der Europäischen Gemeinschaften für den Umweltschutz proklamiert werden, beschränkt sich die konkrete (verbindliche) Rechtsetzung der Gemeinschaften (bisher) noch weitgehend auf herkömmliche medienspezifische **Regelungen von Einzelproblemen.** Selbst diese sind unter Berücksichtigung der relativ kurzen Zeitspanne und der kompetentiellen Unsicherheiten nach Zahl und Intensität der Regelungen bereits sehr beachtlich. Dabei weicht die systematische Zuordnung einzelner Materien punktuell von der im deutschen Umweltrecht üblichen und auch hier zugrunde gelegten Einteilung ab: So erfaßt das EG-Recht etwa den Schutz des Waldes vor Luftverunreinigungen primär unter dem Gesichtspunkt des Naturschutzes und nicht des Immissionsschutzes; die unterschiedliche (und gleichermaßen vertretbare) Rubrizierung ändert indes nichts am jeweiligen Regelungsgegenstand. **40**

aa) Immissionsschutzrecht

Gemessen an der Dringlichkeit des Problems nimmt sich das Gemeinschaftsrecht auf dem Gebiet der **Luftverschmutzung** bisher qualitativ eher bescheiden aus (vgl. auch § 7 Rn. 13). Während detaillierte **Lärmschutzvorschriften** für bestimmte Geräte und Maschinen im Rat konsensfähig erscheinen, sind etwa die bekannten Schwierigkeiten bei der Festlegung von gemeinschaftsrechtlichen Abgasvorschriften für Kraftfahrzeuge (vor allem wegen ihrer wettbewerbsbeeinflussenden Wirkung) beträchtlich. Einheitliche Normen der EG betreffen vor allem Abgase von Kraftfahrzeugmotoren (die den US-Standard immer noch nicht erreichen), den Bleigehalt der Luft sowie Luftqualitätsnormen für Stickstoffdioxid. Aktuell wird schließlich auch der gemeinschaftsweite Schutz des Waldes gegen die Luftverschmutzung.[74] **41**

Zur Luftreinhaltung sind insbesondere folgende Rechtsakte zu beachten:
- Richtlinie 70/220/EWG des Rates vom 20. März 1970 zur Angleichung der Rechtsvorschriften der Mitgliedstaaten über Maßnahmen gegen die *Verunreinigung der Luft durch Abgase von Kraftfahrzeugmotoren mit Fremdzündung* (ABl. L 76 v. 6. 4. 70, S. 1; letzte Änderung ABl. L 36 v. 9. 2. 88, S. 1);

---

[74] Verordnung (EWG) Nr. 3528/86 des Rates vom 17. 11. 1986 über den Schutz des Waldes in der Gemeinschaft gegen Luftverschmutzung, ABl. L 326 v. 21. 11. 1986, S. 2; vgl. auch *Gündling*, UPR 1985, 403ff.

- Richtlinie 75/716/EWG des Rates vom 24. November 1975 zur Angleichung der Rechtsvorschriften der Mitgliedstaaten über den *Schwefelgehalt bestimmter flüssiger Brennstoffe* (ABl. L 307 v. 27. 11. 75, S. 22; Änderung ABl. L 91 v. 3. 4. 87, S. 19);
- Richtlinie 80/779/EWG des Rates vom 15. Juli 1980 über *Grenzwerte und Leitwerte der Luftqualität für Schwefeldioxid und Schwebestaub* (ABl. L 229 v. 30. 8. 80, S. 30; letzte Änderung ABl. L 319 v. 7. 11. 81, S. 18);
- Entschließung des Rates vom 15. Juli 1980 über *grenzüberschreitende Luftverschmutzung durch Schwefeldioxid und Schwebstaub* (ABl. C 222 v. 30. 8. 80, S. 1);
- Entscheidung 82/459/EWG des Rates vom 24. Juni 1982 zur Einführung eines gegenseitigen *Austausches von Informationen* und Daten aus Meßnetzen und einzelnen Stationen zur Erfassung der *Luftverschmutzung* in den Mitgliedstaaten (ABl. L 210 v. 19. 7. 82, S. 1);
- Richtlinie 82/884/EWG des Rates vom 3. Dezember 1982 betreffend einen *Grenzwert für den Bleigehalt in der Luft* (ABl. L 378 v. 31. 12. 82, S. 15);
- Richtlinie 84/360/EWG des Rates vom 28. Juni 1984 zur Bekämpfung der *Luftverunreinigung durch Industrieanlagen* (ABl. L 188 v. 16. 7. 84, S. 20);
- Richtlinie 85/203/EWG des Rates vom 7. März 1985 über *Luftqualitätsnormen für Stickstoffdioxid* (ABl. L 87 v. 27. 3. 85, S. 1; Änderung ABl. L 372 v. 31. 12. 85, S. 36);
- Richtlinie 85/210/EWG des Rates vom 20. März 1985 zur Angleichung der Rechtsvorschriften der Mitgliedstaaten über den *Bleigehalt von Benzin* (ABl. L 96 v. 3. 4. 85, S. 25; letzte Änderung ABl. L 225 v. 13. 8. 87, S. 33);
- Verordnung (EWG) Nr. 3528/86 des Rates vom 17. November 1986 über den *Schutz des Waldes* in der Gemeinschaft *gegen Luftverschmutzung* (ABl. L 326 v. 21. 11. 86, S. 2; Durchführungsvorschrift ABl. L 53 v. 21. 2. 87, S. 14);
- Verordnung (EWG) Nr. 526/87 der Kommission vom 20. Februar 1987 mit Durchführungsbestimmungen zur Verordnung (EWG) Nr. 3528/86 des Rates über den *Schutz des Waldes* in der Gemeinschaft *gegen Luftverschmutzung* (ABl. L 53 v. 21. 2. 87, S. 14);
- Richtlinie 87/217/EWG des Rates vom 19. März 1987 zur Verhütung und Verringerung der Umweltverschmutzung durch *Asbest* (ABl. L 85 v. 28. 3. 87, S. 40);
- Verordnung (EWG) Nr. 1696/87 der Kommission vom 10. Juni 1987 mit Durchführungsbestimmungen zu der Verordnung (EWG) Nr. 3528/86 des Rates über den *Schutz des Waldes* in der Gemeinschaft *gegen Luftverschmutzungen (Erhebungen, Netz, Berichte)* (ABl. L 161 v. 22. 6. 87, S. 1);
- Verordnung (EWG) Nr. 1697/87 der Kommission vom 10. Juni 1987 über Durchführungsbestimmungen zu der Verordnung (EWG) Nr. 3528/86 des Rates über den *Schutz des Waldes* in der Gemeinschaft *gegen Luftverschmutzung (Zahlung des Zuschusses)* (ABl. L 161 v. 22. 6. 87, S. 23);
- Richtlinie 88/77/EWG des Rates vom 3. Dezember 1987 zur Angleichung der Rechtsvorschriften der Mitgliedstaaten über Maßnahmen gegen die *Emission gasförmiger Schadstoffe aus Dieselmotoren zum Antrieb von Fahrzeugen* (ABl. L 36 v. 9. 2. 88, S. 33);
- Entschließung des Rates vom 14. Oktober 1988 zur *Begrenzung der Verwendung von Fluorchlorkohlenwasserstoffen und Halonen* (ABl. C 285 v. 9. 11. 88, S. 1).

Der Lärmbekämpfung dienen insbesondere folgende Richtlinien:

- Richtlinie 70/157/EWG des Rates vom 6. Februar 1970 zur Angleichung der Rechtsvorschriften der Mitgliedstaaten über den zulässigen *Geräuschpegel und* die *Auspuffvorrichtung von Kraftfahrzeugen* (ABl. L 42 v. 23. 2. 70, S. 16; letzte Änderung ABl. L 192 v. 11. 7. 87, S. 43);
- Richtlinie 78/1015/EWG des Rates vom 23. November 1978 zur Angleichung der Rechtsvorschriften der Mitgliedstaaten über den zulässigen *Geräuschpegel und* die *Auspuffanlage von Krafträdern* (ABl. L 349 v. 13. 12. 78, S. 21; letzte Änderung ABl. L 24 v. 27. 1. 87, S. 42);
- Richtlinie 79/113/EWG des Rates vom 19. Dezember 1978 zur Angleichung der Rechtsvorschriften der Mitgliedstaaten betreffend die *Ermittlung des Geräuschemissionspegels von Baumaschinen und Baugeräten* (ABl. L 33 v. 8. 2. 79, S. 15; letzte Änderung ABl. L 233 v. 30. 8. 85, S. 9);
- Richtlinie 80/51/EWG des Rates vom 20. Dezember 1979 zur Verringerung der *Schallemissionen von Unterschalluftfahrzeugen* (ABl. L 18 v. 24. 1. 80, S. 26; Änderung ABl. L 117 v. 4. 5. 83, S. 15);
- Richtlinie 84/533/EWG des Rates vom 17. September 1984 zur Angleichung der Rechtsvor-

schriften der Mitgliedstaaten über den zulässigen *Schalleistungspegel von Motorkompressoren* (ABl. L 300 v. 19. 11. 84, S. 123; Änderung ABl. L 233 v. 30. 8. 85, S. 11);
- Richtlinie 84/534/EWG des Rates vom 17. September 1984 zur Angleichung der Rechtsvorschriften der Mitgliedstaaten betreffend den zulässigen *Schalleistungspegel von Turmdrehkränen* (ABl. L 300 v. 19. 11. 84, S. 130; Änderung ABl. L 220 v. 8. 8. 87, S. 60);
- Richtlinie 84/535/EWG des Rates vom 17. September 1984 zur Angleichung der Rechtsvorschriften der Mitgliedstaaten über den zulässigen *Schalleistungspegel von Schweißstromerzeugern* (ABl. L 300 v. 19. 11. 84, S. 142; Änderung ABl. L 233 v. 30. 8. 85, S. 16);
- Richtlinie 84/536/EWG des Rates vom 17. September 1984 zur Angleichung der Rechtsvorschriften der Mitgliedstaaten über den zulässigen *Schalleistungspegel von Kraftstromerzeugern* (ABl. L 300 v. 19. 11. 84, S. 149; Änderung ABl. L 233 v. 30. 8. 85, S. 18);
- Richtlinie 84/537/EWG des Rates vom 17. September 1984 zur Angleichung der Rechtsvorschriften der Mitgliedstaaten über den zulässigen *Schalleistungspegel handbedienter Betonbrecher und Abbau-, Aufbruch- und Spatenhämmer* (ABl. L 300 v. 19. 11. 84, S. 156; Änderung ABl. L 233 v. 30. 8. 85, S. 20);
- Richtlinie 84/538/EWG des Rates vom 17. September 1984 zur Angleichung der Rechtsvorschriften der Mitgliedstaaten über den zulässigen *Schalleistungspegel von Rasenmähern* (ABl. L 300 v. 19. 11. 84, S. 171; letzte Änderung ABl. L 81 v. 26. 3. 88, S. 71);
- Richtlinie 86/594/EWG des Rates vom 1. Dezember 1986 über die *Geräuschemissionen von Haushaltsgeräten* (ABl. L 344 v. 6. 12. 86, S. 24);
- Richtlinie 86/662/EWG des Rates vom 22. Dezember 1986 zur Begrenzung des *Geräuschemissionspegels von Hydraulikbaggern, Seilbaggern, Planiermaschinen, Ladern und Baggerladern* (ABl. L 384 v. 31. 12. 86, S. 1).

bb) Atom- und Strahlenschutzrecht

Bedingt durch die ausdrückliche Kompetenzzuweisung in Art. 30ff. EAGV gehört 42
das Atom- und Strahlenschutzrecht zu den frühesten umweltrechtlichen Regelungsmaterien der Europäischen Gemeinschaften. Dies gilt zumindest für den vertraglich festgelegten Bereich des Schutzes der Bevölkerung und der Arbeitskräfte vor den Gefahren ionisierender Strahlungen. Dagegen stoßen darüber hinausgehende gemeinschaftsrechtliche Regelungen auf starke nationale Vorbehalte insbesondere solcher Staaten, die ihre Energiepolitik zunehmend auf die Nutzung der Kernenergie ausgerichtet haben.[75] Zusätzliche Befugnisse werden der Kommission insbesondere bei der Möglichkeit grenzüberschreitender Auswirkungen von besonders gefährlichen Versuchen (Art. 34 EAGV) und von radioaktiven Ableitungen (Art. 37 EAGV) eingeräumt. Eher singulär blieben dagegen bisher die Bemühungen, auch Sicherheitsfragen von Kernkraftwerken gemeinschaftsrechtlich zu regeln.[76] Neue Aufgaben dürften sich dem Gemeinschaftsrecht zunehmend auch mit dem Problem der radioaktiven Abfallstoffe stellen; die bisherigen Aktivitäten beschränken sich jedoch insoweit noch auf Forschungs- und programmatische Vorarbeiten.

Im einzelnen handelt es sich u. a. um folgende Rechtsakte:
- Richtlinien zur Festlegung der *Grundnormen für den Gesundheitsschutz der Bevölkerung und der Arbeitskräfte gegen die Gefahren ionisierender Strahlungen* (ABl. L 11 v. 20. 2. 59, S. 221; Änderung ABl. L 57 v. 9. 7. 62, S. 1633);
- Beschluß 75/406/Euratom des Rates vom 26. Juni 1975 über ein *Programm für die Bewirtschaftung und Lagerung radioaktiver Abfälle* (ABl. L 178 v. 9. 7. 75, S. 28);
- Entschließung des Rates vom 26. Juni 1975 zur Ausdehnung der *Zuständigkeit des beratenden Programmausschusses* für das Programm *„Behandlung und Lagerung radioaktiver Abfälle"* (direkte

---

[75] *E. Rehbinder/Stewart* (FN 18), S. 98; zu den Euratom-Grundnormen *Eriskat/v. Pander,* DVBl. 1984, 69ff.
[76] Dazu ausführlich *Kloepfer/Kohler,* Kernkraftwerk und Staatsgrenze, 1981, S. 107ff.; *Bischof,* Rechtsgutachten zur Rechtmäßigkeit der Errichtung und des Betriebs der französischen Kernenergiezentrale Cattenom, 1986 (maschinenschriftlich), S. 6ff.

Aktion) auf das Programm *„Bewirtschaftung und Lagerung radioaktiver Abfälle"* (indirekte Aktion) (ABl. C 153 v. 9. 7. 75, S. 10);
- Richtlinie 76/579/Euratom des Rates vom 1. Juni 1976 zur Festlegung der *überarbeiteten Grundnormen für den Gesundheitsschutz der Bevölkerung und der Arbeitskräfte gegen die Gefahren ionisierender Strahlungen* (ABl. L 187 v. 12. 7. 76, S. 1; Änderung ABl. L 246 v. 17. 9. 80, S. 1);
- Beschluß 80/237/Euratom des Rates vom 18. Februar 1980 über die Einsetzung eines beratenden Ad-hoc-Ausschusses für die *Aufarbeitung bestrahlter Kernbrennstoffe* (ABl. L 52 v. 26. 2. 80, S. 9);
- Richtlinie 80/836/Euratom des Rates vom 15. Juli 1980 zur *Änderung* der Richtlinien, mit denen die *Grundnormen für den Gesundheitsschutz der Bevölkerung und der Arbeitskräfte gegen die Gefahren ionisierender Strahlungen* festgelegt wurden (ABl. L 246 v. 17. 9. 80, S. 1; Änderung ABl. L 265 v. 5. 10. 84, S. 4);
- Entschließung des Rates vom 18. Februar 1980 zur Durchführung eines *Aktionsplans* der Gemeinschaft auf dem Gebiet der *radioaktiven Abfallstoffe* (ABl. C 51 v. 29. 2. 80, S. 1);
- Entschließung des Rates vom 18. Februar 1980 betreffend den *beratenden Programmausschuß* im Bereich der Forschung *„Bewirtschaftung und Lagerung radioaktiver Abfälle"* (ABl. C 51 v. 29. 2. 80, S. 4);
- Entschließung des Rates vom 18. Februar 1980 betreffend die *Aufarbeitung bestrahlter Kernbrennstoffe* (ABl. C 51 v. 29. 2. 80, S. 4);
- Empfehlung 82/74/Euratom der Kommission vom 3. Februar 1982 auf dem Gebiet der *Lagerung und Wiederaufarbeitung bestrahlter Kernbrennstoffe* (ABl. L 37 v. 10. 2. 82, S. 36);
- Empfehlung 82/181/Euratom der Kommission vom 3. Februar 1982 betreffend die *Anwendung von Artikel 37 des Euratom-Vertrags* (ABl. L 83 v. 29. 3. 82, S. 15);
- Richtlinie 84/466/Euratom des Rates vom 3. September 1984 zur Festlegung der grundlegenden Maßnahmen für den *Strahlenschutz bei ärztlichen Untersuchungen und Behandlungen* (ABl. L 265 v. 5. 10. 84, S. 1);
- Beschluß 85/199/Euratom des Rates vom 12. März 1985 zur Festlegung eines *Forschungs- und Entwicklungsprogramms zur Bewirtschaftung und Lagerung radioaktiver Abfälle* (1985–1989) (ABl. L 83 v. 25. 3. 85, S. 20);
- Entscheidung 87/600/Euratom des Rates vom 14. Dezember 1987 über Gemeinschaftsvereinbarungen für den *beschleunigten Informationsaustausch im Fall einer radiologischen Notstandssituation* (ABl. L 371 v. 30. 12. 87, S. 76).

cc) Naturschutzrecht

43 Gemeinschaftsrechtliche Vorschriften im Bereich des Naturschutzes konzentrieren sich v. a. auf das Artenschutzrecht und betreffen häufig internationale Übereinkommen bzw. sind zu deren Ausführung ergangen:

- Empfehlung 75/66/EWG der Kommission vom 20. Dezember 1974 an die Mitgliedstaaten zum *Schutz der Vögel und ihrer natürlichen Lebensräume* (ABl. L 21 v. 28. 1. 75, S. 24);
- Richtlinie 79/409/EWG des Rates vom 2. April 1979 über die *Erhaltung der wildlebenden Vogelarten* (ABl. L 103 v. 25. 4. 79, S. 1; letzte Änderung ABl. L 100 v. 16. 4. 86, S. 22);
- Entschließung des Rates vom 2. April 1979 zu der Richtlinie 79/409/EWG über die *Erhaltung der wildlebenden Vogelarten* (ABl. C 103 v. 25. 4. 79, S. 6);
- Verordnung (EWG) Nr. 348/81 des Rates vom 20. Januar 1981 über eine gemeinsame Regelung für die *Einfuhr von Walerzeugnissen* (ABl. L 39 v. 12. 2. 81, S. 1);
- Verordnung (EWG) Nr. 3626/82 des Rates vom 3. Dezember 1982 zur Anwendung des Übereinkommens über den internationalen *Handel mit gefährdeten Arten freilebender Tiere und Pflanzen in der Gemeinschaft* (ABl. L 384 v. 31. 12. 82, S. 1; letzte Änderung ABl. L 87 v. 30. 3. 88, S. 67);
- Richtlinie 83/129/EWG des Rates vom 28. März 1983 betreffend die *Einfuhr* in die Mitgliedstaaten *von Fellen bestimmter Jungrobben und Waren daraus* (ABl. L 91 v. 9. 4. 83, S. 30; Verlängerung ABl. L 259 v. 1. 10. 85, S. 70);
- Verordnung (EWG) Nr. 3418/83 der Kommission vom 28. November 1983 mit Bestimmungen für eine einheitliche Erteilung und Verwendung der bei der Anwendung des Übereinkommens über den internationalen *Handel mit gefährdeten Arten freilebender Tiere und Pflanzen* in der Gemeinschaft erforderlichen *Dokumente* (ABl. L 344 v. 7. 12. 83, S. 1);

- Verordnung (EWG) Nr. 3529/86 des Rates vom 17. November 1986 über den *Schutz des Waldes* in der Gemeinschaft *gegen Brände* (ABl. L 326 v. 21. 11. 86, S. 5; Durchführungsvorschrift ABl. L 53 v. 21. 2. 87, S. 1);
- Verordnung (EWG) Nr. 525/87 der Kommission vom 20. Februar 1987 mit Durchführungsbestimmungen zur Verordnung (EWG) Nr. 3529/86 des Rates über den *Schutz des Waldes* in der Gemeinschaft *gegen Brände* (ABl. L 53 v. 21. 2. 87, S. 1);
- Verordnung (EWG) Nr. 1698/87 der Kommission vom 10. Juni 1987 über Durchführungsbestimmungen zu der Verordnung (EWG) Nr. 3529/86 des Rates über den *Schutz des Waldes* in der Gemeinschaft *gegen Brände (Zahlung des Zuschusses)* (ABl. L 161 v. 22. 6. 87, S. 29);
- Entschließung des Rates und der im Rat vereinigten Vertreter der Regierungen der Mitgliedstaaten der Europäischen Gemeinschaften vom 5. Januar 1983 betreffend *Jungrobben* (ABl. C 14 v. 18. 1. 83, S. 1).

dd) Gewässerschutzrecht

Der Gewässerschutz zählt zu den Kernbereichen des gemeinschaftlichen Umweltrechts. Die Gemeinschaften erweisen sich hier wegen der „quasi-natürlichen" Internationalität der Meeresverschmutzung und der Verschmutzung grenzüberschreitender Flüsse als geeignete Aktionsebene. Im Bereich der Meeresverschmutzung und der Rheinverschmutzung liegen Schwerpunkte in der Beteiligung der Gemeinschaften an internationalen Abkommen (s. o. Rn. 30). Daneben ist aber auch die interne Gewässerverschmutzung Gegenstand gemeinschaftsrechtlicher Regelungen, die in der Tendenz auf eine umfassende gemeinschaftsweite Sicherstellung der Wasserversorgung hinauslaufen könnte.[77] (Rechtliche) Mittel im Kampf gegen die Gewässerverschmutzung sind insbesondere die Festlegung von Qualitätszielen für Gewässer, von Ableitungswerten für gefährliche Stoffe sowie Produktstandards für Detergentien und Konstruktionsstandards für Schiffe zur Verhinderung der Ölverschmutzung.[78] 44

Besondere Hervorhebung verdienen folgende Rechtsakte:

- Richtlinie 75/440/EWG des Rates vom 16. Juni 1975 über die *Qualitätsanforderungen an Oberflächenwasser für die Trinkwassergewinnung* in den Mitgliedstaaten (ABl. L 194 v. 25. 7. 75, S. 34; Änderung ABl. L 271 v. 29. 10. 79, S. 44);
- Richtlinie 76/160/EWG des Rates vom 8. Dezember 1975 über die *Qualität der Badegewässer* (ABl. L 31 v. 5. 2. 76, S. 1);
- Richtlinie 76/464/EWG des Rates vom 4. Mai 1976 betreffend die Verschmutzung infolge der *Ableitung bestimmter gefährlicher Stoffe in die Gewässer der Gemeinschaft* (ABl. L 129 v. 18. 5. 76, S. 23);
- Entscheidung 77/795/EWG des Rates vom 12. Dezember 1977 zur Einführung eines gemeinsamen Verfahrens zum *Informationsaustausch über die Qualität des Oberflächensüßwassers* in der Gemeinschaft (ABl. L 334 v. 24. 12. 77, S. 29; letzte Änderung ABl. L 335 v. 28. 11. 86, S. 44);
- Entschließung des Rates vom 26. Juni 1978 zur *Erstellung eines Aktionsprogramms* der Europäischen Gemeinschaften auf dem Gebiet der *Überwachung und Verringerung der Ölverschmutzung des Meeres* (ABl. C 162 v. 8. 7. 78, S. 1);
- Richtlinie 79/869/EWG des Rates vom 9. Oktober 1979 über die Meßmethoden sowie über die Häufigkeit der *Probenahmen und* der *Analysen des Oberflächenwassers für die Trinkwassergewinnung* in den Mitgliedstaaten (ABl. L 271 v. 29. 10. 79, S. 44; letzte Änderung ABl. L 319 v. 7. 11. 81, S. 16);
- Richtlinie 79/923/EWG des Rates vom 30. Oktober 1979 über die *Qualitätsforderungen an Muschelgewässer* (ABl. L 281 v . 10. 11. 79, S. 47);

---

[77] Vgl. Entschließung des Rates und der im Rat vereinigten Vertreter der Regierungen der Mitgliedstaaten der Europäischen Gemeinschaften vom 3. 10. 1984 betreffend neue Formen der Zusammenarbeit auf dem Sektor der Wasserversorgung, ABl. C 272 v. 12. 10. 1984, S. 2.

[78] Einzelheiten bei *Offermann-Clas,* NJW 1986, 1388ff.; *E. Rehbinder/Stewart* (FN 18), S. 61ff.; *Scheuer,* ZfU 1982, 65ff.; *Möbs,* RdWWi 1978, 13ff.

- Richtlinie 80/68/EWG des Rates vom 17. Dezember 1979 über den *Schutz des Grundwassers gegen Verschmutzung durch bestimmte gefährliche Stoffe* (ABl. L 20 v. 26. 1. 80, S. 43);
- Beschluß 80/686/EWG der Kommission vom 25. Juni 1980 zur Einsetzung eines *beratenden Ausschusses* auf dem Gebiet der *Überwachung und* der *Verringerung der Ölverschmutzung des Meeres* (ABl. L 188 v. 22. 7. 80, S. 11; letzte Änderung ABl. L 57 v. 27. 2. 87, S. 57);
- Richtlinie 80/778/EWG des Rates vom 15. Juli 1980 über die *Qualität von Wasser für den menschlichen Gebrauch* (ABl. L 229 v. 30. 8. 80, S. 11; letzte Änderung ABl. L 319 v. 7. 11. 81, S. 19);
- Entschließung des Rates vom 7. Februar 1983 zur *Bekämpfung der Gewässerverschmutzung* (ABl. C 46 v. 17. 2. 83, S. 17);
- Entschließung des Rates und der im Rat vereinigten Vertreter der Regierungen der Mitgliedstaaten der Europäischen Gemeinschaften vom 3. Oktober 1984 betreffend neue Formen der *Zusammenarbeit auf dem Sektor der Wasserversorgung* (ABl. C 272 v. 12. 10. 84, S. 2);
- Entscheidung 86/85/EWG des Rates vom 6. März 1986 zur Errichtung eines gemeinschaftlichen *Informationssystems zur Überwachung und Verringerung der Meeresverschmutzung durch Öl und andere gefährliche Stoffe* (ABl. L 77 v. 22. 3. 86, S. 33);
- Richtlinie 86/280/EWG des Rates vom 12. Juni 1986 betreffend *Grenzwerte und Qualitätsziele für die Ableitung bestimmter gefährlicher Stoffe* im Sinne der Liste I im Anhang der Richtlinie 76/464/EWG (ABl. L 181 v. 4. 7. 86, S. 16).

ee) Abfallrecht

45 Auf dem Gebiet der **Abfallwirtschaft** wird die Gemeinschaftspolitik durch eine allgemeine Rahmenrichtlinie[79] konkretisiert, diese wird wiederum ergänzt und ausgefüllt durch Richtlinien für spezielle Abfallprobleme. Die hierbei verfolgte Strategie in Richtung auf eine Abfallbewirtschaftung, insbesondere durch die Verhinderung des Entstehens und die Wiederverwendung von Abfallstoffen, entspricht in der Tendenz der nationalen Abfallpolitik auch in der Bundesrepublik Deutschland (s. § 12 Rn. 15).[80]

Im einzelnen handelt es sich insbesondere um folgende Rechtsakte:

- Richtlinie 75/439/EWG des Rates vom 16. Juni 1975 über die *Altölbeseitigung* (ABl. L 194 v. 25. 7. 75, S. 31; Änderung ABl. L 42 v. 12. 2. 87, S. 43);
- Richtlinie 75/442/EWG des Rates vom 15. Juli 1975 über *Abfälle* (ABl. L 194 v. 25. 7. 75, S. 47);
- Richtlinie 76/403/EWG des Rates vom 6. April 1976 über die *Beseitigung polychlorierter Biphenyle und Terphenyle* (ABl. L 108 v. 26. 4. 76, S. 41);
- Beschluß 76/431/EWG der Kommission vom 21. April 1976 zur Einsetzung eines *Ausschusses für Abfallwirtschaft* (ABl. L 115 v. 1. 5. 76, S. 73);
- Richtlinie 78/176/EWG des Rates vom 20. Februar 1978 über *Abfälle aus der Titandioxid-Produktion* (ABl. L 54 v. 25. 2. 78, S. 19; letzte Änderung ABl. L 32 v. 3. 2. 83, S. 28);
- Richtlinie 78/319/EWG des Rates vom 20. März 1978 über *giftige und gefährliche Abfälle* (ABl. L 84 v. 31. 3. 78, S. 43);
- Empfehlung 81/972/EWG des Rates vom 3. Dezember 1981 über die *Wiederverwendung von Altpapier und die Verwendung von Recyclingpapier* (ABl. L 355 v. 10. 12. 81, S. 56);
- Richtlinie 84/631/EWG des Rates vom 6. Dezember 1984 über die Überwachung und Kontrolle – in der Gemeinschaft – der *grenzüberschreitenden Verbringung gefährlicher Abfälle* (ABl. L 326 v. 13. 12. 84, S. 31; letzte Änderung ABl. L 181 v. 4. 7. 86, S. 13);
- Richtlinie 86/278/EWG des Rates vom 12. Juni 1986 über den Schutz der Umwelt und insbesondere der Böden bei der *Verwendung von Klärschlamm in der Landwirtschaft* (ABl. L 181 v. 4. 7. 86, S. 6);
- Richtlinie 85/339/EWG des Rates vom 27. Juni 1985 über *Verpackungen für flüssige Lebensmittel* (ABl. L 176 v. 6. 7. 85, S. 18).

---

[79] Richtlinie 75/442/EWG des Rates vom 15. 7. 1975 über Abfälle, ABl. L 194 v. 25. 7. 1975, S. 47.
[80] Vgl. im einzelnen *Offermann-Clas,* DVBl. 1981, 1125 ff.; *E. Rehbinder/Stewart* (FN 18), S. 88 ff.

ff) Gefahrstoffrecht

Das wegen seiner „vorumweltrechtlichen“ Tradition systematisch weitgehend dem Verbraucher- und Gesundheitsschutzrecht der Europäischen Gemeinschaft zugeordnete und relativ stark durchgebildete Gefahrstoffrecht behandelt vorwiegend chemische Zusätze in Lebensmitteln, Einstufung, Verpackung und Kennzeichnung gefährlicher Stoffe, Beschränkungen des Inverkehrbringens und der Verwendung gefährlicher Stoffe sowie die Verhütung von Unfällen bei Produktion, Handhabung und Lagerung solcher Substanzen.[81] Eine Vorreiterrolle spielt die EG bei der Normierung der **Gentechnik** (vgl. § 13 Rn. 204ff.). 46

Speziell gegen Umweltgefahren richten sich insbesondere folgende Rechtsakte:

- Richtlinie 67/548/EWG des Rates vom 27. Juni 1967 zur Angleichung der *Rechts- und Verwaltungsvorschriften für die Einstufung, Verpackung und Kennzeichnung gefährlicher Stoffe* (ABl. L 196 v. 16. 8. 67, S. 1; letzte Änderung ABl. L 133 v. 30. 5. 88, S. 1);
- Richtlinie 73/404/EWG des Rates vom 22. November 1973 zur Angleichung der Rechtsvorschriften der Mitgliedstaaten über *Detergentien* (ABl. L 347 v. 17. 12. 73, S. 51; letzte Änderung ABl. L 80 v. 25. 3. 86, S. 51);
- Richtlinie 73/405/EWG des Rates vom 22. November 1973 zur Angleichung der Rechtsvorschriften der Mitgliedstaaten über die *Methoden zur Kontrolle der biologischen Abbaubarkeit anionischer grenzflächenaktiver Substanzen* (ABl. L 347 v. 17. 12. 73, S. 53; Änderung ABl. L 109 v. 22. 4. 82, S. 18);
- Richtlinie 76/769/EWG des Rates vom 27. Juli 1976 zur Angleichung der Rechts- und Verwaltungsvorschriften der Mitgliedstaaten für *Beschränkungen des Inverkehrbringens und der Verwendung gewisser gefährlicher Stoffe und Zubereitungen* (ABl. L 262 v. 27. 9. 76, S. 201; letzte Änderung ABl. L 375 v. 31. 12. 85, S. 1);
- Richtlinie 77/312/EWG des Rates vom 29. März 1977 über die *biologische Überwachung der Bevölkerung auf Gefährdung durch Blei* (ABl. L 105 v. 28. 4. 77, S. 10);
- Beschluß 78/618/EWG der Kommission vom 28. Juni 1978 zur Einsetzung eines *beratenden wissenschaftlichen Ausschusses* für *die Prüfung der Toxizität und Ökotoxizität chemischer Verbindungen* (ABl. L 198 v. 22. 7. 78, S. 17; letzte Änderung ABl. L 105 v . 26. 4. 88, S. 29);
- Richtlinie 79/117/EWG des Rates vom 21. Dezember 1978 über das Verbot des Inverkehrbringens und der Anwendung von *Pflanzenschutzmitteln,* die bestimmte Wirkstoffe enthalten (ABl. L 33 v. 8. 2. 79, S. 36; letzte Änderung ABl. L 273 v. 26. 9. 87, S. 40);
- Entschließung des Rates vom 30. Mai 1978 über *Fluorkohlenstoffe* in der Umwelt (ABl. C 133 v. 7. 6. 78, S. 1);
- Entscheidung 80/372/EWG des Rates vom 26. März 1980 über *Fluorchlorkohlenwasserstoffe* in der Umwelt (ABl. L 90 v. 3. 4. 80, S. 45);
- Entscheidung 81/437/EWG der Kommission vom 11. Mai 1981 zur Festlegung der Kriterien, nach denen die Mitgliedstaaten der Kommission *Auskünfte für das Verzeichnis der chemischen Stoffe* erteilen (ABl. L 167 v. 24. 6. 81, S. 31);
- Richtlinie 82/501/EWG des Rates vom 24. Juni 1982 über die *Gefahren schwerer Unfälle bei bestimmten Industrietätigkeiten* (ABl. L 230 v. 5. 8. 82, S. 1; letzte Änderung ABl. L 85 v. 28. 3. 87, S. 36);
- Entscheidung 82/795/EWG des Rates vom 15. November 1982 zur Verstärkung der *Vorbeugungsmaßnahmen in bezug auf Fluorchlorkohlenwasserstoffe* in der Umwelt (ABl. L 329 v. 25. 11. 82, S. 29);
- Richtlinie 82/883/EWG des Rates vom 3. Dezember 1982 über die Einzelheiten der Überwachung und Kontrolle der durch die *Ableitungen aus der Titandioxidproduktion* betroffenen Umweltmedien (ABl. L 378 v. 31. 12. 82, S. 1);
- Richtlinie 83/477/EWG des Rates vom 19. September 1983 über den Schutz der Arbeitnehmer gegen Gefährdung durch *Asbest am Arbeitsplatz* (ABl. L 263 v. 24. 9. 83, S. 25);

---

[81] Zur europäischen Rechtsvereinheitlichung im Bereich der Umweltchemikalien *Kloepfer,* UPR 1984, 281ff., 284.

- Richtlinie 84/156/EWG des Rates vom 8. März 1984 betreffend *Grenzwerte und Qualitätsziele für Quecksilberableitungen* mit Ausnahme des Industriezweigs Alkalichloridelektrolyse (ABl. L 74 v. 17. 3. 84, S. 49);
- Beschluß 85/71/EWG der Kommission vom 21. Dezember 1984 über die Liste der angemeldeten Stoffe gemäß der Richtlinie 67/548/EWG des Rates zur Angleichung der Rechts- und Verwaltungsvorschriften für die *Einstufung, Verpackung und Kennzeichnung gefährlicher Stoffe* (ABl. L 30 v. 2. 2. 85, S. 33);
- Richtlinie 87/18/EWG des Rates vom 18. Dezember 1986 zur Angleichung der Rechts- und Verwaltungsvorschriften für die Anwendung der *Grundsätze der Guten Laborpraxis* und zur Kontrolle ihrer Anwendung bei Versuchen mit chemischen Stoffen (ABl. L 15 v. 17. 1. 87, S. 29).

gg) Bodenschutzrecht

46a Einen spezifischen Bezug zu dem sich neu entwickelnden Bodenschutzrecht weist insbesondere die Richtlinie 82/278/EWG des Rates vom 12. Juni 1986 über den *Schutz der Umwelt und insbesondere der Böden bei der Verwendung von Klärschlamm in der Landwirtschaft* (ABl. L 181 v. 4. 7. 86, S. 6) auf.

C. Umweltvölkerrecht

Schrifttum: *Abdelhady,* Le système mondial de surveillance de l'environnement, Revue juridique de l'environnement 1982, 18ff.; *Ando,* The Law of Pollution Prevention in International Rivers and Lakes, in: Zucklin/Caflisch (Hg.), The Legal Regime of International Rivers and Lakes, Den Haag 1981; *Andrassy,* Les relations internationales de voisinage, RdC 79 (1951), 77ff.; *Arsanjani,* International Regulation of International Resources, Charlottesville 1981; *Berber,* Lehrbuch des Völkerrechts (3 Bde.), 2. Aufl., 1969–1977; *Bleckmann,* Das Souveränitätsprinzip im Völkerrecht, ArchVR 23 (1985), 450ff.; *Bosselmann,* Die Festsetzung und Bindungswirkung internationaler technischer Regeln und Standards zum Schutz der Umwelt, UPR 1985, 272ff.; *Bothe,* Umweltschutz als Aufgabe der Rechtswissenschaft, Völkerrecht und Rechtsvergleichung, ZaöRV 32 (1972), S. 483ff.; *ders.,* International Legal Problems of Industrial Siting in Border Areas and National Environmental Policies, in: OECD (Hg.), Transfrontier Pollution and the Role of States, Paris 1981, S. 79ff.; *ders.,* Internationale Umweltorganisationen, in: HdUR, Bd. I, 1986, Sp. 807ff.; *Bourne,* Mediation, Conciliation and Adjudication in the Settlement of International Drainage Basin Disputes, The Canadian Yearbook of International Law 9, Vancouver 1971, S. 114ff.; *Bruha,* Internationale Regelungen zum Schutz vor technisch-industriellen Umweltnotfällen, ZaöRV 44 (1984), 1ff.; *Burhenne,* Internationales Umweltrecht – multilaterale Verträge (4 Bde.), 1974ff.; *ders.,* Internationales Umweltrecht, in: Salzwedel (Hg.), Grundzüge des Umweltrechts, 1982, S. 659ff.; *ders./Irwin,* The World Charter for Nature, 1983; *Caldwell,* International Environmental Policy – Emergence and Dimensions, Durham, N.C. 1984; *Cusine/Grant* (Hg.), The Impact of Marine Pollution, London 1980; *Deutsche Stiftung für Umweltpolitik* (Hg.), Umwelt – Weltweit. Bericht des Umweltprogramms der Vereinten Nationen (UNEP) 1972–1982, 1983; *Dicke,* Mensch, Umwelt und Natur. Zur Prinzipienbildung der Vereinten Nationen, VN 1985, 59ff.; *Dupuy,* La Coopération Régionale Transfrontière et le Droit International, AFDI 1977, 837ff.; *P. Ehlers,* Seeschiffahrt und Umweltschutz, internationale und nationale Rechtsgrundlagen, in: Deutsche Akademie für Verkehrswissenschaft (Hg.), Deutscher Verkehrsrichtertag 1984, S. 302ff.; *ders./Kunig,* Abfallbeseitigung auf Hoher See, 1978; *Flinterman/Kwiatkowska/Lammers* (Hg.), Transboundary Air Pollution, Dordrecht 1986; *Geiger,* Grundgesetz und Völkerrecht, 1985; *Goldschmidt,* Das Problem einer völkerrechtlichen Gefährdungshaftung unter Berücksichtigung des Atom- und Weltraumrechts, 1978; *Gornig,* Schadensersatz bei grenzüberschreitenden Reaktorunfällen, JZ 1986, 979ff.; *Gündling,* Environment, International Protection, in: Bernhardt (Hg.), Encyclopedia of Public International Law, vol. 9, Amsterdam 1986, S. 119ff.; *ders.,* Verantwortlichkeit der Staaten für grenzüberschreitende Umweltbeeinträchtigungen, ZaöRV 45 (1985), 265ff.; *ders.,* Die Wiederaufarbeitungsanlage als Problem des Völkerrechts, in: Roßnagel (Hg.), Rechtsprobleme der Wiederaufbereitung, 1987; *Haager Kolloquium* (Hg.), L'Avenir du Droit International de l'Environnement/The Future of the International Law of Environment, Den Haag 1985; *Handl,* An international legal perspective on the conduct of abnormally dangerous activities in frontier areas: The case of nuclear power plant siting, Ecology Law Quarterly 1978, 1ff.; *M. Huber,* Ein Beitrag zur Lehre von der Gebietshoheit an Grenzflüssen, Zeitschrift für Völkerrecht und Bundesstaatsrecht 1907, 163ff.; *Hugler,* Rechtsfragen der internationalen Zusammenarbeit zum Schutz der Umwelt, NJ 1983, 234ff.; *Kaiser/Linde-*

mann (Hg.), Kernenergie und internationale Politik, 1975; *Kewenig,* Common heritage of mankind – Politischer Slogan oder völkerrechtlicher Schlüsselbegriff?, in: Festschrift für Hans-Jürgen Schlochauer zum 75. Geb., 1981, S. 385ff.; *Kilian,* Umweltschutz durch internationale Organisationen, 1987; *Kimminich,* Völkerrechtliche Haftung für das Handeln Privater im Bereich des internationalen Umweltschutzes, ArchVR 22 (1984), 241ff.; *E. Klein,* Umweltschutz im völkerrechtlichen Nachbarrecht, 1976; *Kolbassow,* Umweltschutz nach Völkerrecht, Moskau 1985; *Krause-Ablaß,* Umweltschutz im Luftraum: Völkerrechtliche Grenzen des Luftverkehrs im Überschallbereich, Festschrift zu Ehren von Alex Meyer, 1975, S. 147ff.; *G. Kühne,* Haftung bei grenzüberschreitenden Schäden aus Kernreaktorunfällen, NJW 1986, 2139ff.; *Kunig,* Dumping at Sea, in: Cusine/Grant (Hg.), The Impact of Marine Pollution, London 1980, S. 181; *Lagoni,* Umweltvölkerrecht, in: Thieme (Hg.), Umweltschutz im Recht, 1988, S. 233ff.; *Lamm,* The utilization of nuclear energy and international law, Budapest 1984; *Lammers,* Pollution of International Watercourses, Den Haag 1984; *Lang,* Haftung und Verantwortlichkeit im internationalen Umweltschutz, in: Festschrift für Alfred Verdross zum 90. Geb., 1980, S. 517ff.; *ders.,* Die Verrechtlichung des internationalen Umweltschutzes, ArchVR 22 (1984), 283ff.; *ders.,* Luft und Ozon – Schutzobjekte des Völkerrechts, ZaöRV 46 (1986), 261ff.; *van Lier,* Acid Rain and International Law, Toronto 1981; *Lohse* (Hg.), Völkerrechtliche Vereinbarungen der Bundesrepublik Deutschland auf dem Gebiet des Umweltschutzes, 1985; *Luge,* Das Ozonproblem und der Versuch einer völkerrechtlichen Lösung, NuR 1985, 16ff.; *Malone,* The Chernobyl Accident, Columbia Journal of Environmental Law 12 (1987), 203ff.; *Menzel/K. Ipsen,* Völkerrecht, 2. Aufl., 1979; *Moser,* Offene Fragen des Genehmigungsverfahrens bei Kernkraftwerken an der Staatsgrenze, insbesondere im Hinblick auf das Völkerrecht, in: Nuclear Inter Jura 1973, 135ff.; *F. G. Müller,* Das internationale Umweltschutz-Management der nordamerikanischen großen Seen, ZfU 1979, 199ff.; *J. P. Müller/Wildhaber,* Praxis des Völkerrechts, 2. Aufl., Bern 1982; *v. Münch,* Umweltschutz im Völkerrecht, ArchVR 15 (1971/72), 386ff.; *ders./Buske* (Hg.), International Law, The Essential Treaties and other Relevant Documents, 1985; *Neuhold/Hummer/Schreuer* (Hg.), Österreichisches Handbuch des Völkerrechts (2 Bde.), Wien 1983; *OECD* (Hg.), Problems in transfrontier pollution, Paris 1974; *dies.,* Legal Aspects of Transfrontier Pollution, Paris 1977; *dies.,* Transfrontier Pollution and the Role of States, Paris 1981; *Oppermann,* Gesetzte Normen des Völkerrechts zum Umweltschutz und die Grundlagen und Verfahren ihres Erlasses, in: Götz/Rauschning/Zieger (Hg.), Umweltschutz und Internationale Wirtschaft, 1975, S. 5ff.; *ders.,* ,,Gute Nachbarschaft" im internationalen und europäischen Umweltschutzrecht, in: Festschrift für Hans Kutscher zum 70. Geb., 1981, S. 301ff.; *Pelzer,* Errichtung und Betrieb von Kernanlagen im Lichte des Völkerrechts, et 1975, 563ff.; *ders.,* The impact of the Chernobyl accident on international nuclear energy law, ArchVR 25 (1987), 294ff.; *Platzöder/Graf Vitzthum,* Seerecht/Law of the Sea, 1984; *Prill,* Völkerrechtliche Aspekte der internationalen Verbreitung ziviler Kernenergienutzung, 1980; *Rauschning,* Umweltschutz als Problem des Völkerrechts, EA 27 (1972), 567ff.; *ders.,* Ein internationales Menschenrecht auf Schutz der Umwelt, in: Festschrift für Werner Weber zum 70. Geb., 1974, S. 719ff.; *ders.,* Allgemeine Völkerrechtsregeln zum Schutz gegen grenzüberschreitende Umweltbeeinträchtigungen, in: Festschrift für Hans-Jürgen Schlochauer zum 75. Geb., 1981, S. 557ff.; *Rest,* Internationaler Umweltschutz, in: LdR, 1981ff., 4/1070 (LdR 15 v. 22. 10. 1985); *ders.,* Tschernobyl und die internationale Haftung – Völkerrechtliche Aspekte, VersR 1986, 609ff.; *ders.,* Fortentwicklung des Umwelthaftungsrechts. Völkerrechtliche und international-privatrechtliche Aspekte, in: Dokumentation zur 12. wissenschaftlichen Fachtagung der Gesellschaft für Umweltrecht e.V. Berlin, 4. und 5. 11. 1988 (im Erscheinen); *Rogalla/Schulte,* Umweltgefährdende Anlagen in Grenznähe aus völkerrechtlicher Sicht, NuR 1987, 193ff.; *Rometsch,* Das Recht der Staaten auf friedliche Nutzung der Kernenergie, VN 1978, 44ff.; *Rüster/Simma/Bock* (Hg.), International Protection of the Environment, Treaties and Related Documents, New York 1975ff.; *Ruzié,* Régime juridique de la Moselle, AFDI 1964, 765ff.; *Sand,* Internationales Umweltrecht im Umweltprogramm der Vereinten Nationen, NuR 1985, 170ff.; *Schneider,* World public order of the environment: Toward an international ecological law and organization, London 1979; *M. Schröder,* Instrumente des internationalen Umweltrechts unter Berücksichtigung der Noumea-Konvention vom 24./25. 11. 1986, in: Jahrbuch des Umwelt- und Technikrechts 1987 (UTR 3), 1987, S. 273ff.; *Seidl-Hohenveldern,* Rechtsvergleichung und internationaler Umweltschutz, ZfRV 17 (1976), 254ff.; *ders.,* Das Recht der internationalen Organisationen, 4. Aufl., 1984; *Siehr,* Grenzüberschreitender Umweltschutz, RabelsZ 45 (1981), 377ff.; *Simma/Handl,* Der österreichisch-tschechoslowakische Vertrag über grenznahe Kernanlagen im Licht des völkerrechtlichen Nachbarrechts, ÖJZ 1985, 174ff.; *Springer,* The International Law of Pollution, Westport, Conn. 1983; *Skala,* Internationale technische Regeln und Standards zum Umweltschutz, 1982; *Skupnik,* Ermahnung ohne Adressaten. Die Weltcharta für die Natur, VN 1983, 12ff.; *Steinberger,* Beachtung und Durchsetzung völkerrechtlicher Umweltschutzmaßnahmen, in: Götz/Rauschning/Zieger (Hg.), Umweltschutz und Internationale Wirtschaft, 1975, S. 25ff.; *Storm,* Das UNEP-Umweltprogramm von Montevideo, ZfU 1982, 267ff.; *Strupp/Schlochauer,* Wörterbuch des Völkerrechts (3 Bde.), 2. Aufl., 1960–1962; *Teclaff/Utton,* International Environmental Law, New York 1974; *Thalmann,* Grundprinzipien des modernen zwischenstaatlichen Nachbarrechts, Zürich 1951; *Umbricht,* Grenzüberschreitende Umweltstörungen und Völkerrecht, VN 1987, 19ff.; *Uschakow,* Tschernobyl und das sowjetische Recht – Völkerrechtliche Aspekte, VersR 1986, 721ff.; *Verdross,* Völkerrecht, 5. Aufl., 1964; *ders./Simma,* Universelles Völkerrecht, 3. Aufl., 1984; *Graf Vitzthum,* Der Rechtsstatus des Meeresbodens, 1972; *ders.,* Die Bemühungen um ein Regime des Tiefseebodens, ZaöRV 1978, 745ff.; *ders.* (Hg.), Die Plünderung der Meere, 1981; *Vygen,* Multilaterale Ost-West-Kooperation zur Bekämpfung des Waldsterbens, UPR 1983, 294ff.; *ders.*, Ost-West-Kooperation auf dem Gebiet der Luftreinhaltung, UPR 1985, 314ff.; *Wengler*, Völkerrecht, 1964; *Wetstone/Rosencranz*, Acid rain in Europe and North America, Washington D.C. 1983; *Wolfrum*, Die grenzüberschreitende Luftverschmutzung im Schnittpunkt von nationalem Recht und Völkerrecht, DVBl. 1984, 493ff.; *ders.*, Die Internationalisierung staatsfreier Räume: Die Entwicklung einer internationalen Verwaltung für Antarktis, Weltraum, Hohe See und Meeresboden, 1984; *Zehetner*, Beweislastprobleme im völkerrechtlichen Nachbarrecht des grenzüberschreitenden Umweltschutzes, in: Festschrift für Alfred Verdross zum 90. Geb., 1980, S. 701ff.; *ders.*, Das internationale Umweltschutzrecht, in: Neuhold/Hummer/Schreuer (Hg.), Österreichisches Handbuch des Völkerrechts, Wien 1983; *ders.*, Tschernobyl – zur völkerrechtlichen Problematik grenzüberschreitender technisch-industrieller Umweltkatastrophen, UPR 1986, 201ff.

I. Umweltvölkerrecht als Teilmaterie des Völkerrechts

47 Das klassische Völkerrecht regelt die **Rechtsbeziehungen zwischen Staaten** und diesen gleichgestellten völkerrechtlichen Rechtssubjekten. Im Gegensatz zum nationalen Recht verpflichtet und berechtigt es in der Regel nicht Individuen. Im modernen Völkerrecht erweitert sich der Regelungsbereich angesichts der wachsenden Interdependenz der Staaten und der dadurch notwendig werdenden Institutionalisierung der Zusammenarbeit um das Recht der internationalen Organisationen, die eine organisierte Kooperation der Staaten ermöglichen. Die Intensität solcher Kooperation reicht von unpolitisch-technischer Zusammenarbeit bis hin zur Verlagerung staatlicher Souveränitätsrechte auf supranationale Organisationen wie z. B. in den Europäischen Gemeinschaften (s. Rn. 6ff.).

Noch stärker als die Rechtsbeziehungen erweiterten sich in den letzten Jahrzehnten die **Regelungsgegenstände** des Völkerrechts. Der naturwissenschaftlich-technische Fortschritt brachte eine Vielzahl von Interessengebieten mit internationaler Relevanz hervor, die sich (mehr oder minder ausgeprägt) zu neuen Teildisziplinen des Völkerrechts entwickeln. Zu diesen neuen Disziplinen gehört neben dem Entwicklungsvölkerrecht, dem Weltraumrecht, dem Luftfahrtrecht, dem Recht der technischen Kommunikationssysteme und dem internationalen Wirtschaftsrecht insbesondere auch das Umweltvölkerrecht.[82] Dabei bildeten umweltvölkerrechtliche Aussagen zunächst eine Teil- oder Annexregelung zu anderen Regelungsbereichen; in jüngster Zeit werden sie jedoch verstärkt auch als eigenständige Rechtsmaterie aufgefaßt.

So können Umweltschutzaspekte international bei der vertraglichen Regelung anderer Bereiche (meist als untergeordnete Nebenaspekte) einbezogen werden (z. B. Strahlenschutz bei der Regelung der friedlichen Nutzung der Kernenergie, Gewässerschutz bei Schiffahrtsverträgen usw.); sie sind verstärkt aber auch Gegenstand eigenständiger Umweltkonferenzen, -resolutionen und -verträge (z. B. Stockholmer Konferenz über die Umwelt des Menschen, 1972; Genfer Übereinkommen über weiträumige grenzüberschreitende Luftverunreinigung, 1979; UN-Weltcharta für die Natur, 1982). Ebenso beziehen herkömmliche internationale Organisationen den Umweltschutz in ihre Tätigkeit ein (z. B. WHO, FAO, OECD, Europarat, s. Rn. 74f.); mit UNEP (United Nations Environment Programme) besteht mittlerweile aber auch eine eigenständige Organisation für den Umweltschutz innerhalb der UNO (s. i. e. Rn. 71).

---

[82] Zum Regelungsbereich des Völkerrechts s. *K. Ipsen*, in: Menzel/Ipsen, Völkerrecht, 2. Aufl., 1979, S. 1ff.; zu Begriff, Rechtsnatur und Besonderheiten des Völkerrechts *Berber*, Lehrbuch des Völkerrechts, Bd. 1, 2. Aufl., 1975, S. 1ff.

II. Rechtsquellen des (Umwelt-) Völkerrechts

1. Art. 38 IGH-Statut

48 Als Rechtsquellen des Völkerrechts und damit auch des Umweltvölkerrechts definiert Art. 38 des Statutes des Internationalen Gerichtshofes:[83] **völkerrechtliche Verträge, Gewohnheitsrecht** und **allgemeine Rechtsgrundsätze.** Die dort weiter genannten richterlichen Entscheidungen und Lehrmeinungen sind Hilfsmittel zur Feststellung völkerrechtlicher Normen. Im Umweltvölkerrecht stellen bisher einschlägige völkerrechtliche Verträge die ergiebigste Rechtsquelle dar.

49 Die Entstehungsarten des Völkerrechts sind durch Art. 38 IGH-Statut jedoch nicht abschließend katalogisiert. Vielmehr kann auch ein (nicht förmlicher) **Konsens** der Beteiligten bestehende völkerrechtliche Normen verändern, weiterentwickeln und sogar derogieren, aber auch neue Normen schaffen.

50 Wachsende (faktische) Bedeutung bei der Erzeugung von Völkerrecht – gerade auch im neuen Umweltvölkerrecht – erlangen die **internationalen Organisationen,** indem diese als Rahmen und Motor bei der Völkerrechtssetzung durch Staaten fungieren, an dieser Völkerrechtsetzung aber auch selbst (soweit möglich) mitbeteiligt sind und schließlich (soweit dazu ermächtigt) selbst völkerrechtliche Normen hervorbringen.[84]

2. Völkerrechtliches „soft law"

51 Die erwähnte Offenheit der Rechtserzeugungsprozesse im Völkerrecht und die im internationalen Bereich besonders hervortretende Wechselwirkung zwischen Politik und (Völker-)Recht[85] ermöglichen neben verbindlichen („harten") Völkerrechtsnormen auch Regelungsinstrumente, die zwar keine Rechtsverbindlichkeit schaffen, in der Praxis jedoch erhebliche Autorität entfalten können. Solche als „soft law"[86] bezeichnete (zunächst unverbindliche) **Verhaltensregeln** (guidelines, codes of conduct) können als Resolutionen oder (unverbindliche) Beschlüsse internationaler Organisationen, Deklarationen internationaler Konferenzen, Absichtserklärungen und als unverbindliche Abmachungen entstehen. Sie sind regelmäßig inhaltlich von einem (vertragsähnlichen) Grundkonsens getragen, jedoch fehlt der Wille, feste rechtliche Bindungen einzugehen.[87] Das „soft law" spielt insbesondere bei der Entwicklung neuer völkerrechtspolitischer Bereiche, speziell auch im internationalen Umweltrecht zur Erprobung (zunächst noch vorrechtlicher) Regelungen eine Vorreiterrolle, seine weitere Entwicklung kann in verbindliche Völkerrechtsnormen einmünden. Trotz ihrer nicht-rechtlichen Qualifikation können Regeln des „soft law" Verhaltenserwartungen schaffen oder durch faktische Berücksichtigung und Inkorporierung in innerstaatliches Recht erhebliche Wirkungen entfalten.

---

[83] Statut des Internationalen Gerichtshofs i. d. F. v. 26. 6. 1945 (BGBl. 1973 II S. 505) – Sartorius II Nr. 2.
[84] s. zur Völkerrechtserzeugung im einzelnen *Verdross/Simma* (FN 2), §§ 515ff.
[85] *K. Ipsen* (FN 82), S. 14ff.; *Kloepfer,* DVBl. 1984, 245ff., 250.
[86] Vgl. dazu *Verdross/Simma* (FN 2), §§ 654ff. m. w. N.; kritisch zum Begriff *Bothe* (FN 50), S. 769.
[87] *Lang,* ArchVR 22 (1984), 283ff., 284f.

3. Technische Standards und das System des „contracting out"

52 Organe internationaler Organisationen können für deren Mitgliedstaaten verbindliche Beschlüsse grundsätzlich nur fassen, wenn die ihrer Gründung zugrundeliegenden (oder sonstige) Verträge ihnen die Kompetenz hierzu ausdrücklich zuweisen. Einige Verträge sehen **„quasi-legislative" Kompetenzen** der Organe internationaler Organisationen in Form eines sog. „contracting out"-Systems vor.

In diesem Verfahren werden Beschlüsse internationaler Organisationen für die Mitgliedstaaten verbindlich, sofern die einzelnen Staaten nicht durch ausdrückliche Erklärung die Verbindlichkeit für sich ausschließen. Die (ausnahmsweise) Wertung des Schweigens als Annahme ermöglicht eine wesentliche Beschleunigung und Vereinfachung der Normsetzung. Das Verfahren des „contracting out" (auch „opting out") wird vorwiegend in Bereichen angewandt, in denen rascher technischer Fortschritt die ständige Anpassung und Veränderung (vorwiegend technischer) Normen und Standards wünschenswert erscheinen läßt.[88] Im Hinblick auf den raschen Wechsel der faktischen Situation (der in der Regel in einer Umweltverschlechterung besteht) und die sich ständig weiterentwickelnden Erkenntnisse von Wissenschaft und Technik kann ein solches System insbesondere auch für das internationale Umweltrecht fruchtbar gemacht werden.

III. Völkergewohnheitsrechtliche Grundsätze

53 Eine wesentliche völkerrechtliche Rechtsquelle, in der Pflichten auch gegen den Willen von einzelnen Völkerrechtssubjekten begründet werden können, stellt das völkerrechtliche Gewohnheitsrecht dar. Hier kommt es nur auf länger andauernde Gewohnheit (Staatenpraxis) in Rechtsbefolgungsabsicht (d. h. letztlich auch auf den Konsens) der überwiegenden Mehrheit der Staaten an. Das Einverständnis jedes einzelnen Staates ist hingegen rechtlich nicht erforderlich. Soweit völkergewohnheitsrechtliche Regelungen (die allerdings regional begrenzt sein können) zu Fragen des Umweltschutzes bestehen, binden diese auch Staaten, die sie nicht anerkennen. Wegen dieser stärkeren Bindungswirkung und weil einschlägige völkerrechtliche Verträge häufig gewohnheitsrechtliche Regeln rezipieren bzw. weiter entwickeln, soll das Gewohnheitsrecht hier der Darstellung des Völkervertragsrechts vorangestellt werden.

1. Grenzüberschreitende Umweltbeeinträchtigungen im völkerrechtlichen Gewohnheitsrecht

a) Ausgangslage

54 Das völkerrechtliche Grundproblem der grenzüberschreitenden Umweltbeeinträchtigungen besteht in der historisch tief verankerten[89] herkömmlichen **Lehre von der prinzipiell unbegrenzten Souveränität der Einzelstaaten,**[90] die freilich ein tragendes Fundament der friedenssichernden Völkerrechtsordnung ist und nicht ohne weiteres substantiell verändert oder gar aufgegeben werden darf. Das verabsolutierte Souveränitätsprinzip erlaubt dem Emissionsstaat, allein über sämtliche (auch umweltbelastende) Aktivitäten in seinem Gebiet zu entscheiden. Umgekehrt folgt aber

---

[88] *Verdross/Simma* (FN 2), §§ 629f.; vgl. auch *Skala,* Internationale technische Regeln und Standards zum Umweltschutz, 1982; *Bosselmann,* UPR 1985, 272ff.

[89] *Mayer-Tasch,* Aus Politik und Zeitgeschichte 1985, B 20, S. 3ff., 5f.

[90] Dazu umfassend *Bleckmann,* ArchVR 23 (1985), 450ff.

aus dem Souveränitätsgedanken auch das **Prinzip der territorialen Integrität,** das dem Immissions- oder Wirkungsstaat grundsätzlich einen Anspruch darauf gewährt, daß – ohne seine Zustimmung – Gebietsbeeinträchtigungen von außen unterbleiben.

Da grenzüberschreitende Umwelteinwirkungen vom Immissionsstaat selbst regel- 55
mäßig aus tatsächlichen Gründen nicht an der Grenze aufzuhalten sind und dieser durch die territoriale Souveränität des Emissionsstaates grundsätzlich gehindert ist, mit eigenen Hoheitsakten auf fremdem Gebiet gegen Emittenten vorzugehen, kann der Immissionsstaat sein Integritätsinteresse meist nur durch eine völkerrechtliche Begrenzung der Souveränitätsrechte des Emissionsstaates durchsetzen. Andererseits wird er nicht jede Art von Integritätsbeeinträchtigung ohne Rücksicht auf (potentielle) Schadenswirkungen unterbinden können. Das Problem grenzüberschreitender Umweltbeeinträchtigungen ist also nur durch Beschränkungen sowohl der Souveränität als auch der Integrität der Einzelstaaten, also durch einen wechselseitigen schonenden **Souveränitätsausgleich** zu lösen.[91]

b) Lösungsansätze im internationalen Nachbarrecht

Vergleichbare Souveränitätsbeschränkungen sind bereits dem traditionellen Völ- 56
kerrecht nicht fremd. Im Bereich des internationalen Nachbarrechts,[92] insbesondere des Wasserrechts, haben sich bereits früh neben völkerrechtlichen Verträgen auch erste gewohnheitsrechtliche Regeln kristallisiert. Aus der Vielzahl von Präzedenzfällen in Staatenpraxis und Rechtsprechung[93] wird bevorzugt auf die Schiedssprüche im Trail-Smelter-Fall und im Lac Lanoux-Fall sowie auf die Entscheidung des IGH im Korfu-Kanal-Fall verwiesen:

Im **(Trail-Smelter-)Fall** der Schädigung des Gebiets der Vereinigten Staaten durch Schwefeldioxidgase aus einer in der kanadischen Ortschaft Trail gelegenen Zink- und Bleischmelze befand das angerufene Schiedsgericht im Jahre 1941, nach den Prinzipien des Völkerrechts habe kein Staat das Recht, sein Territorium in einer Weise zu nutzen oder eine solche Nutzung zu gestatten, daß dadurch Schädigungen durch Rauch im oder am Territorium eines anderen Staates bzw. an dort befindlichem Eigentum oder Personen verursacht werden, soweit der Fall erhebliche Folgen (serious consequence) hat, und die Schädigung klar und überzeugend nachgewiesen ist (the injury is established by clear and convincing evidence).[94]

Der Sachverhalt des **Korfu-Kanal-Falles** (Verminung einer internationalen Wasserstraße) unterfällt zwar nicht dem internationalen Nachbarrecht, wird aber gleichwohl auch als allgemeiner Grundsatz für die rechtliche Lösung internationaler Umweltprobleme herangezogen. Der IGH erkannte hier 1949 als allgemein anerkanntes Prinzip die Verpflichtung jedes Staates, nicht wissentlich Maßnahmen im eigenen Hoheitsgebiet zu dulden, die die Rechte anderer Staaten beeinträchtigen.[95]

---

[91] Vgl. zum Ganzen: *Zehetner,* in: Neuhold/Hummer/Schreuer (Hg.), Österreichisches Handbuch des Völkerrechts, 1983, Rn. 1799; *Fröhler/Zehetner,* Rechtsschutzprobleme bei grenzüberschreitenden Umweltbeeinträchtigungen, Bd. I, 1979, S. 69ff.; *E. Klein,* Umweltschutz im völkerrechtlichen Nachbarrecht, 1976, S. 79.

[92] Zum internationalen Nachbarrecht: *Diez,* SchwJIR 1979, 9ff.; *Thalmann,* Grundprinzipien des modernen zwischenstaatlichen Nachbarrechts, 1951; *Andrassy,* RdC 79 (1951), 77ff.; *Wildhaber,* SchwJIR 1975, 102ff.; *Kloepfer/Kohler* (FN 81), S. 28ff.

[93] Umfassend *E. Klein* (FN 91), S. 225ff.; *Randelzhofer/Simma,* FS Berber, 1973, S. 389ff., 396ff.; *J. P. Müller/Wildhaber,* Praxis des Völkerrechts, 2. Aufl., 1982, S. 438ff.

[94] RIAA, vol. III, S. 1905ff.; vgl. auch *Strupp/Schlochauer,* Wörterbuch des Völkerrechts, III. Bd., 2. Aufl., 1962, S. 447. Das Erfordernis des Nachweises dürfte sich hier nicht allein auf den Schaden, sondern auch auf die Verursachung des Schadens beziehen.

[95] ICJ Reports, 1949, S. 4ff., 22; vgl. auch *Strupp/Schlochauer,* Wörterbuch des Völkerrechts, II. Bd., 2. Aufl., 1961, S. 315.

Der **Lac Lanoux-Schiedsspruch** aus dem Jahre 1957 betrifft einen Streit zwischen Spanien und Frankreich über die Verschmutzung des Carol-Flusses, in dem das Schiedsgericht eine Verletzung der Rechte Spaniens bejahte, falls eine beachtliche Wasserverschmutzung (definitive pollution) durch Ableiten im Fluß verursacht würde oder eingeleitetes Wasser eine chemische Zusammensetzung, Temperatur oder andere Charakteristika aufweise, die spanische Interessen beeinträchtigen könnten.[96]

57 Insbesondere im internationalen Wasserrecht entwickelte sich der Gedanke der völkerrechtlichen Rücksichtnahme, der sich für Mehr-Staaten-Gewässer in den **Helsinki-Rules** der International Law Association von 1966 zu einer Verpflichtung der Staaten verdichtete, eine vernünftige und gleiche Teilung der Wassernutzung durch alle betroffenen Staaten zu ermöglichen.[97]

c) Stockholmer Grundregel des Völkergewohnheitsrechts

58 Nicht nur für internationale Gewässer und räumlich grenznah gelegene emittierende Anlagen, sondern allgemein für grenzüberschreitende Umweltbeeinträchtigungen statuiert schließlich die Abschlußdeklaration der Stockholmer Umweltkonferenz der Vereinten Nationen von 1972 in Anlehnung an die erwähnte Trail-Smelter-Regel das **völkerrechtliche Rücksichtnahmegebot** in ihrem Grundsatz 21:

„Die Staaten haben nach Maßgabe der Charta der Vereinten Nationen und der Grundsätze des Völkerrechts das souveräne Recht zur Ausbeutung ihrer eigenen Hilfsquellen nach Maßgabe ihrer eigenen Umweltpolitik sowie die Pflicht, dafür zu sorgen, daß durch Tätigkeiten innerhalb ihres Hoheits- und Kontrollbereichs der Umwelt in anderen Staaten oder in Gebieten außerhalb ihres nationalen Hoheitsbereichs kein Schaden zugefügt wird."[98]

59 Sinngemäß wird diese Verpflichtung auch in Grundsatz 21d der UN-Weltcharta für die Natur von 1982[99] wiederholt. Eine breiter werdende Tendenz geht heute dahin, das **Verbot (erheblicher) grenzüberschreitender Umweltschädigungen** (welches außerdem u. a. auf das „Prinzip der guten Nachbarschaft" zurückgeführt werden kann) überwiegend als Bestandteil des gewohnheitsrechtlichen Umweltvölkerrechts anzuerkennen, obwohl auch hier vor schlichten Wunschkonstruktionen zu warnen ist.[100]

2. Konkretisierungsprobleme

60 Ein grundsätzliches Verbot erheblicher grenzüberschreitender Umweltschädigungen würde allerdings eine Reihe von Konkretisierungsproblemen aufwerfen, die seine Bedeutung und Handhabung in der Praxis erheblich relativieren. Eine rigide Beschränkung des Souveränitätsprinzips läßt sich mit ihm jedenfalls nicht rechtfertigen, da bisher das souveräne Recht der Staaten zur Ausbeutung ihrer eigenen Hilfsquellen

---

[96] RIAA, vol. XII, S. 281 (303); vgl. auch *Strupp/Schlochauer* (FN 95), S. 394f.

[97] *International Law Association,* Report of the 52nd Conference 1966, S. 484ff.; die Kodifikationsarbeiten der ILA begründen zwar kein Völkerrecht, geben aber weitgehend bestehendes Gewohnheitsrecht wieder oder enthalten Empfehlungen für die Staatenpraxis.

[98] Text in EA 18 (1972), D 443.

[99] Text in VN 1983, 29.

[100] *Randelzhofer/Simma* (FN 93), S. 403; *Verdross/Simma* (FN 2), § 1029, unter Hinweis auf die Resolution der UN-Generalversammlung 2996 (XXVII) vom 15. 12. 1972, die feststellt, daß Grundsatz 21 der Stockholmer Deklaration „lays down the basic rules governing this matter"; *Rauschning,* EA 18 (1972), 569; *Bothe,* in: OECD, Transfrontier Pollution and the Role of States, 1981, S. 79ff., 80; *Zehetner* (FN 91), Rn. 1804; *Gündling,* UPR 1985, 403ff., 404; *Siehr,* RabelsZ 45 (1981), 377ff.; Bedenken gegen die Anerkennung als Gewohnheitsrecht bei *Mayer-Tasch* (FN 89), S. 4; *Kloepfer/Kohler* (FN 81), S. 32. Vgl. zum Prinzip der guten Nachbarschaft zuletzt *Rengeling,* WiVerw. 1987, 27ff., 40ff. m. w. N.

nach Maßgabe ihrer eigenen Umweltpolitik (etwa in dem erwähnten Grundsatz 21 der Stockholmer Umweltdeklaration) ausdrücklich vorbehalten bleibt. Der Verabsolutierung des staatlichen Integritätsinteresses steht bereits die Einschränkung des Verbots auf ,,erhebliche Schäden" (serious consequence) entgegen, was – trotz auftauchender **Abgrenzungsprobleme** bezüglich der ,,Erheblichkeit" – klarstellt, daß ein gewisses Maß an hinnehmbaren Umweltbeeinträchtigungen vom Immissionsstaat toleriert werden muß.[101] Angesichts zunehmender Beispiele für erhebliche Umweltbeeinträchtigungen durch Stör- und Unfälle (Seveso, Tschernobyl, Sandoz usw.) ist schließlich zu fragen, ob bereits die Begründung grenzüberschreitender **Risiken** einem solchen Verbot unterfällt (insbes. Verbot sog. ,,ultra hazardous activities"),[102] was angesichts der verbreiteten Staatenpraxis – jedenfalls derzeit noch – abzulehnen ist.

Für den Fall eines festzustellenden Verstoßes gegen ein Verbot erheblicher grenzüberschreitender Umweltschädigungen bleiben schließlich die erforderlichen **Rechtsfolgen** festzulegen, die in bloßen Schadensersatz-, aber auch in präventiven Handlungs- und Unterlassungspflichten bestehen können.

3. Prinzip des schonenden Souveränitätsausgleichs

Das Konkretisierungsdefizit des Verbots grenzüberschreitender Umweltbeeinträchtigungen verdeutlicht die Notwendigkeit, ausgehend von dem Grundsatz beschränkter Souveränität und Integrität der Staaten im Einzelfall unter Berücksichtigung aller konkreten Umstände jeweils einen Lösungsweg nach dem Prinzip eines schonenden Souveränitätsausgleichs zu entwickeln.[103] Ein solcher schonender Souveränitätsausgleich ist weder als einfache Güterabwägung noch als quasi-rechnerische Halbierung der entgegengesetzten Souveränitätsansprüche mißzuverstehen. Vielmehr werden unter Beachtung und verfahrensförmiger Realisierung des Prinzips der souveränen Gleichheit aller Staaten deren kollidierende Souveränitätsansprüche gewissermaßen im Sinne einer **völkerrechtlichen Optimierung** behutsam balancierend so ausgeglichen, daß sie – unter wechselseitiger Beachtung des widerstreitenden Interesses – jeweils weitmöglichst verwirklicht werden. 61

Von der Lehre werden bisher unterschiedliche Grundsätze zur Bewältigung des Problems der grenzüberschreitenden Umweltbeeinträchtigungen herangezogen, so insbesondere das römisch-rechtliche Gebot des ,,sic utere tuo at alienam non laedas",[104] das allgemeine Mißbrauchsverbot,[105] das Prinzip von Treu und Glauben,[106] das im Wasserrecht entwickelte, aber nur schwer verallgemeinerungsfähige Prinzip der ,,equitable utilization"[107] sowie das Prinzip guter Nachbarschaft[108]. Weitgehend gründen diese Lösungsansätze ebenfalls im Versuch eines Souveränitätsausgleichs, ermöglichen auch Teillösungen und weisen Denkrichtungen auf, ohne jedoch die Entscheidungsfindung regelmäßig wirklich nachvollziehbar und vorhersehbar machen zu können.

---

[101] Vgl. *Dupuy,* in: Bothe/Prieur/Ress (Hg.), Rechtsfragen grenzüberschreitender Umweltbelastungen, 1984, S. 27ff.; *Bothe* (FN 100), S. 80ff.

[102] Bejahend *Randelzhofer/Simma* (FN 93), S. 414ff. für grenznahe Kernkraftwerke; kritisch *Kloepfer/Kohler* (FN 81), S. 34 m. w. N.

[103] Vgl. dazu *Kloepfer/Kohler* (FN 81), S. 36ff.; *Kloepfer,* DVBl. 1984, 245ff., 252ff.

[104] Z. B. *Zieger,* in: Siebtes Deutsches Atomrechts-Symposium, 1983, S. 213ff., 213.

[105] Vgl. dazu *E. Klein* (FN 91), S. 110ff.

[106] *Verdross,* Völkerrecht, 5. Aufl., 1964, S. 131.

[107] Dazu grundlegend *International Law Association* (FN 97), S. 486ff.; *E. Klein* (FN 91), S. 81f.

[108] *Diez,* SchwJIR 1979, 9ff.

4. Materielle Umweltschutzprinzipien

62 Allgemeingültige materielle Umweltschutzprinzipien für grenzüberschreitende Beeinträchtigungen vermag auch das Prinzip des schonenden Souveränitätsausgleichs nicht ohne weiteres vorzugeben, da solche Prinzipien (z. B. Verursacherprinzip, Verschlechterungsverbot, Prinzip geringsterforderlicher Umweltbelastungen, Vorsorgeprinzip, Vorrang des präventiven Umweltschutzes) weder in allen nationalen Rechtsordnungen, etwa im Sinne allgemeiner Rechtsgrundsätze (vgl. § 3 Rn. 1ff.), noch im Umweltvölkerrecht universell nachzuweisen sind. Das Prinzip des schonenden Souveränitätsausgleichs ermöglicht jedoch für jeden Einzelfall die Entwicklung konkreter Kriterien zur Problemlösung, wobei auch regionale und nationale Umweltschutzprinzipien mitbestimmend sein können.

63 Besonders krasse Fehlentwicklungen vermag dabei das völkerrechtliche **Mißbrauchsverbot** zu verhindern, indem es (erwiesene) absichtliche Nachbarschädigungen verbietet.[109] Als mißbräuchlich und treuwidrig dürfte es auch zu werten sein, wenn der Emissionsstaat für Umweltwirkungen im eigenen Staat strengere Standards vorschreibt als für grenzüberschreitende Auswirkungen **(Diskriminierungsverbot).**[110] Andererseits dürfte ein Verlangen des Immissionsstaates nach Beachtung höherer Umweltstandards, als er sie im eigenen nationalen Umweltrecht vorgibt, ebenfalls widersprüchlich sein **(Konsistenzgebot).**[111] Als Kompromiß könnte das **Prinzip der umweltschützenden Meistbegünstigung** gelten dergestalt, daß die jeweils strengeren nationalen Umwelt-Standards einzuhalten sind.[112] Eine zwingende völkerrechtliche Verpflichtung hierzu läßt sich gewohnheitsrechtlich jedoch nicht nachweisen. Schließlich begründen international anerkannte und angewandte Standards – insbesondere auch Sicherheitsstandards zur Minimierung von Risiken – geeignete Kriterien für einen optimierenden, schonenden Souveränitätsausgleich.[113]

5. Verfahrenspflichten

64 Da die erwähnten materiellen völkerrechtlichen Umweltschutzverpflichtungen nur besonders krasse Souveränitätsbeeinträchtigungen verbieten, darüber hinaus jedoch rechtlich noch weitgehend ungesichert sind, kommt der verfahrensmäßigen Realisierung des Souveränitätsausgleichs eine gesteigerte Bedeutung zu. Die Einhaltung eines ordnungsgemäßen Verfahrens ist einerseits leichter überprüfbar als die Einhaltung vorgegebener materieller Standards, zum anderen steigert der verfahrensmäßig konsensual gewonnene Kompromiß die **Akzeptanz** und die Realisierungschancen der hierbei gefundenen materiellen Kriterien, da die Interessenwahrung aller Beteiligten wesentlich konkreter gesichert bleibt.

---

[109] *E. Klein* (FN 91), S. 292.
[110] Vgl. dazu *Bothe* (FN 100), S. 82ff.
[111] *OECD-Secretariat,* in: OECD (Hg.), Transfrontier Pollution and the Role of States, 1981, S. 61ff., 71; ebenso BVerfG, NJW 1986, 2188ff., 2190, für Lärmbelästigungen im Fall des Salzburger Flughafens.
[112] So etwa *Moser,* Nuclear Inter Jura 1973, 195ff., 207.
[113] Vgl. dazu im einzelnen *Kloepfer/Kohler* (FN 81), S. 47ff. Einen geeigneten Kriterienkatalog zur Risikobegrenzung enthält auch die „Schematic Outline" des Berichterstatters der International Law Commission zum Haftungsrecht, die eine Liste von Präventionspflichten aufstellt, ILC yearbook 1982, vol. 2, part 2, S. 83ff., 85; ebenfalls abgedruckt in NYIL 1985, 295ff., 299.

65 Als Voraussetzung eines eventuellen Verbots (erheblicher) grenzüberschreitender Umweltbeeinträchtigung ist völkergewohnheitsrechtlich eine **Informationspflicht** des Emissionsstaates über drohende grenzüberschreitende Umweltwirkungen anzuerkennen. Dem (potentiellen) Immissionsstaat ist eine angemessene Frist zur **Stellungnahme** einzuräumen. Bei Meinungsverschiedenheiten besteht schließlich eine Verpflichtung zu **Konsultationen** zwecks Austausches weiterer Informationen. Dagegen sind konkrete Verhandlungspflichten mit dem Zwang zur Einigung bisher völkergewohnheitsrechtlich nicht anerkannt.[114]

IV. Umweltschutz durch völkerrechtliche Verträge

66 Vermögen völkergewohnheitsrechtliche Grundsätze wegen ihres Konkretisierungsdefizits das Problem grenzüberschreitender Umweltbeeinträchtigungen bisher nur sehr bedingt und allenfalls auf einer allgemeineren, niedrigeren Ebene zu steuern, so bleibt der internationale Umweltschutz weiterhin vor allem auf den eher steinigen Pfad völkerrechtlicher Vereinbarungen verwiesen.

Bemühungen zur Fortentwicklung des gewohnheitsrechtlichen Umweltschutzes[115] verlaufen erfahrungsgemäß eher langsam und schwerfällig. Bedingt durch den nachbarrechtlichen und ursprünglich haftungsrechtlichen Ansatz des Gewohnheitsrechts ergeben sich zudem – trotz der möglichen Ausweitung des Nachbarbegriffs und der Einbeziehung von Präventions- und Verfahrenspflichten – Einschränkungen der praktischen Wirksamkeit.

Läßt sich die Kausalität von Schadensursachen nicht ermitteln, sollen weiträumige Umweltbeeinträchtigungen bekämpft und Umweltschutz auch in Räumen und Bereichen ermöglicht werden, die nicht uneingeschränkt der Regelungsgewalt eines einzelnen Staates unterliegen (Hohe See, Antarktis, Atmosphäre, Ozonschicht), so ist eine multilaterale Zusammenarbeit auf vertraglicher Basis erforderlich.[116] Gleiches gilt für die Durchsetzung eines effektiven internationalen Artenschutzes. Deshalb erscheint die Rechtsform des völkerrechtlichen Vertrages zur rechtlichen Lösung internationaler Umweltprobleme vorrangig prädestiniert.

67 Die weltweite, eher noch zunehmende Umweltmisere läßt allerdings Zweifel aufkommen an der **Effektivität** des schon heute quantitativ überwältigenden Bestandes an völkerrechtlichen Verträgen mit umweltrechtlichen Regelungen,[117] auch wenn einige bedeutsame (Teil-)Erfolge bisheriger internationaler Bemühungen nicht übersehen werden dürfen.

---

[114] Ausführlich dazu *Kloepfer/Kohler* (FN 81), S. 60ff. m. w. N.; *Zehetner* (FN 91), Rn. 1807ff.

[115] Beispiele bei *Rauschning*, FS Schlochauer, 1981, S. 557ff., 562ff.

[116] Vgl. *M. Schröder*, DVBl. 1986, 1173ff. Speziell zum Schutz der Antarktis *Lagoni*, in: HdUR, Bd. I, 1986, Sp. 102ff.

[117] Bereits über 30 Bände mit mehr als 1000 Übereinkommen umfaßt die Sammlung von *Rüster/Simma/(Bock)*, Treaties and Related Documents, 1975ff.; s. auch *Burhenne*, Internationales Umweltrecht – Multilaterale Verträge (4 Bde., Losebl.), 1974ff.; *ders.*, Internationales Umweltrecht, in: Salzwedel (Hg.), Grundzüge des Umweltrechts, 1982, S. 659ff.; *Lohse* (Hg.), Völkerrechtliche Vereinbarungen der Bundesrepublik Deutschland auf dem Gebiet des Umweltschutzes, 1985. Die letztgenannte Sammlung enthält allein 176 umweltrelevante völkerrechtliche Vereinbarungen (und fünf Abkommen mit der DDR), bei denen die Bundesrepublik Vertragspartner ist.

68 Die **Bundesrepublik Deutschland** ist bemüht, den engeren Bereich der grenzüberschreitenden Umweltbeeinträchtigungen durch die vertragliche Institutionalisierung von *Zusammenarbeits-, Hilfeleistungs- und Informationspflichten* zu konkretisieren.[118] Daneben bestehen spezielle Verträge zum *Schutz der Mehr-Staaten-Gewässer* vor Verunreinigung.[119] In den *interlokalen Beziehungen* zur DDR wurden umweltrelevante Verträge bisher nur zu eng begrenzten Einzelproblemen abgeschlossen.[120]

69 Generell sehr umfassend sind weiterhin eine Reihe von Verträgen zur Bekämpfung der *Meeresverschmutzung* (vgl. § 11 Rn. 22).[121] Beispielgebend für die internationale Zusammenarbeit und die Konkretisierung nachbarschaftlicher Rücksichtnahmepflichten, insbesondere durch die Gleichstellung ausländischer Bürger im Rechtsschutzverfahren (s. dazu u. Rn. 76ff.), ist die *Nordische Umweltschutzkonvention vom 19. 2. 1974.*[122] Grundsätzliche Bedeutung kommt schließlich dem *Genfer Übereinkommen vom 13. 11. 1979 über weiträumige grenzüberschreitende Luftverunreinigung*[123] zu, das einen ersten Versuch zur Bekämpfung des aktuellen Problems der Luftverschmutzung auf breiter internationaler Ebene unternimmt (dazu näher § 7 Rn. 14). Im übrigen begründen eine Vielzahl von universellen, regionalen und bilateralen Verträgen entweder speziell zu Problemen des Umweltschutzes oder zu sonstigen Gegenständen unter Einbeziehung umweltschützender Nebenaspekte einen umfassenden Be-

---

[118] Zum Beispiel: Europäisches Rahmenübereinkommen vom 21. 5. 1980 über die grenzüberschreitende Zusammenarbeit zwischen Gebietskörperschaften (BGBl. 1981 II S. 965); Abkommen vom 3. 2. 1977 zwischen der Bundesrepublik Deutschland und der Französischen Republik über die gegenseitige Hilfeleistung bei Katastrophen oder schweren Unglücksfällen (BGBl. 1980 II S. 1438); entsprechende Abkommen bestehen mit Luxemburg (BGBl. 1981 II S. 1067) und Belgien (BGBl. 1984 II S. 327); Vereinbarung vom 28. 1. 1981 zwischen der Regierung der Bundesrepublik Deutschland und der Regierung der Französischen Republik über den Informationsaustausch bei Vorkommnissen oder Unfällen, die radiologische Auswirkungen haben können (BGBl. 1981 II S. 885); Abkommen vom 11. 12. 1973 zwischen der Bundesrepublik Deutschland und der Republik Österreich über die Zusammenarbeit auf dem Gebiet der Raumordnung (BGBl. 1974 II S. 1110); ein entsprechendes Abkommen besteht mit den Niederlanden (BGBl. 1977 II S. 35).

[119] Z. B. Protokoll vom 20. 12. 1961 über die Errichtung einer Internationalen Kommission zum Schutz der Mosel gegen Verunreinigung (BGBl. 1962 II S. 1102); entsprechend für die Saar (BGBl. 1962 II S. 1106) und den Rhein (BGBl. 1965 II S. 1432). Vertrag vom 8. 4. 1960 zwischen der Bundesrepublik Deutschland und dem Königreich der Niederlande zur Regelung von Grenzfragen und anderen zwischen beiden Ländern bestehenden Problemen (Ausgleichsvertrag); hier b) Vertrag über die Regelung der Zusammenarbeit in der Emsmündung (Ems-Dollart-Vertrag, BGBl. 1963 II S. 1078, Änderung BGBl. 1978 II S. 914); Übereinkommen vom 30. 4. 1966 über die Regelung von Wasserentnahmen aus dem Bodensee (BGBl. 1967 II S. 2544); Übereinkommen vom 1. 6. 1973 über die Schiffahrt auf dem Bodensee (BGBl. 1975 II S. 2275); Vereinbarung vom 24. 12. 1969 zwischen der Bundesrepublik Deutschland und dem Königreich Belgien über die Regulierung und Reinigung der Grenzgewässer Breitenbach und Schwarzbach (BGBl. 1970 II S. 1205); weitere Nachweise bei *Lohse* (FN 117), S. 47ff.

[120] Vereinbarung vom 29. 6. 1974 zwischen der Bundesrepublik Deutschland und der Deutschen Demokratischen Republik über den Fischfang in einem Teil der Territorialgewässer der Deutschen Demokratischen Republik in der Lübecker Bucht (BGBl. 1974 II S. 1237, 1243); Vereinbarung vom 20. 9. 1973 zwischen der Bundesrepublik Deutschland und der Deutschen Demokratischen Republik über Grundsätze zur Instandhaltung und zum Ausbau der Grenzgewässer sowie der dazugehörigen wasserwirtschaftlichen Anlagen (BGBl. 1974 II S. 1241); Vereinbarung zwischen der Regierung der Bundesrepublik Deutschland und der Regierung der Deutschen Demokratischen Republik über die Regelung von Fragen, die mit der Abwasserableitung und -behandlung für die Stadt Sonneberg (Deutsche Demokratische Republik) zur Verbesserung der Gewässergüte der Roeden zusammenhängen (BGBl. 1984 II S. 342); ein umfassendes Umweltschutzabkommen mit der DDR ist inzwischen unterzeichnet, vgl. Umwelt (BMU) Nr. 4/87 v. 21. 7. 1987, S. 137f.

[121] Vgl. dazu im einzelnen die in FN 117 angegebenen Quellenwerke sowie zur Übersicht *Lagoni,* in: Thieme (Hg.), Umweltschutz im Recht, 1988, S. 233ff., 236ff. m. w. N.

[122] Text bei *Burhenne* (FN 117), Nr. 974:14/1.

[123] BGBl. 1983 II S. 548.

stand an vertraglichem Umweltvölkerrecht. Als allgemeine Tendenz ist hierbei eine zunehmende Bereitschaft zum Umweltschutz im internationalen Bereich festzustellen, Widerstände bleiben jedoch weithin bestehen, sobald Umweltschutz mit Kosten oder der Einschränkung nationaler Souveränitätsrechte, insbesondere der eigenverantwortlichen Ressourcenausbeutung, verbunden ist.

V. Umweltschutz durch internationale Organisationen

Die Gründungsstatute ermächtigen die internationalen Organisationen zwar nur selten und dann in der Regel nur in begrenztem Rahmen zur verbindlichen Rechtsetzung für die Mitgliedstaaten (s. o. Rn. 52).[124] Gleichwohl sind internationale Organisationen auch und besonders auf dem Gebiet des Umweltschutzes[125] Rahmen und Motor für die Entwicklung des Rechts, indem sie den Mitgliedstaaten ein internationales Forum liefern, die Kooperation der Einzelstaaten anregen, erleichtern und institutionalisieren sowie durch Sammeln von Daten und Fakten Arbeitsgrundlagen schaffen. 70

Ein Wendepunkt zu einer umfassenden Umweltaktivität auf universeller internationaler Ebene war die **Konferenz der Vereinten Nationen über die Umwelt des Menschen vom Juni 1972 in Stockholm.**[126] Die Abschlußdeklaration[127] der Konferenz erklärt den Schutz und die Verbesserung der Umwelt des Menschen zum dringenden Anliegen der ganzen Welt und zur Pflicht aller Regierungen. Neben dem vielzitierten Grundsatz 21 (s. o. Rn. 58) enthält die Deklaration eine Reihe weiterer Postulate und detaillierter Grundsätze für die Gestaltung nationaler und internationaler Umweltpolitik. Gleichzeitig verabschiedete die Konferenz eine Resolution zu institutionellen und finanziellen Maßnahmen,[128] die in der Folge die Gründung des Umweltprogramms der Vereinten Nationen **(United Nations Environment Programme, UNEP)**[129] als Unterorganisation der Vereinten Nationen ermöglichte. 71

UNEP obliegt vor allem die Förderung der internationalen Zusammenarbeit auf dem Gebiet der Umwelt, die Koordinierung von Umweltaktivitäten innerhalb des Systems der Vereinten Nationen sowie Beobachtung, Unterstützung und Mitwirkung bei umweltrelevanten Forschungs-, Informations- und Kodifizierungsaktivitäten unter besonderer Berücksichtigung der Bedürfnisse der Entwicklungsländer. UNEP verfügt über einen Verwaltungsrat (Governing Council), ein Sekretariat und einen eigenen Umweltfonds und stellt somit – entgegen seiner Bezeichnung – nicht lediglich ein Umweltprogramm, sondern eine Umweltorganisation (Sitz: Nairobi) dar.

Das von UNEP 1981 initiierte und verabschiedete **„Umweltrechtsprogramm von Montevideo"**[130] benennt als Primärthemen der Umweltpolitik im Rahmen der Vereinten Nationen die Meeresverschmutzung vom Lande aus, den Schutz der strato- 72

---

124 Allgemein hierzu *Seidl-Hohenveldern,* Das Recht der internationalen Organisationen, 4. Aufl., 1984, S. 217ff.

125 Umfassend *Kilian,* Umweltschutz durch internationale Organisationen, 1987.

126 s. dazu *Dicke,* VN 1985, 59ff.

127 Text in EA 18 (1972), D 443.

128 Text in EA 18 (1972), D 439.

129 Zur Tätigkeit von UNEP *Kilian* (FN 125), S. 254ff.; *Sand,* NuR 1985, 170ff.; UNEP Report No. 2 (1981): Environmental Law, An In-Depth Review, 1981, S. 13ff.

130 *Storm,* ZfU 1982, 267ff.

sphärischen Ozonschicht und die Beförderung, die Behandlung und die Beseitigung giftiger und gefährlicher Abfälle.

Als weitere Sekundärthemen wurden im Programm aufgenommen: Internationale Zusammenarbeit bei Umweltnotfällen, Küstenzonenmanagement, Bodenschutz, grenzüberschreitende Luftverschmutzung, internationaler Handel mit potentiell gefährlichen Chemikalien, Schutz von Binnengewässern, Mittel zur Verhütung und Wiedergutmachung von Umweltschäden sowie Umweltverträglichkeitsprüfungen. Mögliche Maßnahmen zur Verwirklichung der angestrebten Ziele sind dabei vor allem die Erarbeitung von Leitlinien (guidelines), die als Modell (soft law) für internationale, universelle, regionale und bilaterale Konventionen sowie für die nationale Umweltrechtsetzung dienen können. Die Bedeutung des Programms liegt vor allem in der weltweiten Anerkennung des Umweltrechts als besonderes Rechtsgebiet sowie in der weltweit konsensualen Akzeptanz von primären Problembereichen.

73 Zumindest inhaltlich enthält die 1982 von der Generalversammlung der Vereinten Nationen als Resolution verabschiedete **„UN-Weltcharta für die Natur"**[131] einen weiteren Meilenstein der internationalen Umweltpolitik. Die in ihr statuierten Grundsätze und Aufgaben internationalen Umweltschutzes gehen in vielen Bereichen über die Anforderungen der Stockholmer Deklaration von 1972 hinaus. In der praktischen Wirkung dürfte die Weltcharta jedoch hinter weniger spektakulären Projekten weit zurückbleiben. Die Rigidität ihrer Forderungen und die scheinbar verpflichtende Formulierung ihres Textes vermögen nicht über den rein empfehlenden Charakter[132] der Resolution hinwegzutäuschen, veranlaßten aber dennoch die USA und eine Reihe südamerikanischer Staaten zur Ablehnung. Insgesamt fand die Weltcharta bisher wenig Resonanz in der Weltöffentlichkeit.[133] Dies verdeutlicht die weitgehende Sinnlosigkeit überspannter Forderungen im internationalen Bereich und die Notwendigkeit einer realistischen, vorsichtig-bescheideneren, aber langfristig doch wohl effektiveren Entwicklung des internationalen Umweltrechts.

74 Neben UNEP beschäftigen sich weitere **Unterorganisationen der UNO** innerhalb ihres speziellen Aufgabenbereichs auch mit Umweltproblemen. Die International Law Commission (ILC) behandelt derzeit im Rahmen ihrer Kodifizierungsbemühungen zwei Themen mit umweltrelevanten Bezügen: Das Recht der nichtschiffahrtsmäßigen Nutzung internationaler Wasserläufe und die internationale Gefährdungshaftung (speziell auch für Umweltschäden).[134] Auf die Initiative der UN-Wirtschaftskommission für Europa (Economic Commission for Europe, ECE) geht vor allem der Abschluß der *Genfer Konvention über weiträumige grenzüberschreitende Luftverschmutzung*[135] (s. § 7 Rn. 14) zurück.

Umweltrelevante Aspekte finden schließlich Berücksichtigung in der Arbeit der **UN-Sonderorganisationen,**[136] insbesondere der Internationalen Arbeitsorganisation (International Labour Organization, ILO), der Welternährungsorganisation (Food and Agriculture Organization, FAO), der Weltgesundheitsorganisation (World

---

[131] Resolution 37/7 vom 28. 10. 1982, Text in VN 1983, 29ff.; vgl. dazu *Skupnik,* VN 1983, 12ff.

[132] Zur kontroversen Diskussion über die Verbindlichkeit von UN-Resolutionen s. *Verdross/Simma* (FN 2), § 634ff. m. w. N.

[133] *Skupnik,* VN 1983, 12ff., 16.

[134] Vgl. ILC Yearbook 1984 vol. II, part 2, S. 73ff.; UNEP Report No. 2 (FN 129), S. 38ff.; zur völkerrechtlichen Haftung *Kimminich,* ArchVR 22 (1984), 241ff.

[135] s. o. Rn. 69; UNEP Report No. 2 (FN 129), S. 42ff.

[136] Die *UN-Sonderorganisationen* (Specialized Agencies) besitzen im Unterschied zu den *Unterorganisationen* ein eigenes Statut, die Mitgliedschaft ist unabhängig von der UNO.

Health Organization, WHO), der Internationalen Meteorologischen Organisation (World Meteorological Organization, WMO), der Internationalen Luftfahrtorganisation (International Civil Aviation Organization, ICAO), der Internationalen Schifffahrtsorganisation (International Maritime Organization, IMO, bis 1982 IMCO), der Weltorganisation für geistiges Eigentum (World Intellectual Property Organization, WIPO). Als *autonome Organisation innerhalb der UNO* erarbeitet die Internationale Atomenergie-Agentur (International Atomic Energy Agency, IAEA) Sicherheitsstandards und Strahlenschutzleitlinien für die friedliche Nutzung der Kernenergie.[137] Wirtschaftliche Fragen des Umweltschutzes, insbesondere der Vermeidung umweltpolitischer Handelshemmnisse, bilden schließlich den Gegenstand des **GATT** (General Agreement on Tariffs and Trade), das ebenfalls eine autonome Organisation innerhalb der UNO bildet.

Außerhalb der UNO beschäftigen sich u. a. die (vor allem aus den westlichen Indu- 75
strienationen bestehende) Organisation für wirtschaftliche Zusammenarbeit und Entwicklung (Organization for Economic Cooperation and Development, **OECD**)[138] und (neben den Europäischen Gemeinschaften) der **Europarat**[139] (auch) mit der Bewältigung von Umweltproblemen.

D. Rechtsstellung des Bürgers bei grenzüberschreitenden Umweltbeeinträchtigungen

Schrifttum: *Beyerlin,* Klagebefugnis von Ausländern gegen grenzüberschreitende Umweltbelastungen, ZaöRV 44 (1984), 336ff.; *ders.,* Die Beteiligung ausländischer Grenznachbarn an umweltrechtlichen Verwaltungsverfahren und Möglichkeiten zu ihrer vertraglichen Regelung auf „euregionaler" Ebene, NuR 1985, 173ff.; *Bothe,* Der Rechtsschutz ausländischer Nachbarn gegen umweltbelastende Anlagen im Grenzbereich, in: Festschrift zur 150-Jahr-Feier des Rechtsanwaltsvereins Hannover e. V., 1981, S. 42ff.; *ders.,* Grenzüberschreitender Verwaltungsrechtsschutz gegen umweltbelastende Anlagen, UPR 1983, 1ff.; *ders.,* Klagebefugnis eines Ausländers im Atomrecht, UPR 1987, 170f.; *Bruns,* Zum Verhältnis von Staat und Bürger im grenzüberschreitenden Umweltschutz, ZfU 1983, 65ff.; *Chambault,* Le juge administratif français et le droit international de l'environnement, Revue générale de droit international public 1986, 597ff.; *Doehring,* Völkerrechtliche Beurteilung der Beteiligung ausländischer Grenznachbarn bei Durchführung nationaler Verwaltungs- und Gerichtsverfahren im Umweltschutz, in: Ress (Hg.), Grenzüberschreitende Verfahrensbeteiligung im Umweltrecht der Mitgliedstaaten der Europäischen Gemeinschaften, 1985, S. 52ff.; *Fröhler/Zehetner,* Rechtsschutzprobleme bei grenzüberschreitenden Umweltbeeinträchtigungen (3 Bde.), Linz 1979–1981; *Kegel,* Internationales Privatrecht, 5. Aufl., 1985; *Kilian/Pätzold,* Anmerkungen zum Urteil des VG Straßburg vom 27. 7. 1983 im niederländisch-französischen Rheinversalzungsprozeß, UPR 1984, 155ff.; *Kohler,* Zivilrechtliche Schadensersatz- und Unterlassungsklagen, in: Bothe/Prieur/Ress (Hg.), Rechtsfragen grenzüberschreitender Umweltbelastungen, 1984, S. 159ff.; *Küppers,* Grenzüberschreitende Immissionen und internationales Nachbarrecht, ZRP 1976, 260ff.; *ders.,* Die Stellung ausländischer Nachbarn bei Genehmigung gefährlicher Anlagen im Inland, DVBl. 1978, 686ff.; *Kunig,* Grenzüberschreitender Umweltschutz – Der Einzelne im Schnittpunkt von Verwaltungsrecht, Staatsrecht und Völkerrecht, in: Thieme (Hg.), Umweltschutz im Recht, 1988, S. 213ff.; *Lücke,* Das Recht des einzelnen auf Umweltschutz als ein internationales Menschenrecht, ArchVR 16 (1974/75), 387ff.; *Lukes/Dehmer/Wendling,* Klagebefugnis und Verwaltungsverfahrensbeteiligung für ausländische Nachbarn am Beispiel des Atom- und Immissionsschutzrechts, GewArch. 1986, 1ff.; *Lummert,* Zivilrechtliche Schadensersatz- und Unterlassungsklagen – Anwendbares Recht (Bundesrepublik Deutschland), in: Bothe/Prieur/Ress (Hg.), Rechtsfragen grenzüber-

[137] Zu den genannten Organisationen allgemein *Verdross/Simma* (FN 2), §§ 303ff.; zu deren Umweltaktivitäten UNEP Report No. 2 (FN 129), S. 53ff., und *Kilian* (FN 125), S. 130ff.

[138] UNEP Report No. 2 (FN 129), S. 148ff.

[139] Z. B. Deklaration des Europarates vom 8. 3. 1968 über Grundsätze zur Reinhaltung der Luft, BGBl. 1971 II S. 973.

schreitender Umweltbelastungen, 1984, S. 183ff.; *Oppermann*, Grenzüberschreitende Klagebefugnis im verwaltungsgerichtlichen Verfahren – Bundesrepublik Deutschland, in: Bothe/Prieur/Ress (Hg.), Rechtsfragen grenzüberschreitender Umweltbelastungen, 1984, S. 121ff.; *ders./Kilian*, Gleichstellung ausländischer Grenznachbarn in deutschen Umweltverfahren?, 1981; *Pelzer*, Abwehrmöglichkeiten Privater gegen Einwirkungen von ausländischen kerntechnischen Anlagen, in: Institut für Völkerrecht der Universität Göttingen/Bundesministerium des Innern (Hg.), Siebtes Deutsches Atomrechts-Symposium, 1983, S. 249ff.; *Rauschning*, Klagebefugnis von Auslandsbewohnern gegen eine inländische Atomanlagengenehmigung, ArchVR 25 (1987), 312ff.; *Ress*, Grenzüberschreitende Verfahrensbeteiligung im Verwaltungsverfahren – Bundesrepublik Deutschland, in: Bothe/Prieur/Ress (Hg.), Rechtsfragen grenzüberschreitender Umweltbelastungen, 1984, S. 85ff.; *dies.* (Hg.), Grenzüberschreitende Verfahrensbeteiligung im Umweltrecht der Mitgliedstaaten der Europäischen Gemeinschaften, 1985; *Rest*, Die Wahl des günstigeren Rechts im grenzüberschreitenden Umweltschutz, Stärkung des Individualschutzes?, 1980; *ders.*, Völkerrechtlicher und zivilrechtlicher Schadensersatz im internationalen Umweltrecht, UPR 1982, 358ff.; *ders.*, Schadensersatzansprüche des einzelnen nach Zivil- und Völkerrecht, UPR 1984, 148ff.; *ders.*, Internationaler Umweltschutz vor Verwaltungs-, Zivil- und Strafgerichten – Der niederländisch-französische Rheinverschmutzungsprozeß, Österr. ZöRV 36 (1984/85), 225ff.; *Schwarze*, Rechtsschutz Privater bei völkerrechtswidrigem Handeln fremder Staaten unter besonderer Berücksichtigung des internationalen Umweltrechts, ArchVR 24 (1986), 408ff.; *A. Weber*, Beteiligung und Rechtsschutz ausländischer Nachbarn im atomrechtlichen Genehmigungsverfahren, DVBl. 1980, 330ff.; *Weitbrecht*, Zur Rechtsstellung ausländischer Grenznachbarn im deutschen Umweltrecht, NJW 1987, 2132ff.; *Woehrling*, Verwaltungsgerichtlicher Rechtsschutz in Frankreich auf dem Gebiet des Umweltrechts unter Einschluß der Probleme der grenzüberschreitenden Verfahrensbeteiligung, 1986; *Zehetner*, Verfahrenspflichten bei Zulassung umweltbelastender Anlagen, in: Bothe/Prieur/Ress (Hg.), Rechtsfragen grenzüberschreitender Umweltbelastungen, 1984, S. 43ff.

I. Völkerrecht

76 Die dargestellten (umwelt-)völkerrechtlichen Normen berechtigen und verpflichten grundsätzlich nur Völkerrechtssubjekte, also in erster Linie die Staaten.[140] Nach der klassischen Völkerrechtslehre bedarf es jeweils der Transformation völkerrechtlicher Normen in staatliches Recht, um überhaupt Rechte und Pflichten des einzelnen zu begründen.[141] Dieses **Prinzip der Mediatisierung** individueller Rechte erfährt im modernen Völkerrecht insoweit Durchbrechungen, als *einzelne* völkerrechtliche Verträge unmittelbare völkerrechtliche Berechtigungen von Individuen begründen, die in einem *völkerrechtlichen Verfahren* auch gegenüber Staaten einklagbar sind. Wichtigstes Beispiel einer solchen völkerrechtlichen Berechtigung ist derzeit die Individualbeschwerde zur Europäischen Kommission für Menschenrechte (als völkerrechtlicher Instanz) gemäß der EMRK.[142]

Dagegen wird die Mediatisierung durch die bloße Berücksichtigung von Individualinteressen in völkerrechtlichen Normen nicht eigentlich aufgehoben. Selbst soweit völkerrechtliche Verträge Begünstigungen von Individuen enthalten, die im Rahmen der innerstaatlichen Durchführung unmittelbar anwendbar (self-executing) sind, der einzelne sich also vor *innerstaatlichen Instanzen* auf sie berufen kann, bleibt die Vermittlung durch das staatliche Recht aufrechterhalten.[143]

77 Im Sinne dieser Unterscheidung begründet das Umweltvölkerrecht – zumindest soweit nicht völkerrechtlich geschützte Menschenrechte betroffen sind – bisher keine

---

[140] Generell zu den Völkerrechtssubjekten *Magiera*, in: Menzel/Ipsen (FN 82), S. 97ff.; zur Kritik an der Durchbrechung dieses Prinzips im Urteil des Rotterdamer Zivilgerichts vom 16. 12. 1983 betreffend den niederländisch-französischen Rheinversalzungsstreit vgl. *Rest*, UPR 1984, 148ff., 154.

[141] *Magiera*, in: Menzel/Ipsen (FN 82), S. 117f.

[142] Europäische Konvention zum Schutz der Menschenrechte und Grundfreiheiten vom 4. 11. 1950 (BGBl. 1952 II S. 685); zur Unterscheidung zwischen unmittelbarer völkerrechtlicher Berechtigung und bloßer Begünstigung des einzelnen durch das Völkerrecht und zu weiteren Beispielen *Verdross/Simma* (FN 2), §§ 423ff.

[143] *Verdross/Simma* (FN 2), § 423.

unmittelbaren völkerrechtlichen Berechtigungen von Einzelpersonen.[144] Dagegen wäre es durchaus vorstellbar, durch völkerrechtliche Verträge eine direkte **Begünstigung von Individuen** bei grenzüberschreitenden Umweltbeeinträchtigungen sowohl materiell als auch verfahrensrechtlich vorzusehen und den Verwaltungsrechtsschutz entsprechend gesetzlich auszudehnen. Bei Gewährleistung einer vergleichbaren Behandlung der deutschen Grenzanrainer in der jeweiligen ausländischen Rechtsordnung (*equal access* und *equivalent treatment* i. S. der OECD-Empfehlungen[145]) wäre dies rechtspolitisch auch durchaus wünschenswert.

II. EG-Recht

Die Klagemöglichkeiten natürlicher und juristischer Personen vor dem Europäi- 78
schen Gerichtshof gemäß Art. 173, 175 EWGV, 33 EGKSV, 144 EAGV bleiben im Bereich des EG-Umweltrechts die Ausnahme, da die Zulässigkeit der Klage eine unmittelbare und individuelle Betroffenheit des Klägers durch eine Maßnahme der Gemeinschaftsorgane voraussetzt.[146] Das EG-Umweltrecht basiert jedoch (bisher) in erster Linie auf Richtlinien, die an die Mitgliedstaaten gerichtet sind und regelmäßig innerstaatlicher Umsetzung bedürfen (s. o. Rn. 25). Der Rechtsschutz richtet sich dann nach dem Recht des jeweiligen Mitgliedstaates. Vor den staatlichen Instanzen kann das EG-Umweltrecht bei Auslegungsfragen und bei ungenügender oder gänzlich unterbliebener Umsetzung[147] Bedeutung erlangen. Hierbei auftretende Zweifelsfragen können bzw. müssen bei letztinstanzlichen Entscheidungen von den nationalen Gerichten dem Europäischen Gerichtshof gemäß Art. 177 EWGV (41 EGKSV, 150 EAGV) zur **Vorabentscheidung** vorgelegt werden.

Ansonsten bleibt der direkte Weg zum Europäischen Gerichtshof für Einzelpersonen bisher auf eng begrenzte Ausnahmefälle beschränkt.[148] Eine Ausweitung könnte sich für die Zukunft ergeben, wenn die Gemeinschaftsorgane auf Grund der neuen Rechtslage nach der Einheitlichen Europäischen Akte (s. o. Rn. 8ff.) etwa auch verstärkt andere Rechtsakte (neben der Richtlinie) im Umweltrecht einsetzen, die dann auch unmittelbar einzelne Bürger oder Unternehmen betreffen könnten.

Sowohl das Umweltvölkerrecht als auch das EG-Umweltrecht berechtigt und verpflichtet somit (bisher) direkt vorrangig die Staaten. Zwar werden mittelbar (über die Umsetzung in nationales Recht) hierdurch auch Einzelpersonen begünstigt und verpflichtet. Zur Wahrnehmung ihrer Interessen bleiben diese Personen jedoch weitgehend auf die nationalen Instanzen verwiesen.

---

[144] *Pelzer,* in: Siebtes Deutsches Atomrechts-Symposium, 1983, S. 252.

[145] Vgl. insbes. Recommendation of the Council for the Implementation of a Regime of Equal Right of Access and Non-Discrimination in Relation to Transfrontier Pollution v. 17. 5. 1977 – C (77) 28 (Final), abgedruckt in ILM XVI (1977), S. 977, sowie *OECD,* Legal Aspects of Transfrontier Pollution, 1977, S. 37ff. m. w. N.

[146] Zum Rechtsschutz durch den EuGH allgemein *Streil,* in: Beutler/Bieber/Pipkorn/Streil (FN 15), S. 232ff.; speziell zum EAGV *Kloepfer/Kohler* (FN 81), S. 129.

[147] Vgl. dazu o. Rn. 25.

[148] Vgl. im einzelnen *E. Rehbinder/Stewart* (FN 18), S. 146ff. mit Beispielen aus der Rechtsprechung des EuGH.

III. Privatrecht

79 Der Rechtsschutz des Bürgers bei grenzüberschreitenden Umweltbeeinträchtigungen betrifft regelmäßig Tatbestände mit Auslandsberührung. Soweit diese zivilrechtliche,[149] einzelstaatlicher Jurisdiktion unterliegende Rechtsgüter betreffen, bestimmt das jeweilige vom nationalen Gesetzgeber zu regelnde (nationale) **Internationale Privatrecht** (IPR) das Recht welchen Staates hierbei anwendbar ist. Zuständigkeits-, Verfahrens- und Vollstreckungsfragen unterliegen dabei dem ebenfalls vom nationalen Gesetzgeber zu regelnden **Internationalen Zivilprozeß- und Vollstreckungsrecht.** Im Prinzip ist IPR nationales Recht, jedoch können die einzelnen Staaten durch völkerrechtliche Staatsverträge bestimmte Regeln des Internationalen Privatrechts vereinbaren, die sodann vom nationalen Recht übernommen werden müssen.[150]

80 Im Hinblick auf den Umweltschutz ist das IPR bisher vor allem im Bereich der **Haftung** auf dem Gebiet der **Kernenergie**[151] und der **Haftung bei Ölverschmutzungsschäden**[152] von völkerrechtlichen Vereinbarungen beeinflußt, die sowohl materiell-zivilrechtliche Fragen der Haftung als auch Zuständigkeits- und Vollstreckungsfragen vereinheitlichen, daneben aber auch noch Raum für nationale Regelungen belassen.[153] Allgemein trägt zudem das europäische „Übereinkommen über die gerichtliche Zuständigkeit und die Vollstreckung gerichtlicher Entscheidungen in Zivil- und Handelssachen"[154] **(EuGVÜ)** auch bei grenzüberschreitenden Umweltbelastungen zur Vereinheitlichung der entsprechenden nationalen Regelungen in den Vertragsstaaten bei.[155]

---

[149] Allgemein zur Bedeutung des Zivilrechts im Umweltschutz *Medicus*, JZ 1986, 778ff.

[150] Allgemein dazu *Kegel*, Internationales Privatrecht, 5. Aufl., 1985, § 1 IV, dort auch zu den unterschiedlichen Möglichkeiten der Adaption und zum (geringen) Einfluß ungeschriebenen Völkerrechts auf das IPR.

[151] Übereinkommen vom 29. 7. 1960 über die Haftung gegenüber Dritten auf dem Gebiet der Kernenergie (Pariser Übereinkommen); Zusatzübereinkommen vom 31. 1. 1963 zum Pariser Übereinkommen vom 29. 7. 1960 über die Haftung gegenüber Dritten auf dem Gebiet der Kernenergie und Zusatzprotokoll vom 28. 1. 1964 (Brüsseler Zusatzübereinkommen) (BGBl. 1976 II S. 308; Änderung BGBl. 1985 II S. 690, 964, 970); s. dazu im einzelnen *Kloepfer/Kohler* (FN 81), S. 132; Übereinkommen vom 25. 2. 1962 über die Haftung der Inhaber von Reaktorschiffen nebst Zusatzprotokoll (BGBl. 1975 II S. 957, 977; Änderung BGBl. 1980 II S. 721); Übereinkommen vom 17. 12. 1971 über die zivilrechtliche Haftung bei der Beförderung von Kernmaterial auf See (BGBl. 1975 II S. 957, 1026; BGBl. 1976 II S. 307; Änderung BGBl. 1980 II S. 721).

[152] Internationales Übereinkommen vom 29. 11. 1969 über die zivilrechtliche Haftung für Ölverschmutzungsschäden (BGBl. 1975 II S. 301); Internationales Übereinkommen vom 18. 12. 1971 über die Errichtung eines internationalen Fonds zur Entschädigung für Ölverschmutzungsschäden (BGBl. 1975 II S. 320); vgl. dazu *Lummert/Thiem*, Rechte des Bürgers zur Verhütung und zum Ersatz von Umweltschäden, 1980, S. 163f.

[153] Beispiele bei *Kloepfer/Kohler* (FN 81), S. 146ff.; *Murswiek*, UPR 1986, 370ff.

[154] Vom 27. 9. 1968 (BGBl. 1972 II S. 773; ABl. L 299 v. 31. 12. 1972, S. 32).

[155] Die einheitliche Anwendung dieses Übereinkommens ist zudem durch die Begründung der Zuständigkeit des EuGH für die Auslegung des Übereinkommens im Wege des Vorabentscheidungsverfahrens gesichert, vgl. Protokoll vom 3. 6. 1971 (ABl. L 204 v. 2. 8. 1975, S. 28); zum Übereinkommen und dessen Anwendungsbereich *Kloepfer/Kohler* (FN 81), S. 150ff.; *Kohler*, in: Bothe/Prieur/Ress (Hg.), Rechtsfragen grenzüberschreitender Umweltbelastungen, 1984, S. 159ff.; zu weiteren einschlägigen völkerrechtlichen Verträgen (insbes. im Verhältnis der Bundesrepublik Deutschland zu Österreich) *Fröhler/Zehetner*, Rechtsschutzprobleme bei grenzüberschreitenden Umweltbeeinträchtigungen, Bd. III, 1981, S. 32.

Ohne auf Detailfragen hier näher eingehen zu können,[156] sind bei der Beeinträchtigung zivilrechtlicher Rechtsgüter durch grenzüberschreitende Umweltbeeinträchtigungen insbesondere folgende Fallkonstellationen möglich: 81

Ein **Gerichtsstand** für zivilrechtliche Schadensersatz- und Unterlassungsklagen kann nach dem Internationalen Zivilprozeßrecht des Emissionsstaates in diesem für ausländische Kläger begründet sein. Ebenso kann das Internationale Zivilprozeßrecht des Immissionsstaates für betroffene inländische Kläger einen Gerichtsstand im Immissionsstaat begründen. Dabei können wiederum für unterschiedliche Ansprüche auch unterschiedliche Gerichtsstände vorgesehen sein. Sind danach mehrere Gerichtsstände möglich, so kann der Kläger unter Umständen die Wahl zwischen diesen haben, was im Hinblick auf das jeweils anzuwendende Recht Bedeutung für den Erfolg der Klage erlangen kann.[157]

Das Internationale Privatrecht des Gerichtsstandsstaates bestimmt sodann das **anzuwendende Recht,** dies kann sowohl das inländische Zivilrecht des Gerichtsstandsstaates als auch ein ausländisches Recht sein. Lediglich das Gerichtsverfahren bestimmt sich grundsätzlich nach der lex fori.[158]

Bedarf eine so zustandegekommene Entscheidung der **Vollstreckung** im Ausland, so kann diese wiederum nur durch die ausländischen Behörden erfolgen, wobei die Anerkennung der zu vollstreckenden Entscheidung vor allem unter Berufung auf den ordre public, häufig auch wegen fehlender Gegenseitigkeit der Anerkennung verweigert werden kann. Gerade Anerkennung und Vollstreckung ausländischer Entscheidungen sind jedoch vielfach durch bi- und multilaterale Staatsverträge beeinflußt.[159]

Zivilrechtliche (insbesondere Abwehr- und Unterlassungs-)Ansprüche bzw. die 82
Vollstreckung darauf gründender Urteile gegenüber umweltbelastenden Aktivitäten in einem fremden Staat können nach nationalem Recht, z. B. des Staates, in dem die emittierende Anlage betrieben wird, ausgeschlossen sein, soweit **hoheitliche** oder **hoheitlich genehmigte Aktivitäten** in Frage stehen.[160]

Insbesondere die deutsche Rechtsprechung geht (bisher noch) davon aus, daß deutsche Gerichte, zumindest soweit sie auf die grenzüberschreitenden Beeinträchtigungen deutsches Zivilrecht anwenden,[161] privatrechtsgestaltende ausländische Verwaltungsakte grundsätzlich nicht beachten müssen, da der Geltungsbereich ausländischer Hoheitsakte regelmäßig auf das jeweilige Territorium des Erlaßstaates beschränkt sei.[162] Abgesehen davon, daß der betroffene ausländische (genehmigende) Staat dann aber die Vollstreckung eines solchen Urteils regelmäßig unter Hinweis auf den ordre public verweigern wird,[163] erscheint eine undifferenzierte Berufung auf das Territorialitätsprinzip angesichts vielfacher Verflechtungen zwischen den Staaten heute wohl auch weitgehend unzeitgemäß. Zudem droht ein Beharren auf solch absoluten Positionen im zivilrechtlichen Nachbarrecht in Widerspruch zu den eher ausgleichenden Zielsetzungen des Umweltvölkerrechts zu geraten.[164]

---

[156] Zu Einzelfragen s. *Kloepfer/Kohler* (FN 81), S. 132ff.; *Fröhler/Zehetner* (FN 155), S. 27ff.; *Kohler* (FN 155), S. 159ff.; *Lummert,* in: Bothe/Prieur/Ress (FN 9), S. 183ff.; *Pelzer* (FN 145), S. 251f.

[157] Zu dieser Möglichkeit des ,,forum shopping" *Kohler* (FN 155), S. 164.

[158] *Kegel* (FN 150), § 22 III.

[159] *Kegel* (FN 150), § 22 V; zur Vollstreckung nach dem EuGVÜ *Kloepfer/Kohler* (FN 81), S. 161f.

[160] *Lummert* (FN 156), S. 187.

[161] Bei der Anwendung ausländischen Rechts ist die Anerkennung ausländischer Verwaltungsakte im Rahmen des ordre public (und evtl. zusätzlicher Voraussetzungen) möglich, vgl. *Lummert* (FN 156), S. 187 m. w. N.

[162] BGHZ 31, 367 (371); BGH, DVBl. 1979, 226; differenzierend zum Territorialitätsprinzip im Verwaltungsverfahren jetzt BVerwG, UPR 1987, 114; allgemein zum Territorialitätsprinzip umfassend *K. Vogel,* Der räumliche Anwendungsbereich der Verwaltungsrechtsnorm, 1965.

[163] BVerfGE 72, 66 (78f.).

[164] Ausführlich zur gebotenen Auflockerung des Territorialitätsprinzips *Kloepfer/Kohler* (FN 81), S. 167ff.; *Lummert* (FN 156), S. 187ff.; für eine Beachtung der völkerrechtlichen Zulässigkeit von Emissionen im Zivilrecht auch *Fröhler/Zehetner* (FN 155), S. 51ff.

83 Auch soweit zur **Anerkennung ausländischer Hoheitsakte** keine generelle völkerrechtliche Verpflichtung besteht,[165] liegt es doch weitgehend im Ermessen der Staaten, eine Anerkennung im nationalen Recht vorzusehen. Unsicherheiten hierbei sind zu umgehen, wenn die Anordnung speziell für einzelne Projekte mit voraussehbaren grenzüberschreitenden Wirkungen zwischen den beteiligten Staaten durch völkerrechtlichen Vertrag geregelt wird. Innerhalb der staatsvertraglichen Regelung kann der deutsche Gesetzgeber dabei auch (möglicherweise nach bisheriger Praxis) bestehende zivilrechtliche Ansprüche der eigenen Bevölkerung gegen ausländische emittierende Anlagen einschränken und modifizieren, solange dadurch grundrechtliche Positionen nicht unzulässig tangiert werden.[166]

IV. Verwaltungsrecht

84 Da umweltbeeinträchtigende Aktivitäten in den meisten Staaten weitgehend umfassenden öffentlich-rechtlichen Regelungen und Genehmigungen unterliegen, die jeweilige öffentlich-rechtliche Zulässigkeit von Emissionen, wie dargelegt (s. § 4 Rn. 52, 305f.), auch häufig Vorfrage zivilrechtlicher Ansprüche sein kann, erscheint ein verwaltungsrechtlicher Rechtsschutz gegen grenzüberschreitende Umweltbeeinträchtigungen denkbar. Während jedoch das Internationale Privat-, Zivilprozeß- und Vollstreckungsrecht für zivilrechtliche Sachverhalte mit Auslandsberührung ein umfassendes System bereitstellt, wird die Existenz eines **Internationalen Verwaltungsrechts** teilweise noch überhaupt in Frage gestellt.[167] Die Begriffe des Internationalen Verwaltungsprozeß- und des Internationalen Verwaltungsvollstreckungsrechts bleiben dabei vielfach unscharf. Das Internationale Verwaltungsrecht soll hier als Inbegriff derjenigen Rechtsnormen eines Staates verstanden werden, die eine Bestimmung darüber enthalten, welches (Verwaltungs-)Recht – eigenes oder fremdes – von seinen Verwaltungsbehörden und Gerichten in Fällen mit Auslandsberührung anzuwenden ist.[168] Wird hiernach das anzuwendende materielle Verwaltungsrecht (einschließlich des Verwaltungsverfahrensrechts) bestimmt, ergibt sich daraus aber noch nichts unmittelbar für die Frage (eines Internationalen Verwaltungsprozeßrechts), in welchen verwaltungsrechtlich relevanten Fällen mit Auslandsberührung inländische Verwaltungsgerichte überhaupt zur Entscheidung berufen sind.

1. Rechtsschutz im Immissionsstaat

85 Dieses Problem stellt sich vor allem, soweit von grenzüberschreitenden Umweltbeeinträchtigungen Betroffene vor den eigenen inländischen Instanzen Rechtsschutz gegen ausländische Verwaltungsmaßnahmen begehren, die diese grenzüberschreitenden Emissionen zulassen. Nach Internationalem Zivilprozeßrecht kann in solchen

[165] *Lummert* (FN 156), S. 188.

[166] BVerfGE 72, 66 (75ff.). Die völkervertragliche Gestaltung grenzüberschreitender Immissionen kann jedoch Entschädigungsansprüche der betroffenen Bürger gegen die Bundesrepublik Deutschland auslösen, soweit die Gestaltung faktisch einer entschädigungspflichtigen Enteignung nach innerstaatlichem Recht gleichkommt, BGHZ 87, 321 (328ff.).

[167] *Matscher,* FS Beitzke, 1979, S. 641ff.

[168] *G. Hoffmann,* in: v. Münch (Hg.), Besonderes Verwaltungsrecht, 7. Aufl., 1985, S. 851ff., 859 m. w. N.; vgl. aber zur Vieldeutigkeit des Begriffs *K. Vogel* (FN 162), S. 153ff.

Fällen (für Klagen gegen ausländische Privatrechtssubjekte und auch gegen privatrechtlich handelnde Hoheitsträger) durchaus ein Gerichtsstand im Immissionsstaat begründet sein, wobei die Vollstreckung im Emissionsstaat (unter dem Vorbehalt des ordre public) nicht ohne weiteres ausgeschlossen ist.

Im verwaltungsrechtlichen Bereich müßten jedoch die Instanzen des Immissions- **86**
staates Rechtsschutz gegen den ausländischen (Emissions-)Staat als Hoheitsträger gewähren. Diese Möglichkeit wird zum Teil unter bestimmten materiellen Voraussetzungen als völkerrechtlich zwar erlaubt, aber wegen der Durchsetzungsschwierigkeiten als unpraktikabel betrachtet.[169] Im Hinblick auf den auch heute noch für hoheitliche Betätigungen geltenden völkerrechtlichen **Grundsatz der Staatenimmunität**[170] ist jedoch davon auszugehen, daß der inländischen Verwaltungsgerichtsbarkeit nur inländische Verwaltungsträger unterliegen und für Klagen gegen ausländische Staaten daher bereits die Gerichtsbarkeit des Immissionsstaates nicht gegeben ist.[171]

Vor den Verwaltungsgerichten des Immissionsstaates könnten die Betroffenen da- **87**
her allenfalls gegenüber dem eigenen (Immissions-)Staat Rechte auf **Gewährung „diplomatischen Schutzes"** geltend machen. Das Klagebegehren kann dabei darauf zielen, daß der Staat als Völkerrechtssubjekt die Interessen, insbesondere die Grundrechte seiner Bürger, durch Wahrnehmung seiner völkerrechtlichen (im Bereich der EG evtl. auch mitgliedschaftlichen) Möglichkeiten schützt. Den staatlichen Organen steht jedoch bei der außenpolitischen Betätigung grundsätzlich ein weiter Ermessensspielraum zu, in dem er nicht allein Einzelinteressen wahrzunehmen, sondern vorrangig politische Gesamtinteressen des Staates, die Beziehungen zu anderen Staaten und internationale Rücksichtnahmen zu pflegen hat.[172]

2. Rechtsschutz im Emissionsstaat

Die Unzulänglichkeiten des verwaltungsrechtlichen Rechtsschutzes im Immis- **88**
sionsstaat könnten jedoch ausgeglichen werden, soweit der Emissionsstaat die von grenzüberschreitenden Umweltbeeinträchtigungen betroffenen Ausländer in seinen Verwaltungsverfahren beteiligt und ihnen vor allem Verwaltungsrechtsschutz vor den eigenen Instanzen gewährt. Eine Verpflichtung der Staaten zur *Gleichstellung ausländischer Individuen* bei der Beteiligung am umweltrechtlichen (Verwaltungs- und) Verwaltungsgerichtsverfahren ist bisher völkergewohnheitsrechtlich nicht nachweisbar.[173] Im Völkervertragsrecht sieht bisher wohl allein die *Nordische Umweltschutzkonvention* zwischen den skandinavischen Staaten[174] eine Gleichstellung der Bürger im

---

[169] *Fröhler/Zehetner,* Rechtsschutzprobleme bei grenzüberschreitenden Umweltbeeinträchtigungen, Bd. II, 1980, S. 39.

[170] Vgl. dazu BVerfGE 16, 27 (61); *Wehser,* in: Menzel/Ipsen (FN 82), S. 203; zur Abgrenzung zwischen hoheitlicher und nicht hoheitlicher Tätigkeit fremder Staaten auch BVerfGE 64, 1ff.

[171] *K. Vogel* (FN 162), S. 322 insbes. Anm. 82; *Eyermann/Fröhler,* Verwaltungsgerichtsordnung, 8. Aufl., 1980, § 40 Rn. 59.

[172] BVerfGE 40, 141 (177f.); 72, 66 (79); *Bryde,* in: v. Münch, Grundgesetz, Bd. 1, 3. Aufl., 1985, Art. 14 Rn. 42.

[173] *Fröhler/Zehetner* (FN 169), S. 27f.; *Oppermann/Kilian,* Gleichstellung ausländischer Grenznachbarn in deutschen Umweltverfahren?, 1981, S. 43; *Bothe,* FS 150 J. Rechtsanwaltsverein Hannover, 1981, S. 42ff., 49; zur Staatenpraxis rechtsvergleichend *Oppermann/Kilian,* aaO., S. 52ff., und die Beiträge in: Ress (Hg.), Grenzüberschreitende Verfahrensbeteiligung im Umweltrecht der Mitgliedstaaten der Europäischen Gemeinschaften, 1985.

[174] s. o. FN 122.

gegenseitigen Verhältnis vor.[175] Dagegen regen zahlreiche *Empfehlungen* internationaler Organisationen, insbesondere der Vereinten Nationen, der OECD und auch des Europäischen Parlaments, eine solche grenzüberschreitende Verfahrensbeteiligung an.[176] Derartigen Empfehlungen mangelt jedoch die rechtliche Verbindlichkeit, sie sind vielmehr – wenn überhaupt – dem Bereich des ,,soft law" zuzuordnen.[177]

89 Wenn und soweit somit ein völkerrechtliches Gebot nicht besteht, ist andererseits auch kein generelles völkerrechtliches Verbot der Gleichstellung ausländischer Grenznachbarn im Verwaltungsrechtsschutz nachzuweisen. Beschränkungen ergeben sich allerdings aus dem grundsätzlichen völkerrechtlichen Verbot, Hoheitsakte auf fremdem Staatsgebiet vorzunehmen.[178] Selbst wenn man die Gewährung verfahrensrechtlicher Positionen – bei hinreichenden völkerrechtlichen Anknüpfungspunkten – nicht als Vornahme von Hoheitsakten in fremdem Hoheitsgebiet versteht,[179] so stellen sich bei der Durchführung eines entsprechenden Rechtsschutzes doch nicht zu unterschätzende Probleme, da im Rahmen solcher Verfahren unvermeidlich vorzunehmende Mitteilungen und Zustellungen wiederum mit dem Verbot der Vornahme von Hoheitsakten in fremdem Staatsgebiet kollidieren können.[180]

90 Im Ergebnis enthält das geltende Völkerrecht somit weder absolute Verbote noch Gebote für eine grenzüberschreitende Verfahrensbeteiligung vor (Verwaltungsbehörden und) Verwaltungsgerichten. Die Gleichstellung ausländischer Grenznachbarn in umweltrechtlichen Verfahren bleibt damit (in den erwähnten Grenzen) weitgehend der Regelung durch die jeweiligen nationalen Rechtsordnungen überlassen. Die **Staatenpraxis** hierbei ist nicht einheitlich,[181] sie reicht vom Ausschluß jeder Verfahrensbeteiligung für Ausländer unter Berufung auf das – den Geltungsbereich verwaltungsrechtlicher Normen begrenzende – Territorialitätsprinzip[182] bis hin zur Bejahung eines einklagbaren Grundrechtsschutzes für Ausländer.[183]

91 Entsprechend geteilt sind auch die Meinungen zur konkreten **Rechtslage in der Bundesrepublik Deutschland.**[184] Teilweise wird eine Einwendungsbefugnis im Verwaltungsverfahren und die Klagebefugnis im Verwaltungsgerichtsprozeß für Ausländer zumindest für bestimmte Massenverfahren (insbesondere im Atomrecht) bereits nach geltendem Recht bejaht.[185]

92 Richtigerweise dürfte jedoch auch bezüglich der Behandlung nicht Gebietsansässiger bis auf weiteres zu differenzieren sein zwischen der verwaltungsverfahrensrecht-

---

[175] Dazu im einzelnen *Fröhler/Zehetner* (FN 169), S. 28ff.

[176] Nachweise bei *Oppermann/Kilian* (FN 173), S. 21ff.; *Doehring,* in: Ress (FN 173), S. 52ff., 61f.; *Fröhler/Zehetner* (FN 169), S. 32ff.; zu Bemühungen der Organe der EG *Ress,* in: ders. (FN 173), S. 1ff., 2ff.

[177] *Oppermann/Kilian* (FN 173), S. 41; zum ,,soft law" allgemein o. Rn. 51.

[178] Vgl. dazu allgemein *K. Vogel* (FN 162), S. 341ff.

[179] So vor allem *Bothe* (FN 173), S. 48f.; *ders.,* UPR 1983, 1ff., 2f.; vgl. auch *Oppermann/Kilian* (FN 173), S. 94; jetzt auch BVerwG, UPR 1987, 114ff., 115 = DVBl. 1987, 375ff. m. Anm. *A. Weber.*

[180] Dazu *K. Vogel* (FN 162), S. 346f.; das BVerwG, UPR 1987, 114ff., 115, hält zwar zur Beseitigung etwa noch bestehender Schwierigkeiten staatsvertragliche Regelungen für wünschenswert, Erschwerungen des Rechtsschutzes durch das Verhalten des Nachbarstaates soll sich der betroffene Ausländer bis dahin im Verfahren entgegenhalten lassen müssen.

[181] s. dazu die in FN 173 genannte Literatur; zur Rechtslage in Frankreich *Woehrling,* Verwaltungsgerichtlicher Rechtsschutz in Frankreich auf dem Gebiet des Umweltrechts unter Einschluß der Probleme der grenzüberschreitenden Verfahrensbeteiligung, 1986.

[182] So der österreichische VerwGH, Slg., A-Teil, 1969, S. 264ff.; ablehnend dazu *Bothe,* UPR 1983, 1ff., 2f.

[183] Z.B. *Bothe,* UPR 1983, 1ff., 4; dagegen *Oppermann/Kilian* (FN 173), S. 98ff.

[184] Zusammenfassende Darstellung bei *Oppermann/Kilian* (FN 173), S. 102ff.

[185] So jetzt BVerwG UPR 1987, 114ff.; zustimmend in seiner Urteilsanmerkung *Bothe,* UPR 1987, 170f.

lichen Verfahrensbeteiligung und Einwendungsbefugnis einerseits, die regelmäßig eine bloße Interessenbeeinträchtigung voraussetzen, und der eine Verletzung subjektiver öffentlicher Rechte bedingenden Klagebefugnis im Verwaltungsprozeß andererseits. Die Beeinträchtigung rechtlicher Interessen im Ausland ansässiger Betroffener setzt nicht notwendig eine Erstreckung deutscher Rechtsnormen über die deutschen Staatsgrenzen voraus, da rechtliche Interessen – im Gegensatz zu subjektiven öffentlichen Rechten – nicht zwingend erst durch die deutschen Rechtsnormen konstituiert werden.[186] Eine **Berücksichtigung ausländischer Interessen** durch deutsche Behörden kann je nach einschlägigem Gesetz naheliegen, soweit das jeweilige Gesetz deutliche Auslandsbezüge aufweist oder (auch) zur Erfüllung internationaler Verpflichtungen ergangen ist.[187]

Selbst einer solchen auslandsbezogenen Berücksichtigungspflicht muß jedoch nicht zwingend ein **Anspruch auf Verfahrensbeteiligung** der betroffenen Einzelpersonen im Ausland entsprechen, da solche völkerrechtlichen Pflichten in erster Linie gegenüber den jeweiligen Staaten als Völkerrechtssubjekten bestehen.[188] Gleichwohl kann die Auslegung konkret (auch) auslandsbezogener Gesetze im Einzelfall Einwendungsbefugnisse und Verfahrensbeteiligungsrechte begründen.[189] 93

Anders stellt sich die Rechtslage hinsichtlich der **Klagebefugnis** (nicht im Inland ansässiger) Ausländer nach § 42 Abs. 2 VwGO (vgl. allg. § 5 Rn. 13ff.) dar. Hierzu müßten die deutschen Umweltgesetze konstitutiv subjektiv-öffentliche Rechte für diesen Personenkreis (als Drittbetroffene) begründen. Insoweit ist jedoch grundsätzlich die Territorialgebundenheit verwaltungsrechtlicher Normen zu beachten, die nicht ohne weiteres durch eine „völkerrechtsfreundliche Auslegung" dieser Normen oder der Grundrechte unter dem Postulat einer „offenen Staatlichkeit" übergangen werden kann.[190] 94

Demgegenüber hat das BVerwG[191] dem Atomgesetz einen sich auch auf ausländische Betroffene erstreckenden Drittschutz entnommen. § 7 Abs. 2 AtG gewähre Drittschutz zumindest den Bürgern der Mitgliedstaaten der Europäischen Atomgemeinschaft. Wie aus der Mitgliedschaft in der EURATOM ein Klagerecht von Auslandsbewohnern folgen soll, bleibt allerdings unklar.

Allgemein erscheint daher zur Regelung dieser Streitfragen, auch zur Gewährleistung der Gegenseitigkeit des Rechtsschutzes, eine völkervertragliche Vereinbarung und eine Klarstellung durch den Gesetzgeber, auch hinsichtlich einzelner Verfahrensfragen, als wünschenswert.[192]

---

[186] *Kloepfer,* DVBl. 1984, 245ff., 250.

[187] Zurückhaltend auch insoweit *Ress,* in: Bothe/Prieur/Ress (FN 9), S. 85ff., 89.

[188] A. A. für das AtG BVerwG, UPR 1987, 114ff., 115, zumindest soweit Bürger der Mitgliedstaaten der Europäischen Atomgemeinschaft betroffen sind; noch weitergehend *Bothe,* UPR 1987, 170f., 171; wie hier *Oppermann/Kilian* (FN 173), S. 115.

[189] *Kloepfer,* DVBl. 1984, 245ff., 250, dort auch zur Sonderstellung der DDR und zu Durchführungsproblemen.

[190] *Kloepfer,* DVBl. 1984, 245ff., 248f.; *Oppermann,* in: Bothe/Prieur/Ress (FN 9), S. 121ff., 123; für die Gegenansicht vgl. z. B. *Bothe* (FN 9), S. 54f.; BVerwG, UPR 1987, 114ff., 115.

[191] BVerwG, UPR 1987, 114ff., 115; zustimmend *Bothe,* UPR 1987, 170f.; eher kritisch *Preu,* JZ 1987, 354ff.; *Rauschning,* ArchVR 25 (1987), 312ff.; *A. Weber,* DVBl. 1987, 377ff., 378f.

[192] *Bothe* (FN 173), S. 55; *ders.,* UPR 1987, 170f., 171; BVerwG, UPR 1987, 114ff., 115; *Kloepfer,* DVBl. 1984, 245ff., 255; *Oppermann* (FN 190), S. 126f.

E. Umweltrechtsvergleichung und ausländisches Umweltrecht

Schrifttum: *Akademie für Staats- und Rechtswissenschaft der DDR Potsdam-Babelsberg* (Hg.), Sozialismus und Umweltschutz, Berlin (Ost) 1982; *Bernhardt,* Eigenheiten und Ziele der Rechtsvergleichung im öffentlichen Recht, ZaöRV 24 (1964), 431ff. m. w. N.; *Bleckmann,* Die Rolle der Rechtsvergleichung in den Europäischen Gemeinschaften, ZVglRWiss. 75 (1976), 106ff.; *Bosselmann,* Recht der Gefahrstoffe. Rechtsvergleichender Überblick, 1987; *Bothe,* Ausländisches Umweltrecht I–V, 1972–1977; *ders.,* Die Bedeutung der Rechtsvergleichung in der Praxis internationaler Gerichte, ZaöRV 36 (1976), 292ff.; *ders.* (Hg.), Trends in Environmental Policy and Law – Tendances actuelles de la politique et du droit de l'environnement, Berlin 1980; *ders./Gündling,* Tendenzen des Umweltrechts im internationalen Vergleich, 1978, 2. Aufl., 1989 (im Erscheinen); *Butler* (Hg.), International Law in Comparative Perspective, Leiden 1980; *Daig,* Zur Rechtsvergleichung und Methodenlehre im Europäischen Gemeinschaftsrecht, in: Festschrift für Konrad Zweigert zum 70. Geb., 1981, S. 395ff.; *Delogu,* Die Umweltverträglichkeitserklärung. Die Regelung in den USA als mögliches Modell, 1974; *Downing/Hanf* (Hg.), International Comparisons in Implementing Pollution Laws, Boston 1983; *El-Hinnami/Hashimi* (Hg.), Global Environmental Issues, Dublin 1982; *Ercman,* European Environmental Law, Bern 1977; *Fleischer,* Nordisk miljø verkonvensjon, Tidsskrift for Rettsvitenskap 1976, 83ff.; *Fröhler* (Hg.), Die Umweltverträglichkeitsprüfung, Linz 1985; *Gour-Tanguay* (Hg.), Environmental Policies in Developing Countries, Berlin 1977; *Gusman/v. Moltke/Irwin/Whitehead,* Die Kontrolle von Umweltchemikalien, 1982; *Hailbronner,* Ziele und Methoden völkerrechtlich relevanter Rechtsvergleichung, ZaöRV 36 (1976), 190ff.; *Hannequart,* La politique de gestion des déchets, Berlin 1983; *Holdgate/Kassas/White,* The World Environment, Dublin 1982; Irwin, Toxic Substances Laws and Enforcement, RabelsZ 40 (1976), 474ff.; *J. H. Kaiser,* Vergleichung im öffentlichen Recht, ZaöRV 24 (1964), 391ff.; *Kloepfer,* Aspekte der internationalen Harmonisierung des Umweltrechts, UPR 1984, 281ff.; *ders./Knebel,* Umweltchemikalienrecht. Rechtsvergleichende Analyse von Schlüsselbegriffen, 1981; *ders./Bosselmann,* Zentralbegriffe des Umweltchemikalienrechts. Rechtsvergleichende Analysen und Vorschläge zur internationalen Harmonisierung, 1985; *Knoepfel/Weidner,* Explaining Differences in the Performance of Clean Air Policies. An International and Interregional Comparative Study, Policy and Politics 14/1986, 71ff.; *Kolbassow u. a.,* Sozialismus und Umweltschutz (s. Akademie für Staats- und Rechtswissenschaft der DDR); *Lorenz,* Rechtsvergleichung als Methode zur Konkretisierung der allgemeinen Grundsätze des Rechts, JZ 1962, 269ff.; *Loretan,* Die Umweltverträglichkeitsprüfung. Ihre Ausgestaltung im Bundesgesetz über den Umweltschutz, mit Hinweisen auf das amerikanische und deutsche Recht, Zürich 1986; *Lücke,* Umweltschutz und Verfassung in der DDR – Zugleich ein Beitrag zur Diskussion über die Verankerung des Umweltschutzes im Grundgesetz, in: Gedächtnisschrift für Wolfgang Martens, 1987, S. 153ff.; *Lukes* (Hg.), Gefahren und Gefahrenbeurteilungen im Recht, 3 Bde., 1980; *Lummert,* Diskussionsbericht – Umweltschutz, RabelsZ 40 (1976), 505ff.; *ders.,* Das Chemikalienrecht Japans im internationalen Vergleich, ZfU 1982, 171ff.; *McLoughlin/Forster,* The Law and Practice Relating to Pollution Control in the Member States of the European Communities, 2. Aufl., London 1982; *Pescatore,* Le recours dans la jurisprudence de la Cour de Justice des Communautés Européennes à des normes déduites de la comparaison des droits des états membres, Rev. int. dr. comp. 32 (1980), 337ff.; *E. Rehbinder,* Umweltrecht. Rechtsvergleichendes Generalreferat, RabelsZ 40 (1976), 363ff.; *ders.,* Die japanische Umweltpolitik – Vorbild für uns?, in: Forschung Frankfurt 1/1985, 26ff.; *ders.,* Export von Schädlingsbekämpfungsmitteln: Gemeinsame Verantwortung von Export- und Importstaat, in: Forschungsstelle für Umwelt- und Technikrecht (Hg.), Jahrbuch des Umwelt- und Technikrechts 1988 (UTR 5), 1988, S. 337ff.; *ders./Sprenger,* Möglichkeiten und Grenzen der Übertragbarkeit neuer Konzepte der US-amerikanischen Luftreinhaltepolitik in den Bereich der deutschen Umweltpolitik, 1985; *ders./Stewart,* Environmental Protection Policy. Integration Through Law, Europe and the American Federal Experience, Bd. 2, Berlin 1985; *Rengeling,* Der Stand der Technik bei der Genehmigung umweltgefährdender Anlagen, 1985; *Ress,* Die Bedeutung der Rechtsvergleichung für das Recht der internationalen Organisationen, ZaöRV 36 (1976), 227ff.; *ders.* (Hg.), Grenzüberschreitende Verfahrensbeteiligung im Umweltrecht der Mitgliedstaaten der Europäischen Gemeinschaften, 1985; *Rest,* Die Wahl des günstigeren Rechts im grenzüberschreitenden Umweltschutz, 1980; *ders.,* Luftverschmutzung und Haftung in Europa, Straßburg 1986; *ders.,* Artikel „Umweltrechtsvergleichung", in: Kimminich/v. Lersner/Storm (Hg.), Handwörterbuch des Umweltrechts (HdUR), Bd. II, 1988, Sp. 802ff.; *Rheinstein/v. Borries,* Einführung in die Rechtsvergleichung und vergleichende Methode im öffentlichen Recht, ZaöRV 24 (1964), 405ff.; *ders.,* Einwirkungen nationalen Rechts auf das Völkerrecht, ZaöRV 36 (1976), 168ff.; *Schroth,* Comparative Environmental Law, HELR 1 (1977), 603ff.; *Simonis/Hartje,* Artikel „Entwicklungshilfe", in: Kimminich/v. Lersner/Storm (Hg.), Handwörterbuch des Umweltrechts (HdUR), Bd. I, 1986, Sp. 425ff.; *Steiger* (Hg.), Le droit de l'environnement et les substances chimiques – Environmental Law and Chemical Substances – Umweltrecht und Chemikalien, Berlin 1981; *Tolba,* Development without Destruction, Dublin 1982; *Weidner,* Japans Umweltgesetzgebung im internationalen Vergleich, in: Foljanty-Jost/Park/Seifert (Hg.), Japans Wirtschafts- und Sozialentwicklung im internationalen Vergleich, 1981, S. 264ff.; *ders./Knoepfel,* Handbuch der SO_2-Luftreinhaltepolitik. Daten, Konzepte und rechtliche Regelungen in den EG-Staaten und der Schweiz, Teil 1: Vergleichende Analyse, 1980, Teil 2: Länderberichte, 1980; *Weimert/Kress/Karpe,* Umweltprobleme und nationale Umweltpolitiken in Entwicklungsländern, 1981; *Zemanek,* Was kann die Vergleichung staatlichen öffentlichen Rechts für das Recht der internationalen Organisationen leisten?, ZaöRV 24 (1964), 453ff.; Zeitschriften: Environmental Policy and Law; Europäische Umwelt (EurUm); Industry and Environment (UNEP). Weitere Schrifttumsnachweise zu einzelnen Ländern vor Rn. 103. Vgl. i. ü. auch *Templeton/Taubenfeld,* World Environment Law Bibliography, Littleton, Conn. 1987 (erfaßt jedoch nur selbständige Veröffentlichungen).

I. Grundfragen der Umweltrechtsvergleichung

Die **Rechtsvergleichung**[193] – im Privatrecht eine zwar noch relativ junge, aber schon traditionsreiche und insbesondere für das Internationale Privatrecht unentbehrliche[194] Disziplin – gewinnt im öffentlichen Recht, bedingt durch die transnationalen Bezüge vor allem des öffentlichen Wirtschaftsrechts, aber eben auch des Technik- und Umweltrechts, zunehmend an Bedeutung.[195] Weil das Umweltproblem nicht an den Grenzen der Bundesrepublik Deutschland haltmacht, hat das Umweltrecht nicht nur eine europa- und völkerrechtliche, sondern auch eine markante rechtsvergleichende Dimension. Die – noch wenig durchbildete – Umweltrechtsvergleichung hat die Aufgabe, die verschiedenen Umweltrechtsordnungen der einzelnen Staaten miteinander zu vergleichen und dabei Gemeinsamkeiten bzw. Unterschiede sowie deren Gründe zu beschreiben und zu analysieren. Um dabei allerdings Perspektivverzerrungen von vornherein zu vermeiden, darf sich gerade die Umweltrechtsvergleichung nicht auf eine Betrachtung des bloßen Gesetzestextes verengen, sondern muß auch die tatsächliche Umweltsituation, das politische, wirtschaftliche, rechtliche und administrative Umfeld des Umweltrechts, vor allem aber den Standard des Umweltrechtsvollzugs in ihr Blickfeld einbeziehen. 95

Die Umweltrechtsvergleichung ist **primär Vergleichung öffentlichen Rechts,** weil das Umweltrecht auch im internationalen Vergleich überwiegend öffentlich-rechtlich geprägt ist. 96

Allerdings darf dabei nicht übersehen werden, daß die Umweltrechtsordnungen insbesondere des angelsächsischen Rechtskreises auch relativ stark **privatrechtlich geprägt** sind (s. Rn. 107ff., 131ff.). Insoweit hat die Umweltrechtsvergleichung auch die Aufgabe, privatrechtliche Institutionen untereinander, aber auch mit öffentlich-rechtlichen Gestaltungsformen zu vergleichen. Dies ist auch deshalb notwendig, weil der Verlauf der Grenze zwischen privatem und öffentlichem Recht jeweils von den einzelnen Rechtsordnungen festgelegt wird.

Da die Umweltrechtsvergleichung aber insgesamt maßgeblich öffentlich-rechtliche Rechtsmaterien miteinander vergleicht, erweisen sich die besonderen Probleme einer Vergleichung des öffentlichen Rechts[196] auch als für die Umweltrechtsvergleichung prägend:

Das öffentliche Recht regelt zunächst die häufig grundlegend verschiedenen politischen Strukturen der Staaten; es ist in weiten Bereichen – jedenfalls im Vergleich zum Zivilrecht –

---

[193] Allgemein zur Rechtsvergleichung s. nur etwa *Ebert,* Rechtsvergleichung, Bern 1978; *Grossfeld,* Macht und Ohnmacht der Rechtsvergleichung, 1984; *Rheinstein,* Einführung in die Rechtsvergleichung, 1974; *Zweigert/Kötz,* Einführung in die Rechtsvergleichung auf dem Gebiete des Privatrechts, Bd. I, 2. Aufl., 1984; *ders./Puttfarken* (Hg.), Rechtsvergleichung, 1978.

[194] *Zweigert/Kötz* (FN 193), S. 7f.

[195] Zur Rechtsvergleichung im öffentlichen Recht *Bernhardt,* ZaöRV 24 (1964), 431ff. m. w. N. insbesondere auf das ausländische Schrifttum (432 Anm. 4); *Bleckmann,* ZVglRWiss. 75 (1976), 106ff.; *Hailbronner,* ZaöRV 36 (1976), 190ff.; *Lorenz,* JZ 1962, 269ff.; *Ress,* ZaöRV 36 (1976), 227ff.; *Strebel,* ZaöRV 36 (1976), 168ff.

[196] s. dazu insbes. *Bernhardt,* ZaöRV 24 (1964), 431ff., 432ff.

weniger von einer immanenten Sachgesetzlichkeit als von politischen Gestaltungentscheidungen geprägt; typisch ist häufig seine spezifische Situationsgebundenheit; es besteht überdies oft aus einer nahezu untrennbaren Gemengelage von geschriebenem und (durch die Praxis beeinflußtem und häufig schwer auffindbarem) ungeschriebenem Recht; es arbeitet besonders stark mit Rahmenvorschriften und ausfüllungsbedürftigen Wertbegriffen; da das öffentliche Recht die Gestaltungsfreiheit der staatlichen Organe intensiv berührt, unterliegt es naturgemäß einem starken politischen Druck, der zu kurzfristigen Änderungen des Rechtsbestandes führen kann. Schließlich sind beim Vergleich insbesondere des öffentlichen Rechts häufig außerrechtliche Feststellungen erforderlich, da die außerrechtlichen Komponenten oft erst das Verständnis rechtlicher Eigenheiten und besonders auch die Beurteilung der Effektivität des positiven Rechts erlauben.[197] Erschwerend für die Rechtsvergleichung des öffentlichen Rechts wirkt insbesondere der Umstand, daß die Berücksichtigung des jeweiligen politischen und sozialen Ambientes unentbehrlich ist.

97 Als Teilgebiet des öffentlichen Rechts kann zwar das (öffentliche) Umweltrecht weder in einer „Makrovergleichung" noch in einer „Mikrovergleichung"[198] losgelöst von seiner Einbindung in das jeweilige Staats- und Verwaltungsrecht vergleichend betrachtet werden, auch ist der **politische Gehalt des Umweltrechts** im ganzen gesehen evident. Gleichwohl lassen sich, insbesondere für Einzelbereiche des Umweltrechts mit starkem juristisch-technischen oder naturwissenschaftlich-technischen[199] Charakter, sinnvolle **„entpolitisierende" Eingrenzungen** für die Vergleichung vornehmen, die eine hinreichende Konkretisierung der Vergleichsobjekte ermöglichen. Überdies vermag der starke technisch-naturwissenschaftliche Bezug des Umweltrechts eine problemorientierte Rechtsvergleichung zu erleichtern (z. B. beim Vergleich von Grenzwerten und technischen Normen).

II. Funktionen der Umweltrechtsvergleichung

98 Die Rechtsvergleichung ist mehr als eine allein auf wissenschaftliche Erkenntnis gerichtete zweckfreie Disziplin.[200] Sie hat auch wesentliche **praktische Funktionen:** So vermag die Umweltrechtsvergleichung für das **nationale Umweltrecht** Hinweise zu geben auf geeignete oder auch ungeeignete Problemlösungen, mit denen andere Rechtsordnungen bereits Erfahrungen gesammelt haben.[201] Die Umweltrechtsvergleichung kann somit die rechtspolitische Phantasie des Gesetzgebers stimulieren, aber auch kontrollieren. Bezüglich des bereits geltenden nationalen Umweltrechts kann die Umweltrechtsvergleichung Alternativen aufzeigen und somit die relativierende Einsicht fördern, daß die jeweils gefundene nationale Lösung nicht der Weisheit letzter Schluß sein muß.

Insbesondere aber gehen zahlreiche **supranationale und internationale Regelungen** des Umweltrechts häufig auch aus der vergleichenden Betrachtung unterschied-

---

[197] Vgl. *Strebel,* ZaöRV 24 (1964), 405ff., 409ff., 412f.; *Rest,* Artikel „Umweltrechtsvergleichung", in: Kimminich/v. Lersner/Storm (Hg.), Handwörterbuch des Umweltrechts (HdUR), Bd. II, 1988, Sp. 802ff., 802.

[198] Vgl. zu dieser begrifflichen Unterscheidung *Zweigert/Kötz* (FN 193), S. 5.

[199] *Rest* (FN 197), Sp. 802ff.

[200] Zu den Zielen der Rechtsvergleichung auch *Rest* (FN 197), Sp. 810f.

[201] s. allgemein *Drobnig/Dopffel,* RabelsZ 46 (1982), 253ff.; *Zweigert/Kötz* (FN 193), S. 17ff. mit dem treffenden Ausspruch Rudolph von Jherings (Geist des römischen Rechts, Erster Teil, 9. Aufl., 1955, S. 8f.): „Die Frage von der Rezeption fremder Rechtseinrichtungen ist nicht eine Frage der Nationalität, sondern eine einfache Frage der Zweckmäßigkeit, des Bedürfnisses. Niemand wird von der Ferne holen, was er daheim ebensogut oder besser hat, aber nur ein Narr wird die Chinarinde aus dem Grunde zurückweisen, weil sie nicht auf seinem Krautacker gewachsen ist."

licher Rechtsordnungen hervor. Die *allgemeinen Rechtsgrundsätze als Rechtsquelle des Völkerrechts* (s. o. Rn. 53ff.) können im wesentlichen nur durch Rechtsvergleichung festgestellt werden.[202] Die Umweltrechtsgestaltung (insbesondere die Rechtsangleichung) durch die *Europäischen Gemeinschaften* (s. o. Rn. 7ff.) bedarf zunächst einer grundlegenden vergleichenden Feststellung des zu harmonisierenden nationalen Rechts der Mitgliedstaaten.[203] Ebenso spielt die Rechtsvergleichung für andere internationale Organisationen eine erhebliche Rolle.[204] Auch im *internationalen Verwaltungsrecht* (s. o. Rn. 84) muß das bei grenzüberschreitenden Umweltbeeinträchtigungen angerufene Gericht in der Frage des anzuwendenden Rechts (etwa bei der Anwendung des sog. Günstigkeitsprinzips[205]) häufig rechtsvergleichende Betrachtungen anstellen.

Einer der Hauptzwecke der Umweltrechtsvergleichung ist die internationale **Harmonisierung**[206] **einzelstaatlicher Umweltschutzvorschriften,** gleichgültig ob die Harmonisierung einseitig im Wege der Übernahme ausländischer Vorbilder in das nationale Umweltrecht, durch eine Rechtsvereinheitlichung im Rahmen internationaler oder supranationaler Organisationen oder schließlich durch sonstige verpflichtende Regelungen des Völkerrechts erfolgt. Dabei kann die internationale Harmonisierung des Umweltrechts als ein wesentliches Instrument internationaler Zusammenarbeit auf dem Gebiet des Umweltschutzes begriffen werden. 99

Allerdings dürfen die beträchtlichen **Gefahren** einer internationalen Harmonisierung des Umweltrechts[207] nicht unterschätzt werden: So faszinierend Vorstellungen einer Weltrechtsordnung und speziell eines einheitlichen, universellen Umweltrechts sein mögen, so nachteilig kann sich der damit verbundene Verlust an Vielgestaltigkeit des Rechts und an Vielfarbigkeit nationaler Rechtskulturen auswirken. Ein politischer „Wettbewerb" um das bessere Umweltrecht würde durch eine nivellierende Harmonisierung weitgehend verhindert. Vor allem: Solange es Unterschiede in der politischen, ökonomischen und sozialen Struktur der Staaten gibt, besteht immer die keineswegs fernliegende Gefahr einer internationalen Einigung auf dem kleinsten gemeinsamen ökologischen Nenner.[208] Schließlich muß das jeweilige Umweltrecht auch die spezifischen geographischen Verhältnisse der Regionen berücksichtigen. 100

---

[202] Zur zunehmenden Bedeutung der Rechtsvergleichung für das Völkerrecht *Lorenz,* JZ 1962, 269ff.; *Kötz,* RabelsZ 34 (1970), 663ff.; *Rheinstein/v. Borries,* Einführung in die Rechtsvergleichung, 1974, S. 115ff. m. w. N.; *Zweigert/Kötz* (FN 193), S. 8f.; *Bothe,* ZaöRV 36 (1976), 168ff.; *Hailbronner,* ZaöRV 36 (1976), 190ff.; *Butler* (Hg.), International Law in Comparative Perspective, Leiden 1980; *Rest* (FN 197), Sp. 806f.

[203] Zur Bedeutung der Rechtsvergleichung im EG-Recht *Bleckmann,* ZVglRWiss. 75 (1976), 106ff.; *Daig,* FS Zweigert, 1981, S. 395ff.; *Pescatore,* Rev. int. dr. comp. 32 (1980), 337ff.

[204] Vgl. *Zemanek,* ZaöRV 24 (1964), 453ff.; *Ress,* ZaöRV 36 (1976), 227ff.

[205] Vgl. hierzu insbes. *Rest,* Die Wahl des günstigeren Rechts im grenzüberschreitenden Umweltschutz, 1980, ferner etwa *Fröhler/Zehetner,* Rechtsschutzprobleme bei grenzüberschreitenden Umweltbeeinträchtigungen, Bd. II, Linz 1980, 3. Teil, S. 47ff.; *Lummert,* in: Bothe/Prieur/Ress (Hg.), Rechtsfragen grenzüberschreitender Umweltbelastungen, 1984, S. 183ff., 185f.; *Oppermann/Kilian,* Gleichstellung ausländischer Grenznachbarn im deutschen Umweltverfahren, 1981, S. 138f.

[206] Die Begründer der heutigen Rechtsvergleichung sahen in der Harmonisierung und der Vorbereitung eines „Weltrechts" noch die vorrangige Funktion der Rechtsvergleichung, vgl. *Lambert,* Conception générale et définition de la science du droit comparé, Procès-verbaux des séances et documents, Congrès international de droit comparé I (1905), S. 26, abgedruckt in: Zweigert/Puttfarken (FN 193), S. 30.

[207] Vgl. zum folgenden auch bereits *Kloepfer/Bosselmann,* Zentralbegriffe des Umweltchemikalienrechts. Rechtsvergleichende Analysen und Vorschläge zur internationalen Harmonisierung, 1985, S. 13; *Kloepfer,* UPR 1984, 281ff.

[208] Zum möglichen Mißbrauch des Völker- und Europarechts als „Alibi für Umweltschutzdefizite" auch *Bryde,* Gedächtnisschrift für Wolfgang Martens, 1987, S. 768ff.

Zudem ist eine international vereinbarte Harmonisierung im Vergleich zu nationalen Regelungen nicht selten so zählebig, daß die Schere zwischen dem umweltpolitisch Notwendigen und dem tatsächlich Erreichten schon relativ bald nach einer internationalen Harmonisierung ständig größer werden könnte.

101 Solchen Gefahrenmomenten kann nur dadurch begegnet werden, daß fortlaufend an der Schaffung verbesserter Rahmenbedingungen für die internationale Umweltrechtsharmonisierung gearbeitet wird. Zu den Rahmenbedingungen eines verbesserten internationalen Umweltschutzes gehört sicher auch, ihn von politischen Vorwürfen und Einwänden der internationalen Handelserschwerung (durch nationale Umweltstandards) zu befreien. Bei internationaler **Wettbewerbsneutralität** werden Umweltschutzmaßnahmen nicht mehr dem Einwand hierdurch verschlechterter Wettbewerbspositionen einzelner Staaten ausgesetzt sein. Daher kann das Bemühen um den Abbau ungerechtfertigter Handelsschranken (mit – jedenfalls auch – umweltrelevanten Bezügen) eng verknüpft mit dem Bemühen um die Durchsetzung von mehr international harmonisiertem Umweltschutz sein. Entscheidend für die Schaffung eines international vergleichbaren Umweltrechts auf ökologisch anspruchsvollem Niveau wird letztlich sein, inwieweit die gegenwärtig international bestehenden politischen, ökonomischen und sozialen Strukturen und Koordinationsorganisationen (s. o. Rn. 47) die Einsicht in die – für die Staatengemeinschaft existenzielle – Bedeutung eines wirksamen Umweltschutzes fördern können.

III. Methoden der Umweltrechtsvergleichung

102 Wird die Umweltrechtsvergleichung nicht lediglich zweckfrei betrieben, so prägt das konkrete, vor allem praktische Ziel der Rechtsvergleichung wesentlich auch die Methode der Vergleichung.[209] Der Zweck beeinflußt die **Auswahl der zu vergleichenden Objekte.** Bleibt die (zweckgerichtete) Rechtsvergleichung nicht auf das Aufzeigen von Unterschieden beschränkt, so wird bereits bei der Objektauswahl zu berücksichtigen sein, ob eine Rechtsvergleichung – von ihrer jeweiligen Funktion – überhaupt sinnvoll erscheint. Soll etwa die Rechtsvergleichung der Befruchtung der nationalen Rechtsordnung dienen, so setzt eine sinnvolle Vergleichung ähnliche Lebenssachverhalte und grundsätzlich ähnliche Rechtsstrukturen voraus, anderenfalls fehlt es eigentlich bereits an der Vergleichbarkeit.[210]

Die Vergleichsobjekte können wiederum jeweils unterschiedliche methodische Vorgehensweisen verlangen. So sind etwa – wie erwähnt (s. o. Rn. 96) – beim Vergleich des Verwaltungsrechts (und damit gerade auch der wesentlichen Gehalte des Umweltrechts) in besonderer Weise die **außerrechtlichen historischen, soziologischen und ökonomischen Umstände** sowie die **Effektivität** der Normen zu berücksichtigen.[211] Insgesamt handelt es sich dabei um eine höchst anspruchsvolle, nur sehr schwer optimal lösbare Aufgabe.

Eine reformorientierte Umweltrechtsvergleichung zum Zwecke der Verbesserung des bundesdeutschen Umweltrechts wird insgesamt den größten Nutzen beim Vergleich des Umweltrechts mit solchen Staaten haben, die in etwa ähnliche wirtschaftliche, soziale und politische Standards wie die Bundesrepublik Deutschland aufweisen. Zu denken ist dabei vorrangig an die Mitglieder der OECD.[212]

---

209 *Strebel,* ZaöRV 24 (1964), 405ff.
210 *Bernhardt,* ZaöRV 24 (1964), 431ff., 437.
211 *Strebel,* ZaöRV 24 (1964), 405ff., 409ff.
212 Zu den umweltpolitischen Aktivitäten der OECD selbst s. o. Rn. 75 und *Smets,* Artikel „Organization for Economic Co-operation and Development", in: Kimminich/v. Lersner/Storm (Hg.), Handwörterbuch des Umweltrechts (HdUR), Bd. II, 1988, Sp. 137ff.

IV. Ausländisches Umweltrecht an Beispielen

Schrifttum (Auswahl): **AUSTRALIEN:** *Fisher,* Environmental Law in Australia, St. Lucia, Queensland 1980; **BELGIEN:** *Bischof/Pelzer,* Das Strahlenschutzrecht des Königreichs Belgien, in: dies., Das Strahlenschutzrecht in den Mitgliedstaaten der Europäischen Gemeinschaften, Bd. 1, 1979, S. 15ff.; *Boes,* Artikel „Belgien", in: Kimminich/v. Lersner/Storm (Hg.), Handwörterbuch des Umweltrechts (HdUR), Bd. I, 1986, Sp. 196ff.; *Jadot,* L'état: La région et la protection de l'environnement, Louvain-La-Neuve 1985; *De Mayer,* Le Droit de l'Environnement en Belgique, in: Festschrift für Franz Schad zum 70. Geb., 1978, S. 369ff.; *Suetens/Soetemans,* The Law and Practice Relating to Pollution Control in Belgium and Luxembourg, London 1982; *Vanholder,* Het belgisch milieurecht, Utrecht 1973; **BRASILIEN:** *Leme Machado,* Direito Ambiental Brasileiro, Sao Paulo 1982; *ders.,* Artikel „Brasilien", in: Kimminich/v. Lersner/Storm (Hg.), Handwörterbuch des Umweltrechts (HdUR), Bd. I, 1986, Sp. 280ff. (dort weitere Schrifttumsnachweise); *Findley,* Pollution Control in Brazil, Ecology Law Quarterly 15 (1988), 1ff.; **VOLKSREPUBLIK CHINA:** *Glaeser* (Hg.), Ökologie und Umweltschutz in der Volksrepublik China, 1983; *Greenfield,* China and the Law of the Sea, Air and Environment, Alphen 1979; *Holtkamp,* Umweltschmutz und Umweltschutz in China, Das neue China 1/1983, 5ff.; *Kaminski,* Artikel „China", in: Kimminich/v. Lersner/Storm (Hg.), Handwörterbuch des Umweltrechts (HdUR), Bd. I, 1986, Sp. 302ff.; *Kinzelbach,* Armut und Rückständigkeit contra Umweltschutz, Das neue China 1/1983, 7ff.; *Ross/Silk,* Environmental Law and Policy in the People's Republic of China, Westport, Conn. 1987; *Strohm,* Umweltschutz in der Volksrepublik China, 1978; **DÄNEMARK:** *v. Eyben,* Dansk Miljøret, 5 Bde., Kopenhagen 1977/78; *ders.,* Miljøret, Kopenhagen 1980; *ders.,* Miljørettens Grundbog, Kopenhagen 1986; *ders.,* Artikel „Dänemark", in: Kimminich/v. Lersner/Storm (Hg.), Handwörterbuch des Umweltrechts (HdUR), Bd. I, 1986, Sp. 309ff.; *Jensen,* The Law and Practice Relating to Pollution Control in Denmark, 2. Aufl., London 1982; **DDR:** *Akademie für Staats- und Rechtswissenschaften der DDR und Ministerium für Umweltschutz und Wasserwirtschaft* (Hg.), Sozialistische Landeskultur, Umweltschutz (Textausgabe), 2. Aufl., Berlin (Ost) 1984; *dies.,* Landeskulturrecht – Lexikon, Berlin (Ost) 1983; *v. Berg,* Artikel „Deutsche Demokratische Republik", in: Kimminich/v. Lersner/Storm (Hg.), Handwörterbuch des Umweltrechts (HdUR), Bd. I, 1986, Sp. 337ff.; *Buck/Spindler,* Luftbelastung in der DDR durch Schadstoffimmissionen, in: Deutschland Archiv 1982, 943ff.; *Friedrich-Ebert-Stiftung* (Hg.), Umweltschutz in beiden deutschen Staaten, 1980; *Gruhn,* Umweltpolitische Aspekte der DDR-Energiepolitik, 1982; *Haendcke-Hoppe/Merkel* (Hg.), Umweltschutz in beiden Teilen Deutschlands, 1986; *Kahlert,* Die Kernenergiepolitik in der DDR, 1988; *Lammich,* Grundzüge des Umweltschutzrechts der DDR, UPR 1987, 55ff.; *ders.,* Grundzüge des Umweltschutzrechts in der DDR unter besonderer Berücksichtigung der rechtlichen Sanktionen, Recht in Ost und West 1987, 15ff.; *Lücke,* Umweltschutz und Verfassung in der DDR, in: Gedächtnisschrift für Wolfgang Martens, 1987, S. 153ff.; *ders.,* Das Umweltschutzrecht der DDR, in: Thieme (Hg.), Umweltschutz im Recht, 1988, S. 165ff.; *Melzer,* Umweltschutz, in: Bundesministerium für innerdeutsche Beziehungen (Hg.), DDR-Handbuch, Bd. 2, 3. Aufl., 1985, S. 1369ff.; *Mohry/Riedel* (Hg.), Reinhaltung der Luft, Leipzig 1981; *E. Neef/V. Neef,* Sozialistische Landeskultur, Handbuch Umweltgestaltung – Umweltschutz, Leipzig 1977; *Oehler u.a.* (Hg.), Grundriß Landeskulturrecht, Berlin (Ost) 1982; *Redaktion Deutschland Archiv,* Umweltprobleme und Umweltbewußtsein in der DDR, 1985; *Supranowitz u.a.,* Landeskulturgesetz. Kommentar, Berlin (Ost) 1973; *Würth,* Umweltschutz und Umweltzerstörung in der DDR, 1985; **FRANKREICH:** *Bischof,* Die französische Gesetzgebung auf dem Gebiete des Atomenergierechts, in: Institutsfestgabe für Georg Erler zum 60. Geb., 1965, S. 283ff.; *Caballero,* Essai sur la notion juridique de nuisance, Paris 1981; *Colliard,* Loi et usage conçernant le contrôle de la pollution en France, Luxembourg 1976; *Despax,* Droit de l'environnement, Paris 1980; *ders./Coulet,* The Law and Practice Relating to Pollution Control in France, 2. Aufl., London 1982; *Fromont,* Rechtsschutz im französischen Umweltrecht, UPR 1983, 186ff.; *Igl,* Die rechtliche Behandlung der industriellen Luftverunreinigung in Frankreich und in der Bundesrepublik Deutschland, 1976; *Kiss,* Peut-on définir le droit de l'homme à l'environnement?, RJE 1976, 1ff.; *P. Kromarek,* Artikel „Frankreich", in: Kimminich/v. Lersner/Storm (Hg.), Handwörterbuch des Umweltrechts (HdUR), Bd. I, 1986, Sp. 587ff.; *Le Prestre,* France's Administration of its Environment, IRAS 1981, 42ff.; *Lavoux,* France: Water and Waste (European Community Environment Policy in Practice, vol. 3), London 1986; *Pascal,* Droit nucléaire, Paris 1979; *Prieur,* Droit de l'environnement, Paris 1984; *Untermaier,* Le droit de l'environnement, réflexions pour un premier bilan, in: Année de l'environnement 1980, S. 1ff.; *Vallet,* L'administration de l'environnement, Paris 1975; *Woehrling,* Verwaltungsgerichtlicher Rechtsschutz in Frankreich auf dem Gebiet des Umweltrechts, 1986; Zeitschriften: Revue Juridique de l'Environnement; Annuaire de Droit Maritime et Aérien; **GRIECHENLAND:** *Timagenis,* The Law and Practice Relating to Pollution Control in Greece, London 1982; **GROSSBRITANNIEN:** *Cusine/Grant,* The Impact of Marine Pollution, London 1980; *Forster,* Artikel „Vereinigtes Königreich von Großbritannien und Nordirland", in: Kimminich/v. Lersner/Storm (Hg.), Handwörterbuch des Umweltrechts (HdUR), Bd. II, 1988, Sp. 1010ff.; *Garner,* Practical Planning Law, London 1981; *ders./Nowak,* Prevention of Air and Water Pollution in England and Wales and the Right of the Individual, in: British Institute of International and Comparative Law (Hg.), Environmental Law, International and Comparative Aspects, London 1976, S. 147ff.; *Grant,* Planning Law Handbook, London

1981; *Haigh*, EEC Environmental Policy and Britain, London 1984; *Hawkins*, Environment and Enforcement, Oxford 1984; *Hill*, The Role of the British Alkali and Clean Air Inspectorate in Air Pollution Control, in: Downing/Hauf (Hg.), International Comparisons in Implementing Pollution Laws, Boston 1983, S. 87ff.; *Hughes*, Environmental Law, London 1986, *Institute for Environmental Studies* (Hg.), European Environmental Yearbook 1987, London 1987; *Macrory*, Nuisance, London 1982; *MacLoughlin/Forster*, The Law and Practice Relating to Pollution Control in the United Kingdom, 2. Aufl., London 1982; *O'Riordan*, Environmentalism, 2. Aufl., London 1981; *Pill*, Der Schutz gegen industrielle Immissionen im englischen Recht, Diss. jur. Münster 1988; *Richardson/Ogus/Burrows*, Policing Pollution, Oxford 1982; *Telling*, Planning Law and Procedure, London 1982; *Vieweg*, Gefahren und Gefahrenbeurteilung in der Rechtsordnung Großbritanniens, in: Lukes (Hg.), Gefahren und Gefahrenbeurteilungen im Recht, Bd. I, 1980, S. 103ff.; *Webster*, Environmental Health Law, London 1981; *Wisdom*, Aspects of Water Law, Chichester (Sussex) 1981; Zeitschrift: Journal of Planning and Environment Law; **INDIEN:** *Bongaerts/Heinrichs*, Bhopal und das Common Law, WZB-Mitteilungen 29 (1985), 18ff.; *dies.*, Compensation in Indian Courts – Appropriate for Environmental Catastrophies?, Berlin 1985; *Chauhan*, Artikel „Indien", in: Kimminich/v. Lersner/Storm (Hg.), Handwörterbuch des Umweltrechts (HdUR), Bd. I, 1986, Sp. 785ff. (dort weitere Schrifttumsnachweise); *Dwivedi*, India: Pollution Control Policy and Programmes, IRAS 1977, 124ff.; **ITALIEN:** *Almerighi/Alpa*, Diritto e ambiente, Padua 1984; *Caponera/Burchi*, Artikel „Italien", in: Kimminich/v. Lersner/Storm (Hg.), Handwörterbuch des Umweltrechts (HdUR), Bd. I, 1986, Sp. 844ff.; *DiGiovanni*, Strumenti privatistici e tutela dell'„ambiente", Padua 1982; *D'Orta*, Ambiente e danno ambientale, Rivista Trimestrale de Diritto Pubblico 1987, 60ff.; *Guttieres/Ruffolo*, The Law and Practice Relating to Pollution Control in Italy, 2. Aufl., London 1982; Zeitschrift: Rivista Guiridica dell'Ambiente; **ISRAEL:** *Whitman*, The Environment in Israel, Jerusalem 1988; Periodikum: Selected Papers on the Environment in Israel; **JAPAN:** *Aronson*, Review Essay: Environmental Law in Japan, HELR 7 (1983), 166ff.; *Awaji*, Pollution Litigation: The Four Major Lawsuits and New Developments in Environmental Jurisdiction, in: Tsuru/Weidner (Hg.), Environmental Policies and Politics in Japan, Aldershot 1986; *Flüchter*, Umweltschutzproblematik und Umweltschutzpolitik in Japan, Geographische Rundschau 1984, 100ff.; *Fujita*, Gyoseishido, Die Verwaltung 15 (1982), 226ff.; *Gresser/Fujikura/Morishima*, Environmental Law in Japan, Cambridge, Mass. 1981; *Hirner*, Umweltschutz in Japan (hg. vom Deutsch-Japanischen Wirtschaftsförderungsbüro), 1983; *Kato/Kumamoto/Matthews* (Hg.), Environmental Law and Policy in the Pacific Basin Area, Tokio 1981; *Kirchner/Rehbinder*, Artikel „Japan", in: Kimminich/v. Lersner/Storm (Hg.), Handwörterbuch des Umweltrechts (HdUR), Bd. I, 1986, Sp. 861ff.; *Kloepfer*, Gyosei Shido und das informelle Verwaltungshandeln im Umweltrecht der Bundesrepublik Deutschland, in: Nörr (Hg.), Die Japanisierung des westlichen Rechts, 1989 (in Drucklegung); *Kumamoto*, Recent Tendencies and Problems of Court Cases on Environmental Protection in Japan, in: Kato u. a. (Hg.), Environmental Law and Policy in the Pacific Basin Area, Tokio 1981, S. 85ff.; *Lummert*, Das Chemikalienrecht Japans im internationalen Vergleich, ZfU 1982, 171ff.; *Nomura*, Pollution – Related Injury in Japan: On the Impact of the Four Major Cases, Environmental Policy and Law 1975/76, 179ff.; *Passman*, Japanese Hazardous Waste Policy, Virginia Journal of International Law 26 (1985/86), 921ff.; *E. Rehbinder*, Die japanische Umweltpolitik – Vorbild für uns?, in: Forschung Frankfurt 1/1985, 26ff.; *Shiono*, Verwaltungsrecht und Verwaltungsstil, in: Nörr (Hg.), Die Japanisierung des westlichen Rechts, 1989 (in Drucklegung); *Schöller*, Umweltschutz und Stadterhaltung in Japan, 1980; *Takada u. a.*, Das Recht auf menschenwürdige Umwelt in Japan, DVBl. 1978, 679ff.; *dies.*, Hauptprobleme des japanischen Verwaltungsrechts, VerwArch. 69 (1978), 34ff.; *Taniguchi*, Umweltverschmutzung, in: Hamitsch u. a. (Hg.), Japan Handbuch 1981, S. 2275ff.; *Tsuru/Weidner*, Ein Modell für uns: Die Erfolge der japanischen Umweltpolitik, 1985; *dies.* (Hg.), Environmental Policies and Politics in Japan, Aldershot 1986; *Upham*, After Minamata: Current Prospects and Problems in Japanese Environmental Litigation, Ecology Law Quarterly 7 (1979), 213ff.; *Weidner*, Japans Umweltgesetzgebung im internationalen Vergleich, in: Foljanty-Jost/Park/Seifert (Hg.), Japans Wirtschafts- und Sozialentwicklung im internationalen Vergleich, 1981, 246ff.; *ders.*, Erfolge und Versäumnisse der Umweltpolitik in Japan, in: Pohl (Hg.), Japan 1981/82 – Politik und Wirtschaft, 1982, S. 75ff.; *ders.*, Luftreinhaltepolitik in Japan, ZfU 1983, 211ff.; *ders./E. Rehbinder/Sprenger*, Darstellung und Wirkungsanalyse der ökonomischen Instrumente der Umweltpolitik in Japan, IFO-Institut für Wirtschaftsforschung, 1986; **JUGOSLAWIEN:** *Federal Executive Council* (Hg.), National Report „The State of the Environment and the Environmental Policy in Yugoslavia", Belgrad 1983; *Sturm*, Die Grundlagen des rechtlichen Umweltschutzes in der Welt und in Jugoslawien, in: Brünner (Hg.), Zehn Begegnungen, Graz 1985; *ders.*, Artikel „Jugoslawien", in: Kimminich/v. Lersner/Storm (Hg.), Handwörterbuch des Umweltrechts (HdUR), Bd. I, 1986, Sp. 889ff.; **KANADA:** *Duplessis/Hétu/Piette*, La protection juridique de l'environnement au Québec, Montréal 1982; *Environment Canada* (Hg.), Annual Reports, Ottawa (auch zahlreiche Einzelschriften); *Estrin*, Environmental Law, Agincourt, Ontario 1984; *ders./Swaigen/Carswell*, Environment on Trial. A Handbook of Ontario Environmental Law, 2. Aufl., Toronto 1978; *Franson/Lucas*, Canadian Environmental Law (Losebl.), 6 Bde., Toronto 1976ff.; *F.-G. Müller*, Artikel „Kanada", in: Kimminich/v. Lersner/Storm (Hg.), Handwörterbuch des Umweltrechts (HdUR), Bd. I, 1986, Sp. 894ff.; *Swaigen*, Survey of Canadian Environmental Law 1975–1980, Ottawa Law Review 12 (1980), 439ff.; *ders.*, Compensation of Pollution Victims in Canada, Ottawa 1981; **NEUSEELAND:** *Bosselmann*, Reform oder Transformation? Perspektiven einer strukturellen Veränderung von Umweltverantwortung und Umweltrecht – Am Beispiel Neusseelands, in: Forschungsstelle für Umwelt- und

Technikrecht (Hg.), Jahrbuch des Umwelt- und Technikrechts 1988 (UTR 5), 1988, S. 349ff.; *Commission for the Environment* (Hg.), A Guide to Environmental Law in New Zealand, Wellington 1976; *Wells,* A Guide to Environmental Law in New Zealand, 2. Aufl., Wellington 1984; **NIEDERLANDE:** *Bennett,* Netherlands: Water and Waste (European Community Environmental Policy in Practice, vol. 2), London 1986; *Bischof/Pelzer,* Das Strahlenschutzrecht des Königreichs der Niederlande, in: dies., Das Strahlenschutzrecht in den Mitgliedstaaten der Europäischen Gemeinschaften, Bd. 1, 1979, S. 117ff.; *Bunge,* Milieu – Effectrapportage, Der niederländische Entwurf eines Gesetzes über die Umweltverträglichkeitsprüfung, ZfU 1983, 389ff.; *De Kam,* De Nota Milieuheffingen, Milieu en Recht 1980, 125ff.; *Drupsteen,* Nederlands milieurecht in kort bestek, Zwolle 1978; *ders.,* Ontwikkelingen in het milieurecht gedurende de jahren zeventig, Nederlands Juristenblad 1981, 879ff.; *Enviromental Resources Ltd.,* The Law and Practice Relating to Pollution Control in the Netherlands, 2. Aufl., London 1982; *Lambers,* Milieurecht, Deventer 1978; *Meiners,* Grundzüge des Umweltrechts der Niederlande, ZfU 1982, 251ff.; *ders.,* Artikel „Niederlande", in: Kimminich/v. Lersner/Storm (Hg.), Handwörterbuch des Umweltrechts (HdUR), Bd. II, 1988, Sp. 55ff.; *ders./v. Moltke,* Umweltschutz in den Niederlanden, Umwelt (VDI) 1982, 381ff.; *v. Moltke,* Die Rolle der Umweltschutzverbände im politischen Entscheidungsprozeß der Niederlande, 1982; *Neuerburg/Verfaille,* Schets van het Nederlandse Milieuhygienerecht, Alphen 1985; Zeitschriften: Milieu en Recht; Milieu aansprakelijkheid (Environmental Liability Law Quarterly); **ÖSTERREICH:** *Benedikter,* Sozialorientierung der Technik – Die Rolle von Umwelt- und Arbeitsrecht, in: Marko/Stolz (Hg.), Demokratie und Wirtschaft, Wien 1987, S. 239ff.; *E. Brandt/Schwarzer,* Rechtsfragen der Bodensanierung, Wien 1988; *Bundesministerium für Gesundheit und Umweltschutz* (Hg.), Beiträge zum Umweltschutz, Wien 1972–1974; *Duschanek,* Wege einer verfassungsrechtlichen Umweltschutzgarantie, in: Festschrift für Karl Wenger zum 60. Geb., Wien 1983, S. 279ff.; *Fröhler* (Hg.), Ausgewählte Rechtsprobleme des Umweltschutzes, Linz 1976; *Funk,* Verfassungsrechtliche Fragen der Bundeszuständigkeit zur Abwehr gefährlicher Umweltbelastungen, Wien 1984; *Glatz,* Österreichische Umweltpolitik in den siebziger Jahren, Wirtschaft und Gesellschaft 1980, 203ff.; *Grabmayer/Rossmann,* Das österreichische Wasserrecht, 2. Aufl., Wien 1978; *Grof/Reiter/Wolny,* Eingriffsrecht, Ausgleichs- und Eingriffspflicht in Smogsituationen, Wien 1984; *Haiden,* Umweltschutz als Aufgabe der Gemeinden, Linz 1977; *Hauer,* Hainburg, Eisenstadt 1985; *Jabornegg,* Privates Nachbarrecht und Umweltschutz, ÖJZ 1983, 365ff.; *ders.,* Reichen die Bestimmungen des bürgerlichen Rechts, insbesondere aus dem Nachbarschaftsverhältnis aus, um den zeitgemäßen Forderungen nach einem wirksamen Umweltschutz Rechnung zu tragen? (Gutachten), in: Verhandlungen des Neunten Österreichischen Juristentages, Wien 1985; *Kaan,* Wasserrechtsgesetz, Eisenstadt 1976; *Kopp,* Organisatorische Probleme des Umweltschutzes im Bereich der öffentlichen Verwaltung, JBl 1976, 247ff., 296ff.; *Korinek,* Verfassungsrechtliche Probleme des Umweltschutzes im Bundesstaat, WPolBl. 1971, 72ff.; *Marko,* Umweltschutz als Staatsziel, ÖJZ 1986, 289ff.; *Mayer,* Genehmigungskonkurrenz und Verfahrenskonzentration, Wien 1985; *Melichar,* Die Entwicklung des Naturschutzrechts in Österreich, in: Festschrift für Ludwig Fröhler zum 60. Geb., 1980, S. 155ff.; *Pauger,* Partizipation im Umweltschutzrecht, in: Reformen des Rechts. Festschrift zur 200-Jahr-Feier der Rechtswissenschaftlichen Fakultät der Universität Graz, Graz 1979, S. 969ff.; *ders.,* Umweltverträglichkeitsprüfung und ihre Einbindung in das bestehende Rechtssystem, ÖJZ 1984, 505ff.; *Penzinger,* Das österreichische Wasserrecht, Wien 1978; *Pindur,* Umweltverträglichkeitsprüfung, Linz 1980; *Raschauer,* Umweltschutzrecht, Wien 1986; *Ruppe,* Raumordnung und Umweltschutz (Gutachten), in: Verhandlungen des Sechsten Österreichischen Juristentages, Bd. I, 1. Teil B, Wien 1976; *Schäfer,* Die Gewerbeordnung als Umweltschutzgesetz, in: Österreichisches Bundesinstitut für Gesundheitswesen (Hg.), Review Gesundheitswesen + Umweltschutz 1984, 113ff.; *ders.,* Die gesetzlichen Grundlagen und Probleme der Sonderabfallbeseitigung, Gemeinwirtschaft 1987, 41ff.; *ders.,* Artikel „Österreich", in: Kimminich/v. Lersner/Storm (Hg.), Handwörterbuch des Umweltrechts (HdUR), Bd. II, 1988, Sp. 96ff.; *ders./Onz,* Umweltverträglichkeitsprüfung, Wien 1987; *Schambeck,* Umweltschutz und Rechtsordnung, ÖJZ 1972, 617ff.; *Schwarzer,* Zur Lastenverteilung im österreichischen Luftreinhaltungsrecht, UPR 1985, 305ff.; *ders.,* Österreichisches Luftreinhaltungsrecht, Wien 1987; *ders.,* Die Finanzierung des Umweltschutzes im österreichischen Wirtschaftsrecht, in: Marko/Stolz (Hg.), Demokratie und Wirtschaft, Wien 1987, S. 209ff.; *ders.,* Probleme des Verfahrens bei der Genehmigung umweltbelastender Anlagen, ZfV 1987, 397ff.; *ders.,* Wirtschaftslenkung durch das Umweltrecht, ÖZW 1987, 101ff.; *Stampfer,* Recht der Abfallwirtschaft in Österreich, Wien 1986; *Stolz,* Hainburg und die Folgen, in: Marko/Stolz (Hg.), Demokratie und Wirtschaft, Wien 1987, S. 189ff.; *Stolzlechner,* Luftreinhaltung, Wien 1984; *ders.,* Neuere Entwicklungen des österreichischen Umweltschutzrechts, UPR 1987, 161ff.; *Svoboda/Dyens* (Hg.), Handbuch für Umweltschutz und Raumordnung (kommentierte Vorschriftenslg.), Wien 1974ff.; *Walter/Mayer,* Grundriß des Besonderen Verwaltungsrechts, 2. Aufl., Wien 1987; *Wenger,* Staatsaufgabe Umweltschutz in Österreich, VVDStRL 38 (1980), S. 318ff.; *Wiesbauer,* Atomrecht, Eisenstadt 1978; *Wimmer,* Umweltschutz als Aufgabe des öffentlichen Rechts, ÖJZ 1971, 645ff.; *ders.,* Strategie für ein umweltfreundliches Recht in Österreich, JBl 1972, 556ff.; *ders.,* Raumordnung und Umweltschutz (Gutachten), in: Verhandlungen des Sechsten Österreichischen Juristentages, Bd. I, 1. Teil A, Wien 1976; **POLEN:** *Filipek,* Die Normen des Umweltrechts in Polen – Ein Blick auf ihre heutige Entwicklung in der Verwaltungsgesetzgebung, in: Forschungsstelle für Umwelt- und Technikrecht (Hg.), Jahrbuch des Umwelt- und Technikrechts 1988 (UTR 5), 1988, S. 371ff.; *Jastrzebski,* Zur Kodifikation des polnischen Umweltschutzrechts, ZfU 1985, 119ff.; *Lustacz,* La position du plus faible en droit de l'environnement, RabelsZ 40 (1976), 495ff.; *ders.,* Artikel „Polen", in:

Kimminich/v. Lersner/Storm (Hg.), Handwörterbuch des Umweltrechts (HdUR), Bd. II, 1988, Sp. 180ff.; *Podgorski,* Rechtliche und politische Instrumente des Umweltschutzes in Polen, in: Forschungsstelle für Umwelt- und Technikrecht (Hg.), Jahrbuch des Umwelt- und Technikrechts 1987 (UTR 3), 1987, S. 309ff.; *Schreiber,* Der Preis des Wachstums – oder: Probleme der Umweltpolitik in der Volksrepublik Polen, ZfU 1985, 289ff.; **PORTUGAL:** *Martins,* Umweltschutz und Wirtschaft in Portugal, UPR 1987, 133ff.; *Reis,* Artikel „Portugal", in: Kimminich/v. Lersner/Storm (Hg.), Handwörterbuch des Umweltrechts (HdUR), Bd. II, 1988, Sp. 194ff.; **SCHWEDEN:** *Bengtsson,* Balancing of Interest and Compensation Rules in Environmental Law, Scandinavian Studies in Law 22 (1978), 11ff.; *Broms,* The Nordic Convention on the Protection of the Environment, in: Flinterman/Kwiatkowska/Lammers, Transboundary Air Pollution, Dordrecht 1986, S. 141ff.; *Carlberg/Grip/Zettersten,* Environmental Impact Assessment in Sweden, ZfU 1984, 425ff.; *v. Heidenstam,* Artikel „Schweden", in: Kimminich/v. Lersner/Storm (Hg.), Handwörterbuch des Umweltrechts (HdUR), Bd. II, 1988, Sp. 313ff.; *National Swedish Environmental Protection Board* (Hg.), Environmental Protection in Sweden, Solna 1984; *dies.,* Legislation and Regulation on Chemicals in Sweden, Solna 1985; *Schröer,* Die Grundzüge des schwedischen Umweltschutzgesetzes, DVBl. 1971, 21ff.; *Westerlund,* Legal Antipollution Standards in Sweden, Scandinavian Studies in Law 25 (1981), 223ff.; *ders.,* Kommentar till Miljøskyddslagen, Stockholm 1982; **SCHWEIZ:** *Brunner,* Rechtsetzung durch Private – Private Personen als Verordnungsgeber, Zürich 1982; *Bussmann,* Gewässerschutz und kooperativer Föderalismus in der Schweiz, Bern 1981; *Duerst,* Grenzen und Möglichkeiten der Lenkungsabgabe in der Umweltpolitik. Referat vom 6. Februar 1987 vor der Gesellschaft zur Förderung der Wirtschaft (BUS, vervielfältigter Text); *Fischer,* Die Bewilligung von Atomanlagen nach schweizerischem Recht, Bern 1980; *Fleiner (-Gerster),* Rechtsgutachten über die Verfassungsmäßigkeit des Vorentwurfs zu einem Bundesgesetz über den Umweltschutz vom 18. Dezember 1973, WuR 1975, 201ff.; *ders.,* Der neue Entwurf zu einem Umweltschutzgesetz, Schweizerische Bauzeitung 1978, 554ff.; *ders.,* Das Umweltschutzgesetz im Lichte des Verfassungsauftrages und der internationalen Umweltschutzgesetzgebung, Verwaltungspraxis 1980 H. 10, 7ff.; *ders.,* Umweltschutz und Raumplanungsrecht, in: L'homme dans son Environnement – Mensch und Umwelt. Festgabe der Rechts-, Wirtschafts- und Sozialwissenschaftlichen Fakultät der Universität Freiburg zum Schweizerischen Juristentag, Freiburg, 12.–14. September 1980, Freiburg/CH 1980, S. 113ff.; *ders.,* Die Auswirkungen des schweizerischen Umweltschutzgesetzes auf das Bauen, in: Forschungsstelle für Umwelt- und Technikrecht (Hg.), Jahrbuch des Umwelt- und Technikrechts 1987 (UTR 3), 1987, S. 319ff.; *Gianella/Mohr/Stadler,* Das neue Umweltschutzgesetz: Ein wichtiger Schritt im Rahmen der schweizerischen Umweltpolitik, ZfU 1985, 97ff.; *Heine,* Umweltschutzrecht in der Schweiz, UPR 1985, 345ff.; *H. Huber,* Das Beschwerderecht der Natur- und Heimatschutzverbände in der schweizerischen Verwaltungsgerichtsbarkeit, DÖV 1976, 157ff.; *Jungo,* Die Umweltverträglichkeitsprüfung als neues Institut des Verwaltungsrechts, Freiburg/CH 1987; *Knebel/Sundermann,* Der Entwurf eines schweizerischen Umweltschutzgesetzes, UPR 1983, 8ff., 52ff.; *Kölz/Müller-Stahel* (Hg.), Kommentar zum Umweltschutzgesetz (Losebl.), Zürich 1985ff.; *Lendi,* Die Umweltverträglichkeitsprüfung nach schweizerischem Recht, in: Fröhler (Hg.), Die Umweltverträglichkeitsprüfung, Linz 1985, S. 97ff.; *Loretan,* Die Umweltverträglichkeitsprüfung. Ihre Ausgestaltung im Bundesgesetz über den Umweltschutz, mit Hinweisen auf das amerikanische und deutsche Recht, Zürich 1986; *Matter,* Die Verbandsbeschwerde im schweizerischen Umweltschutzrecht, ZSR NF 100 I (1981), 445ff.; *ders.,* Das ideelle Verbandsbeschwerderecht im schweizerischen Umweltrecht, UPR 1982, 370ff.; *ders.,* Massenskitourismus – rechtliche und ökologische Grenzen einer unkontrollierten Entwicklung des Skisports, Zeitschrift für Gesetzgebung und Rechtsprechung in Graubünden 2/1983, 22ff.; *Müller-Stahel* (Hg.), Schweizerisches Umweltschutzrecht, Zürich 1973; *ders.,* Umweltschutz als zweit- oder drittklassige Staatsaufgabe? Der Leidensweg des zukünftigen Umweltschutzgesetzes, Natur und Mensch 1977, 271ff.; *ders./Rausch,* Der Umweltschutzartikel der Bundesverfassung, ZSR NF 94 I (1975), 35ff.; *Oftinger,* Lärmbekämpfung als Aufgabe des Rechts, Zürich 1956; *Peter,* Umweltschutz am Hochrhein, Zürich 1987; *Rausch,* Die Umweltschutzgesetzgebung, Zürich 1977; *ders.,* Schweizerisches Atomenergierecht, Zürich 1980; *ders.,* Artikel „Schweiz", in: Kimminich/v. Lersner/Storm (Hg.), Handwörterbuch des Umweltrechts (HdUR), Bd. II, 1988, Sp. 328ff.; *Rigoleth,* Das Recht im Kampf gegen die Luftverschmutzung, Zürich 1973; *Riva,* Die Beschwerdebefugnis der Natur- und Heimatschutzvereinigungen im schweizerischen Recht, Bern 1980; *Schindler,* Rechtsfragen des Gewässerschutzes in der Schweiz, ZSR NF 84 M (1965), 387ff.; *Seidler,* Das Recht der nuklearen Entsorgung in der Schweiz, Bern 1986; *Ueberwasser,* Staatliche Information beim Umweltschutz in der Schweiz, in: Heckmann/Meßerschmidt (Hg.), Gegenwartsfragen des Öffentlichen Rechts, 1988, S. 233ff.; *Wildhaber,* Staatsaufgabe Umweltschutz in der Schweiz, VVDStRL 38 (1980), S. 325ff.; Periodikum: Umweltschutz in der Schweiz. Bulletin des Bundesamtes für Umweltschutz; **SPANIEN:** *de Andres Conde,* Spaniens Beitritt zur Europäischen Gemeinschaft. Auswirkungen auf die spanische Umweltpolitik, EurUm 1 (1987), 15ff.; *Cardelus y Munoz-Seca,* Tecnicas juridicas para la proteccion del medio ambiente, Documentacion Administrativo 1983, 5ff.; *Escribano Collado/Lopez Gonzalez,* El medio ambiente como funcion administrativa, Revista Espanola de Derecho Administrativo 1983, 367ff.; *Gronemeyer,* Artikel „Spanien", in: Kimminich/v. Lersner/Storm (Hg.), Handwörterbuch des Umweltrechts (HdUR), Bd. II, 1988, Sp. 355ff.; *Nieto,* Umweltschutz und Wirtschaft in Spanien, Europa-Institut, Universität des Saarlandes 1987 Nr. 92; *Rodriguez Ramos,* Instrumentos juridicos preventivos y represivos en la proteccion del medio ambiente, Documentacion Administrativo 1981, 457ff.; *Fernandez Rodriguez,* El medio ambiente en la Constitucion Espanola, Documentacion Administrativo 1981, 337ff.; Zeitschrift: Revista de Informacion ambiental; **TSCHECHOSLOWAKEI:** *Lammich,* Grundzüge der Diskussion zur Reform des Umweltschutzrechts in der Tschechoslowakei, ZfU 1987, 335ff.; *Madar,* Artikel „Tschechoslowakei", in: Kimminich/v. Lersner/Storm (Hg.), Handwörterbuch des Umweltrechts (HdUR), Bd. II, 1988, Sp. 532ff.; **UNGARN:** *Racz,* Umwelt- und Naturschutz in Ungarn, NuR 1985, 133ff.; **UNION DER SOZIALISTISCHEN SOWJETREPUBLIKEN (UdSSR):** *Akademie für Staats- und Rechtswissenschaft der DDR Potsdam Babelsberg* (Hg.), Sozialismus und Umweltschutz, Berlin-(Ost)1982; *Bachmann,* Ökologie und Sozialismus, Blätter für deutsche und internationale Politik 1981, 77ff.; *Bischof,* Das Atom- und Strahlenschutzrecht der UdSSR, UPR 1986, 33ff.; *Busch-Lüty,* Zur Umweltpolitik in sozialistischen Systemen, in: Aus Politik und Zeitgeschichte B 27/81, 18ff.; *Füllenbach,* Umweltschutz zwischen Ost und West, 1977; *Höhmann/Seidenstecher/Vajna,* Umweltschutz und ökonomisches System in Osteuropa, 1973; *Kolbasov,* Artikel „Union der Sozialistischen Sowjetrepubliken", in: Kimminich/v. Lersner/Storm (Hg.), Handwörterbuch des Umweltrechts (HdUR), Bd. II, 1988, Sp. 947ff.; *ders. u. a.,* Sozialismus und Umweltschutz (s. Akademie für Staats- und Rechtswissenschaft der DDR); *Kuss,* Die sowjetische Diskussion um den gerichtlichen Verwaltungsrechtsschutz, VerwArch. 77 (1986), 145ff.; *Merli,* Das sowjetische Luftreinhalterecht, Osteuropa-Recht 1986, 83ff.; *Reymann,* Umweltschutz in der Sowjetunion, 1985; *Tellegen,* The Soviet Press on Wastage, Conservation and Re-Cycling, ZfU 1986, 231ff.; *Zavaronkova,* Die Tätigkeit der Stadtsowjets der Volksdeputierten auf dem Gebiet des Umweltschutzes, Moskau 1985; **VEREINIGTE STAATEN VON AMERIKA:** *Anderson/Mandelker/Tarlock,* Environmental Protection: Law and Policy, Boston 1984; *Arbuckle/Bryson u. a.,* Environmental Law Handbook, 9. Aufl., Rockville 1987; *Belsky,* Environmental Policy Law in the 1980's: Shifting Back the Burden of Proof, Ecology Law Quarterly 12 (1984), 1ff.; *Benkert,* Neue Strategien der Umweltpolitik in den USA, NuR 1983, 295ff.; *Berz/Moench,* Grundriß des US-Umweltrechts aus Betreibersicht, 1986; *Billerbeck,* Schutz für Kaliforniens Küste – Interessen und Instrumente in der amerikanischen Umweltpolitik, 1982; *Bischof* (Bearb.), Kernenergierecht USA, 1981; *Bothe,* Die Kompetenzstruktur des modernen Bundesstaates in rechtsvergleichender Sicht, 1977; *Bourne,* Legal Aspects of Transfrontier Pollution. Canada-United States Experience, Netherlands International Law Review 1981, 188ff.; *Brinkmann,* Umweltschutzgruppen in den USA, ZfU 1982, 325ff.; *Bureau of National Affairs* (Hg.), The Environment Reporter, Losebl.; *dass.,* U.S. Environmental Laws, Washington, D.C. 1988 (Gesetzessammlung); *Calvo y Gonzalez,* Markets in Air: Problems and Prospects of Controlled Trading, HELR 5 (1981), 377ff.; *Carrel,* Die Überprüfung der Umweltverträglichkeit von Bundesmaßnahmen im amerikanischen Recht, 1980; *Currie,* Luftreinhaltung in der Bundesrepublik aus amerikanischer Sicht, UPR 1982, 147ff., 186ff.; *Delogu,* Die Umweltverträglichkeitserklärung. Die Regelung in den USA als mögliches Modell, 1974; *Environmental Law Institute* (Hg.), Environmental Law Reporter, Losebl.; *Findley/Farber,* Environmental Law in a Nutshell, 2. Aufl., St. Paul, Minn. 1988; *dies.,* Environmental Law. Cases and Materials, St. Paul, Minn. 1981/1983; *Greenwood,* A Handbook of Key Federal Regulations and Criteria for Multimedia Environmental Control, 2. Aufl., St. Paul, Minn. 1979; *Hoban/Brooks,* Green Justice: The Environment and the Courts, Boulder, Colorado 1987; *Hoffmann-Riem,* Umweltschutz zwischen staatlicher Regulierungsverantwortung und unternehmerischer Eigeninitiative. Zur amerikanischen Diskussion um die Reform der Umweltschutzinstrumente, WiVerw. 1983, 120ff.; *Jörissen/Coenen/Franz,* Die Umweltverträglichkeitsprüfung in den USA, 1987; *Kausch,* Grundzüge des Umweltrechts der USA am Beispiel der Luftreinhaltung, 1972; *Kennedy,* Environmental Impact Assessment and Highway Planning. A Comparative Case Study Analysis in the United States and the Federal Republic of Germany, Diss. Berlin 1981; *ders.,* U.S. and Canadian Experience with Environmental Impact Assessment: Relevance for the European Community?, ZfU 1984, 339ff.; *ders.,* Artikel „Umweltverträglichkeitsprüfung I", in: Kimminich/v. Lersner/Storm (Hg.), Handwörterbuch des Umweltrechts (HdUR), Bd. II, 1988, Sp. 882ff.; *Magat* (Hg.), Reform of Environmental Regulation, Cambridge, Mass. 1982; *Mallory/Alta Charo,* Federal and State Beverage Container Deposit Legislation, Columbia Journal of Environmental Law 11 (1986), 355ff.; *Mayda,* Artikel „Vereinigte Staaten von Amerika", in: Kimminich/v. Lersner/Storm (Hg.), Handwörterbuch des Umweltrechts (HdUR), Bd. II, 1988, Sp. 993ff.; *Miller,* Citizen Suits: Private Enforcement of Federal Pollution Control Laws, New York 1987; *F. G. Müller,* Das internationale Umweltschutzmanagement der nordamerikanischen Großen Seen, ZfU 1979, 199ff.; *Müller-Stahel,* Der Schutz der Umwelt durch die Verfassung in den USA, SJZ 1971, 153ff.; *ders.,* Environmental Law: Umweltschutzrecht – Eine neue Disziplin im Recht der USA, SJZ 1972, 49ff.; *OECD* (Hg.), Environmental Impact Assessment, Paris 1979; *Parker,* Oregon's Pioneering Recycling Act, Environmental Law 15 (1985), 387ff.; *Pierce,* The Constitutionality of State Environmental Taxes, Tulane Law Review (1983), 169ff.; *Ragsdale,* Ecology, Growth and Law, California Western Law Review 16 (1980), 214ff.; *Rodgers,* Handbook on Environmental Law, St. Paul, Minn. 1977; *E. Rehbinder/Sprenger,* Möglichkeiten und Grenzen der Übertragbarkeit neuer Konzepte der US-amerikanischen Luftreinhaltepolitik in den Bereich der deutschen Umweltpolitik, 1985; *ders./Stewart,* Environmental Protection Policy, in: Integration Through Law. Europe and the American Federal Experience, Bd. 2, Berlin 1985; *Schoenbaum,* Environmental Policy Law (Casebook), Mineola, N.Y. 1982; *Selig* (Hg.), Effluent Charges on Air and Water Pollution, Washington, D.C. 1973; *Sloan,* Environment and the Law, Dobbs Ferry, N.Y. 1971; *Stewart/Krier,* Environmental Law and Policy (Casebook), Indianapolis 1978, Supplement, Charlottesville 1982; *Uppenbrink,* Organisation der Umweltplanung in den USA, 1974; *U.S. Congress* (Hg.), A National Policy for the Environment, Washington, D.C. 1969; *ders.,* Congress and the Nation's Environment, Washington, D.C. 1973ff.; *Wallace/Ratcliffe,*

Water Pollution Laws: Can They Be Cleaned Up?, Tulane Law Review 57 (1983), 1343ff.; *Weinberg*, Environmental Law. Cases and Materials, Port Washington, N.Y. 1985; *Wenner*, The Environmental Decade in Court, Bloomington 1982; *Zener*, Guide to Federal Environmental Law, New York 1981; Zeitschriften u.a.: Boston College Environmental Affairs Review; Columbia Journal of Environmental Law; Ecology Law Quarterly; Environment; Environmental Affairs Law Review; Environmental Law; Harvard Environmental Law Review; Land Use and Environmental Law Review; Natural Resources Journal; Natural Resources Lawyer; Virginia Journal of Natural Resources Law; Atomic Energy Law Journal; Land and Water Law Review.

103 Eine umfassende Umweltrechtsvergleichung müßte das Umweltrecht jedenfalls der wichtigsten Staaten darstellen und dieses unter Berücksichtigung seiner Einbettung in das jeweilige Staats- und Verwaltungsrecht, der spezifischen tatsächlichen geographischen, ökonomischen und administrativen Gegebenheiten systematisieren und analysieren. Eine vollständige Vergleichung hätte zudem das regional unterschiedliche Umweltvölkerrecht einschließlich des Umweltrechts regional begrenzter internationaler Organisationen vergleichend einzubeziehen (s. o. Rn. 47ff.).

Dies kann im Rahmen dieser Darstellung nicht erfolgen. Allein eine detaillierte Darstellung der unterschiedlichen Umweltrechtsordnungen würde bereits enzyklopädische Ausmaße annehmen. Im Rahmen der hiesigen Darstellung, in deren Mittelpunkt das Umweltrecht der Bundesrepublik Deutschland steht, können daher nur einige Hinweise auf Systematisierungskriterien und exemplarische Regelungen des ausländischen Umweltrechts gegeben werden. Besondere Vorsicht ist bei der Bewertung des ausländischen Umweltrechts angebracht. Die Umweltrechtsvergleichung dient nicht der Proklamation von „Umweltschutzwunderländern“[213] oder der Anprangerung von „Sünderstaaten“, auch wenn ein umweltpolitisches *„ranking“* auf die nationale Rechtsetzung möglicherweise stimulierend wirken könnte.

1. Systematisierungskriterien

104 Die in der (zivilrechtlichen) Rechtsvergleichung übliche Systematisierung der Vergleichsobjekte nach **Rechtskreisen** kann mit Einschränkungen auch der Umweltrechtsvergleichung zugrunde gelegt werden. Diese Systematisierung nach Rechtskreisen geht davon aus, daß die nationalen Rechtsordnungen zwar jeweils einzigartige Besonderheiten aufweisen, jedoch regelmäßig durch die Tradition regionaler oder historischer und/oder ideologischer Vorbilder geprägt werden, die eine grobe Zuordnung zu einem durch bestimmte Gemeinsamkeiten geprägten Rechtskreis erlauben.[214] Rechtskreistypische Gemeinsamkeiten ergeben sich insbesondere in jenen Bereichen des Umweltrechts, die mit traditionellen Rechtsgebieten eng verbunden sind. Dies gilt vor allem hinsichtlich der Bezüge des Umwelthaftungsrechts (s. § 4 Rn. 292ff.) zum Zivilrecht, das im angelsächsischen Rechtskreis durch das *common law*,[215] im kontinentaleuropäischen Bereich durch römischrechtliche Vorstellungen, im sozialistischen Rechtskreis durch überwölbende ideologische Besonderheiten geprägt ist. Systemtypische Gemeinsamkeiten lassen sich etwa auch für den romanischen, deutschsprachigen, nordischen, fernöstlichen oder den islamischen Rechtskreis feststellen.[216] Zunehmend wachsen vor allem in den Europäischen Gemeinschaften (s. o.

---

[213] Vgl. zu dieser Tendenz beispielsweise *Tsuru/Weidner*, Ein Modell für uns: Die Erfolge der japanischen Umweltpolitik, 1985.

[214] Zur Problematik geeigneter Kriterien, der Materienbezogenheit und Zeitbedingtheit der Kategorisierung von Rechtskreisen *Zweigert/Kötz* (FN 193), S. 72ff. m. w. N.

[215] Zur Bedeutung des common law für das Umweltrecht der USA s. *Sullivan*, in: Arbuckle/Bryson u.a., Environmental Law Handbook, 9. Aufl., Rockville 1987, S. 7f.

[216] Vgl. zu dieser Einteilung etwa *Zweigert/Kötz* (FN 193), S. 72ff.

Rn. 6ff.) die Rechtsordnungen der Mitgliedstaaten der EG zu einem eigenständigen Rechtskreis zusammen.

Die in der Rechtsvergleichung verbreitete herkömmliche, primär am Privatrecht orientierte Einteilung in Rechtskreise kann jedoch nicht unbesehen für das gesamte öffentliche Recht oder das Umweltrecht übernommen werden. Hier könnten **spezifisch öffentlich-rechtliche Rechtskreise** auch nach anderen Kriterien erfaßt werden, so etwa nach bestimmten Staatsstrukturmerkmalen (Demokratien, Bundesstaaten, Zentralstaaten usw.) oder nach politisch-ideologischen Gesichtspunkten. Bei einem relativ neuen und politisierten Rechtsgebiet wie dem Umweltrecht können gerade die politisch-wirtschaftlichen Außenumstände systembildend wirken. 105

Als relativ junges, aktuell problembezogenes Rechtsgebiet kann das Umweltrecht der einzelnen Staaten innerhalb der traditionellen Rechtskreise und über deren Grenzen hinaus auch durch vergleichbare Lebenssachverhalte (geographische, meteorologische, ökonomische Gemeinsamkeiten), durch die Rezeption (nicht dem traditionellen Rechtskreis angehöriger) ausländischer Vorbilder und schließlich durch vorgegebene inter- oder supranational harmonisierte Standards beeinflußt sein. Ob man unter solchen Gesichtspunkten auch bereits von einer sich abzeichnenden Bildung spezifischer **„Umweltrechtskreise“** sprechen könnte, müßte jedoch eine umfassende Rechtsvergleichung, die auch die Effektivität der jeweiligen Normen in den einzelnen Staaten berücksichtigt, erst ergeben.

2. *Exemplarische Einzeldarstellungen*

Ausgehend von diesen Systematisierungsansätzen sollen im folgenden einige wenige einführende Hinweise auf das Umweltrecht solcher Staaten gegeben werden, deren Umweltrecht aus der Sicht der Bundesrepublik als besonders interessant erscheint. Dabei wird zwischen 106

a) „westlichen“ Staaten einschließlich Japans,
b) sozialistischen Staaten und schließlich
c) den Entwicklungs- und Schwellenländern differenziert.

a) Westliche Staaten

aa) Vereinigte Staaten von Amerika

In den USA findet sich die ganze Bandbreite der Umweltprobleme, die sich teils noch ausgeprägter zeigen als in Europa. Großen Industriegebieten stehen rein agrarisch genutzte Flächen in großem Ausmaß gegenüber, eine Vielfalt von Umweltressourcen werfen komplexe Fragen über den Umgang mit der Natur auf. Gleichwohl haben die Umweltschutzbewegungen in den USA bisher keine vergleichbare Bedeutung wie etwa in der Bundesrepublik Deutschland. Da die USA in mehrfacher Hinsicht die Entwicklungsspitze in der modernen Welt bilden, sind sie auch bei Umweltproblemen und deren Bekämpfung häufig in einer **Vorreiterrolle.** So war das Umweltschutz-Programm des amerikanischen Präsidenten von 1971 (s. § 1 Rn. 15) richtungsweisend auch für die deutsche Umweltpolitik. Es entspricht dabei amerikanischem Selbstverständnis, die Umweltprobleme unter Beteiligung Privater und der Wirtschaft auch mit ökonomischen Instrumenten (vgl. § 4 Rn. 142ff. und 218ff.) anzugehen. Der in den USA verbreitete Glaube an die Machbarkeit und Bezahlbarkeit aller Dinge prägt auch das dortige Umweltrecht. 107

Die Verfassung der USA kennt keinen speziellen Umweltschutzartikel. Sowohl auf Bundesebene **(federal law)** als auch in den 50 Einzelstaaten **(state law)** existiert jedoch eine umfangreiche und anspruchsvolle Umweltgesetzgebung (s. Rn. 111ff.). Dabei müssen sich die – meist 108 den örtlichen Gegebenheiten angepaßten, aber auch eigene umweltpolitische Akzente setzenden – Regelungen der Einzelstaaten in dem bundesgesetzlichen Rahmen halten.[217] Der Vorrang des Bundesrechts wird zusätzlich abgesichert durch die Vollzugskompetenz des Umweltschutzamts (Environmental Protection Agency) sowie durch die Verteilung der finanziellen Mittel.

109 Die **Environmental Protection Agency (EPA)** wurde 1970 gegründet. Sie ist für den Vollzug *aller* Bundesgesetze, die den Umweltschutz betreffen, zuständig. Weiteres Gewicht verleiht ihr die Befugnis, Verwaltungsstrafen zu bemessen und gerichtliche Zivil- und Strafverfahren anzustrengen. Ein wirksames Mittel ist das ihr zustehende Vetorecht gegenüber Entscheidungen anderer Behörden im Rahmen der Umweltverträglichkeitsprüfung (s. Rn. 111, vgl. allgemein § 4 Rn. 81ff.). Von großer Effizienz ist weiterhin das gesetzlich mehrfach vorgesehene, indirekt lenkende Instrument der Untersagung von Vertragsschlüssen. Danach darf die öffentliche Hand keine Verträge zur Bedarfsdeckung mit Unternehmen schließen, die gegen Umweltschutzvorschriften verstoßen.[218]

Als weitere öffentliche Institution wurde der Rat für Umweltqualität (Council on Environmental Quality – CEQ) eingerichtet. Das dreiköpfige Gremium ist dem Büro des Präsidenten angegliedert und hat im wesentlichen beratende Funktion. Spezielle Beratungsgremien bestehen für einzelne Umweltschutzbereiche (z. B. im Gewässerschutz das Water Quality Information Advisory Committee). Wissenschaftliche Unterstützung der genannten Stellen leisten das Office of Technology Assessment (Technikfolgenabschätzung), das Office of Science and Technology und die Nationale Akademie der Wissenschaften. In Teilbereichen des Umweltschutzes gewinnen auch andere Ressorts Bedeutung, wie etwa die Ministerien für Landwirtschaft, Energie, Gesundheit, Arbeit und Handel sowie die Arbeitsschutzverwaltung (Occupational Safety and Health Administration – OSHA).

110 Die **Rechtsprechung** spielt in den USA im Umweltschutzrecht eine bedeutende Rolle. Schon vor Entstehen der Umweltgesetzgebung gab es in der Rechtsprechung eine Tendenz zu umweltfreundlichen Entscheidungen. In der Anfangsphase der Umweltgesetzgebung konkretisierten Gerichte zahlreiche Detailfragen, was nicht ohne Einfluß auf Behörden und weitere Gesetzgebungsvorhaben blieb. Von großer Bedeutung ist, daß das grundlegende Umweltschutzgesetz in den USA, das „Gesetz über die nationale Umweltpolitik" (National Environmental Policy Act – NEPA, s. Rn. 111), nicht nur jedem Einzelnen die Verantwortung für die Qualität der Umwelt auferlegt (§ 101 (c) NEPA), sondern daß die sektoralen Umweltschutzgesetze den Bürgern und Verbänden weitreichende Klagemöglichkeiten einräumen (vgl. die zahlreichen Klagen des einflußreichen *Sierra Club;* zu den engeren Maßstäben des deutschen Prozeßrechts § 5 Rn. 13ff.). So können Private nicht nur Zivilklagen gegen jeden erheben, der Umweltschutzgesetze verletzt, sondern auch gegen die EPA oder eine andere Behörde, wenn diese ihren Pflichten nicht nachkommt *(citizen suits).* Den weitaus größten Anteil der Gerichtsverfahren machen dabei Rechtsstreite aus, die wegen Unterbleibens oder Fehlerhaftigkeit der Umweltverträglichkeitsprüfung geführt wurden. Dabei ging es bisher häufig um Großvorhaben wie Fernstraßenbau, Stadtsanierungen, Bau von Staudämmen u. ä.

111 Grundlegend in der Umweltgesetzgebung der USA ist das schon erwähnte **„Gesetz über die nationale Umweltpolitik" (NEPA)** von 1969 (s. o. Rn. 110).[219] Zunächst werden dort die *Ziele* der nationalen Politik formuliert (Sec. 101), die vom Gesetzgeber auf den Grundbegriff einer „produktiven und erfreulichen Harmonie zwischen dem Menschen und seiner Umwelt" gebracht werden (Sec. 2). Das Gesetz erfüllt eine doppelte Funktion, indem es einerseits die allgemeinen Ziele und Grundsätze der Umweltpolitik der USA formuliert – insofern bildet es

---

[217] Zur bundesstaatlichen Verteilung der umweltrechtlichen Gesetzgebungskompetenzen in den USA vgl. etwa *Bothe,* Die Kompetenzstruktur des modernen Bundesstaates in rechtsvergleichender Sicht, 1977, S. 164ff.

[218] *Mayda,* Artikel „Vereinigte Staaten von Amerika", in: Kimminich/v. Lersner/Storm (Hg.), Handwörterbuch des Umweltrechts (HdUR), Bd. II, 1988, Sp. 993ff., 1004; *Berz/Moench,* Grundriß des US-Umweltrechts aus Betreibersicht, 1986, S. 7f.

[219] 42 United States Code (U.S.C.) 4321–4347. Obgleich dieses Gesetz vom 1. 1. 1970 datiert, soll es nach dem Willen von Senat und Repräsentantenhaus als „National Environmental Policy Act of 1969" zitiert werden.

gleichsam das „Grundgesetz" des US-amerikanischen Umweltrechts –, andererseits begründet es Kompetenzen und Pflichten der Bundesverwaltung auf dem Gebiet des Umweltschutzes und errichtet den Council of Environmental Quality (s. o. Rn. 109), insofern enthält es ein *Organisationsstatut.* Das im Umfang eher knappe Gesetz bietet jedoch nur bedingt einen systematischen Rahmen für die übrige Umweltgesetzgebung und trifft auch nur wenige Aussagen zu den Instrumenten des Umweltschutzes. Als einziges Vollzugsinstrument regelt das Gesetz den *Umweltverträglichkeitsbericht* (Environmental Impact Statement), der sich – im Unterschied zu der in der Bundesrepublik Deutschland vorgesehenen Umweltverträglichkeitsprüfung (s. § 4 Rn. 91) – auch auf die Gesetzgebung bezieht. Die nur für Bundesbehörden geltenden Bestimmungen des NEPA werden im übrigen durch Regelungen der Einzelstaaten über Umweltverträglichkeitsprüfungen (Environmental Impact Assessment) für sonstige Vorhaben ergänzt. Als weiteres Umweltschutzinstrument statuiert NEPA eine jährliche Berichtspflicht der Präsidenten gegenüber dem Kongreß (Sec. 201). Einem Umweltgesetzbuch bzw. einer Kodifikation des „allgemeinen Teils" der Umweltgesetzgebung, wie sie v. a. die Schweiz besitzt (s. Rn. 169ff.) und wie sie in der Bundesrepublik Deutschland geplant ist (s. § 1 Rn. 39), entspricht NEPA daher nicht. Gleichwohl finden sich darin bemerkenswerte Aussagen (z. B. zur Kooperation im Umweltschutz, zur Verantwortung gegenüber künftigen Generationen, zur Harmonisierung von Umweltzielen), die sich auch eine künftige Umweltgesetzgebung zum Vorbild nehmen könnte. Betont wird ein ökologischer und interdisziplinärer Ansatz, zu dem alle Bundesbehörden bei ihren Planungen und Entscheidungen verpflichtet werden (Sec. 102 NEPA).[220] Dazu gehört auch, daß umweltrelevante gesetzliche oder andere Bundesmaßnahmen eine Darlegung über die Auswirkung auf die Umwelt enthalten müssen (Environmental Impact Statement, s. o.).

Daneben bestehen verschiedene **sektorale Umweltgesetze** des Bundes wie auch der 50 Einzelstaaten. Besondere Bedeutung kommt dabei den nachfolgenden Bundesgesetzen[221] zu: 112

Das **„Gesetz über reine Luft"** (Clean Air Act) von 1955, völlig neugefaßt im Jahre 1977, hat zur Verminderung von Luftverunreinigungen geführt. Als Instrumente kennt es quellenbezogene Emissionsstandards (für Anlagen und Fahrzeuge aller Art) und flächenbezogene Regelungen (Luftqualitätsregionen, internationale Luftverschmutzung).[222] Die Standards räumen, sofern es technisch möglich und sinnvoll ist, Handlungsalternativen ein. Zu nennen ist hier der Gedanke der Luftblase bzw. Glocke (**„Bubble"**, s. § 4 Rn. 224),[223] womit die Gesamtemission innerhalb einer bestimmten Region bezeichnet wird. Aus einzelnen Anlagen eines abgrenzbaren Komplexes darf innerhalb des vorgegebenen Wertes beliebig viel emittiert werden mit der Maßgabe, daß von den anderen Anlagen des Gesamtkomplexes entsprechend weniger Emissionen ausgehen. Dieses Konzept erlaubt Flexibilität und das Einbringen wirtschaftlicher Überlegungen durch den Anlagenbetreiber, der die kostengünstigste Variante der Emissionsbeschränkung auswählen kann. Das Glockenprinzip ist verschiedentlich verfeinert worden (s. § 4 Rn. 224) und Ausgangspunkt einer Politik des „kontrollierten Emissionshandels" (vgl. zum Zertifikatmodell allgemein § 4 Rn. 219ff.). 113

Gegenstand einer eigenen gesetzlichen Regelung ist der **Lärmschutz** (Noise Control Act).

Das **Atomenergiegesetz** (Atomic Energy Act) von 1954 und das Energie-Neuregelungsgesetz (Energy Reorganization Act) von 1974 bilden die wesentlichen Normierungen des Strahlenschutzrechts. Gegenstand besonderer gesetzlicher Regelungen sind u. a. die Strahlenüberwachung (Radiation Control Act von 1968) und die Entsorgung radioaktiver Abfälle (Nuclear Waste Policy Act von 1982). Die nationale Strahlenschutzbehörde (Nuclear Regulatory Com- 114

---

[220] Dazu *Delogu*, Die Umweltverträglichkeitserklärung, 1974.

[221] Vgl. i. ü. die Gesetzessammlung des *Bureau of National Affairs* (Hg.), U.S. Environmental Laws, Washington, D.C. 1986.

[222] *Berz/Moench* (FN 218), S. 25ff.

[223] Vgl. hierzu näher etwa *Calvo y Gonzalez*, HELR 5 (1981), 377ff.; *Hoffmann-Riem*, WiVerw. 1983, 120ff.; *Joeres/David* (Hg.), Buying a Better Environment, Madison, Wisc. 1983; *Kabelitz*, ZfU 1983, 153ff.; *Lakhani*, Environmental Management 6 (1982), 9ff.; *Landau*, Environmental Law 9 (1979), 575ff.; *dens.*, Environmental Affairs Law Review 8 (1980), 741ff.; *Schärer*, ZfU 1982, 237ff. Vgl. zur Rezeption in der Bundesrepublik Deutschland auch die Schrifttumsnachweise vor § 4 Rn. 218.

mission – NRC) ist nicht nur Genehmigungsbehörde, sondern verfügt auch über bedeutende Rechtsetzungsbefugnisse. Fragen der Anlagensicherheit und der Standortwahl von Kernkraftwerken waren wiederholt Gegenstand der Rechtsprechung des Supreme Court.[224]

115 Ihren Schwerpunkt im **Naturschutzrecht** und im **Bodenschutzrecht** haben u. a. die folgenden Bundesgesetze: Gesetz zum Schutz von Boden- und Wasserressourcen (Soil and Water Resources Conservation Act), Gesetz zum Schutz von erosionsgefährdeten Gebieten und Feuchtgebieten (Erodible Land and Wetland Conservation Act), Gesetz über die Beschränkung des Abbaus oberflächennaher Rohstoffe und Rekultivierung (Surface Mining Control and Reclamation Act), Gesetz über Wildnisgebiete (Wilderness Act), Gesetz über Nationalparks und Erholung (National Parks and Recreation Act). Mehrere Gesetze beziehen sich auf den Schutz wildlebender Tiere und den Artenschutz (u. a. Fish and Wildlife Conservation Act, National Wildlife Refuge Act, Endangered Species Act, vgl. ferner die in Rn. 116 genannten speziellen Schutzgesetze für Meeressäugetiere). Eine besondere Bedeutung kommt in den weiträumigen USA – neben Beschränkungen der privaten Bodennutzung – dem Schutz *öffentlicher Flächen* (public lands) zu, die fast ein Drittel der Gesamtfläche der USA einnehmen und in den westlichen Staaten vielfach noch im Bundeseigentum stehen (federal lands).[225] Die einschlägigen gesetzlichen Regelungen finden sich v. a. in dem Gesetz über die Grund- und Bodenpolitik des Bundes und die Nutzung und Pflege von Grundflächen (Federal Land Policy and Management Act). Zunehmende Bedeutung gewinnen daneben das Bodennutzungsrecht der Einzelstaaten und die Regionalplanung. Eine spezifische, auch im Falle einer Privatisierung öffentlichen Landes fortbestehende Sozial- bzw. Umweltpflichtigkeit wird im übrigen mit Hilfe der von der Rechtsprechung entwickelten *public trust-Doktrin* begründet.[226]

116 Das inzwischen überwiegend unter der inoffiziellen Bezeichnung **„Gesetz über reines Wasser"** (Clean Water Act) bekannte, 1977 grundlegend novellierte Bundesgesetz zur Kontrolle der Gewässerverunreinigung (Federal Water Pollution Control Act) enthält die wichtigsten Regelungen im Hinblick auf die Reinhaltung von Flüssen und Binnenseen sowie des Meeres. Einen Regelungsschwerpunkt bildet der Genehmigungsvorbehalt bezüglich Einleitungen in schiffbare Gewässer oder in das Meer (andere Einleitungen, z. B. in kleinere Gewässer, sind Gegenstand des „state law"). Dabei wurden die Gewässerschutzstandards im Laufe der Jahre stufenweise verschärft und nach Emittentengruppen differenziert (vgl. die Richtlinien – effluent limitations guidelines – des EPA). Gesetzlich geregelt wird auch die Vergabe von Subventionen für Gewässersanierungsmaßnahmen. Nicht durchsetzen konnte sich bislang die Forderung nach Einführung einer Abwasserabgabe (effluent charge), doch sieht das Gesetz seit 1987 hohe *Geldstrafen* (bis zu 250000 $) für rechtswidrige Gewässerverunreinigungen vor (noncompliance penalty). Frühzeitig große Bedeutung für den Gewässerschutz in den USA haben *Wasserverbände* erlangt (z. B. Tennessee Valley Authority)[227] (vgl. zum z. T. als Vorbild betrachteten deutschen Wasserverbandsrecht § 11 Rn. 14f. sowie allgemein § 4 Rn. 134). Die Bundesbehörde (EPA) kann die prinzipielle Zuständigkeit auf die Staaten übertragen. Bei unbeabsichtigten Wasserverunreinigungen durch Öl oder andere gefährliche Stoffe wird ein Störfallplan aktiviert. *Trinkwasser* unterliegt einer eigenen gesetzlichen Regelung, dem „Gesetz über ungefährliches Trinkwasser" (Safe Drinking Water Act). Es legt bundeseinheitliche Trinkwasserstandards fest und enthält Vorschriften über öffentliche Wassersysteme. So dürfen z. B., um nur ein Detail herauszugreifen, seit 1986 keine bleihaltigen Wasserleitungsrohre in Installationen mehr verwendet werden. Weitere Sonderregelungen beziehen sich in differenzierter Weise auf den Schutz der *Meeresumwelt* und der *Küstenzonen* (z. B. Gesetz über Meeresschutz, Meeresforschung und Meeresschutzgebiete – Marine Protection, Research and Sanctuaries Act, Gesetz über Abfallbeseitigung auf See – Ocean Dumping Act, Gesetz über die Sicherheit von Häfen und Tankschiffen – Port and Tanker Safety Act, Gesetz über Gefahrenabwehr auf Hoher See – Intervention on the High Sea Act, Gesetz zum Schutz der Meeressäugetiere – Marine Mammal Protection Act – bzw. der Wale – Whale Conservation and Protection Act, Gesetz zum Schutz der Antarktis –

[224] Vgl. *Findley/Farber,* Environmental Law in a Nutshell, 2. Aufl., St. Paul, Minn. 1988, S. 230ff. m. w. N.
[225] Vgl. *Findley/Farber* (FN 224), S. 333ff.
[226] Vgl. hierzu *Findley/Farber,* Environmental Law. Cases and Materials, St. Paul, Minn. 1981, S. 611ff. m. w. N. und *dies.* (FN 224), S. 323ff.
[227] Vgl. insbes. *Kneese/Bower,* Die Wassergütewirtschaft, 1972, und *Roberts,* HLR 83 (1970), 1527ff.

Antarctic Conservation Act, Gesetz zum Schutz der Küstengewässer und des Festlandsockels – Outer Continental Shelf Lands Act, Gesetz über die Ressourcen der Küstenriffe – Coastal Barrier Resources Act, Gesetz über die Nutzung und Pflege der Küstenzone – Coastal Zone Management Act). Auch wenn die Bundesrepublik Deutschland als kleiner Meeresanrainer mit den USA kaum vergleichbar ist, wird aus der Gegenüberstellung von amerikanischem und deutschem Recht (vgl. § 11 Rn. 23) die bisherige Vernachlässigung des Meeresschutzes in der Rechtsordnung der Bundesrepublik Deutschland deutlich. Vieles, was in den USA Gegenstand unterschiedlicher Gesetze ist, könnte bei uns freilich auch in einem Gesetz (z. B. auch im Wasserhaushaltsgesetz) oder in Rechtsverordnungen geregelt werden.

Die *Abfallbehandlung* (solid waste management) wird durch das **„Gesetz zum Schutz und zur Wiedergewinnung von Rohstoffen"** (Resource Conservation and Recovery Act) normiert. Es betrifft feste und gefährliche Abfälle, ihre Erfassung, Wiederverwertung und Beseitigung. Das Gesetz befaßt sich nicht mit alten Deponien, dafür ist das Superfund-Gesetz (s. Rn. 118) einschlägig. Insbesondere die gefährlichen Abfälle unterliegen einem engmaschigen Regelwerk; jede Phase, von der Entstehung bis zur endgültigen Beseitigung, wird erfaßt (*Cradle-to-grave-Prinzip,* vgl. allgemein § 3 Rn. 24), und vielfältige Pflichten sind damit verknüpft (Einstufung, Dokumentation, Verpackung, Kennzeichnung, Etikettierung). Das in allen Überflußgesellschaften virulente Problem des *Verpackungsmülls* wurde frühzeitig in einigen Bundesstaaten durch ordnungsrechtliche Beschränkungen und ökonomisch wirkende Sanktionen (Zwangspfand, Abgaben) in Angriff genommen[228] (vgl. zur Rechtslage in der Bundesrepublik Deutschland § 12 Rn. 56ff. und insbes. Rn. 65). **117**

Das **Superfund-Gesetz,**[229] vollständig „Gesetz über umfassende umweltbezogene Reaktion, Entschädigung und Haftung" (Comprehensive Environmental Response, Compensation and Liability Act – CERCLA, 1980; vgl. auch § 12 Rn. 151), wurde vordringlich zur Bewältigung der *Altlastenproblematik* geschaffen, die in der Bundesrepublik Deutschland noch weitgehend offen ist (vgl. § 12 Rn. 132ff.), betrifft aber auch die Emission von Gefahrstoffen (hazardous substances). Das Gesetz sieht zunächst eine Inventarisierung aller Ablagerungsstätten von gefährlichen Abfällen vor, ferner begründet es Mitteilungs- und Benachrichtigungspflichten. Kernpunkt ist jedoch die Sanierung, wozu Mittel aus einem Fonds zur Verfügung gestellt werden, der aus Steuern (auf chemische Grundstoffe) gespeist wird. Zunächst fordert die EPA indes mögliche Verantwortliche auf, erforderliche Sanierungen durchzuführen. Ergreift niemand freiwillig die Initiative, so kann die EPA mit den Mitteln des Superfund eigenständige Sanierungsmaßnahmen durchführen und die Kosten bei den Verursachern später einfordern, was bei Altlastenfällen allerdings typischerweise problematisch ist. Die für die Sanierung erforderlichen – ursprünglich unterschätzten – Mittel mußten inzwischen erheblich aufgestockt werden.[230] **118**

Das **„Gesetz zur Kontrolle giftiger Stoffe"** (Toxic Substances Control Act – TOSCA) hat die chemischen Stoffe zum Regelungsgegenstand. Es schreibt Untersuchungen vor, legt Standards fest, verpflichtet den Hersteller zur Bekanntgabe von Daten und regelt die Ein- und Ausfuhr von Stoffen. Von diesem Gesetz gingen wesentliche Impulse für die EG-rechtliche und deutsche Chemikaliengesetzgebung aus. Daneben existieren stoffrechtliche Spezialregelungen (z. B. Federal Insecticide, Fungicide, and Rodenticide Act). **119**

Eine vorsichtige *Gesamtwürdigung* ergibt folgendes: Das Umweltrecht der USA ist bereits sehr weit ausgebaut und weist einige Besonderheiten auf, die US-amerikanischem Selbstverständnis entsprechen, wie vor allem die ökonomisch orientierten Instrumente. Daneben bestehen freilich auch signifikante Gemeinsamkeiten mit dem deutschen Umweltrecht, die teils Ausdruck von Sachproblemen sind, welche ähnliche juristische Regelungstechniken gleichsam kraft Natur der Sache herbeiführen, teils aber auch auf der Vorbildwirkung des amerikanischen Umweltrechts beruhen. Bemerkenswert ist z. B. die im Ansatz übereinstimmende Verwendung von *Technikklauseln* (vgl. § 2 Rn. 45ff.) im deutschen und amerikanischen Recht und ihre **120**

---

[228] Vgl. *Mallory/Alta Charo,* Columbia Journal of Environmental Law 11 (1986), 355ff.; *Schroth/Mugdan,* Wisconsin Law Review 22 (1972), 536ff.; *dies.,* Journal of Urban Law 51 (1973), 227ff., jeweils m. w. N.
[229] *Berz/Moench* (FN 218), S. 52ff.; *Mayda* (FN 218), Sp. 997f.
[230] *Mayda* (FN 218), Sp. 997.

vergleichbare, in den USA allerdings markantere Abstufung (z. B. best conventional pollutant control technology, best practicable control technology currently available, best available technology economically achievable, reasonably available control technology usw.). Inwieweit amerikanische Regelungen Vorbild sein können für bundesrepublikanische Lösungen, muß sorgfältig geprüft werden, wobei Unterschiede in den tatsächlichen und rechtlichen Gegebenheiten nicht vernachlässigt werden dürfen. Vorschnelle Übernahmen von US-Modellen könnten die zunehmende Systematisierung des Umweltrechts in der Bundesrepublik negativ beeinflussen. Zu bedenken sind insbesondere die tiefgreifenden rechtlichen und tatsächlichen Unterschiede im US-amerikanischen und im bundesdeutschen Rechtsschutzsystem.

121 Eine potentiell stärkere Vorbildwirkung entfaltet das Umweltrecht der USA innerhalb des angelsächsischen Rechtskreises. Mehr noch als für das Vereinigte Königreich (Rn. 131ff.) gilt dies für Kanada (Rn. 122) und die rechtskreisverwandten Staaten **Australien** und **Neuseeland,** die sich durch eine sehr beachtliche Umweltgesetzgebung auszeichnen.[231] Insbesondere in Neuseeland ist das Bemühen ausgeprägt, im Weltmaßstab zu den führenden „Umweltstaaten" zu gehören.

bb) Kanada

122 Gewisse Übereinstimmungen mit dem Umweltrecht der USA weist das – ebenfalls bundesstaatlich differenzierte – Umweltrecht Kanadas auf.[232] Diese ergeben sich nicht allein aus der gemeinsamen angelsächsischen Rechtstradition, die in Kanada teilweise auch französischen Einflüssen ausgesetzt ist, sondern ebenso aus der geopolitischen Nachbarschaft und der engen wirtschaftlichen Verflechtung beider Staaten.

Die ausgeprägt föderative Struktur Kanadas beläßt den Provinzen die überwiegenden Zuständigkeiten auf dem Gebiet der Nutzung der natürlichen Ressourcen und des Umweltschutzes. Dem Bund verbleiben im wesentlichen Kompetenzen für die Fischerei, die Meere, die Nordwestgebiete, Bundes- und indianisches Land, Naturschutz und für grenzüberschreitende Umweltprobleme. Auf Bundesebene wurde 1971 das unter dem Namen **„Environment Canada"** (EC) bekannte Umweltschutzministerium eingerichtet, dem die Bundeskompetenzen zum Umweltschutz übertragen wurden und das vor allem durch Information, Beratung und finanzielle Förderung die Umweltpolitik des Bundes und der Provinzregierungen unterstützt. Mit Billigung des Kabinetts kann es den Bundesbehörden verbindliche Umweltschutzrichtlinien vorschreiben. Im übrigen ist das Bundesumweltministerium auf die Zusammenarbeit mit den Provinzregierungen angewiesen. So beruhen etwa Maßnahmen zur Luft- und Wasserreinhaltung weitgehend auf der Kooperation oder auf vertraglichen Vereinbarungen zwischen dem Bund und den Provinzen. Eine Art Umweltverträglichkeitsprüfung durch Begutachtung der Umweltverträglichkeit staatlicher Projekte ist sowohl auf Bundes- als auch auf Provinzebene vorgesehen.

Aufgrund der industriellen Verdichtung beiderseits der Großen Seen im Grenzgebiet zu den USA bildet der **grenzüberschreitende Umweltschutz** (der allein in die Kompetenz des Bundes fällt) traditionell einen Schwerpunkt umweltrechtlicher Aktivitäten Kanadas. Die grenzüberschreitende Zusammenarbeit wurde bereits im Jahre 1909 (damals noch unter Beteiligung Großbritanniens) durch den Abschluß des Boundary Waters Treaty begründet, der eine International Joint Commission einsetzte, die als Schiedsgericht auch den inzwischen zum völkerrechtlichen Präzedenzfall gewordenen Trail-Smelter-Fall (s. o. Rn. 56) entschied. Ein weiteres Abkommen, das „Great Lakes Water Quality Agreement" aus dem Jahre 1972, erweitert die Zusammenarbeit und die Kompetenzen der Kommission.

cc) Japan

123 Wegen der Stellung Japans als einer führenden Industrie- und Handelsmacht mit in vieler Hinsicht den unseren vergleichbaren, z. T. noch extremeren Umweltproblemen findet das

---

[231] Vgl. zum australischen Umweltrecht *Fisher,* Environmental Law in Australia, St. Lucia, Queensland 1980; zum neuseeländischen Recht etwa *Bosselmann,* in: Forschungsstelle für Umwelt- und Technikrecht (Hg.), Jahrbuch des Umwelt- und Technikrechts 1988 (UTR 5), 1988, S. 349ff.

[232] Vgl. etwa *F. G. Müller,* Artikel „Kanada", in: Kimminich/v. Lersner/Storm (Hg.), Handwörterbuch des Umweltrechts (HdUR), Bd. I, 1986, Sp. 889ff.; *Swaigen,* Ottawa Law Review 12 (1980), 439ff.

japanische Umweltrecht international zunehmend Beachtung. Die Rechtsvergleichung wird dadurch erleichtert, daß die – über Jahrzehnte zunächst maßgeblich vom deutschen Recht beeinflußte – japanische Rechtsordnung sich nach dem Zweiten Weltkrieg verstärkt am Vorbild der USA orientiert. Dabei sind freilich die Besonderheiten des japanischen Gesellschaftssystems im Blick zu behalten, die äußerlich vertraut scheinenden Instrumenten einen eigenen Gehalt geben und konsensualen Regelungen erhebliche Bedeutung zukommen lassen.

Die **Umweltprobleme** treten in Japan besonders intensiv hervor. Denn in Japan treffen die 124
Faktoren hoher Industrialisierungsgrad und Engräumigkeit bei gleichzeitiger hoher Bevölkerungsdichte unvermittelt aufeinander. Aus der historischen Situation des verlorenen Weltkrieges folgte zudem – hier kann man Parallelen zur Bundesrepublik Deutschland sehen – das Bestreben, sich ökonomisch zu erholen, was zur zeitweiligen Verabsolutierung des Wirtschaftswachstums in Japan führte. Das rohstoffarme und exportabhängige Japan forcierte den Aufbau der Industrie und konnte sich so in der Weltspitze der Industrienationen etablieren. Als Kehrseite der Medaille hatte Japan aber – vor allem in den sechziger Jahren – auch eine Spitzenstellung als Land mit der am meisten belasteten Umwelt erreicht.[233]

Früher als andere Industriestaaten hatte Japan schon 1967 ein „Grundgesetz (Basic Law) zur 125
Kontrolle der Umweltverschmutzung" geschaffen. Die entscheidende Entwicklung der japanischen Umweltgesetzgebung wurde jedoch durch die **Rechtsprechung** forciert. In vier großen Umweltverschmutzungsfällen, bei denen der Schadstoffausstoß der Industrie (Quecksilber, Cadmium, Schwefeldioxid) wiederholt zu verbreiteten Krankheiten bzw. Geburtsschäden (Minamata-Krankheit, Itai-Itai-Krankheit, Jokkaichi-Asthma) und Todesfällen geführt hatte,[234] sprachen die Gerichte in den Jahren 1971 bis 1973 den Klägern teils beträchtliche Schadensersatzleistungen zu; dabei entwickelten sie (auch im japanischen Recht bis dahin unbekannte) neue Grundsätze zum Schadensnachweis, Kausalitätsnachweis (statistisch-epidemiologisch statt naturwissenschaftlich) und Verursachernachweis (Prinzip der Beweislastumkehr) sowie zur Schuldfrage (Exkulpation nur bei Nachweis der Anwendung der weltweit neuesten Methoden, vgl. auch § 4 Rn. 317ff.).

Unter dem Eindruck dieser vier spektakulären Fälle wie auch zahlreicher anderer Umweltbelastungen, einer schon damals starken Umweltschutzbewegung und schließlich der Rechtsprechung wurden ab 1970 die bestehenden Umweltgesetze, insbesondere das „Grundgesetz" von 1967, novelliert und zahlreiche neue Umweltgesetze geschaffen (s. Rn. 127f.). Institutionell sind wichtige Kompetenzen dem 1971 errichteten **Umweltamt** übertragen. Hierin eingebunden ist ein Sachverständigenrat, der wissenschaftlichen und technischen Sachverstand einbringt. Als weitere Institution ist der Umweltschutzrat zu nennen, dessen Bedeutung schon dadurch ersichtlich wird, daß der Ministerpräsident die Mitglieder des Rates ernennt und selbst als Vorsitzender amtiert.[235]

Das **„Grundgesetz über die Kontrolle der Umweltverschmutzung"** von 1967 bzw. 1970 126
legt die wesentlichen Ziele, Prinzipien, Instrumente und Zuständigkeiten für den Umweltschutz fest. Das (im Vergleich zum amerikanischen NEPA [Rn. 111] breiter angelegte, sich aber weitgehend auf Rahmenregelungen beschränkende) Gesetz ist auf eine Konkretisierung durch weitere (vorwiegend sektorale) Umweltgesetze und untergesetzliche Normen angelegt. Das „Basisgesetz" orientiert sich im wesentlichen an denselben **Prinzipien** wie das deutsche Umweltrecht (Vorsorgeprinzip – vgl. Art. 3ff., Verursacherprinzip – vgl. Art. 22, Kooperationsprinzip – vgl. Art. 3 Nr. 1; vgl. zum deutschen Recht § 3). Auch in Japan wird jedoch das Gemeinlastprinzip vom Verursacherprinzip nicht völlig verdrängt (vgl. Art. 23, 24). Einzelheiten der Kostentragung regelt ein eigenes **Gesetz über die Verteilung der Kosten öffentlicher Umweltschutzmaßnahmen.** Danach können zwar Umweltbelaster nach dem Maß ihres Ver-

---

[233] *Morishima*, in: Kato/Kumamoto/Matthews (Hg.), Environmental Law and Policy in the Pacific Basin Area, Tokio 1981, S. 77.

[234] Hierzu näher *Gresser/Fujikura/Morishima*, Environmental Law in Japan, Cambridge, Mass. 1981, S. 29ff.; *Kumamoto*, in: Kato/Kumamoto/Matthews (FN 233), S. 85ff.; *Weidner*, in: Tsuru/Weidner (FN 213), S. 92ff. Urteile teilweise abgedruckt bei Gresser/Fujikura/Morishima, aaO., S. 57ff., 66ff., 106ff.

[235] Vgl. dazu *Kirchner/E. Rehbinder*, Artikel „Japan" in: Kimminich/v. Lersner/Storm (Hg.), Handwörterbuch des Umweltrechts (HdUR), Bd. I, 1986, Sp. 861ff., 872ff.

schmutzungsbeitrages finanziell zu Sanierungsmaßnahmen (z. B. Kläranlagenbau) herangezogen werden, die öffentliche Hand muß sich aber an den Gesamtkosten beteiligen. Überdies werden Klein- und Mittelbetriebe aus Gründen der internationalen Wettbewerbsfähigkeit ausdrücklich geschont.

127 Als weitere **Einzelgesetze** des Umweltschutzrechts sind das Luftreinhaltegesetz, das Wasserschutzgesetz, das Lärmschutzgesetz, das Fluglärmgesetz, das Umweltchemikaliengesetz, das Bodenschutzgesetz, das Artenschutzgesetz, das Meeresschutzgesetz, das Müllbeseitigungsgesetz, das Gesetz zur Bekämpfung übler Gerüche, das Kernenergieschädengesetz, das Gesetz über die Bestellung von Umweltschutzorganen in qualifizierten Betriebsstätten (vgl. zur parallelen Institution im deutschen Recht, den Betriebsbeauftragten, § 4 Rn. 128ff.) sowie das Gesetz über die Bestrafung umweltschädlicher Straftaten (ohne Anspruch auf Vollständigkeit) zu nennen; ihre Einzeldarstellung würde den Rahmen der hier nur möglichen kurzen Hinweise sprengen.[236]

128 Aufmerksamkeit verdienen aber noch einige Besonderheiten des japanischen Umweltrechts, die sich in erster Linie auf den Stil von Rechtsetzung und Rechtsanwendung beziehen.

Erwähnenswert ist in diesem Zusammenhang das „Gesetz über die Beilegung von Streitigkeiten im Zusammenhang mit Umweltschäden", welches spezifische Organe und Verfahrensweisen für diesen Spezialbereich rechtlicher Konflikte geschaffen hat. Als **Formen der Streitbeilegung** werden die in Japan traditionsreichen Institute wie Schlichtung, Vergleich, gütliche Einigung bereitgestellt.

Das Kernstück des modernen japanischen **Entschädigungssystems** bildet das „Gesetz über die Entschädigung für umweltbedingte Gesundheitsschäden", das 1973 als Reaktion auf die oben skizzierte Rechtsprechung (s. o. Rn. 125) erlassen wurde und nunmehr für gesetzlich festgelegte Umweltkrankheiten ein staatliches Anerkennungsverfahren vorsieht, an dessen Ende Heilkostenerstattung und ggf. Rentenzahlungen aus einem Haftungsfonds stehen können. Erwähnenswert ist hierbei, daß auf einen Kausalitätsnachweis verzichtet wird, an dessen Stelle sogar die Plausibilität der Verursachung genügen soll. Gespeist wird der Fonds vorwiegend durch Verursacherabgaben (vgl. allgemein § 4 Rn. 177ff.).

129 Schließlich ist zu beachten, daß in Japan allgemein Gesetze und formales Verwaltungshandeln ein geringeres Gewicht haben als in der Bundesrepublik Deutschland. Gelegentlich wird dafür der Terminus „Verrechtlichungsdefizit" gebraucht. Entsprechend größerer Bedeutung kommt dem **informalen Verwaltungshandeln** (vgl. allgemein § 4 Rn. 150, 235, 250ff.) zu. Ganz besonders wichtig und effektiv sind sog. Verwaltungsempfehlungen[237] (*Gyosei Shido,* administrative guidance). Dabei handelt es sich um eine „Handlungsform der Verwaltung, bei der ein Verwaltungsträger zur Erlangung eines Verwaltungszweckes mittels eines formal rechtswirkungslosen Verhaltens direkt auf einen Verwaltungsadressaten mit der Erwartung einwirkt, beim Verwaltungsadressaten ein bestimmtes Verhalten (Tun oder Unterlassen) zu erzielen".[238] Auf diesem Wege handhabt und konkretisiert die Verwaltung einerseits bestehende Regelungen, andererseits geht sie gelegentlich aber auch ohne gesetzliche Grundlage vor. So führt das Handels- und Industrieministerium (MITI) bei der Errichtung von Kraftwerken regelmäßig mit Hilfe von Gyosei Shido gesetzlich nicht fixierte Umweltverträglichkeitsprüfungen durch.

In großem Umfang werden **Umweltschutzvereinbarungen** (vgl. allgemein § 4 Rn. 232ff.) getroffen, an denen Unternehmen und Behörden oder auch Einwohner und (potentiell) Geschädigte (wie in den eingangs genannten Schadensfällen) beteiligt sind. In der Regel sehen solche Vereinbarungen engere Spielräume für industrielle Unternehmen vor als die Gesetzgebung. Zudem bieten sie meist den Vorteil örtlich und zeitlich flexibler Lösungen. Umweltbezogene Vereinbarungen finden sich neuerdings auch in Tarifverträgen (vgl. zu Parallelen in der Bundesrepublik Deutschland § 4 Rn. 235).

---

236 Ausführlicher *Kirchner/E. Rehbinder* (FN 235), Sp. 875ff.

237 Vgl. *Fujita,* Die Verwaltung 15 (1982), 226ff.; *Kloepfer,* in: Nörr (Hg.), Die Japanisierung des westlichen Rechts, 1989 (in Drucklegung); *Shiono,* Administrative Guidance, in: Tsuji, Public Administration in Japan, Tokio 1984, S. 221ff.; kritisch *Yeomans,* Administrative Guidance: A Peregrine View, in: Law in Japan 19 (1986), 125ff., sowie *Pape,* Gyoseishido und das Anti-Monopol-Gesetz in Japan, 1980.

238 *Shiono,* in: Nörr (Hg.), Die Japanisierung des westlichen Rechts, 1989 (in Drucklegung).

Das Umweltrecht in Japan kann insgesamt als hochentwickelt und differenziert bezeichnet werden. Größere Regelungslücken scheinen nur im Naturschutzrecht zu bestehen. Hervorzuheben sind seine administrative Praktikabilität und die breite Akzeptanz, die wohl auf die starke Einbeziehung konsensualer Konfliktlösungen zurückgeführt werden kann. Seine ökologische Effektivität ist daran abzulesen, daß unter seiner Geltung die Umweltprobleme in Japan vieles von ihrer ursprünglichen Schärfe verloren haben. **130**

dd) Großbritannien

Zu den typischen Umweltproblemen einer klassischen Industrienation treten im Inselstaat Großbritannien vor allem Probleme der Meeresverschmutzung infolge der Offshore-Erdölförderung und der Abwassereinleitungen hinzu. Hier – wie auch z. T. bei der Luftverunreinigung, die aufgrund der großklimatischen Lage in hohem Maße „exportiert" wird – sieht sich Großbritannien allerdings (vielleicht auch aufgrund einer „Inselmentalität" seiner Umweltpolitik) weniger von den Umweltbelastungen betroffen als seine Nachbarstaaten. Im Verhältnis zu den übrigen Nordseeanrainern trägt dies bislang zu umweltpolitischen Verstimmungen bei. **131**

Gleichwohl spielt der Umweltschutz im Vereinigten Königreich zunehmend eine bedeutende Rolle. Institutionell ist er u. a. in einem **Umweltministerium** (Department of the Environment) und einer Vielzahl von Kommissionen, Beiräten und Behörden (agencies, authorities) auf zentraler und lokaler Ebene verankert (z. B. Alkali Inspectorate Water Authorities). **132**

Das englische Umweltrecht wird im wesentlichen durch drei **Quellen** gespeist: das raumbezogene *Planungsrecht* (town and country planning law) und das *Gesundheitsrecht* (public health law) – zwei relativ früh entwickelte und im internationalen Vergleich beachtliche Rechtsmaterien – sowie das **common law.** Richterliche Entscheidungen (case law) und deren prinzipiell präjudizierende Wirkung sind häufig von grundlegender Bedeutung für die Rechtsentwicklung in Großbritannien. Dies trifft auch, und zwar noch stärker als in den USA, auf das aktuelle Umweltrecht zu. Insbesondere das (gesetzlich nicht geregelte) Deliktsrecht (law of torts) bietet Handhaben gegen vielfältige Umweltbelastungen.[239] In seiner Bedeutung geht es über die mehr komplementäre Funktion des Umweltprivatrechts in der Bundesrepublik Deutschland (vgl. § 4 Rn. 292ff.) deutlich hinaus. **133**

Daneben verfügt das Vereinigte Königreich über eine **Umweltgesetzgebung,** die allerdings qualitativ hinter dem fortschrittlichen Umweltrecht seiner ehemaligen nordamerikanischen Kolonien zurückbleibt (s. o. Rn. 107ff.). Besondere Bedeutung kommt dem **Control of Pollution Act** (Gesetz zur Beschränkung der Umweltbelastung) von 1974 zu,[240] das in Form eines Basisgesetzes grundlegende Umweltschutzstandards festlegt. Einzelne Teile des Gesetzes normieren verschiedene umweltrelevante Bereiche wie Abfallwirtschaft, Gewässerschutz und Lärmschutz. Einzelgesetze regeln u. a. die Luftreinhaltung (Clean Air Act), das Anlagenrecht, den Arbeitsschutz und das Atomrecht. **134**

In besonderer Weise für den Umweltschutz nutzbar gemacht werden kann in Großbritannien ein ausgedehntes System der **Landnutzungsplanung,**[241] das bauliche Vorhaben und erhebliche Änderungen der Landnutzung erfaßt. Der großräumige Landnutzungsplan wird vom Umweltministerium geprüft und gebilligt, wogegen die konkretisierenden örtlichen Pläne einer solchen Überprüfung dann in der Regel nicht mehr unterliegen. Mit dem Raumplanungsrecht relativ eng verzahnt ist das selbständig geregelte Naturschutzrecht (v. a. Wildlife and Countryside Act). **135**

Einen wichtigen Bereich des Umweltrechts im britischen Inselstaat bildet aus den dargelegten Gründen (Rn. 131) die Kontrolle der **Meeresverschmutzung.** Zwar entsprechen die britischen Regelungen weitgehend den (im Bereich der Meeresverschmutzung durch zahlreiche völkerrechtliche Abkommen festgelegten, s. o. Rn. 69) internationalen Standards. Deren Voll- **136**

---

[239] Vgl. *Hughes,* Environmental Law, London 1986, S. 26ff. m. w. N.
[240] Vgl. dazu *Hughes* (FN 239), S. 279ff.
[241] *Garner,* Practical Planning Law, London 1981; *Grant,* Urban Planning Law, London 1982; *ders.,* Planning Law Handbook, London 1981.

zug und insbesondere die Kontrolle der Meeresverunreinigungen bei Ölbohrungen weist derzeit jedoch noch Schwächen auf.[242]

137 Zusammenfassend läßt sich feststellen: Im Vergleich mit anderen hochentwickelten Industriestaaten gilt das britische Umweltrecht als teilweise lückenhaft und wenig systematisch.[243] Dies mag nicht zuletzt mit der geographischen und großklimatischen Lage Großbritanniens zusammenhängen, die dazu führt, daß das Land weitaus weniger Schadstoffe „importiert" als es zu Lasten vor allem der übrigen Nordseeanrainerstaaten durch Schadstofferntransporte (Luft- und Gewässerverunreinigung) „exportiert". Ein ausgeprägtes Umweltbewußtsein oder eine kraftvolle Umweltschutzbewegung ist unter diesen Umständen bislang nicht aufgekommen. Die Erfolge Großbritanniens bei seiner wirtschaftlichen Modernisierung geben jedoch zu der Hoffnung Anlaß, daß es seine oft kritisierte Rolle als einer der „Umweltschutzbremser" in der EG aufgeben wird. Bereits jetzt dürfen punktuelle Erfolge der britischen Umweltpolitik – etwa bei der frühzeitigen Smog-Bekämpfung – nicht übersehen werden.

ee) Niederlande und Belgien

α) Niederlande

138 Die Niederlande gehören mit Dänemark und der Bundesrepublik Deutschland zu den umweltpolitisch engagiertesten Mitgliedstaaten der EG. Dementsprechend zeichnet sich das niederländische Umweltrecht durch besondere Fortschrittlichkeit aus.

Die **Verfassung** der Niederlande enthält seit 1983 in Art. 21 die (wenn auch nicht justitiable) Bestimmung: „Die Sorge der Hoheitsorgane gilt der Bewohnbarkeit des Landes und dem Schutz und der Verbesserung der Lebensumwelt". Auf einfachgesetzlicher Ebene besteht neben zahlreichen Spezialgesetzen seit 1979 ein **Umweltschutzrahmengesetz** (Wet Algemene Bepalingen Milieuhygiene, WABM), das die Grundlagen für einheitliche Verwaltungsverfahren einschließlich der Bürgerbeteiligung und des Rechtsschutzes sowie für die (seit 1986 auch spezialgesetzlich geregelte) Umweltverträglichkeitsprüfung (Milieueffectrapportage) enthält. Seine Bestimmungen gelten jedoch nur insoweit, als sie in den umweltrechtlichen **Einzelgesetzen** (z. B. Gesetz über Umweltbelästigung, Gesetz über Luftverunreinigung, Lärmschutzgesetz, Kernenergiegesetz, Gesetz über die Verunreinigung von Oberflächenwasser, Grundwassergesetz, Gesetz über Meeresverunreinigung, Abfallgesetz, Gesetz über chemische Abfallstoffe, Gesetz über umweltgefährliche Stoffe, Bodenschutzgesetz) für anwendbar erklärt werden. Dies ist weitgehend geschehen. Ein stärkerer Entwicklungsbedarf scheint dagegen auf der Ebene der technischen Normsetzung zu bestehen.[244]

Neben planungs- und ordnungsrechtlichen **Instrumenten** spielen in den Niederlanden *Umweltabgaben* (z. B. Abwasserabgabe, Luftverunreinigungsabgabe) eine größere Rolle (vgl. allgemein § 4 Rn. 177ff.). Weitere wesentliche Merkmale des niederländischen Umweltrechts sind eine großzügige *Öffentlichkeitsbeteiligung* an Planungs- und Genehmigungsverfahren und Klagemöglichkeiten, die auch den einflußreichen Umweltschutzverbänden offenstehen. An der Spitze der Umweltschutzverwaltung steht seit einigen Jahren ein (allerdings nicht reinblütiges) *Umweltministerium.*

β) Belgien

139 Das belgische Umweltrecht ist derzeit in einem, vor allem durch die **Föderalisierung** des Staates bedingten Wandlungsprozeß begriffen: In Belgien wurden (auch) die umweltrechtlichen Zuständigkeiten durch mehrere Verfassungsänderungen seit 1970, zuletzt 1988, in wesentlichen Teilen von der nationalen Ebene auf die Regionen Flandern, Wallonien und Brüssel übertragen. Deshalb existieren neben den nationalen Umweltgesetzen und Verordnungen nunmehr auch regionale Umweltvorschriften, wobei teilweise die Regelungen aus der Zeit vor der Verfas-

---

242 *Forster,* Artikel „Vereinigtes Königreich von Großbritannien und Nordirland", in: Kimminich/v. Lersner/Storm (Hg.), Handwörterbuch des Umweltrechts (HdUR), Bd. II, 1988, Sp. 1010ff., 1014.

243 *Hughes* (FN 239), S. 96f.; *Hawkins,* Environment and Enforcement, Oxford 1984, insbes. Kap. 10.

244 I. d. S. *Meiners,* Artikel „Niederlande", in: Kimminich/v. Lersner/Storm (Hg.), Handwörterbuch des Umweltrechts (HdUR), Bd. II, 1988, Sp. 55ff., 60f.

sungsänderung nur so lange gültig bleiben, wie sie nicht durch regionale Vorschriften ersetzt werden. Das belgische Umweltrecht befindet sich daher zur Zeit in einem Umbruch, der längerfristig gültige Aussagen erschwert.

Die belgische **Umweltgesetzgebung** konzentriert sich bislang auf die klassischen Umweltschutzmaterien (Gesetz zur Bekämpfung der Luftverunreinigung, Lärmschutzgesetz, Gesetz zum Schutz der Bevölkerung gegen ionisierende Strahlen, Gesetz über Städtebau und Bodennutzung, Naturschutzgesetz, Gesetz zum Schutz der Oberflächengewässer, Grundwasserschutzgesetz, verschiedene spezielle Gefahrstoffgesetze und -verordnungen). Daneben spielt v. a. im Immissionsschutz speziell bei gefährlichen „schmutzigen" oder schädlichen Anlagen die gewerberechtlich geprägte Anlagenverordnung von 1946 eine Rolle, die im flämischen Landesteil 1985 durch ein Regionalgesetz über die sog. „Umwelterlaubnis" ersetzt wurde.[245] Lückenhaft geregelt ist bislang insbesondere das Abfallrecht, wobei gefährliche Abfälle den Gegenstand einer eigenen gesetzlichen Regelung bilden. Unterhalb der Gesetzesebene konkretisieren königliche Erlasse das Umweltrecht (z. B. hinsichtlich des Lärmschutzes, der Luftverunreinigung durch Kraftfahrzeuge, der Verwendung von Brennstoffen, des Strahlenschutzes usw.). Insgesamt gilt das belgische Umweltrecht und insbesondere auch der Umweltrechtsvollzug als verbesserungsbedürftig. Indizien für Umweltschutzdefizite sind beispielsweise die zahlreichen Beanstandungen eines mangelhaften EG-Richtlinienvollzuges durch den EuGH[246] sowie das mehrfache, z. T. rechtswidrige Verbringen von gefährlichen Abfällen nach Belgien zur Ablagerung. Zudem besteht die Gefahr einer sich öffnenden „Umweltschutzschere" zwischen dem ärmeren, industriell älteren wallonischen und dem stärker prosperierenden flämischen Landesteil.

ff) Frankreich

In dem weniger dicht besiedelten Industrie- und Agrarstaat Frankreich stellen sich die Umweltprobleme teilweise (insbesondere außerhalb der Agglomerationen) nicht so ausgeprägt (dar) wie in der Bundesrepublik Deutschland. Dies mag dazu beitragen, daß der Umweltschutz im Bewußtsein der französischen Öffentlichkeit eine geringere Rolle spielt als bei uns bzw. – aus französischer Sicht – „nüchterner" betrachtet wird. Ungeachtet dieser unterschiedlichen Einstellungen steht die französische Umweltgesetzgebung – wie auch die wissenschaftliche Behandlung des Umweltrechts[247] – auf einem hohen Niveau. Die Verankerung des Umweltschutzes in der französischen Verfassung und eine Kodifikation des historisch gewachsenen Umweltrechts werden diskutiert.[248] **140**

Organisatorisch stark differenziert (trotz des zentralstaatlichen Verwaltungsmodells) ist die 1983 gesetzlich neu geordnete französische **Umweltschutzverwaltung.**[249] Unterhalb der Verwaltungsspitze, dem seit 1978 mit Unterbrechungen bestehenden *Umweltministerium* (Ministère de l'environnement),[250] teilen sich in die Umweltschutzaufgaben zahlreiche interministerielle Organe, dem Umweltministerium nachgeordnete zentrale oder regionale Fachbehörden, selbständige Verwaltungsträger (z. B. Wasserverbände), Départements, Kommunen sowie – infolge des von der französischen Regierung seit einigen Jahren verfolgten Dezentralisierungsprogrammes – die Regionen. Einer wechselseitigen Abstimmung kommt unter diesen Umständen große Bedeutung zu. Im Rahmen der sog. *konsultativen Verwaltung* (administration consultative territoriale), einer Ausprägung des auch in Frankreich anerkannten Kooperationsprinzips (vgl. **141**

---

[245] Vgl. *Boes,* Artikel „Belgien", in: Kimminich/v. Lersner/Storm (Hg.), Handwörterbuch des Umweltrechts (HdUR), Bd. I, 1986, Sp. 196ff., 199.

[246] Vgl. zuletzt etwa Rechtssachen 227–230/85 – Kommission der Europäischen Gemeinschaften/Königreich Belgien v. 14. 1. 1988 (fehlende Umsetzung der Ratsrichtlinien 78/176 v. 20. 2. 1978 über Abfälle aus der Titandioxid-Produktion, 75/442 v. 15. 7. 1975 über Abfälle, 75/439 v. 16. 6. 1975 über die Altölbeseitigung und 76/403 v. 6. 4. 1976 über die Beseitigung polychlorierter Biphenyle und Terphenyle), s. dazu Tätigkeiten des Gerichtshofes der Europäischen Gemeinschaften Nr. 1/88, S. 1f.

[247] Vgl. zur Etablierung des Umweltrechts als wissenschaftliche Disziplin *Prieur,* Droit de l'environnement, Paris 1984, S. 14ff.

[248] Vgl. *P. Kromarek,* Artikel „Frankreich", in: Kimminich/v. Lersner/Storm (Hg.), Handwörterbuch des Umweltrechts (HdUR), Bd. I, 1986, Sp. 587ff., 587; *Prieur* (FN 247), S. 16f.

[249] Vgl. *Le Prestre,* IRAS 1981, 42ff., und *Prieur* (FN 247), S. 197ff.

[250] Vgl. zur Entwicklung im einzelnen *Prieur* (FN 247), S. 237ff.

allgemein § 3 Rn. 44ff.), werden Umweltprobleme in gemischten, insbesondere mit Behörden- und Verbandsvertretern besetzten Gremien behandelt.[251] Darüber hinaus kennt das französische Recht verschiedene Formen der **Bürgerbeteiligung** an Genehmigungsverfahren – z. B. durch das Anhörungsverfahren der *enquête publique* bei Großvorhaben,[252] gesetzlich vorgeschriebene Informationspflichten und Akteneinsichtsrechte, durch Einschaltung von Schiedsstellen oder im Rahmen der in Frankreich sogar noch vor der EG-Richtlinie (vgl. § 4 Rn. 83ff.) eingeführten *Umweltverträglichkeitsprüfung* (étude/notice d'impact) – sowie gerichtlichen **Rechtsschutz,** der vor den Zivil- und Verwaltungsgerichten (auch von Verbänden) in Anspruch genommen werden kann.[253]

142 Von den französischen **Umweltgesetzen** sind als zentrale Regelungen folgende hervorzuheben:

Der Bereich des Immissionsschutzrechts wird in Frankreich im wesentlichen durch zwei Gesetze abgedeckt, das – letztlich auf napoleonische Anlagensicherheitsbestimmungen zurückgehende – **„Gesetz über klassifizierte Anlagen"** (loi relative aux installations classées pour la protection de l'environnement) von 1976 einerseits und das Rahmencharakter aufweisende **„Gesetz betreffend die Bekämpfung von Luftverschmutzungen"** (loi cadre relative à la lutte contre les pollutions atmosphériques et les odeurs) von 1961 andererseits. Einschlägige Bestimmungen für die Ansiedlung von umweltbelastenden Anlagen enthält auch das Städtebaugesetz (code de l'urbanisme). Wesentliche Konkretisierungen (z. B. Emissionsbegrenzungen) sind in untergesetzlichen Normen (arrêtés interministériels) enthalten. Bislang nicht zustande gekommen ist ein allgemeines Lärmschutzgesetz (vgl. zum ähnlichen Mißerfolg in Sachen „Verkehrslärmschutzgesetz" in der Bundesrepublik Deutschland § 1 Rn. 38), jedoch werden vielfach spezielle untergesetzliche Vorschriften herangezogen.[254] Keine selbständige gesetzliche Regelung hat schließlich das – in Frankreich kaum kontroverse – *Strahlenschutzrecht* erfahren. Es wird, sieht man einmal von dem Nuklearhaftungsgesetz ab, lediglich durch einen Artikel innerhalb des Luftreinhaltungsgesetzes und im übrigen durch Verordnungen und Erlasse geregelt. Das weitgehende Fehlen nuklearspezifischer Gesetzgebung kontrastiert jedenfalls (scheinbar) mit der realen zivilen Kernkraftnutzung in Frankreich. Durch das neue Gesetz vom 22. 7. 1987 betreffend die Organisation des Katastrophenschutzes, die Bekämpfung von Waldbränden und die Vorsorge gegenüber bedeutenden technischen Risiken (loi relative à l'organisation de la sécurité civile, à la protection de la forêt contre l'incendie et à la prévention des risques majeurs), das querschnittartig Umweltgefahren unterschiedlicher Provenienz erfaßt, werden allerdings auch die Risiken der Kernenergie einer partiellen gesetzlichen Regelung unterworfen.

Eine umfassende Regelung des Naturschutzes, insbesondere auch des Arten-, Flächen- und Biotopschutzes, enthält das **Naturschutzgesetz** (loi relative à la protection de la nature) von 1976. Es wird ergänzt u. a. durch das Forstrecht und besondere Programme zum Schutz von Küsten, Gebirgsregionen und Feuchtgebieten. Dagegen fehlt es auch in Frankreich an speziellen Regelungen des Bodenschutzes (vgl. allgemein § 14 Rn. 1ff.).

Der Gewässerschutz findet seine wesentliche Grundlage im **„Gesetz über Wasserhaushalt, Wasserverteilung und Bekämpfung der Wasserverschmutzung"** (loi relative au régime et à la répartition des eaux et à la lutte contre la pollution) von 1964. Für die großen Flußsysteme bestehen *Wasserverbände,* die auch Abgaben erheben. Eine eigene partielle gesetzliche Regelung hat der *Meeresumweltschutz* erfahren (loi relative aux opérations d'immersion et à la lutte contre la pollution marine accidentelle, 1976).

Das französische Abfallrecht hat bereits durch das **„Gesetz betreffend die Abfallbeseitigung und die Wiederverwertung von Stoffen"** (loi relative à l'élimination des déchets et à la récupération des matériaux) von 1975 einen abfallwirtschaftlichen Akzent erhalten. Hingegen fehlt es weitgehend an Spezialvorschriften für gefährliche Abfälle.[255]

Die zentrale Regelung des Gefahrstoffrechts bildet das **Chemikaliengesetz** (loi sur le contrôle des produits chimiques) von 1977, das 1982 der Sechsten Änderungsrichtlinie der EG (s. § 13

[251] Vgl. *Prieur* (FN 247), S. 320ff.
[252] Vgl. *Prieur* (FN 247), S. 150ff.
[253] Vgl. *Woehrling,* Verwaltungsgerichtlicher Rechtsschutz in Frankreich auf dem Gebiet des Umweltrechts, 1986, und *P. Kromarek* (FN 248), Sp. 590f.
[254] Vgl. *Prieur* (FN 247), S. 673ff.
[255] Vgl. *Prieur* (FN 247), S. 700ff.

Rn. 14) angepaßt wurde und von daher erhebliche Gemeinsamkeiten auch mit unserem Chemikaliengesetz (vgl. § 13 Rn. 14ff.) aufweist. Wie dieses verzichtet es auf ein Zulassungsverfahren und enthält dafür Regelungen über die Einstufung, Kennzeichnung und Verpackung gefährlicher Stoffe. Eine bedeutende Rolle spielen daneben – auch dies eine Parallele – spezielle Gefahrstoffgesetze (z. B. Pflanzenschutzgesetz, Düngemittelgesetz, Lebensmittelzusätzegesetz).

Insgesamt verwendet die französische Umweltgesetzgebung eine Kombination insbesondere planerischer, ordnungsrechtlicher und abgabenrechtlicher **Instrumente,** wobei die zahlreichen am Verursacherprinzip (principe pollueur-payeur, vgl. allgemein § 3 Rn. 27ff.) ausgerichteten *Umweltabgaben* (u. a. Abwasserabgabe, Altölabgabe, Anlagenüberwachungsabgabe, Grünflächenabgabe, Fluglärmabgabe, Luftreinhalteabgabe)[256] allerdings eher eine Finanzierungsfunktion denn eine effektive Lenkungsfunktion zu erfüllen scheinen (vgl. allgemein § 4 Rn. 178). Besonderes Gewicht mißt das französische Umweltrecht der Einrichtung von Schutzzonen um umweltgefährliche Anlagen bei, einem Instrument des passiven Umweltschutzes (s. § 3 Rn. 7). Eine eigenständige Rolle als Umweltschutzinstrument spielen in Frankreich öffentlich-rechtliche Dienstbarkeiten (servitudes d'utilité publique), die in dieser Form im bundesdeutschen Umweltrecht weitgehend unbekannt sind (vgl. jedoch zu entsprechenden Ansätzen § 4 Rn. 296). Die weitere Entwicklung des Umweltrechts in Frankreich wird ähnlich wie in der Bundesrepublik Deutschland davon abhängen, inwieweit Gesetzgebungslücken, systematische Schwächen und Vollzugsdefizite nach einer Phase relativer Stagnation[257] überwunden werden können. 143

gg) Italien

Mit einer gewissen Verspätung hat Italien, das in seinem industrialisierten Norden mit vergleichbaren Umweltproblemen wie die Bundesrepublik Deutschland kämpft, im übrigen aber auch die typischen Umweltprobleme eines Mittelmeeranrainers kennt (Meeresverschmutzung, Bodenerosion usw.), eine moderne Umweltschutzgesetzgebung begonnen. Auch in Italien ist der Umweltschutz nicht ausdrücklich in der Verfassung erwähnt. Der Schwerpunkt der **umweltrechtlichen Kompetenzen** liegt bei der Zentralregierung, den Regionen bleiben im wesentlichen Ausführungsregelungen vorbehalten. Jedoch beschränken sich die zentralen Umweltschutzgesetze oft auf Rahmenregelungen, die der Ausfüllung und Konkretisierung durch regionale Vorschriften oder Erlasse bedürfen. Ein eigenständiges **Umweltministerium** (Ministero dell'Ecologia) besteht seit 1984. In Anbetracht der zunächst fragmentarischen Regelung des Umweltrechts haben die Gerichte oft allgemeine zivilrechtliche und strafrechtliche Mittel auch zugunsten des Umweltschutzes eingesetzt.[258] 144

Die italienische **Umweltgesetzgebung** ist auf mehrere sektorale Umweltschutzgesetze verteilt: 145

Umfassend ist inzwischen insbesondere der *Meeresschutz* geregelt, was wesentlich auch auf die Beteiligung Italiens an den einschlägigen internationalen Abkommen, seine Halbinsellage und die Bedeutung des Tourismus zurückzuführen ist. *Süßwasser* wird durch ein komplexes Regelsystem von mehreren Gesetzen zur Verhütung, Verringerung und Überwachung der Gewässerverunreinigung geschützt. Insbesondere wurden Genehmigungserfordernisse für das Einleiten von Abwasser aufgestellt.

Die verschiedenen nationalen Gesetze bezüglich der größten *Luftverschmutzungsquellen* Heizungsanlagen, industrielle Anlagen und Kraftfahrzeuge gelten bislang nur in bestimmten Gebieten, die der Gesundheitsminister festlegt.

Engermaschig ist demgegenüber die *Abfallentsorgung* geregelt. Die verschiedenen Abfallarten (giftiger Abfall, Hausmüll) unterliegen getrennter Behandlung. Im Rahmen der notwendigen Genehmigungserteilung für Deponien werden detaillierte technische Regelungen herangezogen. Auffallend sind strenge Strafvorschriften gerade im Zusammenhang mit abfallrechtlichen

---

[256] Vgl. *Prieur* (FN 247), S. 174ff.

[257] Vgl. zu dieser Beurteilung *Prieur* (FN 247), S. 1092.

[258] Vgl. *Guttieres/Ruffolo,* The Law and Practice Relating to Pollution Control in the Member States of the European Communities: Italy, 2. Aufl., London 1982, S. 12ff.

Bestimmungen. Mit dem Ziel der Abfallvermeidung wird seit Anfang 1989 eine Abgabe auf Plastiktaschen erhoben.

Naturschutz ist primär Gegenstand der regionalen Gesetzgebung. Hier sind objekt- und flächenbezogene Schutzmaßnahmen und Eingriffsverbote als Instrumente zu nennen.

Insgesamt scheint das italienische Umweltrecht im Aufbruch begriffen und zumindest in Teilbereichen (insbesondere Meeresumweltschutz) durch energische Maßnahmen (z. B. Verbot phosphathaltiger Waschmittel) den Anschluß an fortschrittliche Umweltrechtsordnungen zu suchen. Energiepolitisch zeichnet sich – im Unterschied etwa zu Frankreich – ein Verzicht auf den weiteren Ausbau der Kernenergie ab.

hh) Spanien und Portugal

α) Spanien

146 In Spanien hat der Beitritt des Landes zu den Europäischen Gemeinschaften neue Impulse für die Weiterentwicklung auch des Umweltrechts ausgelöst. Als an den Gesetzgeber gerichtete, nicht unmittelbar einklagbare Staatszielbestimmung enthält die spanische **Verfassung** von 1978 in Art. 45.1 ein „Recht" für jedermann auf den Genuß einer zur Entfaltung seiner Persönlichkeit geeigneten Umwelt.[259]

Die umweltrelevanten *Gesetzgebungszuständigkeiten* stehen in Spanien dem Zentralstaat für die Basisregelungen zu, während die übrige Gesetzgebung den Autonomen Gemeinschaften, d. h. den in den letzten Jahren neu geschaffenen Selbstverwaltungskörperschaften der Regionen,[260] verbleibt. In der *Umweltverwaltung* liegt der Schwerpunkt ebenfalls bei den Autonomen Gemeinschaften. Zentral wird die Umweltverwaltung von einer interministeriellen Kommission koordiniert. Die mit dem Beitritt Spaniens zu den Europäischen Gemeinschaften notwendig gewordenen Anpassungen des Umweltrechts an das EG-Recht wurde dadurch vereinfacht, daß der Regierung durch Gesetz ermöglicht wurde, Gemeinschaftsrecht mit Gesetzesrang in Kraft zu setzen. Das Bemühen um eine schnelle Anpassung an gemeinschaftsrechtliche Umweltschutzstandards zeigt sich auch darin, daß Spanien die UVP-Richtlinie der EG (vgl. § 4 Rn. 83ff.) bereits 1986 durch ein Gesetz über die Umweltverträglichkeitsprüfung umgesetzt hat.

Aus dem *materiellen Umweltrecht* ist insbesondere das neue spanische Wasserrecht bemerkenswert, das sämtliche Gewässer einschließlich des Grundwassers sowie die Küstenzone und Strände in öffentliches Eigentum überführt und einer spezifischen Nutzungsordnung unterwirft, die auch umweltschützende Regelungen vorsieht. Haftungsrechtliche Regelungen basieren weitgehend noch auf dem allgemeinen Zivilrecht, in dem sich mittlerweile durch Rechtsprechung und Schrifttum entwickelte Ansätze einer Abwendung von der Verschuldenshaftung hin zu einer Verursacherhaftung finden. In Einzelbereichen (Bodenrecht) werden Popularklagen zugelassen.

β) Portugal

147 Mit Spanien vergleichbar, insbesondere hinsichtlich des Einflusses der EG-Mitgliedschaft, ist die neuere Entwicklung des Umweltrechts in Portugal. Zwar enthält die **Verfassung** Portugals in Artikel 66 schon seit 1976 eine als Staatszielbestimmung interpretierbare Aussage zum Umweltschutz,[261] eine *Umweltgesetzgebung i. e. S.* besteht aber erst seit der Verabschiedung des portugiesischen Umweltgesetzes „Lei de Base do Ambiente" im Jahre 1987. Es deckt die Bereiche Luft, Wasser, chemische Abfälle und besondere Risiken der industriellen Verschmutzung ab. Die relative Armut des Landes und das damit einhergehend wenig ausgeprägte Umweltbewußtsein dürften einen effektiven Umweltrechtsvollzug allerdings derzeit noch erschweren.

jj) Nordische Staaten, insbesondere Schweden und Dänemark

148 Eine allgemein bemerkenswert fortschrittliche Umweltpolitik betreiben die – als eigenständiger **nordischer Rechtskreis** zu betrachtenden – nordischen Staaten Dänemark, Norwegen,

---

[259] Vgl. etwa *Krämer,* EuGRZ 1988, 285ff., 286f.
[260] Vgl. *Montoro Chiner,* DÖV 1987, 85ff.
[261] Vgl. *Martins,* UPR 1987, 133ff., 136ff.

Schweden und Finnland, die zudem eine (insbesondere mit der *Nordischen Umweltschutzkonvention* von 1974, s. o. Rn. 69, begründete) intensive zwischenstaatliche Zusammenarbeit beim Umweltschutz pflegen.

α) Schweden

Beachtliche Umweltprobleme verursachen in Schweden Luftverschmutzungen, die jedoch zu etwa 75% durch grenzüberschreitende Belastungen aus anderen Staaten herrühren. Schwerpunkte des schwedischen Umweltrechts[262] bilden das seit 1969 geltende medienübergreifend angelegte **Umweltschutzgesetz** und die Umweltschutzverordnung von 1981. Das Gesetz verbindet – in der Bundesrepublik Deutschland separat geregelte – Materien wie insbesondere das Immissionsschutzrecht mit Teilen des Gewässerschutzrechts und des Abfallrechts. Dabei stellt es auf von Grundstücken, Gebäuden oder Anlagen ausgehende Emissionen ab, für die es eine spezielle „Umweltgenehmigung" vorschreibt, die von einem Genehmigungsausschuß für Umweltschutz, in bedeutenden Angelegenheiten von der Regierung zu erteilen ist. Einer besonderen Regelung überlassen bleiben Umweltbeeinträchtigungen, die von Fahrzeugen, Schiffen oder Flugzeugen ausgehen. Daneben enthält das Gesetz v. a. Umwelthaftungs- und Strafvorschriften. Weitere Umweltschutzaufgaben sind in **Einzelgesetzen** und Verordnungen geregelt (u. a. Naturschutzgesetz mit Verordnungen, Wassergesetz, Gesetz und Verordnung über Maßnahmen gegen Gewässerverunreinigung durch Schiffe, Gesetz über das Verbot der Abfallbeseitigung auf See, Abfallgesetz, Verordnung über gefährliche Abfälle, Gesetz und Verordnung über chemische Stoffe und Erzeugnisse sowie das auch mit dem Bauplanungsrecht verbundene Gesetz über den haushälterischen Umgang mit Naturressourcen von 1987). Schließlich werden bestimmte Artikel der Nordischen Umweltschutzkonvention durch Gesetz schwedischen Gesetzen gleichgestellt. Neben planungs- und ordnungsrechtlichen Instrumenten spielen im schwedischen Umweltrecht auch Umweltabgaben und verwandte ökonomische Anreize (z. B. im Abfallrecht: Abgabe auf Getränkeverpackungen und sog. Verschrottungszertifikate für Altautos) eine gewisse Rolle. Die wichtigsten **administrativen Kompetenzen** im Umweltschutz sind auf der Ebene der Zentralregierung beim Ministerium für Umwelt und Energie, einem Umwelt-Beratungsausschuß und der zentralen Staatlichen Umweltschutzbehörde („Staatliches Naturschutzwerk", Statens Naturvardsverk) konzentriert. 149

β) Dänemark

Auch in Dänemark wird seit geraumer Zeit eine relativ fortschrittliche Umweltpolitik betrieben.[263] Bereits seit dem Jahre 1973 besitzt das Land ein allgemeines **Umweltschutzgesetz,** das insbesondere Umweltbelastungen durch verschiedenartige Emissionen erfaßt sowie administrative Fragen des Umweltschutzes regelt. Daneben bleiben wesentliche Einzelfragen der Regelung durch die Verwaltung in Form von sog. Richtlinien, Verwaltungsvorschriften und Empfehlungen vorbehalten. In weiteren Gesetzen geregelt sind u. a. das Wasserhaushaltsrecht, der Meeresumweltschutz und das Naturschutzrecht, wobei der in Dänemark wichtige Teilbereich des Dünenschutzes eine eigene gesetzliche Regelung erfahren hat. Schließlich soll mit Hilfe eines umfassenden Planungsrechtssystems u. a. auch Umweltbeeinträchtigungen frühzeitig vorgebeugt werden. 150

Organisatorisch werden die Aufgaben des Umweltschutzes auf der zentralen Ebene wahrgenommen vom **Umweltministerium** mit verschiedenen speziellen Direktoraten, zu denen eine Umweltagentur mit einem ausgebauten naturwissenschaftlichen, juristischen und politischen Stab zählt. Ein zentraler, pluralistisch zusammengesetzter Umweltbeschwerdeausschuß entscheidet über Beschwerden, welche gegen besonders bedeutsame umweltrechtliche Einzelfallentscheidungen gesetzlich zugelassen sind. Gesetzlich anerkannt ist auch die Verbandsbeteiligung.

---

262 Vgl. dazu insbes. *v. Heidenstam,* Artikel „Schweden", in: Kimminich/v. Lersner/Storm (Hg.), Handwörterbuch des Umweltrechts (HdUR), Bd. II, 1988, Sp. 313ff.

263 Vgl. zum dänischen Umweltrecht insbes. *v. Eyben,* Artikel „Dänemark", in: Kimminich/v. Lersner/Storm (Hg.), Handwörterbuch des Umweltrechts (HdUR), Bd. I, 1986, Sp. 309ff., und *dens.,* Miljøret, Kopenhagen 1980.

kk) Österreich und Schweiz

151 Die (vornehmlich) deutschsprachigen Länder Österreich und Schweiz eignen sich aus der Sicht der Bundesrepublik Deutschland für eine Umweltrechtsvergleichung in besonderer Weise, da die politischen, sozialen, ökonomischen und ökologischen Verhältnisse ähnlich sind, die Rechtssysteme auf z. T. gemeinsamen historischen Wurzeln beruhen und wegen der fehlenden Sprachbarriere ein ständiger und seit jeher sehr intensiver wissenschaftlicher Austausch gepflegt wird. Bedauerlicherweise gilt dies nicht für die DDR (Rn. 185ff.), die sich aufgrund ihrer politischen und wirtschaftlichen Struktur vom deutschsprachigen Rechtskreis weitgehend, wenn auch nicht durchgängig abgekoppelt hat und sich als Teil des sog. sozialistischen Lagers vorrangig am Vorbild der UdSSR (Rn. 180ff.) orientiert.

α) Österreich

152 In Österreich stellt sich neben den typischen Umweltproblemen eines hochentwickelten Industrielandes die spezifische Problematik der u. a. durch den intensiven (Ski-)Tourismus verursachten Landschafts- und Bodenbeeinträchtigungen des **alpinen Raumes.**[264] Der Schwerpunkt des österreichischen Umweltschutzes liegt allerdings im erstgenannten Bereich.

153 Der Umweltschutz hat als **Staatszielbestimmung**[265] sowohl in das Verfassungsrecht des Bundes als auch in die Verfassungen der Bundesländer Eingang gefunden. Im **Bundesverfassungsgesetz vom 27. November 1984 über den umfassenden Umweltschutz** heißt es: „Die Republik Österreich (Bund, Länder und Gemeinden) bekennt sich zum umfassenden Umweltschutz". Dieses sog. Sonderverfassungsgesetz steht im Range der Bundesverfassung gleich. Ähnliche, teilweise auch detailliertere Aussagen finden sich in den Verfassungsgesetzen der Länder (vgl. insbesondere Art. 7 Abs. 3 Vorarlberger Verfassung, Art. 7a Oberösterreichische Verfassung, Umwelt-Verfassungsgesetz des Landes Kärnten), die indes wie das Bundesverfassungsgesetz keine Umweltgrundrechte gewährleisten. Dafür formuliert § 1 Abs. 2 des Umwelt-Verfassungsgesetzes des Landes Kärnten die Grundpflicht: „Jedem Kärntner ist in Eigenverantwortung die Erhaltung der natürlichen Lebensgrundlagen seiner Heimat anvertraut".

154 Hinsichtlich der für einen Bundesstaat essentiellen Verteilung der **Gesetzgebungskompetenzen** begründet die Bundesverfassung erst seit 1983 eine ausdrückliche, wenn auch nur punktuelle Umweltschutzkompetenz des Bundes. Nach dem zutreffend als „Umweltalarmkompetenz"[266] charakterisierten Art. 10 Abs. I Z. 12 B-VG kann (allein) der Bund „Maßnahmen zur Abwehr von gefährlichen Belastungen der Umwelt, die durch Überschreitung von Immissionsgrenzwerten entstehen", ergreifen.[267] Auch in Österreich unterfällt daher der Umweltschutz nicht *einem* Kompetenztatbestand bzw. einer spezifischen Umweltkompetenz[268] (vgl. zur deutschen Verfassungslage § 2 Rn. 53ff.), sondern kann nur im Zusammenhang mit anderen im Kompetenzkatalog der Verfassung angeführten Sachmaterien i. S. einer „komplexen flexiblen Adhäsionsmaterie" geregelt werden.[269] Hieraus ergibt sich ein (nicht immer konfliktfreies)[270] Nebeneinander von Bundes- und Landesgesetzgebung zum Umweltschutz, wobei ein Kompetenzübergewicht des Bundes besteht (insbesondere Gewerberecht, Luftfahrtrecht, Straßenrecht, Kraftfahrzeugrecht, Strahlenschutzrecht, Forstrecht).

155 Die bundesstaatliche Kompetenzverteilung prägt auch die **Umweltschutzverwaltung,** deren starke „Parzellierung" beklagt wird.[271] Wie in der Bundesrepublik Deutschland besteht indes

[264] Vgl. die Reihe „Alpine Umweltprobleme" innerhalb der Beiträge zur Umweltgestaltung im Erich Schmidt Verlag, Berlin (6 Bde. seit 1977).

[265] Vgl. etwa *Marko,* ÖJZ 1986, 289ff.; enger *Raschauer,* Umweltschutzrecht, Wien 1986, S. 13 („eher ...verfassungsrechtliches Glaubensbekenntnis ... als verpflichtende Norm"); zur vorangegangenen Diskussion *Duschanek,* FS Wenger, Wien 1983, S. 279ff., und *Wenger,* VVDStRL 38 (1980), S. 318ff., 322.

[266] *Stolzlechner,* UPR 1987, 161ff., 162.

[267] Die Inanspruchnahme dieser Kompetenz setzt jedoch gemäß Art. 2 der Verfassungsnovelle den Abschluß einer Vereinbarung zwischen dem Bund und den Ländern über Smogalarmschwellen voraus.

[268] Zu entsprechenden, jedoch gescheiterten Bemühungen *Wenger* (FN 265), S. 322.

[269] Vgl. *Wenger* (FN 265), S. 320.

[270] Vgl. die Beispiele bei *Raschauer* (FN 265), S. 209, 216, und *Schwarzer,* Österreichisches Luftreinhaltungsrecht, Wien 1987, S. 213; vertiefend zur kompetenzrechtlichen Problematik *Rill,* ZfV 1984, 225ff.

[271] *Raschauer* (FN 265), S. 15.

auf Bundesebene eine (für Teile der Umweltverwaltung gemeinsame) Verwaltungsspitze in Gestalt des **Bundesministeriums für Umwelt, Jugend und Familie** (BMUJF, vormals: Gesundheit und Umweltschutz).[272] Nach wie vor nehmen jedoch auch andere Ressorts (z. B. Bundesminister für wirtschaftliche Angelegenheiten, vormals: Handel, Gewerbe und Industrie, Bundesminister für Öffentliche Wirtschaft und Verkehr, Bundesminister für Land- und Forstwirtschaft) wichtige Umweltschutzaufgaben wahr. Dem Umweltministerium ist das **Umweltbundesamt** zugeordnet, das vor allem technische und wissenschaftliche Fachaufgaben (insbesondere Umweltbeobachtung und Umweltforschung, Messung, Auswertung, Dokumentation, Schulung) erfüllt, jedoch über keine Vollzugskompetenzen verfügt. Demgegenüber handelt es sich bei den auf Landesebene eingerichteten **Umweltanwaltschaften** um besondere weisungsfreie Organe, die in umweltbezogenen Verwaltungsverfahren die Interessen des Umweltschutzes als Verfahrenspartei vertreten und darüber hinaus Bürger im Verwaltungsverfahren beraten und unterstützen. Aus Kompetenzgründen gilt dies freilich nur für landesrechtliche Verfahren. Die Umweltanwaltschaften sind nicht mit Strafverfolgungsbehörden zu verwechseln und auch kaum den Vertretern des öffentlichen Interesses im deutschen Verwaltungsprozeß (§§ 35–37 VwGO) vergleichbar, da sie im Unterschied zu jenen bereits in das Verwaltungsverfahren eingeschaltet sind und nicht allgemein das öffentliche Interesse vertreten, sondern mit der Wahrnehmung eines spezifischen öffentlichen Interesses betraut sind, was Konflikte mit anderen Behörden einschließt. Eher ist ein Vergleich zum Modell des *Ombudsman* zu ziehen.[273]

Im **gerichtlichen Rechtsschutz** bestehen zwischen Österreich und der Bundesrepublik Deutschland z. T. bemerkenswerte Parallelen, etwa in der Rechtsprechung zur Klagebefugnis von Nachbarn gegenüber umweltrelevanten Anlagen, die in beiden Ländern auf das Bestehen subjektiver öffentlicher Rechte rekurriert[274] (vgl. § 5 Rn. 13ff.).

Nur ein kleiner Teil der zahlreichen umweltschützenden Gesetzesregelungen sind ausdrücklich als **Umweltgesetze** ausgewiesen. Auf Bundesebene handelt es sich hierbei vor allem um das Bundesgesetz vom 20. 3. 1985 über die Umweltkontrolle und das Umweltfondsgesetz von 1983. Beide Gesetze verfolgen einen begrenzten Regelungszweck: Erklärtes Ziel des sog. **Umweltkontrollgesetzes** ist es, dem Vollzugsdefizit im Umweltschutz entgegenzuwirken. Daher beauftragt es das Umweltministerium bzw. das Umweltbundesamt, Zustand und Entwicklung der Umwelt (Wasser, Luft und Boden) sowie Umweltbelastungen zu überwachen und die Ergebnisse den zuständigen Behörden mitzuteilen bzw. auch der Öffentlichkeit zugänglich zu machen. Da dem Umweltministerium bzw. UBA insoweit keine spezifisch hoheitlichen Befugnisse eingeräumt werden, können beide weitere behördliche Maßnahmen lediglich anregen oder nötigenfalls strafrechtliche Sanktionen veranlassen. Demgegenüber fällt die eigentliche Anlagenüberwachung in die Zuständigkeit anderer Behörden. Aufgrund seines relativ engen Regelungsgegenstandes handelt es sich beim österreichischen Umweltkontrollgesetz keineswegs um ein allgemeines Umweltschutzgesetz oder Umweltgesetzbuch, wie es in der Schweiz existiert (s. Rn. 169) und auch bei uns erwogen wird (vgl. § 1 Rn. 39). 156

Das **Umweltfondsgesetz** regelt Finanzierungshilfen für private Umweltschutzmaßnahmen. Von den hierzulande diskutierten Fondsmodellen (vgl. § 4 Rn. 134, 185) unterscheidet es sich wesentlich durch die primäre Aufbringung aus Haushaltsmitteln – und nicht durch Verursacherabgaben; es akzentuiert damit die hervorgehobene Rolle des *Gemeinlastprinzips* (vgl. allgemein § 3 Rn. 39ff.) im österreichischen Umweltrecht.[275] Förderungsschwerpunkt ist derzeit die Altanlagensanierung. Das Umweltfondsgesetz verwirklicht also kein neuartiges umweltökonomisches Konzept, sondern entspricht einer in Österreich weit verbreiteten Form der Erfüllung öffentlicher Aufgaben durch selbständige, aus der allgemeinen öffentlichen Verwaltung ausgegliederte Verwaltungseinheiten, die in der Bundesrepublik Deutschland kaum eine unmittelbare Entsprechung finden.[276] Durch das Umwelt- und Wasserwirtschaftsfondsgesetz von 1987 ist der früher selbständige Wasserwirtschaftsfonds mit dem Umweltfonds zusammenge- 157

---

[272] Vgl. *Kopp,* JBl 1976, 247ff., 252ff.
[273] *Stolzlechner,* UPR 1987, 161ff., 169.
[274] Vgl. *Raschauer* (FN 265), S. 59ff. m. w. N.
[275] Vgl. *Glatz,* Wirtschaft und Gesellschaft 1980, 203ff., 208.
[276] Vgl. hierzu allgemein *Stolzlechner,* Öffentliche Fonds, Wien 1982.

legt worden. Auch im übrigen spielen Umweltabgaben (vgl. allgemein § 4 Rn. 177ff.) nur eine geringe Rolle (z. B. Düngemittelabgabe gemäß §§ 53aff. des Marktordnungsgesetzes). Steuerlich begünstigt wird – ähnlich wie in der Bundesrepublik (vgl. § 4 Rn. 183) – schadstoffarmer Kraftstoff.

158 Gegenstand mehrerer sehr unterschiedlicher gesetzlicher Regelungen ist im österreichischen Umweltrecht der **Immissionsschutz.** Die österreichische Gesetzgebung geht dabei sowohl gegenüber dem kompakten Regelungsmodell des Bundes-Immissionsschutzgesetzes (vgl. § 7 Rn. 19ff.) als auch im Vergleich zu anderen modernen Umweltgesetzgebungen, die eine getrennte Regelung von Luftreinhaltung, Lärm- und u. U. Geruchsschutz bevorzugen (vgl. nur USA – Rn. 107ff. – und Japan – Rn. 123ff.), eigene Wege. Dabei kreuzen sich traditionelle gewerberechtliche Vorschriften mit neueren Regelungen.

Die nach wie vor größte praktische Bedeutung kommt den Vorschriften der 1973 neugefaßten und zuletzt 1988 grundlegend novellierten *Gewerbeordnung* über gewerbliche Betriebsanlagen (§§ 74ff. GewO) zu. Derartige Anlagen unterliegen u. a. im Hinblick auf ihre nachteiligen Auswirkungen auf die Umgebung (insbesondere: Gefährdung des Lebens oder der Gesundheit der Nachbarn, Gefährdung des Eigentums oder sonstiger dinglicher Rechte der Nachbarn, Belästigung der Nachbarn durch Geruch, Lärm, Rauch, Staub, Erschütterungen oder in anderer Weise) einer Genehmigungspflicht. Die Zumutbarkeit von Belästigungen richtet sich gemäß § 77 Abs. 2 GewO danach, „wie sich die durch die Betriebsanlage verursachten Änderungen der tatsächlichen örtlichen Verhältnisse auf ein gesundes, normal empfindendes Kind und auf einen gesunden, normal empfindenden Erwachsenen auswirken". Eine entsprechende *gesetzliche* Konkretisierung des Zumutbarkeitsmaßstabes, die allerdings auch strenger ausfallen könnte (z. B. durch Einbeziehung von Kranken), fehlt im bundesdeutschen Umweltrecht. Nach dem gleichfalls neuen § 77 Abs. 3 GewO hat die Behörde Emissionen von Luftschadstoffen „jedenfalls nach dem Stand der Technik zu begrenzen". Bemerkenswert ist auch die Regelung des § 78 Abs. 2 GewO, die von dem bisher einheitlich konzipierten Genehmigungsbescheid unter bestimmten Umständen eine gesonderte Betriebsbewilligung abtrennt, ferner Sonderregelungen für Probebetrieb und Befristungsmöglichkeiten vorsieht. Das österreichische Anlagengenehmigungsrecht bewegt sich damit auf das Modell einer fortlaufenden Verwaltungskontrolle umweltgefährlicher Anlagen zu, wie es ansatzweise auch im Bundes-Immissionsschutzgesetz verwirklicht ist (vgl. allgemein § 4 Rn. 101). Dabei richtet sich das Genehmigungsverfahren im wesentlichen nach den Bestimmungen des Allgemeinen Verwaltungsverfahrensgesetzes. Die „partizipativen" Elemente des österreichischen Verwaltungsverfahrens[277] werden jedoch noch durch besondere Verfahrensbestimmungen (§§ 353ff. GewO) für das mehrpolig konzipierte Betriebsanlagengenehmigungsverfahren verstärkt (Einwendungsverfahren, vgl. allgemein § 4 Rn. 64ff.). Nach der Gewerbeordnung richtet sich teilweise auch die Sanierung von Altanlagen (§ 79a GewO). Die in der Gewerbeordnung allgemein postulierten Standards werden inzwischen z. T. durch Emissionsgrenzwerteverordnungen konkretisiert.

Das *Bundesgesetz vom 23. 6. 1988 zur Begrenzung der von Dampfkesselanlagen ausgehenden Luftverunreinigungen (Luftreinhaltegesetz für Kesselanlagen – LRG-K)* hat das frühere Dampfkesselemissionsgesetz[278] von 1980 abgelöst. Im Verhältnis zur Gewerbeordnung handelt es sich um eine nicht-verdrängende Spezialregelung (vgl. § 6 LRG-K). Das Gesetz enthält Vorschriften u. a. über die Genehmigung von Dampfkesselanlagen (§ 4 LRG-K), nachträgliche Anordnungen (§ 5 LRG-K) und Überwachung (§ 7 LRG-K), Übergangsbestimmungen für Altanlagen (§ 11 LRG-K), die als Kernstück des neuen Gesetzes eingeschätzte Sanierungsregelung (§ 12 LRG-K) sowie Strafbestimmungen (§ 15 LRG-K). Aus Gründen der Rechtssicherheit wurden die für die Anlagensanierung maßgeblichen Grenzwerte wie auch das Verfahren ihrer Ermittlung im Gesetz selbst geregelt (Anlagen 1 und 2 zu § 12).

Das Genehmigungsverfahren ist auch hier bei größeren Anlagen als Einwendungsverfahren ausgestaltet (sog. Ediktalverfahren),[279] im übrigen ermöglicht das Gesetz jedoch ein vereinfach-

---

[277] Vgl. *Pauger,* FS 200 J. Rechtswissenschaftliche Fakultät der Universität Graz, Graz 1979, S. 969ff., und *Raschauer* (FN 265), S. 95.

[278] Vgl. zu den hinter dieser Begrenzung stehenden kompetenzrechtlichen Erwägungen *Raschauer* (FN 265), S. 223f.

[279] Dieser Begriff nimmt auf das Erfordernis einer öffentlichen Bekanntmachung („Edikt") Bezug.

tes Genehmigungsverfahren bei untergeordneten Vorhaben (vgl. zu parallelen Regelungen im bundesdeutschen Recht § 4 Rn. 57ff.).

Eine dritte Säule des österreichischen Immissionsschutzrechts bildet das *Forstgesetz* von 1975. Im Unterschied zum Bundeswaldgesetz (s. § 10 Rn. 104ff.) beschränkt sich das österreichische Gesetz nicht auf den Schutz der Wälder vor direkten Eingriffen (Rodungs- und Umwandlungsverbote usw.), sondern trifft Vorkehrungen auch gegen *„forstschädliche Luftverunreinigungen":* Nach Maßgabe der §§ 47ff. ForstG bedürfen Anlagen, die durch Emission von Schadstoffen in die Luft Waldkulturen gefährden können, einer Bewilligung. (Das Bewilligungserfordernis entfällt allerdings, u. a. wenn die Anlage bereits der Genehmigungspflicht nach der Gewerbeordnung oder dem Luftreinhaltegesetz für Kesselanlagen unterliegt). Die zunächst wenig effektiv gewordene Regelung wird vor dem Hintergrund des Waldsterbens inzwischen stärker beachtet, insbesondere seit ihrer Konkretisierung durch die *Zweite Verordnung gegen forstschädliche Luftverunreinigungen* von 1984.[280] Ferner enthält das Forstgesetz *Schadensersatzbestimmungen* (§§ 53, 54), die den bei Luftverunreinigungen auftretenden Schwierigkeiten eines Kausalnachweises (vgl. allgemein § 4 Rn. 317ff.) zum Teil durch besondere Beweislastregeln Rechnung tragen.

Auf den ersten Blick leicht in ihrer Bedeutung zu überschätzen sind demgegenüber die *Luftreinhaltegesetze der Länder.*[281] Entgegen dem durch Grundsatznormen in den Gesetzen oftmals genährten anfänglichen Eindruck handelt es sich um keine umfassenden Regelungen zur Luftreinhaltung, ihr Regelungsgehalt konzentriert sich vielmehr in erster Linie auf die bundesgesetzlich nicht normierten Bereiche der Luftverunreinigung durch Hausbrand sowie des immissionsbezogenen Gebietsschutzes (z. B. durch Erlaß von *Immissions*grenzwerten und Smogalarmregelungen, soweit letzteren nicht die Umweltalarmkompetenz des Bundes – s. o. Rn. 154 – entgegensteht). Weitere immissionsschutzrechtliche Regelungen finden sich u. a. im Baurecht (raumbezogener Immissionsschutz), im Kraftfahr- und Verkehrsrecht.

Die Regelungsvielfalt insbesondere im Anlagenrecht (außer den oben genannten Rechtsvorschriften sind u. U. auch Bestimmungen z. B. des Bergrechts, Elektrizitätsrechts oder Abfallrechts einschlägig) begründet die Gefahr von Mehrfachregelungen und wirft diffizile *Konkurrenzprobleme* auf[282] (vgl. allgemein § 4 Rn. 54ff.). Eine begrenzte Rolle spielen daneben auch zivilrechtliche Abwehransprüche (§§ 364, 364a ABGB).[283]

Das **Strahlenschutzrecht** ist seit 1969 durch das Bundesgesetz über Maßnahmen zum Schutz 159
des Lebens oder der Gesundheit von Menschen einschließlich ihrer Nachkommenschaft vor Schäden durch ionisierende Strahlen *(Strahlenschutzgesetz)* geregelt. Nachdem Österreich nach langjährigen heftigen Auseinandersetzungen um das geplante Kernkraftwerk in Zwentendorf und einer Volksabstimmung sich politisch gegen die Kernenergie entschieden und die friedliche Nutzung der Kernenergie zum Zweck der Elektrizitätserzeugung durch Gesetz im Jahre 1978 verboten hat *(„Atomsperrgesetz"),*[284] läuft das Strahlenschutzgesetz in einem wesentlichen Teilbereich weitgehend leer. Diese Position schlägt sich auch in der ablehnenden Haltung Österreichs zur Wiederaufarbeitungsanlage im bayerischen Wackersdorf nieder.[285] Das 1986 unter dem Eindruck der Reaktorkatastrophe von Tschernobyl geschaffene *Katastrophenfondsgesetz* regelt den – in der Bundesrepublik Deutschland demgegenüber lediglich in Verwaltungsvorschriften (s. § 8 Rn. 68) behandelten – Härteausgleich nach Nuklearereignissen.

Die auch in Österreich als Instrument präventiven Umweltschutzes bewertete (wie in der 160
Bundesrepublik Deutschland grundsätzlich dreistufige) **Raumplanung**[286] ist teils bundes-, teils landesrechtlich geregelt. Der **Naturschutz** ist demgegenüber Gegenstand der Natur- und Land-

---

[280] Vgl. *Schwarzer* (FN 270), S. 139ff.

[281] So auch *Raschauer* (FN 265), S. 214.

[282] Vgl. *Mayer,* Genehmigungskonkurrenz und Verfahrenskonzentration, Wien 1985; *Raschauer* (FN 265), S. 74ff., und *Schwarzer* (FN 270), S. 242.

[283] Vgl. insbes. *Jabornegg,* ÖJZ 1983, 365ff.

[284] Gesetz über das Verbot der Nutzung der Kernspaltung für die Energieversorgung in Österreich, BGBl. 676/1978.

[285] Vgl. *Moser,* ÖJZ 1987, 97ff.

[286] Vgl. u. a. *Drobil,* in: Bundesministerium für Gesundheit und Umweltschutz (Hg.), Beiträge zum Umweltschutz 1972–1974 (1974), S. 181ff.; *Raschauer* (FN 265), S. 168, und *Wimmer,* JBl 1972, 556ff., 561ff.

schaftsschutzgesetze der Länder,[287] während das Forstrecht (s. o. Rn. 158) wiederum bundesrechtlich normiert ist.

161 Das österreichische **Gewässerschutzrecht** ist vorwiegend innerhalb des – zwischenzeitlich novellierten – *Wasserrechtsgesetzes* des Bundes von 1959 geregelt. Darin sind auch Vorschriften über die wasserwirtschaftlich bedeutenden Wassergenossenschaften und Wasserverbände[288] enthalten (vgl. allgemein § 4 Rn. 134). Als wasserschutzrechtliche Spezialregelung ist das seit 1984 bestehende *Gesetz über die Umweltverträglichkeit von Waschmitteln* zu nennen.

162 Das österreichische **Abfallrecht** zerfällt im wesentlichen in drei Teile: die *Abfallbeseitigungs- und Müllabfuhrgesetze der Länder,* die sich meist noch in traditioneller Weise auf die Haus- und Sperrmüllabfuhr beschränken, das *Sonderabfallgesetz* (SAG) des Bundes von 1983 und das *Altölgesetz* des Bundes von 1986 (beide 1988 zuletzt geändert). Dabei definiert das Sonderabfallgesetz seinen Gegenstand in grundsätzlicher Übereinstimmung mit dem Sonderabfallbegriff in der Bundesrepublik Deutschland (s. § 12 Rn. 83) als Abfälle, deren schadlose Beseitigung gemeinsam mit Hausmüll wegen ihrer Beschaffenheit oder Menge nicht oder erst nach spezieller Aufbereitung möglich ist (§ 2 Abs. 1 SAG). Für gefährliche Sonderabfälle bestehen besondere Vorschriften. Darüber hinaus enthält das Sonderabfallgesetz eine Ermächtigung zur Beschränkung von Verpackungen und Behältnissen im Verordnungswege (§ 10 SAG, vgl. zur teilweise parallelen deutschen Regelung § 12 Rn. 56ff.). Insofern setzt auch das österreichische Abfallrecht verstärkt auf Abfallvermeidung.

163 Im Umbruch befindet sich das österreichische **Gefahrstoffrecht.** Das bisherige Giftgesetz wurde durch das am 1. 2. 1989 in Kraft getretene *Chemikaliengesetz* abgelöst. Es statuiert insbesondere Einstufungs-, Anmeldungs- und Verpackungspflichten. Dabei sind namentlich die deutschen Erfahrungen berücksichtigt worden (vgl. allgemein § 13 Rn. 14ff.). Weitere stoffrechtliche Regelungsgehalte weisen v. a. das Düngemittelgesetz des Bundes und die Pflanzenschutzgesetze der Länder auf.

164 Das österreichische **Strafgesetzbuch** enthält seit 1987 erweiterte Bestimmungen über „Gemeingefährliche strafbare Handlungen und strafbare Handlungen gegen die Umwelt" (§§ 180ff. StGB). Umweltrelevant ist auch die neue Bestimmung des § 20a StGB über die Abschöpfung der Bereicherung durch strafbare Handlungen, wobei Unternehmen u. U. auch für strafbare Handlungen ihrer leitenden Angestellten haften (§ 20a Abs. 3 StGB).

165 Im ganzen gesehen hat das österreichische Umweltrecht in den letzten Jahren große **Fortschritte** gemacht. Dabei bemüht sich Österreich, das derzeit noch nicht Mitglied der Europäischen Gemeinschaften ist, auch um eine Berücksichtigung gemeinschaftsrechtlicher Umweltschutzvorgaben (s. o. Rn. 7). So wird die Einführung einer Umweltverträglichkeitsprüfung vorbereitet[289] (vgl. allgemein § 4 Rn. 81ff.), wobei jedoch Österreich – anders als etwa die Bundesrepublik Deutschland – unter keinem rechtlichen Zugzwang steht. Auch das neue österreichische Chemikaliengesetz trägt dem EG-Recht (vgl. § 6 Rn. 44) Rechnung.

β) Schweiz

166 Die wesentlichen Umweltprobleme einer westeuropäischen Industrienation stellen sich auch in der Schweiz. Besonderheiten ergeben sich u. a. einerseits aus der Konzentration umweltbelastender Industrien an bestimmten Standorten insbesondere der Nordschweiz (z. B. chemische Industrie im Raum Basel), andererseits aus den Umweltproblemen des alpinen Raumes (s. o. Rn. 152). Dort werden auch die Umweltbelastungen infolge des Transitverkehrs als besonders belastend registriert, weshalb Bemühungen um eine Verlagerung von LKW-Transporten auf die Schiene im Gange sind.

Das politische Umfeld des Umweltschutzes in der Schweiz wird namentlich durch die starke **plebiszitäre** Komponente der schweizerischen **Demokratie** (Referendumsdemokratie),[290] einen

[287] Vgl. *Melichar,* FS Fröhler, 1980, S. 155ff.
[288] Vgl. *Rose-Kaan,* ZfV 1988, 21ff.
[289] Vgl. *Schäfer/Onz,* Umweltverträglichkeitsprüfung, Wien 1987. Kritisch zu den Erfolgsaussichten *Stolzlechner,* UPR 1987, 161ff., 170.
[290] Vgl. *Fleiner-Gerster,* Allgemeine Staatslehre, 1980, § 26 Rn. 39ff. (S. 315ff.).

nach wie vor ausgeprägten politischen Grundkonsens (institutionell abgesichert durch die quasi-paritätische Zusammensetzung des regierenden Bundesrates, sog. Konkordanzdemokratie)[291] und die **bundesstaatliche Gliederung** (Kantonalverfassung) geprägt. Die in der schweizerischen Bundesverfassung vorgesehenen verschiedenen Volksabstimmungen, insbesondere auch Initiativrechte[292] geben den Umweltschutzverbänden, aber auch einzelnen Bürgern unmittelbare Einflußmöglichkeiten auf die Gesetzgebung. So geht die moderne schweizerische Umweltgesetzgebung letztlich auf eine sog. Motion aus dem Jahre 1964[293] und mehrere Volksabstimmungen zurück.

Als einer der ersten Staaten hat die Schweiz bereits im Jahre 1971 einen **Umweltschutzartikel** in ihre Bundesverfassung aufgenommen. Art. 24septies Abs. 1 ermächtigt und verpflichtet den Bund, „Vorschriften über den Schutz des Menschen und seiner natürlichen Umwelt gegen schädliche oder lästige Einwirkungen" zu erlassen. Hervorgehoben werden dabei die Bekämpfung von Luftverunreinigung und Lärm, doch erklärt sich dies nicht nur aus der Wichtigkeit dieser Aufgaben, sondern auch aus dem Vorhandensein spezieller Kompetenzen für andere Bereiche des Umweltschutzes (z. B. für Gewässerschutz, Atomenergie, Natur- und Heimatschutz).[294] Der Umweltschutzartikel wird von der schweizerischen Staatslehre nicht nur als *Kompetenznorm* bzw. Kompetenzübertragung auf den Bund, sondern auch als (verpflichtende) *Staatszielbestimmung* bzw. als Verfassungsauftrag verstanden.[295] Hingegen wird Art. 24septies kein unmittelbar anwendbares Grundrecht auf Umweltschutz entnommen.[296] Diese Verfassungsbestimmung bildet die Grundlage für das am 1. Januar 1985 in Kraft getretene Umweltschutzgesetz der Schweiz (s. Rn. 169), das eine beachtliche, wenn auch nicht vollständige Umweltrechtskodifikation darstellt. Daneben gibt es noch spezielle Bundesgesetze (s. Rn. 175) sowie (durch Art. 65 USG allerdings stark eingeschränktes) kantonales Umweltrecht. 167

Als weitere umweltschutzbezogene Verfassungsbestimmung ist der bereits 1962 in die Bundesverfassung eingefügte Art. 24sexies besonders zu erwähnen. Diese Bestimmung erklärt **Natur- und Heimatschutz** grundsätzlich zur Sache der Kantone (Abs. 1), doch trägt Abs. 2 dem Bund auf, in der Erfüllung seiner Aufgaben das heimatliche Landschafts- und Ortsbild, geschichtliche Stätten sowie Natur- und Kunstdenkmäler zu schonen und bei überwiegendem allgemeinen Interesse ungeschmälert zu erhalten.

Die **bundesstaatliche Gliederung** der Schweiz (Kantone, Bund) spiegelt sich im Umweltrecht seither vor allem in der Frage des Gesetzesvollzugs. Der Vollzug des Bundesverwaltungsrechts obliegt größtenteils den Kantonen, die ihrerseits an die gemeindliche Ebene delegieren können. Dadurch sind unterschiedliche Zuständigkeiten in den einzelnen Kantonen bedingt. Für Teilbereiche weicht das Umweltschutzgesetz jedoch von dem System des „Vollzugsföderalismus" ab, indem es dem Bund (Bundesamt für Umweltschutz) gewisse Vollzugskompetenzen und verbindliche Koordinierungsaufgaben überträgt (vgl. BV Art. 24septies Abs. 2). Auf die Errichtung eines spezifischen Umweltministeriums wurde in der Schweiz verzichtet. Mit dem – in das Eidgenössische Departement des Innern (EDI) eingegliederten – **Bundesamt für Umweltschutz** (BUS) verfügt der Bund jedoch über eine Behörde, deren Kompetenzen über diejenigen des deutschen Umweltbundesamtes (vgl. § 2 Rn. 68) hinausgehen dürften. Als sog. Umweltschutzfachstelle des Bundes (Art. 42 Abs. 2 USG) ist es u. a. für die Information und Koordination in Umweltschutzfragen sowie für Stellungnahmen im UVP-Verfahren (Art. 9 Abs. 7 USG) zuständig. Eine Schlüsselstellung nimmt es bei der Vorbereitung von Rechtsver- 168

---

[291] Vgl. *Wildhaber,* VVDStRL 38 (1980), S. 325ff., 330; zum schweizerischen Bundesrat näher *Hangartner,* Grundzüge des schweizerischen Staatsrechts, Bd. 1, Zürich 1980, S. 121ff.

[292] Hierzu näher etwa *Hangartner* (FN 291), S. 102ff.

[293] Sog. Motion Binder; vgl. zur Entstehungsgeschichte der schweizerischen Umweltschutzgesetzgebung *Rausch,* Die Umweltschutzgesetzgebung, Zürich 1977, S. 122ff.

[294] Vgl. die Aufstellung bei *Wildhaber* (FN 291), S. 325f.

[295] Vgl. nur *Fleiner(-Gerster),* Verwaltungspraxis 1980 H. 10, 7ff., 7; *Jungo,* Die Umweltverträglichkeitsprüfung als neues Institut des Verwaltungsrechts, Freiburg/CH 1987, S. 5 m. w. N.

[296] *Fleiner(-Gerster),* Schweizerische Bauzeitung 1978, 554ff. Von einem „grundrechtsähnlichen Charakter" spricht demgegenüber *Rausch* (FN 293), S. 135.

ordnungen zum Umweltschutzgesetz ein.[297] Schließlich sind ihm zahlreiche Vollzugsaufgaben des Bundes übertragen.

169 Im Mittelpunkt des schweizerischen Umweltrechts steht das 1983 nach mehrjähriger wechselhafter Gesetzgebungsgeschichte[298] verabschiedete **Bundesgesetz über den Umweltschutz (Umweltschutzgesetz [USG])** vom 7. Oktober 1983. Nach der grundlegenden Zweckbestimmung des Art. 1 Abs. 1 USG soll das Gesetz „Menschen, Tiere und Pflanzen, ihre Lebensgemeinschaften und Lebensräume gegen schädliche und lästige Einwirkungen schützen und die Fruchtbarkeit des Bodens erhalten". Das Gesetz vereinigt im wesentlichen die Materien des Immissionsschutzrechts, des Bodenschutzrechts, des Gefahrstoffrechts und des Abfallrechts (vgl. Art. 7 USG). Auch wenn es wegen der Ausklammerung des Strahlenschutzrechts (Art. 3 Abs. 2 USG) bzw. der Nichteinbeziehung des Gewässerschutzrechts und von Teilen des Naturschutzrechts, die Gegenstand selbständiger Gesetzesregelungen bleiben (s. Rn. 175), keine *Gesamt*kodifikation des Umweltrechts darstellt, geht es doch über eine Teilgesetzgebung wesentlich hinaus und kommt dem Modell eines integrierten Umweltschutzgesetzes sehr nahe. Auch soweit anderweitige Regelungen fortbestehen, wirkt das Umweltschutzgesetz „wie ein Scharnier, das das bestehende Umweltrecht auf eine einheitliche Konzeption ausrichtet".[299] Von daher besitzt das prägnant formulierte und mit insgesamt 63 Artikeln überschaubar strukturierte Gesetz auch Vorbildcharakter für die in der Bundesrepublik Deutschland erwogene Kodifikation des Umweltrechts (s. § 1 Rn. 39), wenngleich die rechtlichen Ausgangslagen verschieden sind: Auch das schweizerische Umweltschutzgesetz fand zwar keine umweltrechtliche tabula rasa vor, sondern mußte sich in eine bestehende Umweltrechtsordnung (soweit es diese nicht veränderte) zum Teil auch einpassen,[300] doch war diese weniger ausgebaut und flächendeckend als die heutige deutsche Umweltgesetzgebung. Bemerkenswert ist insoweit die Gesetzgebungstechnik des USG, das bestimmte Mindestanforderungen an die Umweltrechtsetzung formuliert (vgl. Art. 4 USG), jedoch strengere Vorschriften in anderen Gesetzen des Bundes nicht verdrängt (vgl. Art. 3 Abs. 1 USG).

170 Das schweizerische Umweltschutzgesetz beruht auf ähnlichen **Prinzipien** wie das Umweltrecht der Bundesrepublik Deutschland (vgl. § 3 Rn. 1ff.), die von ihm freilich z. T. deutlicher formuliert werden und z. T. eine spezifische Prägung erfahren. Zentrale Bedeutung kommt hierbei dem *Vorsorgeprinzip* zu (vgl. allgemein § 3 Rn. 5ff.), das i. S. einer frühzeitigen Begrenzung potentiell schädlicher Einwirkungen verstanden wird (Art. 1 Abs. 2 USG). Das *Verursacherprinzip* (vgl. allgemein § 3 Rn. 27ff.) wird zunächst als reines Kostenzurechnungsprinzip[301] formuliert (Art. 2 USG: „Wer Maßnahmen nach diesem Gesetz verursacht, trägt die Kosten dafür"), wird tatsächlich aber auch in seiner weiteren Bedeutung als *verursacherbezogenes* Vermeidungsgebot (s. § 3 Rn. 28) verwirklicht (vgl. etwa Art. 11 Abs. 1 USG). Betont werden auch verschiedene Ausprägungen des *Kooperationsprinzips* (vgl. allgemein § 3 Rn. 44ff.). Allgemein sollen im schweizerischen Umweltrecht „alle interessierten Kreise (...) am Entscheidungsprozeß beteiligt werden und mitwirken können".[302] Dem tragen u. a. das Vernehmlassungsverfahren vor Erlaß von Ausführungsvorschriften (Art. 39 Abs. 3 USG), die Zusammenarbeit von Staat und Wirtschaft bei Sanierungsmaßnahmen (Art. 16 Abs. 3 USG), die Selbstkontrolle im Hinblick auf umweltgefährdende Stoffe (Art. 26 Abs. 2 USG) sowie die Zusammenarbeit beim Gesetzesvollzug (z. B. durch Betrauung Privater mit Überwachungsaufgaben,

---

[297] *Brunner/Müller-Stahel,* in: Kölz/Müller-Stahel (Hg.), Kommentar zum Umweltschutzgesetz, Zürich 1985ff., Teil III, S. 5.

[298] Vgl. insbes. den nicht verabschiedeten Vorentwurf von 1973 (sog. Entwurf Schürmann, abgedruckt in: WuR 1975, 331ff.), das hierauf bezogene Rechtsgutachten von *Fleiner-Gerster* (WuR 1975, 201ff.) sowie die Botschaft des schweizerischen Bundesrates zu einem Bundesgesetz über den Umweltschutz (USG) v. 31. 10. 1979. Eine vollständige tabellarische Übersicht der weiteren Gesetzgebungsstationen findet sich bei *Kölz/Müller-Stahel* (FN 297), Teil III (Schluß).

[299] *Fleiner-Gerster,* Grundzüge des allgemeinen und schweizerischen Verwaltungsrechts, 2. Aufl., Zürich 1980, S. 385.

[300] Vgl. zur Rechtslage vor Erlaß des USG die Gesetzessammlung von *Müller-Stahel/Rausch/Winzeler* (Hg.), Das Umweltschutzrecht des Bundes, Zürich 1975.

[301] *Jungo* (FN 295), S. 12.

[302] Botschaft des schweizerischen Bundesrates (FN 298), Tz. 56 (S. 28).

Art. 43 USG) Rechnung. Schließlich ist eine Beteiligung Privater auch in Gestalt des (bis zuletzt umstrittenen)[303] *Beschwerderechts* der gesamtschweizerischen *Umweltschutzorganisationen* vorgesehen (Art. 55 USG). Parallel hierzu besitzen in Angelegenheiten des Naturschutzes die gesamtschweizerischen Natur- und Heimatschutzverbände bereits seit 1966 ein Beschwerderecht (Art. 12 Abs. 1 NHG).[304] Das Beschwerderecht umfaßt sowohl die Verwaltungsbeschwerde an den Bundesrat als auch die Verwaltungsgerichtsbeschwerde an das Bundesgericht, also die (ideelle bzw. altruistische) *Verbandsklage* (vgl. dazu allgemein § 5 Rn. 28ff.). Ähnliche Regelungen finden sich in den meisten kantonalen Naturschutzgesetzen. In engem Zusammenhang mit dem Kooperationsprinzip steht nach schweizerischem Rechtsverständnis die *Information* der Öffentlichkeit in Umweltschutzfragen[305] (vgl. allgemein § 4 Rn. 150ff.). Besondere Bedeutung kommt insoweit Art. 6 USG zu, wonach die Umweltschutzfachstellen die Öffentlichkeit über den Umweltschutz und den Stand der Umweltbelastung informieren, Behörden und Private beraten sowie Maßnahmen zur Verminderung der Umweltbelastung empfehlen. Die Einbeziehung der Öffentlichkeit in die Umweltpolitik wird dabei ausdrücklich mit dem Ungenügen eines allein auf staatlichen Eingriffen beruhenden Umweltschutzes begründet.[306] Im Zusammenhang mit dem Kooperationsprinzip steht auch das dem Umweltschutzgesetz teilweise zugrundeliegende Subsidiaritätsprinzip (vgl. etwa im Bereich der Gefahrstoffkontrolle).[307]

Als **Instrumente** des Umweltschutzes sieht das Gesetz ganz überwiegend *ordnungsrechtliche Maßnahmen* (sog. Begrenzungen, Verbote, Gebote, Bewilligungen usw.) vor (vgl. allgemein § 4 Rn. 31ff.). Für die Planung, Errichtung und Änderung von umweltbelastenden Anlagen schreibt Art. 9 USG eine *Umweltverträglichkeitsprüfung* vor. Dabei findet eine Aufgabenteilung zwischen der für das Vorhaben zuständigen Behörde und der (hiervon institutionell getrennten) Umweltschutzfachstelle statt (vgl. dagegen zu der in der Bundesrepublik Deutschland vorgesehenen Umweltverträglichkeitsprüfung „in einer Hand" § 4 Rn. 91). Die Konzentration auf ordnungsrechtliche Mittel schließt die Verwendung *influenzierender Instrumente* (vgl. die Regelung der Umweltinformation in Art. 6 USG, s. o. Rn. 170) freilich nicht aus. Nach wie vor in der Diskussion ist auch die Einführung von *Umweltabgaben* (vgl. allgemein § 4 Rn. 177ff.), wie sie ein Vorentwurf zum Umweltschutzgesetz bereits enthalten hatte.[308] Derzeit sieht das schweizerische Umweltrecht wohl keine echte Umweltabgabe vor (von herkömmlichen Nutzungsgebühren sei hierbei abgesehen). Ob die – auch umweltpolitisch begründete – 1983 durch Bundesbeschluß eingeführte Schwerverkehrsabgabe und die „Autobahnvignette"[309] als Umweltabgabe eingestuft werden dürfen, scheint zweifelhaft. 171

Differenzierte Regelungen enthält das Umweltschutzgesetz für die von ihm abgedeckten **Einzelbereiche** des Umweltschutzes: 172

Den Regelungsschwerpunkt im Bereich *Luftverunreinigungen, Lärm, Erschütterungen und (nicht radioaktive)*[310] *Strahlen* (Art. 11–25 USG) bilden Emissionsbegrenzungen (Art. 12 USG). Daneben sind (spezifisch definierte) Immissionsgrenzwerte festzulegen (Art. 13–15, 19, 23 USG). Dabei widmet das Gesetz dem Lärmschutz besondere Aufmerksamkeit (Art. 19–25 USG). Zu beachten ist, daß das Umweltschutzgesetz kein eigenes immissionsschutzrechtliches Anlagengenehmigungsverfahren vorsieht; es bleibt vielmehr bei den herkömmlichen (z. B. gewerberechtlichen oder baurechtlichen) Verfahren,[311] die allerdings durch die Umweltverträglichkeits-

---

303 Vgl. *Fleiner-Gerster,* in: Forschungsstelle für Umwelt- und Technikrecht (Hg.), Jb. des Umwelt- und Technikrechts 1987 (UTR 3), 1987, S. 319ff., 333 m. w. N., und *Matter,* in: Kölz/Müller-Stahel (FN 297), Art. 55 USG Rn. 5.

304 Vgl. *H. Huber,* DÖV 1976, 157ff.; *Matter,* ZSR NF 100 I (1981), 445ff.; *dens.,* UPR 1982, 370ff.

305 Vgl. *Jungo* (FN 295), S. 13. Ausführlicher zur Umweltschutzinformation in der Schweiz *Ueberwasser,* in: Heckmann/Meßerschmidt (Hg.), Gegenwartsfragen des öffentlichen Rechts, 1988, S. 233ff.

306 Botschaft (FN 298), Tz. 55 (S. 28).

307 Vgl. *Jungo* (FN 295), S. 15.

308 Vgl. *Entwurf Schürmann* (FN 298). Zu den Gründen, weshalb dieser Vorschlag nicht in das USG übernommen wurde, *Fleiner(-Gerster),* Verwaltungspraxis 1980 H. 10, 7ff., 10.

309 Vgl. die Nachweise bei *Meßerschmidt,* Umweltabgaben als Rechtsproblem, 1986, S. 49.

310 Vgl. zur Abgrenzung gegenüber dem Strahlenschutzrecht *Rausch,* in: Kölz/Müller-Stahel (FN 297), Art. 7 USG Rn. 8.

311 Vgl. *Rausch,* Artikel „Schweiz", in: Kimminich/v. Lersner/Storm (Hg.), Handwörterbuch des Umweltrechts (HdUR), Bd. II, 1988, Sp. 328ff., 332.

prüfung (s. o. Rn. 171) ergänzt werden. Hingegen zeichnet das Umweltschutzgesetz ein besonderes *Sanierungsverfahren* für nicht gesetzeskonforme Anlagen vor (Art. 16–18 USG).

Hinsichtlich des Inverkehrbringens und der Verwendung *umweltgefährdender Stoffe* (Art. 26–29 USG) mißt das Gesetz der Selbstkontrolle der Hersteller und Importeure noch größere Bedeutung zu als das bundesdeutsche Chemikaliengesetz (vgl. § 13 Rn. 20ff.): Es verzichtet sogar regelmäßig auf ein Anmeldeverfahren (vgl. allgemein § 4 Rn. 34ff.), doch kann der Bundesrat (also die Exekutive) im Gefahrenfall nach Art. 29 USG einschränkende Vorschriften bis hin zu einem (in Art. 29 USG allerdings nicht ausdrücklich genannten) Verbot[312] erlassen.

Im Hinblick auf *Abfälle* (Art. 30–32 USG) geht das Gesetz – im Unterschied zur Rechtslage in der Bundesrepublik Deutschland (vgl. § 12 Rn. 77ff.) – (zumindest gesetzestechnisch) grundsätzlich von einer Selbstentsorgungspflicht (bzw. -berechtigung) der Abfallinhaber aus (vgl. Art. 30 Abs. 1 USG). Daneben sind aber auch insbesondere bei sog. Siedlungsabfällen (sprich: Hausmüll) die Kantone für die Entsorgung (einschließlich der Verwertung) verantwortlich (Art. 31 USG). Die Abgrenzung der jeweiligen Verantwortungssphären obliegt konkretisierenden Vorschriften des Bundes und der Kantone (vgl. Art. 30 Abs. 1 USG). Eine Sonderregelung gilt für *gefährliche Abfälle:* Diese dürfen im Inland nur an Unternehmungen weitergegeben werden, die über eine Bewilligung zur Entgegennahme solcher Abfälle verfügen (Art. 30 Abs. 4 USG). Eine Effektivierung *abfallwirtschaftlicher* Gesichtspunkte setzt – wie in der Bundesrepublik Deutschland (vgl. § 12 Rn. 57ff.) – eine entsprechende Verordnungsgebung voraus. Als mögliche Regelungsgegenstände nennt Art. 32 Abs. 4 USG u. a. die gesonderte Übergabe von Abfällen, Verwertungsgebote, Rücknahmepflichten für bestimmte Produkte und Verpackungen, die Einführung eines Zwangspfandes sowie Verwendungsbeschränkungen und -verbote für schwer zu entsorgende oder boden- und gewässerschädigende Stoffe. Lediglich Regelungsansätze enthalten die Vorschriften über *Belastungen des Bodens* (Art. 33–35 USG, vgl. allgemein § 14 Rn. 1ff.).

173 Des weiteren enthält das Umweltschutzgesetz Vorschriften über den *Gesetzesvollzug* (Art. 36–48 USG, s. auch o. Rn. 168), die *Förderung* von (staatlichen) Umweltschutzmaßnahmen durch den Bund (Art. 49–53 USG; nicht geregelt wird die Gewährung von Umweltschutzsubventionen an Private) und das (Beschwerde-) *Verfahren* (Art. 54–59 USG, s. auch o. Rn. 170) sowie *Strafbestimmungen*[313] (Art. 60–62 USG). Weitere Straftatbestände finden sich in speziellen Umweltschutzgesetzen (z. B. im Gewässerschutzgesetz), nur am Rande dagegen im schweizerischen Strafgesetzbuch. Insofern folgt das schweizerische Umweltstrafrecht einem anderen Regelungsmodell als das weitgehend in das Strafgesetzbuch integrierte deutsche Umweltstrafrecht (vgl. § 4 Rn. 334ff.).

174 Als ausgesprochenes **Rahmengesetz,**[314] das sich in weiten Bereichen auf Grundsatzregelungen und Regelungsermächtigungen beschränkt, ist das Umweltschutzgesetz auf eine Konkretisierung insbesondere durch **Verordnungen** des Bundesrates angewiesen. Erst hierdurch erhält es volle Wirksamkeit. Entsprechende Ausführungsregelungen liegen seit 1985 in zunehmender Zahl vor (Luftreinhalte-Verordnung, drei Lärmschutz-Verordnungen, Verordnung über umweltgefährdende Stoffe, Verordnung über Schadstoffe im Boden, Verordnung über den Verkehr mit Sonderabfällen, UVP-Verordnung).[315]

175 Neben dem Umweltschutzgesetz bestehen, wie bereits erwähnt, selbständige **Umweltschutz-Teilgesetze** des Bundes. So wird z. B. der durch das Umweltschutzgesetz gewährleistete Schutz gegenüber verkehrsbedingten Immissionen (vgl. insbesondere Art. 7 Abs. 7 USG) durch das *Straßenverkehrsgesetz* und das *Luftfahrtgesetz* ergänzt. Dem Umweltschutz (wie auch der Verkehrssicherheit) dient z. B. das 1984 im Verordnungswege eingeführte und seither umstrittene[316] generelle Tempolimit auf schweizerischen Straßen. Als weitere Beispiele für die

---

[312] Vgl. *Jungo* (FN 295), S. 9.

[313] Vgl. *Heine,* UPR 1985, 345ff., 348ff.; zum Umweltstrafrecht zuvor allgemein *Noll,* in: Müller-Stahel (Hg.), Schweizerisches Umweltschutzrecht, Zürich 1973, S. 393ff.

[314] *Jungo* (FN 295), S. 16.

[315] UVPV v. 19. 10. 1988. Vgl. zur Entstehung letzterer Verordnung *Jungo* (FN 295), S. 315ff.

[316] Eine Folgeerscheinung ist das Entstehen von – ausdrücklich so firmierenden – Autofahrerparteien, die in einige kantonale Parlamente Einzug gehalten haben.

relativ ausgeprägten Umweltschutzgehalte des schweizerischen Straßenverkehrsrechts seien die Geltung besonders strenger (am amerikanischen Beispiel orientierter) Abgaswerte für Kraftfahrzeuge und das Abschaltgebot für Motoren vor Verkehrsampeln genannt.

Eine separate Regelung hat der Strahlenschutz im *Bundesgesetz über die friedliche Verwendung der Atomenergie und den Strahlenschutz* (Atomgesetz) von 1959 sowie in der *Strahlenschutzverordnung* (1976) gefunden.[317] In einem selbständigen *Kernenergiehaftpflichtgesetz* ist seit 1983 die atomrechtliche Haftung geregelt.

Ökologische Belange berücksichtigt auch das (v. a. auch gegen eine unkontrollierte Landschaftszersiedelung gerichtete) *Raumplanungsgesetz* des Bundes[318] sowie das – vom Umweltschutzgesetz beeinflußte – schweizerische Baurecht.[319]

Zentrale naturschutzrechtliche Regelungen enthält das *Bundesgesetz über den Natur- und Heimatschutz* (NHG) von 1966. Obgleich der Naturschutz überwiegend Angelegenheit der Kantone ist (vgl. Art. 24sexies Abs. 1 BV, s. o. Rn. 167), die auch eigene Naturschutzgesetze erlassen haben, werden dem Bund durch dieses Gesetz beträchtliche Einflußmöglichkeiten eröffnet.[320] Als spezielle Regelung ist die *Artenschutzverordnung* zu erwähnen. Umweltschutzbezüge weisen auch das insgesamt protektionstisch ausgerichtete schweizerische *Landwirtschaftsrecht* (vgl. z. B. Bodenverbesserungs-Verordnung) und das *Forstrecht* (Forstpolizeigesetz) auf.

Auf eine umfassendere Gesetzgebungskompetenz des Bundes (Art. 24bis BV) stützt sich das (vor einer Novellierung stehende) *Bundesgesetz über den Schutz der Gewässer gegen Verunreinigung* von 1971. Als Hauptanliegen des Gesetzes wird die Behandlung aller Abwässer in Kläranlagen angesehen (Art. 17 GSchG);[321] demgegenüber obliegt der (grundsätzlich ebenfalls vom Gewässerschutzgesetz umfaßte) Grundwasserschutz primär den Kantonen (Art. 29 GSchG). Spezielle Gewässerschutzbestimmungen enthalten u. a. das *Bundesgesetz über die Nutzbarmachung der Wasserkräfte*, das *Bundesgesetz über Rohrleitungsanlagen zur Beförderung flüssiger oder gasförmiger Brenn- oder Treibstoffe* (nebst Verordnungen) sowie die auf das Gewässerschutzgesetz gestützten *Verordnungen* (z. B. Klärschlammverordnung, Verordnung über den Schutz der Gewässer vor wassergefährdenden Flüssigkeiten). Einem Verbot unterliegen phosphathaltige Waschmittel.

Über die gefahrstoffrechtlichen Bestimmungen des Umweltschutzgesetzes hinausgehende Regelungen enthält das daneben weitergeltende *Giftgesetz* von 1969.

Im ganzen betrachtet verfügt die Schweiz über eine der führenden Umweltrechtsordnungen, 176
auch wenn von der Einführung moderner influenzierender und umweltökonomischer Steuerungsinstrumente (vgl. allgemein § 4 Rn. 142ff.) weitgehend abgesehen wurde und der Sandoz-Brand mit der damit einhergehenden Rheinverschmutzung[322] die positive Umweltschutzbilanz der Schweiz zeitweilig überschattete. Vom deutschen Umweltrecht unterscheidet sich das schweizerische Recht augenfällig einerseits durch die Konzentration wichtiger Umweltschutzmaterien in einem Gesetz und andererseits durch die noch stärkere Delegation von Einzelregelungen an die Verordnungsgebung. In Anbetracht der unterschiedlichen politischen und verfassungsrechtlichen Ausgangsbedingungen (s. o. Rn. 168) kann die Schweiz insoweit allerdings nur bedingt als Vorbild gelten. In der Bundesrepublik Deutschland dürfte namentlich wegen Art. 80 Abs. 1 GG und im Hinblick auf die Wesentlichkeitsrechtsprechung des BVerfG (s. § 2 Rn. 40) eine höhere gesetzliche Regelungsdichte geboten sein.

b) Sozialistische Staaten

Auch in den im Rat für gegenseitige Wirtschaftshilfe (RGW bzw. COMECON) zusammen- 177
geschlossenen sozialistischen Staaten wird der Umweltschutz als „eines der wichtigsten und

---

[317] Hierzu näher *Rausch*, Schweizerisches Atomenergiegesetz, Zürich 1980, und *Seidler*, Das Recht der nuklearen Entsorgung in der Schweiz, Bern 1986.

[318] Vgl. *Fleiner-Gerster*, in: L'homme dans son Environnement – Mensch und Umwelt, Freiburg/CH 1980, S. 113ff.

[319] Vgl. *Fleiner-Gerster* (FN 303), S. 319ff.

[320] Vgl. zum kompetenzrechtlichen Hintergrund *H. Huber*, DÖV 1976, 157ff., und *Rausch* (FN 293), S. 99ff.

[321] *Rausch* (FN 293), S. 72.

[322] Vgl. v. a. unter haftungsrechtlichen Aspekten *Hinderling/Goepfert*, SJZ 1987, 57ff., und *Stark*, SJZ 1987, 212ff.

aktuellsten Probleme der Gegenwart" anerkannt.[323] Die wesentlichen **Aufgabenfelder des Umweltschutzes** werden dabei ähnlich definiert wie in den westlichen Staaten, auch wenn eine teilweise Ausklammerung des Strahlenschutzes auffällt. So nennt eine tschechische Veröffentlichung als „grundlegende Komponenten" des Umweltschutzes „die Sorge um den Gesundheitsschutz des Volkes, die Sorge um die Reinheit der Atmosphäre, die Sorge um die Sauberkeit des Wassers, die Sorge um den Schutz des Bodens, die Sorge um den Schutz vor Lärm, Erschütterungen und Schwingungen, die Sorge um den Schutz der Natur, die Sorge um den Wald, die Sorge um die Standortverteilung der Tätigkeit im Territorium, die Sorge um die Kulturdenkmale, die Sorge um die Beseitigung der Abfälle, die Sorge um die Arbeitsumwelt".[324]

178 Gleichwohl bestehen zwischen dem Umweltrecht der westlichen und der sozialistischen Staaten in Theorie und Praxis gravierende **Unterschiede,** die sich vor allem aus den wesensverschiedenen Wirtschaftsordnungen, aber auch aus dem (inzwischen in einzelnen Staaten freilich relativierten) marxistischen Staats- und Gesellschaftsverständnis ergeben: Der sozialistische Eigentumsbegriff und die **staatliche Planwirtschaft** bedingen einen im Vergleich zu den überwiegend verkehrswirtschaftlich organisierten westlichen Staaten grundlegend verschiedenen umweltrechtlichen Ansatz. So stehen in den sozialistischen Staaten Grund und Boden, Bodenschätze, Gewässer und Wälder fast ausschließlich, die Produktionsmittel ganz überwiegend in **staatlichem** (bzw. kollektivem oder genossenschaftlichem) **Eigentum.** Private können über Boden oder andere Naturgüter allein aufgrund eines vom Staat gewährten Nutzungsrechts verfügen.

Umweltschutz wird in den sozialistischen Staaten in die gesamtwirtschaftliche Planung einbezogen, d. h. er muß schon bei der staatlichen Prioritätensetzung mit anderen Zielen konkurrieren. Dabei werden Ökonomie und Umweltschutz bislang nicht als Gegenpole gesehen, sondern es wird angenommen, daß Umweltschutz und Wirtschaftswachstum miteinander harmonieren: „... der technisch-wissenschaftliche Fortschritt (verschärft) die Umweltprobleme nicht, sondern seine maximale Beschleunigung (erweitert) gerade die Voraussetzungen für das ständige Wachstum der gesellschaftlichen Produktion in Einheit mit dem Schutz und der Verbesserung der Umweltbedingungen".[325] Diese Idee wurzelt im marxistisch-leninistischen Gedankengut, das eine besondere Form des Wachstumsgedankens propagiert. Umweltschutzziele und -normen müssen in sozialistischen Staaten also jeweils in dieser Abhängigkeit von der „Entfaltung der Produktivkräfte" gesehen werden.

Ein weiterer ideologisch bedingter Unterschied im Verständnis des Umweltschutzes besteht in folgendem: Unter Berufung auf und im Einklang mit den **Lehren der „Klassiker"** *Marx* und *Engels* dominiert in den sozialistischen Staaten nach wie vor das Bild des Menschen als Naturbeherrscher;[326] eine Vorstellung, die in der westlichen Welt längst brüchig und vom ökologischen Ansatz teilweise verdrängt worden ist. Jedenfalls erweist sich die in sozialistischen Staaten propagierte Gleichwertigkeit von Schutz und Nutzung natürlicher Ressourcen als höchst ambivalent. Nicht bestätigt hat sich in den sozialistischen Staaten jedenfalls die (früher teilweise auch in Westeuropa gehegte) Erwartung, ein umfassendes Planungssystem könne die komplexen Umweltprobleme besser bewältigen als eine stärker auf dezentralen Entscheidungen beruhende Wirtschafts- und Gesellschaftsordnung. Daher stehen die Bekenntnisse zum Umweltschutz und zu einem „ökologisierten" Recht[327] vielfach im Kontrast zu erheblichen Rückständen in der Umweltschutzpraxis. Anspruch und Wirklichkeit klaffen vielfach auseinander.[328] Mit der inzwischen möglich scheinenden Überwindung des öffentlichen ideologischen Dogmatismus könnte allerdings auch das bisher eher schematische und geschönte Bild des Umweltschutzes einer realistischeren Betrachtung weichen.

179 Aufgrund des nach wie vor beherrschenden **Einflusses der UdSSR** im sog. sozialistischen Lager hat ihr Umweltrecht einen nachhaltigen Einfluß auch auf die übrigen sozialistischen

---

[323] *Kolbassow u. a.,* Sozialismus und Umweltschutz, Berlin (Ost) 1982, S. 16.
[324] *Madar,* zitiert nach Kolbassow u. a. (FN 323), S. 19.
[325] *Oehler u. a.,* Grundriß Landeskulturrecht, Berlin (Ost) 1982, S. 25; vgl. auch *Lücke,* in: Thieme (Hg.), Umweltschutz im Recht, 1988, S. 165 ff., 166 f. m. w. N.
[326] Vgl. *Oehler u. a.* (FN 325), S. 22 m. w. N.
[327] *Kolbassow u. a.* (FN 323), S. 65.
[328] Vgl. dazu auch *Reymann,* Umweltschutz in der Sowjetunion, 1985.

Staaten Mittel- und Osteuropas. Aus den bekannten politischen und wirtschaftlichen Gründen gilt dies auch – allerdings mit erheblichen Einschränkungen – für das Umweltrecht **Jugoslawiens.**[329] Äußerlich deutlich werden die Gemeinsamkeiten der Umweltrechtsordnungen des sozialistischen Rechtskreises etwa an dem in den meisten Ländern bestehenden (allerdings auch rechtskreisübergreifend bemerkenswerten) gesetzestechnischen Nebeneinander von „komplexen Umweltschutzgesetzen“ und einer (teilweise älteren, überwiegend medienspezifischen) „Zweiggesetzgebung“.[330] Instrumental spielen neben planungsrechtlichen und ordnungsrechtlichen Instrumenten ökonomische Anreize (v. a. in Gestalt von Strafen und Abgaben) eine begrenzte Rolle, die mit wachsender wirtschaftlicher Unabhängigkeit und Eigenverantwortlichkeit der Betriebe an Bedeutung zunehmen könnten. Auch insofern bestehen erhebliche Übereinstimmungen. Dennoch dürfen die vorhandenen **Unterschiede zwischen den einzelnen Staaten** des längst nicht mehr monolithischen sozialistischen „Blocks“ – sowohl auf politischer Ebene als auch bezüglich ihrer (subkutan an vorsozialistische nationale Traditionen anknüpfenden) Rechtskulturen – nicht unterschätzt werden.

aa) UdSSR

Als größter Flächenstaat der Erde hat es die Sowjetunion mit einer breiten Palette von **Umweltproblemen** zu tun, die bereits aufgrund der sehr unterschiedlichen geographischen und klimatischen Verhältnisse stark variieren. Dabei stellt sich sowohl die Aufgabe der ökologischen Sanierung der stark belasteten Industriegebiete als auch die – mit dem Umweltschutz in Mittel- und Westeuropa nicht vergleichbare – Aufgabe der Erhaltung großer noch weitgehend unbesiedelter und unbelasteter Räume. Insbesondere die Erschließung von Rohstoffvorkommen (namentlich in Sibirien) birgt ökologische Risiken. **180**

Das Umweltrecht der UdSSR enthält eine Reihe an sich anspruchsvoller positivrechtlicher Vorschriften. Art. 18 der sowjetischen **Verfassung** von 1977 fordert „Maßnahmen zum Schutz und zur wissenschaftlich begründeten, rationellen Nutzung des Bodens und des Erdinnern (d. h. der Bodenschätze), der Wasserressourcen, der Pflanzen- und Tierwelt, zur Reinhaltung der Luft und des Wassers, zur Gewährleistung der Reproduktion der Naturreichtümer und zur Verbesserung der Umwelt des Menschen“, wobei nicht nur auf das Interesse der gegenwärtig lebenden, sondern ausdrücklich auch auf das der künftig lebenden Generationen abgestellt wird. Die Bürger sind verpflichtet, die Natur zu schützen (Art. 67 der Verfassung der UdSSR).[331] **181**

Zahlreiche **Einzelgesetze** der Union und der Unionsrepubliken verpflichten die Planungs- und Wirtschaftsorgane, bei der **Entwicklung und Ausführung der Pläne** auch ökologische Gesichtspunkte zu berücksichtigen. Abgesehen von der relativ geringen Normativität sozialistischer Programmgesetze, ist auch die Überwachung Zielkonflikten ausgesetzt, da die Kontrolle der Einhaltung umweltrechtlicher Vorschriften grundsätzlich durch spezielle Inspektionen innerhalb der regelmäßig auch für die (umweltverschmutzende) industrielle Produktion verantwortlichen staatlichen Behörden erfolgt. So mußte in der Vergangenheit selbst der Oberste Sowjet als höchstes (parlamentarisches) Kontrollorgan der UdSSR auf zahlreiche Mängel beim Gesetzesvollzug und auf Verstöße gegen die ökologischen Vorschriften hinweisen.[332] An Sanktionen sieht das sowjetische Umweltrecht neben straf-, ordnungs- und disziplinarrechtlichen Maßnahmen zwar auch Schadensersatzregelungen vor, der Schadensersatz ist jedoch regelmäßig an den Staat zu leisten. Inzwischen werden ökologische Belange auch politisch auf den Parteitagen der KPdSU thematisiert. Einen ersten großen Erfolg dürfte der Umweltschutzgedanke in der UdSSR mit dem Verzicht auf die zunächst geplante, in ihren ökologischen Auswirkungen umstrittene Umleitung sibirischer Flüsse erreicht haben. **182**

---

[329] Vgl. *Sturm*, Artikel „Jugoslawien“, in: Kimminich/v. Lersner/Storm (Hg.), Handwörterbuch des Umweltrechts (HdUR), Bd. I, 1986, Sp. 889 ff.

[330] Vgl. zu dieser Unterscheidung *Kolbassow u. a.* (FN 323), S. 68 ff.

[331] Vgl. hierzu *Kolbassow u. a.* (FN 323), S. 43 ff.

[332] *Kolbasov*, Artikel „Union der Sozialistischen Sowjetrepubliken“, in: Kimminich/v. Lersner/Storm (Hg.), Handwörterbuch des Umweltrechts (HdUR), Bd. II, 1988, Sp. 947 ff., 957.

183 Die einzelnen Umweltgesetze orientieren sich an den „Elementen“, also den Umweltmedien. Im Mittelpunkt *bodenrechtlicher Regelungen* steht der Schutz landwirtschaftlicher und sonstiger Nutzflächen. Außer zu rein pflegerischen Maßnahmen – wie z. B. der Verhinderung von Wind- oder Wassererosion – verpflichtet das Bodengesetz der UdSSR zu rationeller und effektiver Nutzung der Bodenflächen. Die Verhinderung von Versalzung, Versumpfung und Verunreinigung dient ganz zweckorientiert der Steigerung der Produktivität. Dem gleichen Ziel dienen die Vorschriften zur „Wiederurbarmachung“ nach Eingriffen in die Erdoberfläche durch Bergbau, geologische Erkundungs- und Erschließungsmaßnahmen oder einfache Bautätigkeiten.

Das *Wassergesetz* hat als vorrangiges Ziel die Versorgung der Bevölkerung mit Trink- und Nutzwasser. Der Bau von Betrieben, Anlagen und sonstigen Objekten ist mit den entsprechenden Organen abzustimmen. Hier werden insbesondere Standortalternativen geprüft und Reinigungssysteme vorgeschrieben. Abwassereinleitungen dürfen zu keiner Verschmutzung führen; eine Forderung, die in dieser Absolutheit sicherlich nicht zu praktizieren ist.

Das *„Gesetz über den Schutz der atmosphärischen Luft“* (1980) arbeitet im Gegensatz zu den bisher genannten, um ein Jahrzehnt älteren Gesetzen mit Grenzwerten („Normativen“) für Schadstoffkonzentrationen. Der Ausstoß von Schadstoffen bedarf grundsätzlich der Genehmigung; die sog. Normative sind unabdingbarer Bestandteil der Genehmigung. Altanlagen müssen in belasteten Gebieten saniert werden; bei der Planung neuer Anlagen hat in bezug auf die Luftqualität eine Art Umweltverträglichkeitsprüfung stattzufinden, da die Veränderung der Luftqualität zu prognostizieren ist. Schutzziel ist neben dem Gesundheitsschutz auch der weiträumige Schutz der Atmosphäre und des Klimas.

Der Schutz und die Nutzung des Waldes bildet in der großflächigen und waldreichen UdSSR einen weiteren Schwerpunkt der Umweltpolitik. Die *Waldgesetzgebung* differenziert je nach Art und geographischer Lage der Wälder in Gruppen: Wälder, die landschaftsschützende Funktionen ausüben (sog. Schutzwälder in der Nähe von Städten, Kurortzonen, Naturschutzwälder und Nationalparks), Wälder, die zur industriemäßigen Holzbeschaffung dienen, in denen gleichzeitig aber der Baumbestand nicht schwinden darf, und Wälder in waldreichen Gebieten, in denen Holzeinschlag auch auf großen Flächen zugelassen wird. Diese Gliederung läßt erkennen, daß die Waldgesetzgebung nicht nur schutz-, sondern auch nutzorientiert ist. Sie hat dementsprechend explizit die Aufgabe, die rationelle Nutzung der Wälder zu gewährleisten und die Bedarfsdeckung zu sichern. Daneben sollen wasserschützende und klimaregelnde Funktionen des Waldes gefördert werden.

Die Umweltgesetzgebung wird ergänzt durch das *„Gesetz über den Schutz und die Nutzung der Tierwelt“*, welches Arten- und Lebensraumschutz umfaßt.

Ein einheitliches Atomgesetz gibt es nicht; *Strahlenschutzvorschriften* sind in einzelnen Richtlinien und Verordnungen enthalten. Sie haben sich aus arbeitsschutzrechtlichen Regelungen entwickelt, so daß auch heute noch der personale Bezug (Bedienungspersonal, Bevölkerung) stärker ausgeprägt ist als die Anforderungen an die Anlage, die lediglich einer einmaligen Abnahme unterliegt. Die Reaktorkatastrophe von Tschernobyl und die damit verbundene radioaktive Verseuchung des auf absehbare Zeit nicht mehr bewohnbaren Umlandes des Reaktors haben die Dringlichkeit des Strahlenschutzes auch den sowjetischen Stellen verdeutlicht, aber zu keiner grundsätzlichen Änderung der Kernenergiepolitik geführt.

184 Bei einer *Gesamtwürdigung* ist festzustellen, daß die sowjetische Umweltgesetzgebung vom Anspruch her vielfach hohe Vorgaben enthält. An der praktischen Umsetzung müssen jedoch erhebliche Zweifel bestehen. Hierzu dürfte die mangelnde Investitionskraft in umweltschützende Techniken beitragen. Insofern könnte jedoch der in der Sowjetunion in Gang gekommene politische und wirtschaftliche Reformprozeß auch die Erfolgsaussichten des Umweltschutzes verbessern und zu einem effizienteren Umweltrecht führen.

bb) DDR

185 Die faktischen **Umweltprobleme** der DDR (die für die Bundesrepublik Deutschland kein Ausland darstellt) resultieren wie in den meisten europäischen Staaten u. a. aus einem hohen Maß an Industrialisierung, intensiver Landwirtschaft und einer relativ hohen Bevölkerungsdichte. Dabei stellen sich manche Probleme mit besonderer Schärfe: Wegen der extensiven Nutzung der Braunkohlevorkommen zur Energiegewinnung und der daraus folgenden Schwefeldioxidbelastung der Luft nimmt die DDR in der Luftreinhaltungsbilanz der europäischen

Länder einen der letzten Plätze ein.[333] Maßnahmen zur Reduzierung der Gesamtemission (Energieeinsparung, Ausbau der Kernkraft und Rauchgasentschwefelung) konnten bislang keine entscheidende Abhilfe schaffen. Auch im Bereich der Wasserwirtschaft bestehen drängende Umweltprobleme: Einem relativ geringen Wasserangebot steht ein im internationalen Vergleich hoher, meist industriell verursachter Verbrauch gegenüber. Abwässer aus Industriebetrieben und Haushalten fließen zudem häufig ungeklärt oder ungenügend gereinigt in den Wasserhaushalt zurück, der entsprechende Verunreinigungen aufweist.

Die Rechtsordnung der DDR verfügt über eine dem Wortlaut nach an sich recht anspruchsvolle Umweltgesetzgebung. Der Umweltschutz hat durch Art. 15 der **DDR-Verfassung** von 1968 seit der Verfassungsänderung von 1974 Verfassungsrang. Dort heißt es: 186

„(1) Der Boden der Deutschen Demokratischen Republik gehört zu ihren kostbarsten Naturreichtümern. Er muß geschützt und rationell genutzt werden. Land- und forstwirtschaftlich genutzter Boden darf nur mit Zustimmung der verantwortlichen staatlichen Organe seiner Zweckbestimmung entzogen werden.

(2) Im Interesse des Wohlergehens der Bürger sorgen Staat und Gesellschaft für den Schutz der Natur. Die Reinhaltung der Gewässer und der Luft sowie der Schutz der Pflanzen- und Tierwelt und der landwirtschaftlichen Schönheiten der Heimat sind durch die zuständigen Organe zu gewährleisten und sind darüber hinaus auch Sache jedes Bürgers."

Diese Verfassungsbestimmung räumt dem Bürger jedoch keine Rechtsansprüche ein. Wegen der fehlenden Verfassungs- und einer nur sehr eingeschränkten Verwaltungsgerichtsbarkeit können Gesetze und andere Rechtsvorschriften auch im Falle der Unvereinbarkeit mit Art. 15 der Verfassung keiner gerichtlichen Kontrolle unterzogen werden.[334]

Administrativ nimmt in der DDR das 1971 gegründete Ministerium für Umweltschutz und Wasserwirtschaft die Aufgaben der Landeskultur, des Umweltschutzes und der Wasserwirtschaft als oberstes Organ wahr. 1985 wurde eine Staatliche Umweltinspektion eingeführt, die beim Umweltministerium und bei den Bezirksräten tätig ist und u. a. Emissionsgrenzwerte für Luftschadstoffe festlegt und kontrolliert. Von wesentlicher Bedeutung für den Umweltschutz ist außerdem das Ministerium für Gesundheitswesen. Die Staatliche Hygieneinspektion dieses Ministeriums stellt Grenz- und Richtwerte für gesundheitsrelevante Stoffe und Immissionen auf und kann von anderen staatlichen Organen Maßnahmen zur Verhütung chronischer gesundheitsschädlicher Umwelteinflüsse auf den Menschen verlangen.

Im Mittelpunkt der **Umweltgesetzgebung** der DDR steht das am 14. Mai 1970 erlassene „Gesetz über die planmäßige Gestaltung der sozialistischen Landeskultur in der Deutschen Demokratischen Republik" (**Landeskulturgesetz** – LKG). Dem Gesetz liegt die Konzeption eines umfassenden Umweltschutzgesetzes zugrunde, auch wenn seine Herkunft aus dem Naturschutzrecht erkennbar bleibt und der programmatisch-ideologische Begriff der „sozialistischen Landeskultur"[335] die terminologische Verwandtschaft zur „Landespflege" bzw. „Landschaftspflege" (s. § 10 Rn. 4) nicht verleugnen kann. Es enthält die Grundsätze für die „planmäßige Entwicklung der sozialistischen Landeskultur als System zur sinnvollen Gestaltung der natürlichen Umwelt und zum wirksamen Schutz der Natur mit dem Ziel der Erhaltung, Verbesserung und effektiven Nutzung der natürlichen Lebens- und Produktionsgrundlagen der Gesellschaft – Boden, Wasser, Luft sowie Pflanzen und Tierwelt in ihrer Gesamtheit – und zur Verschönerung der sozialistischen Heimat" (§ 1 Abs. 1 LKG). 187

Das Landeskulturgesetz ist ein *Rahmengesetz,*[336] das (nur) die grundsätzlichen Verhaltensanforderungen in den einzelnen Bereichen: Gestaltung und Pflege der Landschaft sowie Schutz der heimatlichen Natur (Kap. II), Nutzung und Schutz des Bodens (III), Nutzung und Schutz der Wälder (IV), Nutzung und Schutz der Gewässer (V), Reinhaltung der Luft (VI), Nutzbarmachung und schadlose Beseitigung der Abprodukte (VII) sowie Schutz vor Lärm (VIII) normiert. Die *Konkretisierung* der allgemeinen Grundsätze erfolgt in **Einzelgesetzen** und zahlreichen **Verordnungen.**

[333] Hierzu näher *v. Berg,* Artikel „Deutsche Demokratische Republik", in: Kimminich/v. Lersner/Storm (Hg.), Handwörterbuch des Umweltrechts (HdUR), Bd. I, 1986, Sp. 337ff., 337.

[334] Vgl. *Lammich,* Recht in Ost und West 1987, 15ff., 16.

[335] Vgl. insbes. *Supranowitz u.a.,* Landeskulturgesetz. Kommentar, Berlin (Ost) 1973, S. 15ff.

[336] *Supranowitz u.a.* (FN 335), S. 27.

Bemerkenswert ist, daß das Umweltrecht in der DDR außer dem **Instrumentarium** direkter Verhaltenssteuerung (vgl. allgemein § 4 Rn. 31ff.), die in einer Staatswirtschaft freilich weitgehend einer Selbststeuerung gleichkommt, auch „ökonomische Hebel" (z. B. Wassernutzungsentgelt nach § 20 des Wassergesetzes) gebraucht, obwohl bei ihr die Voraussetzung einer dezentralisierten Verkehrswirtschaft nicht vorliegt, bei der einzelne, unabhängige Wirtschaftseinheiten mit dem Zwecke individueller Gewinnmaximierung tätig werden.

188 **Einzelregelungen** für den *Naturschutz* beinhaltet die Erste Durchführungsverordnung zum LKG. Hiernach können Schutzgebiete ausgewiesen sowie Pflanzen und Tiere unter Schutz gestellt werden. Eine Baumschutzverordnung (1981) soll den Baumbestand vor allem auf kommunaler Ebene schützen (vgl. zu Regelungsparallelen in der Bundesrepublik Deutschland § 10 Rn. 65); das Beseitigen von Bäumen ist genehmigungspflichtig. Die Zweite Durchführungsverordnung zum LKG dient der Erschließung von Erholungsgebieten für die Bevölkerung.

Die *Bodennutzungsverordnung* (1981) bekräftigt die vom LKG vorgegebene lediglich partiell bodenschützende Zielrichtung, indem die Landwirtschaftsbetriebe verpflichtet werden, den Boden effektiv zu nutzen. Demnach muß der „höchstmögliche Nutzeffekt" erreicht werden (§ 18 Abs. 1 LKG), muß die Bodenfruchtbarkeit erhöht werden (§ 19 Abs. 1 S. 1 LKG), wozu alle Reserven und Möglichkeiten auszunutzen sind, die eine grundlegende und dauerhafte Verbesserung der Ertragsfähigkeit gewährleisten (§ 19 Abs. 1 S. 2 LKG). Durch den großräumig betriebenen Tagebau in der Braunkohlegewinnung droht in der DDR in erheblichem Maß der Entzug von Bodenfläche. Eine Verordnung über Bodennutzungsgebühren bezweckt, den „Entzug des Bodens auf den volkswirtschaftlich notwendigen Umfang zu beschränken". Gegen die Auswirkungen des Tagebaues sind Rekultivierungsanordnungen nach den §§ 13ff. des Berggesetzes ergangen.

Kapitel IV des LKG nebst Verordnungen, Anordnungen und Durchführungsbestimmungen ist eigens der Nutzung und dem Schutz der *Wälder* gewidmet. Weite Regelungsbereiche zielen allerdings auf die „effektivste Ausnutzung des Rohstoffs Holz" (§ 23 Abs. 1 S. 2 LKG), ein Ziel, das – ähnlich wie im Falle des Bodenschutzes – nicht unbedingt in einer „Schutz"vorschrift zu erwarten ist. Schon seit 1975 besitzt die DDR eine Regelung zum Ausgleich wirtschaftlicher Nachteile durch Immissionsschäden in den Wäldern. Die Emittenten müssen danach theoretisch die Mehraufwendungen für Walderneuerung und Forstschutz tragen.

Das *Wassergesetz* konkretisiert die im LKG festgelegten Grundsätze für Nutzung und Schutz der Gewässer. Die rationelle Nutzung der Gewässer einerseits und Fragen der Abwasserbehandlung andererseits bilden die Regelungsschwerpunkte. Für Industriebetriebe besteht grundsätzlich eine Pflicht zum Bau und Betrieb von Abwasseranlagen. Kritisiert wird jedoch, daß die Betriebe wegen zu geringer Mittelausstattung ihrer Pflicht nicht nachkommen (können). Das zu zahlende Abwassergeld sei zu gering bemessen, um eine wirksame Sanktion zu bilden. Zudem würden häufig Ausnahmegenehmigungen gewährt, wodurch die Grenzwerte unterlaufen würden.[337]

Die maßgeblichen Bestimmungen zur *Luftreinhaltung* sind außer in den §§ 29–31 LKG in Durchführungsverordnungen und -bestimmungen enthalten. Unterschieden wird zwischen Emissionsgrenzwerten, die das Umweltministerium bestimmt, und Immissionsgrenzwerten, die vom Gesundheitsministerium festgelegt werden. Bei Überschreiten der erlaubten Emissionen müssen Betriebe ein Abgas- bzw. Staubgeld zahlen. Darüber hinaus sind sie zu Schadensersatz verpflichtet. Die Emissionsgrenzwerte berücksichtigen ökonomische Möglichkeiten und territoriale Erfordernisse. Kritikpunkte sind hier die generell zu hohen Werte und die weitgehende Zulassung von Ausnahmen.

Das LKG bestimmt in den §§ 32–33 die Grundsätze für die Nutzbarmachung und schadlose Beseitigung von sog. *Abprodukten,* wie Abfälle in der DDR wegen der Zielrichtung der weiteren Verwertung („Sekundärrohstoff") bezeichnet werden. Mit den Grundsätzen der Vermeidung, der umfassenden Verwertung und zuletzt der schadlosen Beseitigung nichtvermeidbarer Abfälle sind die Regelungen im Abfallbereich recht modern (vgl. § 12 Rn. 9ff.). Den gesetzlichen Zielen laufen freilich die – wirtschaftlich begründeten – umfangreichen Abfallimporte aus

---

[337] *v. Berg* (FN 333), Sp. 347.

der Bundesrepublik zuwider. Für besondere Arten von Abfall (gasförmige Abprodukte, radioaktiver Abfall) bestehen eigene Vorschriften.

Zum Schutz vor *Lärm* sind Grenzwerte entsprechend den gesellschaftlichen Erfordernissen unter Berücksichtigung des wissenschaftlich-technischen Erkenntnisstandes gebietsspezifisch differenziert festzulegen (§ 35 Abs. 1 LKG).

Strahlenschutz ist außerhalb des LKG im Gesetz über die Anwendung der Atomenergie und den Schutz vor ihren Gefahren vom 8. Dezember 1983 und in der Verordnung über die Gewährleistung von Atomsicherheit und Strahlenschutz vom 11. Oktober 1984 sowie weiteren Durchführungsbestimmungen geregelt. Der Schutz von Mensch und Umwelt wird wirtschaftlichen Vorteilen übergeordnet. Die Festsetzung von Strahlenschutzgrenzwerten und die staatliche Überwachung erfolgen durch das Staatliche Amt für Atomsicherheit und Strahlenschutz.

Eine *Gesamtwürdigung* ergibt folgendes: Das Umweltschutzrecht in der DDR ist vielgestaltig 189
und weist sehr detaillierte Regelwerke auf. Über die Umsetzung und Effektivität sagt dies allerdings wenig. Es muß zudem im Kontext des staatlichen Selbstverständnisses der DDR gesehen werden.

Gerade im Fall der DDR interessiert aus der Sicht der Bundesrepublik Deutschland nicht nur 190
das auf das eigene Gebiet bezogene Vorschriftenwerk, sondern haben bi- und multilaterale Abkommen eine besondere Bedeutung. Insbesondere ist die **innerdeutsche Zusammenarbeit** in Fragen des Umweltschutzes relevant. Nachdem bereits im Grundlagenvertrag von 1972 zwischen der Bundesrepublik Deutschland und der DDR prinzipielles Einvernehmen über eine Zusammenarbeit im Umweltschutz erzielt worden war („Auf dem Gebiet des Umweltschutzes sollen zwischen der Bundesrepublik Deutschland und der Deutschen Demokratischen Republik Vereinbarungen geschlossen werden, um zur Abwendung von Schäden und Gefahren für die jeweils andere Seite beizutragen"), sind konkrete Gespräche über Umweltschutzabkommen erst relativ spät aufgenommen worden.[338] Im September 1987 wurde in Bonn ein *Umweltschutzrahmenabkommen* („Vereinbarung zwischen der Bundesrepublik Deutschland und der Deutschen Demokratischen Republik über die weitere Gestaltung der Beziehungen auf dem Gebiete des Umweltschutzes") mit der DDR unterzeichnet.[339] Die (zunächst für fünf Jahre abgeschlossene) Vereinbarung formuliert Grundlagen, Themenschwerpunkte und weitere Modalitäten der Zusammenarbeit: Gemäß Art. 1 der Vereinbarung werden beide Seiten die „Zusammenarbeit zu ausgewählten beiderseits interessierenden Fragen des Umweltschutzes fördern. Ihre Bemühungen werden dabei insbesondere darauf gerichtet sein, wissenschaftliche und technische Informationen und Erfahrungen auszutauschen sowie Maßnahmen zum Schutz und zur Erhaltung der Umwelt zu erörtern und gegebenenfalls Regelungen zu treffen". Als Schwerpunkte der Zusammenarbeit nennt Art. 2 Technologien und Maßnahmen zur Reduzierung sowie Messung von Luftschadstoffen, Ursachen von Waldschäden und Maßnahmen zu deren Minderung, Vermeidung, Verwertung und schadlose Beseitigung von Abfallstoffen, Erfahrungen und Maßnahmen auf dem Gebiet des Naturschutzes sowie Technologien, Erfahrungen und Maßnahmen zur rationellen Nutzung und zum Schutz der Gewässer. Konkrete Beratungsgegenstände sollen in einem (jeweils für drei Jahre geltenden) Arbeitsplan festgelegt werden. Tatsächlich vordringliche Themen sind u. a. die Elbverschmutzung, die Salzbelastung der Werra, die Rauchgasentschwefelung von Kraftwerken sowie die Reaktorsicherheit und Notfallschutzplanung.[340] Die Umsetzung des inzwischen vorliegenden Arbeitsprogrammes in konkrete gemeinsame Projekte muß noch erfolgen.[341] Zunächst bedarf es vor allem gegenseitiger Kenntnis von Umweltdaten. Dieser Datenaustausch findet jedoch nur begrenzt statt, wofür eine „Anordnung zur Sicherung des Geheimschutzes auf dem Gebiet der Umweltdaten" des DDR-Ministerrates vom November 1982 mitverantwortlich sein dürfte.[342] Wachsende Bedeutung dürfte daneben einer gezielten Hilfe bei Umweltschutzmaßnahmen zukommen, wie in

---

338 Vgl. *v. Berg*, in: Haendcke-Hoppe/Merkel (Hg.), Umweltschutz in beiden Teilen Deutschlands, 1986, S. 123ff.

339 Umwelt (BMU) Nr. 4 v. 21. 7. 1987, S. 137f.

340 Vgl. *v. Berg* (FN 338), S. 125ff.

341 s. den Artikel in der FAZ v. 15. 7. 1988, S. 10, anläßlich eines mehrtägigen Arbeitsbesuches von Bundesumweltminister *Töpfer* in der DDR.

342 Vgl. FAZ v. 13. 7. 1988, S. 3, sowie FAZ vom 14. 7. 1988, S. 4.

Einzelfällen – etwa bei der Reinigung des stark belasteten Grenzflusses Roeden (s. o. Rn. 68) – bereits vereinbart wurde. Die politischen Hindernisse für eine solche Kooperation beim Umweltschutz wurden zuletzt jedoch bei den Bemühungen um eine Gewässerschutzvereinbarung für die Elbe deutlich, die bislang an unterschiedlichen Auffassungen über den Grenzverlauf in der Elbe, letztlich also an dem Versuch der DDR, den Umweltschutz als politisches Druckmittel zu benutzen, scheiterten. Inzwischen besteht auch hier Hoffnung auf eine pragmatische Lösung unter Ausklammerung gegensätzlicher Rechtsstandpunkte.

cc) Polen

191 Auch in der Volksrepublik Polen wurden aus Anlaß der Verfassungsänderung vom Februar 1976 verfassungsrechtliche Grundlagen für den Umweltschutz formuliert. Das Volkseigentum und die Umwelt als „Gut des ganzen Volkes“ werden in Art. 12 Abs. 1 und 2 der polnischen **Verfassung** gleichrangig unter den besonderen Schutz des Staates sowie aller Bürger gestellt; Art. 71 der polnischen Verfassung begründet für die Bürger der Volksrepublik Polen ein Recht zur Nutzung und eine Pflicht zum Schutz der natürlichen Umwelt. Mit dem 1980 erlassenen **Gesetz über den Schutz und die Gestaltung der Umwelt** hat die Volksrepublik Polen ihr bis dahin in Einzelgesetzen und Verordnungen geregeltes Umweltrecht systematisiert.[343] Das neue komplexe Umweltgesetz legt die Grundsätze des Umweltschutzes in einem allgemeinen Teil fest und regelt Einzelbereiche in einem besonderen Teil. Unter anderem verpflichtet das Gesetz die staatlichen Organe insbesondere bereits bei der Aufstellung der verschiedenen Pläne, Gesichtspunkte des Umweltschutzes zu berücksichtigen; es sieht einen Umweltschutzfonds vor, der aus Gebühren für die Nutzung bestimmter Umweltmedien und aus Straf- und Bußgeldern gespeist wird und dessen Aufkommen für den Naturschutz verwendet werden soll. Neben dem Umweltgesetz bestehen weitere Einzelgesetze und sonstige sog. Normativakte zugunsten des Umweltschutzes. Organisatorisch wurden die Aufgaben des Umweltschutzes auf zentraler Ebene inzwischen weitgehend beim *Ministerium für Umweltschutz und Natürliche Ressourcen* konzentriert. Die Vollzugsdefizite in dem wirtschaftlich geschwächten Land sind jedoch beträchtlich.

dd) Tschechoslowakei

192 Das Umweltrecht des klassischen Industrielandes Tschechoslowakei findet in der unmittelbar benachbarten Bundesrepublik Deutschland besondere Beachtung vor allem wegen der grenzüberschreitenden Umweltbeeinträchtigungen. Art. 15 der Verfassung der Tschechoslowakischen Republik befaßt sich lediglich allgemein mit dem Naturschutz im weitesten Sinne. Spezifisch umweltrechtliche Regelungen finden sich stark zerstreut sowohl in föderalen Bestimmungen als auch in (regelmäßig inhaltlich identischen) Vorschriften der Tschechischen Sozialistischen Republik und der Slowakischen Sozialistischen Republik, und zwar bisher in Einzelgesetzen, da ein „komplexes Umweltschutzgesetz“ noch nicht erlassen wurde. Auch hier spielen die Wirtschaftspläne eine maßgebliche Rolle bei der Planung und Durchsetzung des Umweltschutzes.

In der Tschechoslowakei selbst werden die bestehenden Regelungen wegen der fehlenden Systematisierung, der unzureichenden Sanktionierung und der mangelnden Berücksichtigung von Vorsorgeaspekten insgesamt als wenig effektiv betrachtet. Eine Kodifizierung in einem einheitlichen Umweltschutzgesetz nach dem Vorbild anderer sozialistischer Staaten wird daher angestrebt.[344]

ee) Ungarn

193 Unter den sozialistischen Staaten ist Ungarn auf dem Weg der wirtschaftlichen und politischen Reformen bislang am weitesten fortgeschritten. Dies schlägt sich auch in der offenen Diskussion der Umweltprobleme des außerhalb der Agglomerationen stark agrarisch geprägten Landes sowie in der Existenz einer nicht staatlich gesteuerten Umweltschutzbewegung nieder.

---

343 Vgl. *Jastrzebski*, ZfU 1985, 119ff.
344 Vgl. *Lammich*, ZfU 1987, 335ff., 338ff.

In der ungarischen **Verfassung** wird seit 1972 der Umweltschutz im Zusammenhang mit dem Recht der Staatsbürger auf Schutz des Lebens, der körperlichen Unversehrtheit und der Gesundheit angesprochen (§ 57). In der ungarischen Rechtslehre wird das Recht auf eine menschenwürdige, gesunde Umwelt als „verfassungsmäßiges Grundrecht des Staatsbürgers“ apostrophiert.[345] In dem rechtsvergleichenden RGW-Standardwerk „Sozialismus und Umweltschutz“ wird die „ausführliche Regelung der Rechte und Pflichten der Bürger auf dem Gebiet des Umweltschutzes“ als „charakteristische Besonderheit“ auch des ungarischen **Umweltschutzgesetzes** von 1976 *(Gesetz der Ungarischen Volksrepublik Nr. II über den Schutz der Umwelt des Menschen)* hervorgehoben.[346] Dieses Gesetz ist als allgemeines medienübergreifendes Umweltschutzgesetz konzipiert: Allgemeinen Bestimmungen, die neben einem grundsätzlich postulierten individuellen Umweltrecht (§ 2 Abs. 2) allerdings auch einen ebenso grundsätzlichen Wirtschaftlichkeitsvorbehalt (§ 4) enthalten, folgen sektorale Regelungen über den Schutz des Bodens, der Gewässer, der Luft, der belebten Natur, der Landschaft sowie Sonderregelungen über den Schutz der Umwelt von Wohnsiedlungen. Der *Naturschutz* und der (im Umweltgesetz punktuell angesprochene) *Strahlenschutz* sind außerdem Gegenstand eigener Gesetze. Konkretisierende Bestimmungen, u. a. auch regional differenzierte Grenzwerte, finden sich in Verordnungen und sog. ministeriellen Direktiven. In Verordnungen ist z. B. auch der in Ungarn besonders wichtige Bodenschutz vor Schadstoffeinträgen durch Pflanzenbehandlungsmittel und Kunstdünger geregelt. Als *Umweltschutzinstrumente* gelangen neben planungs- und ordnungsrechtlichen Mitteln auch abgabeähnliche „Bußen“ zum Einsatz (vgl. allgemein § 4 Rn. 177 ff.).

Institutionell ist der Umweltschutz im Ministerium für Umweltschutz und Wasserwirtschaft verankert. Bei Ressortkonflikten ist die Aufgabe der Koordination ausdrücklich dem Ministerrat zugewiesen (§ 48 Gesetz Nr. II von 1976).

c) Entwicklungsländer

Die Entwicklungsländer (einschließlich der sog. **Schwellenländer**) können keinem einheitlichen traditionellen Rechtskreis zugeordnet werden, da ihre Rechtssysteme überwiegend (auch) durch die jeweiligen unterschiedlichen Mutterländer der Kolonialzeit beeinflußt sind und ihre derzeitigen politischen und wirtschaftlichen Strukturen wie auch ihr Entwicklungsstand stark divergieren. Gleichwohl bestehen gewisse Übereinstimmungen hinsichtlich der Sachprobleme (mehr oder weniger ausgeprägte Armut, Überbevölkerung usw.), die einen vorsichtigen Vergleich der Umweltpolitik der Entwicklungsländer erlauben. **194**

Während im Jahre 1972 auf der **UN-Umweltkonferenz** in Stockholm (s. o. Rn. 71) die Entwicklungsländer, angeführt von Brasilien, noch überwiegend die Auffassung vertraten, die „Dritte Welt“ biete sich als Raum für umweltbelastende Industrien an, weil das Belastungspotential dort noch längst nicht ausgeschöpft sei, betrachten viele Entwicklungsländer inzwischen, beeinflußt durch Studien wie Global 2000 (s. § 1 Rn. 7) und ökologische Probleme wie die Dürrekatastrophe in der Sahel-Zone oder der Giftunfall im indischen Bhopal, ihre eigenen Umweltprobleme differenzierter.[347] Allmählich scheint sich auch bei vielen Entwicklungsländern die Erkenntnis durchzusetzen, daß Umweltschutz kein „Luxus“ der reichen Industrienationen ist. Mehr noch als die üblichen industriellen Umweltprobleme drohen in den Entwicklungsländern derzeit vielfältige ökologische Katastrophen vor allem durch Armut und unbedachte Ausbeutung der Natur (Überweidung, Abholzen von tropischen Regenwäldern usw.). Überdies stehen die Umweltprobleme vielfach in einem handgreiflichen Zusammenhang mit der Volksgesundheit, insbesondere der Seuchenhygiene (z. B. mangelhafte oder fehlende Trinkwasserversorgung und Abfallentsorgung in den wuchernden Urbanisationen). **195**

---

345 *Racz,* NuR 1985, 133 ff., 137.
346 *Kolbassow* (FN 323), S. 65.
347 Vgl. *Simonis/Hartje,* Artikel „Entwicklungshilfe“, in: Kimminich/v. Lersner/Storm (Hg.), Handwörterbuch des Umweltrechts (HdUR), Bd. I, 1986, Sp. 425 ff.

196 Gleichwohl kann den Entwicklungsländern nicht pauschal mangelndes Umweltbewußtsein nachgesagt werden. So gehen zahlreiche **internationale umweltpolitische Initiativen,** z. B. zur 1982 beschlossenen UN-Weltcharta für die Natur, auch von diesen Staaten aus.[348] Auch die Entwicklungsländer bemühen sich, durch völkerrechtliche Verträge den Umweltschutz regional und international zu koordinieren.[349]

Umweltschutzgesetze gibt es in fast allen Entwicklungsländern, zum Teil bereits seit längerem in Form einheitlicher und verbal sehr anspruchsvoller Umweltrechtskodifikationen (z. B. in **Kolumbien** und **Mexiko**).[350] Zu bedenken ist jedoch, daß die Länder der Dritten Welt verständlicherweise häufig der wirtschaftlichen Entwicklung den Vorrang einräumen und deshalb einer anspruchsvollen Umweltschutzgesetzgebung in der Praxis selten ein effektiver **Vollzug** entspricht. Hinzu kommt das fehlende Umweltbewußtsein einer in den armen Ländern vielfach um das bloße Überleben kämpfenden und mangelhaft ausgebildeten Bevölkerungsmehrheit.[351] Umweltschutz in der „Dritten Welt" bedeutet daher – noch sehr viel mehr als in hochentwickelten Industriestaaten – primär „Umweltschutz von oben". In einem Teil der Entwicklungsländer, insbesondere bei der Mehrzahl der ärmsten Staaten, dürften vorhandene Umweltschutzgesetze sogar kaum mehr als eine Symbolgesetzgebung darstellen.

197 Finanzielle Hilfen der Industriestaaten im Rahmen einer **„Umweltentwicklungshilfe"**[352] könnten zu einer Verwirklichung der durchaus vorhandenen umweltrechtlichen Absichten und Einsichten der Entwicklungsländer beitragen. Im Hinblick auf zahlreiche weltweite Auswirkungen ökologischer Sündenfälle in den Entwicklungsländern (z. B. Klimaveränderungen durch Abholzung tropischer Regenwälder) würde eine solche Umweltentwicklungshilfe auch den Industriestaaten selbst langfristig wieder Nutzen bringen. Eine Sonderform der Umweltentwicklungshilfe bildet die vor dem Hintergrund der Schuldenkrise der Entwicklungs- und Schwellenländer erwogene Verknüpfung von Entschuldungs- und Umschuldungsmaßnahmen (Schuldenerlaß, Vergabe neuer Kredite usw.) mit Umweltschutzauflagen (sog. *depts-for-nature-swaps*). So will etwa die Weltbank in Zukunft auch Umweltschutzbelange bei ihren Hilfen berücksichtigen. Eine umweltpolitische Kooperation zwischen Industrie- und Entwicklungsländern setzt des weiteren voraus, daß die Industriestaaten ihrerseits darauf verzichten, Umweltbelastungen (etwa durch Ansiedlung besonders gefährlicher Industrieanlagen, Abfallexporte usw.) in die „Dritte Welt" zu verlagern. Freilich wäre es illusorisch und den unterschiedlichen Ausgangsbedingungen auch nicht angemessen, die Geltung weltweit einheitlicher Umweltschutzstandards zu fordern. So mag es im Einzelfall sogar gerechtfertigt sein, wenn in Entwicklungsländern Stoffe (z. B. Pflanzenbehandlungsmittel) zum Einsatz gelangen, deren Verwendung in den europäischen Staaten oder in Nordamerika verboten ist.[353] Die Gründe, die hier einen Verzicht auf bestimmte Stoffe erlauben, liegen unter den anders gearteten Lebensbedingungen insbesondere tropischer Länder möglicherweise nicht vor. Ein Urteil über die vielfältigen Umweltschutzaufgaben in den Entwicklungs- und Schwellenländern setzt daher eine wesentlich differenziertere Analyse voraus, als hier angedeutet werden kann.

aa) Indien

198 Wie in den meisten Entwicklungsländern bedingen die besonderen Verhältnisse in Indien andere Schwerpunkte der Umweltpolitik als in westlichen Industriestaaten.[354] So steht in Indien

---

348 Im konkreten Fall ging die Initiative von Zaire aus, vgl. *Skupnik,* VN 1983, 12.

349 Vgl. etwa *M. Schröder,* in: Forschungsstelle für Umwelt- und Technikrecht (Hg.), Jahrbuch des Umwelt- und Technikrechts 1987 (UTR 3), 1987, S. 273ff.

350 Vgl. die (inzwischen allerdings nicht mehr ganz aktuelle) Zusammenstellung bei *Gour-Tanguay,* Environmental Policies in Developing Countries, Berlin 1977. Zum kolumbianischen Umweltgesetzbuch *Bothe* (Hg.), Ausländisches Umweltrecht V, 1977, S. 47ff.; zum mexikanischen „Bundesgesetz zur Verhütung und Kontrolle der Umweltverschmutzung" *Bothe* (Hg.), Ausländisches Umweltrecht III, 1974, S. 27ff.

351 Vgl. nur *Dwivedi,* IRAS 1977, 124ff., 132.

352 Vgl. dazu auch *Hartje,* Umwelt- und Ressourcenschutz in der Entwicklungshilfe, 1982; *Weimert/Kress/Karpe,* Umweltprobleme und nationale Umweltpolitiken in Entwicklungsländern, 1981; *Simonis/Hartje* (FN 347), Sp. 425ff.

353 Vgl. zu dieser Problematik auch *E. Rehbinder,* in: Forschungsstelle für Umwelt- und Technikrecht (Hg.), Jahrbuch des Umwelt- und Technikrechts 1988 (UTR 5), 1988, S. 337ff.

354 Vgl. *Chauhan,* Artikel „Indien", in: Kimminich/v. Lersner/Storm (Hg.), Handwörterbuch des Umweltrechts (HdUR), Bd. I, 1986, Sp. 785ff.

an erster Stelle die Bewahrung und Erhaltung des Lebens und danach erst die Verbesserung der Lebensqualität. Die Sicherung der Grundversorgung der Bevölkerung mit Nahrungsmitteln, Wasser und hygienischen Einrichtungen, das rapide Bevölkerungswachstum, die zum Teil unkontrollierte Industrieansiedlung in städtischen Ballungsgebieten, aber gelegentlich auch die (nicht vorgesehenen negativen) Auswirkungen anspruchsvoller Entwicklungsprojekte (wie z. B. Staudämme) und herkömmliche Umweltnutzungen (Waldrodung, Verwendung bestimmter Brennstoffe) führen zu spezifischen Umweltproblemen. Mit der Verfassungsänderung von 1976 hat Indien in Art. 48–A und Art. 51–A (g) den Umweltschutz als Staatsziel und Bürgerpflicht in die **Unionsverfassung** aufgenommen.

Die *Gesetzgebungszuständigkeiten* sind im bundesstaatlich gegliederten Indien zwischen der Union und den Einzelstaaten aufgeteilt, wobei der Union vor allem Zuständigkeiten auf den Gebieten der Atomenergie, der Mineralstoffe und der grenzüberschreitenden Flüsse und Flußtäler sowie konkurrierend zum Tierschutz und zum Schutz der Wälder vorbehalten bleiben, während sonstige Bereiche des Umweltschutzes in die Kompetenz der Einzelstaaten fallen. Union und Einzelstaaten haben dementsprechend eine Reihe von **umweltrechtlichen Vorschriften** erlassen (z. B. Bundesgesetze über Gewässerschutz, Luftreinhaltung, Waldschutz) und organisatorische Maßnahmen ergriffen. Auf der Ebene der Zentralregierung nehmen das *Umweltministerium,* das nationale Kommitee für Umweltplanung und das Amt für Umweltplanung und -koordination sowie weitere Organisationen Aufgaben des Umweltschutzes wahr. In der stark richterrechtlich geprägten Rechtsordnung Indiens spielt der indische *Supreme Court*[355] eine wichtige Rolle bei der Fortentwicklung des Umweltrechts. Auch für Indien trifft allerdings die Beobachtung einer mangelnden Effektivität des Umweltschutzrechts zu. So hat die Giftgaskatastrophe von Bhopal (eine aus dem Tank einer Pflanzenschutzmittelfabrik der amerikanischen Firma Union Carbide austretende Giftgaswolke forderte 1984 über 2000 Tote und 180000 Verletzte) zwar eine Welle von Schadensersatzklagen vor indischen und amerikanischen Gerichten ausgelöst[356] und die Notwendigkeit einer Anlagenüberwachung unterstrichen, eine umfassende Wende zu einem leistungsfähigeren Umweltschutz dürfte jedoch noch nicht eingetreten sein.

bb) China

Zwar hat in China die Gesetzgebung zum Schutz der Natur eine bis in das antike Kaiserreich zurückreichende Tradition.[357] In den revolutionären Anfangsjahren der Volksrepublik China mußte der Umweltschutz jedoch hinter den Entwicklungs- und Industrialisierungsanstrengungen zurückstehen. Mit der erfolgreich eingeführten Kontrolle des Bevölkerungswachstums wurde allerdings eine wesentliche Voraussetzung auch für einen effektiven Umweltschutz im volkreichsten Land der Erde geschaffen. 199

Inzwischen wurde der Umweltschutz im Rahmen zweier **Verfassungsnovellen** von 1978 und 1982 (Art. 9: Schutz natürlicher Ressourcen, Tier- und Pflanzenschutz; Art. 22: Schutz der historischen und kulturellen Werte; Art. 26: Schutz der Umwelt) verfassungsrechtlich verankert.

Auf der Grundlage bereits seit 1972 geltender Richtlinien wurde in China 1979 ein komplexes **Umweltschutzgesetz** erlassen, das u. a. zu einer Abstimmung der Entwicklung der Produktion und des Umweltschutzes verpflichtet, das Vorsorge- und das Verursacherprinzip einführt sowie ein Anzeige- und Klagerecht des einzelnen Bürgers begründet. Auf der Grundlage dieses Gesetzes wurden zahlreiche Standards für bestimmte einzelne Umweltmedien und Umweltbeeinträchtigungen beschlossen.

cc) Brasilien

Als exemplarisch für die lateinamerikanische Umweltgesetzgebung kann trotz seiner (vor allem bundesstaatlichen) Besonderheiten das Umweltrecht Brasiliens gelten. Seine besondere Bedeutung ergibt sich daraus, daß Brasilien als führende Wirtschaftsmacht Lateinamerikas 200

---

[355] Vgl. nur *Gupta,* IRAS 1984, 157ff. m. w. N.
[356] Vgl. *Bongaerts/Heinrichs,* WZB-Mitteilungen 29 (1985), 18ff.
[357] Vgl. hierzu und zum folgenden insbes. *Kaminski,* Artikel „China", in: Kimminich/v. Lersner/Storm (Hg.), Handwörterbuch des Umweltrechts (HdUR), Bd. I, 1986, Sp. 302ff.

einerseits vor allem in seinen südlichen Landesteilen die Schwelle zur Industrialisierung längst überschritten hat, andererseits in Amazonien über das größte geschlossene (und inzwischen stark bedrohte) Urwaldgebiet der Welt verfügt.

Die Verfassungsänderung Nr. 1 von 1969 behandelt Einzelbereiche des Umweltschutzes wie Wasser, Forsten, Jagd, Fischerei, Energieformen und Gesundheit und weist entsprechend ihrer zentralistischen Tendenz die Gesetzgebungskompetenzen überwiegend dem Bund zu. Einzelbereiche können ergänzend von den Einzelstaaten und den Kommunen geregelt werden, die auch eine Verschärfung (nicht aber eine Abschwächung) der allgemeinen Standards vorsehen können. Weitergehende Umweltschutzbestimmungen enthält die neue Bundesverfassung von 1988.

Eine grundsätzliche Regelung der Umweltschutzzuständigkeiten enthält das sowohl als allgemeines Umweltgesetz sowie als Organisationsstatut ausgestaltete **Gesetz über eine nationale Umweltpolitik** von 1981.[358] *Einzelgesetze* wurden auf Bundesebene u. a. zur Kontrolle der industriellen Umweltverschmutzung sowie zur Schaffung ökologischer Gebiete und Umweltschutzzonen erlassen. Maßgebliche *Instrumente* der nationalen Umweltpolitik sind der Erlaß von Normen über die Umweltqualität, Genehmigungsvorschriften für umweltverschmutzende Tätigkeiten und die Förderung umweltfreundlicher Technologien.

Organisatorisch besteht seit 1985 ein Ministerium für städtische Entwicklung und Umwelt, dem das bereits 1973 errichtete Spezialsekretariat für Umwelt (SEMA) unterstellt ist. Das Nationale System für Umwelt (SISNAMA) soll die Umweltpolitik des Bundes, der Länder und Städte koordinieren; dem gleichen Ziel soll auch die Schaffung eines weitere Beteiligte einschließenden Nationalrates für Umwelt (CONAMA) dienen.[359] Eine Besonderheit des brasilianischen Umweltrechts bilden die Rolle des (auch mit Klagebefugnissen gegenüber anderen Regierungsstellen ausgestatteten) *Ministerio Publico* sowie die v. a. im Bereich des Natur- und Denkmalschutzes zulässige *Popularklage* (açao popular)[360] und die unter dem Gesetz 7.347 von 1985[361] zulässige Verbandsklage. Das relativ anspruchsvolle und keineswegs nur symbolische brasilianische Umweltrecht hat sich bislang allerdings als nur sehr begrenzt in der Lage erwiesen, der gravierenden Umweltprobleme des Landes Herr zu werden.[362] Ende 1988 wurden von der Regierung verstärkte Bemühungen um den Schutz der tropischen Regenwälder in Aussicht gestellt.

F. Perspektiven

201 Die räumliche Dimension der Umweltprobleme erfordert immer mehr internationale und zunehmend weltweite Aktionsebenen zur effektiven Problembewältigung, auch über die bisherigen Ansätze hinaus.

Erst allmählich setzt sich die Erkenntnis durch, daß viele Umweltmedien bei fortschreitender Schädigung ebenso wie zunehmend die natürlichen Rohstoffe zu knappen Gütern werden, deren Erhaltung existentielle Lebensgrundlagen der gesamten Menschheit berührt. Insoweit werden im Völkerrecht **Modelle** einer ausgewogenen, gleichberechtigten Nutzung *(equitable utilization)* der ,,geteilten Umwelt" *(shared environment)* bis hin zur Betrachtung der Umwelt als *,,gemeinsames Erbe der Menschheit"* (common heritage of mankind) erwogen. Verbunden damit ist die Forderung nach einer verstärkten internationalen, die Souveränität der Nationalstaaten durchbrechen-

[358] Hierzu näher *Findley,* Ecology Law Quarterly 15 (1988), 1ff., 17ff.

[359] Vgl. *Leme Machado,* Artikel „Brasilien", in: Kimminich/v. Lersner/Storm (Hg.), Handwörterbuch des Umweltrechts (HdUR), Bd. I, Sp. 280ff., 282f.

[360] Vgl. *Findley* (FN 358), 45ff.

[361] Vgl. *Findley* (FN 358), 38ff.

[362] Als Beispiel für die Vollzugsschwäche der Umweltpolitik steht v. a. das wegen seiner angeblich weltweit höchsten Schadstoffkonzentration bekanntgewordene (nach sich häufenden Todesfällen und Erkrankungen in der Bevölkerung teilevakuierte) Industriegebiet von Cubatao. Hierzu näher *Findley* (FN 358), 52ff.

den (Umwelt-)*Ressourcenbewirtschaftung* durch mit entsprechenden Befugnissen ausgestattete internationale Organisationen,[363] deren radikale Varianten in eine ökologisch getönte Wiederbelebung der Weltstaatsutopie münden.[364] Bereits die bisherigen Bestrebungen zu einer (bloßen) internationalen Harmonisierung des Umweltrechts durch Angleichung der nationalen Rechtsvorschriften stoßen auf erhebliche Schwierigkeiten.[365] Fortschritte bei der Entwicklung des internationalen Umweltrechts sind vorwiegend auf den (möglichst weltweiten) Konsens der Staaten angewiesen. Enthusiastische Versuche einer sanktionierten Forcierung der Entwicklung dürften regelmäßig zum Scheitern verurteilt sein, wenn ihnen die Zustimmung international versagt bleibt, da die Sanktionsmöglichkeiten der einzelnen Staaten gegenüber ihren weniger umweltfortschrittlichen Nachbarn eher begrenzt sind.[366] Einen zunehmend praktizierten Ausweg weist das internationale *Solidaritätsprinzip,* indem die finanziellen Belastungen des Umweltschutzes verstärkt von den finanziell leistungsfähigeren und durch entsprechende Umweltschutzmaßnahmen begünstigten Staaten solidarisch (mit-)getragen werden (z. B. im Verhältnis Bundesrepublik Deutschland – Tschechoslowakei). Eine entsprechende Unterstützungspflicht insbesondere der Industriestaaten gegenüber den Entwicklungsländern postuliert die Erklärung von Den Haag zum Schutz der Erdatmosphäre vom 11. 3. 1989.[367]

---

[363] Zu solchen Ansätzen vgl. *Arsanjani,* International Regulation of International Resources, 1981; *Schneider,* World Public Order of the Environment, 1979, insbes. S. 107ff.

[364] *Mayer-Tasch* (FN 89), S. 12.

[365] *Kloepfer,* UPR 1984, 281ff., 289.

[366] Die von *Mayer-Tasch* (FN 89), S. 10, vorgeschlagenen Sanktionsmechanismen zeugen eher von einer Verkennung geltenden Völkerrechts und (neben dem Umweltschutz) bestehender nationaler Interessen.

[367] Abgedr. in FAZ Nr. 77 v. 3. 4. 1989, S. 10.

Zweites Buch

Besonderes Umweltrecht

§ 7 Immissionsschutzrecht

Schrifttum: *Arbeitskreis für Umweltrecht (AKUR),* Umweltrecht mildern? Immissionsschutz und Standortvorsorge, 1978; *ders.,* Standortplanung für technische Großanlagen, 1980; *Badura,* Die Standortentscheidung bei der Unternehmergenehmigung mit planungsrechtlichem Einschlag, BayVBl. 1976, 515ff.; *ders.,* Rechtsfragen der Flughafenplanung, in: Festgabe zum 10jährigen Jubiläum der Gesellschaft für Rechtspolitik, 1984, S. 27ff.; *Bambey,* Aktuelle Probleme des Verkehrslärmschutzes, DVBl. 1985, 438f.; *Bayer/Gehrmann,* Bau- und Immissionsschutzrecht, 1981; *Bender,* Zur staatshaftungsrechtlichen Problematik der Waldschäden, VerwArch. 77 (1986), 335ff.; *Berberich,* Rechtsschutz bei Verkehrslärmimmissionen, 1983; *Bethge/Meurers/Gerhardt,* Technische Anleitung zum Schutz gegen Lärm – TA Lärm (Kommentar), 4. Aufl., 1985; *H.-J. Birk,* Rechtsgrundlagen zum Schadensersatz und zur Entschädigung bei Immissionen, 1983; *ders.,* Umwelteinwirkungen durch Sportanlagen, NVwZ 1985, 689ff.; *Blümel,* Masseneinwendungen im Verwaltungsverfahren, in: Festschrift für Werner Weber zum 70. Geb., 1974, S. 515ff.; *ders.,* Die Standortvorsorgeplanung für Kernkraftwerke und andere umweltrelevante Großvorhaben in der Bundesrepublik Deutschland, DVBl. 1977, 301ff.; *ders.,* Festsetzung von Lärmschutzbereichen und gemeindliche Selbstverwaltungsgarantie, VerwArch. 73 (1982), 329ff.; *ders.* (Hg.), Bedarfsplanung, Planfeststellung, Immissionsschutz, 1988; *Börner,* Die Beweislast als Hebel der Rechtspolitik, insbesondere im Immissionsschutzrecht, in: ders. (Hg.), Umwelt, Verfassung, Verwaltung, 1982, S. 117ff.; *Bohne,* Der informale Rechtsstaat – Eine empirische und rechtliche Untersuchung zum Gesetzesvollzug unter besonderer Berücksichtigung des Immissionsschutzes, 1981; *Boisserée,* Örtliche Umweltstandards?, UPR 1983, 368ff.; *ders./Oels/Hansmann/Schmitt,* Immissionsschutzrecht (Textsammlung Bund und NW mit Erl.), 1975ff.; *E. Brandt,* Die Schwefeldioxidabgabe – ein neues Instrument zur Bekämpfung der Luftverschmutzung, ZRP 1983, 115ff.; *Breuer,* Die rechtliche Bedeutung der Verwaltungsvorschriften nach § 48 BImSchG im Genehmigungsverfahren, DVBl. 1978, 28ff.; *ders.,* Der Störfall im Atom- und Immissionsschutzrecht, WiVerw. 1981, 219ff.; *Büdenbender/Mutschler,* Bindungs- und Präklusionswirkung von Teilentscheidungen nach BImSchG und AtG, 1979; *Cloosters,* Rechtschutz Dritter gegen Verfahrensfehler im immissionsschutzrechtlichen Genehmigungsverfahren, 1986; *Cramer,* Schutz gegen Verkehrslärm, 1978; *Davids/Lange,* Die TA Luft '86 (Technischer Kommentar), 1986; *Dolde,* Bestandsschutz im Immissionsschutzrecht, in: Festschrift für Otto Bachof zum 70. Geb., 1984, S. 191ff.; *Dreißigacker/Surendorf/Weber,* Luftreinhaltung, Bd. 3, Verordnung über Großfeuerungsanlagen, 1983; *Dreyhaupt* (Hg.), Handbuch für Immissionsschutzbeauftragte (2 Teile), 1981; *Ebersbach,* Rechtliche Probleme des Waldsterbens, AgrarR 1984, 214ff.; *D. Ehlers,* Die Rechtsnatur der Bekanntgabe von Smog-Alarm, DVBl. 1987, 972ff.; *Engelhardt,* Die Bekanntgabe von Meßstellen nach § 26 des Bundes-Immissionsschutzgesetzes, BB 1978, 71ff.; *ders.,* Bundes-Immissionsschutzgesetz (Kommentar), 2. Aufl., 1980; *Erbguth,* Immissionsschutz und Landesplanung, 1982; *Evers,* Schutz des Fernsten – eine späte Einsicht des österreichischen Emissionsschutzrechts, in: Gedächtnisschrift für Ilmar Tammelo, 1984, S. 587ff.; *Feldhaus,* Zumutbarkeitsgrenzen als Wege der Konfliktlösung am Beispiel des Immissionsschutzrechts, DVBl. 1979, 301ff.; *ders.,* Der Vorsorgegrundsatz des Bundes-Immissionsschutzgesetzes, DVBl. 1980, 133ff.; *ders.,* Einführung in die Störfall-Verordnung, WiVerw. 1981, 191ff.; *ders.,* Zum Inhalt und zur Anwendung des Standes der Technik im Immissionsschutzrecht, DVBl. 1981, 165ff.; *ders.,* Die Novellierung des Bundes-Immissionsschutzgesetzes, UPR 1985, 385ff.; *ders.,* Bestandsschutz immissionsschutzrechtlich genehmigter Anlagen im Wandel, WiVerw. 1986, 67ff.; *ders.,* Rechtliche Instrumente zur Bekämpfung von Waldschäden, UPR 1987, 1ff.; *ders./Eisenbarth,* Die Luftreinhaltung und Lärmbekämpfung der 80er Jahre, UPR 1988, 405ff.; *ders./Ludwig,* Die TA Luft 1983, DVBl. 1983, 565ff.; *ders./Ludwig/Davids,* Die TA Luft 1986, DVBl. 1986, 641ff.; *ders./Schmitt,* Kausalität im öffentlich-rechtlichen Umweltschutz – Luftreinhaltung, WiVerw. 1984, 1ff.; *ders./Vallendar,* Bundesimmissionsschutzrecht (Kommentar), 2. Aufl., 1974ff.; *Feuchte,* Prognose, Vorsorge und Planung bei der Genehmigung industrieller Anlagen, Die Verwaltung 1977, 291ff.; *Fickert,* Bundesfernstraßengesetz, Bundes-Immissionsschutzrecht gegen Verkehrslärm, 1976; *ders.,* Quo vadis, Verkehrslärmschutzgesetz?, DVBl. 1979, 645ff.; *Finkelnburg,* Aktuelle Probleme des Immissionsschutzrechts, 1980; *Forkel,* Immissionsschutz und Persönlichkeitsrecht, 1968; *Gässler,* Bundes-Immissionsschutzgesetz (Kurzkommentar), 2. Aufl., 1983; *Gehrmann,* Konflikte und Risiken emitierender Gewerbebetriebe durch nahe Wohnbebauung und nahe großflächige Einzelhandelsbetriebe, GewArch. 1980, 353ff.; *ders.,* Aktuelle Probleme des Umweltschutzes durch Verkehrslenkung, UPR 1985, 33ff.; *Gerold/Bodenstein/Brieda,* Handbuch zur Erstellung von Emissionserklärungen gem. 11. BImSchV vom 20. 12. 1978, 1983; *Giemulla/Lau/Barton,* Luftverkehrsgesetz (Kommentar), 1981ff.; *Glietz,* Grundprobleme von Vorbescheid und Teilgenehmigung im Immissionsschutzrecht, Diss. jur. Bielefeld 1985; *Grabitz,* Zweck und Maß der Vorsorge nach dem Bundes-Immissionsschutzgesetz, WiVerw. 1984, 232ff.; *Groh,* Kostentragung für Lärmschutzmaßnahmen an Straßen, BauR 1984, 358ff.; *Hagemann/Rauch,* Emissionsbegrenzung der Geflügelhaltung, RdL 1980, 169ff.; *Hagen,* Sportanlagen im Wohnbereich, UPR 1985, 192ff.; *Hansmann,* Sicherheitsanforderungen im Atomrecht und im Immissionsschutzrecht, DVBl. 1981, 898ff.;

ders., Erläuterung, Vergleich und Abgrenzung der für die Geräuscheinwirkungen verwendeten Rechtsbegriffe, UPR 1982, 353ff.; *ders.*, Die Verordnung über Großfeuerungsanlagen, UPR 1983, 321ff.; *ders.*, Bundes-Immissionsschutzgesetz und ergänzende Vorschriften, 4. Aufl., 1986; *ders.*, TA Luft (Erl. Ausg.), 1987; *ders.*, Rechtsprobleme der neuen Smog-Verordnungen, NVwZ 1987, 89ff.; *ders.*, Neue Durchführungsvorschriften zum Bundes-Immissionsschutzgesetz, NVwZ 1988, 1000ff.; *ders./Schmitt*, TA Luft (Kommentar), 1983; *Harbeck*, Rechtsschutz bei der Planung von Flughäfen, ZLW 1983, 209ff.; *Hartung*, Entschädigung für Straßenverkehrslärmimmissionen in der Rechtsprechung des Bundesgerichtshofs, 1986; *Henselder*, TA Luft (Vorschriften mit Erl.), 1986; *Hochgürtel*, Das Recht des Umweltschutzes in der Zivilluftfahrt, 1984; *M. Hofmann*, Luftverkehrsgesetz (Kommentar), 1971; *v. Holleben*, Die nachträgliche Anordnung von Schutzmaßnahmen gemäß § 17 Bundes-Immissionsschutzgesetz, GewArch. 1976, 112ff.; *Holzhauser*, Probleme der Standortvorsorge für umweltbelastende Großvorhaben aus bundesrechtlicher Sicht, 1983; *Hoppe*, Wirtschaftliche Vertretbarkeit im Rahmen des Bundes-Immissionsschutzgesetzes, 1977; *ders.*, Die ,,wirtschaftliche Vertretbarkeit" im Bundesimmissionsschutzgesetz, NJW 1977, 1849ff.; *ders.*, Der Begriff der ,,wirtschaftlichen Vertretbarkeit" im Bundesimmissionsschutzgesetz, DVBl. 1982, 19ff.; *ders./Schlarmann*, Rechtsschutz bei der Planung von Straßen und anderen Verkehrsanlagen, 2. Aufl., 1981; *Hüttenbrink*, Rechtliche Möglichkeiten der Beschränkung militärischen Tieffluglärms in den sieben bundesdeutschen Tieffluggebieten, UPR 1988, 410ff.; *J. Ipsen*, Die Genehmigung technischer Großanlagen, AöR 107 (1982), 259ff.; *Jarass*, Gaststättenlärm und Sperrzeit, NJW 1981, 721ff.; *ders.*, Bundes-Immissionsschutzgesetz (Kommentar), 1983; *ders.*, Bindungs- und Präklusionswirkung von Teilgenehmigung und Vorbescheid, UPR 1983, 241ff.; *ders.*, Schädliche Umwelteinwirkungen – Inhalt und Grenzen eines Kernbegriffs des Immissionsschutzrechts, DVBl. 1983, 725ff.; *ders.*, Beschränkungen des Anlagenbetriebs und des Kraftfahrzeugverkehrs bei austauscharmen Wetterlagen, in: Festschrift zum 125jährigen Bestehen der Juristischen Gesellschaft zu Berlin, 1984, S. 283ff.; *ders.*, Die Kontrolle gefährlicher Anlagen nach dem Bundesimmissionsschutzgesetz, JuS 1984, 351ff.; *ders.*, Das rechtliche Instrumentarium zur Bekämpfung des Smogs, NuR 1984, 176ff.; *ders.*, Effektivierung des Umweltschutzes gegenüber bestehenden Anlagen, DVBl. 1985, 193ff.; *ders.*, Die jüngsten Änderungen des Immissionsschutzrechts, NVwZ 1986, 607ff.; *ders.*, Reichweite des Bestandsschutzes industrieller Anlagen gegenüber umweltrechtlichen Maßnahmen, DVBl. 1986, 314ff.; *ders.*, Die Bekanntgabe des Smog-Alarms, NVwZ 1987, 95ff.; *Jarre/K. Zimmermann*, Wettbewerbsverzerrende Wirkungen der Umweltpolitik. Der Fall des Benzinbleigesetzes, ZfWirtschSozWiss. 1980, 63ff.; *Junker/Kabelitz/de la Rivera/Schwarz*, TA Luft (Kommentar), 1983ff.; *Kalmbach/Schmölling*, Technische Anleitung zur Reinhaltung der Luft, 2. Aufl., 1986; *Karl*, Deutsches Immissionsschutzrecht seit 1870 bis zum Bundes-Immissionsschutzgesetz von 1974, in: Technikgeschichte 47 (1980), 20ff.; *Kersten*, Zumutbarkeitsgrenzen bei Straßenverkehrslärm, BayVBl. 1987, 641ff.; *Kloepfer*, Entschädigung für Straßenverkehrslärm: Rückberücksichtigung und Vorberücksichtigung des BImSchG – BGHZ 64, 220, JuS 1976, 436ff.; *Kluth*, Der Smog-Alarm zwischen Regelung und Realakt, NVwZ 1987, 960ff.; *Kniep*, Zum Inhalt von Smog-Verordnungen, GewArch. 1986, 260ff.; *Knoepfel/Weidner*, Handbuch der SO_2-Luftreinhaltepolitik, 1980; *H.-J. Koch*, Die wirtschaftliche Vertretbarkeit nachträglicher Anordnungen, WiVerw. 1983, 158ff.; *Kodal*, Straßenrecht, 4. Aufl., 1985; *Kraft*, Immissionsschutz und Bauleitplanung, Diss. jur. Würzburg 1987; *P. Krause*, § 6 Nr. 2 BImSchG im vereinfachten Verfahren, GewArch. 1980, 41ff.; *Krell*, Handbuch für Lärmschutz an Straßen- und Schienenwegen, 1980; *Kunig*, „Dritte" und Nachbarn im Immissionsschutzrecht, in: Gedächtnisschrift für Wolfgang Martens, 1987, S. 599ff.; *Kutscheidt*, Öffentliches Immissionsschutzrecht, in: Salzwedel (Hg.), Grundzüge des Umweltrechts, 1982, S. 237ff.; *ders.*, Immissionsschutz bei nicht genehmigungsbedürftigen Anlagen, NVwZ 1983, 65ff.; *ders.*, Die Änderung der TA Luft aus der Sicht der Rechtsprechung, NVwZ 1983, 581ff.; *ders.*, Die Verordnung über Großfeuerungsanlagen, NVwZ 1984, 409ff.; *Landmann/Rohmer/Hansmann/Kutscheidt*, Gewerbeordnung und ergänzende Vorschriften, Bd. III, Umweltrecht, Bundes-Immissionsschutzgesetz und andere Bestimmungen (Kommentar), 13. Aufl., 1977ff.; *Leisner*, Waldsterben, 1983; *Luchow*, Systematik und Instrumente des öffentlich-rechtlichen Schutzes gegen Fluglärm, DVBl. 1981, 1133ff.; *Lübbe-Wolff*, Das Bundesimmissionsschutzgesetz als Instrument des Bodenschutzes, NVwZ 1986, 178ff.; *dies.*, Die rechtliche Kontrolle incremental summierter Gefahren am Beispiel des Immissionsschutzrechts, in: Dreier/Hofmann (Hg.), Parlamentarische Souveränität und technische Entwicklung, 1986, S. 167ff.; *Marburger*, Rechtliche Grenzen technischer Sicherheitspflichten, WiVerw. 1981, 241ff.; *Marcks*, Die Bedeutung des § 50 BImSchG für die Bauleitplanung, NuR 1984, 44ff.; *Markou*, Der Interessenkonflikt zwischen Gewerbebetrieben und Nachbarschaft am Beispiel des § 17 Bundes-Immissionsschutzgesetz, 1986; *W. Martens*, Immissionsschutzrecht und Polizeirecht, DVBl. 1981, 597ff.; *ders.*, Rechtsfragen der Anlagengenehmigung nach dem Bundes-Immissionsschutzgesetz, in: Festschrift für Hans Peter Ipsen zum 70. Geb., 1977, S. 449ff.; *Menke-Glückert*, Kommentar zur Großfeuerungsanlagen-Verordnung, 1985; *K. F. Meyer*, Rechtsprobleme des Immissionsschutzes bei Planung, Bau und Betrieb öffentlicher Straßen, Diss. jur. Mainz 1977; *Mösbauer*, Immissionsschutzrecht und Staatsaufsicht, VerwArch. 72 (1981), 17ff.; *Muenster*, Öffentlich-rechtlicher Immissionsschutz in der Landwirtschaft, 1982; *Murswiek*, Immissionsschutz und Luftbewirtschaftung, in: Scholz (Hg.), Kongreß Junge Juristen und Wirtschaft: Wandlungen in Technik und Wirtschaft als Herausforderung des Rechts, 1985, S. 67ff.; *ders.*, Die staatliche Verantwortung für die Risiken der Technik. Verfassungsrechtliche Grundlagen und immissionsschutzrechtliche Ausformung, 1985; *Numberger*, Der Entschädigungsanspruch wegen Lärmimmissionen durch Straßen, BayVBl. 1984, 456ff.; *Offermann-Clas*, Luftreinhaltung in der Bundesrepublik Deutschland, 1984; *dies.*, Das Luftreinhalterecht der Europäischen Gemeinschaften – Fortschritte seit dem Jahre 1983, NJW 1986, 1388ff.; *Ossenbühl*, Buchbesprechung, DVBl. 1982, 1153f.; *ders.*, Vorsorge als Rechtsprinzip im Gesundheits-, Arbeits- und Umweltschutz, NVwZ 1986, 161ff.; *Papier*, Sportstätten und Umweltrecht, UPR 1985, 73ff.; *ders.*, Die allgemeinen Emissionsgrenzwerte der TA Luft und ihre Bedeutung für den Betrieb von Feuerungsanlagen, UPR 1987, 292ff.; *F. J. Peine*, Verkehrslärm und Entschädigung, DÖV 1979, 812ff.; *ders.*, Rechtsprobleme des Verkehrslärmschutzes, DÖV 1988, 937ff.; *Piepenburg*, Das Bundesimmissionsschutzgesetz und seine Reformmöglichkeiten, 1987; *Pikart/Gelzer/Papier*, Umwelteinwirkungen durch Sportanlagen, 1984; *Plischka*, Technisches Sicherheitsrecht. Die Probleme des technischen Sicherheitsrechts, dargestellt am Recht der überwachungsbedürftigen Anlagen (§ 24 GewO), 1969; *Praml*, Plädoyer für eine umweltpolitische Alternative: Schwefelabgabe und Großfeuerungsanlagenverordnung, UPR 1983, 288ff.; *Prittwitz*, Europäische Zusammenarbeit in der Luftreinhaltung, ZfU 1983, 117ff.; *Pütz/Buchholz*, Das Genehmigungsverfahren nach dem Bundes-Immissionsschutzgesetz, 2. Aufl., 1986; *Rebentisch*, Probleme des Geheimnisschutzes im Rahmen der Emissionserklärung, NJW 1980, 99ff.; *E. Rehbinder*, Immissionsschutzrechtlicher Gefahrenbegriff – Beurteilung von Störfällen durch äußere Einwirkungen, BB 1976, 1ff.; *Reinhardt*, Lärmschutzmaßnahmen bei Planung und Bau von Bundesfernstraßen, NJW 1974, 1226ff.; *Rengeling*, Die immissionsschutzrechtliche Vorsorge, 1982; *ders.*, Die immissionsschutzrechtliche Vorsorge als Genehmigungsvoraussetzung, DVBl. 1982, 622ff.; *ders.*, Zur geplanten Anlagensanierung in der zweiten Novelle zum Bundes-Immissionsschutzgesetz, DVBl. 1983, 977ff.; *ders.*, Bekämpfung der Luftverunreinigung im Spannungsfeld zwischen Umweltschutz und Wirtschaft, in: Professoren des Fachbereichs Rechtswissenschaften der Universität Osnabrück (Hg.), Recht und Technik, 1985, S. 73ff.; *Repenning*, Neuere Wege der Luftreinhaltung, ZfU 1983, 195ff.; *Ress*, Luftreinhaltung als Problem des Verhältnisses zwischen europäischem Gemeinschaftsrecht und nationalem Recht. Überlegungen zu einem „Alleingang" der Bundesrepublik Deutschland bei der Einführung des Katalysatorautos und des bleifreien Benzins, in: 150 Jahre Landgericht Saarbrücken, 1985, S. 355ff.; *Rid*, Die Vorsorgepflicht bei genehmigungsbedürftigen Anlagen im Bundes-Immissionsschutzgesetz, Diss. jur. Tübingen 1985; *ders./Hammann*, Die allgemeinen Emissionsgrenzwerte der TA Luft und ihre Bedeutung für den Betrieb von Feuerungsanlagen, UPR 1988, 44ff.; *Rittstieg*, Die Konkretisierung technischer Standards im Anlagenrecht, 1982; *Roth*, Der Betriebsbeauftragte für Immissionsschutz, 1979; *Rössler*, Baugenehmigung und Immissionsschutz, 1977; *Rothers*, Baufreiheit und Immissionsschutz im unbeplanten Innenbereich, DÖV 1980, 701ff.; *Sachs*, Unterlassungsansprüche gegen hoheitliche Immissionen aus § 22 BImSchG, NVwZ 1988, 127ff.; *Salzwedel*, Sportanlagen im Wohnbereich, UPR 1985, 210ff.; *Schäfer*, Sicherheitsanalysen und Anlagensicherheit, WiVerw. 1981, 208ff.; *ders.*, Störfallverordnung (Kommentar), 1982; *Schlichter*, Immissionsschutz und Planung, NuR 1982, 121ff.; *Schmatz/Nöthlichs/Weber*, Immissionsschutz (Kommentar), 1979ff.; *Schmidt-Aßmann*, Verfassungsrechtliche Grundlagen und Systemgedanken einer Regelung des Lärmschutzes an vorhandenen Straßen, 1979; *ders.*, Anwendungsprobleme des Art. 2 Abs.2 GG im Immissionsschutzrecht, AöR 106 (1981), 205ff.; *ders.*, Schutz gegen Verkehrslärm, in: Salzwedel (Hg.), Grundzüge des Umweltrechts, 1982, S. 303ff.; *Schmitt/Glaeser/Meins*, Recht des Immissionsschutzes, 1982; *Schmölling/Mäder*, Zum Vorsorgeanspruch des Bundes-Immissionsschutzgesetzes, GewArch. 1979, 47ff.; *dies.*, Das Bundes-Immissionsschutzgesetz – Entwicklung oder Stillstand?, GewArch. 1980, 78ff.; *G. Scholz*, Gewerberecht und Bundesimmissionsschutzgesetz, 4. Aufl., 1986; *Chr. Schröder*, Vorsorge als Prinzip des Immissionsschutzrechts, 1987; *M. Schröder*, Zur Gegenwartslage des Bestandsschutzes im Immissionsschutzrecht, UPR 1986, 127ff.; *Schroeter*, Rechtsprobleme des Schallschutzes an Verkehrswegen, in: Blümel (Hg.), Aktuelle Probleme des Straßenrechts, 1978, S. 87ff.; *B. Schulz*, Effizienzkontrolle von Umweltpolitik. Eine integrierte ökonomisch-ökologische Analyse am Beispiel des Benzinbleigesetzes, 1983; *Schulze-Fielitz*, Alte Grundsätze und neue Fragen zum Schutz gegen Verkehrslärm beim Straßenbau, Die Verwaltung 21 (1988), 236ff.; *Schwab*, Lärmschutzfragen im Rahmen eisenbahnrechtlicher Planfeststellungen, DWW 1986, 39ff.; *Schwabe*, Ausgleich für Waldschäden, in: Thieme (Hg.), Umweltschutz im Recht, 1988, S. 51ff.; *Schwarzer*, Zur Lastenverteilung im österreichischen Luftreinhaltungsrecht, UPR 1985, 305ff.; *Schwerdtfeger*, Das System der Vorsorge im Bundes-Immissionsschutzgesetz, WiVerw. 1984, 217ff.; *Seewald*, Baurecht und Immissionsschutz, in: Gedächtnisschrift für Wolfgang Martens, 1987, S. 461ff.; *Seiler*, Die Rechtslage der nicht genehmigungsbedürftigen Anlagen im Sinne von §§ 22ff. Bundes-Immissionsschutzgesetz, 1985; *Sellner*, Bundes-Immissionsschutzgesetz und Nachbarschutz im unbeplanten Innenbereich, NJW 1976, 265ff.; *ders.*, Immissionsschutzrecht und Industrieanlagen, 1. Aufl., 1978, 2. Aufl., 1988; *ders.*, Die Grundpflichten im Bundes-Immissionsschutzgesetz, in: Festgabe anläßlich des 25jährigen Bestehens des Bundesverwaltungsgerichts, 1978, S. 603ff.; *ders.*, Der Vorsorgegrundsatz im Bundes-Immissionsschutzgesetz, NJW 1980, 1255ff.; *ders.*, Gestuftes Genehmigungsverfahren, Schadensvorsorge, verwaltungsgerichtliche Kontrolldichte, NVwZ 1986, 616ff.; *ders./Loewer*, Immissionsschutzrecht der nicht genehmigungsbedürftigen Anlagen, WiVerw. 1980, 221ff.; *Selmer*, Vorbescheid und Teilgenehmigung im Immissionsschutzrecht, 1979; *Sendler*, Fragen zur „wirtschaftlichen Vertretbarkeit" im Umweltrecht, DVBl. 1983, 209ff.; *Soell*, Der Grundsatz der wirtschaftlichen Vertretbarkeit im Bundes-Immissionsschutzgesetz, 1980; *ders.*, Aktuelle Probleme und Tendenzen des Immissionsschutzrechts, ZRP 1980, 105ff.; *ders.*, Schutz gegen Fluglärm, in: Salzwedel (Hg.), Grundzüge des Umweltrechts, 1982, S. 329ff.; *Staerk*, Die Abwehr der unästhetischen Immission, Diss. jur. Tübingen 1974; *Steiner*, Rechtsfragen der Förderung verkehrsberuhigter Zonen, ZRP 1978, 277ff.; *Stich*, Probleme komplexer Genehmigungsverfahren, insbesondere im Hinblick auf die Standorte größerer Industrieanlagen,

WiVerw. 1979, 111ff.; *ders.*, Verbote zur Verwendung bestimmter Heizstoffe in Baugebieten, DÖV 1981, 645ff.; *ders.*, Privates Immissionsschutzrecht, in: Salzwedel (Hg.), Grundzüge des Umweltrechts, 1982, S. 289ff.; *ders./Porger*, Immissionsschutzrecht des Bundes und der Länder (Kommentar), 1974ff.; *Stober*, Zur Bedeutung des Einwendungsausschlusses im atom- und immissionsrechtlichen Genehmigungsverfahren, AöR 106 (1981), 41ff.; *Thiele*, Industrieplanung und Umweltschutz, GewArch. 1980, 1ff.; *Thieme*, Umweltschutz und gewerberechtliches Genehmigungsverfahren, BB 1973, 713ff.; *ders.*, Doppelte Auslegung im Immissionsschutzverfahren, DÖV 1976, 296ff.; *Thomas*, Die wirtschaftliche Vertretbarkeit nach dem Bundes-Immissionsschutzgesetz, WiVerw. 1980, 244ff.; *Thomsen*, Die summierte Immission, 1966; *Trute*, Vorsorgestrukturen und Luftreinhalteplanung im Bundesimmissionsschutzgesetz, Diss. jur. Heidelberg 1987; *Tschersich*, Kinderlärm als Immission, 1975; *Ule*, Die Bedeutung des Verwaltungsverfahrensgesetzes für das Bundesimmissionsschutzgesetz, DVBl. 1976, 729ff.; *ders.*, Zum Einfluß von Verwaltungsprozessen auf den Vollzug des Bundesimmissionsschutzgesetzes, in: Forschungsstelle für Umwelt- und Technikrecht (Hg.), Jahrbuch des Umwelt- und Technikrechts 1988 (UTR 5), 1988, S. 103ff.; *ders./Laubinger*, Bundes-Immissionsschutzgesetz (Kommentar), 1978ff.; *Vallendar*, Ermittlung und Beurteilung von Immissionen nach der TA Luft, GewArch. 1981, 281ff.; *Vierling*, Die starre Typisierung im Baurecht aus der Sicht des Lärmschutzes, NuR 1983, 300ff.; *Graf Vitzthum/März*, Die Standortvorsorgeplanung für Kraftwerke in Baden-Württemberg, VBlBW 1987, 321ff., 369ff.; *Vogel*, Fluglärm, 1982; *ders.*, Lärmbekämpfung 1984, UPR 1984, 359ff.; *Wachter*, Der Schutz des Nichtrauchers vor dem Passivrauchen am Arbeitsplatz, 1977; *Wagner*, Schadensvorsorge bei der Genehmigung umweltrelevanter Großanlagen, DÖV 1980, 269ff.; *Walprecht* (Hg.), Verkehrsberuhigung in Gemeinden, 1983; *Weidner*, Luftreinhaltepolitik in Japan, ZfU 1983, 211ff.; *ders./Knoepfel* (Hg.), Luftreinhaltepolitik in Städtischen Ballungsräumen, 1985; *Weyreuther*, Abwägung der gemeindlichen Belange und Anhörung der Gemeinden bei der Festsetzung von Lärmschutzbereichen?, DÖV 1982, 173ff.; *Zeh*, Wille und Wirkung der Gesetze. Verwaltungswissenschaftliche Untersuchung am Beispiel des Städtebauförderungsgesetzes, Bundesimmissionsschutzgesetzes, Fluglärmgesetzes und Bundesausbildungsförderungsgesetzes, 1984.

A. Ausgangslage

1 Die Bekämpfung von Luftverunreinigungen und Lärm beschäftigt das Recht – mit freilich stark unterschiedlicher Intensität – schon seit der römischen Zeit. Die längste Zeit standen dabei Methoden der zivilrechtlichen (bzw. gemeinrechtlichen) Konfliktbewältigung, insbesondere das Nachbarrecht (s. o. § 4 Rn. 285, 290ff.), im Vordergrund. Erst mit der verstärkten Ausbildung des öffentlichen Rechts im 19. Jahrhundert wird die *staatliche* Kontrolle und Bekämpfung von Luftverunreinigungen und Lärm in Gestalt der gewerberechtlichen Regelungen zum primären Gegenstand gesetzgeberischer Maßnahmen. Es brauchte allerdings fast noch einmal ein ganzes Jahrhundert bis zur Herausbildung eines spezifischen Immissionsschutzrechts (s. Rn. 12ff.), das immer noch als Modell und Herzstück des modernen deutschen Umweltrechtes gelten kann.

2 **Immissionen** sind nach der Legaldefinition des Bundes-Immissionsschutzgesetzes (§ 3 Abs. 2 BImSchG) auf Menschen sowie Tiere, Pflanzen ode andere Sachen einwirkende Luftverunreinigungen, Geräusche, Erschütterungen, Licht, Wärme, Strahlen und ähnliche Umwelteinwirkungen. Bereits aus dieser Definition wird die Breite dieser Rechtsmaterie deutlich.

3 Die **Luftverunreinigung**[1] ist für die dicht bevölkerten Industriestaaten ein Hauptproblem des Umweltschutzes. Luftverschmutzungen – teilweise katastrophalen Aus-

[1] Vgl. zum Ganzen z. B. *Rat von Sachverständigen für Umweltfragen*, Umweltgutachten 1974, S. 23ff., sowie den Dritten und den Vierten Immissionsschutzbericht der Bundesregierung in BT-Drs. 10/1354 bzw. 11/2714.

maßes – sind zwar seit den Anfängen der Industrialisierung bekannt, sie sind aber mit dem Bevölkerungs- und Wirtschaftswachstum ständig mitgewachsen und haben trotz erheblich verbesserter Luftreinhaltetechniken ihren Höhepunkt vielleicht noch nicht überschritten.

Hauptbelastungsquellen sind Industrie, Kraftfahrzeug- und Luftverkehr sowie Feuerungsanlagen, d. h. Kraftwerke einerseits und der sog. Hausbrand andererseits.

Zu den häufigsten **Schadstoffen** gehören Kohlenmonoxid, Kohlendioxid, Schwefeldioxid, Stickstoffoxide, Staub und organische Verbindungen. Stark belastend sind – wegen ihrer toxischen Wirkungen – auch die mengenmäßig geringer anfallenden Schwermetalle bzw. Schwermetallverbindungen (Blei, Zink, Kadmium). Die Entwicklung der Schadstoffmengen verläuft im einzelnen unterschiedlich: Während die im zurückliegenden Jahrzehnt verstärkt betriebene Luftreinhaltetechnik zu einem Rückgang des Staubanfalls führte und die Schwefeldioxid- und Kohlenmonoxidbelastung wenigstens konstant gehalten werden konnten, sind Zunahmen beispielsweise bei den Stickstoffoxiden und organischen Verbindungen festzustellen. Neue Schadstofftypen kommen hinzu.

Die schädlichen **Wirkungen** der Luftverunreinigung sind erst zum Teil erforscht: Neben Schädigungen und Beeinträchtigungen der menschlichen Gesundheit, die zumindest in Extremfällen die Sterblichkeitsrate beeinflussen können, treten Schäden an Tieren und vor allem an Pflanzen (Waldsterben wahrscheinlich durch den sog. Sauren Regen), aber auch an Sachgütern auf (beschleunigter Zerfall von Baudenkmälern, Korrosionserscheinungen bei Metall). Luftverunreinigungen äußern sich häufig auch als Geruchsbelästigungen. Klimatische Veränderungen treten zumindest zeitweise in sog. Smoglagen auf, langfristig sind aber auch Einflüsse auf das Großklima nicht mehr auszuschließen. Schädigungen treten zwar besonders in sog. Belastungsgebieten auf, längst sind aber auch großräumige und dauerhafte Wirkungen zu beobachten. Eine bloße Verteilung der Schadstofffrachten durch eine „Politik der hohen Schornsteine“ vermag daher eine effektive Reduzierung der Schadstoffemissionen nicht zu ersetzen. Sie ist inzwischen sogar als schädlich erkannt, weil und insoweit, um es überspitzt auszudrücken, der „blaue Himmel über der Ruhr“ mit „Saurem Regen“ über den Mittelgebirgen erkauft wird. Schließlich zeichnet sich eine Zerstörung der Ozonschicht durch die Verwendung von treibgashaltigen Sprays und anderen Fluorchlorkohlenwasserstoffen ab. Die Bundesregierung erwägt hier mittlerweile ein Verbot.[2]

Neben Luftverunreinigungen treten (häufig gleichzeitig) **Lärm und Erschütterungen** als Umweltbelastung auf.[3] 4

Hauptlärmquellen sind Straßen-, Schienen- und Luftverkehr, der Lärm gewerblicher Anlagen (auch am Arbeitsplatz), Baulärm, aber auch der private Wohnlärm (von Radios, Musik, Hunden, Sport- und Spiellärm, Gartengrillpartys etc.), Gaststätten und Festveranstaltungen. Schließlich werden sogar kulturell tradierte und akzeptierte Erscheinungen wie das Läuten von Kirchenglocken als Ruhestörung bekämpft.[4] Lärm beeinträchtigt vor allem das menschliche Wohlbefinden sowie die Gesundheit und wird daher subjektiv als eine der stärksten Umweltbelastungen empfunden. **Erschütterungen,** die häufig durch starke Verkehrsbelastung bedingt sind, können auch Schäden an Bauwerken (Rißbildung) bewirken.

---

[2] Vgl. Umwelt (BMU) Nr. 3/87 v. 29. 5. 1987, S. 119ff.

[3] Hierzu näher *Berberich,* Rechtsschutz bei Verkehrslärmimmissionen, 1983, S. 14ff.

[4] Vgl. zu diesem Problemkreis BVerwGE 68, 62ff., wonach Glockengeläut zwar § 22 Abs. 1 S. 1 Nr. 1 BImSchG unterliegt, im übrigen aber regelmäßig als zumutbare, sozialadäquate Einwirkung hinzunehmen ist. Vgl. zuvor etwa *v. Campenhausen,* DVBl. 1972, 343ff.

B. Rechtsgrundlagen

I. Öffentlichrechtliche Normen

1. Kernvorschriften

5 Die Rechtsgrundlagen des Immissionsschutzes sind in der Bundesrepublik Deutschland außerordentlich zahlreich. Im Mittelpunkt des Immissionsschutzrechts steht zwar das **Bundes-Immissionsschutzgesetz** (vollständige Bezeichnung: Gesetz zum Schutz vor schädlichen Umwelteinwirkungen durch Luftverunreinigungen, Geräusche, Erschütterungen und ähnliche Vorgänge) vom 15. 3. 1974[5] (Kloepfer Nr. 600) mit den dazu ergangenen Rechtsverordnungen. Neben dieses ,,allgemeine Immissionsschutzrecht" treten aber wichtige Spezialregelungen, die Teilbereiche des Immissionsschutzes abdecken, wie das **Gesetz zum Schutz gegen Fluglärm** vom 30. 3. 1971[6] (Kloepfer Nr. 820) und das **Benzinbleigesetz** vom 5. 8. 1971[7] (Kloepfer Nr. 710), das systematisch jedoch auch zum Stoffrecht (dazu unten § 13) gerechnet werden kann. Von erheblicher Bedeutung sind die auf der Grundlage des Bundes-Immissionsschutzgesetzes ergangenen und dieses ergänzenden präzisierenden **Rechtsverordnungen,** wie die Verordnung über genehmigungsbedürftige Anlagen (4. BImSchV) vom 24. 7. 1985[8] (Kloepfer Nr. 630), die Verordnung über die Grundsätze des Genehmigungsverfahrens (9. BImSchV) vom 18. 2. 1977[9] (Kloepfer Nr. 646), die Störfall-Verordnung (12. BImSchV) i. d. F. der Bek. vom 19. 5. 1988[10] (Kloepfer Nr. 654) und die Großfeuerungsanlagen-Verordnung (13. BImSchV) vom 22. 6. 1983[11] (Kloepfer Nr. 660).

Weiterhin liegen vor:
- Erste Verordnung zur Durchführung des Bundes-Immissionsschutzgesetzes (Verordnung über Kleinfeuerungsanlagen – 1. BImSchV) i. d. F. der Bek. vom 15. 7. 1988[12] (Kloepfer Nr. 620)
- Zweite Verordnung zur Durchführung des Bundes-Immissionsschutzgesetzes (Verordnung zur Emissionsbegrenzung von leichtflüchtigen Halogenkohlenwasserstoffen – 2. BImSchV) vom 21. 4. 1986[13] (Kloepfer Nr. 624)
- Dritte Verordnung zur Durchführung des Bundes-Immissionsschutzgesetzes (Verordnung über Schwefelgehalt von leichtem Heizöl und Dieselkraftstoff – 3. BImSchV) vom 15. 1. 1975[14] (Kloepfer Nr. 626)
- Fünfte Verordnung zur Durchführung des Bundes-Immissionsschutzgesetzes (Verordnung über Immissionsschutzbeauftragte – 5. BImSchV) vom 14. 2. 1975[15] (Kloepfer Nr. 634)
- Sechste Verordnung zur Durchführung des Bundes-Immissionsschutzgesetzes (Verordnung über die Fachkunde und Zuverlässigkeit der Immissionsschutzbeauftragten – 6. BImSchV) vom 12. 4. 1975[16] (Kloepfer Nr. 636)

---

[5] BGBl. I S. 721, ber. S. 1193, zuletzt geänd. durch VO v. 26. 11. 1986, BGBl. I S. 2089.
[6] BGBl. I S. 282, zuletzt geänd. durch Ges. v. 16. 12. 1986, BGBl. I S. 2441.
[7] BGBl. I S. 1234, zuletzt geänd. durch Ges. v. 18. 12. 1987, BGBl. I S. 2810.
[8] BGBl. I S. 1586, zuletzt geänd. durch VO v. 15. 7. 1988, BGBl. I S. 1059.
[9] BGBl. I S. 274, zuletzt geänd. durch VO v. 19. 5. 1988, BGBl. I S. 608.
[10] BGBl. I S. 625.
[11] BGBl. I S. 719.
[12] BGBl. I S. 1059.
[13] BGBl. I S. 571.
[14] BGBl. I S. 264, zuletzt geänd. durch VO v. 14. 12. 1987, BGBl. I S. 2671.
[15] BGBl. I S. 504, ber. S. 727, zuletzt geänd. durch VO v. 19. 5. 1988, BGBl. I S. 608.
[16] BGBl. I S. 957.

- Siebente Verordnung zur Durchführung des Bundes-Immissionsschutzgesetzes (Verordnung zur Auswurfbegrenzung von Holzstaub – 7. BImSchV) vom 18. 12. 1975[17] (Kloepfer Nr. 642)
- Achte Verordnung zur Durchführung des Bundes-Immissionsschutzgesetzes (Rasenmäherlärm-Verordnung) – 8. BImSchV vom 23. 7. 1987[18] (Kloepfer Nr. 644)
- Zehnte Verordnung zur Durchführung des Bundes-Immissionsschutzgesetzes (Beschränkungen von PCB, PCT und VC – 10. BImSchV) vom 26. 7. 1978[19] (Kloepfer Nr. 650)
- Elfte Verordnung zur Durchführung des Bundes-Immissionsschutzgesetzes (Emissionserklärungsverordnung – 11. BImSchV) vom 20. 12. 1978[20] (Kloepfer Nr. 652)
- Vierzehnte Verordnung zur Durchführung des Bundes-Immissionschutzgesetzes (Verordnung über Anlagen der Landesverteidigung – 14. BImSchV) vom 9. 4. 1986[21] (Kloepfer Nr. 664)
- Fünfzehnte Verordnung zur Durchführung des Bundes-Immissionsschutzgesetzes (Baumaschinenlärm-Verordnung – 15. BImSchV) vom 10. 11. 1986[22] (Kloepfer Nr. 666)
- In Vorbereitung ist eine Verordnung über Verbrennungsanlagen für Abfälle und ähnliche brennbare Stoffe.

Keine Rechtsnormen und damit keine Rechtsgrundlagen im Sinne der Rechtsquellenlehre, jedoch von sehr erheblicher praktischer Bedeutung sind die als Verwaltungsvorschriften ergangene **Technische Anleitung zur Reinhaltung der Luft (TA Luft)** vom 27. 2. 1986[23] (Kloepfer Nr. 601) und die **Technische Anleitung zum Schutz gegen Lärm (TA Lärm)** vom 16. 7. 1968[24] (Kloepfer Nr. 851). Auch zu einzelnen Rechtsverordnungen (wie z. B. der Störfall-Verordnung) liegen wiederum einflußreiche Verwaltungsvorschriften vor (z. B. Erste bzw. Zweite Allgemeine Verwaltungsvorschrift zur Störfall-Verordnung, Kloepfer Nr. 655, 656). 6

Da das Bundes-Immissionsschutzgesetz sich auf die konkurrierende Gesetzgebungskompetenz des Bundes stützt (Art. 74 Nr. 24 GG – Luftreinhaltung, Lärmbekämpfung, ergänzend Art. 74 Nr. 11 GG – Recht der Wirtschaft), läßt es dort, wo es nicht selbst erschöpfende Regelungen trifft, landesrechtliche Regelungen zu. Solche liegen vor allem mit den **Landes-Immissionsschutzgesetzen** vor, die ihrerseits wiederum durch Rechtsverordnungen ergänzt werden. 7

Eigene Landes-Immissionsschutzgesetze bestehen in folgenden Bundesländern:
- Bayern: Bayerisches Immissionsschutzgesetz (BayImSchG) vom 8. 10. 1974[25]
- Bremen: Gesetz zum Schutze vor Luftverunreinigungen, Geräuschen und Erschütterungen (Immissionsschutzgesetz) vom 30. 6. 1970[26]
- Hessen: Gesetz über die Ermächtigung zur Bestimmung von Zuständigkeiten nach dem Bundes-Immissionsschutzgesetz vom 4. 9. 1974[27]
- Niedersachsen: Gesetz zum Schutze vor Luftverunreinigungen, Geräuschen und Erschütterungen (Immissionsschutzgesetz) vom 6. 1. 1966[28]
- Nordrhein-Westfalen: Gesetz zum Schutz vor Luftverunreinigungen, Geräuschen und ähnlichen Umwelteinwirkungen (Landes-Immissionsschutzgesetz – LImSchG) vom 18. 3. 1975[29]

---

[17] BGBl. I S. 3133.
[18] BGBl. I S. 1687.
[19] BGBl. I S. 1138.
[20] BGBl. I S. 2027, geänd. durch VO v. 24. 7. 1985, BGBl. I S. 1586.
[21] BGBl. I S. 380.
[22] BGBl. I S. 1729, geänd. durch VO v. 23. 2. 1988, BGBl. I S. 166.
[23] GMBl. 1986 S. 95, 202.
[24] Beil. BAnz. Nr. 137.
[25] Bay RS 2129-1-1-U, geänd. durch Ges. v. 16. 7. 1986, GVBl. S. 135.
[26] GBl. S. 71, geänd. durch Ges. v. 18. 12. 1974, GBl. S. 351.
[27] GVBl. I S. 402.
[28] GVBl. 1966 S. 1, zuletzt geänd. durch Ges. v. 2. 12. 1974, GVBl. S. 535.
[29] GV NW S. 232 / SGV NW 7129, zuletzt geänd. durch Ges. v. 19. 3. 1985, GV NW S. 292.

– Rheinland-Pfalz: Landesgesetz zum Schutz vor Luftverunreinigungen, Geräuschen und Erschütterungen (Immissionsschutzgesetz – ImSchG) vom 28. 7. 1966.[30]

Mit Zuständigkeitsverordnungen begnügen sich demgegenüber die Länder Baden-Württemberg, [31] Saarland[32] und Schleswig-Holstein.[33] Die Stadtstaaten Berlin und Hamburg sehen auch hiervon ab.

Für den Immissionsschutz bedeutsam sind weiterhin die (in erster Linie) auf das Bundes-Immissionsschutzgesetz gestützten Smog-Verordnungen der Länder[34] (vgl. dazu auch den Musterentwurf des Länderausschusses für Immissionsschutz von 1987, Kloepfer Nr. 680) und die landesrechtlichen Polizeiverordnungen über die Bekämpfung des Lärms.[35]

2. Weitere immissionsschutzrelevante Regelungen

8 Im Einzelfall können noch weitere Vorschriften zu berücksichtigen sein, da Immissionsschutz auch im Rahmen anderer, nicht-umweltspezifischer Gesetze gewährleistet wird. So finden sich vielfältige rechtliche Handhaben gegen den von Kraftfahrzeugen ausgehenden Verkehrslärm im **Straßenverkehrsgesetz** (StVG) vom 19. 12. 1952[36] (Kloepfer Nr. 765), in der **Straßenverkehrsordnung** (StVO) vom 16. 11. 1970[37] (Kloepfer Nr. 770), der **Straßenverkehrs-Zulassungs-Ordnung** (StVZO) i. d. F. der Bek. vom 28. 9. 1988[38] (Kloepfer Nr. 768), aber auch im **Bundesfernstraßengesetz** (FStrG) i. d. F. vom 1. 10. 1974[39] (Kloepfer Nr. 760) und in den Straßengesetzen der Länder. Dazu sind die jeweils ausführenden Rechtsverordnungen zu berücksichtigen. Darüber hinaus enthält die Straßenverkehrs-Zulassungs-Ordnung wichtige Vorschriften zur Begrenzung der von Kraftfahrzeugen ausgehenden Luftverunreinigung (s. Rn. 138). Für den Lärmschutz im öffentlichen Schienenverkehr enthalten das **Allgemeine Eisenbahngesetz** (AEG) vom 29. 3. 1951[40] (Kloepfer Nr. 780), das **Bundesbahngesetz** (BBahnG) vom 13. 12. 1951[41] (Kloepfer Nr. 782) und das **Personenbeförderungsgesetz** (PBefG) vom 21. 3. 1961[42] (Kloepfer Nr. 778) einschlägige Bestimmungen.[43] Zu beachten sind ggf. auch das Seeschiffahrts- und das Binnenschiffahrtsrecht.[44]

Vor Gaststättenlärm schützt das **Gaststättengesetz** vom 5. 5. 1970[45] (Kloepfer

---

[30] GVBl. S. 211, zuletzt geänd. durch Ges. v. 5. 11. 1974, GVBl. S. 469.
[31] VO v. 19. 3. 1986 (GBl. S. 92, geänd. durch VO v. 19. 6. 1986, GBl. S. 189).
[32] VO v. 4. 6. 1974 (Amtsbl. S. 649, geänd. durch VO v. 3. 2. 1978, Amtsbl. S. 92).
[33] VO v. 13. 11. 1985 (GVOBl. S. 369).
[34] Vgl. FN 268.
[35] HessPolVO über die Bekämpfung des Lärms i. d. F. v. 8. 12. 1970 (GVBl. I S. 745); rheinland-pfälzische LandesVO zur Bekämpfung des Lärms (LärmschutzVO) v. 25. 10. 1973 (GVBl. S. 312).
[36] BGBl. I S. 837, zuletzt geänd. durch Ges. v. 28. 1. 1987, BGBl. I S. 486.
[37] BGBl. I S. 1565, ber. 1971 I S. 38, geänd. durch VO v. 22. 3. 1988, BGBl. I S. 405.
[38] BGBl. I S. 1793.
[39] BGBl. I S. 2413, ber. S. 2908, zuletzt geänd. durch Ges. v. 19. 12. 1986, BGBl. I S. 2669.
[40] BGBl. I S. 225, ber. S. 438, zuletzt geänd. durch VO v. 26. 11. 1986, BGBl. I S. 2089.
[41] BGBl. I S. 955, zuletzt geänd. durch Ges. v. 18. 2. 1986, BGBl. I S. 265.
[42] BGBl. I S. 241, zuletzt geänd. durch Ges. v. 8. 12. 1986, BGBl. I S. 2191.
[43] § 3 Abs. 1 lit. e AEG, § 29 Abs. 2 PBefG, §§ 4, 36ff. BBahnG.
[44] § 1 Abs. 1 Nr. 2, § 3 Abs. 1a Nr. 2, Abs. 2, § 1 Abs. 1 Nr. 2 BinSchAufgG i. d. F. der Bek. v. 4. 8. 1986 (BGBl. I S. 1270, zuletzt geänd. durch Ges. v. 21. 4. 1986, BGBl. I S. 551, ber. S. 895); sowie die Rheinschiffs-UntersuchungsV v. 26. 3. 1976 (BGBl. I S. 773, zuletzt geänd. durch VO v. 9. 9. 1988, BGBl. I S. 1742); § 1 Nr. 2, 4, § 3 Abs. 1, § 9 Abs. 2 Nr. 2, § 15 des SeeschiffG v. 30. 6. 1977 (BGBl. I S. 1314, zuletzt geänd. durch Ges. v. 28. 4. 1980, BGBl. II S. 606). Dazu *P. Ehlers,* Seeschiffahrt und Umweltschutz, in: Dt. Akademie f. Verkehrswissenschaft (Hg.), Deutscher Verkehrsrichtertag 1984, S. 302ff.
[45] BGBl. I S. 465, ber. S. 1298, zuletzt geänd. durch Ges. v. 16. 12. 1986, BGBl. I S. 2441.

Nr. 882). Schließlich dienen das **Baugesetzbuch** i. d. F. der Bek. vom 8. 12. 1986[46] (Kloepfer Nr. 100), die **Baunutzungsverordnung** i. d. F. der Bek. vom 15. 9. 1977[47] (Kloepfer Nr. 102) und die **Landesbauordnungen** unter vielen anderen Zielen auch Belangen des Immissionsschutzes. Speziellen Immissionsschutz innerhalb von Betrieben gewährleistet das **Arbeitsschutzrecht** (vgl. § 1 Rn. 53) und dort insbesondere die **Arbeitsstättenverordnung** vom 20. 3. 1975[48] (Kloepfer Nr. 875).

Die weit verstreuten Rechtsquellen machen u. a. wegen ihrer Unübersichtlichkeit 9
und wegen ungeklärter Kollisionslagen die Rechtsanwendung mitunter schwierig. Doch läßt sich aufgrund des Charakters des Immissionsschutzes als einer **Querschnittsaufgabe** auch de lege ferenda eine Konzentration der Regelungen in einem Gesetz wohl nur bedingt erreichen. Die Zusammenfassung aller immissionsschutzrechtlichen Vorschriften müßte mit einer Zerschneidung anderer Regelungszusammenhänge – beispielsweise des technischen Sicherheitsrechts bei der Kraftfahrzeugzulassung – erkauft werden.

Im Mittelpunkt der folgenden Darstellung steht das Bundes-Immissionsschutzgesetz. Die außerhalb dieses Gesetzes stehenden für den Immissionsschutz relevanten Vorschriften werden hier im jeweiligen Sachzusammenhang mitbehandelt (so z. B. die straßenverkehrsrechtlichen Bestimmungen im Zusammenhang mit den §§ 38ff. BImSchG, s. u. Rn. 109), wobei die Systematik der Darstellung derjenigen des Bundes-Immissionsschutzgesetzes folgt.

II. Zivilrechtliche Normen

Nicht gesondert eingegangen wird auf den bereits behandelten **zivilrechtlichen** 10
Immissionsschutz (s. o. § 4 Rn. 303ff.). Das öffentliche Immissionsschutzrecht hat das ursprüngliche System ausschließlich privater Abwehransprüche aus Eigentumspositionen[49] zwar im wesentlichen abgelöst, aber nicht restlos verdrängt. In jüngster Zeit werden zivilrechtliche Anspruchsgrundlagen zur Verhütung und zum Ausgleich von Umweltschäden sogar wieder verstärkt in Betracht gezogen.[50] Diesbezügliche Erwartungen dürfen jedoch nicht überspannt werden. Wegen der weitgehenden Vorgreiflichkeit öffentlich-rechtlicher Entscheidungen (s. o. § 4 Rn. 302 und 305f.) führen privatrechtliche Klagen gegen Umweltstörer (Direktklagen) regelmäßig nicht weiter als die (regelmäßig erheblich kostengünstigere) öffentlich-rechtliche Klage gegen die Genehmigungsbehörde, seien es nun Beseitigungs-, Untersagungs- und Schadensersatzansprüche des Eigentümers (§§ 906, 1004 BGB), des Besitzers (§ 862 BGB) oder Schadensersatzansprüche im Rahmen des § 823 BGB. Die Berufungsmöglichkeit auf § 906 BGB gegenüber nichtortsüblichen beeinträchtigenden Nutzungen wird regelmäßig durch die Präklusionsregelung des § 14 BImSchG abgeschnitten (s. dazu u. Rn. 82). Eine mit der Anlagengenehmigung mitgenehmigte Emission läßt sich – wegen der (allerdings differenzierungsbedürftigen) Vorstellung der Einheit der Rechtsordnung – auch kaum als ,,unerlaubte Handlung" im Sinne des § 823 BGB interpretieren.

---

[46] BGBl. I S. 2253.
[47] BGBl. I S. 1763, geänd. durch VO v. 19. 12. 1986, BGBl. I S. 2665.
[48] BGBl. I S. 729, zuletzt geänd. durch VO v. 1. 8. 1983, BGBl. I S. 1057.
[49] *Kutscheidt,* in: Salzwedel (Hg.), Grundzüge des Umweltrechts, 1982, S. 237ff., 241ff.
[50] Vgl. insbes. *Lummert/Thiem,* Rechte des Bürgers zur Verhütung und zum Ersatz von Umweltschäden, 1980, S. 139ff.

11 Weil das öffentliche Recht privatrechtliche Ansprüche dergestalt überlagert und vernichtet, ist daran gedacht worden, den alten **Aufopferungsanspruch** in diesem Zusammenhang neu zu beleben.[51] Die Erfolgsaussichten von Staatshaftungsansprüchen i. w. S. sind allerdings vorsichtig zu beurteilen (s. § 4 Rn. 318). Das BVerfG (in Gestalt des Vorprüfungsausschusses) hat dem Bundesgesetzgeber bescheinigt, bisher alles rechtlich Erforderliche getan zu haben, um die Bürger vor gesundheitsgefährdenden und eigentumsbeeinträchtigenden Luftverschmutzungen zu schützen.[52] Nach dem BGH-Urteil vom 10. 12. 1987 haftet die öffentliche Hand nach geltendem Recht auch nicht für die neuartigen emittentenfernen Waldschäden.[53] Die rechtliche Bewertung der staatlichen Schutzpflicht wird freilich auch von der künftigen Schadensentwicklung beeinflußt werden.

12 Eine weitere Hürde für zivilrechtliche Ansprüche bilden die schwer aufklärbaren **Verursacherbeziehungen** insbesondere bei synergetischem und potenzierendem Zusammenwirken von Immissionen (s. § 4 Rn. 317ff.).

III. Europarechtliche Normen

13 Schließlich sind im Immissionsschutzrecht **EG-Richtlinien** in beträchtlicher Zahl zu berücksichtigen (s. § 6 Rn. 41). Unter anderem handelt es sich um Richtlinien über
– Geräuschemissionen, etwa durch Fahrzeuge,[54] Flugzeuge[55] oder Baumaschinen,[56]

---

[51] Z. B. als Entschädigungsanspruch der Forstbesitzer wegen der mit dem Sauren Regen in Verbindung gebrachten Forstschäden, vgl. UTR 2, Waldschäden als Rechtsproblem, 1987, und *Leisner,* Waldsterben, 1983. Nach heutigem Sprachgebrauch ist jedoch – im Unterschied zum einheitlichen Aufopferungsanspruch des prALR – zwischen Aufopferungsansprüchen (wegen Eingriffen in Gesundheit und immaterielle Werte) und Entschädigungsansprüchen wegen enteignenden bzw. enteignungsgleichen Eingriffs (in das Eigentum) zu differenzieren. Vgl. auch BGHZ 31, 187; 45, 76.

[52] BVerfG, NJW 1983, 2931ff., 2932.

[53] BGH, NJW 1988, 478ff.

[54] Richtlinie 70/157/EWG des Rates v. 6. 2. 1970 zur Angleichung der Rechtsvorschriften der Mitgliedstaaten über den zulässigen Geräuschpegel und die Auspuffvorrichtung von Kraftfahrzeugen (ABl. L 42 v. 23. 2. 1970, S. 16, letzte Änderung ABl. L 192 v. 11. 7. 1987, S. 43);
Richtlinie 78/1015/EWG des Rates v. 23. 11. 1978 zur Angleichung der Rechtsvorschriften der Mitgliedstaaten über den zulässigen Geräuschpegel und die Auspuffanlage von Krafträdern (ABl. L 349 v. 13. 12. 1978, S. 21, letzte Änderung ABl. L 24 v. 27. 1. 1987, S. 42);
Richtlinie 84/533/EWG des Rates v. 17. 9. 1984 zur Angleichung der Rechtsvorschriften der Mitgliedstaaten über den zulässigen Schalleistungspegel von Motorkompressoren (ABl. L 300 v. 19. 11. 1984, S. 123, Änderung ABl. L 233 v. 30. 8. 1985, S. 11).

[55] Richtlinie 80/51/EWG des Rates v. 20. 12. 1979 zur Verringerung der Schallemissionen von Unterschallluftfahrzeugen (ABl. L 18 v. 24. 1. 1980, S. 26, Änderung ABl. L 117 v. 4. 5. 1983, S. 15).

[56] Richtlinie 79/113/EWG des Rates v. 19. 12. 1978 zur Angleichung der Rechtsvorschriften der Mitgliedstaaten betreffend die Ermittlung des Geräuschemissionspegels von Baumaschinen und Baugeräten (ABl. L 33 v. 8. 2. 1979, S. 15, letzte Änderung ABl. L 233 v. 30. 8. 1985, S. 9);
Richtlinie 84/534/EWG des Rates v. 17. 9. 1984 zur Angleichung der Rechtsvorschriften der Mitgliedstaaten betreffend den zulässigen Schalleistungspegel von Turmdrehkränen (ABl. L 300 v. 19. 11. 1984, S. 130; Änderung ABl. L 220 v. 8. 8. 1987, S. 60);
Richtlinie 84/535/EWG des Rates v. 17. 9. 1984 zur Angleichung der Rechtsvorschriften der Mitgliedstaaten über den zulässigen Schalleistungspegel von Schweißstromerzeugern (ABl. L 300 v. 19. 11. 1984, S. 142, Änderung ABl. L 233 v. 30. 8. 1985, S. 16);
Richtlinie 84/536/EWG des Rates v. 17. 9. 1984 zur Angleichung der Rechtsvorschriften der Mitgliedstaaten über den zulässigen Schalleistungspegel von Kraftstromerzeugern (ABl. L 300 v. 19. 11. 1984, S. 149, Änderung ABl. L 233 v. 30. 8. 1985, S. 18);
Richtlinie 84/537/EWG des Rates v. 17. 9. 1984 zur Angleichung der Rechtsvorschriften der Mitgliedstaaten über den zulässigen Schalleistungspegel handbedienter Betonbrecher und Abbau-, Aufbruch- und Spatenhämmer (ABl. L 300 v. 19. 11. 1984, S. 156, Änderung ABl. L 233 v. 30. 8. 1985, S. 20);
Richtlinie 86/662/EWG des Rates v. 22. 12. 1986 zur Begrenzung des Geräuschemissionspegels von Hydraulikbaggern, Seilbaggern, Planiermaschinen, Ladern und Baggerladern (ABl. L 384 v. 31. 12. 1986, S. 1);
vgl. ferner etwa Richtlinie 84/538/EWG des Rates v. 17. 9. 1984 zur Angleichung der Rechtsvorschriften der Mitgliedstaaten über den zulässigen Schalleistungspegel von Rasenmähern (ABl. L 300 v. 19. 11. 1984, S. 171, letzte Änderung ABl. L 81 v. 26. 3. 1988, S. 71).

– Abgase von Kraftfahrzeugen,[57]
– Schadstoffe in der Luft,[58]
– Luftqualitätsnormen.[59]

Das (wie unter § 6 Rn. 6ff. dargestellt) nicht immer unproblematische Verhältnis von EG-Richtlinien und nationalem Recht offenbarte sich im Bereich des Immissionsschutzrechts vor allem in der Diskussion um die Zulässigkeit eines nationalen Alleinganges zur Einführung bleifreien Benzins.[60]

IV. Völkerrechtliche Grundlagen

Schließlich kommt **internationalen Abkommen** zunehmende Bedeutung zu[61] (s. o. § 6 Rn. 66ff.). 14

Nicht zu den Abkommen können allerdings die Erklärungen der UN-Umweltkonferenz 1972[62] (s. o. § 6 Rn. 71) gezählt werden, wonach die natürlichen Ressourcen der Erde, einschließlich Luft und Wasser, durch sorgfältige Planung und Verwaltung geschützt werden sollen, weil es sich nicht um völkerrechtliche Verpflichtungen handelt. Die Bedeutung der Stockholmer Erklärungen liegt jedoch darin, daß sie einen möglichen Ausgangspunkt für die Entwicklung von Völkergewohnheitsrecht bilden.[63]

---

[57] Richtlinie 70/220/EWG des Rates v. 20. 3. 1970 zur Angleichung der Rechtsvorschriften der Mitgliedstaaten über Maßnahmen gegen die Verunreinigung der Luft durch Abgase von Kraftfahrzeugmotoren mit Fremdzündung (ABl. L 76 v. 6. 4. 1970, S. 1, letzte Änderung ABl. L 36 v. 9. 2. 1988, S. 1);
Richtlinie 75/716/EWG des Rates v. 24. 11. 1975 zur Angleichung der Rechtsvorschriften der Mitgliedstaaten über den Schwefelgehalt bestimmter flüssiger Brennstoffe (ABl. L 307 v. 27. 11. 1975, S. 22, Änderung ABl. L 91 v. 3. 4. 1987, S. 19);
Richtlinie 85/210/EWG des Rates v. 20. 3. 1985 zur Angleichung der Rechtsvorschriften der Mitgliedstaaten über den Bleigehalt von Benzin (ABl. L 96 v. 3. 4. 1985, S. 25, letzte Änderung ABl. L 225 v. 13. 8. 1987, S. 33);
Richtlinie 88/77/EWG des Rates v. 3. 12. 1987 zur Angleichung der Rechtsvorschriften der Mitgliedstaaten über Maßnahmen gegen die Emission gasförmiger Schadstoffe aus Dieselmotoren zum Antrieb von Fahrzeugen (ABl. L 36 v. 9. 2. 1988, S. 33).

[58] Richtlinie 80/779/EWG des Rates v. 15. 7. 1980 über Grenzwerte und Leitwerte der Luftqualität für Schwefeldioxid und Schwefelstaub (ABl. L 229 v. 30. 8. 1980, S. 30, Änderung ABl. L 319 v. 7. 11. 1981, S. 18);
Richtlinie 82/884/EWG des Rates v. 3. 12. 1982 betreffend einen Grenzwert für den Bleigehalt in der Luft (ABl. L 378 v. 31. 12. 1982, S. 15);
Richtlinie 84/360/EWG des Rates v. 28. 6. 1984 zur Bekämpfung der Luftverunreinigung durch Industrieanlagen (ABl. L 188 v. 16. 7. 1984, S. 20);
Richtlinie 85/467/EWG des Rates v. 1. 10. 1985 zur sechsten Änderung (PCB/PCT) der Richtlinie 76/769/EWG zur Angleichung der Rechts- und Verwaltungsvorschriften der Mitgliedstaaten für Beschränkungen des Inverkehrbringens und der Verwendung gewisser gefährlicher Stoffe und Zubereitungen (ABl. L 269 v. 11. 10. 1985, S. 56); vgl. auch Verordnung (EWG) Nr. 3528/86 des Rates v. 17. 11. 1986 über den Schutz des Waldes in der Gemeinschaft gegen Luftverschmutzung (ABl. L 326 v. 21. 11. 1986, S. 2; Durchführungsvorschrift ABl. L 53 v. 21. 2. 1987, S. 14); Verordnung (EWG) Nr. 526/87 der Kommission v. 20. 2. 1987 mit Durchführungsbestimmungen zur Verordnung (EWG) Nr. 3528/86 des Rates über den Schutz des Waldes in der Gemeinschaft gegen Luftverschmutzung (ABl. L 53 v. 21. 2. 1987, S. 14).

[59] Richtlinie 85/203/EWG des Rates v. 7. 3. 1985 über Luftqualitätsnormen für Stickstoffdioxid (ABl. L 87 v. 27. 3. 1985, S. 1, Änderung ABl. L 372 v. 31. 12. 1985, S. 36); vgl. auch den Beschluß 81/462/EWG des Rates v. 11. 6. 1981 über den Abschluß des Übereinkommens über weiträumige grenzüberschreitende Luftverunreinigung (ABl. L 171 v. 27. 6. 1981, S. 11).

[60] Vgl. *Gündling,* UPR 1985, 403ff., 410; *Offermann-Clas,* NJW 1986, 1388ff., 1389; *Steindorff,* RIW 30 (1984), 767ff.

[61] Vgl. zusammenfassend *Burhenne,* Internationales Umweltrecht, in: Salzwedel (FN 49), S. 659ff., 729.

[62] Erklärungen der UN-Umweltkonferenz 1972, in: Report of the United Nations Conference on the Human Environment, held at Stockholm, 5–16 June, UN-Doc. A/Conf. 48/14.

[63] *Wolfrum,* DVBl. 1984, 493ff., 494.

Von Gewicht ist zunächst die **Genfer Konvention über weiträumige grenzüberschreitende Luftverunreinigung** von 1979,[64] die 1983 in Kraft getreten ist (s. auch schon § 6 Rn. 69). Sie begründet allerdings keine eindeutige rechtliche Verpflichtung zur Reduzierung der Luftverschmutzung, sondern enthält nur eine recht allgemein gehaltene Verpflichtungserklärung. Im Vordergrund der Vereinbarung stehen die gegenseitige Information und Konsultation sowie die Zusammenarbeit der Vertragsstaaten bei Forschung und Überwachung. Der Konsultationspflicht kommt dabei besondere Bedeutung zu.[65] Ein weiteres Kernstück der Konvention bildet die Einrichtung eines Exekutivorgans, das die Weiterentwicklung der Konvention betreiben soll.

Im 1985 unterzeichneten sog. **Helsinki-Zusatzprotokoll** zur Reduzierung der Schwefelemissionen oder ihrer grenzüberschreitenden Ströme[66] verpflichten sich die Vertragsstaaten zur Reduzierung dieser Schwefelemissionen um 30% bis spätestens 1993; das Exekutivorgan der Genfer Konvention übernimmt die erforderliche Überwachung.

Die Wirksamkeit des Helsinki-Protokolls wird jedoch dadurch eingeschränkt, daß es von wichtigen Industrienationen – wie den USA und Großbritannien – nicht unterzeichnet wurde. Ein späterer Beitritt ist allerdings möglich. Über Stickoxide, der neben dem Schwefel wichtigsten Schadstoffgruppe, ist ebenfalls ein Abkommen geplant, wegen des schwierigeren Nachweises konkreter Stickoxidschäden in der Umwelt ist eine Einigung jedoch noch nicht in Sicht.[67]

Auf ein besonders dringliches Anliegen des internationalen Umweltschutzes bezieht sich auch das **Wiener Übereinkommen zum Schutz der Ozonschicht** aus dem Jahr 1985.[68] Seine notwendige Konkretisierung in Gestalt eines Stufenplanes zur Einschränkung des schadenträchtigen Fluorchlorkohlenwasserstoff-Verbrauchs enthält allerdings erst das 1987 unterzeichnete **Montrealer Protokoll zum Schutz der Ozonschicht,**[69] das eine Halbierung des FCKW-Verbrauchs bis zur Jahrhundertwende vorsieht. Wegen des sich abzeichnenden globalen Temperaturanstieges als irreversible Folgewirkung der Zerstörung der Ozonschicht sind weitere, energischere Schritte unabweisbar. Der Schutz der Ozonschicht bedeutet vielleicht sogar die bislang größte Bewährungsprobe für den internationalen Umweltschutz.

C. Entwicklung des Immissionsschutzrechts

15 Der Begriff „Immissionsschutzrecht" ist relativ jung, wenn auch nicht so neu wie derjenige des Umweltschutzes (s. o. § 1 Rn. 13). Als Gesetzesbezeichnung findet er sich erst seit 1962 für das dem Bundes-Immissionsschutzgesetz vorangegangene Landes-Immissionsschutzgesetz von Nordrhein-Westfalen vom 30. 4. 1962.[70] Der Sache

---

[64] ABl. L 171 v. 27. 6. 1981, S. 13; BGBl. 1983 II S. 373; dazu *Gündling,* UPR 1985, 403ff., 405.
[65] *Lang,* ZaöRV 46 (1986), 261ff., 274f.
[66] Dazu *Vygen,* UPR 1985, 314ff.
[67] *Vygen,* UPR 1985, 314ff., 316; *Lang,* ZaöRV 46 (1986), 261ff., 269.
[68] UNEP/IG 53/4, UNEP News, March 1985, 2; dazu *M. Schröder,* in: UTR 2 (FN 51), 1987, S. 41ff., 43.
[69] Vgl. FAZ Nr. 215 v. 17. 9. 1987.
[70] GV NW S. 225. Vgl. aber auch schon BT-Drs. II/3757, dort als Sammelbegriff für die in § 906 BGB genannten Einwirkungen.

nach gibt es immissionsschutzrechtliche Regelungen freilich schon sehr viel länger. Neben dem zivilrechtlichen Anspruch des Grundstückseigentümers, von einem anderen Grundstück ausgehende Einwirkungen (Zuführung unwägbarer Stoffe) auf das eigene Grundstück abzuwehren (§ 906 BGB, s. o. § 4 Rn. 290ff.), hat sich in Deutschland bereits im vergangenen Jahrhundert aus einem zunächst polizei- bzw. sicherheitsrechtlichen Ansatz ein spezifisches Immissionsschutzrecht als **Sonderrecht der gewerblichen Immissionen** entwickelt: zunächst in der Preußischen Allgemeinen Gewerbeordnung von 1845 (§§ 26ff. AllGewO), deren Regelungen im wesentlichen durch die Gewerbeordnung von 1869 übernommen wurden (§§ 16ff. GewO a. F.). Diese Regelung im Rahmen des **Gewerberechts** galt – mit einer wichtigen Novellierung im Jahre 1960[71] – bis zum Inkrafttreten des Bundes-Immissionsschutzgesetzes vom 15. 3. 1974 im wesentlichen fort. Noch heute sind nach den Vorschriften der Gewerbeordnung erteilte Genehmigungen wirksam (vgl. § 67 Abs. 1 BImSchG).

Weiterhin fort gelten die Regelungen der §§ 24ff. GewO über die – mehrheitlich nicht unmittelbar umweltgefährlichen – **überwachungsbedürftigen Anlagen** i. S. des § 24 Abs. 3 GewO (hierunter jedoch umweltrelevant z. B. Dampfkesselanlagen, Azetylenanlagen und Kalziumkarbidlager, Druckbehälter, bestimmte Gasabfüllanlagen und Transportleitungen, Anlagen zur Lagerung, Abfüllung und Beförderung von brennbaren Flüssigkeiten) und die hierauf gestützten Rechtsverordnungen (z. B. Druckbehälterverordnung – Kloepfer Nr. 856,[72] Acetylenverordnung – Kloepfer Nr. 860,[73] Verordnung über brennbare Flüssigkeiten – Kloepfer Nr. 862,[74] Verordnung über Gashochdruckleitungen – Kloepfer Nr. 864[75]). 16

Ein wesentlicher **Ausgangspunkt** des öffentlich-rechtlichen Immissionsschutzes ist der Umstand, daß der zivilrechtliche Abwehranspruch kein absolutes Immissionsverbot begründet,[76] sondern durch verschiedene Duldungspflichten beschränkt ist (vgl. § 906 BGB, s. § 4 Rn. 308ff.) und in seiner Ausrichtung auf individuelle Eigentümerpositionen (s. § 4 Rn. 298), die z. B. bloße Anwohner- und vor allem Umweltinteressen der Allgemeinheit unberücksichtigt läßt, der Tragweite der Emissionsproblematik in der Industriegesellschaft nicht gerecht wird. Deshalb besteht seit der Preußischen Allgemeinen Gewerbeordnung das Prinzip der **Genehmigungspflicht** für – in heutiger Terminologie – umweltbelastende, vor allem luftverunreinigende Anlagen. Dieser **anlagenbezogene Immissionsschutz** wurde mit dem Bundes-Immissionsschutzgesetz aus dem Gewerberecht herausgelöst und durch neuartige, über die Anlagengenehmigung hinausgreifende Regelungen erweitert. Während die Vorschriften über Errichtung und Betrieb von Anlagen (zweiter Teil des Gesetzes) auch inhaltlich an die früheren Regelungen der Gewerbeordnung (§§ 16ff. GewO a. F.) anknüpfen und sich im wesentlichen nur durch eine Reihe von Verschärfungen unterscheiden,[77] lösen sich die im dritten bis sechsten Teil enthaltenen Regelungen über einen produkt-, verkehrs- und gebietsbezogenen Immissionsschutz vom historischen gewerberechtlichen und letztlich polizeirechtlichen Vorbild und rücken in die Nähe eines umfassenden, Belastungen verteilenden und beschränkenden Planungs- und Wirt- 17

---

[71] Viertes Bundesgesetz zur Änderung der Gewerbeordnung v. 5. 2. 1960 (BGBl. I S. 61, ber. S. 92).
[72] VO v. 27. 2. 1980, BGBl. I S. 173.
[73] VO v. 27. 2. 1980, BGBl. I S. 173, geänd. durch Ges. v. 16. 12. 1986, BGBl. I S. 2441.
[74] VO v. 27. 2. 1980, BGBl. I S. 173, geänd. durch VO v. 3. 5. 1982, BGBl. I S. 569.
[75] VO v. 17. 12. 1974, BGBl. I S. 3591.
[76] *Stich,* Privates Immissionsschutzrecht, in: Salzwedel (FN 49), S. 289ff., 292.
[77] Vgl. dazu *Ule,* FS Fröhler, 1980, S. 349ff.

schaftslenkungsrechts. Damit wird der Weg zum Umweltrecht als **Zuteilungsrecht** über Umweltgüter beschritten (vgl. auch § 1 Rn. 33).[78]

18 Inwieweit *planerische* und *bewirtschaftungsrechtliche* Gesichtspunkte auch in das Recht der Anlagengenehmigung eingehen dürfen, ist eine der umstrittensten Fragen des Immissionsschutzrechts, auf die im einzelnen noch einzugehen sein wird (s. u. Rn. 53 sowie auch o. § 1 Rn. 33, § 3 Rn. 18ff.). Aufgrund der teilweisen parallelen Regelungen des Bauplanungsrechts, die bei der Anlagengenehmigung zu berücksichtigen sind, gerät freilich das Immissionsschutzrecht zwangsläufig in Abhängigkeit von planerischen Vorgaben.

D. Bundes-Immissionsschutzgesetz

I. Zielsetzung des Gesetzes

1. § 1 BImSchG

19 Die Zielsetzung des Gesetzes wird bereits in der Gesetzesüberschrift: „Gesetz zum Schutz vor schädlichen Umwelteinwirkungen durch Luftverunreinigungen, Geräusche, Erschütterungen und ähnliche Vorgänge" angesprochen. Eine ausdrückliche Bestimmung des Gesetzeszweckes (vgl. dazu allgemein auch § 1 Rn. 24) enthält darüber hinaus § 1 BImSchG. Danach ist **Zweck des Gesetzes,** Menschen sowie Tiere, Pflanzen oder andere Sachen vor schädlichen Umwelteinwirkungen und, soweit es sich um genehmigungsbedürftige Anlagen handelt, auch vor Gefahren, erheblichen Nachteilen und erheblichen Belästigungen, die auf andere Weise herbeigeführt werden, zu schützen und dem Entstehen schädlicher Umwelteinwirkungen vorzubeugen. Diese Definition ist freilich nicht aus sich heraus, sondern nur im Zusammenhang mit den nachfolgenden Begriffsbestimmungen des § 3 BImSchG verständlich und gibt verschiedene Interpretationsprobleme auf, die noch zu behandeln sind.

2. Schutzgut des Gesetzes

20 Im Gesetz widersprüchlich behandelt und folglich umstritten ist das **Schutzgut** des Bundes-Immissionsschutzgesetzes. Während § 1 BImSchG den Schutz von Menschen, Tieren, Pflanzen oder anderen Sachen nebeneinander als Gesetzeszweck nennt, stellt § 3 Abs. 1 BImSchG bei der Definition der schädlichen Umwelteinwirkungen nur mehr auf die Wirkungen für die Allgemeinheit oder die Nachbarschaft ab. Die herrschende Meinung sieht in Tieren und Pflanzen daher kein selbständiges Schutzgut des Bundes-Immissionsschutzgesetzes, sondern betrachtet diese als nur in ihrer Bedeutung für den Menschen geschützt.[79] Sie vertritt damit ein anthropozentrisches Verständnis des Umweltschutzes und -rechts (vgl. § 1 Rn. 23ff.). Der Auslegungsstreit besitzt auch praktische Bedeutung, weil bestimmte Tiere und Pflanzen eine erheblich höhere Empfindlichkeit gegenüber Umwelteinwirkungen aufweisen als

---

[78] *Murswiek,* Die staatliche Verantwortung für die Risiken der Technik, 1985, S. 343ff.; vgl. ferner etwa *Leitl,* in: Weidner/Knoepfel, Luftreinhaltepolitik in städtischen Ballungsräumen, 1985, S. 61ff.

[79] Vgl. statt vieler *Jarass,* Bundes-Immissionsschutzgesetz, 1983, § 1 BImSchG Rn. 3 m. w. N.

Menschen. Ihre Behandlung als selbständige Schutzgüter würde demnach zu einer Intensivierung des Immissionsschutzes führen. Soweit Tiere und Pflanzen zugleich als Indikatoren für sog. Risikogruppen (Kranke, Kinder, Schwangere) dienen, ergibt sich freilich kein praktisch relevanter Widerspruch. Bei einem angemessenen – nicht zu engen – Verständnis des anthropozentrischen Umweltschutzes ist ein Interesse an der Erhaltung der natürlichen Umwelt ohnedies auch dann anzunehmen, wenn kein unmittelbarer, kurzfristiger oder isolierter Nutzen für den Menschen greifbar ist.

II. Aufbau des Gesetzes

Das Bundes-Immissionsschutzgesetz verwendet einen klassischen, allerdings nicht ganz konsequent durchgehaltenen Gesetzesaufbau, wobei es im ersten Teil die allgemein geltenden Vorschriften voranstellt: Neben der Beschreibung des Gesetzeszwekkes (§ 1 BImSchG) die Abgrenzung des sachlichen Geltungsbereiches (§ 2 BImSchG) sowie die zentralen Begriffsbestimmungen (§ 3 BImSchG). Der zweite Teil (§§ 4–31 BImSchG) enthält die Vorschriften über Errichtung und Betrieb von Anlagen. Der dritte Teil (§§ 32–37 BImSchG) regelt die Beschaffenheit von Anlagen, Stoffen, Erzeugnissen, Brennstoffen und Treibstoffen. Der vierte Teil (§§ 38–43 BImSchG) umfaßt Vorschriften über die Beschaffenheit und den Betrieb von Fahrzeugen, den Bau und die Änderung von Straßen- und Schienenwegen. Während der zweite Teil eine relativ geschlossene Regelung darstellt, enthalten der dritte und vierte Teil des Gesetzes eher punktuelle Regelungen und Ermächtigungsvorschriften. Im fünften Teil (§§ 44–47 BImSchG) sind die Überwachung der Luftverunreinigung und die Aufstellung von Luftreinhalteplänen geregelt. Der sechste Teil (§§ 48–62 BImSchG) enthält sog. gemeinsame Vorschriften; in der Sache handelt es sich um ein Sammelsurium von Bestimmungen zum gebietsbezogenen Immissionsschutz des § 49 BImSchG (der teilweise bereits in § 40 BImSchG geregelt ist) über den Planungsgrundsatz des § 50 BImSchG, die allgemeine Überwachungs- und Eingriffsnorm des § 52 BImSchG, die Regelungen über den Betriebsbeauftragten (§§ 53–58 BImSchG) bis hin zum Ordnungswidrigkeitenrecht (§ 62 BImSchG). Die Schlußvorschriften des siebten Teils (§§ 66–74 BImSchG) enthalten vor allem intertemporales Kollisionsrecht. 21

Der Bruch im **Gesetzgebungsstil** nach dem zweiten Teil erklärt sich wohl auch daraus, daß das Bundes-Immissionsschutzgesetz beim anlagenbezogenen Immissionsschutz auf einer langen Rechtstradition aufbauen konnte, während es in den übrigen Teilen einerseits Neuansätze wagte, andererseits bereits Regelungen in anderen Gesetzen antraf (wie etwa beim verkehrsbezogenen Immissionsschutz das Straßen- und Straßenverkehrsrecht) und von daher – wollte es nicht die gesamte Rechtsordnung umwälzen – nur punktuell Akzente setzen konnte. 22

Für die hiesige Darstellung des Rechtsstoffs bedeutet dies, daß sie sich nur bedingt auf die Systematik des Bundes-Immissionsschutzgesetzes verlassen kann und bestrebt sein muß, die zentralen inhaltlich jeweils zusammengehörigen Regelungen (des Bundes-Immissionsschutzgesetzes wie der Nachbargesetze und -verordnungen) zusammenfassend darzustellen. Hierfür empfiehlt sich folgende, auch im sonstigen Schrifttum gebräuchliche Gliederung:[80]

---

[80] Vgl. *Breuer,* in: v. Münch (Hg.), Besonderes Verwaltungsrecht, 8. Aufl., 1988, S. 601 ff., 660 ff.; *Kutscheidt* (FN 49), S. 241.

- anlagenbezogener Immissionsschutz (s. Rn. 30ff.),
- produktbezogener Immissionsschutz (s. Rn. 99ff.),
- verkehrsbezogener Immissionsschutz (s. Rn. 105ff.),
- gebietsbezogener Immissionsschutz (s. Rn. 130ff.).

Die Regelungen der Landes-Immissionsschutzgesetze (s. u. Rn. 136) befassen sich in ihrem Schwerpunkt vor allem mit dem sog. handlungsbezogenen Immissionsschutz.

III. Geltungsbereich des Gesetzes

23 Der sachliche Geltungsbereich des Bundes-Immissionsschutzgesetzes wird in § 2 BImSchG bestimmt, während der zeitliche und räumliche Geltungsbereich des Gesetzes in dessen siebtem Teil geregelt werden. § 2 BImSchG sieht im Anschluß an die in Abs. 1 enthaltene Zusammenfassung der Regelungsgegenstände des Gesetzes (s. o. Rn. 21) in Abs. 2 wichtige Einschränkungen vor. Danach gelten seine Vorschriften nicht für:

- Flugplätze (vgl. dazu speziell das Fluglärmgesetz und das Luftverkehrsrecht, s. u. Rn. 121ff.),
- Anlagen, Geräte, Vorrichtungen, Kernbrennstoffe sowie sonstige Stoffe, die den Vorschriften des Atomgesetzes und der Strahlenschutzverordnung unterliegen (s. dazu § 8).

Der Grund für diese Einschränkungen liegt vor allem in dem Bestreben, offene Normenkonkurrenzen mit bereits bestehenden Regelungen zu vermeiden.

IV. Zentralbegriffe des Gesetzes

1. Legaldefinitionen

24 Für die wichtigsten Begriffe des Immissionsschutzrechts, die beispielsweise als Voraussetzungen der Anlagengenehmigung (§ 6 BImSchG) oder für die Formulierung der Betreiberpflichten (§ 5 BImSchG) von Bedeutung sind, enthält § 3 BImSchG Legaldefinitionen.

25 Besonders wichtig ist die **Begriffskette:** Schädliche Umwelteinwirkungen – Immissionen – Luftverunreinigungen. Nach § 3 Abs. 1 BImSchG sind **schädliche Umwelteinwirkungen** Immissionen, die nach Art, Ausmaß oder Dauer geeignet sind, Gefahren, erhebliche Nachteile oder erhebliche Belästigungen für die Allgemeinheit oder die Nachbarschaft herbeizuführen. **Immissionen** sind auf Menschen sowie Tiere, Pflanzen oder andere Sachen einwirkende Luftverunreinigungen, Geräusche, Erschütterungen, Licht, Wärme, Strahlen (beachte jedoch § 2 Abs. 2 BImSchG) und ähnliche Umwelteinwirkungen (§ 3 Abs. 2, 2. Hs. BImSchG). Demgegenüber sind **Emissionen** die von einer Anlage ausgehenden Belastungen (§ 3 Abs. 3 BImSchG).

Immissionen und Emissionen unterscheiden sich demnach insbesondere dadurch, daß Emissionen von einem *bestimmten* Verursacher ausgehen (lateinischer Wortstamm emittere = aussenden) und an der Quelle gemessen werden, während Immissionen Einwirkungen auf einen Rezipienten bezeichnen (Wortstamm immittere = hineinsenden), wobei die Emissionsquelle an sich irrelevant ist. Immissions- und Emissionswerte sind daher nicht identisch. Die an der Quelle ermittelten Emissionen vermischen sich, bis sie im Meßbereich eines Rezipienten als Immissionen auftreten, typischerweise mit Emissionen anderer Verursacher, aber auch mit nicht schädlichen, den Schadstoffgehalt ,,verdünnenden" Stoffen (z. B. ,,sauberer" Luft). Dies ist bei der Festsetzung von Grenzwerten nach § 48 BImSchG zu beachten. So wird ein bestimmter Schadstoffgehalt, an der Quelle gemessen, noch toleriert werden, während ein gleich hoher Immissionswert unerträglich wäre. Wenn das Bundes-Immissionsschutzgesetz im Ergebnis auf Immissionen abstellt, sind Emissionsbegrenzungen doch wesentlich als Sanierungsinstrument.

Die umweltpolitische Diskussion neigt seit längerem zu einem verstärkten Ansatz bei den Emissionen, u. a. um eine Politik der bloßen Schmutzverteilung (vor allem durch hohe Schornsteine) zu verhindern und noch stärker – auch aus Vorsorgegesichtspunkten – die Schadstoffbekämpfung an der Quelle zu betonen. Dabei darf freilich nicht übersehen werden, daß konkrete Schädlichkeits- bzw. Gefährdungsbeurteilungen etc. an sich unmittelbar nur am Immissionsmaßstab ansetzen können.

Für die **Luftverunreinigung** als bedeutendsten Problemkreis des Immissionsschut- 26
zes gibt § 3 Abs. 4 BImSchG eine Legaldefinition, wobei an die exemplarisch genannten Kategorien – Rauch, Ruß, Staub, Gase, Aerosole, Dämpfe und Geruchsstoffe – die TA Luft sich mit nach bisher h. M. nur verwaltungsintern bindenden (s. u. Rn. 32ff.) Detailregelungen anschließt. Erfaßt werden sämtliche Veränderungen der natürlichen Zusammensetzung der Luft.

Vorausgesetzt wird demgegenüber der Bedeutungsgehalt der übrigen Immissions- 27
arten: Geräusche, Erschütterungen, Licht, Wärme, Strahlen und ähnliche Umwelteinwirkungen.

Als **Geräusche** gelten (für den Menschen) hörbare Einwirkungen, die durch Schallwellen verbreitet werden.[80a] Dabei geht es im Immissionsschutz primär nicht um Geräusche schlechthin, sondern, wie sich aus dem Kontext des § 3 BImSchG wie auch aus den Bezeichnungen anderer Rechtsvorschriften des Immissionsschutzrechts (TA Lärm, Gesetz zum Schutz gegen Fluglärm) ergibt, letztlich nur um – wegen ihrer körperlichen und seelischen Wirkungen – lästige Geräusche, den sog. **Lärm** (s. auch o. Rn. 4). Als solchen definiert Ziffer 2.11 der TA Lärm „Schall (Geräusch), der Nachbarn oder Dritte stören (gefährden, erheblich benachteiligen oder erheblich belästigen) kann oder stören würde" (s. auch Rn. 35). Dabei wirft die Einzelabgrenzung freilich beträchtliche Schwierigkeiten auf, weil einerseits bereits die subjektiven Lärmempfindungen auseinandergehen (Klavierkonzerte sind ein Kunstgenuß, die Klavierübungen des Nachbarn womöglich „Lärm") und andererseits Ruhe- und Entfaltungsbedürfnisse zum Ausgleich gebracht werden müssen. Ob eine Geräuschbelastung *erheblich* ist, läßt sich nicht immer einheitlich beantworten, sondern richtet sich beispielsweise auch nach der Ortsüblichkeit. Entsprechend dem Vorsorgeprinzip (s. § 3 Rn. 5ff.) beansprucht der aktive Lärmschutz, d. h. die Vermeidung oder Verminderung der Emission, grundsätzlichen Vorrang gegenüber dem sog. passiven Lärmschutz, der sich auf bloße Schutzmaßnahmen auf seiten des Immissionsgeschädigten (z. B. Einbau von Schallschutzfenstern) beschränkt.

Konkrete Lärmschutzstandards innerhalb von Gesetzen, Rechtsverordnungen oder wenigstens Verwaltungsvorschriften liegen bislang erst partiell vor, wobei die Regelungen jeweils nur bestimmte Lärmquellen erfassen (vgl. insbesondere TA Lärm – s. Rn. 35, Baumaschinenlärm-Verordnung – s. Rn. 5, Gesetz zum Schutz gegen Flug-

[80a] *Jarass* (FN 79), § 3 BImSchG Rn. 44; *Kutscheidt* (FN 49), S. 253.

lärm, Schallschutzverordnung – s. Rn. 163ff.). In den übrigen Fällen obliegt es der Rechtsprechung, die *Zumutbarkeit* von Lärmeinwirkungen zu beurteilen (vgl. speziell zum Straßenverkehrslärm Rn. 146ff.). In die hierbei vorzunehmende Güterabwägung fließen auch wertende Elemente wie Herkömmlichkeit, soziale Adäquanz und allgemeine Akzeptanz der Geräuschimmission (z. B. liturgisches Glockengeläut oder Alarmsirene der Feuerwehr) ein.[80b] Indizielle Bedeutung haben technische Regelwerke Privater wie die VDI-Richtlinie 2058 – Blatt 1 – „Beurteilung von Arbeitslärm in der Nachbarschaft“[80c] (s. auch Rn. 36). Insgesamt sind die Regelungen zum Lärmschutz stark verstreut[80d] und außerhalb des Immissionsschutzrechts vor allem auch im Bauplanungs- und Bauordnungsrecht zu finden (s. auch Rn. 41).

Als **Erschütterungen** gelten niederfrequente, mechanische Schwingungen fester Körper, wie sie z. B. beim Einsatz von Baumaschinen oder infolge von Verkehrseinrichtungen auftreten.[80e] Eine geringere Rolle spielen bislang **Licht** und **Wärme** als Immissionen. **Strahlen** i. S. des § 3 Abs. 1 BImSchG sind im wesentlichen nur Wärme- und Radarstrahlen[80f] (z. B. auch Mikrowellen, Laserstrahlen, UV-Strahlen), da ionisierende Strahlen durch § 2 Abs. 2 BImSchG weitgehend aus dem Anwendungsbereich des Bundes-Immissionsschutzgesetzes ausgenommen sind (und statt dessen dem Regime des Atomgesetzes und der Strahlenschutzverordnung unterstehen, s. § 8 Rn. 4f.).

Mit dem generalklauselartigen Begriff der **„ähnlichen Erscheinungen“** bzw. **Umwelteinwirkungen** öffnet sich das Bundes-Immissionsschutzgesetz vor allem zukünftigen technischen Entwicklungen: Hierdurch wird sichergestellt, daß auch neuartige Immissionen von ihm erfaßt werden, wenn sie den zuvor genannten Immissionen vergleichbar sind.[80g] Weitgehende Einigkeit besteht darüber, daß es sich bei den „ähnlichen Umwelteinwirkungen“ zum einen nur um physikalische Vorgänge handeln kann; hierdurch werden immaterielle, insbesondere optische bzw. ästhetische (z. B. Verunstaltung des Ortsbildes) und sog. sittliche Einwirkungen (Schulbeispiel: benachbarter Bordellbetrieb) aus dem Immissionsbegriff ausgegrenzt.[80h] Zum andern soll sich der Immissionsbegriff auf Einwirkungen durch **unwägbare Stoffe** (sog. Imponderabilien) beschränken.[80j] Steinwurf, das Anschwemmen von Stoffen oder Einwirkungen durch Tiere (z. B. Ratten- oder Insektenplage) unterfallen daher nicht dem Immissionsbegriff. Damit ist die Gruppe der bislang anerkannten „ähnlichen Umwelteinwirkungen“ stark reduziert: Als Beispielsfälle genannt werden regelmäßig Funkenflug, die Zufuhr von kalter Luft sowie von Krankheitserregern.[80k] Die am Vorbild des § 906 Abs. 1 BGB (vgl. § 4 Rn. 304) orientierte Beschränkung des Geltungsbereiches des Bundes-Immissionsschutzgesetzes auf „unwägbare Stoffe“ ist jedoch nicht zwingend. Der Verordnungsgeber scheint denn auch von einem weite-

---

[80b] BVerwG, DVBl. 1988, 967ff., 969 m. w. N. (auch zum folgenden).

[80c] Abgedruckt bei *Feldhaus,* Bundesimmissionsschutzrecht, Bd. 2, 2. Aufl., 1974ff., Anhang 4.1.

[80d] Vgl. zur unbefriedigenden Normierung des Lärmschutzes zuletzt *Kutscheidt* auf der Jahrestagung 1988 der Gesellschaft für Umweltrecht.

[80e] Vgl. *Kutscheidt* (FN 49), S. 254.

[80f] Vgl. hierzu OVG Koblenz, NVwZ 1987, 149f.

[80g] *Feldhaus,* Bundesimmissionsschutzrecht, 2. Aufl., 1974ff., § 3 BImSchG Anm. 5.

[80h] Vgl. *Jarass,* DVBl. 1983, 725ff., 727; *Stich/Porger,* Immissionsschutzrecht des Bundes und der Länder, 1974ff., § 3 BImSchG Anm. 6. Ebenso zu § 1006 BGB BGHZ 54, 56 (59).

[80j] *Jarass,* DVBl. 1983, 725ff., 727; *ders.* (FN 79), § 3 BImSchG Rn. 47.

[80k] *Jarass* (FN 79), § 3 BImSchG Rn. 47.

ren Verständnis der schädlichen Umwelteinwirkungen auszugehen (vgl. die Verordnung zur Auswurfbegrenzung von Holzstaub – 7. BImSchV, s. o. Rn. 5). Umstritten ist schließlich, ob im Rahmen des Bundes-Immissionsschutzgesetzes auch sog. **negative Immissionen** (wie etwa der Entzug von Luft und Licht) ins Gewicht fallen können (vgl. zur parallelen zivilrechtlichen Problematik § 4 Rn. 304).[801] Auch wenn bereits die Sprachlogik gegen diese Annahme zu sprechen scheint, könnte es doch sachliche Gründe für eine Einbeziehung derartiger Erscheinungen in den Immissionsbegriff geben.

§ 3 BImSchG enthält ferner Legaldefinitionen des Anlagenbegriffs (Abs. 5) – s. dazu Rn. 31 ff. –, des Standes der Technik (Abs. 6) – s. dazu Rn. 46 – und der Begriffe des Herstellens und Einführens (Abs. 7), die im dritten Teil des Gesetzes eine Rolle spielen. 28

Demgegenüber gibt es für die Begriffstrias: Gefahren – erhebliche Nachteile – erhebliche Belästigungen keine Legaldefinition.

Bezüglich des **Gefahrenbegriffs** (s. auch § 3 Rn. 9) knüpfen Rechtsprechung und Schrifttum zunächst prinzipiell an den einschlägigen polizeirechtlichen Begriff an.[81]

Eine Gefahr liegt danach vor, wenn ein Schaden für ein gesetzlich geschütztes Gut – v. a. Leben oder Gesundheit eines Menschen oder ein erheblicher Sachschaden – mit hinreichender Wahrscheinlichkeit zu erwarten ist. Der erforderliche Wahrscheinlichkeitsgrad hängt dabei maßgeblich (auch) vom Rang des betroffenen Rechtsgutes und dem Ausmaß des zu erwartenden Schadens ab. Im Immissionsschutzrecht werden daher oftmals bereits geringe Eintrittswahrscheinlichkeiten genügen,[82] jedoch geht man nicht so weit zu verlangen, daß der Eintritt eines sehr großen Schadens mit absoluter Gewißheit ausgeschlossen sein müsse. Dieses gesetzlich geduldete sog. **Restrisiko**[83] (s. § 2 Rn. 17) spielt besonders bei der atomrechtlichen Anlagengenehmigung eine Rolle (s. dazu § 8 Rn. 14ff.). Es entwickelt sich ein spezifischer Gefahrenbegriff des technischen Sicherheitsrechts.[84] Dabei können „Risiko" und „Restrisiko" ihre mittelbare Herkunft aus dem allgemeinen Gefahrenbegriff freilich nicht verleugnen. Ihr Unterschied liegt primär in der normativen Risikobewertung, während sie in der Konstruktion (als Produkt aus Schaden und Eintrittswahrscheinlichkeit) weithin einander gleichen. Eine allgemeine umweltrechtliche, insbesondere auch immissionschutzrechtliche Tendenz zur Vorverlagerung der traditionellen Gefahrenschwelle ist dabei unverkennbar.

Unter **Nachteilen** werden vor allem Vermögensschäden (z. B. Notwendigkeit erhöhter Aufwendungen für Immissionsschutzvorkehrungen) oder Einschränkungen des persönlichen Lebensraumes verstanden, während **Belästigungen** Einwirkungen auf das körperliche und seelische Wohlbefinden unterhalb der Gefahrenschwelle (Gesundheitsschaden) bezeichnen.[85] Die Grenzen sind allerdings eher fließend.[86] Nachteile wie Belästigungen müssen *erheblich* sein. Diese Feststellung schließt Zumutbar- 29

[801] Dafür *Jarass* (FN 79), § 3 BImSchG Rn. 48, dagegen *Kutscheidt* (FN 49), S. 245; *Schmatz/Nöthlichs/Weber,* Immissionsschutz, 1979ff., § 1 BImSchG Anm. 4.

[81] *Lukes,* in: ders. (Hg.), Gefahren und Gefahrenbeurteilungen im Recht, Teil I, 1980, S. 17ff.; ebenso *Breuer* (FN 80), S. 664; *Kutscheidt* (FN 49), S. 246f.; *Schmitt Glaeser/Meins,* Recht des Immissionsschutzes, 1982, S. 29.

[82] Vgl. zu einer parallelen Sachlage im Wasserrecht BVerwG, NJW 1970, 1890ff., 1892.

[83] BVerfGE 49, 89 (141f.) – Kalkar.

[84] Vgl. *W. Martens,* DÖV 1982, 89ff. Eine vergleichende Gesamtübersicht gibt *Hansen-Dix,* Die Gefahr im Polizeirecht, im Ordnungsrecht und im Technischen Sicherheitsrecht, 1982; kritisch zur Unterscheidbarkeit von „Gefahr" und „Risiko" bzw. „Restrisiko" *H. Hofmann,* UPR 1984, 73ff., 77f., sowie *Ossenbühl,* NVwZ 1986, 161ff., 163.

[85] Amtl. Begr., BT-Drs. 7/1513, S. 2.

[86] *Feldhaus,* Bundesimmissionsschutzrecht, 2. Aufl., 1974ff., § 3 BImSchG Anm. 6, 8. So auch schon die Gesetzesbegründung, vgl. BT-Drs. 7/1513, S. 2.

keitsgesichtspunkte, wie sie etwa von der Duldungspflicht des § 906 BGB oder aus dem Baurecht (Vorbelastung, Gebot gegenseitiger Rücksichtnahme, s. dazu § 9 Rn. 37) bekannt sind, und Interessenabwägungen ein.[87] Daher sind unerhebliche Nachteile oder Belästigungen als **Bagatellen** immissionsschutzrechtlich unbeachtlich.

30 Die Abschichtung von **Allgemeinheit** und **Nachbarschaft** i. S. von § 3 Abs. 1 BImSchG wird vor allem von der prozessualen Problematik der Klagebefugnis beherrscht (s. dazu § 5 Rn. 15ff. sowie u. Rn. 176ff.); materiellrechtlich ist sie im Zusammenhang des Bundes-Immissionsschutzgesetzes nicht von grundsätzlicher Bedeutung,[88] da das Gesetz beide – Allgemeinheit und Nachbarschaft – vor Immissionen schützt.

2. *Konkretisierungsprobleme*

a) Allgemeines

31 Die Legaldefinitionen des § 3 BImSchG beugen Auslegungsproblemen freilich nur zum geringeren Teil vor. Erst recht bestehen Konkretisierungsbedürfnisse bei den vom Gesetzgeber undefiniert verwendeten komplexen Begriffen wie „Gefahr" oder (gesetzlich grob definierten) Verweisungsbegriffen wie „Stand der Technik" (§ 3 Abs. 6 BImSchG). Dort vor allem stellt sich daher auch die Frage nach der gerichtlichen **Kontrolldichte** (s. § 5 Rn. 40ff.).

Nachdem das BVerwG[89] im Hinblick auf die Ermittlung des Standes von Wissenschaft und Technik und die Risikoabschätzung im Rahmen des § 7 Abs. 2 Nr. 3 AtG eine spezifische, normstrukturell begründete Verwaltungsverantwortung bejaht hat, die sich einer vollen gerichtlichen Nachprüfung entzieht (s. § 8 Rn. 83), erscheint die im Immissionsschutzrecht seit Jahren diskutierte Frage eines gerichtsfreien administrativen Beurteilungsspielraumes[90] ebenfalls in neuem Licht. Das BVerwG könnte danach sein früheres Postulat der vollen gerichtlichen Nachprüfbarkeit von Verwaltungsentscheidungen nach dem Bundes-Immissionsschutzgesetz[91] unter dem Eindruck des Rechtsprechungswandels in der – in wesentlicher Hinsicht vergleichbaren – Materie des Atomrechts bei nächster Gelegenheit modifizieren, wenn auch vielleicht nicht ausdrücklich revidieren. Die Befürworter einer Kontrollrestriktion gegenüber den unbestimmten Rechtsbegriffen (auch) des Immissionsschutzrechts dürfen sich durch den im Wyhl-Urteil vollzogenen Rechtsprechungswandel jedenfalls bestätigt sehen.

b) Verwaltungsvorschriften, insbesondere TA Luft und TA Lärm

32 Eng verbunden mit der Frage nach der Regelungs- und Kontrolldichte der unbestimmten Rechtsbegriffe ist die Problematik der Rolle der Verwaltungsvorschriften im Umweltrecht (s. auch o. § 2 Rn. 44). Das herkömmliche Verständnis der Verwal-

---

[87] *Feldhaus* (FN 86), § 3 BImSchG Anm. 10.

[88] Anders im Polizeirecht, wo mit Hilfe der Unterscheidung von Allgemein- und Nachbarinteressen die Durchsetzung reiner Individualinteressen mit den Mitteln des Polizeirechts ausgeschlossen werden soll.

[89] BVerwGE 72, 300 (316ff.) – Wyhl.

[90] Vgl. etwa *Feuchte,* Die Verwaltung 1977, 291ff., 304ff., und die Vertretbarkeitslehre *Ules,* in: ders./Laubinger, BImSchG, 1978ff., § 3 BImSchG Rn. 18ff. Vgl. zum ganzen auch *Tettinger,* DVBl. 1982, 421ff. m. w. N., sowie *Badura,* JA 1984, 83ff., 89.

[91] BVerwGE 55, 250 (253f.).

tungsvorschriften als bloß verwaltungsintern verbindliche Richtlinien bzw. Norminterpretationen wird der tatsächlichen Bedeutung vor allem der als Verwaltungsvorschriften erlassenen **technischen Regelwerke,** insbesondere der TA Luft, nicht mehr voll gerecht (s. u. Rn. 36).

Gemäß § 48 BImSchG erläßt die Bundesregierung nach obligatorischer Anhörung der beteiligten Kreise mit Zustimmung des Bundesrates zur Durchführung des Gesetzes bzw. der Rechtsverordnungen allgemeine Verwaltungsvorschriften, insbesondere über 33

1. Immissionswerte, die nicht überschritten werden dürfen,
2. Emissionswerte, deren Überschreiten nach dem Stand der Technik vermeidbar ist,
3. das Verfahren zur Ermittlung der Emissionen und Immissionen.

Beteiligte Kreise sind gemäß § 51 BImSchG ein jeweils auszuwählender Kreis von Vertretern der Wissenschaft, der Betroffenen, der beteiligten Wirtschaft, des beteiligten Verkehrswesens und der für den Immissionsschutz zuständigen obersten Landesbehörden.

Die auf dieser Grundlage erstmals 1974 erlassene **TA Luft**[91a] (Kloepfer Nr. 601) 34
enthält detaillierte Vorschriften zur Reinhaltung der Luft, die zu beachten sind bei

- der Prüfung der Anträge auf Erteilung einer Genehmigung zur Errichtung und zum Betrieb einer Anlage (§ 6 BImSchG) sowie zur wesentlichen Änderung der Lage, Beschaffenheit oder des Betriebes einer Anlage (§ 15 BImSchG),
- der Prüfung der Anträge auf Erteilung einer Teilgenehmigung oder eines Vorbescheides (§§ 8, 9 BImSchG),
- nachträglichen Anordnungen (§ 17 BImSchG) und
- der Anordnung über Ermittlungen von Art und Ausmaß der von einer Anlage ausgehenden Emissionen sowie der Immissionen im Einwirkungsbereich der Anlage (§ 26 BImSchG).

Sie konkretisiert das immissionsschutzrechtliche Schutz- und Vorsorgeprinzip (vgl. auch § 3 Rn. 5ff. und 22) und insbesondere die Schutz- und Vorsorgepflichten nach § 5 BImSchG (vgl. u. Rn. 49ff.). Die TA Luft gilt unmittelbar nur für genehmigungsbedürftige Anlagen im Sinne von § 4 BImSchG (TA Luft Nr. 1), hat aber faktisch auch darüber hinaus erhebliche Bedeutung.[91b]

Die TA Luft wurde in den letzten Jahren in zwei Schritten grundlegend überarbeitet: 1983 wurde der die Immissionen betreffende Teil – Konkretisierung der Schutzpflicht des § 5 Abs. 1 Nr. 1 BImSchG (s. u. Rn. 50) –, 1986 der die Emissionen betreffende Teil – Konkretisierung der Vorsorgepflicht des § 5 Abs. 1 Nr. 2 BImSchG (s. u. Rn. 51ff.) – neu gefaßt.

Die TA Luft läßt sich inhaltlich in vier Abschnitte gliedern: Die Nr. 1 und Nr. 2.1 enthalten die üblichen Eingangsregelungen (Anwendungsbereich, Begriffsbestimmungen). In den Nrn. 2.2 bis 2.6 sind die Regelungen über Immissionen zusammengefaßt, in Nr. 3 die Regelun-

---

[91a] Erste Allgemeine Verwaltungsvorschrift zum Bundes-Immissionsschutzgesetz (Technische Anleitung zur Reinhaltung der Luft – TA Luft) v. 27. 2. 1986 (GMBl. S. 95, ber. S. 202); vgl. zuvor TA Luft v. 28. 8. 1974 (GMBl. S. 426) und TA Luft v. 23. 2. 1983 (GMBl. S. 94). Die ursprüngliche TA Luft v. 8. 9. 1964 (GMBl. S. 433) stützte sich noch ausschließlich auf die Gewerbeordnung.

[91b] *Hansmann,* in: Landmann/Rohmer, Gewerbeordnung, Bd. III, Umweltrecht, TA Luft Nr. 1 Rn. 5f.; zur Einführung in die TA Luft *Feldhaus/Ludwig,* DVBl. 1983, 565ff.; *Feldhaus/Ludwig/Davids,* DVBl. 1986, 641ff.; zur TA Luft vgl. im übrigen *Davids/Lange,* Die TA Luft '86, 1986; *Dienes,* et 1986, 971ff.; *Hansmann/Schmitt,* TA Luft, 1983; *Henselder,* TA Luft, 1986; *Jarass,* NVwZ 1986, 607ff.; *Jost* (Hg.), Die neue TA Luft, 1983ff.; *Junker/Kabelitz/de la Rivera/Schwarz,* TA Luft – Kommentar, 1983ff.; *Kalmbach/Schmölling,* Technische Anleitung zur Reinhaltung der Luft, 2. Aufl., 1986; *Kamphausen,* DB 1986, 1267ff.; *Kutscheidt,* NVwZ 1983, 581ff.; *Papier,* UPR 1987, 292ff.

gen über Emissionen. Nr. 4 enthält schließlich in einem eigenen Abschnitt Vorschriften zur Altanlagensanierung, die sich sowohl auf Immissionen als auch auf Emissionen beziehen.

In dem die **Immissionsbegrenzung** betreffenden Teil (Nrn. 2.1 bis 2.6) läßt sich der Inhalt der Regelung erst aus dem Ineinandergreifen der Nr. 2.2.1 und 2.5 erschließen. Grundsätzlich wird zwischen Gesundheitsgefahren und erheblichen Nachteilen und Belästigungen unterschieden. Dabei ist jedoch zu beachten, daß bei der Prüfung von Gesundheitsgefahren nach Nr. 2.2.1.1 nicht nur die Immissionswerte zum Schutz vor Gesundheitsgefahren (Nr. 2.5.1), sondern auch die Immissionswerte zum Schutz vor erheblichen Nachteilen und Belästigungen (Nr. 2.5.2) heranzuziehen sind; das gleiche gilt für die Prüfung von erheblichen Nachteilen und erheblichen Belästigungen nach Nr. 2.2.1.2. Die detaillierte Regelung des Meßverfahrens in Nr. 2.6 ist deswegen bedeutsam, weil Immissionswerte ohne Festlegung eines bestimmten Meßverfahrens praktisch keinerlei Aussagekraft haben.

Im Bereich der **Emissionsbegrenzung** (Nr. 3) differenziert die TA Luft zwischen stoffbezogenen Anforderungen, die alle Anlagen betreffen (Nr. 3.1) und Sonderregelungen für bestimmte Anlagen (Nr. 3.3), die den übrigen Regelungen vorgehen (Nr. 3.1.1). Das Meßverfahren ist in Nr. 3.2 geregelt.

Bei den Anforderungen an **Altanlagen** (Nr. 4) ist wieder zu unterscheiden zwischen Maßnahmen zum Schutz vor schädlichen Umwelteinwirkungen – an den Immissionswerten ansetzend – und Maßnahmen zur Vorsorge durch Emissionsbegrenzung. Bei letzteren sind, abhängig vom Risikopotential einer Anlage, bestimmte Sanierungsfristen festgelegt. Vorgesehen ist auch die Möglichkeit von Kompensationslösungen (Nr. 4.2.10, s. u. Rn. 64).

Hinzuweisen ist noch auf die Sonderregelung für **krebserzeugende Stoffe** (Nr. 2.3). Da für diese Stoffe eine Ungefährlichkeitsschwelle nicht festgesetzt werden kann, soll hier der Schutz vor schädlichen Umwelteinwirkungen ausnahmsweise durch – besonders strikte – Emissionsbegrenzung erreicht werden.

35 Die auf § 16 Abs. 3 S. 2 GewO gestützte **TA Lärm** (Kloepfer Nr. 851) gilt nach § 66 Abs. 2 BImSchG fort und damit ebenfalls für genehmigungsbedürftige Anlagen im Sinne von § 4 BImSchG (anstelle des aufgehobenen § 16 GewO).

Die TA Lärm enthält Vorschriften zum Schutz gegen Lärm, die von genehmigungsbedürftigen Anlagen i. S. von § 16 GewO bzw. – jetzt – § 4 BImSchG ausgehen. Sie kann indes begrenzt auch zur Beurteilung anderer Anlagen herangezogen werden (Nr. 1 TA Lärm). Als Lärm gilt hierbei Schall (Geräusch), der Nachbarn oder Dritte stören (gefährden, erheblich benachteiligten oder erheblich belästigen) kann oder stören würde (Nr. 2.11 TA Lärm). Im Zentrum der TA Lärm stehen Immissionsrichtwerte, die für Tag- und Nachtzeit (regelmäßig 22 Uhr bis 6 Uhr) gesondert festgelegt und nach dem Gebietscharakter bzw. der Schutzwürdigkeit der baulichen Nutzung im Einwirkungsbereich der Anlage gestaffelt sind (Nr. 2.32 TA Lärm). Die TA Lärm verwendet dabei die Meßeinheit dB(A) – für: Dezibel, wobei „A“ für die Frequenzbewertungskurve A bei der Schallpegelmessung steht (Nr. 2.13 TA Lärm). Die Notwendigkeit einer Frequenzbewertung ergibt sich daraus, daß die Geräuschbelastung auch frequenzabhängig ist. Weiter erschwert wird eine „objektive“ Lärmbestimmung dadurch, daß das Störungsempfinden auch von der Art des Geräusches, insbesondere von Auffälligkeit, „Informationsgehalt“, Impulshaltigkeit und Schwankungsbreite, abhängt. Die TA Lärm legt in den Grundzügen auch die anzuwendenden Meßverfahren fest (Nr. 2.4 TA Lärm).

36 Durch die TA Luft und die TA Lärm wird das Bundes-Immissionsschutzgesetz in weiten Teilen überhaupt erst praktikabel. Wegen dieser Bedeutung und der bei Verwaltungsvorschriften ungewöhnlichen gesetzlich vorgeschriebenen Partizipation des Bundesrates wurde ihnen daher schon früh im Ergebnis weitgehende (jedenfalls faktische) Außenwirkung zugemessen, indem sie auch als **antizipierte Sachverständigengutachten** angesehen wurden.[92] Diese Konstruktion ist jedoch inzwischen angesichts der in die technischen Regelwerke einfließenden Wertungen und Entscheidungen (s.

[92] BVerwGE 55, 250 (256); dazu auch *Breuer,* DVBl. 1978, 28ff.

§ 2 Rn. 45ff.) weitgehend aufgegeben worden. Das BVerwG[93] sieht in einer vergleichbaren Verwaltungsvorschrift, der Richtlinie zu § 45 StrlSchV, nunmehr eine **„normkonkretisierende Verwaltungsvorschrift"**, welcher es – im Unterschied zu sonstigen, insbesondere nur „norminterpretierenden" Verwaltungsvorschriften – originäre Außenverbindlichkeiten zubilligt (vgl. auch § 2 Nr. 44). Es ist möglich, daß sich diese Auffassung auch gegenüber den im wesentlichen gleichgelagerten immissionsschutzrechtlichen Verwaltungsvorschriften – TA Luft und TA Lärm – durchsetzen wird.[93a]

Die Gerichte sollen hiernach prinzipiell an die Festsetzungen in den Regelwerken gebunden sein, nicht nur, weil sie auf naturwissenschaftlich fundierten Aussagen beruhen, sondern auch und vor allem wegen der besonderen Art ihres Zustandekommens in einem qualifizierten, Sachrichtigkeit (besser als eine punktuelle gerichtliche Kontrolle) verbürgenden Verfahren.[94] Ein **Abweichen** von den Werten der TA Luft durch die Gerichte ist danach nur noch zulässig, wenn die Aussagen der TA Luft veraltet sind oder wenn eine atypische Fallgestaltung vorliegt.[95] Insoweit bleibt es bei einer (eingeschränkten) Überprüfbarkeit der TA Luft durch die Verwaltungsgerichte. Unberührt bleibt auch die Überprüfung der technischen Regelwerke auf ihr willkürfreies Zustandekommen.[96]

Vor dem Hintergrund der allgemeinen **Rechtsquellenlehre**[97] vermag dieses Ergebnis allerdings nicht zu befriedigen. Die Rechtswissenschaft steht auch nach der Preisgabe der Figur des antizipierten Sachverständigengutachtens vor der Aufgabe, das Verhältnis der Regelungstypen zueinander und die Bedingungen der Normerzeugung neu zu durchdenken. Die funktional äquivalente Verwendung von Rechtssätzen unterschiedlicher Qualität bis hin zu Nicht-Rechtssätzen, die jedoch teilweise durch (statische oder dynamische) Verweisung[98] (s. § 2 Rn. 50) in Rechtssätze inkorporiert werden, ist verfassungsrechtlich nicht unbedenklich. Ein teilweise gangbarer Ausweg ist eine verstärkte Ersetzung der Verwaltungsvorschriften durch Rechtsverordnungen.

Ein noch wenig vertiefter Lösungsansatz zur Bestimmung der eigenen Rechtsnatur von Verwaltungsvorschriften wäre es, an ihrer indirekten Steuerungswirkung gegenüber dem Bürger anzusetzen: Obwohl Verwaltungsvorschriften sich unmittelbar an die nachgeordneten Behörden richten, entfalten sie doch eine beträchtliche Steuerungswirkung gegenüber dem Bürger, weil dieser vorhersehen kann, wie er sich verhalten muß, damit die Verwaltungsbehörden seine Anlage genehmigen etc.

Vom **Steuerungseffekt** gegenüber dem Bürger her sind etwa die TA Luft und TA Lärm ähnlich wirksam wie materielle Rechtssätze. Es wäre deshalb daran zu denken, ähnliche Eingriffsvoraussetzungen an solchermaßen steuernde Verwaltungsvorschriften zu stellen wie an andere Formen indirekter Steuerung (vgl. § 4 Rn. 142).

Unterhalb der Ebene der Verwaltungsvorschriften spielen **technische Regelwerke privater Normungsorganisationen** (z.B. VDI-Richtlinien, DIN-Normen, s. § 2

---

93 BVerwGE 72, 300 (320f.).

93a So inzwischen OVG Münster, DVBl. 1988, 152ff., 153.

94 BVerwGE 72, 300 (317).

95 BVerwG, DVBl. 1988, 539f., 539 („Eindeutig ist, ... daß es zu den von den Gerichten zu prüfenden Rechtmäßigkeitsvoraussetzungen der in der TA Luft festgelegten Immissions- und Emissionswerte und der Verfahren zu ihrer Ermittlung gehört, daß diese nicht durch die Erkenntnisfortschritte in Wissenschaft und Technik überholt sind"). Vgl. zuvor OVG Lüneburg, UPR 1985, 253ff., 254; offengelassen in BVerwGE 72, 300 (320f.).

96 BVerwGE 72, 300 (321).

97 Vgl. statt aller *Krebs,* VerwArch. 70 (1979), 263ff.; für eine Modifizierung der traditionellen Rechtsquellenlehre aus neuerer Sicht *Brohm,* in: ders. (Hg.), Drittes Deutsch-Polnisches Verwaltungssymposion, 1983, S. 11ff.

98 Vgl. statt vieler *Sachs,* NJW 1981, 1651ff. m.w.N.

Rn. 48) z. T. eine beträchtliche Rolle bei der faktischen Konkretisierung von Umweltschutzstandards (wie etwa im Lärmschutz die VDI-Richtlinie 2058). Sie werden von der Verwaltung wie von den Gerichten als Erkenntnisquelle herangezogen. „Eine weitergehende Bedeutung als die eines *Indizes* haben solche Richtlinien für die gerichtliche Beurteilung der Erheblichkeit von Immissionen aber nicht."[98a]

E. Anlagenbezogener Immissionsschutz

37 Die naheliegendste, zugleich älteste und am weitesten entwickelte Form des Immissionsschutzes ist die **unmittelbare Kontrolle** der (vor allem gewerblichen) Emittenten. Von den Hauptverursachern – Industrie und Handwerk, Kraftwerke, Hausbrand und Verkehr – erfaßt das Bundes-Immissionsschutzgesetz in den Vorschriften über Errichtung und Betrieb von Anlagen im wesentlichen die ersten drei Gruppen, während es Verkehrsvorgänge in seinen §§ 4ff. weitgehend ausspart.

I. Anlagenbegriff

1. Begriffsinhalt

38 Der Anlagenbegriff ist vom Gesetzgeber weit gefaßt und nach seinem Willen auch weit zu interpretieren.[99] Nach § 3 Abs. 5 BImSchG sind Anlagen

1. Betriebsstätten und sonstige ortsfeste Einrichtungen,
2. Maschinen, Geräte und sonstige ortsveränderliche technische Einrichtungen sowie Fahrzeuge, soweit sie nicht der Vorschrift des § 38 BImSchG unterliegen, und
3. Grundstücke, auf denen Stoffe gelagert oder abgelagert oder Arbeiten durchgeführt werden, die Emissionen verursachen können, ausgenommen öffentliche Verkehrswege.

39 Zum Anlagenbegriff gehören auch **Nebeneinrichtungen,** soweit sie im örtlichen und betriebstechnischen Zusammenhang mit einer Anlage stehen (z. B. Materiallager, Transporteinrichtungen, Abfallanlagen). Die Anlageneigenschaft setzt eine regelmäßige und nicht bloß einmalige Nutzung voraus.[100] Hingegen unterliegen nach § 38 BImSchG (im öffentlichen Verkehr genutzte) Kraft-, Schienen-, Luft- und Wasserfahrzeuge nur den Vorschriften der §§ 38 bis 40 BImSchG. Dem Anlagenbegriff unterfallen nur außerhalb des öffentlichen Verkehrs genutzte Fahrzeuge (z. B. ausschließlich auf Betriebsgelände eingesetzte Lastwagen, Gabelstapler, Landmaschinen usw.).[101]

40 Abzugrenzen sind die Anlagen gegenüber sog. **Erzeugnissen** (vgl. § 35 BImSchG), die – im Unterschied zu Anlagen – zwar vielleicht genutzt, aber nicht bestimmungsgemäß und nachhaltig *betrieben* werden können.[102] Keine Anlagen sind daher z. B. einfache Werkzeuge sowie regelmäßig Musikinstrumente, bewegliche Sport- und

---

[98a] BVerwG, DVBl. 1988, 967ff., 970.
[99] BT-Drs. VI/2868, S. 30f. (Amtl. Begr. zu § 5 RegE).
[100] Vgl. *Jarass* (FN 79), § 3 BImSchG Rn. 49.
[101] Vgl. zur Kasuistik *Ule/Laubinger* (FN 90), § 3 BImSchG Rn. 10ff.
[102] Vgl. *Jarass* (FN 79), § 3 BImSchG Rn. 49.

Spielgeräte.[103] Die Abgrenzung kann im Einzelfall jedoch Schwierigkeiten bereiten (vgl. dazu Rn. 41).

2. *Grenzfälle*

Da das Bundes-Immissionsschutzgesetz grundsätzlich nicht vor Emissionen 41
schützt, die von Menschen und Tieren unmittelbar erzeugt werden (z. B. Nachbarschaftslärm), bereitet die Einordnung von Einrichtungen wie **Kinderspielplätzen** oder **Sportanlagen** unter den Anlagenbegriff Schwierigkeiten. Es könnte sich um ortsfeste Einrichtungen im Sinne von § 3 Abs. 5 Nr. 1 BImSchG handeln. Während das BVerwG die Frage bislang offengelassen hat,[104] verneinen dies einige Untergerichte oder differenzieren danach, ob die Immissionen (hier vor allem Lärm) überwiegend auf menschliches Handeln oder auf maschinelle Einrichtungen zurückgehen (Beispiel: einfaches Tennisspiel oder Verwendung einer Ballmaschine).[105] Dies überzeugt indessen nicht.

Der problematische gedankliche Ansatz kommt in einer Begründung des VG Münster zum Ausdruck: „Von Kinderspielplätzen als solchen können keine Emissionen ausgehen".[106] So gesehen, könnten von keiner Anlage Emissionen ausgehen. Auch im technischen Zeitalter bedarf es zumindest der menschlichen „Initialzündung".

Entscheidend dürfte vielmehr sein, ob die ortsfeste Einrichtung durch ihren bestimmungsgemäßen Gebrauch zu Emissionen führt. Dem wohl hinter den dogmatischen Schwierigkeiten stehenden Unbehagen, Kinderspielplätze der immissionsschutzrechtlichen Anlagengenehmigung oder zumindest Kontrolle zu unterwerfen, kann auch durch eine sinnvolle – an der Sozialüblichkeit orientierte – Interpretation der **Immissionserheblichkeit** (§ 3 Abs. 1 BImSchG) begegnet werden. Hingegen bestehen – in Anbetracht der Intensität modernen Freizeitlärms – keine durchschlagenden Bedenken, größere Sportanlagen der immissionsschutzrechtlichen Anlagengenehmigung zu unterwerfen. Die übrigen Sportanlagen unterliegen im allgemeinen den Regelungen der §§ 22ff. BImSchG über nichtgenehmigungsbedürftige Anlagen, somit also, wenn auch ohne Präventivkontrolle, bestimmten umweltschutzbezogenen Betreiberpflichten. Von erheblicher Bedeutung für die Praxis ist insoweit der Beschluß des Länderausschusses für Immissionsschutz zur Beurteilung von Freizeitlärm vom 28. 10. 1982.[107] Für eine generelle Privilegierung des Sport- und Freizeitlärms gegenüber anderen Lärmquellen besteht dabei ebensowenig Anlaß wie umgekehrt für eine grundsätzlich strengere Beurteilung. Dies schließt Differenzierungen freilich nicht aus.[108]

So kann z. B. bei sachgerechter Interessenabwägung eine stärkere Einschränkung des Sport- und Freizeitlärms während bestimmter Ruhezeiten eher zumutbar sein als eine entsprechende

---

[103] Vgl. *Jarass* (FN 79), § 3 BImSchG Rn. 51.

[104] BVerwG, DÖV 1974, 812ff., 814. Vgl. zum Problem des Sportlärms *Pikart/Gelzer/Papier*, Umwelteinwirkungen durch Sportanlagen, 1984; *H.-J. Birk*, NVwZ 1985, 690ff.; *Gaentzsch*, UPR 1985, 201ff.; *Papier*, NVwZ 1986, 624ff.; zuletzt OVG Münster, NVwZ-RR 1988, 13ff. Zum Problem des Spielplatzlärms OVG Münster, NVwZ 1983, 356ff.; *Dürr*, NVwZ 1982, 296ff., und *Tschersich*, Kinderlärm als Immission, 1975.

[105] Vgl. auch *Kutscheidt*, in: Landmann/Rohmer, Gewerbeordnung, Bd. III, Umweltrecht, § 2 BImSchG Rn. 13.

[106] VG Münster, NVwZ 1982, 327f., 328.

[107] Abgedruckt in NVwZ 1985, 98ff.

[108] Teilw. a. A. *Papier*, NVwZ 1986, 624ff., 625f.

Beschränkung einer gewerblichen Produktion aus Gründen des Lärmschutzes. Die als ,,Zuschlagspraxis" kritisierte Neigung der Judikatur, Sportanlagen teilweise strengeren Lärmschutzanforderungen zu unterwerfen,[109] ist daher nicht schlechterdings verfehlt.

Im Einzelfall sind überdies Verzahnungen mit dem Bauplanungsrecht, insbesondere Festsetzungen der Bebauungspläne und die Gebietsklassen der Baunutzungsverordnung, zu berücksichtigen (vgl. dazu § 9 Rn. 39).

Nach der Rechtsprechung des BVerwG[110] kann in einem durch Bebauungsplan festgesetzten reinen Wohngebiet, aber auch in einem entsprechenden unbeplanten Gebiet im Innenbereich ein privater Tennisplatz auf hinreichend großen Grundstücken zulässig sein, wenn er sich als untergeordnete Nebenanlage (zu einem Wohnhaus) darstellt und nach der Lage auf dem Grundstück nicht zu Störungen der Wohnruhe der Nachbarn führt. Eine selbständige Sportanlage – etwa von einem Tennisverein oder ein gewerbliches Sportzentrum – ist dort demgegenüber grundsätzlich unzulässig (vgl. § 3 BauNVO i. U. zu § 4 Abs. 3 Nr. 3 BauNVO, wonach in allgemeinen Wohngebieten Anlagen für sportliche Zwecke wenigstens ausnahmsweise zugelassen werden können). Führen die von einem privaten Tennisplatz ausgehenden Geräusche zu Störungen der Wohnruhe der Nachbarn, so fügt sich die Anlage nicht in die Umgebung ein. Auch kann das allgemeine baurechtliche Rücksichtnahmegebot verletzt sein.

In einem zivilrechtlichen Nachbarstreit hat der BGH die von einer Tennisanlage ausgehenden Belästigungen nach den gegebenen Umständen für unzumutbar gehalten.[111]

Dabei betont der BGH, daß ,,sowohl die planerische Zulässigkeit von Tennisplätzen in Mischgebieten (§ 6 BauNVO) als auch die Grenzwerte der VDI-Richtlinie 2058 nur als allgemeiner Anhalt für die Ermittlung der ortsüblichen Nutzung" dienen könnten.

Auch in anderen Fällen bereitet die Abgrenzung des Anlagenbegriffs *nach unten hin* Schwierigkeiten (z. B. Hundezwinger,[112] Taubenschlag,[113] generell bei der Tierhaltung[114] sowie bei Maschinen und Geräten). Bei serienmäßig hergestellten technischen Anlagen ist § 32 BImSchG zu beachten (s. dazu Rn. 88ff.). Die Abgrenzung ist letztlich vom Gesetzeszweck her vorzunehmen, *erhebliche* Nachteile und Belästigungen sowie Gefahren abzuwehren.

II. Genehmigungsbedürftige Anlagen

1. Anlagenbegriff

a) Gesetzliche Regelung

42 Das Bundes-Immissionsschutzgesetz unterscheidet hinsichtlich des anlagenbezogenen Immissionsschutzes zwischen genehmigungsbedürftigen und nicht genehmigungsbedürftigen Anlagen. Letztere unterliegen allerdings ebenfalls bestimmten Betreiberpflichten und behördlichen Anordnungsrechten (s. Rn. 107ff.).

---

[109] Vgl. zur Kritik *Papier,* NVwZ 1986, 624ff., 625f. m. w. N.
[110] BVerwG, DÖV 1986, 77ff.
[111] BGH, BauR 1983, 181; vgl. dazu auch *Johlen,* BauR 1984, 134ff. Die Rspr. stößt auf heftige Kritik der Sportverbände wie des DSB, vgl. FAZ Nr. 122 v. 28. 5. 1984, S. 22.
[112] VGH München, Urteil v. 8. 11. 1974, Ule/Laubinger, Rechtsprechung, § 3 Nr. 21 (verneint).
[113] OVG Berlin, UPR 1983, 101 (bejaht).
[114] Vgl. dazu auch § 4 BImSchV Anh. Nr. 7. Zur Kasuistik vgl. im übrigen *Horn,* UPR 1983, 215ff. m. w. N., und *Ziegler,* UPR 1986, 170ff.

Die **Genehmigungspflicht** gilt gemäß § 4 Abs. 1 S. 1 BImSchG zunächst für solche Anlagen, die aufgrund ihrer Beschaffenheit oder ihres Betriebes in besonderem Maße geeignet sind, schädliche Umwelteinwirkungen hervorzurufen oder in anderer Weise die Allgemeinheit oder die Nachbarschaft zu gefährden, erheblich zu benachteiligen oder erheblich zu belästigen. Indem die Vorschrift nicht nur auf schädliche Umwelteinwirkungen abstellt, sondern auch nicht umweltbezogene Störpotentiale erfaßt, knüpft sie im Umfang an die frühere gewerberechtliche Genehmigungspflicht an (s. o. Rn. 12). Dagegen bedürfen nach § 4 Abs. 1 S. 2 BImSchG Anlagen, die *nicht gewerblichen Zwecken* dienen und nicht im Rahmen wirtschaftlicher Unternehmungen Verwendung finden, einer Genehmigung nur, wenn sie in besonderem Maße geeignet sind, schädliche Umwelteinwirkungen durch Luftverunreinigungen oder Geräusche hervorzurufen. In diesem Bereich wird demnach die Genehmigungspflicht ausschließlich von Immissionsschutzgesichtspunkten – und zwar nur den wichtigsten: Luftverunreinigung und Lärmbelastungen – abhängig gemacht. Die hierin liegende Privilegierung nicht gewerblicher bzw. nicht wirtschaftlicher Anlagen hat einerseits kompetenzrechtliche Gründe (zwar stützt sich das Bundes-Immissionsschutzgesetz sowohl auf Art. 74 Nr. 24 [Luftreinhaltung und Lärmbekämpfung] als auch auf Art. 74 Nr. 11 GG [Wirtschaft], sonstige Immissionen kann es daher aber nur im Rahmen des Kompetenztitels „Wirtschaft" bekämpfen), trägt andererseits aber auch den regelmäßig geringeren Gefährdungspotentialen dieser Anlagen Rechnung. 43

b) Verordnungsregelung

Der Kreis der genehmigungsbedürftigen Anlagen ist durch die als Rechtsverordnung gemäß § 4 Abs. 1 S. 3 BImSchG ergangene Vierte Verordnung zur Durchführung des Bundes-Immissionsschutzgesetzes (**Verordnung über genehmigungsbedürftige Anlagen** – 4. BImSchV) vom 24. 7. 1985 (Kloepfer Nr. 630)[115] festgelegt, so daß die Abgrenzung zwischen genehmigungsbedürftigen und nichtgenehmigungsbedürftigen Anlagen in der Praxis kaum essentielle Schwierigkeiten bereiten dürfte. Es bedarf keiner Einzelprüfung, insbesondere keiner selbständigen Überlegungen zum Begriff der besonderen Schädlichkeit, der genehmigungsbedürftige und nichtgenehmigungsbedürftige Anlagen unterscheidet, sondern lediglich einer Subsumtion unter den Katalog der Rechtsverordnung (Anhang zur 4. BImSchV). Die Liste umfaßt etwa 150 Anlagetypen mit weiteren Untergliederungen und hierbei nahezu alle industriellen und gewerblichen Großanlagen – z. B. Feuerungsanlagen ab einer bestimmten Größe, Fabriken, Abfallbehandlungsanlagen, aber auch Großtierhaltungen. So unterfallen beispielsweise heute die berühmten Schweinemästerfälle,[116] die die Rechtsprechung früher nach allgemeinem Ordnungsrecht und Baurecht lösen mußte („latenter Störer") – s. § 9 Rn. 36 und 55ff. – der Genehmigungspflicht nach dem Bundes-Immissionsschutzgesetz. 1988 neu einbezogen wurden weitere, bisher nicht erfaßte Anlagen zur Lagerung von Chemikalien (z. B. Düngemitteln) sowie gentechnische Anlagen (Anhang Nr. 4.11, s. auch § 13 Rn. 191). Letzteres bedeutet, daß mit 44

[115] BGBl. I S. 1586, geänd. durch VO v. 15. 7. 1988, BGBl. I S. 1059.

[116] OVG Münster, OVGE 11, 250ff.; OVG Lüneburg, DVBl. 1966, 275ff.; vgl. auch BGHZ 45, 23; 67, 252. Vgl. aus dem umfangreichen Schrifttum nur *Quaritsch*, DVBl. 1959, 455ff.; *dens.*, JZ 1968, 428ff., und *Schenke*, JuS 1977, 789ff. Allgemein zur Vereinbarkeit einer Schweinezucht mit Wohnbebauung, jedoch ohne spezifischen Bezug auf die Problematik des „latenten Störers" zuletzt BVerwG, UPR 1987, 380ff.

der Errichtung gentechnischer Anlagen oder mit deren wesentlichen Änderung bis zum Erlaß eines eigenen Gentechnik-Gesetzes (s. § 13 Rn. 198) erst begonnen werden darf, wenn zuvor eine Genehmigung nach dem Bundes-Immissionsschutzgesetz im förmlichen Verfahren mit entsprechender Öffentlichkeitsbeteiligung erteilt worden ist.

Rechtspolitisch wird allerdings auch erwogen, die Genehmigungsbedürftigkeit auf einen kleineren Kreis umweltrelevanter Anlagen zu konzentrieren.

In der Verordnung wird auch der in § 19 BImSchG getroffenen Unterscheidung zwischen förmlichen und vereinfachtem Genehmigungsverfahren (s. u. Rn. 55ff. sowie allgemein § 4 Rn. 57ff.) Sorge getragen, wobei in Zukunft an eine Überführung weiterer Anlagen in das vereinfachte Verfahren (ohne Öffentlichkeitsbeteiligung) gedacht ist.

c) Abgrenzungsprobleme

45 Abgrenzungsschwierigkeiten können sich vor allem bei der Unterscheidung von gewerblichen bzw. wirtschaftlichen Anlagen und sonstigen Anlagen ergeben.

Um Anlagen, die **gewerblichen Zwecken** dienen, handelt es sich, wenn sie im Rahmen einer auf Gewinnerzielung gerichteten, auf eine gewisse Dauer berechneten selbständigen Tätigkeit im Bereich der Wirtschaft betrieben werden, wie dies der allgemeine Gewerbebegriff vorsieht.[117]

Anlagen, die **im Rahmen wirtschaftlicher Unternehmungen** Verwendung finden, liegen vor, wenn sie – ohne gewerblichen Zwecken zu dienen – wirtschaftlich bewertbare Leistungen erbringen. Nichtgewerbliche, aber wirtschaftliche Unternehmungen stellen insbesondere Einrichtungen der öffentlichen Verwaltung wie Elektrizitäts-, Gas- und Wasserwerke, Müllverbrennungsanlagen, Krankenhäuser und dergleichen dar. An einer wirtschaftlich bewertbaren Leistung fehlt es hingegen bei Anlagen, die der Erfüllung von Hoheitsaufgaben dienen, wie im Rahmen der Bundeswehr, der Polizei, des Schul- und Hochschulwesens. Wohl einen Grenzfall bilden Anlagen der Bundespost.[118] Es wäre indes eine zu stark vereinfachende Sicht, hier ausschließlich auf die öffentlich-rechtliche Handlungsform oder den hoheitlichen Aufgabencharakter abzustellen. Anlagen der privatrechtlich organisierten Bundesbahn dienen demgegenüber von vornherein gewerblichen Zwecken.[119]

46 Für Anlagen des **Bergwesens** gilt gemäß § 4 Abs. 2 BImSchG das Genehmigungserfordernis nur, soweit sie im Tagebau betrieben werden. Damit sind Bergwerke im engeren Sinn, nicht jedoch beispielsweise Kokereien oder Brikettfabriken von der Genehmigungspflicht freigestellt. Zu beachten sind die Spezialvorschriften des Bundesberggesetzes.

---

[117] Vgl. hierzu und zum folgenden *Ule/Laubinger* (FN 90), § 4 BImSchG Rn. 4.

[118] Vgl. jedoch *Ule/Laubinger* (FN 90), § 4 BImSchG Rn. 5, und *Salzwedel/Preusker,* Umweltschutzrecht und -verwaltung in der Bundesrepublik Deutschland, 1983, S. 48, die einen wirtschaftlichen Charakter ohne weiteres verneinen.

[119] Vgl. jedoch § 38 BBahnG, wonach die Deutsche Bundesbahn selbst dafür einzustehen hat, daß ihre dem Betrieb dienenden baulichen und maschinellen Anlagen sowie die Fahrzeuge allen Anforderungen der Sicherheit und Ordnung (und somit auch den Vorschriften des BImSchG) genügen. Vgl. zum ganzen *Kutscheidt* (FN 105), § 2 BImSchG Rn. 8ff. und § 4 BImSchG Rn. 9.

2. Genehmigungspflichtige Maßnahmen

Der Genehmigungspflicht unterliegen nicht nur die **Errichtung** und der **Betrieb** neuer Anlagen (§ 4 Abs. 1 S. 1 BImSchG), sondern auch die **wesentliche Änderung** von genehmigungsbedürftigen Anlagen (§ 15 BImSchG). Als wesentlich gilt jede Änderung, die Einfluß auf Umstände haben kann, welche die Genehmigungspflicht begründen.[120] Das Genehmigungserfordernis für wesentliche Änderungen besteht auch gegenüber **Altanlagen,** d. h. für vor Inkrafttreten des Bundes-Immissionsschutzgesetzes im Jahre 1974 nach Gewerberecht genehmigte oder errichtete Anlagen (§ 67 Abs. 1 und 2 BImSchG), da die bestehende Anlage nur in den Grenzen der erteilten Genehmigung betrieben werden darf. Neben dieser gesetzlichen Regelung ist regelmäßig für den allgemeinen baurechtlichen Gedanken des ,,überwirkenden Bestandschutzes" kein Raum.[121] 47

3. Genehmigungsvoraussetzungen

Nach § 6 BImSchG ist die Genehmigung zu erteilen, wenn: 48

1. sichergestellt ist, daß die sich aus § 5 BImSchG und einer aufgrund des § 7 BImSchG erlassenen Rechtsverordnung ergebenden Pflichten erfüllt werden, und
2. andere öffentlich-rechtliche Vorschriften und Belange des Arbeitsschutzes der Errichtung und dem Betrieb der Anlage nicht entgegenstehen.

Dabei ist insbesondere die Erwähnung des dem Umweltschutz verwandten Gebietes des Arbeitsschutzes (s. dazu § 1 Rn. 43) bemerkenswert, der hier auch außerhalb des ohnehin rechtlich Gebotenen oder Verbotenen beachtet werden muß. Die meisten Belange des Arbeitsschutzes werden im übrigen bereits von der ersten Alternative erfaßt, weil die Arbeitsschutzgesetze regelmäßig öffentlich-rechtlicher Natur sind.

Sofern diese Voraussetzungen erfüllt sind, besteht ein Rechtsanspruch auf Erteilung der Genehmigung **(gebundener Verwaltungsakt).**[122] Das Bundes-Immissionsschutzgesetz folgt insoweit also dem Regelungsmodell des präventiven Verbots mit Erlaubnisvorbehalt (s. § 4 Rn. 45).

Bei der Prüfung ist allerdings vorab festzustellen, ob überhaupt eine Genehmigungsnotwendigkeit besteht, ob es sich also *erstens* um eine Anlage i. S. des Bundes-Immissionsschutzgesetzes (§ 3 Abs. 5 BImSchG) und *zweitens* um eine genehmigungsbedürftige Anlage handelt (§ 4 BImSchG). Dabei ist insbesondere die Unterscheidung zwischen gewerblichen bzw. im wirtschaftlichen Unternehmensverband stehenden Anlagen und sonstigen Anlagen zu beachten.

a) Betreiberpflichten

§ 6 Nr. 1 BImSchG macht zunächst die Einhaltung der sog. Betreiberpflichten des § 5 BImSchG zur Genehmigungsvoraussetzung. Die dort umschriebenen Betreiberpflichten werden in Kurzform bezeichnet als 49
- Schutzpflicht (§ 5 Abs. 1 Nr. 1 BImSchG),
- Vorsorgepflicht (§ 5 Abs. 1 Nr. 2 BImSchG),
- Reststoffvermeidungs- und -entsorgungspflicht (§ 5 Abs. 1 Nr. 3 BImSchG),
- Abwärmenutzungspflicht (§ 5 Abs. 1 Nr. 4 BImSchG).

---

[120] *Kutscheidt* (FN 49), S. 281; vgl. auch BVerwG, GewArch. 1977, 168f., sowie BVerwG, UPR 1985, 23ff. Zur Kasuistik *Ule/Laubinger* (FN 90), § 15 BImSchG Rn. 3ff.

[121] *Kutscheidt* (FN 49), S. 282; a. A. wohl *Ule/Laubinger* (FN 90), § 6 BImSchG Rn. 2.

[122] *Ule/Laubinger* (FN 90), § 6 BImSchG Rn. 2 m. w. N. zur Rspr.

Die Betreiberpflicht nach § 5 Abs. 1 Nr. 4 BImSchG wurde nachträglich 1985 in das Bundes-Immissionsschutzgesetz eingefügt.[123] Die zur Aktualisierung dieser Pflicht gemäß § 5 Abs. 2 BImSchG erforderliche Rechtsverordnung ist noch nicht ergangen.

In der Praxis wird die gesetzliche Regelung, insbesondere in bezug auf die Schutz- und Vorsorgepflicht, weitgehend durch allgemein oder sektoral geltende Rechtsverordnungen wie z. B. die Störfall-Verordnung (s. u. Rn. 60) und die Großfeuerungsanlagen-Verordnung (s. u. Rn. 61) sowie durch die TA Luft konkretisiert und insofern auch überlagert.

aa) Schutzpflicht

50 Nach § 5 Abs. 1 Nr. 1 BImSchG sind genehmigungsbedürftige Anlagen so zu errichten und zu betreiben, daß schädliche Umwelteinwirkungen und sonstige Gefahren, erhebliche Nachteile und erhebliche Belästigungen für die Allgemeinheit nicht hervorgerufen werden können. In dieser Forderung spiegelt sich der in § 1 BImSchG allgemein bezeichnete Gesetzeszweck. Wegen der Einzelmerkmale kann daher auf das oben (Rn. 19f.) Gesagte Bezug genommen werden. Die Schädlichkeitsschwelle wird dabei nicht isoliert anlagenbezogen durch Emissionshöchstwerte, sondern durch die voraussichtlichen Immissionen im Einwirkungsbereich bestimmt.[124] Da der Schutzgrundsatz nicht unter dem Vorbehalt der technischen Realisierbarkeit von Schutzvorkehrungen steht, ist die Genehmigung zu versagen, wenn einer Gefahr nicht wirksam begegnet werden kann.[125] Immissionen, die sich im Rahmen des von § 5 Abs. 1 Nr. 1 BImSchG Geforderten halten, können im übrigen weder das bauliche Gebot der Rücksichtnahme verletzen, noch einen schweren, unerträglichen Eingriff in Art. 14 GG bedeuten.[126]

51 Eine wichtige Rolle für die Genehmigungsfähigkeit spielt der **Standort** der Anlage.[127] Die Genehmigungsbehörde ist allerdings an die Standortentscheidung des Betreibers gebunden und hat lediglich zu prüfen, ob bei dem gewählten Standort die Genehmigungsvoraussetzungen erfüllt sind. Das Vorhandensein günstigerer Alternativstandorte spielt dabei keine Rolle.[128]

Die Genehmigungsbehörde hat keine Planungsentscheidung zu treffen, sondern in dem durch den Antrag gesteckten Rahmen über die Genehmigungsfähigkeit einer Anlage zu entscheiden. Eine staatliche Standortplanung (s. o. § 4 Rn. 29) ermöglichen hingegen grundsätzlich das Raumordnungs- und Bauplanungsrecht (s. § 9). Rechtspolitisch wird vielfach ein selbständiges Standortplanfeststellungsverfahren gefordert.[129]

bb) Vorsorgepflicht

52 Gemäß § 5 Abs. 1 Nr. 2 BImSchG sind die Anlagen so zu errichten und zu betreiben, daß Vorsorge gegen schädliche Umwelteinwirkungen getroffen wird, insbesondere durch die dem Stand der Technik entsprechenden Maßnahmen zur Emissionsbegrenzung.

---

[123] Angefügt durch Ges. v. 4. 10. 1985, BGBl. I S. 1950.
[124] BVerwGE 55, 250 (265ff.).
[125] *J. Ipsen,* AöR 107 (1982), 259ff., 263.
[126] BVerwG, UPR 1984, 127f.
[127] Vgl. zum Ganzen insbes. *Badura,* BayVBl. 1976, 515ff.; *Stich,* WiVerw. 1979, 111ff.
[128] Vgl. statt vieler *Schmitt Glaeser/Meins* (FN 81), S. 39f. m. w. N.
[129] Vgl. insbes. *Blümel,* DVBl. 1977, 301ff., und *Friauf,* in: Börner (Hg.), Rechtsfragen des Genehmigungsverfahrens von Kraftwerken, 1978, S. 63ff., 66ff. m. w. N.

Über den allgemeinen Inhalt des Vorsorgeprinzips (s. o. § 3 Rn. 5ff.), als dessen wichtigste Ausprägung sich die immissionsschutzrechtliche Vorsorgepflicht darstellt, bestehen noch erhebliche grundsätzliche Meinungsverschiedenheiten.[130] Sicher ist jedoch, daß damit der Emissionsschutz über den Schutzgrundsatz hinaus geführt werden soll.[131] Da bereits der Schutzgrundsatz Vorsorge in dem Sinne bedeutet, daß Gefahren, erheblichen Nachteilen und erheblichen Belästigungen vorgebeugt werden muß, wird der eigenständige Gehalt des Vorsorgegrundsatzes zum einen in einer **Risikovorsorge** „unterhalb der Schädlichkeitsschwelle" wie auch „unterhalb der Schwelle praktischer Vorstellbarkeit eines theoretisch möglichen Schadenseintritts" gesehen.[132] Dem ist beizupflichten, da Umweltschutz notfalls auch ohne gesicherte Erkenntnisse der Wirkweise von Umweltfaktoren – also bei Gefahrenverdacht (s. § 3 Rn. 14) – betrieben werden muß.[133]

Zum anderen wird (von einer Mindermeinung) dem Vorsorgegrundsatz eine Planungs- und Verteilungsfunktion beigemessen.[134] Die Emissionsbegrenzung diene nicht nur hier und jetzt der Vermeidung von Umweltschäden, sondern – in quasiressourcenökonomischer Sicht – der Erhaltung von Belastungsreserven für die Zukunft. Die sog. **Freiraum-These** (s. auch § 3 Rn. 18) hat weitgehende Konsequenzen, weil so die Anlagengenehmigung zu einer inzidenten Planungsentscheidung würde. Diese umweltpolitisch wohl sinnvolle oder jedenfalls doch diskutable Vorstellung findet allerdings weder im Wortlaut des § 5 Abs. 1 Nr. 2 BImSchG noch in der Gesetzesbegründung eine hinreichende Stütze.[135] Auch stünde das damit verbundene Planungsermessen im Widerspruch zum Charakter der Anlagengenehmigung als gebundenem Verwaltungsakt. Im praktischen Ergebnis dürften sich die kontroversen Auffassungen freilich kaum niederschlagen, da beim heutigen Ausmaß von Umweltbelastungen der Gedanke der Risikovorsorge regelmäßig ausreicht, um Emissionsbegrenzungen zu rechtfertigen. 53

Eine zunehmend wichtige Funktion der Vorsorgepflicht besteht schließlich darin, dem Entstehen schädlicher Umwelteinwirkungen durch den Ferntransport von Schadstoffen vorzubeugen (s. § 3 Rn. 13).[136] 54

§ 5 Abs. 1 Nr. 2 BImSchG ist daher dahingehend zu verstehen, daß Emissionen auch unterhalb der Schädlichkeitsschwellen, wie sie insbesondere in der TA Luft und 55

---

[130] Vgl. zur Übersicht *Grabitz,* WiVerw. 1984, 232ff.; *Rengeling,* DVBl. 1982, 622ff. m. w. N.; *Schwerdtfeger,* WiVerw. 1984, 217ff., sowie *Rid,* Die Vorsorgepflicht bei genehmigungsbedürftigen Anlagen im BImSchG, Diss. jur. Tübingen, 1985. Kritik an der Gesetzesformulierung, die für die Auslegungsprobleme mitverantwortlich sei, übt u. a. *Ossenbühl,* DVBl. 1982, 1153f.; sehr kritisch auch *Börner,* in: ders. (Hg.), Umwelt, Verfassung, Verwaltung, 1982, S. 117ff., 143f.

[131] *Breuer* (FN 80), S. 668 m. w. N.

[132] *Breuer* (FN 80), S. 668, sowie *E. Rehbinder,* BB 1976, 1ff.

[133] Vgl. OVG Lüneburg, GewArch. 1980, 203ff., 205. Gegen eine Berücksichtigung des Gefahrenverdachts – allerdings ohne Begründung – *Kutscheidt* (FN 49), S. 270. Vgl. jedoch die polizeirechtliche Literatur, dort insbes. *W. Martens,* in: Drews/Wacke/Vogel/Martens, Gefahrenabwehr, 9. Aufl., 1986, S. 225ff.

[134] *Feldhaus,* DÖV 1974, 613ff., 615; *ders.,* DVBl. 1980, 133ff.; *Kutscheidt* (FN 49), S. 251f.; *Murswiek* (FN 78), S. 343ff.; *Salzwedel,* in: Dokumentation zur 5. wissenschaftlichen Fachtagung der Gesellschaft für Umweltrecht e. V., 1982, S. 33ff., 51f.; mit Modifikationen auch *Sellner,* NJW 1980, 1255ff., 1259f.

[135] So auch *Breuer* (FN 80), S. 669. Für eine ausführliche Auseinandersetzung mit der Freiraum-These vgl. *Breuer,* in: Börner (FN 130), S. 37ff., 54f. m. w. N., sowie *Rengeling,* DVBl. 1982, 622ff., 624ff.

[136] *Marburger,* Gutachten C zum 56. DJT, 1986, C 60.

in der TA Lärm konkretisiert sind, begrenzt werden müssen, soweit dies nach dem Stand der Technik (dazu sogleich Rn. 56) möglich ist.[137] Dies bedeutet freilich nicht, daß Vorsorge zum Selbstzweck werden dürfte.[138] Das geforderte Maß an Vorsorge richtet sich vielmehr auch nach dem vorsorgebedürftigen Tatbestand und wird durch den Grundsatz der Verhältnismäßigkeit begrenzt. Dabei darf freilich nicht übersehen werden, daß das Übermaßverbot beim Vorsorgeprinzip relativ wenig griffig ist, weil der Vorsorgezweck nicht genügend prägnant abgegrenzt werden kann.

56 Im Unterschied zur bedingungslos formulierten Schutzpflicht richtet sich die geforderte Vorsorge nach den vorhandenen technischen Möglichkeiten insbesondere der Emissionsbegrenzung. § 5 Abs. 1 Nr. 2 BImSchG stellt insoweit auf den Stand der Technik ab (vgl. auch o. § 2 Rn. 46).

Als **Stand der Technik**[139] definiert § 3 Abs. 6 BImSchG den Entwicklungsstand fortschrittlicher Verfahren, Einrichtungen oder Betriebsweisen, der die praktische Eignung einer Maßnahme zur Begrenzung von Emissionen gesichert erscheinen läßt. Bei der Bestimmung des Standes der Technik (vgl. auch § 2 Rn. 46) sind insbesondere vergleichbare Verfahren, Einrichtungen oder Betriebsweisen heranzuziehen, die mit Erfolg im Betrieb erprobt worden sind. Es besteht also regelmäßig eine Verpflichtung zur Verwendung fortschrittlicher, nicht jedoch erst experimenteller Methoden. Auch kommt nicht ausschließlich die technisch wirksamste Lösung in Betracht, vielmehr darf das Verhältnis von Aufwand und Nutzen bei der Mittelwahl berücksichtigt werden.[140] Damit wird deutlich, daß als Korrektiv gegenüber der Pflicht zur Emissionsbegrenzung im reinen Vorsorgebereich dem Verhältnismäßigkeitsgrundsatz besondere Bedeutung zukommt.[141]

Tendenziell weitergehend erscheint allerdings die Bedeutung, die das BVerfG dem Stand der Technik in § 5 Nr. 2 BImSchG a. F. (= § 5 Abs. 1 Nr. 2 BImSchG n. F.) beilegt, wonach ,,der rechtliche Maßstab für das Erlaubte oder Gebotene hierdurch an die Front der technischen Entwicklung verlagert (wird), da die allgemeine Anerkennung und die praktische Bewährung allein für den Stand der Technik nicht ausschlaggebend sind".[142]

cc) Reststoffvermeidungs- und -entsorgungspflicht

57 Weiterhin macht § 5 Abs. 1 Nr. 3 BImSchG die Reststoffvermeidung, -verwertung und -entsorgung zur Betreiberpflicht. Dabei genießt das (1985 eingefügte)[143] Verbot der Reststoffvermeidung **Vorrang** vor der Reststoffverwertung;[144] beide genießen wiederum Vorrang vor der Abfallentsorgung, soweit sie technisch möglich und

---

[137] So VGH Mannheim, Urt. v. 5. 9. 1978, in: *Feldhaus,* ES BImSchG §§ 5–7; VGH Mannheim, GewArch. 1980, 197ff.; OVG Lüneburg, GewArch. 1980, 203ff., 205; OVG Berlin, DVBl. 1979, 159ff., 161. Offengelassen wurde die Reichweite des immissionsschutzrechtlichen Vorsorgeprinzips in BVerwG, UPR 1983, 66ff., 68.

[138] Dagegen nachdrücklich *Papier,* DVBl. 1979, 162ff.; *Rengeling,* Die immissionsschutzrechtliche Vorsorge, 1982, S. 62; *Sellner,* NJW 1980, 1255ff., 1255. Zu weitgehend daher etwa *Schmölling/Mäder,* GewArch. 1979, 47ff., 50, die § 5 Nr. 2 BImSchG a. F. (heute § 5 Abs. 1 Nr. 2 BImSchG) ein absolutes Gebot der ,,Vorsorge so weit wie möglich" entnehmen.

[139] Dazu grundlegend *Marburger,* Die Regeln der Technik im Recht, 1979, S. 158ff., sowie speziell zum Immissionsschutzrecht *Feldhaus,* DVBl. 1981, 165ff.

[140] *Kutscheidt* (FN 49), S. 250f.; *Feldhaus,* DVBl. 1981, 165ff., 169f.; *Sendler,* UPR 1981, 1ff., 10.

[141] Vgl. statt vieler *Papier,* DVBl. 1979, 162ff., 163.

[142] BVerfGE 49, 89 (135).

[143] Zur Neufassung des § 5 Abs. 1 Nr. 3 BImSchG *Kutscheidt,* NVwZ 1986, 622ff.; *Feldhaus,* UPR 1985, 385ff., 387.

[144] A. A. *Marburger* (FN 136), C 63, der Reststoffvermeidung und -verwertung für gleichrangig erachtet.

zumutbar sind.[145] Das Vermeidungs- und Verwertungsgebot bezweckt sowohl einen sparsamen Umgang mit Rohstoffen als auch eine Verringerung des Abfallaufkommens.[146] Es steht insofern im Einklang mit den Zielsetzungen des neuen Abfallgesetzes (vgl. § 1a AbfG, s. i. ü. § 12 Rn. 15ff. und 55ff.).

Aufgrund des § 5 Abs. 1 Nr. 3 BImSchG können z. B. auch Vorgaben für die spätere Abwasserbeseitigung getroffen werden. Wenn feststeht, daß eine Abwasserbeseitigung in keinerlei Weise gewährleistet ist, kann die immissionsschutzrechtliche Genehmigung sogar versagt werden.[147] Dies ergibt sich im übrigen auch aus § 6 Nr. 2 BImSchG.

dd) Abwärmenutzungspflicht

Nach § 5 Abs. 1 Nr. 4 BImSchG müssen die Betreiber bestimmter, durch Rechts- 58
verordnung gemäß § 5 Abs. 2 BImSchG festzulegender genehmigungsbedürftiger Anlagen Abwärme, die nicht an Dritte abgegeben wird, künftig für eigene Anlagen nutzen, soweit dies nach Art und Standort der Anlagen technisch möglich und zumutbar sowie mit den übrigen Betreiberpflichten (§ 5 Abs. 1 Nr. 1–3 BImSchG) vereinbar ist. Diese neu eingeführte, durch eine entsprechende Rechtsverordnung noch umzusetzende Grundpflicht bezweckt, mit Hilfe der Abwärmenutzung den Einsatz fossiler Brennstoffe bei der Energiegewinnung zu reduzieren und damit auch die Luftbelastung zu verringern.[148]

b) Anforderungen aufgrund von Rechtsverordnungen nach § 7 BImSchG

§ 6 Nr. 1 BImSchG schreibt als weitere Voraussetzung für eine Genehmigung nach 59
§ 4 BImSchG vor, daß die Pflichten eingehalten werden, die sich aus den aufgrund von § 7 BImSchG erlassenen Rechtsverordnungen ergeben.

§ 7 Abs. 1 BImSchG ermächtigt die Bundesregierung, durch Rechtsverordnung die Betreiberpflichten nach § 5 BImSchG allgemein oder für bestimmte Bereiche näher festzulegen. Derartige Rechtsverordnungen, die der Zustimmung des Bundesrates bedürfen, können vorschreiben, daß die Errichtung, die Beschaffenheit und der Betrieb genehmigungsbedürftiger Anlagen zur Erfüllung der sich aus § 5 ergebenden Pflichten bestimmten Anforderungen genügen müssen, insbesondere daß

1. die Anlagen bestimmten technischen Anforderungen entsprechen müssen,
2. die von den Anlagen ausgehenden Emissionen bestimmte Grenzwerte nicht überschreiten dürfen und
3. die Betreiber von Anlagen Messungen von Emissionen und Immissionen vorzunehmen haben oder vornehmen lassen müssen.

Die Bundesregierung hat von dieser Ermächtigung bislang zweimal Gebrauch gemacht. Es handelt sich um die Störfallverordnung (12. Verordnung zur Durchführung des Bundes-Immissionsschutzgesetzes) i. d. F. der Bek. vom 19. 5. 1988[149] (Kloepfer Nr. 654) und die Großfeuerungsanlagen-Verordnung (13. Verordnung zur Durchführung des Bundes-Immissionsschutzgesetzes) vom 22. 6. 1983[150] (Kloepfer Nr. 660).

---

145 *Salzwedel* (FN 134), S. 60f.
146 *Marburger* (FN 136), C 63 Anm. 277 m. w. N.
147 Vgl. VGH Mannheim, UPR 1985, 183ff.
148 *Feldhaus*, UPR 1985, 385ff., 387f.
149 BGBl. I S. 625.
150 BGBl. I S. 719.

aa) Störfall-Verordnung

60 Die auf der Rechtsgrundlage von § 7 Abs. 1 BImSchG i. V. mit § 120e Abs. 1 GewO erlassene, 1988 novellierte Störfall-Verordnung (Kloepfer Nr. 654) gilt für genehmigungsbedürftige Anlagen mit einem **gesteigerten Gefährdungspotential.**[151] Besondere Sicherheitsanforderungen an Errichtung, Beschaffenheit und Betrieb der Anlagen sollen Störfälle verhindern bzw. ihre Auswirkungen, sofern sie dennoch eintreten, so gering wie möglich halten. Wegen ihrer nach Stoffen (die beim bestimmungsgemäßen Betrieb der Anlage vorhanden sind oder bei einer Störung entstehen) differenzierenden Anforderungen weist die Störfall-Verordnung einen deutlichen Bezug zum Gefahrstoffrecht auf (vgl. auch § 13 Rn. 5).

Der am 1. 9. 1988 in Kraft getretenen neuen Störfall-Verordnung unterliegen gemäß § 1 Abs. 1 StörfallVO im Grundsatz sämtliche nach dem Bundes-Immissionsschutzgesetz genehmigungsbedürftigen **Anlagen**, in denen Stoffe nach Anhang II zu dieser Verordnung im bestimmungsgemäßen Betrieb vorhanden sein oder bei einer Störung des bestimmungsgemäßen Betriebes entstehen können. Lediglich Anlagen, in denen nur so geringe Stoffmengen anfallen, daß eine Gemeingefahr infolge einer Störung des bestimmungsgemäßen Betriebes offensichtlich ausgeschlossen ist, sind hiervon ausgenommen. Demgegenüber hatte die Störfall-Verordnung in ihrer Ursprungsfassung den Anwendungsbereich noch auf einen Katalog bestimmter Anlagen (früherer Anhang I) beschränkt. In dem neuen Anhang I werden lediglich Anlagen bezeichnet, für die besondere Anforderungen gelten (§ 1 Abs. 2 StörfallVO).

Bei den in Anhang II genannten **Stoffen** handelt es sich vor allem um solche mit toxischen und kanzerogenen Eigenschaften sowie um stark wassergefährdende, leicht entzündliche und explosionsgefährliche Stoffe.

Als **Störfall** definiert § 2 Abs. 1 StörfallVO eine Störung des bestimmungsgemäßen Betriebs, bei der Stoffe im Sinne des Anhanges II frei werden, entstehen, in Brand geraten oder explodieren und hierdurch eine Gemeingefahr erzeugen. § 2 Abs. 2 StörfallVO enthält eine Begriffsbestimmung der **Gemeingefahr**, die inzwischen ausdrücklich auch auf die mögliche Schädigung von Gewässern, Böden sowie Tier- oder Pflanzenbeständen abstellt.

Die von der Störfall-Verordnung statuierten besonderen **Betreiberpflichten** bestehen aus materiellen Sicherheitspflichten (§§ 3–5 StörfallVO), die vorrangig einen Störfall verhindern, ansonsten seine Auswirkungen begrenzen sollen, zusätzlichen Überwachungs-, Wartungs- (§ 6 StörfallVO) und Meldepflichten (§ 11 StörfallVO) sowie der – nur für Anlagen nach Anhang I geltenden – sog. Sicherheitsanalyse, die gesichert bereitzuhalten und bei der Überwachungsbehörde zu hinterlegen ist (§§ 7–9 StörfallVO). Darüber hinaus ist für Anlagen zum Lagern von Stoffen nach Anhang II ein detailliertes Verzeichnis der gelagerten Stoffe zu führen (§ 6 Abs. 3 StörfallVO). Hierdurch soll vor allem Schwierigkeiten bei der Brandbekämpfung, wie sie bislang infolge mangelnder Kenntnis der gelagerten Stoffe und ihres Reaktionsverhaltens bestanden, entgegengewirkt werden. Zu beachten ist, daß die Meldepflichten nunmehr nicht nur für Störfälle und Beinahe-Störfälle, sondern z. T. auch für bloße Betriebsstörungen gelten (vgl. § 11 Abs. 1 Nr. 2 StörfallVO).

Für die Abgrenzung des Verantwortungsbereichs enthält § 3 Abs. 2 StörfallVO eine wichtige Regelung. Die **Verantwortlichkeit** der Betreiber beschränkt sich danach nicht auf die betrieblichen Gefahrenquellen, sondern schließt auch umgebungsbedingte Gefahrenquellen (ausdrücklich genannt sind Erdbeben- und Hochwassergefahren) sowie Eingriffe Unbefugter in das Störfallkonzept ein (§ 3 Abs. 2 StörfallVO). Die Grenze der Berücksichtigungspflicht wird durch das Kriterium „praktischer Vernunft" in § 3 Abs. 2, 2. Hs. StörfallVO gezogen („es sei denn, daß diese Gefahrenquellen oder Eingriffe als Störfallursachen vernünftigerweise ausgeschlossen werden können"), das nach dem Vorbild der Restrisikorechtsprechung des BVerfG (s. dazu § 2 Rn. 18 sowie § 8 Rn. 14ff.) auszulegen ist.[152]

---

[151] Vgl. dazu näher *Feldhaus,* WiVerw. 1981, 191ff., und *Breuer,* WiVerw. 1981, 219ff. Zur Neufassung der Störfall-Verordnung *Hansmann,* NVwZ 1988, 1000ff., 1002ff.

[152] *Breuer,* WiVerw. 1981, 219ff., 220ff.

Anlaß zur Einführung der StörfallVO im Jahre 1980 gaben Umweltkatastrophen wie die von Seveso (1976), um nur die bekannteste zu nennen.[153] Ihre Verschärfung durch die Novelle vom 19. 5. 1988 stellt ebenfalls eine Reaktion auf vorangegangene Störfälle, insbesondere auf die Sandoz-Brandkatastrophe in Basel vom November 1986, dar. Für bei Inkrafttreten der neuen Verordnung bereits genehmigte Anlagen enthält § 12 StörfallVO Übergangsvorschriften. Die Störfall-Verordnung hat Bedeutung nicht nur für den Immissionsschutz und mittelbar andere Bereiche des Umweltschutzes (z. B. den Gewässerschutz), sondern auch für den Arbeitsschutz, was im übrigen bereits dadurch signalisiert wird, daß für die Störfall-Verordnung § 120e Abs. 1 GewO als zweite Ermächtigungsgrundlage neben § 7 Abs. 1 BImSchG herangezogen wurde. Die Störfall-Verordnung wird durch zwei Verwaltungsvorschriften[154] (Kloepfer Nr. 655, 656) konkretisiert.

bb) Großfeuerungsanlagen-Verordnung

Die am 22. 6. 1983 erlassene Großfeuerungsanlagen-Verordnung[155] (Kloepfer Nr. 660) stellt besondere Anforderungen an die ca. 1500 Großfeuerungs-Anlagen im Bundesgebiet, die neben dem Kraftfahrzeugverkehr als Hauptverursacher der neuartigen Waldschäden angesehen werden. Die Verordnung gilt für Anlagen zur Verfeuerung fester, flüssiger sowie gasförmiger Brennstoffe mit einer Feuerwärmeleistung von 50 bzw. 100 Megawatt und mehr, für die sie Emissionsgrenzwerte (differenziert nach einzelnen Stäuben und Gasen, beispielsweise für Stickstoffoxid und Schwefeldioxid) festlegt (§§ 3ff. GroßfeuerungsanlagenVO). Die Anforderungen sind nach Anlagengröße gestaffelt. Praktisch zielt die Verordnung vor allem auf Abgasentschwefelungsmaßnahmen bei Kohlekraftwerken, wofür voraussichtlich bis 1993 Investitionen von 6–12 Mrd. DM erforderlich sein werden.[156] Hingegen gilt die Verordnung beispielsweise nicht für Abfallverbrennungsanlagen (vgl. dazu die Ausgrenzungen in § 3 Abs. 3 GroßfeuerungsanlagenVO). 61

Besondere Bedeutung kommt der Behandlung der **Altanlagen** zu, für die vorerst nicht die Grenzwerte der §§ 3ff. GroßfeuerungsanlagenVO, sondern die wesentlich höheren Grenzwerte der §§ 17ff. GroßfeuerungsanlagenVO, also niedrigere Umweltschutzstandards, gelten. 62

Als Altanlagen bezeichnet die Verordnung vor allem solche Anlagen, die bei ihrem Inkrafttreten bereits genehmigt waren oder für die in einem laufenden Genehmigungsverfahren ein verbindlicher Bescheid über Emissionsgrenzwerte ergangen ist (vgl. § 2 Nr. 3 GroßfeuerungsanlagenVO). Für Altanlagen gilt grundsätzlich eine Anpassungsfrist von 5 Jahren, innerhalb derer sie auf den in den §§ 3ff. GroßfeuerungsanlagenVO fixierten Standard von Neuanlagen nachzurüsten sind (vgl. § 36 Abs. 2 GroßfeuerungsanlagenVO). Für Schwefeldioxidemissionen gewährt § 20 Abs. 2 GroßfeuerungsanlagenVO eine längere Übergangsfrist bis zum 1. 4. 1993.

Die Anforderungen für Emissionsbegrenzungen werden durch detaillierte Meß- und Überwachungsregelungen ergänzt (§§ 21–28 GroßfeuerungsanlagenVO).

---

[153] Vgl. die Darstellung und weitere Beispiele bei *Feldhaus,* WiVerw. 1981, 191ff.; vgl. auf EG-Ebene auch die sog. Seveso-Richtlinie, dazu *Offermann-Clas,* Luftreinhaltung in der Bundesrepublik Deutschland, 1984, S. 61.

[154] Erste Allgemeine Verwaltungsvorschrift zur Störfall-Verordnung (1. StörfallVwV) v. 26. 8. 1988 (GMBl. S. 398); Zweite Allgemeine Verwaltungsvorschrift zur Störfall-Verordnung (2. StörfallVwV) v. 27. 4. 1982 (GMBl. S. 205).

[155] 13. BImSchV v. 22. 6. 1983, BGBl. I S. 719. Die Verordnung ist nicht zu verwechseln mit der Verordnung über Feuerungsanlagen (1. BImSchV), die sich auf nicht genehmigungsbedürftige kleinere Anlagen bezieht, s. dazu Rn. 113. Vgl. zur Großfeuerungsanlagen-Verordnung *Menke/Glückert,* Kommentar zur Großfeuerungsanlagenverordnung, 1985; *Kutscheidt,* NVwZ 1984, 409ff.; *Hartkopf,* NuR 1984, 128ff.; speziell zu den Vollzugserfahrungen *Dienes,* RdE 1985, 2ff.; *Runte,* RdE 1985, 8ff.; *Tegethoff,* et 1985, 173ff.; *Trenkler,* et 1985, 534ff.

[156] Zahlenangaben der Bundesregierung, zitiert nach *Salzwedel/Preusker* (FN 118), S. 49.

Die Großfeuerungsanlagen-Verordnung ist vor allem wegen ihrer, wie ihre Kritiker meinen, schonenden Behandlung der Altanlagen umstritten.[157] Die Verordnung ist gegenüber früheren Entwurfsfassungen in dieser Hinsicht allerdings bereits nicht unerheblich verschärft.[158] Unklar ist unter anderem, ob die – ohnehin nicht leicht faßbare – Pflicht der Altanlagenbetreiber, vorbereitende Maßnahmen zur Einhaltung der Anforderungen unverzüglich einzuleiten (§ 36 Abs. 1 GroßfeuerungsanlagenVO) uneingeschränkt gilt oder ob Altanlagen, bei denen eine Nachrüstung wirtschaftlich nicht sinnvoll ist, eine Restnutzungsdauer genießen (§ 20 Abs. 2 GroßfeuerungsanlagenVO), ohne dabei § 36 Abs. 1 GroßfeuerungsanlagenVO zu unterliegen. Letzteres dürfte gemeint sein, bleibt aber unausgesprochen.

Der Haupteinwand gegen die Großfeuerungsanlagen-Verordnung in der jetzt vorliegenden Fassung geht dahin, daß die Diskrepanz der Grenzwerte für Altanlagen einerseits und Neugenehmigungen andererseits die Kraftwerksbetreiber dazu veranlasse, Altanlagen so lange als möglich zu nutzen, anstatt Neuanlagen zu errichten.[159] Auch wenn es sich nur um eine Verzögerung der Umrüstung handeln kann, wäre ein solcher Effekt umweltpolitisch in der Tat bedenklich. Deshalb wurde zur Ergänzung der Großfeuerungsanlagen-Verordnung beispielsweise eine sog. **Schwefelabgabe** vorgeschlagen, die gezielt Altanlagen belasten sollte.[160] Die politische Entwicklung ist über diesen Vorschlag jedoch hinweggegangen.

cc) Ermächtigung zu Übergangsregelungen

63 Rechtsverordnungen nach § 7 Abs. 1 BImSchG können nach der neu hinzugekommenen[161] Bestimmung in § 7 Abs. 2 BImSchG Übergangsfristen gewähren, soweit es sich um Vorsorgemaßnahmen handelt. Diese Möglichkeit betrifft nicht zuletzt Altanlagen, auf die die Vorschrift entsprechend anzuwenden ist (§ 7 Abs. 2 S. 3 BImSchG).

dd) Ermächtigung zu Kompensationsmaßnahmen

64 Konzeptionell von besonderer Bedeutung ist die ebenfalls neu geschaffene[162] Regelung des § 7 Abs. 3 BImSchG und die entsprechende Bestimmung des § 48 Nr. 4 BImSchG.

Nach § 7 Abs. 3 BImSchG kann in einer Rechtsverordnung nach § 7 Abs. 1 BImSchG vorgesehen werden, daß Emissionsgrenzwerte zur Vorsorge (nicht zur Gefahrenabwehr!) gegen schädliche Umwelteinwirkungen bei betriebsbereiten (d. h. nicht bei erst geplanten) Anlagen in bestimmten Gebieten für eine bestimmte Frist überschritten werden dürfen, wenn dies mit dem Gesetzeszweck (§ 1 BImSchG) vereinbar ist. Dies gilt insbesondere dann, wenn durch technische Maßnahmen an anderen Anlagen des Betreibers oder Dritter insgesamt eine weitergehende Minderung vom Emissionen erreicht wird als bei Beachtung der sonst geltenden Anforderungen. Dabei muß es sich um Emissionen identischer oder wirkungsgleicher Stoffe handeln.

Das Bundes-Immissionsschutzgesetz übernimmt mit dieser Regelung das zuvor bereits in die TA Luft (Ziff. 2.2.2.1, zuvor schon Ziff. 2.2.1.3) eingeflossene umweltökonomisch fundierte **Kompensationsprinzip** (s. auch § 3 Rn. 26 und § 4 Rn.

---

[157] Vgl. dazu *Praml,* UPR 1983, 288ff.
[158] Vgl. FAZ Nr. 100 v. 30. 4. 1983, S. 1f.
[159] Vgl. FN 157.
[160] Vgl. den gescheiterten hessischen Entwurf eines Schwefelabgabengesetzes, BR-Drs. 43/83. Zur kontroversen Beurteilung dieses Regelungsvorschlages statt vieler *Brandt,* ZRP 1983, 115ff. einerseits, *M. Herzog,* UPR 1983, 291ff. andererseits. Eine zeitlich beschränkte Abgabe hatte auch der *Rat von Sachverständigen für Umweltfragen* vorgeschlagen, vgl. Sondergutachten „Waldschäden und Luftverunreinigung", März 1983 (BT-Drs. 10/113), S. 132ff. (Tz. 572ff.). Vgl. dazu auch *Meßerschmidt,* Umweltabgaben als Rechtsproblem, 1986, S. 174.
[161] Durch Gesetz v. 4. 10. 1985, BGBl. I S. 1950.
[162] Vgl. FN 161. Zu neuerlichen Änderungsplänen BR-Drs. 155/89, S. 4.

223ff.), wonach im Interesse einer effizienten Altanlagensanierung auch solche Anlagen genehmigt werden können, deren Inbetriebnahme zu einer Überschreitung der Immissionswerte in ihrem Umkreis (d.h. in der Beurteilungsfläche nach Ziffer 2.6.2.3 TA Luft) führt, wenn zugleich sichergestellt ist, daß durch Sanierungsmaßnahmen an bestehenden Anlagen des Antragstellers oder Dritter die Immissionen trotz der Zusatzbelastung insgesamt vermindert werden. Durch die Kompensation muß eine andauernde und nachhaltige Verbesserung der Umweltbedingungen eintreten. Entgegen einer im Schrifttum vertretenen Auffassung[163] sind dabei nicht nur „technische Maßnahmen" an Anlagen, sondern auch Anlagenstillegungen kompensationsfähig.

c) Außer-immissionsschutzrechtliche Genehmigungsvoraussetzungen

Der Anlagengenehmigung dürfen weiterhin keine anderen öffentlich-rechtlichen Vorschriften oder Belange des Arbeitsschutzes entgegenstehen (§ 6 Nr. 2 BImSchG).

aa) Andere öffentlich-rechtliche Vorschriften

Zu prüfen sind regelmäßig vor allem die Vorschriften des Bauplanungs- und Bauordnungsrechts (s. § 9), u. U. auch Vorschriften des Straßen-, Abfall- (s. § 12), Wasser- (s. § 11) sowie des Natur- und Landschaftsschutzrechts (s. § 10). Nicht dagegen kommt es auf Vorschriften an, die auf die Person des Antragstellers abstellen, da es sich bei der Anlagengenehmigung um eine sogenannte Sachkonzession, nicht aber um eine Personalkonzession handelt (s. § 4 Rn. 39).[164] Die Einstellung unzuverlässigen Personals kann jedoch einen Verstoß gegen Betreiberpflichten darstellen und nachträgliche Anordnungen gemäß § 17 BImSchG oder eine Untersagungsverfügung nach § 20 Abs. 3 BImSchG rechtfertigen. 65

bb) Belange des Arbeitsschutzes

Zu berücksichtigen sind hierbei insbesondere folgende Vorschriften: §§ 120a ff. und 139h GewO (Kloepfer Nr. 850), die Arbeitsstätten-Verordnung (Kloepfer Nr. 875), die aufgrund von § 24 GewO erlassenen Rechtsverordnungen[165] (Kloepfer Nr. 856ff., s. auch o. Rn. 16), das Sprengstoffgesetz (Kloepfer Nr. 540), das Gaststättengesetz (Kloepfer Nr. 882), das Jugendarbeitsschutzgesetz, das Mutterschutzgesetz sowie die von den Unfallversicherungsträgern erlassenen Unfallverhütungsvorschriften.[166] Die Pflicht zur Einhaltung der öffentlich-rechtlichen Arbeitsschutzvorschriften ergibt sich auch bereits aus der ersten Alternative (s. o. Rn. 65). 66

4. Genehmigungsverfahren

Angesichts der teilweise schwierig zu konkretisierenden materiellen Anforderungen an genehmigungspflichtige Anlagen kommt dem Genehmigungsverfahren eine besondere legitimitäts- und konsensfördernde Funktion zu. Hinsichtlich des Genehmigungsverfahrens ist zwischen dem Regelfall des förmlichen Genehmigungsverfahrens (a) und dem vereinfachten Verfahren (b) als Ausnahme zu unterscheiden (vgl. allgemein auch o. § 4 Rn. 57ff.). 67

---

[163] *Jarass,* NVwZ 1986, 607ff., 607; *Feldhaus,* UPR 1985, 385ff., 390.
[164] *Jarass* (FN 79), § 4 BImSchG Rn. 2.
[165] Z. B. DruckbehälterVO, AcetylenVO, VO über brennbare Flüssigkeiten.
[166] Vgl. hierzu die Darstellung bei *Marburger* (FN 139), S. 477ff. m. w. N.

a) Förmliches Genehmigungsverfahren

68 Das förmliche Genehmigungsverfahren gemäß § 10 BImSchG gliedert sich in mehrere aufeinander abgestimmte Verfahrensschritte. Entgegen der Bezeichnung als Genehmigungsverfahren ist der **Verfahrensgang** – insbesondere aufgrund seiner Formalisierung, Publizität und der weitreichenden Beteiligungsregelung[167] – stark dem Planfeststellungsverfahren angenähert (vgl. §§ 72, 73 VwVfG, s. auch o. § 4 Rn. 76ff.).

69 Das Genehmigungsverfahren wird eingeleitet durch einen **schriftlichen Antrag,** dem die prüfungsfähigen Antragsunterlagen (Zeichnung, Erläuterung, auch hinsichtlich der Auswirkungen auf die Umwelt) beizufügen sind (§ 10 Abs. 1 BImSchG). Bei Anlagen, auf welche die Störfall-Verordnung (s. o. Rn. 60) anzuwenden ist und die in Anhang I derselben bezeichnet sind, muß außerdem eine Sicherheitsanalyse vorgelegt werden (§ 4 Abs. 2a der 9. BImSchV). Der Antragstellung und dem förmlichen Genehmigungsverfahren kann und soll gemäß § 2 Abs. 2 der – zum Zwecke der näheren Ausgestaltung des Genehmigungsverfahrens erlassenen – 9. Durchführungsverordnung zum BImSchG – Grundsätze des Genehmigungsverfahrens[168] – (Kloepfer Nr. 646) eine **Antragsberatung** durch die Behörde vorangehen. Diese in Anbetracht der meist komplexen Antragsgegenstände sinnvolle und der Verfahrensbeschleunigung dienende Vorberatung darf indes nicht zu einer Vorabentscheidung des förmlichen Genehmigungsverfahrens und zu einer Verkürzung der Beteiligungsrechte Dritter führen (s. auch o. § 4 Rn. 64ff.).

Antragsteller kann im Regelfall nur der Träger des Vorhabens, insbesondere also der (künftige) Betreiber, sein.

Soweit der Träger die Anlage am Standort zunächst im eigenen Namen und in eigener Verantwortung errichtet, um sie später dem Anlagenbetreiber zu überlassen, kann auch er Antragsteller sein. Hingegen scheiden der bloße Anlagenhersteller oder der Bauunternehmer als Antragsteller aus.[169]

70 Soweit die Unterlagen vollständig vorliegen – ggf. nach Ergänzung innerhalb einer von der Behörde festgesetzten Frist (§ 10 Abs. 1 S. 3 BImSchG) – wird das Vorhaben **öffentlich bekanntgemacht** (§ 10 Abs. 3 BImSchG).

Die Bekanntmachung erfolgt außer im amtlichen Veröffentlichungsblatt in örtlichen Tageszeitungen. Bei grenzüberschreitenden Wirkungen sieht eine saarländische Verwaltungsvorschrift sogar die Bekanntmachung des Vorhabens im Ausland vor.[170]

Anschließend werden Antrag und Unterlagen zwei Monate zur Einsicht ausgelegt (§ 10 Abs. 3 S. 2 BImSchG).[171] Von der **Auslegung** sind jedoch solche Antragsunterlagen ausgenommen, die **Geschäfts- und Betriebsgeheimnisse** (vgl. § 2 Rn. 37) enthalten (§ 10 Abs. 2 BImSchG). Der Antragsteller hat hierauf allerdings rechtlich keinen bestimmenden Einfluß.[172] Er bleibt vielmehr auf die Befugnis beschränkt, dieje-

---

167 Vgl. *Breuer* (FN 80), S. 672.

168 VO v. 18. 2. 1977, BGBl. I S. 274, zuletzt geänd. durch VO v. 19. 5. 1988, BGBl. I S. 608.

169 Vgl. *Jarass* (FN 79), § 10 BImSchG Rn. 8.

170 Erl. des Min. f. Wirtschaft, Verkehr u. Landwirtschaft vom 13. 6. 1980.

171 Nicht zu verwechseln mit der Akteneinsicht nach § 29 VwVfG, die nur Beteiligten i. S. d. § 13 VwVfG gewährt wird. Neben der Auslegung kommt nach h. M. ein Akteneinsichtsrecht nicht mehr in Betracht, vgl. *Ule/Laubinger* (FN 90), § 10 BImSchG Rn. 7.

172 *Breuer,* NVwZ 1986, 171ff., 176; *Jarass* (FN 79), § 10 BImSchG Rn. 18; a. A. *Kutscheidt* (FN 105), § 10 BImSchG Rn. 44f.

nigen Tatsachen zu kennzeichnen, die nach seiner Auffassung Geschäfts- oder Betriebsgeheimnisse enthalten, wobei die Genehmigungsbehörde an diese Einschätzung nicht gebunden ist. Sie ist jedoch von Amts wegen zur Geheimhaltung von Betriebs- und Geschäftsgeheimnissen verpflichtet (vgl. § 30 VwVfG).

Als Betriebs- und Geschäftsgeheimnis ist jede Tatsache anzusehen, die
1. im Zusammenhang mit einem Geschäftsbetrieb steht,
2. nur einen eng begrenzten Personenkreis bekannt, d. h. nicht offenkundig ist,
3. nach dem (ggf. konkludenten) Willen des Unternehmers geheimgehalten werden soll und
4. einem berechtigten wirtschaftlichen Geheimhaltungsinteresse entspricht.[173]

An die Stelle der geheimhaltungsbedürftigen Unterlagen tritt eine Inhaltsdarstellung, die es Dritten ermöglichen muß, zu beurteilen, ob und in welchem Umfang sie von den Auswirkungen der Anlage betroffen werden könnten.

Innerhalb der Auslegungsfrist können **Einwendungen** gegen das Vorhaben nicht 71
nur von Betroffenen wie nach § 73 VwVfG, sondern von jedermann vorgebracht werden (vgl. auch § 4 Rn. 64ff.).[174] Soweit es sich um Massenverfahren handelt (s. § 4 Rn. 70), sind die Vorschriften der §§ 17-19 VwVfG über die gemeinsame Vertretung anwendbar.[175]

Im anschließenden **Erörterungstermin** sind die Einwendungen von der Behörde gemeinsam mit Antragsteller und Einwendern zu erörtern (§ 10 Abs. 6 BImSchG). Die Öffentlichkeitsbeteiligung dient sowohl der Unterrichtung der Behörde als auch der Rechtswahrung potentiell Betroffener (s. auch § 4 Rn. 66).[176] Von Rechtsschutz im engeren Sinne sollte freilich mit Rücksicht auf die spezifisch der Justiz obliegende Rechtsschutzaufgabe nicht gesprochen werden.

In den Verfahren auftretende **Verfahrensfehler**[177] führen nicht ohne weiteres zur Aufhebbarkeit der Genehmigungsentscheidung und nur ganz ausnahmsweise (z. B. bei fehlender Bekanntmachung oder Auslegung) zu ihrer Nichtigkeit (vgl. §§ 44–46 VwVfG). Zum einen können gemäß § 45 VwVfG eine Reihe von Verfahrensfehlern geheilt werden. Zum anderen greift bei den gebundenen Entscheidungen des Immissionsschutzrechts im Regelfall § 46 VwVfG ein, wonach die Aufhebung eines Verwaltungsaktes nicht wegen Verfahrens- und Formfehlern beansprucht werden kann, wenn keine andere Entscheidung in der Sache hätte getroffen werden können. Nach h. M. kommt eine Berufung auf Verfahrensfehler nur bei Ermessenentscheidungen in Betracht. Indes ist fraglich, ob sich die Konkretisierung unbestimmter Rechtsbegriffe wie im Immissionsschutzrecht hiervon so grundlegend unterscheidet. Hingegen ist anerkannt, daß Verfahrensfehler etwa bei der Bekanntmachung des Vorhabens und der Auslegung von Antrag und Unterlagen die Einwendungsfristen hemmen und die materielle Präklusion (s. Rn. 73) einschränken können.

Kehrseite der breiten Verfahrensteilhabe ist der **Einwendungsausschluß** gemäß 72
§ 10 Abs. 3 S. 3 BImSchG (s. auch § 4 Rn. 72ff.). Danach werden mit Ablauf der

---

[173] Vgl. *Breuer,* NVwZ 1986, 171ff., 172; *Rebentisch,* NJW 1980, 99ff., 100; *M. Schröder,* Geheimhaltungsschutz im Recht der Umweltchemikalien, Bd. 1, 1980, S. 15f.
[174] Vgl. schon BVerwGE 28, 131 (132) zu den Vorgängernormen der §§ 17–19 GewO.
[175] *Ule/Laubinger* (FN 90), § 10 BImSchG Rn. 8.
[176] BVerfGE 53, 30 (62f.).
[177] Vgl. hierzu statt vieler *Hufen,* Fehler im Verwaltungsverfahren, 1986, S. 55ff., 336ff., und *Jarass* (FN 79), § 10 BImSchG Rn. 85ff.

Einwendungsfrist alle Einwendungen ausgeschlossen, die nicht auf besonderen privatrechtlichen Titeln beruhen. **Besondere privatrechtliche Titel** sind vor allem dingliche und vertragliche Rechte (insbesondere Eigentum, Grunddienstbarkeiten usw.) sowie gerichtliche Titel, nicht jedoch allgemeine Abwehransprüche aus §§ 906, 1004 BGB und Besitz (s. § 4 Rn. 52 und 72). Nur rechtzeitige Einwendungen sind Gegenstand des Erörterungstermins. Doch werden nachträgliche Einwendungen von der Behörde von Amts wegen berücksichtigt.[178] Ein Versäumnis liegt allerdings dann nicht vor, wenn der Einwendungsgrund aus den (unvollständigen) Auslegungsunterlagen nicht ersichtlich war.[179]

73 Der Einwendungsausschluß nach § 10 Abs. 3 S. 3 BImSchG erstreckt sich auch auf einen anschließenden Verwaltungsrechtsstreit. Insofern liegt also eine **materielle** und nicht bloß eine formelle **Präklusion** vor (s. § 4 Rn. 73). Zwar ist diese Frage gesetzlich nicht eindeutig entschieden, nachdem aber das BVerfG[180] eine entsprechende Auslegung der ähnlich offen formulierten Regelung des § 3 Abs. 1 AtVfV für verfassungsrechtlich unbedenklich gehalten hat (s. § 4 Rn. 74 und § 8 Rn. 46), stehen der auch im Immissionsschutzrecht herrschenden Meinung, die den Einwendungsausschluß i. S. einer materiellen Präklusion interpretiert,[181] keine durchgreifenden Bedenken mehr gegenüber.

74 Neben der Öffentlichkeitsbeteiligung sind **Stellungnahmen** derjenigen **Behörden** einzuholen, deren Aufgabenbereiche durch das Vorhaben berührt werden (§ 10 Abs. 5 BImSchG). In Betracht kommen vor allem Baubehörde, Gewerbeaufsicht, atomrechtliche Genehmigungsbehörde, Gesundheits-, Natur- und Landschaftsschutz- sowie Gewässerschutzbehörden. Deren Stellungnahmen sind für die Genehmigungsbehörde jedoch nicht bindend. Erforderlichenfalls holt die Genehmigungsbehörde auch **Sachverständigengutachten** zur Prüfung der Genehmigungsvoraussetzungen ein (§ 13 Abs. 1 S. 1 der 9. BImSchV). Im Hinblick auf Anhang I der Störfall-Verordnung unterfallende Anlagen (s. o. Rn. 60 und 69) ist dies in der Regel notwendig (§ 13 Abs. 1 S. 2 der 9. BImSchV).

b) Vereinfachtes Genehmigungsverfahren

75 Das Bundes-Immissionsschutzgesetz kennt neben dem förmlichen Genehmigungsverfahren für Anlagen mit geringerer Umweltrelevanz ein vereinfachtes Verfahren (§ 19 BImSchG). Die Anlagen, auf die dieses Verfahren Anwendung findet, sind ebenfalls in der Verordnung über genehmigungsbedürftige Anlagen (§ 2 Abs. 1 Nr. 2 und Anhang Spalte 2 der 4. BImSchV – Kloepfer Nr. 630) festgelegt. Es handelt sich vor allem um solche Anlagen, bei denen wegen der Art ihrer Tätigkeit oder wegen geringen Produktionsumfanges erfahrungsgemäß nicht mit erheblichen Emissionen zu rechnen ist.

---

[178] *Kutscheidt* (FN 49), S. 275; *Schmitt Glaeser/Meins* (FN 81), S. 52, unter Hinweis auf den Untersuchungsgrundsatz.

[179] *Kutscheidt* (FN 49), S. 275f.

[180] BVerfGE 61, 82 (109ff.); vgl. allgemein zur Unterscheidung von formeller und materieller Präklusion statt vieler *Papier,* NJW 1980, 313ff.

[181] Vgl. nur *Breuer* (FN 80), S. 672; *Feldhaus* (FN 86), § 6 BImSchG Anm. 15; *Redeker,* NJW 1980, 1593ff.; *Sellner,* Immissionsschutzrecht und Industrieanlagen, 1. Aufl., 1978, Rn. 365ff.; *Ule/Laubinger* (FN 90), § 10 BImSchG Rn. 9; für die Vorgängernorm § 10 Abs. 2 GewO vgl. BVerwG, DVBl. 1973, 645.

Hierunter fallen – um nur wenige Beispiele aus dem umfassenden Katalog im Anhang der Verordnung zu nennen – viele Anlagen der Lebensmittelindustrie (Brauereien, Kaffeeröstereien, Getränkeabfüllager), Autowaschstraßen, aber auch bestimmte Anlagen der chemischen und metallverarbeitenden Industrie.

Im vereinfachten Verfahren entfallen insbesondere Auslegung, öffentliche Bekanntmachung und förmliches Einwendungsverfahren, dafür besteht aber auch kein Einwendungsausschluß und keine nachbarrechtsgestaltende Wirkung (s. dazu u. Rn. 82) der Genehmigung (§ 19 Abs. 2 BImSchG). Hingegen besteht die ursprünglich ausgeschlossene Konzentrationswirkung inzwischen auch zugunsten von im vereinfachten Verfahren erteilten Genehmigungen.[182] Die Erteilung von Vorbescheiden und Teilgenehmigungen im vereinfachten Verfahren ist mittlerweile aufgrund des Zweiten Gesetzes zur Änderung des Bundes-Immissionsschutzgesetzes vom 4. 10. 1985[183] ebenfalls möglich (§§ 8 und 9 BImSchG wurden – wie im übrigen auch § 13 BImSchG – aus dem Katalog des § 19 Abs. 2 BImSchG der im vereinfachten Verfahren nicht anwendbaren Vorschriften herausgenommen).

c) Genehmigungsverfahrensverordnung

Einzelheiten des förmlichen wie des einfachen Genehmigungsverfahrens, auf die hier nicht näher eingegangen werden soll, regelt die sog. Genehmigungsverfahrensverordnung – 9. Verordnung zur Durchführung des Bundes-Immissionsschutzgesetzes (Grundsätze des Genehmigungsverfahrens) – 9. BImSchV vom 18. 2. 1977[184] (Kloepfer Nr. 646). **76**

5. Entscheidungsformen

Das Bundes-Immissionsschutzgesetz geht in seinem § 10 grundsätzlich von der Vollgenehmigung aus, regelt daneben aber auch die im gestuften Verwaltungsverfahren (s. auch § 4 Rn. 93) ergehende Teilgenehmigung (§ 8 BImSchG) und den Vorbescheid (§ 9 BImSchG, s. u. Rn. 84ff.), die bei Großvorhaben der Regelfall sind. **77**

a) Genehmigung

Sofern keine Versagungsgründe vorliegen, ist ein schriftlicher und begründeter Genehmigungsbescheid zu erteilen und dem Antragsteller sowie den Einwendern zuzustellen (§ 10 Abs. 7 BImSchG). In **Massenverfahren** ab 300 Einwendern kann anstelle der Zustellungen eine öffentliche Bekanntmachung mit anschließender Auslegung treten (§ 10 Abs. 8 BImSchG). Der obligatorische Inhalt des Genehmigungsbescheides ergibt sich aus § 21 der Genehmigungsverfahrensverordnung (9. BImSchV). **78**

Die Genehmigung kann mit **Nebenbestimmungen** versehen werden (§ 12 BImSchG). Gemäß § 12 Abs. 1 BImSchG kann sie unter **Bedingungen** erteilt oder mit **Auflagen** verbunden werden, soweit dies erforderlich ist, um die Erfüllung der Genehmigungsvoraussetzungen sicherzustellen (vgl. auch § 4 Rn. 41 f.). Unter Beachtung des Verhältnismäßigkeitsgrundsatzes bedeutet dies zugleich, daß Bedingun- **79**

[182] ÄndG v. 4. 10. 1985 (BGBl. I S. 1950).
[183] Vgl. FN 182.
[184] BGBl. I S. 274, zuletzt geänd. durch VO v. 19. 5. 1988, BGBl. I S. 608.

gen und Auflagen einer Versagung vorgehen, wenn hierdurch der Antrag genehmigungsfähig gemacht werden kann.

Nach der Legaldefinition des § 36 VwVfG ist eine **Bedingung** eine Bestimmung, nach der der Eintritt oder der Wegfall der Vergünstigung vom ungewissen Eintritt eines zukünftigen Ereignisses abhängt.

Mit der **Auflage** wird dem Begünstigten ein (bestimmtes) Tun, Dulden oder Unterlassen vorgeschrieben.

Unter den Nebenbestimmungen bei der Anlagengenehmigung steht die sog. **Schutzauflage** im Vordergrund. Sie kann insbesondere bestimmte Verpflichtungen des Betreibers bezüglich Errichtung, Beschaffenheit, Betrieb, Wartung und Überwachung der Anlage zum Gegenstand haben. Soweit es sich nicht um eine sog. **modifizierende,** d. h. vom Genehmigungsinhalt untrennbare **Auflage** (die keine echte Auflage ist) handelt,[185] sind Auflagen selbständig („isoliert") angreifbar bzw. u. U. auch – aufgrund von Nachbarrechten – erstreitbar und grundsätzlich durch die Verwaltung (im Wege der Verwaltungsvollstreckung) erzwingbar.

Beispiele:
1. Die Behörde verbindet die Genehmigung mit der Verpflichtung, die Emissionen monatlich zu messen (Auflage);
2. die Behörde bestimmt im Genehmigungsbescheid, daß eine Anlage nur betrieben werden darf, wenn festgelegte Immissionshöchstwerte in ihrem Einzugsbereich nicht überschritten werden (Bedingung);
3. die Behörde setzt niedrigere Emissionswerte fest als beantragt (Genehmigungsinhalt).

Die Genehmigung kann (auf Antrag) **befristet** werden (§ 12 Abs. 2 S. 1 BImSchG); falls sie lediglich Erprobungszwecken dient, kann sie auch unter **Widerrufsvorbehalt** erteilt werden (§ 12 Abs. 2 S. 2 BImSchG). Das Zurückdrängen der Befristung und des Widerrufsvorbehalts für die normale Genehmigung erklärt sich aus dem erhöhten Bestandsschutzinteresse des Betriebs nach Durchlaufen des aufwendigen Genehmigungsverfahrens. Im übrigen sieht § 17 BImSchG auch die – den Bestandsschutz relativierende – Anordnung nachträglicher Auflagen vor (s. u. Rn. 91ff.).

b) Rechtswirkungen der Genehmigung

80 Die Anlagengenehmigung ist über ihre zentrale Gestattungswirkung hinaus[186] durch die sog. Konzentrations- und die Gestaltungswirkung charakterisiert (vgl. auch § 4 Rn. 50ff.).

aa) Konzentrationswirkung

81 Gemäß § 13 BImSchG schließt die Genehmigung aus Gründen der Beschleunigung und Vereinfachung der behördlichen Verfahren im Interesse des Antragstellers **andere** die Anlage betreffende **behördliche Entscheidungen** ein, insbesondere öffentlich-rechtliche Genehmigungen, Zulassungen, Verleihungen, Erlaubnisse und Bewilligungen (vgl. auch § 4 Rn. 54ff.). **Ausgenommen** sind allerdings Planfeststellungen, Zulassungen bergrechtlicher Betriebspläne, interne behördliche Zustimmungen so-

---

[185] Zur „modifizierenden Auflage" *Weyreuther,* DVBl. 1979, 232ff., 295ff., und *Meyer,* in: Meyer/Borgs, Verwaltungsverfahrensgesetz, 2. Aufl., 1982, § 36 Rn. 6, 20 m. w. N. Zur Abgrenzung von Genehmigungsinhalt und „modifizierender Auflage" im Immissionsschutzrecht BVerwGE 69, 37 (39).

[186] Mit Eintritt der Gestattungswirkung sind weitere Auflagen nur mehr auf dem Wege über § 17 BImSchG möglich, OVG Lüneburg, UPR 1985, 255ff.

wie behördliche Entscheidungen aufgrund wasserrechtlicher und atomrechtlicher Vorschriften. Im Genehmigungsverfahren ist daher vor allem über alle baurechtlichen Fragen zu entscheiden. Wenn dem Vorhaben baurechtliche Vorschriften entgegenstehen, ist die Genehmigung zu versagen, selbst wenn das Vorhaben nach den Bestimmungen des Bundes-Immissionsschutzgesetzes unbedenklich ist.[187]

Die Behörde hat dabei alle Rechte und Pflichten der Baugenehmigungsbehörde, deren Stellungnahme sie zwar nach § 10 Abs. 5 BImSchG einzuholen hat, an die sie aber inhaltlich nicht gebunden ist.[188] So kann sie beispielsweise Ausnahmen und Befreiungen aussprechen (§ 31 BauGB), nicht hingegen das bei Vorhaben im unbeplanten Bereich erforderliche Einvernehmen der Gemeinde bzw. die Zustimmung der höheren Verwaltungsbehörde nach § 36 BauGB ersetzen.

Die Anlagengenehmigung schließt ferner ggf. erforderliche Entscheidungen auf dem Gebiet des Feuer- und Gesundheitspolizeirechts und des Natur- und Landschaftsschutzrechts ein, um nur die häufigeren Konstellationen zu nennen. Personenbezogene Entscheidungen – etwa eine erforderliche Gewerbeerlaubnis – erfaßt der Konzentrationsgrundsatz wegen der Anlagenbezogenheit der immissionsschutzrechtlichen Genehmigung hingegen nicht.

bb) Gestaltungswirkung

Die in § 14 BImSchG angeordnete Gestaltungswirkung (vgl. auch § 4 Rn. 51f.) 82
bedeutet, daß eine unanfechtbar gewordene Genehmigung **privatrechtliche Abwehransprüche** der Grundstücksnachbarn **ausschließt.** Lediglich auf besonderen Titeln, d. h. nicht auf allgemeinem Nachbarrecht oder Deliktsrecht beruhende (sondern vertragliche und dingliche) Ansprüche können weiterhin geltend gemacht werden (s. o. Rn. 72). Damit werden die Drittbetroffenen gezwungen, ihre Rechte bereits im Anlagengenehmigungsverfahren (beachte auch den Einwendungsausschluß nach § 10 Abs. 3 S. 3 BImSchG) bzw. mit einer Drittanfechtungsklage geltend zu machen (s. zu letzterer u. Rn. 176 und § 5 Rn. 15ff.). An die Stelle des verlorenen Abwehranspruchs treten nach § 14 BImSchG jedoch ein **Anspruch auf Vorkehrungen,** welche die benachteiligenden Wirkungen ausschließen, sowie subsidiär (bei technischer Undurchführbarkeit oder wirtschaftlicher Unvertretbarkeit von Vorkehrungen) auf Schadensersatz. Dem Nachbarschutz dienen im übrigen auch nachträgliche Anordnungen nach § 17 BImSchG (s. dazu u. Rn. 91ff.).

cc) Erlöschen der Genehmigung

Die Genehmigung erlischt, wenn nicht innerhalb der von der Behörde festgesetzten 83
angemessenen Frist mit der Errichtung oder dem Betrieb der Anlage begonnen oder die Anlage länger als drei Jahre nicht betrieben wird (§ 18 BImSchG).

Ähnliche Beschränkungen der Geltungsdauer einer Genehmigung kennt u. a. das öffentliche Baurecht, wobei als Frist, innerhalb derer eine Baugenehmigung ausgenutzt werden muß, gemeinhin in den Landesbaugesetzen zwei Jahre vorgesehen sind (vgl. § 99 Abs. 1 HBO, § 72 Abs. 1 LBauO NW, § 71 Abs. 1 LBauO Rh.-Pf.). Diese Frist kann jedoch um bis zu zwei Jahre verlängert werden (vgl. § 72 Abs. 2 LBauO NW, § 71 Abs. 2 LBauO Rh.-Pf.). Eine dreijährige Bindungswirkung sieht § 21 Abs. 1 BauGB für Teilgenehmigungen vor. Diese Fristen lassen

---

[187] So – für die gewerberechtliche Genehmigung – BVerwG, GewArch. 1964, 244f. Vgl. auch *Ule/Laubinger* (FN 90), § 13 BImSchG Rn. 2.

[188] *Jarass* (FN 79), § 10 BImSchG Rn. 25.

sich auf die offen formulierte Regelung des Bundes-Immissionsschutzgesetzes zwar nicht übertragen, können aber Anhaltspunkte dafür geben, was als angemessene Frist i. S. des § 18 Abs. 1 Nr. 1 BImSchG anzusehen ist. Die Regelung soll einem Horten von Genehmigungen vorbeugen.[189]

c) Vorbescheid und Teilgenehmigung

84 Das Bundes-Immissionsschutzgesetz regelt in seinem § 8 die Teilgenehmigung und in § 9 den Vorbescheid.

Wie im Baurecht (vgl. auch § 4 Rn. 92ff.) dienen Vorbescheid und Teilgenehmigung durch eine zeitliche und inhaltliche Stufung des Entscheidungsprozesses der Verfahrensökonomie, darüber hinaus dem Interesse der Anlagenbetreiber an einer Reduzierung des Investitionsrisikos und der Vorbereitungskosten.[190] Bei großtechnischen Anlagen mit zum Teil mehrjähriger Bauzeit wären die Betreiber zudem überfordert, wenn sie die Planung von vornherein in allen Einzelheiten festlegen müßten. Ohne das Instrument der **Verfahrensstufung** würden häufige Änderungsgenehmigungen erforderlich, wenn neue technische Erkenntnisse noch während der Anlagenerrichtung berücksichtigt werden sollen.

Vorbescheid und Teilgenehmigung setzen einen entsprechenden Antrag voraus. Während im **Vorbescheid** über eine gedankliche Teilfrage der Genehmigung entschieden wird, hat die **Teilgenehmigung** die Errichtung eines realen Teils der Anlage oder auch dessen Betrieb bzw. real abgrenzbare Realisierungsphasen von Errichtung und Betrieb der Gesamtanlage zum Genehmigungsgegenstand.

aa) Vorbescheid

85 Im Vorbescheid kann über **einzelne Genehmigungsvoraussetzungen** sowie über den Standort der Anlage entschieden werden (§ 9 BImSchG). Damit wird – anders als bei der Teilgenehmigung – noch kein bestimmtes Tätigwerden des Antragstellers genehmigt, wohl aber über eine für die Anlagengenehmigung relevante Teilfrage verbindlich entschieden. Es handelt sich beim Vorbescheid, auf den nach § 10 Abs. 9 BImSchG die Regelungen des üblichen Genehmigungsverfahrens entsprechend anwendbar sind, also nicht um eine bloße Auskunft (§ 25 VwVfG) oder Zusicherung (§ 38 VwVfG), sondern um eine echte Vorwegentscheidung.[191] Bei der späteren Genehmigungsentscheidung ist die Behörde zumindest im Hinblick auf die im Vorbescheid positiv entschiedene Teilfrage grundsätzlich gebunden. Besonders als **Standortvorbescheid** hat diese Entscheidungsform praktische Bedeutung.

86 Der Erlaß eines Vorbescheides setzt neben der abschließenden Beurteilung der abgeteilten Bescheidfrage ein **vorläufiges positives Gesamturteil** über das Vorhaben im ganzen, namentlich Auswirkungen der geplanten Anlage, voraus (s. § 4 Rn. 94).

---

[189] *Jarass* (FN 79), § 18 BImSchG Rn. 2.

[190] Vgl. zum Ganzen statt vieler *Schmidt-Aßmann,* FG 25 Jahre BVerwG, 1978, S. 569ff.; ferner etwa *Glitz,* Grundprobleme von Vorbescheid und Teilgenehmigung im Immissionsschutzrecht, Diss. jur. Bielefeld 1985.

[191] BVerwGE 55, 250 (270); ähnlich zuvor für den baurechtlichen Vorbescheid BVerwGE 24, 23 (27). Die in BVerwGE 48, 242 (244) allgemein eröffnete Alternative: „Zusage" oder „Qualität einer bereits teilweisen Genehmigung" ist im Falle des immissionsschutzrechtlichen Vorbescheides positiv-gesetzlich i. S. einer echten Vorwegentscheidung entschieden (vgl. den ausdrücklichen Wortlaut von § 9 Abs. 1 BImSchG). Vgl. zum ganzen auch *Büdenbender/Mutschler,* Bindungs- und Präklusionswirkung von Teilentscheidungen nach BImSchG und AtG, 1979, S. 7; vgl. i. ü. *Fiedler,* Funktion und Bedeutung öffentlich-rechtlicher Zusagen im Verwaltungsrecht, 1977.

Die „Vorläufigkeit" des Urteils ergibt sich aus der beschränkten Prüfungsgrundlage und bezieht sich grundsätzlich nicht auf die Prüfungsintensität. Verlangt ist eine vollständige rechtliche Prüfung und nicht etwa nur eine Evidenzkontrolle.[192]

Das daneben erforderliche **(Vor)Bescheidungsinteresse** – als Unterfall des allgemeinen Sachbescheidungsinteresses – ist bei Großvorhaben regelmäßig gegeben.

Entsprechend dem Doppelgehalt des Vorbescheides, der sich aus der sog. Definitivaussage und der Zusageregelung zusammensetzt, kann zwischen einer **Primär-** und **Sekundärbindung** unterschieden werden[193] (dazu auch Rn. 88). Die Bindungswirkung des Vorbescheides entfällt, wenn der Antragsteller nicht innerhalb von zwei Jahren nach Eintritt der Unanfechtbarkeit die Genehmigung beantragt; bei Verlängerung durch die Behörde endet sie spätestens nach vier Jahren (§ 9 Abs. 2 BImSchG).

bb) Teilgenehmigung

Die Teilgenehmigung hat als abschließende Entscheidung über einen räumlich real abgrenzbaren Teilbereich der Anlage bzw. einer faktischen Realisierungsphase darüber hinaus Gestattungswirkung und erlaubt ein tatsächliches Vorgehen des Antragstellers. In Betracht kommen Errichtungsgenehmigungen (§ 8 Nr. 1 BImSchG) sowie Betriebs- und Abschnittsgenehmigungen (§ 8 Nr. 2 BImSchG). In der Praxis können mehrere aufeinanderfolgende Teilgenehmigungen – z. B. Errichtungsgenehmigungen und Betriebsgenehmigungen – eine Vollgenehmigung ersetzen (sog. **summative Vollgenehmigung**). Einer abschließenden Vollgenehmigung bedarf es nicht; vielmehr genügt eine „isolierte" Betriebsgenehmigung, wenn das Gesamtprojekt von den ergangenen Teilgenehmigungen abgedeckt wird.[194] 87

Da die Teilgenehmigung ihrer Rechtsnatur nach eine **echte Genehmigung** ist, sind auf sie die allgemeinen Vorschriften ohne weiteres anwendbar, d. h. nicht nur die Regelungen des Genehmigungsverfahrens, sondern auch die Regelungen zur Genehmigungswirkung. Eine Modifikation enthält lediglich § 12 Abs. 3 BImSchG hinsichtlich der Nebenbestimmungen (allgemeine Befristungsmöglichkeit, Widerrufs- und Auflagenvorbehalt) im Hinblick auf das Umfeld der Vorläufigkeit, in dem Vorbescheide typischerweise ergehen.

cc) Allgemeine Problematik

Die spezifischen Rechtsprobleme der Teilgenehmigung und des Vorbescheides sind im wesentlichen vergleichbar (s. auch § 4 Rn. 93ff.). 88

Beiden Entscheidungsformen ist gemeinsam, daß sie über ihren engeren Regelungsgegenstand hinaus eine vorläufige Beurteilung des Gesamtvorhabens beinhalten. Hieraus entsteht die sog. **Sekundär- bzw. Folgebindung,** deren Umfang im einzelnen allerdings umstritten ist.[195]

---

[192] So zur vergleichbaren Rechtslage im Atomrecht BVerwGE 72, 300 (306f.); vgl. zuvor BVerwG, DVBl. 1982, 960ff.

[193] Vgl. zur Terminologie *Büdenbender/Mutschler* (FN 191), S. 13; *Selmer,* Vorbescheid und Teilgenehmigung im Immissionsschutzrecht, 1979; *Selmer/Schulze-Osterloh,* JuS 1981, 393ff.

[194] BVerwGE 72, 300 (309) zur parallelen Verfahrensstufung im Atomrecht; *Kutscheidt* (FN 105), § 8 BImSchG Rn. 8; *Schmidt-Aßmann,* FG 25 Jahre BVerwG, 1978, S. 569ff., 576; *Sellner,* Immissionsschutzrecht und Industrieanlagen, 2. Aufl., 1988, Rn. 249 (unter Aufgabe seiner in der Vorauflage vertretenen gegenteiligen Auffassung).

[195] Vgl. zum ganzen *Büdenbender/Mutschler* (FN 191), passim; kritisch *J. Ipsen,* AöR 107 (1987), 259ff., 276.

Daß es sich nur um eine eingeschränkte Bindungswirkung handeln kann, ergibt sich bereits aus der Vorläufigkeit des Gesamturteils. Nicht nur Änderungen der Sach- und Rechtslage beseitigen die Bindungswirkung, sondern auch neue gegenteilige Erkenntnisse, die sich im weiteren Genehmigungsverfahren ergeben können. Dabei kann es sich um neue Erkenntnisse allgemeiner wissenschaftlicher und technischer Art, aber auch um neue Erkenntnisse in bezug auf das konkrete Vorhaben handeln. Insoweit allerdings haben es die Antragsteller ein Stück weit selbst in der Hand, den Umfang der Bindungswirkung durch möglichst detaillierte Angaben zur Vorprüfung zu bestimmen. Sofern keine besonderen Umstände hinzukommen, darf die Anlage als solche nicht mehr grundsätzlich in Frage gestellt werden. Die Genehmigungsbehörde soll sich nicht auf Umwegen der Primärbindung des Vorbescheides oder der Teilgenehmigung entziehen dürfen, indem sie in späteren Entscheidungsstufen die Anforderungen hochschraubt, während sie in Wahrheit ihre ursprüngliche Entscheidung – beispielsweise den Standortvorbescheid – nicht mehr für richtig hält. Dies wäre eine verdeckte Aufhebung des Vorbescheides. Letztlich handelt es sich um die Frage des **Vertrauensschutzes** bzw. der Kontinuität staatlichen Handelns. Dabei muß indes auch berücksichtigt werden, daß die Erkenntnismöglichkeiten bei Vor- und Teilbescheid über das Gesamtkonzept eben regelmäßig nicht so umfassend sind wie bei der normalen immissionsschutzrechtlichen Genehmigung, und daß der für das Umwelt- und Sicherheitsrecht charakteristische schnelle Wechsel technischer Standards und Erkenntnisse ohnehin eine gewisse allgemeine **Geltungslabilität** von umweltrechtlichen Entscheidungen nach sich zieht. Insofern ist die präjudizielle Wirkung von Vorentscheidungen nach dem Bundes-Immissionsschutzgesetz tendenziell schwächer als die ihrer baurechtlichen Vorbilder. Deshalb kann auch die Baurechtsjudikatur nicht ohne weiteres auf diesen Bereich übertragen werden.[196]

89 Das zweite Hauptproblem im gestuften Verwaltungsverfahren bildet die **Präklusionswirkung der Teilentscheidungen.** Ist eine Teilgenehmigung oder ein Vorbescheid unanfechtbar geworden, so können nach § 11 BImSchG im weiteren Genehmigungsverfahren Einwendungen nicht mehr aufgrund von Tatsachen erhoben werden, die im vorhergehenden Verfahren fristgerecht vorgetragen worden sind oder nach den ausgelegten Unterlagen hätten vorgebracht werden können. Gegenüber diesem dem Wortlaut nach sehr weitgehenden Einwendungsausschluß ist mit der überwiegenden Schrifttumsmeinung[197] die Präklusionswirkung allerdings auf den Umfang der Bindungswirkung zu begrenzen.

Von der **Bindungswirkung** unterscheidet sich die Präklusionswirkung begrifflich durch ihren Bezug auf das verwaltungsrechtliche Dreiecksverhältnis Antragsteller – Genehmigungsbehörde – Einwender. Während die Bindungswirkung nur im Verhältnis von Antragsteller und Behörde besteht, betrifft die Präklusionswirkung die Rechte Dritter bzw. die Verpflichtung der Behörde diesen gegenüber, in früheren Teilentscheidungen behandelte Fragen erneut aufzugreifen. Auch wenn Bindungs- und Präklusionswirkung im Umfang nicht notwendig übereinstimmen müssen,[198] erscheint es doch als zu weitgehend und als unnötige Härte, sämtliche Einwendungen, die im Teilgenehmigungs- oder Vorbescheidverfahren vorgebracht werden konnten, selbst dann auszuschließen, wenn sie nicht Gegenstand der Entscheidung waren und somit auch nicht die Bindungswirkung berühren können.

90 Die Präklusionsregelung des § 11 BImSchG darf nicht mit der zuvor behandelten Präklusion nach § 10 Abs. 3 S. 3 BImSchG (s. o. Rn. 82) verwechselt werden, die sich

---

[196] Siehe dazu *Finkelnburg/Ortloff*, Öffentliches Baurecht, 1981, S. 261 f. m. w. N.

[197] Vgl. *J. Ipsen*, DVBl. 1980, 146 ff., 151; *Jarass* (FN 79), § 1 BImSchG Rn. 9; *Ule/Laubinger* (FN 90), § 11 BImSchG Rn. 2; *Vallendar*, in: Feldhaus (FN 86), § 11 BImSchG Anm. 3; hierfür sprechen auch die Gesetzesmaterialien (vgl. Amtl. Begr. zu § 11 BT-Drs. 7/179), wonach die mit dem Einwendungsausschluß „verbundene Beschränkung der Rechtsstellung des Nachbarn ... nur vertretbar (ist), wenn über die früheren Anwendungen abschließend entschieden worden ist"; a. A. *Sellner* (FN 181), Rn. 281; differenzierend *Büdenbender/Mutschler* (FN 191), S. 119, 134; *Kutscheidt* (FN 105), § 8 BImSchG Rn. 88.

[198] BVerwGE 60, 297 (304 f., 309 f.); *Jarass*, UPR 1983, 241 ff., 242.

allgemein auf den Einwendungsausschluß *innerhalb* eines einzelnen, noch nicht abgeschlossenen Genehmigungsverfahrens bezieht, während die Präklusion nach § 11 BImSchG ein Spezifikum mehrstufiger Verwaltungsverfahren ist und einen (wenn auch aus Sicht des Gesamtverfahrens nur vorläufigen) Zwischenabschluß durch Teilgenehmigung oder Vorbescheid voraussetzt. Dort können allerdings beide Präklusionswirkungen nebeneinander auftreten.

6. *Nachträgliche Entscheidungen*

Die Abänderung von Verwaltungsakten erfolgt im Regelfall, wie sich aus den Bestimmungen des Verwaltungsverfahrensgesetzes ergibt, durch Aufhebung – Widerruf oder Rücknahme (§§ 48, 49 VwVfG) – bzw. Teilaufhebung (s. auch § 4 Rn. 99).[199] Eine weitere Möglichkeit bietet die nachträgliche Aufnahme, Änderung oder Ergänzung von Auflagen, soweit die Behörde sich dies vorbehalten hat nach § 36 Abs. 2 Nr. 5 VwVfG (Auflagenvorbehalt).[200] Die nachträgliche Auflage ohne diesen Auflagenvorbehalt ist also nach allgemeinem Verwaltungsrecht regelmäßig unzulässig. 91

a) Nachträgliche Anordnungen

Das Bundes-Immissionsschutzgesetz hält dementsprechend als weiteres Instrument zur Ermöglichung administrativer Flexibilität die nachträglichen Anordnungen bereit (§ 17 BImSchG, vgl. auch allgemein § 4 Rn. 100ff.). 92

aa) Voraussetzungen

Vom Auflagenvorbehalt unterscheiden sich die nachträglichen Anordnungen im wesentlichen dadurch, daß sie unmittelbar aufgrund des Gesetzes ergehen und keines vorhergehenden behördlichen Vorbehaltes bedürfen. In gewisser Hinsicht können sie als gesetzlich beigefügter Auflagenvorbehalt verstanden werden. 93

Das Bundes-Immissionsschutzgesetz trägt mit dieser Regelung – wie andere Umweltgesetze auch (s. § 4 Rn. 100) – dem Umstand Rechnung, daß die genehmigungsrelevanten Betreiberpflichten **Dauerpflichten** sind, die sich zudem mit wechselnden Umweltbedingungen und fortschreitenden technischen Standards sowie neuen wissenschaftlichen Erkenntnissen verändern können.[201] Deutlich kommt dies darin zum Ausdruck, daß § 17 Abs. 1 S. 1 BImSchG auf die Einhaltung der immissionsschutzrechtlichen Vorschriften abstellt und nicht auf die Beachtung des Genehmigungsbescheides. Nach dem BVerwG gibt es im Immissionsschutzrecht keinen Grundsatz, wonach eine dem Betreiber eingeräumte Rechtsposition trotz Rechtsänderung unentziehbar oder nur gegen Entschädigung zu nehmen sei.[202] Die Bestandskraft der Genehmigung erfährt insofern eine von der dynamischen Aufgabe des Umweltrechts bestimmte Modifikation bis hin zur Beschränkung.

Grundsätzlich steht der Erlaß einer nachträglichen Anordnung im **Ermessen** der Behörde (§ 17 Abs. 1 S. 1 BImSchG). Jedoch *soll* sie nachträgliche Anordnungen treffen, wenn nach Erteilung der Genehmigung festgestellt wird, daß die Allgemein- 94

---

[199] Hierzu eingehend *Schachel*, Nebenbestimmungen zu Verwaltungsakten, 1979.
[200] Vgl. *Kloepfer*, Die Verwaltung 8 (1975), 295ff.
[201] Vgl. *Jarass*, DVBl. 1985, 193ff.
[202] BVerwG, UPR 1983, 66ff., 67.

heit oder die Nachbarschaft nicht ausreichend vor schädlichen Umwelteinwirkungen oder sonstigen Gefahren, erheblichen Nachteilen oder erheblichen Belästigungen geschützt ist (§ 17 Abs. 1 S. 2 BImSchG). Ein Drittbetroffener kann in diesem Fall sogar einen Rechtsanspruch auf Erlaß entsprechender Anordnungen haben.

95 Besondere Bedeutung haben die Regelungen des § 17 Abs. 1–4 BImSchG auch im Hinblick auf die **Sanierung von Altanlagen,** für die diese gemäß § 17 Abs. 5 BImSchG entsprechend gelten. Auch wenn die Praxis bislang vom Instrument der nachträglichen Anordnung eher zurückhaltenden Gebrauch macht und zunächst um konsensuale Lösungen durch Verhandlungen mit den Betreibern bemüht ist (s. auch § 4 Rn. 232ff.), dürfte allein die bloße Existenz der Regelung einen erheblichen Einfluß ausüben, der ihren unmittelbaren Vollzug vielfach erübrigt. Allerdings wird man auch aus Rechtsgründen mit dem Instrument der nachträglichen Anordnung nicht ohne weiteres zu einer durchgängigen Anpassung von Altanlagen an neue Immissionsschutzstandards gelangen können. So sehen beispielsweise die §§ 17ff. GroßfeuerungsanlagenVO besondere, mildere Grenzwerte für Altanlagen vor (s. o. Rn. 62), die auch die Behörden mehr oder weniger binden.

bb) Grenzen

96 Die Zulässigkeit nachträglicher Anordnungen wird durch § 17 Abs. 2 BImSchG begrenzt. Die Regelung stand im Mittelpunkt der Novellierung des Bundes-Immissionsschutzgesetzes im Jahre 1985.[203] Abweichend von der früheren Regelung, wonach eine nachträgliche Anordnung nicht ergehen durfte, wenn sie wirtschaftlich nicht vertretbar oder technisch nicht erfüllbar war, stellt § 17 Abs. 2 BImSchG heute allein auf die **Unverhältnismäßigkeit** der Anordnung ab.

Der Gesetzgeber wollte mit dieser Neuregelung den immissionsschutzrechtlichen Bestandsschutz erklärtermaßen auf das verfassungsrechtlich gebotene Maß zurückführen (s. auch § 4 Rn. 104).

Im Unterschied zu einer (zeitweilig erwogenen)[204] schlicht deklaratorischen Verhältnismäßigkeitsklausel, die im Grunde überflüssig ist, weil sich das Verhältnismäßigkeitsgebot bereits aus der Verfassung ergibt, enthält § 17 Abs. 2 BImSchG eine maßgeblich ökonomisch konzipierte **exemplarische Konkretisierung** der gebotenen Verhältnismäßigkeit. Unverhältnismäßig ist danach eine nachträgliche Anordnung vor allem dann, „wenn der mit der Erfüllung der Anordnung verbundene Aufwand außer Verhältnis zu dem mit der Anordnung angestrebten Erfolg steht". Dabei sind „insbesondere Art, Menge und Gefährlichkeit der von der Anlage ausgehenden Emissionen und der von ihr verursachten Immissionen sowie die Nutzungsdauer und technische Besonderheiten der Anlage zu berücksichtigen".

97 Den **Auslegungsproblemen,** die sich um den *früheren* § 17 Abs. 2 BImSchG rankten, ist mit dieser Neuregelung weitgehend die Grundlage entzogen.

Zwar bestand im Grundsatz zuletzt weitgehende Einigkeit darüber, daß nachträgliche Anordnungen nur unter der kumulativen Voraussetzung ausgeschlossen sein sollten, daß sie weder objektiv für Anlagen der betriebenen Art im allgemeinen noch subjektiv für den einzelnen

---

[203] Ges. v. 4. 10. 1985 (BGBl. I S. 1950).

[204] Vgl. zur Novellierungsdiskussion *Feldhaus,* UPR 1985, 385ff.; *dens.,* WiVerw. 1986, 67ff.; *Jarass,* DVBl. 1986, 314ff.; *Rengeling,* DVBl. 1983, 977ff., sowie *Deutsche Stiftung für Umweltpolitik* (Hg.), Anlagensanierung und Bestandsschutz, 1985, S. 3ff.

Betreiber im besonderen wirtschaftlich vertretbar waren.[205] Die Diskussion entzündete sich aber am Anlagen- und am Betreiberbegriff. Die wohl herrschende Meinung ging dabei von einem möglichst weiten **Betreiberbegriff** aus, um nicht die juristische Firmenkonstruktion über das Maß des wirtschaftlich Vertretbaren entscheiden zu lassen und Wirtschaftsunternehmen kein Schlupfloch vor Umweltschutzanforderungen durch dementsprechende Aufteilungen zu bieten.[206] Auch der **Anlagenbegriff** wurde weit, über § 3 Abs. 5 BImSchG hinaus ausgelegt.[207] Weiterhin war die **Vertretbarkeitsschwelle** umstritten: Sollte sie schon bei nachhaltigen Gewinneinbußen[208] oder erst dann überschritten sein, wenn ein Weiterbetrieb wirtschaftlich nicht länger sinnvoll erschien?[209] Letztere Auffassung überwog, wobei auf die Verhältnisse des ,,gesunden Durchschnittsbetriebes" abgestellt wurde, um nicht maroden, illiquiden Betrieben eine ,,Schwächeprämie" zu gewähren.[210] Schließlich bestanden erhebliche Zweifel bei der Beantwortung der Frage, wem die **„Beweislast"** für das Vorliegen von Ausschlußgründen obliegen sollte. Sollte die Nachweispflicht den Betreiber[211] oder die Behörde[212] treffen? Eine vermittelnde Auffassung unterschied zwischen objektiver und subjektiver wirtschaftlicher Vertretbarkeit (sog. Sphärentheorie).[213] Nach ihr sollte letztere der Beweispflicht des Betreibers, erstere – auch aufgrund des Rechtsgedankens des § 24 Abs. 2 VwVfG (Untersuchungsgrundsatz) – der Beweispflicht der Behörde unterliegen.

Die **Neufassung** des § 17 Abs. 2 BImSchG hat den Streit um den Anlagen- und Betreiberbegriff hinfällig werden lassen. Ob auch die Diskussion um die wirtschaftliche Vertretbarkeit gänzlich obsolet geworden ist, oder ob nicht ein Teil der Kontroversen die Eliminierung dieser Kategorie überdauert, wird die weitere Entwicklung zeigen. Ein unverändertes Wiederaufleben der alten Streitfragen dürfte freilich ausscheiden. Die Neufassung des § 17 Abs. 2 BImSchG ist insofern dadurch gekennzeichnet, daß sie die Perspektivverengung ausschließlich auf *betriebswirtschaftliche* Entscheidungskriterien zugunsten einer umfassenden, verstärkt ökologische Belange berücksichtigenden Kosten-Nutzen-Abwägung aufgebrochen hat, auch wenn sie wirtschaftliche Gesichtspunkte durchaus weiterhin maßgeblich einbezieht („Aufwand"). 98

So nennt § 17 Abs. 2 BImSchG n. F. als zu berücksichtigenden Faktor u. a. die Nutzungsdauer der Anlage, sprich: die Amortisationskosten der getätigten Investitionen.[214] Ertragsminderungen infolge nachträglicher Anordnungen müssen daher – wie schon früher – grundsätzlich hingenommen werden. Bei besonders gefährlichen Emissionen können nunmehr aber auch solche nachträglichen Anordnungen rechtmäßig sein, die die Weiterführung des Betriebes wirtschaftlich unmöglich machen. Die wirtschaftliche Zumutbarkeit ist also keine absolute Grenze mehr.

Die Verhältnismäßigkeitsprüfung impliziert insbesondere die **Geeignetheit** und **Erforderlichkeit** der nachträglichen Anordnung. Dabei dürfte der – in § 17 Abs. 1 99

[205] Vgl. insbes. *Soell,* Der Grundsatz der wirtschaftlichen Vertretbarkeit im Bundes-Immissionsschutzgesetz, 1980; *Hoppe,* Wirtschaftliche Vertretbarkeit im Rahmen des Bundes-Immissionsschutzgesetzes, 1977, sowie *dens.,* et 1984, 49ff.

[206] Zur Betreiberdiskussion *Hoppe,* NJW 1977, 1849ff., 1851ff.; *Soell* (FN 205), S. 26; *Thomas,* WiVerw. 1980, 244ff.

[207] Vgl. etwa *Kutscheidt* (FN 49), S. 281, und *Thomas,* WiVerw. 1980, 244ff.

[208] So etwa OVG Münster, DVBl. 1973, 962ff.; *Engelhardt,* Bundes-Immissionsschutzgesetz, 2. Aufl., 1980, § 17 BImSchG Rn. 8; *Hoppe,* DVBl. 1982, 19ff., 21f.

[209] *Jarass* (FN 79), § 17 BImSchG Rn. 24; *H.-J. Koch,* WiVerw. 1983, 158ff., 170; *Kutscheidt* (FN 49), S. 281; *Soell* (FN 205), S. 23.

[210] *Schmitt Glaeser/Meins* (FN 81), S. 61.

[211] *Feldhaus* (FN 86), § 17 BImSchG Rn. 7; *Jarass* (FN 79), § 17 BImSchG Rn. 31; *H.-J. Koch,* WiVerw. 1983, 158ff., 173; *Soell* (FN 205), S. 29ff.; *Thomas,* WiVerw. 1980, 244ff.

[212] *Ule/Laubinger* (FN 90), § 17 BImSchG Rn. 15 m. w. N.

[213] *Hoppe* (FN 205), S. 143f.

[214] *Schulze-Fielitz,* Die Verwaltung 20 (1987), 308ff., 332, spricht insoweit zutreffend von einer ,,zeitlichen Auflösung des Grundsatzes der Verhältnismäßigkeit primär in Fristabstufungen".

S. 1 BImSchG einerseits und § 17 Abs. 1 S. 2 BImSchG andererseits indirekt rezipierten – Unterscheidung von **Vorsorge** und **Gefahrenabwehr** (s. § 2 Rn. 9ff.) erhebliche Bedeutung zukommmen.

Während bei nachträglichen Anordnungen zum Zwecke der Gefahrenabwehr die Verhältnismäßigkeit vom Tatsächlichen her relativ sicher zu beurteilen ist und regelmäßig zu bejahen sein wird, bewegt sich die Behörde bei nachträglichen Anordnungen i. S. der Vorsorge eher auf unsicherem Boden.[215] Sie wird daher weiterhin **Absprachen** mit den Betreibern (s. § 4 Rn. 232ff.) bevorzugen, zumal in der Regel nur diese über die Informationen verfügen, die notwendig sind, um das mildeste effektive Mittel zu finden.[216]

100 Diesem weitgehenden faktischen Zwang zur konsensualen Lösung trägt die **TA Luft** Rechnung, wenn sie in Ziffer 4.2.1 lit. b die Vereinbarung eines Sanierungsplanes an Stelle nachträglicher Anordnungen zur Erfüllung der Vorsorgepflicht als Handlungsinstrumentarium ausdrücklich vorsieht, im Rahmen der Schutz- und Abwehrpflicht hingegen nach Ziffer 4.1 TA Luft nur die nachträgliche Anordnung als Instrument kennt.

101 Wichtig für die nach § 17 Abs. 2 BImSchG erforderliche Verhältnismäßigkeitsprüfung ist schließlich das Zusammenspiel von § 17 BImSchG mit den §§ 7 Abs. 1, 48 Nr. 2 BImSchG, welche die Rechtsgrundlage für die Großfeuerungsanlagen-Verordnung und die TA Luft bilden. Beide Vorschriften gelten für Alt- und Neuanlagen; die §§ 7 Abs. 2, 48 Nr. 4 BImSchG ermächtigen dabei ausdrücklich die Exekutive, durch Rechtsverordnung bzw. durch Verwaltungsvorschriften **Sanierungsfristen für Altanlagen** vorzuschreiben. Die Voraussetzungen sind identisch mit denen des § 17 Abs. 2 BImSchG – vgl. nur die Verhältnismäßigkeitskriterien –, so daß nachträgliche Anordnungen, die den Grenzwerten und Fristen der Großfeuerungsanlagen-Verordnung oder der TA Luft folgen, in aller Regel als verhältnismäßig im Sinne des § 17 Abs. 2 BImSchG angesehen werden können;[217] dem Betreiber obliegt es, das Vorliegen eines atypischen Falles, der die Anordnung ausnahmsweise unzumutbar macht, zu beweisen.[218]

102 Durch die Harmonisierung der §§ 7 Abs. 2, 17 Abs. 2 und 48 Nr. 4 BImSchG wurde ein **umfassendes, einheitliches Sanierungskonzept** geschaffen, wie es zuvor etwa auch das BVerwG gefordert hatte.[219] Für die Angemessenheit normativer Vorsorgeanforderungen gilt seit der Novellierung der gleiche Maßstab wie für die Angemessenheit von Einzelmaßnahmen. Wenn demnach die Sanierungsziele von Großfeuerungsanlagen-Verordnung und TA Luft in der Regel verhältnismäßig sind, so bedeutet dies jedoch andererseits nicht die automatische Unverhältnismäßigkeit solcher nachträglicher Anordnungen, die über die Anforderungen jener Vorschriften hinausgehen; entsprechende Öffnungsklauseln ermöglichen im Einzelfall auch ein schärferes Vorgehen.[220]

b) Untersagungsermächtigungen und Zulassungsbeseitigungen

aa) Untersagung, Stillegung und Beseitigung von Anlagen

103 Gegenüber der Nichtbefolgung von Auflagen, vollziehbaren nachträglichen Anordnungen oder abschließend bestimmten Pflichten aus einer Rechtsverordnung nach

[215] Vgl. *Jarass,* DVBl. 1986, 314ff., 316.
[216] Vgl. *Jarass,* DVBl. 1986, 314ff., 318.
[217] *Feldhaus,* WiVerw. 1986, 72ff., 84; *ders.,* UPR 1985, 388ff., 390; *Jarass,* NVwZ 1986, 608ff., 610.
[218] *Feldhaus,* WiVerw. 1986, 72ff., 84.
[219] BVerwG, UPR 1984, 202ff.
[220] *Feldhaus,* WiVerw. 1986, 72ff., 84.

§ 7 BImSchG kommt gemäß § 20 Abs. 1 BImSchG als Sanktion die **Betriebsuntersagung** in Betracht. Eine **Stillegungs- bzw. Beseitigungsverfügung** soll nach § 20 Abs. 2 S. 1 BImSchG dann ergehen, wenn (genehmigungsbedürftige) Anlagen ohne die erforderliche Genehmigung errichtet, betrieben oder wesentlich geändert werden.[221] Diese Soll-Vorschrift erstarkt zu einer behördlichen Sanktionspflicht, wenn die Allgemeinheit oder die Nachbarschaft nicht auf andere Weise ausreichend geschützt werden können (§ 20 Abs. 2 S. 2 BImSchG).

Trotz äußerlicher Parallelen zur bauordnungsrechtlichen Beseitigung von Schwarzbauten ist die dortige Unterscheidung von formeller und materieller Illegalität und der dadurch vermittelte grundsätzliche Bestandsschutz für formell baurechtswidrige Bauten[222] auf das Immissionsschutzrecht nicht übertragbar, da es sich dabei um eine Ableitung des spezifisch baurechtlichen Grundsatzes der Baufreiheit[223] handelt.

§ 20 Abs. 3 BImSchG ermöglicht eine Betriebsuntersagung wegen Unzuverlässigkeit des leitenden Personals.[224]

bb) Widerruf der Anlagengenehmigung

§ 21 BImSchG regelt den Widerruf der rechtmäßigen und unanfechtbar geworde- **104**
nen Anlagengenehmigung. Es handelt sich um eine § 49 VwVfG verdrängende **Sonderregelung,** während für die Rücknahme einer fehlerhaften Anlagengenehmigung weiterhin § 48 VwVfG gilt. Inhaltlich unterscheidet sich die Vorschrift jedoch nicht wesentlich von den allgemeinen Widerrufsgründen: Ziff. 1 bezieht sich auf den (nur bei Versuchsanlagen – § 12 Abs. 2 S. 2 BImSchG – und Teilgenehmigungen – § 12 Abs. 3 BImSchG – möglichen) vorbehaltenen Widerruf, Ziff. 2 betrifft den Fall der nicht erfüllten Auflage, Ziff. 3 und 4 die Änderung der Sach- und Rechtslage (Schulbeispiel: „Schweinemästerfall" – heranrückende Wohnbebauung, s. auch o. Rn. 44).[225] Ziff. 5 enthält den allgemeinen Auffangtatbestand: „um schwere Nachteile für das Gemeinwohl zu verhüten oder zu beseitigen". Keine Regelung trifft § 21 BImSchG dagegen für den Fall der Nichtbefolgung von nachträglichen Anordnungen. Daß dort nur eine Untersagung nach § 20 Abs. 1 BImSchG in Betracht kommen soll, ist – im Vergleich zur Sanktionierung nicht erfüllter Auflagen sowohl durch § 20 Abs. 1 BImSchG als auch durch § 21 Abs. 1 Nr. 2 BImSchG – rechtlich nicht befriedigend, selbst wenn man die Befugnis der Verwaltung bedenkt, die Vollziehung der nachträglichen Anordnung erzwingen zu können. Gleichwohl lehnt die herrschende Meinung eine lückenschließende Analogie ab.[226]

Schließlich soll gemäß § 17 Abs. 2 S. 2 BImSchG die Behörde eine Genehmigung unter den Voraussetzungen des § 21 Abs. 1 Nr. 3–5 BImSchG ganz oder teilweise widerrufen, wenn eine nachträgliche Anordnung wegen Unverhältnismäßigkeit nicht getroffen werden darf.

---

[221] Zur Frage eines Anspruchs auf eine Stillegungsverfügung aus § 20 Abs. 2 S. 1 BImSchG OVG Berlin, UPR 1985, 35ff.

[222] Vgl. nur *Finkelnburg/Ortloff* (FN 196), S. 286f.; eingehend *Dolde,* FS Bachof, 1984, S. 191ff.

[223] Vgl. *Götz,* Bauleitplanung und Eigentum, 1969, S. 39ff.; kritisch *Breuer,* Bodennutzung im Konflikt zwischen Städtebau und Eigentumsgarantie, 1976, S. 162ff.

[224] OVG Saarlouis, UPR 1985, 247ff.

[225] Vgl. FN 116.

[226] *Jarass* (FN 79), § 21 BImSchG Rn. 6; *Sellner* (FN 181), Rn. 508; vgl. jedoch auch *Kopp,* Verwaltungsverfahrensgesetz, 4. Aufl., 1986, § 49 Rn. 20, 48, wonach der grundsätzlich abschließende Charakter der Widerrufsgründe im Einzelfall einer analogen Anwendung einzelner Widerrufsgründe nicht entgegenstehe.

Abweichend von der entschädigungslos zulässigen nachträglichen Anordnung zieht der Widerruf auch in diesem Fall eine Entschädigungspflicht nach sich, wie sich aus der Verweisung in § 17 Abs. 2 S. 2, 2. Hs. BImSchG insbesondere auf § 21 Abs. 4 BImSchG ausdrücklich ergibt.

Im Unterschied zu § 49 VwVfG, jedoch parallel zur Regelung des § 48 Abs. 4 VwVfG über die Rücknahmebefugnis, läßt § 21 Abs. 2 BImSchG einen Widerruf nur innerhalb eines Jahres nach Bekanntwerden der zum Widerruf berechtigenden Tatsachen zu. An den bestandskräftigen Widerruf kann sich eine Stillegungs- bzw. Beseitigungsverfügung nach § 20 Abs. 2 BImSchG anschließen.

105 Soweit der Widerruf aus Gründen erfolgt, die der Betreiber nicht zu vertreten hat (Ziff. 3-5), ist dieser grundsätzlich zu entschädigen (§ 21 Abs. 4 BImSchG). Der **Entschädigungsanspruch** entsteht – in Anlehnung an die allgemeinen Grundsätze der Enteignungsentschädigung – für Eingriffe in das schutzwürdige Vertrauen und ist auf das positive Interesse bezogen. Ohne Beschränkung auf bestimmte Widerrufsgründe und ohne Entschädigung ist ein Widerruf nach § 21 Abs. 7 BImSchG möglich. Die Regelung betrifft den **Sonderfall der Drittanfechtung,** wenn die Behörde durch einen Widerruf dem Widerspruch oder der Klage eines Dritten, regelmäßig des Nachbarn, während des Vorverfahrens oder des verwaltungsgerichtlichen Verfahrens abhilft. Hier konnte wegen der Drittanfechtung ein schutzwürdiges Vertrauen des Genehmigungsempfängers nicht enstehen.

cc) Sonderfall Altanlagen

106 Der Betrieb von nach § 67 Abs. 2 BImSchG anzeigepflichtigen Altanlagen kann nicht nach den §§ 20 Abs. 1 und 2, 21 Abs. 1 Nr. 3-5 BImSchG, sondern nur nach § 25 Abs. 2 BImSchG untersagt werden.[227]

III. Nicht genehmigungsbedürftige Anlagen

1. Begriff

107 Nicht genehmigungsbedürftige Anlagen im Sinne des § 22 BImSchG sind Anlagen im Sinne des § 3 Abs. 5 BImSchG, soweit sie keiner Genehmigung nach § 4 oder § 15 BImSchG bedürfen.[228] Eine positive Definition gibt das Bundes-Immissionschutzgesetz nicht. In der Sache handelt es sich um Anlagen, die Belange des Immissionschutzes typischerweise nicht so stark berühren und deshalb nicht der aufwendigen Präventivkontrolle, sondern lediglich bestimmten Betreiberpflichten und – bei Pflichtverstößen – repressiven Eingriffen unterworfen werden. Hiervon bleiben allerdings Genehmigungspflichten aufgrund anderer Gesetze (auch der Landes-Immissionsschutzgesetze) unberührt (vgl. § 22 Abs. 2 BImSchG).

Im Einzelfall ist also festzustellen, ob es sich *erstens* überhaupt um eine Anlage im Sinne des § 3 Abs. 5 BImSchG handelt, die *zweitens* nicht zum Kreis der in der 4. BImSchV genannten genehmigungspflichtigen Anlagen gehört (s. o. Rn. 44). Schwierigkeiten ergeben sich daher weniger bei der Abgrenzung zwischen genehmi-

---

227 BVerwG, UPR 1984, 103f.

228 Zu dieser Definition *Schmitt Glaeser/Meins* (FN 81), S. 67; eingehend zu den §§ 22ff. BImSchG *Kutscheidt,* NVwZ 1983, 65ff., und *Seiler,* Die Rechtslage der nicht genehmigungsbedürftigen Anlagen im Sinne von §§ 22ff. Bundes-Immissionsschutzgesetz, 1985.

gungs- und nicht genehmigungsbedürftigen Anlagen, sondern zuvor beim Anlagenbegriff (s. dazu o. Rn. 38ff.). Nicht genehmigungsbedürftige Anlagen sind beispielsweise Heizungsanlagen, Schrottplätze[229], Parkplätze, chemische Reinigungen, einzelne Geräte wie z. B. Rasenmäher, aber etwa auch Kirchenglocken.[230]

2. *Pflichten und Anforderungen*

108 Nach § 22 BImSchG sind nicht genehmigungsbedürftigte Anlagen so zu errichten und zu betreiben, daß

1. schädliche Umwelteinwirkungen verhindert werden, die nach dem Stand der Technik vermeidbar sind,
2. nach dem Stand der Technik unvermeidbare schädliche Umwelteinwirkungen auf ein Mindestmaß beschränkt werden und
3. die beim Betrieb der Anlage entstehenden Abfälle ordnungsgemäß beseitigt werden können.

Die Betreiberpflichten sind hier demnach insgesamt erheblich geringer als die in § 5 BImSchG geregelten Pflichten bei genehmigungsbedürftigen Anlagen.

109 Der Inhalt des § 22 BImSchG ist jedoch – auch im Vergleich mit § 5 BImSchG – nicht ganz leicht zu erschließen. Der **Pflichtenkatalog** des § 22 Abs. 1 BImSchG unterscheidet sich von den Betreiberpflichten des § 5 BImSchG zunächst dadurch, daß er nur auf schädliche Umwelteinwirkungen bezogen ist und nicht auf *sonstige* Gefahren, erhebliche Nachteile und Belästigungen. Dies schließt selbstverständlich nicht aus, daß entsprechende Pflichten aufgrund weitergehender öffentlich-rechtlicher Vorschriften bestehen, die nach § 22 Abs. 2 BImSchG ausdrücklich unberührt bleiben. Im Bundes-Immissionschutzgesetz brauchten die sonstigen Gefahren etc. bei den Vorschriften über nicht genehmigungsbedürftige Anlagen aber nicht geregelt zu werden, da bei solchen nicht genehmigungsbedürftigen Anlagen gerade die umfassende Eröffnungskontrolle (Konzentrationsgrundsatz!) entfällt (s. o. Rn. 81).

Die Berücksichtigung von sonstigen Gefahren etc. in § 5 BImSchG erklärt sich demgegenüber aus der rechtlichen Anknüpfung an die frühere gewerberechtliche Genehmigungsregelung und aus der Doppelfunktion der Vorschrift als Regelung der Betreiberpflichten und der (im Hinblick auf die erwünschte Entscheidungskonzentration) umfassend definierten Genehmigungsvoraussetzungen.

110 Da § 22 BImSchG direkt nur den Schutz- und den Entsorgungsgrundsatz anspricht, wird ein weiterer Unterschied teilweise darin gesehen, daß das **Vorsorgeprinzip** (s. § 3 Rn. 5ff. sowie o. Rn. 52ff.) hier nicht gelte.[231] Eher ist jedoch wohl davon auszugehen, daß der Vorsorgegedanke auch ohne ausdrückliche Differenzierung im Gebot der Emissionsbegrenzung mitenthalten ist,[232] da das Bundes-Immissionsschutzgesetz insgesamt dem Gedanken des vorsorgenden Umweltschutzes verpflichtet ist.

111 Schließlich scheint § 22 Abs. 1 Nr. 2 BImSchG ein **Schädigungsrecht bei technisch unvermeidbaren Immissionen** anzuerkennen.[233] Dies dürfte indes nur sehr

---

[229] BVerwG, GewArch. 1977, 385ff.
[230] BVerwGE 68, 62ff. (66f.).
[231] *Schmitt Glaeser/Meins* (FN 81), S. 68.
[232] *Breuer* (FN 80), S. 678.
[233] Vgl. *Breuer* (FN 80), S. 678; *Schmitt Glaeser/Meins* (FN 81), S. 68.

bedingt – für unvermeidbare Belästigungen und Nachteile unterhalb der Gefahrenschwelle – richtig sein. Dagegen gilt das **Gefährdungsverbot** uneingeschränkt.[234] Dies ergibt sich nicht nur allgemein aus dem polizeirechtlichen Prinzip der Gefahrenabwehr, sondern speziell auch aus § 25 Abs. 2 BImSchG, ähnlich aus § 51 GewO, wonach bei Gefahren für Leben oder Gesundheit von Menschen oder für bedeutende Sachwerte Errichtung und Betrieb einer Anlage nötigenfalls zu untersagen sind.

112 In grundsätzlicher Übereinstimmung mit § 4 Abs. 1 S. 2 BImSchG begrenzt § 22 Abs. 1 S. 2 BImSchG die Betreiberpflichten bei **nicht-gewerblichen** bzw. nichtwirtschaftlichen **Anlagen** auf die Verhinderung bzw. Beschränkung von Luftverunreinigungen und Geräuschen, während sonst auch die übrigen Immissionen zählen (vgl. § 3 Abs. 2 BImSchG).

113 Auch für nicht genehmigungsbedürftige Anlagen können spezifische Anforderungen durch **Rechtsverordnungen** vorgeschrieben werden. Die entsprechende Ermächtigungsnorm des § 23 BImSchG ist § 7 BImSchG nachgebildet, unterscheidet sich jedoch durch eine subsidiäre Ermächtigung der Landesregierungen (§ 23 Abs. 2 BImSchG). Als Rechtsverordnungen des Bundes sind auf dieser Grundlage ergangen:

- Erste Verordnung zur Durchführung des Bundes-Immissionsschutzgesetzes (Verordnung über Kleinfeuerungsanlagen – 1. BImSchV) i. d. F. der Bek. vom 15. 7. 1988[235] (Kloepfer Nr. 620)
- Zweite Verordnung zur Durchführung des Bundes-Immissionsschutzgesetzes (Verordnung zur Emissionsbegrenzung von leichtflüchtigen Halogenkohlenwasserstoffen – 2. BImSchV) vom 21. 4. 1986[236] (Kloepfer Nr. 624)
- Siebente Verordnung zur Durchführung des Bundes-Immissionsschutzgesetzes (Verordnung zur Auswurfbegrenzung von Holzstaub – 7. BImSchV) vom 18. 12. 1975[237] (Kloepfer Nr. 642)
- Achte Verordnung zur Durchführung des Bundes-Immissionsschutzgesetzes (Rasenmäherlärm-Verordnung – 8. BImSchV) vom 23. 7. 1987[238] (Kloepfer Nr. 644)

Die Rasenmäherlärm-Verordnung stützt sich zugleich auf die Rechtsverordnungsermächtigung des § 32 BImSchG im Rahmen des produktbezogenen Immissionsschutzes. Dies war deshalb erforderlich, weil diese Verordnung mit der Betriebsregelung (§ 3) Bestimmungen über die Produktbeschaffenheit (§ 2) verbindet.

Von der **Kleinfeuerungsanlagen-Verordnung,** die an die Stelle der auf das Jahr 1974 zurückgehenden Verordnung über Feuerungsanlagen getreten ist, werden außer nicht-genehmigungsbedürftigen Feuerungsanlagen in Gewerbe und Industrie vor allem die Feuerungsanlagen in privaten Haushalten, insbesondere also Heizungsanlagen, erfaßt. Von daher handelt es sich um die immissionsschutzrechliche Verordnungsregelung mit dem wohl größten Adressatenkreis. Die gegenüber der Vorläuferregelung verschärfte Verordnung enthält eine abschließende Aufzählung der *Brennstoffe,* die in Kleinfeuerungsanlagen eingesetzt werden dürfen (Steinkohle, Briketts, Heizöl, Gase usw., z. T. unter Nennung bestimmter Qualitätsanforderungen, vgl. § 3 VO). Verboten ist namentlich die Verbrennung von holzschutzmittelhaltigen Holzresten (§ 3 Abs. 1 Nr. 6 und 7 VO) und die Verwendung von Kohle mit einem Schwefelgehalt von mehr als 1% (§ 3 Abs. 2 VO). Differenzierte Anforderungen stellt die Verordnung an den *Betrieb* von Feuerungsanlagen für feste Brennstoffe (§§ 4ff. VO) sowie an den Betrieb von Öl- und Gasfeuerungsanlagen (§§ 7ff. VO): Feuerungsanlagen für feste Brennstoffe unterliegen insbeson-

---

[234] *Kutscheidt* (FN 49), S. 284; *ders.,* NVwZ 1983, 65ff., 67.
[235] BGBl. I S. 1059.
[236] BGBl. I S. 571.
[237] BGBl. I S. 3133.
[238] BGBl. I S. 1687.

dere Begrenzungen der Staubemission und der Kohlenmonoxidkonzentration im Abgas (§ 6 Abs. 1 VO). Hiervon werden lediglich Anlagen mit einer Nennwärmeleistung unter 15 Kilowatt ausgenommen (hierbei handelt es im wesentlichen um Einzelöfen, bereits kleinere Heizkessel liegen oberhalb dieser Leistungsgrenze). Offene Kamine dürfen wegen der von ihnen ausgehenden Rauch- und Geruchsimmissionen nur noch gelegentlich betrieben werden (§ 4 Abs. 3 S. 1 VO). Neue Öl- und Gasfeuerstätten (sowie Austauschkessel) müssen so beschaffen sein, daß die Emissionen an Stickstoffoxiden durch feuerungstechnische Maßnahmen nach dem Stand der Technik begrenzt werden (§ 7 Abs. 1 VO). Grundsätzlich für sämtliche Öl- und Gasfeuerungsanlagen schreibt die Verordnung eine Begrenzung der Abgasverluste vor (§ 11 VO). Dabei werden jedoch die Anforderungen nach Nennwärmeleistung und Jahr der Fertigstellung der Anlage gestaffelt. Ein weiteres Kernstück der Verordnung bildet die *Anlagenüberwachung,* die grundsätzlich durch die zuständigen Bezirksschornsteinfeger durchgeführt wird (§§ 12ff. VO). Für die Sanierung von *Altanlagen* wurde eine Übergangsregelung getroffen (§ 23 VO, vgl. aber auch schon § 11 Abs. 1 VO). Die Verhaltenspflichten der Verordnung werden teilweise von einer Ordnungswidrigkeitenregelung flankiert (§ 22 VO).

§ 24 BImSchG schließlich gibt den Behörden die Ermächtigung, durch **Anordnungen im Einzelfall** die Einhaltung der Anforderungen des § 22 BImSchG bei nicht genehmigungsbedürftigen Anlagen durchzusetzen. Die Immissionsschutzbehörde hat danach beispielsweise auch das Recht, gegenüber *baurechtlich* genehmigten Anlagen nachträgliche Anordnungen aus Gründen des Immissionsschutzes zu treffen.[238a] Kommt der Anlagenbetreiber einer vollziehbaren behördlichen Anordnung nach § 24 S. 1 BImSchG nicht nach, so kann die zuständige Behörde den Betrieb der Anlage ganz oder teilweise bis zur Erfüllung der Anordnung untersagen (§ 25 Abs. 1 BImSchG). In den Fällen des § 25 Abs. 2 BImSchG, also bei qualifizierter Gefahrenlage, tritt an die Stelle des Ermessens eine behördliche Verpflichtung zum Erlaß einer Untersagungsverfügung. 114

Die Bedeutung der §§ 22ff. BImSchG erschöpft sich hierin jedoch nicht. Unter bestimmten Voraussetzungen können an die Verhaltensgebote des § 22 BImSchG **weitere Rechtsfolgen** anknüpfen: „Das Bundes-Immissionsschutzgesetz beschränkt die zuständigen Behörden zur Durchführung der Anordnungen des § 22 BImSchG und der auf seiner Grundlage erlassenen Rechtsverordnungen nicht darauf, gemäß §§ 24 und 25 BImSchG – im nachhinein – Anordnungen zu erlassen. Bestehen für – im Sinne des § 4 BImSchG nicht genehmigungsbedürftige – Anlagen in anderen Gesetzen Genehmigungs-, Erlaubnis- oder Zulassungsverfahren, die für die Anforderungen des § 22 BImSchG offen sind (z.B. Baugenehmigungsverfahren, Betriebsplanzulassungsverfahren nach § 48 Abs. 2 BBergG), dann sind diese Anforderungen bereits bei der fachgesetzlichen Genehmigung zu beachten. Die Genehmigung ist dann, wenn die Anlage nicht die Anforderungen des § 22 BImSchG erfüllt, zu versagen oder nur mit Einschränkungen, z.B. Auflagen, die den Standard des § 22 BImSchG sichern, zu erteilen."[239]

IV. Anlagenüberwachung

Die Anlagenüberwachung nach dem Bundes-Immissionsschutzgesetz untergliedert sich in die **behördliche Überwachung** im engeren Sinne (§ 52 BImSchG), die **Eigenüberwachung** der Betreiber (§§ 53–58 BImSchG) und die sog. **Ermittlung von** 115

[238a] BVerwG, DÖV 1988, 541f., 541. Zur Reichweite des § 24 BImSchG auch VG Berlin, UPR 1984, 101ff.
[239] BVerwGE 74, 315 (322).

Emissionen und Immissionen nach den §§ 26–31 BImSchG. Diese Ermittlungsregelungen wiederum untergliedern sich a) in die Messung durch staatlich autorisierte Stellen (§§ 26 und 28 BImSchG), b) die Abgabe von Emissionserklärungen durch die Betreiber (§ 27 BImSchG) und c) kontinuierliche Messungen durch die Betreiber unter Verwendung von Aufzeichnungsgeräten (§ 29 BImSchG). Die einzelnen Ermittlungsarten bestehen prinzipiell unabhängig voneinander (vgl. § 29 Abs. 1 S. 1 BImSchG).[240] Sie können daher erforderlichenfalls auch nebeneinander angeordnet werden.

116 Aufgrund der Komplexität der Überwachungsaufgaben kommt neben der staatlichen Überwachung im engeren Sinne den anderen Formen der Überwachung, der Einschaltung Dritter, der Eigenüberwachung und der **Unterstützung der staatlichen Überwachung** durch die Anlagenbetreiber (wozu nicht nur ihre Mitwirkungspflichten nach § 52 Abs. 2–6 BImSchG, sondern insbesondere auch ihre Pflichten im Rahmen der §§ 26ff. BImSchG gehören), besondere Bedeutung zu (vgl. auch allgemein § 4 Rn. 113ff.). Die Aufgabenverschränkung bei der Anlagenüberwachung ist letztlich auch ein Ausdruck des Kooperationsprinzips (s. § 3 Rn. 44ff.).

1. Ermittlung von Emissionen und Immissionen gemäß §§ 26ff. BImSchG

a) Messung durch staatlich autorisierte Stellen

117 Nach den §§ 26 und 28 BImSchG kann die Immissionsschutzbehörde unter bestimmten Voraussetzungen anordnen, daß der Betreiber einer genehmigungsbedürftigen (und im Rahmen des § 26 BImSchG auch einer nicht genehmigungsbedürftigen) Anlage Emissions- und Immissionsmessungen durch eine der von der zuständigen obersten Landesbehörde bekanntgegebenen Stellen vornehmen läßt. Hierbei handelt es sich zwar um vom Staat nach Gesichtspunkten der Sachkompetenz ausgewählte,[241] im übrigen aber unabhängige und der **Neutralität** verpflichtete Einrichtungen wie z. B. die Technischen Überwachungsvereine. Unter den bekanntgegebenen Meßstellen hat der Anlagenbetreiber die freie Wahl. Dies ergibt schon der Wortlaut von § 26 BImSchG.

Dabei gehen die Messungen über eine Anlagenüberwachung im engen Sinn hinaus, da ihr Gegenstand nicht nur „Art und Ausmaß der von der Anlage ausgehenden Emissionen", sondern ebenso die „Immissionen im Einwirkungsbereich der Anlage" sein können (§ 26 S. 1 BImSchG).

118 Das Gesetz unterscheidet **Messungen aus besonderem Anlaß,** die nur bei einem Gefahrenverdacht möglich sind, dafür aber auch nicht genehmigungsbedürftige Anlagen betreffen können (§ 26 S. 1 BImSchG), und **Messungen bei genehmigungsbedürftigen Anlagen,** die unabhängig von einem solchen Anlaß regelmäßig, d. h. bei Inbetriebnahme oder bei wesentlichen Änderungen der Anlage und danach in einem Drei-Jahres-Rhythmus stattfinden können (§ 28 BImSchG).

Eine ähnliche Regelung trifft § 9a der 1. BImSchV für die (jährliche) Überwachung von Feuerungsanlagen durch die Bezirksschornsteinfegermeister. Ein Auswahlrecht des Betreibers besteht in diesem Fall jedoch nicht.

---

[240] Vgl. *Jarass* (FN 79), vor § 26 BImSchG Rn. 2.
[241] Vgl. zum Auswahlermessen bei der behördlichen „Bekanntgabe" *Jarass* (FN 79), § 26 BImSchG Rn. 18 m. w. N. Zur Rechtsnatur der Bekanntgabe auch *H. Engelhardt,* BB 1978, 71ff.

b) Kontinuierliche Messung durch Aufzeichnungsgeräte

Anstelle oder zur Ergänzung von Messungen nach §§ 26 und 28 BImSchG kann die Behörde gemäß § 29 Abs. 1 BImSchG gegenüber den Betreibern genehmigungsbedürftiger Anlagen auch eine fortlaufende Ermittlung der Emissionen und Immissionen unter Verwendung aufzeichnender **Meßgeräte** anordnen. Bei nicht genehmigungsbedürftigen Anlagen kommt eine entsprechende Anordnung nur bei einem Gefahrenverdacht (wie im Falle des § 26 BImSchG) und nur im Hinblick auf die Betreiberpflichten nach § 22 BImSchG in Betracht. 119

Die Meßverfahren bestimmen sich weitgehend nach der TA Luft. Über die Ergebnisse haben die Betreiber auf Verlangen Auskunft zu erteilen (§ 31 BImSchG).

c) Emissionserklärung

Darüber hinaus sind die Betreiber von genehmigungsbedürftigen Anlagen, die in **Belastungsgebieten** nach § 44 BImSchG (s. Rn. 171, nicht zu verwechseln mit „Schutzgebieten" i. S. von § 49 BImSchG – dazu Rn. 167ff., wenn auch praktisch teilweise identisch) gelegen sind oder wegen ihrer besonderen Bedeutung in einer Rechtsverordnung bezeichnet werden, zur Abgabe einer Emissionserklärung nach § 27 BImSchG verpflichtet. Dabei gewähren § 27 Abs. 2 und 3 BImSchG einen gewissen Datenschutz gegenüber den Finanzbehörden sowie zur Wahrung der Betriebs- und Geschäftsgeheimnisse. Einzelheiten regelt die Elfte Verordnung zur Durchführung des Bundes-Immissionsschutzgesetzes (**Emissionserklärungsverordnung** – 11. BImSchV) vom 20. 12. 1978[242] (Kloepfer Nr. 652), die auch die Anlagen benennt, deren Betreiber der Emissionserklärungspflicht auch außerhalb von Belastungsgebieten unterliegen (§ 1 Abs. 2 der 11. BImSchV). 120

d) Kostentragung

Die Kosten der Messungen erlegt § 30 BImSchG weitgehend den Anlagenbetreibern auf. Ausnahmen bestehen im wesentlichen nur in Fällen eines unbegründeten Gefahrenverdachts bei Ermittlungen aus besonderem Anlaß (§ 30 S. 2 BImSchG). 121

2. Behördliche Überwachung nach § 52 BImSchG

Weitere behördliche Befugnisse bzw. korespondierende Duldungs- und Mitwirkungspflichten der Anlagenbetreiber bzw. Grundstücksbesitzer ergeben sich im Rahmen der **allgemeinen staatlichen Überwachung** (§ 52 BImSchG). Insbesondere folgende behördliche Einzelbefugnisse (vgl. auch § 4 Rn. 114) lassen sich aus den vor allem in § 52 Abs. 2 BImSchG geregelten Betreiberpflichten ableiten: 122

- das Betretungsrecht, das sich in begrenzten Ausnahmefällen (zur Verhütung dringender Gefahren für die öffentliche Sicherheit und Ordnung) auch auf Wohnräume erstreckt – Art. 13 GG wird ausdrücklich eingeschränkt,
- das Prüfungsrecht,
- das Auskunftsverlangen bzw. die Auskunftspflicht,
- das Vorlageverlangen bzw. die Vorlagepflicht bezüglich von Unterlagen,
- das Recht zur Entnahme von Stichproben.

---

[242] BGBl. I S. 2027, geänd. durch VO v. 24. 7. 1985, BGBl. I S. 1586.

Dabei handelt es sich jedoch trotz der weitgehenden Eingriffsbefugnisse noch um keine Durchsuchung, die der richterlichen Anordnung bedürfte.[243] Die staatlichen Überwachungsmaßnahmen müssen selbstverständlich das Übermaßverbot einhalten.

3. Eigenüberwachung

123 Kernstück der Eigenüberwachung im engeren Sinn ist die Einrichtung des **Betriebsbeauftragten** (§§ 53ff. BImSchG), wie sie auch andere Umweltgesetze kennen (s. § 4 Rn. 128). Wegen der Aufgaben und Rechte des Immissionsschutzbeauftragten, der in größeren bzw. erheblich emittierenden Betrieben bestellt werden muß, kann auf die allgemeine Darstellung über Stellung und Aufgaben der Betriebsbeauftragten im Umweltrecht verwiesen werden (§ 4 Rn. 128ff.). Einzelheiten regelt die Fünfte Verordnung zur Durchführung des Bundes-Immissionschutzgesetzes (Verordnung über Immissionsschutzbeauftragte – 5. BImSchV) vom 14. 2. 1975[244] (Kloepfer Nr. 634). Geplant ist eine Stärkung seiner Stellung im Betrieb.

F. Produktbezogener Immissionsschutz

I. Regelungen im Bundes-Immissionsschutzgesetz

124 Das Bundes-Immissionsschutzgesetz geht mit seinen Vorschriften in den §§ 32ff. über den anlagenbezogenen Immissionsschutz hinaus. Dabei ist jedoch zwischen den einzelnen Vorschriften, insbesondere zu Anlagen einerseits und zu Stoffen andererseits, zu differenzieren.

1. Beschaffenheit von Anlagen und Bauartzulassung

125 Eine Quasi-Vorverlagerung und Vereinfachung der Anlagenkontrolle bewirkt § 32 BImSchG. Die Bestimmung ermöglicht, aufgrund entsprechender **Rechtsverordnungen** nur noch Anlagen von bestimmter Beschaffenheit zuzulassen. Insbesondere können Höchstwerte und technische Anforderungen zur Begrenzung der Emissionen vorgeschrieben werden. Die Regelung betrifft serienmäßig hergestellte Teile von Betriebsstätten bis hin zu Maschinen, Geräten und sonstigen ortsveränderlichen technischen Einrichtungen, nicht jedoch die Großzahl der Fahrzeuge, für die allerdings § 38 BImSchG eine eigene, ähnliche Ermächtigung bereithält. Das nach § 32 Abs. 1 BImSchG bei Nichterfüllung von Beschaffenheitsanforderungen mögliche **Einfuhr- und Vertriebsverbot** wirkt indirekt auch auf die Produktion zurück. Nach § 32 Abs. 2 BImSchG kann auf gleichem Wege eine **Kennzeichnungspflicht** bezüglich der Emissionswerte von Anlagen eingeführt werden. Die Bundesregierung hat mit der – bereits erwähnten (s. o. Rn. 5, 113 sowie § 4 Rn. 158) – **Rasenmäherlärmverordnung** (Kloepfer Nr. 644) von beiden Möglichkeiten Gebrauch gemacht.

126 § 33 BImSchG ermächtigt in Ergänzung des § 32 BImSchG die Bundesregierung als Verordnungsgeber zur Einführung einer förmlichen **Bauartzulassung** (s. allgemein § 4 Rn. 40). Eine entsprechende Rechtsverordnung wurde jedoch bislang nicht erlassen.

---

[243] Vgl. *Hömig,* in: Seifert/Hömig (Hg.), Grundgesetz, 2. Aufl., 1985, Art. 13 GG Rn. 6 m. w. N.
[244] BGBl. I S. 504, ber. S. 727, zuletzt geänd. durch VO v. 19. 5. 1988, BGBl. I S. 608.

2. Beschaffenheit von Stoffen und Erzeugnissen

Während die §§ 32, 33 BImSchG noch anlagenbezogen sind, leiten die §§ 34 und 35 BImSchG bereits teilweise in das Stoffrecht (§ 13) über. § 34 BImSchG ermöglicht Rechtsverordnungen über die Beschaffenheit von **Brennstoffen** und **Treibstoffen.** Ein Teilbereich ist mit der Verordnung über Schwefelgehalt von leichtem Heizöl und Dieselkraftstoff (Dritte Verordnung zur Durchführung des Bundes-Immissionsschutzgesetzes) vom 15. 1. 1975[245] (Kloepfer Nr. 626) abgedeckt worden. **127**

Eine entsprechende Verordnungsgebung bezüglich der Beschaffenheit von **Stoffen** und **Erzeugnissen** ermöglicht § 35 BImSchG. **128**

Der **Stoffbegriff** des Bundes-Immissionsschutzgesetzes ist freilich nicht identisch mit der Legaldefinition des § 3 Nr. 1 ChemG (s. § 13 Rn. 31). Unter Stoffen sind vielmehr alle Materialien zu verstehen, die unmittelbar oder im Rahmen eines Fertigungsprozesses zur Herstellung von Produkten verwendet werden können.[246]

Als **Erzeugnisse** sind alle Fertig- und Halbfertigprodukte anzusehen, die durch Verarbeitung von Stoffen entstanden sind, aber keine Anlagen darstellen (s. o. Rn. 40).

Die Anforderungen können sich sowohl auf die Zusammensetzung der Stoffe und Erzeugnisse als auch auf das Herstellungsverfahren beziehen, dürfen jedoch nur dem Schutz vor **Luftverunreinigungen** und nicht etwa anderen Immissionsschutzzielen (z. B. Lärmschutz) dienen (vgl. § 35 Abs. 1 BImSchG). Da § 35 Abs. 1 BImSchG die Prävention vor Luftverunreinigungen durch Stoffe und Erzeugnisse nicht nur auf deren bestimmungsgemäße Verwendung, sondern auch auf deren Beseitigung (Verbrennung) und Rückgewinnung bezieht, ergeben sich Überschneidungen nicht nur mit dem Gefahrstoffrecht, sondern auch mit dem Abfallrecht und namentlich der Rechtsverordnungsermächtigung des § 14 AbfG (s. § 12 Rn. 56ff.).

Möglich ist auch die Einführung von Kennzeichnungspflichten als milderes Mittel (§ 35 Abs. 3 BImSchG).

Rechtsverordnungen nach § 35 BImSchG wurden bislang nicht erlassen. Doch ließe sich die auf § 37 BImSchG (Erfüllung von zwischenstaatlichen Vereinbarungen und Beschlüssen der Europäischen Gemeinschaften) gestützte Zehnte Verordnung zur Durchführung des Bundes-Immissionsschutzgesetzes (Beschränkungen von PCB, PCT und VC – 10. BImSchV) vom 26. 7. 1978[247] (Kloepfer Nr. 650) ohne weiteres auch auf § 35 BImSchG als Ermächtigungsgrundlage zurückführen.[248] **129**

3. Außenhandel und internationalrechtliche Bezüge

§ 36 BImSchG stellt klar, daß die Beschaffenheitsanforderungen nicht für den **Export** gelten müssen. Im Rahmen des produktbezogenen Immissionsschutzes erleichtert § 37 BImSchG in einer weiteren Ermächtigung die Einhaltung zwischenstaatlicher Vereinbarungen und die Befolgung von Beschlüssen der Europäischen Gemeinschaften dahingehend, daß die zu ihrer Umsetzung erforderlichen Verordnungen in einem vereinfachten Normsetzungsverfahren ohne die sonst obligatorische **130**

---

[245] BGBl. I S. 264, geänd. durch VO v. 14. 12. 1987, BGBl. I S. 2671.
[246] *Jarass* (FN 79), § 35 BImSchG Rn. 3.
[247] BGBl. I S. 1138.
[248] So auch *Jarass* (FN 79), § 35 BImSchG Rn. 12.

Anhörung der beteiligten Kreise (vgl. §§ 32–35 BImSchG mit stetem Verweis auf § 51 BImSchG) ergehen können. Auf der Grundlage von § 37 BImSchG sind bislang die Zehnte und die Fünfzehnte sowie teilweise die Achte Verordnung zur Durchführung des Bundes-Immissionsschutzgesetzes (s. o. Rn. 5) ergangen.

Die neue PCB-Richtlinie der EG[249] wird eine Anpassung der 10. BImSchV erforderlich machen.

II. Benzinbleigesetz

131 Eine **Sonderregelung** enthält das Gesetz zur Verminderung von Luftverunreinigungen durch Bleiverbindungen in Ottokraftstoffen für Kraftfahrzeugmotore (Benzinbleigesetz – BzBlG) vom 5. 8. 1971[250] (Kloepfer Nr. 710) für den in der Gesetzesüberschrift bezeichneten Bereich der schädlichen Bleizusätze und ihrer Surrogate. Die gesonderte Regelung erklärt sich daraus, daß die Notwendigkeit einer gesetzlichen Regelung in diesem Bereich bereits vor Schaffung des Bundes-Immissionsschutzgesetzes erkannt wurde.

132 Die Vorschriften nehmen im wesentlichen den **Inhalt** des § 34 BImSchG vorweg: Sie setzen Höchstgehalte für Bleizusätze fest, die durch ein Herstellungs- und Einfuhrverbot bewehrt sind (§ 2 BzBlG). Unter dem Oberbegriff „Verbraucherschutz" statuiert § 2a BzBlG unter anderem Kennzeichnungspflichten. Die Überwachung regeln die §§ 4 und 5 BzBlG. Anders als das Bundes-Immissionsschutzgesetz enthält das Benzinbleigesetz jedoch die Möglichkeit von Ausnahmebewilligungen, die vor allem individuellen Härten Rechnung tragen sollen (§ 3 BzBlG). Fast nur noch von theoretischem Interesse ist die während einer Übergangszeit von 1976 bis 1977 erhobene Benzinbleiabgabe (§ 3a BzBlG, s. § 4 Rn. 182).

133 Das zeitweilig geplante völlige **Verbot von Bleizusätzen** in Benzin, verbunden mit der obligatorischen Einführung der Katalysatortechnik für Neuwagen,[251] scheiterte hingegen am entschiedenen Widerstand der EG-Partner.[252] Damit wurde auch die Frage (vorläufig) hinfällig, ob ein Verbot verbleiten Benzins mittels einer Verordnung nach § 34 BImSchG zu erfolgen hätte oder ob das Benzinbleigesetz als Spezialregelung diesen Weg versperrt. Der Gesetzgeber ist in der Abgasproblematik einem anderen Ansatz gefolgt: Einerseits wurden EG-Grenzwerte ausgehandelt, die jedoch erst ab dem 1. 10. 1988 stufenweise für Neuwagen europaweit obligatorisch geworden sind, andererseits wurde auf die Festschreibung einer bestimmten Technologie zur Erreichung der Grenzwerte verzichtet, um der Automobilindustrie wirtschaftlichen und technologischen Spielraum zu lassen.

Insbesondere für die französischen und italienischen Automobilbauer mit ihrem hohen Anteil an Kleinwagen wäre etwa die obligatorische Einführung der Katalysatortechnik ungünstig gewesen.

---

249 RL 85/467/EWG, ABl. L 269 v. 11. 10. 1985, S. 56.

250 BGBl. I S. 1234, zuletzt geänd. durch Ges. v. 18. 12. 1987, BGBl. I S. 2810.

251 Vgl. Das Parlament Nr. 45 v. 12. 11. 1983, S. 1ff.

252 Vgl. *Gündling*, UPR 1985, 403ff., 410; *Offermann-Clas*, NJW 1986, 1388ff., 1392; zu Stand und Entwicklungstendenzen der Abgasgesetzgebung in Europa auch *Becker*, in: Weidner/Knoepfel (Hg.), Luftreinhaltepolitik in städtischen Ballungsräumen, 1985, S. 343ff.; zur Frage eines Alleingangs der Bundesrepublik *Ress*, in: 150 J. Landgericht Saarbrücken, 1985, S. 355ff.

Wenigstens wurde den Mitgliedstaaten erlaubt, bereits ab dem 1. 7. 1985 die freiwillige Einhaltung der Euro-Abgaswerte oder der (strengeren) US-Abgaswerte steuerlich zu fördern und bleifreies Benzin durch Senkung der Mineralölsteuer billiger als verbleites Benzin anbieten zu lassen,[253] wie dies in den §§ 3b-d KraftStG und § 2 Abs. 4 MinöStG geschehen ist (s. § 4 Rn. 183). Ab dem 1. 10. 1989 wird bleifreies Benzin kraft EG-Rechts im Gesamtraum der EG pflichtweise eingeführt werden.[254] Darüber hinaus ist in der Bundesrepublik Deutschland zum 1. 2. 1988 ein Verbot bleihaltigen Normalbenzins ergangen, nachdem die EG-Partner insofern ihren Widerstand aufgegeben haben.[255] Einzelheiten bezüglich der Beschaffenheit, der Abgabe und der Auszeichnung unverbleiter und verbleiter Ottokraftstoffe regelt die – auf der Grundlage von §§ 23 Abs. 1, 34 Abs. 1, 37 BImSchG und § 2a Abs. 3 BzBlG ergangene – **Verordnung über die Beschaffenheit und die Auszeichnung der Qualitäten von Ottokraftstoffen (Benzinqualitätsverordnung - BzV)** vom 27. 6. 1988[256] (Kloepfer Nr. 722).

G. Verkehrsbezogener Immissionsschutz

Verkehrsbezogener Immissionsschutz bedeutet vor allem Abgasentgiftung und Lärmbekämpfung.[257] Er ist nur punktuell im Bundes-Immissionsschutzgesetz, überwiegend jedoch in nicht umweltspezifischen Normen allgemeiner verkehrsrechtlicher Gesetze geregelt. 134

Das ursprünglich geplante **Verkehrslärmschutzgesetz,** das die Materie zur einen Hälfte abdecken sollte, ist freilich nicht zustande gekommen.[258] Beabsichtigt ist nun statt dessen eine Regelung des Verkehrslärmschutzes durch eine Rechtsverordnung nach § 43 BImSchG,[259] die aber ebenfalls seit geraumer Zeit auf sich warten läßt. Die Regelung im Verordnungswege wäre formell nicht zu beanstanden. Das Verlangen des BVerwG, Lärmhöchstwerte seien gesetzlich zu normieren,[260] ist jedenfalls im Hinblick auf die überall sonst akzeptierten Grenzwertregelungen nicht nur in Rechtsverordnungen, sondern sogar durch Verwaltungsvorschriften nicht überzeugend. Anders verhält es sich nur mit Entschädigungsregelungen, die ebenfalls Gegenstand des Verkehrslärmschutzgesetzes sein sollten.[261]

Zu unterscheiden ist beim verkehrsbezogenen Immissionsschutz im wesentlichen zwischen **Straßen-, Schienen-** und **Luftverkehr.** Da die **Schiffahrt** speziell das Um- 135

---

[253] Vgl. *Offermann-Clas,* NJW 1986, 1388ff., 1392.
[254] RL 85/210/EWG, ABl. L 96 v. 3. 4. 1985, S. 25; s. auch Bundesminister *Stoltenberg,* Bulletin des Presse- und Informationsamtes der BReg. 1984, S. 1221ff.
[255] Umwelt (BMU) Nr. 5/87 v. 25. 9. 1987, S. 198.
[256] BGBl. I S. 969.
[257] Zum Verkehrslärmschutz umfassend *Schmidt-Aßmann,* Verfassungsrechtliche Grundlagen und Systemgedanken einer Regelung des Lärmschutzes an vorhandenen Straßen, 1979; *Berberich,* Rechtsschutz bei Verkehrslärmimmissionen, 1983; s. auch *Bambey,* DVBl. 1985, 438f.; *Muthesius,* StT 1984, 187ff.; *Vogel,* UPR 1984, 359ff.
[258] Vgl. BT-Drs. 8/1771, 8/3730 und 8/4360. Zum geplanten Inhalt vgl. *Fickert,* DVBl. 1979, 645ff., und *Schmidt-Aßmann,* in: Salzwedel (FN 49), S. 303ff., 313ff.
[259] Vgl. *Schroeter,* DVBl. 1976, 759ff.; zur Erforderlichkeit einer Schallschutzverordnung auch BVerwGE 61, 295 (299f.), anders jedoch zuletzt BVerwGE 71, 150 (154f.).
[260] BVerwGE 51, 15 (34f.).
[261] § 4 VerkehrslärmSchG (Entwurf).

weltmedium Wasser betrifft, wird sie hier im Zusammenhang des Gewässerschutzes behandelt (s. § 11 Rn. 26).

Verkehrsbezogener Immissionsschutz erfolgt auf mehreren **Ebenen:**

1. als Immissionsbegrenzung an der Quelle durch Vorschriften über a) Fahrzeugtechnik, b) Fahrverhalten und c) Verkehrsführung sowie
2. durch Schutzvorkehrungen bei den Rezipienten.

In diesem Sinne unterscheidet man namentlich zwischen dem **aktiven** und **passiven Lärmschutz.**[262] Die Emissionsbegrenzung ist allerdings gegenüber der Folgenmilderung prinzipiell vorrangig (vgl. allgemein § 3 Rn. 7), die im wesentlichen auch nur bei der Lärmbekämpfung und nicht gegenüber der Luftverunreinigung in Betracht kommt.

136 § 38 BImSchG bestimmt im **Grundsatz,** daß Fahrzeuge – Kraftfahrzeuge und ihre Anhänger, Schienen-, Luft- und Wasserfahrzeuge – so beschaffen sein müssen, daß ihre Emissionen bei bestimmungsgemäßem Betrieb die zum Schutz vor schädlichen Umwelteinwirkungen einzuhaltenden Grenzwerte nicht überschreiten. Sie müssen so betrieben werden, daß vermeidbare Emissionen verhindert und unvermeidbare Emissionen auf ein Mindestmaß beschränkt bleiben. Diese Grundsätze bedürfen jedoch noch der Umsetzung in entsprechende Rechtsverordnungen.

I. Straßenverkehr

137 Die gesetzlichen Grundlagen für immissionsschutzrelevante Regelungen im Rahmen des Straßenverkehrsrechts bilden – teilweise unter ausdrücklicher Bezugnahme auf das Bundes-Immissionsschutzgesetz – vor allem § 6 Abs. 1 Nr. 3 lit. a, b, d, e, Nr. 5a und 5b sowie §§ 7 und 15 StVG. Dabei handelt es sich durchgängig um Verordnungsermächtigungen, von denen auch zum Teil Gebrauch gemacht worden ist.[263]

1. Technische Beschaffenheit

138 Die **Straßenverkehrs-Zulassungs-Ordnung** i. d. F. der Bek. vom 28. 9. 1988[264] (Kloepfer Nr. 768) bezieht in ihren Anforderungen an die technische Beschaffenheit von Kraftfahrzeugen ausdrücklich die **Emissionsbegrenzung** von Abgasen und Geräuschen ein (§§ 47, 49 StVZO). Hierbei bildet § 47 StVZO inzwischen die zentrale Vorschrift gegen die Verunreinigung der Luft durch *Abgase* von Kraftfahrzeugmotoren: Diese im Jahre 1988 wesentlich geänderte und erweiterte Bestimmung inkorporiert zum einen die hauptsächlich für Fremdzündungs- und Dieselmotoren geltenden Abgasnormen der EG (s. § 6 Rn. 41) sowie das Krafträder betreffende „Übereinkommen über die Annahme einheitlicher Bedingungen für die Genehmigung der Ausrüstungsgegenstände und Teile von Kraftfahrzeugen und über die gegenseitige Anerkennung der Genehmigung" in das deutsche Recht (§ 47 Abs. 1, 6, 7, 8 StVZO), zum anderen werden für die verbleibenden Kraftfahrzeuge mit Selbstzündungsmotor eigene, jedoch ebenfalls „harmonisierte" Regelungen aufgestellt (§ 47 Abs. 2 StVZO

---

[262] Hierzu näher *Kodal,* Straßenrecht, 4. Aufl., 1985, S. 975ff.
[263] Vgl. hierzu *Berberich* (FN 257), S. 40ff.
[264] BGBl. I S. 1793.

i. V. mit den Anlagen XV und XVI). Darüber hinaus nehmen § 47 Abs. 3–5 StVZO i. V. mit den Anlagen XXIII, XXIV und XXV eine Definition der schadstoffarmen bzw. bedingt schadstoffarmen Fahrzeuge vor. Für Altfahrzeuge, z. T. auch noch für Fahrzeuge, die bis zum 31. 9. 1990 erstmals in Verkehr kommen, gelten insoweit allerdings Übergangsbestimmungen (§ 72 Abs. 2 StVZO). Die Einstufung als schadstoffarm bzw. bedingt schadstoffarm ist von Bedeutung u. a. für die Erhebung der Kraftfahrzeugsteuer (§§ 3b, 3c KraftStG, vgl. § 4 Rn. 183) sowie für die Gewährung von Benutzungsvorteilen (§ 7 Nr. 2 ME Smog-VO, vgl. § 4 Rn. 158). Schließlich wird über § 47a Abs. 2 StVZO i. V. mit Anlage XI mittelbar ein Kohlenmonoxidgrenzwert statuiert.

Hinsichtlich der *Geräuschentwicklung* fordert § 49 StVZO allgemein eine Lärmbegrenzung nach dem Stand der Technik (Abs. 1) und verweist im einzelnen vornehmlich auf die einschlägigen Richtlinien der Europäischen Gemeinschaften (Abs. 2, vgl. § 6 Rn. 41). § 49 Abs. 3 StVZO i. V. mit Anlage XXI definiert lärmarme Kraftfahrzeuge, insbesondere Lastkraftwagen. Auch hieran können Benutzungsvorteile anknüpfen (s. § 4 Rn. 158). Dem Lärmschutz dienen weiterhin Begrenzungen hinsichtlich der akustischen Eigenschaften von Schallzeichen (§ 55 Abs. 2 StVZO) und Diebstahl-Alarmeinrichtungen (§ 38b StVZO). Jenseits dieser speziell immissionsschützenden Regelungen ist auch die allgemeine Vorschrift des § 30 Abs. 1 Nr. 1 StVZO im Sinne des Immissionsschutzes interpretierbar („Fahrzeuge müssen so gebaut und ausgerüstet sein, daß ihr verkehrsüblicher Betrieb niemanden schädigt oder mehr als unvermeidbar gefährdet, behindert oder belästigt").

Die Überwachung der Schadstoffemissionen von Kraftfahrzeugen erfolgt zum einen im Rahmen der turnusmäßigen Untersuchung nach § 29 Abs. 1 StVZO (vom mittlerweile unzutreffenden Volksmund „TÜV" genannt). Zum anderen dient speziell diesem Zweck die neu geschaffene jährliche **Abgassonderuntersuchung** (ASU) nach § 47a StVZO, die in der Praxis überwiegend von nach § 47b StVZO anerkannten Kraftfahrzeugwerkstätten durchgeführt wird. Die Abgassonderuntersuchung zielt dabei speziell darauf, daß die Motoren „nach dem jeweiligen Stand der Technik, der im allgemeinen durch die vom Fahrzeughersteller für das Fahrzeug angegebenen Sollwerte wiedergegeben wird, richtig (d. h. schadstoffmindernd) eingestellt" sind (§ 47a Abs. 1 S. 1 StVZO). Besondere Bedeutung kommt hierbei dem Kohlenmonoxidgehalt im Abgas zu (§ 47a Abs. 2 StVZO). Die Abgassonderuntersuchung bietet jedoch keine Handhabe, um über die Anforderungen des § 47 StVZO hinauszugehen.

2. *Fahrverhalten*

Bezüglich des Fahrverhaltens zielt die **Straßenverkehrs-Ordnung** vom 16. 11. **139**
1970[265] (Kloepfer Nr. 770) in mehreren Vorschriften auf eine Emissionsbegrenzung. Hervorzuheben sind das Verbot unnötigen Lärmens und vermeidbarer Abgasbelästigungen – ausdrücklich genannt werden das Laufenlassen von Motoren, lautes Türenschlagen, unnützes Umherfahren in geschlossenen Ortschaften – (§ 30 Abs. 1 StVO), die Genehmigungspflicht für nächtliche Kraftfahrveranstaltungen (§ 30 Abs. 2 StVO) und das (freilich auch anderen Zielen, z. B. dem Arbeitnehmerschutz und der Erho-

[265] BGBl. I S. 1565, ber. 1971 I S. 38, zuletzt geänd. durch VO v. 22. 3. 1988, BGBl. I S. 405.

lungssicherung, dienende) **Sonntagsfahrverbot für den Schwerlastverkehr** (§ 30 Abs. 3 StVO). Darüber hinausgehende Beschränkungen – etwa **Nachtfahrverbote** für den Lastverkehr auf bestimmten Wohnstraßen – können von der Straßenverkehrsbehörde nach § 45 Abs. 1 S. 2 Nr. 3 StVO verhängt werden. Solche Beschränkungen und Verbote sind auch zum Schutz bestimmter Gebiete (Kur- und Erholungsorte, in der Nähe von Krankenhäusern und Pflegeanstalten usw.) zulässig (§ 45 Abs. 1a StVO).

Das Bad Reichenhaller Modell, lärmarmen LKWs Benutzungsvorteile zu gewähren, ist noch nicht bundesweit eingeführt worden (s. § 4 Rn. 158).[266]

Konflikte zwischen Anlieger- und Umweltschutz einerseits und Freiheitsansprüchen einzelner andererseits, die zu beträchtlichen Abgrenzungsschwierigkeiten führen können, zeigen sich beispielsweise bei dem in § 30 Abs. 1 S. 3 StVO ausgesprochenen Verbot des unnützen Hin- und Herfahrens innerhalb geschlossener Ortschaften, wenn andere dadurch belästigt werden. Wie ist danach etwa ein Motorradkorso, Autofahren als bloßes Hobby oder das in Amerika zeitweilig unter Jugendlichen modische ,,Flanieren" im Straßenkreuzer zu beurteilen?

140 Dem Immissionsschutz (neben dem vorrangigen Ziel der Unfallvermeidung) dienen schließlich auch **Geschwindigkeitsbeschränkungen,** die in Wohngebieten den Lärmpegel senken (z. B. Tempo 30 km/h in verkehrsberuhigten Wohngebieten, Geschwindigkeitsbegrenzungen auf Stadtautobahnen). Rechtlich zweifelhaft ist, inwieweit einzelne Bundesländer auf Bundesfernstraßen generelle Tempolimits einführen dürfen, wie es zu Zeiten der „rot-grünen" Koalition in Hessen geschehen war (s. § 2 Rn. 56).[267] Teilweise werden die Geschwindigkeitsbeschränkungen auch mit ,,erzieherischen" Mitteln wie künstlich erschwerten Straßenführungen und Fahrbahnschwellen erzwungen.

Eine Art Notstandsregelung enthält § 40 BImSchG, der bei austauscharmen Wetterlagen **(Smog)** Verkehrsbeschränkungen bis hin zu einem zeitlich beschränkten Totalfahrverbot ermöglicht. Hierzu bedarf es jedoch entsprechender Rechtsverordnungen der Landesregierungen (Smog-Verordnungen nach § 40 S. 1 BImSchG, nicht zu verwechseln mit den Belastungsgebiets-Verordnungen nach § 44 Abs. 2 BImSchG, vgl. o. Rn. 120), die inzwischen in fast allen Bundesländern vorliegen (s. Rn. 170).[268]

141 Im Grenzbereich zwischen Verkehrs- und Straßenrecht steht die sowohl als Verkehrsregelung als auch regelmäßig als Teilentwidmung anzusehende Einrichtung von **Fußgängerzonen** (§ 45 Abs. 1b Nr. 3, 1. Alt. StVO).[269] Sie dient vor allem städtebaulichen Zielen, während sie unter dem Gesichtspunkt des Immissionsschutzes im

---

[266] Umwelt (BMI) Nr. 96/1983, S. 38; Nr. 97/1983, S. 19.

[267] Hierzu *Jaxt,* NJW 1986, 2228ff.

[268] Baden-Württemberg: SmogVO v. 27. 6. 1988 (GBl. S. 214); Bayern: SmogVO v. 23. 9. 1985 (GVBl. S. 615, geänd. durch VO v. 11. 10. 1988, GVBl. S. 323, ber. S. 327); Berlin: SmogVO v. 25. 10. 1985 (GVBl. S. 2282, geänd. durch VO v. 13. 11. 1987, GVBl. S. 2637); Hamburg: SmogVO v. 22. 12. 1987 (GVBl. S. 247); Hessen: SmogVO v. 22. 8. 1988 (GVBl. I S. 319); Niedersachsen: SmogVO v. 19. 12. 1985 (GVBl. S. 616); Nordrhein-Westfalen: SmogVO v. 29. 10. 1974 (GV NW S. 1423, zuletzt geänd. durch VO v. 23. 8. 1988, GV NW S. 357); Rheinland-Pfalz: SmogVO v. 1. 9. 1988 (GVBl. S. 201); Saarland: SmogVO v. 14. 6. 1988 (Amtsbl. S. 493). Vgl. zu den Smog-Verordnungen auch die Tagung der *Gesellschaft für Umweltrecht* ,,Die neuen Smog-Verordnungen – Rechtsfragen ihrer Anwendung" v. 13. 11. 1986 und den dazu erschienenen Tagungsband sowie die Beiträge von *Hansmann,* NVwZ 1987, 89ff., und *Kniep,* GewArch. 1986, 260ff. Zur Rechtsnatur der Bekanntgabe von Smog-Alarm *Ehlers,* DVBl. 1987, 972ff.

[269] Vgl. *F.-J. Peine,* Rechtsfragen der Einrichtung von Fußgängerstraßen, 1979, S. 41ff. m. w. N.

wesentlichen nur zu einer Umverteilung von Belastungen führt. Darüber hinaus können verkehrsberuhigte Bereiche (§ 45 Abs. 1b Nr. 3, 2. Alt. StVO) angelegt und sonstige Anordnungen zum Schutz der Bevölkerung vor Lärm und Abgasen oder zur Unterstützung einer geordneten städtebaulichen Entwicklung (§ 45 Abs. 1b Nr. 5 StVO) getroffen werden.

3. Verkehrsführung

142 Der Immissionsbegrenzung dient insbesondere auch die Verkehrsführung. Nach der Konzeption des Verkehrslärmschutzgesetzes sollte ihr vorrangige Bedeutung zukommen.[270] Das Bundes-Immissionsschutzgesetz enthält in den §§ 41–43 und in § 50 spezifische Regelungen, welche die Planfeststellungsregelungen des **Bundesfernstraßengesetzes** (Kloepfer Nr. 760) und der **Landesstraßengesetze** ergänzen. Das Bundes-Immissionsschutzgesetz geht dabei in drei Stufen vor: Vermeidung schädlicher Umweltbeeinträchtigungen durch Trassierung (§ 50 BImSchG), aktiver Lärmschutz, falls die Trassierung nicht ausreicht (§ 41 Abs. 1 BImSchG), passiver Lärmschutz bei Unzumutbarkeit aktiven Schallschutzes (§§ 42 Abs. 2, 43 BImSchG).[271]

Die Grundzüge der straßenrechtlichen Planfeststellung werden in § 9 (Rn. 62ff.) dargestellt.

143 Von grundlegender Bedeutung auch für die Verkehrsführung ist der allgemeine Grundsatz des **gebietsbezogenen Immissionsschutzes** (s. u. Rn. 166ff.), wonach bei raumbedeutsamen Planungen und Maßnahmen die für eine bestimmte Nutzung vorgesehenen Flächen einander so zuzuordnen sind, daß schädliche Umwelteinwirkungen auf die ausschließlich oder überwiegend dem Wohnen dienenden Gebiete sowie auf sonstige schutzbedürftige Gebiete soweit wie möglich vermieden werden (§ 50 BImSchG).[272] Dieser immissionsschutzrechtliche **Planungsgrundsatz** schließt sich an das allgemeine planungsrechtliche Trennungsgebot an. Im Rahmen der straßenrechtlichen Planfeststellung handelt es sich um einen abwägungserheblichen Belang.

§ 50 BImSchG gewährt jedoch kein subjektiv-öffentliches Recht; seine Verletzung ermöglicht daher für sich genommen keine Anfechtungsklage.

144 Soweit sich bei der Trassierung schädliche Umwelteinwirkungen auf Wohngebiete dennoch nicht vermeiden lassen, verlangt § 41 BImSchG speziell für den Verkehrslärmschutz, daß nach Maßgabe des Standes der Technik **Lärmschutzmaßnahmen** getroffen werden, z. B. durch den Bau von Lärmschutzwällen und -wänden bis hin zu Lärmschutztunneln.[273] Eine Ausnahme von dieser Verpflichtung besteht – wegen des Übermaßverbots – jedoch dann, wenn die Kosten außer Verhältnis zum angestrebten Schutzzweck stehen (§ 41 Abs. 2 BImSchG). In diesem Fall kommt jedoch eine Entschädigung nach § 42 BImSchG in Betracht.

145 Um voll wirksam zu werden, bedürfen die Regelungen der §§ 41, 42 BImSchG noch einer Umsetzung in entsprechende (bisher aber nicht erlassene) Rechtsvorschriften (§ 43 BImSchG), in denen insbesondere Feststellungen enthalten sind über:

---

[270] Dazu *Schmidt-Aßmann* (FN 258), S. 314. Zum Immissionsschutz durch Verkehrsführung allgemein *Gehrmann,* UPR 1985, 33ff.

[271] Vgl. *Berberich* (FN 257), S. 61ff.; *Kodal* (FN 262), S. 973.

[272] Im einzelnen zu § 50 BImSchG im Hinblick auf die Verkehrsführung *Kodal* (FN 262), S. 972ff.

[273] Vgl. die Begründung des Innenausschusses in BT-Drs. 7/1508 und 7/1513, auf den diese Regelung zurückgeht. Vgl. im übrigen etwa *Ule/Laubinger* (FN 90), § 41 BImSchG Rn. 4.

1. bestimmte Grenzwerte, die zum Schutz der Nachbarschaft vor schädlichen Umwelteinwirkungen durch Geräusche nicht überschritten werden dürfen,
2. bestimmte technische Anforderungen an den Bau von Straßen, Eisenbahnen und Straßenbahnen zur Vermeidung von schädlichen Umwelteinwirkungen durch Geräusche,
3. Art und Umfang der zum Schutz vor schädlichen Umwelteinwirkungen durch Geräusche notwendigen Schallschutzmaßnahmen an baulichen Anlagen.

4. Schutzmaßnahmen und Entschädigungen

146 Solange die Bundesregierung insofern weiter untätig bleibt und keine derartigen Rechtsverordnungen erläßt – die angekündigte Schallschutzverordnung etwa ist bis heute bezeichnenderweise nicht ergangen –, bleibt das Bundes-Immissionsschutzgesetz insoweit hinsichtlich des verkehrsbezogenen Imissionsschutzes weitgehend eine lex imperfecta.[274] Dennoch verlangt das BVerwG schon jetzt die Anwendung des § 41 Abs. 1 BImSchG beim Bau oder der wesentlichen Änderung einer Bundesfernstraße.[275] Die Abgrenzung der erforderlichen Schutzmaßnahmen bzw. der Voraussetzungen von Entschädigungsansprüchen muß daher fallweise von Verwaltung und Rechtsprechung geleistet werden.

147 Sogenannte Schutzauflagen und eine Entschädigung sehen auch das **Straßenrecht,** d. h. § 17 Abs. 4 und 6 FStrG sowie die entsprechenden Regelungen in den Landesstraßengesetzen (z. B. § 39 Abs. 2 LStrG NW, § 6 Abs. 3 LStrG Rh.-Pf.), vor. Zu den Schutzauflagen, die dem Träger der Straßenbaulast im Planfeststellungsbeschluß aufzugeben sind, aber auch nachträglich auferlegt werden können (§ 17 Abs. 6 S. 3 FStrG), rechnet man auch Lärmschutzauflagen im Sinne des § 41 Abs. 1 BImSchG.[276] In Anbetracht dieser Normenüberlagerung werden die Regelungen des Bundes-Immissionsschutzgesetzes mitunter insoweit als lex specialis bezeichnet.[277] Dies ist aber nur bedingt richtig, da die Vorschriften in keinem Verdrängungs-, sondern in einem Ergänzungsverhältnis zueinander stehen (vgl. § 17 Abs. 4 S. 3, Abs. 6 S. 5 FStrG).

148 Lärmeinwirkungen durch Verkehrsgeräusche sind grundsätzlich Nachteile (oder erhebliche Belästigungen) im Sinne des § 17 Abs. 4 S. 1 FStrG, die einen Anspruch (der betroffenen Bürger, u. U. auch der Gemeinde[277a])auf Schutzauflagen dann begründen, wenn sie ihrem Maße nach erheblich sind.[278] Dies ist im wesentlichen eine **Zumutbarkeitsfrage,** die sich nicht einheitlich, sondern nur mit Rücksicht auf die konkrete Umgebung beurteilen läßt. Jedoch liegt Unzumutbarkeit nicht erst bei einer schweren und unerträglichen Betroffenheit im Sinne der Enteignungsrechtsprechung,[279] sondern schon dann vor, wenn etwa berechtigte Wohnerwartungen über das allgemeine Zivilisationsrisiko hinaus enttäuscht werden.[280]

---

274 So auch *Breuer* (FN 80), S. 679.
275 BVerwGE 71, 150 (153ff.).
276 *Hoppe/Schlarmann,* Rechtsschutz bei der Planung von Straßen und anderen Verkehrsanlagen, 2. Aufl., 1981, S. 119.
277 *Reinhardt,* NJW 1974, 1226ff., 1229; zur Konkurrenz beider Vorschriften auch *Korbmacher,* DÖV 1976, 1ff.
277a Zu den Voraussetzungen eines Anspruches der Gemeinde BVerwGE 41, 178 (188); 51, 6 (12ff.); entsprechend für § 17 Abs. 6 S. 2 FStrG BVerwG, DVBl. 1988, 964ff.
278 BVerwGE 51, 15 (29ff.); 59, 253 (260ff.).
279 Ausdrücklich klarstellend BVerwGE 51, 15 (29).
280 BVerwGE 71, 150 (155f.).

Dabei ist ein wesentlicher Gesichtspunkt die **Schutzwürdigkeit des Gebietscharakters** im bauplanungsrechtlichen Sinn. Schutzmindernd wirken Geräuschvorbelastung und situative Vorbelastung, wobei es sowohl auf die tatsächliche als auch auf die Planungssituation (sog. planerische Vorbelastung) ankommt.[281]

So besteht im Regelfall kein Anspruch auf Schutzanlagen, wenn sich durch ein Verkehrsvorhaben die vorhandene Lärmbelastung nicht erhöht.[282] Der Lärmschutz beurteilt sich in Wohngebieten (im Sinne der Baunutzungsverordnung, s. auch § 9 Rn. 39) anders als in Misch- und Gewerbegebieten und im allgemeinen Wohngebiet wiederum anders als im reinen Wohngebiet. Für ein von anderen Störfaktoren nicht vorbelastetes Wohngebiet beispielsweise hat das BVerwG die Grenze des noch zumutbaren Straßenverkehrslärms bei einem Dauerschallpegel (außen) von 55 dB (A) für den Tag und 45 dB (A) für die Nacht angesetzt.[283] Dies entspricht in etwa den Immissionsgrenzwerten der TA Lärm, die allerdings nur für Anlagen und nicht für Verkehrslärm gilt. Hier können jedoch keine generellen Aussagen getroffen werden, zumal die Wahl der Grenzwerte, wie die Auseinandersetzungen um das Verkehrslärmschutzgesetz gezeigt haben, sehr umstritten ist. In einer späteren Entscheidung betont das BVerwG,[284] daß ministerielle Richtlinien über den Verkehrslärmschutz an Straßen die Gerichte nicht der Pflicht entheben, die Erheblichkeit von Verkehrslärm im Einzelfall zu bewerten. Die Rechtsprechung bezieht inzwischen nicht nur Wohnungen, sondern abgestuft auch die regionale Wohnumwelt (insbesondere Gärten) in den Schutz ein.[285]

Nicht zum Verkehrslärm gehören Baustellengeräusche, auch soweit sie im Zusammenhang mit Verkehrsbaumaßnahmen stehen.[286] Der **Baulärm** ist vielmehr Gegenstand einer eigenen Verordnungsregelung (s. zur Baumaschinenlärm-Verordnung o. Rn. 5). Außerdem hat die Bundesregierung – noch auf der Grundlage des 1974 aufgehobenen Baulärmschutzgesetzes (vgl. § 72 Nr. 2 BImSchG) – mehrere nach § 66 Abs. 2 BImSchG übergeleitete Allgemeine Verwaltungsvorschriften zum Schutz gegen Baulärm erlassen (Kloepfer Nr. 690ff.).

Eine spezielle **baurechtliche Entschädigungsregelung** besteht bei Festsetzung von Verkehrsflächen in einem Bebauungsplan – jedoch nur zugunsten der jeweiligen Eigentümer der Flächen und zugunsten der Eigentümer anliegender Grundstücke (§§ 40 Abs. 1 Nr. 5, 42ff. BauGB).[287] 149

Zu beachten ist, daß Schutzanlagen nach der Gesetzeslage regelmäßig nur für Straßenneubauten vorgesehen sind. Die seit 1974 (für Bundesfernstraßen) zusätzlich möglichen nachträglichen Auflagen (§ 17 Abs. 6 FStrG)[288] kommen nach Auffassung 150

---

[281] BVerwGE 71, 150 (155ff.); vgl. davor BVerwGE 51, 15 (32); 59, 253 (263ff.), sowie kritisch *Schmidt-Aßmann* (FN 258), S. 321.

[282] BVerwGE 59, 253 (263ff.).

[283] BVerwGE 51, 15 (34); vgl. jedoch auch BVerwGE 71, 150 (155ff.).

[284] BVerwGE 71, 150 (162). Entsprechend dürften aber – entgegen OVG Münster, UPR 1985, 303 – die Grenzwerte der TA Lärm oder der VDI-Richtlinie 2058 eine richterliche Einzelfallbewertung nicht ersetzen, sondern nur Anhaltspunkte für den Regelfall liefern (so auch z. B. OVG Koblenz, UPR 1986, 198ff.).

[285] BVerwGE 51, 15 (33); vgl. dazu *Numberger,* BayVBl. 1984, 456ff., 459 m. w. N. In diesem Sinne schon *Schmidt-Aßmann* (FN 257), S. 36f.

[286] Vgl. *Stich/Porger,* Immissionsschutzrecht des Bundes und der Länder, 1974ff., § 41 BImSchG Anm. 16f.; *Ule/Laubinger* (FN 90), § 41 BImSchG Rn. 3.

[287] Hierzu näher *Schmidt-Aßmann* (FN 258), S. 329.

[288] Neubekanntmachung des Bundesfernstraßengesetzes (FStrG) v. 6. 8. 1953 (BGBl. I S. 903) durch Ges. v. 1. 10. 1974 (BGBl. I S. 2413, ber. S. 2908, zuletzt geänd. durch Ges. v. 19. 12. 1986, BGBl. I S. 2669).

des BVerwG[289] gegenüber sog. **Altstraßen,** die vor Inkrafttreten der Neuregelung das Planfeststellungsverfahren durchlaufen haben, nicht in Betracht. Von den in anderen Umweltgesetzen vorgesehenen nachträglichen Anordnungen oder Auflagen (vgl. allgemein § 4 Rn. 100ff.), die prinzipiell ,,rückwirkend" sind (vgl. § 17 Abs. 5 BImSchG), unterscheidet sich § 17 Abs. 6 FStrG nicht nur durch die fehlende Rückwirkung, sondern im übrigen auch dadurch, daß nur *nicht vorhersehbare* Wirkungen des Vorhabens den Anspruch auf nachträgliche Planergänzung begründen. Insofern gleicht die Vorschrift jedoch der allgemeinen Regelung in § 75 Abs. 2 S. 2 VwVfG.

151 Der **Entschädigungslösung**[290] kommt daher nicht nur bei einem Kostenmißverhältnis oder bei Unvereinbarkeit von Lärmschutzanlagen mit dem Vorhaben (§ 17 Abs. 4 S. 2, Abs. 6 S. 4 FStrG), sondern im ganzen Bereich des Lärmschutzes an Altstraßen entscheidende Bedeutung zu.

Entschädigungsleistungen gelten insbesondere dem **passiven Lärmschutz.** Dazu gehören auch im voraus erfolgende Kostenerstattungen für den Einbau von Schallschutzfenstern.[291]

Da die Entschädigungsregelung nach § 17 Abs. 4 S. 2 FStrG und die entsprechenden Bestimmungen im Landesstraßenrecht bzw. den Verwaltungsverfahrensgesetzen der Länder[292] nur für Neuvorhaben gelten, § 17 Abs. 6 FStrG aber – wie oben (Rn. 149) dargestellt – die vor seinem Inkrafttreten vorhandenen Straßen nicht erfaßt und auch die Entschädigungsregelung des § 42 BImSchG in Ermangelung von Durchführungsverordnungen vorerst leerläuft,[293] kommt dem richterrechtlich entwickelten Entschädigungsanspruch nach Enteignungsgrundsätzen weiterhin beträchtliche Bedeutung zu.

Dabei soll der Frage, inwieweit die Naßauskiesungsentscheidung des BVerfG[294] für diesen Anspruch noch Raum läßt, hier nicht nachgegangen werden; sie dürfte jedenfalls nicht so extensiv zu interpretieren sein, daß ihm schlechthin die Grundlage entzogen wäre. Wie inzwischen anerkannt ist, scheidet ein Ausgleichsanspruch nach § 906 Abs. 2 S. 2 BGB hingegen aus, weil dieser nur privatrechtliche Tätigkeiten erfaßt, während sich der Entschädigungsanspruch wegen Verkehrslärmimmissionen letztlich gegen einen hoheitlichen Akt – die Eröffnung der Straße – richtet.[295]

152 Nach der vom BVerwG entwickelten, aber, wie es scheint, auch in der Rechtsprechung des BGH vordringenden[296] **Zumutbarkeits-** bzw. **Schweretheorie** liegt ein entschädigungspflichtiger enteignender Eingriff vor, wenn eine vorgegebene Grundstückssituation nachhaltig verändert und damit das Eigentum unerträglich getroffen wird.[297] Auf die grundsätzliche Problematik dieser Rechtsprechung ist hier nicht einzugehen.[298] Bemerkenswert ist jedoch, daß der BGH insoweit nicht den Lösungs-

---

[289] BVerwG Buchholz 407.4, § 17 FStrG Nr. 35, S. 121f. = NJW 1981, 835. Vgl. zur Zulässigkeit differenzierter Zumutbarkeitsgrenzen auch *Schmidt-Aßmann* (FN 257), S. 32.

[290] Hierzu ausführlich *Berberich* (FN 257), S. 46ff. m. w. N.

[291] Vgl. *Schmidt-Aßmann* (FN 258), S. 322f.

[292] Soweit die Landesstraßengesetze diese Frage nicht regeln, sind §§ 74 Abs. 2 S. 3 und 75 Abs. 2 S. 4 des jeweiligen Landesverwaltungsverfahrensgesetzes bzw., soweit Bundesländer das VwVfG des Bundes nicht wortgleich übernehmen, die entsprechenden Vorschriften der Verfahrensgesetze anzuwenden.

[293] Auch sonst bestehen allerdings Hindernisse bei einer Anwendung auf Altstraßen, vgl. *Kloepfer,* JuS 1976, 436ff., 437f.

[294] BVerfGE 58, 300; dazu unter diesem Aspekt statt vieler *Ossenbühl,* NJW 1983, 1ff.

[295] Seit BGHZ 48, 98 (101f.); 49, 148 (150); 54, 384 (388) anerkannt, vgl. *Kloepfer,* JuS 1976, 436ff.

[296] Vgl. BGH, NJW 1965, 1907ff.

[297] BVerwGE 5, 143 (145f.); 15, 1 (2); 19, 94 (98f.); BVerwG, DÖV 1974, 390f. (st. Rspr.); vgl. aber auch BGHZ 64, 220.

weg der Sonderopfertheorie weiterverfolgt, der ihm an sich näher läge. Hier dürften sich nämlich ähnliche Schwierigkeiten ergeben wie bei den Kriterien des § 906 BGB, insbesondere bei der Feststellung, welche Lärmbelastung ortsüblich ist bzw. wie die Vergleichsgruppen zu wählen sind.[299]

Nach **zunächst** sehr **restriktiver Rechtsprechung,** die Entschädigung nur gewährte, wenn der Lärm die Benutzung der straßenwärts gelegenen Wohnräume eines Hauses in ganz besonders starkem, zur Herbeiführung von Gesundheitsschäden geeignetem Maße beeinträchtigte und Ausweichmöglichkeiten nicht oder nur unter unverhältnismäßigem Aufwand bestanden,[300] hat der BGH unter dem Eindruck des Bundes-Immissionsschutzgesetzes seinen Standpunkt geändert. 153

Im sog. Reuterstraßen-Urteil[301] stellte er fest, daß bei der Abgrenzung der Sozialbindung des Anliegereigentums gegenüber Verkehrsimmissionen das Bundes-Immissionsschutzgesetz als grundsätzliche Wertentscheidung und § 42 BImSchG im besonderen zu berücksichtigen seien. Der BGH differenziert dabei nicht zwischen schon vorhandenen Straßen und neuen Straßenführungen, für die das Bundes-Immissionsschutzgesetz (zumindest unmittelbar) zunächst nur gilt.

Im Ergebnis gewährt der BGH Enteignungsentschädigung wegen Wertminderung, soweit Lärmschutzvorrichtungen keine wirksame Abhilfe bringen oder unverhältnismäßige Aufwendungen erfordern. Die Entschädigung wird dabei grundsätzlich so bemessen, daß sie die notwendigen Lärmschutzmaßnahmen finanziert.

Die Entscheidung wird im Schrifttum als zu weitgehend kritisiert.[302] Ihre Problematik liegt einerseits in der Interpretation der verfassungsrechtlichen Eigentumsgarantie und andererseits in den eher impliziten Aussagen zur intertemporalen Geltung von Gesetzen.[303] Die fehlende Umsetzung des § 42 BImSchG sollte nicht verfassungsrechtlich überspielt werden. Inzwischen deutet die vom BVerwG[304] vorgenommene Differenzierung zwischen Unzumutbarkeit im auflagenrechtlichen und im enteignungsrechtlichen Sinn auf eine in Zukunft wieder etwas restriktivere Rechtsprechung hin. Dabei ist allerdings die Vorherrschaft des BGH über das Entschädigungsrecht zu berücksichtigen.

II. Öffentlicher Schienenverkehr

Die immissionsschutzrechtlichen Regelungen für den öffentlichen Schienenverkehr[305] ergeben sich zum einen ebenfalls aus den §§ 38, 41-43 BImSchG, zum anderen vor allem aus dem **Allgemeinen Eisenbahngesetz** vom 29. 3. 1951[306] (Kloepfer Nr. 780), insbesondere dessen § 3 Abs. 1 S. 1 lit. e, und dem **Bundesbahngesetz** vom 13. 12. 1951[307] (Kloepfer Nr. 782), insbesondere dessen § 36 i. V. mit §§ 74, 75 VwVfG (für die öffentlichen Eisenbahnen), sowie aus dem **Personenbeförderungs-** 154

[298] Vgl. dazu aus neuerer Zeit insbes. *Battis,* NJW 1982, 585ff.; *Ossenbühl,* NJW 1983, 1ff.; *Papier,* NVwZ 1983, 258ff.; *Schulze-Osterloh,* NJW 1981, 2337ff., und *Schwerdtfeger,* JuS 1983, 104ff.

[299] Vgl. dazu *Schmidt-Aßmann* (FN 258), S. 325.

[300] BGHZ 49, 148 (152ff.); vgl. auch BGHZ 54, 384 (389ff.).

[301] BGHZ 64, 220 (223ff.).

[302] *Schmidt-Aßmann* (FN 258), S. 326; *ders.* (FN 257), S. 19ff.; zur Frage einer Selbstbeteiligung der Anlieger i. S. eines Vorteilsausgleiches für Verkehrs- oder Modernisierungsvorteile (Abzug „neu für alt") *ders.* (FN 257), S. 44ff.

[303] Vgl. dazu allgemein *Kloepfer,* Vorwirkung von Gesetzen, 1974.

[304] Vgl. BVerwGE 51, 15 (29).

[305] Dazu *Schwab,* DWW 1986, 39ff.

[306] BGBl. I S. 225, ber. S. 438, zuletzt geänd. durch VO v. 26. 11. 1986, BGBl. I S. 2089.

[307] BGBl. I S. 955, zuletzt geänd. durch Ges. v. 18. 2. 1986, BGBl. I S. 265.

gesetz vom 21. 3. 1961[308] (Kloepfer Nr. 778), insbesondere §§ 28ff., 57 Abs. 1 S. 1 Nr. 1 PBefG i. V. mit Satz 2 (für Straßenbahnen).

Auf eine nähere Darstellung wird hier verzichtet, da einerseits die Regelungen strukturell sich nicht grundlegend von den Immissionsschutzbestimmungen für den Kraftfahrzeugverkehr unterscheiden[309] und andererseits interne Richtlinien – insbesondere bei einem Großunternehmen wie der Deutschen Bundesbahn (s. § 4 Rn. 284) – ein faktisch ausschlaggebendes Gewicht haben. Eine intensivere Normierung der Umweltschutzanforderungen an den Schienenverkehr, insbesondere durch Rechtsverordnungen, wofür sowohl § 43 BImSchG als auch § 3 Abs. 1 AEG eine Grundlage bieten, wäre wünschenswert.

III. Luftverkehr

1. Rechtsgrundlagen

155 Das **Luftverkehrsrecht** – und in diesem Rahmen auch der Immissionsschutz im Luftverkehr – ist sondergesetzlich primär im **Luftverkehrsgesetz** (LuftVG) i. d. F. der Bek. vom 14. 1. 1981[310] (Kloepfer Nr. 800) sowie im **Gesetz zum Schutz gegen Fluglärm** vom 30. 3. 1971[311] (Kloepfer Nr. 820) geregelt.

Als **Rechtsverordnungen** sind hierzu ergangen: die Luftverkehrs-Zulassungs-Ordnung (LuftVZO) i. d. F. der Bek. vom 13. 3. 1979[312] (Kloepfer Nr. 802), die Bauordnung für Luftfahrtgerät (LuftBauO) vom 16. 8. 1974[313] (Kloepfer Nr. 804), die Luftverkehrs-Ordnung (LuftVO) i. d. F. der Bek. vom 14. 11. 1969[314] (Kloepfer Nr. 805), die Verordnung über die zeitliche Einschränkung des Flugbetriebs mit Leichtflugzeugen und Motorseglern an Landeplätzen vom 16. 8. 1976[315] (Kloepfer Nr. 808) sowie die Verordnung über bauliche Schallschutzanforderungen nach dem Gesetz zum Schutz gegen Fluglärm (SchallschutzV) vom 5. 4. 1974[316] (Kloepfer Nr. 824).

Auch wenn in den Vordergrund des allgemeinen Interesses gewöhnlich Fragen der Flughafenerrichtung und -erweiterung getreten sind,[317] setzt Immissionsschutz im Luftverkehr bereits bei der Flugzeugtechnik (Luftverkehrszulassung) sowie insbesondere auch bei den Betriebs- und Flugvorschriften (Luftverkehrsrecht) an.[318]

Besondere Rechtsfragen ergeben sich aus der Errichtung und Erweiterung von Militärflugplätzen sowie aus der Flugtätigkeit der deutschen und alliierten **Streitkräfte,** die vor allem wegen des Tieffluglärms und der beiden großen Unglücksfälle von Ramstein und Remscheid (beide im Herbst 1988) Gegenstand einer kontroversen politischen und juristischen Diskussion geworden ist (hierzu näher § 4 Rn. 286).

---

[308] BGBl. I S. 241, zuletzt geänd. durch Ges. v. 8. 12. 1986, BGBl. I S. 2191.
[309] Vgl. aus der Rspr. nur BVerwGE 59, 253.
[310] BGBl. I S. 61, zuletzt geänd. durch VO v. 26. 11. 1986, BGBl. I S. 2089.
[311] BGBl. I S. 282, zuletzt geänd. durch Ges. v. 16. 12. 1986, BGBl. I S. 2441.
[312] BGBl. I S. 308, geänd. durch VO v. 21. 7. 1986, BGBl. I S. 1097.
[313] BGBl. I S. 2058.
[314] BGBl. I S. 2117, zuletzt geänd. durch VO v. 21. 7. 1986, BGBl. I S. 1097.
[315] BGBl. I S. 2216.
[316] BGBl. I S. 903.
[317] Vgl. die vehementen Auseinandersetzungen um Flughafenerweiterungen und -neubauten wie die Startbahn West des Frankfurter Rhein-Main-Flughafens, aber auch um München II und Hamburg-Kaltenkirchen.
[318] Umfassend zum folgenden *Hochgürtel,* Das Recht des Umweltschutzes in der Zivilluftfahrt, 1984, sowie *Berberich* (FN 257), S. 129ff.

2. Bauvorschriften für Flugzeuge

Die für inländische Flugzeuge erforderliche **Verkehrszulassung** wird gemäß § 2 Abs. 1 S. 2 Nr. 4 LuftVG i. V. mit § 3 Abs. 1 Nr. 2d LuftVZO unter anderem nur dann erteilt, wenn die technische Ausrüstung eines Flugzeugs so gestaltet ist, daß Betriebsgeräusche das nach dem jeweiligen Stand der Technik unvermeidbare Maß nicht übersteigen. Als maßgeblich gelten in diesem Zusammenhang die in den Bekanntmachungen des Luftfahrtbundesamtes festgelegten Grenzwerte, die ihrerseits auf ein Übereinkommen der Internationalen Zivilluftfahrt-Organisation (ICAO-Abkommen Annex 16) zurückgehen.[319] Dieses Verfahren ist – in Anbetracht der ungenutzten Regelungsmöglichkeit durch Rechtsverordnungen nach § 38 BImSchG – zumindest unbefriedigend.[320] 156

Ein gewisser, wenn auch nicht bedeutender Anreiz zur Verwendung lärmarmen Fluggeräts im Verkehr mit deutschen Flughäfen wird durch eine **Ermäßigung der Landegebühren** für solche Flugzeuge geschaffen, die den Lärmgrenzwerten des ICAO-Annexes 16 entsprechen (s. auch § 4 Rn. 187).[321]

3. Betriebsvorschriften für Flugzeuge

Neben dem **allgemeinen Gebot** des § 38 Abs. 1 S. 2 BImSchG, Luftfahrzeuge so zu betreiben, daß vermeidbare Emissionen verhindert bzw. unvermeidbare Emissionen auf ein Mindestmaß beschränkt bleiben, und dem ähnlich lautenden, speziell auf die Reduzierung von Lärmemissionen bezogenen Gebot des § 29b LuftVG sowie den Grundregeln für das Verhalten im Luftverkehr in § 1 Abs. 1 und 2 LuftVO kommt **Einzelregelungen** entscheidende Bedeutung zu. Diese ordnen unter anderem lärmmindernde An- und Abflugverfahren, Mindestflughöhen (Bekanntmachung der Bundesanstalt für Flugsicherung), Beschränkungen für Leichtflugzeuge und Motorsegler (siehe die o. g. VO vom 16. 8. 1976), ein Verbot von Überschallflügen (§§ 11a, 11b LuftVO) und Nachtflugbeschränkungen an. Dabei ist die Rechtsgrundlage für letztere umstritten, doch dürften sie, wenn nicht schon nach § 29b LuftVG, so zumindest als milderes Mittel gegenüber einem sonst denkbaren Widerruf der Flughafengenehmigung nach § 6 Abs. 2 S. 3 LuftVG gerechtfertigt sein.[322] Reklameflüge sind erlaubnispflichtig (§ 9 LuftVO). Gewisse Beschränkungen zum Schutz von Städten und Kurgebieten bestehen auch für den militärischen Flugbetrieb.[323] 157

Generell unbewältigt ist das sich inzwischen verschärft abzeichnende Problem einer Übernutzung des Luftraumes durch zivile wie militärische Flüge, wodurch nicht nur die Umwelt belastet, sondern auch die Flugsicherheit gefährdet wird. Eine über die bisherigen Vorschriften hinausgehende Begrenzung des Luftverkehrs scheint rechtspolitisch erwägenswert.

---

[319] Bekanntmachung des Luftfahrt-Bundesamts über Lärmgrenzwerte bei Flugzeugen mit Strahlturbinen-Antrieb vom 6. 8. 1973; dazu näher *Soell,* in: Salzwedel (FN 49), S. 329ff., 340.

[320] Vgl. die Kritik von *Soell* (FN 319), S. 340f.

[321] Vgl. die Gebührenordnung der Verkehrsflughäfen in VkBl. 1978, 383; s. dazu auch *Salzwedel/Preusker* (FN 118), S. 224f.

[322] Vgl. *Soell* (FN 319), S. 342.

[323] *Salzwedel/Preusker* (FN 118), S. 222 m. w. N.

4. Errichtung und Erweiterung von Flugplätzen

158 Das Luftverkehrsgesetz unterscheidet unter dem Oberbegriff des Flugplatzes (§ 6 Abs. 1 LuftVG) zwischen Flughäfen (Verkehrs- und Sonderflughäfen) einerseits und Landeplätzen und Segelfluggeländen andererseits.

Als **Flughäfen** definiert § 38 Abs. 1 LuftVZO Flugplätze, die nach Art und Umfang des vorgesehenen Flugbetriebs einer Sicherung durch einen Bauschutzbereich nach § 12 LuftVG bedürfen. Im Bauschutzbereich bestehen Baubeschränkungen, insbesondere bezüglich der Gebäudehöhe. Der Bauschutzbereich (zu Zwecken der Flugsicherheit) ist nicht mit dem im Fluglärmschutzgesetz geregelten Lärmschutzbereich (zu Zwecken der Lärmbekämpfung) zu verwechseln (s. dazu u. Rn. 163).

Die Errichtung und der Betrieb von Flughäfen ist nach § 6 Abs. 1 LuftVG genehmigungspflichtig. Während die kleinen Anlagen aber lediglich der luftverkehrsrechtlichen Genehmigung bedürfen, ist bei Flughäfen daneben noch eine Planfeststellung erforderlich (§ 8 LuftVG). **Landeplätze** unterliegen dem Planfeststellungserfordernis nur, soweit für sie ein sog. beschränkter Bauschutzbereich festgesetzt wurde (§§ 8, 17 LuftVG). Daß Zulassungsverfahren nach Größe und Bedeutung von Anlagen unterschiedlich ausgestaltet sind, ist an sich nichts Ungewöhnliches (vgl. nur die Differenzierungen im Bundes-Immissionsschutzgesetz zwischen genehmigungsfreien und genehmigungsbedürftigen Anlagen und wiederum zwischen solchen, die im förmlichen oder im vereinfachten Verfahren genehmigt werden, s. o. Rn. 67 ff. und § 4 Rn. 57 ff.). Die Eigentümlichkeit des Luftverkehrsgesetzes besteht demgegenüber darin, daß die Planfeststellung das Genehmigungsverfahren nicht ersetzt, sondern zu diesem hinzutritt.

Diese Regelung geht auf die Novellierung des zuvor primär gewerberechtlich geprägten Luftverkehrsgesetzes im Jahre 1958 zurück.[324]

159 Das **Doppelerfordernis von Genehmigung und Planfeststellung** ist systematisch unbefriedigend, da sich beide nicht im Gegenstand, sondern primär hinsichtlich des Verfahrens und in den Entscheidungswirkungen unterscheiden. Schon im Rahmen des Genehmigungsverfahrens kommt es auf raumplanerische Fragen und die Umweltverträglichkeit des Vorhabens an (§ 6 Abs. 2 S. 1 LuftVG). So ist mit dem Genehmigungsantrag z. B. ein Lärmgutachten einzureichen (§ 40 Abs. 1 Nr. 10 LuftVZO). Im Genehmigungsverfahren für Flugplätze, für die nach dem Fluglärmschutzgesetz ein Lärmschutzbereich festzusetzen ist, wird außerdem eine Lärmschutzkommission (§ 32b LuftVG) beteiligt. Dabei ist Gegenstand des Genehmigungsverfahrens nicht nur die Standortfrage, sondern Anlage und Betrieb des Flughafens im Ganzen. Die Festsetzungen können sich sowohl auf die konkrete Anlage (räumliche Lage, Bauausführung, Lärmschutzvorkehrungen) als auch auf den Flughafenbetrieb (z. B. Nachtflugbeschränkungen, Richtungsbeschränkungen, Landeverbote für bestimmte Flugzeugtypen usw.) beziehen.[325] Bei Verkehrsflughäfen kommt im Rahmen vom § 6 Abs. 3 LuftVG auch eine Bedürfnisprüfung in Betracht.[326]

---

[324] Gesetz zur Änderung des LuftVG v. 5. 12. 1958 (BGBl. I S. 899).

[325] BVerwG, UPR 1984, 378 ff.; BVerwGE 75, 214 (243).

[326] *Giemulla/Lau/Barton,* Luftverkehrsgesetz, 1981 ff., § 6 Rn. 36; *M. Hofmann,* Luftverkehrsgesetz, 1971, § 6 Rn. 25.

160 Wie die Planfeststellung kann bereits die Genehmigung mit **Auflagen** verbunden werden (§ 6 Abs. 1 S. 2, § 9 Abs. 2 LuftVG), wobei den sog. Schutzanlagen besondere Bedeutung zukommt. Die Notwendigkeit von Schutzanlagen wird dabei – in Anlehnung an die Rechtsprechung zum Verkehrslärmschutz (s. o. Rn. 146ff.) – differenzierend nach der Schutzwürdigkeit der betroffenen Gebiete bestimmt.[327]

161 Während die Genehmigung ohne förmliches Beteiligungsverfahren ergeht – nur den Gemeinden wird wegen Art. 28 Abs. 2 GG ein Mitwirkungsrecht von der Rechtsprechung zugesprochen[328] –, schließt die **Planfeststellung** ein förmliches **Anhörungsverfahren** ein. Sie besitzt daher neben der Gestattungswirkung (§ 8 Abs. 1 LuftVG) wie andere Planfeststellungen (s. § 4 Rn. 76ff.) auch Konzentrations- bzw. Ersetzungswirkung (§ 9 Abs. 1 LuftVG) sowie Gestaltungs- (§ 11 LuftVG) und Ausschluß- bzw. Präklusionswirkung (§ 9 Abs. 3 LuftVG). Demgegenüber fehlt der (bei planfeststellungspflichtigen Flugplätzen *vorgeschalteten*) Genehmigung bereits die Gestattungswirkung, da nach § 8 Abs. 1 LuftVG Flughäfen etc. erst angelegt bzw. geändert werden dürfen, wenn der Plan nach § 10 LuftVG vorher festgestellt ist. Insofern handelt es sich in diesen Fällen aber auch um *keine echte Genehmigung*. Sie entspricht vielmehr der Sache nach einer Teilentscheidung in einem gestuften Planfeststellungsverfahren. Unmittelbar vermittelt sie nur den Zugang zur Planfeststellung. Das BVerwG hat deshalb auch von einer „leeren Hülse" gesprochen, die erst aufgrund der Planfeststellung mit Inhalt ausgefüllt werde.[329]

162 Im Schrifttum wird die **Abfolge von Genehmigung und Planfeststellung** mitunter als Verhältnis von Grob- und Feinprüfung angesprochen. Ob die Genehmigung hierbei eine rechtliche **Bindungswirkung** – insbesondere hinsichtlich der Standortfrage – erzeugt, ist umstritten, wird vom BVerwG aber bislang verneint.[330] Aber selbst wenn man eine interne Bindungswirkung annehmen wollte, wofür der Vergleich mit anderen gestuften Planungsverfahren eigentlich spräche, wäre ihre Bedeutung begrenzt, da zumindest eine Präklusionswirkung aufgrund der fehlenden Öffentlichkeitsbeteiligung im Genehmigungsverfahren ausgeschlossen ist. Auch Rechtsschutz Dritter kommt grundsätzlich erst gegenüber dem Planfeststellungsbeschluß in Betracht[331] (anders selbstverständlich bei der bei kleineren Projekten genügenden isolierten Genehmigung nicht planfeststellungspflichtiger Flugplätze). Wegen der hier nur angedeuteten Widersprüche ist die Regelung des Luftverkehrsgesetzes dringend **reformbedürftig.**[332]

5. Fluglärmschutzgesetz

163 Das Gesetz zum Schutz gegen Fluglärm stellt eine Sonderregelung des **passiven Lärmschutzes** dar für Verkehrsflughäfen, die dem Fluglinienverkehr angeschlossen

---

[327] BVerwGE 56, 110 (131).
[328] BVerwG, ZLW 1979, 48ff.; 1979, 245ff.; 1980, 435ff.
[329] BVerwG, NJW 1969, 340ff., 340.
[330] BVerwG, Buchholz 442.40, § 6 LuftVG Nr. 6, S. 16, 24f.; BVerwGE 75, 214 (221). Zum ganzen kritisch *Wahl,* DÖV 1975, 373ff., und *Schmidt-Aßmann,* DVBl. 1981, 334ff. m. w. N.
[331] BVerwG, DÖV 1979, 517ff., 520.
[332] Vgl. i. d. S. *Wahl,* DÖV 1982, 51ff., 59 („gesetzgeberische Fehlleistung"); *Harbeck,* ZLW 1983, 209ff., 221ff.; *Schmidt-Aßmann,* DVBl. 1981, 334ff., 337 („desolate Gesetzeslage"). Vgl. auch *Ronellenfitsch,* DVBl. 1984, 501ff.

sind, sowie für militärische Flugplätze, die für Flugzeuge mit Strahltriebwerken bestimmt sind (§ 1 FluglSchG). Die vorgesehenen Schutzvorkehrungen gelten allerdings nur in sog. Lärmschutzbereichen im Umkreis der genannten Flugplätze, die durch Rechtsverordnungen gemäß § 4 Abs. 1 FluglSchG festzusetzen sind. Dies ist durch eine Vielzahl von Verordnungen geschehen.[333]

In den **Lärmschutzbereichen,** die nach zwei Schutzzonen abgestuft sind (§ 2 Abs. 2 FluglSchG), bestehen insbesondere Bauverbote und -beschränkungen (§§ 5, 6 FluglSchG).

164 Soweit ganze Gemeinden oder wesentliche Gemeindeteile im Bereich von Lärmschutzgebieten gelegen sind, stellen Bauverbote eine empfindliche Beeinträchtigung gemeindlicher Entwicklungsmöglichkeiten dar. Da Art. 28 Abs. 2 GG jedoch keine Bestandsgarantie für die Einzelgemeinde enthält, sind derartige **Entwicklungsbeschränkungen** verfassungsrechtlich an sich unbedenklich.[334] Zu Recht wird indes kritisiert, daß das Fluglärmschutzgesetz noch nicht einmal eine Anhörung der betroffenen Gemeinde vor Erlaß einer entsprechenden Rechtsverordnung vorsieht. Nachdem auch das BVerfG eine umfassende Interessenabwägung unter Berücksichtigung der gemeindlichen Belange vor Erlaß einer Lärmschutzverordnung für Militärflughäfen für erforderlich gehalten hat,[335] wird man zumindest eine (verfassungsunmittelbare) Pflicht zur Anhörung der Gemeinde annehmen müssen.

165 Soweit ein Bauverbot enteignend wirkt, sieht § 8 FluglSchG **Entschädigungen** vor. Aufwendungen für bauliche Schallschutzmaßnahmen sind nach § 9 FluglSchG erstattungsfähig. Bestimmte Schallschutzanforderungen (§ 7 FluglSchG) und Förderungssätze (§ 9 FluglSchG) können durch Rechtsverordnungen festgesetzt werden. Weitergehende Nachbaransprüche bleiben unberührt.[336] Auch schließt die Festsetzung von Lärmschutzbereichen weitergehende planungsrechtliche Maßnahmen nicht aus (§ 16 FluglSchG).

H. Gebietsbezogener Immissionsschutz

166 Neben dem bereits dargestellten (s. o. Rn. 143) zentralen Grundsatz des gebietsbezogenen Immissionsschutzes, dem für sämtliche raumbedeutsamen Planungen und Maßnahmen geltenden materiellen **Flächenordnungsgebot** des § 50 BImSchG, enthält das Bundes-Immissionsschutzgesetz Ansätze zu einem gesteigerten Schutz einzelner Gebiete.

Zu unterscheiden ist zwischen gebietsbezogenen Planungen, die sog. einfache Pläne darstellen, und Schutzgebietsausweisungen, die sog. qualifizierten Plänen entsprechen (s. § 4 Rn. 11).

---

[333] Vgl. die Aufstellung in der Gesetzessammlung Kloepfer Nr. 820 Anm. 1.
[334] Vgl. grundlegend BVerfGE 1, 175; 22, 205; 23, 367.
[335] BVerfG, DVBl. 1981, 535ff., 537f. Zum ganzen näher *Soell* (FN 319), S. 351ff.
[336] BGHZ 69, 105 (160ff.).

I. Schutzgebietsfestsetzungen

167 Einen echten Flächenschutz bewirkt allein die Ausweisung von **Schutzgebieten** nach § 49 BImSchG, die durch Rechtsverordnung der Landesregierungen erfolgen kann. Dabei ist zwischen „Schongebietsfestsetzung" nach § 49 Abs. 1 BImSchG und „Smoggebietsfestsetzung" nach § 49 Abs. 2 BImSchG zu unterscheiden.[337]

1. Schongebietsfestsetzung

168 Für Gebiete, die eines besonderen Schutzes vor schädlichen Umwelteinwirkungen durch Luftverunreinigungen oder Geräusche bedürfen, kann gemäß § 49 Abs. 1 BImSchG vorgeschrieben werden, daß bestimmte
- ortsveränderliche Anlagen nicht betrieben werden dürfen,
- ortsfeste Anlagen nicht errichtet werden dürfen,
- ortsveränderliche oder ortsfeste Anlagen nur zu bestimmten Zeiten betrieben werden dürfen oder erhöhten betriebstechnischen Anforderungen genügen müssen,
- Brennstoffe in Anlagen nicht oder nur beschränkt verwendet werden dürfen.

Die Anlagen oder Brennstoffe müssen geeignet sein, solche Umwelteinwirkungen hervorzurufen, die mit dem besonderen Schutzbedürfnis der Gebiete nicht vereinbar sind und durch Auflagen nicht verhindert werden können.

Eine Schongebietsfestsetzung kommt beispielsweise für Kur- und Badeorte, jedoch auch für besonders belastete Gebiete in Betracht.[338] Bislang wurde von diesen Möglichkeiten nur vereinzelt Gebrauch gemacht.

2. Smoggebietsfestsetzung

169 Schutzgebietsfestsetzungen nach § 49 Abs. 2 BImSchG betreffen speziell Gebiete, in denen während **austauscharmer Wetterlagen** ein starkes Anwachsen schädlicher Umwelteinwirkungen durch Luftverunreinigungen zu befürchten ist. Dementsprechend kann für die durch Rechtsverordnung festzusetzenden Gebiete vorgeschrieben werden, daß
- ortsveränderliche oder ortsfeste Anlagen nur zu einer bestimmten Zeit betrieben und
- bestimmte Brennstoffe nicht oder nur beschränkt verwendet werden dürfen,

sobald „Smogalarm" (insbesondere über Rundfunk oder die Tagespresse) gegeben wird.[339]

170 Für Beschränkungen des **Kraftfahrzeugverkehrs** gilt die inhaltsverwandte Ermächtigungsregelung des § 40 BImSchG (s. o. Rn. 140). Die inzwischen überwiegend vorliegenden – auf der Grundlage eines Musterentwurfs (Kloepfer Nr. 680) zunehmend vereinheitlichten – **Landes-Smog-Verordnungen** decken folgerichtig beide Bereiche ab (vgl. nur SmogVO Rh.-Pf. vom 1. 9. 1988[340]). Daneben sind

---

[337] Zur Terminologie *Schmidt-Aßmann,* in: Salzwedel (FN 49), S. 117ff., 140f. Zur Beschränkung des Anlagenbetriebes und des Kraftfahrzeugverkehrs während austauscharmer Wetterlagen speziell *Jarass,* FS 125 J. Juristische Gesellschaft zu Berlin, 1984, S. 283ff.

[338] *Schmidt-Aßmann* (FN 337), S. 140.

[339] Hierzu näher *Ehlers,* DVBl. 1987, 972ff.; *Hansmann,* NVwZ 1987, 89ff.; *Kniep,* GewArch. 1986, 260ff.

[340] Vgl. FN 268.

weiterhin ortsrechtliche Regelungen aufgrund landesrechtlicher Ermächtigungen zulässig (§ 49 Abs. 3 BImSchG, vgl. § 9 Rn. 40f.).[341]

II. Überwachung und Luftreinhalteplanung in Belastungsgebieten

171 Keine unmittelbaren Rechtswirkungen nach außen, sondern bloß vorbereitenden Charakter besitzen die den Landesbehörden obliegenden **Feststellungen in Belastungsgebieten** nach § 44 BImSchG und die Aufstellung eines **Emissionskatasters** (§ 46 BImSchG) für diese Gebiete. Die **Belastungsgebiete** (s. auch o. Rn. 120) sind ausgewählte Gebiete mit erhöhten oder besonderen Luftverunreinigungen und werden durch Rechtsverordnung der Landesregierung festgesetzt (§ 44 Abs. 2 BImSchG). Die Maßnahmen nach den §§ 44, 46 BImSchG dienen der exemplarischen Überwachung der Luftverunreinigung (nicht der Lärmbekämpfung), ermöglichen aber selbst noch keine Schutzmaßnahmen. Die Datensammlung nach den §§ 44, 46 BImSchG kann nach § 47 BImSchG in die Aufstellung eines Luftreinhalteplanes durch die Landesbehörde münden. In seinem handlungsorientierten Teil (vgl. § 47 S. 3 Nr. 3 BImSchG: Maßnahmen zur Verminderung der Luftverunreinigungen und zur Vorsorge) enthält der Luftreinhalteplan ein Exekutivprogramm,[342] aber ebenfalls keine erweiterten Eingriffsbefugnisse nach außen oder zusätzliche Versagungsgründe für die Anlagengenehmigung.[343] Durch Verbindlicherklärung können die Luftreinhaltepläne allerdings, wo eine solche Möglichkeit landesrechtlich vorgesehen ist (vgl. z. B. § 8 Abs. 1 LImSchG NW), verwaltungsinterne Verbindlichkeit erlangen. Im Unterschied zur fakultativen Schutzgebietsfestsetzung nach § 49 BImSchG[344] handelt es sich um Pflichtaufgaben der Länder.[345]

J. Immissionsschutzrecht der Länder

172 In Anbetracht des breiten Regelungsspektrums des Bundes-Immissionsschutzgesetzes verbleibt den Ländern zur eigenständigen Regelung im wesentlichen nur der Bereich des sog. **allgemein handlungsbezogenen Immissionsschutzes**[346] (im Unterschied vor allem zum anlagenbezogenen Immissionsschutz, der weitgehend vom Bundes-Immissionsschutzgesetz abgedeckt wird).

Freilich überläßt das Bundes-Immissionsschutzgesetz den Ländern z. T. Konkretisierungsspielräume, die in den Landes-Immissionsschutzgesetzen (s. o. Rn. 7) und Rechtsverordnungen der Länder (vgl. insbesondere die Smog-Verordnungen, s. o. Rn. 170) genutzt werden.

Die Abgrenzung zwischen anlagenbezogenem und (rein) handlungsbezogenem Immissionsschutz kann im Einzelfall schwierig sein.

So unterfällt z. B. das Verbrennen von Gartenabfällen im Freien im Regelfall dem – bundesrechtlich nicht geregelten – handlungsbezogenen Umweltschutz und ist somit Gegenstand des Landesrechts, es sei denn, es wird hierzu eine Anlage bzw. ortsfeste Einrichtung verwendet. In

[341] Hierzu näher *Feldhaus* (FN 86), § 49 BImSchG Anm. 10, und *Jarass* (FN 79), § 49 BImSchG Rn. 28.
[342] Vgl. *Feldhaus,* BauR 1978, 260ff.
[343] Ebenso *Breuer* (FN 80), S. 682, und *Schmidt-Aßmann* (FN 257), S. 140.
[344] *Engelhardt,* Bundes-Immissionsschutzgesetz, 2. Aufl., 1980, § 49 BImSchG Rn. 1; *Ule/Laubinger* (FN 90), § 49 BImSchG Rn. 1.
[345] *Engelhardt* (FN 344), § 44 BImSchG Rn. 1.
[346] Vgl. auch *Breuer* (FN 80), S. 681.

diesem Falle finden die Bestimmungen des Bundes-Immissionsschutzgesetzes, namentlich die §§ 22ff. BImSchG, Anwendung, die insoweit allerdings keine abschließende Regelung darstellen (§ 22 Abs. 2 BImSchG). Von daher kann Landesrecht u. U. auch ein generelles Verbot bestimmter (nach dem Bundes-Immissionsschutzgesetz *nicht genehmigungsbedürftiger*) Anlagen aussprechen (vgl. z. B. § 4 LImSchG NW).

In den Bereich des landesrechtlich geregelten handlungsbezogenen Immissionsschutzes fallen z. B. Vorschriften über den Schutz der Nachtruhe (vgl. § 2 LärmschutzVO Rh.-Pf. vom 25. 10. 1973)[347], Geräuschbelästigungen bei Benutzung und Betrieb von Kraftfahrzeugen (§ 3 LärmschutzVO Rh.-Pf.), den Gebrauch von Rasenmähern und Gartenmaschinen (§ 4 LärmschutzVO Rh.-Pf.), die Benutzung von Tonwiedergabegeräten (§ 5 LärmschutzVO Rh.-Pf.), das Abbrennen von Feuerwerken und Feuerwerkskörpern (§ 6 LärmschutzVO Rh.-Pf.) oder die Tierhaltung (§ 9 LärmschutzVO Rh.-Pf.). Solche Regelungen finden sich vorwiegend in den **Lärmbekämpfungsverordnungen,** die früher aufgrund der Landespolizeigesetze, inzwischen überwiegend aufgrund der Landes-Immissionsschutzgesetze (Aufstellung s. o. Rn. 6) erlassen wurden. Zum handlungsbezogenen Immissionsschutz läßt sich aber auch die **gaststättenrechtliche Sperrzeitenregelung**[348] rechnen (vgl. § 18 GaststättenG und die entsprechenden landesrechtlichen Vorschriften). Daneben behält das allgemeine Polizei- und Ordnungsrecht subsidiäre Bedeutung für den Immissionsschutz,[349] wenngleich die Auffangfunktion der polizeirechtlichen Generalklausel mit zunehmender Regelungsdichte des Immissionsschutzrechts erheblich an Gewicht verloren hat.

K. Zuständigkeitsfragen

Das Bundes-Immissionsschutzgesetz sagt über die für seinen Vollzug zuständigen 173
Behörden unmittelbar wenig aus. Es spricht entweder neutral von der „zuständigen Behörde" (vgl. nur §§ 10, 15, 17, 20, 24f., 26ff., 31, 52, 53 Abs. 2 BImSchG) oder von den „nach Landesrecht zuständigen Behörden" (§§ 44, 46 BImSchG), worin aber kein sachlicher Unterschied liegt, da die **Verwaltungszuständigkeit der Länder** für den Immissionsschutz – in Ermangelung einer gegenteiligen verfassungsrechtlichen Zuweisung – bereits aus Art. 83 GG folgt (s. auch § 2 Rn. 60). Von der Möglichkeit, gemäß Art. 84 Abs. 1 GG für den Vollzug des Bundes-Immissionsschutzgesetzes *bestimmte* Landesbehörden zu benennen, hat der Bundesgesetzgeber keinen Gebrauch gemacht. Die **Behördenzuständigkeiten** ergeben sich demnach aus Landesrecht, im Regelfall aus Rechtsverordnungen (s. o. Rn. 7).[350] Hierbei divergie-

---

[347] GVBl. S. 312.

[348] Hierzu *Jarass,* NJW 1981, 721ff. m. w. N.

[349] Vgl. *Kutscheidt* (FN 49), S. 287.

[350] Z. B. Verordnung des (baden-württembergischen) Ministeriums für Ernährung, Landwirtschaft, Umwelt und Forsten und des Ministeriums für Wirtschaft, Mittelstand und Technik über die Zuständigkeiten nach dem Bundes-Immissionsschutzgesetz und den nach diesem Gesetz ergangenen Rechtsverordnungen (BImSchGZuVO) v. 19. 3. 1986 (GBl. S. 92, geänd. durch VO v. 19. 6. 1986, GBl. S. 189); (hessische) Verordnung zur Regelung von Zuständigkeiten nach dem Bundes-Immissionsschutzgesetz v. 26. 2. 1978 (GVBl. I S. 195, ber. S. 417, zuletzt geänd. durch VO v. 14. 1. 1987, GVBl. I S. 21); (nordrhein-westfälische) Verordnung zur Regelung von Zuständigkeiten auf dem Gebiet des Arbeits-, Immissions- und technischen Gefahrenschutzes (ZustVO AItG) v. 6. 2. 1973 (GV NW S. 66, zuletzt geänd. durch VO v. 16. 12. 1986, GV NW 1987 S. 2); (rheinland-pfälzische) Landesverordnung über die Zuständigkeiten nach dem Bundes-Immissionsschutzgesetz i. d. F. v. 6. 12. 1978 (GVBl. S. 719).

ren die Zuständigkeiten nicht nur zwischen den Ländern, sondern auch innerhalb der Länder je nach Vollzugsaufgaben und Anlagentypen.

Auf die eine oder andere Weise mit dem Vollzug des Immissionsschutzrechts sind in Nordrhein-Westfalen beispielsweise über ein Dutzend unterschiedlicher Behörden befaßt (u. a. Gewerbeaufsichtsamt, Regierungspräsident, Bergamt, untere Bauaufsichtsbehörde, Kreisordnungsbehörde, Kreispolizeibehörde, Landesanstalt für Immissionsschutz, Landesoberbergamt, Minister für Arbeit, Gesundheit und Soziales, Minister für Umwelt, Raumordnung und Landwirtschaft, Minister für Wirtschaft, Mittelstand und Technologie, Polizeibehörde, Wasserschutzpolizei).[351]

174 **Genehmigungsbehörden** sind hiernach je nach Anlagentyp vor allem die unteren allgemeinen Verwaltungsbehörden und die Gewerbeaufsichtsämter (soweit bei diesen nicht die Regelzuständigkeit liegt – wie etwa nach § 2 Abs. 1 lit. a BImSchG-ZustVO HE –, jedenfalls bei Anlagen, die Bestandteil einer Dampfkesselanlage i. S. von § 24 Abs. 3 Nr. 1 GewO sind, vgl. etwa § 1 Abs. 1 Nr. 3 BImSchGZuVO BW), bei wichtigen, komplexeren Vorhaben aber auch die Regierungspräsidenten bzw. (Bezirks-)Regierungen (etwa bei Anlagen, die im Zusammenhang mit Abfallentsorgungsanlagen oder kerntechnischen Anlagen betrieben werden, vgl. ZustVO AItG NW Anlage), ggf. die Bergämter und Landesoberbergämter (bei Anlagen, die der Bergaufsicht unterliegen, vgl. ZustVO AItG NW Anlage) und in einzelnen Bundesländern in Einzelfällen sogar die Umweltminister (bei immissionsschutzrechtlichen Genehmigungen, die im Zusammenhang mit Anlagen i. S. von § 7 Abs. 1 AtG stehen, vgl. § 1 Abs. 1 Nr. 1 BImSchGZuVO BW, Art. 4a BayImSchG).

Die Bestimmungen sind insoweit derart differenziert und detailliert, daß etwa die ZustVO AItG NW sich zu einer Regelung in Tabellenform verstanden hat.

175 Die Genehmigungsbehörde ist nach § 21 BImSchG zugleich **Widerrufsbehörde.** Hingegen liegt die Zuständigkeit für nachträgliche Anordnungen nach § 17 BImSchG oder für Untersagungs-, Stillegungs- und Beseitigungsverfügungen gemäß § 20 BImSchG nicht überall nur bei der Genehmigungsbehörde (vgl. etwa § 1 Abs. 3 ZustVO Rh.-Pf.), wenn diese Kompetenzen auch regelmäßig zusammenfallen (vgl. etwa § 1 Abs. 2 ZustVO HE). Die **Kontrolle nicht genehmigungsbedürftiger Anlagen** obliegt teils den Gewerbeaufsichtsämtern, teils den unteren (allgemeinen) Verwaltungsbehörden (vgl. § 2 BImSchGZuVO BW). Eine ähnliche Aufgabenteilung besteht hinsichtlich der **Ermittlung von Emissionen und Immissionen** (s. o. Rn. 117ff.) i. S. der §§ 26ff. BImSchG (vgl. § 3 BImSchGZuVO BW, § 2 Abs. 1 Nr. 1, 4 und 5 ZustVO HE), soweit die Bundesländer diese Aufgaben nicht stärker bei der Gewerbeaufsicht konzentrieren (so z. B. § 2 ZustVO Rh.-Pf.). Entsprechend den unterschiedlichen Organisationsmustern der Länder ist es auch entweder *überwiegend* die Gewerbeaufsicht oder allgemein die untere Verwaltungsbehörde (z. B. Kreisverwaltungsbehörde), der die **Überwachung** nach § 52 BImSchG (s. o. Rn. 122) obliegt (vgl. nur § 5 BImSchGZuVO BW einerseits, Art. 4 BayImSchG andererseits). In die Zuständigkeit der **Umweltminister** fallen u. a. die Aufstellung von Luftreinhalteplänen (vgl. etwa Art. 8 BayImSchG, § 6 Abs. 1 Nr. 2 ZustVO HE) und die Bekanntgabe austauscharmer Wetterlagen („Smogalarm", s. o. Rn. 169f.) nach den §§ 40 S. 2 und 49 Abs. 2 S. 2 BImSchG (vgl. § 3 Abs. 2 ZustVO Rh.-Pf.).

[351] ZustVO AItG Anlage (Zusammenstellung in Anlehnung an das dortige Abkürzungsverzeichnis).

Demgegenüber fallen die nicht spezifisch hoheitlichen Beobachtungsaufgaben i. S. der §§ 44 und 46 BImSchG (s. o. Rn. 171) typischerweise in den Aufgabenkreis der verschiedenen im Umweltschutz tätigen **Landesanstalten** bzw. **Landesämter** (s. o. Rn. 173, vgl. etwa Art. 6 Abs. 2 BayImSchG, § 7 ZustVO HE, anders wiederum § 3 Abs. 4 ZustVO Rh.-Pf.). Auch insoweit gleicht freilich keine Landesregelung der anderen.

L. Rechtsschutzfragen

I. Rechtsstellung Dritter

Während im Verwaltungsverfahren (Anhörungsverfahren) Einwendungen von jedermann vorgebracht werden können, setzt der Rechtsschutz – im übrigen auch schon das Widerspruchsverfahren (s. o. Rn. 71) – die Geltendmachung subjektiver Rechte voraus (Klagebefugnis gemäß § 42 Abs. 2 VwGO). 176

Da das Konfliktdreieck Betreiber–Staat–Dritte für das Immissionsschutzrecht typisch ist, kommt der Abgrenzung der subjektiven Rechte Dritter ganz erhebliche Bedeutung zu. Drittwiderspruch bzw. Anfechtungsklage gegen eine Anlagengenehmigung sind nur zulässig, wenn der Kläger geltend machen kann, in eigenen Rechten verletzt zu sein. Nach der herrschenden **Schutznormtheorie** folgen subjektive Rechte Dritter nur aus Normen, die zumindest auch dem Schutz des Dritten zu dienen bestimmt sind. Der dritt- bzw. nachbarschützende Charakter einer Norm ist hiernach insbesondere indiziert, wenn das geschützte Individualinteresse, die Art seiner Verletzung und der Kreis der geschützten Personen hinreichend deutlich bestimmt und abgegrenzt sind (vgl. auch § 5 Rn. 16).[352]

Von den Genehmigungsvoraussetzungen des § 6 BImSchG ist insbesondere der **Schutzgrundsatz** des § 5 Abs. 1 Nr. 1 BImSchG als nachbarschützend anerkannt.[353] In räumlicher Hinsicht Schwierigkeiten bereitet indes die Abgrenzung der **Nachbarschaft,** die wegen der Wirkungsweise von Emissionen einerseits nicht auf unmittelbare Anrainer begrenzt werden kann, andererseits aber auch nicht zur Popularklage führen darf (s. § 5 Rn. 23ff.). Die Emissionen von Kraftwerken und vielen großen Industriebetrieben berühren bereits im Normalbetrieb Tausende in ihrem Umkreis. Der Kreis vergrößert sich noch bei Berücksichtigung möglicher Störfälle. Ob dies zulässig ist, ist freilich streitig (s. u. Rn. 178). 177

Diese Problematik stellt sich noch erheblich verschärft im Strahlenschutzrecht (s. § 8 Rn. 77).

Für die Nachbarstellung im Sinne des Bundes-Immissionsschutzgesetzes verlangt das BVerwG ein **Betroffensein,** „das sich deutlich abhebt von den Auswirkungen, die den Einzelnen als Teil der Allgemeinheit treffen können; sie setzt im Interesse klarer und überschaubarer Konturen und damit letztlich im Interesse der Rechtssicherheit ein besonderes Verhältnis zur Anlage im Sinne einer engen räumlichen und

---

[352] Vgl. BVerwGE 27, 29; 32, 173; 36, 248; 41, 58 (st. Rspr.); i. ü. *Redeker/v. Oertzen,* VwGO, 8. Aufl., 1981, § 42 Rn. 16; *Eyermann/Fröhler,* VwGO, 8. Aufl., 1985, § 42 Rn. 96ff. Eingehend zum Rechtsschutz Dritter bei Anlagengenehmigungen nach dem BImSchG *Jarass,* NJW 1983, 2844ff., sowie *Pape,* Die Rechtsstellung des Nachbarn nach dem Bundes-Immissionsschutzgesetz, Diss. jur. Bonn 1984.

[353] Vgl. BVerwGE 65, 313 (320); 68, 58 (59), sowie im Schrifttum statt vieler *Jarass* (FN 79), § 5 BImSchG Rn. 45; *Marburger* (FN 136), C 57f.; *Stich/Porger* (FN 286), § 5 BImSchG Anm. 21.

zeitlichen Beziehung des Bürgers zum Genehmigungsgegenstand voraus".[354] So genügt beispielsweise nicht der nur gelegentliche, besuchsweise Aufenthalt. Andererseits muß ein Kläger jedoch nicht seinen Lebensmittelpunkt im Einwirkungsbereich der Anlage haben. Klagebefugt sind danach jedenfalls Grundstückseigentümer, aber auch Bewohner (Mieter) und Personen, die im Einwirkungsbereich der Anlage arbeiten.[355]

178 Für die Abgrenzung der Nachbarschaft im räumlichen Sinne sollen die Festlegungen der **Meßgebiete** nach der TA Luft bzw. TA Lärm wichtige Anhaltspunkte sein, ohne daß jedoch der Kreis der Anfechtungskläger durch das Meßgebiet zwingend begrenzt würde.[356] Abzustellen ist nach herrschender Meinung auf die Auswirkungen der Anlage bei **Normalbetrieb,** nicht auf einen denkbaren **Störfall.**[357] Als ungefähre Orientierung mag dies angehen, den Anforderungen einer juristischen Ableitung genügt die Berufung auf technische Regelwerke wegen deren fehlenden Rechtsnormcharakters freilich nicht (s. auch § 2 Rn. 40ff.).

179 Für § 5 Abs. 1 Nr. 2 BImSchG hat das BVerwG eine drittschützende Wirkung demgegenüber verneint.[358] Dem **Vorsorgegrundsatz** fehlt in der Tat ein greifbarer Individualbezug. Das gleiche gilt für den in § 5 Abs. 1 Nr. 3 BImSchG statuierten Entsorgungsgrundsatz und wohl auch für den neuen Grundsatz der Abwärmenutzung in § 5 Abs. 1 Nr. 4 BImSchG.[359] Eindeutig nachbarschützenden Charakter besitzt hingegen § 17 BImSchG, der **nachträgliche Anordnungen** ausdrücklich im Interesse der Nachbarschaft zuläßt. Ein Nachbar hat daher einen Rechtsanspruch auf eine nachträgliche Anordnung, sofern deren gesetzliche Voraussetzungen vorliegen.[360] Nachbarklagen können sich schließlich auch gegen Entscheidungen im **gestuften Verwaltungsverfahren** richten, wobei §§ 8 und 9 BImSchG allerdings nicht als solche drittschützend sind, sondern Drittschutz nur nach Maßgabe der jeweils zugrunde liegenden Sachnorm vermitteln.

Noch streitig ist der Umfang des **Nachbarschutzes gegenüber nicht genehmigungsbedürftigen Anlagen.** Da die §§ 24 und 25 Abs. 2 BImSchG der Behörde ein Ermessen zum Einschreiten einräumen, sehen einige Stimmen im Schrifttum zumindest nach § 24 BImSchG einen Rechtsanspruch des Dritten als ausgeschlossen an.[361] Die Ermessensregelung kann indes nur bedeuten, daß der Nachbar im Regelfall keine Vornahme-, sondern nur eine Bescheidungsklage erheben kann.[362] Bei entsprechender Gefahrenverdichtung kommt auch eine sog. Ermessensreduzierung auf Null in

---

[354] BVerwG, DVBl. 1983, 183f., 183.

[355] *Jarass,* NJW 1983, 2844ff., 2847 m. w. N. Zur Berücksichtigung des Orts der Berufsausübung OVG Lüneburg, DVBl. 1977, 347f., 348. Die im emittierenden Betrieb selbst Beschäftigten können Abwehransprüche (nur) aus dem Arbeitsschutzrecht herleiten.

[356] Str., vgl. OVG Lüneburg, GewArch. 1981, 341, und *Jarass,* NJW 1983, 2844ff., 2847 einerseits, *Horn,* UPR 1983, 215ff., 226 andererseits.

[357] *Thieme,* NJW 1976, 705ff., 706.

[358] BVerwGE 65, 313 (320). Vgl. auch den umfassenden Rechtsprechungs- und Schrifttumsnachweis bei *Marburger* (FN 136), C 60f. Anm. 269.

[359] *Marburger* (FN 136), C 63f. m. w. N.

[360] *Ule/Laubinger* (FN 90), § 17 BImSchG Rn. 9 m. w. N.

[361] *Sellner,* NJW 1976, 265ff.; *Sellner/Loewer,* WiVerw. 1980, 240ff.

[362] *Kutscheidt* (FN 49), S. 287; *ders.,* NVwZ 1983, 65ff., 72; *Breuer* (FN 80), S. 678; *ders.,* NJW 1977, 1025ff.; OVG Lüneburg, GewArch. 1979, 345. Zur Terminologie und zu den Unterteilungen der Verpflichtungsklage vgl. allgemein *Pietzner/Ronellenfitsch,* Das Assessorexamen im Öffentlichen Recht, 6. Aufl., 1987, S. 73ff.

Betracht. Eine andere Auslegung würde im übrigen zu einer kaum vertretbaren Diskrepanz zur behördlichen Untersagungsverpflichtung nach § 20 Abs. 2 S. 2 BImSchG – der Regelung für genehmigungsbedürftige Anlagen – führen.

Schließlich ist zur Klagebefugnis noch auf den vom BVerwG entwickelten Grundsatz hinzuweisen, wonach sich die **Substantiierungslast** im Einzelfall nach dem Umfang der offengelegten Genehmigungsunterlagen richtet (vgl. auch § 5 Rn. 22).[363] **Verfahrensfehler** bei der Öffentlichkeitsbeteiligung ziehen zwar nicht automatisch die Klagebefugnis nach sich, führen aber zu entsprechend geringeren Anforderungen an die Darlegung der Klagebefugnis. 180

II. Maßgebliche Sach- und Rechtslage

Wegen der häufig langen Verfahrensdauer kommt gerade im Immissionsschutzrecht der Frage erhebliche Bedeutung zu, ob der gerichtlichen Entscheidung – namentlich bei Drittanfechtungsklagen – die Sach- und Rechtslage zum Zeitpunkt der **letzten Verwaltungsentscheidung** oder aber im Zeitpunkt der **letzten mündlichen Verhandlung** zugrunde zu legen ist (vgl. allgemein § 5 Rn. 37ff.). 181

Nach dem allgemeinen Verwaltungsprozeßrecht ist bei Anfechtungsklagen (außer bei Dauerverwaltungsakten, z. B. Untersagungen) der Zeitpunkt der letzten behördlichen Entscheidung (in der Regel des Widerspruchsbescheides), bei Verpflichtungsklagen hingegen der Zeitpunkt der letzten mündlichen Verhandlung vor Gericht entscheidend.[364]

Für den Übergang von der Gewerbeordnung zum Bundes-Immissionsschutzgesetz enthält § 67 Abs. 4 BImSchG eine ausdrückliche Regelung. Ob der darin enthaltene Grundsatz, daß bei Rechtsänderungen während eines laufenden Verfahrens das neue Recht anzuwenden ist,[365] verallgemeinerungsfähig ist und auch veränderte Sachlagen einschließt, ist allerdings umstritten.[366]

Gleichsam zwischen Änderung der Rechtslage und Änderung der Sachlage stehen **Fortentwicklungen des Standes der Technik,** die eine besonders große Rolle spielen. Die Frage stellt sich im gesamten Umweltrecht. Im Atomrecht hat das BVerwG grundsätzlich den Stand der Wissenschaft und Technik im Zeitpunkt der Erteilung des Genehmigungsbescheides für maßgeblich erachtet (s. § 8 Rn. 84).[367] Dem ist das OVG Münster für das Immissionsschutzrecht gefolgt.[368] Hiervon machte die Rechtsprechung jedoch zunächst eine wichtige Ausnahme für den Fall, daß neuere Erkenntnisse die Sicherheit der Anlage in Frage stellen. Doch ist die Durchsetzung veränderter Anforderungen an die Anlagensicherheit in erster Linie keine Aufgabe

---

[363] BVerwG, DVBl. 1983, 183f., 184 (unter Hinweis auf BVerwGE 61, 256, 275).

[364] Ganz h. M. Vgl. zur Anfechtungsklage BVerwGE 1, 35 (Ls., 37); 28, 292 (297); 51, 291 (292) – st. Rspr.; *Kopp,* VwGO, 7. Aufl., 1986, § 113 Rn. 23; *Ule,* Verwaltungsprozeßrecht, 9. Aufl., 1987, S. 304; teilweise abweichend *Tschira/Schmitt Glaeser,* Verwaltungsprozeßrecht, 9. Aufl., 1988, Rn. 723. Vgl. zur Verpflichtungsklage *Kopp,* op. cit., § 113 Rn. 95; *Tschira/Schmitt Glaeser,* op. cit., Rn. 729; *Ule,* op. cit., S. 302.

[365] BVerwGE 50, 49 (52); BVerwG, UPR 1983, 66f., 67.

[366] Vgl. BVerwGE 34, 155; 37, 152; 65, 313 (315f.); BVerwG, NJW 1970, 263f.; DVBl. 1982, 960ff., 962 (Krümmel); s. i. ü. *Eyermann/Fröhler* (FN 352), § 113 VwGO Rn. 1ff. m. w. N.

[367] BVerwGE 72, 300 (312); vgl. zuvor BVerwG, DVBl. 1972, 678ff., 680 (Würgassen); DVBl. 1982, 960ff., 962, sowie *Breuer,* DVBl. 1981, 300ff.

[368] OVG Münster, UPR 1984, 277ff.

der Gerichte, sondern der Behörden, die hierfür in den §§ 17 und 21 BImSchG ein angemessenes Instrumentarium besitzen (vgl. § 5 Rn. 38). Die im Wyhl-Urteil des BVerwG[369] erkennbar gewordene Abkehr von seinem früheren Ausnahmevorbehalt verdient daher auch im Immissionsschutzrecht Zustimmung.

III. Gerichtliche Kontrolldichte

182 Die Frage der Abschichtung von Verwaltungsverantwortung und richterlicher Kontrollkompetenz stellt sich in dem von unbestimmten Rechtsbegriffen und Techniklauseln mitgeprägten Immissionsschutzrecht kaum weniger dringend als in anderen Bereichen des Umweltrechts (vgl. allgemein § 5 Rn. 40ff.). Im Voerde-Urteil hatte das BVerwG[370] im Hinblick auf die Genehmigungsvoraussetzungen des § 6 BImSchG noch eine uneingeschränkte Letztentscheidungskompetenz für sich in Anspruch genommen (s. o. Rn. 31). Der im Wyhl-Urteil[371] (wenn auch zunächst nur im Hinblick auf die atomrechtliche Anlagengenehmigung) vollzogene Rechtsprechungswandel (s. § 5 Rn. 41 und § 8 Rn. 82) dürfte indes auch die Kontrolldichte im Immissionsschutzrecht nicht unberührt lassen.

---

[369] BVerwGE 72, 300 (312) – Wyhl; vgl. zuvor *Kopp* (FN 364), § 113 Rn. 24; i. d. S. wohl auch BVerwG, DVBl. 1982, 960ff., 962 (Krümmel), das die Frage aufwirft, ob sich die im Würgassen-Urteil gemachte Einschränkung aufrecht erhalten läßt.

[370] BVerwGE 55, 250 (253f.).

[371] BVerwGE 72, 300 (316f.).

§ 8 Atom- und Strahlenschutzrecht

Schrifttum: *Albers,* Atomgesetz und Berstsicherung für Druckwasserreaktoren, DVBl. 1978, 22ff.; *ders.,* Gerichtsentscheidungen zu Kernkraftwerken, 1980; *ders.,* Die Krise der Verwaltungsgerichte und der Grundrechtsschutz im Atomrecht, in: Festschrift für Helmut Simon, 1987, S. 519ff.; *Aurand/Gans/Rühle,* Radioökologie und Strahlenschutz, 1982; *Badura,* Eigentumsschutz der drittbetroffenen Gemeinde im atomrechtlichen Genehmigungsverfahren – BVerfGE 61, 82, JZ 1984, 14ff.; *Battis,* Standortplanung für Kernkraftwerke – OVG Münster, NJW 1976, 2360, JuS 1977, 162ff.; *W. Baumann,* Betroffensein durch Großvorhaben – Überlegungen zum Rechtsschutz im Atomrecht, BayVBl. 1982, 257ff., 292ff.; *ders.,* Der Grundrechtsvorbehalt der „sozialadäquaten technisch-zivilisatorischen Risiken" und der „exekutive Gestaltungsspielraum" im Atomrecht, JZ 1982, 749ff.; *Benda,* Technische Risiken und Grundgesetz, et 1981, 868ff.; *Bender,* Gefahrenabwehr und Risikovorsorge als Gegenstand nukleartechnischen Sicherheitsrechts, NJW 1979, 1425ff.; *ders.,* Nukleartechnische Risiken als Rechtsfrage, DÖV 1980, 633ff.; *ders.,* Abschied vom „Atomstrom"?, DÖV 1988, 813ff.; *Bethge,* Grundrechtsverwirklichung und Grundrechtssicherung durch Organisation und Verfahren, NJW 1982, 1ff.; *P. Bettermann,* Gefahrenabwehr im nichtnuklearen und nuklearen technischen Sicherheitsbereich, Diss. jur. Münster 1981; *Birkhofer/Lukes* (Hg.), Normalisierung der friedlichen Nutzung der Kernenergie, 1985; *Bischof,* Röntgenverordnung mit Durchführungsvorschriften (Kommentar), 1977; *ders.,* Die Begriffe „Störfall" und „Unfall" im Atomenergierecht, et 1980, 592ff.; *ders.,* EG-Strahlenschutzrecht durch unmittelbar verbindliche Verordnung?, UPR 1988, 81ff.; *ders./Pelzer,* Strahlenschutzrecht (2 Bde.), 1979/1983; *ders./Pelzer/Rauschning,* Das Recht der Beseitigung radioaktiver Abfälle, 1977; *Bismark,* Atomwaffenfreie Bundesländer?, DVBl. 1983, 829ff.; *J. G. Blomeyer,* Die Kanalisierung der Haftung im Atomrecht aus versicherungsrechtlicher Sicht, Diss. jur. Berlin 1971; *Blümel,* Die Standortvorsorgeplanung für Kernkraftwerke und andere umweltrelevante Großvorhaben in der Bundesrepublik Deutschland, DVBl. 1977, 301ff.; *Breuer,* Gefahrenabwehr und Risikovorsorge im Atomrecht, DVBl. 1978, 829ff.; *ders.,* Die Bindungswirkung von Bescheiden – insbesondere Zwischenbescheiden – und Präklusion, in: Sechstes Deutsches Atomrecht-Symposium, 1980, S. 243ff.; *ders.,* Die Bedeutung der Entsorgungsvorsorgeklausel im atomrechtlichen Teilgenehmigungsverfahren, VerwArch. 72 (1981), 261ff.; *ders.,* Der Störfall im Atom- und Immissionsschutzrecht, WiVerw. 1981, 219ff.; *ders.,* Die Planfeststellung für Anlagen zur Endlagerung radioaktiver Abfälle, 1984; *Büdenbender/Mutschler,* Bindungs- und Präklusionswirkung von Teilentscheidungen nach dem BImSchG und dem AtG, 1979; *dies.,* Zur Aufspaltung der sofortigen Vollziehung von atomrechtlichen Teilentscheidungen, et 1979, 333ff.; *van Buiren/Ballerstedt/Grimm,* Richterliches Handeln und Technisches Risiko, 1982; *Burmeister/Ossenbühl/Friauf/Papier,* Rechtsfragen des Genehmigungsverfahrens von Kernkraftwerken, 1978; *Czajka,* Das Strahlenschutzvorsorgegesetz, NVwZ 1987, 556ff.; *Däubler,* Haftung für Atomschäden – ein ungelöstes Problem?, ZRP 1986, 227ff.; *ders.,* Haftung für gefährliche Technologien. Das Beispiel Atomrecht, 1988; *Degenhart,* Gerichtliche Kontrollbefugnisse und Drittklage im Kernenergierecht, et 1981, 203ff.; *ders.,* Kernenergierecht, 2. Aufl., 1982; *ders.,* Kernenergierecht in der Entwicklung, et 1983, 230ff.; *ders.,* Technischer Fortschritt und Grundgesetz: Friedliche Nutzung der Kernenergie, DVBl. 1983, 926ff.; *Eriskat/v. Pander,* Die neuen Euratom-Strahlenschutzrichtlinien und ihre Anwendung in den Mitgliedstaaten der europäischen Gemeinschaften, DVBl. 1984, 69ff.; *Feldhaus,* Einführung in die Störfallverordnung, WiVerw. 1981, 191ff.; *Fischerhof,* Deutsches Atomgesetz und Strahlenschutzrecht (Kommentar), Bd. I, 2. Aufl., 1978; *ders.,* Zur Genehmigung von Kompaktlagern, et 1980, 499ff.; *Franzen,* Das atomrechtliche Genehmigungsverfahren für kerntechnische Anlagen, 1981; *Frederichs,* Ursachen und Entwicklungstendenzen der Opposition gegen die Kernenergie, ZfU 1980, 681ff.; *Friauf,* Das Standortplanfeststellungsverfahren als Rechtsproblem, in: Börner (Hg.), Rechtsfragen des Genehmigungsverfahrens von Kernkraftwerken, 1978, S. 63ff.; *Goerlich,* Schutzpflicht – Grundrechte – Verfahrensschutz, NJW 1981, 2616f.; *Götz,* Zur Rechtsprechung der Verwaltungsgerichte in Kernkraftwerksprozessen, atw 1977, 404ff.; *Goldschmidt,* Das Problem einer völkerrechtlichen Gefährdungshaftung unter Berücksichtigung des Atom- und Weltraumrechts, 1978; *Günther/Tretschok,* Vom Strahlenschutz zur Informationsherrschaft über Strahlen, KJ 1987, 53ff.; *Haedrich,* Atomgesetz (Kommentar), 1986; *ders.,* Neuere Entwicklungen im Atomrecht, et 1988, 631ff.; *Hanning/Schmieder,* Gefahrenabwehr und Risikovorsorge im Atom- und Immissionsschutzrecht, DB 1977 Beilage Nr. 14; *Hansmann,* Die Umweltverträglichkeitsprüfung im atomrechtlichen Genehmigungsverfahren, in: Fünftes Deutsches Atomrechts-Symposium, 1977, S. 93ff.; *ders.,* Sicherheitsanforderungen im Atomrecht und im Immissionsschutzrecht, DVBl. 1981, 898ff.; *ders.,* Zum Anlagenbegriff des § 7 I AtG, NVwZ 1983, 16ff.; *ders.,* Genehmigungsrechtliche Behandlung von Änderungen in einem laufenden Verfahren nach § 7 AtG, NVwZ 1985, 27ff.; *Henseler,* Kompetenzkonflikte paralleler Gestattungsverfahren am Beispiel der Genehmigung von Atomanlagen, DVBl. 1982, 390ff.; *Herkommer/Wollenschläger,* Anlagensicherung, Arbeitsschutz und Betriebsverfassung im Atomrecht, UPR 1982, 313ff.; *Hoffmann-Riem/Rubbert,* Atomrechtlicher Erörterungstermin und Öffentlichkeit, 1984; *H. Hofmann,* Rechtsfragen der atomaren Entsorgung, 1981; *ders.,*

Atomgesetz und Recht auf Leben und Gesundheit, BayVBl. 1983, 33ff.; *Hohlefelder,* Einführung einer unbegrenzten Haftung im Atomrecht unter besonderer Berücksichtigung der Internationalen Nuklearhaftungskonventionen, et 1984, 877ff.; *Hoppe/Bunse,* Verfahrensrechtliche Probleme bei der Errichtung von Anlagen zur Endlagerung radioaktiver Stoffe, DVBl. 1984, 1033ff.; *Institut für Völkerrecht der Universität Göttingen/Bundesminister des Innern* (Hg.), Drittes Deutsches Atomrechts-Symposium, 1975; Viertes Deutsches Atomrechts-Symposium, 1976; Fünftes Deutsches Atomrechts-Symposium, 1977; *J. Ipsen,* Einwendungsbefugnis und Einwendungsausschluß im atomrechtlichen Genehmigungsverfahren, DVBl. 1980, 146ff.; *ders.,* Die Genehmigung technischer Großanlagen, AöR 107 (1982), 259ff.; *Jakobs,* Der Grundsatz der Verhältnismäßigkeit mit einer exemplarischen Darstellung seiner Geltung im Atomrecht, 1985; *Kanno,* Gefährdungshaftung und rechtliche Kanalisierung im Atomrecht, 1967; *Kimminich,* Atomrecht, 1974; *ders.,* Zur Genehmigungsfähigkeit von Kompaktlagern in Kernkraftwerken, et 1982, 502ff.; *Klante,* Erste Teilerrichtungsgenehmigung und Vorbescheid im Atomrecht, 1984; *ders.,* Der Regelungsgehalt der ersten atomrechtlichen Teilgenehmigung, BayVBl. 1987, 5ff.; *Kloepfer,* Internationalrechtliche Probleme grenznaher Kernkraftwerke, ArchVR 25 (1987), 277ff.; *ders./Kohler,* Kernkraftwerk und Staatsgrenze, 1981; *Knüppel,* Die Untätigkeitsklage im atomrechtlichen Genehmigungsverfahren, et 1979, 467ff.; *ders.,* Zur Zulässigkeit der Einrichtung von Kompaktlagern in Kernkraftwerken, DÖV 1981, 19ff.; *Kopp,* Prioritätsprobleme zwischen Energierecht und Umweltschutzrecht, WiVerw. 1977, 129ff.; *Kramer,* Die nach dem Atomgesetz erforderliche Schadensvorsorge als Grundrechtsproblem, NJW 1981, 260ff.; *ders./Zerlett,* Strahlenschutzverordnung (Kommentar), 2. Aufl., 1980; *dies.,* Deutsches Strahlenschutzrecht, Bd. 2: Röntgenverordnung (Kommentar), 1983; *Kröncke,* Die Genehmigung von Kernkraftwerken, 1982; *Kuckuck,* Zum Ausbau der atomrechtlichen Haftung, DVBl. 1981, 564ff.; *G. Kühne,* Bergrechtliche Aspekte der Endlagerung radioaktiver Stoffe, DVBl. 1985, 207ff.; *ders.,* Haftung bei grenzüberschreitenden Schäden aus Kernreaktorunfällen, NJW 1986, 2139ff.; *Kuhnt,* Verfahrensrechtliche Probleme in der Rechtsprechung zum Atomrecht, atw 1977, 406ff.; *Kutscheidt,* Die nach dem Stand von Wissenschaft und Technik erforderliche Vorsorge gegen Schäden, in: Sechstes Deutsches Atomrecht-Symposium, 1980, S. 71ff.; *ders.,* Das stillgelegte Atomkraftwerk, NVwZ 1987, 33ff.; *Ladeur,* „Praktische Vernunft" im Atomrecht, UPR 1986, 361ff.; *ders.,* Zum planerischen Charakter der technischen Normen im Umweltrecht – Zugleich ein Beitrag zum Wyhl-Urteil des BVerwG, UPR 1987, 253ff.; *Lange,* Rechtliche Aspekte eines „Ausstiegs aus der Kernenergie", NJW 1986, 2459ff.; *Lerche,* Kernkraft und rechtlicher Wandel, 1981; *Lieb,* Kernkraftwerke – Eine Überforderung des polizeirechtlichen Gefahrenbegriffs?, ZfU 1978, 279ff.; *Loeffler,* Parlamentsvorbehalt im Kernenergierecht, 1985; *Luckow,* Nukleare Brennstoffkreisläufe im Spiegel des Atomrechts, 1988; *Lukes* (Hg.), Erstes Deutsches Atomrechts-Symposium, 1973; Zweites Deutsches Atomrechts- Symposium, 1974; Sechstes Deutsches Atomrechts-Symposium, 1980; Siebtes Deutsches Atomrechts-Symposium, 1983; *ders.,* Das Atomrecht im Spannungsfeld zwischen Technik und Recht, NJW 1978, 241ff.; *ders.,* Die Verwendung von Risikoanalysen in der Rechtsordnung unter besonderer Berücksichtigung des Kernenergierechts, BB 1978, 317ff.; *ders.,* Die nach dem Stand von Wissenschaft und Technik erforderliche Vorsorge gegen Schäden, in: Sechstes Deutsches Atomrecht-Symposium, 1980, S. 49ff.; *ders.,* Änderungsgenehmigung und Öffentlichkeitsbeteiligung im atomrechtlichen Verfahren, NJW 1983, 1753ff.; *ders.,* Rechtsfragen eines Verzichts auf die friedliche Nutzung der Kernenergie, et 1987, 361ff.; *ders./Backherms,* Die Berücksichtigung von Kriegseinwirkungen im atomrechtlichen Genehmigungsverfahren, AöR 103 (1978), 334ff.; *ders./Bischof/Pelzer,* Sachverständigentätigkeit im atomrechtlichen Genehmigungs- und Aufsichtsverfahren in der Bundesrepublik Deutschland, Frankreich, Großbritannien und den USA, 1980; *ders./Dauk,* Die Auswirkungen der Entsorgungsregelung des § 9a AtG auf den Anlagengenehmigungstatbestand des § 7 Abs. 2 AtG, et 1979, 667ff.; *ders./Hanning,* Umweltverträglichkeitsprüfung im atomrechtlichen Genehmigungsverfahren, DB 1977, 1981ff.; *ders./Kanazawa* (Hg.), Zweites Japanisch-Deutsches Atomrechts-Symposium, 1984; *ders./Richter,* Bevölkerungsrisiko und Strahlenminimierungsgebot, NJW 1981, 1401ff.; *Marburger,* Die Regeln der Technik im Recht, 1979; *ders.,* Der Verhältnismäßigkeitsgrundsatz bei der atomrechtlichen Schadensvorsorge, in: Siebtes Deutsches Atomrechts-Symposium, 1983, S. 45ff.; *ders.,* Überlegungen zur Konkretisierung der nach dem Stand von Wissenschaft und Technik erforderlichen Schadensvorsorge im Atomrecht, et 1984, 209ff.; *ders.,* Atomrechtliche Schadensvorsorge, 2. Aufl., 1985; *W. Martens,* Suspensiveffekt, Sofortvollzug und vorläufiger gerichtlicher Rechtsschutz bei atomrechtlichen Genehmigungen, 1983; *Mohr,* Die Kanalisierung der Haftung unter Berücksichtigung des Atomrechts, 1970; *Münch/Renn/Roser* (Hg.), Technik auf dem Prüfstand, 1982; *Mumm/Schattke,* Mehr Rechtssicherheit für Bürger, Betreiber und Behörden, DVBl. 1982, 629ff.; *Murswiek,* Die staatliche Verantwortung für die Risiken der Technik, 1985; *v. Mutius,* Akteneinsicht in atom- und immissionsschutzrechtlichen Genehmigungsverfahren, DVBl. 1978, 665ff.; *ders.,* Die besondere Entscheidung: Der Mülheim-Kärlich-Beschluß des BVerfG: Grundrechtsschutz durch Verfahren, Jura 1984, 529ff.; *ders./Schoch,* Die atomrechtliche Konzeptgenehmigung, DVBl. 1983, 149ff.; *Mutschler,* Nebenbestimmungen zur Anlagengenehmigung und Zulässigkeit ihrer Verwendung zur Ausräumung von Versagungsgründen, 1974; *ders.,* Zur Präklusion in atomrechtlichen und immissionsschutzrechtlichen Genehmigungsverfahren, et 1980, 164ff.; *ders./Feuerborn,* Gegensätze und Probleme im Hinblick auf die Kernenergienutzung, 1975; *Nicklisch,* Das Recht im Umgang mit dem Ungewissen in Wissenschaft und Technik, NJW 1986, 2287ff.; *ders./ Schottelius/Wagner,* Die Rolle des wissenschaftlich-technischen Sachverständigen bei der Genehmigung chemischer und kerntechnischer Anlagen, 1982; *Nolte,* Rechtliche Anforderungen an die technische Sicherheit von Kernanlagen, 1984; *Obenhaus,* Die Umweltverträglichkeitsprüfung im atomrechtlichen Genehmigungsverfahren, in: Fünftes Deutsches Atomrechts-Symposium, 1977, S. 73ff.; *ders./Kuckuck*, Funktion und Strukturmerkmale des Begriffes „Stand der Wissenschaft und Technik" für die erforderliche Schadensvorsorge im Atomrecht, DVBl. 1980, 154ff.; *Ossenbühl*, Die gerichtliche Überprüfung der Beurteilung technischer und wirtschaftlicher Fragen in Genehmigungen des Baus von Kernkraftwerken, DVBl. 1978, 1ff.; *ders.*, Die Freigabepraxis im atomrechtlichen Genehmigungsverfahren, DVBl. 1980, 803ff.; *ders.*, Regelungsgehalt und Bindungswirkung der 1. Teilgenehmigung im Atomrecht, NJW 1980, 1353ff.; *ders.*, Änderungsgenehmigung und Öffentlichkeitsbeteiligung im Atomrecht, DVBl. 1981, 65ff.; *ders.*, Die Bewertung von Risiken kerntechnischer Anlagen aus rechtlicher Sicht, in: Blümel/Wagner (Hg.), Technische Risiken und Recht, 1981, S. 45ff.; *ders.*, Zur Bedeutung von Verfahrensmängeln im Atomrecht, NJW 1981, 375ff.; *ders.*, Kernenergie im Spiegel des Verfassungsrechts, DÖV 1981, 1ff.; *ders.*, Rechtsanspruch auf Erteilung atomrechtlicher Genehmigungen und Versagungsermessen, et 1983, 665ff.; *Ost/Pelzer*, Kann der Bund im atomrechtlichen Verwaltungsverfahren Landesbehörden anweisen?, atw 1979, 22ff.; *Paffrath- Pfeuffer*, Die atomverwaltungsrechtliche Problematik der Kompaktlagerung abgebrannter Brennelemente, Diss. jur. Würzburg 1986; *F.-J. Peine*, Verfassungsprobleme des Strahlenschutzvorsorgegesetzes, NuR 1988, 115ff.; *Pelzer*, Rechtsprobleme der Beseitigung radioaktiver Abfälle in das Meer, 1970; *ders.*, Rechtliche Überlegungen zur Entsorgung der Kernkraftwerke, atw 1977, 393ff.; *ders.*, Begrenzte und unbegrenzte Haftung im deutschen Atomrecht, 1982; *ders.*, Atomrechtlicher Schadensausgleich bei ausländischen Nuklearunfällen, NJW 1986, 1664ff.; *ders.*, Aktuelle Probleme des Atomhaftungsrechts nach Tschernobyl, et 1987, 81ff.; *Graf Pestalozza*, Energieversorgung unter Richtervorbehalt, Der Staat 1979, 481ff.; *Pfaffelhuber*, Das Kernenergierecht unter besonderer Berücksichtigung atomrechtlicher Genehmigungs- und Planfeststellungsverfahren, et 1978, 151ff.; *Prasse*, Rechtsprobleme der unterirdischen Endlagerung radioaktiver Abfälle, 1974; *Preuß*, Rechtliche Steuerung der Technologieentwicklung am Beispiel des Atomgesetzes, in: Festschrift für Helmut Simon, 1987, S. 553ff.; *Rabben*, Rechtsprobleme der atomaren Entsorgung, 1988; *Rauschning*, Die Umweltverträglichkeitsprüfung im atomrechtlichen Genehmigungsverfahren, in: Fünftes Deutsches Atomrechts-Symposium, 1977, S. 83ff.; *Rengeling*, Aktuelle verwaltungsrechtliche und verwaltungsgerichtliche Fragen bei der Errichtung von Kernkraftwerken, JZ 1977, 542ff.; *ders.*, Zur konkreten Normenkontrolle beim „Schnellen Brüter", DÖV 1978, 277ff.; *ders.*, Die Konzeptgenehmigung und das vorläufige positive Gesamturteil in der ersten atomrechtlichen Teilgenehmigung, NVwZ 1982, 217ff.; *ders.*, Planfeststellung für die Endlagerung radioaktiver Abfälle, 1984; *ders.*, Der Stand der Technik bei der Genehmigung umweltgefährdender Anlagen, 1985; *ders.*, Probabilistische Methoden bei der atomrechtlichen Schadensvorsorge, 1986; *ders.*, Anlagenbegriff, Schadensvorsorge und Verfahrensstufung im Atomrecht, DVBl. 1986, 265ff.; *ders.*, Atomrechtliche Schadensvorsorge und „Sachverstand", in: Festschrift für Carl Hermann Ule zum 80. Geb., 1987, S. 297ff.; *ders.*, Grenznahe Kernanlagen, WiVerw. 1987, 27ff.; *ders.*, Das neue Strahlenschutzvorsorgegesetz, DVBl. 1987, 204ff.; *Richter*, Nachrüstung von Kernkraftwerken, 1985; *Rittstieg*, Die Konkretisierung technischer Standards im Anlagenrecht, 1982; *Roewer*, Strahlenschutzvorsorgegesetz (Kommentar), 1988; *Ronellenfitsch*, Das atomrechtliche Genehmigungsverfahren, 1983; *ders.*, Die Zulässigkeit sogenannter Vorabzustimmungen zu genehmigungspflichtigen Tätigkeiten bei Brennelementfabriken, et 1986, 797ff.; *Roser*, Zur Stellung der KTA- Regeln im Atomrecht, et 1984, 627ff.; *Roßnagel*, Grundrechte und Kernkraftwerke, 1979; *ders.*, Die Interessenabwägung im Verfahren des vorläufigen Rechtsschutzes gegen mehrstufige Anlagengenehmigungen, GewArch. 1980, 145ff.; *ders.*, Bedroht Kernenergie unsere Freiheit?, 2. Aufl., 1983; *ders.*, Zum Schutz kerntechnischer Anlagen gegen Angriffe von außen, ZRP 1983, 59ff.; *ders.*, Radioaktiver Zerfall der Grundrechte?, 1984; *ders.* (Hg.), Recht und Technik im Spannungsfeld der Kernenergiekontroverse, 1984; *ders.*, Wie dynamisch ist der „dynamische Grundrechtsschutz" des Atomrechts?, NVwZ 1984, 137ff.; *ders.*, Nachbesserungspflichten des Gesetzgebers im Atomrecht, JZ 1985, 714ff.; *ders.*, Plutonium und der Wandel der Grundrechte, ZRP 1985, 81ff.; *ders.*, Zum rechtlichen und wirtschaftlichen Bestandsschutz von Atomkraftwerken, JZ 1986, 716ff.; *ders.*, Wesentliche Änderungen durch „Vorabzustimmungen" – ein neues rechtliches Instrument des Atomrechts, DVBl. 1987, 65ff.; *Roth-Stielow*, Grundrechtsschutz und Schadensausschluß im Atomrecht, DÖV 1979, 167f.; *Salzwedel*, Vorbescheid und Teilerrichtungsgenehmigung im Gewerbe- und Atomrecht – Bindungswirkung für nachfolgende wasserrechtliche Entscheidungen, ZfW 1972, 85ff.; *Schachtschneider*, Der Rechtsbegriff „Stand von Wissenschaft und Technik" im Atom- und Strahlenschutzrecht, in: Thieme (Hg.), Umweltschutz im Recht, 1988, S. 81ff.; *Schattke*, Grenzen des Strahlenminimierungsgebots im Kernenergierecht, DVBl. 1979, 652ff.; *ders.*, Rechtsfragen im Zusammenhang mit der Konkretisierung der Strahlenschutzgrundsätze, in: Sechstes Deutsches Atomrechts-Symposium, 1980, S. 101ff.; *ders.*, Gerechte Verteilung begrenzter Entschädigungssummen bei nuklearen Großschäden, et 1985, 179ff.; *Schiwy*, Strahlenschutzvorsorgegesetz (Kommentar), 1987ff.; *Schmatz/Nöthlichs*, Strahlenschutz, radioaktive Stoffe, Röntgengeräte, Beschleuniger (Handbuch des Strahlenschutzrechts mit Erl.), 2. Aufl., 1985ff.; *Chr. Schmidt*, Der Ausstieg des Bundesverwaltungsgerichts aus der atomrechtlichen Kontrolle, KJ 1986, 470ff.; *Schmidt-Aßmann*, Institute gestufter Verwaltungsverfahren: Vorbescheid und Teilgenehmigung, in: Festschrift zum 25jährigen Bestehen des Bundesverwaltungsgerichts, 1978, S. 569ff.; *Schmieder*, Atomanlagengenehmigung und Bestandsschutz von Atomanlagen bei nachrückender Industrieansiedlung, 1977; *Schmitt Glaeser*, Planende Behörden, protestierende Bürger und überforderte Richter – Rechtliche Aspekte zur Genehmigung von Kernkraftwerken, Landkr. 1976, 442ff.; *Schoch*, Die atomrechtliche „Konzeptgenehmigung", DVBl. 1983, 149ff.; *Schuy*, Vorläufiger Rechtsschutz im atomrechtlichen

Genehmigungsverfahren, 1986; *Schwarzer/Eichner,* Der Kerntechnische Ausschuß (KTA), et 1984, 377ff.; *Sellner,* Atom- und Strahlenschutzrecht, in: Salzwedel (Hg.), Grundzüge des Umweltrechts, 1982, S. 357ff.; *ders.,* Gestuftes Genehmigungsverfahren, Schadensvorsorge, verwaltungsgerichtliche Kontrolldichte, NVwZ 1986, 616ff.; *Sendler,* Die nach dem Stand von Wissenschaft und Technik erforderliche Vorsorge gegen Schäden, in: Sechstes Deutsches Atomrechts-Symposium, 1980, S. 83ff.; *Smidt,* Reaktorsicherheitstechnik, 1979; *ders.,* Die nach dem Stand von Wissenschaft und Technik erforderliche Vorsorge gegen Schäden, in: Sechstes Deutsches Atomrechts-Symposium, 1980, S. 39ff.; *Sommer,* Aufgaben und Grenzen richterlicher Kontrolle atomrechtlicher Genehmigungen, 1983; *ders.,* Zum Dosisgrenzwertkonzept des § 45 Strahlenschutzverordnung, DÖV 1983, 754ff.; *Steinberg,* Rechtsschutz eines Landes gegen atomrechtliche Weisungen des Bundes, atw 1987, 282ff.; *ders.,* Schutz von Geschäfts- und Betriebsgeheimnissen im atomrechtlichen Genehmigungs- und Aufsichtsverfahren, UPR 1988, 1ff.; *Stober,* Zur Bedeutung des Einwendungsausschlusses im atom- und immissionsrechtlichen Genehmigungsverfahren, AöR 106 (1981), 41ff.; *ders.,* Atomare Entsorgung und Verfassung, et 1983, 585ff.; *Straßburg,* Öffentlichkeitsbeteiligung im Genehmigungsverfahren nach § 6 AtG?, atw 1980, 254ff.; *ders.,* Juristische Aspekte eines künftigen Sicherungssystems kerntechnischer Anlagen, ZRP 1984, 299ff.; *Vieweg,* Atomrecht und technische Normung, 1982; *Graf Vitzthum/März,* Die Standortvorsorgeplanung für Kraftwerke in Baden-Württemberg, VBlBW 1987, 321ff., 369ff.; *H. Wagner,* Untätigkeit des Gesetzgebers im Zusammenhang mit der Errichtung von Kernkraftwerken?, DVBl. 1978, 839ff.; *ders.,* Nochmals: Grundrechtsausschluß und Schadensausschluß im Atomrecht, DÖV 1979, 708ff.; *ders.,* Nutzen und Grenzen wissenschaftlich-technischer Risikoanalysen aus rechtlicher Sicht, BB 1980, 1809ff.; *ders.,* Rechtliche und politische Aspekte beim Bau und Betrieb von Kernanlagen, ZRP 1980, 298ff.; *ders.,* Die Risiken von Wissenschaft und Technik als Rechtsproblem, NJW 1980, 665ff.; *ders.,* Schadensvorsorge bei der Genehmigung umweltrelevanter Großanlagen, DÖV 1980, 269ff.; *ders.,* Rechtliche Relevanz der Aussagen wissenschaftlich-technischer Sachverständiger bei der Genehmigung großtechnischer Anlagen, BB 1982, 210ff.; *ders.,* Fragen zur Entsorgungsregelung nach dem Atomgesetz, DVBl. 1983, 574ff.; *ders.,* Kein Ausstieg aus der Kernenergie durch Gesetzesauslegung, NJW 1987, 411ff.; *ders./Boucsein,* Stillegung nuklearer Anlagen, et 1986, 342ff.; *ders./Nobbe,* Gesetzgeberische Entscheidungen über Standorte von Kernkraftwerken?, et 1978, 694ff.; *ders./Nobbe,* Verfassungsrechtliche Bemerkungen zum Atomgesetz, NJW 1978, 1028ff.; *ders./Ziegler,* Sind Schnellbrütergenehmigungen verfassungswidrig?, atw 1977, 622ff.; *ders./Ziegler,* Der Entsorgungsnachweis bei der Genehmigung von Kernanlagen, DVBl. 1980, 139ff.; *ders./Ziegler/Closs,* Risikoaspekte der nuklearen Entsorgung, 1982; *Wald,* Gemeinden im Atomanlagenverfahren nach § 7 AtG, Diss. jur. München 1978; *A. Weber,* Beteiligung und Rechtsschutz ausländischer Nachbarn im atomrechtlichen Genehmigungsverfahren, DVBl. 1980, 330ff.; *ders.,* Vorbescheid und Teilgenehmigung im Atomrecht, DÖV 1980, 397ff.; *K.-H. Weber,* Regelungs- und Kontrolldichte im Atomrecht, 1984; *Weides,* Noch einmal: Das stillgelegte Atomkraftwerk, NVwZ 1987, 200ff.; *Wendt,* Rechtsfragen des Genehmigungsverfahrens von Kernkraftwerken, DVBl. 1978, 42ff.; *Wilting,* Gestuftes atomrechtliches Genehmigungsverfahren und Bürgerbeteiligung, 1985; *Winnacker/Wirtz,* Das unverstandene Wunder: Kernenergie in Deutschland, 1975; *G. W. Winter,* Bevölkerungsrisiko und subjektives öffentliches Recht im Atomrecht, NJW 1979, 393ff.; *ders./Schäfer,* Zur richterlichen Rezeption natur- und ingenieurwissenschaftlicher Voraussagen über komplexe technische Systeme am Beispiel von Kernkraftwerken, NVwZ 1985, 703ff.; *K.-P. Winters,* Atom- und Strahlenschutzrecht (Erl. Ausgabe), 1978; *Ziegler,* Zur Problematik des Anlagenbegriffs nach dem Atomgesetz, et 1978, 664ff.; *ders.,* Das deutsche Atomrecht vor und nach Tschernobyl, et 1987, 353ff.

A. Ausgangslage

1 Die rechtlichen und außerrechtlichen Auseinandersetzungen um den Umweltschutz kulminieren in der Bundesrepublik Deutschland gewöhnlich in der Frage der **friedlichen Nutzung der Kernenergie.** Dabei stehen die (inzwischen über 35% der inländischen Stromversorgung deckenden) Kernkraftwerke im Mittelpunkt. Die **Strahlenexposition im Normalbetrieb** derartiger Anlagen ist jedoch nur ein Problemaspekt unter anderen. Wichtig sind auch die Wärmebelastung der Umgebung und der als Kühlwasser dienenden Gewässer, vor allem jedoch die **Störfall-Thematik.** Namentlich nach der Explosion eines Kernreaktors im ukrainischen Tschernobyl (UdSSR) am 26. April 1986 und ihren weitreichenden Folgen, hat die Diskussion um die Kernenergie an Schärfe gewonnen. Die durch die Explosion – den solange für ganz unwahrscheinlich gehaltenen sog. Super-GaU (Größter anzunehmender Unfall, s. dazu Rn. 35) – freigewordenen Strahlen waren durch den Wind bis nach Westeuro-

pa geführt worden und haben dort zu einer – insbesondere in Skandinavien erheblichen – radioaktiven Belastung der Umwelt geführt.[1] In der Folgezeit ist die **Kernenergiedebatte** mehr und mehr unter dem Aspekt des – kurz-, mittel- oder langfristigen – „Ausstiegs aus der Kernenergie" geführt worden.[2] Der sog. Ausstieg wurde Gegenstand parlamentarischer Initiativen[3] wie auch einer Diskussion in der juristischen Literatur.[4] Inzwischen wird die Kernenergie selbst von vielen vormaligen Befürwortern politisch nur noch als Übergangslösung verteidigt. Ebenfalls politisch heftig umstritten sind die atomaren Entsorgungskonzepte und hier insbesondere der Bau einer Wiederaufbereitungsanlage für abgebrannte Brennstäbe im bayerischen Wackersdorf[5] (nach früheren Auseinandersetzungen um die in Aussicht genommene Endlagerstätte im niedersächsischen Gorleben), die Nuklearbetriebe im hessischen Hanau sowie nach wie vor der „Schnelle Brüter" von Kalkar am Niederrhein.[6]

Die häufig leidenschaftlich, also emotional diskutierte Frage, ob ein **Ausstieg aus der Kernenergie** politisch erwünscht, sicherheitstechnisch geboten und wirtschaftlich vertretbar ist, soll und kann an dieser Stelle nicht behandelt oder entschieden werden. Auch die Frage, ob das geltende Recht einen Ausstieg überhaupt zuläßt, ist in erster Linie eine Frage der sicherheitstechnischen Beurteilung der deutschen Kernkraftwerke,[7] die letztlich auch politisch zu beantworten und zu verantworten ist. Im folgenden kann es demgegenüber nur um eine Darstellung der rechtlichen Grundlagen der Kernenergienutzung, also um eine Darstellung des geltenden Atomrechts gehen. Zum Umweltrecht gehört das Atomrecht bzw. Kernenergierecht in seiner Funktion als **Strahlenschutzrecht.**[8] Insofern ist es ein **spezielles Immissionsschutzrecht.** 2

B. Rechtsgrundlagen

Grundlage des Atom- und Strahlenschutzrechts ist das **Gesetz über die friedliche Verwendung der Kernenergie und den Schutz gegen ihre Gefahren (Atomgesetz)** 3

---

[1] Zu dem Reaktorunfall in Tschernobyl und seinen Auswirkungen vgl. Umwelt (BMU), Nr. 4/5 1986, S. 21 ff.; *Zehetner,* UPR 1987, 201 ff., 326 ff., sowie DER SPIEGEL Nr. 19/1986, S. 124 ff.; Nr. 20/1986, S. 17 ff.

[2] Vgl. nur DER SPIEGEL Nr. 21/1986, S. 18 ff.

[3] So brachte etwa die Fraktion der SPD den Entwurf eines „Kernenergie-Abwicklungsgesetzes" ein (BT-Drs. 10/6700), der einen mittelfristigen Ausstieg aus der Kernenergie vorsieht. Vgl. zur Frage eines Ausstiegs etwa auch BayLT-Drs. 10/10846. Einen sofortigen oder kurzfristigen Ausstieg fordern v. a. die GRÜNEN, doch mehren sich auch in CDU und FDP Stimmen, wonach die Kernenergie nur noch während einer Übergangszeit genutzt werden soll. Dies könnte einen weitgehenden Ausbaustop bedeuten.

[4] Zu der Frage, ob ein Ausstieg aus der Kernenergie mit der geltenden Rechtslage vereinbar ist, *Lange,* NJW 1986, 2459 ff., einerseits, und *Wagner,* NJW 1987, 411 ff., andererseits; ferner *Roßnagel,* JZ 1986, 716 ff.

[5] Vgl. etwa DER SPIEGEL Nr. 5/1985, S. 44 und 56.

[6] Die Diskussion wird hier unter dem Stichwort „Einstieg in die Plutoniumwirtschaft" geführt, vgl. etwa DIE ZEIT Nr. 9/1987, S. 13 ff. Informativ zu den technisch-naturwissenschaftlichen Aspekten der Kernenergie *Bender/Sparwasser,* Umweltrecht, 1988, S. 83 ff.

[7] So spricht *Lange,* NJW 1986, 2459 ff., von einer möglichen „Neubewertung der Gefahrenlage", deren Notwendigkeit *Wagner,* NJW 1987, 411 ff., mit ausführlicher Begründung negiert. Vgl. auch den Zwischenbericht der Reaktorsicherheitskommission zu den Auswirkungen des Unfalls in Tschernobyl, abgedruckt in Umwelt (BMU) Nr. 4/5 1986, S. 26 ff., insbes. S. 31 ff.

[8] *Kloepfer,* Systematisierung des Umweltrechts, 1978, S. 32 f.

vom 23. 12. 1959[9] i. d. F. der Neubekanntmachung vom 15. 7. 1985[10] (Kloepfer Nr. 900). Das damals noch vor Aufkommen der allgemeinen Umweltdiskussion geschaffene Gesetz stützt sich auf die im Wege der Grundgesetzänderung vom 23. 12. 1959[11] eingefügte Gesetzgebungskompetenz des Art. 74 Nr. 11a GG.

4 Die Regelungen des Atomgesetzes beziehen sich, wie bereits die amtliche Bezeichnung erkennen läßt, vornehmlich auf das **Kernenergierecht,** d. h. die Verwendung von Kernbrennstoffen zur Energiegewinnung, während das Gesetz für die Verwendung **sonstiger radioaktiver Stoffe** (s. Rn. 5), namentlich **ionisierender Strahlen,** lediglich Rechtsverordnungsermächtigungen enthält. Verordnungsermächtigungen dienen aber auch der Konkretisierung seiner kernenergierechtlichen Regelungen (vgl. §§ 10, 11, 12, 13, 21 Abs. 3, 21a Abs. 2 und 21b Abs. 3 AtG).

5 So enthält die u. a. aufgrund des § 11 Abs. 1 Nr. 2 AtG ergangene Verordnung über den Schutz vor Schäden durch ionisierende Strahlen (**Strahlenschutzverordnung** – StrlSchV) vom 13. 10. 1976[12] (Kloepfer Nr. 915) einerseits ergänzende Bestimmungen über die Verwendung von Kernbrennstoffen, andererseits eine im wesentlichen selbständige Regelung über die Verwendung sonstiger radioaktiver Stoffe, d. h. nach der Legaldefinition des § 2 Abs. 1 Nr. 2 AtG solcher Stoffe, die, ohne Kernbrennstoffe zu sein, ionisierende Strahlen spontan aussenden.

6 Eine eigene Regelung haben die Errichtung und der Betrieb von Röntgeneinrichtungen und sog. Störstrahlern (dies sind Anlagen, bei denen Röntgenstrahlen anfallen, die aber nicht zu diesem Zweck betrieben werden) in der Verordnung über den Schutz vor Schäden durch Röntgenstrahlen (**Röntgenverordnung** – RöV) vom 8. 1. 1987[13] (Kloepfer Nr. 926) erfahren. Strahlenschutz- und Röntgenverordnung weisen starke Bezüge zum Arbeitsschutzrecht (s. § 1 Rn. 53) sowie ferner zum Gesundheitsrecht (s. § 1 Rn. 59) auf.

7 Als reine Durchführungsverordnungen zum Atomgesetz sind ergangen:
- die Verordnung über das Verfahren bei der Genehmigung von Anlagen nach § 7 des Atomgesetzes (**Atomrechtliche Verfahrensordnung** – AtVfV) i. d. F. der Bekanntmachung vom 31. 3. 1982[14] (Kloepfer Nr. 920),
- die Verordnung über die Deckungsvorsorge nach dem Atomgesetz (**Atomrechtliche Deckungsvorsorge-Verordnung** – AtDeckV) vom 25. 1. 1977[15] (Kloepfer Nr. 918) und
- die **Kostenverordnung zum Atomgesetz** (AtKostV) vom 17. 12. 1981[16] (Kloepfer Nr. 924).

8 Eine eigene gesetzliche Regelung haben die Überwachung der Radioaktivität und verschiedene Maßnahmen der Strahlenschutzvorsorge durch das Gesetz zum vorsor-

---

[9] BGBl. I S. 814.
[10] BGBl. I S. 1565, geänd. durch Ges. v. 18. 2. 1986, BGBl. I S. 265.
[11] Ges. v. 23. 12. 1959, BGBl. I S. 813.
[12] BGBl. I S. 2905, ber. 1977 S. 184 u. 269, zuletzt geänd. durch VO v. 8. 1. 1987, BGBl. I S. 114.
[13] BGBl. I S. 114.
[14] BGBl. I S. 411.
[15] BGBl. I S. 220.
[16] BGBl. I S. 1457.

genden Schutz der Bevölkerung gegen Strahlenbelastung (**Strahlenschutzvorsorgegesetz** – StrVG) vom 19. 12. 1986[17] (Kloepfer Nr. 935) erfahren.

Das Gesetz ist eine Reaktion auf die erhebliche (Rechts-)Unsicherheit, die durch unterschiedliche Grenzwertfestsetzungen und teilweise gegensätzliche behördliche Warnungen und Empfehlungen in den einzelnen Bundesländern in der Folge der Reaktorkatastrophe von Tschernobyl entstanden war (dazu näher Rn. 69ff.).

Eine erhebliche Rolle spielen im Atomrecht, wegen dessen Ausrichtung am dynamischen „Stand von Wissenschaft und Technik", ohne selbst Rechtsgrundlage zu sein, **technische Regelwerke** (vgl. allgemein § 2 Rn. 45ff.) wie 9
- die **Sicherheitskriterien für Kernkraftwerke** (SKK), die vom Bundesminister des Innern gemeinsam mit den Genehmigungsbehörden der Länder verabschiedet wurden (vgl. § 28 Abs. 3 StrlSchV),[18]
- die **Leitlinien der Reaktor-Sicherheitskommission** (RSK) für Druckwasser- und Siedewasserreaktoren,[19]
- die **Empfehlungen der Strahlenschutzkommission** (SSK),[20]
- die **Regeln des Kerntechnischen Ausschusses** (KTA)[21] und
- die **DIN-Normen** Kerntechnik, Strahlenschutz und Radiologie.[22]

Diese werden teils von Behörden (Sicherheitskriterien), teils von staatlich eingesetzten, im übrigen aber unabhängigen Sachverständigengremien (RSK, SSK sowie KTA), teils von Privaten (DIN) aufgestellt und erfüllen faktisch weitgehend die Funktion allgemeiner Verwaltungsvorschriften, die zum Atomgesetz bislang nicht erlassen wurden. Sie sind maßgeblich insbesondere für die Ausfüllung des unbestimmten Gesetzesbegriffes des Standes von Wissenschaft und Technik (s. Rn. 30).

Freilich ist das Normenwerk des Deutschen Instituts für Normen e. V., einem privaten, von der deutschen Industrie getragenen Verein, in rechtlicher Hinsicht staatlichen bzw. durch öffentlich-rechtlich verfaßte Gremien (wie etwa dem Kerntechnischen Ausschuß) erlassenen Normen nicht gleichzustellen. Ihre dennoch weitgehende Heranziehung bei der Konkretisierung technischer Standards dürfte am ehesten mit Hilfe der Kategorie des *antizipierten Sachverständigengutachtens* zu begründen sein. Daß sich diese Konstruktion im Hinblick auf staatliche Verwaltungsvorschriften als untauglich erwiesen hat (s. § 2 Rn. 44), widerlegt nicht ihre Eignung für die Beurteilung technischer Regelwerke *Privater*. Auch hier ist jedoch eine Relativierung vorzunehmen, da es sich bei DIN-Normen und vergleichbaren Regelwerken (z. B. VDE-Bestimmungen) nicht nur um den Ausdruck technisch-naturwissenschaftlicher Erkenntnisse, sondern oftmals zugleich um einen pragmatischen Kompromiß zwischen unterschiedlichen sicherheitstechnischen und wirtschaftlichen Positionen und Interessen handelt.

Als **internationale Rechtsgrundlagen** sind von den zahlreichen bilateralen und multilateralen Verträgen und Abkommen insbesondere der **EURATOM-Vertrag** 10

[17] BGBl. I S. 2610.

[18] Neufassung v. 21. 10. 1977, BAnz. Nr. 206 v. 3. 11. 1977, S. 1; hierzu näher *Nolte*, Rechtliche Anforderungen an die technische Sicherheit von Kernanlagen, 1984, S. 93ff., und *Ronellenfitsch*, Das atomrechtliche Genehmigungsverfahren, 1983, S. 193f. Vgl. hierzu und zum folgenden auch die zusammenfassenden Darstellungen bei *Haedrich*, Atomgesetz, 1986, S. 93ff., und *Marburger*, Die Regeln der Technik im Recht, 1979, S. 101ff., jeweils m. w. N.

[19] Vgl. die Sammlung in *BMU* (Hg.), Handbuch Reaktorsicherheit und Strahlenschutz, Losebl., 1.4, sowie hierzu näher u. a. *Birkhofer/Jahns*, atw 1977, 191ff., und *Nolte* (FN 18), S. 98ff.

[20] Vgl. *BMU* (FN 19), 1.5.

[21] Vgl. *BMU* (FN 19), 2.6; *KTA* (Hg.), KTA-Handbuch, Losebl.; aus dem Schrifttum zum KTA insbes. *Vieweg*, Atomrecht und technische Normung, 1982, passim; *Nolte* (FN 18), S. 103ff.

[22] Hierzu näher *Rittstieg*, Die Konkretisierung technischer Standards im Anlagenrecht, 1982, S. 51ff., 76ff., und *Ronellenfitsch* (FN 18), S. 197.

vom 25. 3. 1957[23] mit seinen vergleichsweise weitreichenden Vorschriften und teilweise unmittelbaren innerstaatlichen Rechtswirkungen zu beachten; ferner das **Pariser Übereinkommen** vom 29. 7. 1960[24] und das **Brüsseler Zusatzübereinkommen** vom 31. 1. 1963 jeweils nebst Zusatzprotokoll[25], die beide atomrechtliche Haftungsfragen neben den §§ 25ff. AtG selbständig regeln und 1975 von der Bundesrepublik Deutschland mit unmittelbarer Geltung in das deutsche Recht übernommen wurden.[26] Auch im internationalen Bereich liegen eine Fülle von technischen Normen und – vielfach bilateraten – Vertragswerken vor[26a] (vgl. § 6 Rn. 42).

Die **Europäische Atomgemeinschaft** (EURATOM) mit Sitz in Brüssel hat als eine der drei Europäischen Gemeinschaften (EWG, EGKS und EURATOM) die Aufgabe der Förderung, Koordination und Kontrolle der Kernforschung und der Kernindustrie in den vertragsschließenden Ländern Belgien, Bundesrepublik Deutschland, Frankreich, Italien, Luxemburg und Niederlande. Auch wenn Art. 1 EAGV einseitig den Förderungszweck in den Vordergrund stellt – Aufgabe der Atomgemeinschaft ist es hiernach, „durch die Schaffung der für die schnelle Bildung und Entwicklung von Kernindustrien erforderlichen Voraussetzungen zur Hebung der Lebenshaltung in den Mitgliedstaaten und zur Entwicklung der Beziehungen mit den anderen Ländern beizutragen" –, ist der Schutzzweck von EURATOM (vgl. zur parallelen Zielkonkurrenz im deutschen Recht anschließend Rn. 12ff.) doch nicht zu verkennen: So hat die Gemeinschaft gemäß Art. 2 lit. b EAGV einheitliche Sicherheitsnormen für den Gesundheitsschutz der Bevölkerung und der Arbeitskräfte aufzustellen und für ihre Anwendung zu sorgen, wobei sich nähere Regelungen zum Gesundheitsschutz in den Art. 30–39 EAGV finden.

Im Mittelpunkt stehen dabei die auf der Grundlage der Art. 30ff. EAGV festgelegten **Grundnormen** für den Gesundheitsschutz der Bevölkerung und der Arbeitskräfte gegen die Gefahren ionisierender Strahlen (vgl. § 6 Rn. 42), welche jeweils Grenzwerte enthalten und faktisch weitgehend auf Empfehlungen der Internationalen Kommission für Strahlenschutz (ICRP) beruhen. Ihre Durchführung im innerstaatlichen Bereich obliegt den einzelnen Mitgliedstaaten (Art. 33ff. EAGV).

Im Unterschied zu den ebenfalls als „Grundnormen" bezeichneten Regelungen etwa der Kernenergie-Agentur der OECD sowie der Internationalen Atomenergie-Organisation (IAEO) haben die EURATOM-Grundnormen freilich nicht lediglich den Charakter von nicht bindenden Empfehlungen, sondern von Richtlinien im Sinne von Art. 161 Abs. 3 EAGV (vgl. allgemein § 6 Rn. 25), welche zwar nicht unmittelbar für und gegen Einzelpersonen gelten, von den Mitgliedstaaten aber hinsichtlich des angegebenen Zieles als verbindlich zu beachten und umzusetzen sind. Die Umsetzung der Grundnormen in innerstaatliches Recht wird von der EG-Kommission überwacht und erforderlichenfalls koordiniert (Art. 33 EAGV).

Neben den Aufgaben im Bereich der Rechtsetzung weist der EURATOM-Vertrag der EG-Kommission wichtige **Überwachungsaufgaben** zu und statuiert entspre-

---

[23] BGBl. II S. 1014, ber. S. 1678, zuletzt geänd. durch Beschl. des Rates v. 11. 6. 1985 (BGBl. II S. 1249, ABl. L 302/26), in Kraft seit 1. 1. 1986 (Bek. v. 15. 1. 1986, BGBl. II S. 422) – Sartorius II Nr. 200.

[24] Text: IAEO, Legal Series No. 2; deutsche Übersetzung bei *Erler/Kruse/Pelzer,* Deutsches Atomenergierecht, 3. Aufl., 1969ff., Losebl., Ziff. B 247 und B 2472. Zum Inhalt *Haedrich* (FN 18), S. 478ff. Änderungsprotokoll v. 16. 11. 1982, ratifiziert durch Ges. v. 21. 5. 1985 (BGBl. II S. 690).

[25] Vgl. BGBl. 1975 II S. 957 und BGBl. 1976 II S. 308; ferner Änderungsprotokoll v. 16. 11. 1982 (BGBl. 1985 II S. 970). Zum Inhalt *Haedrich* (FN 18), S. 480f.

[26] Ratifikationsgesetz v. 8. 7. 1975 (BGBl. II S. 957); Bek. v. 4. 2. 1976 (BGBl. II S. 308).

[26a] Vgl. Bull. BReg. Nr. 148 v. 9. 11. 1988, S. 1325ff.; Umwelt (BMU) 3/1989, S. 147ff.

chende Informationspflichten der Mitgliedstaaten (z. B. Art. 36, 37 EAGV). Besondere Bedeutung für den grenzüberschreitenden Strahlenschutz hat Art. 37 EAGV, wonach jeder Mitgliedstaat verpflichtet ist, „der Kommission über jeden Plan zur Ableitung radioaktiver Stoffe aller Art die allgemeinen Angaben zu übermitteln, auf Grund deren festgestellt werden kann, ob die Durchführung dieses Plans eine radioaktive Verseuchung des Wassers, des Bodens oder des Luftraums eines anderen Mitgliedstaates verursachen kann". Wie der EuGH in dem Rechtsstreit um das französische grenznahe Kernkraftwerk Cattenom festgestellt hat, ist Art. 37 EAGV dahingehend auszulegen, daß diese Angaben der EG-Kommission zu übermitteln sind, *bevor* entsprechende Ableitungen von den zuständigen Behörden des betreffenden Mitgliedstaats genehmigt werden.[26b]

Hieran hatte es im konkreten Fall gefehlt. Die Feststellung der Vertragsverletzung beseitigt allerdings nicht die Rechtswirksamkeit der Genehmigung und führt auch nicht ohne weiteres zur Rechtswidrigkeit der radioaktiven Ableitung.

Die Informationspflicht wird damit im Sinne eines Konsultationsverfahrens interpretiert, in dem die reale Aussicht bestehen muß, daß eine Stellungnahme der Kommission von dem Mitgliedstaat noch berücksichtigt werden kann. Die Stellungnahme der Kommission ist freilich – wie sich insbesondere aus Art. 124 und 161 Abs. 5 EAGV ergibt – nicht verbindlich, sondern hat lediglich den Charakter einer Anregung oder auch Warnung. Gleiches gilt im übrigen für Empfehlungen der Kommission nach Art. 38 Abs. 1 EAGV. In dringenden Fällen ermöglicht Art. 38 Abs. 2 EAGV allerdings den Erlaß verbindlicher Richtlinien, um eine Überschreitung der Grundnormen zu vermeiden und die Beachtung der Vorschriften zu gewährleisten. Durch geeignete Kombination influenzierender und imperativer Steuerungsinstrumente kann EURATOM also durchaus Einfluß auf nationale Strahlenschutzpolitik gewinnen.

C. Atomgesetz

I. Zielsetzung des Gesetzes

Mit dem – noch vor der etwa 1970 beginnenden allgemeinen Umweltdiskussion 11
geschaffenen – Atomgesetz, das kein reines Umweltgesetz ist, hat der Gesetzgeber eine **Grundsatzentscheidung zugunsten der friedlichen Nutzung der Kernenergie** getroffen. § 1 AtG nennt als Zweckbestimmung des Gesetzes vor allem – neben der Vermeidung einer Gefährdung der inneren und äußeren Sicherheit der Bundesrepublik Deutschland (Nr. 3) und der Erfüllung einschlägiger internationaler Verpflichtungen der Bundesrepublik (Nr. 4) – einerseits die Förderung der Erforschung, Entwicklung und Nutzung der Kernenergie zu friedlichen Zwecken (**Förderzweck,** Nr. 1) und andererseits das Bestreben, Leben, Gesundheit und Sachgüter vor den Gefahren der Kernenergie und der schädlichen Wirkung ionisierender Strahlen zu schützen und dadurch verursachte Schäden auszugleichen (**Schutzzweck,** Nr. 2).

[26b] EuGH, NVwZ 1988, 1117f.; vgl. ausführlich zu dem zugrundeliegenden Konflikt *Kloepfer/Kohler,* Kernkraftwerk und Staatsgrenze, 1981.

1. Rangverhältnis der Gesetzeszwecke

12 Dabei gebührt – jedenfalls heute – nach der Rechtsprechung und der ganz überwiegenden Schrifttumsmeinung dem **Schutzzweck Vorrang vor dem Förderzweck.**[27] Dem wird teilweise die grundsätzliche Risikoakzeptanz durch das Atomgesetz entgegengehalten.[28] Auch nennt das Atomgesetz den Schutzzweck erst an zweiter Stelle. Bei einer rein historischen Auslegung dürfte dem Förderzweck durchaus Vorrang gegenüber dem Schutzzweck zukommen, da die Risiken auch der friedlichen Nutzung der Kernenergie bei der Verabschiedung des Atomgesetzes 1959 noch weniger erkannt (oder bewußt) waren als heute.

Noch der Vertrag über die Nichtverbreitung von Kernwaffen (Atomsperrvertrag) wurde vor seiner Ratifizierung durch die Bundesrepublik Deutschland (1975) als Knebelung der deutschen Wissenschaft und Wirtschaft, als ein „Morgenthau-Plan im Quadrat" beargwöhnt (so 1967 der damalige Bundeskanzler *Adenauer*).[29] Nicht zufällig wurde schließlich das heutige Forschungsministerium des Bundes als Atomministerium gegründet.

Es wäre jedoch falsch, hieraus heute einen Vor- oder Gleichrang des Förderungsprinzips abzuleiten.[30] Auch die Bundesregierung geht von einem Vorrang des Schutzprinzips aus.[31]

13 Mit dem Schutzprinzip und seiner Ausprägung im Genehmigungsverfahren entspricht der Gesetzgeber seiner **verfassungsrechtlichen Pflicht,** Grundrechtsverletzungen, namentlich des Grundrechts auf Leben und körperliche Unversehrtheit (Art. 2 Abs. 2 GG), zu verhindern.[32] Diese **Schutzpflicht** (s. § 2 Rn. 9ff.) folgt zumindest aus der Mitverantwortung des Staates für die von der Kernenergie ausgehenden Gefährdungen.[33]

Das kernenergiespezifische Risikopotential erzeugt im Verhältnis zum sonstigen Umwelt- und technischen Sicherheitsrecht gesteigerte Sicherheitsanforderungen. Mit dem Hinweis auf die **staatliche Mitverantwortung**[34] vermeidet das BVerfG zwar, dem Atomgesetz selbst Eingriffscharakter beizulegen, woran unter dem Gesichtspunkt der Zulassung und Förderung einer gefahrenbehafteten Technologie gedacht werden könnte. Es geht aber doch über seinen Ausgangspunkt hinaus, den die – im Fristenlösungs-Urteil[35] und Schleyer-Beschluß[36] postulierte – Pflicht der staatlichen Organe bildet, sich schützend und fördernd vor die Rechtsgüter des Art. 2 Abs. 2 GG zu stellen und sie insbesondere vor rechtswidrigen Eingriffen von seiten *anderer* zu

---

[27] Grundlegend BVerwG, DVBl. 1972, 678ff., 680 (Würgassen), zust. BVerfGE 53, 30 (58) – Mülheim-Kärlich. Vgl. im Schrifttum statt vieler *Haedrich* (FN 18), § 1 AtG Rn. 8 m. w. N.; *Sellner,* in: Salzwedel (Hg.), Grundzüge des Umweltrechts, 1982, S. 357ff., 368; *Winters,* Atom- und Strahlenschutzrecht, 1978, S. 15; differenzierend u. a. *Degenhart,* Kernenergierecht, 1982, S. 33ff.; *Fischerhof,* Deutsches Atomgesetz und Strahlenschutzrecht, Bd. 1, 2. Aufl., 1978, § 1 AtG Anm. 5, und *Marburger,* Atomrechtliche Schadensvorsorge, 2. Aufl., 1985, S. 39ff.

[28] Die Kritik erfolgt von ganz unterschiedlichen Positionen aus, vgl. *Degenhart* (FN 27), S. 8, einerseits und *H. Hofmann,* BayVBl. 1983, 33ff., 34, andererseits.

[29] DER SPIEGEL Nr. 10/1967, S. 21.

[30] Vgl. jedoch *Degenhart,* DVBl. 1983, 926ff., 927.

[31] Vgl. den Energiebericht der Bundesregierung vom 26. 9. 1986, BT-Drs. 10/6073, S. 3.

[32] BVerfGE 49, 89 (140f.) – Kalkar; BVerfGE 53, 30 (57ff.) – Mülheim-Kärlich.

[33] BVerfGE 53, 30 (58).

[34] BVerfGE 53, 30 (58).

[35] BVerfGE 39, 1 (41ff.).

[36] BVerfGE 46,160 (164f.).

bewahren (s. auch § 2 Rn. 11). In der Ambivalenz des vom BVerfG statt dessen verwendeten Begriffs der *Mitverantwortung* äußert sich die Eigentümlichkeit des Kernenergierechts, dessen gewerberechtlich strukturiertes Regelungsmodell einer vom Staat vorgefundenen und kontrollierten Unternehmerwirtschaft mit der Rechtswirklichkeit nur bedingt harmoniert. Diese ist eher durch eine Kooperation von Staat und privatrechtlich organisierten, von der Trägerschaft und Aufgabenstellung her jedoch tendenziell öffentlichen Energieversorgungsunternehmen gekennzeichnet.[37] Freilich darf man deshalb noch nicht von einer prinzipiellen Konformität zwischen Staat und Energiewirtschaft ausgehen, wie der in einzelnen Bundesländern angekündigte Ausstieg aus der Kernenergie bzw. der Verzicht auf ihren weiteren Ausbau zeigen.[38] Dies liefe auch auf eine erhebliche Unterschätzung staatsinterner Konflikte oder gar der zwischen dem Staat i. e. S. und verselbständigten Energieversorgungsunternehmen bestehenden Divergenzen hinaus. Auch wenn in den bisherigen Rechtsstreitigkeiten (s. § 5 Rn. 14ff.) Betreiber und Genehmigungsbehörde im wesentlichen auf der gleichen Seite standen, können andere Konfliktkonstellationen nicht schlechthin ausgeschlossen werden, wie etwa die Auseinandersetzung um die in einzelnen Bundesländern beabsichtigte „Umpolung" von Energieversorgungsunternehmen mit den Mitteln des Gesellschaftsrechts (insbesondere die Kommunen sind Anteilseigner der als Aktiengesellschaften organisierten Unternehmen) zeigt (s. § 4 Rn. 270).[39]

2. *Schutzprinzip*

Der Inhalt des Schutzprinzips erschließt sich erst aus der insbesondere vom BVerfG vorgenommenen Differenzierung zwischen der absolut gebotenen **Gefahrenabwehr** und dem vom Atomgesetz in Kauf genommenen und von den Bürgern als sozialadäquate Last zu tragenden **Restrisiko.**[40] 14

Die Unterscheidung gilt in prinzipiell ähnlicher Weise in anderen umweltrechtlichen Materien (s. § 2 Rn. 17f.). Auf Einzelheiten wird bei der Darstellung der atomrechtlichen Anlagengenehmigung noch eingegangen.

Nach der aus dem Polizeirecht in das technische Sicherheitsrecht übernommenen **Risikoformel** („Eintrittswahrscheinlichkeit multipliziert mit dem Schadensausmaß") ließe sich möglicherweise an sich wegen des Schadensausmaßes einer nuklearen Katastrophe trotz ihrer statistisch sehr geringen Eintrittswahrscheinlichkeit das Erfordernis eines absoluten Gefährdungsausschlusses herleiten, was allerdings einer Unterbindung der friedlichen Nutzung der Kernenergie gleichkäme. Dies aber wäre – entgegen einer in der Literatur vertretenen Auffassung –[41] mit dem Förderungsprinzip des § 1 Nr. 1 AtG nicht vereinbar, da sich der Förderzweck nicht ohne weiteres auf die Förderung bestimmter Aspekte der Kernenergienutzung – etwa im medizinischen 15

---

[37] *Degenhart* (FN 27), S. 107ff. Zu den Funktionsüberlagerungen und -vermengungen des Staates als Unternehmer und Träger der Fachaufsicht vgl. am Beispiel des Falles Hamburg/Brokdorf *H. P. Ipsen,* FS 125 J. Juristische Gesellschaft zu Berlin, 1984, S. 265ff.

[38] Vgl. etwa *Kuhbier,* et 1986, 916.

[39] Vgl. FAZ Nr. 215 v. 17. 9. 1986, S. 6, und Nr. 139 v. 20. 6. 1987, S. 3.

[40] BVerfGE 49, 89 (141ff.).

[41] *Lange,* NJW 1986, 2459ff., 2460.

Bereich – beschränken läßt.[42] Das Verbot der Kernenergienutzung ist auch angesichts der staatlichen Schutzpflichten für das Leben und die Gesundheit der Bürger[43] von Verfassungs wegen nicht geboten. Das BVerfG führt hierzu in dem als atomrechtliche Leitentscheidung geltenden Kalkar-Beschluß[44] aus:

> „Vom Gesetzgeber im Hinblick auf seine Schutzpflicht eine Regelung zu fordern, die mit absoluter Sicherheit Grundrechtsgefährdungen ausschließt, die aus der Zulassung technischer Anlagen und ihrem Betrieb möglicherweise entstehen können, hieße die Grenzen menschlichen Erkenntnisvermögens verkennen und würde weithin jede staatliche Zulassung der Nutzung von Technik verbannen. Für die Gestaltung der Sozialordnung muß es insoweit bei Abschätzungen anhand praktischer Vernunft bewenden.
>
> Was die Schäden an Leben, Gesundheit und Sachgütern anbetrifft, so hat der Gesetzgeber durch die in § 1 Nr. 2 und in § 7 Abs. 2 AtomG niedergelegten Grundsätze der bestmöglichen Gefahrenabwehr und Risikovorsorge einen Maßstab aufgerichtet, der Genehmigungen nur dann zuläßt, wenn es nach dem Stand von Wissenschaft und Technik *praktisch* ausgeschlossen erscheint, daß solche Schadensereignisse eintreten werden. Ungewißheiten jenseits der Schwelle praktischer Vernunft haben ihre Ursache in den Grenzen des menschlichen Erkenntnisvermögens; sie sind unentrinnbar und insofern als sozial-adäquate Lasten von allen Bürgern zu tragen. Bei der gegenwärtigen Ausgestaltung des Atomrechts läßt sich insoweit eine Verletzung von Schutzpflichten durch den Gesetzgeber nicht feststellen."

Das BVerfG bejaht demnach zutreffend einen grundrechtlichen Anspruch auf **Risikominimierung, nicht aber** auf **völlige Risikovermeidung** und tritt der vereinzelt vertretenen These entgegen, wonach die Zulassung der Kernenergie bereits eine Verletzung des Art. 2 Abs. 2 GG darstelle.[45]

16 Von den beiden vom BVerfG verwendeten Argumentationen, jener der Erkenntnisgrenze und jener des allgemeinen Zivilisationsrisikos, überzeugt die erste allerdings nur zum Teil: Entgegen dem tendenziell agnostischen Hinweis auf **Erkenntnisungewißheit** geht es nicht nur darum, unbekannte oder gar prinzipiell unerkennbare Risiken unberücksichtigt zu lassen,[46] sondern gerade um erkannte, allerdings statistisch extrem unwahrscheinliche Risiken, die der friedlichen Nutzung der Kernenergie nicht entgegenstehen sollen.[47] Für den „qualitativen Sprung" von der sehr geringen, aber noch beachtlichen zur irrelevanten Eintrittswahrscheinlichkeit eines Schadensereignisses – also beispielsweise von der Wahrscheinlichkeitsziffer 10^{-6} zu 10^{-7} p. A. für einen größeren Störfall – geben allerdings weder die Probabilistik noch das Grundgesetz einen Maßstab ab.[48] Insofern bleibt auch der Maßstab der praktischen Vernunft, sofern er mehr bedeuten sollte als einen Appell (wohl unvermeidlicherwei-

---

[42] So mit Recht *Wagner,* NJW 1987, 411ff., 416.

[43] Grundlegend BVerfGE 39, 1 (41); 53, 30 (57).

[44] BVerfGE 49, 89 (143).

[45] Vgl. etwa *Mayer-Tasch,* Umweltrecht im Wandel, 1972, S. 138ff.; *dens.,* ZRP 1974, 59ff.; *dens.,* Ökologie und Grundgesetz, 1980, S. 25ff.

[46] Vgl. den Vorschlag von *Bender,* NJW 1979, 1425ff.

[47] Ob nach der Katastrophe von Tschernobyl die Störfallwahrscheinlichkeit in deutschen Kernkraftwerken neu zu beurteilen ist, ist umstritten. Dem Argument, daß der „größte anzunehmende Unfall" (GaU) ungeachtet seiner statistischen Unwahrscheinlichkeit eingetreten ist, steht das andere gegenüber, daß der sowjetische Kernreaktor (Typ RBMK – 1000) wegen mangelnder Sicherheitstechnik in Deutschland nicht genehmigungsfähig gewesen wäre, vgl. den Zwischenbericht der Reaktorsicherheitskommission, in: Umwelt (BMU), Nr. 4/5 1986, S. 26ff., 31ff. Vgl. hierzu auch die Antwort der Bundesregierung auf eine kleine Anfrage der Fraktion DIE GRÜNEN (BT-Drs. 10/6770) zu der Risikobewertung deutscher Kernkraftwerke nach Tschernobyl, namentlich über das Gefahrenpotential der Wiederaufbereitungsanlage und des Schnellen Brüters KNK II im Kernforschungszentrum Karlsruhe, in: BT-Drs. 10/6815.

[48] Vgl. *Breuer,* WiVerw. 1981, 219ff., 228; *Degenhart,* DVBl. 1983, 926ff., 932; *Marburger* (FN 27), S. 88f.

se) im Dunkeln. Die *verfassungsrechtliche* Legitimation der Risikoakzeptanz dürfte letztlich in der **Situationsgebundenheit der Grundrechte** in der – auch die Grundrechte prägenden – **technischen Zivilisation** zu suchen sein.[49]

Nur schwer abweisbar ist etwa der von *Carl Friedrich von Weizsäcker* vorgeschlagene Vergleich, man möge sich vorstellen, das Auto sei soeben erst erfunden worden und der Staat habe in Kenntnis der Unfallquote über seine Zulassung zu befinden.[50]

Einen verfassungsrechtlichen Einwand gegen die friedliche Nutzung der Kernenergie begründen schließlich auch nicht die in der Öffentlichkeit diskutierten Folgewirkungen der zum totalitären „Atomstaat" stilisierten **Überwachungs- und Sicherungsvorkehrungen.**[51] Wegen des anlagenbezogenen Charakters der Sicherungssysteme erscheinen derartige Erwartungen auch weitgehend als unbegründet oder doch überzogen, zumindest jedoch nicht als unvermeidbare Folge der Kernenergienutzung.[52] 17

Als verfassungsrechtliche Gesichtspunkte *zugunsten* der friedlichen Nutzung der Kernenergie wird vielfach auf die **Kompetenznorm** des Art. 74 Nr. 11a GG **als verfassungsrechtliche Bestätigung der Kernenergienutzung**[53] sowie auf das angebliche, aus Art. 109 Abs. 2 GG abgeleitete Verfassungsgebot der **Wachstumsvorsorge**[54] hingewiesen. Ferner wird auf Art. 12 und 14 GG als (allerdings nicht im Hinblick auf eine bestimmte Eigentumsnutzung spezifizierte und insofern als Argumentationsstütze eher unergiebige) **Betreibergrundrechte** verwiesen.[55] Ein verfassungsrechtlicher Anspruch auf Beibehaltung oder Ausbau der Kernenergie dürfte allerdings schwerlich zu begründen sein, wenn etwaige Entschädigungsansprüche der Betreiber von Kernkraftwerken respektiert würden. 18

II. Aufbau des Gesetzes

Das Atomgesetz gliedert sich in sechs Abschnitte: 19
Vorangestellt sind die **allgemeinen Vorschriften,** welche die Zweckbestimmung des Gesetzes (§ 1 AtG) – s. o. Rn. 11 – und die grundlegenden Begriffsbestimmungen (§ 2 AtG) enthalten.

Die Unterscheidung zwischen Kernbrennstoffen (§ 2 Abs. 1 Nr. 1 AtG) und sonstigen radioaktiven Stoffen (§ 2 Abs. 1 Nr. 2 AtG) wurde eingangs (Rn. 4f.) bereits erwähnt. Zu beachten ist die Ausnahmevorschrift des § 2 Abs. 2 AtG, wonach radioaktive Abfälle, die nicht bei Anlagen nach § 9a Abs. 3 AtG abzuliefern sind und für die wegen ihrer geringfügigen Radioak-

---

[49] Ähnlich *Degenhart* (FN 27), S. 149f., 199; *Lukes,* in: Münch/Renn/Roser (Hg.), Technik auf dem Prüfstand, 1982, S. 165ff.; *Schmidt-Aßmann,* AöR 107 (1982), 658ff.; *Stober,* et 1983, 585ff., 593; dagegen kritisch *H. Hofmann,* BayVBl. 1983, 33ff., 35, und *W. Baumann,* JZ 1982, 749ff., 753.

[50] *C. F. v. Weizsäcker,* in: Informationskreis Kernenergie (Hg.), Die friedliche Nutzung der Kernenergie, 1978, S. 2; allgemein *Nicklisch,* NJW 1986, 2287ff.

[51] Vgl. *Roßnagel,* Bedroht die Kernenergie unsere Freiheit?, 2. Aufl., 1983; hierzu *Straßburg,* ZRP 1984, 299ff.; dazu wiederum *Roßnagel,* ZRP 1985, 81ff.

[52] BVerfGE 49, 89 (141).

[53] Vgl. *Bleckmann,* DÖV 1983, 129ff.; *Stober,* et 1983, 585ff., 589ff.; so auch BVerfGE 53, 30 (56); einschränkend *Degenhart,* DVBl. 1983, 926ff., 928.

[54] *Degenhart,* DVBl. 1983, 926ff., 928. Vgl. dazu allgemein *H. P. Ipsen,* VVDStRL 24 (1966), S. 221f. (Diskussionsbeitrag); *Badura,* FS Ipsen, 1977, S. 367ff., 379f.; *Bull,* Staatsaufgaben nach dem Grundgesetz, 2. Aufl., 1977, S. 250ff.; *Stern,* Staatsrecht I, 2. Aufl., 1984, S. 892, 902.

[55] *Stober,* et 1983, 585ff., 595 m. w. N.

tivität keine besondere Beseitigung zum Schutz von Leben, Gesundheit und Sachgütern nach § 9a Abs. 2 S. 2 AtG bestimmt, angeordnet oder genehmigt worden ist, nicht als radioaktive Stoffe im Sinne des Gesetzes gelten. Der instrumentale Charakter von Rechtsbegriffen zur Abgrenzung von Rechtsfolgen wird hierbei besonders deutlich. Weitere Begriffsbestimmungen finden sich in der Anlage I zum Gesetz, auf die in § 2 Abs. 3 AtG Bezug genommen wird.

Neben den sog. **Überwachungsvorschriften** (§§ 3–21b AtG) und Regelungen über die **behördlichen Zuständigkeiten** (§§ 22–24 AtG) umfaßt das Atomgesetz auch privatrechtliche **Haftungsvorschriften** (§§ 25–40 AtG). **Bußgeldvorschriften** (§§ 46, 49 AtG) und **Schlußvorschriften** (§§ 53–59 AtG) schließen sich an.

D. Anlagengenehmigung

20 Den Kernpunkt der sog. Überwachungsvorschriften des zweiten Abschnittes bildet die Regelung der Anlagengenehmigung in § 7 AtG. Daneben regelt das Gesetz als **genehmigungsbedürftige Tatbestände** die **Ein- und Ausfuhr** (§ 3 AtG), die **Beförderung** (§ 4 AtG, s. dazu § 13 Rn. 178f.)[56] und die Aufbewahrung von Kernbrennstoffen innerhalb (§ 5 AtG) und außerhalb (§ 6 AtG) der (grundsätzlich) staatlichen Verwahrung. (Zur **Entsorgung** s. u. Rn. 62ff.). Weitere Genehmigungstatbestände enthält die Strahlenschutzverordnung (§§ 3–20 StrlSchV).

21 Nach § 7 Abs. 1 AtG bedarf der Genehmigung, wer eine ortsfeste Anlage zur Erzeugung, Bearbeitung, Verarbeitung oder Aufarbeitung von Kernbrennstoffen **errichtet, betreibt** oder **sonst innehat** oder die Anlage oder ihren Betrieb **wesentlich verändert.** Unter die Genehmigungsregelung fallen demnach alle Kernkraftwerke unabhängig vom Reaktortyp, aber auch Anreicherungsanlagen, Brennelementefabriken und Wiederaufbereitungsanlagen, wobei die verschiedenen im Gesetz angesprochenen Anlagentypen nicht immer trennscharf und überschneidungsfrei voneinander abgegrenzt werden können. Nach § 7 Abs. 3 AtG bedürfen der Genehmigung auch die **Stillegung,** der Einschluß und der Abbau von Anlagen und Anlagenteilen.

Aus der getrennten Erwähnung von Anlagenstillegung und Abbau ergibt sich, daß die Stillegung einer Anlage nur die Einstellung von deren Betrieb und nicht schon zugleich deren Beseitigung bedeutet.[56a]

Die Voraussetzungen der Genehmigungserteilung regelt § 7 Abs. 2 AtG (s. Rn. 27).

I. Anlagenbegriff

22 Da § 7 Abs. 1 AtG nicht den umfassenden Begriff des Kernkraftwerkes verwendet, sondern spezifischer von Anlagen zur Spaltung von Kernbrennstoffen und ähnlichem

---

[56] Vgl. zu dieser in der folgenden Darstellung ausgesparten Materie *Bischof/Pelzer,* Das Strahlenschutzrecht in den Mitgliedstaaten der Europäischen Gemeinschaften, Bd. II, 1983, S. 111ff. m. w. N.; *Haedrich* (FN 18), § 4 AtG; *Kimminich,* Atomrecht, 1974, S. 59ff., sowie die Kommentierung von *Fischerhof* (FN 27), zu §§ 3 und 4 AtG. Zu beachten sind auch die §§ 8ff. StrlSchV.

[56a] So auch BVerwG, DVBl. 1988, 970ff., 971; vgl. dort auch zu den Konsequenzen für den Rechtsschutz (erstinstanzliche Zuständigkeit der Verwaltungsgerichte für Streitigkeiten über den Abbau einer stillgelegten Anlage zur Spaltung von Kernbrennstoffen bei entsprechender Auslegung des § 9 Abs. 1 Nr. 1 EntlG). Ebenso zuvor BayVGH, DVBl. 1988, 544ff.

spricht, bestand zunächst Unsicherheit darüber, wie weit eigentlich der Anlagenbegriff zu fassen ist.

Diese Frage ist insbesondere wegen ihrer Folgen für die Verfahrensgestaltung, namentlich für das Verhältnis eventuell bestehender paralleler Genehmigungserfordernisse (z. B. nach dem Bundes-Immissionsschutzgesetz) bedeutsam. Dabei ist ein weiter atomrechtlicher Anlagenbegriff geeignet, die Verfahrenskonzentration nach § 8 Abs. 2 AtG zu fördern (vgl. allgemein § 4 Rn. 54ff.), während ein enger Anlagenbegriff hinsichtlich der nicht als Anlagen im Sinne des Atomgesetzes qualifizierten Einrichtungen weitere außeratomrechtliche Genehmigungsverfahren und damit einhergehende Koordinierungsaufgaben nach sich zieht.

Während das Schrifttum den Anlagenbegriff überwiegend auf den nuklearen Teil, in dem sich die Kernspaltung abspielt, im wesentlichen also auf den Reaktor beschränkt,[57] vertrat der VGH Mannheim einen weiteren Anlagenbegriff, der die gesamte Anlage und ihre Auswirkungen am vorgesehenen Standort, also nicht nur den eigentlichen Reaktor, sondern auch den „Sekundärkreis", namentlich mit Maschinenhaus, Turbinen und Kühlwassersystem (Kühlturm) einbezieht.[58] Noch weitergehend scheint die früher erwogene Bestimmung des Anlagenbegriffs nach dem räumlichen Zusammenhang (sog. Zaunprinzip).[59] Eine Mittelmeinung identifiziert den atomrechtlichen Anlagenbegriff mit allen **sicherheitstechnisch relevanten Anlagenteilen.**[60] Das BVerwG[61] hat sich dieser letzten Auffassung und damit zunächst einem engeren Anlagenbegriff angeschlossen.

Ausgangspunkt habe die Erwägung zu sein, „daß das Genehmigungserfordernis nach § 7 Abs. 1 AtG in erster Linie dem nuklearspezifischen Gefahrenschutz dient und daher der dem Atomgesetz zugrundeliegende Schutzzweck (§ 1 Nr. 2 AtG) den Anlagenbegriff des § 7 Abs. 1 AtG entscheidend prägt".

Anlagen im Sinne des § 7 Abs. 1 AtG sind danach zum einen Spaltanlagen im eigentlichen Sinn, d. h. Reaktoren als Anlagenkern,[62] zum anderen aber auch alle mit dem Reaktor in einem räumlichen und betrieblichen Zusammenhang stehenden Einrichtungen, die seinen gefahrlosen Betrieb überhaupt erst ermöglichen. Hierzu zählen alle diejenigen Vorrichtungen, die erforderlich sind, um eine unzulässige radioaktive Strahlung – sowohl beim bestimmungsgemäßen Betrieb als auch beim Störfall – auszuschließen.

Nicht hierzu rechnet das BVerwG den Kühlturm.[63] Dessen Ausfall habe lediglich zur Folge, daß der Reaktor aus Gründen des Gewässerschutzes abgeschaltet werden müsse, er habe insofern also keine (strahlenschutzbezogene) sicherheitstechnische Bedeutung. Hingegen bedürfen nach einem späteren Urteil des BVerwG ein im räumlichen und betrieblichen Zusammenhang mit einer Wiederaufarbeitungsanlage stehendes Brennelementeingangslager sowie die Errichtung der Anlagenwache und des Außenzauns der atomrechtlichen Genehmigung nach § 7 Abs. 1 AtG.[63a] Aus dem Genehmigungserfordernis dürfe nichts ausgeklammert bleiben, was

[57] *Fischerhof* (FN 27), § 7 AtG Rn. 4; *Lukes/Vollmer/Mahlmann,* Grundprobleme zum atomrechtlichen Verwaltungsverfahren, 1974, S. 22; *Pfaffelhuber,* et 1972, 213ff., 217; *Rengeling,* JZ 1977, 542ff., 543; *Winters* (FN 27), S. 21.

[58] Vgl. VGH Mannheim, DVBl. 1976, 538ff., 545 (Wyhl); NVwZ 1983, 46ff. Vgl. auch *Hansmann,* NVwZ 1983, 16ff., 17 m. w. N. Die Auffassung des VGH Mannheim hat indes revisionsrichterlicher Prüfung nicht standgehalten, vgl. FN 61.

[59] Nachweise bei *Ronellenfitsch* (FN 18), S. 173f.

[60] *Ronellenfitsch* (FN 18), S. 177; *Kröncke,* Die Genehmigung von Kernkraftwerken, 1982, S. 14.

[61] BVerwGE 72, 300 (328f.) – Wyhl; BVerwG DVBl. 1988, 973ff., 973 (Wackersdorf).

[62] BVerwGE 69, 351 (354f.).

[63] BVerwGE 72, 300 (328ff.).

[63a] BVerwG, DVBl. 1988, 973ff., 974f.

nuklearspezifisches Gefahrenpotential in sich birgt, und darüber hinaus auch nichts, was zwar selbst – isoliert betrachtet – keine Strahlengefahren mit sich bringt, aber sicherheitstechnisch notwendig ist, um die Kernspaltanlage gefahrlos betreiben zu können. Dabei läßt es das Gericht hinsichtlich der beiden Nebeneinrichtungen genügen, daß diese der nuklearspezifischen Gefahrenabwehr gegenüber Einwirkungen von Dritten dienen, verlangt also keinen technisch zwingenden Zusammenhang mit dem Anlagenbetrieb oder eigene nuklearspezifische Gefährlichkeit der Nebeneinrichtungen.

Dem Gesichtspunkt der Verfahrenskonzentration mißt das BVerwG demgegenüber keine auslegungsleitende Bedeutung bei.[64] Wohl aber äußert es neuerdings unter dem Gesichtspunkt des nuklearen Gefahrenschutzes Bedenken gegenüber einer genehmigungsrechtlichen Aufspaltung einer zu einem bestimmten Zweck verbundenen (Gesamt-)Anlage in eine Mehrzahl von selbständig genehmigungsbedürftigen und möglicherweise von verschiedenen Behörden zu genehmigenden (Teil-)Anlagen.[64a] Damit scheint sich das BVerwG einem weiteren Anlagenbegriff anzunähern, wobei die im Wyhl-Urteil entwickelten Kriterien zwar nicht aufgegeben, aber großzügiger gehandhabt werden.

II. Normstruktur des § 7 Abs. 2 AtG

23 § 7 Abs. 2 AtG gewährt nach h. M. im Unterschied zu § 6 BImSchG (s. § 7 Rn. 48) keinen Rechtsanspruch auf Genehmigungserteilung, sondern koppelt die Genehmigungsvoraussetzungen (s. Rn. 27ff.) mit einem **Versagungsermessen** der Behörde und gibt somit lediglich einen Anspruch auf fehlerfreie Ermessensbetätigung.[65] Dies ergibt sich zum einen bereits aus dem Wortlaut der Bestimmung („Die Genehmigung darf nur erteilt werden, wenn ...“), zum anderen aus der Entstehungsgeschichte der Vorschrift. Dabei setzte sich der Bundesrat gegenüber der ursprünglichen Fassung im Regierungsentwurf zum Atomgesetz („Die Genehmigung ist zu erteilen, wenn ...“)[66] mit der Vorstellung durch, daß der Genehmigungsbehörde innerhalb des pflichtgemäßen Ermessens ein größerer Entscheidungsspielraum einzuräumen sei, weil mit der Kodifizierung des Rechts der Kernenergie Neuland betreten werde.[67]

24 Dabei handelt es sich jedoch bei § 7 Abs. 2 AtG nicht um ein repressives Verbot mit Befreiungsvorbehalt (Dispensvorbehalt), wofür die Einräumung des Versagungsermessens zunächst zu sprechen scheint, sondern um ein **besonders ausgestaltetes präventives Verbot mit Erlaubnisvorbehalt** (zur Unterscheidung § 4 Rn. 45ff.).[68] Daß es sich um keinen Dispensvorbehalt handeln kann, folgt bereits aus dem Gesetzeszweck des Atomgesetzes, das die friedliche Nutzung der Kernenergie nicht als prinzipiell unerwünschte und nur ausnahmsweise zulässige Tätigkeit behandelt (wie es der Dispensvorbehalt voraussetzt), sondern im Gegenteil fördern will (§ 1 Nr. 1 AtG). Die untypische und nicht unproblematische Koppelung eines präventiven Verbots

---

[64] BVerwGE 72, 300 (328).
[64a] BVerwG, DVBl. 1988, 973ff., 974.
[65] Vgl. BVerfGE 49, 89 (145ff.), sowie im Schrifttum statt aller *Haedrich* (FN 18), S. 84ff. mit umfangreichen Nachw.
[66] BT-Drs. III/759, S. 5.
[67] BR-Drs. 244/58, S. 6f.; beipflichtend Bundesregierung in BT-Drs. III/759, S. 59.
[68] BT-Drs. III/759, S. 19; BVerfGE 49, 89 (145); *Ronellenfitsch* (FN 18), S. 349 m. zahlr. Nachw.

mit Erlaubnisvorbehalt mit einer Ermessensregelung rechtfertigt das BVerfG im Kalkar-Beschluß[69] aus der Sonderstellung des Atomsrechts:

„Der Gesetzgeber durfte den wissenschaftlichen, technologischen und industriellen Erkenntnis- und Erfahrungsstand bezüglich der möglichen Gefahren [der Kernenergie] und ihrer Beherrschbarkeit als (vorerst) unzureichend einschätzen und diese Stoffe einer besonderen Regelung unterwerfen . . . Zwar ist der Gesetzgeber, wenn er sich des Instruments des präventiven Verbots mit Erlaubnisvorbehalt bedient, auch auf dem Gebiet des Atomrechts aus dem Grundsatz des Gesetzesvorbehalts gehalten, die generellen Genehmigungsvoraussetzungen selbst festzulegen. Hat er dies aber, wie in § 7 Abs. 2 AtomG, getan, ist es angesichts der hohen potentiellen Gefahren der nach § 7 Abs. 1 AtomG genehmigungspflichtigen Anlagen von Verfassungs wegen nicht zu beanstanden, daß er besondere Vorsicht walten läßt, indem er der Exekutive zusätzlich ein Versagungsermessen einräumt, um ihr so die Möglichkeit zu geben, eine an sich zu erteilende Genehmigung abzulehnen, falls besondere und unvorhergesehene Umstände es einmal notwendig machen. Dies gilt um so mehr, als der Gesetzgeber den Rahmen des der Genehmigungsbehörde zustehenden Ermessens durch § 1 AtomG, insbesondere durch die normierten Schutzzwecke, hinreichend genau abgesteckt hat. Damit ist zugleich sichergestellt, daß die für den Antragsteller in atomrechtlichen Genehmigungsverfahren aus der Einräumung des Ermessens resultierende Rechtsunsicherheit sich in rechtsstaatlich hinnehmbaren Grenzen hält."

Für den **Ermessensgebrauch** folgt hieraus eine wesentliche **Begrenzung:** Die Ver- 25
sagung einer Genehmigung trotz Vorliegens der Genehmigungsvoraussetzungen kommt nur in Ausnahmefällen (insbesondere bei den vom Atomgesetz nicht erkannten Risiken oder ihm nicht bekannten Anlagen) und nur aus Gründen in Betracht, die mit den in § 1 Nr. 2–4 AtG normierten Schutzzwecken im Zusammenhang stehen.[70] Wegen der gesetzgeberischen Grundsatzentscheidung zugunsten der friedlichen Nutzung der Kernenergie scheidet eine Versagung aus generellen Erwägungen zur Wünschbarkeit bzw. Unwünschbarkeit der Kernkraftnutzung aus.[71]

Umstritten ist, ob neben anlagenspezifischen – sicherheitsbezogenen – Gründen in 26
die Ermessensentscheidung auch eine **Bedürfnisprüfung** (Energiebedarfsprognose) eingehen darf.[72] Nach einer akzeptablen Mittelmeinung kann ein wirtschaftliches Planungsermessen nicht allein, wohl aber in Verbindung mit dem anlagenbezogenen Risikovergleich zum Tragen kommen.[73] Ein anerkannter Abwägungsgesichtspunkt im Rahmen der Ermessensausübung ist die – von der herrschenden Meinung nicht zu den Genehmigungsvoraussetzungen gerechnete – Frage der Entsorgungsvorsorge[74] (s. dazu auch Rn. 37 und 62ff.).

---

[69] BVerfGE 49, 89 (146f.).

[70] *Ossenbühl,* et 1983, 665ff., 667; *Fischerhof* (FN 27), § 7 AtG Rn. 25. Kritisch zur Annahme eines Versagungsermessens *Ronellenfitsch* (FN 18), S. 350ff., 356f. Nach ihm ist die Genehmigung ein gebundener Verwaltungsakt.

[71] Statt aller *Breuer,* in: v. Münch (Hg.), Besonderes Verwaltungsrecht, 8. Aufl., 1988, S. 601ff., 686.

[72] Dafür bedingt *Breuer,* Der Staat 20 (1981), 393ff., 410. Dagegen VGH Mannheim, et 1982, 849ff., 855; *Ossenbühl,* et 1983, 665ff., 669.

[73] *Breuer,* Der Staat 20 (1981), 393ff., 410.

[74] *Sellner* (FN 27), S. 371; *Ossenbühl,* et 1983, 665ff., 674; *Degenhart* (FN 27), S. 40ff.; *Marburger* (FN 27), S. 128 m. zahlr. Nachw.

III. Genehmigungsvoraussetzungen

27 § 7 Abs. 2 AtG nennt als Genehmigungsvoraussetzungen, die bei Beurteilung eines konkreten Falles mit positivem Resultat geprüft sein müssen, bevor sich rechtlich die Frage des Versagungsermessens stellt:
- Zuverlässigkeit des Antragstellers bzw. Zuverlässigkeit und Fachkunde der verantwortlichen Personen (Nr. 1),
- Fachkunde des sonstigen Betriebspersonals (Nr. 2),
- Gewährleistung der nach dem Stand von Wissenschaft und Technik erforderlichen Vorsorge gegen Schäden (Nr. 3),
- Vorsorge für die Erfüllung der gesetzlichen Schadensersatzverpflichtungen (Nr. 4),
- ausreichenden Schutz gegen Störmaßnahmen oder sonstige Einwirkungen Dritter (Nr. 5),
- Vereinbarkeit der Standortwahl mit anderen – nicht nuklearspezifischen – öffentlichen Interessen, insbesondere im Hinblick auf die Reinhaltung des Wassers, der Luft und des Bodens (Nr. 6).

28 Nähere rechtliche Betrachtung erfordern vor allem das Gebot der Schadensvorsorge (§ 7 Abs. 2 Nr. 3 AtG) und die in § 7 Abs. 2 Nr. 6 AtG angelegte – über die nuklearspezifische Schutzperspektive des Atomrechts hinausgreifende – Umweltverträglichkeitsprüfung (s. Rn. 39ff.),[75] während sich der Zuverlässigkeits- bzw. Fachkundenachweis der Nr. 1 und 2 zunächst nur durch die qualitative Steigerung von den entsprechenden gewerberechtlichen Erfordernissen unterscheidet.[76]

Die Rolle menschlichen Versagens bei Störfällen (wie im Fall Tschernobyl, aber auch bei dem Störfall im KKW Biblis im Dezember 1987) unterstreicht jedoch die Bedeutung und Problematik beider Kriterien in Anbetracht einer hyperkomplexen Technik, die trotz mehrfacher (redundanter) Sicherungssysteme gegen Bedienungsfehler nicht gefeit ist. Auch die Frage der Zuverlässigkeit der Betreiber ist keines wegs von bloß theoretischer Bedeutung, wie die notwendig gewordene Reorganisation der Hanauer Nuklearbetriebe und der politische Streit um die „Zuverlässigkeit" des Biblis-Betreibers[76a] belegen. Hierbei ist jedoch zu beachten, daß angesichts der Konzentration der Kernenergiewirtschaft auf wenige Eigentümer und Betreiber sich die Frage der Zuverlässigkeit in einem wesentlich anderen Licht stellt als im gewöhnlichen Gewerberecht.

Die erforderliche Deckungsvorsorge ergibt sich im einzelnen aus §§ 13–15 AtG und der dazu ergangenen Deckungsvorsorge-Verordnung (vgl. i. ü. zur atomrechtlichen Haftung Rn. 67f.). Sie brauchen deshalb hier nicht eigens dargestellt zu werden.

1. *Schadensvorsorge*

29 Die in § 7 Abs. 2 Nr. 3 AtG verwendeten **unbestimmten Rechtsbegriffe** „Stand von Wissenschaft und Technik" und „erforderliche Vorsorge gegen Schäden" sind in

---

[75] So *Winters* (FN 27), S. 18; *Breuer* (FN 71), S. 686, sowie die Referate von *Obenhaus, Rauschning* und *Hansmann,* in: Fünftes Deutsches Atomrechts-Symposium, 1977, S. 73ff., 83ff., 93ff.

[76] Vgl. z. B. § 35 Abs. 1 GewO, § 4 Abs. 1 Nr. 1 GaststättenG, § 8 Abs. 1 HandwO; dazu *Ronellenfitsch* (FN 18), S. 205ff.

[76a] Vgl. FAZ Nr. 3 v. 4. 1. 1989, S. 1.

hohem Maße rechtlich ausfüllungsfähig und -bedürftig.[77] Eine gewisse Verantwortungsverlagerung auf Verwaltung und Rechtsprechung[78] und zumindest anfängliche (von der Rechtsprechung abzutragende) Rechtsunsicherheiten sind hiermit zwangsläufig verbunden (vgl. auch § 2 Rn. 41). Das BVerfG hat indes im Kalkar-Beschluß, seiner bereits mehrfach zitierten atomrechtlichen Leitentscheidung, diesen Regelungsmodus nicht nur im Hinblick auf das Bestimmtheitsgebot für unbedenklich, sondern unter den besonderen Bedingungen des Atomrechts sogar für erforderlich gehalten. Wie das Gericht ausführt, ermöglicht die Verweisung auf den Stand von Wissenschaft und Technik und die damit verbundene Offenheit der Norm eine ständige Anpassung der Genehmigungsvoraussetzungen an den technisch-wissenschaftlichen Fortschritt und somit eine bestmögliche Verwirklichung des Schutzzweckes des § 1 Nr. 2 AtG, also einen sog. dynamischen Grundrechtsschutz.[79] Die gesetzliche Fixierung eines bestimmten Sicherheitsstandards würde demgegenüber zu einer Erstarrung des Sicherheitsrechts und Hemmung der Sicherheitstechnik führen bzw. einen Zwang zu ständiger Änderungsgesetzgebung erzeugen.

Das BVerfG wird sich mit der Verfassungsmäßigkeit der Regelung wahrscheinlich erneut im Rahmen des von der SPD-Bundestagsfraktion angestrengten Normenkontrollverfahrens zu befassen haben, in dessen Mittelpunkt die Frage der rechtsstaatlichen und grundrechtlichen Bedingungen eines Einstieges in die sog. Plutoniumwirtschaft stehen dürfte.[79a]

Von der Möglichkeit einer Konkretisierung durch Rechtsverordnung hat die Bundesregierung (namentlich im Rahmen der Strahlenschutzverordnung) nur begrenzten Gebrauch gemacht und dadurch der Rechtssicherheit geschadet.

a) Stand von Wissenschaft und Technik

Der Stand von Wissenschaft und Technik beinhaltet als atomrechtliches Genehmi- 30
gungskriterium eine Verschärfung gegenüber dem in § 7a WHG und im Bundes-Immissionsschutzgesetz genannten „Stand der Technik" (§§ 5 Nr. 2, 3 Abs. 6) und gegenüber den ebenfalls in § 7a WHG oder in § 3 Abs. 1 GSG erwähnten „allgemein anerkannten Regeln der Technik" (s. auch § 2 Rn. 46). Es muß nämlich nach § 7 Abs. 2 Nr. 3 AtG diejenige Vorsorge gegen Schäden getroffen werden, die nach den **neuesten wissenschaftlichen Erkenntnissen** für erforderlich gehalten wird.[80] Da es hier – weniger noch als im Rahmen von § 5 Abs. 1 Nr. 2 BImSchG – nicht auf die allgemeine Anerkennung und praktische Bewährung einer Technik ankommt (s. § 7 Rn. 56), gehen im Zweifelsfall die wissenschaftlichen Kriterien dem technischen

---

[77] Sie sind deshalb auch Gegenstand umfangreicher Literatur geworden; vgl. aus neuerer Zeit nur *Marburger* (FN 27); *Ronellenfitsch* (FN 18), S. 212ff.; *Nolte* (FN 18); *Vieweg* (FN 21); *Rittstieg* (FN 22); Sechstes Deutsches Atomrechts-Symposium zum Thema: Die nach dem Stand von Wissenschaft und Technik erforderliche Vorsorge gegen Schäden – Die Problematik des unbestimmten Rechtsbegriffs und seiner Konkretisierung, 1980 (mit Referaten von *Smidt, Lukes* und *Kutscheidt* und einem Diskussionsbericht von *Sendler*); *Roßnagel*, JZ 1986, 716ff., 717.

[78] BVerfGE 49, 89 (135).

[79] Hierzu und zum folgenden BVerfGE 49, 89 (133f., 137). Zum Begriff des „dynamischen Grundrechtsschutzes" eingehend und kritisch *Roßnagel*, NVwZ 1984, 137ff.; *Murswiek*, Die staatliche Verantwortung für die Risiken der Technik, 1985, S. 181ff.

[79a] Vgl. zu diesem Verfahren, das in der Sache dem – inzwischen für erledigt erklärten – Normenkontrollantrag des Landes Hessen vom 20. 3. 1987 nachgebildet ist, FAZ Nr. 261 v. 8. 11. 1988, S. 5.

[80] BVerfGE 49, 89 (137). Vgl. grundlegend zur Abschichtung der verschiedenen Standards *Marburger* (FN 18), S. 121ff. Speziell in Bezug auf das Atomrecht *Lukes*, in: Sechstes Deutsches Atomrechts-Symposium (FN 77), S. 49ff. Unter rechtspolitischen Gesichtspunkten gegen eine Differenzierung zwischen verschiedenen Standards *Nicklisch*, NJW 1983, 841ff., 845.

Standard vor. Läßt sich die nach neuesten wissenschaftlichen Erkenntnissen für erforderlich gehaltene Vorsorge „technisch noch nicht verwirklichen, darf die Genehmigung nicht erteilt werden; die erforderliche Vorsorge wird mithin nicht durch das technisch gegenwärtig Machbare begrenzt“.[81] Als zutreffende Wiedergabe des Standes von Wissenschaft und Technik können regelmäßig die technischen Regelwerke der Reaktorsicherheitskommission, der Strahlenschutzkommission, des kerntechnischen Ausschusses, DIN-Normen sowie die Sicherheitskriterien für Kernkraftwerke des Bundesministers für Umwelt, Naturschutz und Reaktorsicherheit gelten (s. o. Rn. 9).[82]

b) Dimensionen der Schadensvorsorge

31 Der im Atomgesetz zunächst einheitlich verwandte Begriff der (erforderlichen) *Schadensvorsorge* wird heute nach dem jüngeren Vorbild des Bundes-Immissionsschutzgesetzes (vgl. § 5 Abs. 1 Nr. 1 und 2 BImSchG) in die – unterschiedlichen Anforderungen unterworfenen – Bereiche der **Gefahrenabwehr** und der **Risikovorsorge** untergliedert.[83]

Die Abgrenzung der Bereiche Gefahrenabwehr und Risikominimierung am Maßstab praktischer Vernunft wie auch die verfassungsrechtliche Rechtfertigung der Unterscheidung wurden eingangs bereits dargestellt (vgl. Rn. 14ff.).

32 Die spezifischen Merkmale der atomrechtlichen Schadensvorsorge liegen dabei unzweifelhaft im Bereich der Risikovorsorge. Wie das BVerwG im Wyhl-Urteil[84] herausgestellt hat, unterscheidet sich die Schadensvorsorge von der klassischen Gefahrenabwehr vor allem dadurch, „daß auch solche Schadensmöglichkeiten in Betracht gezogen werden (müssen), die sich nur deshalb nicht ausschließen lassen, weil nach dem derzeitigen Wissensstand bestimmte Ursachenzusammenhänge weder bejaht noch verneint werden können und daher insoweit noch keine Gefahr, sondern nur ein **Gefahrenverdacht**[85] oder ein **Besorgnispotential** besteht“ (vgl. auch § 3 Rn. 14).

Schutzmaßnahmen dürfen daher nicht allein erst aufgrund „vorhandenen ingenieurmäßigen Erfahrungswissens“ ergriffen werden, sie müssen vielmehr auch anhand „bloß theoretischer“ Überlegungen und Berechnungen in Betracht gezogen werden.

Der bisher bereits differenzierten Sicht der Risikovorsorge fügt diese Rechtsprechung ein weiteres wesentliches – im Kalkar-Beschluß des BVerfG[86] indes schon angelegtes – Element hinzu.

Wie insbesondere *Breuer*[87] herausgearbeitet hat, birgt die Risikovorsorge wenigstens zwei unterschiedliche Gehalte: zum einen Vorkehrungen gegen bekannte, nach bisherigem Wissensstand unterhalb der Gefahrenschwelle liegende Auswirkungen einer Anlage (bloße Belästigungen), zum anderen Vorkehrungen zur Verhütung von Schäden mit extrem geringer Eintrittswahrscheinlichkeit.

---

81 BVerfGE 49, 89 (136) unter Berufung auf BVerwG, DVBl. 1972, 678ff., 680 (Würgassen); *Ronellenfitsch* (FN 18), S. 220 m. w. N.

82 Dazu näher *Sellner* (FN 27), S. 383ff., und *Nicklisch,* NJW 1983, 841ff. Speziell zum Kerntechnischen Ausschuß und den KTA-Regeln *Vieweg* (FN 21), passim; s. auch *Rittstieg* (FN 22), passim.

83 Als vereinzelte Gegenstimmen *Hanning/Schmieder,* DB 1977, Beilage Nr. 14, 1ff., 8; *Wagner,* NJW 1980, 665ff., 668. Kritisch auch *Marburger* (FN 27), S. 71ff., 208, der sich für den Begriff „Gefahrenvorsorge“ ausspricht. Vgl. ausführlich *Rengeling,* Der Stand der Technik bei der Genehmigung umweltgefährdender Anlagen, 1985, S. 23ff.

84 BVerwGE 72, 300 (315).

85 Vgl. hierzu die Nachw. in § 3 FN 38.

86 BVerfGE 49, 89 (137ff.).

87 *Breuer,* DVBl. 1978, 829ff., 837.

Die Anerkennung eines weder verifizierbaren noch falsifizierbaren „Besorgnispotentials" als Gegenstand der Schadensvorsorge geht über die Berücksichtigung geringer und geringster Eintrittswahrscheinlichkeiten qualitativ noch hinaus. Atomrechtliche Schadensvorsorge wird so zu experimenteller Prophylaxe in einer prinzipiell von Ungewißheit[88] belasteten Situation. Damit scheint sich das BVerwG von der herkömmlichen Trias: Gefahrenabwehr – Risikovorsorge – Restrisiko vorsichtig zu lösen.[89] Es verlangt indes – wie vor ihm das BVerfG – keinen absoluten Risikoausschluß, sondern lediglich, daß Gefahren und Risiken „praktisch ausgeschlossen" sind.[90] Das Bestreben, der fast auf der gesamten Strahlenschutzproblematik lastenden Erkenntnis- und Prognoseungewißheit durch „hinreichend konservative Annahmen" bei der Risikoermittlung und Risikobewertung Rechnung zu tragen, bewegt sich daher durchaus in den Bahnen der bisherigen Risikorechtsprechung.

Das sicherheitstechnische Optimierungsgebot des § 7 Abs. 2 Nr. 3 AtG gilt abgeschwächt auch für die Risikovorsorge, doch führt das unvermeidbare **Restrisiko** – anders als eine unzureichende Gefahrenbewältigung oder ein schließlich eingetretener Schaden – nicht zur Genehmigungsversagung.[91] Insbesondere ist im Bereich der Risikovorsorge auch die Verhältnismäßigkeit von Aufwand und Nutzen berücksichtigungsfähig.[92]

c) Risikoschwellen

Das Ausmaß der Risikovorsorge und damit die Bestimmung des hinzunehmenden Restrisikos ergibt sich nicht unmittelbar aus dem Atomgesetz selbst; wichtige Anhaltspunkte liefert jedoch die Strahlenschutzverordnung.[93] 33

Hierbei ist zwischen den Betriebszuständen der Anlage – Normalbetrieb, Störfall und Unfall – zu unterscheiden.

aa) Normalbetrieb

Die Sicherheitsanforderungen an den **bestimmungsgemäßen Betrieb** werden durch **Dosisgrenzwerte** konkretisiert. Dabei gelten die in § 45 StrlSchV fixierten Immissionsgrenzwerte (sog. 30-millirem-Konzept) als gefahrenabwehrbezogen, während darunterliegende, geringere Radioaktivitätsabgaben als „zumutbares Restrisiko" (i. S. der ersten Bedeutungsvariante: Geringfügigkeit der Belastung) verstanden werden. Sie werden dem weiterreichenden, jedoch weniger strikten, auf Risikovorsorge bezogenen **Strahlenminimierungsgebot** (§§ 28 Abs. 1, 46 Abs. 1 Nr. 2 StrlSchV) zugeordnet.[94] Das 30-millirem-Konzept (Ganzkörperdosis) ist vorsichtig („pessimistisch") gewählt und liegt weit unterhalb der natürlichen Strahlenexposition.[95] Damit trägt es dem Umstand Rechnung, daß es im Atom- und Strahlen- 34

---

[88] Vgl. hierzu grundlegend *W. Berg,* Die verwaltungsrechtliche Entscheidung bei ungewissem Sachverhalt, 1980; neuerdings *Ladeur,* ZfU 1987, 1ff.

[89] So etwa *Chr. Schmidt,* KJ 1986, 470ff., 475.

[90] BVerwGE 72, 300 (316); vgl. zuvor BVerfGE 49, 89 (143) und 53, 30 (58f.).

[91] BVerfGE 49, 89 (137).

[92] Vgl. *Breuer,* WiVerw. 1981, 219ff., 224, 230; *Marburger,* in: Siebtes Deutsches Atomrechts-Symposium, 1983, S. 57ff.

[93] BVerfGE 49, 89 (138); BVerwG, DVBl. 1981, 405ff. (Stade).

[94] BVerwG, DVBl. 1981, 405ff.; vgl. i. ü. *Schattke,* in: Sechstes Deutsches Atomrechts-Symposium, 1980, S. 101ff., und *Sommer,* DÖV 1983, 754ff. Vgl. ferner *Sellner* (FN 27), S. 375f., und *Breuer,* WiVerw. 1981, 219ff., 226.

[95] Vgl. *Degenhart,* et 1983, 230ff., 232f., und *Sommer,* DÖV 1983, 754ff., 758f.

schutzrecht nicht nur „unerwünscht“, sondern im Hinblick auf die in § 7 Abs. 2 Nr. 3 AtG getroffene Regelung auch unerlaubt ist, „exakt bis an die Gefahrengrenze zu gehen“.[96] Im Hinblick auf hier nicht darstellbare Anwendungsschwierigkeiten wurde allerdings eine die Strahlenschutzverordnung ergänzende sog. Radioökologieverordnung gefordert.[97]

Besondere Dosisgrenzwerte gelten für Personen, die sich innerhalb der betrieblichen und außerbetrieblichen Überwachungsbereiche aufhalten, also insbesondere für das Betriebspersonal (vgl. §§ 44, 49, 51 StrlSchV).

bb) Störfall

35 Als Störfall gilt nach der in Anlage I zur Strahlenschutzverordnung enthaltenen Begriffsbestimmung ein Ereignisablauf, bei dessen Eintreten der Betrieb der Anlage oder die Tätigkeit aus sicherheitstechnischen Gründen nicht fortgeführt werden kann *und* für den die Anlage ausgelegt ist oder für den bei der Tätigkeit vorsorglich Schutzvorkehrungen vorgesehen sind.

Die „Sicherheitsphilosophie“ für den Störfall wird durch das Modell des „Größten anzunehmenden Unfalls“ (GaU) – besser: größten anzunehmenden Störfalls bzw. Auslegungsstörfalls – geprägt: Danach muß der größte theoretisch mögliche, noch glaubhafte Störfall durch eine entsprechende Auslegung der Anlage, insbesondere durch redundante (mehrfache) und diversitäre (voneinander unabhängige) Sicherheitssysteme als beherrschbar erscheinen.[98] Die in diesem Fall tolerierten Strahlenbelastungen ergeben sich aus § 28 Abs. 3 StrlSchV (**Störfalldosis**). Wegen der Einzelheiten muß auf das fachwissenschaftliche Schrifttum und seine Rezeption insbesondere in der einschlägigen Rechtsprechung verwiesen werden.[99]

cc) Unfall

36 Der jenseits des Auslegungsstörfalles liegende atomare Unfall (vgl. die Definition in Anlage I der Strahlenschutzverordnung) kann tatsächlich nicht beherrscht werden.

In der Öffentlichkeit hat sich hierfür der fragwürdige Begriff „Super-GaU“ eingebürgert. Hierunter wird ein Vorgang verstanden, der im Rahmen der technischen Auslegung der Anlage nicht beherrscht wird (oder überhaupt nicht beherrschbar ist) und der zur Kernschmelze unter Freisetzung des radioaktiven Inventars und zu tendenziell weltweiten Auswirkungen führt.

Seine grundsätzliche atomrechtliche Unbeachtlichkeit *im Sinne der Gefahrenabwehr* läßt sich daher nur aus der statistisch minimalen Eintrittswahrscheinlichkeit rechtfertigen. Dennoch bleibt auch insoweit eine Risikovorsorge geboten. Dabei ist nicht nur an Nuklearkatastrophen nationalen oder internationalen Ausmaßes zu denken; wie die deutsche Risikostudie Kernkraftwerke[100] und insbesondere das Beispiel des Three-Mile-Island-Reaktors (Harrisburg) gezeigt haben, sind auch Unfallverläufe

---

[96] BVerwGE 72, 300 (315); ähnlich *Rengeling* DVBl. 1986, 265ff., 267.

[97] *Sommer,* DÖV 1983, 754ff., 761. Vgl. auch die als Verwaltungsvorschrift erlassene „Allgemeine Berechnungsgrundlage für die Strahlenexposition bei radioaktiven Ableitungen mit der Abluft oder in Oberflächengewässern“ (GMBl. 1979 S. 371).

[98] Vgl. *Breuer,* WiVerw. 1981, 219ff., 226f.

[99] Vgl. hierzu *Smidt,* Reaktorsicherheitstechnik, 1979, sowie die Rechtsprechungsübersicht bei *Degenhart,* et 1983, 230ff., 234ff. Dabei stößt die intensive Auseinandersetzung der Rechtsprechung mit sicherheitstechnischen Detailfragen allerdings auch auf Kritik, vgl. z. B. *Sommer,* Aufgaben und Grenzen richterlicher Kontrolle atomrechtlicher Genehmigungen, 1983, passim, sowie *Sendler,* NJW 1986, 2907ff.; nunmehr auch BVerwGE 72, 300 (320).

[100] Vgl. *Sellner* (FN 27), S. 380 m. w. N.

unterhalb dieser Schwelle zu berücksichtigen. Es werden deshalb nach dem Schadensumfang gestufte Sicherheitskonzepte befürwortet.[101] Während eine Abstufung im Hinblick auf den Sachgüterschutz unproblematisch erscheint,[102] begegnet allerdings eine Differenzierung nach dem Bevölkerungsrisiko (Bevölkerungsdichte) grundsätzlichen (auch ethischen) Bedenken.[103]

2. Sicherstellung der Entsorgung

Nicht zu den Genehmigungsvoraussetzungen gehört nach h. M. die Sicherstellung der Entsorgung (vgl. Rn. 62ff.), da sie nicht anlagenspezifisch ist und die den Betreibern nach § 9a Abs. 1 AtG auferlegte Handlungspflicht im Unterschied zum Bundes-Immissionsschutzgesetz (vgl. § 5 Abs. 1 Nr. 3 BImSchG) nicht als Genehmigungsvoraussetzung ausgestaltet ist.[104] Sie kann jedoch, wie erwähnt (Rn. 26), im Rahmen des **Versagungsermessens** berücksichtigt werden. Dies entspricht der Genehmigungspraxis und der dahingehenden Anweisung in den (auf einem Beschluß der Regierungschefs von Bund und Ländern vom 28. 9. 1979 beruhenden) ministeriellen „Grundsätzen zur Entsorgungsvorsorge für Kernkraftwerke".[105] Faktisch dürften sich die dort niedergelegten Anforderungen an die Entsorgungsvorsorge allerdings wie eine Genehmigungsvoraussetzung ausnehmen. Insbesondere werden danach atomrechtliche Teilgenehmigungen (s. Rn. 49) nur Zug um Zug gegen den Nachweis erteilt, daß Entsorgungsmöglichkeiten für einen Betriebszeitraum von wenigstens sechs Jahren bestehen. Eine Zwischenlösung vertritt *Breuer*. Danach soll die Genehmigungsfähigkeit die Gewährleistung einer genügenden anlageninternen Zwischenlagerung (Kompaktlagerung) voraussetzen, während die weitergehende, anlagentranszendente Entsorgung im Rahmen der Ermessensbetätigung zu beurteilen bleibt.[106] 37

3. Sabotageschutz, Einwirkungen von außen

Das in § 7 Abs. 2 Nr. 5 AtG enthaltene Gebot der Sabotagesicherheit bezieht sich vor allem auf das gezielte Einwirken Dritter gegenüber der Anlage, wodurch gegenüber dem Anlagenbetreiber quasi eine sicherheitsrechtliche „Zurechnung" von drittverursachten Störungen erfolgt. Die Abgrenzung dieser Genehmigungsvoraussetzung gegenüber dem Gebot der Schadensvorsorge des § 7 Abs. 2 Nr. 3 AtG bereitet allerdings im Einzelfall Schwierigkeiten,[107] die vor allem unter dem Schlagwort des „abstrakten Auslegungsschutzes" diskutiert werden. Eine Vorsorgepflicht gegenüber *nicht gezielten* Einwirkungen von außen (Explosionsdruckwellen, Flugzeugabstürzen, 38

---

[101] *Sellner* (FN 27), S. 380 m. w. N.

[102] BayVGH, DVBl. 1979, 673ff., 675.

[103] Dahingehend jedoch VGH Mannheim, DVBl. 1976, 538ff., 544. Dazu kritisch *Sellner* (FN 27), S. 380. Zur Berücksichtigung der Bevölkerungsdichte bei der Risikovorsorge *Degenhart* (FN 27), S. 50ff. m. w. N.

[104] VGH Mannheim, NJW 1979, 2528ff., sowie aus dem Schrifttum die in FN 74 Genannten; anders noch OVG Lüneburg, DVBl. 1978, 67ff., 71ff., das seine Position inzwischen jedoch revidiert zu haben scheint (vgl. OVG Lüneburg, et 1982, 949ff. – Krümmel).

[105] Grundsätze zur Entsorgungsvorsorge für Kernkraftwerke vom 29. 1. 1980, hrsg. vom BMI (Bulletin der BReg Nr. 34 vom 26. 6. 1980, S. 281ff.); zum Ganzen auch *Wagner/Ziegler/Closs*, Risikoaspekte der nuklearen Entsorgung, 1982, S. 74ff.

[106] *Breuer* (FN 71), S. 687f.; differenzierend auch VGH Mannheim, et 1982, 849ff. (Wyhl), und OVG Lüneburg, DVBl. 1983, 187f.

[107] Vgl. *Degenhart* (FN 27), S. 36 Anm. 164 m. w. N.; *Ronellenfitsch* (FN 18), S. 271ff.

Erdbeben) ergibt sich jedenfalls bereits aus § 7 Abs. 2 Nr. 3 AtG.[108] Umstritten ist insbesondere die Berücksichtigung von möglichen Kriegseinwirkungen.[109]

Der Sabotageschutz wird von privaten Sicherungskräften wahrgenommen (Werkschutz), deren Befugnisse jedoch mit denen der staatlichen Gefahrenabwehrbehörden nicht ohne weiteres gleichgesetzt werden dürfen.[110]

4. Öffentliche Interessen, Umweltverträglichkeit

39 Nach § 7 Abs. 2 Nr. 6 AtG hat die Genehmigungsbehörde außer den fachgesetzlichen Anforderungen auch zu prüfen, ob der Wahl des Standorts nicht (andere) überwiegende öffentliche Interessen, insbesondere der Reinhaltung von Wasser, Luft und Boden, entgegenstehen. Damit zeichnet sich eine Umweltverträglichkeitskontrolle der Standortwahl ab, wobei nicht erfaßte Umweltgüter (z. B. Landschaftsschönheit, ökologische Wirkungszusammenhänge) als „öffentliche Interessen" mitberücksichtigt werden können. Nachdem nukleare Auswirkungen bereits von § 7 Abs. 2 Nr. 1–5 AtG erfaßt werden, liegt der Schwerpunkt des § 7 Abs. 2 Nr. 6 AtG bei nicht-nuklearen Auswirkungen. Zu denken ist etwa an Umweltauswirkungen der Kühlwasserentnahme, Wärmelast, aber auch an Zerstörungen der Landschaftsschönheit.

40 Da Prüfungsgegenstand allein das Vorhaben des Antragstellers ist, ermöglicht die Umweltverträglichkeitsprüfung jedoch **keine vergleichende Standortbewertung**[111] und erst recht keine staatliche Standortplanung für Kernkraftwerke (s. auch § 4 Rn. 29). Eine Beeinflussung der Standortwahl ist mit rechtlichen Mitteln nur im Rahmen der vorangehenden Raumplanung möglich (s. § 9). Daß im Rahmen der Anlagengenehmigung nur ungeeignete Standorte ausgeschlossen, nicht jedoch optimale Standorte festgelegt werden können, bezeichnet eine prinzipielle Unzulänglichkeit des Genehmigungsverfahrens nach dem Atomgesetz. Das Atomgesetz ist dem Modell der Unternehmergenehmigung verhaftet und vernachlässigt insoweit einschlägige planerische Aufgaben.[112] Daher wird rechtspolitisch eine spezifische – administrative oder sogar gesetzliche – Standortplanung gefordert.[113]

41 Diese atomrechtliche Umweltverträglichkeitskontrolle kann zu **Kompetenzproblemen** zwischen verschiedenen an der Errichtungskontrolle i. w. S. beteiligten Behörden führen, da eine atomrechtliche Anlagengenehmigung gemäß § 8 Abs. 2 AtG Konzentrationswirkung nur gegenüber dem Bundes-Immissionsschutzgesetz besitzt (s. i. e. Rn. 55).

---

[108] *Sellner* (FN 27), S. 382; vgl. zu der anders gelagerten Problemstellung im Immissionsschutzrecht *E. Rehbinder,* BB 1976, 1ff.

[109] h. M. wohl ablehnend, vgl. *Sellner* (FN 27), S. 382 m. w. N.; *Lukes/Backherms,* AöR 103 (1978), 334ff.; der Gegenauffassung zuneigend *Degenhart* (FN 27), S. 36f. Vermittelnd *Ronellenfitsch* (FN 18), S. 279.

[110] Vgl. *Roßnagel,* ZRP 1983, 59ff.; vgl. allgemein auch *dens.* (FN 51), sowie die Kontroverse zwischen *Straßburg,* ZRP 1984, 299ff., einerseits und *Roßnagel,* ZRP 1985, 81ff., andererseits.

[111] Statt vieler *Breuer* (FN 71), S. 685f.; *Sellner* (FN 27), S. 382f.

[112] Zu dieser Kritik näher *Badura,* BayVBl. 1976, 515ff., 519; *Wahl,* DVBl. 1982, 51ff., 60ff.; *Degenhart* (FN 27), S. 57f. m. w. N. Gegenüber einer Standortvorsorgeplanung eher skeptisch *Blümel,* DVBl. 1977, 301ff.

[113] *Degenhart* (FN 27), S. 123ff. m. w. N.; *Kröncke* (FN 60), S. 111ff.

IV. Genehmigungsverfahren

1. Grundstruktur

Das atomrechtliche Genehmigungsverfahren entspricht weitgehend dem immissionsschutzrechtlichen Genehmigungsverfahren nach den §§ 4ff. BImSchG (s. § 7 Rn. 67ff.) und ist wie dieses durch Formalität, Publizität, tendenzielle Öffentlichkeitsbeteiligung und Einwendungspräklusion (als korrelierende Partizipationslast) sowie durch Verfahrensstufung (§§ 7a, 7b AtG) gekennzeichnet. § 7 Abs. 4 S. 3 AtG nimmt ausdrücklich auf die Grundsätze der §§ 8, 10 Abs. 1–4 und 6–8 und des § 18 BImSchG Bezug. Die Einzelheiten ergeben sich aus der **Atomrechtlichen Verfahrensverordnung** (AtVfV – Kloepfer Nr. 920): etwa zur Öffentlichkeitsbeteiligung (insbesondere §§ 4, 5 [Bekanntmachung], § 6 [Auslegung], § 7 [Einwendungen], §§ 5, 8–13 [Erörterungstermin]), zum Einwendungsausschluß (§ 7 Abs. 1), zur Verfahrensstufung (§§ 18, 19 AtVfV). Insoweit besteht auch hier eine teilweise Ähnlichkeit mit einem Planfeststellungsverfahren (vgl. allgemein § 4 Rn. 27, 76ff.). 42

2. Verfahrensteilhabe und Verfassungsrecht

Dem Genehmigungsverfahren wird nach dem in seiner Bedeutung über das Kernenergierecht hinausreichenden Mülheim-Kärlich-Beschluß des BVerfG[114] verfassungsrechtlicher Rang im Sinne **prozeduralen Grundrechtsschutzes** beigemessen (s. § 2 Rn. 16). Das Genehmigungsverfahren habe nicht nur Unterrichtungsfunktion für die Behörde, sondern bedeute auch vorverlagerten Rechtsschutz. 43

Besonders betont wird die Grundrechtsrelevanz des Verfahrensrechts im Minderheitsvotum der Richter *Simon* und *Heußner,* das in der Verfahrensgestaltung einen Ausgleich für die Unbestimmtheit der materiellen Rechtsbegriffe des technischen Sicherheitsrechts, eine Art formell-prozedurale Richtigkeitsgewähr also, sieht.[115]

Folgende Einschränkungen sind jedoch zu beachten: Zum einen begründet, wie das BVerfG zutreffend betont, nicht jeder Verfahrensfehler einen Grundrechtsverstoß,[116] zum anderen wird man wegen der breiten, über den Kreis der in subjektiven Rechten Betroffenen weit hinausgreifenden atomrechtlichen Verfahrensteilhabe von einer Grundrechtsrelevanz von Verfahrensrecht nur dort ausgehen können, wo Verfahrensrechte Grundrechtspositionen einzelner absichern.[117] Auch wenn vor einer befürchteten Überinterpretation der Entscheidung zu warnen ist, erscheint insbesondere die im Minderheitsvotum verdeutlichte Grundthese bedenkenswert zu sein: „Wahrscheinlich läßt sich nur über das Verfahrensrecht verhindern, daß der Bereich zwischen Recht und Technik zum juristischen Niemandsland wird."[118] Diese Ein- 44

---

[114] BVerfGE 53, 30 (62ff.).

[115] BVerfGE 53, 30 (69ff., 76). Zur Grundrechtsverwirklichung durch Verfahren allgemein etwa *Bethge,* NJW 1982, 1ff.; *Dolde,* NVwZ 1982, 6ff.; *Goerlich,* NJW 1981, 2616ff.; *Ossenbühl,* DÖV 1981, 1ff., 5ff.; *Held,* Der Grundrechtsbezug des Verwaltungsverfahrens, 1984, passim.

[116] BVerfGE 53, 30 (65). Beachte auch § 46 VwVfG. Zu diesem Problemkreis näher *Ossenbühl,* NJW 1981, 375ff.

[117] VGH Mannheim, DVBl. 1976, 538ff., 540; OVG Lüneburg, et 1981, 460ff.; et 1982, 592ff.; vgl. i.ü. *Degenhart,* et 1983, 230ff., 243.

[118] BVerfGE 53, 30 (76).

schätzung deckt sich wohl im Kern mit dem Befund einer tendenziellen Überforderung der Rechtskontrolle im technischen Sicherheitsrecht (s. § 5 Rn. 40ff.).

Um Mißverständnissen vorzubeugen, ist freilich darauf hinzuweisen, daß die Aufhebung einer atomrechtlichen Genehmigung wegen Verfahrensfehlern nicht ausschließt, daß in einem erneuten Genehmigungsverfahren die Genehmigung – bei Meidung der Verfahrensfehler – erteilt werden kann. Insbesondere kann ein Ermittlungs- und Bewertungsdefizit, das zur Aufhebung einer Teilentscheidung (s. Rn. 47ff.) geführt hat, in einem späteren Verfahren auch dann noch ausgeglichen werden, wenn die Anlage bereits errichtet ist.[118a]

3. Besondere Verfahrensgestaltungen

a) Änderungsgenehmigung

45 Vom grundsätzlichen Gebot der Auslegung (von Antrag und Unterlagen) und Öffentlichkeitsbeteiligung gelten Ausnahmen bzw. Einschränkungen im (sogleich zu behandelnden) gestuften Verwaltungsverfahren und bei Änderungsgenehmigungen. Bereits durchlaufene Verfahrensschritte sollen in einem neuen Verfahren nicht wiederholt werden, wenn keine zusätzlichen – noch nicht erörterten – Belange Dritter nachteilig berührt werden (vgl. auch § 15 Abs. 2 BImSchG). Eine detaillierte Regelung enthält § 4 Abs. 2 AtVfV.[119] Danach ist eine erneute Öffentlichkeitsbeteiligung unter bestimmten Voraussetzungen zwingend vorgeschrieben, u.a. ab einer bestimmten Erhöhung von Immissionen, bei einer Konzeptänderung und bei Änderungen am Sicherheitssystem (vgl. § 4 Abs. 2 S. 3 AtVfV).

b) Einwendungsausschluß

46 Der in § 7 Abs. 1 AtVfV vorgesehene Einwendungsausschluß innerhalb des Genehmigungsverfahrens ist nach der vom BVerfG[120] bestätigten Rechtsprechung des BVerwG[121] als **materielle Präklusionsregelung** zu verstehen (d.h. versäumte Einwendungen können auch vor Gericht nicht mehr geltend gemacht werden, vgl. allgemein § 4 Rn. 72ff.). Dies ist als solches verfassungsrechtlich nicht zu beanstanden (s. auch § 4 Rn. 74), denn den von der Anlagengenehmigung potentiell Betroffenen ist es zumutbar, im Interesse der Herbeiführung inbesondere von Rechtssicherheit innerhalb angemessener Frist ihre Einwendungen frühzeitig vorzubringen. Bei einer Auslegung der Vorschrift im Sinne bloß formeller Präklusion (also lediglich Ausschluß aus dem Genehmigungsverfahren) wäre die Regelung weitgehend um ihre Wirkung gebracht.

Dafür sind die Anforderungen an die Substantiierung der Einwendungen nicht zu überspannen. Der **Darlegungslast** ist genüge getan, wenn diese „in groben Zügen erkennen lassen, welche Rechtsgüter als gefährdet angesehen und welche Beeinträchtigungen befürchtet werden. Dabei darf nicht mehr gefordert werden als das durchschnittliche Wissen eines nicht sachverständigen Bürgers in bezug auf mögliche Beeinträchtigungen von Leben, Gesundheit und sonstiger geschützter Rechtspositionen

---

118a BVerwG, NVwZ 1989, 52ff., 56 (Mülheim-Kärlich).

119 Dazu näher *Mumm/Schattke*, DVBl. 1982, 629ff., und *Lukes*, NJW 1983, 1753ff. Vgl. zur früheren Rechtslage auch *Ossenbühl*, DVBl. 1981, 65ff., und OVG Lüneburg, DVBl. 1981, 644ff.

120 BVerfGE 61, 82 (109ff.). Eingehend zur Problematik *Büdenbender/Mutschler*, Bindungs- und Präklusionswirkung von Teilentscheidungen nach BImSchG und AtG, 1979, passim.

121 BVerwGE 60, 297 (301ff.); vgl. i.ü. auch BVerwG, DVBl. 1973, 645f.

durch das in Rede stehende Vorhaben".[121a] Der Einwender braucht namentlich nicht darzutun, weshalb er eine Gefährdung befürchtet.[121b]

c) Gestufte Genehmigungsverfahren

Die dargestellten Regelungen beziehen sich zunächst auf die Vollgenehmigung (§ 7 AtG), gelten aber auch für Teilentscheidungen in den – in der Verfahrenswirklichkeit ausschließlich anzutreffenden – gestuften Genehmigungsverfahren (vgl. allgemein § 4 Rn. 93ff.) mit Vorbescheiden und Teilgenehmigungen (§§ 7 Abs. 4 S. 3, 7a, 7b AtG, §§ 18, 19 AtVfV). 47

Das gesetzliche Modell der Vollgenehmigung entspricht hier noch weniger als im Immissionsschutzrecht der **Genehmigungspraxis.**[122] Sinn der Verfahrensstufung ist grundsätzlich die abschnittsweise Bewältigung komplexer Verfahrensgegenstände unter mitlaufenden Einwendungsbefugnissen und schrittweiser Einwendungspräklusion. Dabei sind etwa bis zu zehn Teilentscheidungen keine Seltenheit. Durch ein gestuftes Verwaltungsverfahren wird faktisch auch eine laufende Verwaltungskontrolle der zunehmenden Projektrealisierung ermöglicht.

Die atomrechtliche Anlagengenehmigung kennt – wie das Bundes-Immissionsschutzgesetz (vgl. § 7 Rdn. 84ff.) – grundsätzlich zwei Formen von Teilentscheidungen: den in § 7a AtG geregelten **Vorbescheid** (vgl. auch § 19 AtVfV) und die in §§ 7 Abs. 4 S. 3, 7b AtG erwähnte (zuvor aber schon von der Rechtsprechung anerkannte) Teilgenehmigung (vgl. auch § 18 AtVfV).[123] Für zusätzliche Entscheidungsformen, wie sie die Praxis entwickelt hat (Vorabzustimmung, s. dazu Rn. 57; vorläufige Teilerrichtungsgenehmigung, Freigabeerklärung, s. dazu Rn. 54a), ist daneben grundsätzlich kein Raum. Insbesondere die Rechtsprechung des BVerwG beharrt insoweit auf Formenstrenge (s. dazu Rn. 50ff.). 48

Vorherrschend sind **Teilgenehmigungen** (Errichtungsgenehmigung, Betriebsgenehmigung), wobei wiederum der ersten Teilgenehmigung wegen ihrer wegweisenden Funktion entscheidende Bedeutung zukommt. 49

Da die Erteilung einer Teilgenehmigung eine vorläufige Prognose (Prüfung) voraussetzt, wonach die Genehmigungsvoraussetzungen im Hinblick auf die Errichtung und den Betrieb der gesamten Anlage voraussichtlich vorliegen werden (§ 18 Abs. 1 AtVfV), wurde der **ersten Teilgenehmigung** von vielen über den unmittelbaren Genehmigungsinhalt hinaus die Bedeutung einer **Standort-** bzw. **Konzeptgenehmigung** beigemessen.[124] Dieser Ansicht ist allerdings das BVerwG in der Wyhl-Entscheidung[125] entgegengetreten. Da im Gegensatz zum vorläufigen positiven Gesamturteil (dazu sogleich) die Konzeptgenehmigung definitiven Charakter hat, mit ihr also das Anlagenkonzept endgültig gebilligt werden soll, ist die Konzeptgenehmi-

---

121a BVerfGE 61, 82 (117f.).

121b BVerwGE 60, 297 (311); BVerwG, NVwZ 1989, 52ff., 55f. (Mülheim-Kärlich).

122 Vgl. insbes. *v. Mutius/Schoch,* DVBl. 1983, 149ff.

123 Grundlegend *Schmidt-Aßmann,* FS 25 J. BVerwG, 1978, S. 569ff.; *Klante,* Erste Teilerrichtungsgenehmigung und Vorbescheid im Atomrecht, 1984, passim.

124 VGH Mannheim, NJW 1979, 2528ff. (Philippsburg II); OVG Lüneburg, DVBl. 1982, 32ff. (Grohnde); OVG Lüneburg, et 1982, 949ff., 950 (Krümmel). Vgl. i. ü. *Rengeling,* NVwZ 1982, 217ff., 220ff., sowie *J. Ipsen,* AöR 107 (1982), 259ff., 277.

125 BVerwGE 72, 300 (Ls. 1, 303ff.). Ebenso für den Standortvorbescheid BVerwG, DVBl. 1988, 148ff., 149.

gung nicht automatisch Bestandteil der Teilgenehmigung,[126] sondern muß im verfügenden Teil der Genehmigung (expressis verbis) zum Ausdruck gebracht werden. Die Konzeptbilligung ist wegen ihres abschließenden Charakters **als Vorbescheid** zu verstehen.[127] Daß ein Vorbescheid als solcher kenntlich zu machen ist und seine Rechtsgrundlage angeben muß, ergibt sich auch aus § 19 Abs. 3 Nr. 2 AtVfV. Doch existiert diese normative Regelung erst seit dem 31. 3. 1982, wogegen die meisten Teilgenehmigungen für Kernkraftwerke vor diesem Zeitpunkt ergangen sind.[128]

50 Dem Wyhl-Urteil des BVerwG kann daher als wichtige Klarstellung bei der Abgrenzung zwischen Konzeptbilligung, Standortentscheid und vorläufigem positivem Gesamturteil entnommen werden:

- ein **vorläufiges positives Gesamturteil** (s. auch § 4 Rn. 94) ist von der Behörde vor Erlaß einer Teilgenehmigung zu fällen. Es hat feststellenden Charakter und ist – ohne daß es ausdrücklich tenoriert zu werden braucht – Bestandteil der Teilgenehmigung.[129] Nach seinem Inhalt bezieht es sich auf die Sicherheit der gesamten Anlage und besagt, daß – bezogen auf die Genehmigungsvoraussetzungen – dem Vorhaben „keine von vornherein unüberwindliche rechtliche Hindernisse entgegenstehen."[130]
- Demgegenüber ist die Konzeptbilligung definitiv und abschließend. Soll über sie vorab entschieden werden, so hat dies in Form des **Konzeptvorbescheides** gemäß § 7a AtG zu geschehen.
- Insbesondere ist die Konzeptbilligung nicht in dem **Standortvorbescheid** enthalten, mit dem eine verbindliche Vorabentscheidung über den Standort getroffen werden kann. Zwar wird die Standortentscheidung an ein bestimmtes Anlagenkonzept geknüpft sein, doch ist umgekehrt die Konzeptbilligung nicht alleine von der Standortwahl beeinflußt.[131]

50a Das BVerwG hat in der nachfolgenden Rechtsprechung, insbesondere im Mülheim-Kärlich-Urteil vom 9. 9. 1988,[131a] Voraussetzungen und Rechtswirkungen von Konzeptvorbescheid, Standortbilligung und Teil(errichtungs)genehmigung weiter präzisiert und deren Verhältnis zueinander konturiert: Danach gehört zum **Konzeptvorbescheid** die eindeutige Erkennbarkeit des gebilligten Konzepts. Die definitive Billigung des Konzepts schließt zugleich aus, daß nachträglich eine Bindung an *gebilligte* konstruktive Merkmale mit der Begründung verneint wird, es handele sich um nicht konzeptrelevante Details. Die Bindung kann nur durch Aufhebung oder ausdrückliche Änderung des Konzeptvorbescheids im atomrechtlichen Genehmigungsverfahren beseitigt werden. Zudem kann bei einer Standortänderung die frühere Standortbilligung (im Rahmen einer Teilgenehmigung oder eines Standortvorbescheides) nicht isoliert hinsichtlich des großräumigen Standorts aufrechterhalten bleiben.

50b Soweit Teilentscheidungen als fehlerhaft aufgehoben werden, entzieht dies – im Sinne der Verfahrensstufung folgerichtig – den darauf aufbauenden Entscheidungen die Grundlage. Das BVerwG läßt jedoch die **nachträgliche Ersetzung einer aufgehobenen Teilentscheidung** ausdrücklich zu,[131b] so daß nachfolgende Teilentscheidungen in ihrem rechtlichen Bestand „nicht ohne weiteres und gleichsam automatisch" vom Wegfall z. B. der ersten Teilgenehmigung berührt sind.

51 Insbesondere mit seinen Ausführungen zum **vorläufigen positiven Gesamturteil** ist das Wyhl-Urteil auf Zustimmung gestoßen. Indem es das vorläufige positive

---

[126] Hierzu auch *Sellner,* NVwZ 1986, 616ff.
[127] BVerwGE 70, 365 (372) – Krümmel; vgl. auch *Rengeling,* DVBl. 1986, 265ff., 270; kritisch *Haedrich* (FN 18), § 7 AtG Rn. 40.
[128] Zur Dauer der gerichtlichen Überprüfung einer atomrechtlichen Teilgenehmigung vgl. unten FN 217.
[129] *Rengeling,* DVBl. 1986, 265ff., 270.
[130] BVerwGE 72, 300 (304) unter Hinweis auf BVerwG, DVBl. 1982, 960ff., 962.
[131] BVerwGE 72, 300 (304f.).
[131a] BVerwG, NVwZ 1989, 52ff.
[131b] BVerwG, NVwZ 1989, 52ff., 56.

Gesamturteil wie eine vorliegende materielle Genehmigungsvoraussetzung behandelt und mit – „im Rahmen der Vorläufigkeit" – begrenzter Bindungswirkung (s. auch § 4 Rn. 94) und begrenztem Drittschutz ausgestattet hat,[132] dürfte es eine Fülle von Streitfragen ausgeräumt haben.

Die Bindungswirkung von Teilgenehmigungen für das weitere Genehmigungsverfahren wird durch die **Präklusionsregelung** des § 7b AtG flankierend ergänzt. (Dabei handelt es sich um eine „Bestandskraftspräklusion" i. S. von § 4 Rn. 93 im Unterschied zur in Rn. 46 zuvor behandelten „Verwirkungspräklusion".) Der Umfang der Bindungswirkung ist nach wie vor umstritten, doch hat das BVerwG im Stade-Urteil[133] hierzu grundsätzliche Ausführungen gemacht: 52

„Ziel der Teilgenehmigungspraxis ist die abschnittweise Bewältigung eines geplanten Vorhabens; einer atomrechtlichen Teilgenehmigung kommt also, soweit sie über einen Ausschnitt des geplanten Vorhabens definitiv entscheidet, eine einer Vollgenehmigung entsprechende Bindungswirkung zu; diese ist beim Erlaß weiterer Teilgenehmigungen zu beachten. Spätere Teilgenehmigungen können daher aus diesem Grunde grundsätzlich nicht mehr mit Einwendungen bekämpft werden, die thematisch zum Regelungsgehalt einer früheren Teilgenehmigung gehören; solchen Einwendungen ist vielmehr nach Maßgabe des § 17 AtG Rechnung zu tragen. Dies gilt auch dann, wenn Einwendungen aufgrund einer veränderten Sach- oder Rechtslage erst nach Erlaß der früheren Teilgenehmigung entstanden sind."

In seinem Wyhl-Urteil[134] hat das Gericht weiter ausgeführt:

„Der Bezug auf das Gesamtprojekt wird beim Teilgenehmigungsverfahren, beginnend mit der ersten Teilgenehmigung, durch das vorläufige positive Gesamturteil hergestellt; dieses verfestigt sich mit dem Fortschreiten der Teilgenehmigungen und erstarrt mit der letzten Teilgenehmigung zum abschließenden positiven Gesamturteil (. . .). Damit geht der feststellende Teil einer Teilgenehmigung über die in ihr enthaltene Gestattung hinaus; dies ist der Grund, warum die Summe aller Teilgenehmigungen einer Vollgenehmigung gleichsteht. . . . Die an das vorläufige positive Gesamturteil anknüpfende Bindungswirkung steht unter zwei Einschränkungen, die sich aus der Vorläufigkeit der zugrundeliegenden Prüfung ergeben. Sie entfällt einmal, wenn die spätere Detailprüfung eines noch zu genehmigenden Anlagenteils ergibt, daß dieser so, wie ursprünglich geplant, nicht ausgeführt werden kann. Sie entfällt weiter, wenn infolge einer Änderung der Sach- oder Rechtslage an die noch nicht genehmigten Anlagenteile nunmehr neue Anforderungen gestellt werden müssen."

Folgeentscheidungen können demnach nur noch Konkretisierungen oder Modifizierungen beinhalten, welche das – regelmäßig der ersten Teilerrichtungsgenehmigung – zugrundeliegende vorläufig positive Gesamturteil nicht mehr grundsätzlich in Frage stellen,[135] wenn nicht eine der genannten Ausnahmen eingreift. Die Ausführungen des BVerwG sind aber nicht als Anerkennung eines umfassenden sog. **Situationsvorbehaltes** aufzufassen, wie es ihn im Würgassen-Urteil noch angedeutet hatte.[136] Da Änderungen des Standes von Wissenschaft und Technik während des Ge- 53

---

[132] *Rengeling,* DVBl. 1986, 265ff., 270f.; vgl. auch BVerwGE 72, 300 (306ff.); dazu näher *Sellner,* NVwZ 1986, 616ff.

[133] BVerwG, DVBl. 1981, 405ff., 408.

[134] BVerwGE 72, 300 (309).

[135] Ähnlich zuvor *Ossenbühl,* NJW 1980, 1353ff., 1356. Vgl. zu den Auswirkungen einer Teilrücknahme eines Genehmigungsantrages auf das vorläufige positive Gesamturteil BVerwG, DVBl. 1988, 973ff., 976 (Wackersdorf).

[136] BVerwG, DVBl. 1972, 678ff., 679; daran anschließend im Schrifttum *Breuer,* in: Sechstes Deutsches Atomrechts-Symposium, 1980, S. 243ff., 258; *v. Mutius/Schoch,* DVBl. 1983, 149ff., 154; vgl. auch VG Koblenz, et 1980, 427ff., 428. Ablehnend u. a. *Ossenbühl,* NJW 1980, 1353ff., 1358; *Rengeling,* NVwZ 1982, 220ff.; *Degenhart* (FN 27), S. 70.

nehmigungsverfahren wegen des Schutzgrundsatzes von der Genehmigungsbehörde aber nicht ignoriert werden dürfen, ist diese ggf. zu einer **nachträglichen Entscheidung** nach § 17 Abs. 1 S. 3 AtG (inhaltliche Beschränkung, nachträgliche Auflage, Widerruf) gehalten.

Wenn man mit der Mindermeinung einen Situationsvorbehalt annimmt, müßten Vorkehrungen getroffen werden, die verhindern, daß die regelmäßig sehr lange Verfahrensdauer materiell-rechtlich zu Lasten der Anlagenbetreiber geht. Der Situationsvorbehalt erstreckt sich keinesfalls auf bloße Änderungen der Sicherheitsphilosophie.[137]

54 Zu beachten ist ferner, daß mit der schrittweisen Verfestigung der Rechtslage im gestuften Genehmigungsverfahren eine **Verengung des Versagungsermessens** einhergeht.

So sind beispielsweise mit der Standortentscheidung raumplanerische, mit der Konzeptgenehmigung auch die Entsorgungsfrage oder energiepolitische Erwägungen im Hinblick auf die Ermessensausübung verbraucht.[138] Der in Teilgenehmigungen übliche Vorbehalt, wonach die Genehmigung keinen Rechtsanspruch auf eine weitere atomrechtliche Genehmigung begründet, beseitigt nicht die Bindungswirkung, sondern hat – als Hinweis auf die weiteren Genehmigungsvoraussetzungen – lediglich deklaratorische Bedeutung.[139]

54a Die Ausformung des gestuften Genehmigungsverfahrens in Vorbescheid(e) und Teilgenehmigung(en) bedeutet – nach der Erkenntnis des BVerwG im Mülheim-Kärlich-Urteil[139a] – umgekehrt, daß eine atomrechtliche **Errichtungsgenehmigung** nicht in Betracht kommt für eine erst im Konzept gebilligte oder erst vorläufig positiv beurteilte Anlage. Dies gilt auch dann, wenn der gestattende Teil der Genehmigung nur grundsätzlich ausgesprochen und die Gestattungswirkung hinsichtlich des „Wie" der Errichtung der einzelnen Anlagenteile und Systeme bis zur Vorlage positiver Sachverständigengutachten ausgesetzt und einem Freigabevorbehalt unterworfen wird.

4. *Parallelverfahren*

55 Da das Atomgesetz die Genehmigung – im Unterschied zu anderen Umweltgesetzen (vgl. § 13 BImSchG) – nur sehr begrenzt mit **Konzentrationswirkung** versieht (vgl. § 8 Abs. 2 AtG), sind neben dem atomrechtlichen Genehmigungsverfahren regelmäßig weitere Genehmigungsverfahren erforderlich, insbesondere zur Erteilung baurechtlicher und wasserrechtlicher Genehmigungen (z. B. Kühlwasserentnahme und -ableitung betreffend), im Einzelfall auch Genehmigungen nach dem Luftverkehrsgesetz, dem Schutzbereichsgesetz, den Forst- und Waldgesetzen sowie nach Straßenrecht.[140] Aus diesem Nebeneinander können sich erhebliche Koordinationsprobleme ergeben.[141]

So vermittelt die im Rahmen einer atomrechtlichen Genehmigung erfolgende Festsetzung der höchstzulässigen radioaktiven Kontamination des (Kühl-)Wassers nicht schon das Recht, kontaminiertes Abwasser in ein Gewässer einzuleiten. Hierzu bedarf es der besonderen Erlaubnis der Wasserbehörde (s. § 11 Rn. 50ff.), die ihrerseits Grenzwerte der radioaktiven Kontami-

---

[137] Vgl. *v. Mutius/Schoch,* DVBl. 1983, 149ff., 154.
[138] Vgl. *J. Ipsen,* AöR 107 (1982), 259ff., 277; *Ossenbühl,* et 1983, 665ff., 668f.; *Degenhart,* et 1983, 230ff., 242.
[139] *Ossenbühl,* et 1983, 665ff., 668.
[139a] BVerwG, NVwZ 1989, 52ff., 53.
[140] Vgl. hierzu die Darstellung von *Kröncke* (FN 60), S. 24ff.
[141] Hierzu speziell *Jarass,* DÖV 1978, 21ff., sowie *Henseler,* DVBl. 1982, 390ff.

nation festsetzen kann bzw. muß. Dabei ist sie nicht an die Entscheidung der Atombehörde über die zulässige Belastung des Abwassers mit radioaktiver Strahlung gebunden, sondern kann – vor allem im Rahmen ihres planerischen Gestaltungsfreiraumes – auch weiterreichende Anforderungen an die Abwasserbeschaffenheit im Hinblick auf seine radioaktive Belastung stellen.[141a]

Dem Genehmigungsverfahren geht regelmäßig noch die **Anzeige nach § 4 EnWG** voraus.[142] 56
Das Vorhaben kann von der Aufsichtsbehörde (Wirtschaftsminister der Länder bzw. Senatoren) aus energiewirtschaftlichen Gründen beanstandet werden, doch ist der Abschluß des Anzeigeverfahrens keine förmliche Voraussetzung für die Einleitung des atomrechtlichen Genehmigungsverfahrens.[143] (Zum Energierecht vgl. Rn. 72ff.)

5. *„Vorabzustimmungen"*

In jüngerer Zeit ist im Zusammenhang mit dem – politischen wie rechtlichen – 57
Streit um die Hanauer Brennelementefabriken[144] die Zulässigkeit sog. Vorabzustimmungen verstärkt in die Diskussion geraten. Hierbei handelt es sich um – ohne förmliches Verfahren erteilte – vorläufige Zustimmungen für nach § 7 Abs. 1 AtG genehmigungsbedürftige wesentliche Änderungen[145] an Kernanlagen, die „im Vorgriff" auf eine künftige Genehmigung nach § 7 Abs. 1 AtG erteilt wurden.[146] Nach der Auffassung *Ronellenfitschs* sind solche Vorabzustimmungen Aufsichtsmaßnahmen i. S. von § 19 Abs. 3 AtG.[147] Dem kann nicht gefolgt werden. Es würde ein Unterlaufen des stark formalisierten Genehmigungsverfahrens und insbesondere der Vorschriften über die Öffentlichkeitsbeteiligung[148] bedeuten, wenn die Exekutive bereits vor dem Verfahren – wenn auch nur „vorläufig" – der genehmigungsbedürftigen Änderung zustimmt. Damit würde der vom BVerfG aus der Schutzpflicht des Staates für Leben und Gesundheit nach Art. 2 Abs. 2 GG hergeleitete „Grundrechtsschutz durch Verfahren"[149] (s. auch o. Rn. 43) konterkariert.[150] Im übrigen können durch Anordnungen gemäß § 19 Abs. 3 AtG (s. Rn. 60) nur gefährliche oder dem Gesetz, der Genehmigung oder Zulassung oder nachträglichen Auflagen widersprechende Zustände beseitigt werden. Dagegen gibt § 19 Abs. 3 AtG keine Handhabe, den Gestattungsrahmen einer Genehmigung zu erweitern oder zu ersetzen.[151] Aus alledem ergibt sich, daß die „Vorabzustimmung" als eine atomrechtlich unzulässige Maßnahme anzusehen ist.

Dies schließt die Zulässigkeit informeller Vor-Abstimmungen zwischen Antragsteller und Behörde – in bestimmten Grenzen – nicht aus, weil sie im Prinzip rechtlich unverbindlich bleiben (vgl. zur Praxis der Umweltabsprachen auch § 4 Rn. 232ff.).

141a BVerwG, DVBl. 1988, 489f.
142 Gesetz zur Förderung der Energiewirtschaft vom 13. 12. 1935 (RGBl. I S. 1451), zuletzt geänd. durch Ges. v. 19. 12. 1977 (BGBl. I S. 2750) – Energiewirtschaftsgesetz (Kloepfer Nr. 945).
143 Vgl. *Kröncke* (FN 60), S. 9.
144 Zum politischen Streit vgl. etwa DIE ZEIT Nr. 9/1987, S. 13ff.
145 Zum Begriff der wesentlichen Änderung vgl. etwa *Richter,* Nachrüstung von Kernkraftwerken, 1985, S. 100ff.; *Fischerhof* (FN 27), § 7 AtG Rn. 10.
146 *Roßnagel,* DVBl. 1987, 65ff.
147 *Ronellenfitsch,* et 1986, 797ff., 806.
148 Hierzu *Hoffmann-Riem/Rubbert,* Atomrechtlicher Erörterungstermin und Öffentlichkeit, 1984, S. 1ff.; *Wilting,* Gestuftes atomrechtliches Genehmigungsverfahren und Bürgerbeteiligung, 1985, S. 72ff.; *Ronellenfitsch* (FN 18), S. 320ff.
149 BVerfGE 53, 30 (59ff.).
150 *Roßnagel,* DVBl. 1987, 65ff., 68.
151 Zutreffend *Roßnagel,* DVBl. 1987, 65ff., 69.

V. Beschränkung und Beseitigung von Genehmigungen

58 Genehmigungen und allgemeine Zulassungen nach dem Atomgesetz können gemäß § 17 Abs. 1 S. 2 AtG zur Erreichung der in § 1 AtG bezeichneten Zwecke **inhaltlich beschränkt** und mit **Auflagen** verbunden werden. Sie können gemäß § 17 Abs. 1 S. 4 AtG grundsätzlich **befristet** werden. Von letzterer Möglichkeit nimmt der Gesetzgeber allerdings die atomrechtliche Anlagengenehmigung nach § 7 AtG aus (§ 17 Abs. 1 S. 4 AtG).

Soweit es der Schutzzweck oder die innere oder äußere Sicherheit der Bundesrepublik Deutschland erfordern (s. o. Rn. 11), sind gemäß § 17 Abs. 1 S. 3 AtG auch **nachträgliche Auflagen** zulässig (vgl. allgemein zu nachträglichen Anordnungen § 4 Rn. 100ff.).

Für **Rücknahme** und **Widerruf** atomrechtlicher Genehmigungen und atomrechtlicher allgemeiner Zulassungen bestehen in § 17 Abs. 2 AtG bzw. § 17 Abs. 3–5 AtG spezialgesetzliche Regelungen, die durch eine **Entschädigungsregelung** in § 18 AtG flankiert werden.[152]

Eine Rücknahme der (rechtswidrig erlassenen) Genehmigung bzw. allgemeinen Zulassung kommt in Betracht, wenn eine ihrer Voraussetzungen bei der Erteilung nicht vorgelegen hat (§ 17 Abs. 2 AtG).

Ein Widerruf nach § 17 Abs. 3 AtG kommt in Betracht bei
- fehlendem Gebrauchmachen von der Genehmigung bzw. allgemeinen Zulassung (Nr. 1),
- Wegfall einer Genehmigungsvoraussetzung, falls nicht in angemessener Zeit Abhilfe geschaffen wird (Nr. 2),
- erheblichen oder wiederholten Verstößen gegen Vorschriften des Atomgesetzes oder atomrechtlicher Verordnungen bzw. gegen hierauf gestützte Bestimmungen des Bescheides oder behördliche Anordnungen und Verfügungen (Nr. 3),
- Nichteinhaltung einer nachträglichen Auflage, falls nicht in angemessener Zeit Abhilfe geschaffen wird.

Während ein Widerruf in diesen Fällen im pflichtgemäßen Ermessen der Genehmigungsbehörde liegt, besteht nach § 17 Abs. 4 und 5 AtG eine Widerrufspflicht bei mangelhafter Dekkungsvorsorge (Abs. 4) oder wenn dies wegen einer erheblichen Gefährdung der Beschäftigten, Dritter oder der Allgemeinheit erforderlich ist (Abs. 5). Der Widerruf setzt dabei voraus, daß nachträgliche Auflagen nicht ausreichen (Abs. 5, 2. Hs.). Keinen Widerrufsgrund ergibt die bloße Änderung der atomrechtlichen „Sicherheitsphilosophie" der Genehmigungsbehörde, wohl aber können neue Erkenntnisse nach dem Stand von Wissenschaft und Technik zu einer veränderten Einschätzung der erforderlichen Schadensvorsorge führen und somit eine Genehmigungsvoraussetzung im nachhinein entfallen lassen.[153]

Die atomrechtlichen Rücknahme- und Widerrufsbestimmungen haben abschließenden Charakter, so daß ein Rückgriff auf die teilweise abweichenden Regelungen des Verwaltungsverfahrensgesetzes nicht zulässig ist.

Soweit der Widerruf rechtskräftig wird, könnte eine endgültige Einstellungsanordnung nach § 19 Abs. 3 Nr. 3 AtG (s. Rn. 60) ergehen. In diesem Falle bedarf die **Anlagenstillegung** (s. o. Rn. 21) nicht der sonst erforderlichen Genehmigung nach § 7 Abs. 3 AtG (§ 7 Abs. 3 S. 3 AtG). Für den langwierigen, u. U. Jahrzehnte dauern-

---

[152] Vgl. hierzu insbes. Die Darstelllungen von *Bender,* DÖV 1988, 813ff., 814ff.; *Lange,* NJW 1986, 2459ff., 2462ff., und *Wagner,* NJW 1987, 411ff.

[153] Vgl. *Haedrich* (Fn 18), § 17 AtG Rn. 14 m. w. N., einerseits, *Bender,* DÖV 1988, 813ff., 816, und *Lange,* NJW 1986, 2459ff., 2463, andererseits.

den Vorgang der Entsorgung der radioaktiven Reststoffe ergeben sich weitere Rechtspflichten aus § 9a AtG (s. auch Rn. 62ff.).

Der **staatlichen Aufsicht** (s. auch Rn. 61) unterliegen gemäß § 19 Abs. 1 S. 1 AtG 59

- der Umgang und Verkehr mit radioaktiven Stoffen,
- der Betrieb und Besitz von Anlagen i. S. der §§ 7 und 11 Abs. 1 Nr. 2 AtG,
- der Umgang und Verkehr mit Anlagen, Geräten und Vorrichtungen i. S. des § 11 Abs. 1 Nr. 3 AtG sowie
- die Beförderung dieser Stoffe, Anlagen, Geräte und Vorrichtungen.

Die Aufsicht bezieht sich vor allem auf die Einhaltung der jeweils geltenden rechtlichen Anforderungen (§ 19 Abs. 1 S. 2 AtG). Die Befugnisse und Obliegenheiten der Aufsichtsbehörde richten sich zunächst nach dem – durch § 19 Abs. 1 S. 3 AtG für entsprechend anwendbar erklärten – § 139b GewO, umfassen also die allgemeinen Kompetenzen der Gewerbeaufsichtsbehörden, darüber hinaus ergeben sie sich aus § 19 Abs. 2 AtG, der insbesondere weitergehende Betretens-, Prüfungs- und Auskunftsrechte regelt (vgl. allgemein § 4 Rn. 114). Im Aufsichtsverfahren – wie auch bereits im Genehmigungsverfahren – können von der zuständigen Behörde gemäß § 20 AtG **Sachverständige** zugezogen werden.

Ergibt die Überwachung Abweichungen gegenüber dem rechtlichen Soll-Zustand, 60
kommen nach § 19 Abs. 3 AtG spezifische **Aufsichtsmaßnahmen** in Betracht. Die Aufsichtsbehörde kann danach anordnen, daß ein Zustand beseitigt wird, der den Vorschriften des Atomgesetzes oder der dazu erlassenen Rechtsverordnungen, den Bestimmungen des Genehmigungs- bzw. Zulassungsbescheides oder einer nachträglichen Auflage widerspricht oder aus dem sich durch die Wirkung ionisierender Strahlen Gefahren für Leben, Gesundheit oder Sachgüter ergeben können. Einen exemplarischen Katalog derartiger Anordnungen enthält § 19 Abs. 3 S. 2 AtG. § 19 Abs. 3 AtG statuiert ein sofortiges **Eingriffsrecht** der Behörde:[154] Sie kann nach pflichtgemäßem Ermessen – ohne Beachtung sonst bestehender Formerfordernisse – Anordnungen vorläufigen Charakters treffen, bis über eine Maßnahme gemäß § 17 AtG entschieden ist. Daneben gibt § 19 Abs. 3 Nr. 3 AtG aber auch eine Handhabe für eine „endgültige Einstellungsverfügung" für den Fall, daß eine erforderliche Genehmigung nicht erteilt oder rechtskräftig widerrufen wurde (s. o. Rn. 58).

E. Überwachung

In die Anlagenüberwachung teilen sich entsprechend dem allgemeinen Muster im 61
Umweltrecht Anlageninhaber und Behörde (vgl. § 4 Rn. 113ff.). Eine Beratungsfunktion im Hinblick auf die atomrechtliche Überwachung üben die Reaktor-Sicherheitskommission und die Strahlenschutzkommission (s. o. Rn. 9) aus.

Die staatliche Aufsicht (s. auch o. Rn. 59) und entsprechende Schutzanordnungen regelt neben § 19 AtG insbesondere die **Strahlenschutzverordnung** (Kloepfer Nr. 915) in den §§ 32ff. Dort sind auch ins einzelne gehende Schutz- und Kennzeichnungspflichten der Strahlenschutzverantwortlichen i. S. von § 29 StrlSchV geregelt.

Strahlenschutzverantwortlicher ist, wer eine nach dem Atomgesetz oder der Strahlenschutzverordnung genehmigungspflichtige Tätigkeit ausübt.

---

[154] Vgl. hierzu und zum folgenden *Fischerhof* (FN 27), § 19 AtG Rn. 9ff.

Der Strahlenschutzverantwortliche darf nicht mit dem **Strahlenschutzbeauftragten** verwechselt werden, dessen Aufgaben und Rechtsstellung die §§ 29 Abs. 2, 30, 31 StrlSchV regeln.[155] Der Status des Strahlenschutzbeauftragten unterscheidet sich in mehrfacher Hinsicht von demjenigen anderer Umweltschutzbeauftragter (vgl. § 4 Rn. 128ff.), insbesondere ist er stärker gegenüber dem Auftraggeber verselbständigt und steht in einer Rechtspflicht auch gegenüber der Behörde (vgl. die Mitteilungspflicht nach § 30 Abs. 1 S. 3 StrlSchV). Ein Verstoß gegen diese, wenn auch subsidiäre Pflicht kann folgerichtig als Ordnungswidrigkeit geahndet werden (§ 81 Abs. 2 Nr. 1 StrlSchV).

Wesentliche Voraussetzung einer wirksamen staatlichen Aufsicht ist eine ausreichende Information der Aufsichtsbehörden durch die Anlagenbetreiber. In Anbetracht der technischen Komplexität und des Gefahrenpotentials der Kernenergie bedarf es in diesem Bereich – mehr noch als in anderen Feldern des Umwelt- und Technikrechts – der Kooperation zwischen Staat und Betreiberseite (vgl. allgemein § 3 Rn. 44ff.). Dem dienen die im Atom- und Strahlenschutzrecht zahlreichen **Meldepflichten** (neben dem bereits genannten § 30 Abs. 1 S. 3 StrlSchV vor allem §§ 27 Abs. 3 S. 3 und Abs. 4 S. 2, 36 S. 2, 61 Abs. 2, 66 Abs. 2 und 3, 70 Abs. 1, 75 S. 3, 79 und 80 StrlSchV). Weitere Informationspflichten können im Rahmen einer besonderen Auflage nach § 17 Abs. 1 S. 2 oder 3 AtG (s. o. Rn. 58) statuiert werden.

Besondere Bedeutung für die Praxis erlangen die in dem Rundschreiben des Bundesministers für Umwelt, Naturschutz und Reaktorsicherheit vom 31. 5. 1988 niedergelegten **Meldekriterien und Meldeverfahren für besondere Vorkommnisse in Anlagen der Versorgung und der Entsorgung des Kernstoffkreislaufes**[155a] (Kloepfer Nr. 912). Hervorhebung verdient hierbei der Umstand, daß die Meldepflicht sich keineswegs etwa auf Störfälle (s. o. Rn. 35) beschränkt, sondern sich auf einen weiteren Kreis „besonderer Vorkommnisse“ erstreckt. Meldepflichtig ist tendenziell alles, was über „routinemäßige betriebliche Ereignisse“ hinausgeht und „sicherheitstechnische Bedeutung“ aufweist (vgl. Ziffer 3). So wurden aus dem Jahr 1987 303 Vorkommnisse in Reaktoranlagen der Bundesrepublik berichtet.[155b]

Im einzelnen werden die Meldepflichten durch die Meldekriterien unter Ziffer 2 des Rundschreibens umrissen (u. a. Freisetzung und Ableitung radioaktiver Stoffe in die Umgebung, Strahlenexposition und sonstige strahlenschutzrelevante Vorkommnisse, Vorkommnisse der Anlagentechnik und des Betriebes, Einwirkungen von innen oder von außen, jeweils weiter aufgeschlüsselt) und mit unterschiedlich ausgestalteten Meldeverfahren (Ziffer 3) verknüpft. Hierbei variieren entsprechend der Dringlichkeit der Information der Aufsichtsbehörde und der sicherheitstechnischen Bedeutung der Vorkommnisse insbesondere die Meldefristen und die Mitteilungsformen zwischen Sofort-, Eil- und Normalmeldung, die jedoch spätestens am fünften Arbeitstag nach Erkennen des Vorkommnisses zu erfolgen hat.

Die im Herbst 1988 ausgelöste Kontroverse um atomrechtliche Überwachungs- und Unterrichtungsdefizite aus Anlaß des verspätet gemeldeten Störfalles im Kernkraftwerk Biblis[155c] unterstreicht die Notwendigkeit einer strikteren Informations-

---

[155] Vgl. zum Strahlenschutzverantwortlichen näher *Ellerkmann,* in: Viertes Deutsches Atomrechts-Symposium, 1976, S. 99ff.; zum Strahlenschutzbeauftragten *Backherms,* BB 1978, 1697ff., sowie allgemein die in FN 187 zu § 4 Genannten; zu beiden auch *Bischof/Pelzer* (FN 56), S. 148ff. m. w. N.

[155a] GMBl. S. 414.

[155b] FAZ Nr. 289 v. 12. 12. 1988, S. 3.

[155c] Vgl. FAZ Nr. 285 v. 7. 12. 1988, S. 2; Nr. 286 v. 8. 12. 1988, S. 2 und Nr. 291 v. 14. 12. 1988, S. 5.

praxis im Strahlenschutzrecht, wobei allerdings zwischen Pflichten und Versäumnissen der Betreiber und der Aufsichtsbehörden sorgfältig zu unterscheiden ist. Dieser Vorgang hat eine Diskussion um eine Verbesserung bzw. teilweise Neuordnung der atomrechtlichen Kontrolle in Gang gesetzt, deren Konsequenzen noch nicht absehbar sind.[155d]

F. Rechtsfragen der Entsorgung

Nach dem Ausbau der Kernenergie, der wenigstens hinsichtlich der herkömmlichen Reaktoren sich seinem (vorläufigen?) Abschluß zuzuneigen scheint, dürfte in den kommenden Jahren die Problematik der Entsorgung und Wiederaufbereitung radioaktiver Abfälle (ausgebrannter Brennelemente usw.) in den Vordergrund des rechtlichen Interesses treten. Das Atomgesetz teilt die Verantwortlichkeit für die Entsorgung (Wiederverwertung oder Beseitigung) radioaktiven Materials zwischen Anlagenbetreibern (§ 9 Abs. 1 AtG) und Besitzern radioaktiver Stoffe und Abfälle (§ 9a Abs. 1, 2 AtG) einerseits und den Bundesländern andererseits (§ 9a Abs. 3 AtG) auf: Vorrang hat dabei das **Wiederverwertungsgebot,** wonach Betreiber und Besitzer abgebrannte Brennelemente vorrangig schadlos zu verwerten haben (§ 9a Abs. 1 Nr. 1 AtG, ähnlich § 5 Abs. 1 Nr. 3 BImSchG). Soweit dies technisch nicht möglich, wirtschaftlich unvertretbar oder mit den Gesetzeszwecken des § 1 Nr. 2–4 AtG unvereinbar ist, muß der Betreiber und Besitzer für eine geordnete **Beseitigung** Sorge tragen (§ 9a Abs. 1 Nr. 2 AtG). Letzteres ist gleichbedeutend mit einer Ablieferungspflicht an die staatlichen Sammelstellen für die Zwischen- und Endlagerung (§ 9a Abs. 2 AtG). Der Schwerpunkt der Entsorgung liegt damit jedoch bei der in staatlicher Eigenregie (vgl. § 4 Rn. 271ff.) betriebenen (anlagenexternen) Zwischenlagerung durch die Länder und Endlagerung durch den Bund (§ 9a Abs. 3 AtG).[156] Die Frage der Endlagerung in der Bundesrepublik Deutschland steht wegen politischer Widerstände gegen den Standort Gorleben noch zur Lösung an.[157] Politisch gescheitert scheint das Konzept einer Wiederaufbereitung von Kernbrennstoffen. 62

Errichtung und Betrieb von atomaren Zwischen- und Endlagern bedürfen der **Planfeststellung** (§ 9b AtG).[158] Das Planfeststellungsverfahren richtet sich heute weitgehend nach den spezifischen Bestimmungen des Verwaltungsverfahrensgesetzes (§ 9b Abs. 4 AtG). Der Planfeststellungsbeschluß zeichnet sich im Unterschied zur atomrechtlichen Anlagengenehmigung durch (weitgehende) Konzentrationswirkung aus (§ 9b Abs. 4 Nr. 3 AtG i. V. mit § 75 Abs. 1 VwVfG, Ausnahmen in § 9b Abs. 4 Nr. 3 AtG für das Berg- und Tiefspeicherrecht). Im Grenzbereich zwischen Anlagengenehmigung und Planfeststellung liegt die Einrichtung von (betriebsinternen) Kompaktlagern.[159] 63

[155d] Vgl. FAZ Nr. 294 v. 17. 12. 1988, S. 5; Nr. 296 v. 20. 12. 1988, S. 1.

[156] Dazu näher *Sellner* (FN 27), S. 394f.

[157] Hierzu *Ronellenfitsch* (FN 18), S. 353 Anm. 22.

[158] Hierzu näher *Breuer,* Die Planfeststellung für Anlagen zur Endlagerung radioaktiver Abfälle, 1984, S. 44ff.; *Rengeling,* Planfeststellung für die Endlagerung radioaktiver Abfälle, 1984, S. 35ff.

[159] Vgl. BayVGH, DVBl. 1982, 35f., 36, einerseits, VG Darmstadt, et 1981, 883ff., andererseits. Hierzu näher *Kimminich,* et 1982, 502ff.; *Pelzer,* NJW 1980, 2794, und *Degenhart,* et 1983, 230ff., 237f., jeweils m. w. N.

64 Eine Wechselbeziehung zwischen **Entsorgung und Anlagengenehmigung** wird – wie bereits dargestellt (s. o. Rn. 37) – von der herrschenden Meinung nur lose geknüpft (als Gesichtspunkt für den Gebrauch des Versagungsermessens, nicht aber als Genehmigungsvoraussetzung). Demgegenüber werden in der politischen Diskussion, vereinzelt auch im rechtswissenschaftlichen Schrifttum aus der Entsorgungsproblematik grundsätzliche Einwände gegen die Nutzung der Kernenergie hergeleitet. Die weitestgehende Auffassung betrachtet das Entsorgungskonzept wegen der Langzeitwirkung des radioaktiven Zerfallsprozesses grundsätzlich als verfassungswidrig[160]: Mit dem verfassungsabgeleiteten Gedanken des **Nachweltschutzes** (vgl. § 1 Rn. 26) sei die Forderung verknüpft, ein Risikoausschluß müsse über Jahrtausende durch entsprechende zivilisatorisch-politische Rahmenbedingungen garantiert werden können.[161] Diese Forderung ist indessen erkennbar unerfüllbar (und soll dies wohl auch sein), liegt außerhalb des vom BVerfG betonten Maßstabs „praktischer Vernunft" und läuft letztlich auf eine Verfassungsüberforderung hinaus.[162] Eine andere Auffassung möchte weitere Anlagengenehmigungen bis zur Eröffnung der Endlagerstätte zurückstellen.[163] Da es sich hierbei vorwiegend um politische Forderungen handelt, kann die Frage akut werden, inwieweit Landesregierungen und Behörden an den Beschluß der Regierungschefs von Bund und Ländern zur Entsorgung der Kernkraftwerke vom 28. 9. 1979 gebunden sind, der einer solchen Konzeption entgegenstehen würde.[164]

G. Zuständigkeitsfragen

65 Die Behördenzuständigkeiten ergeben sich – soweit bundesrechtlich geregelt – aus den §§ 22–24 AtG. Hiernach sind begrenzte Zuständigkeiten zum Vollzug des Atomgesetzes der **bundeseigenen Verwaltung** übertragen, und zwar insbesondere dem Bundesamt für gewerbliche Wirtschaft (§ 22 AtG) und der Physikalisch-Technischen Bundesanstalt (§ 23 AtG), die als Bundesoberbehörden eine hier nicht ganz zweifelsfreie Verfassungsgrundlage für ihre Aufgaben in Art. 87 Abs. 3 S. 1 GG finden. Hinzu kommen Zuständigkeiten im Bereich des Bundesfinanz-, des Bundesverkehrs- und des Bundesverteidigungsministers (§§ 22 Abs. 2, 24 Abs. 1 S. 2, 24 Abs. 3 AtG).

Durch das Strahlenschutzvorsorgegesetz wurden wesentliche Überwachungsaufgaben, insbesondere der großräumigen Ermittlung der Umweltradioaktivität, der Entwicklung und Festlegung von Probenahme-, Analyse- und Berechnungsverfahren, der Durchführung von Vergleichsmessungen und -analysen sowie der Dokumentation und Bewertung einschlägiger Daten (auch soweit sie von den Ländern im Auftrag des Bundes ermittelt werden), dem Bund übertragen (§ 2 StrVG, vgl. auch

160 *H. Hofmann,* Rechtsfragen der atomaren Entsorgung, 1981, S. 298.

161 *H. Hofmann* (FN 160), S. 227.

162 Zur Auseinandersetzung mit dieser Position näher *Ossenbühl,* et 1983, 665ff., 674f., sowie *Stober,* et 1983, 585ff.

163 Wahlprogramm der SPD Schleswig-Holstein von 1982, zitiert nach *Ossenbühl,* et 1983, 665ff., 672. Allerdings dürfte diese Forderung durch die mittlerweile grundsätzlich ablehnende Position der SPD zur Kernenergie obsolet geworden sein, vgl. dazu *Hauff,* et 1986, 911; *Börner,* et 1986, 915; *Kuhbier,* et 1986, 916.

164 Abgedruckt bei *Wagner/Ziegler/Closs* (FN 105), S. 189ff. Zur Rechtsnatur dieses Beschlusses *Ossenbühl,* et 1983, 665ff., 672ff.

Rn. 71). Die für die einzelnen Aufgaben zuständigen Verwaltungsbehörden des Bundes ergeben sich aus § 11 StrVG.

Im einzelnen hat sich der Bund insbesondere die Zuständigkeiten für die Genehmigung der Ein- und Ausfuhr von Kernbrennstoffen und deren Überwachung (Bundesamt für gewerbliche Wirtschaft, § 22 AtG) sowie der Beförderung und Aufbewahrung von Kernbrennstoffen (Physikalisch-Technische Bundesanstalt, § 23 AtG) vorbehalten. Die Physikalisch-Technische Bundesanstalt ist auch zuständig für die staatliche Verwahrung von Kernbrennstoffen sowie für die Errichtung und den Betrieb von Anlagen des Bundes zur Sicherstellung und zur Endlagerung radioaktiver Abfälle (§ 23 Abs. 1 S. 1 Nr. 1 und 2 AtG).

Im übrigen (namentlich für die Anlagengenehmigung) erfolgt aber entsprechend 66
der Grundentscheidung des Art. 83 GG ein **Landesvollzug** des Atomgesetzes, und zwar nach Art. 87c GG i. V. m. § 24 Abs. 1 S. 1 AtG in Form der sog. **Bundesauftragsverwaltung** (Art. 85 GG), also insbesondere unter der Rechts- und Zweckaufsicht des Bundes (Art. 85 Abs. 4 S. 1 GG). Der Bundesminister für Umwelt, Naturschutz und Reaktorsicherheit kann demnach den in Auftragsverwaltung tätigen Ländern Weisungen erteilen. So hat er dem Land Nordrhein-Westfalen untersagt, zu dem im Bau befindlichen Kernkraftwerk Kalkar weitere Sicherheitsgutachten erstellen zu lassen. Über die Tragweite einer solchen Bundesweisung wird das BVerfG demnächst zu entscheiden haben, wenn das Land Nordrhein-Westfalen die angekündigte Anrufung des BVerfG wahr macht.[164a]

Im Bereich der Bundesauftragsverwaltung ist für die Bestimmung der zuständigen Behörde zusätzlich auf Landesrecht zurückzugreifen. Dabei ist jedoch die Organisationsgewalt der Länder insofern eingeschränkt, als § 24 Abs. 2 S. 1 AtG für die wichtigsten Verwaltungsaufgaben die Zuständigkeit der obersten Landesbehörden vorschreibt. Die Einzelheiten sind in Landesverordnungen geregelt.[165]

Dabei sind die Zuständigkeiten in den einzelnen Bundesländern recht verschieden ausgestaltet. Während etwa in Baden-Württemberg die Funktionen von Genehmigungsbehörde (Ministerium für Wirtschaft, Mittelstand und Technologie) und Aufsichtsbehörde (Umweltministerium) getrennt sind, obliegen in Bayern beide Aufgaben dem Staatsministerium für Landesentwicklung und Umweltfragen.

Beabsichtigt ist eine weitgehende Zusammenfassung der verschiedenen Aufgaben (insbesondere auch der atomrechtlichen Aufsicht) bei einem als Bundesoberbehörde im Geschäftsbereich des Bundesumweltministeriums zu errichtenden **Bundesamt für Strahlenschutz** mit Sitz in Salzgitter (s. § 2 Rn. 68).[165a]

H. Atomrechtliche Haftung

Schließlich enthält das Atomgesetz – wie sonst im Umweltrecht nur das Wasser- 67
haushaltsgesetz (§ 22 WHG) – privatrechtliche Haftungsvorschriften (§§ 25ff. AtG).

[164a] Vgl. FAZ Nr. 261 v. 8. 11. 1988, S. 5.

[165] Vgl. die Übersichten bei *Bischof/Pelzer* (FN 56), S. 38ff., und *Fischerhof* (FN 27), § 24 AtG Rn. 3, sowie den Textabdruck bei *Erler/Kruse/Pelzer* (FN 24), Ziff. C 12/13 und E 3/4. Vgl. zuletzt etwa die hessische VO über die Zuständigkeiten auf dem Gebiet des Atom-, Strahlenschutz- und Strahlenschutzvorsorgerechts v. 30. 6. 1988 (GVBl. I S. 279).

[165a] Vgl. zum dahingehenden Beschluß des Bundeskabinetts v. 7. 12. 1988 FAZ Nr. 2 v. 3. 1. 1989, S. 12. Das Errichtungsgesetz soll bereits am 1. 7. 1989 in Kraft treten.

Für die atomrechtliche Haftung sind ferner das Pariser und das Brüsseler Übereinkommen (s. o. Rn. 10) besonders wichtig, auf die auch die Haftungsnormen des Atomgesetzes abgestimmt sind.

68 Die im Atomrecht geregelte **Gefährdungshaftung** (vgl. allgemein § 4 Rn. 292ff.) greift vor allem für Schäden aus einem von einer Kernanlage ausgehenden nuklearen Ereignis ein (§ 25 Abs. 1 AtG; zu den übrigen Haftungstatbeständen vgl. §§ 25a, 26 AtG). Die Haftungsregelung ist gekennzeichnet durch den sog. Grundsatz der **rechtlichen Kanalisierung,** den das Atomgesetz in Anpassung an die internationalen Atomhaftungsübereinkommen übernommen hat.[166] Danach haftet – im Unterschied zum davor geltenden Prinzip der wirtschaftlichen Kanalisierung – ausschließlich der Anlageninhaber und nicht der Hersteller. Die Haftung ist (im Unterschied zur Vergangenheit) summenmäßig unbegrenzt (§ 31 Abs. 1 S. 1 AtG).[167] Weil aber die im Rahmen der (zur Sicherung etwaiger Schadensersatzverpflichtungen des Betreibers dienenden) **Deckungsvorsorge** nach § 13 AtG jeweils behördlich festzusetzenden Deckungssummen jedenfalls eine Summe von 500 Mio DM nicht überschreiten dürfen (§ 13 Abs. 3 S. 2 AtG), ist die Erfüllung der summenmäßig unbegrenzten Haftungsansprüche nicht voll gesichert. Deshalb begründet § 34 AtG für den Differenzbetrag eine **Freistellungsverpflichtung** des Staates gegenüber dem Anlageninhaber. Schließlich fungiert nach § 38 AtG der Bund als eine Art Ausfallbürge bei grenzüberschreitenden Schädigungen.[168] Die Regelung gilt allerdings nur für Schadensfälle in Vertragsstaaten des Pariser Übereinkommens (s. o. Rn. 10, dies sind im wesentlichen die europäischen OECD-Staaten).

Darüber hinaus wurden nach der Reaktorkatastrophe in Tschernobyl aufgrund zweier Billigkeitsrichtlinien[169] (die UdSSR ist nicht Vertragsstaat des Pariser Übereinkommens) von der Bundesrepublik Deutschland Landwirte, insbesondere Gemüseanbauer und Betriebe der Milchwirtschaft für Einkommensausfälle entschädigt. Eine nicht unbedenkliche Marginalie ist hierbei, daß auch auf Osteuropa spezialisierte Reiseveranstalter in den Genuß von Geldzuwendungen kamen.

J. Strahlenschutzvorsorgegesetz

69 Mit dem Erlaß des Gesetzes zum vorsorgenden Schutz der Bevölkerung gegen Strahlenbelastung (Strahlenschutzvorsorgegesetz – StrVG) vom 19. 12. 1986[170] (Kloepfer Nr. 935) hat der Bundesgesetzgeber in Form eines Maßnahmegesetzes Konsequenzen aus den nach der Reaktorkatastrophe von Tschernobyl abgegebenen widersprüchlichen Empfehlungen und Grenzwertfestsetzungen in Bund und Ländern

---

[166] Vgl. zuletzt das Gesetz zur Änderung haftungsrechtlicher Vorschriften des Atomgesetzes vom 22. 5. 1985 (BGBl. I S. 781), durch das das Atomhaftungsrecht den Bestimmungen des Protokolls zur Änderung des Pariser Abkommens und zur Änderung des Brüsseler Zusatzübereinkommens vom 16. 11. 1982 (BGBl. 1985 II S. 690) angepaßt wurde.

[167] Vgl. BT-Drs. 10/2950, S. 8f.

[168] Diese Regelung hat durch die Nuklearkatastrophe von Tschernobyl an Beachtung gewonnen, vgl. *Murswiek,* UPR 1986, 370ff., und *Pelzer,* NJW 1986, 1664ff.

[169] Richtlinie für Entschädigungen unter Billigkeitsgesichtspunkten wegen Einbußen bei bestimmten Gemüsesorten (Billigkeitsrichtlinie Gemüse) v. 2. 6. 1986 (BAnz. S. 7237); Richtlinie für eine allgemeine Entschädigungsregelung unter Billigkeitsgesichtspunkten für Schäden infolge des Unfalls im Kernkraftwerk in Tschernobyl (Allgemeine Billigkeitsrichtlinie) v. 24. 7. 1987 (BAnz. S. 10388).

[170] BGBl. I S. 2610.

gezogen, die zu einer erheblichen Verunsicherung der Bevölkerung geführt hatten[171] und teilweise einem Verwirrspiel glichen.[172]

§ 1 StrVG nennt als **Ziele** des Gesetzes zum einen die Überwachung der Radioaktivität in der Umwelt (§ 1 Nr. 1 StrVG) und zum anderen, die Strahlenexposition der Menschen und die radioaktive Kontamination der Umwelt im Falle von Ereignissen mit möglichen nicht unerheblichen radiologischen Auswirkungen unter Beachtung des Standes der Wissenschaft und unter Berücksichtigung aller Umstände durch angemessene Maßnahmen so gering wie möglich zu halten (§ 1 Nr. 2 StrVG). Zur Erreichung dieses Zwecks ermächtigt § 6 Abs. 1 StrVG den Bundesumweltminister, durch **Rechtsverordnung** Dosiswerte und Kontaminationswerte sowie die ihnen zugrundeliegenden Berechnungsverfahren und Annahmen festzulegen. **70**

Im Gesetzgebungsverfahren war der Einwand aufgetaucht, ob die Begriffe „Dosiswerte" und „Kontaminationswerte" dem Bestimmtheitsgebot des Art. 80 Abs. 1 Satz 2 GG genügen.[173] Dies wird jedoch im Hinblick auf die Verknüpfung mit dem in § 1 StrVG genannten Gesetzeszweck, insbesondere dem Minimierungsgebot und dem Verweis auf den Stand der Wissenschaft zu bejahen sein.[174]

Die Rechtsverordnungen bedürfen gemäß § 6 Abs. 2 StrVG, außer in Fällen der Eilbedürftigkeit, der Zustimmung des Bundesrates.

Zur Einhaltung der nach § 6 StrVG bestimmten Kontaminationswerte können gemäß § 7 StrVG **Verbote und Beschränkungen** bei Lebensmitteln, Futtermitteln, Arzneimitteln und sonstigen Stoffen erlassen werden, in Fällen der Eilbedürftigkeit auch ohne Zustimmung des Bundesrates (§ 7 Abs. 4 StrVG). Nach § 9 Abs. 1 StrVG kann der Bundesumweltminister der Bevölkerung bestimmte Verhaltensweisen – etwa in bezug auf das Ernährungsverhalten – empfehlen. Das Strahlenschutzvorsorgegesetz regelt somit auch die staatliche **Informationstätigkeit,** die nach herkömmlicher Auffassung nicht dem Gesetzesvorbehalt unterliegt und sonst überwiegend in den Bereich des (freilich zunehmend problematisierten) „informellen Verwaltungshandelns" fällt (vgl. § 4 Rn. 235).

Im Bereich der **Überwachung der Umweltradioaktivität** sind durch § 2 StrVG die wichtigsten Befugnisse beim Bund konzentriert (s. o. Rn. 65). Dem Bund obliegt nunmehr u. a. die Festlegung von Meß-, Analyse- und Probeverfahren, die Zusammenfassung, Aufbereitung und Dokumentation der ermittelten Daten sowie deren Bewertung. Soweit die Ermittlung der Radioaktivität den **Ländern** zugewiesen ist (§ 3 StrVG), handeln sie in Bundesauftragsverwaltung (§ 10 StrVG).[175] **71**

Während v. a. die großräumige Ermittlung der Radioaktivität in Luft und Niederschlägen vom Bund selbst durchgeführt wird (§ 2 Abs. 1 Nr. 1 StrVG), ermitteln die Länder aufgrund der ihnen vom Bund vorgegebenen Maßstäbe die Radioaktivität insbesondere in Lebensmitteln, Tabakerzeugnissen, Bedarfsgegenständen, Arzneimitteln und deren Ausgangsstoffen, Futtermitteln, Trinkwasser, Grundwasser und oberirdischen Gewässern (außer Bundeswasserstraßen), Abwässern, Klärschlamm, Reststoffen und Abfällen, Boden, Pflanzen sowie Dünge-

---

171 Vgl. etwa DER SPIEGEL Nr. 41/1986, S. 53.

172 *Rengeling,* DVBl. 1987, 204ff., 207, spricht von dem „Wirrwarr, das nach Tschernobyl entstanden war".

173 Beschlußempfehlung und Bericht des Ausschusses für Umwelt, Naturschutz und Reaktorsicherheit v. 3. 12. 1986, BT-Drs. 10/6639, S. 16f.

174 Ausführlich *Rengeling,* DVBl. 1987, 204ff., 205.

175 Dies gilt allerdings nicht für die Befugnis der Länder zur weitergehenden Ermittlung nach § 2 Abs. 2 StrVG.

mitteln (§ 3 StrVG). Aufgrund § 2 Abs. 2 StrVG können sie auch in dem Aufgabenbereich des Bundes nach § 2 Abs. 1 Nr. 1 StrVG weitergehende Ermittlungen vornehmen. Demgegenüber wird ihr Recht, Empfehlungen an die Bevölkerungen zu richten, durch § 9 Abs. 2 StrVG auf Ereignisse im Landesgebiet mit ausschließlich örtlichen Auswirkungen beschränkt.

K. Exkurs: Energierecht

Schrifttum: *Antoni,* Wirtschaftsklauseln in Sonderkundenverträgen, RdE 1984, 2ff.; *Badura/Kern,* Maßstab und Grenzen der Preisaufsicht nach § 12a der Bundestarifordnung Elektrizität (BTO Elt), 1983; *Börner,* Probleme des § 12a BTO Elt, 1983; *Büdenbender,* Energierecht, 1982; *ders.,* Erfahrungen in der Elektrizitätswirtschaft mit §§ 103, 103a GWB nach der 4. Kartellgesetznovelle, et 1983, 31ff.; *ders./Evers/Immenga/Späth,* Das Energiewirtschaftsgesetz im Wandel von fünf Jahrzehnten, 1987; *Evers,* Das Recht der Energieversorgung, 2. Aufl., 1983; *ders.,* Investitionsaufsicht vor den öffentlichen Aufgaben der Gegenwart, et 1986, 249ff.; *Hermann,* Offene sachbezogene oder dogmatisch gelenkte Elektrizitätsversorgung, RdE 1984, 50ff.; *ders.,* Energieversorgungskonzepte im Spannungsfeld zwischen Politik und Recht, DÖV 1985, 337ff.; *H. P. Ipsen,* Der Stadtstaat als Unternehmer und Träger der Fachaufsicht, in: Festschrift zum 125jährigen Bestehen der Juristischen Gesellschaft zu Berlin, 1984, S. 265ff.; *Jarass,* Formen staatlicher Einwirkung auf die Energiewirtschaft, Der Staat 17 (1978), 507ff.; *Klaue,* Zur Frage der Preisgestaltung der Stromlieferanten gegenüber letztverbrauchenden und weiterverteilenden Abnehmern, et 1983, 662ff.; *Matthiesen,* Die staatliche Einwirkung zur Sicherung der Energieversorgung und ihre Grenzen, 1987; *Meixner,* Energieeinsparungspolitik und Marktwirtschaft, Wirtschaftsdienst 1981, 178ff.; *Obernolte/Danner,* Energiewirtschaftsrecht (Kommentar), 4. Aufl., 1975ff.; *Oligmüller,* Verlangt der Umweltschutz ein neues Energierecht?, ZRP 1983, 69ff.; *Ossenbühl,* Investitionskontrolle gemäß § 4 Energiewirtschaftsgesetz, 1988; *Papier,* Staatliche Einwirkungen auf die Energiewirtschaft, in: Festschrift zum 125jährigen Bestehen der Juristischen Gesellschaft zu Berlin, 1984, S. 529ff.; *Rat von Sachverständigen für Umweltfragen,* Energie und Umwelt, 1981; *Rehfeld,* Bestimmungsfaktoren der Energiepolitik in der Bundesrepublik Deutschland, 1986; *Riechmann,* Verbesserung der Fernwärmeversorgung, et 1985, 271ff.; *Tettinger,* Adminstrativer Prognosespielraum bei der Strompreisgenehmigung gemäß § 12a BTO Elt?, et 1983, 483ff.

72 Zunehmende Bedeutung für die Genehmigung von Kernkraftwerken besitzt das Energiewirtschaftsrecht. Im politischen Streit um einen mittelfristigen „Ausstieg aus der Kernenergie" (s. o. Rn. 2) werden z. T. auch energiewirtschaftliche Instrumente als Mittel zur Verhinderung neuer Kernkraftwerke vorgeschlagen. Zwar sieht das **Energiewirtschaftsgesetz** vom 13. 12. 1935[176] (Kloepfer Nr. 945) zunächst nur ein Anzeigeverfahren für den Bau, die Erneuerung, Erweiterung oder Stillegung von Energieanlagen der Energieversorgungsunternehmen vor (§ 4 Abs. 1 EnWG). Die zuständige Behörde kann entsprechende Vorhaben jedoch gemäß § 4 Abs. 2 EnWG beanstanden und beanstandete Vorhaben untersagen, wenn Gründe des Gemeinwohls dies erfordern. Auch wenn man die Gemeinwohlklausel weit versteht und nicht auf rein energiewirtschaftliche Gründe beschränkt,[176a] darf eine Untersagung nach § 4 Abs. 2 EnWG allerdings nicht unter Gesichtspunkten erfolgen, die bereits Gegenstand des atomrechtlichen Genehmigungsverfahrens waren.[176b] Insoweit trifft das Atomgesetz eine abschließende Regelung, die nicht durch eine rechtspolitische Handhabung des energiewirtschaftlichen Beanstandungsverfahrens konterkariert werden darf. Berücksichtigt werden können jedoch Energiebedarfsprognosen, auf

[176] RGBl. I S. 1451, zuletzt geänd. durch Ges. v. 19. 12. 1977, BGBl. I S. 2750.

[176a] So indes *Büdenbender,* Energierecht, 1982, Rn. 178ff.; a. A. *Lange,* NJW 1986, 2459ff., 2461. Offen gelassen von BVerwG, DVBl. 1988, 1176ff., 1178 m. w. N., zum Schrifttumsstreit, inwieweit wenigstens Belange der Raumordnung und Landesplanung in die Prüfung nach § 4 Abs. 2 S. 2 EnWG aufzunehmen sind.

[176b] So auch *Lange,* NJW 1986, 2459ff., 2461.

die im Rahmen des atomrechtlichen Genehmigungsverfahrens nach h. M. nicht abgestellt werden darf (s. o. Rn. 26). Zusätzliche Brisanz gewinnt das neben dem atomrechtlichen Genehmigungsverfahren herlaufende energiewirtschaftliche Anzeigeverfahren (s. o. Rn. 56) dadurch, daß das Energiewirtschaftsgesetz – anders als das der Auftragsverwaltung unterfallende Atomgesetz (s. o. Rn. 66) – von den Ländern gemäß Art. 83, 84 GG als eigene Angelegenheit ausgeführt wird und der Bund daher auf eine bloße Rechtsaufsicht beschränkt ist.

Auch im übrigen weist das Energierecht wichtige Bezüge zum Umweltrecht (unter dem Gesichtspunkt des Ressourcenverbrauchs) auf, auch wenn es systematisch nicht im ganzen als Umweltrecht eingestuft werden kann (s. § 1 Rn. 55). Seine maßgeblichen Regelungen finden sich im Energiewirtschaftsgesetz, dem Kartellrecht (§§ 103, 103a GWB – Monopolstellung der Energieversorgungsunternehmen),[176c] im Preisrecht (Bundestarifordnungen für Strom und Gas – BTO Elt, BTO Gas), in den Allgemeinen Versorgungsbedingungen (AVB), im Energiesicherungsgesetz sowie im Kommunalabgabenrecht. 73

Ein vor allem auch ökologisch wichtiges Ziel ist die **Energieeinsparung.** Dem trägt beispielsweise die Ergänzung der Betreiberpflichten des § 5 BImSchG um das Gebot der Abwärmenutzung (§ 5 Abs. 1 Nr. 4 BImSchG) Rechnung. An die Energieverbraucher wendet sich die Spezialregelung des Energieeinsparungsgesetzes (Kloepfer Nr. 950). 74

Als Hebel zur Energieeinsparung bietet sich auch das **Preisrecht** an: So sind die verbrauchsfördernden degressiven Tarife teilweise abgebaut worden. Umstritten ist, ob im Wege der Preisaufsicht (insbesondere § 12a BTO Elt) auch Lenkungsziele verfolgt werden dürfen.[177] Während bislang vor allem Preisanhebungen als Anreiz zur Energieeinsparung vorgeschlagen wurden, wird die Preisaufsicht inzwischen sogar auch als politisches Intrument zur Durchsetzung von Umweltschutzauflagen gegenüber Kraftwerksbetreibern empfohlen.[178]

Mit dem Ziel der Energieeinsparung geht der Gedanke der **Ressourcenökonomie** bzw. Ressourcenschonung weitgehend konform; dieser kann jedoch zum Prinzip des Substitutionswettbewerbs (d. h. der Konkurrenz verschiedener Energieträger) in Widerspruch treten. Rechtspolitische Vorschläge wie die Einführung einer Abwärmeabgabe[179] oder die Errichtung von Abwärmebörsen[180] sind daher vorsichtig zu beurteilen. Offen ist auch, inwieweit die umweltpolitisch vorzugswürdige Fernwärmeversorgung gegenüber anderen Systemen (Hausbrand) mit dem Mittel des Anschluß- 75

[176c] Vgl. dazu *Klaue,* et 1983, 662ff.

[177] Dafür *Oligmüller,* ZRP 1983, 69ff.; dagegen *Obernolte/Danner,* Energiewirtschaftsrecht, 4. Aufl., 1975ff., Vorbemerkung BTO Elt = III 85d. Zur Rechtskontrolle der Preisgenehmigung vgl. ferner *Badura/Kern,* Maßstab und Grenzen der Preisaufsicht nach § 12a der Bundestarifordnung Elektrizität (BTO Elt), 1983; *Börner,* Probleme des § 12a BTO Elt, 1983; *Tettinger,* et 1983, 483ff.

[178] Vgl. insbes. die dahingehenden Vorschläge des baden-württembergischen Ministerpräsidenten *Späth.* Die in diesem Bundesland erzielte Einigung mit der Kraftwerkswirtschaft über eine beschleunigte Entschwefelung der Großkraftwerke (vgl. FAZ Nr. 274 v. 25. 11. 1983, S. 4) steht hiermit möglicherweise im Zusammenhang. Allgemein zu den staatlichen Einwirkungen auf die Energiewirtschaft *Papier,* FS 125 J. Juristische Gesellschaft zu Berlin, 1984, S. 529ff.; zum rechtlichen und politischen Streit um verschiedene Energieversorgungskonzepte *Hermann,* DÖV 1985, 337ff. m. w. N.

[179] s. dazu *Wicke,* Umweltökonomie, 1982, S. 232ff. m. w. N.

[180] *Oligmüller,* ZRP 1983, 69ff., 70.

und Benutzungszwangs durchgesetzt werden darf (s. § 4 Rn. 133).[181] Hingegen können (auch) Umweltschutzgesichtspunkte im Rahmen der **Investitionskontrolle** nach § 4 EnWG zum Tragen kommen.[182] Sie sind allerdings gegenüber dem Belang einer sicheren und billigen Energieversorgung abzuwägen.

L. Rechtsschutzfragen

76 Die vielfältigen Probleme des Rechtsschutzes im Umweltschutz (vgl. § 5) haben im Atom- und Strahlenschutzrecht besonders deutlichen Ausdruck gefunden. Ganz im Vordergrund stehen hierbei die Rechtsstreitigkeiten um Standort und sicherheitstechnische Ausrüstung kerntechnischer Anlagen, die durch die oftmals ihnen zugrunde liegende grundsätzliche Ablehnung der Kernenergie eine besondere Schärfe angenommen haben.

I. Rechtsstellung Dritter

77 Die Drittanfechtungsklage (vgl. auch § 5 Rn. 15ff.) – als bislang einzige praktisch gewordene Klagekonstellation im Atomrecht – setzt die Berührung in subjektiven Rechten und nicht eine bloß tatsächliche Betroffenheit der Kläger voraus.[183] Deshalb läßt sich die **Klagebefugnis** (§ 42 Abs. 2 VwGO) schwerlich pauschal – etwa durch Festlegung eines bestimmten Einzugsbereichs von Kernkraftwerken (10, 25, 50 oder 200 km?)[184] – definieren (vgl. § 5 Rn. 24). Allerdings spielt der räumliche Bezug insoweit eine Rolle, als mit wachsender räumlicher Entfernung die Gefährdungswahrscheinlichkeit sinkt.

Geltend gemacht werden kann nur das jeweilige **Individualrisiko,** nicht aber das allgemeine Bevölkerungsrisiko (vgl. § 5 Rn. 20).[185] Insoweit kommt es auf die Zahl der potentiell Betroffenen nicht an, da diese das Individualrisiko nicht erhöht;[186] ihre objektiv-rechtliche Berücksichtigung durch die Genehmigungsbehörden bleibt hiervon unberührt. Berücksichtigt werden kann zudem nur das **konkrete Risikopotential** der Einzelanlage, nicht allgemein der Einsatz von Kernenergie, da hierüber der Gesetzgeber verbindlich – in vom BVerfG nicht beanstandeter Weise – entschieden hat.[187] Strittig ist die Berücksichtigung des Störfallrisikos (vgl. § 5 Rn. 24).

78 Bei Drittanfechtungsklagen muß der Kläger die Verletzung **drittschützender Normen** rügen. Als *nachbarschützend* hat die Rechtsprechung im Atomrecht folgende Normen anerkannt:

---

[181] *Oligmüller,* ZRP 1983, 69ff., 70. Zu Rechtsbedenken vgl. die Stellungnahme des baden-württembergischen Innenministeriums, et 1983, 49ff.

[182] Ebenso *Oligmüller,* ZRP 1983, 69ff., 71f.; a. A. die wohl h. M., vgl. *Büdenbender* (FN 176a), Rn. 178 m. w. N.; *Obernolte/Danner* (FN 177), § 4 EnwG Rn. 3f.

[183] Vgl. nur BVerwG, DVBl. 1981, 405ff. (Stade).

[184] Vgl. nur OVG Lüneburg, et 1974, 516 einerseits, BVerwG, DVBl. 1981, 405ff. (Stade), und BayVGH, DVBl. 1974, 199ff., 202f., andererseits.

[185] BVerwG, DVBl. 1981, 405ff., 406 (Stade); a. A. OVG Lüneburg in der Vorinstanz. Krit. *Chr. Schmidt,* KJ 1986, 470ff., 476. Zum Verhältnis von Bevölkerungsrisiko und subjektivem öffentlichem Recht im Atomrecht allgemein *Winter,* NJW 1979, 393ff.

[186] Gegen einen solchen Fehlschluß BVerwG, DVBl. 1981, 405ff., 406 (Stade); BVerwG, DÖV 1982, 820ff., 823 (Krümmel); BVerwGE 70, 365 (369) – Krümmel 1985.

[187] Vgl. BVerfGE 49, 89 (2. Ls.) – Kalkar; BVerfGE 53, 30 (56) – Mülheim-Kärlich; BayVGH, et 1974, 490.

– § 7 Abs. 2 Nr. 3 AtG in seiner Ausprägung als Schutzgrundsatz,[188] dementsprechend
– die Dosisgrenzwerte des § 45 StrlSchV,[189]
– § 7 Abs. 2 Nr. 5 AtG.[190]

Keinen drittschützenden Charakter mißt dagegen die Rechtsprechung dem
– Strahlenminimierungsgebot des § 28 StrlSchV[191] und
– dem Verwertungs- bzw. Beseitigungsgebot bezüglich radioaktiver Abfälle des § 9a AtG[192] bei.

Für § 28 StrlSchV folgt dies aus der Unterscheidung von Schutz- und Vorsorgeprinzip (s. o. Rn. 31 ff.), wonach das **strahlenschutzrechtliche Minimierungsgebot** unterhalb der Schwelle konkreter Gefahren für individuelle Rechtsgüter lediglich der Vorsorge gegenüber dem (Bevölkerungs-)Restrisiko dient. § 9a AtG fehlt der nachbarschützende Charakter, da die Entsorgung nicht anlagenbezogen erfolgt und der Kreis der Dritten nicht hinreichend bestimmbar ist. Hier ist jedoch u. U. zu differenzieren, wenn man eine Pflicht der Anlagenbetreiber zur Zwischenlagerung annimmt.[193]

Unter Umständen kann in einer Drittanfechtungsklage auch eine Verletzung von **Verfahrensvorschriften** geltend gemacht werden (vgl. auch § 5 Rn. 22). So sind als drittschützend die Vorschriften über die Beteiligung (klagebefugter Dritter) an Genehmigungsverfahren anzusehen.[194] Unstatthaft ist jedoch ein Umkehrschluß von Verfahrenserfordernissen auf subjektive Rechte.[195] Daß eine atomrechtliche Genehmigung nicht mit Einwendungen bekämpft werden kann, denen die Bindungswirkung einer früher erteilten Teilentscheidung entgegensteht, wurde bereits dargestellt (s. o. Rn. 51 f.).[196] Trotz der Bemühungen der Rechtsprechung um eine Eingrenzung des Kreises der Klagebefugten, läßt sich aufgrund der Besonderheit der Materie eine „örtlich begrenzte Popularklage“ *praktisch* bisher nicht vermeiden.[197] 79

Eine Klagebefugnis der **Standort- und Nachbargemeinden** gegen die Genehmigung einer Anlage ist nur insoweit gegeben, als sie die Verletzung eigener Rechte – der Planungshoheit oder gemeindlichen Eigentums – geltend machen (s. § 5 Rn. 27). Eine sachwalterische Berufung auf Belange der Gemeindebürger scheidet aus.[198] Im Rahmen der Verfassungsbeschwerde soll sich eine Gemeinde überdies nicht auf Eigentumsrechte berufen dürfen,[199] doch handelt es sich hierbei um eine nicht umweltspezifische Problematik im Schnittpunkt zwischen Grundrechtsträgerschaft und Ver- 80

---

[188] BVerwG, DÖV 1982, 820 ff.
[189] BVerwG, DVBl. 1981, 405 ff., 406 (Stade).
[190] BVerwG, DÖV 1982, 820 ff., 821.
[191] BVerwG, DVBl. 1981, 405 ff., 407 (Stade); dazu *Rengeling,* DVBl. 1986, 265 ff., 268.
[192] Nicht abschließend entschieden in BVerwG, DVBl. 1981, 405 ff., 409 (Stade); eindeutig verneinen die drittschützende Wirkung von § 9a AtG VGH Mannheim, NJW 1979, 2528 ff., und OVG Lüneburg, DVBl. 1983, 187 f. Vgl. auch *Haedrich* (FN 18), S. 120 f. m. w. N.
[193] Beachte auch die dahingehende Differenzierung zwischen anlagentranszendentem und anlagenimmanentem Risikopotential in OVG Lüneburg, DVBl. 1983, 187 f.
[194] BVerfGE 53, 30 (66) – Mülheim-Kärlich; vgl. dazu *Ossenbühl,* NJW 1981, 375 ff.
[195] BVerwG, DVBl. 1981, 405 ff., 405 f.
[196] BVerwG, DVBl. 1981, 405 ff., 408 f.
[197] *W. Schmidt,* NJW 1978, 1769 ff., 1773 ff.; hierzu auch *Ronellenfitsch* (FN 18), S. 92 ff.
[198] VGH Mannheim, DVBl. 1976, 538 ff., 540; VGH Mannheim, DVBl. 1977, 345 f.; BayVGH, DVBl. 1979, 673 ff.; VGH Mannheim, et 1982, 1094 ff., 1095.
[199] BVerfGE 61,82 (Sasbach); hierzu *Badura,* JZ 1984, 14 ff.

fassungsprozeßrecht (vgl. dazu jedoch § 5 Rn. 27). Unzulässig ist nach geltendem Atomrecht schließlich eine **Verbandsklage**[200] (vgl. dazu allgemein § 5 Rn. 28ff.).

81 Kennzeichnend für die Klagemöglichkeiten im Atomrecht ist schließlich eine **Vorverlagerung des Rechtsschutzes:** Aus der Anerkennung der Bindungswirkung von Teilgenehmigungen folgt, daß bereits die erste Teilgenehmigung anfechtbar sein muß (vgl. auch allgemein § 5 Rn. 32).[201] Klagen kann nicht entgegengehalten werden, daß erst die Betriebsgenehmigung zu einer Rechtsverletzung führen könne.

II. Gerichtliche Kontrolldichte

82 Stärker noch als in anderen Bereichen des technischen Sicherheitsrechts stellt sich im Atomrecht die Forderung nach einer Anerkennung eines **administrativen Beurteilungsraumes** ein (vgl. allgemein § 5 Rn. 40ff.).[202] Die Gerichte sind – trotz eindrucksvoller Bemühungen um die Einarbeitung naturwissenschaftlich-technischer Fragen – bei der Beurteilung hochkomplexer technisch-naturwissenschaftlicher Sachverhalte (Beispiel: Berstsicherung) prinzipiell überfordert.[203] Daraus hat nunmehr auch das BVerwG gefolgert, daß „es nicht Sache der nachträglichen verwaltungsgerichtlichen Kontrolle sein kann, die der Exekutive zugewiesene Wertung wissenschaftlicher Streitfragen einschließlich der daraus folgenden Risikoabschätzung durch eine eigene Bewertung zu ersetzen".[204] Damit hat sich das Gericht eindeutig für eine Restriktion der richterlichen Kontrolldichte entschieden.[205] Sie wird vom BVerwG unter Hinweis auf die Rechtsprechung des BVerfG[206] damit begründet, daß die Exekutive nicht nur gegenüber der Legislative, sondern auch im Verhältnis zu den Verwaltungsgerichten über Handlungsformen verfügt, die sie für die Verwirklichung des Grundsatzes bestmöglicher Gefahrenabwehr und Risikovorsorge sehr viel besser ausrüsten. Die Verwaltungsgerichte haben demnach die von den Genehmigungsbehörden aufgrund willkürfreier Ermittlungen vorgenommenen Bewertungen nur auf ihre Rechtmäßigkeit zu prüfen, nicht aber ihre eigenen Bewertungen an deren Stelle zu setzen.[207] Zu den bereits bisher anerkannten Fällen eines Beurteilungsspielraumes (s. § 5 Rn. 44)[208] dürfte damit ein weiterer hinzugekommen zu sein.

83 Eng verbunden mit der Frage der Regelungs- und Kontrolldichte der unbestimmten Rechtsbegriffe ist die Frage nach der **Verbindlichkeit von Verwaltungsvorschriften** für die **Gerichte.** Die bislang regelmäßig erfolgte Qualifizierung der Ver-

---

[200] BVerwG, DVBl. 1980, 1010.

[201] BVerwG, DVBl. 1972, 678ff., 679 (Würgassen); BVerfGE 53, 30 (50) – Mülheim-Kärlich.

[202] *Degenhart* (FN 27), S. 98ff.; *Kloepfer,* VerwArch. 76 (1985), 371ff., 390ff.; *Ronellenfitsch* (FN 18), S. 128; *Nolte* (FN 77), S. 138ff.; *Grimm,* in: van Buiren/Ballerstedt/Grimm, Richterliches Handeln und technisches Risiko, 1984, S. 25ff.; *Marburger* (FN 27), S. 160ff.; *ders.,* Gutachten C zum 56. DJT, 1986, C 89ff., alle m. w. N.; vgl. auch Beschluß Nr. 10 der Abteilung Umweltrecht des 56. Deutsches Juristentages, abgedruckt in NJW 1986, 3069ff., 3071.

[203] Kritisch gegenüber der Erörterung technischer Details durch die Gerichte (wie z. B. VG Freiburg, NJW 1977, 1645ff. [Wyhl]; VG Würzburg, NJW 1977, 1649ff. [Teilabdruck] = et 1977, 444ff. [Grafenrheinfeld]); *Ossenbühl,* DVBl. 1978, 1ff. Krit. zum sog. „Wyhl-Syndrom" *van Buiren/Ballerstedt/Grimm* (FN 202), S. 66ff.; s. auch *Kloepfer,* VerwArch. 76 (1985), 371ff., 391: „Des Richters Kleid ist die Robe, nicht der Ingenieurskittel!"

[204] BVerwGE 72, 300 (316). Ähnlich BVerwG, DVBl. 1988, 148ff., 149f.

[205] Zust. *Marburger* (FN 202), C 89; abl. *Chr. Schmidt,* KJ 1986, 470ff.

[206] BVerfGE 49, 89 (127) – Kalkar.

[207] BVerwGE 72, 300 (317) – Wyhl.

[208] Vgl. statt vieler *Maurer,* Allgemeines Verwaltungsrecht, 6. Aufl., 1988, § 7 Rn. 23.

waltungsvorschriften als „antizipierte Sachverständigengutachten"[209] ist seit dem Wyhl-Urteil des BVerwG (s. § 2 Rn. 44) fragwürdig geworden. Im Hinblick auf die „Allgemeine Berechnungsgrundlage für Strahlenexposition bei radioaktiven Ableitungen mit der Abluft oder in Oberflächengewässer"[210] differenziert das Gericht zwischen sog. normenkonkretisierenden Verwaltungsvorschriften – denen die genannte Regelung zugerechnet wird – und herkömmlichen lediglich norminterpretierenden Verwaltungsvorschriften. Die normkonkretisierende Verwaltungsvorschrift soll für das Verwaltungsgericht innerhalb der von der Norm gesetzten Grenzen verbindlich sein.[211] Daß dieses Judikat vor dem Hintergrund der allgemeinen Rechtsquellenlehre nicht zu befriedigen vermag und auch einige verfassungsrechtliche Fragen aufwirft, wurde bereits erörtert (s. § 2 Rn. 44).[212]

III. Maßgebliche Sach- und Rechtslage

Grundsätzlich ist bei der gerichtlichen Prüfung atomrechtlicher Genehmigungen im Rahmen von (Dritt-)Anfechtungsklagen der Sachverhalt im Zeitpunkt der Genehmigungserteilung (der letzten Verwaltungsentscheidung) maßgebend[213] (vgl. zur analogen Problematik im Immissionsschutzrecht § 7 Rn. 181 sowie allgemein § 5 Rn. 37ff.). Die bei Vorliegen neuerer wissenschaftlicher Erkenntnisse hiervon getroffene Ausnahme[214] hat das BVerwG endgültig aufgegeben.[215] Nur Änderungen zugunsten des Genehmigungsadressaten finden Berücksichtigung, Änderungen zu Lasten des Genehmigungsadressaten sind dagegen grundsätzlich nicht zu berücksichtigen. 84

IV. Vorläufiger Rechtsschutz

Da die Teilgenehmigungen im atomrechtlichen Genehmigungsverfahren nach § 80 Abs. 2 Nr. 4 VwGO regelmäßig für sofort vollziehbar erklärt werden,[216] kommt dem vorläufigen Rechtsschutz nach § 80 Abs. 5 VwGO im Atomrecht eine entscheidende, die Hauptsacheverfahren abwertende Bedeutung zu (vgl. allgemein auch § 5 Rn. 53ff.). Folglich tritt zu dem bei Großvorhaben regelmäßig ausgeschöpften dreistufigen verwaltungsgerichtlichen Hauptsacheverfahren stets noch das vorläufige Rechtsschutzverfahren hinzu, das seinerseits zwei Instanzen bietet. Durch Zurückverweisungen und Verfassungsbeschwerden gegen gerichtliche Entscheidungen kann sich die Zahl der Verfahren noch erhöhen und die Gesamtverfahrensdauer leicht die Zehn-Jahres-Grenze überschreiten.[217] Dabei sind die Verfahren noch mit der Zahl der 85

---

[209] *Breuer,* DVBl. 1978, 28ff.; so auch noch BVerwGE 55, 250 (256).
[210] Richtlinie zu § 45 StrlSchV v. 15. 8. 1979 (GMBl. S. 371).
[211] BVerwGE 72, 300 (320); dazu *Rengeling,* DVBl. 1986, 265ff., 268.
[212] Vgl. auch die Beschlüsse Nr. 18 und 19, die von der Abteilung Umweltrecht des 56. Deutschen Juristentages 1986 angenommen wurden – auch abgedruckt in NJW 1986, 3069ff., 3071, einerseits und den Beschluß Nr. 54 (NJW 1986, 3069ff., 3072) andererseits.
[213] BVerwGE 60, 297 (315); vgl. i. ü. *Breuer,* DVBl. 1981, 300ff.; *Kloepfer,* VerwArch. 76 (1985), 371ff., 388f.
[214] BVerwG, DVBl. 1972, 678ff., 680 (Würgassen).
[215] BVerwGE 72, 300 (312) – Wyhl; vgl. bereits *Breuer,* DVBl. 1981, 300ff., 305, und *Lerche,* Kernkraft und rechtlicher Wandel, 1981, S. 12ff.
[216] Vgl. *Degenhart* (FN 27), S. 86ff.; *W. Martens,* Suspensiveffekt, Sofortvollzug und vorläufiger gerichtlicher Rechtsschutz bei atomrechtlichen Genehmigungen, 1983, S. 21.
[217] Als Beispiel, in dem noch nicht einmal das BVerfG bemüht wurde, mag der Streit um das KKW Wyhl dienen. Die Klage, die schließlich zum Erlaß des zitierten Wyhl-Urteils des BVerwG (BVerwGE 72, 300) führte, wurde am 28. 1. 1975 erhoben. Das erstinstanzliche Urteil des VG Freiburg erging am 14. 3.

Teilgenehmigungen (häufig bis zu zehn) zu multiplizieren, um eine Vorstellung von der möglichen Lawine sich überlagernder Einzelverfahren zu erhalten, die ein Großvorhaben nach gegenwärtiger Rechtslage auslösen kann (vgl. zu vorgeschlagenen Reformen des Rechtsschutzsystems § 5 Rn. 7ff.). Eine gewisse innere Ordnung erfolgt durch die Bindungswirkung der Teilgenehmigungen. Die Anordnung des „Sofortvollzugs" ist unter diesen Umständen zunächst grundsätzlich gerechtfertigt, da Großvorhaben sonst kaum noch zu realisieren wären. Das besondere **Vollzugsinteresse** ergibt sich einerseits aus dem öffentlichen Interesse an gesicherter Energieversorgung,[218] andererseits aus dem wirtschaftlichen Interesse des Genehmigungsadressaten an einer – auch unter den Bedingungen der Verfahrensstufung kontinuierlichen – Durchführung seines Vorhabens.[219]

86 Im gerichtlichen **Aussetzungsverfahren** werden die **Erfolgsaussichten der Klage** in der Hauptsache nicht nur einer einfachen Evidenzkontrolle unterzogen, sondern mittlerweile eingehend überprüft[220] (vgl. § 5 Rn. 54ff.). Die Rechtsprechung rechtfertigt die gegenüber der üblichen Auslegung des § 80 Abs. 5 VwGO (Evidenzkontrolle im Rahmen der Interessenabwägung) gesteigerte **Kontrollintensität** mit dem Hinweis auf die mit der Anlagenerrichtung geschaffenen **vollendeten Tatsachen,** die den Rechtsschutz in der Hauptsache erschweren können.[221] Sofern jedoch der Ausgang des Hauptsacheverfahrens offen erscheint, stellt die Rechtsprechung diesen Gedanken zurück: Im Rahmen der **Interessenabwägung** soll hiernach das Vollzugsinteresse regelmäßig der Besorgnis einer irreparablen Rechtsbeeinträchtigung durch die Anlagenerrichtung vorgehen.[222]

87 Gegen einen gerichtlichen Aussetzungsbeschluß nach § 80 Abs. 5 S. 1 VwGO steht dem Genehmigungsempfänger die **Beschwerde** nach § 146 VwGO zu Gebote. Im Grundsatz besteht hierüber nach der verfassungskonformen Auslegung der Vorschrift durch das BVerfG[223] Einigkeit. Ungeklärt ist jedoch noch, ob die Kraftwerksbetreiber hierbei außer ihrem wirtschaftlichen Interesse auch öffentliche Interessen geltend machen können.[224]

1977 (NJW 1977, 1645ff.). Das Berufungsurteil des VGH Mannheim erging am 30. 3. 1982 (ESVGH 32, 161). Das Urteil des BVerwG schließlich stammt vom 19. 12. 1985; vgl. auch *Ronellenfitsch* (FN 18), S. 96, sowie zur Zeitdimension atomrechtlicher Verfahren *Lerche* (FN 215), S. 8ff.

[218] Vgl. VGH Mannheim, et 1973, 248ff., 250; OVG Lüneburg, et 1979, 712ff., 716; *W. Martens* (FN 216), S. 6ff., 9.

[219] Vgl. nur VGH Mannheim, et 1973, 248ff., 250; OVG Koblenz, et 1977, 527; OVG Lüneburg, et 1979, 712ff., 716, sowie *Degenhart* (FN 27), S. 88 m. w. N.

[220] OVG Lüneburg, DVBl. 1975, 190ff.; OVG Münster, OVGE 29, 113; OVG Hamburg, DVBl. 1975, 207ff.; BayVGH, BayVBl. 1981, 401ff., 402; a. A. VGH Mannheim, DVBl. 1976, 538ff. Im Schrifttum zusammenfassend *Papier,* in: Börner (Hg.), Rechtsfragen des Genehmigungsverfahrens von Kernkraftwerken, 1978, S. 95ff.; *W. Martens* (FN 216), S. 28ff., 30.

[221] BVerfG (Vorprüfungsausschuß), DVBl. 1981, 374; BVerwG, DVBl. 1972, 678ff. (Würgassen); BayVGH, BayVBl. 1981, 401ff., 402. Kritisch *Lerche* (FN 215), S. 11 m. w. N.

[222] BayVGH, et 1981, 886ff., 889; VG Schleswig, et 1982, 151ff., 153; VG Koblenz, et 1982, 50ff., 54; vgl. i. ü. *Degenhart,* et 1983, 230ff., 245; *W. Martens* (FN 216), S. 33ff.; anders freilich, wenn der sofortige Vollzug nur unter Verstoß gegen die Rechtsordnung erfolgen kann; hierzu OVG Koblenz, NVwZ 1987, 73f. (Mülheim-Kärlich); krit. zu dieser Entscheidung *Kutscheidt,* NVwZ 1987, 33ff.; zust. dagegen *Weides,* NVwZ 1987, 200ff.

[223] BVerfGE 35, 263 (278ff.).

[224] Dafür BayVGH, et 1975, 51ff., 56; OVG Lüneburg, et 1979, 712ff., 716; dagegen VGH Mannheim, et 1975, 541ff., 552; OVG Koblenz, et 1977, 52; vgl. dazu auch *Papier* (FN 220), S. 92ff., sowie *Degenhart* (FN 27), S. 89.

§ 9 Umweltbelange in der Raumplanung

Schrifttum: *Erbguth,* Raumbedeutsames Umweltrecht, 1986; *ders.,* Rechtssystematische Grundfragen des Umweltrechts, 1987; *ders./Schlarmann,* Verbesserter Umweltschutz durch Koordinierung mit der räumlichen Planung, UPR 1982, 345ff.; *ders./Schoeneberg,* Die Umsetzung der EG-Richtlinie über die Umweltverträglichkeitsprüfung vor dem Hintergrund rechtssystematischer Grundlagen der raumbezogenen Zulassungsverfahren in der Bundesrepublik Deutschland, WiVerw. 1985, 102ff.; *Ernst/Erbguth/Hoppe/Schlarmann,* Die Durchsetzung von Umweltbelangen in der räumlichen Planung, in: Deutsche Forschungsgemeinschaft (Hg.), Zur Berücksichtigung von Umweltbelangen in der Raumordnung (Materialien zur Bedeutung raumordnerischer Instrumente für den planerischen Umweltschutz Nr. 27), 1980, S. 64ff.; *ders./Hoppe,* Das öffentliche Bau- und Bodenrecht, 2. Aufl., 1981; *Finke,* Zum Problem einer planungsorientierten ökologischen Raumgliederung, NuR 1974, 291ff.; *Forsthoff/Blümel,* Raumordnungsrecht und Fachplanungsrecht, 1970; *Fürst/Nijkamp/Zimmermann,* Umwelt – Raum – Politik, 1986; *Gaentzsch,* Bauleitplanung, Fachplanung, Landesplanung, WiVerw. 1985, 235ff.; *Gutknecht/Korinek,* Umweltschutz durch Raumplanung, Wohnungsforschung in Österreich 1974, 81ff.; *Hanke* (Hg.), Handbuch zur ökologischen Planung (3 Bde.), 1981; *Hoppe,* Planungsrechtliche Grundsätze für die Überplanung gewachsener Strukturen und zur Lösung von Standortkonflikten, in: Festschrift für Werner Ernst zum 70. Geb., 1980, S. 215ff.; *H.-J. Koch/Hosch,* Baurecht, Raumordnungs- und Landesplanungsrecht, 1988; *Kölble,* Reichen die raumbezogenen Instrumente des Umweltrechts aus?, in: Festschrift für Werner Ernst zum 70. Geb., 1980, S. 263ff.; *Leidig,* Raumplanung als Umweltschutz, 1983; *Lendi,* Zur Rechtsethik des Raumplanungs- und Umweltschutzrechts, UPR 1984, 105ff.; *v. Lersner,* Zur Konvergenz von Raumordnung und Umweltschutz, UPR 1984, 177ff.; *Marx,* Wechselwirkungen zwischen Umweltschutz und Raumordnung/Landesplanung, 1988; *Schlarmann/Erbguth,* Zur Durchsetzung von Umweltbelangen im Bereich der räumlichen Planung, 1982; *Schmidt-Aßmann,* Umweltschutz in der Raumplanung, DÖV 1979, 1ff.; *ders.,* Umweltschutz im Recht der Raumplanung, in: Salzwedel (Hg.), Grundzüge des Umweltrechts, 1982, S. 117ff.; *Schoeneberg,* Verfahrensrechtliche Entwicklungslinien der Umweltverträglichkeitsprüfung bei raumbezogenen Projekten, DVBl. 1984, 929ff.; *Schoepfer,* Der Wald in der hoheitlichen Raumplanung, 1977; *Spindler,* Umweltverträglichkeitsprüfung in der Raumplanung, 1983; *Stich,* Zur Notwendigkeit einer Harmonisierung von Planungsrecht, Bauordnungsrecht und Umweltschutzrecht, Bauwelt 1985, 470ff.; *Weyreuther,* Umweltschutz und öffentliche Planung, UPR 1981, 33ff.; *Zehetner,* Grenzüberschreitende Raumplanung und Umweltschutz, UPR 1982, 152ff.

Zwischen **Umweltrecht** und **Raumplanungsrecht** bestehen – wie bereits die Bedeutungsverwandschaft der Worte „Raum" und „Umwelt" erwarten läßt – wichtige **Querverbindungen** und Überschneidungen. Auch wenn die Raumplanung nicht die einzelnen (im Zusammenhang der umweltrechtlichen Teilmaterien dargestellten) umweltrechtlichen Fachplanungen ersetzt oder bereits das politisch umstrittene Desiderat einer „integrierten Umweltplanung" (s. § 4 Rn. 8) verwirklicht, bildet sie als übergeordnete, zusammenfassende **Querschnittsplanung** ein wichtiges zusätzliches Instrument zur Integration verschiedener Umweltbelange untereinander und weithin das einzige übergreifende Instrument zur Integration von Umweltbelangen mit anderen, konkurrierenden Raumnutzungsansprüchen. 1

Auf die Bedeutung des Raumplanungsrechts für umweltrelevante Standortentscheidungen wurde bereits mehrfach hingewiesen (vgl. nur § 4 Rn. 29f.). Die Raumplanung hat darüber hinaus vielfältige Bedeutung für den Umweltschutz. Der Umweltschutz gehört selbst zu den Zielen der Raumplanung, zumindest zu den dort zu berücksichtigenden Belangen.[1] Insofern schließt sich der Kreis.

---

[1] Vgl. zu dieser Unterscheidung BVerwGE 48, 56 (62f.).

A. Planungsebenen

2 Raumplanung kennzeichnet als Oberbegriff[2] einerseits die räumliche Gesamtplanung mit ihren drei gesetzlich ausgeformten Planungsebenen
- Raumordnung und Landesplanung,
- Regionalplanung (als deren Unterstufe),
- gemeindliche Bauleitplanung

sowie andererseits die räumlichen Fachplanungen.

B. Raumordnung und Landesplanung

Schrifttum: *Battis,* Rechtsfragen zum Bundesraumordnungsprogramm, JZ 1976, 73ff.; *Bielenberg/Erbguth/Söfker,* Raumordnungs- und Landesplanungsrecht des Bundes und der Länder (Kommentar), 1979ff.; *Brandt/Raabe/ Sander,* Umweltplanung in der Regionalplanung, 1984; *Breuer,* Die hoheitliche raumgestaltende Planung, 1968; *Bullinger,* Umweltrechtliches Verursacherprinzip und Raumordnung, in: Festschrift für Werner Weber zum 70. Geb., 1974, S. 663ff.; *Cholewa/Dyong/v. d. Heide,* Raumordnung in Bund und Ländern (Kommentar), 2. Aufl., 1981ff.; *Dickschen,* Das Raumordnungsverfahren im Verhältnis zu den fachlichen Genehmigungs- und Planfeststellungsverfahren, 1987; *Dopheide,* Das System der Raumordnung und Landesplanung in der Bundesrepublik Deutschland unter besonderer Berücksichtigung Nordrhein-Westfalens, 2. Aufl., 1986; *Eberle,* Umweltschutz durch Landesplanung, in: Thieme (Hg.), Umweltschutz im Recht, 1988, S. 145ff.; *Ebersbach,* Rechtliche Aspekte des Landverbrauchs am ökologisch falschen Platz, 1985; *Egger/ Ganser/Storbeck/Weyl,* Raumordnung und Umweltschutz, 1978; *Erbguth,* Immissionsschutz und Landesplanung, 1982; *ders.,* Zur Rechtsnatur von Programmen und Plänen der Raumordnung und Landesplanung, DVBl. 1981, 557ff.; *ders.,* Umweltverträglichkeitsprüfung und Raumordnungsverfahren, NuR 1982, 161ff.; *ders.;* Raumordnungs- und Landesplanungsrecht, 1983; *ders.,* Zum rechtlichen Geltungsanspruch eines Berücksichtigungsgebots hinsichtlich des Ergebnisses von Raumordnungsverfahren (mit Umweltverträglichkeitsprüfung – UVP –) und zu etwaigen Konsequenzen für die Verfahrensstufung und die (Öffentlichkeits-)Beteiligung vor dem Hintergrund der EG-UVP-Richtlinie, DVBl. 1987, 827ff.; *ders.,* Das Baugesetzbuch und seine Auswirkung auf die Landes- und Regionalplanung, NVwZ 1988, 289ff.; *ders./ Zoubek,* Raumordnungsverfahren, Umweltschutz und Vereinheitlichung des Landesplanungsrechts, DVBl., 1982, 1172ff.; *Grooterhorst,* Die Ziele der Raumordnung und Landesplanung, NuR 1986, 276ff.; *Hennecke,* Raumplanerische Verfahren und Umweltschutz unter besonderer Berücksichtigung der planerischen Umweltverträglichkeitsprüfung, 1977; *Hoppe,* Verwirklichung vom Umweltschutz durch Raumordnung und Landesplanung, in: Festschrift für Hans Ulrich Scupin zum 80. Geb., 1983, S. 737ff.; *ders./Appold,* Vorschläge und Überlegungen zur Novellierung des Raumordnungsgesetzes (ROG) unter Berücksichtigung der Entstehungsgeschichte des Gesetzes, DVBl. 1987, 179ff.; *ders./Erbguth,* Möglichkeiten und Aufgaben des Bundes im Bereich der Raumordnung zur Durchsetzung von Umwelterfordernissen, DVBl. 1983, 1213ff.; *Jarass,* Das Verhältnis des Raumordnungsverfahrens zu Fachgenehmigungs- und Planfeststellungsverfahren, BayVBl. 1979, 65ff.; *Kuhl,* Umweltschutz im materiellen Raumordnungsrecht, 1977; *Lerche,* Grenzen der Wehrfähigkeit kommunaler Planungshoheit, in: Festschrift zum hundertjährigen Bestehen des Bayerischen Verwaltungsgerichtshofes, 1979, S. 223ff.; *Papier,* Möglichkeiten und Grenzen der rechtsverbindlichen Festlegung und Freihaltung von Leitungstrassen durch die Regionalplanung, 1983; *ders.,* Raumordnerischer Handlungsspielraum für die Planung des Stromleitungsbaus, RdE 1986, 194ff.; *F.-J. Peine,* Raumplanungsrecht, 1987; *Schmidt-Aßmann,* Die Bedeutung von Raumordnungsklauseln für die Verwirklichung raumordnerischer Ziele, in: Akademie für Raumforschung und Landesplanung Hannover (Hg.), Verwirklichung der Raumordnung, 1982, S. 27ff.; *ders.,* Aufgaben, Rechtscharakter und Entwicklungstendenzen des Raumordnungsverfahrens, VBlBW 1986, 2ff.; *ders.,* Zur Umsetzung der EG-Richtlinie über die Umweltverträglichkeitsprüfung vom 27. Juni 1985 (UVP-RL) im gestuften Verfahren des nationalen Rechts, insbes. im Raumordnungsverfahren, DVBl. 1987, 826f.; *Schoeneberg,* Umweltverträglichkeitsprüfung und Raumordnungsverfahren, 1984; *Stern/Burmeister,* Die Verfassungsmäßigkeit eines landesrechtlichen Planungsgebots für Gemeinden, 1975; *Suderow,* Das Verhältnis der Fachplanungen zur Raumordnung und Landesplanung, 1976; *Thurn,* Schutz natürlicher Gewässerfunktionen durch räumliche Planung, 1986;

[2] Vgl. *Breuer,* in: v. Münch (Hg.), Besonderes Verwaltungsrecht, 8. Aufl., 1988, S. 601ff., 628; *Ernst/ Hoppe,* Das öffentliche Bau- und Bodenrecht, Raumplanungsrecht, 2. Aufl., 1981, S. 4, Rz. 4.

Wahl, Rechtsfragen der Landesplanung und Landesentwicklung, 1978; *ders.*, Aktuelle Probleme im Verhältnis der Landesplanung zu den Gemeinden, DÖV 1981, 597ff.; *ders.*, Zur Integration der Umweltplanungen in die raumordnerische Planung, in: Akademie für Raumforschung und Landesplanung Hannover (Hg.), Umweltplanungen und ihre Weiterentwicklung, 1983, S. 43ff.; *Wegener*, Raumplanung – Entwicklungsplanung – Aufgabenplanung, Die Verwaltung 9 (1976), 39ff.; *Weimar/Leidig*, Die Umweltvorsorge im Rahmen der Landesplanung Nordrhein-Westfalens, 1983; *Zoubek*, Auf dem Prüfstand: Bundesraumordnung und räumlicher Umweltschutz, DVBl. 1983, 1229ff.; *ders.*, Umweltschutz als Aufgabe der Regionalplanung, vr 1983, 271ff.; *ders.*, Sicherungsinstrumente in der Landesplanung, 1986.

I. Begriff

Die **Raumordnung** und **Landesplanung**[3] ist als überörtliche Raumplanung einerseits von der örtlichen Raumplanung (Bauleitplanung, s. u. Rn. 27ff.), andererseits als Querschnittsplanung von den diversen raumbezogenen Fachplanungen zu unterscheiden. 3

In diesem Sinne hat das BVerfG[4] zur Raumordnung ausgeführt:

„Die überörtliche Planung fällt unter den Begriff der ‚Raumordnung' im Sinne des Art. 75 Nr. 4 GG. Diese ist zusammenfassende, übergeordnete Planung und Ordnung des Raumes. Sie ist übergeordnet, weil sie überörtliche Planung ist und weil sie vielfältige Fachplanungen zusammenfaßt und aufeinander abstimmt."

II. Funktion

Der räumlichen Gesamtplanung[5] kommt gegenüber den gebietsbezogenen umweltrechtlichen Fachplanungen (z. B. Luftreinhalteplanung, Landschaftsplanung, wasserrechtliche Planung, Abfallentsorgungsplanung) und den nicht umweltspezifischen, jedoch umweltrelevanten Fachplanungen (z. B. Verkehrsbedarfsplanung, Flurbereinigungsplanung) eine wichtige **Integrationsfunktion** zu.[6] Ihr Ziel ist die Sicherung und Entwicklung der räumlichen Strukturen und Abstimmung der unterschiedlichen Raumnutzungsansprüche.[7] Als übergeordnete, überfachliche, überörtliche und zusammenfassende Planung[8] scheint sie gerade dafür prädestiniert, zum Abbau der Koordinationsdefizite zwischen den einzelnen organisatorisch zersplitterten Fachplanungen beizutragen. Im Schrifttum spricht man deshalb auch von einer Affinität bzw. Konvergenz zwischen Raumordnung und dem Desiderat einer **integrierten Umweltplanung.**[9] Im Rahmen der bevorstehenden **Novellierung** des Raumordnungsgesetzes[9a] ist folgerichtig eine stärkere Akzentuierung der Umwelt- 4

[3] *Erbguth*, Raumordnungs- und Landesplanungsrecht, 1983, S. 6 Tz. 9; vgl. auch *Leidig*, Raumplanung als Umweltschutz, 1983, S. 30f.
[4] BVerfGE 3, 407 (425).
[5] Vgl. allgemein zum Raumordnungsrecht, das hier nur selektiv dargestellt werden kann, *Erbguth* (FN 3); *Ernst*, in: Kaiser (Hg.), Planung III, 1968, S. 129ff.; *Ernst/Hoppe* (FN 2), S. 20ff.; *Friauf*, in: v. Münch (Hg.), Besonderes Verwaltungsrecht, 8. Aufl., 1988, S. 477ff.; *Peine*, Raumplanungsrecht, 1987; *Schmidt-Aßmann*, in: Salzwedel (Hg.), Grundzüge des Umweltrechts, 1982, S. 117ff.
[6] *Breuer* (FN 2), S. 628, behandelt deshalb die Raumplanung auch als Musterbeispiel des integrierten Umweltschutzes. Wiederum in einem anderen Sinn sprechen *Hoppe*, VVDStRL 38 (1980), S. 167ff., 259, und *Hartkopf/Bohne*, Umweltpolitik, Bd. I, 1983, S. 207, von integrierter Umweltplanung, worunter sie das im Raumplanungsrecht ansatzweise verwirklichte Modell einer globalen, im Unterschied zu einer isolierten, Umweltplanung verstehen.
[7] *Schmidt-Aßmann* (FN 5), S. 127, in Anlehnung an § 2 ROG.
[8] *Ernst/Hoppe* (FN 2), S. 3, Rz. 1.
[9] *Zoubek*, vr 1983, 271ff., 274f. m. w. N.
[9a] BT-Drs. 11/3916.

schutzfunktion der Raumordnung geplant. Dies soll einerseits durch eine Neufassung der Ziele und Grundsätze der Raumordnung (s. Rn. 9), andererseits durch eine bundeseinheitliche Verankerung des – als frühzeitige Umweltverträglichkeitsprüfung (s. § 4 Rn. 91) ausgestalteten – Raumordnungsverfahrens (s. Rn. 24 ff.) geschehen. Zugleich dient die Novellierung der Umsetzung der UVP-Richtlinie der EG (s. § 4 Rn. 83 ff.) für den Bereich der Raumordnung.

III. Rechtsgrundlagen

5 Die Rechtsgrundlagen der überörtlichen Gesamtplanung bilden das auf Art. 75 Nr. 4 GG gestützte rahmenrechtliche Raumordnungsgesetz des Bundes vom 8. 4. 1965[10] (Kloepfer Nr. 120) und die Landesplanungsgesetze (s. u. Rn. 7). Lediglich die Stadtstaaten kennen keine derartige Gesamtplanung, da diese Funktion dort bereits weitgehend durch die (nach § 5 Abs. 1 S. 7 BauGB ohnehin auf das ganze Gemeindegebiet bezogenen) Flächennutzungspläne erfüllt wird (vgl. § 5 Abs. 1 S. 5 ROG).

1. Raumordnungsgesetz

6 Das Raumordnungsgesetz zeichnet die Grundzüge der primär von den Ländern wahrzunehmenden Raumordnung vor. Eine Raumordnung auf Bundesebene gibt es im eigentlichen Sinne nicht.[11] Nach der Auffassung des BVerfG wäre der Bundesgesetzgeber zu einer dahingehenden Regelung aber durchaus berechtigt, auch wenn es an einer geschriebenen Kompetenz hierfür fehlt.[12] Einen gewissen Einfluß des Bundes auf die Landesplanungen gewährleisten jedoch die §§ 4 Abs. 1, 8–11 ROG (s. dazu i. e. Rn. 23).

2. Landesplanungsgesetze

7 Die das Raumordnungsgesetz in den Flächenstaaten ausfüllenden Landesplanungsgesetze (s. Rn. 5) sind weitgehend **Organisationsgesetze.** Sie bilden im wesentlichen eine Zuständigkeits- und Verfahrensordnung für die eigentliche Planung. *Darüber hinaus* formulieren sie aber auch **Planungsgrundsätze** (vgl. nur Art. 2 BayLplG, § 2 LPlG Rh.-Pf., § 2 SLPG), durch welche die Vorgaben des Raumordnungsgesetzes konkretisiert werden.

Im einzelnen handelt es sich um folgende Gesetze:
- (Baden-Württembergisches) Landesplanungsgesetz vom 10. 10. 1983[13]
- Bayerisches Landesplanungsgesetz i. d. F. der Bek. vom 4. 1. 1982[14]
- Hessisches Landesplanungsgesetz i. d. F. der Bek. vom 1. 6. 1970[15]
- Niedersächsisches Gesetz über Raumordnung und Landesplanung i. d. F. der Bek. vom 10. 8. 1982[16]
- (Nordrhein-Westfälisches) Landesplanungsgesetz i. d. F. der Bek. vom 28. 11. 1979[17]

---

[10] BGBl. I S. 306, zuletzt geänd. durch Ges. v. 19. 12. 1986, BGBl. I S. 2669.
[11] Vgl. allerdings das Bundesraumordnungsprogramm von 1975, dazu näher *Battis,* JZ 1976, 73 ff.
[12] BVerfGE 3, 407 (427 f.); 15, 1 (16) – Gesetzgebungskompetenz „kraft Natur der Sache".
[13] GBl. S. 621.
[14] GVBl. S. 2, geänd. durch Ges. v. 3. 8. 1982, GVBl. S. 500.
[15] GVBl. I S. 360, zuletzt geänd. durch Ges. v. 15. 10. 1980, GVBl. I S. 377.
[16] GVBl. S. 339.
[17] GV NW S. 878.

– (Rheinland-Pfälzisches) Landesgesetz für Raumordnung und Landesplanung i. d. F. der Bek. vom 8. 2. 1977[18]
– Saarländisches Landesplanungsgesetz vom 17. 5. 1978[19]
– (Schleswig-Holsteinisches) Gesetz über die Landesplanung i. d. F. der Bek. vom 24. 6. 1981[20]

In den Stadtstaaten Berlin, Bremen und Hamburg ersetzt gemäß § 5 Abs. 1 S. 5 ROG der Flächennutzungsplan die Programme und Pläne der Landesplanung.

Als **Planungsinstrumente** unterscheiden die Landesplanungsgesetze überwiegend zwischen 8
– Raumordnungsprogrammen (Landesentwicklungsprogrammen) und
– Raumordnungsplänen (Landesentwicklungsplänen) jeweils für das gesamte Landesgebiet sowie
– Regionalplänen (Gebietsentwicklungsplänen, Kreisentwicklungsplänen) für einzelne Teilgebiete.

In einigen Bundesländern sind Programm und Plan, die sich im allgemeinen u. a. durch ihre textliche bzw. zeichnerische Darstellungsform unterscheiden, identisch (vgl. z. B. das Landesentwicklungsprogramm gemäß § 10 LPlG Rh.-Pf., den „Plan“ i. S. von § 3 LplG BW).

IV. Ziele und Grundsätze

§ 1 ROG nennt als Aufgaben und Ziele der Raumordnung zunächst, das Bundesgebiet „in seiner allgemeinen räumlichen Struktur einer Entwicklung zuzuführen, die der freien Entfaltung der Persönlichkeit in der Gemeinschaft am besten dient. Dabei sind die natürlichen Gegebenheiten sowie die wirtschaftlichen, sozialen und kulturellen Erfordernisse zu beachten“ (Abs. 1). Umweltschutzbelange werden hierbei bislang nur vage, vor allem unter dem Begriff der natürlichen Gegebenheiten angesprochen, während andere Funktionen der Raumordnung wie die Förderung des Wiedervereinigungszieles (Abs. 2) und die Zusammenarbeit im europäischen Raum (Abs. 3) sowie das Ziel einer harmonischen Ordnung von Einzelräumen und Gesamtraum (Abs. 4) eine stärkere Hervorhebung erfahren. Jedoch sollen im Zuge der Novellierung des Raumordnungsgesetzes (s. o. Rn. 4) der Schutz, die Pflege und die Entwicklung der natürlichen Lebensgrundlagen als Leitvorstellung in das Gesetz aufgenommen werden. Außerdem soll der dem Vorsorgeprinzip (s. § 3 Rn. 18ff.) entsprechende Gedanke einer „langfristigen Offenhaltung von Gestaltungsmöglichkeiten der Raumnutzung“ Eingang in das Gesetz finden (§ 1 Abs. 1 Nr. 2 und 3 RegE ROG). 9

Bereits 1976 bzw. 1986 wurden Umweltschutzbelange in den Grundsätze-Katalog des § 2 ROG aufgenommen: Neben den wirtschaftlichen, demographischen, sozialen und kulturellen Zielen der Raumordnung nennt § 2 Abs. 1 Nr. 7 ROG
– Schutz, Pflege und Entwicklung von Natur und Landschaft einschließlich des Waldes,
– Sicherung und Gestaltung von Erholungsgebieten,
– Schutz des Bodens,

[18] GVBl. S. 5, zuletzt geänd. durch Ges. v. 22. 12. 1982, GVBl. S. 476.
[19] Amtsbl. S. 588, geänd. durch Ges. v. 14. 5. 1986, Amtsbl. S. 509.
[20] GVOBl. S. 117.

– Reinhaltung des Wassers und Sicherung der Wasserversorgung,
– Reinhaltung der Luft sowie den
– Schutz der Allgemeinheit vor Lärmbelästigungen

als unmittelbar **umweltschutzbezogene materielle Grundsätze,** nach denen sich die Raumordnung zu richten hat.

Im Regierungsentwurf eines Gesetzes zur Änderung des Raumordnungsgesetzes (s. o. Rn. 4) tritt an die Stelle des § 2 Abs. 1 Nr. 7 ROG ein neuer § 2 Abs. 1 Nr. 8, der zusätzlich u. a. den Schutz von Tier- und Pflanzenwelt sowie des Klimas, die Vermeidung und Entsorgung von Abwässern und Abfällen sowie die sparsame und schonende Inanspruchnahme der Naturgüter als Grundsätze der Raumordnung nennt. Darüber hinaus werden Umweltschutzbelange differenziert sowohl für den ländlichen Raum (§ 2 Abs. 1 Nr. 6, 7 RegE ROG) als auch für die Verdichtungsräume (§ 2 Abs. 1 Nr. 5 RegE ROG) formuliert. Damit wäre auch eine gesetzliche Grundlage für eine stärkere Akzentuierung des Freiraumschutzes auf überörtlicher Ebene gegeben (zur örtlichen Ebene s. u. Rn. 30; vgl. ferner zum ganzen § 14 Rn. 45ff., 53ff.). Ansätze hierzu finden sich bisher vor allem im nordrhein-westfälischen Landesentwicklungsplan III.[20a]

10 Diese Grundsätze werden in einigen Landesplanungsgesetzen im Einklang mit § 2 Abs. 3 ROG noch ergänzt oder präzisiert (vgl. etwa Art. 2 Nr. 9–14 BayLplG, § 2 Nr. 10–12 LPlG Rh.-Pf., § 2 Nr. 7, 10, 11, 14 SLPG), doch erfolgt ihre eigentliche Konkretisierung und Umsetzung in den überwiegend durch Gesetz festgestellten (§ 2 Abs. 1 Hess. LPlG, § 5 Abs. 4 NROG, § 12 S. 1 LPlG NW) oder durch Verordnung beschlossenen (vgl. Art. 14 Abs. 3 BayLplG, § 5 Abs. 5 NROG) **Raumordnungs-** bzw. **Landesentwicklungsprogrammen** der Länder (vgl. nur etwa Verordnung über das Landesentwicklungsprogramm Bayern vom 3. 5. 1984 Teil B,[21] Landes-Raumordnungsprogramm Niedersachsen vom 16. 6. 1982,[22] Landesentwicklungsplan Umwelt [Saarland] vom 18. 12. 1979[23]).

11 Im Gegensatz zur unmittelbaren Umweltschutzausrichtung in § 2 Abs. 1 Nr. 7 ROG stellen die Grundsätze des § 2 Abs. 1 Nr. 1, 2 und 6 ROG einen nur allgemeinen und indirekten Bezug zum Umweltschutz über den Begriff der **gesunden Lebens- und Arbeitsbedingungen** her. In einer eher allgemeinen, älteren Ausdrucksweise („natürliche Gegebenheiten") verweist auch schon § 1 Abs. 1 ROG auf Umweltschutzbelange.

12 Die unterschiedlichen, konkurrierenden und potentiell konfligierenden **Grundsätze** der Raumordnung sind prinzipiell **gleichwertig.** Weder genießen wirtschaftliche und infrastrukturelle Förderungsziele Vorrang vor dem Umweltschutz, noch können Umweltschutzbelange eine prinzipiell stärkere Gewichtung beanspruchen. Ein „relativer" oder gar „absoluter" Vorrang scheidet nach geltendem Recht aus.[24] Ihre Gewichtung unterliegt vielmehr uneingeschränkt dem **Abwägungsgebot** des § 2 Abs. 2 ROG (vgl. allgemein § 3 Rn. 52f. und § 4 Rn. 9 sowie unten Rn. 31ff.), das seinerseits wiederum auf die sehr offen formulierten Aufgaben und Ziele der Raumordnung nach § 1 ROG verweist, und in dessen Grenzen der planerischen Gestaltungs-

---

[20a] MBl. NW 1987 S. 1676ff.
[21] GVBl. S. 121.
[22] Nds MBl. S. 717, geänd. durch Bek. v. 21. 9. 1982, Nds MBl. S. 1825.
[23] Amtsbl. 1980 S. 345, geänd. durch Bek. v. 24. 5. 1984, Amtsbl. S. 894.
[24] Vgl. nur *Weyreuther,* UPR 1981, 33ff., 38ff.; *Hoppe,* VVDStRL 38 (1980), S. 167ff., 279; für einen relativen Vorrang *Erbguth/Püchel,* NVwZ 1982, 649ff.; nunmehr auch *Hoppe,* FS Scupin, 1983, S. 737ff., 743f. m. w. N., sowie zuletzt *Funke,* DVBl. 1987, 511ff., 516.

freiheit.[25] Dies schließt nicht aus, daß aufgrund der Gegebenheiten des konkreten Planungsraumes Umweltbelange in den Vordergrund treten können. Eine Forcierung von Umweltbelangen sollte im übrigen durch die Fachplanungen erfolgen, wobei die gesetzlichen Möglichkeiten längst nicht ausgeschöpft sind.

Einen absoluten, verfassungsrechtlich begründeten Vorrang genießt der Umweltschutz nur in einem Kernbereich, der sich im wesentlichen mit dem Grundrecht auf Leben und körperliche Unversehrtheit aus Art. 2 Abs. 2 S. 1 GG deckt (vgl. auch § 2 Rn. 11).[26] 13

Im Schrifttum wird außerdem die Bedeutung der *allgemeinen* Planungsgrundsätze für den Umweltschutz betont.[27] Das sog. **Gebot der planerischen Konfliktbewältigung,** das **Gebot der Rücksichtnahme** und das **Trennungsprinzip** als Grundsätze vor allem des Bauplanungsrechts (s. u. Rn. 27ff.) verlieren allerdings bei der Übertragung auf die großräumige, keineswegs parzellenscharfe[28] Landes- und Regionalplanung an Aussagekraft. Immerhin ist jedoch von übergeordneten Planungen zu erwarten, daß sie ihre Vorgaben an die nachgeordneten Planungsstufen nicht mit unausgetragenen Konflikten befrachten, die sie selbst lösen können.[29] 14

Festzuhalten bleibt, daß der **Umweltschutz** selbst **Planungsleitsatz der räumlichen Gesamtplanung** ist. Dies unterscheidet sie von den nicht-umweltspezifischen Fachplanungen, bei denen Umweltbelange nach Auffassung des BVerwG erst im Rahmen der Abwägung als bloß zu berücksichtigende Belange und damit letztlich nur als Korrektive Einklang finden (s. etwa u. Rn. 63).[30] 15

V. Wirkungsweise

Die normative Substanz der gesetzlich fixierten Grundsätze darf nicht überschätzt werden. Die Bedeutung der Raumordnungsgrundsätze liegt vor allem in ihrer **Leitbildfunktion** für die Landesplanung. Eine **unmittelbare Verbindlichkeit** besitzen die Grundsätze des Raumordnungsgesetzes nur für Bundesbehörden, bundesunmittelbare Planungsträger und die bundesunmittelbaren Körperschaften, Anstalten und Stiftungen des öffentlichen Rechts (§ 3 Abs. 1 ROG). Eine Rechtswirkung gegenüber dem Einzelbürger wird ausdrücklich ausgeschlossen (§ 3 Abs. 3 ROG). 16

VI. Materielle und formelle Koordination

Die Durchsetzung der Raumordnungsgrundsätze erfordert neben der Planung als solcher eine wirksame Koordination sämtlicher raumordnender Planungen. § 1 Abs. 4 ROG bestimmt als Ausgangspunkt, daß sich die Ordnung der Einzelräume in 17

[25] Vgl. grundlegend BVerwGE 34, 301 (304): „... weil Planung ohne Gestaltungsfreiheit ein Widerspruch in sich wäre". Zur Übertragung dieses Grundsatzes von der Bauleitplanung auf weitere Fachplanungen vgl. BVerwGE 48, 56 (59).

[26] *Weyreuther,* UPR 1981, 33ff., 40.

[27] Vgl. *Hoppe* (FN 24), S. 745ff.

[28] *Schlarmann/Erbguth,* Zur Durchsetzung von Umweltbelangen im Bereich der räumlichen Planung, 1982, S. 40f., halten parzellenscharfe Festlegungen in der Regionalplanung sogar für unzulässig.

[29] So *Hoppe* (FN 24), S. 747.

[30] BVerwGE 48, 56 (61). Zu dieser Unterscheidung näher *Hoppe* (FN 24), S. 744.

die Ordnung des Gesamtraumes einfügen und umgekehrt die Ordnung des Gesamtraumes die Gegebenheiten und Erfordernisse der Einzelräume berücksichtigen soll (sog. **Gegenstromprinzip**).[31]

18 Durch sog. **Raumordnungsklauseln** werden die Fachplanungen an die Raumplanung angebunden. Diese können entweder eine materielle Pflicht zur Beachtung raumplanerischer Ziele und Grundsätze statuieren (vgl. z. B. § 1 Abs. 4 BauGB, § 5 Abs. 1 BNatSchG, § 13 Abs. 2 WaStrG) oder formell die Herbeiführung des Einvernehmens der für die Raumordnung zuständigen Stellen mit der Fachplanung (z. B. § 16 Abs. 1 FStrG) oder eine sonstige Mitwirkungsweise verlangen (z. B. § 36 BBahnG).

19 Die Beachtung dieser **Anpassungspflichten** kann im Wege der Fachaufsicht bzw. über eine Reihe von Genehmigungsvorbehalten (vgl. z. B. § 6 Abs. 1 BauGB) durchgesetzt werden. Eine Besonderheit ist das in Nordrhein-Westfalen und im Saarland vorgesehene, jedoch bislang nicht praktizierte **landesplanerische Planungsgebot** (vgl. § 21 Abs. 2 LPlG NW, § 12 Abs. 2 SLPG), wonach die Landesregierung unter bestimmten Kautelen die Gemeinden verpflichten kann, entsprechend den Zielen der Raumordnung und Landesplanung Bauleitpläne aufzustellen.[32]

20 Im **unbeplanten Bereich** können die Ziele der Raumordnung und Landesplanung als öffentlicher Belang einer Genehmigungserteilung entgegenstehen (§ 35 Abs. 3 S. 3 BauGB).

Planerische Aussagen können danach die Zulässigkeit eines privilegierten oder sonstigen Vorhabens ausschließen, wenn sie sachlich und räumlich hinreichend konkretisiert sind, um eine Beurteilung des Einzelvorhabens zu erlauben.[33] Dies ist etwa bei einer Standortfestlegung für andere Vorhaben der Fall. Hingegen genügen abstrakte, im wesentlichen den Gesetzestext wiederholende Planungsaussagen nicht.

Darüber hinaus mißt § 35 Abs. 3 S. 3, 2. Hs. BauGB den (in entsprechenden Plänen konkretisierten) Zielen der Raumordnung und Landesplanung insofern *positive* Bindungswirkung zu, als privilegierten Vorhaben i. S. von § 35 Abs. 1 BauGB nicht mehr solche öffentliche Belange entgegengehalten werden können, die bereits Gegenstand einer Abwägung im Rahmen von Raumordnungsplänen waren und dort im Ergebnis (etwa bei einer Standortausweisung) nicht durchgeschlagen haben.

21 Umgekehrt müssen auf höherer Stufe die **Belange der unteren Ebene** gewahrt werden. So bestimmt § 5 Abs. 3 S. 2 ROG, daß bei der Aufstellung von Zielen der Raumordnung und Landesplanung die Gemeinden und Gemeindeverbände, für die eine Anpassungspflicht entsteht, zu beteiligen sind. Dies gilt in besonderem Maße für die Regionalplanung als Bindeglied zwischen Landesplanung und örtlicher Bauleitplanung. Soweit sie nicht ohnehin kommunalen Planungsgemeinschaften übertragen ist (wie in Baden-Württemberg [§ 9 Abs. 2 LplG BW], Bayern [Art. 6 Abs. 1 BayLplG], Hessen [§ 4 Hess. LplG], Rheinland-Pfalz [§ 14 Abs. 2 LPlG Rh.-Pf.] und im Saarland [§ 7 Abs. 3 SLPG]), sind die Gemeinden und Gemeindeverbände jedenfalls förmlich zu beteiligen (vgl. § 5 Abs. 3 ROG).

---

[31] *Ernst/Hoppe* (FN 2), S. 23, Rz. 42. Vgl. zum ganzen auch näher *Schmidt-Aßmann* (FN 5), S. 163f.; *Hoppe*, DVBl. 1982, 913ff., 921.
[32] *Ernst/Hoppe* (FN 2), S. 49, Rz. 85.
[33] So schon BVerwG, ZfBR 1984, 191ff., 200.

Darüber hinaus begründet § 4 Abs. 5 ROG eine **allgemeine Abstimmungspflicht** für sämtliche raumbedeutsamen Maßnahmen und Planungen auf allen Ebenen der Verwaltung von Bund, Ländern und Gemeinden. 22

Einer Koordination auf Bundesebene dienen die Bestimmungen des Bundesraumordnungsgesetzes über 23
- die sog. **Hinwirkungskompetenz** des für die Raumordnung zuständigen Bundesministers (§ 4 Abs. 1 ROG),
- die in der Ministerkonferenz für Raumordnung institutionalisierte[34] gemeinsame Beratung (§ 8 ROG),
- die Einberufung eines Raumordnungsbeirates (§ 9 ROG),
- die gegenseitigen Mitteilungs- und Auskunftspflichten (§ 10 ROG),
- die regelmäßige Unterrichtung des Bundesrates durch den – im Turnus von vier Jahren zu erstattenden – Raumordnungsbericht der Bundesregierung (§ 11 ROG).

VII. Raumordnungsverfahren

Von besonderem Interesse für den Umweltschutz ist das in den meisten Landesplanungsgesetzen (Ausnahmen: Nordrhein-Westfalen sowie die Stadtstaaten) und zukünftig wohl auch im Raumordnungsgesetz des Bundes vorgesehene Raumordnungsverfahren, wonach raumbedeutsame Einzelplanungen und Maßnahmen (Vorhaben) einem **förmlichen Abstimmungsverfahren** unter Beteiligung aller betroffenen Behörden und Planungsträger unterworfen werden können (vgl. nur Art. 23ff. BayLplG, §§ 12ff. LplG BW, § 18 LPlG Rh.-Pf., § 13 SLPG, § 6a RegE ROG). Es ermöglicht, frühzeitig die grundsätzliche Eignung von Standorten – auch unter Gesichtspunkten des Umweltschutzes – zu überprüfen. Durch die geplante Einfügung eines § 6a ROG würde diese Funktion verbindlich gemacht („Das Raumordnungsverfahren schließt die Ermittlung, Beschreibung und Bewertung der raumbedeutsamen Auswirkungen der Planung oder Maßnahme auf die Umwelt ein", § 6a Abs. 1 S. 2 RegE ROG). 24

Das Raumordnungsverfahren bietet sich vor allem bei Infrastruktureinrichtungen wie Verkehrswegen, Energieversorgungsanlagen und großflächigen, insbesondere umweltrelevanten Industrieansiedlungen an. Es wird unter der Verantwortung der Landesplanungsbehörden durchgeführt und soll primär sicherstellen, daß bestehende Vorgaben der Raumordnung von den planenden Stellen wirklich berücksichtigt werden. Es ist insofern **kein eigentliches Planungsinstrument** i. S. eines Zielaufstellungsverfahrens und hat auch keine planersetzende Funktion,[35] sondern ist ein spezifisches Mittel zur Planverwirklichung i. S. des Planabstimmungsgebots des § 4 Abs. 5 ROG.

Das Raumordnungsverfahren findet von Amts wegen oder auf Antrag statt (vgl. nur § 18 Abs. 1 LPlG Rh.-Pf.); ein gerichtlich durchsetzbarer Anspruch auf **Verfahrenseinleitung** wird allerdings überwiegend verneint.[36] 25

---

[34] Verwaltungsabkommen v. 15. 6. 1967 (GMBl. S. 221).
[35] Vgl. *Erbguth* (FN 3), S. 152, Tz. 247.
[36] *Erbguth* (FN 3), S. 158, Tz. 256 m. w. N.

26 Sofern zwischen Landesplanungsbehörden und Planungsträgern kein Einvernehmen erzielt wird, kann die raumordnungswidrige Planung oder Maßnahme von der obersten Landesplanungsbehörde **auf Zeit untersagt** werden (vgl. Art. 24 BayLplG, § 15 LplG BW, § 12 Hess. LPlG, § 19 Abs. 3 LPlG Rh.-Pf.).

Welche rechtliche Bedeutung der **landesplanerischen Stellungnahme** zukommt, ist umstritten.[37] Nach überwiegender Auffassung im Schrifttum handelt es sich grundsätzlich um keinen Verwaltungsakt mit Außenwirkung, sondern um eine verwaltungsinterne Entscheidung, die allerdings eine Innenbindung erzeugen kann.[38] Soweit allerdings am Raumordnungsverfahren auch mittelbare Träger öffentlicher Verwaltung beteiligt sind, wie insbesondere Gemeinden als Träger der Bauleitplanung und kommunale Planungsverbände, so erzeugt die Stellungnahme der Landesplanungsbehörde diesen gegenüber auch Außenwirkung.

Nach § 14 LplG BW wird die landesplanerische Beurteilung in Form eines Verwaltungsaktes abgeschlossen, der gegenüber den beteiligten Trägern öffentlicher Belange verbindlich ist. Das BVerwG[38a] hat hierin keinen Verstoß gegen Bundesrecht gesehen, da sich das Raumordnungsgesetz einer Regelung des Raumordnungsverfahrens bislang enthalten habe und es mithin allein Sache des Landesgesetzgebers sei zu bestimmen, welche Aufgaben und Rechtswirkungen dem Raumordnungsverfahren zuzuschreiben sind. Demgegenüber mißt § 6a RegE ROG dem Ergebnis des Raumordnungsverfahrens ausdrücklich keine bindende Wirkung (Abs. 6) und keine unmittelbare Rechtswirkung gegenüber dem Träger des Vorhabens und einzelnen (Abs. 7) zu.

Der Regierungsentwurf eines Gesetzes über die Umweltverträglichkeitsprüfung vom 26. 1. 1988 sowie der hiermit verknüpfte Entwurf eines Gesetzes zur Änderung des Raumordnungsgesetzes vom 25. 1. 1989 (s. o. Rn. 4) sehen die bundesrechtliche Verankerung des Raumordnungsverfahrens für alle Flächenstaaten vor, das Teilfunktionen einer **Umweltverträglichkeitsprüfung** übernehmen soll (§ 6a RegE ROG). Der Ausbau des Raumordnungsverfahrens zu einer projektbezogenen Umweltverträglichkeitsprüfung wurde bereits seit geraumer Zeit im Schrifttum empfohlen.[39]

C. Bauleitplanung

Schrifttum: *Baden,* Abwägung und Altlasten, ZfBR 1988, 108ff.; *Battis,* Bau- und immissionsschutzrechtliches Planungsrecht in der Rechtsprechung des Bundesverwaltungsgerichts, DVBl. 1978, 577ff.; *ders./Krautzberger/Löhr,* Baugesetzbuch (Kommentar), 2. Aufl., 1987; *Bielenberg/Dyong/Söfker,* Das Bundesbaurecht (Kommentar), 4. Aufl., 1984; *ders./Krautzberger/Söfker,* Baugesetzbuch, 1987; *Blümel,* Festsetzung von Lärmschutzbereichen und gemeindliche Selbstverwaltungsgarantie, VerwArch. 73 (1982), 329ff.; *Boecker,* Zur Lösung von Umweltkonflikten durch Grunddienstbarkeit und Baulasten, BauR 1985, 149ff.; *Boisserée,* Örtliche Umweltstandards – Nochmals zur Verbindlichkeit von Emissions- und Immissionsgrenzwerten in Bebauungsplänen, UPR 1983, 368ff.; *Brandt/Sander,* Berücksichtigung von Umweltbelangen im geplanten Baugesetzbuch, 1985; *Breuer,* Bodennutzung im Konflikt zwischen Städtebau und Eigentumsgarantie, 1976; *ders.,* Die Kontrolle der Bauleitplanung – Analyse eines Dilemmas, NVwZ 1982, 273ff.; *ders.,* Das baurechtliche Gebot der Rücksichtnahme – ein Irrgarten des Richterrechts, DVBl. 1982, 1065ff.; *ders.,* Baurechtlicher Nachbarschutz, DVBl. 1983, 431ff.; *Bundesminister für Raumordnung, Bauwesen und Städtebau,* Städtebaulicher Bericht, Umwelt und Gewerbe in der Städtebaupolitik, 1986; *Cholewa/David/Dyong/v. d. Heide,* Das neue Baugesetzbuch, 1987; *Dieckmann,* Zur Kennzeichnung von Altlasten in der Bauleitplanung, StT 1987, 516ff.; *Dienes,* Zur Problematik von Bebauungsplänen für Kernkraftwerke, RdE 1981, 42ff.; *Dolde,* Die Entwicklung des öffentlichen Baurechts 1981, NJW 1982, 1785ff.; *ders.,* Zuverlässigkeit von Kernkraftwerken im Außenbereich, NJW 1983, 792ff.; *ders.,* Planungsbedürftigkeit privilegierter Außenbereichsvorhaben, NVwZ 1984, 158ff.; *Dolzer,* Umweltschutz als Aufgabe des Städtebaurechts, 1982; *Dyong,* Um-

---

[37] *Erbguth* (FN 3), S. 165ff., Tz. 269ff.
[38] Vgl. statt vieler *Jarass,* BayVBl. 1979, 69ff., und *Schmidt-Aßmann* (FN 5), S. 163.
[38a] BVerwG DVBl. 1988, 1176ff., 1177.
[39] *Erbguth,* NuR 1982, 162ff.; *Hoppe* (FN 24), S. 748ff., jeweils m. w. N.

weltbeeinträchtigende Betriebe in den Grenzbereichen, Städte- und Gemeindebund 1980, 277ff.; *Engel,* Die Konkurrenz von Baumschutzrecht und Baurecht am Beispiel Schleswig-Holstein, NVwZ 1985, 252f.; *Erbguth/Püchel,* Die Luftreinhaltepläne im Abwägungsvorgang der Bauleit- und Landesplanung, NVwZ 1982, 649ff.; *Ernst/Zinkahn/Bielenberg,* Bundesbaugesetz (Kommentar), 1974ff.; *Fickert/Fieseler,* Baunutzungsverordnung (Kommentar), 4. Aufl., 1979; *Fieseler,* Umweltschutz in der Bauleitplanung, 1980; *Finkelnburg/Ortloff,* Öffentliches Baurecht, 1981; *Friauf,* Bau- und Bodenrecht, in: v. Münch (Hg.), Besonderes Verwaltungsrecht, 8. Aufl., 1988, S. 477ff.; *Frohberg,* Umweltrelevante Bauleitplanung, in: Festschrift für Franz Schad zum 70. Geb., 1978, S. 162ff.; *Gassner,* Naturschutz im neuen Baugesetzbuch, UPR 1987, 249ff.; *Gehrmann,* Die Rechtsprechung des Bundesverwaltungsgerichts zum Rücksichtsnahmegebot in den Jahren 1985 bis 1987, in: Forschungsstelle für Umwelt- und Technikrecht (Hg.), Jahrbuch des Umwelt- und Technikrechts 1988 (UTR 5), 1988, S. 161ff.; *Gelzer,* Bauplanungsrecht, 4. Aufl., 1984; *Gerschlauer,* Landschaftsplanung der Gemeinde und Bauleitplanung, DVBl. 1979, 601ff.; *Götz,* Bauleitplanung und Eigentum, 1969; *Groh,* Immissionsschutz durch Bauleitplanung, URP 1984, 142ff.; *Grooterhorst,* Die Aufstellung von Bebauungsplänen zur Verwirklichung von flächenfreihaltenden Zielen der Raumordnung und Landesplanung, DVBl. 1985, 703ff.; *Gutknecht/Korinek,* Rechtliche Möglichkeiten und rechtliche Situation des Umweltschutzes auf dem Gebiete des Wohnens, Bauens und Planens, Wien 1974; *Hasel,* Rechtsinstrumente zur Sicherung von Grünflächen und Grünzonen in Ballungsgebieten, AgrarR 1980, 1ff.; *Heimerl,* Umweltschutz in der Bauleitplanung unter besonderer Berücksichtigung des Bayerischen Rechts, Diss. jur. Regensburg 1979; *Henkel,* Altlasten in der Bauleitplanung, UPR 1988, 367ff.; *Hill,* Rechtsprobleme des Lärmschutzes bei der Ausweisung von Industriegebieten im Bebauungsplan, ZfBR 1980, 223ff.; *Hofherr,* Bauleitplanung und Landschaftsplanung, UPR 1987, 88ff.; *v. Holleben,* Heranrückende Wohnbebauung – Gefahr für Gewerbebetriebe, DVBl. 1981, 903ff.; *ders.,* Die Festsetzung von Emissions- und Immissionswerten in Bebauungsplänen, UPR 1983, 76ff.; *Holzhauser,* Probleme der Standortvorsorge für umweltbelastende Großvorhaben aus bundesrechtlicher Sicht, 1983; *Hoppe,* Zur Rechtskontrolle von Bebauungsplänen, in: Festschrift für Hans Ulrich Scupin zum 70. Geb., 1973, S. 121ff.; *ders.,* Zur planungsrechtlichen Zulässigkeit von Kraftwerken und sonstigen Großvorhaben im „Außenbereich", NJW 1978, 1229ff.; *ders.,* Zur Zulässigkeit von Kraftwerken im Außenbereich, NJW 1979, 255ff.; *ders.,* Ungewißheiten beim bebauungsrechtlichen Planungserfordernis (§ 35 Abs. 1 BBauG) für industrielle Großvorhaben, DVBl. 1982, 913ff.; *Innenminister des Landes Nordrhein-Westfalen* (Hg.), Umweltschutz im Bauwesen, 1974; *K. Ipsen/Tettinger,* Altlasten und kommunale Bauleitplanung, 1988; *Kraft,* Immissionsschutz und Bauleitplanung, 1988; *P. Krause,* Bestehen baurechtliche Bedenken gegen die Errichtung einer nach § 4 der 4. BImSchV genehmigungsbedürftigen Anlage in einem Mischgebiet?, BauR 1980, 318ff.; *Krautzberger,* „Altlasten" als Problem in der Bauleitplanung und in der städtebaulichen Sanierung, DWW 1986, 110ff.; *G. Kühne,* Bauplanungsrecht, Bauordnungsrecht und Anlagengenehmigungsverfahren, NVwZ 1986, 620ff.; *Lenz,* Die Behandlung von Altlasten im Baugesetzbuch, BauR 1987, 391ff.; *Menke,* Die Festsetzung von Grenzwerten für Umweltbelastungen im Bebauungsplan als Mittel zur Konfliktbewältigung in Gemengelagen, NuR 1985, 137ff.; *Meyer-Wöbse,* Die planungsrechtliche Zulässigkeit von Kernkraftwerken, UPR 1982, 112f.; *Mülbert,* Bau- und immissionsschutzrechtliche Probleme bei Schweinehaltungsbetrieben, BauR 1984, 442ff.; *W. Müller,* Umweltschutz und kommunale Bauleitplanung, 1975; *ders.,* Umweltschutz gegen Industrieansiedlung, JuS 1975, 228ff.; *F.-J. Peine,* Umgehung der Bauleitplanungspflicht bei Großvorhaben, DÖV 1983, 909ff.; *ders.,* Das neue Baugesetzbuch, JZ 1987, 322ff.; *ders.,* Öffentliches und privates Nachbarrecht, JuS 1987, 169ff.; *Porger,* Umweltschutz im neuen Bundesbaugesetz unter besonderer Berücksichtigung des Immissionsschutzes, 1979; *Römmermann,* Zur planungsrechtlichen Zulässigkeit von Kernkraftwerken im Außenbereich, NJW 1978, 2286ff.; *Roters,* Baufreiheit und Immissionsschutz im unbeplanten Innenbereich, DÖV 1982, 71ff.; *H.-P. Sander,* Immissionsschutz und Bauleitplanung, in: Institut für gewerbliche Wasserwirtschaft und Luftreinhaltung (Hg.), Neue Instrumente der Luftreinhaltepolitik, 1983, S. 95ff.; *Schenke,* Baurechtlicher Nachbarschutz, NuR 1983, 81ff.; *Schink,* Altlasten und Baurecht, BauR 1987, 397ff.; *ders.,* Amtshaftung bei der Bebauung von Altlasten, DÖV 1988, 529ff.; *Schlarmann,* Das Verhältnis der privilegierten Fachplanungen zum kommunalen Bauleitplan, 1980; *Schlichter,* Zulässigkeit von Vorhaben im Außenbereich unter besonderer Berücksichtigung von Raumordnung und Landesplanung sowie Natur- und Landschaftsschutz, AgrarR 1985, 245ff.; *ders./Stich,* Berliner Kommentar zum Baugesetzbuch, 1988; *Schmidt-Aßmann,* Grundfragen des Städtebaurechts, 1972; *ders.,* Das bebauungsrechtliche Planungserfordernis bei §§ 34, 35 BBauG, 1982; *ders.,* Zur Kritik eines Bebauungsplan- Erfordernisses bei privilegierten industriellen Großanlagen im Außenbereich (§ 35 Abs. 1 BBauG), et 1982, 762ff.; *Schroer,* Umweltverträglichkeitsprüfung im Bauplanungsrecht, DVBl. 1987, 1096ff.; *Schulze-Fielitz,* Sozialplanung im Städtebaurecht, 1979; *Selmer,* Umweltschutz im Bebauungsplan, BB Beilage 15/1988; *Stich,* Verbote der Verwendung bestimmter Heizstoffe in Baugebieten, DÖV 1981, 645ff.; *ders.,* Umweltschutz im Städtebau-, Bauordnungs- und Denkmalschutzrecht, in: Salzwedel (Hg.), Grundzüge des Umweltrechts, 1982, S. 171ff.; *ders.,* Die Behandlung der Immissionsfragen bei Bauleitplanung und Baugenehmigung nach Gesetzen und Verordnungsrecht sowie obergerichtlicher Rechtsprechung, 1983; *ders.,* Planen und Bauen in immissionsschutzrechtlichen Gemengelagen, 1983; *ders.,* Die Rechtsbeziehungen zwischen örtlicher Landschaftsplanung und Bauleitplanung, UPR 1983, 177ff.; *ders.,* Der Umweltschutz im Entwurf des Baugesetzbuches, UPR 1986, 205ff.; *ders./Porger/Steinebach,* Planen und Bauen in immissionsbelasteten Gemengelagen, 1983; *dies.,* Örtliche Landschaftsplanung und kommunale Bauleitplanung, 1986; *Timmermann,* Der baurechtliche Nachbarschutz, 1969; *Trzaskalik*, Veränderungen im Nachbarrechtsverhältnis durch staatliche oder kommunale Raumnutzungsentscheidungen, DVBl. 1981, 71ff.; *Wegener*, Nochmals: Baufreiheit und Immissionsschutz im unbeplanten Innenbereich, DÖV 1982, 66ff.; *Werwigh*, Landschaftsschutzrecht im unbeplanten Innenbereich eines im Zusammenhang bebauten Ortsteils im Sinne des § 34 Abs. 1 BBauG, NuR 1983, 97ff.; *Weyreuther*, Das bebauungsrechtliche Gebot der Rücksichtnahme und seine Bedeutung für den Nachbarschutz, BauR 1975, 1ff.; *Wilke*, Bundesbaugesetz und Immissionsschutzrecht, WiVerw. 1984, 205ff.; *Wolfrum*, Durchsetzung von Umweltbelangen im Verwaltungsverfahren am Beispiel der Bauleitplanung, DÖV 1981, 606ff.; *Zeitler*, Lärmschutz und Bauleitplanung, BayVBl. 1974, 353ff.

I. Ziele und Grundsätze

27 Ob Grund und Boden in umweltverträglicher Weise genutzt werden, entscheidet sich maßgeblich bei der Bauleitplanung, d. h. im vorbereitenden **Flächennutzungsplan,** vor allem jedoch im rechtsverbindlichen, parzellenscharfen **Bebauungsplan** (vgl. §§ 1 Abs. 2, 5ff., 8ff. BauGB) und letztlich bei der Zulassung von einzelnen Bauvorhaben.

Die eminente Bedeutung des Bauplanungsrechts für den Umweltschutz wurde bereits unter der Geltung des inzwischen außer Kraft getretenen Bundesbaugesetzes erkannt, das spätestens seit der großen Baurechtsnovelle von 1976[40] ausdrücklich umweltschützende Regelungen enthielt.[41] Diese vorhandenen Ansätze hat das neue, am 1. 7. 1987 in Kraft getretene **Baugesetzbuch** i. d. F. der Bek. vom 8. 12. 1986[42] (Kloepfer Nr. 100) nachdrücklich verstärkt.[43] Das Bauplanungsrecht beschränkt sich nun nicht mehr nur darauf, im wesentlichen anderenorts normierte Umweltbelange zu berücksichtigen und zu unterstützen, sondern entwickelt eine eigene, in der Umweltgesetzgebung bislang nicht ausreichend entfaltete **spezifische Umweltschutzperspektive:** das Gebot sparsamer und schonender Bodennutzung (Freiraumschutz, s. u. Rn. 30 und § 14 Rn. 43ff.).[44]

1. *Umweltschutz*

28 § 1 Abs. 5 S. 1 BauGB nennt als **Aufgaben und Grundsätze der Bauleitplanung** neben der Gewährleistung einer geordneten städtebaulichen Entwicklung und einer dem Wohl der Allgemeinheit entsprechenden sozialgerechten Bodennutzung die Sicherung einer menschenwürdigen Umwelt und den Schutz und die Entwicklung der natürlichen Lebensgrundlagen.

Das Bundesbaugesetz i. d. F. der Bek. vom 18. 8. 1976[45] bekannte sich demgegenüber in § 1 Abs. 6 S. 1 BBauG nur zur Sicherung einer menschenwürdigen Umwelt. Die anschließenden Beispiele im Kriterienkatalog, die im wesentlichen den heutigen § 1 Abs. 5 S. 2 Nr. 7 BauGB in allerdings unübersichtlicher Gruppierung vorwegnehmen, verdeutlichten jedoch, daß damit nicht etwa nur die engere Wohnumwelt, sondern bereits eine umfassende Berücksichtigung von Umweltbelangen gemeint war. Die hervorgehobene Erwähnung der natürlichen Lebensgrundlagen in § 1 Abs. 5 S. 1 BauGB hat insoweit also keine konstitutive, sondern klarstellende und verstärkende Bedeutung.

---

[40] Ges. v. 18. 8. 1976 (BGBl. I S. 2257, ber. S. 3617).
[41] Hierzu näher *Stich*, in: Salzwedel (FN 5), S. 171ff., 179.
[42] BGBl. I S. 2253.
[43] Vgl. zur Berücksichtigung des Umweltschutzes im neuen Baugesetzbuch u. a. *Söfker*, UPR 1987, 201ff.; *Stich*, UPR 1986, 205ff., und *Peine*, JZ 1987, 322ff., 323f.
[44] Vgl. hierzu *Grooterhorst*, DVBl. 1987, 654ff.
[45] s. FN 40.

29 Diese in § 1 Abs. 5 S. 1 BauGB genannten prinzipiellen umweltschützenden Funktionen der Bauleitplanung werden in dem exemplarischen Katalog der **Planungsleitlinien** in § 1 Abs. 5 S. 2 BBauG mehrfach konkretisiert. Hiernach sind bei der Aufstellung der Bauleitpläne insbesondere zu berücksichtigen „die Belange des Umweltschutzes, des Naturschutzes und der Landschaftspflege, insbesondere des Naturhaushalts, des Wassers, der Luft und des Bodens einschließlich seiner Rohstoffvorkommen sowie das Klima" (§ 1 Abs. 5 S. 2 Nr. 7 BauGB). Weiterhin werden unter anderem die Belange der Versorgung, insbesondere mit Energie und Wasser, der Abfallentsorgung und der Abwasserbeseitigung hervorgehoben (§ 1 Abs. 5 S. 2 Nr. 8 BauGB). Durch diesen Zielkatalog – mit sich teilweise weit überlappenden Einzelzielen – wird das Baugesetzbuch mit den zum Teil unmittelbar geltenden raumbedeutsamen Grundsätzen der verschiedenen Umweltgesetze (vgl. z. B. §§ 1, 2 i. V. mit § 4 BNatSchG, § 50 BImSchG) harmonisiert. Aufgrund der umfassenden Bezugnahme auf die Belange des Umweltschutzes und des ohnehin nicht abschließenden Charakters dieses Kataloges ist der Bauleitplanung zugleich die Berücksichtigung *sämtlicher* Umweltbelange, also auch der nicht ausdrücklich erwähnten, etwa des Lärmschutzes, verbindlich aufgegeben.

2. *Freiraumschutz*

30 In § 1 Abs. 5 S. 3, 4 BauGB wird als herausgehobener Grundsatz der Bauleitplanung bestimmt:

> „Mit Grund und Boden soll sparsam und schonend umgegangen werden. Landwirtschaftlich, als Wald oder für Wohnzwecke genutzte Flächen sollen nur im notwendigen Umfang für andere Nutzungsarten vorgesehen und in Anspruch genommen werden".

Das Baugesetzbuch nimmt sich damit der lange vernachlässigten und durch frühere Bauleitplanungen z. T. bedenkenlos geförderten Problematik des stark angewachsenen **Landschaftsverbrauches** und der **Landschaftszersiedelung** an. Hierbei geht es über die frühere Umwidmungsklausel des § 1 Abs. 6 S. 3 BBauG deutlich hinaus. Konkretisiert wird das Gebot sparsamer und schonender Bodennutzung unter anderem durch die Hervorhebung der Erhaltung, Erneuerung und Fortentwicklung *vorhandener* Ortsteile als Kriterium der Bauleitplanung (§ 1 Abs. 5 S. 2 Nr. 4 BauGB). In Verbindung mit dem grundsätzlichen Gebot des Freiraumschutzes bedeutet dies, daß anstelle einer Neuausweisung von Bauflächen zunächst die Möglichkeiten der innerörtlichen Entwicklung genutzt und bei der Inanspruchnahme unbebauter Flächen flächensparende Bauweisen bevorzugt werden müssen (vgl. auch § 14 Rn. 43ff.).[46]

Insoweit konvergiert der umweltrechtlich gebotene Bodenschutz mit einer Rückbesinnung auf bewährte, zeitweilig verschüttete Grundsätze der Stadt- und Siedlungsentwicklung. Eine umweltschützende Folgewirkung einer erhöhten städtebaulichen Verdichtung beschreibt die hierdurch mögliche, wenn auch nur langfristig spürbar werdende Reduzierung der vielfach umweltbelastenden Verkehrsströme als einer der unerfreulichen Begleiterscheinungen der gegenwärtigen Landschaftszersiedelung.

---

[46] Vgl. auch BT-Drs. 10/5166, S. 1.

3. Abwägungsgebot

31 Die umweltbezogenen (wie alle sonstigen) Planungsziele unterliegen freilich der Abwägung nach § 1 Abs. 6 BauGB und genießen grundsätzlich keinen per-se-Vorrang gegenüber den anderen Planungszielen,[47] z. B. gegenüber der Berücksichtigung der Belange der Wirtschaft, der Energie, der Wärme- und Wasserversorgung. Während die Grundsätze der Bauleitplanung als solche – wie stets bei unbestimmten Gesetzesbegriffen – der uneingeschränkten richterlichen Nachprüfung zugänglich sind (vgl. allgemein § 5 Rn. 40ff.), unterliegt die planerische Abwägung nur begrenzter Kontrolle durch die Gerichte. Prüfungsgegenstand ist hiernach nicht die Abwägung als solche i. S. eines positiven Abwägungsnachvollzuges oder einer vollen „Gegenabwägung" durch die Gerichte, sondern nur das Vorliegen von **Abwägungsfehlern** i. S. einer negativen, der Ermessenskontrolle nachgebildeten Fehlerprüfung. Mit dieser Kontrollbeschränkung tragen die Gerichte der spezifischen Planungsverantwortung bzw. Planungskompetenz der Verwaltung Rechnung.

32 Nach ständiger Rechtsprechung des BVerwG[48] (vgl. auch § 3 Rn. 52) ist das Abwägungsgebot verletzt,
- wenn eine (sachgerechte) Abwägung überhaupt nicht stattfindet **(Abwägungsausfall),**
- wenn in die Abwägung nicht eingestellt wird, was nach Lage der Dinge in dem konkreten Planungsfall in sie eingestellt werden muß **(Abwägungsdefizit),**
- wenn die Bedeutung der betroffenen öffentlichen und privaten Belange verkannt wird **(Abwägungsfehleinschätzung),**
- wenn der Ausgleich zwischen den gewichteten Belangen in einer Weise vorgenommen wird, die zur objektiven Gewichtigkeit außer Verhältnis steht **(Abwägungsdisproportionalität).**

33 An diesen Kriterien sind sowohl der **Abwägungsvorgang** als auch das **Abwägungsergebnis** zu messen.[49] Bei Abwägungsausfall, Unvollständigkeit des Abwägungsmaterials, Verkennung des Belanggewichts oder Abwägungsdisproportionalität ist die Planung grundsätzlich rechtsfehlerhaft. Allerdings sind Mängel im Abwägungsvorgang bauplanungsrechtlich nur **erheblich,** wenn sie offensichtlich und auf das Abwägungsergebnis von Einfluß sind (§ 214 Abs. 3 S. 2 BauGB). Eine entsprechende Beschränkung gilt für die Verletzung von Verfahrensbestimmungen. Durch eine enge, verfassungskonforme Auslegung der wortgleichen Vorgängernorm (§ 155b Abs. 2 S. 2 BBauG) hat das BVerwG die vom Gesetzgeber bezweckte Beschränkung des Rechtsschutzes in noch erträglichen Grenzen gehalten.[50] Die rechtsstaatliche Problematik der Unbeachtlichkeit zahlreicher Verfahrensfehler ist jedoch nicht zu verkennen. Überdies können gemäß § 215 BauGB die Verletzung von Verfahrens- und Formvorschriften i. S. des § 214 Abs. 1 S. 1 Nr. 1 und 2 BauGB sowie allgemein Abwägungsfehler nur noch innerhalb einer Frist von einem Jahr bzw. von sieben Jahren (Abwägungsfehler) geltend gemacht werden.

---

[47] *Hoppe* VVDStRL 38 (1980), S. 167ff., 279.

[48] BVerwGE 34, 301 (304); insbes. BVerwGE 45, 309 (315) – Flachglas; 48, 56 (63f.); 64, 33 (41).

[49] Vgl. die in BVerwGe 41, 67 (71f.) eingeführte und seither in ständiger Rechtsprechung vertretene Unterscheidung, insbes. BVerwGE 45, 309 (315); 48, 56 (64). Dazu jedoch kritisch *H.-J. Koch,* DVBl. 1983, 1125ff.

[50] BVerwGE 64, 33 zu § 155b Abs. 2 S. 2 BBauG = § 214 Abs. 3 S. 2 BauGB.

II. Planerische Umsetzung

Die Berücksichtigung des Umweltschutzes im Rahmen der Bauleitplanung erfolgt im einzelnen vor allem im Rahmen der Gebietsausweisung durch eine umweltgerechte Zuordnung verschiedener Nutzungsarten, außerdem durch umweltschutzbezogene Darstellungen bzw. Festsetzungen in Flächennutzungs- und Bebauungsplänen. 34

Darüber hinaus wird dem Bauleitplanverfahren voraussichtlich in bestimmten Fällen die Funktion einer **Umweltverträglichkeitsprüfung** (vgl. allgemein § 4 Rn. 81 ff.) zugewiesen.

Es ist freilich gesetzestechnisch wenig überzeugend, wenn § 2 Abs. 3 RegE UVPG einerseits „Beschlüsse über die Aufstellung, Änderung oder Ergänzung von Bebauungsplänen, die die Grundlage für Entscheidungen über die Zulässigkeit von Vorhaben im Sinne der Anlage zu § 3 (des Gesetzentwurfs) sein können, sowie Beschlüsse über Bebauungspläne, die Planfeststellungsbeschlüsse im Sinne der Anlage zu § 3 ersetzen", der Umweltverträglichkeitsprüfung nach § 1 RegE UVPG unterwirft, andererseits aber hierfür kein anderes Verfahren als das Bauleitplanverfahren selbst vorsieht (§ 17 RegE UVPG). Der Gesetzgeber sollte sich hier um eine weniger umständliche Regelung bemühen, wenn er nicht Kritik (zumindest) am Gesetzgebungsstil ernten will.[50a]

1. *Grundsätze räumlicher Gliederung*

a) Trennungsgebot

Eine seit jeher gebräuchliche Methode des Umweltschutzes im Rahmen der Bauleitplanung ist die Gliederung baulicher Nutzungsarten. Das vom BVerwG entwikkelte sog. Trennungsgebot[51] bezeichnet es als wesentliches Element einer geordneten städtebaulichen Entwicklung i. S. des § 1 Abs. 1 BauGB, daß Wohngebiete und umweltbelastende Industriegebiete nicht hart aneinanderstoßen, sondern räumlich angemessen voneinander getrennt sind. Dieser Planungsgrundsatz ist inzwischen, wenn auch nicht ganz deckungsgleich, durch § 50 BImSchG positiviert und verstärkt worden (s. o. § 7 Rn. 143 und 166). Die Vorstellung einer angemessenen Funktionentrennung liegt freilich schon den Gebietskategorien der **Baunutzungsverordnung** i. d. F. der Bek. vom 15. 9. 1977[52] (Kloepfer Nr. 102) zugrunde (§ 1 Abs. 1 und 2 BauNVO), die in die Bauleitplanung eingehen. Gegenüber dem städtebaulich überholten Leitbild der funktional gegliederten Stadt mit strikter Trennung von Wohn-, Arbeits- und Freizeitbereichen (Charta von Athen) wurde bei der Neufassung der Baunutzungsverordnung 1977 dieses Konzept ansatzweise zugunsten einer stärkeren Mischung baulicher Nutzungsarten modifiziert (vgl. z. B. § 5 Abs. 1 BauNVO).[53] Hierdurch sollten jedoch keine Umweltschutzbelange zurücktreten. Nach § 15 Abs. 1 S. 2 BauNVO sind bauliche und sonstige Anlagen, selbst wenn sie den allgemeinen Festsetzungen entsprechen, im Einzelfall unzulässig, wenn von ihnen Belästigungen oder Störungen ausgehen können.[54] 35

[50a] Vgl. etwa *Steinberg*, DVBl. 1988, 995 ff., 997.
[51] BVerwGE 45, 309 (327).
[52] BGBl. I S. 1763, geänd. durch VO v. 19. 12. 1986, BGBl. I S. 2665.
[53] Vgl. auch *Bielenberg/Dyong/Söfker*, Das Bundesbaurecht, 4. Aufl., 1984, S. 576, Rn. 2.
[54] Dazu näher *Stich* (FN 41), S. 208 ff.

b) Grundsatz planerischer Konfliktbewältigung

36 Das Trennungsprinzip ist letztlich eine Ausprägung des umfassenden, allerdings nicht im Sinne eines Planungsabsolutismus überzubewertenden Grundsatzes der planerischen Konfliktbewältigung (s. § 4 Rn. 14).[55] Für das BVerwG bedeutet dies: „Das Nebeneinander von Wohn- und Industriegebieten ist in seiner prinzipiellen Anfälligkeit für Konflikte kein Phänomen, das es gewerbe- bzw. immissionsschutzrechtlich zu steuern gilt, sondern ein solches, das – wo nur irgend möglich – planungsrechtlich vermieden werden sollte".[56] Der damit postulierte Vorrang der planungsrechtlichen vor der immissionsschutzrechtlichen Konfliktbewältigung (vgl. auch Rn. 52) entspricht dem Vorsorgeprinzip (s. § 3 Rn. 5ff.). Zu beachten ist jedoch, daß der Grundsatz der Konfliktvermeidung sich nicht einseitig gegen Umweltbelaster richtet, sondern auch in der – vor allem als „Schweinemästerfall"[57] berühmt gewordenen – Konstellation der **heranrückenden Wohnbebauung** (s. auch § 7 Rn. 44 sowie u. Rn. 55) verletzt wird, wobei hier zusätzlich noch der Bestandsschutzgedanke zu berücksichtigen ist.

c) Rücksichtnahmegebot

37 Umweltrechtlich eher ambivalent wirkt der dritte von der Rechtsprechung entwickelte Planungsgrundsatz, das sog. Gebot der *gegenseitigen* Rücksichtnahme.[58] Es begründet im Grenzbereich verschiedener Nutzungsarten nicht nur eine Restriktion umweltbelastender Vorhaben,[59] sondern ebenso in umgekehrter Richtung eine Abschwächung der Wohngebietsqualität.[60] Insofern limitiert die **Vorbelastung** das Trennungsprinzip. In den Worten des BVerwG muß im Bereich des Wechsels von einer Nutzungsart zur anderen jedes der beiden Gebiete eine „gewissermaßen abfallende fremde Gebietstendenz hinnehmen".[61] Letztlich ist dies ein Ausdruck der Situationsgebundenheit des Grundeigentums.[62] Außerhalb des Planungsrechts spielt das Rücksichtnahmegebot insbesondere als ungeschriebene Genehmigungsvoraussetzung[63] und bei der Begründung von Duldungspflichten im Baunachbarrecht eine Rolle.[64] Schließlich ist das Gebot der gegenseitigen Rücksichtnahme auch bei der Ausfüllung des Begriffs der schädlichen Umwelteinwirkungen i. S. des § 3 Abs. 1 BImSchG heranzuziehen.[65]

38 Abweichend von diesem spezifischen Bedeutungsgehalt wird das Gebot der Rücksichtnahme auch als allgemeiner planungsrechtlicher Oberbegriff und teilweise sogar als Synonym für das Trennungsgebot verwendet.[66] Dabei darf jedoch nicht überse-

---

[55] Vgl. dazu *Hoppe,* FS Scupin, 1983, S. 737ff., 743f., und *Weyreuther,* BauR 1975, 1ff., 5f. Kritisch *Sendler,* WiVerw. 1985, 211ff.

[56] BVerwGE 45, 309 (328) unter Hinweis auf BVerwG, Buchholz 406.11 zu § 35 BBauG Nr. 90, S. 27, 33 = DÖV 1971, 639f.

[57] Vgl. u. a. OVG Münster, OVGE 11, 250; BGH, DVBl. 1968, 23ff.; BVerwG, DVBl. 1971, 746ff. Vgl. im Schrifttum statt vieler *Bartlsperger,* DVBl. 1971, 723ff.

[58] BVerwGE 28, 268 (274); 29, 286 (288); 45, 309 (327); 50, 49 (54); 52, 122 (125ff.); kritisch *Breuer,* DVBl. 1982, 1065ff.

[59] BVerwGE 45, 309 (327); 52, 122 (125ff.).

[60] BVerwGE 50, 49 (54f.) – Tunnelofen.

[61] BVerwG, Buchholz 406.11 zu § 19 BBauG, Nr. 26.

[62] Vgl. etwa nur BVerwGE 32, 173 (178).

[63] Dazu *Breuer,* DVBl. 1982, 1065ff., 1068ff.

[64] Vgl. BVerwG, DÖV 1976, 387ff.; BVerwG, GewArch. 1976, 99ff., sowie *Weyreuther,* BauR 1975, 1ff.

[65] Vgl. *v. Holleben,* UPR 1983, 76ff., 80.

[66] Vgl. BVerwGE 45, 309 (327). Hieran anschließend die Terminologie bei *Hoppe* (FN 24), S. 746.

hen werden, daß es – wie gezeigt – auch als Korrektiv des nicht absolut geltenden, sondern „ausnahmefähigen" Trennungsprinzips wirkt.

d) Baunutzungsfestsetzungen

Der planerischen Berücksichtigung der Nachbarschaft dient insbesondere auch die **Gliederungsvorschrift** des § 1 Abs. 4 BauNVO. Danach können für alle Baugebiete mit Ausnahme der Kleinsiedlungsgebiete und reinen Wohngebiete im Bebauungsplan Festsetzungen getroffen werden, die das Baugebiet 39
1. nach der Art der zulässigen Nutzung,
2. nach der Art der Betriebe und Anlagen und deren besonderen Bedürfnissen und Eigenschaften in sich gliedern.

Derartige Festsetzungen können auch für mehrere Gewerbegebiete oder Industriegebiete einer Gemeinde im Verhältnis zueinander getroffen werden. In der Planungspraxis geläufig ist insbesondere die Einteilung von Industriegebieten in einzelne Nutzungszonen, wobei die zulässigen Nutzungen zu den schutzbedürftigen Nachbargebieten hin abgestuft (abgeschwächt) werden.[67]

2. Spezielle umweltschutzbezogene Darstellungen bzw. Festsetzungen in Flächennutzungsplänen und Bebauungsplänen

Die – spätestens mit der großen Baurechtsnovelle von 1976 erfolgte und durch das neue Baugesetzbuch verstärkte – umweltschutzbezogene Ausrichtung des Bauplanungsrechts tritt am deutlichsten in den Darstellungs- bzw. Festsetzungsmöglichkeiten der Bauleitplanung zutage. Daß in Bebauungsplänen und den ihnen im Regelfall vorausgehenden Flächennutzungsplänen neben städtebaulichen Zielen auch Umweltschutzbelange verfolgt werden können, liegt auf der Hand. So können durch Ausweisung von Grünflächen (§§ 5 Abs. 2 Nr. 5, 9 Abs. 1 Nr. 15 BauGB) „grüne Lungen" für die Luftreinhaltung, durch Ausweisung von Freiflächen (§ 9 Abs. 1 Nr. 10 BauGB) Klimaschneisen geschaffen werden. Einen mittelbaren Beitrag zum Umweltschutz leistet die Ausweisung von Flächen für Abfallentsorgung und Abwasserbeseitigung (§§ 5 Abs. 2 Nr. 4, 9 Abs. 1 Nr. 14 BauGB). Darüber hinaus sieht das Baugesetzbuch spezifisch umweltschutzbezogene Darstellungs- bzw. Festsetzungsmöglichkeiten vor, namentlich 40

- die Festsetzung von Maßnahmen und (gegenüber dem Bundesbaugesetz neu) von Flächen für Naturschutz und Landschaftspflege (§ 9 Abs. 1 Nr. 20 BauGB),
- die Festsetzung von Gebieten, in denen aus besonderen städtebaulichen Gründen oder zum Schutz vor schädlichen Umwelteinwirkungen im Sinne des Bundes-Immissionsschutzgesetzes bestimmte luftverunreinigende Stoffe nicht oder nur beschränkt verwendet werden dürfen (§ 9 Abs. 1 Nr. 23 BauGB),
- die Darstellung und Festsetzung von sog. Immissionsschutzflächen und Immissionsschutzvorkehrungen (§§ 5 Abs. 2 Nr. 6, 9 Abs. 1 Nr. 24 BauGB),
- die Festsetzung von Pflanzvorschriften (§ 9 Abs. 1 Nr. 25 BauGB)
- sowie die (im wesentlichen eine Warnfunktion erfüllende) Kennzeichnung von solchen für bauliche Nutzungen vorgesehene Flächen, deren Böden erheblich (wenn auch nicht in einem der Bebauung entgegenstehenden Maße) mit umweltgefährdenden Stoffen belastet sind (§§ 5 Abs. 3 Nr. 3, 9 Abs. 5 Nr. 3 BauGB).

---

[67] Vgl. *v. Holleben,* UPR 1983, 76ff., 77.

Mit letzterer Neuregelung will der Gesetzgeber dem Problem der **Bodenverunreinigung** auch mit den Mitteln des Planungsrechts Rechnung tragen (vgl. zur hiermit eng verbundenen Altlastenproblematik i. ü. § 12 Rn. 132ff.).[68] Außerdem bildet das Vorhandensein von Altlasten im Rahmen der Bauleitplanung einen abwägungserheblichen Belang (vor allem unter den Gesichtspunkten des § 1 Abs. 5 S. 2 Nr. 1 und 7 BauGB) und kann einer Bebauung bei hoher Bodenbelastung auch entgegenstehen oder nachträgliche Anordnungen zum Schutze der Bewohner rechtfertigen bzw. erfordern.

41 Diese planungsrechtlichen Darstellungen bzw. Festsetzungen sind nicht identisch mit den nach anderen Umweltgesetzen zulässigen Maßnahmen des gebietsbezogenen Umweltschutzes, also beispielsweise Maßnahmen der Landschaftspflege nach dem Bundesnaturschutzgesetz und den Landespflegegesetzen oder der Festsetzung von Schutzgebieten nach § 49 BImSchG (s. § 7 Rn. 167). Soweit solche Festsetzungen bereits getroffen sind, werden sie lediglich nach § 9 Abs. 6 BauGB nachrichtlich in den Bebauungsplan übernommen. Die bauplanungsrechtlichen Festsetzungen können jedoch im Einzelfall den gleichen Inhalt haben wie die nach anderen Umweltgesetzen möglichen gebietsbezogenen Anordnungen. Die partielle **Funktionsüberlagerung von Bauplanungsrecht und umweltrechtlichen Fachgesetzen** zeigt sich insbesondere bei der Darstellung und Festsetzung von Immissionsschutzflächen bzw. -vorkehrungen (§§ 5 Abs. 2 Nr. 6, 9 Abs. 1 Nr. 24 BauGB, vgl. Rn. 43), aber auch bei Festsetzungen nach § 9 Abs. 1 Nr. 23 BauGB (vgl. Rn. 44). Relevant sind die parallelen Regelungsmöglichkeiten wegen der unterschiedlichen Entscheidungsträger.

42 Die – auch schon früher mögliche – **Schutzflächenausweisung** ist durch die Kombination mit der 1977 neu geschaffenen Möglichkeit, besondere Anlagen und Vorkehrungen zum Schutz vor schädlichen Umwelteinwirkungen i. S. des Bundes-Immissionsschutzgesetzes darzustellen bzw. festzusetzen, in eine neue Dimension gerückt. Die Besonderheit der Regelung der §§ 5 Abs. 2 Nr. 6, 9 Abs. 1 Nr. 24 BauGB liegt darin, daß nicht nur *Flächen* für Schutzvorkehrungen, sondern die **Schutzvorkehrungen** *selbst* bindend festgesetzt werden können.[69] Damit wird die ursprüngliche Gestalt der Bauleitplanung als einer flächenbezogenen, lediglich schrankensetzenden Negativplanung[70] zugunsten einer anlagenbezogenen **Positivplanung** durchbrochen. Sie werden überdies durch die Planverwirklichungsgebote der §§ 175–179 BauGB bewehrt, mit denen die Regelungen der §§ 39a–39b BBauG übernommen wurden.[71] Die Ausweisung von Schutzflächen bzw. die Festsetzung von Vorkehrungen kommt insbesondere in Betracht bei Anlagen i. S. von § 4 BImSchG, Kernkraftwerken, Flughäfen und militärischen Anlagen.[72] Vorkehrungen im Sinne der §§ 5 Abs. 2 Nr. 6, 9 Abs. 1 Nr. 24 BauGB sind beispielsweise Lärmschutzeinrichtungen an Verkehrsstraßen oder bei Industriebetrieben (Lärmschutzwälle, Lärmschutzwände und Lärm-

---

[68] Vgl. BT-Drs. 10/4630, S. 68, 73. Vgl. i. ü. zur baurechtlichen Behandlung von Altlastenfällen *Baden,* ZfBR 1988, 108ff.; *Dieckmann,* StT 1987, 516ff.; *Henkel,* Altlasten als Rechtsproblem, 1987, S. 141ff. m. w. N.; *Krautzberger,* DWW 1986, 110ff.; *Lenz,* BauR 1987, 391ff. *Schink,* BauR 1987, 397ff. Zur Amtshaftung bei Bebauung kontaminierter Flächen *Schink,* DÖV 1988, 529ff.; BGH, NJW 1989, 976ff.

[69] So ausdrücklich die Gesetzesbegründung in BT-Drs. 7/2496, S. 40.

[70] Vgl. dazu *Breuer,* Bodennutzung im Konflikt zwischen Städtebau und Eigentumsgarantie, 1976, S. 364ff.; *Finkelnburg/Ortloff,* Öffentliches Baurecht, 1981, S. 118.

[71] Entfallen ist lediglich das Nutzungsgebot (§ 39c BBauG a. F.), das keine praktische Bedeutung erlangen konnte, vgl. BR-Drs. 575/85, S. 58.

[72] Vgl. *Zuck,* Das Recht des Bebauungsplans, 1978, S. 142, Rn. 372f. m. w. N.

schutzbepflanzungen).[73] Sie können sowohl auf gemeindeeigenen Flächen als auch auf Privatgrundstücken ausgewiesen werden. Im zweiten Fall sind sie u. U. (soweit sie nicht lediglich den Verursacher belasten) entschädigungspflichtig.

Die weitreichendsten Konsequenzen knüpften sich früher an die in § 9 Abs. 1 Nr. 24 BauGB an letzter Stelle genannte Möglichkeit, die „zum Schutz vor schädlichen Umwelteinwirkungen (...) oder zur Vermeidung oder Verminderung solcher Einwirkungen zu treffenden **Vorkehrungen**" festzusetzen. 43

Die Festsetzung insbesondere von Schutzvorkehrungen steht nicht im Belieben der Gemeinden: Ist eine geplante Anlage (z. B. eine Straße) mit schädlichen Umwelteinwirkungen (z. B. Geräuschimmissionen) verbunden, so hat der Plangeber *begleitend* zur Planung der Anlage gleichzeitig Schutzvorkehrungen gemäß § 9 Abs. 1 Nr. 24 BauGB festzusetzen. Wie das BVerwG[73a] dargelegt hat, steht die „eine bestimmte Nutzung ermöglichende Festsetzung, wie etwa die Festsetzung einer Verkehrsfläche, (...) in einem untrennbaren Zusammenhang mit den Festsetzungen, die gemäß § 9 Abs. 1 Nr. 24 BBauG/BauGB dem erforderlichen Schutz vor den von der Anlage ausgehenden schädlichen Umwelteinwirkungen dienen". Andernfalls läge eine fehlerhafte Abwägung vor (s. o. Rn. 31ff.). Das BVerwG billigt folgerichtig den betroffenen Nachbarn nicht nur einen Rechtsanspruch auf entsprechende Festsetzungen, sondern auch einen Anspruch auf Verwirklichung der festgesetzten Maßnahmen zu.

In § 9 Abs. 1 Nr. 24 BauGB wird die Reichweite dieser Vorschrift nunmehr durch den Zusatz beschränkt, daß es sich um bauliche und sonstige technische Vorkehrungen handeln muß. Hierunter fallen vor allem Festsetzungen über eine immissionshemmende Bauausführung (z. B. Verwendung von Doppelfenstern),[74] **nicht mehr** hingegen **Festsetzungen von Emissions- und Immissionswerten,**[75] soweit diese nicht lediglich der Bestimmung der Eigenschaften bestimmter Baustoffe dienen.

Der Gesetzgeber wollte damit verhindern, daß weiterhin solche Vorkehrungen zum Schutz vor schädlichen Umwelteinwirkungen in Bebauungsplänen festgesetzt werden, die mit mehr Sachkunde in einem Genehmigungsverfahren nach dem Bundes-Immissionsschutzgesetz getroffen werden können. Er folgt damit im wesentlichen der Rechtsprechung des BVerwG zu dieser Frage.[76]

Eine Parallele zum Immissionsschutzrecht besteht jedoch weiterhin beim **gebietsbezogenen Verwendungsverbot für luftverunreinigende Stoffe** nach § 9 Abs. 1 Nr. 23 BauGB. So kann sich ein Verbot bestimmter Heizstoffe[77] sowohl aus einer entsprechenden Festsetzung in einem Bebauungsplan als auch aus einer Rechtsverordnung der Landesregierung nach § 49 Abs. 2 S. 2 Nr. 2 BImSchG ergeben. Dabei sind die Voraussetzungen jedoch unterschiedlich und die bauplanungsrechtlichen Handlungsmöglichkeiten weitergehend: So ist insbesondere im Unterschied zu immissionsschutzrechtlichen Regelungen ein generelles, nicht zeitlich und situativ be- 44

---

[73] Vgl. hierzu und zum folgenden *Stich* (FN 41), S. 191ff. Die Kosten derartiger Anlagen können u. U. über Erschließungsbeiträge umgelegt werden, vgl. BVerwG, DVBl. 1988, 1162ff.

[73a] BVerwG, DVBl. 1988, 1167ff., 1168, zuvor BVerwG, DVBl. 1987, 1273ff.

[74] BVerwG, DVBl. 1988, 1167ff., 1168 m. w. N. Kein möglicher Gegenstand von Festsetzungen im Bebauungsplan ist demgegenüber die Regelung der Kostentragung, vgl. ebd.

[75] Zur früheren Rechtslage *v. Holleben,* UPR 1983, 76ff.

[76] BVerwGE 69, 30 (35).

[77] Dazu näher *Stich,* DÖV 1981, 645ff.

grenztes Verbot möglich. Kommunalrechtlich kommt darüber hinaus die Einführung eines Anschluß- und Benutzungszwanges an eine Zentralwärmeversorgung in Betracht (vgl. jedoch auch § 4 Rn. 133).[78]

45 Auf der Grundlage von § 9 Abs. 1 Nr. 25 BauGB können sowohl Anpflanzungen als auch die Erhaltung von Bäumen, Sträuchern und Gewässern festgeschrieben werden. Ein isolierter **„Begrünungsplan"** gilt im Zweifel als Planergänzung i. S. von § 2 Abs. 3 und 4 BauGB und widerspricht daher nicht notwendig dem § 8 Abs. 1 BauGB zu entnehmenden Grundsatz der äußeren Planeinheit (Konzentration auf einen Plan).[79] Dies gilt auch für denkbare andere thematisch begrenzte Bebauungspläne, sofern sie nur auf ein konkretes Baugebiet bezogen sind.[80] Eine ähnliche Aufgabe erfüllen landesrechtlich vorgesehene (vgl. etwa Art. 12 BayNatSchG, § 45 LG NW) und im Rahmen von § 18 BNatSchG mögliche spezielle naturschutzrechtliche Baumschutzverordnungen und -satzungen (s. § 10 Rn. 65).[81]

III. Plansurrogate

1. Vorhaben im unbeplanten Außenbereich

46 Umweltbelastende Anlagen sind häufig baurechtlich als sog. **privilegierte Vorhaben** im unbeplanten Außenbereich nach § 35 Abs. 1 Nr. 4 und 6 BauGB genehmigungsfähig.[82] Das Baugesetzbuch macht insofern eine Ausnahme von seinem Grundsatz, den Außenbereich von Bebauung freizuhalten. Zu dieser Kategorie gehören u. a. Versorgungsanlagen, ortsgebundene Betriebe und Vorhaben, die wegen ihrer nachteiligen Wirkung auf die Umgebung nur im Außenbereich ausgeführt werden sollen (§ 35 Abs. 1 Nr. 5 BauGB). Insofern ist auch diese Vorschrift als Ausdruck des Trennungsgebots zu verstehen. Erstmals ausdrücklich genannt werden in § 35 Abs. 1 Nr. 6 BauGB Vorhaben, die der Erforschung, Entwicklung oder Nutzung der Kernenergie zu friedlichen Zwecken oder der Entsorgung radioaktiver Abfälle dienen.

47 **Windenergieanlagen** für den privaten Bereich hält das BVerwG im Außenbereich nicht als privilegierte, sondern lediglich als sonstige Vorhaben i. S. des § 35 Abs. 2 BauGB für genehmigungsfähig.[83] Im Innenbereich (im beplanten wie im unbeplanten Innenbereich) richtet sich ihre Zulässigkeit nach den Umständen des Einzelfalles; insbesondere bei einer weiträumigen, aufgelockerten Bebauung können sie als untergeordnete Nebenanlagen i. S. von § 14 Abs. 1 S. 1 BauNVO genehmigt werden.[84] Ihrer Genehmigungsfähigkeit bei dichter Bebauung stehen die Auswirkungen auf die Nutzbarkeit der Nachbargrundstücke entgegen. Grundsätzlich löst das BVerwG damit aber den Konflikt zwischen Energieeinsparung und städtebaulicher Ästhetik zugunsten der Energieeinsparung und insoweit damit mittelbar zugunsten des Umweltschutzes.

---

[78] Vgl. VGH Kassel, DVBl. 1975, 913ff.; BayVGH, BayVBl. 1975, 617ff.; *Ackermann,* DVBl. 1974, 332ff.; vgl. auch *Zuck* (FN 72), S. 138 m. w. N.

[79] BVerwGE 50, 114 (117ff.).

[80] An diesem Erfordernis scheiterte der Begrünungsplan im genannten Beispiel, vgl. BVerwGE 50, 114 (120f.).

[81] Hierzu näher *Hufen/Leiß,* BayVBl. 1987, 283ff.

[82] Teilweise wird jedoch auch eine zu restriktive Anwendung bzw. Auslegung dieser Vorschrift beklagt, die industrielle Anlagen in die Kategorie der sonstigen Vorhaben abdränge, so jedenfalls *Stich,* WiVerw. 1979, 111ff., 115.

[83] BVerwG, DVBl. 1983, 886ff.

[84] BVerwG, DVBl. 1983, 886ff.

48 Auch privilegierten Vorhaben dürfen keine **öffentlichen Belange** entgegenstehen. Allerdings schlägt sich die Unterscheidung zwischen den privilegierten und nicht privilegierten sog. sonstigen Vorhaben bei der Gewichtung der öffentlichen Belange nieder. Zu den in § 35 Abs. 3 BauGB exemplarisch genannten öffentlichen Belangen zählen u. a. auch und gerade Umweltbelange:

- Hervorrufen schädlicher Umwelteinwirkungen,
- Gefährdung der Wasserwirtschaft,
- Beeinträchtigung von Belangen des Naturschutzes, der Landschaftspflege und des Denkmalschutzes,
- Beeinträchtigung der natürlichen Eigenart der Landschaft oder ihrer Aufgabe als Erholungsgebiet.

Auch wenn nach dem Wortlaut schon die Beeinträchtigung öffentlicher Belange einer Genehmigung entgegenzustehen scheint, findet zumindest bei privilegierten Vorhaben eine Abwägung zwischen den für und gegen das Vorhaben sprechenden Belangen statt.[85] Insbesondere die Regelung von § 35 Abs. 1 Nr. 5 BauGB läuft so Gefahr, besonders umweltschädigende Bauvorhaben mit der umweltpolitisch unerwünschten Landschaftszersiedelung noch zu honorieren.

49 Im Sinne des **überwirkenden Bestandsschutzes**[86] ist nicht nur eine begrenzte Nutzungsänderung, sondern auch eine bauliche Erweiterung eines zulässigerweise errichteten gewerblichen Betriebes möglich, wenn die Erweiterung im Verhältnis zum vorhandenen Gebäude und Betrieb angemessen ist (§ 35 Abs. 4 Nr. 6 BauGB).

2. *Planungsgebot für Großvorhaben*

50 Die Ausführung umweltbelastender Vorhaben im unbeplanten Außenbereich ist unbefriedigend, wenn und soweit es bei dem in Frage stehenden Vorhaben an sich einer planerischen Koordination bedarf. Nach der Rechtsprechung des BVerwG bedürfen zumindest nicht-privilegierte Vorhaben im Außenbereich von einer bestimmten Größenordnung an einer förmlichen Planung.[87] Wie sich aus § 1 Abs. 3 BauGB ergibt, schließt die grundsätzlich anerkannte gemeindliche Planungshoheit das Entstehen einer **Planungspflicht** nicht schlechthin aus.[88] Der Gesetzgeber konnte sich allerdings nicht dazu entschließen, eine allgemeine, die kommunale Planungshoheit einschränkende Planungspflicht aus Gründen des Umweltschutzes einzuführen.[89] Einer etwaigen ausnahmsweise bestehenden Planungspflicht entspricht auch kein subjektiv-rechtlicher Anspruch einzelner Bürger auf Durchführung eines Planungsverfahrens[90] (§ 2 Abs. 3 BauGB).

51 Systematisch behandelt die Rechtsprechung das Planungserfordernis als öffentlichen Belang, der einer Genehmigungserteilung nach § 35 BauGB entgegenstehen kann.[91] Im Schrifttum ist die Erforderlichkeit solcher sog. **Standort-Bebauungsplä-**

---

85 *Ernst/Hoppe* (FN 2), S. 253f., Rz. 392ff.; *Finkelnburg/Ortloff* (FN 70), S. 194.
86 Vgl. hierzu insbes. BVerwGE 50, 49 (56ff.).
87 BVerwG in st. Rspr., vgl. BVerwG, DVBl. 1969, 359ff., 360; BauR 1980, 48ff., 50. Vgl. auch schon BVerwG, Buchholz 406.11 zu § 35 BBauG Nr. 9.
88 Zum planungsbegründenden und -limitierenden Merkmal der Erforderlichkeit vgl. etwa *Pfaff,* Planungsrechtsprechung und ihre Funktionen, 1980, S. 152f. m. w. N.
89 Hierzu näher *Grooterhorst,* DVBl. 1987, 654ff., 657.
90 *Friauf* (FN 5), S. 502f. m. w. N.
91 Vgl. FN 87.

ne umstritten. Während die einen bei Einzelvorhaben kein Bedürfnis nach einer Binnenkoordination mit den Mitteln des Bauplanungsrechts erkennen,[92] warnen andere vor einer Umgehung der Bauleitplanungspflicht und Ausschaltung der Bürgerbeteiligung.[93]

Die Frage verlangt nach einer prinzipiellen Klärung. Nicht weiter gangbar scheint der bislang von der Rechtsprechung beschrittene Mittelweg einer grundsätzlichen Bejahung der Planungspflicht für Großvorhaben unter gleichzeitiger Beschränkung auf Nichtprivilegierte.[94] Die Unterscheidung zwischen privilegierten und sonstigen Vorhaben betrifft allein die Dringlichkeit ihrer Ansiedlung im Außenbereich, nicht jedoch unmittelbar das Planungsbedürfnis. Richtig dürfte allein sein, daß im Rahmen der Abwägungsentscheidung ein Planungsdefizit im Rahmen von § 35 Abs. 1 BauGB weniger zu Buche schlägt als bei einer Genehmigung nach § 35 Abs. 2 BauGB. Zweifelhaft ist ferner, ob die vom BVerwG vertretene Auffassung aufrecht erhalten werden kann, wonach Festsetzungen in Flächennutzungsplänen privilegierten Vorhaben im gesetzlich „generell beplanten" Außenbereich nicht entgegenstehen können.[95]

IV. Baurechtliche Typisierungsmethode

52 Spezifische Abstimmungsprobleme zwischen Baugenehmigung und immissionsschutzrechtlichen Vorgaben löst das BVerwG mit Hilfe der sog. Typisierungsmethode. Nach ihr soll bei der baurechtlichen Genehmigung von im übrigen auch nach dem Bundes-Immissionsschutzgesetz genehmigungsbedürftigen Anlagen – sei es bei der Neuansiedlung oder der Änderung von Anlagen in ausgewiesenen Misch- und Gewerbegebieten bzw. in vergleichbaren unbeplanten Gebieten – auf die **typischen Auswirkungen des Vorhabens** abgestellt werden, d. h. es sind die immissionsschutzrechtlichen Grenzwerte zugrunde zu legen, ohne daß es auf im Einzelfall mögliche Eindämmungsmaßnahmen ankommen soll.[96] Das BVerwG begründet dies damit, daß es gelte, baunachbarrechtliche Konflikte bereits planungsrechtlich zu vermeiden (vgl. zum Grundgedanken o. Rn. 36) und nicht erst immissionsschutzrechtlich zu steuern. Beginnende Fehlentwicklungen seien, zumal wenn gegenüber Einzelauflagen Überwachungsmöglichkeiten fehlten, nur durch die Typisierungsmethode „frühzeitig in den Griff" zu bekommen.[97]

Nachdem diese Handhabung in Teilen der Literatur wenigstens im Hinblick auf Änderungen an bereits vorhandenen Anlagen als unverhältnismäßig abgelehnt wurde,[98] bezieht das OVG Münster demgegenüber in die Prüfung der bauplanungsrechtlichen Zulässigkeit eines Vorhabens auch mögliche Maßnahmen zur Verringe-

---

[92] *Schmidt-Aßmann,* Das bebauungsrechtliche Planungserfordernis bei §§ 34, 35 BBauG, 1982, S. 69; *ders.,* et 1982, 762ff., 764; dagegen *Hoppe,* DVBl. 1982, 913ff.

[93] *Peine,* DÖV 1983, 909ff.

[94] Vgl. *Schmidt-Aßmann,* et 1982, 762ff., 763 m. w. N.; *J. Bosch.,* BauR 1978, 268ff. Für die Erstreckung des Planungserfordernisses auf privilegierte Vorhaben *Gelzer,* Bauplanungsrecht, 4. Aufl., 1984, Rn. 1180; *Dyong,* in: Ernst/Zinkahn/Bielenberg, BBauG, § 35 BBauG, Rn. 48; *Weyreuther,* BauR 1981, 1ff., 11f.; OVG Lüneburg, ZfBR 1982, 93ff.

[95] BVerwGE 28, 148 (150f.).

[96] BVerwG, DÖV 1975, 92ff., 98; DÖV 1975, 103f.; erstmals BVerwG, BRS 15 Nr. 17.

[97] BVerwG, DÖV 1975, 92ff., 98.

[98] *v. Holleben,* DÖV 1975, 599ff.

rung auftretender schädlicher Umwelteinwirkungen ein.[99] Damit wäre die Typisierungsmethode, die polemisch, aber nicht ganz zu Unrecht, als „Korrektiv für Fehlplanungen" bezeichnet wurde,[100] aufgegeben. Wegen ihrer im Einzelfall über das immissionsschutzrechtlich Gebotene hinausgehenden Wirkungen erzeugt die sog. Typisierungsmethode überdies eher Disharmonien zwischen Bauplanungsrecht und Immissionsschutzrecht statt einer wirksamen Verzahnung.

V. Rechtsschutz

1. *Gegen Bebauungspläne*

Bebauungspläne können im Wege der **Normenkontrolle** gemäß § 47 Abs. 1 Nr. 1 VwGO angegriffen werden. Den Antrag kann jede natürliche oder juristische Person, die durch die Rechtsvorschrift oder deren Anwendung einen Nachteil erlitten oder in absehbarer Zeit zu erwarten hat, sowie jede Behörde stellen (§ 47 Abs. 2 S. 1 VwGO). Da auch das Normenkontrollverfahren (vgl. § 5 Rn. 31) kein Popularverfahren ermöglichen will, muß der Antragsteller geltend machen können, in seinen rechtlich geschützten Interessen beeinträchtigt zu sein (Antragsbefugnis). Lediglich wirtschaftliche oder ideelle Nachteile (die nicht zugleich rechtlich geschützt sind) genügen nicht. Die Antragsbefugnis ist insbesondere gegeben, wenn der Antragsteller substantiiert vorträgt, schutzwürdige private Belange i. S. von § 1 Abs. 6 BauGB seien bei Aufstellung des Bebauungsplanes nicht hinreichend berücksichtigt worden.[101] Dazu gehört beispielsweise die Wohnruhe, aber auch das Erweiterungsbedürfnis eines im Planungsgebiet gelegenen Gewerbebetriebes. Die materielle gerichtliche Überprüfung ist demgegenüber umfassend, sie ist weder durch das Vorbringen des Antragstellers noch durch die Grenzen seiner Antragsbefugnis beschränkt.[102] Zur Aufhebung des Bebauungsplanes führen allerdings nur Abwägungsmängel im oben (Rn. 32) näher bezeichneten Sinn. 53

Daneben kommt die **Inzidentkontrolle** von Bebauungsplänen bei Rechtsstreitigkeiten anläßlich des Planvollzuges in Betracht, wenn beispielsweise der Nachbar eine Baugenehmigung mit der Begründung anficht, der zugrunde liegende Bebauungsplan sei unwirksam. 54

Keine Rechtsschutzmöglichkeit besteht gegenüber **Flächennutzungsplänen,** die als vorbereitende Planungen noch keine Rechtswirkungen gegenüber Dritten äußern.[103] Zu beachten ist jedoch die Sonderstellung der **Gemeinden,** die sich im Hinblick auf ihre Planungshoheit bereits gegen einen Flächennutzungsplan einer Nachbargemeinde mit der vorbeugenden Feststellungsklage wehren können.[104]

2. *Nachbarklagen*

Ein zerklüftetes Bild bietet der Rechtsschutz im Baugenehmigungsverfahren,[105] da die Rechtsprechung die Zulässigkeit der hier vor allem interessierenden Nachbarklagen je nach Rechtsgrundlage der angegriffenen Baugenehmigung unterschiedlich beantwortet. Im beplanten Bereich richtet sich ihre Zulässigkeit nach den Festsetzungen des Bebauungsplanes, dagegen kommt § 34 BauGB[106] und § 35 Abs. 2 BauGB[107] keine nachbarschützende Bedeutung zu (vgl. § 5 Rn. 18). Eine begrenzte Auffangfunktion erfüllt jedoch der von der Rechtsprechung ent- 55

---

[99] OVG Münster, NJW 1977, 643.
[100] *v. Holleben,* DÖV 1975, 599ff., 599.
[101] BVerwGE 59, 87 (99ff.). Vgl. zum ganzen auch *Kopp,* Verwaltungsgerichtsordnung, 7. Aufl., 1986, § 47, Rn. 24ff., und *Finkelnburg/Ortloff* (FN 70), S. 78f.
[102] Vgl. nur *Finkelnburg/Ortloff* (FN 70), S. 79.
[103] *Finkelnburg/Ortloff* (FN 70), S. 76f. m. w. N.
[104] BVerwGE 40, 323 (326f.) – Krabbenkamp.
[105] Vgl. zum ganzen etwa *Breuer,* DVBl. 1983, 431ff.
[106] BVerwGE 32, 173 (174ff.); differnzierend jetzt BVerwG, DVBl. 1987, 476ff.
[107] BVerwGE 28, 268 (273ff.).

wickelte Nachbarschutz aus dem Gebot der Rücksichtnahme[108] und der grundrechtliche Nachbarschutz aus Art. 2 Abs. 2 GG und Art. 14 Abs. 1 GG.[109] Ein Klagerecht billigt das BVerwG sonst lediglich den im Außenbereich privilegiert Ansässigen zu (§ 35 Abs. 1 BauGB).[110] Diese können sich mit der vorbeugenden („störungspräventiven") Nachbarklage gegen Neuansiedlungen wenden, die sie an der Ausnutzung ihres genehmigten Baubestandes hindern könnten. Hierunter fällt auch eine geplante Wohnbebauung, welche die bis dahin „latente" Störereigenschaft eines im Außenbereich ansässigen (oder sonst plankonform errichteten) Gewerbebetriebes aktualisiert (s. auch o. Rn. 36 und § 5 Rn. 15).[111] Solche Nachbarklagen dienen in erster Linie dem Bestandsschutz, mittelbar auch der Verwirklichung des Trennungsprinzips (s. o. Rn. 35). Zu beachten ist, daß das Trennungsprinzip als solches – wie auch § 50 BImSchG – nach der Rechtsprechung nicht als nachbarschützend gilt.[112]

3. Vorläufiger Rechtsschutz

56 Wegen des vorläufigen Rechtsschutzes gegen Bebauungspläne, der nur in ganz besonders gelagerten Ausnahmefällen im Wege einer einstweiligen Anordnung nach § 123 VwGO möglich ist, und wegen des üblichen vorläufigen Rechtsschutzes gegen Baugenehmigungen (nach h. M. nach § 80 VwGO, vgl. jedoch die bekannte abweichende Auffassung des VGH Kassel)[113] muß auf das verwaltungsprozessuale Schrifttum verwiesen werden.[114]

D. Städtebauförderungsrecht

57 Durch den Erlaß des Baugesetzbuches vom 8. 12. 1986 wurde auch das Städtebaurecht, das zuvor im wesentlichen im Städtebauförderungsgesetz vom 18. 8. 1976[115] geregelt war, neu gefaßt und als zweites Kapitel: „Besonderes Städtebaurecht" (§§ 136–191 BauGB) in das Baugesetzbuch integriert.

58 Mit der Zielsetzung, gesunde Lebens- und Arbeitsbedingungen für die Bevölkerung zu schaffen (§ 136 Abs. 2 S. 2 Nr. 1 BauGB), sollen **städtebauliche Mißstände** durch Sanierung beseitigt werden und Gemengelagen entflechtet werden.[116] Berücksichtigt werden u. a. Belichtung, Besonnung und Belüftung der Wohnungen und Arbeitsstätten (§ 136 Abs. 3 Nr. 1 lit. a BauGB) sowie Einwirkungen, die von Grundstücken, Betrieben, Einrichtungen und Verkehrsanlagen ausgehen, insbesondere durch Lärm, Verunreinigungen und Erschütterungen (§ 136 Abs. 3 Nr. 1 lit. f BauGB).

E. Bauordnungsrecht

Schrifttum: *Ortloff,* Ökologische Standards und Umweltverträglichkeitsprüfung nach der Berliner Bauordnung von 1985, NVwZ 1985, 698ff.; *ders.,* Die Entwicklung des Bauordnungsrechts, NVwZ 1987, 374ff., NVwZ 1988, 399ff.

---

[108] BVerwGE 52, 122 (129f.) mit Einschränkungen.
[109] BVerwGE 32, 173 (178f.); BVerwG, DÖV 1972, 825ff.; DVBl. 1973, 635f.; DVBl. 1974, 767ff.; NJW 1978, 62ff.
[110] BVerwG, DVBl. 1969, 263ff.
[111] BVerwG, DVBl. 1971, 746ff.; NJW 1978, 62ff. Vgl. dazu auch *Bartlsperger,* DVBl. 1971, 723ff., und *Friauf,* DVBl. 1971, 713ff.
[112] So BVerwG, DÖV 1974, 812ff., 814; DÖV 1982, 203.
[113] VGH Kassel, NJW 1966, 2183f.; ESVGH 22, 43 – im Unterschied zu BVerwG, NJW 1969, 202f.; vgl. zum ganzen auch *Gelzer,* NJW 1976, 1352ff., und *Papier,* VerwArch. 64 (1973), 283ff., 399ff.
[114] Speziell zum vorläufigen Rechtsschutz gegen „Gesamtplanungen" *Krieger,* NuR 1983, 257ff.
[115] BGBl. I S. 1772, zuletzt geänd. durch Ges. v. 17. 12. 1982 (BGBl. I S. 1777).
[116] *Stich* (FN 41), S. 207; sehr instruktiv zum Stellenwert des Städtebaus für den Umweltschutz der Bericht der Bundesregierung „Umwelt und Gewerbe in der Städtebaupolitik", BT-Drs. 10/5999 v. 9. 9. 1986.

Auch das materielle Bauordnungsrecht dient unter mehreren Aspekten in spezifischer Weise Umweltschutzbelangen. Eine ausdrückliche Bezugnahme auf den Umweltschutz erfolgt zwar nur selten (vgl. etwa § 111 Abs. 2 LBO BW „Schutz vor Umweltgefahren durch Luftverunreinigung"), tatsächlich wirken aber viele Anforderungen an die **räumliche Anordnung und technische Ausführung baulicher Anlagen** (auch) umweltschützend.[117] So sind bauliche Anlagen so anzuordnen, zu errichten und zu unterhalten, daß die öffentliche Sicherheit und Ordnung, insbesondere Leben oder Gesundheit, und die natürlichen Lebensgrundlagen nicht gefährdet werden (Art. 3 Abs. 1 BayBO, vgl. auch §§ 17ff. MBO). Darüber hinaus kann beispielsweise nach § 86 Abs. 4 Nr. 3 LBO Rh.-Pf. durch örtliche Vorschriften ein Verwendungsverbot für bestimmte Heizstoffe eingeführt werden. Diese Regelung überschneidet sich mit § 9 Abs. 1 Nr. 23 BauGB (s. o. Rn. 44). Auch die eher auf die Gebäudesicherheit bzw. den Schutz der Bewohner bezogenen Vorschriften über Erschütterungs-, Feuchtigkeits-, Brand-, Wärme- und Schallschutz usw. (vgl. §§ 13ff. LBO Rh.-Pf., §§ 17ff. MBO) können mittelbar umweltschützend wirken. Unmittelbar umweltschutzbezogen sind dagegen die bauordnungsrechtlichen Anforderungen an Feuerungsanlagen (vgl. § 36 LBO Rh.-Pf.) sowie an die Abwasser- und Abfallbeseitigung (vgl. §§ 38ff. LBO Rh.-Pf., §§ 58ff. MBO). 59

Zu denken ist ferner an den **Verunstaltungsschutz**[118] (vgl. z. B. § 13 LBO BW, § 5 LBO Rh.-Pf.), der auch Rücksichtnahme auf Landschaftsbild und Naturdenkmale gebietet, sowie an die, teilweise ähnlich begründete bauordnungsrechtliche Beschränkung der Außenwerbung (z. B. § 50 LBO Rh.-Pf.). Diese Vorschriften dienen zugleich dem Schutz der kulturellen Umwelt, die hier jedoch außer Betracht bleiben soll. 60

Ein Beispiel für nicht primär umweltschutzbezogene Regelungen, die jedoch dem Umweltschutz dienstbar gemacht werden können, bieten die landesrechtlichen Bestimmungen über die **baurechtliche Stellplatzpflicht** (vgl. § 39 LBO BW, Art. 56 BayBO, § 67 HBO, § 47 BauO NW, § 45 LBO Rh.-Pf.). Die verschiedentlichen Versuche, durch Ablösung der Stellplatzpflicht und Verwendung der Mittel für ein park-and-ride-System den Pendlerverkehr aus innerstädtischen Bereichen fernzuhalten und damit auch einen Beitrag zum lokalen Umwelt- und Lärmschutz zu leisten, waren lange Zeit umstritten. Das BVerwG[119] hat nunmehr im Hinblick auf eine entsprechende Praxis nach der Hamburgischen Bauordnung (§ 65 Abs. 4 HBauO) befunden, daß Bundesrecht der Erhebung eines Ausgleichsbetrages (für die Nichtbereitstellung von Stellplätzen) auch dann nicht entgegensteht, wenn der Landesgesetzgeber die Herstellung von Stellplätzen nicht in der Nähe des Grundstücks des Ablösepflichtigen, sondern am Rande der innerstädtischen Problembereiche vorsieht, und wenn er weiter dem Ablösepflichtigen kein besonderes Nutzungsrecht an den mit Ausgleichsbeträgen geschaffenen Stellplätzen einräumt. Der Angelpunkt dieser Regelung besteht darin, daß die Ablösepflicht nicht nur dann eingreift, wenn dem Bauherrn eine Naturalherstellung der vorgeschriebenen Stellplätze unmöglich ist, sondern selbst dann, wenn ihm die örtliche Bauleitplanung die Herstellung eigener Stellplätze verbietet (vgl. nur § 65 Abs. 4 S. 2 HBauO). 61

---

[117] Vgl. zur Übersicht *Kloepfer,* Systematisierung des Umweltrechts, 1978, S. 38f.
[118] Dazu näher *Finkelnburg/Ortloff* (FN 70), S. 215ff. m. w. N.
[119] BVerwG, DVBl. 1986, 185f. Dazu auch *Meßerschmidt,* DVBl. 1987, 925ff.

F. Straßenplanung

Schrifttum: *Bartlsperger,* Die Straße im Recht des Umweltschutzes, 1980; *ders.,* Leitlinien zur Regelung der gemeinschaftsrechtlichen Umweltverträglichkeitsprüfung unter Berücksichtigung der Straßenplanung, DVBl. 1987, 1ff.; *Blümel* (Hg.), Straße und Umwelt, 1979; *ders.,* Die Straßenplanung im System der Raumplanung, in: Bartlsperger/Blümel/Schroeter (Hg.), Ein Vierteljahrhundert Straßengesetzgebung, 1980, S. 309ff.; *Brohm,* Straßenplanung und Bauleitplanung, in: Bartlsperger/Blümel/Schroeter (Hg.), Ein Vierteljahrhundert Straßengesetzgebung, 1980, S. 343ff.; *Dienel,* Frühzeitige Bürgerbeteiligung bei der Planung von Verkehrsanlagen, in: Blümel (Hg.), Frühzeitige Bürgerbeteiligung bei Planungen, 1982, S. 191ff.; *Fickert,* Planfeststellung für den Straßenbau (Kommentar), 1978; *ders.,* Zur Behandlung der verkehrswegerechtlichen Planfeststellungsverfahren nach Bundes- und Landesrecht bei einer Vereinheitlichung des Verwaltungsverfahrensrechts, DVBl. 1984, 207ff.; *Fromm,* Bauleitplanung und Stadtverkehr, DÖV 1982, 297ff.; *Gehrmann,* Verkehrslenkung und Naturschutz, NuR 1980, 45ff.; *Hoppe/Schlarmann,* Rechtsschutz bei der Planung von Straßen und anderen Verkehrsanlagen, 2. Aufl., 1981; *Kennedy/Lummert,* Umweltverträglichkeitsprüfung in der Fernstraßenplanung, ZfU 1981, 455ff.; *Kuschnerus,* Die Berücksichtigung von Umweltbelangen beim Straßenbau, DÖV 1987, 409ff.; *Lübbe-Wolff,* Das Gesetz zur Verbesserung des Umweltschutzes in der Raumordnung und im Fernstraßenbau, NVwZ 1987, 390f.; *Reinhardt,* Lärmschutzmaßnahmen bei Planung und Bau von Bundesfernstraßen, NJW 1974, 1226ff.; *Salzwedel,* Umweltverträglichkeitsuntersuchungen bei Verkehrsplanungen, 1981; *Schemel,* Die Umweltverträglichkeitsprüfung (UVP) von Großprojekten, Grundlagen und Methoden sowie deren Anwendung am Beispiel der Fernstraßenplanung, 1985; *Schroeter,* Die Bedeutung des Bundesnaturschutzgesetzes für die fernstraßenrechtliche Planung, DVBl. 1979, 14ff.; *Steinberg,* Rechtsschutz gegen die Trassenentscheidung nach § 16 FStrG, NVwZ 1983, 209ff.; *Topp,* Die Umweltverträglichkeitsprüfung in der kommunalen Verkehrsplanung, ZfU 1986, 137ff.

I. Umweltrelevante Regelungen

62 Die Straßenplanung nach dem **Bundesfernstraßengesetz** (FStrG) i. d. F. vom 1. 10. 1974[120] (Kloepfer Nr. 760) und den **Landesstraßengesetzen**[121] hat nicht nur wegen der raumbeanspruchenden und nicht selten landschaftszerstörenden Trassenführung allgemein umweltrechtliche, sondern wegen des auf den Straßen stattfindenden Verkehrs auch spezifisch immissionsschutzrechtliche Relevanz.[122] Führung und Anlage von Straßen und die möglichen Schutzvorkehrungen können entscheidenden Einfluß auf die nach Straßenfertigstellung vom Straßenverkehr her wahrnehmbaren Immissionen haben (vgl. auch § 7 Rn. 134ff.). Insofern bestehen gewisse Parallelen gegenüber der Flughafenplanung (s. § 7 Rn. 158ff.). Ökologische Forderungen zielen zum einen auf eine vergleichende Umweltverträglichkeitsprüfung von Trassenvarianten und zum anderen auf einen weitgehenden Ausbau-Stop für das Straßennetz. Die

---

[120] BGBl. I S. 2413, ber. S. 2908, zuletzt geänd. durch Ges. v. 19. 12. 1986, BGBl. I S. 2669.

[121] Straßengesetz für Baden-Württemberg i. d. F. der Bek. v. 26. 9. 1987 (GVBl. S. 478); Bayerisches Straßen- und Wegegesetz i. d. F. der Bek. v. 5. 10. 1981 (GVBl. S. 448, ber. GVBl. 1982 S. 149), zuletzt geänd. durch Ges. v. 16. 7. 1986 (GVBl. S. 135); Berliner Straßengesetz v. 28. 2. 1985 (GVBl. S. 518), zuletzt geänd. durch Ges. v. 27. 2. 1986 (GVBl. S. 411); Bremisches Landesstraßengesetz v. 20. 12. 1976 (GBl. S. 341), zuletzt geänd. durch Ges. v. 7. 3. 1983 (GBl. S. 53); Hamburgisches Wegegesetz i. d. F. der Bek. v. 22. 1. 1974 (GVBl. S. 41, ber. S. 83), zuletzt geänd. durch Ges. v. 5. 6. 1984 (GVBl. S. 104); Hessisches Straßengesetz v. 9. 10. 1962 (GVBl. I S. 437), zuletzt geänd. durch Ges. v. 31. 1. 1978 (GVBl. S. 106); Niedersächsisches Straßengesetz i. d. F. der Bek. v. 24. 9. 1980 (GVBl. S. 359), zuletzt geänd. durch Ges. v. 5. 12. 1983 (GVBl. S. 281); Straßen- und Wegegesetz des Landes Nordrhein-Westfalen i. d. F. der Bek. v. 1. 8. 1983 (GV NW S. 306); Landesstraßengesetz für Rheinland-Pfalz i. d. F. der Bek. v. 1. 8. 1977 (GVBl. S. 273), zuletzt geänd. durch Ges. v. 27. 10. 1986 (GVBl. S. 277); Saarländisches Straßengesetz i. d. F. der Bek. v. 15. 10. 1977 (ABl. S. 969); Straßen- und Wegegesetz des Landes Schleswig-Holstein i. d. F. der Bek. v. 30. 1. 1979 (GVBl. S. 163).

[122] Vgl. zum folgenden auch *Kloepfer* (FN 117), S. 26f.

Fortschreibung der Verkehrswegepläne ist zum Gegenstand von Kontroversen, aber auch von politischen Kompromissen geworden.[123]

1. Berücksichtigungsgebote

Die Umweltauswirkungen sind auf allen Stufen der Straßenplanung, d. h. sowohl im Rahmen der **gesetzlichen Ausbauplanung** als auch bei der **Linienführung** nach § 16 FStrG (entsprechend z. B. § 4 LStrG Rh.-Pf.) – Trassenentscheidung – und der **Planfeststellung** (§ 17 FStrG, vgl. auch z. B. § 5 LStrG Rh.-Pf.) zu berücksichtigen, auch wenn Umweltschutz nicht eigentliches Ziel der Straßenplanung ist. Deren generelles Planungsziel ist vielmehr die Sicherheit und Leistungsfähigkeit des Verkehrs (vgl. §§ 1 Abs. 1, 3 Abs. 1, 4 FStrG) und damit letztlich auch die Förderung der regionalen Wirtschaftsstruktur (vgl. auch § 1 Abs. 1 Nr. 2b des Gesetzes über die Gemeinschaftsaufgabe „Verbesserung der regionalen Wirtschaftsstruktur" vom 6. 10. 1969[124] [Kloepfer Nr. 123]). Der Umweltschutz ist jedoch ein abwägungserheblicher Belang i. S. von § 17 Abs. 1 FStrG.[125] Ausdrücklich werden Umweltschutzbelange (Wasserwirtschaft, Bodennutzung, Landespflege) z. B. in § 4 Abs. 1 S. 1 LStrG Rh.-Pf. genannt. 63

In bezug auf das Spannungsverhältnis Verkehrsführung – Naturschutz bestimmen die **Landesnaturschutzgesetze** zum Teil ausdrücklich, daß bei Verkehrswegen die Belange des Naturschutzes und der Landschaftspflege zu berücksichtigen sind (§ 2 Nr. 15 NatSchG BW, § 2 Nr. 14 BremNatSchG). Dies gilt indes auch in den übrigen Bundesländern, die keine entsprechende Bestimmung in den Grundsatzkatalog ihrer Naturschutzgesetze aufgenommen haben, da Natur- und Landschaftsschutz grundsätzlich zu berücksichtigen sind. Entsprechende „Hinweise zur Berücksichtigung des Naturschutzes und der Landschaftspflege beim Bundesfernstraßenbau" erteilt der Bundesminister für Verkehr in dem – in regelmäßigen Abständen aktualisierten – Allgemeinen Rundschreiben Straßenbau[126] (Kloepfer Nr. 150/10). 64

Bereits in dem ersten Rundschreiben vom 18. 6. 1976 heißt es hierzu: „Neben der Untersuchung der Auswirkungen eines Straßenprojektes auf die verschiedenen Schutzgebiete kommt heute auch einer Prüfung der erkennbaren ökologischen Auswirkungen erhöhte Bedeutung zu. Es müssen daher Fragen wie die Zerstörung wertvoller Biotope, Überbeanspruchung von Ökosystemen und Gefährdung seltener Arten behandelt werden, soweit dies im Planungsstadium bereits möglich ist."

Auch im Recht der Straßenplanung, die in der Öffentlichkeit als der typische Gegenspieler des Umweltschutzes erscheint,[127] sind folglich Umweltschutzkriterien, wenngleich nur als **Korrektiv** von Entscheidungen zur Verkehrsführung, inkorporiert. 65

Bei der Planungsentscheidung ist im übrigen der für alle raumbedeutsamen Planungen geltende **immissionsschutzrechtliche Grundsatz** des § 50 BImSchG (s. § 7 Rn.

---

[123] Zu denken ist etwa an das in Hessen zu Zeiten der „rot-grünen" Koalition vereinbarte teilweise Ausbau-Moratorium. Vgl. allgemein auch *Gehrmann*, NuR 1980, 45ff.

[124] BGBl. I S. 1861, zuletzt geänd. durch Ges. v. 23. 12. 1971, BGBl. I S. 2140.

[125] BVerwGE 48, 56 (61ff.) – „B 42".

[126] Vgl. zuletzt Allgemeines Rundschreiben Straßenbau Nr. 5/1987 v. 23. 2. 1987 (VkBl. S. 217); zuvor etwa Rundschreiben v. 18. 6. 1976 (VkBl. S. 634).

[127] *Schmidt-Aßmann* (FN 5), S. 145.

143 und 166) zu berücksichtigen, wonach Nutzungen einander so zuzuordnen sind, daß schädliche Umwelteinwirkungen auf die ausschließlich oder überwiegend dem Wohnen dienenden Gebiete sowie auf sonstige schutzbedürftige Gebiete soweit wie möglich vermieden werden. Darüber hinaus ist nach § 41 BImSchG beim Bau öffentlicher Straßen und Schienenwege sicherzustellen, daß durch diese keine schädlichen Umwelteinwirkungen durch Verkehrsgeräusche hervorgerufen werden können, die nach dem Stand der Technik vermeidbar sind. Dieser Grundsatz kann durch Rechtsverordnungen der Bundesregierung gemäß § 43 BImSchG konkretisiert werden und dies sollte nun auch endlich geschehen.

2. Schutzvorkehrungen

66 Soweit Belastungen für Umwelt und Nachbarschaft sich nicht bereits durch die Trassenführung vermeiden lassen (in einem dicht besiedelten Land, erst recht in Ballungsräumen, ist dies nur bedingt möglich), sehen das Bundesfernstraßengesetz und das Bundes-Immissionsschutzgesetz Schutzvorkehrungen vor (vgl. dazu auch § 7 Rn. 144ff.).

67 Besondere umwelt- und nachbarschützende Bedeutung haben die **Auflagen** nach § 17 Abs. 4 FStrG bzw. nach den entsprechenden landesrechtlichen Vorschriften (vgl. z.B. § 39 Abs. 3 LStrG BW), die dem Träger der Straßenbaulast im Rahmen des Planfeststellungsbeschlusses aufzuerlegen sind, soweit dies für das öffentliche Wohl oder zur Sicherung der Benutzung der benachbarten Grundstücke gegen Gefahren, erhebliche Nachteile oder erhebliche Belästigungen notwendig ist. Die Auflagen können sich beispielsweise auf die Einrichtung von Lärmschutzanlagen beziehen.[128] Eine entsprechende Schutzpflicht ergibt sich aus § 41 BImSchG (vgl. § 7 Rn. 144ff.). Das Verhältnis beider Vorschriften zueinander ist noch ungeklärt. Von einer verdrängenden Spezialität kann nach § 17 Abs. 4 S. 3 FStrG schwerlich ausgegangen werden. Nach wohl h. M. gibt § 41 BImSchG den Betroffenen indes auch keine weitergehenden Ansprüche als § 17 Abs. 4 FStrG.[129] Zwar sieht § 41 Abs. 1 BImSchG Lärmschutz „nach dem Stand der Technik" vor, Abs. 2 der Vorschrift macht hiervon aber eine Ausnahme, wenn die Kosten der Schutzmaßnahme außer Verhältnis zu dem angestrebten Schutzzweck stehen würden. In diesem Fall gibt § 41 BImSchG einen Entschädigungsanspruch. Auch insofern entspricht die Regelung des Bundes-Immissionsschutzgesetzes derjenigen des Bundesfernstraßengesetzes (§ 17 Abs. 4 S. 2 FStrG).[130]

68 Unter welchen Voraussetzungen im einzelnen **Lärmschutzauflagen** als erforderlich gelten, wurde bereits im Kapitel „Immissionsschutzrecht" dargestellt (s. § 7 Rn. 144ff.). Schutzanlagen können ausnahmsweise auch nachträglich verlangt werden, wenn die nachteiligen Wirkungen des Vorhabens nicht vorhersehbar waren oder erst nach Unanfechtbarkeit des Planfeststellungsbeschlusses auftreten (§ 17 Abs. 6 FStrG).

Die weiteren Möglichkeiten, über **wegerechtliche Widmungsbeschränkungen** und straßenverkehrsrechtliche Regelungen Umweltschutzbelange durchzusetzen, wurden ebenfalls bereits

---

128 *Hoppe/Schlarmann,* Rechtsschutz bei der Planung von Straßen und anderen Verkehrsanlagen, 2. Aufl., 1981, S. 118.

129 *Hoppe/Schlarmann* (FN 128), S. 120 m. w. N.; vgl. zuvor jedoch auch *Reinhardt,* NJW 1974, 1226ff., und OVG Saarlouis, NJW 1981, 1464f.

130 Zu den unterhalb der Enteignungsschwelle liegenden Voraussetzungen des Entschädigungsanspruchs nach § 17 Abs. 4 S. 2 FStrG BVerwGE 57, 297.

im Kapitel „Immissionsschutzrecht" unter dem Aspekt des Lärmschutzes dargestellt (s. § 7 Rn. 141); sie können aber beispielsweise auch den Zielen des Landschaftsschutzes dienen (neben den spezifisch naturschutzrechtlichen Benutzungsbeschränkungen).[131]

II. Rechtsschutz

69 Von den verschiedenen Stufen der Straßenplanung[132] – bei der Fernstraßenplanung: 1. gesetzliche Ausbauplanung, 2. Linienführung (§ 16 FStrG), 3. Planfeststellung (§ 17 FStrG) – ist nur die letzte, die außenwirksame Planfeststellung im Rechtsweg angreifbar (**Anfechtungsklage**).[133] Auch wenn bei der Linienbestimmung[134] wichtige Vorentscheidungen fallen, reicht es aus, daß diese über den Planfeststellungsbeschluß angegriffen werden können. Insofern ist die Rechtslage der – ebenfalls gestuften – Bauleitplanung vergleichbar (s. o. Rn. 27ff.). Hingegen sollen *Gemeinden* gegen die Linienbestimmung klagen dürfen, insbesondere wenn sie nicht nach § 16 Abs. 2 FStrG angemessen beteiligt wurden, da die Trassenentscheidung ihnen gegenüber Bindungswirkung erzeugt (vgl. § 16 Abs. 3 S. 3 FStrG).[135]

70 Ein Sonderproblem für den Rechtsschutz ergibt sich aus der – üblichen – **abschnittsweisen Planfeststellung.** Ein effektiver Rechtsschutz wäre hier kaum möglich, wenn potentiell Planbetroffene sich jeweils nur gegen den „ihren" Streckenabschnitt betreffenden Planfeststellungsbeschluß wenden dürften. Nach einem Urteil des BVerwG können sie daher auch einen anderen Planfeststellungsbeschluß mit der Begründung anfechten, die in dem früheren Abschnitt rechtswidrig geschaffenen Planungsbindungen müßten im weiteren Planungsverlauf zwangsläufig zu einer Verletzung ihrer Rechte führen.[136] Sie können sich dabei auch gegen eine sachwidrige Abschnittsbildung wenden.

71 Abweichend von der Rechtskontrolle anderer Raumplanungen beschränkt das BVerwG jedoch den **Prüfungsumfang** bei Drittklagen nach Maßgabe der Klagebefugnis: „Der durch eine fernstraßenrechtliche Planung Betroffene kann unter Berufung auf eine Verletzung des Abwägungsgebots eine gerichtliche Planprüfung im Hinblick auf die nachteilige Berührung gerade seiner eigenen Belange, nicht jedoch eine schlechthin umfassende Planprüfung erreichen."[137] Die demgegenüber umfassende Planungskontrolle bei Bebauungsplänen ergibt sich aus dem Charakter der Normenkontrolle nach § 47 VwGO als einem objektiven Normenbeanstandungsverfahren.[138] Insofern entscheidet also die Rechtsform der Planung über den Umfang der Planungskontrolle.

---

[131] Vgl. *Gehrmann,* NuR 1980, 45ff., 49.
[132] Zum vornehmlich kompetenzrechtlichen Hintergrund der Stufung im Bundesfernstraßengesetz vgl. BVerwGE 62, 342.
[133] BVerwGE 62, 342 (247ff.).
[134] Siehe dazu *Steinberg,* NVwZ 1983, 209ff.
[135] So die wohl überwiegende Schrifttumsmeinung, vgl. *Blümel* und *Brohm,* in: Bartlsperger/Blümel/Schroeter (Hg.), Ein Vierteljahrhundert Straßengesetzgebung, 1980, S. 309ff., 323ff., 343ff., 353ff.; *Hoppe/Schlarmann* (FN 128), S. 35f.; *Steinberg,* NVwZ 1983, 209ff., 211, unter Berufung auf die Entscheidung des BVerwG zur Klagebefugnis von Gemeinden gegen die vergleichbare Genehmigung nach § 6 LuftVG (BVerwGE 56, 110).
[136] BVerwG, NJW 1981, 2592ff., 2595.
[137] BVerwGE 48, 56 (66). Im Ergebnis anders jedoch wohl BVerwGE 71, 166 (168); 72, 282 (283), wo aus der „enteignungsgleichen Vorwirkung" eines Planfeststellungsbeschlusses (vgl. dazu auch BVerfGE 56, 249) eine umfassende Planrechtfertigung durch Gemeinwohlbelange gefordert wird.
[138] *Finkelnburg/Ortloff* (FN 70), S. 79.

§ 10 Naturschutz- und Landschaftspflegerecht

Schrifttum: *Bartholomäi,* Baumschutzsatzungen und Baumschutzverordnungen – eine Zwischenbilanz, UPR 1988, 241 ff.; *Bartlsperger,* Das Grundrecht auf Naturgenuß in naturschutzrechtlichen Bezügen, in: Festschrift für Klaus Obermayer zum 70. Geb., 1986, S. 3 ff.; *Benkert/Zimmermann,* Abgabenlösungen in der Naturschutzpolitik, NuR 1979, 96 ff.; *Bernatzky/Böhm,* Bundesnaturschutzrecht (Kommentar), 1977 ff.; *Bertenbreiter,* Naturschutz und Naturschutzrecht bei der fachplanerischen Beurteilung von Vorhaben, Diss. jur. München 1982; *Bettermann,* Rechtsfragen des Tierschutzes, 1981; *ders.,* Über naturschutzrechtliche Ausgleichsabgaben, in: Forschungsstelle für Umwelt- und Technikrecht (Hg.), Jb. des Umwelt- und Technikrechts 1987 (UTR 3), 1987, S. 113 ff.; *Bickel,* Hessisches Naturschutzgesetz (Kommentar), 1981; *Blümel/Ronellenfitsch,* Die Planfeststellung in der Flurbereinigung, 1975; *Bock/Rüster,* Die illegale Einfuhr von der Ausrottung bedrohter Tier- und Pflanzenarten in die Bundesrepublik Deutschland unter Verstoß gegen das Washingtoner Artenschutzübereinkommen, DVBl. 1981, 965 ff.; *Böhme/Fellmer/Kornhardt/Kronenberg,* Die Eingriffsregelung des Bundesnaturschutzgesetzes, 1986; *Book,* Bodenschutz im geltenden Recht von Bund und Ländern, Informationen zur Raumentwicklung 1985, 55 ff.; *Borchmann,* Naturschutz, Landschaftspflege und Verbandsklage, NuR 1981, 121 ff.; *Bosselmann,* Die Natur im Umweltrecht, NuR 1987, 1 ff.; *Brandes,* Donauausbau als Eingriff in Natur und Landschaft, NuL 1984, 227 ff.; *Breuer,* Die Bedeutung des § 8 BNatSchG für Planfeststellungen und qualifizierte Genehmigungen nach anderen Fachgesetzen, NuR 1980, 89 ff.; *ders.,* Umweltschutz und Landwirtschaft – Grundwasser und Wasserhaushalt, AgrarR 1985, Beilage II, 2 ff.; *Bülow,* Rechtsfragen flächen- und bodenbezogenen Denkmalschutzes, 1986; *Bundesminister für Raumordnung, Bauwesen und Städtebau,* Landschaftspläne und Grünordnungspläne im Rahmen der Bauleitplanung, 1973; *Buchwald,* Landschaftsplanung als ökologisch-gestalterische Planung, in: ders./Engelhardt (Hg.), Handbuch für Planung und Gestaltung der Umwelt, 1980, S. 26 ff.; *J. H. Burmeister,* Der Schutz von Natur und Landschaft vor Zerstörung, 1988; *Carlsen,* Die Umweltverträglichkeitsprüfung (UVP) in Naturschutz und Landschaftspflege, NuR 1984, 48 ff.; *ders.,* Anmerkungen zum Landschaftsplan, NuR 1985, 226 ff.; *Czybulka,* Eigentum an Natur, NuR 1988, 214 ff.; *Dageförde,* Zum Abwehrrecht gegen rechtswidrige Veränderungen der Erholungslandschaft, BayVBl. 1979, 490 f.; *ders.,* Zum Nachbarschutz bei Eingriffen in Erholungsgebiete, NuR 1980, 150 ff.; *Degenkolbe/Röhmer,* Rechtsfragen der Landschaftsplanung, 1985; *Deixler,* Erfordernisse des Naturschutzes und der Landschaftspflege in der Flurbereinigung nach Maßgabe des Naturschutzrechts, NuL 1984, 3 ff.; *ders.,* Besonderheiten des integrierten Landschaftsplanes nach Art. 3 BayNatSchG und Bundesrecht (BNatSchG, BBauG), NuR 1985, 228 ff.; *Deselaers,* Rechtsunsicherheit im Bereich der landwirtschaftlichen Düngung – eine Fehleinschätzung?, AgrarR 1984, 311 f.; *ders.,* Nutzungsbeschränkungen in Natur-, Landschafts- und Wasserschutzgebieten, AgrarR 1986, 97 ff.; *Deutsche Gesellschaft für Ernähurng* (Hg.), Umweltschutz und Landwirtschaft – Grundwasser und Wasserhaushalt, AgrarR 1985, Beilage II; *Deutscher Rat für Landespflege* (Hg.), Analyse und Fortentwicklung des neuen Naturschutzrechts in der Bundesrepublik Deutschland, 1981; *ders.,* Landschaftsplanung, 1984; *Dolde,* Naturschutz und Planung, StT 1981, 466 ff.; *Ebersbach,* Rechtliche Aspekte des Landverbrauchs am ökologisch falschen Platz, 1985; *ders.,* Die Privilegierung der land- und forstwirtschaftlichen Bodennutzung im Naturschutzrecht, AgrarR 1981, Beilage II, 26 ff.; *Ebert,* Naturschutzrecht (Textausgabe mit Einf.), 2. Aufl., 1983; *Eckardt,* Naturschutzausgleichsabgabe für Bundesfernstraßen, NuR 1979, 133 ff.; *ders.,* Flugplätze im Naturschutzgebiet?, NuR 1981, 87 ff.; *Emonds,* Der internationale Artenschutz und seine Bedeutung für die Bundesrepublik Deutschland, NuR 1979, 52 ff.; *ders.,* Gemeinsame Durchführung des Washingtoner Artenschutzübereinkommens in der EG, NuR 1983, 138 ff.; *ders.,* Gesetz zur Durchführung der EG-Verordnung zum Washingtoner Artenschutzübereinkommen, NuR 1984, 93 ff.; *ders.,* Das neue Artenschutzrecht am Beispiel des Greifvogelschutzes, NuR 1987, 112 ff.; *Engelhardt/Brenner,* Naturschutzrecht in Bayern (Kommentar), 1973 ff.; *Erbel,* Rechtsschutz für Tiere, DVBl. 1986, 1235 ff.; *Erbguth,* Das rechtssystematische Verhältnis von überörtlicher Landschaftsplanung und Landesplanung, UPR 1983, 137 ff.; *ders.,* Rechtsfragen des Bodenschutzes, UPR 1984, 241 ff.; *ders.,* Weiterentwicklungsbedarf im Bodenschutzrecht?, NuR 1986, 137 ff.; *Erz,* Die neue Rechtsentwicklung im Naturschutz und Probleme der Landschaftsplanung, 1976; *Fickert,* Der Verkehrswegebau im Lichte des neuen Naturschutz- und Landschaftspflegerechts, BayVBl. 1978, 681 ff.; *Fischer/Nick,* Rechtsfragen zum Umweltschutz in der Landwirtschaft, 1984; *Fischer-Hüftle,* Die Landwirtschaftsklauseln im Bundesnaturschutzgesetz, NuR 1981, 21 ff.; *ders.,* Zur Auslegung des § 8 Abs. 7 BNatSchG und des neu gefaßten Art. 6 BayNatSchG, NuR 1983, 110 ff.; *ders.,* Biotopschutz, Eingriffstatbestand und Landwirtschaftsklauseln, NuR 1986, 242 ff.; *Fischermeier,* Die Inschutznahme im Denkmal- und Naturschutzrecht und ihre Bedeutung für das Verwaltungssachenrecht, Diss. jur. Erlangen/Nürnberg 1986; *Friedlein/Weidinger/Graß,* Bayerisches Naturschutzgesetz (Kommentar), 2. Aufl., 1983; *Gaentzsch,* Die naturschutzrechtliche Eingriffsregelung, NuR 1986, 89 ff.; *Gassner,* Naturschutz und Gefahrenabwehr, NuR 1981, 6 ff.; *ders.,* Eingriffe in Natur und Landschaft – ihre Regelung und ihr Ausgleich nach § 8 BNatSchG, NuR 1984, 81 ff.; *ders.,* Systematische Aspekte der naturschutzrechtlichen Ausgleichsabgabe, NuR 1985,

180ff.; *ders.*, Naturschutzrechtliche Gestaltungsaufträge an die Gemeinde, NuR 1986, 190ff.; *ders.*, Ethische Aspekte des Tier- und Naturschutzrechts, NuR 1987, 97ff.; *Gebhard*, Polizeipflichtigkeit der Hoheitsträger. Erläutert an Beispielen aus dem Naturschutzrecht, DÖV 1986, 545ff.; *Gerschlauer*, Landschaftsplanung der Gemeinde und Bauleitplanung, DVBl. 1979, 601ff.; *Hagedorn*, Sind Dünge- und Spritzmittelverordnungen, die Aufwandsmengen zu Lasten der Landwirtschaft begrenzen, mit Art. 12 GG vereinbar?, AgrarR 1984, 306ff.; *Hammer*, Die Rechtsstellung gezüchteter Wildtiere, DÖV 1986, 101ff.; *Hartmann*, Nochmals: Flugplätze im Landschaftsschutzgebiet?, NuR 1981, 191ff.; *ders.*, Naturschutz und Landwirtschaft, NuR 1983, 53ff.; *Heiderich*, Die Ausgleichsabgabe im System der Eingriffsregelung des Naturschutzgesetzes von Baden-Württemberg, NuR 1979, 19ff.; *ders.*, Die Ausgleichsabgabe im System der Eingriffsregelung der Naturschutzgesetze unter besonderer Berücksichtigung der Regelung in Baden-Württemberg, in: Deutscher Rat für Landespflege (Hg.), Analyse und Fortentwicklung des neuen Naturschutzrechts in der Bundesrepublik Deutschland, 1981, S. 506ff.; *Hendler*, Das rechtliche Verhältnis von überörtlicher Landschaftsplanung und Raumordnungsplanung, NuR 1981, 41ff.; *Henneke*, Beschränkungen ordnungsgemäßer Landwirtschaft im Landschaftsschutzgebiet, NuR 1984, 263ff.; *ders.*, Landwirtschaft und Naturschutz, 1986; *Hönes*, Historische Park- und Gartenanlagen zwischen Natur- und Denkmalschutz, DÖV 1980, 708ff.; *Hötzel*, Landwirtschaft zwischen Umweltpolitik und Agrarumweltrecht, AgrarR 1985, 337ff.; *ders.*, Umweltvorschriften für die Landwirtschaft, 1986; *K. Hofmann*, Zum Ermessen bei der Festsetzung von Schutzgebieten, NuR 1980, 65ff.; *Hoppe*, Errichtung und Sicherung schutzwürdiger Teile von Natur und Landschaft mit gesamtstaatlich repräsentativer Bedeutung, NuR 1986, 6ff.; *ders.*, Nationalpark-Verordnung „Niedersächsisches Wattenmeer“ und bergbauliche Berechtigungen, 1987; *ders.*, Die Einschränkung bergbaulicher Berechtigungen durch eine Nationalparkverordnung – am Beispiel des niedersächsischen Wattenmeeres, DVBl. 1987, 757ff.; *ders./Schlarmann*, Die Landschaftsplanung in Nordrhein-Westfalen, NuR 1981, 17ff.; *Hosch*, Naturschutzrecht für die achtziger Jahre, UPR 1983, 142ff.; *Huebler*, Bodenschutz – eine neue Aufgabe der öffentlichen Verwaltung, DÖV 1985, 505ff.; *Hufen/Leiß*, Ausgewählte Probleme beim Erlaß von Baumschutzverordnungen, BayVBl. 1987, 289ff.; *H.P. Ipsen*, Panzer im Naturschutzpark, 1975; *Kimminich*, Die Rechtsprechung zur enteignenden Wirkung natur- und landschaftsschützender Maßnahmen, NuR 1979, 45ff.; *Kloepfer*, Tierversuchsbeschränkungen und Verfassungsrecht, JZ 1986, 205ff.; *ders.*, Gemeinwohlanforderungen an die Landwirtschaft als Verfassungsproblem, AgrarR 1986, Beilage I, 3ff.; *Klose/Orf*, Forstrecht, 1982; *Knauber*, Gemeinwohlbelange des Naturschutzes und Gemeinwohlgebrauch der Landschaft durch Sport, NuR 1985, 308ff.; *ders.*, Die Auswirkung der Schaffung eines Biotopverbundsystems auf die moderne Landwirtschaft, UPR 1986, 9ff.; *Kobylinski*, Das Umweltrecht in der landwirtschaftlichen Bodennutzung, 1986; *König*, Pflege- und Duldungspflichten im neuen Landschaftspflegerecht zur Regelung des Brachlandproblems, Diss. jur. Göttingen 1978; *Kolodziejcok/Recken*, Naturschutz, Landschaftspflege und einschlägige Regelungen des Jagd- und Forstrechts (Kommentar), 1977ff.; *Kowallik*, Bewertung von Ausgleichs- oder Ersatzmaßnahmen in landschaftspflegerischen Begleitplänen, DVBl. 1986, 225f.; *Kucharzewski/Kleinschmidt*, Erfolgskontrolle der Naturschutzverbandsbeteiligung in NRW, NuL 1987, 161f.; *Künkele/Heiderich*, Naturschutzgesetz für Baden-Württemberg (Kommentar), 2. Aufl., 1984ff.; *Kunz*, Naturschutz und Landschaftspflege als eigene Aufgaben der Deutschen Bundesbahn, vr 1985, 337ff.; *ders.*, Schutz, Pflege und Erhaltung des Baumbestandes durch Baumschutzregelungen, DÖV 1987, 16ff.; *Kuschnerus*, Der landschaftspflegerische Begleitplan nach § 8 Abs. 4 Bundesnaturschutzgesetz, DVBl. 1986, 75ff.; *Lang*, Naturschutzrecht und Bundeswehr, NuR 1981, 158ff.; *ders.*, Erlaubnis und Befreiung in naturschutzrechtlichen Schutzverordnungen, NuR 1984, 189f.; *ders.*, Welchen Anforderungen muß ein Nationalpark in der Bundesrepublik Deutschland genügen?, NuR 1984, 14ff.; *v. Lersner*, Das dritte Medium, NuR 1982, 201ff.; *Linke*, Abgrabungsgesetz Nordrhein-Westfalen (Kommentar), 1982; *Lorz*, Pflanzen und Recht, RdL 1981, 141ff., 169ff.; *ders.*, Fischerei und Naturschutz – eine rechtliche Betrachtung, NuR 1982, 4ff.; *ders.*, Naturschutzrecht (Kommentar), 1985; *ders.*, Das Recht der Massentierhaltung, NuR 1986, 237ff.; *Lüthge*, Die Verbandsklage im Bremischen Naturschutzgesetz, NJW 1980, 1037f.; *Malekki/Olschowy*, Bestimmungen über Eingriffe in Natur und Landschaft in Rheinland-Pfalz, NuL 1981, 274ff.; *Meßerschmidt*, Sonderabgaben und Bundesverwaltungsgericht. Zur Rechtsnatur des Ausgleichsbetrages zur Ablösung der Stellplatzpflicht nach der Hamburgischen Bauordnung sowie der Ausgleichsabgabe nach dem Baden-Württembergischen Naturschutzgesetz, DVBl. 1987, 925ff.; *Möller/Ruwenstroth*, Berücksichtigung ökologischer Belange in Flurbereinigungsverfahren, 1984; *v. Mutius*, Verbandsklage im Natur- und Landschaftsschutzrecht, AgrarR 1982, Beilage I, 10ff.; *ders.*, Umweltschutz und Landwirtschaft – Grundwasser und Wasserhaushalt, AgrarR 1985, Beilage II, 11ff.; *ders./Henneke*, Die Landwirtschaftsklausel im Naturschutzrecht, BayVBl. 1983, 545ff., 582ff.; *Nies*, Zur Frage der entschädigungsfähigen Rechtsposition bei der Ausweisung von ökologischen Vorrangflächen, AgrarR 1986, 93ff.; *Nowak*, Internationales Übereinkommen zum Schutze wandernder Tierarten, NuL 1985, 66ff.; *Olschowy* (Hg.), Natur- und Umweltschutz in der Bundesrepublik Deutschland, 1978; *Otto*, Rechtliche Probleme bei der Anwendung von Baumschutzregelungen, NVwZ 1986, 900ff.; *Paetow*, Naturschutzrecht und Eigentumsgarantie, VBlBW 1985, 3ff.; *ders.*, Die gerichtliche Überprüfbarkeit der Entscheidung über die Zulassung von Eingriffen in Natur und Landschaft, NuR 1986, 144ff.; *Parodi*, Eigentumsbindung und Enteignung im Natur- und Denkmalschutz, 1984; *Penzkofer*, Der Bayerische Naturschutzfonds, BayVBl. 1985, 713ff.; *Pestemer*, Verhalten und Verbleib von Pflanzenschutzmitteln im Boden, in: Loccumer Protokolle 2/84, S. 227ff.; *Pielow*, Verursacherhaftung nach dem Bundesnaturschutzgesetz, NuR 1979, 15ff.; *ders.*, Das Reiten in Wald und Flur nach Bundes- und

Landesrecht, NuR 1980, 53ff.; *ders.*, Schwierigkeiten mit der Enteignungsregelung im Naturschutz-, Forst- und Wasserrecht, AgrarR 1981, 57ff.; *Rat von Sachverständigen für Umweltfragen*, Sondergutachten „Umweltprobleme der Landwirtschaft", 1985; *Recken*, Nochmals: Die Regelung für Greife und Falken in der Bundeswildschutzverordnung (BWildSchV), DVBl. 1986, 1138ff.; *E. Rehbinder*, Die hessische Verbandsklage auf dem Prüfstand der Verwaltungsgerichtsbarkeit, NVwZ 1982, 666ff.; *Richter*, Schließt die Bundeswildschutzverordnung eine Lücke im Artenschutzrecht?, DÖV 1986, 634ff.; *Ronellenfitsch*, Eingriffe in Natur und Landschaft bei der wasserwirtschaftlichen Planfeststellung, VerwArch. 77 (1986), 177ff.; *ders.*, Rechts- und Verwaltungsaspekte der naturschutzrechtlichen Eingriffsregelungen, NuR 1986, 284ff.; *Rosenzweig*, Niedersächsisches Naturschutzgesetz – Feld- und Forstordnungsgesetz, 2. Aufl., 1985; *Salzwedel*, Bundesbehörden und Naturschutzrecht, NuR 1984, 165ff.; *E. Sander*, Rechtsfragen im Verhältnis von Wasserrecht und Naturschutzrecht, NuR 1986, 317ff.; *Schink*, Naturschutzgebietsfestsetzung und Grundeigentum, AgrarR 1985, 185ff.; *Schlichter*, Die Verbandsklage im Naturschutzrecht, UPR 1982, 209ff.; *J. Schmidt*, Die Änderung des Bundesnaturschutzgesetzes. Die Artenschutznovelle, NVwZ 1987, 1037ff.; *ders.*, Die Rechtsprechung zum Naturschutzrecht 1983–1987, NVwZ 1988, 982ff.; *Schmidt-Aßmann*, Die Grundsätze des Naturschutzes und der Landschaftspflege, NuR 1979, 1ff.; *Schroeter*, Die Bedeutung des Bundesnaturschutzgesetzes für die fernstraßenrechtliche Planung, DVBl. 1979, 14ff.; *H. Schulte*, Die Tragweite der naturschutzrechtlichen Eingriffsregelung für das Grundeigentum, VerwArch. 77 (1986), 372ff.; *Schultze*, Bundesfernstraßenbau und Verpflichtung des Bundes zu Kompensationsmaßnahmen nach dem Naturschutz- und Forstrecht der Länder, NuR 1986, 106ff., 161ff.; *Schutzgemeinschaft Deutscher Wald* (Hg.), Landschaftsschutzpolitik, 1982; *Sening*, Bedrohte Erholungslandschaft, 1977; *ders.*, Abschied von der Schutznormtheorie im Naturschutzrecht, NuR 1980, 102ff.; *ders.*, Vorläufige Sicherstellung eines geplanten Naturschutzgebietes, AgrarR 1980, 143ff.; *ders.*, Die Verbandsklage im Hessischen Naturschutzgesetz, NuR 1983, 146ff.; *Soell*, Neuere Entwicklungen des Naturschutz- und Landschaftspflegerechts in der Bundesrepublik Deutschland, NuR 1980, 1ff.; *ders.*, Naturschutz- und Landschaftspflegerecht, in: Salzwedel (Hg.), Grundzüge des Umweltrechts, 1982, S. 481ff.; *ders.*, Die Bedeutung der Sozialpflichtigkeit des Grundeigentums bei der Landschaftspflege und dem Naturschutz, DVBl. 1983, 241ff.; *ders.*, Grenzen zwischen Landwirtschaft, Naturschutz und Landschaftsschutz, NuR 1984, 8ff.; *ders.*, Landschaftsschutz, Kiesabbauverbot und Enteignung, NuR 1984, 185ff.; *Sojka*, Naturschutzgesetze der Bundesländer, RdL 1982, 31ff., 169ff., 199ff., 255ff., 282ff., RdL 1983, 2ff.; *ders.*, Bundeswildschutzverordnung, RdL 1986, 2ff.; *Steinsberg*, Bannschutzsatzungen und -verordnungen, NJW 1981, 550ff.; *Stenschke*, Naturschutz im Wald, BayVBl. 1984, 551ff.; *ders.*, Das Inschutznahmeverfahren im Naturschutzrecht, BayVBl. 1987, 644ff.; *Stober*, Rechtsfragen zur Massentierhaltung, 1982; *ders.*, Massentierhaltung und Gesetzesvorbehalt, 1982; *ders.*, Massentierhaltung und Gesetzesvorbehalt, NuR 1982, 173ff.; *Storm*, Agrarumweltrecht 1980, AgrarR 1981, 291ff.; *ders.*, Agrarumweltrecht 1981, AgrarR 1982, 259ff.; *ders.*, Bodenschutzrecht, AgrarR 1983, 233ff.; *ders.*, Bodenschutzrecht, DVBl. 1985, 317ff.; *ders.*, Täter oder Opfer? Zum Verhältnis von Landwirtschaft und Umweltpflege, NuR 1986, 8ff.; *ders.*, Bodenschutzrecht, Jura 1987, 352ff.; *Stüer*, Naturschutz zwischen Bundes- und Landeskompetenz, NuR 1986, 149ff.; *ders.*, Planfeststellung und Flurbereinigung, UVP 1987, 104ff.; *Tesmer*, Der freie Zutritt zur offenen Landschaft nach dem BWaldG und dem BNatSchG, AgrarR 1981, 180ff.; *Thomas*, Besitzverbot für geschützte Vogelarten, NuR 1984, 188f.; *Thormann*, Bodenschutz als Teil einer vorsorgenden Umweltschutzpolitik, in: Loccumer Protokolle 2/84, S. 37ff.; *Vedder*, Der Handel mit geschützten Arten, RIW 1985, 18ff.; *Wahl*, Ökologische Vorranggebiete, Arbeitsmaterial der Akademie für Raumforschung und Landesplanung (Hannover) Nr. 54 (1981), S. 55ff.; *Wegmann*, Naturschutzlasten und Transferverfassung, NuR 1988, 361ff.; *Winkler*, Umweltschutz und Landwirtschaft – Grundwasser und Wasserhaushalt, AgrarR 1984, 182f.; *Zundel*, Regelungen zum Schutz des Baumbestandes, RdL 1982, 85ff.; *Zwanzig*, Die Fortentwicklung des Naturschutzrechts in Deutschland nach 1945, 1962; *ders.*, 50 Jahre Reichsnaturschutzgesetz, NuL 1985, 275ff.

A. Ausgangslage

1 Das Naturschutzrecht ist eine der Quellen und ältesten Materien des Umweltrechts. Bereits 1829 wurde beispielsweise das Siebengebirge bei Bonn unter Gebietsschutz gestellt, um es vor Zerstörung durch Steinbruchbetriebe zu bewahren.[1]

Alt, wenn auch nicht unbedingt anachronistisch, ist die damalige Zuordnung des Naturschutzes zum Kulturwesen, weshalb der Naturschutz auch zunächst im Kultusministerium ressortierte,[2] das so u. a. „Naturdenkmäler" zu schützen hatte. An diesen umfassenden Landeskulturbegriff knüpft übrigens auch das Landeskulturgesetz der DDR an (s. § 6 Rn. 187f.).

[1] Vgl. *Olschowy*, in: Dahlhoff (Hg.), Funkkolleg Mensch und Umwelt, Bd. 3, 1983, S. 38ff., 38.
[2] Vgl. *Oppermann*, Kulturverwaltungsrecht, 1969, S. 471ff.

Bis in die siebziger Jahre war die Materie durch das – als Landesrecht fortgeltende[3] – **Reichsnaturschutzgesetz** vom 26. 6. 1935[4] geregelt.

Die – im Rahmen der westdeutschen Umweltgesetzgebung – vergleichsweise späte Neuregelung durch das **Bundesnaturschutzgesetz** vom 20. 12. 1976[5] erklärt sich daraus, daß der Bund zunächst eine Vollregelung schaffen wollte.[6] Die hierfür notwendige Erweiterung seiner Gesetzgebungskomptenz scheiterte am Widerstand des Bundesrates.[7] Dafür liegt nun mit dem Bundesnaturschutzgesetz eine modern konzipierte Gesetzgebung vor, die über das klassische Naturschutzrecht – als einem im wesentlichen bewahrenden und selektiven Gebiets- und Artenschutzrecht – entscheidend hinausgeht (s. i. e. Rn. 6ff.).

B. Rechtsgrundlagen

Im Mittelpunkt des Naturschutzrechts steht heute das **Gesetz über Naturschutz und Landschaftspflege (Bundesnaturschutzgesetz – BNatSchG)** i. d. F. der Bek. vom 12. 3. 1987[8] (Kloepfer Nr. 150). Gegenüber seiner ursprünglichen Fassung von 1976 unterscheidet sich das Gesetz nach Novellierung und Neubekanntmachung vor allem durch die verstärkte Hineinnahme des früher primär in der Artenschutzverordnung geregelten Artenschutzrechts und dessen – nicht zuletzt im Hinblick auf internationale Übereinkommen und EG-Richtlinien erforderlich gewordene[9] – Erweiterung und partiellen Ausbau zu einem Biotopschutzrecht. Eine tiefergreifende Neugestaltung des gesamten Gesetzes, namentlich die Einschränkung des Agrarprivilegs (s. u. Rn. 9) wird von einer erneuten Novellierung erwartet.[10] 2

Die Regelungen des Bundesnaturschutzgesetzes werden ergänzt durch die – ebenfalls neu gefaßte – **Verordnung zum Schutz wildlebender Tier- und Pflanzenarten (Bundesartenschutzverordnung – BArtSchV)** vom 19. 12. 1986[11] (Kloepfer Nr. 152) sowie durch die mittels mehrfacher Verweisungen in das binnenstaatliche 3

---

[3] BVerfGE 8, 186 (193ff.).

[4] RGBl. I S. 821.

[5] BGBl. I S. 3574.

[6] BT-Drs. VI/1298.

[7] BT-Drs. 7/885. Vgl. zur Entstehungsgeschichte des Gesetzes *Soell,* in: Salzwedel (Hg.), Grundzüge des Umweltrechts, 1982, S. 481ff., 491f. m. w. N.

[8] BGBl. I S. 889.

[9] Vgl. BT-Drs. 10/5064 S. 1. Zu berücksichtigen waren insbes. das Washingtoner Artenschutzübereinkommen (BGBl. 1975 II S. 773) sowie die zum Washingtoner Artenschutzübereinkommen erlassenen EG-Verordnungen Nr. 3626/82, ABl. L 384 v. 31. 12. 1982, S. 1; letzte Änderung ABl. L 87 v. 30. 3. 1988, S. 67; Verordnung (EWG) Nr. 3418/83, ABl. L 344 v. 7. 12. 1983, S. 1; Gesetz zu dem Übereinkommen vom 23. 6. 1979 zur Erhaltung der wandernden wildlebenden Tierarten (Bonner Übereinkommen) vom 29. 6. 1984 (BGBl. II S. 569); Gesetz zu dem Übereinkommen vom 19. 9. 1979 zur Erhaltung der europäischen wildlebenden Pflanzen und Tiere und ihrer natürlichen Lebensräume (Berner Übereinkommen) vom 17. 7. 1984 (BGBl. II S. 618) sowie die EG-Vogelschutzrichtlinie 79/409/EWG vom 2. 4. 1979 (ABl. L 103 v. 25. 4. 1979, S. 1; letzte Änderung ABl. L 100 v. 16. 4. 1986, S. 22). Vgl. wegen sonstiger naturschutzrelevanter Rechtsakte der EG § 6 Rn. 43.

[10] Bis 1991 soll eine Neufassung des BNatSchG vorliegen, vgl. FAZ Nr. 111 v. 16. 5. 1989, S. 9. Vgl. zu früheren Vorstößen zur Revision des Agararprivilegs BR-Drs. 251/85, BT-Drs. 10/3628 und 10/6341, S. 28.

[11] BGBl. I S. 2705.

Recht teilweise integrierten internationalen und gemeinschaftsrechtlichen Artenschutzbestimmungen, insbesondere durch das Übereinkommen vom 3. 3. 1973 über den internationalen Handel mit gefährdeten Arten freilebender Tiere und Pflanzen **(Washingtoner Artenschutzübereinkommen)**[12] (Kloepfer Nr. 158/1) und die Verordnung (EWG) Nr. 3626/82 des Rates vom 3. 12. 1982 zur Anwendung des Übereinkommens über den internationalen Handel mit gefährdeten Arten freilebender Tiere und Pflanzen in der Gemeinschaft[13] (Kloepfer Nr. 159/1).

4 Wegen des rahmenrechtlichen Charakters des primär auf Art. 75 Nr. 3 GG (daneben auf Art. 73 Nr. 5, Art. 74 Nr. 1 und Nr. 11 GG) gestützten Bundesnaturschutzgesetzes kommt den **Landesnaturschutzgesetzen** bzw. Landespflegegesetzen vor allem außerhalb des besonderen Artenschutzes (s. u. Rn. 77ff.) hervorgehobene Bedeutung zu.

Es handelt sich um folgende Regelungen:
- Gesetz zum Schutz der Natur, zur Pflege der Landschaft und über die Erholungsvorsorge in der freien Landschaft (Naturschutzgesetz – NatSchG) vom 21. 10. 1975[14] (Baden-Württemberg)
- Gesetz über den Schutz der Natur, die Pflege der Landschaft und die Erholung in der freien Natur (Bayerisches Naturschutzgesetz – BayNatSchG) i. d. F. der Bek. vom 10. 10. 1982[15]
- Gesetz über Naturschutz und Landschaftspflege von Berlin (Berliner Naturschutzgesetz – NatSchGBln) vom 30. 1. 1979[16]
- Gesetz über Naturschutz und Landschaftspflege (Bremisches Naturschutzgesetz – BremNatSchG) vom 17. 9. 1979[17]
- Hamburgisches Gesetz über Naturschutz und Landschaftspflege (Hamburgisches Naturschutzgesetz – HmbNatSchG) vom 2. 7. 1981[18]
- Hessisches Gesetz über Naturschutz und Landschaftspflege (Hessisches Naturschutzgesetz – HENatG) vom 19. 9. 1980[19]
- Niedersächsisches Naturschutzgesetz vom 20. 3. 1981[20]
- Gesetz zur Sicherung des Naturhaushalts und zur Entwicklung der Landschaft (Landschaftsgesetz – LG) i. d. F. der Bek. vom 26. 6. 1980[21] (Nordrhein-Westfalen)
- Landesgesetz über Naturschutz und Landschaftspflege (Landespflegegesetz – LPflG) i. d. F. der Bek. vom 5. 2. 1979[22] (Rheinland-Pfalz)
- Gesetz Nr. 1097 über den Schutz der Natur und die Pflege der Landschaft (Saarländisches Naturschutzgesetz – SNG) vom 31. 1. 1979[23]
- Gesetz über Naturschutz und Landschaftspflege (Landschaftspflegegesetz – LPfleG) vom 19. 11. 1982[24] (Schleswig-Holstein)

5 Weiterhin sind als – allerdings nicht naturschutzspezifische – Rechtsgrundlagen zu berücksichtigen das Gesetz zur Erhaltung des Waldes und zur Förderung der Forst-

---

[12] BGBl. 1975 II S. 773.
[13] ABl. L 384 v. 31. 12. 1982, S. 1; letzte Änderung ABl. L 87 v. 30. 3. 1988, S. 67.
[14] GBl. S. 654, ber. GBl. 1976 S. 96, zuletzt geänd. durch VO v. 19. 3. 1985, GBl. S. 71.
[15] GVBl. S. 874, zuletzt geänd. durch Ges. v. 16. 7. 1986, GVBl. S. 135.
[16] GVBl. S. 183, zuletzt geänd. durch Ges. v. 29. 6. 1987, GVBl. S. 1846.
[17] GBl. S. 345.
[18] GVBl. S. 167, zuletzt geänd. durch Ges. v. 22. 9. 1987, GVBl. S. 177.
[19] GVBl. I S. 309, zuletzt geänd. durch Ges. v. 29. 3. 1988, GVBl. I S. 130.
[20] GVBl. S. 31, zuletzt geänd. durch Ges. v. 11. 4. 1986, GVBl. S. 103.
[21] GV S. 734, zuletzt geänd. durch Ges. v. 6. 10. 1987, GV S. 342.
[22] GVBl. S. 36, zuletzt geänd. durch Ges. v. 27. 3. 1987, GVBl. S. 70.
[23] Amtsbl. S. 147, zuletzt geänd. durch Ges. v. 8. 4. 1987, Amtsbl. S. 569.
[24] GVOBl. S. 256, ber. GVOBl. 1983 S. 9, geänd. durch Ges. v. 22. 7. 1985, GVOBl. S. 205.

wirtschaft **(Bundeswaldgesetz)** vom 2. 5. 1975[25] (Kloepfer Nr. 140) und die Forstgesetze der Länder[26] (s. u. Rn. 104ff.), das Landesrecht der **geschützten Gebiete und Erholungsflächen**[27], das **Abgabungsrecht** sowie – unter ausgewählten Aspekten – das **Jagd- und Fischereirecht** von Bund und Ländern.[28] Übergänge, vor allem aber auch Friktionen bestehen schließlich zum **Agrarrecht** (s. u. Rn. 116ff.).

C. Bundesnaturschutzgesetz

I. Zielsetzung des Gesetzes

Das Bild des Naturschutzes war lange Zeit durch einen räumlich und sachlich eng begrenzten Ansatz bestimmt, der sich im wesentlichen in Schutzgebietsausweisungen einerseits und Fang- und Pflückverboten („Blümchen- und Vogelschutz") andererseits niederschlug. Demgegenüber bringen die in den §§ 1 und 2 BNatSchG genannten Ziele und Grundsätze des Bundesnaturschutzgesetzes eine **umfassende und gestalterische Aufgabenstellung** von Naturschutz und Landschaftspflege zum Ausdruck. 6

1. Einzelziele

Gemäß § 1 Abs. 1 BNatSchG sind Natur und Landschaft im besiedelten und unbesiedelten Bereich so zu schützen, zu pflegen und zu entwickeln, daß 7
1. die Leistungsfähigkeit des Naturhaushalts,
2. die Nutzungsfähigkeit der Naturgüter,
3. die Pflanzen- und Tierwelt sowie
4. die Vielfalt, Eigenart und Schönheit von Natur und Landschaft

als Lebensgrundlagen des Menschen und als Voraussetzung für seine Erholung in Natur und Landschaft nachhaltig gesichert sind.

Bereits in diesem Zielkatalog kommt die Grundtendenz des Gesetzes zum Ausdruck, die sich in seinen Einzelregelungen bestätigt:

- Der Naturschutz wird primär **anthropozentrisch** verstanden.[29] Die Absicht, Natur und Landschaft auch „an sich" für schützenswert zu erklären, wurde bei der letzten Novellierung des Bundesnaturschutzgesetzes (noch?) nicht verwirklicht, obwohl bereits ein dahingehender Regierungsentwurf vorlag.[30] Auch ohne eine solche „ökozentrische" Klarstellung schließt Naturschutz indes die „ideellen Werte von Natur und Landschaft" ein,[31] wenn man keinen ganz einseitigen, materialistisch verkürzten Begriff der Lebensgrundlagen des Menschen zugrunde legt (s. o. § 1 Rn. 23ff.).

---

[25] BGBl. I S. 1037, geänd. durch Ges. v. 27. 7. 1984, BGBl. I S. 1034.

[26] Vgl. Aufstellung bei *Ebersbach,* Artikel „Forstrecht", in: Kimminich/v. Lersner/Storm (Hg.), Handwörterbuch des Umweltrechts (HdUR), Bd. I, 1986, Sp. 578ff., 587.

[27] Vgl. die Aufstellung bei *Kloepfer,* Systematisierung des Umweltrechts, 1978, S. 41 Anm. 144 und 145.

[28] Vgl. *Belgard,* Artikel „Jagdrecht", in: Kimminich/v. Lersner/Storm (Hg.), Handwörterbuch des Umweltrechts (HdUR), Bd. I, 1986, Sp. 853ff., und *v. Heinz,* Artikel „Fischerei", in: Kimminich/v. Lersner/Storm (Hg.), Handwörterbuch des Umweltrechts (HdUR), Bd. I, Sp. 527ff., jeweils m. w. N. und Gesetzesaufstellungen.

[29] Dazu (kritisch) *Soell* (FN 7), S. 494f.

[30] Vgl. BT-Drs. 10/5064, S. 1 und S. 16 (Art. 1 Abs. 1 E mit dazugehöriger Begründung).

[31] BT-Drs. 7/886, S. 28 (Gesetzentwurf der Bundesregierung, amtl. Begründung).

– Der Naturschutz wird nicht auf einzelne, besonders schutzwürdige Gebiete beschränkt, sondern gilt **räumlich umfassend** und zwar nicht nur im Außenbereich, sondern auch im besiedelten Bereich. Er ist auch und gerade Schutz von Kulturlandschaften.
– Der Naturschutz ist **sachlich umfassend,** weil er nicht auf den Schutz einzelner Naturgüter (Boden, Wasser, Klima, Vegetation, Tierwelt) beschränkt ist, sondern Natur und Landschaft als komplexes Wirkungsgefüge (Naturhaushalt) erfaßt. Er dient also auch z. B. dem Bodenschutz (hierzu näher § 14 Rn. 50).
– Der Naturschutz umfaßt sowohl **„funktionellen"** aus auch **„optischen" Landschaftsschutz,** ohne daß sich beide Komponenten trennscharf abgrenzen ließen.[32] Der funktionelle Naturschutz zielt vor allem auf die Erhaltung der Leistungsfähigkeit des Naturhaushaltes und der Nutzungsfähigkeit der Naturgüter (§ 1 Abs. 1 Nr. 1 und 2 BNatSchG), während der – teilweise parallel zum Denkmalschutzrecht verlaufende – optisch-ästhetische Landschaftsschutz vor allem „Vielfalt, Eigenart und Schönheit von Natur und Landschaft" bewahren will (§ 1 Abs. 1 Nr. 4 BNatSchG). Auf die Gestaltung des Landschaftsbildes zielt im übrigen auch § 1 Abs. 5 Nr. 4 BauGB, wobei Erhaltung und Gestaltung allerdings in einem gewissen Spannungsverhältnis zueinander stehen.
– Die **Handlungsformen** des Naturschutzes: „Schützen, Pflegen, Entwickeln" reflektieren die Funktion eines nicht nur konservierenden, sondern auch regenerierenden und kreativen Naturschutzes.[33] Dies entspricht auch dem **Nachhaltigkeitsgebot** (s. o. § 3 Rn. 23), da ein isoliertes Unterschutzstellen einzelner Teile von Natur und Landschaft ohne übergreifende, vorsorgende und sanierende Maßnahmen unter den gegebenen ökologischen Bedingungen unwirksam bliebe.

2. Abwägungsgebot

8 Naturschutz und Landschaftspflege genießen freilich keinen absoluten Vorrang gegenüber anderen öffentlichen Belangen. Bei Zielkonflikten sowohl zwischen unterschiedlichen gesetzesinternen Belangen (z. B. Naturschutz im engeren Sinn gegen Erholung) als auch gegenüber „sonstigen Anforderungen der Allgemeinheit an Natur und Landschaft" gilt vielmehr das **Abwägungsgebot** des § 1 Abs. 2 BNatSchG (vgl. allgemein § 3 Rn. 52ff.). Zwar spricht das Gesetz nur von Anforderungen der Allgemeinheit, im Einzelfall dürften aber auch Belange Privater zu berücksichtigen sein.[34] Folgerichtig unterliegen auch die Grundsätze des Naturschutzes und der Landschaftspflege in § 2 Abs. 1 BNatSchG (s. Rn. 11ff.) dem Abwägungsvorbehalt.

3. Landwirtschaftsklauseln

9 Eine Sonderstellung wird der Land- und Forstwirtschaft im Rahmen des Naturschutzes zugewiesen. Insoweit geht § 1 Abs. 3 BNatSchG von der Vermutung aus, daß eine ordnungsgemäße Land- und Forstwirtschaft den Zielen des Gesetzes diene. Insbesondere ist nach § 8 Abs. 7 BNatSchG die im Sinne dieses Gesetzes ordnungsgemäße land-, forst- und fischereiwirtschaftliche Bodennutzung nicht als Eingriff in Natur und Landschaft anzusehen (s. auch u. Rn. 30). Dieses sog. **Agrarprivileg** (vgl. ferner §§ 15 Abs. 2, 20d Abs. 2 S. 2, 20f Abs. 3 S. 1, 20g Abs. 6 S. 1 Nr. 1 BNatSchG) ist rechtspolitisch stark umstritten,[35] zumal seine Entstehung maßgeblich auch auf die damalige Ressortierung des Naturschutzes beim Bundeslandwirtschafts-

[32] Überbewertet wird diese Unterscheidung wohl in BVerwGE 55, 272 (275).
[33] BT-Drs. 7/886, S. 25, sowie *Soell* (FN 7), S. 490.
[34] Vgl. *Soell* (FN 7), S. 498 m. w. N.
[35] Vgl. insbes. zu der in der 9. Legislaturperiode geplanten Gesetzesänderung BT-Prot. 9/5, S. 25, sowie *v. Mutius/Henneke,* BayVBl. 1983, 545ff., 582ff.; zur Gesamtproblematik *Henneke,* Landwirtschaft und Naturschutz, 1986, S. 206ff. m. w. N.; vgl. ferner etwa *Ebersbach,* AgrarR 1981, Beilage II, 26ff., und *Fischer/Hüftle,* NuR 1981, 21ff.

minister zurückzuführen sein dürfte. Tatsächlich leistet die moderne Land- und Forstwirtschaft aber nicht nur einen positiven Beitrag zur Landschaftspflege, sondern es gehen von ihr auch erhebliche Belastungen für den Naturhaushalt und das Landschaftsbild aus.

Zu nennen sind etwa die Phänomene der Überdüngung, des Eintrags von Bioziden[36] (s. § 13 Rn. 98ff. und § 14 Rn. 22ff.), der landschaft- und naturhaushaltverändernden großflächigen Bewirtschaftung und der nicht mehr ohne weiteres wünschenswerten Entwässerung von Feuchtgebieten.[37]

Daher wird bereits de lege lata teilweise eine restriktive **Interpretation** der Land- 10
wirtschaftsklauseln vertreten. Einen Ansatzpunkt für eine Rückkoppelung der Landwirtschaftsklauseln an die Ziele und Grundsätze des Naturschutzes und der Landschaftspflege scheint insbesondere die in § 8 Abs. 7 BNatSchG gebrauchte Wendung von der „ordnungsgemäßen Bodennutzung im Sinne dieses Gesetzes" zu bieten.[38] Doch droht die Landwirtschaftsklausel damit leerzulaufen.[39]

Vielmehr soll der Begriff der **ordnungsgemäßen Landwirtschaft,** wie er in § 1 Abs. 3 oder auch § 8 Abs. 7 BNatSchG verwendet wird, auf interne, insbesondere agrarökonomische Maßstäbe der Landwirtschaft verweisen. Dies ist allerdings nicht gleichbedeutend mit einer Normativierung der jeweils geübten Praxis. Der Begriff der *ordnungsgemäßen* Landwirtschaft verweist vielmehr auch auf agrarwissenschaftliche Maßstäbe.[40] Durch den sich hier jedoch abzeichnenden Wandel in Richtung auf eine stärkere Berücksichtigung ökologischer Belange könnte der Widerspruch zwischen Naturschutz und Agrarprivileg allmählich an Schärfe verlieren.

Teilweise wird – nach dem Vorbild des Art. 6 Abs. 2 S. 3 BayNatSchG – die ordnungsgemäße Landwirtschaft auch auf die herkömmlichen Bewirtschaftungsmethoden („bisher übliche Nutzung durch bäuerliche Landwirtschaft") eingegrenzt.[41] Demgegenüber sind jedoch Zweifel angebracht, da die Maßstäbe ordnungsgemäßer Bodenbewirtschaftung nicht nur der Vergangenheit entnommen werden können.

Eine grundsätzliche Klärung steht noch aus. In Betracht kommt jedenfalls weder eine völlige Gleichstellung von Land- und Forstwirtschaft mit sonstigen Bodennutzungen noch ihre völlige Freistellung von den Anforderungen des Bundesnaturschutzgesetzes. Die Problematik ist indes zu komplex, als daß sie allein durch eine differenzierte Gesetzesauslegung[42] gelöst werden könnte. Gefordert ist letztlich der Gesetzgeber.

---

[36] Vgl. *Thormann,* in: Loccumer Protokolle 2/84, S. 37ff., sowie *Pestemer,* in: Loccumer Protokolle 2/84, S. 227ff.
[37] Vgl. im einzelnen *Soell* (FN 7), S. 502.
[38] *Bernatzky/Böhm,* Bundesnaturschutzrecht, 1977ff., § 8 BNatSchG Rn. 16; *Soell,* DVBl. 1983, 241ff., 249.
[39] So auch *v. Mutius/Henneke,* BayVBl. 1983, 545ff., 550 m. w. N.
[40] Vgl. *Kolodziejcok/Recken,* Naturschutz, Landschaftspflege und einschlägige Regelungen des Jagd- und Forstrechts, 1977ff., § 1 BNatSchG Rn. 33. Vgl. i. ü. zu den unterschiedlichen Auffassungen in der Rspr. *Henneke* (FN 35), S. 225ff. m. w. N.
[41] VG Freiburg, DÖV 1978, 775f., 776; VGH Mannheim, AgrarR 1980, 346; OVG Koblenz, NuR 1982, 231f., 232; vgl. jedoch dagegen VGH München, NuR 1981, 209ff., 210. Vgl. i. ü. *v. Mutius/Henneke,* BayVBl. 1983, 545ff., 548 m. w. N.
[42] Vgl. VG Freiburg, NuR 1979, 74ff.; VG München, NuR 1980, 38f.

4. Grundsätze

11 Die Aufgaben und Ziele von Naturschutz und Landschaftspflege werden durch die **zielkonkretisierenden Grundsätze** des § 2 Abs. 1 BNatSchG verdeutlicht.[43] Auf die Leistungsfähigkeit des Naturhaushalts beziehen sich die Grundsätze des § 2 Abs. 1 Nr. 1 und 2 BNatSchG, wobei Nr. 2 die Erhaltung unbebauter Flächen hervorhebt (s. auch § 14 Rn. 51). § 2 Abs. 1 Nr. 3 BNatSchG verdeutlicht, daß die Sicherung der Nutzungsfähigkeit der Naturgüter ressourcenökonomisch als Verbrauchsbeschränkung (bei knappen, sich nicht erneuernden Naturgütern) und Verbrauchssteuerung (bei sich erneuernden Naturgütern) zu verstehen ist und rezipiert insoweit ausdrücklich den Grundsatz der Nachhaltigkeit (vgl. § 3 Rn. 23).

12 Auf die einzelnen Naturgüter beziehen sich die Nrn. 4–10. Von daher kann zugleich auf die **Schutzgüter** des Gesetzes zurückgeschlossen werden (Boden einschließlich seiner natürlichen Fruchtbarkeit, Landschaftsbild, Vegetation, wildlebende Pflanzen und Tiere, in einem spezifischen Sinn auch Wasser, insbesondere Wasserflächen, Luft, Ruhe, Klima, insbesondere das örtliche Klima, Erholung).[44] Auch wenn dabei unter allen schutzwürdigen Umweltmedien der Schutz des **Bodens** besonders wichtig ist (s. auch § 14 Rn. 50),[45] wird aus den Grundsätzen deutlich, daß mit den Mitteln des Naturschutzes zugleich ein Beitrag zum Gewässerschutz (Nr. 6), zur Luftreinhaltung (Nr. 7) und zum – bislang nicht eigenständig geregelten – Klimaschutz (Nr. 8) geleistet werden soll. Spezielle Anforderungen an den Abbau von Bodenschätzen stellt Nr. 5, wobei als subsidiärer Ausgleich für unvermeidbare Beeinträchtigungen vor allem die Rekultivierung genannt wird. Ökologische Ansprüche an den Gewässerausbau werden unter Nr. 6 formuliert. Danach ist ein rein technischer Ausbau von Gewässern nach Möglichkeit zu vermeiden und durch biologische Wasserbaumaßnahmen zu ersetzen. Auf die Erholungsfunktion von Natur und Landschaft beziehen sich die Grundsätze der Nrn. 11–12. Die ästhetische Funktion des Naturschutzes spricht Nr. 13 an, wobei eine Brücke zum Denkmalschutz geschlagen und damit der alte Zusammenhang des Naturschutzrechts mit dem Kulturrecht deutlich wird.

13 Der Grundsatzkatalog ist nicht abschließend gemeint. Zum einen können sich aus dem Gesetzeszweck weitere, in § 2 Abs. 1 BNatSchG nicht ausdrücklich genannte Kriterien ergeben, zum anderen können die Grundsätze landesrechtlich ergänzt werden (§ 2 Abs. 2 BNatSchG). Dies ist mit Ausnahme von Nordrhein-Westfalen und (bedingt) Rheinland-Pfalz[46] in allen Bundesländern geschehen. Die **zusätzlichen landesrechtlichen Grundsätze** beziehen sich vor allem auf die landschaftsgerechte Führung von Verkehrswegen und Versorgungsleitungen (vgl. z. B. § 2 Nr. 15 NatSchG BW, Art. 1 Abs. 2 Nr. 3 S. 2 BayNatSchG, § 1 Nr. 4 NatSchGBln, § 1 Abs. 1 Nr. 5 HENatG, § 2 Nr. 14 NdsNatSchG, § 2 Nr. 15 LPfleG SH) und – ausdrücklich oder sinngemäß – auf den (über § 2 Abs. 1 Nr. 10 BNatSchG hinausgehenden) Schutz von

---

[43] Zum folgenden umfassend *Schmidt-Aßmann,* NuR 1979, 1ff.

[44] Vgl. zu den Grundsätzen i. e. *Lorz,* Naturschutzrecht, 1985, § 2 BNatSchG Anm. 3.

[45] I. d. S. etwa *Breuer,* in: v. Münch (Hg.), Besonderes Verwaltungsrecht, 8. Aufl., 1988, S. 601ff., 655. Zur Bedeutung des Naturschutzrechts für den Bodenschutz zuletzt *Peine,* in: Jb. des Umwelt- und Technikrechts 1987 (UTR 3), 1987, S. 201ff., 231ff.

[46] Keine zusätzlichen Grundsätze enthält § 2 LPflG Rh.-Pf., dafür formuliert jedoch § 3 LPflG Rh.-Pf. eine „Verpflichtung zur Landespflege".

Biotopen[47] (vgl. z. B. § 2 Nr. 10 NatSchG BW, Art. 1 Abs. 2 Nr. 5 BayNatSchG, § 1 Nr. 3 S. 1 NatSchGBln, § 1 Abs. 1 Nr. 1 u. 2 HENatG).

Die Grundsätze haben vor allem als Richtpunkte für die Planung, aber auch für 14 Einzelmaßnahmen Bedeutung.[48] Als Rechtsgrundlage für Einzelakte, etwa als selbständige Versagungsgründe für eine beantragte Genehmigung, kommen sie jedoch nicht in Betracht.[49]

Im Grunde versteht sich von selbst, daß die Grundsätze nicht schematisch zu befol- 15 gen sind. In § 2 Abs. 1 S. 1 BNatSchG wird dies noch einmal ausdrücklich formuliert. Danach kommt es darauf an, ob ihre Durchsetzung im Einzelfall erforderlich, möglich und unter **Abwägung**[50] aller Anforderungen nach § 1 Abs. 2 BNatSchG angemessen ist. Hierdurch wird ihre Verbindlichkeit jedoch nicht gegenüber anderen Planungsgrundsätzen herabgesetzt,[51] da Planungsgrundsätze und Ermessensrichtlinien ohnehin keine vollständig determinierende Funktion besitzen.

Wichtig ist, daß die Ziele des Naturschutzes nicht nur als materielles Recht von 16 *allen* Behörden zu berücksichtigen sind, sondern daß für diese nach § 3 Abs. 2 S. 1 BNatSchG darüber hinaus eine **aktive Unterstützungspflicht** besteht. Zudem sind die Naturschutzbehörden (vgl. § 3 Abs. 1 BNatSchG) bei der Vorbereitung aller öffentlichen Planungen und Maßnahmen, welche Belange des Naturschutzes und der Landschaftspflege berühren können, förmlich zu beteiligen. § 3 Abs. 2 S. 2 BNatSchG schreibt zwingend ihre Unterrichtung und Anhörung vor und läßt weitergehende landesrechtliche Regelungen ausdrücklich zu.[52]

II. Aufbau des Gesetzes

Das in neun **Abschnitte** gegliederte Gesetz ist insgesamt folgerichtig aufgebaut: Im 17 ersten, die allgemeinen Vorschriften enthaltenden Abschnitt (§§ 1–4 BNatSchG) bezeichnet es außer den Zielen und Grundsätzen des Naturschutzes und der Landschaftspflege die Aufgaben der Landesgesetzgeber und der Behörden. Als Basis des Naturschutzes und der Landschaftspflege wird im zweiten Abschnitt die 1976 neu geschaffene Landschaftsplanung geregelt (§§ 5–7 BNatSchG). Der dritte Abschnitt enthält Bestimmungen über allgemeine Schutz-, Pflege- und Entwicklungsmaßnahmen, die überwiegend, jedoch nicht ausschließlich an Eingriffe in Natur und Landschaft anknüpfen (§§ 8–11 BNatSchG). Erst der vierte und fünfte Abschnitt behandeln die klassischen Naturschutzmaterien: Flächen- und Objektschutz (§§ 12–19 BNatSchG) und Artenschutz (§§ 20–26c BNatSchG). Durch das Erste Änderungsgesetz zum Bundesnaturschutzgesetz vom 10. 12. 1986[53] wurde der fünfte Abschnitt

[47] Der Brockhaus (Der Große Brockhaus, 18. Aufl., Bd. 2, 1978, S. 142) definiert Biotop als „Lebensstätte bzw. als die für eine Lebensgemeinschaft (Biozönose) an einer Erdstelle wesentlichen Wirkungsfaktoren".
[48] Vgl. *Soell* (FN 7), S. 500f. m. w. N.
[49] Ebenso *Soell* (FN 7), S. 501.
[50] Vgl. dazu statt aller *Funke,* DVBl. 1987, 511ff. m. w. N.
[51] Vgl. aber die auf einer dahingehenden Annahme beruhende Kritik von *Soell* (FN 7), S. 499.
[52] Zur hieraus sich ergebenden Frage der Bindung von Bundesbehörden an das Naturschutzrecht der Länder *Salzwedel,* NuR 1984, 165ff.
[53] BGBl. I S. 2349.

umgestaltet und stark ausgebaut. Er beherbergt jetzt die bislang nur verstreut und lückenhaft geregelten zentralen Bestimmungen des Artenschutzrechts. Der sechste Abschnitt bezieht sich auf die Erholungsfunktion des Naturschutzrechts (§§ 27–28 BNatSchG). Der siebente Abschnitt (§§ 29–31 BNatSchG) ist demgegenüber ein „Sammeltitel"[54] für so unterschiedliche Regelungen wie Mitwirkung von Verbänden (§ 29 BNatSchG), Ordnungswidrigkeiten (§ 30 BNatSchG) und allgemeine Befreiungstatbestände (§ 31 BNatSchG). Den neunten Abschnitt bilden Übergangs- und Schlußbestimmungen (§§ 38–40 BNatSchG).

Der achte Abschnitt (§§ 32–37 BNatSchG) enthält vollzogene Gesetzesänderungen bei anderen Bundesgesetzen (von seinem Abdruck wird daher in den Gesetzessammlungen regelmäßig abgesehen).

III. Verhältnis zur Landesgesetzgebung

18 Das Bundesnaturschutzgesetz unterscheidet selbst in § 4 ausdrücklich zwischen (ausfüllungsbedürftigen) Rahmenvorschriften und unmittelbar geltenden Vorschriften. Unter letztere fallen gemäß § 4 S. 3 BNatSchG die §§ 1–3 (also die allgemeinen Bestimmungen), §§ 7, 9, 12 Abs. 4 S. 2, 20, 20a, 20d Abs. 4–6, 20e–23, 26–26c sowie die §§ 28–40 BNatSchG. Im Unterschied zu anderen umweltrechtlichen Rahmengesetzen (vgl. insbesondere das Abwasserabgabengesetz) hat der Bundesgesetzgeber seine **Rahmenkompetenz** nicht voll ausgeschöpft.[55] Die Landesgesetze unterscheiden sich daher stärker als bei anderen umweltrechtlichen Materien.[56]

IV. Landschaftsplanung

19 Bei dem durch das Bundesnaturschutzgesetz 1976 neu geschaffenen Instrument der Landschaftsplanung[57] (§§ 5–7 BNatSchG) handelt es sich um eine **Fachplanung** für den Bereich des Naturschutzes (vgl. zu ihrem möglichen Inhalt auch § 14 Rn. 52), die **in bewußter Parallele zur Raumplanung** ausgestaltet und mit dieser vielfach verzahnt ist. Wie die räumliche Gesamtplanung (s. o. § 9 Rn. 3ff.) ist sie flächendeckend und prinzipiell in drei Planungsstufen unterteilt: Landschaftsprogramme, Landschaftsrahmenpläne, Landschaftspläne.

1. Planungsstufen

20 Auf überörtlicher Ebene sind **Landschaftsprogramme,** die für den Bereich eines ganzen Bundeslandes aufgestellt werden, und **Landschaftsrahmenpläne** für Teile eines Landes zu unterscheiden (§ 5 Abs. 1 BNatSchG). In ihnen werden die überörtlichen Erfordernisse und Maßnahmen zur Verwirklichung der Ziele des Naturschutzes und der Landschaftspflege dargestellt, wobei die Landschaftsrahmenpläne das Landschaftsprogramm für die Region vertiefen.

---

[54] *Kolodziejcok/Recken* (FN 40), Vorbem. 20.
[55] Ebenso *Soell,* NuR 1980, 1ff., 2.
[56] Ausführlich dazu *Stich,* in: Buchwald/Engelhardt (Hg.), Handbuch für Planung, Gestaltung und Schutz der Umwelt, Bd. 4, 1980, S. 109ff., 111.
[57] Dazu ausführlich *Carlsen,* NuR 1985, 226ff.; *Olschowy,* NuR 1984, 15ff.

In Rheinland-Pfalz sind die Landschaftsprogramme abgeschafft und die Landschaftsrahmenpläne völlig in die regionalen Raumordnungspläne integriert worden (§ 16 LPflG Rh.-Pf.). Obgleich der Schwerpunkt der überörtlichen Landschaftsplanung in den meisten Bundesländern bei der Landschaftsrahmenplanung liegen dürfte,[58] äußern sich nur einige Landesgesetze eingehender zu ihrem Inhalt (vgl. z. B. § 5 Abs. 2 NdsNatSchG). Am detailliertesten ist insoweit das hessische Naturschutzgesetz (vgl. § 3 Abs. 2 HENatG).

Auf örtlicher Ebene sind – im Bedarfsfall – **Landschaftspläne** aufzustellen (§ 6 Abs. 1 BNatSchG). Einige Landesgesetze vollziehen hierbei noch die Stufenfolge der Bauleitplanung nach und unterscheiden zwischen dem Landschaftsplan, der dem Flächennutzungsplan zugeordnet ist, und dem Grünordnungsplan auf der Ebene des Bebauungsplanes (§ 9 Abs. 1 NatSchG BW, Art. 3 Abs. 2 BayNatSchG, § 6 NdsNatSchG). 21

Die Landschaftspläne enthalten, soweit erforderlich, eine textliche und zeichnerische Darstellung des Ist- und des Soll-Zustandes von Natur und Landschaft unter Angabe der erforderlichen Maßnahmen sowie eine Begründung (§ 6 Abs. 1 und 2 BNatSchG). In einigen Landesgesetzen wird ihr notwendiger Inhalt weiter präzisiert (vgl. insbesondere Art. 3 Abs. 4 BayNatSchG, § 8 NatSchGBln, § 7 BremNatSchG, § 6 HmbNatSchG, bedingt §§ 16, 17 LG NW). Landschaftspläne werden insbesondere für Belastungs-, Erholungs-, Ufer- und Grüngebiete aufgestellt (vgl. Art. 3 Abs. 4 BayNatSchG, § 6 HmbNatSchG).

Das **Drei-Stufen-Konzept** der Landschaftsplanung in den §§ 5 Abs. 1, 6 Abs. 1 BNatSchG ist allerdings nur in den süddeutschen Bundesländern (Baden-Württemberg, Bayern und Saarland) verwirklicht. In den Stadtstaaten genügt nach § 5 Abs. 3 BNatSchG an sich eine Planungsstufe; die Landesgesetze von Berlin, Bremen und Hamburg sehen allerdings ein Zwei-Stufen-Modell vor (vgl. §§ 3ff. NatSchGBln, §§ 4ff. BremNatSchG, §§ 3ff. HmbNatSchG). Auch die übrigen Landesgesetze folgen einem **Zwei-Stufen-Modell** und sehen auf überörtlicher Ebene allein regionale Landschaftsrahmenpläne vor (vgl. § 15 LG NW, § 16 LPflG Rh.-Pf.). Mit dem Bundesnaturschutzgesetz ist dies ohne weiteres vereinbar, da es das Drei-Stufen-Modell nicht zwingend vorschreibt, sondern in § 5 Abs. 1 Landschaftsrahmenpläne auch *anstelle* des Landschaftsprogrammes zuläßt („oder"). Am weitesten von dem nicht zwingend vorgeschriebenen bundesgesetzlichen Modell der Landschaftsplanung weicht das Landschaftsgesetz von Nordrhein-Westfalen ab, indem es auch die örtliche Planungsstufe modifiziert. Landschaftspläne sind dort nur für den Außenbereich aufzustellen (§ 16 LG NW).[59] 22

2. *Verzahnung mit dem Raumplanungsrecht*

Die **sachliche Verzahnung** von Landschaftsplanung und Raumplanung erfolgt a) durch Berücksichtigung der Ziele und Grundsätze der Raumordnung und Landesplanung im Rahmen der Landschaftsplanung, b) durch Übernahme der Landschaftsplanung in die Raumplanung. 23

a) Berücksichtigung von Raumplanungsrecht in der Landschaftsplanung

Die materielle Berücksichtigungspflicht gilt auf allen Stufen der Landschaftsplanung (§§ 5 Abs. 1, 6 Abs. 3 BNatSchG). Bei der Formulierung der Landschaftspläne 24

[58] *Soell* (FN 7), S. 515 m. w. N.

[59] Dazu näher *Soell* (FN 7), S. 512, 519f. Für eine Anpassung des nordrhein-westfälischen Modells der Landschaftsplanung an das Konzept des BNatSchG *ders.*, NuR 1980, 1ff., 9 m. w. N.

ist außerdem auf die Verwertbarkeit für die Bauleitplanung Rücksicht zu nehmen (§ 6 Abs. 3 S. 2 BNatSchG).

b) Übernahme der Landschaftsplanung in die Raumplanung

25 Die Übernahme der Landschaftsplanung in die Raumplanung erfolgt entweder unmittelbar, indem Landschaftsplanungen von vornherein einen Bestandteil der Raumplanung bilden (sog. **primäre Integration**), oder – bei einer zunächst selbständigen fachlichen Landschaftsplanung – durch nachträgliche Transformation in die Raumplanung (sog. **sekundäre Integration**).[60] Beide – in den Landesgesetzen vertretene – Regelungstypen sind mit § 5 Abs. 2 bzw. § 6 Abs. 4 BNatSchG vereinbar. § 5 Abs. 2 BNatSchG verlangt lediglich allgemein, daß die raumbedeutsamen Erfordernisse und Maßnahmen der Landschaftsprogramme und Landschaftsrahmenpläne unter Abwägung mit den anderen raumbedeutsamen Planungen und Maßnahmen in die Programme und Pläne i. S. des § 5 Abs. 1 S. 1 und 2 und Abs. 3 ROG aufgenommen werden und überläßt die Einzelheiten der Landesgesetzgebung („nach Maßgabe"). Eine ebenso weite, wenn nicht noch weitergehende Regelungsermächtigung zugunsten der Länder enthält § 6 Abs. 4 BNatSchG. Zu bemerken ist allerdings, daß bei der integrierten Landschaftsplanung die in § 5 Abs. 2 BNatSchG vorgesehene Abwägung in die Planaufstellung vorgezogen wird. Die ökologischen Zielsetzungen der Landschaftsplanung müssen jedoch in jedem Fall durch das „Nadelöhr der allseitigen Abwägung aller Raumansprüche" gehen, ehe sie rechtliche Verbindlichkeit erlangen.[61]

Im einzelnen ist zwischen überörtlicher und örtlicher Planung zu unterscheiden:

aa) Überörtliche Planung

26 Von vornherein in die räumliche Gesamtplanung integriert ist die Landschaftsplanung in Bayern (Art. 3 Abs. 1 BayNatSchG), Hessen (§ 3 Abs. 1 HENatG), Nordrhein-Westfalen (§ 15 LG NW) und Rheinland-Pfalz (§ 16 LPflG Rh.-Pf.). Eine nachträgliche, u. U. nur partielle Aufnahme der überörtlichen Landschaftsplanung in die räumliche Gesamtplanung, namentlich der Landschaftsrahmenpläne in die Landesentwicklungspläne, sehen die Landesgesetze von Baden-Württemberg (§ 8 Abs. 1 NatSchG BW), des Saarlandes (§ 8 Abs. 8 SNG) und Schleswig-Holsteins (§ 5 Abs. 3 LPfleG SH) vor. Nur von einer Berücksichtigung sprechen hingegen die Landesgesetze Bremens (§ 4 Abs. 3 BremNatSchG) und Hamburgs (§ 3 Abs. 3 HmbNatSchG). Entsprechend den beiden Modellen der Koordination von Raumplanungs- und Naturschutzrecht sind Planungsträger entweder die Naturschutzbehörden (in den Fällen sekundärer Integration) oder die Raumplanungsbehörden (bei primärer Integration). Im letzten Fall sind die Naturschutzbehörden jedoch an der Planung zu beteiligen (vgl. § 2 HENatG, §§ 9, 14 LG NW).

bb) Örtliche Planung

27 Auf der örtlichen Ebene werden die **Landschaftspläne** entweder als eigenständige Satzung bzw. Rechtsverordnung beschlossen (vgl. § 11 NatSchGBln, § 8 Abs. 3 BremNatSchG, § 7 Abs. 1 HmbNatSchG, § 16 Abs. 2 S. 1 LG NW) oder in die **Bauleitplanung** einbezogen (§ 9 Abs. 1 NatSchG BW, Art. 3 Abs. 2 BayNatSchG,

[60] Vgl. zur Terminologie *Soell* (FN 7), S. 513ff. m. w. N. Zum Ganzen auch *Hendler,* NuR 1981, 41ff.

[61] *Wahl,* Ökologische Vorranggebiete, Arbeitsmaterial der Akademie für Raumforschung und Landesplanung (Hannover) Nr. 54 (1981), S. 55ff., 60.

§ 4 Abs. 2 HENatG, § 17 LPflG Rh.-Pf.), ggf. auch erst nachträglich und nur teilweise aufgenommen (vgl. § 9 Abs. 7 SNG, § 6 Abs. 4 S. 1 LPfleG SH).[62] § 6 Abs. 4 BNatSchG läßt jede dieser Varianten zu. Soweit die Landschaftsplanung landesrechtlich in die Bauleitplanung integriert wird, sind die Gemeinden auch für die Landschaftsplanung zuständig. Eine Beteiligung der Naturschutzbehörden ist jedoch, wenn auch im einzelnen unterschiedlich, in allen Fällen gewährleistet (vgl. § 4 Abs. 1 S. 3, Abs. 3 HENatG, § 9 Abs. 7 S. 1 SNG). Im übrigen können naturschutzbezogene Festsetzungen auch unabhängig von einer formellen Landschaftsplanung in den Bebauungsplänen erfolgen. Damit wird ein Landschaftsplan u. U. entbehrlich (vgl. etwa § 6 Abs. 5 HmbNatSchG).

c) Rechtswirkungen

Soweit die Landschaftsplanung in die Raumplanung übernommen wird, hat sie 28
Teil an deren rechtlichen Wirkungen. Landschaftsprogramm und Landschaftsrahmenpläne wirken demnach grundsätzlich behördenintern bzw. über § 1 Abs. 4 BauGB auch gegenüber den Gemeinden. Das unterscheidet sie beispielsweise von den Schutzgebietsausweisungen nach den §§ 12ff. BNatSchG (s. Rn. 50ff.), die als sog. qualifizierte Pläne (s. o. § 4 Rn. 25) unmittelbar gegenüber jedermann wirken.[63] Nur ausnahmsweise besitzen Landschaftspläne Allgemeinverbindlichkeit, soweit sie nämlich als selbständige Satzungen bzw. Rechtsverordnungen erlassen werden oder Bestandteile von Bebauungsplänen bilden bzw. dazu werden. Sie sind dann auch nach Maßgabe von § 47 VwGO angreifbar. Bei den selbständigen Landschaftsplänen kommt es allerdings darauf an, ob landesrechtlich die Normenkontrolle eröffnet ist (§ 47 Abs. 1 Nr. 2 VwGO). Dies ist in Berlin, Hamburg und Nordrhein-Westfalen gerade nicht der Fall.[64]

V. Eingriffe in Natur und Landschaft

Das Bundesnaturschutzgesetz statuiert – unabhängig vom Schutz bestimmter Ge- 29
biete – allgemein geltende, prinzipiell von jedermann zu beachtende **Umweltpflichten:** die sog. allgemeinen Schutz-, Pflege- und Entwicklungsmaßnahmen der §§ 8–11 BNatSchG. Die gesetzliche Bezeichnung ist freilich etwas mißverständlich, da es sich nicht nur um Schutz-, Pflege- und Entwicklungsmaßnahmen des Staates, sondern ebenso, wenn nicht sogar primär, um Unterlassungs-, Ausgleichs-, Ersatz-, Duldungs-, Pflege- und Entwicklungspflichten handelt, die Bürgern aufgegeben sind.

1. § 8 BNatSchG

Im Mittelpunkt der Bestimmungen steht die am Verursacherprinzip (s. § 3 Rn. 27ff.) ausgerichtete Regelung des § 8 BNatSchG über **Eingriffe in Natur und Landschaft.**[65]

---

[62] Unklar § 6 NdsNatSchG.
[63] *Soell* (FN 7), S. 517.
[64] Vgl. auch *Soell* (FN 7), S. 521.
[65] Ausführlich zum folgenden *Pielow,* NuR 1979, 15ff.; *Ronellenfitsch,* NuR 1986, 284ff.; *Gaentzsch,* NuR 1986, 89ff.; speziell zur Frage der gerichtlichen Überprüfbarkeit *Paetow,* NuR 1986, 144ff.

a) Eingriffstatbestand

30 Als Eingriffe gelten gemäß § 8 Abs. 1 BNatSchG Veränderungen der Gestalt oder Nutzung von Grundflächen, welche die Leistungsfähigkeit des Naturhaushaltes oder das Landschaftsbild erheblich oder nachhaltig beeinträchtigen können. Nicht als Eingriff ist gemäß § 8 Abs. 7 BNatSchG die ordnungsgemäße land-, forst- und fischereiwirtschaftliche Bodennutzung anzusehen (Agrarprivileg, s. o. Rn. 9).

Diese Vorschrift soll freilich nur die „tägliche Wirtschaftsweise" des Land- bzw. Forstwirtes von naturschutzrechtlichen Anforderungen freistellen und deckt nicht zugleich den Wechsel von der landwirtschaftlichen zur forstwirtschaftlichen Nutzung (oder den umgekehrten Vorgang) ab.[65a] Keineswegs versteht das Gesetz Land- und Forstwirtschaft als einheitliche Art der Bodennutzung, innerhalb derer ohne Rücksicht auf den etwaigen Eingriffscharakter i. S. des § 8 Abs. 1 BNatSchG beliebig von der einen zur anderen Nutzungsart gewechselt werden könnte.

Nach § 8 Abs. 8 BNatSchG können die Eingriffstatbestände innerhalb gewisser Grenzen landesrechtlich eingeschränkt oder erweitert werden. Dies ist in fast allen **Landesgesetzen** durch Formulierung unterschiedlich umfangreicher exemplarischer Positivkataloge geschehen.

Nach dem Landschaftsgesetz von Nordrhein-Westfalen (§ 4 Abs. 2) beispielsweise gelten als Eingriffe
- die oberirdische Gewinnung von Bodenschätzen,
- Aufschüttungen ab 2 m Höhe und mit einer Grundfläche von mehr als 400 qm,
- die Errichtung oder wesentliche Erweiterung von Flugplätzen, Mülldeponien und Campingplätzen,
- die Errichtung oder wesentliche Umgestaltung von Schienenwegen und Straßen sowie die Errichtung von Gebäuden im Außenbereich,
- der Ausbau von Gewässern,
- die Entwässerung von Mooren, Sümpfen und Brüchen sowie die Beseitigung von Tümpeln und Weihern mit einer Fläche von mehr als 100 qm,
- das Verlegen oberirdischer Versorgungs- oder Entsorgungsleitungen im Außenbereich,
- das Verlegen unterirdischer Versorgungs-, Entsorgungs- oder Materialtransportleitungen (Pipelines) im Außenbereich,
- die Umwandlung von Wald,
- die Beseitigung von Hecken, soweit sie prägende Bestandteile der Landschaft sind.

Nicht als Eingriffe gelten nach der nordrhein-westfälischen Regelung – abgesehen vom Agrarprivileg –
- die Errichtung von Erdwällen für den Lärmschutz an Straßen- und Schienenwegen,
- Abgrabungen geringeren Umfanges für den Eigenbedarf eines land- oder forstwirtschaftlichen Betriebes.

Von der **Rechtsprechung** werden als Eingriffe insbesondere auch land- und forstwirtschaftliche Umnutzungen eingestuft, so z. B. Aufforstungen, Auffüllungen in einem Feuchtgebiet, die Anpflanzung von Raps- und Erdbeerkulturen auf einer bislang extensiv genutzten Feuchtfläche oder die Anlage eines Fischteiches.[65b]

b) Funktion

31 Die **Rechtsfolgen** des § 8 BNatSchG treten neben diejenigen aus anderen Gesetzen und modifizieren insofern querschnittartig fast das gesamte Fachplanungs- und Umweltrecht.[66] Dabei spricht vieles dafür, das Unterlassungs- und Ausgleichsgebot des

---

[65a] BVerwGE 67, 93 (94); ähnlich BVerwG, RdL 1986, 148.

[65b] Vgl. die Nachw. bei *J. Schmidt,* NVwZ 1988, 982ff., 982.

[66] Ebenso etwa *Breuer* (FN 45), S. 658; vorsichtig hinsichtlich der Auswirkungen des § 8 BNatSchG auf das Fachplanungsrecht *Gaentzsch,* NuR 1986, 89ff.; umfassend *Bertenbreiter,* Naturschutz und Naturschutzrecht bei der fachplanerischen Beurteilung von Vorhaben, Diss. jur. München 1982.

§ 8 Abs. 2 BNatSchG nicht nur als abwägungserheblichen Belang, sondern als (bzw. wie) einen Planungsleitsatz zu behandeln.[67] Die enge rechtliche Verflechtung des § 8 BNatSchG mit den verschiedenen Fachaufgaben des Umweltschutzes tritt insbesondere auch darin zutage, daß über die Unterlassungs- und Ausgleichspflichten nach § 8 Abs. 2 S. 2 und 3 BNatSchG **nicht in einem gesonderten Verfahren** vor den Naturschutzbehörden, sondern regelmäßig im Rahmen der nach anderen Rechtsvorschriften erforderlichen Bewilligung, Erlaubnis, Genehmigung, Zustimmung, Planfeststellung oder sonstigen Entscheidung bzw. im Anzeigeverfahren von der jeweils zuständigen Behörde entschieden wird. Dabei ist nach § 8 Abs. 2 S. 2 BNatSchG die in anderen Gesetzen statuierte Kontrolle Voraussetzung für die naturschutzrechtliche Unterlassungs- und Ausgleichspflicht.

Dementsprechend ist ein **Unterlassungs- bzw. Ausgleichsverlangen bei nichtgestattungsbedürftigen Eingriffen** im Bundesnaturschutzgesetz nicht vorgesehen, wohl aber in einigen Landesgesetzen (vgl. Art. 6a Abs. 5 BayNatSchG, § 6 Abs. 11 HENatG). Auch wenn § 8 Abs. 2 S. 2 BNatSchG die Gestattungsbedürftigkeit eindeutig als Voraussetzung für eine Unterlassungs- oder Ausgleichsverpflichtung bezeichnet, dürfte hieran wohl nichts auszusetzen sein, da § 8 Abs. 9 BNatSchG den Ländern ausdrücklich freistellt,[68] weitergehende Vorschriften zu erlassen. Zulässig sind daher beispielsweise auch das in Hessen vorgesehene naturschutzspezifische Genehmigungsverfahren für Eingriffe in Natur und Landschaft (§ 6 HENatG) oder landesnaturschutzrechtliche Genehmigungserfordernisse für die Verwendung chemischer Mittel (vgl. § 17 NatSchG BW, § 7 LPflG Rh.-Pf.) – jedenfalls in dem dort vorgesehenen beschränkten Umfang. Das Konzentrationsprinzip des § 8 Abs. 2 S. 2 BNatSchG bleibt auch dort insofern gewahrt, als bei einem Zusammentreffen mit anderen Gestattungen die naturschutzrechtliche Genehmigung als deren Bestandteil gilt (§ 6 Abs. 11 HENatG). 32

c) Regelungskanon

§ 8 BNatSchG enthält einen abgestuften Regelungskanon:[69] 33

- Danach sind die Verursacher von Eingriffen zunächst zu verpflichten, vermeidbare Beeinträchtigungen von Natur und Landschaft zu unterlassen und unvermeidbare Beeinträchtigungen auszugleichen (§ 8 Abs. 2 BNatSchG).
- Ein unvermeidbarer und nicht ausgleichbarer Eingriff ist zu untersagen, wenn die Belange des Naturschutzes und der Landschaftspflege bei der gebotenen Abwägung vorgehen (§ 8 Abs. 3 BNatSchG).
- Schließlich können, soweit dies landesrechtlich vorgesehen ist, für – aufgrund der Interessenabwägung – zu tolerierende nicht ausgleichbare Eingriffe Ersatzmaßnahmen verlangt werden (§ 8 Abs. 9 BNatSchG, vgl. § 11 Abs. 4 NatSchG BW, § 14

---

[67] *Breuer,* NuR 1980, 89ff., 93 m.w.N., unter kritischer Auseinandersetzung mit der Gegenauffassung; gegen die Verwendung des Begriffes „Planungsleitsatz“ BVerwG, DVBl. 1985, 899f.; vermittelnd *Gaentzsch,* NuR 1986, 89ff., 92.

[68] So auch *Hosch,* UPR 1983, 142ff., 145.

[69] § 8 Abs. 2 S. 1 BNatSchG ist allerdings nicht sehr glücklich formuliert. Da die Unterlassungsverpflichtung des Verursachers sog. unvermeidbare Eingriffe toleriert, scheint die Regelung insoweit die Zulässigkeit des Eingriffs dem Grunde nach vorauszusetzen und allein auf eine Eingriffsbegrenzung auf ein vertretbares Maß zu zielen; ausführlich zur Stufenregelung des § 8 BNatSchG *Breuer,* NuR 1980, 89ff.; *Gassner,* NuR 1984, 81ff.; *Ronellenfitsch,* NuR 1986, 284ff., 287f.

Abs. 5 NatSchGBln, § 11 Abs. 5 Nr. 1 und Abs. 6 BremNatSchG, § 5 Abs. 3 LPflG Rh.-Pf., § 11 Abs. 3 SNG).

Hierbei ist das in § 8 Abs. 2 BNatSchG an erster Stelle genannte Gebot, vermeidbare Eingriffe zu unterlassen, nicht als unverbindliches Postulat oder lediglich als „Vorspann" zur Ausgleichsregelung (wofür die Praxis es gelegentlich zu halten scheint), sondern als verpflichtende Regelung zu verstehen, welche „strenge Maßstäbe für die Gewichtung derjenigen Belange fordert, denen freies Gelände des Naturhaushaltes geopfert werden (soll)".[70]

aa) Ausgleichsmaßnahmen

34 Klärungsbedürftig ist insbesondere der Begriff der Ausgleichsmaßnahme und seine **Abgrenzung** gegenüber den Ersatzmaßnahmen. Zwar enthält § 8 Abs. 2 S. 4 BNatSchG eine Legaldefinition des Eingriffsausgleichs. Danach ist der Eingriff ausgeglichen, wenn nach seiner Beendigung keine erhebliche oder nachhaltige Beeinträchtigung des Naturhaushalts zurückbleibt und das Landschaftsbild landschaftsgerecht wiederhergestellt oder neu gestaltet ist. Damit bleibt aber letztlich offen, inwieweit Ausgleichsmaßnahmen von der Naturalrestitution abweichen dürfen. Inzwischen scheint anerkannt, daß die Ausgleichsmaßnahme nicht in jedem Falle am Ort des Eingriffs erfolgen muß. Es reicht vielmehr aus, wenn sie in demselben Landschaftsraum und im „funktionalen Zusammenhang" mit dem Eingriff erfolgt.[70a] Dies gilt freilich nur, wenn die Wiederherstellung des früheren Zustands am Eingriffsort nicht oder nur unter unverhältnismäßigem Aufwand möglich ist (vgl. Art. 6a Abs. 4 BayNatSchG).

Beispiel: Eine Straße durchschneidet ein Feuchtgebiet. Das Biotop kann weder an der alten Stelle noch in unmittelbarer Nähe, sondern nur an anderer Stelle neu angelegt werden.[71]

35 Eine weitere Auflockerung erfährt der räumliche und funktionale Zusammenhang bei **Ersatzmaßnahmen** i. S. des § 8 Abs. 9 BNatSchG, die keinen Ausgleich, sondern eine **Kompensation** für den Eingriff schaffen sollen.[72] Eine bundeseinheitliche Abgrenzungsregel läßt sich allerdings nicht formulieren, da die hier maßgeblichen Landesnaturschutzgesetze, soweit sie überhaupt zwischen Ausgleichs- und Ersatzmaßnahmen unterscheiden, im einzelnen stark differieren. So ist auch die als Beispiel für eine Kompensation genannte Umgestaltung einer Kiesgrube in einen Badesee in ihrer Zuordnung nicht ganz unumstritten,[73] zumal wenn ein Landesgesetz möglichst gleichartige oder ähnliche Ersatzmaßnahmen verlangt (vgl. Art. 6a Abs. 3 BayNatSchG, § 11 Abs. 6 BremNatSchG, § 11 Abs. 6 HmbNatSchG, § 11 Abs. 4 SNG).

Schließlich hat der Begriff des Ausgleichs neben der sachlich-räumlichen auch eine zeitliche Dimension. So benötigt etwa die Neuanlage eines Galerie- oder eines Auwaldes ca. 150–200 Jahre, bis dessen ökologische Funktion gänzlich wiederhergestellt ist.

36 Eine wesentliche Konkretisierung hat die Eingriffsregelung des § 8 BNatSchG für den Bereich des **Bundesfernstraßenbaues** durch die verwaltungsinternen Hinweise

[70] BVerwGE 75, 214 (257).

[70a] *Breuer* (FN 45), S. 658; *Fickert,* BayVBl. 1978, 687ff.; *Kolodziejcok/Recken* (FN 40), § 8 BNatSchG Rn. 21; *Pielow,* NuR 1979, 15ff.; 17; *Soell* (FN 7), S. 529f.; a. A. *Schroeter,* DVBl. 1979, 14ff., 17.

[71] Vgl. zu diesem Beispiel *Fickert,* BayVBl. 1978, 687ff., 690.

[72] Von einer Aufhebung des Funktionszusammenhangs spricht *Ronellenfitsch,* NuR 1986, 284ff., 288.

[73] Vgl. *Soell* (FN 7), S. 530 m. w. N.

(des Bundesministers für Verkehr) zur Berücksichtigung des Naturschutzes und der Landschaftspflege beim Bundesfernstraßenbau – Ausgabe 1987 – v. 23. 2. 1987 erfahren[74] (Kloepfer Nr. 150/10).

bb) Finanzielle Ausgleichsleistungen

37 Neben Ausgleichs- und Ersatzmaßnahmen sehen die Landesnaturschutzgesetze (mit Ausnahme desjenigen von Bayern) als dritte Form des Eingriffsausgleichs finanzielle Ausgleichszahlungen vor, die vor allem unter der etwas voreiligen Pauschalbezeichnung **„naturschutzrechtliche Ausgleichsabgaben"**[75] (s. u. Rn. 42ff. sowie § 4 Rn. 181) bekannt geworden sind (vgl. §§ 11 Abs. 5 und 6 NatSchG BW, § 14 Abs. 6 und 7 NatSchGBln, § 11 Abs. 5 Nr. 2 und Abs. 7 BremNatSchG, § 9 Abs. 6 S. 3, Abs. 7 und 8 HmbNatSchG, § 6 Abs. 3 HENatG, § 12 Abs. 2 NdsNatSchG, § 5 LG NW, §§ 5 Abs. 3, 5a LPflG Rh.-Pf., § 11 Abs. 4 und 5 SNG, § 8 Abs. 4 LPfleG SH).

38 Die Länder leiten die **Gesetzgebungskompetenz** hierfür im Grundsatz zu Recht aus § 8 Abs. 9 BNatSchG (i. V. m. Art. 72 Abs. 1, 75 GG) ab,[76] der zu weitergehenden landesrechtlichen Vorschriften gegenüber der Ausgleichsregelung des § 8 Abs. 2 und 3 BNatSchG ermächtigt. Der Gesetzestext mit seinem exemplarischen Hinweis auf Ersatzmaßnahmen der Verursacher bei nicht ausgleichbaren, aber vorrangigen Eingriffen steht dem nicht entgegen. Daß während des Gesetzgebungsverfahrens unterschiedliche Auffassungen über die Zweckmäßigkeit der Erhebung naturschutzrechtlicher Ausgleichsabgaben bestanden,[77] reicht nicht aus, um die weit gefaßte Regelungsermächtigung zugunsten der Länder insoweit zu beschneiden, da die damals geäußerten Auffassungen nur erklären, weshalb eine Abgabenregelung nicht in das Bundesnaturschutzgesetz selbst aufgenommen wurde. Auch die Bundesregierung scheint ihre kompetenzrechtlichen Bedenken nicht länger aufrecht erhalten zu wollen.[78]

39 Die **landesrechtlichen Bestimmungen** sind im einzelnen sehr unterschiedlich, wobei die Unterschiede nicht nur die Voraussetzungen der finanziellen Ausgleichspflicht betreffen, sondern zum Teil auch auf die Rechtsnatur der Geldleistung durchschlagen.

Grundsätzlich besteht die Funktion der finanziellen Ausgleichspflicht darin, dort, wo naturale Ausgleichs- oder Ersatzmaßnahmen vom Verursacher selbst nicht durchgeführt werden können (oder sollen), eine dem Verursacherprinzip (s. § 3 Rn. 27ff.) entsprechende **Kostenanlastung** zu ermöglichen.[79] Dabei besteht allerdings die Gefahr, daß die Ausgleichsabgabe zur bloßen Ablaßzahlung nach der Devise „Was kostet ein Feuchtgebiet?" verkümmert.[80]

Zu unterscheiden sind **subsidiäre Ausgleichszahlungen**,[81] die nur erhoben werden können, wenn Ausgleichs- oder Ersatzmaßnahmen nicht durchführbar sind (vgl. § 11

[74] VkBl. S. 217.
[75] Vgl. dazu kritisch *Bettermann,* in: Jb. des Umwelt- und Technikrechts 1987 (UTR 3), 1987, S. 113ff., und *Meßerschmidt,* DVBl. 1987, 925ff., 928ff.
[76] So auch BVerwGE 74, 308 (313f.).
[77] Vgl. BT-Drs. 7/3879, S. 7, 23 einerseits, S. 35 andererseits.
[78] Vgl. BT-Drs. 10/2915, S. 30.
[79] *Breuer,* NuR 1980, 89ff., 98; *Soell* (FN 7), S. 531; aus volkswirtschaftlicher Sicht zur Naturschutzausgleichsabgabe ausführlich *Benkert/Zimmermann,* NuR 1979, 96ff.
[80] *Ronellenfitsch,* NuR 1986, 284ff., 287f.
[81] Vgl. zu dieser Unterscheidung *Breuer,* NuR 1980, 89ff., 97ff., und *Soell* (FN 7), S. 531.

Abs. 5 NatSchG BW, § 11 Abs. 7 BremNatSchG, § 9 Abs. 6 HmbNatSchG, § 11 Abs. 4 SNG, § 11 Abs. 4 LPfleG SH) und **alternative Ausgleichszahlungen,** die anstelle möglicher Ersatzmaßnahmen erhoben werden können (§ 14 Abs. 6 NatSchGBln, § 6 Abs. 3 i. V. m. Abs. 2 S. 4 HENatG,[82] § 5 Abs. 1 LG NW, § 5 Abs. 3 und § 5a LPflG Rh.-Pf.). Der Unterschied zwischen beiden gesetzlichen Modellen wird jedoch teilweise dadurch relativiert, daß „subsidiäre" Ausgleichszahlungen nach einigen Landesgesetzen schon dann erhoben werden können, wenn *sinnvolle* Ersatzmaßnahmen nicht möglich sind (vgl. § 11 Abs. 7 BremNatSchG, § 9 Abs. 6 HmbNatSchG). Umgekehrt kommt die „alternative" hessische Ausgleichsabgabe nach § 6 Abs. 3 i. V. m. § 6 Abs. 2 S. 4 HENatG nur in Betracht, „soweit dies der Verwirklichung der Ziele von Naturschutz und Landschaftspflege dient".

40 Das **Aufkommen** aus den Ausgleichszahlungen ist nach allen spezifischen Regelungen zweckgebunden. Die sog. alternativen Ausgleichszahlungen sind zudem an die Durchführung von Ersatzmaßnahmen durch den Staat geknüpft (vgl. § 6 Abs. 3 HENatG, § 5 Abs. 1 S. 3 LG NW). Gegen diese Koppelung wird eingewandt, sie könne dazu führen, daß die Zahlungspflicht entfalle, wenn die Behörde keine geeigneten Ersatzmaßnahmen zu ermitteln vermag.[83] Der Einwand würde indes nur durchgreifen, wenn der Begriff der Ersatzmaßnahme ganz eng aufgefaßt werden müßte, was nicht der Fall ist.

41 Unterschiedlich geregelt ist auch die **Bemessung.** Während die Mehrzahl der Landesgesetze sich an den Kosten der Ersatzvornahme bzw. den Vermeidungskosten (ersparte Rekultivierungskosten) orientiert (vgl. § 11 Abs. 8 Nr. 2 BremNatSchG, § 9 Abs. 7 S. 2 HmbNatSchG, § 6 Abs. 3 HENatG, § 5 Abs. 1 S. 2 LG NW, § 11 Abs. 4 S. 1 LPfleG SH), sind in anderen Bundesländern (auch oder statt dessen) Dauer und Schwere des Eingriffs (§ 14 Abs. 7 S. 3 NatSchGBln, in Hamburg und Bremen nur hilfsweise), wirtschaftliche Zumutbarkeit sowie Wert und Vorteil des Eingriffs für den Verursacher zu berücksichtigen (vgl. § 11 Abs. 6 S. 2 NatSchG BW, § 5a LPflG Rh.-Pf., § 11 Abs. 5 SNG). Letztlich werden in den meisten Fällen nur die Kosten der Ersatzmaßnahme erhoben.[84]

42 Dieser föderalistischen Regelungsvielfalt muß auch bei der Bestimmung der **Rechtsnatur** der einzelnen Geldleistungspflichten Rechnung getragen werden. Ihre pauschale Etikettierung als „Ausgleichsabgaben" trägt eher zur Verdunkelung als zur Klärung bei. Daß die Mehrzahl der Landesgesetze selbst von „Ausgleichsabgabe" bzw. „Abgabe" spricht, will rechtlich nicht allzu viel besagen. Die Frage ist vor allem deshalb von Bedeutung, weil hiervon wiederum die Regelungskompetenz der Länder abhängt. So wäre etwa eine Naturschutzsteuer der Länder – unabhängig vom spezifischen Regelungsgehalt des § 8 Abs. 9 BNatSchG – wegen insoweit fehlender Steuergesetzgebungshoheit verfassungswidrig.

43 Eine zulässige **Sonderabgabe** im Sinne der grundsätzlichen finanzverfassungsrechtlichen Kategorienbildung sieht das BVerwG[85] in der praktisch bedeutendsten und rechtlich differenzier-

[82] Auch anstelle von Ausgleichsmaßnahmen.
[83] *Breuer,* NuR 1980, 89ff., 97. Ebenso *Heiderich,* in: Deutscher Rat für Landespflege (Hg.), Analyse und Fortentwicklung des neuen Naturschutzrechts in der Bundesrepublik Deutschland, 1981, S. 506ff., 507, und *Soell* (FN 7), S. 531.
[84] *Breuer,* NuR 1980, 89ff., 97.
[85] BVerwGE 74, 308 (Ls., 309ff.).

testen Ausgleichsregelung, der Ausgleichsabgabe nach dem baden-württembergischen Naturschutzgesetz. Die Entscheidung ist allerdings anfechtbar, weil sie von der inzwischen gefestigten Sonderabgabenjudikatur des BVerfG[86] teilweise abweicht und mit der Charakterisierung der Ausgleichsabgabe als „Sonderabgabe eigener Art" selbst Zweifel hinsichtlich ihrer Stichhaltigkeit schürt. Einiges spricht dafür, in der Ausgleichsabgabe statt dessen eine – ebenfalls zulässige – **Gebühr** (in der Form der Sondernutzungsgebühr) zu sehen.[87]

Die Einzelheiten der Abgabeerhebung in Baden-Württemberg ergeben sich aus der Ausgleichsabgabeverordnung vom 1. 12. 1977.[88]

Wegen der besonderen Ausgestaltung der **baden-württembergischen Ausgleichsabgabe,** die sich im Unterschied zu fast allen anderen Regelungen nicht primär an den Kosten der Ersatzmaßnahme orientiert, ist ihre finanzrechtliche Bewertung nicht ohne weiteres auf die Geldleistungspflichten nach den anderen Landesnaturschutzgesetzen übertragbar. Dem baden-württembergischen Abgabenmodell hat sich inzwischen jedoch der rheinland-pfälzische Gesetzgeber mit der Regelung einer neben die Ersatzmaßnahmen tretenden „Ausgleichszahlung" (§ 5a LPflG Rh.-Pf.) weitgehend angeschlossen.[89]

Den Gegenpol zur baden-württembergischen Ausgleichsabgabe bildet im Regelungsspek- 44
trum der Ausgleichsregelungen der sog. Erstattungsanspruch nach § 12 Abs. 2 NdsNatSchG, dessen Funktion sich auf die **Kostenanforderung** nach einer klassischen Ersatzvornahme beschränkt. Zwischen diesen Antipoden ist die Rechtsnatur der übrigen Ausgleichsregelungen differenziert zu bestimmen. Daß dies bislang nicht geschehen ist, mag nicht zuletzt damit zusammenhängen, daß die meisten Ausgleichsregelungen im Vergleich zur baden-württembergischen Praxis eine Schattenexistenz führen.

Umstritten ist, ob auch der Bund, namentlich beim Fernstraßenbau, der Zahlungs- 45
bzw. Abgabepflicht unterliegt.[90] Nach der Gesetzeslage besteht die **Zahlungspflicht für öffentliche Planungsträger** nicht anders als für Private (mit Ausnahme der Freistellungsregelung in § 14 Abs. 6 S. 1, 2. Hs. NatSchGBln). Die von der Bundesregierung vertretene Auffassung, die bundesrechtlichen Planfeststellungsgesetze (namentlich §§ 8 Abs. 9, 17 Abs. 4 FStrG) stünden als abschließende Regelungen Abgabepflichten des Baulastträgers entgegen, kann inzwischen als widerlegt gelten.[91] Das gleiche gilt für das vermeintliche finanzverfassungsrechtliche Argument der aufgabenakzessorischen Ausgabentragung in Art. 104a Abs. 1 GG. Im Ergebnis trifft die Zahlungspflicht demnach sowohl private als auch öffentliche Verursacher einschließlich des Bundes.

2. *Spezielle Eingriffsverbote*

Die Eingriffsregelungen des § 8 BNatSchG werden in einigen Landesgesetzen 46
durch spezielle Eingriffsverbote modifiziert oder ergänzt. So hat insbesondere Rheinland-Pfalz im neuen § 24 LPflG alle bedeutenden **Biotope** einem fast ausnahmslosen Veränderungsverbot unterworfen. Beachtenswert sind auch die Regelung des baden-württembergischen Naturschutzgesetzes über den Schutz der Feuchtgebiete und der

---

[86] BVerfGE 55, 274 (297ff.); 57, 139 (166ff.); 67, 256 (276ff.). Vgl. zu deren Schwächen jedoch *Meßerschmidt,* Umweltabgaben als Rechtsproblem, 1986, S. 222ff., und *dens.,* in: Jb. des Umwelt- und Technikrechts 1987 (UTR 3), 1987, S. 83ff., 103ff.

[87] Hierzu näher *Meßerschmidt,* DVBl. 1987, 925ff., 931ff.; allgemein zur Verleihungsgebühr, wozu auch die Sondernutzungsgebühr zu zählen ist, als eigenständigen Gebührentypus *F. Kirchhof,* DVBl. 1987, 554ff.

[88] GBl. S. 704, geänd. durch VO v. 22. 12. 1980, GBl. S. 67.

[89] ÄndG v. 27. 3. 1987 (GVBl. S. 70).

[90] Vgl. u. a. *Breuer,* NuR 1980, 89ff., 98ff.; *Eckardt,* NuR 1979, 133ff.; *Schroeter,* DVBl. 1979, 14ff., 18ff., sowie zuletzt *Schultze,* NuR 1986, 106ff., 161ff. Der VGH Mannheim, UPR 1987, 433f., hat demgegenüber eine Abgabepflicht des Bundes bejaht.

[91] Vgl. nur *Breuer,* NuR 1980, 89ff., 98f. Zur Gegenposition *Schroeter,* DVBl. 1979, 14ff., 18ff.

Ufervegetation (§ 17 NatSchG BW) und die i. e. S. **bodenschutzrechtlichen Bestimmungen** über die Verwendung chemischer Mittel (vgl. § 29 NatSchGBln, § 28 BremNatSchG, § 7 LPflG Rh.-Pf., § 26 Abs. 3 LPfleG SH, § 17 SNG). Von der dort vorgesehenen naturschutzrechtlichen Güterabwägung, die über die Verwendung von chemischen Schädlingsbekämpfungsmitteln, Kunstdünger und Streusalz entscheiden soll, wird allerdings die Land- und Forstwirtschaft als wichtigste Schadensquelle ausgenommen (vgl. auch § 14 Rn. 22ff.).

3. Duldungs- und Pflegepflichten

47 Nach § 10 BNatSchG können die Länder bestimmen, daß Eigentümer und Nutzungsberechtigte von Grundflächen nach dem Landesnaturschutzrecht zulässige Maßnahmen im Rahmen des Zumutbaren zu dulden haben. Die Landesgesetze sehen dies überwiegend bei landschaftspflegerischen und -gestaltenden Maßnahmen in Schutzgebieten sowie für den Fall vor, daß durch den Zustand eines Grundstücks der Naturhaushalt oder das Landschaftsbild erheblich beeinträchtigt oder gefährdet werden (vgl. nur Art. 5 Abs. 1 Nr. 2a BayNatSchG, § 8 LPflG Rh.-Pf.). Die in einzelnen Bundesländern vorgesehenen noch weitergehenden Duldungspflichten[92] sind nach § 10 Abs. 2 BNatSchG zulässig, lösen aber u. U. eine Entschädigungspflicht aus. Sonstige Duldungspflichten – namentlich gegenüber Dritten – ergeben sich aus den bundes- und landesrechtlichen Bestimmungen zur Gewährleistung der Erholungsfunktion von Natur und Landschaft (vgl. § 27 BNatSchG, s. Rn. 95).

48 Eine **Pflegepflicht** des Eigentümers bzw. Nutzungsberechtigten statuiert § 11 BNatSchG nur für den Siedlungsbereich. Aufgrund der Ermächtigung in § 11 Abs. 2 BNatSchG erstrecken einige Landesgesetze die Pflegepflicht jedoch auch auf den Außenbereich (vgl. § 17 Abs. 2 NatSchGBln, § 14 HmbNatSchG, § 19 Abs. 1 und 2 HENatG, bedingt: § 38 LG NW). Pflegegebote nach § 11 BNatSchG setzen voraus, daß
- ein Grundstück nicht ordnungsgemäß instandgehalten wurde,
- hierdurch die Belange des Naturschutzes und der Landschaftspflege erheblich und nachhaltig beeinträchtigt werden,
- die Pflege angemessen und zumutbar ist.

49 Bei Anlagen, die das Landschaftsbild erheblich beeinträchtigen (z. B. einem Industriebetrieb im Außenbereich oder einem Einkaufszentrum), können nach einigen Landesgesetzen **Schutzpflanzungen** angeordnet werden (vgl. § 15 NatSchG BW, § 38 LG NW). Inwieweit sich solche Regelungen mit den Ausgleichspflichten nach § 8 BNatSchG überschneiden oder darüber hinausgehen, ist noch nicht geklärt. Ferner sind nach Landesrecht z. T. spezielle **Bewirtschaftungsauflagen** für sog. Sozialbrache möglich (vgl. § 9 LPflG Rh.-Pf.). Überlegungen und Versuche gehen aber auch dahin, ökologisch notwendige Pflegemaßnahmen dem Landwirt gegen Entgelt zu übertragen.[93]

---

[92] Vgl. dazu im einzelnen *Soell* (FN 7), S. 533 m. w. N.
[93] Vgl. *Soell,* DVBl. 1983, 241ff., 249 m. w. N.

VI. Besonderer Flächen- und Objektschutz

1. Grundsätzliches

Der Schutz, die Pflege und die Entwicklung von erhaltens- und wiederherstellenswerten Natur- und Landschaftsteilen wird als klassische Materie des Naturschutzes in den §§ 12ff. BNatSchG geregelt. Besonders schutzwürdige Teile von Natur und Landschaft können durch den normativen Akt der **Unterschutzstellung** als 50
- Naturschutzgebiete,
- Nationalparke,
- Landschaftsschutzgebiete,
- Naturdenkmale und
- geschützte Landschaftsbestandteile

einer gesteigerten Sicherung und Pflege zugeführt werden.

Das Bundesnaturschutzgesetz verlangt für die Unterschutzstellung allgemein eine **rechtsverbindliche Festsetzung** (vgl. §§ 13 Abs. 1, 14 Abs. 1, 15 Abs. 1, 17 Abs. 1, 18 Abs. 1 BNatSchG). Das Landesrecht sieht hierfür überwiegend **Rechtsverordnungen** vor (vgl. nur §§ 21, 22 NatSchG BW, Art. 7ff. BayNatSchG, §§ 18ff. NatSchGBln, § 16 HENatG, §§ 24ff. NdsNatSchG, §§ 18ff. LPflG Rh.-Pf., §§ 16ff. LPfleG SH); Festsetzungen durch **Satzung** (§ 19 i. V. mit § 16 Abs. 2 S. 1 und Abs. 4 Nr. 2 LG NW) oder **Gesetz** (§ 15 Abs. 2 LPfleG SH für die Errichtung eines Nationalparks) sind die Ausnahme.

Das Bundesnaturschutzgesetz verfeinert damit den herkömmlichen naturschutzrechtlichen Flächen- und Objektschutz. Den Schutzgebietsfestsetzungen kommt dabei neben den absoluten Veränderungsverboten des § 20c BNatSchG (s. a. § 24 LPflG Rh.-Pf.) auch für den Bodenschutz eine besondere Rolle als Hauptinstrument des ökologischen Flächenschutzes zu (vgl. auch § 14 Rn. 51ff.).[94] Dies hat auch die Bundesregierung in ihrer Bodenschutzkonzeption betont.[95]

Eine Verpflichtung, bestimmte Gebiete zu Schutzgebieten zu erklären, besteht nach geltender Rechtslage nicht. § 12 Abs. 1 BNatSchG spricht lediglich davon, daß Teile von Natur und Landschaft zum Naturschutzgebiet usw. erklärt werden *können*. Wenn in den Einzelregelungen auf die **Erforderlichkeit** des besonderen Gebiets- oder Objektschutzes abgestellt wird, so bezieht sich dies daher nur auf die Berechtigung der Unterschutzstellung (s. Rn. 56). Bei der räumlichen Abgrenzung von Schutzgebieten billigt die Rechtsprechung der Naturschutzbehörde ein gestalterisches Ermessen zu,[95a] während sie sonst an der uneingeschränkten Justitiabilität (vgl. allgemein § 5 Rn. 40ff.) der Schutzgebietsfestsetzung festhält.[95b] 51

Die Festsetzung von Schutzgebieten berührt in vielen Fällen **Grundrechte** namentlich der Eigentümer von im Schutzgebiet gelegenen Grundstücken. In Betracht kommen vor allem Art. 14 GG (Beispielsfälle: Bauverbot in einem Landschaftsschutzgebiet, Einschränkung der landwirtschaftlichen Nutzung bzw. Verbot der Jagdaus- 52

---

[94] *Ebersbach,* Rechtliche Aspekte des Landverbrauchs am ökologisch falschen Platz, 1985, S. 44.
[95] BT-Drs. 10/2977, S. 34ff.
[95a] VGH Mannheim, UPR 1987, 392ff., 393.
[95b] Vgl. BVerwG, UPR 1988, 445; OVG Koblenz, NuR 1985, 29f., 29.

übung in einem Naturschutzgebiet, Beschränkung bergbaulicher Berechtigungen im Nationalpark „Niedersächsisches Wattenmeer"),[95c] Art. 12 GG (etwa: Verbot des Fischfangs für einen Berufsfischer) sowie Art. 2 Abs. 1 GG (als allgemeine Handlungsfreiheit, etwa durch das Verbot des Spazierens oder Campierens). Eine Unterschutzstellung muß daher den jeweiligen verfassungsrechtlichen Voraussetzungen für die diversen Grundrechtseingriffe genügen.

53 Obgleich Unterschutzstellungen meist einschneidende, mit der Schutzgebietsstufe sich steigernde Einschränkungen der Eigentumsnutzung bewirken, stellen sie freilich im Regelfall keinen verfassungswidrigen, ja nicht einmal einen entschädigungspflichtigen Eingriff in das Eigentum dar. Unterschutzstellungen gelten prinzipiell als Ausdruck der **Sozialbindung** des Eigentums i. S. von Art. 14 Abs. 2 GG, sind also in aller Regel entschädigungslos hinzunehmen, soweit Landesgesetze nicht das Gegenteil vorsehen (vgl. etwa § 47 Abs. 2 NatSchG BW, § 39 HENatG, § 45 LPfleG SH für Maßnahmen mit enteignender Wirkung, weitergehend § 39 LPflG Rh.-Pf.).

54 So geht das BVerwG[96] in ständiger Rechtsprechung davon aus, daß Maßnahmen des Natur- und Landschaftsschutzes regelmäßig verfassungsrechtlich unbedenkliche Inhaltsbestimmungen des Eigentums sind. Sie konkretisieren die Sozialgebundenheit des Eigentums, die dem Grundstück aufgrund seiner Lage und seines Zustandes bereits anhaftet und die es prägt. Das BVerwG knüpft damit an den vom BGH[97] geprägten Begriff der **Situationsgebundenheit** des Grundstückseigentums an. Hiernach ist jedes Grundstück durch seine Einbettung in die Umgebung, insbesondere in Natur und Landschaft, individuell geprägt und erfährt hieraus eine immanente Sozialbindung.

Nachdem der BGH den Gedanken der Situationsgebundenheit erstmals im sog. Grünflächenurteil von 1956[98] formuliert hatte, bezog er ihn in seiner zweiten Leitentscheidung, dem sog. Buchendomurteil,[99] auch auf eine naturschutzrechtliche Unterschutzstellung.

In dem dieser Entscheidung zugrundeliegenden Rechtsstreit begehrte der Eigentümer einer unter Naturschutz gestellten Baumgruppe (dem Jahrhunderte alten „Buchendom") Entschädigung wegen des Verbots, die Bäume zu verwerten.

Der BGH sah hierin keinen entschädigungspflichtigen Tatbestand. Aus der naturgegebenen Lage eines Grundstücks in der Landschaft oder aus der besonderen Art der äußeren Gestaltung des Eigentums im Hinblick auf Besonderheiten und Seltenheiten der Natur könne das Eigentum seiner Natur nach mit einer begrenzten Pflichtigkeit belastet sein, die sich durch gesetzliche Vorschriften zur Pflicht verdichten könne.[100]

[95c] Vgl. zum letzteren *Hoppe*, Nationalpark-Verordnung „Niedersächsisches Wattenmeer" und bergbauliche Berechtigungen, 1987; *dens.*, DVBl. 1987, 757ff.; zu anderen Beispielsfällen *Paetow*, VBlBW 1985, 3ff. Vgl. aus der Rspr. ferner BVerwGE 67, 84 (Verbot von Abgrabungen zur Gewinnung von Bodenschätzen in einem Landschaftsschutzgebiet); BVerwGE 67, 93 (Verbot, Naß- und Feuchtgebiete in einem Landschaftsschutzgebiet aufzuforsten).

[96] BVerwGE 3, 335; 4, 57 (60); 49, 365 (368); 67, 84 (86); 67, 93 (95).

[97] Vgl. BGHZ 23,30 (Grünflächenurteil); BGH, DÖV 1957, 669f. (Buchendomurteil); BGH LM Nr. 70 zu Art. 14 GG (Kapellenurteil); BGH, DÖV 1959, 750f. (Gipsbruchurteil); BGHZ 48, 193 (Kölner Hinterhausurteil).

[98] BGHZ 23, 30.

[99] BGH, DÖV 1957, 669f.

[100] BGH, DÖV 1957, 669f., 669.

Die Rechtsprechung bezieht sich hierbei allerdings zunächst nur auf den **Entzug einer bislang nicht verwirklichten Nutzungsmöglichkeit.**

Hierzu heißt es, die Eigentümerfunktion (Dispositionsfreiheit) hinsichtlich eines solchen Eigentums werde nicht eigentlich beeinträchtigt und verkürzt, wenn dem Eigentümer für die Zukunft eine bisher nicht verwirklichte Verwendungsart, die mit der Situationsgebundenheit bei vernünftiger Betrachtungsweise nicht vereinbar ist, untersagt wird.[101] Die Sozialbindung postuliert insoweit das Verhaltensmodell eines vernünftig und einsichtig handelnden Eigentümers, der auch an das Gemeinwohl denkt und deshalb von bestimmten Nutzungsformen absieht.

Schwerer wiegen die Eigentümerinteressen bei naturschutzrechtlichen **Nutzungseinschränkungen,** die nicht lediglich einen status quo festschreiben, sondern die in einen bereits geschaffenen Bestand eingreifen und getätigte Investitionen entwerten.[102] Das BVerwG[102a] nimmt in solchen Fällen allgemein eine Überschreitung der Grenzen zulässiger Eigentumsinhaltsbestimmung an: Wenn in einem Gebiet eine bis dahin zulässige Nutzung ausgeübt werde oder eine eigentumskräftig verfestigte Anspruchsposition gegeben sei, dann könne eine Landschaftsschutzverordnung diese Position nicht oder nur gegen Entschädigung entziehen. Dabei verkennt das BVerwG jedoch die Tragweite des Gedankens der Situationsgebundenheit: Auch insoweit kann nämlich nach den Umständen des Einzelfalles noch eine entschädigungslose Sozialbindung vorliegen. Nach der neueren Rechtsprechung des BGH[103] ist eine Nutzungsuntersagung oder -beschränkung jedenfalls bei ganz überragenden Interessen des Landschaftsschutzes von der Sozialpflichtigkeit gedeckt. In einem späteren Urteil dehnt der BGH[104] die Sozialbindung noch erheblich aus. Hiernach soll die Situationsgebundenheit eines Grundstücks regelmäßig zur Folge haben, daß eine angeordnete Nutzungsbeschränkung bzw. ein entsprechendes Verbot als Ausdruck der Sozialpflichtigkeit nicht entschädigungspflichtig ist, wenn bei dem Grundstück die gesetzlichen Voraussetzungen für die Ausweisung als Naturschutz- oder Landschaftsschutzgebiet vorliegen. 55

Dies ist jedoch z. B. nicht der Fall, wo die (einfach)gesetzlichen Schutzzwecke verkannt werden:[105] So darf etwa ein Naturschutzgebiet nicht zum Zweck der Erholung eingerichtet werden. Dahinter steht das verfassungsrechtliche Gebot der Sachgerechtigkeit und Willkürfreiheit.

Damit ist zwar ein klarerer Maßstab gefunden, der auf das bisherige wenig greifbare Kriterium des „vernünftigen und einsichtigen Eigentümers" verzichtet und durch das Wort „regelmäßig" eine abweichende Entscheidung im Einzelfall aufgrund besonderer Umstände zuläßt. Umgekehrt ist allerdings kritisch zu bemerken, daß diese Rechtsprechung einfach die gesetzlichen Maßstäbe übernimmt, ohne zu klären, wo

---

[101] BGH, DÖV 1957, 669f., 670.

[102] Vgl. dazu BVerwG, DVBl. 1957, 861ff.; BGH, DVBl. 1983, 630ff.; im Schrifttum speziell *Nies,* AgrarR 1986, 93ff., 95; *Schink,* AgrarR 1985, 185ff. Dem kann jedoch nur insoweit gefolgt werden, als eine Unterschutzstellung nicht mehr von der Sozialpflichtigkeit des Grundeigentums gedeckt wird, was zunehmend seltener der Fall sein wird, nicht zuletzt, weil das BVerfG (BVerfGE 58, 300) den Begriff der Sozialpflichtigkeit erheblich ausgedehnt hat. Vgl. zur Bedeutung der Sozialpflichtigkeit des Grundeigentums für Landschaftspflege und Naturschutz insbes. *Soell,* DVBl. 1983, 241ff.

[102a] BVerwGE 67, 84 (87); 67, 93 (95f.). Vgl. zuletzt auch BVerwG Buchholz 406.16 Nr. 41.

[103] BGH, AgrarR 1984, 281f.

[104] BGHZ 90, 4.

[105] Vgl. allgemein BVerfGE 21, 73 (86); 25, 112 (117f.).

dabei Art. 14 GG dem Gesetzgeber Grenzen zieht. Insoweit besteht die Gefahr einer „Gesetzmäßigkeit der Verfassung“ (statt der gebotenen Verfassungsmäßigkeit der Gesetze).[106]

56 Besondere Bedeutung kommt unter diesen Umständen der sachgerechten **Abwägung im Einzelfall** zu.[107] Diese aktualisiert insbesondere die Abwehrgehalte des Übermaßverbotes in punktueller Weise. Hiernach muß die Unterschutzstellung geeignet, erforderlich und verhältnismäßig i. e. S. sein. Insbesondere muß der Schutzgegenstand im Hinblick auf die Ziele und Grundsätze des Naturschutzes (s. o. Rn. 6ff.) *schutzwürdig* und *schutzbedürftig* sein. So setzt etwa die Planung und Festsetzung von Landschaftsschutzgebieten die Schutzwürdigkeit der Landschaft sowie Anhaltspunkte dafür voraus, daß die gesetzlichen Schutzgüter ohne die vorgesehene Maßnahme abstrakt gefährdet wären.[107a] Dabei spielen ökologische, technische, klimatische, geographische und andere Gesichtspunkte eine Rolle. Für die Geeignetheit sind etwa die problematischen Fragen der arterhaltenden Mindestgröße, einer eventuell notwendigen Pufferzone oder die einer gebotenen Vernetzung mit anderen Biotopen zu beantworten. Hinsichtlich der Erforderlichkeit ist z. B. zu prüfen, ob eine weniger belastende Festsetzung (etwa eines Landschaftsschutz- anstelle eines Naturschutzgebietes) den angestrebten Zweck nicht mit gleicher Sicherheit hätte erreichen können. Die letztlich zentrale Rolle spielt jedoch die Abwägung im Rahmen der eigentlichen Verhältnismäßigkeitsprüfung, bei der zu fragen ist, ob das angestrebte Ziel (beispielsweise die Erhaltung eines Feuchtgebietes) zu den Nachteilen (etwa dem Verbot der landwirtschaftlichen Intensivnutzung) nicht außer Verhältnis steht. Maßstäbe bietet zum einen die Rechtsprechung des BVerfG, wonach der Boden einer besonderen Allgemeinwohlbindung unterliegt.[108] Zum anderen läßt sich der Rechtsprechung des BVerwG die Faustregel entnehmen, daß Biotope, je seltener und schutzwürdiger sie sind, desto umfangreichere Eingriffe in Grundrechte rechtfertigen.[109]

2. Schutzarten

Die Schutztypen unterscheiden sich nach Zielsetzung und Schutzintensität.

a) Naturschutzgebiete

57 Naturschutzgebiete sind gemäß § 13 Abs. 1 BNatSchG rechtsverbindlich festgesetzte Gebiete, in denen ein besonderer Schutz von Natur und Landschaft in Ihrer Ganzheit (Vollnaturschutzgebiete) oder in einzelnen Teilen (Teilnaturschutzgebiete)
- zur Erhaltung von Lebensgemeinschaften oder Biotopen bestimmter wildlebender Tier- und Pflanzenarten,
- aus wissenschaftlichen, naturgeschichtlichen oder landeskundlichen Gründen oder
- wegen ihrer Seltenheit, besonderen Eigenart oder hervorragenden Schönheit

erforderlich ist. Sie sind grundsätzlich durch ein **absolutes Veränderungsverbot**[110] gekennzeichnet (§ 13 Abs. 2 S. 1 BNatSchG). Nach Wortlaut und Sinn der Vorschrift

---

[106] Dazu *Leisner*, Von der Verfassungsmäßigkeit der Gesetze zur Gesetzesmäßigkeit der Verfassung, 1964.
[107] Hierzu näher *Kloepfer*, AgrarR 1986, Beilage I, 3ff., 14.
[107a] BVerwG, UPR 1988, 445.
[108] Vgl. insbes. BVerfGE 21, 73 (82f.).
[109] Hierzu ausführlich *Kloepfer*, AgrarR 1986, Beilage I, 3ff., 14 m. w. N.
[110] Vgl. etwa den Verbotskatalog des baden-württembergischen Verordnungsmusters für Schutzgebiete vom 4. 5. 1977 (GABl. S. 656).

gilt das Verbot nicht nur innerhalb des Schutzgebiets, sondern auch für Handlungen, die von außerhalb in das Schutzgebiet hineinwirken und es nachhaltig stören, verändern, beschädigen oder zerstören.[111] Dabei ist hinsichtlich der Schutzwirkung zwischen Vollnaturschutzgebieten, die gänzlich frei von menschlichen Einwirkungen bleiben sollen, und Teilnaturschutzgebieten, in denen eine Betätigung des Menschen im Rahmen des Schutzzweckes möglich oder sogar (als Pflege) geboten sein kann, zu unterscheiden.[112] Soweit es der Schutzzweck erlaubt, können Naturschutzgebiete der Allgemeinheit zugänglich gemacht werden. Die im Einzelfall geltenden Verbote sind mit den übrigen Festsetzungen in der Schutzgebietserklärung festzulegen (vgl. § 21 Abs. 2 NatSchG BW).

Angesichts des Gesetzeswortlautes muß der Befund überraschen, daß selbst in den am **58** strengsten geschützten Gebieten der Bundesrepublik vielfach **Nutzungen** anzutreffen sind, die den Schutzzweck erheblich gefährden oder sogar zunichte machen. Dazu zählen Erholungsverkehr, Jagd, Fischerei, aber auch etwa Straßenbauten. Es muß daher bei vielen Naturschutzgebieten von einem schleichenden Funktionsverlust gesprochen werden.[113] Eine wesentliche Ursache hierfür liegt in den Regelungen der Landesgesetze, die für Naturschutzgebiete bestimmen, daß selbst schutzgebietswidrige Handlungen genehmigungsfähig sind, wenn die Schutzgebietsverordnung einen entsprechenden Genehmigungsvorbehalt vorsieht. Darüber hinaus wird von der – in § 13 Abs. 2 S. 2 BNatSchG wohl sogar als Regelfall behandelten – Möglichkeit nicht energisch genug Gebrauch gemacht, der Allgemeinheit den Zugang zu Naturschutzgebieten erforderlichenfalls zu verwehren. Von besonderer Bedeutung sind schließlich die Einwirkungen von außen, weswegen es etwa wenig sinnvoll ist, ein Naturschutzgebiet inmitten landwirtschaftlich intensiv genutzter Fläche (Dünger und Pestizide!) auszuweisen; hier kommt der gleichzeitigen Ausweisung von Landschaftsschutzgebieten als Pufferzonen erhebliche Bedeutung zu.

b) Nationalparke

Die Nationalparke (§ 14 BNatSchG) entsprechen hinsichtlich Gegenstand, Zweck **59** und Mitteln grundsätzlich den Naturschutzgebieten. Ihr überwiegender Teil muß Naturschutzgebietscharakter haben und dementsprechend geschützt werden. Sie dienen der Erhaltung einer artenreichen heimischen Flora und Fauna. Von Naturschutzgebieten unterscheiden sie sich durch ihre Großräumigkeit sowie eine gewisse Schutzabschwächung, wie sie die Verhältnisse in einem dichtbesiedelten Industrieland erfordern (vgl. auch § 14 Abs. 2 BNatSchG).[114] Die Erholungsfunktion tritt stärker hervor: Die Nationalparke *sollen* der Allgemeinheit zugänglich gemacht werden, soweit es der Schutzzweck erlaubt. Die gesetzliche Bezeichnung „Nationalpark" knüpft an die international übliche Bezeichnung für den Schutz zusammenhängender Naturlandschaften an;[115] sie enthält keinen Hinweis auf den Träger. In der Bundesrepublik bestehen bislang die beiden bayerischen Nationalparke „Bayerischer Wald" und „Alpenpark Berchtesgaden" sowie die Nationalparke „Niedersächsisches" bzw. „Schleswig-Holsteinisches Wattenmeer".[116]

---

[111] Vgl. *Soell,* NuR 1980, 1ff., 7.
[112] *Ebersbach* (FN 94), S. 46.
[113] *Rat von Sachverständigen für Umweltfragen,* Umweltgutachten 1978, Rn. 1238; *Soell,* NuR 1980, 1ff., 7.
[114] *Ebersbach* (FN 94), S. 48f.; ausführlich *Lang,* NuR 1984, 14ff.
[115] Vgl. *Soell* (FN 7), S. 536f. m. w. N.
[116] Zu dem im Nationalpark „Niedersächsisches Wattenmeer" sich stellenden Problem der Einschränkung bergbaulicher Berechtigungen (Erdgas- und Erdölförderung) *Hoppe,* DVBl. 1987, 757ff.

c) Landschaftsschutzgebiete

60 Ein gegenüber Naturschutzgebieten und Nationalparken wesentlich abgeschwächter Flächenschutz besteht in den Landschaftsschutzgebieten (§ 15 BNatSchG). Landschaftsschutzgebiete werden festgesetzt

- zur Erhaltung oder Wiederherstellung der Leistungsfähigkeit des Naturhaushalts oder der Nutzungsfähigkeit der Naturgüter,
- wegen der Vielfalt, Eigenart oder Schönheit des Landschaftsbildes oder
- wegen ihrer besonderen Bedeutung für die Erholung.

Im Unterschied zu den Naturschutzgebieten werden auch und gerade Kulturlandschaften geschützt. Sie können als „Pufferzonen" um Naturschutzgebiete gelegt, aber auch in der Nähe von Belastungsgebieten als ökologisch stabilisierende Faktoren geschaffen werden.[117] Während auf die Naturschutzgebiete nur knapp 1% der Fläche des Bundesgebietes entfallen, bilden die Landschaftsschutzgebiete rund ein Viertel seiner Fläche.[118]

In den Landschaftsschutzgebieten sind grundsätzlich alle Handlungen verboten, die den Charakter des Gebietes verändern oder dem besonderen Schutzzweck zuwiderlaufen (§ 15 Abs. 2 BNatSchG). Insofern handelt es sich um ein **relatives Veränderungsverbot mit Erlaubnisvorbehalt.**[119] Die Verbote bzw. Erlaubnisvorbehalte ergeben sich aus den jeweiligen Gebietserklärungen. Generell zulässig ist die landwirtschaftliche Nutzung (vgl. den Verweis auf § 1 Abs. 3 in § 15 Abs. 2 BNatSchG), worunter jedoch beispielsweise weder die erstmalige Aufnahme der Landwirtschaft noch die Aufforstung ehemaliger landwirtschaftlicher Flächen oder die Errichtung landwirtschaftlicher Gebäude fallen. Die Landwirtschaft ist daher ebenfalls an den Schutzgebietscharakter und den Schutzzweck gebunden.[120]

61 Soweit auf eine bestimmte Nutzung im Landschaftsschutzgebiet nicht bereits ein Rechtsanspruch besteht,[121] ist die überaus weite **Befreiungsmöglichkeit** nach § 31 BNatSchG zu beachten, die im übrigen auch im Naturschutzgebiet besteht. Eine Befreiung kommt danach u. a. in Härtefällen in Betracht, wenn die Abweichung von Festsetzungen mit den Belangen des Naturschutzes und der Landschaftspflege vereinbar ist.[122]

d) Naturparke

62 Naturparke nach § 16 BNatSchG sind großräumige Gebiete, die sich wegen ihrer landschaftlichen Voraussetzungen für die Erholung besonders eignen und landschaftsplanerisch für Erholung und Fremdenverkehr vorgesehen sind. Hieraus resultieren insofern aber auch Gefahren für Natur und Landschaft, als eine Erholungsnutzung ab einer gewissen Intensität zu schweren Schäden und Belastungen für die Natur führt. Der Handlungsschwerpunkt in diesen von Gesetzes wegen zu planenden, zu gliedernden und zu erschließenden Gebieten liegt hier zwar bei Entwicklungsmaßnahmen, es kommen aber auch Gebote und Verbote nach der für alle Schutzgebiete geltenden Bestimmung des § 12 Abs. 2 BNatSchG in Betracht. In

---

[117] Hierzu näher *Ebersbach* (FN 94), S. 49.
[118] Vgl. dazu *Olschowy* (FN 1), S. 39.
[119] Vgl. z. B. § 22 Abs. 2 NatSchG BW.
[120] *Ebersbach* (FN 94), S. 49, 51; s. auch *Henneke,* NuR 1984, 263ff.
[121] Dafür allgemein *Soell* (FN 7), S. 541.
[122] Vgl. zu § 31 BNatSchG neben der Kommentarliteratur etwa *Lang,* NuR 1984, 189f.

einen Naturpark sollen bestehende Landschaftsschutzgebiete einbezogen werden, Naturschutzgebiete können einbezogen werden. Deren spezifische Festsetzungen bleiben hiervon unberührt (vgl. z. B. § 23 Abs. 2 S. 2 NatSchG BW).

e) Naturdenkmale

Die Inschutznahme von „Einzelschöpfungen der Natur" als Naturdenkmale (§ 17 BNatSchG) vor Zerstörung, Beschädigung, Veränderung oder nachhaltiger Störung ist im Prinzip Objekt-, nicht Flächenschutz. Dies ist zweifelsfrei beispielsweise beim Schutz eines Baumes oder eines Felsens. Es können aber auch flächenhafte Naturdenkmale[123] geschützt werden, wie z. B. kleine Wasserflächen, Moore, Wiesen oder Brutgebiete (Biotope), wobei einzelne Landesgesetze Höchstgrößen vorschreiben (vgl. § 24 Abs. 2 NatSchG BW, § 21 Abs. 1 NatSchGBln, § 21 Abs. 2 BremNatSchG). Nach § 17 Abs. 1 S. 2 BNatSchG kann in die Festsetzung auch die für den Schutz des Naturdenkmals notwendige Umgebung einbezogen werden. Die Voraussetzungen der Inschutznahme nach § 13 BNatSchG oder nach § 17 BNatSchG können sich daher in Einzelfällen überlappen. 63

f) Geschützte Landschaftsbestandteile

Den gleichen Objektschutz wie die Naturdenkmale genießen geschützte Landschaftsbestandteile (§ 18 BNatSchG). Eine solche Festsetzung kommt insbesondere für „Grünbestände" (Baumgruppen, Hecken, Alleen usw.) in Betracht, deren Erhaltung 64
- zur Sicherstellung der Leistungsfähigkeit des Naturhaushalts,
- zur Belebung, Gliederung oder Pflege des Orts- und Landschaftsbildes oder
- zur Abwehr schädlicher Einwirkungen

geboten ist. Demnach kann und soll mit den Mitteln des Naturschutzrechts beispielsweise auch (passiver) Immissionsschutz betrieben werden. Die Voraussetzungen für eine Inschutznahme als Landschaftsschutzgebiet brauchen nicht vorzuliegen.

Gemäß § 18 Abs. 1 S. 2 BNatSchG müssen die geschützten Landschaftsbestandteile nicht immer einzeln ausgewiesen werden. Der Schutz kann sich vielmehr auch auf den gesamten Bestand an Bäumen, Hecken oder anderen Landschaftsbestandteilen (z. B. Dünen) in einem bestimmten Gebiet erstrecken. Innerhalb des bundesrechtlich vorgegebenen Rahmens enthalten die meisten Landesnaturschutzgesetze spezifische Ermächtigungen zum Erlaß von sog. **Baumschutzverordnungen** (i. d. R. Rechtsverordnungen der unteren Naturschutzbehörde) bzw. (bei Erlaß durch die Gemeinden) Baumschutzsatzungen (vgl. § 25 NatSchG BW, Art. 12 BayNatSchG, § 22 BremNatSchG, § 15 HENatG, § 28 NdsNatSchG, § 45 LG NW, § 20 LPflG Rh.-Pf.). Hierdurch können Grünbestände namentlich innerhalb von im Zusammenhang bebauten Ortsteilen (aber auch in einigen anderen Fällen) „flächendeckend" (etwa für den gesamten Innenbereich einer Großstadt) vor Zerstörung, Beschädigung oder Veränderung geschützt werden. Hinsichtlich der Reichweite dieser Bestimmungen und der Rechtfertigung eines solch weitgehenden Eingriffes im Einzelfall ist allerdings noch manches umstritten.[124] Grundsätzlich steht jedoch außer Frage, daß etwa das Verbot des Fällens von Bäumen einer bestimmten Größenordnung (z. B. ab 65

[123] Vgl. zu diesem Begriff z. B. § 24 Abs. 2 NatSchG BW sowie etwa *Ebersbach* (FN 94), S. 53.
[124] Vgl. statt vieler *Hufen/Leiß*, BayVBl. 1987, 289ff. m. w. N.

einem Stammumfang von mehr als 80 cm in 1 m Stammhöhe), wie es in zahlreichen Fällen vorgesehen ist, nicht gegen Art. 14 GG verstößt.[124a]

Daneben werden Baumschutzsatzungen der Gemeinden auch auf bau(planungs)-rechtliche Rechtsgrundlagen gestützt (s. § 9 Rn. 45). Das Landesrecht kennt darüber hinaus *gesetzlich* geschützte Landschaftsbestandteile (vgl. § 33 NdsNatSchG – Wallhecken, § 47 LG NW – mit öffentlichen Mitteln geförderte Anpflanzungen). Für den Fall der Bestandsminderung geschützter Landschaftsbestandteile können Landesgesetze eine Verpflichtung zu Ersatzpflanzungen vorsehen (§ 18 Abs. 2 S. 2 BNatSchG, vgl. § 25 Abs. 5 Nr. 2 NatSchG BW).

66 Den geschützten Landschaftsbestandteilen und den Landschaftsschutzgebieten kommt eine erhebliche, wenn nicht entscheidende Bedeutung bei der Bekämpfung des Artensterbens zu, weil Naturschutzgebiete allein auf Dauer wegen ihrer Isolierung den Fortbestand einer Art regelmäßig nicht garantieren können. Dazu bedarf es vielmehr einer **Biotopvernetzung,** d. h. für bedrohte Arten müssen auch außerhalb der Naturschutzgebiete Überlebensmöglichkeiten bestehen. Dieser Aufgabe können gerade die Schutzgebietsfestsetzungen nach § 15 und § 18 BNatSchG dienen.[125]

3. Einstweilige Sicherstellung

67 Nach § 12 Abs. 3 Nr. 2 BNatSchG haben die Länder Vorschriften über die einstweilige Sicherstellung von Schutzgebieten zu erlassen. Dies ist inzwischen auch geschehen (vgl. z. B. § 60 Abs. 2 NatSchG BW, § 18 HENatG, § 32 NdsNatSchG, § 42e LG NW, § 27 LPflG Rh.-Pf.). Die getroffenen Regelungen entsprechen im Grundsatz der baurechtlichen Veränderungssperre.

4. Inhalt, Form und Verfahren der Inschutznahme

68 Die Erklärung der Inschutznahme muß den Schutzgegenstand, den Schutzzweck und die zu seiner Erreichung notwendigen Gebote und Verbote präzise bezeichnen. Soweit erforderlich, bestimmt sie auch Pflege- und Entwicklungsmaßnahmen oder enthält entsprechende Ermächtigungen (§ 12 Abs. 2 BNatSchG). Die Inschutznahme erfolgt in Nordrhein-Westfalen durch Satzung (§ 17 Abs. 2 S. 1 und Abs. 4 Nr. 3 LG NW), in allen übrigen Bundesländern durch **Rechtsverordnung** (s. o. Rn. 50). Auf die gleiche Weise haben die nachträgliche Änderung und die Aufhebung der Inschutznahme zu erfolgen. Dies folgt teilweise ausdrücklich aus landesgesetzlichen Regelungen (z. B. § 59 Abs. 6 NatSchG BW), im übrigen aus dem actus-contrarius-Grundsatz.

69 Die **Zuständigkeiten** für die Inschutznahme sind in den Ländern unterschiedlich geregelt. Überwiegend unterscheiden die Länder zwischen Naturschutzgebieten und Naturparks, die durch die höhere Naturschutzbehörde festgesetzt werden, und den übrigen, weniger intensiven Schutzarten, die meist durch die untere Naturschutzbehörde verfügt werden (vgl. etwa § 58 NatSchG BW); z. T. werden jedoch auch die Landschaftsschutzgebiete von der oberen Naturschutzbehörde ausgewiesen (vgl. § 16

[124a] VGH Mannheim, NVwZ 1985, 63f.; VGH München, NuR 1985, 115f.; VGH München, NuR 1985, 236ff., 238; OVG Lüneburg, NuR 1985, 242f.; OVG Bremen, NVwZ 1986, 953ff.

[125] *Ebersbach* (FN 94), S. 69f. m. w. N.

HENatG) oder andere Differenzierungen vorgenommen (vgl. § 42a LG NW). Das Verfahren der Unterschutzstellung (s. auch o. Rn. 50) ist dabei stark formalisiert. Insbesondere sind die betroffenen Gemeinden zu beteiligen und betroffene Eigentümer, Nutzungsberechtigte sowie die anerkannten Umweltverbände (§ 29 BNatSchG) zu hören (vgl. § 59 NatSchG BW, Art. 46 BayNatSchG).

VII. Arten- und Biotopschutz

Ebenfalls zum traditionellen Bestand des Naturschutzrechts gehört der Schutz der **wildwachsenden Pflanzen** und **wildlebenden Tiere.** Kein Artenschutz besteht für Nutztiere und Nutzpflanzen. Die Artenschutzbestimmungen der §§ 20ff. BNatSchG, die in der Bundesartenschutzverordnung (Kloepfer Nr. 152) ihre Konkretisierung erfahren, zielen darauf ab, die Artenvielfalt als Teil des Naturhaushalts in ihrer natürlichen Umgebung zu erhalten. 70

Wie sich aus der **artenschutzspezifischen Zweckbestimmung** in § 20 BNatSchG ergibt, soll dies nicht nur im traditionellen Sinne unmittelbar durch Schutz und Pflege der Arten als solcher, sondern auch mittelbar durch die Erhaltung und Gestaltung ihrer Lebensräume geschehen. Spezielle naturschutzrechtliche Regelungen bzw. Verordnungsermächtigungen zum **Biotopschutz**[126] finden sich z. T. auch in den Landesgesetzen (vgl. u. a. § 30 Abs. 5 NatSchG BW, Art. 18 Abs. 2 BayNatSchG, § 23 HENatG). Wie dargestellt (s. o. Rn. 66), ist Biotopschutz aber auch mit den allgemeinen Mitteln des Flächenschutzes möglich. 71

Durch ihre – demnach nicht nur formelle – Integration in das Umweltschutzrecht unterscheiden sich die Artenschutzbestimmungen von den Regelungen des **Tierschutzgesetzes** i. d. F. der Bek. vom 18. 8. 1986[127] (Kloepfer Nr. 180), das allgemein dem Schutz des Lebens und Wohlbefindens des Tieres (§ 1 TierSchG) und damit der animalischen Existenz als solcher verpflichtet ist. Darunter fällt auch die in §§ 8ff. und 16 TierSchG geregelte Frage der Tierversuche zu Forschungszwecken, die im Rahmen der Novellierung des Tierschutzgesetzes eine weitere Einschränkung erfahren haben.[128] Eine tendenziell gleichläufige Verordnungsermächtigung zur Reduzierung von Tierversuchen enthält für die vom Chemikaliengesetz geforderten Prüfverfahren auch § 10 Abs. 3 ChemG.[129] 72

1. Grundlegende Vorschriften für den Arten- und Biotopschutz

In § 20a BNatSchG enthält der neugefaßte (s. o. Rn. 2) Abschnitt über den Artenschutz zunächst wichtige Legaldefinitionen für die Begriffe „Tiere“, „Pflanzen“, „heimisch“, „Population“, „Inverkehrbringen“, „Mitgliedstaat“ sowie „Drittland“. 73

Zu beachten ist hierbei insbesondere, daß neben wildlebenden Tieren auch gefangene oder gezüchtete und nicht herrenlos gewordene sowie tote Tiere wildlebender Arten geschützt

---

[126] Zum Biotopschutz allgemein *Soell* (FN 7), S. 545 m. w. N.; zu den Konsequenzen für die Landwirtschaft *Knauber,* UPR 1986, 9ff.

[127] BGBl. I S. 1319.

[128] Hierzu näher *Kloepfer,* JZ 1986, 205ff. m. w. N.; vgl. zur teilweise stark emotional geführten Diskussion etwa auch *Sojka,* NuR 1983, 181ff.

[129] Zum politisch-propagandistischen Charakter dieser – neben § 10 Abs. 1 ChemG – an sich überflüssigen Regelung *Kloepfer,* Chemikaliengesetz, 1982, S. 96.

werden (vgl. § 20a Abs. 1 Nr. 1a BNatSchG). Überdies sind Tiere und Pflanzen in allen Entwicklungsformen geschützt, d. h. auch als Eier, Larven, Puppen usw. bzw. als Samen und Früchte (§ 20a Abs. 1 Nr. 1b und 2b BNatSchG).

74 Durch § 20b BNatSchG werden die Länder verpflichtet, Maßnahmen zur Verwirklichung der in § 20 Abs. 1 BNatSchG genannten Ziele zu treffen. Dies muß allerdings nicht durch Aufstellen eigener Artenschutzprogramme geschehen, wie sie der Regierungsentwurf zur Novellierung des Bundesnaturschutzgesetzes ursprünglich vorschreiben wollte.[130] Die Art und Weise der **Umsetzung** des § 20 Abs. 1 BNatSchG ist vielmehr den Ländern überlassen.

75 Von besonderer Bedeutung für den **Biotopschutz** ist der neue § 20c BNatSchG, der zugleich das bisherige Ungenügen des § 8 BNatSchG dokumentiert. Dessen abgestufter Regelungskanon (s. o. Rn. 29ff.) war nicht in der Lage, der fortlaufenden Vernichtung wertvollster und seltenster Biotope Einhalt zu gebieten, weil er auch nicht ausgleichbare Eingriffe (worum es sich bei den in § 20c BNatSchG genannten Biotopen in aller Regel handelt) unter den genannten Voraussetzungen für zulässig erklärt. Es bedurfte daher **genereller Flächenveränderungsverbote** für selten gewordene Biotope.[131] Dabei ist der Regierungsentwurf durch den Bundesrat insofern erheblich verschärft worden, als der jetzige § 20c BNatSchG aus dem Regelungszusammenhang des § 8 BNatSchG herausgenommen wurde, weshalb die Landwirtschaftsklausel des § 8 Abs. 7 BNatSchG (s. o. Rn. 9f.) für die in § 20c Abs. 1 BNatSchG aufgezählten Biotope

(u. a. Moore, Sümpfe, Naßwiesen, Quellbereiche, naturnahe Gewässerabschnitte, offene Binnendünen, Wacholderheiden, Bruch-, Sumpf- und Urwälder, Fels- und Steilflächen, Dünen, Wattflächen, offene Felsbildungen, bestimmte alpine Flächen)

nicht gilt. Für Biotope besteht somit nach § 20c Abs. 1 BNatSchG ein allgemeines Veränderungsverbot. Durch § 20c Abs. 2 BNatSchG werden allerdings die Länder ermächtigt, Ausnahmen von Abs. 1 zuzulassen, wenn die Eingriffe ausgleichbar oder aus überwiegenden Gründen des Gemeinwohls notwendig sind. Trotz dieser Einschränkung ist der Biotopschutz insgesamt intensiviert worden, weil Eingriffe die Ausnahme sein müssen, d. h. für den Regelfall hinsichtlich der in § 20c Abs. 1 BNatSchG genannten Biotope die Belange des Naturschutzes höher wiegen als sonstige öffentliche Interessen. Im übrigen können die Länder nach § 20c Abs. 3 BNatSchG den Kreis der nach § 20c Abs. 1 BNatSchG geschützten Biotope erweitern.

2. Allgemeiner Arten- und Biotopschutz

76 Wie beim Flächenschutz unterscheidet das Gesetz im übrigen zwischen allgemeinem und besonderem Artenschutz:

Dem allgemeinen Arten- und Biotopschutz dient die aus dem vormaligen „Fang- und Pflückverbot" des älteren Naturschutzrechts hervorgegangene generelle Regelung des § 20d BNatSchG. Diese Regelung will vor allem eine unvernünftige Schädigung wildlebender Tiere und Pflanzen verhindern. Der Schutz wurde ausdrücklich auf die Lebensstätten der Tiere und Pflanzen ausgedehnt. Grundsätzlich handelt es

---

[130] BT-Drs. 10/5064, S. 2f. – Art. 1 Nr. 9 (§ 20b).

[131] *Bachmann,* in: Schutz des Umweltmediums Boden, Loccumer Protokolle 2/84, S. 297; Stellungnahme des Bundesrates, BR-Drs. 251/85, S. 13.

sich um die Gewährleistung eines Mindestschutzes.[132] Dieses allgemeine naturschutzrechtliche **Eingriffsverbot** steht jedoch unter dem Vorbehalt vernünftiger Gründe, die ein grundsätzlich untersagtes Verhalten im Einzelfall rechtfertigen können. Dazu gehören beispielsweise

– das Sammeln von Kräutern, Beeren und Pilzen sowie das Entnehmen von Pflanzen zum eigenen Verbrauch (vgl. nur § 61 Abs. 3 LG NW),

wer gewerbsmäßig Pilze oder Beeren sammelt, bedarf – wie z. B. § 22 Abs. 3 HENatG ausdrücklich besagt – der Genehmigung durch die Naturschutzbehörde,

– die Bekämpfung schädlicher oder lästiger Pflanzen- und Tierarten in bestimmten Fällen (wie etwa im Rahmen der ordnungsgemäßen Land- und Forstwirtschaft oder der Gartenpflege, vgl. § 22 Abs. 2 HENatG).

Zum Verbotstatbestand des allgemeinen Artenschutzes gehört ferner das Aussetzen gebietsfremder Tiere (§ 20d Abs. 2 BNatSchG). Wer also sein Haustier in der Landschaft aussetzt, handelt verbotswidrig und begeht nach dem Landesrecht eine Ordnungswidrigkeit (vgl. nur § 40 Abs. 1 Nr. 24 LPflG Rh.-Pf.). § 20d Abs. 4 BNatSchG enthält schließlich umfangreiche Verordnungsermächtigungen hinsichtlich solcher Geräte, Mittel, Vorrichtungen, Handlungen und Verfahren, die wildlebende Tiere und Pflanzen in ihren Populationen erheblich bedrohen.

3. Besonderer Artenschutz

Eine erhebliche Ausweitung haben die Regelungen zum besonderen Artenschutz im Bundesnaturschutzgesetz erfahren. Im Unterschied zu den übrigen Vorschriften des Gesetzes, die auf landesrechtliche Ausgestaltung hin angelegt sind, handelt es sich hier überwiegend um – auch im Kontext eines Rahmengesetzes punktuell zulässige[133] – bundesrechtliche Vollregelungen. 77

Die Neugestaltung dieses Teilbereichs diente zugleich der **Anpassung** an Vorgaben des internationalen Artenschutzrechts (s. auch Rn. 89ff.), insbesondere des Übereinkommens über den internationalen Handel mit gefährdeten Arten freilebender Tiere und Pflanzen vom 3. 3. 1973 (Washingtoner Artenschutzübereinkommen[134] – Kloepfer Nr. 158/1) und des EG-Rechts, dort insbesondere der Verordnung (EWG) Nr. 3626/82 des Rates zur Anwendung des Übereinkommens über den internationalen Handel mit gefährdeten Arten freilebender Tiere und Pflanzen in der Gemeinschaft[135] (Kloepfer Nr. 159/1) und der EG-Vogelschutzrichtlinie.[136] Die entsprechenden Vorschriften des Bundesnaturschutzgesetzes treten daher auch an die Stelle des am 31. 12. 1986 außer Kraft getretenen Durchführungsgesetzes zu dieser EG-Verordnung.[137] 78

Nach § 20e Abs. 1 S. 1 Nr. 1 BNatSchG können bestimmte **wildlebende Tier- und Pflanzenarten** oder Populationen solcher Arten durch Rechtsverordnung unter 79

---

[132] BT-Drs. 10/5064, S. 19.
[133] BVerfGE 25,142 (152); vgl. i. ü. statt aller *Maunz,* in: Maunz/Dürig, Grundgesetz, 6. Aufl., 1983ff., Art. 75 Rn. 26.
[134] BGBl. 1975 II S. 773.
[135] ABl. L 384 v. 31. 12. 1982, S. 1; letzte Änderung ABl. L 87 v. 30. 3. 1988, S. 67.
[136] Richtlinie 79/409/EWG des Rates v. 2. 4. 1979 über die Erhaltung der wildlebenden Vogelarten (ABl. L 103 v. 25. 4. 1979, S. 1; letzte Änderung ABl. L 100 v. 16. 4. 1986, S. 22).
[137] Ges. v. 22. 12. 1983 (BGBl. I S. 1571).

besonderen Schutz gestellt werden, soweit dies wegen der Gefährdung ihres **heimischen** Bestandes durch menschlichen Zugriff oder wegen Verwechslungsgefahr mit gefährdeten Arten erforderlich ist. Mit Hilfe des eingrenzenden Merkmals des „menschlichen Zugriffs" stellt das Gesetz klar, daß der *besondere* Artenschutz auf direkte, unmittelbare Gefährdungen des Artenbestandes zugeschnitten ist, während der Schutz vor mittelbaren Gefährdungen durch Beeinträchtigung der Lebensstätten Aufgabe des Biotop- (s. o. Rn. 66, 71) und Flächenschutzes (s. o. Rn. 50ff.) bleibt.[138]

80 Nachdem § 20e Abs. 1 S. 1 Nr. 1 BNatSchG nur noch auf die **Bestandsgefährdung** und nicht mehr auf besondere Gefahrenstufen wie „Bedrohung" oder „Seltenheit" abstellt, ist die Nennung weiterer „Schutzgründe", wie sie die Vorläufernorm § 22 Abs. 1 BNatSchG a. F. noch enthielt (wissenschaftliche, naturgeschichtliche oder landeskundliche Gründe, Nutzen oder Bedeutung für den Naturhaushalt, Erhaltung von Vielfalt, Eigenart oder Schönheit von Natur und Landschaft), entbehrlich geworden. Auch bringt der Verzicht auf zusätzliche Gründe zum Ausdruck, daß die gefährdeten Arten nunmehr um ihrer selbst willen geschützt werden sollen (was nicht ausschließt, daß auch dies einen tieferen anthropozentrischen Zweck haben kann, s. o. § 1 Rn. 23ff.).

Die inzwischen aufgehobene Regelung des § 2 Abs. 1 der baden-württembergischen Landesartenschutzverordnung[138a] hatte darüber hinaus auch den Besitz von im Inland in der Gefangenschaft **gezüchteten** Tieren der besonders geschützten Arten unter Verbot gestellt. Der VGH Mannheim[138b] hielt diese Regelung, die vordergründig über den Schutz der wildlebenden Tierarten hinauszugreifen scheint, als flankierende Maßnahme zur Durchsetzung des Fang- und Tötungsverbotes für rechtens, da andernfalls eine effektive Kontrolle nicht möglich sei.

81 Gemäß § 20e Abs. 2 BNatSchG erstreckt sich die Verordnungsermächtigung des Absatzes 1 nicht auf Tierarten, die dem **Jagdrecht** (§ 2 Abs. 1 BJagdG) unterliegen. Soweit für solche Tierarten (zusätzliche) Schutzbestimmungen erforderlich sind, sind diese (wie bisher) im Jagdrecht zu treffen.

Das Bundesjagdgesetz i. d. F. der Bek. vom 29. 9. 1976[139] (Kloepfer Nr. 160) enthält in §§ 19ff. sowohl sachliche als auch örtliche und zeitliche (Schonzeiten) Jagdbeschränkungen für die grundsätzlich dem Jagdrecht unterliegenden Tierarten.

82 § 20e Abs. 1 S. 1 Nr. 2 BNatSchG ermöglicht darüber hinaus auch die **Unterschutzstellung nichtheimischer Arten** oder Populationen solcher Arten wegen der Gefährdung ihres Bestandes durch den internationalen Handel bzw. wegen bestehender Verwechslungsgefahr. Zwar kann der deutsche Gesetzgeber damit keinen Artenschutz im Ausland gewährleisten, die Vorschrift ermöglicht aber einen weitgehenden mittelbaren Schutz ausländischer Arten, sobald ein „Inlandbezug", insbesondere etwa durch Handel, hergestellt wird.

83 Der **Kreis der besonders geschützten Tier- und Pflanzenarten** ergibt sich vor allem aus der aufgrund der einschlägigen Verordnungsermächtigungen des Bundesnaturschutzgesetzes ergangenen Verordnung zum Schutz wildlebender Tier- und Pflanzenarten (**Bundesartenschutzverordnung** – BArtSchV) vom 19. 12. 1986[140] (Kloepfer Nr. 152).

---

[138] BT-Drs. 10/5064, S. 20.

[138a] Verordnung des Ministeriums für Ernährung, Landwirtschaft, Umwelt und Forsten über besonders geschützte Arten wildlebender Tiere und wildlebender Pflanzen (Landesartenschutzverordnung – LArtSchVO) v. 18. 12. 1980 (GBl. 1981 S. 14), §§ 1–6 aufgehoben durch VO v. 8. 12. 1986 (GBl. S. 485).

[138b] VGH Mannheim, NuR 1984, 56ff.

[139] BGBl. I S. 2849, zuletzt geänd. durch VO v. 26. 11. 1986, BGBl. I S. 2089.

[140] BGBl. I S. 2705.

Im Hinblick auf die detaillierten Regelungen zum besonderen Artenschutz im geänderten Bundesnaturschutzgesetz wurde die neue Bundesartenschutzverordnung im Vergleich zur früheren Verordnung vom 25. 8. 1980[141] entschlackt und unter Anknüpfung an die Regelungen des Bundesnaturschutzgesetzes neu formuliert. Von den Änderungen blieben auch die Anlagen mit den Listen der besonders geschützten Arten nicht unberührt.

In der Bundesartenschutzverordnung sind vom Aussterben bedrohte Arten gemäß § 20e Abs. 1 S. 2 BNatSchG (durch Fettdruck) als solche gekennzeichnet. Hieran knüpfen verschärfte Schutzbestimmungen (z. B. §§ 20f Abs. 1 Nr. 3 und 4, 20g Abs. 2 BNatSchG) und die Strafvorschrift des § 30a Abs. 2–4 BNatSchG an.

§ 20e Abs. 3 BNatSchG unterstellt dem besonderen Schutz des Bundesnatur- 84
schutzgesetzes auch die in den Anhängen I und II des Washingtoner Artenschutzübereinkommens in der Fassung des Anhangs A der Verordnung (EWG) Nr. 3626/82 (s. auch Rn. 89) sowie die in Anhang C dieser Verordnung aufgeführten Arten.

Von daher konnte sich die Auflistung in der Bundesartenschutzverordnung im wesentlichen auf die nicht der EG-Verordnung unterliegenden besonders geschützten Arten beschränken (Anlage 1) und brauchte von den bereits dort erfaßten Arten nur diejenigen zu nennen, für die zusätzliche Vorschriften nach §§ 4 ff. BArtSchV gelten (Anlage 2).

Darüber hinaus sieht § 20e Abs. 3 BNatSchG erstmals vor, daß durch Rechtsverordnung weitere Arten als vom Aussterben bedroht gekennzeichnet werden können.

Der Inhalt der Unterschutzstellung ergibt sich primär aus § 20f BNatSchG. Da- 85
nach bestehen insbesondere **Schädigungs-, Besitz-, Verarbeitungs-, Vermarktungs- und sonstige Verkehrsverbote,** die – obgleich weitgehend – verfassungsrechtlich grundsätzlich nicht zu beanstanden sind.[142]

Besonders wichtig sind dabei die Vermarktungs- und sonstigen Verkehrsverbote, da hierdurch das wirtschaftliche Interesse an geschützten Tieren und Pflanzen geschmälert wird. So ist z. B. Schildkrötensuppe aus dem Angebot deutscher Delikateßgeschäfte verschwunden.

Die vom Aussterben bedrohten Arten werden darüber hinaus auch vor subjektiv u. U. durchaus wohlmeinenden Naturliebhabern geschützt, indem schädliche Handlungen wie das Aufsuchen, Fotografieren oder Filmen verboten bzw. beschränkt werden (§ 20f Abs. 1 Nr. 3 und 4 BNatSchG). Eine erhebliche Einschränkung der Verbotsregelung ergibt sich allerdings aus § 20f Abs. 3 BNatSchG, wonach derartige Handlungen u. a. im Rahmen der ordnungsgemäßen land-, forst- und fischereiwirtschaftlichen Bodennutzung (s. zum Agrarprivileg o. Rn. 9f.) oder bei der Ausführung eines nach § 8 BNatSchG zugelassenen Eingriffs (s. o. Rn. 29ff.) oder bei einer nach § 20c BNatSchG zugelassenen Maßnahme (s. o. Rn. 75) vorgenommen werden dürfen. In den beiden letztgenannten Fällen rechtfertigt sich die Einschränkung des generellen Schutzgebotes daraus, daß über die Schutzwürdigkeit dieser Belange im konkreten Einzelfall von der Verwaltung entschieden wurde und die Zulassungsentscheidungen in Anbetracht des weitgreifenden besonderen Artenschutzes leerliefen, wenn man ihnen insoweit keine Legalisierungswirkung zubilligen würde. Weitergehende Schutzvorschriften der Länder bleiben freilich gemäß § 20f Abs. 3 S. 2 BNatSchG unberührt.

---

[141] BGBl. I S. 1565.

[142] BVerfGE 61, 291 zum früheren § 22 Abs. 2 BNatSchG, der in den Grundzügen jedoch mit dem neuen § 20f BNatSchG übereinstimmt.

86 **Ausnahmen** von den Besitz-, Vermarktungs- und sonstigen Verkehrsverboten des § 20f Abs. 2 BNatSchG, nicht jedoch von den Schädigungsverboten des § 20f Abs. 1 BNatSchG, sind in § 20g BNatSchG differenziert geregelt.

87 Um einen effektiven Gesetzesvollzug zu ermöglichen, bürdet § 22 BNatSchG den Besitzern von besonders geschützten lebenden Tieren und Pflanzen, aber auch von toten Exemplaren (z. B. Tierpräparaten) sowie von ohne weiteres erkennbaren Teilen (z. B. Elefantenstoßzahn) und Erzeugnissen (z. B. Brillengestell aus Schildpatt) eine recht weitgehende **Nachweispflicht** hinsichtlich der (spezifisch naturschutzrechtlichen) Berechtigung zum Besitz (z. B. Vorliegen einer Ausnahme nach § 20g BNatSchG oder einer Genehmigung nach § 21b BNatSchG) auf. Auch – den strengen Artenschutzanforderungen nicht unterliegender – „Altbesitz" (vor dem 31. 8. 1980) muß nachgewiesen werden. Widrigenfalls sind die Behörden zur Einziehung berechtigt (§ 22 Abs. 4 BNatSchG).

Insgesamt dürfte die Regelung des § 22 BNatSchG ein Übermaß an Bürokratismus bringen, das hier – wie übrigens auch an anderen Stellen – den Umweltschutz in Mißkredit bringt und ihm deshalb im Ergebnis schadet.

88 Die Behörden genießen im übrigen die üblichen **Auskunfts- und Zutrittsrechte** (§ 23 BNatSchG, vgl. allgemein o. § 4 Rn. 114, 136ff.).

4. Internationaler Artenschutz

89 Besondere Aufmerksamkeit richtet sich auf den – inzwischen weitgehend in das Bundesnaturschutzgesetz integrierten (vgl. nur §§ 20e Abs. 1 Nr. 2, 21–21f BNatSchG, s. auch o. Rn. 83) – „grenzüberschreitenden Artenschutz".[143] Unter den verschiedenen internationalen Übereinkommen[144] kommt dem **Washingtoner Artenschutzübereinkommen** vom 3. 3. 1973[145] (Kloepfer Nr. 158/1) besondere Bedeutung zu, das den internationalen Handel mit gefährdeten Arten freilebender Tiere und Pflanzen beschränken und so den Artenschutz mittelbar sichern will. Das Abkommen gilt in der Bundesrepublik nach seiner Ratifizierung (Gesetz vom 22. 5. 1975)[146] (Klopfer Nr. 158) als innerstaatliches Recht und wird seit dem 1. 1. 1984 aufgrund der Verordnung (EWG) Nr. 3626/82[147] (Kloepfer Nr. 159/1) in allen EG-Staaten angewandt.

90 Die in den Anhängen I und II des Washingtoner Artenschutzübereinkommens aufgeführten Arten werden einmal durch die Schädigungs-, Vermarktungs- und sonstigen Verkehrsverbote des § 20f BNatSchG (Ausnahmen in § 20g BNatSchG) geschützt, zum anderen durch die umfangreichen **Ein- und Ausfuhrbestimmungen** der §§ 21ff. BNatSchG. Dabei beziehen sich Übereinkommen und Gesetz nicht nur auf (lebende oder tote) Tiere und Pflanzen, sondern auch auf die „ohne weiteres erkenn-

---

143 Vgl. dazu allgemein *Emonds,* NuR 1979, 52ff., sowie die Begründung des Regierungsentwurfs, BR-Drs. 251/85, S. 13f.

144 Vgl. die Übersicht bei *Burhenne,* in: Salzwedel (Hg.), Grundzüge des Umweltrechts, 1982, S. 659ff., 696ff. Vgl. neuerdings auch das Regionalabkommen zwischen Dänemark, der Bundesrepublik Deutschland und den Niederlanden zum Schutz der Seehunde, s. FAZ Nr. 269 v. 18. 11. 1988, S. 1.

145 BGBl. 1975 II S. 773.

146 BGBl. II S. 773, geänd. durch Ges. v. 22. 12. 1983, BGBl. I S. 1571.

147 ABl. L 384 v. 31. 12. 1982, S. 1; letzte Änderung ABl. L 285 v. 17. 10. 1988, S. 1.

baren" Teile dieser Tiere und Pflanzen und „ohne weiteres erkennbare" Erzeugnisse (§ 20a Abs. 2 BNatSchG).

Beispiel: Schildpatt von geschützten Meeresschildkröten zur Herstellung von Brillengestellen.

Für **Zuchttiere und -pflanzen** sowie daraus gewonne Erzeugnisse werden dagegen nach § 21b BNatSchG unter bestimmten Kautelen Ein- und Ausfuhrgenehmigungen erteilt.

Die Wirksamkeit der Regelungen leidet unter der von seiten der Bundesrepublik Deutschland als Einfuhrland nur beschränkt durchführbaren **Mißbrauchskontrolle.** Dies gilt insbesondere für ausländische Vorerwerbs- und Zuchtbescheinigungen, deren Glaubwürdigkeit nicht ohne weiteres nachprüfbar ist. Als Einfallstor für einen vertragswidrigen Import geschützter Exemplare hatte sich auch die mittlerweile aufgehobene[148] sog. EG-Klausel im Washingtoner Artenschutzübereinkommen erwiesen (Art. III Abs. 1 S. 1), die den Handel zwischen den Mitgliedstaaten der EG von den Anforderungen des Artenschutzübereinkommens freistellte (Art. III Abs. 1 S. 2).[149] Eine wesentliche Verschärfung gegenüber der früheren Rechtslage bedeutet daher § 21 Abs. 3 BNatSchG, der auch die Einfuhr aus EG-Staaten Nachweispflichten unterwirft. 91

Bis ins einzelne regelt das Bundesnaturschutzgesetz im Hinblick auf die **Ein- und Ausfuhr** die Verwaltungszuständigkeiten (§ 21c BNatSchG), die Mitwirkung der Zollbehörden (§ 21d BNatSchG), das Verfahren bei der Ein- und Ausfuhr (§ 21e BNatSchG) sowie die Beschlagnahme und Einziehung durch die Zollbehörden (§ 21f BNatSchG). 92

Schließlich findet sich in § 26 BNatSchG ein Katalog von (zusätzlichen) **Verordnungsermächtigungen,** die sich vor allem auf den besonderen Artenschutz, zum Teil aber auch auf den allgemeinen Artenschutz beziehen (z. B. § 26 Abs. 3 Nr. 1 BNatSchG). Der Bundesminister für Umwelt, Naturschutz und Reaktorsicherheit hat von einem Teil dieser Ermächtigungen in der Bundesartenschutzverordnung Gebrauch gemacht (z. B. durch Begründung von Aufzeichnungs- und Kennzeichnungspflichten gemäß §§ 7ff. BArtSchV sowie von persönlichen Anforderungen an die Zuverlässigkeit von Haltern und Züchtern bestimmter besonders geschützter Tierarten durch §§ 10ff. BArtSchV). 93

Inzwischen spielen auch im Artenschutzrecht **Absprachen** (Selbstbeschränkungsabkommen) zwischen Staat und Wirtschaft eine gewisse Rolle (s. allgemein o. § 3 Rn. 44ff. und § 4 Rn. 260ff.). So hatte sich die deutsche Pelzindustrie gegenüber der Bundesregierung verpflichtet, Jungrobbenfelle und Produkte aus Jungrobbenfellen nicht mehr einzuführen und nicht weiter zu verarbeiten.[150] 94

VIII. Gewährleistung der Erholungsfunktion von Natur und Landschaft

Das Bundesnaturschutzgesetz mißt Natur und Landschaft eine hohe Bedeutung für die Erholung und den Fremdenverkehr bei. Dabei wird unter der Flagge des Naturschutzes eine Aktivität akzentuiert und unterstützt, die jedenfalls auch naturschädigend wirken kann. Hier – wie übrigens auch beim Agrarprivileg (s. o. Rn. 9f.) – zeigt 95

[148] Durch Ges. v. 22. 12. 1983 (BGBl. I S. 1571).
[149] Dazu näher *Soell* (FN 7), S. 548.
[150] Presse- und Informationsamt der Bundesregierung, Bulletin Nr. 22 v. 25. 2. 1983, S. 199.

sich der Hang des Bundesnaturschutzgesetzes, konfligierende Ziele einfach zusammenzuschreiben, ohne insoweit wirklich ausbalancierte Interessenausgleiche zu finden.

Die Erholungsgewährleistung durch das Bundesnaturschutzgesetz äußert sich nicht nur bei den entsprechenden Festsetzungsmöglichkeiten im Rahmen des Flächenschutzes (s. o. Rn. 59ff.), sondern auch in den nachfolgenden Regelungen.

1. Betretensrechte

96 § 27 BNatSchG eröffnet den Erholungssuchenden das Recht zum Betreten der Flur auf Straßen und Wegen sowie auf ungenutzten Grundflächen und läßt weitergehende Bestimmungen der Länder ausdrücklich zu. So erstrecken die Landesgesetze von Baden-Württemberg, Bayern und Niedersachsen das Betretungsrecht auf die freie Landschaft insgesamt (vgl. § 37 NatSchG BW, Art. 22, 25 BayNatSchG, § 1 Nds FFOG). Eine Ausnahme gilt nur für landwirtschaftlich genutzte Flächen während der Nutzzeit. Das Betretungsrecht erlaubt nicht nur das Wandern und Rasten, sondern auch Fahrradfahren (auf Wegen) sowie Sport und Spiel (z. B. Ski- und Schlittenfahren) (vgl. § 37 Abs. 2 und Abs. 3 NatSchG BW, Art. 24 BayNatSchG, § 2 NdsFFOG). Das Recht zum Betreten des Waldes ergibt sich bereits aus § 14 BWaldG.

97 Im Verhältnis zu den Grundeigentümern handelt es sich um eine Konkretisierung der Sozialpflichtigkeit des Eigentums.[151] § 27 BNatSchG wie die landesrechtlichen Regelungen verkennen indes nicht den latenten **Konflikt** zwischen Erholungsinteressen einerseits und Naturschutz- wie auch schutzwürdigen Eigentümerinteressen andererseits (vgl. § 27 Abs. 2 BNatSchG). Das Betretungsrecht steht daher grundsätzlich unter dem Vorbehalt der Gemeinverträglichkeit (vgl. z. B. § 36 Abs. 1 NatSchG BW). Daran müssen auch Grenzfälle wie der Reitsport, das Mitführen von Hunden oder das Picknick im Walde beurteilt werden,[152] soweit sie nicht bereits landesgesetzlich geregelt sind (vgl. § 50 LG NW, § 12 ForstG Rh.-Pf., § 5a LWaldG SH). Dagegen ist das Befahren mit Motorfahrzeugen gesetzlich ausgeschlossen (vgl. § 37 Abs. 3 NatSchG BW, Art. 23 Abs. 1, 38 BayNatSchG).

Unabhängig hiervon können Sportarten wie Moto-Cross-Rennen und Flugsport, unter Umständen auch schon der Modellflugsport, einen Eingriff in Natur und Landschaft darstellen.[152a]

2. Bereitstellung von Erholungsflächen

98 § 28 BNatSchG verpflichtet Staat und Gemeinden, Grundstücke aus ihrem Eigentum oder Besitz, die sich für die Erholung der Bevölkerung eignen, bereitzustellen. Genannt werden insbesondere Ufergrundstücke, Grundstücke mit schönen Landschaftsbestandteilen sowie Durchgangsgrundstücke. Dieser Grundsatz wird in einigen Landesgesetzen näher ausgestaltet, insbesondere durch das Gebot des freien Zugangs zu den Gewässern und das grundsätzliche Bauverbot auf Uferstreifen (vgl. § 44

---

[151] *Soell*, DVBl. 1983, 241ff., 246.

[152] Vgl. zum Reitsport BayVerfGH, BayGVBl. 1975, 202; BayVBl. 1978, 48ff., sowie *Soell*, DVBl. 1983, 241ff., 247. Zur Vereinbarkeit des § 50 Abs. 2 LG NW mit Bundesrecht BVerwGE 71, 324.

[152a] Vgl. VGH Mannheim, NuR 1987, 129ff. (Moto-Cross); VG Sigmaringen, NuR 1985, 33ff. (Schleppstarts mit Motorflugzeugen); BVerwG, NVwZ 1986, 470f.; NVwZ 1987, 130f.; NVwZ 1987, 493f. (Modellflugsport).

NatSchG BW, §§ 40 Abs. 1 und 2, 42 LG NW, § 13 Abs. 2 LPflG Rh.-Pf., § 6 Abs. 2 SNG).

3. Offenhaltung von Durchgängen

Mit diesen – an Staat und Gemeinden als Grundstückseigentümer oder Planungsträger gerichteten – Vorschriften dürfen die baden-württembergische und insbesondere die bayerische Regelung über den **Durchgang zu Erholungsflächen** (§ 42 NatSchG BW, Art. 31 BayNatSchG) nicht verwechselt werden. Diese begründen nämlich eine Offenhaltungspflicht des *privaten* Grundstückseigentümers, wenn andere Teile der freien Natur in zumutbarer Weise nicht zu erreichen sind. Im Unterschied zum allgemeinen Betretungsrecht betrifft die Regelung gerade Grundstücke, die sonst nicht frei betreten werden dürfen, insbesondere auch bewohnte Grundstücke. 99

Zu beachten ist hierbei die landesverfassungsrechtliche **Sonderlage Bayerns.** Art. 141 Abs. 3 BV verbürgt nicht nur ein Grundrecht auf Genuß der Naturschönheiten und Erholung in der freien Natur[153] (s. o. § 2 Rn. 14), sondern enthält auch den Verfassungsauftrag, der Allgemeinheit die Zugänge zu Bergen, Seen, Flüssen und sonstigen landschaftlichen Schönheiten freizuhalten oder durch Einschränkungen des Eigentumsrechts freizumachen (Art. 141 Abs. 3 S. 2 BV). Hieraus hat die Rechtsprechung in Bayern beispielsweise gefolgert, daß einem Grundstückseigentümer weder Abwehr- noch Entschädigungsansprüche zustehen, wenn die Gemeinde vor seinem Seegrundstück das Wasser aufschüttet, um einen Zugang zum See zu schaffen.[154] Dieses Judikat ist allerdings nicht verallgemeinerungsfähig. 100

IX. Verbandsbeteiligung und Verbandsklage

Als einzige umweltrechtliche Regelung des Bundes ermöglicht das Bundesnaturschutzgesetz eine Verbandsbeteiligung im Verwaltungsverfahren (§ 29 BNatSchG, vgl. auch o. § 4 Rn. 67ff.). Sie dient in erster Linie der Information der Planungsbehörden und dem Ausgleich von Vollzugsdefiziten durch Einbeziehung privaten Umweltschutzengagements, macht jedoch nicht die Verbände zu Verfahrensbeteiligten i. e. S.[155] Das **Äußerungs- und Einsichtsrecht** steht gemäß § 29 Abs. 1 BNatSchG anerkannten Naturschutzverbänden[156] zu, soweit sie in ihrem satzungsgemäßen Aufgabenbereich berührt sind, 101

- bei der Vorbereitung von Verordnungen und anderen untergesetzlichen Rechtsvorschriften der Naturschutzbehörden,
- bei der Vorbereitung von Landschaftsplanungen, soweit sie dem einzelnen gegenüber verbindlich sind,
- vor Befreiungen von Verboten und Geboten in Naturschutzgebieten und Nationalparken,
- im Planfeststellungsverfahren über Vorhaben, die mit Eingriffen in Natur und Landschaft i. S. des § 8 BNatSchG verbunden sind.

---

153 Vgl. dazu *Bartlsperger,* FS Obermayer, 1986, S. 3ff., und *Steiger,* in: Salzwedel (Hg.), Grundzüge des Umweltrechts, 1982, S. 21ff., 29f.
154 BayVGH, NuR 1981, 60ff.
155 VGH Kassel, NuR 1983, 22ff., 23; VGH Mannheim, NVwZ 1986, 320f.
156 Zu den Voraussetzungen der Anerkennung nach § 29 BNatSchG BVerwGE 72, 277 (278ff.).

Da bei den Landschaftsplanungen allenfalls die Landschaftspläne einzelnen gegenüber verbindlich sind (s. o. Rn. 28), setzt die Verbandsbeteiligung erst in einem relativ späten Planungsstadium ein. Dies wird teilweise kritisiert.[157] Demgegenüber sieht das Land Bremen (§ 43 Abs. 1 Nr. 2 BremNatSchG) eine Mitwirkung schon bei der Vorbereitung des Landschaftsprogramms vor. Eine entsprechende Regelung in Bayern wurde 1982 aufgehoben.[158]

102 Die **Anerkennung** als Naturschutzverband setzt gemäß § 29 Abs. 2 BNatSchG voraus, daß ein rechtsfähiger Verein

- nach seiner Satzung ideell und nicht nur vorübergehend vorwiegend die Ziele des Naturschutzes und der Landschaftspflege fördert,
- nach seiner Satzung einen Tätigkeitsbereich hat, der mindestens das Gebiet eines Landes umfaßt,
- die Gewähr für eine sachgerechte Aufgabenerfüllung bietet (Indizien hierfür sind Art und Umfang seiner bisherigen Tätigkeit, der Mitgliederkreis sowie die Leistungsfähigkeit des Vereins),
- wegen Verfolgung gemeinnütziger Zwecke nach § 5 Abs. 1 Nr. 9 des Körperschaftssteuergesetzes von der Körperschaftssteuer befreit ist,
- den Eintritt jedermann ermöglicht, der die Ziele des Vereins unterstützt.

Nicht anerkennungsfähig ist daher z. B. eine Körperschaft des öffentlichen Rechts (etwa ein Landesjagdverband, bei dem es außerdem am Erfordernis des vorwiegenden Naturschutzzweckes fehlen dürfte).[159] Die notwendige Abgrenzung hat inzwischen das weit formulierte Erfordernis des § 29 Abs. 2 Nr. 5 BNatSchG erfahren, wonach ein anerkennungsfähiger bzw. anerkannter Naturschutzverband jedem offenstehen muß, der seine Ziele unterstützt. Nach einem Urteil des BVerwG[160] ist dieses Kriterium nicht so zu verstehen, daß „schlechterdings jedermann" aufgenommen werden müßte. Das Ziel des § 29 BNatSchG, Mitwirkungsrechte auf dem Gebiet des Natur- und Landschaftsschutzes nicht solchen Vereinen einzuräumen, die sich auf einen engen, einseitig zusammengesetzten Kreis von Interessenten beschränken, erfordert zwar eine grundsätzliche Offenheit für unterstützungswillige Bewerber um die Mitgliedschaft, dies schließt aber nicht aus, daß der Verein bestimmte Personen abwehrt, um eine Unterwanderung oder eine Störung der Vereinstätigkeit zu verhindern.

Ausweislich der Formulierung des § 29 Abs. 2 BNatSchG („Die Anerkennung ... ist zu erteilen, wenn ...") handelt es sich bei der Anerkennung um eine gebundene Entscheidung. Ein Verwaltungsermessen besteht nicht. Wegen der intensiven Grundrechtsberührung (insbesondere Art. 9 Abs. 1 GG) und der Bedeutung des Anerkennungsverfahrens für den politischen Prozeß ist dies auch zwingend.

Die Anerkennung wird – auf Antrag – von der nach Landesrecht zuständigen Behörde für den satzungsmäßigen Aufgabenbereich ausgesprochen und gilt für das Gebiet des Landes, in dem die zuständige Behörde ihren Sitz hat (§ 29 Abs. 4 S. 1 BNatSchG). Zur Mitwirkung bei Planungen und Maßnahmen des Bundes, die über das Gebiet eines Landes hinausgehen, spricht der Bundesminister für Umwelt, Na-

---

157 Vgl. *Soell* (FN 7), S. 562f.
158 ÄndG v. 3. 8. 1982 (GVBl. S. 500); vgl. Art. 42 BayNatSchG a. F.
159 OVG Saarlouis, NVwZ 1986, 320.
160 BVerwG, NVwZ 1986, 295f.

turschutz und Reaktorsicherheit die Anerkennung aus, soweit der Verein einen entsprechenden Tätigkeitsbereich aufweist (§ 29 Abs. 4 S. 2 i. V. mit Abs. 3 BNatSchG).

Als Naturschutzverbände i. S. von § 29 BNatSchG anerkannt wurden u. a. auf Landes- und/oder Bundesebene der Bund für Umwelt und Naturschutz Deutschland, der Deutsche Bund für Vogelschutz, der Deutsche Naturschutzring, die Schutzgemeinschaft Deutscher Wald.

Die Verbandsmitwirkung wurde vom Gesetzgeber als **Anhörungsverfahren** ausgestaltet. Ihre Durchführung steht nicht im Ermessen der Verwaltung, sondern ist gesetzlich zwingend vorgeschrieben. Dementsprechend hat ein anerkannter Verband ein subjektives öffentliches Recht auf Mitwirkung.[161]

Von der Anhörung kann jedoch nach § 29 Abs. 1 S. 2 BNatSchG i. V. mit den sinngemäß geltenden Bestimmungen des Verwaltungsverfahrensgesetzes abgesehen werden, wenn eine sofortige behördliche Entscheidung wegen Gefahr im Verzug oder im öffentlichen Interesse notwendig erscheint (§ 28 Abs. 2 Nr. 1 VwVfG) oder wenn durch die Anhörung die Einhaltung einer für die Entscheidung maßgeblichen Frist in Frage gestellt würde (§ 28 Abs. 2 Nr. 2 VwVfG). Eine Anhörung unterbleibt, wenn ihr ein zwingendes öffentliches Interesse entgegensteht (§ 28 Abs. 3 VwVfG).

Seinem Inhalt nach begründet § 29 BNatSchG einen über die allgemeine öffentliche Bekanntmachung hinausgehenden Anspruch auf *gesonderte* Unterrichtung.[162] Umstritten ist, ob außer der in § 29 Abs. 1 S. 1 BNatSchG ausdrücklich genannten Gelegenheit zur Äußerung sowie zur Einsicht in die einschlägigen Sachverständigengutachten den Verbänden auch ein Akteneinsichtsrecht zu gewähren ist.[163]

Ungeklärt sind schließlich die **Rechtsfolgen einer unterbliebenen oder fehlerhaften Verbandsmitwirkung.** Diese Problematik stellt sich sowohl bei der Vorbereitung von Rechtsvorschriften gemäß § 29 Abs. 1 Nr. 1 und 2 BNatSchG, deren Gültigkeit hiervon nach h. M. jedoch nicht berührt sein soll,[164] als auch vor allem bei Anhörungsmängeln in Verwaltungsverfahren i. S. des § 29 Abs. 1 Nr. 3 und 4 BNatSchG. In Rechtsprechung und Schrifttum werden diesbezüglich konträre Auffassungen vertreten. Während nach der Rechtsprechung des OVG Koblenz die Verletzung des Anhörungsrechtes eines anerkannten Naturschutzverbandes im Planfeststellungsverfahren zur Rechtswidrigkeit des Planfeststellungsbeschlusses führt,[165] lehnen andere Gerichte eine derartige Rechtsfolge ab.[166] Außerdem wird prozessual danach differenziert, ob der Anhörungsfehler vom Verband selbst (s. dazu sogleich Rn. 103) oder von einem klagebefugten Dritten geltend gemacht wird.[167] Vom BVerwG wird eine Klärung dieser Fragen erwartet.

Die Landesgesetze von Berlin, Bremen, Hamburg und Hessen sehen darüber hinaus die – rechtspolitisch nach wie vor umstrittene – **Verbandsklage** vor (§ 39a NatSchGBln, § 44 BremNatSchG, § 41 HmbNatSchG, § 36 HENatG).[168] Dabei 103

[161] VGH Kassel, NuR 1983, 22ff., 23; VG Sigmaringen, NuR 1987, 233f.; VGH Mannheim, NVwZ 1988, 1039; VGH Kassel, NVwZ 1988, 1040ff.

[162] OVG Koblenz, NuR 1985, 30ff.

[163] Dafür VGH Kassel, NVwZ 1982, 689ff., 690; *Bender/Sparwasser,* Umweltrecht, 1988, Rn. 1007f.; dagegen VGH Kassel, NuR 1984, 30.

[164] Vgl. *Bender/Sparwasser* (FN 163), Rn. 1009; vgl. auch *J. Schmidt,* NVwZ 1988, 982ff., 987 m. w. N. (insbes. Anm. 119).

[165] OVG Koblenz, NuR 1985, 30ff., 31.

[166] Vgl. die Nachw. bei *J. Schmidt,* NVwZ 1988, 982ff., 987.

[167] Vgl. *J. Schmidt,* NVwZ 1988, 982ff., 987.

[168] Vgl. *Lüthge,* NJW 1980, 1037f. (Bremen); *Sening,* NuR 1983, 146ff. (Hessen).

steht der Regelungsbefugnis der Landesgesetzgeber nach Auffassung des BVerwG weder § 29 Abs. 1 BNatSchG noch § 42 Abs. 2 VwGO entgegen.[169] Insbesondere darf die Verbandsklage auch gegen solche Verwaltungsakte zugelassen werden, die in einem bundesrechtlich geregelten Verfahren ergehen. Hingegen scheidet eine (landesrechtliche) Verbandsklage gegen Maßnahmen von Bundesbehörden (z. B. Planfeststellungen nach dem Bundesbahngesetz) aus.[170]

Im Hinblick auf die übergreifende Bedeutung dieser gesetzgeberischen Entscheidung wurde das grundsätzliche Für und Wider der Verbandsbeteiligung und Verbandsklage bereits im Allgemeinen Teil (vgl. § 4 Rn. 68 und § 5 Rn. 28ff.) erörtert.[171]

Die Landesgesetze verwirklichen eine maßvolle Variante der altruistischen Verbandsklage, wobei die Klagemöglichkeiten der Verbände formell wie materiell beschränkt werden: Erstens können Gegenstand der Verbandsklage nur solche Einwendungen sein, die von dem Verband bereits im Verwaltungsverfahren gegen das Vorhaben geltend gemacht worden sind;[172] die Verbandsklage ist also akzessorisch zur Verbandsbeteiligung (s. § 5 Rn. 28). In den Landesgesetzen wird dies jeweils durch Präklusionsklauseln (§ 39a Abs. 2 Nr. 2 NatSchGBln, § 44 Abs. 2 Nr. 3 BremNatSchG, § 41 Abs. 2 HmbNatSchG, § 36 Nr. 4 HENatG) sichergestellt. Zweitens ist die Verbandsklagebefugnis inhaltlich auf bestimmte naturschutzrechtliche Rechtsgründe beschränkt, wobei die Regelungen im einzelnen allerdings divergieren.

§ 44 BremNatSchG und § 39a NatSchGBln räumen den anerkannten Verbänden das Recht ein, Anfechtungs- oder Verpflichtungsklage zu erheben aufgrund der Behauptung, daß der Erlaß, die Ablehnung oder die Unterlassung eines Verwaltungsaktes naturschutzrechtlichen Vorschriften widerspreche. § 36 HENatG bezieht die Verbandsklagebefugnis demgegenüber einschränkend auf Entscheidungen, die Befreiungen von naturschutzrechtlichen Geboten oder Verboten zum Gegenstand haben oder die in Planfeststellungsverfahren über Vorhaben ergehen, deren Ausführung mit einem Eingriff in Natur und Landschaft i. S. von § 8 BNatSchG verbunden ist. Diese Begrenzung der Verbandsklagebefugnis wird allerdings dadurch relativiert, daß zu den in § 36 Nr. 1 HENatG genannten naturschutzrechtlichen Bestimmungen auch die Abwägungsklausel des § 6 Abs. 2 S. 2 HENatG gehört. Die Verbandsklage kann somit auch auf den Vortrag gestützt werden, die Planfeststellungsbehörde habe die den Eingriff tragenden Belange nicht richtig ermittelt oder ihnen abwägungsfehlerhaft den Vorrang vor den Interessen des Naturschutzes eingeräumt. § 41 HmbNatSchG gibt den (anerkannten) Naturschutzverbänden eine Klagebefugnis überhaupt nur gegen naturschutzrechtliche Befreiungen.

Unabhängig von der landesrechtlichen Eröffnung der Verbandsklage begründet § 29 Abs. 1 S. 1 BNatSchG zugunsten der anerkannten Naturschutzverbände ein subjektives, gerichtlich selbständig durchsetzbares Recht auf Beteiligung am Verwaltungsverfahren.[173]

Der VGH Kassel hat eine solche **„Partizipationserzwingungsklage“**[174] zunächst selbst im Rahmen der in Hessen bestehenden Verbandsklageregelung abgelehnt,[175] diese restriktive Rechtsprechung inzwischen aber ausdrücklich aufgegeben.[176]

---

[169] BVerwG, NVwZ 1988, 527ff. zu § 39a NatSchGBln; a. A. zuvor OVG Berlin, NuR 1986, 257ff.
[170] VGH Kassel, NuR 1985, 154f.; vgl. dazu auch die krit. Anm. von *Ladeur,* NuR 1985, 155f.
[171] Vgl. zum Ganzen aber auch *Bernatzky/Böhm* (FN 38), § 29 BNatSchG Rn. 1ff., und *Soell* (FN 7), S. 563ff.
[172] Dazu VGH Kassel, NVwZ 1988, 1040ff., 1043.
[173] VGH Kassel, NVwZ 1988, 1040ff.; VGH Mannheim, NVwZ 1988, 1039.
[174] *E. Rehbinder,* NVwZ 1982, 666ff., 667 m. w. N.
[175] VGH Kassel, NVwZ 1982, 689ff. Hierzu kritisch *Bickel,* NuR 1983, 25ff., und *E. Rehbinder,* NVwZ 1982, 666ff.
[176] VGH Kassel, NVwZ 1988, 1040ff., 1040 m. w. N.

Von der klageweisen Durchsetzung von Beteiligungsrechten zu unterscheiden ist die Frage der Anfechtbarkeit einer auf einer fehlerhaften oder unterbliebenen Anhörung beruhenden Entscheidung durch einen Naturschutzverband: Soweit das Landesrecht keine Verbandsklage vorsieht, hat der Verband auch kein Anfechtungsrecht gegen eine das Planfeststellungsverfahren abschließende Verwaltungsentscheidung.[177] Anders jedoch, wenn eine Verbandsklage vorgesehen ist: Dort kann die Verletzung von Verfahrensvorschriften grundsätzlich die Verbandsklagebefugnis begründen und zur Aufhebung der fehlerhaft zustande gekommenen Entscheidung führen, wenn gerade die Verfahrensvorschriften eine sachgerechte Abwägung gewährleisten sollen.[178]

D. Forstrecht

I. Rechtsgrundlagen

104 Für den Wald als einem der wichtigsten Bestandteile der Natur enthalten das Gesetz zur Erhaltung des Waldes und zur Förderung der Forstwirtschaft **(Bundeswaldgesetz)** vom 2. 5. 1975[179] (Kloepfer Nr. 140) und die Landeswaldgesetze[180] bzw. untergesetzlichen forstrechtlichen Landesvorschriften[181] Schutzbestimmungen. Das Bundeswaldgesetz ist aufgrund der konkurrierenden Gesetzgebungszuständigkeit des Bundes nach Art. 74 Nr. 17 GG (Förderung der forstwirtschaftlichen Erzeugung) ergangen.

II. Regelungszweck

105 Wie sich bereits aus der Gesetzesüberschrift „Gesetz zur Erhaltung des Waldes und zur Förderung der Forstwirtschaft" ergibt, handelt es sich nicht um ein reines Umweltschutzgesetz, sondern um ein Gesetz, das umweltrechtliche und wirtschaftsverwaltungsrechtliche Bestimmungen in sich vereinigt. Entsprechend komplex ist die Formulierung des Gesetzeszweckes in § 1 BWaldG. Danach ist der Wald insbesondere wegen seines wirtschaftlichen Nutzens **(Nutzfunktion)** und wegen seiner Bedeutung für die Umwelt, insbesondere für die dauernde Leistungsfähigkeit des Naturhaushaltes, das Klima, den Wasserhaushalt, die Reinhaltung der Luft, die Bodenfruchtbarkeit, das Landschaftsbild, die Agrar- und Infrastruktur und die Erholung der Bevölkerung **(Schutz- und Erholungsfunktion)** zu erhalten, erforderlichenfalls zu mehren und seine ordnungsgemäße Bewirtschaftung nachhaltig zu sichern. Ähnlich lautende Zweckbestimmungen finden sich in den Landeswaldgesetzen (vgl. Art. 1 BayWaldG, § 1 HEForstG, § 1 NdsLWaldG, § 8 ForstG NW, § 1 LForstG Rh.-Pf., § 1 LWaldG SH), wobei die Schutz- und Erholungsfunktion teilweise auch als „Wohlfahrtswirkungen" bezeichnet werden (vgl. § 8 ForstG NW).

---

[177] VGH Mannheim, NVwZ 1988, 1039.
[178] VGH Kassel, NVwZ 1988, 1040ff., 1043f.
[179] BGBl. I S. 1037, geänd. durch Ges. v. 27. 7. 1984, BGBl. I S. 1034.
[180] Vgl. die Aufstellung bei *Kloepfer* (FN 27), S. 42ff.
[181] *Kloepfer* (FN 27), S. 42ff.

106 Das Bundeswaldgesetz bildet mit dem von ihm verwendeten Begriff der **Nachhaltigkeit** die Keimzelle des – dem Vorsorgeprinzip zuzuordnenden – Nachhaltigkeitsgrundsatzes, der inzwischen für weite Teile des Umweltrechts gilt (s. § 3 Rn. 23) und außer in § 1 BWaldG auch in § 1 Abs. 1 BNatSchG ausdrücklich verankert ist.

Der Nachhaltigkeitsgrundsatz oder Nachhaltigkeitsbegriff i. e. S. geht bezüglich des Forstwesens davon aus, daß der Wald als Bodenfrucht nur in einem Umfang genutzt werden kann, der dem natürlichen Zuwachs entspricht, um stetig und auf Dauer in der Menge etwa gleichbleibende Erträge zu sichern. Dieser Nachhaltigkeitsbegriff ist allerdings vom Gesetzgeber im Bundeswaldgesetz ausgeweitet worden,[182] indem die Funktion der Wälder für die dauernde Leistungsfähigkeit des Naturhaushalts unterstrichen wird. Dadurch erschließt sich der Programmsatz der nachhaltigen Bewirtschaftung in § 1 Nr. 1 BWaldG auch umweltbezogenen Interessen. Insoweit geht § 1 Nr. 1 BWaldG über die ursprünglichen Gebote der Nachhaltigkeit der Holznutzung und der Holzerzeugung hinaus und wird zum sektoralen Umweltschutz. Kurzgefaßt ist Sinn und Zweck dieses Ausschnittes des Nachhaltigkeitsgrundsatzes die Verhinderung des Raubbaues am Wald.

III. Regelungsinhalt

107 Das Bundeswaldgesetz und die Landesforstgesetze enthalten u. a. Regelungen über die forstliche Rahmenplanung (§§ 6–8 BWaldG), die Erhaltung und Bewirtschaftung des Waldes (§§ 9–14 BWaldG), die forstwirtschaftlichen Zusammenschlüsse (§§ 15–40 BWaldG) und die Förderung der Forstwirtschaft durch staatliche Zuwendungen (§ 41 BWaldG). Die Landesforstgesetze enthalten außerdem differenzierte Bestimmungen für Staats-, Körperschafts- und Privatwald (vgl. nur §§ 45–61 LWaldG BW) sowie organisatorische Vorschriften über die Landesforstverwaltung und den Forstschutz (vgl. §§ 62–82 LWaldG BW) und Ordnungswidrigkeitenregelungen (vgl. §§ 83–87 LWaldG BW).

1. Forstliche Rahmenplanung

108 Die in §§ 6 und 7 BWaldG geregelte forstliche Rahmenplanung ist **fachgesetzliche Einzelplanung.** Allerdings sind gesamtplanerische Aspekte aufgrund der §§ 6 Abs. 2 und 7 BWaldG nicht zu verkennen, auch wenn diese Aspekte als nicht wesensprägend erscheinen. § 6 Abs. 2 BWaldG fordert die Berücksichtigung der Ziele der Raumordnung und der Landesplanung bei der forstlichen Rahmenplanung; umgekehrt sorgt § 7 Abs. 3 BWaldG für eine Rückkoppelung in der Raumplanung. Danach werden die raumbedeutsamen Erfordernisse und Maßnahmen der forstlichen Rahmenpläne in den Programmen und Plänen nach § 5 Abs. 1 S. 1 und Abs. 3 ROG berücksichtigt (s. o. § 9 Rn. 2ff.). Die Verzahnung von forstlicher und räumlicher Gesamtplanung bildete auch das Vorbild für das auch vom Bundesnaturschutzgesetz praktizierte Modell einer **wechselseitigen Abstimmung** (§ 5 Abs. 1 und 2 BNatSchG, vgl. o. Rn. 19ff.). Insofern liegt also bereits eine erfolgreiche (Teil-)Harmonisierung vor. Dies gilt grundsätzlich auch für die Planungsstufen: Die forstliche Rahmenplanung vollzieht sich auf drei Planungsebenen, dem Landesgebiet, der Region und dem Nahbereich. Die Planung nach dem Bundeswaldgesetz lehnt sich somit ebenfalls an

---

[182] Vgl. *Klose/Orf,* Forstrecht, 1982, § 1 BWaldG Rn. 44.

die Planungsräume der Raumordnung und der Landesplanung an. Insgesamt entspricht sie den Vorschriften über die Landschaftsplanung in den §§ 5–7 BNatSchG.[183]

Im Unterschied zum Bundesnaturschutzgesetz, welches das Verfahren der Aufstellung von Landschaftsplänen mit Ausnahme der gemäß § 29 Abs. 1 Nr. 1 BNatSchG obligatorischen Verbandsbeteiligung fast gänzlich der Regelung durch die Landesgesetzgeber überläßt (§ 6 Abs. 4 BNatSchG),[184] trifft § 7 Abs. 1 S. 2 und 3 BWaldG wenigstens eine partielle Aussage zum **Planaufstellungsverfahren.** Danach sind die Träger öffentlicher Belange, deren Interessen durch die forstliche Rahmenplanung berührt werden, sowie die beteiligten Wald- und sonstigen Grundbesitzer und deren Zusammenschlüsse rechtzeitig zu unterrichten und anzuhören. Insofern wird die grundsätzlich singuläre naturschutzrechtliche Verbandsbeteiligung durch den Spezialfall einer Verbandsbeteiligung ergänzt. Im übrigen läßt auch das Bundeswaldgesetz den Landesgesetzgebern weitgehend freie Hand bei der Ausgestaltung des Aufstellungsverfahrens. In Betracht kommen sowohl fachgesetzliche Verfahren nach Landesforstrecht als auch Verfahren nach Landesplanungsrecht. 109

§ 8 BWaldG fordert die Berücksichtigung der Funktionen des Waldes nach § 1 Nr. 1 BWaldG sowie die Unterrichtung und Anhörung der für die Forstwirtschaft zuständigen Behörden bei der Vorbereitung auch außerforstwirtschaftlicher Planungen und Maßnahmen, wenn ein Träger öffentlicher Vorhaben Planungen oder Maßnahmen treffen will, die eine Inanspruchnahme von Waldflächen vorsehen oder die Auswirkungen auf Waldflächen haben können. Die Vorschrift enthält sowohl ein materielles (§ 8 Nr. 1 BWaldG) als auch ein prozedurales (§ 8 Nr. 2 BWaldG) **Berücksichtigungsgebot.** Sie gilt auch und gerade außerhalb der forstrechtlichen Fachplanungen[185] und will allgemein gleichsam die „Waldverträglichkeit" von öffentlichen Vorhaben sicherstellen. Die Berücksichtigung der Funktionen des Waldes kann dabei freilich nur eine Abwägung mit anderen Gesichtspunkten bedeuten. Daher handelt es sich insoweit um eine partielle Umweltverträglichkeitsprüfung (s. allgemein § 4 Rn. 81ff.), die sich speziell auf den Umweltfaktor Wald bezieht. 110

2. *Erhaltung des Waldes*

Die Gesetze unterstellen die Rodung und die Umwandlung von Wald als Änderung der Bodennutzungsart wie auch die Erstaufforstung einer **Genehmigungspflicht** (§§ 9, 10 BWaldG, zum Landesrecht vgl. nur etwa § 14 LForstG Rh.-Pf.). Die Forstbehörde besitzt hierbei ein Planungs- und Bewirtschaftungsermessen nach Maßgabe des Abwägungsgebots des § 9 Abs. 1 S. 2 BWaldG. Dieses ist lediglich in negativer Hinsicht insofern eingeschränkt, als die Genehmigung versagt werden „soll ..., wenn die Erhaltung des Waldes überwiegend im öffentlichen Interesse liegt". Dies wird in § 9 Abs. 1 S. 2 BWaldG im Nachsatz exemplarisch erläutert. Bei der Abwägungsentscheidung müssen insbesondere Naturschutz- und Erholungsbelange der Bevölkerung berücksichtigt werden. 111

---

[183] *Klose/Orf* (FN 182), § 6 Rn. 2.
[184] Vgl. auch *Soell* (FN 7), S. 519.
[185] Enger *Klose/Orf* (FN 182), § 8 BWaldG Rn. 3.

Ob die Regelung dogmatisch als repressives Verbot oder als präventives Verbot mit Erlaubnisvorbehalt eingestuft werden kann, ist umstritten,[186] im Hinblick auf das Bewirtschaftungsermessen der Forstverwaltung aber wohl im ersten Sinne zu beantworten. Um Härten zu vermeiden, hat das Bundeswaldgesetz den Landesgesetzgebern durch § 9 Abs. 2 BWaldG die Möglichkeit eröffnet, befristete Umwandlungen zu genehmigen. Diese Genehmigung wird mit einer **Rekultivierungsauflage,** nach Ablauf der Frist wieder aufzuforsten, verbunden.

112 Lassen sich die nachteiligen Auswirkungen einer Waldrodung oder Umwandlung nicht ausgleichen, so ist nach hessischem und baden-württembergischem Landesrecht eine **Walderhaltungsabgabe** zu entrichten (§ 9 Abs. 4 LWaldG BW, § 11 Abs. 5 HEForstG). Ihre nähere Ausgestaltung entspricht im wesentlichen der naturschutzrechtlichen Ausgleichsabgabe (s. o. Rn. 37ff.).[187]

113 Im übrigen werden die Waldbesitzer in einigen Landesgesetzen ausdrücklich – über die **Bewirtschaftungspflicht** (einschließlich Wiederaufforstungspflicht) des § 11 BWaldG hinaus – zur **Umweltvorsorge** bei der Bewirtschaftung des Waldes verpflichtet (§§ 12, 22 LWaldG BW, §§ 12, 13 LWaldGBln, § 6 Abs. 1 HmbLWaldG, § 5 HEForstG, § 6 Abs. 1 NdsLWaldG, § 11 Abs. 1 LWaldG Saar).

3. Unterschutzstellung

114 Ferner können unter bestimmten Voraussetzungen Waldgebiete gemäß den §§ 12, 13 BWaldG bzw. den entsprechenden landesrechtlichen Vorschriften zum Schutz- oder Erholungswald erklärt werden.

Die Erklärung zum **Schutzwald** kann erfolgen, wenn es zur Abwehr oder Verhütung von Gefahren, erheblichen Nachteilen oder erheblichen Belästigungen für die Allgemeinheit notwendig ist, bestimmte forstliche Maßnahmen durchzuführen oder zu unterlassen. Die Erklärung kommt nach dem Gesetz insbesondere in Frage zum Schutz vor

- schädlichen Umwelteinwirkungen i. S. des Bundes-Immissionsschutzgesetzes,
- Erosion durch Wasser und Wind,
- Austrocknung,
- schädlichen Abflüssen von Niederschlagswasser und
- Lawinen.

Die Landesgesetze nennen als weitere Schutzzwecke u. a.

- wasserhaushaltsrechtliche Belange (vgl. § 31 Abs. 2 Nr. 1 L WaldG BW) und
- die Sicherung der Frischluftzufuhr für Siedlungen (§ 31 Abs. 2 Nr. 2 LWaldG BW).

115 Im geschützten **Erholungswald** können insbesondere Bewirtschaftungsauflagen und Unterhaltungspflichten, Beschränkungen der Jagdausübung und Verhaltensregeln für die Waldbesucher festgesetzt werden (§ 13 BWaldG, vgl. § 13 LWaldG BW). Nach Landesforstrecht soll Privatwald nur subsidiär zu Erholungswald erklärt werden, wenn kein geeigneter Staats- oder Körperschaftswald zur Verfügung steht (vgl. § 33 Abs. 4 LWaldG BW, Art. 12 Abs. 2 BayWaldG, § 20 Abs. 2 LWaldG Saar).

---

[186] Vgl. etwa *Breuer* (FN 45), S. 639 einerseits, *Klose/Orf* (FN 182), § 9 BWaldG Rn. 6 andererseits.

[187] WaldEAVO BW vom 17. 7. 1977 (GBl. S. 367). Zu den Voraussetzungen der Abgabepflicht VGH Mannheim, NuR 1983, 278ff.; vgl. auch *Meßerschmidt* (FN 86), S. 16.

Mit Rücksicht auf die Erholungsfunktion des Waldes ist freilich das Betreten des Waldes zum Zwecke der Erholung nach § 14 BWaldG unabhängig von der Ausweisung als Erholungswald generell gestattet (s. o. Rn. 96).

E. Agrarrecht

Im Unterschied zur starken Gewichtung von Umweltbelangen im Forstrecht berücksichtigt das bisherige Landwirtschaftsrecht Umweltbelange nur punktuell.[188] Eine Sonderstellung nimmt insoweit das **Landwirtschafts- und Landeskulturgesetz von Baden-Württemberg** vom 14. 3. 1972[189] ein, das auf Umweltbelange, namentlich den **Bodenschutz,** mehrfach Bezug nimmt (vgl. §§ 2 Nr. 3, 5 Abs. 4, 17 des o. g. Gesetzes). Es enthält allerdings keine Einzelermächtigungen, sondern versucht, den Problemen der Erosion, Verunreinigung und Verarmung des Bodens (vgl. § 17 des Gesetzes) durch Förderungsmaßnahmen beizukommen. Eingriffsinstrumente des Bodenschutzes sind demgegenüber außerhalb des Landwirtschaftsrechts im Naturschutz-, Wasserhaushalts-, Abfall- (Klärschlammverordnung) und Gefahrstoffrecht enthalten bzw. bis zu einer übergreifenden Normierung des Bodenschutzes dort zu entwickeln[190] (s. § 14 Rn. 58ff.). Zu einer tiefgreifenden Umbildung des Landwirtschaftsrechts könnten auf längere Sicht rechtspolitische Vorstellungen führen, wonach Landwirte für Landschaftspflege vom Staat finanzielle Zuwendungen erhalten sollen. Das System der Agrarsubvention würde hierdurch einen zusätzlichen Pfeiler erhalten. Erste rechtliche Ansätze hierzu sind insbesondere in Baden-Württemberg erkennbar (s. § 11 Rn. 164). 116

Unter den Kernmaterien des Landwirtschaftsrechts ist insbesondere das **Flurbereinigungsrecht** umweltrelevant.[191] Es ist bundesrechtlich durch das Flurbereinigungsgesetz (FlurbG) i. d. F. der Bek. vom 16. 3. 1976[192] (Kloepfer Nr. 128) und die Ausführungsgesetze der Länder[193] geregelt. Die Umweltrelevanz besteht zunächst im Negativen, d. h. in der Umweltbelastung, da die Neuordnung des ländlichen Grundbesitzes auf die Verbesserung der Produktions- und Arbeitsbedingungen der Landwirtschaft ausgerichtet ist (§ 1 FlurbG) und regelmäßig zwangsläufig Verluste in der Substanz von Natur und Landschaft nach sich zieht.[194] Jedoch sind bei der Neugestaltung des Flurbereinigungsgebietes auch Umweltbelange zu beachten. § 37 Abs. 2 FlurbG nennt als öffentliche Interessen, die im Rahmen der Interessenabwägung zu wahren sind, neben den Erfordernissen der Raumordnung, Landesplanung und städ- 117

---

[188] Übersichtsweise *Kloepfer* (FN 27), S. 42ff. Vgl. insbes. das bayerische Gesetz zur Förderung der bayerischen Landwirtschaft vom 8. 8. 1974 (GVBl. S. 395, ber. S. 737), geänd. durch Ges. v. 22. 10. 1974 (GVBl. S. 551) und v. 23. 12. 1975 (GVBl. S. 414), das in seine Zweckbestimmung auch die Erhaltung des ländlichen Raumes als Kulturlandschaft aufgenommen hat (Art. 1 Abs. 1 lit. c LwFöG).

[189] GBl. S. 74, zuletzt geänd. durch VO v. 18. 3. 1985, GBl. S. 71.

[190] Vgl. dazu *v. Lersner,* NuR 1982, 201ff.; *Storm,* AgrarR 1983, 233ff.; *Ebersbach* (FN 94), S. 429ff.

[191] Siehe dazu den Bericht der Landesregierung betreffend Grundsätze der Flurbereinigung, LT-Drs. Rh.-Pf. 10/2705.

[192] BGBl. I S. 546, zuletzt geänd. durch Ges. v. 8. 12. 1986, BGBl. I S. 2191.

[193] Vgl. die Gesetzesaufstellung bei *Quadflieg,* Artikel „Flurbereinigungsrecht", in: Kimminich/v. Lersner/ Storm (Hg.), Handwörterbuch des Umweltrechts (HdUR), Bd. I, 1986, Sp. 543ff., 550.

[194] Vgl. dazu *Olschowy* (FN 1), S. 66ff., sowie *Deixler,* NuL 1984, 3ff.

tebaulichen Entwicklung (die ihrerseits umweltrelevante Zielvorgaben enthalten können) den Umweltschutz im allgemeinen sowie Naturschutz und Landschaftspflege, Erholung, Wasserwirtschaft einschließlich Wasserversorgung und Abwasserbeseitigung sowie Gestaltung des Orts- und Landschaftsbildes im besonderen. Allerdings sind auch möglicherweise konfligierende Belange wie die der Energieversorgung, des öffentlichen Verkehrs usw. zu wahren.

118 Um eine frühzeitige Berücksichtigung naturschutzrechtlicher und landschaftspflegerischer Vorplanungen zu gewährleisten, sieht § 38 FlurbG vor, daß die Flurbereinigungsbehörde im Benehmen mit der zuständigen Behörde und anderen Stellen (also auch der Naturschutzbehörde) allgemeine Grundsätze für die zweckmäßige Gestaltung des Flurbereinigungsgebiets aufstellt. Im **Flurbereinigungsverfahren** ist ein Wege- und Gewässerplan mit landschaftspflegerischem Begleitplan auszustellen, der wasserwirtschaftliche, bodenverbessernde und landschaftsgestaltende Anlagen einbezieht (§ 41 Abs. 1 FlurbG). Er wird in den Flurbereinigungsplan aufgenommen (§ 58 FlurbG).

119 Von der allgemeinen agrarstrukturellen Flurbereinigung ist das sog. **vereinfachte Flurbereinigungsverfahren** nach § 86 FlurbG nicht nur hinsichtlich der Verfahrensweise, sondern auch vom Verfahrensgegenstand her zu unterscheiden. Es dient primär nicht der Neuordnung landwirtschaftlicher Flächen, sondern der Beseitigung von Nachteilen aus Trassenführungen und ähnlichen raumbeanspruchenden Maßnahmen bzw. der Vorbereitung von städtebaulichen Maßnahmen, notwendigen Maßnahmen des Naturschutzes und der Landschaftspflege sowie der Gestaltung des Orts- und Landschaftsbildes. Flurbereinigungsmaßnahmen können so auch als Instrument des Umweltschutzes eingesetzt werden. In diesem Sonderfall sind Naturschutz und Landschaftspflege Planungsziel und nicht bloß – wie im Regelfall – abwägungserhebliche Belange. Die Eigenständigkeit der Flurbereinigung gemäß § 86 FlurbG kommt in der Bezeichnung als „vereinfachtes Flurbereinigungsverfahren" nicht adäquat zum Ausdruck.

120 § 87 FlurbG regelt die sog. **Unternehmensflurbereinigung,** die im Anschluß an Grundstücksenteignungen zugunsten eines Unternehmens (wie bei der Industrieansiedlung) durchgeführt werden kann, um die Landverluste gerecht zu verteilen oder Nachteile für die allgemeine Landeskultur zu vermeiden bzw. zu kompensieren. Sie weist damit zwar keinen spezifisch umweltrechtlichen Einschlag auf, ist aber als Instrument zur Vorbereitung raumbeanspruchender und u. U. auch umweltbelastender Vorhaben zu berücksichtigen. Ihre Einsatzmöglichkeiten sind allerdings vom BVerfG deutlich beschnitten worden.

Die verfassungsrechtlichen Voraussetzungen der Enteignung zugunsten eines privaten Unternehmens hat das BVerfG nun im sog. **Boxberg-Urteil**[195] präzisiert. Dabei stellt es zunächst klar, daß die Durchführung einer Unternehmensflurbereinigung den Enteignungstatbestand nicht entfallen läßt, sondern (wie sich eindeutig auch aus § 87 Abs. 1 S. 1 FlurbG ergibt) die Zulässigkeit einer Enteignung voraussetzt. Auch gibt es keine gesetzliche Regelung, die den Grundstückseigentümer verpflichtet, sein Grundstück zur Verwirklichung eines im Fremdinteresse liegenden Zweckes gegen ein anderes auszutauschen. Die Inanspruchnahme von Grundeigentum im Wege der Unternehmensflurbereinigung kann durch die Sozialpflichtigkeit des

---

[195] BVerfG, NJW 1987, 1251 ff.

Eigentums i. S. des Art. 14 Abs. 2 GG vielmehr nur gedeckt sein, wenn durch die Enteignung zugleich Belange des Allgemeinwohls i. S. von Art. 14 Abs. 3 S. 1 GG verfolgt werden.[196] Eine solche Enteignung ist zwar nicht schon deshalb unzulässig, weil sie zugunsten eines privatrechtlich organisierten Unternehmens erfolgt und der Nutzen für das allgemeine Wohl nur mittelbare Folge der Unternehmenstätigkeit ist[197] (wie z. B. Verbesserung der regionalen Wirtschaftsstruktur, Schaffung von Arbeitsplätzen). Erforderlich ist aber nach Auffassung des BVerfG in diesem Fall ein Gesetz, das den nur mittelbar verwirklichten Enteignungszweck deutlich umschreibt, die grundlegenden Enteignungsvoraussetzungen und das Verfahren zu ihrer Ermittlung festlegt sowie Vorkehrungen zur Sicherung des verfolgten Gemeinwohlziels regelt.

Hieran fehlte es im konkreten Fall. Insbesondere ist das Bundesbaugesetz bzw. Baugesetzbuch kein derartiges Gesetz, das eine Enteignung mit dem Ziel, Arbeitsplätze zu schaffen und dadurch die regionale Wirtschaftsstruktur zu verbessern, zuläßt. Demgegenüber erwähnt das BVerfG ausdrücklich die Möglichkeit eines auf ein konkretes Projekt beschränkten Gesetzes, wobei ein solches Maßnahmegesetz allerdings im Hinblick auf das verfassungsrechtliche Verbot der Einzelfallgesetzgebung (Art. 19 Abs. 1 S. 1 GG) nicht ganz unproblematisch ist.

---

[196] Vgl. auch schon BVerfGE 56, 249 (259) – Bad Dürkheimer Gondelbahn; 66, 248 (257).

[197] I. U. zu dem Fall, daß sich der Nutzen für das allgemeine Wohl aus dem Unternehmensgegenstand selbst ergibt, wie z. B. bei der Tätigkeit von Versorgungsunternehmen, vgl. auch BVerfGE 66, 248 (257 ff.).

§ 11 Gewässerschutzrecht

Schrifttum: *Abt*, Die haftungsrechtlichen Probleme der mittelbaren Einleitung, RdWWi. 12 (1963), 101 ff.; *ders.*, Gewässerbenutzung und Anlagegenehmigung, ZfW 1968, 168 ff.; *Aurand/Hässelbarth/Müller/Schumacher*, Die Trinkwasser-Verordnung, 2. Aufl., 1987; *Bauer*, Haftung beim Transport gefährlicher Güter auf Binnengewässern, ZBinnSch. 1983, 385 ff.; *Bender*, Zur normativen Tragweite des § 14 Abs. 1 WHG, NVwZ 1984, 9 ff.; *Berendes*, Grundsatzfragen der Verwaltungsvorschriften nach § 7a des WHG, Umwelt (VDI) 1980, 304 ff.; *Bickel*, Die Probleme des § 9a WHG, DÖV 1978, 788 ff.; *ders.*, Die rechtliche Behandlung von Reinigungsanlagen für kontaminiertes Abwasser, atw 1978, 298 ff.; *ders.*, Die Strafbarkeit der unbefugten Gewässerverunreinigung nach § 38 WHG, ZfW 1979, 139 ff.; *ders.*, Die wasserrechtlichen Bestimmungen über die Lagerung wassergefährdender Stoffe, DÖV 1979, 242 ff.; *ders.*, Das Elend der Grenzwerte im Wasserrecht, NuR 1982, 214 ff.; *ders.*, Kommentar zum Hessischen Wassergesetz, 1987; *Bochalli/ v. Arenstorff*, Das Wasser- und Bodenverbandsrecht, 1972; *Böhnke* (Hg.), Wasserhaushalts-, Abwasserabgabengesetz, 1981; *Böttcher*, Umweltverträglichkeitsprüfung und planerisches Abwägungsgebot in der wasserrechtlichen Fachplanung, Diss. jur. Bonn 1983; *ders.*, Neuere Rechtsprechung zum Gewässerausbau, ZfW 1983, 129 ff.; *Bossel/Grommelt/Oeser* (Hg.), Wasser, 1982; *Boujong*, Der Umfang der Entschädigung in Geld nach dem WHG, ZfW 1983, 1 ff.; *Breuer*, Die raumgestaltende Planung im Wasserrecht, 1968; *ders.*, Öffentliches und privates Wasserrecht, 1. Aufl., 1976 (Nachtrag 1977), 2. Aufl., 1987; *ders.*, Abwasserbeseitigung als Gewässerfunktion, NJW 1976, 1622 f.; *ders.*, Die Entwicklung des Wasser- und Abfallrechts 1974–1976, NJW 1977, 1174 ff.; *ders.*, Die Wasserwirtschaft im Schnittpunkt der verschiedenen Fachplanungen, RdWWi. 20 (1977), 81 ff.; *ders.*, Zur Verfassungsmäßigkeit der wasserwirtschaftlichen Benutzungsordnung, ZfW 1979, 78 ff.; *ders.*, Wasserrecht, in: Friauf (Hg.), Handbuch der öffentlichen Verwaltung, Bd. 2, 1982, S. 435 ff.; *ders.*, Umweltschutz und Gemeinwohl in der Rechtsordnung, dargestellt am Beispiel des Wasserrechts, in: Bitburger Gespräche Jb. 1983, S. 65 ff.; *ders.*, Die Abgrenzung zwischen Abwasserbeseitigung, Abfallbeseitigung und Reststoffverwertung, 1985; *ders.*, Wasserrecht, in: Grimm/Papier (Hg.), Nordrhein-westfälisches Staats- und Verwaltungsrecht, 1986, S. 478 ff.; *ders.*, Das Wasserhaushaltsgesetz nach der 5. Novelle, NuR 1987, 49 ff.; *ders.*, Wasserrechtliche Gefährdungshaftung und Aufwendungen der Gefahrenerforschung, NVwZ 1988, 992 ff.; *Bulling/Finkenbeiner*, Wassergesetz für Baden-Württemberg (Kommentar), 2. Aufl., 1981; *Bundesminister des Innern* (Hg.), Wasserversorgungsbericht, 1982; *Burghartz*, Wasserhaushaltsgesetz und Wassergesetz für das Land Nordrhein-Westfalen (Kommentar), 2. Aufl., 1974; *Czychowski*, Ordnungsbehördliche Maßnahmen nach Ölunfällen, DVBl. 1970, 379 ff.; *ders.*, Kiesabbau und Wasserrecht, DVBl. 1976, 132 ff.; *ders.*, Die EG-Gewässerschutzrichtlinie und ihre Auswirkung auf die Arbeit der Wasserbehörden, RdWWi. 20 (1977), 21 ff.; *ders.*, Aktuelle Fragen des Grundwasserschutzes, in: Dokumentation zur 5. wissenschaftlichen Fachtagung der Gesellschaft für Umweltrecht, 1978, S. 100 ff.; *ders.*, Anforderungen an das Einleiten von Abwasser, ZfW 1978, 280 ff.; *ders.*, Bewirtschaftung und Schutz der Gewässer, in: Festgabe aus Anlaß des 25jährigen Bestehens des Bundesverwaltungsgerichts, 1978, S. 121 ff.; *ders.*, Das neue Wasserstrafrecht im Gesetz zur Bekämpfung der Umweltkriminalität, ZfW 1980, 205 ff.; *ders.*, Die Zulässigkeit von Abwassereinleitungen nach dem neuen Wasserrecht, WuB 1980, 230 ff.; *ders.*, Die EG-Grundwasserschutz-Richtlinie und ihre Auswirkungen auf das deutsche Recht, ZfW 1982, 325 ff.; *ders.*, Aktuelle wasserrechtliche Probleme des landwirtschaftlichen Wasserbaus, in: Mitteilungen des Instituts für Wasserbau und Wasserwirtschaft, Bd. 44 (1983), S. 103 ff.; *ders.*, Wasserrecht, Wasserwirtschaft, Abwasserbeseitigung, in: Püttner (Hg.), Handbuch der kommunalen Wissenschaft und Praxis, Bd. 4, 2. Aufl., 1983, S. 468 ff.; *ders./Driewer*, Rechtliche Aspekte bei der Schlammbehandlung und Schlammbeseitigung, Kor. Abw. 1980, 159 ff.; *ders./Prümm*, Wasserrecht Nordrhein-Westfalen, 5. Aufl., 1985; *Dahme/Zitzelsberger*, Bayerisches Wassergesetz, 1975; *Delbrück*, Das neue Seerecht, 1984; *Diesel/Lühr*, Lagerung und Transport wassergefährdender Stoffe, 1982 ff.; *Dilly* (Bearb.), Trinkwasserverordnung (Textausgabe mit Erl.), 1986; *Dinkloh*, Die Phosphathöchstmengenverordnung – ein Beitrag zur Verminderung der Gewässereutrophierung, Gewässerschutz-Wasser-Abwasser 50 (1982), 73 ff.; *Dopheide*, Rechte und Planungsinstrumente der Wasserwirtschaft, 1986; *Dornheim*, Das Recht der Wasser- und Bodenverbände, 2. Aufl., 1980; *Ebert*, Das Verhältnis von Bergrecht zu Wasserrecht, 1966; *ders.*, Bewirtschaftungspläne als Instrument der Wasserwirtschaft, RdWWi. 22 (1979), 75 ff.; *Edom/Rapsch/Veh*, Reinhaltung des Meeres, 1987; *Ehle/Drabe*, Ölunfälle und Kostentragung bei adressatneutralen Verwaltungsakten, ZfW 1983, 143 ff.; *P. Ehlers*, Meeresumweltschutz – eine eigenständige Staatsaufgabe?, NuR 1983, 129 ff.; *ders.*, Schiffahrt und Umweltschutz, internationale und nationale Rechtsgrundlagen, in: Deutsche Akademie für Verkehrswissenschaft (Hg.), 22. Deutscher Verkehrsgerichtstag 1984, 1984, S. 302 ff.; *ders.*, Die erste Internationale Nordseeschutz-Konferenz, NuR 1985, 102 ff.; *Emmelmann*, Wasserrecht, 6. Aufl., 1983; *Engelhardt*, Kriterien für die wasserrechtliche Zulassung und Begrenzung von Abwassereinleitungen, Gewässerschutz-Wasser-Abwasser 42 (1980), 31 ff.; *ders.*, Indirekteinleiter und Gewässerschutz, StGR 1987, 73 ff.; *ders./Ruchay* (Hg.), Gewässerschutz und Abwasser (Kommentar), 1981 ff.; *Ernst*, Meeresverschmutzung und Meeresschutz, 1982; *Fastenrath/Simma,* Die Rhein-Main-Donau-Verträge, DVBl. 1983, 8ff.; *Fathmann,* Der Gewässerschutzbeauftragte, ATV-Berichte 32 (1980), 201ff.; *Feldt/Becker,* Hessisches Wassergesetz (Kommentar), 2. Aufl., 1983; *Feuchthofen,* Rechtsfolgen der Vorteilsaufgabe durch Zwangsmitglieder von Wasserverbänden, ZfW 1985, 81ff.; *Fickert,* Zur Konzentrationswirkung der Planfeststellung nach § 18b Abs. 1 FStrG für wasserrechtliche Erlaubnisse und Bewilligungen, ZfW 1984, 193ff.; *Finck/Haase,* Nitratbelastung des Grundwassers, 1987; *Franke,* Wegfall des Privilegs der wasserrechtlichen Erlaubnisfreiheit für sondergesetzliche Wasserverbände in Nordrhein-Westfalen, ZfW 1984, 329ff.; *Friedrich,* Rechtsgrundlagen des Gewässerschutzes, 1986; *Friesecke,* Bundeswasserstraßengesetz (Kommentar), 2. Aufl., 1981; *ders.,* Probleme bei der Ermittlung der Mindestanforderungen nach § 7a WHG, Gewässerschutz-Wasser-Abwasser 42 (1980), 43ff.; *ders.,* Eingriffe in Natur und Landschaft im Überschneidungsbereich wasserrechtlicher und wasserwegerechtlicher Genehmigungen, ZfW 1983, 149ff.; *Fritzsche/Knopp/Manner/Zitzelsberger/Braun,* Das Wasserrecht in Bayern (Kommentar), 1965ff.; *Gässler,* Zur Bewilligung von Wasserrechten, BB 1967, 1226ff.; *ders.,* Zum Theorienstreit bei der Benutzung von gemeinderechtlich als Entwässerungsanlagen bezeichneten Gewässern, ZfW 1974, 203ff.; *ders.,* Gesetz zur Ordnung des Wasserhaushalts (Kommentar), 1977; *Gaster,* Der Meeresbodenbergbau unter der Hohen See – Neuland des Seevölkerrechts und der nationalen Gesetzgebung, 1987; *Gebhardt,* Verhütung der Meeresverschmutzung vom Lande aus, Kor.Abw. 1981, 648f.; *Gesellschaft für Seerecht der DDR* (Hg.), Rechtsfragen des maritimen Umweltschutzes, 1984; *Gieseke,* Die Haftung für Änderungen der Wasserbeschaffenheit nach dem neuen deutschen Wasserrecht, ZfW 1962, 1ff.; *ders./Wiedemann/Czychowski,* Wasserhaushaltsgesetz (Kommentar), 4. Aufl., 1985; *Grupp,* Sportliche Nutzungen und Gemeingebrauch an öffentlichen Gewässern sowie ihre Begrenzungen, in: Krähe (Hg.), Wassersport auf Binnengewässern und Bodensee, 1987, S. 13ff.; *Gündling,* Rechtsprobleme der Abfallbeseitigung auf See, NuR 1982, 41ff.; *Habel,* Zur rechtlichen Problematik einer „Wasserabgabe" für die Entnahme von Oberflächenwasser und Grundwasser (Benutzungsentgelt) durch Neufassung des § 17 Wassergesetz (WG), BWVPr. 1986, 193ff.; *ders./Kuckuck,* Wassergesetz für Baden-Württemberg (Kommentar), 1982; *Hahn,* Umweltschutz im Bereich des Wasserbaus, 1976; *Hammer,* Die Festsetzung von Wasserschutzgebieten und der polizeiliche Störer, DÖV 1967, 337ff.; *Hartig,* Die Verunreinigung der Gewässer als innerstaatliches und als internationales Rechtsproblem, 1961; *Henseler,* Die indirekte Einleitung von Abwasser als Regelungsobjekt des Wasserrechts, DVBl. 1981, 668ff.; *ders.,* Die Abwasserbeseitigungspflicht – ein verkapptes Bauverbot, BauR 1982, 1ff.; *ders.,* Rechtliche Möglichkeiten der Einflußnahme der Wasserbehörden auf die Abwasserbeseitigung bei gewerblichen Benutzern der städtischen Kanalisation, ZfW 1982, 212f.; *ders.,* Das Recht der Abwasserbeseitigung, 1983; *ders.,* Der Abwasserbegriff des Wasser- und Abfallrechts, NuR 1984, 249ff.; *Hill,* Die befugte Gewässerbenutzung nach dem Wasserhaushaltsgesetz, GewArch. 1981, 155ff., 183ff.; *Holtmeier,* Hauptprobleme der Neuregelung der Länder über Anlagen zum Lagern, Abfüllen und Umschlagen von wassergefährdenden Stoffen (§§ 19gff. WHG), ZfW 1981, 1ff.; *ders.,* Umgang mit wassergefährdenden Stoffen in Nordrhein-Westfalen (Kommentar), 1982; *ders.,* Die Fortentwicklung des Rechts für den Umgang mit wassergefährdenden Stoffen (§§ 19g–19l WHG n.F.), ZfW 1988, 210ff.; *Honert/Rüttgers,* Landeswassergesetz Nordrhein-Westfalen (Kommentar), 1981; *Hoppe/Beckmann,* Rechtsgrundlagen und verfassungsrechtliche Grenzen der Gründung und Auflösung von Wasser- und Bodenverbänden, 1988; *Hornef,* Der Gewässerschutz in der Bundesrepublik Deutschland, Kor.Abw. 1981, 359ff.; *Hundertmark,* Die Rechtsstellung des Sondernutzungsberechtigten im Wasserrecht, 1967; *Ilić,* Lücken im neuen Wasserrecht, Umwelt (VDI) 1987, 285ff.; *Institut für das Recht der Wasserwirtschaft an der Universität Bonn* (Hg.), Schrifttum und Rechtsprechung des Wasserrechts (jährliche Erscheinungsweise); *Institut für gewerbliche Wasserwirtschaft und Luftreinhaltung* (Hg.), Konsequenzen des neuen Gewässerschutzrechts für die Unternehmen (IWL-Forum 1987–I), 1987; *Jarass,* Das Recht auf Wasserzufluß, NJW 1976, 2195ff.; *Kaiser,* Heutige Rechtslage bei der Anwendung der Wasserverbandsordnung, ZfW 1983, 65ff.; *Karl,* Property rights als Instrument für eine umwelt- und grundwasserschonende Landwirtschaft, ZfW 1987, 23ff.; *Keune,* Die EG-Gewässerschutzrichtlinie, Kor.Abw. 1976, 223ff.; *ders.,* Rechtsfolgen der Neufassung des § 21 WHG zur Überwachung der Gewässerbenutzung, DVBl. 1977, 916ff.; *ders./Olivier/Skalicky,* Wasser- und Abwasserabgaberecht, 1984; *Kibele,* Die bundesrechtliche Neuregelung des Umgangs mit wassergefährdenden Stoffen, VBlBW 1986, 441ff.; *Kind,* Ist die gesetzliche Verpflichtung der Exekutive zur (letztverbindlichen) Auslegung eines „unbestimmten Rechtsbegriffes" durch Allgemeine Verwaltungsvorschriften verfassungswidrig?, DÖV 1988, 679ff.; *Kloepfer,* Belastungskumulationen durch Normenüberlagerungen im Abwasserrecht, VerwArch. 74 (1983), 201ff.; *ders./Brandner,* Wassersport und Umweltschutz, NVwZ 1988, 115ff.; *ders./Brandner,* Rechtsprobleme der Grenzwerte für Abwassereinleitungen, ZfW 1989, 1ff.; *Knauber,* Die jüngere Entschädigungsrechtsprechung des BGH nach dem Naßauskiesungsbeschluß des BVerfG, NVwZ 1984, 753ff.; *ders.,* Das Gebot der Rücksichtnahme – der Schlüssel zur Begründung subjektiver Rechtsmacht jetzt auch im wasserrechtlichen Nachbarschutz, NVwZ 1988, 997ff.; *Kneese/Bower,* Die Wassergütewirtschaft, 1972; *Knopp,* Wiedergutmachung ökologischer Schäden nach § 22 WHG, ZfW 1988, 261ff.; *Köhler,* Der wasserrechtliche Beauftragte, ZfW 1976, 323ff.; *Kölble,* Gewässerschutz in der Gesetzgebung, 1982; *Köttgen,* Grundprobleme des Wasserrechts, 1925; *Kohlhaas,* Zum strafrechtlichen Einleiten und Einbringen von Stoffen in Gewässer, ZfW 1969; 20ff.; *Korbmacher,* Der „Ausgleich von Schäden" im wasserechtlichen Planfeststellungsverfahren, DÖV 1974, 552ff.; *Krohn,* Entschädigung für enteignende Eingriffe in das Grundeigentum in Wasserschutzgebieten, DVBl. 1986, 745ff.; *Kunig,* Ölverschmutzung durch Schiffe, NuR 1986, 265ff.; *Liver,* Natur, Gesetz, Lehre und Überlieferung im Wasserrecht, in:

Festgabe für Henri Deschenaux zum 70. Geb., Fribourg 1977, S. 223ff.; *Löhmann,* Übertragung der kommunalen Abwasserbeseitigung auf Private, StGR 1987, 277ff.; *Losem,* Wasserschutzgebiet, Entschädigung für beschränkende Anordnungen, AgrarR 1980, 251ff.; *Ludwig/Odenthal,* Wassersicherstellungsgesetz, 1966; *ders./Schauweder,* Strukturen und Probleme der Wasserversorgung, in: Püttner (Hg.), Handbuch der kommunalen Wissenschaft und Praxis, Bd. 5, 2. Aufl., 1984, S. 275ff.; *Lübbe-Wolff,* Konstitution und Konkretisierung außenwirksamer Standards durch Verwaltungsvorschriften – Probleme der Neuregelung des § 7a WHG, DÖV 1987, 896ff.; *Merkel,* Gewässerbewirtschaftung: Wie verteilt man die nutzbare Belastungskapazität auf die Abwassereinleiter?, gwf-wasser-abwasser 1980, 1ff.; *Moebs/Rincke/ Engelhardt/Salzwedel,* Die Richtlinien der Europäischen Gemeinschaften im Gewässerschutz, RdWWi. 21 (1978), 1ff.; *Morell,* Verordnung über Allgemeine Bedingungen für die Versorgung mit Wasser (Kommentar), 1983ff.; *v. Münch,* Internationales Seerecht, 1985; *Nacke,* Die 5. Novelle zum Wasserhaushaltsgesetz, NVwZ 1987, 185ff.; *Nies,* Rechtsanwendungsprobleme beim wasserrechtlichen Ausgleichsanspruch nach § 19 IV WasserHG, NVwZ 1987, 189ff.; *Nieß-Mache,* Auskunftsrechte und Auskunftspflichten gegenüber Dritten bei Abwassereinleitungen, UPR 1987, 130ff.; *Obermann/Salzwedel,* Die Grundwasserbelastung durch Nitrat aus der Sicht der öffentlichen Wasserversorgung, 1983; *Papier,* Gewässerverunreinigung, Grenzwertfestsetzung und Strafbarkeit, 1984; *H. G. Peine,* Abwasserstandards, in: Bittburger Gespräche, Jb. 1983, S. 85ff.; *Petersen,* Staatsrechtliche Probleme einer Erweiterung des Küstenmeeres der Bundesrepublik Deutschland, DVBl. 1987, 78ff.; *Pielow,* Schwierigkeiten mit der Enteignungsregelung im Naturschutz-, Forst- und Wasserrecht, AgrarR 1981, 57ff.; *Platz,* Die Duldung im Verwaltungsrecht, speziell im Wasserrecht, BayVBl. 1983, 622ff.; *Platzöder,* Artikel „Meeresumwelt", in: Kimminich/v. Lersner/Storm (Hg.), Handwörterbuch des Umweltrechts (HdUR), Bd. I, 1986, Sp. 1026ff.; *Praml,* Zum Umgang mit wassergefährdenden Stoffen, DÖV 1982, 842ff.; *ders.,* Anmerkungen zur Novellierung des Bundeswasserrechts, NuR 1986, 66ff.; *Preusker,* Wasser- und abfallrechtliche Beschränkungen der landwirtschaftlichen Nutzung von Grundstücken, ZfW 1982, 261ff.; *Randelzhofer/Wilke,* Die Duldung als Form flexiblen Verwaltungshandelns. Dargestellt an einem Fall des Wasserrechts, 1981; *Rapsch,* Rechtsprobleme der wasserverbandlichen Eigenfinanzierung, DÖV 1987, 793ff.; *Rat von Sachverständigen für Umweltfragen,* Umweltprobleme des Rheins, 1976; *ders.,* Umweltprobleme der Nordsee, 1980; *Rauschning,* Der Schutz der Binnengewässer nach deutschem Recht, in: Bernhardt u. a. (Hg.), Fünftes deutsch-polnisches Juristen-Kolloquium, Bd. 1: Umweltschutz, insbesondere im Flußrecht, 1981, S. 39ff.; *E. Rehbinder,* Rechtliche Schranken der Trinkwasserfluoridierung, 1975; *ders.,* Wasserrechtliches Instrumentarium zum Schutze Binnengewässer, in: Bossel/ Grommelt/Oeser (Hg.), Wasser, 1982, S. 243ff.; *Reinhardt,* Mannheimer Akte und Umweltschutz, NuR 1986, 188ff.; *Rest,* Die Chemieunfälle und die Rheinverseuchung, VersR 1987, 6ff.; *Riegel,* Die neuen Vorschriften des Wasserhaushaltsgesetzes, NJW 1976, 783ff.; *ders.,* Das Eigentum im Wasserrecht, BayVBl. 1977, 65ff.; *ders.,* Aktuelle Probleme des Europäischen Gemeinschaftsrechts in der Rechtsprechung des EuGH nach dem Beschluß des BVerfG vom 25. 5. 1974 (2 BvL 57/71), AöR 102 (1977), 410ff.; *ders.,* Umweltschutzaktivitäten der Europäischen Gemeinschaften auf dem Gebiet des Wasserrechts und deren Bedeutung für das innerstaatliche Recht, DVBl. 1977, 82ff.; *Ronellenfitsch,* Der Einwendungsausschluß im Wasserrecht, VerwArch. 74 (1983), 369ff.; *ders.,* Eingriffe in Natur und Landschaft bei der wasserwirtschaftlichen Planfeststellung, VerwArch. 77 (1986), 177ff.; *Roth* (Hg.), Wasserhaushaltsgesetz, Abwasserabgabengesetz (Textausgabe mit Einf.), 1977; *ders.,* Gesetz über die Umweltverträglichkeit von Wasch- und Reinigungsmitteln (Waschmittelgesetz) (Textausgabe mit Erl.), 1981; *ders.* (Hg.), Wasserhaushaltsgesetz (Kommentar), 1982; *Ruchay,* Die Abwasserbeseitigung nach dem neuen Wasserrecht, ATV-Berichte 31 (1979), 233ff.; *ders.,* Mindestanforderungen aus internationalen und supranationalen Regelungen, Gewässerschutz-Wasser-Abwasser 42 (1980), 57ff.; *Rudolphi,* Schutzgut und Rechtfertigungsprobleme der Gewässerverunreinigung im Sinne von § 324 StGB, ZfW 1982, 197ff.; *Rüttgers,* Rechte und Pflichten im Zusammenhang mit der Abwasserbeseitigungspflicht nach § 53 LWG NW, ZfW 1987, 1ff.; *Salzwedel,* Die Entschädigungspflicht bei der Festsetzung von Wasserschutzgebieten, 1970; *ders.,* Novellierung des Wasserhaushaltsgesetzes – Änderung der wasserrechtlichen Erlaubnis und des Erlaubnisverfahrens, ZfW 1971, 34ff.; *ders.,* Grundwasserschutz und Eigentumsordnung, 1974; *ders.,* Rechtsfragen der Einbeziehung von Gewässern in die Ortskanalisation, ZfW 1974, 279ff.; *ders.,* Wasserrecht und Investitionsschutz – Tendenzen der Bewilligungspraxis der Wasserbehörden, RdWWi. 19 (1975), 41ff.; *ders.,* Funktion und Rechtsnatur von Abwasserbeseitigungsplänen nach § 18a WHG, ZfW 1977, 144ff.; *ders.,* Funktion, Rechtsnatur, Inhalt und Vollzug der Bewirtschaftungspläne (§ 36b WHG), ZfW 1979, 25ff.; *ders.,* Der Spielraum wasserbehördlichen Ermessens für Entscheidungen im Rheineinzugsgebiet nach neuem Recht, RdWWi. 22 (1979), 53ff.; *ders.,* Instrumente des Gewässerschutzes im internationalen Rahmen, ATV-Berichte 32 (1980), 15ff.; *ders.,* Wasserrecht, in: Salzwedel (Hg.), Grundzüge des Umweltrechts, 1982, S. 569ff.; *ders.,* Neuere Tendenzen im Wasserrecht, NVwZ 1982, 596ff.; *ders.,* Bodennutzung und Grundwasserschutz im Wasserrecht, 1983; *ders.,* Abfall und Abwasser, ZfW 1983, 84ff.; *ders.,* Rechtsfragen der Gewässerverunreinigung durch Überdüngung, NuR 1983, 41ff.; *ders.,* Zur Reichweite des Beschlusses des Ersten Senats des BVerfG vom 15. 7. 1981 – 1 BvL 77/78 – für die wasserrechtliche Praxis, ZfW 1983, 13ff.; *ders.,* Neue Strukturen im Recht der Abwasserbeseitigung, in: Bitburger Gespräche Jb. 1983, S. 101ff.; *ders.,* Stellungnahme zum Entwurf einer Fünften Novelle zum Wasserhaushaltsgesetz, Schriftenreihe der Vereinigung Deutscher Gewässerschutz, Bd. 51, 1986; *ders.,* Wasserrechtliche Instrumente zur Durchführung einer Sanierung und zur Begrenzung des Sanierungsaufwandes, in: Vereinigung Deutscher Gewässerschutz (Hg), Altlastensanierung aus der

Sicht des Gewässerschutzes, 1986, S. 47ff.; *ders.*, Die Bewirtschaftung des Wasserhaushalts, in: Jeserich/Pohl/v. Unruh (Hg.), Deutsche Verwaltungsgeschichte, Bd. 5, 1987, S. 796ff.; *ders.*, Artikel „Wasserrecht", in: Kimminich/v. Lersner/Storm (Hg.), Handwörterbuch des Umweltrechts (HdUR), Bd. II, 1988, Sp. 1104f.; *ders.*, Neuere Tendenzen im Wasserrecht, NVwZ 1988, 493ff.; *ders.*, Wasserrecht, in: v. Münch (Hg.), Besonderes Verwaltungsrecht, 8. Aufl., 1988, S. 737ff.; *ders./Nacke*, Neuere Tendenzen im Wasserrecht, NVwZ 1985, 711ff.; *ders./Preusker*, Die Verwirklichung der „Allgemein anerkannten Regeln der Technik" in den Mindestanforderungen der Verwaltungsvorschriften nach § 7a WHG, Kor.Abw. 1981, 470ff.; *E. Sander*, Wasserrecht in Niedersachsen (erl. Vorschriftensammlung), 1983; *ders.*, Rechtsfragen im Verhältnis von Wasserrecht und Naturschutzrecht, NuR 1986, 317ff.; *H. P. Sander*, Grundlagen der Benutzung öffentlicher Entwässerungsanlagen, IWL-Forum 1977–III, 1ff.; *ders.*, Abwasserlandbehandlung, NuR 1982, 63f.; *ders.*, Industrieabwässer und kommunale Abwasseranlagen, StGR 1983, 371ff.; *ders.*, Zur Fünften Wasserhaushaltsgesetz-Novelle, ZfW 1985, 73ff.; *Sautter*, Das Verhältnis zwischen Abfallrecht und Wasserrecht, ZfW 1974, 213ff.; *Schäfer/Vogel*, Öffentlichkeitsbeteiligung bei wasserrechtlichen Erlaubnisverfahren für Kernkraftwerke, ZfW 1984, 321ff.; *Scheuer*, Aktuelle Probleme der Durchführung der EG-Gewässerschutzrichtlinien in den Mitgliedstaaten der Gemeinschaft, ZfU 1982, 65ff.; *Schindler*, Staatliche Kompetenzen zur Verhütung der Meeresverschmutzung, Diss. jur. Frankfurt 1983; *Schink*, Die Berücksichtigung ökologischer Belange bei der wasserrechtlichen Planfeststellung, ZfW 1985, 1ff.; *ders.*, Wasserrechtliche Probleme der Sanierung von Altlasten, DVBl. 1986, 161ff.; *Schreier*, Zur Anwendung von Abfall- und Wasserrecht auf Sickerwasser aus Halden, Kippen und Deponien, ZfW 1981, 142ff.; *J. Schröder*, Der eingerichtete und ausgeübte Gewerbebetrieb und die Frage des Rechts auf Zufluß von Wasser, ZfW 1972, 295ff.; *ders.*, Gesamtschuldnerisch verpflichtende Ursachenzusammenhänge bei der Gefährdungshaftung nach § 22 WHG, ZfW 1984, 257ff.; *Schwab*, Rechtsprobleme der Abwasserbeseitigung, Diss. jur. Würzburg 1975; *Seifert*, Entschädigungspflicht und Feststellung des Entschädigungspflichtigen bei der Festsetzung von Wasserschutzgebieten, AgrarR 1977, 45ff.; *ders.*, Rechtsprechung zu Nutzungsbeschränkungen in Wasserschutzgebieten, AgrarR 1980, 34ff.; *ders.*, Sozialbindung des Eigentums und Enteignung bei der Festlegung von Wasserschutzgebieten, Diss. jur. Bonn 1982; *Sendler*, Der Widerruf von Wasserrechten und der Schutz des eingerichteten und ausgeübten Gewerbebetriebes, RdWWi. 18 (1973), 29ff.; *ders.*, Wassernutzung und Eigentum, ZfW 1975, 1ff.; *ders.*, Nochmals: Wassernutzung und Eigentum, ZfW 1979, 65ff.; *Sieder/Zeitler/Dahme*, Wasserhaushaltsgesetz (Kommentar), 1964ff.; *dies.*, Wasserrecht, Bd. I, Bayerisches Wassergesetz (Kommentar), 1969ff.; *Sieg*, Zum Entwurf eines Übereinkommens über die Haftung bei der Beförderung gefährlicher Stoffe auf See, RIW 1984, 346ff.; *Steiger/Bruha*, Internationale Regelungen grenzüberschreitender Einwirkungen auf die Qualität der Binnengewässer – Bericht für die Bundesrepublik Deutschland, in: Bernhardt u. a. (Hg.), Fünftes deutsch-polnisches Juristen-Kolloquium, Bd. 1: Umweltschutz, insbesondere im Flußrecht, 1981, S. 105ff.; *Stüer*, Wassergewinnung und Straßenentwässerung im Widerstreit, NuR 1982, 140ff.; *Stumm/Kreft/Salzwedel*, Die Verantwortung der Länder für die Ordnung des Wasserhaushalts in der Bundesrepublik, 1971; *Stutz*, Ölverschmutzungsschäden bei Tankerunfällen, RIW 1982, 90ff.; *Theisel*, Probleme der wasserrechtlichen Gefährdungshaftung, BB 1965, 637ff.; *Thiem*, Landeswassergesetz Schleswig- Holstein, 1985; *v. Uslar*, Der Anspruch des Betroffenen nach Beweissicherung im Wasserrecht, NuR 1982, 165ff.; *Veh/Hulsch/Edom*, Vorschriften der Europäischen Gemeinschaften auf dem Gebiet des Wassers, 1984; *Vereinigung Deutscher Gewässerschutz* (Hg.), Altlastensanierung aus der Sicht des Gewässerschutzes, 1986; *Graf Vitzthum*, Aspekte der Seerechtsentwicklung, 1980; *ders.* (Hg.), Die Plünderung der Meere, 1981; *Vogel*, Verordnung über das Lagern wassergefährdender Flüssigkeiten für Baden-Württemberg mit ergänzenden Vorschriften aus dem Wasser-, Bau- und Gewerberecht (Textausgabe mit Erl.), 1967; *Welsch*, Die völkerrechtliche Zulässigkeit des Verbringens radioaktiver Stoffe in den Meeresuntergrund, 1986; *Wernicke*, Das Einbringen und Einleiten sowie das Lagern und Ablagern von Stoffen im Wasserhaushaltsgesetz, ZfW 1963, 270ff.; *ders.*, Verunreinigung eines Gewässers und sonstige Veränderung seiner Eigenschaften durch Einbringen von festen Stoffen, NJW 1964, 910f.; *ders.*, Das neue Wasserstrafrecht, NJW 1977, 1662ff.; *ders.*, Der Vorbescheid im Wasserrecht, DVBl. 1977, 914ff.; *Weyreuther*, Der Nachteilsausgleich für Nutzungsbeschränkungen in Wasserschutzgebieten, UPR 1987, 41ff.; *Wiedemann*, Schließt die wasserrechtliche Erlaubnis zivilrechtliche Ansprüche der von der Gewässerbenutzung Betroffenen aus?, DVBl. 1966, 474ff.; *Winter*, Das Vollzugsdefizit im Wasserrecht, 1975; *ders.*, Ökologische Aspekte des Anschlußzwanges für kommunale Wasserversorgung, NuR 1983, 177ff.; *Wüsthoff/Kumpf/v. Lersner/Roth*, Handbuch des Deutschen Wasserrechts (Kommentar), 1958ff.; *Zeitler*, Die Bedeutung der Besorgnis der Gewässerschädigung für wasserwirtschaftlich relevante Vorhaben, ZfW 1971, 65ff.; *Zitzelsberger/Dahme/Drost/Jedlitschka/Preußer*, Das neue Wasserrecht für die betriebliche Praxis, 1981ff.; *Zuleeg*, EG-Richtlinien auf dem Gebiet des Wasserrechts, ZfW 1975, 133ff.

A. Begriff

1 Das Gewässerschutzrecht umfaßt diejenigen Regelungen des Wasserrechts, die dem Schutz des Umweltmediums Wasser vor Überbeanspruchung und Verunreinigung dienen. Es bildet daher einen **Teilausschnitt des Wasserrechts,** das herkömmlich in Wasserwirtschafts- bzw. Wasserhaushaltsrecht einerseits und Wasserwegerecht andererseits unterteilt wird.[1]

2 Vielfach wird das Gewässerschutzrecht hierbei mit dem **Wasserhaushaltsrecht** gleichgesetzt. Gewässerschutz und Wasserwirtschaft erscheinen in dieser Sicht als ein und dasselbe, auch wenn der Begriff des Gewässerschutzrechts stärker den Aspekt der **Wassergütewirtschaft** und derjenige des Wasserhaushaltsrechts den Aspekt der **Wassermengenwirtschaft** zu akzentuieren scheint. Die enge Verknüpfung des Umweltschutzes mit der Bewirtschaftung knapper Umweltgüter (s. o. § 1 Rn. 33) wird hierdurch besonders deutlich. Die Erkenntnis, daß Gewässerschutz und Wasserbewirtschaftung nicht voneinander zu trennen sind, liegt auch der Definition des BVerfG zugrunde, wonach unter den gleichbedeutenden Begriffen des Wasserhaushalts und der Wasserwirtschaft die „haushälterische Bewirtschaftung des in der Natur vorhandenen Wassers nach *Menge und Güte*" zu verstehen ist.[2]

3 Gleichwohl ist der Begriff des Gewässerschutzrechts mit demjenigen des Wasserhaushaltsrechts nicht völlig deckungsgleich, da zum Gewässerschutzrecht auch einzelne Regelungen des **Wasserwege- und Wasserverkehrsrechts** gehören, soweit diese ebenfalls dem Schutz der Gewässer vor Verunreinigungen dienen (z. B. § 5 S. 3 WaStrG; §§ 1 Abs. 1 Nr. 2, Abs. 2 BinSchAufgG; §§ 1.15, 3.14, 3.32 BinSchStrO). Das Gewässerschutzrecht ist insofern der spezifischere Begriff für die umweltschutzbezogenen Teile des Wasserrechts, auch wenn nicht zu verkennen ist, daß seine Regelungsschwerpunkte im Wasserhaushaltsrecht liegen.

B. Ausgangslage

4 Die Ordnung des Wasserhaushalts einschließlich der Sicherung eines nach Menge und Güte ausreichenden Wasserdargebotes gehört seit jeher – man denke nur an die frühen Hochkulturen Ägyptens und Mesopotamiens – zu den Aufgaben eines Gemeinwesens und stellt (versteht man Umweltschutz im Sinne der Gewährleistung der Zivilisationsgrundlagen) wohl die älteste Umweltschutzaufgabe überhaupt dar. Die Geschichtsforschung weist auf die Gewässerbewirtschaftung als eine der Entstehungsbedingungen der Staatenbildung hin.[3]

5 Die Aufgaben des Gewässerschutzes in der modernen Industriegesellschaft sind durch folgende Ausgangslage geprägt:[4]

---

[1] Vgl. *Salzwedel,* in: v. Münch (Hg.), Besonderes Verwaltungsrecht, 8. Aufl., 1988, S. 737ff., 742.
[2] BVerfGE 15, 1 (15); Hervorhebung nicht im Original.
[3] Vgl. *Hartkopf/Bohne,* Umweltpolitik, Bd. 1, 1983, S. 338 m. w. N.
[4] Vgl. zur Übersicht *Rat von Sachverständigen für Umweltfragen,* Umweltgutachten 1978, Rz. 307ff. = BT-Drs. 8/1938, S. 80ff.

– **Abwassereinleitungen** von Industrie und Kommunen führen zu einer erheblichen Schadstoffbelastung der **Oberflächengewässer.** Daneben können Schadstoffe auch aufgrund von Störfällen und Schiffsunglücken in die Gewässer gelangen.[5] Neben den Schadstoffgruppen: leicht abbaubare Verbindungen, schwer abbaubare (organische) Verbindungen, Salze, Schwermetallverbindungen, seit neuerem Radionuklide, bildet eine zusätzliche Belastungsquelle die bei der Kühlwassertechnik entstehende Abwärme. Belastend wirkt aber auch der direkt oder durch Versickerung in die Gewässer gelangende „saure Regen". Als Folge sind im Extremfall biologisch „tote" Gewässer zu gewärtigen, deren natürliche Regenerationsfähigkeit zerstört ist und die nur sehr langfristig saniert werden können. Folgeprobleme ergeben sich für die Trinkwasserversorgung aus Uferfiltrat, die durch aufwendige Aufbereitungsverfahren zumindest verteuert wird. Abwasserbeseitigung und Wasserversorgung stehen daher in einem Nutzungskonflikt.
– Für die **Grundwasservorräte** ergeben sich Gefährdungen sowohl aus zu hohen Entnahmen als auch aus Verschmutzungen. In einzelnen Gebieten hat die Trinkwasserförderung bereits zu bedenklichen, den Landschaftscharakter verändernden Grundwasserabsenkungen geführt (z. B. Hessisches Ried).[6] Als wesentliche Ursache der Grundwasserverunreinigungen ist die Nitrat-, Chlorid- und Phosphatbelastung durch landwirtschaftliche Überdüngung erkannt worden (s. auch § 13 Rn. 98ff. und § 14 Rn. 26ff.).[7] Zu Grundwassergefährdungen führen aber auch Kiesabbau und Bergbau. Bezeichnenderweise war es ein solcher Fall, der dem BVerfG Veranlassung gab, im sog. *Naßauskiesungsbeschluß*[8] das Verhältnis von privater Eigentumsnutzung und Umweltschutzbelangen neu zu bestimmen (vgl. § 2 Rn. 32 sowie nachfolgend Rn. 48f., 89, 161ff.).
– Eine Belastung der hydrologischen Systeme ergibt sich schließlich auch aus Maßnahmen des **Wasserbaues.** Bachausbauten und -verrohrungen, Flußlaufbegradigungen, Kanalisierungen, Eindeichung wie auch die Trockenlegung von flußnahen Feuchtgebieten sowie die zunehmende Versiegelung der Landschaft durch Überbauung und asphaltierte Wege erhöhen das Fließgefälle und damit Fließgeschwindigkeit und Solenerosion. Die in letzter Zeit vermehrt auftretenden Hochwasser werden hierauf wenigstens teilweise zurückgeführt. Zwar scheint es in solchen Fällen vordergründig nur um Schutz *vor* Gewässern zu gehen. Zugleich zeigt aber dieses Beispiel, daß die Bewältigung der nicht ausreichend kalkulierten Folgen menschlicher Eingriffe nicht mehr ausschließlich mit traditionellen Instrumenten als Schutz *vor* Gewässern erfolgen kann, sondern langfristig eine Wiederherstellung des hydrologischen Gleichgewichts und damit auch einen Schutz der Gewässer verlangt.
– Schließlich bestehen vielfache Gefährdungen und Belastungen der **Meeresumwelt,**[9] die sich besonders deutlich in der Nord- und Ostsee zeigen. Eklatante Ereignisse wie das massenhafte Sterben von Fischen, Seevögeln oder Robben in der Nordsee lassen an der weit fortgeschrittenen Verschmutzung der Weltmeere keinen Zweifel mehr zu, auch wenn die Ursachen unterschiedlich und noch nicht restlos geklärt sind. Direkte Verschmutzungsquellen bilden v. a. Unfälle von Schiffen, insbesondere von Öltankern und anderen Schiffen mit gefährlicher Ladung, die betriebsbedingte Verschmutzung durch die Schiffahrt, die Beseitigung von Sonderabfällen auf See durch Verbrennung und Versenkung („Verklappung") sowie der Meeresbergbau. Noch weitaus größeres Gewicht hat freilich die „indirekte Meeresverschmutzung" durch Schadstoffeinleitungen vom Lande aus. Insofern schlagen die Belastungen der Binnengewässer, insbesondere die Verschmutzung der Flüsse und die Grundwasserverunreinigung durch Agrarchemikalien, auf die Meeresumwelt durch.

Den vielfachen Belastungen steht zwar die **Selbsterneuerungsfähigkeit** des Wasserhaushalts gegenüber (im Unterschied etwa zum prinzipiell begrenzten Rohstoffre- 6

[5] Vgl. zu diesen Vorgängen die Chronologie bei *Rest,* VersR 1987, 6ff.
[6] Vgl. auch BVerfGE 58, 300 (342f.) – Naßauskiesungsbeschluß – und die dort zitierten Quellen.
[7] Dazu näher *Salzwedel,* NuR 1983, 41ff.
[8] BVerfGE 58, 300 (330ff.).
[9] Vgl. *P. Ehlers,* NuR 1983, 129ff.; *dens.,* NuR 1985, 102ff.; speziell zur Ölverschmutzung der Nordsee *Kunig,* NuR 1986, 265ff. Vgl. ferner etwa *Platzöder,* in: HdUR, Bd. I, 1986, Sp. 1026ff.; *Graf Vitzthum* (Hg.), Die Plünderung der Meere, 1981.

servoir). Zu befürchten sind aber auch Störungen dieses Prozesses. Selbst die Meere stellen kein unerschöpfliches Auffangbecken für Gewässerverunreinigungen dar.

C. Rechtsgrundlagen

7 Zu unterscheiden ist zwischen dem bundes- und landesrechtlich geregelten Recht der **Binnengewässer** und der **Küstengewässer** sowie dem Gewässerschutz auf **Hoher See,** der naturgemäß nur bedingt Gegenstand nationaler Gesetzgebung sein kann.

Als Teil des Wasserrechts, das sowohl das Recht der Wasserwirtschaft als auch das Wasserwege- und Wasserverkehrsrecht umfaßt, hat das umweltspezifische Gewässerschutzrecht (s. o. Rn. 1ff.) erst im letzten Jahrzehnt stärkere Konturen gewonnen und teilweise eine selbständige Normierung erfahren (Abwasserabgabengesetz).

8 Grundlegend für den Gewässerschutz ist das **Gesetz zur Ordnung des Wasserhaushalts (Wasserhaushaltsgesetz – WHG)** i. d. F. der Bek. vom 23. 9. 1986[10] (Kloepfer Nr. 200), das am 1. 1. 1987 in Kraft trat und das traditionell das Wasserwirtschaftsrecht (im Unterschied zu dem im Bundeswasserstraßengesetz vom 2. 4. 1968[11] [Kloepfer Nr. 260] geregelten Wasserwege- und -verkehrsrecht) abdeckt. Dieses auf das Wasserhaushaltsgesetz vom 27. 7. 1957[12] zurückgehende Gesetz ist zunehmend, insbesondere durch seine (seit 1957 fünf) Novellierungen (s. u. Rn. 27), in die Rolle eines echten Gewässerschutzgesetzes hineingewachsen.

9 Im Unterschied zu dem von einem Kranz von Rechtsverordnungen umgebenen Bundes-Immissionsschutzgesetz (s. § 7 Rn. 5) liegen zu dem vom Instrument der Verordnungsermächtigung nur zurückhaltend Gebrauch machenden Wasserhaushaltsgesetz lediglich zwei *Rechtsverordnungen* vor. Es handelt sich um die auf § 19a Abs. 2 Nr. 2 WHG gestützte **Verordnung über wassergefährdende Stoffe bei der Beförderung in Rohrleitungsanlagen** vom 19. 12. 1973[13] (Kloepfer Nr. 205) sowie um die aufgrund von § 7a Abs. 1 S. 4 WHG ergangene **Verordnung über die Herkunftsbereiche von Abwasser (Abwasserherkunftsverordnung – AbwHerkV)** vom 3. 7. 1987[14] (Kloepfer Nr. 207). Dafür spielen *Verwaltungsvorschriften,* namentlich die inzwischen annähernd 50 **Allgemeinen Verwaltungsvorschriften über Mindestanforderungen an das Einleiten von Abwasser in Gewässer** (Kloepfer Nr. 200/1ff., s. u. Rn. 95ff.), im Gewässerschutzrecht eine – für das Umweltrecht typische – erhebliche Rolle.

10 Als **Rahmengesetz** des Bundes, das sich auf dessen Gesetzgebungskompetenz aus Art. 75 Nr. 4 GG stützt, ist das Wasserhaushaltsgesetz auf ergänzende Regelungen durch die Landeswassergesetze angelegt. Allerdings hat der Bundesgesetzgeber in zulässiger Weise von der Möglichkeit punktueller Vollregelungen Gebrauch gemacht (z. B. Gewässerbegriff, Nutzungstatbestände, Bewilligung – mit begrenztem Regelungsvorbehalt zugunsten der Länder), nachdem das ursprüngliche Vorhaben, die

---

[10] BGBl. I S. 1529, ber. S. 1654.
[11] BGBl. II S. 173, zuletzt geänd. durch VO v. 10. 12. 1986, BGBl. I S. 2454.
[12] BGBl. I S. 1110.
[13] BGBl. I S. 1946, geänd. durch VO v. 5. 4. 1976, BGBl. I S. 915.
[14] BGBl. I S. 1578.

Einführung einer Vollkompetenz des Bundes, am Widerstand des Bundesrates gescheitert war.[15]

Die **Landeswassergesetze** sind mit Rücksicht auf das Wasserhaushaltsgesetz als rahmenausfüllende Gesetze neu erlassen worden. Sie enthalten jedoch nicht nur Bestimmungen zur Ausfüllung und zum Vollzug des Wasserhaushaltsgesetzes, sondern u. a. auch Regelungen des privaten Wasserrechts und des Wasserwegerechts. 11

Im einzelnen handelt es sich um folgende Gesetze:

- Wassergesetz für Baden-Württemberg i. d. F. der Bek. vom 1. 7. 1988[16]
- Bayerisches Wassergesetz i. d. F. der Bek. vom 3. 2. 1988[17]
- Berliner Wassergesetz vom 23. 2. 1960[18]
- Bremisches Wassergesetz i. d. F. der Bek. vom 1. 9. 1983[19]
- Hamburgisches Wassergesetz vom 20. 6. 1960[20]
- Hessisches Wassergesetz i. d. F. der Bek. vom 12. 5. 1981[21]
- Niedersächsisches Wassergesetz i. d. F. der Bek. vom 28. 10. 1982[22]
- Wassergesetz für das Land Nordrhein-Westfalen vom 4. 7. 1979[23]
- Wassergesetz für Rheinland-Pfalz vom 4. 3. 1983[24]
- Saarländisches Wassergesetz i. d. F. der Bek. vom 25. 1. 1982[25]
- Wassergesetz des Landes Schleswig-Holstein i. d. F. der Bek. vom 17. 1. 1983[26]

Auch das 1976 geschaffene **Gesetz über Abgaben für das Einleiten von Abwasser in Gewässer (Abwasserabgabengesetz – AbwAG)** des Bundes i. d. F. der Bek. vom 5. 3. 1987[27] (Kloepfer Nr. 245/neu) ist ein Rahmengesetz, wenngleich die darin getroffenen Vollregelungen sehr weit gehen und der Bundesgesetzgeber die ihm bei einem Rahmengesetz zustehende Regelungskompetenz bis zur Neige ausgeschöpft haben dürfte. 12

Die ergänzenden **landesrechtlichen Abwasserabgabenregelungen** befinden sich überwiegend in eigenen Landesabwasserabgabengesetzen, in Nordrhein-Westfalen und im Saarland innerhalb der Landeswassergesetze.[28] 13

Als eigene Abwasserabgabengesetze der Länder wurden erlassen:

- Baden-Württembergisches Landesabwasserabgabengesetz vom 6. 7. 1981[29]
- Bayerisches Gesetz zur Ausführung des Abwasserabgabengesetzes vom 21. 8. 1981[30]
- Berliner Gesetz zur Ausführung des Abwasserabgabengesetzes vom 10. 12. 1982[31]
- Bremisches Abwasserabgabengesetz vom 20. 10. 1980[32]

---

[15] Vgl. BT-Drs. 7/887; vgl. i. ü. *Breuer,* NJW 1977, 1174ff., 1174 m. w. N.
[16] GBl. S. 269.
[17] GVBl. S. 33.
[18] GVBl. S. 133, zuletzt geänd. durch Ges. v. 30. 11. 1981, GVBl. S. 1470.
[19] GBl. S. 473, ber. S. 519, zuletzt geänd. durch Ges. v. 9. 9. 1986, GBl. S. 191.
[20] GVBl. I S. 335, zuletzt geänd. durch Ges. v. 9. 10. 1986, GVBl. I S. 322.
[21] GVBl. I S. 153, zuletzt geänd. durch Ges. v. 4. 11. 1987, GVBl. I S. 193.
[22] GVBl. S. 425, zuletzt geänd. durch Ges. v. 11. 4. 1986, GVBl. S. 103.
[23] GV NW S. 488, zuletzt geänd. durch Ges. v. 6. 11. 1984, GV NW S. 663.
[24] GVBl. S. 31.
[25] ABl. S. 129, geänd. durch Ges. v. 23. 1. 1985, ABl. S. 229.
[26] GVBl. S. 24, zuletzt geänd. durch Ges. v. 19. 12. 1983, GVBl. S. 458.
[27] BGBl. I S. 880.
[28] So: §§ 64–85 LWG NW; §§ 121–135 SWG.
[29] GBl. S. 337, geänd. durch Ges. v. 22. 2. 1988, GBl. S. 55.
[30] GVBl. S. 344, ber. GVBl. 1982 S. 149, geänd. durch Ges. v. 20. 12. 1985, GVBl. S. 816.
[31] GVBl. S. 2066.
[32] GVBl. S. 271, geänd. durch Ges. v. 4. 6. 1984, GVBl. S. 173.

– Hamburgisches Gesetz zur Ausführung des Abwasserabgabengesetzes vom 9. 7. 1980[33]
– Hessisches Ausführungsgesetz zum Abwasserabgabengesetz vom 17. 12. 1980[34]
– Niedersächsisches Ausführungsgesetz zum Abwasserabgabengesetz vom 14. 4. 1981[35]
– Rheinland-Pfälzisches Landesgesetz zur Ausführung des Abwasserabgabengesetzes vom 22. 12. 1980[36]
– Schleswig-Holsteinisches Gesetz zur Ausführung des Abwasserabgabengesetzes vom 20. 8. 1980[37]

14 Die rechtlichen Grundlagen für die ca. 10000 im Bundesgebiet bestehenden Wasser- und Bodenverbände[38] enthalten zum einem das **Gesetz über Wasser- und Bodenverbände (Wasserverbandgesetz)** vom 10. 2. 1937[39] (Kloepfer Nr. 215) und die **Erste Verordnung über Wasser- und Bodenverbände (Erste Wasserverbandverordnung)** vom 3. 9. 1937[40] (Kloepfer Nr. 216).

Die Regelungskompetenz liegt entgegen der Auffassung der Länder vorrangig beim Bund.[41] Sie ergibt sich für Wasserbeschaffungsverbände aus Art. 74 Nr. 11, 17, 18 und 21 GG. Die als Reichsrecht erlassenen Vorschriften gelten daher nach Art. 125 GG als Bundesrecht fort.

15 Zum anderen regeln in **Nordrhein-Westfalen** sog. **Sondergesetze** Existenz und Aufgabenstellung einiger besonders bedeutender Wasserverbände: Emschergenossenschaft,[42] Großer Erftverband,[43] Ruhrverband,[44] Ruhrtalsperrenverein,[45] Linksrheinische Entwässerungsgenossenschaft[46] und Lippeverband.[47]

16 Gewässerschutzbelangen dienen insbesondere auch Spezialgesetze wie das **Gesetz über die Umweltverträglichkeit von Wasch- und Reinigungsmitteln (Wasch- und Reinigungsmittelgesetz – WRMG)** i. d. F. der Bek. vom 5. 3. 1987[48] (Kloepfer Nr. 230) mit den dazu ergangenen Verordnungen – **Tensidverordnung** vom 30. 1. 1977[49] (Kloepfer Nr. 234) und **Phosphathöchstmengenverordnung** vom 4. 6. 1980[50] (Kloepfer Nr. 236) –, die wegen ihres spezifischen Ansatzes jedoch im Rahmen des Stoffrechts (§ 13 Rn. 136) dargestellt werden. Beim Wasch- und Reinigungsmittelge-

---

[33] GVBl. I S. 121, geänd. durch Ges. v. 5. 3. 1986, GVBl. I S. 37.
[34] GVBl. I S. 540, geänd. durch Ges. v. 28. 8. 1986, GVBl. I S. 253.
[35] GVBl. S. 105, geänd. durch Ges. v. 28. 10. 1985, GVBl. S. 401.
[36] GVBl. S. 258, geänd. durch Ges. v. 5. 5. 1986, GVBl. S. 103.
[37] GVBl. S. 260.
[38] Hierzu näher *Dornheim,* Das Recht der Wasser- und Bodenverbände, 2. Aufl., 1980, und *Kloepfer,* VerwArch. 74 (1983), 201 ff. Vgl. wegen der Zahlenangabe *Hartkopf/Bohne* (FN 3), S. 362.
[39] RGBl. I S. 188.
[40] RGBl. I S. 933, zuletzt geänd. durch VO v. 18. 4. 1975, BGBl. I S. 967.
[41] BVerfG, NJW 1982, 568; BVerwGE 3, 1; 25, 153; 51, 115.
[42] Vgl. Gesetz, betreffend Bildung einer Genossenschaft zur Regelung der Vorflut und zur Abwässerreinigung im Emschergebiet vom 14. 7. 1904 (PrGS S. 175, zuletzt geänd. durch Ges. v. 26. 6. 1984, GV NW S. 370).
[43] Vgl. Gesetz über den Erftverband (ERFTVG) i. d. F. der Bek. v. 3. 1. 1986 (GVBl. S. 54), basierend auf dem Gesetz von 1958.
[44] Vgl. Ruhrreinhaltungsgesetz vom 5. 6. 1913 (PrGS S. 305, zuletzt geänd. durch Ges. v. 26. 6. 1984, GV NW S. 370).
[45] Vgl. Ruhrtalsperrengesetz vom 5. 6. 1913 (PrGS S. 317, zuletzt geänd. durch Ges. v. 26. 6. 1984, GV NW S. 370).
[46] Vgl. Entwässerungsgesetz für das linksrheinische Industriegebiet (LINEG-Gesetz) vom 29. 4. 1913 (PrGS S. 251) i. d. F. der Bek. v. 19. 11. 1984 (GV NW S. 759).
[47] Vgl. Lippegesetz vom 19. 1. 1926 (PrGS S. 13, zuletzt geänd. durch Ges. v. 26. 6. 1984, GV NW S. 370).
[48] BGBl. I S. 875.
[49] BGBl. I S. 244, zuletzt geänd. durch VO v. 4. 6. 1986, BGBl. I S. 851.
[50] BGBl. I S. 664.

setz handelt es sich um eine kompetenzrechtlich auf Art. 74 Nr. 11 GG gestützte bundesgesetzliche Vollregelung.[51]

Von Einfluß auf den Gewässerschutz ist schließlich die aufgrund des Bundes-Seu- 17
chengesetzes und des Lebensmittelgesetzes ergangene **Verordnung über Trinkwasser und über Wasser für Lebensmittelbetriebe (Trinkwasserverordnung – TrinkwV)** vom 22. 5. 1986[52] (Kloepfer Nr. 527, s. auch u. § 13 Rn. 134).

Die Verordnung enthält Vorschriften über die Beschaffenheit des Trinkwassers (§§ 1–4 TrinkwV),[53] die Beschaffenheit des Wassers für Lebensmittelbetriebe (§ 5 TrinkwV), die Pflichten des Unternehmers oder sonstigen Inhabers einer Wasserversorgungsanlage (§§ 6–15) und die hygienische Überwachung durch das Gesundheitsamt (§§ 16–20). Für die zulässigen Konzentrationen chemischer Stoffe im Trinkwasser sind (hinter dem neuen EG-Standard z. T. zurückbleibende) Grenzwerte festgesetzt (§ 2 Abs. 1 i. V. m. Anlage 2). Da Trinkwasser nicht nur aus besonderen Trinkwasserreservoirs, sondern vielfach aus Uferfiltrat und Grundwasser gewonnen wird und es im übrigen keine geschlossenen Gewässerkreisläufe gibt, haben die Wasserversorgungsunternehmen ein besonderes Interesse am Gewässerschutz.

Den vielfachen **Überschneidungen** zwischen Gewässerschutzrecht und **Gefahr-** 18
stoffrecht gilt inzwischen gesteigerte Aufmerksamkeit.[54] Dies gilt sowohl für die Begrenzung des Einsatzes von Agrarchemikalien im Interesse des Gewässer- und Bodenschutzes (insbesondere Grundwasserschutzes, s. § 13 Rn. 98ff.) als auch für den Schutz vor Chemieunfällen. Dort ist zusätzlich die auf das Bundes-Immissionsschutzgesetz gestützte Störfall-Verordnung (s. o. § 7 Rn. 60) zu berücksichtigen.

Nachdem im November 1986 zunächst durch einen Brand bei der Firma Sandoz in Basel und zeitgleiche Einleitungen anderer in Basel ansässiger Firmen zwei Giftwellen den Rhein hinunterflossen, war diese Problematik zeitweilig in den Mittelpunkt des öffentlichen Interesses gerückt.

Die Bundesregierung legte Ende 1986 für den nationalen Bereich einen **Maßnah-** 19
menkatalog vor, der inzwischen teilweise verwirklicht wurde:[55]

- Erweiterung der Liste störfallrelevanter Anlagen und Senkung der Schwellenwerte in Anhang I zur 12. BImSchVO (StörfallVO),
- Erweiterung der Stoffliste in Anhang II der StörfallVO um wasser- und krebsgefährdende Stoffe,
- Erlaß von Verwaltungsvorschriften zur Konkretisierung von Sicherheitsanforderungen gemäß §§ 3–6 StörfallVO,
- Erweiterung der Meldepflicht nach § 11 StörfallVO,
- Ergänzung des § 9 StörfallVO,
- Novellierung des Chemikaliengesetzes,
- Überprüfung der Vorschriften über die Gefährdungshaftung.

Ferner ist eine Verbesserung der internationalen Vorsorge gegen Chemieunfälle geplant.

Mittelbare Bezüge zum Gewässerschutz besitzen das **Wasserstraßenrecht** sowie das 20
damit verbundene **Wasserverkehrsrecht** – insbesondere Bundeswasserstraßengesetz

[51] Zu dessen Inhalt *Roth,* Gesetz über die Umweltverträglichkeit von Wasch- und Reinigungsmitteln, 1981.
[52] BGBl. I S. 760.
[53] Dazu näher *E. Rehbinder,* Rechtliche Schranken der Trinkwasserfluoridierung, 1975.
[54] Vgl. etwa *Salzwedel,* NuR 1983, 41ff.
[55] Vgl. die Regierungserklärung des Bundesministers für Umwelt, Naturschutz und Reaktorsicherheit zu den Chemieunfällen am Rhein vom 4. 12. 1986, BT-Prot. 10/253, S. 19676ff., auszugsweise abgedruckt in: Umwelt (BMU) 1/87, S. 22ff.

(WaStrG) vom 2. 4. 1968[56] (Kloepfer Nr. 260), Gesetz über die Aufgaben des Bundes auf dem Gebiet der Binnenschiffahrt (Binnenschiffahrtsaufgabengesetz – BinSchAufgG) i. d. F. der Bek. vom 4. 8. 1986[57] (Kloepfer Nr. 265), Binnenschiffahrtsstraßen-Ordnung vom 1. 5. 1985[58] (Kloepfer Nr. 267).

Nach dem Bundeswasserstraßengesetz richtet sich namentlich auch der Ausbau und Neubau der Bundeswasserstraßen (§§ 12ff. WaStrG). Um dort eine angemessene Berücksichtigung auch nicht gewässerschutzspezifischer Umweltbelange zu gewährleisten, hat der Bundesminister für Verkehr durch Erlaß vom 17. 7. 1986 Weisungen bezüglich „Naturschutz und Landschaftspflege bei dem Bau, dem Ausbau und der Unterhaltung von Bundeswasserstraßen"[59] (Kloepfer Nr. 150/11) statuiert.

21 Gewisse Bezüge zum Gewässerschutzrecht weist auch das auf den Verteidigungsfall bezogene **Wassersicherstellungsrecht** auf (Gesetz über die Sicherstellung von Leistungen auf dem Gebiet der Wasserwirtschaft für Zwecke der Verteidigung – Wassersicherstellungsgesetz – vom 24. 8. 1965[60] [Kloepfer Nr. 220] mit dazu ergangenen Verordnungen [Kloepfer Nr. 222, 223]).

Entsprechend den in § 1 Abs. 1 WasSG niedergelegten Grundsätzen trifft das Gesetz unter anderem Vorsorge, um auch im Verteidigungsfall die Deckung des lebensnotwendigen Bedarfs an Trinkwasser und die Ableitung und Behandlung des Abwassers zur Abwendung gesundheitlicher Gefahren sicherzustellen. Als Gewährleistung eines *Mindeststandards* der Wasserversorgung und des Gewässerschutzes in einer Notstandssituation leistet das Gesetz freilich keinen Beitrag zur Weiterentwicklung des Gewässerschutzes im Alltag.

22 Gegenstand kommunalen **Satzungsrechts** ist insbesondere die Abwasserbeseitigung über gemeindliche Entwässerungsanlagen.[61]

23 Dem Schutz der Meeresumwelt vor Verunreinigungen dienen im nationalen Recht neben den auf diesem Gebiet besonders wichtigen internationalen Abkommen (s. Rn. 26) das sog. **Hohe-See-Einbringungsgesetz** (Gesetz zu den Übereinkommen vom 15. Februar 1972 und 29. Dezember 1972 zur Verhütung der Meeresverschmutzung durch das Einbringen von Abfällen durch Schiffe und Luftfahrzeuge) vom 11. 2. 1977[62] (Kloepfer Nr. 280) nebst zugehöriger Verordnung[63] (Kloepfer Nr. 281), das im Zusammenhang mit dem Abfallrecht (s. § 12 Rn. 54f.) behandelt wird, das Gesetz über die Haftung und Entschädigung für Ölverschmutzungsschäden durch Seeschiffe (**Ölschadengesetz** – ÖlSG) vom 30. 9. 1988[63a] und das **Gesetz zur vorläufigen Regelung des Tiefseebergbaues** vom 16. 8. 1980[64] (Kloepfer Nr. 985), dessen Förderungscharakter durch das Gebot der Rücksichtnahme auf die Meeresumwelt (§ 1 Nr. 2) begrenzt wird. Einen bedeutenden mittelbaren Beitrag zum Meeresumweltschutz leistet die nationale Gewässerschutzgesetzgebung freilich auch insoweit, als sie zur Verminderung des Schadstoffzuflusses aus den Binnengewässern führt.

---

[56] BGBl. II S. 173, zuletzt geänd. durch VO v. 10. 12. 1986, BGBl. I S. 2454.
[57] BGBl. I S. 1270.
[58] Anlage zu BGBl. I S. 734, geänd. durch VO v. 5. 8. 1987, BGBl. I S. 2081.
[59] VkBl. 1987 S. 272.
[60] BGBl. I S. 1225, ber. S. 1817, zuletzt geänd. durch Ges. v. 14. 12. 1976, BGBl. I S. 3341.
[61] Hierzu näher *Brockhoff/Salzwedel,* Korrekte Maßstabsbildung für Entwässerungsgebühren, 1978.
[62] BGBl. II S. 165 i. V. m. Bek. v. 21. 12. 1977, BGBl. II S. 1492, zuletzt geänd. durch VO v. 26. 11. 1986, BGBl. I S. 2089.
[63] Hohe-See-Einbringungs-Verordnung vom 7. 12. 1977 (BGBl. I S. 2478, geänd. durch VO v. 25. 6. 1986, BGBl. II S. 719).
[63a] BGBl. I S. 1770.
[64] BGBl. I S. 1457, geänd. durch Ges. v. 12. 2. 1982, BGBl. I S. 136.

24 Von erheblicher Bedeutung sind schließlich die Regelungen des **EG- und internationalen Wasserrechts.**

Auf eine Vereinheitlichung der nationalen Gewässerschutzanforderungen zielen zahlreiche **EG-Richtlinien** (s. § 6 Rn. 41) wie die Gewässerschutzrichtlinie vom 4. 5. 1976,[65] die Grundwasserschutzrichtlinie vom 17. 12. 1979[66] und die Trinkwasserrichtlinie vom 15. 7. 1980.[67] Diese bedürfen teilweise noch der Konkretisierung durch Folgerichtlinien[68] und der Umsetzung in nationales Recht.

25 Dem Schutz **grenzüberschreitender Binnengewässer** dienen internationale Verträge, wie die Übereinkommen zum Schutz des Rheins gegen chemische Verunreinigung und gegen Chloride vom 3. 12. 1976 bzw. vom 3. 12. 1978 (Ratifikationsgesetz vom 11. 8. 1978)[69] sowie die älteren, weniger weitreichenden **Gewässerschutzverträge** für Mosel und Bodensee.[70] Einen staatsrechtlichen Sonderfall bildet die „Vereinbarung zwischen der Regierung der Bundesrepublik Deutschland und der Regierung der Deutschen Demokratischen Republik über die Regelung von Fragen, die mit der Abwasserableitung und -behandlung für die Stadt Sonneberg (Deutsche De-

---

[65] Richtlinie 76/464/EWG des Rates v. 4. 5. 1976 betreffend die Verschmutzung infolge der Ableitung bestimmter gefährlicher Stoffe in die Gewässer der Gemeinschaft (ABl. L 129 v. 18. 5. 1976, S. 23).

[66] Richtlinie 80/68/EWG des Rates v. 17. 12. 1979 über den Schutz des Grundwassers gegen Verschmutzung durch bestimmte gefährliche Stoffe (ABl. L 20 v. 26. 1. 1980, S. 43).

[67] Richtlinie 80/78/EWG des Rates v. 15. 7. 1980 über die Qualität von Wasser für den menschlichen Gebrauch (ABl. L 229 v. 30. 8. 1980, S. 11).

[68] Vgl. als Beispiele für Folgerechtlinien: Richtlinie 82/176/EWG des Rates v. 22. 3. 1982 betreffend Grenzwerte und Qualitätsziele für Quecksilberableitungen aus dem Industriezweig Alkalichloridelektrolyse (ABl. L 81 v. 27. 3. 1982, S. 29); Richtlinie 84/156/EWG des Rates v. 8. 3. 1984 betreffend Grenzwerte und Qualitätsziele für Quecksilberableitungen mit Ausnahme des Industriezweigs Alkalichloridelektrolyse (ABl. L 74 v. 17. 3. 1984, S. 49); Richtlinie 86/280/EWG des Rates v. 12. 6. 1986 betreffend Grenzwerte für die Ableitung bestimmter Stoffe im Sinne der Liste I im Anhang der Richtlinie 76/464/EWG (ABl. L 181 v. 4. 7. 1986, S. 16). Vgl. außerdem insbes.: Richtlinie 73/404/EWG des Rates v. 22. 11. 1973 zur Angleichung der Rechtsvorschriften der Mitgliedstaaten über Detergentien (ABl. L 347 v. 17. 12. 1973, S. 51); Richtlinie 73/405/EWG des Rates v. 22. 11. 1973 zur Angleichung von Rechtsvorschriften der Mitgliedstaaten über die Methoden zur Kontrolle der biologischen Abbaubarkeit anionischer grenzflächenaktiver Substanzen (ABl. L 347 v. 17. 12. 1973, S. 53); Richtlinie 75/440/EWG des Rates v. 16. 6. 1975 über die Qualitätsanforderungen an Oberflächenwasser für die Trinkwassergewinnung in den Mitgliedstaaten (ABl. L 194 v. 25. 7. 1975, S. 34); Richtlinie 76/160/EWG des Rates v. 8. 12. 1975 über die Qualität der Badegewässer (ABl. L 31 v. 5. 2. 1976, S. 1); Richtlinie 78/659/EWG des Rates v. 18. 7. 1978 über die Qualität von Süßwasser, das schutz- oder verbesserungsbedürftig ist, um das Leben von Fischen zu erhalten (ABl. L 222 v. 14. 8. 1978, S. 1); Richtlinie 79/869/EWG des Rates v. 9. 10. 1979 über die Meßmethoden sowie über die Häufigkeit der Probenahmen und der Analysen des Oberflächenwassers für die Trinkwassergewinnung in den Mitgliedstaaten (ABl. L 271 v. 29. 10. 1979, S. 44; letzte Änderung ABl. L 319 v. 7. 11. 1981, S. 16); Richtlinie 79/923/EWG des Rates v. 30. 10. 1979 über die Qualitätsanforderungen an Muschelgewässer (ABl. L 281 v. 10. 11. 1979, S. 47); Richtlinie 82/242/EWG des Rates v. 31. 3. 1982 zur Angleichung der Rechtsvorschriften der Mitgliedstaaten über die Methoden zur Kontrolle der biologischen Abbaubarkeit nichtionischer grenzflächenaktiver Substanzen und zur Änderung der Richtlinie 73/404/EWG (ABl. L 109 v. 22. 4. 1982, S. 1); Richtlinie 83/513/EWG des Rates v. 26. 9. 1983 betreffend Grenzwerte und Qualitätsziele für Cadmiumableitungen (ABl. L 291 v. 24. 10. 1983, S. 1); Richtlinie 84/491/EWG des Rates v. 9. 10. 1984 betreffend Grenzwerte für Ableitungen von Hexachlorcyclohexan (ABl. L 296 v. 14. 11. 1984, S. 11). Vgl. zum Ganzen auch *Scheuer,* ZfU 1982, 65ff. mit einer umfassenden Übersicht über die bis dahin ergangenen Gewässerschutzrichtlinien der EG.

[69] Gesetz zu den Übereinkommen vom 3. Dezember 1976 zum Schutze des Rheins gegen chemische Verunreinigung und zum Schutze des Rheins gegen Verunreinigung durch Chloride (Gesetz zum Chemieübereinkommen/Rhein und Chloridübereinkommen/Rhein), BGBl. I S. 1053. Vgl. dazu auch *Beyerlin,* Artikel „Rhein", in: Kimminich/v. Lersner/Storm (Hg.), Handwörterbuch des Umweltrechts (HdUR), Bd. II, 1988, Sp. 271ff.

[70] Vgl. dazu *Süß,* in: HdUR, Bd. I, 1986, Sp. 276ff. (Bodensee), und *Beyerlin,* in: HdUR, Bd. I, 1986, Sp. 1038ff. (Mosel), jeweils m. w. N.

mokratische Republik) zur Verbesserung der Gewässergüte der Röden zusammenhängen" i. d. F. der Bek. v. 24. 2. 1984.[71] In diesem ersten Umweltschutzvertrag zwischen den beiden deutschen Staaten wurde der Bau von Kläranlagen im Einzugsgebiet des thüringisch-bayerischen Grenzflusses Röden auf dem Gebiet der DDR bei Kostenbeteiligung der Bundesrepublik vereinbart.

26 Zur Verhütung der **Meeresverschmutzung** vom Lande aus sowie durch die Schifffahrt wurden insbesondere folgende **Internationale Übereinkommen** getroffen und von der Bundesrepublik Deutschland ratifiziert:[72]

- Internationales Übereinkommen zur Verhütung der Verschmutzung der See durch Öl vom 12. 5. 1954 (London) mit mehrfachen Änderungen, ratifiziert durch Gesetz vom 21. 3. 1956[73] (OILPOL),
- Übereinkommen zur Zusammenarbeit bei der Bekämpfung von Ölverschmutzungen der Nordsee vom 9. 6. 1969,[74]
- Internationales Übereinkommen über Maßnahmen auf Hoher See bei Ölverschmutzungsunfällen vom 29. 11. 1969 (Brüssel), ratifiziert durch Gesetz vom 27. 1. 1975,[75]
- Internationales Übereinkommen über die zivilrechtliche Haftung für Ölverschmutzungsschäden vom 29. 11. 1969 (Brüssel) mit Zusatzprotokoll vom 19. 11. 1976, ratifiziert durch Gesetz vom 18. 3. 1975 und 9. 6. 1980,[76]
- Übereinkommen zur Verhütung der Meeresverschmutzung durch das Einbringen von durch Schiffe und Luftfahrzeuge vom 15. 2. 1972 (Oslo) (Kloepfer Nr. 280/1), ratifiziert durch Gesetz vom 11. 2. 1977[77] (Kloepfer Nr. 280),
- Übereinkommen über die Verhütung der Meeresverschmutzung durch das Einbringen von Abfällen und anderen Stoffen vom 29. 12. 1972 (London) (Kloepfer Nr. 280/2), ratifiziert durch Gesetz vom 11. 2. 1977[78] (Kloepfer Nr. 280),
- Übereinkommen zur Verhütung der Meeresverschmutzung durch Schiffe vom 2. 11. 1973 (London) mit Protokoll vom 17. 2. 1978, ratifiziert durch Gesetz vom 23. 12. 1981[79] (MARPOL),
- Übereinkommen zum Schutz der Meeresumwelt in der Ostsee vom 22. 3. 1974 (Helsinki), ratifiziert durch Gesetz vom 30. 11. 1976,[80]
- Übereinkommen zur Verhütung der Meeresverschmutzung vom Lande aus vom 4. 6. 1974 (Paris), ratifiziert durch Gesetz vom 18. 9. 1981[81] (Pariser Konvention),
- Übereinkommen vom 20. 5. 1980 über die Erhaltung der lebenden Meeresschätze der Antarktis, ratifiziert durch Gesetz vom 14. 4. 1982.[82]

Mittelbar der Reinhaltung der Meere dienen das Internationale Übereinkommen zum Schutz des menschlichen Lebens auf See (SOLAS, London 1960, neugefaßt 1974 und 1978)[83] sowie etwa das Internationale Übereinkommen über Normen für die Ausbildung, die Erteilung von Befähigungszeugnissen und den Wachdienst von Seeleuten (London 1978).[84]

---

[71] BGBl. II S. 342.
[72] Vgl. die Nachweise bei *Burhenne,* in: Salzwedel (Hg.), Grundzüge des Umweltrechts, 1982, S. 659ff., 682; sowie die einführende Darstellung bei *Salzwedel/Preusker,* Umweltschutzrecht und -verwaltung in der Bundesrepublik Deutschland, 1983, S. 121ff.
[73] Neu verkündet in BGBl. 1979 II S. 62.
[74] BGBl. II S. 2066, BGBl. 1971 II S. 970.
[75] BGBl. 1975 II S. 137.
[76] BGBl. 1975 II S. 301, BGBl. 1980 II S. 721.
[77] BGBl. II S. 165, 169.
[78] BGBl. II S. 165, 180.
[79] BGBl. 1982 II S. 2.
[80] BGBl. 1979 II S. 1229.
[81] BGBl. II S. 870.
[82] BGBl. 1982 II S. 420.
[83] BGBl. 1965 II S. 465; 1979 II S. 141; 1980 II S. 525.
[84] BGBl. 1982 II S. 297.

D. Rechtsentwicklung

Das Gewässerschutzrecht für Binnengewässer, auf das sich die folgende Darstellung konzentriert,[85] hat seine **entscheidende Prägung** durch die vierte Novellierung des Wasserhaushaltsgesetzes vom 27. 7. 1957[86] im Jahre 1976[87] und durch die in etwa zeitgleiche Verabschiedung des Abwasserabgabengesetzes[88] erfahren. Die Neufassungen sowohl des Wasserhaushaltsgesetzes[89] als auch des Abwasserabgabengesetzes[90] in den Jahren 1986 und 1987 bauen hierauf auf und stellen im wesentlichen eine Weiterentwicklung der dort angelegten Grundlinien dar.[91] 27

Während Gewässerschutz zuvor im wesentlichen nur als Präventivkontrolle mit dem ordnungsrechtlichen Instrument der Konzessionierung von Gewässerbenutzungen betrieben werden konnte, ermöglichte die gesetzliche Neuregelung 1976 erstmals eine Standardisierung und „Operationalisierung" der Genehmigungskriterien und der Güteziele (vgl. § 7a WHG),[92] eine erweiterte wasserwirtschaftliche Planung (§§ 36a und b, 27 WHG) sowie die Ergänzung des ordnungsrechtlichen Instrumentariums durch das ökonomische Anreizmittel der Abwasserabgabe (s. u. Rn. 201f.). Die fünfte Novelle zum Wasserhaushaltsgesetz vom 25. 7. 1986[93] hat im wesentlichen das ordnungsrechtliche Instrumentarium erweitert.

Die Grundvoraussetzungen für das heutige System der Gewässerbewirtschaftung und den Gewässerschutz wurden allerdings bereits im vorigen Jahrhundert mit der Beschränkung des in eine Vielzahl privater und öffentlicher Wasserrechte zersplitterten Gewässereigentums i. S. einer Gemeinwohlbindung und weitgehenden Überführung in das öffentliche Sachenrecht geschaffen.[94] Insofern gibt das Wasserrecht ein Beispiel für die **Entindividualisierung einer Rechtsordnung.** Das Wasserhaushaltsgesetz unterstellt, wie das BVerfG für das Grundwasser formuliert hat, die Gewässer einer „öffentlich-rechtlichen Benutzungsordnung", die alle wesentlichen Gewässerbenutzungen von einem Zulassungsakt abhängig macht.[95] Das BVerfG hat damit die weitere Zurückdrängung subjektiver Rechte durch die Novellierung des Wasserhaushaltsgesetzes von 1976 (vgl. insbesondere § 1a Abs. 3 WHG) für verfassungsrechtlich unbedenklich erklärt. 28

---

[85] Zu der hier nicht weiter behandelten Meeresverschmutzung und den rechtlichen Grundlagen ihrer Bekämpfung vgl. die ausführlichen Darstellungen bei *Salzwedel/Preusker* (FN 72), S. 121ff., 138ff., und *P. Ehlers*, NuR 1983, 129ff.

[86] BGBl. I S. 1110

[87] Vierte Novelle zum WHG v. 26. 4. 1976 (BGBl. I S. 1109); zu deren Inhalt *Breuer*, Nachtrag 1977 zu: Öffentliches und privates Wasserrecht, 1. Aufl., 1976, und *Riegel*, NJW 1976, 783ff.

[88] AbwAG v. 13. 9. 1976 (BGBl. I S. 2721, ber. S. 3007).

[89] WHG i. d. F. der Bek. v. 23. 9. 1986 (BGBl. I S. 1529, ber. S. 1654).

[90] AbwAG i. d. F. der Bek. v. 5. 3. 1987 (BGBl. I S. 880).

[91] Vgl. zur fünften Novelle des WHG insbes. *Breuer*, NuR 1987, 49ff.; zur zweiten Novelle des AbwAG *Henseler*, NVwZ 1987, 551ff.

[92] Vgl. *E. Rehbinder*, in: Bossel/Grommelt/Oeser (Hg.), Wasser, 1982, S. 243ff., 243.

[93] BGBl. I S. 1165.

[94] Vgl. BVerfGE 58, 300 (328ff.) – Naßauskiesungsbeschluß; zur Entwicklung auch *Salzwedel*, in: ders. (Hg.), Grundzüge des Umweltrechts, 1982, S. 569ff., 573 m. w. N.

[95] BVerfGE 58, 300 (328).

29 Zudem hat das Wasserhaushaltsrecht das **Bewirtschaftungsprinzip** (s. § 1 Rn. 33) verwirklicht, lange bevor es für andere Umweltmedien (z. B. Luft) entdeckt wurde.[96] Die Einführung des § 1a WHG im Jahre 1976 hat diesen seit jeher geltenden,[97] das Wasserhaushaltsrecht im ganzen prägenden Grundsatz lediglich auf den Begriff gebracht. Die Einfügung der Worte „als Bestandteil des Naturhaushaltes" durch die fünfte Novelle soll dabei die Belange der Gewässerökologie im Bewirtschaftungssystem stärken.[98]

30 Mit der Fortentwicklung des Wasserwirtschafts- bzw. Gewässerschutzrechts zeichnet sich allerdings eine verstärkte Differenzierung in gewässerschutzrechtliche **Teilgebiete** ab, namentlich als Recht der Abwasserbeseitigung, als Grundwasserschutzrecht usw. Zu dieser Entwicklung hat insbesondere das Abwasserabgabengesetz beigetragen.

E. Wasserhaushaltsgesetz

I. Aufbau

31 Das Wasserhaushaltsgesetz enthält eingangs eine Bestimmung seines sachlichen Geltungsbereichs (§ 1 WHG) sowie im ersten Teil gemeinsame Bestimmungen für alle Gewässer (§§ 1a–22 WHG). Neben der Regelung administrativer Befugnisse sowie der Rechte und Pflichten der Benutzer trifft das Wasserhaushaltsgesetz in diesem Rahmen auch eine Haftungsregelung (§ 22 WHG). Der zweite, der dritte und der vierte Teil enthalten Sonderbestimmungen für oberirdische Gewässer (§§ 23–32 WHG), Küstengewässer (§§ 32a, b WHG) und Grundwasser (§§ 33–35 WHG). Der fünfte (für alle Gewässerarten geltende) Teil widmet sich der wasserwirtschaftlichen Planung (§§ 36–37 WHG). Den Schlußteil bilden die Bußgeldregelungen und als verbleibende Schlußbestimmung die Berlin-Klausel (§§ 41, 44 WHG). Der Gesetzesaufbau ist insbesondere im ersten Teil wenig systematisch.

II. Geltungsbereich

32 Den sachlichen Anwendungsbereich des Wasserhaushaltsgesetzes legt § 1 Abs. 1 WHG fest (oberirdische Gewässer, Ziff. 1; Küstengewässer, Ziff. 1a; Grundwasser, Ziff. 2). Damit unterliegen alle wesentlichen inländischen Gewässernutzungen dem Reglement des Wasserhaushaltsgesetzes.

1. Oberirdische Gewässer

33 § 1 Abs. 1 Nr. 1 WHG definiert die oberirdischen Gewässer als das in Betten fließende oder stehende oder aus Quellen wild abfließende Wasser, wobei es grundsätz-

---

[96] Vgl. auch bereits BVerfGE 15, 1 (15): „Die rechtliche Ordnung des Wasserhaushalts muß also Regeln für die haushälterische Bewirtschaftung des in der Natur vorhandenen Wassers nach Menge und Güte vorsehen."

[97] So auch *Hartkopf/Bohne* (FN 3), S. 364; anders *Engelhardt/Ruchay* (Hg.), Gewässerschutz und Abwasser, 1981 ff., § 1a WHG Rn. 6.

[98] Vgl. die Begründung des Regierungsentwurfs, BT-Drs. 10/3973, S. 9.

lich weder auf die Gewässergröße noch darauf ankommt, ob es sich um natürliche oder künstliche Gewässer handelt. Die Gewässerklassen nach den Landeswassergesetzen (vgl. z. B. § 3 LWG NW und § 3 Abs. 1 LWG Rh.-Pf.) haben Bedeutung nur für die Eigentumsverhältnisse und die Verteilung der Unterhaltslasten (vgl. z. B. §§ 4 und 5 LWG NW, §§ 4, 63 LWG Rh.-Pf.). Die Länder können jedoch kleine Gewässer von wasserwirtschaftlich untergeordneter Bedeutung sowie Heilquellen von den Bestimmungen des Wasserhaushaltsgesetzes ausnehmen (§ 1 Abs. 2 WHG).

Nicht dem Gewässerbegriff unterfallen **Wasser- und Abwasserleitungen** sowie 34
sonstiges in Behältnisse gefaßtes Wasser, das den natürlichen Zusammenhang mit dem Wasserhaushalt verloren hat (z. B. Schwimmbecken).[99] **Abgrenzungsschwierigkeiten** entstehen, wenn natürliche Wasserläufe in ein Kanalisationssystem einbezogen sind. Nach der früher teilweise vertretenen „Zwei-Naturen-Theorie"[100] kommt in einem solchen Fall sowohl die Anwendung des Wasserhaushaltsgesetzes als auch der kommunalen Entwässerungssatzungen in Betracht. Hieraus ergeben sich nicht nur zusätzliche Genehmigungspflichten, sondern im Hinblick auf das Abwasserabgabengesetz auch die Möglichkeit einer Belastungs- und Abgabenkumulation. Das überwiegende Schrifttum und Teile der Rechtsprechung bemühen sich daher um ein Abgrenzungskriterium, um solche Grenzfälle entweder dem einen oder dem anderen Bereich zuzuordnen. Sofern der natürliche Wasserkreislauf erhalten bleibt, soll es danach trotz Einbeziehung in die gemeindliche Kanalisation sich um ein Gewässer i. S. des Wasserhaushaltsgesetzes handeln.[101] Auch nach Auffassung des BVerwG darf es nicht darauf ankommen, ob ein oberirdisches Gewässer in eine Abwasseranlage einbezogen ist.[102] Dem ist beizupflichten, da es andernfalls die Kommunen in der Hand hätten, Wasserläufe durch entsprechende Maßnahmen dem gewässerschützenden Regime des Wasserhaushaltsgesetzes zu entziehen. Einigkeit besteht darüber, daß die teilweise Verrohrung eines Gewässers ihm nicht die Gewässereigenschaft nimmt.[103] Lediglich in Extremfällen, wenn ein vorgefundener Wasserlauf weitestgehend oder ganz in die Ortskanalisation eingegliedert ist und seine Vorfluterfunktion verloren hat, handelt es sich um kein Gewässer mehr i. S. des § 1 Abs. 1 WHG.[104]

2. *Küstengewässer*

Die in das Wasserhaushaltsgesetz (§ 1 Abs. 1 Nr. 1a WHG) seit der Novellierung 35
von 1967[105] einbezogenen Küstengewässer sind einerseits zum Land hin durch die Küstenlinie bei mittlerem Hochwasser, zum anderen zur See hin zu begrenzen. Dabei entspricht die **seeseitige Begrenzung** der Küstengewässer der Hoheitsgrenze,[106] wo-

---

[99] *Breuer,* Öffentliches und privates Wasserrecht, 2. Aufl., 1987, S. 28 (Rn. 32) m. w. N.

[100] Grundlegend PrOVG, OVGE 94 (1934), 39 (45f.); OVG Lüneburg, OVGE 8, 385 (385ff.). Dazu kritisch *Salzwedel,* ZfW 1974, 279ff., und *Breuer* (FN 99), S. 28ff. (Rn. 33ff.), jeweils m. w. N.

[101] *Breuer* (FN 99), S. 35ff. (Rn. 41ff.); *Gieseke/Wiedemann/Czychowski,* Wasserhaushaltsgesetz, 4. Aufl., 1985, § 1 WHG Rn. 2b; OVG Münster, ZfW 1974, 251ff.

[102] BVerwGE 49, 301 (304f.).

[103] BVerwGE 49, 293 (298f.); vgl. im Schrifttum statt aller *Salzwedel* (FN 94), S. 576.

[104] Vgl. *Breuer* (FN 99), S. 32 (Rn. 38), unter Berufung auf BVerwGE 49, 293 (300).

[105] ÄndG v. 15. 8. 1967 (BGBl. I S. 909).

[106] *Gieseke/Wiedemann/Czychowski* (FN 101), § 1 WHG Rn. 8b.

bei die Bundesrepublik derzeit nach wie vor nur die Drei-Meilen-Zone in Anspruch nimmt.[107]

In diesem Zusammenhang ist allerdings auch die Bekanntmachung des Beschlusses der Bundesregierung über die Erweiterung des Küstenmeeres der Bundesrepublik Deutschland in der Nordsee zur Verhinderung von Tankerunfällen in der Deutschen Bucht vom 12. 11. 1984[108] zu beachten.

36 Die **seeseitige Begrenzung oberirdischer Gewässer** bestimmen für die Bundeswasserstraßen das Bundeswasserstraßengesetz (vgl. Anlage zu § 1 Abs. 1 Nr. 1 WaStrG), im übrigen die Wassergesetze der Länder (§ 1 Abs. 3 WHG, vgl. § 1 Abs. 4 S. 2 NWG, § 1 Abs. 3 LWG SH).

3. Grundwasser

37 Das in § 1 Abs. 1 Nr. 2 WHG erwähnte, aber nicht definierte Grundwasser umfaßt das gesamte, nicht künstlich gefaßte **unterirdische Wasser.**[109] Der wasserrechtliche Schutz ist daher nicht etwa auf bestimmte wasserführende Schichten beschränkt, die als sog. Grundwasserleiter der Trinkwasserversorgung dienen. Auch oberflächennahes Grundwasser (sog. Bodenwasser) wird geschützt. Dies ist vor allem im Hinblick auf die Reichweite des wasserrechtlichen Schutzes gegenüber Deponiesickerwässern, wie sie bei den sog. Altlasten auftreten (s. § 12 Rn. 135), von Bedeutung. Abgrenzungsschwierigkeiten können sich ferner ergeben, wenn unterirdisches Wasser in Folge von **Erdaufschlüssen** (z. B. Ausbaggerungen) zu Tage tritt. Ob es sich weiterhin um Grundwasser oder um ein neu entstandenes oberirdisches Gewässer handelt, wird danach entschieden, ob die Freilegung nur vorübergehend oder dauerhaft erfolgt.[110] Stellt eine Naßauskiesung selbst eine erlaubnisbedürftige Benutzung i. S. von § 3 Abs. 1 Nr. 6 WHG dar, wird bei Anschlußmaßnahmen die Frage akut, ob sie ebenfalls nach § 3 Abs. 1 Nr. 6 WHG erlaubnisbedürftig sind oder aber als Ausbau eines oberirdischen Gewässers zwar keiner Genehmigung (§ 3 Abs. 3 i. V. m. § 2 WHG), wohl aber einer Planfeststellung nach § 31 WHG bedürfen.

4. Landesrechtliche Ausnahmen

38 § 1 Abs. 2 WHG ermächtigt die Länder, **kleine Gewässer** von wasserwirtschaftlich untergeordneter Bedeutung sowie Quellen, die zu **Heilquellen** erklärt worden sind, von den Bestimmungen des Wasserhaushaltsgesetzes auszuschließen. Solche Ausnahmen, insbesondere für Teiche, Gräben und Straßenseitengräben, sehen heute in unterschiedlichem Ausmaß sämtliche Landeswassergesetze vor.[111] Dagegen wurde von der Möglichkeit, auch Heilquellen von den Regelungen des Wasserhaushaltsgesetzes auszunehmen, lediglich begrenzter Gebrauch gemacht (z. B. § 1 Abs. 3 WG BW). Auch soweit das Landesrecht die Geltung des Wasserhaushaltsgesetzes nach § 1

---

[107] Vgl. dazu und zu weitergehenden Ansprüchen anderer Staaten (12-Meilen-Zone), Festlandsockel, 200-Meilen-Zone, spezifische Umweltschutzzonen, Fischereizonen *Salzwedel/Preusker* (FN 72), S. 122, 124f.; *Schweitzer,* Staatsrecht III, 1986, Rn. 419; zur staatsrechtlichen Problematik einer Erweiterung des Küstenmeeres *Petersen,* DVBl. 1987, 78ff. m. w. N.

[108] BGBl. I S. 1366.

[109] Vgl. BVerwG, DVBl. 1968, 32f., 33.

[110] *Gieseke/Wiedemann/Czychowski* (FN 101), § 1 WHG Rn. 9a; *Breuer* (FN 99), S. 38ff. (Rn. 48f.).

[111] Z. B. § 1 Abs. 2 BRWG; § 1 Abs. 3 NWG; § 1 Abs. 1 LWG Rh.-Pf.

Abs. 2 S. 1 WHG ausschließt, bleibt dennoch die wasserrechtliche Gefährdungshaftung des § 22 WHG erhalten (§ 1 Abs. 2 S. 2 WHG).

III. Grundsätze der Gewässerbewirtschaftung

Wie die meisten Umweltgesetze fixiert das Wasserhaushaltsgesetz an vorderer Stelle (§ 1a WHG) die **Gesetzeszwecke.** Dabei formuliert es neben der spezifischen Bewirtschaftungspflicht des Staates (§ 1a Abs. 1 WHG) ein Sorgfaltsgebot im Hinblick auf Gewässer als allgemeine Umweltpflicht (Abs. 2) und trifft eine Grundsatzbestimmung über das Verhältnis von Grundeigentum und Gewässerbenutzung (Abs. 3). 39

1. *Bewirtschaftungspflicht*

Die Gewässer sind als Bestandteil des Naturhaushalts so zu bewirtschaften, daß sie dem Wohl der Allgemeinheit und im Einklang mit ihm auch dem Nutzen einzelner dienen und daß jede vermeidbare Beeinträchtigung unterbleibt (§ 1a Abs. 1 WHG). Unter Bewirtschaftung ist nicht nur die „haushälterische“[112] Zuteilung vorhandener Ressourcen und die Verteilung von Nutzungsrechten, sondern auch und gerade eine planende **Vorsorge** für einen auf Dauer geordneten Wasserhaushalt zu verstehen (vgl. allgemein § 3 Rn. 5ff.).[113] 40

Die Wasserbewirtschaftung wird freilich erst voll wirksam, wenn Bewirtschaftungspläne (§ 36b WHG) und Reinhalteordnungen der Länder (§ 27 WHG) vorliegen, die noch immer fehlen.[114] Ihre Hauptbedeutung bestünde darin, daß sie auf die jeweilige Gewässersituation abstellen und damit das **Immissionsprinzip** zur Geltung bringen (vgl. § 36b Abs. 3 Nr. 2 WHG), während die emissionsbezogene Präventivkontrolle im Grunde weitgehend gewässerunabhängig erfolgt.[115] Allerdings kann auch heute schon – zumindest im Rahmen des Bewirtschaftungsermessens[116] (s. Rn. 89) – die Gesamtsituation eines Gewässers berücksichtigt werden. 41

In die Formulierung des § 1a Abs. 1 WHG sind erkennbar die Zielvorstellungen der **Wasserwirtschaftspolitik** eingegangen, wie sie das Umweltprogramm der Bundesregierung von 1971[117] (s. § 1 Rn. 16) und der Umweltbericht 1976[118] entworfen haben. 42

Danach ist der Wasserhaushalt so zu ordnen, daß
- das ökologische Gleichgewicht der Gewässer gewahrt oder wiederhergestellt wird,
- die einwandfreie Wasserversorgung der Bevölkerung und der Wirtschaft gesichert ist, gleichzeitig aber auch
- alle anderen Wassernutzungen, die dem Gemeinwohl dienen, auf lange Sicht möglich bleiben.

---

[112] BVerfGE 15, 1 (15); 58, 300 (339).
[113] I. d. S. z. B. auch *Engelhardt/Ruchay* (FN 97), § 1a WHG Rn. 5; *Gieseke/Wiedemann/Czychowski* (FN 101), § 1a WHG Rn. 2; *Sieder/Zeitler/Dahme,* Wasserhaushaltsgesetz, 1964ff., § 1a WHG Rn. 4.
[114] Vgl. Beschlußempfehlung und Bericht des Innenausschusses zum Entwurf eines Fünften Gesetzes zur Änderung des Wasserhaushaltsgesetzes, BT-Drs. 10/5727, S. 42.
[115] *Hartkopf/Bohne* (FN 3), S. 368.
[116] Vgl. BVerfGE 58, 300 (328f.); im Schrifttum statt vieler *Salzwedel,* RdWWi. 22 (1979), 53ff.
[117] BT-Drs. VI/2710, S. 35.
[118] BT-Drs. 7/5684, S. 37 (Tz. 187).

Die Hinzufügung der in der ursprünglichen Gesetzesfassung nicht enthaltenen Qualifizierung der Gewässer „als Bestandteil des Naturhaushalts“ durch die fünfte Novelle zum Wasserhaushaltsgesetz hat die ökologische Ausrichtung der Gewässerbewirtschaftung noch verdeutlicht, dem Gesetz in der Sache aber nichts hinzugefügt, was in ihm nicht bereits enthalten gewesen wäre.

43 Als andere **Wassernutzungen** neben der Wasserversorgung, die ebenfalls gesichert bleiben müssen, sind insbesondere Schiffahrt, Fischerei, Erholung, Energieversorgung, jedoch auch die Abwasserbeseitigung als zwar gewässergefährdende, aber nicht per se illegitime Gewässerfunktion[119] zu berücksichtigen.

44 Eine spezielle Ausprägung der Bewirtschaftungspflicht ist die in § 18a Abs. 2 WHG mittelbar angesprochene und landesrechtlich konkretisierte primär **kommunale Abwasserbeseitigungspflicht** (vgl. z. B. § 52 LWG Rh.-Pf.). Unter bestimmten Voraussetzungen, insbesondere bei Industrieabwässern, kommt jedoch eine **Freistellung** der Abwasserbeseitiger in Betracht (vgl. z. B. § 53 Abs. 3 und 4 LWG NW, § 53 Abs. 2 und 3 LWG Rh.-Pf.). Eine ähnliche Ausnahme von der Entsorgungspflicht sieht das Abfallrecht bei sog. Sondermüll vor (§ 3 Abs. 3 AbfG, s. § 12 Rn. 83ff.).

45 Wenngleich das Wasserhaushaltsgesetz in § 1a WHG gewisse Vorgaben für die Wasserwirtschaftspolitik enthält, bleibt die grundsätzliche **Bewirtschaftungshoheit der Bundesländer** erhalten.[120] Gewässerpolitische Ziele der Bundesregierung sind für die Länder nicht verbindlich. So soll – nach allerdings bestrittener Auffassung – das im Umweltprogramm festgelegte Gewässergüteziel für die Verbesserung erheblich verschmutzter Oberflächengewässer (Güteklasse II: mäßig verschmutzt)[121] der Hinnahme von sog. Opferstrecken (z. B. Emscher) nicht entgegenstehen. Zu beachten ist zwar der in § 1 Abs. 1 WHG ausdrücklich enthaltene Grundsatz, Gewässer so zu bewirtschaften, daß jede vermeidbare Beeinträchtigung unterbleibt. Eine extensive Interpretation dieses sog. Minimierungsgebots[122] wäre aber mit dem ermessensfreundlichen Bewirtschaftungsprinzip nicht vereinbar. Ein Entscheidungsspielraum, um gewässerpolitische Schwerpunkte zu setzen und auch wirtschaftlichen Erwägungen eines optimalen Mitteleinsatzes Raum zu geben, muß verbleiben.

2. *Allgemeine Sorgfaltspflicht*

46 Während die Bewirtschaftungspflicht des § 1a Abs. 1 WHG nur für Träger öffentlicher Gewalt, insbesondere für die mit dem Vollzug des Wasserrechts befaßten Behörden gilt, richtet sich die allgemeine Sorgfaltspflicht des § 1a Abs. 2 WHG an jedermann. Die Sorgfaltspflicht besteht nicht nur im Hinblick auf Gewässerbenutzungen i. S. von § 3 WHG (s. u. Rn. 52ff.), sondern **schlechthin bei „Maßnahmen, mit denen Einwirkungen auf ein Gewässer verbunden sein können“**. Pflichtenmaßstab ist die „nach den Umständen erforderliche Sorgfalt, um eine Verunreinigung des Wassers oder eine sonstige nachteilige Veränderung seiner Eigenschaften zu verhüten“. Aufgrund ihrer weiten Formulierung erfaßt die Norm auch und gerade

---

[119] Vgl. *Breuer,* NJW 1976, 1622f.
[120] Vgl. *Salzwedel* (FN 94), S. 579f.
[121] BT-Drs. VI/2710, S. 37.
[122] *Hartkopf/Bohne* (FN 3), S. 366.

solche Verhaltensweisen, für die die übrigen Vorschriften des Wasserhaushaltsgesetzes nicht oder nur begrenzt gelten (z. B. Einsatz von Dünge- und Pflanzenschutzmitteln, s. § 13 Rn. 129, das Umpumpen von wassergefährdenden Stoffen oder den Einsatz von Streumitteln).[123] Neu aufgenommen wurde die Verpflichtung zu **sparsamer Verwendung** des Wassers.[124]

3. Sozialbindung des Grundeigentums

Nach § 1a Abs. 3 WHG berechtigt das Grundeigentum weder zu einer Gewässer- 47
benutzung, die nach diesem Gesetz oder nach den Landeswassergesetzen einer Erlaubnis oder Bewilligung bedarf, noch zum Ausbau eines oberirdischen Gewässers. Damit erfolgt jedoch lediglich eine „Klarstellung der von Anfang an im Gesetz getroffenen Regelung".[125] Mit dem Wasserhaushaltsgesetz ist eine **vom Grundeigentum losgelöste Benutzungsordnung** geschaffen worden, in der grundsätzlich jede Benutzung von einer konstitutiv wirkenden Zulassung abhängt.

Die Aufnahme dieser im Grunde entbehrlichen, verfassungsrechtlich getönten und daher in einem Gesetz eher wie ein Fremdkörper wirkenden **deklaratorischen Aussage** erklärt sich vor allem aus der Entstehungsgeschichte der Vorschrift.

Der Gesetzgeber wollte damit den 1976 noch offenen, mittlerweile vom BVerfG (s. Rn. 48) entschiedenen Streit um die Zulässigkeit entschädigungsloser Verbote des Kiesabbaues[126] beenden. Die Vorschrift zielt auf den Ausschluß etwaiger Entschädigungen.

Als gebietsspezifische Formulierung der Sozialpflichtigkeit des Eigentums ist die Vorschrift gleichwohl nicht ganz verfehlt, da die Eigentumsgewährleistung nach Art. 14 Abs. 1 GG nicht nur einem Schrankenvorbehalt (wie fast alle anderen Grundrechte auch), sondern einem – verfassungsrechtsdogmatisch eher seltenen – Inhaltsbestimmungsvorbehalt unterliegt,[127] und der Gesetzgeber daher in diesem Bereich ein besonderes Mandat zur Verfassungskonkretisierung besitzt.

In der Sache ist die Bestimmung nach vorherrschender Ansicht verfassungsrecht- 48
lich nicht zu beanstanden.[128] Dies hat das BVerfG in seiner **Naßauskiesungs-Entscheidung**[129] für das Grundwasser ausführlich dargelegt (s. § 2 Rn. 32).

Danach steht es im Ergebnis mit dem Grundgesetz in Einklang, „daß das Wasserhaushaltsgesetz das unterirdische Wasser zur Sicherung einer funktionsfähigen Wasserbewirtschaftung – insbesondere der öffentlichen Wasserversorgung – einer vom Grundstückseigentum getrennten öffentlich-rechtlichen Benutzungsordnung unterstellt hat".[130]

Die maßgeblichen Gründe des BVerfG lassen sich auf das Oberflächenwasser und das Wasser in Küstengewässern mehr oder weniger übertragen.

---

[123] Vgl. *Breuer,* NuR 1987, 49ff., 51.
[124] 5. ÄndG v. 25. 7. 1986 (BGBl. I S. 1165).
[125] BVerfGE 58, 300 (329). Vgl. zum folgenden auch BVerwGE 78, 40 (45).
[126] BVerfGE 58, 300.
[127] Vgl. zur teilweisen bestrittenen Unterscheidung zwischen Inhaltsbestimmung und Schrankenziehung nur *Wendt,* Eigentum und Gesetzgebung, 1985, S. 144ff. m. w. N.
[128] Vgl. insbes. *Breuer,* ZfW 1979, 78ff.; *dens.,* Bitburger Gespräche Jb. 1983, S. 65ff., 67f.; *Salzwedel,* ZfW 1983, 13ff.; *Sendler,* ZfW 1975, 1ff.; *dens.,* ZfW 1979, 65ff.; *Soell,* DVBl. 1983, 241ff., 243.
[129] BVerfGE 58, 300 (330ff.). Zur Einordnung dieser z. T. als „Eigentumswende" eingeschätzten Entscheidung aus der Sicht der allgemeinen verfassungsrechtlichen Eigentumsgarantie u. a. *Battis,* NVwZ 1982, 585ff.; *F. Baur,* NJW 1982, 1734ff.; *Leisner,* DVBl. 1983, 61ff.; *Ossenbühl,* NJW 1983, 1ff.
[130] BVerfGE 58, 300 (4. Ls., 301).

49 Die gesteigerte Sozialpflichtigkeit des Grundeigentums im Hinblick auf den Gewässerschutz (und erst recht des residualen Gewässereigentums) erklärt sich aus der überragenden Bedeutung des Wasserhaushalts für die Allgemeinheit[131] wie auch aus der **Knappheitsproblematik,** der das BVerfG auch sonst in seiner Eigentumsrechtsprechung (zum Grundeigentum) besondere Bedeutung beimißt.[132] Grundeigentum verliert nicht schon deshalb seine Privatnützigkeit, weil der Eigentümer nur mit behördlicher Zustimmung auf das Grundwasser einwirken darf.[133] Ob es allerdings der grundrechtlichen Prägung unserer Rechtsordnung entspricht, die Gewässerbenutzung gänzlich vom Grundeigentum abzukoppeln, erscheint zweifelhaft.

IV. Das System der Präventivkontrolle

50 Das Wasserhaushaltsgesetz regelt in erster Linie Gewässerbenutzungen (§§ 2ff. WHG), daneben enthält es aber auch in begrenztem Umfang Regelungen zur Anlagenzulassung (§§ 18b, 19a–191 WHG) und zum Gebietsschutz (§ 19 WHG).

51 Dem **Erlaubnis- und Bewilligungserfordernis** des § 2 WHG sind fast alle wesentlichen Gewässerbenutzungen unterworfen.

1. Benutzungstatbestände

a) Im Wasserhaushaltsgesetz

52 Als Benutzungen werden in § 3 WHG in detaillierter Weise sowohl sog. **echte (finale) Benutzungen** (Abs. 1) als auch **sonstige Einwirkungen („unechte Benutzungen“,** Abs. 2) erfaßt.

53 **Benutzungen im engeren Sinn** sind nach § 3 Abs. 1 WHG insbesondere

- Entnehmen und Ableiten von Wasser aus oberirdischen Gewässern (Nr. 1),
- Aufstauen und Absenken von oberirdischen Gewässern (Nr. 2),
- unter bestimmten Voraussetzungen das Entnehmen fester Stoffe aus oberirdischen Gewässern (Nr. 3),
- Einbringen und Einleiten von Stoffen in oberirdische Gewässer (Nr. 4),
- unter bestimmten Voraussetzungen auch das Einbringen und Einleiten von Stoffen in Küstengewässer (Nr. 4a),
- Einleiten von Stoffen in das Grundwasser (Nr. 5),
- Entnehmen, Zutagefördern, Zutageleiten und Ableiten von Grundwasser (Nr. 6).

Als Benutzungen gelten nach § 3 Abs. 2 Nr. 1 WHG auch bestimmte sonstige Einwirkungen auf das Grundwasser (Aufstauen, Absenken und Umleiten von Grundwasser durch hierzu bestimmte und geeignete Anlagen).

54 Einen umfassenden **Gefährdungstatbestand** (Auffangtatbestand) enthält § 3 Abs. 2 Nr. 2 WHG.

Danach gelten als Benutzungen auch (sonstige) Maßnahmen, die geeignet sind, dauernd oder in einem nicht nur unerheblichen Ausmaß schädliche Veränderungen der physikalischen, chemischen oder biologischen Beschaffenheit des Wassers herbei-

---

131 BVerfGE 10, 89 (113); 58, 300 (339).

132 Vgl. insbes. BVerfGE 21, 73 (82f.).

133 BVerfGE 58, 300 (345). Anders zuvor BGHZ 60, 126 (130ff.). Vgl. dazu auch *Salzwedel,* ZfW 1983, 13ff. Von einem „Eigentümerrecht zur Grundwasserbenutzung“ spricht noch BGHZ 69, 1 (9).

zuführen. Hierunter fällt beispielsweise die Veränderung der Gewässerbeschaffenheit durch Abwärme.[134] Den Gefährdungstatbestand, der im Unterschied zu den „echten" Benutzungen keine Finalität, d. h. zielgerichtete Gewässerbenutzung, voraussetzt, dürften auch Grundwasserinfiltrationen infolge nicht sachgemäßen Aufbringens von Agrarchemikalien erfüllen (hierzu näher § 13 Rn. 129). Letztlich kommt es nämlich nicht darauf an, ob der Eingriff die Nutzung des (Grund-)Wassers selbst zum Ziel hat oder lediglich eine lästige Begleiterscheinung einer anderen Zwecken dienenden Maßnahme ist.[135]

Als einzige wesentliche gewässerrelevante Maßnahme nicht erfaßt waren bisher Abwassereinleitungen in Kanalisationssysteme (sog. **Indirekteinleitungen**). Rechtliche Anforderungen an die Indirekteinleitung von Abwasser ergaben sich bislang im wesentlichen nur aus kommunalen Abwasserbeseitigungssatzungen. Dieser – von großen Teilen der Literatur als empfindliche Schwäche des Wasserhaushaltsgesetzes kritisierten[136] – Ausklammerung eines Großteils der Abwassereinleitungen (vgl. auch Rn. 209) will der im Rahmen der fünften Novelle zum Wasserhaushaltsgesetz eingefügte § 7a Abs. 3 WHG partiell entgegenwirken. Den Ländern wird aufgegeben, sicherzustellen, daß vor dem Einleiten von Abwasser mit gefährlichen Stoffen in eine öffentliche Abwasseranlage die erforderlichen Maßnahmen entsprechend § 7a Abs. 1 S. 3 WHG (d. h. der Erlaß von Vorschriften zur Emissionsbegrenzung) durchgeführt werden. 55

Ob sich diese Vorschrift angesichts der Tatsache, daß rund 50% der gewerblichen und industriellen Abwässer auf Indirekteinleitungen entfallen und 90% der deutschen Unternehmen Indirekteinleiter sind,[137] als ausreichend erweisen wird, bleibt abzuwarten.[138] Konsequenter wäre es sicherlich gewesen, die Indirekteinleitungen grundsätzlich in den **Benutzungstatbestand** des § 3 WHG einzubeziehen, wie dies im Gesetzgebungsverfahren vorgeschlagen worden war,[139] und den in § 1 Abs. 1 Nr. 1 WHG festgelegten Geltungsbereich des Wasserhaushaltsgesetzes entsprechend zu erweitern. Dies hätte jedoch eine tiefgreifende und kurzfristig kaum praktikable Umgestaltung des Rechts der Indirekteinleitungen bedeutet. Der nunmehr vom Bundesgesetzgeber beschrittene Weg, die Landesgesetzgeber in die Pflicht zu nehmen, damit diese wiederum den kommunalen Gesetzgebern einen verbindlichen Rahmen vorgeben, ist daher zwar recht verschlungen, aber wohl derzeit am ehesten erfolgversprechend. 56

Eine weitere Ausgrenzung nimmt § 3 Abs. 3 WHG vor. Danach gelten **Ausbau- und Unterhaltungsmaßnahmen** (vgl. Rn. 180) bei oberirdischen Gewässern nicht als Benutzungen, sofern bei letzteren keine chemischen Mittel angewandt werden oder Nebenfolgen eintreten (wie z. B. Zutagefördern von Grundwasser aus einer Baugrube oder eine Abwassereinleitung beim Baustellenbetrieb)[140] und *insofern* eine Benutzung vorliegt. 57

---

[134] Vgl. *Kölble,* Gewässerschutz in der Gesetzgebung, 1982, S. 27f.

[135] BVerfGE 58, 300 (337). Vgl. zur Gewässerbenutzung durch landbauliche Bodenbehandlung *Krohn,* DVBl. 1986, 745ff., 745f., einerseits, *Breuer,* AgrarR 1985, Beilage II, S. 7, und *Weyreuther,* UPR 1987, 41ff., 45ff., andererseits.

[136] *Henseler,* DVBl. 1981, 668ff., 673; *Hartkopf/Bohne* (FN 3), S. 389; a. A. *Gieseke/Wiedemann/Czychowski* (FN 101), § 2 WHG Rn. 13.

[137] Vgl. den Bericht 2/81 des Umweltbundesamtes: Auswirkungen des Abwasserabgabengesetzes auf industrielle Indirekteinleiter, S. 5ff.

[138] Kritisch *Praml,* NuR 1986, 66ff., 68.

[139] Antrag der SPD-Fraktion, BT-Drs. 10/5727, S. 25.

[140] Vgl. *Breuer* (FN 99), S. 103 (Rn. 148). Vgl. zum Gewässerausbau i. ü. § 31 WHG.

58 **Abgrenzungsschwierigkeiten** grundsätzlicher Art zwischen konkurrierenden Geltungsansprüchen des Wasserhaushaltsgesetzes und des Abfallgesetzes ergeben sich bei der **Einleitung flüssiger Abfallstoffe** in Gewässer,[141] etwa wenn ein Chemiewerk verdünnte Säure[142] oder ein Getränkehersteller verdorbenen Fruchtsaft in einen Fluß einleitet.

Die Erweiterung des § 1 Abs. 3 Nr. 5 AbfG von „Abwasser" auf „Stoffe" durch das Gesetz über die Vermeidung und Entsorgung von Abfällen (Abfallgesetz) vom 27. 8. 1986[143] soll nach dem Willen des Novellierungsgesetzgebers die **Kollision zwischen Wasserrecht und Abfallrecht** dahingehend **lösen,** daß das Einleiten flüssiger Abfallstoffe generell dem Regime des Wasserhaushaltsgesetzes unterstellt wird (vgl. auch § 12 Rn. 52).[144] Die früher umstrittene Abgrenzung von Abwasser und Abfall[145] ist hiernach nicht mehr erforderlich. Das Einleiten solcher Stoffe erfüllt den Benutzungstatbestand des § 3 Abs. 1 Nr. 4 WHG, soweit es sich um Einleitungen in Gewässer handelt; soweit es sich um das Einleiten in Abwasseranlagen (§ 1 Abs. 3 Nr. 5 2. Alt. AbfG) handelt, ist dagegen ggf. nur das kommunale Satzungsrecht anwendbar (vgl. Rn. 23).

59 Mit der Neufassung des § 1 Abs. 3 Nr. 5 AbfG haben sich jedoch nicht sämtliche Probleme erledigt. Die Neuregelung läßt nämlich offen, unter welchen **Voraussetzungen** ein Stoff als Abwasser nach den Bestimmungen des Wasserhaushaltsgesetzes oder als Abfall nach dem Abfallgesetz zu entsorgen ist. Sie klärt lediglich, daß das Abfallgesetz nicht ex post eingreift, wenn Stoffe bereits in Gewässer oder Abwasseranlagen eingeleitet bzw. eingebracht wurden. Wie ex ante zu verfahren ist, bleibt offen. Insofern kommt es weiterhin auf die Abgrenzung zwischen Abwasser und Abfall an.[146] Nicht nur rechtlich, sondern auch umweltpolitisch verfehlt wäre es, hierbei von einem generellen Vorrang der Entsorgung auf dem Abwasserpfad auszugehen.[147]

60 Nach § 2 Abs. 1 WHG bedürfen Benutzungen der behördlichen **Erlaubnis** oder **Bewilligung.** Diese aber ist nach § 6 WHG **zu versagen,** wenn von der beabsichtigten Benutzung eine Beeinträchtigung des Wohls der Allgemeinheit, insbesondere eine Gefährdung der Wasserversorgung, zu erwarten ist (hierzu näher u. Rn. 90). Für flüssige Abfallstoffe bedeutet dies: Gefährdet ihre Einleitung die öffentliche Wasserversorgung, so ist die Erlaubnis zur Einleitung zu versagen, die Abfallstoffe müssen auf *andere* Weise – dann aber wieder nach den Vorschriften des Abfallgesetzes – entsorgt werden.

Die Frage, wann die Einleitung eines Stoffes nach § 6 WHG zu untersagen ist, läßt sich nicht anhand präziser normativer Kriterien entscheiden. Der Entwurf der Bundesregierung zur fünften Novelle des Wasserhaushaltsgesetzes hatte noch vorgesehen, § 7a WHG, der die Anforde-

---

[141] Dazu umfassend *Breuer,* Die Abgrenzung zwischen Abwasserbeseitigung, Abfallbeseitigung und Rohstoffverwertung, 1985; vgl. auch Tagungsbericht, ZfW 1983, 84ff.; *Henseler,* Das Recht der Abwasserbeseitigung, 1983, S. 16ff., sowie den Erlaß des Hess. Ministers für Landesentwicklung, Umwelt, Landwirtschaft und Forsten betr. Abgrenzung Abwasser/flüssige Abfälle (StAnz. 52/1981, S. 2443).

[142] Vgl. den, dem Urteil des VG Köln v. 15. 11. 1982 zugrundeliegenden, in ZfW 1983, 84ff., 88f. zitierten Fall.

[143] BGBl. I S. 1410, ber. S. 1501.

[144] Vgl. BT-Drs. 10/2885, S. 14.

[145] Vgl. FN 141.

[146] Vgl. *Breuer* (FN 99), S. 80 (Rn. 113).

[147] Dagegen auch *Breuer* (FN 99), S. 197 (Rn. 299).

rungen an das Einleiten von Abwässern regelt, auf das Einleiten von Stoffen auszudehnen.[148] Hierdurch wäre nicht nur eine präzisere Differenzierung von Stoffen, deren Einleitung in Betracht kommt, und solchen, deren Einleitung zu untersagen ist, möglich gewesen, sondern über § 7a Abs. 3 WHG – mit den oben (Rn. 55f.) dargelegten Einschränkungen – auch die Einleitung aus Kanalisationen zu erfassen gewesen. Auch unter dem Gesichtspunkt einer Harmonisierung zwischen § 3 Abs. 1 Nr. 4 WHG und § 7a WHG wäre die Ausdehnung der letztgenannten Vorschrift auf „Stoffe" hilfreich gewesen. Sie wurde indes nicht in die endgültige Gesetzesfassung übernommen.[149] Das dadurch entstandene Regelungs- (und Harmonisierungs-)defizit ließe sich etwa dadurch lösen, daß der Abwasserbegriff des § 7a WHG eine erweiterte Auslegung erfährt, die sämtliche flüssigen Einleitungen unabhängig von ihrem Wassergehalt erfaßt, oder daß § 7a WHG entsprechend angewandt wird. Beide Lösungen erscheinen indes nicht unproblematisch. De lege ferenda wäre eine Erweiterung des § 7a WHG auf Stoffe daher wünschenswert.

b) Benutzungstatbestände in Landeswassergesetzen

Weitere Benutzungstatbestände sind in den Landeswassergesetzen enthalten (vgl. z. B. § 13 WG BW, § 15 Abs. 1 HWG, § 25 LWG Rh.-Pf.). 61

Aufmerksamkeit verdienen hierunter etwa Vorschriften wie § 13 Abs. 1 Nr. 5 WG BW und § 25 Abs. 1 Nr. 3 LWG Rh.-Pf., die auf die Problematik der landwirtschaftlichen **Überdüngung** (vgl. auch § 10 Rn. 9, § 13 Rn. 125ff. und § 14 Rn. 26ff.) zielen, indem sie das Versikkern, Auf- oder Einbringen von Abwasser und anderen Stoffen, die die Eigenschaften von Wasser verändern können, der Genehmigungspflicht unterwerfen, soweit diese Maßnahmen sich nicht im Rahmen der ordnungsgemäßen Düngung bzw. der Düngung „im üblichen Umfang" halten (was nicht identisch zu sein braucht).

2. Erlaubnisfreie Benutzungen

Bestimmte Gewässerbenutzungen, insbesondere **Bagatellfälle,** nehmen das Wasserhaushaltsgesetz und die Landeswassergesetze vom grundsätzlichen Erlaubnis- und Bewilligungserfordernis aus. Dagegen stellen Maßnahmen des Gewässerausbaus und der -unterhaltung bereits begrifflich keine Benutzungen dar (vgl. § 3 Abs. 3 WHG, s. o. Rn. 57). Sämtliche erlaubnisfreie Benutzungen stehen unter einem Verträglichkeitsvorbehalt. 62

a) Gemeingebrauch

Der wasserrechtliche Gemeingebrauch (§ 23 WHG) wird durch die Landeswassergesetze konkretisiert (vgl. z. B. §§ 26, 28 WG BW, Art. 21, 22 BayWG, § 27 HWG, §§ 73–75 NWG, §§ 33, 34 LWG NW, §§ 36, 37 LWG Rh.-Pf.), stellt aber in Anbetracht der umfassenden öffentlichen Gewässerbewirtschaftung nur mehr einen **„Gemeingebrauchsrest"** dar. 63

Hierzu gehören beispielsweise typische **Freizeitnutzungen** wie Baden und Schwimmen oder das Befahren mit kleinen Wasserfahrzeugen ohne eigene (motorische) Triebkraft (z. B. Kanu, Schlauchboot, vgl. etwa § 26 WG BW, Art. 21 BayWG, § 33 Abs. 1 LWG NW, § 36 Abs. 2 LWG Rh.-Pf.). Hingegen gehört das Befahren mit Motorbooten grundsätzlich nicht zum Gemeingebrauch, es kann jedoch in der Mehrzahl der Bundesländer durch Rechtsverordnung in den Gemeingebrauch eingezogen werden (vgl. etwa § 71 Abs. 2 BRWG, § 73 Abs. 2 NWG, § 33 Abs. 2 LWG NW, § 36 Abs. 2 LWG Rh.-Pf., nicht dagegen in Baden-Württemberg, Bayern und Schleswig-Holstein). Im übrigen unterfällt das Befahren *schiffbarer* Gewässer dem *wasserwegerechtlichen* Gemeingebrauch im Rahmen des § 5 WaStrG bzw. des Landesrechts (vgl. z. B. § 30 WG BW, Art. 27 BayWG, § 37 LWG NW, §§ 40, 41 LWG Rh.-Pf.). Grundsätzlich

[148] BT-Drs. 10/3973, S. 4.
[149] Dazu auch *Praml,* NuR 1986, 66ff., 67.

dem Gemeingebrauch zugerechnet wird schließlich das Windsurfen.[150] Eine Beschränkung – etwa durch Vorgabe eines einzuhaltenden Mindestabstandes zum Ufer – kann jedoch sowohl durch das Schutzbedürfnis anderer Benutzer als auch durch Belange des Natur- und Landschaftsschutzes gerechtfertigt sein.[151] Der zunehmende Schutzbedarf der Gewässer gegenüber verschiedenen Formen des Wassersports ist dabei unverkennbar.

Auch der Gemeingebrauch kann eingeschränkt werden, beispielsweise nach § 37 Abs. 1 Nr. 2 LWG Rh.-Pf., um den besonderen Natur- oder Nutzungscharakter eines Gewässers zu erhalten. Ob auf Teilhabe am Gemeingebrauch ein Rechtsanspruch besteht, ist umstritten,[152] wird aber von der wohl h. M. verneint.[153] Gleichwohl soll die Verletzung von Gemeingebrauchsnormen dem einzelnen gegenüber die Klagebefugnis nach § 42 Abs. 2 VwGO eröffnen.[154]

b) Eigentümer- und Anliegergebrauch

64 Eigentümer- und Anliegergebrauch (§ 24 WHG) sind in den Landeswassergesetzen einander weitgehend gleichgestellt (vgl. § 28 WG BW, Art. 24 BayWG, § 35 LWG NW, § 38 LWG Rh.-Pf.). Rechtlich handelt es sich jedoch um durchaus Verschiedenes: Während der **Eigentümergebrauch** überwiegend als Eigentumsausfluß dem bürgerlichen Recht zugeordnet wird,[155] steht der öffentlich-rechtliche Charakter des **Anliegergebrauchs** grundsätzlich außer Frage.[156] **Genehmigungsfrei** sind nur Benutzungen, die zu keiner nachteiligen Veränderung der Gewässereigenschaft, wesentlichen Verminderung der Wasserführung oder anderen Beeinträchtigung des Wasserhaushalts führen. So ist etwa die Wasserentnahme in geringer Menge für den Eigenbedarf als genehmigungsfreier Anliegergebrauch anzusehen, indes geben Eigentümer- wie Anliegergebrauch beispielsweise kein Recht, über den Gemeingebrauch hinaus ein (nicht als Schiffahrtsstraße geltendes) Gewässer (z. B. einen Teich oder einen Baggersee) mit Motorbooten zu befahren.[157] Nicht zum Anliegergebrauch zählen etwa auch Abwassereinleitungen und Aufstauungen. Der Anliegergebrauch gewährt schließlich kein Recht auf den Fortbestand eines Gewässers oder einer günstigen Gewässersituation.[158] Den Anliegern können in den Landeswassergesetzen **Hinterlieger** (Eigentümer der an die Anliegergrundstücke angrenzenden Grundstücke und die zur Nutzung dieser Grundstücke Berechtigten) gleichgestellt werden, von welcher Möglichkeit allerdings nur Baden-Württemberg Gebrauch gemacht hat (vgl. § 27 WG BW).

---

[150] Vgl. *Breuer* (FN 99), S. 106 (Rn. 153) m. w. N.

[151] Vgl. BayVerfGH, VGHE n. F. 31, 198 (205f.); VGH Mannheim, NVwZ-RR 1988, 64ff.

[152] Vgl. *Gieseke/Wiedemann/Czychowski* (FN 101), § 23 WHG Rn. 11ff. m. w. N.

[153] *Sieder/Zeitler/Dahme* (FN 113), § 23 WHG Rn. 4; *Gieseke/Wiedemann/Czychowski* (FN 101), § 23 WHG Rn. 11; *Breuer* (FN 99), S. 104 (Rn. 150); anders ist die Rechtslage allerdings in Bayern, da Art. 141 Abs. 3 S. 1 BayVerf ein „Grundrecht auf Naturgenuß" statuiert, von dem der Gemeingebrauch umfaßt wird, vgl. *Meder*, Bayerische Verfassung, 3. Aufl., 1985, Art. 141 Rn. 9f.

[154] *Breuer* (FN 99), S. 104 (Rn. 150) m. w. N.

[155] *Burghartz*, Wasserhaushaltsgesetz und Wassergesetz für das Land Nordrhein-Westfalen, 2. Aufl., 1974, § 24 WHG Rn. 1; *Gieseke/Wiedemann/Czychowski* (FN 101), § 24 WHG Rn. 1b; a. A. *Sieder/Zeitler/Dahme* (FN 113), § 24 WHG Rn. 1a.

[156] *Breuer* (FN 99), S. 113 (Rn. 161); *Gieseke/Wiedemann/Czychowski* (FN 101), § 24 WHG Rn. 1a.

[157] Vgl. *Breuer* (FN 99), S. 114f. (Rn. 163) m. w. N.

[158] *Breuer* (FN 99), S. 115 (Rn. 164); BayVGH, Urt. v. 14. 8. 1968, in: Wüsthoff/Kumpf, Handbuch des deutschen Wasserrechts, 1958ff., R 1158; vgl. auch BGHZ 45, 150 (157ff.).

c) Fischerei

Die Benutzung oberirdischer Gewässer zu Zwecken der Fischerei (§ 25 WHG) ist unter **wasserrechtlichen** Gesichtspunkten nach Maßgabe der Landeswassergesetze genehmigungsfrei (vgl. § 29 WG BW, Art. 26 BayWG, § 36 LWG NW, § 39 LWG Rh.-Pf.). 65

Bereits das Auslegen einer Angelrute erfüllt an sich den Tatbestand des „Einbringens von Stoffen"![159] Einsichtiger wird die Vorschrift, wenn man sich vergegenwärtigt, daß hierunter auch aufwendigere Fischereigeräte und nicht nur der Fischfang, sondern auch die Fischhege fallen.

Jedoch ist regelmäßig eine Erlaubnis nach den Fischereigesetzen erforderlich. Eine gesonderte Regelung besteht für die Fischerei in Küstengewässern.[160]

d) Erlaubnisfreie Benutzungen von Küstengewässern

Von der Möglichkeit, für bestimmte Benutzungen (d. h. Stoff- und Wassereinbringungen) der Küstengewässer Erlaubnisfreiheit vorzusehen (§ 32a WHG), haben die Landeswassergesetze der Küstenländer Gebrauch gemacht (vgl. § 14a HmbWG, § 130 NWG, § 17b LWG SH, nicht dagegen Bremen). Dabei ist der Verzicht auf eine behördliche Vorkontrolle beim Einbringen und Einleiten von Stoffen zu Fischereizwecken i. S. von § 32a Nr. 1 WHG aus Gründen des Gewässerschutzes nicht ganz unbedenklich, zumal diese Bestimmungen unter keinem ausdrücklichen Vorbehalt der Unschädlichkeit stehen. 66

e) Erlaubnisfreie Benutzungen des Grundwassers

Zu den erlaubnisfreien Benutzungen des Grundwassers (§ 33 Abs. 1 WHG) gehören Grundwasserentnahmen in geringen Mengen für den **Haushaltsbedarf** und für **landwirtschaftliche Betriebe.** Sonst sind Grundwasserentnahmen ohne Genehmigung im wesentlichen nur zu vorübergehenden Zwecken zulässig (z. B. Entwässerung von Baugruben). Streitig ist, ob die Verwendung von sog. **Wärmepumpen** unter die Grundwassernutzungen fällt.[161] Da die Grundwassernutzung lediglich das Entnehmen und nicht den endgültigen Verbrauch des Grundwassers voraussetzt, ist dies jedenfalls nicht ausgeschlossen und wird zumindest für größere Anlagen auch zu bejahen sein. Erlaubnisfrei ist ferner die gewöhnliche Bodenentwässerung landwirtschaftlicher, forstwirtschaftlicher oder gärtnerisch genutzter Grundstücke. Allerdings haben die Bundesländer von der Möglichkeit des § 33 Abs. 2 Nr. 1 WHG Gebrauch gemacht, die nach Wasserhaushaltsgesetz erlaubnisfreien Benutzungen wieder einzuschränken (vgl. z. B. § 42 LWG Rh.-Pf., § 36 WG BW, § 32 HmbWG). Zur anderen Seite hin kann nach § 33 Abs. 2 Nr. 2 WHG die Erlaubnisfreiheit landesrechtlich auch erweitert werden.[162] Schließlich können sonst erlaubnisfreie Benutzungen in Wasserschutzgebieten (§§ 19ff. WHG) ausgeschlossen sein. 67

---

[159] Vgl. *Gieseke/Wiedemann/Czychowski* (FN 101), § 25 WHG Rn. 3.

[160] Vgl. zu Rechtsgrundlagen und Grundzügen des Fischereirechts *v. Heinz*, Artikel „Fischerei", in: Kimminich/v. Lersner/Storm (Hg.), Handwörterbuch des Umweltrechts (HdUR), Bd. I, 1986, Sp. 527ff.

[161] Dies verneinen – jedenfalls für den Förderungsbedarf eines Einfamilienhauses – u. a. VGH Mannheim, ZfW 1981, 29f., 30; *Breuer* (FN 99), S. 93 (Rn. 133), und *Sieder/Zeitler/Dahme* (FN 113), § 33 WHG Rn. 24b; a. A. *Gieseke/Wiedemann/Czychowski* (FN 101), § 33 WHG Rn. 4.

[162] Vgl. dazu *Gieseke/Wiedemann/Czychowski* (FN 101), § 33 WHG Rn. 7 m. w. N.

f) Erlaubnisfreie Benutzungen bei Übungen und Erprobungen

68 Einen Sonderfall der Erlaubnisfreiheit regelt § 17a WHG in bezug auf Übungen und Erprobungen zum Zwecke der **Verteidigung**[163] einschließlich des Zivilschutzes und zum Zwecke der **Gefahrenabwehr** (vgl. allgemein § 4 Rn. 280ff.).[164]

g) Benutzungen aufgrund alter Rechte und Befugnisse sowie andere alte Benutzungen

69 Schließlich entfällt die Erlaubnis- und Bewilligungspflicht nach Maßgabe der §§ 15–17 WHG für alte Rechte, alte Befugnisse und alte Benutzungen. Der **Bestandsschutz** betrifft am **Stichtag** (12. 8. 1957 oder anderer Zeitpunkt nach Maßgabe des Landesrechts, meist: 1. 3. 1960)[165] vorhandene, nach früherem Recht rechtmäßig errichtete Anlagen. Er setzt außerdem voraus, daß die Altrechte durch rechtzeitige **Eintragung** im Wasserbuch zwischenzeitlich nicht erloschen sind (§ 16 WHG: Eintragung von Amts wegen, im übrigen Anmeldungsverfahren). Eine Beschränkung oder Aufhebung alter Rechte oder Befugnisse ist grundsätzlich nur gegen Entschädigung möglich, doch sieht seit der Novellierung des Wasserhaushaltsgesetzes von 1976 § 15 Abs. 4 S. 2 WHG in bestimmten Fällen hiervon Ausnahmen vor (z. B. bei dreijähriger Nichtausübung der Berechtigung[165a]). Auch stehen seither Altrechte ebenfalls unter dem Vorbehalt nachträglicher Anordnungen (§ 5 Abs. 2 WHG, s. u. Rn. 123).

70 Für andere, durch § 15 WHG nicht erfaßte alte Benutzungen, insbesondere bis zum Stichtag nicht ausgenutzte altrechtliche Genehmigungen, wurde mit der **Übergangsvorschrift** des § 17 WHG eine fünfjährige Freistellungsfrist (nach dem 1. 3. 1960) geschaffen. Unter den Voraussetzungen des § 17 Abs. 2 WHG erwächst aus der Benutzung ein Bewilligungsanspruch.[166]

71 Auch nach der Lockerung des **Bestandsschutzes** dürfte das Wasserhaushaltsgesetz mehr gewähren als das unter den Gesichtspunkten des Art. 14 GG (insbesondere des Rechts am eingerichteten und ausgeübten Gewerbebetrieb), des Vertrauensschutzes und der Übergangsgerechtigkeit verfassungsrechtlich geforderte Minimum (s. § 2 Rn. 38, 39).[167]

72 Für vorhandene **Abwassereinleitungen** bestimmt allerdings § 7a Abs. 2 WHG weitergehend, daß die Länder die Durchführung der erforderlichen Maßnahmen sicherzustellen haben, wenn die Alteinleitungen nicht den Anforderungen des § 7a Abs. 1 WHG, etwa der Mindestanforderungen im Sinne der hierzu ergangenen Verwaltungsvorschriften, entsprechen. Die Länder können Fristen festlegen, innerhalb derer die Maßnahmen abgeschlossen sein müssen.

---

[163] Von einer generellen „Umweltschutzautonomie" der Streitkräfte kann allerdings keine Rede mehr sein, vgl. *Gallas/Eisenbarth,* UPR 1986, 417ff., und *Bundesministerium der Verteidigung* (Hg.), Bundeswehr und Umweltschutz, 3. Aufl., 1983. Ein bedingungsloses „automatisches" Primat der äußeren Sicherheit vor dem Umweltschutz verneint auch *H. P. Ipsen,* Panzer im Naturschutzpark, 1975, S. 58f.

[164] Vgl. zu dieser Regelung näher *Breuer* (FN 99), S. 126ff. (Rn. 179ff.).

[165] Vgl. die Aufstellung bei *Breuer* (FN 99), S. 116 Anm. 361 (Rn. 167).

[165a] Hierzu OVG Koblenz, DÖV 1988, 888f.

[166] Die Bewilligungsvoraussetzungen ergeben sich dann zwar grundsätzlich nach neuem Recht, ausgeschlossen ist aber das sonst eingreifende Bewirtschaftungsermessen.

[167] Vgl. zur Kritik der früheren Regelung als „Verewigung alter Rechtspositionen" *Breuer,* Öffentliches und privates Wasserrecht, 1. Aufl., 1976, S. 57f. (Rn. 74).

3. *Genehmigungstypen*

Die vom Wasserhaushaltsgesetz vorgenommene Unterteilung der Zulassungsentscheidungen in Erlaubnis (§ 7 WHG) und Bewilligung (§ 8 WHG) ist eine historisch begründete – und im Prinzip wohl überlebte – **Besonderheit des Wasserrechts** und findet in anderen Umweltgesetzen keine Entsprechung. So ist die Differenzierung zwischen Erlaubnis und Bewilligung nicht etwa mit der Unterscheidung von Genehmigung und Planfeststellungsbeschluß (s. § 4 Rn. 27, 43ff.) gleichzusetzen. 73

a) Unterschiede zwischen Erlaubnis und Bewilligung

Erlaubnis und Bewilligung unterscheiden sich primär durch die dem Genehmigungsadressaten eingeräumte Rechtsstellung:[168] 74

Die **Erlaubnis** gewährt die **widerrufliche Befugnis,** ein Gewässer zu einem bestimmten Zweck in einer nach Art und Maß bestimmten Weise zu benutzen. Sie kann befristet werden (§ 7 Abs. 1 WHG). Im Unterschied hierzu gewährt die **Bewilligung** nach § 8 Abs. 1 WHG ein **Recht** zur Gewässerbenutzung. Dies bedeutet vor allem, daß ihre Beschränkung und Rücknahme nur unter bestimmten Voraussetzungen statthaft ist (§ 12 WHG).

Die Unterschiede bezüglich der **Bestandskraft** von Erlaubnis und Bewilligung werden allerdings durch den für beide geltenden **Vorbehalt nachträglicher Anforderungen** (§ 5 WHG) teilweise nivelliert.[169] In die gleiche Richtung wirkt der rechtsstaatliche Grundsatz, wonach auch widerrufliche Genehmigungen nicht ohne sachlichen Grund widerrufen werden dürfen.[170] 75

Erlaubnis und Bewilligung unterscheiden sich ferner hinsichtlich der durch sie vermittelten **Rechtsstellung gegenüber Dritten** (sog. Drittwirkung, s. auch § 4 Rn. 52).[171] Während die Erlaubnis grundsätzlich Rechte Dritter unberührt läßt,[172] besitzt die Bewilligung privatrechtsgestaltende Wirkung. Soweit Drittbetroffene während des Bewilligungsverfahrens Einwendungen versäumt haben (vgl. allgemein § 4 Rn. 72ff.), unterliegen sie der **Präklusion** (§ 11 WHG).[173] Die **Landeswassergesetze** führen jedoch zu einer **Relativierung** auch dieser Unterscheidung zwischen Erlaubnis und Bewilligung, indem sie zum einen in beiden Fällen übereinstimmende Duldungspflichten begründen (vgl. § 12 LWG Rh.-Pf.) und zum anderen die Zwischenform der „gehobenen Erlaubnis" etablieren (dazu Rn. 86). Darüber hinaus sind nach der Rechtsprechung des BVerwG aber auch im **Erlaubnisverfahren** Drittbetroffene gehalten, ihre Rechte bereits dort geltend zu machen (s. u. Rn. 93). 76

Dagegen besitzen weder Bewilligung noch Erlaubnis **Konzentrationswirkung** (wie etwa die Genehmigung nach § 13 BImSchG, s. auch § 4 Rn. 54ff.). Zum Zwek- 77

---

168 Vgl. grundlegend BVerwGE 41, 58 (1. Ls., 60f.). Vgl. im Schrifttum statt vieler *Hill,* GewArch. 1981, 155ff., 156.

169 Beachte jedoch die nur für die Bewilligung geltende Vertrauensschutzklausel in § 5 Abs. 1 S. 2 WHG.

170 Vgl. *Salzwedel* (FN 94), S. 599.

171 Vgl. *Breuer* (FN 99), S. 63f. (Rn. 87); *Salzwedel* (FN 1), S. 753f. Diese Drittwirkung kann nicht unmittelbar mit dem Problem der grundrechtlichen Drittwirkung verglichen werden.

172 BGHZ 88, 34 (40f.); vgl. auch *Gieseke/Wiedemann/Czychowski* (FN 101), § 7 WHG Rn. 9ff.; unklar *Salzwedel* (FN 94), S. 596, 602.

173 Vgl. dazu *Ronellenfitsch,* VerwArch. 74 (1983), 369ff., 383.

ke der **Verfahrensvereinfachung** beim Zusammentreffen mehrerer Zulassungserfordernisse sieht § 14 WHG vielmehr die Zuständigkeit der Planfeststellungsbehörde bzw. der Bergbehörde auch hinsichtlich der Erteilung der erforderlichen wasserrechtlichen Erlaubnis oder Bewilligung vor.

b) Regel-Ausnahme-Verhältnis von Erlaubnis und Bewilligung

78 Die **Erlaubnis** ist nach der Konzeption des Wasserhaushaltsgesetzes die **Regelentscheidung.** Eine **Bewilligung** darf nur in **Ausnahmefällen** unter den Voraussetzungen des § 8 Abs. 2 WHG erteilt werden, namentlich wenn einem Unternehmer die Durchführung seines Vorhabens ohne gesicherte Rechtsstellung nicht zugemutet werden kann. Die Bestimmung dient dem Investitionsschutz und wird im Schrifttum extensiv dahingehend interpretiert, daß im Falle **wirtschaftlicher Unzumutbarkeit** regelmäßig eine Bewilligung statt einer Erlaubnis erteilt werden muß.[174]

Diese Frage ist voll justitiabel. Maßgeblich ist die individuelle Situation des Unternehmers, insbesondere die Relation von Leistungsfähigkeit und Investitionsaufwand.[175] Zu berücksichtigen ist ferner die Wahrscheinlichkeit, mit welcher bei Erteilung einer Erlaubnis mit einem Widerruf, Ansprüchen Dritter oder konkurrierenden Gewässerbenutzungen zu rechnen ist.[176] Schließlich kann sich das Bedürfnis nach einer Absicherung auch aus dem absoluten Umfang des Investitionsvolumens ergeben.[177]

Die weitere Voraussetzung für die Erteilung einer Bewilligung, die Darlegung eines bestimmten Benutzungszweckes, ist regelmäßig unproblematisch. Es ist indes nicht zu verkennen, daß die Rechtspraxis von der Möglichkeit einer Bewilligung zunehmend zurückhaltenderen Gebrauch macht und die schwächere Zulassungsform der Erlaubnis favorisiert.[178]

79 **Ausgeschlossen** ist die Erteilung einer **Bewilligung** nach § 8 Abs. 2 S. 2 WHG für das Einbringen und Einleiten von Stoffen in ein Gewässer, darunter insbesondere für **Abwassereinleitungen** (vgl. § 7a Abs. 1 S. 1 WHG), sowie für Benutzungen i. S. des § 3 Abs. 2 Nr. 2 WHG (allgemeiner Gefährdungstatbestand, s. o. Rn. 54).

80 Dies gilt allerdings nach § 8 Abs. 2 S. 3 WHG nicht für das Wiedereinleiten von nicht nachteilig verändertem Triebwasser bei Ausleitungskraftwerken. Durch diese Vorschrift wird der Betrieb von **Wasserkraftwerken** privilegiert, der mit verschiedenen (unschädlichen) Gewässerbenutzungen (Aufstauen, Ableiten, Absenken und Einleiten von Wasser) verbunden ist.[179]

81 Zusätzliche Ausschlußregelungen enthalten die Landeswassergesetze (vgl. z. B. § 15 Abs. 1 S. 2 HWG, § 25 Abs. 1 S. 2 LWG Rh.-Pf.).

82 Vor diesem Hintergrund ist die Feststellung des BVerwG,[180] Erlaubnis und Bewilligung unterschieden sich nur durch die Art der durch sie gewährten Rechtsstellung, nicht aber nach Gegenstand und Umfang der durch sie ermöglichten Gewässerbenutzung, nur noch bedingt zutreffend. Erlaubnis und Bewilligung **unterscheiden sich**

---

[174] *Breuer* (FN 99), S. 153ff. (Rn. 226ff.) m. w. N. Vgl. im einzelnen auch BVerwGE 20, 219 (227).
[175] BVerwGE 20, 219 (226ff.).
[176] OVG Münster, ZfW 1968, 195ff., 198f.; OVG Bremen, ZfW 1973, 115ff.
[177] OVG Münster, ZfW 1974, 235ff., 238.
[178] Zur restriktiven Bewilligungspraxis kritisch *Salzwedel,* RdWWi. 19 (1975), 41ff., 42ff., 48ff.
[179] Vgl. BT-Drs. 10/5727, S. 35f.
[180] BVerwGE 20, 219 (227).

heute in einem wesentlichen Teilbereich (dem lediglich erlaubnisfähigen Einbringen und Einleiten von Stoffen in ein Gewässer) vielmehr **auch nach ihrem Gegenstand.**

c) Genehmigungsverfahren

Weitere Unterschiede betreffen das Genehmigungsverfahren: Während das gemäß § 9 WHG als Einwendungsverfahren ausgestaltete **Bewilligungsverfahren** einem **Planfeststellungsverfahren** bzw. dem Genehmigungsverfahren nach den §§ 10ff. BImSchG **angenähert** ist (vgl. § 4 Rn. 76 und § 7 Rn. 67ff.), bleibt das Erlaubnisverfahren im Wasserhaushaltsgesetz ungeregelt. Auch die Landeswassergesetze treffen überwiegend nur Regelungen zum Bewilligungsverfahren.[181] 83

d) Gemeinsamkeiten zwischen Erlaubnis und Bewilligung

Gemeinsam ist Erlaubnis und Bewilligung als **Sachkonzessionen** (s. § 4 Rn. 39) ihre dingliche Wirkung (§§ 7 Abs. 2, 8 Abs. 6 WHG). Sie gehen mit der Wasserbenutzungsanlage bzw. mit dem Grundstück auf den Rechtsnachfolger über, so etwa im Erbgang oder bei Eigentumsübergang aufgrund eines Kaufvertrages. 84

Nach § 2 Abs. 2 WHG gilt ferner für beide, daß sie als solche **kein Recht auf Wasserzufluß** begründen. Gegen die künstliche Entziehung des Wasserzuflusses durch andere kann der Erlaubnis- bzw. Bewilligungsinhaber allerdings in einem späteren Bewilligungsverfahren als Drittbetroffener Einwendungen erheben.[182] Privatrechtliche Vereinbarungen über den Wasserzufluß bleiben von der Regelung unberührt. Als Sonderfall ist in Landeswassergesetzen die Zuleitung von Wasser u. a. zur Grundstücksbewässerung geregelt (vgl. z. B. § 98 LWG Rh.-Pf.). 85

e) Gehobene Erlaubnis

Etliche **Landeswassergesetze** sehen neben Erlaubnis und Bewilligung die sog. gehobene Erlaubnis vor (Art. 16 BayWG, § 11 BRWG, § 17a HWG, § 11 NWG, § 27 LWG Rh.-Pf., § 14 SWG). Sie unterscheidet sich von der einfachen Erlaubnis im wesentlichen dadurch, daß für sie die drittwirkungsbezogenen Vorschriften zur Bewilligung (§§ 8 Abs. 3 und 4, 10, 11, 22 Abs. 3 WHG bzw. deren landesrechtlichen Parallelbestimmungen) ganz oder teilweise entsprechend anwendbar sind (vgl. nur § 27 Abs. 2 S. 4 LWG Rh.-Pf.). Diese Privilegierung kommt vor allem für im öffentlichen Interesse gelegene Gewässerbenutzungen in Betracht. 86

§ 27 Abs. 2 S. 1 LWG Rh.-Pf. nennt beispielsweise Benutzungen zu Zwecken der öffentlichen Wasserversorgung, der öffentlichen Abwasserbeseitigung und der öffentlichen Energieversorgung (ähnlich etwa Art. 16 Abs. 1 BayWG, § 17a Abs. 1 HWG, § 14 Abs. 1 SWG).

Die meisten Landeswassergesetze sehen die Erteilung einer gehobenen Erlaubnis aber auch dann vor, „wenn dem Unternehmer nicht zugemutet werden kann, sein Vorhaben ohne eine gesicherte Rechtsstellung gegenüber Dritten durchzuführen" (Art. 16 Abs. 1 S. 2 BayWG, ähnlich § 11 Abs. 1 S. 1 BRWG, § 17a Abs. 1 S. 2 HWG – unter den Voraussetzungen des § 8 Abs. 2 Nr. 1 und 2 WHG –, § 11 Abs. 1 S. 1 NWG, § 27 Abs. 1 S. 2 LWG Rh.-Pf.; einen anderen Anknüpfungspunkt wählt § 14 Abs. 1 lit. b SWG).

---

[181] Vgl. zur Übersicht *Gieseke/Wiedemann/Czychowski* (FN 101), § 9 WHG Rn. 7ff.
[182] Im einzelnen umstritten, vgl. *Breuer* (FN 99), S. 286f. (Rn. 450) m. w. N.

Die gehobene Erlaubnis ergeht in einem förmlichen Verfahren und muß ausdrücklich als solche bezeichnet werden (vgl. nur § 27 Abs. 2 S. 1 und S. 3 LWG Rh.-Pf.). Im Hinblick auf die erheblichen Regelungsunterschiede zwischen den Ländern wäre eine bundeseinheitliche Regelung der gehobenen Erlaubnis erwägenswert.

f) Weitere Genehmigungsentscheidungen

87 Als weitere Genehmigungsentscheidungen kommen in Betracht
- die **Zulassung vorzeitigen Beginns** (§ 9a WHG), die stets auf eigenes Risiko des Genehmigungsempfängers erfolgt und mögliche Schadensersatzpflichten auslöst, sowie
- die **Verlängerung** der befristeten Erlaubnis und der Bewilligung nach Landesrecht (vgl. etwa § 31 LWG Rh.-Pf.).

4. Genehmigungsvoraussetzungen

88 Die materiellen Voraussetzungen einer wasserrechtlichen Erlaubnis oder Bewilligung lassen sich im wesentlichen gemeinsam behandeln, da das „materielle Entscheidungsprogramm für alle Arten der Gestattung von Gewässerbenutzungen von der jeweiligen Form der Gestattung weitgehend unabhängig" ist (BVerwG).[183]

Eine Erlaubnis oder Bewilligung kommt nur in Betracht, wenn ihr **keine zwingenden Versagungsgründe** entgegenstehen. Versagungsgründe sind zwingend, wenn sie auch durch entsprechende Nebenbestimmungen nicht ausgeräumt werden können. Dieser allgemeine, auch aus dem Verhältnismäßigkeitsgedanken folgende Grundsatz (vgl. § 4 Rn. 41) wird in § 6 WHG ausdrücklich normiert. Die Genehmigungserteilung steht jedoch weitgehend im Ermessen der Genehmigungsbehörde. Dies gilt für Erlaubnis und Bewilligung in gleicher Weise.

a) Bewirtschaftungsermessen

89 Der Ermessenscharakter beider behördlicher Entscheidungen wird gesetzestechnisch durch die einseitig **negativ** bindende Formulierung des § 6 WHG („sind zu versagen") **ausgedrückt.** An dieser Formulierung wurde im Gesetzgebungsverfahren zur vierten Novelle des WHG gegenüber einer vorgeschlagenen auch positiv bindenden Fassung („dürfen nur versagt werden") festgehalten.[184] Ähnlich wie im Atomrecht (s. § 8 Rn. 23) ist also auch im Wasserrecht nur geklärt, wann eine Genehmigung zu versagen, nicht, wann sie zu erteilen ist. In der Sache ist die wasserrechtliche Ermessensregelung vom Bewirtschaftungszweck des Wasserhaushaltsgesetzes gerechtfertigt und nach Auffassung des BVerfG im Naßauskiesungs-Beschluß sogar gefordert:[185]

> „Das präventive Erlaubnisverfahren mit Verbotsvorbehalt würde den Gewässern nur einen Minimalschutz gewähren, der einsetzt, wenn die Grenze ihrer Belastbarkeit erreicht ist. Eine auf die Zukunft ausgerichtete ordnungsgemäße Steuerung der Gewässernutzung wäre damit unmöglich. Bei einem knappen Gut, das wie kaum ein anderes für die Allgemeinheit von lebenswichtiger Bedeutung ist, wäre eine solche Regelung unvertretbar."

---

183 BVerwGE 78, 40 (42); ebenso BVerwG, ZfW 1988, 337ff., 337.
184 BT-Prot. 2/216 (Bd. 37), S. 12799f. und 12848.
185 BVerfGE 58, 300 (347).

Ein Rechtsanspruch auf Erteilung einer wasserrechtlichen Erlaubnis oder Bewilligung ist demnach ausgeschlossen. Wohl aber besteht ein Anspruch auf **fehlerfreie Ermessensausübung.**[186]

b) Versagungsgründe

aa) Allgemeine Versagungsgründe

Erlaubnis und Bewilligung stehen grundsätzlich unter **Gemeinwohlvorbehalt,** 90
wobei § 6 WHG die öffentliche Wasserversorgung besonders hervorhebt. Der Schutz des „Wohles der Allgemeinheit" bezieht sich auf alle wasserwirtschaftlich relevanten Gesichtspunkte, die von einer Benutzung berührt werden können. Dazu gehört z. B. auch der Schutz vor radioaktiver Kontamination (s. § 8 Rn. 55).[186a] Doch kann auch die Beeinträchtigung anderer, nicht wasserwirtschaftlicher Belange einer Erteilung entgegenstehen.[187] Es muß sich freilich um überwiegende öffentliche Belange und nicht lediglich um geringfügige Beeinträchtigungen[188] dieser Belange handeln. Die Abwägung hat dabei von einer vorsichtigen Prognose auszugehen, d. h. es ist so zu entscheiden, daß selbst bei ungünstigster Entwicklung das Wohl der Allgemeinheit, namentlich die Wasserversorgung, gewahrt bleibt.[189]

Darüber hinaus sind die Wasserbehörden nach neuerer, inzwischen auch vom 91
BVerwG vertretener Auffassung bei jeder Entscheidung über eine Benutzung i. S. von § 3 WHG unabhängig von der Rechtsform der Gestattung verpflichtet, zumindest auch die **individuellen Interessen Dritter** zu berücksichtigen.[190]

Nach herkömmlicher Auffassung waren bei der Erlaubnis im Gegensatz zur Bewilligung private Belange nicht zu berücksichtigen.[191] Begründet wurde dies u. a. damit, daß der einfachen Erlaubnis keine privatrechtsgestaltende Wirkung zukomme (s. o. Rn. 76).

Für eine drittschutzfreundliche Auslegung spricht insbesondere die Grundsatznorm des § 1a Abs. 1 WHG, die nicht allein auf das Wohl der Allgemeinheit, sondern auch auf den „Nutzen einzelner" abstellt. Auch § 4 Abs. 1 WHG, auf den in der Versagungsregelung des § 6 WHG Bezug genommen wird, will „nachteilige Wirkungen für andere" berücksichtigt wissen. Gleichwohl sind gewisse normative Unebenheiten nicht zu verkennen. Diese zeigen sich insbesondere im Verhältnis zu § 8 Abs. 3 WHG.

bb) Besonders ausgewiesene Versagungsgründe im Bewilligungsverfahren

Im Bewilligungsverfahren können unter bestimmten Voraussetzungen seit jeher 92
auch **private Belange** der Erteilung einer Bewilligung entgegenstehen (§ 8 Abs. 3 WHG). Soweit nachteilige Einwirkungen auf fremde *Rechte* zu erwarten und entsprechende Einwendungen erhoben worden sind, ist vorrangig ein Ausgleich durch Auflagen zu suchen. Ist dies nicht möglich, ist die Bewilligung grundsätzlich zu versa-

---

[186] Vgl. *Gieseke/Wiedemann/Czychowski* (FN 101), § 6 WHG Rn. 2ff. m. w. N.
[186a] BVerwG, DVBl. 1988, 489f.
[187] BVerwG, ZfW 1978, 363ff., 368.
[188] *Gieseke/Wiedemann/Czychowski* (FN 101), § 6 WHG Rn. 25.
[189] Vgl. BVerfGE 10, 89 (103): „... Aufgabe der Staatsorgane, Maßnahmen zu treffen, die auch bei ungünstigster Entwicklung (...) die Wasserversorgung (...) sicherstellen."
[190] BVerwGE 78, 40 (42ff.) im Anschluß an BGHZ 88, 34.
[191] Vgl. i. e. *Breuer* (FN 99), S. 325ff. (Rn. 495f.).

gen. In diesem Fall kann die Bewilligung nur erteilt werden, wenn dafür Gründe des Gemeinwohls sprechen. Der Betroffene ist zu entschädigen (§ 8 Abs. 3 S. 2 WHG).

Die neue Rechtsprechung des BVerwG läßt auch § 8 Abs. 3 WHG nicht unberührt. Was dort noch besonders für die Bewilligung angeordnet wurde, gilt nach dieser Rechtsprechung mehr oder weniger auch für die Erlaubnis. Die Vorschrift behält jedoch eigenständige Bedeutung insbesondere wegen der privatrechtsgestaltenden Wirkung der Bewilligung (s. o. Rn. 76) und der (trotz der weitgehenden Egalisierungsbestrebungen des BVerwG wohl nicht analog bei Erlaubnissen anwendbaren) Entschädigungsregelung des § 8 Abs. 3 S. 2, 2. Hs. WHG.

93 Die Regelung des § 8 Abs. 3 WHG gilt entsprechend (§ 8 Abs. 4 WHG) bei **landesrechtlich** gewährten **Einwendungsbefugnissen** (vgl. § 15 WG BW, Art. 18 BayWG, § 17 BWG, § 11 Abs. 4 BRWG, § 18 Abs. 2 HmbWG, § 20 HWG, § 13 Abs. 4 NWG, § 27 LWG NW, § 29 LWG Rh.-Pf., § 16 SWG, § 13 LWG SH). Danach sind auch wirtschaftliche, ansonsten rechtlich nicht geschützte Interessen berücksichtigungsfähig. Gerügt werden können Gewässerverunreinigungen und sonstige nachteilige Veränderungen der Gewässereigenschaften, Veränderungen des Wasserabflusses und des Wasserstandes, Beeinträchtigungen der bisherigen Grundstücksbenutzung, die Erschwerung der Gewässerunterhaltung, vom Betreiber einer Wassergewinnungsanlage auch der Entzug von Wasser. Die konfligierenden privaten Belange unterliegen einer Interessenabwägung (vgl. § 8 Abs. 4 S. 2, 2. Hs. WHG, § 29 Abs. 3 LWG Rh.-Pf.), wobei geringfügige Nachteile von vornherein außer Betracht bleiben (vgl. § 29 Abs. 2 LWG Rh.-Pf.). Die landesrechtlichen Einwendungsregelungen gelten außer für Bewilligungen auch für die sog. gehobenen Erlaubnisse (vgl. § 27 Abs. 2 S. 4 LWG Rh.-Pf.). Aufgrund der Rechtsprechung des BVerwG ist freilich auch jeder Dritte, der eine Beeinträchtigung seiner Belange durch eine **Erlaubnis** befürchtet, gehalten, seine Rechte im Erlaubnisverfahren geltend zu machen.[192]

94 Treffen **mehrere Zulassungsanträge** zusammen, die sich auch bei Festsetzung von Bedingungen und Auflagen ganz oder teilweise gegenseitig ausschließen, ist vorrangig nach öffentlichem Interesse zu entscheiden. Ansonsten genießt der Gewässereigentümer (vgl. z. B. § 30 S. 2 LWG Rh.-Pf.) oder das bereits bestehende Unternehmen (vgl. § 18 Abs. 1 S. 2 WG BW) Vorrang. Erst an letzter Stelle kommt es auf die zeitliche Reihenfolge der Anträge an (vgl. Art. 19 S. 2 BayWG, § 79 Abs. 1 S. 2 HmbWG, § 30 S. 2 LWG Rh.-Pf., nicht erwähnt wird dieses Kriterium aber z. B. in § 18 WG BW und § 28 LWG NW).

cc) Besondere Versagungsgründe bei Abwassereinleitungen

95 An das **Einleiten von Abwasser** (s. zum Abwasserbegriff u. Rn. 213) stellt § 7a WHG zusätzliche, spezielle Anforderungen. Die verschärfende Neufassung dieser erst 1976 eingeführten Vorschrift stellt eines der Kernstücke der fünften Novelle vom 25. 7. 1986 dar.

Eine Erlaubnis – eine Bewilligung ohnehin nicht – darf hiernach nur erteilt werden, wenn die Schadstofffracht des Abwassers so gering gehalten wird, wie dies bei Einhaltung der in allgemeinen Verwaltungsvorschriften niedergelegten **Mindestanforderungen,** jedenfalls jedoch nach den **allgemein anerkannten Regeln der Technik** möglich ist.

[192] BVerwGE 78, 40 (45f.).

Der Gesetzgeber geht damit über die frühere Regelung des § 7a Abs. 1 WHG a. F. hinaus, die ohne weitere Differenzierung auf die allgemein anerkannten Regeln der Technik (s. auch § 2 Rn. 46) abgestellt hatte. Freilich schreibt er auch jetzt nicht etwa das gesteigerte Anforderungsniveau „Stand der Technik" generell und unmittelbar für alle Abwassereinleitungen vor.

Zu Mißverständnissen Anlaß geben könnte in diesem Zusammenhang der vom Gesetzgeber verwandte **Begriff der Mindestanforderungen.** Damit ist nicht gemeint, daß die diesen Standard ausfüllenden Verwaltungsvorschriften nur ein Gewässerschutzminimum gewährleisten. Auch soll durch diesen Begriff nicht der konventionelle Maßstab der allgemein anerkannten Regeln der Technik gegenüber dem fortschrittlicheren „Stand der Technik" plakatiert werden. Der Gesetzgeber spricht vielmehr deshalb von Mindestanforderungen, weil es sich um einen bei allen Gewässern einzuhaltenden generellen Standard handelt, der gewässerspezifisch durch höhere Anforderungen im Einzelfall überboten werden kann (vgl. § 7a Abs. 1 S. 2 i. V. m. § 6 WHG). 96

Die Neufassung des § 7a WHG **differenziert** vielmehr grundlegend **zwischen gefährlichen und sonstigen Stoffen.** Während sich die sog. Mindestanforderungen an Abwassereinleitungen grundsätzlich bewährt haben, soll die Einleitung von Abwasser mit gefährlichen Inhaltsstoffen schärferen Anforderungen unterworfen werden als bisher. 97

Nach § 7a Abs. 1 S. 3 WHG erläßt die Bundesregierung mit Zustimmung des Bundesrates wie bisher **allgemeine Verwaltungsvorschriften über Mindestanforderungen an Abwassereinleitungen.** 98

Ende 1988 lagen 46 derartige Verwaltungsvorschriften vor (vgl. Kloepfer Nr. 200/1 ff.). Diese gelten – mit Ausnahme der beiden Verwaltungsvorschriften über Mindestanforderungen an das Einleiten von Abwasser durch Gemeinden (1. AbwasserVwV) und von Mischabwasser (22. AbwasserVwV) – jeweils für das Abwasser bestimmter Produktionszweige (z. B. Brauereien, Zellstofferzeugung, Chemiefasern, Steinkohleverkoksung usw.). Zur Vorbereitung der Verwaltungsvorschriften wurden insgesamt 60 sachverständige Arbeitsgruppen eingesetzt.[193]

Enthält Abwasser bestimmter Herkunft **gefährliche Stoffe,** so müssen nach § 7a Abs. 1 S. 3, 2. Hs. WHG insoweit die Anforderungen in den allgemeinen Verwaltungsvorschriften dem **Stand der Technik** entsprechen. Unter „gefährlichen Stoffen" versteht die Norm solche Stoffe oder Stoffgruppen, die wegen der Besorgnis ihrer Giftigkeit, Langlebigkeit, Anreicherungsfähigkeit oder einer krebserzeugenden, fruchtschädigenden oder erbgutverändernden Wirkung als gefährlich anzusehen sind. 99

Der auslegungsbedürftige und durch Verwaltungsvorschriften zu konkretisierende Begriff der gefährlichen Stoffe ist nicht deckungsgleich mit der Kategorie der wassergefährdenden Stoffe in den §§ 19a und g WHG (s. u. Rn. 134, vgl. dazu auch den **Katalog wassergefährdender Stoffe** – Bekanntmachung des BMI vom 1. 3. 1985[194] – Kloepfer Nr. 202 – und dessen Fortschreibung vom 26. 4. 1987[195] – Kloepfer Nr. 202/1), sondern enger zu verstehen, was Überschneidungen nicht ausschließt. Anhaltspunkte können sich vor allem aus dem Chemikaliengesetz, das zum Teil parallele Gefährlichkeitsmerkmale formuliert (vgl. § 3 Nr. 3 ChemG) und der dazu ergangenen Gefährlichkeitsmerkmale-Verordnung (Kloepfer Nr. 418) ergeben (s. § 13 Rn. 33 ff.). Im übrigen sind die in der Liste I des Anhangs der Gewässerschutzrichtlinie der EG vom 4. 5. 1976 (Richtlinie 76/464/EWG) aufgeführten Stoffe (sog. Schwarze Liste), u. U. auch die mindergefährlichen Stoffe der Liste II (sog. Graue Liste) heranzuziehen.[196]

---

[193] Vgl. Umwelt (BMI) Nr. 100 v. 14. 2. 1984, S. 12 f.
[194] GMBl. S. 175, geänd. durch Bek. d. BMI v. 8. 5. 1985, GMBl. S. 369.
[195] GMBl. S. 294, ber. S. 422.
[196] Vgl. BT-Drs. 10/3973, S. 10 (Amtl. Begründung).

Das Gebot der Gefahrstoffminimierung nach dem Stand der Technik ist allerdings nur praktikabel, wenn es zugleich im Hinblick auf die verschiedenen Abwassererzeuger konkretisiert wird.

100 Gemäß § 7a Abs. 1 S. 4 WHG erläßt die Bundesregierung mit Zustimmung des Bundesrates eine Rechtsverordnung, durch die die Herkunftsbereiche des Abwassers bestimmt werden, das gefährliche Stoffe enthält. Dies ist durch die Verordnung über die Herkunftsbereiche von Abwasser (**Abwasserherkunftsverordnung** – AbwHerkV) vom 3. 7. 1987[197] (Kloepfer Nr. 207) geschehen.

101 Die Besonderheit der **Regelungstechnik** des § 7a Abs. 1 S. 3, 2. Hs. WHG besteht darin, daß das Gesetz den Stand der Technik für die Einleiter von Abwasser mit gefährlichen Inhaltsstoffen nicht verbindlich vorschreibt, sondern lediglich die Exekutive zum Erlaß entsprechender **Verwaltungsvorschriften** verpflichtet. Erst wenn derartige Verwaltungsvorschriften vorliegen, wird der neue Standard außenwirksam.

Bis zum Erlaß der Verwaltungsvorschriften über den Stand der Technik unterliegt mithin auch die Einleitung von Abwasser mit gefährlichen Inhaltsstoffen lediglich den Anforderungen nach den allgemein anerkannten Regeln der Technik.

Insofern enthält § 7a Abs. 1 S. 3, 2. Hs. WHG unmittelbar nur Binnenrecht.

102 Gegenüber der zunächst erwogenen Alternative, den Stand der Technik gesetzlich direkt vorzugeben (wie dies hinsichtlich der allgemein anerkannten Regeln der Technik in § 7a Abs. 1 S. 1 WHG der Fall ist),[198] besitzt diese Lösung zweifellos den Vorteil der **Praktikabilität.** Sie vermeidet die Gefahren der Rechtsunsicherheit und einer divergierenden Rechtsanwendung, die entstünden, wenn die Verwaltung Erlaubnisanträge nach dem Stand der Technik beurteilen müßte, noch bevor bundeseinheitliche norminterpretierende Verwaltungsvorschriften existieren.[199] Dieser Vorteil wird jedoch durch einen schweren **rechtsdogmatischen und rechtsstaatlichen Nachteil** erkauft: Die Regelung macht das Wirksamwerden der Gesetzesvorschrift, jedenfalls soweit sie sich nicht nur an die normsetzungspflichtige Exekutive, sondern an die Bürger richtet, vom Erlaß entsprechender Verwaltungsvorschriften abhängig. Die herkömmlich nur als Binnenrechtssätze verstandenen Verwaltungsvorschriften (s. § 2 Rn. 44) scheinen hierdurch nicht nur eine norminterpretierende und -konkretisierende Funktion, sondern volle Rechtssatzqualität zu erhalten. Für diese Form der Rechtsetzungsdelegation sieht das Grundgesetz aber den Erlaß von Rechtsverordnungen vor (Art. 80 GG). Entgegen diesem ersten Anschein handelt es sich jedoch auch bei dem neugefaßten § 7a Abs. 1 WHG lediglich um eine verwaltungsintern wirkende Ermessensbindung der Behörde. Außenwirksamkeit erlangt das Anforderungsniveau „Stand der Technik" erst bei entsprechender Umsetzung in den Erlaubnisbescheiden. § 7a Abs. 1 WHG ist daher entgegen im Schrifttum geäußerten Bedenken verfassungsgemäß.[200]

---

[197] BGBl. I S. 1578.

[198] Hierzu *Praml,* NuR 1986, 66ff., 66.

[199] So die Argumentation der Bundesregierung in BT-Drs. 10/5727, S. 28.

[200] Hierzu näher *Kloepfer/Brandner,* ZfW 1989, 1ff. Für verfassungswidrig hält die Neuregelung namentlich *Lübbe-Wolff,* DÖV 1987, 896ff. Vgl. i. ü. auch *Bender/Sparwasser,* Umweltrecht, 1988, Rn. 539; *Breuer,* NuR 1987, 49ff.; *Henseler,* NVwZ 1987, 551ff.

Zweifel könnten sich jedoch an der Verfassungsmäßigkeit des § 18b Abs. 1 WHG n. F. ergeben, der die Anforderungen an den Bau und Betrieb von Abwasseranlagen regelt und hierbei auf die „jeweils in Betracht kommenden Regeln der Technik" verweist (s. Rn. 131). Damit könnte der Anforderung „Stand der Technik" eine – verfassungswidrige – unmittelbare Außenwirkung zugemessen werden. § 18b Abs. 1 WHG läßt sich aber verfassungskonform dahingehend interpretieren, daß diese Vorschrift (nur) auf die allgemein anerkannten Regeln der Technik nach § 7a Abs. 1 S. 1 WHG Bezug nimmt.[201] 103

Weniger schwer wiegt die Befürchtung, daß sich das Verfahren bei der **Erarbeitung** neuer oder der Änderung bereits bestehender **Abwasserverwaltungsvorschriften** als so langwierig erweisen könnte, daß dadurch das angestrebte Ziel eines wirksameren Gewässerschutzes in Gefahr geriete.[202] Von seiten der Bundesregierung ist angekündigt worden, die notwendigen Verwaltungsvorschriften sehr schnell erlassen zu wollen. Im übrigen kann auf eine gewisse Vorwirkung derartiger Vorschriften vertraut werden, dergestalt, daß die betroffenen Wirtschaftsbereiche bereits vor Erlaß der Verwaltungsvorschriften damit beginnen, ihre Verfahren umzustellen und dem Stand der Technik anzupassen. 104

Die volle Bedeutung der Mindestanforderungen nach § 7a Abs. 1 WHG entfaltet sich im Zusammenspiel mit der Abgabenerhebung nach dem Abwasserabgabengesetz, bei dem die Einhaltung der Mindestanforderungen eine entscheidende Vergünstigung verschafft (s. u. Rn. 260ff.). 105

Da die Mindestanforderungen Emissionsstandards unabhängig von den konkreten Gewässersituationen formulieren, können **im Einzelfall** mit *gewässerspezifischer* Begründung **höhere Anforderungen** gestellt werden.[203] Durch bloße Kontrolle der Einleitungsstandards ließe sich insbesondere keine überhöhte, kumulative Gesamtbelastung durch *mehrere* Einleiter verhindern. 106

Umgekehrt dürfte eine Abschwächung der Mindestanforderungen rechtlich ausgeschlossen sein. Selbst wenn man den Abwasserverwaltungsvorschriften im Hinblick auf ihren problematischen Rechtsquellencharakter nur eine eingeschränkte Verbindlichkeit zubilligen wollte (s. § 2 Rn. 44), bringt doch der vom Gesetzgeber verwandte Begriff der *Mindest*anforderungen unzweideutig zum Ausdruck, daß es sich um Umschreibungen eines **durchgängig einzuhaltenden Gewässerschutzstandards** handelt. Für eine Berücksichtigung individueller Härten oder zusätzliche sektorale Differenzierungen bleibt daher kein Raum, zumal branchenspezifischen Besonderheiten bereits bei der Festlegung der Mindestanforderungen Rechnung getragen wird.[204] Das Konzept der *einheitlichen* Mindestanforderungen steht insoweit auch regionalen Differenzierungen – etwa zugunsten strukturschwacher Gebiete – entgegen. 107

dd) Einleitung fester Stoffe

Schlechthin verboten ist die Einleitung fester Stoffe zum Zwecke der Abfallbeseitigung (§ 26 Abs. 1 WHG). Nicht hierzu rechnen schlammige Stoffe (§ 26 Abs. 1 S. 2 WHG). 108

ee) Gebot schadloser Abwasserbeseitigung

Nicht auf Einleitungsvorgänge beschränkt ist das Gebot der schadlosen Abwasserbeseitigung in § 18a Abs. 1 WHG. Unter **Abwasserbeseitigung** sind aufgrund der 109

[201] Hierzu näher *Kloepfer/Brandner,* ZfW 1989, 1ff.
[202] So andererseits die SPD-Fraktion, vgl. BT-Drs. 10/5727, S. 30, sowie *Praml,* NuR 1986, 66ff., 66.
[203] Zu dieser (einschränkenden) Voraussetzung *Salzwedel* (FN 94), S. 587.
[204] *Salzwedel* (FN 94), S. 587.

Legaldefinition des § 18a Abs. 1 S. 2 WHG auch das Sammeln, Fortleiten, Behandeln, Versickern, Verregnen und Verrieseln von Abwasser sowie das Entwässern von Klärschlamm im Zusammenhang mit der Abwasserbeseitigung zu verstehen, also sowohl der Abwassereinleitung vorangehende Vorgänge als auch andere, nicht auf Einleitung in oberirdische Gewässser abzielende Formen der Abwasserbeseitigung.[205]

ff) Grundwassergefährdung

110 Speziell für **Stoffeinleitungen** in Grundwasser enthält § 34 Abs. 1 WHG den Versagungsgrund der Grundwassergefährdung.

gg) Lagerung von Stoffen

111 Für die unter dem Gesichtspunkt der unechten Benutzung (s. o. Rn. 52ff.) ebenfalls genehmigungsbedürftige gewässernahe bzw. -gefährdende Lagerung von Stoffen enthalten die §§ 26 Abs. 2, 32b S. 1, 34 Abs. 2 WHG – differenziert nach oberirdischen Gewässern, Küstengewässern und Grundwasser – übereinstimmende Versagungsgründe (vgl. auch § 12 Rn. 135). Dabei ist nach der Rechtsprechung des BVerwG[206] zu § 34 Abs. 2 WHG der Verbotstatbestand streng auszulegen. Die Besorgnis (Wahrscheinlichkeit) einer Gewässerverunreinigung muß geradezu ausgeräumt sein. Doch ist auch hier die Relation von Eintrittswahrscheinlichkeit und Höhe sowie Art des Schadens zu beachten.[207]

hh) Zusätzliche Anforderungen in Reinhalteordnungen

112 Zusätzliche Anforderungen können sich aus Reinhalteordnungen (Rechtsverordnungen gemäß § 27 WHG) ergeben (s. auch unten Rn. 179), die jedoch bislang von den hierfür zuständigen Ländern nicht erlassen wurden. Insbesondere könnte vorgesehen werden, daß

- bestimmte Stoffe nicht zugeführt werden dürfen,
- Stoffe bestimmten Mindestanforderungen genügen müssen,
- bestimmte sonstige nachteilige Einwirkungen abzuwehren sind.

Die Anforderungen der Reinhalteordnungen können – im Unterschied zu den Mindestanforderungen des § 7a Abs. 1 WHG – für einzelne Gewässer oder Gewässerstrecken verschieden ausfallen und somit zu einer gewissen **Regionalisierung** des Umweltschutzes (s. § 1 Rn. 34 und § 3 Rn. 13, 20) beitragen.

jj) Zusätzliche Anforderungen in Bewirtschaftungsplänen

113 Spezifische Anforderungen an die Gewässerreinhaltung können sich außerdem aus Bewirtschaftungsplänen ergeben, die gemäß § 36b WHG von den Ländern aufzustellen sind (zur wasserrechtlichen Planung s. u. Rn. 170ff.). Die Festsetzungen in Bewirtschaftungsplänen, die unmittelbar nur **verwaltungsintern** verbindlich sind, können über Einzelentscheidungen nach dem Wasserhaushaltsgesetz und den Landeswassergesetzen außenwirksam durchgesetzt werden, darunter auch durch entsprechende Reinhalteordnungen (s. zuvor Rn. 112). Der Erlaß einer Reinhalteordnung setzt indes nicht das Vorhandensein von Bewirtschaftungsplänen oder einer sonstigen förmlichen wasserrechtlichen Planung voraus.[208]

---

[205] Vgl. *Gieseke/Wiedemann/Czychowski* (FN 101), § 18a WHG Rn. 3.
[206] BVerwG, ZfW 1971, 109ff., 112.
[207] BVerwG, ZfW 1974, 296ff., 301.
[208] *Gieseke/Wiedemann/Czychowski* (FN 101), § 27 WHG Rn. 1.

kk) Verschlechterungsverbot

Soweit für ein oberirdisches Gewässer oder einen Gewässerteil **kein Bewirtschaftungsplan** aufgestellt ist, darf gemäß § 36b Abs. 6 WHG das Einleiten von Stoffen, durch das eine im Hinblick auf die Nutzungserfordernisse nicht nur unerhebliche nachteilige Veränderung der Gewässerbeschaffenheit zu erwarten ist, nur erlaubt werden, wenn dies überwiegende Gründe des Gemeinwohls erfordern. Mit diesem *partiellen* Verschlechterungsverbot (s. allgemein § 3 Rn. 25) soll sichergestellt werden, daß die Reinhaltung und Sanierung der oberirdischen Gewässer auch dann durchgeführt wird, wenn noch kein Bewirtschaftungsplan aufgestellt ist.[209] 114

Der Gesetzgeber wollte mit dieser Regelung einen indirekten Zwang zur Aufstellung von Bewirtschaftungsplänen ausüben.[210] Im Schrifttum wird der Vorschrift daher gelegentlich auch Sanktionscharakter im Sinne einer Anforderungsverschärfung gegenüber denkbaren planerischen Festsetzungen beigemessen.[211] Diese Auffassung geht jedoch zu weit, da hierdurch die Gewässerbenutzer zum Opfer staatlicher Selbsterziehungsmaßnahmen würden. Tatsächlich handelt es sich lediglich um eine Konkretisierung der Versagungsgründe des § 6 WHG.[212] In Anbetracht der flexiblen Formulierung des Verschlechterungsverbots kann auch nicht von einem „grundsätzlichen Blockadeeffekt“[213] gesprochen werden. Wohl aber begründet § 36b Abs. 6 WHG wegen des Fehlens geeigneter planerischer Vorgaben eine gesteigerte Begründungslast für Einleitungsgenehmigungen.

5. Benutzungsbedingungen und Auflagen

Nach § 4 Abs. 1 S. 1 WHG können Erlaubnis und Bewilligung unter Festsetzung von Benutzungsbedingungen und Auflagen erteilt werden. Ihnen kommt in der Praxis erhebliche Bedeutung zu. 115

Bei den **Benutzungsbedingungen** handelt es sich nicht um Bedingungen i. S. des § 36 Abs. 2 Nr. 2 VwVfG, sondern allgemein um Bestimmungen, die den Inhalt der Genehmigung – Art, Umfang und Modalitäten der zugelassenen Benutzung – präzisieren.[214] Allenfalls handelt es sich um „modifizierende Auflagen“. Als integraler Bestandteil der Genehmigung sind sie nicht isoliert angreifbar.[215] 116

In diesem Sinne handelt es sich auch bei dem gesetzlich vorgeschriebenen **Mindestinhalt von Abwassereinleitungsbescheiden** um Benutzungsbedingungen. Es ist eine gesetzestechnische Eigentümlichkeit, daß sich der Mindestinhalt des Einleitungsbescheides nicht aus dem Wasserhaushaltsgesetz, sondern aus dem *Abwasserabgabengesetz* ergibt. Nach § 4 Abs. 1 S. 2 AbwAG muß der Bescheid mindestens Angaben enthalten über die Jahresschmutzwassermenge sowie (ab 1. 1. 1989) über die in einem bestimmten Zeitraum einzuhaltenden Konzentrationswerte für die in der Anlage zu § 3 AbwAG genannten Schadstoffe und Schadstoffgruppen sowie den Verdünnungs- 117

[209] BT-Drs. 7/4546, S. 9.
[210] BT-Drs. 7/4546, S. 9.
[211] So *Riegel,* NJW 1976, 783ff., 785f.
[212] Vgl. *Gieseke/Wiedemann/Czychowski* (FN 101), § 36b WHG Rn. 41; *Sieder/Zeitler/Dahme* (FN 113), § 36b WHG Rn. 40.
[213] So jedoch *Breuer* (FN 99), S. 261 (Rn. 409).
[214] Ebenso *Breuer* (FN 99), S. 164 (Rn. 242).
[215] *Gieseke/Wiedemann/Czychowski* (FN 101), § 6 WHG Rn. 13; BayVGH, BayVBl. 1977, 87f.

faktor, der bei Giftigkeit gegenüber Fischen in einem bestimmten Zeitraum einzuhalten ist (Überwachungswerte, s. dazu i. e. Rn. 233).

118 Ob neben den in § 4 Abs. 1 S. 1 WHG geregelten Benutzungsbedingungen auch **echte Bedingungen** i. S. des § 36 Abs. 2 Nr. 2 VwVfG zulässig sind, ist umstritten.[216] Dafür sprechen das der Genehmigungsbehörde eingeräumte weite Bewirtschaftungsermessen wie auch der Grundsatz der Verhältnismäßigkeit, der regelmäßig Nebenbestimmungen Vorrang gegenüber einem sonst denkbaren Versagungsbescheid gibt.

119 Den Begriff der **Auflagen** gebraucht das Gesetz dagegen i. S. des allgemeinen verwaltungsrechtlichen Sprachgebrauchs (§ 36 Abs. 2 Nr. 4 VwVfG).[217] Sie betreffen nicht die Benutzung selbst, sondern schreiben dem Begünstigten ein zusätzliches Tun, Dulden oder Unterlassen vor, das von der Behörde u. U. selbständig erzwungen werden kann. Auch ergibt ihre Nichterfüllung einen Widerrufsgrund (s. Rn. 125). Hierin besteht eine wesentliche Funktion der Beifügung von Auflagen. Auflagen sind zudem von Bedeutung für den Nachbarschutz (§ 4 Abs. 1 S. 2 WHG). Nach bislang überwiegender Auffassung ist der Schutz rein privater Belange durch **drittschützende Auflagen** allerdings auf die Fälle des § 8 Abs. 3 und 4 WHG beschränkt.[218] Vor dem Hintergrund der vom BVerwG geforderten Berücksichtigung individueller Drittinteressen auch im Rahmen der Erlaubniserteilung (s. o. Rn. 91) läßt sich diese Eingrenzung jedoch wohl nicht mehr aufrecht erhalten.

Als möglichen Inhalt sonstiger Auflagen nennt § 4 Abs. 2 WHG beispielhaft die Anordnung

- bestimmter Beobachtungsmaßnahmen (i. S. der Selbst- oder Fremdüberwachung, vgl. § 4 Rn. 127) (Nr. 1),
- der Bestellung eines Gewässerschutzbeauftragten auch außerhalb der gesetzlich vorgeschriebenen (§ 21a Abs. 1 WHG) Fälle (Nr. 2),
- von Ausgleichsmaßnahmen für Gewässerbeeinträchtigungen infolge der Benutzung (Nr. 2a),
- von Beiträgen zu wasserwirtschaftlichen Maßnahmen öffentlich-rechtlicher Körperschaften (Nr. 3); der Beitrag soll angemessen sein und dazu dienen, eine mit der Benutzung verbundene Beeinträchtigung des Wohls der Allgemeinheit zu verhüten oder auszugleichen. Er stellt daher keine allgemeine Umweltabgabe (s. § 4 Rn. 177ff.) dar.

Zu beachten sind schließlich zum Teil ergänzende landesrechtliche Vorschriften (z. B. Art. 15 BayWG, § 24 Abs. 2 S. 1 LWG NW, § 26 Abs. 2 S. 2 LWG Rh.-Pf.).

6. Nachträgliche und beseitigende Entscheidungen

120 Ähnlich den anderen Umweltgesetzen (vgl. allgemein § 4 Rn. 98ff.) unterscheidet das Wasserhaushaltsgesetz den Vorbehalt nachträglicher Anordnungen (§ 5 WHG) und den entschädigungspflichtigen Widerruf der (rechtmäßigen) Genehmigungsentscheidung (§ 12 WHG). Die **rechtliche Besonderheit** liegt hier aber darin, daß eine Widerrufsregelung nur für die Bewilligung getroffen zu werden brauchte, da die

---

[216] Dafür u. a. *Breuer* (FN 99), S. 164 (Rn. 241), und *Burghartz* (FN 155), § 4 WHG Rn. 1; dafür sprechen auch die Gesetzesmaterialien, vgl. BT-Drs. II/3536, S. 9. Dagegen *Gieseke/Wiedemann/Czychowski* (FN 101), § 4 WHG Rn. 2; differenzierend zwischen aufschiebenden und auflösenden Bedingungen *Sieder/Zeitler/Dahme* (FN 113), § 4 WHG Rn. 12.

[217] So statt aller *Gieseke/Wiedemann/Czychowski* (FN 101), § 4 WHG Rn. 3.

[218] Vgl. insbes. *Gieseke/Wiedemann/Czychowski* (FN 101), § 4 WHG Rn. 29; anders OVG Münster, OVGE 22, 112; vermittelnd *Breuer* (FN 99), S. 166f. (Rn. 246).

Erlaubnis schon unter *gesetzlichem* „Widerrufsvorbehalt" steht. Sie ist in einem rechtsstaatlichen Verständnis zwar nicht „frei" (sondern nur aus an sich versagungslegitimierenden Gründen) widerruflich, ein schutzwürdiger Vertrauenstatbestand kann unter diesen Umständen aber grundsätzlich nicht entstehen.[219] Die Rücknahme einer *rechtswidrigen* Erlaubnis oder Bewilligung richtet sich nach der allgemeinen Regelung des § 48 VwVfG.

§ 12 WHG wurde erst 1986 durch die fünfte Novelle des Wasserhaushaltsgesetzes der allgemeinen verwaltungsrechtlichen Terminologie und Systematik angepaßt. Davor behandelte er unter der untechnischen Bezeichnung „Beschränkung und Rücknahme der Bewilligung" sowohl Widerrufs- als auch Rücknahmefälle.

a) Nachträgliche Anordnungen

Der für die Erlaubnis *und* Bewilligung geltende **Vorbehalt** des § 5 Abs. 1 S. 1 WHG bezieht sich darauf, daß nachträglich **121**

- zusätzliche Anforderungen an die Einleitung und Einbringung von Stoffen (Nr. 1),
- Maßnahmen nach §§ 4 Abs. 2 Nr. 2, 2a und 3, 21a Abs. 2 WHG (Nr. 1a),
- Maßnahmen der Gewässerüberwachung (Nr. 2) und
- Maßnahmen zur sparsamen Wasserverwendung (Nr. 3)

angeordnet werden können.

Im Falle der **Bewilligung** greift der Vorbehalt nur mit der Einschränkung, daß Maßnahmen nach den Nummern 2 und 3 **wirtschaftlich gerechtfertigt und mit der Benutzung vereinbar** sein müssen (§ 5 Abs. 1 S. 2 WHG). „Wirtschaftlich gerechtfertigt und mit der Benutzung vereinbar" sind die Maßnahmen dann, wenn ihre Kosten nicht außer Verhältnis zu dem abzuwendenden Nachteil stehen und nicht so hoch sind, daß die Rentabilität des Unternehmens überhaupt in Frage gestellt wird.[220] **122**

Der Maßstab „wirtschaftlich gerechtfertigt" war in der Sache weitgehend identisch mit dem der „wirtschaftlichen Vertretbarkeit" in § 17 Abs. 2 Nr. 1 BImSchG a. F.[221] Nachdem dort dieses Kriterium durch das der „Unverhältnismäßigkeit" ersetzt worden ist (s. § 7 Rn. 96ff.),[222] wäre es unter Harmonisierungsgesichtspunkten wünschenswert gewesen, wenn im Zuge der Novellierung des Wasserhaushaltsgesetzes eine Angleichung erfolgt wäre.

Beachtung verdient, daß die besonders wichtigen nachträglichen Anordnungen nach § 5 Abs. 1 S. 1 Nr. 1 und 1a WHG, also insbesondere Anforderungen bezüglich der **Abwassereinleitung** und eines Großteils der Auflagen, nicht der Vertretbarkeits- bzw. Vereinbarkeitsklausel unterliegen.

Allerdings umgrenzt auch hier kraft Verfassungsrechts das Verhältnismäßigkeitsprinzip den Entscheidungsspielraum der Exekutive.

Seit der Novellierung des Wasserhaushaltsgesetzes von 1976 gilt der Änderungsvorbehalt für alte Rechte und alte Befugnisse entsprechend, soweit nicht § 15 WHG weitergehende Einschränkungen zuläßt (§ 5 Abs. 2 WHG). Am weitesten reicht die Befugnis zu nachträglichen Anordnungen gegenüber Altrechten bei Abwassereinleitungen (§ 7a Abs. 2 WHG – s. o. Rn. 69ff.). **123**

---

[219] Vgl. *Gieseke/Wiedemann/Czychowski* (FN 101), § 7 WHG Rn. 28 m. w. N.
[220] Vgl. zuletzt *Breuer* (FN 99), S. 266f. (Rn. 421) m. w. N.
[221] Vgl. *Gieseke/Wiedemann/Czychowski* (FN 101), § 5 WHG Rn. 7.
[222] Zweites Gesetz zur Änderung des BImSchG v. 14. 10. 1985 (BGBl. I S. 1950).

b) Widerruf

124 Über die Anordnungsmöglichkeiten nach § 5 WHG hinaus kann der (volle oder teilweise) Widerruf der (rechtmäßigen) **Bewilligung** grundsätzlich nur zur Abwehr einer erheblichen Beeinträchtigung des Gemeinwohls und auch nur gegen Entschädigung erfolgen (§ 12 Abs. 1 WHG). Verlangt wird eine *erhebliche* Beeinträchtigung des Gemeinwohls, somit grundsätzlich mehr als bei der Versagung nach § 6 WHG (s. o. Rn. 90).

125 Die **Entschädigungspflicht** entfällt lediglich in den Fällen des § 12 Abs. 2 WHG, der Nichtausnutzung (Nr. 1), Zweckänderung (Nr. 2) und des Verstoßes gegen die Bewilligung (Nr. 3), d. h. bei Widerrufsgründen, die in der Sphäre der Betroffenen angesiedelt sind. Dabei kann es sich sowohl um eine Überdehnung der Benutzung als auch um die Nichterfüllung von Benutzungsbedingungen und Auflagen handeln. Diese erschöpfende Aufzählung ist den Widerrufsvorschriften des § 49 Abs. 2 VwVfG angeglichen. Der (auch in anderen Umweltgesetzen bekannte) Widerrufsgrund der Nichtausübung einer Benutzung entspricht dem Bewirtschaftungs- und Verteilungszweck des Wasserhaushaltsgesetzes und soll einem spekulativen Erwerb von Bewilligungen „auf Vorrat" entgegenwirken.[223] Eine weitere Besonderheit liegt darin, daß der entschädigungslose Widerruf der Bewilligung im Falle des § 12 Abs. 2 Nr. 3 WHG an eine formelle Voraussetzung, eine Art Abmahnung, geknüpft ist.

c) Nachträgliche Entscheidungen zugunsten Drittbetroffener

126 Eine Ausnahme von dem Grundsatz, daß nachträgliche Entscheidungen nur aus Gründen des Gemeinwohls gerechtfertigt werden (vgl. §§ 5, 12 WHG), sieht § 10 WHG in zwei Fällen vor: Soweit Einwendungen Drittbetroffener (s. o. Rn. 92f.) während des Bewilligungsverfahrens noch nicht beschieden werden konnten (§ 10 Abs. 1 WHG) oder nachteilige Wirkungen für den Drittbetroffenen nicht vorauszusehen waren (§ 10 Abs. 2 WHG), kann der Drittbetroffene **nachträgliche Auflagen im Drittinteresse** verlangen. Falls nachträgliche Auflagen nicht ausreichen, ist er zu entschädigen.

d) Ausgleichsverfahren

127 Ein spezielles, jedoch praktisch nur selten eingesetztes[224] **Korrektiv bestehender Rechte und Befugnisse** stellt das Ausgleichsverfahren nach § 18 WHG dar, das bei einem – im Hinblick auf konkurrierende Benutzungsansprüche – unzureichenden Wasserdargebot eingeleitet werden kann.

V. Anlagenrecht

128 Neben dem benutzungsrechtlichen System der Präventivkontrolle hat sich durch die vierte Novelle des Wasserhaushaltsgesetzes von 1976 und die fünfte Novelle des Wasserhaushaltsgesetzes von 1986 (zum Teil auch unter der Bezeichnung „Recht der wassergefährdenden Stoffe"[225]) ein System der **anlagenbezogenen Störfall- und Un-**

[223] *Gieseke/Wiedemann/Czychowski* (FN 101), § 12 WHG Rn. 6. Dem gleichen Zweck dienen z. B. auch die bauordnungsrechtlichen Bestimmungen über die Geltungsdauer der Baugenehmigung, vgl. etwa § 71 LBO Rh.-Pf.

[224] Vgl. *Salzwedel* (FN 1), S. 760.

[225] Vgl. die Gliederung der Landeswassergesetze, z. B. 3. Teil, Abschnitt II LWG NW und 3. Teil, 3. Abschnitt LWG Rh.-Pf.: „wassergefährdende Stoffe".

fallvorsorge herausgebildet. Dabei überlappt sich das Wasserrecht notwendigerweise mit dem Recht der gefährlichen Stoffe. Die Serie von Chemieunfällen, die im November 1986 mit dem Brand bei der Basler Firma „Sandoz" begann,[226] hat indes gezeigt, daß insbesondere das Störfallrecht in bezug auf das Wasser noch ergänzungsbedürftig ist.[227]

Das Wasserhaushaltsgesetz formuliert in den §§ 26 Abs. 2, 32b, 34 Abs. 2 allgemeine Sorgfaltsanforderungen an die **Lagerung** und den **Transport gefährlicher Stoffe.**[228] Hinzu treten die anlagenrechtlichen Vorschriften der §§ 19a–d WHG und ergänzende Landesvorschriften. Im übrigen ist der Transport (auch) wassergefährdender Güter Gegenstand des Gefahrgutbeförderungsrechts (s. u. § 13 Rn. 137ff., vgl. insbesondere das Gesetz über die Beförderung gefährlicher Güter vom 6. 8. 1975[229] und die darauf fußenden Gefahrgutverordnungen). 129

Das Wasserhaushaltsgesetz enthält in den (für alle Gewässerarten) gemeinsamen Vorschriften **Errichtungs- und Betriebsvorschriften** für Abwasseranlagen (§ 18b WHG), für Rohrleitungsanlagen zum Befördern wassergefährdender Stoffe (§§ 19a–f WHG), für Anlagen zum Lagern, Abfüllen, Herstellen und Behandeln wassergefährdender Stoffe sowie für Anlagen zum Verwenden wassergefährdender Stoffe im Bereich der gewerblichen Wirtschaft und im Bereich öffentlicher Einrichtungen (§§ 19g–k WHG). § 19l WHG enthält eine Regelung über **Fachbetriebe,** denen Einrichtung und Wartung von Anlagen i. S. des § 19g WHG vorbehalten ist. Neben diese bundesrechtlichen Vorschriften treten – ergänzend und um andere Genehmigungstatbestände erweitert – landesrechtliche Bestimmungen (z. B. § 43 Abs. 3 WG BW, § 47 LWG Rh.-Pf.: Bau und Betrieb von öffentlichen Wasserversorgungsanlagen). 130

1. Bau und Betrieb von Abwasseranlagen

Nach § 18b WHG müssen sich der Bau und der Betrieb von Abwasseranlagen nach den für die Abwassereinleitungen jeweils in Betracht kommenden **Regeln der Technik** richten (vgl. allgemein § 2 Rn. 45ff.). Die Benutzungsbedingungen und Auflagen für das Einleiten von Abwasser (§§ 4, 5 und 7a WHG) sind dabei zu berücksichtigen. Die Errichtung und der Betrieb von Abwasseranlagen sind mithin an dem auszurichten, was § 7a Abs. 1 WHG mit den hierzu ergangenen bzw. ergehenden Verwaltungsvorschriften als in Betracht kommende Regeln der Technik (s. o. Rn. 103) ausweist. 131

Die **Genehmigung** von Abwasseranlagen ist demgegenüber landesrechtlich geregelt (vgl. z. B. § 45e Abs. 1 S. 3 WG BW, § 58 LWG NW, § 54 LWG Rh.-Pf.). Dabei wird teilweise die Durchführung eines Planfeststellungsverfahrens vorgeschrieben (z. B. § 45e WG BW). Weitere Genehmigungserfordernisse bleiben hiervon unberührt. Nach den Landeswassergesetzen erübrigt die Anlagengenehmigung auch nicht die Einleiteerlaubnis nach § 7a WHG für die anschließende Abwassereinleitung. Al- 132

[226] Vgl. FN 5.
[227] Vgl. dazu jetzt die StörfallVO (12. BImSchV) i. d. F. der Bek. v. 19. 5. 1988 (BGBl. I S. 625).
[228] Dazu näher *Hartkopf/Bohne* (FN 3), S. 418.
[229] BGBl. I S. 2121, zuletzt geänd. durch Ges. v. 18. 9. 1980, BGBl. I S. 1729.

lein nach § 36c Abs. 1 S. 2 LWG SH ersetzt die Planfeststellung einer Anlage die Einleiteerlaubnis.[230] Die übrigen Landeswassergesetze treffen keine solche Regelung oder beschränken sich auf eine Koordination des behördlichen Verfahrens (vgl. § 45e Abs. 3 WG BW).

2. Bau und Betrieb von Rohrleitungsanlagen

133 Eine im Vergleich zu dem allgemein gehaltenen § 18b WHG recht ausführliche Rahmenregelung widmen die §§ 19a–f WHG Rohrleitungsanlagen zum Befördern wassergefährdender Stoffe.

134 Zu **wassergefährdenden Stoffen** gehören nach § 19a Abs. 2 WHG Rohöle, Benzine, Diesel-Kraftstoffe und Heizöle sowie sonstige (wassergefährdende) flüssige oder gasförmige Stoffe, die in der **Verordnung über wassergefährdende Stoffe bei der Beförderung in Rohrleitungsanlagen** vom 19. 12. 1973[231] (Kloepfer Nr. 205) enumerativ aufgeführt sind. Zu berücksichtigen ist auch der als Bekanntmachung des Bundesinnen- bzw. -umweltministeriums erlassene und fortgeschriebene **Katalog wassergefährdender Stoffe** vom 1. 3. 1985 (Kloepfer Nr. 202) bzw. 26. 4. 1987 (Kloepfer Nr. 202/1, s. o. Rn. 99, vgl. ferner u. Rn. 140).

Dagegen kommt ein Rückgriff auf die schwarze bzw. graue Liste der wassergefährdenden Schadstoffe in der Gewässerschutzrichtlinie der EG vom 4. 5. 1976[232] nicht in Betracht, wenngleich eine Harmonisierung der Schadstoffgruppen wünschenswert wäre.[233] Die Kategorie der wassergefährdenden Stoffe ist auch nicht deckungsgleich mit den gefährlichen Stoffen i. S. des § 7a Abs. 1 S. 3, 2. Hs. WHG (s. o. Rn. 99, vgl. ferner u. Rn. 140).

Ausgenommen von der Regelung der §§ 19a–f WHG sind **werksinterne Rohrleitungsanlagen** und Rohrleitungsanlagen als Zubehör von Lagereinrichtungen (§ 19a Abs. 1 S. 2 WHG), die jedoch den Bestimmungen der §§ 19g ff. WHG über Anlagen zum Umgang mit wassergefährdenden Stoffen unterfallen (so jetzt klarstellend § 19g Abs. 1 S. 2 WHG, vgl. Rn. 139).[234]

135 Die sog. **Pipeline-Genehmigung** ist im wesentlichen der Bewilligungsregelung nachgebildet (vgl. indes §§ 19b, c, f WHG). Dies gilt auch für die Einräumung eines **Versagungsermessens** bei der Anlagengenehmigung. Allerdings dürfte das Ermessensspektrum enger sein,[235] da hier gewässerschutzrechtliche Gesichtspunkte i. e. S. und nicht wasserwirtschaftliche Überlegungen im Vordergrund stehen.

136 Die **technischen Anforderungen** können durch **Rechtsverordnung** der Bundesregierung festgelegt werden (§ 19d Nr. 1 WHG). Diese Verordnungsermächtigung steht in gewissem Kontrast zu § 7a Abs. 1 WHG, der in bezug auf die Gewässerbenutzungen Verwaltungsvorschriften genügen läßt. Dafür entspricht sie jedoch § 24 Abs. 1 Nr. 3 GewO, der die Bundesregierung ermächtigt, Rechtsverordnungen zum

---

[230] *Henseler* (FN 140), S. 168f., hält diese Regelung für kompetenzlos ergangen, da § 14 WHG lediglich eine Zuständigkeitsverschränkung für die Erteilung landesrechtlicher Einleitungsgenehmigungen anordne und damit Planfeststellungen eine erlaubnisbezogene materielle Ersetzungswirkung abspreche.
[231] BGBl. I S. 1946, geänd. durch VO v. 5. 4. 1976, BGBl. I S. 915.
[232] s. FN 66.
[233] Vgl. *Salzwedel* (FN 94), S. 618.
[234] Vgl. zur Beseitigung dieser früheren Regelungslücke *Breuer* (FN 99), S. 331f. (Rn. 504).
[235] Vgl. *Salzwedel* (FN 1), S. 761f.; *Gieseke/Wiedemann/Czychowski* (FN 101), § 19b WHG Rn. 12. Gegen eine völlige Ausschaltung des Versagungsermessens spricht BT-Drs. IV/2364, S. 2.

Schutze der Beschäftigten und Dritter vor Gefahren durch Anlagen zu erlassen, die mit Rücksicht auf ihre Gefährlichkeit einer besonderen Überwachung bedürfen. Durch Rechtsverordnung können nach § 19d WHG weiterhin Anzeigepflichten bei nicht-genehmigungsbedürftigen Änderungen (Nr. 1a), Anlagenprüfungen (Nr. 2) sowie die Entrichtung von Prüfungsgebühren und Auslagen (Nr. 3) geregelt werden.

Beim **Zusammentreffen mehrerer Genehmigungserfordernisse** sieht § 19f WHG – ähnlich § 14 WHG für Planfeststellungen etc. – die Zuständigkeit der die gewerbe- oder bergrechtliche Erlaubnis erteilenden Behörde auch hinsichtlich der wasserrechtlichen Genehmigung vor. Zu beachten ist insbesondere das gewerberechtliche Erlaubniserfordernis nach der Verordnung über Anlagen zur Lagerung, Abfüllung und Beförderung brennbarer Flüssigkeiten zu Lande (VbF) vom 27. 2. 1980[236] (Kloepfer Nr. 862), z. B. bei einer Ölpipeline (dagegen gilt für Ferngasleitungen die Druckbehälterverordnung, s. § 13 Rn. 187). 137

Im Falle einer **Beschränkung oder Rücknahme der Anlagengenehmigung** gewährleistet § 19c WHG weitgehenden (finanziellen) Investitionsschutz. Eine Übergangsregelung für bestehende Anlagen enthält § 19e WHG. 138

3. Anlagen zum Umgang mit wassergefährdenden Stoffen

Die §§ 19g–l WHG enthalten **Rahmenvorschriften** für Errichtung, Betrieb und Überwachung von Anlagen zum Lagern, Abfüllen, Herstellen und Behandeln wassergefährdender Stoffe, von Anlagen zum Verwenden gefährlicher Stoffe im Bereich der gewerblichen Wirtschaft und im Bereich öffentlicher Einrichtungen (§ 19g Abs. 1 S. 1 WHG), von Rohrleitungsanlagen, die den Bereich eines Werksgeländes nicht überschreiten (§ 19g Abs. 1 S. 2 WHG) und – in eingeschränkter Form – von Anlagen zum Umschlagen wassergefährdender Stoffe sowie von Anlagen zum Lagern und Abfüllen von Jauche, Gülle und Silagesickersäften (§ 19g Abs. 2 WHG). Im Unterschied zu den Rohrleitungsanlagen nach § 19a WHG unterliegen diese Anlagen freilich keinem durchgehenden Genehmigungserfordernis. Es genügt vielmehr eine behördliche Eignungsfeststellung bzw. Bauartzulassung (§ 19h WHG, s. Rn. 149). Die Vorschriften bedürfen der Ausfüllung durch Landesrecht.[237] 139

Durch die fünfte Novelle zum Wasserhaushaltsgesetz von 1986 haben die Vorschriften der §§ 19g–l WHG eine starke Ausdehnung ihres Anwendungsbereiches erfahren. Nach altem Recht bezogen sie sich im wesentlichen nur auf das Lagern, Abfüllen und Umschlagen wassergefährdender Stoffe.

Nicht unter die Regelung der §§ 19g ff. WHG fallen hingegen Anlagen zum bloßen **Ablagern** wassergefährdender Stoffe, welches keiner späteren Verwendung, Wieder-

---

[236] BGBl. I S. 173, geänd. durch VO v. 3. 5. 1982, BGBl. I S. 569.

[237] Vgl. insbes. die hierzu ergangenen Rechtsverordnungen in Bayern – Verordnung über Anlagen zum Lagern, Abfüllen und Umschlagen wassergefährdender Stoffe und die Zulassung von Fachbetrieben (Anlagen- und Fachbetriebsverordnung – VAwSF) v. 13. 2. 1984 (GVBl. S. 66); Hessen – Anlagenverordnung (VAwS) v. 23. 3. 1982 (GVBl. S. 74, geänd. durch Ges. v. 28. 8. 1986, GVBl. S. 253); Niedersachsen – Anlagenverordnung v. 17. 4. 1985 (GVBl. S. 83); Nordrhein-Westfalen – Anlagenverordnung (VAwS) v. 31. 7. 1981 (GV NW S. 490); Rheinland-Pfalz – Anlagenverordnung (VAwS) v. 15. 11. 1983 (GVBl. S. 351). In anderen Ländern gelten vorerst die älteren Verordnungen über das Lagern wassergefährdender Flüssigkeiten fort, vgl. die Nachw. bei *Sieder/Zeitler/Dahme* (FN 113), § 19g WHG Rn. 85.

verwendung, Verwertung oder Beseitigung dient. Derartige Anlagen sind u. U. jedoch als Abfallentsorgungsanlagen zulassungsbedürftig (s. § 12 Rn. 118ff.).

140 Der Begriff der **wassergefährdenden Stoffe** ist hierbei nicht mit demjenigen des § 19a WHG identisch (s. o. Rn. 134), sondern wird in § 19g Abs. 5 WHG teilweise abweichend definiert.

Weitere Einzelheiten ergeben sich aus einem Einstufungsmerkblatt des Bundesumweltministeriums (Kloepfer Nr. 203).

141 Der **Anlagenbegriff** der § 19g WHG ist weit zu verstehen.[238] Er umfaßt nicht nur ortsfeste und bewegliche Einrichtungen sowie Grundstücke (vgl. auch § 3 Abs. 5 BImSchG, s. § 7 Rn. 38ff.), sondern auch Anlagenteile und technische Schutzvorkehrungen (§ 19h WHG). Die Anforderungen des § 19g WHG gelten daher beispielsweise für Lagerhallen, Container, Tanks, für über längere Zeit abgestellte Tankwagen, technische Schutzvorkehrungen usw.

142 **Lagern** ist Aufbewahren mit dem Ziel späterer Verwendung, Wiederverwendung, Verwertung oder Beseitigung (wogegen beim *Ab*lagern keine spätere Einwirkung auf den Stoff beabsichtigt ist). **Abfüllen** ist das Befüllen von Anlagen, die mit einem Transport nicht in Verbindung stehen, oder von Einrichtungen, Geräten und Fahrzeugen, in denen die Stoffe als Betriebsmittel dienen.[239] Unter **Herstellen** ist das Gewinnen, Erzeugen oder Produzieren von wassergefährdenden Stoffen zu verstehen, die später zu bestimmten Zwecken verwendet werden.[240] Problematisch ist die Unterscheidung zwischen Verwenden und Behandeln. Unter **Verwenden** fallen insbesondere das Ge- und Verbrauchen. Die Aufnahme des Begriffs **Behandeln** erfolgte dagegen als Auffangtatbestand, um nicht eindeutig zuordenbare Fälle dennoch zu erfassen.[241] Die Verwendung wassergefährdender Stoffe unterfällt allerdings nur insoweit § 19g WHG, als sie im Bereich der gewerblichen Wirtschaft und im Bereich öffentlicher Einrichtungen (etwa Tierkörperbeseitigungsanstalten, Forschungseinrichtungen an Universitäten)[242] anfallen.

143 Als materiellen Maßstab für die Beschaffenheit der hierdurch definierten Anlagen normiert § 19g Abs. 1 WHG den **„Besorgnisgrundsatz"**. Die dort aufgeführten Anlagen müssen so eingebaut, aufgestellt, unterhalten und betrieben werden, daß eine Verunreinigung der Gewässer oder eine sonstige nachteilige Veränderung ihrer Eigenschaften nicht zu besorgen ist. Dies ist aber bereits dann der Fall, wenn die Möglichkeit eines Schadenseintritts nach den gegebenen Umständen und im Rahmen einer auf sachlich vertretbaren Feststellungen beruhenden Prognose nicht von der Hand zu weisen ist.[243] Nicht erforderlich ist somit das Vorliegen einer Gefahr im Sinne des allgemeinen Polizeirechts (vgl. § 3 Rn. 9).[244]

---

[238] Hierzu *Gieseke/Wiedemann/Czychowski* (FN 101), § 19g WHG Rn. 2.
[239] *Gieseke/Wiedemann/Czychowski* (FN 101), § 19g WHG Rn. 4.
[240] *Kibele,* VBlBW 1986, 441ff., 443.
[241] *Kibele,* VBlBW 1986, 441ff., 443f.
[242] Beispiele aus der Stellungnahme des Bundesrates zum Regierungsentwurf, BT-Drs. 10/3973, S. 20.
[243] *Kibele,* VBlBW 1986, 441ff., 443.
[244] Zum Gefahrbegriff des Polizeirechts vgl. nur *Friauf,* in: v. Münch, Besonderes Verwaltungsrecht, 8. Aufl., 1988, S. 201ff., 221ff.; vgl. auch *Hansen-Dix,* Die Gefahr im Polizeirecht, im Ordnungsrecht und im Technischen Sicherheitsrecht, 1982.

Gleiches gilt nach § 19g Abs. 1 S. 2 WHG nunmehr auch für Rohrleitungsanlagen, die den Bereich eines Werksgeländes nicht überschreiten. **Werksinterne Rohrleitungssysteme,** die oftmals viele Kilometer lang sein können, bleiben danach zwar von der Genehmigungspflicht nach § 19a WHG ausgenommen (§ 19a Abs. 1 S. 2 WHG), unterliegen im übrigen aber sicherheitstechnischer Kontrolle. 144

Anlagen zum **Umschlagen** wassergefährdender Stoffe und Anlagen zum Lagern und Abfüllen von Jauche (Harn), Gülle (Flüssigmist) und Silagesickersäften müssen gemäß § 19g Abs. 2 WHG so beschaffen sein und so eingebaut, aufgestellt, unterhalten und betrieben werden, daß der bestmögliche Schutz der Gewässer vor Verunreinigung oder sonstiger nachteiliger Veränderung ihrer Eigenschaften erreicht wird. Unter „Umschlagen" werden dabei Vorgänge verstanden, bei denen Transport- und Beförderungseinrichtungen (z. B. Fahrzeuge, Schiffe, Pipelines) mit Stoffen beladen oder beschickt werden.[245] 145

Für die in § 19g Abs. 2 WHG genannten Anlagen gilt nicht der Besorgnisgrundsatz, sondern es werden **geringere Anforderungen** gestellt. Damit soll insbesondere die **Landwirtschaft** privilegiert werden. 146

Allerdings müssen auch die Anlagen zum Lagern und Abfüllen von Jauche, Gülle und Silagesickersäften den bestmöglichen Gewässerschutz gewährleisten. Die Sicherheitsanforderungen, die an sie zu stellen sind, entsprechen damit im Grunde weitgehend dem Besorgnisgrundsatz, doch sind im Interesse der Landwirtschaft Erleichterungen möglich.[246] Keinesfalls ist in der Ausnahme der landwirtschaftlichen Anlagen von dem Besorgnisgrundsatz[247] ein Freibrief zur Gewässerverunreinigung zu sehen. Auch handelt es sich in Anbetracht des hohen Anfalles dieser Stoffe in der modernen Intensivlandwirtschaft um kein geringes Umweltproblem.

Anlagen im Sinne des § 19g Abs. 1 und 2 WHG müssen mindestens entsprechend den **allgemein anerkannten Regeln der Technik** (vgl. § 2 Rn. 46) beschaffen sein sowie eingebaut, aufgestellt, unterhalten und betrieben werden (§ 19g Abs. 3 WHG). 147

§ 19g Abs. 6 WHG nimmt bestimmte Anlagen ganz oder teilweise von der Geltung der §§ 19g–l WHG aus. 148

Der **Ausnahmeregelung** liegen unterschiedliche *Motive* zugrunde: So erfolgt die Ausklammerung von Anlagen zum Lagern, Abfüllen und Umschlagen von Abwasser (§ 19g Abs. 6 S. 1 Nr. 1 WHG) mit Rücksicht auf bestehende Spezialvorschriften (vgl. §§ 7a, 18a, 18b WHG). Dagegen ging der Gesetzgeber bei nach dem Strahlenschutzrecht genehmigungsbedürftigen Anlagen (§ 19g Abs. 6 S. 1 Nr. 2 WHG) davon aus, daß die Anforderungen der Strahlenschutzverordnung an Lagerung, Handhabung und innerbetrieblichen Transport radioaktiver Stoffe streng genug seien und einer wasserrechtlichen Ergänzung daher nicht bedürften.[248] Auf Kritik stößt vor allem die als Agrarprivileg ausgestaltete Ausnahmeregelung des § 19g Abs. 6 S. 2 WHG für Anlagen zum Lagern und Abfüllen von Jauche, Gülle und Silagesickersäften.[249]

Seit der fünften Novellierung des Wasserhaushaltsgesetzes sind diese Anlagen allerdings nicht mehr – wie die Anlagen nach § 19g Abs. 6 S. 1 Nr. 1 und Nr. 2 WHG – den Anforderungen der §§ 19g bis 19l WHG im ganzen entzogen. Die Anforderungen des § 19g Abs. 2 und 3 WHG gelten auch für sie; keine Anwendung finden aber nach wie vor der strengere Besorgnisgrundsatz des § 19g Abs. 1 WHG sowie die wichtigen Bestimmungen der §§ 19h–l WHG.

---

[245] *Gieseke/Wiedemann/Czychowski* (FN 101), § 19g WHG Rn. 8.
[246] *Kibele,* VBlBW 1986, 441ff., 445.
[247] Vgl. dazu die eher dürftige Begründung in BT-Drs. 10/3973, S. 15.
[248] Vgl. *Gieseke/Wiedemann/Czychowski* (FN 101), § 19g WHG Rn. 18 m. w. N.
[249] Vgl. *Kibele,* VBlBW 1986, 441ff., 445.

149 § 19h WHG unterscheidet als (einzige) Genehmigungsformen **Eignungsfeststellung** und **Bauartzulassung,** die als „dingliche" Konzessionen zu bewerten sind (s. auch § 4 Rn. 40). Während die Eignungsfeststellung auf die (Feststellung der wasserrechtlichen Unbedenklichkeit der) einzelne(n) Anlage bzw. Anlagenteile zielt, kommt die Bauartzulassung als vorweggenommene quasi-abstrakte Unbedenklichkeitsbescheinigung für serienmäßig hergestellte Anlagen, Anlagenteile und Schutzvorkehrungen in Betracht (vgl. auch § 33 BImSchG).

150 **Ausgenommen** von der behördlichen Vorkontrolle sind einerseits Anlagen einfacher und herkömmlicher Art (§ 19h Abs. 1 S. 1 WHG), andererseits das vorübergehende Lagern zu Transportzwecken (§ 19h Abs. 2 Nr. 1 WHG) sowie unter engen und eng zu interpretierenden Voraussetzungen der Umgang mit wassergefährdenden Stoffen im Arbeitsgang (§ 19h Abs. 2 Nr. 2 WHG).[250] Die Freistellung der Transport- und Produktionsanlagen von der Genehmigungspflicht findet ihre Entsprechung in der Regelung des § 2 VbF. Dafür bestehen für Transportanlagen teilweise Zulassungserfordernisse nach Gefahrgutbeförderungsrecht (§§ 6, 7 GGVS, s. § 13 Rn. 137ff.).

151 Neben den materiellen Anforderungen nach §§ 19g ff. WHG sind je nach Sachlage immissionsschutzrechtliche, gewerberechtliche und baurechtliche Vorschriften zu beachten.[251] Hier sieht § 19h Abs. 1 S. 5 WHG eine **Konzentrationswirkung** der gewerberechtlichen Bauartzulassung bzw. des baurechtlichen Prüfzeichens vor. Die Konzentrationswirkung der immissionsschutzrechtlichen Genehmigung ergibt sich aus § 13 S. 1 BImSchG; doch wird dort die Eignungsfeststellung nach § 19h Abs. 1 S. 1 WHG (inzwischen) ausdrücklich ausgenommen.

152 An den Betrieb von Anlagen nach § 19g WHG knüpft § 19i WHG spezifische **Betreiberpflichten,** insbesondere Überwachungspflichten. Hervorgehoben wird die Möglichkeit, den Abschluß eines Überwachungsvertrages mit einem zugelassenen Fachbetrieb anzuordnen (§ 19i Abs. 2 S. 2 WHG). Daneben bestehen nach § 19k WHG besondere Pflichten beim Befüllen und Entleeren einer Anlage.

153 Im Interesse des Gewässerschutzes dürfen nach § 19l WHG Anlagen zum Umgang mit wassergefährdenden Stoffen nur von bestimmten **Fachbetrieben** eingebaut, aufgestellt, instandgehalten, instandgesetzt oder gereinigt werden, welche die in Absatz 2 der Vorschrift niedergelegten Kriterien (bezüglich Ausrüstung, Personal und Überwachung) erfüllen. Hierzu gehören auch Überwachungsbetriebe i. S. von § 19i WHG, nicht hingegen Hersteller und Importeure. Die genannten Arbeiten sind grundsätzlich von Fachbetrieben auszuführen, sofern keine der in § 19i Abs. 1 WHG genannten Ausnahmen eingreift.

VI. Wasserschutzgebiete

154 Der **Steigerung der Gewässerschutzanforderungen** in ausgewählten Gebieten dient die Festsetzung von Wasserschutzgebieten nach § 19 WHG. Dort können, **zu-**

---

250 Vgl. im einzelnen *Gieseke/Wiedemann/Czychowski* (FN 101), § 19h WHG Rn. 19ff.; *Praml,* DÖV 1982, 842ff., 844, sowie *Salzwedel* (FN 94), S. 616.

251 Vgl. dazu *Gieseke/Wiedemann/Czychowski* (FN 101), § 19g–l WHG Vorb. Rn. 6.

sätzlich zu den allgemeinen Bestimmungen der wasserrechtlichen Benutzungsordnung,[252]

- bestimmte Handlungen verboten oder für nur beschränkt zulässig erklärt werden und
- die Eigentümer und Nutzungsberechtigten von Grundstücken zur Duldung bestimmter Maßnahmen verpflichtet werden (§ 19 Abs. 2 WHG).

Die Festsetzung muß **erforderlich** sein, um 155

- Gewässer im Interesse der Wasserversorgung – auch der künftigen, wie es seit der vierten Änderungsnovelle zum Wasserhaushaltsgesetz verdeutlichend heißt – vor nachteiligen Einwirkungen zu schützen,
- das Grundwasser anzureichern oder
- das schädliche Abfließen von Niederschlagswasser sowie das Abschwemmen und den Eintrag von Bodenbestandteilen, Dünge- oder Pflanzenbehandlungsmitteln in Gewässer zu verhüten.

Die **Festsetzung** beinhaltet die räumliche Begrenzung des Schutzgebietes und die Formulierung bestimmter Schutzanordnungen (vgl. § 19 Abs. 2 WHG). 156

Die Wasserschutzgebiete werden regelmäßig nach **Schutzzonen** gestaffelt (vgl. z. B. Art. 35 Abs. 1 BayWG, § 14 Abs. 1 LWG NW, § 13 Abs. 1 LWG Rh.-Pf.); in Trinkwasserschutzgebieten unterscheidet man den Fassungsbereich sowie die engere und die weitere Schutzzone.[253]

Die Schutzgebietsfestsetzung muß (mindestens) im **Verordnungswege** erfolgen.[254] 157
Dies gilt nicht erst aufgrund von Landesrecht (vgl. nur § 110 Abs. 1 S. 1 WG BW, Art. 35 Abs. 1 S. 1 BayWG, § 48 Abs. 2 S. 1 NWG, § 14 Abs. 1 S. 1 LWG NW, §§ 13 Abs. 1 S. 1, 122 Abs. 1 S. 1 und 2 LWG Rh.-Pf., Ausnahme: §§ 27, 96 i. V. m. § 90 HmbWG), sondern kraft Bundesrechts. Zwar sagt § 19 WHG zur Rechtsform der Schutzgebietsfestsetzung nichts aus,

– § 19 Abs. 4 WHG a. F. hatte noch ein förmliches Verfahren verlangt. Nach dem Regierungsentwurf des fünften Änderungsgesetzes[255] sollte in § 19 Abs. 1 WHG bestimmt werden, daß Wasserschutzgebiete durch Rechtsverordnungen der Landesregierungen festgesetzt werden. Diese Regelung ist aber nicht Bestandteil des verabschiedeten Gesetzes geworden –

aus den im Wasserhaushaltsgesetz vorgesehenen komplexen Rechtswirkungen der Schutzgebietsfestsetzung ergibt sich aber, daß diese wirksam nur durch einen außenverbindlichen Rechtssatz (und nicht etwa durch Verwaltungsvorschrift, aber auch nicht durch Verwaltungsakt) erfolgen kann.[256] Die mit der Festsetzung in aller Regel verbundenen Schutzanordnungen wenden sich an einen unbestimmten Personenkreis und gelten für eine unbestimmte Vielzahl künftiger Nutzungsfälle. Es handelt sich somit um eine abstrakt-generelle Regelung, die nur normativ getroffen werden kann.

Die Schutzgebietsfestsetzung selbst kann daher unmittelbar – wenn überhaupt – nur im Wege 158
der **verwaltungsprozessualen Normenkontrolle** nach § 47 VwGO angegriffen werden.[257]

---

[252] Zur Anwendbarkeit der allgemeinen Gewässerschutzbestimmungen in Wasserschutzgebieten BVerwG, ZfW 1972, 109ff. (zu § 34 Abs. 2 WHG).

[253] Vgl. *Hartkopf/Bohne* (FN 3), S. 412.

[254] BVerwGE 29, 207 (209f.); ähnlich zuvor BVerwGE 18, 1 (3).

[255] BT-Drs. 10/3973, S. 4f., 13.

[256] s. FN 254. Vgl. i. ü. die Nachw. bei *Breuer* (FN 99), S. 382 (Rn. 578) unter zutreffendem Hinweis auf die abweichende Entscheidungstendenz in BVerwGE 70, 77 zu der insoweit bedingt vergleichbaren, aber hiernach als Verwaltungsakt zu treffenden Schutzbereichsanordnung nach § 2 des Gesetzes über die Beschränkung von Grundeigentum für die militärische Verteidigung.

[257] Soweit die Bundesländer diese auch gegenüber Rechtsverordnungen zulassen, wie gemäß § 5 AGVwGO

Hiervon unberührt bleibt die Zulässigkeit einer Inzidentkontrolle im Rahmen einer Anfechtungs- oder Verpflichtungsklage in Hinblick auf einen auf die Schutzgebietsfestsetzung gestützten Vollzugsakt.

159 Dabei hält die Rechtsprechung die Frage, ob die Festsetzung eines Wasserschutzgebietes den Voraussetzungen des § 19 Abs. 1 WHG entspricht, bislang mehrheitlich einer **vollen gerichtlichen Nachprüfung** für zugänglich.[258] Sie sieht in der Schutzgebietsfestsetzung – auch hinsichtlich der räumlichen Abgrenzung und der Einbeziehung einzelner Grundstücke in ein Wasserschutzgebiet – eine rechtlich gebundene und keine fachplanerische Entscheidung, die begriffsnotwendig von einem Planungsermessen der Wasserbehörde begleitet wäre (s. auch § 4 Rn. 9).[259] Ein planerischer – und von daher nur beschränkt justitiabler – Entscheidungsanteil sollte freilich wenigstens dort anerkannt werden, wo die Wasserbehörde im Interesse der künftigen Wasserversorgung unter mehreren Standortalternativen ein Schutzgebiet festsetzt.[260] Auch im übrigen dürfen aber die Kontrollmaßstäbe im Hinblick auf die komplexen Abwägungsvorgänge und das prognostische Element bei der Schutzgebietsausweisung nicht überspannt werden.[261]

160 Die Festsetzung von Wasserschutzgebieten steht nicht für sich allein: Sie wird nicht nur durch den Flächenschutz nach dem Bundesnaturschutzgesetz (s. § 10 Rn. 50ff.), sondern auch durch Maßnahmen der Raumordnung (vgl. § 2 Abs. 1 Nr. 7 ROG), der Bauleitplanung (vgl. insbesondere § 1 Abs. 5 Nr. 7 BauGB), der Flurbereinigung, der Bauordnung sowie des Gewerbe- und Immissionsschutzrechts **ergänzt.** Ausweisungen in Bebauungsplänen ersetzen jedoch nicht die Festsetzung eines Wasserschutzgebietes. Einschränkungen der gemeindlichen Planungshoheit durch die Festsetzung eines Wasserschutzgebietes können durch überörtliche Interessen gerechtfertigt sein.[262]

161 Soweit eine Schutzanordnung eine Enteignung darstellt, ist nach § 19 Abs. 3 WHG dafür **Entschädigung** (nach Maßgabe von § 20 WHG) zu leisten. Gegenüber der früheren eher entschädigungsfreundlichen Rechtsprechung des BGH[263] signalisiert die Naßauskiesungs-Entscheidung des BVerfG[264] zwar stärkere Zurückhaltung bei der Annahme von Enteignungstatbeständen, die Abgrenzungsprobleme zwischen entschädigungslos hinzunehmender Sozialbindung und entschädigungspflichtiger Enteignung bleiben aber auch hiernach erhalten.[265]

BW, Art. 5 BayAGVwGO, Art. 7 BremAGVwGO, § 11 HessAGVwGO, § 6a NdsAGVwGO, § 4 AGVwGO Rh.-Pf., § 5a AGVwGO SH.

[258] BVerwG, DVBl. 1984, 342f.; VGH Mannheim, ZfW 1972, 182ff., 183f.; a.A. zuvor BayVerfGH, BayVGH n.F. 30, 99 (105), und OVG Münster, ZfW 1984, 291ff.

[259] VGH Mannheim, DVBl. 1983, 638ff., 639.

[260] VGH Mannheim, DVBl. 1983, 638ff., 639.

[261] I.d.S. auch *Breuer* (FN 99), S. 395ff. (Rn. 601ff.).

[262] VGH Mannheim, DVBl. 1983, 638ff.; vgl. auch BVerfGE 56, 298 (zur Festsetzung eines Lärmschutzbereichs für einen Militärflugplatz). Ähnliche Konstellationen ergeben sich für die Gemeinden bei der Luftverkehrsplanung, vgl. § 7 Rn. 164.

[263] Vgl. nur BGHZ 60, 123; dagegen aber BGH, NJW 1982, 2488f., 2489.

[264] BVerfGE 58, 300 (344); vgl. zuvor schon BVerfGE 45, 63 (81).

[265] Vgl. hierzu u.a. *Breuer* (FN 99), S. 404f. (Rn. 616), und *Krohn,* DVBl. 1986, 745ff., sowie mit kritischer Tendenz gegenüber BVerfGE 58, 300 *Wendt,* Eigentum und Gesetzgebung, 1985, S. 211ff., jeweils m.w.N.

Die bloße **Einbeziehung eines Grundstücks** als solche in ein Schutzgebiet stellt jedenfalls noch keine entschädigungspflichtige Enteignung dar.[266] Auch begründen Schutzanordnungen, die lediglich Benutzungen nach § 3 Abs. 1 und 2 WHG untersagen, keine Entschädigungspflicht, da auf die Einräumung von Gewässerbenutzungen ohnehin kein Rechtsanspruch besteht (s. o. Rn. 89). Mit der Naßauskiesungs-Entscheidung des BVerfG hat allerdings der jahrelange Streit um die (früher vom BGH zugesprochene)[267] Entschädigung für verhinderte Auskiesungsvorhaben in Wasserschutzgebieten ein Ende gefunden.[268] Auch Begrenzungen der landwirtschaftlichen Nutzbarkeit werden wegen der Situationsgebundenheit des Grundeigentums (s. dazu § 2 Rn. 33) regelmäßig nicht als Enteignung anzusehen sein.[269] Dagegen stellen dauernde Bauverbote im Regelfall eine entschädigungspflichtige Enteignung dar, wenn das Grundstück zuvor bebaubar war (sog. Umklassifizierung).[270] In den Landeswassergesetzen wird die Entschädigungspflicht weitgehend auf die begünstigten Wasserversorgungsunternehmen abgewälzt (vgl. z. B. § 24 Abs. 3 S. 2 WG BW, § 15 Abs. 2 LWG NW, § 14 LWG Rh.-Pf.).[271] 162

Seit der fünften Novelle zum Wasserhaushaltsgesetz besteht daneben nach § 19 Abs. 4 WHG ein vom Enteignungstatbestand unabhängiger **Ausgleichsanspruch für land- und forstwirtschaftliche Nutzungsbeschränkungen:** Wird die ordnungsgemäße land- und forstwirtschaftliche Nutzung eines Grundstücks durch in Anordnungen nach § 19 Abs. 2 WHG festgesetzte erhöhte Anforderungen beschränkt, so ist hiernach ein angemessener Ausgleich auch dann zu leisten, wenn die Maßnahme keine enteignende Wirkung hat.[272] § 19 Abs. 4 WHG enthält allerdings keine abschließende Regelung, sondern schafft eine rahmenrechtliche Anspruchsgrundlage,[273] die durch Landesrecht auszufüllen ist (vgl. § 24 Abs. 4 WG BW, Art. 74 Abs. 6 BayWG; um eine bloße Härteklausel handelt es sich demgegenüber bei § 15 Abs. 3 LWG NW). Bemerkenswert ist die baden-württembergische Ausgleichsregelung, auch wegen ihrer faktischen Verknüpfung mit der Erhebung eines Entgelts für Wasserentnahmen (§§ 17a–f WG BW) als Finanzierungsbasis (sog. Wasserpfennig, s. § 4 Rn. 184). 163

Zweck der Vorschrift ist es, einen Nachteilsausgleich für die Belastungen zu schaffen, die auf die Landwirtschaft im Zusammenhang mit der notwendigen Beschränkung der Verwendung von Pflanzenschutz- und Düngemitteln zukommen.[274] Sie stellt eine Durchbrechung des Verursacherprinzips dar (s. o. § 3 Rn. 27ff.) und bildet möglicherweise einen problematischen Präzedenzfall für die Einforderung ähnlicher Regelungen im Naturschutz- und Bodenschutzrecht.[275] In dem Maße, in dem die 164

---

[266] So auch schon BGHZ 57, 278 (282). Für einen militärischen Schutzbereich BGHZ 60, 145 (146).

[267] Vgl. zuletzt noch BGHZ 60, 126 (130ff.).

[268] BVerfGE 58, 300 (344); speziell zur wasserrechtlichen Bedeutung der Entscheidung *Salzwedel,* ZfW 1983, 13ff.

[269] So bereits BGHZ 60, 145 (148ff.); anders OLG Düsseldorf, ZfW 1979, 188ff. Vgl. zur Problematik etwa *Ebersbach,* in: Götz (Hg.), Agrarrecht im Wandel – FS Büttner, 1986, S. 1ff.

[270] Vgl. BGH LM Nr. 71 zu Art. 14 GG. Vgl. i. ü. *Breuer* (FN 99), S. 407 (Rn. 619) m. w. N.

[271] Einschränkend *Salzwedel* (FN 94), S. 620 m. w. N., und *Seifert,* ZfW 1976, 347ff.

[272] Vgl. zu dieser Regelung, die auf eine Anregung des Bundesrates zurückgeht (vgl. BT-Drs. 10/3973, S. 19f.), näher *Nies,* NVwZ 1987, 189ff., und *Weyreuther,* UPR 1987, 41ff.

[273] BT-Drs. 10/5727, S. 33.

[274] BT-Drs. 10/5727, S. 35.

[275] Vgl. dazu auch *Knauber,* ZfW 1985, 92ff., 96ff.

Ausgleichspflicht die Bereitschaft der Länder zur Ausweisung von Wasserschutzgebieten mindern könnte, ist die Vorschrift auch gewässerschutzpolitisch problematisch. Soweit die hierfür erforderlichen Mittel – wie im Falle des baden-württembergischen **„Wasserpfennigs"**[276] – indirekt durch Abgaben der Wasserverbraucher aufzubringen sind (vgl. § 4 Rn. 184), ergeben sich darüber hinaus finanz(verfassungs)rechtliche Probleme.[277]

165 Ihre im Kern gleichwohl nicht ganz zu bestreitende **Berechtigung** dürfte die Regelung des Nachteilsausgleichs nach § 19 Abs. 4 WHG darin haben, daß die Schwelle zur entschädigungspflichtigen Enteignung angesichts der besonderen Schutzbedürftigkeit des Wassers als Bestandteil des Naturhaushalts und als Grundlage einer ungefährdeten Wasserversorgung zunehmend höher angelegt wird. Die in derartigen Fällen der Beschränkung riskanter Eigentumsnutzungen an sich überzeugend zu begründende Sozialpflichtigkeit des Eigentums (s. auch o. § 2 Rn. 31) droht den Eigentumsschutz im Effekt weitgehend zu relativieren.

166 Die Vorschrift ist daher gleichsam zwischen dem, was als Enteignung entschädigungspflichtig ist, und dem, was als Inhalts- und Schrankenbestimmung im Rahmen der Sozialbindung entschädigungslos hinzunehmen ist, angesiedelt.[278]

Einen systematischen Anknüpfungspunkt könnte das Institut der **„entschädigungspflichtigen Inhaltsbestimmung"** bieten, das das BVerfG in der sog. Pflichtexemplar-Entscheidung entwickelt hat.[279] Danach können es der Grundsatz der Verhältnismäßigkeit wie auch der im Rahmen des Art. 14 Abs. 1 S. 2 GG zu beachtende Gleichheitssatz v. a. unter Zumutbarkeitsgesichtspunkten gebieten, dem Betroffenen einen Anspruch auf Gewährung einer Geldleistung als Ausgleich für die gemäß Art. 14 Abs. 1 S. 2 GG hinzunehmende Belastung zur Verfügung zu stellen.[280]

Die Ausgleichsregelung geht indes auch über eine solche eher extensive Interpretation des verfassungsrechtlich gebotenen Maßes des Eigentumsschutzes noch hinaus und stellt letztlich einen **Billigkeitsausgleich** dar.

167 **Voraussetzung** für die Gewährung des Ausgleichsanspruchs gemäß § 19 Abs. 4 WHG ist, daß in Wasserschutzgebieten Anordnungen gemäß § 19 Abs. 2 WHG erlassen werden, welche die land- und forstwirtschaftliche Nutzung eines Grundstücks über das Maß der ordnungsgemäßen Nutzung hinaus einschränken. Der in § 19 Abs. 4 WHG gebrauchte, seine Ähnlichkeit mit § 1 Abs. 3 BNatSchG (s. § 10 Rn. 9f.) nicht verleugnende unbestimmte Rechtsbegriff der **ordnungsgemäßen land- oder forstwirtschaftlichen Nutzung** wird im Schrifttum definiert als die unter den gegebenen ökologischen und ökonomischen Rahmenbedingungen nach dem jeweiligen Stand der wissenschaftlichen Erkenntnisse erforderliche sachgerechte Anwendung von Betriebsmitteln, insbesondere von Pflanzenschutz- und Düngemit-

---

[276] §§ 17a–f, 82b, 119 WG BW; vgl. auch § 4 Rn. 184 mit FN 282.

[277] Vgl. hierzu speziell neben den bislang unveröffentlichten Rechtsgutachten von *P. Kirchhof, Mußgnug* und *Salzwedel* einerseits *Pietzcker,* DVBl. 1987, 774ff., andererseits *Hendler,* NuR 1989, 22ff., und *F. Kirchhof,* NVwZ 1987, 1031ff., die diese Bedenken jedoch nicht teilen, sowie allgemein *Meßerschmidt,* Jb. des Umwelt- und Technikrechts 1987 (UTR 3), 1987, S. 83ff.

[278] I. d. S. zu der ähnlichen Regelung des § 15 Abs. 3 LWG NW *Honert/Rüttgers,* Landeswassergesetz Nordrhein-Westfalen, 1981, S. 40.

[279] BVerfGE 58, 137 (147ff.). Vgl. hierzu auch *Knauber,* NVwZ 1984, 753ff., 756.

[280] BVerfGE 58, 137 (148).

teln.[281] Die Einhaltung der gesetzlichen Bestimmungen wird dabei vorausgesetzt. Es sollen zugleich die Bodenfruchtbarkeit gesichert und Umweltbeeinträchtigungen auf ein Mindestmaß beschränkt werden.[282] Von der Interpretation dieser Klausel wird in der Praxis abhängen, ob die Ausgleichsregelung auf Ausnahmefälle *unzumutbarer* Nutzungsbeschränkungen begrenzt bleibt (wie im Gesetzgebungsverfahren hervorgehoben wurde)[283] oder ob sie sich zu einem Instrument verdeckter Agrarsubventionen entwickelt.

Die Ausgleichsregelung gilt gemäß § 19 Abs. 4 S. 2 WHG auch **rückwirkend** für 168
Nutzungsbeschränkungen, welche auf Anordnungen beruhen, die vor Inkrafttreten der Gesetzesnovelle (1. 1. 1987) ergangen sind, jedenfalls soweit die Nachteile nach Inkrafttreten des Gesetzes entstehen.[284] Wegen des Sachzusammenhangs mit der Enteignungsentschädigung nach § 19 Abs. 3 WHG ist der Rechtsweg zu den ordentlichen Gerichten eröffnet (§ 19 Abs. 4 S. 3 WHG).[285]

VII. Repressive Maßnahmen

Gegen **ungenehmigte Benutzungen** oder bei sonstigen **Verstößen** gegen gewäs- 169
serschutzrechtliche Belange, wie etwa bei Verletzungen der Verbotsnormen der §§ 26, 32b oder 34 Abs. 2 WHG, können die Wasserbehörden mit ordnungsrechtlichen Mitteln vorgehen. Nach den Landeswassergesetzen haben sie die Stellung von Polizei- und Ordnungsbehörden, besitzen also im Rahmen ihrer Aufgaben polizeiliche Befugnisse (vgl. etwa § 138 LWG NW, § 108 Abs. 1 LWG Rh.-Pf.) und können nötigenfalls auch Zwangsmittel einsetzen. Die Einzelheiten ergeben sich aus den Landeswassergesetzen und den Polizeigesetzen der Länder.[286]

Neben den grundsätzlich **alleinzuständigen** speziellen **Wasserbehörden** (s. Rn. 186) kommt den allgemeinen Ordnungsbehörden bei der Gefahrenabwehr im wasserwirtschaftlichen Bereich nur mehr eine subsidiäre Zuständigkeit für unaufschiebbare Maßnahmen im Eilfall zu (vgl. § 108 Abs. 2 S. 2 LWG Rh.-Pf.).[287]

VIII. Wasserwirtschaftliche Planung

Faktisch wenig entwickelt ist die in den §§ 36ff. WHG geregelte wasserwirtschaft- 170
liche Planung, auch wenn ihr nach der **Bewirtschaftungskonzeption** des Wasserhaushaltsgesetzes (vgl. § 1a Abs. 1 WHG) an sich eine besondere Bedeutung zukommen müßte. In der Gesetzesbegründung zu § 36 WHG heißt es denn auch: „Die Verknappung des Wasserdargebotes im Verhältnis zum Wasserbedarf verbietet es für die Zukunft, insbesondere für Gebiete mit größerem Wasserbedarf, den Wasserbedarf planlos sich entwickeln zu lassen“.[288]

[281] Vgl. *Nies,* NVwZ 1987, 189ff., 191 m. w. N.
[282] BT-Drs. 10/5727, S. 37.
[283] BT-Drs. 10/5727, S. 33.
[284] Vgl. auch BT-Drs. 10/5727, S. 37f.
[285] Vgl. auch BT-Drs. 10/5727, S. 35.
[286] Zur Übersicht vgl. *Salzwedel,* RdWWi. 13 (1964), 35ff., und *Breuer* (FN 99), S. 350ff. (Rn. 537ff.). Zum Einschreiten bei einem Unglücksfall BVerwG, ZfW 1974, 296ff., 299ff.
[287] Vgl. *Breuer* (FN 99), S. 356 (Rn. 546) m. w. N. Vgl. auch VGH Mannheim, ESVGH 15, 229; 17, 191, 192; ZfW 1972, 234ff.
[288] BT-Drs. II/2072, S. 36 (Gesetzesbegründung).

171 Das Wasserhaushaltsgesetz sieht zu diesem Zweck vier **Planungstypen** vor:

- Wasserwirtschaftliche Rahmenpläne (§ 36 WHG),
- Bewirtschaftungspläne (§ 36b WHG),
- Abwasserbeseitigungspläne (§ 18a Abs. 3 WHG),
- Reinhalteordnungen (§ 27 WHG).

Ergänzt werden die Regelungen durch eine plansichernde Veränderungssperre (§ 36a WHG) sowie durch eine rechtsverbindliche wasserwirtschaftliche Dokumentation, das bereits aus einigen älteren Landesgesetzen bekannte[289] sog. Wasserbuch (§ 37 WHG).

172 Die wasserwirtschaftliche Planung ist **Länderaufgabe,** aber auch Länderpflicht. Das Wasserhaushaltsgesetz bringt dies durch das als Sollvorschrift formulierte Planungsgebot des § 36 Abs. 1 WHG und die noch strikter formulierten §§ 18a Abs. 3 und 36b WHG zum Ausdruck. Umstritten ist allerdings das Ausmaß der **Planungspflicht** insbesondere bei Bewirtschaftungsplänen.[290] Rechtswirksame Bewirtschaftungspläne lagen jedenfalls bis 1986 noch nicht vor.[291]

1. Rahmenplanung

173 Die wasserwirtschaftlichen Rahmenpläne (§ 36 WHG), die für Flußgebiete, Wirtschaftsräume oder für Teile von solchen aufgestellt werden sollen, haben bislang nur relativ geringe Bedeutung gewonnen. Lediglich für ca. 20% der Fläche des Bundesgebietes lagen 1984 wasserwirtschaftliche Rahmenpläne vor.[292] Sie dienen in erster Linie der Dokumentation der wasserwirtschaftlichen Gegebenheiten und Handlungsmöglichkeiten, enthalten aber keinen konkreten Maßnahmenkatalog.[293] Ihrer **Rechtsnatur** nach handelt es sich lediglich um interne Verwaltungsanweisungen,[294] denen das Gesetz keine außenverbindlichen Rechtswirkungen beilegt. Wasserwirtschaftliche Rahmenplanung und Raumordnung (s. § 10 Rn. 3ff.) sind aufeinander abzustimmen (§ 36 Abs. 2 S. 2 WHG, vgl. etwa auch § 20 Abs. 2 LWG NW, § 23 Abs. 2 LWG Rh.-Pf.).

2. Bewirtschaftungsplanung

174 Die Unzulänglichkeiten der Rahmenplanung sollten mit dem 1976 neu eingeführten Instrument der Bewirtschaftungspläne (§ 36b WHG) überwunden werden. Von den Rahmenplänen unterscheiden sie sich vor allem durch ihre räumliche Begrenzung, insbesondere auf gefährdete oberirdische Gewässer und Gewässerteile (§ 36b Abs. 2 WHG), sowie durch ihren ausgeprägten, wenn auch zunächst ebenfalls nur verwaltungsinternen **Steuerungscharakter.**[295]

---

[289] Vgl. *Gieseke/Wiedemann/Czychowski* (FN 101), § 37 WHG Rn. 1.

[290] Dazu *Salzwedel* (FN 94), S. 581 m. w. N.

[291] BT-Drs. 10/5727, S. 42.

[292] *Umweltbundesamt* (Hg.), Daten zur Umwelt 1984, 1984, S. 177.

[293] Vgl. *Schilling,* Wasserwirtschaftliche und verwaltungsmäßige Grundlagen für die Aufstellung von Bewirtschaftungsplänen, in: Umweltbundesamt (Hg.), Pilotprojekt Bewirtschaftungsplan Leine, Bd. 3, 1982, S. 1ff.

[294] So bereits BT-Drs. II/2072, S. 35, und die ganz h. M.; vgl. nur *Breuer* (FN 99), S. 254f. (Rn. 399); *Roth,* in: Wüsthoff/Kumpf, Hb. des Deutschen Wasserrechts, 1958ff., C 10f., § 36 WHG Rn. 2; *Sieder/Zeitler/Dahme* (FN 113), § 36 WHG Rn. 5, 6, wobei sogar die Schwäche der Bindungswirkung betont wird; vgl. *Gieseke/Wiedemann/Czychowski* (FN 101), § 36 WHG Rn. 3a.

[295] Vgl. *Breuer,* RdWWi. 20 (1977), 81ff., 89, sowie zuletzt *dens.* (FN 99), S. 255ff. (Rn. 401ff.).

Gemäß § 36b Abs. 3 WHG sind in ihnen festzulegen

- die Nutzungen, denen das Gewässer dienen soll,
- die Merkmale, die es in seinem Verlauf aufweisen soll (Gewässergütestandard) sowie
- die erforderlichen wasserwirtschaftlichen Maßnahmen einschließlich Fristen.

Mit Hilfe der Bewirtschaftungspläne kann der regelmäßig am Emissionsprinzip ausgerichtete Gewässerschutz durch gewässerspezifisch differenzierte **Immissionsvorgaben** ergänzt werden. Bei der Aufstellung der Bewirtschaftungspläne ist dem Schutz der Gewässer als Bestandteil des Naturhaushaltes, der Schonung der Grundwasservorräte und den Nutzungserfordernissen Rechnung zu tragen (§ 36b Abs. 1 S. 1, 2. Hs. WHG). Ebenso wie die Rahmenpläne (§ 36 Abs. 1 S. 2 WHG) unterliegen die Bewirtschaftungspläne einer fortlaufenden Anpassungspflicht in zeitlicher Hinsicht (§ 36b Abs. 4 WHG). 175

Wie viele andere Fachplanungen besitzt der Bewirtschaftungsplan nur **verwaltungsinterne Wirkungen.** Er bindet zunächst die Wasserbehörde selbst, kann aber durch eine landesgesetzliche Verbindlicherklärung auch auf andere Landesbehörden und die Gemeinden erstreckt werden (§ 36b Abs. 5 S. 2 WHG; vgl. etwa auch Art. 71b Abs. 2 BayWG, § 21 Abs. 4 LWG NW, § 24 Abs. 3 LWG Rh.-Pf.). Er stellt daher – wie schon der Rahmenplan – weder einen Verwaltungsakt noch eine Rechtsnorm, sondern eine **Verwaltungsvorschrift** dar.[296] 176

Die **Durchsetzung gegenüber Dritten** erfolgt mit zusätzlichen Mitteln des Wasserhaushaltsgesetzes. Als Instrumente, die dabei gegenüber ausgeübten Nutzungen zu Gebote stehen, nennt § 36b Abs. 5 WHG beispielhaft 177

- zusätzliche Anforderungen nach § 5 WHG,
- den Widerruf von Erlaubnissen nach § 7 Abs. 1 WHG,
- den Widerruf von Bewilligungen nach § 12 WHG,
- die Beschränkung oder Aufhebung alter Rechte bzw. alter Befugnisse gemäß § 15 WHG,
- Ausgleichsverfahren nach § 18 WHG sowie
- den Erlaß von Reinhalteordnungen gemäß § 27 WHG (s. u. Rn. 180).

Während die Behörden bei Fachplanungen allgemein nur dazu ermächtigt sind, die erforderlichen Entscheidungen zu treffen, besteht nach § 36b Abs. 5 WHG darüber hinaus eine Pflicht zum Erlaß plandurchsetzender Maßnahmen.[297] Bei zukünftigen Vorhaben ist den Festlegungen des Bewirtschaftungsplanes im Rahmen von Erlaubnis- und Bewilligungsentscheidungen Rechnung zu tragen. Bereits dargestellt wurde die Problematik des § 36b Abs. 6 WHG (s. o. Rn. 114).

3. *Abwasserbeseitigungsplanung*

Nach § 18a Abs. 3 WHG sind von den Ländern spezielle Pläne zur Abwasserbeseitigung nach überörtlichen Gesichtspunkten aufzustellen.[298] Hierin sind zwingend festzulegen 178

[296] *Breuer* (FN 99), S. 258f. (Rn. 406) m. w. N.

[297] BT-Drs. 7/888, S. 21; 7/1088, S. 17; vgl. auch *Gieseke/Wiedemann/Czychowski* (FN 101), § 36d WHG Rn. 32.

[298] Zum hierbei bestehenden Planungsermessen *Gieseke/Wiedemann/Czychowski* (FN 101), § 18a WHG Rn. 35.

– die Standorte bedeutsamer Abwasserbehandlungsanlagen,
– deren Einzugsbereich,
– Grundsätze der Abwasserbehandlung sowie
– die Trägerschaft.

Weitere Festlegungen sind möglich. Im Unterschied zu den anderen Fachplanungen können Abwasserbeseitigungspläne, die zunächst ebenfalls nur verwaltungsinterne Wirkungen auslösen, durch Verbindlicherklärung unmittelbare Rechtswirksamkeit gegenüber Dritten erlangen. Die Verbindlicherklärung erfolgt in den Ländern durch Rechtsverordnung (vgl. z. B. § 45d Abs. 1 S. 4 WG BW, Art. 41d Abs. 4 S. 2 BayWG, § 60 Abs. 3 LWG Rh.-Pf.), soweit den Abwasserbeseitigungsplänen nicht ausnahmsweise ex lege Verbindlichkeit beigelegt wird (vgl. § 56 Abs. 6 LWG NW).

4. Reinhalteordnungen

179 Reinhalteordnungen nach § 27 WHG enthalten im Unterschied zu Bewirtschaftungsplänen, mit denen sie sich im Gegenstandsbereich überschneiden können, **für jedermann verbindliche Gebote und Verbote** zum Schutz oberirdischer Gewässer vor Verunreinigung (s. dazu schon o. Rn. 112). Entsprechende hierzu erforderliche Rechtsverordnungen sind bislang allerdings nicht erlassen worden. Eine Sonderregelung mit Rücksicht auf bestehende Rechte und Befugnisse enthält § 27 Abs. 2 WHG.

IX. Gewässerunterhaltung und -ausbau

180 Die Vorschriften über die Unterhaltung (§§ 28–30 WHG) und den Ausbau von Gewässern (§ 31 WHG) tragen den unterschiedlichen Gewässerfunktionen (s. o. Rn. 1ff.) Rechnung. Im Vordergrund stehen dabei jedoch weniger gewässerschützende als vielmehr wasserwirtschaftliche und wasserwegerechtliche Gesichtspunkte. Gemäß der Legaldefinition in § 28 Abs. 1 S. 1 WHG umfaßt die **Unterhaltung** eines Gewässers primär die Erhaltung eines ordnungsmäßigen Zustandes für den Wasserabfluß und an schiffbaren Gewässern auch die Erhaltung der Schiffbarkeit. Die eigentliche Gewässerreinhaltung hingegen ist ursprünglich nicht Aufgabe der Gewässerunterhaltung, sondern der oben behandelten Gewässerbewirtschaftung (s. o. Rn. 39ff.). Gesichtspunkte des Umwelt- und Gewässerschutzes treten lediglich begrenzend und ergänzend hinzu: So verpflichtet § 28 Abs. 1 S. 2 WHG die Träger der Unterhaltungslast (§ 29 WHG) dazu, bei der Unterhaltung den Belangen des Naturhaushalts Rechnung zu tragen sowie Bild und Erholungswert der Gewässerlandschaft zu berücksichtigen. Gemäß § 28 Abs. 1 S. 3 WHG können darüber hinaus die Länder bestimmen, daß es zur Unterhaltung gehört, das Gewässer und seine Ufer auch in *anderer* wasserwirtschaftlicher Hinsicht in ordnungsmäßigem Zustand zu erhalten. Dies gilt ausdrücklich auch für Maßnahmen zur Verbesserung und Erhaltung des Selbstreinigungsvermögens der Gewässer, doch sollen hierdurch Gewässerschutzpflichten Dritter nicht verdrängt werden (§ 28 Abs. 1 S. 4 WHG). Die Landeswassergesetze nennen als zusätzliche Unterhaltungspflichten regelmäßig Räumung und Reinigung von Gewässerbett und Ufer sowie Schutz und Gestaltung der Ufer, aber auch die Erhaltung und Förderung der biologischen Wirksamkeit der Gewässer und die Entfernung von festen (Abfall-)Stoffen aus dem Gewässer und von seinen Ufern (vgl. § 64 LWG Rh.-Pf.).

Wem die Unterhaltungslast obliegt, ergibt sich aus § 29 WHG und den konkretisierenden Bestimmungen der Landeswassergesetze (in erster Linie Gebietskörperschaften, Wasser- und Bodenverbände, gemeindliche Zweckverbände, Gewässereigentümer). Duldungs- und Bewirtschaftungspflichten der Gewässeranlieger und Hinterlieger im Interesse der Gewässerunterhaltung regelt § 30 WHG.

Als **Ausbau** definiert § 31 Abs. 1 S. 1 WHG die Herstellung, Beseitigung oder wesentliche Umgestaltung eines Gewässers oder seiner Ufer. Deich- und Dammbauten sind dem gleichgestellt (§ 31 Abs. 1 S. 2 WHG). Im Unterschied zu der ohne weiteres zulässigen Gewässerunterhaltung bedarf der eingriffsintensivere Gewässerausbau im Regelfall der vorherigen Durchführung eines Planfeststellungsverfahrens (§ 31 Abs. 1 S. 1 WHG, vgl. dazu allgemein § 4 Rn. 76ff.), zumindest aber einer Genehmigung (§ 31 Abs. 1 S. 3 WHG). Deshalb kommt der Abgrenzung von Unterhaltung und Ausbau großes Gewicht zu, wobei insbesondere das Merkmal der *wesentlichen* Umgestaltung zu konkretisieren ist, da ein gewisses Umgestaltungsmoment auch vielen Unterhaltungsmaßnahmen anhaftet. Einer weiteren Abgrenzung bedarf es gegenüber erlaubnispflichtigen Benutzungen i. S. von § 3 Abs. 1 und 2 WHG. Auch wenn § 3 Abs. 3 WHG (s. o. Rn. 57) Ausbauten grundsätzlich und Unterhaltungsmaßnahmen weitgehend aus dem Benutzungstatbestand ausnimmt, ist in Einzelfällen streitig (z. B. beim Kiesabbau, s. o. Rn. 57), ob es sich um eine planfeststellungspflichtige Ausbaumaßnahme oder um eine genehmigungspflichtige Gewässerbenutzung handelt.[298a] Inzwischen hat sich wohl die Auffassung durchgesetzt, daß Kiesabbau oder eine sonstige Entnahme von Bodenbestandteilen, sofern ein Baggersee auf Dauer bestehen bleibt, keine bloße Gewässerbenutzung, sondern einen planfeststellungspflichtigen Gewässerausbau darstellt.[298b]

Hinsichtlich der Zulassungsfähigkeit von Gewässerausbauten verlangt das Gesetz nicht nur allgemein eine Abwägung zwischen öffentlichen und privaten Belangen (§ 31 Abs. 2 WHG), sondern stellt inzwischen ausdrücklich auch auf einige Umweltbelange ab. Gemäß § 31 Abs. 1a WHG sind beim Ausbau in Linienführung und Bauweise nach Möglichkeit Bild und Erholungseignung der Gewässerlandschaft sowie die Erhaltung und Verbesserung des Selbstreinigungsvermögens des Gewässers zu beachten. Das Gewicht dieser eher vorsichtig formulierten Umweltverträglichkeitsklausel dürfte dadurch verstärkt werden, daß viele Ausbaumaßnahmen sich aus heutiger Sicht auch als wasserwirtschaftlich problematisch erweisen (z. B. zunehmende Hochwasserhäufigkeit infolge der Fließgeschwindigkeit ausgebauter und begradigter Gewässerläufe). Im übrigen differenziert die Rechtsprechung stark zwischen gemeinnützigem und privatnützigem Ausbau.[298c]

X. Gewässerüberwachung

Die gesetzliche Regelung der Gewässerüberwachung im Wasserhaushaltsgesetz, ergänzt durch die Landeswassergesetze, entspricht in ihren Grundzügen den Überwachungsregelungen anderer Umweltgesetze: Bei der grundlegenden Unterscheidung von behördlicher Überwachung und Eigenüberwachung liegt der Schwerpunkt der 181

[298a] Vgl. *Ketteler/Kippels,* Umweltrecht, 1988, S. 131 m. w. N.
[298b] BVerwGE 55, 220 (222ff.); vgl. auch *Salzwedel* (FN 1), S. 766.
[298c] BVerwGE 55, 220 (226ff.).

gesetzlichen Bestimmungen einerseits in der Regelung der staatlichen Befugnisse und der korrespondierenden Duldungs- und Mitwirkungspflichten (§ 21 WHG), andererseits bei den Vorschriften über Bestellung und Rechtsstellung des Gewässerschutzbeauftragten (§§ 21a–g WHG).

1. Staatliche Überwachung

182 Die staatliche Überwachung erstreckt sich nach der weiten Gegenstandsbezeichnung des § 21 Abs. 1 S. 1 WHG auf Anlagen, Einrichtungen und Vorgänge, die für die Gewässerbenutzung von Bedeutung sind. Die Überwachungsregelung gilt gemäß § 21 Abs. 2 WHG sinngemäß gegenüber Anlagen i. S. der §§ 19a und 19g WHG (s. o. Rn. 139ff.) sowie gegenüber Fachbetrieben i. S. des § 191 WHG (s. o. Rn. 153). Die Überwachung ist in den Landeswassergesetzen im einzelnen unterschiedlich geregelt, entspricht aber in den Grundzügen den Überwachungsregelungen anderer Umweltgesetze (s. o. § 4 Rn. 113ff., 135ff.).

2. Eigenüberwachung

183 Eine Eigenüberwachung ist speziell den Betreibern von Abwasseranlagen aufgegeben (vgl. etwa § 45c WG BW, § 61 LWG NW, § 57 LWG Rh.-Pf.). Sie kann sowohl von den Einleitern selbst als auch durch Dritte durchgeführt werden, die hierfür von der oberen Wasserbehörde zuzulassen sind (vgl. z. B. § 57 Abs. 1 LWG Rh.-Pf.). Die oberste Wasserbehörde kann durch Rechtsverordnung nähere Bestimmungen treffen über

- die vorzunehmenden Untersuchungen (Ermittlung der Abwassermenge, Bestimmung der maßgeblichen Merkmale [Parameter]),
- die anzuwendenden Untersuchungsmethoden (z. B. Häufigkeit, Dauer, Art und Umfang der Probenahmen),
- die Übermittlung der Untersuchungsergebnisse und Aufzeichnungen an die zuständige Wasserbehörde (vgl. § 57 Abs. 2 LWG Rh.-Pf.).

Die einschlägigen Untersuchungsergebnisse sind über einen Zeitraum von drei Jahren aufzubewahren.

184 Abwassereinleiter mit einem genehmigten Einleitevolumen von über 750 Kubikmetern täglich benötigen nach § 21a WHG einen Betriebsbeauftragten für Gewässerschutz (**Gewässerschutzbeauftragter,** s. zu den Umweltschutzbeauftragten allgemein § 4 Rn. 128ff.). Daneben können Maßnahmen der Selbstüberwachung – einschließlich der Bestellung eines Betriebsbeauftragten – allen Gewässerbenutzern im Wege einer Auflage nach § 4 Abs. 2 Nr. 2 WHG zur Pflicht gemacht werden (s. o. Rn. 119). Im Anwendungsbereich des Abwasserabgabengesetzes liegt die Selbstüberwachung im Eigeninteresse der Einleiter.

185 Grundsätzlich klärungsbedürftig scheint das **Verhältnis von Eigen- und (staatlicher) Fremdüberwachung** (vgl. auch § 3 Rn. 46 und § 4 Rn. 127). Dient die Eigenüberwachung nur der Selbstkontrolle der Benutzer oder zugleich als Grundlage für die staatliche Überwachung? Umstritten ist insbesondere, inwieweit die Wasserbehörden Ergebnisse der Eigenüberwachung heranziehen dürfen.[299] In einigen Landes-

---

[299] Vgl. *Meßerschmidt,* Umweltabgaben als Rechtsproblem, 1986, S. 297ff. m. w. N.

wassergesetzen ist allerdings ausdrücklich eine Vorlagepflicht gegenüber der Behörde vorgesehen (vgl. nur etwa § 45c Abs. 3 Nr. 3 HWG, § 60 Abs. 4 LWG NW, § 57 Abs. 1 S. 3 LWG Rh.-Pf.). Die Frage spielt auch bei der Erhebung der Abwasserabgabe eine Rolle (s. u. Rn. 225ff.). Wie das BVerwG inzwischen entschieden hat, können Messungen im Rahmen der Eigenüberwachung jedenfalls nicht als Ergebnis behördlicher Überwachung i. S. von § 6 Abs. 1 AbwAG verwertet werden.[299a] Die Effizienz der Eigenüberwachung ist in der Folge der Serie der Chemie-Unfälle am Rhein Ende 1986 in das Blickfeld der öffentlichen Diskussion geraten. Maßnahmen zur Verstärkung und Effektuierung der staatlichen Überwachung sind daher künftig ebenso zu erwarten wie gesetzgeberische Maßnahmen zur Verbesserung der Eigenüberwachung.[300]

XI. Zuständigkeitsfragen

Die Gewässerüberwachung ist Aufgabe der dreistufig gegliederten **Wasserbehörden** (vgl. z. B. § 90 HWG, § 136 LWG NW, § 105 LWG Rh.-Pf.). Oberste Wasserbehörde ist in den meisten Bundesländern das Umweltministerium, in Bayern das Innenministerium, in Hamburg der Senator für das Bauwesen.[301] Daneben bestehen als wasserwirtschaftliche Fachbehörden Landesämter für Wasserwirtschaft und Wasserwirtschaftsämter (vgl. z. B. § 109 LWG Rh.-Pf.). Die sachlichen und instanziellen Zuständigkeiten sind in den einzelnen Bundesländern unterschiedlich geregelt.[302] So sehen beispielsweise die Landeswassergesetze von Hessen (§§ 17, 18, 90 HWG), Niedersachsen (§§ 18, 115 NWG) und Schleswig-Holstein (§ 80 LWG SH) getrennte Zuständigkeiten für die Erlaubnis und die Bewilligung vor, während es andere Bundesländer bei der Regelzuständigkeit der unteren Wasserbehörde belassen (vgl. nur § 106 Abs. 1 LWG Rh.-Pf.). Eine **Notzuständigkeit** liegt bei den **allgemeinen Ordnungsbehörden** (vgl. § 108 Abs. 2 S. 1 LWG Rh.-Pf., s. auch o. Rn. 169). Für die örtliche Zuständigkeit ist der Ort der Gewässerbenutzung maßgebend (vgl. etwa nur § 107 Abs. 1 LWG Rh.-Pf.). 186

Um *Benutzer,* nicht um den Behörden gleichgestellte Stellen handelt es sich – jedenfalls rechtlich – bei den **Wasserverbänden,** die aufgrund des Wasserverbandgesetzes, der Wasserverbandverordnung und einiger Sondergesetze (vgl. die nordrhein-westfälische Gesetzgebung, s. o. Rn. 15) errichtet wurden, auch wenn sie einen der Wasserwirtschaftsverwaltung vergleichbaren Bewirtschaftungsauftrag erfüllen.[303] 187

Das Wasserverbandsrecht verdient u. a. deshalb umweltrechtliches Interesse, weil das System der Zwangsverbände die Möglichkeit eines weitgehend **optimalen Mitteleinsatzes** bei Umweltschutzinvestitionen schafft. So ist es in Grenzen möglich, bei Kleineinleitern auf Reinigungsmaßnahmen zu verzichten und sie statt dessen an den Kosten für ökologisch und wirtschaftlich effektivere Reinigungsmaßnahmen bei Großeinleitern zu beteiligen.[304] 188

299a BVerwG, DVBl. 1988, 1157ff., 1159.

300 Vgl. die Angaben in FN 53 und 227.

301 Näheres bei *Dittmann,* Artikel „Organisation der Umweltverwaltung", in: Kimminich/v. Lersner/Storm (Hg.), Handwörterbuch des Umweltrechts (HdUR), Bd. II, 1988, Sp. 115ff., 124ff.

302 Vgl. *Gieseke/Wiedemann/Czychowski* (FN 101), § 6 WHG Rn. 11.

303 Vgl. dazu auch *Salzwedel* (FN 94), S. 610f.

304 Vgl. *E. Rehbinder* (FN 92), S. 245. Zu Rechtsproblemen der wasserverbandlichen Eigenfinanzierung *Rapsch,* DÖV 1987, 793ff.

XII. Haftung

189 Das Wasserhaushaltsgesetz statuiert in § 22 WHG als bislang einziges Umweltgesetz außer dem Atomgesetz eine über das allgemeine Deliktsrecht hinausgehende verschuldensunabhängige **Gefährdungshaftung** (s. auch § 4 Rn. 292ff.) für nachteilige Änderungen der Gewässerbeschaffenheit (in physikalischer, chemischer und biologischer Hinsicht) von Gewässern jeder Art (s. o. Rn. 32ff.).[304a]

1. Haftungsbegründung

190 Dabei beschreibt § 22 Abs. 1 WHG den Tatbestand der **Verhaltenshaftung** (Einbringen und Einleiten von Stoffen sowie sonstige Einwirkungen), Absatz 2 eine weitergehende **Anlagenhaftung,** die dann eingreift, wenn die schädigenden Stoffe auf andere Weise denn durch (zielgerichtetes) Einbringen oder Einleiten in ein Gewässer gelangt sind. Dies kann auch mittelbar geschehen,[305] solange der Betrieb der Anlage adäquat kausal für den Gewässerschaden ist.[306] Namentlich im Falle einer Grundwasserverseuchung brauchen die schädlichen Stoffe nicht unmittelbar in das Grundwasser eingeleitet worden zu sein; es reicht vielmehr aus, wenn sie z. B. einem anderen Gewässer zugeführt werden und als adäquate Folge dieses Vorganges von dort in das Grundwasser gelangen. Eine Haftung ist ausgeschlossen bei Verursachung durch höhere Gewalt (§ 22 Abs. 2 S. 2 WHG).

191 Die Verhaltenshaftung wird vor einem unübersehbaren Ausufern vor allem dadurch bewahrt, daß die haftungsauslösenden Verhaltensweisen des Einbringens oder Einleitens von Stoffen wie auch des sonstigen Einwirkens überwiegend final im Sinne einer **zweckbestimmten, gewässerbezogenen Zuführung von Stoffen** interpretiert werden.[307] Die bloße Schadensverursachung allein genügt nicht.

Die Haftung des Eigentümers eines Tanklastwagens, aus dem Benzin in das Grundwasser unfallbedingt gelangt, ergibt sich daher nicht aus § 22 Abs. 1 WHG, sondern aus dem (insoweit weiter gefaßten) § 22 Abs. 2 WHG (Anlagenhaftung).

192 Auch hiernach verbleiben jedoch erhebliche Abgrenzungsprobleme, die in letzter Zeit vor allem bei der Beurteilung der **Grundwasserverunreinigung durch landwirtschaftliche Maßnahmen der Pflanzen- und Bodenbehandlung** akut geworden sind (s. auch § 13 Rn. 98ff. und § 14 Rn. 26ff.).[308] Eine generelle Haftungsfreiheit auch für den nicht ordnungsgemäßen Einsatz von Dünge- oder Pflanzenbehandlungsmitteln dürfte sich nicht mehr mit fehlender Finalität der Gewässerverunreinigung begründen lassen, wenn der Landwirt mit einer Gewässerverunreinigung rechnen mußte.[309] Da in diesem Fall sogar eine Verschuldenshaftung eingreifen würde, wäre es verfehlt, die im Ansatz weitergehende Gefährdungshaftung über das unge-

---

[304a] Für das Grundwasser wurde dies in BGH, DVBl. 1988, 486ff., 486f., ausdrücklich klargestellt.
[305] BGHZ 62, 351 (353); BGH, DVBl. 1988, 486ff., 488.
[306] BGH, DVBl. 1988, 486ff., 488. Zu den haftungsrechtlichen Fragen infolge der „Sandoz"-Katastrophe s. *Rest,* VersR 1987, 6ff.
[307] Vgl. *Breuer* (FN 99), S. 524 (Rn. 784) m. w. N. Der BGH läßt demgegenüber offen, ob auch ein Verhalten genügt, das nur nach seiner objektiven Eignung auf ein Hineingelangen gerichtet ist, vgl. BGHZ 57, 170 (173); 65, 221 (223); BGH, DVBl. 1988, 486ff., 487.
[308] Hierzu ausführlicher *Breuer* (FN 99), S. 525ff. (Rn. 786) m. w. N.
[309] Ähnlich *Salzwedel,* NuR 1983, 41ff., 49f.

schriebene Merkmal der Finalität hinter die Verschuldenshaftung zurückzuführen. Wegen der – durch die Solidarhaftung (s. u. Rn. 194 und § 4 Rn. 325) des § 22 Abs. 1 S. 2 WHG nur zum Teil gemilderten – Schwierigkeiten des Kausalitätsnachweises (s. auch § 3 Rn. 35 und § 4 Rn. 317ff.) dürfte allerdings auch eine weniger restriktiv interpretierte Gefährdungshaftung in sehr vielen Fällen scheitern.

Zweifelhaft ist die Verhaltenshaftung von **Indirekteinleitern** (s. o. Rn. 55). Dagegen scheint grundsätzlich zu sprechen, daß die Kanalisation, in die in diesem Fall eingeleitet wird, kein Gewässer i. S. von §§ 1 und 22 WHG darstellt (s. o. Rn. 32ff.). Die Rechtsprechung macht jedoch auch Indirekteinleiter ausnahmsweise haftbar, wenn die Beschaffenheit des dem Gewässer zugeführten Kanalisationswassers durch das Abwasser eines Kanalisationsbenutzers geprägt oder entscheidend bestimmt wird.[310] Daneben ist der Kanalisationsbetreiber in jedem Fall haftungsrechtlich verantwortlich.[311] 193

Gegebenenfalls haften Gemeinde und Indirekteinleiter gemäß § 22 Abs. 1 S. 2 WHG als Gesamtschuldner. Damit wird dem Geschädigten der bei summierten Emissionen mehrerer Schädiger schwierige Kausalitätsnachweis erleichtert und die Quantifizierung der einzelnen Kausalbeiträge dem in Anspruch genommenen Schädiger aufgelastet, der versuchen muß, von den übrigen Verursachern einen Ausgleich zu erlangen.[312] Ob diese **erweiterte Solidarhaftung** gegenüber der allgemeinen deliktsrechtlichen Regelung der §§ 823ff. BGB (vgl. § 4 Rn. 314ff.) ein rechtspolitisches Vorbild abgibt, ist indes umstritten.[313]

Schadensersatzberechtigt sind die geschädigten Gewässereigentümer, Grundeigentümer (z. B. wenn bei einer Grundwasserverunreinigung das verseuchte Erdreich entfernt werden muß) sowie auch betroffene rechtmäßige Gewässerbenutzer i. S. von § 3 WHG, also z. B. Wasserversorgungsunternehmen oder Fischereiberechtigte.

§ 22 WHG nennt als Haftungsvoraussetzung nicht ausdrücklich die **Rechtswidrigkeit** der schädigenden Einwirkungen, setzt sie aber nach h. M. implizit voraus,[314] zumal die haftungsbegründenden Tatbestände im Regelfall einen Verstoß gegen die wasserrechtliche Nutzungsordnung darstellen dürften. Jedoch ist zwischen den verschiedenen Zulassungsarten zu differenzieren: Wie sich aus § 11 Abs. 1 S. 1 WHG ergibt, schließt die Bewilligung als Einleitungsrecht Schadensersatzansprüche aus. § 22 Abs. 3 WHG gibt hierfür dem Drittgeschädigten einen Entschädigungsanspruch gegenüber der Bewilligungsbehörde. Demgegenüber fehlt der Erlaubnis gemäß § 7 WHG grundsätzlich die privatrechtsgestaltende Wirkung (s. o. Rn. 76). Folglich vermag die Erlaubniskonformität einer schädigenden Gewässerbenutzung auch nicht die Haftung nach § 22 WHG auszuschließen.[315] In einzelnen Landeswassergesetzen wird die haftungsrechtliche Neutralität der Erlaubnis überdies ausdrücklich formuliert (vgl. Art. 16 Abs. 3 BayWG). 194

[310] BGH, NJW 1981, 2416f.; ähnlich, enger jedoch zuvor BGHZ 62, 351 (353f.).
[311] BGH, NJW 1981, 2416f.; vgl. auch OLG Stuttgart, ZfW 1980, 318ff.
[312] BGHZ 57, 257 (261).
[313] Vgl. *Köndgen,* UPR 1983, 345ff., 354 m. w. N.
[314] Vgl. nur *Breuer* (FN 99), S. 522 (Rn. 781); *Gieseke/Wiedemann/Czychowski* (FN 101), § 22 WHG Rn. 24; *Salzwedel* (FN 1), S. 666f.
[315] Inzwischen wohl h. M., vgl. BGHZ 55, 180 (185f.); 88, 34 (40f.), und *Breuer,* NVwZ 1988, 992ff., 993.

195 **Anspruchsberechtigte** sind die Geschädigten. § 22 WHG spricht lediglich von dem „einem anderen entstehenden Schaden“, setzt also nicht voraus, daß der Geschädigte zugleich Eigentümer des in seiner Beschaffenheit nachteilig veränderten Gewässers ist. Es ist vielmehr anerkannt, daß auch Gewässerbenutzern i. S. des § 3 WHG (s. o. Rn. 52ff.) und Fischereiberechtigten nach § 22 WHG Ersatzansprüche zustehen können.[315a] Daher kann etwa einer Haftung für Grundwasserverunreinigungen nicht die entindividualisierende öffentlich-rechtliche Benutzungsordnung, der das Grundwasser untersteht (s. o. Rn. 28), entgegengehalten werden.

2. Haftungsumfang

196 Der Umfang des Schadensersatzes ist im Unterschied zu anderen Gefährdungshaftungen (vgl. §§ 11, 12 HaftpflichtG, § 12 StVG, § 37 LuftVG, bedingt: § 31 AtG) **nicht summenmäßig begrenzt.** Es finden die allgemeinen zivilrechtlichen §§ 249–254 BGB Anwendung. Die Ersatzpflicht erfaßt auch den entgangenen Gewinn.

197 Fraglich war lange Zeit, ob neben Sanierungskosten auch sog. (vorbeugende) **Rettungskosten** geltend gemacht werden können, z. B. wenn bei einem Tanklastwagenunfall Öl in das Erdreich dringt und das verseuchte Erdreich abgetragen wird, bevor ein Grundwasserschaden eintritt. Gegen die Geltendmachung der hierdurch entstehenden Kosten als Schaden nach § 22 WHG scheint zweierlei zu sprechen: Zum ersten handelt es sich um keinen Gewässer-, sondern vorerst nur um einen – nach dem Wasserhaushaltsgesetz grundsätzlich nicht ersatzfähigen – Bodenschaden. Zum zweiten fallen nach allgemeiner zivilrechtlicher Lehre unter die Schadensersatzpflicht nur Aufwendungen zur Beseitigung, Minderung oder Eindämmung eines eingetretenen Schadens, nicht jedoch Aufwendungen zur Verhütung eines Schadens. Stattdessen wird auf den Ersatzanspruch nach § 683 BGB verwiesen (Geschäftsführung ohne Auftrag). Insofern käme es immer darauf an, ob bereits ein Grundwasserschaden eingetreten ist. Demgegenüber hat der BGH nach anfänglichem Zögern im Rahmen der Haftung nach § 22 WHG auch Rettungskosten zuerkannt, wenn anderenfalls die wassergefährdenden Stoffe in das Gewässer gelangt wären.[316] Er hat damit dem sinnvoll verstandenen Gesetzeszweck Vorrang vor einer einseitigen Wortlautauslegung eingeräumt.

Grundsätzlich ersatzfähig sind auch die Kosten der **Untersuchung von Wasserproben,** die von einem der öffentlichen Trinkwasserversorgung dienenden Wasserwerk im Hinblick auf eine vorangegangene Gewässerverunreinigung vorgenommen werden.[316a] Der Schadensersatzanspruch beschränkt sich jedoch auf Sachlagen, in denen die Wasserwerke im Zeitpunkt der Entnahme der Wasserproben von den zuständigen Fachbehörden der Gewässeraufsicht bzw. den Gesundheitsämtern noch keine verläßliche Auskunft darüber erhalten konnten, ob das Trinkwasser gefährdet war.

[315a] Vgl. BGH, DVBl. 1988, 486ff., 487 m. w. N.

[316] BGHZ 80, 1 (6f.); *Gieseke/Wiedemann/Czychowski* (FN 101), § 22 WHG Rn. 30f. Vgl. zur früheren teilweise abweichenden Rechtsauffassung *Breuer* (FN 99), S. 540 (Rn. 803) m. w. N., und BGH, NJW 1966, 1360ff.

[316a] BGH, DVBl. 1988, 486ff., 488ff. Hierzu *Breuer,* NVwZ 1988, 992ff.

XIII. Rechtsschutzfragen

198 Die ökologischen und ressourcenökonomischen Probleme des Gewässerschutzes stellen sich auf der Ebene des **wasserrechtlichen Nachbarrechts**[317] vor allem als Konflikt konkurrierender Nutzungsansprüche dar. Einer Individualisierung der Nutzungsprobleme kommt dabei insbesondere das im Wasserrecht praktizierte Lizenzsystem entgegen: „Verschmutzungsrechten" des einen stehen Entnahmerechte, Fischereirechte usw., aber auch Einleitungsbefugnisse anderer gegenüber. Ein Interessenkonflikt zwischen Verschmutzern entsteht freilich erst, wenn neben dem Emissionsprinzip über entsprechende Bewirtschaftungspläne das Immissionsprinzip verwirklicht würde (s. o. Rn. 41).

Dabei wird das allgemeine Problem der ökologischen Verteilungsgerechtigkeit als wesentliche Aufgabe des künftigen Umweltrechts im Sinne eines Bewirtschaftungsrechts bewußt.

199 Eine **Klagebefugnis** gegen eine Einleitungsgenehmigung hat nur, wer in eigenen Rechten betroffen ist. Auch insoweit ist – entgegen der ursprünglichen Anlage des Wasserhaushaltsgesetzes – nicht mehr grundsätzlich zwischen Bewilligungs- und Erlaubnisinhabern zu unterscheiden (s. o. Rn. 73ff.).

Der nach § 11 Abs. 1 WHG nur für die Bewilligung vorgesehene Ausschluß privatrechtlicher Abwehr- und Unterlassungsansprüche rechtfertigt es nach Auffassung des BVerwG nicht, die Anfechtbarkeit einer wasserrechtlichen Gestattung auf diese Form zu beschränken.[318] Das in § 4 Abs. 1 S. 2 i. V. m. § 18 und § 1a Abs. 1 WHG für Erlaubnis und Bewilligung gleichermaßen verankerte Gebot, auf Belange anderer Rücksicht zu nehmen, vermittelt vielmehr Drittschutz im einen wie im anderen Fall, wenn und soweit Belange eines Dritten in einer qualifizierten und individualisierten Weise betroffen sind. Als wichtigste Beispiele nennt das BVerwG Eingriffe in die bestehende Verteilung des Wassers durch eine neue Gestattung (hiervon sind die übrigen rechtmäßigen Benutzer in aller Regel qualifiziert und individualisiert betroffen) sowie Auswirkungen auf die Wassergewinnung: Klagebefugt ist in diesem Fall der Träger der örtlichen Wasserversorgung. Gegenüber der früheren Rechtsprechung hat das BVerwG damit erstmals eine übergreifende, letztlich auf das Gebot der Rücksichtnahme[319] zurückgehende Entscheidungsregel formuliert.

Als **nachbarschützende Norm** wurde von der früheren Rechtsprechung lediglich die Auflagenregelung des § 4 Abs. 1 S.2 WHG anerkannt,[320] nicht dagegen beispielsweise §§ 6,[321] 7a,[322] 18a, 18b, 19g, 26 Abs. 2, 32b S. 1, 34 Abs. 2[323] WHG.

Auch Art. 2 Abs. 1 EinbrG hat grundsätzlich keine drittschützende Wirkung. Das BVerwG[324] hat jedoch eine Klagebefugnis ausnahmsweise anerkannt, wenn eine Einbringungserlaubnis unter Verstoß gegen Art. 2 Abs. 2 EinbrG mit der Folge erteilt wird, daß ein Berufsfi-

---

317 Dazu allgemein *Salzwedel* (FN 1), S. 748ff.

318 Hierzu und zum folgenden BVerwGE 78, 40 (43ff.).

319 BVerwGE 78, 40 (43f.) im Anschluß an BVerwGE 52, 122.

320 OVG Münster, ZfW 1975, 117ff., 124; vgl. auch BayVGH, ZfW 1981, 32ff., 35; anders jetzt OVG Münster, ZfW-Sonderheft 1986, Nr. 41; dazu *Breuer* (FN 99), S. 284 (Rn. 447) m. w. N.

321 Vgl. *Sieder/Zeitler/Dahme* (FN 113), § 6 WHG Rn. 4c.

322 Vgl. *Gieseke/Wiedemann/Czychowski* (FN 101), § 7a WHG Rn. 23.

323 Vgl. *Gieseke/Wiedemann/Czychowski* (FN 101), § 18a WHG Rn. 11, § 18b WHG Rn. 1, § 19g WHG Rn. 19.

324 BVerwG, DÖV 1983, 342f.

scher hierdurch von seinen traditionellen Fanggründen abgeschnitten wird und dies zu einer Existenzgefährdung oder Vernichtung seines eingerichteten und ausgeübten Gewerbebetriebes führen kann (hierzu näher o. § 5 Rn. 21).

F. Abwasserabgabengesetz

Schrifttum: *Abwassertechnische Vereinigung e. V.*, Instrumente zur Handhabung des Abwasserabgabengesetzes, 1985; *ATV-Arbeitsausschuß 4.1,* Hinweise zur Abwälzung der Abwasserabgabe auf Kanalbenutzer und Kleineinleiter, Kor. Abw. 1980, 559ff.; *Baumgärtner/Sautter,* Grundlagen für die Erhebung der Abwasserabgabe in Baden-Württemberg, BWVPr. 1981, 254ff.; *Berendes,* System und Grundprobleme des Abwasserabgabengesetzes, DÖV 1981, 747ff.; *ders./Winters,* Das neue Abwasserabgabengesetz, 1981; *Bickel/Rincke/Schäfer,* Hessisches Abwasserabgabenrecht (Kommentar), 1983; *Blankart,* Umweltschutzorientierte Sonderabgaben und ihre Alternativen. A. Der Wasserpfennig aus ökonomischer Sicht, in: K. Schmidt (Hg.), Öffentliche Finanzen und Umweltpolitik I, 1988, 51ff.; *Brandt,* Abwasserabgabengesetz und Indirekteinleiter, UPR 1983, 84ff.; *ders.,* Erfahrungen mit der Abwasserabgabe – Eine Zwischenbilanz, WiVerw. 1983, 174ff.; *ders.,* Rechtsnatur und verfassungsrechtliche Verankerung der Abwasserabgabe, UPR 1984, 10ff.; *Brockhoff/Salzwedel,* Korrekte Maßstabsbildung für Entwässerungsgebühren, 1978; *Brossmann,* Der Wasserpfennig, NuR 1988, 121ff.; *Dahme,* Abwasserabgabengesetz (Textausgabe mit Einf. und Erl.), 1976; *ders.,* Das Abwasserabgabengesetz und die Mindestanforderungen nach § 7a WHG, ATV-Berichte 31 (1979), 7ff.; *ders.,* Hauptprobleme der Festsetzung der Abwasserabgabe nach dem Abwasserabgabengesetz des Bundes und den Ausführungsgesetzen der Länder, ZfW 1980, 278ff.; *ders.,* Wasserrechtliche Zulassung und Abwasserabgabe, ATV-Berichte 32 (1980), 41ff.; *Dohle,* Die Rechtsprechung des Verwaltungsgerichtshofes Baden-Württemberg zu den Kanal-, Klär- und Wasserversorgungsbeiträgen, VBlBW 1980, 10ff., 46ff.; *Doose,* Zusammenhänge zwischen wasserrechtlichem Vollzug und Erhebung der Abwasserabgabe, ZfW 1980, 336ff.; *ders.,* Abwälzung der Abwasserabgabe auf Kanalbenutzer und Kleineinleiter, Kor. Abw. 1981, 10f.; *Duda,* Abwasserabgabe in Hessen (Kommentar), 1982; *Engelhardt,* Zusammenhänge zwischen wasserrechtlichem Vollzug und Erhebung der Abwasserabgabe, ZfW 1980, 336ff.; *Ewringmann,* Wirtschaftliche Auswirkungen der Abwasserabgabe – theoretische und praktische Überlegungen, in: Institut für Umweltschutz der Universität Dortmund (Hg.), Umweltschutz der achtziger Jahre, 1981, S. 111ff.; *ders./Hansmeyer/Hoffmann/Kibat,* Auswirkungen des Abwasserabgabengesetzes auf industrielle Indirekteinleiter, 1981; *ders./Kibat/Schafhausen,* Die Abwasserabgabe als Investitionsanreiz, 1981; *Faber/Niemes,* Das Abwasserabgabengesetz: richtungsweisend für die Umweltpolitik, Umwelt (VDI) 1982, 38f.; *Friege,* Das Abwasserabgabengesetz – erweitern, konkretisieren, vereinfachen, ZfU 1984, 207ff.; *Gässler,* Die Bescheide als Grundlage der Abwasserabgabe, ATV-Berichte 31 (1979), 409ff.; *Hansmeyer,* Vorauswirkungen der Abwasserabgabe, 1978; *Henseler,* Die zweite Novelle zum Abwasserabgabengesetz – Analyse und Kritik, NVwZ 1987, 551ff.; *v. Holleben,* Wegweiser zur Abwasserabgabe, 1981; *Honert,* Erhebung und Verwendung von Abwasserabgaben in ausländischen Staaten, 1973; *ders.,* Abwasserabgaben, Diss. jur. Bonn 1974; *ders.,* Probleme des Abwasserabgabengesetzes, 1982; *ders./ Rüttgers,* ABC der Abwasserabgabe, 2. Aufl., 1983; *Hulsch,* Abwasserabgabe in Niedersachsen, 1982; *Keune,* Hauptprobleme der Festsetzung der Abwasserabgabe nach dem Abwasserabgabengesetz des Bundes und den Ausführungsgesetzen der Länder, ZfW 1980, 278ff.; *P. Kirchhof,* Verfassungsrechtliche Beurteilung der Abwasserabgabe des Bundes, 1983; *Kloepfer,* Umweltschutz durch Abgaben, DÖV 1975, 593ff.; *ders.,* Zur aufschiebenden Wirkung von Rechtsbehelfen gegen Abwasserabgabenbescheide, JZ 1983, 742ff.; *ders.,* Vorbelastung und Vorabzug im Abwasserabgabengesetz, UPR 1983, 313ff.; *ders.,* Gesetzeslähmung durch fehlende exekutive Vorschriften im Abwasserabgabenrecht?, NuR 1984, 258ff.; *ders.,* Zur Zulässigkeit der Bescheidlösung im Abwasserabgabengesetz, in: Festschrift zum 125jährigen Bestehen der Juristischen Gesellschaft zu Berlin, 1984, S. 315ff.; *v. Lersner,* Die Abwasserabgabe als Mittel zur Verbesserung des Gewässerschutzes, IWL-Forum 1973 – I/II, S. 1ff.; *Malle,* Ist die Abwasserabgabe noch zeitgemäß?, wlb 1983, 6ff.; *Maas,* Einfluß des Abwasserabgabengesetzes auf Emissionen und Innovationen, ZfU 1987, 65ff.; *Meßerschmidt,* Grundlagen und Novellierungspläne des Abwasserabgabengesetzes, in: R. Scholz (Hg.), Kongreß Junge Juristen und Wirtschaft: Wandlungen in Technik und Wirtschaft als Herausforderung des Rechts, 1985, S. 72ff.; *ders.,* Umweltabgaben als Rechtsproblem, 1986; *Michaelis,* Aktuelle Probleme der Abwälzung der Abwasserabgabe aus der Sicht der Wasserverbände, ZfW 1981, 73ff.; *F.-J. Peine,* Die Pflicht der Länder zum Vollzug des Abwasserabgabengesetzes, NuR 1980, 142ff.; *Rat von Sachverständigen für Umweltfragen,* Die Abwasserabgabe, 1974; *Rincke,* Technische Alternativen zur Unterverteilung der Abwasserabgabe, 1982; *Roth,* Abwasserabgabengesetz (Textausgabe mit Erl.), 1983; *Salzwedel,* Studien zur Erhebung von Abwassergebühren, 1972; *ders.,* Indirekte Maßnahmen zum Schutz der Gewässer, insbesondere die Erhebung von Abwasserabgaben, RdWWi. 18 (1973), 7ff.; *ders.,* Zur Anpassung der Erlaubnis- und Bewilligungsbescheide an das neue Abwasserabgabenrecht, RdWWi. 20 (1977), 57ff.; *ders.,* Möglichkeiten zur Überwindung von Anfangsschwierigkeiten beim Vollzug des Abwasserabgabengesetzes, in: Schriftenreihe der Vereinigung Deutscher

Gewässerschutz, Bd. 40 (1979), S. 9ff.; *H. P. Sander*, Zum Wirkungsmechanismus der Abwasserabgabe, DB 1978, 194ff.; *Sautter/Baumgärtner*, Das Abwasserabgabenrecht in Baden-Württemberg (Kommentar), 1981; *dies.*, Abwasserabgabe in Baden-Württemberg, 1984; *F. Schröder*, Abwasserabgabe in Bayern (Kommentar), 1982; *M. Schröder*, Lenkungsabgaben im Umweltschutzrecht am Beispiel der Abwasserabgabe, Bitburger Gespräche Jb. 1983, S. 127ff.; *ders.*, Lenkungsabgaben im Umweltschutzrecht am Beispiel der Abwasserabgabe, DÖV 1983, 667ff.; *ders.*, Artikel „Abwasserabgabe“, in: Kimminich/v. Lersner/Storm (Hg.), Handwörterbuch des Umweltrechts (HdUR), Bd. I, 1986, Sp. 52ff.; *Steenbock*, Abwasserabgabe in Rheinland-Pfalz (Kommentar), 1984; *Umweltbundesamt* (Hg.), Instrumente zur Handhabung des Abwasserabgabengesetzes, 1985; *Vereinigung Deutscher Gewässerschutz e. V.* (Hg.), Vorschläge zum Vollzug des Abwasserabgabengesetzes, 1979; *dies.*, Das Abwasserabgabengesetz, 1983; *Vogel/Klenner/Heuss*, Abwasserabgabenrecht in Bayern (mit Erl.), 1982ff.; *G. Winter*, Widersprüche zwischen Wasserhaushaltsgesetz und Abwasserabgabengesetz und ihre Überbrückung, DVBl. 1978, 523ff.

I. Grundgedanken

Im Bereich der Abwasserbeseitigung – als besonders wichtigem Teilbereich des Gewässerschutzrechts – werden die Regelungen des Wasserhaushaltsgesetzes durch das Gesetz über Abgaben für das Einleiten von Abwasser in Gewässer (Abwasserabgabengesetz – AbwAG) i. d. F. der Bek. vom 5. 3. 1987[325] (Kloepfer Nr. 245) ergänzt. Das Abwasserabgabengesetz ist erstmalig am 13. September 1976 verkündet[326] und seither zweimal geändert worden. Dabei enthält besonders das Zweite Gesetz zur Änderung des Abwasserabgabengesetzes vom 19. 12. 1986[327] wesentliche **Neuerungen.** 200

Hierdurch soll zum einen die Anreizfunktion der Abwasserabgabe erhöht werden, zum anderen soll durch eine Vereinfachung des Gesetzesvollzugs der Verwaltungsaufwand gesenkt werden.[328] Der Gesetzgeber nimmt dabei allerdings eine wesentliche Komplizierung des Normtextes in Kauf, die bereits äußerlich durch zum Teil mehrere Seiten lange Paragraphen (insbesondere § 4 AbwAG) signalisiert wird. Zum Teil ist die Regelungskomplexität wohl auch auf das abgabenrechtliche – spezifisch gesteigerte – Bestimmheitsgebot[329] zurückzuführen, das es dem Gesetzgeber verwehrt, sich auf eine Rahmenregelung zu beschränken und die Gesetzeskonkretisierung weitgehend Rechtsverordnungen und Verwaltungsvorschriften zu überlassen, wie dies bei anderen Umweltgesetzen üblich ist. Inwieweit die hieraus resultierende weitgehende Unzugänglichkeit des Gesetzes für Nichtspezialisten auch von der Gesetzesredaktion zu verantworten ist, sei dahingestellt. Am 5. 3. 1987 wurde die die Änderungen berücksichtigende Neufassung des Abwasserabgabengesetzes bekanntgemacht.

Das neugefaßte Gesetz (Kloepfer Nr. 245/neu) trat überwiegend erst am 1. 1. 1989 in Kraft. Bis zu diesem Zeitpunkt galten die Bestimmungen des Abwasserabgabengesetzes vom 13. 9. 1976 fort. Im folgenden wird von der ab 1. 1. 1989 geltenden Rechtslage ausgegangen. Wo sich wesentliche Unterschiede zum früheren Recht ergeben, ist dies angemerkt worden.

Das Abwasserabgabengesetz ist häufig als erste „echte“ Umweltabgabenregelung (vgl. dazu allgemein § 4 Rn. 177ff.) bezeichnet worden.[330] Es stellt neben das traditionelle ordnungsrechtliche und planerische Instrumentarium des Wasserhaushaltsge- 201

---

325 BGBl. I S. 880.
326 BGBl. I S. 2721, ber. S. 3007.
327 BGBl. I S. 2619. Vgl. zu dessen Inhalt auch *Henseler*, NVwZ 1987, 551ff.
328 BT-Drs. 10/5533, S. 1.
329 Hierzu näher *Meßerschmidt* (FN 299), S. 260ff. m. w. N.
330 *Berendes*, DÖV 1981, 747ff.; ähnlich *M. Schröder*, DÖV 1983, 667ff.

setzes mit der Abwasserabgabe einen weiterreichenden **negativen finanziellen Anreiz,** die Gewässerschutzanforderungen einzuhalten und womöglich zu optimieren.

202 Nach dem Willen des Gesetzgebers soll die Abwasserabgabe in die Richtung wirken,

- „in stärkerem Maße als bisher Kläranlagen zu bauen,
- den Stand der Abwasserreinigungstechnik zu verbessern,
- abwasserarme oder abwasserlose Produktionsverfahren zu entwickeln und einzusetzen,
- Güter, die nur abwasserintensiv hergestellt werden können, sparsamer zu verwenden".[331]

Zugleich soll der Wettbewerbsvorteil derjenigen abgebaut werden, die bisher kostenlos die Gewässer verschmutzen und damit ohne Gegenleistung ein knapp gewordenes Gut in Anspruch nehmen bzw. schädigen.[332]

Die Abwasserabgabe hat demnach sowohl **Antriebs-** als auch **Ausgleichsfunktion.**[333] Zugleich dient sie der Verwirklichung des Verursacherprinzips (s. o. § 3 Rn. 27ff.) im Sinne einer gerechten Kostenanlastung der Gewässerschäden und Gewässersanierung.[334]

203 Die Forderungen, die in der umweltökonomischen Diskussion an Umweltabgaben als neues, wirtschaftlich rationales („marktwirtschaftliches") Lenkungsinstrument gestellt werden (vgl. § 4 Rn. 191ff.), erfüllt das Gesetz allerdings nur mit „Abstrichen". Namentlich die Abgabenhöhe liegt, auch mit der 1986 erreichten Endstufe, regelmäßig unterhalb der wirtschaftlichen Vermeidungskosten.[335]

Anregungen, die Abgabenhöhe über diesen Zeitpunkt hinaus linear oder progressiv[336] ansteigen zu lassen, wurden gleichwohl nicht in die Gesetzesnovelle vom 19. 12. 1986 übernommen. Im Rahmen einer Entschließung hat der Deutsche Bundestag allerdings angekündigt, auf der Grundlage eines Berichtes der Bundesregierung die Frage der Abgabenhöhe neu prüfen zu wollen.[337]

204 Das Zurückbleiben hinter dem umweltökonomischen Ideal erklärt sich indes nur zum Teil aus Widerständen während des Gesetzgebungsverfahrens.[338] Zu beachten ist auch, daß die Abwasserabgabe – im Unterschied zu den umweltökonomischen Modellvorstellungen (vgl. § 4 Rn. 194ff.) – die Lenkungsaufgabe nicht allein trägt, sondern mit den klassischen Instrumenten des Wasserhaushaltsgesetzes zusammenwirkt. Das Gewässerschutzrecht kumuliert auf diese Weise imperative Intervention und interventionistische Abgabe in einem **Instrumentenverbund.**[339] Gleichwohl bleibt manches an den gesetzlichen Regelungen kritikwürdig, worauf in der Einzeldarstellung noch hingewiesen wird.

---

[331] BT-Drs. 7/2272, S. 3; 7/5183, S. 2.
[332] BT-Drs. 7/5183, S. 2.
[333] Vgl. zu diesen sonderabgabenspezifischen Kriterien BVerfGE 57, 139 (167ff.).
[334] BT-Drs. 7/2272, S. 22.
[335] Vgl. dagegen noch BT-Drs. 7/2272, S. 22, 36. Vgl. zur Kritik statt vieler *Rat von Sachverständigen für Umweltfragen,* Umweltprobleme des Rheins, BT-Drs. 7/5014, S. 196.
[336] Vgl. v. a. die dahingehende Forderung von Umweltschutzverbänden in gwf-wasser/abwasser 1985, 2f., 3. Zum Für und Wider ausführlich *Abwassertechnische Vereinigung e. V. Fachausschuß 2.4,* Instrumente zur Handhabung des Abwasserabgabengesetzes, 1985, S. 62ff.
[337] BT-Drs. 10/6656, S. 5.
[338] Vgl. zur Gesetzgebungsgeschichte die Darstellung bei *Roth,* in: Wüsthoff/Kumpf (FN 158), C 9, S. 10ff.
[339] *Kloepfer,* DÖV 1975, 593ff., 596; speziell im Hinblick auf das AbwAG *Meßerschmidt* (FN 299), S. 191f.

Schließlich dient das Abwasserabgabengesetz dem Gewässerschutz durch eine **zweckgebundene Verwendung** des Abgabeaufkommens. Die Einnahmeerzielung ist nach der Vorstellung des Gesetzgebers allerdings nicht (primärer) Gesetzeszweck,[340] sondern nur eine notwendige Begleiterscheinung der Abgabenlenkung. Da die Abgabe die Einleiter zur Reduzierung der Gewässerverschmutzung, somit aber zur Einsparung von Abgaben veranlassen will, handelt es sich idealiter um eine „sterbende Abgabe".[341] Gleichwohl erbringt die Abwasserabgabe in der Realität unterdessen ein beträchtliches – und vom Gesetzgeber auch vorausgesehenes – Abgabeaufkommen von jährlich mehreren Hundert Millionen DM. Durch die Zweckbindungsklausel (§ 13 AbwAG) soll jedoch der Verdacht entkräftet werden, daß es sich bei der Abwasserabgabe um ein verdecktes allgemeines Finanzierungsmittel des Staates handeln könne.[342] Dies ist von Bedeutung für die finanzverfassungsrechtliche Beurteilung der Abwasserabgabe (s. u. Rn. 242 und § 4 Rn. 206). **205**

Das Abwasserabgabengesetz ist wie das Wasserhaushaltsgesetz ein (auf Art. 75 Nr. 4 GG gestütztes) **Rahmengesetz.** Es wird daher durch landesrechtliche Regelungen ergänzt (Aufstellung o. Rn. 13), wenngleich die recht extensive Ausübung des Gesetzgebungsrechtes durch den Bundesgesetzgeber die Landesgesetze im wesentlichen, wenn auch nicht ausschließlich, auf die Ausgestaltung von Details beschränkt. **206**

II. Aufbau

Das Abwasserabgabengesetz gliedert sich in fünf Abschnitte und eine Anlage: **207**
Der als „Grundsatz" bezeichnete § 1 AbwAG, die Begriffsbestimmungen (§ 2 AbwAG) und die Festlegung der Bewertungsgrundlage (§ 3 AbwAG) bilden die allgemeinen Vorschriften. § 3 AbwAG wird durch die Vorschriften des zweiten Abschnittes (§§ 4–8 AbwAG) über die Ermittlung der Schädlichkeit (die in § 3 Abs. 1 AbwAG genannte Bewertungsgrundlage) und durch die Anlage zu § 3 AbwAG ergänzt. Die Abgabepflicht regeln im einzelnen die Bestimmungen des dritten Abschnittes (§§ 9, 10 AbwAG). Festsetzung, Erhebung und Verwendung der Abgabe bilden den Gegenstand der Regelungen des vierten Abschnittes (§§ 11–13 AbwAG). Der fünfte Abschnitt (§§ 14–18 AbwAG) enthält eine Bestimmung über die entsprechende Anwendung von Straf- und Bußgeldvorschriften der Abgabenordnung (§ 14 AbwAG), die Ordnungswidrigkeitenregelung (§ 15 AbwAG) sowie die Schlußvorschriften.

Die Anlage zu § 3 AbwAG enthält

- die Festlegung der Schwellenwerte der Schadstoffe nach Konzentration und Jahresmenge (Anlage Teil A mit Tabelle),
- die Festlegung der technisch-naturwissenschaftlichen Methoden zur Bestimmung der Schadparameter (Anlage Teil B),
- die Festlegung von Schädlichkeitsgrenzen.

---

[340] Hierzu und zum folgenden BR-Drs. 163/80, S. 2f. (Stellungnahme der Bundesregierung); a. A. offensichtlich OVG Münster, NVwZ 1984, 394.

[341] Vgl. allgemein *Kloepfer,* DÖV 1975, 593ff., 595; speziell im Hinblick auf die Abwasserabgabe *Berendes/Winters,* Das neue Abwasserabgabengesetz, 1981, S. 146.

[342] Zu dieser Auffassung etwa *Schemmel,* Quasi-Steuern, 1980, S. 138f.

III. Abgabetatbestand

1. Abwassereinleitung

208 Abgabetatbestand ist das Einleiten von Abwasser in ein Gewässer (§ 1 S. 1 AbwAG).

a) Erfaßter Bereich

209 Durch den Verweis auf den Gewässerbegriff des Wasserhaushaltsgesetzes (s. o. Rn. 32ff.) und die (von § 3 Abs. 1 WHG abweichende) Legaldefinition des Einleitens in § 2 Abs. 2 AbwAG als unmittelbares Verbringen des Abwassers in ein Gewässer werden sog. **Indirekteinleitungen** (Einleitungen in das Kanalisationssystem, s. o. Rn. 55) von der Abgabeerhebung grundsätzlich **ausgenommen.** Abgabepflichtig sind nur **Direkteinleiter.** Dabei handelt es sich fast durchweg um Kommunen, Wasserverbände und industrielle Großeinleiter, während die privaten Haushalte und 90% der gewerblichen Einleiter (mit immerhin rund 50% des Abwasservolumens)[343] an das Kanalisationssystem angeschlossen und somit Indirekteinleiter sind. Diese werden vom Lenkungseffekt des Abwasserabgabengesetzes unmittelbar nicht erreicht, sondern allenfalls mittelbar durch eine verursachergerechte **Umlage** der Abwasserabgabe über die **Kanalisationsgebühren.** Wegen des Verwaltungs- und Meßaufwandes, die eine Umstellung des herkömmlichen Mengenmaßstabes auf einen schadstofforientierten Gebührenmaßstab mit sich bringt, ist eine schnelle und umfassende Anpassung der kommunalen Gebührensatzungen an den Maßstab der Abwasserschädlichkeit jedoch nicht zu erwarten.[344] Die Ausführungsgesetze einiger Bundesländer bestimmen zwar, daß der Gebührenmaßstab nicht außer Verhältnis zur Abwasserschädlichkeit stehen dürfe.[345] Damit ist aber nicht gesagt, wie die Berücksichtigung im einzelnen zu erfolgen hat. Andere Gesetze sehen lediglich allgemein – und nicht immer in verpflichtender Form – die Abwälzung der Abgabe auf Indirekteinleiter vor.[346]

210 Während das Abwasserabgabengesetz die Indirekteinleiter anders als das Wasserhaushaltsgesetz (s. o. Rn. 55) gänzlich ausspart,[347] erweitert es in § 2 Abs. 2, 2. Hs. AbwAG den Begriff des Einleitens insoweit, als es darunter auch das **Verbringen in den Untergrund**[347a] faßt (mit Ausnahme der landbaulichen Bodenbehandlung). Auf das Einleiten in das Grundwasser – wie in § 3 Abs. 1 Nr. 5 WHG – kommt es also nicht an, auch wenn die Grundwasserinfiltration die regelmäßige Folge des Verbrin-

---

[343] Vgl. FN 137.

[344] Vgl. *Brandt,* WiVerw. 1983, 174ff., 184; zu den praktischen Umsetzungsschwierigkeiten insbes. *Hartkopf/Bohne* (FN 3), S. 400ff. Vgl. zu den Rechtsmaßstäben für die Umlage der Abwasserabgabe BVerwG, DÖV 1988, 348ff.; OVG Koblenz, DVBl. 1988, 910f.

[345] Vgl. § 9 Abs. 3 BremAbwAG, § 65 Abs. 3 LWG NW, § 2 Abs. 4 LAbwAG Rh.-Pf., § 128 Abs. 2 S. 2 SWG.

[346] Vgl. § 8 Abs. 2 S. 2 AbwAGBln, § 2 Abs. 1 S. 1 Nr. 1 HAbwAG, § 8 Abs. 1 S. 1 NdsAG AbwAG, § 2 S. 1 AG-AbwAG SH.

[347] Vgl. zur Tendenz in der Rechtsprechung, die Indirekteinleiter wenigstens der Haftung nach § 22 WHG zu unterwerfen, o. FN 310 und darüber.

[347a] Nach neuerer Auffassung des OVG Münster soll allerdings nur das *unmittelbare* Verbringen von Abwasser in den Untergrund den Einleitungstatbestand erfüllen, nicht also z. B. das bloße Versickern auf der Erdoberfläche (DÖV 1988, 518f., anders noch OVG Münster, DÖV 1985, 686; ZfW 1986, 330f.).

gens in den Untergrund sein dürfte. Vom Abwasserabgabengesetz wird dies unwiderleglich vermutet.

Die Abgabepflicht entsteht mit der Abwassereinleitung (§ 9 Abs. 1 AbwAG), unabhängig davon, ob es sich um eine **genehmigte oder ungenehmigte** Nutzung handelt.[348] Wenn die Abgabeerhebung im Regelfall an den wasserrechtlichen Zulassungsbescheid anknüpft (§ 4 Abs. 1 AbwAG, sog. Bescheidsystem, s. dazu Rn. 231ff.), will das Abwasserabgabengesetz nicht einseitig legale Einleitungen belasten, sondern durch Verzahnung der Abgabebescheide mit den wasserrechtlichen Bescheiden eine Vollzugsvereinfachung erreichen. Daher kann die Bescheidveranlagung durch die sog. Wirklichkeitsveranlagung modifiziert und ggf. ersetzt werden (vgl. §§ 4 Abs. 4 und 5, 6 AbwAG, dazu i. e. Rn. 236ff.), die insoweit auch Schwarz- und Zuvieleinleiter erfaßt. 211

Das Abwasserabgabengesetz differenziert auch nicht zwischen Alt- und Neueinleitungen i. S. des Wasserhaushaltsgesetzes (§§ 7a Abs. 2, 15 WHG). Die Bedeutung des Gesetzes liegt vielmehr u. a. darin, die Einleitungsvorteile der **Alteinleiter** (s. o. Rn. 69) wenigstens teilweise über die Abgabe abzuschöpfen. 212

b) Abwasserbegriff

Die Abgabepflicht entsteht für das Einleiten von Abwasser. Hierunter versteht das Gesetz nach der **Legaldefinition** in § 2 Abs. 1 AbwAG zum einen 213

- das durch häuslichen, gewerblichen, landwirtschaftlichen und sonstigen Gebrauch in seinen Eigenschaften veränderte Wasser und das bei Trockenwetter damit zusammen abfließende Wasser **(Schmutzwasser),**

  zum anderen aber auch
- das von Niederschlägen aus dem Bereich von bebauten oder befestigten Flächen abfließende und gesammelte Wasser **(Niederschlagswasser).**

Diese Definition kann auch für den Abwasserbegriff im Wasserhaushaltsrecht herangezogen werden.[349]

Als Schmutzwasser gelten auch die aus Anlagen zum Behandeln, Lagern und Ablagern von Abfällen (Abfallentsorgungsanlagen, vgl. § 4 Abs. 1 AbfG) austretenden und gesammelten Flüssigkeiten (§ 2 Abs. 1 S. 2 AbwAG). Diese **Erweiterung des Schmutzwasserbegriffs** wurde durch die Zweite Novelle zum Abwasserabgabengesetz vom 19. 12. 1986 (s. o. Rn. 200) mit Wirkung zum 1. 1. 1989 eingeführt. Damit soll außer dem über die Kanalisation eingeleiteten Abwasser auch das unmittelbar in ein Gewässer eingeleitete und von Abfällen austretende **Sickerwasser** abgabenrechtlich erfaßt werden. 214

Neben die ordnungsrechtliche Erfassung der von Abfallentsorgungsanlagen ausgehenden Gefahren für die Gewässer soll damit eine abgabenrechtliche Flankierung treten.[350] Die Regelung soll sich auch auf die aus Altlasten (s. § 12 Rn. 132ff.) austretenden und gesammelten Sickerwässer erstrecken.[351]

---

[348] Insofern unrichtig *E. Rehbinder* (FN 92), S. 249; wie hier *Henseler* (FN 140), S. 178f.

[349] Ebenso *Berendes/Winters* (FN 341), S. 31; a. A. *Gieseke/Wiedemann/Czychowski* (FN 101), § 7a WHG Rn. 4; differenzierend *Henseler,* NuR 1984, 249ff.

[350] BT-Drs. 10/5533, S. 10.

[351] BT-Drs. 10/6656, S. 17.

215 Ebenfalls durch die Zweite Novelle zum Abwasserabgabengesetz eingeführt wurde die Eingrenzung des Abwasserbegriffs auf **gesammeltes Niederschlagswasser** (vgl. auch Rn. 221). Niederschlagswasser, das nicht über eine Kanalisation eingeleitet wird, sondern in den Untergrund versickert, wird mithin von vornherein vom Abwasserbegriff nicht umfaßt.[352]

Die Abgabebelastung für Niederschlagswasser war von Anfang an rechtspolitisch umstritten und wurde von ihren Kritikern als „Regensteuer" apostrophiert.[353] Ihr Sinn liegt jedoch darin, einen Anreiz für die ordnungsgemäße Beseitigung des Niederschlagswassers zu schaffen, wo es nicht auf natürliche Weise versickern kann.

216 Den Abgabetatbestand erfüllt demgegenüber beispielsweise nicht das Einleiten und Einbringen von festen Stoffen oder das Einleiten von dem Abwasserbegriff des § 2 Abs. 1 AbwAG nicht unterfallenden flüssigen **Stoffen** (z. B. Säuren, s. auch o. Rn. 58).[354] Säurehaltiges Abwasser unterliegt dagegen ohne weiteres der Abgabepflicht. Auf die Höhe des Wasseranteils kommt es nicht an.[355]

2. Ausnahmen von der Abgabepflicht

217 § 10 AbwAG gewährt gegenüber folgenden Einleitungstatbeständen **Abgabefreiheit:**

- Einleiten von vorbelastetem Schmutzwasser ohne relevante Mehrverschmutzung (Abs. 1 Nr. 1),
- Einleiten in beim Abbau mineralischer Rohstoffe entstandene Gewässer (Abs. 1 Nr. 2),
- Einleiten von Schmutzwasser, das auf Wasserfahrzeugen anfällt (Abs. 1 Nr. 3),
- Einleiten von (gesammeltem) Niederschlagswasser unter bestimmten Voraussetzungen (Abs. 1 Nr. 4; s. u. Rn. 221),
- geplante Inbetriebnahme einer Abwasserbehandlungsanlage (Abs. 3 und 4).

218 Darüber hinaus haben die **Landesgesetze** (s. o. Rn. 13) von der Ermächtigung des § 10 Abs. 2 AbwAG Gebrauch gemacht, Einleitungen in Untergrundschichten, die das Trinkwasserreservoir nicht berühren, generell oder im Einzelfall abgabefrei zu stellen (vgl. z. B. § 3 LAbwAG Rh.-Pf.).

219 Die gesetzgeberischen Motive für die einzelnen Ausnahmen sind unterschiedlich. Dabei ist die Abgabefreiheit nach § 10 Abs. 1 Nr. 1 AbwAG für **vorbelastetes Schmutzwasser** keine „Ausnahme" im materiellen Sinne, sondern notwendige Konsequenz des am Verursacherprinzip orientierten Systems, das den Pflichtigen grundsätzlich nur für die von ihm verursachte Verschmutzung mit Abgaben belastet. Im Falle des § 10 Abs. 1 Nr. 3 AbwAG soll der unvertretbare Verwaltungsaufwand einer Abgabeerhebung entgegenstehen.[356]

220 Die Abgabefreiheit nach § 10 Abs. 1 Nr. 2 AbwAG ist strikt auf den Fall beschränkt, daß dem Gewässer nur Stoffe zugeführt werden, die in den **abgebauten mineralischen Rohstoffen** enthalten waren.[357]

221 Die Abgabepflichtigkeit des Einleitens von **Niederschlagswasser** (s. auch o. Rn. 215 sowie u. Rn. 251 f.) hat durch die Zweite Novelle zum Abwasserabgabengesetz

---

[352] BT-Drs. 10/5533, S. 10.
[353] Vgl. dagegen jedoch *P. Kirchhof,* Verfassungsrechtliche Beurteilung der Abwasserabgabe des Bundes, 1983, S. 35 f.
[354] *Salzwedel* (FN 94), S. 626.
[355] *Berendes/Winters* (FN 341), S. 32.
[356] *Dahme/Zitzelsberger,* Das neue Wasserrecht für die betriebliche Praxis, 1981 ff., § 10 AbwAG Anm. 2.3.
[357] *Berendes/Winters* (FN 341), S. 126.

eine Neuregelung erfahren. Nach § 10 Abs. 1 Nr. 4 AbwAG a.F. wurde nur das Einleiten von Niederschlagswasser über eine öffentliche Kanalisation abgabenrechtlich erfaßt, im übrigen war das Einleiten von Niederschlagswasser von der Abgabepflicht befreit.

Begründet worden war diese Regelung mit der ungünstigen Bilanz von Aufwand und wasserwirtschaftlichem Nutzen, die eine generelle Abgabenerhebung mit sich brächte. Ferner war angeführt worden, daß ein Lenkungseffekt der „Regensteuer" im Regelfall erst bei der Größenordnung öffentlicher Kanalisationssysteme eintreten könne, weil die Reinigung der Niederschlagswassereinleitung im kleinen Maßstab unwirtschaftlich sei.[358]

Die Neuregelung behält diesen Grundgedanken grundsätzlich bei, bezieht aber das Niederschlagswasser, das über eine nicht-öffentliche Kanalisation eingeleitet wird, dann in die Abgabepflicht ein, wenn die Einleitung von einer befestigten gewerblichen Fläche von über 3 Hektar Größe erfolgt. Abgabefrei ist ferner das Einleiten des von befestigten Schienenwegen der Eisenbahn gesammelt abfließenden Niederschlagswassers. Begründet wird dies damit, daß in diesen Fällen kein Anreiz zum Bau aufwendiger Regenwasserbehandlungsanlagen vorhanden sei.[359]

Die **Abgabebefreiung** nach § 10 Abs. 3 AbwAG **vor Inbetriebnahme einer Abwasserbehandlungsanlage,** mit der eine künftige Gewässersanierung antizipiert wird und der Lenkungseffekt verstärkt werden soll, ist an einen Antrag des Einleiters[360] und die Prognose einer mindestens 20%igen Minderung des der Ermittlung der Schadeinheiten jeweils zugrunde liegenden Wertes[361] geknüpft und steht bei ganz oder teilweise fehlgehender Gewässersanierung unter Nachzahlungsvorbehalt (§ 10 Abs. 3 S. 2 und 3 AbwAG). Ab dem 1. 1. 1989 ist die Nachzahlung nach Maßgabe der Abgabenordnung zu verzinsen (§ 10 Abs. 3 S. 4 AbwAG). Die Abgabebefreiung wird für die Dauer von drei Jahren vor Inbetriebnahme der Abwasserbehandlungsanlage gewährt. In der Legaldefinition des § 2 Abs. 3 AbwAG sind der Abwasserbehandlungsanlage ausdrücklich Einrichtungen gleichgestellt, die dazu dienen, die Entstehung von Abwasser ganz oder teilweise zu verhindern. Zu einer Abgabebefreiung bzw. -ermäßigung kann also nicht nur die Errichtung einer Kläranlage, sondern auch die Umstellung der Produktion auf umweltfreundliche Verfahren führen.[362] Dazu kann auch ein Produktwechsel gehören, solange die Einleitung mit derselben Wasserbenutzungsanlage vom selben Grundstück aus vorgenommen wird.[363] Umstritten ist, ob § 10 Abs. 3 AbwAG (entsprechend) anzuwenden ist bei finanziellen Vorleistungen für den Anschluß an eine kommunale Kläranlage.[364] **222**

§ 10 Abs. 4 AbwAG, der als einzige neue Bestimmung bereits zum 1. 1. 1987 in Kraft getreten ist, enthält darüber hinaus eine „Aufrechnungs"klausel, die höhere Investitionen für Gewässerschutzmaßnahmen honorieren soll,[365] welche eine über die **223**

---

358 Dazu näher *Henseler* (FN 140), S. 180f. m.w.N.
359 BT-Drs. 10/5533, S. 14.
360 Das Antragserfordernis wurde zum 1. 1. 1989 wirksam.
361 Vor dem 1. 1. 1989: Ermittlung der Schadeinheiten.
362 *Dahme/Zitzelsberger* (FN 356), § 2 AbwAG Anm. 4; *Berendes/Winters* (FN 341), S. 121.
363 *Gieseke/Wiedemann/Czychowski* (FN 101), § 8 WHG Rn. 18; *Henseler* (FN 140), S. 183; a.A. *Dahme/Zitzelsberger* (FN 356), § 2 AbwAG Anm. 4.
364 *Dahme/Zitzelsberger* (FN 356), § 10 AbwAG Anm. 4.3; dagegen *Henseler* (FN 140), S. 183f.
365 BT-Drs. 10/5533, S. 14.

allgemein anerkannten Regeln der Technik nach § 7a Abs. 1 WHG (s. o. Rn. 95ff.) hinausgehende Verminderung der Schadstofffracht erwarten lassen.

3. Abgabeschuldner

224 Abgabeschuldner sind nach § 9 Abs. 1 AbwAG grundsätzlich die **Einleiter** (s. o. Rn. 209ff.). Eine zwingende **Ausnahme** hiervon schaffen die auf § 9 Abs. 2 S. 2 AbwAG beruhenden **landesgesetzlichen Regelungen für Kleineinleiter** (vgl. etwa § 1 LAbwAG Rh.-Pf.), an deren Statt die zur Abwasserbeseitigung verpflichtete Körperschaft abgabepflichtig wird (s. u. Rn. 247ff.), im Regelfall also die Gemeinde, die dafür aber die Abgabe – nach landesgesetzlicher Regelung – auf die Einleiter abwälzen kann (§ 9 Abs. 2 S. 3 AbwAG). Die Kleineinleiter werden abgabenrechtlich weitgehend den Indirekteinleitern gleichgestellt (vgl. § 2 LAbwAG Rh.-Pf., s. auch Rn. 247ff.). Weitergehend können die Länder nach § 9 Abs. 2 S. 1 AbwAG anstelle der Einleiter generell oder im Einzelfall **Körperschaften des öffentlichen Rechts** für abgabepflichtig erklären. Im Gegensatz zur Kleineinleiterregelung handelt es sich um keine zwingende Bestimmung, sondern um eine bloße Ermächtigung, von der die Länder aber vielfach – vor allem auch im Hinblick auf bestehende Zweckverbände – Gebrauch gemacht haben.[366]

IV. Abgabebemessung

1. Bewertungsgrundlage

225 Die Abwasserabgabe richtet sich grundsätzlich nach der **Schädlichkeit** des Abwassers (§ 3 Abs. 1 AbwAG). Diese definiert das Gesetz nicht nur durch die **Abwassermenge,** sondern auch durch den Gehalt an bestimmten Schadstoffen, den es in sog. **Schadeinheiten** ausdrückt (Anlage zu § 3 Teil A Abs. 1). Hierbei werden folgende Schadstoffe bzw. Schadstoffgruppen:

- oxidierbare Stoffe (ausgedrückt durch den chemischen Sauerstoffbedarf/CSB),
- organische Halogenverbindungen (als adsorbierbare organisch gebundene Halogene/AOX),
- Quecksilber,
- Cadmium,
- Chrom,
- Nickel,
- Blei,
- Kupfer

sowie die sog. Fischgiftigkeit (s. Rn. 227) berücksichtigt.

226 Diese (im Unterschied zu den übrigen Neuregelungen) erst ab dem 1. 1. 1990 geltenden **Parameter** (vgl. Art. 4 S. 2 des 2. ÄndG) stellen gegenüber dem bisherigen Recht[367] eine Erweiterung dar. Sie erfassen die wesentlichen mit vertretbarem Aufwand meßbaren Schadwirkungen von Abwasser,[368] darunter mit den neu hinzugekommenen Schwermetallen und den organischen Halogenverbindungen auch die

---

[366] Vgl. z. B. § 6 Abs. 1 S. 2 und 3 LAbwAG BW, Art. 8 Abs. 1 S. 2 BayAbwAG, § 1 Abs. 1 S. 1 LAbwAG Rh.-Pf.

[367] Dazu im einzelnen *Berendes/Winters* (FN 341), S. 42ff.

[368] So bereits für den ursprünglichen Parameterkatalog *Berendes/Winters* (FN 341), S. 35ff.

wichtigsten gefährlichen Stoffe i. S. von § 7a Abs. 1 S. 3 WHG, wenn auch noch keineswegs sämtliche Schadwirkungen. Keine Berücksichtigung fanden bislang z. B. Vorschläge, in den Parameterkatalog auch die Wärmelast und die Schadstoffe Phosphor (wegen der Eutrophierung der Gewässer durch Phosphate, sprich: Algenentwicklung) und Ammoniumstickstoff aufzunehmen.[369] Die Parameter Phosphor und Stickstoff sollen jedoch im Rahmen der geplanten nächsten Gesetzesnovellierung in das Abwasserabgabengesetz Eingang finden.[369a]

§ 3 Abs. 1 AbwAG a. F. sah demgegenüber als Parameter lediglich vor: absetzbare Stoffe, oxidierbare Stoffe (ausgedrückt durch den CSB – s. o. Rn. 225), Quecksilber, Cadmium und Fischgiftigkeit. Fallengelassen wurde das Parameter der absetzbaren Stoffe.

Die neu eingeführten Parameter sind erstmals bei der Abwasserabgabeerhebung nach dem 31. 12. 1989 zugrundezulegen.

Trotz der Reform der Abgabebemessung wurde die heftig umstrittene **„Fischgiftigkeit"** (Goldorfentest), die den Vorwurf mangelnder Praktikabilität und der Ungenauigkeit bzw. Unzuverlässigkeit auf sich gezogen hatte[370] (vgl. auch Rn. 244), beibehalten.[371] Die Bedeutung des Fischgiftigkeitstests liegt darin, daß er als sog. Summenparameter weitere Schadstoffe in giftigen Konzentrationen indiziert (z. B. Salze). 227

Grundsätzlich ist zu beachten: 228
- Die Schädlichkeit im Sinne des Abwasserabgabengesetzes bezieht sich primär auf die Beschaffenheit des Abwassers an der Einleitestelle **(Emissionsprinzip).**[372]
- Dementsprechend beinhalten die Schadeinheiten zunächst eine **generalisierende Bewertung** der Schädlichkeit unabhängig vom Zustand des Gewässers, in das eingeleitet wird.[373]
- Maßgeblich für die Abgabebemessung ist die **Schadstoffkonzentration,** nicht die Schadstofffracht (vgl. Anlage zu § 3 Teil A Abs. 1).
- Die Ermittlung der abgaberelevanten Abwasserschädlichkeit bezieht sich regelmäßig nur auf Schmutzwasser i. S. von § 2 Abs. 1 AbwAG (s. o. Rn. 213f.),[373a] während Niederschlagswasser nur ausnahmsweise in die Abgabebemessung eingeht, wo dies ausdrücklich gesetzlich vorgesehen ist (§§ 7, 10 Abs. 1 Nr. 4 AbwAG, s. Rn. 221, 251f.).

Die ursprüngliche, inzwischen teilweise modifizierte Konzeption des Abwasserabgabengesetzes war für den Gewässerschutz keine restlos befriedigende Lösung, weil sie manche Einleiter dazu verführte, die abgaberelevante Schadstoffkonzentration 229

---

[369] Vgl. BT-Drs. 10/6656, S. 5, Pte. 2–4; bezüglich der Abwässer s. auch BT-Drs. 10/6656, S. 18 (Antrag der Fraktion DIE GRÜNEN). Vgl. i. ü. zur Diskussion der Schadstoffauswahl etwa *Brandt,* WiVerw. 1983, 174ff., 182f.; *Friege,* ZfU 1984, 207ff., 216f., und – aus naturwissenschaftlicher Sicht – *Hahn,* gwf-wasser/abwasser 1985, 15ff.

[369a] Vgl. FAZ Nr. 64 v. 16. 3. 1989, S. 1.

[370] Vgl. etwa *M. Schröder,* DÖV 1983, 667ff., 673f. m. w. N., und zuvor BT-Drs. 8/4311, S. 6; vertiefend *Meßerschmidt* (FN 299), S. 283ff. Zur zweiten Novelle des AbwAG s. die Gegenäußerung des Bundesrates zum Regierungsentwurf in: BT-Drs. 10/5533 zu § 3 (S. 18), jedoch nunmehr mit anderer Zielrichtung (Tierschutz). Insoweit mißverständlich *Praml,* NuR 1986, 66ff., 69.

[371] Dafür kritisierte der Bundesrat den Goldorfentest unter Aspekten des Tierschutzes, BT-Drs. 10/5533, S. 18; Gegenäußerung der Bundesregierung, BT-Drs. 10/5533, S. 22.

[372] Kritisch *Praml,* NuR 1986, 66ff., 69.

[373] BT-Drs. 7/2272, S. 27.

[373a] BVerwG, DVBl. 1987, 690f. (zu § 4 Abs. 1 S. 2 AbwAG a. F.); BVerwG, DVBl. 1988, 1157ff., 1158 (zu § 6 Abs. 1 AbwAG a. F.).

durch Vermischung mit wenig verschmutztem Abwasser oder Kühlwasser zu senken und damit u. U. Wasser zu verschwenden (sog. **Verdünnungsproblematik**).[374] Daher ermöglicht der neugefaßte § 7a Abs. 1 S. 5 WHG die Festlegung von Einleitungsanforderungen auch für den Ort des Anfalls des Abwassers oder vor seiner Vermischung. Über § 9 Abs. 5 und 6 AbwAG kann sich dies auch bei der Abgabebemessung niederschlagen. Darüber hinaus gelten im Sinne des § 9 Abs. 5 S. 1 Nr. 2 AbwAG (s. u. Rn. 260ff.) die Anforderungen des § 7a Abs. 1 WHG nur als eingehalten, sofern sie nicht entgegen den allgemein anerkannten Regeln der Technik durch Verdünnung oder Vermischung erreicht werden.

230 Die **Analyseverfahren** zur Bestimmung der Schädlichkeit werden in Teil B der Anlage zu § 3 AbwAG bestimmt[375] und können durch Rechtsverordnung der Bundesregierung mit Zustimmung des Bundesrates aktualisiert, d. h. an den Stand von Wissenschaft und Technik angepaßt werden (§ 3 Abs. 4 AbwAG). Eine detailliertere gesetzliche Regelung der abgaberelevanten Analyse- und Meßverfahren, die im Abwasserabgabengesetz lediglich grob bezeichnet werden, scheint vor dem Hintergrund der geringen **Regelungsdichte** der übrigen Umweltgesetze an den Schnittstellen von Technik und Recht rechtlich nicht unbedingt geboten (vgl. auch § 8 Rn. 29).[376] Zu bedenken ist allerdings, ob nicht an Abgaberegelungen die vom BVerfG entwickelte Wesentlichkeitstheorie (s. § 2 Rn. 40) und das rechtsstaatliche Bestimmtheitsgebot höhere Anforderungen stellen und, wenn ja, ob das Abwasserabgabengesetz auch diesen gerecht wird.[377] Eine grundsätzliche Klärung dieser Frage steht noch aus.

2. Bescheidlösung

231 Vom *Abgabetatbestand,* der grundsätzlich über das Entstehen der Abgabepflicht entscheidet, ist die **Abgabebemessung** zu unterscheiden.[378] Während Abgabetatbestand das tatsächliche Einleiten von Abwasser ist, knüpft die Abgabeerhebung im Regelfall an die im wasserrechtlichen Erlaubnisbescheid zugelassenen Einleitungswerte an (§ 4 Abs. 1 S. 1 AbwAG), wodurch im Prinzip für die zugelassenen, nicht aber für die tatsächlichen Einleitungen gezahlt wird. Hieraus erklären sich eine Reihe von Korrektiven (s. Rn. 236ff.). Diese sog. Bescheidlösung, die im ursprünglichen Entwurf des Abwasserabgabengesetzes noch nicht vorgesehen war und auf einen Vorschlag des Bundesrates zurückgeht,[379] bildet ein **Kernstück** des Abwasserabgabengesetzes.[380]

232 Die **Verzahnung** von Einleitungs- und Abgabebescheid dient zum einen der Verwaltungsvereinfachung: Die Abgabeerhebung erfordert gegenüber dem ohnehin stattfindenden wasserrechtlichen Vollzug theoretisch keinen zusätzlichen Überwa-

---

374 Vgl. dazu *Dahme,* ZfW 1980, 278ff., 281, und *Salzwedel* (FN 94), S. 630f. m. w. N.
375 Dazu näher *Berendes/Winters* (FN 341), S. 48ff., und *Meßerschmidt* (FN 299), S. 283ff.
376 Vgl. nur BVerfGE 49, 89 (134) – Kalkar. Speziell in bezug auf das Wasserrecht *Henseler* (FN 140), S. 197ff.
377 So in bezug auf § 9 Abs. 5 AbwAG a. F. *M. Schröder,* DÖV 1983, 667ff., 673 m. w. N. Zur Bestimmtheitsproblematik im Umweltabgabenrecht auch *Meßerschmidt* (FN 299), S. 260ff. m. w. N.
378 Vgl. allgemein *Wilke,* Gebührenrecht und Grundgesetz, 1972, S. 192f.; *Bauernfeind/Zimmermann,* Kommunalabgabengesetz Nordrhein-Westfalen, 2. Aufl., 1979, § 2 KAG Rn. 12f.
379 BT-Drs. 7/2271, S. 43; 7/5183, S. 4.
380 Hierzu näher *Kloepfer,* FS 125 J. Juristische Gesellschaft zu Berlin, 1984, S. 315ff.

chungsaufwand, wohl aber – was nur erwünscht sein kann – den Abbau früherer Vollzugsdefizite.[381]

Insgesamt führt das Abwasserabgabengesetz freilich zu einem erheblich höheren Verwaltungsaufwand – dies allein schon aufgrund der erforderlichen Umstellung der wasserrechtlichen Bescheide,[382] die allerdings vielfach noch immer auf sich warten läßt.[383]

Zum anderen soll erreicht werden, daß die Einleiter keine höheren Einleitungswerte beantragen, als sie tatsächlich benötigen.[384] Da die Erlaubniswerte, nach denen sich die Abgabeerhebung richtet, auf den Antrag zurückgehen, handelt es sich letztlich um eine abgewandelte Form der Selbstveranlagung, wie sie ursprünglich für das Abwasserabgabengesetz vorgesehen war.[385]

Für den **wasserrechtlichen Bescheid** schreibt § 4 Abs. 1 S. 2 AbwAG einen be- 233
stimmten **Mindestinhalt** vor. Ab dem 1. 1. 1989 ist alleiniger Anknüpfungspunkt für die Abgabebemessung – neben der Festsetzung der Jahresschmutzwassermenge – die Einhaltung der **Überwachungswerte,** die durch die Verwaltungsvorschriften nach § 7a Abs. 1 WHG festgelegt werden (s. o. Rn. 98). Hierdurch wird die Abgabeerhebung von den ordnungsrechtlich einzuhaltenden und überwachbaren Werten abhängig gemacht.[386]

Die vom Wasserhaushaltsgesetz lediglich rezipierten Überwachungswerte gelten nach übereinstimmender Definition in den Abwasserverwaltungsvorschriften in der Regel als eingehalten, wenn das arithmetische Mittel der Ergebnisse aus den letzten fünf im Rahmen der staatlichen Gewässeraufsicht durchgeführten Untersuchungen den festgelegten Wert nicht überschreitet (vgl. statt aller Nr. 2.5 der 1. AbwasserVwV – Kloepfer Nr. 200/1). Das Abwasserabgabengesetz kennt damit keine absoluten Höchstwerte mehr, die in *keinem* Fall überschritten werden dürfen.

Nach **bisherigem Recht** waren die Konzentrationswerte für Schadstoffe, die der Abwasser- 234
abgabebescheid zu enthalten hatte, unterschieden in Regelwerte, Höchstwerte und Bezugswerte als Anknüpfungspunkte für verschiedene Aspekte der Abgabeerhebung. Diese Regelung wurde überwiegend als wenig glücklich angesehen.[387] Sie war u. a. deshalb problematisch, weil das Verhältnis zu den ordnungsrechtlich einzuhaltenden Überwachungswerten nicht zweifelsfrei war. Mit der alleinigen Bezugnahme auf die Überwachungswerte schafft die Neuregelung hier größere Klarheit.[388] Sie begibt sich zwar der Möglichkeit, Spitzeneinleitungen („Schmutzstöße") abgabenrechtlich zu sanktionieren, verringert aber auch das aufgrund von Ablaufschwankungen der Abwassereinleitung und Meßungenauigkeiten gegebene Risiko einer auf einzelnen „Ausreißern" beruhenden verzerrenden wirklichkeitsfremden Abgabebemessung.

Nach § 4 Abs. 1 S. 4 AbwAG kann auf die **Festsetzung** von Überwachungswerten 235
für solche Schadstoffe bzw. Schadstoffgruppen **verzichtet** werden, die voraussichtlich nicht die in der Anlage zu § 3 AbwAG angegebenen Schwellenwerte erreichen.

---

381 *Berendes/Winters* (FN 341), S. 56.
382 Vgl. *Salzwedel,* RdWWi. 20 (1977), 57ff.; vgl. auch *Berendes/Winters* (FN 341), S. 59ff.
383 Dazu *Praml,* NuR 1986, 66ff., 69.
384 *Berendes/Winters* (FN 341), S. 22.
385 BT-Drs. 7/2272, S. 23 zu § 20 RegE AbwAG.
386 BT-Drs. 10/5533, S. 12.
387 Vgl. *Meßerschmidt* (FN 299), S. 290ff. m. w. N. Zu sich hieraus ergebenden rechtlichen Einzelfragen BVerwG, DVBl. 1988, 1160f.
388 Im übrigen ist wegen der Abgabebemessung nach Überwachungswerten mit einer spürbaren Steigerung der Abgabehöhe zu rechnen.

3. Korrektive und Ausnahmen

236 Die Veranlagung zur Abwasserabgabe erfolgt jedoch nicht ausschließlich nach dem Bescheidsystem, sondern insgesamt nach einem Mischsystem mit **Bemessungsalternativen,** die freilich nicht gleichwertig sind, sondern nur in Ausnahmefällen eingreifen. So sieht das Abwasserabgabengesetz in bestimmten Fällen Modifikationen des Bescheidsystems vor und nimmt einige Bereiche ganz von der Bescheidlösung aus:

a) Korrektive

237 Die Ausrichtung der Abgabeerhebung am Bescheidwert erscheint als problematisch, wenn **tatsächliche und zugelassene Einleitungen** weit auseinander liegen. Dies gilt sowohl für Über- als auch für Unterschreitungen der Bescheidwerte.

238 Ergibt die Gewässerüberwachung ein einmaliges oder mehr als einmaliges **Überschreiten** der Überwachungswerte, so erhöht sich die Bemessungsgrundlage der Abgabe nach Maßgabe von § 4 Abs. 4 AbwAG.

Hierbei wird die höchste gemessene Überschreitung des Überwachungswertes zur Grundlage der Abgabebemessung. Während bei einmaligem Nichteinhalten die Hälfte der gemessenen prozentualen Überschreitung der Abgabeerhebung zugrunde gelegt wird, führt die mehrmalige Überschreitung zu einer Mehrveranschlagung nach dem vollen Vomhundertsatz.

Die Regelung hat insofern zugleich Sanktionscharakter, als bei einem mehrfachen Überschreiten der Überwachungswerte der Zuschlag sich verdoppelt.[389]

Werden verschiedene Bescheidwerte nicht eingehalten, so bestimmt sich die Erhöhung der Zahl der Schadeinheiten nach dem höchsten anzuwendenden Vomhundertsatz (§ 4 Abs. 4 S. 8 AbwAG).

239 Dagegen ist § 5 AbwAG, der dem Einleiter die Möglichkeit einräumte, aufgrund eigener Messungen eine **Unterschreitung** der Werte des Einleitungsbescheides nachzuweisen und so eine Abgabeminderung herbeizuführen, ab dem 1. 1. 1989 aufgehoben.

240 Nach § 4 Abs. 5 AbwAG kann der Einleiter aber im voraus eine sog. **Verminderungserklärung** abgeben und so eine veränderte Abgabebemessung erwirken. Die Erklärung muß sich auf einen Zeitraum von mindestens drei Monaten beziehen, die prognostizierte Abweichung muß mindestens 20% betragen. Der Gesetzgeber begründet diese Restriktionen verfahrensökonomisch.[390] Allerdings werden so die Nachteile des Bescheidsystems für den bescheidunterschreitenden Benutzer nur begrenzt ausgeräumt.

241 Eine entscheidende, durch § 4 Abs. 5 AbwAG nur bedingt gemilderte Schwäche des Bescheidsystems liegt in der **Verringerung** des umweltpolitischen **Lenkungseffekts** der Abwasserabgabe. Wenn eine Unterschreitung der Zulassungswerte sich nicht ohne weiteres abgabenrechtlich niederschlägt, besteht nur zu leicht statt eines Anreizes zur Einleitungsverminderung die eher gegenteilige Neigung, die bezahlten „Verschmutzungsrechte" auszunutzen.[391] Ein rechtlich erheblicher Widerspruch ge-

---

[389] Vgl. *Henseler,* NVwZ 1987, 551 ff., 554.
[390] Vgl. BT-Drs. 7/5183, S. 6.
[391] Ähnlich *Berendes/Winters* (FN 341), S. 57 f.

gen das „Einleitungsprinzip" oder gar ein verfassungswidriger Verstoß gegen die Abgabengerechtigkeit liegt hierin jedoch noch nicht.[392]

Sofern nur der Lenkungscharakter der Abgabe grundsätzlich erhalten bleibt, braucht nach allgemeinen abgabenrechtlichen Grundsätzen die Abgabeerhebung kein getreues Spiegelbild der tatsächlichen Einleitungen zu sein. Ein solches Erfordernis stellt sich bei keiner Abgabenart. So sind im Steuerrecht **Typisierungen** in weitem Umfang zulässig,[393] aber auch im Gebührenrecht ist neben dem sog. Wirklichkeitsmaßstab eine Wahrscheinlichkeitsveranlagung grundsätzlich zulässig.[394] Dies gilt auch dort, wo die Kommunalabgabengesetze von einer Priorität des Wirklichkeitsmaßstabes ausgehen (vgl. § 6 Abs. 3 S. 2 KAG NW) – zumindest dann, wenn die Verwendung des Wirklichkeitsmaßstabs mit besonderen technischen Schwierigkeiten und übermäßigen Kosten verbunden ist.[395] Der **Wahrscheinlichkeitsmaßstab** ist gewahrt, wenn die Gebührenbemessung im Durchschnitts- oder Regelfall zur Leistungsmenge bzw. dem sonstigen Veranlagungsgrund proportional ist.[396] Bei der Abwasserabgabe handelt es sich nach h. M. um eine Sonderabgabe.[397] Da mit ihr weder die konkrete Gewässerinanspruchnahme noch einzelne zurechenbare staatliche Gegenleistungen (Gewässerschutzmaßnahmen) abgegolten werden,[398] sind die gebührenrechtlichen Maßstäbe auf die Abwasserabgabe nicht unmittelbar anwendbar. 242

Soweit sich aus dem Lenkungscharakter der Abwasserabgabe spezifische Anforderungen i. S. des **Geeignetheitsgebots** ergeben, werden diese durch das (modifizierte) Bescheidsystem zwar nicht optimal erfüllt, aber doch noch nicht im Rechtssinne verletzt. Für das Bescheidsystem sprechen im übrigen sachliche Gründe, insbesondere der Verwaltungsvereinfachung, die selbst eine gewisse Einbuße an Lenkungswirkung rechtfertigen. Die sich in Grenzen haltende mögliche Diskrepanz zwischen Bescheidsystem und tatsächlichen Einleitungswerten ist daher abgabenrechtlich nicht zu beanstanden. 243

Aus denselben Erwägungen dürfte letztlich auch der im Schrifttum – vom Tatsächlichen her wohl teilweise zu Recht – erhobene Vorwurf der **Ungenauigkeit der Meßverfahren** (s. o. Rn. 227) regelmäßig kein durchschlagendes rechtliches Gewicht besitzen.[399] 244

b) Ausnahmen

Soweit in dem die Abwassereinleitung zulassenden Bescheid keine für die Ermittlung der Abwasserabgabe erforderlichen Bescheidwerte vorliegen, sieht § 6 AbwAG notwendigerweise eine Ausnahme vom Bescheidsystem vor. Anstelle der Bescheidlösung erfolgt dann die Abgabefestsetzung aufgrund einer **„Selbstveranlagung"** durch den Einleiter. Gibt der Einleiter die Erklärung nicht ab, erfolgt die Abgabeerhebung aufgrund von behördlichen **Messungen** und – hilfsweise – **Schätzungen** (§ 6 AbwAG); dazu gehört auch der Fall, daß überhaupt kein Bescheid vorliegt, also die 245

[392] Dazu und zum folgenden *Kloepfer,* FS 125 J. Juristische Gesellschaft zu Berlin, 1984, S. 315ff., 319ff., und *Meßerschmidt* (FN 299), S. 253ff.

[393] BVerfGE 13, 331 (341); 31, 119 (130f.); aus dem Schrifttum vgl. nur etwa *Isensee,* Die typisierende Verwaltung, 1976, insbes. S. 101ff.

[394] Vgl. *Meßerschmidt* (FN 299), S. 160ff. m. w. N.

[395] Vgl. *Wilke* (FN 378), S. 215 m. w. N.

[396] VGH Kassel, DVBl. 1983, 949ff., 950ff.; VGH Mannheim, DVBl. 1984, 345ff., 345; OVG Münster, DVBl. 1984, 348ff., 349; im Schrifttum etwa *Breuer* (FN 99), S. 369 (Rn. 563); *Henseler* (FN 140), S. 169ff.; *P. Kirchhof* (FN 353), S. 21ff.

[397] Vgl. *P. Kirchhof* (FN 353), S. 31ff.; *Kloepfer,* JZ 1983, 742ff., 748; *Meßerschmidt* (FN 299), S. 220ff.; *M. Schröder,* DÖV 1983, 667ff., 668 m. w. N.

[398] Dazu im einzelnen *Meßerschmidt* (FN 299), S. 199ff. m. w. N.

[399] Hierzu näher *Meßerschmidt* (FN 299), S. 283ff. m. w. N.

illegale Abwassereinleitung.[400] Insbesondere behördliche Schätzungen spielten in der bisherigen Praxis eine wichtige Rolle.

Für die Abgabeerhebung aufgrund behördlicher Messung gilt nach einem noch zu § 6 AbwAG a. F. ergangenen Urteil des BVerwG ebenfalls das Überwachungswertkonzept (s. o. Rn. 233), d. h. das abgaberelevante Ergebnis einer behördlichen Überwachung i. S. von § 6 Abs. 1 S. 1 AbwAG a. F. setzt das Vorliegen von mindestens fünf verwertbaren Untersuchungen aus dem Veranlagungszeitraum voraus.[400a] Dies impliziert eindeutig auch der neue § 6 Abs. 1 S. 2 AbwAG, wonach der Ermittlung der Schadeinheiten jeweils das höchste Meßergebnis aus der behördlichen Überwachung zugrunde zu legen ist.

246 Zum anderen sind vom Abwasserabgabengesetz in zwei Fällen **Pauschalierungen** vorgesehen:
- bei Einleitung von verschmutztem Niederschlagswasser (§ 7 AbwAG) und
- bei Kleineinleitungen (§ 8 AbwAG).

247 Unter **Kleineinleitungen** versteht das Gesetz Wasser aus Haushaltungen und ähnliches Schmutzwasser, für das eine Körperschaft des öffentlichen Rechts nach § 9 Abs. 2 S. 2 AbwAG abgabepflichtig ist. Die Grenze liegt bei einem Einleitevolumen von 8 Kubikmeter pro Tag im Jahresdurchschnitt, sie entspricht etwa der Kapazität einer Kleinkläranlage.[401] Eine Einzelveranlagung nach Bescheidwerten wäre in solchen Fällen zu aufwendig.

248 Zu beachten ist, daß aufgrund der Überleitung der Abgabepflicht die pauschalierte Abwasserabgabe nicht von den Einleitern, sondern von der öffentlich-rechtlichen Körperschaft, meist also der Gemeinde, zu zahlen ist. Diese sog. **Kleineinleiterabgabe** stellt nach der Rechtsprechung ebenfalls eine zulässige Sonderabgabe dar,[402] falls man sie überhaupt rechtlich von der als Sonderabgabe einzustufenden Abwasserabgabe (s. o. Rn. 242) separieren darf.

249 Die Kleineinleiter selbst entrichten – ähnlich Kanalisationsbenutzern – eine **Umlage** (vgl. § 9 Abs. 2 S. 3 AbwAG, z. B. mit § 2 LAbwAG Rh.-Pf.). Diese von den Kleineinleitern an die Gemeinden zu entrichtende Abgabe wird landesgesetzlich teilweise als Kommunalabgabe (z. B. Art. 8 Abs. 3 S. 1 BayAbwAG) oder als Gebühr (§ 65 Abs. 1 S. 1 LWG NW) qualifiziert. Hiervon abweichend hat das OVG Münster auch in ihr eine Sonderabgabe gesehen.[403]

250 Durch § 8 Abs. 2 AbwAG, der am 1. 1. 1989 in Kraft trat, wird den Ländern die Möglichkeit gegeben, auf die Erhebung der Kleineinleiterabgabe zu verzichten. Ziel dieser Regelung ist die weitgehende **Abschaffung der Kleineinleiterabgabe,** die nach Auffassung einiger Bundesländer wegen mangelnder Anreizwirkung umweltpolitisch sinnlos ist.[404] Unter den Voraussetzungen des § 8 Abs. 2 S. 2 AbwAG, also insbesondere bei einer technisch fortschrittlichen Abwasserbehandlung, ist die Abgabebefreiung zwingend vorgeschrieben.

---

[400] Vgl. *Berendes/Winters* (FN 341), S. 83.
[400a] BVerwG, DVBl. 1988, 1157ff., 1157f. Für eine einheitliche Anwendung des Überwachungswertkonzepts bereits *Meßerschmidt* (FN 299), S. 290ff.
[401] Vgl. *Berendes/Winters* (FN 341), S. 89.
[402] OVG Münster, OVGE 36, 291; dazu *Salzwedel/Nacke,* NVwZ 1985, 711ff., 718f.
[403] OVG Münster, OVGE 36, 291 (295).
[404] Vgl. BT-Drs. 10/6656, S. 20.

Die **Abgabe für Niederschlagswasser** richtet sich grundsätzlich nach der Zahl der an die öffentliche Kanalisation angeschlossenen Personen, doch variieren die landesrechtlichen Einzelregelungen erheblich. Für die Einleitung von Niederschlagswasser von befestigten gewerblichen Flächen über eine nichtöffentliche Kanalisation ist ab dem 1. 1. 1989 § 7 Abs. 1 S. 2 und 3 AbwAG maßgeblich (s. o. Rn. 221). 251

Gemäß § 7 Abs. 2 AbwAG, der durch die Zweite Novelle zum Abwasserabgabengesetz neu eingeführt worden ist, können die Länder jedoch ganz oder teilweise auf die **Erhebung** der Abgabe für Niederschlagswassereinleitungen **verzichten.** Damit werden bereits bisherige landesrechtliche Regelungen, die eine generelle Freistellung vorsehen (vgl. z. B. § 8 AG-AbwAG SH) nachträglich gewissermaßen sanktioniert. Nach bisherigem Recht unterlag sie unter dem Gesichtspunkt des Art. 31 GG verfassungsrechtlichen Bedenken.[405] 252

4. Abzüge

Die Abgabe richtet sich grundsätzlich nach den Einleitungswerten. Hiervon sind jedoch mögliche Vorbelastungen und – nach bisherigem Recht – der sog. Vorabzug in Abzug zu bringen. 253

a) Vorbelastung

Dem Abgabepflichtigen, der bereits verschmutztes Wasser aus einem Gewässer entnimmt und nach Gebrauch wieder einleitet, soll die **Fremdverschmutzung** nicht zugerechnet werden. Ihn auch insoweit zur Abgabe heranzuziehen, wäre vom Verursacherprinzip (s. o. § 3 Rn. 27ff.) nicht gedeckt. § 4 Abs. 3 AbwAG berücksichtigt daher – ähnlich wie § 10 Abs. 1 Nr. 1 AbwAG, der vom Fall der Nicht-Weiterverschmutzung ausgeht – zugunsten des Einleiters die sog. Vorbelastung. Damit wird die primär emissionsbezogene Betrachtungsweise des Abwasserabgabengesetzes korrigiert. Die Vorbelastung wird jedoch nur bei unmittelbar aus einem Gewässer entnommenem Wasser (nicht bei Belieferung über die Wasserversorgungsleitung) und nur auf Antrag (im Unterschied zu § 10 Abs. 1 Nr. 1 AbwAG) berücksichtigt. Statt der Schätzung der Schadstoffkonzentration im Einzelfall kann die mittlere Schadstoffkonzentration von den Ländern auch einheitlich festgelegt werden. 254

b) Vorabzug

Die Anlage zu § 3 AbwAG a. F. bestimmte im Teil A Abs. 1 S. 1, daß bei der Bestimmung der Schädlichkeit des Abwassers vorab von den (ab 1989 nicht mehr abgaberelevanten) absetzbaren Stoffen 0,1 ml je Liter Abwasser und von den oxidierbaren Stoffen 15 mg je Liter Abwasser abzuziehen sind. Diese Regelung ist mit der Zweiten Novelle des Abwasserabgabengesetzes **aufgehoben** worden. Auf eine Darstellung der mit ihr verbundenen Probleme – etwa der Verrechnung von Vorabzug und Vorbelastung – kann daher verzichtet werden. Soweit Sachverhalte noch nach altem Recht zu beurteilen sind, ist die Rechtsauffassung des BVerwG zu beachten, wonach die nach § 4 Abs. 3 S. 1 AbwAG a. F. anzurechnende Vorbelastung um den 255

---

[405] Vgl. *Kollmann,* Abwasserabgabenrecht Schleswig-Holstein, 1982, zu § 8; *Henseler* (FN 140), S. 181; *Roth,* in: Wüsthoff/Kumpf (FN 158), § 7 AbwAG Rn. 10.

Vorabzug zu mindern ist, der sich aus Abschnitt A Abs. 1 S. 1 der Anlage zu § 3 AbwAG a. F. ergibt.[406]

c) Schwellenwerte

256 Dafür sieht § 4 Abs. 1 S. 4 AbwAG i. V. mit der Anlage zu § 3 (Teil A Abs. 1) bestimmte Schwellenwerte vor: Soweit zu erwarten ist, daß Schadstoffe oder Schadstoffgruppen im Abwasser unterhalb dieser Schwellenwerte bleiben, kann insoweit von der Festlegung von Überwachungswerten abgesehen werden. Im Unterschied zum früheren Vorabzug handelt es sich allerdings um eine Vergünstigung, die nur **Bagatellemissionen** zugute kommt (wobei auch den dort bestehenden meßtechnischen Problemen Rechnung getragen wird),[407] während ein genereller Abzug der Schwellenwerte im Sinne einer „Verschmutzungsfreigrenze"[408] auch bei Mehreinleitungen nicht (mehr) in Betracht kommt.

5. Abgabesatz

257 Die errechneten Schadeinheiten werden *einzeln* mit dem Abgabesatz multipliziert. Ihre Summe bildet – vorbehaltlich einer Abgabereduzierung (s. Rn. 259ff.) – die Abgabeschuld.

Das Abwasserabgabengesetz hat den Abgabesatz zeitlich gestaffelt: Beginnend mit einem Abgabesatz von 12 DM ab dem 1. 1. 1981 bei jährlichen Steigerungen um 6 DM bis 1. 1. 1985 wurde der volle Abgabesatz von 40 DM zum 1. 1. 1986 erreicht. Dieser Endsatz bietet bei wirtschaftlicher Betrachtungsweise einen Anreiz zu einem Gesamtreinigungsgrad von ca. 75%.[409] Doch sind auch politische Anreizeffekte zu berücksichtigen.[410] Eine Erhöhung des Abgabesatzes ist geplant.[410a]

258 Bei der Kritik an der (nach Ansicht mancher zu geringen) Abgabehöhe wird übersehen, daß die Einleiter neben der Abwasserabgabe noch weitere Zahlungspflichten treffen können, beispielsweise Wasserverbandsbeiträge, die zu einer beträchtlichen **Belastungskumulation** führen können.[411] Im übrigen wird wegen der neuen Parameter und der Umstellung der Bescheide auf die Überwachungswerte mit spürbar erhöhten Abgaben gerechnet.[412]

259 Die **Staffelung** der Abgabesätze gab § 9 Abs. 4 AbwAG den Charakter einer schonenden Übergangsregelung. Einer besonderen Übergangsregelung bedurfte es daher nicht mehr.[413]

---

[406] BVerwG, DÖV 1988, 640ff., 641 (sog. Verrechnungslösung), a. A. (für sog. Additionslösung) zuvor *Kloepfer,* UPR 1983, 313ff.

[407] Hierzu näher *Meßerschmidt* (FN 299), S. 168 Anm. 828 und S. 283ff. m. w. N.

[408] *Kloepfer,* UPR 1983, 313ff., 317ff.

[409] *E. Rehbinder* (FN 92), S. 248; insoweit ist die Annahme in der Begründung zu § 18 des Regierungsentwurfs, der Abgabesatz sei so bemessen, daß er nicht unter den auf das Jahr umgerechneten Bau- und Betriebskosten mittelgroßer Kläranlagen im kommunalen Bereich liege (BT-Drs. 7/2272, S. 36, 37), nicht mehr zutreffend. Dies ist auch der einhellige Tenor der umweltökonomischen Fachliteratur, vgl. nur *Wicke,* Umweltökonomie, 1982, S. 227f.

[410] Vgl. dazu *Hansmeyer,* Vorauswirkungen der Abwasserabgabe, 1978, passim.

[410a] Vgl. FAZ Nr. 64 v. 16. 3. 1989, S. 1.

[411] Vgl. dazu im einzelnen *Kloepfer,* VerwArch. 74 (1983), 201ff.

[412] BT-Drs. 10/5533, S. 2.

[413] Vgl. dagegen noch die im Regierungsentwurf BT-Drs. 7/2272 in §§ 36, 37 RegE AbwAG vorgesehene Härteregelung.

Betrachtet man ferner die lange Vorlaufzeit des Gesetzes von der Einbringung des ursprünglichen Gesetzentwurfs der Bundesregierung im Bundestag (18. 6. 1974) über die Verabschiedung des Gesetzes (13. 9. 1976), das Inkrafttreten (1. 1. 1978, § 18 AbwAG a. F.) bis hin zum erstmaligen Entstehen der Abgabepflicht (1. 1. 1981, § 9 Abs. 4 AbwAG a. F.), so kann eine ausreichende – teilweise sogar als zu lang kritisierte – Anpassungsfrist konstatiert werden. So sollte ursprünglich der jetzt erst nach 1986 fällige Abgabesatz von 40 DM bereits ab 1. 1. 1980 erhoben werden.[414] Der langfristige, maßgeblich auf die Vorwirkung von Gesetzen[415] bauende Ankündigungseffekt und die Staffelung des Abgabesatzes hatten jedoch auch Vorteile, die für den Gesetzgeber motivierend waren: Vermieden wurde eine ruckartige, die Kapazität der Anbieter von Gewässerschutztechnik überfordernde Nachfrage, die Sanierungsmaßnahmen konnten auf eine Reihe von Jahren verteilt werden.[416]

Mit entsprechenden Erwägungen läßt sich auch die lange Frist von der Verkündung bis zum Inkrafttreten der Zweiten Novelle zum Abwasserabgabengesetz erklären.

6. *Abgabereduzierung*

Gemäß § 9 Abs. 5 S. 1 AbwAG in der ab 1. 1. 1989 geltenden Fassung ermäßigt sich der Abgabesatz um die Hälfte für die Schadeinheiten, die nicht vermieden werden, obwohl die durch Bescheid oder Erklärung nach § 6 Abs. 1 S. 1 AbwAG fixierten Einleitungswerte den Anforderungen des § 7a Abs. 1 WHG **(allgemein anerkannte Regeln der Technik)** entsprechen, und diese Anforderungen im Veranlagungszeitraum eingehalten werden. Die Regelung knüpft an die frühere „Restschmutzhalbierung" nach § 9 Abs. 5 AbwAG a. F. an,[417] stellt diese aber in einen veränderten und wesentlich differenzierteren Kontext. 260

Ausgenommen von der Abgabeminderung ist der Fall der entgegen den allgemein anerkannten Regeln der Technik erfolgenden **Verdünnung** und Vermischung des Abwassers (§ 9 Abs. 5 S. 1 Nr. 2 AbwAG, s. auch o. Rn. 229).

Bei Einhaltung höherer Anforderungen tritt eine **weitere Ermäßigung** ein (§ 9 Abs. 5 S. 2 AbwAG). Die Abgabe fällt dabei proportional um den Vomhundertsatz, um den die allgemein anerkannten Regeln der Technik übertroffen werden. 261

Zu beachten ist, daß diese zusätzliche Abgabeminderung im Regelfall nur eintritt, wenn ein Einleiter die ihm **behördlicherseits** vorgegebenen strengeren **Anforderungen** erfüllt. Nicht zusätzlich honoriert werden dagegen dem Anschein nach Einleiter, die *freiwillig* mehr für den Gewässerschutz leisten.[418] Als Hauptmotiv der Regelung scheint sich somit die Prämierung des Rechtsgehorsams und nicht – wie man hätte erwarten können – die Ermutigung überobligatorischer Gewässerschutzmaßnahmen zu erweisen. 262

Zu beachten ist jedoch, daß der Einleitungsbescheid nicht gänzlich einseitig durch die Behörde festgelegt wird, sondern auch den vorausgegangenen Antrag des Einleiters reflektiert (s. o. Rn. 232). Eine Möglichkeit, in den Genuß der vollen Abgabeermäßigung zu gelangen, besteht für den Einleiter darin, seinerseits strenge Überwachungswerte zu beantragen.

---

[414] Vgl. BT-Drs. 7/2272, S. 11 (§ 18 RegE AbwAG).
[415] Hierzu ausführlicher *Kloepfer,* Vorwirkung von Gesetzen, 1974.
[416] BT-Drs. 7/5183, S. 4.
[417] Vgl. zu dieser *Meßerschmidt* (FN 299), S. 190 und 260f. m. w. N.
[418] Dazu kritisch *Henseler,* NVwZ 1987, 551ff., 555.

Die vom Kooperationsprinzip (s. § 3 Rn. 44) geprägte Praxis der Quasi-„Vereinbarung" von Einleitungsbescheiden im Sinne „ausgehandelter" Verwaltungsakte relativiert insofern das Bild von § 9 Abs. 5 AbwAG als einer „Ungehorsamsstrafe" bzw. Legalitätsprämie. Hierdurch kommt der ursprüngliche Gedanke einer „dynamischen Anreizwirkung" der Abgabe doch stärker zur Wirkung, als es der bloße Gesetzestext zu erkennen gibt.

263 Ist nach § 7a Abs. 1 WHG für Abwassereinleitungen mit gefährlichen Inhaltsstoffen der **Stand der Technik** anzuwenden, so ermäßigt sich bei Festsetzung bzw. Erklärung und Einhaltung dieser Anforderungen der Abgabesatz um 80% (§ 9 Abs. 6 AbwAG).

264 Die Regelung des § 9 Abs. 5 und 6 AbwAG stellt einen **Kompromiß** zwischen zwei Extremauffassungen dar: Selbstverständliches wie die Einhaltung gesetzlicher Anforderungen dürfe überhaupt nicht prämiert werden bzw. umgekehrt, wasserrechtlich legale Einleitungen müßten gänzlich abgabefrei bleiben.[419] Die Abgabebelastung wasserrechtlich legaler Einleitungen stellt freilich keinen unzulässigen normativen Wertungswiderspruch dar, weil das rechtliche Nicht-Verbot einer Handlung nicht gleichbedeutend mit ihrer Billigung ist (s. auch § 4 Rn. 32).[420] Es entspricht vielmehr dem Verhältnismäßigkeitsgrundsatz, im Vorfeld der absolut unerträglichen und daher untersagten Gewässerbelastungen die ebenfalls unerwünschten, aber noch nicht verbotenen Schadstoffeinleitungen mit dem flexibleren und milderen Mittel der influenzierenden Abgabe zu belegen. Gleichwohl bleibt die Abgabereduzierung nach § 9 Abs. 5 und 6 AbwAG rechtspolitisch umstritten.[421]

265 Besondere Rechtsprobleme ergeben sich aus der **Anknüpfung** der Abgabesatzhalbierung an die in **Verwaltungsvorschriften** enthaltenen Mindestanforderungen. Solange entsprechende Verwaltungsvorschriften noch nicht erlassen waren, wurden beispielsweise von Teilen des Schrifttums eine Abgabeermäßigung für ausgeschlossen gehalten[422] oder als Zwischenlösung Nachforderungs- bzw. Rückzahlungsvorbehalte (bei vorläufiger pauschaler Abgabesatzhalbierung oder Aussetzung der Abgabeermäßigung) empfohlen.[423] Den Verwaltungsvorschriften kommt indessen – selbst wenn man sie nicht mit der klassischen Rechtsquellenlehre auf den Status von Binnenrechtssätzen reduziert und ihnen im Einzelfall normkonkretisierende Bedeutung beimißt (s. § 2 Rn. 44) – keine konstitutive Wirkung nach außen zu. Ihr Fehlen zieht daher auch keine „Normaufschiebung" nach sich.

266 Der prinzipielle **Vorrang der gesetzlichen Regelung** in § 9 Abs. 5 und 6 AbwAG vor den Verwaltungsvorschriften muß aber auch denjenigen Kritikern entgegenge-

---

[419] Vgl. *Berendes/Winters* (FN 341), S. 102ff.

[420] Vgl. grundlegend *P. Kirchhof,* Unterschiedliche Rechtswidrigkeiten in einer einheitlichen Rechtsordnung, 1978. Speziell im Hinblick auf die Abwasserabgabe *ders.* (FN 353), S. 43. Weitere Nachw. bei *Meßerschmidt* (FN 299), S. 167f.

[421] Vgl. nur *Berendes,* DÖV 1981, 747ff., 751; *Brandt,* WiVerw. 1983, 175ff., 181; *Hartkopf/Bohne* (FN 3), S. 405 m. w. N.; kritisch zur Beibehaltung der Abgabenreduzierung in der Zweiten Novelle zum AbwAG z. B. *Praml,* NuR 1986, 66ff., 70.

[422] *H.-P. Sander,* DB 1978, 194ff., 198; *Sieder/Zeitler/Dahme* (FN 113), § 7a WHG Rn. 22; ähnlich wohl *Menke-Glückert,* Kor.Abw. 1980, 371f., 372, der für den Fall, daß Verwaltungsvorschriften nicht rechtzeitig vorliegen sollten, auf den „Auffangtatbestand" des § 6 AbwAG verweist. Dagegen statt vieler *Berendes,* DÖV 1981, 747ff., 751 m. w. N. Vgl. zum Ganzen auch *Kloepfer,* NuR 1984, 258ff.

[423] *Salzwedel,* Kor.Abw. 1979, 559ff., 562.

halten werden, welche die Festlegung des Abgabesatzes durch **Administrativrecht** beanstanden.[424] Befriedigend ist freilich nicht, daß es praktisch weitgehend von der Verwaltungspraxis abhängt, ob die Voraussetzungen des Herabsetzungsanspruchs gegeben sind.[425] Soweit die gesetzlichen Voraussetzungen der Abgabeverminderung erfüllt sind, hat der Abgabepflichtige freilich auch einen Rechtsanspruch auf Ermäßigung des Abgabesatzes.[426]

Aufgehoben wurde die bis zum 31. 12. 1989 befristete **Härteregelung** des § 9 Abs. 6 AbwAG a. F., von der kein Gebrauch gemacht wurde. 267

Von der Aufhebung dieser als Übergangshilfe für regionale und sektorale Gruppen von Abgabepflichtigen gedachten Verordnungsermächtigung unberührt bleibt die Möglichkeit, nach anderen Vorschriften (z. B. § 80 Abs. 2 und 3 LWG NW) *individuellen* Härtefällen (etwa durch Stundung der Abgabeschuld) Rechnung zu tragen.

V. Verwendung des Abgabeaufkommens

Das Abgabeaufkommen, das in den Jahren 1981 bis 1985 nach amtlichen Schätzungen jährlich über 300 Mio DM betrug[427] und eher noch steigen dürfte, ist von den Ländern **zweckgebunden** für Maßnahmen der Erhaltung oder Verbesserung der Gewässergüte zu verwenden (§ 13 AbwAG).[428] Darunter fallen direkte Gewässerschutzmaßnahmen, aber auch Forschungs- und Entwicklungsarbeiten. Durch Förderungsmaßnahmen können Mittel auch in den Kreis der Abgabepflichtigen zurückfließen.[429] Damit ist das ursprünglich strikte Verständnis des Verursacherprinzips als Subventionsverbot[430] (s. o. § 3 Rn. 27ff.) aufgegeben und einer pragmatischeren Sicht gewichen. Im Einzelfall ist freilich darauf zu achten, daß die Mittelvergabe nicht kontraproduktiv zum Lenkungszweck oder grob wettbewerbsverzerrend wirkt. Vergabegrundsätze zum Verfahren der Mittelvergabe können hier nicht dargestellt werden.[431] 268

Gemäß § 13 Abs. 1 S. 2 AbwAG dürfen die Länder aus dem Abgabeaufkommen auch den beim Vollzug des Abwasserabgabengesetzes und der ergänzenden landesrechtlichen Vorschriften entstehenden **Verwaltungsaufwand** decken (der bislang übrigens den Großteil des Abgabeaufkommens aufzehrt). Die meisten Landesgesetze 269

---

[424] Vgl. insbes. *M. Schröder,* DÖV 1983, 667ff., 673. *Salzwedel,* Kor.Abw. 1979, 559ff., 560, spricht in diesem Zusammenhang von „apokrypher Gesetzesdelegation". Vgl. zum Ganzen auch *Meßerschmidt* (FN 299), S. 260ff. m. w. N.

[425] So auch *Berendes,* DÖV 1981, 743ff., 751.

[426] Vgl. *Kloepfer,* NuR 1984, 258ff.

[427] Vgl. wegen genauerer Angaben *Hartkopf/Bohne* (FN 3), S. 395, und *ATV Fachausschuß 2.4* (FN 336), S. 35.

[428] Vgl. allgemein zur Zweckbindung von Umweltabgaben *Meßerschmidt* (FN 299), S. 180ff.

[429] *Berendes/Winters* (FN 341), S. 150f.

[430] Vgl. zur Darstellung und kritischen Auseinandersetzung mit der ursprünglichen Position *E. Rehbinder,* Rechtliche und politische Probleme des Verursacherprinzips, 1973, S. 28, 94ff. m. w. N. Ein strikteres Verständnis des Verursacherprinzips liegt beispielsweise noch der im Umweltbrief Nr. 31 des Bundesministeriums des Innern vom 26. 10. 1973 erhobenen Forderung zugrunde, das Abgabeaufkommen müsse vorrangig für solche Vorhaben verwendet werden, die nicht im nachhinein zu einer Kostenentlastung des einzelnen Verursachers führen (S. 12f.).

[431] Zu den Vergabegrundsätzen *Berendes/Winters* (FN 341), S. 152f. Zur Wettbewerbsrelevanz der Mittelvergabe *Salzwedel* (FN 94), S. 633.

enthalten entsprechende Verwendungsklauseln (vgl. etwa §§ 18, 20 HAbwAG, § 17 LAbwAG Rh.-Pf.). Die Verzahnung von Abgabeerhebung und wasserrechtlichem Vollzug insbesondere im Rahmen der Überwachung ist freilich – systemwidrig – dazu angetan, das Abgabeaufkommen in die Finanzierung des allgemeinen wasserrechtlichen Vollzugs einfließen zu lassen und damit doch indirekt den staatlichen Finanzbedarf zu decken.[432]

VI. Rechtsschutzfragen

270 Wegen der inhaltlichen Verzahnung von Abgabe- und Einleitungsbescheid ist grundsätzlich zu beachten, daß der **Abgabebescheid** nur aus spezifisch abgabenrechtlichen Gründen angegriffen werden kann und nicht unter Gesichtspunkten, die bereits Gegenstand des bestandskräftigen Einleitungsbescheides sind (vgl. zu Rechtsschutzmöglichkeiten insoweit § 5 Rn. 13ff.).

1. Vorläufiger Rechtsschutz

271 Die eine Zeitlang vieldiskutierte Frage des vorläufigen Rechtsschutzes gegenüber Abgabebescheiden, die in der Rechtsprechung unterschiedlich behandelt wurde,[433] ist durch die Einfügung eines § 12a in das Abwasserabgabengesetz[434] geklärt worden. Widerspruch und Anfechtungsklage gegen die Anforderung der Abgabe haben hiernach keine aufschiebende Wirkung.

2. Angriffsmöglichkeiten gegen den Abwasserabgabenbescheid

272 Da Einleitungs- und Abgabebescheid zwar inhaltlich verschränkte, rechtlich aber selbständige Entscheidungen darstellen, sind beide isoliert anfechtbar, die Angriffsmöglichkeiten gegen den Abgabebescheid jedoch spezifisch begrenzt.[435] Namentlich können bestimmte Einwendungen infolge der Bestandskraft des Einleitungsbescheides präkludiert sein.

So kann sich der Abgabepflichtige beispielsweise gegen den Abgabebescheid nicht mit der Begründung wenden, die zugrundeliegenden Bescheidwerte seien nicht richtig festgelegt worden.

273 Auch wenn die Grunddaten für die Abgabeerhebung bereits mit dem wasserrechtlichen Bescheid feststehen, sind die Beanstandungsmöglichkeiten gegenüber dem Abgabebescheid dennoch vielfältig. Gegenstand von Auseinandersetzungen können beispielsweise sein:

- die Behauptung eines Ausnahmetatbestandes gemäß § 10 AbwAG,
- Anwendungsprobleme der Bewertungstabelle in der Anlage zu § 3 AbwAG,
- die Berücksichtigung der Vorbelastung gemäß § 4 Abs. 3 AbwAG,
- von den Werten des Bescheides abweichende Ergebnisse der Gewässerüberwachung nach § 4 Abs. 4 AbwAG,
- das Herabsetzungsverlangen des Einleiters nach § 4 Abs. 5 AbwAG,

---

[432] Hierzu kritisch etwa *Salzwedel* (FN 94), S. 632.
[433] Hierzu näher *Kloepfer*, JZ 1983, 742ff. m. w. N.
[434] Erstes Gesetz zur Änderung des Abwasserabgabengesetzes v. 14. 12. 1984 (BGBl. I S. 1515).
[435] Vgl. zum Ganzen, insbes. zur nachstehenden Aufstellung *Berendes/Winters* (FN 341), S. 139f.

- die Ermittlung von Schadeinheiten außerhalb der Bescheidlösung über § 6 AbwAG,
- die Pauschalierungen nach §§ 7, 8 AbwAG,
- der Abgabesatz (§ 9 Abs. 4 AbwAG),
- der Ermäßigungsanspruch nach § 9 Abs. 5 und 6 AbwAG für den sog. Restschmutz,
- die Schätzung der Schadeinheiten bei Verletzung der Erklärungspflicht gemäß § 12 AbwAG,
- die Heranziehung des nicht abgabepflichtigen Einleiters nach § 12 Abs. 2 AbwAG.

§ 12 Abfallrecht

Schrifttum: *Altenmüller,* Zum Begriff „Abfall" im Recht der Abfallbeseitigung, DÖV 1978, 27ff.; *Aschfalk,* Besteuerung und Abfallwirtschaft, 1983; *Atzpodien,* Maßnahmen gegen Verpackungen nach dem neuen Abfallgesetz im Lichte des Übermaßverbotes, DB 1987, 727ff.; *Backes,* Das neue Abfallgesetz des Bundes und seine Entstehung, DVBl. 1987, 333ff.; *Bälder,* Recht der Abfallwirtschaft, 1979; *Bartels,* Abfallrecht, 1987; *Baumgartner,* Pflicht zur Beseitigung von Autowracks nach Abfallrecht?, NVwZ 1987, 958; *Becker,* Altlasten – eine Renaissance der polizeirechtlichen Gefahrenabwehr?, NVwZ 1987, 781f.; *Beckerath,* Die Beseitigung von Sondermüll, 1984; *Bendel,* Zur Anwendung des § 15 Abs. 1 AbfallG, AgrarR 1972, 410ff.; *Benkert,* Organisation und Finanzierung der Altlastensanierung, ZfU 1987, 207ff.; *Bergmüller,* Die Neuordnung des Abfallrechts durch das Gesetz über die Vermeidung und Entsorgung von Abfällen (Abfallgesetz – AbfG) vom 27. August 1986, BayVBl. 1987, 193ff.; *Binder,* Hessens neues Abfallrecht, 1985; *Birk/Schaupp-Haag,* Rechtsfragen bei der wirtschaftlichen Verwertung von „Deponiegasen" aus stillgelegten Mülldeponien, VBlBW 1986, 126ff.; *Birn/Jung* (Hg.), Abfallbeseitigungsrecht für die betriebliche Praxis, 1985ff.; *Blankart,* Umweltschutzorientierte Sonderabgaben und ihre Alternativen. B. Besteuerung und Haftung im Sondermüllbereich, in: K. Schmidt (Hg.), Öffentliche Finanzen und Umweltpolitik I, 1988, 67ff.; *Bothe,* Rechtliche Spielräume für die Abfallpolitik der Länder nach Inkrafttreten des Bundesgesetzes über die Vermeidung und Entsorgung von Abfällen vom 27. 8. 1986, NVwZ 1987, 938ff.; *ders./W. Müller,* Abfallbeseitigung im Spannungsfeld zwischen öffentlichem und privatem Recht, StT 1984, 630ff.; *E. Brandt,* Finanzierung der Altlastensanierung im Abfallbereich, 1987; *ders.* (Hg.), Altlasten – Untersuchung, Sanierung und Finanzierung, 1988; *ders./Diekmann/Wagner,* Altlasten und Abfallproduzentenhaftung, 1987; *ders./Lange,* Kostentragung bei der Altlastensanierung, UPR 1987, 11ff.; *Breuer,* Die Abgrenzung zwischen Abwasserbeseitigung, Abfallbeseitigung und Reststoffverwertung, 1985; *ders.,* „Altlasten" als Bewährungsprobe der polizeilichen Gefahrenabwehr und des Umweltschutzes – OVG Münster NVwZ 1985, 355, JuS 1986, 359ff.; *ders.,* Rechtsprobleme der Altlasten, NVwZ 1987, 751ff.; *Brosche,* „Wilder Müll", DVBl. 1977, 235ff.; *Brückner,* Raumvorsorgeplanung für das Abfallwesen in Nordrhein-Westfalen, vr 1984, 373ff.; *Buckenberger,* Strafrecht und Umweltschutz – Möglichkeiten und Grenzen. Dargestellt anhand der Abfallbeseitigung, 1975; *Budde/G. W. Müller,* Die Einsatzmöglichkeiten für externe Abfallbeauftragte anhand praktischer Beispiele, MuA 1979, 281ff.; *Bundesministerium des Innern* (Hg.), Abfallwirtschaftsprogramm '75 der Bundesregierung, 1976; *Burchard,* Inhalt und Auswirkungen der neuen Klärschlammverordnung, Gemeinde (BW) 1982, 565ff.; *Cronauge,* Auswirkungen des neuen Abfallgesetzes auf Kreise und Gemeinden, StGR 1987, 99ff.; *ders./Feller,* Neugestaltung des Klärschlammbeseitigungsrechts, Städte- und Gemeindebund 1982, 284ff.; *Czychowski,* Das Verhältnis der abfallrechtlichen Planfeststellung zur wasserrechtlichen Erlaubnis und Bewilligung, ZfW 1974, 208ff.; *Diederichsen,* Die Verantwortlichkeit für Altlasten im Zivilrecht, in: Forschungsstelle für Umwelt- und Technikrecht (Hg.), Altlasten und Umweltrecht (UTR 1), 1986, S. 117ff.; *Dienes/Oligmüller/Rinne/Schmidt/Strasen/Zillmer,* Rechtliche Behandlung von Altlasten, RdE 1987, 86ff.; *Doedens/Kölble/Loschelder/Salzwedel,* Die Zuständigkeit der Landkreise für die Abfallbeseitigung, 1982; *Doms,* Rechtsgrundlagen der Beseitigung von Autowracks, 1978; *Doose,* Zur Abfallbeseitigung durch öffentlich-rechtliche Körperschaften, StT 1982, 234ff.; *ders.,* Das neue Abfallgesetz des Bundes, StT 1987, 133ff.; *ders.,* Sonderabfallentsorgung und Altlastenfinanzierung, StT 1987, 304ff.; *Dorstewitz/Hoffmann/Selke,* Wirksame Instrumente zur Lösung von Altlastenproblemen, Landkreis 1986, 200ff.; *Eckert,* Die Entwicklung des Abfallrechts, NVwZ 1985, 388ff.; *ders.,* Das neue hessische Abfallrecht, NVwZ 1986, 192f.; *ders.,* Reform des Abfallrechts, NVwZ 1986, 898ff.; *ders.,* Die Entwicklung des Abfallrechts, NVwZ 1987, 951ff.; *Eder,* Die Grundlagen einer geordneten Altölerfassung und -wiederverwertung, DB 1983, 755ff.; *Ehle/Drabe,* Ölunfälle und Kostentragung bei adressatneutralen Verwaltungsakten – zur Problematik der unmittelbaren Ausführung, ZfW 1983, 143ff.; *P. Ehlers/Kunig,* Abfallbeseitigung auf Hoher See, 1978; *dies.,* Abfallentsorgung auf See, NVwZ 1987, 947ff.; *Elsner,* Klärschlammverordnung, RdL 1982, 225ff.; *ENTSORGA GmbH* (Hg.), Altlastensanierung und Entsorgungswirtschaft, 1988; *Fehn,* Altlasten und Haftung – die Renaissance des allgemeinen Ordnungsrechts, vr 1987, 267ff.; *Feldhaus,* Entsorgung bei der Genehmigung von Industrieanlagen, UPR 1983, 356ff.; *Fertig,* Beseitigung von Tierkörperteilen und Einzugsbereiche, DÖV 1986, 917ff.; *Finkenbeiner,* Zur wasserrechtlichen Beurteilung von Deponien, MuA 1970, 16ff.; *Fleischer,* Polizeirechtliche Fragestellungen in Altlastenfällen – VGH München, NVwZ 1986, 942, JuS 1988, 530ff.; *Forschungs- und Entwicklungsinstitut für Industrie- und Siedlungswirtschaft sowie Abfallwirtschaft e. V. in Stuttgart (FEI)/Institut für Siedlungswasserbau, Wassergüte- und Abfallwirtschaft der Universität Stuttgart* (Hg.), Konsequenzen aus dem neuen Abfallgesetz des Bundes für Landkreise und kreisfreie Städte, 1987; *Forschungsstelle für Umwelt- und Technikrecht* (Hg.), Altlasten und Umweltrecht (UTR 1), 1986; *Franßen,* Abfallrecht, in: Salzwedel (Hg.), Grundzüge des Umweltrechts, 1982, S. 399ff.; *Franzius,* Sanierung kontaminierter Standorte, WuB 1986, 169ff.; *ders./Stegmann/Wolf,* Handbuch der Altlastensanierung, 1988ff.; *Fröhler/Pindur,* Ökonomische und rechtliche Fragen der Abfallbehandlung, Wien 1979; *Fuchs,* Abfallbegriff und Abfallbeförderung, GewArch. 1984, 217ff.; *Gaisbauer,* Die Rechtsprechung zum Abfallbeseitigungsgesetz, GewArch. 1978, 1ff.; *Gerhardt,* Abfallbeseitigung (Organisation), in: Verein für die Geschichte der Deutschen Landkreise e. V. (Hg.), Der Kreis, Bd. 4a, 1986, S. 166ff.; *Gern,* Die Entwicklung des kommunalen Abgabenrechts 1982, NVwZ 1983, 451ff.; *Gündling,* Rechtsprobleme der Abfallbeseitigung auf See, NuR 1982, 41ff.; *Hajen,* Organisation und Finanzierung der Altlastensanierung, ZfU 1986, 349ff.; *Helmrich,* Entwicklung und Struktur von Definitionen in der 4. Novelle zum Abfallbeseitigungsgesetz, ZG 1986, 53ff.; *Henkel,* Altlasten als Rechtsproblem, 1987; *Henselder,* Gesetz über die Vermeidung und Entsorgung von Abfällen (Abfallgesetz – AbfG) vom 27. 8. 1986 (Textausgabe mit Anm.), 1986; *N. Herrmann,* Verantwortlichkeit im allgemeinen Polizei- und Ordnungsrecht, DÖV 1987, 666ff.; *ders.,* Flächensanierung, Diss. jur. Hamburg 1988; *Hessischer Minister für Arbeit, Umwelt und Soziales* (Hg.), Hessens neues Abfallrecht, 1985; *Hösel,* Zum Abfallwirtschaftsprogramm der Bundesregierung, MuA 1976, 1ff.; *ders./v. Lersner,* Recht der Abfallbeseitigung des Bundes und der Länder (Kommentar), 1972ff.; *Hoffmann-Kroll,* Abfallbeseitigung auf See, Umwelt (VDI) 1980, 577ff.; *J. Hofmann,* Abfallbeseitigung und kommunale Selbstverwaltung, BayVBl. 1984, 289ff.; *Holtmeier,* Rechtsprobleme des grenzüberschreitenden Transports gefährlicher Abfälle, in: Dokumentation zur 8. wissenschaftlichen Fachtagung der Gesellschaft für Umweltrecht e. V. Berlin 1984, 1985, S. 122ff.; *Hoschützky/Kreft,* Recht der Abfallwirtschaft (Kommentar), 1974ff.; *dies.,* Abfallrecht des Bundes und der Länder, 5. Aufl., 1987; *Institut für Gewerbliche Wasserwirtschaft und Luftreinhaltung* (Hg.), Industrielle Wasser- und Abfallwirtschaft: rechtliche und wirtschaftliche Probleme, 1980; *dass.,* Abfallwirtschaft contra Abfallrecht: Neues Recht und alte Lasten, 1985; *K. Ipsen/Tettinger,* Altlasten und kommunale Bauleitplanung – Eine Fallstudie zum Amtshaftungsrecht, 1988; *Kamphausen/Kolvenbach/Wassermann,* Die Beseitigung von Umweltschäden in Unternehmen, DB Beilage Nr. 3/87; *Kern,* Bewertungssystem für Altlasten, Gemeinde (BW) 1987, 429ff.; *Keune,* Grenzen der Haftung des Abfallerzeugers, MuA 1977, 279ff.; *ders.,* Deponie – Haftung und Versicherung, MuA 1979, 302ff.; *Klages,* Rechtliche Instrumente zur Abfallvermeidung, NVwZ 1988, 481ff.; *Klimant,* Unerlaubte Abfallablagerungen und ihre Beseitigung unter Berücksichtigung des allgemeinen Polizei- und Ordnungsrechts, Gemeinde (SH) 1987, 187ff.; *Kloepfer,* Gewerbemüllbeseitigung durch Private, VerwArch. 70 (1979), 195ff.; *ders.,* Die Verantwortlichkeit für Altlasten im öffentlichen Recht, in: Forschungsstelle für Umwelt- und Technikrecht (Hg.), Altlasten und Umweltrecht (UTR 1), 1986, S. 17ff.; *ders.,* Die Verantwortlichkeit für Altlasten im öffentlichen Recht, NuR 1987, 7ff.; *ders./Follmann,* Lizenzentgelt und Verfassungsrecht, DÖV 1988, 573ff.; *Knauer,* Abfallwirtschaft in der Bundesrepublik Deutschland und in der DDR – Ein Vergleich, ZfU 1979, 435ff.; *H.-J. Koch,* Bodensanierung nach dem Verursacherprinzip, 1985; *Koglin,* Abfallbeseitigungsgebühren (Müllgebühren) zwischen Umweltschutz und Verwaltungsvereinfachung, Gemeindehaushalt 1980, 143f.; *Kommunalverband Ruhrgebiet* (Hg.), Informationsdienst Altlasten. Literaturstudie zu Problemen der Erfassung, Gefährdungsabschätzung und Sanierung von Altlasten sowie Einschätzung des politisch-administrativen Handlungsfeldes, 1985; *Kompa/Fehlau* (Hg.), Altlasten und kontaminierte Standorte, 1988; *Konrad,* Anspruch kreisangehöriger Gemeinden auf Übertragung von Abfallbeseitigungsanlagen, BayVBl. 1981, 481ff.; *Kopp,* Abfallbeseitigung, GewArch. 1985, 12ff.; *Kothe,* Probleme der Altlastenbeseitigung, ZRP 1987, 395ff.; *Kreft,* 3. und 4. Novelle zum Abfallbeseitigungsgesetz, UPR 1985, 16ff.; *ders.,* Altölentsorgung unter dem „Dach" des neuen Abfallgesetzes, UPR 1986, 402ff.; *Kunig,* Zur Rechtsstellung Dritter bei erlaubter Abfallbeseitigung auf Hoher See, JZ 1981, 295ff.; *ders.,* Ölverschmutzung durch Schiffe, NuR 1986, 265ff.; *ders./Schwermer/Versteyl,* Abfallgesetz (Kommentar), 1988; *Kunz,* Die Verunreinigung öffentlicher Anlagen durch Hunde, DÖV 1983, 189ff.; *Kutscheidt,* Änderung des Abfallbeseitigungsgesetzes und des Bundes-Immissionsschutzgesetzes, NVwZ 1982, 424ff.; *ders.,* Die Neuregelung der Abfallvermeidungs- und -beseitigungspflicht bei industriellen Betrieben, NVwZ 1986, 622ff.; *Landesarbeitsgemeinschaft Abfall (LAGA)* (Hg.), Informationsschrift Abfallarten, 2. Aufl., 1981; *v. Lersner,* Das Abfallgesetz des Bundes, MuA 1972, 179ff.; *ders.,* Abfall als Wirtschaftsgut, NuR 1981, 1ff.; *ders.,* 10 Jahre Abfallbeseitigungsgesetz, MuA 1982, 258ff.; *ders.,* Artikel „Abfallrecht", in: Kimminich/v. Lersner/Storm (Hg.), Handwörterbuch des Umweltrechts (HdUR), Bd. I, 1986, Sp. 1ff.; *Matthiesen,* Das Nordrhein-Westfalen-Modell für Sonderabfallentsorgung und Altlastensanierung, NWVBL 1987, 74ff.; *Meßerschmidt,* Nachträgliche Entscheidungen nach Landesabfallrecht – ein Kompetenzproblem, NVwZ 1984, 565ff.; *ders.,* Erstes Trierer Kolloquium zum Umwelt- und Technikrecht: „Altlasten und Umweltrecht", UPR 1986, 134f.; *v. Mutius,* Zur Verfassungswidrigkeit der 4. Novelle zum hessischen Abfallgesetz vom 11. 12. 1985, Hessische Städte- und Gemeindezeitung 1987, 279ff.; *Niemuth,* Die Sanierung von Altlasten nach dem Verursacherprinzip, DÖV 1988, 291ff.; *Offermann-Clas,* Das Abfallrecht der Europäischen Gemeinschaften, DVBl. 1981, 1125ff.; *dies.,* Das Abfallrecht der Bundesrepublik Deutschland nach 10 Jahren EG-Abfallgesetzgebung, NVwZ 1985, 377ff.; *dies.,* Die Klärschlammverordnung in europäischer und deutscher Sicht, DVBl. 1988, 328ff.; *Offhaus* (Hg.), Abfallbeseitigung auf See, 1980; *Oppermann,* Beauftragung von Dritten nach dem Abfallbeseitigungsgesetz, StT 1979, 300f.; *Otto,* Das neue Abfallgesetz, vr 1987, 372ff.; *Papier,* Altlasten und polizeirechtliche Störerhaftung, 1985; *ders.,* Altlasten und polizeiliche Störerhaftung, DVBl. 1985, 873ff.; *ders.,* Die Verantwortlichkeit für Altlasten im öffentlichen Recht, in: Forschungsstelle für Umwelt- und Technikrecht (Hg.), Altlasten und Umweltrecht (UTR 1), 1986, S. 59ff.; *ders.,* Die Verantwortlichkeit für Altlasten im öffentlichen Recht, NVwZ 1986, 256ff.; *F.-J. Peine,* Der Spielraum des Landesgesetzgebers im Abfallrecht, NWVBL 1988, 193ff.; *Peinemann,* Rechtsfragen im Zusammenhang mit § 15 Abfallbeseitigungsgesetz, AgrarR 1975, 277ff.; *Pflugradt,* Das geltende Abfallrecht in Hessen (Kommentar), 1984ff.; *Pietzcker,* Der praktische Fall – Öffentliches Recht: Die Altlast, JuS 1986, 719ff.; *Preusker,* Wasser- und abfallrechtliche Beschränkungen der landwirtschaftlichen Nutzung von Grundstücken, ZfW 1982, 261ff.; *Reichmann,* Rechtliche Fragen bei der Sanierung kontaminierter Standorte aus der Sicht der öffentlichen Verwaltung, WuB 1986, 500ff.; *Renck,* Zur Beseitigung rechtswidriger Abfallbeseitigungsanlagen, BayVBl. 1980, 617ff.; *Risch,* Ergebnisse des Arbeitskreises C „Rechtsprobleme des grenzüberschreitenden Transports gefährlicher Abfälle", in: Dokumentation zur 8. wissenschaftlichen Fachtagung der Gesellschaft für Umweltrecht e. V. Berlin 1984, 1985, S. 135ff.; *Rohrbeck,* Standortauswahl in der Abfallwirtschaft, 1979; *Roth/Brosowski,* Maßnahmen zur Sicherung der Altölbeseitigung, 2. Aufl., 1983; *Sack,* Die Problematik des Begriffs „Abfall" im Abfallbeseitigungsgesetz, insbesondere aus strafrechtlicher Sicht, JZ 1978, 17ff.; *Salzwedel,* Abfall und Abwasser – Abgrenzungsfragen, ZfW 1983, 84ff.; *ders.,* Rechtsfragen der Gewässerverunreinigung durch Überdüngung, NuR 1983, 41ff.; *ders.,* Wasserrechtliche Instrumente zur Durchführung einer Sanierung und zur Begrenzung des Sanierungsaufwandes, in: Vereinigung Deutscher Gewässerschutz e. V. (Hg.), Altlastensanierung aus der Sicht des Gewässerschutzes, 1986, S. 47ff.; *ders.,* Rechtsgrundlagen zur Abschätzung des Gefährdungspotentials, in: ENTSORGA GmbH (Hg.), Altlastensanierung und Entsorgungswirtschaft, 1988, S. 50ff.; *ders.,* Sonderabfallentsorgung und Altlastensanierung (Rechtsgutachtliche Stellungnahme zum Nordrhein-Westfalen-Modell), o. J.; *Sammet,* Abfallbeseitigung (Technik), in: Verein für die Geschichte der Deutschen Landkreise e. V. (Hg.), Der Kreis, Bd. 4a, 1986, S. 180ff.; *H. P. Sander,* Abfallrechtliche Fragen der Land- und Forstwirtschaft, MuA 1979, 261ff.; *ders.,* Rechtsstellung des Unternehmers, des Betriebsleiters und des Betriebsbeauftragten für Abfall im Rahmen der Organisationsstruktur eines Unternehmens, MuA 1979, 269ff.; *ders.,* Abfall im Steuerrecht, MuA 1984, 145ff.; *ders.,* Die dritte und vierte Novelle zum Abfallbeseitigungsgesetz sowie das Reststoffrecht der Änderung des Bundes-Immissionsschutzgesetzes aus industrieller Sicht, DVBl. 1985, 780ff.; *ders.,* Zur Altlastensanierung, BauR 1986, 657ff.; *ders.,* Rechtsfragen bei Müllumladestationen, BauR 1986, 15ff.; *Sautter,* Rechtliche Aspekte der gezielten Müllsammlung zur Verwertung, MuA 1979, 325ff.; *Schäfer,* Konzentrationswirkung der Genehmigung im Abfallbeseitigungsrecht?, NVwZ 1985, 383ff.; *Schäuble,* Industrielle Sonderabfälle als Rechtsproblem. Dargestellt anhand der Sach- und Rechtslage in Baden-Württemberg, Diss. jur. Freiburg 1979; *Scheier,* Zur Anwendung von Abfall- und Wasserrecht auf Sickerwasser aus Halden, Kippen und Deponien, ZfW 1981, 142ff.; *ders.,* Abfallrechtliche, wasserrechtliche und ordnungsrechtliche Probleme der Sanierung von „Altlasten", ZfW 1984, 333ff.; *Schenkel,* Ziele zukünftiger Abfallwirtschaft, StT 1986, 55ff.; *Schickedanz,* Rechtsfragen des Gartenabfallfeuers, AgrarR 1985, 65ff.; *Schink,* Abfallrechtliche Probleme der Sanierung von Altlasten, DVBl. 1985, 1149ff.; *ders.,* Wasserrechtliche Probleme der Sanierung von Altlasten, DVBl. 1986, 161ff.; *ders.,* Altlasten im Baurecht, BauR 1987, 397ff.; *Schmidt-Salzer,* Altlasten und Versicherungsrecht, in: Forschungsstelle für Umwelt- und Technikrecht (Hg.), Altlasten und Umweltrecht (UTR 1), 1986, S. 139ff.; *Schneider,* Zum Transport gefährlicher Abfälle – Rechtspolitische Konsequenzen aus der Suche nach den „Seveso- Fässern", UPR 1983, 253ff.; *Scholler/Broß,* Wahl der Organisationform zur Erfüllung öffentlicher Aufgaben – Dargestellt am Beispiel der Abfallbeseitigung, BayVBl. 1978, 7ff.; *Seifert,* Lagern und Ablagern von Abfällen und wirtschaftliche Tätigkeit im Bereich der Landwirtschaft unter wasserrechtlichen und abfallrechtlichen Gesichtspunkten, AgrarR 1980, 7ff.; *Spannowsky,* Altlastensanierung und Störerhaftung im Spannungsfeld von Gerechtigkeit und Effizienz, UPR 1988, 376ff.; *Stampfer,* Recht der Abfallwirtschaft in Österreich, Wien 1986; *Staupe,* Rechtliche Aspekte der Altlastensanierung, DVBl. 1988, 606ff.; *Stich,* Die Betriebsbeauftragten für Immissionsschutz, Gewässerschutz und Abfall, GewArch. 1976, 145ff.; *Straub/Hösel/Schenkel* (Hg.), Handbuch Müll- und Abfallbeseitigung, 1964ff.; *Strauch/Baader/Tietjen* (Hg.), Abfälle aus der Tierhaltung, 1977; *Striewe,* Rechtsprobleme der Altlastenbeseitigung, ZfW 1986, 273ff.; *Sutter,* Vermeidung und Verwertung von Sonderabfällen, 1987; *Szelinski,* Nationale, internationale und EG-rechtliche Regelungen der „grenzüberschreitenden Abfallbeseitigung", UPR 1984, 364ff.; *ders.,* Brauchen wir eine TA Abfall?, Umwelt (VDI) 1985, 423f.; *ders.,* Überlegungen zur TA Abfall, StGR 1985, 91ff.; *Tabasaran* (Hg.), Abfallbeseitigung und Abfallwirtschaft, 1982; *Tettinger,* Randnotizen zum neuen Recht der Abfallwirtschaft, GewArch. 1988, 41ff.; *Theobald/Baumgart,* Zur Altlastenproblematik, StT 1986, 330ff.; *Vereinigung Deutscher Gewässerschutz* e. V. (Hg.), Altlastensanierung aus der Sicht des Gewässerschutzes, 1986; *Versteyl,* Abfallexport und Drittschutzwirkung von § 13 AbfG, NVwZ 1987, 296ff.; *ders.,* Altöl: Wirtschaftsgut oder Abfall, UPR 1986, 167ff.; *ders./Koehn,* Recht und Praxis der Altölentsorgung, 1987; *Weidemann,* Abfallentsorgungspläne – ein wirksames Instrument des Entsorgungsrechts?, NVwZ 1988, 977ff.; *Weinheimer,* Die kommunalen Gebietskörperschaften als Träger der Abfallbeseitigung, Landkreis 1977, 104ff.; *Werner/Suttmeyer,* Zum Erlaß einer Verordnung gemäß § 14 AbfG zur Beschränkung von Einwegbehältnissen aus abfallwirtschaftlichen und umweltpolitischen Gründen, BB 1985, 1570ff.; *Wicke,* Rückzahlbare Umweltabgabe im Abfallwirtschaftsbereich, 1977; *Wiederhold,* Abfalltransporte, Verkehrsdienst 1987, 35ff.; *Wolny,* Der Eigentumsschutz bestehender privater Müllabfuhrbetriebe nach Inkrafttreten des Abfallbeseitigungsgesetzes, GewArch. 1978, 8ff.; *Zeschmar/Darimont/Lahl,* Altlasten – Bewertung, Finanzierung, Vorsorge, wlb 1986, 105ff.; *ders./Lahl,* Sachstand Altlasten, 1986; *v. Zitzewitz,* Altöl als Rechtsproblem, 1987; *Zuck,* Abfallbeseitigungsgesetz (Kommentar), 1972.

A. Ausgangslage

Das **moderne Abfallrecht** befaßt sich, wie das neue Abfallgesetz des Bundes vom 27. 8. 1986[1] (Kloepfer Nr. 300) bereits in seinem Titel zu erkennen gibt, sowohl mit der Vermeidung als auch mit der Entsorgung von Abfällen, also nicht mehr schlicht wie seine Vorgänger mit deren (ohnehin nur begrenzt möglichen) „Beseitigung". 1

Mit dem in § 1a AbfG positivierten Gebot der **Abfallvermeidung** (s. u. Rn. 15) hat sich auch das Abfallrecht konsequent dem Vorsorgeprinzip (s. § 3 Rn. 5ff.) zugewandt.

Die **Abfallentsorgung** umfaßt nach neuerem Verständnis, wie es in § 1 Abs. 2 AbfG Eingang gefunden hat (s. u. Rn. 16), das Gewinnen von Stoffen oder Energie aus Abfällen (Abfallverwertung) und das Ablagern von Abfällen sowie die hierzu erforderlichen Maßnahmen des Einsammelns, Beförderns, Behandelns und Lagerns.

Das Abfallrecht dient gleichermaßen dem Umwelt- und Gesundheitsschutz, wobei der ursprünglich dominierende Gedanke der Seuchenhygiene[2] in einer komplexen multifunktionalen Aufgabenstellung aufgegangen ist. Die geregelte Abfallentsorgung ist als seit langem bekannte (wenn auch früher weniger anspruchsvoll konzipierte) Staatsaufgabe dem Bereich der **Gefahrenabwehr,** vor allem aber auch der **Daseinsvorsorge** zuzurechnen. Dabei ergeben sich spezifische Probleme sowohl aus der Menge (Stichwort: Müllawine) als auch aus der Zusammensetzung der Abfälle (Stichwort: Giftmüll).[3]

Während 1977 das von der öffentlichen Abfallentsorgung zu bewältigende Abfallaufkommen sich noch auf 58,7 Mio Tonnen belief, werden für 1980 83,6 Mio Tonnen genannt. In betriebseigenen Anlagen des produzierenden Gewerbes werden bei einer rückläufigen Entwicklung knapp 40 Mio Tonnen Abfall entsorgt. Die Gesamtmenge der sog. Sonderabfälle wurde 1982 auf knapp 5 Mio Tonnen beziffert. Doch ist bloßen Zahlenvergleichen mit Vorsicht zu begegnen, da die Berechnungsgrundlagen nicht einheitlich sind und verschiedene Abfallarten je spezifische Anforderungen an die Abfallentsorgung stellen. Der Umweltschutz hat es allerdings nicht allein mit der Entsorgung der aktuell anfallenden Abfälle zu tun, sondern wird durch die – überwiegend abfallrechtlichen – sog. Altlasten vor ein gravierendes Sonderproblem gestellt (s. u. Rn. 132ff.).

Andererseits ist die Abfallentsorgung selbst eine mehr oder weniger **umweltbelastende Tätigkeit** (vgl. allgemein zur Konfliktlage Umweltschutz kontra Umweltschutz § 1 Rn. 4). Eine Mülldeponie beispielsweise stört regelmäßig nicht nur das Landschaftsbild, sondern beeinflußt vielfach auch nachhaltig den Boden, auf dem sie angelegt ist, sie kann zudem nicht selten zu einer Grundwasserverunreinigung führen. Von einer Müllverbrennungsanlage drohen Gas- und Staubemissionen. Die Er- 2

---

[1] BGBl. I S. 1410, ber. S. 1501.

[2] Vgl. insbes. die frühere, durch das Abfallbeseitigungsgesetz v. 7. 6. 1972 (BGBl. I S. 873) aufgehobene Regelung des § 12 SeuchenG a. F.

[3] Zur tatsächlichen Situation der Abfallbeseitigung vgl. Abfallwirtschaftsprogramm der Bundesregierung 1975 (BT-Drs. 7/4826) und Umweltgutachten 1978 des Rates von Sachverständigen für Umweltfragen (BT-Drs. 8/1938), sowie *Straub/Hösel/Schenkel* (Hg.), Handbuch Müll- und Abfallbeseitigung, 1964ff., insbes. Bde. 2–5. Die nachfolgenden Zahlenangaben sind entnommen aus: *Umweltbundesamt* (Hg.), Daten zur Umwelt 1984, S. 228ff., und Daten zur Umwelt 1986/87, S. 375ff. Zu den Defiziten der Abfallstatistik *Versteyl,* in: Kunig/Schwermer/Versteyl, Abfallgesetz, 1988, Einl. Rn. 21ff.

richtung von Abfallentsorgungsanlagen stößt daher – nicht anders als sonstige Großvorhaben – häufig auf örtliche Widerstände.

3 Doch können auch in umgekehrter Richtung Umweltschutzmaßnahmen Abfallprobleme schaffen. So erzeugt die Abwasserreinigung wachsende Mengen an – als Abfall zu beseitigenden – Klärschlämmen. Die Begrenzung gas- und staubförmiger Emissionen führt zu einem zunehmenden Anfall von festen und flüssigen Rückständen aus Luftreinhaltungsanlagen. Abfallentsorgung und Umweltschutz sind von daher nicht notwendig gleichgerichtet, sondern stehen in einem teilweisen **Spannungsverhältnis.**[4] Dies auszugleichen, ist eine der Aufgaben des Abfallrechts. Dabei sollte die Fortentwicklung des Abfallrechts künftig allerdings weniger von maßnahmeartigen Reaktionen auf gerade aufgetretene Abfallskandale bestimmt sein, sondern vielmehr von einer konzeptionellen Stimmigkeit und Konsequenz bei Lösung dieser im kommenden Jahrzehnt wahrscheinlich wichtigsten Aufgabe des Umweltschutzes.

B. Rechtsgrundlagen

4 Das Recht der Abfallbeseitigung ist heute in erster Linie im (Bundes-)**Gesetz über die Vermeidung und Entsorgung von Abfällen (Abfallgesetz – AbfG)** vom 27. 8. 1986[5] (Kloepfer Nr. 300) enthalten, welches das Gesetz über die Beseitigung von Abfällen (Abfallbeseitigungsgesetz) i. d. F. der Bek. vom 5. 1. 1977[6] abgelöst hat.

Der Bundesgesetzgeber hat hierbei von seiner Gesetzgebungskompetenz aus Art. 74 Nr. 24 GG Gebrauch gemacht, die er sich 1972 durch eine Verfassungsänderung geschaffen hatte.[7] Anders als im Bereich des Wasserhaushaltsrechts, für den es bei einer Rahmengesetzgebungskompetenz des Bundes blieb (s. § 11 Rn. 10), darf der Bundesgesetzgeber auf dem Gebiet des Abfallrechts im Wege der konkurrierenden Gesetzgebung im Prinzip eine Vollregelung treffen. Das Bedürfnis nach einer bundeseinheitlichen Regelung liegt wegen des länderübergreifenden Charakters der Abfallentsorgung auf der Hand.

5 Wenn daneben **Abfallgesetze der Länder** bestehen, so handelt es sich um Ausführungsgesetze, wie sie zweifelsfrei auch im Bereich der konkurrierenden Gesetzgebung zulässig sind, soweit der Bundesgesetzgeber von seinem Gesetzgebungsrecht keinen erschöpfenden Gebrauch gemacht hat.

Das Abfallgesetz des Bundes bedarf der Ergänzung durch Vollzugsvorschriften der Länder, insbesondere zur Bestimmung der entsorgungspflichtigen Körperschaften (§ 3 Abs. 2 AbfG) und der Behördenzuständigkeiten (§ 19 AbfG), aber auch zur Regelung verschiedener Detailfragen, die der Bundesgesetzgeber offen gelassen hat. Der Regelungsgehalt der Landesabfallgesetze bleibt insgesamt hinter demjenigen der im vorigen Abschnitt dargestellten, zur Ausfüllung einer Rahmengesetzgebung konzipierten Landeswassergesetze zurück. Dabei bestehen jedoch nicht unerhebliche Unterschiede zwischen den Ausführungsgesetzen der einzelnen Länder.

---

[4] Vgl. zum Phänomen der Problemverlagerung schon BT-Drs. 7/4826, S. 34. Das Abfallwirtschaftsprogramm spricht von einer „zusätzliche(n) Belastung der Abfallbeseitigung durch verstärkte Maßnahmen des Umweltschutzes in den Bereichen der Luftreinhaltung und des Gewässerschutzes".

[5] s. FN 1. Vgl. zu dessen Inhalt und Entstehung *Backes,* DVBl. 1987, 333ff.

[6] BGBl. I S. 41, ber. S. 288.

[7] 30. Gesetz zur Änderung des Grundgesetzes vom 12. 4. 1972 (BGBl. I S. 593), vgl. dazu BT-Drs. VI/2249 S. 3; *Zuck,* DVBl. 1973, 205ff.

Im einzelnen handelt es sich um folgende Regelungen:
- Abfallgesetz für Baden-Württemberg vom 18. 11. 1975[8]
- Bayerisches Abfallgesetz vom 25. 6. 1973[9]
- (Berliner) Gesetz über die Stadtreinigung (Stadtreinigungsgesetz – StRG) vom 24. 6. 1969[10]
- Bremisches Ausführungsgesetz zum Gesetz über die Vermeidung und Entsorgung von Abfällen vom 15. 9. 1988[11]
- Hamburgisches Ausführungsgesetz zum Abfallbeseitigungsgesetz vom 6. 2. 1974[12]
- Hessisches Abfallgesetz i. d. F. vom 11. 12. 1985[13]
- Niedersächsisches Ausführungsgesetz zum Abfallbeseitigungsgesetz vom 9. 4. 1973[14]
- Landesabfallgesetz (Nordrhein-Westfalen) vom 21. 6. 1988[15]
- Landesabfallgesetz (Rheinland-Pfalz) i. d. F. vom 4. 5. 1987[16]
- Saarländisches Abfallgesetz vom 3. 6. 1987[17]
- Ausführungsgesetz zum Abfallbeseitigungsgesetz (Schleswig-Holstein) vom 26. 11. 1973[18]

Darüber hinaus hat Nordrhein-Westfalen die Finanzierung der Altlastensanierung zum Gegenstand einer eigenständigen gesetzlichen Regelung, des Gesetzes über die Gründung des Abfallentsorgungs- und Altlastensanierungsverbandes Nordrhein-Westfalen vom 21. 6. 1988,[18a] gemacht (vgl. § 4 Rn. 134 sowie unten Rn. 151).

Das Abfallgesetz des Bundes bedarf weiterhin der bundesrechtlichen Ergänzung durch Durchführungsvorschriften in Form von **Rechtsverordnungen** und Verwaltungsvorschriften (TA Abfall, s. u. Rn. 107 ff.).[19] 6

Ende 1988 lagen als Rechtsverordnungen vor:
- Abfallnachweis-Verordnung (AbfNachwV) vom 2. 6. 1978[20] (Kloepfer Nr. 310)
- Abfallbeförderungs-Verordnung (AbfBefV) vom 24. 8. 1983[21] (Kloepfer Nr. 312)
- Abfallverbringungs-Verordnung (AbfVerbrV) vom 18. 11. 1988[22] (Kloepfer Nr. 314)
- Verordnung zur Bestimmung von Abfällen nach § 2 Abs. 2 des Abfallbeseitigungsgesetzes vom 24. 5. 1977[23] (Kloepfer Nr. 316)
- Verordnung über Betriebsbeauftragte für Abfall vom 26. 10. 1977[24] (Kloepfer Nr. 318)
- Klärschlammverordnung (AbfKlärV) vom 25. 6. 1982[25] (Kloepfer Nr. 320)
- Altölverordnung (AltölV) vom 27. 10. 1987[26] (Kloepfer Nr. 338)
- Verordnung zur Senkung der Altöl-Ausgleichsabgabe vom 23. 11. 1988[26a] (Kloepfer Nr. 345)
- Verordnung über die Rücknahme und Pfanderhebung von Getränkeverpackungen aus Kunststoffen vom 20. 12. 1988[26b]

---

[8] GBl. S. 757, zuletzt geänd. durch Ges. v. 22. 2. 1988, GBl. S. 55.
[9] GVBl. S. 324, zuletzt geänd. durch Ges. v. 20. 7. 1982, GVBl. S. 471.
[10] GVBl. S. 768, zuletzt geänd. durch Ges. v. 5. 3. 1987, GVBl. S. 998.
[11] GBl. S. 241.
[12] GVBl. S. 72, ber. S. 140.
[13] GVBl. 1986 I S. 17, geänd. durch Ges. v. 28. 8. 1986, GVBl. I S. 253.
[14] GVBl. S. 109, geänd. durch Ges. vom 19. 12. 1980, GVBl. S. 499.
[15] GV NW S. 250.
[16] GVBl. S. 139.
[17] Amtsbl. S. 849.
[18] GVOBl. S. 407.
[18a] GV NW S. 268.
[19] Vgl. hierzu näher *H. P. Sander,* DVBl. 1985, 780 ff., 784, und Umwelt (BMU) Nr. 4/5/86 v. 25. 9. 1986, S. 18.
[20] BGBl. I S. 668, geänd. durch VO v. 18. 11. 1988, BGBl. I S. 2126.
[21] BGBl. I S. 1130, geänd. durch VO v. 18. 11. 1988, BGBl. I S. 2126.
[22] BGBl. I S. 2126. Diese Verordnung hat die Abfalleinfuhr-Verordnung v. 29. 7. 1974 (BGBl. I S. 1584) abgelöst.
[23] BGBl. I S. 773.
[24] BGBl. I S. 1913.
[25] BGBl. I S. 734.
[26] BGBl. I S. 2335.
[26a] BGBl. I S. 2142.
[26b] BGBl. I S. 2455.

7 Neben den Abfallgesetzen besteht als **Spezialregelung** insbesondere das **Gesetz über die Beseitigung von Tierkörpern, Tierkörperteilen und tierischen Erzeugnissen (Tierkörperbeseitigungsgesetz – TierKBG)** vom 2. 9. 1975[27] (Kloepfer Nr. 360). Die Regelungen des Gesetzes über Maßnahmen zur Sicherung der Altölbeseitigung (**Altölgesetz**) vom 23. 12. 1968[28] i. d. F. vom 11. 12. 1979[29] (Kloepfer Nr. 340) sind nach Maßgabe des § 30 des neuen Abfallgesetzes aufgehoben worden. Die Altölentsorgung wird nunmehr durch die §§ 5a, 5b AbfG sowie durch die auf das Abfallgesetz gestützte Altölverordnung geregelt. Ferner finden sich abfallrechtlich relevante Vorschriften in zahlreichen anderen Gesetzen, so z. B. im **Bundesberggesetz** vom 13. 8. 1980[30] (Kloepfer Nr. 970) und im **Gesetz über die Beförderung gefährlicher Güter** vom 6. 8. 1975[31] (Kloepfer Nr. 570), das auch, aber nicht ausschließlich, gefährliche Abfälle erfaßt und deshalb zum Stoffrecht i. w. S. gezählt wird (s. § 13 Rn. 137ff.). Abfallbezogene Vorschriften finden sich insbesondere aber auch im Atomgesetz (vgl. § 8 Rn. 62ff.) und im Wasserhaushaltsgesetz (vgl. § 11 Rn. 58f.), die in ihrem Anwendungsbereich spezifische Abfallprobleme regeln und damit dem Regime des Abfallgesetzes entziehen. Über weitere Spezialregelungen bietet die umfassende Ausgrenzungsklausel in § 1 Abs. 3 AbfG eine Übersicht. Schließlich berühren auch immissionsschutzrechtliche Regelungen das Abfallrecht (vgl. die geplante **Verordnung über Verbrennungsanlagen für Abfälle und ähnliche Stoffe**).

8 Eine eher mittelbare, wenngleich bedeutende Rolle spielt das **Europäische Gemeinschaftsrecht** über das Abfallwesen in Gestalt mehrerer Richtlinien (s. § 6 Rn. 45),[32] die in die Konzeption des Abfallgesetzes eingegangen sind. Gegenstand vor allem des **Umweltvölkerrechts** und verschiedener internationaler Abkommen ist die besonders problematische Abfallbeseitigung auf Hoher See. Nationale Rechtsgrundlage ist das unter dem Namen Hohe-See-Einbringungsgesetz bekannte Zustimmungsgesetz vom 11. 2. 1977[33] (Kloepfer Nr. 280). Dem grenzüberschreitenden Transport von gefährlichen Abfällen widmet sich die Baseler Konvention vom 22. 3. 1989, die jedoch noch nicht in Kraft getreten ist.[33a]

---

[27] BGBl. I S. 2313, ber. S. 2610.
[28] BGBl. I S. 1419.
[29] BGBl. I S. 2113.
[30] BGBl. I S. 1310, zuletzt geänd. durch Ges. v. 8. 12. 1986, BGBl. I S. 2191.
[31] BGBl. I S. 2121, zuletzt geänd. durch Ges. v. 18. 9. 1980, BGBl. I S. 1729.
[32] Vgl. insbes. Richtlinie 75/439/EWG des Rates v. 16. 6. 1975 über die Altölbeseitigung (ABl. L 194 v. 25. 7. 1975, S. 31; Änderung ABl. L 42 v. 12. 2. 1987, S. 43); Richtlinie 75/442/EWG des Rates v. 15. 7. 1975 über Abfälle (ABl. L 194 v. 25. 7. 1975, S. 47); Richtlinie 76/403/EWG des Rates vom 6. 4. 1976 über die Beseitigung polychlorierter Biphenyle und Terphenyle (ABl. L 108 v. 26. 4. 1976, S. 41); Richtlinie 78/176/EWG des Rates v. 20. 2. 1978 über Abfälle aus der Titandioxid-Produktion (ABl. L 54 v. 25. 2. 1978, S. 19; letzte Änderung ABl. L 32 v. 3. 2. 1983, S. 28); Richtlinie 78/319/EWG des Rates v. 20. 3. 1978 über giftige und gefährliche Abfälle (ABl. L 84 v. 31. 3. 1978, S. 43); Richtlinie 84/631/EWG des Rates v. 6. 12. 1984 über die Überwachung und Kontrolle – in der Gemeinschaft – der grenzüberschreitenden Verbringung gefährlicher Abfälle (ABl. L 326 v. 13. 12. 1984, S. 31; letzte Änderung ABl. L 181 v. 4. 7. 1986, S. 13); Richtlinie 86/278/EWG des Rates v. 12. 6. 1986 über den Schutz der Umwelt und insbesondere der Böden bei der Verwendung von Klärschlamm in der Landwirtschaft (ABl. L 181 v. 4. 7. 1986, S. 6). Zu beachten sind ferner die Richtlinie 85/339/EWG des Rates über Verpackungen für flüssige Lebensmittel v. 27. 6. 1985 (ABl. L 176 v. 6. 7. 1985, S. 18) und die Empfehlung 81/972/EWG des Rates über die Wiederverwendung von Altpapier und die Verwendung von Recyclingpapier v. 3. 12. 1981 (ABl. L 355 v. 10. 12. 1981, S. 56). Zu den früheren Richtlinien näher *Offermann-Clas,* DVBl. 1981, 1125ff.
[33] BGBl. II S. 165 i. V. m. Bek. v. 21. 12. 1977, BGBl. II S. 1492, zuletzt geänd. durch VO v. 26. 11. 1986, BGBl. I S. 2089.
[33a] FAZ Nr. 70 v. 23. 3. 1989, S. 17.

C. Rechtsentwicklung

Vor Erlaß des Abfallbeseitigungsgesetzes vom 7. 6. 1972,[34] auf das das heutige Abfallgesetz zurückgeht, war die Abfallentsorgung – mit Ausnahme des Sonderfalles der (bereits seit 1968 gesetzlich geregelten) Altölentsorgung (s. o. Rn. 7) – überwiegend auf der Ebene **kommunaler Satzungen** geregelt. Rechtliches Hauptinstrument dieser Satzungen war (und ist) der **Anschluß- und Benutzungszwang.** In den älteren Lehrbüchern des Kommunalrechts gehören daher die Rechtsprobleme, die sich um die Hausmüllabfuhr ranken, noch zur Standardmaterie des Gemeinderechts. Diese Regelungen erwiesen sich sowohl von ihrem Ansatzpunkt (Hausmüllabfuhr) als auch von der Regelungsebene her (mit der Gefahr der Rechtszersplitterung und zu kleinräumiger Lösungen) als unzureichend. Die Probleme der Abfallentsorgung sind längst über die der Müllabfuhr hinausgewachsen. Mit dem Einsammeln und Befördern des Mülls ist es nicht getan. Wesentliche Probleme beginnen erst danach – wo und wie kann das Müllaufkommen gelagert und beseitigt werden, wie lassen sich umweltgefährdende Auswirkungen vermeiden? – bzw. stellen sich zunehmend bereits im Vorfeld (Stichwort: Abfallvermeidung statt Abfallentsorgung). 9

Nach Vorstößen einiger Bundesländer in den Jahren 1971 und 1972[35] erfolgte mit dem **Abfallbeseitigungsgesetz** vom 7. 6. 1972 erstmals eine bundeseinheitliche und umfassende Regelung der Abfallbeseitigung. Die Legaldefinition der Abfallbeseitigung, die neben dem Einsammeln und Befördern das Behandeln, Lagern und Ablagern der Abfälle umfaßte (§ 1 Abs. 2 AbfG a. F.), verdeutlichte bereits den im Hinblick auf ein Entsorgungskonzept erweiterten Regelungszweck. Das Abfallbeseitigungsgesetz wurde am 5. 1. 1977 neu gefaßt[36] und galt bis zum 31. 10. 1986. Am 1. 11. 1986 trat das **neue Abfallgesetz** vom 27. 8. 1986 (s. o. Rn. 4) in Kraft. 10

Das Abfallbeseitigungsgesetz in seiner ursprünglichen Fassung führte nach dem **Konzept** des Umweltprogramms der Bundesregierung von 1971[37] (s. § 1 Rn. 16) u. a. folgende, in modifizierter Form noch heute geltende Rechtsregeln für die Abfallentsorgung ein: 11

- Geordnete, insbesondere auch umweltverträgliche Abfallentsorgung (vgl. § 2 Abs. 1 AbfG) in dazu bestimmten Anlagen (§ 4 Abs. 1 AbfG),
- Zuweisung der Abfallentsorgungspflicht an (leistungskräftige) öffentlich-rechtliche Körperschaften, flankiert durch eine Überlassungspflicht der Abfallbesitzer (§ 3 AbfG),
- Abfallentsorgungsplanung durch die Länder (§ 6 AbfG),
- spezifische Genehmigungsverfahren für die Einsammlung und Beförderung von Abfällen (§ 12 AbfG) und Planfeststellungsverfahren für Abfallentsorgungsanlagen (§ 7 AbfG),
- Rekultivierungspflicht für stillgelegte Müllplätze (§ 10 Abs. 2 AbfG),
- Einfuhrkontrollen für Abfälle (§ 13 AbfG),
- Überwachungsregelungen (§ 11 AbfG).

---

[34] BGBl. I S. 873.

[35] (Baden-Württembergisches) Gesetz über die Beseitigung von Abfällen v. 21. 12. 1971 (GBl. 1972 S. 1); Hamburgisches Gesetz zur Ordnung der Abfallbeseitigung v. 8. 7. 1971 (GVBl. S. 129); Hessisches Gesetz über die geordnete Beseitigung von Abfällen v. 13. 7. 1971 (GVBl. I S. 191); (rheinland-pfälzisches) Landesgesetz über die geordnete Beseitigung von Abfällen v. 17. 1. 1972 (GVBl. S. 81).

[36] BGBl. I S. 41, ber. S. 288.

[37] BT-Drs. VI/2710, S. 29ff.

12 Hingegen enthielt das ursprüngliche Gesetz nur ansatzweise eine **Differenzierung zwischen einzelnen Abfallarten.** Die Einführung zusätzlicher Anforderungen an die Beseitigung von besonders gefährlichem Industriemüll erfolgte erst mit der Neufassung des Abfallbeseitigungsgesetzes vom 5. 1. 1977 (vgl. § 2 Abs. 2 AbfG). Insofern war das Abfallgesetz in seiner ursprünglichen Fassung noch überwiegend auf die Beseitigung des Hausmülls und hausmüllgleicher Abfälle zugeschnitten,[38] obgleich die zusätzlichen und eigenständigen Probleme, vor die der „industrielle Sondermüll" stellt, bereits im Umweltprogramm von 1971 angesprochen worden waren.[39] Das zweite wesentliche Element der Novellierung stellten die Regelungen über den Betriebsbeauftragten für Abfall dar (§§ 11a – 11f AbfG), womit das Abfallbeseitigungsgesetz das für das Umweltrecht typische, vom Kooperationsprinzip (s. § 3 Rn. 44ff.) geprägte Überwachungsmodell übernahm.

13 Aber auch mit diesem erweiterten Regelungsgehalt erwies sich das Gesetz als unzulänglich. Die angesichts steigender Abfallmengen und der Zunahme hochgiftiger Abfälle dringend erwünschten Gebote der **Abfallvermeidung** und der **Abfallverwertung** (Recycling) waren in dem Gesetz nur ansatzweise (insbesonders in § 14 AbfG a. F.) und unzureichend geregelt. Die Vermeidung und Verwertung schädlicher Abfälle wurde überdies im Rahmen der Vorschriften über die Aufgaben des Betriebsbeauftragten, insbesondere durch § 11b Abs. 1 Nr. 4 und 5 AbfG a. F., angesprochen.

14 Das Abfallbeseitigungsgesetz i. d. F. vom 5. 1. 1977 wurde mehrfach in auch für die Verkündung des Abfallgesetzes vom 27. 8. 1986 bedeutsamer Weise geändert: Durch das zweite Gesetz zur Änderung des Abfallbeseitigungsgesetzes vom 4. 3. 1982[40] entfiel die Genehmigungspflicht für Abfalltransporte (§ 12 AbfG a. F.), die im Auftrag von beseitigungspflichtigen Körperschaften durchgeführt werden, sowie für Einsammlung oder Beförderung von Erdaushub, Bauschutt, Autowracks und Altreifen. Die dritte Novelle zum Abfallbeseitigungsgesetz vom 31. 1. 1985[41] brachte als Reaktion auf den wochenlang ungeklärten Verbleib der TCDD-Abfälle von Seveso („Dioxin-Skandal") eine Neuregelung der Überwachung des grenzüberschreitenden Verkehrs. Durch das Erste Gesetz zur Bereinigung des Verwaltungsverfahrensrechts vom 18. 2. 1986[42] wurden u. a. die Vorschriften über die abfallrechtliche Planfeststellung (§§ 20–29 AbfG a. F.) ersatzlos aufgehoben. Maßgebliches Recht sind daher nunmehr die §§ 72ff. VwVfG.

D. Abfallgesetz

I. Programmatik

15 Das neue Abfallgesetz des Bundes geht über den bisherigen Rechtszustand vor allem insofern hinaus, als es den seit langem erhobenen Forderungen nach einer Umstellung der Abfallbeseitigung auf eine umfassende **Abfallentsorgungs- und -vermeidungswirtschaft** Rechnung trägt (s. Rn. 56ff.).

Die neue Zielrichtung des Gesetzes, Abfälle vorrangig zu vermeiden oder einer (stofflichen oder energetischen) Verwertung zuzuführen, kommt bereits in dem geänderten – programmatischen – Titel zum Ausdruck. Das „Gesetz über die Beseitigung von Abfällen (Abfallbeseitigungsgesetz)" wurde durch das „Gesetz über die

[38] So auch *Franßen,* in: Salzwedel (Hg.), Grundzüge des Umweltrechts, 1982, S. 399ff., 403. Zur Gesamtentwicklung der Abfallbeseitigung mit ihrem ursprünglichen Schwerpunkt auf der Stadtreinigung vgl. die Darstellung von *Erhard,* in: Straub/Hösel/Schenkel (FN 3), Nr. 0110.
[39] Vgl. BT-Drs. 10/5656, S. 1.
[40] BGBl. I S. 281.
[41] BGBl. I S. 204.
[42] BGBl. I S. 265.

Vermeidung und Entsorgung von Abfällen (Abfallgesetz)" ersetzt. Folgerichtig spricht das Gesetz auch nicht mehr von der „Beseitigung", sondern von der „Entsorgung" von Abfällen.

Der Begriff der **Entsorgung** wird durch § 1 Abs. 2 AbfG definiert. Er umfaßt das Gewinnen von Stoffen und Energie aus Abfällen (Abfallverwertung), das Ablagern von Abfällen sowie die hierzu erforderlichen Maßnahmen des Einsammelns, Beförderns, Behandelns und Lagerns. Verfassungsrechtliche Bedenken hinsichtlich der **Regelungskompetenz** des Bundes, die sich daraus ergeben könnten, daß die Kompetenzvorschrift des Art. 74 Nr. 24 GG lediglich von „Abfallbeseitigung" spricht, greifen nicht durch.[43] Es ist davon auszugehen, daß das Grundgesetz durch diese Wortwahl neue, umweltfreundlichere Techniken der Abfallbehandlung nicht ausschließen wollte. Der Begriff „Abfallbeseitigung" in Art. 74 Nr. 24 GG kann durchaus so verstanden werden, daß ihm auch die Entsorgung durch Verwertung unterfällt. 16

Das Abfallgesetz des Bundes geht von der Gleichrangigkeit der Rückführung von Abfällen in den Stoffkreislauf **(stoffliche Verwertung)** und der Erzeugung von Energie durch Verbrennung der Abfälle **(energetische Verwertung)** aus (s. Rn. 74). Die Verwertungsmöglichkeiten werden dabei auch von ihrer Wirtschaftlichkeit abhängig gemacht, insbesondere davon, ob für die neu gewonnenen Stoffe oder die Energie ein Markt vorhanden ist (§ 3 Abs. 2 AbfG, s. dazu Rn. 71ff.). 17

Vorschriften des **Landesrechts,** die hierüber hinausgehen, könnten wegen des abschließenden Charakters, den der Bundesgesetzgeber dem Abfallgesetz zugemessen hat, verfassungsrechtlichen Bedenken unterliegen.[44]

So sieht etwa das Hessische Abfallgesetz (HAbfG) i. d. F. vom 11. 12. 1985[45] in § 5 Abs. 2 S. 1 (vgl. Rn. 74) den Vorrang der stofflichen Verwertung vor der energetischen Verwertung vor (die nach der Terminologie des HAbfG der Abfallbeseitigung zugerechnet wird).

Von grundsätzlicher Bedeutung ist schließlich der in § 2 Abs. 1 S. 1 AbfG niedergelegte **Vorrang der Abfallentsorgung im Inland.** Von dem Gebot, Abfälle, die im Geltungsbereich dieses Gesetzes anfallen, dort auch zu entsorgen, läßt § 13 AbfG im Einklang mit § 2 Abs. 1 S. 1 AbfG allerdings etliche Ausnahmen zu (s. Rn. 159ff.). Das abfallrechtliche „Territorialitätsprinzip" ist somit nicht lückenlos verwirklicht. Eine noch weitergehende Ausprägung des Prinzips der Abfallentsorgung am Ort der Abfallentstehung i. S. eines binnenstaatlichen „Lokalitätsprinzips" ist im Abfallgesetz demgegenüber nicht enthalten. Für eine solche Vorgehensweise mögen im Einzelfall zwar gute Gründe sprechen (z. B. Vermeidung von gefährlichen Transportvorgängen, Lastengerechtigkeit usw.), es können jedoch auch Gegengründe das stärkere Gewicht beanspruchen (z. B. Konzentration bzw. Wirtschaftlichkeit der Abfallentsorgung). Eine generelle Regelung war daher nicht erforderlich. 18

II. Aufbau

Unbeschadet der vom Abfallgesetz verfolgten neuen Programmatik hat es den Aufbau vom alten Abfallbeseitigungsgesetz bis hin zur Paragraphenfolge mit allen Einschüben und Streichungen übernommen. Das Gesetz erhält hierdurch äußerlich 19

[43] So auch BT-Drs. 10/5656, S. 49f.; vgl. zuvor bereits BT-Drs. VI/2249, S. 3, zu Art. 74 Nr. 24 GG; a. A. *Bothe,* NVwZ 1987, 938ff., 939. Wie hier *Tettinger,* GewArch. 1988, 41ff., 42 m. w. N.

[44] Hierzu näher *Bothe,* NVwZ 1987, 938ff.

[45] GVBl. I 1986, S. 17, geänd. durch Ges. v. 28. 8. 1986, GVBl. I S. 253.

den Charakter des Provisorischen, zumal es seinerseits mit neuen Einfügungen arbeitet (vgl. §§ 5a und b AbfG), und entspricht nur bedingt den gesetzestechnischen Erwartungen an ein *neues* Gesetz.

Begründet wurde die Beibehaltung der alten Paragraphenfolge damit, daß eine – systematisch sinnvollere – Durchnummerierung der Vorschriften des neuen Gesetzes wegen der damit verbundenen unübersehbaren Zahl von Verweisungsvorschriften in anderen Gesetzen auf Bundes- und Landesebene sowie in kommunalen Satzungen einen bürokratischen Aufwand verursachen würde, der zu den Vorteilen einer Durchnummerierung in keinem vernünftigen Verhältnis stehen würde.[46] Da die materiellen Änderungen im Abfallgesetz ohnehin eine Angleichung auf Länder- und Kommunalebene erfordern, ist diese Begründung jedoch wenig stichhaltig.

III. Anwendungsbereich des Abfallgesetzes

20 § 1 AbfG enthält die grundlegenden Begriffsbestimmungen für das Abfallgesetz (§ 1 Abs. 1 und 2 AbfG) und durch Ausgrenzung (§ 1 Abs. 3 AbfG) die Festlegung seines sachlichen Geltungsbereiches. Das Abfallgesetz koppelt auf diese Weise eine Positivdefinition (Abfallbegriff) mit Ausnahmetatbeständen, die an sich auch Abfälle darstellen, aber dem Regelungsbereich anderer Gesetze unterfallen (s. i. e. Rn. 52).

IV. Abfallbegriff

21 Der in § 1 Abs. 1 S. 1 AbfG legaldefinierte Abfallbegriff ist der „Schlüssel für die Anwendung" des Abfallgesetzes.[47] Er enthält zwei **alternativ-kombinierte Tatbestände.** Danach sind Abfälle bewegliche Sachen,

- deren sich der Besitzer entledigen will (subjektiver Abfallbegriff) *oder*
- deren geordnete Beseitigung zur Wahrung des Wohls der Allgemeinheit, insbesondere des Schutzes der Umwelt, geboten ist (objektiver Abfallbegriff).

Beide Begriffe können sich überschneiden. Rechtliche Probleme entstehen nur dort, wo subjektive Vorstellungen des Besitzers einer Sache und objektiver Abfallbegriff auseinanderfallen.

1. Subjektiver Abfallbegriff

22 Der subjektive Abfallbegriff nach § 1 Abs. 1 S. 1, 1. Alt. AbfG stellt auf den **Entledigungswillen** des Besitzers einer Sache ab. Dabei kommt es nicht darauf an, ob es sich nach objektiver Betrachtungsweise um Abfall oder noch um ein brauchbares Wirtschaftsgut handelt;[48] auch eine noch funktionsfähige Sache ist also Abfall, wenn der Besitzer ihrer überdrüssig geworden ist.

Der subjektive Abfallbegriff ist **inhaltlich offen** und setzt nur eine entsprechende – ausdrückliche oder konkludente[49] – Willensäußerung des Besitzers voraus. Allerdings wird man Bagatellen (Papierfetzen, einzelne Zigarettenkippen und dergl.) – zumin-

---

[46] BT-Drs. 10/5656, S. 51.
[47] *Hösel/v. Lersner,* Recht der Abfallbeseitigung des Bundes und der Länder, 1972ff., § 1 AbfG Rn. 3.
[48] OLG Hamm, ZfW 1977, 60 (L).
[49] *Hösel/v. Lersner* (FN 47), § 1 AbfG Rn. 7.

dest im Hinblick auf das Ordnungswidrigkeitenrecht (§ 18 AbfG) – aus dem Abfallbegriff ausnehmen müssen.[50]

Besitzer ist der Inhaber der tatsächlichen Sachherrschaft, wobei es auf den zivilrechtlichen Besitzbegriff, namentlich auf das Vorliegen eines Besitzbegründungswillens, nach h. M. nicht ankommt.[51] 23

Probleme ergeben sich am ehesten auf der Ebene der **Feststellung** eines verbindlichen Entledigungswillens. Dieser setzt zusätzlich zur Gewahrsamsaufgabe den Willen voraus, die Sache *als Abfall* entsorgen zu lassen.[52] Sofern der Besitzer mit der Gewahrsamsaufgabe andere Motive verknüpft, z. B. die Sache (z. B. Produktionsrückstände) zu veräußern[53] oder zu verschenken[54], ist die Abfalleigenschaft i. S. des subjektiven Abfallbegriffs ausgeschlossen. Deshalb handelt es sich beispielsweise nicht um Abfall i. S. des subjektiven Abfallbegriffs, wenn jemand im Hinblick auf eine angekündigte karitative Sammlung Altkleider oder Altpapier auf der Straße abstellt.[55] Zivilrechtlich hat dieser Entledigungsbegriff weitgehend seine Entsprechung in der Dereliktion (§ 958 BGB). Der Entledigungswille ist unbeachtlich im Fall der Geschäftsunfähigkeit des Abfallbesitzers.[56] 24

Der subjektive Abfallbegriff schließt es aus, daß der Entsorgungspflichtige – d. i. regelmäßig die zuständige Körperschaft des öffentlichen Rechts (s. u. Rn. 77) – die Abfallentsorgung mit der Begründung verweigert, die Sache sei noch brauchbar und daher kein Abfall. 25

Um etwas anderes handelt es sich, wenn Entsorgungspflichtige die Beseitigung sperriger Gegenstände im Rahmen der Hausmüllabfuhr ablehnen. In diesem Fall kommt ihre Entsorgung als „Sperrmüll" in Betracht. Die Regelung dieses Fragenkreises ist Gegenstand kommunaler Satzungen (vgl. § 4 Abs. 1 LAbfG Rh.-Pf.) und nicht des Abfallgesetzes.

Dieser **weite Abfallbegriff** entspricht in der Respektierung der privaten Entscheidung liberalem Denken, aber auch der umfassenden Pflicht des Staates zur Daseinsvorsorge.[57] Unter der Geltung des Abfallbeseitigungsgesetzes wurde er aber auch als „Abfallbegriff der Wegwerfgesellschaft" bezeichnet.[58] Diese (Dis-)Qualifizierung kann unter der Geltung des neuen Abfallgesetzes allerdings nicht mehr uneingeschränkt aufrechterhalten werden.

Schon bisher bestand eine **Verwertungspflicht** für den Anlagenbetreiber nach § 5 Abs. 1 Nr. 3 BImSchG (auf den § 1 a Abs. 1 AbfG auch verweist) für Reststoffe, die in genehmigungsbedürftigen Anlagen i. S. des Immissionsschutzgesetzes anfallen. Darüber hinaus enthält § 1 a Abs. 2 AbfG nunmehr ein Verwertungsgebot nach Maßgabe des § 3 Abs. 2 AbfG oder nach Maßgabe der Rechtsverordnungen, die nach § 14 Abs. 1 Nr. 2 und 3 sowie Abs. 2 Nr. 2–4 AbfG erlassen werden können. 26

---

[50] Vgl. OLG Hamm, NuR 1979, 42 (L).

[51] *Franßen* (FN 38), S. 408f. m. w. N.; *Schwermer,* in: Kunig/Schwermer/Versteyl, Abfallgesetz, 1988, § 1 AbfG Rn. 9; a. A. BayVGH, BayVBl. 1979, 176ff. Vgl. zu dem vom AbfG geforderten „Mindestmaß an tatsächlicher Sachherrschaft" BVerwGE 67, 8 (12).

[52] OLG Koblenz, GewArch. 1975, 347f.

[53] Vgl. *Hösel/v. Lersner* (FN 47), § 1 AbfG Rn. 6; OLG Koblenz, GewArch. 1975, 347f.; a. A. BayObLG, NJW 1975, 396f., 397.

[54] OLG Koblenz, GewArch. 1975, 347f.; *Franßen* (FN 38), S. 409.

[55] Ebenso für Altglas OVG Münster, NVwZ 1983, 561f.

[56] *Hösel/v. Lersner* (FN 47), § 1 AbfG Rn. 6.

[57] Ebenso *Hösel/v. Lersner* (FN 47), § 1 AbfG Rn. 3.

[58] *Franßen* (FN 38), S. 410.

27 Die durch das Abfallgesetz geschaffenen **Verwertungsmöglichkeiten** lassen es als problematisch erscheinen, ob nach dem Entledigungswillen des Besitzers wirklich noch von Abfall gesprochen werden kann, wenn dieser die Stoffe zum Zweck der Verwertung abgibt, etwa durch getrennte Sammlung in der „grünen Tonne" oder in Altglascontainern.[59] Im Interesse der **Rechtssicherheit** schränkt das Abfallgesetz für diese Fälle die Geltung des subjektiven Abfallbegriffes ein: Übergibt der Besitzer solche Stoffe im Rahmen einer gewerblichen oder karitativen Sammlung an Dritte, so findet das Abfallgesetz nach Maßgabe des § 1 Abs. 3 Nr. 6 und 7 AbfG keine Anwendung (s. Rn. 51). Bei Übergabe an die entsorgungspflichtige Körperschaft oder von ihr beauftragte Dritte schreibt § 1 Abs. 1 S. 2 AbfG demgegenüber vor, daß die Stoffe auch im Falle der Verwertung bis zu dem Zeitpunkt Abfall sind, in dem die aus ihnen gewonnenen Sekundärrohstoffe oder die aus ihnen erzeugte Energie wieder dem Wirtschaftskreislauf zugeführt werden. Mit dieser Vorschrift soll vermieden werden, daß die Einordnung eines verwertbaren Stoffes nach dem Vorstellungsbild des Besitzers zwischen Abfall und Wirtschaftsgut schwankt. Überläßt der Besitzer sie – etwa im Rahmen von Sammlungen – Dritten, so sind sie Wirtschaftsgut. Überläßt er sie der öffentlichen Abfallentsorgung, so sind sie nach § 1 Abs. 1 S. 2 AbfG bis auf weiteres Abfall.[60]

28 Probleme können sich aber auch daraus ergeben, daß der Besitzer eine Sache behalten oder später selbst verwerten will, obwohl objektiv eine Beseitigung geboten ist (z. B. Aufbewahrung von Autowracks im Garten). Hier sind die **Funktionsgrenzen des subjektiven Abfallbegriffs** erreicht.

2. Objektiver Abfallbegriff

29 Das Interesse des Besitzers, eine Sache selbst wieder zu verwenden, zu verwerten oder zu einem solchen Zweck einem Dritten zu überlassen, aber auch schlicht, Beseitigungsgebühren zu sparen, kann in Gegensatz zum **Allgemeininteresse** an einer **geordneten Abfallentsorgung** treten. Dieses kann sich namentlich aus hygienischen oder aus ästhetischen[61] Belangen ergeben (z. B. zu Futtermittelzwecken gelagerte Lebensmittelreste, die Ratten anziehen, die Autohalde im Garten usw.).

30 Deshalb ist neben dem subjektiven der objektive Abfallbegriff erforderlich. Er bringt die soziale Verpflichtung der Bürger unter dem Aspekt der Abfallentsorgung zur Geltung. Anders als der subjektive Abfallbegriff, der sich im wesentlichen im Verweis auf die individuelle Definitionsmacht des einzelnen erschöpft, enthält der objektive Abfallbegriff **normative Kriterien.**

31 Abfall im objektiven Sinn sind nach der **gesetzlichen Definition** in § 1 Abs. 1 S. 1, 2. Alt. AbfG bewegliche Sachen (dazu Rn. 40), deren geordnete Beseitigung zur Wahrung des Wohls der Allgemeinheit, insbesondere zum Schutz der Umwelt, *geboten* ist.

32 Der objektive Abfallbegriff ist demnach nicht vollständig konditional, sondern maßgeblich auch durch ein Zweckprogramm definiert. Hieraus ergeben sich nicht

---

[59] Dazu *Birn/Jung,* Abfallbeseitigungsrecht für die betriebliche Praxis, 1985ff., Bd. 1, Teil 2 Kap. 3, S. 13ff.
[60] BT-Drs. 10/5656, S. 52.
[61] Vgl. BayVGH, BayVBl. 1976, 371f.; OLG Hamm, NJW 1975, 1042f.

unerhebliche **Auslegungsschwierigkeiten.** Mitunter wird die mangelnde begriffliche Schärfe des Abfallbegriffs kritisiert und eine eigentliche Definition vermißt.[62] Hilfreich scheint – in angepaßter Form – die von *Franßen* vorgelegte erläuternde Definition: Danach ist der objektive Abfallbegriff erfüllt, „wenn eine für ihren ursprünglichen Zweck nicht mehr verwendbare Sache in ihrem jeweiligen Zustand das Wohl der Allgemeinheit, insbesondere die in § 2 Abs. 1 AbfG genannten Schutzgüter gefährdet und diese Gefährdung nur durch eine geordnete, d. h. nach Maßgabe der Vorschriften des Abfallbeseitigungsgesetzes durchzuführende Beseitigung (sprich heute: Entsorgung) der Sache behoben werden kann".[63]

So wird die Abfalleigenschaft nicht dadurch ausgeschlossen, daß der Sache noch ein Gebrauchswert oder ein Handelswert als **Wirtschaftsgut** zuerkannt wird.[64] Dieser Ansicht waren bisher jedoch vor allem Teile der Rechtsprechung.[65] Da sich häufig aus Verwertungsmöglichkeiten noch ein wirtschaftlicher Wert ergibt, würde bei einem engen Abfallbegriff, der auf die objektive Wertlosigkeit der Sache abstellt, das Instrumentarium des Abfallgesetzes weitgehend nicht mehr greifen. Auch deshalb ist die neu eingefügte Regelung des § 1 Abs. 1 S. 2 AbfG (s. o. Rn. 27) als Klarstellung zu begrüßen. 33

Der Konflikt zwischen Abfallbegriff und sinnvollen **Wiederverwendungs- und Verwertungszielen** kann auch ohne eine solche Restriktion des Abfallbegriffs bewältigt werden. Zum einen sind das Verwertungsinteresse des Eigentümers und die Belange der Allgemeinheit im Rahmen des objektiven Abfallbegriffs grundsätzlich gegeneinander abzuwägen.[66] Zum anderen kommen bei noch verwertbaren, jedoch unsachgemäß gelagerten „Abfällen" vor einer Abfallentsorgung als milderes Mittel ordnungsrechtliche Gebote („Auflagen") in Betracht, die dem Besitzer beispielsweise eine sachgemäße Lagerung aufgeben. Das in § 1 Abs. 1 AbfG enthaltene Kriterium des **Gebotenseins der Abfallentsorgung** schließt eine Verhältnismäßigkeitskontrolle mit ein. Nur wenn die milderen ordnungsrechtlichen Gebote nicht ausreichen oder greifen, kommt eine Qualifikation als Abfall mit der Folge der Überlassungspflicht nach § 3 Abs. 1 AbfG in Betracht.[67] 34

Die **Verknüpfung** und Ergänzung des abfallrechtlichen Instrumentariums mit allgemeinen **polizei- und ordnungsrechtlichen Mitteln** ermöglicht eine erhöhte Flexibilität im Umgang mit abfallrechtlichen Problem- und Grenzfällen, z. B. wenn die Beseitigung einer in freier Natur errichteten Autohalde nach Bau- und Ordnungsrecht verlangt wird. 35

Die Abfalleigenschaft nach dem objektiven Abfallbegriff ist demnach von den konkreten **Umständen des Einzelfalles** abhängig. Sie kann nicht ein für alle Mal „unabhängig von Zeit und Ort" festgestellt werden. Insbesondere gilt nicht der 36

---

[62] Nachweise bei *Hösel/v. Lersner* (FN 47), § 1 AbfG Rn. 3 („Kompromiß zwischen logischer Schärfe und administrativer Praktikabilität").
[63] *Franßen* (FN 38), S. 410.
[64] OVG Berlin, OVGE 15, 138; VGH Kassel, NJW 1987, 393f.; *Franßen* (FN 38), S. 410; *Hösel/v. Lersner* (FN 47), § 1 AbfG Rn. 9.
[65] BayObLG, NJW 1974, 156f.; NJW 1975, 396ff.; BayVGH, VGHE 29, 42; OLG Hamm, NuR 1980, 134; ebenso *Hoschützky/Kreft,* Recht der Abfallwirtschaft, 1974ff., § 1 AbfG Anm. 1.2.
[66] OLG Koblenz, GewArch. 1981, 237; *Hösel/v. Lersner* (FN 47), § 1 AbfG Rn. 9.
[67] So *Franßen* (FN 38), S. 411; vgl. auch OVG Lüneburg, DÖV 1976, 386f.

Grundsatz: „Einmal Abfall, immer Abfall“,[68] z. B. wenn ein im Garten gelagertes Autowrack auf einen ordnungsgemäß betriebenen Schrottlagerplatz gebracht wird, wo es wieder einer wirtschaftlichen Verwertung zugeführt wird. Insbesondere kann eine bewegliche Sache, die wegen Entledigung durch ihren Besitzer zu Abfall wird, die **Abfalleigenschaft** wieder **verlieren,** wenn ein anderer sich diese Sache aneignet und gebraucht,[69] z. B. bei Inbesitznahme von auf der Straße abgestelltem Sperrmüll.

37 Als Abfall gilt auch nicht schlechthin jede Sache, an deren Beseitigung irgendein Interesse besteht (z. B. falsch gelagerte Munition oder anstoßerregende Plakate). Es muß vielmehr eine Entsorgung *als Abfall* geboten sein.[70] Dies ergibt sich bereits aus dem Begriff der ordnungsgemäßen Entsorgung, der eine Beseitigung nach Maßgabe der Vorschriften des Abfallgesetzes meint.[71]

38 Als einzige ungeschriebene Voraussetzung des objektiven Abfallbegriffs dürfte demnach gelten, daß die Sache **für ihren ursprünglichen Zweck nicht mehr verwendbar** ist.[72]

39 Wie dargelegt, ergibt sich die objektive Abfalleigenschaft letztlich erst als **Resultante** einer **Güterabwägung** zwischen Gemeinwohl- und Umweltschutzbelangen einerseits und Wiederverwendungs- bzw. Verwertungsinteressen des Abfallbesitzers andererseits. Die wichtigsten Gründe des Gemeinwohls, die eine Abfallentsorgung gebieten können, wenngleich keinen abschließenden Katalog, enthält § 2 Abs. 1 S. 2 AbfG (s. Rn. 96ff.). Dabei muß das Individualinteresse des Abfallbesitzers freilich hinter überwiegenden öffentlichen Belangen einer geordneten, umweltschonenden Abfallentsorgung zurücktreten.

3. Sachbegriff

40 Subjektiver und objektiver Abfallbegriff beziehen sich nur auf **„bewegliche Sachen“.** Im Grundsatz wird auf die zivilrechtliche Regelung der §§ 90ff. BGB Bezug genommen: Daher scheiden beispielsweise Grundstücke oder Grundstücksbestandteile aus dem Anwendungsbereich des Abfallgesetzes aus (vgl. auch Rn. 134). So wird das durch einen Tanklastunfall (oder durch Altlasten – s. Rn. 132ff.) verseuchte Erdreich erst durch den Aushub zum Abfall.[73] Nicht ganz frei von Emotionen ist die Frage, ob lebende Tiere – als bewegliche Sachen i. S. des BGB – dem Abfallbegriff des § 1 AbfG unterfallen können, etwa wenn sie von ihren Besitzern ausgesetzt werden. Obgleich sie, anders als Tierkadaver (in § 1 Abs. 3 Nr. 1 AbfG), aus dem Geltungsbereich des Abfallgesetzes nicht ausdrücklich ausgenommen sind, wird von der h. M. das Abfallgesetz insoweit für unanwendbar gehalten.[74] Dem ist jedenfalls für höhere Arten zuzustimmen (nicht aber z. B. für Bakterienlösungen). Dem Abfallgesetz unterfällt von vornherein nicht die Behandlung des (toten) menschlichen Kor-

---

[68] Vgl. BVerwG, DÖV 1983, 600f., 601, und *Franßen* (FN 38), S. 411.
[69] BVerwG, DÖV 1983, 600f.; BayObLG, NJW 1974, 156f.
[70] Dahingehend auch der Vorschlag in BT-Drs. 8/3887, S. 9 und 9/667, S. 3, einer Einfügung in das AbfG, um klarzustellen, daß die Kampfmittelbeseitigung nicht zur Abfallbeseitigung gehört. Vgl. im übrigen auch *Hösel/v. Lersner* (FN 47), § 1 AbfG Rn. 9, und *Schwermer* (FN 51), § 1 AbfG Rn. 27ff.
[71] *Franßen* (FN 38), S. 409f.
[72] *Franßen* (FN 38), S. 410.
[73] Vgl. *Franßen* (FN 38), S. 409.
[74] Vgl. dazu *Hösel/v. Lersner* (FN 47), § 1 AbfG Rn. 5

pus, während operativ entfernte Teile des menschlichen Körpers regelmäßig Abfälle i. S. des § 1 Abs. 1 AbfG sind,[75] was Sonderbehandlungen nicht ausschließen muß.

4. *Erweiterungen des objektiven Abfallbegriffs*

41 Grundsätzlich sind die Regelungen des Abfallgesetzes nur auf Abfall i. S. des § 1 Abs. 1 AbfG anwendbar. Hierzu enthalten die §§ 5, 5a und 15 AbfG drei wichtige Ausnahmen, wodurch der Anwendungsbereich des Abfallgesetzes erweitert wird:

a) Nicht zugelassene Kraftfahrzeuge auf Straßen

42 Nach § 5 Abs. 2 AbfG gelten Kraftfahrzeuge oder Anhänger ohne gültige amtliche Kennzeichen, die auf öffentlichen Flächen oder außerhalb im Zusammenhang bebauter Ortsteile abgestellt sind, als **Abfall,** wenn keine Anhaltspunkte dafür sprechen, daß sie noch bestimmungsgemäß genutzt werden oder daß sie entwendet wurden, und falls sie nicht innerhalb eines Monats nach einer am Fahrzeug angebrachten, deutlich sichtbaren Aufforderung entfernt worden sind. Soweit diese Voraussetzungen erfüllt sind, besteht eine unwiderlegliche gesetzliche **Vermutung** zugunsten ihrer (objektiven) Abfalleigenschaft.[76]

Daher genügt es nicht, wenn ein Betroffener geltend macht, das Fahrzeug sei tatsächlich noch bestimmungsgemäß genutzt worden, er müßte darüber hinaus dartun, daß dieser Umstand für die Behörde erkennbar war. Damit würde er (zulässigerweise) das Vorliegen der Voraussetzungen der Vermutung bestreiten – im Unterschied zu einer unzulässigen sachlichen Widerlegung.

Die Regelung des § 5 Abs. 2 AbfG **erleichtert** den Behörden das **Vorgehen gegen wild abgestellte Altautos.** Es braucht nicht geprüft zu werden, ob das Fahrzeug tatsächlich unverwendbar ist. Darüber hinaus kann die Behörde aber, wenn bereits – wie bei einem **Autowrack** – die **objektive Abfalleigenschaft** i. S. des § 1 Abs. 1 S. 1, 2. Alt. AbfG vorliegt, nach den allgemeinen Bestimmungen vorgehen. Dies birgt den Vorteil, daß das Wrack auch ohne vorangegangene Aufforderung sofort beseitigt werden kann.[77] Außer dem abfallrechtlichen Instrumentarium steht den Behörden ein Vorgehen aufgrund straßenverkehrsrechtlicher (§ 32 StVO) und straßenrechtlicher Bestimmungen zu Gebote.

b) Altöle

43 Gemäß § 5a Abs. 1 S. 1 AbfG finden die Vorschriften des Abfallgesetzes auch Anwendung auf Altöle, (selbst) wenn diese keine Abfälle i. S. von § 1 Abs. 1 AbfG sind. Als Altöle definiert § 5a Abs. 1 S. 2 AbfG gebrauchte halbflüssige oder flüssige Stoffe, die ganz oder teilweise aus Mineralöl oder synthetischem Öl bestehen, einschließlich ölhaltiger Rückstände aus Behältern, Emulsionen und Wasser-Öl-Gemischen. Der Gesetzgeber hat damit die früher in einem eigenen Gesetz geregelten Altöle (s. zum Altölgesetz Rn. 168) in das abfallrechtliche Regime einbezogen. Zusätzlich gelten jedoch auch noch besondere Bestimmungen für Altöle. Diese sind jetzt in § 5a Abs. 2 AbfG und der darauf gestützten Altölverordnung (s. Rn. 171) sowie in § 5b AbfG (s. Rn. 172) enthalten (zum Ganzen näher Rn. 168ff.).

---

[75] *Hösel/v. Lersner* (FN 47), § 1 AbfG Rn. 5.
[76] *Hösel/v. Lersner* (FN 47), § 1 AbfG Rn. 22.
[77] KG Berlin, Urt. v. 6. 6. 1980 – 9 U 1059/80 – abgedruckt in: *Birn/Jung* (FN 59), Bd. 2, Teil 14 Kap. 6, S. 55 (2).

c) Dungstoffe

44 Eine *teilweise* Anwendung abfallrechtlicher Vorschriften schreibt die Regelung des § 15 Abs. 1 AbfG für das **Aufbringen von Abwasser und ähnlichen Stoffen** (Klärschlamm, Fäkalien usw.) auf landwirtschaftlich genutzte Böden vor. Durch Anwendung der §§ 2 Abs. 1 und 11 AbfG werden einerseits die Landwirte zu einer Beachtung der – zunächst nur für die Abfallentsorgung formulierten – Grundsätze des § 2 Abs. 1 AbfG (s. Rn. 96ff.) verpflichtet und andererseits der Anzeigepflicht und behördlichen Überwachung unterworfen (§ 11 AbfG). Für herkömmliche natürliche Wirtschaftsdünger (Jauche, Gülle, Stallmist, vgl. auch § 1 Abs. 1 Nr. 2 DMG sowie hier § 13 Rn. 123ff. und § 14 Rn. 26ff.) gilt diese Regelung nur insoweit, als das übliche Maß der landwirtschaftlichen Düngung überschritten wird (§ 15 Abs. 1 S. 2 AbfG).

45 § 15 Abs. 2 AbfG enthält darüber hinaus eine Ermächtigung zum Erlaß von Aufbringungsverboten und -beschränkungen durch den Bundesminister für Umwelt, Naturschutz und Reaktorsicherheit.

Dieser muß allerdings im Einvernehmen mit dem Bundesminister für Ernährung, Landwirtschaft und Forsten und dem Bundesminister für Jugend, Familie, Frauen und Gesundheit handeln; außerdem bedarf die Rechtsverordnung der Zustimmung des Bundesrates (§ 15 Abs. 2 S. 1 AbfG).[78]

Auf dieser Grundlage ist die **Klärschlammverordnung** vom 25. 6. 1982[79] (Kloepfer Nr. 320) ergangen, die u. a. das Aufbringen von Klärschlamm auf Gemüse- und Obstanbauflächen generell verbietet (§ 4 Abs. 2 AbfKlärV) und im Hinblick auf andere landwirtschaftlich oder gärtnerisch genutzte Böden Grenzwerte (§ 4 Abs. 4 AbfKlärV) und eine Genehmigungspflicht (§ 4 Abs. 7 AbfKlärV) einführt (s. auch § 14 Rn. 35f.).

Der Anlaß zu dieser (partiellen) Einbeziehung des **Düngemittelrechts** (s. auch § 13 Rn. 123ff. und § 14 Rn. 26ff.) in den abfallrechtlichen Regelungskanon und insbesondere zu Sonderregelungen nach § 15 Abs. 2 AbfG ergibt sich vor allem aus dem hohen Schwermetallgehalt in vielen landwirtschaftlichen Düngern, insbesondere in Klärschlämmen. In der Sache geht es um **Bodenschutz** (s. § 1 Rn. 38 und § 14 Rn. 26ff.) – so könnten diese Regelungen auch Aufnahme in ein zu schaffendes Bodenschutzgesetz finden –, letztlich aber auch, wie gerade die Verschärfung in § 4 Abs. 2 AbfKlärV zeigt, um den Gesundheitsschutz der Verbraucher.

46 Die Regelung des § 15 AbfG sprengt nicht nur den **Abfallbegriff** (hier geht es ja um die Wiederverwendung von Abfallstoffen), sondern auch die **Abgrenzung zu anderen umweltrechtlichen Regelungen,** etwa indem sie ausdrücklich Abwasser erfaßt, soweit es als Düngemittel aufgebracht wird. § 15 Abs. 6 AbfG stellt jedoch klar, daß die Vorschriften des Wasserrechts unberührt bleiben sollen. Diese werden also nicht derogiert. So können abfall- und wasserrechtliche Instrumente kumulativ zum Schutz vor schädlicher Überdüngung und daraus resultierender Grundwassergefährdung eingesetzt werden.[80]

---

[78] Vgl. die weitergehenden Vorstellungen einer selbständigen Verordnungszuständigkeit der Landesregierungen wie auch einer Subdelegation in BT-Drs. 8/3887, S. 6, und BT-Drs. 9/667 und 9/1222.
[79] BGBl. I S. 734.
[80] Vgl. *Salzwedel,* NuR 1983, 41ff.

5. Gefährliche Abfälle

47 Für besonders gefährliche Abfälle gelten nach dem Abfallgesetz (wie zuvor bereits seit 1977 nach dem Abfallbeseitigungsgesetz) zusätzliche, verschärfte Anforderungen.

Im allgemeinen **Sprachgebrauch** hat sich auch für diese Abfallgruppe der – unscharfe, aber schwerlich zu tilgende – Begriff des Sondermülls bzw. der Sonderabfälle eingebürgert.[81] Dabei handelt es sich jedoch weder um eine dritte Abfallkategorie (etwa im Verhältnis zum subjektiven und objektiven Abfallbegriff) noch überhaupt um eine im Abfallgesetz gebrauchte Rechtskategorie. Soweit in anderen Rechtssätzen von Sondermüll oder Sonderabfall die Rede ist, bezieht sich dieser Begriff regelmäßig auch *nicht* auf gefährliche Abfälle i. S. von § 2 Abs. 2 AbfG, sondern auf Abfälle, die nach § 3 Abs. 3 AbfG von der Entsorgung ausgeschlossen wurden, weil sie nicht mit dem Hausmüll zusammen, sondern gesondert entsorgt werden müssen (vgl. nur § 2 LAbfG BW, § 4 Abs. 1 HAbfG, vgl. zur Unterscheidung beider Gruppen auch Rn. 83).

48 Gefährliche Abfälle i. S. von § 2 Abs. 2 AbfG werden zum einen durch bestimmte **Eigenschaften** („die nach Art, Beschaffenheit oder Menge in besonderem Maße gesundheits-, luft- oder wassergefährdend, explosibel oder brennbar sind oder Erreger übertragbarer Krankheiten enthalten oder hervorbringen können") und zum anderen durch ihre **Herkunft** aus gewerblichen oder sonstigen wirtschaftlichen Unternehmen oder öffentlichen Einrichtungen definiert (§ 2 Abs. 2 S. 1 AbfG). Zwar können auch Haushaltsabfälle u. U. derartige gefährliche Eigenschaften aufweisen, eine gesetzliche Sonderregelung für gefährliche Abfälle ist jedoch nur im Hinblick auf Bereiche praktikabel, wo derartige Abfälle typischerweise und regelmäßig anfallen.

Die Regelung des § 2 Abs. 2 AbfG war zunächst sogar auf Abfälle aus gewerblichen oder sonstigen wirtschaftlichen Unternehmen beschränkt. Erst durch das neue Abfallgesetz wurden gefährliche Abfälle auch aus öffentlichen Einrichtungen in diese Regelung einbezogen.

Welche Abfallarten § 2 Abs. 2 AbfG unterfallen, ergibt sich im einzelnen aus der Anlage zu der Verordnung zur Bestimmung von Abfällen nach § 2 Abs. 2 des Abfallbeseitigungsgesetzes vom 24. 5. 1977[82] (Kloepfer Nr. 316).

49 Die **zusätzlichen Anforderungen,** die an diese Abfälle gerichtet sind, beziehen sich insbesondere auf die **Anzeige- und Nachweispflicht** (§ 11 Abs. 3 AbfG), die Bestellung eines **Betriebsbeauftragten** bei regelmäßigem Anfall derartiger Abfälle (§ 11a Abs. 1 S. 2 AbfG und die darauf fußende Verordnung über Betriebsbeauftragte für Abfall vom 26. 10. 1977[83] [Kloepfer Nr. 318]) sowie auf die **Abfallüberlassung.**

---

[81] Der Begriff „Sonderabfall" geht auf einen Vorschlag des Innenausschusses zurück (BT-Drs. 7/4716, S. 1f.) und war in der vom Bundestag zunächst beschlossenen Fassung des Änderungsgesetzes zum Abfallbeseitigungsgesetz auch enthalten, er wurde jedoch auf Betreiben des Vermittlungsausschusses gestrichen und durch die Worte „Abfälle i. S. des § 2 Abs. 2" ersetzt (BT-Drs. 7/4962, S. 2). Der dessen ungeachtet üblich gewordene Sprachgebrauch hat das im Gesetzgebungsverfahren vom Innenausschuß geäußerte Bedürfnis nach einem „herausgehobenen Abfallbegriff" (BT-Drs. 7/4716, S. 1) im nachhinein bestätigt. Die Begriffe „Sondermüll" bzw. „Sonderabfall" finden sich aber auch in Rechtssätzen, vgl. z. B. die (bayerische) Bekanntmachung über die Aufstellung des Abfallbeseitigungsplanes Teilplan Sondermüll v. 22. 12. 1976 (BayGVBl. 1977, S. 55) und die (hessische) Verordung über die Beseitigung von Sonderabfällen aus Industrie und Gewerbe (Sonderabfall-Verordnung) v. 13. 11. 1978 (GVBl. I S. 556).

[82] BGBl. I S. 773.

[83] BGBl. I S. 1913.

Nach § 4 Abs. 3 AbfG dürfen gefährliche Abfälle i. S. von § 2 Abs. 2 AbfG *erstens* nur an legitimierte Abfallbeförderer i. S. von § 12 AbfG (s. Rn. 154ff.) überlassen werden, wenn *zweitens* zugleich eine Bescheinigung des Betreibers einer Abfallentsorgungsanlage vorliegt, aus der dessen Bereitschaft zur Annahme derartiger Abfälle hervorgeht. Der Besitzer gefährlicher Abfälle muß sich also nicht nur über das Vorliegen einer Einsammlungs- und Beförderungsgenehmigung, sondern auch über die Entsorgungsmöglichkeit in einer Abfallentsorgungsanlage vergewissern. Diese erweiterte Kontrollpflicht entspricht dem im Abfallrecht ansatzweise verwirklichten sog. Cradle-to-grave-Prinzip (s. § 3 Rn. 24). Die gesteigerte Verkehrssicherungspflicht der Besitzer gefährlicher Abfälle versteht sich im übrigen von selbst.

50 Überdies unterfallen gefährliche Abfälle i. S. von § 2 Abs. 2 AbfG vielfach der Klausel des § 3 Abs. 3 AbfG, wonach die grundsätzlich für die Entsorgung zuständigen Körperschaften Abfälle von der **Entsorgung ausschließen** dürfen, soweit sie diese nach Art oder Menge nicht mit den in Haushaltungen anfallenden Abfällen entsorgen können (s. Rn. 83ff.). Sie bilden dann sog. **Sonderabfall** i. e. S. (s. o. Rn. 47). Beide Abfallgruppen sind freilich nicht identisch. § 3 Abs. 3 AbfG ist in seinen Voraussetzungen nicht nur wesentlich weiter, sondern stellt im Unterschied zu § 2 Abs. 2 AbfG auch auf die Umstände des Einzelfalles ab. Wenn in beiden Fällen untechnisch von Sonderabfall die Rede ist, wird diese wichtige Divergenz verdeckt.

V. Abfallrechtliche Spezialregelungen

1. Innerhalb des Abfallgesetzes

51 Mit der Erfüllung des subjektiven oder objektiven Abfallbegriffs ist nicht zwangsläufig die Anwendbarkeit des Abfallgesetzes gegeben, vielmehr nimmt § 1 Abs. 3 AbfG bestimmte Abfälle mit Rücksicht auf sondergesetzliche Regelungen von der Anwendung des Abfallgesetzes aus (s. Rn. 52 sowie o. Rn. 7). Überdies findet das Abfallgesetz auf Stoffe (ausgenommen gefährliche Abfälle, Autowracks und Altöle), die durch gemeinnützige oder gewerbliche **Sammlung** einer ordnungsgemäßen **Verwertung** (s. o. Rn. 27) zugeführt werden, keine (oder nur bedingt) Anwendung (§ 1 Abs. 3 Nr. 6 und 7 AbfG). Im Falle der gewerblichen Sammlung muß die ordnungsgemäße Verwertung allerdings den entsorgungspflichtigen Körperschaften nachgewiesen werden, und es dürfen keine überwiegenden öffentlichen Interessen entgegenstehen. Aus der Geltung des Abfallgesetzes herausgenommen ist auch das Aufsuchen, Bergen, Befördern, Lagern, Behandeln und Vernichten von Kampfmitteln (§ 1 Abs. 3 Nr. 7 AbfG).

2. Sondergesetzliche Regelungen

52 Für Tierkörper und verdorbenes Fleisch gilt abschließend das **Tierkörperbeseitigungsgesetz** (Kloepfer Nr. 360 – s. Rn. 53), für seuchenbefallenes Vieh das **Tierseuchengesetz** (Kloepfer Nr. 538), für zu beseitigende Pflanzen das **Pflanzenschutzgesetz** (Kloepfer Nr. 450), für radioaktive Abfälle das **Atomgesetz** (Kloepfer Nr. 900, vgl. aber auch § 2 Abs. 2 AtG),[84] für Abfälle aus Bergbaubetrieben das **Bundesberg-**

[84] Hierzu näher *Schwermer* (FN 51), § 1 AbfG Rn. 60ff.

gesetz (Kloepfer Nr. 970). Ausgenommen sind ferner nicht gefaßte gasförmige Stoffe (Abluft) und Stoffe, soweit sie in Gewässer oder Abwasseranlagen eingeleitet werden (nicht jedoch etwa beim Aufbringen als Dungstoff, s. o. Rn. 43ff.).

Diese in § 1 Abs. 3 Nr. 1–5 AbfG enthaltenen Regelungen zur Gesetzeskonkurrenz sind im Umweltrecht mit seinen sich stark überlappenden Teilbereichen eine wertvolle Hilfe, wenngleich sie nicht sämtliche Abgrenzungsprobleme lösen können. Die Schwierigkeiten, die nach altem Recht die Abgrenzung von Abwasser und Abfall bei flüssigen Abfallstoffen bereitete, die über die Anwendbarkeit von Abfallrecht oder aber Gewässerschutzrecht entschied,[85] sind durch die Neufassung des § 1 Abs. 3 Nr. 5 AbfG wenn nicht beseitigt, so doch gemildert worden (s. § 11 Rn. 58).

Das **Tierkörperbeseitigungsgesetz** vom 2. 9. 1975 (s. o. Rn. 7) konzentriert die **53**
Entsorgung – ähnlich dem Abfallgesetz – im wesentlichen bei den Kommunen und den von diesen betriebenen oder eingeschalteten Tierkörperbeseitigungsanstalten (§ 4 TierKBG).

Von den Regelungen des Gesetzes erfaßt werden nicht nur Tierkörper (d. h. verendete, totgeborene oder ungeborene Tiere – z. B. auch Fischkadaver bei einem Fischsterben – sowie getötete Tiere, die nicht zum menschlichen Genuß verwendet werden) und Tierkörperteile (namentlich nicht zum menschlichen Genuß verwendete Teile von Tieren aus Schlachtungen einschließlich z. B. Blut), sondern grundsätzlich auch Erzeugnisse, die von Tieren stammen, insbesondere zubereitetes Fleisch, Eier und Milch, deren sich der Besitzer entledigen will oder deren unschädliche Beseitigung geboten ist (vgl. die Legaldefinitionen in § 1 Abs. 1 Nr. 1–3 TierKBG). Nicht als Erzeugnis gelten tierische Exkremente; diese unterfallen vielmehr dem Abfallgesetz (vgl. § 15 Abs. 1 AbfG sowie hier insbes. o. Rn. 43 und § 14 Rn. 30ff.).

Einen Vorrang des Atomgesetzes statuiert § 2 Abs. 1 TierKBG für radioaktiv kontaminierte Tierkörper, Tierkörperteile und Erzeugnisse. Da das Atomgesetz seinerseits geringfügig radioaktive Abfälle nicht erfaßt (§ 2 Abs. 2 AtG), ergeben sich erhebliche Abgrenzungsprobleme, die insbesondere nach der Reaktorkatastrophe von Tschernobyl (z. B. radioaktive Molke) zu Tage getreten sind.

Die Beseitigung von Tierkörpern, Tierkörperteilen und Erzeugnissen erfolgt gemäß §§ 5 Abs. 1, 6 Abs. 1 und 7 Abs. 1 TierKBG grundsätzlich in Tierkörperbeseitigungsanstalten (vgl. dazu die Definition in § 1 Abs. 1 Nr. 4 TierKBG). Entsprechend der Grundsatznorm des § 3 TierKBG muß sie insbesondere unschädlich für Gesundheit und Umwelt sein. Vorgeschaltet sind eine Abholungspflicht der Beseitigungspflichtigen (§ 10 TierKBG) oder eine Ablieferungspflicht der Besitzer (§ 11 TierKBG). Im zweiten Fall richtet der Beseitigungspflichtige, soweit erforderlich, Sammelstellen ein (§ 12 TierKBG). Ausnahmen von dem Anlagenbenutzungszwang sehen die §§ 5 Abs. 2, 6 Abs. 2 und 7 Abs. 2 TierKBG vor. Dazu gehören z. B. Abfälle, die in privaten Haushaltungen anfallen (§§ 6 Abs. 2 Nr. 3 und 7 Abs. 2 TierKBG) oder in Spezialbetrieben wiederverwertet werden (§ 6 Abs. 2 Nr. 2 TierKBG). Darüberhinaus kann die zuständige Behörde gemäß § 8 TierKBG Ausnahmen im Einzelfall zulassen.

---

[85] Vgl. dazu 216. Kolloquium des Instituts für das Recht der Wasserwirtschaft an der Universität Bonn vom 10. 12. 1982, ZfW 1983, S. 84ff.; *Breuer,* Die Abgrenzung zwischen Abwasserbeseitigung, Abfallbeseitigung und Reststoffverwertung, 1985, sowie *Henseler,* Das Recht der Abwasserbeseitigung, 1983, S. 9ff.

3. Abfallentsorgung auf Hoher See

54 Das Abfallgesetz gilt ferner nicht für die **Abfallentsorgung auf Hoher See,** die grundsätzlich zum Regelungsbereich des internationalen Umweltrechts (s. § 6 Rn. 69) zählt. Diese ist folgerichtig Gegenstand internationaler Abkommen,[86] insbesondere des Übereinkommens zur Verhütung der Meeresverschmutzung durch das Einbringen (von Abfällen) durch Schiffe und Luftfahrzeuge vom 15. 2. 1972 (Oslo-Übereinkommen)[87] (Kloepfer Nr. 280/1) und des Übereinkommens über die Verhütung der Meeresverschmutzung durch das Einbringen von Abfällen und anderen Stoffen vom 29. 12. 1972 (London-Übereinkommen)[88] (Kloepfer Nr. 280/2; vgl. wegen weiterer Abkommen die Aufstellung in § 11 Rn. 26). Nationale Rechtsgrundlage ist das Zustimmungsgesetz vom 11. 2. 1977[89] (Kloepfer Nr. 280) – im folgenden als Hohe- See-Einbringungsgesetz bezeichnet – mit der dazu ergangenen Durchführungsverordnung (Hohe-See-Einbringungsverordnung)[90] (Kloepfer Nr. 281).

55 Das **Hohe-See-Einbringungsgesetz** (s. auch § 11 Rn. 23) geht vom Vorrang der Landbeseitigung von Abfällen aus und erlaubt eine Abfallentsorgung auf Hoher See nur, wenn Stoffe eingebracht oder eingeleitet werden, die an Land nur unter Beeinträchtigung des Wohles der Allgemeinheit oder nur mit unverhältnismäßig hohem Aufwand beseitigt werden können, und wenn ferner keine nachhaltige Veränderung der Beschaffenheit des Meerwassers zu besorgen ist (Art. 2 Abs. 2 EinbrG). Dabei ist jedoch zu beachten, daß die Einleitung oder Einbringung nicht per se als nachteilig gilt, sondern nur unter weiteren, in Art. 2 Abs. 3 EinbrG genannten Voraussetzungen. Zwingende öffentliche Interessen können gemäß Art. 2 Abs. 4 des Gesetzes ein Einbringen oder Einleiten rechtfertigen, selbst wenn die zuvor genannten Voraussetzungen nicht erfüllt sind. Die Regelungen, ebenso wie die verschiedenen Übereinkommen zum Schutz vor Ölverschmutzungen,[91] sind insbesondere auch hinsichtlich ihrer Durchsetzung stark verbesserungsbedürftig. Mit einem Verbot der besonders umstrittenen sog. Dünnsäureverklappung, d. h. der Einleitung von flüssigen gefährlichen Abfällen in die See, wie auch allgemein mit einer weiteren Einschränkung der Abfallversenkung (namentlich in der Nordsee) ist zu rechnen.[92]

VI. Begriff der Abfallvermeidung

56 Durch die Einfügung des § 1a AbfG mit dem Abfallvermeidungs- und -verwertungsgebot (s. o. Rn. 15ff.) und die Erweiterung der Verordnungsermächtigung des § 14 AbfG (s. o. Rn. 13) ist der Gesetzgeber einer seit Jahren erhobenen Forderung

[86] Vgl. dazu auch *Burhenne,* in: Salzwedel (Hg.), Grundzüge des Umweltrechts, 1982, S. 659ff., 682ff., und *Gündling,* NuR 1982, 41ff., jeweils m. w. N.

[87] BGBl. 1977 II S. 165, 169.

[88] BGBl. 1977 II S. 165, 180, zuletzt geänd. durch VO v. 23. 2. 1983, BGBl. II S. 141, 142, 151.

[89] BGBl. II S. 165 i. V. m. Bek. v. 21. 12. 1977, BGBl. II S. 1492, zuletzt geänd. durch VO v. 26. 11. 1986, BGBl. I S. 2089.

[90] BGBl. I S. 2478, geänd. durch VO v. 25. 6. 1986, BGBl. II S. 719.

[91] Gesetz i. d. F. v. 19. 1. 1979 über das Internationale Übereinkommen zur Verhütung der Verschmutzung der See durch Ölv. 1954 (BGBl. II S. 62, geänd. durch Ges. v. 28. 3. 1980, BGBl. I S. 373); Bekanntmachung des Übereinkommens vom 9. 6. 1969 zur Zusammenarbeit bei der Bekämpfung von Ölverschmutzungen der Nordsee v. 22. 10. 1969 (BGBl. II S. 2066, ber. BGBl. 1971 II S. 970); Gesetz v. 27. 1. 1975 zu den Internationalen Übereinkommen v. 29. 11. 1969 über Maßnahmen auf Hoher See bei Ölverschmutzungsunfällen (BGBl. II S. 137).

[92] Vgl. Umwelt (BMU) Nr. 4/87 v. 21. 7. 1987, S. 148ff., 150 mit Hinw. auf Nordseeschutzkonferenz.

nachgekommen.[93] Dabei war ihm durch die bereits bestehende (und jetzt ausdrücklich unberührt bleibende) Regelung des § 5 Nr. 3 BImSchG a. F. bzw. § 5 Abs. 1 Nr. 3 BImSchG n. F. (vgl. § 1a Abs. 1 S. 2 AbfG), nach der die Betreiber von Anlagen Abfälle durch den Einsatz reststoffarmer Verfahren oder durch Verwertung von Reststoffen zu vermeiden haben (s. § 7 Rn. 57), die Richtung vorgegeben. Zudem war dieser **abfallwirtschaftliche Gedanke** an etwas versteckter Stelle im Rahmen der Regelung über die Aufgaben des Betriebsbeauftragten auch schon im alten Abfallbeseitigungsgesetz enthalten (§ 11b Abs. 1 Nr. 4 AbfG a. F., s. auch o. Rn. 13).

Allerdings hat der Gesetzgeber von einer uneingeschränkten allgemeinen programmatischen Formulierung des **Abfallvermeidungsgebotes** abgesehen[94] und überläßt die Konkretisierung dem Verordnungsgeber. Der unmittelbare Regelungsgehalt des § 1a AbfG erschöpft sich insoweit in einer Verweisung auf die Ermächtigungen zum Erlaß von Rechtsverordnungen nach § 14 Abs. 1 Nr. 3 und 4 und Abs. 2 S. 3 Nr. 2 bis 5 AbfG. Diese sind die eigentlichen Vorschriften über Abfallvermeidung im Abfallgesetz. 57

Von daher kann freilich nicht mehr ohne weiteres von einem gesetzesunmittelbaren **Vorrang** der Abfallvermeidung gegenüber der Abfallentsorgung ausgegangen werden. Der Gesetzgeber nennt die Vermeidung von Abfällen zwar an erster Stelle (sowohl in der Gesetzesüberschrift als auch in der Paragraphenfolge), stellt diese aber zugleich – im Unterschied zur Abfallentsorgung – unter einen einschränkenden Vorbehalt („nach Maßgabe von Rechtsverordnungen").

Die Ausweitung der **Verordnungsermächtigung** in § 14 AbfG wurde auch vom Gesetzgeber als das „eigentliche Kernstück" der Reform des Abfallgesetzes angesehen.[95] Die Vorschrift unterscheidet nunmehr zwischen Regelungen, die auf die Vermeidung oder Verringerung von Schadstoffen in Abfällen hinzielen (Abs. 1) und solchen, bei denen es um die Vermeidung oder Verringerung der Abfallmengen geht (Abs. 2). 58

Im Hinblick auf Abfallvermeidung unter dem Gesichtspunkt der **Eindämmung des Schadstoffaufkommens** wird die Bundesregierung durch § 14 Abs. 1 AbfG ermächtigt, nach Anhörung der beteiligten Kreise (das ist nach § 16 AbfG ein jeweils auszuwählender Kreis von Vertretern der Wissenschaft, der Betroffenen, der beteiligten Wirtschaft, des beteiligten Verkehrswesens und der für Abfallentsorgung zuständigen obersten Landesbehörden) mit Zustimmung des Bundesrates zu bestimmen, daß 59

- Erzeugnisse wegen des Schadstoffgehalts der aus ihnen nach bestimmungsgemäßem Gebrauch in der Regel entstehenden Abfälle nur mit einer entsprechenden Kennzeichnung in Verkehr gebracht werden dürfen (Kennzeichnungspflicht – § 14 Abs. 1 Nr. 1 AbfG),
- Abfälle mit besonderem Schadstoffgehalt getrennt zu entsorgen sind (§ 14 Abs. 1 Nr. 2 AbfG),
- bestimmte Erzeugnisse nur dann in den Verkehr gebracht werden dürfen, wenn sich der Vertreiber zur Eröffnung einer Rückgabemöglichkeit verpflichtet oder das Erzeugnis mit einem Pfand belegt wird (Rücknahme- und Pfandpflicht – § 14 Abs. 1 Nr. 3 AbfG),

---

[93] BT-Drs. 10/2885, S. 10; vgl. im Schrifttum statt aller *Franßen* (FN 38), S. 403f.; *Hartkopf/Bohne,* Umweltpolitik, Bd. 1, 1983, S. 443f.; *Kreft,* UPR 1982, 105ff., 108.
[94] Zu den Gründen *Birn/Jung* (FN 59), Bd. 1, Teil 2 Kap. 3, S. 35.
[95] BT-Drs. 10/5656, S. 74. Vgl. auch *Versteyl* (FN 3), § 14 AbfG Rn. 22ff.

– bestimmte Erzeugnisse nicht in Verkehr gebracht werden dürfen, wenn bei ihrer Entsorgung (Verwertung oder Beseitigung) Schadstoffe freiwerden, deren Entstehung nicht oder nur unter unverhältnismäßig hohem Aufwand verhindert werden kann (§ 14 Abs. 1 Nr. 4 AbfG).

60 In bezug auf die **Verringerung der Menge** des anfallenden Abfalls durch Abfallvermeidung ermächtigt § 14 Abs. 2 S. 3 AbfG die Bundesregierung zu verordnen, daß

– bestimmte Erzeugnisse, insbesondere Verpackungen und Behältnisse, in bestimmter Weise zu kennzeichnen sind (§ 14 Abs. 2 S. 3 Nr. 1 AbfG),
– bestimmte Erzeugnisse, insbesondere Verpackungen und Behältnisse, nur in Verkehr gebracht werden dürfen, wenn sie einer Form genügen, welche die Abfallentsorgung in spürbarer Weise entlastet, insbesondere etwa die mehrfache Verwendung oder die Verwertung erleichtert (§ 14 Abs. 2 S. 3 Nr. 2 AbfG),
– Hersteller, Vertreiber oder von diesen bestimmte Dritte bestimmte Erzeugnisse, insbesondere Verpackungen und Behältnisse, nach Gebrauch zu umweltschonender Wiederverwendung, Verwertung oder sonstiger Entsorgung zurücknehmen müssen, und daß die Rückgabe durch geeignete Rücknahme- und Pfandsysteme sichergestellt werden muß (Rücknahme- und Pfandpflicht – § 14 Abs. 2 S. 3 Nr. 3 AbfG),[96]
– der Besitzer bestimmter Erzeugnisse, insbesondere von Verpackungen und Behältnissen, diese dem Abfallentsorger getrennt vom übrigen Abfall überlassen muß (§ 14 Abs. 2 S. 3 Nr. 4 AbfG),
– bestimmte Erzeugnisse, insbesondere Verpackungen und Behältnisse, nur für bestimmte Zwecke in Verkehr gebracht werden dürfen (§ 14 Abs. 2 S. 3 Nr. 5 AbfG).

61 Die Verordnungsermächtigungen nach § 14 Abs. 1 und nach § 14 Abs. 2 S. 3 AbfG gleichen einander zum Teil hinsichtlich der zugelassenen Instrumente, unterscheiden sich aber in den **Voraussetzungen.** So ist es z. B. erklärlich, daß sowohl § 14 Abs. 1 Nr. 3 AbfG als auch § 14 Abs. 2 S. 3 Nr. 3 AbfG die Einführung eines Zwangspfandes (s. auch § 4 Rn. 179) ermöglichen: im ersten Falle für primär qualitativ problematische Abfälle (z. B. Autobatterien), im zweiten Falle für primär quantitativ problematische Abfälle (insbesondere Getränkeverpackungen). Beide Gesichtspunkte können sich (wie z. B. bei PET-Einwegflaschen)[97] allerdings auch überschneiden.

62 Ein weiterer wesentlicher Unterschied zwischen der Verordnungsgebung nach § 14 Abs. 1 AbfG und derjenigen nach § 14 Abs. 2 S. 3 AbfG liegt in dem gesetzlich vorgeschriebenen **Verfahren.**

Im Überschneidungsbereich beider Fallgruppen könnten sich daher Probleme ergeben, falls der Verordnungsgeber nicht, wie zu erwarten ist, vorsorglich das erweiterte Verfahren nach § 14 Abs. 2 AbfG einschlägt.

Während § 14 Abs. 1 AbfG den Erlaß von Rechtsverordnungen durch die Bundesregierung nach dem im Umweltrecht üblichen Muster an eine vorangegangene Anhörung der beteiligten Kreise und die Zustimmung des Bundesrates knüpft, sieht § 14 Abs. 2 AbfG ein im deutschen Recht – soweit ersichtlich – bislang einzigartiges „Vorschalt-" oder auch Alternativverfahren zur Verordnungsgebung vor. Hiernach legt die Bundesregierung nach Anhörung der beteiligten Kreise zunächst **Zielfestle-**

[96] Im Gesetzgebungsverfahren war vom Bundesrat darüber hinaus vorgeschlagen worden, in § 14 AbfG auch eine Bestimmung aufzunehmen, durch die der Einzelhandel verpflichtet werden konnte, bestimmte Erzeugnisse auch in Mehrwegverpackungen anzubieten (BT-Drs. 10/2885, S. 46). Die Einführung dieser „lex Aldi" (Sortimentspflicht) scheiterte aber am Widerstand der Ausschußmehrheit (BT-Drs. 10/5656, S. 78). Vgl. zum Gedanken der Sortimentspflicht allgemein § 4 Rn. 126.
[97] Vgl. dazu Umwelt (BMU) Nr. 7/87 v. 27. 11. 1987, S. 274f., sowie hier Rn. 65.

gungen vor, welche die binnen angemessener Zeit zu erreichenden Ziele für Vermeidung, Verringerung oder Verwertung von Abfällen aus bestimmten Erzeugnissen enthalten (S. 1). Diese werden im Bundesanzeiger veröffentlicht (S. 2). In dieser Vorschrift hat das Kooperationsprinzip (s. o. § 3 Rn. 44ff.) seinen bislang deutlichsten Ausdruck gefunden.[98] Die bisherigen (im hier betroffenen Bereich freilich wenig erfolgreichen) Bemühungen (s. § 4 Rn. 256)[99] um die einvernehmliche Lösung von Umweltproblemen erhalten hierdurch sektoral einen gesetzlichen Rahmen.

Die **Zielvorgaben** selbst sind weder Verordnungen noch Vereinbarungen mit den Beteiligten,[100] doch können ihnen entsprechende Vereinbarungen zugrundeliegen. Dies läßt die Frage aufkommen, welche Rechtswirkung diese Zielvorgaben entfalten, insbesondere ob es sich um für die Betroffenen verbindliche Handlungsanweisungen handelt, deren Rechtsnatur dann freilich nicht ohne weiteres in den herkömmlichen Formenkanon einzuordnen wäre. Vieles spricht dafür, in ihnen primär politische Akte zu sehen, die zwar eine gewisse, zeitlich begrenzte Selbstbindung der Bundesregierung erzeugen, darüber hinaus keine Rechtswirkungen (wohl aber eine faktisch influenzierende Wirkung) entfalten. Erheblich an Gewicht gewinnen die Zielfestlegungen dadurch, daß ihre Nichtbefolgung durch den Gebrauch der Verordnungsermächtigung des § 14 Abs. 2 S. 3 AbfG „sanktioniert" werden kann. 63

Die Schaffung von Zielvorgaben entspricht im übrigen den Anforderungen an die Bundesregierung aus Art. 3 der EG-Richtlinie vom 27. Juni 1985 über Verpackungen für flüssige Lebensmittel.[101]

Die **Verordnungsgebung** nimmt im Rahmen des § 14 Abs. 2 AbfG eine **subsidiäre** Stellung ein. Dies wird sowohl in § 14 Abs. 2 S. 3 AbfG durch die einschränkende Soweit-erforderlich-Klausel als auch durch den konkretisierenden und exemplifizierenden Hinweis auf die Zielfestlegungen nach § 14 Abs. 2 S. 1 AbfG verdeutlicht. Aus dem grundsätzlichen Vorrang des Zielfestlegungsverfahrens folgt allerdings nicht, daß der Verordnungsgeber rechtlich gezwungen wäre, stets zunächst diesen Weg einzuschlagen oder den endgültigen Fehlschlag der Vorgaben abzuwarten hätte. Der Erlaß einer Rechtsverordnung kommt nach § 14 Abs. 2 S. 3 AbfG insbesondere in Betracht, wenn das Vermeidungs-, Verringerungs- oder Verwertungsziel durch Zielfestlegungen nicht erreichbar ist. Dies kann u. U. auch schon vorab feststehen (etwa bei einer vorherigen Weigerung der Branchenangehörigen, entsprechende Zielvorgaben zu erfüllen). Insofern hängt es von der jeweiligen Situation ab, ob Zielfestlegung und Rechtsverordnung nur nacheinander oder ausnahmsweise auch alternativ in Betracht kommen. 64

Unvertretbar wird ein solches Verfahren im Bereich der **Gefahrenabwehr,** wo es stets auf schnell wirkende Abhilfe ankommt. Dies erklärt, weshalb der Gesetzgeber dieses neuartige Verfahren nur im Bereich des § 14 Abs. 2 AbfG vorgesehen und nicht dem Erlaß von Verordnungen i. S. des § 14 Abs. 1 AbfG vorgeschaltet hat, die der Vermeidung, Verringerung oder Entsorgung von schadstoffhaltigen Abfällen dienen.

---

98 BT-Drs. 10/5656, S. 78.
99 Vgl. *Bohne,* JbRSoz. 8 (1982), S. 266ff.; stärker auf Erfolge verweist BT- Drs. 10/2885, S. 10f.
100 So BT-Drs. 10/5656, S. 77.
101 85/339/EWG (ABl. L 176 v. 6. 7. 1985).

65 Auf der Grundlage von § 14 Abs. 2 S. 3 Nr. 2 und 3 AbfG wurde von der Bundesregierung die **Verordnung über die Rücknahme und Pfanderhebung von Getränkeverpackungen aus Kunststoffen** vom 20. 12. 1988[101a] erlassen, die zum 1. 3. 1989 in Kraft getreten ist. Diese mehrfach angekündigte Regelung richtet sich vor allem gegen großvolumige Kunststoff-Einwegverpackungen der Erfrischungsgetränkeindustrie (sog. PET-Einwegflaschen), die das bestehende, funktionierende Mehrwegsystem zu schwächen drohen (daher auch die gebräuchliche Bezeichnung als PET-Verordnung). § 1 der Verordnung definiert den Anwendungsbereich der Regelung (praktisch der gesamte Getränkebereich mit Ausnahme von Milch, Spirituosen und Sekt). Nicht der Verordnung unterfallen Weich- und Kartonverpackungen sowie Schläuche und Beutel. § 2 statuiert die Verpflichtung des Vertreibers, leere Kunststoffverpackungen zurückzunehmen: Im Interesse einer hohen Rücklaufquote besteht die Rücknahmepflicht des Einzelhändlers (Abs. 1) unabhängig davon, ob die zurückgebrachte Verpackung tatsächlich von ihm in den Verkehr gebracht wurde. Es genügt, daß der Verkäufer Getränke in Kunststoffverpackungen abgibt, die nach ihrer Art, Form und Größe den vom Besitzer zurückgebrachten Verpackungen entsprechen. Eine Rücknahmeverpflichtung der Abfüller und Vertreiber gegenüber dem „Endverkäufer" (Abs. 2) soll sicherstellen, daß das Leergut einer Wiederverwendung („Wiederbefüllung") oder einer Verwertung außerhalb der Abfallentsorgung zugeführt wird. Darüber hinaus dürfen nach § 4 S. 1 PET-VO nur solche Verpackungen in den Verkehr gebracht werden, die für eine Wiederbefüllung oder Verwertung außerhalb der Abfallentsorgung geeignet sind. § 4 S. 2 PET-VO begründet eine entsprechende Wiederbefüllungs- oder Verwertungspflicht hinsichtlich zurückgenommener leerer Verpackungen. Eng mit der Rücknahmepflicht verknüpft ist die Pflicht der Abfüller, Vertreiber und Endverkäufer zur Erhebung und Erstattung eines „Pfandes" in Höhe von 0,50 DM je Verpackung (§ 3 PET-VO). Verstöße gegen die vorgenannten Pflichten sollen gemäß § 5 PET-VO als Ordnungswidrigkeiten geahndet werden. Für auf dem Markt bereits eingeführte Produkte sieht § 7 der Verordnung eine einjährige Übergangsfrist vor.

Da die Verordnung auch für importierte Produkte gilt, kommt ihrer Vereinbarkeit mit EG-Recht besondere Bedeutung zu. Die Richtlinie des Rates vom 27. Juni 1985 über Verpackungen für flüssige Lebensmittel (85/339/EWG) sieht indes selbst Maßnahmen zur Vermeidung von Verpackungsabfällen vor und dürfte auch einem finanziell influenzierenden „Zwangspfand" nicht entgegenstehen. In diese Richtung deutet auch der Umstand, daß eine vergleichbare Pfandregelung in Dänemark vor dem EuGH in dessen Urteil vom 20. 9. 1988 unbeanstandet geblieben ist. Unabhängig von ihrer rechtlichen Beurteilung im einzelnen könnte die Regelung Modellcharakter für andere Bereiche des produktbezogenen Umweltschutzes haben (vgl. § 4 Rn. 126).

VII. Begriff der Abfallentsorgung

66 Zur Abfallentsorgung gehören gemäß § 1 Abs. 2 AbfG das Verwerten und das Ablagern von Abfällen sowie die hierzu erforderlichen Maßnahmen des Einsammelns, Beförderns, Behandelns und Lagerns.

[101a] BGBl. I S. 2455. Vgl. dazu auch BT-Drs. 10/5656, S. 77 ff., und BR-Drs. 431/88 sowie *Versteyl,* NVwZ 1989, 126 ff.

Die Einführung des Begriffes der Abfallentsorgung (s. auch o. Rn. 1 und Rn. 15ff.) und seine Definition als Verwerten oder Ablagern von Abfällen nebst den hierzu notwendigen Vorbereitungs- bzw. Begleithandlungen geht auf die Gesetzesberatungen zurück. Sowohl der Regierungsentwurf als auch die von der Opposition eingebrachten Gegenvorschläge waren noch von dem Begriff der Abfallbeseitigung ausgegangen und hatten die Abfallverwertung als Unterfall der Abfallbeseitigung definiert.[102] Demgegenüber hat der Innenausschuß des Bundestages die wohl glücklichere Lösung gefunden.[103]

1. Abfallverwertung

Durch die Verwertung von Abfällen (vgl. hierzu schon Rn. 15ff.) sollen aus diesen neue Stoffe oder Energie gewonnen werden (§ 1 Abs. 2, 1. Alt. AbfG). Geeignete Abfälle sollen also dem Produktionskreislauf als Rohstoffe wieder zugeführt werden (Stichwort: Recycling, etwa beim Altpapier) oder so verbrannt werden, daß die Verbrennungshitze in Energie umgewandelt werden kann (Stichwort: Müllkraftwerke).[104] 67

2. Abfallablagerung

Demgegenüber erfolgt die (gesetzlich nicht näher umschriebene) Ablagerung von Abfällen (§ 1 Abs. 2, 2. Alt. AbfG) mit dem Ziel, sich der Abfälle endgültig zu entledigen, also dann, wenn eine Verwertung ausscheidet.[105] 68

3. Begleithandlungen

Zu den zur Abfallverwertung oder Abfallablagerung notwendigen Vorbereitungs- und Begleitmaßnahmen zählt das Gesetz in § 1 Abs. 2 zunächst das **Einsammeln.** Hierunter fällt sowohl das Abholen bereitgestellter als auch das Auflesen zerstreuter, weggeworfener Abfälle.[106] Das Zusammentragen von Abfällen gehört jedoch nicht hierzu, soweit der Abfallbesitzer im Rahmen seiner Überlassungspflicht die Abfälle ordentlich bereitzustellen hatte.[107] Das **Befördern** umfaßt nicht lediglich den reinen Transportvorgang, sondern auch die Übernahme und Ablieferung des Abfalls, einschließlich zeitweiliger Aufenthalte im Verlauf der Beförderung, sowie Vorbereitungs- und Anschlußhandlungen. Insofern kann auch an die Legaldefinition des § 2 Abs. 1 GBefGG angeknüpft werden.[108] Zum **Behandeln** rechnet jede qualitative oder quantitative Veränderung der Abfälle, z. B. durch Verkleinern, Entwässern, Pressen oder Pyrolyse.[109] Das Behandeln dient der Vorbereitung der Verwertung oder Ablagerung. Als **Lagern** bezeichnet man die – im Unterschied zum endgültigen Ablagern – lediglich vorübergehende Lagerung oder Zwischenlagerung mit dem Ziel einer späteren Verwertung oder Ablagerung.[110] 69

---

[102] Vgl. BT-Drs. 10/2885, S. 23.
[103] Vgl. BT-Drs. 10/5656, S. 46.
[104] Vgl. auch *Birn/Jung* (FN 59), Bd. 1, Teil 2 Kap. 3, S. 21.
[105] Vgl. *Hösel/v. Lersner* (FN 47), § 1 AbfG Rn. 18.
[106] Vgl. BT-Drs. VI/3154, S. 2, und *Hösel/v. Lersner* (FN 47), § 1 AbfG Rn. 3 m. w. N.
[107] BVerwG, DVBl. 1983, 637f., 638.
[108] Dagegen ohne überzeugende Begründung *Schwermer* (FN 51), § 1 AbfG Rn. 46.
[109] Vgl. BT-Drs. VI/2401, S. 11.
[110] *Hösel/v. Lersner* (FN 47), § 1 AbfG Rn. 18.

4. Abgrenzungsfragen

70 § 1 Abs. 2 AbfG schließt Abgrenzungsprobleme keineswegs völlig aus: Auf der einen Seite kann auch durch das Ablagern von Abfällen i. S. der Abfallverwertung Energie erzeugt werden, etwa wenn die auf einer Mülldeponie entstehenden Deponiegase energetisch genutzt werden. Auf der anderen Seite ist auch eine rückstandfreie Verbrennung von Abfällen denkbar, wenn daraus keine Energie gewonnen werden soll, es sich also nicht um eine Verwertungsmaßnahme handelt, aber auch von einer „Ablagerung" schwerlich gesprochen werden kann.

Im ersten Beispielsfall könnte man dahingehend differenzieren, daß man das Deponiegas als einen bei der Abfall*ablagerung* anfallenden Reststoff ansieht, der seinerseits verwertet werden kann. Im zweiten Fall ist aufgrund teleologischer Auslegung davon auszugehen, daß die Abfallbehandlung nicht nur mit dem Ziel vorgenommen werden darf, eine ordnungsgemäße Ablagerung zu gewährleisten, sondern auch mit dem Ziel, eine Ablagerung überhaupt überflüssig zu machen.[111] Denn es liegt auf der Hand, daß das Gesetz kein Verbot der rückstandfreien Verbrennung für den Fall aussprechen wollte, daß mit ihr keine Energieerzeugung verbunden ist. Eine solche Interpretation wäre mit dem Anliegen des Abfallgesetzes, die Deponien zu entlasten, unvereinbar.

Die beiden Beispiele zeigen, daß die in § 1 Abs. 2 AbfG vorgesehene Alternative Verwerten oder Ablagern in manchen Fällen zu kurz greift und der ergänzenden Auslegung bedarf. Vor allem gehören zur Abfallentsorgung weiterhin auch solche Vorgänge, welche die engere alte Gesetzesbezeichnung „Abfallbeseitigung" sprachlich präziser bezeichnet hatte. Neben „Abfallverwertung" und „Ablagern von Abfällen" hätte die aus dem gesetzlichen Sprachgebrauch getilgte „Abfallbeseitigung" demnach durchaus – zwar nicht als Oberbegriff, wohl aber als weiterer Unterbegriff der Abfallentsorgung – eine begrenzte Existenzberechtigung.

Schließlich lassen sich auch die in § 1 Abs. 2 AbfG genannten Begleithandlungen nicht stets zweifelsfrei voneinander abgrenzen. Dies ist etwa der Fall, wenn Abfälle während des Beförderns bereits behandelt, z. B. verkleinert und verdichtet werden. Im Regelfall dürfte diese Behandlung als Hilfsmaßnahme zur Erleichterung des Transports und damit als Teil der Beförderung zu qualifizieren sein, zumal das Abfallgesetz nur ortsfeste Abfallentsorgungsanlagen zu kennen scheint (§ 7 Abs. 1 AbfG).[112]

5. Rangfolge der Entsorgungsarten

71 Nach dem Willen des Gesetzgebers stehen die verschiedenen Entsorgungsarten nicht gleichwertig nebeneinander, sondern in einem Stufenverhältnis. Die Rangfolge der Entsorgungsarten wird durch § 3 Abs. 2 S. 3 AbfG festgelegt. Danach genießt die **Abfallverwertung** dann **Vorrang** vor der sonstigen Entsorgung, wenn sie technisch möglich ist, die anfallenden Mehrkosten im Vergleich zu anderen Verfahren der Entsorgung nicht unzumutbar sind und für die gewonnenen Stoffe oder die Energie ein Markt vorhanden ist oder – insbesondere durch Beauftragung Dritter – geschaffen werden kann.

72 Mit der ersten Voraussetzung, daß die Abfallverwertung **technisch möglich** sein muß, stellt § 3 Abs. 2 S. 3 AbfG nicht auf einen allgemeinen technischen Standard

---

[111] Vgl. *Birn/Jung* (FN 59), Bd. 1, Teil 2 Kap. 3, S. 20.
[112] Vgl. dazu jedoch auch *Schwermer* (FN 51), § 1 AbfG Rn. 46.

(vgl. § 2 Rn. 46), sondern auf den konkreten Einzelfall ab.[113] Als juristischer Schwerpunkt der Regelung erweist sich daher die in der zweiten Voraussetzung verankerte **Kostenbewertung.** Mit der Vorgabe, daß die Mehrkosten nicht unzumutbar sein dürfen, lehnt sich das Gesetz an die Formulierung des § 5 Abs. 1 Nr. 3 BImSchG an (vgl. § 7 Rn. 57). Im Gesetzgebungsverfahren war dies kritisiert und vorgeschlagen worden, anstelle von „unzumutbar" den Begriff „vertretbar" einzusetzen.[114] Diesem Vorschlag ist der Gesetzgeber nicht gefolgt. Damit wird deutlich, daß das Gesetz einen strengen, wenn auch gegenüber dem Verhältnismäßigkeitskriterium des § 17 Abs. 2 BImSchG (vgl. § 7 Rn. 96ff.) noch zurückbleibenden Maßstab anlegt. Zwar finden in diesem Zusammenhang auch im Immissionsschutzrecht wirtschaftliche Erwägungen Berücksichtigung, doch sind sie dort lediglich ein, wenn auch wichtiger, Belang unter anderen. Im Abfallgesetz ist die Frage, ob eine Verwertung der Abfälle für den Entsorgungspflichtigen unzumutbar ist oder nicht, im wesentlichen nach den Kosten des Verwertungsverfahrens im Verhältnis zu den Kosten eines anderen Entsorgungsverfahrens zu beantworten. In den Kostenvergleich sind allerdings nicht nur die unmittelbaren Entsorgungskosten einzustellen, sondern auch mittel- und langfristige Kosten einzubeziehen, die sich z. B. aus dem Verbrauch von Deponiekapazität und aus den Langzeitrisiken eines Deponiebetriebes ergeben.[115] Insofern schließt die Vorschrift die Berücksichtigung von Gründen des Allgemeinwohls, insbesondere des Umweltschutzes, mit ein.[116] Schließlich muß für die durch die Abfallverwertung gewonnenen Stoffe oder für die erzeugte Energie ein **Markt** vorhanden sein oder geschaffen werden können. Damit trägt das Gesetz dem Umstand Rechnung, daß die Herstellung nicht absetzbarer Recyclingprodukte volkswirtschaftlich sinnlos wäre.

Liegen die genannten Voraussetzungen vor, so *müssen* die Abfälle verwertet werden. Der in § 3 Abs. 2 S. 3 AbfG statuierte Vorrang der Verwertung vor der Ablagerung ist kein programmartiger Leitsatz, sondern unmittelbar bindendes Recht.[117] Liegen die Voraussetzungen nicht vor, ist etwa für die aus Abfallverbrennung entstehende Energie kein Markt vorhanden, so bedeutet dies nicht, daß die Verwertung damit verboten wäre: Sie ist nur dem Entsorgungspflichtigen nicht zwingend vorgeschrieben. Abfall darf also auch dann verbrannt werden, wenn für die hieraus entstehende Energie kein Markt vorhanden ist, dies ist sogar jedenfalls aus Gründen der Volumenreduzierung erwünscht.[118] 73

Die nunmehr im Gesetz statuierte **Gleichrangigkeit stofflicher und energetischer Abfallverwertung** war einer der umstrittensten Punkte im Gesetzgebungsverfahren.[119] Die Stimmen, die einen gesetzlich festgelegten Vorrang der stofflichen vor der energetischen Verwertung forderten, haben sich indes nicht durchsetzen können. Landesabfallgesetze, die diesen Vorrang enthalten (vgl. §§ 3 Abs. 3 S. 1, 5 Abs. 2 HAbfG, s. o. Rn. 18), unterliegen wegen des abschließenden Charakters der bundesgesetzlichen Regelung nunmehr verfassungsrechtlichen Bedenken (Art. 31 GG).[120] 74

---

[113] So auch *Kunig,* in: ders./Schwermer/Versteyl, Abfallgesetz, 1988, § 3 AbfG Rn. 35.
[114] BT-Drs. 10/5656, S. 62.
[115] *Birn/Jung* (FN 59), Bd. 1, Teil 2 Kap. 3, S. 74; *Kunig* (FN 113), § 3 AbfG Rn. 35.
[116] BT-Drs. 10/5656, S. 62.
[117] BT-Drs. 10/5656, S. 60.
[118] BT-Drs. 10/5656, S. 60.
[119] Vgl. BT-Drs. 10/5656, S. 62, und Umwelt (BMU) Nr. 4/5/86 v. 25. 9. 1986, S. 17ff., 17.
[120] Vgl. *Bothe,* NVwZ 1987, 938ff.

75 Die die Abfallentsorgung **vorbereitenden Maßnahmen,** das Einsammeln, Befördern, Behandeln und Lagern (s. o. Rn. 69), sind so durchzuführen, daß Möglichkeiten der Abfallverwertung genutzt werden können (§ 3 Abs. 2 S. 4 AbfG). Die Verpflichtung zur umweltgerechten Abfallentsorgung wird damit vorverlagert. Bestimmte verwertbare Abfälle, etwa Altpapier, Altglas oder organische, kompostierbare Abfälle, sind bereits **getrennt einzusammeln** und entsprechend getrennt zu befördern, behandeln und lagern.[121]

Dieses in § 3 Abs. 2 S. 4 AbfG implizierte Gebot wird von § 2 Abs. 2 des nachdrücklich abfallwirtschaftlich akzentuierten Hessischen Abfallgesetzes ausdrücklich ausgesprochen und für den Geltungsbereich dieses Gesetzes präzisiert.

Dies setzt freilich eine Mitwirkung der Abfallbesitzer, insbesondere der Haushalte, voraus. Eine nach verwertbaren und unverwertbaren Abfällen getrennte Einsammlung ist nur dann praktisch möglich, wenn diese Abfälle bereits getrennt zur Einsammlung bereitgestellt werden. Dies kann nötigenfalls durch örtliche Satzungen sichergestellt werden.[122]

Entgegen der im Gesetzgebungsverfahren vorgetragenen Auffassung der kommunalen Spitzenverbände ist § 3 Abs. 2 S. 4 AbfG kein Programmsatz, der in einem Handbuch für Abfallwirtschaft besser aufgehoben wäre,[123] sondern verbindliches Recht. Dies bedeutet freilich nicht, daß etwa das in § 3 Abs. 2 S. 4 AbfG mittelbar implizierte Trennungsgebot flächendeckend durchgesetzt werden müßte. Die gesetzliche Zweckbestimmung („daß die Möglichkeiten der Abfallverwertung genutzt werden können") bedeutet insofern vielmehr auch eine Beschränkung des Gebotes auf ein praktikables Maß.

76 Aus dem Gesetzeszusammenhang versteht sich im übrigen, daß es sich bei den in §§ 1 Abs. 2 und 3 Abs. 2 AbfG angesprochenen Entsorgungshandlungen jeweils nur um Tätigkeiten der Entsorgungspflichtigen (s. Rn. 77) und nicht um Arbeiten handelt, die der Abfallbesitzer selbst vornimmt, etwa wenn er in seinem Garten umherliegenden Müll „einsammelt" oder Kompost verbrennt.

VIII. Abfallentsorgungspflicht und Träger der Abfallentsorgung

77 Das Abfallgesetz begreift die Abfallentsorgung als öffentliche Aufgabe der Daseinsvorsorge und ist daher primär aus der Sicht der Aufgaben und Pflichten der regelmäßig öffentlich-rechtlichen Abfallentsorgungspflichtigen konzipiert. Die Abfallentsorgung ist gemäß § 3 Abs. 2 AbfG und den Landesabfallgesetzen (vgl. nur §§ 1, 2 LAbfG BW, § 5 LAbfG NW, §§ 1, 2 LAbfG Rh.-Pf.) eine **Pflichtaufgabe der Gebietskörperschaften,** die sie entweder in **Eigenregie** oder durch **Einschalten Dritter** (§ 3 Abs. 2 S. 2 AbfG) erfüllen. Letzere handeln nicht, wie nach früherer Rechtslage und Rechtsauffassung die private Müllabfuhr, als Beliehene, sondern als einfache „Erfüllungsgehilfen" der weiterhin entsorgungspflichtigen Gebietskörperschaften (s. auch Rn. 87). Von der Entsorgungspflicht der Gebietskörperschaften gibt es jedoch wichtige Ausnahmen im Bereich vor allem der Gewerbeabfallentsorgung

[121] *Birn/Jung* (FN 59), Bd. 1, Teil 2 Kap. 3, S. 75.
[122] *Birn/Jung* (FN 59), Bd. 1, Teil 2 Kap. 3, S. 76.
[123] BT-Drs. 10/5656, S. 62.

(sog. Sonderabfall), auf die noch im einzelnen einzugehen ist (s. u. Rn. 83ff. sowie zuvor Rn. 50).

Die Bestimmung der für die Abfallentsorgung **zuständigen Körperschaften** überläßt § 3 Abs. 2 S. 1 AbfG dem Landesrecht. Die Landesabfallgesetze betrauen überwiegend die Kreise und kreisfreien Städte mit der Entsorgungspflicht (vgl. § 1 LAbfG BW, Art. 2, 4 BayAbfG, § 1 HAbfG, § 1 NdsAGAbfG, § 1 LAbfG NW), da diese im Regelfall leistungsfähiger sind als kreisangehörige Gemeinden. Das BVerwG[123a] wie auch das BVerfG[123b] haben in der dahingehenden Regelung des niedersächsischen Abfallgesetzes keinen Verstoß gegen das Selbstverwaltungsrecht der kreisangehörigen Gemeinden i. S. von Art. 28 Abs. 2 S. 1 GG gesehen, wobei das BVerfG allerdings hinsichtlich des Einsammelns und Beförderns von Abfällen auf die gesetzlich vorgesehene Rückübertragungsmöglichkeit Wert legt.

Die Abfallentsorgungspflicht der Körperschaften wird durch den sog. **Anlagenbenutzungszwang** ergänzt und präzisiert, wonach Abfälle nur in dafür zugelassenen Anlagen und Einrichtungen behandelt, gelagert und abgelagert werden dürfen (§ 4 Abs. 1 AbfG). Erforderlich ist eine spezifisch abfallrechtliche Zulassung i. S. von § 7 AbfG (s. dazu u. Rn. 118ff.), die nicht durch eine immissionsschutzrechtliche oder baurechtliche Genehmigung ersetzt werden kann. 78

1. Stellung des Abfallbesitzers

a) Abfallüberlassungspflicht

Der durchschnittliche Abfallbesitzer scheint nach der Konzeption des Gesetzes zu weitgehender Untätigkeit verurteilt. Das Gesetz verpflichtet ihn primär, Abfälle dem Entsorgungspflichtigen zu überlassen (§ 3 Abs. 1 AbfG). Wie dies im einzelnen zu geschehen hat, läßt sich nicht dem Abfallgesetz entnehmen,[124] sondern ist teilweise landesrechtlich, im übrigen durch **Satzungen** geregelt.[125] Die gesetzliche Überlassungspflicht modifiziert im Effekt den früheren (und im Rahmen des Abfallrechts fortbestehenden) kommunalrechtlichen **Anschluß- und Benutzungszwang.**[126] 79

Die Überlassungspflicht erstreckt sich auch auf den sog. **wilden Müll,** der auf einem Grundstück von Dritten widerrechtlich und gegen den Willen des Besitzers zurückgelassen wurde. Soweit es sich um kein frei zugängliches Grundstück handelt, z. B. Wald und Flur, für die der Gesetzgeber erklärtermaßen eine umfassende Entsorgungspflicht der zuständigen öffentlich-rechtlichen Körperschaften begründen wollte,[127] ist der Besitzer auch hier gehalten, sein Grundstück von Abfällen zu säubern und diese zur Abholung bereitzustellen.[128] Diese vom BVerwG vertretene Auslegung 80

[123a] BVerwGE 67, 321 (325ff.) – Rastede. Vgl. zum Problemkreis statt vieler *Blümel,* VerwArch. 75 (1984), 197ff., 297ff., 300ff.; *Doedens/Kölble/Loschelder/Salzwedel,* Die Zuständigkeit der Landkreise für die Abfallbeseitigung, 1982; *J. Hofmann,* BayVBl. 1984, 289ff.; *Konrad,* BayVBl. 1981, 481ff., sowie *Kunig* (FN 113), § 3 AbfG Rn. 29ff. m. w. N.

[123b] BVerfG, DVBl. 1989, 300ff.

[124] Ebenso BVerwG, DVBl. 1983, 637f., 638.

[125] Vgl. *Hösel/v. Lersner* (FN 47), § 3 AbfG Rn. 5 m. w. N.

[126] Vgl. zu jenem statt aller *Gönnenwein,* Gemeinderecht, 1963, S. 514ff. m. w. N. Zur daraus folgenden teilweisen Unanwendbarkeit des herkömmlichen kommunalen Satzungsrechts vgl. *Franßen* (FN 38), S. 421, und *Kunig* (FN 113), § 3 AbfG Rn. 16.

[127] Vgl. für das AbfG a. F. BT-Drs. VI/3154, S. 2.

[128] BVerwG, DVBl. 1983, 637f., 638; a. A. zuvor OVG Münster, NuR 1981, 32ff.

entspricht zudem dem allgemeinen polizeirechtlichen Grundsatz der **Zustandshaftung.**

Neben der den Kreis der Entsorgungs- und Überlassungspflichtigen abschließend festlegenden Regelung des § 3 AbfG ist für die landesrechtliche Einführung einer von der Pflichtenstellung des Abfallbesitzers unabhängigen oder neben dieser stehenden **Handlungshaftung** der Verursacher von Abfallablagerungen nur begrenzt Raum. Das BVerwG[128a] hat einer derartige Regelung (§ 11 HAbfG a. F. bzw. § 13 HAbfG n. F.) im wesentlichen in zwei Fallgruppen für zulässig gehalten: erstens für diejenigen Fälle, in denen jemand Abfälle dem abfallrechtlichen Regime entzieht, indem er ihnen die Eigenschaft von beweglichen Sachen (s. Rn. 40) nimmt (z. B. durch Ausgießen von flüssigen Abfällen auf das Erdreich), und zweitens in den Fällen, in denen ein früherer Abfallbesitzer im Zusammenhang mit unzulässigen Maßnahmen der „Abfallbeseitigung" den Besitz an Abfällen aufgegeben hat, ohne daß neuer Besitz an diesen Sachen begründet worden ist (z. B. Wegwerfen von Abfällen in der Feldflur). Darüber hinaus kann sich das BVerwG aber auch eine – mit § 3 AbfG vereinbare – Regelung vorstellen, „durch die jemand aus vorausgegangenem Tun gezwungen wird, an einer als Abfall anzusehenden beweglichen Sache Besitz zu begründen, die sich (noch) im Besitz eines anderen befindet", um somit in die Pflichten des Abfallbesitzers wieder einzutreten.

Der sich hier abzeichnende Regelungsbedarf steht im weiteren Zusammenhang mit der Altlastenproblematik (s. Rn. 132ff.). Die dort erforderlichen neuen gesetzgeberischen Lösungen könnten auch im klassischen Abfallrecht den Wunsch erzeugen, de lege ferenda neben die Zustandshaftung des Abfallbesitzers unter bestimmten Umständen eine Verursacherhaftung treten zu lassen. Soweit es dabei um die Schaffung eines finanziellen Ausgleichsmechanismus geht, wäre der Weg über eine gesetzliche „Besitzeinweisung", wie sie dem BVerwG vorschwebt, u. U. überflüssig.

81 Für die Abfallentsorgung sind **Abfallentsorgungsgebühren** zu entrichten, die in kommunalen Satzungen geregelt werden. Der Satzungsgeber besitzt hierbei einen weiten Ermessensspielraum. In Betracht kommt neben dem – verursachergerechten[129] – Mengenmaßstab, auch – als zulässiger Wahrscheinlichkeitsmaßstab – ein (vorzugsweise gestaffelter, degressiver) Personentarif, doch sind viele Einzelheiten der Gebührenbemessung noch klärungsbedürftig.[130] Selbst wer die Müllabfuhr nicht in Anspruch nimmt, schuldet – aufgrund des Anschlußzwanges – eine Grundgebühr.[131] Auch gebührenrechtlich nehmen die gefährlichen Abfälle eine Sonderstellung ein. Die Abfallentsorgung sollte im übrigen kostendeckend erfolgen. Dies ist nicht nur eine Forderung der kommunalen Abgabengesetze,[132] sondern vernünftiger Abfallwirtschaft.[133]

[128a] BVerwG, DVBl. 1988, 150f.

[129] Vgl. zur Forderung einer Kostenzurechnung nach dem Verursacherprinzip das Abfallwirtschaftsprogramm, BT-Drs. 7/4826, S. 4.

[130] Vgl. nur *Gern*, NVwZ 1983, 451ff., 453 m. w. N.; *H. P. Sander,* in: Straub/Hösel/Schenkel (FN 3), Nr. 0390.

[131] OVG Lüneburg, NJW 1983, 411ff. = JuS 1983, 476f. m. Anm. *Selmer*. Nach der allgemeinen abgabenrechtlichen Systematik handelt es sich insoweit also um einen Beitrag.

[132] Vgl. etwa §§ 7 Abs. 2 KAG Rh.-Pf., 9 Abs. 2 KAG BW.

[133] Abfallwirtschaftsprogramm, BT-Drs. 7/4826, S. 7.

b) Selbstentsorgungsverbot

Die Überlassungspflicht des Abfallbesitzers beinhaltet zugleich ein grundsätzliches Verbot der selbständigen Abfallbeseitigung durch den Abfallbesitzer.[134] Das grundsätzliche **Abfallentsorgungsmonopol der öffentlichen Hand** will nicht nur die einzelnen entlasten (in der heutigen weitgehend urbanisierten Gesellschaft sind nur wenige in der Lage, ihre Abfälle selbst sachgerecht zu entsorgen), sondern vorrangig verhindern, daß Abfälle unkoordiniert, unkontrolliert und umweltgefährdend durch jedermann verwertet oder abgelagert werden (**Leitbild der geordneten Abfallentsorgung**). Ferner sollen durch Kanalisierung der Abfallströme die Auslastung und der wirtschaftliche Betrieb der Abfallentsorgungsanlagen sichergestellt werden.[135] Für die übliche Entsorgung pflanzlicher Abfälle (Kompostierung) sind im Verordnungswege landesrechtliche Ausnahmen zugelassen (§ 4 Abs. 4 AbfG).[136] Die ungenehmigte Verwendung von Kleinverbrennungsanlagen für Altpapier ist hingegen in der Regel rechtswidrig.[137] 82

Weitergehende Entsorgungspflichten und mithin zugleich -rechte der Abfallbesitzer entstehen, wenn sich die entsorgungspflichtigen Körperschaften zulässigerweise von ihrer Entsorgungspflicht befreien (§ 3 Abs. 3, 4 AbfG, dazu sogleich Rn. 83ff.).

2. Grenzen der kommunalen Entsorgungspflicht und Entsorgung durch Private

a) Ausschlußrecht bei Sonderabfällen

Die **Abfallentsorgungspflicht** der Gebietskörperschaften ist zwar **grundsätzlich allumfassend,** sie gilt für Abfälle aller Art. Gemäß § 3 Abs. 3 AbfG können aber die Gebietkörperschaften mit Zustimmung[138] der zuständigen staatlichen Behörde (in Rheinland-Pfalz z. B. ist dies die Bezirksregierung, vgl. § 12 Abs. 1 S. 1 LAbfG Rh.-Pf.) solche Abfälle von der Entsorgung ausschließen, die nach ihrer Art und Menge nicht zusammen mit den in Haushaltungen anfallenden Abfällen entsorgt werden können. Dieser Abfall wird im allgemeinen Sprachgebrauch, aber auch in einigen Landesabfallgesetzen (vgl. § 2 LAbfG BW, § 4 Abs. 1 S. 1 HAbfG) als **Sonderabfall** bezeichnet (s. dazu o. Rn. 50). Hiervon sind vor allem die – regelmäßig schwierig zu entsorgenden – industriellen Abfälle betroffen, es muß sich aber nicht um gefährliche Abfälle i. S. von § 2 Abs. 2 AbfG handeln (s. o. Rn. 47ff.). Eine Befreiung von der Entsorgungspflicht für Hausmüll und dabei mitentsorgbaren Gewerbemüll kommt hingegen nicht in Betracht. 83

Auch die von der öffentlichen Abfallentsorgung ausgeschlossenen Abfälle dürfen grundsätzlich nur in dafür zugelassenen Anlagen entsorgt werden. Die zusätzliche Begründung einer Genehmigungspflicht **(Lizenz)** für die Behandlung oder Ablagerung derartiger Sonderabfälle durch den neu geschaffenen § 10 LAbfG NW ist mit Bundesrecht jedoch nicht vereinbar, da § 3 Abs. 3 und 4 AbfG insoweit bereits eine abschließende Regelung treffen:[139] Nach erfolgtem

---

[134] *Hösel/v. Lersner* (FN 47), § 3 AbfG Rn. 4. Zur Rechtmäßigkeit des Verbots privater Abfallbeseitigung vgl. schon vor Inkrafttreten des AbfG BVerwG, VerwRspr. 20, 612ff. (Verbot privater Müllverbrennungsanlagen).

[135] *Salzwedel,* ZfW 1983, 84ff., 88.

[136] Beispiele bei *Hösel/v. Lersner* (FN 47), § 4 AbfG Rn. 42.

[137] *Hösel/v. Lersner* (FN 47), § 4 AbfG Rn. 42.

[138] Die Aufsichtsbehörde übt hierbei jedoch lediglich eine Rechtmäßigkeits- und keine Zweckmäßigkeitskontrolle aus, vgl. dazu *Kloepfer,* VerwArch. 70 (1979), 195ff., 213, 218; a. A. *Franßen* (FN 38), S. 419.

[139] Hierzu näher *Kloepfer/Follmann,* DÖV 1988, 573ff. m. w. N.; a. A. *F.-J. Peine,* NWVBL 1988, 193ff.

Ausschluß von der öffentlichen Abfallentsorgung gemäß § 3 Abs. 3 AbfG hat der Abfallbesitzer nach § 3 Abs. 4 AbfG die Pflicht, aber auch das Recht, die Entsorgung seiner Abfälle (selbstverständlich unter Beachtung der auch für ihn geltenden Grundsätze des § 2 Abs. 1 und des § 3 Abs. 2 S. 3 und 4 AbfG) selbst zu organisieren. Dieses Recht des Abfallbesitzers kann zwar aufgrund des Bundesrechts (insbesondere durch verbindliche Festlegungen in Abfallentsorgungsplänen nach § 6 AbfG und durch Verweigerung der Planfeststellung für Abfallentsorgungsanlagen nach § 8 AbfG) beschränkt werden, nicht jedoch durch den Landesgesetzgeber, da diesem die Kompetenz hierzu durch die eindeutige Bundesregelung versperrt ist.

84 Die Exemtion des Gewerbeabfalls wirkt auf den ersten Blick wenig einleuchtend. Wäre es unter dem Gesichtspunkt der Gefahrenabwehr nicht gerade geboten, die regelmäßig gefährlicheren gewerblichen Abfälle in öffentlich-rechtlicher Verantwortung zu entsorgen, anstatt die kommunale Entsorgungspflicht auf den „Hausmüll“ zu beschränken? Der politische Vorwurf liegt nahe, der Staat entledige sich damit nach einem „Schwarzer-Peter-Prinzip“ des schwierigsten Teiles der Abfallentsorgung.[139a] Die grundsätzliche Berichtigung der gesetzlichen Lösung erschließt sich bei näherem Hinsehen: Der Sinn dieser Ausnahmeregelung ist zum einen die **Entlastung der öffentlichen Abfallentsorgung.**[140] Die Gebietskörperschaften wären überfordert, müßten sie jeden anfallenden Müll entsorgen. Während das Volumen des Haushaltsmülls in etwa vorhersehbar ist, können sich im Bereich des Gewerbemülls die Anforderungen kurzfristig, etwa durch die Neuansiedlung eines Industriebetriebs oder durch Produktionsumstellungen, nachhaltig ändern. Da die Kommunen oder Landkreise hierdurch rechtlich nicht unter Zugzwang gesetzt werden dürfen, bemißt sich die „Mitentsorgbarkeit“ nach den vorhandenen Kapazitäten und nicht nach vornehmbaren Zusatzinvestitionen oder gar einem abstrakten technischen Standard. Es genügt grundsätzlich der Nachweis der relativen, subjektiven Unmöglichkeit, um von der Ausschlußmöglichkeit des § 3 Abs. 3 AbfG Gebrauch machen zu können.

85 Die Beschränkung der öffentlichen Entsorgungspflicht entspricht zum anderen auch dem **Verursacherprinzip** (s. § 3 Rn. 27ff.), indem sie die Entsorgungsaufgabe auf den Abfallproduzenten rückverlagert (§ 3 Abs. 4 AbfG).[141] Somit bleibt zugleich das Risiko der Nichtentsorgbarkeit beim Abfallbesitzer. Es ist umweltpolitisch wünschenswert, daß die Produzenten bei Entscheidungen für bestimmte Produktionsweisen auch mitbedenken, ob, wie und zu welchen Kosten die bei der Produktion entstehenden Abfälle zu entsorgen sind.

86 Im Unterschied insbesondere zur Hausmüllentsorgung kann der Verzicht auf eine staatliche Monopolisierung in diesem Bereich auch verantwortet werden, da der – aufgrund eines Ausschlusses nach § 3 Abs. 3 AbfG begründete – Kreis der **privaten Entsorgungspflichtigen** überschaubar bleibt. Der Überwachung kommt jedoch unter diesen Umständen eine entscheidende Bedeutung zu (vgl. § 11 Abs. 2 AbfG), zumal es sich bei den aus der öffentlichen Entsorgung herausfallenden Abfällen auch und gerade häufig um gefährliche Abfälle i. S. des § 2 Abs. 2 AbfG handelt (s. o. Rn. 50ff.). (Dort bestehen im übrigen zusätzliche Überwachungsbefugnisse, vgl. § 11 Abs. 3 AbfG.)

[139a] I. d. S. *Tettinger*, GewArch. 1988, 41ff., 47.
[140] Vgl. dazu *Kloepfer*, VerwArch. 70 (1979), 195ff., 198f.
[141] Abfallwirtschaftsprogramm, BT-Drs. 7/4826, S. 4. Das Verursacherprinzip ist aber auch in den übrigen Fällen nicht völlig aufgehoben, sondern kann im Rahmen der Gebührenbemessung als Kostenzurechnungsprinzip wirken.

b) Varianten der Einschaltung Dritter

Die Eigenentsorgung durch die Abfallbesitzer ist nicht mit der **Fremdentsorgung** durch Einschaltung Dritter i. S. von § 3 Abs. 2 AbfG (s. o. Rn. 77) zu verwechseln. In beiden Fällen handelt es sich zwar um Abfallentsorgung durch Private. Die Einschaltung Privater in den Vorgang der Abfallentsorgung erfolgt indes im Falle des § 3 Abs. 2 AbfG nur im Innenverhältnis zu den entsorgungspflichtigen Körperschaften (erzeugt also keine Rechtsbeziehungen gegenüber den Abfallbesitzern) und berührt nicht die Entsorgungspflicht der Gebietskörperschaften; es handelt sich um körperschaftsbeauftragte Fremdentsorgung. 87

Im übrigen kann auch der nach § 3 Abs. 4 AbfG entsorgungspflichtige Private sich wiederum Dritter zur Erfüllung seiner Entsorgungspflicht bedienen (§ 3 Abs. 4 i. V. mit Abs. 2 S. 2 AbfG – sog. privatbeauftragte Fremdentsorgung). Dabei sind die bereits erwähnten (s. o. Rn. 49) besonderen Sorgfaltspflichten bei der Überlassung gefährlicher Abfälle zu berücksichtigen (§ 4 Abs. 3 AbfG). 88

Das Abfallgesetz hat also nicht zur Beseitigung des privaten Entsorgungsgewerbes geführt. Dieses kann vielmehr insbesondere im Rahmen der §§ 3 Abs. 2 S. 2, 3 Abs. 4 i. V. mit Abs. 2 S. 2 AbfG vielfälig tätig werden (vgl. auch Rn. 92).

Das **Entsorgungsrecht aus Auftrag** wird nicht durch die **Einsammlungs- und Beförderungsgenehmigung** des § 12 AbfG (s. u. Rn. 154ff.) erübrigt. Es handelt sich vielmehr, soweit die Tätigkeit gewerbsmäßig oder im Rahmen wirtschaftlicher Unternehmen betrieben wird, um kumulative Voraussetzungen.[142] 89

c) Übertragung der Entsorgungspflicht auf Dritte

Eine weitere Einschränkung der Entsorgungspflicht der Gebietskörperschaften enthält die Regelung des § 3 Abs. 6 AbfG. Danach kann die zuständige Behörde dem **Inhaber einer Abfallentsorgungsanlage** die Abfallentsorgung (genauer: nach § 4 Abs. 1 AbfG nur das Behandeln, Lagern und Ablagern) auf Antrag hin übertragen, wenn dieser die Abfälle wirtschaftlicher entsorgen kann und der Übertragung keine öffentlichen Interessen entgegenstehen. Hier handelt es sich nicht um die Einschaltung eines Dritten nach § 3 Abs. 2 S. 2 AbfG (s. o. Rn. 77), sondern um einen echten Übergang der Entsorgungspflicht.[143] Um eine Zersplitterung der Abfallentsorgung zu vermeiden, kann die Behörde die Übertragung unter Umständen davon abhängig machen, daß der private Abfallentsorger sämtliche Aufgaben der Abfallentsorgung in dem betreffenden Gebiet (gegen Kostenerstattung) erledigt (§ 3 Abs. 6 S. 2 AbfG). Ähnliches kennt man beispielsweise aus dem Feuerwehrrecht, wo einer Betriebsfeuerwehr die Brandschutzaufgabe für eine benachbarte Gemeinde übertragen werden kann (vgl. etwa § 17 Abs. 4 FSHG NW, § 15 Abs. 4 LBKG Rh.-Pf.). 90

d) Begrenzung durch Selbstentsorgungsrechte

Eine Einschränkung der Entsorgungspflicht kann schließlich noch indirekt über § 4 Abs. 2 und 4 AbfG erfolgen, da man davon ausgeht, daß mit den hiernach möglichen gegenständlich beschränkten individuellen „Abfallentsorgungsrechten" die Notwendigkeit der öffentlichen Entsorgungspflicht entfällt (s. Rn. 104f.).[144] 91

Nach § 4 Abs. 2 AbfG wird die Behörde beispielsweise im Einzelfall einem Bauunternehmer die Entsorgung von Bodenaushub und Abraum, u. U. auch von Bauschutt, gestatten.[145] Durch

[142] *Kloepfer*, VerwArch. 70 (1979), 195ff., 215f.; *Hösel/v. Lersner* (FN 47), § 12 AbfG Rn. 7.
[143] Vgl. *Franßen* (FN 38), S. 420.
[144] Vgl. *Franßen* (FN 38), S. 420 m. w. N.
[145] Vgl. *Hösel/v. Lersner* (FN 47), § 4 AbfG Rn. 30.

Rechtsverordnungen der Länder i. S. von § 4 Abs. 4 AbfG wird vor allem die Entsorgung pflanzlicher Abfälle (z. B. durch Kompostieren oder Verbrennen) gestattet (vgl. nur etwa § 2 DVO AbfG Rh.-Pf.). Im letzteren Fall sind allerdings immissionsschutzrechtliche Beschränkungen zu beachten (s. § 7 Rn. 172).

e) Rechtsstellung privater Abfallentsorger

92 Nach der Konstruktion des Abfallgesetzes erscheint die Durchbrechung der staatlichen Entsorgungspflicht für Gewerbemüll i. S. des § 3 Abs. 3 AbfG als Entzug einer Vergünstigung: Der Abfallbesitzer verliert seinen Entsorgungsanspruch und wird nach § 3 Abs. 4 S. 1 AbfG selbst zur Entsorgung seiner Abfälle verpflichtet. Oft verhält es sich aber genau umgekehrt: Die **Durchsetzung des staatlichen Entsorgungsmonopols** erscheint den Betroffenen – Abfallbesitzern und privaten Abfallentsorgern – als Eingriff, gewünscht wird die Erhaltung oder Einräumung privater Betätigungsmöglichkeiten.

93 Die **Konkurrenz zwischen öffentlichen und privaten Abfallentsorgern** ist indessen durch die Grundkonzeption des Abfallgesetzes zum Nachteil der letzteren vorentschieden. Aus der Fassung des § 3 Abs. 3 AbfG, der als reine Ausschlußermächtigung der Gebietskörperschaften formuliert ist, ergibt sich zweifelsfrei, daß Privaten damit kein primäres Recht auf Eigenentsorgung eingeräumt werden sollte. Rechte ergeben sich für sie insoweit grundsätzlich nur als Reflex der entstehenden Pflichten.

94 Auch im Rahmen von § 3 Abs. 6 AbfG besteht **kein Anspruch** des Inhabers einer privaten Abfallentsorgungsanlage **auf Aufgabenübertragung.** In diese Richtung könnte zwar das Antragserfordernis deuten, aus der (kontroversen) Entstehungsgeschichte der Vorschrift ergibt sich aber, daß ihr eine so weitgehende Bedeutung nicht zukommen sollte. Wohl aber besteht ein Anspruch auf entsprechende fehlerfreie Ermessensausübung.[146]

95 Gegen die **Ablösung privater Abfallentsorgung** durch die Gebietskörperschaften gibt es grundsätzlich keinen Abwehranspruch.[147] Der Verlust der Betätigungsmöglichkeit für ein privates Abfallentsorgungsunternehmen stellt auch keinen Eingriff in Grundrechte dar: Die Einschränkung der Berufs(wahl)freiheit wird grundsätzlich durch die hervorragende Bedeutung der Entsorgung als einer öffentlichen Aufgabe gerechtfertigt. Auch scheidet eine Verletzung des aus Art. 14 GG folgenden Rechts am eingerichteten und ausgeübten Gewerbebetrieb regelmäßig aus, da zum einen aufgrund des überkommenen Anschluß- und Benutzungszwanges eine situative Vorbelastung (Pflichtigkeit) vorliegt[148] und zum anderen das Vertrauen auf den Fortbestand eines Rechtszustandes oder einer gesetzlichen Regelung grundsätzlich rechtlich nicht geschützt ist.[149]

---

[146] *Hösel/v. Lersner* (FN 47), § 3 AbfG Rn. 37ff.

[147] Vgl. *Franßen* (FN 38), S. 418. Eine Ausnahme ist wohl dann zu machen, wenn die Kommune einen Gewerbebetrieb zu Entsorgungsinvestitionen veranlaßt und so einen Vertrauenstatbestand geschaffen hat oder eine Ausschlußerklärung nach § 3 Abs. 2 AbfG später widerruft. Dies gehört zur übergreifenden Fragestellung des Vertrauensschutzes bzw. der Plangewährleistung. Einen Sonderfall betrifft auch die Entscheidung des OVG Bremen, wonach die Behörde bei der Beauftragung gewerblicher Abfallunternehmen ein langjährig tätiges Unternehmen mitberücksichtigen muß, UPR 1982, 203.

[148] Vgl. BGHZ 40, 355 (360, 365); BVerwG, DVBl. 1981, 983ff.; abweichend OVG Lüneburg, DÖV 1978, 44ff.

[149] BVerfGE 48, 403 (416); 50, 386 (395f.); 63, 343 (357); 67, 1 (15); 70, 69 (84f.); 71, 255 (272f.); vgl. ferner etwa BVerfGE 14, 76 (104); 39, 128 (145f.); 72, 175 (199).

IX. Grundprinzipien umweltgerechter Abfallentsorgung

1. Grundsatznorm

§ 2 Abs. 1 S. 2 AbfG statuiert die **Grundpflicht** der Abfallentsorger[150] zu einer gemeinverträglichen, insbesondere umweltgerechten Abfallentsorgung und enthält damit die für die Auslegung der Einzelregelungen des Gesetzes wie auch für die Ausübung des Planungsermessens zentrale Zielbestimmung. 96

Der Begriff des Wohles der Allgemeinheit – er ist als unbestimmter Rechtsbegriff voll justitiabel – wird nach der in vielen Umweltgesetzen bewährten **Regelbeispieltechnik** in § 2 Abs. 1 S. 2 AbfG konkretisiert. Neben dem anthropozentrischen Schutz der menschlichen Gesundheit und des Wohlbefindens (Nr. 1) nennt das Gesetz als Beeinträchtigungen des Gemeinwohls insbesondere die Gefährdung von Nutztieren, Vögeln, Wild und Fischen (Nr. 2) – z. B. durch Giftauswaschungen aus Deponien –, die schädliche Beeinflussung von Gewässern, Boden (vgl. auch § 14 Rn. 30) und Nutzpflanzen (Nr. 3) sowie schädliche Umwelteinwirkungen durch Luftverunreinigungen und Lärm (Nr. 4), etwa bei Müllverbrennungsanlagen. Darüber hinaus sind die Belange des Naturschutzes, der Landschaftspflege und des Städtebaus zu wahren (Nr. 5) sowie – gleichsam als ordnungsrechtlicher Auffangtatbestand – die öffentliche Sicherheit und Ordnung weder sonst zu gefährden noch zu stören (Nr. 6). Schließlich sind die Ziele und Erfordernisse der Raumordnung und Landesplanung zu beachten (§ 2 Abs. 1 S. 3 AbfG). 97

Da es sich um keine enumerative Nennung handelt, ist ggf. auch eine Berücksichtigung **weiterer Gemeinwohlbelange** geboten. 98

So können beispielsweise bei der umstrittenen Anlage einer Deponie in einem Gebiet mit wertvollen Fossilienfunden (Grube Messel) neben Belangen des Naturschutzes auch kulturelle Gesichtspunkte eine Rolle spielen.

Gleichwohl sind die in den Regelbeispielen enthaltenen Abgrenzungen nicht ohne Bedeutung: So enthält die Vorschrift z. B. kein generelles Gefährdungsverbot für die Pflanzen- und Tierwelt.[151] Deshalb werden z. B. neben den Nutzpflanzen (§ 2 Abs. 1 S. 2 Nr. 3 AbfG) unter dem Gesichtspunkt des Naturschutzes (§ 2 Abs. 1 S. 2 Nr. 5 AbfG) unmittelbar nur die von den §§ 20ff. BNatSchG erfaßten wildlebenden Pflanzen auch mit den Mitteln des Abfallgesetzes geschützt.

Der durch § 2 Abs. 1 S. 2 und 3 AbfG geforderten Abstimmung der Abfallentsorgung auf die Belange der **übrigen Umweltgesetze** kommt zweifellos entscheidende Bedeutung zu. Da es sich jedoch um ein **Abwägungsgebot**[152] handelt, könnten im Einzelfall die Anforderungen anderer Umweltgesetze unterschritten werden. 99

So soll nach einer im Schrifttum vertretenen Auffassung § 2 Abs. 1 S. 2 Nr. 3 AbfG angeblich nur insoweit vor schädlichen Gewässerbeeinflussungen schützen, als hiervon eine Beeinträchtigung des Wohls der Allgemeinheit ausgeht. Hingegen stellen die Lagerungs- oder Abla-

---

[150] In erster Linie für öffentliche Abfallentsorger, wie oben dargestellt, aber auch für private Abfallbesitzer und zwischengeschaltete Dritte.

[151] Zur wechselhaften Vorgeschichte vgl. BT-Drs. VI/2401, S. 2, sowie *Hösel/v. Lersner* (FN 47), § 2 AbfG Rn. 18. Für einen weitergehenden Schutz *Kunig* (FN 113), § 2 AbfG Rn. 28.

[152] *Franßen* (FN 38), S. 424.

gerungsverbote nach §§ 26 Abs. 2, 34 Abs. 2 WHG allein darauf ab, ob eine Verunreinigung des Wassers bzw. Grundwassers oder sonstige nachteilige Veränderungen seiner Eigenschaften zu besorgen sind. Hierin glaubt man einen sachlichen Unterschied erkennen zu dürfen,[153] obgleich § 2 Abs. 1 S. 2 Nr. 3 AbfG die Reinheit der Gewässer als exemplarischen Gemeinwohlbelang nennt und nicht etwa unter einen Gemeinwohlvorbehalt stellt. Dabei soll das abfallrechtliche Abwägungsgebot als speziellere Regelung angeblich den strengeren Bestimmungen des Wasserhaushaltsgesetzes vorgehen.[154]

Wegen der möglicherweise unterschiedlichen Rechtsfolgen ist sorgfältig zu prüfen, inwieweit abfallrechtliche und andere umweltrechtliche Regelungen einander verdrängen oder aber nebeneinander zur Anwendung gelangen. Das Abfallgesetz geht grundsätzlich, gerade im Bereich der Anlagengenehmigung, von einer uneingeschränkten Anwendbarkeit der anderen Gesetze aus (s. u. Rn. 120ff.). Von einer generellen umweltrechtlichen Privilegierung der Abfallentsorgung kann daher keine Rede sein.

2. Anlagenzwang

a) Inhalt

100 Die in § 2 Abs. 1 S. 2 und 3 AbfG festgelegten Grundsätze der Abfallentsorgung werden durch § 4 AbfG, der die Ordnung der Entsorgung regelt, konkretisiert. Dabei formuliert § 4 Abs. 1 AbfG einen grundsätzlichen **Anlagenbenutzungszwang.**[155] Abfälle dürfen danach nur in Anlagen behandelt, gelagert und abgelagert werden, die als Abfallentsorgungsanlagen zugelassen sind.

101 Dieser Bestimmung kann zunächst die Legaldefinition der **Abfallentsorgungsanlage** entnommen werden, und zwar als Anlage oder Einrichtung, in der Abfälle behandelt, gelagert und abgelagert werden. Zugleich wird die Behandlung, Lagerung und Ablagerung (nicht aber das Einsammeln und Befördern) von Abfällen außerhalb solcher Anlagen oder Einrichtungen verboten. Damit ist § 4 Abs. 1 AbfG gleichzeitig eine zentrale ordnungsrechtliche Bestimmung.[156] Schließlich müssen ortsfeste Abfallentsorgungsanlagen zugelassen sein, womit sie jederzeit der staatlichen Kontrolle unterliegen.

102 Die **Zulassung** richtet sich nach § 7 AbfG und erfolgt entweder durch Planfeststellungsbeschluß gemäß § 7 Abs. 1 AbfG oder in weniger bedeutenden Fällen durch Genehmigung nach § 7 Abs. 2 AbfG (s. Rn. 118ff.). § 4 Abs. 1 und § 7 Abs. 1 AbfG knüpfen allerdings insofern an unterschiedliche Tatbestände an, als der Anlagenzwang sich schlechthin auf Abfallentsorgungsanlagen bezieht, während das Zulassungserfordernis nur für *ortsfeste* Abfallentsorgungsanlagen besteht (zu daraus resultierenden Rechtsproblemen s. Rn. 119). Den Rechtswirkungen einer Zulassung kommt bei Altanlagen die Duldung des Weiterbetriebes nach Maßgabe des § 9 AbfG relativ nahe.[157]

---

[153] *Hösel/v. Lersner* (FN 47), § 2 AbfG Rn. 17; *Franßen* (FN 38), S. 424, jeweils m. w. N. Allerdings dürfte bei einer Gewässerverunreinigung oder -eigenschaftsveränderung regelmäßig das Gemeinwohl berührt sein.

[154] *Hösel/v. Lersner* (FN 47), § 2 AbfG Rn. 17; *Franßen* (FN 38), S. 424.

[155] *Birn/Jung* (FN 59), Bd. 1, Teil 2 Kap. 3, S. 89.

[156] *Birn/Jung* (FN 59), Bd. 1, Teil 2 Kap. 3, S. 89.

[157] *Birn/Jung* (FN 59), Bd. 1, Teil 2 Kap. 3, S. 95.

Durch das Nebeneinanderstellen der Begriffe **„Anlagen"** und **„Einrichtungen"** will das Gesetz die Option für alle heute und künftig technisch möglichen Arten der Abfallentsorgung offenhalten. Daher sind die Begriffe **weit auszulegen.** Von einer „Anlage" kann auch gesprochen werden, wenn es sich nur um ein Grundstück ohne technische und bauliche Vorkehrungen handelt, sofern es der Abfallentsorgung dient, d. h. wenn es regelmäßig und planmäßig zur Abfallentsorgung benutzt wird.[158] **103**

b) Ausnahmen

Vom Anlagenbenutzungszwang können durch die (nach Landesrecht) zuständige Behörde im Einzelfall Ausnahmen zugelassen werden, wenn dadurch das Wohl der Allgemeinheit nicht beeinträchtigt wird (§ 4 Abs. 2 AbfG, s. o. Rn. 91). Eine solche Ausnahmegenehmigung kommt nur in Betracht, wenn es sich um mengenmäßig überschaubare, unschädliche Abfälle handelt (z. B. unverseuchter Erdaushub). Aber auch wenn diese Voraussetzungen vorliegen – was häufig der Fall sein wird – besteht **kein Anspruch** auf Erteilung der **Ausnahmegenehmigung.** Diese steht vielmehr im Ermessen der Behörde.[159] Wie die Formulierung „im Einzelfall" zeigt, ist bei der Erteilung von Ausnahmegenehmigungen restriktiv zu verfahren. Sie kommt etwa dann in Betracht, wenn die Entsorgung der Abfälle in dafür zugelassenen Anlagen für den Abfallbesitzer eine unzumutbare Härte darstellen würde.[160] Die Ausnahmegenehmigung nach § 4 Abs. 2 AbfG beseitigt zugleich die Überlassungspflicht des Abfallbesitzers nach § 3 Abs. 1 AbfG.[161] **104**

Nach § 4 Abs. 4 AbfG (s. auch o. Rn. 91) sind ferner die Landesregierungen ermächtigt, bestimmte Abfälle oder Abfallmengen durch **Rechtsverordnung** generell vom Anlagenzwang auszunehmen und die Voraussetzungen über die Art und Weise der (sonstigen) Entsorgung festzulegen, sofern dafür ein Bedürfnis besteht und eine Beeinträchtigung des Wohles der Allgemeinheit nicht zu befürchten ist. Sie können diese Befugnis ganz oder teilweise auf andere Behörden übertragen. Solche Rechtsverordnungen wurden bisher vor allem bezüglich der Entsorgung pflanzlicher Abfälle aus Gartenbau-, Land- und Forstwirtschaft erlassen.[162] Soweit die Landesregierungen Rechtsverordnungen erlassen haben, kann hierdurch die Überlassungspflicht des Besitzers solcher Abfälle ausgeschlossen sein.[163] **105**

---

[158] BayVGH, NVwZ 1986, 492ff., 493.
[159] *Birn/Jung* (FN 59), Bd. 1, Teil 2 Kap. 3, S. 99.
[160] *Birn/Jung* (FN 59), Bd. 1, Teil 2 Kap. 3, S. 99.
[161] *Birn/Jung* (FN 59), Bd. 1, Teil 2 Kap. 3, S. 100; *Kunig* (FN 113), § 4 AbfG Rn. 32.
[162] Vgl. nur Verordnung der Landesregierung (v. Baden-Württemberg) über die Beseitigung pflanzlicher Abfälle außerhalb von Abfallbeseitigungsanlagen v. 30. 4. 1974 (GBl. S. 187, zuletzt geänd. durch VO v. 22. 4. 1985, GBl. S. 132); (bayerische) Verordnung über die Beseitigung von land- und forstwirtschaftlichen Abfällen v. 31. 7. 1973 (GVBl. S. 451); (bayerische) Verordnung über die Beseitigung von pflanzlichen Abfällen außerhalb zugelassener Beseitigungsanlagen (PflAbfV) v. 1. 7. 1975 (GVBl. S. 185, i. d. F. der Bek. v. 13. 3. 1984, GVBl. S. 100); (Berliner) Verordnung über die Beseitigung von Abfällen außerhalb von Beseitigungsanlagen v. 25. 8. 1975 (GVBl. S. 2198); (nordrhein-westfälische) Verordnung über die Beseitigung pflanzlicher Abfälle außerhalb von Abfallbeseitigungsanlagen (Pflanzen-Abfallverordnung) v. 6. 9. 1978 (GV NW S. 530, zuletzt geänd. durch VO v. 6. 11. 1984, GV NW S. 670); Erste (rheinland-pfälzische) Landesverordnung zur Durchführung des Abfallbeseitigungsgesetzes v. 4. 7. 1974 (GVBl. S. 299, ber. S. 344, geänd. durch VO v. 22. 8. 1985, GVBl. S. 202).
[163] *Birn/Jung* (FN 59), Bd. 1, Teil 2 Kap. 3, S. 102.

3. Gesteigerte Sorgfaltspflicht gegenüber gefährlichen Abfällen

106 Gemäß § 2 Abs. 2 AbfG sind an die Entsorgung von Abfällen aus gewerblichen oder sonstigen wirtschaftlichen Unternehmen oder öffentlichen Einrichtungen, die nach Art, Beschaffenheit oder Menge in besonderem Maße gesundheits-, luft- oder wassergefährdend, explosibel oder brennbar sind oder Erreger übertragbarer Krankheiten enthalten oder hervorbringen können – kurz: gefährlichen Abfällen (s. o. Rn. 47ff.) – zusätzliche Anforderungen nach Maßgabe des Abfallgesetzes zu stellen. Im einzelnen beziehen sich die zusätzlichen Pflichten (s. auch bereits Rn. 49) insbesondere auf die Anzeige- und Nachweispflicht (§ 11 Abs. 3 AbfG: Pflicht zur Führung eines Nachweisbuches und zur Vorlage von Belegen auch ohne besonderes behördliches Verlangen), die Bestellung eines Betriebsbeauftragten (§ 11a Abs. 1 S. 2 AbfG) sowie auf die Abfallüberlassung (§ 4 Abs. 3 AbfG: Abgabe nur an Abfallbeförderer i. S. von § 12 AbfG – s. Rn. 154ff. – und Erfordernis einer Bescheinigung des Betreibers einer Abfallentsorgungsanlage über die Annahmebereitschaft – s. o. Rn. 49).

4. Konkretisierung durch Verwaltungsvorschriften

107 Mit der Novellierung des Abfallgesetzes neu eingeführt wurde die Vorschrift des § 4 Abs. 5 AbfG, die nunmehr die verpflichtende Rechtsgrundlage für den Erlaß einer **„Technischen Anleitung Abfall“** („TA Abfall“) enthält. Die Bundesregierung wird hierdurch ermächtigt, nach Anhörung der beteiligten Kreise (vgl. § 16 AbfG) mit Zustimmung des Bundesrates allgemeine Verwaltungsvorschriften über Anforderungen an die Entsorgung von Abfällen nach dem Stand der Technik (vgl. allgemein § 2 Rn. 46), vor allem für gefährliche Abfälle i. S. des § 2 Abs. 2 AbfG zu erlassen. Hierzu sind auch Verfahren der Sammlung, Behandlung, Lagerung und Ablagerung festzulegen, die in der Regel eine umweltverträgliche Abfallentsorgung gewährleisten.[164]

108 Der Bundesrat hatte in seiner Gegenäußerung zum Gesetzentwurf der Bundesregierung vorgeschlagen, die TA Abfall entsprechend den „allgemein anerkannten Regeln der Technik“ zu formulieren.[165] Wenn demgegenüber der Gesetzgeber bewußt an der Formulierung **„Stand der Technik“** festgehalten hat, so zeigt dies, daß die in der TA Abfall zu formulierenden Anforderungen an eine umweltgerechte Abfallentsorgung über das hinausgehen können, was bereits als allgemein anerkannte Regel der Technik gilt.[166] Ziel der TA Abfall wird es sein, bundesweit einheitliche „Entsorgungsstandards“ zu schaffen und auf diese Weise dem Trend zur jeweils kostengünstigsten (dafür aber u. U. weniger umweltverträglichen) Abfallentsorgung entgegenzuwirken. Vorrang genießt dabei die Schaffung einheitlicher Richtlinien für die Entsorgung gefährlicher Abfälle i. S. von § 2 Abs. 2 AbfG („TA Sonderabfall“).[167] Im Bereich der energetischen Abfallentsorgung (Abfallverbrennung) kann zur Ermittlung des Standes der Technik auf die bereits geltenden Bestimmungen der TA Luft zurückgegriffen werden.[168] Die Formulierung „nach dem Stand der Technik“ beinhaltet die Aufforderung, die entsprechenden Vorschriften dem jeweils fortschreitenden Stand der Technik anzupassen. Sie ist mithin als Dynamisierungsklausel anzusehen. Die Bestimmungen einer TA Abfall wären im übrigen als Mindestanforderungen aufzufassen.[169]

---

[164] Vgl. Umwelt (BMU) Nr. 4/5/86 v. 25. 9. 1986, S. 18.
[165] BT-Drs. 10/2885, S. 42.
[166] Vgl. die Gegenäußerung der Bundesregierung zur Stellungnahme des Bundesrates BT-Drs. 10/2885, S. 49.
[167] Vgl. Umwelt (BMU) Nr. 4/5/86 v. 25. 9. 1986, S. 18.
[168] Umwelt (BMU) Nr. 4/5/86 v. 25. 9. 1986, S. 18.
[169] BT-Drs. 10/5656, S. 64.

Die TA Abfall ergeht als **Verwaltungsvorschrift.** Sie wird daher in Rechtsnatur, Bindungswirkung und Einfluß auf das verwaltungsgerichtliche Verfahren den immissionsschutzrechtlichen „Technischen Anleitungen" (TA Luft, TA Lärm) gleichen (s. o. § 7 Rn. 32ff.). Weil die TA Abfall als Verwaltungsvorschrift ergeht und somit vom Bund schon aufgrund von Art. 84 Abs. 2 GG erlassen werden kann, war an sich eine gesetzliche Ermächtigung nicht erforderlich. 109

5. Sonstige Regelungen

Der Regelungskomplex Abfallentsorgung umfaßt außer dem eigentlichen Vorgang der Abfallentsorgung insbesondere die vorsorgende Abfallentsorgungsplanung (s. Rn. 111 ff.), Regelungen für die Errichtung und den Betrieb von Abfallentsorgungsanlagen (s. Rn. 118ff.) sowie sonstige Aktivitäten (Einsammlung und Beförderung – s. Rn. 154ff., grenzüberschreitenden Verkehr – s. Rn. 159ff.) und nicht zuletzt die Überwachung der Abfallentsorgung (s. Rn. 165). Hieraus ergeben sich weitere Konkretisierungen des Grundsatzes umweltgerechter Abfallentsorgung. 110

X. Abfallentsorgungsplanung

1. Planungspflicht

Die Abfallentsorgungsplanung ist Aufgabe der **Länder.** Nach § 6 Abs. 1 S. 1 AbfG stellen sie für ihren Bereich Pläne zur Abfallentsorgung auf. Hierbei handelt es sich um eine echte Verpflichtung der Länder[170] und nicht um eine bloße Sollvorschrift wie etwa bei § 36 WHG für die wasserrechtliche Rahmenplanung. Entsprechende Pläne bzw. Teilpläne werden in den Ländern erarbeitet und liegen in zunehmender Zahl vor.[171] Für den besonders risikoträchtigen Bereich der gefährlichen Abfälle i. S. von § 2 Abs. 2 AbfG ist durch § 6 Abs. 3 AbfG bis zur Aufstellung des Abfallentsorgungsplanes die Aufnahme der bestehenden Abfallentsorgungsanlagen in einen vorläufigen Plan (Bestandsplan) vorgeschrieben.[172] In § 6 Abs. 1 AbfG ist der Mindestinhalt, teilweise auch der fakultative Inhalt der Planung rahmenmäßig festgelegt. Insbesondere ist den Ländern aufgegeben, geeignete Standorte für Abfallentsorgungsanlagen festzulegen. Hingegen bleibt das Verfahren der Planaufstellung im ganzen der Regelung durch die Länder überlassen (§ 6 Abs. 2 AbfG). Soweit die Landesabfallgesetze nicht spezielle Bestimmungen enthalten (z. B. § 4 BremAGAbfG, § 2 Abs. 3 NdsAGAbfG, § 16ff. LAbfG NW), verweisen sie auf die Landesplanungsgesetze (vgl. § 3 Abs. 2 LAbfG BW). 111

2. Überörtlichkeit

Die Planung nach überörtlichen Gesichtspunkten soll gewährleisten, daß die Abfallentsorgung nicht durch die Gebietsgrenzen der entsorgungspflichtigen Körperschaften in ihrer Entwicklung behindert wird. Dabei kann es sich sowohl um einen Generalplan als auch um Teilpläne handeln, die sektoral (d. h. für bestimmte Abfall- 112

---

[170] *Hösel/v. Lersner* (FN 47), § 6 AbfG Rn. 4.

[171] Vgl. zum Stand der Abfallentsorgungsplanung zuletzt *Weidemann,* NVwZ 1988, 977ff., 977f., und *Schwermer* (FN 51), § 6 AbfG Rn. 62, jeweils m. w. N.

[172] Vgl. nur den nordrhein-westfälischen Plan Sonderabfälle vom 18. 7. 1978, MBl. NW 1978, S. 1256.

arten) oder regional begrenzt sind.[173] Darüber hinaus sollen die Abfallentsorgungspläne der Länder aufeinander abgestimmt werden (§ 6 Abs. 1 S. 3 AbfG).

3. Mindestinhalt

113 Nach § 6 Abs. 1 S. 2 AbfG müssen in den Plänen zumindest geeignete **Standorte** für die Abfallentsorgungsanlagen festgelegt werden, wogegen sich regelmäßig Widerstand in den vorgesehenen Standortgemeinden richtet.[173a] Dies braucht freilich nicht wie bei einer bauplanungsrechtlichen Ausweisung parzellenscharf zu geschehen.[174] Bei der Planung besonders zu berücksichtigen sind die gefährlichen Abfälle i. S. des § 2 Abs. 2 AbfG (§ 6 Abs. 1 S. 4 AbfG).

114 **Weitere Festlegungen** der Abfallentsorgungspläne können sich auf die Träger der Abfallentsorgung sowie auf die Abfallentsorgungsanlagen beziehen, deren sich die Entsorgungspflichtigen zu bedienen haben (§ 6 Abs. 1 S. 5 AbfG). Welche Bedeutung insoweit den recht unterschiedlich formulierten Bestimmungen der Landesabfallgesetze zukommt, insbesondere ob sie das Planungsermessen erweitern oder verengen können, ist wegen der Verteilung der Gesetzgebungskompetenzen (s. o. Rn. 4f.) zweifelhaft. So ergibt sich beispielsweise die Möglichkeit, Einzugsbereiche für Abfallentsorgungsanlagen festzulegen, bereits aus § 6 Abs. 1 S. 5 AbfG und nicht erst aus den entsprechenden Regelungen in einzelnen Landesabfallgesetzen.[175] Umgekehrt dürfte das Fehlen einer solchen Bestimmung die Festlegung von Einzugsbereichen in einem Abfallentsorgungsplan nicht hindern. Ebenso dürfte beispielsweise die Planungspflicht für Anlagen zur Lagerung und Behandlung von Autowracks unmittelbar aus dem Abfallgesetz folgen (arg. § 5 Abs. 1 AbfG), entsprechenden landesrechtlichen Klauseln[176] also keine konstitutive Bedeutung zukommen.

4. Wirkungsweise

115 Hinsichtlich der Wirkungsweise der Abfallentsorgungspläne ist zwischen **einfachen Abfallentsorgungsplänen** (s. allgemein § 4 Rn. 11) und solchen zu unterscheiden, deren Festlegungen für die Entsorgungspflichtigen für verbindlich erklärt wurden (§ 6 Abs. 1 S. 6 AbfG).

Allen Abfallentsorgungsplänen gemeinsam ist zunächst, daß sie auf den Vollzug durch die nachgeordneten Behörden ausgerichtet sind. Dazu dienen insbesondere **Anpassungspflichten** im Rahmen der Raumordnung, Landesplanung und Bauleitplanung (vgl. insbesondere § 1 Abs. 5 Nr. 8 BauGB), welche regelmäßig die Kommunen und Landkreise und somit die entsorgungspflichtigen Körperschaften binden. Dies gilt verstärkt für die Bundesländer, welche die Abfallentsorgungspläne als Fachpläne mit dem Landesplanungsrecht verzahnt haben.[177] Als Richtlinien für alle behördlichen Entscheidungen, Maßnahmen und Planungen, die für die Abfallentsorgung Bedeutung haben, kennzeichnet etwa § 17 Abs. 5 LAbfG NW die Abfallentsorgungspläne.[178]

---

[173] Vgl. insbes. § 16 Abs. 2 S. 2 LAbfG NW, § 4 Abs. 1 HAbfG.
[173a] Vgl. nur etwa OVG Lüneburg, NVwZ 1987, 997ff. m. w. N.
[174] *Franßen* (FN 38), S. 430.
[175] Vgl. § 3 Abs. 1 S. 1 LAbfG BW, § 2 Abs. 1 S. 2 NdsAGAbfG, § 4 Abs. 2 AGAbfG Schl.-H.
[176] Vgl. § 2 Abs. 2 NdsAGAbfG, § 5 Abs. 1 S. 3 LAbfG Rh.-Pf.
[177] Vgl. Art. 1 Abs. 2 BayAbfG, § 13 Abs. 1 S. 2 SAbfG.
[178] Vgl. auch § 4 Abs. 3 BremAGAbfG.

Wie sich aus § 8 Abs. 3 S. 1 AbfG nunmehr ausdrücklich ergibt, bildet bei der Zulassung von Abfallentsorgungsanlagen (s. Rn. 118ff.) die **Planwidrigkeit** des Vorhabens jedoch nur dann einen **zwingenden Versagungsgrund,** wenn das Vorhaben den für *verbindlich* erklärten Feststellungen eines Abfallentsorgungsplanes zuwiderläuft (§ 8 Abs. 3 S. 1 AbfG i. U. zur früheren Fassung der Vorschrift). Im Rahmen des Zulassungsermessens (s. Rn. 119) können freilich auch nicht für verbindlich erklärte Festlegungen berücksichtigt werden.[179] 116

Mit der **Verbindlicherklärung** gemäß § 6 Abs. 1 S. 6 AbfG, die überwiegend durch Rechtsverordnungen der Länder erfolgt,[180] erlangen die Planfestsetzungen nicht nur Verbindlichkeit für sämtliche Verwaltungsentscheidungen, sondern auch unmittelbare Außenwirkung gegenüber den Entsorgungspflichtigen. Auch kann auf diesem Wege beispielsweise ein Benutzungszwang für eine bestimmte Abfallentsorgungsanlage eingeführt werden.[181] Die Abfallentsorgungsplanung unterscheidet sich aufgrund dieser sehr weitgehenden Plansanktionierung nachhaltig von sonstigen Planungen, die überwiegend nur (mittelbare) Anpassungspflichten auslösen. Die Planungspraxis macht von der Möglichkeit der Verbindlicherklärung inzwischen vermehrt Gebrauch.[182] Der Schwerpunkt der verbindlichen Abfallentsorgungspläne dürfte dabei im Bereich der Entsorgung gefährlicher, überwachungsbedürftiger Abfälle liegen.[183] 117

Freilich erzeugt auch ein für verbindlich erklärter Abfallentsorgungsplan darüber hinaus grundsätzlich keine Rechtswirkungen gegenüber **Dritten.** Insbesondere im Verhältnis zu möglicherweise künftig immissionsbetroffenen Nachbarn kommt ihm lediglich der Charakter eines vorbereitenden Fachplanes zu, der das Gewicht ihrer rechtlich geschützten Interessen im nachfolgenden anlagenbezogenen Planfeststellungsverfahren (s. Rn. 118ff.) nicht verkürzt.[183a]

XI. Zulassung von Abfallentsorgungsanlagen

Errichtung, Betrieb wie auch **wesentliche Änderungen** von ortsfesten Abfallentsorgungsanlagen bedürfen der Zulassung. Diese erfolgt im Regelfall im Wege der Planfeststellung (§ 7 Abs. 1 AbfG), die aber unter bestimmten Voraussetzungen durch das einfachere Genehmigungsverfahren ersetzt werden kann (§ 7 Abs. 2 AbfG). 118

Im einzelnen bedeutet dies:

1. Zulassungsbedürfnis

Nur **ortsfeste Abfallentsorgungsanlagen** sind gemäß § 7 Abs. 1 AbfG zulassungsbedürftig. Umstritten ist die abfallrechtliche Behandlung **ortsveränderlicher,** beweglicher Abfallentsorgungsanlagen (wie z. B. mobile Kleinverbrennungsanlagen, 119

[179] Vgl. BT-Drs. 10/1232, S. 72, und *Schwermer* (FN 51), § 6 AbfG Rn. 54.

[180] § 5 BremAGAbfG, § 2 Abs. 3 NdsAGAbfG, § 18 Abs. 1 LAbfG NW, § 5 Abs. 3 LAbfG Rh.-Pf., § 2 Abs. 2 SAbfG. Durch Gesetz erfolgt die Verbindlicherklärung in Hamburg, vgl. § 3 Abs. 2 HAAbfG. Keine Verbindlicherklärung kennt das bayerische Abfallgesetz.

[181] *Franßen* (FN 38), S. 430.

[182] Vgl. zur Übersicht *Hösel/v. Lersner* (FN 47), § 6 AbfG Rn. 31ff.

[183] Vgl. z. B. hessische Verordnung über die Beseitigung von Sonderabfällen aus Industrie und Gewerbe (Sonderabfall-Verordnung) vom 13. 11. 1978 (GVBl. I S. 556).

[183a] OVG Bremen, DVBl. 1988, 546ff., 547f.

fahrbare Schrottpressen oder Häkselmaschinen). Da derartige Anlagen in § 7 Abs. 1 AbfG nicht erwähnt werden, könnte man annehmen, daß sie erlaubnisfrei betrieben werden dürfen.[183b] Demgegenüber halten Teile des Schrifttums ortsveränderliche Abfallentsorgungsanlagen unter Berufung auf § 4 Abs. 1 AbfG für schlechthin nicht genehmigungs*fähig*.[184] Da nach dieser Grundnorm des Abfallrechts (s. o. Rn. 100ff.) Abfälle nur in den dafür zugelassenen Anlagen oder Einrichtungen behandelt, gelagert und abgelagert werden dürfen, folgt aus der Beschränkung der Zulassungsregelung auf ortsfeste Anlagen ein generelles Verbot andersgearteter Abfallentsorgungsanlagen. Dies ist nach dem Gesetzeszweck, der Gewährleistung einer unschädlichen Abfallentsorgung, zumindest im Hinblick auf die Lagerung und Ablagerung von Abfällen auch sinnfällig. Problematisch bleibt allerdings die Annahme eines generellen Verbotes ortsveränderlicher Abfallentsorgungsanlagen. Hier bedarf es vorsichtig differenzierender Auslegung, wenn widersinnige und abfalltechnische Fortschritte behindernde Ergebnisse vermieden werden sollen: So wird man regelmäßig davon ausgehen müssen, daß das Behandeln von Abfällen während eines Transportvorganges mit Rücksicht auf die unstreitige Erlaubnisfreiheit des Einsammelns und Beförderns von Abfällen (s. Rn. 120) ebenfalls ohne weiteres zulässig ist. Im übrigen ist zu beachten, daß sich der Begriff der Abfallbehandlungsanlage nicht auf die vorbereitende Behandlung, z. B. die Verkleinerung von Abfällen, im häuslichen Bereich erstreckt. In anderen Fällen kommen widerrufliche Ausnahmegenehmigungen nach § 4 Abs. 2 AbfG in Betracht. Gleichwohl bleibt die – während der Gesetzesberatungen ursprünglich umstrittene[185] und wenig durchdacht wirkende – gesetzliche Regelung dringend überarbeitungsbedürftig. Hinzutreten kann eine Genehmigungspflicht nach § 4 Abs. 1 BImSchG, so z. B. für nicht ortsfeste Verbrennungsgeräte für Garten- oder Büroabfälle (vgl. § 2 Nr. 2 der 4. BImSchV).

120 Aus § 4 Abs. 1 AbfG ergibt sich ferner, daß es sich um **Anlagen** oder **Einrichtungen zum Behandeln, Lagern** oder **Ablagern** von Abfällen handeln muß. Anlagen zum bloßen Sammeln und Befördern von Abfällen fallen nicht hierunter – für das gewerbsmäßige Einsammeln und Befördern von Abfällen ist allerdings im Regelfall eine Einsammlungs- und Beförderungsgenehmigung nach § 12 AbfG erforderlich (s. Rn. 154ff.) –, doch ergeben sich Abgrenzungsschwierigkeiten bei der Zwischenlagerung von Abfällen (Umschlagstationen).[186] Im übrigen ist der Begriff der Abfallentsorgungsanlage weit zu fassen,[187] insbesondere sind keine technischen und baulichen Vorkehrungen erforderlich. Ausschlaggebend ist praktisch allein die Zweckbestimmung.[188] Eine nur gelegentliche, vorübergehende Nutzung eines Grundstücks zur Lagerung von Abfällen, etwa durch befristetes Abstellen eines Autowracks, macht es dagegen noch nicht zu einer Abfallentsorgungsanlage.[189] Die Beseitigungspflicht er-

---

[183b] *Birn/Jung* (FN 59), Bd. 1, Teil 2 Kap. 3, S. 95f.; *Hösel/v. Lersner* (FN 47), § 4 AbfG Rn. 9, § 7 AbfG Rn. 2; unentschieden *Kunig* (FN 113), § 4 AbfG Rn. 17; unklar *Sundermann,* Artikel „Anlage"; in: Kimminich/v. Lersner/Storm (Hg.), Handbuch des Umweltrechts (HdUR), Bd. I, 1986, Sp. 88ff., 93.

[184] *Franßen* (FN 38), S. 426; *Hoschützky/Kreft* (FN 65), § 4 AbfG Anm. 1.6.

[185] Vgl. BT-Drs. 7/2593, S. 4, 16; 7/4699, S. 6; 7/4716, S. 2f.; 7/4878, S. 2; BR-Drs. 388/74, S. 3.

[186] Zu den Einzelheiten *Hösel/v. Lersner* (FN 47), § 4 AbfG Rn. 6f.

[187] Vgl. BayVGH, BayVBl. 1980, 82ff., 83.

[188] OVG Münster, GewArch. 1978, 174f.; VGH Kassel, ESVGH 30, 229; vgl. auch *Franßen* (FN 38), S. 426.

[189] OVG Lüneburg, DÖV 1976, 386f.; BayVGH, VGHE 29, 42 (43); BayVGH, BayVBl. 1976, 371f.; vgl. aber auch zur Abgrenzung BayVGH, BayVBl. 1980, 82ff. Vgl. i. ü. *Hösel/v. Lersner* (FN 47), § 4 AbfG Rn. 9.

gibt sich in diesem Fall aus allgemeinem Ordnungsrecht.[190] Auf Anlagen, die der Lagerung oder Behandlung von Autowracks dienen, finden gemäß § 5 Abs. 1 AbfG die Vorschriften über Abfallentsorgungsanlagen Anwendung. Dies gilt nach bereits bisher zutreffender Rechtsprechung auch dann, wenn solche Anlagen gleichzeitig der Wiederverwertung dienen.[191]

Sowohl die **Errichtung** und der **Betrieb** von ortsfesten Abfallbeseitigungsanlagen 121
als auch die **wesentliche Änderung** der Anlage oder ihres Betriebes bedürfen gemäß § 7 Abs. 1 AbfG der Zulassung. Hinsichtlich der einzelnen zulassungspflichtigen Tatbestände knüpft das Abfallgesetz im wesentlichen an das immissionsschutzrechtliche Vorbild (vgl. §§ 4, 15 BImSchG) an (s. auch § 7 Rn. 47).

2. *Entscheidungsformen*

a) Planfeststellung

Regelentscheidung bei der Zulassung von Abfallentsorgungsanlagen ist gemäß § 7 122
Abs. 1 AbfG die Planfeststellung.

Mit dem grundsätzlichen Erfordernis eines Planfeststellungsverfahrens verband das Abfallbeseitigungsgesetz ursprünglich in seinen §§ 20–29 eigene Regelungen zur Verfahrensgestaltung, die allerdings im wesentlichen mit den Regelungen des Planfeststellungsverfahrens im Verwaltungsverfahrensgesetz des Bundes übereinstimmten. Durch das erste Gesetz zur Vereinfachung des Verwaltungsverfahrensrechts vom 18. 2. 1986[191a] wurden die §§ 20–29 AbfG a. F. ersatzlos aufgehoben. Das abfallrechtliche Planfeststellungsverfahren richtet sich seitdem unmittelbar nach den §§ 72–78 VwVfG.

Wichtigste Rechtswirkung der Ausgestaltung der Anlagenzulassung als Planfeststellung ist die in § 75 Abs. 1 S. 1, 2. Hs. VwVfG angeordnete formelle **Konzentrationswirkung** (vgl. allgemein § 4 Rn. 54f.). Neben der abfallrechtlichen Planfeststellung ist also regelmäßig keine andere behördliche Zulassungsentscheidung erforderlich. Eine Ausnahme bildet allein die wasserrechtliche Erlaubnis bzw. Bewilligung, die wegen § 14 Abs. 1 WHG (s. § 11 Rn. 77) gesondert – wenn auch von der Planfeststellungsbehörde und nicht von der Wasserbehörde – zu erteilen ist.[192]

Der Wegfall sonstiger Zulassungserfordernisse bedeutet im übrigen nicht eine Verengung des **materiellen Prüfungsmaßstabes:** Die Planfeststellungsbehörde ist vielmehr an das materielle Recht der mitberührten Sachbereiche gebunden (vgl. § 4 Rn. 55).

„Mitberührte Sachbereiche" sind – abhängig vom jeweiligen Typus der Abfallentsorgungsanlage – insbesondere das Immissionsschutzrecht (namentlich bei Müllverbrennungsanlagen wegen der Schadstoffemissionen) sowie das Gewässer- und Bodenschutzrecht (namentlich bei Abfalldeponien wegen der Gefahr austretender Sickerwässer). Insoweit kommt es materiellrechtlich neben den abfallrechtlichen Maßstäben immer auch entscheidend auf das übrige Umweltrecht an.

Eine wichtige Einschränkung dieses Grundsatzes ist allerdings § 38 BauGB zu entnehmen: Nach dieser Bestimmung sollen bei baulichen Maßnahmen unter ande-

---

[190] OVG Lüneburg, DÖV 1976, 386f., 387.

[191] Für § 5 Abs. 1 AbfG a. F. BayVGH, RdL 1977, 108ff.; BayVGH, Beschl. v. 21. 6. 1978, abgedruckt in *Birn/Jung* (FN 59), Bd. 2, Teil 14 Kap. 6, S. 33 (Runderneuerung von Reifen).

[191a] BGBl. I S. 265ff.; vgl. auch BT-Drs. 10/1232, S. 5ff.; 10/4512, S. 4ff.

[192] Umstr., hierzu näher *Schwermer* (FN 51), § 7 AbfG Rn. 49 m. w. N.

rem die Vorschriften des Abfallgesetzes von den Regelungen des Dritten Teils des Baugesetzbuches (§§ 29–38 BauGB) unberührt bleiben. Nach der Rechtsprechung des BVerwG[192a] war die entsprechende Regelung in § 38 BBauG dahin zu verstehen, daß bauliche Maßnahmen, die nach dem Abfallgesetz (im Wege der Planfeststellung oder der Genehmigung) zugelassen werden müssen, nicht an den Vorschriften der §§ 29ff. BBauG zu messen sind. Dies dürfte auch für § 38 BauGB gelten, da das Baugesetzbuch die Regelung des § 38 BBauG trotz ihres stark ausdeutungsbedürftigen Wortlautes lediglich redaktionell gestrafft, in der Sache aber unverändert gelassen hat. Diese Auslegung hat zur Folge, daß die durch §§ 29ff. BauGB geschützten Belange allein im Rahmen der planerischen Abwägung der Planfeststellungs- bzw. Genehmigungsbehörde (s. Rn. 127) berücksichtigt werden.

Das BVerwG begründet diese Auslegung teleologisch wie folgt: „Die §§ 29ff. BBauG sollen nämlich im Rahmen der abfallrechtlichen Zulassung keine Anwendung finden, weil sie den Bedürfnissen einer geordneten Abfallwirtschaft nicht ausreichend Rechnung tragen. Dem entspricht, daß im Bereich der Abfallbeseitigung Belange des Städtebaus nur nach Maßgabe des § 2 Abs. 1 S. 1 Nr. 5 AbfG geschützt sind, also zurücktreten müssen, wenn dies aufgrund einer am Wohl der Allgemeinheit orientierten Abwägung im Hinblick auf das öffentliche Interesse an einer umweltgerechten Abfallbeseitigung geboten erscheint. Sie sind folglich im Rahmen des Abfallbeseitigungsrechts weniger stark geschützt und deshalb auch in § 2 Abs. 1 S. 1 Nr. 5 AbfG weniger präzise bestimmt als in den §§ 29ff. BBauG."

Zu beachten ist, daß **Planfeststellungs- und Anhörungsbehörde** für alle *auch* gemäß § 4 BImSchG genehmigungspflichtigen Abfallentsorgungsanlagen nach § 7 Abs. 3 AbfG die Immissionsschutzbehörde ist. Hiermit trägt der Gesetzgeber der besonderen Sachkunde der Immissionsschutzbehörden (vgl. § 7 Rn. 173ff.) Rechnung.

b) Genehmigung

123 Als verfahrensvereinfachende **Alternative** zur Planfeststellung kommt nach § 7 Abs. 2 S. 1 AbfG das Genehmigungsverfahren in Betracht für
– die Errichtung und den Betrieb von Anlagen untergeordneter Bedeutung,
– zulassungspflichtige (wesentliche) Änderungen einer Anlage oder ihres Betriebes
– oder allgemein, wenn mit Einwendungen nicht zu rechnen ist.

§ 7 Abs. 2 S. 2 AbfG schließt solche Abfallentsorgungsanlagen in den Begriff der **unbedeutenden Anlage** ein, in denen Stoffe aus Haushalts- oder gleichartigen Abfällen durch Sortieren für den Wirtschaftskreislauf zurückgewonnen werden. Gleiches gilt für Anlagen zur Kompostierung von Abfällen bis zu einer gewissen Größe. Ein Rechtsanspruch auf Durchführung des Genehmigungsverfahrens anstelle der Planfeststellung besteht nicht.

Ob dem Prognosetatbestand des § 7 Abs. 2 S. 1 Nr. 2 AbfG („wenn mit Einwendungen nicht zu rechnen ist") neben dem Fall der unbedeutenden Anlage in der Praxis eigenständige Bedeutung zukommt, ist zweifelhaft. Die erforderliche behördliche Prognose hat darauf abzustellen, ob durch das Vorhaben rechtliche, wirtschaftliche oder ideelle Belange Dritter nur derart geringfügig beeinträchtigt werden können, daß bei Würdigung aller Umstände vernünftigerweise für niemanden Anlaß zu Einwendungen besteht.[193] In diesem Fall dürfte es sich aber bereits objektiv um eine unbedeutende Anlage i. S. des § 7 Abs. 2 S. 1 Nr. 1 AbfG handeln.

[192a] BVerwGE 70, 242 (243f.) zu §§ 29ff. BBauG.
[193] *Hösel/v. Lersner* (FN 47), § 7 AbfG Rn. 17; wie hier *Schwermer* (FN 51), § 7 AbfG Rn. 58.

124 Ein Regelungsdefizit in bezug auf das Genehmigungsverfahren konnte früher darin gesehen werden, daß das Abfallgesetz insoweit keine näheren Bestimmungen trifft. Mit der Aufhebung der Sondervorschriften für das Planfeststellungsverfahren (§§ 20–29 AbfG a. F.) ist zwar die Regelungsasymmetrie beseitigt, als eigentliches Sachproblem bleibt aber das Fehlen einer **Konkurrenzregelung** zugunsten des einfachen Genehmigungsverfahrens (wie sie § 75 Abs. 1 S. 1, 2. Hs. VwVfG für das Planfeststellungsverfahren trifft) bestehen. Bei einem Zusammentreffen mit einer Genehmigungspflicht nach dem Bundes-Immissionsschutzgesetz verdrängt daher das aufwendige immissionsschutzrechtliche Genehmigungsverfahren nach § 13 BImSchG das abfallrechtliche Genehmigungsverfahren. Der beabsichtigte Vereinfachungseffekt geht hierdurch verloren. Inzwischen ist immerhin erreicht, daß die Konzentrationswirkung des § 13 BImSchG auch für das vereinfachte immissionsschutzrechtliche Genehmigungsverfahren gilt (§ 19 Abs. 2 BImSchG),[194] so daß wenigstens das unfruchtbare Nebeneinander von abfallrechtlichem Genehmigungsverfahren und vereinfachtem immissionsschutzrechtlichem Genehmigungsverfahren bei kleinsten Abfallentsorgungsanlagen der Vergangenheit angehört.

Die Zuständigkeit der Immissionsschutzbehörde, die für die Planfeststellung durch § 7 Abs. 3 AbfG begründet wird (s. o. Rn. 122), ergibt sich hier bereits daraus, daß die abfallrechtliche Genehmigung von der Genehmigung nach § 4 BImSchG eingeschlossen wird.

c) Zulassung vorzeitigen Beginns

125 Eine § 9a WHG (s. § 11 Rn. 87) im wesentlichen entsprechende Regelung für den vorzeitigen Beginn eines Vorhabens enthält § 7a AbfG. Dabei kann Gegenstand der **vorläufigen** Zulassung nicht nur die (u. U. nur teilweise) Anlagenerrichtung, sondern nach allerdings umstrittener Auffassung unter entsprechend strengen Voraussetzungen auch ein **Probebetrieb** sein.[194a]

Um sicherzustellen, daß eine Wiederherstellung des früheren Zustandes möglich ist, falls die erforderliche positive Prognose bezüglich der Zulassung sich nicht bewahrheitet, kann die Behörde, wie in § 7a Abs. 2 AbfG im Unterschied zu § 9a WHG ausdrücklich bestimmt wird, die Leistung einer Sicherheit verlangen. Demgegenüber wurde ein § 9a Abs. 2 WHG entsprechender Vorbehalt, wonach die Zulassung befristet, unter Bedingungen erteilt oder mit Auflagen verbunden werden konnte, aus dem Abfallgesetz gestrichen. Da es sich bei der Zulassung des vorzeitigen Beginns nach § 7a AbfG um einen Verwaltungsakt nach pflichtgemäßem Ermessen handelt, besteht freilich eine Rechtsgrundlage für Befristungen, Bedingungen und Auflagen in § 36 Abs. 2 VwVfG. Ein Koordinationsdefizit erweist sich wiederum im Verhältnis zum immissionsschutzrechtlichen Genehmigungsverfahren, wenn dort über die abfallrechtliche Genehmigung mitentschieden wird (§ 13 BImSchG). Ob eine analoge Anwendung des § 7a AbfG in solchen Fällen in Betracht kommt, ist umstritten.[195]

3. Zulassungsvoraussetzungen

a) Allgemeines

126 Die im Planfeststellungs- wie im Genehmigungsverfahren zu prüfenden materiellen Zulassungsvoraussetzungen stimmen überein. Das Abfallgesetz benennt jedoch – anders als das Bundes-Immissionsschutzgesetz in § 6 BImSchG – die Zulassungsvor-

---

[194] 2. ÄndG zum AbfG vom 4. 3. 1982 (BGBl. I S. 281); vgl. auch BT-Drs. 9/667 und 9/1222.

[194a] Dafür u. a. *Hoschützky/Kreft* (FN 65), § 7a AbfG Anm. 1.1; *Schwermer* (FN 51), § 7a AbfG Rn. 8; *Tettinger,* GewArch. 1988, 41ff., 48; dagegen OVG Lüneburg, DÖV 1983, 903f.; *Hösel/v. Lersner* (FN 47), § 7a AbfG Rn. 4.

[195] Vgl. *Franßen* (FN 38), S. 425, einerseits, *Hösel/v. Lersner* (FN 47), § 7 AbfG Rn. 12, andererseits.

aussetzungen nicht direkt. Es stellt vielmehr in § 8 zunächst auf die **Nebenbestimmungen** ab, mit denen die Zulassung verbunden werden kann (Abs. 1 und 2) und nennt erst anschließend die **zwingenden Versagungsgründe** (Abs. 3). Diese Gesetzesformulierung bringt einerseits die Bedeutung der Nebenbestimmungen für die Anlagenzulassung zum Ausdruck. Tatsächlich geht es bei den komplexen Vorhaben, die Gegenstand der Zulassungsverfahren sind, weniger um eine einfache Alternativentscheidung über Zulassung oder Nichtzulassung, sondern vielfach eher darum, wie die Vorhaben zulassungsfähig gemacht werden können; insofern ist der unübliche, sonst nur von den §§ 4 und 6 WHG bekannte Aufbau des § 8 AbfG nicht ganz verfehlt, bleibt aber gesetzestechnisch problematisch.

127 Andererseits bleibt offen, ob ein Rechtsanspruch auf Zulassung besteht, wenn keiner der Versagungsgründe eingreift, oder ob der Behörde ein **Planungsermessen** eingeräumt ist (vgl. demgegenüber die klare Einräumung eines Genehmigungsanspruchs durch § 6 BImSchG). Das BVerwG hat für andere Planfeststellungsverfahren wiederholt die Bedeutung planerischer Gestaltungsfreiheit hervorgehoben, „weil Planung ohne Planungsfreiheit ein Widerspruch in sich wäre“[196] (vgl. auch § 4 Rn. 27). Die wohl überwiegende Meinung in Rechtsprechung und Schrifttum hält daher einen Zulassungsanspruch bei Planfeststellungen nach dem Abfallgesetz für ausgeschlossen.[197] Allerdings wird die Zulässigkeit einer Bedürfnisprüfung ebenso verneint.[198] Durchsetzen könnte sich eine Zwischenlösung, die das Versagungsermessen thematisch an die Versagungsgründe anbinden will.[199] Einem „Anspruch auf fehlerfreie Ausübung des Planungsermessens“ – als weiteren Lösungsansatz[200] – fehlen allerdings noch die Konturen im Vergleich zu dem wohl als Vorbild dienenden Anspruch auf fehlerfreie Ermessensausübung.

Zu beachten ist, daß die Zulassung von Abfallentsorgungsanlagen keine Zustimmung der Standortgemeinde voraussetzt. Insbesondere kommt auch nicht die Einvernehmensregelung des § 36 BauGB zur Anwendung, da die Errichtung von Abfallentsorgungsanlagen zum Kreis jener privilegierten Fachplanungen i. S. des § 38 BauGB gehört, die nach der vorherrschenden Interpretation dieser Vorschrift weder den formellen noch den materiellen Anforderungen der §§ 29ff. BauGB unterliegen (s. o. Rn. 122).[200a] Mit Rücksicht auf die verfassungsrechtliche Selbstverwaltungsgarantie ist den Gemeinden jedoch ein Mitwirkungsrecht bei der Planfeststellung und der vorangehenden Entsorgungsplanung zuzubilligen.[200b]

b) Versagungsgründe

128 Als Versagungsgründe nennt § 8 Abs. 3 AbfG enumerativ:

– Verstöße gegen die Festsetzungen in für verbindlich erklärten (s. o. Rn. 119) Abfallentsorgungsplänen (S. 1),

---

[196] BVerfGE 34, 301 (304) – zum Bebauungsrecht; 48, 56 (59) – zum Fernstraßenrecht; 55, 220 (226) – zu § 31 WHG.

[197] VGH Mannheim, DÖV 1977, 332f.; *Bälder,* Recht der Abfallwirtschaft, 1979, S. 188; *Birn/Jung* (FN 59), Bd. 1, Teil 2 Kap. 3, S. 3; *Hösel/v. Lersner* (FN 47), § 8 AbfG Rn. 19; *Schwermer* (FN 51), § 8 AbfG Rn. 3ff.; *Weinheimer,* Schwere Zeiten für Abfallsünder, 1975, S. 54; a. A. *R. Schmidt/H. Müller,* Einführung in das Umweltrecht, 1987, S. 79, und *Tettinger,* GewArch. 1988, 41ff., 48.

[198] *Hösel/v. Lersner* (FN 47), § 8 AbfG Rn. 19, 20; vgl. auch VGH Kassel, NuR 1979, 68f.

[199] VGH Kassel, NuR 1979, 68f.; *Franßen* (FN 38), S. 436.

[200] *Franßen* (FN 38), S. 436.

[200a] BVerwG, NVwZ 1985, 414f., 414 (zur entsprechenden Regelung in § 38 BBauG).

[200b] Vgl. OVG Saarlouis, DÖV 1987, 496f.; VGH Kassel, NVwZ 1987, 987ff., 988f.; OVG Lüneburg, NVwZ 1987, 997ff., 998f.; *Tettinger,* GewArch. 1988, 41ff., 48.

– zu erwartende Beeinträchtigungen des Wohls der Allgemeinheit (S. 2 Nr. 1),
– Unzuverlässigkeit der verantwortlichen Personen (S. 2 Nr. 2), jedoch nicht ausdrücklich fehlende Fachkunde,[201]
– nachteilige Wirkungen auf Rechte Dritter (S. 2 Nr. 3),[202] sofern diese Widerspruch eingelegt haben.

In Satz 2 Nr. 1 und 3 AbfG sind die Versagungsgründe ausdrücklich auf solche Umstände eingeschränkt, die nicht durch Auflagen und Bedingungen verhindert werden können. Auch in den übrigen Fällen sind jedoch nach dem Übermaßverbot (in der Ausformung des Erforderlichkeitsprinzips) Nebenbestimmungen i. S. des § 8 Abs. 1 AbfG gegenüber einer Versagung vorrangig. Das Fehlen eines Abfallentsorgungsplanes schließlich ist kein Versagungsgrund für die beantragte Zulassung einer Abfallentsorgungsanlage.[203]

Nicht mehr ausdrücklich als Versagungsgrund erwähnt wird der Verstoß gegen sonstige öffentlich-rechtliche Vorschriften (so noch § 8 Abs. 3 S. 2 Nr. 4 AbfG a. F.). Es versteht sich jedoch von selbst, daß ein mit sonstigen Rechtsnormen unvereinbares Vorhaben grundsätzlich nicht zulassungsfähig ist.[204]

4. *Nachträgliche Entscheidungen*

Nach § 8 Abs. 1 S. 3 AbfG können Auflagen auch nachträglich ergehen bzw. abgeändert oder ergänzt werden. Diese Durchbrechung der Bestandskraft der Zulassung rechtfertigt die Gesetzesbegründung mit der Notwendigkeit, im Interesse einer unschädlichen Abfallentsorgung eine ständige **Anpassung** an neu hinzutretende Umstände, nachträglich auftretende Gefahren und fortschrittliche Erkenntnisse von Wissenschaft und Technik zu gewährleisten.[205] Die Anlagenzulassung wird damit insoweit zu einem, wenn auch hervorgehobenen Abschnitt in einem **fortwährenden Prozeß der Zulassungskontrolle** (vgl. auch § 4 Rn. 98ff.). Im Unterschied zu § 17 Abs. 2 Nr. 1 BImSchG wird die Zulässigkeit nachträglicher Auflagen nicht ausdrücklich durch das Verbot der Unverhältnismäßigkeit begrenzt. Der Grundsatz der Verhältnismäßigkeit ist – als Verfassungsprinzip – dennoch zu beachten.[206] Mit dieser gesetzlichen Regelung erübrigen sich besondere Auflagenvorbehalte der Verwaltung. Auch Rücknahme und Widerruf der Anlagenzulassung dürften damit an Bedeutung verlieren. Im Ergebnis können hiernach nachträgliche Einschränkungen der Anlagenzulassung weitgehend entschädigungslos erfolgen.[207] 129

Zweifelhaft ist, welche Bedeutung daneben den **Sonderregelungen** über nachträgliche Entscheidungen zukommt, die in einzelnen **Landesabfallgesetzen** noch enthalten sind.[208] Soweit damit nachträgliche Auflagen gemeint sein sollten,[209] dürften die 130

[201] Vgl. dazu *Hösel/v. Lersner* (FN 47), § 8 AbfG Rn. 26.
[202] Dieser Versagungsgrund hat als einziger nachbarschützenden Charakter, vgl. BVerwG, DÖV 1980, 133ff., 135.
[203] BVerwG, DÖV 1983, 599.
[204] Vgl. BT-Drs. 10/1232, S. 72.
[205] BT-Drs. VI/2401, S. 14. Zum Auflagenvorbehalt allgemein *Kloepfer,* Die Verwaltung 20 (1975), 295ff.
[206] So auch *Franßen* (FN 38), S. 437.
[207] Zu den eher peripheren Entschädigungsregelungen in den Landesabfallgesetzen vgl. etwa § 10 Abs. 3 LAbfG Rh.-Pf.
[208] Art. 11 BayAbfG, § 10 BremAGAbfG, § 10 LAbfG Rh.-Pf. Vgl. dazu näher *Meßerschmidt,* NVwZ 1984, 565ff.
[209] Art. 11 Abs. 1 BayAbfG spricht allgemein von Nebenbestimmungen, was aufgrund der Legaldefinition in Art. 36 LVwVfG auch Auflagen einschließt.

Vorschriften wegen der abschließenden Regelung in § 8 Abs. 1 S. 3 AbfG unbeachtlich sein. Soweit sie sich auf sonstige Einschränkungen oder die Aufhebung von Planfeststellungsbeschlüssen bzw. Genehmigungen beziehen, dürfte es sich um – zulässige – Spezialregelungen zu § 49 VwVfG handeln.

XII. Altanlagen

131 Dem Zulassungsverfahren nach § 8 AbfG unterliegen nicht die sog. Altanlagen. Dies sind bestehende ortsfeste Abfallentsorgungsanlagen, die bei Inkrafttreten des Abfallbeseitigungsgesetzes am 11. 6. 1972 bereits betrieben wurden oder mit deren Errichtung zu diesem Zeitpunkt begonnen worden war. Von Bedeutung ist hier § 9 AbfG, der den Altanlagen einen *sachlich* begrenzten, *zeitlich* unbegrenzten **Bestandsschutz** gewährt. Die Regelung geht über das sonst im Umweltrecht übliche Maß hinaus (vgl. z. B. § 67 BImSchG, s. dazu § 7 Rn. 47). Zur **Sanierung** der Altanlagen sind Befristungen, Bedingungen und Auflagen möglich (§ 9 S. 1 AbfG). Diese müssen sich aber im Rahmen des wirtschaftlich Vertretbaren halten, da sie keine verbotsgleiche Wirkung entfalten dürfen.[210] Nur soweit eine erhebliche Beeinträchtigung des Wohls der Allgemeinheit vorliegt, die durch Anordnungen nicht verhindert werden kann, kommt eine Voll- oder Teiluntersagung des Betriebes in Betracht (§ 9 S. 2 AbfG). Die Feststellung der Erheblichkeit der Beeinträchtigung schließt u. U. auch eine Interessenabwägung ein, in deren Rahmen dem – mit der Zeit freilich schwächer werdenden – Eigentumsschutz Rechnung zu tragen ist.[211] Eine Entschädigungspflicht kennt das Abfallgesetz nicht. Der Bestandsschutz kommt nach der Rechtsprechung des BVerwG allerdings nur **materiell oder formell legal** errichteten und betriebenen Altanlagen zugute, auch wenn § 9 AbfG keine dahingehende Differenzierung trifft.[212] Allein zwischen 1972 und 1976 wurden 40.000 unkontrollierte Ablagerungsplätze geschlossen.[213] Soweit bei Altanlagen wesentliche Veränderungen vorgenommen werden, sind diese nach § 7 Abs. 1 oder Abs. 2 AbfG zulassungspflichtig.[214]

XIII. „Altlasten"

1. Anwendbarkeit des Abfallgesetzes

132 § 9 AbfG bezieht sich nicht auf bereits vor dem 11. 6. 1972 stillgelegte Anlagen und Ablagerungen, die u. U. seit Jahrzehnten geschlossen und heute vielfach unbekannt sind. Solche Anlagen können nach § 11 Abs. 1 S. 2 AbfG lediglich der Überwachung (s. Rn. 165) unterstellt werden. Unter diesen vom Gesetzgeber des Abfallgesetzes vorgefundenen alten Anlagen und Ablagerungen befinden sich viele Giftstoffdeponien und kontaminierte ehemalige Produktionsgrundstücke,[215] die u. a. die Gefahr

---

[210] *Franßen* (FN 38), S. 443.
[211] Vgl. *Franßen* (FN 38), S. 443, und *Hösel/v. Lersner* (FN 47), § 9 AbfG Rn. 21f.
[212] BVerwGE 66, 298 (299).
[213] Abfallwirtschaftsprogramm, BT-Drs. 7/4826, S. 8.
[214] Zu den sich hieraus ergebenden Abgrenzungsproblemen vgl. *Weinheimer,* ZfW 1977, 7ff., 14; *Hösel/v. Lersner* (FN 47), § 7 AbfG Rn. 12.
[215] Vgl. hierzu näher *Henkel,* Altlasten als Rechtsproblem, 1987, S. 33ff. Terminologisch kann daher auch zwischen Altablagerungen und Altstandorten als Unterfälle der Altlasten unterschieden werden. Zur

einer Bodenverunreinigung (vgl. § 14 Rn. 5ff.) und Grundwasserverseuchung begründen. Diese sog. **Altlasten**[216] sind in der letzten Zeit aufgrund einiger bekanntgewordener spektakulärer Fälle (z. B. die Giftmülldeponie in Hamburg-Georgswerder) stark in das öffentliche Blickfeld gerückt. Die zahlreichen Rechtsfragen, die sich im Zusammenhang mit der Altlastensanierung stellen, sind vielfach heftig umstritten und noch nicht abschließend entschieden.

Auch wenn man den vieldeutigen und in den Umweltgesetzen nicht vorkommenden Begriff der Altlast auf **Wasser- und Bodenschädigungen oder -gefährdungen** aufgrund vorangegangener menschlicher Aktivitäten begrenzt (vgl. §§ 5 Abs. 3 Nr. 3, 9 Abs. 5 Nr. 3 BauGB: „Flächen, deren Böden erheblich mit umweltgefährdenden Stoffen belastet sind") und darunter nicht schlechthin jede in der Vergangenheit begründete Umweltbelastung versteht (weitester Altlastenbegriff), sprengt die Problematik den abfallrechtlichen Rahmen. Dies ergibt sich zum einen schon daraus, daß unter Altlasten per definitionem nur diejenigen (Umweltbelastungen durch) Abfälle verstanden werden sollen, die **vor** dem **Inkrafttreten des Abfallbeseitigungsgesetzes** am 11. 6. 1972 (ab)gelagert[217] wurden. 133

Problematik aus naturwissenschaftlich-technischer Sicht *Stegmann*, in: Forschungsstelle für Umwelt- und Technikrecht (Hg.), Altlasten und Umweltrecht (UTR 1), 1986, S. 1ff. Der vielzitierte Runderlaß des nordrhein-westfälischen Ministers für Ernährung, Landwirtschaft und Forsten v. 14. 3. 1985 (MBl. S. 2062) definiert Altlasten wie folgt:

1. Altablagerungen,

1.1 stillgelegte Anlagen zum Ablagern von Abfällen, unbeschadet des Zeitpunkts ihrer Stillegung,

1.2 vor Inkrafttreten des Landesabfallgesetzes entstandene unzulässige Abfallablagerungen (sogenannte wilde Ablagerungen),

1.3 vor Inkrafttreten des Landesabfallgesetzes entstandene sonstige Aufhaldungen und Verfüllungen,

2. Standorte stillgelegter Anlagen, in denen mit umweltgefährdenden Stoffen umgegangen wurde, ausgenommen Kampfmittel sowie Kernbrennstoffe oder sonstige radioaktive Stoffe im Sinne des Atomgesetzes,

3. nach Größe und Gefährdungspotential der Nr. 2 vergleichbare Flächen, ausgenommen solche Flächen, die durch Einwirkung von Luft oder Gewässerverunreinigungen, durch Aufbringung im Zusammenhang mit landwirtschaftlicher oder gärtnerischer Nutzung oder durch vergleichbare Nutzungen nachteilig verändert worden sind.

Hierauf baut auch die Legaldefinition der Altlasten in § 28 Abs. 1–3 LAbfG NW auf.

Die Bundesregierung umschreibt die Altlastenproblematik in ihrem Bodenschutzprogramm (BT-Drs. 10/2977, S. 27f.) mit dem Begriff „kontaminierte Standorte". Darunter versteht sie verlassene und stillgelegte Ablagerungsplätze mit kommunalen und gewerblichen Abfällen (sog. Altablagerungen), wilde Ablagerungen, Aufhaldungen und Verfüllungen mit umweltgefährdenden Produktionsrückständen (auch in Verbindung mit Bergematerial und Bauschutt), ehemalige Industriestandorte sowie Bodenkontaminationen durch Korrosion von Leitungssystemen, defekte Abwasserkanäle, abgelagerte Kampfstoffe, unsachgemäße Lagerung von wassergefährdenden Stoffen usw.

[216] Vgl. zum nachfolgenden aus der umfangreichen Altlastendiskussion insbes. *Forschungsstelle für Umwelt- und Technikrecht* (Hg.), Altlasten und Umweltrecht (UTR 1), 1986 (mit Beiträgen von Stegmann, Kloepfer, Papier, Diederichsen und Schmidt-Salzer); *Brandt/Lange*, UPR 1987, 12ff.; *Breuer*, JuS 1986, 359ff.; *dens.*, NVwZ 1987, 751ff.; *Diederichsen*, BB 1986, 1723ff.; *Fehn*, vr 1987, 267ff.; *Franzius*, WuB 1986, 169ff.; *Hajen*, ZfU 1986, 349ff.; *Henkel*, Altlasten als Rechtsproblem, 1987; *N. Herrmann*, DÖV 1987, 666ff.; *dens.*, Flächensanierung, Diss. jur. Hamburg 1988; *K. Ipsen/Tettinger*, Altlasten und kommunale Bauleitplanung, 1988; *Keune*, WuB 1986, 173ff.; *Kloepfer*, NuR 1987, 7ff.; *Koch*, Bodensanierung nach dem Verursacherprinzip, 1985; *Meßerschmidt*, UPR 1986, 134f.; *Niemuth*, DÖV 1988, 291ff.; *Papier*, Altlasten und polizeirechtliche Störerhaftung, 1985; *dens.*, DVBl. 1985, 873ff.; *dens.*, NVwZ 1986, 256ff.; *dens.*, et 1987, 437ff.; *Pietzcker*, JuS 1986, 719ff.; *H.P. Sander*, BauR 1986, 657ff.; *Scheier*, ZfW 1984, 333ff.; *Schink*, DVBl. 1985, 1149ff.; *dens.*, DVBl. 1986, 161ff.; *dens.*, BauR 1987, 397ff.; *Staupe*, DVBl. 1988, 606ff.; *Striewe*, ZfW 1986, 273ff.; *Theobald/Baumgart*, StT 1986, 330ff.; *Zeschmar/Darimont/Lahl*, wlb 1986, 105ff.

[217] Vgl. zur näheren Abgrenzung der Begriffe Lagern und Ablagern etwa *Schink*, DVBl. 1985, 1149ff., 1154ff. m. w. N., sowie hier § 11 Rn. 142.

Soweit Ablagerungen sowohl vor als auch nach dem Inkrafttreten des Abfallbeseitigungsgesetzes vorgenommen wurden, handelt es sich im abfallrechtlichen Sinne um *unechte* Altlasten, da für diese insgesamt – im Wege einer verfassungsrechtlich unbedenklichen unechten Rückwirkung – die Bestimmungen des Abfallgesetzes gelten[218] (und nicht nur – wie bei *echten* Altlasten – lediglich die Überwachungsregelung gemäß § 11 Abs. 1 S. 2 AbfG).

134 Überdies handelt es sich bei vielen Altlasten auch nicht um Abfälle i. S. des **Abfallbegriffs** des § 1 Abs. 1 AbfG, da dieser von beweglichen Sachen ausgeht. Hiervon kann bei Zugrundelegung der im Abfallrecht insoweit praktizierten zivilrechtlichen Betrachtungsweise (s. o. Rn. 40) nicht mehr gesprochen werden, wenn etwa Abfälle bereits mit einer Erdschicht abgedeckt sind,[219] oder wenn Flüssigkeiten so in den Boden eingedrungen sind und sich mit diesem verbunden haben, daß sie wesentliche Bestandteile des Bodens geworden sind.[220] Abfall i. S. des Abfallgesetzes werden Bodenverunreinigungen erst durch Ausheben. In diesem Fall begibt sich der Grundstückseigentümer also freiwillig, wenn auch nicht unbedingt bewußt unter das u. U. strengere Regime des Abfallrechts.

2. Anwendbarkeit des Wasserhaushaltsgesetzes

135 Eine weitere wichtige Zäsur für die rechtliche Beurteilung von Altlasten bildet das **Inkrafttreten des Wasserhaushaltsgesetzes** am 1. 3. 1960. Da durch Altlasten verunreinigte Böden häufig eine Gefahr für die Gewässer, insbesondere für das Grundwasser (vgl. § 11 Rn. 37),[221] darstellen, können insoweit regelmäßig auf Ablagerungen nach diesem Zeitpunkt bzw. zu diesem Zeitpunkt noch andauernde Ablagerungen die Bestimmungen des Wasserhaushaltsgesetzes, namentlich §§ 26 Abs. 2 und 34 Abs. 2 WHG, Anwendung finden (vgl. auch § 11 Rn. 111).

Nach § 26 Abs. 2 WHG dürfen Stoffe an einem Gewässer u. a. nur so gelagert oder abgelagert werden, daß eine Verunreinigung des Wassers oder eine sonstige nachteilige Veränderung seiner Eigenschaften nicht zu besorgen ist. Gemäß § 34 Abs. 2 WHG dürfen Stoffe nur so gelagert oder abgelagert werden, daß eine schädliche Verunreinigung des Grundwassers oder eine sonstige nachteilige Veränderung von dessen Eigenschaften nicht zu besorgen ist. Beide Vorschriften bieten freilich keine Handhabe, vor dem 1. 3. 1960 erfolgte Ablagerungen rückwirkend zum Gegenstand von wasserrechtlichen Sanktionen zu machen (etwa über § 41 WHG), da „Ablagern" i. S. bloßer Entledigung im Unterschied zum aufbewahrenden „Lagern" (zwecks Wiederverwendung) keine Dauerhandlung, sondern ein einmaliges, abgeschlossenes Tun darstellt.[222] Eben darum handelt es sich aber in den meisten Altlastenfällen. In der Grundwasserkontamination durch Altlasten kann im Regelfall auch keine unerlaubte Benutzung i. S. des § 3 Abs. 1 WHG gesehen werden, da es insoweit an dem vorauszusetzenden gewässerbezogen-zielgerichteten Handeln fehlt (vgl. allgemein § 11 Rn. 52f.), wohl aber könnte der umfassendere generalklauselartige Gefährdungstatbestand des § 3 Abs. 2 Nr. 2 WHG erfüllt sein[223] (vgl. § 11 Rn. 54).

---

[218] Hierzu näher *Kloepfer*, in: Forschungsstelle für Umwelt- und Technikrecht (Hg.), Altlasten und Umweltrecht (UTR 1), 1986, S. 17ff., 19 und 51ff.
[219] Vgl. *Scheier*, ZfW 1984, 333ff., 334.
[220] Vgl. *Henkel* (FN 215), S. 58.
[221] Vgl. statt aller *Schink*, DVBl. 1986, 161ff.
[222] Vgl. *Papier* (FN 216), S. 11 m. w. N.
[223] In diesem Fall käme eine Versagung bzw. u. U. auch ein repressives Einschreiten nach § 6 WHG in Betracht; für letzteres *Salzwedel*, RdWWi. 13 (1964), 35ff., 37ff., sowie erneut in: ENTSORGA GmbH (Hg.), Altlastensanierung und Entsorgungswirtschaft, 1988, S. 50ff., 53ff.

3. Landesrechtliche Regelungen

136 Über die für die Altlastensanierung unter diesen Umständen nicht allzu ergiebigen Regelungen des Abfallgesetzes und des Wasserhaushaltsgesetzes hinaus greifen verschiedentlich Bestimmungen der **Landesabfallgesetze** ein (vgl. Art. 14 Abs. 1 BayAbfG, § 13 BremAGAbfG, § 10 Abs. 1 HAAbfG, § 16 HAbfG, § 4 Abs. 1 NdsAGAbfG, § 11 Abs. 1 LAbfG Rh.-Pf.), die hier jedoch vernachlässigt werden müssen,[224] zumal auch diese nur einen mehr oder weniger begrenzten Beitrag zur Lösung der Altlastenproblematik leisten. Eine Ausnahme bildet insofern jedoch das neue nordrhein-westfälische Landesabfallgesetz, das den Altlasten einen eigenen Abschnitt (§§ 28ff. LAbfG NW) widmet. In einzelnen Altlastenfällen können auch bergrechtliche und immissionsschutzrechtliche Bestimmungen eine Rolle spielen.[225]

4. Altlasten und Polizeirecht

137 In Anbetracht des weitgehenden Fehlens von Spezialregelungen kommt dem **allgemeinen Polizei- und Ordnungsrecht** in Altlastenfällen hervorgehobene Bedeutung zu. Insofern wird nicht zu Unrecht von einer „Renaissance des Polizeirechts" gesprochen.[226] Durch diesen Rekurs auf polizeirechtliche Regelungsreserven erhält die komplexe Altlastenproblematik, die „verschiedene Schichten der Entwicklung" wie auch der rechtlichen Beurteilung umfaßt,[227] zugleich einen wesentlichen rechtlichen Zusammenhalt.

a) Grundsätzliche Anwendbarkeit

Die grundsätzliche Heranziehung der polizeilichen Generalklausel als Ermächtigungsgrundlage zum Erlaß von „Sanierungsverfügungen" (s. dazu i. e. Rn. 149) steht weitgehend außer Streit.[228] **Abfall- und Wasserrecht** stellen **keine abschließenden Regelungen** in dem Sinne dar, daß sie einen Rückgriff auf das subsidiäre allgemeine Ordnungsrecht bei spezialgesetzlich nicht erfaßten Gefahrenlagen verwehren würden. Umso umstrittener sind jedoch Voraussetzungen und Folgen der Störerhaftung im einzelnen. Je nachdem, wie restriktiv oder extensiv die Kriterien interpretiert werden, gelangt das Schrifttum zu unterschiedlichen Einschätzungen der Leistungsfähigkeit des allgemeinen Ordnungsrechts für die Bewältigung der Altlastenproblematik.[229]

---

224 Hierzu näher *Papier* (FN 216), S. 4ff.

225 Hierzu näher *Henkel* (FN 215), S. 63f.

226 Vgl. zu dieser einhelligen Beobachtung etwa *Becker,* NVwZ 1987, 781f.; *Breuer,* JuS 1986, 359ff., 360, und *Papier,* in: Forschungsstelle für Umwelt- und Technikrecht (Hg.), Altlasten und Umweltrecht (UTR 1), 1986, S. 59ff.

227 *Breuer,* in: Forschungsstelle für Umwelt- und Technikrecht (Hg.), Altlasten und Umweltrecht (UTR 1), 1986, S. 84.

228 Vgl. nur *Breuer,* JuS 1986, 359ff., 360; *Koch* (FN 216), S. 5ff.; *Kloepfer* (FN 218), S. 20f.; *Papier* (FN 216), S. 13ff.; *dens.* (FN 226), S. 60; *Schink,* DVBl. 1985, 1149ff., 1158. Vgl. in der Rspr. v. a. OVG Münster, NVwZ 1985, 355ff.; VGH Mannheim, DÖV 1986, 249ff.; BayVGH, DVBl. 1986, 1283ff. Weitere Rspr. bei *Henkel* (FN 215), S. 183ff. A. A. jetzt wohl *Salzwedel,* in: ENTSORGA GmbH (Hg.), Altlastensanierung und Entsorgungswirtschaft, 1988, S. 50ff., 51ff. unter Hinweis auf die rechtsstaatlich unerwünschten konkurrierenden Behördenzuständigkeiten.

229 Vgl. nur *Papier* (FN 216), S. 79 („... daß das allgemeine Polizei- und Ordnungsrecht kaum in der Lage ist, die Grundlagen einer sinnvollen Lösung der Altlastprobleme zu bieten"), einerseits, *Koch* (FN 216), S. 23f., 116ff., andererseits. Zum eigenen Standpunkt *Kloepfer* (FN 218), S. 55 und passim.

b) Störereigenschaft

138 Das allgemeine Polizei- und Ordnungsrecht ermöglicht zur Gefahrenabwehr einen Zugriff sowohl auf den oder die **Handlungs-** bzw. **Verhaltensstörer,** d. h. den Gefahrenverursacher (s. dazu sogleich Rn. 139), als auch auf den **Zustandsstörer,** d. h. den Eigentümer der Gefahrenquelle oder Inhaber der Sachgewalt.

139 Als Verhaltensstörer (vgl. § 4 MEPolG, § 4 PVG Rh.-Pf.) kommen in den Altlastenfällen (am Beispiel einer Abfalldeponie) zunächst sowohl der **Deponiebetreiber,** der **Deponieeigentümer,** der **Abfallbeförderer** (-anlieferer) als auch der **Abfallerzeuger** in Betracht.[230] Aufgrund der im Polizeirecht als Korrektiv der naturwissenschaftlichen Kausalität entwickelten und weitgehend allgemein anerkannten Theorie der **unmittelbaren Verursachung**[231] scheidet hiervon jedoch der Abfallerzeuger in vielen Fällen aus,[232] wenn und weil dort die Abfallerzeugung als solche noch nicht die Gefahrengrenze überschreitet,[233] sondern lediglich eine mittelbare, entferntere Bedingung für den Eintritt der Gefahrenlage darstellt. Soweit allerdings bereits mit der Produktion gefährlicher Abfälle die Gefahrenschwelle überschritten wird oder sonstige Verkehrssicherungspflichten verletzt werden, liegt auch eine Verhaltensverantwortlichkeit des Abfallerzeugers vor, von der sich dieser nicht durch rechtsgeschäftliche Zwischenschaltung Dritter vollkommen befreien kann.[234]

c) Gefahrenerkennbarkeit

140 Die Verhaltensverantwortlichkeit (etwa des früheren Deponiebetreibers) wird teilweise mit dem Einwand bestritten, bei Ablagerung der Abfälle sei ihre **Gefährlichkeit weder bekannt noch** nach dem damaligen Stand von Wissenschaft und Technik **erkennbar** gewesen.[235] Wegen der prinzipiellen Verschuldensunabhängigkeit des Polizeirechts[236] kommt es freilich für eine Inanspruchnahme als Polizeipflichtiger nicht auf die subjektive Vorwerfbarkeit des objektiv gefahrbegründenden Verhaltens an. Ein zentrales umwelt(verfassungs)rechtliches Problem wird jedoch mit der Frage nach der Bedeutung von **Veränderungen des wissenschaftlich-technischen Erkenntnis- und Entwicklungsstandes** für die Rechtsanwendung aufgeworfen. Insoweit ist das Altlastenproblem maßgeblich auch ein Problem der Anpassung an neue

---

[230] Hierzu näher *Kloepfer* (FN 218), S. 21ff.

[231] Vgl. nur *Friauf,* in: v. Münch (Hg.), Besonderes Verwaltungsrecht, 8. Aufl., 1988, S. 201ff., 232; *Götz,* Allgemeines Polizei- und Ordnungsrecht, 9. Aufl., 1988, Rn. 191ff. m. w. N.; *W. Martens,* in: Drews/Wacke/Vogel/Martens, Gefahrenabwehr, 9. Aufl., 1986, S. 313. Weitere Nachweise bei *N. Herrmann,* DÖV 1987, 666ff., 667ff., und *Kloepfer* (FN 218), S. 22 Anm. 21. Zu gegenüber dem Unmittelbarkeitskriterium bestehenden Einwänden und zur Gegentheorie der „rechtswidrigen Verursachung" statt vieler *Schnur,* DVBl. 1962, 1ff.; *Erichsen,* VVDStRL 35 (1977), S. 171ff., 201ff.; *Pietzcker,* DVBl. 1984, 457ff., sowie auch *Gantner,* Verursachung und Zurechnung im Recht der Gefahrenabwehr, Diss. jur. Tübingen 1983. Es dürfte indes weitgehende Einigkeit darüber bestehen, daß „Unmittelbarkeit" nicht strikt ontologisch, sondern wertend zu verstehen ist, wodurch einem Teil der Einwände (nicht den methodischen!) Rechnung getragen werden kann. Inwieweit hierbei auch außerpolizeiliche Wertungen, insbes. Risikozuweisungen wie zivilrechtliche Verkehrssicherungspflichten oder speziell § 22 Abs. 2 WHG herangezogen werden dürfen, ist umstritten. Dafür z. B. *Koch* (FN 216), S. 16ff., 58; *Kloepfer* (FN 218), S. 28ff., und *N. Herrmann,* DÖV 1987, 666ff., 672; dagegen *Papier* (FN 226), S. 71ff.

[232] Zu den Gründen im einzelnen *Kloepfer* (FN 218), S. 39ff.

[233] Vgl. zu diesem allgemein gebräuchlichen Kriterium *W. Martens* (FN 231), S. 313.

[234] Hierzu näher *Kloepfer* (FN 218), S. 40f.

[235] So z. B. von *Papier* (FN 216), S. 35ff. Vgl. zur Problematik im näheren *Brandner,* Gefahrenerkennbarkeit und polizeirechtliche Verhaltensverantwortlichkeit – unter besonderer Berücksichtigung der Altlastenproblematik, 1989.

[236] Ganz h. M., vgl. statt vieler *W. Martens* (FN 231), S. 293, und *Götz* (FN 231), Rn. 191.

Erkenntnisse und Bewertungen. Damit sind zugleich die Gebote der Kontinuität staatlichen Handelns und der Übergangsgerechtigkeit berührt.[237]

Prinzipiell spricht einiges dafür, das Risiko rein politisch motivierter Gesetzesänderungen grundsätzlich dem Staat aufzubürden. Beim hier anzuwendenden Polizeirecht geht es freilich nicht um solche Rechtsänderungen wegen politischer Richtungsumschwünge – materiell bleibt es stets bei der polizeilichen Generalklausel –, sondern um **Rechtsanwendungsänderungen aufgrund veränderter Gefahrenerkenntnisse und -bewertungen.** Nach – allerdings nicht unproblematischer – h. M. (z. B. bei Rechtsprechungsänderungen) werden in einem solchen Fall keine oder nur sehr begrenzte Kontinuitätsgebote als Veränderungshemmungen wirksam.[238]

Im Ergebnis bleibt daher die – für eine effektive Gefahrenabwehr unverzichtbare – Gefahrenbeurteilung nach dem neuesten – nicht nach einem vergangenen – Erkenntnisstand auch für die Bestimmung der Verhaltensverantwortlichkeit maßgebend. Soweit keine schutzwürdigen Vertrauenspositionen vorliegen (s. dazu sogleich Rn. 141f.) trägt also der Verursacher grundsätzlich das „Risiko" des weiteren Erkenntnisfortschritts über die Gefährlichkeit seines Verhaltens.

Der Deponiebetreiber ist auch regelmäßig unmittelbarer Verursacher, da es sich bei der Ablagerung um das letzte Kausalitätsglied handelt, durch das die Gefahrenschwelle überschritten wird. Auch modifizierte Zurechnungsgrundsätze wie die neuerlich betonte *Theorie der rechtswidrigen Verursachung*[239] führen insoweit zu keinem anderen Ergebnis.[240] Die Unerkennbarkeit des Risikos mag allerdings in Ausnahmefällen zur Unzumutbarkeit der polizeilichen Inanspruchnahme führen.

d) Legalisierungswirkung

In Einzelfällen kann einer polizeirechtlichen Inanspruchnahme des Verhaltensstörers die Legalisierungswirkung einer behördlichen Genehmigung entgegengehalten werden. Hierbei handelt es sich um ein Schlüsselproblem der Altlastensanierung, das sich vor allem in den Fällen kontaminierter Produktionsstätten stellt. **141**

Unter Legalisierungswirkung verstehen das BVerwG und das Schrifttum[241] vor allem den durch eine Genehmigung vermittelten Schutz vor Anordnungen aufgrund der ordnungsrechtlichen Generalklausel, doch wird dieser neu geprägte, etwas schillernde Begriff z. T. auch auf das – herkömmlich unter dem Begriff der privatrechtsgestaltenden Wirkung (Gestattungswirkung) von Verwaltungsakten thematisierte (s. § 4 Rn. 52) – Verhältnis von öffentlich-rechtlichen Zulassungsakten und privatrechtlichen Abwehrmöglichkeiten sowie auf die mit dem Stichwort „Verwaltungsakzessorietät" thesenhaft bezeichnete Relation von Verwaltungsrecht und Ordnungswidrigkeiten- bzw. Strafrecht (s. § 4 Rn. 332ff.) bezogen. Die gemeinsame Klammer beider Problembereiche ist das in beiden Fällen tangierte Postulat der **Einheit der Rechtsordnung,**[242] das allerdings keine total gleichgestimmte Rechtsordnung oder eine inhaltliche Gleichrichtung aller Rechtsnormen gebietet, sondern nur krasse Widersprüchlichkeiten verbietet. Im übrigen handelt es sich bei der weitergehenden Forderung nach einer harmonischen Rechtsetzung um eine wichtige, rechtlich aber unverbindliche Gesetzgebungsmaxime.

---

[237] Hierzu näher *Kloepfer* (FN 218), S. 23 m. w. N.

[238] Vgl. BVerfGE 18, 224 (240f.); BGHZ 52, 365 (369); *Reifner/Siederer,* NJW 1984, 2313ff., 2313 m. w. N.; vgl. auch die Nachw. bei *Kloepfer,* Vorwirkung von Gesetzen, 1974, S. 181 Anm. 825; a. A. *Grunsky,* Grenzen der Rückwirkung bei einer Änderung der Rechtsprechung, 1970, S. 10.

[239] Vgl. etwa *Schnur,* DVBl. 1962, 1ff.; *Erichsen,* VVDStRL 35 (1977), S. 171ff., 201ff.; *Pietzcker,* DVBl. 1984, 457ff., 458 m. w. N. Zu den Schwächen dieser Theorie *Kloepfer* (FN 218), S. 25 m. w. N.

[240] Hierzu näher *Kloepfer* (FN 218), S. 25.

[241] BVerwGE 55, 118 (121), vgl. zuvor PrOVGE 82, 351. Vgl. im Schrifttum allgemein *W. Martens,* DVBl. 1981, 597ff., 605f.; dagegen *Feldhaus/Schmitt,* WiVerw. 1984, 1ff., 11f.; altlastenspezifisch *Papier,* DVBl. 1985, 873ff., 876; *dens.* (FN 216), S. 24ff.; *Breuer,* JuS 1986, 359ff., 362f.; *Kloepfer* (FN 218), S. 33ff.

[242] Vgl. auch OVG Münster, NVwZ 1985, 355ff., 356.

Im Zusammenhang mit den Altlastenfällen soll unter Legalisierungswirkung primär die Schutzwirkung spezieller behördlicher Genehmigungen gegenüber Anordnungen aufgrund der ordnungsrechtlichen Generalklausel verstanden werden. Der Einwand der Legalisierungswirkung wird *insofern* vor allem von Erwägungen der **gesetzesverdrängenden Spezialität** getragen. Darüber hinaus hält das BVerwG eine Legalisierungswirkung dergestalt für möglich, „daß die Heranziehung der ordnungsbehördlichen Generalklausel nicht (...) förmlich [kraft Spezialität] ausgeschlossen ist, sondern prinzipiell einschlägig bleibt, daß sich jedoch die Tatsache der Genehmigungserteilung gegen die Anwendbarkeit dieser Generalklausel auswirkt".[243]

142 Bei der Annahme einer auf das allgemeine Ordnungsrecht übergreifenden Legalisierungswirkung ist allerdings sorgfältig zu differenzieren. Als **verantwortungsbefreiende Genehmigungen** kommen namentlich solche des Wasserrechts, des Gewerberechts, des Immissionsschutzrechts und des älteren Landesabfallrechts in Betracht. Meist wird dabei – freilich häufig zu pauschal – argumentiert, aus dem Ausnutzen einer Genehmigung könne keine Pflichtwidrigkeit und mithin auch keine Störereigenschaft folgen.[244]

Die Legalisierungswirkung liegt dort auf der Hand, wo gerade der – inzwischen als Altlast sich darstellende – Vorgang (ausdrücklich) genehmigt wurde und der Genehmigungsbescheid fortgilt.[245] Dies ist aber im Problemfeld der Altlasten wohl nur selten der Fall. In den meisten Fällen kann insoweit, wenn überhaupt, nur eine konkludente Genehmigung angenommen werden. Das Vorliegen einer Genehmigung (etwa für einen Gewerbebetrieb) bedeutet indes nicht ohne weiteres, daß damit zugleich (stillschweigend) die der Altlast zugrundeliegenden Vorgänge genehmigt worden wären. So ist es meist wenig überzeugend, eine gewerberechtliche Konzession zugleich als Genehmigung der Entsorgung der anfallenden Gewerbeabfälle auf Fremdgrundstücken oder der Ablagerung von Abfällen auf dem Produktionsgrundstück zu interpretieren. Genehmigungen entfalten eine die polizeirechtliche Verantwortlichkeit beseitigende oder verringernde Legalisierungswirkung vielmehr nur im Rahmen des jeweils genau zu umreißenden **Bescheidungsgegenstandes.**[246] Insbesondere ist zu untersuchen, auf welche Gefahrenlage sich der Bescheid eigentlich bezieht.

So kann z. B. einem Einschreiten wegen Grundwassergefährdung wohl schon deshalb keine gewerberechtliche Genehmigung entgegengehalten werden, weil diese grundsätzlich wasserrechtliche Genehmigungen nicht eingeschlossen hat und insofern auch keinen entsprechenden Bestandsschutz vermittelt.

Daher greift die Legalisierungswirkung grundsätzlich auch nicht gegenüber zum Zeitpunkt der Genehmigungsentscheidung für die Behörde nicht erkennbaren Risikolagen ein.

143 Unterschätzt wird in der aktuellen, von divergierenden Interessen geprägten Diskussion die Tragweite der Legalisierungskonzepte: Eine extensive Interpretation der

---

243 BVerwGE 55, 118 (121).

244 Vgl. etwa *Breuer,* JuS 1986, 359ff., 362, und *Papier* (FN 216), S. 27.

245 Vgl. zur hier nicht behandelten kontrovers beurteilten Frage einer zeitlichen Fortwirkung der Legalisierungswirkung über den Bestand der Genehmigung hinaus *Papier* (FN 216), S. 31, einerseits, *Kloepfer* (FN 218), S. 36, andererseits.

246 Hierzu näher *Kloepfer* (FN 218), S. 36ff. Dies verkennt etwa im vorgenannten Beispiel *Papier,* DVBl. 1985, 873ff., 876.

Legalisierungswirkung, die vordergründig aus der Sicht der Anlagenbetreiber attraktiv erscheint, und die damit verbundene **Risikoübertragung auf den Staat** würde zwangsläufig zu einer restriktiven Genehmigungspraxis des Staates aus Risikoscheu führen und wäre im Ergebnis ein Pyrrhussieg für den Bürger. Genehmigungen ohne umfassende Legalisierungswirkung verkörpern insofern das freiheitlichere Regelungsmodell; überzogenes Absicherungsdenken der Anlagenbetreiber vermindert umgekehrt auf lange Sicht ihre Handlungsmöglichkeiten.

Grundsätzlich keine Legalisierungswirkung kann der bloßen behördlichen **Duldung** beigelegt werden.[247] In einer – u. U. langjährigen, selbst pflichtwidrigen – Untätigkeit der staatlichen Überwachungsbehörden kann auch keine die Eingriffsbefugnisse ausschließende **Verwirkung** gesehen werden, da die polizei- und sicherheitsrechtlichen Befugnisse im Interesse der Allgemeinheit bestehen und daher unverzichtbar sind.[248] Allein im Rahmen der gebotenen fehlerfreien Ermessensausübung mag solchen Gesichtspunkten eine begrenzte Bedeutung zukommen.[249] 144

e) Grenzen der Zustandsverantwortlichkeit

In mancher Hinsicht als zu weitgehend – gerade im Hinblick auf die Altlastensanierung – kann bisweilen die Zustandsverantwortlichkeit bezüglich Sachen (vgl. § 5 MEPolG, § 5 PVG Rh.-Pf.) erscheinen. Die Zustandsverantwortlichkeit stellt primär auf das Innehaben der tatsächlichen Gewalt über Sachen und sekundär auf das Sacheigentum ab. In denjenigen Fällen, wo z. B. der Grundstückseigentümer weder mit dem Deponiebetreiber oder Produzenten identisch ist noch das kontaminierte Grundstück an einen Deponiebetreiber verpachtet hat, sondern selbst Opfer „wilder" Ablagerungen ist oder ein kontaminiertes Grundstück nichtsahnend gekauft hat, kann es u. U. als **unbillig** erscheinen, ihn darüber hinaus mit den Sanierungskosten zu belasten. Im Schrifttum ist daher vorgeschlagen worden, in solchen Fällen „gestörter Privatnützigkeit" die Kostentragungspflicht des Grundstückseigentümers einzuschränken.[250] Insofern bedarf es jedoch noch weiterer Differenzierungen (z. B. Rentabilität der Sanierung, wirtschaftliche Leistungsfähigkeit), da umgekehrt auch dem Staat nicht die volle Risikolast bei gefahrenbegründenden und zugleich eigentumsschädigenden „Zufällen" aufgebürdet werden kann. Die Zustandsverantwortlichkeit im übrigen (z. B. die daraus folgende Duldungspflicht in bezug auf die Gefahrenbeseitigung) bleibt von einer denkbaren, von der Rechtsprechung[251] aber bislang eher reserviert behandelten Beschränkung der Kostentragungspflicht selbstverständlich unberührt. 145

Grundsätzlich nicht von der Zustandsverantwortlichkeit erfaßt wird das **Grundwasser,** da privates Eigentum hieran nicht besteht[252] (s. § 11 Rn. 47). Freilich dürfte 146

---

[247] Ganz h. M., vgl. nur *Papier* (FN 216), S. 39ff., und *Kloepfer* (FN 218), S. 32f. Vgl. auch den BVerwG, DVBl. 1986, 687f., zugrundeliegenden Fall nachträglicher Sanierungsanordnungen im Rahmen des § 10 Abs. 2 AbfG.

[248] So auch *Papier* (FN 216), S. 45; weitergehend *Striewe,* ZfW 1986, 273ff., 290f.

[249] I. d. S. recht weitgehend *Papier* (FN 216), S. 42ff.

[250] Vgl. allgemein *Friauf,* FS Wacke, 1972, S. 293ff. (v. a. am Bsp. der durch Tankwagen bedingten Ölschadensfälle); *A. Erler,* Maßnahmen der Gefahrenabwehr und verfassungsrechtliche Eigentumsgarantie, 1977, passim; *Hohmann,* DVBl. 1984, 997ff., 1000f.; speziell im Hinblick auf Altlastenfälle *Papier* (FN 216), S. 50ff.

[251] Vgl. etwa BayVGH, DVBl. 1986, 1283ff., 1284f.

[252] BVerfGE 58, 300 (328).

in den meisten Altlastenfällen die Gefahr auch von Grund und Boden selbst ausgehen, so daß jedenfalls eine Entseuchung des Bodens in den Verantwortungsbereich des Grundeigentümers fällt.[253]

f) Mehrheit von Störern

147 Im Rahmen des polizeilichen **Auswahlermessens,** welcher von mehreren Störern in Anspruch genommen werden soll (eine Verpflichtung zur Heranziehung aller Störer besteht nicht), ist auf die zuvor (s. Rn. 145) geschilderten Sonderlagen Rücksicht zu nehmen. Keine Rede kann jedoch von einem *generellen* Vorrang der Verhaltensverantwortlichkeit gegenüber der – als Ausdruck der Sozialbindung des Eigentums legitimen – Zustandsverantwortlichkeit sein,[254] auch wenn – im Rahmen des Auswahlermessens ebenfalls zu berücksichtigende – Billigkeitsgesichtspunkte eine Inanspruchnahme des Verhaltensstörers und insbesondere des sog. Doppelstörers (d. h. des Verhaltens- *und* Zustandsstörers) vielfach nahelegen.

Für eine Inanspruchnahme des Zustandsstörers können neben Effizienzerwägungen z. B. sprechen:
- die mangelhafte Sicherung des Grundstücks gegen Ablagerungen,
- der lange zurückliegende Zeitpunkt oder ungeklärte Umstände der Ablagerungen,
- die Möglichkeiten eines bürgerlichrechtlichen Rückgriffs im Binnenverhältnis mehrerer Störer.[255]

148 Gesetzlich nicht speziell geregelt ist das Problem des **internen Ausgleichs** zwischen mehreren polizeirechtlich Verantwortlichen, d. h. zwischen den in Anspruch genommenen und den übrigen Störern. Ob der Rechtsprechung eine befriedigende Lösung aufgrund allgemeiner zivilrechtlicher Grundsätze gelingen kann, scheint indes zweifelhaft.

Die Gewährung von Ausgleichsansprüchen nach dem Recht der Geschäftsführung ohne Auftrag (§§ 677, 683, 670 BGB) oder in entsprechender Anwendung der (nur für Gesamtschuldner geltenden) §§ 426, 254 BGB wurde von ihr bislang – problematischerweise – abgelehnt.[256] Allerdings gibt für einen wichtigen Teilbereich der Altlastenproblematik § 22 Abs. 2 S. 1, 2. Hs. WHG i. V. mit § 22 Abs. 1 S. 2 WHG (ab 1. 3. 1960) eine Ausgleichsmöglichkeit zwischen den (auch) wasserrechtlich Verantwortlichen als Gesamtschuldnern. Eine breitere gesetzliche Ausgleichslösung wäre wünschenswert.

g) Rechtsnachfolge

149 Relativ häufig stellen sich bei den z. T. weit in die Vergangenheit zurückreichenden Altlastenfällen Probleme der Rechtsnachfolge in die (konkrete oder abstrakte) Polizeipflicht bei einem Wechsel der Verantwortlichen.[257]

---

[253] VGH Mannheim, DÖV 1986, 249ff.; ähnlich zuvor *Papier* (FN 216), S. 47.

[254] Zutreffend *Papier* (FN 216), S. 72; vgl. im Hinblick auf Altlasten auch VGH Mannheim, DÖV 1986, 249ff., und – für eine grundsätzlich vorrangige, jedoch nicht zwingende Inanspruchnahme des Verhaltensstörers – BayVGH, DVBl. 1986, 1283ff., 1286; ähnlich im Schrifttum allgemein *Ossenbühl*, DÖV 1976, 463ff., 471, sowie – speziell im Hinblick auf Altlasten – *Schink*, DVBl. 1986, 161ff., 168.

[255] BayVGH, DVBl. 1986, 1283ff., 1285f.

[256] BGH, NJW 1981, 2457f. Für den zweiten Lösungsweg u. a. *Kormann*, UPR 1983, 281ff., 287; *Seibert*, DÖV 1983, 964ff.; *Schwabe*, UPR 1984, 9ff.; *Breuer*, NVwZ 1987, 751ff., 756; ablehnend *Papier* (FN 216), S. 73f.; offengelassen von VGH Kassel, NJW 1984, 1197f., 1198. Vgl. i. ü. zu den zivilrechtlichen Problemen eines internen Ausgleichs auch *Rank*, BayVBl. 1988, 390ff.; *Schwachheim*, NVwZ 1988, 225ff.

[257] Vgl. zum folgenden *Kloepfer* (FN 218), S. 45ff., und *Papier* (FN 216), S. 59ff.; jeweils m. w. N.

Hier ist zwischen verschiedenen Konstellationen entsprechend den Kriterien Verhaltensverantwortlichkeit/Zustandsverantwortlichkeit, abstrakte/konkrete Polizeipflichtigkeit sowie Einzelrechtsnachfolge/Gesamtrechtsnachfolge zu differenzieren: *Keine* Rechtsnachfolgeprobleme treten in der Regel hinsichtlich der Zustandsverantwortlichkeit auf, da sich diese bereits aus dem Innehaben der tatsächlichen Verfügungsgewalt bzw. dem Eigentum ergibt. Relevanz erlangt die Frage der Rechtsnachfolge demgegenüber regelmäßig im Hinblick auf die Verhaltensverantwortlichkeit. Im wesentlichen unbestritten ist dort eine Rechtsnachfolge im Rahmen der Gesamtrechtsfolge (also z. B. im Erbfall oder bei Firmenzusammenschlüssen) bei *konkreten*, d. h. durch eine polizeiliche Verfügung bereits konkretisierten Polizeipflichten: Der Rechtsnachfolger muß sich auch eine gegenüber seinem Rechtsvorgänger ergangene Verfügung zurechnen lassen, soweit es sich um vertretbare, nachfolgefähige Pflichten handelt. Anders verhält es sich dagegen im Falle der Einzelrechtsnachfolge, da Individuen grundsätzlich nicht über polizeirechtliche Verantwortlichkeiten verfügen können. Im Rahmen der Gesamtrechtsnachfolge ist darüber hinaus eine Rechtsnachfolge in die *abstrakte* (d. h. noch durch keine behördliche Verfügung konkretisierte) Polizeipflichtigkeit möglich.[258] Damit ist es etwa dem Verhaltensstörer verwehrt, sich der polizeirechtlichen Verantwortung durch Herbeiführung einer Gesamtrechtsnachfolge (z. B. im Wege der gesellschaftsrechtlichen Fusion) zu entziehen.

h) Inhalt der polizeilichen Verfügungen

Schließlich kommt entscheidende Bedeutung der Frage nach Inhalt und Reichweite 150 der Störerpflichten zu. Zunehmende Übereinstimmung besteht dahingehend, daß der Verantwortliche einerseits bereits **Gefahrenerforschungseingriffe** zu dulden bzw. Eigenuntersuchungen durchzuführen und (jedenfalls nach erwiesener Gefahr) auch finanziell zu tragen hat.[259] Andererseits schließt die Gefahrenbeseitigung **nicht** die Verpflichtung zu einer **Gesamtsanierung** oder **Rekultivierung** ein,[260] wie sie hingegen § 10 Abs. 2 AbfG für nach dem Inkrafttreten des Abfallbeseitigungsgesetzes stillgelegte Abfallentsorgungsanlagen vorsieht (s. sogleich Rn. 152). Eine Klärung zahlreicher Einzelfragen ist von der sich allmählich verdichtenden Kasuistik zu erwarten.[261]

5. Rechtspolitischer Ausblick

Zwar sollte grundsätzlich der Beitrag des allgemeinen Polizei- und Ordnungsrechts 151 zur Lösung der Altlastenproblematik nicht unterschätzt werden. Dies darf aber nicht den Blick dafür verstellen, daß das Polizeirecht eben nicht primär ein Recht zur **Verteilung von Finanzierungslasten** und insoweit nur sehr bedingt tauglich zur

---

[258] Im Schrifttum umstritten; dafür u. a. *Kloepfer* (FN 218), S. 46; *Striewe,* ZfW 1986, 273ff., 287, sowie allgemein *Oldiges,* JA 1978, 541ff., und *F.-J. Peine,* DVBl. 1980, 941ff.; dagegen insbes. *Papier* (FN 216), S. 67, und *Seibert,* DVBl. 1985, 328f.; vermittelnd *Ossenbühl,* NJW 1968, 1992ff. (Verantwortung erlöscht, nicht aber die Kostentragung).

[259] Hierzu näher *Henkel* (FN 215), S. 78ff. m. w. N., und *Papier* (FN 216), S. 15ff.; aus der Rspr. insbes. VGH Mannheim, AgrarR 1985, 201f. (zu einem Parallelfall im Wasserrecht: Duldung von Probebohrungen); VGH Kassel, NVwZ 1986, 660ff. (zu § 10 Abs. 2 AbfG: Errichtung eines Probebrunnens); VG Karlsruhe, ZfW 1985, 55ff. (Grundwasserproben); enger OVG Lüneburg, NVwZ 1987, 617 (nur Duldung, keine Errichtung eines Probebrunnens). Vgl. jedoch zur notwendigen Differenzierung zwischen behördlichen Gefahrenerforschungseingriffen einerseits und der Heranziehung der potentiellen Störer zu entsprechenden Untersuchungsmaßnahmen bzw. den Kosten OVG Koblenz, NVwZ 1987, 240ff. mit dem Hinweis, „daß die Sachverhaltsaufklärung im Verwaltungsverfahren in erster Linie Sache der Verwaltungsbehörde ist". Bezweifelt wird insbes. die Zulässigkeit der Kostenabwälzung; ähnlich im Schrifttum *Papier,* DVBl. 1985, 873ff., 875. Vgl. zur Problematik ferner *Knopp,* BB 1988, 923ff.

[260] Ganz h. M., vgl. *Brandt/Lange,* UPR 1987, 11ff., 15; *Papier* (FN 216), S. 14; *Schink,* DVBl. 1986, 161ff., 166. Die Übergänge zwischen Gefahrenabwehr und „Gesamtsanierung" können jedoch fließend sein, so zutreffend *Murswiek,* in: Forschungsstelle für Umwelt- und Technikrecht (Hg.), Altlasten und Umweltrecht (UTR 1), 1986, S. 95 (Diskussionsbeitrag).

[261] Vgl. insbes. die im Anhang zu *Henkel* (FN 215), S. 183ff., abgedruckte Judikatur.

Lösung des Finanzierungsproblems als Schlüsselfrage der Altlastenproblematik ist. Vor allem führt die polizeirechtliche Lösung der Finanzierung von Altlasten häufig nur zu sehr bedingt gerechten Ergebnissen, weil es meist eine Frage des Zufalls sein wird, ob ein finanziell genügend leistungsfähiger „Störer" tatsächlich gefunden und in Anspruch genommen werden kann. Insgesamt sollte deshalb langfristig außer Frage stehen, daß es zur Bewältigung dieser – in Anbetracht von mehreren tausend bekannten Altlasten und einem Mehrfachen an Verdachtsflächen[262] – immensen Evaluations- und Sanierungsaufgabe, welche die finanzielle Leistungskraft der einzelnen Verursacher (wozu auch viele als Deponiebetreiber tätige Kommunen gehören) vielfach übersteigt, **ergänzender** staatlicher, u. U. auch gesetzgeberischer **Schritte** bedarf. Dabei reichen die Gestaltungsmöglichkeiten von der in Rheinland-Pfalz praktizierten kooperativen Lösung einer von Staat, Kommunen und Wirtschaft getragenen Sanierungsgesellschaft (s. § 4 Rn. 247) bis hin zu umstrittenen Abgaben- und (damit verbundenen) Zwangsverbandsmodellen.[263]

Den zweiten Weg hat der nordrhein-westfälische Gesetzgeber Mitte 1988 mit der Novellierung des Landesabfallgesetzes und der Verabschiedung des Gesetzes über die Gründung des **Abfallentsorgungs- und Altlastensanierungsverbandes Nordrhein-Westfalen** vom 21. 6. 1988 (s. o. Rn. 5) beschritten: Das Gesetz schließt die Eigen- und Fremdentsorger von Sonderabfällen i. S. von § 3 Abs. 3 AbfG (s. o. Rn. 83ff.) sowie die kommunalen Gebietskörperschaften zu einem öffentlich-rechtlichen Zwangsverband zusammen (§ 5 AbfVerbG NW), dem Aufgaben sowohl im Bereich der Entsorgung von Sonderabfällen (insbesondere Förderung der Eigenentsorgung in mittelständischen Unternehmen, Errichtung und Betrieb von allgemein zugänglichen Entsorgungsanlagen, vgl. § 2 Abs. 1 AbfVerbG NW) als auch im Bereich der Altlastensanierung (§ 2 Abs. 2 AbfVerbG NW) übertragen wurden. Der Verbandshaushalt (§§ 25ff. AbfVerbG NW) wird durch Beiträge der Eigen- und Fremdentsorger – nicht hingegen der kommunalen Gebietskörperschaften – (§ 28 Abs. 1 AbfVerbG NW) sowie durch finanzielle Mittel des Landes gespeist, wobei letztere dem Aufkommen des Lizenzentgeltes, das von den privaten Abfalleigen- oder Fremdentsorgern erhoben wird (§ 11 i. V. m. § 10 LAbfG NW, vgl. auch § 4 Rn. 184), entsprechen (§ 34 AbfVerbG NW). Rechtlich problematisch ist insbesondere die Verknüpfung der beiden Aufgabenkreise: Entsorgung von Sonderabfällen und Altlastensanierung unter (doppelter) Heranziehung der Eigen- und Fremdentsorger von Sonderabfällen (über Verbandsbeiträge und Lizenzentgelt) auch zu den Kosten der Altlastensanierung unabhängig von konkretisierbaren Verursacherbeziehungen (vgl. allgemein § 3 Rn. 27ff.).[263a]

Insofern dienen die Auseinandersetzungen um die polizeirechtliche „Kleinarbeitung" der Altlastenproblematik maßgeblich auch dazu, Ausgangspositionen für die Bewältigung und Finanzierung[264] einer gesamtgesellschaftlichen Aufgabe (möglicherweise durch ein Bundesgesetz) abzustecken.

---

[262] Exakte Zahlenangaben scheinen bislang nicht vorzuliegen, doch ist von mindestens 35.000 „Verdachtsstandorten" auszugehen (BT-Drs. 10/2977, S. 28f., laut *Henkel* [FN 215], S. 9, wurden inzwischen über 45.000 Standorte registriert). In der Mehrzahl handelt es sich um ehemalige Mülldeponien. Als dringend sanierungsbedürftig gelten etwa 10%, vgl. *Franzius,* WuB 1986, 169ff., 170.

[263] Vgl. u. a. den Hamburger Entwurf einer Zwecksteuer auf bestimmte chemische Grundstoffe (vgl. dazu *Brandt/Lange,* UPR 1987, 11ff., 17f.) und das nordrhein-westfälische Modell einer „Lizenzgebühr" für die Sondermüllentsorgung, deren Aufkommen auch der Altlastensanierung zufließen soll (vgl. *Kloepfer/Follmann,* DÖV 1988, 573ff.). Zu Ausgestaltungsmöglichkeiten und Grenzen von Umweltabgaben allgemein *Meßerschmidt,* Umweltabgaben als Rechtsproblem, 1986; zu ausländischen Vorbildern, insbes. dem US-amerikanischen auf Altlasten zugeschnittenen „Superfund" *Hajen,* ZfU 1986, 349ff., sowie hier § 6 Rn. 118.

[263a] Hierzu näher *Kloepfer/Follmann,* DÖV 1988, 573ff.

[264] Nach Ende 1985 vorgenommenen Schätzungen des Umweltbundesamtes ist innerhalb der nächsten 10 Jahre mit Kosten von insgesamt rund 17 Mrd. DM zu rechnen (laut *Franzius,* WuB 1986, 169ff., 170).

XIV. Stillegung

Die Stillegung von ortsfesten Abfallentsorgungsanlagen ist – anders als die von Kernkraftanlagen (§ 7 Abs. 3 AtG) – lediglich anzeige-, nicht aber genehmigungspflichtig (§ 10 Abs. 1 AbfG). Soweit die Behörde dies anordnet, ist der Inhaber der stillgelegten Abfallentsorgungsanlage zur **Rekultivierung** oder zu sonstigen Vorkehrungen verpflichtet. Nach dem Wortlaut von § 10 Abs. 2 AbfG „soll" sie dies tun. Bei **Sicherungsmaßnahmen** im engeren Sinn, die in der Vorschrift nicht gesondert angesprochen werden, wird man eine Anordnungspflicht der Behörde annehmen müssen.[265] 152

Die Anordnung von Sicherungsmaßnahmen nach § 10 Abs. 2 AbfG ist auch noch mehrere Jahre nach Stillegung und Abdeckung einer Deponie gegenüber dem früheren Betriebsinhaber zulässig, wenn es während des Betriebes der Deponie zu häufigen und groben Verstößen gegen die Grundsätze einer ordnungsgemäßen Abfallbeseitigung gekommen ist und diese erst später offenbar werden.[266]

Nähere Regelungen finden sich in den Ausführungsgesetzen der Länder zum Abfallgesetz (vgl. etwa Art. 14 BayAbfG, § 17 HAbfG, § 4 NdsAGAbfG, § 15 LAbfG NW, § 11 LAbfG Rh.-Pf.).

Nach § 10 Abs. 3 AbfG haben auch Inhaber von anderen **Anlagen,** in denen Abfälle i. S. von § 2 Abs. 2 AbfG – also besonders gefährliche Abfälle – *anfallen,* die beabsichtigte Stillegung der zuständigen Behörde unverzüglich anzuzeigen. Damit soll es der für die Abfallentsorgung zuständigen Behörde erleichtert werden, bei Stillegungen solcher „Abfallproduktionsstätten" zu kontrollieren, ob besonders überwachungsbedürftige Stoffe restlos entsorgt wurden oder ob Reststoffe vorhanden sind, die als Abfälle entsorgt werden müssen.[267] 153

XV. Einsammlungs- und Beförderungsgenehmigung

Im Interesse einer wirkungsvollen Kontrolle des gesamten Ablaufes der Abfallentsorgung („cradle-to-grave-Prinzip", s. o. § 3 Rn. 24)[268] bedarf auch die gewerbsmäßige oder im Rahmen wirtschaftlicher Unternehmen erfolgende Einsammlung und Beförderung von Abfällen der Genehmigung (§ 12 AbfG), die (auch) maßgeblich Züge einer **Personalkonzession** (vgl. § 4 Rn. 39) trägt. Die abfallrechtliche Einsammlungs- und Beförderungsgenehmigung berechtigt wegen der grundsätzlichen Abfallentsorgungspflicht der öffentlich-rechtlichen Körperschaften jedoch noch nicht zur Abfallentsorgung im Einzelfall. Hierfür ist grundsätzlich daneben ein **Auftrag** im Sinne von § 3 Abs. 2 S. 2 oder Abs. 4 S. 2 AbfG erforderlich (s. o. Rn. 87ff.), falls nicht ausnahmsweise der Abfallbesitzer nach § 3 Abs. 4 S. 1 AbfG selbst entsorgt. 154

Von der grundsätzlichen Genehmigungspflicht nach § 12 Abs. 1 S. 1 AbfG **ausgenommen** sind allerdings 155

---

[265] *Franßen* (FN 38), S. 444.
[266] BVerwG, DVBl. 1986, 687f.
[267] BT-Drs. 10/2885, S. 160.
[268] *Hösel/v. Lersner* (FN 47), § 12 AbfG Rn. 4.

- die Eigenbetriebe der entsorgungspflichtigen Körperschaften oder von diesen beauftragte Dritte (§ 12 Abs. 1 S. 2 Nr. 1 AbfG),
- das Einsammeln oder Befördern von – nicht durch Schadstoffe verunreinigtem – Erdaushub, Straßenaufbruch und Bauschutt sowie von Autowracks und Altreifen (§ 12 Abs. 1 S. 2 Nr. 2 AbfG),
- das Einsammeln oder Befördern geringfügiger Abfallmengen im Rahmen wirtschaftlicher Unternehmungen, soweit die zuständige Behörde auf Antrag oder von Amts wegen eine Befreiung von der Genehmigungspflicht ausgesprochen hat (§ 12 Abs. 1 S. 2 Nr. 3 AbfG).

156 Die (gebundene) Genehmigung ist zu erteilen, wenn eine Beeinträchtigung des Wohls der Allgemeinheit nicht zu besorgen ist (§ 12 Abs. 1 S. 3 AbfG). Unter dieser Voraussetzung, die mit Hilfe der Beispieltechnik erläutert wird, besteht ein **Genehmigungsanspruch.**[269] Zu prüfen sind in diesem Zusammenhang beispielsweise die persönliche Zuverlässigkeit des Antragstellers und seines verantwortlichen Personals, aber auch, ob der Antragsteller eine annahmebereite Abfallbeseitigungsanlage nachweisen kann. Bei der in § 12 Abs. 1 S. 4 AbfG geregelten Verbringung von Abfällen zu **Zwischenlagern** muß darüber hinaus der Nachweis erbracht werden, daß das Zwischenlager für die Abfälle zugelassen ist und daß eine Vermischung mit (kraft Nebenbestimmung, Anordnung oder Rechtsverordnung) getrennt zu lagernden Abfällen nicht erfolgen wird. Der Nachweis wird durch eine entsprechende Bescheinigung des Anlagenbetreibers erbracht. Die Genehmigung kann mit Auflagen und Bedingungen versehen, befristet oder unter Widerrufsvorbehalt erteilt werden (§ 12 Abs. 1 S. 4 und 5 AbfG). Weitere Einzelheiten, insbesondere bezüglich der Form der Genehmigung, regelt die Verordnung über das Einsammeln und Befördern von Abfällen (**Abfallbeförderungs-Verordnung** – AbfBefV) vom 24. 8. 1983[270] (Kloepfer Nr. 312).

157 Die **Zuständigkeit** für die **Genehmigungserteilung** regelt § 12 Abs. 2 AbfG.

Bei der Beförderung von Abfällen durch das Gebiet von mehr als einem Bundesland bestimmt sich die örtliche Zuständigkeit der Genehmigungsbehörden nach dem Ort des Beginns der Beförderung (§ 12 Abs. 2 S. 1 AbfG). Lädt der Beförderer in einem anderen Bundesland Abfälle zu, so benötigt er dafür die Genehmigung der für den Zuladeort zuständigen Behörde.[271] Eine Erleichterung gewährt § 12 Abs. 2 S. 2 AbfG für die Rückführung von verwertbaren Stoffen sowie für die Altölentsorgung: In diesen Fällen genügt eine einzige Genehmigung der Behörde desjenigen Bundeslandes, in dem das Unternehmen seine Hauptniederlassung hat. Die Formulierung des § 12 Abs. 2 S. 3: „Die Genehmigung gilt für den Geltungsbereich dieses Gesetzes" bezieht sich nur auf diese Fälle. Ansonsten bedarf derjenige, der in mehreren Bundesländern Abfälle einsammeln will, der Genehmigung der zuständigen Behörden aller betroffenen Länder.[272]

158 Überschneidungen mit dem **verkehrsrechtlichen Genehmigungserfordernis** für die Beförderung von Gütern mit Kraftfahrzeugen vermeidet weitgehend § 4 Abs. 2 GüKG i. V. mit der dazu ergangenen Freistellungs-Verordnung vom 29. 7. 1969[273] (vgl. insbesondere deren § 1 Nr. 9 und 10). Bei gefährlichen Abfällen bleiben aufgrund § 12 Abs. 4 AbfG die Regelungen des Gesetzes über die **Beförderung gefährlicher Güter** vom 6. 8. 1975[274] (Kloepfer Nr. 570) und der darauf gestützten Rechtsverordnungen (s. u. § 13 Rn. 137ff.) unberührt.

---

[269] So auch *Franßen* (FN 38), S. 445, und *Hösel/v. Lersner* (FN 47), § 12 AbfG Rn. 18.
[270] BGBl. I S. 1130, geänd. durch VO v. 18. 11. 1988, BGBl. I S. 2126.
[271] *Hösel/v. Lersner* (FN 47), § 12 AbfG Rn. 32.
[272] *Hösel/v. Lersner* (FN 47), § 12 AbfG Rn. 32.
[273] BGBl. I S. 1022.
[274] BGBl. I S. 2121, zuletzt geänd. durch Ges. v. 18. 9. 1980, BGBl. I S. 1729.

XVI. Genehmigung für den grenzüberschreitenden Verkehr

In Ergänzung der Regelungen des § 12 AbfG, die nur Vorgänge innerhalb des Gebietes der Bundesrepublik Deutschland erfassen, begründet § 13 AbfG eine Genehmigungspflicht für die **Einfuhr, Ausfuhr** und den **Transit** von Abfällen. Die ursprünglich recht lückenhaften Regelungen des § 13 AbfG wurden als Reaktion auf den Skandal um das wochenlange Verschwinden von Fässern mit stark dioxinverseuchter Erde aus Seveso durch das Dritte Gesetz zur Änderung des Abfallbeseitigungsgesetzes vom 31. 1. 1985[275] wesentlich erweitert und verschärft. Nicht nur die Einfuhr, sondern auch die Ausfuhr und der Transit von Abfällen unterliegen seither einer Genehmigungspflicht. 159

Die Regelung beruht auf dem bereits in § 2 Abs. 1 S. 1 AbfG enthaltenen (s. o. Rn. 18) Grundgedanken, „daß in der Bundesrepublik Deutschland angefallene Abfälle in der Regel auch dort beseitigt werden müssen".[276] Mit der bezweckten Einschränkung des „Abfalltourismus" verbinden sich die Ziele, *erstens* die durch den Transport entstehenden Gefahren zu vermeiden, *zweitens* die Verantwortung für die Abfallentsorgung nicht anderen Staaten und deren Bürgern aufzuerlegen sowie *drittens* die nationale Infrastruktur der Abfallentsorgung auszubauen und sicherzustellen.[277]

Die Erteilung der Genehmigung ist zunächst davon abhängig, daß keine Beeinträchtigung des Gemeinwohls zu besorgen ist (§ 13 Abs. 1 S. 2 Nr. 1 AbfG) und keine Zuverlässigkeitsbedenken bestehen (§ 13 Abs. 1 S. 2 Nr. 2 AbfG). Zu diesen allgemeinen **Voraussetzungen** treten für den Abfall*import* nach § 13 Abs. 1 S. 2 Nr. 3 AbfG die Voraussetzungen der Konformität mit Abfallentsorgungsplänen und der regelmäßige Nachweis fehlender Entsorgbarkeit im Herkunftsstaat. Beim Abfall*export* aus der Bundesrepublik müssen nicht nur die allgemeinen Voraussetzungen des § 13 Abs. 1 S. 2 Nr. 1 und 2 AbfG erfüllt sein, sondern der Abfall darf darüber hinaus grundsätzlich im Inland nicht entsorgbar sein (§ 13 Abs. 1 S. 2 Nr. 4 lit. b AbfG). Außerdem muß nach § 13 Abs. 1 S. 2 Nr. 4 lit. b, c AbfG beim Abfallexport (wie beim Abfalltransit durch die Bundesrepublik, § 13 Abs. 1 Nr. 5 AbfG) die ordnungsgemäße Entsorgung im Empfängerstaat amtlich bestätigt und für das Inland beeinträchtigungsfrei sein; hinzu kommt der Nachweis fehlender Bedenken etwaiger weiterer Transitstaaten. 160

Dem Gebot des § 13 Abs. 1 S. 2 Nr. 4 lit. c AbfG, wonach von der Entsorgung im Empfängerstaat keine Beeinträchtigung des Wohls der Allgemeinheit im Geltungsbereich dieses Gesetzes zu besorgen sein darf, billigt die Rechtsprechung mehrheitlich drittschützende Wirkung zu,[278] wenngleich ein ausdrückliches Drittschutz-Indiz („Nachbarschaft") in der Vorschrift fehlt (vgl. § 5 Rn. 17).

Die zuständige Behörde kann auf Kosten des Antragstellers und des Beförderers Proben der beförderten Abfälle entnehmen und **Kontrollen** unterziehen (§ 13 Abs. 4 AbfG). Die Abfalltransporte müssen in bestimmter Weise gekennzeichnet sein (§ 13b 161

[275] BGBl. I S. 204. Vgl. zu diesem Hintergrund auch *Versteyl*, NVwZ 1987, 296ff., 296.
[276] BT-Drs. 10/849, S. 1.
[277] Vgl. *Versteyl*, NVwZ 1987, 296ff., 296.
[278] OVG Lüneburg, NVwZ 1986, 322ff., 324 (DDR-Deponie Schönberg); OVG Hamburg, NVwZ 1987, 1002f.; VG Darmstadt, NVwZ 1987, 350ff.; anders VG Hamburg, NVwZ 1987, 354f.; VG Schleswig, NVwZ 1987, 352ff.; im Schrifttum mit Einschränkungen zustimmend *Versteyl*, NVwZ 1987, 296ff., 298; ablehnend *Kunig*, NuR 1986, 217ff.

AbfG). Die Verbringung der Abfälle in, aus oder durch den Geltungsbereich des Abfallgesetzes darf nur über bestimmte Zollstellen erfolgen (§ 13 Abs. 6 AbfG); an der Überwachung der Transporte wirken auch die Zollbehörden mit (§ 13a Abs. 1 AbfG).

162 Ein Rechtsanspruch auf Erteilung der Genehmigung nach § 13 Abs. 1 AbfG besteht nicht. Die Regelung beinhaltet also ein Verbot mit Erlaubnisvorbehalt. Wie weit das **Versagungsermessen** der Behörden reicht, ob es sich beispielsweise auch allgemein auf abfallwirtschaftliche Überlegungen, etwa der generellen Unerwünschtheit der Einfuhr oder des Transits bestimmter Abfälle, erstrecken kann, ist umstritten.[279]

163 § 13 Abs. 2 AbfG trifft eine Sonderregelung für die Einfuhr, Ausfuhr und den Transit von solchen Abfällen, die auf **Hoher See** entsorgt werden sollen (vgl. auch § 11 Rn. 23 und 26).

163a Einzelheiten des Gesetzesvollzuges regelt die **Verordnung über die grenzüberschreitende Verbringung von Abfällen (Abfallverbringungs-Verordnung – AbfVerbrV)** vom 18. 11. 1988[279a] (Kloepfer Nr. 314), die an die Stelle der Abfalleinfuhr-Verordnung aus dem Jahre 1974[279b] getreten ist.

Die Verordnung trägt zum einen durch differenzierte Regelungen insbesondere den verschiedenen Abfallarten (nichtgefährliche Abfälle, gefährliche Abfälle, nichteisenmetallhaltige Abfälle) Rechnung, wobei § 5 AbfVerbrV hinsichtlich der gefährlichen Abfälle auf § 2 Abs. 2 AbfG und die hierzu ergangene Verordnung – Kloepfer Nr. 316, s. o. Rn. 48 – Bezug nimmt. Darüber hinaus gelten als gefährliche Abfälle i. S. der Verordnung sämtliche Abfälle, die von einem von der Verbringung betroffenen Mitgliedstaat der Europäischen Gemeinschaften als gefährlich angesehen werden (§ 5 letzter Hs. AbfVerbrV). Zum anderen berücksichtigt sie den Gedanken des europäischen Binnenmarktes (s. § 6 Rn. 12), indem für den grenzüberschreitenden Transport von gefährlichen Abfällen, soweit andere Mitgliedstaaten der Europäischen Gemeinschaften hieran beteiligt sind, teilweise ein beschränktes, sprich: vereinfachtes Genehmigungsverfahren nach § 13 AbfG (§§ 10, 11 AbfVerbrV) oder einzelne Erleichterungen im Rahmen des sog. unbeschränkten Genehmigungsverfahrens vorgesehen werden (§ 8 lit. a, 2. Hs. AbfVerbrV). Mit einer Anzeigepflicht begnügt sich die Verordnung im Hinblick auf die Verbringung von zur Verwertung bestimmten nichteisenmetallhaltigen Abfällen (§ 14 AbfVerbrV).

164 Auch die **internationalen und EG-rechtlichen Regelungen** haben sich als nicht ausreichend erwiesen, um den „Abfalltourismus" zu kontrollieren. Auch hier sind die Defizite vor allem während der Odyssee der Seveso-Fässer deutlich geworden. Ihnen soll die Richtlinie des Rates vom 6. 12. 1984 über die Überwachung und Kontrolle der grenzüberschreitenden Verbringung gefährlicher Abfälle im Bereich der Europäischen Gemeinschaft abhelfen.[280] Eine spezielle Verordnungsermächtigung zur Umsetzung von Rechtsakten der Europäischen Gemeinschaften über den grenzüberschreitenden Verkehr innerhalb der Europäischen Gemeinschaften enthält § 13c AbfG, wovon der Verordnungsgeber mit der Abfallverbringungs-Verordnung auch Gebrauch gemacht hat. Da sich der internationale Transport gefährlicher Abfälle

---

[279] Vgl. *Weinheimer* (FN 197), S. 64, und *Hösel/v. Lersner* (FN 47), § 13 AbfG Rn. 17, einerseits, *Franßen* (FN 38), S. 447, andererseits; wegen weiterer Ermessenserwägungen vgl. *Kunig* (FN 113), § 13 AbfG Rn. 15.

[279a] BGBl. I S. 2126.

[279b] Verordnung über die Einfuhr von Abfällen (Abfalleinfuhr-Verordnung – AbfEinfV) v. 29. 7. 1974 (BGBl. I S. 1584).

[280] 84/631/EWG – ABl. L 326 v. 13. 12. 1984, S. 31, zuletzt geänd. durch Richtlinie 86/279/EWG des Rates v. 12. 6. 1986 (ABl. L 181 v. 4. 7. 1986, S. 13).

nicht auf den Wirtschaftsraum der EG beschränkt, sondern vor allem auch Entwicklungsländer betrifft, kommt daneben der Baseler „Sondermüll-Konvention" vom 22. 3. 1989[280a] erhebliche Bededutung zu. Diese von 118 Staaten gebilligte, aber noch nicht in Kraft getretene Konvention unterwirft die Ausfuhr gefährlicher Abfälle bestimmten Anforderungen. Insbesondere soll danach eine Ausfuhr nur noch erfolgen dürfen, wenn die schriftliche Einwilligung des Importlandes und der betroffenen Transitländer vorliegt und im Bestimmungsland eine umweltgerechte Entsorgung zu erwarten ist. Die weitergehende Forderung nach einem allgemeinen Verbot des Exports gefährlicher Abfälle insbesondere in Entwicklungsländer wurde nicht aufgegriffen.

XVII. Überwachung, Betriebsbeauftragte

Die Überwachung der Abfallentsorgung mit der Zweiteilung in behördliche Über- 165
wachung nach § 11 AbfG einerseits und Eigenüberwachung (insbesondere durch Betriebsbeauftragte, s. Rn. 166) andererseits entspricht in den Grundzügen den Regelungen anderer Umweltgesetze und braucht hier deshalb insoweit nicht mehr dargestellt zu werden (vgl. § 4 Rn. 113ff. und 127ff.).

Die staatliche Überwachung kann inzwischen nach § 11 Abs. 2 S. 2 AbfG auch auf **stillgelegte Abfallentsorgungsanlagen** und auf Grundstücke erstreckt werden, auf denen vor dem 11. 6. 1972 Abfälle angefallen sind, behandelt, gelagert oder abgelagert worden sind, wenn dies zur Wahrung des Wohls der Allgemeinheit erforderlich ist. Die Verwaltung hat hierdurch eine Handhabe zur (beobachtenden) Kontrolle der Altlasten (s. o. Rn. 132ff.) erhalten, die allerdings keine Sanierungsverpflichtung abdeckt.[281]

Eine besondere Bedeutung für die staatliche Überwachung haben die Nachweisbücher und Belege über Abfälle (§ 11 Abs. 2, 3 AbfG). Zu beachten ist, daß die Pflicht zur innerbetrieblichen Überwachung außerdem für Anlagen gilt, in denen regelmäßig Abfälle i. S. des § 2 Abs. 2 AbfG *anfallen* (§ 11a Abs. 1 S. 2 AbfG). Einzelheiten regelt die **Abfallnachweis-Verordnung** (AbfNachwV) vom 2. 6. 1978[282] (Kloepfer Nr. 310).

Die Bestellung eines **Betriebsbeauftragten für Abfall** (bzw. mehrerer) erfolgt ge- 166
mäß § 11a Abs. 1 AbfG nicht nur für ortsfeste Abfallentsorgungsanlagen, sondern auch in Betrieben, in denen regelmäßig Abfälle i. S. des § 2 Abs. 2 AbfG (s. o. Rn. 47ff.) anfallen, also auch in der (gefährliche) Abfälle erzeugenden Industrie. Welche Anlagen im einzelnen einen Betriebsbeauftragten erfordern, ergibt sich aus der **Verordnung über Betriebsbeauftragte für Abfall** vom 26. 10. 1977[283] (Kloepfer Nr. 318). Darüber hinaus kann gemäß § 11a Abs. 2 AbfG auch die zuständige Behörde die Bestellung eines Betriebsbeauftragten anordnen, soweit sich im Einzelfall die Notwendigkeit der Bestellung aus den besonderen Schwierigkeiten bei der Entsorgung der Abfälle ergibt. Die nachfolgenden §§ 11 a–f AbfG regeln in grundsätzlicher Übereinstimmung mit den Betriebsbeauftragtenbestimmungen des Bundes-Immis-

---

[280a] Vgl. FAZ Nr. 70 v. 23. 3. 1989, S. 17.
[281] *Breuer,* NVwZ 1987, 751ff., 753.
[282] BGBl. I S. 668, zuletzt geänd. durch VO v. 18. 11. 1988, BGBl. I S. 2126.
[283] BGBl. I S. 1913.

sionsschutzgesetzes (§§ 53–56 BImSchG) und des Wasserhaushaltsgesetzes (§§ 21 a–g WHG, vgl. allgemein zu diesem Regelungsmodell § 4 Rn. 128ff.) im einzelnen Aufgaben und Befugnisse des Betriebsbeauftragten für Abfall (§ 11b AbfG) und Pflichten des Betreibers (§ 11c AbfG) sowie die Stellungnahme des Betriebsbeauftragten zu Investitionsentscheidungen (§ 11d AbfG), das Vortragsrecht des Betriebsbeauftragten (§ 11e AbfG) und das Benachteiligungsverbot zum Schutz des Betriebsbeauftragten (§ 11f AbfG).

XVIII. Zuständigkeitsfragen

167 Die Bestimmung der für die Ausführung des Gesetzes zuständigen **Behörden** hat das Abfallgesetz den Ländern überlassen (§ 19 AbfG). Die Zuständigkeitsregelungen unterscheiden sich dabei stark, doch scheinen sich zwei Grundmodelle gegenüberzustehen: das einer möglichst weitgehenden Zuständigkeitskonzentration bei einer Behörde (nach § 16 LAbfG BW und § 13 Abs. 1 LAbfG Rh.-Pf. sind dies die Wasserbehörden, nach §§ 34ff. LAbfG NW die neuen Abfallwirtschaftsbehörden) und das einer differenzierten Verteilung nach einzelnen Aufgabengebieten (vgl. z.B. § 5 NdsAGAbfG), die oftmals gewachsenen Organisationsstrukturen entsprechen.

Bei Abfallentsorgungsanlagen, die gleichzeitig Anlagen i. S. des § 4 BImSchG sind, ist gemäß § 7 Abs. 3 AbfG Planfeststellungs- und Anhörungsbehörde diejenige Behörde, deren immissionsschutzrechtliche Genehmigung durch die Planfeststellung ersetzt wird, also die immissionsschutzrechtlich zuständige Behörde. Nach den landesrechtlichen Zuständigkeitsregelungen ist damit insoweit regelmäßig die Zuständigkeit der Gewerbeaufsichtsämter begründet (vgl. nur § 7 Abs. 1 LImSchG Nds., § 14 Abs. 1 LImSchG NW, § 7 Abs. 1 LImSchG Rh.-Pf.).

XIX. Altölentsorgung

168 Mit dem Inkrafttreten des Abfallgesetzes ist das **Altölgesetz** i. d. F. der Bek. vom 11. 12. 1979[284] nebst seinen Ausführungsbestimmungen mit Ausnahme einzelner Regelungen (vgl. § 30 Abs. 2 AbfG), die bis zum 31. 12. 1989 fortgelten, **aufgehoben** worden. Dies betrifft auch die **Ausgleichsabgabe** nach § 4 AltölG (s. § 4 Rn. 180), die seit dem 1. 1. 1989 nicht mehr erhoben wird (vgl. die Verordnung zur Senkung der Altöl-Ausgleichsabgabe vom 23. 11. 1988 – Kloepfer Nr. 345, s. o. Rn. 6).

Die Altölentsorgung unterliegt seitdem dem Regime der **§§ 5a, 5b AbfG.** Der Gesetzgeber hat hiermit die Konsequenz daraus gezogen, daß das Altölgesetz nur unzureichend in der Lage war, eine umweltfreundliche Altölentsorgung zu gewährleisten,[285] und zugleich die Gelegenheit zu einer stärkeren (formellen und materiellen) Zusammenführung des Abfallrechts in einem Gesetz genutzt.

169 § 5a Abs. 1 S. 2 AbfG enthält eine sehr weitgehende Definition des **Altölbegriffes** (s. o. Rn. 43), der u. a. auch Wasser-Öl-Gemische umfaßt, dabei allerdings bewußt darauf verzichtet, bestimmte Konzentrationswerte festzulegen. Dadurch soll die

---

[284] BGBl. I S. 2113.
[285] *Kreft,* UPR 1986, 402ff., 402.

Möglichkeit unterbunden werden, Wasser-Öl-Gemische durch „Auffüllen" mit Wasser den abfallrechtlichen Regelungen zu entziehen.[286] Im übrigen entspricht der Altölbegriff des § 5a Abs. 1 S. 2 AbfG dem des früheren § 3 Abs. 2 AltölG. Nach § 5a Abs. 1 S. 1 AbfG unterfallen die Altöle wegen ihrer besonderen Umweltgefährlichkeit auch dann dem Abfallgesetz, wenn sie im konkreten Fall nicht als Abfall, sondern als Wirtschaftsgut anzusehen sind. Dadurch wird verhindert, daß Altöle durch „Umdeklarierung" dem Geltungsbereich des Abfallgesetzes entzogen werden.

Werden Altöle einer energetischen **Verwertung** in dafür genehmigten Anlagen **170**
nach § 4 BImSchG zugeführt, so sind für den Verwertungsvorgang die Vorschriften des Immissionsschutzrechts maßgebend. Insbesondere sind die Vorschriften der TA Luft zu beachten. Das Abfallgesetz beschränkt sich insoweit im wesentlichen auf die Überwachung der Altöle bis zur Übergabe an die immissionsschutzrechtlich für die Verwertung genehmigte Anlage.[287]

Konkretisierende Regelungen enthält die **Altölverordnung** (AltölV) vom 27. 10. **171**
1987[288] (Kloepfer Nr. 338), die u. a. bestimmt, welche Altölarten für eine Aufarbeitung geeignet sind (§ 2 AltölV) und ab welchen Schadstoffgrenzwerten eine Aufarbeitung nicht mehr erfolgen darf (§ 3 AltölV). Weitere Regelungen beziehen sich u. a. auf das Erfordernis getrennter Entsorgung bestimmter Altölqualitäten sowie auf Vermischungsverbote für bestimmte Altöle (§ 4 AltölV), ferner auf die Pflichten der gewerbsmäßigen Abnehmer von Altölen (Entnahme, Untersuchung und Aufbewahrung von Proben, § 5 AltölV) sowie auf Nachweis- (§ 6 AltölV) und Kennzeichnungspflichten (§ 7 AltölV).

Für einen wichtigen Bereich der Altölentsorgung trifft § 5b AbfG eine – zwar **172**
durch Rechtsverordnung ausfüllbare, selbst aber bereits unmittelbar vollziehbare – gesetzliche Regelung zur **Informations- und Rücknahmepflicht**. Hiernach ist derjenige, der gewerbsmäßig Verbrennungsmotoren- oder Getriebeöle an Endverbraucher abgibt – etwa Tankstellen und Supermärkte – verpflichtet, auf die Entsorgungspflicht hinzuweisen und am Verkaufsort oder in dessen Nähe eine Annahmestelle für solche Altöle einzurichten oder nachzuweisen. Die Annahmestelle muß diese Altöle bis zu der Menge der im Einzelfall abgegebenen Frischöle kostenlos zurücknehmen. Damit reagiert das Gesetz auf die Tatsache, daß die Altölentsorgung gerade im Bereich sog. Selbstwechsleraltöle bisher nur unzureichend durchgeführt werden konnte.[289] Der Erfolg der gesetzlichen Regelung wird wesentlich davon abhängen, ob sie von den Endverbrauchern, die nicht unmittelbare Adressaten der Norm sind, „angenommen" wird.

---

[286] *Kreft,* UPR 1986, 402ff., 403.
[287] *Kreft,* UPR 1986, 402ff., 404.
[288] BGBl. I S. 2335.
[289] Vgl. BT-Drs. 10/5656, S. 70.

§ 13 Gefahrstoffrecht

Schrifttum: I. Allgemeines Gefahrstoffrecht und Chemikaliengesetz – *Balmer,* Rechtliche Schranken beim Verkehr mit Pestiziden, Bern 1983; *v. Barby,* Die neue Chemikaliengesetzgebung im Hinblick auf den internationalen Handel, ZfU 1982, 113ff.; *Bosselmann,* Recht der Gefahrstoffe – Rechtsvergleichender Überblick, 1987; *Breuer,* Eingriffsmöglichkeiten nach dem Chemikaliengesetz, in: Gesellschaft für Rechtspolitik (Hg.), Chemikalienrecht, 1986, S. 155ff.; *Broecker,* Auswirkungen der Chemikaliengesetzgebung auf die derzeitige industrielle Praxis bei der Prüfung neuer Stoffe, ZfU 1982, 147ff.; *ders.,* Harmonisierung des Chemikalienrechts, in: Gesellschaft für Rechtspolitik (Hg.), Chemikalienrecht, 1986, S. 141ff.; *Bullinger,* Wettbewerbsgefährdung durch präventive Wirtschaftsaufsicht, NJW 1978, 2121ff., 2173ff.; *ders.,* Gesicherte wissenschaftliche Erkenntnis, GewArch. 1982, 119ff.; *Bundesgesundheitsamt/Institut für Wasser-, Boden- und Lufthygiene* (Hg.), Podiumsdiskussion „Chemikaliengesetz und Pflanzenschutz", in: Schriftenreihe des Vereins für Wasser-, Boden- und Lufthygiene, 1981, S. 9ff.; *Bundesministerium des Innern* (Hg.), Umweltchemikalien, 1979; *Coppock,* Control of Commercially Produced Chemicals – An International Perspective, ZfU 1982, 199ff.; *Damaschke,* Der Einfluß der Verbände auf die Gesetzgebung. Am Beispiel des Gesetzes zum Schutz vor gefährlichen Stoffen (Chemikaliengesetz), 1986; *Elsner,* Das Chemikaliengesetz und seine Bedeutung für die Agrarwirtschaft, AgrarR 1981, 113ff.; *Finkelnburg,* Kritische Anmerkungen zur Gefahrstoffverordnung, in: Forschungsstelle für Umwelt- und Technikrecht (Hg.), Jahrbuch des Umwelt- und Technikrechts 1987 (UTR 3), 1987, S. 239ff.; *Gesellschaft für Rechtspolitik* (Hg.), Chemikalienrecht, 1986; *Gusman/v. Moltke/Irwin/Whitehead,* Die Kontrolle von Umweltchemikalien – Nationale und internationale Fragen, 1982; *Hallerbach,* Chemie oder Natur – Zur Problematik des neuen Chemikalienrechts, DuR 1981, 3ff.; *Haltrich,* Die Bedeutung des Chemikaliengesetzes für die Gewässergüte, Vom Wasser 1981, 215ff.; *Heigl,* Chemikaliengesetz, GewArch. 1981, 73ff.; *Heinen/Tentrop/Wienecke/Zerlett,* Kommentar zum medizinischen und technischen Arbeitsschutz, Bd. 2: Gefahrstoffe, 3. Aufl., 1975ff.; *Heublein/Baumeister,* Bewertung der Umweltgefährlichkeit chemischer Stoffe – Vorgehen eines Bundeslandes im Zusammenhang mit der Anmeldung neuer Stoffe, ZfU 1986, 151ff.; *Hörath,* Gifte, 1981; *Institut für Gewerbliche Wasserwirtschaft und Luftreinhaltung* (Hg.), Risiken bei umweltgefährdenden Stoffen, 1983; *Kaufmann,* Neue Vorschriften über den Umgang mit Asbest, DB 1981, 1879ff.; *ders.,* Vorschriften zu Asbest-Ersatzstoffen, DB 1983, 44ff.; *Keune,* Einbeziehung der Abfall- und Altöl- sowie der Abwasserbehandlung in das ChemG, Umwelt (VDI) 1980, 368ff.; *Kippels/Töpner* (Hg.), Das Chemikaliengesetz und seine Rechtsverordnungen (8 Bde.), 1982ff.; *Kloepfer,* Das Gesetz zum Schutz vor gefährlichen Stoffen, NJW 1981, 17ff.; *ders.,* Chemikaliengesetz, 1982; *ders.,* Aspekte der internationalen Harmonisierung des Umweltrechts – Zur Rechtsvergleichung und Rechtsvereinheitlichung im Chemikalienrecht, UPR 1984, 281ff.; *ders.,* Chemikaliengesetz und andere Stoffgesetze, in: Gesellschaft für Rechtspolitik (Hg.), Chemikalienrecht, 1986, S. 1ff.; *ders.,* Gefahrstoffrecht, in: Kimminich/v. Lersner/Storm (Hg.), Handwörterbuch des Umweltrechts (HdUR), Bd. I, 1986, Sp. 626ff.; *ders./Bosselmann,* Zentralbegriffe des Umweltchemikalienrechts, 1985; *ders./Knebel,* Umweltchemikalienrecht, 1981; *Korte,* Technische Optionen bei Prüfverfahren von Chemikalien, ZfU 1982, 135ff.; *Ludwig,* Das neue Chemikalienrecht (Textausgabe mit Erl.), 1982; *Marburger,* Untersuchung des Begriffs „gesicherte wissenschaftliche Erkenntnis" nach dem Chemikaliengesetz und Abgrenzung zu dem Begriff „Stand der Technik" und ähnlichen Begriffen, in: Gesellschaft für Rechtspolitik (Hg.), Chemikalienrecht, 1986, S. 327ff.; *Nawrath,* Die Haftung für Schäden durch Umweltchemikalien, 1982; *Nicklisch/Schottelius/Wagner* (Hg.), Zum Recht der Kontrolle chemischer und radioaktiver Stoffe, 1983; *Nöthlichs,* Chemikaliengesetz (Kommentar), 1981ff.; *Ohm,* Der Giftbegriff im Umweltstrafrecht, 1985; *Quellmalz,* Das neue Chemikaliengesetz – Handbuch der gefährlichen Arbeitsstoffe, 1980ff.; *Radek/Friedel,* Das neue Chemikaliengesetz, 1981; *E. Rehbinder,* Das Recht der Umweltchemikalien, 1978; *ders.,* Chemikaliengesetz und Umweltschutz, NuR 1981, 185ff.; *ders.,* Schutz vor gefährlichen Stoffen (Chemikalien), in: Salzwedel (Hg.), Grundzüge des Umweltrechts, 1982, S. 455ff.; *ders.,* Artikel „DDT-Gesetz", in: Kimminich/v. Lersner/Storm (Hg.), Handwörterbuch des Umweltrechts (HdUR), Bd. I, 1986, Sp. 328ff.; *ders.,* Erste Entscheidungen zum Chemikaliengesetz, UPR 1988, 201ff.; *ders./Kayser/Klein,* Chemikaliengesetz (Kommentar), 1985; *Schäfer,* Recht der umweltgefährlichen Stoffe (Textausgabe mit Erl.), 1980; *Schiwy,* Chemikaliengesetz (Kommentar), 1980ff.; *Schmidt-Bleek/Haberland,* Zur Bewertung von Umweltchemikalien, ZfU 1979, 127ff.; *R. Scholz,* Konkurrenzprobleme bei behördlichen Produktkontrollen, 1983; *ders.,* Verfassungsprobleme zur Herstellerkonkurrenz in Verfahren behördlicher Produktkontrollen, GewArch. 1982, 345ff.; *Schottelius,* Chemikaliengesetz und andere Stoffgesetze, in: Gesellschaft für Rechtspolitik (Hg.), Chemikalienrecht, 1986, S. 63ff.; *M. Schröder,* Der Geheimhaltungsschutz im Recht der Umweltchemikalien, Bd. I, 1980, Bd. II, 1982; *Schulze/Anding/Mücke,* Das Chemikaliengesetz: Möglichkeiten des vorbeugenden Schutzes des Menschen und der Umwelt vor gefährlichen Stoffen, ZLR 1982, 343ff.; *Steiger* (Hg.), Umweltrecht und Chemikalien, 1981; *Storm,* Pflanzenschutzrecht, in: Götz/Kroeschell/Winkler (Hg.), Handwörterbuch des Agrarrechts, Bd. I, 1982, Sp. 612ff.; *ders.,* Das Gesetz zum Schutz vor gefährlichen Stoffen (Chemikaliengesetz – ChemG), 3. Aufl., 1984; *Tilmann,* TRK-Werte für krebsverdächtige

Stoffe?, in: Forschungsstelle für Umwelt- und Technikrecht (Hg.), Jahrbuch des Umwelt- und Technikrechts 1987 (UTR 3), 1987, S. 245ff.; *Töpner*, Das Chemikaliengesetz und seine Rechtsverordnungen (s. *Kippels/Töpner*); *Umweltbundesamt* (Hg.), Chemikaliengesetz, Prüfung und Bewertung der Umweltgefährlichkeit von Stoffen, 1985; *Uppenbrink*, Stoffliche Umweltverträglichkeitsprüfung im Recht der Bundesrepublik Deutschland – unter besonderer Berücksichtigung des Chemikaliengesetzes, WiVerw. 1985, 131ff.; *ders.*, Eingriffsmöglichkeiten nach dem Chemikaliengesetz, in: Gesellschaft für Rechtspolitik (Hg.), Chemikalienrecht, 1986, S. 307ff.; *ders.*, Artikel „Chemikaliengesetz", in: Kimminich/v. Lersner/Storm (Hg.), Handwörterbuch des Umweltrechts (HdUR), Bd. I, 1986, Sp. 290ff.; *ders./Broecker/Schottelius/Schmidt-Bleek*, Chemikaliengesetz (Kommentar), 1981ff.; *Weber*, Recht der gefährlichen Arbeitsstoffe (Kommentar), 1982; *Weinmann/Thomas*, Arbeitsstoffverordnung (Kommentar), 1976ff.; *dies./Wölcke*, Chemikaliengesetz (Textausgabe mit Erl.), 1981; *Wimmer*, Rechtsstaatliche Defizite im Gefahrstoffrecht, BB 1986, 1030ff.; *ders.*, Die gefährliche Gefahrstoffverordnung – Rechtliche Anmerkungen zum Ausschuß für Gefahrstoffe und zur MAK-Werte-Kommission, NVwZ 1988, 130ff.; *Wölcke*, Untersuchung des Begriffs „gesicherte wissenschaftliche Erkenntnis" nach dem Chemikaliengesetz und Abgrenzung zu dem Begriff „Stand der Technik" und ähnlichen Begriffen, in: Gesellschaft für Rechtspolitik (Hg.), Chemikalienrecht, 1986, S. 407ff.; *Zeschmar-Lahl/Lahl*, Wie wissenschaftlich ist die Toxikologie? – Zur Problematik der Grenzwertfindung, ZfU 1987, 43ff.; *Zuleeg/Schefold*, Die Zweitanmelderproblematik, 1983.

II. Besonderes Gefahrstoffrecht – *Dewald/Hanuss*, Pflanzenschutz in Rheinland-Pfalz, in: Die Praxis der Gemeindeverwaltung, 1982, D 12 RhPf; *Diercks*, Einsatz von Pflanzenbehandlungsmitteln und die dabei auftretenden Umweltprobleme, 1984; *Heins*, Pflanzenproduktion und Umweltschutzrecht, 1981; *Holthöfer/Nüse/Franck*, Deutsches Lebensmittelrecht, Bd. 2, 7. Aufl., 1985; *Kluge/Embert*, Das Düngemittelgesetz (Textausgabe mit Erl.), 1985; *Maichel*, Düngemittelrecht, in: Götz/Kroeschell/Winkler (Hg.), Handwörterbuch des Agrarrechts, Bd. I, 1982; *E. Rehbinder*, Umweltschutz und Pflanzenschutzrecht, NuR 1983, 249ff.; *ders.*, Das neue Pflanzenschutzgesetz, NuR 1987, 68ff.; *Salzwedel*, Rechtsfragen der Gewässerverunreinigung durch Überdüngung, NuR 1983, 41ff.; *Schmitz*, Neues Düngemittelgesetz, RdL 1978, 197ff., 254ff. Schrifttumsverzeichnisse zum Gefahrgutbeförderungsrecht und zum Umwelt-Gentechnikrecht s. nach Rn. 136 und 187.

A. Ausgangslage

An den Umweltbelastungen haben (vor allem industriell hergestellte oder verwendete) **Chemikalien** einen erheblichen Anteil. 1

Die Weltproduktion organischer Chemikalien wird auf über 25 Millionen Tonnen jährlich, die der anorganischen Chemikalien auf ein Vielfaches hiervon geschätzt.[1] Zu den gegenwärtig über 100000 chemischen Stoffen in mehr als einer Million verschiedenen Zubereitungen, die im EG-Bereich auf dem Markt sind, kommen jährlich allein in der Bundesrepublik Deutschland mehrere Hundert, weltweit mehrere Tausend neue Stoffe und wiederum ein Vielfaches an Derivaten hinzu.[2] Man spricht von einem exponentiellen Wachstum. Demgegenüber sind die Kenntnisse über die Wirkungen der Stoffe auf Mensch und Umwelt begrenzt. Insbesondere ihre ökologischen Auswirkungen (sog. Ökotoxizität) sind weitgehend unerforscht. Gesicherte, wenn auch nicht vollständige Kenntnisse liegen erst zu wenigen Hundert Stoffen vor. So gelten als besonders umweltschädlich unter den natürlich vorkommenden Stoffen namentlich die Schwermetalle (Blei, Cadmium und Quecksilber) sowie Asbest, unter den synthetischen Stoffen Vinylchlorid (als Ausgangsstoff für PVC), Trichloretylen, die polychlorierten Biphenyle (PCB) und Fluorchlorkohlenwasserstoffe, unter den sog. Agrarchemikalien Pflanzenbehandlungsmittel (Pestizide) wie DDT und dioxinhaltige Unkrautvernichtungsmittel.[3]

Während Umweltchemikalien in der Vergangenheit fast ausschließlich unter dem Gesichtspunkt ihrer akuten **Toxizität**[4] für die menschliche Gesundheit erfaßt wur- 2

[1] Vgl. *Kloepfer*, Chemikaliengesetz, 1982, S. 15 m. w. N.; *E. Rehbinder*, in: Salzwedel (Hg.), Grundzüge des Umweltrechts, 1982, S. 455ff., 459.

[2] Vgl. die Zahlenangaben in BT-Drs. 8/3319, S. 16, und 10/5007, S. 4.

[3] Mit dieser allgemeinen Kennzeichnung muß es hier sein Bewenden haben, zu Einzelheiten vgl. etwa *Hartkopf/Bohne*, Umweltpolitik, Bd. 1, 1983, S. 258ff.

[4] Zur fachsprachlichen Unterscheidung zwischen akuter, subakuter, chronischer und subchronischer Toxizität *Hartkopf/Bohne* (FN 3), S. 275ff.

den, geraten zunehmend auch die **mittelbaren** und **langfristigen** (chronischen) wie auch **sonstige Schadwirkungen** in den Blick: So haben Chemikalien die Tendenz, sich mit Eintritt in die Umwelt zu verbreiten (Umwelt-Mobilität) und anzureichern (insbesondere in biologischen Materialien durch Bioakkumulation). In Verbindung mit der Langlebigkeit (Persistenz) bzw. schweren Abbaubarkeit mancher Stoffe führt dies in der Nahrungskette (z. B. beim Cadmium im Weide-Kuh-Milch-Belastungspfad) zu häufig unerwarteten Schadstoffkonzentrationen. Über die Spätfolgen einer nicht geringen Zahl von Stoffen bestehen weitgehend nur Vermutungen. Dies gilt etwa für die Eigenschaft von Stoffen, Veränderungen an Keimzellen (Mutagenität) oder Mißbildungen während der Schwangerschaft (Teratogenität) hervorzurufen oder Krebs zu erzeugen (Kanzerogenität).[5]

B. Rechtsgrundlagen

3 Die **Wurzeln** des Stoffrechts sind sehr verschiedenartig. Insbesondere das maßgeblich polizeirechtlich geprägte Giftrecht, das primär gesundheitsbezogene Arzneimittel-, Futtermittel-, Düngemittel- und Pflanzenschutzrecht, das weit verzweigte Lebensmittelrecht, das dem Arbeitsschutz dienende Recht der gefährlichen Arbeitsstoffe[6] sowie das Recht der wassergefährdenden Stoffe sind dabei zu nennen. Das Atomgesetz regelt sondergesetzlich den Umgang mit spaltbaren und sonstigen radioaktiven Stoffen.

4 Mit dem **Gesetz zum Schutz vor gefährlichen Stoffen (Chemikaliengesetz – ChemG)** vom 16. 9. 1980[7] (Kloepfer Nr. 400) sollte erstmals eine umfassende, die einzelnen Umweltmedien übergreifende Regelung der Stoffproblematik geschaffen werden, was sich allerdings als nicht realisierbar erwies. Trotz des scheinbar umfassenden, aber tatsächlich stark durchlöcherten Geltungsanspruchs des Chemikaliengesetzes[8] sind bis heute die Rechtsgrundlagen des Gefahrstoffrechts deshalb außerordentlich vielfältig geblieben.

I. Gefahrstoffrecht i. w. S.

5 Soweit Umweltchemikalien bei industriellen Produktionsvorgängen freigesetzt werden oder im Wege der Entsorgung in die Umwelt gelangen, werden sie bereits durch die **medienbezogenen Umweltgesetze** erfaßt. So begrenzt das Immissionsschutzrecht Schadstoffemissionen in die Luft (s. § 7 Rn. 19ff.), das Wasserhaushaltsrecht die Ableitung von Schadstoffen in das Wasser (s. § 11 Rn. 52ff., 95ff.). Die Entsorgung von Umweltchemikalien als Abfall richtet sich nach dem Abfallgesetz und dessen Sondervorschriften für gefährliche Stoffe (s. § 12 Rn. 47ff.). Dem Schutz vor Umweltchemikalien dient auch die Kontrolle der Anlagensicherheit von chemischen Produktions- und Bearbeitungsstätten gemäß der (auf der Grundlage des Bun-

[5] Vgl. *Kloepfer* (FN 1), S. 16 m. w. N.
[6] Nach Aufhebung der Arbeitsstoffverordnung durch § 47 Abs. 6 Nr. 1 GefStoffV ist das Recht der gefährlichen Arbeitsstoffe in der Gefahrstoffverordnung mitenthalten.
[7] BGBl. I S. 1718, geänd. durch Ges. v. 15. 9. 1986, BGBl. I S. 1505.
[8] Vgl. BT-Drs. 8/3319, S. 16f. Demgegenüber spricht der Ausschußbericht in BT-Drs. 8/4295, S. 6, realistischer, wenngleich etwas überspitzt, von Lückenschließung.

des-Immissionsschutzgesetzes und der Gewerbeordnung ergangenen) **Störfall-Verordnung** i. d. F. der Bek. vom 19. 5. 1988[9] (12. BImSchV – Kloepfer Nr. 654 –, vgl. dort insbesondere Anhang I und II, s. auch § 7 Rn. 60).

Diese sehr unterschiedlichen normativen Ansätze verdeutlichen den bisher nicht hinreichend erkannten Umstand, daß Umweltschutz ganz überwiegend (wenn auch nicht ausnahmslos) Schutz der natürlichen Lebensgrundlagen vor Stoffen bedeutet. Hieran gemessen nimmt das im folgenden allein behandelte Gefahrstoffrecht i. e. S. bislang eine eher periphere, bedeutungsinadäquate Rolle ein. Von daher erschiene der grundsätzliche Neubau des deutschen Umweltrechts primär als Stoffrecht wegen seiner Chance konzeptioneller Stimmigkeit als besonders reizvoll, dürfte allerdings aus Gründen der historisch gewachsenen umweltrechtlichen Schichten eher utopisch sein.

II. Gefahrstoffrecht i. e. S.

Von den genannten umweltmedialen Regelungen unterscheidet sich das Gefahrstoffrecht i. e. S. durch seine alle Umweltmedien erfassende Geltung: Während die erwähnten Gesetze die Umweltchemikalien jeweils als Gefahrenquelle für ein *bestimmtes* Umweltmedium (jedenfalls primär) erfassen, wollen gefahrstoffrechtliche Regelungen i. e. S. die Umwelt *schlechthin* vor Umweltchemikalien schützen. Ein weiterer, aufgrund der verstärkten Ausrichtung der Umweltgesetzgebung am Vorsorgeprinzip (s. § 3 Rn. 5ff.) jedoch mehr und mehr zurücktretender Unterschied besteht darin, daß die medialen Umweltgesetze primär nicht die Gefahrstoffproduktion, sondern die Gefahrstoffentsorgung erfassen, während das Gefahrstoffrecht i. e. S. vor allem auf **präventive Produktkontrolle** zielt.[10] Ausnahmen bilden insofern allerdings bisher schon etwa das produktbezogene **Benzinbleigesetz** (s. § 7 Rn. 131ff.), das **Wasch- und Reinigungsmittelgesetz** (s. Rn. 136) sowie die produktbezogenen Ermächtigungsnormen der §§ 34 und 35 BImSchG, wonach Herstellung, Einfuhr und sonstiges Inverkehrbringen von Brenn- und Treibstoffen bzw. sonstigen Stoffen und Erzeugnissen davon abhängig gemacht werden können, daß sie bestimmten Anforderungen an ihre Beschaffenheit genügen (s. § 7 Rn. 127ff.). 6

Innerhalb des Gefahrstoffrechts i. e. S. ist zwischen den bereits seit langem vorliegenden *besonderen* gefahrstoffrechtlichen Regelungen (s. Rn. 97ff.) und dem Chemikaliengesetz als neu geschaffenem allgemeinen Gefahrstoffgesetz mit den dazu ergangenen Rechtsverordnungen (s. dazu sogleich Rn. 8) zu unterscheiden. Seinen Schwerpunkt im Gefahrstoffrecht i. e. S. hat bisher auch das sich neu entwickelnde **Umwelt-Gentechnikrecht** (s. Rn. 188ff.). Wie weit sich dieses Gebiet nach dem etwaigen Erlaß eines besonderen Gentechnik-Gesetzes aus dem Gefahrstoffrecht hinaus zu einem eigenständigen Teilrechtsgebiet des Umweltrechts weiterentwickeln wird, bleibt abzuwarten. 7

1. Chemikaliengesetz und ergänzende Vorschriften

Das Chemikaliengesetz wird durch folgende **Rechtsverordnungen** konkretisiert: 8

– Verordnung zur Bestimmung der Anmeldestelle nach dem Chemikaliengesetz vom 2. 12. 1981[11] (Kloepfer Nr. 410)

---

[9] BGBl. I S. 625.
[10] Vgl. *Kloepfer* (FN 1), S. 26 m. w. N.
[11] BGBl. I S. 1238, geänd. durch VO v. 26. 11. 1986, BGBl. I S. 2089.

– Verordnung über Anmeldeunterlagen und Prüfnachweise nach dem Chemikaliengesetz (ChemG Anmelde- und PrüfnachweisV) vom 30. 11. 1981[12] (Kloepfer Nr. 412)
– Chemikalien-Altstoffverordnung (ChemG AltstoffV) vom 2. 12. 1981[13] (Kloepfer Nr. 416)
– Verordnung über die Gefährlichkeitsmerkmale von Stoffen und Zubereitungen nach dem Chemikaliengesetz (ChemG Gefährlichkeitsmerkmale-V) vom 18. 12. 1981[14] (Kloepfer Nr. 418)
– Verordnung über gefährliche Stoffe (Gefahrstoffverordnung – GefStoffV) vom 26. 8. 1986[15] (Kloepfer Nr. 420).

Letztere Verordnung löst insbesondere die – am 1. 10. 1986 außer Kraft getretene – Arbeitsstoffverordnung i. d. F. der Bek. vom 11. 2. 1982[16] ab (§ 47 Abs. 6 Nr. 1 GefStoffV), in der bislang Kennzeichnungs- und Verpackungspflichten geregelt waren. Mit der neuen Gefahrstoffverordnung treten auch noch eine Vielzahl anderer Rechtsverordnungen des Bundes und die Giftverordnungen der Länder außer Kraft (vgl. die Aufstellung in § 47 Abs. 6 Nr. 2–14 GefStoffV).

9 Im Unterschied zu den meisten anderen Bereichen der Umweltgesetzgebung, die trotz eindeutiger Dominanz des Bundesrechts den Landesgesetzgebern (selbst im Bereich der konkurrierenden Gesetzgebungszuständigkeit) mehr oder weniger große Regelungsspielräume belassen (Ausnahme: Atomrecht), bleibt neben dem Chemikaliengesetz für materiell-rechtliche Regelungen durch **Landesrecht** praktisch kein Raum.[17] Die Länder haben sich daher mit Ausnahme Bayerns auf den Erlaß von Zuständigkeitsverordnungen[18] oder bloßer Bekanntmachungen der zuständigen Behörden[19] beschränkt, doch enthält auch das Bayerische Ausführungsgesetz zum Chemikaliengesetz (BayAGChemG) vom 20. 7. 1982[20] letztlich nur eine Zuständigkeitsregelung.

2. Besondere Gefahrstoffgesetze

10 Gefahrstoffrechtliche Spezialregelungen außerhalb des Chemikaliengesetzes bilden, ergänzt durch zahlreiche Rechtsverordnungen, insbesondere:
– das Gesetz zum Schutz der Kulturpflanzen **(Pflanzenschutzgesetz-PflSchG)** vom 15. 9. 1986[21] (Kloepfer Nr. 450), welches das Pflanzenschutzgesetz von 1968 bzw. 1975[22] abgelöst hat

---

[12] BGBl. I S. 1234, geänd. durch VO v. 14. 10. 1986, BGBl. I S. 1641.
[13] BGBl. I S. 1239.
[14] BGBl. I S. 1487.
[15] BGBl. I S. 1470, geänd. durch VO v. 16. 12. 1987, BGBl. I S. 2721.
[16] BGBl. I S. 144.
[17] Vgl. zu den durch das Chemikaliengesetz verursachten Kompetenzverlusten der Länder (v. a. im Giftrecht) *Kloepfer* (FN 1), S. 38.
[18] Vgl. (baden-württembergische) Verordnung des Ministeriums für Umwelt, des Ministeriums für Wirtschaft, Mittelstand und Technologie und des Ministeriums für Arbeit, Gesundheit, Familie und Sozialordnung über Zuständigkeiten nach dem Chemikaliengesetz (ChemGZuVO) v. 22. 2. 1988 (GBl. S. 95); (bremische) Verordnung über die Zuständigkeit für die Verfolgung und Ahndung von Ordnungswidrigkeiten nach dem Chemikaliengesetz v. 22. 2. 1982 (GBl. S. 62, geänd. durch VO v. 7. 6. 1982, GBl. S. 166); (hessische) Verordnung über die Zuständigkeiten nach dem Chemikaliengesetz v. 4. 5. 1982 (GVBl. I S. 103, geänd. durch VO v. 9. 7. 1985, GVBl. S. 119); (saarländische) Verordnung zur Regelung von Zuständigkeiten nach dem Chemikaliengesetz v. 8. 2. 1983 (Amtsbl. S. 135); (schleswig-holsteinische) Chemikalien-Zuständigkeitsverordnung v. 16. 12. 1986 (GVBl. 1987 S. 4) und Gefahrstoff-Zuständigkeitsverordnung v. 16. 12. 1986 (GVBl. 1987 S. 5).
[19] So in Bremen, vgl. Bek. v. 22. 2. 1982 (ABl. S. 79).
[20] GVBl. S. 478.
[21] BGBl. I S. 1505.
[22] BGBl. I S. 352 bzw. BGBl. I S. 2591.

– das Gesetz über den Verkehr mit DDT **(DDT-Gesetz)** vom 7. 8. 1972[23] (Kloepfer Nr. 475)
– das **Düngemittelgesetz** vom 15. 11. 1977[24] (Kloepfer Nr. 480)
– das **Futtermittelgesetz** vom 2. 7. 1975[25] (Kloepfer Nr. 490)
– das Gesetz über den Verkehr mit Arzneimitteln **(Arzneimittelgesetz)** vom 24. 8. 1976[26] (Kloepfer Nr. 530)
– das **Giftrecht der Länder,** welches durch § 47 Abs. 6 S. 1 Nr. 12 GefStoffV allerdings weitgehend außer Kraft gesetzt ist.

Gemäß § 47 Abs. 6 S. 2 GefStoffV bleiben die landesrechtlichen Vorschriften nur insoweit in Kraft, als sie Regelungen über die Sachkunde, Anzeige und Erlaubnis für das Inverkehrbringen von zugelassenen Pflanzenschutzmitteln enthalten.

3. Benachbarte Regelungen

Bezüge zum Gefahrstoffrecht besitzen u. a.:
– das Gesetz über den Verkehr mit Lebensmitteln, Tabakerzeugnissen, kosmetischen Mitteln und sonstigen Bedarfsgegenständen **(Lebensmittel- und Bedarfsgegenständegesetz)** vom 15. 8. 1974[27] (Kloepfer Nr. 500), 11
– das **Tierseuchengesetz** i. d. F. der Bek. vom 28. 3. 1980[28] (Kloepfer Nr. 538) mit jeweiligen Rechtsverordnungen sowie ferner
– das **Atomgesetz** i. d. F. der Bek. vom 15. 7. 1985[29] (Kloepfer Nr. 900).

Im wörtlichen Sinn zum Gefahrstoffrecht, jedoch kaum zum Umweltrecht i. e. S. ist das Gesetz über explosionsgefährliche Stoffe (**Sprengstoffgesetz**-SprengG) i. d. F. der Bek. vom 17. 4. 1986[30] (Kloepfer Nr. 540) zu rechnen.

Eine weitgehend eigenständige und über das Stoffrecht hinausgreifende Materie bildet das (hier unter Rn. 137ff. behandelte) **Recht der Beförderung gefährlicher Güter,** das in dem Bundesgesetz vom 6. 8. 1975[31] (Kloepfer Nr. 570) und den dazu ergangenen Verordnungen, insbesondere der Verordnung über die innerstaatliche und grenzüberschreitende Beförderung gefährlicher Güter auf Straßen (Gefahrgutverordnung Straße-GGVS) vom 22. 7. 1985[32] (Kloepfer Nr. 576), der Gefahrgutverordnung Eisenbahn vom 22. 7. 1985[33] (Kloepfer Nr. 580), der Gefahrgutverordnung Binnenschiffahrt i. d. F. der Bek. vom 30. 6. 1977[34] (Kloepfer Nr. 584) sowie der Gefahrgutverordnung See i. d. F. der Bek. vom 27. 6. 1986[35] (Kloepfer 12

[23] BGBl. I S. 1385, zuletzt geänd. durch Ges. v. 15. 9. 1986, BGBl. I S. 1505.
[24] BGBl. I S. 2134.
[25] BGBl. I S. 1745, geänd. durch Ges. v. 12. 1. 1987, BGBl. I S. 138.
[26] BGBl. I S. 2445, 2448, zuletzt geänd. durch Ges. v. 20. 7. 1988, BGBl. I S. 1050.
[27] BGBl. I S. 1945, 1946, zuletzt geänd. durch Ges. v. 19. 12. 1986, BGBl. I S. 2610.
[28] BGBl. I S. 386.
[29] BGBl. I S. 1565, zuletzt geänd. durch Ges. v. 18. 2. 1986, BGBl. I S. 265.
[30] BGBl. I S. 577.
[31] BGBl. I S. 2121, zuletzt geänd. durch Ges. v. 18. 9. 1980, BGBl. I S. 1729.
[32] BGBl. I S. 1550, geänd. durch VO v. 21. 12. 1987, BGBl. I S. 2858.
[33] BGBl. I S. 1560, zuletzt geänd. durch VO v. 21. 12. 1987, BGBl. I S. 2862.
[34] BGBl. I S. 1119, zuletzt geänd. durch VO v. 12. 9. 1985, BGBl. I S. 1918.
[35] BGBl. I S. 961, geänd. durch VO v. 21. 12. 1987, BGBl. I S. 2863.

Nr. 586) mit den jeweils zugehörigen Ausnahmeverordnungen seine Rechtsgrundlagen hat.

13 Zu beachten ist schließlich das **Umweltchemikalienrecht der EG,** insbesondere mit seinen zahlreichen einschlägigen Richtlinien.[36]

C. Chemikaliengesetz

14 Das Chemikaliengesetz ist am 25. 6. 1980 vom Bundestag nach einem kurzen, aber wechselhaften Gesetzgebungsverfahren verabschiedet worden.[37] Einen wesentlichen **Impuls** für die Gesetzgebung gab die **Sechste Änderungsrichtlinie** zur Richtlinie 67/

---

[36] Vgl. insbesondere:
- Richtlinie 67/548/EWG des Rates v. 27. 6. 1967 zur Angleichung der Rechts- und Verwaltungsvorschriften für die Einstufung, Verpackung und Kennzeichnung gefährlicher Stoffe (ABl. L 196 v. 16. 8. 1967, S. 1; letzte Änderung ABl. L 133 v. 30. 5. 1988, S. 1);
- Richtlinie 73/405/EWG des Rates v. 22. 11. 1973 zur Angleichung der Rechtsvorschriften der Mitgliedstaaten über die Methoden zur Kontrolle der biologischen Abbaubarkeit anionischer grenzflächenaktiver Substanzen (ABl. L 347 v. 17. 12. 1973, S. 53; letzte Änderung ABl. L 109 v. 22. 4. 1982, S. 18);
- Richtlinie 76/403/EWG des Rates v. 6. 4. 1976 über die Beseitigung polychlorierter Biphenyle und Terphenyle (ABl. L 108 v. 26. 4. 1976, S. 41);
- Richtlinie 76/769/EWG des Rates v. 27. 7. 1976 zur Angleichung der Rechts- und Verwaltungsvorschriften der Mitgliedstaaten für Beschränkungen des Inverkehrbringens und der Verwendung gewisser gefährlicher Stoffe und Zubereitungen (ABl. L 262 v. 27. 9. 1976, S. 201; letzte Änderung ABl. L 375 v. 31. 12. 1985, S. 1);
- Richtlinie 78/319/EWG des Rates v. 20. 3. 1978 über giftige und gefährliche Abfälle (ABl. L 84 v. 31. 3. 1978, S. 43);
- Richtlinie 79/117/EWG des Rates v. 21. 12. 1978 über das Verbot des Inverkehrbringens und der Anwendung von Pflanzenschutzmitteln, die bestimmte Wirkstoffe enthalten (ABl. L 33 v. 8. 2. 1979, S. 36; letzte Änderung ABl. L 273 v. 26. 9. 1987, S. 40);
- Richtlinie 79/663/EWG des Rates v. 24. 7. 1979 zur Ergänzung des Anhangs der Richtlinie 76/769/EWG zur Angleichung der Rechts- und Verwaltungsvorschriften der Mitgliedstaaten für Beschränkungen des Inverkehrbringens und der Verwendung gewisser gefährlicher Stoffe und Zubereitungen (ABl. L 197 v. 3. 8. 1979, S. 37);
- Richtlinie 79/831/EWG des Rates v. 18. 9. 1979 zur sechsten Änderung der Richtlinie 67/548/EWG zur Angleichung der Rechts- und Verwaltungsvorschriften für die Einstufung, Verpackung und Kennzeichnung gefährlicher Stoffe (ABl. L 259 v. 15. 10. 1979, S. 10);
- Richtlinie 82/605/EWG des Rates vom 28. 7. 1982 über den Schutz der Arbeitnehmer gegen Gefährdung durch metallisches Blei und seine Ionenverbindungen am Arbeitsplatz (ABl. L 247 v. 23. 8. 1982, S. 12);
- Richtlinie 83/477/EWG des Rates v. 19. 9. 1983 über den Schutz der Arbeitnehmer gegen Gefährdung durch Asbest am Arbeitsplatz (ABl. L 263 v. 24. 9. 1983, S. 25);
- Richtlinie 84/491/EWG des Rates v. 9. 10. 1984 über Grenzwerte und Qualitätsziele für Ableitungen von Hexachlorcyclohexan (ABl. L 274 v. 17. 10. 1984, S. 11);
- Beschluß 85/71/EWG der Kommission v. 21. 12. 1984 über die Liste der angemeldeten Stoffe gemäß der Richtlinie 67/548/EWG des Rates zur Angleichung der Rechts- und Verwaltungsvorschriften für die Einstufung, Verpackung und Kennzeichnung gefährlicher Stoffe (ABl. L 30 v. 2. 2. 1985, S. 33);
- Richtlinie 86/280/EWG des Rates v. 12. 6. 1986 betreffend Grenzwerte und Qualitätsziele für die Ableitung bestimmter gefährlicher Stoffe im Sinne der Liste I im Anhang der Richtlinie 76/464/EWG (ABl. L 181 v. 4. 7. 1986, S. 16);
- Richtlinie 87/18/EWG des Rates v. 18. 12. 1986 zur Angleichung der Rechts- und Verwaltungsvorschriften für die Anwendung der Grundsätze der Guten Laborpraxis und zur Kontrolle ihrer Anwendung bei Versuchen mit chemischen Stoffen (ABl. L 15 v. 17. 1. 1987, S. 29).

Zu den (älteren) Gefahrstoffregelungen der Europäischen Gemeinschaften umfassend *E. Rehbinder,* Das Recht der Umweltchemikalien, 1978, S. 65ff.

[37] Zur Gesetzgebungsgeschichte vgl. *Kloepfer* (FN 1), S. 26ff., und *E. Rehbinder* (FN 1), S. 459ff. Wesentliche Gesetzgebungsmaterialien: BR-Drs. 330/79, 376/80; BT-Drs. 8/3319, 8/4243, 8/4295.

548/EWG zur Angleichung der Rechts- und Verwaltungsvorschriften für die Einstufung, Verpackung und Kennzeichnung gefährlicher Stoffe (Richtlinie 79/831/EWG vom 18. 9. 1979)[38], zu deren Umsetzung das Gesetz erfolgte und die es auch konzeptionell beeinflußt hat. Das Gesetz ist seit dem 1. 1. 1982 vollständig in Kraft, während die zahlreichen Verordnungsermächtigungen bereits zuvor mit Verkündung des Gesetzes am 25. 9. 1980 in Kraft getreten waren (§ 31 ChemG).

Seine **Kompetenzgrundlage** findet es in Art. 74 Nr. 11, 12 und 19 GG.[39]

I. Zielsetzung des Gesetzes

§ 1 ChemG nennt die gesetzliche Zielsetzung: „Zweck des Gesetzes ist es, durch Verpflichtung zur Prüfung und Anmeldung von Stoffen und zur Einstufung, Kennzeichnung und Verpackung gefährlicher Stoffe und Zubereitungen, durch Verbote und Beschränkungen sowie durch besondere giftrechtliche und arbeitsschutzrechtliche Regelungen den Menschen und die Umwelt vor schädlichen Einwirkungen gefährlicher Stoffe zu schützen." § 1 ChemG gibt damit nicht nur den Gesetzeszweck, sondern zugleich die Quintessenz der Regelungen des Chemikaliengesetzes wieder.[40] 15

Im Hinblick auf die unterschiedlichen, wenn auch ineinander verwobenen Teilzwecke und die ihnen entsprechenden Regelungsbereiche kann das Gesetz nicht ausschließlich und im ganzen der **Umweltgesetzgebung** zugerechnet werden; es ist ebenso mehr oder weniger Teil des **Gesundheitsrechts** (s. § 1 Rn. 59) und des **Arbeitsschutzrechts** (s. § 1 Rn. 53). 16

Dementsprechend war das Chemikaliengesetz in der Bundesregierung von verschiedenen Ressorts (u. a. Bundesministerium für Jugend, Familie und Gesundheit, Bundesinnenministerium, Bundesministerium für Arbeit und Sozialordnung) vorbereitet und im Bundestag von entsprechend verschiedenen Ausschüssen (federführend: Ausschuß für Jugend, Familie und Gesundheit) behandelt worden. Der starke Einfluß der Gesundheits- und Arbeitspolitiker bzw. -bürokraten hat sich schließlich auch in der Bestimmung der Bundesanstalt für Arbeitsschutz als Anmeldestelle nach § 12 ChemG niedergeschlagen.

Dem entspricht die nicht ganz randscharf abgegrenzte Palette der vom Chemikaliengesetz geschützten **Rechtsgüter.** Überwiegend werden Mensch bzw. Leben und Gesundheit des Menschen und Umwelt nebeneinander genannt (vgl. § 1, § 4 Abs. 6, § 7 Abs. 1, § 11 Abs. 1, § 13 Abs. 3, § 14 Abs. 1 S. 1, § 16 Abs. 1 Nr. 3, § 17 Abs. 1 S. 1 und 2, § 23 Abs. 2 S. 1 ChemG). Dagegen stellt (der giftrechtlich geprägte) § 18 ChemG allein auf Leben und Gesundheit des Menschen (unter Berücksichtigung der Belange des Natur- und Tierschutzes), der arbeitsschutzspezifische § 19 ChemG außerdem auf den Schutz der Arbeitskraft und die menschengerechte Gestaltung der Arbeit ab. 17

---

[38] ABl. L 259 v. 15. 10. 1979, S. 10; zu deren Inhalt näher *Kloepfer* (FN 1), S. 21ff.; zur Umsetzung der Richtlinie durch das Chemikaliengesetz speziell *E. Rehbinder,* in: Gesellschaft für Rechtspolitik (Hg.), Chemikalienrecht, 1986, S. 79ff.

[39] Die Gesetzesbegründung beruft sich eigentümlicherweise nur auf Art. 74 Nr. 11 GG (Recht der Wirtschaft), vgl. BT-Drs. 8/3319, S. 18. Diese Vorschrift gestattet indes keine beliebige, primär umwelt- und gesundheitsschützend motivierte Gesetzgebung zur Gefahrenabwehr, vgl. *Kloepfer* (FN 1), S. 43.

[40] Hierzu unter legistischen Gesichtspunkten kritisch *Kloepfer/Meßerschmidt,* Innere Harmonisierung des Umweltrechts, 1987, S. 61ff.

18 Schließlich dient das Chemikaliengesetz (einschließlich der darauf gestützten Rechtsverordnungen) auch und gerade dem Schutz von **Innenräumen** vor Schadstoffen.[41]

II. Instrumentarium

19 Dem Chemikaliengesetz wird gemeinhin der Charakter eines Pioniergesetzes bescheinigt.[42] Dies trifft jedoch nur teilweise zu. Tatsächlich ruht das Chemikaliengesetz auf drei Säulen: dem Giftrecht, dem Arbeitsschutzrecht und – besonders stark – der Sechsten Änderungsrichtlinie der EG. In den giftrechtlichen (vgl. § 16 Abs. 5, § 17 Abs. 1 Nr. 1 und 3, § 18, § 13 Abs. 3 S. 2 ChemG sowie die Vorschriften zu besonders gefährlichen Stoffen in § 4 Abs. 6, § 17 Abs. 1 S. 1 Nr. 4 und 5 ChemG) und arbeitsschutzrechtlichen Regelungen (vgl. § 19, § 2 Abs. 2, 3, 5 und 6, § 21 Abs. 3 S. 1 Nr. 3 und 4, Abs. 6 ChemG) löst es frühere Regelungen, das Landesgiftrecht[43] bzw. das Arbeitsstoffgesetz von 1939[44], ab.

1. Anzeigeverfahren

20 Neuland betritt das Gesetz mit den allgemeinen Regelungen zum Schutz vor gefährlichen Stoffen, für die das EG-Recht Vorbild war. Zwar sind auch hier die Instrumente nicht völlig neuartig, wohl aber ihre Ausgestaltung und Anwendung: Das Chemikaliengesetz unterwirft erstmals prinzipiell sämtliche Umweltchemikalien einer **Kontrolle,** die bereits beim Herstellen, Einführen oder Inverkehrbringen und erst in zweiter Linie bei der Verwendung ansetzt (vgl. § 4 ChemG).

21 Dabei mißt es der **(kontrollierten) Eigenverantwortlichkeit** der Hersteller und Importeure (vgl. allgemein § 3 Rn. 54) besondere Bedeutung zu. Anstelle eines Zulassungsverfahrens, wie es die speziellen Gefahrstoffgesetze und die übrigen Umweltgesetze vorsehen, begnügt es sich im wesentlichen mit einem Anzeigeverfahren als dem im Prinzip mildesten Mittel zur Kontrolle umweltrelevanter Tätigkeiten.[45] Das Chemikaliengesetz bekennt sich damit zum Prinzip der **Produktionsfreiheit mit staatlichen Eingriffsvorbehalt,**[46] wobei die Eingriffsvorbehalte insbesondere in § 17 ChemG allerdings recht weit ausgefallen sind (s. u. Rn. 84f.). Das Gegenmodell „Produktionsverbot mit Erlaubnisvorbehalt“ kam nach der (von Regierung und Parlament insoweit geteilten) Auffassung der Wirtschaft mit Rücksicht auf die Innovations- und Wettbewerbsfähigkeit der Industrie und die unverhältnismäßig hohen Verwaltungskosten nicht in Betracht.[47] Außerdem wollte man eine Verantwortungsverlagerung auf den Staat vermeiden.[48] Die vom Gesetzgeber befürchteten haftungsrechtlichen Konsequenzen eines Zulassungsverfahrens bestehen jedoch wohl, wie die Beispiele des Arzneimittel- oder Pflanzenschutzrechts zeigen, grundsätzlich nicht.[49]

---

[41] Vgl. dazu BT-Drs. 10/5007, S. 5, sowie *Rat von Sachverständigen für Umweltfragen,* Sondergutachten „Luftverunreinigungen in Innenräumen“, 1987.
[42] Vgl. nur etwa *E. Rehbinder,* in: ders./Kayser/Klein, Chemikaliengesetz, 1985, Einf. Rn. 21.
[43] Vgl. die Aufstellung in § 47 Abs. 6 S. 1 Nr. 12 GefStoffV.
[44] Vgl. § 29 ChemG.
[45] Vgl. *Breuer,* in: v. Münch (Hg.), Besonderes Verwaltungsrecht, 8. Aufl., 1988, S. 601 ff., 637.
[46] *Radek/Friedel,* Das neue Chemikaliengesetz, 1981, S. 16.
[47] Vgl. BT-Drs. 8/3319, S. 17.
[48] BT-Drs. 8/4295, S. 6f.
[49] Vgl. zur Haftungsfrage *Kloepfer* (FN 1), S. 42f., und *E. Rehbinder* (FN 42), Einf. Rn. 81 ff. m. w. N.

Freilich handelt es sich um kein ganz schlichtes herkömmliches Anzeigeverfahren. Die umfassenden **Nachweispflichten** der Anmelder (vgl. § 7 ChemG, hierzu näher Rn. 46ff.) sollen den Behörden die dringend benötigten Informationsgrundlagen für eine wirksame Umweltchemikalienpolitik wie auch für Eingriffe im Einzelfall verschaffen. In der Datengewinnung wurde sogar die primäre Aufgabe des Chemikaliengesetzes gesehen.[50] 22

Zudem ist das Anzeigeverfahren mit einem **temporären Verbot** des Inverkehrbringens der anmeldepflichtigen Stoffe und Zubereitungen verbunden (s. Rn. 39). Diese dürfen frühestens 45 Tage nach der erstmaligen Anmeldung in Verkehr gebracht werden (§ 4 Abs. 1 S. 1 und Abs. 2 S. 1 ChemG). Sind Berichtigungen und Ergänzungen der Anmeldeunterlagen oder Prüfnachweise vorzunehmen, tritt ein weiterer Aufschub des grundsätzlichen Rechts auf Inverkehrbringen des Stoffes bzw. der Zubereitung ein (§ 8 Abs. 2 ChemG).

Hingegen wird die Vertriebsfreiheit von einem Verlangen zusätzlicher Prüfnachweise nach § 9 ChemG im Rahmen der sog. Stufenprüfung (s. Rn. 46ff.) nicht berührt.

2. *Einstufungs-, Verpackungs- und Kennzeichnungspflichten*

Auch das zweite Maßnahmenbündel des Chemikaliengesetzes, die Einstufungs-, Verpackungs- und Kennzeichnungspflichten (§§ 13, 19 Abs. 2 Nr. 2 lit. a ChemG), rechnen mit der Eigenverantwortung der Hersteller und Einführer sowie der Verbraucher, die in die Lage versetzt werden sollen, die Chemikalien sachgerecht zu verwenden und ihre Verwendung zu begrenzen (s. i. e. Rn. 73ff.). 23

3. *Verbote und Beschränkungen*

Das Chemikaliengesetz verzichtet indes – auch abgesehen von den temporären (anmeldungsbezogenen) Beschränkungen in den §§ 4 und 8 Abs. 2 ChemG – nicht ganz auf Verbote und Beschränkungen, sondern trifft z. T. sogar recht weitgehende Regelungen (hierzu näher Rn. 82ff.), wobei allerdings **Verordnungsermächtigungen** im Vordergrund stehen (insbesondere §§ 17 und 18 ChemG, z. T. auch § 19 ChemG). Die (nicht unbedenklich weite) Verordnungsermächtigung des § 17 ChemG[51] steht zudem unter einem ausdrücklichen Vorbehalt der **Subsidiarität** von Verboten und Beschränkungen gegenüber den anderen Instrumenten des Chemikaliengesetzes: Die Einführung von Verboten und Beschränkungen im Verordnungswege ist nämlich nur zulässig, soweit es zum Schutz von Leben oder Gesundheit des Menschen oder zum Schutz der Umwelt vor Gefahren, denen durch Einstufung, Verpackung und Kennzeichnung nicht hinreichend begegnet werden kann, erforderlich ist. Unmittelbar aufgrund des Chemikaliengesetzes sind nur vorläufige, temporär begrenzte Verbote (§ 23 Abs. 2 ChemG) sowie Verbote als Mittel zur Sanktionierung gesetzlicher Verhaltenspflichten, insbesondere eines Nachweisverlangens (§ 11 Abs. 2 ChemG) möglich. 24

---

[50] *E. Rehbinder*, NuR 1981, 185ff., 188.
[51] Vgl. zu den Bedenken *Kloepfer* (FN 1), S. 105ff.

III. Gesetzesaufbau

25 Das in sich nicht weiter untergliederte Gesetz legt zunächst – entsprechend der Gesetzgebungstechnik moderner Umweltgesetze – Zweck (§ 1 ChemG), Anwendungsbereich (§ 2 ChemG) und zentrale Begriffsbestimmungen (§ 3 ChemG) fest. Im übrigen folgt es dem Grobraster des in § 1 ChemG vorgegebenen Regelungskatalogs. Auf das Prüfungs- und Anmeldeverfahren beziehen sich die §§ 4–12 ChemG. Einstufungs-, Verpackungs- und Kennzeichnungspflichten sowie nachträgliche Mitteilungspflichten sind geregelt in den §§ 13–16 ChemG. Die §§ 17–19 ChemG enthalten umfassende umweltrechtliche, giftrechtliche und arbeitsschutzrechtliche Verordnungsermächtigungen. Spätestens hier, mehr noch bei den §§ 20ff. ChemG erweist sich der Gesetzesaufbau als unübersichtlich.[52] So erfolgen die Verbots- und Beschränkungs- bzw. Gebotsregelungen in § 17 und § 23 ChemG, weitere Regelungen zum Anmeldeverfahren jedoch – statt im Sachzusammenhang mit den §§ 4ff. ChemG – isoliert in den §§ 16 Abs. 3–5, 20 und 22 ChemG. Die Transparenz leidet zudem unter der Gesetzgebungstechnik der Ausnahme von der Ausnahme. Im übrigen finden sich an üblicher Stelle Bußgeld- (§ 26 ChemG), Straf- (§ 27 ChemG) und Schlußvorschriften (§§ 28–31 ChemG).

IV. Geltungsbereich des Chemikaliengesetzes

26 Da das Chemikaliengesetz – entgegen seinem umfassenden Titel – keine vollständige Normierung des Gefahrstoffrechts darstellt, sondern grundsätzlich vom Vorrang der allgemeinen medienbezogenen Umweltgesetze und der stoffrechtlichen Spezialregelungen ausgeht,[53] ist sein in § 2 ChemG geregelter Anwendungsbereich von einer Vielzahl von **Ausnahmetatbeständen** durchsetzt. Da das Gesetz hierbei zudem hinsichtlich einzelner Vorschriften und Vorschriftengruppen differenziert, stellt § 2 ChemG eine ebenso umfangreiche wie unübersichtliche Regelung dar. Gemeinsame Grundüberlegung ist dabei wohl, daß stoffrechtliche Rückschritte (durch Aufheben schärferer Kontrollstandards in Spezialgesetzen) ebenso vermieden werden sollen wie Doppelkontrollen.

27 Nach § 2 Abs. 1 ChemG gelten die Prüf-, Anmelde- und Meldepflichten, die Einstufungs-, Verpackungs- und Kennzeichnungspflichten sowie die partiellen Anzeige- und Erlaubnispflichten (also die umweltrechtlichen Zentralregelungen des Gesetzes) nicht für

- Lebensmittel, Tabakerzeugnisse und kosmetische Mittel i. S. des Lebensmittel- und Bedarfsgegenständegesetzes,
- Futtermittel und Zusatzstoffe,
- Arzneimittel, die einem Zulassungs- und Registrierungsverfahren nach dem Arzneimittelgesetz oder nach dem Tierseuchengesetz unterliegen sowie Stoffe bzw. Zubereitungen, die ausschließlich für die Arzneimittelherstellung bestimmt sind,

[52] Kritisch auch *E. Rehbinder* (FN 42), Einf. Rn. 27.

[53] *E. Rehbinder*, NuR 1981, 185ff., 188. Vgl. zum Verhältnis von Chemikaliengesetz und anderen Stoffgesetzen und den dabei auftretenden Rechtsproblemen ausführlicher *Kloepfer*, in: Gesellschaft für Rechtspolitik (Hg.), Chemikalienrecht, 1986, S. 1ff.

- Abfälle i. S. von § 1 Abs. 1 AbfG,
- radioaktive Abfälle,
- Abwasser i. S. von § 2 AbwAG, soweit es in Gewässer oder Abwasseranlagen eingeleitet wird sowie
- Altöle.

Ein ähnlich eingeschränkter Anwendungsbereich ergibt sich nach § 2 Abs. 4–6 ChemG für die nach dem Pflanzenschutzgesetz zulassungspflichtigen Stoffe, auf die allerdings die Einstufungs- und Kennzeichnungspflichten des Chemikaliengesetzes anwendbar sind. Bei Stoffen i. S. des Sprengstoffgesetzes sind gemäß § 2 Abs. 7 ChemG gerade diese Regelungen über Einstufungs- und Kennzeichnungspflichten nicht anwendbar, wohl aber alle übrigen. Mit Ausnahme der innerbetrieblichen Beförderung wird das Recht der Beförderung gefährlicher Güter (s. Rn. 137ff.) im ganzen ausgeklammert (§ 2 Abs. 8 ChemG).

Fast durchgängig anwendbar sind demgegenüber die **arbeitsschutzrechtlichen Regelungen** des Chemikaliengesetzes (vgl. § 2 Abs. 2, 3, 5 und 6 ChemG). Das Chemikaliengesetz braucht insoweit auf keine Sondervorschriften Rücksicht zu nehmen, da es das Gesetz über gesundheitsschädliche und feuergefährliche Arbeitsstoffe abgelöst hat (§ 29 ChemG). 28

Im übrigen ist jedoch bei der Abgrenzung der Ausnahmebereiche Sorgfalt geboten: So könnten trotz der Exemtionsklauseln **Präventivregelungen** i. S. von § 17 Abs. 1 S. 1 ChemG in bezug auf wasserbelastende Stoffe oder zur Begrenzung des Abfallaufkommens zulässig bleiben.[54] 29

Für *E. Rehbinder* ergibt sich dies aus dem im Chemikaliengesetz rezipierten Abwasser- bzw. Abfallbegriff: Präventivregelungen erfassen nicht Abfall, sondern Fertigerzeugnisse, die bestimmte gefährliche Stoffe enthalten, bevor sie zu Abfall werden können.[55]

Allerdings sind spezielle, in ihren Voraussetzungen engere Präventivregelungen wie die §§ 14 und 15 AbfG (s. § 12 Rn. 44ff. u. 56ff.) und die §§ 34 und 35 BImSchG (s. § 7 Rn. 127ff.) vorrangig zu beachten.

V. Zentralbegriffe des Chemikaliengesetzes

Soweit keine der Ausnahmen eingreift, unterliegen den Regelungen des Chemikaliengesetzes sämtliche gefährliche Stoffe und Zubereitungen, nicht dagegen Erzeugnisse. 30

1. Stoff

Als Stoff definiert § 3 Nr. 1 ChemG ein chemisches Element oder eine chemische Verbindung, die nicht weiter be- oder verarbeitet ist. Der naturwissenschaftliche Stoffbegriff wird insofern erweitert, als § 3 Nr. 1 ChemG Verunreinigungen und für die Vermarktung erforderliche Hilfsstoffe einschließt. 31

---

[54] *E. Rehbinder,* NuR 1981, 185ff., 188.
[55] *E. Rehbinder,* NuR 1981, 185ff., 188.

2. Zubereitung

32 Der in § 3 Nr. 2 ChemG umrissene Begriff der Zubereitung baut auf der Stoffdefinition auf. Zubereitungen sind Gemische, Gemenge oder Lösungen von Stoffen. Im Regelfall handelt es sich um mechanische Verbindungen im Unterschied zu den chemischen Verbindungen, die bereits dem Stoffbegriff unterfallen. Die grundsätzliche **Ausklammerung be- oder verarbeiteter Stoffe und Zubereitungen (Erzeugnisse)**[56] durch das Chemikaliengesetz erklärt sich daraus, daß eine Kontrolle der zahllosen chemischen Fertigerzeugnisse undurchführbar, im Regelfall aber auch unnötig ist, wenn die darin enthaltenen Gefahrstoffe bzw. Zubereitungen zuvor erfaßt werden. Unter bestimmten Voraussetzungen, namentlich im Bereich des Arbeitsschutzes und bei behördlichen Anordnungen, werden aber auch Fertigerzeugnisse erfaßt (vgl. § 2 Abs. 2, 3, 5, 6, § 17 Abs. 1 S. 1 Nr. 1 und S. 3, § 19 Abs. 5, § 23 Abs. 2 S. 1 ChemG).

3. Gefährlichkeit

33 Die Stoffgefährlichkeit charakterisiert das Chemikaliengesetz durch vierzehn Stoffeigenschaften, die in der **Verordnung über die Gefährlichkeitsmerkmale von Stoffen und Zubereitungen nach dem Chemikaliengesetz** vom 18. 12. 1981[57] (Kloepfer Nr. 418) präzisiert werden.

Gefährlich sind nach § 3 Nr. 3 lit. a–m ChemG Stoffe bzw. Zubereitungen, die
- giftig (mit den Feinabstufungen mindergiftig, giftig, sehr giftig)
- ätzend
- reizend
- explosionsgefährlich
- brandfördernd
- entzündlich (hoch- und leichtentzündlich)
- krebserzeugend
- fruchtschädigend (d. h. leibesfruchtschädigend) oder
- erbgutverändernd

sind. Definitionen der einzelnen Eigenschaften finden sich jeweils in der Gefährlichkeitsmerkmale-Verordnung (§ 1 VO).

34 Neben diesen Einzelmerkmalen bildet § 3 Nr. 3 lit. n ChemG einen **Auffangtatbestand.** Zu unterscheiden sind die beiden Untertatbestände der Gesundheitsschädlichkeit („sonstige chronische schädigende Eigenschaften") und der **Umweltgefährlichkeit,** wobei diese nicht nur die für den Umweltschutz relevanteste, sondern zugleich schwierigste Eigenschaftsgruppe darstellt.

Zwar ist der Begriff „Umweltgefährlichkeit", der im Chemikaliengesetz mehrfach auftaucht (§ 7 Abs. 1 Nr. 6, § 9 Abs. 1 Nr. 1c, § 9 Abs. 1 Nr. 2g), vom Gesetzgeber in diesem Zusammenhang nicht übernommen worden, er kann jedoch als eine verkürzende Beschreibung der ausführlichen Definition des § 3 Nr. 3 lit. n verwandt werden.[58] Das Gesetz spricht von Stoffen und Zubereitungen, „die selbst oder deren Verunreinigungen oder Zersetzungsprodukte geeig-

---

[56] Vgl. *Kloepfer* (FN 1), S. 52; vgl. dazu jedoch auch *Hartkopf/Bohne* (FN 3), S. 327, die von einer Regelungslücke sprechen, die teilweise zur Umgehung von Prüfpflichten mißbraucht werde.
[57] BGBl. I S. 1487.
[58] Ebenso *E. Rehbinder* (FN 42), § 3 Rn. 72f.

net sind, die natürliche Beschaffenheit von Wasser, Boden oder Luft, von Pflanzen, Tieren oder Mikroorganismen sowie des Naturhaushalts derart zu verändern, daß dadurch erhebliche Gefahren oder erhebliche Nachteile für die Allgemeinheit herbeigeführt werden".

Unter den Auffangtatbestand des § 3 Nr. 3 lit. n ChemG lassen sich regelmäßig auch die an anderer Stelle des Chemikaliengesetzes genannten Gefährlichkeitsmerkmale „verhaltensstörend" (§ 9 Abs. 1 S. 1 Nr. 2 lit. e ChemG), „fruchtbarkeitsverändernd" (§ 9 Abs. 1 S. 1 Nr. 2 lit. f ChemG) sowie „explosionsfähig" (§ 19 Abs. 1 S. 1 lit. a, b ChemG) fassen.

Während in den Fällen des § 3 Nr. 3 lit. a–m ChemG die gesetzgeberische Bewertung die konkrete Gefahrenbeurteilung ersetzt, verlangt § 3 Nr. 3 lit. n 2. Alt. ChemG für die Feststellung der Umweltgefährlichkeit eine mehrstufige **Prüfung:**
- des Vorliegens bestimmter Umweltbeeinträchtigungen (Veränderungen der natürlichen Beschaffenheit von Wasser, Boden oder Luft, von Pflanzen, Tieren oder Mikroorganismen sowie des Naturhaushalts),
- der hieraus folgenden Gefahr bzw. eines Nachteils, die
- für die Allgemeinheit erheblich sein müssen.

Weder das Chemikaliengesetz noch die Gefährlichkeitsmerkmale-Verordnung geben über den Gefahren- bzw. Nachteilsbegriff oder das Erheblichkeitskriterium Aufschluß. Hierin liegt eine Schwäche der Gesetzesformulierung, zumal das Chemikaliengesetz den **Gefahrenbegriff** sehr nuanciert und insofern verantwortlich gebraucht, ohne daß sich freilich immer eine klare Bedeutungsstaffelung ergibt. So unterscheidet das Gesetz nicht nur zwischen Gefahr und Gefahrenverdacht (vgl. §§ 4 Abs. 6, 11 Abs. 1, 17 Abs. 1 S. 3, 23 Abs. 2 S. 2 ChemG), sondern auch nach Gefahrenintensitäten und Gefahrenarten (vgl. § 19 Abs. 2 Nr. 8 – besondere Gefahr, § 3 Nr. 3 lit. n – erhebliche Gefahr für die Allgemeinheit, §§ 13 Abs. 3 S. 1, 23 Abs. 2 S. 1 – erhebliche Gefahr für Leben oder Gesundheit des Menschen oder die Umwelt, § 21 Abs. 3 S. 2 – dringende Gefahr für die öffentliche Sicherheit und Ordnung, §§ 17 Abs. 2 S. 1, 19 Abs. 2 Nr. 13 – Gefahr im Verzug.[59] Ob diesen begrifflichen Nuancierungen des Chemikaliengesetzes auch stets entsprechend differenzierte Rechtsfolgen entsprechen, steht freilich dahin. Grundsätzlich ist für die Interpretation der entsprechenden Vorschriften des Chemikaliengesetzes daher auf den allgemeinen ordnungsrechtlichen Gefahrenbegriff zurückzugreifen.[60] 35

Das **Erheblichkeitskriterium** soll eine erhöhte (quantitative oder qualitative) Intensität der Umweltbeeinträchtigung bezeichnen, „die im konkreten Fall auf der Grundlage einer problem- und situationsbezogenen Güterabwägung nach dem Verhältnismäßigkeitsprinzip zu ermitteln ist".[61] Hierbei ist davon auszugehen, daß Gefahren für Leben und Gesundheit von Menschen stets erheblich sind, das Erheblichkeitskriterium insoweit also nur deklaratorische Bedeutung besitzt. Seine limitierende Funktion beschränkt sich auf sonstige Rechtsgüter, die nur geschützt sind, wenn

---

[59] Zu den hieraus möglicherweise entstehenden Rechtsanwendungsproblemen *Kloepfer* (FN 1), S. 54ff., sowie *E. Rehbinder* (FN 1), S. 463f.

[60] So auch etwa *Uppenbrink/Broecker/Schottelius/Schmidt-Bleek,* Chemikaliengesetz, 1981ff., § 3 ChemG Rn. 52ff.; mit Einschränkungen *E. Rehbinder* (FN 42), Einf. Rn. 45, § 3 Rn. 84. Zur auch im Gefahrstoffrecht gebotenen Abgrenzung von Gefahrenabwehr und Risikovorsorge *Breuer,* in: Gesellschaft für Rechtspolitik (Hg.), Chemikalienrecht, 1986, S. 155ff., 167ff.

[61] *Hartkopf/Bohne* (FN 3), S. 324; enger *E. Rehbinder* (FN 42), § 3 Rn. 85.

erhebliche Schäden oder erhebliche Nachteile für die Allgemeinheit zu befürchten sind.[62]

36 Einen ähnlich variantenreichen, z. T. jedoch durchdachter wirkenden Gebrauch macht das Chemikaliengesetz von den **Technikklauseln** (s. § 2 Rn. 46). Insbesondere folgende Kriterien werden verwendet: „technisch nicht möglich oder nach dem Stand der wissenschaftlichen Erkenntnisse nicht erforderlich“ (§ 7 Abs. 2 S. 1 ChemG), „nach dem Stand der wissenschaftlichen Erkenntnis im Hinblick auf den Prüfungszweck vertretbar“ (§ 10 Abs. 3 ChemG), „nach gesicherter wissenschaftlicher Erkenntnis“ (§ 13 Abs. 1 S. 2, Abs. 2 S. 2 ChemG), „jeweilige(r) Stand der wissenschaftlichen Erkenntnis“ (§ 17 Abs. 1 S. 2 ChemG), „gesicherte sicherheitstechnische, arbeitsmedizinische, hygienische und sonstige arbeitswissenschaftliche Erkenntnisse“ (§ 19 Abs. 2 Nr. 1 ChemG).

4. Sonstige Legaldefinitionen

37 Im übrigen enthält § 3 ChemG Legaldefinitionen für die Begriffe der **Einstufung** (Nr. 4), des **Herstellers** (Nr. 5), des **Einführers** (Nr. 6), des **Inverkehrbringens** (Nr. 7), des **Verwendens** (Nr. 8) sowie der toxikokinetischen (Nr. 9) und biotransformatorischen (Nr. 10) Eigenschaft.

Als Inverkehrbringen (§ 3 Nr. 7 ChemG) gilt grundsätzlich die Abgabe an andere. Die sechste EG-Änderungsrichtlinie sieht den Tatbestand demgegenüber bereits durch das Verbringen in das Zollgebiet der Gemeinschaft erfüllt.[63] Bemerkenswert ist ferner, daß zum Verwenden im Sinne des Chemikaliengesetzes u. a. auch das Vernichten und innerbetriebliche Befördern gehört (vgl. § 3 Nr. 8 ChemG). Von einer Legaldefinition weiterer im Chemikaliengesetz ebenfalls mehrfach verwendeter unbestimmter, jedoch nicht gefahrstoffspezifischer Rechtsbegriffe hat der Gesetzgeber abgesehen.[64]

VI. Anmeldung und Prüfung

38 Hinsichtlich der in den §§ 4ff. ChemG geregelten Pflichten zur Anmeldung und Prüfung von Stoffen (als solche oder als Bestandteile von Zubereitungen) **unterscheidet** das Chemikaliengesetz **zwischen alten und neuen Stoffen,** je nachdem, ob sie vor oder nach dem 18. 9. 1981 erstmalig in einem Mitgliedstaat der EG in den Verkehr gebracht[65] worden sind (vgl. §§ 28 Abs. 1, 4 Abs. 4 und 5 ChemG). Die Prüf- und Anmeldepflichten des Chemikaliengesetzes gelten grundsätzlich nur für neue Stoffe und nicht bzw. nur ganz eingeschränkt für alte Stoffe. Damit bleibt der Großteil der derzeit auf dem Markt befindlichen Stoffe unerfaßt.[66] Wegen der beschränkten (primär privaten) Prüfkapazitäten in der Bundesrepublik Deutschland sah sich der Gesetzgeber zu einer Einbeziehung der Altstoffe in das Anmeldeverfahren außerstande.[67] Zudem wäre das System der Eigenkontrolle auch aus rechtlichen Gründen nicht – oder nur mit langen Übergangsfristen – auf die Altstoffe übertrag-

---

[62] Ebenso *Hartkopf/Bohne* (FN 3), S. 325.

[63] Dazu kritisch *Schottelius/Broecker,* in: Dokumentation zur 5. wissenschaftlichen Fachtagung der Gesellschaft für Umweltrecht e. V. Berlin 1981, 1982, S. 121ff., 126f.

[64] Beispiele bei *Kloepfer* (FN 1), S. 50f. Vgl. wegen weiterer Einzelheiten die (auch rechtsvergleichenden) Gesamtdarstellungen von *Kloepfer/Bosselmann,* Zentralbegriffe des Umweltchemikalienrechts, 1985, und *Kloepfer/Knebel,* Umweltchemikalienrecht, 1981.

[65] Zu beachten ist in diesem Zusammenhang § 5 Abs. 1 Nr. 3 ChemG. Ein Inverkehrbringen ist demzufolge erst gegeben, wenn die dort genannte Mengenschwelle überschritten ist, vgl. auch *E. Rehbinder* (FN 42), § 4 Rn. 13.

[66] Zum derzeitigen Stand der Erfassung alter Stoffe vgl. BT-Drs. 10/5007, S. 16ff.

[67] Vgl. BT-Drs. 8/3319, S. 17.

bar, da die den Herstellern bzw. Einführern damit aufgebürdete Nachweislast verbotsgleiche Wirkung hätte. Im übrigen spielten wettbewerbspolitische Motive eine Rolle, da Altstoffe vom EG-Recht ebenfalls nicht erfaßt werden.[68]

1. Neue Stoffe

a) Anmeldepflicht

Gemäß § 4 Abs. 1 bzw. Abs. 2 ChemG darf der Hersteller bzw. Einführer eines neuen Stoffes diesen erst nach Ablauf von **45 Tagen** in Verkehr bringen, nachdem er ihn unter Vorlage der Prüfnachweise (vgl. § 6 Abs. 1 Nr. 5, § 7 ChemG) bei der Anmeldestelle (§ 12 ChemG) angemeldet hat. Die Frist, während der ein **vorübergehendes Verbot des Inverkehrbringens** besteht, soll der Behörde die Möglichkeit zur Prüfung der eingereichten Unterlagen geben. 39

Der Anmelde- und Abwartenspflicht des Herstellers bzw. Einführers entspricht auf Seiten der Behörde (Anmeldestelle, s. Rn. 56) die **Bestätigungspflicht** gemäß § 8 Abs. 1 ChemG. Die Bestätigung stellt keine bloße Eingangsbestätigung, sondern eine Art behördliche Unbedenklichkeitsbescheinigung bezüglich der Vollständigkeit und Richtigkeit der Anmeldung – und damit einen Verwaltungsakt – dar (s. u. Rn. 57).[69] Soweit deren Voraussetzungen vorliegen, besteht ein (im Wege der Verpflichtungsklage durchsetzbarer) Rechtsanspruch auf Erteilung der Bestätigung.[70] Soweit innerhalb der 45-Tage-Frist keine **Beanstandung** durch die Behörde erfolgt (s. u. Rn. 56), darf der Stoff unabhängig von seiner etwaigen Gefährlichkeit in den Verkehr gebracht werden. 40

Der Anmeldung bedarf es nicht, wenn der Hersteller bzw. Einführer den Stoff bereits in einem anderen Staat der EG hergestellt oder eingeführt und dort in einem gleichwertigen Verfahren angemeldet hat (§ 4 Abs. 1 S. 2, Abs. 2 S. 2 ChemG). Dabei kommt es auf die Anmeldung durch *denselben* Hersteller bzw. Einführer an und nicht etwa darauf, ob der Stoff als solcher bereits einmal angemeldet wurde. Allerdings ist nach § 5 Abs. 2 ChemG eine Anmeldung auch bei Stoffen, die durch einen anderen Hersteller oder Einführer in einem anderen Mitgliedstaat der EG angemeldet wurden, entbehrlich, wenn seit der erstmaligen Anmeldung in einem anderen Mitgliedstaat der EG mehr als zehn Jahre vergangen sind. 41

Hintergrund der **EG-einheitlichen Geltung der Anmeldung** ist die in der 6. EG-Änderungsrichtlinie (zur Ermöglichung des einheitlichen Wirtschaftsgebiets der Gemeinschaft) statuierte wechselseitige Anerkennungspflicht (Art. 5, 22). Zu beachten ist jedoch, daß in der Bundesrepublik hergestellte Stoffe und Zubereitungen im Inland angemeldet werden müssen, auch wenn das erstmalige Inverkehrbringen in einem anderen Mitgliedstaat erfolgt.[71] Gewerbsmäßige Einführer müssen ihren Sitz im EG-Bereich haben (§ 4 Abs. 3 ChemG).

---

[68] Vgl. *Radek/Friedel* (FN 46), S. 48.

[69] Vgl. *Kloepfer* (FN 1), S. 70; wie hier auch *Uppenbrink u.a.* (FN 60), § 8 Rn. 7, 8; zur Gegenauffassung *E. Rehbinder* (FN 42), § 8 Rn. 14f. m.w.N., der die Bestätigung als schlichtes Verwaltungshandeln klassifiziert.

[70] So auch *Uppenbrink u.a.* (FN 60), § 8 Rn. 8, und *E. Rehbinder* (FN 42), § 8 Rn. 20, wobei letzterer sich von der hier vertretenen Auffassung allerdings hinsichtlich der Klageart (allgemeine Leistungsklage) unterscheidet.

[71] *Kippels/Töpner*, Das Chemikaliengesetz und seine Rechtsverordnungen, Bd. 2, 1984, § 4 Anm. 4.3 (S. 94).

42 Bei der grundsätzlich bestehenden Anmeldepflicht auch für **Zweit- oder Nachanmelder**[72] (wodurch es an sich zu überflüssigen Doppelprüfungen kommt) eröffnet das Chemikaliengesetz für diese jedoch eine Erleichterung hinsichtlich der Prüfnachweise (vgl. § 7 Abs. 3 ChemG bzw. § 4 Abs. 7 ChemG) durch mögliche Bezugnahme auf Nachweise in früheren Prüfungen. Zur Wahrung der Wettbewerbsgleichheit[73] und zur Erhaltung des ökonomischen Anreizes für Neuentwicklungen ist in beiden Fällen die (häufig gegen Entgelt erteilte) schriftliche Zustimmung des Erstanmelders erforderlich, auf dessen Prüfnachweise Bezug genommen wird. Auch dann steht die Zulassung der Bezugnahme noch im Ermessen der Anmeldestelle.[74]

Eine Verpflichtung des Erstanmelders zur Duldung der Bezugnahme würde demgegenüber erhebliche verfassungsrechtliche Probleme aufwerfen, jedenfalls wenn damit keine Verpflichtung zur Ausgleichszahlung verbunden wäre.

aa) Ausnahmen von der Anmeldepflicht

43 Von der Anmeldepflicht ausgenommen sind nach § 5 ChemG:

- **Polymere** unter in § 5 Abs. 1 Nr. 1 ChemG näher bezeichneten Voraussetzungen wegen ihrer generellen toxikologischen Unbedenklichkeit[75] (Nr. 1),
- Stoffe, die ausschließlich zu Forschungs- und Erprobungszwecken in den Verkehr gebracht werden und nur an nachzuweisende sachkundige Personen gelangen, für die Höchstdauer von einem Jahr **(Forschungs- und Erprobungsprivileg)**[76] (Nr. 2),
- Stoffe in geringen Mengen von weniger als einer Tonne jährlich **(Kleinmengenprivileg)**[77] (Nr. 3) sowie
- fremdangemeldete Stoffe, deren Erstanmeldung im EG-Ausland bereits vor mehr als zehn Jahren erfolgte **(Zeitablaufprivileg)**[78] (Abs. 2).

44 In fast all diesen Fällen bestehen jedoch **Mitteilungspflichten** nach § 16 Abs. 3–5 ChemG. Diese gehen allerdings weniger weit als die Anmeldepflicht, insbesondere besteht keine Nachweispflicht. Eine völlige „Meldefreiheit" genießen lediglich Stoffe, die ausschließlich zur Verwendung in einem Laboratorium bestimmt sind (§ 16 Abs. 3 S. 2 ChemG). Es handelt sich gewissermaßen um ein Privileg im Privileg. Überdies kann unter den Voraussetzungen des § 11 Abs. 1 Nr. 3 ChemG das Inverkehrbringen von Stoffen i. S. des § 5 Abs. 1 Nr. 2 und 3 ChemG von Bedingungen

[72] Vgl. zur Zweitanmelderproblematik *Bullinger,* NJW 1978, 2121ff., 2173ff.; *R. Scholz,* GewArch. 1982, 345ff.; *Zuleeg/Schefold,* Die Zweitanmelderproblematik, 1983; zum dabei erforderlichen Schutz von Betriebs- und Geschäftsgeheimnissen *M. Schröder,* Der Geheimhaltungsschutz im Recht der Umweltchemikalien, Bd. I, 1980, Bd. II, 1982.

[73] Vgl. nur *Bullinger,* NJW 1978, 2121ff., und *E. Rehbinder* (FN 42), § 7 Rn. 80.

[74] Ganz h. M., vgl. nur *Kloepfer* (FN 1), S. 70; *Radek/Friedel* (FN 46), S. 25; *E. Rehbinder* (FN 42), § 7 Rn. 86; *Uppenbrink u. a.* (FN 60), § 7 Rn. 51.

[75] Vgl. *Radek/Friedel* (FN 46), S. 19; dazu kritisch *E. Rehbinder* (FN 42), § 5 Rn. 5 m. w. N. Zu beachten ist in diesem Zusammenhang auch § 4 Abs. 5 S. 2 ChemG. Zu der sich hieraus ergebenden differenzierten Behandlung der Polymerisate usw. vgl. *Schiwy,* Chemikaliengesetz, 1980ff., § 5, S. 3f.

[76] Sinn dieser Regelung ist es, die Innovationsfähigkeit von Forschung und Industrie nicht unnötig zu behindern (vgl. BT-Drs. 8/3319, S. 19) wie auch die Anmeldestelle zu entlasten, da im Erprobungs- und Entwicklungsstadium oft noch nicht abzusehen ist, ob ein Stoff in den Verkehr gebracht wird. Zur Regelung im einzelnen *E. Rehbinder* (FN 42), § 5 Rn. 14ff.

[77] Durch diese nicht zweckgebundene (vgl. BT-Drs. 8/3319, S. 19) Regelung sollen die gesetzlichen Anmeldepflichten reduziert werden, wenn sie (insbesondere bezüglich der durch sie verursachten Kosten) wegen geringer Risiken übermäßig erscheinen. Vgl. i. ü. auch *E. Rehbinder* (FN 42), § 5 Rn. 23ff.

[78] Hierzu näher *Kloepfer* (FN 1), S. 77f.

abhängig gemacht oder mit Auflagen verknüpft werden, wodurch das Forschungs- und das Kleinmengenprivileg eine weitere Einschränkung erfahren.

Wegen der darin liegenden Begrenzung der dem Verfassungstext nach unbeschränkbaren Forschungsfreiheit (Art. 5 Abs. 3 GG) müssen derartige Eingriffe durch den Schutz eines anderen Verfassungsgutes gerechtfertigt sein.

bb) Inhalt der Anmeldung

In der schriftlichen Anmeldung hat der Anmelder **Angaben** zu machen über Identitätsmerkmale und geschätzte Stoffmenge sowie Hinweise zu geben über Verwendung, schädliche Wirkungen und Wiederverwendung bzw. Beseitigung des Stoffes (§ 6 Abs. 1 ChemG). Mit der Anmeldung sind auch die Prüfnachweise nach § 7 ChemG vorzulegen (§ 6 Abs. 1 Nr. 5 ChemG, § 7 ChemG – s. dazu sogleich Rn. 46). 45

Bei **gefährlichen Stoffen** i. S. von § 3 Nr. 3 ChemG sind gemäß § 6 Abs. 2 ChemG außerdem Vorsichts- und Unfallempfehlungen, die vorgesehene Einstufung entsprechend der Rechtsverordnung nach § 3 Nr. 3 ChemG sowie die Verpackung und Kennzeichnung anzugeben. Die Einzelheiten ergeben sich aus der Gefahrstoffverordnung (Kloepfer Nr. 420) und deren §§ 2ff. (s. dazu auch Rn. 73ff.).

Nach § 6 Abs. 3 ChemG bedarf es der Angabe der schädlichen Verwendungswirkungen und der vorgesehenen Einstufung nicht, wenn der anzumeldende Stoff bereits nach § 13 Abs. 3 ChemG vom Verordnungsgeber eingestuft ist (s. Rn. 73). Ob dies der Fall ist, ergibt sich aus der in Anhang VI der Gefahrstoffverordnung enthaltenen Liste eingestufter gefährlicher Stoffe und Zubereitungen. Diese umfaßt derzeit rund 1200 Stoffe und Zubereitungen.

Einzelheiten über Inhalt und Form der Anmeldeunterlagen sowie über Art und Umfang der beizufügenden Prüfnachweise regelt die **Anmelde- und Prüfnachweisverordnung** vom 30. 11. 1981[79] (Kloepfer Nr. 412).

cc) Prüfnachweise

Den durch § 7 ChemG statuierten Nachweispflichten (oder richtiger: -obliegenheiten) der Hersteller bzw. Einführer von Stoffen und Zubereitungen liegt das System der nach Prüfthematik und -intensität differenzierten **Stufenprüfung** zugrunde. Damit soll gewährleistet werden, daß die für die Beurteilung des Stoffes notwendigen Kenntnisse hinsichtlich etwaiger schädlicher Einwirkungen auf Mensch und Umwelt vom Anmelder erworben und vorgelegt werden. Nicht erforderlich ist, daß die Prüfungen vom Anmelder selbst durchgeführt werden.[80] Entsprechend der Verbreitung und Gefährlichkeit des Stoffes (Expositionsrisiko) können die Prüfungsanforderungen erweitert werden. 46

Zur sog. **Grundprüfung** nach § 7 Abs. 1 ChemG, die bei jeder Anmeldung nachzuweisen ist, gehören folgende Einzelprüfungen:[81] 47

– Ermittlung der physikalischen, chemischen und physikalisch-chemischen Eigenschaften, der Art und Gewichtsanteile der Hilfsstoffe, der Hauptverunreinigungen sowie der übrigen dem Hersteller oder Einführer bekannten Verunreinigungen und Zersetzungsprodukte,

---

[79] BGBl. I S. 1234, geänd. durch VO v. 14. 10. 1986, BGBl. I S. 1641.
[80] Vgl. §§ 7 Abs. 3, 4 Abs. 7 ChemG sowie BT-Drs. 8/3319, S. 20.
[81] Vgl. dazu näher *Radek/Friedel* (FN 46), S. 30ff., sowie zum ganzen auch ausführlich *Töpner/Kippels*, Das Chemikaliengesetz und seine Rechtsverordnungen, Bd. 3, 1984.

- Prüfung auf akute Toxizität,
- Prüfung auf *Anhaltspunkte*[82] für eine krebserzeugende oder erbgutverändernde Eigenschaft,
- Prüfung auf reizende, ätzende oder Überempfindlichkeitsreaktionen auslösende Eigenschaften,
- Prüfung auf subakute Toxizität (28-Tage-Test)[83],
- Prüfung auf *Anhaltspunkte* für Eigenschaften des Stoffes, die allein oder im Zusammenwirken mit anderen Eigenschaften des Stoffes umweltgefährlich sind.

Nach § 7 Abs. 2 ChemG entfällt die Prüf- und Nachweispflicht, wenn die Prüfung technisch nicht möglich oder nach dem Stand der wissenschaftlichen Erkenntnisse nicht erforderlich ist,[84] was der Anmelder jedoch zu begründen hat. Die wirtschaftliche Unvertretbarkeit einer Prüfung reicht nach dem Chemikaliengesetz für eine Ausnahme von der Prüf- und Nachweispflicht nicht aus. Insoweit ist das Chemikaliengesetz ökologisch rigoroser als andere Umweltgesetze.

48 Bei Erreichen bestimmter **Mengenschwellen** haben die Anmelder nach § 9 Abs. 1 ChemG auf Verlangen der Anmeldestellen (s. Rn. 56) **zusätzliche** – intensivere und kostenaufwendigere[85] – **Prüfungen** (die bei größeren Mengen erforderlich und erschwinglich sind) nachzuweisen:
- Ab einer Stoffmenge von 100 Tonnen jährlich bzw. 500 Tonnen seit Beginn der Herstellung oder Einfuhr, die im EG-Bereich in Verkehr gebracht werden, sind erstmalig Prüfungen auf subchronische Toxizität sowie auf Beeinträchtigung der Fruchtbarkeit und auf fruchtschädigende Eigenschaften durchzuführen. Die Prüfungen auf krebserzeugende, erbgutverändernde und umweltgefährliche Stoffeigenschaften sind zu vertiefen (§ 9 Abs. 1 Nr. 1 ChemG, **erste Zusatzprüfung**).
- Ab einer Stoffmenge von 1000 Tonnen jährlich bzw. 5000 Tonnen seit Beginn der Herstellung oder Einfuhr sind zusätzlich eine mögliche chronische Toxizität, verhaltensstörende, biotransformatorische und toxikokinetische Eigenschaften (vgl. die Legaldefinitionen in § 3 Nr. 9 und 10 ChemG) zu untersuchen. Die Prüfungen auf akute und subakute Toxizität sowie auf krebserzeugende, fruchtbarkeitsverändernde, fruchtschädigende und umweltgefährdende Eigenschaften sind (zum Teil abermals) zu vertiefen (§ 9 Abs. 1 Nr. 2 ChemG, **zweite Zusatzprüfung**).

49 Die für die erste bzw. zweite Zusatzprüfung vorausgesetzten Vermarktungsmengen werden allerdings von nur sehr wenigen Stoffen erreicht.[86] Deshalb kommt § 9 Abs. 2 ChemG erhebliche Bedeutung zu, wonach die Anmeldestelle **im Einzelfall** Zusatzprüfungen schon bei einer Jahresmenge von 10 Tonnen bzw. einer Gesamtver-

---

[82] Geprüft wird in diesem Zusammenhang nicht, ob krebserzeugende oder erbgutverändernde Eigenschaften vorliegen, sondern nur, ob dahingehende Verdachtsmomente vorhanden sind, vgl. *Kayser,* in: E. Rehbinder/Kayser/Klein, Chemikaliengesetz, 1985, § 7 Rn. 51 und 54; *Kloepfer* (FN 1), S. 68 Anm. 20.

[83] Gemäß § 4 Abs. 1 Nr. 5 ChemG Anmelde- und PrüfnachweisV.

[84] Hierzu näher *Kayser* (FN 82), § 7 Rn. 73ff., und *Kloepfer* (FN 1), S. 68f.; speziell zum „Stand der wissenschaftlichen Erkenntnisse" und zu benachbarten Standards nach dem Chemikaliengesetz *Marburger,* in: Gesellschaft für Rechtspolitik (Hg.), Chemikalienrecht, 1986, S. 327ff., 336 und passim.

[85] Vgl. *E. Rehbinder,* NuR 1981, 185ff., 186.

[86] Bis Anfang 1986 wurde eine Mengenschwelle erst einmal überschritten, vgl. BT-Drs. 10/5007, S. 12. Das Umweltbundesamt hatte demgegenüber 1978 noch damit gerechnet, daß die erste Mengenschwelle von ca. 20% und die zweite Schwelle von ca. 2% der Stoffe erreicht würde, vgl. *Hartkopf/Bohne* (FN 3), S. 329, und *Schiwy* (FN 75), § 9, S. 4, der sogar noch höhere Schätzungen zitiert.

breitung von 50 Tonnen verlangen kann, wenn die Vorlage der Nachweise unter Berücksichtigung der bisherigen Kenntnisse über den Stoff, seiner bekannten oder vorhersehbaren Verwendungszwecke bzw. der Ergebnisse der Grundprüfungen erforderlich ist. Diese Mengenvoraussetzung wird von der Mehrzahl der Stoffe und Zubereitungen erfüllt.[87]

Ein noch **weitergehendes Prüfverlangen** – unterhalb der Mengenschwellen und auch unabhängig von der Anmeldepflicht – kommt nach § 11 Abs. 1 Nr. 1 und 2 ChemG in Betracht, soweit sich aus tatsächlichen Anhaltspunkten eine erhebliche Wahrscheinlichkeit dafür ergibt, daß von dem Stoff eine Gefahr für Leben oder Gesundheit des Menschen oder die Umwelt ausgeht.[88] Dabei sind die Prüfnachweise nach § 9 Abs. 1 ChemG auf die jeweiligen **Verdachtsmomente** zu beschränken. Im Verhältnis zu den in § 9 ChemG enthaltenen Ausnahmen von der Anmeldepflicht bedeutet § 11 Abs. 1 ChemG eine Ausnahme von der Ausnahme.[89] 50

Wird einem Prüfverlangen nach § 9 ChemG oder nach § 11 Abs. 1 Nr. 1 und 2 ChemG von dem Hersteller bzw. Einführer nicht fristgerecht entsprochen, so kann die Anmeldestelle das **Inverkehrbringen** des Stoffes bzw. der Zubereitung gemäß § 11 Abs. 2 ChemG **untersagen.** 51

Im Unterschied zu den nach §§ 9 Abs. 2, 11 Abs. 1 ChemG erforderlichen Risikoabschätzungen folgen die Zusatzprüfungen nach § 9 Abs. 1 ChemG (mit Ausnahme der Einzelprüfungen nach § 9 Abs. 1 Nr. 2 lit. d und f ChemG, die unter einem Vorbehalt der Erforderlichkeit stehen) prinzipiell einer gesetzlichen Automatik. Auch wenn es des Prüfungsverlangens der Anmeldestelle bedarf, bedeutet dies nicht, daß dieser ein **Ermessen** oder ein Beurteilungsspielraum darüber eingeräumt wäre, ob es der zusätzlichen Prüfnachweise bedarf.[90] Mit Ausnahme der Einzelprüfungen nach § 9 Abs. 1 Nr. 2 lit. d und f ChemG ergibt sich die Notwendigkeit zusätzlicher Prüfnachweise abschließend aus dem Gesetz. Die Stufenprüfung beruht somit auf einer Kombination strikt mengenabhängiger Standardprüfungen (§§ 7, 9 Abs. 1 ChemG) mit risikoabhängigen Sonderprüfungen[91] (§§ 9 Abs. 2, 11 Abs. 1 Nr. 1 und 2 ChemG). 52

b) Mitteilungspflichten

Mit der Anmeldepflicht nach den §§ 4ff. ChemG nicht zu verwechseln sind die in § 16 ChemG geregelten, für sehr unterschiedliche Sachverhalte geltenden Mitteilungspflichten. Hierzu gehören *einerseits* an die Anmeldepflicht anknüpfende und diese ergänzende bzw. fortschreibende **Nachmeldepflichten** (§ 16 Abs. 1 und 2 ChemG), *andererseits* bestimmte Mitteilungspflichten, die sich auch auf **nicht anmeldepflichtige Stoffe** beziehen (§ 16 Abs. 3–5 ChemG) und somit einen schwächeren Ersatz für die nicht erforderliche Anmeldung darstellen. 53

---

[87] Vgl. *Hartkopf/Bohne* (FN 3), S. 269.

[88] In der Praxis wurden bis Anfang 1986 erst in zwei Fällen zusätzliche Prüfnachweise wegen des Vorliegens von Verdachtsgründen verlangt, vgl. BT-Drs. 10/5007, S. 12.

[89] Zur Gesetzestechnik der Ausnahme von der Ausnahme *Kloepfer,* NJW 1981, 17ff., 19.

[90] *E. Rehbinder* (FN 1), S. 468; *Töpner/Kippels* (FN 81), § 9 Anm. 3.1.3 (S. 91). Von einem Ermessensspielraum der Anmeldestelle (zwar wohl nicht i. S. eines Entschließungsermessens, aber eines Auswahlermessens) gehen demgegenüber *Kayser* (FN 82), § 9 Rn. 13 und 70, und *Uppenbrink u. a.* (FN 60), § 9 Rn. 15, aus.

[91] So auch *E. Rehbinder,* NuR 1981, 185ff., 186.

54 Die **Nachmeldepflichten** haben vor allem Änderungen bezüglich des angemeldeten Stoffes (u. a. Stoffmenge, Eigenschaften des Stoffes, neue Erkenntnisse über die Wirkungen des Stoffes auf Mensch oder Umwelt, Einstellung der Herstellung oder der Einfuhr des Stoffes) zum Gegenstand. Sie stehen zum Teil in engem Zusammenhang mit der Stufenprüfung (insbesondere § 16 Abs. 1 Nr. 2 und Abs. 2 ChemG), und zwar insofern, als die Anmeldestelle hierdurch in die Lage versetzt werden soll, die Bewertung des Stoffes zu überprüfen und ggf. rechtzeitig weitere Prüfungsverlangen zu stellen.[92]

55 Die **Nichtbeachtung von Mitteilungspflichten** kann als Ordnungswidrigkeit geahndet werden (§ 26 Abs. 1 Nr. 6 ChemG). Einschneidendere Sanktionen – etwa die Untersagung des Inverkehrbringens, wie dies § 11 Abs. 2 ChemG für den Fall der Mißachtung von Nachweisverlangen nach §§ 9 oder 11 Abs. 1 Nr. 1 und 2 ChemG ermöglicht, s. o. Rn. 51 – sind nicht vorgesehen.

c) Aufgaben von Anmeldestelle und Bewertungsstellen

aa) Beurteilungsbefugnis der Anmeldestelle

56 Das Chemikaliengesetz gibt der Anmeldestelle durch § 8 (oder eine andere Vorschrift) **keine Gegenprüfungsbefugnis,**[93] sondern beschränkt ihre Funktion auf eine Verfahrens-, Vollständigkeits- und (begrenzte) Schlüssigkeitskontrolle.[94] Die Anmeldeunterlagen und Prüfnachweise müssen nach § 8 Abs. 2 S. 1 ChemG eine **„ausreichende Beurteilung“** zulassen. Dies ist i. S. des § 7 Abs. 1 ChemG zu verstehen, wonach die Prüfnachweise die Beurteilung erlauben müssen, ob der angemeldete Stoff zu schädlichen Einwirkungen auf den Menschen oder die Umwelt führt.

Die **Anmeldestelle** ist bei der Bundesanstalt für Arbeitsschutz (Sitz Dortmund, vormals: Bundesanstalt für Arbeitsschutz und Unfallforschung) errichtet (§ 1 der Verordnung zur Bestimmung der Anmeldestelle nach dem Chemikaliengesetz vom 2. 12. 1981[95] – Kloepfer Nr. 410). Im Unterschied zur Bundesanstalt unterliegt sie jedoch der Fachaufsicht des Bundesministers für Umwelt, Naturschutz und Reaktorsicherheit (und nicht derjenigen des Bundesministers für Arbeit und Sozialordnung, § 2 VO). Sie ist für das gesamte Bundesgebiet zuständig.

Soweit die Anmeldeunterlagen und Prüfnachweise wegen „offensichtlicher Unvollständigkeit oder Fehlerhaftigkeit“ (vgl. Ziff. 2.1 der Allgemeinen Verwaltungsvorschrift zur Durchführung der Bewertung nach § 12 Abs. 2 ChemG vom 18. 12. 1981[96] – Kloepfer Nr. 401) keine ausreichende Beurteilung zulassen, muß sie dies innerhalb von 45 Tagen gegenüber dem Anmelder in Gestalt eines konkreten Berichtigungs- und Ergänzungsverlangens **beanstanden** (§ 8 Abs. 2 S. 1 ChemG). Das Recht zum Inverkehrbringen wird hierdurch gehemmt (§ 8 Abs. 2 S. 2 ChemG). Ein dagegen eingelegter Rechtsbehelf hat keine aufschiebende Wirkung (§ 8 Abs. 2 S. 3 ChemG).

---

[92] *E. Rehbinder,* NuR 1981, 185ff., 186.
[93] Dafür de lege ferenda *E. Rehbinder* (FN 1), S. 468.
[94] Vgl. etwa *Uppenbrink u. a.* (FN 60), § 8 Rn. 11ff. Etwas eng *E. Rehbinder,* NuR 1981, 185ff., 186, der ihre Aufgabe lediglich darin sieht, die formale Ordnungsmäßigkeit der Anmeldung sicherzustellen.
[95] BGBl. I S. 1238, geänd. durch VO v. 26. 11. 1986, BGBl. I S. 2089.
[96] BAnz. Nr. 240, S. 2.

Die Anmeldestelle handelt demnach zwar mit **Außenwirkung.**[97] Sie besitzt aber keine Handhabe, das Inverkehrbringen von Stoffen und Zubereitungen (außerhalb des Sonderfalls des § 11 Abs. 2 ChemG) zu beschränken oder zu verbieten (s. dazu auch Rn. 82ff.). Im übrigen hat sie die Prüfungsunterlagen an die Bewertungsstellen weiterzuleiten. 57

bb) Befugnisse der Bewertungsstellen

Von der Anmeldestelle sind die Bewertungsstellen zu unterscheiden, denen die **Bewertung** im Sinne von § 12 Abs. 2 ChemG obliegt. Sie erhalten die Prüfungsunterlagen von der Anmeldestelle zu diesem im Chemikaliengesetz selbst nicht näher definierten Zweck. 58

Als **Bewertungsstellen** hat die Bundesregierung neben der Bundesanstalt für Arbeitsschutz in Dortmund das Bundesgesundheitsamt und das Umweltbundesamt, beide in Berlin, bestimmt.[98]

In dieser Kompetenzverteilung spiegeln sich nicht nur die unterschiedlichen, nur unvollkommen verzahnten Regelungsgehalte des Chemikaliengesetzes, sondern auch der ursprüngliche Ressortkonflikt zwischen Arbeits-, Gesundheits- und Innenministerium,[99] denen die verschiedenen Bewertungsstellen jeweils zugeordnet waren bzw. sind. Die Errichtung des Bundesministeriums für Umwelt, Naturschutz und Reaktorsicherheit hat hieran nichts Grundsätzliches geändert, da ihm nur das Umweltbundesamt zugeordnet wurde, während die beiden anderen Bewertungsstellen in ihrer bisherigen Ressortzuordnung verbleiben. Auch wurde von einer Kompromißkonstruktion wie bei der Anmeldestelle abgesehen: Bewertungsstellen *sind* die Bundesanstalt für Arbeitsschutz, das Bundesgesundheitsamt und das Umweltbundesamt (Ziff. 1.2 AVwV, s. Rn. 60), während die Anmeldestelle lediglich *bei* der Bundesanstalt für Arbeitsschutz errichtet ist (§ 1 VO, s.o. Rn. 56) und der Fachaufsicht des Bundesumweltministers unterliegt.

Die Frage der Bewertung wird im übrigen vom Chemikaliengesetz völlig **unbefriedigend** (und wegen ihrer Unbestimmtheit verfassungsrechtlich nicht unbedenklich) **behandelt.** Die Regelung ist nicht nur im Rahmen des § 12 ChemG („Anmeldestelle") falsch plaziert,[100] sondern erschöpft sich in einer Regierungsermächtigung (nicht: Rechtsverordnungsermächtigung). Selbst ihr Bezugsobjekt (Bewertung des Stoffes oder der Unterlagen)[101] ist ungeklärt. 59

Die Allgemeine Verwaltungsvorschrift zur Durchführung der Bewertung nach § 12 Abs. 2 ChemG vom 18. 12. 1981[102] bestimmt als **Aufgabe** der Bewertungsstellen die „eigenverantwortliche und abschließende Prüfung der Unterlagen (...) auf Plausibilität und Validität" (Ziff. 3.1).[103] „Eigenverantwortlich" bedeutet in diesem 60

[97] So auch *E. Rehbinder* (FN 42), § 12 Rn. 3.

[98] Allgemeine Verwaltungsvorschrift zur Durchführung der Bewertung nach § 12 Abs. 2 ChemG v. 18. 12. 1981 (BAnz. Nr. 240, S. 2) Ziff. 1.2 (Kloepfer Nr. 401).

[99] Zu dem während des Gesetzgebungsverfahrens nicht gelösten Ressortkonflikt zwischen Arbeits- und Innenministerium vgl. *Kloepfer* (FN 1), S. 86f. Nach offizieller Lesart soll die Kompetenzverteilung dem Umstand Rechnung tragen, daß die Gefährdung durch chemische Stoffe situationsspezifisch verschieden sein kann und bei Gesundheitsschutz, Arbeitsschutz und Umweltschutz unterschiedliche Maßnahmen erforderlich sein können, vgl. BT-Drs. 10/5007, S. 23.

[100] Hierzu näher *Kloepfer* (FN 1), S. 91 Anm. 95.

[101] Für „Stoff" als Bezugsobjekt spricht § 12 Abs. 1 S. 2 Nr. 3 S. 2 ChemG, für „Unterlagen" § 12 Abs. 1 S. 2 Nr. 1 ChemG.

[102] BAnz. Nr. 240, S. 2.

[103] Vgl. zur Auslegung dieser Begriffe *E. Rehbinder* (FN 42), § 12 Rn. 73, und *Uppenbrink u. a.* (FN 60), § 12 Rn. 38f.

Zusammenhang vor allem, daß die Bewertungsstellen nicht an Stellungnahmen der Ministerien oder Einschätzungen der Anmeldestelle gebunden sind. Ihre Nachprüfung hat abschließenden Charakter.[104] Auch danach dürften freilich echte Gegenprüfungen allenfalls in Ausnahmefällen möglich sein.[105]

61 Die Bewertung ist sowohl für die Einstufung, Verpackung und Kennzeichnung als auch u. a. für Maßnahmen nach § 9 Abs. 1 S. 1 und 2 und § 11 Abs. 1 und 2 ChemG von **Bedeutung** (vgl. auch Ziff. 3.2 AVwV). Stets handelt es sich jedoch nur um ein internes, entscheidungsvorbereitendes Verfahren. Den Bewertungsstellen stehen *keine außenwirksamen Maßnahmen* zu Gebote.[106] Hierfür fehlt es schon an der Rechtsgrundlage, da in § 12 Abs. 2 ChemG nur von *Bewertung* die Rede ist. Nach außen tritt allein die Anmeldestelle in Erscheinung. Etwaige auf der Bewertung beruhende Beanstandungen nach § 8 Abs. 2 ChemG und Prüfverlangen nach § 9 Abs. 1 und 2 ChemG werden von dieser in eigener Verantwortung ausgesprochen. Es wird also stets gegen die Entscheidungen dieser Behörde geklagt werden müssen.

cc) Sonstige Aufgaben der Anmeldestelle

62 Neben der (bereits erörterten) *begrenzten* Kontrollkompetenz stehen der Anmeldestelle insbesondere folgende (ebenfalls bereits angesprochene) Befugnisse zu:
- **Beanstandungen** nach § 8 Abs. 2 ChemG gegenüber dem Anmelder wegen unvollständiger oder fehlerhafter Anmeldeunterlagen („Mängelrüge", s. o. Rn. 56),
- das Verlangen zusätzlicher **Prüfnachweise** gemäß § 9 Abs. 1 und 2 ChemG (s. o. Rn. 48f.) sowie
- die Befugnisse nach § 11 ChemG, insbesondere das außerordentliche Nachweisverlangen gemäß § 11 Abs. 1 Nr. 1 und 2 ChemG (s. o. Rn. 50),
- die Befugnis, das **Inverkehrbringen** von Stoffen mit **Bedingungen und Auflagen** zu verknüpfen (§ 11 Abs. 1 Nr. 3 ChemG) und das – allerdings auf den Fall der Nichterfüllung eines Nachweisverlangens nach § 9 Abs. 1 Nr. 1 oder 2 ChemG – beschränkte **Untersagungsrecht** (§ 11 Abs. 2 ChemG, s. Rn. 51).

63 Alle übrigen Aufgaben der Anmeldestelle sind in § 12 ChemG geregelt.
Danach bestehen inhaltlich umgrenzte **Informationspflichten**
- gegenüber den zuständigen Landesbehörden, an welche die vom Anmeldpflichtigen eingereichte Kurzfassung der Anmeldeunterlagen (s. Rn. 64) weiterzuleiten und die über das Bewertungsergebnis zu unterrichten sind (§ 12 Abs. 1 S. 2 Nr. 1 ChemG),
- gegenüber Herstellern und Einführern, denen auf Anfrage bei nachgewiesenem berechtigtem Auskunftsinteresse (etwa bei dargelegter Produktions- oder Einfuhrmöglichkeit) etwaige Anmeldungen eines Stoffes nach dem Chemikaliengesetz oder nach einem entsprechenden (nicht unbedingt „gleichwertigen") Verfahren im EG-Ausland[107] mitzuteilen sind (§ 12 Abs. 1 S. 2 Nr. 2 ChemG),
- gegenüber der EG-Kommission (§ 12 Abs. 1 S. 2 Nr. 3 ChemG).

64 Die für den letzten Fall statuierten abgestuften, tendenziell umfassenden **Weiterleitungspflichten an die EG-Kommission** begründen sich aus der EG-weiten Geltung

---

[104] Vgl. *E. Rehbinder* (FN 42), § 12 Rn. 73f.
[105] Vgl. *Kloepfer* (FN 1), S. 92.
[106] *E. Rehbinder* (FN 42), § 12 Rn. 69.
[107] Hierzu näher *Kloepfer* (FN 1), S. 87, und *E. Rehbinder* (FN 42), § 12 Rn. 30.

der Anmeldung.[108] Zunächst ist der Kommission eine **Kurzfassung** der Anmeldeunterlagen zuzuleiten (eine vollständige Ausfertigung nur dann, wenn der Anmeldepflichtige keine Kurzfassung vorgelegt hat). Die Kurzfassung muß allerdings in sich verständlich sein. Die vollständige Ausfertigung der Unterlagen ist nur auf Anforderung der Kommission oder einer Anmeldestelle eines anderen Mitgliedstaates zuzuleiten, wenn diese glaubhaft machen, daß Zweifel an der Bewertung des Stoffes bestehen und die Auskünfte für eine ordnungsgemäße Bewertung des Stoffes erforderlich sind.

Die **grenzüberschreitende Datenweitergabe** an nicht-deutsche Stellen ist vor allem hinsichtlich der **Geheimhaltung von Geschäfts- oder Betriebsgeheimnissen** (vgl. allgemein § 2 Rn. 37) problematisch.[109] 65

Die im Inland wegen § 22 ChemG auch für das Anmeldeverfahren geltende Geheimhaltungsvorschrift des § 30 VwVfG greift in diesem Fall nicht ein, weil deutsches Verwaltungsrecht ausländische Behörden nicht bindet. Um eine Auflösung des gerade für die chemische Industrie besonders wichtigen Entwicklungsgeheimnisses zu vermeiden und das Weiterleitungsverfahren nicht zu einer ausländischen Werksspionage ex lege entarten zu lassen, sind jedoch in § 12 Abs. 1 S. 2 Nr. 3 ChemG spezifische – in ihrer Wirksamkeit allerdings umstrittene – **Sicherungen** eingebaut.

Da aus der Sicht der EG-Kommission die deutschen Geheimhaltungsvorkehrungen teilweise sogar zu weit gehen, ist mit einzelnen Änderungen an § 12 Abs. 1 S. 2 Nr. 3 ChemG zu rechnen.[110]

Dies geschieht zum einen, wie dargestellt (s. o. Rn. 64), im Sinne eines präventiven Geheimnisschutzes durch die grundsätzliche Beschränkung auf summarische Information und die Statuierung einer Begründungspflicht für ein weitergehendes Informationsverlangen der anfordernden Stelle.[111] Zum anderen ist vor der Weiterleitung von Unterlagen, die Geschäfts- oder Betriebsgeheimnisse enthalten,

1. der Anmeldepflichtige zu hören (§ 12 Abs. 1 Nr. 3 S. 3 ChemG) sowie
2. von der anfordernden (ausländischen) Stelle darzulegen, daß sie Vorkehrungen zum Schutz von Geschäfts- und Betriebsgeheimnissen getroffen hat, die den inländischen Vorschriften gleichwertig sind.

Der Anmeldestelle ist es nicht verwehrt, sich auch ein Bild vom faktischen Vollzug dieser Vorschriften zu machen.

Hierbei bleibt freilich die grundlegende Schwierigkeit erhalten, den **Begriff des Geschäfts- oder Betriebsgeheimnisses** (vgl. auch § 2 Rn. 37 und § 7 Rn. 70) wie auch die (nicht nur hier, sondern auch in § 4 Abs. 1 S. 2, Abs. 2 S. 2 und § 5 Abs. 2 ChemG vorausgesetzte) Gleichwertigkeit der Verfahren[112] zu definieren. § 12 Abs. 4 ChemG bietet lediglich eine Negativausgrenzung. Danach fallen – aus Gründen des 66

---

[108] Hierzu näher *Kloepfer* (FN 1), S. 88, und *E. Rehbinder* (FN 38), S. 97ff.

[109] Dazu eingehend *M. Schröder*, Geheimhaltungsschutz im Recht der Umweltchemikalien, Bd. I, 1980, Bd. II, 1982, sowie *Uppenbrink u. a.* (FN 60), § 12 Rn. 12ff. und 47ff.

[110] Vgl. BT-Drs. 10/5007, S. 13; zu den Beanstandungen i. e. *E. Rehbinder* (FN 42), § 12 Rn. 39ff., und *M. Schröder* (FN 109), Bd. I, S. 55ff.

[111] Hierzu näher *E. Rehbinder* (FN 42), § 12 Rn. 37ff.

[112] A. A. *E. Rehbinder* (FN 42), § 12 Rn. 30.

objektiven Informationsbedarfs – unter den Begriff des Betriebs- oder Geschäftsgeheimnisses i. S. von § 12 Abs. 3 ChemG (jedenfalls) *nicht:*
- die Handelsbezeichnung des Stoffes,
- seine physikalisch-chemischen (nicht: physikalischen *und* chemischen) Eigenschaften i. S. des § 7 Abs. 1 Nr. 1 ChemG,
- die nach § 6 Abs. 1 Nr. 5 ChemG anzugebenden Verfahren zur sachgemäßen Beseitigung, zur möglichen Wiederverwendung und Neutralisierung,
- die Vorsichts- und Unfallempfehlungen gemäß § 6 Abs. 2 ChemG und
- die Auswertung der toxikologischen und ökotoxikologischen Versuche einschließlich der Namen der Versuchsverantwortlichen.

Von daher ist jedoch der Umkehrschluß erlaubt, daß die chemische Identität des Stoffes, die Zusammensetzung einer Zubereitung (vorbehaltlich der nach § 14 Abs. 1 S. 2 Nr. 2 ChemG bestehenden Kennzeichnungspflicht für gefährliche Bestandteile, s. Rn. 77ff.) und die Prüfnachweise als solche regelmäßig Geschäfts- oder Betriebsgeheimnisse darstellen.[113] Gemäß § 12 Abs. 3 ChemG sind entsprechende Angaben auf Verlangen des Anmeldepflichtigen als vertraulich zu kennzeichnen.

67 Soweit es sich demgegenüber um Angaben i. S. von § 12 Abs. 4 ChemG und also nicht um ein Betriebs- oder Geschäftsgeheimnis handelt, dürfte die Weitergabe von Unterlagen an die EG bzw. ins Ausland auch nicht den Kautelen des § 12 Abs. 1 S. 2 Nr. 3 S. 3 und 4 ChemG unterliegen.[114]

Die Regelungen des § 12 Abs. 3 und 4 ChemG gelten sowohl für den Geheimnisschutz im Inland als auch für die Weitergabe an ausländische Stellen.

2. Alte Stoffe

68 Wie dargestellt, gelten die Prüf- und Anmeldepflichten grundsätzlich nicht für Altstoffe (zur Begriffsdefinition s. o. Rn. 38). Die Anmelde- und Prüfpflicht kann jedoch durch eine Rechtsverordnung nach § 4 Abs. 6 ChemG auf *besonders gefährliche Altstoffe* erweitert werden,[115] wobei sich die Prüfnachweise auf Verdachtsmomente beschränken dürfen.

Die **Abgrenzung** zwischen alten und neuen Stoffen richtet sich materiell nach dem Stichtag[116] des erstmaligen Inverkehrbringens in einem Mitgliedstaat der EG (18. 9. 1981, vgl. §§ 4 Abs. 5, 28 Abs. 1 ChemG, s. o. Rn. 38).

69 Hierfür sieht das Chemikaliengesetz eine **Inventarisierung** der Altstoffe vor, die mit konstitutiver Wirkung ausgestattet ist.[117] Mit der Erstellung eines solchen (endgültigen) Altstoffverzeichnisses, die der Bundesregierung durch § 4 Abs. 5 ChemG zur Pflicht gemacht wird, ist indes kurzfristig nicht zu rechnen, da dies erst nach Veröffentlichung des EG-Altstoffinventars erfolgen kann.[118]

---

[113] So etwa auch *E. Rehbinder* (FN 1), S. 475.
[114] *Kloepfer* (FN 1), S. 90.
[115] Hierzu näher *Kloepfer* (FN 1), S. 85f., und *E. Rehbinder* (FN 1), S. 466f. Zum derzeitigen Stand der Arbeiten in diesem Bereich BT-Drs. 10/5007, S. 17ff.
[116] Kritisch zu den Auswirkungen der Stichtagsregelung BT-Drs. 10/5007, S. 16.
[117] Vgl. auch *E. Rehbinder,* NuR 1981, 185ff., 186, und *Kloepfer* (FN 1), S. 81.
[118] Vgl. BT-Drs. 10/5007, S. 3; *E. Rehbinder* (FN 42), § 4 Rn. 38.

Bundesregierung, Wirtschaft und Wissenschaft haben jedoch die Überprüfung alter Stoffe eingeleitet.[119] Dabei sollen zunächst die besonders gefährlichen Stoffe in Dossiers bzw. Prioritätslisten zusammengestellt werden, für die auch die Einführung einer Anmeldepflicht nach § 4 Abs. 6 ChemG in Betracht kommt. (Die Einbeziehung von Altstoffen in das Anmeldeverfahren setzt allerdings voraus, daß sie zuvor in einer Rechtsverordnung gemäß § 4 Abs. 5 ChemG bezeichnet sind.) Die Bundesregierung möchte die – in Anbetracht der Stoffülle nur kooperativ zu bewältigende (zum Kooperationsprinzip s. § 3 Rn. 44ff.) – Inventarisierung der Altstoffe innerhalb von 10 Jahren (d.h. bis 1996) abgeschlossen haben.[120]

Solange eine Rechtsverordnung nach § 4 Abs. 5 ChemG noch nicht vorliegt, **entfällt** die **Anmeldeverpflichtung** gemäß § 28 ChemG auch bei 70

- Eintragung des Stoffes in einem **EG-Verzeichnis** nach § 28 Abs. 1 S. 2 ChemG (damit ist jedoch nicht das bereits vorliegende vorläufige EG-Grundinventar,[121] sondern das noch ausstehende endgültige EG-Altstoffinventar[122] gemeint),
- Eintragung als Altstoff in einem **vorläufigen Verzeichnis der Bundesregierung** gemäß § 28 Abs. 2 S. 1 ChemG und
- **Einzelnachweis** einer Veräußerung vor dem Stichtag durch den Hersteller bzw. Einführer nach § 28 Abs. 1 S. 1 ChemG.

Ein **vorläufiges Verzeichnis** der Bundesregierung liegt in Gestalt der **Chemikalien-Altstoffverordnung** vom 2. 12. 1981[123] (Kloepfer Nr. 416) vor. Das als Anhang der Verordnung veröffentlichte Stoffverzeichnis entspricht dem vorläufigen EG-Grundinventar.[124] *„Vorläufig"* bedeutet in diesem Zusammenhang zweierlei: Zum einen wird damit auf den Übergangscharakter des Verzeichnisses abgehoben, zum anderen gilt durch die Aufnahme eines Stoffes in dieses Verzeichnis die Nachweispflicht auch nur *vorläufig* als *erbracht,* d.h. bis zur Veröffentlichung des endgültigen EG-Altstoffinventars (§ 28 Abs. 2 S. 2 ChemG). 71

Die Aufnahme eines Stoffes oder einer Zubereitung in die Rechtsverordnung wirkt (bis dahin) als abstrakt-genereller Nachweis der Altstoffeigenschaft. Daneben bleibt der Einzelnachweis nach § 28 Abs. 1 S. 1 ChemG möglich. Das vorläufige Altstoffverzeichnis verliert mit der Veröffentlichung eines (endgültigen) EG-Verzeichnisses nach § 28 Abs. 1 S. 2 ChemG seine Nachweisfunktion.[125] Durch ein Verzeichnis nach § 4 Abs. 5 ChemG (das in der Sache dem endgültigen EG-Altstoffinventar entsprechen wird, wenn auch nicht in allen Einzelheiten entsprechen muß)[126] wird es aufgehoben.

Der **Einzelnachweis** der Altstoffeigenschaft kann nach § 28 Abs. 1 S. 2 ChemG bis zu 6 Monaten nach Veröffentlichung des EG-Verzeichnisses geführt werden. Eine entsprechende Ausschlußfrist im Verhältnis zur Altstoffverordnung nach § 4 Abs. 5 ChemG sieht das Chemikaliengesetz nicht vor. 72

---

[119] Vgl. BT-Drs. 10/5007, S. 17ff.
[120] BT-Drs. 10/5007, S. 19.
[121] European Core Inventory (ECOIN), vgl. ABl. L 167 v. 24. 6. 1981, S. 31, und ABl. C 79 v. 31. 3. 1982, S. 3.
[122] European Inventory of Existing Chemical Substances (EINECS), vgl. ABl. L 167 v. 24. 6. 1981, S. 31; zu dessen Aufstellung *E. Rehbinder* (FN 42), § 28 Rn. 2.
[123] BGBl. I S. 1239.
[124] Vgl. auch *Uppenbrink u.a.* (FN 60), § 28 Rn. 14.
[125] Vgl. *E. Rehbinder* (FN 42), § 28 Rn. 21, sowie zu den Einzelheiten *Kloepfer* (FN 1), S. 82ff.
[126] A. A. *E. Rehbinder* (FN 42), § 5 Rn. 37.

VII. Einstufungs-, Verpackungs- und Kennzeichnungspflicht

73 Die in den §§ 13–15 ChemG geregelte Pflichtentrias der Hersteller und Einführer gilt grundsätzlich für anmeldepflichtige und anmeldefreie, für neue und alte Stoffe sowie für Zubereitungen.[127] Insofern ist der Anwendungsbereich dieser Pflichtentrias weiter als derjenige der Anmelde- und Nachweispflicht. In anderer Hinsicht ist er enger, da sich die Einstufungs-, Verpackungs- und Kennzeichnungspflicht **nur** auf **gefährliche Stoffe** bezieht (während die Anmelde- und Prüfungspflicht jeden neuen Stoff betrifft). Die Gefährlichkeit ergibt sich entweder aus der sog. **Normativeinstufung**[128] in einer Rechtsverordnung nach § 13 Abs. 3 ChemG (Listenprinzip[129]) oder, sofern der Stoff noch in keiner Einstufungsverordnung aufgeführt ist, aufgrund einer **Selbsteinstufung,** d. h. selbständiger Einstufung durch den Hersteller bzw. Einführer (Definitionsprinzip – § 13 Abs. 1 S. 2 ChemG). Eine Einstufungsverordnung liegt inzwischen in Gestalt der **Gefahrstoffverordnung** vom 26. 8. 1986[130] (Kloepfer Nr. 420) vor, die als Anhang VI eine Liste eingestufter gefährlicher Stoffe und Zubereitungen (derzeit rund 1200) enthält. Das Chemikaliengesetz teilt auf diese Weise die Verantwortung zwischen Wirtschaft und Bundesregierung auf,[131] wobei jedoch das Listenprinzip Vorrang vor dem Definitionsprinzip hat.

1. Einstufung

74 Die **Selbsteinstufung** beinhaltet nach § 3 Nr. 4 ChemG die Zuordnung des Stoffes zu einem Gefährlichkeitsmerkmal entsprechend § 3 Nr. 3 ChemG (s. o. Rn. 33ff.) und setzt eine Prüfung nach Maßgabe der §§ 7 oder 9 ChemG oder auf andere Weise gewonnene gesicherte wissenschaftliche Erkenntnisse voraus (vgl. § 13 Abs. 1 S. 2 ChemG).[132] Nach § 14 Abs. 2 S. 1 Nr. 3 ChemG kann die Bundesregierung durch Rechtsverordnung die Gesichtspunkte bestimmen, die der Selbsteinstufer mindestens zu beachten hat.[133] Dies ist inzwischen durch § 4 GefStoffV geschehen, der durch einen in Anhang I der Verordnung abgedruckten „Leitfaden zur Einstufung und Kennzeichnung gefährlicher Stoffe und Zubereitungen" (Nr. 1.1) weiter konkretisiert wird. Soweit die Gefährlichkeit eines nach § 5 Abs. 1 ChemG *anmeldefreien* Stoffes nicht hinreichend bekannt ist, besteht nach § 13 Abs. 3 S. 3 ChemG (wie auch nach § 4 Abs. 3 GefStoffV) eine Hinweispflicht auf die noch nicht vollständige Prüfung des Stoffes.

75 Zu beachten sind die **unterschiedlichen Voraussetzungen** für die **Verordnungseinstufung** einerseits und die **Selbsteinstufung** andererseits. Während die Selbsteinstufung sich allein nach den Gefährlichkeitsmerkmalen des § 3 Nr. 3 ChemG richtet (vgl. § 3 Nr. 4 ChemG), kommt eine Verordnungseinstufung nach § 13 Abs. 3 ChemG erst gegenüber Stoffen und Zubereitungen in Betracht, bei deren Inverkehr-

---

[127] Vgl. auch BT-Drs. 8/3319, S. 17.
[128] BT-Drs. 8/4295, S. 11.
[129] Zur Terminologie *Uppenbrink u. a.* (FN 60), § 13 Rn. 11ff.
[130] BGBl. I S. 1470, geänd. durch VO v. 16. 12. 1987, BGBl. I S. 2721.
[131] So zutreffend *E. Rehbinder* (FN 1), S. 472.
[132] Dazu näher *Kloepfer* (FN 1), S. 99f.
[133] Unter dem Titel „Art der Verpackung und Kennzeichnung" ist die Verordnungsermächtigung allerdings fehlplaziert.

bringen eine *erhebliche* Gefahr für Leben oder Gesundheit des Menschen oder für die Umwelt entsteht. Deshalb besteht die Pflicht zur eigenständigen Einstufung eines gefährlichen Stoffes nach § 13 Abs. 1 S. 2 ChemG auch dann, wenn der Verordnungsgeber eine Einstufung wegen fehlender Erheblichkeit der Gefahr unterlassen hat.[134]

Für **gefährliche Zubereitungen** gilt § 13 Abs. 1 ChemG entsprechend, allerdings 76
mit der Besonderheit, daß die Selbsteinstufungspflicht hier nur besteht, wenn in einer Einstufungsverordnung **Berechnungsverfahren** vorgeschrieben sind (§ 13 Abs. 2 S. 1 ChemG). Derartige Berechnungsverfahren sind inzwischen festgelegt (§ 4 Abs. 1–4 GefStoffV i. V. mit Anhang I).

2. *Verpackung und Kennzeichnung*

Die von der Einstufung abhängigen Verpackungs- und Kennzeichnungspflichten 77
nach § 13 ChemG werden in § 14 Abs. 1 ChemG der Art nach umschrieben. Grundsätzlich sind gefährliche Stoffe und Zubereitungen so zu verpacken und zu kennzeichnen, daß bei ihrer bestimmungsgemäßen Verwendung Gefahren für Leben und Gesundheit des Menschen und die Umwelt vermieden werden (§ 14 Abs. 1 S. 1 ChemG). Insbesondere muß die Verpackung sicher sein und darf mit dem Verpackungsinhalt keine gefährlichen Verbindungen eingehen (§ 14 Abs. 1 S. 2 Nr. 1 ChemG). Die Kennzeichnungsdirektive des § 14 Abs. 1 S. 2 Nr. 2 ChemG fordert außer einer Stoffbezeichnung die genaue Angabe des Herstellers bzw. Einführers, ein Gefahrensymbol, eine Gefahrenbezeichnung (i. S. der Gefährlichkeitsmerkmale nach § 3 Nr. 3 ChemG) sowie weitergehende Gefahrenhinweise und Sicherheitsratschläge.

Detaillierte Verpackungs- und Kennzeichnungspflichten ergeben sich aus der – in 78
Übereinstimmung mit der Regelungsermächtigung des § 14 Abs. 2 ChemG ergangenen – *Gefahrstoffverordnung* (s. o. Rn. 73).

Hiernach müssen Verpackungen gefährlicher Stoffe und Zubereitungen so beschaffen sein, daß vom Inhalt nichts ungewollt nach außen gelangen kann (§ 3 Abs. 1 S. 1 GefStoffV, ähnlich § 14 Abs. 1 S. 2 Nr. 1 ChemG). Diese Pflicht gilt als erfüllt, wenn das Versandstück nach den verkehrsrechtlichen Vorschriften über die Beförderung gefährlicher Güter (s. Rn. 137ff.) verpackt ist (§ 3 Abs. 1 S. 2 GefStoffV). Die Kennzeichnungspflichten werden durch § 4 GefStoffV i. V. mit deren Anhang I konkretisiert. Für krebserzeugende Stoffe und Zubereitungen (§ 5 GefStoffV) sowie für asbesthaltige oder Formaldehyd freisetzende Zubereitungen und Erzeugnisse (!) sowie für Aerosolpackungen (insbesondere als Spraydosen) gelten zusätzliche Kennzeichnungs- bzw. Warnpflichten.

Durch Rechtsverordnung können gemäß § 14 Abs. 2 S. 2 ChemG auch schutz- 79
zweckkonforme **Ausnahmen** von der Verpackungs- und Kennzeichnungspflicht vorgesehen werden.

Bei dieser – recht weitgehenden – Verordnungsermächtigung wurde vor allem an Stoffe gedacht, die – wie z. B. Düngemittel – herkömmlicherweise in loser Verladung vermarktet werden.[135]

---

[134] Vgl. *Kloepfer* (FN 1), S. 99; ebenso *Kayser* (FN 82), § 13 Rn. 22.
[135] BT-Drs. 8/3319, S. 21.

Von dieser Möglichkeit macht die Gefahrstoffverordnung zweifach Gebrauch:

Zum einen nimmt sie in § 3 Abs. 2 feste gefährliche Stoffe und Zubereitungen von der Verpackungspflicht aus, wenn bei bestimmungsgemäßer Verwendung Gefahren für Leben und Gesundheit des Menschen und die Umwelt nicht entstehen. Zum anderen gibt § 8 GefStoffV der Behörde in Einzelfällen die Möglichkeit, bei geringen Mengen mindergefährlicher Stoffe und Zubereitungen Ausnahmen von der Kennzeichnungspflicht zuzulassen bzw. einzelne Anforderungen zu lockern.

80 § 15 ChemG erstreckt die zunächst für Hersteller und Einführer geltende Verpackungs- und Kennzeichnungspflicht auch auf (gewerbsmäßige) **Weiterveräußerer** (z. B. Abfüller). Damit soll sichergestellt werden, daß gefährliche Stoffe und Zubereitungen nur mit intakt erhaltener Verpackung und Kennzeichnung oder entsprechender Neuverpackung und Kennzeichnung erneut in den Verkehr gebracht werden und nur so die Verbraucher erreichen. Darüber hinaus trifft den Weiterveräußerer nach § 15 S. 2 ChemG eine Art Nachbesserungspflicht, wenn ihm bekannt ist, daß die bisherige Verpackung oder Kennzeichnung nicht den Vorschriften des Gesetzes entsprochen hat. Diese Verpflichtung setzt allerdings positive Kenntnis der Gesetzwidrigkeit voraus.[136]

81 Verpackungs- und Kennzeichnungspflichten nach anderen Gesetzen, insbesondere nach den stoffrechtlichen **Spezialgesetzen** (z. B. § 20 PflSchG, § 3 DMG, s. u. Rn. 112 u. 125) bleiben von den Regelungen des Chemikaliengesetzes unberührt. Doch werden die Kennzeichnungspflichten der §§ 13–15 ChemG durch § 20 Abs. 1 PflSchG für entsprechend anwendbar erklärt (und durch § 20 Abs. 2 PflSchG ergänzt).

VIII. Verbote und Beschränkungen

1. Gesetzliche Regelung

82 Wie dargestellt, geht das Chemikaliengesetz von der **Subsidiarität** des Verbotsprinzips aus (s. o. Rn. 24).[137] Formell erschwert es Verbote und Beschränkungen dadurch, daß diese grundsätzlich nur durch **Rechtsverordnung** der Bundesregierung – also nicht durch Verwaltungsakt – ausgesprochen werden können, die ihrerseits der Zustimmung des Bundesrates bedarf (§ 17 Abs. 1 ChemG). Materiell setzt die Verordnungsermächtigung voraus, daß ein Verbot oder eine Beschränkung zum Schutz von Leben oder Gesundheit des Menschen oder zum Schutz der Umwelt vor Gefahren erforderlich ist, wobei § 17 Abs. 1 ChemG als milderes Mittel ausdrücklich Einstufung, Verpackung und Kennzeichnung nennt. Damit wird – über den allgemeinen Verhältnismäßigkeitsgrundsatz hinaus – der Vorrang eines Umwelt- und Verbraucherschutzes durch Information gegenüber der Intervention betont.

Dabei soll nicht verkannt werden, daß Informationen auch interventionsähnliche Wirkungen haben können (vgl. § 4 Rn. 150ff.).

83 Durch **Verwaltungsakt** (Anordnung der *Landesbehörden*) können lediglich Gesetzesverstöße beantwortet bzw. Eilmaßnahmen im Vorfeld einer Verordnung getrof-

---

[136] Hierzu näher *Kloepfer* (FN 1), S. 102f.
[137] Vgl. dazu statt vieler *Breuer* (FN 60), S. 211.

fen werden (§ 23 ChemG). Eilmaßnahmen der *Bundesregierung* sind dagegen ebenfalls nur im Verordnungswege möglich, wobei § 17 Abs. 2 ChemG allerdings auf das Zustimmungserfordernis des Bundesrates verzichtet.

Bemerkenswert ist das Changieren der Rechtsformen im Übergang von einer Einzelanordnung der Landesbehörden – etwa einem vorläufigen, auf drei Monate beschränkten Verbot – zum dauerhaften, nur im Wege einer Rechtsverordnung auszusprechenden Verbot. Eine Befugnis der Anmeldestelle zur Untersagung des Inverkehrbringens besteht daneben nur im Falle des § 11 Abs. 2 ChemG zur Durchsetzung zusätzlicher Prüfnachweise (s. o. Rn. 51).

Mit dieser offensichtlichen Eindämmung des Verbotsprinzips kontrastiert die – nicht unbedenkliche – **Weite der Verordnungsermächtigungen.** 84

- Nach § 17 Abs. 1 S. 1 Nr. 1 ChemG kann das Inverkehrbringen oder die Verwendung bestimmter gefährlicher Stoffe ganz oder teilweise (durch Festlegung einer bestimmten Beschaffenheit oder eines bestimmten Zweckes) untersagt werden.
- Nach § 17 Abs. 1 S. 1 Nr. 2 ChemG können darüber hinaus Herstellungs- und Verwendungsverfahren, bei denen bestimmte gefährliche Stoffe anfallen, verboten werden.
- § 17 Abs. 1 S. 1 Nr. 3 ChemG ermächtigt in Fortführung alter giftrechtlicher Ansätze zur Einführung von Zuverlässigkeits-, Gesundheits- und Sachkundeanforderungen.
- § 17 Abs. 1 S. 1 Nr. 4 ChemG ermöglicht die Einführung von Anzeige- und Erlaubnispflichten für Herstellung, Einfuhr, Vertrieb oder Verwendung bestimmter, insbesondere giftiger Stoffe und Zubereitungen.[138]
- Aufgrund § 17 Abs. 1 S. 1 Nr. 5 ChemG können Regelungen für die Aufbewahrung und Abgabe bestimmter, dort näher präzisierter Stoffe und Zubereitungen aufgestellt werden.

Unabhängig von der verfassungsrechtlichen Beurteilung dieser Verordnungser- 85
mächtigungen[139] ist festzustellen, daß mit den Ermächtigungen namentlich der Ziffern 1, 2 und 4 in das Chemikaliengesetz ein starkes **Entwicklungs- und Veränderungspotential** eingebaut ist. Bei extensivem Gebrauch können die Verbots- und Beschränkungsregelungen leicht zu den Zentralgehalten des Gefahrstoffrechts geraten. Daß Verbote und Beschränkungen jeweils nur „bestimmte" Stoffe erfassen dürfen, also nicht flächendeckend ergehen können, schließt eine Landnahme durch das Verbotsprinzip in wesentlichen Bereichen des Gefahrstoffrechts nicht aus. Ob die weitgehende Offenheit des Chemikaliengesetzes mit politischen Flexibilitätsvorteilen hinreichend gerechtfertigt werden kann,[140] muß hier dahinstehen. Eine Pflicht zur Verordnungsgebung besteht im Prinzip nicht.[141]

2. *Verordnungsregelung*

Mit der **Gefahrstoffverordnung** (Kloepfer Nr. 420, s. o. Rn. 8) hat der Verord- 86
nungsgeber auch von der Ermächtigung des § 17 Abs. 1 ChemG Gebrauch gemacht.

---

[138] Hierzu näher *Kloepfer* (FN 1), S. 108f.
[139] Vgl. dazu einerseits *Kloepfer* (FN 1), S. 43f., 105f., andererseits *Breuer* (FN 60), S. 177ff.; *Hartkopf/Bohne* (FN 3), S. 331, und *E. Rehbinder* (FN 42), Einf. Rn. 31ff.
[140] So etwa *Hartkopf/Bohne* (FN 3), S. 331.
[141] So grds. auch *E. Rehbinder,* NuR 1981, 185ff., 188.

Wichtige **generelle Verbote** (vgl. § 4 Rn. 116ff.) enthält § 9 GefStoffV. So verbietet § 9 Abs. 1 GefStoffV (aufgrund § 17 Abs. 1 S. 1 Nr. 1 ChemG) u. a. das Inverkehrbringen bestimmter asbesthaltiger Stoffe, Zubereitungen und Erzeugnisse; für formaldehydhaltige Holzwerkstoffe und Möbel sowie Wasch-, Reinigungs- und Pflegemittel bestehen Verbote des Inverkehrbringens, wenn bestimmte Grenzwerte überschritten werden (Abs. 3–5). Einem Verbot unterliegen ferner Stoffe, Zubereitungen und Erzeugnisse, die mehr als die zulässige Menge an bestimmten Dioxinen und Furanen enthalten (Abs. 6 S. 1). Hiervon ausgenommen ist lediglich ihre Abgabe als Zwischenprodukt oder zur Entsorgung sowie für Zwecke der Forschung oder der Eigenschaftsprüfung oder als Vergleichssubstanz für analytische Untersuchungen.

Ein **präventives Verbot mit Erlaubnisvorbehalt** (vgl. § 4 Rn. 45) errichtet § 11 GefStoffV für das Inverkehrbringen sehr giftiger oder giftiger Stoffe und Zubereitungen, sofern diese in Anhang VI der Verordnung erfaßt oder als neue Stoffe nach dem Chemikaliengesetz angemeldet (anzumelden) sind.

Von dem Erlaubniserfordernis befreit sind öffentliche Einrichtungen wie Forschungs-, Untersuchungs- und Lehranstalten, Apotheker, bestimmte Hersteller, Einführer und Großhändler mit einem in der Verordnung näher bezeichneten Kundenkreis sowie Tankstellen (§ 11 Abs. 2 GefStoffV).

Auf die Erteilung der Erlaubnis nach § 11 GefStoffV besteht ein **Rechtsanspruch,** wenn die Voraussetzungen der Sachkenntnis (§ 13 GefStoffV), der Zuverlässigkeit und der Volljährigkeit (in der Person des Antragstellers oder bei Unternehmen bei wenigstens einer dort tätigen Person) erfüllt sind (§ 11 Abs. 3 und 4 GefStoffV; vgl. auch § 17 Abs. 1 Nr. 3 ChemG).

Zusätzliche Anforderungen stellt § 12 GefStoffV an die Abgabe solcher Stoffe und Zubereitungen, für deren Inverkehrbringen (nach Anhang VI Spalte 9) Sachkenntnis erforderlich ist (vgl. auch § 17 Abs. 1 Nr. 5 ChemG).

Eine Abgabe von Stoffen und Zubereitungen darf nach § 12 GefStoffV insbesondere nur erfolgen, wenn eine Verwendung in erlaubter Weise zu erwarten ist und zwar nur an sachkundige und zuverlässige Personen (Beauftragte). Über die Abgabe von sehr giftigen und giftigen Stoffen und Zubereitungen nach § 11 Abs. 1 GefStoffV sind im Einzelhandel – wie bereits bisher – Aufzeichnungen zu führen. Der Empfang muß von dem (mit Namen und Anschrift zu registrierenden) Erwerber quittiert werden.

IX. Umgang mit Gefahrstoffen

87 Der Umgang mit Gefahrstoffen bildet herkömmlich vor allem den Gegenstand des technischen Arbeitsschutzrechts, jedenfalls soweit es die Herstellung (vgl. § 3 Nr. 5 ChemG) und Verwendung (vgl. § 3 Nr. 8 ChemG) von Gefahrstoffen an der Arbeitsstätte bzw. im Betrieb betrifft. Das Chemikaliengesetz hat diese früher primär im Gesetz über gesundheitsgefährliche oder feuergefährliche Arbeitsstoffe[142] geregelte Materie[143] zwar grundsätzlich integriert (das Arbeitsstoffgesetz trat deshalb auch nach § 29 ChemG außer Kraft), es beschränkt sich aber auf eine weitgefaßte, außerordentlich umfangreiche **Rechtsverordnungsermächtigung** in § 19 ChemG.[144]

---

[142] Ges. v. 25. 3. 1939 (RGBl. I S. 581), zuletzt geänd. durch Ges. v. 2. 3. 1974 (BGBl. I S. 469).
[143] Hierzu ausführlicher *Kloepfer* (FN 1), S. 114ff.
[144] Vgl. zur früheren Rechtslage *Spinnarke,* Sicherheitstechnik, Arbeitsmedizin und Arbeitsplatzgestaltung, 1981, S. 84ff.

Ihr Gegenstandsbereich umfaßt sicherheitstechnische und arbeitsmedizinische Beschaffenheitsanforderungen an die Arbeitsstätte (§ 19 Abs. 2 Nr. 1 ChemG) sowie Regelungen über Betrieb (Nr. 2, vgl. dazu u. a. §§ 19, 23, 24 GefStoffV), Schutzausrüstungen (Nr. 3, vgl. § 19 Abs. 4 S. 1 Nr. 1 GefStoffV), Beschäftigungsdauer (Nr. 4, vgl. § 19 Abs. 4 S. 1 Nr. 2 GefStoffV), Schulung (Nr. 5, vgl. § 20 GefStoffV), Verhaltenspflichten (Nr. 6) und Gesundheitsüberwachung (Nr. 9, vgl. §§ 28–35 GefStoffV) der Arbeitnehmer, Bestellung von Aufsichtspersonen für den Arbeitsschutz (Nr. 7), Unterrichtung des Betriebsrates (Nr. 11, vgl. § 21 GefStoffV), Bildung von Fachausschüssen (Nr. 12, vgl. § 44 GefStoffV)[145] bis hin zur Möglichkeit, besonders gefahrenreiche Arbeitsverfahren anzeige- oder erlaubnispflichtig zu machen (Nr. 8, vgl. dazu § 25 Abs. 2 GefStoffV) sowie zur Durchführung von Rechtsverordnungen Anordnungen im Einzelfall zu erlassen (Nr. 13). 88

Die **Gefahrstoffverordnung** hat einen großen Teil dieser Ermächtigungen in vollziehbares Recht umgesetzt (s. schon o. Rn. 88). 89

Teilweise ähnliche Regelungen fanden sich zuvor in der Arbeitsstoffverordnung,[146] die mit dem Inkrafttreten der Gefahrstoffverordnung am 1. 10. 1986 außer Kraft getreten ist (§ 47 Abs. 6 Nr. 1 GefStoffV).

Die im dritten Abschnitt der Gefahrstoffverordnung zusammengefaßten Regelungen über den Umgang mit Gefahrstoffen (§§ 14ff. GefStoffV) sind – wie die sie tragenden Vorschriften des Chemikaliengesetzes – dem Umweltschutz nur eher mittelbar zurechenbar, da sie primär Leben und Gesundheit der Arbeitnehmer, aber auch Dritter[147] in der näheren „Arbeitsumwelt" schützen.

Dabei gelten die Bestimmungen nicht nur für den eigentlichen Umgang mit Gefahrstoffen (nach § 15 Abs. 2 GefStoffV: das Herstellen und Verwenden von Gefahrstoffen i. S. des § 3 Nr. 5 und 8 ChemG), sondern überhaupt für Tätigkeiten in deren Gefahrenbereich (§ 14 Abs. 1 GefStoffV). Nicht erfaßt wird aber z. B. der Umgang mit Gefahrstoffen in Haushalten (§ 14 Abs. 3 Nr. 2 GefStoffV).
Die Bestimmungen gelten subsidiär auch im Pflanzenschutzrecht (§ 14 Abs. 2 GefStoffV), hingegen werden sie durch das Atomgesetz und das Sprengstoffgesetz generell verdrängt (§ 14 Abs. 3 Nr. 3 GefStoffV).[148]

Die Verordnung statuiert vor allem **Schutzpflichten des Arbeitgebers:** 90

Dessen allgemeine Schutzpflicht richtet sich auf die Befolgung der Gefahrstoffverordnung und der für ihn geltenden Arbeitsschutz- und Unfallverhütungsvorschriften sowie auf die Beachtung der allgemein anerkannten sicherheitstechnischen, arbeitsmedizinischen und hygienischen Regeln sowie der sonstigen gesicherten arbeitswissenschaftlichen Erkenntnisse (§ 17 GefStoffV).

Hierfür sind von besonderer Bedeutung die von der Gefahrstoffverordnung rezipierten (vgl. nur § 15 Abs. 4–6 GefStoffV) **MAK-Werte,** d. h. die Maximale Arbeitsplatzkonzentration wie auch der Biologische Arbeitstoleranzwert[149] (BAT)[150], und die (auf krebserzeugende Gefahr- 91

---

[145] Zur Ausschußregelung der Gefahrstoffverordnung kritisch *Finkelnburg,* in: Jahrbuch des Umwelt- und Technikrechts 1987 (UTR 3), 1987, S. 239ff.

[146] Zuletzt i. d. F. der Bek. v. 11. 2. 1982 (BGBl. I S. 144).

[147] Vgl. entsprechend zum Chemikaliengesetz *Kloepfer* (FN 1), S. 114 Anm. 9.

[148] Der Wortlaut ist wegen der soweit-Formulierung zwar unklar. Aus dem Vergleich mit Absatz 2 ergibt sich jedoch, daß in Absatz 3 eine subsidiäre Geltung (wie nach Absatz 2) nicht gemeint sein kann.

[149] Die Gefahrstoffverordnung spricht durchgängig von Biologischem Arbeits*platz*toleranzwert (vgl. nur §§ 15 Abs. 4, 18 Abs. 1 GefStoffV), meint aber wohl die Biologischen Arbeits*stoff*toleranzwerte i. S. der Technischen Regeln für Gefahrstoffe (TRGS 900), Bek. des BMA v. 24. 9. 1986 (BArbBl. 11/1986, S. 37).

[150] Bek. des BMA v. 24. 9. 1986 (BArbBl. 11/1986, S. 37). Vgl. dazu die in den Grundzügen weiterhin zutreffende Darstellung von *Spinnarke* (FN 144), S. 111ff.

stoffe bezogene) Technische Richtkonzentration (TRK)[151]. Hierbei handelt es sich um für einzelne Stoffe festgelegte Richtwerte, bei denen im allgemeinen die Gesundheit der Arbeitnehmer nicht beeinträchtigt wird. Sie werden von einer Kommission der Deutschen Forschungsgemeinschaft jährlich neu beschlossen und in Listen veröffentlicht und sodann auf Beschluß des Ausschusses für Gefahrstoffe (§ 44 GefStoffV)[152] in das technische Regelwerk für Gefahrstoffe einbezogen. Es handelt sich demnach zunächst nicht um Rechtssätze, sondern um technische Normen (s. § 2 Rn. 45ff.). Rechtliche Verbindlichkeit können sie daher nur erlangen, soweit in Rechtsvorschriften auf sie Bezug genommen wird. Dies ist in der Gefahrstoffverordnung auch geschehen. Dennoch dürften sie nicht zum Bestandteil der Gefahrstoffverordnung geworden sein, da die allgemeine Verweisung auf – sich regelmäßig ändernde – technische Regelwerke als sog. dynamische Verweisung (s. § 2 Rn. 47 u. 50) den rechtsstaatlichen Bestimmtheitsanforderungen nicht gerecht würde und zu einer verfassungswidrigen de facto Delegation gesetzgeberischer Entscheidungsmacht führen würde.[153] Als Ausdruck eines allgemein anerkannten Sicherheitsstandards können sie gleichwohl, wenn auch nicht mehr als „antizipierte Sachverständigengutachten" im Sinne der früheren Rechtsprechung des BVerwG[154] (s. § 2 Rn. 44), eine weitgehende faktische, freilich nicht strikte rechtliche Verbindlichkeit beanspruchen.

92 Die Einhaltung dieser Werte ist von den Arbeitgebern gemäß § 18 GefStoffV zu überwachen. Der Schutzpflicht voran geht eine Ermittlungspflicht (§ 16 GefStoffV). Die „Rangfolge der Schutzmaßnahmen" legt § 19 GefStoffV entsprechend dem Vorsorgeprinzip i. S. eines Vorranges der Gefahrstoffvermeidung gegenüber der Gefahrstoffbeseitigung fest.

Auf wichtige weitere in der Gefahrstoffverordnung geregelte Pflichten der Arbeitgeber wurde bereits eingangs im Zusammenhang mit den einzelnen Ermächtigungen nach § 19 ChemG hingewiesen (s. o. Rn. 90).

93 Besondere Anforderungen stellt § 24 GefStoffV an die **Aufbewahrung und Lagerung von Gefahrstoffen.**

Das allgemeine Gebot, Gefahrstoffe so aufzubewahren oder zu lagern, daß sie die menschliche Gesundheit und die Umwelt nicht gefährden, wird dabei ergänzt durch die Pflicht zu Vorkehrungen gegenüber Mißbrauch und Fehlgebrauch sowie durch spezielle Anforderungen bei besonders gefährlichen Stoffen und Zubereitungen.

94 Einer Erlaubnis bedürfen **Begasungen** mit sehr giftigen und giftigen Begasungsmitteln, soweit diese nicht sogar generell verboten sind (§ 25 GefStoffV).

Dabei setzt die Erlaubnis einen formellen Befähigungsnachweis (Befähigungsschein) voraus (§ 25 Abs. 3 und 4 GefStoffV).

X. Überwachung

95 Um die Durchführung des Chemikaliengesetzes und der darauf gestützten Rechtsverordnungen überwachen zu können, steht den nach § 21 Abs. 1 ChemG hierfür zuständigen Landesbehörden (nicht etwa der Anmeldestelle oder den Bewertungsstellen) vor allem das **Auskunftsverlangen** des § 21 Abs. 2 ChemG zu Gebote.

Die korrespondierende Auskunftspflicht (vgl. allgemein § 4 Rn. 135ff.) wird lediglich durch das aus dem Prozeßrecht geläufige Auskunftsverweigerungsrecht bei Gefahr möglicher Straf-

---

[151] Vgl. zu letzterer *Tilman,* in: Jahrbuch des Umwelt- und Technikrechts 1987 (UTR 3), 1987, S. 245ff.

[152] Kritisch im Hinblick auf Zusammensetzung und Arbeitsweise dieses Ausschusses, der an die Stelle des Ausschusses für gefährliche Arbeitsstoffe getreten ist, *Finkelnburg* (FN 145), S. 239ff., und *Wimmer,* NVwZ 1988, 130ff.

[153] Vgl. die Nachw. in § 2 FN 125.

[154] BVerwGE 55, 250 (256), jedoch ausdrücklich aufgegeben in BVerwGE 72, 300 (320).

verfolgung begrenzt (§ 21 Abs. 5 ChemG). Darüber hinaus verleiht § 21 Abs. 3 ChemG den Überwachungsbehörden im einzelnen
- weitgehende – Art. 13 GG einschränkende – Betretungs- und Besichtigungsrechte,
- Probeforderungs- und -entnahmerechte,
- Einsichtnahmerechte sowie
- spezifische Untersuchungsrechte.

Diese werden durch entsprechende Duldungs- und Unterstützungspflichten (§ 21 Abs. 3 S. 3 ChemG) flankiert. Die Verpflichtung zur Gutachtenbeibringung nach § 21 Abs. 6 ChemG ist auf den Bereich des Arbeitsschutzrechts beschränkt. Im übrigen enthält § 21 Abs. 4 ChemG eine Kostentragungsregel für die Überwachung, die sich grundsätzlich nach Legalität bzw. Illegalität des Verhaltens des Auskunftspflichtigen richtet.

Stellt die Behörde einen Rechtsverstoß fest, kann sie eine Anordnung nach § 23 ChemG treffen (s. o. Rn. 83).

XI. Verwaltungszuständigkeiten

Die administrativen Kompetenzen sind zwischen Bund und Ländern verteilt, in der Einzelzuordnung aber nicht ohne weiteres durchsichtig (vgl. nur die Aufgabenverteilung zwischen Anmelde- und Bewertungsstelle, s. o. Rn. 56ff.). Die Regelzuständigkeit, namentlich für die Überwachung (s. o. Rn. 95), liegt bei den **Landesbehörden** (§§ 21, 23, 19 Abs. 2 Nr. 8, 13 ChemG). 96

Meist werden die Aufgaben nach dem Chemikaliengesetz von der Gewerbeaufsicht wahrgenommen, z. T. bestehen auch besondere Leitstellen mit Koordinationsfunktion.

Dagegen sind die spezifischen Aufgaben im Anmeldeverfahren und bei der Stoffbewertung **Bundesstellen** (Anmeldestelle und Bewertungsstelle) zugewiesen (§§ 8, 9, 11, 12 Abs. 2 ChemG). Hinzu kommt die Sondervorschrift des § 24 ChemG für den Vollzug im Bereich der Bundeswehr (s. § 4 Rn. 285ff.).

D. Stoffrechtliche Spezialregelungen

Im Unterschied zum Regelungskonzept des Chemikaliengesetzes unterwerfen die Gesetze des besonderen Stoffrechts, namentlich das Pflanzenschutzgesetz (Kloepfer Nr. 450), das Düngemittelgesetz (Kloepfer Nr. 480) und das Futtermittelgesetz (Kloepfer Nr. 490), die von ihnen erfaßten Stoffe einem Zulassungsverfahren. Sie entsprechen insofern dem **Regelungsmodell** des Arzneimittelgesetzes[155] (Kloepfer Nr. 530). Das DDT-Gesetz (Kloepfer Nr. 475) geht sogar vom Verbot als Regelfall aus. Daneben sind aber auch Parallelen zum Maßnahmenkatalog des Chemikaliengesetzes, etwa hinsichtlich der Statuierung von Verpackungs- und Kennzeichnungspflichten, unverkennbar. Die von vielen Unterschieden im Detail begleiteten Regelungsparallelen entspringen zum Teil vergleichbaren Regelungsbedürfnissen. Das Ziel einer Binnenharmonisierung des Umweltrechts (s. § 1 Rn. 38) spricht grundsätzlich für eine weitere Angleichung. Hierzu bekennt sich auch das neue Pflanzenschutz- 97

[155] Gesetz über den Verkehr mit Arzneimitteln (Arzneimittelgesetz) v. 24. 8. 1976 (BGBl. I S. 2445, 2448, zuletzt geänd. durch Ges. v. 20. 7. 1988, BGBl. I S. 1050). Vgl. dort insbes. 4. Abschnitt (§§ 21ff.): Zulassung der Arzneimittel.

gesetz vom 15. 9. 1986.[156] Freilich kann dies keine völlige Nivellierung der Regelungsunterschiede bedeuten. Hierzu sind die Aufgaben der jeweiligen Gesetze zu unterschiedlich. Muß das Chemikaliengesetz einen allgemeinen Regelungsrahmen für eine kaum noch überschaubare Vielzahl unterschiedlich wirkender Gefahrstoffe bereithalten, so konzentrieren sich die Einzelgesetze des besonderen Gefahrstoffrechts auf sehr viel begrenztere Problembereiche und können hierauf zugeschnittene gefahrenspezifische Regelungen entwickeln. Zugleich erreichen sie eine höhere Regelungsdichte als das stark mit Verordnungsermächtigungen operierende Chemikaliengesetz, wenngleich auch sie auf konkretisierende Rechtsverordnungen nicht verzichten (vgl. Rn. 99).

98 Den eindeutigen Regelungsschwerpunkt des besonderen Gefahrstoffrechts bilden die **Agrarchemikalien.** Die **Bodenschutzkonzeption** der Bundesregierung vom Februar 1985[157] strebt insoweit eine Minderung des Eintrags schädlicher Stoffe wie Cadmium, Schwermetalle, Nitrat und persistente organische Verbindungen durch Düngemittel, Pflanzenschutzmittel und Klärschlamm an (s. auch § 14 Rn. 6 und 26ff.). Dies macht (teilweise bereits vorgenommene, s. Rn. 104) Änderungen der gefahrstoffrechtlichen Spezialregelungen erforderlich. Erhöhte Aufmerksamkeit verdient zudem das (rechtlich noch nicht hinreichend gewürdigte) Ineinandergreifen von stoffrechtlichen und anderen umweltrechtlichen Regelungen, insbesondere des Gewässerschutz- und des Abfallrechts (s. auch o. Rn. 5).

I. Pflanzenschutzrecht

1. Rechtsgrundlagen

99 Das Pflanzenschutzrecht hat seine Rechtsgrundlagen im **Gesetz zum Schutz der Kulturpflanzen (Pflanzenschutzgesetz – PflSchG)** vom 15. 9. 1986[158] (Kloepfer Nr. 450) sowie in den darauf gestützten **Rechtsverordnungen,** namentlich:

- Pflanzenschutz-Sachkundeverordnung vom 28. 7. 1987[159] (Kloepfer Nr. 452)
- Verordnung über Pflanzenschutzmittel und Pflanzenschutzgeräte (Pflanzenschutzmittelverordnung) vom 28. 7. 1987[160] (Kloepfer Nr. 453)
- Verordnung über Anwendungsverbote und -beschränkungen für Pflanzenbehandlungsmittel (Pflanzenschutz-Anwendungsverordnung) vom 27. 7. 1988[161] (Kloepfer Nr. 454)
- Verordnung zum Schutz der Bienen vor Gefahren durch Pflanzenschutzmittel (Bienenschutzverordnung) vom 19. 12. 1972[162] (Kloepfer Nr. 456).

Daneben existiert eine Vielzahl einzelner Schädlingsbekämpfungsverordnungen nach § 3 PflSchG,[163] bei denen der Schutz der Nutzpflanzen im Vordergrund steht.

---

[156] BGBl. I S. 1505. Vgl. zur Harmonisierung des PflSchG mit dem ChemG auch *E. Rehbinder,* NuR 1983, 249ff., 256f., auf der Basis des RegE zum PflSchG (BR-Drs. 355/83).
[157] BT-Drs. 10/2977.
[158] BGBl. I S. 1505.
[159] BGBl. I S. 1752.
[160] BGBl. I S. 1754.
[161] BGBl. I S. 1196.
[162] BGBl. I S. 2515.
[163] Z. B. VO zur Bekämpfung der San-José-Schildlaus v. 20. 4. 1972 (BGBl. I S. 629, zuletzt geänd. durch VO v. 20. 5. 1988, BGBl. I S. 640); VO zur Bekämpfung von Viruskrankheiten im Obstbau v. 26. 7. 1978 (BGBl. I S. 1120, zuletzt geänd. durch VO v. 20. 5. 1988, BGBl. I S. 640).

2. Zielsetzung

100 Im Mittelpunkt des Pflanzenschutzrechts steht seit jeher der **Pflanzen- und Vorratsschutz** vor Schadorganismen und Krankheiten (vgl. § 1 Nr. 1 und 2 i. V. mit § 2 Abs. 1 Nr. 1 PflSchG).

Bei vordergründiger Betrachtung könnte man den Pflanzenschutz schon deshalb dem Umweltschutz zurechnen, weil er Pflanzen und mithin einen wesentlichen Teil der Umwelt vor Schadorganismen schützt. Dies hieße jedoch verkennen, daß Pflanzenschutz in erster Linie nur Schutz der **Nutzpflanzen** bedeutet (wie die neue Gesetzesüberschrift „Gesetz zum Schutz der Kulturpflanzen" inzwischen auch verdeutlicht) und sich im übrigen vielfach umweltbelastend auswirkt. Überspitzt ausgedrückt: Er schützt einen Teil der Umwelt unter Aufopferung anderer Teile. Ausdrücklich gewollt und unvermeidbar ist dies hinsichtlich der Schädlingsbekämpfung (vgl. § 1 Nr. 1–3 PflSchG). Vermieden werden müssen jedoch die zahlreichen unerwünschten Nebenwirkungen eines isoliert und einseitig betriebenen Nutzpflanzenschutzes.

101 Bereits das Pflanzenschutzgesetz vom 10. 5. 1968[164] hatte daher der Zielsetzung des Pflanzen- und Vorratsschutzes den weiteren Gesetzeszweck zur Seite gestellt, „Schäden abzuwenden, die bei der Anwendung von Pflanzenschutzmitteln oder anderen Maßnahmen des Pflanzenschutzes oder Vorratsschutzes, insbesondere für die Gesundheit von Mensch und Tier, entstehen können" (§ 1 Abs. 1 Nr. 3 PflSchG a. F.). Das *neue* Gesetz zum Schutz der Kulturpflanzen (Pflanzenschutzgesetz-PflSchG) vom 15. 9. 1986[165] (Kloepfer Nr. 450), welches das alte Pflanzenschutzgesetz abgelöst hat (vgl. § 44 Abs. 1 Nr. 1 PflSchG) und zum überwiegenden Teil am 1. 1. 1987 in Kraft getreten ist (§ 46 Abs. 1 PflSchG),[166] hat den **ökologischen Akzent** verstärkt: Der Gesetzeszweck ist im heute geltenden § 1 Nr. 4 PflSchG umfassender dahin formuliert, „Gefahren abzuwenden, die durch die Anwendung von Pflanzenschutzmitteln oder durch andere Maßnahmen des Pflanzenschutzes, insbesondere für die Gesundheit von Mensch und Tier und für den Naturhaushalt, entstehen können".

Mit der terminologischen Umstellung von der Schadens- auf die Gefahrenabwehr gleicht sich das Pflanzenschutzgesetz dem üblichen Sprachgebrauch an und verstärkt zugleich den Präventivzweck. Durch die namentliche Erwähnung des Naturhaushaltes trägt es den komplexen Risiken des herkömmlichen intensiven Pflanzenschutzes, etwa auch für das Grundwasser (vgl. dazu auch § 6 Abs. 1 S. 3 PflSchG), Rechnung.

102 Auch nach der Neufassung des Pflanzenschutzgesetzes bleibt der Umweltschutzzweck jedoch ein Gesetzeszweck unter anderen. Der **Schutzzweck** steht **neben,** gesetzestechnisch sogar hinter dem **„Förderzweck"**, ohne daß der Gesetzgeber ein Vorrangverhältnis geschaffen hätte.[167] Die Zielstruktur des Pflanzenschutzgesetzes ist insofern derjenigen des Atomgesetzes vergleichbar. Ähnlich wie dort (s. § 8 Rn. 12) wird man jedoch zumindest den Schutz der menschlichen Gesundheit und den Grundwasserschutz als vorrangig gegenüber dem Pflanzenschutz anzusehen haben.[168] Dies folgt u. a. aus § 6 Abs. 1 S. 3 und § 15 Abs. 1 Nr. 3 PflSchG, wo die Integrität der Gesundheit und der Grundwasserschutz besonders hervorgehoben werden (vgl.

---

[164] BGBl. I S. 352, zuletzt i. d. F. der Bek. v. 2. 10. 1975, BGBl. I S. 2591.

[165] Vgl. FN 158.

[166] Demgegenüber sind die Verordnungsermächtigungen bereits am Tag nach der Verkündung (19. 9. 1986) in Kraft getreten.

[167] So auch *E. Rehbinder,* NuR 1987, 68ff., 68. Gegen einen generellen Vorrang des Schutzzwecks sprechen die Gesetzgebungsmaterialien, insbes. BT-Drs. 10/4618, S. 41, 45.

[168] Ebenso *E. Rehbinder,* NuR 1987, 68ff., 68.

zum Verhältnis von Pflanzenschutzgesetz und Bodenschutz § 14 Rn. 38ff.). Im übrigen bleibt vielfach Raum für Interessenabwägungen zwischen ökologischen und agrarökonomischen Belangen.

3. Pflanzenschutzbegriff

103 Der auf der Ebene der gesetzlichen Zweckbestimmung nicht bewältigte Konflikt zwischen dem engeren Ziel des (Nutz-)Pflanzenschutzes und der umfassenderen Aufgabe des Umweltschutzes schlägt sich auch in vielen Einzelregelungen des Pflanzenschutzgesetzes nieder. Verfehlt wäre es allerdings, die konkurrierenden Funktionen des Gesetzes stets als gegensätzlich zu betrachten. Auch die **Legaldefinition** des § 2 Abs. 1 Nr. 1 PflSchG, wonach zum Pflanzenschutz nicht nur der unmittelbare Schutz der Pflanzen vor Schadorganismen und nichtparasitären Beeinträchtigungen (früher: Krankheiten) und der Vorratsschutz gehören, sondern auch die Verwendung und der Schutz von Tieren, Pflanzen und Mikroorganismen als Mittel zur Bekämpfung von Schadorganismen (sog. biologischer Pflanzenschutz)[169] verdeutlicht, daß ein wirksamer Pflanzenschutz nur innerhalb und nicht zu Lasten des Umweltschutzes erfolgen kann.

104 Neu in das Pflanzenschutzgesetz aufgenommen wurde die Kategorie des **„integrierten Pflanzenschutzes"**, worunter § 2 Abs. 1 Nr. 2 PflSchG „eine Kombination von Verfahren" versteht, „bei denen unter vorrangiger Berücksichtigung biologischer, biotechnischer, pflanzenzüchterischer sowie anbau- und kulturtechnischer Maßnahmen die Anwendung chemischer Pflanzenschutzmittel auf das notwendige Maß beschränkt wird".

Das Pflanzenschutzgesetz reagiert mit dieser Kategorie, die in der Anwendungsgeneralklausel des § 6 PflSchG (s. Rn. 115) aufgegriffen wird, auf den in den letzten Jahren stark gestiegenen Einsatz von Pflanzenschutzmitteln, insbesondere von Herbiziden (Unkrautbekämpfungsmitteln).

4. Instrumente

105 Das **Kernstück** des Pflanzenschutzgesetzes bilden nach wie vor die Bestimmungen über den **Verkehr mit Pflanzenschutzmitteln** (§§ 11–23 PflSchG) und dort insbesondere die Zulassungsvorschriften (§§ 11–18 PflSchG). Das neue Pflanzenschutzgesetz regelt jedoch erstmals auch eingehender die **Anwendung** von Pflanzenschutzmitteln (§§ 6–10 PflSchG, anders noch das Düngemittelgesetz, vgl. Rn. 125). Als verbindendes Glied zwischen beiden Ebenen fungieren – im Prinzip bereits vom Chemikaliengesetz her bekannte (s. o. Rn. 77ff.) – **Kennzeichnungspflichten** (§§ 20, 21 PflSchG), die insbesondere in Verbindung mit der Beigabe einer pflichtgemäßen Gebrauchsanleitung (§ 15 Abs. 3 PflSchG) eine umweltverträgliche, d. h. vor allem sparsame und gezielte Verwendung der Pflanzenschutzmittel sicherstellen sollen.

a) Zulassung von Pflanzenschutzmitteln

106 Pflanzenschutzmittel sind gemäß § 15 PflSchG zuzulassen, wenn sie
- hinreichend wirksam sind,
- Erfordernissen des Schutzes der Gesundheit von Mensch und Tier beim Verkehr mit gefährlichen Stoffen ihnen nicht entgegenstehen und

---

[169] So bereits die Amtliche Begründung zum Pflanzenschutzgesetz von 1968 in BT-Drs. V/875, S. 10.

– bei bestimmungsgemäßer und sachgerechter[170] Anwendung oder als Folge einer solchen Anwendung keine schädlichen Auswirkungen auf die Gesundheit von Mensch und Tier und auf das Grundwasser eintreten.

Sonstige Auswirkungen, insbesondere auf den Naturhaushalt, stehen einer Zulassung nur entgegen, wenn sie „nach dem Stande der wissenschaftlichen Erkenntnisse nicht vertretbar sind" (§ 15 Abs. 1 Nr. 3 lit. b PflSchG). Insoweit (nicht jedoch im Hinblick auf die absolut geschützte Gesundheit und das Grundwasser) bedarf es also einer Abwägung zwischen engeren Pflanzenschutz- und weitergreifenden Umweltschutzzielen.

Hierbei ist allerdings zu berücksichtigen, daß der Gesetzgeber den Tatbestand der „sonstigen Auswirkungen" bewußt weit gefaßt hat.[171] Sobald sich diese Auswirkungen als schädlich für den Naturhaushalt erweisen, geht der Abwägungsspielraum gegen Null.

Welche Pflanzenschutzmittel und andere Mittel (z. B. Wachstumsregler, Saatgut und Kultursubstrate) im einzelnen dem **Zulassungsbedürfnis** unterliegen, ergibt sich aus § 11 PflSchG. 107

Einer bloßen Anmeldepflicht unterliegen dagegen sog. Pflanzenstärkungsmittel (§ 31 PflSchG, vgl. die Legaldefinition in § 2 Abs. 1 Nr. 10 PflSchG).

Dem mit umfangreichen Angaben zu versehenden **Zulassungsantrag** sind vom Antragsteller (Hersteller, erstmaligen Vertreiber oder Einführer) die zum Nachweis der Zulassungsvoraussetzungen erforderlichen Unterlagen und Proben beizufügen (§ 12 PflSchG). 108

Eine spezielle Regelung über Verwendung von Unterlagen eines Vorantragstellers (vgl. zur parallelen **Zweitanmelderproblematik** im Chemikaliengesetz o. Rn. 42) treffen die §§ 13 und 14 PflSchG.

Ob diese **Nachweispflicht** bzw. richtiger: -obliegenheit gleichbedeutend ist mit der Auferlegung der vollen materiellen Beweislast für das Vorliegen der Zulassungsvoraussetzungen, ist allerdings zweifelhaft.

Der **Zulassungsbehörde** – dies ist gemäß § 15 PflSchG die (in Braunschweig ansässige) Biologische Bundesanstalt (§ 33 PflSchG) – obliegt auch die Prüfung des Pflanzenschutzmittels (§ 15 Abs. 1 PflSchG); hierbei ist sie – anders als die Anmelde- und die Bewertungsstellen nach dem Chemikaliengesetz (s. o. Rn. 56ff.) – nach geltendem Recht[172] nicht auf eine bloße Überprüfung der Antragsunterlagen beschränkt, sondern auch zur Vornahme von **Gegenprüfungen** berechtigt und ggf. verpflichtet. 109

Die Einzelheiten des Zulassungsverfahrens regelt die Verordnung über Pflanzenschutzmittel und Pflanzenschutzgeräte (Pflanzenschutzmittelverordnung) vom 28. 7. 1987[173] (Kloepfer Nr. 453), welche die frühere Verordnung über die Prüfung und Zulassung von Pflanzenschutzmitteln vom 4. 3. 1969[174] abgelöst hat.

Die Zulassung ist nach § 15 Abs. 3 PflSchG mit **„Auflagen"**, insbesondere hinsichtlich der Fassung der Gebrauchsanleitungen, zu verbinden. Im Unterschied zu 110

---

[170] Kritisch gegenüber dieser einschränkenden Voraussetzung *E. Rehbinder,* NuR 1987, 68ff., 69.
[171] Vgl. BT-Drs. 10/4618, S. 48.
[172] Zu Novellierungsabsichten *E. Rehbinder,* NuR 1987, 68ff., 69.
[173] BGBl. I S. 1754.
[174] BGBl. I S. 183.

den meisten anderen, regelmäßig als Kann-Vorschriften formulierten Regelungen über Nebenbestimmungen (vgl. etwa nur § 12 BImSchG, § 8 Abs. 1 AbfG) behandelt das Pflanzenschutzgesetz die Auferlegung von Auflagen als zwingenden Bestandteil der Zulassung. Es ist indes zweifelhaft, ob es sich bei „Auflagen" nach § 15 Abs. 3 PflSchG überhaupt um Nebenbestimmungen oder nicht vielmehr um einen konstitutiven Bestandteil der Zulassung handelt (zur teilweise ähnlichen Problematik bei § 4 WHG vgl. § 11 Rn. 115ff.).

Die Zulassung ist auf höchstens 10 Jahre **befristet,** kann aber erneut erteilt werden (§ 16 Abs. 1 PflSchG).

111 Soweit **neue Erkenntnisse** eine Überprüfung der Zulassung erfordern, kann die Biologische Bundesanstalt vom Zulassungsinhaber Angaben, Unterlagen und Proben nachfordern (§ 15 Abs. 5 PflSchG). Dieser ist verpflichtet, von sich aus Änderungen gegenüber den Angaben und Unterlagen des Zulassungsantrages unverzüglich anzuzeigen (§ 15 Abs. 4 PflSchG) und jährlich, erstmals zum 30. 6. 1988, Art und Menge der Wirkstoffe der abgegebenen oder ausgeführten Pflanzenschutzmittel zu melden (§ 19 Abs. 1 PflSchG).

b) Weitere Anforderungen an das Inverkehrbringen von Pflanzenschutzmitteln

112 Pflanzenschutzmittel dürfen darüber hinaus nur mit einer entsprechenden **Kennzeichnung** in Verkehr gebracht werden. Nach § 20 Abs. 1 PflSchG sind die Vorschriften der §§ 13–15 ChemG entsprechend anzuwenden (s. o. Rn. 77ff.), doch stellt § 20 Abs. 2 PflSchG weitere spezifische Anforderungen.

113 Um einen unkontrollierten Verkauf von Pflanzenschutzmitteln zu verhindern und eine sachgerechte Beratung der Verbraucher zu gewährleisten, unterwirft § 22 PflSchG ihre **Abgabe im Einzelhandel** gewissen Beschränkungen. Wichtig ist hierunter insbesondere das Verbot der Selbstbedienung bei Pflanzenschutzmitteln.

114 Die **Ausfuhr** von Pflanzenschutzmitteln regelt § 23 PflSchG. Hierfür bestehen vor allem besondere Kennzeichnungs-, Verpackungs- und Anleitungspflichten (§ 23 Abs. 1 Nr. 1 und 2 PflSchG). Dagegen hat sich der Gesetzgeber nicht dazu verstanden, im Inland nicht zugelassene Pflanzenschutzmittel auch einem Exportverbot zu unterwerfen.[175]

Jedoch sollen bei der Ausfuhr internationale Vereinbarungen, insbesondere der Verhaltenskodex für das Inverkehrbringen und die Anwendung von Pflanzenschutz- und Schädlingsbekämpfungsmitteln der Ernährungs- und Landwirtschaftsorganisation der Vereinten Nationen, berücksichtigt werden (§ 23 Abs. 1 S. 2 PflSchG). Darüber hinaus kann die Ausfuhr in Staaten außerhalb der Europäischen Gemeinschaften im Verordnungswege verboten werden (§ 23 Abs. 3 PflSchG).

c) Anwendung von Pflanzenschutzmitteln

115 Nach § 6 Abs. 1 S. 1 PflSchG dürfen Pflanzenschutzmittel nur nach **guter fachlicher Praxis** angewandt werden. Hierzu gehört nicht nur die sachgerechte Anwendung, sondern, wie § 6 Abs. 1 S. 2 PflSchG ausdrücklich klarstellt, die Berücksichtigung der Grundsätze des integrierten Pflanzenschutzes, d. h. also insbesondere ein möglichst sparsamer Umgang mit Pflanzenschutzmitteln (s. o. Rn. 104). Pflanzenschutzmittel dürfen nicht angewandt werden, soweit der Anwender damit rechnen

---

[175] Vgl. wegen dieser Forderung *E. Rehbinder,* NuR 1987, 68ff., 71.

muß, daß ihre Anwendung schädliche Auswirkungen auf die Gesundheit von Mensch und Tier oder auf Grundwasser oder sonstige erhebliche schädliche Auswirkungen, insbesondere auf den Naturhaushalt, hat. Soweit Anwendungsbestimmungen der Biologischen Bundesanstalt der Gebrauchsanleitung nach § 15 Abs. 3 S. 2 PflSchG beigegeben sind (s. o. Rn. 110), so müssen diese eingehalten werden.

Zur Durchsetzung dieser Pflichten kann die (nach Landesrecht) zuständige Behörde Maßnahmen anordnen (§ 6 Abs. 1 S. 5 PflSchG); die Anwenderpflichten sind jedoch – mit Ausnahme vollziehbarer Anordnungen nach § 6 Abs. 1 S. 5 und § 10 Abs. 2 PflSchG (vgl. § 40 Abs. 1 Nr. 2a PflSchG) – nicht sanktionsbewehrt.

Ein **flächenbezogenes Anwendungsverbot** für Pflanzenschutzmittel spricht § 6 116
Abs. 2 PflSchG aus: Demnach dürfen Pflanzenschutzmittel auf Freilandflächen nur angewandt werden, soweit diese landwirtschaftlich, forstwirtschaftlich oder gärtnerisch genutzt werden.

Hierdurch wird vor allem die Verwendung von Pflanzenschutzmitteln an Feldrainen, Wegrändern, Teilen von Bahnanlagen und Böschungen unterbunden, während ihr Einsatz in Gärten und Parks, deren Einbeziehung in die Flächenbeschränkung teilweise ebenfalls gefordert wurde,[176] zulässig bleibt.

Unmittelbar an oberirdischen Gewässern und Küstengewässern dürfen Pflanzenschutzmittel überhaupt nicht angewandt werden (§ 6 Abs. 2 S. 2 PflSchG). **Ausnahmegenehmigungen** von der Flächenbeschränkung können nach § 6 Abs. 3 PflSchG erteilt werden, wenn der angestrebte (Pflanzenschutz-)Zweck vordringlich ist und mit zumutbarem Aufwand auf andere Weise nicht erzielt werden kann und überwiegende öffentliche Interessen, insbesondere des Schutzes von Tier- und Pflanzenarten, nicht entgegenstehen. Rechtspolitische Forderungen zielen darüber hinaus auf eine Ausweitung der flächenbezogenen Anwendungsverbote im Einzugsbereich von Gewässern.

Ausdrücklich von § 6 Abs. 2 PflSchG unberührt bleibt die **Befugnis der Länder** 117
zur Einführung weitergehender Flächenbeschränkungen für die Anwendung von Pflanzenschutzmitteln (§ 8 Nr. 1 PflSchG).

Die früher umstrittene Frage, ob neben dem bundesrechtlichen Pflanzenschutzgesetz weitergehende Beschränkungen nach Landesrecht, insbesondere nach dem Naturschutzrecht und Wasserrecht zulässig sind,[177] ist damit grundsätzlich zugunsten der Länder und der Zulässigkeit flankierender Regelungen entschieden (s. zur teilweise parallelen Problematik im Düngemittelrecht u. Rn. 126ff. mit weiteren Hinweisen zu den verschiedenen Möglichkeiten der Gefahrstoffbekämpfung auch außerhalb des Gefahrstoffrechts i. e. S.).

Sonstige Anwendungsverbote können durch Rechtsverordnung nach § 7 PflSchG 118
ausgesprochen werden.

Dies ist noch aufgrund entsprechender Ermächtigungen in den früheren Pflanzenschutzgesetzen zum einen durch die Verordnung über Anwendungsverbote und -beschränkungen für Pflanzenbehandlungsmittel **(Pflanzenschutz-Anwendungsverordnung)** vom 19. 12. 1980[178] (Kloepfer Nr. 454) und zum anderen durch die auf eine Sonderproblematik zugeschnittene

---

[176] Vgl. *E. Rehbinder,* NuR 1987, 68ff., 70.
[177] Vgl. hierzu *E. Rehbinder,* NuR 1987, 68ff., 70 m. w. N.
[178] Vgl. FN 161.

Verordnung zum Schutz der Bienen vor Gefahren durch Pflanzenschutzmittel vom 19. 12. 1972[179] (Kloepfer Nr. 456) geschehen.

Die Verbote oder Beschränkungen bzw. die ebenfalls mögliche Einführung einer Genehmigungs- oder Anzeigepflicht beziehen sich primär auf die Anwendung bestimmter Pflanzenschutzmittel (u. U. in Verbindung mit bestimmten Pflanzenschutzgeräten, vgl. § 7 Abs. 1 Nr. 1 PflSchG). Daneben kann aber auch der Anbau bestimmter Pflanzenarten auf Grundstücken mit (durch Pflanzenschutzmittel) vorbelasteten Böden untersagt werden (§ 7 Abs. 1 Nr. 2 PflSchG, § 2 Abs. 2 AnwendungsVO).

Hierbei handelt es sich um eine Maßnahme der Schadensbegrenzung, gleichsam um „passiven Pflanzenschutz" ähnlich demjenigen Lärmschutz, der nicht durch Lärmbegrenzung, sondern durch Ansiedlungsverbote in sog. Lärmschutzbereichen (s. § 7 Rn. 163) erreicht wird.

Auch insoweit sind weitergehende Länderregelungen zulässig (§ 8 Nr. 2 PflSchG). Die Anwendungsverbote werden durch entsprechende Abgabe- und Einfuhrverbote ergänzt (§ 7 Abs. 1 Nr. 3 und 4 PflSchG).

119 **Anzeigepflichtig** ist nach § 9 PflSchG, wer Pflanzenschutzmittel von Berufs wegen für andere anwendet. Schließlich formuliert § 10 Abs. 1 PflSchG **persönliche Anforderungen** hinsichtlich Zuverlässigkeit, Fachkenntnissen und Fertigkeiten derjenigen, die Pflanzenschutzmittel in einem Betrieb der Landwirtschaft, des Gartenbaus oder der Forstwirtschaft anwenden oder eine anzeigepflichtige Tätigkeit nach § 9 PflSchG ausüben oder als Ausbilder in einem dieser Bereiche tätig sind.

Wenn diese Voraussetzungen nicht erfüllt sind, kann die Tätigkeit ganz oder teilweise untersagt werden (§ 10 Abs. 2 PflSchG). Darüber hinaus sind die Bundesregierung und subsidiär die Landesregierungen ermächtigt, den erforderlichen Nachweis durch eine entsprechende Rechtsverordnung z. B. zum Gegenstand von Zugangsprüfungen zu machen (§ 10 Abs. 3 PflSchG).

Die **Pflanzenschutz-Sachkundeverordnung** vom 28. 7. 1987[180] (Kloepfer Nr. 452) macht die Ausübung dieser Tätigkeiten wie auch die Abgabe von Pflanzenschutzmitteln im Einzelhandel vom Bestehen einer Prüfung abhängig.

d) Pflanzenschutzgeräte

120 Eine eigene Regelung widmet das Pflanzenschutzgesetz den Pflanzenschutzgeräten (§§ 24–30 PflSchG).

Um ihre Ungefährlichkeit für Mensch und Umwelt zu gewährleisten, sieht das Pflanzenschutzgesetz ein **besonderes Verfahren der Eröffnungskontrolle** (vgl. allgemein § 4 Rn. 33ff.) vor, das gleichsam zwischen einem Anzeige- und einem Zulassungsverfahren steht: Hiernach hat, wer ein solches Gerät erstmalig in Verkehr bringen will, eine sog. **Erklärung** abzugeben (§ 25 PflSchG). Daraufhin erfolgt eine Eintragung in die sog. Pflanzenschutzgeräteliste (§ 26 PflSchG). Das Gerät wird hieraus mit der Folge eines Vertriebsverbotes gelöscht, wenn eine – nicht zwingende, sondern im pflichtgemäßen Ermessen stehende – Prüfung durch die Biologische Bundesanstalt (§ 27 PflSchG) erhebliche Mängel ergibt (§ 28 PflSchG). Weitergehende Verordnungsermächtigungen enthält § 30 PflSchG.

---

[179] Vgl. FN 162.
[180] Vgl. FN 159.

II. DDT-Gesetz

Das Gesetz über den Verkehr mit DDT (DDT-Gesetz) vom 7. 8. 1972[181] (Kloepfer Nr. 475) unterwirft die früher vielfach als Schädlingsbekämpfungsmittel verwendeten Stoffe der DDT-Gruppe und ihre Zubereitungen einem **grundsätzlichen Verbot** (§ 1 Abs. 1 DDTG). Dieses betrifft gleichermaßen Herstellung, Einfuhr, Ausfuhr, Inverkehrbringen, Erwerb und Anwendung. Eine Ausnahmegenehmigung ist nur mehr für Forschungs-, Untersuchungs- und Versuchszwecke sowie zur Synthese anderer Stoffe möglich (§ 1 Abs. 2 DDTG). Als Pflanzenschutzmittel darf DDT bereits seit 1977 nicht mehr verwendet werden[182] (s. auch § 14 Rn. 37). 121

Der Gesetzgeber hat hiermit die Konsequenz aus der besonderen Gefährlichkeit von DDT als einem persistenten und sich ubiquitär vor allem über die Nahrungskette verbreitenden Umweltgift gezogen.

Verboten ist auch das Inverkehrbringen von tierischen Lebensmitteln und Körperpflegemitteln, in denen **DDT-Rückstände** enthalten sind, die bestimmte Höchstmengen überschreiten (§ 6 Abs. 1 DDTG). Die zulässigen DDT-Höchstmengen sind in der (u. a. auf § 6 Abs. 2 DDTG gestützten) Verordnung über Höchstmengen an Pflanzenschutz- und sonstigen Mitteln sowie anderen Schädlingsbekämpfungsmitteln in oder auf Lebensmitteln und Tabakerzeugnissen **(Pflanzenschutzmittel-Höchstmengenverordnung – PHmV)** vom 24. 6. 1982[183] (Kloepfer Nr. 476) festgesetzt, die allerdings auch noch andere Schadstoffe erfaßt und primär dem Lebensmittelrecht (s. § 1 Rn. 59) zuzuordnen ist (s. auch § 14 Rn. 39). 122

III. Düngemittelgesetz

1. Zielsetzung

Ähnliche Probleme wie beim Pflanzenschutzgesetz stellen sich beim Düngemittelgesetz vom 15. 11. 1977[184] (Kloepfer Nr. 480), wobei dieses ursprünglich allerdings noch weniger als das Pflanzenschutzgesetz dem Umweltschutz zugeordnet werden konnte. Primärer Gesetzeszweck ist die **Ertragsförderung** der Landwirtschaft (vgl. § 1 Abs. 1 Nr. 1 DMG). Den Charakter (auch) eines Umweltschutzgesetzes erhält es erst dadurch, daß es das Inverkehrbringen von Düngemitteln einer Kontrolle unterwirft, die nicht nur ihrer Zwecktauglichkeit, sondern auch ihrer Umweltverträglichkeit gilt (vgl. auch § 14 Rn. 26ff.). 123

Vorrangiger Gesichtspunkt bei der Einführung der Typenzulassung war freilich nicht der Umweltschutz, sondern die Standardisierung von Düngemitteln im Interesse der Landwirtschaft.

---

[181] BGBl. I S. 1385, zuletzt geänd. durch Ges. v. 15. 9. 1986, BGBl. I S. 1505.

[182] Hieraus hat der Gesetzgeber 1986 die Konsequenz gezogen durch Streichung (§ 44 Abs. 1 Nr. 2 PflSchG v. 15. 9. 1986, BGBl. I S. 1505) des früheren § 1 Abs. 3 DDTG, der DDT-haltige Pflanzenschutzmittel von den Bestimmungen des DDT-Gesetzes für eine Übergangszeit ausnahm.

[183] BGBl. I S. 745, zuletzt geänd. durch VO v. 25. 4. 1988, BGBl. I S. 563, ber. S. 601.

[184] BGBl. I S. 2134.

2. Instrumente

a) Zulassung von Düngemitteln

124 Nach § 2 Abs. 2 DMG i. V. mit der darauf gestützten Rechtsverordnung (**Düngemittelverordnung** vom 19. 12. 1977)[185] (Kloepfer Nr. 482) sind Typen von Düngemitteln unter anderem nur zuzulassen, die bei sachgerechter Anwendung die Fruchtbarkeit des Bodens und die Gesundheit von Menschen und Haustieren nicht schädigen und den Naturhaushalt nicht gefährden.

Die **Typenzulassung** (s. auch § 4 Rn. 40) **durch Rechtsverordnung** unterscheidet das Düngemittelgesetz instrumental von der Zulassung nach dem Pflanzenschutzgesetz, die für jedes Mittel jeweils durch Verwaltungsakt erfolgt (s. o. Rn. 105ff.) und von daher einen höheren Verwaltungsaufwand erfordert.

Andernfalls dürfen die Düngemittel nicht in den Verkehr gebracht werden.

Das Zulassungserfordernis entfällt unter anderem bei Düngemitteln, die zum Export in Nicht-EG-Länder bestimmt sind (§ 2 Abs. 3 Nr. 1 DMG), bei sog. Wirtschaftsdüngern (tierischen Ausscheidungen, Stallmist, Gülle, Jauche, Kompost usw., vgl. die Legaldefinition in § 1 Abs. 1 Nr. 2 DMG sowie hier § 14 Rn. 30f.) und bei speziell für Rasen und Zierpflanzen bestimmten Düngemitteln (§ 2 Abs. 3 Nr. 4 DMG).

b) Anwendung von Düngemitteln

125 Die durch Überdüngungspraktiken in der Landwirtschaft mitverursachten **Gefährdungen** und Belastungen für **Boden** und **Grundwasser**[186] (s. § 11 Rn. 5 und § 14 Rn. 26ff.) unterstreichen die Notwendigkeit auch einer ökologischen Kontrolle der Düngemittel. Insofern stellt das Düngemittelgesetz allerdings keine erschöpfende Regelung der Düngemittelproblematik dar, da es – anders als das neue Pflanzenschutzgesetz hinsichtlich der Pflanzenschutzmittel (s. o. Rn. 115ff.) – Bestimmungen über die Anwendung von Düngemitteln nicht enthält. Diesbezüglich trifft es lediglich gewisse Vorkehrungen im Rahmen der – in den Grundzügen den übrigen Gefahrstoffgesetzen entsprechenden – Regelung über **Kennzeichnung und Verpackung** von Düngemitteln (§ 3 DMG).

Auch hier handelt es sich wieder um eine Verordnungsermächtigung, von der die Düngemittelverordnung mit ihren §§ 2ff. Gebrauch gemacht hat.

c) Ergänzende Regelungen

126 Das Düngemittelgesetz läßt insofern Raum für die Einführung von Beschränkungen des Düngemittelauftrages aufgrund anderer Gesetze (vgl. auch § 14 Rn. 29).

127 Eine Rechtsgrundlage für die Bekämpfung der Überdüngung durch Klärschlamm, Jauche, Gülle oder Stallmist bietet die Verordnungsermächtigung des § 15 AbfG. Die hiernach ergangene **Klärschlammverordnung** (AbfKlärV) vom 25. 6. 1982[187] (Kloepfer Nr. 320) enthält Beschränkungen bis hin zu Aufbringungsverboten von (bei der Abwasserbehandlung anfallenden) Klärschlämmen auf landwirtschaftlich, forstwirtschaftlich oder gärtnerisch genutzten Böden (hierzu näher § 12 Rn. 44f. und § 14 Rn. 34ff.). Hinzu kommen Gülleverordnungen der Länder.[188]

---

185 BGBl. I S. 2845, zuletzt geänd. durch VO v. 24. 6. 1988, BGBl. I S. 921, ber. S. 1216.

186 Vgl. hierzu statt aller *Salzwedel*, NuR 1983, 41ff.

187 BGBl. I S. 734.

188 Vgl. etwa die nordrhein-westfälische VO über das Aufbringen von Gülle und Jauche (Gülleverordnung) v. 13. 3. 1984 (GV NW S. 210).

In **Wasserschutzgebieten** ermöglicht § 19 Abs. 2 WHG Beschränkungen und Verbote auch hinsichtlich der Anwendung von Dünge- und Pflanzenbehandlungsmitteln. Soweit hierdurch die ordnungsgemäße (!) land- oder forstwirtschaftliche Nutzung eines Grundstücks beschränkt wird, ist unterhalb der Enteignungsschwelle gemäß § 19 Abs. 4 WHG ein angemessener Ausgleich nach Maßgabe des Landesrechts für hierdurch verursachte wirtschaftliche Nachteile zu leisten (hierzu näher § 11 Rn. 163ff.). 128

Die landwirtschaftliche Bodenbehandlung stellt hingegen im Regelfall keine erlaubnispflichtige **wasserrechtliche Benutzung** i. S. von § 3 Abs. 1 Nr. 5 WHG dar, auch wenn hierbei Düngemittel oder Pflanzenschutzmittel in das Grundwasser versickern. Der erlaubnispflichtige Vorgang des Einleitens von Stoffen in das Grundwasser setzt zusätzlich zur Verursachung einer Grundwasserinfiltration ein zweckgerichtetes, gewässerbezogenes Verhalten voraus[189] (s. auch § 11 Rn. 52ff.). Hieran fehlt es bei einer normalen Düngung. Bei einem nicht sachgemäßen Aufbringen von Düngemitteln dürfte jedoch der Auffangtatbestand des § 3 Abs. 2 Nr. 2 WHG erfüllt sein,[190] wonach als Benutzungen auch (sonstige) Maßnahmen gelten, die geeignet sind, dauernd oder in einem nicht nur unerheblichen Ausmaß schädliche Veränderungen der physikalischen, chemischen oder biologischen Beschaffenheit des Wassers herbeizuführen. Derartige Überdüngungen dürften zwar erlaubnispflichtig, aber nicht erlaubnisfähig sein. Sie können mithin im Rahmen der Gewässeraufsicht unterbunden werden (vgl. stellvertretend für alle Landeswassergesetze § 93 LWG Rh.-Pf.) und – zumindest theoretisch – zu einer Haftung nach § 22 WHG führen. 129

Da Düngemittel grundsätzlich auch dem **Chemikaliengesetz** unterliegen (im Ausnahmekatalog des § 2 ChemG sind sie – anders als etwa Pflanzenschutzmittel – nicht genannt), ist auch daran zu denken, den Düngemitteleinsatz über eine Rechtsverordnung nach § 17 Abs. 1 Nr. 1 ChemG zu begrenzen.[191] 130

d) Verkehrsbeschränkungen

Das Inverkehrbringen von Bodenhilfsstoffen, Kultursubstraten und Pflanzenhilfsmitteln (vgl. die Legaldefinitionen in § 1 Abs. 1 Nr. 3–5 DMG) sowie solcher Düngemittel, die nicht dem Zulassungsbedürfnis unterliegen (§ 2 Abs. 3 DMG), kann im Verordnungswege beschränkt und ggf. verboten werden, soweit dies der Schutzzweck erfordert (§ 5 DMG). Die Überwachung der Gesetzesbefolgung regelt § 8 DMG in weitgehender, wenngleich nicht völliger Übereinstimmung mit den Überwachungsregelungen anderer Umweltgesetze (vgl. allgemein § 4 Rn. 113ff. u. 135ff.). 131

3. Weitere Spezifika des Düngemittelrechts

Eine Besonderheit des Düngemittelgesetzes stellt die Regelung des § 4 DMG dar, wonach der Bundesminister (für Ernährung, Landwirtschaft und Forsten, vgl. § 2 Abs. 2 S. 1 DMG) ermächtigt wird, im Verordnungswege „duldbare Abweichungen **(Toleranzen)** der Gehalte, deren Angabe (...) vorgeschrieben oder im Rahmen der 132

---

[189] *Breuer,* Öffentliches und privates Wasserrecht, 2. Aufl., 1987, S. 88 (Rn. 126).
[190] So auch *Krohn,* DVBl. 1986, 745ff., 745f.; anders wohl *Breuer,* AgrarR 1985, Beilage II, S. 7.
[191] Zum Für und Wider *Hartkopf/Bohne* (FN 3), S. 318.

vorgeschriebenen Kennzeichnung zulässig ist, von den bei der Überwachung festgestellten Gehalten festzusetzen, um unvermeidbare Unsicherheiten bei der Herstellung, der Probenahme und der Analyse aufzufangen."

Die Einzelheiten ergeben sich aus der Verordnung über Probenahmeverfahren und Analysemethoden für die amtliche Düngemittelüberwachung **(Probenahme- und Analyseverordnung – Düngemittel)** vom 19. 12. 1977[192] (Kloepfer Nr. 483). Diese für das Umweltrecht nicht selbstverständliche Regelung (sowohl hinsichtlich der Einräumung einer Fehlertoleranz als auch hinsichtlich der Regelungsebene – Berechnungsverfahren werden sonst vielfach nur in Verwaltungsvorschriften niedergelegt) dient zugleich der Umsetzung einer EG-Richtlinie[193] und vermag hierin auch eine Erklärung zu finden.

Da sich das Problem der Analyse- und Probenahmeungenauigkeit nicht allein im Düngemittelrecht, sondern in weiten Teilen des Umweltrechts stellt (s. etwa § 11 Rn. 227), handelt es sich um ein mögliches Regelungsvorbild für andere Umweltgesetze.

133 Eine weitere Besonderheit des Düngemittelrechts bildet das – auch der Umweltinformation (vgl. § 4 Rn. 16) dienende – **Gesetz über eine Düngemittelstatistik** vom 15. 11. 1977[194] (Kloepfer Nr. 488).

IV. Sonstige Gesetze

134 Dem Gefahrstoffrecht lassen sich insbesondere noch folgende Gesetze ganz oder teilweise zuordnen:

- Futtermittelgesetz vom 2. 7. 1975[195] (Kloepfer Nr. 490) einschließlich der Futtermittelverordnung vom 8. 4. 1981[196] (Kloepfer Nr. 493),
- Gesetz über den Verkehr mit Lebensmitteln, Tabakerzeugnissen, kosmetischen Mitteln und sonstigen Bedarfsgegenständen (Lebensmittel- und Bedarfsgegenständegesetz) vom 15. 8. 1974[197] (Kloepfer Nr. 500) einschließlich Verordnungen (vgl. Kloepfer Nr. 504–527), wie z. B. die Höchstmengenverordnung (für) Pflanzenbehandlungsmittel[198] (s. o. Rn. 122) und die Trinkwasserverordnung vom 22. 5. 1986[199] (Kloepfer Nr. 527),
- Gesetz über den Verkehr mit Arzneimitteln (Arzneimittelgesetz) vom 24. 8. 1976[200] (Kloepfer Nr. 530) einschließlich Verordnungen (insbesondere Kloepfer Nr. 532),
- Tierseuchengesetz i. d. F. der Bek. vom 28. 3. 1980[201] (Kloepfer Nr. 538),
- Gesetz über explosionsgefährliche Stoffe (Sprengstoffgesetz – SprengG) i. d. F. der Bek. vom 17. 4. 1986[202] (Kloepfer Nr. 540).

Dabei handelt es sich jedoch um keine Umweltgesetze im eigentlichen Sinn, da bei ihnen andere Ziele, insbesondere der Gesundheitsschutz (beim Futtermittelgesetz und Tierseuchengesetz aber etwa auch der Tierschutz) im Vordergrund stehen. Ihr Umweltschutzbezug ergibt sich im wesentlichen nur daraus, daß infolge der vielfachen Gefahrstoff-Belastungspfade Umweltprobleme verstärkt auch auf dieser Ebene sich

---

192 BGBl. I S. 2882, zuletzt geänd. durch VO v. 24. 6. 1988, BGBl. I S. 921.
193 Richtlinie 76/116/EWG der Kommission v. 18. 12. 1975 zur Angleichung der Rechtsvorschriften der Mitgliedstaaten für Düngemittel (ABl. L 24 v. 30. 1. 1976, S. 21).
194 BGBl. I S. 2137.
195 BGBl. I S. 1745, geänd. durch Ges. v. 12. 1. 1987, BGBl. I S. 138.
196 BGBl. I S. 352, zuletzt geänd. durch VO v. 22. 6. 1988, BGBl. I S. 869.
197 BGBl. I S. 1945, 1946, zuletzt geänd. durch Ges. v. 19. 12. 1986, BGBl. I S. 2610.
198 Vgl. FN 183.
199 BGBl. I S. 760.
200 BGBl. I S. 2445, 2448, zuletzt geänd. durch Ges. v. 20. 7. 1988, BGBl. I S. 1050.
201 BGBl. I S. 386.
202 BGBl. I S. 577.

niederschlagen. Umwelt-, Gesundheits- und Verbraucherschutz müssen insofern eine Verbindung eingehen. Die genannten Gesetze sind jedoch selbst nicht spezifische Umweltschutzgesetze, da sie erst bei den **Folgeerscheinungen von Umweltbelastungen** ansetzen und hiervor Schutz gewähren wollen. Dies schließt wichtige Rückwirkungen dieser Regelungen auf den Umweltschutz nicht aus. Besonders deutlich wird dies etwa am Beispiel der (im Seuchen- und Lebensmittelrecht verankerten) Trinkwasserverordnung[203] (Kloepfer Nr. 527) und ihrer verstärkenden Wirkung auf den Gewässerschutz (s. § 11 Rn. 17). Von einer näheren Darstellung dieses weitverzweigten und zum Teil sehr speziellen Fragenkreises muß hier indes abgesehen werden.

Die Regelungen des umweltschutzspezifischen **Benzinbleigesetzes** (Kloepfer 135
Nr. 710) wurden wegen ihres speziellen Bezuges zur Luftverunreinigung bereits im Rahmen des Immissionsschutzrechts dargestellt (s. § 7 Rn. 131ff.).

Im Schnittpunkt zwischen Gewässerschutz- und Stoffrecht siedelt das Gesetz über 136
die Umweltverträglichkeit von Wasch- und Reinigungsmitteln **(Wasch- und Reinigungsmittelgesetz – WRMG)** i. d. F. der Bek. vom 5. 3. 1987[204] (Kloepfer Nr. 230), das an das frühere Detergentiengesetz vom 15. 9. 1961[205] anknüpft (vgl. § 11 Rn. 16). Nach dem Grundsatz in § 1 WRMG dürfen Wasch- und Reinigungsmittel nur so in den Verkehr gebracht werden, daß nach ihrem Gebrauch jede vermeidbare Beeinträchtigung der Beschaffenheit der Gewässer, insbesondere im Hinblick auf die Trinkwasserversorgung, und eine Beeinträchtigung des Betriebs von Abwasseranlagen unterbleibt. Von den Verbrauchern wird eine bestimmungsgemäße und gewässerschonende Verwendung (Dosierung) verlangt, wobei dieser gesetzgeberische Appell allerdings nicht sanktioniert wird. Das Gesetz verknüpft Verbote und Beschränkungen des Inverkehrbringens (§§ 3ff. WRMG) mit verbraucherorientierten Kennzeichnungs- und Informationspflichten (§§ 7ff. WRMG) und einer Überwachungs- und einer Ordnungswidrigkeitenregelung (§§ 10 und 11 WRMG). Das Wasch- und Reinigungsmittelgesetz wird durch die **Tensidverordnung** vom 30. 1. 1977[206] (Kloepfer Nr. 234) und die **Phosphathöchstmengenverordnung** vom 4. 6. 1980[207] (Kloepfer Nr. 236) konkretisiert.

E. Gefahrgutbeförderungsrecht

Schrifttum: *Berger,* Europäisches Übereinkommen über die internationale Beförderung gefährlicher Güter auf der Straße (ADR) mit Anlagen A und B, 1981; *H.J. Busch,* Artikel „Transport gefährlicher Güter", in: Kimminich/v. Lersner/Storm (Hg.), Handwörterbuch des Umweltrechts (HdUR), Bd. II, 1988, Sp. 524ff.; *Degener/Krause,* Lagerung und Abfüllung brennbarer Flüssigkeiten (VbF/TRbF), Kommentar, 3. Aufl., 1980; *Diesel/Lühr,* Lagerung und Transport wassergefährdender Stoffe (LTWS), 1982; *Dorias,* Gefährliche Güter, 1984; *Eilenberger,* Gefahrgut-Tage Hamburg 1987, TanspR 1987, 174ff.; *Europäische Stiftung zur Verbesserung der Lebens- und Arbeitsbedingungen* (Hg.), Transport gefährlicher Güter, Luxemburg 1986; *dies.,* Transport gefährlicher Abfälle, Dublin 1987; *Finger,* Neue Regelungen für die Eisenbahn-Gefahrguttransporte, TranspR 1987, 54ff.; *ders.,* Vorschriften für Gefahrguttransporte mit der Eisenbahn, TranspR 1983, 139f.; *Gehrmann/Hannequart/Maier,* Transport giftiger und gefährlicher Güter und Stoffe

[203] Vgl. FN 199.
[204] BGBl. I S. 875.
[205] BGBl. I S. 1653.
[206] BGBl. I S. 244, zuletzt geänd. durch VO v. 4. 6. 1986, BGBl. I S. 851.
[207] BGBl. I S. 664.

sowie nichtnuklearer Abfälle in der Europäischen Gemeinschaft – Rechtliche Lage, in: Europäische Stiftung zur Verbesserung der Lebens- und Arbeitsbedingungen (Hg.), Transport gefährlicher Güter, Luxemburg 1986, S. 103ff.; *Geysen,* Der multimodale Transport gefährlicher Güter und seine Probleme in Belgien, in: Forschungsstelle für Umwelt- und Technikrecht (Hg.), Jb. des Umwelt- und Technikrechts 1987 (UTR 3), 1987, S. 297ff.; *Herber,* Haftung beim Transport gefährlicher Güter – ein noch ungelöstes Problem, TranspR 1987, 253ff.; *Hole/Busch,* Gefahrgutrecht in Bewegung, Technische Überwachung Nr. 9/1985; *dies.,* Internationale und nationale Vorschriften für die Beförderung gefährlicher Güter, TranspR 1986, 401ff.; *Kirchner,* Vorschriftenänderungen bei der Gefahrgutbeförderung im Eisenbahn- und Straßenverkehr, Verkehrsdienst 1982, 315ff.; *Kohl,* Transport gefährlicher Güter im See- und Landverkehr, in: Deutsche Akademie für Verkehrswissenschaft (Hg.), 19. Deutscher Verkehrsgerichtstag 1981, 1981, S. 370ff.; *Lorenz,* Das Recht der Beförderung gefährlicher Güter auf der Straße, GewArch. 1983, 14ff.; *Pabst,* Transport gefährlicher Güter mit Binnenschiffen, ZBinnSch. 1985, 7ff.; *Ridder,* Gefahrgut-Handbuch, 1978ff.; *ders.,* Beförderung radioaktiver Stoffe in der EG, atw 1987, 510f.; *Schneider,* Zum Transport gefährlicher Stoffe, UPR 1983, 253ff.; *Schroetter,* Der Gefahrgut-Transport im nationalen und internationalen Recht, NJW 1982, 1186f.; *Stratil,* Die Beförderung gefährlicher Güter auf der Straße, 1981; *Taschenmacher,* Polizei und gefährliche Güter, 1982; *Trappe,* Haftung beim Transport gefährlicher Güter im Seeverkehr, VersR 1986, 942ff.; *Wiederhold,* Verordnung über die Beförderung gefährlicher Güter auf der Straße (Gefahrgutverordnung Straße – GGVS), Verkehrsdienst 1984, 195ff., 265ff.; *Wriede,* Transport gefährlicher Güter zu Wasser und zu Lande, in: Deutsche Akademie für Verkehrswissenschaft (Hg.), 19. Deutscher Verkehrsgerichtstag 1981, 1981, S. 352ff.; *Zeiss,* Gefahrgutrecht und Haftung, TranspR 1986, 97ff.

I. Ausgangslage

137 Nach der Legaldefinition des § 2 Abs. 1 GBefGG[208] umfaßt der Begriff der **gefährlichen Güter** solche „Stoffe und Gegenstände, von denen auf Grund ihrer Natur, ihrer Eigenschaften oder ihres Zustandes im Zusammenhang mit der Beförderung Gefahren für die öffentliche Sicherheit oder Ordnung, insbesondere für die Allgemeinheit, für wichtige Gemeingüter, für Leben und Gesundheit von Menschen sowie für Tiere und andere Sachen ausgehen können". Auch wenn der Begriff der „Beförderung" in § 2 Abs. 2 GBefGG bereits weit definiert wird, so darf doch nicht verkannt werden, daß Gefahrgut nicht allein beim Transport, sondern grundsätzlich von der Herstellung bis zum Verbrauch gefährlich ist. Bei der Beförderung gefährlicher Güter ergeben sich jedoch besondere Risiken, die offensichtlich auch schon früher einer besonderen rechtlichen Regelung für bedürftig erachtet wurden.

138 Nach Einschätzung von Fachleuten sind etwa zwei Drittel aller transportierten Güter potentiell gefährlich.[209] Im Jahr 1985 wurden in der Bundesrepublik Deutschland insgesamt 377 Millionen Tonnen Gefahrgut, davon über die Hälfte (200 Mio. t) im Straßengüternahverkehr, transportiert. Zu einem großen Teil handelte es sich dabei um Mineralöle und Mineralölprodukte sowie um Erzeugnisse der chemischen Industrie. Bei solchen Transporten wurden nach statistischen Zahlen aus dem Jahr 1984 insgesamt 555 Unfälle registriert, davon 55% auf der Straße, 30% mit Schiffen und 5% auf der Schiene.[210] Dabei beruhten 88% der Unfälle auf menschlichem Versagen und lediglich 12% auf technischen Mängeln.[211]

---

[208] Gesetz über die Beförderung gefährlicher Güter vom 6. 8. 1975 (BGBl. I S. 2121), zuletzt geänd. durch Ges. v. 18. 9. 1980 (BGBl. I S. 1729).

[209] Vgl. *Eilenberger,* TranspR 1987, 174ff., 176; nach anderen Schätzungen beläuft sich der Anteil des Gefahrguts lediglich auf 25 bis 30%, vgl. *Ridder,* Gefahrgut-Handbuch, 1978ff., Teil A I–1, S. 5.

[210] Angaben nach *Hole,* referiert in *Eilenberger,* TranspR 1987, 174ff., 176; älteres umfangreiches statistisches Material bei *Dorias,* Gefährliche Güter, 1984, insbes. S. 214ff.; *Bierau/Nicodemus,* WiSta 1986, 813ff. Statistische Angaben aufgrund von Ermittlungen des Statistischen Bundesamtes für die Jahre 1983 bis 1986 bei *Nicodemus,* WiSta 1988, 135, die jedoch den Straßengüternahverkehr, Luftverkehr, Militärverkehr sowie Abfalltransporte und den Transport radioaktiver Stoffe nicht erfassen und so zu wesentlich niedrigeren Angaben gelangen.

[211] *Hole,* referiert in *Eilenberger,* TranspR 1987, 174ff., 176. Zweifelhaft bleibt hierbei der Anteil von Fällen, die sowohl auf technisches als auch auf menschliches Versagen zurückzuführen sind oder bei denen höhere Gewalt eine Rolle spielt.

Unter dem Eindruck gravierender Unfälle bei Gefahrguttransporten, wie zuletzt der Tanklastzugexplosion von Herborn im Sommer 1987, die zahlreiche Todesopfer und einen hohen Sachschaden forderte, werden einerseits schärfere Rechtsvorschriften verlangt. Andererseits wird ein konsequenter Vollzug des bestehenden (vielfach jedoch als unübersichtlich empfundenen)[212] Rechts gefordert.[213] Unrealistisch wäre freilich der Ausschluß jeden Risikos durch ein generelles Beförderungsverbot für gefährliche Güter, und sei es nur für den Bereich der Straße, da auf die Distribution der zahlreichen gefährlichen Güter (auch des täglichen Lebens, z. B. Benzin, Heizöl, Flüssiggas usw.) nicht verzichtet werden kann. Ein Restrisiko ist daher beim Gefahrguttransport, wie in anderen Bereichen (vgl. § 2 Rn. 18), letztlich auch durch verschärfte Vorschriften nicht vollkommen auszuschließen.[214] Eine weitgehende Verlagerung gefährlicher Transporte auf den sichereren Schienenverkehr, wie sie unterdessen für die Beförderung radioaktiver Abfälle vorgesehen wird, wäre jedoch erwägenswert. 139

II. Rechtsgrundlagen

Das Recht der Beförderung gefährlicher Güter ist – wie das Transportrecht überhaupt – durch starke transnationale Bezüge geprägt. Bedingt durch die Bedeutung des Außenhandels und die geographische Lage spielt der grenzüberschreitende Verkehr von Gefahrgut in der Bundesrepublik Deutschland eine große Rolle. Dessen reibungslose Abwicklung unter gleichzeitiger Garantie größtmöglicher Sicherheit können nur **international harmonisierte Gefahrgutvorschriften** gewährleisten. Daher ist das nationale Gefahrgutbeförderungsrecht in besonders starkem Ausmaß durch internationale Regelungen determiniert. 140

1. Nationales Recht

Grundlegende gesetzliche Regelungen für sämtliche Beförderungsarten enthält das **Gesetz über die Beförderung gefährlicher Güter** vom 6. 8. 1975[215] (Kloepfer Nr. 570). Das Gesetz (s. hierzu i. e. Rn. 152ff.) beschränkt sich jedoch im wesentlichen auf einige allgemeine Vorschriften und enthält daneben vor allem die Ermächtigungsgrundlagen für die durch Rechtsverordnungen festzulegenden Einzelregelungen (insbesondere § 3 GBefGG) und auch bereits Vorbehalte zugunsten internationaler Regelungen (z. B. § 1 Abs. 1 Nr. 3 GBefGG). 141

Aufgrund des Gefahrgutbeförderungsgesetzes sowie – für den grenzüberschreitenden Verkehr – aufgrund der Zustimmungsgesetze zu internationalen Verträgen sind vor allem die folgenden, im wesentlichen nach Transportarten differenzierenden Einzelvorschriften erlassen worden: 142

– Verordnung zur Übertragung gefahrgutrechtlicher Ermächtigungen auf den Bundesminister für Verkehr vom 12. 9. 1985[216]

[212] Vgl. zu den Anwendungsproblemen *Hole/Busch,* TranspR 1986, 401ff.; *dies.,* Technische Überwachung Nr. 9/1985.
[213] Vgl. *Eilenberger,* TranspR 1987, 174ff., 178.
[214] *Hole/Busch,* TranspR 1986, 401ff.
[215] BGBl. I S. 2121, zuletzt geänd. durch Ges. v. 18. 9. 1980, BGBl. I S. 1729.
[216] BGBl. I S. 1918.

- Verordnung über die Zulassung einer neuen Numerierung der Gefahrklassen bei der Beförderung gefährlicher Güter auf der Straße vom 22. 6. 1977[217] (Kloepfer Nr. 574)
- Verordnung über die innerstaatliche und grenzüberschreitende Beförderung gefährlicher Güter auf Straßen **(Gefahrgutverordnung Straße – GGVS)** vom 22. 7. 1985[218] (Kloepfer Nr. 576) – s. Rn. 162ff.
- **Straßen-Gefahrgutausnahmeverordnung** vom 25. 9. 1985[219] (Kloepfer Nr. 578) – s. Rn. 163
- Verordnung über die innerstaatliche und grenzüberschreitende Beförderung gefährlicher Güter mit Eisenbahnen **(Gefahrgutverordnung Eisenbahn – GGVE)** vom 22. 7. 1985[220] (Kloepfer Nr. 580) – s. Rn. 166ff.
- Verordnung über die Inkraftsetzung des Protokolls vom 17. 2. 1984 für die Inkraftsetzung des Übereinkommens vom 9. 5. 1980 über den internationalen Eisenbahnverkehr und der Anlagen I bis III zu den Einheitlichen Rechtsvorschriften für den Vertrag über die internationale Eisenbahnbeförderung von Gütern[221]
- **Eisenbahn-Gefahrgutausnahmeverordnung** vom 16. 8. 1985[222] (Kloepfer Nr. 582) – s. Rn. 168
- Verordnung zur Einführung der Verordnung über die Beförderung gefährlicher Güter auf dem Rhein (ADNR) und über die Ausdehnung dieser Verordnung auf die übrigen Bundeswasserstraßen **(Gefahrgutverordnung Binnenschiffahrt – GGVBinSch)** i. d. F. der Bek. vom 30. 6. 1977[223] (Kloepfer Nr. 584) – s. Rn. 169ff.
- Erste Verordnung über vorübergehende Ausnahmen von der Verordnung über die Beförderung gefährlicher Güter auf dem Rhein **(Erste ADNR-Ausnahmeverordnung)** vom 26. 9. 1977[224] (Kloepfer Nr. 585) – s. Rn. 171
- Zweite Verordnung über vorübergehende Ausnahmen von der Verordnung über die Beförderung gefährlicher Güter auf dem Rhein **(Zweite ADNR-Ausnahmeverordnung)** vom 26. 3. 1982[225] – s. Rn. 171
- Verordnung über die Beförderung gefährlicher Güter mit Seeschiffen **(Gefahrgutverordnung See – GGVSee)** i. d. F. der Bek. vom 27. 6. 1986[226] (Kloepfer Nr. 586) – s. Rn. 172ff.
- Verordnung über Ausnahmen von der Verordnung über die Beförderung gefährlicher Güter mit Seeschiffen **(See-Gefahrgut-Ausnahmeverordnung)** vom 21. 12. 1982[227] (Kloepfer Nr. 587) – s. Rn. 173
- Verordnung über Sofortmaßnahmen bei der Beförderung gefährlicher Abfälle mit Seeschiffen im Verkehr zwischen Drittstaaten vom 7. 11. 1988[227a] (Kloepfer Nr. 588).

2. Internationales Recht

a) Bedeutung

143 Die Bundesrepublik Deutschland als traditionelles Außenhandels- und Transitland muß zugunsten einer (handelspolitisch) reibungslosen Abwicklung des grenzüberschreitenden Verkehrs, aber auch zur Gewährleistung der Sicherheit bei der Einfuhr und Durchfuhr gefährlicher Güter an **einheitlichen internationalen Standards** des

[217] BGBl. I S. 1008.
[218] BGBl. I S. 1550, geänd. durch VO v. 21. 12. 1987, BGBl. I S. 2858.
[219] BGBl. I S. 1925, zuletzt geänd. durch VO v. 24. 8. 1987, BGBl. I S. 2095.
[220] BGBl. I S. 1560, zuletzt geänd. durch VO v. 21. 12. 1987, BGBl. I S. 2862.
[221] BGBl. II 1985 S. 666.
[222] BGBl. I S. 1651, zuletzt geänd. durch VO v. 24. 8. 1987, BGBl. I S. 2095.
[223] BGBl. I S. 1119, zuletzt geänd. durch VO v. 12. 9. 1985, BGBl. I S. 1918.
[224] BGBl. I S. 1860, zuletzt geänd. durch VO v. 9. 4. 1985, BGBl. I S. 634.
[225] BGBl. I S. 394, geänd. durch VO v. 9. 4. 1985, BGBl. I S. 634.
[226] BGBl. I S. 961, geänd. durch VO v. 21. 12. 1987, BGBl. I S. 2863.
[227] BGBl. I S. 2008, zuletzt geänd. durch VO v. 18. 12. 1986, BGBl. I S. 2528.
[227a] BGBl. I S. 2106. Diese Verordnung tritt, falls sie nicht zwischenzeitlich verlängert wird, bereits am 14. 11. 1989 wieder außer Kraft (§ 6 VO).

Gefahrguttransports besonders interessiert sein. Sie ist daher bemüht, das nationale Recht dem jeweils aktuellen internationalen Stand anzupassen und vor allem den grenzüberschreitenden Transport gefährlicher Güter auch durch völkerrechtliche Verträge zu regeln.[228]

b) Internationale Standards

Politische Grundlage und Vorbild für die nationalen und völkervertragsrechtlichen Vorschriften sind dabei im wesentlichen im Rahmen der Vereinten Nationen erarbeitete Empfehlungen, die zwar zum größten Teil keine rechtlich unmittelbar verbindliche Wirkung haben, jedoch im Interesse international harmonisierter Bestimmungen auch in der Bundesrepublik Deutschland regelmäßig unverändert übernommen werden. Besondere Bedeutung kommt den folgenden Regelwerken[229] zu: 144

- „Recommendations prepared by the Committee of Experts on the Transport of Dangerous Goods" des Wirtschafts- und Sozialrats der Vereinten Nationen (ECOSOC), sog. **„Orange Book"**; diese Empfehlungen enthalten allgemeine Regeln über die Klassifikation, die Definition der verschiedenen Klassen, die generellen Verpackungsvorschriften, die Testverfahren, die Kennzeichnung und die Transportdokumente.
  Daneben liegen für spezielle Transportarten bzw. Transportgüter besondere Regelwerke vor:
- Der „International Maritime Dangerous Goods Code" (IMDG-Code) der International Maritime Organization (IMO) befaßt sich mit Regeln für den Seetransport von gefährlichen Gütern.
- Für den Luftverkehr bestehen (noch) nebeneinander die „Dangerous Goods Regulations" der International Air Transport Association (IATA-DGR), einer privaten Organisation, und die „Technical Instructions for the Safe Transport of Dangerous Goods by Air" (ICAO-TI) der International Civil Aviation Organization (ICAO), einer Sonderorganisation der UNO.
- Empfehlungen zur sicheren Beförderung radioaktiver Stoffe hat die International Atomic Energy Agency (IAEA), eine autonome Organisation innerhalb der UNO, in ihrer „Safety Series No. 6" veröffentlicht.[230]

c) Völkervertragsrechtliche Verpflichtungen

Die Bundesrepublik Deutschland ist durch die folgenden, die grenzüberschreitende Gefahrgutbeförderung betreffenden **internationalen Abkommen** und Regelungen vertraglich gebunden[231]: 145

- die Ordnung für die internationale Eisenbahnbeförderung gefährlicher Güter (Règlement conçernant le transport international ferroviaire des marchandises dangereuses, RID)[232], die in der Gefahrgutverordnung Eisenbahn berücksichtigt ist;
- das europäische Übereinkommen vom 30. 9. 1957 für die internationale Beförderung gefährlicher Güter auf der Straße (Accord européen relatif au transport des marchandises dangereuses par route, ADR)[233], das in die Gefahrgutverordnung Straße eingearbeitet ist;

---

[228] Zum internationalen Recht zuletzt *Geysen,* in: Forschungsstelle für Umwelt- und Technikrecht (Hg.), Jb. des Umwelt- und Technikrechts 1987 (UTR 3), 1987, S. 297ff.

[229] Vgl. zu den einzelnen Organisationen *Kilian,* Umweltschutz durch Internationale Organisationen, 1987, S. 150f. (ICAO), 156ff. (IMO), 205ff. (ECOSOC).

[230] Vgl. dazu näher *Ridder* (FN 209), Teil A I-2, S. 1ff.

[231] Vgl. dazu näher *Ridder* (FN 209), Teil A I-2, S. 9ff., und *Dorias* (FN 210), S. 83ff.

[232] Das Règlement ist eine Anlage zum Internationalen Übereinkommen über den Eisenbahnfrachtverkehr (Convention internationale conçernant le transport des marchandises par chemins de fer, CIM), welches wiederum eine Anlage darstellt zum Übereinkommen vom 9. 5. 1980 über den Internationalen Eisenbahnverkehr (Convention relative aux transports internationaux ferroviaires, COTIF); Ratifikationsgesetz in BGBl. 1985 II S. 130.

[233] Ratifikationsgesetz in BGBl. 1969 II S. 1489.

– die Verordnung über die Beförderung gefährlicher Güter auf dem Rhein (ADNR)[234], die durch die Gefahrgutverordnung Binnenschiffahrt eingeführt und auf die übrigen Bundeswasserstraßen ausgedehnt ist.

d) EG-Recht

aa) Regelungsbedarf

146 Gegenüber den völkerrechtlichen Regelungen tritt im Bereich der Gefahrgutbeförderung das Europäische Gemeinschaftsrecht nach Bedeutung und Umfang vergleichsweise zurück. Wohl auch bedingt durch die Regelungsdichte des völkerrechtlichen Normenbestandes und die dadurch bereits bewirkte Rechtsharmonisierung insbesondere auch im europäischen Raum, haben die Europäischen Gemeinschaften zusätzliche Regelungen des Transports gefährlicher Güter bisher offensichtlich für weniger dringlich erachtet. Im Rahmen der zunehmenden umweltrechtlichen Aktivitäten der Europäischen Gemeinschaften (vgl. § 6 Rn. 7ff.) wird jedoch auch die Forderung nach Gemeinschaftsrechtsvorschriften für den Gefahrguttransport erhoben. Diese sollen von den existierenden internationalen Vorschriften und Empfehlungen ausgehen und darüber hinausgehend sowohl die Regelungen über den grenzüberschreitenden Transport zwischen den Mitgliedstaaten harmonisieren als auch die mitgliedstaatlichen Rechtsvorschriften für den binnenstaatlichen Gefahrguttransport vereinheitlichen.[235]

bb) Vorschriftenbestand

147 Bisher existiert im Gemeinschaftsrecht nur eine einzige Vorschrift speziell für den grenzüberschreitenden Transport gefährlicher Abfälle[236] (vgl. auch § 12 Rn. 159ff.), und zwar die Richtlinie 84/631/EWG des Rates vom 6. Dezember 1984 über die Überwachung und Kontrolle – in der Gemeinschaft – der grenzüberschreitenden Verbringung gefährlicher Abfälle.[237]

Die Richtlinie verpflichtet die Mitgliedstaaten, zum Schutz der menschlichen Gesundheit und der Umwelt die erforderlichen Maßnahmen zur Überwachung und Kontrolle der grenzüberschreitenden Verbringung gefährlicher Abfälle innerhalb der Gemeinschaft oder bei der Einfuhr in und/oder der Ausfuhr aus der Gemeinschaft in Übereinstimmung mit den Vorschriften der Richtlinie zu treffen (Art. 1).

Sie enthält die notwendigen Definitionen (Art. 2) und sieht ein Notifizierungsverfahren mit Hilfe eines einheitlichen Begleitscheins des Besitzers der Abfälle an die zuständigen Behörden der betroffenen Mitgliedstaaten vor (Art. 3). Insbesondere Art. 4 Abs. 3 und 6 der Richtlinie beschränken die Möglichkeiten der betroffenen Staaten, für den Transport Verbote und Auflagen zu verhängen. Die Art. 5–11 regeln das Verfahren und die Pflichten der Abfallbesitzer und -erzeuger; Art. 12–14 statuieren Berichtspflichten der Mitgliedstaaten und der EG-Kommission.

---

[234] Die Abkürzung lehnt sich an einen Entwurf zu einem „Accord européen relatif au transport international des marchandises dangereuses par voie de navigation interieure" (ADN), der Grundlage für die Erarbeitung der Verordnung über die Beförderung gefährlicher Güter auf dem Rhein durch die Zentralkommission für die Rheinschiffahrt war; die Abkürzung wurde unter Hinzufügung des „R" für Rhein übernommen.

[235] *Gehrmann/Hannequart/Maier,* in: Europäische Stiftung zur Verbesserung der Lebens- und Arbeitsbedingungen (Hg.), Transport gefährlicher Güter, 1986, S. 103ff.

[236] Der Bereich des Abfallrechts wird auch im übrigen bereits relativ stark vom EG-Recht erfaßt, vgl. die Nachweise in § 12 FN 32.

[237] ABl. L 326 v. 13. 12. 1984, S. 31 (letzte Änderung ABl. L 181 v. 4. 7. 1986, S. 13). Sonstige Vorschriften der Europäischen Gemeinschaften betreffen den Gefahrguttransport nur mittelbar, so etwa die abfallrechtlichen Vorschriften über die Beseitigung bestimmter Stoffe (vgl. § 12 FN 32) und die allgemeinen verkehrsrechtlichen Vorschriften der Gemeinschaft.

cc) Einfluß des allgemeinen EG-Rechts auf die Beförderung gefährlicher Güter

Die prinzipelle **Zuständigkeit** der Europäischen Gemeinschaften auch zur Regelung des Gefahrguttransports ergibt sich aus den Art. 74–84 EWGV. Die **gemeinsame Verkehrspolitik** erstreckt sich nach Art. 84 Abs. 1 EWGV zwar nur auf die Beförderungen im Eisenbahn-, Straßen- und Binnenschiffsverkehr, kann aber gemäß Art. 84 Abs. 2 EWGV durch einstimmigen Beschluß des Rates auf die Seeschiffahrt und die Luftfahrt ausgedehnt werden. Art. 75 Abs. 1 EWGV überträgt dem Rat hierzu umfassende legislative Kompetenzen.[238] Soweit Gefahrguttransportvorschriften (auch) umweltrechtlich legitimiert sind, kann sich die Gemeinschaft daneben auf ihre, durch die Einheitliche Europäische Akte (vgl. § 6 Rn. 8) nunmehr unzweifelhaft begründeten, umweltpolitischen Kompetenzen berufen. 148

Eine zukünftige stärkere Vereinheitlichung und Harmonisierung des Gefahrguttransportrechts durch gemeinschaftsrechtliche Vorschriften[239] ist also rechtlich möglich. Auch beim Abschluß einschlägiger völkerrechtlicher Verträge dürften die Europäischen Gemeinschaften zukünftig eine stärkere Rolle einnehmen.[240]

Auch gefährliche Güter sind regelmäßig,[241] soweit sie „einen bestimmten Geldwert besitzen und als solche Grundlage eines Handelsgeschäftes bilden können",[242] Waren im Sinne der Vorschriften des EWGV über den **freien Warenverkehr** (Art. 9ff. EWGV). Sie unterliegen somit insbesondere auch dem Verbot mengenmäßiger Einfuhrbeschränkungen und Maßnahmen gleicher Wirkung nach Art. 30 EWGV. Die Mitgliedstaaten haben daher bei der Regelung des grenzüberschreitenden Gefahrguttransportrechts Vorschriften zu vermeiden, die geeignet sind, „den innergemeinschaftlichen Handel unmittelbar oder mittelbar, tatsächlich oder potentiell zu behindern",[243] sofern die Maßnahmen nicht durch die in Art. 36 EWGV zugelassenen Ausnahmen – im Bereich des Gefahrguttransports insbesondere aus Gründen der öffentlichen Sicherheit und des Gesundheitsschutzes – legitimiert sind. 149

So müssen etwa Kontrollmaßnahmen bei der Einfuhr gefährlicher Güter verhältnismäßig sein. Sie müssen insbesondere zur Gewährleistung der öffentlichen Sicherheit und des Gesundheitsschutzes erforderlich und dürfen nicht durch weniger einschränkende Maßnahmen ersetzbar sein.[244]

---

[238] Neben der Regelung des grenzüberschreitenden Verkehrs (Art. 75 Abs. 1 lit. a) und der Zulassung von Verkehrsunternehme(r)n innerhalb eines Mitgliedstaates, in dem sie nicht ansässig sind (lit. b), kann der Rat nach Art. 75 Abs. 1 lit. c insbesondere „alle sonstigen zweckdienlichen Vorschriften erlassen".

[239] Zu entsprechenden Vorschlägen *Gehrmann/Hannequart/Maier* (FN 235), S. 102ff.

[240] Zur Zuständigkeit der Europäischen Gemeinschaften beim Abschluß internationaler Verträge und zur Bedeutung des – zur Transportpolitik ergangenen – AETR-Urteils des EuGH s. § 5 Rn. 18. Zur bisherigen Haltung der EG bei der Ratifizierung einschlägiger völkerrechtlicher Abkommen *Gehrmann/Hannequart/Maier* (FN 235), S. 4f.

[241] Zur Problematik der Qualifizierung von gefährlichen Abfällen als „Güter" i.S.d. EG-Rechts s. *Gehrmann/Hannequart/Maier* (FN 235), S. 11ff.

[242] EuGH Rechtssache 7/68 – Slg. d. Rspr. 1968, 633.

[243] EuGH Rechtssache 8/74 – Slg. d. Rspr. 1974, 837; vgl. allgemein dazu etwa *Wägenbaur,* in: v. d. Groeben/Boeckh/Thiesing/Ehlermann, Kommentar zum EWG-Vertrag, Bd. 1, 3. Aufl., 1983, Art. 30 Rn. 5ff.

[244] Vgl. z.B. EuGH Rechtssache 104/75 – Slg. d. Rspr. 1976, 613; *Wägenbaur* (FN 243), Art. 30 Rn. 64.

III. Rechtsentwicklung

150 Für den **Eisenbahnverkehr** besteht das **RID** (s. o. Rn. 145) bereits seit 1890. Es wurde seither mehrfach reformiert und war Vorbild für weitere nationale und internationale Regelungen. Innerstaatlich sind einzelne Vorschriften für den Eisenbahn-, Binnenschiffahrts- und Seetransport gefährlicher Güter bis in die zweite Hälfte des 19. Jahrhunderts zurück zu verfolgen.[245] Dagegen fehlten für den **Straßentransport** lange Zeit einheitliche Regelungen; lediglich für einzelne Gefahrgüter galten gewerberechtliche und polizeirechtliche Bestimmungen mit unterschiedlichen Zuständigkeiten. Erst im Jahre 1970 (also 13 Jahre nach der Unterzeichnung im Jahre 1957) ratifizierte die Bundesrepublik Deutschland das **ADR** (s. o. Rn. 145) und schuf seither einheitliche Gefahrgutregelungen auch für den Straßenverkehr. Durch die weitgehende Übertragung der Zuständigkeiten für Einzelregelungen auf den Verordnungsgeber wird an sich eine zügige **Anpassung** an den jeweils neuesten Stand von Wissenschaft und Technik ermöglicht.

Darüber hinaus werden (nicht unproblematische) Überlegungen angestellt, eine noch schnellere Angleichung an internationale Standards durch Übernahme englischer Originaltexte in das deutsche Recht zuzulassen und so den Zeitverlust durch umfangreiche Übersetzungsarbeiten (zumindest vorübergehend) abzukürzen.[246]

151 Neben Rechtsanwendungsproblemen, die nicht zuletzt aus dem ständigen Zuwachs an internationalen und nationalen Regelungen und deren fehlender Abgestimmtheit resultieren, werden derzeit vor allem Fragen der **Haftung** diskutiert.[247] Weitere Probleme ergeben sich aus dem (auch international) zunehmenden Transport gefährlicher Güter gleichzeitig auf mehreren Verkehrsträgern (vor allem Transport von Straßenfahrzeugen auf Eisenbahnen oder Schiffen).[248]

IV. Gefahrgutbeförderungsgesetz

152 Das *Gesetz über die Beförderung gefährlicher Güter* vom 6. 8. 1975[249] (Kloepfer Nr. 570) enthält als Basisgesetz, wie erwähnt (s. Rn. 141), vor allem grundsätzliche Vorschriften für *alle* Verkehrsträger über den Geltungsbereich des nationalen Gefahrgutbeförderungsrechts, Ermächtigungsnormen für die hiernach notwendigen Einzelregelungen durch den Verordnungsgeber sowie Vorschriften über sachverständige Beratung, Zuständigkeiten, Überwachung und Ordnungswidrigkeiten.

1. Geltungsbereich

153 Der Geltungsbereich des Gesetzes umfaßt nach § 1 GBefGG die gewerbliche und nichtgewerbliche Beförderung gefährlicher Güter mit Eisenbahn-, Straßen-, Wasser-

---

[245] Hierzu und zum folgenden *Hole/Busch,* TranspR 1986, 401 ff., 402 f.; *Ridder* (FN 209), Teil A I–1, S. 7 ff.
[246] *Hole/Busch,* TranspR 1986, 401 ff., 408.
[247] Vgl. dazu den „Entwurf von Artikeln eines Übereinkommens über die zivilrechtliche Haftung für Schäden bei der Beförderung gefährlicher Güter auf der Straße, auf der Schiene und auf Binnenschiffen", TranspR 1987, 152 ff.
[248] Dazu *Geysen* (FN 228), S. 297 ff.
[249] BGBl. I S. 2121, zuletzt geänd. durch Ges. v. 18. 9. 1980, BGBl. I S. 1729.

und Luftfahrzeugen auf öffentlichen und nichtöffentlichen Verkehrswegen. Vom Anwendungsbereich **ausgenommen** ist nach § 1 Abs. 1 GBefGG die Beförderung[250]

1. innerhalb von Betrieben, die gefährliche Güter herstellen, bearbeiten, verarbeiten, lagern, verwenden oder vernichten, weil betriebsintern nicht immer die gleichen Sicherheitsvorschriften erforderlich sind und die entsprechenden Regelungen dem Gewerberecht überlassen bleiben können;
2. im Bereich der Deutschen Bundespost, weil postrechtliche Vorschriften die Beförderung gefährlicher Güter ohnehin nur sehr eingeschränkt zulassen und Sicherheitsprobleme bereits dadurch weitgehend ausgeschlossen sind;
3. im grenzüberschreitenden Verkehr, soweit internationale Vorschriften einschlägig sind, und
4. schließlich die Beförderung mit Bergbahnen, da dem Bund insoweit nach Art. 74 Nr. 23 GG die Gesetzgebungskompetenz fehlt.[251]

Gemäß § 1 Abs. 2 GBefGG bleiben von dem Gesetz **unberührt** Gefahrgutvorschriften, die aus anderen Gründen als aus solchen der Transportsicherheit erlassen sind (s. Rn. 177ff.), und auf örtlichen Besonderheiten beruhende Sicherheitsvorschriften des Bundes, der Länder oder der Gemeinden.

2. Normkonkretisierung

154 Die Konkretisierung der allgemeinen **Legaldefinition** der **gefährlichen Güter** (§ 2 Abs. 1 GBefGG, s. o. Rn. 137) erfolgt jeweils in den Verordnungen für die einzelnen Verkehrsträger, die wiederum auf spezielle Anlagen mit einer Aufzählung und Klassifizierung einzelner Güter verweisen.[252] Darüber hinaus erlaubt die Begriffsbestimmung jedoch auch die Erfassung gefährlicher Güter, die nicht in den bestehenden **Gefahrklassen** enthalten sind.

Die Einteilung in Gefahrklassen[253] ist für die verschiedenen Verkehrsträger teilweise noch unterschiedlich geregelt, eine einheitliche Anwendung des UN-Klassifizierungssystems ist jedoch meist zusätzlich möglich oder wenigstens für die Zukunft angestrebt.

155 Durch das **Klassifizierungsverfahren** wird festgestellt, ob ein gefährliches Gut überhaupt und, wenn ja, unter welchen Bedingungen es befördert werden darf.

Als Beispiel sei das Klassifizierungssystem nach dem RID und dem ADR und den diesen folgenden GGVE und GGVS angeführt: Ist die chemische Bezeichnung oder der Handelsname des Gutes in der jeweiligen Stoffaufzählung genannt oder ist das Gut in der Stoffaufzählung zwar nicht namentlich aufgeführt, aber einer darin enthaltenen Sammelbezeichnung zuzuordnen, so fällt das Gut unter die jeweilige Verordnung und darf unter den dort genannten Bedingungen befördert werden. Kann das Gut nicht in der beschriebenen Weise zugeordnet werden, so ist festzustellen, in welche Klasse das Gut nach seinen Eigenschaften einzuordnen wäre. Gehört es danach zu einer sogenannten „Nur-Klasse", ist es aber in dieser Klasse weder namentlich noch unter einer Sammelbezeichnung aufgeführt, so ist das Gut von der Beförderung grundsätzlich ausgeschlossen. Unterfällt es dagegen einer sogenannten „freien Klasse", ohne darin namentlich oder unter einer Sammelbezeichnung aufgezählt zu sein, so kann es ohne Einschränkungen durch die jeweilige Verordnung frei befördert werden. Durch besondere Regelungen können jedoch sowohl Güter der freien Klasse von einer Beförderung ausgeschlossen als auch „Nur-Klassen"-Güter ausnahmsweise zur Beförderung zugelassen werden.[254]

---

[250] Vgl. zu den Gründen die Begründung des Regierungsentwurfs in BT-Drs. 7/2517, S. 9f.
[251] Vgl. Stellungnahme des Bundesrates, BT-Drs. 7/2517, S. 18.
[252] Vgl. z.B. § 2 Abs. 1 Nr. 1 GGVS, § 2 Abs. 1 Nr. 1 GGVE, § 1 Abs. 1 GGVBinSch i.V. mit Art. 2 ADNR, § 4 GGVSee.
[253] Zur Klassifizierung ausführlicher *Ridder* (FN 209), Teil A–II, S. 5ff.; *Dorias* (FN 210), S. 83ff.
[254] *Ridder* (FN 209), Teil A–II, S. 5f.; *Dorias* (FN 210), S. 86.

156 Neben § 3 GBefGG enthalten § 5 Abs. 2, 3 und 5, §§ 6, 7 Abs. 1 S. 2, 12 Abs. 2 GBefGG weitere **Ermächtigungsnormen** für Rechtsverordnungen. Hierdurch wird die Ermächtigung des Verordnungsgebers, dem der Erlaß der „eigentlichen Vorschriften für die Beförderung gefährlicher Güter“[255] überlassen bleibt, zum „Kernstück“[256] des Gesetzes.

Dieses Verfahren ist in einem solchen Ausmaß im Hinblick auf die Wesentlichkeitstheorie des BVerfG (vgl. § 2 Rn. 43) verfassungsrechtlich nicht unbedenklich.[257] Die Besonderheiten einer Regelungsmaterie, insbesondere im Bereich des technischen Sicherheitsrechts, können jedoch Lockerungen des grundgesetzlichen Parlamentsvorbehalts und auch der Anforderungen des Bestimmtheitsgebots des Art. 80 Abs. 1 GG rechtfertigen.[258] Aus der Notwendigkeit, die komplizierten und umfangreichen Einzelregelungen durch verhältnismäßig kurzfristig erfolgende Revisionen dauernd weiter zu entwickeln und dabei dem Normgeber auch einen gewissen Spielraum zu belassen,[259] dürfte daher letztlich die Verfassungsmäßigkeit der Ermächtigungsnormen folgen. Zudem wird die Ermächtigung durch den – in der Legaldefinition des § 2 Abs. 1 GBefGG zum Ausdruck kommenden – Schutzzweck, an dem sich die Verordnungen jeweils zu orientieren haben, konkretisiert.

Die Bundesregierung hat die an sie gerichteten Ermächtigungen, im Rahmen des nach § 3 Abs. 3 und § 5 Abs. 4 GBefGG Zulässigen regelmäßig auf den Bundesminister für Verkehr übertragen.[260] Einer Zustimmung des Bundesrates bedarf es nur bei einem Teil der Verordnungsgebung (vgl. § 3 Abs. 1 GBefGG, nicht dagegen z. B. §§ 3 Abs. 2 und 3, 5 Abs. 2, 4 und 5, §§ 6, 7 Abs. 1 S. 2 GBefGG).[261]

157 Vor dem Erlaß von Rechtsverordnungen soll gemäß § 4 GBefGG ein technisch-wissenschaftlicher **Beratungsstab** angehört werden, wodurch die Einbeziehung des Sachverstandes vorhandener Bundeseinrichtungen sowie eine Zusammenarbeit mit sonstigen Sachverständigen aus dem Bereich der im Sicherheitswesen tätigen Organisationen (Berufsgenossenschaften, TÜV usw.) und der Wirtschaft ermöglicht wird.[262] Die Ausgestaltung als Sollvorschrift ermöglicht es, das Beratungsgremium beim Erlaß von Rechtsvorschriften, deren sachliche Richtigkeit bereits in anderer Weise gewährleistet ist, nicht hinzuziehen zu müssen, so z. B. bei einer innerstaatlichen Umsetzung internationaler Regeln.

3. Verwaltungszuständigkeiten

158 Das Gefahrgutbeförderungsgesetz betrifft teilweise Materien, die der bundeseigenen Verwaltung unterliegen, so im Bereich der Bundeseisenbahnen (Art. 87 Abs. 1 S. 1 GG), im Luftverkehr (Art. 87d Abs. 1 GG) und auf dem Gebiet der See- und

---

[255] *Ridder* (FN 209), Teil A–II, S. 76.

[256] *Dorias* (FN 210), S. 59.

[257] Vgl. zur Wesentlichkeitstheorie hier nur BVerfGE 49, 89 (126f.) – Kalkar – sowie *Kloepfer*, JZ 1984, 687ff. m. w. N.

[258] Zum Bestimmtheitsgebot in solchen Fällen BVerfGE 49, 89 (133ff.).

[259] Begründung der Bundesregierung zu § 3 des Gesetzentwurfs, BT-Drs. 7/2517, S. 11.

[260] Verordnung zur Übertragung gefahrgutrechtlicher Ermächtigungen auf den Bundesminister für Verkehr vom 12. 9. 1985 (BGBl. I. S. 1918).

[261] Zur Kontroverse zwischen Bundesregierung und Bundesrat um die Notwendigkeit der Bundesratszustimmung, s. BT-Drs. 7/2517, S. 18 u. 22f.

[262] Vgl. BT-Drs. 7/2517, S. 12; *Dorias* (FN 210), S. 60; zur historischen Entwicklung des Beratungswesens *Ridder* (FN 209), Teil A–II, S. 79ff.; zur Zusammensetzung des Beratungsgremiums s. Geschäftsordnung für den Gefahrgut-Verkehrs-Beirat beim Bundesminister für Verkehr vom 6. 2. 1985 (VkBl. S. 250; Änderung in VkBl. 1987, 358).

Binnenschiffahrt auf Bundeswasserstraßen (Art. 87 Abs. 1 S. 1, Art. 89 Abs. 2 GG), aber auch im Bereich der Verteidigung und des Bundesgrenzschutzes (Art. 87 Abs. 1 S. 2, Art. 87b Abs. 2 GG). Insoweit ist die **Zuständigkeitsregelung** des § 5 Abs. 1, 2 S. 1 und Abs. 5 GBefGG unproblematisch. In den übrigen Bereichen fällt die Ausführung des Gesetzes grundsätzlich in die Zuständigkeit der Länder. § 5 Abs. 2 S. 2 GBefGG läßt jedoch auch in diesen Fällen eine bundeseigene Verwaltung durch Bundesoberbehörden zu, wenn und soweit der Zweck des Gesetzes durch das Verwaltungshandeln der Länder nicht erreicht werden kann.[263]

4. *Ausnahmeregelungen*

§ 6 GBefGG ist Rechtsgrundlage für die jeweiligen **Gefahrgutausnahmeverordnungen** (s. o. Rn. 142), daneben bleiben aber auch **Ausnahmen in Einzelfällen** zulässig, deren Bewilligung den jeweils zuständigen Behörden obliegt.[264] 159

Während § 6 GBefGG somit eine Ausweitung der zulässigen Gefahrguttransporte erlaubt, gestattet § 7 GBefGG **zusätzliche Beschränkungen,** wenn sich die geltenden Sicherheitsvorschriften als unzureichend zur Einschränkung der von der Beförderung ausgehenden Gefahren herausstellen. Im Wege von **Sofortmaßnahmen** kann der Bundesminister für Verkehr die Beförderung bestimmter Güter untersagen oder einschränken, wenn eine Änderung der geltenden Rechtsvorschriften im Verordnungswege nicht abgewartet werden kann, also (nur) in besonders eiligen Fällen. Allgemeine Anordnungen dieser Art kann der Bundesminister auch durch Rechtsverordnung, wegen der Dringlichkeit aber ohne Zustimmung des Bundesrates, erlassen. Absatz 2 ermöglicht auf diesem Wege auch die Einbeziehung von Gütern, die von bestehenden Rechtsvorschriften noch nicht erfaßt werden, bei deren Beförderung sich jedoch Risiken i. S. des § 2 Abs. 1 GBefGG herausstellen. Die Geltung dieser Dringlichkeitsmaßnahmen ist gemäß § 7 Abs. 3 GBefGG auf höchstens ein Jahr beschränkt (eine ähnliche Regelung enthält § 17 Abs. 2 ChemG, s. o. Rn. 83). Da diese Frist für die entsprechende Abänderung der Regelvorschriften in der Praxis häufig nicht ausreicht, werden Sofortmaßnahmeverordnungen teilweise in gleicher Sache wiederholt erlassen.[265]

5. *Überwachung*

§ 8 GBefGG stellt eine spezielle Rechtsgrundlage für die zuständigen Überwachungsbehörden dar, die einen Rückgriff auf das unberührt bleibende allgemeine Polizeirecht erübrigt und **Maßnahmen bei Verletzung der Gefahrgutbeförderungsvorschriften** hinsichtlich des Fahrzeugs und der Ladung gestattet. Darüber hinaus ermöglicht § 9 GBefGG **Überwachungsmaßnahmen** gegenüber den für die Beförderung **Verantwortlichen.** Diesen Personenkreis grenzt § 9 Abs. 5 GBefGG auf Unternehmer oder Inhaber eines Betriebes ein, die gefährliche Güter verpacken, verladen, versenden, befördern, entladen, empfangen oder auspacken bzw. Verpackungen, Behälter (Container) oder Fahrzeuge zur Beförderung gefährlicher Güter herstellen. 160

---

[263] Die geltende Fassung ist bereits ein Kompromiß zwischen Bundesregierung und Bundesrat, nachdem der ursprüngliche Entwurf der Bundesregierung eine bundeseigene Verwaltung unter weniger strengen Bindungen vorgesehen hatte (BT-Drs. 7/2517, S. 13, 20). Die jetzige Formulierung orientiert sich an BVerfGE 11, 7 (17ff.).

[264] Vgl. § 5 GGVS, § 5 GGVE, § 1 GGVBinSch i. V. mit Art. 4 ADNR, § 3 GGVSee.

[265] *Hole/Busch,* TranspR 1986, 401ff., 405.

V. Verordnungsrecht für die einzelnen Verkehrsträger

1. Allgemeiner Inhalt

161 Die Rechtsverordnungen für die einzelnen Verkehrsträger (Gefahrgutverordnungen Straße, Eisenbahn, Binnenschiffahrt, See, s. o. Rn. 142) enthalten im wesentlichen Begriffsbestimmungen und Pflichten für die an der Beförderung gefährlicher Güter Beteiligten, generelle Zulassungs- und besondere Erlaubnisvorschriften (i. V. mit Einzelregelungen und Klassifizierungssystemen in umfangreichen Anlagen zu den einzelnen Verordnungen) sowie Vorschriften über (der jeweiligen Verkehrsart und den Gütern angepaßte) Verpackung, Transportmittel und Kennzeichnung, deren Einzelheiten wiederum in Anlagen enthalten sind. Schließlich finden sich Regelungen über Zuständigkeiten, Ausnahmen, Sonderrechte und Ordnungswidrigkeiten.

2. Gefahrgutverordnung Straße

a) Anwendungsbereich

162 Die Gefahrgutverordnung Straße (GGVS) vom 22. 7. 1985[266] (Kloepfer Nr. 576) regelt die Beförderung gefährlicher Güter mit Straßenfahrzeugen (§ 1 Abs. 1 GGVS). § 1 Abs. 2–4 GGVS unterscheiden zwischen der **innerstaatlichen** und der **grenzüberschreitenden Beförderung.** Für die innerstaatliche Beförderung gelten die Vorschriften der Anlagen A und B; die grenzüberschreitende Beförderung unterliegt den Regeln des ADR-Übereinkommens, deren deutsche Übersetzung ebenfalls in den Anlagen A und B, drucktechnisch getrennt von den innerstaatlichen Vorschriften, enthalten ist. Einige innerstaatliche Bestimmungen sind jedoch ausnahmsweise auch auf den grenzüberschreitenden Straßentransport anzuwenden.

b) Beförderungszulassung

163 Grundsätzlich dürfen gemäß § 3 GGVS gefährliche Güter auf der Straße nur transportiert werden, wenn sie nach den Vorschriften der Anlage A zur Beförderung zugelassen sind.

Von diesem Grundsatz lassen die Straßen-Gefahrgutausnahmeverordnung (s. o. Rn. 142) allgemeine und § 5 GGVS **Ausnahmen** für Einzelfälle oder allgemein für bestimmte Antragsteller zu.

Die durch **Verordnung** zugelassenen allgemeinen Ausnahmen betreffen im wesentlichen einzelne Güter, deren Gefährlichkeit unter bestimmten Bedingungen eine Beförderung erlaubt, und zum anderen die Beförderung auf der Straße in Verbindung mit einem anschließenden oder vorausgehenden (ausnahmsweise zulässigen) Eisenbahn- oder Seeschiffahrtstransport.

Für den **Einzelfall** oder allgemein für **bestimmte Antragsteller** können gemäß § 5 GGVS die nach Landesrecht zuständigen Stellen auf Antrag unter bestimmten Voraussetzungen Ausnahmen zulassen.

Sonderregelungen gelten daneben für den Bereich der Verteidigung, der Polizei, der Feuerwehr und der Kampfmittelräumung (§ 5 Abs. 5 GGVS) sowie für NATO-Truppen (§ 8 GGVS).

---

[266] BGBl. I S. 1550, geänd. durch VO v. 21. 12. 1987, BGBl. I S. 2858.

c) Sicherungspflichten

164 § 4 GGVS regelt die jeweiligen Sicherungspflichten, die entsprechend dem Verlauf der Transportkette auf unterschiedliche **verantwortliche Personen** verteilt sein können. Die an der Beförderung gefährlicher Güter Beteiligten haben die nach Art und Ausmaß der vorhersehbaren Gefahren erforderlichen Vorkehrungen zu treffen, um Schadensfälle zu verhindern und bei Eintritt eines Schadens dessen Umfang so gering wie möglich zu halten (§ 4 Abs. 1 GGVS). Dazu definiert § 2 GGVS (abweichend von etwaigen handelsrechtlichen Kategorien[267]) die Begriffe des Beförderers, des Absenders, des Verladers[268] und des Fahrzeugführers. Zudem treffen den „Verpackenden" nach § 4 Abs. 3 GGVS besondere Pflichten.

d) Sonstige Regelungen

165 Weiterhin enthält die Verordnung Vorschriften über Baumusterzulassungen und Prüfbescheinigungen (§ 6), über die Beförderung bestimmter Güter (§ 7), über Zuständigkeiten (§ 9), Ordnungswidrigkeiten (§ 10), Übergangsregelungen (§ 11) und über die Anwendung anderer Rechtsvorschriften (§ 12, vgl. dazu auch Rn. 177ff.).

3. Gefahrgutverordnung Eisenbahn

166 Die Gefahrgutverordnung Eisenbahn (GGVE) vom 22. 7. 1985[269] (Kloepfer Nr. 580) regelt die Beförderung gefährlicher Güter mit Eisenbahnen – von transportarttypischen Vorschriften abgesehen – im wesentlichen parallel zur Gefahrstoffverordnung Straße.

Für den grenzüberschreitenden Verkehr gelten dabei die in der Anlage zur GGVE in deutscher Übersetzung enthaltenen **RID-Regeln** (s. o. Rn. 145).

167 Der Kreis der verantwortlichen **Sicherungspflichtigen** ist transportartspezifisch kleiner und umfaßt nach § 4 i. V. mit § 2 Abs. 1 Nr. 2 GGVE die jeweilige Eisenbahn als Beförderer, den Absender, den Verpackenden und den Empfänger (bzw. einen vom Empfänger bestimmten Dritten, an den die Auslieferung erfolgt, § 4 Abs. 5 GGVE), letzteren treffen nach § 4 Abs. 4 S. 4 GGVE jedoch nur bestimmte Meldepflichten bei Unfällen und Unregelmäßigkeiten.

168 Die allgemeinen **Ausnahmen** regelt die Eisenbahn-Gefahrgutausnahmeverordnung (s. o. Rn. 142). Die Zuständigkeit für die Erteilung von Ausnahmen in Einzelfällen und allgemein für bestimmte Antragsteller liegt für den Bereich der Bundeseisenbahnen entsprechend der Verwaltungskompetenz des Art. 87 Abs. 1 GG beim Bundesminister für Verkehr und nur für den Bereich der übrigen Eisenbahnen bei den nach Landesrecht zuständigen Behörden.

4. Gefahrgutverordnung Binnenschiffahrt

169 Eine im Vergleich zu den vorgenannten Verordnungen **andere Regelungstechnik** verfolgt die Gefahrgutverordnung Binnenschiffahrt (GGVBinSch) i. d. F. der Bek. vom 30. 6. 1977[270] (Kloepfer Nr. 584). Sie beschränkt sich vorrangig darauf, die von der Zentralkommission für die Rheinschiffahrt beschlossene Verordnung über die Beförderung gefährlicher Güter auf dem Rhein (ADNR) – s. o. Rn. 145 sowie Rn. 171 – für den Rhein und daneben auch für die anderen Bundeswasserstraßen – ausgenommen die Donau – in Kraft zu setzen und deren Anwendungsbereich entsprechend auszudehnen. Im übrigen bestimmt die Verordnung dann nur noch die im ADNR

[267] Begründung zur Ersten Straßen-Gefahrgut-Änderungsverordnung v. 20. 6. 1983 (VkBl. 1983, 223).
[268] Zur Neueinführung des Begriffs des Verladers im Jahre 1983 s. *Hole/Busch,* TranspR 1986, 401ff., 405.
[269] BGBl. I. S. 1560, zuletzt geänd. durch VO v. 21. 12. 1987, BGBl. I S. 2862.
[270] BGBl. I S. 1119, zuletzt geänd. durch VO v. 12. 9. 1985, BGBl. I S. 1918.

vorgesehenen innerstaatlichen Behörden (§§ 2, 3 GGVBinSch) und regelt einige Abweichungen von den ADNR-Bestimmungen (§§ 4, 5 GGVBinSch).

170 Besondere **Verantwortlichkeiten** treffen nach § 6 GGVBinSch den Eigentümer der Güter, den Ausrüster, den Absender, den Schiffsführer und alle sonstigen an Bord befindlichen Personen.

171 Das (somit für alle Bundeswasserstraßen mit Ausnahme der Donau geltende) **ADNR** (Accord Européen conçernant le Transport International des Marchandises Dangereuses par Navigation du Rhin)[271] selbst bestimmt in seinen Anlagen die Voraussetzungen, unter denen gefährliche Güter auf dem Rhein (bzw. den Bundeswasserstraßen) befördert werden dürfen. Auch das ADNR läßt Ausnahmeregelungen zu, die in den zwei **ADNR-Ausnahmeverordnungen** verwirklicht sind (s. o. Rn. 142).

Das geltende ADNR hat noch nicht den aktuellen Stand der Straßen- und Seeschiffahrtsregelungen erreicht, was zu Klassifizierungsschwierigkeiten führen kann. Eine entsprechende Revision des ADNR ist jedoch für die nächste Zukunft vorgesehen. Längerfristig erarbeitet die Wirtschaftskommission der Vereinten Nationen für Europa (ECE) ein europäisches Regelwerk für den Binnenschiffahrtsverkehr mit gefährlichen Gütern (ADN), das für sämtliche europäische Wasserstraßen mit internationalem Verkehr verbindlich oder zumindest empfehlend sein soll.[272]

5. Gefahrgutverordnung See

172 Die Regelung des Transports gefährlicher Güter mit Seeschiffen hat die Besonderheiten der Seeschiffahrt zu berücksichtigen und ist deshalb auch in besonderem Maße durch internationale Verknüpfungen geprägt. So gestaltet sich bereits die Festlegung des **Anwendungsbereichs** der Gefahrgutverordnung See (GGVSee) i. d. F. der Bek. vom 27. 6. 1986[273] (Kloepfer Nr. 586) wesentlich komplizierter als bei den übrigen Beförderungsarten.

Nach § 1 GGVSee gilt die Verordnung für die Beförderung gefährlicher Güter mit Seeschiffen, die berechtigt sind, die **Bundesflagge** zu führen. Abweichungen sind für diese erlaubt, soweit das maßgebende Recht des Landehafens abweichende Regelungen vorschreibt oder zuläßt. Für Gefahrguttransporte unter **fremder Flagge** gelten einzelne Vorschriften der Gefahrgutverordnung See, wenn die Seeschiffe im Geltungsbereich der Verordnung gefährliche Güter laden, einen Ort zum Löschen oder zum Aufenthalt anlaufen sowie beim Durchfahren des Geltungsbereichs.

173 Allgemeine **Ausnahmen** von den Beförderungsbestimmungen enthält die See-Gefahrgut-Ausnahmeverordnung (s. o. Rn. 142); Ausnahmen für Einzelfälle oder für bestimmte Antragsteller kann der Bundesminister für Verkehr auf Antrag zulassen (§ 3 GGVSee).

174 **Verantwortliche Personen** bzw. Adressaten der allgemeinen Sicherungspflicht des § 1a GGVSee und der sonstigen besonderen Pflichten sind als am Transport Beteiligte vor allem der Hersteller oder Vertreiber gefährlicher Güter, der Aussteller des Verladescheins, die Verantwortlichen für den Umschlag und für die Beladung von Containern, der Reeder und der Schiffsführer.[274]

---

[271] In der deutschen Rechtsterminologie wird dieser als Verordnung über die Beförderung gefährlicher Güter auf dem Rhein (ADNR) bezeichnet. Er wurde von der Zentralkommission für die Rheinschiffahrt beschlossen und durch die Gefahrgutverordnung Binnenschiffahrt (vgl. FN 223) für die Bundeswasserstraßen – ausgenommen die Donau – in Kraft gesetzt.

[272] Vgl. zum Ganzen *Hole/Busch,* TranspR 1986, 401 ff., 407.

[273] BGBl. I S. 961.

[274] s. im einzelnen *Hole/Busch,* TranspR 1986, 401 ff., 406 f.

Transportspezifisch übernimmt die Gefahrgutverordnung in besonders großem Ausmaß **Empfehlungen internationaler Organisationen als verbindliche Vorschriften.** So enthalten z. B. die §§ 8, 9, 11a, 12 Abs. 2, 13 GGVSee starre Verweisungen auf (in der Anlage oder im Bundesanzeiger veröffentlichte) Regeln der IMO und der Vereinten Nationen (s. o. Rn. 144). 175

6. Luftverkehr

Der Transport gefährlicher Güter mit Luftfahrzeugen ist derzeit noch allein durch **§ 27 LuftVG** und **§§ 76–78 LuftVZO** geregelt. Die nach diesen Vorschriften erforderliche Beförderungserlaubnis des Luftfahrt-Bundesamtes gilt nach einer Bekanntmachung des Bundesministers für Verkehr[275] als erteilt, wenn die jeweils gültigen **Vorschriften der IATA** für die Beförderung gefährlicher Güter beachtet werden. Die derzeitigen IATA-Dangerous Goods Regulations (IATA-DGR)[276] entsprechen wiederum den aktuellen ICAO-TI (s. o. Rn. 144), so daß die Bundesrepublik letztlich die aktuellen ICAO-Vorschriften anwendet. 176

Nach Abschluß der Übersetzungsarbeiten an den ICAO-TI sollen diese Vorschriften in Zukunft in eine eigenständige Gefahrgutverordnung Luft (GGVL) übernommen werden.[277]

VI. Verhältnis des Gefahrgutbeförderungsrechts zu sonstigen Beförderungsregelungen

Andere gesetzliche Regelungen enthalten zum Teil ebenfalls besondere Beförderungsvorschriften. Soweit hierbei **Überschneidungen** mit dem Gefahrgutbeförderungsrecht auftreten, gelten die Vorschriften zum Teil kumulativ, teilweise entbindet die Einhaltung der gefahrgutbeförderungsrechtlichen Bestimmungen aber auch von den Anforderungen anderer Gesetze. Zu beachten ist, daß der Begriff der „gefährlichen Güter" nicht in allen Fällen mit den in anderen Regelungen enthaltenen Begriffsbestimmungen übereinstimmt. Abfälle, Chemikalien, wassergefährdende Stoffe usw. müssen nicht immer gleichzeitig auch gefährliche Güter sein, obwohl bestimmte Arten dieser Stoffe regelmäßig gleichzeitig zu den gefährlichen Gütern im Sinne des Gefahrgutbeförderungsgesetzes zu rechnen sein werden. 177

1. Atomgesetz

Wegen der gesteigerten Risiken der Radioaktivität sieht das Atomrecht für die Beförderung radioaktiver Stoffe spezielle Regelungen vor (vgl. allgemein § 8 Rn. 20). 178

Einer besonderen Genehmigung bedarf nach § 4 AtG die Beförderung von Kernbrennstoffen, soweit sie außerhalb eines abgeschlossenen Geländes, auf dem Kernbrennstoffe staatlich verwahrt werden oder eine nach den §§ 6, 7 und 9 AtG genehmigte Tätigkeit ausgeübt wird, erfolgt. Die Erteilung der Genehmigung ist an einzeln aufgeführte besondere Voraussetzungen gebunden, zu denen gemäß § 4 Abs. 2

---

[275] Bekanntmachung über die Erlaubnis zum Mitführen gefährlicher Güter in Luftfahrzeugen v. 31. 5. 1968 (Nachrichten für Luftfahrer 1986 I 151/68; abgedruckt bei *Ridder* [FN 209], Teil B–V, als Anlage 2).

[276] Die IATA-DGR (vgl. o. Rn. 144) haben die in der Bekanntmachung noch erwähnten „IATA-Regulations relating to the carriage of restricted articles by air" (IATA-RAR) inzwischen abgelöst.

[277] Vgl. *Ridder* (FN 209), Teil B–V, S. 1ff.; *Hole/Busch,* TranspR 1986, 401ff., 407f.

Nr. 3 AtG u. a. die Gewährleistung zählt, „daß die Kernbrennstoffe unter Beachtung der für den jeweiligen Verkehrsträger geltenden Rechtsvorschriften über die Beförderung gefährlicher Güter befördert werden oder, soweit solche Vorschriften fehlen, auf andere Weise die nach dem Stand von Wissenschaft und Technik erforderliche Vorsorge gegen Schäden durch die Beförderung der Kernbrennstoffe getroffen ist". Nach § 4 Abs. 6 S. 2 AtG bleiben im übrigen die Rechtsvorschriften über die Beförderung gefährlicher Güter unberührt.

Bedarf der Beförderer von Kernmaterialien[278] keiner Genehmigung nach § 4 AtG, so hat dieser gemäß § 4b AtG vor Beginn der Beförderung der zuständigen Behörde die erforderliche Vorsorge für die Erfüllung der gesetzlichen Schadensersatzverpflichtungen nachzuweisen; diese Verpflichtung gilt nach Absatz 2 nicht, soweit es sich um die Beförderung von Kernmaterialien handelt, die in Anlage 2 zum Atomgesetz bezeichnet sind.

179 Die §§ 8–10 der **Strahlenschutzverordnung** sehen für die Beförderung sonstiger radioaktiver Stoffe[279] ebenfalls eine besondere Genehmigungspflicht vor, die im Einzelfall von der Beförderungsgenehmigung nach dem Atomgesetz umfaßt sein kann. § 9 StrlSchV sieht für bestimmte Fälle vor, daß neben der Genehmigung nach dem Gefahrgutbeförderungsrecht eine atomrechtliche Genehmigung nicht mehr erforderlich ist, macht die Beförderung aber auch in diesen Fällen vom Nachweis der Dekkungsvorsorge für die Erfüllung gesetzlicher Schadensersatzpflichten (vgl. § 8 Rn. 68) abhängig.

2. Kriegswaffenkontrollgesetz

180 Die Beförderung von Kriegswaffen kann nicht nur gefahrgutrechtliche Risiken begründen, sondern auch sicherheitsrechtliche und politisch-staatsrechtliche Interessen tangieren. Die §§ 3 und 4 KriegswaffenG unterwerfen die Beförderung von Kriegswaffen im Bundesgebiet außerhalb eines abgeschlossenen Geländes und (insofern besonders weitgehend) außerhalb des Bundesgebietes auf Seeschiffen, die die Bundesflagge führen, oder mit Luftfahrzeugen, die in die Luftfahrzeugrolle der Bundesrepublik eingetragen sind, einer besonderen Genehmigung (§ 6 Abs. 1 KriegswaffenG). Die Genehmigung nach dem Gefahrgutbeförderungsrecht bleibt von diesen Regelungen unberührt (§ 6 Abs. 4 KriegswaffenG).

3. Sprengstoffgesetz

181 Die Beförderung explosionsgefährlicher Stoffe bedarf nach § 7 Abs. 1 Nr. 3 SprengG einer besonderen Erlaubnis, sofern sie gewerbsmäßig, selbständig im Rahmen einer wirtschaftlichen Unternehmung oder eines land- oder forstwirtschaftlichen Betriebes oder bei der Beschäftigung von Arbeitnehmern erfolgt. Die Erteilung der Genehmigung setzt insbesondere Zuverlässigkeit und Fachkunde der entsprechenden Personen voraus.

---

[278] Zur Unterscheidung zwischen „Kernbrennstoffen" und sonstigen radioaktiven Stoffen s. § 2 AtG.

[279] Dies sind gemäß § 3 StrlSchV i. V. mit § 2 Abs. 1 Nr. 2 AtG „Stoffe, die, ohne Kernbrennstoffe zu sein, ionisierende Strahlen spontan aussenden".

4. *Abfallgesetz*

182 Das Abfallgesetz will vor allem eine geordnete Entsorgung von Abfällen sicherstellen. Genehmigungspflichtig sind nach § 12 AbfG generell die Beförderung von Abfällen und nach § 13 AbfG auch der grenzüberschreitende Verkehr mit Abfällen (vgl. § 12 Rn. 159ff.). Daneben bleiben die gefahrgutrechtlichen Beförderungsvorschriften unberührt (§ 12 Abs. 4 AbfG).

5. *Straßenverkehrsgesetz*

183 Überschneidungen zwischen Gefahrgutbeförderungsrecht und Straßenverkehrsrecht ergeben sich insbesondere im Regelungsbereich der Gefahrgutverordnung Straße, die z. B. in §§ 6 Abs. 6, 9 Abs. 3 Nr. 4 das Verfahren der Hauptuntersuchung nach § 29 StVZO auch für Prüfungen nach dem Gefahrgutbeförderungsrecht dienstbar macht. Die häufigen Unfälle mit Gefahrguttransporten hat der Bundesminister für Verkehr zum Anlaß genommen, die Möglichkeiten gefahrgutspezifischer verkehrsregelnder Maßnahmen nach der StVO auszuweiten: Da Auflagen zur Fahrwegbestimmung nach § 7 Abs. 1 GGVS nur für bestimmte besonders gefährliche Güter möglich sind, wurde der Anordnungsbereich des straßenverkehrsrechtlichen Verbots für kennzeichnungspflichtige Kraftfahrzeuge mit gefährlichen Gütern und für Fahrzeuge mit wassergefährdenden Ladungen (Zeichen 261 und 269 StVO) ausgedehnt. Die Straßenverkehrszeichen ermöglichen, gefährliche bzw. besonders gefährdete Wegstrecken, insbesondere Gefällstrecken im Zusammenhang mit Wohn-, Gewerbe-, Industrie- und Naturschutzgebieten sowie enge oder kurvenreiche Ortsdurchfahrten und Wasserschutzgebiete, für Gefahrguttransporte zu sperren und diese auf geeignetere Wegstrecken umzuleiten.[279a]

6. *Wasserrecht*

184 Das Wasserhaushaltsgesetz des Bundes und die Wassergesetze der Länder enthalten spezielle Vorschriften über **wassergefährdende Stoffe** einschließlich der Maßnahmen beim Austreten wassergefährdender Stoffe während des Transports (vgl. § 11 Rn. 139ff.). Auswirkungen auf die Gefahrgutbeförderung können auch Verkehrsbeschränkungen in Wasserschutzgebieten (vgl. § 11 Rn. 154ff.) und Schiffahrtsregelungen in den Wassergesetzen haben. Schließlich enthalten die Wassergesetze eigenständige Regelungen über die Beförderung wassergefährdender Stoffe in Rohrleitungen (vgl. § 11 Rn. 133ff.).

7. *Pflanzenschutzgesetz*

185 § 3 Abs. 1 Nr. 13 PflSchG ermächtigt den Bundesminister für Ernährung, Landwirtschaft und Forsten im Interesse des Pflanzenschutzes, das Befördern bestimmter

---

[279a] Vgl. dazu die Richtlinien für die Anordnung von verkehrsregelnden Maßnahmen für den Transport gefährlicher Güter auf Straßen, VkBl. 1987, 857; s. auch Neubekanntmachung der Richtlinien für die Erstellung von Unfallmerkblättern (schriftliche Weisungen) für den Straßenverkehr – RS 006 –, VkBl. 1988, 346; Empfehlungen zur Durchführung gemeinsamer Kontrollen von Gefahrguttransporten der Alliierten Streitkräfte, VkBl. 1988, 353; Neunte Verordnung zur Änderung der Straßenverkehrs-Ordnung (StVO) vom 22. 3. 1988, VkBl. 1988, 211, und schließlich die Fünfte Allgemeine Verwaltungsvorschrift zur Änderung der Allgemeinen Verwaltungsvorschrift zur Straßenverkehrsordnung (VwV-StVO) vom 22. 3. 1988, VkBl. 1988, 230 (dort insbesondere Nr. 25 „Zu Zeichen 261", die auf die vorgenannten Richtlinien verweist).

Schadorganismen und Befallsgegenstände zu verbieten, zu beschränken oder von einer Genehmigung oder Anzeige abhängig zu machen.

8. Druckbehälterverordnung

186 Die gewerberechtliche Verordnung über Druckbehälter, Druckgasbehälter und Füllanlagen (Druckbehälterverordnung – DruckbehV) vom 27. 2. 1980[280] (Kloepfer Nr. 856) regelt die Errichtung und den Betrieb der genannten Einrichtungen. Gemäß § 4 Abs. 3 DruckbehV gelten die Anforderungen nach § 4 Abs. 1 dieser Verordnung für Druckbehälter und Druckgasbehälter als erfüllt, wenn sie den verkehrsrechtlichen Vorschriften über die Beförderung gefährlicher Güter entsprechen.

9. Verordnung über brennbare Flüssigkeiten

187 Die Verordnung über Anlagen zur Lagerung, Abfüllung und Beförderung brennbarer Flüssigkeiten zu Lande (VbF) vom 27. 2. 1980[281] (Kloepfer Nr. 862) gilt gemäß § 1 VbF unter anderem auch für die Beförderung brennbarer Flüssigkeiten zu Lande (einschließlich Rohrleitungen, dort gelten jedoch außerdem die §§ 19a–f WHG, vgl. § 11 Rn. 133ff.), soweit die Anlagen gewerblichen Zwecken dienen und in ihrem Gefahrenbereich Arbeitnehmer beschäftigt werden. Anlagen der Deutschen Bundesbahn im Eisenbahn- und Schiffahrtsbetrieb sind dagegen vom Anwendungsbereich weitgehend ausgenommen. Nach § 4 Abs. 2 VbF, der insoweit § 4 Abs. 3 DruckbehV gleicht, gelten die Anforderungen des § 4 Abs. 1 VbF an Transportbehälter und Fahrzeuge zur Beförderung brennbarer Flüssigkeiten als erfüllt, wenn die Behälter und Fahrzeuge den verkehrsrechtlichen Vorschriften über die Beförderung gefährlicher Güter entsprechen.

F. Umwelt-Gentechnikrecht

Schrifttum: *Altner,* Leben auf Bestellung? Das gefährliche Dilemma der Gentechnologie, 1988; *Binder,* Richtlinien für die Genforschung im Spannungsfeld zwischen Gefahrenschutz und Forschungsfreiheit, in: Klingmüller (Hg.), Genforschung im Widerstreit, 2. Aufl., 1986, S. 125ff.; *Braun/Mieth/Steigleder* (Hg.), Ethische und rechtliche Fragen der Gentechnologie und der Reproduktionsmedizin (Schriftenreihe „Gentechnologie – Chancen und Risiken" Bd. 13), 1987; *Damm/Hart,* Rechtliche Regulierung riskanter Technologien, KritV 1987, 183ff.; *Del Bino,* Regelungen auf dem Gebiet der Biotechnologie, Vorschläge der EG-Kommission, EurUm 1988, 31ff.; *Deutsch,* Gentechnologie und Recht, ZRP 1985, 73ff.; *ders.,* Das Recht der Gentechnologie, ZRP 1987, 305ff.; *ders.,* Zur Arbeit der Enquête-Kommission „Chancen und Risiken der Gentechnologie", in: Lukes/Scholz (Hg.), Rechtsfragen der Gentechnologie, 1986, S. 76ff.; *Enquête-Kommission „Chancen und Risiken der Gentechnologie",* Bericht an den Deutschen Bundestag, 1987, BT-Drs. 10/6775, s. auch Schriftenreihe „Gentechnologie – Chancen und Risiken" Bd. 12; *Friedrichsen,* Gentechnologie, 1988; *Gassen/Martin/Sachse,* Der Stoff, aus dem die Gene sind, 1986; *Gesellschaft für Rechtspolitik* (Hg.), Bitburger Gespräche, Jahrbuch 1986/1 „Biotechnologie und Recht"; *Groth,* Die gentechnische Herausforderung – Taugt das Umweltrecht zur Bewältigung sozio- ökologischer Risiken?, KJ 1988, 247ff.; *Hasskerl,* Rechtsfragen der Entwicklung, Herstellung und Zulassung gentechnologischer Arzneimittel, MedR 1986, 269ff.; *Klingmüller* (Hg.), Genforschung im Widerstreit, 2. Aufl., 1986; *Kollek,* Gentechnologie und biologische Risiken, WSI-Mitteilungen 1988, 105ff.; *ders./Tappeser/Altner* (Hg.), Die ungeklärten Gefahrenpotentiale der Gentechnologie (Schriftenreihe „Gentechnologie – Chancen und Risiken" Bd. 10), 1986; *Ladeur,* Rechtliche Steuerung der Freisetzung von gentechnologisch manipulierten Organismen, NuR 1987, 60ff.; *Lerche,* Verfassungsrechtliche Aspekte der Gentechnologie, in: Lukes/Scholz (Hg.), Rechtsfragen der Gentechnologie, 1986, S. 88ff.; *Lukes,* Die Gentechnologie aus der Sicht des Rechts der Technik, DVBl. 1986,

[280] BGBl. I S. 173.
[281] BGBl. I S. 173, 184, geänd. durch VO v. 3. 5. 1982, BGBl. I S. 569.

1221ff.; *ders./Scholz* (Hg.), Rechtsfragen der Gentechnologie, 1986; *Mahro,* Rechtliche Regelung der Umwelt- und Gesundheitsrisiken in der Gentechnik, in: Mellinghoff/Trute (Hg.), Die Leistungsfähigkeit des Rechts, 1988, S. 261ff.; *dies.,* Zur Zulassung einer Freisetzung gentechnisch manipulierter Organismen im Feldversuch in den USA, NuR 1986, 324ff.; *Nicklisch,* Rechtsfragen der modernen Biotechnologie, DB 1986, 2475ff.; *ders.,* Das Recht im Umgang mit dem Ungewissen in Wissenschaft und Technik, NJW 1986, 2287ff.; *ders.,* Rechtsfragen der Anwendung der Gentechnologie unter besonderer Berücksichtigung des Privatrechts, in: Lukes/Scholz (Hg.), Rechtsfragen der Gentechnologie, 1986, S. 112ff.; *Organisation for Economic Cooperation and Development (OECD),* Recombinant DNA Safety Regulations, Paris 1986; *Ritzert,* Gene, Zellen, Moleküle, 1987; *Schneider,* Ökologische Prinzipien einer sozialverträglichen Bio- und Gentechnologie, in: Hans-Böckler-Stiftung (Hg.), Arbeit – Umwelt – Gesellschaft – für eine sozialverträgliche Bio- und Gentechnologie (Schriftenreihe „Gentechnologie – Chancen und Risiken" Bd. 15), 1987, S. 112ff.; *R. Scholz,* Instrumentale Beherrschung der Biotechnologie durch die Rechtsordnung, in: Gesellschaft für Rechtspolitik (Hg.), Bitburger Gespräche, Jahrbuch 1986/1, S. 59ff.; *Steger* (Hg.), Die Herstellung der Natur, Chancen und Risiken der Gentechnologie, 1985; *Sundermann,* Umweltrechtsprobleme der Bio- und Gentechnologie, in: Kimminich/v. Lersner/Storm (Hg.), Handwörterbuch des Umweltrechts (HdUR), Bd. II, 1988, Sp. 786ff.; *Watson/Toose/Kurtz,* Rekombinierte DNA, 1985; *Weber,* Wie kann die Veränderung der Natur durch die Gentechnologie sozial gesteuert und kontrolliert werden?, in: Hans-Böckler-Stiftung (Hg.), Arbeit – Umwelt – Gesellschaft – für eine sozialverträgliche Bio- und Gentechnologie (Schriftenreihe „Gentechnologie – Chancen und Risiken" Bd. 15), 1987, S. 122ff.; *Winter,* Gentechnik als Rechtsproblem, DVBl. 1986, 585ff.

I. Gentechnik und ihre rechtliche Kontrolle

Um ein sich neu – und voraussichtlich sehr schnell – entwickelndes Rechtsgebiet 188
handelt es sich bei dem Recht der Gentechnik. Unter Gentechnik (oder Gentechnologie) versteht man „die Gesamtheit der Methoden zur Charakterisierung und Isolierung von genetischen Material, zur Bildung neuer Kombinationen genetischen Materials sowie zur Wiedereinführung und Vermehrung des neukombinierten Erbmaterials in anderer biologischer Umgebung."[282] Die Gentechnik ist ein Teilgebiet der Biotechnik (Biotechnologie), bei der es allgemein um die gezielte Verwendung lebender Organismen für Zwecke des Menschen geht.

Nach der Entschlüsselung der chemischen Struktur der allen lebenden Organismen gemeinsamen Erbsubstanz wurden in den letzten Jahrzehnten in kurzer Zeit Methoden zur gezielten Veränderung der Erbinformation auf technischem Wege entwickelt, die heute über die Forschung hinaus schon in der industriellen Produktion Anwendung finden.

Parallel dazu haben sich in den letzten 15 Jahren Ansätze für ein Recht der Gentechnik entwickelt. Der Anstoß dazu, diese neu entstehende Technologie einer besonderen rechtlichen Kontrolle zu unterstellen, ging Mitte der 70er Jahre von Wissenschaftlern aus, denen bei ihren Forschungsarbeiten auf dem Gebiet der Gentechnik das hohe Gefahrenpotential dieser Arbeiten klar wurde. Auf ihre Forderung hin, Richtlinien für das mit diesen Arbeiten befaßte Personal zu entwickeln, wurden zunächst in den USA vom National Institute of Health (NIH) die „Guidelines for Research Involving Recombinant DNA Molecules"[283] entwickelt, die Grundlage wur-

[282] Bericht der *Enquête-Kommission „Chancen und Risiken der Gentechnologie",* BT-Drs. 10/6775, S. 7. Zur Einführung in die Grundlagen der Gentechnik vgl. Bericht der *Enquête-Kommission „Chancen und Risiken der Gentechnologie",* BT-Drs. 10/6775, S. 5ff. m. w. N., S. 39; *Friedrichsen,* Gentechnologie, 1988, S. 13ff.; *Gassen/Martin/Sachse,* Der Stoff, aus dem die Gene sind, 1986; *Ritzert,* Gene, Zellen, Moleküle, 1987; *Watson/Toose/Kurtz,* Rekombinierte DNA, 1985.

[283] 41 Fed.Reg. 27911–27922 (7. 7. 1976); diese Richtlinien wurden mehrfach überarbeitet und 1985 durch die „Points to consider for experiments involving release of genetically engineered organisms" des NIH ergänzt. Inzwischen ist u. a. auch die Bundesumweltbehörde Environmental Protection Agency (EPA) in die Genehmigung von Freisetzungsexperimenten mit eigenen Vorschriften eingeschaltet; vgl. zum ganzen *Mahro,* NuR 1986, 324ff., sowie *Bullard,* Die öffentliche Auseinandersetzung um die Gentechnologie in den USA, in: Kollek/Tappeser/Altner (Hg.), Die ungeklärten Gefahrenpotentiale der Gentechnologie, 1986, S. 24ff.; *Jaffe,* Inadequacies in the Federal Regulation of Biotechnology, The Harvard Environmental Law Review 1987, 491ff.; *Wright,* Die Sozialgeschichte der Kontroverse um die rekombinante DNS in den USA, in: Kollek/Tappeser/Altner (Hg.), Die ungeklärten Gefahrenpotentiale der Gentechnologie, 1986, S. 177ff.

den für entsprechende Richtlinien in den meisten anderen Ländern, in denen gentechnische Arbeiten durchgeführt werden, so auch in der Bundesrepublik Deutschland.

Später wurde auch die OECD aktiv und entwickelte Sicherheitskriterien insbesondere für Arbeiten im industriellen Maßstab, die ebenfalls von mehreren Ländern sowie von der EG (vgl. die Richtlinienentwürfe unten Rn. 204ff.) übernommen wurden.[284] Hieran zeigt sich, daß im Recht der Gentechnik die Rechtsentwicklung im nationalen Maßstab oft nur Reflex auf im internationalen Maßstab entwickelte Regelungen war.[285]

189 In der Bundesrepublik Deutschland berührt das Recht der Gentechnik mehrere Rechtsgebiete bzw. Teilrechtsgebiete teils innerhalb, teils außerhalb des Umweltrechts.

Außerhalb des Umweltrechts steht regelmäßig der gesamte Bereich der **Humangentechnik**[286] als moderner Zweig der Humangenetik, wo es um die Anwendung

---

[284] *Organisation for Economic Cooperation and Development (OECD),* Recombinant DNA Safety Consideration, Paris 1986.

[285] Umfassende, jedoch nicht bindende nationale Vorschriften in diesem Bereich gibt es inzwischen außer in der Bundesrepublik Deutschland in folgenden OECD-Mitgliedstaaten: Australien, Großbritannien, Irland, Japan, Niederlande, Neuseeland, Schweiz, USA. In diesen Ländern wird meist zwischen drei Gruppen von Vorschriften unterschieden: Auf den NIH-Richtlinien basierende Sicherheitsvorschriften für Arbeiten in kleinem Maßstab, insbesondere Forschungsarbeiten; auf den OECD-Empfehlungen basierende Vorschriften für die industrielle Produktion; sowie teilweise Vorschriften über Freisetzungen, für die im internationalen Rahmen noch keine allgemein anerkannten Vorbilder bestehen:
– *Australien:* Guidelines for Small Scale Work with Recombinant DNA, Current Edition, 1985; Guidelines for Large Scale Work with Recombinant DNA, Current Edition, 1984; Procedures for Assessment of the Planned Release of Recombinant DNA Organisms, 1987, hg. jeweils vom Recombinant DNA Monitoring Committee beim Department of Industry, Technology and Commerce; – *Großbritannien:* Health and Safety (Genetic Manipulation) Regulations 1978 (Revised Edition); Guidelines for the large-scale use of genetically manipulated organisms (ACGM/HSE/Note 6); The planned release of genetically manipulated organisms for agricultural and environmental purposes (ACGM/HSE/Note 3), 1986; hg. jeweils vom Advisory Committee on Genetic Manipulation/Health and Safety Executive; – *Irland:* s. Guide to Recombinant DNA Regulation in Irland, hg. vom Recombinant DNA Committee beim National Board for Science and Technology; – *Japan:* u.a. Guideline for Industrial Application of Recombinant DNA Technology, Ministry of International Trade and Industry; – *Niederlande:* Richtlinien für Arbeiten mit rekombinanter DNA, Teil 1: Arbeiten in kleinem Maßstab, Teil 2: Arbeiten in großem Maßstab (jeweils für Arbeiten in geschlossenen Systemen), Teil 3: Risikoanalyse für Arbeiten in der Umwelt, hg. von der Commissie ad hoc Recombinant DNA activiteiten; – *Neuseeland:* Revised New Zealand Guidelines for Genetic Manipulation Research, Advisoring Committee on Novel Genetic Techniques, 1982; Recommendations for the Control of Field Testing and Release of Genetically Modified Organisms in New Zealand, Field Release Working Party, Ministry of Science and Technology, 1987; – *Schweiz:* Anwendung der US-amerikanischen NIH-Richtlinien und der OECD-Empfehlungen für Arbeiten in großem Maßstab; beteiligt ist die Schweizer Kommission für Biologische Sicherheit (SKBS); – *USA:* s.o. FN 283. – Als einziges Land hat bisher Dänemark ein rechtlich bindendes „Gesetz über Umwelt und Gentechnologie" verabschiedet (Gesetz Nr. 288 vom 4. 6. 1986), das in der rechtlichen Kontrolle der Gentechnik weit über die Richtlinien in anderen Ländern hinausgeht. Zur Rechtsentwicklung in der *EG* s.u. Rn. 204ff.; vgl. zum ganzen auch *Binder,* Richtlinien für die Genforschung im Spannungsfeld zwischen Gefahrenschutz und Forschungsfreiheit, in: Klingmüller (Hg.), Genforschung im Widerstreit, 2. Aufl., 1986, S. 125ff.; *Mahro,* Rechtliche Regelung der Umwelt- und Gesundheitsrisiken in der Gentechnik, in: Mellinghoff/Trute (Hg.), Die Leistungsfähigkeit des Rechts, 1988, S. 261ff., 264ff.

[286] Vgl. zu diesem in der Öffentlichkeit wie in der juristischen Diskussion um die Gentechnik bisher im Vordergrund stehenden Gebiet vor allem den Bericht der *Enquête-Kommission „Chancen und Risiken der Gentechnologie",* BT-Drs. 10/6775, S. 140ff.; Verhandlungen des 56. Deutschen Juristentages Berlin 1986, Bd. I, A 1ff., B 1ff., Bd. II, K 1ff. Aus der umfangreichen Literatur seien im übrigen nur beispielhaft genannt (SR-Gentechnologie = Schriftenreihe „Gentechnologie – Chancen und Risiken"): *Benda,* Humangenetik und Recht – eine Zwischenbilanz, NJW 1985, 1730ff.; *Blankenagel,* Gentechnologie und Menschenwürde, KJ 1987, 379ff.; *Der Bundesminister für Forschung und Technologie* (Hg.), Ethische und rechtliche Probleme der Anwendung zellbiologischer und gentechnischer Methoden am Menschen (SR-Gentechnologie Bd. 1), 1984; *ders.,* In-vitro-Fertilisation, Genomanalyse und Gentherapie (SR-Gentechnologie Bd. 6), 1985; *Däubler-Gmelin* (Hg.), Forschungsobjekt Mensch: Zwischen Hilfe und Manipulation (SR-Gentechnologie Bd. 7), 1986; *Engelhardt,* Eine Streitschrift für den Verfassungsschutz des Embryos, DRiZ 1986, 11ff.; *Evangelische Akademie Hofgeismar* (Hg.), Humangenetik – Medizinische, ethi-

gentechnischer Verfahren unmittelbar am Menschen geht, insbesondere durch Verfahren der Fortpflanzungsmedizin, der Genomanalyse und der Gentherapie. Demgegenüber lassen sich zum Umweltrecht die rechtlichen Regelungen zählen, die sich mit den spezifischen Gefahren beschäftigen, die von der Gentechnik für die Umwelt ausgehen.[287] Diese Regelungen, deren Gegenstand die Anwendung gentechnischer Verfahren an nicht-menschlichen Organismen (Tiere, Pflanzen, Mikroorganismen wie Bakterien und Viren) und deren Auswirkungen auf die Umwelt sind, sollen hier unter dem Begriff **Umwelt-Gentechnikrecht** zusammengefaßt werden. Dabei wird freilich nicht verkannt, daß einerseits auch von der Humangentechnik Gefahren für die Umwelt und daß vor allem andererseits von der Anwendung gentechnischer Verfahren an nicht-menschlichen Organismen erhebliche mittelbare Gefahren für den Menschen ausgehen können.

Die **spezifischen Gefahren** der Gentechnik für die Umwelt liegen vor allem darin, daß gentechnisch veränderte Organismen, die in die Umwelt gelangen, dort unkontrollierte Prozesse in Gang setzen und hierdurch die Umwelt nachhaltig verändern können.[288] Zu unterscheiden ist dabei zwischen dem **ungewollten Entweichen** gentechnisch veränderter Organismen in die Umwelt und der **beabsichtigten Freisetzung** im Rahmen von Freilandversuchen oder bei der Vermarktung und dem Einsatz von gentechnisch hergestellten Produkten.[289] Neben der Möglichkeit von Störfällen bzw. nicht vorhergesehener Spätschäden durch den Einsatz gentechnisch veränderten Materials ist auch die immanente Bedrohung der Artenvielfalt durch die Produktion genmanipulierter „neuer" Tiere und Pflanzen, die andere Tiere und Pflanzen verdrängen, zu bedenken. 190

Das Umwelt-Gentechnikrecht darf freilich auch nicht blind gegenüber den **Chancen** der Gentechnik für den Menschen und seine Industrie, aber vor allem auch für die Umwelt selbst sein. Solche Chancen könnten darin bestehen, daß etwa durch die Erzeugung neuer, besonders genügsamer oder resistenter Pflanzen oder durch gen- 191

---

sche, rechtliche Aspekte (SR-Gentechnologie Bd. 8), 1986; *Flöhl* (Hg.), Genforschung – Fluch oder Segen (SR-Gentechnologie Bd. 3), 1985; *Friedrich-Naumann-Stiftung* (Hg.), Genforschung und Genmanipulation (SR-Gentechnologie Bd. 2), 1985; *dies.*, Biotechnik und Gentechnologie – Freiheitsrisiko oder Zukunftschance (SR-Gentechnologie Bd. 5), 1985; *Günther/Keller* (Hg.), Fortpflanzungsmedizin und Humangenetik – strafrechtliche Schranken?, 1987; *Hans-Böckler-Stiftung* (Hg.), Biotechnologie, Herrschaft oder Beherrschbarkeit einer Schlüsseltechnologie? (SR-Gentechnologie Bd. 4), 1985; *Herzog*, Die rechtsethischen Fragen der medizinischen Fortpflanzungstechnik, in: Knoche (Hg.), Wege zur europäischen Rechtsgemeinschaft, 1988; *Lanz-Zumstein* (Hg.), Embryonenschutz und Befruchtungstechnik (SR-Gentechnologie Bd. 9), 1986; *Laufs*, Rechtliche Grenzen der Fortpflanzungsmedizin, 1987; *Püttner/Brühl*, Fortpflanzungsmedizin, Gentechnologie und Verfassung, JZ 1987, 529ff.; *Sauter u.a.* (Hg.), Wo bleibt der Mensch? (Chancen und Risiken von Biotechnologie, Gentechnologie und künstlicher Befruchtung), 1985; *Seesing* (Hg.), Technologischer Fortschritt und menschliches Leben, Teil 1 (SR-Gentechnologie Bd. 11), 1987; Teil 2 (SR-Gentechnologie Bd. 17), 1988; *Selb*, Rechtsordnung und künstliche Reproduktion des Menschen, 1987; *Graf/Vitzthum*, Die Menschenwürde als Verfassungsbegriff, JZ 1985, 201ff.; vgl. im übrigen auch die Nachweise oben vor Rn. 188.

[287] Kritisch zur Bewältigung dieser Gefahren durch das Umweltrecht *Groth*, KJ 1988, 247ff., 258ff.

[288] Bericht der *Enquête-Kommission „Chancen und Risiken der Gentechnologie"*, BT-Drs. 10/6775, S. 194ff., 203ff., 213ff.; *Altner*, Leben auf Bestellung?, 1988, S. 48ff.; *Groth*, KJ 1988, 247ff., 259ff.; *Kollek*, WSI-Mitteilungen 1988, 105ff.; *ders./Tappeser/Altner* (Hg.), Die ungeklärten Gefahrenpotentiale der Gentechnologie, 1986; *Ladeur*, NuR 1987, 60ff., 63; *Lukes*, DVBl. 1986, 1221ff., 1224; *Mahro* (FN 285 a.E.), S. 261ff., 266ff.

[289] *Sundermann*, in: Kimminich/v. Lersner/Storm (Hg.), Handwörterbuch des Umweltrechts (HdUR), Bd. II, 1988, Sp. 786ff., 786; auch den EG-Richtlinienentwürfen (s. Rn. 204ff.) liegt diese Differenzierung zugrunde.

technische Veränderungen bei Insekten der Einsatz von Dünge- und Pflanzenschutzmitteln bzw. von Insektenbekämpfungsmitteln stark verringert werden könnte. Weiter könnten möglicherweise durch gentechnische Veränderungen schadstoffvertilgende Bakterien zur Bekämpfung von Boden- oder Gewässerverunreinigungen geschaffen werden.[290]

192 Da sich die Gentechnik noch in einem relativ frühen Entwicklungsstadium befindet, hat sie Bedeutung auch als Gegenstand der **Technikfolgenabschätzung** gewonnen (s. § 1 Rn. 36).[291] Bei der zu erwartenden spezialgesetzlichen Regelung des Rechts der Gentechnik (s. Rn. 202) könnte das Instrument der Technikfolgenabschätzung im Hinblick auf die Einführung einzelner gentechnischer Verfahren in Anzeige- und Zulassungsverfahren eingebaut werden.[292]

II. Umwelt-Gentechnikrecht und Gefahrstoffrecht

1. Systematische Stellung

193 Da gentechnisch veränderte Organismen zu den gefährlichen Stoffen im weiteren Sinne gezählt werden können[293] und der Schwerpunkt der bisher ergangenen Regelungen gefahrstoffrechtlicher Art ist, wird das Umwelt-Gentechnikrecht hier im Rahmen des Gefahrstoffrechts behandelt. Dabei soll nicht verkannt werden, daß es auch andere systematische Zuordnungsmöglichkeiten gibt (s. Rn. 203).

2. Bestehende gefahrstoffrechtliche Regelungen

a) Überblick

194 Ausdrücklich in geltendes Gefahrstoffrecht aufgenommen ist seit 1987[294] das **„bei der Bio- und Gentechnik anfallende gefährliche biologische Material“,** das in § 15 Abs. 1 Nr. 1 GefStoffV (Kloepfer Nr. 420) als Gefahrstoff im Sinne dieser Verordnung genannt wird. Weiterhin sind „Organismen mit neukombinierten Nukleinsäuren“ sowie Tierkörper, Tierkörperteile sowie von Tieren stammende Erzeugnisse, die solche Organismen enthalten, in die Liste der gefährlichen Güter als Anlage A der Gefahrgutverordnung Straße aufgenommen worden.[295] Von den Berufsgenossenschaften ist zum 1. 1. 1988 eine Unfallverhütungsvorschrift „Biotechnologie“ erlassen worden (VBG 102).

---

[290] Vgl. hierzu etwa Bericht der *Enquête-Kommission „Chancen und Risiken der Gentechnologie“*, BT-Drs. 10/6775, S. 99ff. mit umfassenden Nachweisen, S. 114f.

[291] Vgl. Bericht der *Enquête-Kommission „Chancen und Risiken der Gentechnologie“*, BT-Drs. 10/6775, S. 310ff.; *Ladeur*, NuR 1987, 60ff., 65; *Nicklisch*, NJW 1986, 2287ff.; *Winter*, DVBl. 1986, 585ff., 594ff., sowie allgemein *Dierkes*, Technikfolgen-Abschätzung, in: Kimminich/v. Lersner/Storm (Hg.), Handwörterbuch des Umweltrechts (HdUR), Bd. II, 1988, Sp. 470ff.; *v. Westphalen* (Hg.), Technikfolgenabschätzung, 1988, und die Literaturhinweise oben in § 1 Rn. 36, FN 81.

[292] *Damm/Hart*, KritV 1987, 183ff., 214ff.; *Sundermann* (FN 289), Sp. 788f.

[293] Es handelt sich nach den Legaldefinitionen des ChemG aber nicht um Stoffe oder Zubereitungen i. S. d. § 3 Nr. 1 und 2 ChemG, vgl. Begründung zum Entwurf des ChemG, BT-Drs. 8/3319, S. 19; *Kippels/Töpner*, Das Chemikaliengesetz und seine Rechtsverordnungen, 1984, S. 66; *Kloepfer*, Chemikaliengesetz, 1982, S. 52; *Sundermann* (FN 289), Sp. 783ff., 787f.; *Weinmann/Thomas*, Gefahrstoffverordnung, 1986ff., A 2, 2f.; anders wohl der Verordnungsgeber bei der Änderung des § 15 GefStoffV (s. FN 294). Folgt man der ersten Ansicht, wird die Verordnungsermächtigung für die Aufnahme gentechnisch veränderten Materials in § 15 GefStoffV fraglich.

[294] Durch Art. 1 Erste ÄndVO vom 16. 12. 1987 (BGBl. I S. 2721).

[295] Anlage A der GGVS i. d. F. der Anlage zur 1. VO zur Änderung der GGVS vom 21. 12. 1987, Anlageband zum BGBl. I v. 30. 12. 1987.

b) Nukleinsäure-Richtlinien

Regelungen des Gefahrstoffrechts zur Gentechnik enthalten vor allem auch die **„Richtlinien zum Schutz vor Gefahren durch in-vitro neukombinierte Nukleinsäuren“** vom 28. 5. 1986[296] (Kloepfer Nr. 590), welche bisher die umfangreichste und detaillierteste Regelung im Recht der Gentechnik der Bundesrepublik Deutschland darstellen, aber als **bloße Verwaltungsvorschriften** nur für die unmittelbar oder mittelbar vom Bund geförderten Forschungs- und Entwicklungsarbeiten verwaltungsintern verbindlich sind. 195

Die erste Fassung dieser Richtlinien wurde von der Bundesregierung am 15. 2. 1978 beschlossen[297] und folgte weitgehend entsprechenden US-amerikanischen Regelungen.[298] Parallel wurde ein (erster) Referentenentwurf für ein „Gentechnologiegesetz“ entwickelt.[299] Dieser sowie ein 1979 vorgelegter zweiter Referentenentwurf[300] stießen jedoch, da sie als zu unflexibel und die Forschung zu sehr einschränkend empfunden wurden, auf erheblichen Widerstand und wurden schließlich nicht weiterverfolgt.[301] Die späteren Fassungen der „Richtlinien zum Schutz vor Gefahren durch in-vitro neukombinierte Nukleinsäuren“ führten zu Lockerungen der zunächst sehr strikten Bestimmungen.[302]

Ziel der Richtlinien ist es, Leben und Gesundheit von Menschen, Tieren und Pflanzen sowie die Umwelt vor den spezifischen Gefahren der Gentechnik zu schützen, die Erforschung, Entwicklung und Nutzung der Gentechnik zu ermöglichen und zu fördern sowie die Erfüllung internationaler Verpflichtungen der Bundesrepublik Deutschland zu gewährleisten (Abschnitt B, Nr. 1 der Richtlinien).[303] 196

Der **Anwendungsbereich** der Richtlinien ist durch die fehlende unmittelbare rechtliche Außenwirkung eingeschränkt: Nach Abschnitt C, Nr. 2 der Richtlinien gelten sie „für die vom Bund geförderten Forschungs- und Entwicklungsarbeiten. Ihre Anwendung ist Bedingung für die institutionelle und die Projektförderung“. Nach Nr. 2 (2) geben die Richtlinien aber auch „den Stand von Wissenschaft und Technik“ wieder und „sollen“ auch bei allen übrigen Einrichtungen, die gentechnische Arbeiten durchführen, Anwendung finden. Gemeint ist damit die Erwartung,[304] daß die 197

---

[296] In der 5. Fassung vom 28. 5. 1986 (BAnz. Nr. 109) wie auch sonst im Gefahrstoffrecht sind umweltrechtliche mit arbeitsschutzrechtlichen und gesundheitsschutzrechtlichen Vorschriften verbunden (s. Rn. 16 sowie § 1 Rn. 53, 59). Zu den Richtlinien vgl. vor allem *Binder* (FN 285 a. E.); *Damm/Hart,* KritV 1988, 183ff.; *Kollek,* WSI-Mitteilungen 1988, 105ff.; *Mahro* (FN 285 a. E.), S. 281ff.; *Nicklisch,* DB 1986, 2475ff., 2476.

[297] BAnz Nr. 56 vom 21. 3. 1978.

[298] Vgl. o. Rn. 188, FN 283.

[299] Abgedruckt bei *Lukes/Scholz* (Hg.), Rechtsfragen der Gentechnologie, 1986, Anhang I, S. 142ff.

[300] Abgedruckt bei *Lukes/Scholz* (FN 299), Anhang II, S. 150ff.; neben Anzeigepflichten, weitgehenden Verordnungs- und Richtlinienermächtigungen, die auch Genehmigungsvorbehalte umfaßten, sowie Überwachungsmaßnahmen enthielten die Entwürfe auch Haftungsvorschriften und Straf- und Bußgeldtatbestände.

[301] Vgl. zum ganzen *Deutsch,* Zur Arbeit der Enquête-Kommission „Chancen und Risiken der Gentechnologie“, in: Lukes/Scholz (FN 299), S. 76ff., 82ff.

[302] *Lerche,* Verfassungsrechtliche Aspekte der Gentechnologie, in: Lukes/Scholz (FN 299), S. 88ff., 98.

[303] Die Vorschrift ist mit der ihr eigenen Spannung zwischen Schutzzweck und Förderungszweck § 1 AtG nachgebildet (s. § 8 Rn. 11ff.).

[304] Vgl. auch das Vorwort zu den Richtlinien, in dem es heißt, daß „erwartet“ wird, daß die Richtlinien in den übrigen Einrichtungen Anwendung finden und daß „davon ausgegangen“ wird, daß die Richtlinien im Bereich der Industrieforschung und in den sonstigen betroffenen Bereichen im Wege der „erklärten freiwilligen Selbstbindung“ eingeführt werden. Im universitären Bereich sind – ebenfalls den Erwartungen des Vorworts entsprechend – entsprechende Erlasse der Länder ergangen.

Richtlinien von den übrigen auf diesem Gebiet arbeitenden Einrichtungen ebenfalls eingehalten werden. Insoweit setzt der Richtliniengeber auf eine **indirekte Lenkungswirkung.** Bei den geförderten Projekten handelt es sich um das formale Instrument der Subvention (s. § 4 Rn. 160ff.), bei den nicht geförderten Projekten geht es um das informale Lenkungsinstrument des Appells (s. § 4 Rn. 152ff.). Denkbar ist auch, daß die beteiligten Unternehmen sich im Rahmen von Selbstbeschränkungsabkommen (s. § 4 Rn. 252ff.) zur Einhaltung dieser Richtlinien verpflichten (s. Vorwort der Richtlinien).

198 Die **Bindungswirkung** bei vom Bund geförderten Forschungs- und Entwicklungsarbeiten wird rechtstechnisch erreicht durch Aufnahme der Richtlinien als Nebenbestimmung (Auflage) in den Förderungsbewilligungsbescheid. Rechtsfolge eines Verstoßes gegen die Richtlinien kann aber nur der Widerruf der Bewilligung und die Rückforderung der bewilligten Gelder sein, da es für die selbständige Erzwingbarkeit der Einhaltung der Richtlinien an einer gesetzlichen Ermächtigungsgrundlage fehlt. Außerhalb der vom Bund geförderten Forschung wird die Einhaltung der Richtlinien rechtlich mittelbar dadurch gewährleistet, daß ihre Nichtanwendung eine Verletzung der im Verkehr erforderlichen Sorgfalt bedeuten würde und damit Haftungsfolgen auslösen könnte.[305] Weiterhin dürften die Richtlinien mangels anderer Maßstäbe in Zukunft bei der Genehmigung gentechnischer Anlagen nach § 4 BImSchG (s. Rn. 203) Anwendung finden und auch Inhalt von Nebenbestimmungen zu immissionsschutzrechtlichen Genehmigungen werden. Im übrigen bleibt es aber dabei, daß die Richtlinien ein Beispiel für das umweltrechtliche Instrument des Appells darstellen. Hinzu kommt die politische Steuerungswirkung des Appells, die u. a. darauf beruht, daß viele Unternehmen die Kritik von Politik und Öffentlichkeit fürchten, wenn sie nicht richtlinienkonform arbeiten.

199 Die Richtlinien gliedern sich in 13 Abschnitte, von denen die Abschnitte A–D allgemeine Vorschriften enthalten (Einführung, Zweckbestimmung, Anwendungsbereich und Begriffsbestimmungen), die Abschnitte E–K das Instrumentarium zur Erreichung der genannten Ziele beschreiben und die Abschnitte L und M Übergangsvorschriften und Erläuterungen enthalten.[306] Damit wird umrißhaft der **Inhalt** der Richtlinien erkennbar:

Im Zentrum der Richtlinien stehen die Regelungen über **Sicherheitsmaßnahmen** in Abschnitt E (Nr. 4–14), deren Anwendung auf bestimmte gentechnische Arbeiten durch die Klassifizierungsvorschriften des Abschnitts G geregelt ist. In Abschnitt E werden im einzelnen Laborsicherheitsmaßnahmen (L 1 – L 4), Produktionssicherheitsmaßnahmen (LP 1 – LP 3 sowie LP 0),[307] biologische Sicherheitsmaßnahmen (B 1 – B 2)[308] sowie Maßnahmen bei der Haltung

[305] So ausdrücklich noch die erste Fassung der Richtlinien (s. FN 297), jetzt enthält nur noch die „Erläuterung" zu Nr. 2 (2) (s. Abschnitt M der Richtlinien) einen entsprechenden Hinweis.

[306] Es bleibt unklar, warum die – im Verhältnis zum Umfang der Richtlinien – kurzen Erläuterungen nicht in den Text der Abschnitte A–L integriert wurden und ob damit eine andere Regelungsebene mit noch geringerer Verbindlichkeit betreten wird.

[307] Produktionssicherheitsmaßnahmen wurden erstmals in die 5. Fassung der Richtlinien aufgenommen; die in Nr. 8 III der Richtlinien wiedergegebene Tabelle deckt sich weitgehend mit den entsprechenden Empfehlungen der OECD (OECD, Recombinant DNA Safety Consideration, 1986, S. 55, s. Rn. 188), die auch in der in Anhang III des Entwurfes einer EG-Richtlinie über die Verwendung von gentechnisch veränderten Mikroorganismen in abgeschlossenen Systemen, ABl. C 198 v. 28. 7. 1988, S. 9, wiedergegebenen Tabelle, vgl. Rn. 206, aufgegriffen werden.

[308] Biologische Sicherheitsmaßnahmen betreffen die Auswahl der verwendeten Empfängerorganismen und Vektoren, während Laborsicherheitsmaßnahmen technische Vorkehrungen zur Gefahrenminimierung

von Versuchstieren und -pflanzen beschrieben. Die einzelnen Sicherheitsmaßnahmen werden jeweils zu Sicherheitsstufen kombiniert (Nr. 3 [15]). Die Entscheidung darüber, welche Maßnahmen bei welchen Experimenten zu treffen sind, liegt zunächst bei dem jeweiligen Projektleiter (Nr. 22 [2a]).

In Abschnitt G (Nr. 16–20) der Richtlinien über die **Klassifizierung von Experimenten** ist vor allem geregelt, welche Arbeiten überhaupt unter Laborsicherheitsmaßnahmen durchgeführt werden müssen und bei welchen Arbeiten die Zentrale Kommission für die Biologische Sicherheit (ZKBS) – s. dazu sogleich – bzw. das Bundesgesundheitsamt eingeschaltet werden müssen. Im einzelnen wird dabei unterschieden zwischen Arbeiten, die einer Anzeige oder Sicherheitsüberprüfung nicht bedürfen (Nr. 16), Arbeiten, die einer Sicherheitsüberprüfung und der Zustimmung der ZKBS bedürfen (Nr. 17), und Arbeiten, die einer Sicherheitsüberprüfung durch die ZKBS und der Zustimmung der Zulassungsstelle am Bundesgesundheitsamt bedürfen.

Nr. 19 enthält wichtige **Verbote.** Danach dürfen bestimmte gentechnologische Experimente überhaupt nicht durchgeführt werden – dazu zählt auch die besonders umstrittene Freisetzung gentechnologisch veränderter Organismen –, wobei aber Ausnahmegenehmigungen durch das Bundesgesundheitsamt[309] möglich sind. Ohne Ausnahme verboten ist die Einführung von neukombinierten Nukleinsäuren in Keimbahnzellen des Menschen (Nr. 19 [3]).

Die in Nr. 16–19 genannten Arbeiten dürfen nur in bei dem Bundesgesundheitsamt registrierten Gen-Laboratorien durchgeführt werden. Die Einzelheiten der **Registrierung** sind in Abschnitt F (Nr. 15) geregelt: Die Registrierung kann versagt werden, wenn die Einhaltung der Anforderungen der Richtlinien nicht gewährleistet ist, und widerrufen werden, wenn bei einer – jederzeit möglichen – Besichtigung Mängel festgestellt werden.

Unter der Überschrift „**Überprüfung** der Durchführung von gentechnologischen Arbeiten" sind in Abschnitt H (Nr. 21–24) im wesentlichen die Aufgaben und Verantwortungsbereiche sowie die erforderlichen Qualifikationen der Beteiligten geregelt. Genannt sind hier zunächst der Betreiber des Genlaboratoriums und der Projektleiter, wobei der Schwerpunkt der Verantwortlichkeit bei dem Projektleiter liegt. Die Erfüllung der Aufgaben des Projektleiters überprüft der Beauftragte für die Biologische Sicherheit (BBS) oder der Ausschuß für die Biologische Sicherheit (ABS). Ob überhaupt ein BBS und ob ein BBS oder ein ABS eingesetzt wird, hängt von der für das Experiment geforderten Sicherheitsstufe ab (vgl. i. e. Nr. 23).

Schließlich ist in Abschnitt H in Nr. 24 auch die **Stellung und der Aufgabenkreis der Zentralen Kommission für die Biologische Sicherheit (ZKBS)** näher geregelt. Die Mitglieder der ZKBS (vier Sachverständige, die auf dem Gebiet der Neukombination von Nukleinsäuren arbeiten, vier Sachverständige, die über besondere Erfahrungen in der Durchführung von biologischen Forschungsarbeiten verfügen sowie vier weitere Personen, z. B. aus dem Bereich der Gewerkschaften, der Industrie, des Arbeitsschutzes und der forschungsfördernden Organisationen) werden vom Bundesminister für Forschung und Technologie im Einvernehmen mit den betroffenen Bundesministerien und den Bundesländern für die Dauer von drei Jahren berufen.

Die Abschnitte I (Nr. 25–30) und J (Nr. 31–32) enthalten Vorschriften zur **Gesundheitsüberwachung** und zu **Beschäftigungsvoraussetzungen,** d. h. zur Unterweisung des Personals, sowie über die vom Personal geforderten Kenntnisse. Hinsichtlich der **Beförderung** gentechnisch veränderten Materials verweist Abschnitt K (Nr. 33) auf die allgemeinen Bestimmungen des Gefahrgutbeförderungsrechts (s. Rn. 194, 137ff.).

Untersucht man den **Regelungsgehalt** der Richtlinien, ist immer die beschriebene **200**
Schwäche in den Rechtsfolgen im Auge zu behalten. So kann etwa der Begriff der Verantwortlichkeit in Abschnitt H nicht mit der polizei- und ordnungsrechtlichen Verantwortlichkeit gleichgesetzt werden und auch die Registrierungspflicht, das Besichtigungsrecht und die Zustimmungsvorbehalte sind wegen der fehlenden unmittelbaren Durchsetzbarkeit nicht mit den entsprechenden direkten Steuerungsinstru-

---

betreffen, vgl. Bericht der *Enquête-Kommission „Chancen und Risiken der Gentechnologie"*, BT-Drs. 10/6775, S. 286.

[309] Bei der Freisetzung im Einvernehmen mit der Biologischen Bundesanstalt.

menten in anderen umweltrechtlichen Regelungen vergleichbar. Darüber hinaus unterscheiden sich die Richtlinien von den Regelungen des allgemeinen Gefahrstoffrechts aber auch in anderen Punkten: Eine unmittelbar stoff- oder produktbezogene Anmeldung (s. Rn. 38ff.) ist nicht vorgesehen; sie wird durch die Anmeldung von Arbeiten bzw. Experimenten bei der ZKBS sowie die Registrierung von Laboratorien ersetzt. Die auf das Inverkehrbringen abstellenden Einstufungs-, Verpackungs- und Kennzeichnungspflichten (s. Rn. 73ff.) finden ebenfalls keine Entsprechung in den Richtlinien, da diese den Bereich des Inverkehrbringens überhaupt nicht regeln.[310] Es handelt sich im wesentlichen um Regelungen über den **Umgang** mit gentechnischem Material, entsprechend den Vorschriften des dritten Abschnitts der Gefahrstoffverordnung, ergänzt durch arbeitsschutzrechtliche Vorschriften. Auch das Instrument des Betriebsbeauftragten für die biologische Sicherheit (bzw. des Ausschusses für die biologische Sicherheit) ist im Vergleich zu anderen Regelungen über Betriebsbeauftragte (vgl. allgemein § 4 Rn. 128ff.) geschwächt, da in den Richtlinien der Betriebsbeauftragte außer der allgemeinen Aufgabe, die Erfüllung der Aufgaben des Projektleiters zu überprüfen, keinerlei Kompetenzen hat. Wegen der fehlenden gesetzlichen Grundlage sind natürlich auch keine Straf- oder Bußgeldtatbestände vorgesehen.

Der abgeschwächte Regelungsgehalt mag damit zusammenhängen, daß sich die Gentechnik selbst und folgerichtig auch das Gentechnikrecht noch im Experimentierstadium befinden. Das mag Anforderungen der Verfassung modifizieren, entbindet aber, soweit schon in diesem Stadium Rechtsgüter Dritter und der Allgemeinheit berührt werden, nicht von der Bindung an geltendes Recht, insbesondere Verfassungsrecht, auch schon in dieser Phase.[311]

3. Künftige gesetzliche Regelungen im Umwelt-Gentechnikrecht

a) Notwendigkeit eines Parlamentsgesetzes

201 Gemessen an dem Standard, den das Umweltrecht in der rechtlichen Behandlung anderer Technologien (Chemikalienrecht, Atomrecht) hat, weist somit das Recht der Gentechnik bisher ein erhebliches **normatives Defizit** auf. Dieses Defizit kann auch aus verfassungsrechtlichen Gründen nur durch eine gesetzliche Regelung dieser Materie beseitigt werden. Denn es werden auf der Seite des Anwenders der Gentechnik dessen Grundrechte aus Art. 5 Abs. 3 GG (Forschungsfreiheit), Art. 12 GG (Berufs- und Gewerbefreiheit) und Art. 14 GG (Recht am eingerichteten und ausgeübten Gewerbebetrieb) berührt, während auf der Seite der durch die Anwendung der Gentechnik möglicherweise Gefährdeten in erster Linie Art. 2 Abs. 2 GG (Recht auf Leben und körperliche Unversehrtheit) betroffen sein kann. Angesichts der Umstrittenheit der Materie und des Ausmaßes der mit der Anwendung der Gentechnik verbundenen Risiken kann hier auch die Wesentlichkeitstheorie eine **parlamentsgesetzliche** Regelung verlangen[312] (vgl. § 2 Rn. 40). Für eine gesetzliche Regelung spricht auch, daß

---

[310] Beide Bereiche – Anmeldung und Inverkehrbringen (Vermarktung) – werden aber durch die EG-Richtlinienentwürfe (vgl. Rn. 204ff.) erfaßt.

[311] *Kloepfer,* VVDStRL 40 (1982), 65ff., 91ff.

[312] *Ladeur,* NuR 1987, 60ff., 67; *Lerche,* Verfassungsrechtliche Aspekte der Gentechnologie, in: Lukes/Scholz (FN 299), S. 88ff.; *Nicklisch,* Rechtsfragen der Anwendung der Gentechnologie unter besonderer Berücksichtigung des Privatrechts, in: Lukes/Scholz (FN 299), S. 112ff., 126ff.

die betreffenden Unternehmen Planungssicherheit brauchen. Es wurden bereits Forschungskapazitäten unter Hinweis auf die ungeklärten rechtlichen Rahmenbedingungen, aber auch auf die zu lange dauernden Genehmigungsverfahren in das Ausland verlagert.[313] Dem Umstand, daß der Gesetzgeber hier – mehr noch als sonst im Umweltrecht – im Ungewissen regeln muß, kann weitgehend durch dynamische Generalklauseln bzw. durch normative Anpassungsklauseln begegnet werden.

So wurde auch von der Enquête-Kommission „Chancen und Risiken der Gentechnologie" empfohlen, die Grundzüge der „Richtlinien zum Schutz vor Gefahren durch in-vitro neukombinierte Nukleinsäuren" in einem formellen Gesetz festzuschreiben und diese Regelung durch Rechtsverordnungen zu ergänzen.[314]

b) Möglicher Inhalt geplanter Gesetzesregelungen

Ein entsprechendes **künftiges Gesetz** zu Fragen der Gentechnik soll noch in der 11. 202
Legislaturperiode des Bundestages verabschiedet werden. Vom Bundeskabinett wurden am 30. 11. 1988 „Eckwerte" dieses Gesetzes beschlossen.[315]

Gegenstand des geplanten Gesetzes werden sowohl gentechnische Arbeiten im geschlossenen System als auch Freisetzungen gentechnisch veränderter Organismen sein, einschließlich des Inverkehrbringens von Produkten, die gentechnisch veränderte Organismen enthalten oder daraus bestehen. Daneben sollen Fragen des Transports und der Lagerung geregelt werden. Die Anwendung gentechnischer Methoden am Menschen bleibt der Regelung in einem besonderen Gesetz vorbehalten.

Geschützte Rechtsgüter sollen sein die Gesundheit der Beschäftigten gentechnischer Einrichtungen, die Gesundheit der Bevölkerung allgemein und die Umwelt.

Dieser Schutz soll mit Hilfe folgender **Instrumente** sichergestellt werden:

- „durch Verpflichtung dessen, der gentechnische Methoden benutzt oder gentechnisch veränderte Organismen freisetzt, zu eigenverantwortlicher Gefahrenabwehr und Risikovorsorge,
- administrativ insbesondere durch präventive staatliche Kontrolle vor Aufnahme gentechnischer Arbeiten im geschlossenen System und vor der Freisetzung gentechnisch veränderter Organismen,
- durch ökologische Langfristbeobachtungen,
- durch nachgehende Überwachung,
- durch Haftungsregelung,
- durch generalpräventive Straf- und/oder Bußgeldsanktionen."[316]

Im Bereich der **Arbeit im geschlossenen System** wird die Konzeption der „Richtlinien zum Schutz vor Gefahren durch in-vitro neukombinierte Nukleinsäuren" mit ihrem abgestuften System von Sicherheitsmaßnahmen (s. Rn. 195ff.) im wesentlichen beibehalten. Die Zustimmungsvorbehalte der Richtlinien werden zu rechtlich bindenden Erlaubnis- und Genehmigungsvorbehalten ausgebaut. Ob eine Erlaubnis oder aber eine Genehmigung beantragt werden muß, richtet sich nach der Art der beabsichtigten Arbeiten. Eine Genehmigung soll bei Arbeiten mit höherem Risikopotential erforderlich sein und nur unter engeren Voraussetzungen als eine Erlaubnis erteilt werden. Ob einzelne Experimente generell verboten werden sollen, ist noch offen.

Freisetzungen von gentechnisch veränderten Organismen sollen nur erlaubt werden, wenn ein staatliches Prüfverfahren im Einzelfall die verläßliche Prognose erlaubt, daß nach dem Stand

---

[313] FAZ v. 11. 11. 1988, S. 15; „Die Zeit" v. 17. 11. 1988, S. 25f., auch zu der Frage, wie weit bei dieser Verlagerung von Forschungskapazitäten, die von allen großen Chemieunternehmen schon vollzogen wurde, andere Gründe entscheidend waren.

[314] Bericht der *Enquête-Kommission „Chancen und Risiken der Gentechnologie"*, BT-Drs. 10/6775, S. 290.

[315] Kabinettsbeschluß vom 30. 11. 1988 (hektographiert); Pressedient des Bundesministers für Jugend, Familie, Frauen und Gesundheit Nr. 248 vom 30. 11. 1988, hektographierter Bericht des Bundesministers für Jugend, Familie, Frauen und Gesundheit über gesetzliche Regelungen zur Gentechnik vom 21. 11. 1988.

[316] Anlage „Eckwerte" zum Kabinettsbeschluß vom 30. 11. 1988 (FN 315), S. 1.

der wissenschaftlichen Erkenntnis von der Freisetzung unvertretbare Gefahren für Mensch und Umwelt nicht zu erwarten sind. Wird eine Freisetzung durchgeführt, ist deren Verlauf sorgfältig zu beobachten und über die Ergebnisse dieses „Monitoring" der zuständigen Behörde zu berichten.

Der **Vollzug** des Gesetzes wird zwischen Bundes- und Landesbehörden aufgeteilt: Aufgrund der notwendigen, aber nur begrenzt verfügbaren Sachkunde sollen die Genehmigungen bei allen Freisetzungsexperimenten sowie bei gentechnischen Arbeiten im geschlossenen System mit höherem Risikopotential einer zentralen Bundesbehörde vorbehalten bleiben, während den Ländern die Erteilung der Erlaubnis für einfache gentechnische Arbeiten im geschlossenen System und vor allem die Überwachung der Einhaltung von Erlaubnis und Genehmigung in allen Fällen verbleiben. Die ZKBS wird von einer Entscheidungs- zu einer Beratungsinstanz umgebildet.

III. Regelungen außerhalb des Gefahrstoffrechts

203 Ansätze eines Umwelt-Gentechnikrechts **außerhalb des Gefahrstoffrechts** finden sich in Nr. 4.11 Anhang der **4. BImSchV** (Kloepfer Nr. 630),[317] wonach gentechnologische Anlagen, jedoch nicht reine Forschungsanlagen, genehmigungsbedürftige Anlagen i. S. des § 4 BImSchG (Kloepfer Nr. 600) darstellen (vgl. dazu § 7 Rn. 44f.). In die **Abwasserherkunftsverordnung** (Kloepfer Nr. 207)[318] ist der Bereich „Herstellung und Verwendung von Mikroorganismen und Viren mit in-vitro neukombinierten Nukleinsäuren" unter Nr. 10h aufgenommen worden (vgl. dazu § 11 Rn. 100). Im **Abfallrecht** fehlt bisher eine spezifische Vorschrift zu gentechnologischen Vorgängen.

IV. Europäische Regelungen

204 Auf der **europäischen Ebene** sind zur Zeit umfangreiche Regelungen auf dem Gebiet der Bio- und Gentechnologie in Vorbereitung.[319] In der frühzeitigen Erarbeitung dieser Entwürfe zeigte sich einmal mehr eine partielle Schrittmacher-Funktion des europäischen Umweltrechts auch gegenüber dem Umweltrecht der Bundesrepublik Deutschland, die erst jetzt mit konkreten Gesetzgebungsvorbereitungen begonnen hat (s. Rn. 202). Bisher liegen drei Richtlinienentwürfe vor, die bereits als Vorschläge der EG-Kommission dem Rat vorgelegt worden sind.

205 Der Entwurf für eine **Richtlinie über den Schutz der Arbeitnehmer gegen Gefährdung durch biologische Arbeitsstoffe bei der Arbeit**[320] enthält vorwiegend arbeitsschutzrechtliche Vorschriften und ist somit nur bedingt dem Umweltrecht zuzuordnen (s. § 1 Rn. 53). Bei allen Tätigkeiten, bei denen mit dem Risiko einer Exposition gegenüber biologischen Arbeitsstoffen zu rechnen ist, muß eine Risikobewertung vorgenommen werden. Der Arbeitgeber ist verpflichtet, das Ergebnis der Bewertung für die zuständige Behörde zur Verfügung zu halten und die Aufnahme gentechnischer Arbeiten der zuständigen Behörde vorher zu melden. Weiterhin enthält die Richtlinie Unfallverhütungs- und Unfallschutzvorschriften, Vorschriften über Gesundheitseinrichtungen und –überwachung sowie Vorschriften über Laborsicherheitsmaßnahmen. Es wird ein Symbol für „Biogefährdung" eingeführt.

[317] Eingefügt durch Art. 2 der Verordnung zur Änderung von Verordnungen zur Durchführung des BImSchG vom 16. 5. 1988 (BGBl. I S. 608).

[318] VO vom 3. 7. 1987, BGBl. I S. 1578.

[319] Vgl. dazu *Del Bino,* Regelungen auf dem Gebiet der Biotechnologie, Vorschläge der EG-Kommission, EurUm 1988, 31ff.

[320] ABl. C 150 v. 8. 6. 1988, S. 6ff.

206 Der Entwurf einer **Richtlinie über die Verwendung von gentechnisch veränderten Mikroorganismen in abgeschlossenen Systemen**[321] überschneidet sich in seinem Anwendungsbereich mit dem des ersten Entwurfes und entspricht in seinem Regelungsbereich weitgehend dem der innerstaatlichen „Richtlinien zum Schutz vor Gefahren durch in-vitro neukombinierte Nukleinsäuren" (s. Rn. 195ff.). Es wird eine Pflicht zur Anmeldung gentechnischer Arbeiten statuiert; die Anmeldung muß der zuständigen Behörde ermöglichen, die Risiken der konkreten Anwendung zu bewerten. Die verwendeten Mikroorganismen werden in zwei Gruppen eingeteilt, für die jeweils unterschiedliche Sicherheitsvorschriften gelten. Ähnlich wie im Bereich des Chemikalienrechts kann die zuständige Behörde zwar weitere Informationen anfordern und zusätzliche Auflagen machen, eine bestimmte Anwendung aber nicht untersagen.[322]

207 Der Entwurf einer **Richtlinie über die absichtliche Freisetzung genetisch veränderter Organismen in die Umwelt**[323] regelt schließlich die im innerstaatlichen Recht grundsätzlich noch verbotene Freisetzung genetisch veränderter Organismen[324] in die Umwelt. Es wird zwischen der Freisetzung gentechnisch veränderter Organismen zu Forschungs- und Entwicklungszwekken und dem Inverkehrbringen von gentechnisch veränderte Organismen enthaltenden oder daraus bestehenden Produkten unterschieden. In beiden Fällen ist ein kompliziertes Anmeldeverfahren vorgesehen. Es ist eine umfangreiche Risikoabschätzung des Anmelders vorzulegen, ggf. sind Sicherheitsmaßnahmen und Noteinsatzpläne zu entwickeln. Erscheinen der zuständigen Behörde die Bedingungen der vorgeschlagenen Freisetzung auch nach Einholung weiterer Informationen nicht befriedigend, so kann sie vom Anmelder eine Änderung dieser Bedingungen verlangen.[325] Informationen über Freisetzungen zu Forschungs- und Entwicklungszwecken werden über die Kommission an die anderen Mitgliedstaaten weitergeleitet. Beim Inverkehrbringen von gentechnisch veränderte Organismen enthaltenden oder daraus bestehenden Produkten haben darüber hinaus alle Mitgliedstaaten das Recht, Modifizierungen vorzuschlagen. Die letzte Entscheidung trifft in diesem Fall die EG-Kommission. Ist das Anmeldeverfahren ordnungsgemäß durchgeführt worden, dürfen die Mitgliedstaaten das Inverkehrbringen eines Produktes grundsätzlich nicht mehr verbieten, einschränken oder verhindern.

---

[321] ABl. C 198 v. 28. 7. 1988, S. 9ff.

[322] Faktisch kann jedoch das Auferlegen immer weiterer Sicherheitsanforderungen u. U. einer Untersagung gleichkommen.

[323] ABl. C 198, v. 28. 7. 1988, S. 19ff.

[324] Im gesamten Recht der Gentechnik ist die Terminologie noch völlig uneinheitlich; allein in den EG-Richtlinienentwürfen werden die Begriffe „gentechnisch veränderter Organismus", „genetisch veränderter Organismus", „gentechnisch veränderter Mikroorganismus" und „genetisch manipulierter Mikroorganismus" gebraucht, ohne daß damit Unterschiedliches gemeint ist.

[325] Vgl. auch dazu FN 322.

§ 14 Bodenschutzrecht

Schrifttum: *Bachmann*, Bodenschutz. Überlegungen zur Einbeziehung in Schutzkonzepte, 1985; *ders.*, Die Bodenschutzkonzeption der Bundesregierung zwischen Ankündigung und Aufforderung zur Umsetzung, Landkreis 1985, 436ff.; *Book*, Bodenschutz durch räumliche Planung, 1987; *dies.*, Bodenschutz im geltenden Recht von Bund und Ländern, Informationen zur Raumentwicklung 1985, 55ff.; *E. Brandt*, Möglichkeiten der Finanzierung der Altlastensanierung, in: Rosenkranz/Einsele/Harreß (Hg.), Bodenschutz, 1988ff.; *ders./Schwarzer*, Rechtsfragen der Bodensanierung, Wien 1988; *Brugger*, Bodenschutz als Querschnittsaufgabe des Umweltschutzes, BWVPr. 1986, 98ff.; *Bückmann/Cebulla/Draeger/Patzak/Voegele*, Theoretische Aspekte des Bodenschutzes unter besonderer Berücksichtigung der Bodenschutzkonzeption der Bundesregierung, 1986; *Bundesminister des Innern* (Hg.), Bodenschutzkonzeption der Bundesregierung, 1985; *Bundesverband Bürgerinitiativen Umweltschutz*, Entwurf für ein Gesetz zum Schutz des Bodens, 1984; *Ebersbach*, Eine neue Gesetzesinitiative oder Verbesserung der bestehenden Regelungen?, in: Evangelische Akademie Loccum (Hg.), Der Schutz des Umweltmediums Boden (Loccumer Protokolle 2/84), S. 313ff.; *ders.*, Rechtliche Aspekte des Landschaftsverbrauchs am ökologisch falschen Platz, 1985; *ders.*, Ergebnisse des Arbeitskreises B „Bodenschutz“, in: Dokumentation zur 8. wissenschaftlichen Fachtagung der Gesellschaft für Umweltrecht e.V. Berlin 1984, 1985, S. 118ff.; *Eisenkrämer*, Der Schutz des Bodens für eine zukunftsorientierte Agrarpolitik, Landkreis 1985, 433ff.; *ders.*, Der Boden und sein Schutzbedürfnis – Betrachtungen zur Bodenschutzkonzeption von Bund und Ländern, AgrarR 1985, 305ff.; *Erbguth*, Rechtsfragen des Bodenschutzes, UPR 1984, 241ff.; *ders.*, Weiterentwicklungsbedarf im Bodenschutzrecht?, NuR 1986, 137ff.; *ders.*, Rechtliche Grundlagen des Bodenschutzes und Vorschläge für gesetzliche Maßnahmen, in: Deutscher Rat für Landespflege (Hg.), Bodenschutz, 1986, S. 73ff.; *Fiedler*, Bodenschutz in der Bundesrepublik Deutschland, StT 1985, 751ff.; *Hennerkes*, Konzeptionelle Überlegungen der Bund/Länder-Arbeitsgruppe „Bodenschutzprogramm“ der Umweltministerkonferenz, Informationen zur Raumentwicklung 1985, 9ff.; *Hohnstock*, Die Bodenschutzkonzeption der Bundesregierung, Informationen zur Raumentwicklung 1985, 1ff.; *Hoschützky*, Konzeptionelle Überlegungen der Bundesregierung zum Bodenschutz, in: Evangelische Akademie Loccum (Hg.), Der Schutz des Umweltmediums Boden (Loccumer Protokolle 2/84), S. 341ff.; *Hübler* (Hg.), Bodenschutz als Gegenstand der Umweltpolitik, 1985; *ders.*, Die Zerstörung des Umweltmediums Boden, in: Jänicke/Simonis/Weigmann (Hg.), Wissen für die Umwelt, 1985, S. 95ff.; *ders.*, Bodenschutz – eine neue Aufgabe der öffentlichen Verwaltung?, DÖV 1985, 505ff.; *ders.*, Bodenschutz durch bessere Planungsgrundlagen, Städte- und Gemeindebund 1987, 17ff.; *Interministerielle Arbeitsgruppe Bodenschutz*, Flächennutzungen und Bodenschutz, Informationen zur Raumentwicklung 1985, 75ff.; *Knopp*, Die Duldung behördlicher Untersuchungsmaßnahmen und die Kostentragung bei Verdacht von Kontaminationen im Boden und/oder Grundwasser, BB 1988, 923ff.; *v. Kobylinski*, Das Umweltrecht in der landwirtschaftlichen Bodennutzung, 1986; *H.-J. Koch/N. Hermann*, Bodensanierung nach dem Verursacherprinzip, 1985; *Krautzberger*, Beitrag des Städtebaurechts zur Verwirklichung der Bodenschutzkonzeption, in: Deutscher Rat für Landespflege (Hg.), Bodenschutz, 1986, S. 103ff.; *Leidig*, Bodenschutz im Rechtssystem, 1987; *v. Lersner*, Das dritte Medium – Der Schutz des Bodens als umweltpolitische Aufgabe, NuR 1982, 201ff.; *Lübbe-Wolff*, Das Bundes-Immissionsschutzgesetz als Instrument des Bodenschutzes, NVwZ 1986, 178ff.; *Peine*, Bodenschutzrecht – Gesetzliches Instrumentarium und gesetzgeberischer Handlungsbedarf, in: Forschungsstelle für Umwelt- und Technikrecht (Hg.), Jahrbuch des Umwelt- und Technikrechts 1987 (UTR 3), 1987, S. 201ff.; *Rosenkranz*, Bodenschutz ist umfassender Umweltschutz, Gemeinde (BW) 1985, 244ff.; *Rösgen*, Rechtliche Zulässigkeit der Bodenbehandlung mit stickstoffhaltigen Düngemitteln, AgrarR 1983, 141ff.; *Schott*, Überlegungen zum Entwurf eines Bodenschutzgesetzes des Bundesverbandes Bürgerinitiativen Umweltschutz, Informationen zur Raumentwicklung 1985, 27ff.; *Sening*, Raumverbrauch als Folge überkommener rechtlicher Betrachtungsweisen, insbesondere in der Bauleitplanung, in: Deutscher Rat für Landespflege (Hg.), Bodenschutz, 1986, S. 79ff.; *Söfker*, Bodenschutz durch entsprechende kommunale Bauleitplanung, Gemeinde (BW) 1985, 246f.; *Storm*, Bodenschutzrecht, AgrarR 1983, 233ff.; *ders.*, Bodenschutzrecht, in: Dokumentation zur 8. wissenschaftlichen Fachtagung der Gesellschaft für Umweltrecht e.V. Berlin 1984, 1985, S. 110ff.; *ders.*, Bodenschutzrecht, DVBl. 1985, 317ff.; *ders.*, Artikel „Bodenschutzrecht“, in: Kimminich/v. Lersner/Storm (Hg.), Handwörterbuch des Umweltrechts (HdUR), Bd. I, 1986, Sp. 266ff.; *ders.*, Zur Einführung: Bodenschutzrecht, Jura 1987, 352ff.; *Tesdorpf*, Landschaftsverbrauch, 1984; *Thormann*, Bodenschutz als Teil einer vorsorgenden Umweltschutzpolitik, in: Evangelische Akademie Loccum (Hg.), Der Schutz des Umweltmediums Boden (Loccumer Protokolle 2/84), S. 37ff.; *Umweltbundesamt* (Hg.), Informationen und Planungsgrundlagen zum Bodenschutz, 1985; *dass.*, Materialien zur Bodenschutzkonzeption der Bundesregierung, 1985; *Ziegler*, Aspekte des Bodenschutzrechts, BWVPr. 1987, 145ff.

A. Ausgangslage

Eine der anspruchsvollsten Aufgaben des Umweltschutzes und Umweltrechts bildet der Bodenschutz. Dies ergibt sich bereits aus der komplexen Zusammensetzung und den vielfältigen Funktionen (s. auch u. Rn. 10), vor allem aber auch aus den schwerwiegenden Gefährdungen des Bodens. 1

„Der Boden ist im Grenzbereich zwischen Gestein, Wasser, Luft und belebter Natur unter Zusammenwirkung dieser Umweltbereiche und als deren Mischprodukt entstanden. Er ist nicht als statisches Gebilde, sondern als ein aus vielen Medien aufgebautes, belebtes, vielfältig wirkendes System zu erfassen, das sich in fortwährendem Wandel befindet. Die hervorragende Rolle, die der Boden im Naturhaushalt spielt, ist letztlich in der Eigenschaft begründet, höheren Pflanzen eine Lebensgrundlage durch Halt, Darbietung von Feuchtigkeit und Nährstoffen zu gewährleisten."[1]

Im Unterschied zu den anderen Teilmaterien des Umweltrechts verfügt der Bodenschutz jedoch über keine zentrale Rechtsgrundlage, etwa ein Bodenschutzgesetz, worauf rechtspolitische Forderungen indes zielen (s. u. Rn. 60). Es existieren auch keine sonstigen Gesetze oder Rechtsverordnungen, die sich ganz oder vorrangig dem Bodenschutz zuordnen ließen. Bodenschützende Normen finden sich bislang vielmehr nur im Rahmen von Regelungen, die auch oder sogar vorrangig anderen Schutzzwecken dienen (s. u. Rn. 17) und die als solche bereits an früherer Stelle behandelt wurden (z. B. im Gewässerschutzrecht, Abfallrecht, Gefahrstoffrecht und Naturschutzrecht). Das Bodenschutzrecht gleicht also eher einem **Regelungsmosaik** als einer (mehr oder weniger) in sich geschlossenen Rechtsmaterie (vgl. hierzu näher Rn. 18f.). 2

Der **Querschnittscharakter** der Materie erschwert auch jede Darstellung des Bodenschutzrechts: Von seinem Gegenstand und seinem medialen Ansatz her wäre es an sich im Zusammenhang mit anderen Regelungsmaterien des (vorwiegend) medialen Umweltschutzes zu behandeln (auf die Schwierigkeit einer solchen durchgängigen Systematisierung wurde allerdings bereits hingewiesen, s. § 1 Rn. 47). Wegen der mangelnden normativen Eigenständigkeit des Bodenschutzrechts wäre eine solche Vorgehensweise aber mit erheblichen systematischen Nachteilen verbunden. Da das Bodenschutzrecht im wesentlichen auf anderen umweltrechtlichen Regelungen aufbaut, wird es hier im Anschluß an diese Regelungen behandelt, wobei sich die Darstellung auf die Hervorhebung der jeweiligen Beiträge zum Bodenschutz konzentriert.

Die fehlende gesetzessystematische Geschlossenheit des Bodenschutzrechts hängt auch damit zusammen, daß der Boden trotz seiner herausragenden Bedeutung für den Naturhaushalt erst verhältnismäßig spät als Schutzgegenstand des Umweltschutzes entdeckt wurde.[2] Frühere Bodenschutzpostulate (wie in § 2 des Raumordnungsgesetzes des Bundes von 1965 oder in § 2 BNatSchG, s. u. Rn. 54f.) blieben zunächst weitgehend unbeachtet und folgenlos. 3

---

[1] Umweltqualitätsbericht Rheinland-Pfalz 1987, hg. vom Ministerium für Umwelt und Gesundheit, S. 11.

[2] Ebenso *Leidig*, Bodenschutz im Rechtssystem, 1987, S. 1; *v. Lersner*, NuR 1982, 201ff., 202; *Ziegler*, BWVPr. 1987, 145ff.; *Tesdorpf*, Landschaftsverbrauch, 1984, S. 6.

Dies wird zum Teil darauf zurückgeführt, daß der Boden (mit Ausnahme der Allmende) nie in dem Maße als Gemeingut betrachtet wurde wie Wasser oder Luft. Mit dem Boden verbindet sich, anders als bei diesen Medien, traditionell regelmäßig eine Zuweisung an einen Eigentümer oder Nutzungsberechtigten, der ein eigenes Interesse an der Erhaltung der Nutzungsfähigkeit des Bodens hat.[3] Einem öffentlich-rechtlichen Regime unterlagen neben den Sonderfällen der Meeresküsten und des Straßenlandes insbesondere tiefere Bodenschichten, namentlich unter dem Aspekt der Bergbauberechtigungen (§ 3 BBergG). Die Vermutung, daß derjenige, der den Boden nutze, ihn auch schütze, pflege und erhalte, hat sich indes nicht hinreichend bestätigt und war in Anbetracht der Interdependenz der Umweltprobleme wohl auch von vornherein unrealistisch. Sie ist mittlerweile der Einsicht in die Begrenztheit der Naturgüter und die Begrenztheit ihrer Erneuerungsfähigkeit gewichen.[4]

4 Entscheidend dürfte jedoch sein, daß Art und Ausmaß der **Bodenbelastungen** erst in neuerer Zeit zutreffend erkannt werden.[5] Die Folgen der anthropogen verursachten Bodenverschmutzung und einer ökologisch falschen Bodennutzung treten zunehmend zu Tage: Als dramatischste Beispiele weltweit sind die Versalzung und Versteppung von Böden sowie Klimaveränderungen durch Abholzung, etwa der brasilianischen Regenwälder, und Überweidung zu nennen.

5 In der Bundesrepublik Deutschland sind vor allem Probleme der **Bodenverschmutzung,** der **Bodenübernutzung** und des **Bodenverbrauchs** zu Tage getreten und zunehmend Gegenstand der umweltpolitischen Diskussion geworden.

Die **Bodenverschmutzung** ist in der hochindustrialisierten Bundesrepublik Deutschland ein ernstes Problem: Durch das nicht gefahrvermeidende Ablagern von Abfällen und Produktionsrückständen in der Vergangenheit (sog. **Altlasten**) ist an zahlreichen Standorten das Erdreich kontaminiert und muß unter erheblichem finanziellen Aufwand saniert und entsorgt werden (s. § 12 Rn. 132ff.). Besonders bekannt ist das Beispiel der Deponie in Hamburg-Georgswerder. In einigen Städten sind ganze Stadtteile auf kontaminierten Böden errichtet worden und müssen nunmehr wegen der Gefahren für die Bewohner geräumt werden, so etwa in Dortmund-Dorstfeld und in Bielefeld-Brake.[6] Das Waldsterben ist zumindest teilweise auf die *Versauerung der Waldböden* infolge der Einwirkung von Luftschadstoffen zurückzuführen.[7] Giftstoffe, die als Folge von *Überdüngung* oder von Düngung mit Klärschlamm in den Boden gelangen, reichern sich dort an, werden von den Pflanzen aufgenommen und gelangen so in die Nahrungskette.

Damit werden bereits Probleme der **Bodenübernutzung** angesprochen, die sich vor allem in den Formen einer hochintensiven Landwirtschaft zeigen. Die Einrichtung von Monokulturen entzieht dem Boden auf längere Sicht die Nährstoffe mit der Folge von *Bodenerosionen*. Aber auch die immer neue Erschließung weiterer Berghänge und Gletscher zum Zwecke des Wintersports führt zu zunehmend sichtbaren Naturschäden, z. B. der Verschlechterung des Wasserspeichervermögens des Bodens und zu Bodenerosionen.[8] Als Folge hiervon ist auch ein Anwachsen der Erdrutsch- und Lawinengefahr zu beobachten.[9] Das Ausmaß des Hochwassers, das im Frühjahr 1988 insbesondere in Bayern zu Schäden in Millionenhöhe führte, wird wesentlich auch auf die *Versiegelung von Bodenflächen* zurückgeführt, die früher als natürliche Auffangbecken fungierten. Umweltbelastend kann neben der Versiegelung des Bodens auch eine übermäßige *Bodenverdichtung* wirken.

---

[3] *v. Lersner,* NuR 1982, 201ff., 202.

[4] *Storm,* Artikel „Bodenschutzrecht", in: Kimminich/v. Lersner/Storm (Hg.), Handwörterbuch des Umweltrechts (HdUR), Bd. I, 1986, Sp. 266ff.; *ders.,* DVBl. 1985, 317ff., 318; zur publizistischen Behandlung des Themas Landschaftsverbrauch *Tesdorpf* (FN 2), S. 6f.

[5] Vgl. zusammenfassend *Rat von Sachverständigen für Umweltfragen,* Umweltgutachten 1987, 1988, S. 178ff. (Tz. 534ff.) m. w. N.

[6] Hierzu *Baumheier,* VerwArch. 79 (1988), 160ff.

[7] *Moosmayer,* in: Forschungsstelle für Umwelt- und Technikrecht (Hg.), Waldschäden als Rechtsproblem (UTR 2), 1987, S. 1ff., 5ff.

[8] Vgl. *Knauber,* NuR 1985, 308ff., 314ff.

[9] Dazu ausführlich „Der Spiegel" Nr. 2/1988, S. 68ff.

Der übermäßige **Bodenverbrauch** tritt vor allem, aber nicht nur in Form der Landschaftszersiedelung auf: Von der Gesamtfläche der dichtbevölkerten Bundesrepublik Deutschland entfallen mittlerweile fast 12 v.H. auf Siedlungsflächen, d.h. Wohnbebauung, Industrie- und Gewerbegelände, Verkehrsflächen und innergemeindliche Freiflächen, wobei die Verkehrsflächen mit 4,7 v.H. sogar noch deutlich im Landschaftsverbrauch vor der Wohnbebauung liegen.[10]

B. Umweltpolitische Ansätze

I. Nationale Ebene

Der Schutz des Bodens als **umweltpolitische Aufgabe** wurde bereits im Umweltprogramm der Bundesregierung von 1971 festgeschrieben, in dessen umweltpolitischer Zieltrias der Boden an erster Stelle vor Wasser und Luft als Umweltmedium genannt ist, das vor nachteiligen menschlichen Eingriffen zu schützen sei.[11] Es mußte jedoch über ein Jahrzehnt vergehen, bis diese Schutzaufgabe in den Mittelpunkt des umweltpolitischen Interesses trat: 6

In einer gemeinsamen Erklärung der für den Bodenschutz zuständigen Bundesminister[12] vom 28. 2. 1983 wurde die Entscheidung festgehalten, den Bodenschutz künftig umfassend wie Naturschutz und Landschaftspflege, Luftreinhaltung, Lärmbekämpfung, Sicherung des Wasserhaushalts und Abfallbeseitigung wahrzunehmen und dabei die vielfältigen ökologischen wie auch ökonomischen Zusammenhänge und Wechselwirkungen einzubeziehen.[13] Damit wurde gleichzeitig der Auftrag zur Erarbeitung einer **Bodenschutzkonzeption der Bundesregierung** umrissen, die am 7. 3. 1985 vorgelegt wurde.[14] Als zentrale Handlungsansätze werden dort erstens die Minimierung von qualitativ oder quantitativ problematischen Stoffeinträgen aus Industrie, Gewerbe, Verkehr, Landwirtschaft und Haushalten und zweitens eine „Trendwende im Landverbrauch" genannt.[15] In die gleiche Richtung weist der am 8. 5. 1987 von der Umweltministerkonferenz abschließend beratene **Entwurf „Maßnahmen des Bundes und der Länder zum Bodenschutz"**, der von einer Bund-Länder-Arbeitsgruppe erstellt wurde.[16] Am 8. 12. 1987 verabschiedete die Bundesregierung ein Maßnahmepaket von „Leitlinien und Maßnahmen zum Bodenschutz", mit dem die Handlungsaufträge der Bodenschutzkonzeption von 1985 in konkrete Vorhaben umgesetzt werden sollen. Der Maßnahmenkatalog wurde am 12. 1. 1988 dem Bundestag vorgelegt.[17]

Die Bodenschutzkonzeption der Bundesregierung und die hieran anschließenden Beschlüsse lassen zwar Regelungsgegenstände und einige Grundlinien der anstehenden Bodenschutzgesetzgebung erkennen, eine endgültige Gestalt hatten die Gesetzgebungspläne bis Ende 1988 aber noch nicht angenommen (zu den rechtspolitischen Perspektiven s. auch u. Rn. 59f.).

Wegen der bereits eingetretenen, auf viele Milliarden DM bezifferten Bodenschäden geht es im Bodenschutzrecht freilich nicht allein um Prävention, sondern auch,

---

[10] Vgl. BT-Drs. 10/2977, S. 4.
[11] BT-Drs. VI/2710, S. 6.
[12] Beteiligt waren die Bundesministerien des Innern, für Ernährung, Landwirtschaft und Forsten, für Wirtschaft, für Verkehr, der Verteidigung, für Jugend, Familie und Gesundheit sowie für Forschung und Technologie.
[13] BT-Drs. 10/2977, S. 7.
[14] BT-Drs. 10/2977 = *Bundesminister des Innern* (Hg.), Bodenschutzkonzeption der Bundesregierung, 1985.
[15] BT-Drs. 10/2977, S. 8.
[16] Anhang zu BT-Drs. 11/1625, S. 20ff.
[17] BT-Drs. 11/1625.

wenn nicht gar zum Teil vorrangig, um die **Finanzierung** notwendiger Bodensanierungen bzw. künftiger Bodenschutzmaßnahmen. Hierbei werden einerseits Lösungen in den Bahnen des geltenden Rechts, insbesondere über die polizeirechtliche Störerhaftung (s. § 12 Rn. 137ff.) oder auch über § 22 WHG (s. § 11 Rn. 197), gesucht. Andererseits werden wegen der (freilich im einzelnen noch auszulotenden) Grenzen derartiger Ansätze rechtspolitisch neue Finanzierungsmodelle erwogen (s. § 12 Rn. 151). Dabei kommen Lösungen sowohl nach dem Verursacherprinzip (s. § 3 Rn. 27ff.), dem Gemeinlastprinzip (s. § 3 Rn. 39ff.) als auch nach dem besonders umstrittenen Geschädigtenprinzip (s. § 3 Rn. 42) in Betracht. Im benachbarten Grundwasserschutz hat der Gesetzgeber in Gestalt von § 19 Abs. 4 WHG (s. § 11 Rn. 163ff.) einen finanzrechtlichen Weg bereits beschritten.

II. Internationale Ebene

7 Als Handlungsanweisungen zum Bodenschutz auf internationaler Ebene sind insbesondere zu nennen:[18]
- die „World Soil Charta" der FAO aus dem Jahre 1982,[19]
- die „World Soils Policy" im Rahmen des Umweltprogrammes der Vereinten Nationen (United Nations Environment Programme, vgl. § 6 Rn. 71).[20]

Als weitere (vorbereitende) Bodenschutzmaßnahme auf internationaler Ebene ist etwa das UN-Umweltrechtsprogramm von Montevideo aus dem Jahr 1981 (s. § 6 Rn. 72) zu nennen, das den Bodenschutz als eines von zwölf vordringlich zu bearbeitenden Themen nennt. Als Ziel wird angestrebt, bis zum Ende des Jahrzehnts die Beeinträchtigung der nachhaltigen Leistungsfähigkeit des Bodens, die durch menschliche Eingriffe mit der Folge von Erosion, Wüstenbildung, Versalzung, Entwaldung, Verunreinigung oder übermäßigen Landverbrauch hervorgerufen wird, zu verhüten und beeinträchtigte Böden ggf. zu sanieren; als Maßnahmen werden die Anwendung weltweit einschlägiger Grundsätze und Empfehlungen sowie auf nationaler Ebene eine stärkere Betonung des Bodenschutzes in der Rechtsordnung angeregt.[21]

8 Auf **europäischer Ebene** ist zunächst die „Europäische Bodencharta" des Europarates aus dem Jahre 1972 zu nennen,[22] die allerdings ohne nennenswertes Echo blieb.[23] Daneben bestehen eine Reihe von europäischen Handlungsanweisungen, die einen mittelbaren Bezug zum Bodenschutz aufweisen.[24]

---

[18] Ausführlich zum folgenden *Leidig* (FN 2), S. 64ff.
[19] Hg. von *Food and Agriculture Organisation of the United Nations,* Rom 1982, Resolution 8/81 (M/P8700/E/10, 82/1/10.000).
[20] Hg. von *United Nations Environment Programme,* Nairobi 1982, Na. 82-5947-1553 C.
[21] *Storm,* Jura 1987, 352ff., 353; *ders.,* DVBl. 1985, 317ff., 318; allgemein zum Umweltrechtsprogramm von Montevideo *ders.,* ZfU 1982, 267ff.; *ders.,* JZ 1982, 261ff.; *Kilian,* Umweltschutz durch internationale Organisationen, 1987, S. 288ff.
[22] Resolution (72) 19 vom 30. 5. 1972.
[23] *Leidig* (FN 2), S. 67; *Tesdorpf* (FN 2), S. 6.
[24] Hierzu näher *Leidig* (FN 2), S. 66ff.

C. Der Bodenschutz im Rechtssystem

I. Bodenbegriff und Bodenfunktionen

Der Begriff „Boden" wird in zahlreichen Gesetzen erwähnt, eine allgemeinverbindliche **normative Begriffsbestimmung** gibt es indes nicht. 9

Nach **bodenkundlichen Erkenntnissen** wird der Boden definiert als Naturkörper, der nur einen Teil der Erdoberfläche in einer dünnen Schicht bedeckt. Er stellt sich als dynamisches System dar, das mit Wasser, Luft und Lebewesen durchsetzt ist und in dem mineralische und organische Substanzen enthalten sind, die durch physikalische, chemische und biologische Prozesse umgewandelt wurden und werden.[25] Hieraus erklärt sich auch die – im Vergleich zu den Umweltelementen Luft und Wasser – starke Differenziertheit der Zusammensetzung und Eigenschaften des Bodens bzw. der Böden.[26]

Ein Grund dafür, daß eine einheitliche Definition schwerfällt, liegt aber auch in der Vielfalt der **Funktionen,** die der Boden erfüllt und an denen die jeweiligen rechtlichen Regelungen ansetzen können:[27] 10

- Der Boden fungiert als **Filter, Puffer** und **Speicher,** der die Fähigkeit hat, eingetragene Substanzen zu verändern, festzuhalten sowie an Grundwasser und Pflanzen in veränderter oder unveränderter Form weiterzugeben. Diese Fähigkeit ist vor allem im Hinblick auf qualitativ oder quantitativ für Wasser, Pflanzen und Tiere schädliche Stoffe von Bedeutung.
- Der Boden dient als **Standort und Lebensraum für Pflanzen und Tiere,** d. h. sowohl als Lebensraum für pflanzliche und tierische Kleinstlebewesen und Mikroorganismen, die *im* Boden leben, als auch als Standort, Nist- und Brutstätte für andere Pflanzen und Tiere sowie als Versorger mit pflanzlicher und tierischer Nahrung.
- Der Boden fungiert weiter als **Produktionsgrundlage** für Nahrungs- und Futtermittel sowie für regenerierbare Rohstoffe wie z. B. Holz.
- Durch die Wechselwirkungen zwischen dem Boden und den darüberliegenden Luftschichten beeinflußt der Boden das **Klima.**
- Der Boden fungiert als **Rohstofflager** und schließlich
- dient der Boden als **Baugrund** und **Freizeitfläche** für den Menschen.

Die Funktionenvielfalt des Bodens bedeutet indes keine gleichrangige **Schutzwürdigkeit** aller Bodenfunktionen. Nach heute vorherrschendem Verständnis soll Bodenschutz primär der Erhaltung des Bodens als Filter- und Reinigungsfaktor und als natürliche Produktionsgrundlage dienen. Von diesem – auch als ökologisch bezeichneten – Verständnis aus ist der Boden in seinen Funktionen als Baugrund und als 11

---

[25] *Book,* Bodenschutz durch räumliche Planung, 1987, S. 5. Ausführlich hierzu *Jung/Preuß,* in: Buchwald/ Engelhardt (Hg.), Handbuch für Planung, Gestaltung und Schutz der Umwelt, Bd. 2, 1978, S. 24ff. Vgl. auch Umweltgutachten 1987 (FN 5), S. 178f. (Tz. 539ff.).

[26] *Book* (FN 25), S. 6.

[27] Zur nachfolgenden Aufzählung vgl. *Book* (FN 25), S. 7ff., die auch die – unter umweltrechtlichen Gesichtspunkten vernachlässigbare – Funktion des Bodens als Träger geschichtlicher Zeugnisse aufführt. Ähnliche Aufzählungen finden sich (bei unterschiedlichen Reihenfolgen und Differenzierungen im einzelnen) etwa bei *Brugger,* BWVPr. 1986, 98ff., 99; *Erbguth,* UPR 1984, 241ff.; *Peine,* in: Forschungsstelle für Umwelt- und Technikrecht (Hg.), Jahrbuch des Umwelt- und Technikrechts 1987 (UTR 3), 1987, S. 201ff., 204ff.; *Ziegler,* BWVPr. 1987, 145ff. Zwischen drei Grundfunktionen des Bodens unterscheidet das Umweltgutachten 1987 (FN 5), S. 180ff. (Tz. 548ff.): Regelungsfunktion, Produktionsfunktion und Gewährung von Lebensraum für die Bodenorganismen.

Rohstofflager demgegenüber *bodenschutzspezifisch* nicht schützenswert, weil sowohl die Ausbeutung von Rohstoffen als auch das Bauen zum Ausfall der ökologisch wertvollen Funktionen des Bodens führen, indem sie den Boden versiegeln, teilweise abtragen oder stofflich verändern.[28]

An dieser Sicht ändert auch die Erkenntnis nichts, daß Bodenpflege nicht Selbstzweck sein darf, sondern wie der gesamte Umweltschutz letztlich stets um des Menschen willen geschieht[29] (vgl. allgemein § 1 Rn. 23ff.). Gerade wenn man Bodenschutz als Ausschnitt des Schutzes der natürlichen Lebensgrundlagen des Menschen auffaßt, wird deutlich, daß solche Funktionen, die dem Erhalt der natürlichen Lebensgrundlagen entgegenstehen, nicht vom Schutzzweck des Bodenschutzrechts mit umfaßt sein können. Damit ist freilich nicht gesagt, daß diese Funktionen keinen rechtlichen Schutz genießen. Ihnen kommt nur keine Schutzwürdigkeit unter dem Aspekt „Bodenschutzrecht" zu. Dadurch sind aber weder die bodenschutzrechtlichen Belange stets in den Vordergrund gestellt noch die Interessen an der Rohstoffgewinnung oder Bodennutzung zu Bau- oder zu Freizeitzwecken a limine in den Hintergrund gedrängt. Erforderlich ist vielmehr eine **Abwägung,** welchem Interesse im Konfliktfalle der Vorrang einzuräumen ist. Diese Abwägung (vgl. allgemein § 3 Rn. 52f.) hat durch die Rechtsordnung zu erfolgen, etwa mit Hilfe von Planungsentscheidungen, die nur Bestand haben können, wenn alle relevanten Interessen in die Abwägung mit einbezogen worden sind und das Abwägungsergebnis in sich ausgewogen ist.[30]

12 Aus dem Schutzzweck ergibt sich auch, daß **Schutzgut** nur der Boden im ganzen, d. h. die **gesamte Erdschicht** (s. o. Rn. 9), und nicht etwa lediglich die oberste, von Tieren, Pflanzen und Mikroorganismen belebte Schicht der Erdoberfläche (sog. Braunerde) sein kann.[31]

Gerade die Filter- und Speicherfunktion des Bodens wird vielfach von tieferen, stärker von mineralischen Bestandteilen beherrschten, unbelebten Schichten übernommen. Daher sollte die gesamte Erdschicht durch das Bodenschutzrecht (evtl. differenziert) geschützt werden. Andernfalls wären die synergistisch ablaufenden chemischen und physikalischen Prozesse, von denen die Filter- und Reinigungsfunktion des Bodens abhängt, nicht erfaßbar.[32]

II. Rechtliche Instrumente

1. Kompetenzrechtliche Grundlagen

13 Anders als für die Umweltmedien Luft (Bundes-Immissionsschutzgesetz) und Wasser (Wasserhaushaltsgesetz) gibt es für den Boden bisher kein medienspezifisches Schutzgesetz. Der Bundesgesetzgeber ist indes kompetenzrechtlich grundsätzlich nicht gehindert, bodenschutzrechtliche Regelungen zu treffen oder sogar ein eigenes Bodenschutzgesetz zu schaffen, obwohl die Gesetzgebungs-Kompetenzkataloge des Grundgesetzes keine eigenständige Materie Bodenschutz enthalten.

---

[28] *Erbguth,* UPR 1984, 241ff., 242; *Peine* (FN 27), S. 204f.; anders aber wohl *Storm,* DVBl. 1985, 317ff., 319, der auch die Bodenfunktionen Baugrund und Rohstofflager zu den schützenswerten rechnet und als Schutzziel postuliert, daß der Boden „seine vielfältigen Funktionen in der erforderlichen Güte und Menge nachhaltig erbringen kann".

[29] *Storm,* Jura 1987, 352ff., 353.

[30] Zutr. *Peine* (FN 27), S. 205.

[31] So jedoch *Storm,* DVBl. 1985, 317ff., 319; *ders.,* Jura 1987, 352ff., 353; *Ziegler,* BWVPr. 1987, 145ff. (mit Ausnahmen für einzelne Normen). Vgl. zur Unterscheidung der Bodenschichten auch das Umweltgutachten 1987 (FN 5), S. 178f. (Tz. 539).

[32] *Erbguth,* UPR 1984, 241ff., 242; *Peine* (FN 27), S. 205.

14 Als gleichwohl denkbare Kompetenzgrundlage ist zunächst **Art. 74 Nr. 18 GG** in Betracht zu ziehen, der das „Bodenrecht" dem Bund als Gegenstand der konkurrierenden Gesetzgebung zuordnet. Hierunter fallen nach Auffassung des BVerfG aber „nur solche Vorschriften, die den Grund und Boden unmittelbar zum Gegenstand rechtlicher Ordnung haben, also die rechtlichen Beziehungen des Menschen zum Grund und Boden regeln".[33] Zum Bodenrecht im Sinne dieser Vorschrift werden insbesondere die Bauleitplanung,[34] ferner das Recht der Baulandumlegung und der Zusammenlegung von Grundstücken sowie das Baulanderschließungsrecht gerechnet.[35] Das Bodenrecht im Sinne des Art. 74 Nr. 18 GG ist m. a. W. in erster Linie **Bodennutzungsrecht.**[36] Freilich ist es dabei kein bloßes „Flächenrecht".[37] Auch wenn dem Grundgesetzgeber im Jahre 1949 der Gedanke eines spezifischen Bodenschutzes fernlag, dürfte der Begriff des Bodenrechts als „Gesamtheit der öffentlich-rechtlichen Bestimmungen, die den Erwerb, die Veräußerung, die Belastung und die Benutzung von Grund und Boden unter sozialen, wirtschaftlichen oder politischen Gesichtspunkten einer Sonderregelung unterwerfen"[38], doch weit genug sein, um auch eine ökologisch fundierte Reglementierung der Bodennutzung abzudecken.

15 Ferner steht dem Bund die Rahmenkompetenz für das Gebiet der Bodenverteilung gemäß **Art. 75 Nr. 4 GG** zu. Bei der Auslegung dieser Kompetenzvorschrift ist strittig, ob durch sie Maßnahmen der Agrar- und Bodenreform oder nur ein „weniger sozialrevolutionärer Eingriff in die Bodenverfassung als die Bodenreform" gedeckt werden.[39] Dieser Streit macht deutlich, daß Art. 75 Nr. 4 GG seiner Zielrichtung nach ein Mittel der Wirtschaftsordnung und Wirtschaftslenkung ist. Gesetzliche Maßnahmen des Bodenschutzes dürften sich daher nicht auf diese Kompetenznorm stützen lassen.

16 Auch eine engere Interpretation des Art. 74 Nr. 18 GG würde indes nicht bedeuten, daß der Bund kompetenzrechtlich daran gehindert wäre, bodenschutzrechtliche Regelungen zu treffen.

Das BVerfG hat keine abschließende Zuordnung aller bodenbezogenen Rechtsvorschriften zu den Kompetenzvorschriften der Art. 72ff. GG vorgenommen. Vielmehr bezog sich die Bestimmung des Begriffs „Bodenrecht" in dem Rechtsgutachten des BVerfG[40] auf die Abgrenzung des Bodenrechts zum Raumordnungsrecht. Eine Bestimmung des Verhältnisses der Gesetzgebungskompetenz nach Art. 74 Nr. 18 GG zu anderen Kompetenztiteln, etwa des Art. 75 Nr. 3 GG (Naturschutz und Landschaftspflege), war nicht Gegenstand des Gutachtens. Wegen der unterschiedlichen Kompetenzausstattung von Bund und Ländern durch Art. 74 Nr. 18 GG einerseits und Art. 75 Nr. 3 GG andererseits besteht insofern also noch Klärungsbedarf.

---

[33] BVerfGE 3, 407 (424); 34, 139 (144); *v. Münch,* in: ders. (Hg.), Grundgesetz-Kommentar, Bd. 2, 2. Aufl., 1983, Art. 74 Rn. 77.

[34] BVerfGE 56, 298 (311).

[35] *Maunz,* in: Maunz/Dürig, Grundgesetz-Kommentar, 5. Aufl., 1978, Art. 74 Rn. 200; *v. Münch* (FN 33), Art. 74 Rn. 77.

[36] *Schmidt-Aßmann,* DVBl. 1972, 627ff., 630; ebenso *Rothe,* DVBl. 1974, 737ff., 739.

[37] BVerwGE 7, 17 (21). Noch weitergehend BVerwGE 55, 272 (275), wonach auch der bodenbezogene sog. funktionelle Landschaftsschutz in erster Linie dem Bodenrecht i. S. des Art. 74 Nr. 18 GG unterfallen soll. Naturschutz und Landschaftspflege i. S. des Art. 75 Nr. 4 GG würden damit im wesentlichen auf den sog. optischen Landschaftsschutz beschränkt.

[38] *Grewe,* zitiert nach *v. Mangoldt/Klein,* Das Bonner Grundgesetz, Bd. II, 1964, Art. 74 Anm. XXXIV. 2a.

[39] *Maunz* (FN 35), Art. 75 Rn. 132. Vgl. i. ü. *Bothe,* in: Alternativkommentar zum Grundgesetz, 1984, Art. 75 Rn. 15; *v. Münch* (FN 33), Art. 75 Rn. 29; *v. Mangoldt/Klein* (FN 38), Art. 75 Anm. IX. 2.

[40] BVerfGE 3, 407 (424). Das Rechtsgutachten über die Zuständigkeit des Bundes zum Erlaß eines Baugesetzes erging auf gemeinsamen Antrag von Bundestag, Bundesrat und Bundesregierung auf der Grundlage des – mittlerweile aufgehobenen – § 97 BVerfGG.

Bodenschutzrechtliche Regelungen des Bundes können sich außer auf Art. 74 Nr. 18 GG auch auf eine **Vielzahl** anderer **kompetenzrechtlicher Grundlagen** stützen, insbesondere dort, wo sie in sachlichem Zusammenhang mit anderen (v. a. umweltrechtlichen) Materien stehen, etwa Natur- und Landschaftsschutz (Art. 75 Nr. 3 GG), Raumordnung und Wasserhaushalt (Art. 75 Nr. 4 GG), Bergbau-, Energiewirtschafts- und Kernenergierecht (Art. 74 Nr. 11, 11a GG), Landwirtschaftsrecht (Art. 74 Nr. 17, 20 GG), Abfallrecht (Art. 74 Nr. 24 GG) und Gefahrstoffrecht (Art. 74 Nr. 11, 12, 19 GG).

2. Bodenschützende Regelungen im geltenden Recht

17 Dem Fehlen einer einheitlichen Kompetenzgrundlage für den Bodenschutz entspricht seine auf eine Vielzahl von Umweltgesetzen verteilte rechtliche Ausgestaltung. So werden dem Bodenschutz i. e. S. im geltenden Recht insbesondere folgende Vorschriften zugerechnet:[41]

§ 1 BNatSchG (Bodenschutz als Teilziel des Naturschutzes und der Landschaftspflege, wenngleich er dort [noch] nicht namentlich angesprochen wird); § 2 Abs. 1 Nr. 4 BNatSchG („Boden ist zu erhalten; ein Verlust seiner natürlichen Fruchtbarkeit ist zu vermeiden"), aber auch § 2 Abs. 1 Nr. 1, 2, 3 und 5 BNatSchG (s. § 10 Rn. 11f.); § 3 Nr. 3 lit. n ChemG (als Kriterium der Umweltgefährlichkeit wird ausdrücklich der Boden genannt, s. § 13 Rn. 34f.); §§ 1, 2 Abs. 1 Nr. 6 PflSchG (Boden wird dort als Bestandteil des Naturhaushalts definiert); § 2 Abs. 1 Nr. 2 PflSchG; § 6 PflSchG („integrierter Pflanzenschutz", s. § 13 Rn. 104); § 2 Abs. 2 DMG („Fruchtbarkeit des Bodens"); § 2 Abs. 1 Nr. 3 AbfG (Abfälle „sind so zu entsorgen, daß ... Boden [nicht] schädlich beeinflußt" wird); § 15 Abs. 2 Nr. 1 und 2, Abs. 5 AbfG (Aufbringen von Abwasser und ähnlichen Stoffen auf landwirtschaftlich genutzte Böden); §§ 3 Abs. 2–5, 4 AbfKlärV (Kontrolle, Beschränkungen und Verbot des Aufbringens von Klärschlamm im Hinblick auf Schadstoffkonzentrationen im Boden, s. auch u. Rn. 35); § 3 Abs. 1 Nr. 2 TierKBG (Nichtverunreinigung des Bodens als Grundsatz der Tierkörperbeseitigung); § 2 Abs. 1 AltölG a. F. („bodenunschädliche" Beseitigung); §§ 7 Abs. 2 Nr. 6, 9 Abs. 2 Nr. 6 AtG („Reinhaltung des ... Bodens"); § 6 Abs. 1 Nr. 8 i. V. mit § 3 Abs. 1 StrlSchV, § 18 Nr. 5 i. V. mit § 15 StrlSchV („Reinhaltung des ... Bodens"); § 1 Abs. 5 S. 2 Nr. 7 BauGB (Berücksichtigung der Belange des Bodens bei der Bauleitplanung); §§ 1 Abs. 5 S. 3, 4, 35 Abs. 5 BauGB (sparsamer und schonender Umgang mit Grund und Boden); §§ 5 Abs. 3 Nr. 3, 9 Abs. 5 Nr. 3 BauGB (Kennzeichnung von belasteten Bodenflächen); § 202 BauGB (Schutz des Mutterbodens); § 2 Abs. 1 Nr. 5 ROG (Erhaltung der land- und forstwirtschaftlichen Bodennutzung); § 326 Abs. 1 Nr. 3 StGB (Strafbarkeit der Bodenverunreinigung; vgl. ferner §§ 329 Abs. 2 und 3, 330 Abs. 2 Nr. 1 StGB).

18 Die (bisherige) rechtstechnische **Zersplitterung** des Bodenschutzes im geltenden Recht ist freilich keine zwingende Folge des Fehlens einer einheitlichen Kompetenzgrundlage. Ein Bodenschutzgesetz, wie es rechtspolitisch z. T. gefordert wird (s. Rn. 60), könnte sich grundsätzlich – etwa nach dem Muster des Chemikaliengesetzes – durchaus auf mehrere Kompetenzgrundlagen stützen, ohne daß hierdurch seine Regelungsmöglichkeiten nachhaltig eingeengt würden. Vielmehr ist die normative Zer-

[41] BT-Drs. 10/2977, S. 49ff.

faserung des Bodenschutzrechts zum einen Ausdruck der engen Verflechtung verschiedener Umweltschutzaufgaben mit denen des Bodenschutzes. So sind etwa Grundwasserschutz und Bodenschutz kaum voneinander zu trennen, da Einträge, die zunächst den Boden verunreinigen, regelmäßig auch das Grundwasser gefährden. Zum anderen ist die bisherige Zerfaserung des Bodenschutzrechts auch eine Folge der späten Erkenntnis des Bodenschutzes als Umweltschutzaufgabe von eigenem Gewicht, die sich nicht als bloßer Annex anderer Schutzaufgaben angemessen erfassen läßt. Das Bodenschutzrecht liegt somit teilweise quer zur bisherigen Gesetzessystematik des Umweltrechts.

Beides führt z. T. dazu, daß – nach der zutreffenden Beobachtung des Rates von Sachverständigen für Umweltfragen – es „in der allgemeinen Bodenschutz-Diskussion häufig nicht um den Schutz des Bodens als solchen geht, sondern um den Schutz der von den Böden abhängigen oder von ihnen beeinflußten anderen Umweltbereiche".[42]

Angesichts des Fehlens einer speziellen Bodenschutzgesetzgebung und der Aufteilung bodenschutzrechtlicher bzw. *auch* bodenschützender Vorschriften auf nahezu alle umweltrechtlichen Teilmaterien mag bezweifelt werden, ob man bei dieser Rechtslage berechtigt ist, überhaupt von einem *Bodenschutzrecht* zu sprechen. Die Bezeichnung ist jedoch aus mindestens zwei Gründen sinnvoll: Einerseits ermöglicht sie eine systematische Zusammenschau der verschiedenen Teilregelungen, andererseits besitzt sie aber auch programmatischen Charakter, indem sie einen weiteren Ausbau und eine Harmonisierung bodenschutzrechtlicher Regelungen postuliert. Dies kann, muß jedoch nicht zu einem eigenen Bodenschutzgesetz führen (s. auch Rn. 60). 19

Auch eine stärkere systematische Verselbständigung des Bodenschutzrechts ändert indes nichts daran, daß es sich um eine typische umweltrechtliche **Querschnittsaufgabe** handelt, die ressortübergreifend wahrgenommen werden muß.[43]

Das Bodenschutzrecht kann demnach nach seinem gegenwärtigen Entwicklungsstand gekennzeichnet werden als Recht, das die innerhalb der Rechtsordnung verteilten Regelungen, die dem Schutz des Bodens dienen, erfaßt und in ein rechtliches System eingreifender, leistender und planender Maßnahmen zur Verwirklichung bestimmter Bodenschutzziele einpaßt. Dabei hebt es sich seinem primären Schutzzweck nach von den Regelungen der Bodennutzung ab, ohne daß sich Überschneidungen beider Bereiche angesichts des gemeinsamen Gegenstandes indes vermeiden lassen.[44]

3. Schutzrichtungen

Das Bodenschutzrecht richtet sich grundsätzlich gegen schädigende anthropogene Eingriffe in den Bodenhaushalt. Zu ihm gehören einerseits Rechtsvorschriften, die dem **Schutz des Bodens vor Schadstoffeintragungen** dienen und damit auf die Bodenqualität abzielen, andererseits Rechtsvorschriften, die **Schutz vor Bodenverbrauch** bieten sollen,[45] worunter außer dem Schutz vor Landschaftsverbrauch (quantitativer Bodenverbrauch) auch der Schutz des Bodens gegenüber Maßnahmen ver- 20

[42] Umweltgutachten 1987 (FN 5), S. 197 (Tz. 638).
[43] BT-Drs. 10/2977, S. 5ff.
[44] *Storm*, DVBl. 1985, 317ff., 318.
[45] *Erbguth*, UPR 1984, 241ff., 242; *Storm*, DVBl. 1985, 317ff., 319; *ders.*, Jura 1987, 352ff., 353; *Peine* (FN 27), S. 206.

standen werden soll, die Erosionen und Bodenverdichtungen hervorrufen (qualitativer Bodenverbrauch).[46]

21 Weiterhin lassen sich die einschlägigen Rechtsvorschriften danach unterteilen, ob sie den Bodenschutz zum primären (oder sogar ausschließlichen) Gegenstand haben, wie etwa § 2 Abs. 1 Nr. 4 BNatSchG, oder den Bodenschutz nur als ein Ziel neben anderen verfolgen, wie z. B. § 3 Nr. 3 lit. n ChemG, § 2 Abs. 1 Nr. 6 PflSchG, § 2 Abs. 2 DMG.[47] Hiermit überschneidet sich teilweise die (allerdings nicht ganz trennscharfe) Unterscheidung in unmittelbar bodenschützende Normen und andere, die Bodenschutz nur mittelbar zum Gegenstand haben. Als **unmittelbar bodenschützend** werden dabei solche Rechtsvorschriften angesehen, die den Bodenschutz als Haupt- oder Nebenziel ausdrücklich aufführen oder ihn durch die Nennung von Schutzgütern wie Umwelt, natürliche Lebensgrundlagen, Naturgüter, Naturhaushalt oder Natur und Landschaft als integralen Bestandteil mitumfassen. Demgegenüber erfolgt **mittelbarer Bodenschutz** dort, wo der Boden durch den Schutz anderer Werte und Güter gleichsam mitgeschützt ist, ohne selbst als Schutzgut erwähnt zu sein.[48] So dienen beispielsweise die Vorschriften zum Schutz des Grundwassers mittelbar auch dem Schutz des das Grundwasser umgebenden Bodens (s. auch Rn. 22). Endlich läßt sich unterscheiden zwischen Vorschriften, die einen **absoluten Bodenschutz** bezwecken, wie z. B. § 4 AbfKlärV, und solchen, bei denen der Bodenschutz ein in die Abwägung einzubeziehender Belang unter anderen ist, die insoweit also nur **relativen Bodenschutz** vermitteln (z. B. § 1 Abs. 5 S. 2 Nr. 7, S. 3 BauGB, s. Rn. 45f.).[49]

4. Bodenschutz und Umweltrecht

22 Nachfolgend (Rn. 25ff.) sollen – gegliedert nach den eingangs genannten Gefährdungsquellen (s. o. Rn. 5) – einige spezifisch bodenschutzrechtliche Problembereiche dargestellt werden. Hingegen wurde davon abgesehen, eine vollständige Übersicht der zahlreichen zwar nicht bodenschutzspezifischen, aber dennoch **bodenschutzrelevanten Normen** zu geben.

Die Bodenschutzkonzeption der Bundesregierung[50] nennt als **Rechtsnormen mit mittelbar bodenschützendem Inhalt** das Wasserhaushaltsgesetz (s. § 11 Rn. 31ff.), das Waschmittelgesetz (heute: Wasch- und Reinigungsmittelgesetz, s. § 13 Rn. 136), das Bundes-Immissionsschutzgesetz mit Störfallverordnung (s. § 7 Rn. 19ff.), die Großfeuerungsanlagen-Verordnung (s. § 7 Rn. 61f.) mit TA Luft (s. § 7 Rn. 34ff.), das DDT-Gesetz (s. § 13 Rn. 121f.), das Benzinbleigesetz (s. § 7 Rn. 131ff.), das Gesetz über die Beförderung gefährlicher Güter nebst Gefahrgutverordnungen (s. § 13 Rn. 137ff.), die auf die Gewerbeordnung gestützte Verordnung über brennbare Flüssigkeiten (s. § 13 Rn. 187), das Bundeswaldgesetz (s. § 10 Rn. 104ff.) sowie das Grundstücksverkehrsgesetz. Als bodenschutzrelevante Planungsnormen werden das Raumordnungsgesetz (s. § 9 Rn. 5ff.), das Bundesbaugesetz (heute: Baugesetzbuch, s. § 9 Rn. 27ff.), das Bundesfernstraßengesetz (s. § 9 Rn. 62ff.), das Bundesbahngesetz, das Luftverkehrsgesetz (s. § 7 Rn. 155ff.), das Telegraphenwegegesetz und das Landbeschaffungsgesetz genannt.

---

[46] Vgl. zu dem letzten Aspekt *Ziegler,* BWVPr. 1987, 145ff., 146.
[47] *Erbguth,* UPR 1984, 241ff., 243.
[48] Zu dieser Differenzierung *Storm,* DVBl. 1985, 317ff., 320. Kritisch *Erbguth,* UPR 1984, 241ff., 242f., der auf die mangelnde Trennschärfe dieser Unterscheidung hinweist.
[49] *Storm,* DVBl. 1985, 317ff., 320.
[50] BT-Drs. 10/2977, S. 36f.

23 Auch wenn keineswegs allen Umweltgesetzen eine gleich starke Bedeutung für den Bodenschutz zukommt, liegt es wegen der engen Verflechtung des Naturhaushaltes und der zahlreichen Wechselwirkungen zwischen Boden und anderen Umweltmedien doch auf der Hand, daß fast die gesamte Umweltgesetzgebung einen mehr oder minder starken, vor allem auch entwicklungsfähigen und entwicklungsbedürftigen **Bezug** zum Bodenschutz aufweist. So wird inzwischen die Bedeutung einer Reduzierung der Luftverunreinigungen für den Bodenschutz, d. h. der Zusammenhang von Schadstoffemmissionen, „saurem Regen" und „saurem Boden", weitgehend anerkannt (hierzu näher Rn. 41f.). Außer Zweifel steht die Zusammengehörigkeit von Grundwasserschutz (s. § 11 Rn. 37) und Bodenschutz. Ganz offensichtlich ist schließlich der Beitrag des Gefahrgutbeförderungsrechts, der Störfallverordnung oder der Verordnung über brennbare Flüssigkeiten zum Bodenschutz, soweit diese Regelungen dafür Sorge tragen, daß gefährliche Stoffe nicht aus Anlagen oder während des Transports austreten und in der Folge den Boden verunreinigen. Bei anderen Gesetzen, insbesondere etwa des Verkehrsrechts, geht es hingegen weniger um Bodenschutz als vielmehr um eine Begrenzung der dort implizierten bodenschädigenden Wirkungen, also lediglich um ein Korrektiv prinzipiell antagonistischer Regelungszwecke.

24 Die relativ große Zahl bodenschützender Rechtsvorschriften könnte bei oberflächlicher Betrachtung sogar den Eindruck aufkommen lassen, als stünde es rechtlich mit dem Bodenschutz gut oder gar zum besten. Davon kann freilich keine Rede sein.[51] Einerseits mangelt es vielfach noch an einem wirkungsvollen Vollzug der geltenden Rechtsnormen, andererseits sind aber auch die bestehenden Rechtsgrundlagen unzulänglich. **Gesetzgeberischer Handlungsbedarf** besteht sowohl hinsichtlich der Koordinierung der zahlreichen Vorschriften als auch hinsichtlich ihrer sachgerechten Konkretisierung (z. B. durch Festlegung von Bodenschutz-Grenzwerten) und ihrer Ergänzung durch Schließung von Schutzlücken (s. zur rechtspolitischen Entwicklung näher Rn. 58ff.).

D. Problemfelder

I. Bodengefährdungen durch Schadstoffeintrag

1. Abfalldeponierung und Altlasten

25 Eine besondere Gefahrenquelle für den Bodenschutz bilden **Abfalldeponien** sowie Altablagerungen, die auch von ehemaligen Industrie- und Gewerbestandorten und Lagerplätzen ausgehen können und unter dem Schlagwort **Altlasten** bekannt geworden sind.

Für die Entsorgung von Abfällen, worunter auch die Ablagerung auf Deponien fällt, statuiert § 2 Abs. 1 AbfG den Grundsatz gemeinverträglicher, insbesondere umweltverträglicher Abfallentsorgung. Als Schutzgut wird in § 2 Abs. 1 Nr. 3 AbfG ausdrücklich der Boden genannt. Werden Deponien entsprechend den Regeln des

[51] Vgl. zur Kritik nur *Peine* (FN 27), S. 236f., und *Storm,* AgrarR 1983, 233ff., 235.

Abfallgesetzes betrieben, so sollte eine Verschlechterung der Bodensituation ausgeschlossen sein.[52] Hinsichtlich dieser Regeln wird auf die Darstellung in § 12 Rn. 96ff. verwiesen. Nicht erneut zu behandeln sind auch die mit der Sanierung von Altlasten zusammenhängenden Rechtsfragen; insoweit kann auf die Ausführungen in § 12 Rn. 132ff. verwiesen werden.

2. Bodengefährdung durch Düngung

a) Ausgangslage und Problemdifferenzierung

26 Erhebliche Probleme für den Bodenschutz (wie im übrigen auch für den Gewässerschutz, s. § 11 Rn. 54 und 167) wirft der Schadstoffeintrag durch die land- und forstwirtschaftliche Düngung auf. Allgemein resultiert die Bodenbelastung aus einer umweltschädlichen Überdüngung der Anbauflächen, wobei aber auch nach der Art der verwendeten Düngemittel in tatsächlicher wie in rechtlicher Hinsicht zu differenzieren ist. Im Schrifttum hat sich die Unterscheidung von **Handelsdünger** und **Wirtschaftsdünger** durchgesetzt,[53] wobei allerdings zu berücksichtigen ist, daß sich in der Gesetzgebung zwar der Begriff des Wirtschaftsdüngers findet, nicht aber ausdrücklich der des Handelsdüngers. Als Wirtschaftsdünger definiert § 1 Abs. 1 Nr. 2 DMG „tierische Ausscheidungen, Stallmist, Gülle, Jauche, Kompost sowie Stroh und ähnliche Reststoffe aus der pflanzlichen Produktion". Als Handelsdünger gelten demgegenüber solche Düngemittel, die gewerblich zum Zwecke der Düngung hergestellt und durch Erwerb dem landwirtschaftlichen Betrieb zugeführt werden.[54] Die Unterscheidung ist terminologisch nicht völlig geglückt, da selbstverständlich auch mit Wirtschaftsdünger (d. h. in der Land*wirtschaft* anfallendem Dünger) Handel getrieben werden kann. Sie ist aber insofern gesetzesnah, als solcher (Land-)Wirtschaftsdünger gemäß § 2 Abs. 3 Nr. 3 DMG ohne das sonst übliche Zulassungsverfahren in den Verkehr gebracht werden kann, während der typischerweise industriell hergestellte Handelsdünger dem – zentral am (Handels-)Verkehr mit Düngemitteln ansetzenden – Düngemittelgesetz zur Gänze unterliegt (s. Rn. 27ff.). Erhebliche Probleme bereitet schließlich der Einsatz von **Klärschlamm** als Düngemittel. Die verschiedenen Arten der Düngemittel unterliegen jeweils unterschiedlichen rechtlichen Regelungen, wobei freilich noch zusätzliche Differenzierungen eingreifen.

b) Bodenschutz gegenüber Handelsdünger

27 Die Düngung des Bodens mit sog. Handelsdünger wird partiell durch das **Düngemittelgesetz** vom 15. 11. 1977[55] (Kloepfer Nr. 480) geregelt (s. § 13 Rn. 123ff.). Das **Inverkehrbringen** eines Düngemittels ist gemäß § 2 Abs. 1 DMG davon abhängig, daß es einem Düngemitteltyp entspricht, der vom Bundesminister für Ernährung, Landwirtschaft und Forsten durch Rechtsverordnung zugelassen ist. Voraussetzung für die Typenzulassung ist gemäß § 2 Abs. 2 DMG unter anderem, daß bei **sachgerechter Anwendung** die Fruchtbarkeit des Bodens sowie die Gesundheit von Men-

[52] Vgl. *Peine* (FN 27), S. 224.
[53] Vgl. *Peine* (FN 27), S. 225; *Preusker,* Artikel „Düngemittelrecht", in: Kimminich/v. Lersner/Storm (Hg.), Handwörterbuch des Umweltrechts (HdUR), Bd. I, 1986, Sp. 355ff., 357; *Rösgen,* AgrarR 1983, 141ff.
[54] Vgl. *Länderarbeitsgemeinschaft Wasser (LAWA)* (Hg.), Einflüsse von Düngern auf die Gewässergüte, 1982, S. 9; ebenso *Rösgen,* AgrarR 1983, 141ff., 144.
[55] BGBl. I S. 2134.

schen und Haustieren nicht geschädigt und der Naturhaushalt nicht gefährdet werden. Das Düngemittelgesetz setzt somit zwar eine sachgerechte Anwendung des Düngemittels voraus, enthält diesbezüglich aber selbst keine weiteren Bestimmungen und bietet auch keine Handhabe gegenüber dem nicht sachgerecht handelnden Anwender.

Dies wirft die allgemeine Frage auf, wo die (sachgerechte) Düngung aufhört und die **Überdüngung** beginnt. Grundsätzlich sind zwei Ansatzpunkte zur Beantwortung dieser Frage denkbar: 28

§ 1 Abs. 1 Nr. 1 DMG definiert Düngemittel als Stoffe, die den Nutzpflanzen mit dem Ziel zugeführt werden, ihr Wachstum zu fördern, ihren Ertrag zu erhöhen oder ihre Qualität zu verbessern. Demgemäß kann die Grenze zwischen Düngung und Überdüngung aus landwirtschaftlicher Sicht dort gezogen werden, wo eine weitere Verbesserung der Pflanzenqualitäten durch zusätzlichen Düngemitteleinsatz nicht zu erwarten ist. Die Düngung orientiert sich dann an der obersten Grenze des erwarteten Pflanzenbedarfs. Eine solche Sichtweise wird den Anforderungen des Bodenschutzes jedoch nicht gerecht, da hierbei auch die Gefahr eines intensiven Düngemitteleinsatzes mit der Folge etwa von Nitratauswaschungen in den Boden in Kauf genommen wird.[56] Aus ökologischer Sicht wird der Begriff der Überdüngung vorrangig mit Blick auf die gefährdeten Umweltmedien Boden und Wasser definiert. Daher ist bereits dann von Überdüngung zu sprechen, wo ein Eindringen von Nitraten in das Grundwasser und eine Überlastung des Bodens zu besorgen ist.[57]

Festzuhalten bleibt jedoch, daß das Düngemittelgesetz für die *Verwendung* von Handelsdünger keine wirksame Beschränkung vorsieht. Hier liegt aus der Sicht des Bodenschutzes eine entscheidende Schwäche des Düngemittelrechts.[58] Einen gewissen Ausgleich schaffen allerdings **andere,** zum Teil nicht bodenschutzspezifische **Verhaltensanforderungen** an den Düngemittelanwender. 29

So ist gemäß § 8 Abs. 7 BNatSchG nur die im Sinne dieses Gesetzes ordnungsgemäße land-, forst- und fischereiwirtschaftliche Bodennutzung nicht als **Eingriff in Natur und Landschaft** anzusehen (vgl. § 10 Rn. 9ff.). Unter den Begriff „ordnungsgemäß" ist nach vorzugswürdiger Auffassung nur der auch ökologisch richtige (und damit zugleich agrarökonomisch langfristig sinnvolle) Einsatz von Düngemitteln zu verstehen[59] (s. § 10 Rn. 10).

Wegen der Auswirkungen des Düngemitteleinsatzes auf das Grundwasser dürfte bei einem nicht sachgemäßen Aufbringen von Düngemitteln zudem der wasserrechtliche Auffangtatbestand des § 3 Abs. 2 Nr. 2 WHG (vgl. § 11 Rn. 54) erfüllt sein, wonach als **Gewässerbenutzung** auch (sonstige) Maßnahmen gelten, die geeignet sind, dauernd oder in einem nicht nur unerheblichen Ausmaß schädliche Veränderungen der physikalischen, chemischen oder biologischen Beschaffenheit des Wassers herbeizuführen. Derartige Überdüngungen dürften demnach erlaubnispflichtig, aber nicht erlaubnisfähig sein und könnten mithin im Rahmen der Gewässeraufsicht unterbunden werden (s. bereits § 13 Rn. 129). Dieser dem Gewässerschutz dienenden Regelung kommt wegen ihrer Auswirkungen auf die Bodenqualität auch eine mittelbar bodenschützende Wirkung zu. Wachsende Bedeutung für den Bodenschutz hat schließlich die Festsetzung von **Wasserschutzgebieten** (s. § 11 Rn. 154ff.).

---

[56] *Salzwedel,* NuR 1983, 41ff., 42.

[57] *Salzwedel,* NuR 1983, 41ff., 42.

[58] In diesem Sinne wohl auch *Peine* (FN 27), S. 225f.

[59] *Lorz,* Naturschutzrecht, 1985, § 8 BNatSchG Anm. 9b und c. A. A. insoweit *Peine* (FN 27), S. 225 mit Anm. 84, nach dessen Auffassung das übliche Maß der Düngung i. S. v. § 15 Abs. 1 S. 2 AbfG nichts mit der „ordnungsgemäßen Landwirtschaft" zu tun habe. Die von ihm angeführte Entscheidung des OLG Saarbrücken, ZfW 1978, 311ff., nimmt zu dieser Frage indes keine Stellung.

c) Bodenschutz gegenüber Wirtschaftsdünger

30 Der Einsatz von (Land-)Wirtschaftsdünger (§ 1 Abs. 1 Nr. 2 DMG) wird im Unterschied zum sog. Handelsdünger im wesentlichen nicht vom Düngemittelgesetz (vgl. § 2 Abs. 3 Nr. 3 DMG), sondern vom Abfallgesetz erfaßt. Während Handelsdünger in aller Regel weder dem subjektiven noch dem objektiven Abfallbegriff unterfällt[60] (s. § 12 Rn. 21ff.), unterwirft § 15 AbfG das Aufbringen von Abwasser, Klärschlamm, Fäkalien und ähnlichen Stoffen (bedingt auch von Jauche, Gülle oder Stallmist) – und damit einen wesentlichen Teil der Wirtschaftsdünger – einem abfallrechtlichen Regime. Nach § 15 Abs. 1 AbfG gelten für diese Stoffe die Vorschriften des § 2 Abs. 1 AbfG (Grundsätze der Abfallentsorgung, s. § 12 Rn. 96ff.) und des § 11 AbfG (behördliche Überwachung, s. § 12 Rn. 165) entsprechend, wenn sie auf landwirtschaftlich, forstwirtschaftlich oder gärtnerisch genutzte Böden aufgebracht oder zu diesem Zweck abgegeben werden. Damit unterliegt die Verwendung dieser Düngemittel namentlich auch dem abfallrechtlichen Bodenschutz-Grundsatz des § 2 Abs. 1 Nr. 3 AbfG (s. § 12 Rn. 97).

31 Für **Jauche, Gülle** oder **Stallmist** greift gemäß § 15 Abs. 1 S. 2 AbfG diese Verweisung jedoch nur insoweit ein, als das übliche Maß der landwirtschaftlichen Düngung überschritten wird (vgl. § 12 Rn. 44). Unterhalb dieser Grenze ist die Düngung mit diesen Stoffen ohne weiteres zulässig. Das Kriterium **„übliches Maß der landwirtschaftlichen Düngung"** ist dabei normativ im Sinne agrarwissenschaftlich und ökologisch *ordnungsgemäßer* Düngung zu verstehen (vgl. o. Rn. 29), auch wenn es vordergründig eher auf den empirischen Durchschnitt und die Ortsüblichkeit abzustellen scheint.

Sollte es z. B. üblich sein, zum Zwecke der Entledigung von Rückständen der Massentierhaltung mehr als notwendig Düngemittel aufzubringen, so wäre dies nicht maßgeblich.[61] Eine nähere Bestimmung kann nicht abstrakt erfolgen, sondern muß unter Berücksichtigung einer Vielzahl von Faktoren im Einzelfall vorgenommen werden.[62] Zu berücksichtigen sind insbesondere Bodenart, Bodentyp, Bodenstruktur, der Humusgehalt, das Verhältnis von Kohlenstoff und Stickstoff (C:N-Verhältnis), die Witterung, die Fruchtfolge, der Nährstoffbedarf der Pflanzen und die mineralische Nährstoffzufuhr.[63]

32 § 15 Abs. 2 AbfG ermächtigt den Bundesminister für Umwelt, Naturschutz und Reaktorsicherheit, im Einvernehmen mit mehreren anderen Ministerien und mit Zustimmung des Bundesrates die Abgabe und das Aufbringen der in Abs. 1 genannten Stoffe durch **Rechtsverordnung** zu beschränken, zu verbieten oder von der Erfüllung bestimmter Voraussetzungen abhängig zu machen (s. auch Rn. 34f.).

Über einen auf dieser Grundlage im Jahre 1979 erarbeiteten Entwurf einer Verordnung über das Aufbringen von Gülle und Geflügelkot (Überdüngungsverordnung) konnte aber zwischen Bund und Ländern keine Einigung erzielt werden.[64]

---

[60] *Peine* (FN 27), S. 225.

[61] *Hösel/v. Lersner,* Recht der Abfallbeseitigung des Bundes und der Länder, 1972ff., § 15 AbfG Rn. 16; *Salzwedel,* NuR 1983, 41ff., 43.

[62] *Rösgen,* AgrarR 1983, 141ff., 145; *Peine* (FN 27), S. 225.

[63] Vgl. Nr. 4 des Runderlasses des niedersächsischen Landwirtschaftsministers über Maßnahmen gegen die Überdüngung mit Gülle und Geflügelkot v. 13. 4. 1983 – 318.2 – 03 14 55 – GültL 78/35.

[64] Vgl. *Salzwedel,* NuR 1983, 41ff., 42.

Durch den 1982 eingefügten § 15 Abs. 3 AbfG[65] wird die Verordnungsermächtigung auf die **Länder** übertragen, soweit der Bund von ihr keinen Gebrauch macht. Unter anderem auf dieser Grundlage hat das Land Nordrhein-Westfalen eine Verordnung über das Aufbringen von Gülle und Jauche **(Gülleverordnung)** erlassen,[66] welche die Gülleaufbringung sowohl nach ihrer Menge als auch zeitlich begrenzt.[67] Im übrigen haben die Länder von der Ermächtigung des § 15 Abs. 3 AbfG, soweit ersichtlich, noch keinen Gebrauch gemacht. Soweit die Aufbringung von Wirtschaftsdünger den in einer Rechtsverordnung festgelegten Anforderungen entspricht, ist das übliche Maß der landwirtschaftlichen Düngung als eingehalten anzusehen.[68] Zu beachten ist jedoch, daß gemäß § 15 Abs. 6 AbfG (mögliche strengere) wasserrechtliche Regelungen unberührt bleiben (s. § 12 Rn. 46).[69] Gemäß § 15 Abs. 5 AbfG ist die nach Landesrecht zuständige Behörde in einem näher bezeichneten Umfang auch im Einzelfall dazu berechtigt, Aufbringungsverbote oder -beschränkungen auszusprechen, soweit durch die aufzubringenden Stoffe oder die Schadstoffkonzentrationen im Boden eine Gefahr für das Wohl der Allgemeinheit zu besorgen ist. 33

In Niedersachsen wird die Materie durch den Runderlaß über Maßnahmen gegen die Überdüngung mit Gülle und Geflügelkot vom 13. 4. 1983 näher geregelt.[70] Zeitliche und quantitative Beschränkungen der Gülleaufbringung enthält auch die Flüssigmistrichtlinie des Landes Schleswig-Holstein.[71]

d) Bodenschutz gegenüber Klärschlamm

Besondere Probleme für den Boden werden durch die Aufbringung von Klärschlamm hervorgerufen, der als Nebenprodukt der Abwasserreinigung anfällt und stark schadstoffhaltig ist, insbesondere giftige und schwer abbaubare Schwermetalle in hoher Konzentration enthält. 34

1986 betrug das Klärschlammaufkommen ca. 50 Millionen m^3, die Tendenz ist steigend. Der angefallene Klärschlamm wird zu 29% in der Landwirtschaft verwendet, zu 59% abgelagert, zu 9% verbrannt und zu 3% kompostiert.[72]

Das Aufbringen von Klärschlamm auf landwirtschaftlich, forstwirtschaftlich oder gärtnerisch genutzte Böden ist gemäß § 15 Abs. 1 S. 1 AbfG den Grundsätzen des § 2 Abs. 1 AbfG unterworfen, darf mithin den Boden nicht gefährden und unterliegt der behördlichen Überwachung gemäß § 11 AbfG.

Eine detaillierte Regelung enthält die **Klärschlammverordnung** (AbfKlärV) vom 25. 6. 1982[73] (Kloepfer Nr. 320), die aufgrund der Verordnungsermächtigung des § 15 Abs. 2 AbfG ergangen ist (vgl. auch § 12 Rn. 45). Diese dient vorrangig dem Schutz des Bodens vor Schwermetallen.[74] 35

---

[65] 2. ÄndG v. 4. 3. 1982 (BGBl. I S. 281).
[66] VO v. 13. 3. 1984 (GV NW S. 210).
[67] *v. Kobylinski,* Das Umweltrecht in der landwirtschaftlichen Bodennutzung, 1986, S. 128f.; *Holtmeier,* RdL 1984, 197ff.; *Peine* (FN 27), S. 225.
[68] *v. Kobylinski* (FN 67), S. 129.
[69] Dazu *Salzwedel,* NuR 1983, 41ff., 43ff. Vgl. bereits oben § 12 Rn. 46.
[70] Vgl. FN 63.
[71] Richtlinie v. 24. 10. 1983 (ABl. S. 433).
[72] Angaben nach *Offermann-Clas,* DVBl. 1988, 328ff.
[73] BGBl. I S. 734, in Kraft getreten am 1. 4. 1983.
[74] *Salzwedel,* NuR 1983, 41ff., 42; *Peine* (FN 27), S. 224.

Durch § 4 AbfKlärV werden im Interesse eines absoluten Bodenschutzes eine Reihe von **generellen Aufbringungsverboten** ausgesprochen. So ist gemäß § 4 Abs. 1 AbfKlärV das Aufbringen von Rohschlamm, d. h. von Klärschlamm, der Abwasserbehandlungsanlagen ohne vorherige Behandlung entnommen wird (§ 2 Abs. 1 S. 2 AbfKlärV), auf landwirtschaftlich, forstwirtschaftlich oder gärtnerisch genutzte Böden ausnahmslos verboten. Gemäß § 4 Abs. 2 AbfKlärV darf Klärschlamm generell nicht auf Gemüse- und Obstanbauflächen aufgebracht werden. § 4 Abs. 3 und 4 AbfKlärV statuieren weitere, sich an Jahreszeiten und am Schadstoffgehalt orientierende **bedingte Aufbringungsverbote;** § 4 Abs. 5 AbfKlärV enthält für die Aufbringung von Klärschlamm auf forstwirtschaftliche Böden ein (repressives) Verbot mit Befreiungsvorbehalt.[75] § 4 Abs. 6 und 7 AbfKlärV stellen das Aufbringen von Klärschlamm auf bestimmte Böden unter einen von verschiedenen Voraussetzungen abhängigen Genehmigungsvorbehalt. Neben diesen Aufbringungsverboten und -beschränkungen sieht die Klärschlammverordnung insbesondere regelmäßige Untersuchungen des Klärschlamms auf bestimmte schädliche Inhaltsstoffe vor (§ 3 Abs. 1 AbfKlärV), ferner Bodenuntersuchungen, die nach Aufbringung des Klärschlammes u. U. zu wiederholen sind (§ 3 Abs. 2 und 3 AbfKlärV). Durch § 5 AbfKlärV wird die Gesamtaufbringungsmenge innerhalb eines Zeitraumes von 3 Jahren begrenzt.

36 Auf der Ebene des **Europäischen Gemeinschaftsrechts** ist am 12. 6. 1986 die Richtlinie des Rates über den Schutz der Umwelt und insbesondere der Böden bei der Verwendung von Klärschlamm in der Landwirtschaft ergangen,[76] die bis zum 4. 7. 1989 in nationales Recht umgesetzt werden soll. Im Zuge der somit erforderlichen Novellierung der Klärschlammverordnung ist mit einer Erweiterung der Schadstoffpalette im Hinblick auf schwer abbaubare organische Stoffe zu rechnen.[77]

3. Bodengefährdung durch Pflanzenschutzmittel

37 Bodengefährdend kann sich auch der Umgang mit **Pflanzenbehandlungsmitteln** auswirken. Als das bekannteste und eindrücklichste Beispiel ist hier das früher verwendete Schädlingsbekämpfungs- und Pflanzenschutzmittel **DDT** zu nennen, das sich ubiquitär verbreitet und aufgrund seiner Persistenz und Anreicherung in der Nahrungskette besonders gefährlich ist.[78] Dessen Herstellung, Einfuhr, Ausfuhr, Inverkehrbringen, Erwerb und Anwendung wurden bereits 1972 durch das **DDT-Gesetz** vom 7. 8. 1972[79] (Kloepfer Nr. 475) grundsätzlich verboten. Dieses Verbot gilt seit 1977 auch für die Verwendung von DDT als Pflanzenschutzmittel, nachdem diese Verwendungsart durch den (mittlerweile gestrichenen) § 1 Abs. 3 DDTG zunächst für eine Übergangsfrist von dem grundsätzlichen Verbot ausgenommen war (s. § 13 Rn. 121f.).

38 Das wichtigste Regelwerk auf dem Gebiet der Pflanzenbehandlung und des Pflanzenschutzes ist das 1986 neu gefaßte **Gesetz zum Schutz der Kulturpflanzen (Pflan-**

---

[75] *Hösel/v. Lersner* (FN 61), Kommentar AbfKlärV Rn. 66.
[76] ABl. L 181/1986, S. 6ff.; dazu ausführlich *Offermann-Clas,* DVBl. 1988, 328ff.
[77] Umwelt (BMU) Nr. 2/88 v. 2. 3. 1988, S. 74.
[78] Vgl. *E. Rehbinder,* Artikel „DDT-Gesetz", in: Kimminich/v. Lersner/Storm (Hg.), Handwörterbuch des Umweltrechts (HdUR), Bd. I, 1986, Sp. 328ff.
[79] BGBl. I S. 1385, zuletzt geänd. durch Ges. v. 15. 9. 1986, BGBl. I S. 1505.

zenschutzgesetz – PflSchG) vom 15. 9. 1986[80] (Kloepfer Nr. 450, vgl. § 13 Rn. 99ff.). **Schutzgut** des Gesetzes ist unter anderem der **Boden.** § 1 Nr. 4 PflSchG bestimmt als einen von mehreren Gesetzeszwecken die Abwehr von Gefahren für den Naturhaushalt; zum Naturhaushalt zählt die Begriffsbestimmung des § 2 Abs. 1 Nr. 6 PflSchG als Bestandteil ausdrücklich den Boden. Der Schutzzweck steht zwar neben (und gesetzestechnisch nach) dem – auf Pflanzen- und Vorratsschutz ausgerichteten – „Förderzweck" des Gesetzes (§ 1 Nr. 1–3 PflSchG); dies schließt aber einen Vorrang des Bodenschutzes im Konfliktfall nicht aus, zumal mit ihm häufig die Ziele des Grundwasser- und des Gesundheitsschutzes einhergehen (vgl. zur Vorrangproblematik bereits § 13 Rn. 102). Die Gefahr einer Bodenbeeinträchtigung bildet somit die Grenze des rechtmäßigen Einsatzes von Pflanzenschutzmitteln.[81]

Das neue Pflanzenschutzgesetz entwickelt folgerichtig das Leitbild des **„integrierten Pflanzenschutzes"**, worunter § 2 Abs. 1 Nr. 2 PflSchG eine Kombination von Verfahren versteht, bei denen unter vorrangiger Berücksichtigung biologischer, biotechnischer, pflanzenzüchterischer sowie anbau- und kulturtechnischer Maßnahmen die Anwendung chemischer Pflanzenschutzmittel auf das notwendige Maß beschränkt wird (hierzu näher § 13 Rn. 104).

Die **Gefahrenschwelle** ist freilich konkretisierungsbedürftig. Für einen Teilbereich, den der Lebensmittel und Tabakpflanzen, ist eine solche Konkretisierung durch die (nicht auf das Pflanzenschutzgesetz, sondern auf verschiedene Ermächtigungsgrundlagen im Lebensmittel- und Bedarfsgegenständegesetz sowie im DDT-Gesetz gestützte) Verordnung über Höchstmengen an Pflanzenschutz- und sonstigen Mitteln sowie anderen Schädlingsbekämpfungsmitteln in oder auf Lebensmitteln und Tabakerzeugnissen **(Pflanzenschutzmittel-Höchstmengenverordnung – PHmV)** vom 24. 6. 1982[82] (Kloepfer Nr. 476) nebst den dazu erlassenen Anlagen erfolgt. Bestimmender Maßstab ist dabei allerdings die menschliche Gesundheit, nicht die Bodenverträglichkeit. Durch Festsetzung von Grenzwerten für bestimmte Stoffe, die in Lebensmitteln und Tabakpflanzen enthalten sein dürfen, wird mittelbar die Aufbringung dieser Stoffe begrenzt und damit aber auch der Boden geschützt. 39

Im Unterschied zum Düngemittelgesetz, dessen Regelungen unmittelbar im wesentlichen nur das Inverkehrbringen von Düngemitteln erfassen (s. o. Rn. 27ff.), enthält das Pflanzenschutzgesetz auch differenzierte Regelungen über die **Anwendung** von Pflanzenschutzmitteln (s. dazu i. e. § 13 Rn. 115ff.) bis hin zu flächenbezogenen Anwendungsverboten (s. § 13 Rn. 116). Weitere Einzelheiten ergeben sich unter anderem aus der Pflanzenschutz-Anwendungsverordnung (s. § 13 Rn. 118). 40

4. Bodengefährdung durch Immissionen

Ebenfalls erhebliche Bedeutung kommt dem Schadstoffeintrag in den Boden als Folge der Luftbelastung mit **Immissionen** zu. Dies belegen insbesondere die zwar nicht monokausal zu erklärenden, partiell aber auch mit Bodenbelastungen zusammenhängenden Waldschäden, die ihrerseits die Bodenqualität verschlechtern.[83] Damit stellt sich die Frage, welche Bedeutung dem Bundes-Immissionsschutzgesetz für 41

---

[80] BGBl. I S. 1505.

[81] Ebenso *Peine* (FN 27), S. 227.

[82] BGBl. I S. 745, zuletzt geänd. durch VO v. 25. 4. 1988, BGBl. I S. 563, ber. S. 601.

[83] Zur Ursachenforschung *Moosmayer* (FN 7), S. 1ff.; *Feldhaus,* in: Forschungsstelle für Umwelt- und Technikrecht (Hg.), Waldschäden als Rechtsproblem (UTR 2), 1987, S. 17ff., 19.

den Bodenschutz zukommt. Es liegt auf der Hand, daß die von dem Gesetz intendierte Verringerung der Luftverunreinigung mittelbar auch dem Boden zugute kommt.

42 Ob das **Bundes-Immissionsschutzgesetz** über diesen reflexartigen Schutz hinaus den Boden selbst unmittelbar schützt, d.h. ob der Boden als direktes immissionsschutzrechtliches Schutzgut bewertet werden kann, ist hingegen umstritten. Dagegen spricht, daß die grundlegende Zielbestimmung des § 1 BImSchG (vgl. § 7 Rn. 19f.) den Boden nicht ausdrücklich – neben Menschen, Tieren, Pflanzen und anderen Sachen – als Schutzgut nennt. Daher wird von Teilen der Literatur die Auffassung vertreten, die Vorschriften des Gesetzes wirkten nur mittelbar bodenschützend.[84] Demgegenüber hält eine andere Auffassung die Vorschriften des Bundes-Immissionsschutzgesetzes für unmittelbar bodenschützend.[85]

Welcher Auffassung der Vorzug zu geben ist, hängt bei gesetzestreuer Auslegung im wesentlichen davon ab, ob der Boden zu den „anderen Sachen" i.S. von § 1 BImSchG gerechnet werden kann.

Auf den ersten Blick fällt es schwer, den Boden als „Sache" anzusehen. Dies umso mehr, wenn man den Sachbegriff des § 90 BGB zugrunde legt. Zum einen mangelt es dem Medium Boden allgemein an der räumlichen Abgrenzbarkeit, die diesen Sachbegriff kennzeichnet;[86] wegen der räumlichen Ausdehnung, der Vielzahl der Bodenarten und insbesondere wegen der mangelnden Zuordenbarkeit des Mediums Boden zu bestehenden Eigentumsrechten lasse sich der Boden nicht unter den zivilrechtlichen Sachbegriff einordnen.[87] Über diese Schwierigkeit behilft sich ein Teil der Literatur mit dem Gedanken, daß es auf die Subsumierbarkeit des Bodens im ganzen unter den Begriff der Sache (und damit auf die Frage, ob der Sachbegriff des § 1 BImSchG in dem engen privatrechtlichen Sinne auszulegen sei) nicht ankomme. Der Boden werde durch die Schutzzweckbestimmung des § 1 BImSchG auch dann restlos erfaßt, wenn zu den Sachen im Sinne dieser Vorschrift nicht das Medium Boden als solches gezählt werde, da jedenfalls die einzelnen Grundstücke unter den Sachbegriff fielen. Als deren notwendiger Bestandteil werde auch der Boden geschützt.[88] Die Zurückführung des Bodenschutzes auf Grundstücksschutz verengt und subjektiviert allerdings die umfassende ökologische Perspektive des Bodenschutzes.

Für eine weite, auch den Bodenschutz einschließende Auslegung des Sachbegriffs in § 1 BImSchG spricht vor allem zweierlei: Zum einen handelt es sich um einen Auffangtatbestand, der von Hause aus einer weiten Auslegung zugänglich ist. Zum anderen ist das Bundes-Immissionsschutzgesetz nicht lediglich ein Gesetz zum Schutz des Umweltmediums Luft.[89] Es dient vielmehr, wie bereits der Gesetzesbezeichnung zu entnehmen ist, dem Schutz vor schädlichen *Umwelt*einwirkungen durch Luftverunreinigungen usw. In Anbetracht der doch recht offenen Gesetzesformulierung des § 1 BImSchG besteht kein Anlaß, abweichend vom allgemeinen Begriffsverständnis der Umwelt (s. § 1 Rn. 18ff.) den Boden im Immissionsschutzrecht auszugrenzen, zumal Bodenbelastungen unbestreitbar eine Gefahr für die Allgemeinheit i.S. von § 3 Abs. 1 BImSchG darstellen.

---

[84] *Storm,* AgrarR 1983, 233ff., 235; ähnlich *Erbguth,* UPR 1984, 241ff., 243; BT-Drs. 10/2977, S. 52.
[85] Vgl. *Lübbe-Wolff,* NVwZ 1986, 178ff., 180; *Peine* (FN 27), S. 230f.
[86] Vgl. *Palandt/Heinrichs,* Bürgerliches Gesetzbuch, 48. Aufl., 1989, § 90 Anm. 1. A.A. insoweit *Lübbe-Wolff,* NVwZ 1986, 178ff., 180.
[87] Im Ergebnis auch *Lübbe-Wolff,* NVwZ 1986, 178ff., 180.
[88] *Lübbe-Wolff,* NVwZ 1986, 178ff., 180.
[89] So zutreffend *Peine* (FN 27), S. 230.

II. Bodenschutz gegenüber Bodenverbrauch

43 Die in der Bodenschutzkonzeption der Bundesregierung von 1985 postulierte „Trendwende im Landverbrauch“[90] (s. o. Rn. 6) hat inzwischen Eingang in die Gesetzgebung gefunden. Regelungen zur Beschränkung des Bodenverbrauchs bestehen zwar schon seit langem – hierzu gehört die grundsätzliche baurechtliche Begrenzung des Bauens im Außenbereich (heute § 35 BauGB) ebenso wie das System naturschutzrechtlicher Unterschutzstellungen (s. § 10 Rn. 50ff.) –, diese haben sich aber zumeist als unzureichend erwiesen, um die weitgehende Zersiedelung der Landschaft und andere Formen des Bodenverbrauchs (insbesondere für den Straßenbau) mit ihren ökologischen Folgeschäden zu verhindern (s. o. Rn. 5).

Die Bodenschutzkonzeption der Bundesregierung hat eine verstärkte Anpassung der Bodennutzungen an die natürlichen Standortbedingungen und die Sicherung noch vorhandener natürlicher und naturnah genutzter Flächen angekündigt. Vor weiteren Baulandausweisungen und Erschließungsmaßnahmen sollen die innergemeindliche Bestandserhaltung und -erneuerung, flächensparendes Bauen und der Ausbau vorhandener Verkehrswege gefördert werden.[91]

44 Das **rechtliche Instrumentarium** zum Schutz vor Bodenverbrauch setzt zum einen bei der unmittelbaren Steuerung der Bautätigkeit, mithin der Bauleitplanung (s. Rn. 45ff.), zum anderen bei großflächigeren Gebietsplanungen (s. Rn. 53ff.) an. Der Schutz von Bodenverbrauch wird m. a. W. im wesentlichen durch **planungsrechtliche** Entscheidungen vermittelt.

1. Baurecht

45 Die von der Bodenschutzkonzeption der Bundesregierung geforderte „Trendwende im Landverbrauch“[92] hat auf dem Gebiet des Baurechts primär in der neuen **Bodenschutzklausel** des am 1. 7. 1987 in Kraft getretenen Baugesetzbuches i. d. F. der Bek. vom 8. 12. 1986[93] (Kloepfer Nr. 100) ihren Niederschlag gefunden. Nach § 1 Abs. 5 S. 3 BauGB besteht bei der baurechtlichen Abwägung die Verpflichtung, mit Grund und Boden sparsam und schonend umzugehen.

Um Verwechslungen mit dem im Baugesetzbuch ebenfalls an mehreren Stellen angesprochenen *Schutz des Bodens vor Schadstoffbelastungen* (vgl. §§ 5 Abs. 3 Nr. 3, 9 Abs. 5 Nr. 3 BauGB, s. dazu § 9 Rn. 40) zu vermeiden, sollte man indes verdeutlichend von *Freiraumschutz* sprechen, wo es primär um die Begrenzung des Bodenverbrauchs geht (vgl. auch § 9 Rn. 30).

46 Der Bodenschutz i. w. S. wird außerdem in § 1 Abs. 5 S. 1 BauGB mittelbar als Bestandteil des Schutzes der natürlichen Lebensgrundlagen angesprochen und explizit in § 1 Abs. 5 S. 2 Nr. 7 BauGB als abwägungsrelevanter Belang genannt. Die Aufgabe des **Freiraumschutzes** wird jedoch durch § 1 Abs. 5 S. 3 BauGB, der durch seine Stellung im Gesetz außerhalb des Kataloges der übrigen Belange hervorgehoben ist, besonders unterstrichen.[94] Als derart hervorgehobenes Planungsziel gewinnt die Vorschrift den Charakter einer die planerische Gestaltungsfreiheit insoweit ein-

---

[90] BT-Drs. 10/2977, S. 9.
[91] BT-Drs. 10/2977, S. 9ff., 42.
[92] BT-Drs. 10/2977, S. 9; s. o. Rn. 6.
[93] BGBl. I S. 2253.
[94] *Krautzberger,* in: Battis/Krautzberger/Löhr, Baugesetzbuch, 2. Aufl., 1987, § 1 Rn. 85.

schränkenden „Gewichtsvorgabe".[95] Insofern ist die Bodenschutzklausel *mehr* als nur ein in der Abwägung (mit) zu berücksichtigender Belang, dessen Gewicht sich aus der jeweiligen Planungssituation ergibt (vgl. aber auch Rn. 49).[96]

47 **Sparsamer** Umgang mit Grund und Boden verlangt eine *quantitative* Beschränkung des Bodenverbrauchs. Dies kann insbesondere durch Zurückhaltung bei der Ausweisung neuer Baugebiete erreicht werden, etwa dadurch, daß je nach örtlichen und städtebaulichen Verhältnissen anstelle der Neuausweisung von Bauflächen die Möglichkeiten der innerörtlichen Entwicklung genutzt und bei Inanspruchnahme unbebauter Flächen flächensparende Bauweisen bevorzugt werden.[97]

48 **Schonender** Umgang mit Grund und Boden bedeutet vor allem die Berücksichtigung übergreifender ökologischer Zusammenhänge und den Schutz von Vernetzungsfunktionen innerhalb des Naturhaushalts bei der Bodennutzung.[98] Dies erfordert eine *qualitative* ökologische Bewertung geplanter Bodennutzungen. Das Schonungsgebot wirkt dabei auf mehreren Stufen: Zunächst betrifft es die Entscheidung, ob eine Fläche überhaupt einer baulichen Nutzung zugeführt werden soll; falls dies bejaht werden kann, ist zu untersuchen, welche Nutzungen ökologisch vertretbar sind; schließlich kann das Schonungsgebot die Ausweisung von Schutzvorkehrungen oder von Ausgleichsmaßnahmen, etwa die Ausweisung von Grünflächen und von der Bebauung freizuhaltenden Flächen, fordern.[99] Durch die Neufassung des § 5 Abs. 2 Nr. 10 BauGB (Inhalt des Flächennutzungsplanes) und des § 9 Abs. 1 Nr. 20 BauGB (Inhalt des Bebauungsplanes) ist die Möglichkeit zur Ausweisung solcher ökologisch bedingter Ausgleichsmaßnahmen bzw. -flächen verbessert worden (s. § 9 Rn. 40). Schließlich kommt auch die Festsetzung von Bepflanzungen nach § 9 Abs. 1 Nr. 25 BauGB als Maßnahme zur Bodenschonung in Betracht.[100]

49 Allerdings gilt die Verpflichtung zu sparsamem und schonendem Umgang mit dem Boden trotz ihrer hervorgehobenen Stellung nicht absolut, wie sich bereits aus der Formulierung des § 1 Abs. 5 S. 3 BauGB („Mit Grund und Boden *soll* sparsam und schonend umgegangen werden") ergibt. Im Konflikt mit anderen Belangen ist den Belangen von Grund und Boden soweit wie möglich Rechnung zu tragen; in begründeten Fällen kann diese Verpflichtung aber auch zurücktreten.[101] Die Bodenschutzklausel stellt eine von den Gemeinden in eigener Verantwortung zu erfüllende Verpflichtung dar. Es wird daher von den örtlichen Trägern der Bauleitplanung abhängen, inwieweit dieser Vorschrift zur Wirksamkeit verholfen wird. Angesichts der Tatsache, daß mithin die Belange des Bodenschutzes im Rahmen des Planungsermessens von anderen Belangen überspielt werden können, ist bereits die Wirkungslosigkeit der Bodenschutzklausel in der Praxis prophezeit worden.[102]

50 § 1 Abs. 5 S. 4 BauGB ergänzt die Boden- bzw. Freiraumschutzklausel dahingehend, daß landwirtschaftlich, als Wald oder für Wohnzwecke genutzte Flächen „nur im notwendigen Umfang für andere Nutzungsarten vorgesehen und in Anspruch genommen werden" sollen. Diese bereits im alten Bundesbaugesetz enthaltene relati-

---

[95] *Krautzberger* (FN 94), § 1 Rn. 85; abweichend *Battis,* NuR 1988, 57ff., 58; *Peine,* JZ 1987, 322ff., 323f.
[96] *Söfker,* UPR 1987, 201ff., 202.
[97] *Söfker,* UPR 1987, 201ff., 202; *Krautzberger* (FN 94), § 1 Rn. 85.
[98] *Krautzberger* (FN 94), § 1 Rn. 85.
[99] *Söfker,* UPR 1987, 201ff., 202.
[100] Ausführlich *Louis/Klatt,* NuR 1987, 347ff., 351ff.; *Söfker,* UPR 1987, 201ff., 202.
[101] *Söfker,* UPR 1987, 201ff., 202; *Krautzberger* (FN 94), § 1 Rn. 85.
[102] *Peine* (FN 27), S. 234. Skeptisch auch *Schmidt-Aßmann,* NVwZ 1987, 265ff., 272. Die Bedeutung der verwaltungsgerichtlichen Plankontrolle betont *Battis,* NuR 1988, 57ff., 58.

ve **Umwidmungssperrklausel** (vgl. § 1 Abs. 6 S. 3 BBauG) schließt Veränderungen der Bodennutzung zwar nicht aus, legt der planenden Gemeinde aber gesteigerte Abwägungs- und Begründungspflichten auf.[103] Sie betrifft nicht nur die Überführung der in der Vorschrift genannten Nutzungen in eine andere (dort nicht genannte) Nutzungsart (namentlich die Inanspruchnahme als Gewerbe- oder Verkehrsfläche), sondern, was die Vorschrift nicht deutlich genug zum Ausdruck bringt, auch und gerade die Umwidmung von land- und forstwirtschaftlichen Flächen zu Siedlungszwecken. Zu Mißverständnissen im Hinblick auf § 1 Abs. 5 S. 3 BauGB könnte schließlich das Kriterium des „notwendigen Umfanges" von Nutzungsänderungen führen. Das Gebot sparsamen und schonenden Bodenverbrauchs würde weitgehend entkräftet, wenn man hierunter nur den Verzicht auf „überflüssigen" Bodenverbrauch verstehen wollte. Die Notwendigkeit der Ausweisung eines neuen Wohn- oder Gewerbegebietes oder der Bau einer neuen Straße lassen sich schließlich fast immer dartun, wenn man den Bedarf nur weit genug faßt. § 1 Abs. 5 S. 4 BauGB ist daher seinerseits im Lichte der voranstehenden grundlegenden Bodenschutzklausel des § 1 Abs. 5 S. 3 BauGB auszulegen.

Neben der die „Trendwende im Landverbrauch" prinzipiell fördernden Boden- 51
schutzklausel des § 1 Abs. 5 S. 3 BauGB enthält das Baugesetzbuch freilich auch einige Neuerungen gegenüber dem Bundesbaugesetz, die dem Freiraumschutz im Einzelfall eher abträglich sein mögen.

So können nach dem neugefaßten § 34 Abs. 4 Nr. 2 BauGB bebaute Bereiche im Außenbereich durch Satzung als im Zusammenhang bebaute Ortsteile festgelegt werden, wenn die Flächen im Flächennutzungsplan als Bauflächen ausgewiesen sind.[104] In diesem Fall braucht kein im Zusammenhang bebauter Ortsteil vorzuliegen, vielmehr genügt das Vorhandensein eines, selbst größere Baulücken aufweisenden Bereiches, etwa einer Splittersiedlung. Durch die Möglichkeit, diesen zu einem im Zusammenhang bebauten Ortsteil zu erklären, wird die Bebaubarkeit erleichtert und wächst die Gefahr des Freiraumverbrauches,[105] zumal in der kommunalen Praxis die Tendenz beobachtet werden kann, mit Hilfe von Entwicklungssatzungen gemäß § 34 Abs. 4 Nr. 2 BauGB das erheblich kompliziertere Verfahren zum Erlaß eines Bebauungsplanes zu umgehen. Auf diese Weise wird aber auch die Bodenschutzklausel des § 1 Abs. 5 S. 3 BauGB unterlaufen, die unmittelbar nur für die Bauleitplanung gilt.[106]

Zu einem vermehrten Flächenverbrauch führen dürften auch die Neufassungen des § 35 Abs. 4 S. 1 Nr. 2, 5 und 6 BauGB über begünstigte Vorhaben im **Außenbereich.** Nr. 2 erlaubt den Abbruch nicht mehr modernisierungsfähiger Gebäude und deren Neuerrichtung an gleicher Stelle. Die Einschränkung des § 35 Abs. 5 S. 1 Nr. 1 BBauG, wonach die Gebäude ursprünglich land- oder forstwirtschaftlichen Zwecken gedient haben mußten, ist in der neuen Fassung nicht mehr enthalten. Nr. 5 gestattet die Erweiterung von Wohngebäuden. Das alte Recht (§ 35 Abs. 5 S. 1 Nr. 4a und b BBauG) setzte voraus, daß das Wohngebäude über längere Zeit vom Eigentümer selbst genutzt worden war oder daß die Erweiterung im Rahmen einer Modernisierung erfolgte und geringfügig war. Die neue Fassung verzichtet auf diese Voraussetzungen und fordert lediglich, daß die Erweiterung im Verhältnis zu dem vorhandenen Wohngebäude und unter Berücksichtigung der Wohnbedürfnisse angemessen ist. Nr. 6 gestattet die Erweiterung von zulässigerweise errichteten gewerblichen Betrieben. Nach der früheren Rechtslage (§ 35 Abs. 5 S. 1 Nr. 5 BBauG) war diese nur zulässig, wenn sie zur Fortführung des Betriebes notwendig war. Das Baugesetzbuch läßt demgegenüber bereits die Angemessenheit der Betriebserweiterung genügen.

---

[103] So bereits *Schmidt-Aßmann* zu § 1 Abs. 6 S. 3 BBauG, in: Ernst/Zinkahn/Bielenberg, Bundesbaugesetz, 4. Aufl. (Stand: August 1986), § 1 Rn. 301.
[104] *Krautzberger* (FN 94), § 34 Rn. 73; *Peine* (FN 27), S. 235; *Ahrens-Salzsieder,* UPR 1988, 10ff., 11.
[105] *Peine* (FN 27), S. 235; *Ahrens-Salzsieder,* UPR 1988, 10ff., 11.
[106] *Ahrens-Salzsieder,* UPR 1988, 10ff., 12.

Im **Außenbereich** schafft das Baugesetzbuch damit Rechtsansprüche für die Genehmigung von Einzelvorhaben, die unabhängig vom politischen Willen des jeweiligen Trägers der Bauleitplanung langfristig den Landverbrauch steigern dürften.[107] Das neue bodenschützende Gebot des § 35 Abs. 5 BauGB, wonach die zulässigen Vorhaben im Außenbereich in einer flächensparenden und den Außenbereich schonenden Weise auszuführen sind, vermag dem nur begrenzt entgegenzuwirken.[108] Zu beachten ist freilich, daß die Belange des Bodenschutzes in den zuletzt genannten Bereichen teilweise im Widerstreit mit den aus Art. 14 Abs. 1 GG hergeleiteten Grundsätzen des **überwirkenden Bestandsschutzes** liegen und somit aus Rechtsgründen nicht absolut gesetzt werden durften.[109]

52 Insgesamt bleibt daher festzuhalten, daß das Baugesetzbuch trotz mancher im Sinne des Bodenschutzes begrüßenswerter Neuerungen das von der Bodenschutzkonzeption der Bundesregierung gesetzte Ziel, eine „Trendwende im Landverbrauch" herbeizuführen, nur bedingt zu erfüllen vermag.

2. Planungsrechtliches Instrumentarium

53 Weitere Vorkehrungen zum Schutz des Bodens gegenüber Landschaftsverbrauch können vor allem durch Entscheidungen auf dem Gebiet der Raumordnung und der Landesplanung sowie durch naturschutzrechtliche und landschaftspflegerische Maßnahmen getroffen werden.

a) Raumordnungsrecht

54 Bodenschutz durch Raumordnung ist insbesondere durch das **Gesetz zur Verbesserung des Umweltschutzes in der Raumordnung und im Fernstraßenbau** vom 19. 12. 1986[110] ermöglicht worden, das zu entsprechenden Änderungen des Raumordnungsgesetzes vom 8. 4. 1965[111] (Kloepfer Nr. 120) und des Bundesfernstraßengesetzes i. d. F. der Bek. vom 1. 10. 1974[112] (Kloepfer Nr. 760) geführt hat.

Vor diesen Änderungen galt das Augenmerk des Raumordnungsgesetzes des Bundes (vgl. § 9 Rn. 5ff.) lediglich dem Erhalt der land- und forstwirtschaftlichen Bodennutzung als einem wesentlichen Produktionszweig der Gesamtwirtschaft. Für Land- und Forstwirtschaft gut geeignete Böden sind nach § 2 Abs. 1 Nr. 5 ROG nur im unbedingt notwendigen Umfang für andere Nutzungsarten vorzusehen. Allerdings unterfiel der Boden bereits nach altem Recht als Bestandteil von Natur und Landschaft dem Schutzgrundsatz des § 2 Abs. 1 Nr. 7 S. 1 ROG.[113] Nach der Änderung des Raumordnungsgesetzes ist nunmehr der Bodenschutz selbst in § 2 Abs. 1 Nr. 7 S. 2 ROG ausdrücklich als bei der Raumplanung zu beachtender Grundsatz aufgeführt. Durch seine ausdrückliche Erwähnung wird dem Bodenschutz allerdings – anders als im Baugesetzbuch – keine hervorgehobene Stellung in dem Sinne zuteil, daß er als eine die planerische Gestaltungsfreiheit einschränkende Gewichtsvorgabe aufzufassen wäre. Vielmehr bleibt es bei der grundsätzlichen Gleichwertigkeit der

[107] *Ahrens-Salzsieder,* UPR 1988, 10ff., 13.
[108] Nach *Peine* (FN 27), S. 236, wirkt dieses Gebot „nicht einmal als Trostpflaster". A. A. *Gestefeld,* MDR 1987, 533ff., 535.
[109] *Peine* (FN 27), S. 236 mit Anm. 133; zum überwirkenden Bestandsschutz vgl. BVerwGE 50, 49 (56ff.) sowie oben § 7 Rn. 47 und § 9 Rn. 49.
[110] BGBl. I S. 2669.
[111] BGBl. I S. 306, zuletzt geänd. durch Ges. v. 19. 12. 1986, BGBl. I S. 2669.
[112] BGBl. I S. 2413, ber. S. 2908, zuletzt geänd. durch Ges. v. 19. 12. 1986, BGBl. I S. 2669.
[113] So auch *Book* (FN 25), S. 36f.; *Ebersbach,* Rechtliche Aspekte des Landverbrauchs am ökologisch falschen Platz, 1985, S. 44ff.; *Lübbe-Wolff,* NVwZ 1987, 390ff., 391.

Raumordnungsgrundsätze (s. § 9 Rn. 12ff.). Innerhalb dieses Rahmens hat sich die Bedeutung des Bodenschutzes durch die Novellierung aber erheblich verstärkt. Dabei zielt die Gesetzesänderung nicht nur auf den Schutz des Mediums Boden vor Schadstoffeinträgen, sondern auf einen umfassenden Schutz vor Gefährdungen aller Art, insbesondere auch vor Bodenverbrauch und Bodenversiegelung.[114] Daher kommen als landesplanerische Umsetzungsmaßnahmen vor allem auch bodenschützende Flächenausweisungen in Betracht.[115]

b) Naturschutzrecht

Als Rechtsgrundlage zur Begrenzung des Landschafts- und Bodenverbrauches **55**
kommen weiterhin die Vorschriften des Natur- und Landschaftsschutzrechts in Betracht. § 2 Abs. 1 Nr. 4 BNatSchG nennt als einen **Grundsatz** des Natur- und Landschaftsschutzes die **Bodenerhaltung** und Vermeidung des Verlustes seiner natürlichen Fruchtbarkeit (s. auch § 10 Rn. 12). Nach dem Wortlaut der Vorschrift zielt der Bodenschutz des Bundesnaturschutzgesetzes primär auf die Erhaltung der Funktionen des Bodens als Lebensraum für Kleinstlebewesen und Mikroorganismen sowie als Standort und Lebensraum für Pflanzen und Tiere und deren Versorgung mit Nahrung (Bodenfruchtbarkeit).[116] Hieraus folgt jedoch keine sachliche Beschränkung des Bodenschutzzwecks des Bundesnaturschutzgesetzes. Die in § 1 Abs. 1 Nr. 1 und 2 BNatSchG formulierten grundlegenden Ziele, die Leistungsfähigkeit des Naturhaushaltes sowie die Nutzungsfähigkeit der Naturgüter zu sichern, setzen einen in allen ökologischen Funktionen leistungsfähigen Boden voraus. Die Gewährleistung **umfassenden Bodenschutzes** gehört von daher nicht nur zu den Grundsätzen des Naturschutzes und der Landschaftspflege i. S. von § 2 BNatSchG, sondern ist ein eigenständiges, wenn auch nur mittelbar angesprochenes Gesetzesziel i. S. von § 1 BNatSchG.

Eigene Bedeutung als Grundsatz des Naturschutzes und der Landschaftspflege mißt **56**
das Bundesnaturschutzgesetz dem **Freiraumschutz** zu. Nach § 2 Abs. 1 Nr. 2 BNatSchG sind unbebaute Bereiche als Voraussetzung für die Leistungsfähigkeit des Naturhaushaltes, die Nutzung der Naturgüter und für die Erholung in Natur und Landschaft insgesamt wie auch im einzelnen in für ihre Funktionsfähigkeit genügender Größe zu erhalten. In besiedelten Bereichen sind Teile von Natur und Landschaft, auch begrünte Flächen und deren Bestände, in besonderem Maße zu schützen, zu pflegen und zu entwickeln.

Wenn es heute im Bundesgebiet z. B. nur noch etwa 120 Flächen von 10 km mal 10 km gibt, die nicht von Hauptverkehrsstraßen und Schienenwegen durchschnitten sind,[117] so dürfte dies – mehr als 10 Jahre nach Inkrafttreten des Bundesnaturschutzgesetzes – weniger am Fehlen gesetzlicher Handlungsgrundlagen, denn an einem unentschiedenen Gesetzesvollzug liegen.

Als Hauptinstrument eines ökologischen Flächenschutzes kennt das Bundesnatur- **57**
schutzgesetz die **Ausweisung von Schutzgebieten** (hierzu näher § 10 Rn. 50ff.), die einem besonderen rechtlichen Regime unterworfen sind, das landschaftsverbrauchende Maßnahmen verbietet oder begrenzt.[118] Daneben kommen aber auch Maßnahmen

---

[114] Vgl. *Lübbe-Wolff,* NVwZ 1987, 390ff., 391.
[115] *Lübbe-Wolff,* NVwZ 1987, 390ff., 391.
[116] Vgl. *Lorz* (FN 59), § 2 BNatSchG Anm. 3d.
[117] Quelle: Bodenschutzkonzeption der Bundesregierung, BT-Drs. 10/2977, S. 4.
[118] *Ebersbach* (FN 113), S. 44ff.; *Peine* (FN 27), S. 231f.

der **Landschaftsplanung** gemäß §§ 5, 6 BNatSchG (s. § 10 Rn. 19ff.) zum Zwecke des Bodenschutzes in Betracht. Der Bodenschutz gehört nicht nur zu den Grundsätzen, sondern auch zu den Zielen des Bundesnaturschutzgesetzes (s. o. Rn. 55), auf welche die §§ 5 und 6 BNatSchG Bezug nehmen. Die Landschaftsplanung ist daher nicht etwa auf visuelle und ästhetische Zielsetzungen beschränkt, sondern kann und muß ggf. Schutzaufgaben zugunsten des Bodens erfüllen.[119]

E. Künftige Rechtsentwicklung

I. Umsetzung der UVP-Richtlinie

58 Eine weitere Stärkung des Bodenschutzes im Rechtssystem der Bundesrepublik Deutschland wird die Umsetzung der EG-Richtlinie über die Umweltverträglichkeitsprüfung bei bestimmten öffentlichen und privaten Projekten (s. § 4 Rn. 81ff.) bewirken, die unter anderem auch die Bewertung der unmittelbaren und mittelbaren Auswirkungen einer Anlage oder eines Eingriffs in Natur und Landschaft auf den Umweltfaktor Boden vorschreibt (Art. 3 UVP-Richtlinie).[120] Eine entsprechende Bestimmung ist in dem Entwurf eines Gesetzes über die Umweltverträglichkeitsprüfung (UVPG) vorgesehen[121] (s. auch § 4 Rn. 91).

II. Sonstige Gesetzesvorhaben

59 Die künftige Entwicklung des Bodenschutzrechts wird aber auch maßgeblich von der Umsetzung des **Maßnahmenkataloges zum Bodenschutz** abhängen, den die Bundesregierung am 12. 1. 1988 dem Bundestag zur Kenntnis gegeben hat.[122] Der Katalog stellt eine Fortschreibung und Konkretisierung der Bodenschutzkonzeption von 1985 (s. o. Rn. 6) dar.

Nach Prioritäten differenziert, sind Neuerungen sowohl auf gesetzlicher und untergesetzlicher Ebene als auch in bezug auf Technische Regelwerke, Branchenvereinbarungen, Verwaltungsvollzug und Maßnahmen im militärischen Bereich vorgesehen.

Als konkrete **Gesetzesvorhaben** mit (auch) bodenschützendem Gehalt werden genannt:[123]

- Ergänzung des Bundes-Immissionsschutzgesetzes durch Regelungen über die Pflichten des Betreibers nach der Stillegung von Anlagen;
- die (freilich auch agrarpolitisch motivierte) Förderung der sog. Extensivierung der land- und forstwirtschaftlichen Flächennutzung, d. h. der Abbau der Intensivlandwirtschaft bis hin zur Flächenstillegung, durch entsprechende Regelungen im Gesetz über die Gemeinschaftsaufgabe „Verbesserung der Agrarstruktur und des Küstenschutzes" (GemAgrG);
- die Aufnahme des (bislang landesrechtlich geregelten) Raumordnungsverfahrens (s. § 9 Rn. 24ff.) in das Raumordnungsgesetz unter Einbeziehung einer Umweltverträglichkeitsprüfung;

---

[119] *Erbguth,* UPR 1984, 241ff., 244f.; *ders.,* NuR 1986, 137ff., 139; *Peine* (FN 27), S. 232f.
[120] *Storm,* Jura 1987, 352ff., 356. Vgl. auch oben § 4 Rn. 84.
[121] BR-Drs. 335/88, S. 2 (§ 2 Abs. 1 S. 2 Nr. 1, § 6 Abs. 3 S. 1 Nr. 1 UVPG-E).
[122] BT-Drs. 11/1625.
[123] BT-Drs. 11/1625, S. 12f.

- die Stärkung der Belange des Naturhaushaltes, des Selbstreinigungsvermögens der Gewässer und des Bildes und Erholungswertes der Gewässerlandschaft bei Ausbau und Unterhaltung von Binnen- und Seewasserstraßen durch entsprechende Einfügungen in die §§ 8 Abs. 1 und 5, 12 WaStrG;
- die Ergänzung der Versagungsgründe des § 14 Abs. 3 S. 2 BBahnG im Hinblick auf umweltpolitische Grundsätze;
- die Ergänzung des § 1 BBergG um die Verpflichtung zu sparsamem und schonendem Umgang mit dem Boden.

III. Zum Vorhaben eines „Bodenschutzgesetzes"

Weder die Bodenschutzkonzeption der Bundesregierung von 1985 noch der Maß- 60
nahmenkatalog von 1987 streben die Zusammenfassung und Systematisierung der den Boden schützenden Normen in einem einheitlichen Bodenschutzgesetz an. Demgegenüber wird im Schrifttum vielfach ein eigenes Bodenschutzgesetz gefordert,[124] um den Bodenschutz auch insoweit dem Schutz der beiden anderen Umweltmedien Wasser und Luft gleichzustellen. Tatsächlich lassen die vielfachen engen Verflechtungen des Bodenschutzes mit anderen Regelungsgegenständen des Umweltrechts (Gewässerschutz, Naturschutz, Gefahrstoffkontrolle, Immissionsschutz, Altlastensanierung, Bodennutzung usw.) die Zusammenführung sämtlicher bodenschützender oder bodenschutzrelevanter Normen in einem einzigen Gesetz als weitgehend illusorisch erscheinen. Ein solches allumfassendes Bodenschutzgesetz wäre nur um den Preis der Zerreißung anderer normativer Zusammenhänge oder zahlreicher Doppelregelungen zu haben. Auch wenn dem Bundesgesetzgeber die (konkurrierende) Gesetzgebungskompetenz für ein solches Bodenschutzgesetz weitestgehend zustehen dürfte (s. o. Rn. 13ff.), besteht kein unabweisbares Bedürfnis nach einem – im Regelungsgehalt womöglich sogar lückenhaften – Bodenschutzgesetz. Bereits auf der Grundlage des geltenden Rechts (s. o. Rn. 17ff.) können zumindest die schwersten Bodengefahren bekämpft werden.[125] Das Fehlen eines eigenen Bodenschutzgesetzes darf insoweit nicht als Ausrede für mangelnden Vollzug dienen. Wesentliche Bodenschutzziele können durch einen konsequenteren Vollzug und durch eine Verbesserung bestehender Rechtsvorschriften erreicht werden. Freilich ist nicht zu verkennen, daß die gegenwärtige Zersplitterung der Rechtsgrundlagen des Bodenschutzes vollzugserschwerend wirken kann. Zu erwägen wäre daher eine Verklammerung der unterschiedlichen Teilregelungen des Bodenschutzes durch ein „Rahmengesetz". Diese Aufgabe könnte selbstverständlich auch ein zu schaffendes Bundes-Umweltgesetz (s. § 1 Rn. 38) erfüllen.

---

[124] Vgl. zuletzt *Bender/Sparwasser*, Umweltrecht, 1988, Rn. 4. Dagegen aber z. B. auch Umweltgutachten 1987 (FN 5), S. 198 (Tz. 641).

[125] So auch *Ebersbach*, in: Loccumer Protokolle 2/84, S. 313ff., 317f.; *ders.* (FN 113), S. 41ff.; *Erbguth*, in: Deutscher Rat für Landespflege (Hg.), Bodenschutz, S. 73ff., 77; *ders.*, NuR 1986, 137ff., 141; *Storm*, Artikel „Bodenschutzrecht" in: Kimminich/v. Lersner/Storm (Hg.), Handwörterbuch des Umweltrechts (HdUR), Bd. I, 1986, Sp. 266ff., 274; *ders.*, DVBl. 1985, 317ff., 321f., sowie Umweltgutachten 1987 (FN 5), S. 198 (Tz. 641).

Anhang

Der Bundesminister für Umwelt, Naturschutz und Reaktorsicherheit
Kennedyallee 5, 5300 Bonn 2 (Bad Godesberg)
Postanschrift: Postfach 120629, 5300 Bonn 1
Fernruf: 0228/305-0

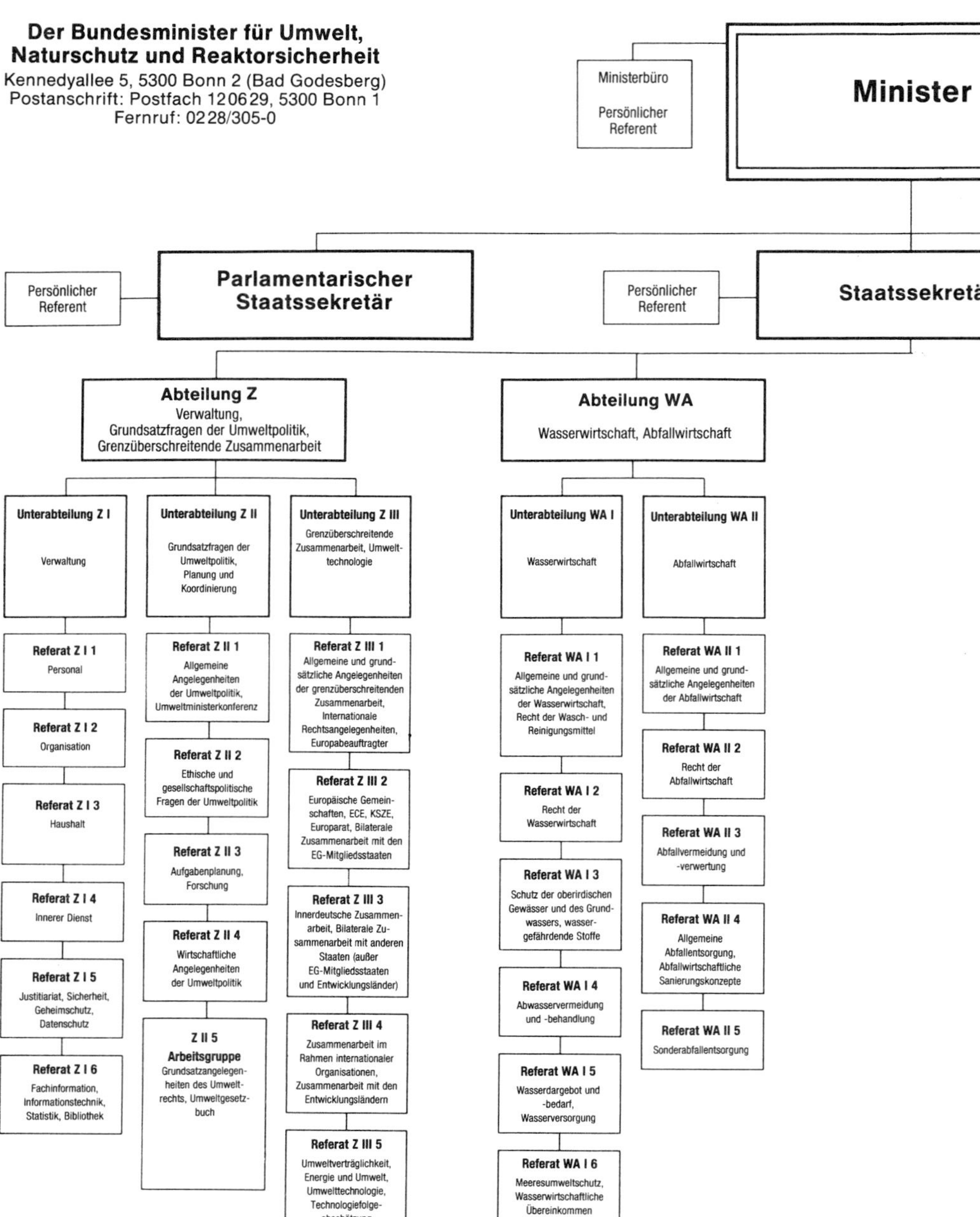

Organisationsplan
– Stand: November 1988 –

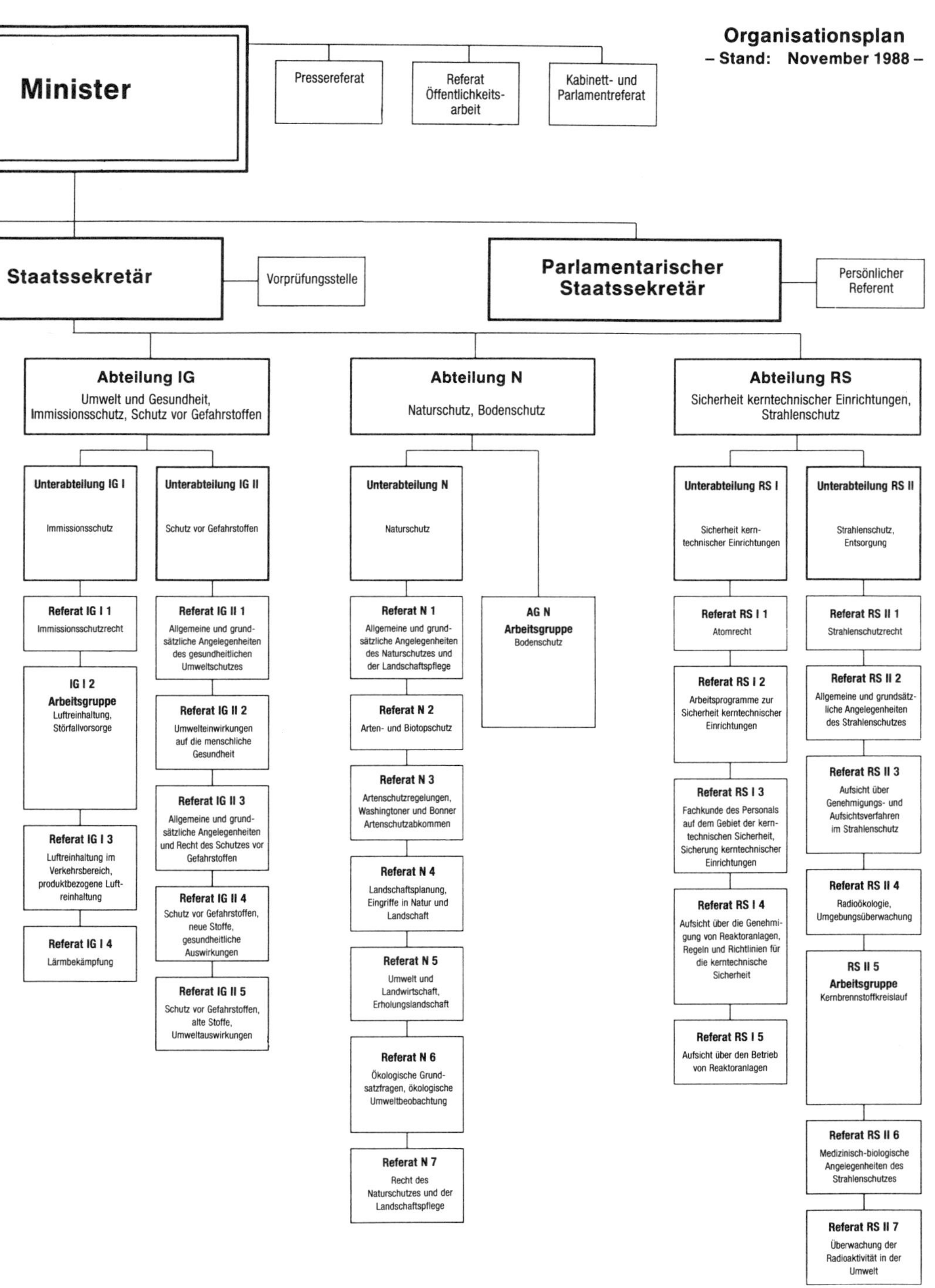

Vorschriftenverzeichnis

Das Vorschriftenverzeichnis ist mit Ordnungsnummern versehen, auf die innerhalb des Verzeichnisses verwiesen wird. Außer Kraft getretene Rechtssätze sind durch Kursivdruck kenntlich gemacht. Bei den Fundstellen bezeichnen halbfett gedruckte Zahlen die Lehrbuch-Paragraphen, magere Ziffern die Randnummern. Auf Fundstellen in Fußnoten wird mit dem Zusatz „Fn." hingewiesen.

I. Bundesrecht
(einschließlich bundeseinheitliches Recht sowie Reichsrecht)

Vorschriften

Vorschriften

Vorschriften

2. Verordnungen

3. Richtlinien

gung **gefährlicher Abfälle: 6** 45; **12** Fn. 32, 164, Fn. 280; **13** 147, Fn. 237
Art. 1: **13** 147
Art. 2: **13** 147
Art. 3: **13** 147
Art. 4 Abs. 3: **13** 147
Art. 4 Abs. 6: **13** 147
Art. 5–11: **13** 147
Art. 12–14: **13** 147

446. Richtlinie 78/176/EWG des Rates vom 20. 2. 1978 über **Abfälle aus der Titandioxidproduktion: 6** 45; **12** Fn. 32

447. Richtlinie 82/883/EWG des Rates vom 3. 12. 1982 über die Einzelheiten der Überwachung und Kontrolle der durch die **Ableitungen aus der Titandioxidproduktion** betroffenen Umweltmedien: **6** 46

448. Richtlinie 82/176/EWG des Rates vom 22. 3. 1982 betreffend Grenzwerte und **Qualitätsziele für Quecksilberableitungen** aus dem Industriezweig **Alkalichloridelektrolyse: 6** 46; **11** Fn. 68

449. Richtlinie 84/156/EWG des Rates vom 8. 3. 1984 betreffend Grenzwerte und Qualitätsziele für Quecksilberableitungen mit Ausnahme des Industriezweigs **Alkalichloridelektrolyse: 11** Fn. 68

450. Richtlinie 75/439/EWG des Rates vom 16. 6. 1975 über die **Altölbeseitigung: 6** 45; **12** Fn. 32

451. Richtlinie 73/405/EWG des Rates vom 22. 11. 1973 zur Angleichung der Rechtsvorschriften der Mitgliedstaaten über die Methoden zur Kontrolle der biologischen Abbaubarkeit **anionischer grenzflächenaktiver Substanzen: 6** 46; **11** Fn. 68; **13** Fn. 36

452. Richtlinie 82/242/EWG des Rates vom 31. 3. 1982 zur Angleichung der Rechtsvorschriften der Mitgliedstaaten über die Methoden zur Kontrolle der biologischen Abbaubarkeit **nichtionischer grenzflächenaktiver Substanzen** und zur Änderung der Richtlinie 73/405/EWG: **11** Fn. 68

453. Richtlinie 82/605/EWG des Rates vom 28. 7. 1982 über den Schutz der **Arbeitnehmer gegen Gefährdung durch metallisches Blei und seine Ionenverbindungen am Arbeitsplatz: 13** Fn. 36

454. Richtlinie über den Schutz der Arbeitnehmer gegen Gefährdung durch biologische Arbeitsstoffe bei der Arbeit (Entwurf): **13** 205, Fn. 320

455. Richtlinie 87/217/EWG des Rates vom 19. 3. 1987 zur Verhütung und Verringerung der Umweltverschmutzung durch **Asbest: 6** 41

456. Richtlinie 83/477/EWG des Rates vom 19. 9. 1983 über den Schutz der Arbeitnehmer gegen Gefährdung durch **Asbest am Arbeitsplatz: 6** 46; **13** Fn. 36

457. Richtlinie 76/160/EWG des Rates vom 8. 12. 1975 über die Qualität der **Badegewässer: 6** 44; **11** Fn. 68

458. Richtlinie 79/113/EWG des Rates vom 19. 12. 1978 zur Angleichung der Rechtsvorschriften der Mitgliedstaaten betreffend die Ermittlung des Geräuschemissionspegels von **Baumaschinen und Baugeräten: 6** 41; **7** Fn. 56

Blei – s. Nr. 453, 459, 460, 461

459. Richtlinie 85/210/EWG des Rates vom 20. 3. 1985 zur Angleichung der Rechtsvorschriften der Mitgliedstaaten über den **Bleigehalt von Benzin: 6** 26, Fn. 60, 41; **7** Fn. 57, Fn. 254

460. Richtlinie 82/884/EWG des Rates vom 3. 12. 1982 betreffend einen Grenzwert für den **Bleigehalt der Luft: 6** 41; **7** Fn. 58

461. Richtlinie 77/312/EWG des Rates vom 29. 3. 1977 über die **biologische Überwachung der Bevölkerung auf Gefährdung durch Blei: 6** 46

462. Richtlinie 86/278/EWG des Rates vom 12. 6. 1986 über den Schutz der Umwelt und insbesondere der **Böden** bei der **Verwendung von Klärschlamm** in der Landwirtschaft: **6** 45, 46a; **12** Fn. 32; **14** 36, Fn. 76

463. Richtlinie 75/716/EWG des Rates vom 24. 11. 1975 zur Angleichung der Rechtsvorschriften der Mitgliedstaaten über den Schwefelgehalt bestimmter **flüssiger Brennstoffe: 6** 41; **7** Fn. 57

464. Richtlinie 83/513/EWG des Rates vom 26. 9. 1983 betreffend Grenzwerte und Qualitätsziele für **Cadmiumableitungen: 11** Fn. 68

465. Richtlinie 87/18/EWG des Rates vom 18. 12. 1986 zur Angleichung der Rechts- und Verwaltungsvorschriften für die Anwendung der **Grundsätze der Guten Laborpraxis** und zur Kontrolle ihrer Anwendung bei **Versuchen mit chemischen Stoffen: 6** 39, 46; **13** Fn. 36

466. Richtlinie 73/404/EWG des Rates vom 22. 11. 1973 zur Angleichung der Rechtsvorschriften der Mitgliedstaaten über **Detergentien: 6** 46; **11** Fn. 68

467. Richtlinie 76/116/EWG der Kommission vom 18. 12. 1975 zur Angleichung der Rechtsvorschriften der Mitgliedstaaten für **Düngemittel: 13** Fn. 193

468. Richtlinie 88/77/EWG des Rates vom 3. 12. 1987 zur Angleichung der Rechtsvorschriften der Mitgliedstaaten über Maßnahmen gegen die **Emission gasförmiger Schadstoffe aus Dieselmotoren zum Antrieb von Fahrzeugen: 6** 41; **7** Fn. 57

469. Richtlinie 75/268/EWG des Rates vom 28. 4. 1975 über die Landwirtschaft in Berggebieten und in bestimmten **benachteiligten Gebieten: 4** 170, Fn. 253

470. Richtlinie 80/778/EWG des Rates vom 15. 7. 1980 über die Qualität von **Wasser für den menschlichen Gebrauch – Trinkwasserrichtlinie: 6** 44; **11** Fn. 67

471. Richtlinie 76/464/EWG des Rates vom 4. 5. 1976 betreffend die Verschmutzung infolge der **Ableitung bestimmter gefährlicher Stoffe in die Gewässer der Mitgliedstaaten: 6** Fn. 56, 44; **11** Fn. 65, 99, 134

472. Richtlinie 86/280/EWG des Rates vom 12. 6. 1986 betreffend Grenzwerte und Qualitätsziele für die **Ableitung bestimmter gefährlicher Stoffe** im Sinn der Liste I im Anhang der Richtlinie 76/464/EWG: **6** 44; **11** Fn. 68; **13** Fn. 36

473. Richtlinie 67/548/EWG des Rates vom 27. 6. 1967 zur Angleichung der Rechts- und Verwaltungsvorschriften für die **Einstufung und Kennzeichnung gefährlicher Stoffe: 6** 46; **13** Fn. 36, 14

474. Richtlinie 79/831/EWG des Rates vom 18. 9. 1979 zur sechsten Änderung der Richtlinie 67/548/EWG zur Angleichung der Rechts- und Verwaltungsvorschriften für die **Einstufung, Verpackung und Kennzeichnung gefährlicher Stoffe: 1** Fn. 45; **4** 35; **6** 26, Fn. 57; **13** Fn. 36, 14, Fn. 38, 19, 37, 41
Art. 5: **13** 41
Art. 22: **13** 41

475. Richtlinie 76/769/EWG des Rates vom 27. 7. 1976 zur Angleichung der Rechts- und Verwaltungsvorschriften der Mitgliedstaaten für Beschränkungen des **Inverkehrbringens und der Verwendung gewisser gefährlicher Stoffe und Zubereitungen: 6** 46; **13** Fn. 36

476. Richtlinie 85/467/EWG des Rates vom 1. 10. 1985 zur sechsten Änderung (PCB/PCT) der Richtlinie 76/769/EWG zur Angleichung der Rechts- und Verwaltungsvorschriften der Mitgliedstaaten für Beschränkungen des **Inverkehrbringens und der Verwendung gewisser gefährlicher Stoffe und Zubereitungen: 7** Fn. 58, 130, Fn. 249

477. Richtlinie 79/663/EWG des Rates vom 24. 7. 1979 zur Ergänzung des Anhangs der Richtlinie 76/769/EWG zur Angleichung der Rechts- und Verwaltungsvorschriften der Mitgliedstaaten für Beschränkungen des **Inverkehrbringens und der Verwendung gewisser gefährlicher Stoffe und Zubereitungen: 13** Fn. 36

478. Richtlinie 80/68/EWG des Rates vom 17. 12. 1979 über den Schutz des Grundwassers gegen **Verschmutzung durch bestimmte gefährliche Stoffe** (Grundwasserschutzrichtlinie): **6** 44; **11** Fn. 66

Gefährdung – s. Nr. 453, 454, 456, 461

479. Richtlinie 82/501/EWG des Rates vom 24. 6. 1982 über die **Gefahren schwerer Unfälle bei bestimmten Industrietätigkeiten: 6** 46

480. Richtlinie über die Verwendung von gentechnisch veränderten Mikroorganismen in abgeschlossenen Systemen (Entwurf): **13** Fn. 307, 206, Fn. 321

481. Richtlinie über die absichtliche Freisetzung genetisch veränderter Organismen in die Umwelt (Entwurf): **13** 207, Fn. 323

482. Richtlinie 86/594/EWG des Rates vom 1. 12. 1986 über die **Geräuschemis-**

527. Beschluß 86/479/EWG der Kommission vom 18. 9. 1986 zur Einsetzung eines beratenden **Ausschusses für den Umweltschutz in besonders gefährdeten Gebieten** (Mittelmeerbecken): **6** 39

528. Beschluß 78/618/EWG der Kommission vom 28. 6. 1978 zur Einsetzung eines beratenden Ausschusses für die Prüfung der Toxizität und Ökotoxizität **chemischer Verbindungen: 6** 39, 46

529. Beschluß 82/460/EWG des Rates vom 24. 6. 1982 über eine Ergänzung zu Anhang IV des Übereinkommens zum Schutz des Rheins gegen **chemische Verunreinigung: 6** Fn. 67

530. Beschluß 85/71/EWG der Kommission vom 21. 12. 1984 über die Liste der angemeldeten Stoffe gemäß der Richtlinie 67/548/EWG zur Angleichung der Rechts- und Verwaltungsvorschriften für die **Einstufung, Verpakkung und Kennzeichnung gefährlicher Stoffe: 6** 46; **13** Fn. 36

531. Beschluß 86/234/EWG des Rates vom 10. 6. 1986 zur Annahme von mehrjährigen **Forschungs- und Entwicklungsprogrammen** auf dem Gebiet der Umwelt (1986–1990): **6** 38

Kernbrennstoffe – s. Nr. 526

532. Beschluß 81/462/EWG des Rates vom 11. 6. 1981 über den Abschluß des Übereinkommens über **weiträumige grenzüberschreitende Luftverunreinigungen: 6** Fn. 67; **7** Fn. 59

Mittelmeerbecken – s. Nr. 527

Ökotoxizität – s. Nr. 528

533. Beschluß 80/686/EWG der Kommission vom 25. 6. 1980 zur Einsetzung eines beratenden Ausschusses auf dem Gebiet der Überwachung und der Verringerung der **Ölverschmutzung des Meeres: 6** Fn. 66, 39, 44

Rhein – s. Nr. 529

534. Beschluß 78/436/EWG der Kommission vom 21. 4. 1978 zur Einsetzung eines wissenschaftlichen Ausschusses für **Schädlingsbekämpfungsmittel: 6** Fn. 66, 39

Toxizität – s. Nr. 528

IV. Völkerrecht
(sowie Verträge mit der DDR)

535. Europäisches Übereinkommen für die Beförderung gefährlicher Güter mit Binnenschiffen (Accord européen relatif au transport international des marchandises dangereuses par voie de navigation intérieure, **ADN**): **13** Fn. 234, 171

536. Verordnung über die Beförderung gefährlicher Güter auf dem Rhein, **ADNR: 13** 145, 169, 171, Fn. 271
Art. 2: **13** Fn. 252
Art. 4: **13** Fn. 264

537. Europäisches Übereinkommen vom 30. 9. 1957 über die Beförderung gefährlicher Güter auf der Straße (Accord européen relatif au transport des marchandises dangereuses par route, **ADR**): **13** 145, 150, 155, Fn. 233

538. Übereinkommen über die Erhaltung der lebenden Meeresschätze der **Antarktis** vom 20. 5. 1980: **6** 30; **11** 26, Fn. 82

539. Washingtoner **Artenschutzübereinkommen: 6** 30; **10** 3, Fn. 12, 78, Fn. 134, 89, Fn. 145
Art. III Abs. 1: **10** 91

540. Vertrag vom 8. 4. 1960 zwischen der Bundesrepublik Deutschland und dem Königreich der Niederlande zur Regelung von Grenzfragen und anderen zwischen beiden Ländern bestehenden Problemen **(Ausgleichsvertrag): 6** Fn. 119

541. **Baseler Konvention** über den grenzüberschreitenden Transport gefährlicher Abfälle vom 22. 3. 1989: **12** 8, 164
Beförderung gefährlicher Güter – s. Nr. 535, 536, 537

542. Übereinkommen vom 17. 12. 1971 über die zivilrechtliche Haftung bei der **Beförderung von Kernmaterial** auf See: **6** Fn. 151

543. Zusatzvereinbarung zur **Berner Konvention** vom 29. 4. 1963 über die Internationale Kommission zum Schutz des Rheins gegen Verunreinigung: **6** 30

544. Gesetz zu dem Übereinkommen vom 19. 9. 1979 zur Erhaltung der europäischen wildlebenden Pflanzen und Tiere und ihrer natürlichen Lebensräume

Sachverzeichnis

Die Angaben beziehen sich auf Lehrbuch-Paragraphen (halbfette Zahlen) und Randnummern (magere Zahlen); die Hauptfundstellen sind kursiv gedruckt. Vorschriften sind hier nicht verzeichnet, s. dazu das Vorschriftenregister (S. 845). Lediglich ausländische Gesetze, auf die sich das Vorschriftenverzeichnis nicht erstreckt, wurden in Einzelfällen in das Sachverzeichnis aufgenommen.

Sachverzeichnis

Sachverzeichnis

Sachverzeichnis

Sachverzeichnis

Sachverzeichnis

Sachverzeichnis

Sachverzeichnis

Jarass
Bundes-Immissionsschutzgesetz

Kommentar.
Von Dr. Hans D. Jarass, o. Professor an der Univeristät Bochum

1983. XVII, 693 Seiten. In Leinen DM 78,–
ISBN 3-406-09477-5

Das Immissionsschutzrecht ist für Industrie, Gewerbliche Wirtschaft, Verkehrsplanung sowie insbesondere im **gesamten Bereich des öffentlichen Planungs- und Baurechts** ein zentrales Thema geworden.

In **übersichtlicher Form** stellt das Werk alle auch in den Großkommentaren zum BImSchG aufgegriffenen Fragen dar. Die Erläuterungen sind **sorgfältig gegliedert** und zeichnen sich durch eine **klare Systematik** aus.

Besonders ausführlich wird die **Genehmigung von Industrieanlagen** behandelt. Einen weiteren Schwerpunkt in der Kommentierung bilden die **Probleme des Rechtsschutzes,** der beinahe zu jeder Vorschrift gesondert erörtert wird. Daneben werden stets die Bezüge zum allgemeinen Verwaltungsrecht und zum Verfassungsrecht dargestellt.

Dieses Werk wendet sich an alle Beteiligten in den einschlägigen Verwaltungsverfahren und -prozessen: an **Richter, Rechtsanwälte** und **Betroffene** sowie an die **Behörden** von Bund, Ländern und Gemeinden.

Ein erstes Urteil zu diesem Werk:

»... Man sucht selten vergeblich und wird oft auch dort fündig, wo scheinbar größere, redseligere Kommentare sich ausschweigen. Seitdem ich den *Jarass* auf dem Schreibtisch habe, ist er mein erster und bevorzugter Ratgeber in Sachen Immissionsschutzgesetz.

... Kurz: ein vorzügliches, ein mir schnell unentbehrlich gewordenes Werk.«

Präsident des BVerwG Prof. Dr. Horst Sendler, Berlin, in NVwZ 7/1984

Verlag C. H. Beck